Wörterbuch Englisch

Wörterbuch Englisch

Englisch-Deutsch
Deutsch-Englisch

Berlitz®

Printed in Germany
www.berlitzpublishing.de

Inhaltsverzeichnis

Contents

Preface

Today we are on the threshold of a new Europe – a Europe without frontiers. With the introduction of the common currency we will be a good step closer to the European ideal as it was formulated after 1945 by Jean Monnet and Robert Schuman. This also means that a knowledge of foreign languages will become even more important. And not just for the holidaymaker and private traveller, but also for people active in such areas as business, technology, politics, sport and the arts.

The characteristic, and most important, feature of this dictionary is its particular lexical range. When selecting words and phrases which go beyond a broad, general vocabulary, the editors have focused their attention on the fields of business, trade and travel, and of course given due consideration to politics, technology and cultural affairs, as can be seen in the following examples: *asylum seeker, backpacker, consumer protection, data protection, double taxation, emission-free, employment agency, environment-conscious, hole in the ozone layer, phonecard, technology transfer, wheel clamp.* It is, then, the aim of this dictionary to give practical and useful help to as many people as possible when they communicate with each other in today's new Europe.

Vorwort

Wir stehen heute an der Schwelle zu einem Europa ohne Grenzen. Mit der Einführung der gemeinsamen Währung ist Europa den Idealen, wie sie Jean Monnet und Robert Schuman nach 1945 formulierten, ein gutes Stück nähergerückt. Das bedeutet auch, daß Sprachkenntnisse an Bedeutung noch gewinnen werden. Dies gilt nicht nur für den Urlaubsreisenden, sondern insbesondere für den Geschäftsmann, wie auch für den Techniker, den Politiker, den Sportler, den Künstler.

Charakteristisches und damit wichtigstes Merkmal dieses Wörterbuches ist der dargebotene Wortschatz: Das Schwergewicht bei der Auswahl der über den allgemeinsprachlichen Wortschatz hinausgehenden Wörter und Wendungen lag dabei auf den Sachgebieten Wirtschaft, Handel, Reise und Büro, wobei aber auch so wichtige Gebiete wie Politik, Technik und Kultur gebührende Berücksichtigung fanden. Begriffe wie *Asylbewerber, Datenschutz, Doppelbesteuerung, Ozonloch, Parkkralle, Rucksacktourist, schadstofffrei, Stellenvermittlung, Technologietransfer, Telefonkarte, umweltbewußt* und *Verbraucherschutz* bieten möglichst vielen Menschen eine praktische und nützliche Hilfe bei der sprachlichen Kommunikation im neugestalteten Europa.

Hinweise zur Benutzung des Wörterbuches
Using the Dictionary

I) Wörterverzeichnis Englisch-Deutsch

1. Englisches Stichwort. a) Die Anordnung der Stichwörter erfolgt streng alphabetisch. Unregelmäßige Formen erscheinen an ihrem alphabetischen Ort, wobei ein Verweis auf die Grundform gegeben wird.
b) Der in den Stichwörtern auf Mitte stehende Punkt zeigt an, wo das Wort getrennt werden kann:

I) English-German Dictionary

1. English Headwords. a) The alphabetical order of the headwords has been carefully observed throughout. This also applies to irregular forms, where additional cross-references to the basic forms are given.
b) Centred dots within a headword indicate syllabification:

cul·ti·vate ..., cul·ti·va·tion

c) Fällt bei einem mit Bindestrich zu schreibenden englischen Stichwort der Bindestrich auf das Zeilenende, so wird er am Anfang der folgenden Zeile wiederholt.
d) Die Tilde (~) dient dazu, die Wiederholung des Stichworts innerhalb des Wörterbuchartikels zu vermeiden.
e) Folgen einem Hauptstichwort weitere Zusammensetzungen mit diesem, so wird es durch die Tilde ersetzt:

c) In hyphenated compounds a hyphen coinciding with the end of a line is repeated at the beginning of the next.
d) The tilde (~) represents the repetition of a headword.
e) In compounds the tilde in bold type replaces the catchword.

af·ter ... ~·noon (= afternoon)

Die Tilde ersetzt zudem den links von dem vertikalen Trennstrich (|) stehenden Teil eines Hauptstichworts:

The tilde also represents the part of a headword which is on the left of the vertical bar:

en·vi·ron|ment ... ~·men·tal (= environmental)

f) In Anwendungsbeispielen wird entsprechend verfahren:

f) In illustrative phrases the tilde is used accordingly:

dis·tance ... ***at a ~*** (= at a distance)
in·terest ... ***be ~ed in*** (= be interested in)

g) Wechselt der Anfangsbuchstabe eines Stichworts von klein zu groß oder umgekehrt, erscheint die Kreistilde (♀):

g) When the initial letter changes from small to capital or vice versa, the usual tilde is replaced by ♀:

state ... ♀ Department (= State Department)

2. Aussprache. a) Die Aussprache des englischen Stichworts steht in eckigen Klammern und wird durch die Symbole der International Phonetic Association (IPA) wiedergegeben. (Siehe S. 13)
b) Aus Gründen der Platzersparnis wird in der Lautschriftklammer oft die Tilde verwandt. Sie ersetzt den Teil der Lautschrift, der sich gegenüber der vorstehenden Vollumschrift nicht verändert:

2. Pronunciation. a) The pronunciation of English headwords is given in square brackets by means of the symbols of the International Phonetic Association (IPA). (See p 13)
b) To save space the tilde has been made use of in many places within the phonetic transcription. It replaces any part of the preceding complete transcription which remains unchanged:

gym·na·si·um [dʒɪmˈneɪzɪəm] ...
gym·nast [ˈ~næst]

c) Stichwörter mit einer der auf S. 14 umschriebenen Endungen erhalten für gewöhnlich keine Aussprachebezeichnung, es sei denn, sie seien Hauptstichwörter.

c) Headwords having one of the suffixes transcribed on p 14 are normally given without transcription, unless they figure as catchwords.

3. Sachgebiet. Das Sachgebiet, dem ein englisches Stichwort oder einige seiner Bedeutungen angehören, wird durch Abkürzungen (siehe Buchende) oder ausgeschriebene Hinweise kenntlich gemacht. Steht die Sachgebietsbezeichnung unmittelbar hinter dem Stichwort, bezieht sie sich auf alle folgenden Übersetzungen. Steht sie vor einer Übersetzung, so gilt sie nur für diese.

3. Subject Labels. The field of knowledge from which an English headword or some of its meanings are taken is indicated by abbreviated labels (see back pages) or other labels written out in full. A label placed immediately after the headword refers to all translations. A label preceding an individual translation refers to this only.

4. Sprachebene. Die Kennzeichnung der Sprachebene durch Abkürzungen wie F, *sl.* etc. bezieht sich auf das englische Stichwort. Die deutsche Übersetzung wurde möglichst so gewählt, daß sie auf der gleichen Sprachebene wie das Stichwort liegt.

4. Usage Labels. The indication of the level of usage by abbreviations such as F, *sl.* etc refers to the English headword. Wherever possible the same level of usage between headword and translation has been aimed at.

5. Grammatische Hinweise.
a) Eine Liste der unregelmäßigen Verben befindet sich im Anhang (siehe S. 632).
b) Das Zeichen □ bei einem Adjektiv bedeutet, daß das Adverb regelmäßig, d.h. durch Anhängung von ...ly oder durch Verwandlung von ...le in ...ly oder ...y in ...ily gebildet wird.
c) Der Hinweis (*~ally*) bei einem Adjektiv bedeutet, daß das Adverb durch Anhängung von ...ally gebildet wird.

5. Grammatical References
a) In the appendix (see p 632) you will find a list of irregular verbs.
b) An adjective marked with □ takes the regular adverbial form, i.e. by affixing ...ly to the adjective or by changing ...le into ...ly or ...y into ...ily.
c) (*~ally*) means that an adverb is formed by affixing ...ally to the adjective.

6. Deutsche Übersetzung
a) Zu vielen deutschen Übersetzungen werden in kursiver Schrift Hilfen gege-

6. Translation
a) Many German translations are supported by additional explanations, gloss-

ben; bei intransitiven Verben eine Subjekt-, bei transitiven Verben eine Objektangabe, bei Adjektiven eine Kollokation oder ein Synonym, bei Substantiven eine Kontextangabe etc.:

es, etc, which are printed in italics; for intransitive verbs a subject may be indicated, for transitive verbs an object, for adjectives a collocation, etc:

put ...; bringen (*to bed*); *time*, *work*: verwenden (***into*** auf *acc*); *question*: stellen, vorlegen

b) Wird das englische Stichwort (Verb, Adjektiv oder Substantiv) von bestimmten Präpositionen regiert, so werden diese mit den deutschen Entsprechungen - der jeweiligen Bedeutung zugeordnet - angegeben:

b) Prepositions governing an English catchword (verb, adjective, noun) are given in both languages:

place ... *order*: erteilen (***with s.o.*** j-m)
crit·i·cis·m ... Kritik *f* (***of*** an *dat*)

c) Bei deutschen Präpositionen, die den Dativ und den Akkusativ regieren können, wird der Fall in Klammern angegeben:

c) Where a German preposition may govern the dative or the accusative case, the case is given in brackets:

dis·claim ... *jur.* verzichten auf (*acc*)

7. Anwendungsbeispiele und ihre Übersetzungen stehen unmittelbar hinter der Übersetzung des Stichworts:

7. Illustrative Phrases and their translations follow the translation of the headword:

gab ... ***have the gift of the ~*** redegewandt sein
a·board ... ***go ~ a train*** in e-n Zug einsteigen

II) German-English Dictionary

II) Wörterverzeichnis Deutsch-Englisch

1. Nouns. The inflectional forms (*genitive singular/nominative plural*) follow immediately after the indication of gender. No forms are given for compounds if the parts appear as separate headwords:

1. Substantive. Die Flexionsformen (*Genitiv Singular/Nominativ Plural*) stehen unmittelbar hinter der Genusangabe. Keine Angaben erfolgen bei zusammengesetzten Substantiven, wenn die Teile als eigene Stichwörter verzeichnet sind:

Affe *m* (-n; -n); **Affäre** *f* (-; -n)

The sign ¨ indicates that an umlaut appears in the inflected form:

Das Zeichen ¨ weist auf einen Umlaut in der flektierten Form hin:

Blatt *n* (-[e]s; ¨er)

2. Verbs. Verbs have been treated in the following ways:
a) In the case of regular verbs without a prefix the only grammatical information

2. Verben. Die Verben wurden folgendermaßen behandelt:
a) Bei regelmäßigen Verben ohne Präfix wird nur angegeben, ob das Partizip Per-

refers to the use of ***haben*** or ***sein*** to form the present perfect tense:

fekt mit ***haben*** oder ***sein*** verbunden wird:

machen *v/t* (h); **kentern** *v/i* (sn)

The absence of the prefix ***ge-*** in the past participle is indicated by *no* ge-:

Das Fehlen der Vorsilbe ***ge-*** im Partizip Perfekt wird durch den Vermerk *no* ge- gekennzeichnet:

marschieren *v/i* (*no* ge-, sn)

b) In the case of irregular verbs the grammatical forms given are 3rd sg past and past participle:

b) Bei unregelmäßigen Verben werden außerdem noch die 3. Person Singular Präteritum sowie das Partizip Perfekt verzeichnet:

schreiben *v/t u. v/i* (schrieb, geschrieben, h)

c) In the case of regular compound verbs the entry shows whether the past participle is formed with ***-ge-*** or not:

c) Bei zusammengesetzten regelmäßigen Verben wird angegeben, ob das Partizip Perfekt mit ***-ge-*** gebildet wird oder nicht:

einmischen *v/refl* (*sep*, -ge-, h)
einkalkulieren *v/t* (*sep*, *no* -ge-, h)

d) In the case of irregular compound verbs the grammatical information given with the base verb is not repeated. Their irregularity is shown by the abbreviation *irr* and by → ... For the principal parts the user should consult the base verbs or the list of irregular verbs on page 634:

d) Bei zusammengesetzen unregelmäßigen Verben werden die beim Grundverb gegebenen Formen nicht wiederholt. Sie sind durch die Angaben *irr* und → ... als unregelmäßig gekennzeichnet. Die Formen sind beim entsprechenden Grundverb oder im Verzeichnis unregelmäßiger Verben auf Seite 634 nachzuschlagen:

einbrechen *v/i* (*irr*, *sep*, -ge-, sn, → ***brechen***)

e) The separability or inseparability of the prefix in the conjugated forms of a compound verb is indicated by *sep* or *insep*:

e) Trennbarkeit oder Nichttrennbarkeit von Präfix und Grundverb in den flektierten Formen eines zusammengesetzten Verbs wird durch *sep* oder *insep* bezeichnet:

'durchfahren[1] *v/i* (*irr*, *sep*, -ge-, sn, → ***fahren***)
durch'fahren[2] *v/t* (*irr*, *insep*, *no* -ge-, h, → ***fahren***)

Inseparable verbs formed with the prefixes ***be-***, ***ent-***, ***er-***, ***ge-***, ***ver-*** and ***zer-*** are not specifically marked as inseparable. However, the absence of the prefix ***ge-*** in the past participle is indicated by *no* ge-.

Untrennbare Verbableitungen mit den Präfixen ***be-***, ***ent-***, ***er-***, ***ge-***, ***ver-*** und ***zer-*** werden nicht eigens als untrennbar bezeichnet. Dagegen wird das Fehlen der Vorsilbe ***ge-*** im Partizip Perfekt durch *no* ge- angedeutet.

f) Where the prefix ***ge-*** is already present in the infinitive the past participle is given in full:

f) Bei Verben, bei denen das Präfix ***ge-*** schon im Infinitiv vorhanden ist, wird das Partizip Perfekt voll ausgeschrieben:

gebrauchen *v/t* (*pp* gebraucht, h)

Erläuterung der phonetischen Umschrift
Guide to Pronunciation

Vowel length is indicated by [:].
Stress is shown by ['] (main stress) and [,] (secondary stress); ['] and [,] are placed at the onset of the stressed syllable.

Deutsche Aussprache – German Pronunciation

[i:]	Vieh [fi:]	long, resembles English *ee* in *see*
[i]	Bilanz [bi'lants]	short, otherwise like [i:]
[ɪ]	mit [mɪt]	short, resembles English *i* in *hit*
[e:]	weh [ve:]	long, resembles the first sound in English *ay*, e.g. *day*
[e]	Tenor [te'no:r]	short, otherwise like [e:]
[ɛ:]	Zähne ['tsɛ:nə]	long, resembles English *e* in *bed*
[ɛ]	wenn [vɛn]	short, resembles English [e]
[ə]	Schale ['ʃa:lə]	short, resembles English *a* in *ago*
[y:]	Düse ['dy:zə]	long, resembles French *u* in *muse*
[y]	Physik [fy'zi:k]	short, otherwise like [y:]
[ʏ]	Hütte ['hʏtə]	short, opener than [y:]
[ø:]	böse ['bø:zə]	long, resembles French *eu* in *trieuse*
[ø]	Ökologe [øko'lo:gə]	short, otherwise like [ø:]
[œ]	Hölle ['hœlə]	short, opener than [ø:]
[u:]	gut [gu:t]	long, resembles English *oo* in *boot*
[u]	Musik [mu'zi:k]	short, otherwise like [u:]
[ʊ]	Bulle ['bʊlə]	short, resembles English *u* in *bull*
[o:]	Boot [bo:t]	long, resembles English *aw* in *law*
[o]	Modell [mo'dɛl]	short, otherwise like [o:]
[ɔ]	Gott [gɔt]	short, resembles English *o* in *got*
[a:]	Vase ['va:zə]	long, resembles English *a* in *father*
[a]	Kante ['kantə]	short, otherwise like [a:]
[ɛ̃:]	Teint [tɛ̃:]	long, approximately nasalized [æ]
[õ:]	Fonds [fõ:]	long nasalized [o]
[aɪ]	bei [baɪ]	resembles English *i* in *while*
[aʊ]	Haus [haʊs]	resembles English *ou* in *house*
[ɔʏ]	heute ['hɔʏtə]	falling diphthong consisting of [ɔ] and [ʏ]
[ʔ]	beeindrucken [bə'ʔaɪndrʊkən]	glottal stop
[ŋ]	Ding [dɪŋ]	like English *ng* in *thing*
[l]	lila ['li:la]	similar to English *l* in *light*
[r]	1. rot [ro:t]	rolled consonant
	2. Heer [he:r], Heers [he:rs]	mostly week after long vowels
	3. Wasser ['vasər], Wassers ['vasərs]	very weak in [ər] in final position or before consonant
[v]	Welt [vɛlt]	resembles English *v* in *vice*
[s]	Gasse ['gasə]	resembles English *s* in *miss*
[z]	Vase ['va:zə]	similar to English *z* in *blazer*
[ʃ]	Masche ['maʃə]	resembles English *sh* in *cash*
[ʒ]	Genie [ʒe'ni:]	resembles English *s* in *measure*
[ç]	mich [mɪç]	some English speakers use [ç] instead of [hj], e.g. *human* ['çu:mən] instead of ['hju:mən]
[j]	ja [ja:]	resembles English *y* in *yes*
[x]	Bach [bax]	similar to Scottish *ch* in *loch*

Englische Aussprache – English Pronunciation

[ʌ]	much [mʌtʃ], come [kʌm]	kurzes *a* wie in *Matsch*, *Kamm*, aber dunkler
[ɑː]	after ['ɑːftə], park [pɑːk]	langes *a*, etwa wie in *Bahn*
[æ]	flat [flæt], madam ['mædəm]	mehr zum *a* hin als *ä* in *Wäsche*
[ə]	after ['ɑːftə], arrival [ə'raɪvl]	wie das End-*e* in *Berge*, *mache*, *bitte*
[e]	let [let], men [men]	*ä* wie in *hätte*, *Mäntel*
[ɜː]	first [fɜːst], learn [lɜːn]	etwa wie *ir* in *flirten*, aber offener
[ɪ]	in [ɪn], city ['sɪtɪ]	kurzes *i* wie in *Mitte*, *billig*
[iː]	see [siː], evening ['iːvnɪŋ]	langes *i* wie in *nie*, *lieben*
[ɒ]	shop [ʃɒp], job [dʒɒb]	wie *o* in *Gott*, aber offener
[ɔː]	morning ['mɔːnɪŋ], course [kɔːs]	wie in *Lord*, aber ohne *r*
[ʊ]	good [gʊd], look [lʊk]	kurzes *u* wie in *Mutter*
[uː]	too [tuː], shoot [ʃuːt]	langes *u* wie in *Schuh*, aber offener
[aɪ]	my [maɪ], night [naɪt]	etwa wie in *Mai*, *Neid*
[aʊ]	now [naʊ], about [ə'baʊt]	etwa wie in *blau*, *Couch*
[əʊ]	home [həʊm], know [nəʊ]	von [ə] zu [ʊ] gleiten
[eə]	air [eə], square [skweə]	wie *är* in *Bär*, aber kein *r* sprechen
[eɪ]	eight [eɪt], stay [steɪ]	klingt wie *äi*
[ɪə]	near [nɪə], here [hɪə]	von [ɪ] zu [ə] gleiten
[ɔɪ]	join [dʒɔɪn], choice [tʃɔɪs]	etwa wie *eu* in *neu*
[ʊə]	you're [jʊə], tour [tʊə]	wie *ur* in *Kur*, aber kein *r* sprechen
[j]	yes [jes], tube [tjuːb]	wie *j* in *jetzt*
[w]	way [weɪ], one [wʌn], quick [kwɪk]	mit gerundeten Lippen ähnlich wie [uː] gebildet. Kein deutsches *w*!
[ŋ]	thing [θɪŋ], English ['ɪŋglɪʃ]	wie *ng* in *Ding*
[r]	room [ruːm], hurry ['hʌrɪ]	Zunge liegt, zurückgebogen, am Gaumen auf. Nicht gerollt und nicht im Rachen gebildet!
[s]	see [siː], famous ['feɪməs]	stimmloses *s* wie in *lassen*, *Liste*
[z]	zero ['zɪərəʊ], is [ɪz], runs [rʌnz]	stimmhaftes *s* wie in *lesen*, *Linsen*
[ʃ]	shop [ʃɒp], fish [fɪʃ]	wie *sch* in *Scholle*, *Fisch*
[tʃ]	cheap [tʃiːp], much [mʌtʃ]	wie *tsch* in *tschüs*, *Matsch*
[ʒ]	television ['telɪˌvɪʒn]	stimmhaftes *sch* wie in *Genie*, *Etage*
[dʒ]	just [dʒʌst], bridge [brɪdʒ]	wie in *Job*, *Gin*
[θ]	thanks [θæŋks], both [bəʊθ]	wie *ß* in *Faß*, aber gelispelt
[ð]	that [ðæt], with [wɪð]	wie *s* in *Sense*, aber gelispelt
[v]	very ['verɪ], over ['əʊvə]	etwa wie deutsches *w*, Oberzähne auf Oberkante der Unterlippe
[x]	loch [lɒx], ugh [ʌx]	wie *ch* in *ach*
[ː]	bedeutet, daß der vorhergehende Vokal lang zu sprechen ist.	

Präfixe und Suffixe, die in der Regel nicht umschrieben sind

Prefixes and Suffixes normally given without Phonetic Transcription

Deutsche Präfixe – German Prefixes

be- [bə]
ent- [ɛnt]
er- [ɛr]
ge- [gə]
miß- [mɪs]
un- [ʊn]
ver- [fɛr]
zer- [tsɛr]

Deutsche Suffixe – German Suffixes

-bar [baːr]
-chen [çən]
-d [t]
-ei [aɪ]
-en [ən]
-end [ənt]
-er [ər]
-haft [haft]
-heit [haɪt]
-ie [iː]
-ieren [iːrən]
-ig [ɪç]
-ik [ɪk]
-in [ɪn]
-isch [ɪʃ]
-ist [ɪst]
-keit [kaɪt]
-lich [lɪç]
-los [loːs]
-losigkeit [loːzɪçkaɪt]
-nis [nɪs]
-sal [zaːl]
-sam [zaːm]
-schaft [ʃaft]
-ste [stə]
-tät [tɛːt]
-tum [tuːm]
-ung [ʊŋ]

Englische Suffixe – English Suffixes

-able [-əbl]
-age [-ɪdʒ]
-ally [-əlɪ]
-ance [-əns]
-ancy [-ənsɪ]
-ant [-ənt]
-ary [-ərɪ]
-ation [-eɪʃn]
-ed [-d, -t, -ɪd]
-ence [-əns]
-ency [-ənsɪ]
-er [-ər]
-ery [-ərɪ]
-ess [-ɪs]
-ible [-əbl]
-ical [-ɪkl]
-ily [-ɪlɪ, əlɪ]
-ing [-ɪŋ]
-ish [ɪʃ]
-ism [-ɪzəm]
-ist [-ɪst]
-istic [-ɪstɪk]
-ity [-ətɪ, -ɪtɪ]
-less [-lɪs]
-ly [-lɪ]
-ment(s) [-mənt(s)]
-ness [-nɪs]
-ry [-rɪ]
-ship [-ʃɪp]
-tion [-ʃn]
-tional [-ʃənl]
-y [-ɪ]

Wörterverzeichnis Englisch-Deutsch

A

a [ə, eɪ], *before vowel*: **an** [ən, æn] *indef art* ein(e); per, pro, je; ***not a(n)*** kein(e); ***all of a size*** alle gleich groß; ***£/$10 a year*** zehn Pfund/Dollar im Jahr; ***twice a week*** zweimal die *or* in der Woche.

A 1 F ['eɪ'wʌn] *adj* Ia, prima.

a·back [ə'bæk] *adv*: ***taken ~*** *fig.* überrascht, verblüfft; bestürzt.

a·ban·don [ə'bændən] *v/t* verlassen; *child*: aussetzen; *hope*: aufgeben; *plan*: fallenlassen.

a·base [ə'beɪs] *v/t* erniedrigen, demütigen; **~·ment** *s* Erniedrigung *f*, Demütigung *f*.

a·bashed [ə'bæʃt] *adj* verlegen.

a·bate [ə'beɪt] *v/t* verringern; *nuisance*: abstellen; *v/i* abnehmen, nachlassen; **~·ment** Verminderung *f*; Abschaffung *f*.

ab·at·toir ['æbətwɑː] *s* Schlachthof *m*.

ab·bess ['æbɪs] *s* Äbtissin *f*; **ab·bey** [~ɪ] *s* Kloster *n*; Abtei *f*; **ab·bot** [~ət] *s* Abt *m*.

ab·bre·vi|ate [ə'briːvɪeɪt] *v/t* (ab)kürzen; **~·a·tion** [əbriːvɪ'eɪʃn] *s* Abkürzung *f*, Kurzform *f*.

ABC [eɪbiː'siː] *s* Abc *n*, Alphabet *n*; **~ weap·ons** *s pl mil.* ABC-Waffen *pl*.

ab·di|cate ['æbdɪkeɪt] *v/t position, right, claim, etc.*: aufgeben, verzichten auf (*acc*); *a. v/i* ***~ (from) the throne*** abdanken; **~·ca·tion** [æbdɪ'keɪʃn] *s* Verzicht *m*; Abdankung *f*.

ab·do·men *anat.* ['æbdəmən] *s* Unterleib *m*; **ab·dom·i·nal** *anat.* [~'dɒmɪnl] *adj* Unterleibs...

ab·duct *jur.* [æb'dʌkt] *v/t* entführen.

a·bet [ə'bet] *v/t* **(-tt-)**: ***aid and ~*** *jur.* Beihilfe leisten (*dat*); begünstigen; **~·tor** *s* Anstifter *m*; (Helfers)Helfer *m*.

a·bey·ance [ə'beɪəns] *s*: ***in ~*** *jur.* in der Schwebe, (zeitweilig) außer Kraft.

ab·hor [əb'hɔː] *v/t* **(-rr-)** verabscheuen; **~·rence** [~'hɒrəns] *s* Abscheu *m* (***of*** vor *dat*); **~·rent** *adj* □ zuwider (***to*** *dat*); abstoßend.

a·bide [ə'baɪd] *v/i*: ***~ by the law/rules*** sich an das Gesetz/die (Spiel)Regeln halten; *v/t*: ***I can't ~ him*** ich kann ihn nicht ausstehen.

a·bil·i·ty [ə'bɪlətɪ] *s* Fähigkeit *f*.

ab·ject ['æbdʒekt] *adj* □ elend, erbärmlich; ***in ~ poverty*** in bitterster Armut.

ab·jure [əb'dʒʊə] *v/t* abschwören (*dat*); entsagen (*dat*).

a·blaze [ə'bleɪz] *adj and adv* in Flammen; *fig.* glänzend, funkelnd (***with*** vor *dat*).

a·ble ['eɪbl] *adj* □ fähig; geschickt; ***be ~ to do*** imstande sein zu tun; tun können; **~-bod·ied** [~'bɒdɪd] *adj* kräftig; ***~ seaman*** Vollmatrose *m*.

ab·nor·mal [æb'nɔːml] *adj* □ abnorm, ungewöhnlich; anomal.

a·board [ə'bɔːd] *adv and prp* an Bord; ***all ~!*** *mar.* alle Mann/Reisenden an Bord!; *rail.* alles einsteigen!; ***~ a bus*** in e-m Bus; ***go ~ a train*** in e-n Zug einsteigen.

a·bode [ə'bəʊd] *s a.* ***place of ~*** Aufenthaltsort *m*, Wohnsitz *m*; ***of*** *or* ***with no fixed ~*** ohne festen Wohnsitz.

a·bol·ish [ə'bɒlɪʃ] *v/t* abschaffen, aufheben.

ab·o·li·tion [æbə'lɪʃn] *s* Abschaffung *f*, Aufhebung *f*; **~·ist** *hist.* [~ʃənɪst] *s* Gegner *m* der Sklaverei.

A-bomb ['eɪbɒm] → ***atom(ic) bomb.***

a·bom·i|na·ble [ə'bɒmɪnəbl] *adj* □ abscheulich, scheußlich; **~·nate** [~neɪt] *v/t* verabscheuen; **~·na·tion** [~'neɪʃn] *s* Abscheu *m*.

ab·o·rig·i|nal [æbə'rɪdʒənl] **1.** *adj* □ eingeboren, Ur...; **2.** *s* Ureinwohner *m*; **~·ne** [~dʒənɪ] *s* Ureinwohner *m* (*esp. in Australia*).

a·bort [ə'bɔːt] *v/t and v/i med.* e-e Fehlgeburt herbeiführen *or* haben; *space flight, etc.*: abbrechen; *fig.* fehlschlagen, scheitern; **a·bor·tion** *med.* [~ʃn] *s* Fehlgeburt *f*; Schwangerschaftsunterbrechung *f*, -abbruch *m*, Abtreibung *f*; ***have an ~*** abtreiben (lassen); **a·bor·tive** *adj* □ *fig.* mißlungen, erfolglos.

a·bound [ə'baʊnd] *v/i* reichlich vorhanden sein; Überfluß haben, reich sein (***in*** an *dat*); voll sein (***with*** von).

a·bout [ə'baʊt] **1.** *prp* um (... herum); bei; (irgendwo) herum in (*dat*); um, gegen, etwa; über (*acc*); ***I had no money ~ me*** ich hatte kein Geld bei mir; ***what are you ~?*** was macht ihr da?; **2.** *adv* herum, umher; in der Nähe; etwa, ungefähr; im Begriff, dabei; ***be ~ to*** im Begriff sein zu, *Am. et.* vorhaben; ***it's ~ to rain*** es wird gleich regnen.

a·bove [ə'bʌv] **1.** *prp* über (*acc or dat*), oberhalb; *fig.* über (*acc or dat*), erhaben über (*acc*); ***~ all*** vor allem; **2.** *adv* oben; darüber; **3.** *adj* obig, obenerwähnt.

a·breast [ə'brest] *adv* nebeneinander; ***keep*** *or* ***be ~ of*** *fig.* Schritt halten mit.

a·bridge [ə'brɪdʒ] *v/t* (ab-, ver)kürzen; **a·bridg(e)·ment** *s* Kürzung *f*; Kurzfassung *f*; *of book*: Abriß *m*.

a·broad [ə'brɔːd] *adv* im *or* ins Ausland; überall(hin); ***the news soon spread ~*** die Nachricht verbreitete sich rasch.

a·brupt [ə'brʌpt] *adj* □ abrupt; jäh; zusammenhanglos; schroff.

ab·scess *med.* ['æbsɪs] *s* Abszeß *m*.

ab·scond [əb'skɒnd] *v/i* sich davonmachen.

ab·sence ['æbsəns] *s* Abwesenheit *f*; Mangel *m*.

ab·sent 1. *adj* ['æbsənt] abwesend; fehlend; nicht vorhanden; ***be ~*** fehlen (***from school*** in der Schule; ***from work*** am Arbeitsplatz); **2.** *v/t* [æb'sent]: ***~ o.s. from*** fernbleiben (*dat*) *or* von; **~-mind·ed** *adj* □ zerstreut, geistesabwesend.

ab·so·lute ['æbsəluːt] *adj* □ absolut; unumschränkt; vollkommen; *chem.* rein, unvermischt; unbedingt; **~·ly** *adv* absolut; *refuse*: strikt; *necessary*: unbedingt; **~!** genau!, so ist es!

ab·so·lu·tion *eccl.* [æbsə'luːʃn] *s* Absolution *f*.

ab·solve [əb'zɒlv] *v/t* frei-, lossprechen.

ab·sorb [əb'sɔːb] *v/t* absorbieren, auf-, einsaugen; *fig.* ganz in Anspruch nehmen; **~·ing** *adj fig.* fesselnd, packend.

ab·sorp·tion [əb'sɔːpʃn] *s* Absorption *f*; *fig.* Vertieftsein *n*.

ab·stain [əb'steɪn] *v/i* sich enthalten (***from*** *gen*).

ab·ste·mi·ous [æb'stiːmɪəs] *adj* □ enthaltsam; mäßig.

ab·sten·tion [əb'stenʃn] *s* Enthaltung *f*; *pol.* Stimmenthaltung *f*.

ab·sti|nence ['æbstɪnəns] *s* Abstinenz *f*, Enthaltsamkeit *f*; **~·nent** *adj* □ abstinent, enthaltsam.

ab·stract 1. *adj* □ ['æbstrækt] abstrakt; **2.** *s* [~] *das* Abstrakte; Zusammenfassung *f*, Auszug *m*; **3.** *v/t* [~'strækt] abstrahieren; F *steal*: entwenden; *main points from a book, etc.*: herausziehen; **~·ed** [~'stræktɪd] *adj* □ *fig.* zerstreut; **ab·strac·tion** [~'strækʃn] *s* Abstraktion *f*; abstrakter Begriff.

ab·surd [əb'sɜːd] *adj* □ absurd; lächerlich.

a·bun|dance [ə'bʌndəns] *s* Überfluß *m*; Fülle *f*; **~·dant** *adj* □ reich(lich).

a·buse 1. *s* [ə'bjuːs] Mißbrauch *m*; Beschimpfung *f*; **2.** *v/t* [~z] mißbrauchen; beschimpfen; **a·bu·sive** *adj* □ ausfallend, Schimpf...

a·but [ə'bʌt] *v/i* (**-tt-**) (an)grenzen (***on*** an *acc*).

a·byss [ə'bɪs] *s* Abgrund *m* (*a. fig.*).

ac·a·dem·ic [ækə'demɪk] **1.** *s* Hochschullehrer *m*; **2.** *adj* (**~*ally***) akademisch; **a·cad·e·mi·cian** [əkædə'mɪʃn] *s* Akademiemitglied *n*; **a·cad·e·my** [ə'kædəmɪ] *s* Akademie *f*; ***~ of music*** Musikhochschule *f*.

ac·cede [æk'siːd] *v/i*: ***~ to*** zustimmen (*dat*); *office*: antreten; *throne*: besteigen.

ac·cel·e|rate [ək'seləreɪt] *v/t* beschleunigen; *v/i* schneller werden, *mot. a.* beschleunigen, Gas geben; **~·ra·tion** [~'reɪʃn] *s* Beschleunigung *f*; **~·ra·tor** [~tə] *s* Gaspedal *n*.

ac·cent 1. *s* ['æksənt] Akzent *m* (*a. gr.*); **2.** *v/t* [æk'sent] → **ac·cen·tu·ate** [~'sentjʊeɪt] *v/t* akzentuieren, betonen.

ac·cept [ək'sept] *v/t* annehmen; akzeptieren; hinnehmen; **ac·cep·ta·ble** *adj* □ annehmbar, akzeptabel; **~·ance** *s* Annahme *f*; *approval*: *a.* Akzeptanz *f*.

ac·cess ['ækses] *s* Zugang *m* (***to*** zu); *fig.* Zutritt *m* (***to*** bei, zu); ***easy of ~*** zugänglich (*person*); ***~ road*** Zufahrtsstraße *f*; (Autobahn)Zubringerstraße *f*.

ac·ces·sa·ry *jur.* [ək'sesərɪ] → ***accessory*** 2.

ac·ces|si·ble [ək'sesəbl] *adj* □ (leicht)

zugänglich; **~·sion** [~ʃn] *s* Zuwachs *m*, Zunahme *f*; Antritt *m* (*to an office*); ***~ to power*** Machtübernahme *f*; ***~ to the throne*** Thronbesteigung *f*.
ac·ces·so·ry [ək'sesərɪ] **1.** *adj* zusätzlich; **2.** *s jur*. Kompli|ze *m*, -zin *f*, Mitschuldige(r *m*) *f*; ***accessories*** *pl* Zubehör *n*, *fashion*: *a*. Accessoires *pl*; *tech*. Zubehör(teile *pl*) *n*.
ac·ci|dent ['æksɪdənt] *s* Zufall *m*; Un(glücks)fall *m*; ***by ~*** zufällig; **~·den·tal** [~'dentl] *adj* □ zufällig; versehentlich.
ac·claim [ə'kleɪm] *v/t* freudig begrüßen.
ac·cla·ma·tion [æklə'meɪʃn] *s* lauter Beifall; Lob *n*.
ac·cli·ma·tize [ə'klaɪmətaɪz] *v/t and v/i* (sich) akklimatisieren *or* eingewöhnen.
ac·com·mo|date [ə'kɒmədeɪt] *v/t* unterbringen, beherbergen; Platz haben für; *j-m* aushelfen (***with*** *money*, *etc*. mit); **~·da·tion** [~'deɪʃn] *s* Unterbringung *f*, Unterkunft *f*, Quartier *n*.
ac·com·pa|ni·ment *mus*. [ə'kʌmpənɪmənt] *s* Begleitung *f*; **~·ny** *v/t* begleiten (*a. mus*.).
ac·com·plice [ə'kʌmplɪs] *s* Kompli|ze *m*, -zin *f*.
ac·com·plish [ə'kʌmplɪʃ] *v/t* vollenden; ausführen; *aim*, *purpose*: erreichen; **~ed** *adj* vollendet, perfekt; **~·ment** *s* Vollendung *f*, Ausführung *f*; *skill*: Fähigkeit *f*, Talent *n*.
ac·cord [ə'kɔːd] **1.** *s* Übereinstimmung *f*; ***of one's own ~*** aus eigenem Antrieb; ***with one ~*** einstimmig; **2.** *v/i* übereinstimmen; *v/t* gewähren; **~·ance** *s* Übereinstimmung *f*; ***in ~ with*** laut (*gen*), gemäß (*dat*); **~·ant** *adj* übereinstimmend; **~·ing·ly** *adv* (dem)entsprechend; **~·ing to** *prp* gemäß (*dat*), nach; ***~ how*** je nachdem wie.
ac·cost [ə'kɒst] *v/t person*, *esp*. *stranger*: ansprechen, F anquatschen.
ac·count [ə'kaʊnt] **1.** *s econ*. Rechnung *f*, Berechnung *f*; *econ*. Konto *n*; Rechenschaft *f*; Bericht *m*; ***by all ~s*** nach allem, was man so hört; ***of no ~*** ohne Bedeutung; ***on no ~*** auf keinen Fall; ***on ~ of*** wegen; ***take into ~***, ***take ~ of*** in Betracht *or* Erwägung ziehen, berücksichtigen; ***turn s.th. to (good) ~*** et. (gut) ausnutzen; ***keep ~s*** die Bücher führen; ***call to ~*** zur Rechenschaft ziehen; ***give (an) ~ of*** Rechenschaft ablegen über (*acc*); ***give an ~ of*** Bericht erstatten über (*acc*); **2.** *v/i*: ***~ for*** Rechenschaft über *et*. ablegen; (sich) erklären; **ac·coun·ta·ble** *adj* □ verantwortlich; erklärlich; **ac·coun·tant** *s econ*. Buchhalter *m*; **~·ing** *s econ*. Buchführung *f*; **~ num·ber** *s econ*. Kontonummer *f*; **~s de·part·ment** *s econ*. Buchhaltung *f*.
ac·cu·mu|late [ə'kjuːmjʊleɪt] *v/t and v/i* (sich) (an)häufen *or* ansammeln; **~·la·tion** [~'leɪʃn] *s* Ansammlung *f*.
ac·cu|ra·cy ['ækjʊrəsɪ] *s* Genauigkeit *f*; **~·rate** *adj* □ genau; richtig.
ac·cu·sa·tion [ækjuː'zeɪʃn] *s* Anklage *f*; An-, Beschuldigung *f*.
ac·cu·sa·tive *gr*. [ə'kjuːzətɪv] *s a*. ***~ case*** Akkusativ *m*.
ac·cuse [ə'kjuːz] *v/t* anklagen; beschuldigen; ***the ~d*** der *or* die Angeklagte, die Angeklagten *pl*; **ac·cus·er** *s* Ankläger(in); **ac·cus·ing** *adj* □ anklagend, vorwurfsvoll.
ac·cus·tom [ə'kʌstəm] *v/t* gewöhnen (***to*** an *acc*); **~ed** *adj* gewohnt, üblich; gewöhnt (***to*** an *acc*; ***to doing*** zu tun).
ace [eɪs] *s* As *n* (*a. fig*.); ***have an ~ up one's sleeve***, *Am*. ***have an ~ in the hole*** *fig*. (noch) e-n Trumpf in der Hand haben; ***within an ~*** um ein Haar.
ache [eɪk] **1.** *v/i* schmerzen, weh tun; **2.** *s* Schmerz *m*.
a·chieve [ə'tʃiːv] *v/t* zustande bringen; *aim*: erreichen; **~·ment** *s* Zustandebringen *n*, Ausführung *f*; Leistung *f*.
ac·id ['æsɪd] **1.** *adj* sauer; *fig*. beißend, bissig; ***~ rain*** saurer Regen; **2.** *s chem*. Säure *f*; **a·cid·i·ty** [ə'sɪdətɪ] *s* Säure *f*; *chem*. Säuregrad *m*.
ac·knowl|edge [ək'nɒlɪdʒ] *v/t* anerkennen; zugeben; *receipt*: bestätigen; **~·edg(e)·ment** *s* Anerkennung *f*; (Empfangs)Bestätigung *f*; Eingeständnis *n*; ***in ~ of*** in Anerkennung (*gen*).
a·corn *bot*. ['eɪkɔːn] *s* Eichel *f*.
a·cous·tics [ə'kuːstɪks] *s pl* Akustik *f* (*of room*, *hall*, *etc*.).
ac·quaint [ə'kweɪnt] *v/t*: ***~ s.o. with s.th.*** j-m et. mitteilen; ***be ~ed with*** kennen; **~·ance** *s* Bekanntschaft *f*; Bekannte(r *m*) *f*.
ac·qui·esce [ækwɪ'es] *v/i* (***in***) hinnehmen (*acc*); einwilligen (in *acc*).
ac·quire [ə'kwaɪə] *v/t* erwerben; sich aneignen (*a. knowledge*, *etc*.).

ac·qui·si·tion [ækwɪ'zɪʃn] *s* Erwerb *m;* Erwerbung *f;* Errungenschaft *f.*
ac·quit [ə'kwɪt] *v/t* (**-tt-**) *jur. j-n* freisprechen (***of a charge*** von e-r Anklage); ~ ***o.s. of*** *duty*: erfüllen; ~ ***o.s. well*** s-e Sache gut machen, sich gut aus der Affäre ziehen; **~·tal** *s jur.* Freispruch *m.*
a·cre ['eɪkə] *s* Acre *m* (*4047 m² = 0.4 hectare*).
ac·rid ['ækrɪd] *adj* □ scharf, beißend.
a·cross [ə'krɒs] **1.** *adv* (quer) hin- *or* herüber; quer durch; drüben, auf der anderen Seite; über Kreuz; **2.** *prp* (quer) über (*acc*); (quer) durch; auf der anderen Seite von (*or gen*), jenseits (*gen*); über (*dat*); ***come*** ~, ***run*** ~ stoßen auf (*acc*).
act [ækt] **1.** *v/i* handeln; sich benehmen; wirken; funktionieren; (Theater) spielen (*a. fig.*), auftreten; *v/t thea.* spielen (*a. fig.*), *play*: aufführen; ~ ***out*** szenisch darstellen, vorspielen; **2.** *s* Handlung *f,* Tat *f,* Maßnahme *f,* Akt *m; thea.* Akt *m; jur.* Gesetz *n,* Beschluß *m;* Urkunde *f,* Vertrag *m;* **~·ing 1.** *s* Handeln *n; thea.* Spiel(en) *n;* **2.** *adj* tätig; amtierend.
ac·tion ['ækʃn] *s* Handlung *f* (*a. thea.*), Tat *f;* Action *f* (*in film, etc.*); Aktion *f;* Tätigkeit *f,* Funktion *f; jur.* Klage *f,* Prozeß *m; mil.* Gefecht *n,* Kampfhandlung *f; tech.* Mechanismus *m;* ***take*** ~ Schritte unternehmen, handeln; ***out of*** ~ *machine*: außer Betrieb.
ac·tive ['æktɪv] *adj* aktiv; tätig, rührig; lebhaft, rege; wirksam; *econ.* lebhaft; ~ ***voice*** *gr.* Aktiv *n;* **ac·tiv·ist** *s* Aktivist(in); **ac·tiv·i·ty** [æk'tɪvətɪ] *s* Tätigkeit *f;* Aktivität *f;* Betriebsamkeit *f; esp. econ.* Lebhaftigkeit *f.*
ac·tor ['æktə] *s* Schauspieler *m;* **ac·tress** [~trɪs] *s* Schauspielerin *f.*
ac·tu·al ['æktʃʊəl] *adj* □ wirklich, tatsächlich, eigentlich; **~·ly** *adv in fact*: eigentlich; *by the way*: übrigens; *really*: tatsächlich.
a·cute [ə'kju:t] *adj* □ (**~r**, **~st**) spitz; scharf(sinnig); brennend (*question, problem*); *med.* akut.
ad F [æd] → ***advertisement.***
ad·a·mant ['ædəmənt] *adj* □ unerbittlich; hartnäckig.
a·dapt [ə'dæpt] *v/t* anpassen (***to*** *dat or* an *acc*); *text*: bearbeiten (***from*** nach); *tech.* umstellen (***to*** auf *acc*); umbauen (***to*** für); **ad·ap·ta·tion** [ædæp'teɪʃn] *s* Anpassung *f;* Bearbeitung *f;* **a·dapt·er, a·dapt·or** *s electr.* Adapter *m.*
add [æd] *v/t* hinzufügen; ~ ***up*** zusammenzählen, addieren; *v/i*: ~ ***to*** vermehren, beitragen zu, hinzukommen zu; ~ ***up*** *fig.* F e-n Sinn ergeben.
ad·dict ['ædɪkt] *s* Süchtige(r *m*) *f;* ***alcohol/drug/TV*** ~ Alkohol-/Drogen- *or* Rauschgift-/Fernsehsüchtige(r *m*) *f; sports, etc.*: Fanatiker(in); *film, etc.*: Narr *m;* **~·ed** [ə'dɪktɪd] *adj* süchtig, abhängig (***to*** von); ***be*** ~ ***to alcohol*** (***drugs, television***) alkohol-(drogen-, fernseh-)süchtig sein; **ad·dic·tion** [~ʃn] *s* Sucht *f,* Süchtigkeit *f.*
ad·di·tion [ə'dɪʃn] *s* Hinzufügen *n;* Zusatz *m;* Zuwachs *m;* Anbau *m; math.* Addition *f;* ***in*** ~ außerdem; ***in*** ~ ***to*** außer (*dat*); **~·al** [~l] *adj* □ zusätzlich.
ad·dress [ə'dres] **1.** *v/t words*: richten (***to*** an *acc*), *j-n* anreden *or* ansprechen; **2.** *s* Adresse *f,* Anschrift *f;* Rede *f;* Ansprache *f;* **~·ee** [ædre'si:] *s* Empfänger(in).
ad·ept ['ædept] **1.** *adj* erfahren, geschickt (***at, in*** in *dat*); **2.** *s* Meister *m,* Experte *m* (***at, in*** in *dat*).
ad·e|qua·cy ['ædɪkwəsɪ] *s* Angemessenheit *f;* **~·quate** *adj* □ angemessen.
ad·here [əd'hɪə] *v/i* (***to***) kleben, haften (an *dat*); *fig.* festhalten (an *dat*); **ad·her·ence** *s* Anhaften *n; fig.* Festhalten *n;* **ad·her·ent** *s* Anhänger(in).
ad·he·sive [əd'hi:sɪv] **1.** *adj* □ klebend; ~ ***plaster*** Heftpflaster *n;* ~ ***tape*** Klebestreifen *m; Am.* Heftpflaster *n;* **2.** *s* Klebstoff *m.*
ad·ja·cent [ə'dʒeɪsnt] *adj* □ angrenzend, anstoßend (***to*** an *acc*); benachbart.
ad·jec·tive *gr.* ['ædʒɪktɪv] *s* Adjektiv *n,* Eigenschaftswort *n.*
ad·join [ə'dʒɔɪn] *v/t* (an)grenzen an (*acc*).
ad·journ [ə'dʒɜ:n] *v/t* verschieben, (*v/i* sich) vertagen; **~·ment** *s* Vertagung *f,* Verschiebung *f.*
ad·just [ə'dʒʌst] *v/t* anpassen; in Ordnung bringen; *conflict*: beilegen; *mechanism and fig.*: einstellen (***to*** auf *acc*); **~·ment** *s* Anpassung *f;* Ordnung *f; tech.* Einstellung *f;* Beilegung *f.*
ad·min·is|ter [əd'mɪnɪstə] *v/t* verwalten; spenden; *medicine*: geben, verabreichen; ~ ***justice*** Recht sprechen; ~ ***an***

oath to s.o. *jur*. j-n vereidigen; **~·tra·tion** [ədmɪnɪ'streɪʃn] *s* Verwaltung *f*; *pol. esp. Am.* Regierung *f*; *esp. Am.* Amtsperiode *f* (*of President*); **~·tra·tive** [əd'mɪnɪstrətɪv] *adj* □ Verwaltungs...; **~·tra·tor** [~treɪtə] *s* Verwaltungsbeamte(r) *m*.

ad|mi·ra·ble ['ædmərəbl] *adj* □ bewundernswert; großartig; **~·mi·ra·tion** [ædmə'reɪʃn] *s* Bewunderung *f*; **~·mire** [əd'maɪə] *v/t* bewundern; verehren; **~·mir·er** *s* Bewunderer *m*, Verehrer(in) *m*.

ad·mis|si·ble [əd'mɪsəbl] *adj* □ zulässig; **~·sion** [~ʃn] *s* Zutritt *m*, Zulassung *f*; Eintritt(sgeld *n*) *m*; *confession*: Eingeständnis *n*; ***~ free*** Eintritt frei.

ad·mit [əd'mɪt] *v/t* (***-tt-***) (her)einlassen (***to, into*** in *acc*), eintreten lassen; zulassen (***to*** zu); *confess*: zugeben; **~·tance** *s* Einlaß *m*, Ein-, Zutritt *m*; ***no ~*** Zutritt verboten.

ad·mix·ture [æd'mɪkstʃə] *s* Beimischung *f*, Zusatz *m*.

ad·mon·ish [əd'mɒnɪʃ] *v/t* ermahnen; warnen (***of, against*** vor *dat*); **ad·mo·ni·tion** [ædmə'nɪʃn] *s* Ermahnung *f*; Warnung *f*.

a·do [ə'du:] *s* Getue *n*, Lärm *m*; ***without much*** *or* ***more*** *or* ***further ~*** ohne weitere Umstände.

ad·o·les|cence [ædə'lesns] *s* Adoleszenz *f*, Jugend *f*; **~·cent 1.** *adj* jugendlich, heranwachsend; **2.** *s* Jugendliche(r *m*) *f*.

a·dopt [ə'dɒpt] *v/t* adoptieren; sich zu eigen machen, übernehmen; ***~ed child*** Adoptivkind *n*; **a·dop·tion** [~pʃn] *s of child*: Adoption *f*; *of idea, etc.*: Übernahme *f*; **a·dop·tive** *adj* □ Adoptiv...; angenommen; ***~ child*** Adoptivkind *n*; ***~ parents*** *pl* Adoptiveltern *pl*.

a·dor·a·ble [ə'dɔ:rəbl] *adj* □ anbetungswürdig; F entzückend; **ad·o·ra·tion** [ædə'reɪʃn] *s* Anbetung *f*, Verehrung *f*; **a·dore** [ə'dɔ:] *v/t* anbeten, verehren.

a·dorn [ə'dɔ:n] *v/t* schmücken, zieren; **~·ment** [~mənt] *s* Schmuck *m*.

a·droit [ə'drɔɪt] *adj* □ geschickt.

ad·ult ['ædʌlt] **1.** *adj* erwachsen; **2.** *s* Erwachsene(r *m*) *f*; ***~ education*** Erwachsenenbildung *f*.

a·dul·ter·ate [ə'dʌltəreɪt] *v/t* verfälschen; *wine*: panschen.

a·dul·ter|er [ə'dʌltərə] *s* Ehebrecher *m*; **~·ess** [~rɪs] *s* Ehebrecherin *f*; **~·ous** *adj* □ ehebrecherisch; **~·y** *s* Ehebruch *m*.

ad·vance [əd'vɑ:ns] **1.** *v/i* vorrücken, -dringen; vorrücken (*time*); steigen; Fortschritte machen; *v/t* vorrücken; *opinion, etc.*: vorbringen; *money*: vorauszahlen, vorschießen; (be)fördern; *price*: erhöhen; beschleunigen; **2.** *s* Vorstoß *m* (*a. fig.*); Fortschritt *m*; Vorschuß *m*; ***in ~*** im voraus; **~d** *adj* fortgeschritten; ***~ for one's years*** weit *or* reif für sein Alter; **~·ment** *s* Förderung *f*; Fortschritt *m*.

ad·van|tage [əd'vɑ:ntɪdʒ] *s* Vorteil *m*; Überlegenheit *f*; Gewinn *m*; ***take ~ of*** ausnutzen; **~·ta·geous** [ædvən'teɪdʒəs] *adj* □ vorteilhaft.

ad·ven|ture [əd'ventʃə] *s* Abenteuer *n*, Wagnis *n*; Spekulation *f*; **~·tur·er** *s* Abenteurer *m*; Spekulant *m*; **~·tur·ous** *adj* □ abenteuerlich; verwegen, kühn.

ad·verb *gr*. ['ædvɜ:b] *s* Adverb *n*.

ad·ver·sa·ry ['ædvəsərɪ] *s* Gegner(in), Feind(in); **ad·verse** ['ædvɜ:s] *adj* □ widrig; ungünstig, nachteilig (***to*** für); **ad·ver·si·ty** [əd'vɜ:sətɪ] *s* Unglück *n*.

ad·vert F ['ædvɜ:t] → ***advertisement***.

ad·ver|tise ['ædvətaɪz] *v/t and v/i* Werbung *or* Reklame machen (für), werben (für), inserieren; ankündigen, bekanntmachen; **~·tise·ment** [əd'vɜ:tɪsmənt] *s* Anzeige *f*, Ankündigung *f*, Inserat *n*; Reklame *f*; **~·tis·ing** ['ædvətaɪzɪŋ] **1.** *s* Reklame *f*, Werbung *f*; **2.** *adj* Anzeigen..., Reklame..., Werbe...; ***~ agency*** Anzeigenannahme *f*; Werbeagentur *f*.

ad·vice [əd'vaɪs] *s* Rat(schlag) *m*; Nachricht *f*, Bescheid *m*; ***take medical ~*** e-n Arzt zu Rate ziehen; ***take my ~*** hör auf mich; ***a piece of ~*** ein Rat(schlag).

ad·vi·sab·le [əd'vaɪzəbl] *adj* □ ratsam; **ad·vise** [əd'vaɪz] *v/t j-n* beraten; *j-m* raten; *esp. econ.* benachrichtigen; avisieren; *v/i* sich beraten; **ad·vis·er**, *Am. a.* **ad·vis·or** *s* Berater *m*; **ad·vi·so·ry** *adj* beratend.

ad·vo·cate 1. *s* ['ædvəkət] Anwalt *m*; Verfechter *m*; Befürworter *m*; **2.** *v/t* [~keɪt] verteidigen, befürworten.

aer·i·al ['eərɪəl] **1.** *adj* □ luftig; Luft...; ***~ view*** Luftaufnahme *f*; **2.** *s* Antenne *f*.

aero- ['eərəʊ] Aero..., Luft...

aer·o·bics [eə'rəʊbɪks] *s sg* Aerobic *n*.

aer·o|dy·nam·ic [eərəʊdaɪ'næmɪk] *adj* (*~ally*) aerodynamisch; **~·dy·nam·ics** *s sg* Aerodynamik *f*; **~·nau·tics** [eərə'nɔːtɪks] *s sg* Luftfahrt *f*; **~·plane** *Br.* ['eərəpleɪn] *s* Flugzeug *n*.
aer·o·sol ['eərəsɒl] *s* Spraydose *f*; *~ propellant* Treibgas *n*.
aes·thet·ic [iːs'θetɪk] *adj* (*~ally*) ästhetisch; **~s** *s sg* Ästhetik *f*.
a·far [ə'fɑː] *adv* fern, weit (weg).
af·fable ['æfəbl] *adj* □ leutselig.
af·fair [ə'feə] *s* Angelegenheit *f*, Sache *f*; F Ding *n*; Liebesaffäre *f*, Verhältnis *n*.
af·fect [ə'fekt] *v/t* (ein- *or* sich aus)wirken auf (*acc*); rühren; *health*: angreifen; lieben, vorziehen; nachahmen; vortäuschen; **af·fec·ta·tion** [æfek'teɪʃn] *s* Vorliebe *f*; Affektiertheit *f*; Verstellung *f*; **~·ed** *adj* □ gerührt; befallen (*by illness*); angegriffen (*eyes, etc.*); geziert, affektiert.
af·fec·tion [ə'fekʃn] *s* Zuneigung *f*; **~·ate** *adj* □ liebevoll.
af·fil·i·ate [ə'fɪlɪeɪt] *v/t and v/i* (sich) angliedern; *~d company econ.* Tochtergesellschaft *f*.
af·fin·i·ty [ə'fɪnətɪ] *s* (geistige) Verwandtschaft; *chem.* Affinität *f*; Neigung *f* (*for, to* zu).
af·firm [ə'fɜːm] *v/t* versichern; beteuern; bestätigen; **af·fir·ma·tion** [æfə'meɪʃn] *s* Versicherung *f*; Beteuerung *f*; Bestätigung *f*; **af·fir·ma·tive** [~ətɪv] **1.** *adj* □ bejahend; **2.** *s*: *answer in the ~* bejahen.
af·fix [ə'fɪks] *v/t* (*to*) anheften, -kleben (an *acc*), befestigen (an *dat*); bei-, hinzufügen (*dat*).
af·flict [ə'flɪkt] *v/t* heimsuchen, plagen; **af·flic·tion** *s* Gebrechen *n*; Elend *n*.
af·flu|ence ['æflʊəns] *s* Überfluß *m*; Wohlstand *m*; **~·ent 1.** *adj* □ reich (-lich); *~ society* Wohlstandsgesellschaft *f*; **2.** *s* Nebenfluß *m*, *of lake*: Zufluß *m*.
af·ford [ə'fɔːd] *v/t* sich leisten; gewähren, bieten; *I can ~ it* ich kann es mir leisten.
af·front [ə'frʌnt] **1.** *v/t* beleidigen; **2.** *s* Beleidigung *f*.
a·field [ə'fiːld] *adv* im Feld; (weit) weg.
a·float [ə'fləʊt] *adj and adv* flott; schwimmend; auf See; *set ~ mar.* flottmachen; *fig.* in Umlauf bringen.
a·fraid [ə'freɪd] *adj*: *be ~ of* sich fürchten *or* Angst haben vor (*dat*); *I'm ~ she won't come* ich fürchte, sie wird nicht kommen; *I'm ~ I must go now* ich muß jetzt leider gehen.
a·fresh [ə'freʃ] *adv* von neuem.
Af·ri·can ['æfrɪkən] **1.** *adj* afrikanisch; **2.** *s* Afrikaner(in); *Am. a.* Schwarze(r *m*) *f*.
af·ter ['ɑːftə] **1.** *adv* hinterher, nachher, danach; **2.** *prp* nach; hinter (*dat*) (... her); *~ all* schließlich (doch); **3.** *cj* nachdem; **4.** *adj* später; Nach...; **~·ef·fect** *s med.* Nachwirkung *f* (*a. fig.*); *fig.* Folge *f*; **~·math** *s* Nachwirkungen *pl*, Folgen *pl*; **~·noon** *s* Nachmittag *m*; *this ~* heute nachmittag; *good ~!* guten Tag!; **~·taste** *s* Nachgeschmack *m*; **~·thought** *s* nachträgliche Idee; **~·ward(s)** *adv* nachher, später.
a·gain [ə'gen] *adv* wieder(um); ferner; *~ and ~, time and ~* immer wieder; *as much ~* noch einmal soviel.
a·gainst [ə'genst] *prp* gegen; *of place*: gegen; an, vor (*dat or acc*); *fig.* im Hinblick auf (*acc*); *as ~* verglichen mit; *he was ~ it* er war dagegen.
age [eɪdʒ] **1.** *s* (Lebens)Alter *n*; Zeit(alter *n*) *f*; Menschenalter *n*; (*old*) *~* (hohes) Alter; (*come*) *of ~* mündig *or* volljährig (werden); *be over ~* die Altersgrenze überschritten haben; *under ~* minderjährig; unmündig; *wait for ~s* F e-e Ewigkeit warten; **2.** *v/t and v/i* alt werden *or* machen; **~d** *adj* ['eɪdʒɪd] alt, betagt; [eɪdʒd]: *~ twenty* zwanzig Jahre alt; **~·less** *adj* zeitlos; ewig jung.
a·gen·cy ['eɪdʒənsɪ] *s* Tätigkeit *f*; Vermittlung *f*; Agentur *f*, Büro *n*.
a·gen·da [ə'dʒendə] *s* Tagesordnung *f*.
a·gent ['eɪdʒənt] *s* Handelnde(r *m*) *f*; (Stell)Vertreter(in); Agent(in) (*a. pol.*); Wirkstoff *m*, Mittel *n*, Agens *n*.
ag·gra|vate ['ægrəveɪt] *v/t* erschweren, verschlimmern; F ärgern; **~·vat·ing** *adj* ärgerlich, lästig.
ag·gre·gate 1. *v/t* ['ægrɪgeɪt] (*v/i* sich) anhäufen; vereinigen (*to* mit); sich belaufen auf (*acc*); **2.** *adj* □ [~gət] (an)gehäuft; gesamt; **3.** *s* [~] Anhäufung *f*; Gesamtmenge *f*, Summe *f*; Aggregat *n*.
ag·gres|sion [ə'greʃn] *s* Angriff *m*, Aggression *f*; **~·sive** [~sɪv] *adj* □ aggressiv, Angriffs...; *fig.* energisch; **~·sor** [~sə] *s* Angreifer *m*, Aggressor *m* (*esp. pol.*).

ag·grieved [ə'griːvd] *adj* verletzt, gekränkt.
a·ghast [ə'gɑːst] *adj and adv* entgeistert, entsetzt.
ag·ile ['ædʒaɪl] *adj* □ flink, behend; **a·gil·i·ty** [ə'dʒɪlətɪ] *s* Behendigkeit *f*.
ag·i|tate ['ædʒɪteɪt] *v/t* hin- und herbewegen; *fig.* aufregen; *v/i* agitieren; **~·ta·tion** [ædʒɪ'teɪʃn] *s fig.* Erschütterung *f*; Aufregung *f*; Agitation *f*; **~·ta·tor** ['~teɪtə] *s* Agitator *m*, Aufwiegler *m*.
a·glow [ə'gləʊ] *adj and adv* glühend; ***be ~*** strahlen (***with*** vor *dat*).
a·go [ə'gəʊ] *adv*: ***a year ~*** vor e-m Jahr.
ag·o·nize ['ægənaɪz] *v/i* sich quälen.
ag·o·ny ['ægənɪ] *s* heftiger Schmerz, *a. of mind*: Qual *f*; Pein *f*; Agonie *f*, Todeskampf *m*.
a·grar·i·an [ə'greərɪən] *adj* Agrar...
a·gree [ə'griː] *v/i* übereinstimmen; sich vertragen; einig werden, sich einigen (***on***, ***upon*** über *acc*); übereinkommen; ***~ to*** zustimmen (*dat*), einverstanden sein mit; *v/t price*, *etc.*: vereinbaren; **~·a·ble** *adj* □ (***to***) angenehm (für); übereinstimmend (mit); **~·ment** *s* Übereinstimmung *f*; Vereinbarung *f*; Abkommen *n*; Vertrag *m*.
ag·ri·cul·tur|al [ægrɪ'kʌltʃərəl] *adj* landwirtschaftlich; ***~ policy*** Agrarpolitik *f*; ***~ products*** landwirtschaftliche Erzeugnisse; **~e** ['ægrɪkʌltʃə] *s* Landwirtschaft *f*; **~·ist** [ægrɪ'kʌltʃərɪst] *s* Landwirt *m*, Landwirtschaftsexperte *m*.
a·ground *mar.* [ə'graʊnd] *adj and adv* gestrandet; ***run ~*** stranden, auf Grund laufen.
a·head [ə'hed] *adj and adv* vorwärts, voraus; vorn; ***go ~!*** nur zu!, mach nur!; ***straight ~*** geradeaus.
aid [eɪd] **1.** *v/t* helfen (*dat*; ***in s.th.*** bei et.); fördern; **2.** *s* Hilfe *f*, Unterstützung *f*.
AIDS [eɪdz] *s* Aids *n* (*mst no art*), Erworbene Abwehrschwäche.
ail [eɪl] *v/i* kränkeln; *v/t* schmerzen, weh tun (*dat*); ***what ~s him?*** was fehlt ihm?; **~·ing** *adj* leidend; **~·ment** *s* Leiden *n*.
aim [eɪm] **1.** *v/i* zielen (***at*** auf *acc*, nach); ***~ at*** *fig.* beabsichtigen; ***be ~ing to do s.th.*** vorhaben, et. zu tun; *v/t*: ***~ at*** *weapon*, *etc.*: richten auf (*acc*) *or* gegen; **2.** *s* Ziel *n* (*a. fig.*); Absicht *f*; ***take ~ at*** zielen auf (*acc*) *or* nach; **~·less** *adj* □ ziellos.
air[1] [eə] **1.** *s* Luft *f*; Luftzug *m*; Miene *f*, Aussehen *n*; ***by ~*** auf dem Luftwege; ***in the open ~*** im Freien; ***on the ~*** im Rundfunk *or* Fernsehen; ***be on the ~*** senden (*radio station*, *etc.*); in Betrieb sein (*radio station*, *etc.*); ***go off the ~*** die Sendung beenden (*person*); sein Programm beenden (*radio station*, *etc.*); ***give o.s. ~s***, ***put on ~s*** vornehm tun; *aer.* ***go or travel by ~*** fliegen, mit dem Flugzeug reisen; **2.** *v/t* (aus)lüften; *fig.* an die Öffentlichkeit bringen; erörtern.
air[2] *mus.* [~] *s* Weise *f*, Melodie *f*.
air|bag *mot.* ['eəbæg] *s* Prallsack *m*; **~·bed** *s* Luftmatratze *f*; **~·borne** *adj aer.* in der Luft; *mil.* Luftlande...; **~·brake** *s tech.* Druckluftbremse *f*; **~-con·di·tioned** *adj* mit Klimaanlage; **~-con·di·tion·er** *s* Klimaanlage *f*; **~·craft** *s* (*pl* ***-craft***) Flugzeug *n*; ***~ carrier*** Flugzeugträger *m*; **~·field** *s* Flugplatz *m*; **~·force** *s mil.* Luftwaffe *f*; **~·host·ess** *s aer.* Stewardeß *f*; **~·lift** *s* Luftbrücke *f*; **~·line** *s* Fluggesellschaft *f*; **~·lin·er** *s* Verkehrsflugzeug *n*; **~·mail** *s* Luftpost *f*; ***by ~*** mit Luftpost; **~·miss** *s* Beinahezusammenstoß *m*; **~·plane** *s Am.* Flugzeug *n*; **~·pock·et** *s* Luftloch *n*; **~ pol·lu·tion** *s* Luftverschmutzung *f*; **~·port** *s* Flughafen *m*; **~ raid** *s mil.* Luftangriff *m*; **~ route** *s aer.* Flugroute *f*; **~·sick** *adj* luftkrank; **~·space** *s* Luftraum *m*; **~·strip** *s* (behelfsmäßige) Start- und Landebahn; **~ ter·mi·nal** *s* Abfertigungsgebäude *n*; **~·tight** *adj* luftdicht; **~ traf·fic** *s* Flugverkehr *m*; ***~ control*** Flugsicherung *f*; ***~ controller*** Fluglotse *m*; **~·worth·y** *adj* flugtüchtig.
air·y ['eərɪ] *adj* □ (***-ier***, ***-iest***) luftig; *contp.* überspannt.
aisle *arch.* [aɪl] *s* Seitenschiff *n*; Gang *m*.
a·jar [ə'dʒɑː] *adj and adv* halb offen, angelehnt.
a·kin [ə'kɪn] *adj* verwandt (***to*** mit).
a·larm [ə'lɑːm] **1.** *s* Alarm(zeichen *n*) *m*; Wecker *m*; Angst *f*; **2.** *v/t* alarmieren; beunruhigen; **~ clock** *s* Wecker *m*.
al·bum ['ælbəm] *s* Album *n*.
al·co·hol ['ælkəhɒl] *s* Alkohol *m*; **~·ic** [ælkə'hɒlɪk] **1.** *adj* (***~ally***) alkoholisch; **2.** *s* Alkoholiker(in); **~·is·m** *s* Alkoholismus *m*.
al·cove ['ælkəʊv] *s* Nische *f*; Laube *f*.

al·der·man ['ɔːldəmən] *s* Ratsherr *m*, Stadtrat *m*.
ale [eɪl] *s* Ale *n*.
a·lert [ə'lɜːrt] **1.** *adj* □ wachsam; munter; **2.** *s* Alarm(bereitschaft *f*) *m*; ***on the ~*** auf der Hut; in Alarmbereitschaft; **3.** *v/t* warnen (***to*** vor *dat*), alarmieren.
al·gae *biol.* ['ældʒiː, 'ælgaɪ] *s pl* Algen *pl*; ***plague of ~*** Algenpest *f*; → ***proliferation***; **al·gal** ['ælgəl] *adj* Algen...; ***~ bloom*** Algenblüte *f*, *a.* Algenpest *f*.
al·i·bi ['ælɪbaɪ] *s* Alibi *n*; F Entschuldigung *f*, Ausrede *f*.
a·li·en ['eɪlɪən] **1.** *adj* fremd; ausländisch; **2.** *s* Fremde(r *m*) *f*, Ausländer(in); **~·ate** *v/t* veräußern; entfremden.
a·light [ə'laɪt] **1.** *adj* in Flammen; erhellt; **2.** *v/i* ab-, aussteigen; sich niederlassen (***on***, ***upon*** auf *dat or acc*).
a·lign [ə'laɪn] *v/t and v/i* (sich) ausrichten (***with*** nach); ***~ o.s. with*** sich anschließen an (*acc*).
a·like [ə'laɪk] **1.** *adj* gleich; **2.** *adv* gleich, ebenso.
al·i·men·ta·ry [ælɪ'mentərɪ] *adj* nahrhaft; ***~ canal*** Verdauungskanal *m*.
al·i·mo·ny *jur.* ['ælɪmənɪ] *s* Unterhalt *m*.
a·live [ə'laɪv] *adj* lebendig; (noch) am Leben; lebhaft; belebt (***with*** von).
all [ɔːl] **1.** *adj* all; ganz; jede(r, -s); **2.** *pron* alles; alle *pl*; **3.** *adv* ganz, völlig; ***~ at once*** auf einmal; ***~ the better*** desto besser; ***~ but*** beinahe, fast; ***~ in*** F fertig, ganz erledigt; ***~ in ~*** alles in allem; ***~ right*** (alles) in Ordnung; ***for ~ that*** dessenungeachtet, trotzdem; ***for ~ (that) I care*** meinetwegen; ***for ~ I know*** soviel ich weiß; ***at ~*** überhaupt; ***not at ~*** überhaupt nicht; ***the score was two ~*** das Spiel stand zwei zu zwei.
all-A·mer·i·can [ɔːlə'merɪkən] *adj* rein amerikanisch; die ganzen USA vertretend.
al·le·ga·tion [ælɪ'geɪʃn] *s* (unbewiesene) Behauptung; **al·lege** [ə'ledʒ] *v/t* behaupten; **al·leged** *adj* (*adv* **~ly** [~ɪdlɪ]) angeblich.
al·le·giance [ə'liːdʒəns] *s* (Untertanen-) Treue *f*.
al·ler|gic [ə'lɜːdʒɪk] *adj* allergisch (***to*** gegen); **~·gy** ['ælədʒɪ] *s* Allergie *f*.
al·le·vi·ate [ə'liːvɪeɪt] *v/t* lindern, vermindern.
al·ley ['ælɪ] *s* (enge *or* schmale) Gasse; Garten-, Parkweg *m*; *bowling*: Bahn *f*.
al·li·ance [ə'laɪəns] *s* Bündnis *n*, Allianz *f*; ***in ~ with*** im Verein mit.
al·lo|cate ['æləkeɪt] *v/t* zuteilen, anweisen; **~·ca·tion** [~'keɪʃn] *s* Zuteilung *f*.
al·lot [ə'lɒt] *v/t* (**-tt-**) zuteilen, an-, zuweisen; **~·ment** *s* Zuteilung *f*; Parzelle *f*.
al·low [ə'laʊ] *v/t* erlauben, bewilligen, gewähren; zugeben; ab-, anrechnen, vergüten; *v/i*: ***~ for*** berücksichtigen (*acc*); **~·a·ble** *adj* □ erlaubt, zulässig; **~·ance** *s* Vergütung *f*, Zuschuß *m*; *econ.* Freibetrag *m*; *fig.* Nachsicht *f*; ***make ~(s) for s.th.*** et. in Betracht ziehen.
al·loy **1.** *s* ['ælɔɪ] Legierung *f*; **2.** *v/t* [ə'lɔɪ] legieren.
all-round ['ɔːlraʊnd] *adj* vielseitig; **~·er** [ɔːl'raʊndə] *s* Alleskönner(in); *sports*: Allroundsportler(in), -spieler(in).
al·lude [ə'luːd] *v/i* anspielen (***to*** auf *acc*).
al·lure [ə'ljʊə] *v/t* (an-, ver)locken; **~·ment** *s* Verlockung *f*.
al·lu·sion [ə'luːʒn] *s* Anspielung *f*.
all-wheel drive *mot.* ['ɔːlwiːldraɪv] *s* Allradantrieb *m*.
al·ly **1.** *v/t and v/i* [ə'laɪ] (sich) vereinigen, sich verbünden (***to***, ***with*** mit); **2.** *s* ['ælaɪ] Verbündete(r *m*) *f*, Bundesgenoss|e *m*, -in *f*; ***the Allies*** *pl* die Alliierten *pl*.
al·ma·nac ['ɔːlmənæk] *s* Almanach *m*.
al·might·y [ɔːl'maɪtɪ] *adj* allmächtig; ***the ~*** der Allmächtige.
al·mond *bot.* ['ɑːmənd] *s* Mandel *f*.
al·mo·ner *Br.* ['ɑːmənə] *s* Sozialarbeiter(in) im Krankenhaus.
al·most ['ɔːlməʊst] *adv* fast, beinah(e).
alms [ɑːmz] *s pl* Almosen *n*.
a·loft [ə'lɒft] *adv* (hoch) (dr)oben.
a·lone [ə'ləʊn] *adj and adv* allein; ***let or leave ~*** in Ruhe lassen, bleibenlassen; ***let ~ ...*** abgesehen von ...
a·long [ə'lɒŋ] **1.** *adv* weiter, vorwärts; da; dahin; ***all ~*** die ganze Zeit; ***~ with*** (zusammen) mit; ***come ~*** mitkommen, -gehen; ***get ~*** vorwärts-, weiterkommen; auskommen, sich vertragen (***with s.o.*** mit j-m); ***take ~*** mitnehmen; **2.** *prp* entlang, längs; **~·side** **1.** *adv* Seite an Seite; **2.** *prp* neben (*acc or dat*).
a·loof [ə'luːf] **1.** *adv* abseits; **2.** *adj* reserviert, zurückhaltend.
a·loud [ə'laʊd] *adv* laut.

al·pha·bet ['ælfəbɪt] *s* Alphabet *n.*
al·pine ['ælpaɪn] *adj* alpin, (Hoch)Gebirgs...
al·ready [ɔːl'redɪ] *adv* bereits, schon.
al·right [ɔːl'raɪt] → ***all right*** (***all*** 3).
al·so ['ɔːlsəʊ] *adv* auch, ferner.
al·tar ['ɔːltə] *s* Altar *m.*
al·ter ['ɔːltə] *v/t* (*v/i* sich) (ver)ändern; ab-, umändern; **~·a·tion** [~'reɪʃn] *s* (Ver)Änderung *f* (**to** an *dat*).
al·ter|nate 1. *v/i and v/t* ['ɔːltəneɪt] abwechseln (lassen); ***alternating current*** *electr.* Wechselstrom *m*; **2.** *adj* □ [ɔːl'tɜːnət] abwechselnd; **3.** *s Am.* [~] Stellvertreter(in); **~·na·tion** [~'neɪʃn] *s* Abwechslung *f*, Wechsel *m*; **~·na·tive** [~'tɛːnətɪv] **1.** *adj* □ alternativ, wahlweise; **~ *society*** alternative Gesellschaft; **2.** *s* Alternative *f*, Wahl *f*, Möglichkeit *f.*
al·though [ɔːl'ðəʊ] *cj* obwohl, obgleich.
al·ti·tude ['æltɪtjuːd] *s* Höhe *f*; ***at an ~ of*** in e-r Höhe von.
al·to·geth·er [ɔːltə'geðə] *adv* im ganzen, insgesamt; ganz (und gar), völlig.
al·u·min·i·um [æljʊ'mɪnɪəm], *Am.* **a·lu·mi·num** [ə'luːmɪnəm] *s* Aluminium *n.*
al·ways ['ɔːlweɪz] *adv* immer, stets.
am [æm; əm] *1. sg pres of* **be**.
a·mal·gam·ate [ə'mælgəmeɪt] *v/t and v/i* amalgamieren; verschmelzen.
a·mass [ə'mæs] *v/t* an-, aufhäufen.
am·a·teur ['æmətə] *s* Amateur *m*; *contp.* Dilettant(in); **~·is·m** *s* Amateursport *m*; *status*: Amateurstatus *m.*
a·maze [ə'meɪz] *v/t* in Erstaunen setzen, verblüffen; **~·ment** *s* Staunen *n*, Verblüffung *f*; **a·maz·ing** *adj* □ erstaunlich, verblüffend.
am·bas·sa|dor *pol.* [æm'bæsədə] *s* Botschafter *m* (**to** *a country* in *dat*); Gesandte(r) *m*; **~·dress** *pol.* [~drɪs] *s* Botschafterin *f* (**to** *a country* in *dat*).
am·ber *min.* ['æmbə] *s* Bernstein *m.*
am·bi·gu·i·ty [æmbɪ'gjuːɪtɪ] *s* Zwei-, Mehrdeutigkeit *f*; **am·big·u·ous** [æm'bɪgjʊəs] *adj* □ zwei-, vieldeutig; doppelsinnig.
am·bi|tion [æm'bɪʃn] *s* Ehrgeiz *m*; Streben *n*; **~·tious** [~ʃəs] *adj* □ ehrgeizig; begierig (***of*** nach).
am·ble ['æmbl] **1.** *s* Paßgang *m*; **2.** *v/i* im Paßgang gehen *or* reiten; schlendern.
am·bu·lance ['æmbjʊləns] *s* Krankenwagen *m*; *mil.* Feldlazarett *n.*
am·bush ['æmbʊʃ] **1.** *s* Hinterhalt *m*; ***be** or **lie in ~ for s.o.*** j-m auflauern; **2.** *v/t* auflauern (*dat*); überfallen.
a·men [ɑː'men, eɪ'men] *int* amen.
a·mend [ə'mend] *v/t* verbessern, berichtigen; *law*: abändern, ergänzen; **~·ment** *s* Besserung *f*; Verbesserung *f*; *parl.* Abänderungs-, Ergänzungsantrag *m* (*to a law*); *Am.* Zusatzartikel *m* zur Verfassung; **~s** *s pl* (Schaden)Ersatz *m*; ***make ~*** Schadenersatz leisten; ***make ~ to s.o. for s.th.*** j-n für et. entschädigen.
a·men·i·ty [ə'miːnətɪ] *s often* ***amenities*** *pl* Annehmlichkeiten *pl*, *of a town*: Kultur- und Freizeitangebot *n.*
A·mer·i·can [ə'merɪkən] **1.** *adj* amerikanisch; **~ *football*** Football *m*; **~ *plan*** *Am.* Vollpension *f*; **~ *studies*** *pl* Amerikanistik *f*; **2.** *s* Amerikaner(in); **~·is·m** [~ɪzəm] *s* Amerikanismus *m.*
a·mi·a·ble ['eɪmɪəbl] *adj* □ liebenswürdig, freundlich.
am·i·ca·ble ['æmɪkəbl] *adj* □ freundschaftlich; gütlich.
a·mid(st) [ə'mɪd(st)] *prp* inmitten (*gen*), (mitten) in *or* unter (*acc or dat*).
a·miss [ə'mɪs] *adj and adv* verkehrt, falsch, übel; ***take ~*** übelnehmen.
am·mo·ni·a *chem.* [ə'məʊnɪə] *s* Ammoniak *n.*
am·mu·ni·tion [æmjʊ'nɪʃn] *s* Munition *f* (*a. fig.*).
am·ne·si·a [æm'niːzɪə] *s* Gedächtnisschwund *m.*
am·nes·ty ['æmnɪstɪ] **1.** *s* Amnestie *f*; **2.** *v/t* begnadigen.
a·mok [ə'mɒk] *adv*: ***run ~*** Amok laufen.
a·mong(st) [ə'mʌŋ(st)] *prp* (mitten) unter, zwischen (*both*: *acc or dat*); ***~ other things*** unter anderem.
am·o·rous ['æmərəs] *adj* □ *looks, etc.*: verliebt; **~ *advances*** *pl* Annäherungsversuche *pl.*
a·mount [ə'maʊnt] **1.** *v/i* (**to**) sich belaufen (auf *acc*); hinauslaufen (auf *acc*); **2.** *s* Betrag *m*, Summe *f*; Menge *f.*
am·ple ['æmpl] *adj* □ (***~r, ~st***) weit, groß, geräumig; reichlich, -haltig.
am·pli|fi·er *electr.* ['æmplɪfaɪə] *s* Verstärker *m*; **~·fy** [~faɪ] *v/t* erweitern; *electr.* verstärken; weiter ausführen;

~·tude [~tjuːd] *s* Umfang *m*, Weite *f*, Fülle *f*.
am·pu·tate ['æmpjʊteɪt] *v/t* amputieren.
a·muck [ə'mʌk] → ***amok.***
a·muse [ə'mjuːz] *v/t* (***o.s.*** sich) amüsieren, unterhalten, belustigen; **~·ment** *s* Unterhaltung *f*, Vergnügen *n*, Zeitvertreib *m*; ~ ***arcade*** Spielhalle *f*; ~ ***park*** Freizeitpark *m*; **a·mus·ing** [~ɪŋ] *adj* □ amüsant, unterhaltend.
an [æn, ən] *indef art before vowel*: ein(e).
a·nae·mia *med.* [ə'niːmɪə] *s* Blutarmut *f*, Anämie *f*.
an·aes·thet·ic [ænɪs'θetɪk] **1.** *adj* (***~ally***) betäubend, Narkose...; **2.** *s* Betäubungsmittel *n*; ***local*** ~ örtliche Betäubung; ***general*** ~ Vollnarkose *f*.
a·nal·o|gous [ə'næləgəs] *adj* □ analog, entsprechend; **~·gy** [~dʒɪ] *s* Analogie *f*, Entsprechung *f*.
an·a·lyse *esp. Br.*, *Am.* **-lyze** ['ænəlaɪz] *v/t* analysieren; zerlegen; **a·nal·y·sis** [ə'næləsɪs] *s* (*pl* ***-ses*** [-siːz]) Analyse *f*.
an·arch·y ['ænəkɪ] *s* Anarchie *f*, Gesetzlosigkeit *f*; Chaos *n*.
a·nat·o|mize [ə'nætəmaɪz] *v/t med.* sezieren; zergliedern; **~·my** [~ɪ] *s med.* Anatomie *f*; Zergliederung *f*, Analyse *f*.
an·ces|tor ['ænsestə] *s* Vorfahr *m*, Ahn *m*; **~·tral** [æn'sestrəl] *adj* angestammt; **~·tress** ['ænsestrɪs] *s* Ahne *f*; **~·try** [~rɪ] *s* Abstammung *f*; Ahnen *pl*.
an·chor ['æŋkə] **1.** *s* Anker *m*; ***at*** ~ vor Anker; **2.** *v/t* verankern; **~·age** [~rɪdʒ] *s* Ankerplatz *m*.
an·cho·vy *zo.* ['æntʃəvɪ] *s* An(s)chovis *f*, Sardelle *f*.
an·cient ['eɪnʃənt] **1.** *adj* alt, antik; uralt; **2.** *s*: ***the ~s*** *pl hist.* die Alten *pl*, die antiken Klassiker *pl*.
and [ænd, ənd] *cj* und.
a·ne·mi·a *Am.* → ***anaemia.***
an·es·thet·ic *Am.* → ***anaesthetic.***
a·new [ə'njuː] *adv* von neuem.
an·gel ['eɪndʒəl] *s* Engel *m*.
an·ger ['æŋgə] **1.** *s* Zorn *m*, Ärger *m* (***at*** über *acc*); **2.** *v/t* erzürnen, (ver)ärgern.
an·gi·na *med.* [æn'dʒaɪnə] *s a.* ~ ***pectoris*** Angina pectoris *f*.
an·gle ['æŋgl] **1.** *s* Winkel *m*; *fig.* Standpunkt *m*; **2.** *v/i* angeln (***for*** nach); **~r** [~ə] *s* Angler(in).
An·gli·can ['æŋglɪkən] **1.** *adj eccl.* anglikanisch; *Am.* britisch, englisch; **2.** *s eccl.* Anglikaner(in).
An·glo-Sax·on [æŋgləʊ'sæksən] **1.** *adj* angelsächsisch; **2.** *s* Angelsachse *m*; *ling.* Altenglisch *n*.
an·gry ['æŋgrɪ] *adj* □ (***-ier, -iest***) zornig, verärgert, böse (***at*** über *acc*).
an·guish ['æŋgwɪʃ] *s* (Seelen)Qual *f*, Schmerz *m*; **~ed** [~t] *adj* qualvoll.
an·gu·lar ['æŋgjʊlə] *adj* □ winkelig, Winkel...; knochig.
an·i·mal ['ænɪml] **1.** *s* Tier *n*; **2.** *adj* tierisch; ~ **hus·band·ry** *s* Viehzucht *f*.
an·i|mate ['ænɪmeɪt] *v/t* beleben, beseelen; aufmuntern, anregen; **~·ma·ted** *adj* lebendig; lebhaft, angeregt; ~ ***cartoon*** Zeichentrickfilm *m*; **~·ma·tion** [ænɪ'meɪʃn] *s* Lebhaftigkeit *f*; *of cartoons*: Animation *f*; *film*: (Zeichen)Trickfilm *m*.
an·i·mos·i·ty [ænɪ'mɒsətɪ] *s* Animosität *f*, Feindseligkeit *f*.
an·kle *anat.* ['æŋkl] *s* (Fuß)Knöchel *m*.
an·nals ['ænlz] *s pl* Jahrbücher *pl*.
an·nex 1. *v/t* [ə'neks] anhängen; annektieren; **2.** *s* ['æneks] Anhang *m*; Anbau *m*; **~·a·tion** [ænek'seɪʃn] *s* Annexion *f*, Einverleibung *f*.
an·ni·hi·late [ə'naɪəlaɪt] *v/t* vernichten.
an·ni·ver·sa·ry [ænɪ'vɜːsərɪ] *s* Jahrestag *m*; Jahresfeier *f*.
an·no|tate ['ænəʊteɪt] *v/t* mit Anmerkungen versehen; kommentieren; **~·ta·tion** [~'teɪʃn] *s* Kommentieren *n*; Anmerkung *f*.
an·nounce [ə'naʊns] *v/t* ankündigen; bekanntgeben; *radio*, *TV*: ansagen; durchsagen; **~·ment** *s* Ankündigung *f*; Bekanntgabe *f*; *radio*, *TV*: Ansage *f*; Durchsage *f*; **an·nounc·er** *s radio*, *TV*: Ansager(in), Sprecher(in).
an·noy [ə'nɔɪ] *v/t* ärgern; belästigen; **~·ance** *s* Störung *f*, Belästigung *f*; Ärgernis *n*; **~·ing** *adj* ärgerlich, lästig.
an·nu·al ['ænjʊəl] **1.** *adj* □ jährlich, Jahres...; **2.** *s bot.* einjährige Pflanze; *book*: Jahrbuch *n*.
an·nu·i·ty [ə'njuːɪtɪ] *s* (Jahres)Rente *f*.
an·nul [ə'nʌl] *v/t* (***-ll-***) für ungültig erklären, annullieren; **~·ment** *s* Annullierung *f*, Aufhebung *f*.
an·o·dyne *med.* ['ænəʊdaɪn] **1.** *adj* schmerzstillend **2.** *s* schmerzstillendes Mittel.

a·noint *esp. eccl.* [ə'nɔɪnt] *v/t* salben.

a·nom·a·lous [ə'nɒmələs] *adj* □ anomal, abnorm, regelwidrig.

a·non·y·mous [ə'nɒnɪməs] *adj* □ anonym, ungenannt.

an·o·rak ['ænəræk] *s* Anorak *m*.

an·o·rex·ia *med.* [ænə'reksɪə] *s* Magersucht *f*.

an·oth·er [ə'nʌðə] *adj and pron* ein anderer; ein zweiter; noch eine(r, -s).

an·swer ['ɑːnsə] **1.** *v/t et.* beantworten; *j-m* antworten; entsprechen (*dat*); *purpose*: erfüllen; *tech. steering wheel*: gehorchen (*dat*); *summons*: Folge leisten (*dat*); *description*: entsprechen (*dat*); **~ *the bell*** *or* ***door*** (die Haustür) aufmachen; **~ *the* (*tele*)*phone*** ans Telefon gehen; *v/i* antworten (***to*** auf *acc*); entsprechen (***to*** *dat*); **~ *back*** freche Antworten geben; widersprechen; **~ *for*** einstehen für; **2.** *s* Antwort *f* (***to*** auf *acc*); **~·a·ble** *adj* verantwortlich.

ant *zo.* [ænt] *s* Ameise *f*.

an·tag·o|nis·m [æn'tægənɪzəm] *s* Antagonismus *m*; Feindschaft *f*; **~·nist** *s* Gegner(in); **~·nize** *v/t* ankämpfen gegen; sich *j-n* zum Feind machen.

an·te·ced·ent [æntɪ'siːdənt] **1.** *adj* □ vorhergehend, früher (***to*** als); **2.** *s*: **~s** *pl* Vorgeschichte *f*; Vorleben *n*.

an·te·date ['æntɪdeɪt] *v/t letter, etc.*: zurückdatieren; *event, etc.*: vorausgehen (*dat*).

an·te·lope *zo.* ['æntɪləʊp] *s* Antilope *f*.

an·ten·na[1] *zo.* [æn'tenə] *s* (*pl* ***-nae*** [-niː]) Fühler *m*.

an·ten·na[2] *esp. Am.* [~] *s* Antenne *f*.

an·te-room ['æntɪrʊm] *s* Vorzimmer *n*; Wartezimmer *n*.

an·them *mus.* ['ænθəm] *s* Hymne *f*.

an·ti- ['æntɪ] Gegen..., gegen ... eingestellt *or* wirkend, Anti..., anti...; **~-air·craft** *adj mil.* Flieger-, Flugabwehr...; **~·bi·ot·ic** [~baɪ'ɒtɪk] *s* Antibiotikum *n*.

an·tic·i|pate [æn'tɪsɪpeɪt] *v/t* vorwegnehmen; zuvorkommen (*dat*); voraussehen; erwarten; **~·pa·tion** [~'peɪʃn] *s* Vorwegnahme *f*; Zuvorkommen *n*; Voraussicht *f*; Erwartung *f*; ***in*** **~** im voraus.

an·ti·clock·wise *Br.* [æntɪ'klɒkwaɪz] *adj and adv* entgegen dem Uhrzeigersinn.

an·ti|dote ['æntɪdəʊt] *s* Gegengift *n*, -mittel *n*; **~·freeze** *s* Frostschutzmittel *n*; **~·nu·cle·ar** *adj* Anti-Atomkraft...

an·tip·a·thy [æn'tɪpəθɪ] *s* Abneigung *f*.

an·ti·quat·ed ['æntɪkweɪtɪd] *adj* veraltet, altmodisch, überholt.

an·tique [æn'tiːk] **1.** *adj* antik, alt; **2.** *s* Antiquität *f*; **~ *dealer*** Antiquitätenhändler(in); **~ *shop***, *esp. Am.* **~ *store*** Antiquitätenladen *m*; **an·tiq·ui·ty** [æn'tɪkwətɪ] *s* Altertum *n*, Vorzeit *f*.

an·ti|sep·tic [æntɪ'septɪk] **1.** *adj* (**~*ally***) antiseptisch; **2.** *s* antiseptisches Mittel; **~·so·cial** *adj* □ asozial; *person*: *a.* ungesellig; **~·state** *adj* staatsfeindlich; **~·trust** *adj Am.*: **~ *law*** Kartellgesetz *n*.

ant·lers ['æntləz] *s pl* Geweih *n*.

a·nus *anat.* ['eɪnəs] *s* After *m*.

anx·i·e·ty [æŋ'zaɪətɪ] *s* Angst *f*; Sorge *f* (***for*** um); *med.* Beklemmung *f*; **anx·ious** ['æŋkʃəs] *adj* □ besorgt, beunruhigt (***about*** wegen); begierig, gespannt (***for*** auf *acc*); bestrebt (***to do*** zu tun).

an·y ['enɪ] **1.** *adj and pron* (irgend)eine(r, -s), (irgend)welche(r, -s); (irgend) etwas; jede(r, -s) (beliebige); einige *pl*, welche *pl*; ***not*** **~** keiner; **2.** *adv* irgend (-wie), ein wenig, etwas, (noch) etwas; **~·bod·y** *pron* (irgend) jemand; jeder; **~·how** *adv* irgendwie; trotzdem, jedenfalls; wie dem auch sei; **~·one** → ***anybody***; **~·thing** *pron* (irgend) etwas; alles; **~ *but*** alles andere als; **~ *else?*** sonst noch etwas?; ***not*** **~** nichts; **~·way** → ***anyhow***; **~·where** *adv* irgendwo(hin); überall.

a·part [ə'pɑːt] *adv* einzeln, getrennt, für sich; beiseite; **~ *from*** abgesehen von.

a·part·heid [ə'pɑːtheɪt] *s* Apartheid *f*, Politik *f* der Rassentrennung.

a·part·ment [ə'pɑːtmənt] *s* Zimmer *n*; *Am.* Wohnung *f*; *esp. Br.* (möblierte) (Miet-, Ferien)Wohnung *f*; **~ *house*** *Am.* Mietshaus *n*.

ap·a|thet·ic [æpə'θetɪk] *adj* (**~*ally***) apathisch, teilnahmslos, gleichgültig; **~·thy** ['æpəθɪ] *s* Apathie *f*, Teilnahmslosigkeit *f*, Gleichgültigkeit *f*.

ape [eɪp] **1.** *s zo.* (Menschen)Affe *m*; **2.** *v/t* nachäffen.

a·pér·i·tif [əperɪ'tiːf] *s* Aperitif *m*.

ap·er·ture ['æpətjʊə] *s* Öffnung *f*.

a·piece [ə'piːs] *adv* pro Stück, je.

a·po·lit·i·cal [eɪpə'lɪtɪkəl] *adj* □ unpolitisch.

a·pol·o|get·ic [əpɒlə'dʒetɪk] *adj* (**~*ally***)

verteidigend; rechtfertigend; entschuldigend; **~·gize** [əˈpɒlədʒaɪz] *v/i* sich entschuldigen (***for*** für; ***to*** bei); **~·gy** [~ɪ] *s* Entschuldigung *f*; Rechtfertigung *f*; ***make*** *or* ***offer s.o. an ~*** (***for s.th.***) sich bei j-m (für et.) entschuldigen.

ap·o·plex·y *med.* [ˈæpəpleksɪ] *s* Schlag(-anfall) *m*.

a·pos·tle *eccl.* [əˈpɒsl] *s* Apostel *m*.

a·pos·tro·phe *ling.* [əˈpɒstrəfɪ] *s* Apostroph *m*.

ap·pal|(l) [əˈpɔːl] *v/t* (**-ll-**) erschrecken, entsetzen; **~·ling** *adj* □ erschreckend, entsetzlich, schrecklich.

ap·pa·ra·tus [æpəˈreɪtəs] *s* Apparat *m*, Vorrichtung *f*, Gerät *n*; ***the ~ of government*** der Regierungsapparat.

ap·par·ent [əˈpærənt] *adj* □ sichtbar; anscheinend; offenbar.

ap·pa·ri·tion [æpəˈrɪʃn] *s* Erscheinung *f*, Gespenst *n*.

ap·peal [əˈpiːl] **1.** *v/i jur.* Berufung *or* Revision einlegen, Einspruch erheben, Beschwerde einlegen; appellieren, sich wenden (***to*** an *acc*); **~ *to*** gefallen (*dat*), zusagen (*dat*), wirken auf (*acc*); *j-n* dringend bitten (***for*** um); **2.** *s jur.* Revision *f*, Berufung *f*; Beschwerde *f*; Einspruch *m*; Appell *m* (***to*** an *acc*), Aufruf *m*; Wirkung *f*, Reiz *m*; Bitte *f* (***to*** an *acc*; ***for*** um); **~ *for mercy*** *jur.* Gnadengesuch *n*; **~·ing** *adj* □ flehend; ansprechend.

ap·pear [əˈpɪə] *v/i* (er)scheinen; sich zeigen; *actor, etc.*: auftreten; sich ergeben *or* herausstellen; **~·ance** *s* Erscheinen *n*; Auftreten *n*; Äußere(s) *n*, Erscheinung *f*, Aussehen *n*; Anschein *m*, äußerer Schein; ***to all ~(s)*** allem Anschein nach.

ap·pease [əˈpiːz] *v/t* beruhigen; beschwichtigen; stillen; mildern; beilegen.

ap·pend [əˈpend] *v/t* an-, hinzu-, beifügen; **~·age** [~ɪdʒ] *s* Anhang *m*, Anhängsel *n*, Zubehör *n*.

ap·pen|di·ci·tis *med.* [əpendɪˈsaɪtɪs] *s* Blinddarmentzündung *f*; **~·dix** [əˈpendɪks] *s* (*pl* **-dixes**, **-dices** [-dɪsiːz]) Anhang *m*; *a.* ***vermiform ~*** *anat.* Wurmfortsatz *m*, Blinddarm *m*.

ap·pe|tite [ˈæpɪtaɪt] *s* (***for***) Appetit *m* (auf *acc*); *fig.* Verlangen *n* (nach); **~·tiz·er** *s* Appetithappen *m*, Vorspeise *f*; **~·tiz·ing** *adj* □ appetitanregend.

ap·plaud [əˈplɔːd] *v/t and v/i* applaudieren, Beifall spenden (*dat*); loben; **ap·plause** [~z] *s* Applaus *m*, Beifall *m*.

ap·ple *bot.* [ˈæpl] *s* Apfel *m*; **~·cart** *s*: ***upset s.o.'s ~*** F j-s Pläne über den Haufen werfen; **~ pie** *s* gedeckter Apfelkuchen; ***in apple-pie order*** F in schönster Ordnung.

ap·pli·ance [əˈplaɪəns] *s* Vorrichtung *f*; Gerät *n*; Mittel *n*.

ap·plic·a·ble [ˈæplɪkəbl] *adj* □ anwendbar (***to*** auf *acc*).

ap·pli|cant [ˈæplɪkənt] *s claimant*: Antragsteller(in); *for job*: Bewerber(in) (***for*** um); **~·ca·tion** [~ˈkeɪʃn] *s claim*: Gesuch *n* (***for*** um); *for job*: Bewerbung *f* (***for*** um); *of theory, etc.*: Anwendung *f* (***to*** auf *acc*); ***~s program*** *computer*: Anwenderprogramm *n*.

ap·ply [əˈplaɪ] *v/t* (***to***) (auf)legen, auftragen (auf *acc*); anwenden (auf *acc*); verwenden (für); *v/i for job*: sich bewerben (***for*** um); *claim*: beantragen (***for*** *acc*); (***to***) passen, zutreffen, sich anwenden lassen (auf *acc*); gelten (für); sich wenden (an *acc*).

ap·point [əˈpɔɪnt] *v/t* bestimmen, festsetzen; verabreden; ernennen (***s.o.*** *minister, etc.* j-n zum ...); berufen (***to*** *a post* auf *acc*); **~·ment** *s* Bestimmung *f*; Verabredung *f*; Termin *m* (*with doctor, hairdresser, etc.*); Ernennung *f*, Berufung *f*; Stelle *f*; **~ *book*** Terminkalender *m*.

ap·por·tion [əˈpɔːʃn] *v/t* ver-, zuteilen; **~·ment** Ver-, Zuteilung *f*.

ap·prais|al [əˈpreɪzl] *s* (Ab)Schätzung *f*; **~e** [əˈpreɪz] *v/t* (ab)schätzen, taxieren.

ap·pre|cia·ble [əˈpriːʃəbl] *adj* □ nennenswert, spürbar; **~·ci·ate** [~ʃɪeɪt] *v/t* schätzen, würdigen; dankbar sein für; *v/i econ.* im Wert steigen; **~·ci·a·tion** [~ʃɪˈeɪʃn] *s* Schätzung *f*, Würdigung *f*; Anerkennung *f*; Verständnis *n* (***of*** für); Dankbarkeit *f*; *econ.* Wertsteigerung *f*.

ap·pre|hend [æprɪˈhend] *v/t* ergreifen, fassen; begreifen; befürchten; **~·hen·sion** [~ʃn] *s* Ergreifung *f*, Festnahme *f*; Besorgnis *f*; **~·hen·sive** *adj* □ ängstlich, besorgt (***for*** um; ***that*** daß).

ap·pren·tice [əˈprentɪs] **1.** *s* Auszubildende(r *m*) *f*, Lehrling *m*, F Azubi *m*, *f*; **2.** *v/t* in die Lehre geben; **~·ship** *s* Lehrzeit *f*, Lehre *f*, Ausbildung *f*.

ap·proach [əˈprəʊtʃ] **1.** *v/i* näher kommen, sich nähern; *v/t* sich nähern (*dat*); herangehen *or* herantreten an (*acc*); **2.** (Heran)Nahen *n*; Ein-, Zu-, Auffahrt *f*; Annäherung *f*; Methode *f*; **~ road** Zufahrtsstraße *f*; *to motorway*: (Autobahn)Zubringer *m*.

ap·pro·ba·tion [æprəˈbeɪʃn] *s* Billigung *f*, Beifall *m*.

ap·pro·pri·ate 1. *v/t* [əˈprəʊprɪeɪt] sich aneignen; **2.** *adj* □ [~ɪt] (**for**, **to**) angemessen (*dat*), passend (für, zu).

ap·prov|al [əˈpruːvl] *s* Billigung *f*; Anerkennung *f*, Beifall *m*; **meet with ~** Beifall *or* Zustimmung finden; **~e** [~v] *v/t* billigen, anerkennen; **~ed** *adj* bewährt.

ap·prox·i·mate 1. *v/t* [əˈprɒksɪmeɪt] sich nähern (*dat*); **2.** *adj* □ [~mət] ungefähr.

a·pri·cot *bot.* [ˈeɪprɪkɒt] *s* Aprikose *f*.

A·pril [ˈeɪprəl] *s* April *m*; **~ fool** *s*: **make an ~ of s.o.** j-n in den April schicken; **~!** April, April!

a·pron [ˈeɪprən] *s* Schürze *f*; **be tied to one's wife's** (**mother's**) **~ strings** *fig.* unterm Pantoffel stehen (der Mutter am Schürzenzipfel hängen).

apt [æpt] *adj* □ geeignet, passend; treffend; begabt; **~ to** geneigt zu; **ap·ti·tude** [ˈæptɪtjuːd] *s* (**for**) Begabung *f* (für), Befähigung *f* (für), Talent *n* (zu); **~ test** Eignungsprüfung *f*.

aq·ua·lung [ˈækwəlʌŋ] *s* Tauchgerät *n*.

a·quar·i·um [əˈkweərɪəm] *s* Aquarium *n*.

a·quat·ic [əˈkwætɪk] *s* Wassertier *n*, -pflanze *f*; **~s** *sg* Wassersport *m*.

aq·ue·duct [ˈækwɪdʌkt] *s* Aquädukt *m*.

aq·ui·line [ˈækwɪlaɪn] *adj* Adler...; gebogen; **~ nose** Adlernase *f*.

Ar·ab [ˈærəb] *s* Araber(in); **Ar·a·bic** [~ɪk] **1.** *adj* arabisch; **2.** *s ling.* Arabisch *n*.

ar·a·ble [ˈærəbl] *adj* anbaufähig; Acker...

ar·bi|tra·ry [ˈɑːbɪtrərɪ] *adj* □ willkürlich, eigenmächtig; **~·trate** [~treɪt] *v/t* entscheiden, schlichten; **~·tra·tion** [~ˈtreɪʃn] *s* Schlichtung *f*; **~·tra·tor** *jur.* [ˈ~treɪtə] *s* Schiedsrichter *m*; Schlichter *m*.

ar·bo(u)r [ˈɑːbə] *s* Laube *f*.

arc [ɑːk] *s* (*electr.* Licht)Bogen *m*; **ar·cade** [ɑːˈkeɪd] *s* Arkade *f*; Bogengang *m*; Durchgang *m*, Passage *f*.

arch¹ [ɑːtʃ] **1.** *s* Bogen *m*; Gewölbe *n*; *anat. of foot*: Rist *m*, Spann *m*; **2.** *v/t and v/i* (sich) wölben; krümmen; **~ over** überwölben.

arch² [~] *adj* erste(r, -s), oberste(r, -s), Erz..., Haupt...

arch³ [~] *adj* □ schelmisch.

ar·cha·ic [ɑːˈkeɪɪk] *adj* (**~ally**) veraltet.

arch|an·gel [ˈɑːkeɪndʒəl] *s* Erzengel *m*; **~·bish·op** [ˈɑːtʃbɪʃəp] *s* Erzbischof *m*.

ar·cher [ˈɑːtʃə] *s* Bogenschütze *m*; **~·y** *s* Bogenschießen *n*.

ar·chi|tect [ˈɑːkɪtekt] *s* Architekt *m*; Urheber(in), Schöpfer(in); **~·tec·ture** *s* Architektur *f*, Baukunst *f*.

ar·chives [ˈɑːkaɪvz] *s pl* Archiv *n*.

arc·tic [ˈɑːktɪk] *adj* arktisch, nördlich, Nord...; Polar...; **~ circle** nördlicher Polarkreis.

ar·dent [ˈɑːdənt] *adj* □ heiß, glühend; *fig.* leidenschaftlich, heftig; eifrig.

ar·do(u)r *fig.* [ˈɑːdə] *s* Leidenschaft(lichkeit) *f*; Eifer *m*.

ar·du·ous [ˈɑːdjʊəs] *adj* □ mühsam; zäh.

are [ɑː, ə] *pres pl and 2. sg of* **be**.

ar·e·a [ˈeərɪə] *s* Areal *n*; (Boden)Fläche *f*; Gegend *f*, Gebiet *n*, Zone *f*; Bereich *m*; **in the Bonn ~** im Raum Bonn; **~ code** *Am. teleph.* Vorwahl(nummer) *f*.

a·re·na [əˈriːnə] *s* Arena *f*.

Ar·gen·tine [ˈɑːdʒəntaɪn] **1.** *adj* argentinisch; **2.** *s* Argentinier(in).

ar·gu·a·ble [ˈɑːgjʊəbl] *adj* fraglich, zweifelhaft; **it's ~ that ...** man kann (durchaus) die Meinung vertreten, daß ...

ar·gue [ˈɑːgjuː] *v/t* (das Für und Wider *gen*) erörtern, diskutieren; *v/i* streiten; argumentieren, Gründe (für und wider) anführen, Einwendungen machen.

ar·gu·ment [ˈɑːgjʊmənt] *s* Argument *n*, Beweis(grund) *m*; Streit *m*, Wortwechsel *m*, Auseinandersetzung *f*.

ar·id [ˈærɪd] *adj* □ dürr, trocken (*a. fig.*).

a·rise [əˈraɪz] *v/i* (**arose**, **arisen**) entstehen; auftauchen, -treten, -kommen; **a·ris·en** [əˈrɪzn] *pp of* **arise**.

ar·is|toc·ra·cy [ærɪˈstɒkrəsɪ] *s* Aristokratie *f*, Adel *m*; **~·to·crat** [ˈærɪstəkræt] *s* Aristokrat(in); **~·to·crat·ic** [~ˈkrætɪk] *adj* (**~ally**) aristokratisch.

a·rith·me·tic [əˈrɪθmətɪk] *s* Rechnen *n*.

ark [ɑːk] *s* Arche *f*.

arm¹ [ɑːm] *s* Arm *m*; Armlehne *f*; **keep s.o. at ~'s length** sich j-n vom Leibe halten.

arm² [~] **1.** *s mst* **~s** *pl* Waffen *pl*; Waffengattung *f*; **~s control** Rüstungskontrolle *f*; **~s race** Wettrüsten *n*, Rüstungswettlauf *m*; **up in ~s** kampfbereit; *fig.* in Harnisch; **2.** *v/t and v/i* (sich) bewaffnen; (sich) wappnen *or* rüsten.

ar·ma·da [ɑːˈmɑːdə] *s* Kriegsflotte *f*.

ar·ma·ment [ˈɑːməmənt] *s* (Kriegsaus-) Rüstung *f*; Aufrüstung *f*.

arm·chair [ˈɑːmtʃeə] *s* Lehnstuhl *m*, Sessel *m*.

ar·mi·stice [ˈɑːmɪstɪs] *s* Waffenstillstand *m* (*a. fig.*).

ar·mo(u)r [ˈɑːmə] **1.** *s mil.* Rüstung *f*, Panzer *m* (*a. fig., zo.*); **2.** *v/t* panzern; **~ed car** gepanzertes Fahrzeug; **~·y** *s* Waffenkammer *f*; Waffenfabrik *f*.

arm·pit [ˈɑːmpɪt] *s* Achselhöhle *f*.

ar·my [ˈɑːmɪ] *s* Heer *n*, Armee *f*; *fig.* Menge *f*.

a·ro·ma [əˈrəʊmə] *s* Aroma *n*, Duft *m*; **ar·o·mat·ic** [ærəˈmætɪk] *adj* (**~ally**) aromatisch, würzig.

a·rose [əˈrəʊz] *pret of* **arise**.

a·round [əˈraʊnd] **1.** *adv* (rings)herum, (rund)herum, ringsumher, überall; umher, herum; in der Nähe; da; **2.** *prp* um, um ... herum, rund um; in (*dat*) ... herum; ungefähr, etwa.

a·rouse [əˈraʊz] *v/t* (auf)wecken; *fig.* aufrütteln, erregen.

ar·range [əˈreɪndʒ] *v/t* (an)ordnen; arrangieren; vereinbaren, ausmachen; *mus.* arrangieren, bearbeiten (*a. thea.*); **~·ment** *s* Anordnung *f*, Zusammenstellung *f*, Verteilung *f*; Vereinbarung *f*, Absprache *f*; *mus.* Arrangement *n*, Bearbeitung *f* (*a. thea.*); **make ~s** Vorkehrungen *or* Vorbereitungen treffen.

ar·rears [əˈrɪəz] *s pl* Rückstand *m*, Rückstände *pl*; Schulden *pl*.

ar·rest [əˈrest] **1.** *jur.* Verhaftung *f*, Festnahme *f*; **2.** *v/t jur.* verhaften, festnehmen; an-, aufhalten; *fig.* fesseln.

ar·riv·al [əˈraɪvl] *s* Ankunft *f*; Erscheinen *n*; Ankömmling *m*; **~s** *pl* ankommende Züge *pl or* Schiffe *pl or* Flugzeuge *pl*; **ar·rive** [~v] *v/i* (an)kommen, eintreffen, erscheinen; **~ at** *fig.* erreichen (*acc*).

ar·ro|gance [ˈærəgəns] *s* Arroganz *f*, Anmaßung *f*, Überheblichkeit *f*; **~·gant** *adj* □ arrogant, anmaßend, überheblich.

ar·row [ˈærəʊ] *s* Pfeil *m*; **~·head** *s* Pfeilspitze *f*.

arse V [ɑːs] *s* Arsch *m*; **be a pain in the ~** F e-m auf den Geist (*or* V auf die Eier) gehen; **~·hole** V [ˈ~həʊl] *s* Arschloch *n*.

ar·se·nal [ˈɑːsənl] *s* Arsenal *n* (*a. fig.*).

ar·se·nic *chem.* [ˈɑːsnɪk] *s* Arsen *n*.

ar·son *jur.* [ˈɑːsn] *s* Brandstiftung *f*.

art [ɑːt] *s* Kunst *f*; *fig.* List *f*; Kniff *m*; **~s** *pl* Geisteswissenschaften *pl*; **Faculty of** **&s**, *Am.* **&s Department** philosophische Fakultät.

ar·ter·i·al [ɑːˈtɪərɪəl] *adj anat.* arteriell; **~ road** Hauptverkehrsstraße *f*, Ausfallstraße *f*; **ar·te·ry** [ˈɑːtərɪ] *s anat.* Arterie *f*, Schlag-, Pulsader *f*; *fig.* Verkehrsader *f*.

art·ful [ˈɑːtfl] *adj* □ schlau, verschmitzt.

art gal·le·ry [ˈɑːtgælərɪ] *s* Kunstgalerie *f*.

ar·ti·cle [ˈɑːtɪkl] *s* Artikel *m* (*a. gr.*).

ar·tic·u|late 1. *v/t* [ɑːˈtɪkjʊleɪt] deutlich (aus)sprechen; zusammenfügen; **2.** *adj* □ [~lət] deutlich; *bot., zo.* gegliedert; **~·la·tion** [ɑːtɪkjʊˈleɪʃn] *s* (deutliche) Aussprache; *anat.* Gelenk(verbindung *f*) *n*.

ar·ti|fice [ˈɑːtɪfɪs] *s* Kunstgriff *m*, List *f*; **~·fi·cial** [ɑːtɪˈfɪʃl] *adj* □ künstlich, Kunst...; **~ person** juristische Person.

ar·til·le·ry [ɑːˈtɪlərɪ] *s* Artillerie *f*.

ar·ti·san [ɑːtɪˈzæn] *s* (Kunst)Handwerker(in).

art·ist [ˈɑːtɪst] *s* Künstler(in); **variety ~** Artist(in); **ar·tis·tic** [ɑːˈtɪstɪk] *adj* (**~ally**) künstlerisch, Kunst...

art·less [ˈɑːtlɪs] *adj* □ ungekünstelt, schlicht; arglos.

as [æz, əz] **1.** *adv* so, ebenso; wie; (*in a certain function*) als; **2.** *cj with degree*: (gerade) wie, so wie; ebenso wie; *while*: als, während; *though*: obwohl, obgleich; da, weil; **~ ... ~** (eben)so ... wie; **~ for**, **~ to** was ... (an)betrifft; **~ from now/tomorrow** von heute/morgen an *or* ab, ab heute/morgen; **~ it were** sozusagen.

as·cend [əˈsend] *v/i* (auf-, empor-, hinauf)steigen; *v/t* be-, ersteigen; *river, etc.*: hinauffahren.

as·cen|dan·cy, **~·den·cy** [əˈsendənsɪ] *s* Überlegenheit *f*, Einfluß *m*; **~·sion** [~ʃn] *s* Aufsteigen *n* (*esp. ast.*); Aufstieg *m* (*of balloon, etc.*); **&** (**Day**) Himmelfahrt(stag *m*) *f*; **~t** [~t] *s* Aufstieg *m*; Steigung *f*.

as·cer·tain [æsəˈteɪn] *v/t* ermitteln.

as·cet·ic [ə'setɪk] *adj* (**~ally**) asketisch.
as·cribe [ə'skraɪb] *v/t* zuschreiben (**to** *dat*).
a·sep·tic *med.* [æ'septɪk] **1.** *adj* aseptisch, keimfrei; **2.** *s* aseptisches Mittel.
ash[1] [æʃ] *s bot.* Esche *f*; Eschenholz *n*.
ash[2] [~] *s a.* **~es** *pl* Asche *f*; **♀ Wednesday** Aschermittwoch *m*.
a·shamed [ə'ʃeɪmd] *adj* beschämt; **be ~ of** sich schämen für (*or gen*).
ash can *Am.* ['æʃkæn] *s* → **dustbin.**
ash·en ['æʃn] *adj* Aschen...; aschfahl.
a·shore [ə'ʃɔː] *adj and adv* am *or* ans Ufer *or* Land; **run ~** stranden.
ash|tray ['æʃtreɪ] *s* Aschenbecher *m*; **~·y** [~ɪ] *adj* (**-ier**, **-iest**) → **ashen**.
A·sian ['eɪʃn, 'eɪʒn], **A·si·at·ic** [eɪʃɪ'ætɪk] **1.** *adj* asiatisch; **2.** *s* Asiat(in).
a·side [ə'saɪd] *adv* beiseite (*a. thea.*), seitwärts; **~ from** *Am.* abgesehen von.
ask [ɑːsk] *v/t* fragen (**s.th.** nach et.); verlangen (**of**, **from s.o.** von j-m); bitten (**s.o.** [**for**] **s.th.** j-n um et.; **that** darum, daß); erbitten; **~** (**s.o.**) **a question** (j-m) e-e Frage stellen; **if you ~ me** wenn du mich fragst; *v/i*: **~ for** bitten um; fragen nach; **he ~ed for it** *or* **for trouble** er wollte es ja so haben; **to be had for the ~ing** umsonst zu haben sein.
a·skance [ə'skæns] *adv*: **look ~ at s.o.** j-n von der Seite ansehen; j-n schief *or* mißtrauisch ansehen.
a·skew [ə'skjuː] *adv* schief.
a·sleep [ə'sliːp] *adj and adv* schlafend; **be** (**fast** *or* **sound**) **~** (fest) schlafen; **fall ~** einschlafen.
as·par·a·gus *bot.* [ə'spærəgəs] *s* Spargel *m*.
as·pect ['æspekt] *s* Lage *f*; Aspekt *m*, Seite *f*, Gesichtspunkt *m*.
as·phalt ['æsfælt] **1.** *s* Asphalt *m*; **2.** *v/t* asphaltieren.
as·pic ['æspɪk] *s* Aspik *m*, Gelee *n*.
as·pi|rant [ə'spaɪərənt] *s* Bewerber(in); **~·ra·tion** [æspə'reɪʃn] *s* Ambition *f*, Bestrebung *f*; **as·pire** [ə'spaɪə] *v/i* streben, trachten (**to**, **after** nach).
as·pirin ['æspərɪn] *s* Kopfschmerztablette *f*, Aspirin *n TM*.
ass [æs] *s zo.* Esel *m* (F *a. person*); *Am.* → **arse**.
as·sail [ə'seɪl] *v/t* angreifen; **be ~ed with doubts** von Zweifeln befallen werden; **as·sai·lant** *s* Angreifer(in).
as·sas·sin [ə'sæsɪn] *s* Mörder(in), Attentäter(in); **~·ate** *v/t esp. pol.* ermorden; **be ~d** e-m Attentat *or* Mordanschlag zum Opfer fallen; **~·a·tion** [~'neɪʃn] *s* (**of**) *esp.* politischer Mord (an *dat*), Ermordung *f* (*gen*), (geglücktes) Attentat (auf *acc*).
as·sault [ə'sɔːlt] **1.** *s* Angriff *m*; **2.** *v/t* angreifen, überfallen; *jur.* tätlich angreifen *or* beleidigen.
as·say [ə'seɪ] **1.** *s* (Erz-, Metall)Probe *f*; **2.** *v/t* prüfen, untersuchen.
as·sem|blage [ə'semblɪdʒ] *s* (An-)Sammlung *f*; *tech.* Montage *f*; **~·ble** [~bl] *v/t and v/i* (sich) versammeln; *tech.* montieren; **~·bly** [~ɪ] *s* Versammlung *f*, Gesellschaft *f*; *tech.* Montage *f*; **~ line** *tech.* Fließband *n*.
as·sent [ə'sent] **1.** *s* Zustimmung *f*; **2.** *v/i* (**to**) zustimmen (*dat*); billigen (*acc*).
as·sert [ə'sɜːt] *v/t* behaupten; geltend machen; **~ o.s.** sich behaupten *or* durchsetzen; **as·ser·tion** [ə'sɜːʃn] *s* Behauptung *f*; Erklärung *f*; Geltendmachung *f*.
as·sess [ə'ses] *v/t cost, etc.*: festsetzen; *income*: (zur Steuer) veranlagen (**at** mit); *fig.* abschätzen, beurteilen; **~·ment** *s* Festsetzung *f*; *of tax*: (Steuer)Veranlagung *f*; *fig.* Einschätzung *f*.
as·set ['æset] *s econ.* Aktivposten *m*; *fig.* Plus *n*, Gewinn *m*; **~s** *pl* Vermögen *n*; *econ.* Aktiva *pl*; *jur.* Konkursmasse *f*.
as·sign [ə'saɪn] *v/t* an-, zuweisen; bestimmen; zuschreiben; **as·sig·na·tion** [æsɪg'neɪʃn] *s* Zuteilung *f*, Zuweisung *f*; (*of lovers*: heimliches) Treffen, Stelldichein *n*; *a.* → **~·ment** *s* An-, Zuweisung *f*; Aufgabe *f*; Auftrag *m*; *jur.* Übertragung *f*.
as·sim·i|late [ə'sɪmɪleɪt] *v/t and v/i* (sich) angleichen *or* anpassen (**to**, **with** *dat*); **~·la·tion** [əsɪmɪ'leɪʃn] *s* Assimilation *f*, Angleichung *f*, Anpassung *f*.
as·sist [ə'sɪst] *v/t j-m* beistehen, helfen, assistieren; unterstützen; **~ s.o. with s.th.** j-m bei et. helfen; **~·ance** *s* Beistand *m*, Hilfe *f*; **be of ~** behilflich sein; **as·sis·tant** **1.** *adj* stellvertretend, Hilfs...; **2.** *s* Assistent(in), Mitarbeiter(in); **shop ~** *Br.* Verkäufer(in).
as·so·ci|ate **1.** *v/t* [ə'səʊʃɪeɪt] vereinigen, -binden; assoziieren; *v/i*: **~ with** verkehren mit; **2.** *adj* [~ʃɪət] verbunden; **~**

member außerordentliches Mitglied; **3.** *s* [~ʃɪət] Kolleg|e *m*, -in *f*; Teilhaber(in); **~·a·tion** [əsəʊsɪ'eɪʃn] *s* Vereinigung *f*, Verband *m*; Verein *m*; *psych.* Assoziation *f*; ~ ***agreement*** *econ.*, *pol.* Assoziierungsabkommen *n*.

as·sort [ə'sɔːt] *v/t* sortieren, aussuchen, zusammenstellen; **~·ment** *s* Sortieren *n*; *econ.* Sortiment *n*, Auswahl *f*.

as·sume [ə'sjuːm] *v/t* annehmen; vorgeben; übernehmen; **as·sump·tion** [ə'sʌmpʃn] *s* Annahme *f*; Übernahme *f*; (***going***) ***on the ~ that ...*** vorausgesetzt, daß ...; ♀ (***Day***) *eccl.* Mariä Himmelfahrt *f*.

as·sur|ance [ə'ʃʊərəns] *s* Zu-, Versicherung *f*; Zuversicht *f*; Sicherheit *f*, Gewißheit *f*; Selbstsicherheit *f*; (***life***) ~ *esp. Br.* (Lebens)Versicherung *f*; **~e** [ə'ʃʊə] *v/t* versichern; *esp. Br.*, *s.o.'s life*: versichern; **~ed 1.** *adj* (*adv* ***~ly*** [~rɪdlɪ]) sicher; **2.** *s* Versicherte(r *m*) *f*.

asth·ma *med.* ['æsmə] *s* Asthma *n*.

as·ton·ish [ə'stɒnɪʃ] *v/t* in Erstaunen setzen; ***be ~ed*** erstaunt sein (***at*** über *acc*); **~·ing** *adj* □ erstaunlich; ***~ly*** erstaunlicherweise; **~·ment** *s* (Er)Staunen *n*, Verwunderung *f*; ***to s.o.'s ~*** zu j-s Verwunderung.

as·tound [ə'staʊnd] *v/t* verblüffen.

a·stray [ə'streɪ] *adv*: ***go ~*** vom Weg abkommen; *fig.* auf Abwege geraten; irregehen; ***lead ~*** *fig.* irreführen, verleiten; vom rechten Weg abbringen.

a·stride [ə'straɪd] *adv* rittlings (***of*** auf *dat*).

as·trin·gent *med.* [ə'strɪndʒənt] **1.** *adj* □ blutstillend; **2.** *s* blutstillendes Mittel.

as·trol·o·gy [ə'strɒlədʒɪ] *s* Astrologie *f*.

as·tro·naut ['æstrənɔːt] *s* Astronaut(in), (Welt)Raumfahrer(in).

as·tron·o|mer [ə'strɒnəmə] *s* Astronom(in); **as·tro·nom·i·cal** [æstrə'nɒmɪkl] *adj* □ atronomisch (*a. fig.*); **~·my** [ə'strɒnəmɪ] *s* Astronomie *f*.

as·tute [ə'stjuːt] *adj* □ scharfsinnig; schlau; **~·ness** *s* Scharfsinn *m*.

a·sy·lum [ə'saɪləm] *s* Asyl *n*; ***ask for ~*** um Asyl bitten; ***give s.o. ~*** j-m Asyl gewähren; ~ ***seeker*** Asylbewerber(in), Asylsuchende(r *m*) *f*, Asylant(in).

at [æt, ət] *prp* an; auf; aus; bei; für; in; mit; nach; über; um; von; vor; zu; ~ ***school*** in der Schule; ~ ***the age of*** im Alter von.

ate [et] *pret of* **eat** 1.

a·the|is·m ['eɪθɪɪzəm] *s* Atheismus *m*; **~·ist** ['eɪθɪɪst] *s* Atheist(in).

ath|lete ['æθliːt] *s* (*esp.* Leicht)Athlet(in); ***~'s foot*** *med.* Fußpilz *m*; **~·let·ic** [æθ'letɪk] *adj* (***~ally***) athletisch; **~·let·ics** *s sg or pl* (*esp.* Leicht)Athletik *f*.

At·lan·tic [ət'læntɪk] **1.** *adj* atlantisch; **2.** *s a.* ~ ***Ocean*** Atlantik *m*.

at·mo|sphere ['ætməsfɪə] *s* Atmosphäre *f* (*a. fig.*); **~·spher·ic** [ætməs'ferɪk] *adj* (***~ally***) atmosphärisch.

at·om ['ætəm] *s* Atom *n*; ~ **bomb** *s* Atombombe *f*; **a·tom·ic** [ə'tɒmɪk] *adj* (***~ally***) atomar, Atom...; ~ ***age*** Atomzeitalter *n*; ~ ***bomb*** Atombombe *f*; ~ ***energy*** Atomenergie *f*; ~ ***pile*** Atomreaktor *m*; ~ ***power*** Atomkraft *f*; ***~-powered*** atomgetrieben; ~ ***waste*** Atommüll *m*.

at·om|ize ['ætəmaɪz] *v/t* in Atome auflösen; atomisieren; zerstäuben; **~·iz·er** [~ə] *s* Zerstäuber *m*.

a·tone [ə'təʊn] *v/i*: ~ ***for*** *et.* wiedergutmachen; **~·ment** *s* Buße *f*, Sühne *f*.

a·tro|cious [ə'trəʊʃəs] *adj* □ scheußlich, gräßlich; grausam; **~c·i·ty** [ə'trɒsətɪ] *s* Scheußlichkeit *f*, Gräßlichkeit *f*; Greueltat *f*, Greuel *m*.

at·tach [ə'tætʃ] *v/t* (***to***) anheften, ankleben (an *acc*), befestigen, anbringen (an *dat*); *importance*, *etc.*: beimessen (*dat*); ~ ***o.s. to*** sich anschließen (*dat*) *or* an (*acc*).

at·tach·é *pol.* [ə'tæʃeɪ] *s* Attaché *m*; ~ **case** *s* Diplomatenkoffer *m*.

at·tached [ə'tætʃt] *adj* zugetan.

at·tach·ment [ə'tætʃmənt] *s* Befestigung *f*; ~ ***for***, ~ ***to*** Bindung *f* an (*acc*); Anhänglichkeit *f* an (*acc*), Neigung *f* zu.

at·tack [ə'tæk] **1.** *v/t* angreifen (*a. fig.*); befallen (*disease*); *job*, *task*, *etc.*: in Angriff nehmen; **2.** *s* Angriff *m*; *med.* Anfall *m*; Inangriffnahme *f*.

at·tain [ə'teɪn] *v/t aim*, *rank*, *etc.*: erreichen, erlangen; **~·ment** *s* Erlangen *n*; **~s** *pl* Kenntnisse *pl*, Fertigkeiten *pl*.

at·tempt [ə'tempt] **1.** *v/t* versuchen; **2.** *s* Versuch *m*; Attentat *n*.

at·tend [ə'tend] *v/t* begleiten; bedienen; pflegen; *med.* behandeln; *meeting*, *etc.*:

anwesend sein bei, teilnehmen an (*dat*), *school, etc.*: besuchen; *lecture, etc.*: hören; *v/i* aufpassen; achten, hören (**to** auf *acc*); **~ to** erledigen; **~·ance** *s* Begleitung *f*; Pflege *f*; *med.* Behandlung *f*; Anwesenheit *f* (**at** bei); Besuch *m* (*of school, etc.*); Besucher(zahl *f*) *pl*; **~·ant** *s* Aufseher(in); Bedienungsperson *f*.

at·ten|tion [ə'tenʃn] *s* Aufmerksamkeit *f*; **~·tive** [~tɪv] *adj* □ aufmerksam.

at·tic ['ætɪk] *s* Dachboden *m*; Dachstube *f*; Mansarde *f*.

at·ti·tude ['ætɪtjuːd] *s* (Ein)Stellung *f*; Haltung *f*.

at·tor·ney *jur.* [ə'tɜːnɪ] *s* Bevollmächtigte(r) *m*; *Am.* Rechtsanwalt *m*; **power of ~** Vollmacht *f*; **♀ General** *Br.* erster Kronanwalt; *Am.* Justizminister *m*.

at·tract [ə'trækt] *v/t* anziehen, *attention*: erregen; *fig.* reizen; **at·trac·tion** [~kʃn] *s* Anziehung(skraft) *f*, Reiz *m*; Attraktion *f*, *thea., etc.*: Zugnummer *f*, -stück *n*; **at·trac·tive** [~tɪv] *adj* anziehend; attraktiv; reizvoll; **at·trac·tive·ness** *s* Reiz *m*.

at·trib·ute¹ [ə'trɪbjuːt] *v/t* beimessen, zuschreiben; zurückführen (**to** auf *acc*).

at·tri·bute² ['ætrɪbjuːt] *s* Attribut *n* (*a. gr.*), Eigenschaft *f*, Merkmal *n*.

at·tune [ə'tjuːn] *v/t*: **~ to** *fig.* einstellen auf (*acc*).

au·burn ['ɔːbən] *adj* kastanienbraun.

auc|tion ['ɔːkʃn] **1.** *s* Auktion *f*; **sell by** (*Am.* **at**) **~** versteigern; **put up for** (*Am.* **at**) **~** zur Versteigerung anbieten; **2.** *v/t* *mst* **~ off** versteigern; **~·tio·neer** [ɔːkʃə'nɪə] *s* Auktionator *m*.

au·da|cious [ɔː'deɪʃəs] *adj* □ kühn; dreist; **~c·i·ty** [ɔː'dæsətɪ] *s* Kühnheit *f*; Dreistigkeit *f*.

au·di·ble ['ɔːdəbl] *adj* □ hörbar.

au·di·ence ['ɔːdɪəns] *s* Publikum *n*, Zuhörer(schaft *f*) *pl*, Zuschauer *pl*, Besucher *pl*, Leser(kreis *m*) *pl*; Audienz *f*; **give ~ to** Gehör schenken (*dat*).

au·di·o|cas·sette [ɔːdɪəʊkə'set] *s* Tonkassette *f*; **~-vis·u·al** [ɔːdɪəʊ'vɪʒʊəl] *adj*: **~ aids** *pl* audiovisuelle Unterrichtsmittel *pl*.

au·dit *econ.* ['ɔːdɪt] **1.** *s* Bücherrevision *f*; **2.** *v/t* *accounts*: prüfen; **au·di·tor** *s* (Zu)Hörer(in); *econ.* Bücherrevisor *m*, Buchprüfer *m*; **au·di·to·ri·um** [ɔːdɪ'tɔːrɪəm] *s* Zuschauerraum *m*; *Am.* Vortrags-, Konzertsaal *m*.

au·ger *tech.* ['ɔːgə] *s* (großer) Bohrer.

aug·ment [ɔːg'ment] *v/t* vergrößern.

au·gur ['ɔːgə] *v/i*: **~ ill** (**well**) ein schlechtes (gutes) Zeichen *or* Omen sein (**for** für).

Au·gust¹ ['ɔːgəst] *s* August *m*.

au·gust² [ɔː'gʌst] *adj* □ erhaben.

aunt [ɑːnt] *s* Tante *f*; **~·ie**, **~·y** F ['ɑːntɪ] *s* Tantchen *n*.

aus|pic·es ['ɔːspɪsɪz] *s pl* Schirmherrschaft *f*; *prospects*: Vorzeichen *pl*; **~·pi·cious** [ɔː'spɪʃəs] *adj* □ günstig.

aus|tere [ɒ'stɪə] *adj* □ streng; herb; hart; einfach; **~·ter·i·ty** [ɒ'sterətɪ] *s* Strenge *f*; Härte *f*; Einfachheit *f*; *econ., pol.* **~ program**(**me**) Sparprogramm *n*.

Aus·tra·li·an [ɒ'streɪlɪən] **1.** *adj* australisch; **2.** *s* Australier(in).

Aus·tri·an ['ɒstrɪən] **1.** *adj* österreichisch; **2.** *s* Österreicher(in).

au·then·tic [ɔː'θentɪk] *adj* (**~ally**) authentisch; zuverlässig; echt.

au·thor ['ɔːθə] *s* Urheber(in); Autor(in), Verfasser(in); **~·i·ta·tive** [ɔː'θɒrɪtətɪv] *adj* □ maßgebend; gebieterisch; zuverlässig; *official*: amtlich; **~·i·ty** [~rətɪ] *s* Autorität *f*; (Amts)Gewalt *f*; Nachdruck *m*, Gewicht *n*; Vollmacht *f*; Einfluß *m* (**over** auf *acc*); Ansehen *n*; Quelle *f*; Fachmann *m*; *mst* **authorities** *pl* Behörde *f*; **~·ize** ['ɔːθəraɪz] *v/t* *j-n* autorisieren, ermächtigen, bevollmächtigen, berechtigen; *et.* gutheißen; **~·ship** [~ʃɪp] *s* Urheberschaft *f*.

au·to·graph ['ɔːtəgrɑːf] *s* Autogramm *n*.

au·to·mat *TM* ['ɔːtəmæt] *s* Automatenrestaurant *n* (*esp. in the USA*).

au·to|mate ['ɔːtəmeɪt] *v/t* automatisieren; **~·mat·ic** [ɔːtə'mætɪk] **1.** *adj* (**~ally**) automatisch; **2.** *s* Selbstladepistole *f*, -gewehr *n*; *mot.* Auto *n* mit Automatik; **~·ma·tion** [~'meɪʃn] *s* Automation *f*; **~m·a·ton** *fig.* [ɔː'tɒmətən] *s* (*pl* **-ta** [-tə], **-tons**) Roboter *m*, Automat *m*.

au·to·mo·bile *esp. Am.* ['ɔːtəməbiːl] *s* Auto *n*, Automobil *n*.

au·ton·o·my [ɔː'tɒnəmɪ] *s* Autonomie *f*.

au·tumn ['ɔːtəm] *s* Herbst *m*; **au·tum·nal** [ɔː'tʌmnəl] *adj* □ herbstlich, Herbst...

aux·il·i·a·ry [ɔːg'zɪlɪərɪ] *adj* Hilfs..., zusätzlich; **~ verb** *gr.* Hilfsverb *n*.

a·vail [ə'veɪl] **1.** *v/t*: **~ o.s. of** sich *e-r*

Sache bedienen, *et.* nutzen; **2.** *s* Nutzen *m*; ***of*** *or* ***to no ~*** nutzlos; **a·vail·a·ble** [~əbl] *adj* □ verfügbar, vorhanden; *econ.* lieferbar, vorrätig, erhältlich.

av·a·lanche ['ævəlɑːnʃ] *s* Lawine *f.*

av·a|rice ['ævərɪs] *s* Habsucht *f*; **~·ri·cious** [ævə'rɪʃəs] *adj* □ habgierig.

a·venge [ə'vendʒ] *v/t* rächen; **a·veng·er** [~ə] *s* Rächer(in).

av·e·nue ['ævənjuː] *s* Allee *f*; Boulevard *m*, Prachtstraße *f.*

av·e·rage ['ævərɪdʒ] **1.** *s* Durchschnitt *m*; *mar.* Havarie *f*; ***on*** (***the*** *or* ***an***) **~** im Durchschnitt, durchschnittlich; **2.** *adj* □ durchschnittlich, Durchschnitts...; **3.** *v/t* durchschnittlich betragen (ausmachen, haben, leisten, erreichen *etc.*); *a.* **~ *out*** den Durchschnitt (*gen*) ermitteln.

a·verse [ə'vɜːs] *adj* □ abgeneigt (***to*** *dat*); **a·ver·sion** [~ʃn] *s* Widerwille *m*, Abneigung *f.*

a·vert [ə'vɜːt] *v/t* abwenden (*a. fig.*).

a·vi·a·tion *aer.* [eɪvɪ'eɪʃn] *s* Luftfahrt *f.*

av·id ['ævɪd] *adj* □ gierig (***for*** nach); begeistert, passioniert.

a·void [ə'vɔɪd] *v/t* (ver)meiden; ausweichen; **~·ance** [~əns] *s* Vermeidung *f.*

a·wait [ə'weɪt] *v/t* erwarten (*a. fig.*).

a·wake [ə'weɪk] **1.** *adj* wach, munter; ***be ~ to*** sich *e-r Sache* (voll) bewußt sein; **2.** (***awoke*** *or* ***awaked, awaked*** *or* ***awoken***), *a.* **a·wak·en** [~ən] *v/t* (auf-) wecken; **~ *s.o. to s.th.*** j-m et. zum Bewußtsein bringen; *v/i* auf-, erwachen; **a·wak·en·ing** [~ənɪŋ] *s* Erwachen *n.*

a·ward [ə'wɔːd] **1.** *s* Belohnung *f*; Preis *m*, Auszeichnung *f*; **2.** *v/t* zuerkennen; *prize, etc.*: verleihen.

a·ware [ə'weə] *adj*: ***be ~ of s.th.*** von et. wissen, sich e-r Sache bewußt sein; ***become ~ of s.th.*** e-r Sache gewahr werden, et. merken.

a·way [ə'weɪ] *adj and adv* (hin)weg, fort; entfernt; immer weiter, d(a)rauflos; *sports*: auswärts; **~** (***game***) Auswärtsspiel *n*; **~** (***win***) Auswärtssieg *m.*

awe [ɔː] **1.** *s* Ehrfurcht *f*, Scheu *f*, Furcht *f*; **2.** *v/t* (Ehr)Furcht einflößen (*dat*).

aw·ful ['ɔːfl] *adj* □ furchtbar, schrecklich.

awk·ward ['ɔːkwəd] *adj* □ ungeschickt, unbeholfen, linkisch; unangenehm; *inconvenient*: dumm, ungünstig.

aw·ning ['ɔːnɪŋ] *s* Plane *f*; Markise *f.*

a·woke [ə'wəuk] *pret of* ***awake*** 2; **a·wok·en** [~ən] *pp of* ***awake*** 2.

a·wry [ə'raɪ] *adj and adv* schief; *fig.* verkehrt.

ax(e) [æks] *s* Axt *f*, Beil *n.*

ax·is ['æksɪs] *s* (*pl* ***-es*** [-siːz]) Achse *f.*

ax·le *tech.* ['æksl] *s a.* **~-*tree*** (Rad)Achse *f*, Welle *f.*

ay(e) [aɪ] *s* Ja *n*; *parl.* Jastimme *f*; ***the ~s have it*** der Antrag ist angenommen.

az·ure ['æʒə] *adj* azur-, himmelblau.

B

bab·ble ['bæbl] **1.** *v/t and v/i* stammeln; plappern, schwatzen; *of stream*: plätschern; **2.** *s* Geplapper *n*, Geschwätz *n.*

babe [beɪb] *s* kleines Kind, Baby *n*; *Am.* (*young woman*) F Kleine *f*, Schatz *m.*

ba·boon *zo.* [bə'buːn] *s* Pavian *m.*

ba·by ['beɪbɪ] **1.** Säugling *m*, kleines Kind, Baby *n*; *Am.* (*young woman*) F Kleine *f*, Schatz *m*, Liebling *m*; **2.** *adj* Baby..., Kinder...; klein; **~ car·riage** *s* *Am.* Kinderwagen *m*; **ᘔ·gro** *TM* ['~grəu] *s* (*pl* ***-gros***) Strampelhose *f*; **~·hood** *s* frühe Kindheit, Säuglingsalter *n*; **~-mind·er** *s Br.* Tagesmutter *f*; **~-sit** *v/i* (***-tt-***; ***-sat***) babysitten; **~-sit·ter** *s* Babysitter(in).

bach·e·lor ['bætʃələ] *s* Junggeselle *m*; *univ. degree*: Bakkalaureus *m.*

back [bæk] **1.** *s* Rücken *m*; Rückseite *f*; Rücklehne *f*; Hinterende *n*; *soccer*: Verteidiger *m*; **2.** *adj* Hinter..., Rück..., hintere(r, -s), rückwärtig; entlegen; rückläufig; rückständig; *newspaper, etc.*: alt, zurückliegend; **3.** *adv* zurück;

rückwärts; **4.** *v/t* (*a.* ~ **up**) helfen (*dat*), unterstützen; hinten grenzen an (*acc*); *car*: zurückbewegen, zurückstoßen mit; wetten *or* setzen auf (*acc*); *econ. cheque*: indossieren; *v/i* sich rückwärts bewegen, zurückgehen *or* -treten *or* -fahren, *mot. a.* zurückstoßen; **~·ache** *s* Rückenschmerzen *pl*; **~·bench·er** *s pol.* Hinterbänkler(in); **~·bite** *v/t* (**-bit, -bitten**) verleumden; **~·bone** *s* Rückgrat *n*; **~·break·ing** *adj of work*: zermürbend, mörderisch; **~·comb** *v/t hair*: toupieren; **~·date** *v/t bill, etc.*: zurückdatieren; **~·er** *s* Unterstützer(in); Wetter(in); **~·fire 1.** *s mot.* Früh-, Fehlzündung *f*; **2.** *v/i mot.* fehlzünden; *fig.* F ins Auge gehen; **~·ground** *s* Hintergrund *m*; **~·hand** *s sports*: Rückhand *f*; **~·ing** *s* Unterstützung *f*; *tech.* Verstärkung *f*; *mus.* Begleitung *f*; **~·list** *s publishing*: Backlist *f*, Verzeichnis *n* lieferbarer Titel; **~·pack** *s* Rucksack *m*; **~·pack·er** *s* Rucksacktourist(in); **~·pack·ing** *s* Rucksacktourismus *m*; **~ seat** *s* Rücksitz *m*; **~·side** *s* Gesäß *n*, F Hintern *m*, Po *m*; **~ stairs** *s pl* Hintertreppe *f*; **~ street** *s* Seitenstraße *f*; **~·stroke** *s sports*: Rückenschwimmen *n*; **~ talk** *s Am.* F freche Antwort(en *pl*); **~·track** *v/i fig.* e-n Rückzieher machen; **~·ward 1.** *adj* Rück(wärts)..., rückwärts gerichtet; langsam; zurückgeblieben; rückständig; zurückhaltend; **2.** *adv* (*a.* **~·wards**) rückwärts, zurück; **~·yard** *s Br.* Hinterhof *m*; *Am.* Garten *m* hinter dem Haus.

ba·con ['beɪkən] *s* Speck *m*; ***bring home the ~*** F *co.* die Brötchen verdienen.

bac·te·ri·a *biol.* [bæk'tɪərɪə] *s pl* Bakterien *pl*.

bad [bæd] *adj* □ (***worse, worst***) schlecht, böse, schlimm; ***go ~*** schlecht werden, verderben; ***(that's) too ~!*** Pech!; ***he is in a ~ way*** es geht ihm schlecht, er ist übel dran; ***he is ~ly off*** es geht ihm sehr schlecht; ***~ly wounded*** schwerverwundet; ***want ~ly*** F dringend brauchen.

bade [beɪd] *pret of* **bid** 1.

badge [bædʒ] *s* Abzeichen *n*; Dienstmarke *f*.

bad·ger ['bædʒə] **1.** *s zo.* Dachs *m*; **2.** *v/t* plagen, *j-m* zusetzen.

baf·fle ['bæfl] *v/t j-n* verwirren; *plan, etc.*: vereiteln, durchkreuzen.

bag [bæg] **1.** *s* Tasche *f*; Beutel *m*, Sack *m*; Tüte *f*; ***~ and baggage*** (mit) Sack und Pack; **2.** *v/t* (**-gg-**) in e-n Beutel *etc.* tun *or* verpacken *or* abfüllen; *hunt.* zur Strecke bringen; (*v/i* sich) bauschen.

bag·gage *esp. Am.* ['bægɪdʒ] *s* (Reise-) Gepäck *n*; **~ car** *s rail.* Gepäckwagen *m*; **~ check** *s Am.* Gepäckschein *m*; **~ room** *s Am.* Gepäckaufbewahrung *f*.

bag·gy F ['bægɪ] *adj* (**-ier, -iest**) sackartig; schlaff (herunterhängend); *of trousers*: ausgebeult.

bag·pipes ['bægpaɪps] *s pl* Dudelsack *m*.

bail [beɪl] **1.** *s* Bürge *m*; Bürgschaft *f*; Kaution *f*; ***admit to ~*** *jur.* gegen Kaution freilassen; ***go*** *or* ***stand ~ for s.o.*** *jur.* für j-n Kaution stellen; **2.** *v/t*: **~ out** *jur. j-n* gegen Kaution freibekommen; *v/i*: **~ out** *Am. aer.* (mit dem Fallschirm) abspringen.

bai·liff ['beɪlɪf] *s jur. Br.* Gerichtsvollzieher *m*, *Am.* Gerichtsdiener; (Guts-) Verwalter *m*.

bait [beɪt] **1.** *s* Köder *m* (*a. fig.*); **2.** *v/t* mit e-m Köder versehen; *fig.* ködern; *fig. torment*: quälen, piesacken.

bake [beɪk] *v/t* backen, im (Back)Ofen braten; *bricks*: brennen; dörren; ***~d beans*** *pl* Bohnen *pl* in Tomatensoße; ***~d potatoes*** *pl* ungeschälte, gebackene Kartoffeln; *appr.* Folienkartoffeln *pl*; **bak·er** *s* Bäcker *m*; **bak·er·y** *s* Bäckerei *f*; **bak·ing-pow·der** *s* Backpulver *n*.

bal·ance ['bæləns] **1.** *s* Waage *f*; Gleichgewicht *n* (*a. fig.*); Harmonie *f*; *econ.* Bilanz *f*; *econ.* Saldo *m*, Kontostand *m*, Guthaben *n*; F Rest *m*; ***be*** *or* ***hang in the ~*** *fig.* in der Schwebe sein; ***keep one's ~*** das Gleichgewicht halten; ***lose one's ~*** das Gleichgewicht verlieren; *fig.* die Fassung verlieren; ***~ of payments*** *econ.* Zahlungsbilanz *f*; ***~ of power*** *pol.* Kräftegleichgewicht *n*; ***~ of trade*** (Außen)Handelsbilanz *f*; **2.** *v/t* (ab-, er)wägen; im Gleichgewicht halten, balancieren; ausgleichen; *v/i* balancieren; sich ausgleichen; **~ sheet** *s econ.* Bilanz *f*.

bal·co·ny ['bælkənɪ] *s* Balkon *m* (*a. thea.*).

bald [bɔːld] *adj* □ kahl; *fig.* dürftig; *fig.* unverblümt.

B

bale[1] *econ.* [beıl] *s* Ballen *m.*
bale[2] *Br. aer.* [~] *v/i*: ~ ***out*** (mit dem Fallschirm) abspringen.
bale·ful ['beılfl] *adj* □ verderblich; unheilvoll; *look*: haßerfüllt.
balk [bɔ:k] **1.** *s* Balken *m*; Hindernis *n*; **2.** *v/t* (ver)hindern, vereiteln; *v/i* stutzen; scheuen (***at*** vor *dat*).
ball[1] [bɔ:l] **1.** *s* Ball *m*; Kugel *f*; *anat.* (Hand-, Fuß)Ballen *m*; Knäuel *m*, *n*; Kloß *m*; ~***s*** *pl* V Eier *pl*; ***be on the*** ~ F auf Draht sein; ***keep the*** ~ ***rolling*** das Gespräch *or* die Sache in Gang halten; ***play*** ~ F mitmachen; **2.** *v/t and v/i* (sich) (zusammen)ballen.
ball[2] [~] *s* Ball *m*, Tanzveranstaltung *f*.
bal·lad ['bæləd] *s* Ballade *f*; Lied *n*.
bal·last ['bæləst] **1.** *s* Ballast *m*; Schotter *m*; **2.** *v/t* mit Ballast beladen.
ball-bear·ing *tech.* [bɔ:l'beərıŋ] *s* Kugellager *n*.
bal·let ['bæleı] *s* Ballett *n*.
ball game ['bɔ:lgeım] *s* Ballspiel *n*; *Am.* Baseballspiel *n*; F *fig.* Sache *f*, Chose *f*.
bal·lis·tics *mil., phys.* [bə'lıstıks] *s sg* Ballistik *f*.
bal·loon [bə'lu:n] **1.** *s* Ballon *m*; **2.** *v/i* im Ballon aufsteigen; sich blähen.
bal·lot ['bælət] **1.** *s* Wahl-, Stimmzettel *m*; geheime Wahl; **2.** *v/i* (geheim) abstimmen; ~ ***for*** losen um; ~**-box** *s* Wahlurne *f*.
ball-point (pen) ['bɔ:lpɔınt('pen)] *s* Kugelschreiber *m*.
ball·room ['bɔ:lrʊm] *s* Ball-, Tanzsaal *m*.
balm [bɑ:m] *s* Balsam *m* (*a. fig.*).
balm·y ['bɑ:mı] *adj* □ (**-ier**, **-iest**) *weather*: lind, mild; *sl.* bekloppt, verrückt.
ba·lo·ney *sl.* [bə'ləʊnı] *s* Quatsch *m*.
bal·us·trade [bælə'streıd] *s* Balustrade *f*, Brüstung *f*, Geländer *n*.
bam·boo *bot.* [bæm'bu:] *s* (*pl* **-boos**) Bambus(rohr *n*) *m*.
bam·boo·zle F [bæm'bu:zl] *v/t* betrügen, übers Ohr hauen.
ban [bæn] **1.** *s* (amtliches) Verbot, Sperre *f*; *eccl.* Bann *m*; **2.** *v/t* (**-nn-**) verbieten.
ba·nal [bə'nɑ:l] *adj* banal, abgedroschen.
ba·na·na *bot.* [bə'nɑ:nə] Banane *f*; F ***be*** ~***s*** F beknackt *or* bescheuert sein; F ***go*** ~***s*** F durchdrehen, ausflippen.
band [bænd] **1.** *s* Band *n*; Streifen *m*; Schar *f*, Gruppe *f*; *criminals*: Bande *f*; *mus.* Kapelle *f*, (Tanz-, Unterhaltungs-) Orchester *n*, (Jazz-, Rock)Band *f*; **2.** *v/i*: ~ ***together*** sich zusammentun *or* zusammenrotten.
ban·dage ['bændıdʒ] **1.** *s* Binde *f*; Verband *m*; **2.** *v/t* bandagieren; verbinden.
ban·dit ['bændıt] *s* Bandit *m*.
band·wa·gon *Am.* ['bændwægən] *s* Wagen *m* mit Musikkapelle; *a. Br.* ***jump on the*** ~ *fig.* mitmachen, sich anhängen.
ban·dy[1] ['bændı] *v/t*: ~ ***words*** sich streiten (***with*** mit); ~ ***about*** *rumours, etc.*: in Umlauf setzen *or* weitererzählen.
ban·dy[2] [~] *adj* (**-ier**, **-iest**) krumm; ~**-legged** *adj* säbel-, O-beinig.
bang [bæŋ] **1.** *s* heftiger Schlag; Knall *m*; *mst* ~***s*** *pl* Ponyfrisur *f*; **2.** *v/t and v/i* dröhnend (zu)schlagen; *sl. have sex*: F bumsen.
ban·ish ['bænıʃ] *v/t* verbannen; ~**·ment** *s* Verbannung *f*.
ban·is·ter ['bænıstə] *s mst* ~***s*** *pl* Treppengeländer *n*.
bank [bæŋk] **1.** *s* Damm *m*; Ufer *n*; *of sand, clouds*: Bank *f*; *econ.* Bank(haus *n*) *f*; ~ ***of issue*** Notenbank *f*; **2.** *v/t* eindämmen; *econ. money*: auf e-r Bank einzahlen; *v/i econ.* Bankgeschäfte machen; *econ.* ein Bankkonto haben; ~ ***on*** sich verlassen auf (*acc*); ~**-bill** *s Br.* Bankwechsel *m*; *Am.* → ***banknote***; ~**-book** *s* Kontobuch *n*, *a.* Sparbuch *n*; ~**·card** *s* Scheckkarte *f*; ~**·er** *s* Bankier *m*, F Banker *m*; ~***'s card*** → ***bankcard***; ~ **hol·i·day** *s* gesetzlicher Feiertag; ~**·ing** *s* Bankgeschäft *n*, Bankwesen *n*; *attr* Bank...; ~**·note** *s* Banknote *f*, Geldschein *m*; ~ **rate** *s* Diskontsatz *m*; ~**-rob·ber** *s* Bankräuber *m*.
bank·rupt *jur.* ['bæŋkrʌpt] **1.** *s* Zahlungsunfähige(r *m*) *f*; **2.** *adj* bankrott, zahlungsunfähig; ***go*** ~ in Konkurs gehen, Bankrott machen; **3.** *v/t* bankrott machen; ~**·cy** *jur.* [~sı] *s* Bankrott *m*, Konkurs *m*; ***go into*** ~ in Konkurs gehen, Bankrott machen; ~ ***proceedings*** *pl* Konkursverfahren *n*.
ban·ner ['bænə] *s* Banner *n*; Fahne *f*.
banns [bænz] *s pl* Aufgebot *n*.
ban·quet ['bæŋkwıt] *s* Bankett *n*, Festessen *n*.
ban·ter ['bæntə] *v/t* necken.
bap|tis·m ['bæptızəm] *s* Taufe *f*; ~**·tize** [bæp'taız] *v/t* taufen.

bar [bɑː] **1.** *s* Stange *f*, Stab *m*; Barren *m*; Riegel *m*; Schranke *f*; Sandbank *f*; (Ordens)Spange *f*; *mus.* Takt(strich) *m*; dicker Strich; *jur.* (Gerichts)Schranke *f*; *jur.* Anwaltschaft *f*; Bar *f* (*in hotel, etc.*); *fig.* Hindernis *n*; **2.** *v/t* (**-rr-**) verriegeln; versperren; einsperren; (ver-) hindern; ausschließen.

barb [bɑːb] *s* Widerhaken *m*.

bar·bar·i·an [bɑː'beərɪən] **1.** *adj* barbarisch; **2.** *s* Barbar(in).

bar·be·cue ['bɑːbɪkjuː] **1.** *s* Bratrost *m*, Grill *m*; Grillfleisch *n*; Grillparty *f*; **2.** *v/t* grillen.

barbed wire [bɑːbd'waɪə] *s* Stacheldraht *m*.

bar·ber ['bɑːbə] *s* (Herren)Friseur *m*.

bare [beə] **1.** *adj* (**~r, ~st**) nackt, bloß; kahl; bar, leer; **2.** *v/t* entblößen; **~·faced** *adj* frech; **~·foot(·ed)** *adj* barfuß; **~·ly** *adj* kaum.

bar·gain ['bɑːgɪn] **1.** *s* Vertrag *m*, Abmachung *f*; Geschäft *n*, Handel *m*, Kauf *m*; guter Kauf, F Schnäppchen *n*; ***strike a ~*** sich einigen; ***it's a ~!*** abgemacht!; ***into the ~*** obendrein; **2.** *v/i* (ver)handeln; übereinkommen; **~ price** *s* Sonderpreis *m*; **~ sale** *s* Ausverkauf *m*.

barge [bɑːdʒ] **1.** *s* Flußboot *n*, Lastkahn *m*; Hausboot *n*; **2.** *v/i*: **~ in(*to*)** hereinplatzen (in *acc*).

bark¹ [bɑːk] **1.** *bot.* Borke *f*, Rinde *f*; **2.** *v/t* abrinden; *knee, etc.*: sich abschürfen.

bark² [~] **1.** *v/i* bellen; ***~ up the wrong tree*** F auf dem Holzweg sein; an der falschen Adresse sein; **2.** *s* Bellen *n*.

bar·ley *bot.* ['bɑːlɪ] *s* Gerste *f*; Graupe *f*.

barn [bɑːn] *s* Scheune *f*; (Vieh)Stall *m*; **~·storm** ['bɑːnstɔːm] *v/i of actor*: (herum)tingeln; *Am. pol.* herumreisen u. (Wahl)Reden halten.

ba·rom·e·ter [bə'rɒmɪtə] *s* Barometer *n*.

bar·on ['bærən] *s* Baron *m*; Freiherr *m*; **~·ess** [~ɪs] *s* Baronin *f*; Freifrau *f*.

bar·racks ['bærəks] *s sg mil.* Kaserne *f*; *contp.* Mietskaserne *f*.

bar·rage ['bærɑːʒ] *s* Staudamm *m*; *mil.* Sperrfeuer *n*; *fig.* Hagel *m*, (Wort-, Rede)Schwall *m*.

bar·rel ['bærəl] **1.** *s* Faß *n*, Tonne *f*; *of gun*: Lauf *m*; *tech.* Trommel *f*, Walze *f*; **2.** *v/t* in Fässer füllen; **~-or·gan** *s mus.* Drehorgel *f*.

bar·ren ['bærən] *adj* □ unfruchtbar; dürr, trocken; *discussion*: fruchtlos.

bar·ri·cade [bærɪ'keɪd] **1.** *s* Barrikade *f*; **2.** *v/t* verbarrikadieren; sperren.

bar·ri·er ['bærɪə] *s* Schranke *f* (*a. fig.*), Barriere *f*, Sperre *f*; Hindernis *n*; ***~s pl to trade*** *econ.* Handelsschranken *pl*, -hemmnisse *pl*.

bar·ris·ter *Br. jur.* ['bærɪstə] *s* Rechtsanwalt *m*, -anwältin *f*, Barrister *m*.

bar·row ['bærəʊ] *s* Karre *f*.

bar·ter ['bɑːtə] **1.** *s* Tausch(handel) *m*; **2.** *v/t* tauschen (***for*** gegen).

base¹ [beɪs] *adj* □ (**~r, ~st**) gemein.

base² [~] **1.** *s* Basis *f*; Grundlage *f*; Fundament *n*; Fuß *m*; *chem.* Base *f*; *mil.* Standort *m*, Stützpunkt *m*; **2.** *v/t* gründen, stützen (***on, upon*** auf *acc*).

base|ball ['beɪsbɔːl] *s* Baseball(spiel *n*) *m*; **~·less** *adj* grundlos; **~·line** *s sports*: Grundlinie *f*; **~·ment** *s* Fundament *n*; Kellergeschoß *n*.

base·ness ['beɪsnɪs] *s* Gemeinheit *f*.

bash·ful ['bæʃfl] *adj* □ schüchtern.

ba·sic¹ ['beɪsɪk] **1.** *adj* grundlegend, wesentlich, Grund..., Haupt...; *chem.* basisch; ♀ ***Law*** *pol. German constitution*: Grundgesetz *n*; **2.** *s*: **~s** *pl* Grundlagen *pl*.

BA·SIC² [~] *s computer*: BASIC *n*.

ba·sic·al·ly ['beɪsɪklɪ] *adv* im Grunde.

ba·sin ['beɪsn] *s* Becken *n*, Schale *f*, Schüssel *f*; Talkessel *m*; Hafenbecken *n*.

ba·sis ['beɪsɪs] *s* (*pl* **-ses** [-siːz]) Basis *f*; Grundlage *f*.

bask [bɑːsk] *v/i* sich sonnen (*a. fig.*).

bas·ket ['bɑːskɪt] *s* Korb *m*; **~·ball** *s* Basketball(spiel *n*) *m*.

bass¹ *mus.* [beɪs] *s* Baß *m*.

bass² *zo.* [bæs] *s* (Fluß-, See)Barsch *m*.

bas·tard ['bɑːstəd] **1.** *adj* □ unehelich; unecht; Bastard...; **2.** *s* Bastard *m*.

bat¹ *zo.* [bæt] *s* Fledermaus *f*; ***as blind as a ~*** stockblind.

bat² [~] *sports*: **1.** *s* Schlagholz *n*, Schläger *m*; **2.** *v/i* (**-tt-**) schlagen; am Schlagen *or* dran sein.

batch [bætʃ] *s* Schub *m* (*of loaves*); Stoß *m*, Stapel *m* (*of letters, work*), F Schwung *m* (*of people*).

bat·ed [beɪtɪd] *adj*: ***with ~ breath*** mit angehaltenem Atem.

bath [bɑːθ] **1.** *s* (*pl* ***baths*** [~ðz]) (Wan-

B

nen)Bad *n*; ***have a ~*** *Br.*, ***take a ~*** *Am.* baden, ein Bad nehmen; ***~s*** *pl* Bad *n*; Badeanstalt *f*; Badeort *m*; **2.** *v/t Br. child, etc.*: baden; *v/i* baden, ein Bad nehmen.

bathe [beɪð] *v/t wound, etc.*: baden (*esp. Am. a. child, etc.*); *v/i* baden; schwimmen; *esp. Am.* baden, ein Bad nehmen.

bath·ing ['beɪðɪŋ] *s* Baden *n*; *attr* Bade...; **~-suit** *s* Badeanzug *m*.

bath|robe ['bɑːθrəʊb] *s* Bademantel *m*; *Am.* Morgen-, Schlafrock *m*; **~·room** *s* Badezimmer *n*; **~·tow·el** *s* Badetuch *n*; **~·tub** *s* Badewanne *f*.

bat·on ['bætən] *s* Stab *m*; *mus.* Taktstock *m*; Schlagstock *m*, Gummiknüppel *m*.

bat·ten ['bætn] *s* Latte *f*.

bat·ter ['bætə] **1.** *s sports*: Schläger *m*; *cooking*: Rührteig *m*; **2.** *v/t* heftig schlagen; *wife, child, etc.*: mißhandeln; **~ *down*** *or* ***in*** *door*: einschlagen.

bat·ter·y ['bætərɪ] *s* Batterie *f*; **~-op·e·rat·ed** *adj* batteriebetrieben.

bat·tle ['bætl] **1.** *s* Schlacht *f* (**of** bei); **2.** *v/i* streiten, kämpfen; **~·ax(e)** *s* Streitaxt *f*; F *woman*: alter Drachen; **~·field, ~·ground** *s* Schlachtfeld *n*; **~·ship** *s mil.* Schlachtschiff *n*.

baulk [bɔːk] → ***balk***.

Ba·var·i·an [bə'veərɪən] **1.** *adj* bay(e)risch; **2.** *s* Bayer(in).

bawd·y ['bɔːdɪ] *adj* (**-ier, -iest**) obszön.

bawl [bɔːl] *v/t and v/i* brüllen, schreien, grölen; **~ *out*** *order, etc.*: brüllen.

bay¹ [beɪ] **1.** *adj* rotbraun; **2.** *s* Braune(r) *m* (*horse*).

bay² [~] *s* Bai *f*, Bucht *f*; Erker *m*.

bay³ *bot.* [~] *s a.* **~ *tree*** Lorbeer(baum) *m*.

bay⁴ [~] **1.** *v/i of dog*: bellen, Laut geben; **2.** *s*: ***hold*** *or* ***keep at ~*** *j-n* in Schach halten; *et.* von sich fernhalten.

bay·o·net *mil.* ['beɪənɪt] *s* Bajonett *n*.

ba·za(a)r [bə'zɑː] *s* Basar *m*.

be [biː, bɪ] *v/aux and v/i* (***was*** *or* ***were***, ***been***) sein; *used to form the passive voice*: werden; stattfinden; *become*: werden; ***he wants to ~ a ...*** er möchte ... werden; ***how much are the shoes?*** was kosten die Schuhe?; **~ *reading*** beim Lesen sein, gerade lesen; ***there is, there are*** es gibt.

beach [biːtʃ] **1.** *s* Strand *m*; **2.** *v/t mar. boat, etc.*: auf den Strand setzen *or* ziehen; **~ *ball*** *s* Wasserball *m*; **~ *bug·gy*** *s mot.* Strandbuggy *m*; **~·comb·er** *fig.* ['~kəʊmə] *s* Nichtstuer *m*.

bea·con ['biːkən] *s* Leuchtfeuer *n*; Funkfeuer *n*.

bead [biːd] *s* (Glas- *etc.*)Perle *f*; Tropfen *m*; ***~s*** *pl a.* Rosenkranz *m*; **~·y** ['biːdɪ] *adj* (**-ier, -iest**) klein, rund u. glänzend (*eyes*).

beak [biːk] *s* Schnabel *m* (*of bird*).

bea·ker ['biːkə] *s* Becher *m*.

beam [biːm] **1.** *s* Balken *m*; Waagebalken *m*; Strahl *m*; *electr.* (Funk)Leit-, Richtstrahl *m*; **2.** *v/t* ausstrahlen; *v/i* strahlen (*a. fig.* ***with*** vor *dat*).

bean [biːn] *s bot.* Bohne *f*; ***be full of ~s*** F voller Leben(skraft) stecken.

bear¹ *zo.* [beə] *s* Bär *m*.

bear² [~] (***bore***, ***borne*** *or pass* ***born***) *v/t* tragen; gebären; *hatred, anger, etc.*: hegen; *pain, etc.*: ertragen; aushalten; *mst in negatives*: ausstehen, leiden; **~ *down*** überwinden, bewältigen; **~ *out*** bestätigen; ***be born*** geboren werden; *v/i* tragen; *zo.* trächtig sein; **~·a·ble** ['beərəbl] *adj* □ erträglich.

beard [bɪəd] *s* Bart *m*; *bot.* Grannen *pl*; **~·ed** ['bɪədɪd] *adj* bärtig.

bear·er ['beərə] *s* Träger(in); *econ.* Überbringer(in), *of cheque, etc.*: Inhaber(in).

bear·ing ['beərɪŋ] *s* (Er)Tragen *n*; *behaviour*: Betragen *n*; *fig.* Beziehung *f*; *compass ~*: Position *f*, Richtung *f*; *tech.* Lager *n*; ***take one's ~s*** sich orientieren; ***lose one's ~s*** die Orientierung verlieren.

beast [biːst] *s* Vieh *n*, Tier *n*; Bestie *f*; **~·ly** ['biːstlɪ] *adj* (**-ier, -iest**) scheußlich.

beat [biːt] **1.** (***beat***, ***beaten*** *or* ***beat***) *v/t* schlagen; (ver)prügeln; besiegen; übertreffen; **~ *it!*** F hau ab!; ***that ~s all!*** das ist doch der Gipfel *or* die Höhe!; ***that ~s me*** das ist mir zu hoch; **~ *down*** *econ. price*: drücken, herunterhandeln; **~ *out*** *rhythm, etc.*: trommeln; *fire*: ausschlagen; **~ *up*** *j-n* zusammenschlagen; *v/i* schlagen; **~ *about the bush*** wie die Katze um den heißen Brei herumschleichen; **2.** *s* Schlag *m*; *mus.* Takt(schlag) *m*; *jazz*: Beat *m*; Pulsschlag *m*; *of policeman*: Runde *f*, Revier *n*; **3.** *adj*: (***dead***) **~** F wie erschlagen, fix u. fertig; **~·en** ['biːtn] **1.** *pp of* ***beat*** 1; **2.** *adj path*,

etc.: vielbegangen, ausgetreten; ***off the ~ track*** abgelegen; *fig.* ungewohnt.
beau·ti|cian [bjuː'tɪʃn] *s* Kosmetikerin *f*; **~·ful** ['bjuːtəfl] *adj* □ schön; **~·fy** ['bjuːtɪfaɪ] *v/t* schön(er) machen, verschönern.
beaut·y ['bjuːtɪ] *s* Schönheit *f*; F Prachtstück *n*, Prachtexemplar *n*; **~ *parlo*(*u*)*r***, **~ *shop*** Schönheitssalon *m*.
bea·ver *zo.* ['biːvə] *s* Biber *m* (*a. fur*).
be·came [bɪ'keɪm] *pret of* **become**.
be·cause [bɪ'kɒz] *cj* weil; *prp*: **~ *of*** wegen.
beck·on ['bekən] *v/t* (zu)winken.
be·come [bɪ'kʌm] (***-came***, ***-come***) *v/i* werden (***of*** aus); *v/t* sich schicken für; *j-m* stehen, *j-n* kleiden; **be·com·ing** *adj* □ passend; schicklich; kleidsam.
bed [bed] **1.** *s* Bett *n*; *of animal*: Lager *n*; *agr.* Beet *n*; Unterlage *f*; ***~ and breakfast*** Zimmer *n or* Übernachtung *f* mit Frühstück; **2.** *v/i* (***-dd-***): ***~ down*** sein Nachtlager aufschlagen; **~·clothes** ['bedkləʊðz] *s pl* Bettwäsche *f*; **~·ding** *s* Bettzeug *n*; Streu *f*.
bed·lam ['bedləm] *s* Chaos *n*.
bed|rid·den ['bedrɪdn] *adj* bettlägerig; **~·room** *s* Schlafzimmer *n*; **~·side** *s*: ***at the ~*** am (Kranken)Bett; ***~ lamp*** Nachttischlampe *f*; **~·sit** F, **~·sit·ter**, **~·sit·ting room** *s Br.* möbliertes Zimmer; Einzimmerappartement *n*; **~·stead** *s* Bettgestell *n*; **~·time** *s* Schlafenszeit *f*.
bee [biː] *s zo.* Biene *f*; ***have a ~ in one's bonnet*** F e-n Tick haben.
beech *bot.* [biːtʃ] *s* Buche *f*; **~·nut** *s* Buchecker *f*.
beef [biːf] **1.** *s* Rindfleisch *n*; **2.** *v/i* F meckern (***about*** über *acc*); **~·burg·er** ['~bɜːgə] *s* Hamburger *m*; **~ tea** *s* Fleischbrühe *f*; **~·y** ['biːfɪ] *adj* (***-ier***, ***-iest***) fleischig; kräftig, bullig.
bee|hive ['biːhaɪv] *s* Bienenkorb *m*, -stock *m*; **~·keep·er** *s* Bienenzüchter(in), Imker(in); **~·line** *s* kürzester Weg; ***make a ~ for*** schnurstracks losgehen auf (*acc*).
been [biːn, bɪn] *pp of* **be**.
beer [bɪə] *s* Bier *n*; **~ bel·ly** *s* F Bierbauch *m*; **~ gar·den** *s* Biergarten *m*; **~·mat** *s* Bierdeckel *m*; **~ pu·ri·ty reg·u·la·tions** *s pl* Reinheitsgebot *n*.
beet *bot.* [biːt] *s* Rübe *f*, Beete *f*; → ***~root***.
bee·tle *zo.* ['biːtl] *s* Käfer *m*.
beet·root *bot.* ['biːtruːt] *s* Rote Beete *or* Rübe.
be·fall [bɪ'fɔːl] (***-fell, -fallen***) *v/t j-m* zustoßen; *v/i* sich ereignen.
be·fore [bɪ'fɔː] **1.** *adv of place*: vorn, voran; *temporal*: vorher, früher, schon (früher); → ***yesterday***; **2.** *cj* bevor, ehe, bis; **3.** *prp* vor (*acc or dat*); **~·hand** *adv* zuvor, (im) voraus.
be·friend [bɪ'frend] *v/t* sich *j-s* annehmen; sich anfreunden mit.
beg [beg] (***-gg-***) *v/t* erbetteln; erbitten (***of*** von), bitten um; *j-n* bitten; sich erlauben; *v/i* betteln; bitten, flehen; betteln gehen.
be·gan [bɪ'gæn] *pret of* **begin**.
beg·gar ['begə] **1.** *s* Bettler(in); F Kerl *m*; **2.** *v/t* arm machen; *fig.* übertreffen; ***it ~s all description*** es spottet jeder Beschreibung.
be·gin [bɪ'gɪn] *v/t and v/i* (***-nn-***; ***began***, ***begun***) beginnen, anfangen; **~·ner** *s* Anfänger(in); **~·ning** *s* Beginn *m*, Anfang *m*; ***at the ~*** anfänglich, zuerst.
be·grudge [bɪ'grʌdʒ] *v/t* mißgönnen.
be·guile [bɪ'gaɪl] *v/t* täuschen; betrügen (***of***, ***out of*** um); *time*: sich vertreiben.
be·gun [bɪ'gʌn] *pp of* **begin**.
be·half [bɪ'hɑːf] *s*: ***on*** (*Am. a.* ***in***) ***~ of*** im Namen von (*or gen*).
be·have [bɪ'heɪv] *v/i* sich (gut) benehmen.
be·hav·io(u)r [bɪ'heɪvjə] *s* Benehmen *n*, Betragen *n*, Verhalten *n*; **~·al** *psych.* [~rəl] *adj* Verhaltens...
be·head [bɪ'hed] *v/t* enthaupten.
be·hind [bɪ'haɪnd] **1.** *adv* hinten, dahinter; zurück; **2.** *prp* hinter (*acc or dat*); **3.** *s* F Hinterteil *n*, Hintern *m*; **~·hand** *adj and adv* im Rückstand.
be·ing ['biːɪŋ] *s* (Da)Sein *n*; Wesen *n*; ***in ~*** wirklich (vorhanden); ***come into ~*** entstehen.
be·lat·ed [bɪ'leɪtɪd] *adj* verspätet.
belch [beltʃ] **1.** *v/i* aufstoßen, rülpsen; *v/t* ausspeien; **2.** *s* Rülpser *m*.
be·lea·guer [bɪ'liːgə] *v/t* belagern.
bel·fry ['belfrɪ] *s* Glockenturm *m*, -stuhl *m*.
Bel·gian ['beldʒən] **1.** *adj* belgisch; **2.** *s* Belgier(in).
be·lie [bɪ'laɪ] *v/t* Lügen strafen; *hopes*, *etc.*: enttäuschen.

B

be•lief [bɪ'liːf] *s* Glaube *m* (*in* an *acc*).
be•lie•va•ble [bɪ'liːvəbl] *adj* □ glaubhaft.
be•lieve [bɪ'liːv] *v/t and v/i* glauben (*in* an *acc*); *~ it or not* ob du's glaubst oder nicht; **be•liev•er** *s eccl.* Gläubige(r *m*) *f*.
be•lit•tle *fig.* [bɪ'lɪtl] *v/t* herabsetzen.
bell [bel] *s* Glocke *f*; Klingel *f*; **~•boy** *Am.* ['belbɔɪ] *s* (Hotel)Page *m*.
belle [bel] *s* Schöne *f*, Schönheit *f*.
bell•hop *Am.* ['belhɒp] *s* (Hotel)Page *m*.
bel•lied ['belɪd] *adj* bauchig; ...bäuchig.
bel•lig•er•ent [bɪ'lɪdʒərənt] **1.** *adj* kriegführend; streit-, kampflustig; aggressiv; **2.** *s* kriegführendes Land.
bel•low ['beləʊ] **1.** *v/t and v/i* brüllen; **2.** *s* Gebrüll *n*; **~s** *s pl or sg* Blasebalg *m*.
bel•ly ['belɪ] **1.** *s* Bauch *m*; **2.** *v/t and v/i* (sich) blähen, (an)schwellen; (sich) bauschen; **~•ache** *s* F Bauchweh *n*; **~-land•ing** *s aer.* Bauchlandung *f*.
be•long [bɪ'lɒŋ] *v/i* gehören; *~ to* gehören (*dat*) *or* zu; **~•ings** [~ɪŋz] *s pl* Habseligkeiten *pl*.
be•loved [bɪ'lʌvd] **1.** *adj* (innig) geliebt; **2.** *s* Geliebte(r *m*) *f*.
be•low [bɪ'ləʊ] **1.** *adv* unten; **2.** *prp* unter (*acc or dat*).
belt [belt] **1.** *s* Gürtel *m*; *mil.* Koppel *n*; Zone *f*, Gebiet *n*; *tech.* Treibriemen *m*; **2.** *v/i a. ~ up* den Gürtel zumachen, sich anschnallen.
bench [bentʃ] *s* (Sitz)Bank *f*; Richterbank *f*; Richter *m or pl*; Werkbank *f*.
bend [bend] **1.** *s* Biegung *f*, Kurve *f*; *drive s.o. round the ~* F j-n (noch) wahnsinnig machen; **2.** *v/t and v/i* (*bent*) (sich) biegen; *mind*: richten (*to, on* auf *acc*); (sich) beugen; sich neigen.
be•neath [bɪ'niːθ] → *below*.
ben•e•dic•tion [benɪ'dɪkʃn] *s* Segen *m*.
ben•e•fac|tor ['benɪfæktə] *s* Wohltäter *m*, Gönner *m*; **~•tress** [~trɪs] *s* Wohltäterin *f*, Gönnerin *f*; **be•nef•i•cent** [bɪ'nefɪsnt] *adj* □ wohltätig; **ben•e•fi•cial** [benɪ'fɪʃl] *adj* □ wohltuend, zuträglich, nützlich.
ben•e•fit ['benɪfɪt] **1.** *s* Nutzen *m*, Vorteil *m*; Wohltätigkeitsveranstaltung *f*; *social security, etc.*: Sozial-, Versicherungsleistung *f*; Rente *f*; Unterstützung *f*; **2.** *v/t* nützen (*dat*); begünstigen; *v/i*: *~ by or from* Vorteil haben von *or* durch, Nutzen ziehen aus.
be•nev•o|lence [bɪ'nevələns] *s* Wohlwollen *n*; **~•lent** *adj* □ wohlwollend; gütig, mildtätig.
be•nign [bɪ'naɪn] *adj* □ freundlich, gütig; *med.* gutartig; *of climate*: mild.
bent [bent] **1.** *pret and pp of* **bend** 2; *be ~ on doing* entschlossen sein zu tun; **2.** *s fig.* Hang *m*, Neigung *f*; Veranlagung *f*.
ben•zene *chem.* ['benziːn] *s* Benzol *n*.
ben•zine *chem.* ['benziːn] *s* Leichtbenzin *n*.
be•queath *jur.* [bɪ'kwiːð] *v/t* vermachen.
be•quest *jur.* [bɪ'kwest] *s* Vermächtnis *n*.
be•reave [bɪ'riːv] *v/t* (*bereaved or bereft*) berauben.
be•ret ['bereɪ] *s* Baskenmütze *f*.
berk [bɜːk] *s* F Idiot *m*, Trottel *m*.
ber•ry *bot.* ['berɪ] *s* Beere *f*.
ber•serk [bə'sɜːk] *adj* wild; *go ~* wild werden, F durchdrehen, F ausflippen.
berth [bɜːθ] **1.** *s mar.* Liege-, Ankerplatz *m*; *mar.* Koje *f*; *rail.* (Schlafwagen)Bett *n*; **2.** *mar. v/t* vor Anker legen; *v/i* anlegen.
be•seech [bɪ'siːtʃ] *v/t* (*besought or beseeched*) (inständig) bitten (um); anflehen.
be•set [bɪ'set] *v/t* (*-tt-*; *beset*) heimsuchen, bedrängen; *~ with difficulties* mit vielen Schwierigkeiten verbunden.
be•side [bɪ'saɪd] *prp* neben (*acc or dat*); *~ o.s.* außer sich (*with* vor *dat*); *~ the point, ~ the question* nicht zur Sache gehörig; **~s** **1.** *adv* außerdem; **2.** *prp* abgesehen von, außer.
be•siege [bɪ'siːdʒ] *v/t* belagern.
be•smear [bɪ'smɪə] *v/t* beschmieren.
be•sought [bɪ'sɔːt] *pret and pp of* **beseech**.
be•spat•ter [bɪ'spætə] *v/t* bespritzen.
best [best] **1.** *adj* (*sup of* **good** 1) beste(r, -s), höchste(r, -s), größte(r, -s), meiste; *~ man* Trauzeuge *m* (*of bridegroom*); **2.** *adv* (*sup of* **well**[2] 1) am besten; **3.** *s der, die, das* Beste; *all the ~!* alles Gute!, viel Glück!; *to the ~ of ...* nach bestem ...; *make the ~ of* das Beste machen aus; *at ~* bestenfalls; *be at one's ~* in Hoch- *or* Höchstform sein.
bes•ti•al ['bestɪəl] *adj* □ tierisch, viehisch.
best•sell•er [best'selə] *s* Bestseller *m*, Verkaufsschlager *m*.
bet [bet] **1.** *s* Wette *f*; **2.** *v/t and v/i* (*-tt-*;

***bet** or **betted**) wetten; **you ~!** F und ob!

be·tray [bɪ'treɪ] *v/t* verraten (*a. fig.*); **~·al** *s* Verrat *m*; **~·er** *s* Verräter(in).

bet·ter ['betə] **1.** *adj* (*comp of* **good** 1) besser; **he is ~** es geht ihm besser; **2.** *s das* Bessere; **~s** *pl* Höherstehende *pl*, Vorgesetzte *pl*; **get the ~ of** die Oberhand gewinnen über (*acc*); *et.* überwinden; **3.** *adv* (*comp of* **well²** 1) besser; mehr; **so much the ~** desto besser; **you had ~** (F **you ~**) **go** es wäre besser, wenn du gingest; **4.** *v/t* verbessern; *v/i* sich bessern.

be·tween [bɪ'twiːn] **1.** *adv* dazwischen; **few and far ~** F (ganz) vereinzelt; **2.** *prp* zwischen; unter (*both: acc or dat*); **~ you and me** unter uns *or* im Vertrauen (gesagt); **that's just ~ ourselves** das bleibt aber unter uns.

bev·el ['bevl] *v/t* (*esp. Br.* **-ll-**, *Am.* **-l-**) abkanten, abschrägen.

bev·er·age ['bevərɪdʒ] *s* Getränk *n*.

bev·y ['bevɪ] *s* Schwarm *m*, Schar *f*.

be·ware [bɪ'weə] *v/i* (**of**) sich in acht nehmen (vor *dat*), sich hüten (vor *dat*); **~ of the dog!** Warnung vor dem Hunde!

be·wil·der [bɪ'wɪldə] *v/t* verwirren, irremachen; **~·ment** *s* Verwirrung *f*.

be·witch [bɪ'wɪtʃ] *v/t* bezaubern, behexen.

be·yond [bɪ'jɒnd] **1.** *adv* darüber hinaus; **2.** *prp* jenseits; über ... (*acc*) hinaus; **3.** *s* Jenseits *n*.

bi- [baɪ] zwei(fach, -mal).

bi·as ['baɪəs] **1.** *adj and adv* schief, schräg; **2.** *s* Neigung *f*; Vorurteil *n*; **3.** *v/t* (**-s-**, **-ss-**) *report, etc.*: einseitig darstellen; *person*: beeinflussen; **~(s)ed** *esp. jur.* befangen, voreingenommen (**against** gegen, gegenüber).

bi·ath|lete [baɪ'æθliːt] *s sports*: Biathlet(in); **~·lon** [~ən] *s sports*: Biathlon *n*.

Bi·ble ['baɪbl] *s* Bibel *f*; **bib·li·cal** ['bɪblɪkl] *adj* □ biblisch, Bibel...

bib·li·og·ra·phy [bɪblɪ'ɒgrəfɪ] *s* Bibliographie *f*.

bi·car·bon·ate [baɪ'kɑːbənɪt] *s chem. a.* **~ of soda** doppeltkohlensaures Natrium; *cookery*: Natron *n*.

bi·cen|te·na·ry [baɪsen'tiːnərɪ], *Am.* **~·ten·ni·al** [~'tenɪəl] *s* zweihundertjähriges Jubiläum, Zweihundertjahrfeier *f*.

bi·ceps *anat.* ['baɪseps] *s* Bizeps *m*.

bi·cy·cle ['baɪsɪkl] **1.** *s* Fahrrad *n*; **2.** *v/i* radfahren, radeln.

bid [bɪd] **1.** *v/t and v/i* (**-dd-**; **bid or bade, bid or bidden**) *at auction, etc.*: bieten; *in card games*: reizen; *greetings*: wünschen; **~ farewell** Lebewohl sagen; **2.** *s econ.* Gebot *n*, Angebot *n*; *card games*: Reizen *n*; **~·den** ['bɪdn] *pp of* **bid** 1.

bide [baɪd] *v/t* (**bode or bided, bided**): **~ one's time** den rechten Augenblick abwarten.

bi·det ['biːdeɪ, bi'deɪ] *s* Bidet *n*.

bi·en·ni·al [baɪ'enɪəl] *adj* □ zweijährlich; zweijährig (*plants*); **~·ly** [~lɪ] *adv* alle zwei Jahre.

bier [bɪə] *s* (Toten)Bahre *f*.

big [bɪg] *adj* (**-gg-**) groß; erwachsen; (hoch)schwanger; F wichtig(tuerisch); **~ bang** *ast.* Urknall *m*; **~ business** Großunternehmertum *n*; **~ shot** F hohes Tier; **~ talk** F Angeberei *f*; **talk ~** den Mund voll nehmen.

big·a·my ['bɪgəmɪ] *s* Bigamie *f*.

big·ot ['bɪgət] *s* selbstgerechte *or* intolerante *or* bigotte Person; **~·ed** [~ɪd] *adj* selbstgerecht, intolerant, bigott.

big·wig F ['bɪgwɪg] *s* hohes Tier.

bike F [baɪk] *s* (Fahr)Rad *n*.

bi·lat·er·al [baɪ'lætərəl] *adj* □ bilateral.

bile *physiol.* [baɪl] *s* Galle *f* (*a. fig.*).

bi·lin·gual [baɪ'lɪŋgwəl] *adj* □ zweisprachig.

bil·i·ous ['bɪlɪəs] *adj* □ gallig; *fig.* gereizt.

bill¹ [bɪl] *s* Schnabel *m*; Spitze *f*.

bill² [~] **1.** *s econ.* Rechnung *f*; *pol.* Gesetzentwurf *m*; *jur.* Klageschrift *f*; *a.* **~ of exchange** *econ.* Wechsel *m*; *poster*: Plakat *n*; *Am.* Banknote *f*, Geldschein *m*; **~ of fare** Speisekarte *f*; **~ of lading** Seefrachtbrief *m*, Konnossement *n*; **~ of sale** *jur.* Verkaufsurkunde *f*; **2.** *v/t* (durch Anschlag) ankündigen.

bill|board *Am.* ['bɪlbɔːd] *s* Reklametafel *f*; **~·fold** *Am.* ['~fəʊld] *s* Brieftasche *f*.

bil·li·ards ['bɪljədz] *s sg* Billiard(spiel) *n*.

bil·li·on ['bɪljən] *s* Milliarde *f*.

bil·low ['bɪləʊ] *s* Woge *f*; *of smoke, etc.*: Schwade *f*; **~·y** [~ɪ] *adj* wogend; in Schwaden ziehend; gebläht, gebauscht.

bil·ly *Am.* ['bɪlɪ] *s* (Gummi)Knüppel *m*; **~-goat** *s zo.* Ziegenbock *m*.

bin [bɪn] *s* (großer) Behälter; → **dustbin.**

bind [baɪnd] (**bound**) *v/t* (an-, ein-, um-,

auf-, fest-, ver)binden; *a.* vertraglich binden, verpflichten; *edge, hem*: einfassen; *v/i* binden; **~·er** *s* (*esp.* Buch)Binder(in); Einband *m*, (Akten)Deckel *m*, Hefter *m*; **~·ing 1.** *adj* bindend, verbindlich; **2.** *s* (Buch)Einband *m*; Einfassung *f*, Borte *f*.

bi·noc·u·lars [bɪ'nɒkjʊləz] *s pl* Feldstecher *m*, Fern-, Opernglas *n*.

bi·o·chem·is·try [baɪəʊ'kemɪstrɪ] *s* Biochemie *f*.

bi·o·de·grad·able [baɪəʊdɪ'greɪdəbl] *adj* biologisch abbaubar.

bi·og·ra|pher [baɪ'ɒgrəfə] *s* Biograph *m*; **~·phy** [~ɪ] *s* Biographie *f*.

bi·o·log·i·cal [baɪəʊ'lɒdʒɪkl] *adj* □ biologisch; **~ *warfare*** biologische Kriegsführung; **bi·ol·o·gy** [baɪ'ɒlədʒɪ] *s* Biologie *f*.

bi·o·tope ['baɪəʊtəʊp] *s* Biotop *n*.

birch [bɜːtʃ] **1.** *s bot.* Birke *f*; (Birken)Rute *f*; **2.** *v/t* züchtigen.

bird [bɜːd] *s* Vogel *m*; **~ *of prey*** Raubvogel *m*; **~ *sanctuary*** Vogelschutzgebiet *n*; **~'s-eye** *s*: **~ *view*** Vogelperspektive *f*.

bi·ro *TM* ['baɪrəʊ] *s* (*pl* **-ros**) Kugelschreiber *m*.

birth [bɜːθ] *s* Geburt *f*; Ursprung *m*, Entstehung *f*; Herkunft *f*; ***give ~ to*** gebären, zur Welt bringen; **~ con·trol** *s* Geburtenregelung *f*, -kontrolle *f*; **~·day** *s* Geburtstag *m*; **~·mark** *s* Muttermal *n*; **~·place** *s* Geburtsort *m*; **~ rate** *s* Geburtenziffer *f*.

bis·cuit *Br.* ['bɪskɪt] *s* Keks *m*, *n*, Plätzchen *n*.

bish·op ['bɪʃəp] *s* Bischof *m*; *in chess*: Läufer *m*; **~·ric** [~rɪk] *s* Bistum *n*.

bi·son *zo.* ['baɪsn] *s* Bison *m*, *in America*: Büffel *m*; *in Europe*: Wisent *m*.

bit [bɪt] **1.** *s* Bißchen *n*, Stück(chen) *n*; *of bridle*: Gebiß *n*; (Schlüssel)Bart *m*; *computer*: Bit *n*; ***a*** (***little***) **~** ein (kleines) bißchen; **2.** *pret of* ***bite*** 2.

bitch [bɪtʃ] *s zo.* Hündin *f*; *contp.* Miststück *n*, Weibsstück *n*.

bite [baɪt] **1.** *s* Beißen *n*; Biß *m*; Bissen *m*, Happen *m*; (Insekten)Stich *m*, -biß *m*; **2.** *v/t and v/i* (***bit***, ***bitten***) (an)beißen; *of insect*: stechen; *of pepper, etc.*: brennen; *of cold, etc.*: schneiden; *of smoke, etc.*: beißen; *of screw, drill, etc.*: fassen; *fig.* verletzen.

bit·ten ['bɪtn] *pp of* ***bite*** 2.

bit·ter ['bɪtə] **1.** *adj* □ bitter; *fig.* verbittert; **2.** *s Br. dunkles, bitter schmeckendes Bier*; **~s** *pl* Magenbitter *m*.

biz F [bɪz] → ***business***.

black [blæk] **1.** *adj* schwarz; dunkel; finster; **~ *eye*** blaues Auge; ***have s.th. in ~ and white*** et. schwarz auf weiß haben *or* besitzen; ***be ~ and blue*** blaue Flekken haben; ***beat s.o. ~ and blue*** j-n grün u. blau schlagen; **2.** *v/t* schwärzen; **~ *out*** verdunkeln; **3.** *s* Schwarz *n*; Schwärze *f*; Schwarze(r *m*) *f*; **~·ber·ry** *s bot.* Brombeere *f*; **~·bird** *s zo.* Amsel *f*; **~·board** *s* (Schul-, Wand)Tafel *f*; **~·en** *v/t* schwärzen; *fig.* anschwärzen; *v/i* schwarz werden; **~·guard** ['blægɑːd] **1.** *s* Lump *m*, Schuft *m*; **2.** *adj* □ gemein, schuftig; **~·head** *s med.* Mitesser *m*; **~ ice** *s* Glatteis *n*; **~·ish** *adj* □ schwärzlich; **~·jack** *s esp. Am.* Totschläger *m*; **~·leg** *s Br.* Streikbrecher *m*; **~-let·ter** *s print.* Fraktur *f*; **~·list 1.** *s* schwarze Liste; **2.** *v/t* auf die schwarze Liste setzen; **~·mail 1.** *s* Erpressung *f*; **2.** *v/t j-n* erpressen; **~·mail·er** *s* Erpresser(in); **~ mar·ket** *s* schwarzer Markt; **~·ness** *s* Schwärze *f*; **~·out** *s* Verdunkelung *f*; *thea., med., etc.*: Blackout *m*; *med.* Ohnmacht *f*; (***news***) **~** Nachrichtensperre *f*; **~ pud·ding** *s* Blutwurst *f*; **~ sheep** *s fig.* schwarzes Schaf.

blad·der *anat.* ['blædə] *s* Blase *f*.

blade [bleɪd] *s of knife, etc.*: Klinge *f*; *bot.* Blatt *n*, Halm *m*; *of saw, oar, etc.*: Blatt *n*; *of propeller, etc.*: Flügel *m*.

blame [bleɪm] **1.** *s* Tadel *m*; Schuld *f*; **2.** *v/t* tadeln; ***be to ~ for*** schuld sein an (*dat*); **~·less** *adj* □ untadelig.

blanch [blɑːntʃ] *v/t* bleichen; erbleichen lassen; *cookery*: blanchieren, brühen; *v/i* erbleichen.

bland [blænd] *adj* □ mild, sanft.

blank [blæŋk] **1.** *adj* □ leer; unausgefüllt, unbeschrieben; *econ.* Blanko...; verdutzt; **~ *cartridge*** *mil.* Platzpatrone *f*; **~ *cheque*** (*Am.* ***check***) *econ.* Blankoscheck *m*; **2.** *s* Leere *f*; leerer Raum, Lücke *f*; unbeschriebenes Blatt, Formular *n*; *in lottery*: Niete *f*.

blan·ket ['blæŋkɪt] **1.** *s* (Woll)Decke *f*; ***wet ~*** Spielverderber *m*; **2.** *v/t* zudekken.

blare [bleə] *v/i* brüllen, *of radio, etc.*: plärren, *of trumpet, etc.*: schmettern.

blas|pheme [blæsˈfiːm] *v/t and v/i* lästern; **~·phemy** [ˈblæsfəmɪ] *s* Gotteslästerung *f.*

blast [blɑːst] **1.** *s* Windstoß *m*; *of brass instrument, etc.*: Ton *m*; *tech.* Gebläse(luft *f*) *n*; Druckwelle *f*; *bot.* Mehltau *m*; **2.** *v/t* vernichten; sprengen; **~ off** (***into space***) *spacecraft*: in den Weltraum schießen; *v/i*: **~ off** *of spacecraft, etc.*: abheben, starten; **~!** verdammt!; **~-fur·nace** *tech.* [ˈ~fɜːnɪs] *s* Hochofen *m*; **~-off** *s of spacecraft, etc.*: Start *m.*

bla·tant [ˈbleɪtənt] *adj* □ lärmend; kraß; unverhohlen.

blaze [bleɪz] **1.** *s* Flamme(n *pl*) *f*, Feuer *n*; heller Schein; *fig.* Ausbruch *m*; ***go to ~s!*** F zum Teufel mit dir!; **2.** *v/i* brennen, flammen, lodern; leuchten.

blaz·er [ˈbleɪzə] *s* Blazer *m.*

bleach [bliːtʃ] *v/t* bleichen.

bleak [bliːk] *adj* □ öde, kahl; rauh; *fig.* trüb, freudlos, finster.

blear·y [ˈblɪərɪ] *adj* □ (***-ier, -iest***) trübe, verschwommen; **~-eyed** *adj* mit trüben Augen; verschlafen; *fig.* kurzsichtig.

bleat [bliːt] **1.** *s* Blöken *n*; **2.** *v/i* blöken.

bled [bled] *pret and pp of* **bleed.**

bleed [bliːd] (***bled***) *v/i* bluten; *v/t med.* zur Ader lassen; *fig.* F schröpfen; **~·ing** **1.** *s med.* Bluten *n*, Blutung *f*; *med.* Aderlaß *m*; **2.** *adj and adv sl.* verflixt.

bleep [bliːp] **1.** *s* Piepton *m*; **2.** *v/t j-n* anpiepsen; *v/i* piepen; **~·er** *s* Funkrufempfänger *m*, F Piepser *m.*

blem·ish [ˈblemɪʃ] **1.** *s* (*a.* Schönheits-) Fehler *m*; Makel *m*; **2.** *v/t* entstellen.

blend [blend] **1.** *v/t and v/i* (sich) (ver)mischen; *wine, etc.*: verschneiden; **2.** *s* Mischung *f*; *econ.* Verschnitt *m*; **~·er** *s* Mixer *m*, Mixgerät *n.*

bless [bles] *v/t* (***blessed or blest***) segnen; preisen; ***be ~ed with*** gesegnet sein mit; (***God***) ***~ you!*** alles Gute!; Gesundheit!; ***~ me!, ~ my heart!, ~ my soul!*** F du meine Güte!; **~·ed** [ˈblesɪd] *adj* □ glückselig, gesegnet; **~·ing** *s* Segen *m.*

blest [blest] *pret and pp of* **bless.**

blew [bluː] *pret of* **blow²** 1.

blight [blaɪt] **1.** *s bot.* Mehltau *m*; *fig.* Gifthauch *m*; **2.** *v/t* vernichten.

blind [blaɪnd] **1.** *adj* □ blind (*fig.* ***to*** gegen[über]); verborgen, geheim; schwererkennbar; **~ *alley*** Sackgasse *f*; **~ly** *fig.* blindlings; ***turn a ~ eye*** (***to***) F ein Auge zudrücken (bei); **2.** *s* Rouleau *n*, Rollo *n*; ***the ~ pl*** die Blinden *pl*; **3.** *v/t* blenden; *fig.* blind machen (***to*** für, gegen); **~·ers** *Am.* [ˈblaɪndəz] *s pl* Scheuklappen *pl*; **~·fold** **1.** *adj* mit verbundenen Augen; **2.** *adv fig.* blindlings; **3.** *v/t j-m* die Augen verbinden; **4.** *s* Augenbinde *f*; **~·worm** *s zo.* Blindschleiche *f.*

blink [blɪŋk] **1.** *s* Blinzeln *n*; Schimmer *m*; **2.** *v/i* blinzeln, zwinkern; blinken; schimmern; *v/t fig.* ignorieren; **~·ers** [ˈblɪŋkəz] *s pl* Scheuklappen *pl.*

bliss [blɪs] *s* Seligkeit *f*, Wonne *f.*

blis·ter [ˈblɪstə] **1.** *s* Blase *f*; *med.* Zugpflaster *n*; **2.** *v/t* Blasen hervorrufen auf (*dat*); *v/i* Blasen ziehen.

blitz [blɪts] **1.** *s* heftiger (Luft)Angriff; **2.** *v/t* schwer bombardieren.

bliz·zard [ˈblɪzəd] *s* Schneesturm *m.*

bloat|ed [ˈbləʊtɪd] *adj* (an)geschwollen, (auf)gedunsen; *fig.* aufgeblasen; **~·er** [~ə] *s fish*: Bückling *m.*

block [blɒk] **1.** *s* Block *m*, Klotz *m*; Baustein *m*; Verstopfung *f*, (Verkehrs-) Stockung *f*; *a.* **~ *of flats*** *Br.* Wohn-, Mietshaus *n*; *Am.* (Häuser)Block *m*; **2.** *v/t* formen; verhindern; *a.* **~ up** (ab-, ver)sperren, blockieren; *econ. account*: sperren.

block·ade [blɒˈkeɪd] **1.** *s* Blockade *f*; **2.** *v/t* blockieren.

block|head [ˈblɒkhed] *s* Dummkopf *m*; **~ let·ters** *s pl* Blockschrift *f.*

bloke *Br.* F [bləʊk] *s* Kerl *m.*

blond [blɒnd] **1.** *s* Blonde(r) *m*; **2.** *adj* blond; *of skin*: hell; **~e** [~] **1.** *s* Blondine *f*; **2.** *adj* blond.

blood [blʌd] *s* Blut *n*; *fig.* Blut *n*; Abstammung *f*; *attr* Blut...; ***in cold ~*** kaltblütig; **~-cur·dling** *adj* grauenhaft; **~ do·nor** *s* Blutspender(in); **~·shed** *s* Blutvergießen *n*; **~·shot** *adj* blutunterlaufen; **~·thirst·y** *adj* □ blutdürstig; **~·ves·sel** *s anat.* Blutgefäß *n*; **~·y** *adj* □ (***-ier, -iest***) blutig; *Br.* F verdammt, verflucht; **~ *fool*** F Vollidiot *m*; ***~-minded*** F *Br.* stur, querköpfig.

bloom [bluːm] **1.** *s poet.* Blume *f*, Blüte *f*; *fig.* Blüte(zeit) *f*; **2.** *v/i* blühen; *fig.* (er)strahlen.

blos·som [ˈblɒsəm] **1.** *s* Blüte *f*; **2.** *v/i* blühen.

blot [blɒt] **1.** *s* Klecks *m*; *fig.* Makel *m*; **2.**

B

(-*tt*-) *v/t* beklecksen, beflecken; (ab)löschen; ausstreichen; *v/i* klecksen.
blotch [blɒtʃ] *s* Klecks *m*; Hautfleck *m*; **~·y** *adj* (**-ier, -iest**) *of skin*: fleckig.
blouse [blaʊz] *s* Bluse *f*.
blow[1] [bləʊ] *s* Schlag *m*, Stoß *m*.
blow[2] [~] **1.** (***blew, blown***) *v/i* blasen, wehen; schnaufen; *of tyre*: platzen; *electr. of fuse*: durchbrennen; ***~ up*** in die Luft fliegen; *v/t* blasen, wehen; ***~ one's nose*** sich die Nase putzen; ***~ one's top*** F an die Decke gehen; ***~ out*** ausblasen; ***~ up*** sprengen; *phot.* vergrößern; **2.** *s* Blasen *n*, Wehen *n*; **~-dry** *v/t* fönen; **~n** [bləʊn] *pp of* ***blow***[2] 1; **~-up** *s* Explosion *f*; *phot.* Vergrößerung *f*.
blud·geon [ˈblʌdʒən] *s* Knüppel *m*.
blue [bluː] **1.** *adj* blau; F melancholisch, traurig, schwermütig; **2.** *s* Blau *n*; ***out of the ~*** *fig.* aus heiterem Himmel; **~·ber·ry** *s bot.* Blau-, Heidelbeere *f*; **~ chip (share)** *s econ.* erstklassiges Wertpapier; **~-col·lar work·er** *s* (Fabrik)Arbeiter(in).
blues [bluːz] *s pl or sg mus.* Blues *m*; F Melancholie *f*; ***have the ~*** F den Moralischen haben.
bluff [blʌf] **1.** *adj* □ schroff, steil; derb; **2.** *s* Steilufer *n*; Bluff *m*; **3.** *v/t and v/i* bluffen.
blu·ish [ˈbluːɪʃ] *adj* bläulich.
blun·der [ˈblʌndə] **1.** *s* Fehler *m*, Schnitzer *m*; **2.** *v/i* e-n (groben) Fehler machen; stolpern; *v/t* verpfuschen.
blunt [blʌnt] **1.** *adj* □ stumpf (*a. fig.*); grob, rauh; **2.** *v/t* abstumpfen; **~·ly** [ˈblʌntlɪ] *adv* frei heraus.
blur [blɜː] **1.** *s* Fleck *m*; undeutlicher Eindruck, verschwommene Vorstellung; **2.** *v/t* (-*rr*-) beflecken; verwischen, -schmieren; *phot., TV* verwackeln, -zerren; *senses*: trüben.
blurt [blɜːt] *v/t*: ***~ out*** herausplatzen mit.
blush [blʌʃ] **1.** *s* Schamröte *f*; Erröten *n*; **2.** *v/i* erröten, rot werden.
blus·ter [ˈblʌstə] **1.** *s* Brausen *n*, Toben *n* (*a. fig.*); *fig.* Poltern *n*; **2.** *v/i* brausen; *fig.* poltern, toben.
boar *zo.* [bɔː] *s* Eber *m*; Keiler *m*.
board [bɔːd] **1.** *s* Brett *n*; (Anschlag-)Brett *n*; Konferenztisch *m*; Ausschuß *m*, Kommission *f*; Behörde *f*; Verpflegung *f*; Pappe *f*, Karton *m*; *sports*: (Surf)Board *n*; ***on ~ a train*** in e-m Zug; ***~ of directors*** *econ.* Verwaltungsrat *m*; ***ℒ of Trade*** *Br.* Handelsministerium *n*, *Am.* Handelskammer *f*; **2.** *v/t* beköstigen; *mar.* entern; *aircraft, etc.*: einsteigen in (*acc*); *v/i* in Kost sein, wohnen; an Bord gehen; einsteigen; **~·er** [ˈbɔːdə] *s* Pensionsgast *m*; Internatsschüler(in); **~·ing-house** *s* Pension *f*, Fremdenheim *n*; **~·ing-school** *s* Internat *n*; **~·walk** *s esp. Am.* Strandpromenade *f*.
boast [bəʊst] **1.** *s* Prahlerei *f*; **2.** *v/i* (***of, about***) sich rühmen (*gen*), prahlen (mit); **~·ful** *adj* □ prahlerisch.
boat [bəʊt] *s* Boot *n*; Schiff *n*.
bob [bɒb] **1.** *s* Quaste *f*; Ruck *m*; Knicks *m*; kurzer Haarschnitt; *Br.* F *hist.* Schilling *m*; **2.** (-*bb*-) *v/t hair*: kurz schneiden; ***~bed hair*** Bubikopf *m*; *v/i* springen, tanzen; knicksen.
bob·bin [ˈbɒbɪn] *s* Spule *f* (*a. electr.*).
bob·by *Br.* F [ˈbɒbɪ] *s* Bobby *m* (*policeman*).
bob·sleigh [ˈbɒbsleɪ] *s sports*: Bob *m*.
bode [bəʊd] *pret of* **bide.**
bod·ice [ˈbɒdɪs] *s* Mieder *n*; *of dress*: Oberteil *n*.
bod·i·ly [ˈbɒdɪlɪ] *adj* körperlich.
bod·y [ˈbɒdɪ] *s* Körper *m*, Leib *m*; Leiche *f*; Körperschaft *f*; Hauptteil *m*; *mot.* Karosserie *f*; *mil.* Truppenverband *m*; **~·guard** *s* Leibwache *f*; Leibwächter *m*; **~·work** *s mot.* Karosserie *f*.
bog [bɒg] **1.** *s* Sumpf *m*, Moor *n*; **2.** *v/t* (-*gg*-): ***get ~ged down*** *fig.* sich festfahren.
bo·gus [ˈbəʊgəs] *adj* falsch; Schwindel...
boil[1] *med.* [bɔɪl] *s* Geschwür *n*, Furunkel *m*.
boil[2] [~] **1.** *v/t and v/i* kochen, sieden; **2.** *s* Kochen *n*, Sieden *n*; **~·er** *s* (Dampf-)Kessel *m*; Boiler *m*; **~·er suit** *s* Overall *m*; **~·ing** *adj* kochend, siedend; **~·ing-point** *s* Siedepunkt *m* (*a. fig.*).
bois·ter·ous [ˈbɔɪstərəs] *adj* □ ungestüm; heftig, laut; lärmend.
bold [bəʊld] *adj* □ kühn; keck, dreist, unverschämt; steil; ***as ~ as brass*** F frech wie Oskar; **~·ness** *s* Kühnheit *f*; Keckheit *f*; Dreistigkeit *f*.
bol·ster [ˈbəʊlstə] **1.** *s* Keilkissen *n*; Nakkenrolle *f*; **2.** *v/t*: ***~ up*** *fig.* (unter)stützen, *j-m* Mut machen.
bolt [bəʊlt] **1.** *s* Bolzen *m*; Riegel *m*; Blitz(strahl) *m*; plötzlicher Satz,

Fluchtversuch *m*; **2.** *adv*: **~ upright** kerzengerade; **3.** *v/t* verriegeln; F hinunterschlingen; *v/i* davonlaufen, ausreißen; *of horse*: scheuen, durchgehen.

bomb [bɒm] **1.** *s* Bombe *f*; ***the ~*** die Atombombe; **2.** *v/t* bombardieren; **bom·bard** [bɒm'bɑːd] *v/t* bombardieren (*a. fig.*).

bomb|-proof ['bɒmpruːf] *adj* bombensicher; **~·shell** *s* Bombe *f* (*a. fig.*).

bond [bɒnd] *s econ.* Schuldverschreibung *f*, Obligation *f*; *tech.* Haftfestigkeit *f*; ***~s*** *pl of friendship, etc.*: Bande *pl*; ***in ~*** *econ.* unter Zollverschluß.

bone [bəʊn] **1.** *s* Knochen *m*; Gräte *f*; ***~s*** *pl a.* Gebeine *pl*; ***~ of contention*** Zankapfel *m*; ***have a ~ to pick with s.o.*** F mit j-m ein Hühnchen zu rupfen haben; ***chilled to the ~*** völlig durchgefroren; ***make no ~s about*** F nicht lange fackeln mit; keine Skrupel haben hinsichtlich (*gen*); **2.** *v/t* die Knochen auslösen aus; entgräten.

bon·fire ['bɒnfaɪə] *s* Feuer *n* im Freien; Freudenfeuer *n*.

bonk [bɒŋk] *v/t and v/i Brit. sl.* hauen; *have sex*: F bumsen.

bon·kers ['bɒŋkəz] *adj sl.* übergeschnappt; ***go ~*** durchdrehen, überschnappen.

bon·net ['bɒnɪt] *s* Haube *f*; *Br.* Motorhaube *f*.

bon·ny *esp. ScotE.* ['bɒnɪ] *adj* (**-ier**, **-iest**) hübsch; *of baby*: rosig; gesund.

bo·nus *econ.* ['bəʊnəs] *s* Bonus *m*, Prämie *f*; Gratifikation *f*.

bon·y ['bəʊnɪ] *adj* (**-ier**, **-iest**) knöchern; knochig.

boob *sl.* [buːb] *s* Blödmann *m*; *Br.* (grober) Fehler; ***~s*** *pl* F Titten *pl*.

boo·by ['buːbɪ] Trottel *m*; **~ hatch** *s Am. sl.* Klapsmühle *f*; **~ trap** *s* Falle *f*, übler Scherz; *bomb*: versteckte Bombe.

book [bʊk] **1.** *s* Buch *n*; Heft *n*; Liste *f*; Block *m*; **2.** *v/t* buchen; eintragen; *ticket, etc.*: lösen; *place, seat, etc.*: (vor)bestellen, reservieren (lassen); *soccer, etc.*: verwarnen; ***~ed up*** ausgebucht, -verkauft, *of hotel*: belegt; *v/i*: ***~ in*** *esp. Br. at a hotel*: sich eintragen; ***~ in at*** absteigen in (*dat*); **~·case** *s* Bücherschrank *m*; **~·ing** *s* Buchen *n*, (Vor)Bestellung *f*; *soccer, etc.*: Verwarnung *f*; **~·ing-clerk** *s* Schalterbeamt|e(r) *m*, -in *f*; **~·ing-of·fice** *s* Fahrkartenausgabe *f*, -schalter *m*; *thea.* Kasse *f*; **~·keep·er** *s* Buchhalter(in); **~·keep·ing** *s* Buchhaltung *f*, -führung *f*; **~·let** [~lɪt] *s* Büchlein *n*, Broschüre *f*; **~·mark(·er)** *s* Lesezeichen *n*; **~·sell·er** *s* Buchhändler(in); **~·shop**, *Am.* **~·store** *s* Buchhandlung *f*.

boom¹ *econ.* [buːm] **1.** *s* Boom *m*, Aufschwung *m*, Hochkonjunktur *f*, Hausse *f*; **2.** *v/i* e-n Boom erleben.

boom² [~] *v/i* dröhnen, donnern.

boor *fig.* [bʊə] *s* Bauer *m*, Lümmel *m*; **~·ish** *adj* □ bäuerisch, ungehobelt.

boost [buːst] *v/t* hochschieben; *prices*: in die Höhe treiben; *economy*: ankurbeln; verstärken (*a. electr.*); *fig.* fördern, Auftrieb geben (*dat*).

boot¹ [buːt] *s* Stiefel *m*; *Br. mot.* Kofferraum *m*.

boot² [~] *v/t computer*: booten, starten, hochfahren.

boot·ee ['buːtiː] *s of women*: Halbstiefel *m*, Stiefelette *f*; *of babies*: Babyschuh *m*.

booth [buːð] *s market*: Bude *f*; *exhibition*: (Messe)Stand *m*; *pol.* (Wahl)Kabine *f*; *teleph.* (Fernsprech)Zelle *f*.

boot·lace ['buːtleɪs] *s* Schnürsenkel *m*.

boot·y ['buːtɪ] *s* Beute *f*, Raub *m*.

booze F [buːz] **1.** *v/i* saufen; **2.** *s* Alkohol *m*; Sauferei *f*, Besäufnis *n*.

bor·der ['bɔːdə] **1.** *s* Rand *m*, Saum *m*, Einfassung *f*; Rabatte *f*; Grenze *f*; **2.** *v/t* einfassen; (um)säumen; *v/i* grenzen (***on*** an *acc*); **~ re·gion** *s* Grenzregion *f*.

bore¹ [bɔː] **1.** *s* Bohrloch *n*, Bohrung *f*; *of gun*: Kaliber *n*; **2.** *v/t* bohren.

bore² [~] **1.** *s* langweilige Sache; *person*: F Langweiler(in); *esp. Br.* lästige Sache; **2.** *v/t* langweilen; ***I'm ~d*** mir ist langweilig.

bore³ [~] *pret of* **bear²**.

bor·ing ['bɔːrɪŋ] *adj* □ langweilig.

born [bɔːn] *pp of* **bear²**.

borne [bɔːn] *pp of* **bear²**.

bo·rough ['bʌrə] *s* Stadtteil *m*; Stadtgemeinde *f*; Stadtbezirk *m*.

bor·row ['bɒrəʊ] *v/t* (sich) *et.* borgen *or* (aus)leihen; **~ed** *adj econ.* kreditfinanziert (*takeover, deal, etc.*).

bos·om ['bʊzəm] *s* Busen *m*; *fig.* Schoß *m*.

boss F [bɒs] **1.** *s* Boss *m*, Chef *m*; *esp. Am. pol.* (Partei-, Gewerkschafts)Bonze *m*; **2.** *v/t a.* ***~ about, ~ around*** herumkommandieren; **~·y** *adj* (**-ier**, **-iest**) F herrisch; ***be ~*** herumkommandieren.

bo·tan·i·cal [bəˈtænɪkl] *adj* □ botanisch; **bot·a·ny** [ˈbɒtənɪ] *s* Botanik *f*.

botch [bɒtʃ] **1.** *s* Pfusch(arbeit *f*) *m*; **2.** *v/t* verpfuschen.

both [bəʊθ] *adv and pron* beide(s); *cj*: ***~ ... and*** sowohl ... als (auch).

both·er [ˈbɒðə] **1.** *s* Belästigung *f*, Störung *f*, Plage *f*, Mühe *f*; **2.** *v/t and v/i* belästigen, stören, plagen; ***don't ~!*** bemühen Sie sich nicht!

bot·tle [ˈbɒtl] **1.** *s* Flasche *f*; **2.** *v/t* in Flaschen abfüllen; **~-neck** *s* Flaschenhals *m*; *of road*: Engpaß *m* (*a. fig.*).

bot·tom [ˈbɒtəm] *s* unterster Teil, Boden *m*, Fuß *m*, Unterseite *f*; Grund *m*; F Hintern *m*, Popo *m*; ***be at the ~ of s.th.*** hinter et. stecken; ***get to the ~ of s.th.*** e-r Sache auf den Grund gehen.

bough [baʊ] *s* Ast *m*, Zweig *m*.

bought [bɔːt] *pret and pp of* **buy**.

boul·der [ˈbəʊldə] *s* Geröllblock *m*, Findling *m*.

bounce [baʊns] **1.** *s of ball, etc.*: Aufprall(en *n*) *m*, Aufspringen *n*; *vigour*: Schwung *m*; **2.** *v/t and v/i ball, etc.*: aufprallen *or* springen (lassen); F *cheque*: platzen; ***he ~d the baby on his knee*** er ließ das Kind auf den Knien reiten; **bounc·er** *s* F *in bar, etc.*: Rausschmeißer *m*; **bounc·ing** *adj baby*: stramm, kräftig.

bound¹ [baʊnd] **1.** *pret and pp of* **bind**; **2.** *adj* verpflichtet; bestimmt, unterwegs (***for*** nach); sehr wahrscheinlich, sicher; ***it's ~ to rain soon*** es muß bald regnen.

bound² [~] **1.** *s* Sprung *m*; **2.** *v/i* (hoch)springen; auf-, abprallen.

bound³ [~] *s mst* **~s** *pl* Grenze *f*, *fig. a.* Schranke *f*; **~·a·ry** [ˈbaʊndərɪ] *s* Grenze *f*; **~·less** *adj* □ grenzenlos.

boun|te·ous [ˈbaʊntɪəs], **~·ti·ful** [~fl] *adj* □ freigebig, reichlich.

boun·ty [ˈbaʊntɪ] *s* Prämie *f*, Kopfgeld *n*; Freigebigkeit *f*; Spende *f*.

bou·quet [bʊˈkeɪ] *s* Bukett *n*, Strauß *m*; *of wine*: Blume *f*.

bout [baʊt] *s boxing, etc.*: Kampf *m*; *med.* Anfall *m*; ***drinking ~*** Saufgelage *n*.

bou·tique [buːˈtiːk] *s* Boutique *f*.

bow¹ [baʊ] **1.** *s* Verbeugung *f*; **2.** *v/i* sich verbeugen *or* verneigen (***to*** vor *dat*); *fig.* sich beugen *or* unterwerfen (***to*** *dat*); *v/t* biegen; beugen, neigen.

bow² *mar.* [~] *s* Bug *m*.

bow³ [bəʊ] *s* Bogen *m* (*a. mus.*); Schleife *f*.

bow·els [ˈbaʊəlz] *s pl anat.* Eingeweide *pl*; *das* Innere.

bowl¹ [bəʊl] *s* Schale *f*, Schüssel *f*, Napf *m*; *of pipe*: (Pfeifen)Kopf *m*; *geogr.* Becken *n*; *Am.* Stadion *n*.

bowl² [~] **1.** *s ball*: Kugel *f*; **2.** *v/t* rollen; *in bowling, cricket*: werfen; *v/i* bowlen, Bowling spielen; kegeln; *cricket*: werfen; **~·ing** *s* Bowling *n*; Kegeln *n*.

box¹ [bɒks] **1.** *s* Kasten *m*, Kiste *f*; Büchse *f*; Schachtel *f*; *tech.* Gehäuse *n*; *thea.* Loge *f*; Box *f*; **2.** *v/t* in Kästen *etc.* tun.

box² [~] **1.** *v/t and v/i sports*: boxen; ***~ s.o.'s ears*** j-n ohrfeigen; **2.** *s*: ***~ on the ear*** Ohrfeige *f*.

box|er [ˈbɒksə] *s* Boxer *m*; **~·ing** *s* Boxen *n*, Boxsport *m*; **2·ing Day** *s Br.* der zweite Weihnachtsfeiertag; **~ num·ber** *s in newspaper*: Chiffre *f*; *post office*: Postfach *n*; **~-of·fice** *s* Theaterkasse *f*.

boy [bɔɪ] *s* Junge *m*, F *a.* Sohn *m*; ***~friend*** Freund *m*; ***~ scout*** Pfadfinder *m*.

boy·cott [ˈbɔɪkɒt] **1.** *v/t* boykottieren; **2.** *s* Boykott *m*.

boy|hood [ˈbɔɪhʊd] *s* Kindheit *f*, Jugend(zeit) *f*; **~·ish** [ˈ~ɪʃ] *adj* □ jungenhaft.

bra [brɑː] *s* BH *m*.

brace [breɪs] **1.** *s tech.* Strebe *f*, Stützbalken *m*; Klammer *f*; (*a.* ***a pair of***) **~s** *pl Br.* Hosenträger *pl*; **2.** *v/t* verstreben, -steifen, stützen; spannen; *fig.* stärken.

brace·let [ˈbreɪslɪt] *s* Armband *n*.

brack·et [ˈbrækɪt] **1.** *s tech.* Träger *m*, Halter *m*, Stütze *f*; *of lamp*: (Wand-) Arm *m*; *arch.* Konsole *f*; *print.* (eckige) Klammer; *esp. of group*: Alters-, Steuerklasse *f*; ***lower income ~*** niedrige Einkommensgruppe; **2.** *v/t* einklammern; *fig.* gleichstellen.

brack·ish [ˈbrækɪʃ] *adj* brackig, salzig.

brag [bræg] **1.** *s* Prahlerei *f*; **2.** *v/i* (**-gg-**) prahlen (***about, of*** mit).

brag·gart [ˈbrægət] **1.** *s* Prahler *m*; **2.** *adj* prahlerisch.

braid [breɪd] **1.** *s* (Haar)Flechte *f*, Zopf *m*; Borte *f*, Tresse *f*; **2.** *v/t* flechten.

braille [breɪl] *s* Blindenschrift *f*.

brain [breɪn] *s anat.* Gehirn *n*; *often* **~s** *pl*

fig. Gehirn *n*, Verstand *m*, Intelligenz *f*, Kopf *m*; **~s trust** *Br.*, *Am.* **~ trust** ['breɪn(z)trʌst] *s* Braintrust *m*, Expertengruppe *f*; **~·wash** *v/t j-n* e-r Gehirnwäsche unterziehen; **~·wash·ing** *s* Gehirnwäsche *f*; **~·wave** *s* F Geistesblitz *m*; **~ work·er** *s* Geistesarbeiter(in).

brake [breɪk] **1.** *s tech.* Bremse *f*; **2.** *v/i* bremsen.

bram·ble *bot.* ['bræmbl] *s* Brombeerstrauch *m*.

branch [brɑːntʃ] **1.** *s* Ast *m*, Zweig *m*; Fach *n*; *of family*: Linie *f*; *econ.* Zweigstelle *f*; **2.** *v/i* sich verzweigen; abzweigen.

brand [brænd] **1.** *s econ.* (Handels-, Schutz)Marke *f*, Warenzeichen *n*; *of goods*: Sorte *f*, Klasse *f*; Brandmal *n*; **~ name** Markenbezeichnung *f*, Markenname *m*; **2.** *v/t* einbrennen; brandmarken.

bran·dish ['brændɪʃ] *v/t* schwingen.

brand-new [brænd'njuː] *adj* F nagelneu.

bran·dy ['brændɪ] *s* Kognak *m*, Weinbrand *m*.

brass [brɑːs] *s* Messing *n*; F Unverschämtheit *f*; **~ band** Blaskapelle *f*; **~ knuckles** *pl Am.* Schlagring *m*.

bras·sière ['bræsɪə] *s* Büstenhalter *m*.

brat [bræt] *s contp. for child*: Balg *m*, *n*, Gör *n*.

brave [breɪv] **1.** *adj* □ (**~r**, **~st**) tapfer, mutig, unerschrocken; **2.** *v/t* trotzen (*dat*); mutig begegnen (*dat*); **brav·er·y** ['~ərɪ] *s* Tapferkeit *f*.

brawl [brɔːl] **1.** *s* Krawall *m*; Rauferei *f*; **2.** *v/i* Krawall machen; raufen.

brawn [brɔːn] *s* Muskel *m*, Muskeln *pl* (*a. fig.*); *food*: Sülze *f*; **~·y** *adj* (**-ier**, **-iest**) muskulös.

bra·zen ['breɪzn] *adj* □ unverschämt, unverfroren, frech.

Bra·zil·ian [brə'zɪlɪən] **1.** *adj* brasilianisch; **2.** *s* Brasilianer(in).

breach [briːtʃ] **1.** *s* Bruch *m*; *fig.* Verletzung *f*; Bresche *f*; *fig.* Riß *m*; **2.** *v/t* e-e Bresche schlagen in (*acc*).

bread [bred] *s* Brot *n*; **~ and butter** Butterbrot *n*, *fig.* tägliches Brot; **brown ~** Schwarzbrot *n*; **know which side one's ~ is buttered** F s-n Vorteil (er)kennen.

breadth [bredθ] *s* Breite *f*, Weite *f*; *fig.* Größe *f*; *of fabric*: Bahn *f*.

break¹ [breɪk] *s* Bruch *m*; Lücke *f*; Pause *f*, Unterbrechung *f*; *econ.* Preis-, Kurssturz *m*; (Tages)Anbruch *m*; *fig.* Zäsur *f*, Einschnitt *m*; **bad ~** F Pech *n*; **lucky ~** F Dusel *m*, Schwein *n*; **without a ~** ununterbrochen.

break² [~] (**broke**, **broken**) *v/t* ab-, auf-, durchbrechen; (zer)brechen; unterbrechen; übertreten; *animal*: abrichten, *horse*: zureiten; (*at casino*) *bank*: sprengen; *supplies*: anbrechen; *news*: (schonend) mitteilen; *ruin*: ruinieren; *v/i* brechen; eindringen *or* einbrechen (**into** in *acc*); (zer)brechen; aus-, los-, an-, auf-, hervorbrechen; *of weather*: umschlagen; *with adverbs*: **~ away** ab-, losbrechen; sich losmachen *or* losreißen; **~ down** ein-, niederreißen, *house*: abbrechen; zusammenbrechen (*a. fig.*); versagen; **~ even** *econ.* die Kosten dekken, F plus-minus Null machen *or* aufgehen; **~ in** einbrechen, -dringen; **~ off** abbrechen; *fig. a.* Schluß machen mit; **~ out** ausbrechen; **~ through** durchbrechen; *fig.* den Durchbruch schaffen; **~ up** abbrechen, beendigen, schließen; (sich) auflösen; *relationship*, *etc.*: zerbrechen, auseinandergehen.

break|a·ble ['breɪkəbl] *adj* zerbrechlich; **~·age** [~ɪdʒ] *s* Zerbrechen *n*; *econ.* Bruchschaden *m*; **~·a·way** *s* Trennung *f*, Bruch *m*; *attr Br.* Splitter...; **~·down** *s* Zusammenbruch *m* (*a. fig.*); *tech.* Maschinenschaden *m*; *mot.* Panne *f*; **~-e·ven point** *s econ.* Gewinnschwelle *f*, Break-even-Punkt *m*.

break·fast ['brekfəst] **1.** *s* Frühstück *n*; **2.** *v/i* frühstücken.

break|through *fig.* ['breɪkθruː] *s* Durchbruch *m*; **~·up** *s* Auflösung *f*; Zerfall *m*; Zerrüttung *f*; Zusammenbruch *m*.

breast [brest] *s* Brust *f*; Busen *m*; *fig.* Herz *n*; **make a clean ~ of s.th.** et. offen gestehen; **~-stroke** ['~strəʊk] *s sports*: Brustschwimmen *n*.

breath [breθ] *s* Atem(zug) *m*; Hauch *m*; **waste one's ~** s-e Worte verschwenden.

breath·a|lyse, *Am.* **-lyze** ['breθəlaɪz] *v/t driver*: (ins Röhrchen) blasen *or* pusten lassen; **~·lys·er,** *Am.* **-lyz·er** [~ə] *s* Alkoholtestgerät *n*, F Röhrchen *n*.

breathe [briːð] *v/i* atmen; leben; *v/t* (aus-, ein)atmen; hauchen, flüstern.

breath|less ['breθlɪs] *adj* □ atemlos; **~·tak·ing** *adj* atemberaubend.
bred [bred] *pret and pp of* **breed** 2.
breech·es ['brɪtʃɪz] *s pl* Knie-, Reithosen *pl*.
breed [bri:d] **1.** *s* Zucht *f*, Rasse *f*; (Menschen)Schlag *m*; **2.** (**bred**) *v/t* erzeugen; auf-, erziehen; züchten; *v/i* sich fortpflanzen; **~·er** *s* Züchter(in); Zuchttier *n*; **~·ing** *s* (Tier)Zucht *f*; Erziehung *f*; (gutes) Benehmen.
breeze [bri:z] *s* Brise *f*; **breez·y** *adj* (**-ier**, **-iest**) windig, luftig; heiter, unbeschwert.
brev·i·ty ['brevətɪ] *s* Kürze *f*.
brew [bru:] **1.** *v/t* brauen (*a. v/i*); zubereiten; *fig.* aushecken; **2.** *s* Gebräu *n*; **~·er** ['brʊə] *s* (Bier)Brauer *m*; **~·er·y** ['brʊərɪ] *s* Brauerei *f*.
bribe [braɪb] **1.** *s* Bestechung *f*, Bestechungsgeld *n*; **2.** *v/t* bestechen; **brib·er·y** ['~ərɪ] *s* Bestechung *f*.
brick [brɪk] **1.** *s* Ziegel(stein) *m*; ***drop a ~*** *Br*. F ins Fettnäpfchen treten; **2.** *v/t*: **~ *up*** *or* ***in*** zumauern; **~·lay·er** ['~leɪə] *s* Maurer *m*; **~·works** *s sg* Ziegelei *f*.
brid·al ['braɪdl] *adj* Braut...
bride [braɪd] *s* Braut *f*; **~·groom** ['~grʊm] *s* Bräutigam *m*; **~s·maid** ['~zmeɪd] *s* Brautjungfer *f*.
bridge [brɪdʒ] **1.** *s* Brücke *f*; **2.** *v/t* e-e Brücke schlagen über (*acc*); *fig.* überbrücken.
bri·dle ['braɪdl] **1.** *s* Zaum *m*; Zügel *m*; **2.** *v/t* (auf)zäumen; zügeln; *v/i a.* **~ *up*** den Kopf zurückwerfen; **~-path** *s* Reitweg *m*.
brief [bri:f] **1.** *adj* □ kurz, bündig; **2.** *jur.* schriftliche Instruktion; **3.** *v/t* kurz zusammenfassen; instruieren; **~·case** ['~keɪs] *s* Aktenmappe *f*.
briefs [bri:fs] *s pl* (***a pair of ~*** ein) Slip *m*, kurze Unterhose.
bri·gade [brɪ'geɪd] *s mil.* Brigade *f*; *organized group*: Einheit *f*, Trupp *m*.
bright [braɪt] *adj* □ hell, glänzend; klar; heiter; lebhaft; gescheit; **~·en** *v/t* auf-, erhellen; polieren; aufheitern; *v/i* sich aufhellen; **~·ness** *s* Helligkeit *f*; Glanz *m*; Klarheit *f*; Heiterkeit *f*; Aufgewecktheit *f*, Intelligenz *f*.
bril|liance, **~·lian·cy** ['brɪlɪəns, ~ɪ] *s* Helligkeit *f*; Glanz *m*; durchdringender Verstand; **~·liant** ['brɪlɪənt] **1.** *adj* □ glänzend; hervorragend, brillant; **2.** *s* Brillant *m*.
brim [brɪm] **1.** *s* Rand *m*; Krempe *f*; **2.** *v/i* (**-mm-**) bis zum Rand voll sein; **~·ful(l)** *adj* randvoll.
brine [braɪn] *s* Salzwasser *n*; Sole *f*.
bring [brɪŋ] *v/t* (***brought***) (mit-, her)bringen; *j-n* veranlassen; *charge*: erheben (***against*** gegen); ***what ~s you here?*** was führt Sie zu mir?; **~ *about*** zustande bringen; bewirken; **~ *back*** zurückbringen; **~ *forth*** hervorbringen; **~ *forward*** *plan, reason, etc.*: vorbringen; **~ *s.th. home to s.o.*** j-m et. klarmachen; **~ *in*** (her)einbringen; *jur. verdict*: fällen; **~ *off*** *et.* fertigbringen, schaffen; **~ *on*** verursachen; **~ *out*** herausbringen; **~ *round*** wieder zu Bewußtsein bringen; **~ *up*** auf-, großziehen; erziehen; zur Sprache bringen; *esp. Br. et.* (er)brechen.
brink [brɪŋk] *s* Rand *m* (*a. fig.*).
brisk [brɪsk] *adj* □ lebhaft, munter; frisch; flink; belebend.
bris|tle ['brɪsl] **1.** *s* Borste *f*; **2.** *v/i* sich sträuben; hochfahren, zornig werden; **~ *with*** *fig.* starren von; **~·tly** [~ɪ] *adj* (**-ier**, **-iest**) stopp(e)lig, Stoppel...
Brit·ish ['brɪtɪʃ] *adj* britisch; ***the ~*** *pl* die Briten *pl*; **~ *Council*** britisches Kulturinstitut; **~ *Standards Institution*** (*abbr.* ***BSI***) Britischer Normenausschuß.
brit·tle ['brɪtl] *adj* zerbrechlich, spröde.
broach [brəʊtʃ] *v/t topic, etc.*: anschneiden.
broad [brɔ:d] *adj* □ breit; weit; *day*: hell; *hint, etc.*: deutlich; *humour, etc.*: derb; allgemein; weitherzig; liberal.
broad·cast ['brɔ:dkɑ:st] **1.** (**-cast** *or* **-casted**) *v/t fig. news*: verbreiten; im Rundfunk *or* Fernsehen bringen, ausstrahlen, übertragen; senden; *v/i* im Rundfunk *or* Fernsehen sprechen *or* auftreten; **2.** *s* Rundfunk-, Fernsehsendung *f*; **~·cast·er** *s* Rundfunk-, Fernsehsprecher(in).
broad|en [~dn] *v/t* verbreitern, erweitern; **~ jump** *s Am. sports*: Weitsprung *m*; **~·mind·ed** *adj* liberal.
bro·chure ['brəʊʃə] *s* Broschüre *f*, Prospekt *m*.
broil *esp. Am.* [brɔɪl] → ***grill*** 1.
broke [brəʊk] **1.** *pret of* **break²**; **2.** *adj* F pleite, abgebrannt; **bro·ken** ['~ən] **1.** *pp*

of **break²**; **2.** *adj*: **~ health** zerrüttete Gesundheit; **~-hearted** verzweifelt, untröstlich.

bro·ker *econ.* ['brəʊkə] *s* Makler *m.*

bron·co *Am.* ['brɒŋkəʊ] (*pl* **-cos**) *s* (halb)wildes Pferd.

bronze [brɒnz] **1.** *s* Bronze *f*; **2.** *adj* bronzen, Bronze...; **3.** *v/t* bronzieren.

brooch [brəʊtʃ] *s* Brosche *f*, Spange *f.*

brood [bru:d] **1.** *s* Brut *f*; *attr* Brut...; **2.** *v/i* brüten (*a. fig.*); **~·er** ['~ə] *s* Brutkasten *m.*

brook [brʊk] *s* Bach *m.*

broom [brʊm] *s* Besen *m*; *bot.* Ginster *m*; **~·stick** ['~stɪk] *s* Besenstiel *m.*

broth [brɒθ] *s* Fleischbrühe *f.*

broth·el ['brɒθl] *s* Bordell *n.*

broth·er ['brʌðə] *s* Bruder *m*; **~(s) and sister(s)** Geschwister *pl*; **~·hood** *s* Bruderschaft *f*; Brüderlichkeit *f*; **~-in-law** *s* Schwager *m*; **~·ly** *adj* brüderlich.

brought [brɔ:t] *pret and pp of* **bring**.

brow [braʊ] *s* (Augen)Braue *f*; Stirn *f*; *of cliff*: Rand *m*; *of hill*: Kuppe *f*; **~·beat** ['~bi:t] *v/t* (**-beat**, **-beaten**) einschüchtern; tyrannisieren.

brown [braʊn] **1.** *adj* braun; **2.** *s* Braun *n*; **3.** *v/t* bräunen; *v/i* braun werden.

browse [braʊz] **1.** *s* Grasen *n*; *fig.* Schmökern *n*; **2.** *v/i* grasen, weiden; **~ through** *book, etc.*: schmökern in (*dat*).

bruise [bru:z] **1.** *s med.* Quetschung *f*, Prellung *f*, Bluterguß *m*, blauer Fleck, (*on thigh a.*) F Pferdekuß *m*; **2.** *v/t* (zer-) quetschen; *j-n* grün u. blau schlagen.

brunch F [brʌntʃ] *s* Brunch *m.*

brunt [brʌnt] *s*: **bear the ~ of** die Hauptlast von *et.* tragen.

brush [brʌʃ] **1.** *s* Bürste *f*; Pinsel *m*; *of fox*: Rute *f*; Unterholz *n*; **2.** *v/t* bürsten; fegen; streifen; **~ away**, **~ off** wegbürsten, abwischen; **~ aside**, **~ away** *fig. et.* abtun; **~ up** *knowledge, etc.*: aufpolieren, -frischen; *v/i*: **~ against s.o.** j-n streifen; **~-up** ['brʌʃʌp] *s*: **give one's German a ~** s-e Deutschkenntnisse aufpolieren; **~·wood** *s* Unterholz *n.*

brusque [brʊsk] *adj* □ brüsk, barsch.

Brus·sels sprouts *bot.* [brʌsl'spraʊts] *s pl* Rosenkohl *m.*

bru·tal ['bru:tl] *adj* □ viehisch; brutal, roh; **~·i·ty** [bru:'tælətɪ] *s* Brutalität *f*, Roheit *f*; **brute** [bru:t] **1.** *adj* tierisch; brutal, roh; **2.** *s* Vieh *n*; F Untier *n*, Scheusal *n.*

bub·ble ['bʌbl] **1.** *s* Blase *f*; *fig.* Schwindel *m*; **2.** *v/i* sprudeln.

buck [bʌk] **1.** *s zo.* Bock *m*; *Am. sl.* Dollar *m*; **2.** *v/i* bocken; **~ up!** Kopf hoch!; *v/t*: **~ off** *rider*: (durch Bocken) abwerfen.

buck·et ['bʌkɪt] *s* Eimer *m*, Kübel *m*; **kick the ~** F abkratzen, den Löffel abgeben.

buck·le ['bʌkl] **1.** *s* Schnalle *f*, Spange *f*; **2.** *v/t a.* **~ up** zu-, festschnallen; **~ on** anschnallen; *v/i tech.* sich (ver)biegen; **~ down to a task** F sich hinter e-e Aufgabe klemmen.

bud [bʌd] **1.** *bot.* Knospe *f*; *fig.* Keim *m*; **2.** *v/i* (**-dd-**) knospen, keimen; **a ~ding lawyer** ein angehender Jurist.

bud·dy *Am.* F ['bʌdɪ] *s* Kamerad *m.*

budge [bʌdʒ] *v/t and v/i* (sich) bewegen.

bud·ger·i·gar *zo.* ['bʌdʒərɪgɑ:] *s* Wellensittich *m.*

bud·get ['bʌdʒɪt] *s* Vorrat *m*; Staatshaushalt *m*; Etat *m*, Finanzen *pl*; **~ resources** *pl* Etatmittel *pl.*

bud·gie *zo.* F ['bʌdʒɪ] → **budgerigar**.

buff¹ [bʌf] **1.** *s* Ochsenleder *n*; Lederfarbe *f*; **2.** *adj* lederfarben.

buff² F [~] *s film ~, music ~, etc.*: Fan *m.*

buf·fa·lo *zo.* ['bʌfələʊ] *s* (*pl* **-loes**, **-los**) Büffel *m.*

buff·er ['bʌfə] *s tech.* Puffer *m*; Prellbock *m* (*a. fig.*); **~ (state)** *pol.* Pufferstaat *m.*

buf·fet¹ ['bʌfɪt] **1.** *s* (Faust)Schlag *m*; **2.** *v/t* schlagen; **~ about** durchschütteln.

buf·fet² ['bʊfeɪ] *s* Büfett *n*, Anrichte *f*, Theke *f*; *food*: (kaltes) Büfett.

bug [bʌg] **1.** *s zo.* Wanze *f*; *Am. zo.* Insekt *n*; F Bazillus *m*; F Abhörvorrichtung *f*, Wanze *f*; *computer*: (Programm)Fehler *m*; **2.** *v/t* (**-gg-**) F *conversation*: abhören; F Wanzen anbringen in (*dat*); *Am.* F ärgern, wütend machen.

bug·gy ['bʌgɪ] *s mot.* Buggy *m*; Kinderwagen *m*, Buggy *m.*

build [bɪld] **1.** *v/t* (**built**) (er)bauen, errichten; **2.** *s* Körperbau *m*, Figur *f*; **~·er** ['~ə] *s* Erbauer *m*, Baumeister *m*; Bauunternehmer *m*; **~·ing** ['~ɪŋ] *s* (Er)Bauen *n*; Bau *m*, Gebäude *n*; *attr* Bau...

built [bɪlt] *pret and pp of* **build** 1.

bulb [bʌlb] *s bot.* Zwiebel *f*, Knolle *f*; *electr.* (Glüh)Birne *f*.
bulge [bʌldʒ] **1.** *s* (Aus)Bauchung *f*; Anschwellung *f*; **2.** *v/i* sich (aus)bauchen; hervorquellen.
bulk [bʌlk] *s* Umfang *m*; Masse *f*; Hauptteil *m*; *mar.* Ladung *f*; ***in ~*** *econ.* lose; in großer Menge; **~·y** ['bʌlkɪ] *adj* (**-ier**, **-iest**) umfangreich; unhandlich, sperrig.
bull¹ *zo.* [bʊl] *s* Bulle *m*, Stier *m*; ***~fight*** Stierkampf *m*.
bull² *eccl.* [~] *s* Bulle *f*.
bull·dog *zo.* ['bʊldɒg] *s* Bulldogge *f*.
bull|doze ['bʊldəʊz] *v/t ground*: planieren; F *fig.* einschüchtern; **~·doz·er** *tech.* [~ə] *s* Bulldozer *m*, Planierraupe *f*.
bul·let ['bʊlɪt] *s* Kugel *f*; ***~-proof*** kugelsicher.
bul·le·tin ['bʊlɪtɪn] *s* Bulletin *n*, Tagesbericht *m*; ***~ board*** *Am.* Schwarzes Brett.
bul·lion ['bʊlɪən] *s* Gold-, Silberbarren *m*; Gold-, Silberlitze *f*.
bul·ly ['bʊlɪ] **1.** *s* Maulheld *m*; Tyrann *m*; **2.** *v/t* einschüchtern, tyrannisieren.
bul·wark ['bʊlwək] *s* Bollwerk *n* (*a. fig.*).
bum F [bʌm] **1.** *s* Hintern *m*; *person*: Nichtstuer *m*, Herumtreiber *m*, Gammler *m*; **2.** *v/i* (**-mm-**) schnorren; ***~ around*** herumgammeln.
bum·ble-bee *zo.* ['bʌmblbiː] *s* Hummel *f*.
bump [bʌmp] **1.** *s* heftiger Schlag *or* Stoß; Beule *f*; **2.** *v/t* stoßen; zusammenstoßen mit, rammen; ***~ off*** F *j-n* umlegen, umbringen; *v/i*: ***~ into*** *fig. j-n* zufällig treffen.
bum·per¹ ['bʌmpə] *adj* riesig, Riesen...; ***~ crop*** Rekordernte *f*.
bum·per² *mot.* [~] *s* Stoßstange *f*; ***~-to-~*** Stoßstange an Stoßstange.
bump·y ['bʌmpɪ] *adj* (**-ier**, **-iest**) holp(e)rig.
bun [bʌn] *s* süßes Brötchen; (Haar)Knoten *m*.
bunch [bʌntʃ] **1.** *s* Bund *n*, Büschel *n*; Haufen *m*; ***~ of grapes*** Weintraube *f*; **2.** *v/t a.* ***~ up*** bündeln.
bun·dle ['bʌndl] **1.** *s* Bündel *n* (*a. fig.*), Bund *n*; **2.** *v/t a.* ***~ up*** bündeln.
bun·ga·low ['bʌŋgələʊ] *s* Bungalow *m*.
bun·gle ['bʌŋgl] **1.** *s* Stümperei *f*, Pfusch(arbeit *f*) *m*; **2.** *v/t* verpfuschen.
bunk [bʌŋk] *s* Schlafkoje *f*; (*a.* ***~ bed***) Stockbett *n*.
bun·ny ['bʌnɪ] *s* Häschen *n*.
buoy [bɔɪ] **1.** *s mar.* Boje *f*; **2.** *v/t*: ***~ed up*** *fig.* von neuem Mut erfüllt; **~·ant** ['~ənt] *adj* □ schwimmfähig; *water*: tragend; *fig.* heiter.
bur·den ['bɜːdn] **1.** *s* Last *f*; Bürde *f*; **2.** *v/t* belasten; **~·some** *adj* lästig, drükkend.
bu·reau ['bjʊərəʊ] *s* (*pl* **-x**, **-s**) Büro *n*, Geschäftszimmer *n*; *Br.* Schreibtisch *m*, -pult *n*; *Am.* (*esp.* Spiegel)Kommode *f*; **~c·ra·cy** [bjʊə'rɒkrəsɪ] *s* Bürokratie *f*.
bur·glar ['bɜːglə] *s* Einbrecher *m*; **~·ize** *Am.* [~raɪz] → ***burgle***; **~·y** [~rɪ] *s* Einbruch(sdiebstahl) *m*; **bur·gle** [~gl] *v/t and v/i* einbrechen (in *acc*).
bur·i·al ['berɪəl] *s* Begräbnis *n*.
bur·ly ['bɜːlɪ] *adj* (**-ier, -iest**) stämmig, kräftig.
burn [bɜːn] **1.** *s med.* Brandwunde *f*; verbrannte Stelle; **2.** *v/t and v/i* (***burnt*** *or* ***burned***) (ver-, an)brennen; ***~ down*** ab-, niederbrennen; ***~ out*** ausbrennen; ***~ up*** auflodern; verbrennen; *meteor, etc.*: verglühen; **~·ing** *adj* brennend (*a. fig.*).
bur·nish ['bɜːnɪʃ] *v/t* polieren.
burnt [bɜːnt] *pret and pp of* ***burn*** 2.
burp F [bɜːp] **1.** *v/i* rülpsen, aufstoßen; *v/t baby*: ein Bäuerchen machen lassen; **2.** *s* Rülpser *m*.
bur·row ['bʌrəʊ] **1.** *s* Höhle *f*, Bau *m*; **2.** *v/i* (sich ein-, ver)graben.
burst [bɜːst] **1.** *s* Bersten *n*; Riß *m*; *fig.* Ausbruch *m*; **2.** (***burst***) *v/i* bersten, platzen; zerspringen; explodieren; ***~ from*** sich losreißen von; ***~ in on*** *or* ***upon*** hereinplatzen bei *j-m*; ***~ into tears*** in Tränen ausbrechen; ***~ out*** herausplatzen; *v/t* (auf)sprengen.
bur·y ['berɪ] *v/t* be-, vergraben; beerdigen.
bus [bʌs] *s* (*pl* **-es**, **-ses**) (Omni)Bus *m*.
bush [bʊʃ] *s* Busch *m*; Gebüsch *n*.
bush·y ['bʊʃɪ] *adj* (**-ier**, **-iest**) buschig.
busi·ness ['bɪznɪs] *s* Geschäft *n*; Beschäftigung *f*; Beruf *m*; Angelegenheit *f*; Aufgabe *f*; *econ.* Handel *m*; ***~ of the day*** Tagesordnung *f*; ***on ~*** geschäftlich; ***you have no ~ doing*** (*or* ***to do***) ***that*** Sie haben kein Recht, das zu tun; ***this is none of your ~*** das geht Sie nichts an;

→ ***mind*** 2; **~ hours** *s pl* Geschäftszeit *f*, Öffnungszeiten *pl*; **~·like** *adj* geschäftsmäßig, sachlich; **~ lunch** *s* Arbeitsessen *n*; **~·man** *s* Geschäftsmann *m*; **~ trip** *s* Geschäftsreise *f*; **~·wom·an** *s* Geschäftsfrau *f*.

bus| lane ['bʌsleɪn] *s* Busspur *f*; **~ ser·vice** *s* Busverbindung *f*; **~ shel·ter** *s* Wartehäuschen *n*; **~ sta·tion** *s* Busbahnhof *m*; **~ stop** *s* Bushaltestelle *f*.

bust¹ [bʌst] *s* Büste *f*.

bust² [~] **1.** *s Am.* F Pleite *f*; **2.** *v/t* (***busted*** *or* ***bust***) zerbrechen, kaputtmachen; F *arrest*: einlochen, einbuchten.

bus·tle ['bʌsl] **1.** *s* Geschäftigkeit *f*; geschäftiges Treiben; **2.** *v/i*: **~ *about*** geschäftig hin u. her eilen.

bus·y ['bɪzɪ] **1.** *adj* □ (***-ier, -iest***) beschäftigt; geschäftig; fleißig (***at*** bei, an *dat*); lebhaft; *teleph.* besetzt; **2.** *v/t* (*mst* **~ *o.s.*** sich) beschäftigen (***with*** mit).

but [bʌt, bət] **1.** *cj* aber, jedoch, sondern; außer, als; ohne daß; dennoch; *a.* **~ *that*** daß nicht; ***she could not ~ laugh*** sie mußte einfach lachen; **2.** *prp* außer; ***all ~ her*** alle außer ihr; ***the last ~ one*** der vorletzte; ***the next ~ one*** der übernächste; ***nothing ~*** nichts als; **~ *for*** wenn nicht ... gewesen wäre, ohne; **3.** *rel pron* der (die *or* das) nicht; ***there is no one ~ knows*** es gibt niemand, der es nicht weiß; **4.** *adv* nur; erst, gerade; ***all ~*** fast, beinahe.

butch·er ['bʊtʃə] **1.** *s* Fleischer *m*, Metzger *m*; **2.** *v/t* (*fig.* ab-, hin)schlachten; **~·y** *s* Schlachthaus *n*; *fig.* Gemetzel *n*.

but·ler ['bʌtlə] *s* Butler *m*.

butt¹ [bʌt] **1.** *s* Stoß *m*; (dickes) Ende, *of gun*: Kolben *m*; *of cigarette*: Kippe *f*; F *buttocks*: V Arsch *m*, F Hintern *m*; Schießstand *m*; *fig.* Zielscheibe *f*; **2.** *v/t* *j-n* (mit dem Kopf) stoßen; *v/i*: **~ *in*** F sich einmischen (***on*** in *acc*).

butt² [~] *s* Faß *n*; (Regen- *etc.*)Tonne *f*.

but·ter ['bʌtə] **1.** *s* Butter *f*; F Schmeichelei *f*; **2.** *v/t* mit Butter bestreichen; **~·cup** *s bot.* Butterblume *f*; **~·fly** *s zo.* Schmetterling *m*; **~ moun·tain** *s econ.* Butterberg *m*; **~·y** *adj* butter(artig), Butter...

but·tocks ['bʌtəks] *s pl* Gesäß *n*, F *or zo.* Hinterteil *n*.

but·ton ['bʌtn] **1.** *s* Knopf *m*; **2.** *v/t mst* **~ *up*** zuknöpfen; **~·hole** *s* Knopfloch *n*.

bux·om ['bʌksəm] *adj* drall, stramm.

buy [baɪ] **1.** *s* F Kauf *m*; **2.** *v/t* (***bought***) (an-, ein)kaufen (***of, from*** von; ***at*** bei); **~ *out*** *j-n* abfinden, auszahlen; *company*: aufkaufen; **~ *up*** aufkaufen; **~·er** *s* (Ein)Käufer(in); **~·out** *s econ.* Aufkauf *m*, Buyout *m*.

buzz [bʌz] **1.** *s* Summen *n*, Surren *n*; Stimmengewirr *n*; **2.** *v/i* summen, surren; **~ *about*** herumschwirren; **~ *off!*** *Br.* F schwirr ab!, hau ab!

buz·zard *zo.* ['bʌzəd] *s* Bussard *m*.

buzz·er *electr.* ['bʌzə] *s* Summer *m*.

by [baɪ] **1.** *prp of place*: bei; an, neben; *of direction*: durch, über; *along*: an (*dat*) entlang *or* vorbei; *of time*: an, bei; spätestens bis, bis zu; *pass* von, durch; *means, tool, etc.*: durch, mit; *in oaths*: bei; *measure*: um, bei; *according to*: gemäß, bei; **~ *the dozen*** dutzendweise; **~ *o.s.*** allein; **~ *land*** zu Lande; **~ *rail*** per Bahn; ***day ~ day*** Tag für Tag; **~ *twos*** zu zweien; **~ *the way*** übrigens, nebenbei bemerkt; **2.** *adv* dabei; vorbei; beiseite; **~ *and* ~** bald; nach u. nach; **~ *the* ~** nebenbei bemerkt; **~ *and large*** im großen u. ganzen.

bye *int* F [baɪ], *a.* **bye-bye** [~'baɪ] Wiedersehen!, Tschüs!

by|-e·lec·tion ['baɪɪlekʃn] *s pol.* Nachwahl *f*; **~·gone 1.** *adj* vergangen; **2.** *s*: ***let ~s be ~s*** laß(t) das Vergangene ruhen; **~·pass 1.** *s* Umgehungsstraße *f*; *med.* Bypass *m*; **2.** *v/t* umgehen; vermeiden; **~·path** *s* Seitenstraße *f*; **~·prod·uct** *s* Nebenprodukt *n*, Nebenresultat *n*; **~·road** *s* Seitenstraße *f*; **~·stand·er** *s* Zuschauer(in).

byte [baɪt] *s computer*: Byte *n*.

by|way ['baɪweɪ] *s* Seitenstraße *f*; **~·word** *s* Sprichwort *n*; Inbegriff *m*; ***be a ~ for*** gleichbedeutend sein mit.

C

cab [kæb] *s* Taxi *n*, Taxe *f*, *old*: Droschke *f*; *rail*. Führerstand *m*; *of lorry*: Fahrerhaus *n*, *of crane*: Führerhaus *n*.

cab·bage *bot*. ['kæbɪdʒ] *s* Kohl *m*.

cab·in ['kæbɪn] *s* Hütte *f*; *mar*. Kabine *f* (*a. of cable car*), Kajüte *f*; *aer*. Kanzel *f*; **~-boy** *s mar*. junger Kabinensteward; **~ cruis·er** *s mar*. Kabinenkreuzer *m*.

cab·i·net ['kæbɪnɪt] *s pol*. Kabinett *n*; Schrank *m*, Vitrine *f*; (Radio)Gehäuse *n*; **~ meeting** *pol*. Kabinettssitzung *f*.

ca·ble ['keɪbl] **1.** *s* Kabel *n*; *mar*. Ankertau *n*; **2.** *v/t* telegrafieren; *money*: telegrafisch anweisen; **~ car** *s* Drahtseilbahn *f*; **~ tel·e·vi·sion** *s* Kabelfernsehen *n*.

cab|-rank ['kæbræŋk], **~·stand** *s* Taxistand *m*.

ca·ca·o *bot*. [kə'kɑːəʊ] *s* (*pl* **-os**) Kakaobaum *m*, -bohne *f*.

cack·le ['kækl] **1.** *s* Gegacker *n*, Geschnatter *n*; **2.** *v/i* gackern, schnattern.

ca·dav·er *med*. [kə'deɪvə] *s* Leichnam *m*.

ca·dence ['keɪdəns] *s mus*. Kadenz *f*; Tonfall *m*; Rhythmus *m*.

ca·det *mil*. [kə'det] *s* Kadett *m*.

cae·sar·ean *med*. [sɪ'zeərɪən] *s* Kaiserschnitt *m*.

caf·é, **caf·e** ['kæfeɪ] *s* Café *n*.

caf·e·te·ri·a [kæfɪ'tɪərɪə] *s* Selbstbedienungsrestaurant *n*, Cafeteria *f*.

cage [keɪdʒ] **1.** *s* Käfig *m*; *mining*: Förderkorb *m*; **2.** *v/t* einsperren.

cag·ey F ['keɪdʒɪ] *adj* □ (**-gier**, **-giest**) verschlossen; vorsichtig; *Am*. schlau, gerissen.

ca·jole [kə'dʒəʊl] *v/t j-m* schmeicheln; *j-n* beschwatzen.

cake [keɪk] *s* Kuchen *m*, Torte *f*; *of chocolate*: Tafel *f*, *of soap*: Riegel *m*, Stück *n*.

ca·lam·i|tous [kə'læmɪtəs] *adj* □ katastrophal; **~·ty** [~tɪ] *s* großes Unglück, Katastrophe *f*.

cal·cu|late ['kælkjʊleɪt] *v/t* kalkulieren; be-, aus-, errechnen; *Am*. F vermuten; *v/i* rechnen (**on**, **upon** mit, auf *acc*); **~·la·tion** [kælkjʊ'leɪʃn] *s* Berechnung *f* (*a. fig.*), Ausrechnung *f*; *econ*. Kalkulation *f*; Überlegung *f*; **~·la·tor** ['kælkjʊleɪtə] *s* Rechner *m* (*person*, *machine*).

cal·en·dar ['kælɪndə] *s* Kalender *m*; Liste *f*.

calf[1] [kɑːf] *s* (*pl* **calves** [~vz]) Wade *f*.

calf[2] [~] *s* (*pl* **calves** [~]) Kalb *n*; **~·skin** *s* Kalb(s)fell *n*.

cal·i·bre, *Am*. **-ber** ['kælɪbə] *s* Kaliber *n*.

call [kɔːl] **1.** *s* Ruf *m*; *teleph*. Anruf *m*, Gespräch *n*; *to office, post, etc.*: Ruf *m*, Berufung *f*; Aufruf *m*, Aufforderung *f*; Signal *n*; (kurzer) Besuch; *of money, funds*: Kündigung *f*, Abruf *m*; **on ~** auf Abruf; **make a ~** telefonieren; **give s.o. a ~** j-n anrufen; **2.** *v/t* (herbei)rufen; (ein)berufen; *teleph*. *j-n* anrufen; berufen, ernennen (**to** zu); nennen; *attention*: lenken (**to** auf *acc*); **be ~ed** heißen; **~ s.o. names** j-n beschimpfen *or* beleidigen; **~ up** *teleph*. anrufen; *v/i* rufen; *teleph*. anrufen; e-n (kurzen) Besuch machen (**on s.o.**, **at s.o.'s** [**house**] bei j-m); **thanks for ~ing!** danke für den Anruf!; **~ at a port** e-n Hafen anlaufen; **~ for** rufen nach; *et*. anfordern; *et*. abholen; **to be ~ed for** postlagernd; **~ on s.o.** j-n besuchen; **~ on**, **~ upon** sich an *j-n* wenden (**for** wegen); appellieren an (*acc*) (**to do** zu tun); **~-box** *s* Fernsprechzelle *f*; **~·er** *s teleph*. Anrufer(in); Besucher(in); **~ girl** *s* Callgirl *n*; **~·ing** *s* Rufen *n*; Berufung *f*.

cal·lous ['kæləs] *adj* □ schwielig; *fig*. dickfellig, herzlos.

cal·low ['kæləʊ] *adj fig*. unerfahren, unreif.

calm [kɑːm] **1.** *adj* □ still, ruhig; **2.** *s* (Wind)Stille *f*, Ruhe *f*; **3.** *v/t and v/i often* **~ down** besänftigen, (sich) beruhigen.

cal·o·rie *phys*. ['kælərɪ] *s* Kalorie *f*; **high-/low-~** kalorienreich/-arm; **be rich/low in ~s** kalorienreich/-arm sein; **~-con·scious** *adj* □ kalorienbewußt.

calve [kɑːv] *v/i* kalben.

calves [kɑːvz] *pl of* **calf**[1,2].

came [keɪm] *pret of* **come**.

cam·el *zo*. ['kæml] *s* Kamel *n*.

cam·e·ra ['kæmərə] *s* Kamera *f*, Fotoapparat *m*; **in ~** *jur*. unter Ausschluß der Öffentlichkeit.

C

cam·o·mile *bot.* ['kæməmaɪl] *s* Kamille *f.*
cam·ou·flage *mil.* ['kæmʊflɑːʒ] **1.** *s* Tarnung *f*; **2.** *v/t* tarnen.
camp [kæmp] **1.** *s* Lager *n*; *mil.* Feldlager *n*; **~ bed** Feldbett *n*; **2.** *v/i* lagern; **~ (out)** *or* **go ~ing** zelten (gehen), campen.
cam·paign [kæm'peɪn] **1.** *s mil.* Feldzug *m*; *fig.* Kampagne *f*, Feldzug *m*, Aktion *f*; *pol.* Wahlkampf *m*; **2.** *v/i mil.* an e-m Feldzug teilnehmen; *fig.* kämpfen, zu Felde ziehen; *pol.* sich am Wahlkampf beteiligen, Wahlkampf machen; *Am.* kandidieren (**for** für).
camp|ground ['kæmpgraʊnd], **~·site** ['~saɪt] *s* Lagerplatz *m*; Zelt-, Campingplatz *m.*
cam·pus ['kæmpəs] *s* Campus *m*, Universitätsgelände *n.*
can¹ [kæn, kən] *v/aux ich, du etc.* kann(st) *etc.*; dürfen, können.
can² [~] **1.** *s* Kanne *f*; (Blech-, Konserven)Dose *f*, (-)Büchse *f*; **2.** *v/t* (**-nn-**) (in Büchsen) einmachen, eindosen.
Ca·na·di·an [kə'neɪdɪən] **1.** *adj* kanadisch; **2.** *s* Kanadier(in).
ca·nal [kə'næl] *s* Kanal *m* (*a. anat.*); **~·ize** ['kænəlaɪz] *v/t* kanalisieren (*a. fig.*).
can·a·pé ['kænəpeɪ] *s* Cocktailhappen *m.*
ca·nard [kæ'nɑːd] *s* (Zeitungs)Ente *f.*
ca·nar·y *zo.* [kə'neərɪ] *s* Kanarienvogel *m.*
can·cel ['kænsl] *v/t* (*esp. Br.* **-ll-**, *Am.* **-l-**) absagen, rückgängig machen; (durch-, aus)streichen; *ticket*: entwerten; **be ~(l)ed** ausfallen; **~·la·tion** [kænsə'leɪʃn] *s* Absage *f*, Streichung *f*, Stornierung *f*; **~ insurance** Reiserücktrittskosten-Versicherung *f.*
can·cer *ast., med.* ['kænsə] *s* Krebs *m*; **~·ous** *med.* [~rəs] *adj* krebsartig; krebsbefallen.
can·di·date ['kændɪdət] *s* Kandidat(in) (**for** für), Anwärter(in), Bewerber(in) (**for** um).
can·died ['kændɪd] *adj* kandiert.
can·dle ['kændl] *s* Kerze *f*; Licht *n*; **burn the ~ at both ends** mit s-r Gesundheit Raubbau treiben.
can·dy ['kændɪ] **1.** *s* Kandis(zucker) *m*; *Am.* Süßigkeiten *pl*; **2.** *v/t* kandieren; **~·floss** *Br.* ['~flɒs] *s* Zuckerwatte *f.*
cane [keɪn] **1.** *s bot.* Rohr *n*; (Rohr-)Stock *m*; **2.** *v/t* (mit dem Stock) züchtigen.
canned *Am.* [kænd] *adj* Dosen..., Büchsen...; ...konserve *f*; **can·ne·ry** *Am.* ['kænərɪ] *s* Konservenfabrik *f.*
can·ni·bal ['kænɪbl] *s* Kannibale *m.*
can·non ['kænən] *s* Kanone *f.*
can·ny ['kænɪ] *adj* □ (**-ier**, **-iest**) gerissen, schlau.
ca·noe [kə'nuː] **1.** *s* Kanu *n*, Paddelboot *n*; **2.** *v/i* Kanu fahren, paddeln.
can·on ['kænən] *s* Kanon *m*; Regel *f*, Richtschnur *f*; **~·ize** [~aɪz] *v/t* heiligsprechen.
can·o·py ['kænəpɪ] *s* Baldachin *m*; *arch.* Vordach *n.*
cant [kænt] *s* Fachsprache *f*; Gewäsch *n*; frömmlerisches Gerede.
can·tan·ker·ous F [kæn'tæŋkərəs] *adj* □ zänkisch, mürrisch.
can·teen [kæn'tiːn] *s* Kantine *f*; *mil.* Kochgeschirr *n*, Feldflasche *f*; Besteck(kasten *m*) *n.*
can·ter ['kæntə] **1.** *s* Kanter *m*, leichter Galopp; **2.** *v/i* leicht galoppieren.
can·vas ['kænvəs] *s* Segeltuch *n*; Zelt-, Packleinwand *f*; Segel *pl*; *paint.* Leinwand *f*; Gemälde *n.*
can·vass [~] **1.** *s pol.* Wahlkampagne *f*; *econ.* Werbefeldzug *m*; **2.** *v/t* eingehend untersuchen *or* erörtern *or* prüfen; werben (um); *v/i pol.* um Stimmen werben, F auf Stimmenfang gehen; e-e Wahlkampagne veranstalten.
can·yon ['kænjən] *s* Cañon *m.*
cap [kæp] **1.** *s* Kappe *f*; Mütze *f*; Haube *f*; *arch.* Aufsatz *m*; Zündkapsel *f*; *med.* Pessar *n*; **2.** *v/t* (**-pp-**) bedecken; *fig.* krönen; übertreffen.
ca·pa|bil·i·ty [keɪpə'bɪlətɪ] *s* Fähigkeit *f*; **~·ble** ['keɪpəbl] *adj* □ fähig (**of** zu).
ca·pa·cious [kə'peɪʃəs] *adj* □ geräumig; **ca·pac·i·ty** [kə'pæsətɪ] *s* (Raum)Inhalt *m*; Fassungsvermögen *n*; Kapazität *f*; Aufnahmefähigkeit *f*; *ability*, *power* (*a. tech.*): Leistungsfähigkeit *f* (**for** *ger* zu *inf*); **in my ~ as** in m-r Eigenschaft als.
cape¹ [keɪp] *s* Kap *n*, Vorgebirge *n.*
cape² [~] *s* Cape *n*, Umhang *m.*
ca·pil·la·ry *anat.* [kə'pɪlərɪ] *s* Haar-, Kapillargefäß *n.*
cap·i·tal ['kæpɪtl] **1.** *adj* □ Kapital...; Tod(es)...; Haupt...; großartig, prima;

C

~ ***crime*** Kapitalverbrechen *n*; ~ ***punishment*** Todesstrafe *f*; **2.** *s* Hauptstadt *f*; Kapital *n*; *mst* ~ ***letter*** Großbuchstabe *m*; ***flight of*** ~ → ***capital flight***; ~ **as·sets** *s pl econ.* Kapitalvermögen *n*, Anlagevermögen *n*; ~ **flight** *s* Kapitalflucht *f*; ~ **goods** *s pl* Investitionsgüter *pl*; ~ **in·vest·ment** *s* Kapitalanlage *f*.
cap·i·tal|is·m ['kæpɪtəlɪzəm] *s* Kapitalismus *m*; **~·ist** *s* Kapitalist *m*; **~·ize** *v/t econ.* kapitalisieren; groß schreiben.
ca·pit·u·late [kə'pɪtjʊleɪt] *v/i* kapitulieren (***to*** vor *dat*).
ca·price [kə'pri:s] *s* Laune *f*; **ca·pricious** [~ɪʃəs] *adj* □ kapriziös, launisch.
Cap·ri·corn *ast.* ['kæprɪkɔ:n] *s* Steinbock *m*.
cap·size [kæp'saɪz] *v/i* kentern; *v/t* zum Kentern bringen.
cap·sule ['kæpsju:l] *s* Kapsel *f*; (Raum-) Kapsel *f*.
cap·tain ['kæptɪn] *s* (An)Führer *m*; Kapitän *m*; *mil.* Hauptmann *m*.
cap·tion ['kæpʃn] *s* Überschrift *f*, Titel *m*; Bildunterschrift *f*; *film*: Untertitel *m*.
cap|ti·vate *fig.* ['kæptɪveɪt] *v/t* gefangennehmen, fesseln; **~·tive** ['kæptɪv] **1.** *adj* gefangen; gefesselt; ***hold*** ~ gefangenhalten; ***take*** ~ gefangennehmen; **2.** *s* Gefangene(r *m*) *f*; **~·tiv·i·ty** [kæp'tɪvətɪ] *s* Gefangenschaft *f*.
cap·ture ['kæptʃə] **1.** *s* Eroberung *f*; Gefangennahme *f*; **2.** *v/t* fangen; erobern; erbeuten; *mar.* kapern.
car [kɑ:] *s* Auto *n*, Wagen *m*; (Eisenbahn-, Straßenbahn)Wagen *m*; *of balloon, etc.*: Gondel *f*; *of lift*: Kabine *f*; ***by*** ~ mit dem Auto, im Auto.
car·a·van ['kærəvæn] *s* Karawane *f*; *Br.* Wohnwagen *m*, -anhänger *m*; ~ ***site*** Campingplatz *m* für Wohnwagen.
car·a·way *bot.* ['kærəweɪ] *s* Kümmel *m*.
car·bine *mil.* ['kɑ:baɪn] *s* Karabiner *m*.
car·bo·hy·drate *chem.* [kɑ:bəʊ'haɪdreɪt] *s* Kohle(n)hydrat *n*.
car·bon ['kɑ:bən] *s chem.* Kohlenstoff *m*; *a.* ~ ***copy*** Durchschlag *m*; *a.* ~ ***paper*** Kohlepapier *n*; ~ **di·ox·ide** *chem.* [~daɪ'ɒksaɪd] *s* Kohlendioxyd *n*; ~ ***emissions*** *pl* CO_2-Ausstoß *m*.
car·bu·ret·tor, *a.* **-ret·ter** *esp. Br., Am.* **-ret·or**, *a.* **-ret·er** *tech.* [kɑ:bjʊ'retə] *s* Vergaser *m*.
card [kɑ:d] *s* Karte *f*; ***play*** **~s** Karten spielen; ***have a*** ~ ***up one's sleeve*** *fig.* (noch) e-n Trumpf in der Hand haben; **~·board** *s* Pappe *f*; ~ ***box*** Pappkarton *m*; ~ **game** *s* Kartenspiel *n*.
car·di·gan ['kɑ:dɪgən] *s* Strickjacke *f*.
car·di·nal ['kɑ:dɪnl] **1.** *adj* □ Grund..., Haupt..., Kardinal...; grundlegend; scharlachrot; ~ ***number*** Grundzahl *f*; **2.** *s eccl.* Kardinal *m*.
card|-in·dex ['kɑ:dɪndeks] *s* Kartei *f*; **~·phone** ['~fəʊn] *s* Kartentelefon *n*; **~-sharp·er** ['~ʃɑ:pə] *s* Falschspieler *m*.
care [keə] **1.** *s* Sorge *f*; Sorgfalt *f*; Vorsicht *f*; Obhut *f*, Pflege *f*; ***medical*** ~ ärztliche Behandlung; ~ ***of*** (*abbr.* **c/o**) ... bei ..., c/o ...; ***take*** ~ ***of*** aufpassen auf (*acc*); ***with*** **~!** Vorsicht!; **2.** *v/t and v/i* Lust haben (***to*** *inf* zu); ~ ***for*** sorgen für, sich kümmern um; mögen, sich etwas machen aus; ***I don't*** **~!** F meinetwegen!; ***I don't*** ~ ***what people say*** es ist mir egal, was die Leute reden; ***I couldn't*** ~ ***less*** F es ist mir völlig egal; ***who*** **~s?** was soll's?, na und?; ***well*** **~d *for*** gepflegt.
ca·reer [kə'rɪə] **1.** *s* Karriere *f*, Laufbahn *f*; **2.** *adj* Berufs...; Karriere...; **3.** *v/i* rasen.
care|free ['keəfri:] *adj* sorgenfrei, sorglos; **~·ful** ['~fl] *adj* vorsichtig; sorgsam bedacht (***of*** auf *acc*); sorgfältig; ***be*** **~!** gib acht!; **~·ful·ness** *s* Vorsicht *f*; Sorgfalt *f*; **~·less** *adj* □ sorglos; nachlässig; unachtsam; leichtsinnig; **~·less·ness** *s* Sorglosigkeit *f*; Nachlässigkeit *f*; Fahrlässigkeit *f*.
ca·ress [kə'res] **1.** *s* Liebkosung *f*; **2.** *v/t* liebkosen, streicheln.
care·tak·er ['keəteɪkə] *s* Hausmeister *m*; (Haus- *etc.*)Verwalter *m*; ~ ***cabinet*** *pol.* Übergangskabinett *n*, -regierung *f*.
care·worn ['keəwɔ:n] *adj* abgehärmt.
car·go ['kɑ:gəʊ] *s* (*pl* **-goes**, *Am. a.* **-gos**) Ladung *f*.
car·i·ca|ture ['kærɪkətjʊə] **1.** *s* Karikatur *f*; **2.** *v/t* karikieren; **~·tur·ist** [~rɪst] *s* Karikaturist *m*.
car·nal ['kɑ:nl] *adj* □ fleischlich; sinnlich.
car·na·tion [kɑ:'neɪʃn] *s bot.* (Garten-) Nelke *f*; Blaßrot *n*.
car·ni·val ['kɑ:nɪvl] *s* Karneval *m*.
car·niv·o·rous *bot., zo.* [kɑ:'nɪvərəs] *adj* fleischfressend.

car·ol ['kærəl] *s* Weihnachtslied *n.*
carp *zo.* [kɑːp] *s* Karpfen *m.*
car-park *Br.* ['kɑːpɑːk] *s* Parkplatz *m*; Parkhaus *n.*
car·pen·ter ['kɑːpɪntə] *s* Zimmermann *m*, Tischler *m.*
car·pet ['kɑːpɪt] **1.** *s* Teppich *m*; ***bring on the ~*** aufs Tapet bringen; **2.** *v/t* mit e-m Teppich belegen.
car|pool ['kɑːpuːl] *s* Fahrgemeinschaft *f*; *of company*: Fahrbereitschaft *f*; **~·port** *s* überdachter Abstellplatz.
car·riage ['kærɪdʒ] *s* Beförderung *f*, Transport *m*; Fracht(gebühr) *f*; Kutsche *f*; *Br. rail.* Wagen *m*; *tech.* Fahrgestell *n* (*a. aer.*); (Körper)Haltung *f*; **~·way** *s* Fahrbahn *f.*
car·ri·er ['kærɪə] *s* Spediteur *m*; Träger *m*; Gepäckträger *m* (*of bicycle*); **~·bag** *s* Trag(e)tasche *f*, -tüte *f*; **~ pi·geon** *s* Brieftaube *f.*
car·ri·on ['kærɪən] *s* Aas *n*; *attr* Aas...
car·rot *bot.* ['kærət] *s* Karotte *f*, Möhre, Mohrrübe *f.*
car·ry ['kærɪ] *v/t from place to place*: bringen, führen, tragen (*a. v/i*), fahren, befördern; (bei sich) haben *or* tragen; *opinion, point, etc.*: durchsetzen; *victory, etc*: davontragen; (weiter)führen, *wall*: ziehen; *motion, bill, etc.*: durchbringen; ***be carried*** *of motion, bill, etc.*: angenommen werden; ***~ the day*** den Sieg davontragen; ***~ s.th. too far*** et. übertreiben, et. zu weit treiben; ***get carried away*** *fig.* die Kontrolle über sich verlieren; ***~ forward***, ***~ over*** *econ.* übertragen; ***~ on*** weitermachen, fortsetzen, weiterführen; *business, etc.*: betreiben; ***~ out***, ***~ through*** durch-, ausführen; **~·all** *s esp. Am.* Einkaufstasche *f*; **~·cot** *s Br.* (Baby)Trag(e)tasche *f.*
cart [kɑːt] **1.** *s* Karren *m*; Wagen *m*; ***put the ~ before the horse*** *fig.* das Pferd beim Schwanz aufzäumen; **2.** *v/t* karren, fahren.
car·tel *econ.* [kɑː'tel] *s* Kartell *n.*
car·ton ['kɑːtən] *s* Karton *m*; ***a ~ of cigarettes*** e-e Stange Zigaretten.
car·toon [kɑː'tuːn] *s* Cartoon *m, n*; Karikatur *f*; Zeichentrickfilm *m*; **~·ist** [~ɪst] *s* Cartoonist *m*; Karikaturist *m.*
car·tridge ['kɑːtrɪdʒ] *s* Patrone *f*; *phot.* (Film)Patrone *f*, (Film)Kassette *f*; **~ pen** *s* Patronenfüllhalter *m.*
cart-wheel ['kɑːtwiːl] *s* Wagenrad *n*; ***turn ~s*** radschlagen.
carve [kɑːv] *v/t meat*: vorschneiden, zerlegen; schnitzen; meißeln; **carv·er** *s* (Holz)Schnitzer *m*; Bildhauer *m*; Tranchiermesser *n*; **carv·ing** *s* Schnitzerei *f.*
car wash ['kɑːwɒʃ] *s* Autowäsche *f*; Waschanlage *f*, -straße *f.*
cas·cade [kæ'skeɪd] *s* Wasserfall *m.*
case[1] [keɪs] **1.** *s* Behälter *m*; Kiste *f*, Kasten *m*; Etui *n*; Gehäuse *n*; Schachtel *f*; (Glas)Schrank *m*, Vitrine *f*; *of pillow*: Bezug *m*; *tech.* Verkleidung *f*; **2.** *v/t* in ein Gehäuse *or* Etui stecken; *tech.* verkleiden.
case[2] [~] *s* Fall *m* (*a. jur.*); *gr.* Kasus *m*, Fall *m*; *med.* (Krankheits)Fall *m*, Patient(in); F komischer Typ; Sache *f*, Angelegenheit *f*; **~ law** *s jur.* Fallrecht *n*; **~ stud·y** *s sociol.* Fallstudie *f*; **~·work** *s* Sozialarbeit *f*; **~·work·er** *s* Sozialarbeiter(in).
cash [kæʃ] *econ.* **1.** *s* Bargeld *n*; Barzahlung *f*; ***~ down*** gegen bar; ***~ on delivery*** Lieferung *f* gegen bar, (per) Nachnahme *f*; **2.** *v/t cheque*: einlösen; **~ advance** *s* Vorschuß *m*; **~-and-car·ry** *s* Abhol-, Verbrauchermarkt *m*; **~-book** *s* Kassenbuch *n*; **~ desk** *s* Kasse *f*; **~ di·spens·er** *s* Geldautomat *m*, Bankomat *m*; **~·ier** [kæ'ʃɪə] *s* Kassierer(in); ***~'s desk*** *or* ***office*** Kasse *f*; **~·less** *adj* bargeldlos; **~·point** → ***cash dispenser***; **~ reg·is·ter** *s* Registrierkasse *f*; **~ sale** *s* Barverkauf *m.*
cas·ing ['keɪsɪŋ] *s* (Schutz)Hülle *f*; Verschalung *f*, -kleidung *f*, Gehäuse *n.*
cask [kɑːsk] *s* Faß *n.*
cas·ket ['kɑːskɪt] *s* Kästchen *n*; *Am.* Sarg *m.*
cas·se·role ['kæsərəʊl] *s* Kasserolle *f.*
cas·sette [kə'set] *s* (Film-, Band- *etc.*) Kassette *f*; **~ deck** *s* Kassettendeck *n*; **~ ra·di·o** *s* Radiorecorder *m*; **~ re·cord·er** *s* Kassettenrecorder *m.*
cast [kɑːst] **1.** *s* Wurf *m*; *tech.* Guß(form *f*) *m*; Abguß *m*, Abdruck *m*; Form *f*, Art *f*; *angling*: Auswerfen *n*; *thea.* Besetzung *f*; **2.** *v/t* (***cast***) (ab-, aus-, hin-, um-, weg)werfen; *zo. skin*: abwerfen; *teeth, etc.*: verlieren; verwerfen; gestalten; *tech.* gießen; *a.* ***~ up*** ausrechnen, zusammenzählen; *thea. play*: besetzen; *parts*: verteilen (***to*** an *acc*); ***be ~ in a***

C

lawsuit *jur.* e-n Prozeß verlieren; ***~ lots*** losen (***for*** um); ***~ in one's lot with s.o.*** j-s Los teilen; ***~ one's vote*** *pol.* s-e Stimme abgeben; ***~ aside*** *habit, etc.*: ablegen; *friends, etc.*: fallenlassen; ***~ away*** wegwerfen; ***be ~ away*** *mar.* verschlagen werden; ***be ~ down*** niedergeschlagen sein; ***~ off*** *clothes, etc.*: ausrangieren; *friends, etc.*: fallenlassen; *v/i*: ***~ about for***, ***~ around for*** suchen (nach), *fig.* sich umsehen nach.

cast·a·way ['kɑːstəweɪ] **1.** *adj* ausgestoßen; ausrangiert, *clothes*: abgelegt; *mar.* schiffbrüchig; **2.** Ausgestoßene(r *m*) *f*; *mar.* Schiffbrüchige(r *m*) *f*.

caste [kɑːst] *s* Kaste *f* (*a. fig.*).

cast·er ['kɑːstə] → ***castor²***.

cast·i·gate ['kæstɪgeɪt] *v/t* züchtigen; *fig.* geißeln.

cas·tle ['kɑːsl] *s* Burg *f*, Schloß *n*; *chess*: Turm *m*.

cast·or¹ ['kɑːstə] *s*: ***~ oil*** Rizinusöl *n*.

cast·or² [~] *s* *wheel*: Laufrolle *f*; (Salz-, Zucker- *etc.*)Streuer *m*.

cas·trate [kæ'streɪt] *v/t* kastrieren.

cas·u·al ['kæʒjʊəl] *adj* □ zufällig; gelegentlich; flüchtig; lässig; ***~ wear*** Freizeitkleidung *f*; **~·ty** [~tɪ] *s* Verunglückte(r *m*) *f*, Opfer *n*; *mil.* Verwundete(r) *m*, Gefallene(r) *m*; ***casualties*** *pl* Opfer *pl*, *mil. mst* Verluste *pl*; ***~ ward***, ***~ department*** Unfallstation *f*.

cat *zo.* [kæt] *s* Katze *f*.

cat·a·logue, *Am.* **-log** ['kætəlɒg] **1.** *s* Katalog *m*; *Am. univ.* Vorlesungsverzeichnis *n*; **2.** *v/t* katalogisieren.

cat·a·lyst ['kætəlɪst] *s chem.* Katalysator *m* (*a. fig.*); **cat·a·ly·tic** [kætə'lɪtɪk] *adj*: ***~ converter*** *mot.* (Abgas)Katalysator *m*.

cat·a·pult ['kætəpʌlt] *s* *Br.* Schleuder *f*; Katapult *n*, *m*.

cat·a·ract ['kætərækt] *s* Wasserfall *m*; Stromschnelle *f*; *med.* grauer Star.

ca·tarrh *med.* [kə'tɑː] *s* Katarrh *m*; Schnupfen *m*.

ca·tas·tro·phe [kə'tæstrəfɪ] *s* Katastrophe *f*.

catch [kætʃ] **1.** *s* Fangen *n*; Fang *m*, Beute *f*; *of breath*: Stocken *n*; Halt *m*, Griff *m*; *tech.* Haken *m*; (Tür)Klinke *f*; Verschluß *m*; F *snag*: Haken *m*; **2.** (***caught***) *v/t* (auf-, ein)fangen; packen, fassen, ergreifen; überraschen, ertappen; *look, etc.*: auffangen; *train, etc.*: (noch) kriegen, erwischen; erfassen, verstehen; *atmosphere*: einfangen; *illness*: sich holen, bekommen; ***~ (a) cold*** sich erkälten; ***~ the eye*** ins Auge fallen; ***~ s.o.'s eye*** j-s Aufmerksamkeit auf sich lenken; ***~ s.o. up*** j-n einholen; ***be caught up in*** verwickelt sein in (*acc*); *v/i* sich verfangen, hängenbleiben; fassen, greifen; *wheels*: ineinandergreifen; klemmen; *lock*: einschnappen; ***~ on*** F einschlagen, Anklang finden; F kapieren; ***~ up with*** einholen; **~·er** *s* Fänger *m*; **~·ing** *adj* packend; *med.* ansteckend; **~·word** *s* Schlagwort *n*; *thea.* Stichwort *n*; **~·y** *adj* □ (**-ier**, **-iest**) *tune, etc.*: eingängig.

cat·e·chis·m ['kætɪkɪzəm] *s* Katechismus *m*.

ca·te|gor·i·cal [kætɪ'gɒrɪkl] *adj* □ kategorisch; **~·go·ry** ['~gərɪ] *s* Kategorie *f*.

ca·ter ['keɪtə] *v/i*: ***~ for*** Speisen u. Getränke liefern für; *fig.* sorgen für; **~·ing** *s* Versorgung *f* mit Speisen und Getränken; *trade*: Gastronomie *f*; ***~ing trade*** *s* Hotel- und Gaststättengewerbe *n*.

cat·er·pil·lar ['kætəpɪlə] *s zo.* Raupe *f*; *TM* Raupenfahrzeug *n*; ***~ tractor*** *TM* Raupenschlepper *m*.

ca·the·dral [kə'θiːdrəl] *s* Dom *m*, Kathedrale *f*.

Cath·o·lic ['kæθəlɪk] **1.** *adj* katholisch; **2.** *s* Katholik(in).

cat·tle ['kætl] *s* Vieh *n*.

cat·ty F ['kætɪ] *adj* (**-ier**, **iest**) boshaft, gehässig.

caught [kɔːt] *pret and pp of* ***catch*** 2.

cau·li·flow·er *bot.* ['kɒlɪflaʊə] *s* Blumenkohl *m*.

caus·al ['kɔːzl] *adj* □ ursächlich.

cause [kɔːz] **1.** *s* Ursache *f*; Grund *m*; *jur.* Klagegrund *m*, Fall *m*, Sache *f*; Angelegenheit *f*, Sache *f*; **2.** *v/t* verursachen; veranlassen; **~·less** *adj* □ grundlos.

cause·way ['kɔːzweɪ] *s* Damm *m*.

caus|tic ['kɔːstɪk] *adj* (***~ally***) ätzend; *fig.* beißend, scharf.

cau·tion ['kɔːʃn] **1.** *s* Vorsicht *f*; Warnung *f*; Verwarnung *f*; **2.** *v/t* warnen; verwarnen; *jur.* belehren.

cau·tious ['kɔːʃəs] *adj* □ behutsam, vorsichtig; **~·ness** *s* Behutsamkeit *f*, Vorsicht *f*.

cav·al·ry *esp. hist. mil.* ['kævlrɪ] *s* Kavallerie *f.*
cave [keɪv] **1.** *s* Höhle *f*; **2.** *v/i*: **~ in** einstürzen; klein beigeben.
cav·ern ['kævən] *s* (große) Höhle.
cease [si:s] *v/i* aufhören, zu Ende gehen; *v/t* aufhören (**to do**, **doing** zu tun); **~-fire** *mil.* ['~faɪə] *s* Feuereinstellung *f*; Waffenruhe *f*; **~·less** *adj* □ unaufhörlich.
cede [si:d] *v/t* abtreten, überlassen.
cei·ling ['si:lɪŋ] *s* (Zimmer)Decke *f*; *fig.* Höchstgrenze *f*; **~ price** Höchstpreis *m.*
cel·e|brate ['selɪbreɪt] *v/t and v/i* feiern; **~d** gefeiert, berühmt (**for** für, wegen); **~·bra·tion** [~'breɪʃn] *s* Feier *f.*
ce·leb·ri·ty [sɪ'lebrətɪ] *s* Berühmtheit *f.*
ce·ler·i·ty [sɪ'lerətɪ] *s* Geschwindigkeit *f.*
cel·e·ry *bot.* ['selərɪ] *s* Sellerie *m, f.*
ce·les·ti·al [sɪ'lestɪəl] *adj* □ himmlisch.
cel·i·ba·cy ['selɪbəsɪ] *s* Zölibat *m, n*, Ehelosigkeit *f.*
cell [sel] *s* Zelle *f*; *electr. a.* Element *n.*
cel·lar ['selər] *s* Keller *m.*
cel·list *mus.* ['tʃelɪst] *s* Cellist(in); **cel·lo** *mus.* ['tʃeləʊ] *s* (*pl* **-los**) (Violon)Cello *n.*
cel·lo·phane *TM* ['seləʊfeɪn] *s* Zellophan *n.*
cel·lu·lar *biol.* ['seljʊlə] *adj* Zell(en)...
Cel·tic ['keltɪk] *adj* keltisch.
ce·ment [sɪ'ment] **1.** *s* Zement *m*; Kitt *m*; **2.** *v/t* zementieren; (ver)kitten.
cem·e·tery ['semɪtrɪ] *s* Friedhof *m.*
cen·sor ['sensə] **1.** *s* Zensor *m*; **2.** *v/t* zensieren; **~·ship** *s* Zensur *f.*
cen·sus ['sensəs] *s* Volkszählung *f.*
cent [sent] *s Am.* Cent *m* (= $^1/_{100}$ *Dollar*); **per ~** Prozent *n.*
cen·te·na·ry [sen'ti:nərɪ] *s* Hundertjahrfeier *f*, hundertjähriges Jubiläum.
cen·ten·ni·al [sen'tenjəl] **1.** *adj* hundertjährig; **2.** *s Am.* → **centenary**.
cen·ter *Am.* ['sentə] → **centre**.
cen·ti|grade ['sentɪgreɪd] *s*: **10 degrees ~** 10 Grad Celsius; **~·me·tre,** *Am.* **~·me·ter** *s* Zentimeter *m, n*; **~·pede** *zo.* [~pi:d] *s* Tausendfüß(l)er *m.*
cen·tral ['sentrəl] *adj* □ zentral; Haupt..., Zentral...; Mittel...; **~ bank** *econ.* Zentralbank *f*; **♀ European Time** mitteleuropäische Zeit; **~ heating** Zentralheizung *f*; **~·is·m** *s pol.* Zentralismus *m*; **~·ize** [~aɪz] *v/t* zentralisieren.
cen·tre, *Am.* **-ter** ['sentə] **1.** *s* Zentrum *n*, Mittelpunkt *m*; **~ of gravity** *phys.* Schwerpunkt *m*; **2.** *v/t and v/i* (sich) konzentrieren; zentrieren.
cen·tu·ry ['sentʃʊrɪ] *s* Jahrhundert *n.*
ce·ram·ics [sɪ'ræmɪks] *s pl* Keramik *f*, keramische Erzeugnisse *pl.*
ce·re·al ['sɪərɪəl] **1.** *adj* Getreide...; **2.** *s* Getreide(pflanze *f*) *n*; Getreideflocken(gericht *n*) *pl*; Frühstückskost *f.*
cer·e·mo|ni·al [serɪ'məʊnɪəl] **1.** *adj* □ zeremoniell; **2.** *s* Zeremoniell *n*; **~·ni·ous** [~ɪəs] *adj* □ zeremoniell; förmlich; **~·ny** ['serɪmənɪ] *s* Zeremonie *f*; Feier(lichkeit) *f*; Förmlichkeit(en *pl*) *f.*
cer·tain ['sɜ:tn] *adj* sicher, gewiß; zuverlässig; bestimmt; gewisse(r, -s); **~·ly** *adv* sicher, gewiß; *in answers*: sicherlich, bestimmt, natürlich; **~·ty** *s* Sicherheit *f*, Bestimmtheit *f*, Gewißheit *f.*
cer|tif·i·cate **1.** [sə'tɪfɪkət] *s* Zeugnis *n*; Bescheinigung *f*; **~ of birth** Geburtsurkunde *f*; **General ♀ of Education advanced level** (**A level**) *Br. school*: *appr.* Abitur(zeugnis) *n*; **General ♀ of Education ordinary level** (**O level**) (*since 1988*: **General ♀ of Secondary Education**) *Br. school*: *appr.* mittlere Reife, Oberstufenreife *f*; **medical ~** ärztliches Attest; **2.** [~keɪt] *v/t* bescheinigen; **~·ti·fy** ['sɜ:tɪfaɪ] *v/t et.* bescheinigen; beglaubigen.
cer·ti·tude ['sɜ:tɪtju:d] *s* Sicherheit *f*, Bestimmtheit *f*, Gewißheit *f.*
chafe [tʃeɪf] *v/t* (auf)scheuern, wund scheuern; ärgern; *v/i* sich auf- *or* wund scheuern; scheuern; *fig.* sich ärgern.
chaff [tʃɑ:f] *s* Spreu *f*; Häcksel *n, m.*
chaf·finch *zo.* ['tʃæfɪntʃ] *s* Buchfink *m.*
chain [tʃeɪn] **1.** *s* Kette *f*; *fig.* Fessel *f*; *mot. a.* Schneekette *f*; **~ reaction** *phys. and fig.* Kettenreaktion *f*; **~-smoke** Kette rauchen; **~-smoker** Kettenraucher(in); **~ store** Kettenladen *m*; **2.** *v/t* (an)ketten; fesseln.
chair [tʃeə] *s* Stuhl *m*; Lehrstuhl *m*; Vorsitz *m*; **be in the ~** den Vorsitz führen; **~ lift** *s* Sessellift *m*; **~·man** *s* Vorsitzende(r) *m*, Präsident *m*; **~·man·ship** *s* Vorsitz *m*; **~·per·son** *s* Vorsitzende(r *m*) *f*, Präsident(in); **~·wom·an** *s* Vorsitzende *f*, Präsidentin *f.*
chal·ice ['tʃælɪs] *s* Kelch *m.*
chalk [tʃɔ:k] **1.** *s* Kreide *f*; **2.** *v/t* mit

Kreide schreiben *or* zeichnen; ~ ***up*** *victory*: verbuchen.

chal·lenge ['tʃælɪndʒ] **1.** *s* Herausforderung *f*; *mil.* Anruf *m*; *esp. jur.* Ablehnung *f*; **2.** *v/t* herausfordern; anrufen; ablehnen; *theory, etc.*: anzweifeln.

cham·ber ['tʃeɪmbə] *s parl., zo., bot., tech.* Kammer *f*; **~s** *pl* Geschäftsräume *pl*; **~·maid** *s* Zimmermädchen *n*.

cham·ois ['ʃæmwɑː] *s zo.* Gemse *f*; *a.* ~ ***leather*** [*mst* 'ʃæmɪleðə] Wildleder *n*.

champ F [tʃæmp] → ***champion*** (*sports*).

cham·pagne [ʃæm'peɪn] *s* Champagner *m*; Sekt *m*.

cham·pi·on ['tʃæmpɪən] **1.** *s sports*: Sieger *m*, Meister *m*; Verfechter *m*, Fürsprecher *m*; **2.** *v/t* verfechten, eintreten für, verteidigen; **3.** *adj* siegreich, Meister...; **~·ship** *s sports*: Meisterschaft *f*.

chance [tʃɑːns] **1.** *s* Zufall *m*; Schicksal *n*; Risiko *n*; Chance *f*, (günstige) Gelegenheit; Aussicht *f* (***of*** auf *acc*); Möglichkeit *f*; ***by*** ~ zufällig; ***take a*** ~ es darauf ankommen lassen; ***take no*** **~*s*** nichts riskieren (wollen); **2.** *adj* zufällig; **3.** *v/i* (unerwartet) eintreten *or* geschehen; ***I ~d to meet her*** zufällig traf ich sie; *v/t* riskieren.

chan·cel·lor ['tʃɑːnsələ] *s* Kanzler *m*.

chan·de·lier [ʃændə'lɪə] *s* Kronleuchter *m*.

change [tʃeɪndʒ] **1.** *s* Veränderung *f*, Wechsel *m*; Abwechslung *f*; Wechselgeld *n*; Kleingeld *n*; ***for a*** ~ zur Abwechslung; ~ ***for the better*** (***worse***) Besserung *f* (Verschlechterung *f*); **2.** *v/t* (ver)ändern, umändern; (aus)wechseln; (aus-, ver)tauschen (***for*** gegen); *mot. tech.* schalten; ~ ***over*** umschalten; umstellen; ~ ***trains*** umsteigen; *v/i* sich (ver)ändern, wechseln; sich umziehen; **~·a·ble** *adj* □ veränderlich; **~·less** *adj* □ unveränderlich; **~·o·ver** *s* Umstellung *f*.

chan·nel ['tʃænl] **1.** *s* Kanal *m*; Flußbett *n*; Rinne *f*; *TV, etc.*: Kanal *m*, Programm *n*; *fig.* Kanal *m*, Weg *m*; **2.** *v/t* (*esp. Br.* **-ll-**, *Am.* **-l-**) furchen; aushöhlen; *fig.* lenken; ♀ **Tun·nel** *s der* (Ärmel)Kanaltunnel.

chant [tʃɑːnt] **1.** *s* (Kirchen)Gesang *m*; Singsang *m*; **2.** *v/t* singen; in Sprechchören rufen; *v/i* Sprechchöre anstimmen.

cha·os ['keɪɒs] *s* Chaos *n*.

chap¹ [tʃæp] **1.** *s* Riß *m*, Sprung *m*; **2.** *v/t and v/i* (**-pp-**) rissig machen *or* werden.

chap² F [~] *s* Bursche *m*, Kerl *m*, Junge *m*.

chap³ [~] *s* Kinnbacke(n *m*) *f*; Maul *n*.

chap·el ['tʃæpl] *s* Kapelle *f*; Gottesdienst *m*.

chap·lain ['tʃæplɪn] *s* Kaplan *m*.

chap·ter ['tʃæptə] *s* Kapitel *n*.

char·ac·ter ['kærəktə] *s* Charakter *m*; Eigenschaft *f*; *print.* Schrift(zeichen *n*) *f*; Persönlichkeit *f*; *in novel, etc.*: Figur *f*, Gestalt *f*; *thea.* Rolle *f*; *reputation*: (*esp.* guter) Ruf; *testimonial*: Zeugnis *n*; **~·is·tic** [~'rɪstɪk] **1.** *adj* (**~*ally***) charakteristisch (***of*** für); **2.** *s* Kennzeichen *n*; **~·ize** ['~raɪz] *v/t* charakterisieren.

char·coal ['tʃɑːkəʊl] *s* Holzkohle *f*.

charge [tʃɑːdʒ] **1.** *s* Ladung *f*; (Spreng-) Ladung *f*; *esp. fig.* Last *f*; Verantwortung *f*; Aufsicht *f*, Leitung *f*; Obhut *f*; Schützling *m*; *mil.* Angriff *m*; Beschuldigung *f*, *jur. a.* (Punkt *m* der) Anklage *f*; Preis *m*, Kosten *pl*; Gebühr *f*; ***free of*** ~ kostenlos; ***be in*** ~ ***of*** verantwortlich sein für; ***have*** ~ ***of*** in Obhut *or* Verwahrung haben, betreuen; ***take*** ~ die Leitung *etc.* übernehmen, die Sache in die Hand nehmen; **2.** *v/t* laden; beladen, belasten; beauftragen; belehren; *jur.* beschuldigen, anklagen (***with*** *gen*); in Rechnung stellen; berechnen, (als Preis) fordern; *mil.* angreifen; *v/i* stürmen; ~ ***at s.o.*** auf j-n losgehen.

char·i·ta·ble ['tʃærɪtəbl] *adj* □ mild(tätig), wohltätig; **char·i·ty** ['tʃærətɪ] *s* Nächstenliebe *f*; Wohltätigkeit *f*; Güte *f*; Nachsicht *f*; milde Gabe.

char·la·tan ['ʃɑːlətən] *s* Scharlatan *m*; Quacksalber *m*, Kurpfuscher *m*.

charm [tʃɑːm] **1.** *s* Zauber *m*; Charme *m*, Reiz *m*; Talisman *m*, Amulett *n*; **2.** *v/t* bezaubern, entzücken; **~·ing** ['tʃɑːmɪŋ] *adj* □ charmant, bezaubernd.

chart [tʃɑːt] **1.** *s mar.* Seekarte *f*; Tabelle *f*; **~s** *pl* Charts *pl*, Hitliste(n *pl*) *f*; **2.** *v/t* auf e-r Karte einzeichnen.

char·ter ['tʃɑːtə] **1.** *s* Urkunde *f*, Freibrief *m*; Chartern *n*; **2.** *v/t* konzessionieren; *aer., mar.* chartern, mieten; ~ **flight** *s* Charterflug *m*.

chase [tʃeɪs] **1.** *s* Jagd *f*; Verfolgung *f*; gejagtes Wild; **2.** *v/t* jagen, hetzen; Jagd

machen auf (*acc*); *v/i* rasen, rennen.
chas·m ['kæzəm] *s* Kluft *f*, Abgrund *m* (*a. fig.*); Riß *m*, Spalte *f*.
chaste [tʃeɪst] *adj* □ rein, keusch, unschuldig; schlicht (*style*).
chas·tise [tʃæ'staɪz] *v/t* züchtigen.
chas·ti·ty ['tʃæstətɪ] *s* Keuschheit *f*.
chat [tʃæt] **1.** *s* Geplauder *n*, Schwätzchen *n*, Plauderei *f*; **2.** *v/i* plaudern; *v/t*: **~ up** F einreden auf (*acc*); *girl*: anquatschen, anmachen; **~ show** *s Br.* Talkshow *f*.
chat·tels ['tʃætlz] *s pl mst* ***goods and ~*** *jur.* bewegliches Eigentum.
chat·ter ['tʃætə] **1.** *v/i* plappern; schnattern; klappern; **2.** *s* Geplapper *n*; Klappern *n*; **~·box** *s* F Plappermaul *n*; **~·er** [~rə] *s* Schwätzer(in).
chat·ty ['tʃætɪ] *adj* (*-**ier**, -**iest***) gesprächig.
chauf·feur ['ʃəʊfə] *s* Chauffeur *m*.
chau|vi F ['ʃəʊvɪ] *s* Chauvi *m*; **~·vin·ist** [~nɪst] *s* Chauvinist *m*.
cheap [tʃiːp] *adj* □ billig; *fig.* schäbig, gemein; **~·en** ['tʃiːpən] *v/t and v/i* (sich) verbilligen; *fig.* herabsetzen.
cheat [tʃiːt] **1.** *s* Betrug *m*, Schwindel *m*; Betrüger(in); **2.** *v/t and v/i* betrügen.
check [tʃek] **1.** *s* Schach(stellung *f*) *n*; Hemmnis *n*, Hindernis *n* (***on*** für); Einhalt *m*; Kontrolle *f* (***on*** *gen*); Kontrollabschnitt *m*, -schein *m*; *Am.* Gepäckschein *m*; *Am.* Garderobenmarke *f*; *Am. econ.* → ***cheque***; *Am. in restaurant, etc.*: Rechnung *f*; *pattern*: Karo *n*; **2.** *v/i* an-, innehalten; *Am.* e-n Scheck ausstellen; **~ *in*** *at hotel*: sich anmelden; einstempeln; *aer.* einchecken; **~ *out*** *of hotel*: abreisen; ausstempeln; **~ *up*** (***on***) F *et.* nachprüfen, *et. or j-n* überprüfen; *v/t* hemmen, hindern, aufhalten; zurückhalten; kontrollieren, über-, nachprüfen; *Am. on list*: abhaken; *Am. clothes*: in der Garderobe abgeben; *Am. baggage*: aufgeben; **~ card** *s Am. econ.* Scheckkarte *f*; **~ed** *adj* kariert; **~·ers** *Am.* [~əz] *s sg* Damespiel *n*; **~·in** *s at a hotel*: Anmeldung *f*; Einstempeln *n*; *aer.* Einchecken *n*; ***~ counter** or **desk*** *aer.* Abfertigungsschalter *m*; **~·ing ac·count** *s Am. econ.* Girokonto *n*; **~·list** *s* Check-, Kontroll-, Vergleichsliste *f*; **~·mate 1.** *s* (Schach)Matt *n*; **2.** *v/t* (schach)matt setzen; **~·out** *s* Abreise *f*; Ausstempeln *n*; *a.* ***~ counter*** Kasse *f* (*esp. in supermarket*); **~·point** *s* Kontrollpunkt *m*; **~·room** *s Am.* Garderobe *f*; Gepäckaufbewahrung *f*; **~·up** *s* Überprüfung *f*, Kontrolle *f*; *med.* Check-up *m*, (umfangreiche) Vorsorgeuntersuchung.
cheek [tʃiːk] *s* Backe *f*, Wange *f*; F Unverschämtheit *f*, Frechheit *f*; **~·y** F ['tʃiːkɪ] *adj* □ (*-**ier**, -**iest***) frech.
cheer [tʃɪə] **1.** *s* Hoch(ruf *m*) *n*, Beifall(sruf) *m*; ***~s!*** prost!; ***three ~s!*** dreimal hoch!; **2.** *v/t* mit Beifall begrüßen; *a.* **~ *on*** anspornen; *a.* **~ *up*** aufheitern; *v/i* hoch rufen, jubeln; *a.* **~ *up*** Mut fassen; ***~ up!*** Kopf hoch!; **~·ful** *adj* □ vergnügt; **~·i·o** F [~rɪ'əʊ] *int* mach's gut!, tschüs!; **~·less** *adj* □ freudlos; **~·y** *adj* □ (*-**ier**, -**iest***) vergnügt.
cheese [tʃiːz] *s* Käse *m*.
chee·tah *zo.* ['tʃiːtə] *s* Gepard *m*.
chef [ʃef] *s* Küchenchef *m*; Koch *m*.
chem·i·cal ['kemɪkl] **1.** *adj* □ chemisch; **2.** *s* Chemikalie *f*.
che·mise [ʃə'miːz] *s* (Damen)Hemd *n*.
chem|ist ['kemɪst] *s* Chemiker(in); Apotheker(in); Drogist(in); ***~'s shop*** Apotheke *f*; Drogerie *f*; **~·is·try** [~rɪ] *s* Chemie *f*.
cheque *Br. econ.* [tʃek] (*Am.* ***check***) *s* Scheck *m*; ***crossed ~*** Verrechnungsscheck *m*; **~ ac·count** *s* Girokonto *n*; **~ card** *s* Scheckkarte *f*.
chequ·er *Br.* ['tʃekə] *s* Karomuster *n*.
cher·ish ['tʃerɪʃ] *v/t s.o.'s memory, etc.*: hochhalten; hegen, pflegen.
cher·ry *bot.* ['tʃerɪ] *s* Kirsche *f*.
chess [tʃes] *s* Schach(spiel) *n*; ***a game of ~*** e-e Partie Schach; **~·board** *s* Schachbrett *n*; **~·man**, **~ piece** *s* Schachfigur *f*.
chest [tʃest] *s* Kiste *f*, Kasten *m*, Truhe *f*; *anat.* Brustkasten *m*; ***get s.th. off one's ~*** F sich et. von der Seele reden; ***~ of drawers*** Kommode *f*.
chest·nut ['tʃesnʌt] **1.** *s bot.* Kastanie *f*; **2.** *adj* kastanienbraun.
chew [tʃuː] *v/t and v/i* kauen; nachsinnen, grübeln (***on***, ***over*** über *acc*); **~·ing-gum** ['~ɪŋgʌm] *s* Kaugummi *m*.
chick [tʃɪk] *s* Küken *n*, junger Vogel; F *girl*: F Biene *f*, Puppe *f*.
chick·en ['tʃɪkɪn] *s* Huhn *n*; Küken *n*; (Brat)Hähnchen *n*, (-)Hühnchen *n*; ***don't count your ~s before they're***

C

hatched man soll den Tag nicht vor dem Abend loben; **~-heart·ed** *adj* furchtsam, feige; **~-pox** *s med.* Windpocken *pl.*
chic·o·ry *bot.* ['tʃɪkərɪ] *s* Chicorée *f, m.*
chief [tʃiːf] **1.** *adj* □ oberste(r, -s), Ober..., Haupt...; wichtigste(r, -s); ***~ clerk*** Bürovorsteher *m*; **2.** *s* Oberhaupt *n*, Chef *m*; Häuptling *m*; ***...-in-~*** Ober...; **~·ly** ['~lɪ] *adv* hauptsächlich, vor allem; **~·tain** ['~tən] *s* Häuptling *m.*
chil·blain ['tʃɪlbleɪn] *s* Frostbeule *f.*
child [tʃaɪld] *s* (*pl* ***children***) Kind *n*; ***from a ~*** von Kindheit an; ***with ~*** schwanger; **~ a·buse** *s jur.* Kindesmißhandlung *f*; **~ ben·e·fit** *s* Kindergeld *n*; **~·birth** *s* Geburt *f*, Niederkunft *f*; **~·hood** *s* Kindheit *f*; **~·ish** *adj* □ kindlich; kindisch; **~·like** *adj* kindlich; **~-mind·er** *s Br.* Tagesmutter *f*; **chil·dren** ['tʃɪldrən] *pl of* ***child***; **~ tax al·low·ance** *s* Kinderfreibetrag *m.*
chill [tʃɪl] **1.** *adj* eisig, frostig; **2.** *s* Frost *m*, Kälte *f*; *med.* Fieberschauer *m*; Erkältung *f*; **3.** *v/t and v/i* abkühlen; *j-n* frösteln lassen; ***~ed*** gekühlt; **~·y** *adj* (***-ier***, ***-iest***) kalt, frostig.
chime [tʃaɪm] **1.** *s* Glockenspiel *n*; Geläut *n*; *fig.* Einklang *m*; **2.** *v/t and v/i* läuten; ***~ in*** sich (ins Gespräch) einmischen.
chim·ney ['tʃɪmnɪ] *s* Schornstein *m*; Rauchfang *m*; (Lampen)Zylinder *m*; **~-sweep** *s* Schornsteinfeger *m.*
chimp *zo.* F [tʃɪmp], **chim·pan·zee** *zo.* [~ən'ziː] *s* Schimpanse *m.*
chin [tʃɪn] **1.** *s* Kinn *n*; (***keep your***) ***~ up!*** Kopf hoch!, halt die Ohren steif!
chi·na ['tʃaɪnə] *s* Porzellan *n.*
Chi·nese [tʃaɪ'niːz] **1.** *adj* chinesisch; **2.** *s* Chines|e *m*, -in *f*; *ling.* Chinesisch *n*; ***the ~*** *pl* die Chinesen *pl.*
chink [tʃɪŋk] *s* Ritz *m*, Spalt *m.*
chip [tʃɪp] **1.** *s* Splitter *m*, Span *m*; dünne Scheibe; Spielmarke *f*; *computer*: Chip *m*; ***have a ~ on one's shoulder*** F sich ständig angegriffen fühlen; e-n Komplex haben (***about*** wegen); ***~s*** *pl Br.* Pommes frites *pl*; *Am.* (Kartoffel)Chips *pl*; **2.** (***-pp-***) *v/t* schnitzeln; an-, abschlagen; *v/i* abbröckeln; **~·munk** *zo.* ['~mʌŋk] *s* Backenhörnchen *n.*
chirp [tʃɜːp] **1.** *v/t and v/i* zirpen, zwitschern, piepsen; **2.** *s* Zirpen *n*, Zwitschern *n*, Piepsen *n.*
chis·el ['tʃɪzl] **1.** *s* Meißel *m*; **2.** *v/t* (*esp. Br.* ***-ll-***, *Am.* ***-l-***) meißeln.
chit-chat ['tʃɪttʃæt] *s* Plauderei *f.*
chiv·al|rous ['ʃɪvlrəs] *adj* □ ritterlich; **~·ry** [~ɪ] *s hist.* Rittertum *n*; Ritterlichkeit *f.*
chives *bot.* [tʃaɪvz] *s pl* Schnittlauch *m.*
chlo|ri·nate ['klɔːrɪneɪt] *v/t water, etc.*: chloren; **~·rine** *chem.* [~riːn] *s* Chlor *n*; **chlor·o·form** ['klɒrəfɔːm] **1.** *s chem., med.* Chloroform *n*; **2.** *v/t* chloroformieren.
choc·o·late ['tʃɒkələt] *s* Schokolade *f*; Praline *f*; ***~s*** *pl* Pralinen *pl*, Konfekt *n.*
choice [tʃɔɪs] **1.** *s* Wahl *f*; Auswahl *f*; **2.** *adj* □ auserlesen, ausgesucht, vorzüglich.
choir ['kwaɪə] *s* Chor *m.*
choke [tʃəʊk] **1.** *v/t* (er)würgen, (*a. v/i*) ersticken; ***~ back*** *anger, etc.*: unterdrücken, *tears*: zurückhalten; ***~ down*** hinunterwürgen; *a.* ***~ up*** verstopfen; **2.** *s mot.* Choke *m*, Luftklappe *f.*
choose [tʃuːz] *v/t and v/i* (***chose***, ***chosen***) (aus)wählen, aussuchen; ***~ to do*** vorziehen zu tun.
chop [tʃɒp] **1.** *s* Hieb *m*, Schlag *m*; Kotelett *n*; **2.** (***-pp-***) *v/t* hauen, hacken, zerhacken; ***~ down*** fällen; *v/i* hacken; **~·per** ['~ə] *s* Hackmesser *n*, -beil *n*; F Hubschrauber *m*; *Am. sl.* Maschinengewehr *n*; **~·py** ['~ɪ] *adj* (***-ier***, ***-iest***) *of sea*: unruhig; **~·stick** *s* Eßstäbchen *n.*
cho·ral ['kɔːrəl] *adj* □ Chor...; **~(e)** *mus.* [kɒ'rɑːl] *s* Choral *m.*
chord *mus.* [kɔːd] *s* Saite *f*; Akkord *m.*
chore *Am.* [tʃɔː] *s* lästige *or* unangenehme Aufgabe; *mst* ***~s*** *pl* Hausarbeit *f.*
cho·rus ['kɔːrəs] *s* Chor *m*; Kehrreim *m*, Refrain *m*; *group of dancers*: Tanzgruppe *f.*
chose [tʃəʊz] *pret of* ***choose***; **cho·sen** ['tʃəʊzn] *pp of* ***choose.***
Christ [kraɪst] *s* Christus *m.*
chris·ten ['krɪsn] *v/t* taufen; **~·ing** [~ɪŋ] *s* Taufe *f*; *attr* Tauf...
Chris|tian ['krɪstʃən] **1.** *adj* christlich; ***~ name*** Vorname *m*; **2.** *s* Christ(in); **~·ti·an·i·ty** [~tɪ'ænətɪ] *s* Christentum *n.*
Christ·mas ['krɪsməs] *s* Weihnachten *n or pl*; ***at ~*** zu Weihnachten; **~ Day** *s* der

erste Weihnachtsfeiertag; ~ **Eve** *s* Heiliger Abend.

chrome [krəʊm] *s* Chrom *n*; **chro·mi·um** *chem.* ['~ɪəm] *s* Chrom *n*; **~-plated** verchromt.

chron|ic ['krɒnɪk] *adj* (**~ally**) chronisch (*mst med.*); dauernd; **~·i·cle** [~l] **1.** *s* Chronik *f*; **2.** *v/t* aufzeichnen.

chron·o·log·i·cal [krɒnə'lɒdʒɪkl] *adj* □ chronologisch; **chro·nol·o·gy** [krə'nɒlədʒɪ] *s* Zeitrechnung *f*; Zeitfolge *f*.

chub·by F ['tʃʌbɪ] *adj* (**-ier**, **-iest**) rundlich; pausbäckig.

chuck F [tʃʌk] *v/t* werfen, schmeißen; ~ **out** *j-n* rausschmeißen; *et.* wegschmeißen; ~ **up** *job, etc.*: hinschmeißen.

chuck·le ['tʃʌkl] **1.** *v/i*: ~ (**to o.s.**) (stillvergnügt) in sich hineinlachen, F sich (*dat*) eins lachen; **2.** *s* leises Lachen.

chum F [tʃʌm] *s* Kamerad *m*, Kumpel *m*; **~·my** F ['tʃʌmɪ] *adj* (**-ier**, **-iest**) dick befreundet.

chump F [tʃʌmp] *s* Trottel *m*.

chunk [tʃʌnk] *s* Klotz *m*, Klumpen *m*.

Chun·nel *Br.* F ['tʃʌnl] *s* (Ärmel)Kanaltunnel *m*.

church [tʃɜːtʃ] *s* Kirche *f*; *attr* Kirch(en)...; ~ **service** Gottesdienst *m*; **~·yard** *s* Kirchhof *m*.

churl·ish ['tʃɜːlɪʃ] *adj* □ grob, flegelhaft.

churn [tʃɜːn] **1.** *s* Butterfaß *n*, *esp. Br.* Milchkanne *f*; **2.** *v/t* buttern (*a. v/i*); aufwühlen.

chute [ʃuːt] *s* Rutsche *f*, Rutschbahn *f*; Stromschnelle *f*; F Fallschirm *m*.

ci·der ['saɪdə] *s* (*Am.* **hard** ~) Apfelwein *m*; (**sweet**) ~ *Am.* Apfelmost *m*, -saft *m*.

ci·gar [sɪ'gɑː] *s* Zigarre *f*.

cig·a·rette, *Am. a.* **cig·a·ret** [sɪgə'ret] *s* Zigarette *f*.

cinch F [sɪntʃ] *s* todsichere Sache; F Kinderspiel *n*, F Klacks *m*.

cin·der ['sɪndə] *s* Schlacke *f*; **~s** *pl* Asche *f*; **~-path**, **~-track** *sports*: Aschenbahn *f*.

Cin·de·rel·la [sɪndə'relə] *s* Aschenbrödel *n*, -puttel *n*; *fig.* Stiefkind *n*.

cin·e|cam·e·ra *Br.* ['sɪnɪkæmərə] *s* (Schmal)Filmkamera *f*; **~-film** *s Br.* Schmalfilm *m*.

cin·e·ma *Br.* ['sɪnəmə] *s* Kino *n*; Film *m*.

cin·na·mon ['sɪnəmən] *s* Zimt *m*.

ci·pher ['saɪfə] *s* Ziffer *f*; Null *f* (*a. fig.*); Geheimschrift *f*, Chiffre *f*.

cir·cle ['sɜːkl] **1.** *s* Kreis *m*; (*a.* ~ **of friends**) Bekannten-, Freundeskreis *m*; *fig.* Kreislauf *m*; *thea.* Rang *m*; Ring *m*; **2.** *v/t and v/i* (um)kreisen.

cir·cuit ['sɜːkɪt] *s* Kreislauf *m*; *electr.* Stromkreis *m*; Rundreise *f*; *sports*: Zirkus *m*; **short** ~ *electr.* Kurzschluß *m*.

cir·cu·lar ['sɜːkjʊlə] **1.** *adj* □ kreisförmig; Kreis...; ~ **letter** Rundschreiben *n*; **2.** *s* Rundschreiben *n*, Umlauf *m*.

cir·cu|late ['sɜːkjʊleɪt] *v/i* umlaufen, zirkulieren; *v/t* in Umlauf setzen; **~·la·tion** [sɜːkjʊ'leɪʃn] *s* Zirkulation *f*, Kreislauf *m*; (Blut)Kreislauf *m*; *fig.* Umlauf *m*; Verbreitung *f*; *of book, newspaper, etc.*: Auflage(nhöhe) *f*.

cir·cum|fer·ence [sə'kʌmfərəns] *s* (Kreis)Umfang *m*; **~·nav·i·gate** [sɜːkəm'nævɪgeɪt] *v/t* umschiffen; **~·spect** ['~spekt] *adj* □ um-, vorsichtig.

cir·cum|stance ['sɜːkəmstəns] *s* Umstand *m*, Einzelheit *f*; **~s** *pl a.* Verhältnisse *pl*; **in** *or* **under no ~s** unter keinen Umständen, auf keinen Fall; **in** *or* **under the ~s** unter diesen Umständen; **~·stan·tial** [~'stænʃl] *adj* □ ausführlich, detailliert; ~ **evidence** *jur.* Indizien(beweis *m*) *pl*.

cir·cus ['sɜːkəs] *s* Zirkus *m*; (runder) Platz.

cis·tern ['sɪstən] *s* Wasserbehälter *m*; *of toilet*: Spülkasten *m*.

ci·ta·tion [saɪ'teɪʃn] *s jur.* Vorladung *f*; Anführung *f*, Zitat *n*; **cite** [saɪt] *v/t jur.* vorladen; anführen, zitieren.

cit·i·zen ['sɪtɪzn] *s* (Staats)Bürger(in); Städter(in); **~·ship** [~ʃɪp] *s* Bürgerrecht *n*; Staatsbürgerschaft *f*.

cit·y ['sɪtɪ] **1.** *s* (Groß)Stadt *f*; **the** ♀ die (Londoner) City; **2.** *adj* städtisch, Stadt...; ~ **centre** *Br.* Innenstadt *f*, City *f*; ~ **council(l)or** Stadtrat *m*, -rätin *f*, Stadtratsmitglied *n*; ~ **editor** *Am.* Lokalredakteur *m*; *Br.* Wirtschaftsredakteur *m*; ~ **hall** Rathaus *n*; *esp. Am.* Stadtverwaltung *f*; ~ **railroad** *Am.* S-Bahn *f*.

civ·ic ['sɪvɪk] *adj* (**~ally**) (staats)bürgerlich; städtisch; **~s** *s sg* Staatsbürgerkunde *f*.

civ·il ['sɪvl] *adj* □ staatlich, Staats...; (staats)bürgerlich, Bürger...; Zivil...; *jur.* zivilrechtlich; höflich; ~ **rights** *pl* (Staats)Bürgerrechte *pl*; ~ **rights activist** Bürgerrechtler(in); ~ **rights move-**

C

ment Bürgerrechtsbewegung *f*; ~ ***servant*** Staatsbeamt|e(r) *m*, -in *f*; ~ ***service*** Staatsdienst *m*, öffentlicher Dienst *m*; Beamtenschaft *f*; ~ ***war*** Bürgerkrieg *m*.
ci·vil·i|an [sɪ'vɪlɪən] *s* Zivilist *m*; **~·ty** [~lətɪ] *s* Höflichkeit *f*.
civ·i·li|za·tion [sɪvɪlaɪ'zeɪʃn] *s* Zivilisation *f*, Kultur *f*; **~ze** ['~laɪz] *v/t* zivilisieren.
clad [klæd] **1.** *pret and pp of* **clothe**; **2.** *adj* gekleidet.
claim [kleɪm] **1.** *s* Anspruch *m*; Anrecht *n* (***to*** auf *acc*); Forderung *f*; *Am.* Stück *n* Staatsland; *Am.* Claim *m*; **2.** *v/t* beanspruchen; fordern; behaupten; **claimant** ['kleɪmənt] *s for unemployment benefit, etc*: Antragsteller(in).
clair·voy·ant [kleə'vɔɪənt] **1.** *s* Hellseher(in); **2.** *adj* hellseherisch.
clam·ber ['klæmbə] *v/i* klettern.
clam·my ['klæmɪ] *adj* □ (***-ier***, ***-iest***) feuchtkalt, klamm.
clam·o(u)r ['klæmə] **1.** *s* Geschrei *n*, Lärm *m*; **2.** *v/i* schreien (***for*** nach).
clamp [klæmp] **1.** *s tech.* Klammer *f*; *mot.* → ***wheel-clamp***; **2.** *v/t* mit Klammer(n) befestigen.
clan [klæn] *s* Clan *m*, Sippe *f* (*a. fig.*).
clan·des·tine [klæn'destɪn] *adj* □ heimlich, Geheim...
clang [klæŋ] **1.** *s* Klang *m*, Geklirr *n*; **2.** *v/i and v/t* schallen; klirren (lassen).
clank [klæŋk] **1.** *s* Gerassel *n*, Geklirr *n*; **2.** *v/i and v/t* rasseln *or* klirren (mit).
clap [klæp] **1.** *s* Klatschen *n*; Schlag *m*, Klaps *m*; **2.** *v/i and v/t* (***-pp-***) schlagen *or* klatschen (mit).
clar·et ['klærət] *s* roter Bordeaux; Rotwein *m*; Weinrot *n*; *sl.* Blut *n*.
clar·i·fy ['klærɪfaɪ] *v/t* (auf)klären, erhellen, klarstellen; *v/i* sich (auf)klären, klar werden.
clar·i·net *mus.* [klærɪ'net] *s* Klarinette *f*.
clar·i·ty ['klærətɪ] *s* Klarheit *f*.
clash [klæʃ] **1.** *s* Geklirr *n*; Zusammenstoß *m*; Widerstreit *m*, Konflikt *m*; ~ ***of interests*** Interessenkonflikt *m*; **2.** *v/i* klirren; zusammenstoßen; nicht zusammenpassen *or* harmonieren.
clasp [klɑːsp] **1.** *s* Haken *m*, Klammer *f*; Schnalle *f*, Spange *f*; *fig.* Umklammerung *f*, Umarmung *f*; **2.** *v/t* ein-, zuhaken; *fig.* umklammern, umfassen; **~-knife** *s* Taschenmesser *n*.
class [klɑːs] **1.** *s* Klasse *f*; (Bevölkerungs)Schicht *f*; (Schul)Klasse *f*; (Unterrichts)Stunde *f*; Kurs *m*; *Am. univ.* (Studenten)Jahrgang *m*; ***~mate*** Mitschüler(in); ***~room*** Klassenzimmer *n*; **2.** *v/t* klassifizieren, einordnen.
clas|sic ['klæsɪk] **1.** *s* Klassiker *m*; **2.** *adj* (***~ally***) erstklassig; klassisch; **~·si·cal** *adj* □ klassisch.
clas·si|fi·ca·tion [klæsɪfɪ'keɪʃn] *s* Klassifizierung *f*, Einteilung *f*; **~·fy** ['klæsɪfaɪ] *v/t* klassifizieren, einstufen.
clat·ter ['klætə] **1.** *s* Geklapper *n*; **2.** *v/i and v/t* klappern (mit).
clause [klɔːz] *s jur.* Klausel *f*, Bestimmung *f*; *gr.* Satz(teil) *m*.
claw [klɔː] **1.** *s* Klaue *f*, Kralle *f*, Pfote *f*; *of crabs, etc.*: Schere *f*; **2.** *v/t* (zer)kratzen; umkrallen, packen.
clay [kleɪ] *s* Ton *m*; Erde *f*.
clean [kliːn] **1.** *adj* □ rein; sauber, glatt, eben; *sl.* clean; **2.** *adv* völlig, ganz u. gar; **3.** *v/t* reinigen, säubern, putzen; ~ ***out*** reinigen; ~ ***up*** gründlich reinigen; aufräumen; **~·er** *s* Reiniger *m*; Reinemachefrau *f*; *mst* **~s** *pl or* **~'s** (chemische) Reinigung; **~·ing** Reinigung *f*, Putzen *n*; ***do the ~*** saubermachen, putzen; **~·li·ness** ['klenlɪnɪs] *s* Reinlichkeit *f*; **~·ly 1.** *adv* ['kliːnlɪ] rein; sauber; **2.** *adj* ['klenlɪ] (***-ier***, ***-iest***) reinlich.
cleanse [klenz] *v/t* reinigen, säubern; **cleans·er** ['~ə] *s* Reinigungsmittel *n*.
clear [klɪə] **1.** *adj* □ klar; hell; rein; frei (***of*** von); ganz, voll; *econ.* rein, netto; **2.** *v/t* reinigen (***of***, ***from*** von); *wood*: lichten, roden; wegräumen (*a.* ~ ***away***); *table*: abräumen; räumen, leeren; *hurdle, fence, etc.*: nehmen; *econ.* verzollen; *jur.* freisprechen; ~ ***out*** säubern; ausräumen u. wegtun; ~ ***up*** aufräumen; aufklären; *v/i*: ~ ***out*** F abhauen; ~ ***up*** aufräumen; sich aufhellen, aufklaren (*weather*); **~·ance** ['~rəns] *s* Räumung *f*; Rodung *f*; *tech.* lichter Abstand; *econ.* Zollabfertigung *f*; Freigabe *f*; *mar.* Auslaufgenehmigung *f*; ~ ***sale*** *econ.* Räumungs-, Ausverkauf *m*; **~·ing** *s* Aufklärung *f*; Lichtung *f*, Rodung *f*.
cleav·er ['kliːvə] *s* Hackmesser *n*.
clef *mus.* [klef] *s* (Noten)Schlüssel *m*.

cleft [kleft] *s* Spalt *m*, Spalte *f*.
clem·en|cy ['klemənsı] *s* Milde *f*, Gnade *f*; **~t** [~t] *adj* □ mild.
clench [klentʃ] *v/t lips*: (fest) zusammenpressen; *teeth*: zusammenbeißen; *fist*: ballen.
cler·gy ['klɜːdʒı] *s* Geistlichkeit *f*; **~·man** *s* Geistliche(r) *m*.
cler·i·cal ['klerıkl] *adj* □ *eccl.* geistlich; Schreib(er)...; **~ work** Büroarbeit *f*.
clerk [klɑːk] *s* Schriftführer(in), Sekretär(in); kaufmännische(r) Angestellte(r), (Büro- *etc.*)Angestellte(r *m*) *f*, (Bank-, Post)Beamt|e(r) *m*, -in *f*; *Am.* Verkäufer(in).
clev·er ['klevə] *adj* □ klug, gescheit; geschickt; *smart*: F clever; **~·ness** *s* Klugheit *f*, Schlauheit *f*, F Cleverneß *f*.
click [klık] **1.** *s* Klicken *n*, Knacken *n*; *tech.* Sperrhaken *m*, -klinke *f*; **2.** *v/i* klicken, knacken; zu-, einschnappen; *with one's tongue*: schnalzen.
cli·ent ['klaıənt] *s jur.* Klient(in), Mandant(in); Kund|e *m*, -in *f*.
cliff [klıf] *s* Klippe *f*, Felsen *m*.
cli·mate ['klaımıt] *s* Klima *n*.
cli·max ['klaımæks] **1.** *s rhet.* Steigerung *f*; Gipfel *m*, Höhepunkt *m*, *physiol. a.* Orgasmus *m*; **2.** *v/t and v/i* (sich) steigern.
climb [klaım] *v/i and v/t* klettern; (er-, be)steigen; **~·er** ['~ə] *s* Kletterer *m*, Bergsteiger(in); *fig.* Aufsteiger *m*; *bot.* Kletterpflanze *f*; **~·ing** ['~ıŋ] *s* Klettern *n*; *attr* Kletter...
clinch [klıntʃ] **1.** *s tech.* Vernietung *f*; *boxing*: Clinch *m*; F Umarmung *f*; **2.** *v/t tech.* vernieten; festmachen; (vollends) entscheiden; *v/i boxing*: clinchen.
cling [klıŋ] *v/i* (**clung**) (**to**) festhalten (an *dat*), sich klammern (an *acc*); sich (an)schmiegen (an *acc*); **~·film** *s* Frischhaltefolie *f*; **~-gear** *s* F hautenge Kleidung.
clin|ic ['klınık] *s* Klinik *f*; **~·i·cal** *adj* □ klinisch.
clink [klıŋk] **1.** *s* Klirren *n*, Klingen *n*; **2.** *v/i and v/t* klingen *or* klirren (lassen); klimpern (mit).
clip[1] [klıp] **1.** *s* Schneiden *n*; Schur *f*; F (Faust)Schlag *m*; **2.** *v/t* (**-pp-**) (be-)schneiden; ab-, ausschneiden; *sheep, etc.*: scheren.
clip[2] [~] **1.** *s* Klipp *m*, Klammer *f*, Spange *f*; **2.** *v/t* (**-pp-**) *a.* **~ on** befestigen, anklammern.
clip|per ['klıpə] *s*: (**a pair of**) **~s** *pl* (e-e) Haarschneide-, Schermaschine *f*, (Nagel- *etc.*)Schere *f*; *mar.* Klipper *m*; *aer.* Clipper *m*; **~·pings** ['~ıŋz] *s pl* Abfälle *pl*, Schnitzel *pl*; *esp. Am.* (Zeitungs- *etc.*)Ausschnitte *pl*.
clit·o·ris *anat.* ['klıtərıs] *s* Klitoris *f*.
cloak [kləʊk] **1.** *s* Mantel *m*; **2.** *v/t fig.* verhüllen; **~·room** ['~rʊm] *s* Garderobe *f*; *Br.* Toilette *f*.
clock [klɒk] **1.** *s* (Wand-, Stand-, Turm-)Uhr *f*; **2.** *v/t with a stop-watch*: die Zeit (*gen*) stoppen; *v/i*: **~ in**, **~ on** einstempeln; **~ out**, **~ off** ausstempeln; **~·wise** ['~waız] *adj and adv* im Uhrzeigersinn; **~·work** *s* Uhrwerk *n*; **like ~** wie am Schnürchen.
clod [klɒd] *s* (Erd)Klumpen *m*.
clog [klɒg] **1.** *s* Klotz *m*; Holzschuh *m*, Pantine *f*; **2.** (**-gg-**) *v/t* (be)hindern, hemmen; verstopfen; *v/i* klumpig werden.
clois·ter ['klɔıstə] *s* Kreuzgang *m*; Kloster *n*.
close **1.** *adj* □ [kləʊs] nahe, dicht; knapp, kurz; geschlossen, *only pred*: zu; verborgen; *friend, etc.*: eng; kurz, bündig; dicht; *of translation*: genau; *of weather*: schwül; *result*: knapp (*a. sports*); *stingy*: geizig, knaus(e)rig; **keep a ~ watch on** scharf im Auge behalten (*acc*); **~ fight** Handgemenge *n*; **~ season** *hunt.* Schonzeit *f*; **2.** *adv* eng, nahe, dicht; **~ by**, **~ to** ganz in der Nähe, nahe *or* dicht bei; **3.** *s* [kləʊz] Schluß *m*; Ende *n*; **come** *or* **draw to a ~** sich dem Ende nähern; [kləʊs] Einfriedung *f*; Hof *m*; **4.** *v/t* [kləʊz] (ab-, ver-, zu)schließen; *street*: (ab)sperren; *v/i* (sich) schließen; *with adverbs*: **~ down** schließen; stillegen; stillgelegt werden; *TV, etc.*: das Programm beenden, Sendeschluß haben; **~ in** bedrohlich nahekommen; *darkness*: hereinbrechen; *days*: kürzer werden; **~ up** (ab-, ver-, zu)schließen; blockieren; aufschließen, -rücken; **~d** [kləʊzd] *adj* geschlossen, *pred* zu; **~ shop** *econ.* gewerkschaftspflichtiger Betrieb; **~-down** *s econ.* Schließung *f*, *of factory*: Stillegung *f*; *TV* Sendeschluß *m*.
clos·et ['klɒzıt] **1.** *s* (Wand)Schrank *m*;

C

2. *v/t*: ***be ~ed with*** mit *j-m* geheime Besprechungen führen.

close-up ['kləʊsʌp] *s phot., film*: Großaufnahme *f*.

clos·ing-time ['kləʊzɪŋtaɪm] *s* Laden-, Geschäftsschluß *m*; *of restaurant, pub, etc.*: Polizeistunde *f*.

clot [klɒt] **1.** *s* Klumpen *m*, Klümpchen *n*; *Br.* F Trottel *m*; **2.** *v/i* (-**tt**-) gerinnen; Klumpen bilden.

cloth [klɒθ] *s* (*pl* **~s** [~θs, ~ðz]) Stoff *m*, Tuch *n*; Tischtuch *n*; ***the ~*** der geistliche Stand; ***lay the ~*** den Tisch decken; ***~-bound*** in Leinen gebunden.

clothe [kləʊð] *v/t* (***clothed*** *or* ***clad***) (an-, be)kleiden; einkleiden.

clothes [kləʊðz] *s pl* Kleider *pl*, Kleidung *f*; Wäsche *f*; **~-bas·ket** *s* Wäschekorb *m*; **~-hang·er** *s* Kleiderbügel *m*; **~-horse** *s* Wäscheständer *m*; **~-line** *s* Wäscheleine *f*; **~-peg** *Br.*, *Am.* **~-pin** *s* Wäscheklammer *f*.

cloth·ing ['kləʊðɪŋ] *s* (Be)Kleidung *f*.

cloud [klaʊd] **1.** *s* Wolke *f* (*a. fig.*); Trübung *f*, Schatten *m*; **2.** *v/t and v/i* (sich) bewölken (*a. fig.*); (sich) trüben; **~·burst** ['~bɜːst] *s* Wolkenbruch *m*; **~·less** *adj* □ wolkenlos; **~·y** *adj* □ (-***ier***, -***iest***) wolkig, bewölkt; Wolken...; trüb; unklar; ***it's getting ~*** es ziehen Wolken auf.

clout F [klaʊt] *s* Schlag *m*; *esp. Am.* Macht *f*, Einfluß *m*.

clove [kləʊv] *s* (Gewürz)Nelke *f*; ***~ of garlic*** Knoblauchzehe *f*.

clo·ver *bot.* ['kləʊvə] *s* Klee *m*.

clown [klaʊn] *s* Clown *m*, Hanswurst *m*; *fig.* Trottel *m*, Dummkopf *m*; **~·ish** *adj* □ *behaviour*: albern.

club [klʌb] **1.** *s* Keule *f*; (Gummi)Knüppel *m*; (Golf)Schläger *m*; Klub *m*; **~s** *pl cards*: Kreuz *n*; **2.** (-***bb***-) *v/t* einknüppeln auf (*acc*), (nieder)knüppeln; *v/i*: ***~ together*** sich zusammentun; **~-foot** *s* Klumpfuß *m*.

cluck [klʌk] **1.** *v/i* gackern; glucken; **2.** *s* Gackern *n*; Glucken *n*.

clue [kluː] *s* Anhaltspunkt *m*, Fingerzeig *m*, Spur *f*.

clump [klʌmp] **1.** *s* Klumpen *m*; *trees, etc.*: Gruppe *f*; **2.** *v/i* trampeln.

clum·sy ['klʌmzɪ] *adj* □ (-***ier***, -***iest***) unbeholfen, ungeschickt, plump.

clung [klʌŋ] *pret and pp of* ***cling***.

clus·ter ['klʌstə] **1.** *s* Traube *f*; Büschel *n*; Haufen *m*; **2.** *v/i* büschelartig wachsen; sich drängen.

clutch [klʌtʃ] **1.** *s* Griff *m*; *tech.* Kupplung *f*; *zo.* Klaue *f*; **2.** *v/t* (er)greifen.

clut·ter ['klʌtə] **1.** *s* Wirrwarr *m*; Unordnung *f*; **2.** *v/t a.* ***~ up*** zu voll machen *or* stellen, überladen.

coach [kəʊtʃ] **1.** *s* Kutsche *f*; *Br. rail.* (Personen)Wagen *m*; Omnibus *m*, *esp.* Reisebus *m*; *tutor*: Nachhilfelehrer(in); *sports*: Trainer *m*; **2.** *v/t* einpauken; *sports*: trainieren.

coal [kəʊl] *s* (Stein)Kohle *f*; ***carry ~s to Newcastle*** Eulen nach Athen tragen.

co·a·li·tion [kəʊə'lɪʃn] **1.** *s pol.* Koalition *f*; Bündnis *n*, Zusammenschluß *m*; **2.** *adj pol.* Koalitions...

coal|-mine ['kəʊlmaɪn], **~-pit** *s* Kohlengrube *f*.

coarse [kɔːs] *adj* □ grob; *person*: ungehobelt.

coast [kəʊst] **1.** *s* Küste *f*; *Am.* Rodelbahn *f*; **2.** *v/i* die Küste entlangfahren; *with bicycle, car*: im Leerlauf fahren; *Am.* rodeln; **~·al** *adj* Küsten...; **~·er** *s Am.* Rodelschlitten *m*; *mar.* Küstenfahrer *m*; **~·guard** *s* Küstenwache *f*; Angehörige(r) *m* der Küstenwache; **~·line** *s* Küstenlinie *f*, -strich *m*.

coat [kəʊt] **1.** *s* Mantel *m*; Jackett *n*, Jacke *f*; *zo.* Pelz *m*, Fell *n*, Gefieder *n*; Überzug *m*, Anstrich *m*, Schicht *f*; ***~ of arms*** Wappen(schild *m*, *n*) *n*; **2.** *v/t* überziehen, beschichten; (an)streichen; **~-hang·er** ['~hæŋə] *s* Kleiderbügel *m*; **~·ing** *s* Überzug *m*, Anstrich *m*, Schicht *f*; Mantelstoff *m*.

coax [kəʊks] *v/t* überreden, beschwatzen.

cob [kɒb] *s zo.* Schwan *m*; *corn*: Maiskolben *m*.

cob|bled ['kɒbld] *adj*: ***~ street*** Straße *f* mit Kopfsteinpflaster; **~·bler** ['kɒblə] *s* (Flick)Schuster *m*; Stümper *m*.

co·caine [kəʊ'keɪn] *s* Kokain *n*.

cock [kɒk] **1.** *s zo.* Hahn *m*; (An) Führer *m*; V *penis*: V Schwanz *m*; **2.** *v/t* aufrichten; ***~ up*** *sl.* versauen.

cock·a·too *zo.* [kɒkə'tuː] *s* Kakadu *m*.

cock·chaf·er *zo.* ['kɒktʃeɪfə] *s* Maikäfer *m*.

cock-eyed F ['kɒkaɪd] *adj* schielend; (krumm u.) schief.

cock·ney ['kɒknɪ] *s mst* ♀ Cockney *m, f*, waschechte(r) Londoner(in); *accent*: Cockney *n*.
cock·pit ['kɒkpɪt] *s aer., mar.* Cockpit *n*; Hahnenkampfplatz *m*.
cock|sure F [kɒk'ʃʊə] *adj* absolut sicher; anmaßend; **~·tail** *s* Cocktail *m*; **~·y** F ['kɒkɪ] *adj* □ (**-ier**, **-iest**) großspurig, anmaßend.
co·co *bot.* ['kəʊkəʊ] *s* (*pl* **-cos**) Kokospalme *f*.
co·coa ['kəʊkəʊ] *s* Kakao *m*.
co·co·nut ['kəʊkənʌt] *s* Kokosnuß *f*.
co·coon [kə'kuːn] *s* (Seiden)Kokon *m*.
cod *zo.* [kɒd] *s* Kabeljau *m*, Dorsch *m*.
cod·dle ['kɒdl] *v/t* verhätscheln.
code [kəʊd] **1.** *s* Gesetzbuch *n*; Kodex *m*; (Telegramm)Schlüssel *m*; Code *m*, Chiffre *f*; **2.** *v/t* verschlüsseln, kodieren, chiffrieren.
cod|fish *zo.* ['kɒdfɪʃ] → ***cod***; **~-liv·er oil** *s* Lebertran *m*.
co·ed F [kəʊ'ed] *s* Schülerin *f or* Studentin *f* e-r gemischten Schule; **~·u·ca·tion** [kəʊedjuː'keɪʃn] *s* Koedukation *f*.
co·erce [kəʊ'ɜːs] *v/t* (er)zwingen.
co·ex·ist [kəʊɪg'zɪst] *v/i* gleichzeitig *or* nebeneinander bestehen *or* leben, koexistieren; **~·ence** [~əns] *s* Koexistenz *f*.
cof·fee ['kɒfɪ] *s* Kaffee *m*; **~ bar** *s* Café *n*; **~ bean** *s* Kaffeebohne *f*; **~-pot** *s* Kaffeekanne *f*; **~-set** *s* Kaffeeservice *n*; **~-ta·ble** *s* Couchtisch *m*.
cof·fer ['kɒfə] *s* (Geld- *etc.*)Kasten *m*.
cof·fin ['kɒfɪn] *s* Sarg *m*.
cog *tech.* [kɒg] *s* (Rad)Zahn *m*; **~·wheel** *tech.* ['~wiːl] *s* Zahnrad *n*.
co·her|ence [kəʊ'hɪərəns] *s* Zusammenhang *m*; **~·ent** [~t] *adj* □ zusammenhängend.
co·he|sion [kəʊ'hiːʒn] *s* Zusammenhalt *m*; **~·sive** [~sɪv] *adj* (fest) zusammenhaltend.
coif·fure [kwɑː'fjʊə] *s* Frisur *f*.
coil [kɔɪl] **1.** *v/t and v/i a.* **~ *up*** aufwickeln; (sich) zusammenrollen; **2.** *s* Rolle *f*; Spirale *f*; Wicklung *f*; Spule *f*; Windung *f*; *tech.* (Rohr)Schlange *f*.
coin [kɔɪn] **1.** *s* Münze *f*; **2.** *v/t* prägen (*a. fig.*); münzen.
co·in|cide [kəʊɪn'saɪd] *v/i* zusammentreffen; übereinstimmen; **~·ci·dence** [kəʊ'ɪnsɪdəns] *s* Zusammentreffen *n*; Zufall *m*; *fig.* Übereinstimmung *f*.
coke¹ [kəʊk] *s* Koks *m* (*a. sl. cocaine*).
Coke² *TM* F [~] *s* Coke *n*, Cola *n, f*, Coca *n, f*.
cold [kəʊld] **1.** *adj* □ kalt; ***I'm*** (***feeling***) **~** mir ist kalt, ich friere; **2.** *s* Kälte *f*, Frost *m*; Erkältung *f*; → ***catch*** 2; **~-blood·ed** [~'blʌdɪd] *adj* kaltblütig; **~-heart·ed** *adj* kalt-, hartherzig; **~·ness** *s* Kälte *f*; **~ war** *s pol.* kalter Krieg.
cole·slaw ['kəʊlslɔː] *s* Krautsalat *m*.
col·ic *med.* ['kɒlɪk] *s* Kolik *f*.
col·lab·o|rate [kə'læbəreɪt] *v/i* zusammenarbeiten; **~·ra·tion** [kəlæbə'reɪʃn] *s* Zusammenarbeit *f*; ***in ~ with*** gemeinsam mit.
col|lapse [kə'læps] **1.** *v/i* zusammen-, einfallen; zusammenbrechen; **2.** *s* Zusammenbruch *m*; **~·lap·si·ble** [~əbl] *adj* zusammenklappbar.
col·lar ['kɒlə] **1.** *s of shirt, etc.*: Kragen *m*; *for dog, etc.*: Halsband *n*; *for horse*: Kummet *n*; **2.** *v/t* beim Kragen packen; *j-n* festnehmen, F schnappen; **~-bone** *s anat.* Schlüsselbein *n*.
col·league ['kɒliːg] *s* Kolleg|e *m*, -in *f*, Mitarbeiter(in).
col|lect 1. *s eccl.* ['kɒlekt] Kollekte *f*; **2.** *v/t* [kə'lekt] (ein)sammeln; *thoughts, etc.*: sammeln; einkassieren; abholen; *v/i* sich (ver)sammeln; **~·lect·ed** *adj* □ *fig.* gefaßt; **~·lec·tion** [~kʃn] *s* Sammlung *f*; *econ.* Eintreibung *f*; *eccl.* Kollekte *f*; **~·lec·tive** [~tɪv] *adj* □ gesammelt; kollektiv; Sammel...; **~ *bargaining*** *econ.* Tarifverhandlungen *pl*; **~·lec·tive·ly** [~lɪ] *adv* insgesamt; zusammen; **~·lec·tor** [~ə] *s* Sammler(in); Steuereinnehmer *m*; *rail.* Fahrkartenabnehmer *m*; *electr.* Stromabnehmer *m*.
col·lege ['kɒlɪdʒ] *s* College *n*; Hochschule *f*; höhere Lehranstalt.
col·lide [kə'laɪd] *v/i* zusammenstoßen.
col|li·er ['kɒlɪə] *s* Bergmann *m*; *mar.* Kohlenschiff *n*; **~·lie·ry** [~jərɪ] *s* Kohlengrube *f*.
col·li·sion [kə'lɪʒn] *s* Zusammenstoß *m*, -prall *m*, Kollision *f*.
col·lo·qui·al [kə'ləʊkwɪəl] *adj* □ umgangssprachlich.
co·lon ['kəʊlən] *s* Doppelpunkt *m*.
colo·nel *mil.* ['kɜːnl] *s* Oberst *m*.
co·lo·ni·al [kə'ləʊnɪəl] *adj* □ Kolo-

nial...; **~·is·m** *pol.* [~lızəm] *s* Kolonialismus *m.*
col·o|nize ['kɒlənaız] *v/t* kolonisieren, besiedeln; *v/i* sich ansiedeln; **~·ny** [~nı] *s* Kolonie *f*; Siedlung *f.*
co·los·sal [kə'lɒsl] *adj* □ kolossal, riesig.
col·o(u)r ['kʌlə] **1.** *s* Farbe *f*; *fig.* Anschein *m*; Vorwand *m*; **~s** *pl* Fahne *f*, Flagge *f*; ***what ~ is ...?*** welche Farbe hat ...?; **2.** *v/t* färben; an-, bemalen, anstreichen; *fig.* beschönigen; *v/i* sich (ver)färben; erröten; **~·ant** ['~rənt] *s in food:* Farbstoff *m*; **~ bar** *s* Rassenschranke *f*; **~-blind** *adj* farbenblind; **~ed 1.** *adj* bunt; farbig; **~ *man*** Farbige(r) *m*; **2.** *s often contp.* Farbige(r *m*) *f*; **~-fast** *adj* farbecht; **~ film** *s phot.* Farbfilm *m*; **~·ful** *adj* farbenreich, -freudig; lebhaft; **~·ing** *s* Färbemittel *n*; Gesichtsfarbe *f*; **~·less** *adj* □ farblos (*a. fig.*); **~ line** *s* Rassenschranke *f*; **~ set** *s* Farbfernseher *m*; **~ tel·e·vi·sion** *s* Farbfernsehen *n.*
colt [kəʊlt] *s* Hengstfohlen *n.*
col·umn ['kɒləm] *s* Säule *f*; *print.* Spalte *f*; *mil.* Kolonne *f*; **~·ist** [~nıst] *s* Kolumnist(in).
comb [kəʊm] **1.** *s* Kamm *m*; **2.** *v/t* kämmen; *horse, etc.:* striegeln; *wool, etc.:* hecheln.
com|bat ['kɒmbæt] **1.** *s mst mil.* Kampf *m*; ***single ~*** Zweikampf *m*; **2.** (**-tt-**, *Am. a.* **-t-**) *v/t* kämpfen gegen, bekämpfen; *v/i* kämpfen; **~·ba·tant** [~ənt] *s* Kämpfer *m.*
com|bi·na·tion [kɒmbı'neıʃn] *s* Verbindung *f*; Kombination *f*; **~·bine** [kəm'baın] *v/t and v/i* (sich) verbinden *or* vereinigen.
com·bus|ti·ble [kəm'bʌstəbl] **1.** *adj* brennbar; **2.** *s* Brennstoff *m*, -material *n*; **~·tion** [~tʃən] *s* Verbrennung *f.*
come [kʌm] *v/i* (***came, come***) kommen; ***to ~*** künftig, kommend; **~ *about*** geschehen, passieren; **~ *across*** auf *j-n or et.* stoßen; F *speech, etc.:* ankommen; **~ *along*** mitkommen; **~ *apart*** auseinanderfallen; **~ *at*** auf *j-n or et.* losgehen; **~ *back*** zurückkommen; **~ *by*** zu *et.* kommen; **~ *down*** herunterkommen (*a. fig.*); einstürzen; *of prices:* sinken; *of tradition:* überliefert werden; **~ *down with*** F erkranken an (*dat*); **~ *for*** abholen kommen, kommen wegen; **~ *loose*** sich ablösen, abgehen; **~ *off*** ab-, losgehen, sich lösen; stattfinden; **~ *on!*** los!, vorwärts!, komm!; **~ *over*** *visitor:* vorbeikommen; **~ *round*** *visitor:* vorbeikommen; wiederkehren; F wieder zu sich kommen; **~ *through*** durchkommen; *illness, etc.:* überstehen, -leben; **~ *to*** sich belaufen auf (*acc*); wieder zu sich kommen; ***what's the world coming to?*** wohin ist die Welt geraten?; **~ *to see*** besuchen; **~ *up to*** entsprechen (*dat*), heranreichen an (*acc*); **~·back** ['kʌmbæk] *s* Comeback *n.*
co·me·di·an [kə'mi:dıən] *s* Komödienschauspieler(in); Komiker(in); **com·e·dy** ['kɒmədı] *s* Komödie *f*, Lustspiel *n.*
come·ly ['kʌmlı] *adj* (**-ier**, **-iest**) attraktiv, gutaussehend.
com·fort ['kʌmfət] **1.** *s* Behaglichkeit *f*; Trost *m*; Wohltat *f*, Erquickung *f*; *a.* **~s** *pl* Komfort *m*; **2.** *v/t* trösten; **com·for·ta·ble** *adj* □ bequem; *house, etc.:* komfortabel, behaglich; *income, etc.:* ausreichend; **~·er** *s* Tröster *m*; Wollschal *m*; *esp. Br.* Schnuller *m*; *Am.* Steppdecke *f*; **~·less** *adj* □ unbequem; trostlos; **~ sta·tion** *s Am.* Bedürfnisanstalt *f.*
com·ic ['kɒmık] **1.** *adj* (**~*ally***) komisch; Komödien..., Lustspiel...; **2.** *s* Komiker(in); Comic-Heft *n*; **~s** *pl* Comics *pl*, Comic-Hefte *pl.*
com·i·cal ['kɒmıkl] *adj* □ komisch, spaßig.
com·ing ['kʌmıŋ] **1.** *adj* kommend; künftig; **2.** *s* Kommen *n.*
com·ma ['kɒmə] *s* Komma *n.*
com·mand [kə'mɑ:nd] **1.** *s* Herrschaft *f*, Beherrschung *f* (*a. fig.*); Befehl *m*; *mil.* Kommando *n*; ***be*** (***have***) ***at ~*** zur Verfügung stehen (haben); **2.** *v/t* befehlen (*a. v/i*); *mil.* kommandieren (*a. v/i*); verfügen über (*acc*); beherrschen; **~·er** *s mil.* Kommandeur *m*, Befehlshaber *m*; *mar.* Fregattenkapitän *m*; **~-in-chief** *mil.* Oberbefehlshaber *m*; **~·ing** *adj* □ kommandierend, befehlshabend; gebieterisch; **~·ment** *s* Gebot *n*; **~ mod·ule** *s space travel:* Kommandokapsel *f.*
com·mem·o|rate [kə'meməreıt] *v/t* gedenken (*gen*), *j-s* Gedächtnis feiern; **~·ra·tion** [kəmemə'reıʃn] *s*: ***in ~ of*** zum Gedenken *or* Gedächtnis an (*acc*);

~·ra·tive [kə'memərətɪv] *adj* □ Gedenk..., Erinnerungs...
com|ment ['kɒment] **1.** *s* Kommentar *m*; Erläuterung *f*; Bemerkung *f*; Stellungnahme *f*; ***no ~!*** kein Kommentar!; **2.** *v/i* (***on***, ***upon***) erläutern, kommentieren (*acc*); *v/t* sich (kritisch) äußern über (*acc*); **~·men·ta·ry** ['kɒməntərɪ] *s* Kommentar *m*; **~·men·tate** *v/i*: ***~ on*** kommentieren (*acc*); **~·men·ta·tor** *s* Kommentator(in), *TV*, *etc.*: *a.* Reporter(in).
com·merce ['kɒmɜːs] *s* Handel *m*; Verkehr *m*.
com·mer·cial [kə'mɜːʃl] **1.** *adj* □ kaufmännisch, Handels..., Geschäfts...; handelsüblich; ***~ bank*** Handelsbank *f*; ***~ loan*** Geschäftsdarlehen *n*; ***~ television*** kommerzielles Fernsehen; ***~ travel(l)er*** Handlungsreisende(r *m*) *f*; **2.** *s* *TV*, *etc.*: Werbespot *m*, -sendung *f*; **~·ize** *v/t* kommerzialisieren, vermarkten.
com·mis·e|rate [kə'mɪzəreɪt] *v/i*: ***~ with*** Mitleid empfinden mit; **~·ra·tion** [kəmɪzə'reɪʃn] *s* Mitleid *n* (***for*** mit).
com·mis·sa·ry ['kɒmɪsərɪ] *s* Kommissar *m*.
com·mis·sion [kə'mɪʃn] **1.** *s* Auftrag *m*; *duty*, *power*, *etc.*: Übertragung *f*; *of crime*: Begehung *f*; *econ.* Provision *f*; *committee*: Kommission *f*; *mil.* (Offiziers)Patent *n*; ***the*** ♀ *pol.* die EG-Kommission; **2.** *v/t* beauftragen, bevollmächtigen; *et.* in Auftrag geben; *j-n* zum Offizier ernennen; *ship*: in Dienst stellen; **~·er** [~ə] *s* Bevollmächtigte(r *m*) *f*; (Regierungs)Kommissar *m*.
com·mit [kə'mɪt] *v/t* (-***tt***-) anvertrauen, übergeben; *jur. j-n* einweisen; *jur. j-n* übergeben; *crime*: begehen; bloßstellen; **~** (***o.s.*** sich) verpflichten; **~·ment** *s* Verpflichtung *f*; **~·tal** *s jur.* Einweisung *f*; **~·tee** [~ɪ] *s* Ausschuß *m*, Komitee *n*.
com·mod·i·ty [kə'mɒdətɪ] *s* Ware *f*, Gebrauchsartikel *m*.
com·mon ['kɒmən] **1.** *adj* □ allgemein; gewöhnlich; gemein(sam), gemeinschaftlich; öffentlich; gewöhnlich, minderwertig; F ordinär; **2.** *s* Gemeindeland *n*; ***in ~*** gemeinsam; ***in ~ with*** genau wie; **~·er** *s* Bürgerliche(r *m*) *f*; **~ law** *s* (englisches) Gewohnheitsrecht; ♀ **Mar·ket** *s econ. pol.* Gemeinsamer Markt; **~ mon·e·ta·ry pol·i·cy** *s pol.* gemeinsame Währungspolitik; **~·place 1.** *s* Gemeinplatz *m*; **2.** *adj* alltäglich; abgedroschen; **~s** *s pl das* gemeine Volk; ***House of*** ♀ *parl.* Unterhaus *n*; **~ sense** *s* gesunder Menschenverstand; **~·wealth** [~welθ] *s* Gemeinwesen *n*, Staat *m*; Republik *f*; ***the*** ♀ (***of Nations***) das Commonwealth.
com·mo·tion [kə'məʊʃn] *s* Aufruhr *m*, Erregung *f*.
com·mu·nal ['kɒmjʊnl] *adj* Gemeinde...; Gemeinschafts...
com·mune 1. *v/i* [kə'mjuːn] sich vertraulich besprechen; **2.** *s* ['kɒmjuːn] Kommune *f*; Gemeinde *f*.
com·mu·ni|cate [kə'mjuːnɪkeɪt] *v/t news*, *etc.*: mitteilen, übermitteln; *v/i* sich besprechen; sich in Verbindung setzen, kommunizieren (***with s.o.*** mit j-m); (durch e-e Tür) verbunden sein; **~·ca·tion** [kəmjuːnɪ'keɪʃn] *s* Mitteilung *f*; Verständigung *f*, Kommunikation *f*; Verbindung *f*; **~s** *pl* Verbindung *f*, Verkehrswege *pl*; ***~s satellite*** Nachrichtensatellit *m*; **~·ca·tive** [kə'mjuːnɪkətɪv] *adj* □ mitteilsam, gesprächig.
com·mu·nion [kə'mjuːnɪən] *s* Gemeinschaft *f*; ♀ *eccl.* Kommunion *f*, Abendmahl *n*.
com·mu·nis|m ['kɒmjʊnɪzəm] *s* Kommunismus *m*; **~t** [~ɪst] **1.** *s* Kommunist(in); **2.** *adj* kommunistisch.
com·mu·ni·ty [kə'mjuːnətɪ] *s* Gemeinschaft *f*; Gemeinde *f*; Staat *m*; ***European*** ♀ Europäische Gemeinschaft; ***the*** ♀ die (Europäische) Gemeinschaft.
com|mute [kə'mjuːt] *v/t jur. punishment*: umwandeln; *v/i rail.*, *etc.*: pendeln; **~·mut·er** *s* Pendler(in); ***~ belt*** (städtisches) Einzugsgebiet; ***~ train*** Pendler-, Vorort-, Nahverkehrszug *m*.
com·pact 1. *s* ['kɒmpækt] Vertrag *m*; Puderdose *f*; *Am. mot.* Kompaktauto *n*; **2.** *adj* [kəm'pækt] dicht, fest; knapp, bündig; ***~ disc*** Compact Disc *f*, CD *f*; **3.** *v/t* fest verbinden.
com·pan|ion [kəm'pænjən] *s* Begleiter(in); Gefährt|e *m*, -in *f*; Gesellschafter(in); Handbuch *n*, Leitfaden *m*; **~·ion·a·ble** *adj* □ gesellig; **~·ion·ship** *s* Gesellschaft *f*.
com·pa·ny ['kʌmpənɪ] *s* Gesellschaft *f*; Begleitung *f*; *mil.* Kompanie *f*; *econ.* (Handels)Gesellschaft *f*; *mar.* Mann-

C

schaft *f*; *thea.* Truppe *f*; ***have ~*** Gäste haben; ***keep ~ with*** verkehren mit; **~ car** *s* Firmenwagen *m*; **~ di·rec·tor** *s econ.* Firmenchef(in); **~ law** *s jur.* Gesellschaftsrecht *n*; **~ pol·i·cy** *s econ.* Geschäftspolitik *f*; **~ u·nion** *s Am. econ.* Betriebsgewerkschaft *f*.

com|pa·ra·ble ['kɒmpərəbl] *adj* □ vergleichbar; **~·par·a·tive** [kəm'pærətɪv] **1.** *adj* □ vergleichend; verhältnismäßig; **2.** *s a.* ***~ degree*** *gr.* Komparativ *m*; **~·pare** [kəm'peə] **1.** *s*: ***beyond ~, without ~, past ~*** unvergleichlich; **2.** *v/t* vergleichen; (**as**) ***~d with*** im Vergleich zu; *v/i* sich vergleichen (lassen); **~·pa·ri·son** [kəm'pærɪsn] *s* Vergleich *m*.

com·part·ment [kəm'pɑːtmənt] *s* Abteilung *f*, Fach *n*; *rail.* Abteil *n*.

com·pass ['kʌmpəs] Kompaß *m*; (***pair of***) ***~es*** *pl geom.* Zirkel *m*.

com·pas·sion [kəm'pæʃn] *s* Mitleid *n*; **~·ate** [~ət] *adj* □ mitleidig.

com·pat·i·ble [kəm'pætəbl] *adj* □ vereinbar; *med.* verträglich; *computer*: kompatibel.

com·pat·ri·ot [kəm'pætrɪət] *s* Landsmann *m*, -männin *f*.

com·pel [kəm'pel] *v/t* (**-ll-**) (er)zwingen.

com·pen|sate ['kɒmpenseɪt] *v/t j-n* entschädigen; *et.* ersetzen; *a. v/i* ausgleichen; **~·sa·tion** [~'seɪʃn] *s* Ersatz *m*; Ausgleich *m*; (Schaden)Ersatz *m*, Entschädigung *f*; *Am.* Gehalt *n*.

com·pete [kəm'piːt] *v/i* sich (mit)bewerben (***for*** um); konkurrieren.

com·pe|tence ['kɒmpɪtəns] *s* Können *n*, Fähigkeit *f*; *jur.* Zuständigkeit *f*; **~·tent** *adj* □ hinreichend; (leistungs)fähig, tüchtig; sachkundig.

com·pe·ti·tion [kɒmpɪ'tɪʃn] Wettbewerb *m*; Konkurrenz *f*; ***unfair ~*** *econ.* unlauterer Wettbewerb; **~ pol·i·cy** *s econ.* Wettbewerbspolitik *f*.

com·pet·i|tive [kəm'petətɪv] *adj* □ konkurrierend; *econ.* konkurrenzfähig; ***~ advantage*** *econ.* Wettbewerbsvorteil *m*; ***~ market*** *econ.* wettbewerbsorientierter Markt; ***~ sports*** Leistungssport *m*; **~·tor** *s* Mitbewerber(in); Konkurrent(in); *sports*: (Wettbewerbs)Teilnehmer(in).

com·pile [kəm'paɪl] *v/t* zusammentragen, zusammenstellen, sammeln.

com·plain [kəm'pleɪn] *v/i* sich beklagen *or* beschweren; klagen (**of** über *acc*); **~t** *s* Klage *f*; Beschwerde *f*, *med.* Leiden *n*.

com·ple|ment **1.** *s* ['kɒmplɪmənt] Ergänzung *f*; *a.* ***full ~*** volle Anzahl; **2.** *v/t* [~ment] ergänzen; **~·men·ta·ry** [~'mentərɪ] *adj* (sich gegenseitig) ergänzend.

com|plete [kəm'pliːt] **1.** *adj* □ vollständig, ganz, vollkommen; vollzählig; **2.** *v/t* vervollständigen; vervollkommnen; abschließen; **~·ple·tion** [~'pliːʃn] *s* Vervollständigung *f*; Abschluß *m*; Erfüllung *f*; ***the ~ of the single market*** *pol.* die Vollendung des europäischen Binnenmarkts.

com·plex ['kɒmpleks] **1.** *adj* □ zusammengesetzt; komplex, vielschichtig; kompliziert; **2.** *s* Gesamtheit *f*; Komplex *m* (*a. psych.*).

com·plex·ion [kəm'plekʃn] *s* Gesichtsfarbe *f*, Teint *m*; *fig.* Aspekt *m*.

com·plex·i·ty [kəm'pleksətɪ] *s* Komplexität *f*, Vielschichtigkeit *f*.

com·pli|cate ['kɒmplɪkeɪt] *v/t* (ver)komplizieren; **~·cat·ed** *adj* kompliziert; **~·ca·tion** [~'keɪʃn] *s* Komplikation *f* (*a. med.*); Kompliziertheit *f*.

com·pli|ment **1.** *s* ['kɒmplɪmənt] Kompliment *n*; Empfehlung *f*; Gruß *m*; **2.** *v/t* [~ment] beglückwünschen (***on*** zu); *j-m* ein Kompliment machen (***on*** wegen).

com·po·nent [kəm'pəʊnənt] *s* Bestandteil *m*; *tech.*, *electr.* Bauelement *n*.

com|pose [kəm'pəʊz] *v/t* zusammensetzen *or* -stellen; *a. v/i mus.* komponieren; verfassen; ordnen; *print.* (ab)setzen; ***~ o.s.*** sich beruhigen; **~·posed** *adj* □ ruhig, gesetzt; ***be ~ of*** bestehen aus; **~·pos·er** *s* Komponist(in); Verfasser(in); **~·po·si·tion** [kɒmpə'zɪʃn] *s* Zusammensetzung *f*; Abfassung *f*; *mus.* Komposition *f*; *school*: Aufsatz *m*; **~·po·sure** [kəm'pəʊʒə] *s* Fassung *f*, (Gemüts)Ruhe *f*.

com·pound¹ ['kɒmpaʊnd] *s* Lager *n*; Gefängnishof *m*; (Tier)Gehege *n*.

com·pound² **1.** *adj* [~] zusammengesetzt; ***~ interest*** Zinseszinsen *pl*; **2.** *s* [~] Zusammensetzung *f*; Verbindung *f*; *gr.* zusammengesetztes Wort; **3.** *v/t* [kəm'paʊnd] zusammensetzen; steigern, *esp.* verschlimmern.

com·pre·hend [kɒmprɪ'hend] *v/t* umfassen; begreifen, verstehen.

com·pre·hen|si·ble [kɒmprɪ'hensəbl] *adj* □ verständlich; **~·sion** [~ʃn] *s* Begreifen *n*, Verständnis *n*; Begriffsvermögen *n*, Verstand *m*, Einsicht *f*; ***past ~*** unfaßbar, unfaßlich; **~·sive** [~sɪv] **1.** *adj* □ umfassend; **2.** *s a.* ***~ school*** *Br.* Gesamtschule *f*.

com|press [kəm'pres] *v/t* zusammendrücken; ***~ed air*** Druckluft *f*; **~·pression** [~ʃn] *s phys.* Verdichtung *f*; *tech.* Druck *m*.

com·prise [kəm'praɪz] *v/t* einschließen, umfassen, enthalten.

com·pro·mise ['kɒmprəmaɪz] **1.** *s* Kompromiß *m*; **2.** *v/t* (**o.s.** sich) bloßstellen; *v/i* e-n Kompromiß schließen.

com·pul|sion [kəm'pʌlʃn] *s* Zwang *m*; **~·sive** *adj* □ zwingend, Zwangs...; *psych.* zwanghaft; **~·so·ry** *adj* □ obligatorisch; Zwangs...; Pflicht...

com·pute [kəm'pjuːt] *v/t* (be-, er)rechnen; schätzen.

com·put·er [kəm'pjuːtə] *s* Computer *m*, Rechner *m*; ***~-aided*** computergestützt; ***~-controlled, ~-operated*** computergesteuert; ***~ prediction*** *pol.* Hochrechnung *f*; ***~ science*** Informatik *f*; ***~ skills*** *pl* Computer-, EDV-Kenntnisse *pl*; **~·ize** [~raɪz] *v/t* mit Computern ausstatten, auf Computer umstellen; *information*: in e-m Computer speichern.

com·rade ['kɒmreɪd] *s* Kamerad(in); (Partei)Genoss|e *m*, -in *f*.

con¹ F [kɒn] *s* Nein-, Gegenstimme *f*; → ***pro***.

con² F [~] **1.** *v/t* (***-nn-***) reinlegen, betrügen; **2.** *s* Schwindel *m*; Schwindler *m*, Gauner *m*.

con·ceal [kən'siːl] *v/t* verbergen; verheimlichen.

con·cede [kən'siːd] *v/t* zugestehen, einräumen; *grant*: gewähren; *sports*: hinnehmen (*goal*, *defeat*).

con·ceit [kən'siːt] *s* Einbildung *f*, Dünkel *m*; **~·ed** *adj* □ eingebildet (***of*** auf *acc*).

con·cei|va·ble [kən'siːvəbl] *adj* □ denkbar, begreiflich; **~ve** [kən'siːv] *v/i* schwanger werden; *v/t child*: empfangen; sich denken; planen, ausdenken.

con·cen·trate ['kɒnsəntreɪt] **1.** *v/t and v/i* (sich) zusammenziehen, (sich) vereinigen; (sich) konzentrieren; **2.** *s* Konzentrat *n*.

con·cept ['kɒnsept] *s* Begriff *m*; Gedanke *m*, Vorstellung *f*; **con·cep·tion** [kən'sepʃn] *s* Begreifen *n*; Vorstellung *f*, Begriff *m*, Idee *f*; *biol.* Empfängnis *f*.

con·cern [kən'sɜːn] **1.** *s* Angelegenheit *f*; Interesse *n*; Sorge *f*; Beziehung *f* (***with*** zu); Geschäft *n*, (industrielles) Unternehmen; **2.** *v/t* betreffen, angehen, interessieren; beunruhigen; interessieren, beschäftigen; **~ed** *adj* □ interessiert, beteiligt (***in*** an *dat*); besorgt; **~·ing** *prp* betreffend, über, wegen, hinsichtlich.

con·cert ['kɒnsət] *s mus.* Konzert *n*; Einverständnis *n*; **~·ed** [kən'sɜːtɪd] *adj* □ gemeinsam; *mus.* mehrstimmig; ***~ action*** *pol.* konzertierte Aktion.

con·ces·sion [kən'seʃn] *s* Zugeständnis *n*; Konzession *f*.

con·cil·i|ate [kən'sɪlɪeɪt] *v/t* versöhnen; **~·a·to·ry** [~ətərɪ] *adj* versöhnlich, vermittelnd.

con·cise [kən'saɪs] *adj* □ kurz, bündig, knapp; ***~ dictionary*** Handwörterbuch *n*; **~·ness** *s* Kürze *f*.

con·clude [kən'kluːd] *v/t and v/i* schließen, beschließen, beenden; abschließen; folgern, schließen (***from*** aus); sich entscheiden; ***to be ~d*** Schluß folgt.

con·clu|sion [kən'kluːʒn] *s* Schluß *m*, Ende *n*, Abschluß *m*; (Schluß)Folgerung *f*; Beschluß *m*; → ***jump*** 2; **~·sive** *adj* □ überzeugend; endgültig.

con|coct [kən'kɒkt] *v/t* zusammenbrauen; *fig.* aushecken, sich ausdenken; **~·coc·tion** [~kʃn] *s* Gebräu *n*; *fig.* Erfindung *f*.

con·course ['kɒŋkɔːs] *s* Menschenauflauf *m*; Menge *f*; freier Platz.

con·crete ['kɒnkriːt] **1.** *adj* □ fest; konkret; Beton...; ***~ block*** *contp.* Betonburg *f*; **2.** *s* Beton *m*; **3.** *v/t* betonieren.

con·cur [kən'kɜː] *v/i* (***-rr-***) übereinstimmen; **~·rence** [~'kʌrəns] *s* Zusammentreffen *n*; Übereinstimmung *f*.

con·cus·sion [kən'kʌʃn] *s*: ***~ of the brain*** *med.* Gehirnerschütterung *f*.

con|demn [kən'dem] *v/t* verdammen; *jur. and fig.* verurteilen (***to death*** zum Tode); für unbrauchbar *or* unbewohnbar *etc.* erklären; **~·dem·na·tion** [kɒndem'neɪʃn] *s jur. and fig.* Verurteilung *f*; Verdammung *f*, Mißbilligung *f*.

con|den·sa·tion [kɒnden'seɪʃn] *s* Kondensation *f*; *water*: Kondenswasser *n*; **~·dense** [kən'dens] *v/t* (*v/i* sich) ver-

C

dichten; *tech.* kondensieren; zusammenfassen, kürzen; **~d report** *etc.* Kurzfassung *f*; **~·dens·er** *s tech.* Kondensator *m*.

con·de|scend [kɒndɪ'send] *v/i* sich herablassen, geruhen (**to do** zu tun); **~·scen·sion** [~ʃn] *s* Herablassung *f*.

con·di·tion [kən'dɪʃn] **1.** *s* Zustand *m*; (körperlicher *or* Gesundheits)Zustand *m*; *sports*: Kondition *f*, Form *f*; Bedingung *f*; **~s** *pl* Verhältnisse *pl*, Umstände *pl*; **on ~ that** unter der Bedingung, daß; **out of ~** in schlechter Verfassung, in schlechtem Zustand; **2.** *v/t* bedingen; *hair*, *etc.*: in Form bringen; **~·al 1.** *adj* □ bedingt (**on**, **upon** durch); Bedingungs...; **2.** *adj gr.* **~ clause** Bedingungs-, Konditionalsatz *m*; *a.* **~ mood** Konditional *m*.

con|dole [kən'dəʊl] *v/i* kondolieren (**with** *dat*); **~·do·lence** [~əns] *s* Beileid *n*.

con·dom ['kɒndəm] *s* Kondom *n*, Präservativ *n*.

con·do·min·i·um [kɑːndə'mɪnɪəm] *s Am.* Wohnblock *m* mit Eigentumswohnungen; Eigentumswohnung *f*.

con·done [kən'dəʊn] *v/t* verzeihen, vergeben.

con·du·cive [kən'djuːsɪv] *adj* dienlich, förderlich (**to** *dat*).

con|duct 1. *s* ['kɒndʌkt] Führung *f*; Verhalten *n*, Betragen *n*; **2.** *v/t* [kən'dʌkt] führen; *mus.* dirigieren; **~ed tour** Führung *f* (**of** durch); **~·duc·tion** [~kʃn] *s phys.* Leitung *f*; **~·duc·tor** [~tə] *s phys.* Leiter *m*; *rail.* Schaffner *m*; *Am. rail.* Zugbegleiter *m*; *mus.* (Orchester)Dirigent *m*, (Chor)Leiter *m*; *electr.* Blitzableiter *m*.

cone [kəʊn] *s* Kegel *m*; Eistüte *f*; *bot.* Zapfen *m*.

con·fec·tion [kən'fekʃn] *s* Konfekt *n*; **~·er** *s* Konditor *m*; **~·e·ry** [~ərɪ] *s* Süßigkeiten *pl*, Süß-, Konditoreiwaren *pl*; Konfekt *n*; Konditorei *f*; Süßwarengeschäft *n*.

con·fed·e|ra·cy [kən'fedərəsɪ] *s* Bündnis *n*; **the** 2 *Am. hist.* die Konföderation; **~·rate 1.** *adj* [~rət] verbündet; **2.** *s* [~] Bundesgenosse *m*; **3.** *v/t and v/i* [~reɪt] (sich) verbünden; **~·ra·tion** [kənfedə'reɪʃn] *s* Bund *m*, Bündnis *n*; Staatenbund *m*.

con·fe·rence ['kɒnfərəns] *s* Konferenz *f*, Tagung *f*; **be in ~** in e-r Besprechung sein.

con|fess [kən'fes] *v/t and v/i* bekennen, gestehen; beichten; **~·fes·sion** [~ʃən] *s* Geständnis *n*; Bekenntnis *n*; Beichte *f*; **~·fes·sor** *s* Bekenner *m*; Beichtvater *m*.

con·fide [kən'faɪd] *v/t* anvertrauen; *v/i*: **~ in s.o.** j-m vertrauen; **con·fi·dence** ['kɒnfɪdəns] *s* Vertrauen *n*; Zuversicht *f*; **~ man** (Trick)Betrüger *m*; **~ trick** Trickbetrug *m*; **con·fi·dent** ['kɒnfɪdənt] *adj* □ zuversichtlich; **con·fi·den·tial** [~'denʃl] *adj* □ vertraulich; **con·fid·ing** [kən'faɪdɪŋ] *adj* □ vertrauensvoll.

con·fine [kən'faɪn] *v/t* begrenzen; beschränken; einsperren; **be ~d of** entbunden werden von; **be ~d to bed** das Bett hüten müssen; **~·ment** *s* Haft *f*; Beschränkung *f*; Entbindung *f*.

con|firm [kən'fɜːm] *v/t* (be)kräftigen; bestätigen; *eccl.* konfirmieren, firmen; **~·fir·ma·tion** [kɒnfə'meɪʃn] *s* Bestätigung *f*; *eccl.* Konfirmation *f*, Firmung *f*.

con·fis|cate ['kɒnfɪskeɪt] *v/t* beschlagnahmen, konfiszieren; **~·ca·tion** [~'keɪʃn] *s* Beschlagnahme *f*, Konfiszierung *f*.

con·flict 1. *s* ['kɒnflɪkt] Konflikt *m*; **2.** *v/i* [kən'flɪkt] in Konflikt stehen; **~·ing** *adj* widersprüchlich.

con·form [kən'fɔːm] *v/t and v/i* (sich) anpassen (**to** *dat*, an *acc*).

con·found [kən'faʊnd] *v/t j-n* verwirren, -blüffen.

con|front [kən'frʌnt] *v/t* gegenübertreten, -stehen (*dat*); sich stellen (*dat*); konfrontieren; **~·fron·ta·tion** [kɒnfrən'teɪʃn] *s* Konfrontation *f*.

con|fuse [kən'fjuːz] *v/t* verwechseln; verwirren; **~·fused** *adj* □ verwirrt; verlegen; verworren; **~·fu·sion** [~'fjuːʒn] *s* Verwirrung *f*; Verlegenheit *f*; Verwechslung *f*.

con·geal [kən'dʒiːl] *v/i and v/t* erstarren (lassen); gerinnen (lassen).

con|gest·ed [kən'dʒestɪd] *adj* überfüllt; verstopft; **~·ges·tion** [~tʃən] *s a.* **traffic ~** Verkehrsstockung *f*, -stauung *f*.

con·glom·e·ra·tion [kənglɒmə'reɪʃn] *s* Anhäufung *f*; Konglomerat *n*.

con·grat·u|late [kən'grætjuleɪt] *v/t* beglückwünschen, *j-m* gratulieren;

~·la·tion [kəngrætjʊ'leɪʃn] *s* Glückwunsch *m*; **~s!** ich gratuliere!, herzlichen Glückwunsch!
con·gre|gate ['kɒŋgrɪgeɪt] *v/t and v/i* (sich) (ver)sammeln; **~·ga·tion** [~'geɪʃn] *s* Versammlung *f*; *eccl.* Gemeinde *f.*
con·gress ['kɒŋgres] *s* Kongreß *m*; ♀ *Am. parl.* der Kongreß; **♀·man** *s Am. parl.* Kongreßabgeordnete(r) *m*; **♀·wom·an** *s Am. parl.* Kongreßabgeordnete *f.*
con|ic *esp. tech.* ['kɒnɪk], **~·i·cal** [~kl] *adj* □ konisch, kegelförmig.
co·ni·fer *bot.* ['kɒnɪfə] *s* Nadelbaum *m.*
con·ju|gate *gr.* ['kɒndʒʊgeɪt] *v/t* konjugieren, beugen; **~·ga·tion** *gr.* [kɒndʒʊ'geɪʃn] *s* Konjugation *f*, Beugung *f.*
con·junc·tion [kən'dʒʌŋkʃn] *s* Verbindung *f*; *gr.* Konjunktion *f.*
con·junc·ti·vi·tis *med.* [kəndʒʌŋktɪ'vaɪtɪs] *s* Bindehautentzündung *f.*
con|jure ['kʌndʒə] *v/t devil, etc.*: beschwören; *v/i* zaubern; **~·jur·er** [~rə] *s* Zauber|er *m*, -in *f*, Zauberkünstler(in); **~·jur·ing trick** *s* Zauberkunststück *n*; **~·jur·or** → ***conjurer.***
con|nect [kə'nekt] *v/t* verbinden; *electr.* anschließen, (zu)schalten; *v/i rail., aer. etc.*: Anschluß haben (***with*** an *acc*); **~·nect·ed** *adj* □ verbunden; (logisch) zusammenhängend; ***be well ~*** gute Beziehungen haben; **~·nec·tion**, *Br. a.* **~·nex·ion** [~kʃn] *s* Verbindung *f*; *electr.* Schaltung *f*; Anschluß *m*; Zusammenhang *m*; Verwandtschaft *f.*
con·quer ['kɒŋkə] *v/t* erobern; (be)siegen; **~·or** [~rə] *s* Eroberer *m.*
con·quest ['kɒŋkwest] *s* Eroberung *f* (*a. fig.*); erobertes Gebiet; Bezwingung *f.*
con·science ['kɒnʃəns] *s* Gewissen *n.*
con·sci·en·tious [kɒnʃɪ'enʃəs] *adj* □ gewissenhaft; Gewissens...; ***~ objector*** Wehr-, Kriegsdienstverweigerer *m*; **~·ness** *s* Gewissenhaftigkeit *f.*
con·scious ['kɒnʃəs] *adj* □ bei Bewußtsein; bewußt; ***be ~ of*** sich bewußt sein (*gen*); **~·ness** *s* Bewußtsein *n.*
con|script *mil.* **1.** *v/t* [kən'skrɪpt] einziehen, -berufen; **2.** *s* ['kɒnskrɪpt] Wehrpflichtige(r) *m*; **~·scrip·tion** *mil.* [kən'skrɪpʃn] *s* Einberufung *f*, Einziehung *f.*
con·se|crate ['kɒnsɪkreɪt] *v/t* weihen, einsegnen; widmen; **~·cra·tion** [kɒnsɪ'kreɪʃn] *s* Weihe *f*; Einsegnung *f.*
con·sec·u·tive [kən'sekjʊtɪv] *adj* □ aufeinanderfolgend; fortlaufend.
con·sent [kən'sent] **1.** *s* Zustimmung *f*; **2.** *v/i* einwilligen, zustimmen.
con·se|quence ['kɒnsɪkwəns] *s* Folge *f*, Konsequenz *f*; Einfluß *m*; Bedeutung *f*; **~·quent·ly** [~tlɪ] *adv* folglich, daher.
con·ser·va|tion [kɒnsə'veɪʃn] *s* Erhaltung *f*; Naturschutz *m*; Umweltschutz *m*; ***~ area*** Naturschutzgebiet *n*; *in town*: Stadtviertel *n* unter Denkmalschutz; **~·tion·ist** [~ʃnɪst] *s* Naturschützer(in), Umweltschützer(in); Denkmalpfleger(in); **~·tive** [kən'sɜːvətɪv] **1.** *adj* □ erhaltend; konservativ; vorsichtig; **2.** ♀ *s pol.* Konservative(r *m*) *f*; **~·to·ry** [kən'sɜːvətrɪ] *s* Treib-, Gewächshaus *n*; *mus.* Konservatorium *n*;
con·serve [kən'sɜːv] *v/t* erhalten, konservieren.
con·sid|er [kən'sɪdə] *v/t* betrachten; sich überlegen, erwägen; in Betracht ziehen, berücksichtigen; meinen; *v/i* nachdenken, überlegen; **~·e·ra·ble** *adj* □ ansehnlich, beträchtlich; **~·e·ra·bly** *adv* bedeutend, ziemlich, (sehr) viel; **~·er·ate** [~rət] *adj* □ rücksichtsvoll; **~·e·ra·tion** [~'reɪʃn] *s* Betrachtung *f*, Erwägung *f*, Überlegung *f*; Rücksicht *f*; Gesichtspunkt *m*; ***take into ~*** in Erwägung *or* in Betracht ziehen, berücksichtigen; **~·er·ing 1.** *prp* in Anbetracht (*gen*); **2.** *adv* F den Umständen entsprechend.
con·sign [kən'saɪn] *v/t* übergeben; anvertrauen; *econ. goods, etc.*: zusenden; **~·ment** *s econ.* Über-, Zusendung *f*; (Waren)Sendung *f.*
con·sist [kən'sɪst] *v/i*: ***~ in*** bestehen in (*dat*); ***~ of*** bestehen *or* sich zusammensetzen aus.
con·sis|tence, **~·ten·cy** [kən'sɪstəns, ~sɪ] *s* Konsistenz *f*, Beschaffenheit *f*; Übereinstimmung *f*; Konsequenz *f*; **~·tent** [~ənt] *adj* □ übereinstimmend, vereinbar (***with*** mit); konsequent; *sports, etc.*: beständig.
con|so·la·tion [kɒnsə'leɪʃn] *s* Trost *m*; **~·sole** [kən'səʊl] *v/t* trösten.
con·sol·i·date [kən'sɒlɪdeɪt] *v/t* festigen; *fig.* zusammenschließen, -legen.
con·so·nant ['kɒnsənənt] **1.** *adj* □ über-

einstimmend; **2.** *s gr.* Konsonant *m*, Mitlaut *m*.

C

con·spic·u·ous [kən'spɪkjʊəs] *adj* □ sichtbar; auffallend; hervorragend; ***make o.s.*** ~ sich auffällig benehmen.

con|spi·ra·cy [kən'spɪrəsɪ] *s* Verschwörung *f*; **~·spi·ra·tor** [~tə] *s* Verschwörer *m*; **~·spire** [~'spaɪə] *v/i* sich verschwören.

con|sta·ble *Br.* ['kʌnstəbl] *s* Polizist *m*, *rank*: Wachtmeister *m*; **~·stab·u·la·ry** [kən'stæbjʊlərɪ] *s* Polizei(truppe) *f*.

con|stan·cy ['kɒnstənsɪ] *s* Standhaftigkeit *f*; Beständigkeit *f*; **~·stant** [~t] *adj* □ beständig, unveränderlich; treu.

con·stel·la·tion [kɒnstə'leɪʃn] *s ast.* Sternbild *n*, *a. fig.* Konstellation *f*.

con·ster·na·tion [kɒnstə'neɪʃn] *s* Bestürzung *f*.

con·sti|pat·ed *med.* ['kɒnstɪpeɪtɪd] *adj* verstopft; **~·pa·tion** *med.* [kɒnstɪ'peɪʃn] *s* Verstopfung *f*.

con·sti·tu|en·cy *pol.* [kən'stɪtjʊənsɪ] *s* Wählerschaft *f*; Wahlkreis *m*; **~·ent** [~t] **1.** *adj* e-n (Bestand)Teil bildend; *pol.* konstituierend; **2.** *s* (wesentlicher) Bestandteil; *pol.* Wähler(in).

con·sti·tute ['kɒnstɪtju:t] *v/t* ein-, errichten; ernennen; bilden, ausmachen.

con·sti·tu·tion [kɒnstɪ'tju:ʃn] *s pol.* Verfassung *f*; Konstitution *f*, körperliche Verfassung; Zusammensetzung *f*; **~·al** *adj* □ konstitutionell; *pol.* verfassungsmäßig; **~·al·ly** *adv pol.* laut Verfassung.

con·strain [kən'streɪn] *v/t* zwingen; **~ed** *adj* gezwungen, unnatürlich; **~t** [~t] *s* Zwang *m*.

con|strict [kən'strɪkt] *v/t* verengen, zusammenziehen; **~·stric·tion** [~kʃn] *s* Verengung *f*, Zusammenziehung *f*.

con|struct [kən'strʌkt] *v/t* bauen, errichten, konstruieren; *fig.* bilden; **~·struc·tion** [~kʃn] *s* Konstruktion *f*; Bau *m*; *fig.* Auslegung *f*; ~ ***site*** Baustelle *f*; **~·struc·tive** *adj* □ aufbauend, schöpferisch, konstruktiv, positiv; **~·struc·tor** *s* Erbauer *m*, Konstrukteur *m*.

con·strue [kən'stru:] *v/t gr.* konstruieren; auslegen, auffassen.

con|sul ['kɒnsəl] *s* Konsul *m*; **~-*general*** Generalkonsul *m*; **~·su·late** [~sjʊlət] *s* Konsulat *n* (*office and building*).

con·sult [kən'sʌlt] *v/t* konsultieren, um Rat fragen; *book*: nachschlagen in (*dat*); *v/i* sich beraten.

con·sul|tant [kən'sʌltənt] *s* (fachmännische[r]) Berater(in); *med. Br.* (Krankenhaus)Facharzt *m*, Oberarzt *m*; **~·ta·tion** [kɒnsl'teɪʃn] *s* Konsultation *f*, Beratung *f*, Rücksprache *f*; ~ ***hour*** Sprechstunde *f*; **~·ta·tive** [kən'sʌltətɪv] *adj* beratend.

con|sume [kən'sju:m] *v/t* essen, trinken, konsumieren; verbrauchen; zerstören, *by fire*: vernichten; *fig. with hatred, love, etc.*: verzehren; **~·sum·er** *s econ.* Verbraucher(in), Konsument(in); ~ ***advice centre*** Verbraucherzentrale *f*; ~ ***durables*** *pl* langlebige Verbrauchsgüter *pl*; ~ ***goods*** *pl* Konsumgüter *pl*; ~ ***protection*** Verbraucherschutz *m*.

con·sump|tion [kən'sʌmpʃn] *s* Verbrauch *m*.

con·tact ['kɒntækt] **1.** *s* Berührung *f*; Kontakt *m*; *person*: Kontaktperson *f*; ***make*** **~*s*** Kontakte anknüpfen *or* herstellen; **~*s*** *pl* F → ~ ***lenses*** *pl* Kontaktlinsen *pl*; **2.** *v/t* sich in Verbindung setzen mit, Kontakt aufnehmen mit.

con·ta·gious *med.* [kən'teɪdʒəs] *adj* □ ansteckend (*a. fig.*).

con·tain [kən'teɪn] *v/t* enthalten, (um-)fassen; ~ ***o.s.*** an sich halten, sich beherrschen; **~·er** *s* Behälter *m*; *econ.* Container *m*; **~·er·ize** *econ.* [~əraɪz] *v/t* auf Containerbetrieb umstellen; in Containern transportieren.

con·tam·i|nate [kən'tæmɪneɪt] *v/t* verunreinigen; infizieren, vergiften; (*a.* radioaktiv) verseuchen; **~·na·tion** [kəntæmɪ'neɪʃn] *s* Verunreinigung *f*; Vergiftung *f*; (*a.* radioaktive) Verseuchung.

con·tem|plate ['kɒntempleɪt] *v/t* betrachten; beabsichtigen, vorhaben; *a.* *v/i* nachdenken (über *acc*); **~·pla·tion** [kɒntem'pleɪʃn] *s* Betrachtung *f*; Nachdenken *n*; **~·pla·tive** *adj* □ ['kɒntempleɪtɪv] nachdenklich; [kən'templətɪv] beschaulich.

con·tem·po·ra|ne·ous [kəntempə'reɪnɪəs] *adj* □ gleichzeitig; **~·ry** [kən'tempərərɪ] **1.** *adj* zeitgenössisch, heutig; **2.** *s* Zeitgenoss|e *m*, -in *f*.

con|tempt [kən'tempt] *s* Verachtung *f*; **~·temp·ti·ble** *adj* □ verachtenswert; **~·temp·tu·ous** [~ʃʊəs] *adj* □ geringschätzig, verächtlich.

con·tend [kən'tend] *v/i* kämpfen, ringen (***for*** um); *v/t* behaupten; **~·er** *s esp. sports*: Wettkämpfer(in).

con·tent [kən'tent] **1.** *adj* zufrieden; **2.** *v/t* befriedigen; **~ o.s.** sich begnügen; **3.** *s* Zufriedenheit *f*; ***to one's heart's ~*** nach Herzenslust; ['kɒntent] Gehalt *m*; **~s** *pl* Inhalt *m*; **~·ed** [kən'tentɪd] *adj* □ zufrieden.

con·ten·tion [kən'tenʃn] *s* Streit *m*; Argument *n*, Behauptung *f*.

con·tent·ment [kən'tentmənt] *s* Zufriedenheit *f*.

con|test 1. *s* ['kɒntest] Streit *m*; Wettkampf *m*; **2.** *v/t* [kən'test] sich bewerben um, kandidieren für; (be)streiten; anfechten; um *et.* streiten; **~·tes·tant** *s* Wettkämpfer(in), (Wettkampf)Teilnehmer(in).

con·text ['kɒntekst] *s* Zusammenhang *m*, Kontext *m*.

con·ti|nent ['kɒntɪnənt] **1.** *adj* □ enthaltsam, mäßig; **2.** *s* Kontinent *m*, Erdteil *m*; ***the*** ♀ *Br.* das (europäische) Festland; **~·nen·tal** [kɒntɪ'nentl] **1.** *adj* □ kontinental, Kontinental...; **2.** *s* Kontinentaleuropäer(in).

con·tin·gen|cy [kən'tɪndʒənsɪ] *s* Zufälligkeit *f*; Möglichkeit *f*, Eventualität *f*; **~t** [~t] **1.** *adj* □: ***be ~ on*** *or* ***upon*** abhängen von; **2.** *s* Kontingent *n*.

con·tin|u·al [kən'tɪnjʊəl] *adj* □ fortwährend, unaufhörlich; **~·u·a·tion** [kəntɪnjʊ'eɪʃn] *s* Fortsetzung *f*; Fortdauer *f*; **~ *school*** Fortbildungsschule *f*; **~ *training*** berufliche Fortbildung; **~·ue** [kən'tɪnjuː] *v/t* fortsetzen, -fahren mit; beibehalten; ***to be ~d*** Fortsetzung folgt; *v/i* fortdauern; andauern, anhalten; fortfahren, weitermachen; **con·ti·nu·i·ty** [kɒntɪ'njuːətɪ] *s* Kontinuität *f*; **~·u·ous** [kən'tɪnjʊəs] *adj* □ ununterbrochen; **~ *form*** *gr.* Verlaufsform *f*.

con|tort [kən'tɔːt] *v/t* verdrehen; verzerren; **~·tor·tion** [~ɔːʃn] *s* Verdrehung *f*; Verzerrung *f*.

con·tour ['kɒntʊə] *s* Umriß *m*.

con·tra·band *econ.* ['kɒntrəbænd] *s* unter Ein- *or* Ausfuhrverbot stehende Ware, Schmuggelware *f*.

con·tra·cep|tion *med.* [kɒntrə'sepʃn] *s* Empfängnisverhütung *f*; **~·tive** *med.* [~tɪv] **1.** *adj* empfängnisverhütend; **2.** *s* Verhütungsmittel *n*.

con|tract 1. *v/t* [kən'trækt] zusammenziehen; *illness*: sich zuziehen; *debts*: machen; *marriage, etc.*: schließen; *v/i* sich zusammenziehen, schrumpfen; *jur.* e-n Vertrag schließen; sich vertraglich verpflichten; **2.** *s* ['kɒntrækt] Kontrakt *m*, Vertrag *m*; **~·trac·tion** [kən'trækʃn] *s* Zusammenziehung *f*; *gr.* Kurzform *f*; **~·trac·tor** [~tə] *s a.* ***building ~*** Bauunternehmer *m*.

con·tra|dict [kɒntrə'dɪkt] *v/t* widersprechen (*dat*); **~·dic·tion** [~kʃn] *s* Widerspruch *m*; **~·dic·to·ry** [~tərɪ] *adj* □ (sich) widersprechend.

con·tra·ry ['kɒntrərɪ] **1.** *adj* □ entgegengesetzt; widrig; **~ *to*** im Gegensatz zu; **~ *to expectations*** wider Erwarten; **2.** *s* Gegenteil *n*; ***on the ~*** im Gegenteil.

con·trast 1. *s* ['kɒntrɑːst] Gegensatz *m*; Kontrast *m*; **2.** [kən'trɑːst] *v/t* gegenüberstellen, vergleichen; *v/i* sich unterscheiden, abstechen (***with*** von).

con|trib·ute [kən'trɪbjuːt] *v/t and v/i* beitragen, -steuern; spenden (***to*** für); **~·tri·bu·tion** [kɒntrɪ'bjuːʃn] *s* Beitrag *m*; Spende *f*; **~·trib·u·tor** [kən'trɪbjʊtə] *s to newspaper, book, etc.*: Mitarbeiter(in).

con|trite ['kɒntraɪt] *adj* □ zerknirscht; **~·tri·tion** [kən'trɪʃn] *s* Zerknirschung *f*.

con|triv·ance [kən'traɪvəns] *s* Vorrichtung *f*; Plan *m*, List *f*; **~·trive** [kən'traɪv] *v/t* ersinnen, (sich) ausdenken, planen; zustande bringen; es fertigbringen (***to*** *inf* zu *inf*); **~·trived** *adj story, etc.*: konstruiert; *behaviour, etc.*: gekünstelt.

con·trol [kən'trəʊl] **1.** *s* Kontrolle *f*, Herrschaft *f*, Macht *f*, Gewalt *f*, Beherrschung *f*; Aufsicht *f*; *tech.* Steuerung *f*; *mst* **~s** *pl tech.* Steuervorrichtung *f*; ***lose ~*** die Herrschaft *or* Gewalt *or* Kontrolle verlieren; **2.** *v/t* (***-ll-***) beherrschen, die Kontrolle haben über (*acc*); (erfolgreich) bekämpfen; kontrollieren, überwachen; *econ.* (staatlich) lenken, *prices*: binden; *electr., tech.* steuern, regeln, regulieren; **~ desk** *s electr.* Schalt-, Steuerpult *n*; **~ pan·el** *s electr.* Schalttafel *f*; **~ tow·er** *s aer.* Kontrollturm *m*, Tower *m*.

con·tro·ver|sial [kɒntrə'vɜːʃl] *adj* □ umstritten; **~·sy** ['kɒntrəvɜːsɪ] *s* Kontroverse *f*, Streit *m*.

con|tuse *med.* [kən'tjuːz] *v/t* sich *et.*

C

quetschen *or* prellen; **~·tu·sion** *med.* [kən'tju:ʒn] *s* Quetschung *f.*

con·ur·ba·tion [kɒnɜ:'beɪʃn] *s* Ballungsraum *m*, -gebiet *n*.

con·va|lesce [kɒnvə'les] *v/i* gesund werden, genesen; **~·les·cence** [~ns] *s* Rekonvaleszenz *f*, Genesung *f*; **~·les·cent** [~t] **1.** *adj* □ genesend; **2.** *s* Rekonvaleszent(in), Genesende(r *m*) *f*.

con·vene [kən'vi:n] *v/i* sich versammeln; *of parliament, etc.*: zusammentreten; *v/t* einberufen.

con·ve·ni|ence [kən'vi:nɪəns] *s* Bequemlichkeit *f*; Angemessenheit *f*; Vorteil *m*; (***public***) **~** *Br.* (öffentliche) Toilette; ***all*** (***modern***) **~*s*** *pl* aller Komfort; ***at your earliest*** **~** möglichst bald; **~ *food*** Fertignahrung *f*, Schnellgericht *n*; **~·ent** *adj* □ bequem; günstig.

con·vent ['kɒnvənt] *s* (Nonnen)Kloster *n*; ***enter a*** **~** ins Kloster gehen.

con·ven·tion [kən'venʃn] *s* Versammlung *f*; Konvention *f*, Übereinkommen *n*, Abkommen *n*; Sitte *f*; **~·al** *adj* □ herkömmlich, konventionell (*a. mil.*).

con·verge [kən'vɜ:dʒ] *v/i* konvergieren; zusammenlaufen, -strömen.

con·ver·sa·tion [kɒnvə'seɪʃn] *s* Gespräch *n*, Unterhaltung *f*; Konversation *f*; **~·al** *adj* □ Unterhaltungs...; umgangssprachlich.

con·verse **1.** *adj* □ ['kɒnvɜ:s] umgekehrt; **2.** *v/i* [kən'vɜ:s] sich unterhalten.

con·ver·sion [kən'vɜ:ʃn] *s* Um-, Verwandlung *f*; *econ., tech.* Umstellung *f*; *tech.* Umbau *m*; *electr.* Umformung *f*; *eccl.* Konversion *f*; *pol.* Übertritt *m*; *econ.* Konvertierung *f*; *of cúrrency*: Umstellung *f*.

con|vert **1.** *s* ['kɒnvɜ:t] Bekehrte(r *m*) *f*, *eccl. a.* Konvertit(in); **2.** *v/t* [kən'vɜ:t] (*a. v/i* sich) um- *or* verwandeln; *econ., tech.* umstellen (***to*** auf *acc*); *tech.* umbauen (***into*** zu); *electr.* umformen; *eccl.* bekehren; *econ.* konvertieren, umwandeln; *currency, etc.*: umstellen; **~·vert·er** *electr.* [~ə] *s* Umformer *m*; **~·ver·ti·ble** **1.** *adj* □ um-, verwandelbar; *econ.* konvertierbar; **2.** *s mot.* Kabrio(lett) *n*.

con·vey [kən'veɪ] *v/t* befördern, transportieren, bringen; überbringen, -mitteln; übertragen; mitteilen; **~·ance** *s* Beförderung *f*, Transport *m*; Übermittlung *f*; Verkehrsmittel *n*; *jur.* Übertragung *f*; **~·er**, **~·or** *tech.* [~ə] → **~·er belt** *s* Förderband *n*; Fließband *n*.

con|vict **1.** *s* ['kɒnvɪkt] Strafgefangene(r) *m*, Sträfling *m*; **2.** *v/t* [kən'vɪkt] *jur. j-n* überführen; **~·vic·tion** [~kʃn] *s jur.* Verurteilung *f*; Überzeugung *f*.

con·vince [kən'vɪns] *v/t* überzeugen.

con·voy ['kɒnvɔɪ] **1.** *s mar.* Geleitzug *m*, Konvoi *m*; (Wagen)Kolonne *f*; (Geleit)Schutz *m*; **2.** *v/t* Geleitschutz geben (*dat*), eskortieren.

con·vul|sion *med.* [kən'vʌlʃn] *s* Zuckung *f*, Krampf *m*; **~·sive** *adj* □ krampfhaft, -artig, konvulsiv.

cook [kʊk] **1.** *s* Koch *m*; Köchin *f*; **2.** *v/t* kochen (*a. v/i*); F *report, accounts, etc.*: frisieren; **~ *up*** F sich ausdenken, erfinden; F **~ *s.o.'s goose*** j-m alles verderben; **~·book** *s Am.* Kochbuch *n*; **~·er** *s Br.* Ofen *m*, Herd *m*; **~·e·ry** *s* Kochen *n*; Kochkunst *f*; **~ *book*** *Br.* Kochbuch *n*; **~·ie** *s Am.* (süßer) Keks, Plätzchen *n*; **~·ing** *s*: ***French*** **~** französische Küche; **~·y** *s Am.* → ***cookie***.

cool [ku:l] **1.** *adj* □ kühl; *fig.* kaltblütig, gelassen; unverfroren; *esp. Am.* F klasse, prima, cool; **2.** *s* Kühle *f*; F (Selbst-)Beherrschung *f*; **3.** *v/t and v/i* (sich) abkühlen; **~ *down***, **~ *off*** sich beruhigen; **cool·ant** ['ku:lənt] *s* Kühlwasser *n*, Kühlflüssigkeit *f*; **~-head·ed** *adj* (kühl und) besonnen; **~·ing-off pe·ri·od** *s econ. during industrial dispute*: Schlichtungsstadium *n* mit Friedenspflicht; *after signing a contract*: Rücktrittsfrist *f*.

coop [ku:p] **1.** *s* Hühnerstall *m*; **2.** *v/t*: **~ *up***, **~ *in*** einsperren, -pferchen.

co-op F ['kəʊɒp] *s shop*: Co-op *m*, Konsumladen *m*; *society*: Genossenschaft *f*.

co(-)op·e|rate [kəʊ'ɒpəreɪt] *v/i* mitwirken; zusammenarbeiten; kooperieren; **~·ra·tion** [~'reɪʃn] *s* Mitwirkung *f*; Zusammenarbeit *f*, Kooperation *f*; **~·ra·tive** [kəʊ'ɒpərətɪv] **1.** *adj* □ kooperativ, hilfsbereit; **2.** *s a.* **~ *society*** Genossenschaft *f*; Co-op *m*, Konsumverein *m*; *a.* **~ *store*** Co-op *m*, Konsumladen *m*.

co(-)or·di|nate **1.** *adj* □ [kəʊ'ɔ:dɪnət] koordiniert; **2.** *v/t* [~neɪt] koordinieren, aufeinander abstimmen; **~·na·tion** [~'neɪʃn] *s* Koordination *f*; harmonisches Zusammenspiel.

cop F [kɒp] *s* Bulle *m* (*policeman*).
co·part·ner [kəʊ'pɑːtnə] *s econ.* Teilhaber *m.*
cope [kəʊp] *v/i*: ~ ***with*** gewachsen sein (*dat*), fertigwerden mit.
cop·i·er ['kɒpɪə] *s* Kopiergerät *n*, Kopierer *m.*
co-pi·lot *aer.* ['kəʊpaɪlət] *s* Kopilot(in).
cop·per¹ ['kɒpə] **1.** *s min.* Kupfer *n*; Kupfermünze *f*; **2.** *adj* kupfern, Kupfer...
cop·per² F [~] *s* Bulle *m* (*policeman*).
cop·y ['kɒpɪ] **1.** *s* Kopie *f*; Abschrift *f*; Nachbildung *f*; Durchschlag *m*; Muster *n*; *of book*: Exemplar *n*; *of newspaper*: Nummer *f*; druckfertiges Manuskript; ***fair*** *or* ***clean*** ~ Reinschrift *f*; **2.** *v/t* kopieren; abschreiben; *computer*: (*data*) übertragen; nachbilden; nachahmen; **~-book** *s* Schreibheft *n*; **~-pro·tect·ed** *adj computer*: kopiergeschützt (*disk*); **~-pro·tec·tion** *s computer*: Kopierschutz *m*; **~·right** *s* Urheberrecht *n*, Copyright *n*; ***protected by*** ~ urheberrechtlich geschützt; **~·writ·er** *s* Werbetexter(in).
cor·al *zo.* ['kɒrəl] *s* Koralle *f.*
cord [kɔːd] **1.** *s* Schnur *f*, Strick *m*; *anat.* Band *n*, Schnur *f*, Strang *m*; (***a pair of***) **~s** *pl* (e-e) Kordhose; **2.** *v/t* (zu)schnüren, binden.
cor·di·al ['kɔːdɪəl] **1.** *adj* □ herzlich; *med.* stärkend; **2.** *s* belebendes Mittel, Stärkungsmittel *n*; Fruchtsaftkonzentrat *n*; Likör *m*; **~·i·ty** [kɔːdɪ'ælətɪ] *s* Herzlichkeit *f.*
cor·don ['kɔːdn] **1.** *s* Kordon *m*, Postenkette *f*; **2.** *v/t*: ~ ***off*** abriegeln, absperren.
cor·du·roy ['kɔːdərɔɪ] *s* Kord(samt) *m*; (***a pair of***) **~s** *pl* (e-e) Kordhose.
core [kɔː] **1.** *s* Kerngehäuse *n*; *fig.* Herz *n*, Mark *n*, Kern *m*; **2.** *v/t* entkernen.
cork [kɔːk] **1.** *s* Kork *m*; *stopper*: Korken *m*; **2.** *v/t a.* ~ ***up*** zu-, verkorken; **~·screw** ['~skruː] *s* Korkenzieher *m.*
corn [kɔːn] **1.** *s* (Samen-, Getreide)Korn *n*; Getreide *n*; *a.* ***Indian*** ~ *Am.* Mais *m*; *med.* Hühnerauge *n*; **2.** *v/t* (ein)pökeln.
cor·ner ['kɔːnə] **1.** *s* Ecke *f*; Winkel *m*; Kurve *f*; *soccer, etc.*: Eckball *m*, Ecke *f*; *fig.* schwierige Lage, Klemme *f*, Enge *f*; **2.** *adj* Eck...; **~-*kick*** *soccer*: Eckstoß *m*; **3.** *v/t* in die Ecke (*fig.* Enge) treiben; *econ.* aufkaufen; **...-~ed** ...eckig; ~ **shop** *s* Tante-Emma-Laden *m.*
cor·net ['kɔːnɪt] *s mus.* Kornett *n*; *Br.* Eistüte *f.*
cor·o·na·tion [kɒrə'neɪʃn] *s* Krönung *f.*
cor·o·ner *jur.* ['kɒrənə] *s appr.* Untersuchungsrichter(in).
cor·po|ral ['kɔːpərəl] **1.** *adj* □ körperlich; ~ ***punishment*** Prügelstrafe *f*; **2.** *s mil.* Unteroffizier *m*
cor·po·ra·tion [kɔːpə'reɪʃn] *s* Körperschaft *f*; *of town*: Stadtverwaltung *f*; *Am.* Aktiengesellschaft *f.*
corpse [kɔːps] *s* Leichnam *m*, Leiche *f.*
cor·pu|lence, **~·len·cy** ['kɔːpjʊləns, ~sɪ] Korpulenz *f*; **~·lent** [~t] *adj* korpulent.
cor·ral [kɔː'rɑːl, *Am.* kə'ræl] **1.** *s* Korral *m*, Hürde *f*, Pferch *m*; **2.** *v/t* (***-ll-***) *cattle*: in e-n Pferch treiben.
cor|rect [kə'rekt] **1.** *adj* □ korrekt, richtig; **2.** *v/t* korrigieren; zurechtweisen; strafen; **~·rec·tion** [~kʃn] *s* Berichtigung *f*; Korrektur *f*; ~ ***of proofs*** Korrekturlesen *n.*
cor·re|spond [kɒrɪ'spɒnd] *v/i* entsprechen (***with, to*** *dat*), sich decken; korrespondieren; **~·spon·dence** *s* Übereinstimmung *f*; Korrespondenz *f*, Briefwechsel *m*; ~ ***course*** Fernkurs *m*; **~·spon·dent** [~t] **1.** *adj* □ entsprechend; **2.** *s* Briefpartner(in); Korrespondent(in); **~·spon·ding** *adj* □ entsprechend.
cor·ri·dor ['kɒrɪdɔː] *s* Korridor *m*, Gang *m.*
cor·rob·o·rate [kə'rɒbəreɪt] *v/t* bekräftigen, bestätigen.
cor|rode [kə'rəʊd] *v/t* zerfressen; *tech.* korrodieren (*a. v/i*); **~·ro·sion** [~ʒn] *s* Zerfressen *n*; *tech.* Korrosion *f*; Rost *m*; **~·ro·sive** [~sɪv] **1.** *adj* □ zerfressend, ätzend; **2.** *s* Korrosions-, Ätzmittel *n.*
cor|rupt [kə'rʌpt] **1.** *adj* □ verdorben; korrupt, bestechlich, käuflich; **2.** *v/t* verderben; bestechen; *v/i* verderben; **~·rupt·i·ble** *adj* □ verderblich; korrupt, bestechlich, käuflich; **~·rup·tion** [~pʃn] *s* Verdorbenheit, Verworfenheit *f*; Korruption *f*, Bestechlichkeit *f*; Verfälschung *f*; *decay*: Fäulnis *f.*
cor·set ['kɔːsɪt] *s* Korsett *n.*
cos|met·ic [kɒz'metɪk] **1.** *adj* (**~*ally***) kosmetisch; ~ ***surgery*** Schönheitschirur-

gie *f*; **2.** *s mst* **~s** *pl* Kosmetika *pl*, Schönheitspflegemittel *pl*; **~·me·ti·cian** [kɒzmə'tɪʃn] *s* Kosmetiker(in).
cos·mo·naut ['kɒzmənɔːt] *s* Kosmonaut(in).
cos·mo·pol·i·tan [kɒzmə'pɒlɪtən] **1.** *adj* kosmopolitisch; **2.** *s* Weltbürger(in).
cost [kɒst] **1.** *s* Preis *m*; Kosten *pl*; Schaden *m*; ***~-conscious*** kostenbewußt; ***~-cutting*** kostendämpfend; ***~ of living*** Lebenshaltungskosten *pl*; ***~ price*** *econ.* Selbstkostenpreis *m*; **2.** *v/i* (***cost***) kosten; **~·ly** *adj* (***-ier***, ***-iest***) kostspielig; teuer erkauft.
cos·tume ['kɒstjuːm] *s* Kostüm *n*, Kleidung *f*, Tracht *f*; ***~ jewellery*** Modeschmuck *m*.
co·sy ['kəʊzɪ] **1.** *adj* □ (***-ier***, ***-iest***) behaglich, gemütlich; **2.** → ***egg-cosy***, ***tea-cosy***.
cot [kɒt] *s* Feldbett *n*; *Br.* Kinderbett *n*; ***~ death*** plötzlicher Kindstod.
cot|tage ['kɒtɪdʒ] *s* Cottage *n*, (kleines) Landhaus; *Am.* Ferienhaus *n*, -häuschen *n*; ***~ cheese*** Hüttenkäse *m*; **~·tag·er** [~ə] *s* Cottagebewohner(in); *Am.* Urlauber(in) in e-m Ferienhaus.
cot·ton ['kɒtn] **1.** *s* Baumwolle *f*; Baumwollstoff *m*; (Baumwoll)Garn *n*, (-)Zwirn *m*; **2.** *adj* baumwollen, Baumwoll...; **3.** *v/i*: ***~ on to*** F *et.* kapieren, verstehen; ***~ wool*** *s Br.* Watte *f*.
couch [kaʊtʃ] **1.** *s* Couch *f*, Sofa *n*; Liege *f*; **2.** *v/t* (ab)fassen, formulieren.
cou·chette *rail.* [kuː'ʃet] *s* Liegewagenplatz *m*; *a.* ***~ coach*** Liegewagen *m*.
cou·gar *zo.* ['kuːgə] *s* Puma *m*.
cough [kɒf] **1.** *s* Husten *m*; **2.** *v/i* husten.
could [kʊd] *pret of* **can¹**.
coun|cil ['kaʊnsl] *s* Rat(sversammlung *f*) *m*; ***~ house*** *Br.* gemeindeeigenes Wohnhaus (*mit niedrigen Mieten*); ***~ housing*** *appr.* sozialer Wohnungsbau; ***2 of Europe*** *pol.* Europarat *m*; **~·ci(l)·lor** [~sələ] *s* Ratsmitglied *n*, Stadtrat *m*, Stadträtin *f*.
coun|sel ['kaʊnsl] **1.** *s* Beratung *f*; Rat(schlag) *m*; *Br. jur.* (Rechts)Anwalt *m*; ***~ for the defence*** (*Am.* ***defense***) Verteidiger(in); ***~ for the prosecution*** Anklagevertreter(in); **2.** *v/t* (*esp. Br.* ***-ll-***, *Am.* ***-l-***) *j-n* beraten; *j-m* raten; **~·se(l)·lor** [~sələ] *s* Berater *m*; *a.* ***~-at-law*** *Am. jur.* (Rechts)Anwalt *m*.
count¹ [kaʊnt] *s* Graf *m*.
count² [~] **1.** *s* Rechnung *f*, Zählung *f*; *jur.* Anklagepunkt *m*; **2.** *v/t* zählen; aus-, berechnen; *fig.* halten für; ***~ down*** *money*: hinzählen; *v/i* zählen; rechnen; (***on***, ***upon***) zählen, sich verlassen (auf *acc*); gelten (***for little*** wenig); ***~ down*** *space travel*: den Countdown durchführen, letzte (Start)Vorbereitungen treffen; **~·down** ['~daʊn] *s space travel*: Countdown *m* (*a. fig.*), letzte (Start-) Vorbereitungen *pl*.
coun·te·nance ['kaʊntɪnəns] *s* Gesichtsausdruck *m*; Fassung *f*.
count·er¹ ['kaʊntə] *s* Zähler *m*; Zählgerät *n*; *Br.* Spielmarke *f*.
coun·ter² [~] *s* Ladentisch *m*; Theke *f*; (Bank-, Post)Schalter *m*.
coun·ter³ [~] **1.** *adj* (ent)gegen, Gegen...; **2.** *v/t* entgegentreten (*dat*), entgegnen (*dat*), bekämpfen; abwehren.
coun·ter·act [kaʊntər'ækt] *v/t* entgegenwirken (*dat*); neutralisieren; bekämpfen.
coun·ter·bal·ance 1. *s* ['kaʊntəbæləns] Gegengewicht *n*; **2.** *v/t* [kaʊntə'bæləns] aufwiegen, ausgleichen.
coun·ter·clock·wise *Am.* [kaʊntə'klɒkwaɪz] → ***anticlockwise***.
coun·ter-es·pi·o·nage [kaʊntər'espɪənɑːʒ] *s* Spionageabwehr *f*.
coun·ter·feit ['kaʊntəfɪt] **1.** *adj* □ nachgemacht, falsch, unecht; **2.** *s* Fälschung *f*; Falschgeld *n*; **3.** *v/t money, signature, etc.*: fälschen.
coun·ter|foil ['kaʊntəfɔɪl] *s* Kontrollabschnitt *m*; **~-in·fla·tion·a·ry** [~ɪn'fleɪʃənərɪ] *adj econ.* antiinflationär, Antiinflations...; **~·mand** [~'mɑːnd] *v/t order, etc*: widerrufen; *goods*: abbestellen; **~·pane** ['~peɪn] → ***bedspread***; **~·part** ['~pɑːt] *s* Gegenstück *n*; genaue Entsprechung; **~·sign** ['~saɪn] *v/t* gegenzeichnen, mit unterschreiben.
coun·tess ['kaʊntɪs] *s* Gräfin *f*.
count·less ['kaʊntlɪs] *adj* zahllos.
coun·try ['kʌntrɪ] **1.** *s* Land *n*; Gegend *f*; Heimatland *n*; **2.** *adj* Land..., ländlich; **~·man** *s* Landbewohner *m*; Bauer *m*; *a.* ***fellow ~*** Landsmann *m*; ***~ road*** *s* Landstraße *f*; **~·side** *s* (ländliche) Gegend; Landschaft *f*; **~·wom·an** *s* Landbewohnerin *f*; Bäuerin *f*; *a.* ***fellow ~*** Landsmännin *f*.

C

coun·ty ['kaʊntɪ] *s Br.* Grafschaft *f*; *Am.* (Land)Kreis *m*; ~ **seat** *s Am.* Kreis(haupt)stadt *f*; ~ **town** *s Br.* Grafschaftshauptstadt *f*.

coup [ku:] *s* Coup *m*; Putsch *m*; ~ ***de grâce*** Gnadenstoß *m*, -schuß *m*; ~ ***d'état*** Staatsstreich *m*.

cou·ple ['kʌpl] **1.** *s* Paar *n*; ***a ~ of*** F ein paar; **2.** *v/t* (zusammen)koppeln; *tech.* kuppeln; *v/i zo.* sich paaren.

coup·ling *tech.* ['kʌplɪŋ] *s* Kupplung *f*.

cou·pon ['ku:pɒn] *s* Gutschein *m*; Kupon *m*, Bestellzettel *m*.

cour·age ['kʌrɪdʒ] *s* Mut *m*; **cou·ra·geous** [kə'reɪdʒəs] *adj* mutig, beherzt.

cou·ri·er ['kʊrɪə] *s* Kurier *m*, Eilbote *m*; Reiseleiter *m*.

course [kɔ:s] **1.** *s* Lauf *m*, Gang *m*; Weg *m*; *mar.*, *aer.* Kurs *m* (*a. fig.*); *sports*: (Renn)Bahn *f*, (-)Strecke *f*, *golf*: Platz *m*; *of meal*: Gang *m*; Reihe *f*; Folge *f*; Kurs *m*; *med.* Kur *f*; ***of ~*** natürlich, selbstverständlich; **2.** *v/t and v/i* hetzen, jagen; *v/i of tears, etc.*: strömen.

court [kɔ:t] **1.** *s* Hof *m* (*a. of monarch*); kleiner Platz; *sports*: Platz *m*, (Spiel-) Feld *n*; *jur.* Gericht(shof *m*) *n*; Gerichtssaal *m*; 𝔖 ***of Auditors*** Europäischer Rechnungshof; **2.** *v/t j-m* den Hof machen; werben um.

cour·te|ous ['kɜ:tjəs] *adj* □ höflich; **~·sy** [~ɪsɪ] *s* Höflichkeit *f*; Gefälligkeit *f*.

court|-house ['kɔ:thaʊs] *s* Gerichtsgebäude *n*; **~·ly** [~lɪ] *adj* höfisch; höflich; ~ **mar·tial** *s* Kriegsgericht *n*; **~-mar·tial** *v/t* (*esp. Br.* **-ll-**, *Am.* **-l-**) vor ein Kriegsgericht stellen; **~·room** *s* Gerichtssaal *m*; **~·yard** *s* Hof *m*.

cous·in ['kʌzn] *s* Cousin *m*, Vetter *m*; Cousine *f*, Kusine *f*.

cove [kəʊv] *s* kleine Bucht.

cov·er ['kʌvə] **1.** *s* Decke *f*; (*a.* Buch-) Deckel *m*; Einband *m*, Umschlag *m*, Hülle *f*; Schutzhaube *f*; Abdeckhaube *f*; Briefumschlag *m*; *mil.* Deckung *f*; Schutz *m*, *insurance*: *a.* Deckung *f*; Dickicht *n*; Decke *f*, *of tyre*: Mantel *m*; *fig.* Deckmantel *m*; ***take ~*** in Deckung gehen; ***under plain ~*** in neutralem Umschlag; ***under separate ~*** mit getrennter Post; **2.** *v/t* (be-, zu)decken; einschlagen, -wickeln; verbergen, -dekken; schützen; *distance*: zurücklegen; *econ.* decken; *with gun*: zielen auf (*acc*); umfassen; *fig.* erfassen; *TV*, *etc.*: berichten über (*acc*); ~ ***up*** ab-, zudecken; *fig.* verbergen, -heimlichen; *v/i*: ~ ***up for s.o.*** j-n decken; **~·age** [~rɪdʒ] *s TV*, *etc.*: Berichterstattung *f* (***of*** über *acc*); ~ **girl** *s* Covergirl *n*, Titelblattmädchen *n*; **~·ing** *s* Decke *f*; Überzug *m*; *of floor*: Belag *m*; ~ **sto·ry** *s* Titelgeschichte *f*.

cov·ert ['kʌvət] *adj* □ heimlich, versteckt.

cow¹ *zo.* [kaʊ] *s* Kuh *f*.

cow² [~] *v/t* einschüchtern, ducken.

cow·ard ['kaʊəd] **1.** *adj* □ feig(e); **2.** *s* Feigling *m*; **~·ice** [~ɪs] *s* Feigheit *f*; **~·ly** [~lɪ] *adj* feig(e).

cow·boy ['kaʊbɔɪ] *s* Cowboy *m*.

cow·er ['kaʊə] *v/i* kauern; sich ducken.

cow|herd ['kaʊhɜ:d] *s* Kuhhirt *m*; **~·hide** *s* Rind(s)leder *n*.

cowl [kaʊl] *s* Mönchskutte *f*; Kapuze *f*; *of chimney*: Schornsteinkappe *f*.

co-work·er [kəʊ'wɜ:kə] *s* Kolleg|e *m*, -in *f*.

cow|shed ['kaʊʃed] *s* Kuhstall *m*; **~·slip** *s bot.* Schlüsselblume *f*; *Am.* Sumpfdotterblume *f*.

cox [kɒks], **cox·swain** ['kɒksweɪn, *mar. mst* 'kɒksn] *s* Bootsführer *m*; *rowing*: Steuermann *m*.

coy·ote *zo.* ['kɔɪəʊt, kɔɪ'əʊtɪ] *s* Kojote *m*, Präriewolf *m*.

co·zy *Am.* ['kəʊzɪ] *adj* □ (***-ier***, ***-iest***) → ***cosy***.

crab [kræb] *s* Krabbe *f*, Taschenkrebs *m*; F Nörgler(in).

crack [kræk] **1.** *s* Krach *m*, Knall *m*; Spalte *f*, Spalt *m*, Schlitz *m*; F derber Schlag; F Versuch *m*; F Witz *m*; **2.** *adj* F erstklassig; **3.** *v/t* knallen mit, knacken lassen; zerbrechen, (zer)sprengen; schlagen, hauen; (auf)knacken; ***~ a joke*** e-n Witz reißen; *v/i* krachen, knallen, knacken; (zer)springen, (-)platzen; *of voice*: überschlagen; *a.* ***~ up*** *fig.* zusammenbrechen; ***get ~ing*** F loslegen; **~·er** *s* Cracker *m*, Kräcker *m*; *fire ~*: Schwärmer *m*, Frosch *m*; **~·le** [~kl] *v/i* knattern, knistern, krachen.

cra·dle ['kreɪdl] **1.** *s* Wiege *f*; *fig.* Kindheit *f*; **2.** *v/t* wiegen; betten.

craft¹ [krɑ:ft] *s mar.* Boot(e *pl*) *n*, Schiff(e *pl*) *n*; *aer.* Flugzeug(e *pl*) *n*; (Welt-) Raumfahrzeug(e *pl*) *n*.

craft² [~] *s* Handwerk *n*, Gewerbe *n*;

Schlauheit *f*, List *f*; **~s·man** ['krɑːftsmən] *s* (Kunst)Handwerker *m*; **~·y** *adj* □ (**-ier**, **-iest**) gerissen, listig, schlau.
crag [kræg] *s* Klippe *f*, Felsenspitze *f*.
cram [kræm] *v/t* (**-mm-**) (voll)stopfen, mästen; ***the train was ~med*** der Zug war gerammelt voll; *v/i for an exam*: pauken.
cramp [kræmp] **1.** *s med.* Krampf *m*; *tech.* Klammer *f*; *fig.* Fessel *f*; **2.** *v/t* einengen, hemmen.
cran·ber·ry *bot.* ['krænbərɪ] *s* Preiselbeere *f*.
crane [kreɪn] **1.** *s zo.* Kranich *m*; *tech.* Kran *m*; **2.** *v/i* den Hals recken; *v/t*: ***~ one's neck*** sich den Hals verrenken (***for*** nach).
crank [kræŋk] **1.** *s tech.* Kurbel *f*; F Spinner *m*, komischer Kauz; **2.** *v/t* (an)kurbeln; **~·shaft** *tech.* ['~ʃɑːft] *s* Kurbelwelle *f*; **~·y** [~ɪ] *adj* (**-ier**, **-iest**) wacklig; verschroben; *Am.* schlechtgelaunt.
cran·ny ['krænɪ] *s* Riß *m*, Ritze *f*.
crap V [kræp] **1.** *s* V Scheiße *f*; **2.** *v/i* V scheißen.
crape [kreɪp] *s* Krepp *m*, Flor *m*.
crash [kræʃ] **1.** *s* Krach(en *n*) *m*; Unfall *m*, Zusammenstoß *m*; *aer.*, *a. of computer*: Absturz *m*; *esp. econ.* Zusammenbruch *m*, (Börsen)Krach *m*; **2.** *v/t* zertrümmern; e-n Unfall haben mit; *aer.* abstürzen mit; *v/i* (krachend) zerbersten, -brechen; krachend einstürzen, zusammenkrachen; *esp. econ.* zusammenbrechen; krachen (***against, into*** gegen); *mot.* zusammenstoßen, verunglücken; *aer.*, *a. computer*: abstürzen; **~ bar·ri·er** *s* Leitplanke *f*; **~ course** *s* Schnell-, Intensivkurs *m*; **~ di·et** *s* radikale Schlankheitskur; **~-hel·met** *s* Sturzhelm *m*; **~-land** *v/i and v/t aer.* e-e Bruchlandung machen (mit); **~ land·ing** *s aer.* Bruchlandung *f*; **~ pro·gram(me)** *s pol.*, *etc.*: Sofortprogramm *n*.
crate [kreɪt] *s* (Latten)Kiste *f*.
cra·ter ['kreɪtə] *s* Krater *m*; Trichter *m*.
crave [kreɪv] *v/t* dringend bitten *or* flehen um; *v/i* sich sehnen (***for*** nach); **crav·ing** ['~ɪŋ] *s* heftiges Verlangen.
craw·fish *zo.* ['krɔːfɪʃ] *s* Flußkrebs *m*.
crawl [krɔːl] **1.** *s* Kriechen *n*; **2.** *v/i* kriechen; schleichen; wimmeln; kribbeln; *swimming*: kraulen.
cray·fish *zo.* ['kreɪfɪʃ] *s* Flußkrebs *m*.
cray·on ['kreɪən] *s* Zeichenstift *m*, Pastellstift *m*.
craze [kreɪz] *s* Verrücktheit *f*, F Fimmel *m*; ***be the ~*** Mode sein; **cra·zy** ['kreɪzɪ] *adj* □ (**-ier**, **-iest**) verrückt (***about*** nach).
creak [kriːk] *v/i* knarren, quietschen.
cream [kriːm] **1.** *s* Rahm *m*, Sahne *f*; Creme *f*; Auslese *f*, *das* Beste; **2.** *v/t a.* ***~ off*** den Rahm abschöpfen von, absahnen (*a. fig.*); **~·e·ry** ['kriːmərɪ] *s* Molkerei *f*; Milchgeschäft *n*; **~·y** [~ɪ] *adj* (**-ier**, **-iest**) sahnig; weich.
crease [kriːs] **1.** *s* (Bügel)Falte *f*; **2.** *v/t and v/i* (zer)knittern.
cre|ate [kriː'eɪt] *v/t* (er)schaffen; hervorrufen; verursachen; kreieren; **~·a·tion** [~'eɪʃn] *s* (Er)Schaffung *f*; Erzeugung *f*; Schöpfung *f*; **~·a·tive** [~'eɪtɪv] *adj* □ schöpferisch; **~·a·tiv·i·ty** [kriːeɪ'tɪvɪtɪ] *s* Kreativität f; **~·a·tor** [~ə] *s* Schöpfer *m*; (Er)Schaffer *m*; **crea·ture** ['kriːtʃə] *s* Geschöpf *n*; Kreatur *f*.
crèche [kreɪʃ] *s* (Kinder)Krippe *f*.
cre|dence ['kriːdəns] *s* Glaube *m*; **~·den·tials** [krɪ'denʃlz] *s pl* Beglaubigungsschreiben *n*; Referenzen *pl*; Zeugnisse *pl*; (Ausweis)Papiere *pl*.
cred·i|bil·i·ty [kredɪ'bɪlɪtɪ] *s* Glaubwürdigkeit *f*; **~·ble** ['kredəbl] *adj* □ glaubwürdig; glaubhaft.
cred|it ['kredɪt] **1.** *s* Glaube(n) *m*; Ruf *m*, Ansehen *n*; Verdienst *n*; *econ.* Guthaben *n*; *econ.* Kredit *m*; *univ. appr.* (Seminar)Schein *m*; **~ card** *econ.* Kreditkarte *f*; **2.** *v/t j-m* glauben; *j-m* trauen; *econ.* gutschreiben; ***~ s.o. with s.th.*** j-m et. zutrauen; j-m et. zuschreiben; **~·i·ta·ble** *adj* □ achtbar, ehrenvoll (***to*** für); **~·i·tor** *s* Gläubiger *m*; **~·u·lous** [~jʊləs] *adj* □ leichtgläubig.
creed [kriːd] *s* Glaubensbekenntnis *n*.
creek [kriːk] *s Br.* kleine Bucht; *Am.* Bach *m*.
creel [kriːl] *s* Fischkorb *m*.
creep [kriːp] **1.** *v/i* (***crept***) kriechen; schleichen (*a. fig.*); ***~ in*** (sich) hinein- *or* hereinschleichen; *mistake*, *etc.*: sich einschleichen; ***it makes my flesh ~*** ich bekomme e-e Gänsehaut davon; **2.** *s sl.* Widerling *m*, fieser Typ; F ***the sight gave me the ~s*** bei dem Anblick bekam ich e-e Gänsehaut *or* das kalte

Grausen; **~·er** *s bot.* Kriech-, Kletterpflanze *f*; **~·y** *adj* unheimlich, gruselig.

crept [krept] *pret and pp of* **creep** 1.

cres·cent ['kresnt] **1.** *adj* zunehmend; halbmondförmig; **2.** *s* Halbmond *m*.

cress *bot.* [kres] *s* Kresse *f*.

crest [krest] *s of hill*: Kamm *m*; *of helmet*: Federbusch *m*; ***family ~*** *heraldry*: Familienwappen *n*; **~·fal·len** ['~fɔːlən] *adj* niedergeschlagen.

cre·vasse [krɪ'væs] *s* (Gletscher)Spalte *f*; *Am.* Deichbruch *m*.

crev·ice ['krevɪs] *s* Riß *m*, Spalte *f*.

crew¹ [kruː] *s mar.*, *aer.* Besatzung *f*, *mar. a.* Mannschaft *f*; (Arbeits)Gruppe *f*; Belegschaft *f*.

crew² [~] *pret of* **crow** 2.

crib [krɪb] **1.** *s* Krippe *f*; *Am.* Kinderbett *n*; F *school*: Spickzettel *m*; **2.** *v/t and v/i* (*-**bb**-*) F abschreiben, spicken.

crick [krɪk] *s*: ***a ~ in one's back*** (***neck***) ein steifer Rücken (Hals).

crick|et ['krɪkɪt] *s zo.* Grille *f*; *sports*: Kricket *n*; *dated*: **not ~** F nicht fair.

crime [kraɪm] *s jur.* Verbrechen *n*, Straftat *f*; *coll.* Verbrechen *pl*; ***~ novel*** Kriminalroman *m*.

crim·i·nal ['krɪmɪnl] **1.** *adj* □ verbrecherisch, kriminell (*a. fig.*); Kriminal..., Straf...; ♀ ***Investigation Department*** (*abbr.* ***CID***) *Br.* Kriminalpolizei *f*; **2.** *s* Verbrecher(in), Kriminelle(r *m*) *f*.

cringe [krɪndʒ] *v/i* sich ducken.

crin|kle ['krɪŋkl] **1.** *s* Falte *f*, *in face*: Fältchen *n*; **2.** *v/t and v/i* (sich) kräuseln; knittern.

crip·ple ['krɪpl] **1.** *s* Krüppel *m*; **2.** *v/t* zum Krüppel machen; *fig.* lähmen.

cri·sis ['kraɪsɪs] *s* (*pl* ***-ses*** [-siːz]) Krise *f*.

crisp [krɪsp] **1.** *adj* □ kraus; knusp(e)rig, *biscuits, etc.*: mürbe; *bracing*: frisch; *style*: klar; **2.** *v/t and v/i* (sich) kräuseln; knusp(e)rig machen *or* werden; **3.** *s*: **~s** *pl*, *a.* ***potato ~s*** *pl Br.* (Kartoffel)Chips *pl*; **~·bread** ['~bred] *s* Knäckebrot *n*.

criss-cross ['krɪskrɒs] **1.** *s* Muster *n* sich schneidender Linien, Kreuzundquer *n*; **2.** *v/t* (durch)kreuzen.

cri·te·ri·on [kraɪ'tɪərɪən] *s* (*pl* ***-ria*** [-rɪə], ***-rions***) Kriterium *n*.

crit|ic ['krɪtɪk] *s* Kritiker(in); **~·i·cal** [~kl] *adj* □ kritisch; bedenklich; **~·i·cis·m** [~ɪsɪzəm] *s* Kritik *f* (***of*** an *dat*); **~·i·cize** [~saɪz] *v/t* kritisieren; kritisch beurteilen; tadeln; **cri·tique** [krɪ'tiːk] *s* kritischer Essay, Kritik *f*.

croak [krəʊk] *v/i* krächzen; quaken.

cro·chet ['krəʊʃeɪ] **1.** *s* Häkelei *f*; Häkelarbeit *f*; **2.** *v/t and v/i* häkeln.

crock·ẹ·ry ['krɒkərɪ] *s* Steingut *n*.

croc·o·dile *zo.* ['krɒkədaɪl] *s* Krokodil *n*.

crook [krʊk] **1.** *s* Krümmung *f*; Haken *m*; Hirtenstab *m*; F Gauner *m*; **2.** *v/t and v/i* (sich) krümmen *or* (ver)biegen; **~·ed** ['krʊkɪd] *adj* krumm; bucklig; F unehrlich; [krʊkt] Krück...

croon [kruːn] *v/t and v/i* schmalzig singen; summen; **~·er** *s* Schnulzensänger(in).

crop [krɒp] **1.** *s zo.* Kropf *m*; Peitschenstiel *m*; Reitpeitsche *f*; (Feld)Frucht *f*, *esp.* Getreide *n*; Ernte *f*; kurzer Haarschnitt; **2.** (*-**pp**-*) *v/t* abfressen, abweiden; *hair*: kurz schneiden; *v/i*: ***~ up*** *fig.* plötzlich auftauchen.

cross [krɒs] **1.** *s* Kreuz *n* (*a. fig.*: *sorrow, etc.*); Kreuzung *f*; **2.** *adj* □ quer (liegend, laufend *etc.*); *angry*: ärgerlich, böse; entgegengesetzt; Kreuz..., Quer...; **3.** *v/t* kreuzen; überqueren; *fig.* durchkreuzen; *j-m* in die Quere kommen; ***~ off***, ***~ out*** aus-, durchstreichen; ***~ o.s.*** sich bekreuzigen; ***keep one's fingers ~ed*** den Daumen halten; *v/i* sich kreuzen; **~·bar** ['~bɑː] *s soccer*: (Tor-)Latte *f*; **~-bor·der** *adj* grenzüberschreitend; **~breed** *s biol.* Kreuzung *f*; **~coun·try** *adj* Querfeldein..., Gelände...; ***~ skiing*** Skilanglauf *m*; **~-ex·am·i·na·tion** *s* Kreuzverhör *n*; **~-ex·am·ine** *v/t* ins Kreuzverhör nehmen; **~-eyed** *adj* schielend; ***be ~*** schielen; **~·ing** *s* Kreuzung *f*; Übergang *m*; *mar.* Überfahrt *f*; **~·road** *s* Querstraße *f*; **~·roads** *s pl or sg* Straßenkreuzung *f*; *fig.* Scheideweg *m*; **~-sec·tion** *s* Querschnitt *m*; **~·walk** *s Am.* Fußgängerüberweg *m*; **~·wise** *adv* quer, kreuzweise; **~·word** (**puz·zle**) *s* Kreuzworträtsel *n*.

crotch [krɒtʃ] *s of trousers*: Schritt *m*.

crotch·et ['krɒtʃɪt] *s* Haken *m*; *esp. Br. mus.* Viertelnote *f*.

crouch [kraʊtʃ] **1.** *v/i* sich ducken; **2.** *s* Hockstellung *f*.

crow [krəʊ] **1.** *s zo.* Krähe *f*; Krähen *n*; **2.** *v/i* (***crowed*** *or* ***crew***, ***crowed***) krähen; (***crowed***) F prahlen (***about*** mit).

crow·bar ['krəʊbɑː] *s* Brecheisen *n*.

C

crowd [kraʊd] **1.** *s* Masse *f*, Menge *f*, Gedränge *n*; F Bande *f*; **2.** *v/i* sich drängen; *v/t streets, etc.*: bevölkern; vollstopfen; **~·ed** ['~ɪd] *adj* überfüllt, voll.

crown [kraʊn] **1.** *s* Krone *f*; Kranz *m*; Gipfel *m*; Scheitel *m*; **2.** *v/t* krönen; *tooth*: überkronen; ***to ~ it all*** zu allem Überfluß.

cru·cial ['kruːʃl] *adj* □ entscheidend, kritisch.

cru·ci|fix ['kruːsɪfɪks] *s* Kruzifix *n*; **~·fix·ion** [~'fɪkʃn] *s* Kreuzigung *f*; **~·fy** ['~faɪ] *v/t* kreuzigen.

crude [kruːd] **1.** *adj* □ roh; unfertig; unreif; unfein; grob; Roh...; grell; **2.** *s* Rohöl *n*.

cru·el [krʊəl] *adj* □ (*-ll-*) grausam; roh, gefühllos; **~·ty** ['krʊəltɪ] *s* Grausamkeit *f*; ***~ to animals*** Tierquälerei *f*; ***~ to children*** Kindesmißhandlung *f*.

cruise *mar.* [kruːz] **1.** *s* Kreuzfahrt *f*, Seereise *f*; **2.** *v/i* kreuzen, e-e Kreuzfahrt machen; mit Reisegeschwindigkeit fliegen *or* fahren; **~ mis·sile** *s mil.* Marschflugkörper *m*; **cruis·er** ['kruːzə] *s mar., mil.* Kreuzer *m*; *mar.* Jacht *f*, Kreuzfahrtschiff *n*.

crumb [krʌm] **1.** *s* Krume *f*; Brocken *m*; **2.** *v/t* panieren; zerkrümeln; **crum·ble** ['krʌmbl] *v/i* (zer)bröckeln; *fig.* zugrunde gehen; *v/t* zerbröckeln.

crum·ple ['krʌmpl] *v/t* zerknittern; *v/i* knittern; zusammengedrückt werden; **~ zone** *s mot.* Knautschzone *f*.

crunch [krʌntʃ] *v/t* (zer)kauen; zermalmen; *v/i* knirschen.

cru|sade [kruː'seɪd] *s* Kreuzzug *m* (*a. fig.*); **~·sad·er** *s hist.* Kreuzfahrer *m*.

crush [krʌʃ] **1.** *s* Druck *m*; Gedränge *n*; (Frucht)Saft *m*; F Schwärmerei *f*; F ***have a ~ on s.o.*** in j-n verliebt *or* F verknallt sein; **2.** *v/t* (zer-, aus)quetschen; zermalmen; *fig.* vernichten; *v/i* sich drängen; **~·bar·ri·er** ['~bærɪə] *s* Barriere *f*, Absperrung *f*.

crust [krʌst] **1.** *s* Kruste *f*; Rinde *f*; **2.** *v/i* verkrusten; verharschen; **~·y** *adj* □ (*-ier*, *-iest*) krustig; *fig.* mürrisch, barsch.

crutch [krʌtʃ] *s* Krücke *f*.

cry [kraɪ] **1.** *s* Schrei *m*; Geschrei *n*; Ruf *m*; Weinen *n*; Gebell *n*; **2.** *v/i and v/t* schreien; (aus)rufen; weinen; ***~ for*** verlangen nach; ***~ for help*** um Hilfe schreien.

crypt [krɪpt] *s* Gruft *f*; **cryp·tic** ['~ɪk] *adj* (***~ally***) verborgen, geheim; rätselhaft.

crys·tal ['krɪstl] *s* Kristall *m*; *Am.* Uhrglas *n*; **~·lize** [~aɪz] *v/t and v/i* kristallisieren.

cub [kʌb] **1.** *s of animal*: Junge(s) *n*; ***~ reporter*** Neuling *m*, Anfänger(in); **2.** *v/t* werfen.

cube [kjuːb] *s* Würfel *m* (*a. math.*); *phot.* Blitzwürfel *m*; *math.* Kubikzahl *f*; ***~ root*** *math.* Kubikwurzel *f*; **cu·bic** ['~ɪk] (***~ally***), **cu·bi·cal** ['~kl] *adj* □ würfelförmig, kubisch; Kubik...

cu·bi·cle ['kjuːbɪkl] *s* Kabine *f*.

cuck·oo *zo.* ['kʊkuː] *s* Kuckuck *m*.

cu·cum·ber ['kjuːkʌmbə] *s* Gurke *f*; ***as cool as a ~*** *fig.* eiskalt, gelassen.

cud·dle ['kʌdl] **1.** *s* Liebkosung *f*, (enge) Umarmung; **2.** *v/t* an sich drücken; schmusen mit; *v/i* schmusen; ***~ up to*** sich kuscheln an (*acc*); **cud·dly** *adj person*: verschmust, schmusig; *doll, etc.*: knuddelig.

cud·gel ['kʌdʒəl] **1.** *s* Knüppel *m*; **2.** *v/t* (*esp. Br.* *-ll-*, *Am.* *-l-*) prügeln.

cue [kjuː] *s billiards*: Queue *n*; *thea., a. fig.*: Stichwort *n*; Wink *m*.

cuff [kʌf] **1.** *s* Manschette *f*; Handschelle *f*; (Ärmel-, *Am. a.* Hosen)Aufschlag *m*; Klaps *m*; **2.** *v/t j-m* e-n Klaps geben; **~-link** *s* Manschettenknopf *m*.

cui·sine [kwiː'ziːn] *s* Küche *f*; ***French ~*** französische Küche.

cul-de-sac ['kʌldəsæk] *s* Sackgasse *f*.

cul·mi·nate ['kʌlmɪneɪt] *v/i* gipfeln (***in*** in *dat*).

cu·lottes [kjuː'lɒts] *s pl* (***a pair of*** ein) Hosenrock *m*.

cul·prit ['kʌlprɪt] *s* Angeklagte(r *m*) *f*; Schuldige(r *m*) *f*, Täter(in).

cult [kʌlt] *s* Kult *m* (*a. fig.*).

cul·ti|vate ['kʌltɪveɪt] *v/t agr.* kultivieren, bestellen, an-, bebauen; *friendship, etc.*: pflegen; **~·vat·ed** *adj agr.* bebaut; *fig.* gebildet, kultiviert; **~·va·tion** [kʌltɪ'veɪʃn] *s agr.* Kultivierung *f*, (An-, Acker)Bau *m*; *fig.* Pflege *f*.

cul·tu·ral ['kʌltʃərəl] *adj* □ kulturell; Kultur...; ***~ activities*** *pl* Kulturangebot *n*, -betrieb *m*.

cul·ture ['kʌltʃə] *s* Kultur *f*; Zucht *f*; **~d**

adj kultiviert (*a. fig.*); Zucht...; **~ shock** *s* Kulturschock *m.*
cum·ber·some ['kʌmbəsəm] *adj* lästig, hinderlich; klobig.
cu·mu·la·tive ['kju:mjʊlətɪv] *adj* □ sich (an)häufend, anwachsend; kumulativ.
cun·ning ['kʌnɪŋ] **1.** *adj* □ schlau, listig, gerissen; geschickt; *Am.* niedlich; **2.** *s* List *f*, Schlauheit *f*, Gerissenheit *f.*
cup [kʌp] **1.** *s* Tasse *f*; Becher *m*; Schale *f*; Kelch *m*; *sports*: Cup *m*, Pokal *m*; **~ *final*** Pokalendspiel *n*; **~ *tie*** Pokalspiel *n*; **~ *winner*** Pokalsieger *m*; **2.** *v/t* (**-pp-**) *hands*: hohl machen; ***she ~ped her chin in her hand*** sie stützte das Kinn in die Hand; **~·board** ['kʌbəd] *s* (Geschirr-, Speise-, *Br. a.* Wäsche-, Kleider)Schrank *m*; **~ *bed*** Schrankbett *n.*
cu·pid·i·ty [kju:'pɪdətɪ] *s* Habgier *f.*
cu·ra·ble ['kjʊərəbl] *adj* heilbar.
curb [kɜ:b] **1.** *s* Kandare *f* (*a. fig.*); *esp. Am.* → ***kerb(stone)***; **2.** *v/t* an die Kandare legen (*a. fig.*); *fig.* zügeln.
curd [kɜ:d] **1.** *s* Quark *m*; **2.** *mst* **cur·dle** ['kɜ:dl] *v/i and v/t* gerinnen (lassen); ***the sight made my blood ~*** bei dem Anblick gerann mir das Blut in den Adern.
cure [kjʊə] **1.** *s* Kur *f*; Heilmittel *n*; Heilung *f*; Seelsorge *f*; Pfarre *f*; **2.** *v/t* heilen; pökeln; räuchern; trocknen; **~-all** *s* Allheilmittel *n.*
cur·few *mil.* ['kɜ:fju:] *s* Ausgangsverbot *n*, -sperre *f.*
cu·ri|o ['kjʊərɪəʊ] *s* (*pl* **-os**) Rarität *f*; **~·os·i·ty** [kjʊərɪ'ɒsətɪ] *s* Neugier *f*; Rarität *f*; **~·ous** ['kjʊərɪəs] *adj* □ neugierig, wißbegierig; seltsam, merkwürdig; ***I'm ~ to know*** ich möchte gerne wissen.
curl [kɜ:l] **1.** *s* Locke *f*; **2.** *v/t and v/i* (sich) kräuseln *od.* locken; **~·er** *s* Lockenwickler *m*; **~·y** *adj* (**-ier**, **-iest**) gekräuselt; gelockt, lockig.
cur·rant ['kʌrənt] *s bot.* Johannisbeere *f*; Korinthe *f.*
cur|ren·cy ['kʌrənsɪ] *s econ.* Währung *f*; Umlauf *m*; *econ.* Laufzeit *f*; ***foreign ~*** Devisen *pl*; **~ mar·ket** *s econ.* Devisenmarkt *m*; **~ snake** *s econ.* Währungsschlange *f*; **~ u·nion** *s econ.* Währungsunion *f.*
cur·rent ['kʌrənt] **1.** *adj* □ umlaufend; *econ.* gültig (*money*); allgemein (bekannt); geläufig; *year, etc.*: laufend; gegenwärtig, aktuell; **2.** *s* Strom *m* (*a. electr.*); Strömung *f* (*a. fig.*); (Luft)Zug *m*; **~ ac·count** *s econ.* Girokonto *n*; **~ *deficit*** *a.* Zahlungsbilanzdefizit *n.*
cur·ric·u·lum [kə'rɪkjʊləm] *s* (*pl* **-la** [-lə], **-lums**) Lehr-, Stundenplan *m*; **~ vi·tae** [~'vaɪti:] *s* Lebenslauf *m.*
cur·ry[1] ['kʌrɪ] *s* Curry *m, n.*
cur·ry[2] [~] *v/t horse*: striegeln.
curse [kɜ:s] **1.** *s* Fluch *m*; **2.** *v/t* verfluchen; strafen; *v/i* fluchen; **curs·ed** ['kɜ:sɪd] *adj* □ verflucht.
cur·sor ['kɜ:sə] *s computer*: Cursor *m.*
cur·so·ry ['kɜ:srɪ] *adj* □ flüchtig, oberflächlich.
curt [kɜ:t] *adj* □ kurz, knapp; barsch.
cur·tail [kɜ:'teɪl] *v/t* beschneiden; *fig.* beschränken; kürzen (***of*** um).
cur·tain ['kɜ:tn] **1.** *s* Vorhang *m*, Gardine *f*; ***draw the ~s*** den Vorhang *or* die Vorhänge zuziehen *or* aufziehen; **2.** *v/t*: **~ *off*** mit Vorhängen abteilen.
curt·s(e)y ['kɜ:tsɪ] **1.** *s* Knicks *m*; **2.** *v/i* knicksen (***to*** vor *dat*).
cur·va·ture ['kɜ:vətʃə] *s* Krümmung *f.*
curve [kɜ:v] **1.** *s* Kurve *f*; Krümmung *f*; **2.** *v/t and v/i* (sich) krümmen *or* biegen.
cush·ion ['kʊʃn] **1.** *s* Kissen *n*, Polster *n*; *billards*: Bande *f*; **2.** *v/t* polstern.
cush·y F ['kʊʃɪ] *adj* bequem; ***a ~ job*** ein ruhiger Job.
cus·tard ['kʌstəd] *s appr.* Vanillesoße *f.*
cus·to·dy ['kʌstədɪ] *s* Haft *f*; Gewahrsam *m*; Obhut *f.*
cus·tom ['kʌstəm] *s* Gewohnheit *f*, Sitte *f*, Brauch *m*; *econ.* Kundschaft *f*; **~·a·ry** [~ərɪ] *adj* □ gewöhnlich, üblich; **~-built** *adj* spezialangefertigt; **~·er** *s* Kund|e *m*, -in *f*; F Bursche *m*; **~-house** *s* Zollamt *n*; **~-made** *adj* maßgefertigt, Maß...
cus·toms *econ.* ['kʌstəmz] *s pl* Zoll *m*; **♀ *and Excise Department*** *Br.* Britische Zollbehörde; **~ clear·ance** *s* Zollabfertigung *f*; **~ dec·la·ra·tion** *s* Zollerklärung *f*; **~ du·ty** *s* Zoll(abgabe *f*) *m*; **~ of·fi·cer**, **~ of·fi·cial** *s* Zollbeamte(r) *m*; **~ u·nion** *s* Zollunion *f.*
cut [kʌt] **1.** *s* Schnitt *m*, Hieb *m*, Stich *m*; *wound*: (Schnitt)Wunde *f*; Einschnitt *m*, Graben *m*; *in budget, etc.*: Kürzung *f*, Einsparung *f*; *of meat, etc.*: Schnitte *f*, Scheibe *f*; *cards*: Abheben *n*; ***short-~*** (Weg)Abkürzung *f*; ***cold ~s pl*** Aufschnitt *m*; **2.** *v/t and v/i* (**-tt-**; ***cut***) schneiden; schnitzen; gravieren; ab-, an-,

auf-, aus-, be-, durch-, zer-, zuschneiden; kürzen; *gem, etc.*: schleifen; *cards*: abheben; *ignore*: F *j-n* schneiden; ~ ***one's finger*** sich in den Finger schneiden; ~ ***one's teeth*** zahnen, Zähne bekommen; ~ ***short*** *j-n* unterbrechen; ~ ***across*** quer durch ... gehen; ~ ***back*** *plant*: beschneiden, stutzen; kürzen; einschränken; herabsetzen; ~ ***down*** *trees*: fällen; verringern, einschränken, reduzieren; ~ ***in*** F sich einschalten; ~ ***in on s.o.*** *mot.* j-n schneiden; ~ ***off*** abschneiden; *teleph. disconnect*: trennen; *disinherit*: *j-n* enterben; ~ ***out*** ausschneiden; *Am. cattle*: aussondern; *fig. j-n* ausstechen; ***be ~ out for*** das Zeug zu *et.* haben; ~ ***it out!*** F laß das!; ~ ***up*** zerschneiden; ***be ~ up*** F tief betrübt sein; **~-back** *s* Kürzung *f*; Herabsetzung *f*, Verringerung *f*.

cute F [kju:t] *adj* □ (**~r**, **~st**) schlau; *Am.* niedlich, süß.

cut·le·ry ['kʌtləri] *s* (Eß)Besteck *n*.

cut·let ['kʌtlit] *s* Schnitzel *n*; Hacksteak *n*.

cut|-price *econ.* ['kʌtprais], **~-rate** ['~reit] *adj* ermäßigt, herabgesetzt; Billig...; **~·ter** [~ə] *s* (Blech-, Holz)Schneider *m*; Schnitzer *m*; Zuschneider(in); (Glas- *etc.*)Schleifer *m*; *film, TV*: Cutter(in); *tech.* Schneidewerkzeug *n*, -maschine *f*; *mar.* Kutter *m*; *Am.* leichter Schlitten; **~·throat** *s* Mörder *m*; Killer *m*; **~·ting 1.** *adj* □ schneidend; scharf; *tech.* Schneid..., Fräs...; **2.** *s* Schneiden *n*; *bot.* Steckling *m*; *esp. Br.* (*of newspaper*) Ausschnitt *m*; **~s** *pl* Schnipsel *pl*; *tech.* Späne *pl*.

cy·cle[1] ['saikl] *s* Zyklus *m*; Kreis(lauf) *m*; Periode *f*.

cy·cle[2] [~] **1.** *s* Fahrrad *n*; **2.** *v/i* radfahren; **cy·clist** [~list] *s* Radfahrer(in); Motorradfahrer(in).

cy·clone ['saikləun] *s* Wirbelsturm *m*.

cyl·in·der ['silində] *s* Zylinder *m*, Walze *f*; *tech.* Trommel *f*.

cyn|ic ['sinik] *s* Zyniker(in); **~·i·cal** *adj* □ zynisch.

cy·press *bot.* ['saipris] *s* Zypresse *f*.

cyst *med.* [sist] *s* Zyste *f*.

czar *hist.* [zɑ:] → ***tsar***.

Czech [tʃek] **1.** *adj* tschechisch; **2.** *s* Tschech|e *m*, -in *f*; *ling.* Tschechisch *n*.

Czech·o·slo·vak [tʃekəu'sləuvæk] **1.** *s* Tschechoslowak|e *m*, -in *f*; **2.** *adj* tschechoslowakisch.

D

dab [dæb] **1.** *s* Klaps *m*; Tupfen *m*, Klecks *m*; **2.** *v/t* (***-bb-***) leicht schlagen *or* klopfen; be-, abtupfen.

dab·ble ['dæbl] *v/t* bespritzen; betupfen; *v/i* plätschern; sich oberflächlich befassen (***at***, ***in*** mit).

dachs·hund *zo.* ['dækshund] *s* Dackel *m*.

dad F [dæd], **~·dy** F ['dædi] *s* Papa *m*, Vati *m*.

dad·dy-long·legs *zo.* [dædi'lɒŋlegz] *s* Schnake *f*; *Am.* Weberknecht *m*.

daf·fo·dil *bot.* ['dæfədil] *s* gelbe Narzisse.

daft F [dɑ:ft] *adj* blöde, doof.

dag·ger ['dægə] *s* Dolch *m*; ***be at ~s drawn*** *fig.* auf Kriegsfuß stehen.

dai·ly ['deili] **1.** *adj* täglich; **2.** *s* Tageszeitung *f*; Putzfrau *f*.

dain·ty ['deinti] **1.** *adj* □ (***-ier***, ***-iest***) lekker; zart; zierlich, niedlich, reizend; wählerisch; **2.** *s* Leckerbissen *m*.

dair·y ['deəri] *s* Molkerei *f*; Milchwirtschaft *f*; Milchgeschäft *n*; ~ **cat·tle** *s* Milchvieh *n*; **~·man** *s* Milchmann *m*; ~ **prod·uce** *s*, ~ **prod·ucts** *s pl* Milch-, Molkereiprodukte *pl*.

dai·sy *bot.* ['deizi] *s* Gänseblümchen *n*; ~ **wheel** *s* Typenrad *n*.

dal·ly ['dæli] *v/t* vertrödeln; *v/i* schäkern; trödeln.

dam [dæm] **1.** *s* Deich *m*, (Stau)Damm *m*; **2.** *v/t* (***-mm-***) *a.* ~ ***up*** stauen, (ab-, ein)dämmen (*a. fig.*).

dam·age ['dæmɪdʒ] **1.** *s* Schaden *m*, (Be)Schädigung *f*; **~s** *pl jur*. Schadenersatz *m*; **2.** *v/t* (be)schädigen.
dame [deɪm] *s Am.* F Weib *n*; *Br*. Dame *f* (*title*).
damn [dæm] **1.** *v/t* verdammen; verurteilen; **~** (*it*)*!* F verflucht!, verdammt!; **2.** *adj and adv* F → ***damned*; 3.** *s*: ***I don't care*** *or* ***give a ~*** F das ist mir völlig gleich(gültig) *or* egal; **dam·na·tion** [~'neɪʃn] *s* Verdammung *f*; Verurteilung *f*; **~ed** *adj and adv* F verdammt; **~·ing** ['~ɪŋ] *adj* vernichtend, belastend.
damp [dæmp] **1.** *adj* □ feucht, klamm; **2.** *s* Feuchtigkeit *f*; **3.** *v/t a.* **~·en** ['~ən] an-, befeuchten; *discourage*: dämpfen; **~·ness** *s* Feuchtigkeit *f*.
dance [dɑːns] **1.** *s* Tanz *m*; Tanz(veranstaltung *f*) *m*; **2.** *v/t and v/i* tanzen; **danc·er** *s* Tänzer(in); **danc·ing** *s* Tanzen *n*; *attr* Tanz...
dan·de·li·on *bot*. ['dændɪlaɪən] *s* Löwenzahn *m*.
dan·dle ['dændl] *v/t* wiegen, schaukeln.
dan·druff ['dændrʌf] *s* (Kopf)Schuppen *pl*.
Dane [deɪn] *s* Dän|e *m*, -in *f*.
dan·ger ['deɪndʒə] **1.** *s* Gefahr *f*; ***be in ~ of doing s.th.*** Gefahr laufen, et. zu tun; ***be out of ~*** *med*. über den Berg sein; **2.** *adj* Gefahren...; ***~ area***, ***~ zone*** Gefahrenzone *f*, -bereich *m*; **~·ous** *adj* □ gefährlich.
Da·nish ['deɪnɪʃ] **1.** *adj* dänisch; **2.** *s ling*. Dänisch *n*.
dare [deə] *v/i* es wagen; sich trauen; ***I ~ say***, ***I ~say*** ich glaube wohl; allerdings; *v/t et.* wagen; *j-n* herausfordern; trotzen (*dat*); **~·dev·il** ['~devl] *s* Draufgänger *m*, Teufelskerl *m*; **dar·ing 1.** *adj* □ kühn; waghalsig; *dress*: gewagt; **2.** *s* Mut *m*, Kühnheit *f*.
dark [dɑːk] **1.** *adj* □ dunkel; brünett; geheim(nisvoll); trüb(selig); **2.** *s* Dunkel(heit *f*) *n*; ***before*** (***at***, ***after***) **~** vor (bei, nach) Einbruch der Dunkelheit; ***keep s.o. in the ~*** j-n im ungewissen lassen; ♀ **Ag·es** *s pl das* frühe Mittelalter; **~·en** ['~ən] *v/t and v/i* (sich) verdunkeln *or* verfinstern; *fig*. verdüstern; **~·ness** *s* Dunkelheit *f*, Finsternis *f*.
dar·ling ['dɑːlɪŋ] **1.** *s* Liebling *m*; **2.** *adj* Lieblings...; geliebt.
darn [dɑːn] *v/t* stopfen, ausbessern.
dart [dɑːt] **1.** *s* Wurfspieß *m*; Wurfpfeil *m*; Sprung *m*, Satz *m*; **~s** *sg* Darts *n*; ***~board*** Dartsscheibe *f*; **2.** *v/t* werfen, schleudern; *v/i* schießen, stürzen.
dash [dæʃ] **1.** *s* Schlag *m*; Klatschen *n*; Schwung *m*; Ansturm *m*; *fig*. Anflug *m*; Prise *f*; *of rum, etc.*: Schuß *m*; (Feder-) Strich *m*; Gedankenstrich *m*; *sports*: Sprint *m*; **2.** *v/t* schlagen, werfen, schleudern, schmettern; *hopes, etc.*: zunichte machen; *v/i* stürzen, stürmen, jagen, rasen; schlagen; **~·board** *s mot*. Armaturenbrett *n*; **~·ing** *adj* □ schneidig, forsch; flott, F fesch.
da·ta ['deɪtə] *s pl*, *a. sg* Daten *pl*, Einzelheiten *pl*, Angaben *pl*, Unterlagen *pl*; *computer*: Daten *pl*; **~ bank, ~·base** *s* Datenbank *f*; **~ in·put** *s* Dateneingabe *f*; **~ in·ter·change** *s* Datenaustausch *m*; **~ out·put** *s* Datenausgabe *f*; **~ pro·cess·ing** *s* Datenverarbeitung *f*; **~ pro·tec·tion** *s* Datenschutz *m*; **~ trans·mis·sion** *s* Daten(fern)übertragung *f*; **~ typ·ist** *s* Datentypist(in).
date[1] *bot*. [deɪt] *s* Dattel *f*.
date[2] [~] *s* Datum *n*; Zeit(punkt *m*) *f*; Termin *m*; Verabredung *f*; *Am*. F (Verabredungs)Partner(in); ***out of ~*** veraltet, unmodern; ***up to ~*** zeitgemäß, modern, auf dem laufenden; ***have a ~*** verabredet sein; **2.** *v/t* datieren; *Am*. F sich verabreden mit, *regularly*: gehen mit; **dat·ed** *adj* veraltet, überholt.
da·tive *gr*. ['deɪtɪv] *s a.* **~ case** Dativ *m*, dritter Fall.
daugh·ter ['dɔːtə] *s* Tochter *f*; **~-in-law** *s* Schwiegertochter *f*.
daunt [dɔːnt] *v/t* entmutigen; **~·less** *adj* □ furchtlos, unerschrocken.
daw·dle F ['dɔːdl] *v/i and v/t* (ver)trödeln.
dawn [dɔːn] **1.** *s* (Morgen)Dämmerung *f*, Tagesanbruch *m*; **2.** *v/i* dämmern, tagen; ***it ~ed*** (***up***)***on her*** *fig*. es wurde ihr langsam klar.
day [deɪ] *s* Tag *m*; *often*: **~s** *pl* (Lebens-) Zeit *f*; ***~ off*** (dienst)freier Tag; ***carry*** *or* ***win the ~*** den Sieg davontragen; ***any ~*** jederzeit; ***these ~s*** heutzutage; ***the other ~*** neulich; ***this ~ week*** heute in e-r Woche; heute vor e-r Woche; ***let's call it a ~!*** machen wir Schluß für heute!, Feierabend!; ***at the end of the ~*** *fig*. letzten Endes; **~·break** *s* Tagesanbruch

D

D

m; **~·light** *s* Tageslicht *n*; ***in broad ~*** am hellichten Tag; **~ re·turn (tick·et)** *s* Tagesrückfahrkarte *f*; **~·time** *s*: ***in the ~*** am Tag, bei Tage.

daze [deɪz] **1.** *v/t* blenden; betäuben; **2.** *s*: ***in a ~*** benommen, betäubt.

dead [ded] **1.** *adj* tot; unempfindlich (***to*** für); *colour, etc.*: matt; *window, etc.*: blind; *fire*: erloschen; *drink*: schal; *sleep*: tief; *econ.* still, ruhig, flau; *econ.* tot (*capital, etc.*); völlig, absolut, total; ***~ loss*** F Reinfall *m, person*: hoffnungsloser Fall; **2.** *adv* gänzlich, völlig, total; plötzlich, abrupt; genau, (haar)scharf; ***~ tired*** todmüde; ***~ against*** ganz u. gar gegen; **3.** *s*: ***the ~*** der, die, das Tote; die Toten *pl*; ***in the ~ of winter*** im tiefsten Winter; ***in the ~ of night*** mitten in der Nacht; **~ cen·tre**, *Am.* **~ cen·ter** *s* genaue Mitte; **~·en** *v/t* abstumpfen; dämpfen; (ab)schwächen; **~ end** *s* Sackgasse *f* (*a. fig.*); **~ heat** *s sports*: totes Rennen; **~·line** *s Am.* Sperrlinie *f*, *in prison, etc.*: Todesstreifen *m*; letzter (Abgabe)Termin, Stichtag *m*; ***meet the ~*** den Termin einhalten; **~·lock** *s fig.* toter Punkt; **~·locked** *adj fig. negotiations, etc.*: festgefahren; **~·ly** *adj* (**-ier**, **-iest**) tödlich.

deaf [def] **1.** *adj* □ taub; ***~ and dumb*** taubstumm; **2.** *s*: ***the ~*** *pl* die Tauben *pl*; **~·en** ['defn] *v/t* taub machen; betäuben.

deal [diːl] **1.** *s* Teil *m*; Menge *f*; *cards*: Geben *n*; F Geschäft *n*; Abmachung *f*; ***a good ~*** ziemlich viel; ***a great ~*** sehr viel; **2.** (***dealt***) *v/t* (aus-, ver-, zu)teilen; *cards*: geben; *v/i econ.* handeln (***in*** mit); *sl. drugs*: dealen; *cards*: geben; ***~ with*** sich befassen mit, behandeln; *econ.* Handel treiben mit, in Geschäftsverbindung stehen mit; **~·er** *s econ.* Händler(in); *cards*: Geber(in); *sl. drug ~*: Dealer *m*; **~·ing** *s* Verhalten *n*, Handlungsweise *f*; *econ.* Geschäftsgebaren *n*; **~s** *pl* Umgang *m*, (Geschäfts)Beziehungen *pl*; **~t** [delt] *pret and pp of* ***deal*** 2.

dean [diːn] *s* Dekan *m*.

dear [dɪə] **1.** *adj* □ teuer; lieb; **2.** *s* Liebste(r *m*) *f*, Schatz *m*; ***my ~*** m-e Liebe, mein Lieber; **3.** *int*: (***oh***) ***~!***, ***~ ~!***, ***~ me!*** F du liebe Zeit!, ach herrje!; **~·ly** *adv* innig, von ganzem Herzen; *fig.* teuer.

death [deθ] *s* Tod *m*; Todesfall *m*; **~·bed** *s* Sterbebett *n*; **~·blow** *s* Todesstoß *m* (*a. fig.*); **~·less** *adj fig.* unsterblich; **~·ly** *adj* (**-ier**, **-iest**) tödlich; **~ squad** *s* Todesschwadron *f*; **~·war·rant** *s jur.* Hinrichtungsbefehl *m*; *fig.* Todesurteil *n*.

de·bar [dɪ'bɑː] *v/t* (**-rr-**): ***~ from doing s.th.*** *j-n* davon ausschließen, et. zu tun.

de·base [dɪ'beɪs] *v/t* erniedrigen.

de·ba·ta·ble [dɪ'beɪtəbl] *adj* □ strittig; umstritten; **de·bate** [dɪ'beɪt] **1.** *s* Debatte *f*; **2.** *v/i and v/t* debattieren; erörtern.

de·bil·i·tate [dɪ'bɪlɪteɪt] *v/t* schwächen.

deb·it *econ.* ['debɪt] **1.** *s* Debet *n*, Soll *n*; (Konto)Belastung *f*; ***~ and credit*** Soll *n* u. Haben *n*; **2.** *v/t account, etc.*: belasten.

deb·ris ['debriː] *s* Trümmer *pl*.

debt [det] *s* Schuld *f*; ***be in ~*** verschuldet sein; ***be out of ~*** schuldenfrei sein; **~·or** ['detə] *s* Schuldner(in).

de·bug F [diː'bʌg] *v/t* (**-gg-**) *computer, etc.*: Fehler beseitigen in (*dat*); *room, etc.*: entwanzen.

de·bunk [diː'bʌŋk] *v/t* den Nimbus nehmen (*dat*).

dé·but, *esp. Am.* **de·but** ['deɪbjuː] *s* Debüt *n*.

dec·ade ['dekeɪd] *s* Jahrzehnt *n*.

dec·a|dence ['dekədəns] *s* Dekadenz *f*, Verfall *m*; **~·dent** *adj* □ dekadent.

de·caf·fein·at·ed [diː'kæfɪneɪtɪd] *adj* koffeinfrei, entkoffeiniert.

de·camp [dɪ'kæmp] *v/i esp. mil* das Lager abbrechen; F verschwinden.

de·cant [dɪ'kænt] *v/t* abgießen; umfüllen; **~·er** *s* Karaffe *f*.

de·cath|lete [dɪ'kæθliːt] *s sports*: Zehnkämpfer *m*; **~·lon** [~lɒn] *s sports*: Zehnkampf *m*.

de·cay [dɪ'keɪ] **1.** *s* Verfall *m*; Zerfall *m*; Fäule *f*; **2.** *v/i* verfallen; (ver)faulen.

de·cease *esp. jur.* [dɪ'siːs] **1.** *s* Tod *m*, Ableben *n*; **2.** *v/i* sterben; **~d** *esp. jur.* **1.** *s*: ***the ~*** der *or* die Verstorbene; die Verstorbenen *pl*; **2.** *adj* ver-, gestorben.

de·ceit [dɪ'siːt] *s* Täuschung *f*; Betrug *m*; **~·ful** *adj* □ falsch; betrügerisch.

de·ceive [dɪ'siːv] *v/t and v/i* betrügen; täuschen; **de·ceiv·er** *s* Betrüger(in).

De·cem·ber [dɪ'sembə] *s* Dezember *m*.

de·cen|cy ['diːsnsɪ] *s* Anstand *m*; **~t** *adj*

□ anständig; F annehmbar, (ganz) anständig; F nett.
de·cep|tion [dɪ'sepʃn] *s* Täuschung *f*; **~·tive** *adj*: **be ~** täuschen, trügen.
de·cide [dɪ'saɪd] *v/t* entscheiden; bestimmen; *v/i* sich entscheiden *or* entschließen; **de·cid·ed** *adj* □ entschieden; bestimmt; entschlossen.
dec·i·mal ['desɪml] *s a.* **~ fraction** Dezimalbruch *m*; *attr* Dezimal...
de·ci·pher [dɪ'saɪfə] *v/t* entziffern.
de·ci|sion [dɪ'sɪʒn] *s* Entscheidung *f*; Entschluß *m*; Entschlossenheit *f*; **make a ~** e-e Entscheidung treffen; **reach** *or* **come to a ~** zu e-m Entschluß kommen; **~·sive** [dɪ'saɪsɪv] *adj* □ entscheidend; ausschlaggebend; entschieden.
deck [dek] **1.** *s mar.* Deck *n* (*a. of bus*); *Am.* Pack *m* Spielkarten; *of record-player*: Laufwerk *n*; **record ~** Plattenspieler *m*; **tape ~** Tapedeck *n*; **2.** *v/t*: **~ out** schmücken; **~chair** ['~tʃeə] *s* Liegestuhl *m*.
de·clar·a·ble [dɪ'kleərəbl] *adj goods*: zollpflichtig.
dec·la·ra·tion [deklə'reɪʃn] *s* Erklärung *f*; Zollerklärung *f*.
de·clare [dɪ'kleə] *v/t* erklären, bekanntgeben; behaupten; deklarieren, verzollen.
de·clen·sion *gr.* [dɪ'klenʃn] *s* Deklination *f*.
dec·li·na·tion [deklɪ'neɪʃn] *s of compass needle*: Neigung *f*, Abweichung *f*.
de·cline [dɪ'klaɪn] **1.** *s* Abnahme *f*; Niedergang *m*, Verfall *m*; **2.** *v/t* neigen; (höflich) ablehnen; *gr.* deklinieren; *v/i* sich neigen; abnehmen; verfallen.
de·clutch *mot.* [di:'klʌtʃ] *v/i* auskuppeln.
de·code [di:'kəʊd] *v/t* entschlüsseln.
de·com·pose [di:kəm'pəʊz] *v/t* zerlegen; zersetzen; *v/i* sich zersetzen; *decay*: verwesen.
dec·o|rate ['dekəreɪt] *v/t cake, etc.*: verzieren, *streets, etc.*: schmücken; *room*: tapezieren; (an)streichen; dekorieren; **~·ra·tion** [~'reɪʃn] *s* Verzierung *f*, Schmuck *m*, Dekoration *f*; Orden *m*; **~·ra·tive** ['~rətɪv] *adj* □ dekorativ; Zier...; **~·ra·tor** ['~reɪtə] *s* Dekorateur *m*; Maler *m* u. Tapezierer *m*.
de·coy 1. ['di:kɔɪ] *s* Lockvogel *m* (*a. fig.*); Köder *m* (*a. fig.*); **2.** *v/t* [dɪ'kɔɪ] ködern; locken (**into** in *acc*); verleiten (**into** zu).
de·crease 1. *s* ['di:kri:s] Abnahme *f*; **2.** *v/i and v/t* [di:'kri:s] (sich) vermindern.
de·cree [dɪ'kri:] **1.** *s* Dekret *n*, Verordnung *f*, Erlaß *m*; *jur.* Entscheid *m*; **2.** *v/t jur.* entscheiden; verordnen, verfügen.
ded·i|cate ['dedɪkeɪt] *v/t* widmen; **~·cat·ed** *adj* engagiert; **~·ca·tion** [~'keɪʃn] *s* Widmung *f*; Hingabe *f*.
de·duce [dɪ'dju:s] *v/t* ableiten; folgern.
de·duct [dɪ'dʌkt] *v/t* abziehen; einbehalten; **de·duc·tion** [~kʃn] *s* Abzug *m*; *econ. a.* Rabatt *m*; Schluß(folgerung *f*) *m*.
deed [di:d] **1.** *s* Tat *f*; Heldentat *f*; *jur.* (Vertrags-, *esp.* Übertragungs)Urkunde *f*; **2.** *v/t Am. jur.* urkundlich übertragen (**to** *dat*, auf *acc*).
deep [di:p] **1.** *adj* □ tief; gründlich; schlau; vertieft; dunkel (*a. fig.*); verborgen; **2.** *s* Tiefe *f*; *poet.* Meer *n*; **~·en** ['di:pən] *v/i and v/t* (sich) vertiefen; (sich) verstärken; **~-freeze 1.** *v/t* (**-froze**, **-frozen**) tiefkühlen, einfrieren; **2.** *s* Tiefkühl-, Gefriergerät *n*; **3.** *adj* Tiefkühl..., Gefrier...; **~ cabinet** Tiefkühl-, Gefriertruhe *f*; **~-fro·zen** *adj* tiefgefroren; **~ food** Tiefkühlkost *f*; **~-fry** *v/t* fritieren; **~·ness** *s* Tiefe *f*.
deer *zo.* [dɪə] *s* Rotwild *n*; Hirsch *m*.
de·face [dɪ'feɪs] *v/t* entstellen; unkenntlich machen; ausstreichen.
de·fa·ma·tion [defə'meɪʃn] *s* Verleumdung *f*; **de·fame** [dɪ'feɪm] *v/t* verleumden.
de·fault [dɪ'fɔ:lt] **1.** *s* Mangel *m*; *jur.* Nichterscheinen *n* vor Gericht; *sports*: Nichtantreten *n*; *econ.* Verzug *m*; **2.** *v/i econ.* Verbindlichkeiten nicht nachkommen; im Verzug sein; *jur.* nicht (vor Gericht) erscheinen; *sports*: nicht antreten.
de·feat [dɪ'fi:t] **1.** *s* Niederlage *f*; Sieg *m* (**of** über *acc*); *of plan, etc.*: Vereitelung *f*; **admit ~** seine Niederlage eingestehen; **2.** *v/t* besiegen; vereiteln, zunichte machen.
de·fect [dɪ'fekt] *s* Defekt *m*, Fehler *m*; Mangel *m*; **de·fec·tive** *adj* □ mangelhaft; schadhaft, defekt.
de·fence, *Am.* **de·fense** [dɪ'fens] *s* Verteidigung *f* (*a. sports*); Schutz *m*; **witness for the ~** *jur.* Entlastungszeuge *m*; **~·less** *adj* schutzlos, wehrlos.
de·fend [dɪ'fend] *v/t* (**from**, **against**) ver-

teidigen (gegen), schützen (vor *dat*, gegen); **de·fen·dant** *s* Angeklagte(r *m*) *f*; Beklagte(r *m*) *f*; **~·er** *s* Verteidiger(in).

de·fen·sive [dɪ'fensɪv] **1.** *s* Defensive *f*, Verteidigung *f*, Abwehr *f*; **2.** *adj* □ defensiv; Verteidigungs..., Abwehr...

D

de·fer [dɪ'fɜː] (*-rr-*) *v/t* auf-, verschieben; *Am. mil.* (vom Wehrdienst) zurückstellen; *v/i*: **~ *to*** sich fügen (*dat*), nachgeben (*dat*).

de·fi|ance [dɪ'faɪəns] *s* Herausforderung *f*; Trotz *m*; **~·ant** [~t] *adj* □ herausfordernd; trotzig.

de·fi·cien|cy [dɪ'fɪʃnsɪ] *s* Unzulänglichkeit *f*; Mangel *m*; → ***deficit***; **~t** *adj* □ mangelhaft, unzureichend.

def·i·cit *econ.* ['defɪsɪt] *s* Fehlbetrag *m*.

de·file 1. *s* ['diːfaɪl] Engpaß *m*; **2.** *v/t* [dɪ'faɪl] beschmutzen.

de·fine [dɪ'faɪn] *v/t* definieren; erklären, genau bestimmen; **def·i·nite** ['defɪnɪt] *adj* bestimmt; deutlich, genau; **def·i·ni·tion** [defɪ'nɪʃn] *s* Definition *f*, (Begriffs)Bestimmung *f*, Erklärung *f*; **de·fin·i·tive** [dɪ'fɪnɪtɪv] *adj* □ endgültig; maßgeblich.

de·flect [dɪ'flekt] *v/t* ablenken; *v/i* abweichen.

de·form [dɪ'fɔːm] *v/t* entstellen, verunstalten; **~ed** *adj* deformiert, verunstaltet; verwachsen; **de·for·mi·ty** [~ətɪ] *s* Entstelltheit *f*; Mißbildung *f*.

de·fraud [dɪ'frɔːd] *v/t* betrügen (***of*** um).

de·frost [diː'frɒst] *v/t windscreen*: entfrosten; *fridge, etc.*: abtauen, *frozen food*: auftauen; *v/i* ab-, auftauen.

deft [deft] *adj* □ gewandt, flink.

de·fy [dɪ'faɪ] *v/t* herausfordern; trotzen (*dat*), sich widersetzen (*dat*).

de·gen·e·rate 1. *v/i* [dɪ'dʒenəreɪt] degenerieren; entarten; **2.** *adj* □ [~rət] degeneriert; entartet.

deg·ra·da·tion [degrə'deɪʃn] *s* Erniedrigung *f*; **de·grade** [dɪ'greɪd] *v/t* erniedrigen, demütigen.

de·gree [dɪ'griː] *s* Grad *m* (*a. temperature*) *n*; Stufe *f*, Schritt *m*; (Studien)Abschluß *m*, akademischer Grad; Rang *m*, Stand *m*; ***by ~s*** allmählich; ***take one's ~*** e-n akademischen Grad erwerben.

de·hy·drat·ed [diː'haɪdreɪtɪd] *adj* Trokken...

de·i·fy ['diːɪfaɪ] *v/t* vergöttern; vergöttlichen.

deign [deɪn] *v/i* sich herablassen.

de·i·ty ['diːɪtɪ] *s* Gottheit *f*.

de·jec|ted [dɪ'dʒektɪd] *adj* □ niedergeschlagen, mutlos, deprimiert; **~·tion** [~kʃn] *s* Niedergeschlagenheit *f*.

de·lay [dɪ'leɪ] **1.** *s* Aufschub *m*; Verzögerung *f*; **2.** *v/t* ver-, aufschieben; verzögern; aufhalten; *v/i*: **~ *in doing s.th.*** es verschieben, et. zu tun.

del·e|gate 1. *v/t* ['delɪgeɪt] delegieren, übertragen; **2.** *s* [~gət] Delegierte(r *m*) *f*, Vertreter(in); **~·ga·tion** [delɪ'geɪʃn] *s* Abordnung *f*, Delegation *f*.

de·lete [dɪ'liːt] *v/t* tilgen, (aus)streichen, (aus)radieren.

de·lib·e|rate 1. [dɪ'lɪbəreɪt] *v/t* überlegen, erwägen; *v/i* nachdenken; beraten; **2.** *adj* □ [~rət] bedachtsam; wohlüberlegt; vorsätzlich; **~ly** absichtlich, mit Absicht; **~·ra·tion** [dɪlɪbə'reɪʃn] *s* Überlegung *f*; Beratung *f*; Bedächtigkeit *f*.

del·i|ca·cy ['delɪkəsɪ] *s* Delikatesse *f*, Leckerbissen *m*; Zartheit *f*; Feingefühl *n*; **~·cate** [~kət] *adj* □ schmackhaft, lecker; zart; fein; schwach; heikel; empfindlich; feinfühlig; wählerisch; **~·ca·tes·sen** [delɪkə'tesn] *s* Feinkost *f*; Delikatessen-, Feinkostgeschäft *f*.

de·li·cious [dɪ'lɪʃəs] *adj* □ köstlich.

de·light [dɪ'laɪt] **1.** *s* Lust *f*, Freude *f*, Wonne *f*; **2.** *v/t* entzücken; (*a. v/i* sich) erfreuen; *v/i*: **~ *in*** (große) Freude haben an (*dat*); **~·ful** *adj* □ entzückend.

de·lin·e·ate [dɪ'lɪnɪeɪt] *v/t* skizzieren; schildern.

de·lin·quen|cy [dɪ'lɪŋkwənsɪ] *s* Kriminalität *f*; Straftat *f*; **~t** [~t] **1.** *adj* straffällig; **2.** *s* Straffällige(r *m*) *f*; → ***juvenile*** 1.

de·lir·i|ous [dɪ'lɪrɪəs] *adj med.* phantasierend; *ecstatic*: rasend; **~·um** [~əm] *s* Delirium *n*.

de·liv·er [dɪ'lɪvə] *v/t* aus-, abliefern; *esp. econ.* liefern, *by car*: ausfahren; *message, etc.*: ausrichten; äußern; *speech, etc.*: halten; *blow, etc.*: austeilen; *ball*: werfen; *med.* entbinden; ***be ~ed of a child*** entbunden werden, entbinden; **~·ance** [~rəns] *s* Befreiung *f*, Erlösung *f*; **~·y** [~rɪ] *s* (Ab-, Aus)Lieferung *f*; *mail*: Zustellung *f*; Übergabe *f*; *of speech, etc.*: Halten *n*; *med.* Entbindung *f*; **~·y van** *s Br.* Lieferwagen *m*.

dell [del] *s* kleines Tal.
de·lude [dɪˈluːd] *v/t* täuschen; verleiten.
del·uge [ˈdeljuːdʒ] **1.** *s* Überschwemmung *f*; **2.** *v/t* überschwemmen.
de·lu|sion [dɪˈluːʒn] *s* Täuschung *f*, Verblendung *f*, Wahn *m*; **~·sive** [~sɪv] *adj* □ trügerisch, täuschend.
de·mand [dɪˈmɑːnd] **1.** *s* Verlangen *n*; Forderung *f*; Anforderung *f* (**on** an *acc*), Inanspruchnahme *f* (**on** *gen*); *econ.* Nachfrage *f*, Bedarf *m*; *jur.* Rechtsanspruch *m*; **2.** *v/t* verlangen, fordern; erfordern; **~·ing** [~ɪŋ] *adj* □ fordernd; anspruchsvoll; schwierig; **~·led** *adj econ.* nachfrageorientiert.
de·men·ted [dɪˈmentɪd] *adj* □ wahnsinnig.
dem·i- [ˈdemɪ] Halb...
dem·i·john [ˈdemɪdʒɒn] *s* große Korbflasche, Glasballon *m*.
de·mil·i·ta·rize [diːˈmɪlɪtəraɪz] *v/t* entmilitarisieren.
de·mo·bi·lize [diːˈməʊbɪlaɪz] *v/t* demobilisieren.
de·moc·ra·cy [dɪˈmɒkrəsɪ] *s* Demokratie *f*.
dem·o·crat [ˈdeməkræt] *s* Demokrat(in); **~·ic** [deməˈkrætɪk] *adj* (**~ally**) demokratisch.
de·mol·ish [dɪˈmɒlɪʃ] *v/t* demolieren; ab-, ein-, niederreißen; zerstören; **dem·o·li·tion** [deməˈlɪʃn] *s* Demolierung *f*; Niederreißen *n*, Abbruch *m*.
de·mon [ˈdiːmən] *s* Dämon *m*; Teufel *m*.
dem·on|strate [ˈdemənstreɪt] *v/t* anschaulich darstellen; beweisen; *a. v/i* demonstrieren; **~·stra·tion** [demənˈstreɪʃn] *s* Demonstration *f*, Kundgebung *f*; Demonstration *f*, Vorführung *f*; anschauliche Darstellung; Beweis *m*; (Gefühls)Äußerung *f*; **de·mon·stra·tive** [dɪˈmɒnstrətɪv] *adj* □ überzeugend; demonstrativ; **be ~** s-e Gefühle (offen) zeigen; **~·stra·tor** [ˈdemənstreɪtə] *s* Demonstrant(in); Vorführer(in).
de·mote [diːˈməʊt] *v/t* degradieren.
den [den] *s* Höhle *f*, Bau *m*; Bude *f*; F Arbeitszimmer *n*.
de·ni·al [dɪˈnaɪəl] *s* Leugnen *n*; Verneinung *f*; abschlägige Antwort.
den·ims [ˈdenɪmz] *s pl* Overall *m*, Arbeitsanzug *m*; Jeans *pl*.
de·nom·i·na·tion [dɪnɒmɪˈneɪʃn] *s eccl.* Sekte *f*; *eccl.* Konfession *f*; *econ.* Nennwert *m*.
de·note [dɪˈnəʊt] *v/t* bezeichnen; bedeuten.
de·nounce [dɪˈnaʊns] *v/t* anzeigen; brandmarken; *contract, etc.*: kündigen.
dense [dens] *adj* □ (**~r**, **~st**) dicht, *fog*: dick; beschränkt; ***~ly populated*** dichtbevölkert; **den·si·ty** [ˈ~ətɪ] *s* Dichte *f*.
dent [dent] **1.** *s* Beule *f*, Delle *f*; Kerbe *f*; **2.** *v/t* ver-, einbeulen.
den|tal [ˈdentl] *adj* Zahn...; ***~ plaque*** Zahnbelag *m*; ***~ plate*** Zahnprothese *f*; ***~ surgeon*** → **~·tist** [ˈdentɪst] *s* Zahnarzt *m*, -ärztin *f*; **~·tures** [~ʃəz] *s pl* (künstliches) Gebiß.
de·nun·ci·a|tion [dɪnʌnsɪˈeɪʃn] *s* Anzeige *f*, Denunziation *f*; **~·tor** [dɪˈnʌnsɪeɪtə] *s* Denunziant(in).
de·ny [dɪˈnaɪ] *v/t* ab-, bestreiten, (ab-)leugnen; verweigern; *j-n* abweisen.
de·part [dɪˈpɑːt] *v/i* abreisen; abfahren, abfliegen; abweichen.
de·part·ment [dɪˈpɑːtmənt] *s* Abteilung *f*; Bezirk *m*; *econ.* Branche *f*; *pol.* Ministerium *n*; ***♀ of Defense*** *Am.* Verteidigungsministerium *n*; ***♀ of the Environment*** *Br.* Umweltschutzministerium *n*; ***♀ of the Interior*** *Am.* Innenministerium *n*; ***♀ of State*** *Am.*, ***State ♀*** *Am.* Außenministerium *n*; ***~ store*** Warenhaus *n*.
de·par·ture [dɪˈpɑːtʃə] *s* Abreise *f*, *rail., etc.*: Abfahrt *f*, *aer.* Abflug *m*; Abweichung *f*; **~ gate** *s aer.* Flugsteig *m*; **~ lounge** *s aer.* Abflughalle *f*.
de·pend [dɪˈpend] *v/i*: ***~ on***, ***~ upon*** abhängen von; angewiesen sein auf (*acc*); sich verlassen auf (*acc*); ankommen auf (*acc*); ***that*** *or* ***it ~s*** F es kommt (ganz) darauf an; ***~ing on how ...*** je nachdem, wie ...
de·pen|da·ble [dɪˈpendəbl] *adj* zuverlässig; **~·dant** [~ənt] *s* Abhängige(r *m*) *f*, *esp.* (Familien)Angehörige(r *m*) *f*; **~·dence** [~əns] *s* Abhängigkeit *f*; Vertrauen *n*; **~·den·cy** [~ənsɪ] *s pol.* Schutzgebiet *n*, Kolonie *f*; Abhängigkeit *f*; **~·dent** [~ənt] **1.** *adj* □ (**on**) abhängig (von); angewiesen (auf *acc*); **2.** *s Am.* → ***dependant***.
de·pict [dɪˈpɪkt] *v/t* darstellen; schildern.
de·plor|a·ble [dɪˈplɔːrəbl] *adj* □ bedauerlich, beklagenswert; **~e** [dɪˈplɔː] *v/t* beklagen, bedauern.

D

de·pop·u·late [diː'pɒpjʊleɪt] *v/t and v/i* (sich) entvölkern.

de·port [dɪ'pɔːt] *v/t foreigners*: abschieben

de·pose [dɪ'pəʊz] *v/t* absetzen; *jur.* unter Eid aussagen.

de·pos|it [dɪ'pɒzɪt] **1.** *s* Ablagerung *f*; Lager *n*; *in a bank*: Einlage *f*; Hinterlegung *f*, Kaution *f*, *for bottles*: Pfand *n*; Anzahlung *f*; ***make a ~*** e-e Anzahlung leisten; ***~ account*** *Br.* Termineinlagekonto *n*; **2.** *v/t* (nieder-, ab-, hin)legen; *money*: einzahlen; *part of a sum*: anzahlen; hinterlegen; ablagern; **dep·o·si·tion** [depə'zɪʃn] *s from office*: Absetzung *f*; *jur.* eidliche Aussage; **~·i·tor** [dɪ'pɒzɪtə] *s* Hinterleger(in); Einzahler(in); Kontoinhaber(in).

dep·ot ['depəʊ] *s* Depot *n*; Lagerhaus *n*; *Am.* ['diːpəʊ] Bahnhof *m*.

de·prave [dɪ'preɪv] *v/t* moralisch verderben.

de·pre·ci·ate [dɪ'priːʃɪeɪt] *v/t value*: mindern; *v/i* an Wert verlieren.

de·press [dɪ'pres] *v/t* (nieder)drücken; *business, etc.*: senken, drücken; deprimieren, bedrücken; **~ed** *adj* deprimiert, niedergeschlagen; ***~ area*** Notstandsgebiet *n*; **de·pres·sion** [~eʃn] *s* Vertiefung *f*, Senke *f*; *psych.* Depression *f*, Niedergeschlagenheit *f*; *econ.* Depression *f*, Flaute *f*, Wirtschaftskrise *f*; *med.* Schwäche *f*.

de·prive [dɪ'praɪv] *v/t*: ***~ s.o. of s.th.*** j-m et. entziehen *or* nehmen; **~d** *adj* benachteiligt, unterprivilegiert.

depth [depθ] *s* Tiefe *f*; *attr* Tiefen...

dep·u|ta·tion [depjʊ'teɪʃn] *s* Abordnung *f*; **~·tize** ['depjʊtaɪz] *v/i*: ***~ for s.o.*** j-n vertreten; **~·ty** [~ɪ] *s parl.* Abgeordnete(r *m*) *f*; Stellvertreter(in), Beauftragte(r *m*) *f*, Bevollmächtigte(r *m*) *f*; *a.* ***~ sheriff*** *Am.* Hilfssheriff *m*.

de·rail *rail.* [dɪ'reɪl] *v/i* entgleisen; *v/t* zum Entgleisen bringen.

de·range [dɪ'reɪndʒ] *v/t* in Unordnung bringen; stören; verrückt *or* wahnsinnig machen; ***~d*** geistesgestört.

der·e·lict ['derəlɪkt] *adj* verlassen; nachlässig.

de·ride [dɪ'raɪd] *v/t* verlachen, -spotten; **de·ri·sion** [dɪ'rɪʒn] *s* Hohn *m*, Spott *m*; **de·ri·sive** [dɪ'raɪsɪv] *adj* □ spöttisch, höhnisch.

de·rive [dɪ'raɪv] *v/t* herleiten; *et.* gewinnen (***from*** aus); *profit, etc.*: ziehen (***from*** aus); *v/i* abstammen.

de·rog·a·to·ry [dɪ'rɒgətərɪ] *adj* □ abfällig, geringschätzig.

der·rick ['derɪk] *s tech.* Derrickkran *m*; *mar.* Ladebaum *m*; Bohrturm *m*.

de·scend [dɪ'send] *v/i* (her-, hin)absteigen, herunter-, hinuntersteigen, herabkommen; *aer.* niedergehen; (ab)stammen; ***~ on, ~ upon*** herfallen über (*acc*); einfallen in (*acc*); **de·scen·dant** [~ənt] *s* Nachkomme *m*.

de·scent [dɪ'sent] *s* Herab-, Hinuntersteigen *n*, Abstieg *m*; *aer.* Niedergehen *n*; Abhang *m*, Gefälle *n*; Abstammung *f*; *fig.* Niedergang *m*, Abstieg *m*.

de·scribe [dɪ'skraɪb] *v/t* beschreiben.

de·scrip|tion [dɪ'skrɪpʃn] *s* Beschreibung *f*, Schilderung *f*; *sort*: Art *f*; **~·tive** *adj* □ beschreibend; anschaulich.

des·ert¹ ['dezət] **1.** *s* Wüste *f*; **2.** *adj* Wüsten...

de·sert² [dɪ'zɜːt] *v/t* verlassen; *v/i* desertieren; **~·er** *s mil.* Deserteur *m*, Fahnenflüchtige(r) *m*; **de·ser·tion** [~ʃn] *s* (*jur. a.* böswilliges) Verlassen; *mil.* Fahnenflucht *f*.

de·serve [dɪ'zɜːv] *v/t* verdienen; **de·ser·ved·ly** [~ɪdlɪ] *adv* mit Recht; **de·serv·ing** *adj* würdig (***of*** *gen*); verdienstvoll, verdient.

de·sign [dɪ'zaɪn] **1.** *s* Plan *m*; Entwurf *m*, Zeichnung *f*; Muster *n*; Vorhaben *n*, Absicht *f*; ***have ~s on*** *or* ***against*** et. (Böses) im Schilde führen gegen; **2.** *v/t* entwerfen, *tech.* konstruieren; gestalten; planen; bestimmen.

des·ig|nate ['dezɪgneɪt] *v/t* bezeichnen; ernennen, bestimmen; **~·na·tion** [~'neɪʃn] *s* Bezeichnung *f*; Bestimmung *f*, Ernennung *f*.

de·sign·er [dɪ'zaɪnə] *s* (Muster)Zeichner(in); Designer(in); *tech.* Konstrukteur *m*; (Mode)Schöpfer(in); **~ stubble** *s* F Dreitagebart *m*.

de·sir|a·ble [dɪ'zaɪərəbl] *adj* □ wünschenswert; angenehm; **~e** [dɪ'zaɪə] **1.** *s* Wunsch *m*, Verlangen *n*; Begierde *f*; **2.** *v/t* verlangen, wünschen; begehren; **~·ous** [~rəs] *adj* begierig.

de·sist [dɪ'zɪst] *v/i* ablassen (***from*** von).

desk [desk] *s* Pult *n*; Schreibtisch *m*.

des·o·late ['desələt] *adj* □ einsam; verlassen; öde.
de·spair [dɪ'speə] **1.** *s* Verzweiflung *f*; **2.** *v/i* verzweifeln (***of*** an *dat*); **~·ing** *adj* □ verzweifelt.
de·spatch [dɪ'spætʃ] → ***dispatch***.
des·per|ate ['despərət] *adj* □ verzweifelt; hoffnungslos; F schrecklich; **~·a·tion** [despə'reɪʃn] *s* Verzweiflung *f*.
des·pic·a·ble ['despɪkəbl] *adj* □ verachtenswert, verabscheuungswürdig.
de·spise [dɪ'spaɪz] *v/t* verachten.
de·spite [dɪ'spaɪt] **1.** *s* Verachtung *f*; ***in ~ of*** zum Trotz, trotz; **2.** *prp a.* ***~ of*** trotz.
de·spon·dent [dɪ'spɒndənt] *adj* □ mutlos, verzagt.
des·pot ['despɒt] *s* Despot *m*, Tyrann *m*; **~·is·m** [~pətɪzəm] *s* Despotismus *m*.
des·sert [dɪ'zɜːt] *s* Nachtisch *m*, Dessert *n*; *attr* Dessert...
des|ti·na·tion [destɪ'neɪʃn] *s* Bestimmung(sort *m*) *f*; **~·tined** ['destɪnd] *adj* bestimmt; **~·ti·ny** [~ɪ] *s* Schicksal *n*.
des·ti·tute ['destɪtjuːt] *adj* □ mittellos, notleidend; ***~ of*** bar (*gen*), ohne.
de·stroy [dɪ'strɔɪ] *v/t* zerstören, vernichten; töten, *animal*: *a.* einschläfern; **~·er** *s* Zerstörer(in); *mar.*, *mil.* Zerstörer *m*.
de·struc|tion [dɪ'strʌkʃn] *s* Zerstörung *f*, Vernichtung *f*; Tötung *f*, *of animal*: *a.* Einschläferung *f*; **~·tive** [~tɪv] *adj* □ zerstörend, vernichtend; zerstörerisch.
des·ul·to·ry ['desəltərɪ] *adj* □ unstet; planlos; oberflächlich.
de·tach [dɪ'tætʃ] *v/t* losmachen, (ab)lösen; absondern; *mil.* abkommandieren; **~ed** *adj house*: einzeln (stehend); unvoreingenommen; distanziert; **~·ment** *s* Loslösung *f*; (Ab)Trennung *f*; *mil.* (Sonder)Kommando *n*.
de·tail ['diːteɪl] **1.** *s* Detail *n*, Einzelheit *f*; eingehende Darstellung; *mil.* (Sonder)Kommando *n*; ***in ~*** ausführlich; **2.** *v/t* genau schildern; *mil.* abkommandieren; **~ed** *adj* detailliert, ausführlich.
de·tain [dɪ'teɪn] *v/t* aufhalten; *j-n* in (Untersuchungs)Haft (be)halten.
de·tect [dɪ'tekt] *v/t* entdecken; (auf)finden; **de·tec·tion** [~kʃn] *s* Entdeckung *f*; **de·tec·tive** [~tɪv] *s* Kriminalbeamte(r) *m*, Detektiv *m*; ***~ novel***, ***~ story*** Kriminalroman *m*.
de·ten·tion [dɪ'tenʃn] *s* Vorenthaltung *f*; Aufhaltung *f*; Haft *f*.
de·ter [dɪ'tɜː] *v/t* (*-rr-*) abschrecken (***from*** von).
de·ter·gent [dɪ'tɜːdʒənt] *s* Reinigungsmittel *n*; Waschmittel *n*; Geschirrspülmittel *n*.
de·te·ri·o·rate [dɪ'tɪərɪəreɪt] *v/i* sich verschlechtern; verderben; entarten.
de·ter|mi·na·tion [dɪtɜːmɪ'neɪʃn] *s* Entschlossenheit *f*; Entscheidung *f*, Entschluß *m*; **~·mine** [dɪ'tɜːmɪn] *v/t* bestimmen; entscheiden; *v/i*: ***~ on*** sich entschließen zu; **~·mined** *adj* entschlossen.
de·ter|rence [dɪ'terəns] *s* Abschreckung *f*; **~·rent** [~t] **1.** *adj* abschreckend; **2.** *s* Abschreckungsmittel *n*.
de·test [dɪ'test] *v/t* verabscheuen; **~·a·ble** *adj* □ abscheulich.
de·throne [dɪ'θrəʊn] *v/t* entthronen.
det·o|nate ['detəneɪt] *v/i* explodieren; **~·na·tion** [~'neɪʃn] *s* Explosion *f*.
de·tour ['diːtʊə] *s* Umweg *m*; Umleitung *f*.
de·tract [dɪ'trækt] *v/i*: ***~ from s.th.*** et. beeinträchtigen, et. schmälern.
deuce [djuːs] *s on dice and cards*: Zwei *f*; *tennis*: Einstand *m*; F Teufel *m*; ***how the ~*** wie zum Teufel.
de·val·u|a·tion *econ.* [diːvælju'eɪʃn] *s* Abwertung *f*; **~e** *v/t* abwerten.
dev·a|state ['devəsteɪt] *v/t* verwüsten; **~·stat·ing** *adj* □ verheerend, vernichtend; F umwerfend; **~·sta·tion** [devə'steɪʃn] *s* Verwüstung *f*.
de·vel·op [dɪ'veləp] *v/t and v/i* (sich) entwickeln; (sich) entfalten; *area*, *land*: erschließen; *town centres*, *etc.*: sanieren; ausbauen; (sich) zeigen; **~·er** *s phot.* Entwickler *m*; **~·ing** *s* Entwicklungs...; ***~ country*** *econ.* Entwicklungsland *n*; **~·ment** *s* Entwicklung *f*; Entfaltung *f*; Erschließung *f*; Ausbau *m*; ***~ aid*** *econ.* Entwicklungshilfe *f*.
de·vi|ate ['diːvɪeɪt] *v/i* abweichen; **~·a·tion** [diːvɪ'eɪʃn] *s* Abweichung *f*.
de·vice [dɪ'vaɪs] *s* Vorrichtung *f*, Gerät *n*; Erfindung *f*; Plan *m*; Kniff *m*; Devise *f*, Motto *n*; ***leave s.o. to his/her own ~s*** j-n sich selbst überlassen.
dev·il ['devl] *s* Teufel *m* (*a. fig.*); **~·ish** [~ɪʃ] *adj* □ teuflisch.
de·vi·ous ['diːvɪəs] *adj* □ abwegig; gewunden; unaufrichtig; ***take a ~ route*** e-n Umweg machen.

D

de·vise [dɪ'vaɪz] *v/t* ausdenken, ersinnen; *jur.* vermachen.
de·vote [dɪ'vəʊt] *v/t* widmen, *et.* hingeben, opfern (*to dat*); **de·vot·ed** *adj* □ ergeben; eifrig, begeistert; zärtlich; **dev·o·tee** [devəʊ'tiː] *s* begeisterter Anhänger; **de·vo·tion** [dɪ'vəʊʃn] *s* Ergebenheit *f*; Hingabe *f*; Frömmigkeit *f*, Andacht *f*.
de·vour [dɪ'vaʊə] *v/t* verschlingen.
de·vout [dɪ'vaʊt] *adj* □ andächtig; fromm; sehnlichst.
dew [djuː] *s* Tau *m*; **~·y** ['djuːɪ] *adj* (**-ier**, **-iest**) (tau)feucht.
dex|ter·i·ty [dek'sterətɪ] *s* Gewandtheit *f*; **~·ter·ous**, **~·trous** ['dekstrəs] *adj* □ gewandt.
di·ag|nose ['daɪəgnəʊz] *v/t* diagnostizieren; **~·no·sis** [daɪəg'nəʊsɪs] *s* (*pl* **-ses** [-siːz]) Diagnose *f*.
di·a·gram ['daɪəgræm] *s* graphische Darstellung, Schema *n*, Plan *m*.
di·al ['daɪəl] **1.** *s* Zifferblatt *n*; *teleph.* Wählscheibe *f*; *tech.* Skala *f*; **2.** *v/i and v/t* (*esp. Br.* **-ll-**, *Am.* **-l-**) *teleph.* wählen; **~ direct** durchwählen (**to** nach); **direct ~(l)ing** Durchwahl *f*; **~(l)ing code** Vorwahl *f*.
di·a·lect ['daɪəlekt] *s* Dialekt *m*; Mundart *f*.
di·a·logue, *Am.* **-log** ['daɪəlɒg] *s* Dialog *m*, Gespräch *n*.
di·am·e·ter [daɪ'æmɪtə] *s* Durchmesser *m*; **in ~** im Durchmesser.
di·a·mond ['daɪəmənd] *s* Diamant *m*; Rhombus *m*; *baseball*: Spielfeld *n*; *cards*: Karo *n*.
di·a·per *Am.* ['daɪəpə] *s* Windel *f*.
di·a·phragm ['daɪəfræm] *s* *anat.* Zwerchfell *n*; *opt.* Blende *f*; *teleph.* Membran(e) *f*; *contraceptive*: Diaphragma *n*, Pessar *n*.
di·ar·rh(o)e·a *med.* [daɪə'rɪə] *s* Durchfall *m*.
di·a·ry ['daɪərɪ] *s* Tagebuch *n*; (Termin)Kalender *m*.
dice [daɪs] **1.** *s pl of* **die²**; **2.** *v/t and v/i* würfeln; **~-box**, **~-cup** *s* Würfelbecher *m*.
dick [dɪk] *s Am. sl. detective*: Schnüffler *m*; V Schwanz *m*.
dic|tate [dɪk'teɪt] *v/t* diktieren (*a. v/i*); *fig.* vorschreiben; **~·ta·tion** [~ʃn] *s* Diktat *n*.
dic·ta·tor [dɪk'teɪtə] *s* Diktator *m*; **~·ship** [~ʃɪp] *s* Diktatur *f*.
dic·tion ['dɪkʃn] *s* Ausdruck(sweise *f*) *m*, Stil *m*; **~·a·ry** ['~ərɪ] *s* Wörterbuch *n*.
did [dɪd] *pret of* **do**.
die¹ [daɪ] *v/i* sterben; umkommen; untergehen; absterben; **~ away** *of wind, etc.*: sich legen; *of sound*: verklingen; *of light, etc.*: verlöschen; **~ down** nachlassen; herunterbrennen; schwächer werden; **~ off** wegsterben; **~ out** aussterben (*a. fig.*).
die² [~] *s* (*pl* **dice** [daɪs]) Würfel *m*; (*pl* **dies** [daɪz]) Prägestock *m*, -stempel *m*.
die-hard ['daɪhɑːd] *s* Reaktionär *m*; F Betonkopf *m*.
di·et ['daɪət] **1.** *s* Diät *f*; Nahrung *f*, Kost *f*; **be on a ~** diät leben; **2.** *v/i* diät leben.
dif·fer ['dɪfə] *v/i* sich unterscheiden; anderer Meinung sein (**with**, **from** als); abweichen.
dif·fe|rence ['dɪfrəns] *s* Unterschied *m*; Differenz *f*; Meinungsverschiedenheit *f*; **~·rent** *adj* □ verschieden; andere(r, -s); anders (**from** als); **~·ren·ti·ate** [dɪfə'renʃɪeɪt] *v/t and v/i* (sich) unterscheiden.
dif·fi|cult ['dɪfɪkəlt] *adj* schwierig; **~·cul·ty** [~ɪ] *s* Schwierigkeit *f*.
dif·fi|dence ['dɪfɪdəns] *s* Schüchternheit *f*; **~·dent** [~t] *adj* □ schüchtern.
dif|fuse **1.** *v/t* [dɪ'fjuːz] verbreiten; **2.** *adj* □ [~s] *speech, etc.*: langatmig, weitschweifig; *light*: diffus; **~·fu·sion** [~ʒn] *s* Verbreitung *f*.
dig [dɪg] **1.** *v/t and v/i* (**-gg-**; **dug**) graben (in *dat*); *often* **~ up** umgraben; *often* **~ up**, **~ out** ausgraben (*a. fig.*); **2.** *s* F Ausgrabung(sstätte) *f*; F Puff *m*, Stoß *m*; **~s** *pl Br.* F Bude *f*, (Studenten)Zimmer *n*.
di·gest **1.** [dɪ'dʒest] *v/t* verdauen (*a. fig.*); ordnen; *v/i* verdauen; verdaulich sein; **2.** *s* ['daɪdʒest] Abriß *m*; Auslese *f*, Auswahl *f*; **~·i·ble** [dɪ'dʒestəbl] *adj* verdaulich; **di·ges·tion** [~tʃən] *s* Verdauung *f*; **di·ges·tive** [~tɪv] *adj* □ verdauungsfördernd.
dig·ger ['dɪgə] *s* (*esp.* Gold)Gräber *m*.
di·git ['dɪdʒɪt] *s* Ziffer *f*; **three-~ number** dreistellige Zahl; **di·gi·tal** *adj* □ digital, Digital...; **~ clock**, **~ watch** Digitaluhr *f*.
dig·ni|fied ['dɪgnɪfaɪd] *adj* würdevoll,

würdig; **~·ta·ry** ['~tərɪ] *s* Würdenträger(in); **~·ty** ['~tɪ] *s* Würde *f*.
di·gress [daɪ'gres] *v/i* abschweifen.
dike[1] [daɪk] **1.** *s* Deich *m*, Damm *m*; Graben *m*; **2.** *v/t* eindeichen, -dämmen.
dike[2] *sl.* [~] *s* Lesbe *f*.
di·lap·i·dat·ed [dɪ'læpɪdeɪtɪd] *adj* verfallen, baufällig, klapp(e)rig.
di·late [daɪ'leɪt] *v/t* (*and v/i* sich) ausdehnen; *eyes*: weit öffnen; **dil·a·to·ry** ['dɪlətərɪ] *adj* □ verzögernd, hinhaltend; aufschiebend; langsam.
dil·i|gence ['dɪlɪdʒəns] *s* Fleiß *m*; **~·gent** [~nt] *adj* □ fleißig, emsig.
di·lute [daɪ'ljuːt] **1.** *v/t* verdünnen; verwässern; **2.** *adj* verdünnt.
dim [dɪm] **1.** *adj* □ (**-mm-**) trüb(e); dunkel; matt; **2.** (**-mm-**) *v/t* verdunkeln; *light*: abblenden; *v/i* sich trüben; matt werden.
dime *Am.* [daɪm] *s* Zehncentstück *n*.
di·men·sion [daɪ'menʃn] *s* Dimension *f*, Abmessung *f*; **~s** *pl a.* Ausmaß *n*; **~·al** [~ʃnl]: ***three-~*** dreidimensional.
di·min·ish [dɪ'mɪnɪʃ] *v/i* sich vermindern; abnehmen.
di·min·u·tive [dɪ'mɪnjʊtɪv] *adj* □ klein, winzig.
dim·ple ['dɪmpl] *s* Grübchen *n*.
din [dɪn] *s* Getöse *n*, Lärm *m*.
dine [daɪn] *v/i* essen, speisen; ***~ in/out*** zu Hause/auswärts essen; *v/t* bewirten; **din·er** ['daɪnə] *s* Speisende(r *m*) *f*; *in restaurant*: Gast *m*; *esp. Am. rail.* Speisewagen *m*; *Am.* Speiselokal *n*.
din·gy ['dɪndʒɪ] *adj* □ (**-ier**, **-iest**) schmutzig.
din·ing| car *rail.* ['daɪnɪŋkɑː] *s* Speisewagen *m*; **~ room** *s* Eß-, Speisezimmer *n*.
din·ner ['dɪnə] *s* (Mittag-, Abend)Essen *n*; Festessen *n*; **~-jack·et** *s* Smoking *m*; **~-par·ty** *s* Tischgesellschaft *f*; **~-service**, **~-set** *s* Speiseservice *n*, Tafelgeschirr *n*.
di·no·saur *zo.* ['daɪnəsɔː] *s* Dinosaurier *m*.
dint [dɪnt] **1.** *s* Beule *f*; ***by ~ of*** kraft, vermöge (*gen*); **2.** *v/t* ver-, einbeulen.
dip [dɪp] **1.** (**-pp-**) *v/t* (ein)tauchen; senken; schöpfen; ***~ the headlights*** *esp. Br. mot.* abblenden; *v/i* (unter)tauchen; sinken; sich neigen, sich senken; **2.** *s* (Ein-, Unter)Tauchen *n*; F kurzes Bad; Senkung *f*, Neigung *f*, Gefälle *n*; *cooking*: Dip *m*.
diph·ther·i·a *med.* [dɪf'θɪərɪə] *s* Diphtherie *f*.
di·plo·ma [dɪ'pləʊmə] *s* Diplom *n*.
di·plo·ma·cy [dɪ'pləʊməsɪ] *s* Diplomatie *f*.
dip·lo·mat ['dɪpləmæt] *s* Diplomat *m*; **~·ic** [~'mætɪk] *adj* (***~ally***) diplomatisch; ***~ relations*** diplomatische Beziehungen.
dip·per ['dɪpə] *s* Schöpfkelle *f*.
dire ['daɪə] *adj* (***~r***, ***~st***) gräßlich, schrecklich.
di·rect [dɪ'rekt] **1.** *adj* □ direkt; gerade; unmittelbar; offen, aufrichtig; ***~ current*** *electr.* Gleichstrom *m*; ***~ train*** durchgehender Zug; **2.** *adv* direkt, unmittelbar; **3.** *v/t* richten; lenken, steuern; leiten; anordnen; *j-n* anweisen; *j-m* den Weg zeigen; *letter*: adressieren; Regie führen bei.
di·rec·tion [dɪ'rekʃn] *s* Richtung *f*; Leitung *f*, Führung *f*; *of letter, etc.*: Adresse *f*; *TV, etc.*: Regie *f*; *mst* ***~s*** *pl* Anweisung *f*, Anleitung *f*; ***~s for use*** Gebrauchsanweisung *f*; **~-find·er** [~faɪndə] *s* (Funk)Peiler *m*, Peilempfänger *m*; **~-in·di·ca·tor** *s mot.* Fahrtrichtungsanzeiger *m*, Blinker *m*; *aer.* Kursweiser *m*.
di·rec·tive [dɪ'rektɪv] **1.** *adj* richtungweisend, leitend; **2.** *s* Direktive *f*, Weisung *f*.
di·rect·ly [dɪ'rektlɪ] **1.** *adv* sofort; **2.** *cj* sobald, sowie.
di·rec·tor [dɪ'rektə] *s* Direktor *m*; *TV, etc.*: Regisseur *m*; *mus.* Dirigent *m*; ***board of ~s*** *econ.* Vorstand *m*; Aufsichtsrat *m*.
di·rec·to·ry [dɪ'rektərɪ] *s* Adreßbuch *n*; ***telephone ~*** Telefonbuch *n*.
dirt [dɜːt] *s* Schmutz *m* (*a. fig.*); (lockere) Erde; **~-cheap** F [~'tʃiːp] *adj* spottbillig; **~·y** [~ɪ] **1.** *adj* □ (**-ier**, **-iest**) schmutzig (*a. fig.*); **2.** *v/t* beschmutzen; *v/i* schmutzig werden.
dis·a·bil·i·ty [dɪsə'bɪlətɪ] *s* Unfähigkeit *f*.
dis·a·ble [dɪs'eɪbl] *v/t mil.* kampfunfähig *or* dienstuntauglich machen; **~d 1.** *adj* arbeits-, erwerbsunfähig, invalid(e); *mil.* dienstuntauglich; *mil.* kriegsversehrt; *physically or mentally*: behindert; **2.** *s*: ***the ~*** *pl* die Behinderten *pl*.

dis·ad·van|tage [dɪsəd'vɑːntɪdʒ] *s* Nachteil *m*; Schaden *m*; **~·ta·geous** [dɪsædvɑːn'teɪdʒəs] *adj* □ nachteilig, ungünstig.
dis·a·gree [dɪsə'griː] *v/i* nicht übereinstimmen; uneinig sein; nicht bekommen (***with s.o.*** j-m); **~·a·ble** [~ɪəbl] *adj* □ unangenehm; **~·ment** *s* Unstimmigkeit *f*; Meinungsverschiedenheit *f*.
dis·ap·pear [dɪsə'pɪə] *v/i* verschwinden; **~·ance** *s* Verschwinden *n*.
dis·ap·point [dɪsə'pɔɪnt] *v/t j-n* enttäuschen; *hopes, etc.*: zunichte machen; **~·ment** *s* Enttäuschung *f*.
dis·ap·prov|al [dɪsə'pruːvl] *s* Mißbilligung *f*; **~e** [dɪsə'pruːv] *v/t* mißbilligen; *v/i* dagegen sein.
dis|arm [dɪs'ɑːm] *v/t* entwaffnen (*a. fig.*); *v/i mil., pol.* abrüsten; **~·ar·ma·ment** [~əmənt] *s* Entwaffnung *f*; *mil., pol.* Abrüstung *f*.
dis·ar·range [dɪsə'reɪndʒ] *v/t* in Unordnung bringen.
dis·ar·ray [dɪsə'reɪ] *s* Unordnung *f*.
di·sas|ter [dɪ'zɑːstə] *s* Unglück(sfall *m*) *n*, Katastrophe *f*, Desaster *n*; **~·trous** [~trəs] *adj* □ katastrophal, verheerend.
dis·band [dɪs'bænd] *v/t and v/i* (sich) auflösen.
dis·be|lief [dɪsbɪ'liːf] *s* Unglaube *m*; Zweifel *m* (***in*** an *dat*); **~·lieve** [~iːv] *v/t et.* bezweifeln, nicht glauben; **~·liev·er** [~iːvə] *s* Ungläubige(r *m*) *f*.
disc [dɪsk] *s* Scheibe *f* (*a. anat., zo., tech.*); (Schall)Platte *f*; Parkscheibe *f*; ***slipped ~*** *med.* Bandscheibenvorfall *m*; ***~ brake*** *mot.* Scheibenbremse *f*.
dis·card [dɪ'skɑːd] *v/t cards, clothes, etc.*: ablegen; *friends, etc.*: fallenlassen.
di·scern [dɪ'sɜːn] *v/t* wahrnehmen, erkennen; **~·ing** *adj* □ kritisch, scharfsichtig; **~·ment** *s* Einsicht *f*; Scharfblick *m*; Wahrnehmen *n*.
dis·charge [dɪs'tʃɑːdʒ] **1.** *v/t* ent-, ausladen; *j-n* befreien, entbinden; *j-n* entlassen; *gun, etc.*: abfeuern; von sich geben, ausströmen, -senden; *med.* absondern; *duty, etc.*: erfüllen; *debt*: bezahlen; *bill*: einlösen; *v/i electr.* sich entladen; sich ergießen, *of river*: münden; *med.* eitern; **2.** *s of ship*: Entladung *f*; *of gun, etc.*: Abfeuern *n*; Ausströmen *n*; *med.* Absonderung *f*; *med.* Ausfluß *m*; Ausstoßen *n*; *electr.* Entladung *f*; Entlassung *f*; Entlastung *f*; *of duty, etc.*: Erfüllung *f*.
di·sci·ple [dɪ'saɪpl] *s* Schüler *m*; Jünger *m*.
dis·ci·pline ['dɪsɪplɪn] **1.** *s* Disziplin *f*; **2.** *v/t* disziplinieren; ***well ~d*** diszipliniert; ***badly ~d*** disziplinlos, undiszipliniert.
disc jock·ey ['dɪskdʒɒkɪ] *s* Disk-, Discjockey *m*.
dis·claim [dɪs'kleɪm] *v/t* ab-, bestreiten; *responsibility*: ablehnen; *jur.* verzichten auf (*acc*).
dis|close [dɪs'kləʊz] *v/t* bekanntgeben, -machen; enthüllen, aufdecken; **~·clo·sure** [~əʊʒə] *s* Enthüllung *f*.
dis·co F ['dɪskəʊ] *s* (*pl* **-cos**) Disko *f*; ***~ sound*** Diskosound *m*.
dis·col·o(u)r [dɪs'kʌlə] *v/t and v/i* (sich) verfärben.
dis·com·fort [dɪs'kʌmfət] **1.** *s* Unbehagen *n*; Beschwerden *pl*; **2.** *v/t j-m* Unbehagen verursachen.
dis·con·cert [dɪskən'sɜːt] *v/t* aus der Fassung bringen.
dis·con·nect [dɪskə'nekt] *v/t* trennen (*a. electr.*); *tech.* auskuppeln; *electr. switch off*: abschalten; *gas, electricity, phone*: abstellen; *teleph. connection*: unterbrechen; **~·ed** *adj* □ zusammenhang(s)los.
dis·con·tent [dɪskən'tent] *s* Unzufriedenheit *f*; **~·ed** *adj* □ unzufrieden.
dis·con·tin·ue [dɪskən'tɪnjuː] *v/t* aufgeben, aufhören mit, *project, etc.*: abbrechen; unterbrechen.
dis·cord ['dɪskɔːd], **~·ance** [dɪs'kɔːdəns] *s* Uneinigkeit *f*; *mus.* Mißklang *m*; **~·ant** *adj* □ nicht übereinstimmend; *mus.* unharmonisch, mißtönend.
dis·co·theque ['dɪskətek] *s* Diskothek *f*.
dis·count ['dɪskaʊnt] **1.** *s econ.* Diskont *m*; Abzug *m*, Rabatt *m*; **2.** *v/t econ.* diskontieren; abziehen, abrechnen.
dis·cour·age [dɪs'kʌrɪdʒ] *v/t* entmutigen; abschrecken; **~·ment** *s* Entmutigung *f*; Hindernis *n*, Schwierigkeit *f*.
dis·course 1. ['dɪskɔːs] *s* Rede *f*; Abhandlung *f*; Predigt *f*, *phls.* Diskurs *m*; **2.** [dɪ'skɔːs] *v/i* e-n Vortrag halten (***on, upon*** über *acc*).
dis·cour·te|ous [dɪs'kɜːtjəs] *adj* □ unhöflich; **~·sy** [~təsɪ] *s* Unhöflichkeit *f*.
dis·cov|er [dɪ'skʌvə] *v/t* entdecken; ausfindig machen; feststellen, bemerken; **~·e·ry** [~ərɪ] *s* Entdeckung *f*.

dis·cred·it [dɪsˈkredɪt] **1.** *s* Zweifel *m*; Mißkredit *m*, schlechter Ruf; **2.** *v/t* nicht glauben; in Mißkredit bringen.

di·screet [dɪˈskriːt] *adj* □ besonnen, vorsichtig; diskret, verschwiegen.

di·screp·an·cy [dɪˈskrepənsɪ] *s* Widerspruch *m*, Unstimmigkeit *f*.

di·scre·tion [dɪˈskreʃn] *s* Besonnenheit *f*; Ermessen *n*, Belieben *n*; Takt *m*, Diskretion *f*, Verschwiegenheit *f*.

di·scrim·i|nate [dɪˈskrɪmɪneɪt] *v/t* unterscheiden; *v/i* unterscheiden (***between*** zwischen *dat*); **~ *against*** diskriminieren, benachteiligen; **~·nat·ing** *adj* □ unterscheidend; kritisch, urteilsfähig; **~·na·tion** [~ˈneɪʃn] *s* Unterscheidung *f*; unterschiedliche (*esp.* nachteilige) Behandlung, Diskriminierung *f*; Urteilskraft *f*.

dis·cus [ˈdɪskəs] *s sports*: Diskus *m*; **~ *throw*** Diskuswerfen *n*; **~ *thrower*** Diskuswerfer(in).

di·scuss [dɪˈskʌs] *v/t* diskutieren, erörtern, besprechen; **di·scus·sion** [~ʌʃn] *s* Diskussion *f*, Besprechung *f*.

dis·dain [dɪsˈdeɪn] **1.** *s* Verachtung *f*; **2.** *v/t* geringschätzen, verachten; verschmähen.

dis·ease [dɪˈziːz] *s* Krankheit *f*; **~d** *adj* krank.

dis·em·bark [dɪsɪmˈbɑːk] *v/t* ausschiffen; *v/i* von Bord gehen.

dis·en·chant·ed [dɪsɪnˈtʃɑːntɪd] *adj*: ***be ~ with*** sich keinen Illusionen mehr hingeben über (*acc*).

dis·en·gage [dɪsɪnˈgeɪdʒ] *v/t* (*and v/i* sich) freimachen *or* lösen; *tech.* loskuppeln.

dis·en·tan·gle [dɪsɪnˈtæŋgl] *v/t* entwirren; herauslösen (***from*** aus).

dis·fa·vo(u)r [dɪsˈfeɪvə] *s* Mißfallen *n*; Ungnade *f*.

dis·fig·ure [dɪsˈfɪgə] *v/t* entstellen.

dis·grace [dɪsˈgreɪs] **1.** *s* Ungnade *f*; Schande *f*; **2.** *v/t* Schande bringen über (*acc*), *j-m* Schande bereiten; ***be ~d*** in Ungnade fallen; **~·ful** *adj* □ schändlich; skandalös.

dis·guise [dɪsˈgaɪz] **1.** *v/t* verkleiden (***as*** als); verstellen; verschleiern, -bergen; **2.** *s* Verkleidung *f*; Verstellung *f*; Verschleierung *f*; *thea. and fig.*: Maske *f*; ***in ~*** maskiert, verkleidet; *fig.* verkappt.

dis·gust [dɪsˈgʌst] **1.** *s* Ekel *m*, Abscheu *m*; **2.** *v/t* (an)ekeln; empören, entrüsten; **~·ing** *adj* □ ekelhaft.

dish [dɪʃ] **1.** *s* flache Schüssel; (Servier)Platte *f*; Gericht *n*, Speise *f*; ***the ~es*** *pl* das Geschirr; ***do the ~es*** abspülen, Geschirr spülen; F *TV* Parabolantenne *f*, F Schüssel *f*; **2.** *v/t mst* **~ *up*** anrichten; auftischen, -tragen; **~ *out*** F austeilen; **~·cloth** *s* Geschirrspültuch *n*.

dis·heart·en [dɪsˈhɑːtn] *v/t* entmutigen.

dis·hon·est [dɪsˈɒnɪst] *adj* □ unehrlich, unredlich; **~·y** [~ɪ] *s* Unredlichkeit *f*.

dis·hon|o(u)r [dɪsˈɒnə] **1.** *s* Unehre *f*, Schande *f*; **2.** *v/t* entehren; schänden; *econ. bill*: nicht honorieren *or* einlösen; **~·o(u)·ra·ble** *adj* □ schändlich, unehrenhaft.

dish| tow·el *s* Geschirrtuch *n*; **~·wash·er** *s* Spüler(in); Geschirrspülmaschine *f*, -spüler *m*; **~·wa·ter** *s* Spülwasser *n*.

dis·il·lu·sion [dɪsɪˈluːʒn] **1.** *s* Ernüchterung *f*, Desillusion *f*; **2.** *v/t* ernüchtern, desillusionieren; ***be ~ed with*** sich keinen Illusionen mehr hingeben über (*acc*).

dis·in·clined [dɪsɪnˈklaɪnd] *adj* abgeneigt.

dis·in|fect [dɪsɪnˈfekt] *v/t* desinfizieren; **~·fec·tant** *s* Desinfektionsmittel *n*.

dis·in·her·it [dɪsɪnˈherɪt] *v/t* enterben.

dis·in·te·grate [dɪsˈɪntɪgreɪt] *v/i* sich auflösen; ver-, zerfallen.

dis·in·terest·ed [dɪsˈɪntrəstɪd] *adj* □ uneigennützig, selbstlos; objektiv, unvoreingenommen; F desinteressiert.

disk [dɪsk] *s esp. Am.* → *Br.* **disc**; *computer*: Diskette *f*, F Floppy *f*; **~ *drive*** Diskettenlaufwerk *n*.

disk·ette [ˈdɪsket, dɪˈsket] *s computer*: Diskette *f*.

dis·like [dɪsˈlaɪk] **1.** *s* Abneigung *f*, Widerwille *m* (***of, for*** gegen); ***take a ~ to s.o.*** gegen j-n e-e Abneigung fassen; **2.** *v/t* nicht mögen.

dis·lo·cate [ˈdɪsləkeɪt] *v/t med.* sich *et.* verrenken; verlagern.

dis·loy·al [dɪsˈlɔɪəl] *adj* □ treulos.

dis·mal [ˈdɪzməl] *adj* □ trüb(e), trostlos, elend.

dis·man·tle [dɪsˈmæntl] *v/t* abbrechen, niederreißen (*a. fig.*: *trade barriers, etc.*); *mar.* abtakeln; *mar.* abwracken; *tech.* demontieren.

D

D

dis·may [dɪs'meɪ] **1.** *s* Schrecken *m*, Bestürzung *f*; ***in ~, with ~*** bestürzt; ***to one's ~*** zu s-m Entsetzen; **2.** *v/t* erschrecken, bestürzen.

dis·miss [dɪs'mɪs] *v/t* entlassen; wegschicken; ablehnen; *topic, etc.*: fallenlassen; *jur.* abweisen; **~·al** [~l] *s* Entlassung *f*; Aufgabe *f*; *jur.* Abweisung *f*.

dis·mount [dɪs'maʊnt] *v/t* aus dem Sattel heben; *rider*: abwerfen; demontieren; *tech.* auseinandernehmen; *v/i* absteigen, absitzen (***from*** von).

dis·o·be·di|ence [dɪsə'biːdɪəns] *s* Ungehorsam *m*; **~·ent** *adj* □ ungehorsam.

dis·o·bey [dɪsə'beɪ] *v/i and v/t* nicht gehorchen (*dat*), ungehorsam sein.

dis·or·der [dɪs'ɔːdə] **1.** *s* Unordnung *f*; Aufruhr *m*; *med.* Störung *f*; **2.** *v/t* in Unordnung bringen; *med.* angreifen; **~·ly** *adj* unordentlich; ordnungswidrig; unruhig; aufrührerisch.

dis·or·gan·ize [dɪs'ɔːgənaɪz] *v/t* durcheinanderbringen; desorganisieren.

dis·own [dɪs'əʊn] *v/t* nicht anerkennen; *child*: verstoßen; ablehnen.

di·spar·age [dɪ'spærɪdʒ] *v/t* verächtlich machen, herabsetzen; geringschätzen.

di·spar·i·ty [dɪ'spærətɪ] *s* Ungleichheit *f*; ***~ of*** *or* ***in age*** Altersunterschied *m*.

dis·pas·sion·ate [dɪ'spæʃnət] *adj* □ leidenschaftslos; objektiv.

di·spatch [dɪ'spætʃ] **1.** *s* schnelle Erledigung; (Ab)Sendung *f*; Abfertigung *f*; Eile *f*; (Eil)Botschaft *f*; *of news correspondent*: Bericht *m*; **2.** *v/t* schnell erledigen; absenden, abschicken, *telegram*: aufgeben, abfertigen.

di·spel [dɪ'spel] *v/t* (*-ll-*) *crowd, etc.*: zerstreuen (*a. fig.*), *fog*: zerteilen.

di·spen·sa·ble [dɪ'spensəbl] *adj* entbehrlich.

dis·pen·sa·tion [dɪspen'seɪʃn] *s* Austeilung *f*; Befreiung *f* (***with*** von); Dispens *m*; (göttliche) Fügung.

di·spense [dɪ'spens] *v/t* austeilen; *medicine, etc.*: zubereiten u. abgeben; ***~ justice*** Recht sprechen; *v/i*: ***~ with*** auskommen ohne; überflüssig machen; **di·spens·er** *s* Spender *m*, *for tapes*: *a.* Abroller *m*, *for stamps, etc.*: Automat *m*; → ***cash dispenser***.

di·sperse [dɪ'spɜːs] *v/t* verstreuen; *v/i* sich zerstreuen.

di·spir·it·ed [dɪ'spɪrɪtɪd] *adj* entmutigt.

dis·place [dɪs'pleɪs] *v/t* verschieben; ablösen, entlassen; verschleppen; ersetzen; verdrängen.

di·splay [dɪ'spleɪ] **1.** *s* Entfaltung *f*; (Her)Zeigen *n*; (protzige) Zurschaustellung; *computer*: (Sicht)Anzeige *f*, Display *n*; *econ.* Display *n*, Auslage *f*; ***be on ~*** ausgestellt sein; **2.** *v/t* entfalten; zur Schau stellen; zeigen.

dis|please [dɪs'pliːz] *v/t j-m* mißfallen; **~·pleased** *adj* ungehalten; **~·pleasure** [~pleʒə] *s* Mißfallen *n*.

dis|po·sa·ble [dɪ'spəʊzəbl] **1.** *adj* Einweg...; Wegwerf...; **2.** *s mst pl* Einweg-, Wegwerfartikel *m*; **~·pos·al** [~zl] *s of waste, etc.*: Beseitigung *f*, Entsorgung *f*; Verfügung(srecht *n*) *f*; ***be*** (***put***) ***at s.o.'s ~*** j-m zur Verfügung stehen (stellen); **~·pose** [~əʊz] *v/t* (an)ordnen, einrichten; geneigt machen, veranlassen; *v/i*: ***~ of*** verfügen über (*acc*); erledigen; loswerden; beseitigen; **~·posed** *adj* geneigt; ...gesinnt; **~·po·si·tion** [dɪspə'zɪʃn] *s* Disposition *f*; Anordnung *f*; Neigung *f*; Veranlagung *f*, Art *f*.

dis·pos·sess [dɪspə'zes] *v/t* enteignen, vertreiben; berauben (***of*** *gen*).

dis·pro·por·tion·ate [dɪsprə'pɔːʃnət] *adj* □ unverhältnismäßig.

dis·prove [dɪs'pruːv] *v/t* widerlegen.

di·spute [dɪ'spjuːt] **1.** *s* Disput *m*, Kontroverse *f*; Streit *m*; Auseinandersetzung *f*; **2.** *v/t* streiten über (*acc*); bezweifeln; *v/i* streiten.

dis·qual·i·fy [dɪs'kwɒlɪfaɪ] *v/t* unfähig *or* untauglich machen; für untauglich erklären; *sports*: disqualifizieren.

dis·qui·et [dɪs'kwaɪət] *v/t* beunruhigen.

dis·re·gard [dɪsrɪ'gɑːd] **1.** *s* Nichtbeachtung *f*; Mißachtung *f*; **2.** *v/t* nicht beachten.

dis|rep·u·ta·ble [dɪs'repjʊtəbl] *adj* □ übel; verrufen; **~·re·pute** [dɪsrɪ'pjuːt] *s* schlechter Ruf.

dis·re·spect [dɪsrɪ'spekt] *s* Respektlosigkeit *f*; Unhöflichkeit *f*; **~·ful** *adj* □ respektlos; unhöflich.

dis·rupt [dɪs'rʌpt] *v/t* unterbrechen.

dis·sat·is|fac·tion [dɪssætɪs'fækʃn] *s* Unzufriedenheit *f*; **~·fy** [dɪs'sætɪsfaɪ] *v/t* nicht befriedigen; *j-m* mißfallen.

dis·sect [dɪ'sekt] *v/t* zerlegen, -gliedern.

dis·sen|sion [dɪ'senʃn] *s* Meinungsverschiedenheit(en *pl*) *f*, Differenz(en *pl*) *f*;

Uneinigkeit *f*; **~t 1.** *s* abweichende Meinung *f*; **2.** *v/i* anderer Meinung sein (***from*** als); **~t·er** *s* Andersdenkende(r *m*) *f*; Abweichler(in).
dis·si·dent ['dɪsɪdənt] **1.** *adj* andersdenkend; **2.** *s* Andersdenkende(r *m*) *f*; *pol.* Dissident(in), Regime-, Systemkritiker(in).
dis·sim·i·lar [dɪ'sɪmɪlə] *adj* □ (***to***) unähnlich (*dat*); verschieden (von).
dis·si|pate ['dɪsɪpeɪt] *v/i* sich zerstreuen; *v/t* verschwenden; **~·pat·ed** *adj* ausschweifend, zügellos.
dis·so·ci·ate [dɪ'səʊʃɪeɪt] *v/t* trennen; **~ *o.s.*** sich distanzieren, abrücken.
dis·so|lute ['dɪsəlu:t] *adj* □ ausschweifend, zügellos; **~·lu·tion** [dɪsə'lu:ʃn] *s* Auflösung *f*; Zerstörung *f*; *jur.* Aufhebung *f*, Annullierung *f*.
dis·solve [dɪ'zɒlv] *v/t* (auf)lösen; abbrechen (*friendship*); schmelzen; *v/i* sich auflösen.
dis·so·nant ['dɪsənənt] *adj* □ *mus.* dissonant, mißtönend; *fig.* unstimmig.
dis·suade [dɪ'sweɪd] *v/t j-m* abraten (***from*** von).
dis|tance ['dɪstəns] **1.** *s* Abstand *m*; Entfernung *f*; Ferne *f*; Strecke *f*; *fig.* Distanz *f*, Zurückhaltung *f*; ***at a ~*** von weitem; in einiger Entfernung; ***keep s.o. at a ~*** j-m gegenüber reserviert sein; ***long-/middle-~ ...*** *sports*: Lang-/Mittelstrecken...; **2.** *v/t* hinter sich lassen; **~·tant** *adj* □ entfernt (*a. fig.*); fern; zurückhaltend; Fern...
dis·taste [dɪs'teɪst] *s* Widerwille *m*, Abneigung *f*; **~·ful** *adj*: ***be ~ to s.o.*** j-m zuwider sein.
dis·tem·per¹ [dɪ'stempə] *s of animals*: Krankheit *f*, (Hunde)Staupe *f*.
dis·tem·per² [~] *s* Temperafarbe *f*.
dis·til(l) [dɪ'stɪl] *v/t* (***-ll-***) *chem.* destillieren (*a. fig.*); **dis·til·le·ry** [~ləri] *s* (Branntwein)Brennerei *f*.
dis|tinct [dɪ'stɪŋkt] *adj* □ verschieden; getrennt; deutlich, klar, bestimmt; **~·tinc·tion** [~kʃn] *s* Unterscheidung *f*; Unterschied *m*; Auszeichnung *f*; Rang *m*; **~·tinc·tive** *adj* □ unterscheidend; kennzeichnend, bezeichnend.
dis·tin·guish [dɪ'stɪŋgwɪʃ] *v/t* unterscheiden; auszeichnen; **~ *o.s.*** sich auszeichnen; **~ed** *adj* berühmt; ausgezeichnet; vornehm.
dis·tort [dɪ'stɔ:t] *v/t* verdrehen (*truth, etc.*); verzerren; **dis·tor·tion** [~ʃən] *s* Verdrehung *f*, Verzerrung *f*; ***~ of competition*** *econ.* Wettbewerbsverzerrung *f*.
dis·tract [dɪ'strækt] *v/t* ablenken; zerstreuen; beunruhigen; verwirren; verrückt machen; **~·ed** *adj* □ beunruhigt, besorgt; (***by, with***) außer sich (vor *dat*); *with pain*: wahnsinnig; **dis·trac·tion** [~kʃn] *s* Ablenkung *f*; Zerstreutheit *f*; Verwirrung *f*; Zerstreuung *f*; Raserei *f*.
dis·tress [dɪ'stres] **1.** *s* Qual *f*; Kummer *m*, Sorge *f*; Elend *n*, Not *f*; **2.** *v/t* in Not bringen; quälen; beunruhigen; betrüben; *j-n* erschöpfen; **~ed** *adj* beunruhigt, besorgt; betrübt; notleidend; ***~ area*** *Br.* Notstandsgebiet *n*.
dis|trib·ute [dɪ'strɪbju:t] *v/t* ver-, aus-, zuteilen; einteilen; verbreiten; **~·tri·bu·tion** [dɪstrɪ'bju:ʃn] *s* Ver-, Austeilung *f*; *of films*: Verleih *m*; Verbreitung *f*; Einteilung *f*.
dis·trict ['dɪstrɪkt] *s* Bezirk *m*; Gegend *f*.
dis·trust [dɪs'trʌst] **1.** *s* Mißtrauen *n*; **2.** *v/t* mißtrauen (*dat*); **~·ful** *adj* □ mißtrauisch.
dis·turb [dɪ'stɜ:b] *v/t and v/i* stören; beunruhigen; **~·ance** *s* Störung *f*; Unruhe *f*; ***~ of the peace*** *jur.* öffentliche Ruhestörung; ***cause a ~*** für Unruhe sorgen; ruhestörenden Lärm machen; **~ed** *adj* geistig gestört; verhaltensgestört.
dis·used [dɪs'ju:zd] *adj machine, etc.*: nicht mehr benutzt, *mine*: stillgelegt.
ditch [dɪtʃ] **1.** *s* (Straßen)Graben *m*; **2.** *v/t sl.* sitzenlassen.
di·van [dɪ'væn, *Am.* 'daɪvæn] *s* Diwan *m*; ***~ bed*** Bettcouch *f*.
dive [daɪv] **1.** *v/i* (***dived*** *or Am. a.* ***dove, dived***) (unter)tauchen; *from diving-board*: springen; e-n Hecht- *or* Kopfsprung machen; hechten (***for*** nach); e-n Sturzflug machen; **2.** *s swimming*: Springen *n*; Kopf-, Hechtsprung *m*; Sturzflug *m*; F Spelunke *f*; **div·er** ['daɪvə] *s* Taucher(in); *sports*: Wasserspringer(in).
di·verge [daɪ'vɜ:dʒ] *v/i* auseinanderlaufen; abweichen; **di·ver·gence** *s* Abweichung *f*; **di·ver·gent** *adj* □ abweichend.
di·vers ['daɪvɜ:z] *adj* mehrere, diverse.
di·verse [daɪ'vɜ:s] *adj* □ verschieden;

mannigfaltig; **di·ver·si·fy** [~sıfaı] *v/t* verschieden(artig) *or* abwechslungsreich gestalten; *econ.* diversifizieren; **di·ver·sion** [~ɜːʃn] *s* Ablenkung *f*; Umleitung *f*; Zeitvertreib *m*; **di·ver·si·ty** [~sətı] *s* Verschiedenheit *f*; Mannigfaltigkeit *f*.

D

di·vert [daı'vɜːt] *v/t* ablenken; *j-n* zerstreuen, unterhalten; *traffic*: umleiten.

di·vide [dı'vaıd] **1.** *v/t* teilen; ver-, aus-, aufteilen; trennen; einteilen; *math.* dividieren (**by** durch); *v/i* sich teilen; zerfallen; *math.* sich dividieren lassen; sich trennen *or* auflösen; **2.** *s geogr.* Wasserscheide *f*; **di·vid·ed** *adj* geteilt; ~ ***highway*** *Am.* Schnellstraße *f*.

div·i·dend *econ.* ['dıvıdend] *s* Dividende *f*.

di·vid·ers [dı'vaıdəz] *s pl* Trennwand *f*; *math.* (***a pair of*** ~ ein) Stechzirkel *m*.

di·vine [dı'vaın] **1.** *adj* □ (**~r**, **~st**) göttlich; **2.** *s* Geistliche(r) *m*; **3.** *v/t* weissagen; ahnen.

div·ing ['daıvıŋ] *s* Tauchen *n*; *sports*: Wasserspringen *n*; *attr* Tauch(er)..., *aer.* Sturzflug...; ***~-board*** Sprungbrett *n*; ***~-suit*** Taucheranzug *m*.

di·vin·i·ty [dı'vınətı] *s* Gottheit *f*; Göttlichkeit *f*; Theologie *f*.

di·vis·i·ble [dı'vızəbl] *adj* □ teilbar; **di·vi·sion** [~ıʒn] *s* Teilung *f*; Trennung *f*; Abteilung *f*; *mil.*, *math.* Division *f*.

di·vorce [dı'vɔːs] **1.** *s* (Ehe)Scheidung *f*; ***get a*** ~ geschieden werden (***from*** von); **2.** *v/t marriage*: scheiden; *of person*: sich scheiden lassen von; ***we have been ~d*** wir haben uns scheiden lassen; **di·vor·cee** [dıvɔː'siː] *s* Geschiedene(r *m*) *f*.

diz·zy ['dızı] *adj* □ (***-ier***, ***-iest***) schwind(e)lig.

do [duː] (***did***, ***done***) *v/t* tun, machen; (zu)bereiten; *room*: aufräumen; *dishes*: abwaschen; *impersonate*: spielen; *distance, etc.*: zurücklegen, schaffen; ~ ***you know him? - no, I don't*** kennst du ihn? – nein; ***what can I ~ for you?*** was kann ich für Sie tun?, womit kann ich (Ihnen) dienen?; ~ ***London*** F London besichtigen; ***have one's hair done*** sich die Haare machen *or* frisieren lassen; ***have done reading*** fertig sein mit Lesen; *v/i* tun, handeln; sich befinden; genügen; ***that will*** ~ das genügt; ***how ~ you ~?*** guten Tag!; ~ ***be quick*** beeile dich doch; ~ ***you like London? – I ~*** gefällt Ihnen London? – ja; ~ ***well*** s-e Sache gut machen; gute Geschäfte machen; *with adverbs and prepositions*: ~ ***away with*** beseitigen, weg-, abschaffen; ~ ***for***: F ***be done for*** fix und fertig sein, erledigt sein (*a. fig.*); ~ ***in*** *sl. kill*: erledigen; ***I'm done in*** F ich bin geschafft; ~ ***up*** *dress, etc.*: zumachen; *house, etc.*: instand setzen; *parcel*: zurechtmachen; ~ ***o.s. up*** sich zurechtmachen; ***I'm done up*** F ich bin geschafft; ***I could ~ with ...*** ich könnte ... brauchen *or* vertragen; ~ ***without*** auskommen ohne; → ***done.***

dock[1] [dɒk] *v/t* stutzen, kupieren; *fig.* kürzen.

dock[2] [~] **1.** *s mar.* Dock *n*; Kai *m*, Pier *m*; *jur.* Anklagebank *f*; **2.** *v/t ship*: (ein)docken; *spacecraft*: koppeln; *v/i mar.* anlegen; *of spacecraft*: andocken, ankoppeln; **~·ing** *s* Docking *n*, *of spacecraft*: Ankopp(e)lung *f*; **~·yard** *s mar.* (*esp. Br.* Marine)Werft *f*.

doc·tor ['dɒktə] **1.** *s* Doktor *m*; Arzt *m*; **2.** *v/t* F verarzten; F (ver)fälschen.

doc·trine ['dɒktrın] *s* Doktrin *f*, Lehre *f*.

doc·u·ment 1. *s* ['dɒkjʊmənt] Urkunde *f*; **2.** *v/t* [~ment] (urkundlich) belegen.

doc·u·men·ta·ry [dɒkjʊ'mentrı] **1.** *adj* urkundlich; *TV, etc.*: Dokumentar...; **2.** *s* Dokumentarfilm *m*.

dodge [dɒdʒ] **1.** *s* Sprung *m* zur Seite; Kniff *m*, Trick *m*; **2.** *v/i* (rasch) zur Seite springen; *v/t* ausweichen (*dat*); F sich drücken vor (*dat*); **dodg·er** *s* Gauner *m*, Schlawiner *m*; → ***fare dodger.***

doe *zo.* [dəʊ] *s* Hirschkuh *f*; Rehgeiß *f*, Ricke *f*; Häsin *f*.

dog [dɒg] **1.** *s zo.* Hund *m*; ***a ~'s life*** F ein Hundeleben; **2.** *v/t* (***-gg-***) *j-n* beharrlich verfolgen; **~-eared** *adj book*: mit Eselsohren; **~·ged** ['dɒgıd] *adj* □ verbissen, hartnäckig.

dog·ma ['dɒgmə] *s* Dogma *n*; Glaubenssatz *m*; **~t·ic** [dɒg'mætık] *adj* (***~ally***) dogmatisch.

dog-tired F [dɒg'taıəd] *adj* hundemüde.

do·ings ['duːıŋz] *s pl* Handlungen *pl*, Taten *pl*, Tätigkeit *f*; F Dinger *pl*, Zeug *n*.

do-it-your·self [duːıtjɔː'self] **1.** *s* Heimwerken *n*, Do-it-yourself *n*; **2.** *adj* Heimwerker..., Do-it-yourself-...

dole [dəʊl] **1.** *s* F *Br.* Arbeitslosenunterstützung *f*, F Stempelgeld *n*; ***be** or **go on the ~*** *Br.* F stempeln gehen; **2.** *v/t*: ***~ out*** sparsam ver- *or* austeilen.

doll [dɒl] **1.** *s* Puppe *f*; F Mädchen *n*; **2.** *v/t*: **~ (*o.s.*) *up*** F (sich) herausputzen.

dol·lar ['dɒlə] *s* Dollar *m*.

dol·phin *zo.* ['dɒlfɪn] *s* Delphin *m*.

do·main [dəʊ'meɪn] *s* Domäne *f*; *fig.* Gebiet *n*, Bereich *m*.

dome [dəʊm] *s* Kuppel *f*; **~d** *adj* gewölbt; *roof*: kuppelförmig.

do·mes|tic [də'mestɪk] **1.** *adj* (**~*ally***) häuslich; inländisch, einheimisch; zahm; ***~ animal*** Haustier *n*; ***~ flight*** *aer.* Inlandsflug *m*; ***~ market*** Binnen-, Inlandsmarkt *m*; ***~ trade*** Binnenhandel *m*; **2.** *s* Hausangestellte(r *m*) *f*; **~·ti·cate** [~eɪt] *v/t* zähmen.

dom·i·cile ['dɒmɪsaɪl] *s* Wohnsitz *m*.

dom·i|nant ['dɒmɪnənt] *adj* □ (vor-, be-)herrschend; ***~ market position*** *econ.* marktbeherrschende Stellung; **~·nate** [~eɪt] *v/t and v/i* (be)herrschen; dominieren; **~·na·tion** [dɒmɪ'neɪʃn] *s* Herrschaft *f*; **~·neer·ing** [~ɪərɪŋ] *adj* □ herrisch, tyrannisch; überheblich.

do·min·ion [də'mɪnɪən] *s* Herrschaft *f*; (Herrschafts)Gebiet *n*.

dom·i·no ['dɒmɪnəʊ] *s* (*pl **-noes***) Domino *n*; ***~ effect*** *pol.* Dominoeffekt *m*.

do·nate [dəʊ'neɪt] *v/t* schenken, stiften; **do·na·tion** [~eɪʃn] *s* Schenkung *f*.

done [dʌn] **1.** *pp of* **do**; **2.** *adj* getan; erledigt; fertig; *cooked*: gar; ***~ in** or **for*** F *tired, etc.*: erledigt.

don·key *zo.* ['dɒŋkɪ] *s* Esel *m*.

do·nor ['dəʊnə] *s* (*med. esp.* Blut-, Organ)Spender(in).

doom [du:m] **1.** *s* Schicksal *n*, Verhängnis *n*; **2.** *v/t* verurteilen, -dammen; **~s·day** ['du:mzdeɪ] *s*: ***till ~*** F bis zum Jüngsten Tag.

door [dɔ:] *s* Tür *f*; Tor *n*; ***next ~*** nebenan; **~·han·dle** *s* Türklinke *f*; **~·keep·er** *s* Pförtner *m*; **~·man** *s* (livrierter) Portier; **~·step** *s* Türstufe *f*; ***~ selling*** *econ. appr.* Haustürverkauf *m*; **~·way** *s* Türöffnung *f*, (Tür)Eingang *m*.

dope [dəʊp] **1.** *s* F Stoff *m*, Rauschgift *n*; F Betäubungsmittel *n*; *sports*: Dopingmittel *n*; *Am.* F Rauschgiftsüchtige(r *m*) *f*; *sl.* Trottel *m*; *sl.* (vertrauliche) Informationen *pl*, Geheimtip *m*; **2.** *v/t* F *j-m* Stoff geben; *sports*: dopen; **~ ad·dict**, **~ fiend** *s* F Rauschgift-, Drogensüchtige(r *m*) *f*; **~ test** *s* Dopingkontrolle *f*.

dorm F [dɔ:m] → ***dormitory***.

dor·mant *mst fig.* ['dɔ:mənt] *adj* schlafend, ruhend; untätig.

dor·mer (**win·dow**) ['dɔ:mə('wɪndəʊ)] *s* senkrechtes Dachfenster, Dachgaupe *f*.

dor·mi·to·ry ['dɔ:mɪtrɪ] *s* Schlafsaal *m*; *esp. Am.* Studentenwohnheim *n*.

dose [dəʊs] **1.** *s* Dosis *f*; **2.** *v/t j-m* e-e Medizin geben.

dot [dɒt] **1.** *s* Punkt *m*; Fleck *m*; ***on the ~*** F auf die Sekunde pünktlich; **2.** *v/t* (**-tt-**) punktieren; tüpfeln; *fig.* sprenkeln; ***~ted line*** punktierte Linie.

dote [dəʊt] *v/i*: ***~ on**, **~ upon*** vernarrt sein in (*acc*), abgöttisch lieben (*acc*); **dot·ing** *adj* □ vernarrt.

doub·le ['dʌbl] **1.** *adj* □ doppelt, Doppel... (→ ***taxation***); zu zweien; gekrümmt; zweideutig; **2.** *s* Doppelte(s) *n*; Doppelgänger(in); *film*, *TV*: Double *n*; **~s** *sg*, *pl tennis, etc.*: Doppel *n*; ***men's/women's ~s*** *sg*, *pl* Herren-/Damendoppel *n*; **3.** *v/t* verdoppeln; *film*, *TV*: *j-n* doubeln; *a.* **~ up** falten; *blanket*: zusammenlegen; *v/i* sich verdoppeln; ***~ up*** sich krümmen (***with*** vor *dat*); **~-breast·ed** *adj jacket*: zweireihig; **~-check** *v/t* genau nachprüfen; **~ chin** *s* Doppelkinn *n*; **~-cross** *v/t* ein doppeltes *or* falsches Spiel treiben mit, hereinlegen; **~-deal·ing 1.** *adj* betrügerisch; **2.** *s* Betrug *m*; **~-deck·er** *s aer.* Doppeldecker *m*; **~-edged** *adj* zweischneidig; zweideutig; **~-en·try** *s econ.* doppelte Buchführung; **~ fea·ture** *s film*: Doppelprogramm *n*; **~ head·er** *s Am.* Doppelveranstaltung *f*; **~-park** *v/i mot.* in zweiter Reihe parken; **~-quick** *adv* F im Eiltempo, fix.

doubt [daʊt] **1.** *v/i* zweifeln; *v/t* bezweifeln; mißtrauen (*dat*); **2.** *s* Zweifel *m*; ***be in ~ about*** Zweifel haben an (*dat*); ***no ~*** ohne Zweifel, gewiß, sicherlich; ***there's no ~ about it*** daran besteht kein Zweifel; **~·ful** *adj* □ zweifelhaft; **~·less** *adv* ohne Zweifel.

dough [dəʊ] *s* Teig *m*; **~·nut** ['~nʌt] *s* Krapfen *m*, Berliner (Pfannkuchen) *m*, Schmalzkringel *m*.

dove[1] *zo.* [dʌv] *s* Taube *f*.

dove² *Am.* [dəʊv] *pret of* **dive** 1.
dow·el *tech.* ['daʊəl] *s* Dübel *m.*
down¹ [daʊn] *s* Daunen *pl*; Flaum *m*; Düne *f*; **~s** *pl* Hügelland *n.*
down² [~] **1.** *adv* nach unten, her-, hinunter, her-, hinab, abwärts; unten; **2.** *prp* her-, hinab, her-, hinunter; **~ *the river*** flußabwärts; **3.** *adj* nach unten gerichtet; deprimiert, niedergeschlagen; **4.** *v/t* niederschlagen; *aircraft*: abschießen; F *drink*: runterkippen; **~ *tools*** die Arbeit niederlegen, in den Streik treten; **~·cast** *adj* niedergeschlagen; **~·er** *s sl.* Beruhigungsmittel *n*; **~·fall** *s* Platzregen *m*; *fig.* Sturz *m*, *of state*: *a.* Untergang *m*; **~-heart·ed** *adj* □ niedergeschlagen; **~·hill 1.** *adv* bergab; **2.** *adj* abschüssig; *skiing*: Abfahrts...; **3.** *s* Abhang *m*; *skiing*: Abfahrt *f*; **~ pay·ment** *s econ.* Anzahlung *f*; **~·pour** *s* Regenguß *m*, Platzregen *m*; **~·right 1.** *adv* völlig, ganz u. gar, ausgesprochen; **2.** *adj lie, cheat, etc.*: glatt; ausgesprochen; **~·stairs** *adv* die Treppe her- *or* hinunter; (nach) unten; **~·stream** *adv* stromabwärts; **~-to-earth** *adj* realistisch; **~·town** *Am.* **1.** *adv* im *or* ins Geschäftsviertel; **2.** *adj* im Geschäftsviertel (gelegen *or* tätig); **3.** *s* Geschäftsviertel *n*, Innenstadt *f*, City *f*; **~·ward(s)** *adv* abwärts, nach unten.
dow·ry ['daʊərɪ] *s* Mitgift *f.*
doze [dəʊz] **1.** *v/i* dösen, ein Nickerchen machen; **2.** *s* Nickerchen *n.*
doz·en ['dʌzn] *s* Dutzend *n.*
drab [dræb] *adj* trist; düster; eintönig.
draft [drɑːft] **1.** *s* Entwurf *m*; *econ.* Tratte *f*; *of money*: Abhebung *f*; *mil.* (Sonder)Kommando *n*; *Am. mil.* Einberufung *f*; *esp. Br.* → **draught**; **2.** *v/t* entwerfen; aufsetzen; *mil.* abkommandieren; *Am. mil.* einziehen, -berufen; **~·ee** *Am. mil.* [~'tiː] *s* Wehrpflichtige(r) *m*; **~s·man** *s esp. Am.* → ***draughtsman***; **~·y** *Am.* [~ɪ] *adj* (**-*ier***, **-*iest***) → ***draughty***.
drag [dræg] **1.** *s* Schleppen *n*, Zerren *n*; *mar.* Schleppnetz *n*; Egge *f*; Schlepp-, Zugseil *n*; *fig.* Hemmschuh *m*; F *et.* Langweiliges; **2.** (**-*gg*-**) *v/t* schleppen, zerren, ziehen, schleifen; *v/i* sich schleppen; **~ *behind*** zurückbleiben, nachhinken; **~ *on*** *fig.* sich dahinschleppen; *fig.* sich in die Länge ziehen; **~·lift** *s* Schlepplift *m.*
drag·on ['drægən] *s* Drache *m*; **~·fly** *s zo.* Libelle *f.*
drain [dreɪn] **1.** *s* Abfluß(kanal *m*, -rohr *n*) *m*; Entwässerungsgraben *m*; *fig.* Belastung *f*; **2.** *v/t* abfließen lassen; entwässern; austrinken, leeren; *fig.* aufbrauchen, -zehren; *v/i*: **~ *off***, **~ *away*** abfließen, ablaufen; **~·age** ['~ɪdʒ] *s* Abfließen *n*, Ablaufen *n*; Entwässerung(sanlage *f*, -ssystem *n*) *f*; Abwasser *n*; **~·pipe** *s* Abflußrohr *n.*
drake *zo.* [dreɪk] *s* Enterich *m*, Erpel *m.*
dram F [dræm] *s* Schluck *m.*
dra|ma ['drɑːmə] *s* Drama *n*; **~·mat·ic** [drə'mætɪk] *adj* (**~*ally***) dramatisch; **~m·a·tist** ['dræmətɪst] *s* Dramatiker *m*; **~m·a·tize** [~taɪz] *v/t* dramatisieren.
drank [dræŋk] *pret of* **drink** 2.
drape [dreɪp] **1.** *v/t* drapieren; in Falten legen; **2.** *s mst pl Am.* Gardinen *pl*; **drap·er·y** ['dreɪpərɪ] *s* Textilhandel *m*; Stoffe *pl*; Faltenwurf *m.*
dras·tic ['dræstɪk] *adj* (**~*ally***) drastisch.
draught [drɑːft] *s* (Luft)Zug *m*; Zug *m*, Schluck *m*; Fischzug *m*; *mar.* Tiefgang *m*; **~s** *sg Br.* Damespiel *n*; **~ *beer*** Faßbier *n*; **~·horse** *s* Zugpferd *n*; **~s·man** *s Br.* Damestein *m*; *tech.* (Konstruktions-, Muster)Zeichner *m*; **~·y** *adj* (**-*ier***, **-*iest***) zugig.
draw [drɔː] **1.** *v/t and v/i* (***drew***, ***drawn***) ziehen; an-, auf-, ein-, zuziehen; *med. blood*: abnehmen; *econ. money*: abheben; *tears*: hervorlocken; *customers*: anziehen, anlocken; *attention*: lenken (***to*** auf *acc*); *beer*: abzapfen; ausfischen; *animal*: ausnehmen, -weiden; *tea*: ziehen (lassen); (in Worten) schildern; *formulate*: ab-, verfassen; *fig.* entlocken; zeichnen, malen; *chimney*: ziehen, Zug haben; sich zusammenziehen; sich nähern (***to*** *dat*); *sports*: unentschieden spielen; **~ *breath*** Luft schöpfen; **~ *near*** sich nähern; **~ *on***, **~ *upon*** in Anspruch nehmen; **~ *out*** in die Länge ziehen; **~ *up*** *plan, paper, etc.*: aufsetzen; halten; vorfahren; **2.** *s in lottery*: Ziehung *f*; *sports*: Unentschieden *n*; Attraktion *f*, (Kassen)Schlager *m*; **~·back** ['drɔːbæk] *s* Nachteil *m*, Hindernis *n.*
draw·er¹ ['drɔːə] *s* Zeichner *m*; *econ. of bill*: Aussteller *m*, Trassant *m.*
draw·er² [drɔː(ə)] *s* Schubfach *n*, -lade *f*;

dated: (***a pair of***) **~*s*** *pl* (e-e) Unterhose; (ein) (Damen)Schlüpfer *m*; *mst* ***chest of ~s*** Kommode *f*.

draw·ing ['drɔːɪŋ] *s* Ziehen *n*; Zeichnen *n*; Zeichnung *f*; **~ ac·count** *s econ.* Girokonto *n*; **~-board** *s* Reißbrett *n*; **~-pin** *s Br.* Reißzwecke *f*, -nagel *m*, Heftzwecke *f*; **~-room** *s* Salon *m*; → ***living room.***

drawl [drɔːl] **1.** *v/t and v/i* gedehnt sprechen; **2.** *s* gedehntes Sprechen.

drawn [drɔːn] **1.** *pp of* ***draw*** 1; **2.** *adj sports*: unentschieden; abgespannt.

dread [dred] **1.** *s* (große) Angst, Furcht *f*; **2.** *v/t* fürchten; **~·ful** *adj* □ schrecklich, furchtbar.

dream [driːm] **1.** *s* Traum *m*; **2.** *v/t and v/i* (***dreamed*** *or* ***dreamt***) träumen; **~·er** *s* Träumer(in); **~t** [dremt] *pret and pp of* ***dream*** 2; **~·y** *adj* □ (***-ier***, ***-iest***) träumerisch, verträumt.

drear·y ['drɪərɪ] *adj* □ (***-ier***, ***-iest***) trübselig; trüb(e); langweilig.

dredge [dredʒ] **1.** *s* Schleppnetz *n*; Bagger(maschine *f*) *m*; **2.** *v/t* (aus)baggern.

dregs [dregz] *s pl* Bodensatz *m*; *fig.* Abschaum *m*.

drench [drentʃ] *v/t* durchnässen.

dress [dres] **1.** *s* Anzug *m*; Kleidung *f*; Kleid *n*; **2.** *v/t and v/i* (sich) ankleiden *or* anziehen; schmücken, dekorieren; zurechtmachen; *food*: anrichten, *prepare for cooking*: koch-, bratfertig machen, vorbereiten; *salad*: anmachen; Abendkleidung anziehen; *med.* verbinden; frisieren; ***~ down*** *j-m* e-e Standpauke halten; ***~ up*** (sich) feinmachen; sich kostümieren *or* verkleiden; **~ cir·cle** *s thea.* erster Rang; **~ de·sign·er** *s* Modezeichner(in); **~·er** *s* Anrichte *f*; Toilettentisch *m*.

dress·ing ['dresɪŋ] *s* An-, Zurichten *n*; Ankleiden *n*; *med.* Verband *m*; Appretur *f*; *of salad*: Dressing *n*; Füllung *f*; **~-down** *s* Standpauke *f*; **~-gown** *s* Morgenrock *m*, -mantel *m*; *sports*: Bademantel *m*; **~-ta·ble** *s* Toilettentisch *m*.

dress·mak·er ['dresmeɪkə] *s* (Damen-) Schneider(in).

drew [druː] *pret of* ***draw*** 1.

drib·ble ['drɪbl] *v/i* tröpfeln; sabbern, geifern; *soccer*: dribbeln.

dried [draɪd] *adj* getrocknet, Dörr...

dri·er ['draɪə] → ***dryer***.

drift [drɪft] **1.** *s* Strömung *f*, (Dahin)Treiben *n*; (Schnee)Verwehung *f*; (Schnee-, Sand)Wehe *f*; *fig.* Tendenz *f*; **2.** *v/i and v/t* (dahin)treiben; wehen; aufhäufen.

drill [drɪl] **1.** *s* Bohrer *m*, Drillbohrer *m*, Bohrmaschine *f*; Furche *f*; *agr.* Drill-, Sämaschine *f*; *mil.* Drill *m* (*a. fig.*); *mil.* Exerzieren *n*; **2.** *v/t* bohren; *mil.*, *fig.* drillen, einexerzieren.

drink [drɪŋk] **1.** *s* Getränk *n*; **2.** *v/t and v/i* (***drank***, ***drunk***) trinken; ***~ to s.o.*** j-m zuprosten *or* zutrinken, auf j-n trinken; ***~ to s.th.*** auf et. trinken; **~·er** *s* Trinker(in).

drip [drɪp] **1.** *s* Tröpfeln *n*; *med.* Tropf *m*; **2.** *v/i and v/t* (***-pp-***) tropfen *or* tröpfeln (lassen); triefen; **~-dry** *adj shirt, etc.*: bügelfrei; **~·ping 1.** *s* Bratenfett *n*, Schmalz *n*; **2.** *adj* tropfend; **3.** *adv*: ***~ wet*** tropf- *or* F patschnaß.

drive [draɪv] **1.** *s* (Spazier)Fahrt *f*; Auffahrt *f*; Fahrweg *m*; *tech.* Antrieb *m*; *mot.* Steuerung *f*; *psych.* Trieb *m*; *fig.* Kampagne *f*; *fig.* Schwung *m*, Elan *m*, Dynamik *f*; **2.** (***drove***, ***driven***) *v/t* (an-, ein)treiben; *car, etc.*: fahren, lenken, steuern; *j-n* (im Auto *etc.*) fahren; *tech.* (an)treiben; zwingen; *a.* ***~ off*** vertreiben; *v/i* treiben; (Auto) fahren; ***~ off*** wegfahren; ***what are you driving at?*** F worauf wollen Sie hinaus?

drive-in ['draɪvɪn] **1.** *adj* Auto...; ***~ cinema***, *Am.* ***~ movie*** (***theater***) Autokino *n*; **2.** *s* Autokino *n*; Drive-in-Restaurant *n*; *of bank*: Autoschalter *m*, Drive-in-Schalter *m*.

driv·el ['drɪvl] **1.** *v/i* (*esp. Br.* ***-ll-***, *Am.* ***-l-***) faseln; **2.** *s* Geschwätz *n*, Gefasel *n*.

driv·en ['drɪvn] *pp of* ***drive*** 2.

driv·er ['draɪvə] *s mot.* Fahrer(in); (Lokomotiv)Führer *m*; **~'s li·cense** *s Am.* Führerschein *m*.

driv·ing ['draɪvɪŋ] *adj* (an)treibend; *tech.* Antriebs..., Treib..., Trieb...; *mot.* Fahr...; **~ li·cence** *s* Führerschein *m*.

driz·zle ['drɪzl] **1.** *s* Sprühregen *m*; **2.** *v/i* sprühen, nieseln.

drone [drəʊn] **1.** *s zo.* Drohne *f* (*a. fig.*); **2.** *v/i* summen; dröhnen.

droop [druːp] *v/i* (schlaff) herabhängen; den Kopf hängen lassen; schwinden.

drop [drɒp] **1.** *s* Tropfen *m*; Fallen *n*, Fall *m*; *fig.* Fall *m*, Sturz *m*; Bonbon *m*,

D

n; ***fruit ~s*** *pl* Drops *pl*; **2.** (**-pp-**) *v/t* tropfen (lassen); fallen lassen; *remark, topic, etc.*: fallenlassen; *letter, postcard*: einwerfen; *voice*: senken; **~ s.o. at ...** j-n an *or* bei ... absetzen *or* herauslassen; **~ s.o. a few lines** j-m ein paar Zeilen schreiben; *v/i* tropfen; (herab-, herunter)fallen; umsinken, fallen; **~ in** (kurz) herein- *or* vorbeischauen; **~ off** abfallen; zurückgehen, nachlassen; F einnicken; **~ out** herausfallen; ausscheiden; F *a.* aussteigen (**of** aus); *a.* **~ out of school** (**university**) die Schule (das Studium) abbrechen; **~-out** *s from society*: Aussteiger(in), Drop-out *m*; (Schul-, Studien- *etc.*)Abbrecher(in); **~·pings** *s pl of horses*: Pferdeäpfel *pl*, *of cattle*: Kuhfladen *pl*.

drought [draʊt] *s* Trockenheit *f*, Dürre *f*.

drove [drəʊv] **1.** *s animals*: Herde *f*; *people*: Schar *f*; **2.** *pret of* **drive** 2.

drown [draʊn] *v/t* ertränken; überschwemmen; *fig.* übertönen; *v/i* ertrinken.

drowse [draʊz] *v/i* dösen; **~ off** eindösen; **drow·sy** ['draʊzɪ] *adj* (**-ier**, **-iest**) schläfrig; einschläfernd.

drudge [drʌdʒ] *v/i* sich (ab)placken, schuften; **drudg·e·ry** ['~ərɪ] *s* (stumpfsinnige) Plackerei *or* Schinderei.

drug [drʌg] **1.** *s* Arzneimittel *n*, Medikament *n*; Droge *f*, Rauschgift *n*; **be on** (**off**) **~s** rauschgift- *or* drogensüchtig (clean) sein; **2.** *v/t* (**-gg-**) *j-m* Medikamente geben; *j-n* unter Drogen setzen; ein Betäubungsmittel beimischen (*dat*); betäuben (*a. fig.*); **~ a·buse** *s* Drogenmißbrauch *m*; Medikamentenmißbrauch *m*; **~ ad·dict** *s* Drogen-, Rauschgiftsüchtige(r *m*) *f*; **~·gist** *Am.* ['~ɪst] *s* Apotheker(in); Inhaber(in) e-s Drugstores; **~·store** *s Am.* Apotheke *f*; Drugstore *m*.

drum [drʌm] **1.** *s mus.* Trommel *f*; *anat.* Trommelfell *n*; **~s** *pl mus.* Schlagzeug *n*; **2.** *v/t and v/i* (**-mm-**) trommeln; **~·mer** *s mus.* Trommler *m*; Schlagzeuger *m*.

drunk [drʌŋk] **1.** *pp of* **drink** 2; **2.** *adj* betrunken; **get ~** sich betrinken; **3.** *s* Betrunkene(r *m*) *f*; → **~·ard** ['~əd] *s* Trinker(in), Säufer(in); **~·en** *adj* betrunken; **~ driving** Trunkenheit *f* am Steuer.

dry [draɪ] **1.** *adj* □ (**-ier**, **-iest**) trocken (*a. fig.*); *wine*: trocken, herb; F durstig; **~ goods** *pl* Textilien *pl*; **2.** *v/t and v/i* trocknen; dörren; **~ up** austrocknen; versiegen (lassen); **~-clean** *v/t* chemisch reinigen; **~-clean·er's** *s* chemische Reinigung; **~·er** *s a.* **drier** Trokkenapparat *m*, Trockner *m*.

du·al ['dju:əl] *adj* □ doppelt, Doppel...; **~ carriageway** *Br.* Schnellstraße *f*.

dub [dʌb] *v/t* (**-bb-**) *film*: synchronisieren.

du·bi·ous ['dju:bɪəs] *adj* □ zweifelhaft.

duch·ess ['dʌtʃɪs] *s* Herzogin *f*.

duck [dʌk] **1.** *s zo.* Ente *f*; **roast ~** Ente *f*, Entenbraten *m*; **2.** *v/i and v/t* (unter)tauchen; (sich) ducken; **~·ling** *s zo.* Entchen *n*.

due [dju:] **1.** *adj* zustehend; gebührend; gehörig, angemessen; fällig; *of time*: fällig, erwartet; **in ~ time** zur rechten Zeit; **~ to** wegen (*gen*); **be ~ to** *j-m* gebühren, zustehen; kommen von, zurückzuführen sein auf (*acc*); **2.** *adv* direkt, genau; **3.** *s* Recht *n*, Anspruch *m*; **~s** *pl* Gebühr(en *pl*) *f*; Beitrag *m*.

du·el ['dju:əl] **1.** *s* Duell *n*; **2.** *v/i* (*esp. Br.* **-ll-**, *Am.* **-l-**) sich duellieren.

dug [dʌg] *pret and pp of* **dig** 1.

duke [dju:k] *s* Herzog *m*.

dull [dʌl] **1.** *adj* □ dumm; träge, schwerfällig; stumpf; *eye, etc.*: matt; *hearing*: schwach; *boring*: langweilig; abgestumpft, teilnahmslos; dumpf; trüb(e); *econ.* flau; **2.** *v/t* stumpf machen; trüben; mildern, dämpfen; *pain*: betäuben; *v/i* stumpf werden; sich trüben; *fig.* abstumpfen.

du·ly ['dju:lɪ] *adv* ordnungsgemäß; gebührend; rechtzeitig.

dumb [dʌm] *adj* □ stumm; sprachlos; *esp. Am.* F doof, blöd; **dum(b)·found·ed** [~'faʊndɪd] *adj* verblüfft, sprachlos.

dum·my ['dʌmɪ] *s* Attrappe *f*; Kleider-, Schaufensterpuppe *f*; Dummy *m*, Puppe *f* (*for crash tests*); *book*: Dummy *m*, *n*, Blindband *m*; F *esp. Am.* Doofmann *m*; *Br.* Schnuller *m*; *attr* Schein...

dump [dʌmp] **1.** *v/t* (hin)plumpsen *or* (hin)fallen lassen; auskippen; *sand, etc.*: abladen; *waste, etc.*: loswerden; *econ. goods*: im Ausland zu Dumpingpreisen verkaufen; **2.** *s* Plumps *m*; (Schutt-, Müll)Abladeplatz *m*; *mil.* De-

pot *n*, Lager(platz *m*) *n*; **~·ing** *s econ*. Dumping *n*, Ausfuhr *f* zu Schleuderpreisen.
dune [dju:n] *s* Düne *f*.
dung [dʌŋ] **1.** *s* Dung *m*; **2.** *v/t* düngen.
dun·ga·rees [dʌŋgə'ri:z] *s pl* (***a pair of*** **~** e-e) Arbeitshose.
dun·geon ['dʌndʒən] *s* (Burg)Verlies *n*.
dunk F [dʌŋk] *v/t* (ein)tunken.
dupe [dju:p] *v/t* anführen, täuschen.
du·plex ['dju:pleks] *adj* doppelt, Doppel...; **~** (***apartment***) *Am*. Maison(n)ette(wohnung) *f*; **~** (***house***) *Am*. Doppel-, Zweifamilienhaus *n*.
du·pli·cate 1. *adj* ['dju:plɪkət] doppelt, zweifach; **~** ***key*** Zweit-, Nachschlüssel *m*; **2.** *s* [~] Duplikat *n*; Zweit-, Nachschlüssel *m*; **3.** *v/t* [~keɪt] doppelt ausfertigen; kopieren, vervielfältigen.
dur·a·ble ['djʊərəbl] **1.** *adj* □ haltbar; dauerhaft; **2.** *s* → ***consumer***; **du·ra·tion** [djʊə'reɪʃn] *s* Dauer *f*.
dur·ing ['djʊərɪŋ] *prp* während.
dusk [dʌsk] *s* (Abend)Dämmerung *f*; **~·y** ['dʌskɪ] *adj* □ (***-ier***, ***-iest***) dämmerig, düster (*a. fig.*); schwärzlich.
dust [dʌst] **1.** *s* Staub *m*; **2.** *v/t* abstauben; (be)streuen; *v/i* Staub wischen; **~·bin** *s Br*. Abfall-, Mülleimer *m*; Abfall-, Mülltonne *f*; **~·cart** *s Br*. Müllwagen *m*; **~·er** *s* Staublappen *m*, -wedel *m*; *for blackboard*: Tafelschwamm *m*, -tuch *n*; **~·cov·er**, **~·jack·et** *s of book*: Schutzumschlag *m*; **~·man** *s Br*. Müllmann *m*; **~·y** *adj* □ (***-ier***, ***-iest***) staubig.
Dutch [dʌtʃ] **1.** *adj* holländisch; **2.** *adv*: ***go*** **~** getrennte Kasse machen, getrennt zahlen; **3.** *s ling*. Holländisch *n*; ***the*** **~** *pl* die Holländer *pl*.
du·ty ['dju:tɪ] *s* Pflicht *f*; *econ*. Abgabe *f*; Zoll *m*; Dienst *m*; ***be on*** **~** Dienst haben; ***be off*** **~** dienstfrei haben; **~-free 1.** *adj* zollfrei; **2.** *s*: **~s** *pl* zollfreie Waren *pl*.
dwarf [dwɔ:f] **1.** *s* (*pl* ***dwarfs*** [~s], ***dwarves*** [dwɔ:vz]) Zwerg(in); **2.** *v/t* verkleinern, klein erscheinen lassen.
dwell [dwel] *v/i* (***dwelt*** *or* ***dwelled***) wohnen; verweilen (***on***, ***upon*** bei); **~·ing** ['~ɪŋ] *s* Wohnung *f*.
dwelt [dwelt] *pret and pp of* ***dwell***.
dwin·dle ['dwɪndl] *v/i* (dahin)schwinden, abnehmen.
dye [daɪ] **1.** *s* Farbe *f*; ***of the deepest*** **~** *fig*. von der übelsten Sorte; **2.** *v/t* färben.
dy·ing ['daɪɪŋ] **1.** *adj* sterbend; Sterbe...; **2.** *s* Sterben *n*.
dyke [daɪk] → ***dike***.
dy·nam·ic [daɪ'næmɪk] *adj* dynamisch, kraftgeladen; **~s** *s mst sg* Dynamik *f*.
dy·na·mite ['daɪnəmaɪt] **1.** *s* Dynamit *n*; **2.** *v/t* (mit Dynamit) sprengen.
dys·en·te·ry *med*. ['dɪsntrɪ] *s* Ruhr *f*.
dys·pep·si·a *med*. [dɪs'pepsɪə] *s* Verdauungsstörung *f*.

E

each [i:tʃ] **1.** *adj* jede(r, -s); **~** ***other*** einander, sich; **2.** *adv* je, pro Person, pro Stück.
ea·ger ['i:gə] *adj* □ begierig; eifrig; **~·ness** *s* Begierde *f*; Eifer *m*.
ea·gle *zo*. ['i:gl] *s* Adler *m*; **~-eyed** [~'aɪd] *adj* scharfsichtig.
ear [ɪə] *s* Ähre *f*; *anat*. Ohr *n*; Öhr *n*; Henkel *m*; ***keep an*** **~** ***to the ground*** die Ohren offenhalten; ***be all*** **~s** F ganz Ohr sein; **~·drum** *anat*. ['ɪədrʌm] *s* Trommelfell *n*.
earl [ɜ:l] *s Br*. Graf *m*.
ear·lobe ['ɪələʊb] *s* Ohrläppchen *n*.
ear·ly ['ɜ:lɪ] *adj and adv* früh; Früh...; Anfangs..., erste(r, -s); bald(ig); ***as*** **~** ***as May*** schon im Mai; ***as*** **~** ***as possible*** so bald wie möglich; **~** ***bird*** Frühaufsteher(in); **~** ***warning system*** *mil*. Frühwarnsystem *n*.
ear·mark ['ɪəmɑ:k] **1.** *s* Kennzeichen *n*; Merkmal *n*; **2.** *v/t* kennzeichnen; zurücklegen (***for*** für).
earn [ɜ:n] *v/t* verdienen; einbringen.

ear·nest ['ɜːnɪst] **1.** *adj* □ ernst(lich, -haft); ernstgemeint; **2.** *s* Ernst *m*; ***in ~*** im Ernst; ernsthaft.
earn·ings ['ɜːnɪŋz] *s pl* Einkommen *n*.
ear|phones ['ɪəfəʊnz] *s pl* Ohrhörer *pl*; Kopfhörer *pl*; **~piece** *s teleph.* Hörmuschel *f*; **~ring** *s* Ohrring *m*; **~shot** *s*: ***within*** (***out of***) **~** in (außer) Hörweite.
earth [ɜːθ] **1.** *s* Erde *f*; Land *n*; **2.** *v/t electr.* erden; **~en** ['ɜːθn] *adj* irden; **~en·ware** [~nweə] **1.** *s* Töpferware *f*; Steingut *n*; **2.** *adj* irden; **~ly** *adj* irdisch; F denkbar; **~quake** *s* Erdbeben *n*; **~worm** *s zo.* Regenwurm *m*.
ease [iːz] **1.** *s* Bequemlichkeit *f*, Behagen *n*; Ruhe *f*; Ungezwungenheit *f*; Leichtigkeit *f*; ***at ~*** bequem, behaglich; ***ill at ~*** unruhig; befangen; **2.** *v/t* erleichtern; lindern; beruhigen; bequem(er) machen; *v/i mst* **~ *off***, **~ *up*** nachlassen, *of situation*: sich entspannen; (bei der Arbeit) kürzertreten.
ea·sel ['iːzl] *s* Staffelei *f*.
east [iːst] **1.** *s* Ost(en *m*); ***the*** ♀ der Osten, die Oststaaten *pl* (*of USA*); *pol.* der Osten; der Orient; **2.** *adj* Ost..., östlich; **3.** *adv* ostwärts, nach Osten.
Eas·ter ['iːstə] *s* Ostern *n*; *attr* Oster...
eas·ter·ly ['iːstəlɪ] *adj* östlich, Ost...; nach Osten; **east·ern** ['iːstən] *adj* östlich, Ost...; **east·ward(s)** ['iːstwəd(z)] *adj and adv* östlich, nach Osten.
eas·y ['iːzɪ] *adj* □ (***-ier***, ***-iest***) leicht, einfach; bequem; frei von Schmerzen; gemächlich, gemütlich; ruhig; ungezwungen; ***in ~ circumstances*** wohlhabend; ***on ~ street*** *Am.* in guten Verhältnissen; ***go ~***, ***take it ~*** sich Zeit lassen, langsam tun; sich nicht aufregen; ***take it ~!*** immer mit der Ruhe!; **~ chair** *s* Sessel *m*; **~go·ing** *adj* gelassen, locker.
eat [iːt] **1.** *v/t and v/i* (***ate***, ***eaten***) essen; (zer)fressen; **~ *out*** auswärts essen; **2.** *s*: **~*s*** *pl* F Fressalien *pl*; **ea·ta·ble 1.** *adj* eß-, genießbar; **2.** *s*: **~*s*** *pl* Eßwaren *pl*; **~en** *pp of* ***eat*** 1; **~er** *s* Esser(in).
eaves [iːvz] *s pl* Dachvorsprung *m*, Traufe *f*; **~drop** ['~drɒp] *v/i* (***-pp-***) (heimlich) lauschen *or* horchen.
ebb [eb] **1.** *s* Ebbe *f*; *fig.* Tiefstand *m*; *fig.* Abnahme *f*; **2.** *v/i* verebben; *fig.* abnehmen, sinken; **~ tide** [~'taɪd] *s* Ebbe *f*.
eb·o·ny ['ebənɪ] *s* Ebenholz *n*.
EC [iː'siː] (*abbr. for* ***European Community***) EG *f*; **~-*country*** EG-Land *n*; **~-*wide*** *legislation, etc.*: EG-weit.
ec·cen·tric [ɪk'sentrɪk] **1.** *adj* (**~*ally***) exzentrisch; überspannt; **2.** *s* Exzentriker *m*, Sonderling *m*.
ech·o ['ekəʊ] **1.** *s* (*pl* ***-oes***) Echo *n*; **2.** *v/i* widerhallen; *v/t fig.* nachsprechen.
e·clipse [ɪ'klɪps] **1.** *s ast.* Finsternis *f*; **2.** *v/t* verfinstern; ***be ~d by*** *fig.* verblassen neben (*dat*).
e·co- ['iːkə] öko..., Öko...; Umwelt...; **~cide** ['iːkəsaɪd] *s* Umweltzerstörung *f*.
e·co|lo·gi·cal [iːkə'lɒdʒɪkl] *adj* □ ökologisch; **~l·o·gist** [iː'kɒlədʒɪst] *s* Ökologe *m*; **~l·o·gy** [iː'kɒlədʒɪ] *s* Ökologie *f*.
ec·o·nom|ic [iːkə'nɒmɪk] *adj* (**~*ally***) wirtschaftlich, Wirtschafts...; **~ *aid*** Wirtschaftshilfe *f*; ♀ ***and Monetary Union*** (*abbr.* ***EMU***) *pol.* Wirtschafts- und Währungsunion *f*; **~ *growth*** Wirtschaftswachstum *n*; **~ *migrant*** Wirtschaftsflüchtling *m*; **~i·cal** *adj* □ wirtschaftlich, sparsam; **~ *in energy*** energiesparend; **~ics** *s sg* Volkswirtschaft(slehre) *f*.
e·con·o|mist [ɪ'kɒnəmɪst] *s* Volkswirt *m*; **~mize** [~aɪz] *v/i and v/t* sparsam wirtschaften (mit); **~my** [~ɪ] **1.** *s* Wirtschaft *f*; Wirtschaftlichkeit *f*, Sparsamkeit *f*; Einsparung *f*; **2.** *adj* Spar...; **~ *class*** *aer.* Economyklasse *f*.
e·co·sys·tem ['iːkəʊsɪstəm] *s* Ökosystem *n*.
ec·sta|sy ['ekstəsɪ] *s* Ekstase *f*, Verzückung *f*; **~t·ic** [ɪk'stætɪk] *adj* (**~*ally***) verzückt.
ed·dy ['edɪ] **1.** *s* Wirbel *m*; **2.** *v/i* wirbeln.
edge [edʒ] **1.** *s* Schneide *f*; Rand *m*; Kante *f*; ***be on ~*** nervös *or* gereizt sein; **2.** *v/t* schärfen; (um)säumen; drängen; **~ways**, **~wise** ['~weɪz, '~waɪz] *adv* seitlich, von der Seite.
edg·ing ['edʒɪŋ] *s* Einfassung *f*; Rand *m*.
edg·y ['edʒɪ] *adj* (***-ier***, ***-iest***) scharf(kantig); F nervös; F gereizt.
ed·i·ble ['edɪbl] *adj* eßbar.
ed·it ['edɪt] *v/t text, book*: herausgeben, redigieren; *newspaper, etc.*: herausgeben, edieren, als Herausgeber leiten; **e·di·tion** [ɪ'dɪʃn] *s of book*: Ausgabe *f*; Auflage *f*; **ed·i·tor** ['edɪtə] *s* Herausgeber(in); Redakteur(in), (Verlags)Lektor(in); **ed·i·to·ri·al** [edɪ'tɔːrɪəl] **1.** *s* Leitartikel *m*; **2.** *adj* Redaktions...

ed·u|cate ['edju:keɪt] *v/t* erziehen; unterrichten; **~·cat·ed** *adj* gebildet; **~·ca·tion** [~'keɪʃn] *s* Erziehung *f*; (Aus)Bildung *f*; Bildungs-, Schulwesen *n*; ***Ministry of*** **2** Unterrichtsministerium *n*, Kultusministerium *n*; **~·ca·tion·al** *adj* □ erzieherisch, Erziehungs...; Bildungs...; **~·ca·tor** ['~keɪtə] *s* Erzieher(in).

eel *zo.* [i:l] *s* Aal *m*.

ef·fect [ɪ'fekt] **1.** *s* Wirkung *f*; Erfolg *m*, Ergebnis *n*; Auswirkung(en *pl*) *f*; Effekt *m*, Eindruck *m*; *tech.* Leistung *f*; **~s** *pl econ.* Effekten *pl*; persönliche Habe; ***be of ~*** Wirkung haben; ***take ~*** in Kraft treten; ***in ~*** tatsächlich, praktisch; ***to the ~*** des Inhalts; **2.** *v/t* bewirken; ausführen; **ef·fec·tive** [~ɪv] *adj* □ wirksam; eindrucksvoll; tatsächlich, wirklich; *tech.* nutzbar; ***~ date*** Tag *m* des Inkrafttretens.

ef·fem·i·nate [ɪ'femɪnət] *adj* □ verweichlicht; weibisch.

ef·fi·cien|cy [ɪ'fɪʃənsɪ] *s* Leistungsfähigkeit *f*, Tüchtigkeit *f*, Effizienz *f*; ***~ engineer***, ***~ expert*** *econ.* Rationalisierungsfachmann *m*; **~t** *adj* □ wirksam; leistungsfähig, tüchtig, effizient.

ef·flu·ent ['efluənt] *s* Abwasser *n*, Abwässer *pl*.

ef·fort ['efət] *s* Anstrengung *f*, Bemühung *f* (***at*** um); Mühe *f*; ***make an ~*** sich anstrengen *or* bemühen; ***without ~*** → **~·less** *adj* □ mühelos, ohne Anstrengung.

ef·fron·te·ry [ɪ'frʌntərɪ] *s* Frechheit *f*.

ef·fu·sive [ɪ'fju:sɪv] *adj* □ überschwenglich.

egg[1] [eg] *v/t*: ***~ on*** anstacheln.

egg[2] [~] *s* Ei *n*; ***put all one's ~s in one basket*** alles auf eine Karte setzen; ***as sure as ~s is ~s*** F todsicher; **~-co·sy** *s* Eierwärmer *m*; **~-cup** *s* Eierbecher *m*; **~·head** *s* F Eierkopf *m*, Intellektuelle(r *m*) *f*.

e·go·is|m ['egəʊɪzəm] *s* Egoismus *m*, Selbstsucht *f*; **~t** [~ɪst] *s* Egoist(in), selbstsüchtiger Mensch.

eg·o·tis|m ['egəʊtɪzəm] *s* Egotismus *m*, Selbstgefälligkeit *f*; **~t** [~ɪst] *s* Egotist(in), selbstgefälliger *or* geltungsbedürftiger Mensch.

E·gyp·tian [ɪ'dʒɪpʃn] **1.** *adj* ägyptisch; **2.** *s* Ägypter(in).

ei·der·down ['aɪdədaʊn] *s* Eiderdaunen *pl*; Daunendecke *f*.

eight [eɪt] **1.** *adj* acht; **2.** *s* Acht *f*; *rowing*: Achter *m*; **eigh·teen** [eɪ'ti:n] **1.** *adj* achtzehn; **2.** *s* Achtzehn *f*; **eigh·teenth** [~θ] *adj* achtzehnte(r, -s); **~·fold** ['eɪtfəʊld] *adj* achtfach; **~h** [eɪtθ] **1.** *adj* achte(r, -s); **2.** *s* Achtel *n*; **~h·ly** ['eɪtθlɪ] *adv* achtens; **eigh·ti·eth** ['eɪtɪɪθ] *adj* achtzigste(r, -s); **eigh·ty** ['eɪtɪ] **1.** *adj* achtzig; **2.** *s* Achtzig *f*.

ei·ther ['aɪðə; *Am.* 'i:ðə] **1.** *adj* jede(r, -s) (*of two*); eine(r, -s) (*of two*); **2.** *pron* beides; **3.** *cj*: ***~ ... or*** entweder ... oder; ***not ~*** auch nicht.

e·jac·u·late [ɪ'dʒækjʊleɪt] *v/t words, etc.*: aus-, hervorstoßen; *physiol. sperm*: ausstoßen; *v/i physiol.* ejakulieren, e-n Samenerguß haben.

e·ject [ɪ'dʒekt] *v/t* vertreiben; hinauswerfen, *smoke, etc.*: ausstoßen; entlassen, -fernen (***from*** *office, post, etc.* aus).

eke [i:k] *v/t*: ***~ out*** *supply, etc.*: strecken; *income*: aufbessern; ***~ out a living*** sich (mühsam) durchschlagen.

e·lab·o·rate **1.** *adj* □ [ɪ'læbərət] sorgfältig (aus)gearbeitet; kompliziert; **2.** *v/t* [~reɪt] sorgfältig ausarbeiten.

e·lapse [ɪ'læps] *v/i* verfließen, -streichen.

e·las|tic [ɪ'læstɪk] **1.** *adj* (***~ally***) elastisch, dehnbar; ***~ band*** *Br.* → **2.** *s* Gummiring *m*, -band *n*.

e·lat·ed [ɪ'leɪtɪd] *adj* begeistert, stolz.

el·bow ['elbəʊ] **1.** *s* Ellbogen *m*; Biegung *f*; *tech.* Knie *n*; ***at one's ~*** bei der Hand; ***out at ~s*** *fig.* heruntergekommen; **2.** *v/t* mit dem Ellbogen (weg)stoßen; ***~ one's way through*** sich (mit den Ellbogen) e-n Weg bahnen durch.

el·der[1] *bot.* ['eldə] *s* Holunder *m*.

el·der[2] [~] **1.** *adj* ältere(r, -s); **2.** *s* der, die Ältere; (Kirchen)Älteste(r) *m*; **~·ly** *adj* ältlich, ältere(r, -s).

el·dest ['eldɪst] *adj* älteste(r, -s).

e·lect [ɪ'lekt] **1.** *adj* gewählt; **2.** *v/t* (aus-, er)wählen.

e·lec|tion [ɪ'lekʃn] **1.** *s* Wahl *f*; **2.** *adj pol.* Wahl...; **~·tor** [~tə] *s* Wähler(in); *Am. pol.* Wahlmann *m*; *hist.* Kurfürst *m*; **~·to·ral** [~ərəl] *adj* Wahl..., Wähler...; ***~ college*** *Am. pol.* Wahlmänner *pl*; **~·to·rate** *pol.* [~ərət] *s* Wähler(schaft *f*) *pl*.

e·lec|tric [ɪ'lektrɪk] *adj* (***~ally***) elektrisch, Elektro...; *fig.* elektrisierend; **~·tri·cal**

adj □ elektrisch; Elektro...; ~ ***engineer*** Elektroingenieur *m*, -techniker *m*; **~·tric chair** *s* elektrischer Stuhl; **~·tri·cian** [ɪlek'trɪʃn] *s* Elektriker *m*; **~·tri·ci·ty** [~'trɪsətɪ] *s* Elektrizität *f*; ~ ***consumption*** Stromverbrauch *m*.
e·lec·tri·fy [ɪ'lektrɪfaɪ] *v/t* elektrifizieren; elektrisieren (*a. fig.*).
e·lec·tro·cute [ɪ'lektrəkjuːt] *v/t* auf dem elektrischen Stuhl hinrichten; durch elektrischen Strom töten.
el·ec·tron·ic [ɪlek'trɒnɪk] **1.** *adj* (**~*ally***) elektronisch, Elektronen...; ~ ***data processing*** elektronische Datenverarbeitung; **2.** *s*: **~*s*** *sg* Elektronik *f*.
el·e|gance ['elɪgəns] Eleganz *f*; **~·gant** [~t] *adj* □ elegant; geschmackvoll.
el·e|ment ['elɪmənt] *s* Element *n*; Urstoff *m*; (Grund)Bestandteil *m*; **~*s*** *pl* Anfangsgründe *pl*, Grundlage(n *pl*) *f*; Elemente *pl*, Naturkräfte *pl*; **~·men·tal** [elɪ'mentl] *adj* □ elementar; wesentlich.
el·e·men·ta·ry [elɪ'mentərɪ] *adj* □ elementar; Anfangs..; ~ ***school*** *Am.* Grundschule *f*.
el·e·phant *zo.* ['elɪfənt] *s* Elefant *m*.
el·e|vate ['elɪveɪt] *v/t* erhöhen; *fig.* erheben; **~·vat·ed** *adj* erhöht; *fig.* gehoben, erhaben; ~ (***railroad***) *Am.* Hochbahn *f*; **~·va·tion** [elɪ'veɪʃn] *s* Erhebung *f*; Erhöhung *f*; Höhe *f*; Erhabenheit *f*; **~·va·tor** *tech.* ['elɪveɪtə] *s Am.* Lift *m*, Fahrstuhl *m*, Aufzug *m*; *aer.* Höhenruder *n*.
e·lev·en [ɪ'levn] **1.** *adj* elf; **2.** *s* Elf *f*; **~th** [~θ] **1.** *adj* elfte(r, -s); **2.** *s* Elftel *n*.
el·i·gi·ble ['elɪdʒəbl] *adj* □ geeignet, annehmbar, akzeptabel; berechtigt.
e·lim·i|nate [ɪ'lɪmɪneɪt] *v/t* entfernen, beseitigen, eliminieren; ausscheiden; **~·na·tion** [ɪlɪmɪ'neɪʃn] *s* Entfernung *f*, Beseitigung *f*, Eliminierung *f*; Ausscheidung *f*.
é·lite [eɪ'liːt] *s* Elite *f*; Auslese *f*.
elk *zo.* [elk] *s* Elch *m*.
el·lipse *math.* [ɪ'lɪps] *s* Ellipse *f*.
elm *bot.* [elm] *s* Ulme *f*.
e·lon·gate ['iːlɒŋgeɪt] *v/t* verlängern.
e·lope [ɪ'ləʊp] *v/i* (mit s-m *or* s-r Geliebten) ausreißen *or* durchbrennen.
e·lo|quence ['eləkwəns] *s* Beredsamkeit *f*; **~·quent** [~t] *adj* □ beredt.
else [els] *adv* sonst, weiter; anderer(r, -s); ***anything ~?*** sonst noch etwas?; ***something ~*** noch etwas; **~·where** [els'weə] *adv* anderswo(hin).
e·lude [ɪ'luːd] *v/t* geschickt entgehen, ausweichen, sich entziehen (*dat*); *fig.* nicht einfallen (*dat*).
e·lu·sive [ɪ'luːsɪv] *adj* schwer faßbar.
e·ma·ci·ated [ɪ'meɪʃɪeɪtɪd] *adj* abgezehrt, ausgemergelt.
em·a|nate ['eməneɪt] *v/i* ausströmen; ausgehen (***from*** von); **~·na·tion** [emə'neɪʃn] *s* Ausströmen *n*; *fig.* Ausstrahlung *f*.
e·man·ci|pate [ɪ'mænsɪpeɪt] *v/t* emanzipieren; befreien; **~·pa·tion** [~'peɪʃn] *s* Emanzipation *f*; Befreiung *f*.
em·balm [ɪm'bɑːm] *v/t* (ein)balsamieren.
em·bank·ment [ɪm'bæŋkmənt] *s* Eindämmung *f*; (Erd)Damm *m*; (Bahn-, Straßen)Damm *m*; Uferstraße *f*.
em·bar·go [em'bɑːgəʊ] *s* (*pl* **-*goes***) Embargo *n*, (Hafen-, Handels)Sperre *f*.
em·bark [ɪm'bɑːk] *v/t and v/i mar.*, *aer.* an Bord nehmen *or* gehen, *mar. a.* (sich) einschiffen; *cargo*: verladen; ~ ***on***, ~ ***upon*** *et.* anfangen *or* beginnen.
em·bar·rass [ɪm'bærəs] *v/t* in Verlegenheit bringen, verlegen machen, in e-e peinliche Lage versetzen; **~·ing** *adj* □ unangenehm, peinlich; **~·ment** *s* Verlegenheit *f*.
em·bas·sy ['embəsɪ] *s* Botschaft *f*.
em·bed [ɪm'bed] *v/t* (-***dd***-) (ein)betten, (ein)lagern.
em·bel·lish [ɪm'belɪʃ] *v/t* verschönern; *fig.* ausschmücken, beschönigen.
em·bers ['embəz] *s pl* Glut *f*.
em·bez·zle [ɪm'bezl] *v/t* unterschlagen; **~·ment** *s* Unterschlagung *f*.
em·bit·ter [ɪm'bɪtə] *v/t* verbittern.
em·blem ['embləm] *s* Sinnbild *n*; Wahrzeichen *n*.
em·bod·y [ɪm'bɒdɪ] *v/t* verkörpern; enthalten.
em·bo·lis·m *med.* ['embəlɪzəm] *s* Embolie *f*.
em·brace [ɪm'breɪs] **1.** *v/t and v/i* (sich) umarmen; einschließen; **2.** *s* Umarmung *f*.
em·broi·der [ɪm'brɔɪdə] *v/t* (be)sticken; *fig.* ausschmücken; **~·y** *s* Stickerei *f*; *fig.* Ausschmückung *f*.
em·broil [ɪm'brɔɪl] *v/t* (in Streit) verwikkeln; verwirren.

e·men·da·tion [iːmən'deɪʃn] *s* Verbesserung *f*, Berichtigung *f*.
em·e·rald ['emərəld] **1.** *s* Smaragd *m*; **2.** *adj* smaragdgrün.
e·merge [ɪ'mɜːdʒ] *v/i* auftauchen; hervorgehen; *fig.* sich erheben; sich zeigen.
e·mer·gen·cy [ɪ'mɜːdʒənsɪ] *s* Not(lage) *f*, -fall *m*, -stand *m*; *attr* Not...; **~ *brake*** Notbremse *f*; **~ *call*** Notruf *m*; **~ *exit*** Notausgang *m*; **~ *landing*** *aer.* Notlandung *f*; **~ *number*** Notruf(nummer *f*) *m*; **~ *ward*** *med.* Notaufnahme *f*.
e·mer·gent [ɪ'mɜːdʒənt] *adj* auftauchend; *fig. nations*: (jung u.) aufstrebend.
em·i|grant ['emɪgrənt] *s* Auswanderer *m*, *esp. pol.* Emigrant(in); **~·grate** [~reɪt] *v/i* auswandern, *esp. pol.* emigrieren; **~·gra·tion** [emɪ'greɪʃn] *s* Auswanderung *f*, *esp. pol.* Emigration *f*.
em·i|nence ['emɪnəns] *s* (An)Höhe *f*; hohe Stellung; Ruhm *m*, Bedeutung *f*; ♀ Eminenz *f* (*title*); **~·nent** *adj* □ *fig.* ausgezeichnet, hervorragend; **~*ly*** ganz besonders, äußerst.
e·mis·sion [ɪ'mɪʃən] *s* Aussendung *f*; *of fumes, etc.*: Emission *f* (*a. econ.*); ***noxious* ~** Schadstoffemission *f*; **~-*free*** *adj* schadstofffrei; **~ stan·dards** *s pl* Schadstoffnormen *pl*, Emissionsrichtlinien *pl*.
e·mit [ɪ'mɪt] *v/t* (***-tt-***) aussenden, -stoßen, -strahlen, -strömen; von sich geben.
e·mo·tion [ɪ'məʊʃn] *s* (Gemüts)Bewegung *f*, Gefühl(sregung *f*) *n*; Rührung *f*; **~·al** *adj* □ emotional; gefühlsmäßig; gefühlsbetont; **~*ly disturbed*** seelisch gestört; **~*ly ill*** gemütskrank; **~·less** *adj* gefühllos; unbewegt.
em·pe·ror ['empərə] *s* Kaiser *m*.
em·pha|sis ['emfəsɪs] *s* (*pl* ***-ses*** [-siːz]) Gewicht *n*; Nachdruck *m*; **~·size** [~saɪz] *v/t* nachdrücklich betonen; **~·t·ic** [ɪm'fætɪk] *adj* (***~ally***) nachdrücklich; deutlich; bestimmt.
em·pire ['empaɪə] *s* (Kaiser)Reich *n*; Herrschaft *f*; ***the British* ♀** das britische Weltreich.
em·pir·i·cal [em'pɪrɪkl] *adj* □ empirisch, erfahrungsgemäß.
em·ploy [ɪm'plɔɪ] **1.** *v/t* beschäftigen, anstellen; an-, verwenden, gebrauchen; **2.** *s* Beschäftigung *f*; ***in the* ~ *of*** angestellt bei; **~·ee** [emplɔɪ'iː] *s* Angestellte(r *m*) *f*, Arbeitnehmer(in); **~·er** [ɪm'plɔɪə] *s* Arbeitgeber(in); **~·ment** *s* Beschäftigung *f*, Arbeit *f*; **~ *agency*, ~ *bureau*** Stellenvermittlung(sbüro *n*) *f*; **~ *market*** Arbeits-, Stellenmarkt *m*; **~ *service agency*** *Br.* Arbeitsamt *n*.
em·pow·er [ɪm'paʊə] *v/t* ermächtigen; befähigen.
em·press ['emprɪs] *s* Kaiserin *f*.
emp|ti·ness ['emptɪnɪs] *s* Leere *f* (*a. fig.*); **~·ty** ['emptɪ] **1.** *adj* □ (***-ier***, ***-iest***) leer (*a. fig.*); **~ *of*** ohne; **2.** *v/t* (aus-, ent)leeren; *v/i* sich leeren.
em·u·late ['emjʊleɪt] *v/t* wetteifern mit; nacheifern (*dat*); es gleichtun (*dat*).
e·mul·sion [ɪ'mʌlʃn] *s* Emulsion *f*.
en·a·ble [ɪ'neɪbl] *v/t* befähigen, es *j-m* ermöglichen; ermächtigen.
en·act [ɪ'nækt] *v/t* verfügen, -ordnen; *law*: erlassen; *thea.* aufführen.
e·nam·el [ɪ'næml] **1.** *s* Email(le *f*) *n*; *anat.* (Zahn)Schmelz *m*; Glasur *f*, Lack *m*; Nagellack *m*; **2.** *v/t* (*esp. Br.* ***-ll-***, *Am.* ***-l-***) emaillieren; glasieren; lackieren.
en·chant [ɪn'tʃɑːnt] *v/t* bezaubern; **~·ing** *adj* □ bezaubernd; **~·ment** *s* Zauber *m*.
en·cir·cle [ɪn'sɜːkl] *v/t* einkreisen, umzingeln; umfassen, umschlingen.
en·close [ɪn'kləʊz] *v/t* einzäunen; einschließen; *with letter*: beifügen; **en·clo·sure** [~əʊʒə] *s* Einzäunung *f*; eingezäuntes Grundstück; *with letter*: Anlage *f*.
en·com·pass [ɪn'kʌmpəs] *v/t* umgeben.
en·coun·ter [ɪn'kaʊntə] **1.** *s* Begegnung *f*; Gefecht *n*; **2.** *v/t* begegnen (*dat*); *problems, etc.*: stoßen auf (*acc*); *enemy*: zusammenstoßen mit.
en·cour·age [ɪn'kʌrɪdʒ] *v/t* ermutigen; fördern; **~·ment** *s* Ermutigung *f*; Anfeuerung *f*; Unterstützung *f*.
en·croach [ɪn'krəʊtʃ] *v/i* (***on***, ***upon***) eingreifen (in *acc*), eindringen (in *acc*); übermäßig beanspruchen (*acc*); **~·ment** *s* Ein-, Übergriff *m*.
en·cy·clo·p(a)e·di·a [ensaɪklə'piːdɪə] *s* Enzyklopädie *f*.
end [end] **1.** *s* Ende *n*; Ziel *n*, Zweck *m*; ***no* ~ *of*** unendlich viel(e), unzählige; ***in the* ~** am Ende, schließlich; ***at the* ~ *of the day*** letztendlich, letzten Endes; ***on* ~** aufrecht; ***stand on* ~** *box, etc.*: hochkant stehen, *hair*: zu Berge stehen; ***to no* ~** vergebens; ***go off the deep* ~** *fig.* in

E

die Luft gehen; ***make both ~s meet*** gerade auskommen; **2.** *v/i* enden; *v/t* beend(ig)en.

en·dan·ger [ɪn'deɪndʒə] *v/t* gefährden.

en·dear [ɪn'dɪə] *v/t* beliebt machen (***to s.o.*** bei j-m); **~·ing** *adj* □ gewinnend; liebenswert; **~·ment** *s* Liebkosung *f*; ***term of ~*** Kosewort *n*.

E

en·deav·o(u)r [ɪn'devə] **1.** *s* Bestreben *n*, Bemühung *f*; **2.** *v/i* sich bemühen.

end|ing ['endɪŋ] *s* Ende *n*; Schluß *m*; *gr.* Endung *f*; **~·less** *adj* □ endlos, unendlich; *tech.* endlos, Endlos...

en·dive *bot.* ['endɪv] *s* Endivie *f*.

en·dorse [ɪn'dɔːs] *v/t econ. cheque, etc.*: indossieren; e-n Vermerk machen auf (der Rückseite *gen*); gutheißen; **~·ment** *s* Aufschrift *f*, Vermerk *m*; *econ.* Indossament *n*.

en·dow [ɪn'daʊ] *v/t fig.* ausstatten; ***~ s.o. with s.th.*** j-m et. stiften; **~·ment** *s* Stiftung *f*; *mst* ***~s*** *pl* Begabung *f*, Talent *n*.

en·dur|ance [ɪn'djʊərəns] Ausdauer *f*; Ertragen *n*; ***beyond ~, past ~*** unerträglich; **~e** [ɪn'djʊə] *v/t* ertragen.

en·e·my ['enəmɪ] **1.** *s* Feind *m*; ***the*** 2 der Teufel; **2.** *adj* feindlich.

en·er·get·ic [enə'dʒetɪk] *adj* (***~ally***) energisch.

en·er·gy ['enədʒɪ] *s* Energie *f*; → ***economical***; **~ con·ser·va·tion** *s* Energieeinsparung *f*; **~ cri·sis** *s* Energiekrise *f*; **~ pol·i·cy** *s* Energiepolitik *f*; **~-sav·ing** *adj* energiesparend; ***~ measures*** *pl* Energiesparmaßnahmen *pl*.

en·fold [ɪn'fəʊld] *v/t* einhüllen.

en·force [ɪn'fɔːs] *v/t* (mit Nachdruck, *a.* gerichtlich) geltend machen; erzwingen; aufzwingen (***upon*** *dat*); durchführen; **~·ment** *s* Erzwingung *f*; Geltendmachung *f*; Durchführung *f*.

en·fran·chise [ɪn'fræntʃaɪz] *v/t j-m* das Wahlrecht verleihen; *j-m* die Bürgerrechte verleihen.

en·gage [ɪn'geɪdʒ] *v/t* anstellen; verpflichten; *artist, etc.*: engagieren; in Anspruch nehmen; *mil.* angreifen; ***be ~d*** verlobt sein (***to*** mit); beschäftigt sein (***in*** mit); *toilet, Br. telephone*: besetzt sein; ***~ the clutch*** *mot.* (ein)kuppeln; *v/i* sich verpflichten (***to do*** zu tun); garantieren (***for*** für); sich beschäftigen (***in*** mit); *mil.* angreifen; *tech. of cogwheels*: greifen; **~·ment** *s* Verpflichtung *f*; Verlobung *f*; Verabredung *f*; Beschäftigung *f*; *mil.* Gefecht *n*; *tech.* Ineinandergreifen *n*.

en·gag·ing [ɪn'geɪdʒɪŋ] *adj* □ einnehmend; *smile, etc.*: gewinnend.

en·gine ['endʒɪn] *s* Maschine *f*; *mot.* Motor *m*; *rail.* Lokomotive *f*; **~-driv·er** *s Br. rail.* Lokomotivführer *m*.

en·gi·neer [endʒɪ'nɪə] **1.** *s* Ingenieur *m*; Techniker *m*; Mechaniker *m*; *Am. rail.* Lokomotivführer *m*; *mil.* Pionier *m*; **2.** *v/t* konstruieren, bauen; *fig.* organisieren, aushecken; **~·ing 1.** *s* Maschinen- u. Gerätebau *m*; Ingenieurwesen *n*; **2.** *adj* technisch; Ingenieur...

En·glish ['ɪŋglɪʃ] **1.** *adj* englisch; **2.** *s ling.* Englisch *n*; ***the ~*** *pl* die Engländer *pl*; ***in plain ~*** *fig.* unverblümt, auf gut Deutsch; **~·man** *s* Engländer *m*; **~·wom·an** *s* Engländerin *f*.

en·grave [ɪn'greɪv] *v/t* (ein)gravieren, (-)meißeln, (-)schnitzen; *fig.* einprägen; **en·grav·er** *s* Graveur *m*; **en·grav·ing** *s* (Kupfer-, Stahl)Stich *m*; Holzschnitt *m*.

en·grossed [ɪn'grəʊst] *adj* (***in***) (voll) in Anspruch genommen (von), vertieft, -sunken (in *acc*).

en·gulf [ɪn'gʌlf] *v/t* verschlingen (*a. fig.*).

en·hance [ɪn'hɑːns] *v/t* erhöhen.

e·nig·ma [ɪ'nɪgmə] *s* Rätsel *n*; **en·ig·mat·ic** [enɪg'mætɪk] *adj* (***~ally***) rätselhaft.

en·joy [ɪn'dʒɔɪ] *v/t* sich erfreuen an (*dat*); genießen; ***did you ~ it?*** hat es Ihnen gefallen?; ***~ o.s.*** sich amüsieren, sich gut unterhalten; ***~ yourself!*** viel Spaß!; ***I ~ my dinner*** es schmeckt mir; **~·a·ble** *adj* □ angenehm, erfreulich; **~·ment** *s* Genuß *m*, Freude *f*.

en·large [ɪn'lɑːdʒ] *v/t* vergrößern (*a. phot.*), erweitern, ausdehnen; *v/i* sich vergrößern; *phot.* sich vergrößern lassen; *on a topic, etc.*: sich verbreiten *or* auslassen (***on, upon*** über *acc*); **~·ment** *s* Erweiterung *f*; Vergrößerung *f* (*a. phot.*).

en·light·en [ɪn'laɪtn] *v/t fig.* erleuchten; *j-n* aufklären; **~·ment** *s* Aufklärung *f*.

en·list [ɪn'lɪst] *v/t mil.* anwerben; *j-n* gewinnen; ***~ed men*** *pl Am. mil.* Unteroffiziere *pl* und Mannschaften *pl*; *v/i* sich freiwillig melden.

en·liv·en [ɪn'laɪvn] *v/t* beleben.

en·mi·ty ['enmətı] *s* Feindschaft *f*.
en·no·ble [ı'nəʊbl] *v/t* adeln; veredeln.
e·nor|mi·ty [ı'nɔːmətı] *s* Ungeheuerlichkeit *f*; **~·mous** [~əs] *adj* □ ungeheuer.
e·nough [ı'nʌf] *adj and adv* genug, genügend; ***be ~*** genügen, reichen; ***I've had ~*** mir reicht's.
en·quire, en·qui·ry [ın'kwaıə, ~rı] → ***inquire***, ***inquiry***.
en·rage [ın'reıdʒ] *v/t* wütend machen; **~d** *adj* wütend (***at*** über *acc*).
en·rap·ture [ın'ræptʃə] *v/t* entzücken, hinreißen; **~d** *adj* entzückt, hingerissen.
en·rich [ın'rıtʃ] *v/t* be-, anreichern.
en·rol(l) [ın'rəʊl] (*-ll-*) *v/t* eintragen, *univ*. *j-n* immatrikulieren; *mil*. anwerben; aufnehmen; *v/i* sich einschreiben (lassen), *univ*. sich immatrikulieren; **~·ment** *s* Eintragung *f*, -schreibung *f*, *univ*. Immatrikulation *f*; *esp*. *mil*. Anwerbung *f*; Einstellung *f*; Aufnahme *f*; Schüler-, Studenten-, Teilnehmerzahl *f*.
en·sign ['ensaın] *s* Fahne *f*; Flagge *f*; Abzeichen *n*; *Am*. *mil*. ['ensn] Leutnant *m* zur See.
en·sure [ın'ʃʊə] *v/t* sichern, sicherstellen.
en·tail [ın'teıl] *v/t jur*. als Erbgut vererben; *fig*. mit sich bringen.
en·tan·gle [ın'tæŋgl] *v/t* verwickeln; **~·ment** *s* Verwicklung *f*; *mil*. Drahtverhau *m*.
en·ter ['entə] *v/t* (hinein)gehen *or* hereinkommen in (*acc*), (ein)treten in (*acc*), betreten; einsteigen *or* einfahren *etc*. in (*acc*); eindringen in (*acc*); *econ*. eintragen, (ver)buchen; *protest*, *etc*.: erheben; *name*, *etc*.: eintragen, -schreiben, *j-n* aufnehmen; *sports*: melden, nennen; ***~ s.o. at school*** j-n zur Schule anmelden; *v/i* eintreten, herein-, hineinkommen, -gehen; *into country*: einreisen; *sports*: sich melden (***for*** für); ***~ into*** *fig*. eingehen auf (*acc*); ***~ on*** *or* ***upon an inheritance*** e-e Erbschaft antreten.
en·ter|prise ['entəpraız] *s* Unternehmen *n* (*a*. *econ*.); *econ*. Unternehmertum *n*; Unternehmungsgeist *m*; **~·pris·ing** *adj* □ unternehmungslustig; wagemutig; kühn.
en·ter·tain [entə'teın] *v/t* unterhalten; bewirten; in Erwägung ziehen; *doubt*, *etc*.: hegen; **~·er** *s* Entertainer(in), Unterhaltungskünstler(in); **~·ment** *s* Unterhaltung *f*; Bewirtung *f*.
en·thral(l) *fig*. [ın'θrɔːl] *v/t* (*-ll-*) fesseln, bezaubern.
en·throne [ın'θrəʊn] *v/t* inthronisieren.
en·thu·si·as|m [ın'θjuːzıæzəm] *s* Begeisterung *f*; **~t** [~st] *s* Enthusiast(in); **~·tic** [ınθjuːzı'æstık] *adj* (***~ally***) begeistert.
en·tice [ın'taıs] *v/t* (ver)locken; **~·ment** *s* Verlockung *f*, Reiz *m*.
en·tire [ın'taıə] *adj* ganz, vollständig; ungeteilt; **~·ly** *adv* völlig; ausschließlich.
en·ti·tle [ın'taıtl] *v/t* betiteln; berechtigen (***to*** zu).
en·ti·ty ['entətı] *s* Wesen *n*; Dasein *n*.
en·trails ['entreılz] *s pl* Eingeweide *pl*; *fig*. *das* Innere.
en·trance ['entrəns] *s* Eintritt *m*; Einfahrt *f*; Eingang *m*; Einlaß *m*.
en·trench [ın'trentʃ] *v/t mil*. verschanzen (*a*. *fig*.).
en·trust [ın'trʌst] *v/t* anvertrauen (***s.th. to s.o.*** j-m et.); betrauen (***s.o. with s.th.*** j-n mit et.).
en·try ['entrı] *s* Einreise *f*; Einlaß *m*, Zutritt *m*; Eingang *m*; Einfahrt *f*; Beitritt *m* (***into*** zu); Eintragung *f*; *sports*: Meldung *f*, Nennung *f*; ***~ formalities*** *pl* Einreiseformalitäten *pl*; ***~ permit*** Einreisegenehmigung *f*; ***~ visa*** Einreisevisum *n*; ***bookkeeping by double*** (***single***) ***~*** *econ*. doppelte (einfache) Buchführung; ***no ~!*** Zutritt verboten!, *mot*. keine Einfahrt!
en·twine [ın'twaın] *v/t* ineinanderschlingen.
E-number ['iːnʌmbə] *s* E-Nummer *f*.
en·vel·op [ın'veləp] *v/t* (ein)hüllen, einwickeln; **en·ve·lope** ['envələʊp] *s* (Brief)Umschlag *m*.
en·vi|a·ble ['envıəbl] *adj* □ beneidenswert; **~·ous** [~əs] *adj* □ neidisch.
en·vi·ron|ment [ın'vaıərənmənt] *s* Umgebung *f*, *sociol*. *a*. Milieu *n*; Umwelt *f* (*a*. *sociol*.); ***~-conscious*** umweltbewußt; ***~ policy*** Umweltpolitik *f*; ***Department of the*** ♀ *Br*. *pol*. Umweltministerium *n*; ***Minister*** *or* *Am*. ***Secretary of the*** ♀ *pol*. Umweltminister(in); **~·men·tal** [~'mentl] *adj* □ *sociol*. Milieu...; Umwelt...; ***~ law*** Umweltschutzgesetz *n*; ***~ pollution*** Umweltver-

schmutzung *f*; ~ ***protection*** Umweltschutz *m*; **~*ly damaging*** umweltfeindlich; **~*ly friendly*** umweltfreundlich; **~men·tal·ist** [~'mentəlɪst] *s* Umweltschützer(in); **~s** ['envɪrənz] *s pl of a town*: Umgebung *f*.
en·voy ['envɔɪ] *s* Gesandte(r) *m*.
en·vy ['envɪ] **1.** *s* Neid *m*; **2.** *v/t* beneiden.
ep·ic ['epɪk] **1.** *adj* episch; **2.** *s* Epos *n*.
ep·i·dem·ic [epɪ'demɪk] **1.** *adj* (**~*ally***) seuchenartig; ~ ***disease*** → **2.** *s* Epidemie *f*, Seuche *f*.
ep·i·lep·sy *med.* ['epɪlepsɪ] *s* Epilepsie *f*.
ep·i·logue, *Am. a.* **-log** ['epɪlɔg] *s* Nachwort *n*, Epilog *m*.
ep·i·sode ['epɪsəʊd] *s* Episode *f*; *TV, etc.*: Fortsetzung *f*, Folge *f*.
ep·i·taph ['epɪtɑ:f] *s* Grabinschrift *f*; Gedenktafel *f*.
e·poch ['i:pɒk] *s* Epoche *f*, Zeitalter *n*.
e·qual ['i:kwəl] **1.** *adj* □ gleich; gleichmäßig; ~ ***opportunities*** *pl* Chancengleichheit *f*; ~ ***rights*** *pl* ***for women*** Gleichberechtigung *f* der Frau; **2.** *s* Gleiche(r *m*) *f*; **3.** *v/t* (*esp. Br.* **-ll-**, *Am.* **-l-**) gleichen (*dat*); **~·i·ty** [i:'kwɒlətɪ] *s* Gleichheit *f*; **~·i·za·tion** [i:kwəlaɪ'zeɪʃn] *s* Gleichstellung *f*; Ausgleich *m*; **~·ize** ['i:kwəlaɪz] *v/t* gleichmachen, -stellen, angleichen; *v/i sports*: ausgleichen; **~·iz·er** *s sports*: Ausgleichstreffer *m*.
e·qua·tion [ɪ'kweɪʒn] *s* Ausgleich *m*; *math.* Gleichung *f*.
e·qua·tor [ɪ'kweɪtə] *s* Äquator *m*.
e·qui·lib·ri·um [i:kwɪ'lɪbrɪəm] *s* Gleichgewicht *n*.
e·quip [ɪ'kwɪp] *v/t* (***-pp-***) ausrüsten; **~·ment** *s* Ausrüstung *f*; Einrichtung *f*.
e·quiv·a·lent [ɪ'kwɪvələnt] **1.** *adj* □ gleichwertig; gleichbedeutend (***to*** mit); **2.** *s* Äquivalent *n*, Gegenwert *m*.
e·ra ['ɪərə] *s* Zeitrechnung *f*; Zeitalter *n*.
e·rad·i·cate [ɪ'rædɪkeɪt] *v/t* ausrotten.
e·rase [ɪ'reɪz] *v/t* ausradieren, -streichen, löschen (*a. from computer*); *fig.* auslöschen; **e·ras·er** *s* Radiergummi *m*.
e·rect [ɪ'rekt] **1.** *adj* □ aufrecht; **2.** *v/t* aufrichten; *monument, etc.*: errichten; aufstellen; **e·rec·tion** [~kʃn] *s* Errichtung *f*; *physiol.* Erektion *f*.
e·ro·sion *geol.* [ɪ'rəʊʒn] *s* Erosion *f*, Auswaschung *f*.
e·rot|ic [ɪ'rɒtɪk] *adj* (**~*ally***) erotisch; **~·i·cis·m** [~ɪsɪzəm] *s* Erotik *f*.
er·rand ['erənd] *s* Botengang *m*, Auftrag *m*, Besorgung *f*; ***go on*** *or* ***run an*** ~ e-e Besorgung machen.
er·rat·ic [ɪ'rætɪk] *adj* (**~*ally***) sprunghaft, unstet, unberechenbar.
er·ror ['erə] *s* Irrtum *m*, Fehler *m*; **~*s excepted*** Irrtümer vorbehalten.
e·rupt [ɪ'rʌpt] *v/i volcano, etc.*: ausbrechen; *teeth*: durchbrechen; **e·rup·tion** [~pʃn] *s* (Vulkan)Ausbruch *m*; *med.* (Haut)Ausschlag *m*.
es·ca|late ['eskəleɪt] *v/i conflict, etc.*: eskalieren, sich ausweiten; *costs, etc.*: steigen, in die Höhe gehen; **~·la·tion** [eskə'leɪʃn] *s* Eskalation *f*.
es·ca·la·tor ['eskəleɪtə] *s* Rolltreppe *f*.
es·ca·lope ['eskələʊp] *s* (*esp.* Wiener) Schnitzel *n*.
es·cape [ɪ'skeɪp] **1.** *v/i* (***from***) entkommen *or* -rinnen (*dat*); entweichen (*dat*); *v/t* entgehen (*dat*); *j-m* entfallen; **2.** *s* Entrinnen *n*; Entweichen *n*; Flucht *f*; ***have a narrow*** ~ mit knapper Not davonkommen; ~ ***chute*** *aer.* Notrutsche *f*; ~ ***key*** *computer*: Escape-Taste *f*.
es·cort **1.** *s* ['eskɔ:t] *mil.* Eskorte *f*; Geleit(schutz *m*) *n*; **2.** *v/t* [ɪ'skɔ:t] *mil.* eskortieren; *aer., mar.* Geleit(schutz) geben (*dat*); geleiten.
es·pe·cial [ɪ'speʃl] *adj* besondere(r, -s); vorzüglich; **~·ly** [~lɪ] *adv* besonders.
es·pi·o·nage [espɪə'nɑ:ʒ] *s* Spionage *f*.
es·pla·nade [esplə'neɪd] *s* (*esp.* Strand-) Promenade *f*.
es·say ['eseɪ] *s* Aufsatz *m*, kurze Abhandlung, Essay *m*, *n*.
es·sence ['esns] *s nature of s.th.*: Wesen *n*; *extract*: Essenz *f*, Extrakt *m*.
es·sen·tial [ɪ'senʃl] **1.** *adj* □ (***to*** für) wesentlich; wichtig; **2.** *s mst* **~*s*** *pl das* Wesentliche; **~·ly** [~lɪ] *adv* im wesentlichen, in der Hauptsache.
es·tab·lish [ɪ'stæblɪʃ] *v/t* festsetzen; errichten, gründen; einrichten; *j-n* einsetzen; ~ ***o.s.*** sich niederlassen; **~·ment** *s* Er-, Einrichtung *f*; Gründung *f*; ***the*** ♀ das Establishment, die etablierte Macht, die herrschende Schicht; ***freedom of*** ~ *econ., jur.* Niederlassungsfreiheit *f*.
es·tate [ɪ'steɪt] *s* (großes) Grundstück, Landsitz *m*, Gut *n*; *jur.* Besitz *m*, (Erb)Masse *f*, Nachlaß *m*; ***housing*** ~ (Wohn)Siedlung *f*; ***industrial*** ~ Industriegebiet *n*; ***real*** ~ Liegenschaften *pl*,

Immobilien *pl*; (*Am.* **real**) ~ **a·gent** *s* Grundstücks-, Immobilienmakler *m*; ~ **car** *s Br. mot.* Kombi(wagen) *m*.
es·teem [ɪ'stiːm] **1.** *s* Achtung *f*, Ansehen *n* (***with*** bei); **2.** *v/t* achten, (hoch-)schätzen; ansehen *or* betrachten als.
es·ti|mate 1. *v/t* ['estɪmeɪt] (ab-, ein-) schätzen; veranschlagen; **2.** *s* [~mɪt] Schätzung *f*; *econ.* (Kosten)Voranschlag *m*; **~·ma·tion** [estɪ'meɪʃn] *s* Schätzung *f*; Meinung *f*; Achtung *f*.
es·tu·a·ry ['estjʊərɪ] *s* Flußmündung *f*.
etch [etʃ] *v/t* ätzen; radieren; **~·ing** ['etʃɪŋ] *s* Radierung *f*; Kupferstich *m*.
e·ter|nal [ɪ'tɜːnl] *adj* □ immerwährend, ewig; **~·ni·ty** [~ətɪ] *s* Ewigkeit *f*.
e·ther ['iːθə] *s* Äther *m*; **e·the·re·al** [iː'θɪərɪəl] *adj* □ ätherisch (*a. fig.*).
eth|i·cal ['eθɪkl] *adj* □ sittlich, ethisch; **~·ics** [~s] *s sg* Sittenlehre *f*, Ethik *f*.
EU [ˌiː'juː] (*abbr. for* ***European Union***) Europäische Union (EU); ***joining the*** ~ *od.* ~ ***entry*** EU-Beitritt *m*; ~ ***directive*** EU-Richtlinie *f*; ~ ***expansion into Eastern Europe*** EU-Osterweiterung *f*.
eu·pho·ri·a [juː'fɔːrɪə] *s* Euphorie *f*, Hochgefühl *n*.
Eu·ro ['jʊərəʊ] *s* Euro *m*; ***the launching of the*** ~ die Einführung des Euro.
Eu·ro|... ['jʊərəʊ] europäisch, Euro...; **~cent** *s* Eurocent *m*; **~·cheque** *s* Euroscheck *m*; **~·crat** *s mst pl* Eurokrat *m*; **~-e·lec·tions** *s pl* Europawahl(en *pl*) *f*; **~fight·er** *s mil.* Eurofighter *m*; **~land** *s* Euroland *n*; **~norm** *s* Euronorm *f*.
Eu·rope ['jʊərəp] *s* Europa *n*; ***Council of*** ~ Europarat *m*.
Eu·ro·pe·an [jʊərə'pɪən] **1.** *adj* europäisch; **2.** *s* Europäer(in); ~ **Cen·tral Bank** *s* Europäische Zentralbank; ~ **Coal and Steel Com·mu·ni·ty** *s* Montanunion *f*; ~ **Com·mis·sion** *s* Europäische Kommission; ~ **Coun·cil** *s* Europäischer Rat; ~ **Court of Au·di·tors** *s* Europäischer Rechnungshof; ~ **Court of Jus·tice** *s* Europäischer Gerichtshof; ~ **Cur·ren·cy U·nit** *s* (*abbr.* ***ECU***) Europäische Währungseinheit (ECU); ~ (**Ec·o·nom·ic and**) **Mon·e·ta·ry U·nion** *s* Europäische (Wirtschafts- und) Währungsunion; ~ **Mon·e·ta·ry Fund** *s* Europäischer Währungsfonds; ~ **Mon·e·ta·ry In·sti·tute** *s* Europäisches Währungsinstitut; ~ **Mon·e·ta·ry Sys·tem** *s* Europäisches Währungssystem; ~ **Mon·e·ta·ry U·nion** *s* Europäische Währungsunion; ~ **Par·lia·ment** *s* Europaparlament *n*; ~ **Pa·tent Of·fice** *s* Europäisches Patentamt; ~ **pol·i·cy** *s* Europapolitik *f*; **Sin·gle** ~ **Mar·ket** *s* Europäischer Binnenmarkt.
Eu·ro·scep·tic ['jʊərəʊˌskeptɪc] Euroskeptiker(in).
e·vac·u·ate [ɪ'vækjʊeɪt] *v/t* entleeren; evakuieren; *house, etc.*: räumen.
e·vade [ɪ'veɪd] *v/t* (geschickt) ausweichen (*dat*); umgehen.
e·val·u·ate [ɪ'væljʊeɪt] *v/t* schätzen; abschätzen, bewerten, beurteilen.
e·van·gel·i·cal [iːvæn'dʒelɪkl] *adj* □ evangelisch.
e·vap·o|rate [ɪ'væpəreɪt] *v/t and v/i* verdunsten *or* -dampfen (lassen); ***~d milk*** Kondensmilch *f*; **~·ra·tion** [ɪvæpə'reɪʃn] *s* Verdunstung *f*, -dampfung *f*.
e·va|sion [ɪ'veɪʒn] *s* Entkommen *n*; Umgehung *f*, Vermeidung *f*; Ausflucht *f*; **~·sive** [~sɪv] *adj* □ ausweichend; ***be*** ~ ausweichen.
eve [iːv] *s* Vorabend *m*; Vortag *m*; ***on the*** ~ ***of*** unmittelbar vor (*dat*), am Vorabend (*gen*).
e·ven ['iːvn] **1.** *adj* □ eben, gleich; gleichmäßig; ausgeglichen; glatt; *number*: gerade; ***get*** ~ ***with s.o.*** *fig.* mit j-m abrechnen; **2.** *adv* selbst, sogar, auch; ***not*** ~ nicht einmal; ~ ***though***, ~ ***if*** wenn auch; **3.** *v/t* ebnen, glätten; ~ ***out*** (*v/i* sich) ausgleichen.
eve·ning ['iːvnɪŋ] *s* Abend *m*; ~ ***class*** Abendkurs *m*; ~ ***dress*** Gesellschaftsanzug *m*, Smoking *m*; Abendkleid *n*.
e·vent [ɪ'vent] *s* Ereignis *n*, Vorfall *m*; sportliche Veranstaltung; *sports*: Disziplin *f*; *sports*: Wettbewerb *m*; ***at all ~s*** auf alle Fälle; ***in the*** ~ ***of*** im Falle (*gen*) *or* für den Fall, daß *or* falls; **~·ful** *adj* □ ereignisreich.
e·ven·tu·al [ɪ'ventʃʊəl] *adj* schließlich; **~ly** schließlich, endlich; irgendwann.
ev·er ['evə] *adv* je, jemals; immer; ~ ***so*** noch so (sehr); ~ ***after***, ~ ***since*** von der Zeit an, seitdem; ***for*** ~ für immer, auf ewig; *in letter*: ***Yours*** ~, ... Viele Grüße, Dein(e) *or* Ihr(e) ...; **~·green 1.** *adj* immergrün; unverwüstlich, *esp.* immer wieder gern gehört; ~ ***song*** Evergreen *m*; **2.** *s bot.* immergrüne Pflanze.

ev·ery ['evrı] *adv* jede(r, -s); alle(r, -s); ~ ***now and then*** dann u. wann; ~ ***one of them*** jeder von ihnen; ~ ***other day*** jeden zweiten Tag, alle zwei Tage; **~·bod·y** *pron* jeder(mann); **~·day** *adj* alltäglich, Alltags...; **~·one** *pron* jeder(mann); **~·thing** *pron* alles; **~·where** *adv* überall; überallhin.

e·vict [ı'vıkt] *v/t jur.* zwangsräumen; *j-n* gewaltsam vertreiben.

E

ev·i|dence ['evıdəns] **1.** *s* Beweis(material *n*) *m*, Beweise *pl*; (Zeugen)Aussage *f*; ***give*** ~ (als Zeuge) aussagen; ***in*** ~ als Beweis; deutlich sichtbar; **2.** *v/t* zeugen von; **~·dent** *adj* □ augenscheinlich, offenbar, klar.

e·vil ['i:vl] **1.** *adj* □ übel, schlimm, böse; **2.** *s* Übel *n*; *das* Böse; **~-mind·ed** [~'maındıd] *adj* bösartig.

e·voke [ı'vəʊk] *v/t* (herauf)beschwören; *memories*: wachrufen.

ev·o·lu·tion [i:və'lu:ʃn] *s* Evolution *f*, Entwicklung *f*.

e·volve [ı'vɒlv] *v/t and v/i* (sich) entwickeln.

ex [eks] **1.** *prp econ.*: ~ ***factory/ship*** ab Fabrik/Schiff; **2.** *s* F Verflossene(r *m*), Ex *m, f*.

ex- [~] ehemalig, früher.

ex·act [ıg'zækt] **1.** *adj* genau, exakt; **2.** *v/t payment*: eintreiben; *obedience*: fordern; **~·ing** *adj person*: streng, genau; **~·i·tude** [~ıtju:d] → ***exactness***; **~·ly** *adv* exakt, genau; *answer*: ganz recht, genau; **~·ness** *s* Genauigkeit *f*.

ex·ag·ge|rate [ıg'zædʒəreıt] *v/t and v/i* übertreiben; **~·ra·tion** [ıgzædʒə'reıʃn] *s* Übertreibung *f*.

ex·am F [ıg'zæm] *s* Examen *n*.

ex·am|i·na·tion [ıgzæmı'neıʃn] *s* Examen *n*, Prüfung *f*; Untersuchung *f*; Vernehmung *f*; **~·ine** [ıg'zæmın] *v/t* untersuchen; *jur.* vernehmen, -hören; *school, etc.*: prüfen (***in*** in *dat*; ***on*** über *acc*).

ex·am·ple [ıg'zɑ:mpl] *s* Beispiel *n*; Vorbild *n*, Muster *n*; ***for*** ~ zum Beispiel.

ex·as·pe|rate [ıg'zæspəreıt] *v/t* wütend machen; **~·rat·ing** *adj* □ ärgerlich.

ex·ca·vate ['ekskəveıt] *v/t* ausgraben, -heben, -schachten.

ex·ceed [ık'si:d] *v/t* überschreiten; übertreffen; **~·ing** *adj* □ übermäßig; **~·ing·ly** *adv* außerordentlich, überaus.

ex·cel [ık'sel] (***-ll-***) *v/t* übertreffen; *v/i* sich auszeichnen; **~·lence** ['eksələns] *s* ausgezeichnete Qualität; hervorragende Leistung; **Ex·cel·len·cy** [~ənsı] *s* Exzellenz *f*; **~·lent** [~ənt] *adj* □ ausgezeichnet, hervorragend.

ex·cept [ık'sept] **1.** *v/t* ausnehmen, -schließen; **2.** *prp* ausgenommen, außer; ~ ***for*** abgesehen von; **~·ing** *prp* ausgenommen.

ex·cep·tion [ık'sepʃn] *s* Ausnahme *f*; Einwand *m* (***to*** gegen); ***by way of*** ~ ausnahmsweise; ***make an*** ~ e-e Ausnahme machen; ***take*** ~ ***to*** Anstoß nehmen an (*dat*); **~·al** *adj* außergewöhnlich; **~·al·ly** *adv* un-, außergewöhnlich.

ex·cerpt ['eksɜ:pt] *s* Auszug *m*, Exzerpt *n*.

ex·cess [ık'ses] *s* Übermaß *n*; Überschuß *m*; Ausschweifung *f*; *attr* Mehr...; ~ ***baggage*** *esp. Am.*, ~ ***luggage*** *esp. Br. aer.* Übergepäck *n*; ~ ***capacity*** *econ.* Überkapazität *f*; ~ ***fare*** (Fahrpreis)Zuschlag *m*; ~ ***postage*** Nachgebühr *f*; **ex·ces·sive** [~ıv] *adj* □ übermäßig, übertrieben.

ex·change [ıks'tʃeındʒ] **1.** *v/t* (aus-, ein-, um)tauschen (***for*** gegen); wechseln; **2.** *s* (Aus-, Um)Tausch *m*; (*esp.* Geld-) Wechsel *m*; *a.* ***bill of*** ~ Wechsel *m*; Börse *f*; Wechselstube *f*; (***telephone***) ~ Fernsprechamt *n*; ***foreign*** ~(***s*** *pl*) Devisen *pl*; ***rate of*** ~, ~ ***rate*** Wechselkurs *m*; ~ ***rate mechanism*** Wechselkursmechanismus *m*; ~ ***office*** Wechselstube *f*; ~ ***student*** Austauschstudent(in), -schüler(in).

ex·cheq·uer [ıks'tʃekə] *s* Staatskasse *f*; ***Chancellor of the*** ♀ *Br.* Schatzkanzler *m*, Finanzminister *m*.

ex·cise¹ [ek'saız] *s* Verbrauchssteuer *f*.

ex·cise² *med.* [~] *v/t* herausschneiden.

ex·ci·ta·ble [ık'saıtəbl] *adj* reizbar, (leicht)erregbar.

ex·cite [ık'saıt] *v/t* er-, anregen; reizen; **ex·cit·ed** *adj* □ erregt, aufgeregt; **excite·ment** *s* Auf-, Erregung *f*; Reizung *f*; **ex·cit·ing** *adj* □ aufregend, spannend.

ex·claim [ık'skleım] *v/t* (aus)rufen.

ex·cla·ma·tion [ekskla'meıʃn] *s* Ausruf *m*, (Auf)Schrei *m*; ~ ***mark***, *Am. a.* ~ ***point*** Ausrufe-, Ausrufungszeichen *n*.

ex·clude [ık'sklu:d] *v/t* ausschließen.

ex·clu|sion [ɪk'sklu:ʒn] *s* Ausschließung *f*, Ausschluß *m*; **~·sive** [~sɪv] *adj* □ ausschließlich; exklusiv; Exklusiv...; **~ of** abgesehen von, ohne.

ex·cre·ment ['ekskrɪmənt] *s* Kot *m*.

ex·crete [ek'skri:t] *v/t* ausscheiden.

ex·cru·ci·at·ing [ɪk'skru:ʃɪeɪtɪŋ] *adj* □ *of pain*: entsetzlich, scheußlich.

ex·cur·sion [ɪk'skɜ:ʃn] *s* Ausflug *m*.

ex·cu·sa·ble [ɪk'skju:zəbl] *adj* □ entschuldbar; **ex·cuse 1.** *v/t* [ɪk'skju:z] entschuldigen; **~ me** entschuldige(n Sie); **~ s.o.** j-m verzeihen; **2.** *s* [~u:s] Entschuldigung *f*; Ausrede *f*.

ex·e|cute ['eksɪkju:t] *v/t* ausführen; vollziehen; *mus.* vortragen; hinrichten; *jur. will*: vollstrecken; **~·cu·tion** [~'kju:ʃn] *s* Ausführung *f*; Vollziehung *f*; *jur.* (Zwangs)Vollstreckung *f*; *punishment*: Hinrichtung *f*; *mus.* Vortrag *m*; ***put or carry a plan into ~*** e-n Plan ausführen *or* verwirklichen; **~·cu·tion·er** [~'kju:ʃnə] *s* Henker *m*, Scharfrichter *m*; **~c·u·tive** [ɪg'zekjʊtɪv] **1.** *adj* □ vollziehend, ausübend, *pol.* Exekutiv...; *econ.* leitend; ***~ board*** Vorstand *m*; ***~ committee*** Exekutivausschuß *m*; **2.** *s pol.* Exekutive *f*, vollziehende Gewalt; *econ.* leitender Angestellter; **~c·u·tor** [ɪg'zekjʊtə] *s* Erbschaftsverwalter *m*, Testamentsvollstrecker *m*.

ex·em·pla·ry [ɪg'zemplərɪ] *adj* □ vorbildlich.

ex·em·pli·fy [ɪg'zemplɪfaɪ] *v/t* veranschaulichen.

ex·empt [ɪg'zempt] **1.** *adj* befreit, frei; **2.** *v/t* ausnehmen, befreien.

ex·er·cise ['eksəsaɪz] **1.** *s* Übung *f*; Ausübung *f*; *school*: Übung(sarbeit) *f*, Schulaufgabe *f*; *mil.* Manöver *n*; (körperliche) Bewegung; ***do one's ~s*** Gymnastik machen; ***get ~*** Bewegung haben; ***take ~*** sich Bewegung verschaffen; *Am.* ***~s*** *pl* Feierlichkeiten *pl*; ***~ book*** Schul-, Schreibheft *n*; **2.** *v/t and v/i* üben; ausüben; (sich) bewegen, trainieren; sich Bewegung verschaffen; *mil.* exerzieren.

ex·ert [ɪg'zɜ:t] *v/t influence, etc.*: ausüben; **~ o.s.** sich anstrengen *or* bemühen; **ex·er·tion** [~ɜ:ʃn] *s* Ausübung *f*; Anstrengung *f*, Strapaze *f*.

ex·hale [eks'heɪl] *v/t and v/i* ausatmen; *gas, smell, etc.*: verströmen; *smoke*: ausstoßen.

ex·haust [ɪg'zɔ:st] **1.** *v/t* erschöpfen; entleeren; auspumpen; **2.** *s tech.* Abgas *n*, Auspuffgase *pl*; Auspuff *m*; ***~ catalytic converter*** Abgaskatalysator *m*; ***~ fumes*** *pl* Abgase *pl*; ***~ pipe*** Auspuffrohr *n*; **~·ed** *adj* erschöpft (*a. fig.*); **ex·haus·tion** [~tʃən] *s* Erschöpfung *f*; **ex·haus·tive** [~tɪv] *adj* □ erschöpfend.

ex·hib·it [ɪg'zɪbɪt] **1.** *v/t* ausstellen; *jur.* vorzeigen, *evidence*: beibringen; *fig.* zeigen; **2.** *s* Ausstellungsstück *n*; Beweisstück *n*; **ex·hi·bi·tion** [eksɪ'bɪʃn] *s* Ausstellung *f*; Zurschaustellung *f*.

ex·ile ['eksaɪl] **1.** *s* Verbannung *f*; Exil *n*; Verbannte(r *m*) *f*; im Exil Lebende(r *m*) *f*; **2.** *v/t* in die Verbannung *or* ins Exil schicken.

ex·ist [ɪg'zɪst] *v/i* existieren; vorhanden sein; leben; bestehen; **~·ence** *s* Existenz *f*; Vorhandensein *n*, Vorkommen *n*; Leben *n*, Dasein *n*; **~·ent** *adj* existent, bestehend, vorhanden.

ex·it ['eksɪt] **1.** *s* Ausgang *m*; (Autobahn)Ausfahrt *f*; Ausreise *f*; *thea.* Abgang *m*; **2.** *v/i* hinausgehen; *thea.* abgehen; *v/t Am.* aussteigen aus; **~ per·mit** *s* Ausreisegenehmigung *f*.

ex·or·bi·tant [ɪg'zɔ:bɪtənt] *adj* □ übertrieben, maßlos; *price, etc.*: unverschämt.

ex·ot·ic [ɪg'zɒtɪk] *adj* (**~ally**) exotisch; fremdländisch; fremd(artig).

ex·pand [ɪk'spænd] *v/t and v/i* (sich) ausbreiten; (sich) ausdehnen *or* erweitern; expandieren; ***~ on*** sich auslassen über (*acc*); **ex·panse** [~ns] *s* Ausdehnung *f*, Weite *f*; **ex·pan·sion** [~ʃn] *s* Ausbreitung *f*; *phys.* Ausdehnen *n*; *fig.* Erweiterung *f*, Ausweitung *f*; **ex·pan·sive** [~sɪv] *adj* □ ausdehnungsfähig; ausgedehnt, weit; *fig.* mitteilsam.

ex·pat·ri·ate [eks'pætrɪeɪt] *v/t j-n* ausbürgern, *j-m* die Staatsangehörigkeit aberkennen.

ex·pect [ɪk'spekt] *v/t* erwarten; F annehmen; ***be ~ing*** in anderen Umständen sein; **ex·pec·tant** [~ənt] *adj* □ erwartend (***of*** *acc*); ***~ mother*** werdende Mutter; **ex·pec·ta·tion** [ekspek'teɪʃn] *s* Erwartung *f*; Hoffnung *f*, Aussicht *f*.

ex·pe·dient [ɪk'spi:dɪənt] **1.** *adj* □ zweckmäßig; ratsam; **2.** *s* (Hilfs)Mittel *n*, (Not)Behelf *m*.

E

ex·pe·di|tion [ekspɪ'dɪʃn] *s* Expedition *f*, (Forschungs)Reise *f*; *mil.* Feldzug *m.*
ex·pel [ɪk'spel] *v/t* (*-ll-*) ausstoßen; vertreiben, -jagen; hinauswerfen, ausschließen.
ex·pend [ɪk'spend] *v/t money*: ausgeben; aufwenden; verbrauchen; **ex·pen·di·ture** [~dɪtʃə] *s* Ausgabe *f*; Aufwand *m*; **ex·pense** [ɪk'spens] *s* Ausgabe *f*; Kosten *pl*; **~s** *pl* Unkosten *pl*, Spesen *pl*, Auslagen *pl*; ***at the ~ of*** auf Kosten (*gen*); ***at any ~*** um jeden Preis; **ex·pen·sive** [~sɪv] *adj* □ kostspielig, teuer.
ex·pe·ri·ence [ɪk'spɪərɪəns] **1.** *s* Erfahrung *f*; (Lebens)Praxis *f*; Erlebnis *n*; **2.** *v/t* erfahren, erleben; **~d** *adj* erfahren.
ex·per·i|ment 1. *s* [ɪk'sperɪmənt] Versuch *m*; **2.** *v/i* [~ment] experimentieren; **~·men·tal** [eksperɪ'mentl] *adj* □ Versuchs..., experimentell.
ex·pert ['ekspɜːt] **1.** *adj* □ [*pred* eks'pɜːt] erfahren, geschickt; fachmännisch; **2.** *s* Fachmann *m*; Sachverständige(r *m*) *f*; **ex·per·tise** [ekspɜː'tiːz] *s* Sachkenntnis *f*, Sachverstand *m.*
ex·pi·ra·tion [ekspɪ'reɪʃn] *s* Ausatmung *f*; Ablauf *m*, Ende *n*; **ex·pire** [ɪk'spaɪə] *v/i* ausatmen; sein Leben *or* s-n Geist aushauchen; *passport*: ablaufen, verfallen.
ex·plain [ɪk'spleɪn] *v/t* erklären, erläutern; *reasons*: auseinandersetzen (*all*: ***s.th. to s.o.*** j-m et.).
ex·pla·na·tion [eksplə'neɪʃn] *s* Erklärung *f*; Erläuterung *f*; **ex·plan·a·to·ry** [ɪk'splænətərɪ] *adj* □ erklärend.
ex·pli·ca·ble ['eksplɪkəbl] *adj* □ erklärlich.
ex·pli·cit [ɪk'splɪsɪt] *adj* □ deutlich, explizit.
ex·plode [ɪk'spləʊd] *v/i and v/t* explodieren (lassen); *fig.* ausbrechen (***with*** in *acc*), platzen (***with*** vor *dat*); *fig.* sprunghaft ansteigen.
ex·ploit 1. *s* ['eksplɔɪt] Heldentat *f*; **2.** *v/t* [ɪk'splɔɪt] ausbeuten; *fig.* ausnutzen; **ex·ploi·ta·tion** [eksplɔɪ'teɪʃn] *s* Ausbeutung *f*, Auswertung *f*, Verwertung *f*, Abbau; *fig.* Ausnutzung *f.*
ex·plo·ra·tion [eksplə'reɪʃn] *s* Erforschung *f*; **ex·plore** [ɪk'splɔː] *v/t* erforschen; **ex·plor·er** [~rə] *s* Forscher(in).
ex·plo|sion [ɪk'spləʊʒn] *s* Explosion *f*; *fig.* Ausbruch *m*; *fig.* sprunghafter Anstieg; **~·sive** [~əʊsɪv] **1.** *adj* □ explosiv; *fig.* aufbrausend; *fig.* sprunghaft ansteigend; **2.** *s* Sprengstoff *m.*
ex·po·nent [ek'spəʊnənt] *s* Exponent *m* (*a. math.*); Vertreter *m.*
ex·port 1. *v/t* [ek'spɔːt] exportieren, ausführen; **2.** *s* ['ekspɔːt] Export(artikel) *m*, Ausfuhr(artikel *m*) *f*; **ex·por·ta·tion** [ekspɔː'teɪʃn] *s* Ausfuhr *f.*
ex·pose [ɪk'spəʊz] *v/t* aussetzen; *phot.* belichten; ausstellen; *fig.* entlarven, bloßstellen, *et.* aufdecken; **ex·po·si·tion** [ekspə'zɪʃn] *s* Ausstellung *f.*
ex·po·sure [ɪk'spəʊʒə] *s* Aussetzen *n*; Ausgesetztsein *n*; *fig.* Bloßstellung *f*; Aufdeckung *f*; Enthüllung *f*, Entlarvung *f*; *phot.* Belichtung *f*; *phot.* Aufnahme *f*; ***~ meter*** Belichtungsmesser *m.*
ex·press [ɪk'spres] **1.** *adj* □ Expreß..., Eil...; ***~ company*** *Am.* (Schnell)Transportunternehmen *n*; ***~ train*** Schnellzug *m*; ***~way*** *esp. Am.* Schnellstraße *f*; **2.** *s* Eilbote *m*; Schnellzug *m*; ***by ~*** → **3.** *adv* durch Eilboten; als Eilgut; **4.** *v/t* äußern, ausdrücken; auspressen.
ex·pres·sion [ɪk'spreʃn] *s* Ausdruck *m*; **~·less** *adj* □ ausdruckslos; **ex·pres·sive** [~sɪv] *adj* □ ausdrückend (**of** *acc*); ausdrucksvoll; **ex·press·ly** [~lɪ] *adv* ausdrücklich, eigens.
ex·pro·pri·ate [eks'prəʊprɪeɪt] *v/t* enteignen.
ex·pul·sion [ɪk'spʌlʃn] *s* Vertreibung *f*; Ausweisung *f.*
ex·pur·gate ['ekspɜːgeɪt] *v/t* reinigen.
ex·qui·site ['ekskwɪzɪt] *adj* □ auserlesen, vorzüglich; fein; *pain*: heftig.
ex·tend [ɪk'stend] *v/t* ausdehnen; ausstrecken; erweitern; verlängern; *help, etc.*: gewähren; *mil.* ausschwärmen lassen; *v/i* sich erstrecken.
ex·ten|sion [ɪk'stenʃn] *s* Ausdehnung *f*; Erweiterung *f*; Verlängerung *f*; Aus-, Anbau *m*; *teleph.* Nebenanschluß *m*, Apparat *m*; ***~ cord*** *electr.* Verlängerungsschnur *f*; **~·sive** [~sɪv] *adj* ausgedehnt, umfassend.
ex·tent [ɪk'stent] *s* Ausdehnung *f*, Weite *f*, Größe *f*, Umfang *m*; Grad *m*; ***to the ~ of*** bis zum Betrag von; ***to some*** *or* ***a certain ~*** bis zu e-m gewissen Grade, einigermaßen.

ex·ten·u·ate [ek'stenjʊeɪt] *v/t* abschwächen, mildern; beschönigen; ***extenuating circumstances*** *pl jur.* mildernde Umstände *pl.*
ex·te·ri·or [ek'stɪərɪə] **1.** *adj* äußerlich, äußere(r, -s), Außen...; **2.** *s das* Äußere; *TV, etc.*: Außenaufnahme *f.*
ex·ter·mi·nate [ek'stɜːmɪneɪt] *v/t* ausrotten (*a. fig.*), vernichten, *pests, weed*: *a.* vertilgen.
ex·ter·nal [ek'stɜːnl] *adj* □ äußere(r, -s), äußerlich, Außen...
ex·tinct [ɪk'stɪŋkt] *adj* erloschen; ausgestorben; **ex·tinc·tion** [~kʃn] *s* Erlöschen *n*; Aussterben *n*, Untergang *m*; (Aus)Löschen *n*; Vernichtung *f.*
ex·tin·guish [ɪk'stɪŋgwɪʃ] *v/t* (aus)löschen; vernichten; **~·er** [~ə] *s* (Feuer-) Löschgerät *n*, Feuerlöscher *m.*
ex·tort [ɪk'stɔːt] *v/t* erpressen (***from*** von); **ex·tor·tion** [~ʃn] *s* Erpressung *f.*
ex·tra ['ekstrə] **1.** *adj* Extra..., außer..., Außer...; Neben..., Sonder...; ***~ pay*** Zulage *f*; ***~ time*** *sports*: (Spiel)Verlängerung *f*; **2.** *adv* besonders; **3.** *s et.* Zusätzliches, Extra *n*; Zuschlag *m*; Extrablatt *n*; *thea., TV*: Statist(in).
ex·tract 1. *s* ['ekstrækt] Auszug *m*; **2.** *v/t* [ɪk'strækt] herausziehen; herauslokken; ab-, herleiten; **ex·trac·tion** [~kʃn] *s* (Heraus)Ziehen *n*; Herkunft *f.*
ex·tra|dite ['ekstrədaɪt] *v/t* ausliefern; *j-s* Auslieferung erwirken; **~·di·tion** [ekstrə'dɪʃn] *s* Auslieferung *f.*
extra·or·di·na·ry [ɪk'strɔːdnrɪ] *adj* □ außerordentlich; ungewöhnlich; außerordentlich, Sonder...
ex·tra·ter·res·tri·al [ekstrətɪ'restrɪəl] *adj* □ außerirdisch.
ex·trav·a|gance [ɪk'strævəgəns] *s* Übertriebenheit *f*; Verschwendung *f*; Extravaganz *f*; **~·gant** [~t] *adj* □ übertrieben, überspannt; verschwenderisch; extravagant.
ex·treme [ɪk'striːm] **1.** *adj* □ äußerste(r, -s), größte(r, -s), höchste(r, -s); außergewöhnlich; **2.** *s das* Äußerste; Extrem *n*; höchster Grad; **~·ly** *adv* äußerst, höchst.
ex·trem|is·m *esp. pol.* [ɪk'striːmɪzm] *s* Extremismus *m*; **~·ist** [~ɪst] *s* Extremist(in).
ex·trem·i·ties [ɪk'stremətiːz] *s pl* Gliedmaßen *pl*, Extremitäten *pl.*
ex·tri·cate ['ekstrɪkeɪt] *v/t* herauswinden, -ziehen, befreien.
ex·tro·vert ['ekstrəʊvɜːt] *s* Extrovertierte(r *m*) *f.*
ex·u·be|rance [ɪg'zjuːbərəns] *s* Fülle *f*; Überschwang *m*; **~·rant** [~t] *adj* □ reichlich, üppig; überschwenglich; ausgelassen.
eye [aɪ] **1.** *s* Auge *n*; Blick *m*; Öhr *n*; Öse *f*; ***see ~ to ~ with s.o.*** mit j-m völlig übereinstimmen; ***be up to the ~s in work*** bis über die Ohren in Arbeit stekken; ***with an ~ to s.th.*** im Hinblick auf et.; ***I couldn't believe my ~s*** ich traute meinen Augen nicht; ***keep an ~ on*** aufpassen auf (*acc*); **2.** *v/t* ansehen; mustern; **~·ball** *s* Augapfel *m*; **~·brow** *s* Augenbraue *f*; **~catch·ing** *adj* ins Auge fallend, auffallend; **...-~d** ...äugig; **~·lash** *s* Augenwimper *f*; **~·lid** *s* Augenlid *n*; **~·lin·er** *s* Eyeliner *m*; **~·o·pen·er** *s*: ***that was an ~ to me*** das hat mir die Augen geöffnet; **~·shad·ow** *s* Lidschatten *m*; **~·sight** *s* Augen(-licht *n*) *pl*, Sehkraft *f*; **~·strain** *s* Ermüdung *f or* Überanstrengung *f* der Augen; **~·wit·ness** *s* Augenzeug|e *m*, -in *f.*

F

fa·ble ['feɪbl] *s* Fabel *f*; Sage *f*; Lüge *f.*
fab|ric ['fæbrɪk] *s* Gewebe *n*, Stoff *m*; Bau *m*; Gebäude *n*; Struktur *f*; **~·ri·cate** [~eɪt] *v/t* fabrizieren; *mst fig. invent*: erdichten, fälschen.
fab·u·lous ['fæbjʊləs] *adj* □ sagenhaft, der Sage angehörend; sagen-, fabelhaft.

fa·çade *arch.* [fəˈsɑːd] *s* Fassade *f.*
face [feɪs] **1.** *s* Gesicht *n*; Gesicht(sausdruck *m*) *n*, Miene *f*; (Ober)Fläche *f*; Vorderseite *f*; Zifferblatt *n*; **~ to ~ with** Auge in Auge mit; *fig.* **save (lose) one's ~** das Gesicht wahren (verlieren); **~-saving** *solution, etc.*: zur Wahrung des Gesichts; **on the ~ of it** auf den ersten Blick; **pull a long ~** ein langes Gesicht machen; **have the ~ to do s.th.** die Stirn haben, et. zu tun; **2.** *v/t* ansehen; gegenüberstehen (*dat*); (hinaus)gehen auf (*acc*); die Stirn bieten (*dat*); *arch.* verkleiden; **let's ~ it** machen wir uns nichts vor; *v/i*: **~ about** sich umdrehen; **~-cloth** *s* Waschlappen *m*; **~-flan·nel** *s Br.* → **face-cloth**; **~-lift·ing** *s* Facelifting *n*, Gesichtsstraffung *f*; *fig.* Renovierung *f*, Verschönerung *f.*

F

fa·ce·tious [fəˈsiːʃəs] *adj* □ witzig.
fa·cile [ˈfæsaɪl] *adj* leicht; oberflächlich.
fa·cil·i|tate [fəˈsɪlɪteɪt] *v/t* erleichtern; **~·ty** [~ətɪ] *s ease*: Leichtigkeit *f*; Oberflächlichkeit *f*; *equipment, etc.*: Einrichtung *f*; *opportunity*: Möglichkeit *f*; **cooking facilities** *pl* Kochgelegenheit *f*; **sports facilities** *pl* Sportmöglichkeiten *pl.*
fac·ing [ˈfeɪsɪŋ] *s arch.* Verkleidung *f*; **~s** *pl sewing*: Besatz *m.*
fact [fækt] *s* Tatsache *f*, Wirklichkeit *f*, Wahrheit *f*; **in ~** in der Tat, tatsächlich; **tell s.o. the ~s of life** j-n (sexuell) aufklären.
fac·tion *esp. pol.* [ˈfækʃn] *s* Splittergruppe *f*; Zwietracht *f.*
fac·ti·tious [fækˈtɪʃəs] *adj* □ künstlich.
fac·tor [ˈfæktə] *s fig.* Umstand *m*, Moment *n*, Faktor *m* (*a. math.*); *in Scotland*: Verwalter *m.*
fac·to·ry [ˈfæktrɪ] *s* Fabrik *f*, Werk *n*; **~ farming** industriell betriebene Viehzucht.
fac·ul·ty [ˈfækəltɪ] *s* Fähigkeit *f*; Kraft *f*; *fig.* Gabe *f*; *univ.* Fakultät *f.*
fad [fæd] *s* Mode(erscheinung, -torheit) *f*; (vorübergehende) Laune.
fade [feɪd] *v/i and v/t* (ver)welken (lassen), verblassen; schwinden; *of person*: immer schwächer werden; *film, radio, TV*: **~ in** auf- *or* eingeblendet werden; auf- *or* einblenden; **~ out** aus- *or* abgeblendet werden; aus- *or* abblenden.
fag¹ [fæg] *s* F Plackerei *f*, Schinderei *f.*
fag² *sl.* [~] *s Br. cigarette*: Glimmstengel *m*, Kippe *f*; *Am. homosexual*: Schwule(r) *m.*
fail [feɪl] **1.** *v/i* versagen; mißlingen, fehlschlagen; versiegen; nachlassen; Bankrott machen; *in test, etc.*: durchfallen; *v/t* im Stich lassen, verlassen; *in test, etc.*: j-n durchfallen lassen; **he ~ed to come** er kam nicht; **he cannot ~ to** er muß (einfach); **2.** *s*: **without ~** mit Sicherheit, ganz bestimmt; **~·ing 1.** *s* Fehler *m*, Schwäche *f*; **2.** *prp* in Ermang(e)lung (*gen*); **~·ure** [~jə] *s* Fehlen *n*; Ausbleiben *n*; Versagen *n*; Fehlschlag *m*, Mißerfolg *m*; Verfall *m*; Versäumnis *n*; Bankrott *m*; Versager *m.*
faint [feɪnt] **1.** *adj* □ schwach, matt; **2.** *v/i* ohnmächtig werden, in Ohnmacht fallen (**with** vor *dat*); **3.** *s* Ohnmacht *f*; **~-heart·ed** *adj* □ verzagt.
fair¹ [feə] **1.** *adj* gerecht, ehrlich, anständig, fair; ordentlich; *weather*: schön, *wind*: günstig; *hair, skin, etc.*: hell, *hair*: *a.* blond; freundlich; sauber, in Reinschrift; schön, hübsch, nett; **2.** *adv* gerecht, ehrlich, anständig, fair; in Reinschrift; direkt.
fair² [~] *s* (Jahr)Markt *m*; Volksfest *n*; Ausstellung *f*, Messe *f.*
fair|ly [ˈfeəlɪ] *adv* ziemlich; völlig; **~·ness** *s* Schönheit *f*; Blondheit *f*; Anständigkeit *f*, *esp. sports*: Fairneß *f*; Ehrlichkeit *f*; Gerechtigkeit *f.*
fai·ry [ˈfeərɪ] *s* Fee *f*; F *homosexual*: F Schwule(r) *m*, F Tunte *f*; **~-tale** *s* Märchen *n* (*a. fig.*).
faith [feɪθ] *s* Glaube *m*; Vertrauen *n*; Treue *f*; **~·ful** *adj* □ treu; ehrlich; *in letters*: **Yours ~ly** Mit freundlichen Grüßen, *formal*: Hochachtungsvoll; **~·less** *adj* □ treulos; ungläubig.
fake [feɪk] **1.** *s* Schwindel *m*; Fälschung *f*; Schwindler *m*; **2.** *v/t* fälschen; imitieren, nachmachen; vortäuschen, simulieren; **3.** *adj* gefälscht.
fal·con *zo.* [ˈfɔːlkən] *s* Falke *m.*
fall [fɔːl] **1.** *s* Fall(en *n*) *m*; Sturz *m*; Verfall *m*; Einsturz *m*; *Am.* Herbst *m*; *of prices, etc.*: Sinken *n*; Gefälle *n*; *mst* **~s** *pl* Wasserfall *m*; **2.** *v/i* (**fell, fallen**) fallen, stürzen; ab-, einfallen; sinken; *of wind*: sich legen; verfallen (**into** in *acc*); **~ ill** *or* **sick** krank werden; **~ in love**

with sich verlieben in (*acc*); ~ ***short of*** *expectations, etc.*: nicht entsprechen (*dat*); ~ ***to pieces*** auseinanderfallen; *fig.* zusammenbrechen; ~ ***back*** zurückweichen; ~ ***back on*** *fig.* zurückgreifen auf (*acc*); ~ ***for*** hereinfallen auf (*j-n, et.*); F sich in *j-n* verknallen; ~ ***off*** *become less*: zurückgehen, nachlassen; ~ ***on*** herfallen über (*acc*); ~ ***out*** sich streiten (***with*** mit); ~ ***through*** durchfallen (*a. fig.*); ~ ***to*** *eating*: reinhauen, tüchtig zugreifen.

fal·la·cy ['fæləsı] *s* Trugschluß *m*; Irrtum *m*.

fall·en ['fɔːlən] *pp of* **fall** 2.

fall guy *Am.* F ['fɔːlgaı] *s der* Lackierte, *der* Dumme.

fal·li·ble ['fæləbl] *adj* □ fehlbar.

fall·ing star *ast.* ['fɔːlıŋstɑː] *s* Sternschnuppe *f*.

fall-out ['fɔːlaʊt] *s* Fallout *m*, radioaktiver Niederschlag.

fal·low ['fæləʊ] *adj zo.* gelbbraun, falb; *agr.* brach(liegend).

false [fɔːls] *adj* □ falsch; ~ **a·larm** *s* blinder Alarm; **~·hood**, **~·ness** *s* Falschheit *f*; Unwahrheit *f*.

fal·si|fi·ca·tion [fɔːlsıfı'keıʃn] *s* (Ver)Fälschung *f*; **~·fy** ['fɔːlsıfaı] *v/t* (ver)fälschen; **~·ty** [~tı] *s* Falschheit *f*, Unwahrheit *f*.

fal·ter ['fɔːltə] *v/i* schwanken; *of voice*: stocken; *fig.* zaudern; *a. v/t* stammeln.

fame [feım] *s* Ruf *m*, Ruhm *m*; **~d** *adj* berühmt (***for*** wegen).

fa·mil·i·ar [fə'mılıə] **1.** *adj* □ vertraut; gewohnt; familiär; **2.** *s* Vertraute(r *m*) *f*; **~·i·ty** [fəmılı'ærətı] *s* Vertrautheit *f*; (plumpe) Vertraulichkeit; **~·ize** [fə'mılıəraız] *v/t* vertraut machen.

fam·i·ly ['fæməlı] **1.** *s* Familie *f*; **2.** *adj* Familien..., Haus...; ***be in the ~ way*** F in anderen Umständen sein; ~ ***allowance*** Kindergeld *n*; ~ ***credit*** *Br. appr.* Familienbeihilfe *f*; **~*-friendly*** *hotel, etc.*: familienfreundlich; ~ ***planning*** Familienplanung *f*; ~ ***tree*** Stammbaum *m*.

fam|ine ['fæmın] *s* Hungersnot *f*; Knappheit *f* (***of*** an *dat*); **~·ished** [~ʃt] *adj* F fast verhungert, ausgehungert; ***be ~*** F am Verhungern sein.

fa·mous ['feıməs] *adj* berühmt.

fan¹ [fæn] **1.** *s* Fächer *m*; Ventilator *m*; ~ ***belt*** *tech.* Keilriemen *m*; **2.** *v/t* (***-nn-***) (zu)fächeln; an-, *fig.* entfachen.

fan² [~] *s sports, etc.*: Fan *m*; ~ ***club*** Fanklub *m*; ~ ***mail*** Verehrerpost *f*.

fa·nat|ic [fə'nætık] **1.** *adj* (***~ally***), *a.* **~·i·cal** □ fanatisch; **2.** *s* Fanatiker(in).

fan·ci·er ['fænsıə] *s of animals, plants*: Liebhaber(in), Züchter(in).

fan·ci·ful ['fænsıfl] *adj* □ phantastisch.

fan·cy ['fænsı] **1.** *s* Phantasie *f*; Einbildung(skraft) *f*; *whim*: Laune *f*, Vorliebe *f*; Liebhaberei *f*; **2.** *adj* Phantasie...; Mode...; ~ ***ball*** Kostümfest *n*, Maskenball *m*; ~ ***dress*** (Masken)Kostüm *n*; ~ ***goods*** *pl* Modeartikel *pl*, -waren *pl*; **3.** *v/t* sich einbilden; Gefallen finden an (*dat*); *v/i*: ***just ~!*** denken Sie nur!; **~-free** *adj* frei u. ungebunden; **~-work** *s* feine Handarbeit, Stickerei *f*.

fang [fæŋ] *s* Reiß-, Fangzahn *m*; Hauer *m*; Giftzahn *m*.

fan|tas·tic [fæn'tæstık] *adj* (***~ally***) phantastisch; **~·ta·sy** ['fæntəsı] *s* Phantasie *f*.

far [fɑː] (***farther, further; farthest, furthest***) **1.** *adj* fern, entfernt, weit; **2.** *adv* fern; weit; (sehr) viel; ***as ~ as*** bis; ***in so ~ as*** insofern als; **~·a·way** *adj* weit entfernt.

fare [feə] **1.** *s* Fahrgeld *n*; Fahrgast *m*; Verpflegung *f*, Kost *f*; **2.** *v/i* (gut) leben; ***he ~d well*** es (er)ging ihm gut; ~ **dodg·er** ['feədɒdʒə] *s* Schwarzfahrer(in); **~·well** [feə'wel] **1.** *int* lebe(n Sie) wohl!; **2.** *s* Abschied *m*, Lebewohl *n*.

far-fetched *fig.* [fɑː'fetʃt] *adj* weithergeholt, gesucht.

farm [fɑːm] **1.** *s* Bauernhof *m*, Gut *n*, Gutshof *m*, Farm *f*; Züchterei *f*; ***chicken ~*** Hühnerfarm *f*; **2.** *v/t* (ver)pachten; *land*: bebauen, bewirtschaften; *poultry, etc.*: züchten; **~·er** *s* Bauer *m*, Landwirt *m*, Farmer *m*; *of poultry, etc.*: Züchter *m*; Pächter *m*; **~·hand** *s* Landarbeiter(in); **~·house** *s* Bauernhaus *n*; **~·ing** **1.** *adj* Acker..., landwirtschaftlich; **2.** *s* Landwirtschaft *f*; **~·stead** *s* Bauernhof *m*, Gehöft *n*; ~ **sub·si·dies** *s pl* Agrarsubventionen *pl*; **~·yard** *s* Wirtschaftshof *m* (*of farm*).

far|-off [fɑːr'ɒf] *adj* entfernt, fern; **~·sight·ed** *adj esp. Am.* weitsichtig; *fig.* weitblickend.

far|ther ['fɑːðə] *comp of* **far**; **~·thest** ['fɑːðıst] *sup of* **far**.

F

fas·ci|nate ['fæsɪneɪt] *v/t* faszinieren; **~·nat·ing** *adj* □ faszinierend; **~·na·tion** [fæsɪ'neɪʃn] *s* Zauber *m*, Reiz *m*, Faszination *f*.
fas·cis|m *pol.* ['fæʃɪzəm] *s* Faschismus *m*; **~t** *pol.* [~ɪst] **1.** *s* Faschist *m*; **2.** *adj* faschistisch.
fash·ion ['fæʃn] **1.** *s* Mode *f*; Art *f*; feine Lebensart; Form *f*; Schnitt *m*; ***in* (*out of*) ~** (un)modern; **~ *parade*, ~ *show*** Mode(n)schau *f*; **2.** *v/t* gestalten; **~·a·ble** *adj* □ modern, elegant.
fast¹ [fɑːst] **1.** *s* Fasten *n*; **2.** *v/i* fasten.
fast² [~] *adj* schnell; fest; treu; *colour*: echt, beständig; flott; ***be ~*** *of clock, watch*: vorgehen; **~·back** *mot.* ['~bæk] *s* (Wagen *m* mit) Fließheck *n*; **~ breed·er, ~·breed·er re·ac·tor** *s phys.* schneller Brüter.
fas·ten ['fɑːsn] *v/t* befestigen; anheften; fest zumachen; zubinden; *eyes, etc.*: heften (***on***, ***upon*** auf *acc*); *v/i door*: schließen; **~ *on*, ~ *upon*** sich klammern an (*acc*); *fig.* sich stürzen auf (*acc*); **~·er** *s* Verschluß *m*, Halter *m*; **~·ing** *s* Verschluß *m*, Halterung *f*.
fast| food ['fɑːstfʊd] *s* Schnellgericht(e *pl*) *n*; **~·food res·tau·rant** *s* Schnellimbiß *m*, -gaststätte *f*.
fas·tid·i·ous [fə'stɪdɪəs] *adj* □ anspruchsvoll, heikel, wählerisch, verwöhnt.
fast lane *mot.* [fɑːst'leɪn] *s* Überholspur *f*.
fat [fæt] **1.** *adj* □ (***-tt-***) fett; dick; fettig; **2.** *s* Fett *n*; **3.** *v/t and v/i* (***-tt-***) fett machen *or* werden; mästen.
fa·tal ['feɪtl] *adj* □ verhängnisvoll, fatal (***to*** für); Schicksals...; tödlich; **~·i·ty** [fə'tælətɪ] *s* Verhängnis *n*; Unglücks-, Todesfall *m*; Todesopfer *n*.
fate [feɪt] *s* Schicksal *n*; Verhängnis *n*.
fa·ther ['fɑːðə] *s* Vater *m*; **♀ Christ·mas** *s esp. Br.* der Weihnachtsmann, der Nikolaus; **~·hood** [~hʊd] *s* Vaterschaft *f*; **~-in-law** [~rɪnlɔː] *s* Schwiegervater *m*; **~·less** *adj* vaterlos; **~·ly** *adj* väterlich.
fath·om ['fæðəm] **1.** *s mar.* Faden *m*; **2.** *v/t mar.* loten; *fig.* ergründen; **~·less** *adj* unergründlich.
fa·tigue [fə'tiːg] **1.** *s* Ermüdung *f*; Strapaze *f*; **2.** *v/t and v/i* ermüden.
fat|ten ['fætn] *v/t and v/i* fett machen *or* werden; mästen; *soil*: düngen; **~·ty** [~tɪ] *adj* (***-ier***, ***-iest***) fett(ig).
fat·u·ous ['fætjʊəs] *adj* □ albern.
fau·cet *Am.* ['fɔːsɪt] *s* (Wasser)Hahn *m*.
fault [fɔːlt] *s* Fehler *m*; Defekt *m*; Schuld *f*; ***find ~ with*** et. auszusetzen haben an (*dat*); ***be at ~*** Schuld haben; **~·less** *adj* □ fehlerfrei, -los; **~·y** *adj* □ (***-ier***, ***-iest***) fehlerhaft, *tech. a.* defekt.
fa·vo(u)r ['feɪvə] **1.** *s* Gunst *f*; Gefallen *m*; Begünstigung *f*; ***in ~ of*** zugunsten von *or gen*; ***do s.o. a ~*** j-m e-n Gefallen tun; **2.** *v/t* begünstigen; bevorzugen, vorziehen; wohlwollend gegenüberstehen (*dat*); *sports*: favorisieren; beehren; **fa·vo(u)·ra·ble** *adj* □ günstig; **fa·vo(u)·rite** [~rɪt] **1.** *s* Liebling *m*; *sports*: Favorit *m*; **2.** *adj* Lieblings...
fax [fæks] **1.** *v/t and v/i* faxen; **2.** *s* (Tele)Fax *n*.
fear [fɪə] **1.** *s* Furcht *f* (***of*** vor *dat*); Befürchtung *f*; Angst *f*; **2.** *v/t* (be)fürchten; sich fürchten vor (*dat*); **~·ful** *adj* □ furchtsam; furchtbar; **~·less** *adj* □ furchtlos.
fea·si·ble ['fiːzəbl] *adj* □ durchführbar.
feast [fiːst] **1.** *s eccl.* Fest *n*, Feiertag *m*; Festessen *n*; *fig.* Fest *n*, (Hoch)Genuß *m*; **2.** *v/t* festlich bewirten; *v/i* sich gütlich tun (***on*** an *dat*).
feat [fiːt] *s* (Helden)Tat *f*; Kunststück *n*.
fea·ther ['feðə] **1.** *s* Feder *f*; *a.* **~s** *pl* Gefieder *n*; ***birds of a ~*** Leute vom gleichen Schlag; ***in high ~*** (bei) bester Laune; in Hochform; **2.** *v/t* mit Federn schmücken; **~ bed** *s* Unterbett *n*; **~-bed** *v/t* (***-dd-***) verwöhnen; **~-brained, ~-head·ed** *adj* unbesonnen; albern; **~ed** *adj* gefiedert; **~·weight** *s sports*: Federgewicht(ler *m*) *n*; *person*: Leichtgewicht *n*; *fig.* unbedeutende Person; *et.* Belangloses; **~·y** [~rɪ] *adj* gefiedert; feder(art)ig; *in weight*: federleicht.
fea·ture ['fiːtʃə] **1.** *s* (Gesichts-, Grund-, Haupt-, Charakter)Zug *m*; *radio*, *TV*: Feature *n*; *a.* **~ *article*, ~ *story*** *newspaper*: Feature *n*; *a.* **~ *film*** Haupt-, Spielfilm *m*; **~s** *pl* Gesicht *n*; **2.** *v/t* kennzeichnen; sich auszeichnen durch; groß herausbringen *or* -stellen; *film, TV*: in der Hauptrolle zeigen.
Feb·ru·a·ry ['februərɪ] *s* Februar *m*.
fed [fed] *pret and pp of* ***feed*** 2.
fed·e|ral ['fedərəl] *adj* □ föderalistisch;

Bundes...; *USA*: Zentral..., Unions..., National...; ♀ ***Republic of Germany*** Bundesrepublik *f* Deutschland; ♀ ***Bureau of Investigation*** (*abbr.* ***FBI***) amer. Bundeskriminalpolizei *f*; ~ ***government*** Bundesregierung *f*; **~·is·m** [~ızəm] *s* Föderalismus *m*; **~·rate** [~eıt] *v/t and v/i* (sich) zu e-m (Staaten)Bund zusammenschließen; **~·ra·tion** [fedə'reıʃn] *s* Föderation *f* (*a. econ., pol.*); (politischer) Zusammenschluß; *econ.* (Dach)Verband *m*; *pol.* Staatenbund *m*.

fee [fi:] *s* Gebühr *f*; Honorar *n*; (Mitglieds)Beitrag *m*; Eintrittsgeld *n*.

fee·ble ['fi:bl] *adj* □ (~***r***, ~***st***) schwach.

feed [fi:d] **1.** *s* Futter *n*; Nahrung *f*; Fütterung *f*; *tech.* Zuführung *f*, Speisung *f*; **2.** (***fed***) *v/t* füttern; ernähren; *tech.* (ein)speisen, *data*: eingeben; *cattle, etc.*: weiden lassen; ***be fed up with*** *et. or j-n* satt haben, F die Nase voll haben von; ***well fed*** wohlgenährt; *v/i* (fr)essen; sich ernähren; weiden; **~·back** ['~bæk] *s electr., etc.*: Feedback *n*, Rückkoppelung *f*; *radio, TV*: Feedback *n*, Reaktion *f* (*of listeners, etc.*); Zurückleitung *f* (*of information*) (***to*** an *acc*); **~·er** [~ə] *s Am.* Viehmäster *m*; Esser(in); *river*: Zufluß *m*; *road, etc.*: → **~·er road** *s* Zubringer(straße *f*) *m*; **~·ing-bot·tle** *s* (Säuglings-, Saug)Flasche *f*.

feel [fi:l] **1.** *v/t and v/i* (***felt***) (sich) fühlen; befühlen; empfinden; sich anfühlen; ***I ~ like ...*** ich möchte am liebsten ...; ***how do you ~ about ...*** was hältst du von ...; **2.** *s* Gefühl *n*; Empfindung *f*; **~·er** *zo.* ['fi:lə] *s* Fühler *m*; **~·ing** *s* Gefühl *n*.

feet [fi:t] *pl of* ***foot*** 1.

feint [feınt] *s* Finte *f*; *mil.* Täuschungsmanöver *n*.

fell [fel] **1.** *pret of* ***fall*** 2; **2.** *v/t* niederschlagen; fällen.

fel·low ['feləʊ] **1.** *s* Gefährt|e *m*, -in *f*, Kamerad(in); Gleiche(r, -s); Gegenstück *n*; *univ.* Fellow *m*, Mitglied *n* e-s College; Kerl *m*, Bursche *m*, Mensch *m*; ***old ~*** F alter Junge; **2.** *adj* Mit...; ~ ***being*** Mitmensch *m*; ~ ***countryman*** Landsmann *m*; ~ ***student*** Kommilito|ne *m*, -nin *f*; ~ ***travel(l)er*** Mitreisende(r) *m*, Reisegefährte *m*; **~·ship** [~ʃıp] *s* Gemeinschaft *f*; Kameradschaft *f*.

fel·o·ny *jur.* ['felənı] *s* (schweres) Verbrechen, Kapitalverbrechen *n*.

felt[1] [felt] *pret and pp of* ***feel*** 1.

felt[2] [~] *s* Filz *m*; ~ ***tip***, ~***-tip(ped) pen*** Filzschreiber *m*, -stift *m*.

fe·male ['fi:meıl] **1.** *adj* weiblich; **2.** *s* Weib *n*; *zo.* Weibchen *n*.

fem·i|nine ['femının] *adj* weiblich, Frauen...; *fashion*: fraulich, feminin; **~·nis·m** [~ızəm] *s* Feminismus *m*; **~·nist** [~ıst] **1.** *s* Feminist(in); **2.** *adj* feministisch.

fen [fen] *s* Fenn *n*, Moor *n*; Marsch *f*.

fence [fens] **1.** *s* Zaun *m*; F Hehler *m*; **2.** *v/t*: ~ ***in*** ein-, umzäunen; einsperren; ~ ***off*** abzäunen; *v/i sports*: fechten; *sl.* Hehlerei treiben; **fenc·er** *s sports*: Fechter *m*; **fenc·ing** *s* Einfriedung *f*; *sports*: Fechten *n*; *attr* Fecht...

fend [fend] *v/t*: ~ ***off*** abwehren; *v/i*: ~ ***for o.s.*** für sich selbst sorgen; **~·er** *s* Schutzvorrichtung *f*; Schutzblech *n*; *Am. mot.* Kotflügel *m*; Kamingitter *n*.

fen·nel *bot.* ['fenl] *s* Fenchel *m*.

fer|ment **1.** *s* ['fɜ:ment] Ferment *n*; Gärung *f*; **2.** *v/i and v/t* [fə'ment] gären (lassen); **~·men·ta·tion** [fɜ:men'teıʃn] *s* Gärung *f*.

fern *bot.* [fɜ:n] Farn(kraut *n*) *m*.

fe·ro|cious [fə'rəʊʃəs] *adj* □ wild; grausam; **~·ci·ty** [fə'rɒsətı] *s* Wildheit *f*.

fer·ret ['ferıt] **1.** *s zo.* Frettchen *n*; *fig.* Spürhund *m*; **2.** *v/i* herumstöbern; *v/t*: ~ ***out*** aufspüren, -stöbern.

fer·ry ['ferı] **1.** *s* Fähre *f*; **2.** *v/t* übersetzen; **~·boat** *s* Fährboot *n*, Fähre *f*; **~·man** *s* Fährmann *m*.

fer|tile ['fɜ:taıl] *adj* □ fruchtbar; reich (***of***, ***in*** an *dat*); **~·til·i·ty** [fə'tılətı] *s* Fruchtbarkeit *f* (*a. fig.*); **~·ti·lize** ['fɜ:tılaız] *v/t* fruchtbar machen; befruchten; düngen; **~·ti·liz·er** [~ə] *s* (*esp.* Kunst)Dünger *m*, Düngemittel *n*.

fer·vent ['fɜ:vənt] *adj* □ heiß; inbrünstig, glühend; leidenschaftlich.

fer·vo(u)r ['fɜ:və] *s* Glut *f*; Inbrunst *f*.

fes·ter ['festə] *v/i* eitern; verfaulen.

fes|ti·val ['festəvl] *s* Fest *n*; Feier *f*; Festspiele *pl*; **~·tive** [~tıv] *adj* □ festlich; **~·tiv·i·ty** [fe'stıvətı] *s* Festlichkeit *f*.

fes·toon [fe'stu:n] *s* Girlande *f*.

fetch [fetʃ] *v/t* holen; *price*: erzielen; *sigh*: ausstoßen; **~·ing** *adj* □ F reizend.

fet·id ['fetıd] *adj* □ stinkend.

F

fet·ter ['fetə] **1.** *s* Fessel *f* (*a. fig.*); **2.** *v/t* fesseln (*a. fig.*).
feud [fju:d] *s* Fehde *f*; Lehen *n*; **~·al** ['fju:dl] *adj* □ feudal, Lehns...; **feu·dal·is·m** ['fju:dəlɪzm] *s* Feudalismus *m*, Feudalsystem *n*.
fe·ver ['fi:və] *s* Fieber *n*; **~·ish** *adj* □ fieb(e)rig; *fig.* fieberhaft.
few [fju:] *adj and pron* wenige; ***a ~*** ein paar, einige; ***no ~er than*** nicht weniger als; ***quite a ~, a good ~*** e-e ganze Menge.
F
fi·an·cé [fɪ'ɑ̃:nseɪ] *s* Verlobte(r) *m*; **~e** [~] *s* Verlobte *f*.
fib F [fɪb] **1.** *s* Flunkerei *f*, Schwindelei *f*; **2.** *v/i* (**-bb-**) schwindeln, flunkern.
fi·bre, *Am.* **-ber** ['faɪbə] *s* Faser *f*; Charakter *m*; **fi·brous** ['faɪbrəs] *adj* □ faserig.
fick·le ['fɪkl] *adj* wankelmütig; unbeständig; **~·ness** *s* Wankelmut *m*.
fic·tion ['fɪkʃn] *s* Erfindung *f*; Prosaliteratur *f*, Belletristik *f*; Romane *pl*; **~·al** *adj* □ erdichtet; Roman...
fic·ti·tious [fɪk'tɪʃəs] *adj* □ erfunden.
fid·dle ['fɪdl] **1.** *s* Fiedel *f*, Geige *f*; ***play first*** (***second***) ***~*** *esp. fig.* die erste (zweite) Geige spielen; (***as***) ***fit as a ~*** kerngesund; **2.** *v/i mus.* fiedeln; *a.* ***~ about*** *or* ***around*** (***with***) herumfingern (an *dat*), spielen (mit); **~r** [~ə] *s* Geiger(in).
fi·del·i·ty [fɪ'delətɪ] *s* Treue *f*; Genauigkeit *f*.
fid·get F ['fɪdʒɪt] **1.** *s* nervöse Unruhe; **2.** *v/t and v/i* nervös machen *or* sein; **~·y** *adj* zapp(e)lig, nervös.
field [fi:ld] *s* Feld *n*; (Spiel)Platz *m*; Arbeitsfeld *n*; Gebiet *n*; Bereich *m*; ***hold the ~*** das Feld behaupten; **~ e·vents** *s pl sports*: Sprung- u. Wurfdisziplinen *pl*; **~·glass·es** *s pl* (***a pair of ~*** ein) Feldstecher *m or* Fernglas *n*; **~·work** *s* praktische (wissenschaftliche) Arbeit, *archeology, etc.*: *a.* Arbeit *f* im Gelände; *sociol., etc.*: Feldarbeit *f*.
fiend [fi:nd] *s* Satan *m*, Teufel *m*; *in compounds*: Süchtige(r *m*) *f*, Fanatiker(in); **~·ish** ['fi:ndɪʃ] *adj* □ teuflisch, boshaft.
fierce [fɪəs] *adj* □ (**~r, ~st**) wild; scharf; heftig; **~·ness** *s* Wildheit *f*, Schärfe *f*; Heftigkeit *f*.
fi·er·y [faɪərɪ] *adj* □ (**-ier, -iest**) feurig; hitzig.
fif|teen [fɪf'ti:n] **1.** *adj* fünfzehn; **2.** *s* Fünfzehn *f*; **~·teenth** [~'ti:nθ] *adj* fünfzehnte(r, -s); **~th** [fɪfθ] **1.** *adj* fünfte(r, -s); **2.** *s* Fünftel *n*; **~th·ly** ['fɪfθlɪ] *adv* fünftens; **~·ti·eth** ['fɪftɪɪθ] *adj* fünfzigste(r, -s); **~·ty** [~tɪ] **1.** *adj* fünfzig; **2.** *s* Fünfzig *f*; **~·ty-fif·ty** *adv* F halbe-halbe.
fig *bot.* [fɪg] *s* Feige(nbaum *m*) *f*.
fight [faɪt] **1.** *s* Kampf *m*; *mil.* Gefecht *n*; Schlägerei *f*; *boxing*: Kampf *m*, Fight *m*; Kampfeslust *f*; **2.** (**fought**) *v/t* bekämpfen; kämpfen gegen *or* mit, *sports*: *a.* boxen gegen; **~ *off*** *person*: F abwimmeln; *cold, etc.*: bekämpfen; *v/i* kämpfen, sich schlagen; *sports*: boxen; **~·er** *s* Kämpfer *m*; *sports*: Boxer *m*, Fighter *m*; **~·ing** *s* Kampf *m*, *mil.* Gefecht; Prügeleien *pl*, Schlägereien *pl*.
fig·u·ra·tive ['fɪgjʊrətɪv] *adj* □ bildlich.
fig·ure ['fɪgə] **1.** *s* Figur *f*; Gestalt *f*; Zahl *f*, Ziffer *f*; Preis *m*; ***be good at ~s*** ein guter Rechner sein; **2.** *v/t* abbilden, darstellen; *Am.* F meinen, glauben; sich *et.* vorstellen; ***~ out*** rauskriegen, *problem*: lösen; verstehen; ***~ up*** zusammenzählen; *v/i* erscheinen, vorkommen; ***~ on*** *esp. Am.* rechnen mit; **~ skat·er** *s sports*: Eiskunstläufer(in); **~ skat·ing** *s sports*: Eiskunstlauf *m*.
fil·a·ment ['fɪləmənt] *s* Faden *m*, Faser *f*; *bot.* Staubfaden *m*; *electr.* Glüh-, Heizfaden *m*.
filch F [fɪltʃ] *v/t* klauen, stibitzen.
file[1] [faɪl] **1.** *s* Ordner *m*, Karteikasten *m*; Akte *f*; Akten *pl*, Ablage *f*; *computer*: Datei *f*; Reihe *f*; ***on ~*** bei den Akten; **2.** *v/t letters, etc.*: einordnen, ablegen, zu den Akten nehmen; *application, etc.*: einreichen, *jur. appeal*: einlegen; *v/i* hintereinander marschieren.
file[2] [~] **1.** *s* Feile *f*; **2.** *v/t* feilen.
fil·ing ['faɪlɪŋ] *s* Ablegen *n* (*of letters, etc.*); ***~ cabinet*** Aktenschrank *m*.
fill [fɪl] **1.** *v/t* (*and v/i* sich) füllen; an-, aus-, erfüllen; *order*: ausführen; ***~ in*** einsetzen; *Am. a.* ***~ out*** *form*: ausfüllen; ***~ up*** vollfüllen; sich füllen; ***~ her up!*** F volltanken, bitte!; **2.** *s* Füllung *f*; ***eat one's ~*** sich satt essen.
fil·let ['fɪlɪt], *Am. a.* **fil·et** ['fɪleɪ] *s* Filet *n*.
fill·ing ['fɪlɪŋ] *s* Füllung *f*; *med.* (Zahn-) Plombe *f*, (-)Füllung *f*; ***~ station*** Tankstelle *f*.
fil·ly ['fɪlɪ] *s* Stutenfohlen *n*; *fig. girl*: Wildfang *m*.

film [fılm] **1.** *s* Häutchen *n*; Membran(e) *f*; Film *m* (*a. phot., esp. Br.*: *movie*); Trübung *f* (*of eye*); Nebelschleier *m*; ***take*** *or* ***shoot a ~*** e-n Film drehen; **2.** *v/t* (ver)filmen.

fil·ter ['fıltə] **1.** *s* Filter *m*; **2.** *v/t* filtern; **~-tip** *s* Filter *m*; Filterzigarette *f*; **~-tipped** [~'tıpt] *adj*: ***~ cigarette*** Filterzigarette *f*.

filth [fılθ] *s* Schmutz *m*; **~·y** *adj* □ (***-ier, -iest***) schmutzig; *fig.* unflätig.

fin *zo.* [fın] *s* Flosse *f*.

fi·nal ['faınl] **1.** *adj* letzte(r, -s); End..., Schluß...; endgültig; ***~ disposal*** Endlagerung *f* (*of nuclear waste, etc.*); **2.** *s sports*: Finale *n*, Endkampf, -lauf *m*, -runde *f*, -spiel *n*; *mst* **~s** *pl* Abschlußexamen, -prüfung *f*; **~·ist** *s sports*: Finalist(in), Endkampfteilnehmer(in); **~·ly** *adv* endlich, schließlich; endgültig.

fi·nance [faı'næns] **1.** *s* Finanzwesen *n*; **~s** *pl* Finanzen *pl*; **2.** *v/t* finanzieren; **fi·nan·cial** [~nʃl] *adj* □ finanziell; **fi·nan·cier** [~nsıə] *s* Finanzier *m*.

finch *zo.* [fıntʃ] *s* Fink *m*.

find [faınd] **1.** *v/t* (***found***) finden; (an)treffen; auf-, herausfinden; beschaffen; *jur.* ***~ s.o.*** (***not***) ***guilty*** j-n für (nicht) schuldig erklären; **2.** *s* Fund *m*, Entdeckung *f*; **~·ings** ['~ıŋz] *s pl* Befund *m*; *jur.* Feststellung *f*, Spruch *m*.

fine[1] [faın] **1.** *adj* □ (***~r, ~st***) schön; fein; verfeinert; rein; spitz, dünn, scharf; geziert; vornehm; ***I'm ~*** mir geht es gut; **2.** *adv* gut, bestens.

fine[2] [~] **1.** *s* Geldstrafe *f*, Bußgeld *n*; **2.** *v/t* zu e-r Geldstrafe verurteilen.

fin·ger ['fıŋgə] **1.** *s* Finger *m*; → ***cross*** 3; **2.** *v/t* betasten, (herum)fingern an (*dat*); **~·nail** *s* Fingernagel *m*; **~·print** *s* Fingerabdruck *m*; **~·tip** *s* Fingerspitze *f*.

fin·i·cky ['fınıkı] *adj* wählerisch.

fin·ish ['fınıʃ] **1.** *v/t* beenden, vollenden; fertigstellen; abschließen; vervollkommnen; erledigen; *v/i* enden, aufhören; ***~ with*** mit *j-m, et.* Schluß machen; ***have ~ed with*** *j-n, et.* nicht mehr brauchen; **2.** *s* Vollendung *f*, letzter Schliff; *sports*: Endspurt *m*, Finish *n*; Ziel *n*; **~·ing line** *s sport*: Ziellinie *f*.

Finn [fın] *s* Finn|e *m*, -in *f*; **~·ish** ['fınıʃ] **1.** *adj* finnisch; **2.** *s ling.* Finnisch *n*.

fir *bot.* [fɜː] *s a.* ***~-tree*** Tanne *f*; **~-cone** ['fɜːkəʊn] *s* Tannenzapfen *m*.

fire ['faıə] **1.** *s* Feuer *n*; ***be on ~*** in Flammen stehen, brennen; ***catch ~*** Feuer fangen, in Brand geraten; ***set on ~, set ~ to*** anzünden; **2.** *v/t* an-, entzünden; *fig.* anfeuern; abfeuern; *bricks, etc.*: brennen; F *employee*: rausschmeißen; heizen; *v/i* Feuer fangen (*a. fig.*); feuern; **~·a·larm** *s* Feuermelder *m*; **~·arms** *s pl* Feuer-, Schußwaffen *pl*; **~ bri·gade** *s* Feuerwehr *f*; **~·bug** *s* F Feuerteufel *m*; **~·crack·er** *s* Frosch *m*, Knallkörper *m*; **~ de·part·ment** *s Am.* Feuerwehr *f*; **~·en·gine** *s* Feuerwehrauto *n*; **~·es·cape** *s* Feuerleiter *f*, -treppe *f*; **~·ex·tin·guish·er** *s* Feuerlöscher *m*; **~·guard** *s* Kamingitter *n*; **~·man** *s* Feuerwehrmann *m*; Heizer *m*; **~·place** *s* (offener) Kamin; **~·plug** *s Am.* Hydrant *m*; **~·proof** *adj* feuerfest; **~·rais·ing** *s Br.* Brandstiftung *f*; **~·side** *s* Herd *m*; Kamin *m*; **~ sta·tion** *s* Feuerwache *f*; **~·wood** *s* Brennholz *n*; **~·works** *s pl* Feuerwerk *n*; *fig.* F ***there will be ~*** da werden die Fetzen fliegen.

firm[1] [fɜːm] *adj* fest; derb; standhaft.

firm[2] [~] *s* Firma *f*, Betrieb *m*, Unternehmen *n*.

first [fɜːst] **1.** *adj* □ erste(r, -s); beste(r, -s); **2.** *adv* erstens; zuerst; ***~ of all*** an erster Stelle; zu allererst; **3.** *s* Erste(r, -s); ***at ~*** zuerst, anfangs; ***from the ~*** von Anfang an; **~ aid** *s* Erste Hilfe; **~-aid** *adj* Erste-Hilfe-...; ***~ kit*** Verband(s)kasten *m*, -zeug *n*; **~-born** *adj* erstgeborene(r, -s), älteste(r, -s); **~ class** *s* erste Klasse (*on train, ship, aircraft*); **~-class** *adj* erstklassig; *ticket, etc.*: erster Klasse; **~·ly** *adv* erstens; **~-hand** *adj and adv* aus erster Hand; **~ name** *s* Vorname *m*; Beiname *m*; **~-past-the-post sys·tem** *s Br. pol.* (absolutes) Mehrheitswahlrecht; **~-rate** *adj* erstklassig.

fish [fıʃ] **1.** *s* Fisch(e *pl*) *m*; ***a queer ~*** F ein komischer Kauz; **2.** *v/t and v/i* fischen, angeln; ***~ around*** kramen (***for*** nach); **~·bone** *s* Gräte *f*.

fish|er·man ['fıʃəmən] *s* Fischer *m*; **~·e·ry** [~rı] *s* Fischerei *f*; **~ fin·ger** *s esp. Br.* Fischstäbchen *n*.

fish·ing ['fıʃıŋ] *s* Fischen *n*, Angeln *n*; **~·line** *s* Angelschnur *f*; **~·rod** *s* Angelrute *f*; **~·tack·le** *s* Angelgerät *n*.

fish|mon·ger *s esp. Br.* ['fıʃmʌŋgə] Fischhändler *m*; **~ stick** *s esp. Am.* →

fish finger; **~·y** ['fɪʃɪ] *adj* □ (**-ier**, **-iest**) Fisch...; F verdächtig, faul.
fis|sile *tech.* ['fɪsaɪl] *adj* spaltbar; **~·sion** ['fɪʃn] *s* Spaltung *f*; **~·sure** ['fɪʃə] *s* Spalt *m*, Riß *m*.
fist [fɪst] *s* Faust *f*.
fit[1] [fɪt] **1.** *adj* □ (**-tt-**) geeignet, passend; tauglich; *sports*: fit, in (guter) Form; **2.** (**-tt-**; ***fitted***, *Am. a.* ***fit***) *v/t* passen (*dat*) *or* für; anpassen, passend machen; befähigen; geeignet machen (***for***, ***to*** für, zu); ***~ in*** *j-m* e-n Termin geben, *j-n*, *et.* einschieben; *a.* ***~ on*** anprobieren; *a.* ***~ out*** ausrüsten, -statten, einrichten, versehen (***with*** mit); *a.* ***~ up*** ausrüsten, -statten, einrichten; montieren; *v/i* passen; *of dress, etc.*: sitzen; **3.** *s of dress, etc.*: Sitz *m*.
fit[2] [~] *s* Anfall *m*; *med.* Ausbruch *m*; Anwandlung *f*; ***by ~s and starts*** ruckweise; ***give s.o. a ~*** F j-n auf die Palme bringen; j-m e-n Schock versetzen.
fit|ful ['fɪtfl] *adj* □ ruckartig; *fig.* unstet; **~·ness** *s* Tauglichkeit *f*; *esp. sports*: Fitneß *f*, (gute) Form; **~·ted** *adj* zugeschnitten, nach Maß (gearbeitet); Einbau...; ***~ carpet*** Spannteppich *m*, Teppichboden *m*; ***~ kitchen*** Einbauküche *f*; **~·ter** *s* Monteur *m*; Installateur *m*; **~·ting 1.** *adj* passend; **2.** *s* Montage *f*; Anprobe *f*; **~s** *pl* Einrichtung *f*; Armaturen *pl*.
five [faɪv] **1.** *adj* fünf; **2.** *s* Fünf *f*.
fix [fɪks] **1.** *v/t* befestigen, anheften; fixieren; *look, etc.*: heften, richten (***on*** auf *acc*); fesseln; aufstellen; bestimmen, festsetzen; reparieren, instand setzen; *esp. Am. et.* zurechtmachen, *meal*: zubereiten; ***~ up*** in Ordnung bringen, regeln; *j-n* unterbringen; *v/i* fest werden; ***~ on*** sich entschließen für *or* zu; **2.** F Klemme *f*; *sl.* Schuß *m* (*heroin, etc.*); **~ed** *adj* □ fest; bestimmt; starr; **~·ing** ['fɪksɪŋ] *s* Befestigen *n*; Instandsetzen *n*; Fixieren *n*; Aufstellen *n*, Montieren *n*; Besatz *m*, Versteifung *f*; *Am.* **~s** *pl* Zubehör *n*, Ausrüstung *f*; **~·ture** [~stʃə] *s* Ausstattung *f*; Inventarstück *n*; *sports*: Spiel *n*, Begegnung *f*; ***lighting ~*** Beleuchtungskörper *m*.
fizz [fɪz] **1.** *v/i* zischen, sprudeln; **2.** *s* Zischen *n*; F Sprudel *m*.
flab·ber·gast F ['flæbəgɑːst] *v/t* verblüffen; ***be ~ed*** platt sein.
flag [flæg] **1.** *s* Flagge *f*; Fahne *f*; Fliese *f*; *bot.* Schwertlilie *f*; **2.** *v/t* (**-gg-**) beflaggen; mit Fliesen belegen; *v/i* ermatten; mutlos werden; **~·pole** ['flægpəʊl] → ***flagstaff***.
fla·grant ['fleɪgrənt] *adj* □ abscheulich; berüchtigt; offenkundig.
flag|staff ['flægstɑːf] *s* Fahnenstange *f*, -mast *m*; **~·stone** *s* Fliese *f*.
flair [fleə] *s* Talent *n*; Gespür *n*, (feine) Nase.
flake [fleɪk] **1.** *s* Flocke *f*; Schicht *f*; **2.** *v/i* (sich) flocken; abblättern; **flak·y** ['fleɪkɪ] *adj* (**-ier**, **-iest**) flockig; blätt(e)rig; ***~ pastry*** Blätterteig *m*.
flame [fleɪm] **1.** *s* Flamme *f* (*a. fig.*); ***be in ~s*** in Flammen stehen; **2.** *v/i* flammen, lodern.
flam·ma·ble *Am. and tech.* ['flæməbl] → ***inflammable***.
flan [flæn] *s* Obst-, Käsekuchen *m*.
flank [flæŋk] **1.** *s* Flanke *f*; **2.** *v/t* flankieren.
flan·nel ['flænl] *s* Flanell *m*; Waschlappen *m*; **~s** *pl* Flanellhose *f*.
flap [flæp] **1.** *s* (Ohr)Läppchen *n*; Rockschoß *m*; (Hut)Krempe *f*; Klappe *f*; Klaps *m*; (Flügel)Schlag *m*; **2.** *v/t* (**-pp-**) *wings*: schlagen mit; *v/i* klatschen, schlagen (***against*** gegen).
flare [fleə] **1.** *v/i* flackern; sich nach außen erweitern, sich bauschen; ***~ up*** aufflammen; *fig.* aufbrausen; **2.** *s* flackerndes Licht; Lichtsignal *n*.
flash [flæʃ] **1.** *s* Aufblitzen *n*, -leuchten *n*, Blitz *m*; *radio, TV, etc.*: Kurzmeldung *f*; *phot.* F Blitz *m*; *esp. Am.* F Taschenlampe *f*; ***like a ~*** wie der Blitz; ***in a ~*** im Nu; ***~ of lightning*** Blitzstrahl *m*; **2.** *v/i and v/t* (auf)blitzen; auflodern (lassen); *look, etc.*: werfen; flitzen; funken; telegrafieren; ***it ~ed on me*** mir kam plötzlich der Gedanke; **~·back** *s in film, novel*: Rückblende *f*; **~·light** *s phot.* Blitzlicht *n*; *mar.* Leuchtfeuer; *esp. Am.* Taschenlampe *f*; **~·y** *adj* □ (**-ier**, **-iest**) auffallend, -fällig.
flask [flɑːsk] *s* Taschenflasche *f*; Thermosflasche *f*.
flat [flæt] **1.** *adj* □ (**-tt-**) flach, platt; *beer*: schal; *econ.* flau; klar; glatt; *mot.* platt (*tyre*); *mus.* erniedrigt (*note*); ***~ price*** Einheitspreis *m*; **2.** *adv* glatt; völlig; ***fall ~*** danebengehen; ***sing ~*** zu tief singen;

3. *s* Fläche *f*, Ebene *f*; Flachland *n*; Untiefe *f*; (Miet)Wohnung *f*; *mus.* B *n*; *esp. Am. mot.* Reifenpanne *f*, Plattfuß *m*; **~·foot** *s sl.* Bulle *m* (*policeman*); **~-foot·ed** *adj* plattfüßig; **~·ten** [~tn] *v/t and v/i* (sich) ab-, verflachen.

flat·ter ['flætə] *v/t* schmeicheln (*dat*); **~·er** [~rə] *s* Schmeichler(in); **~·y** [~rı] *s* Schmeichelei *f*.

fla·vo(u)r ['fleıvə] **1.** *s* Geschmack *m*; Aroma *n*; *of wine*: Blume *f*; *fig.* Beigeschmack *m*; Würze *f*; **2.** *v/t* würzen; **~·ing** [~ərıŋ] *s* Würze *f*, Aroma *n*; **~·less** *adj* geschmacklos, fad.

flaw [flɔ:] Fehler *m*; *in character*: Mangel *m*, Defekt *m*; **~·less** *adj* □ fehlerlos.

flax *bot.* [flæks] *s* Flachs *m*, Lein *m*.

flea *zo.* [fli:] *s* Floh *m*.

fleck [flek] *s* Fleck(en) *m*; Tupfen *m*.

fled [fled] *pret and pp of* **flee**.

fledged [fledʒd] *adj* flügge; **fledg(e)·ling** ['fledʒlıŋ] *s* Jungvogel *m*; *fig.* Grünschnabel *m*.

flee [fli:] (***fled***) *v/i* fliehen; *v/t* fliehen aus; meiden.

fleece [fli:s] **1.** *s* Vlies *n*; **2.** *v/t* scheren; **fleec·y** ['fli:sı] *adj* (***-ier***, ***-iest***) wollig; flockig.

fleet [fli:t] **1.** *adj* □ schnell; **2.** *s mar.* Flotte *f*.

flesh [fleʃ] *s* Fleisch *n*; **~·y** ['fleʃı] *adj* (***-ier***, ***-iest***) fleischig; dick.

flew [flu:] *pret of* **fly** 2.

flex¹ *esp. anat.* [fleks] *v/t* biegen, dehnen.

flex² *esp. Br. electr.* [~] *s* (Anschluß-, Verlängerungs)Kabel *n*, (-)Schnur *f*.

flex·i·ble ['fleksəbl] *adj* □ flexibel, biegsam; *fig.* anpassungsfähig; **~ *working hours*** Gleitzeit *f*, gleitende Arbeitszeit.

flex·i·time ['fleksıtaım] *s* Gleitzeit *f*.

flick [flık] *v/t* schnippen; *v/i* schnellen.

flick·er ['flıkə] **1.** *v/i* flackern; flattern; flimmern; **2.** *s* Flackern *n*, Flimmern *n*; Flattern *n*; *Am. zo.* Buntspecht *m*.

fli·er ['flaıə] → ***flyer***.

flight [flaıt] *s* Flucht *f*; Flug *m* (*a. fig.*); Schwarm *m* (*birds, etc.*; *a. aer., mil.*); *a.* **~ *of stairs*** Treppe *f*; ***put to*** **~** in die Flucht schlagen; ***take*** (***to***) **~** die Flucht ergreifen; **~ *of capital*** *econ.* Kapitalflucht *f*; **~·less** *adj zo.* flugunfähig; **~·y** *adj* □ (***-ier***, ***-iest***) launisch.

flim·sy ['flımzı] *adj* (***-ier***, ***-iest***) dünn; zart; *fig.* fadenscheinig.

fling [flıŋ] **1.** *s* Wurf *m*; Schlag *m*; ***have one's*** *or* ***a*** **~** sich austoben; **2.** (***flung***) *v/i* eilen; *of horse*: ausschlagen; *fig.* toben; *v/t* werfen, schleudern; **~ o.s.** sich stürzen; **~ *open*** aufreißen.

flint [flınt] *s* Feuerstein *m*.

flip [flıp] **1.** *s* Schnipser *m*; *somersault*: Salto *m*; **2.** *v/t* (***-pp-***) *toss*: schnipsen.

flip·pant ['flıpənt] *adj* □ respektlos, schnodderig.

flip·per ['flıpə] *s zo.* Flosse *f*; *sports*: (Schwimm)Flosse *f*.

flirt [flɜ:t] **1.** *v/i* flirten; *fig. with idea, etc.*: liebäugeln; **2.** *s*: ***be a*** **~** gern flirten;

flir·ta·tion [flɜ:'teıʃn] *s* Flirt *m*.

flit [flıt] *v/i* (***-tt-***) flitzen, huschen.

float [fləʊt] **1.** *s* Schwimmer *m*; Floß *n*; **2.** *v/t* überfluten; flößen; *of water*: tragen; *mar.* flott machen; *fig.* in Gang bringen; *econ. company*: gründen; *econ. shares, etc.*: ausgeben, auf den Markt bringen; verbreiten; *v/i* schwimmen, treiben; schweben; umlaufen, in Umlauf sein; **~·ing** **1.** *adj* schwimmend, treibend, Schwimm...; *econ. money, etc.*: umlaufend; *rate of exchange*: flexibel; *currency*: frei konvertierbar; **~ *voter*** *pol.* Wechselwähler *m*; **2.** *s econ.* Floating *n*.

flock [flɒk] **1.** *s* Herde *f* (*esp. sheep or goats*) (*a. fig.*); Schar *f*; **2.** *v/i* sich scharen; zusammenströmen.

flog [flɒg] *v/t* (***-gg-***) peitschen; prügeln; **~·ging** *s* Tracht *f* Prügel.

flood [flʌd] **1.** *s a.* **~*-tide*** Flut *f*; Überschwemmung *f*; **2.** *v/t* überfluten, überschwemmen; **~·gate** *s* Schleusentor *n*; **~·light** *s electr.* Flutlicht *n*.

floor [flɔ:] **1.** *s* (Fuß)Boden *m*; Stock(-werk *n*) *m*; Tanzfläche *f*; *agr.* Tenne *f*; ***first*** **~** *Br.* erster Stock, *Am.* Erdgeschoß *n*; ***second*** **~** *Br.* zweiter Stock, *Am.* erster Stock; **~ *leader*** *Am. parl.* Fraktionsvorsitzende(r *m*) *f*; **~ *show*** Nachtklubvorstellung *f*; ***take the*** **~** das Wort ergreifen; **2.** *v/t room*: mit e-m Fußboden auslegen; *knock down*: zu Boden schlagen; *puzzle*: verblüffen; **~·board** *s* (Fußboden)Diele *f*; **~-cloth** *s* Putzlappen *m*; **~ lamp** *s* Stehlampe *f*; **~·walk·er** *Am.* → **shopwalker.**

flop [flɒp] **1.** *v/i* (***-pp-***) schlagen; flattern; (hin)plumpsen; sich fallen lassen; F durchfallen, danebengehen, ein Reinfall sein; **2.** *s* Plumps *m*; F Flop *m*, Mißerfolg *m*, Reinfall *m*, Pleite *f*; Versager *m*.

flop·py ['flɒpɪ] **1.** *adj* weich; schlaff; **2.** *s* F *a.* ~ ***disc*** *or* ***disk*** Floppy disk *f*, Diskette *f*.

flor·ist ['flɒrɪst] *s* Blumenhändler *m*.

floun·der¹ *zo.* ['flaʊndə] *s* Flunder *f*.

floun·der² [~] *v/i* zappeln; strampeln; *fig.* sich verhaspeln.

flour ['flaʊə] *s* (feines) Mehl.

flour·ish ['flʌrɪʃ] **1.** *s* Schnörkel *m*; schwungvolle Bewegung; *mus.* Tusch *m*; **2.** *v/i* blühen, gedeihen; *v/t* schwenken.

F

flow [fləʊ] **1.** *s* Fließen *n*, Strömen *n* (*both a. fig.*), Rinnen *n*; Fluß *m*, Strom *m* (*both a. fig.*); *mar.* Flut *f*; **2.** *v/i* fließen, strömen, rinnen; *of hair*: wallen.

flow·er ['flaʊə] **1.** *s* Blume *f*; Blüte *f* (*a. fig.*); Zierde *f*; **2.** *v/i* blühen; **~-bed** *s* Blumenbeet *n*; **~·pot** *s* Blumentopf *m*; **~·y** *adj* (**-ier**, **-iest**) Blumen...; *pattern*: geblümt; *fig. style*: blumig.

flown [fləʊn] *pp of* ***fly*** 2.

flu F [fluː] *s* Grippe *f*.

fluc·tu|ate ['flʌktʃʊeɪt] *v/i* schwanken, fluktuieren; **~·a·tion** [~'eɪʃn] *s* Schwankung *f*, Fluktuation *f*.

flue [fluː] *s* Rauchabzug *m*, Esse *f*; ~ **gas** *s tech.* Rauchgas *n*; ~ ***desulphurization*** *tech.* Rauchgasentschwefelung *f*.

flu·en|cy *fig.* ['fluːənsɪ] *s* Fluß *m*, Flüssigkeit *f*; **~t** [~t] *adj* □ fließend; flüssig; *speaker*: gewandt.

fluff [flʌf] **1.** *s* Flaum *m*; Fusseln *pl*; *fig. mistake*: Schnitzer *m*; **2.** *v/t cushion*: aufschütteln; *feathers*: aufplustern; **~·y** *adj* (**-ier**, **-iest**) flaumig; flockig.

flu·id ['fluːɪd] **1.** *adj* flüssig; **2.** *s* Flüssigkeit *f*.

flung [flʌŋ] *pret and pp of* ***fling*** 2.

flunk *Am. fig.* F [flʌŋk] *v/i and v/t* durchrasseln (lassen).

flu·o·res·cent [flʊə'resənt] *adj* fluoreszierend.

flur·ry ['flʌrɪ] *s* Nervosität *f*; Bö *f*; *Am. a.* (Regen)Schauer *m*; Schneegestöber *n*.

flush¹ [flʌʃ] **1.** *s* Erröten *n*; Erregung *f*; Spülung *f*; *of toilet*: (Wasser)Spülung *f*; **2.** *v/t a.* ~ ***out*** (aus)spülen; ~ ***down*** hinunterspülen; ~ ***the toilet*** spülen; *v/i* erröten, rot werden; *of toilet*: spülen.

flush² [~] *adj tech.* in gleicher Ebene; bündig; reichlich; (über)voll.

flush³ [~] *s poker*: Flush *m*.

flus·ter ['flʌstə] **1.** *s* Aufregung *f*; **2.** *v/t* nervös machen, durcheinanderbringen.

flute *mus.* [fluːt] *s* Flöte *f*.

flut·ter ['flʌtə] **1.** *s* Geflatter *n*; Erregung *f*; F Spekulation *f*; **2.** *v/t* aufregen; *v/i* flattern.

flux *fig.* [flʌks] *s* Fluß *m*.

fly [flaɪ] **1.** *s zo.* Fliege *f*; Hosenschlitz *m*; **2.** *v/i and v/t* (***flew***, ***flown***) fliegen (lassen); stürmen, stürzen; flattern, wehen; *time*: verfliegen; *kite*: steigen lassen; *aer.* überfliegen; ~ ***at s.o.*** auf j-n losgehen; ~ ***into a passion*** *or* ***rage*** in Wut geraten; **~·er** *s* Flieger *m*; *Am.* Flugblatt *n*, Reklamezettel *m*; **~·ing** *adj* fliegend; Flug...; ~ ***saucer*** fliegende Untertasse; ~ ***squad*** *of police*: Überfallkommando *n*; **~·o·ver** *s Br.* (Straßen-, Eisenbahn)Überführung *f*; **~·weight** *s sports* Fliegengewicht(ler *m*) *n*; **~-wheel** *s tech.* Schwungrad *n*.

foal *zo.* [fəʊl] *s* Fohlen *n*.

foam [fəʊm] **1.** *s* Schaum *m*; ~ ***rubber*** Schaumgummi *m*; **2.** *v/i* schäumen; **~·y** *adj* (**-ier**, **-iest**) schaumig.

fo·cus ['fəʊkəs] **1.** *s* (*pl* **-cuses**, **-ci** [-saɪ]) *phys., etc.*: Brennpunkt *m* (*a. fig.*); Zentrum *n*; **in** (**out**) **of** ~ *phot. picture*: scharf (unscharf); **2.** *v/t* (**-s-** *or* **-ss-**) *light*: bündeln; *phot.* einstellen (*a. fig.*); *v/i* sich bündeln; sich konzentrieren.

fod·der ['fɒdə] *s* (Trocken)Futter *n*.

fog [fɒg] **1.** *s* (dichter) Nebel; *fig.* Umnebelung *f*; *phot.* Schleier *m*; **2.** *v/t* (**-gg-**) *mst fig.* umnebeln; *phot.* verschleiern; **~·gy** *adj* □ (**-ier**, **-iest**) neb(e)lig; nebelhaft.

foi·ble *fig.* ['fɔɪbl] *s* (kleine) Schwäche.

foil¹ [fɔɪl] *s* Folie *f*; *fig.* Hintergrund *m*.

foil² [~] *v/t* vereiteln.

foil³ [~] *s fencing*: Florett *n*.

fold [fəʊld] **1.** *s* Falte *f*; Falz *m*; **2.** *in compounds*: ...fach, ...fältig; **3.** *v/t* falten; falzen; *arms*: kreuzen; ~ (**up**) einwickeln; *v/i* sich falten; *Am. esp. of business*: F eingehen.

fold·er ['fəʊldə] *s* Mappe *f*, Schnellhefter *m*; Faltprospekt *m*.

fold·ing ['fəʊldɪŋ] *adj* zusammenlegbar; Klapp...; ~ **bed** *s* Klappbett *n*; ~ **bi-**

cy·cle *s* Klapprad *n*; **~ boat** *s* Faltboot *n*; **~ chair** *s* Klappstuhl *m*; **~ door(s** *pl*) *s* Falttür *f*.

folk [fəʊk] *s* Leute *pl*; **~s** *pl* F *m-e etc.* Leute *pl* (*relatives*); **~·lore** ['~lɔː] *s* Folklore *f*, Volkskunde *f*; Volkssagen *pl*; **~·song** *s* Volkslied *n*; Folksong *m*.

fol·low ['fɒləʊ] *v/t* folgen (*dat*); folgen auf (*acc*); be-, verfolgen; *profession, etc.*: nachgehen (*dat*); **~ through** *plan, etc.*: bis zum Ende durchführen; **~ up** *e-r Sache* nachgehen; *et.* weiterverfolgen; *v/i* folgen; **~·er** *s* Nachfolger(in); Verfolger(in); Anhänger(in); **~·ing 1.** *s* Anhänger(schaft *f*) *pl*; Gefolge *n*; **the ~** das Folgende; die Folgenden *pl*; **2.** *adj* folgende(r, -s); **3.** *prp* im Anschluß an (*acc*).

fol·ly ['fɒlɪ] *s* Torheit *f*; Narrheit *f*.

fond [fɒnd] *adj* □ zärtlich; vernarrt (**of** in *acc*); **be ~ of** gern haben, lieben; **fon·dle** ['fɒndl] *v/t* liebkosen; streicheln; (ver)hätscheln; **~·ness** *s* Liebe *f*, Zuneigung *f*; Vorliebe *f*.

font [fɒnt] *s* Taufstein *m*; *Am.* Quelle *f*.

food [fuːd] *s* Speise *f*, Nahrung *f*; Essen *n*; Futter *n*; Lebensmittel *pl*; **French ~** französische Küche; **~ aid** *s* Lebensmittelhilfe *f*; **~ chain** *s* Nahrungskette *f*; **~·stuff** *s* Nahrungsmittel *pl*.

fool [fuːl] **1.** *s* Narr *m*, Närrin *f*, Dummkopf *m*; **make a ~ of s.o.** j-n zum Narren halten; **make a ~ of o.s.** sich lächerlich machen; **2.** *adj Am.* F närrisch, dumm; **3.** *v/t* narren; betrügen (**out of** um *et.*); **~ away** F vertrödeln; *v/i* herumalbern; (herum)spielen; **~ about** *or* (**a**)**round** herumalbern; herumspielen (**with s.o.** mit j-m); herumtrödeln.

fool|e·ry ['fuːlərɪ] *s* Torheit *f*; **~·har·dy** [~hɑːdɪ] *adj* □ tollkühn; **~·ish** *adj* □ dumm, töricht; unklug; **~·ish·ness** *s* Dummheit *f*; **~·proof** *adj* kinderleicht; todsicher, F idiotensicher.

foot [fʊt] **1.** *s* (*pl* **feet**) Fuß *m* (*a. measure = 0,3048 m*); Fußende *n*; **on ~** zu Fuß; im Gange, in Gang; **2.** *v/t*: **~ it** zu Fuß gehen; F *bill*: bezahlen; **~·ball** *s Br.* Fußball(spiel *n*) *m*; *Am.* Football(spiel *n*) *m*; *Br.* Fußball *m*; *Am.* Football-Ball *m*; **~·board** *s* Trittbrett *n*; **~·bridge** *s* Fußgängerbrücke *f*; **~·hold** *s* fester Stand; *fig.* Halt *m*.

foot·ing ['fʊtɪŋ] *s* Halt *m*, Stand *m*; Grundlage *f*, Basis *f*; Stellung *f*; Verhältnis *n*; **be on a friendly ~ with s.o.** ein gutes Verhältnis zu j-m haben; **lose one's ~** ausgleiten.

foot|lights *thea.* ['fʊtlaɪts] *s pl* Rampenlicht(er *pl*) *n*; Bühne *f*; **~·loose** *adj* frei, unbeschwert; **~ and fancy-free** frei u. ungebunden; **~·path** *s* (Fuß)Pfad *m*; **~·print** *s* Fußabdruck *m*; **~s** *pl a.* Fußspur(en *pl*) *f*; **~·sore** *adj* wund an den Füßen; **~·step** *s* Tritt *m*, Schritt *m*; Fußstapfe *f*; **~·wear** *s* Schuhe *pl*, Schuhwerk *n*.

for [fɔː, fə] **1.** *prp mst* für; *purpose, aim, direction*: zu; nach; *waiting, hoping, etc.*: auf (*acc*); *yearning, etc.*: nach; *reason, cause*: aus, vor (*dat*), wegen; *in exchange*: (an)statt; *as part of*: als; *of time*: **~ three days** drei Tage (lang); seit drei Tagen; *distance*: **I walked ~ a mile** ich ging eine Meile (weit); **I ~ one** ich zum Beispiel; **~ sure** sicher!, gewiß!; **2.** *cj* denn.

for·age ['fɒrɪdʒ] *v/i a.* **~ about** (herum)stöbern, (-)wühlen (**in** in *dat*; **for** nach).

for·ay ['fɒreɪ] *s* räuberischer Einfall.

for·bid [fə'bɪd] *v/t* (**-dd-**; **-bade** *or* **-bad** [-bæd], **-bidden** *or* **-bid**) verbieten; hindern; **~·ding** *adj* □ abstoßend.

force [fɔːs] **1.** *s* Stärke *f*, Kraft *f*, Gewalt *f*; Nachdruck *m*; Zwang *m*; *mil.* Heer *n*; Streitmacht *f*; **in ~** in großer Zahl *or* Menge; **the** (**police**) **~** die Polizei; **armed ~s** *pl* (Gesamt)Streitkräfte *pl*; **come** (**put**) **in**(**to**) **~** in Kraft treten (setzen); **2.** *v/t* zwingen, nötigen; erzwingen; aufzwingen; beschleunigen; aufbrechen; **~ open** aufbrechen.

forced [fɔːst] *adj*: **~ labour** Zwangsarbeit *f*; **~ landing** Notlandung *f*; **~ march** *esp. mil.* Gewaltmarsch *m*.

force|-feed ['fɔːsfiːd] *v/t* (**-fed**) zwangsernähren; **~·ful** ['fɔːsfl] *adj* □ *person*: energisch, kraftvoll; eindrucksvoll, überzeugend.

for·ci·ble ['fɔːsəbl] *adj* gewaltsam; Zwangs...; eindringlich; wirksam.

ford [fɔːd] **1.** *s* Furt *f*; **2.** *v/t* durchwaten.

fore [fɔː] **1.** *adv* vorn; **2.** *s* Vorderteil *m*, *n*; **come to the ~** sich hervortun; **3.** *adj* vorder; Vorder...; **~·arm** *s* Unterarm *m*; **~·bod·ing** *s* (böses) Vorzeichen; Ahnung *f*; **~·cast 1.** *s* Vorhersage *f*; **2.** *v/t*

(**-cast** *or* **-casted**) vorhersehen; voraussagen; **~·fa·ther** *s* Vorfahr *m*; **~·fin·ger** *s* Zeigefinger *m*; **~·foot** *s zo.* Vorderfuß *m*; **~·gone** *adj* von vornherein feststehend; **~ *conclusion*** ausgemachte Sache, Selbstverständlichkeit *f*; **~·ground** *s* Vordergrund *m*; **~·hand 1.** *s sports*: Vorhand(schlag *m*) *f*; **2.** *adj sports*: Vorhand...; **~·head** ['fɒrɪd] *s* Stirn *f*.
for·eign ['fɒrən] *adj* fremd, ausländisch, -wärtig, Auslands..., Außen...; **~ *affairs*** *pl* Außenpolitik *f*; **~ *language*** Fremdsprache *f*; **~ *minister*** *pol.* Außenminister *m*; **2 *Office*** *Br. pol.* Außenministerium *n*; **~ *policy*** Außenpolitik *f*; **2 *Secretary*** *Br. pol.* Außenminister *m*; **~ *trade*** *econ.* Außenhandel *m*; **~ *worker*** Gastarbeiter *m*; **~·er** *s* Ausländer(in), Fremde(r *m*) *f*.
fore|knowl·edge [fɔː'nɒlɪdʒ] *s* Vorherwissen *n*; **~·leg** *s zo.* Vorderbein *n*; **~·man** *s jur.* Obmann *m*; Vorarbeiter *m*, (Werk)Meister *m*, Polier *m*, *mining*: Steiger *m*; **~·most** *adj* vorderste(r, -s), erste(r, -s); **~·name** *s* Vorname *m*; **~·run·ner** *s* Vorläufer(in); **~·see** *v/t* (**-*saw***, **-*seen***) vorhersehen; **~·sight** *s fig.* Weitblick *m*, (weise) Voraussicht.
for·est ['fɒrɪst] **1.** *s* Wald *m* (*a. fig.*), Forst *m*; **~ *ranger*** *Am.* Förster *m*; **2.** *v/t* aufforsten.
fore·stall [fɔː'stɔːl] *v/t et.* vereiteln; *j-m* zuvorkommen.
for·est|er ['fɒrɪstə] *s* Förster *m*; Waldarbeiter *m*; **~·ry** [~rɪ] *s* Forstwirtschaft *f*; Waldgebiet *n*.
fore|taste ['fɔːteɪst] *s* Vorgeschmack *m*; **~·tell** [fɔː'tel] *v/t* (**-*told***) vorhersagen; **~·thought** ['fɔːθɔːt] *s* Vorsorge *f*, -bedacht *m*.
for·ev·er, for ev·er [fə'revə] *adv* für immer.
fore|wom·an ['fɔːwʊmən] *s* Aufseherin *f*; Vorarbeiterin *f*; **~·word** *s* Vorwort *n*.
for·feit ['fɔːfɪt] **1.** *s* Verwirkung *f*; Strafe *f*; Pfand *n*; **2.** *v/t* verwirken; einbüßen.
forge[1] [fɔːdʒ] *v/i mst* **~ *ahead*** sich vor(wärts)arbeiten.
forge[2] [~] **1.** *s* Schmiede *f*; **2.** *v/t* schmieden (*a. fig. plan, etc.*); *banknote, etc.*: fälschen; **forg·er** ['fɔːdʒə] *s* Fälscher(in); **for·ge·ry** [~ərɪ] *s* Fälschen *n*; Fälschung *f*.
for·get [fə'get] *v/t* (**-*got***, **-*gotten***) vergessen; **~ *o.s.*** sich vergessen, die Kontrolle über sich verlieren; **~·ful** *adj* □ vergeßlich; **~-me-not** *s bot.* Vergißmeinnicht *n*.
for·giv·a·ble [fə'gɪvəbl] *adj mistake, etc.*: verzeihlich.
for·give [fə'gɪv] *v/t* (**-*gave***, **-*given***) vergeben, -zeihen; *debt*: erlassen; **~·ness** *s* Verzeihung *f*; **for·giv·ing** *adj* □ versöhnlich; nachsichtig.
for·go [fɔː'gəʊ] *v/t* (**-*went***, **-*gone***) verzichten auf (*acc*).
fork [fɔːk] **1.** *s* (Eß-, Heu-, Mist- *etc.*)Gabel *f*; **2.** *v/t and v/i* (sich) gabeln; **~ed** *adj* gegabelt, gespalten; **~-lift (truck)** *s* Gabelstapler *m*.
form [fɔːm] **1.** *s* Form *f*; Gestalt *f*; Formalität *f*; Formular *n*; (Schul)Bank *f*; (Schul)Klasse *f*; Kondition *f*; geistige Verfassung; **2.** *v/t and v/i* (sich) formen, (sich) bilden; (sich) aufstellen.
form·al ['fɔːml] *adj* □ förmlich; formell; äußerlich; **for·mal·i·ty** [fɔː'mælətɪ] *s* Förmlichkeit *f*; Formalität *f*.
for·mat ['fɔːmæt] **1.** *s* Format *n*; *TV, etc.*: (Programm)Struktur *f*; **2.** *v/t* (**-tt-**) *computer*: formatieren.
for·ma|tion [fɔː'meɪʃn] *s* Bildung *f*; **~·tive** ['fɔːmətɪv] *adj* bildend; gestaltend; **~ *years*** *pl* Entwicklungsjahre *pl*.
for·mer ['fɔːmə] *adj* vorig, früher; ehemalig, vergangen; erstere(r, -s); jene(r, -s); **~·ly** [~lɪ] *adv* ehemals, früher.
for·mi·da·ble ['fɔːmɪdəbl] *adj* □ furchtbar, schrecklich; ungeheuer.
for·mu|la ['fɔːmjʊlə] *s* (*pl* **-*las***, **-*lae*** [-liː]) *chem., etc.*: Formel *f*, Rezept(ur *f*) *n* (*a. fig.*); **~·late** [~leɪt] *v/t* formulieren.
for|sake [fə'seɪk] *v/t* (**-*sook***, **-*saken***) aufgeben; verlassen; **~·swear** [fɔː'sweə] *v/t* (**-*swore***, **-*sworn***) abschwören (*dat*), entsagen (*dat*).
fort *mil.* [fɔːt] *s* Fort *n*, Festung *f*.
forth [fɔːθ] *adv* vor(wärts), voran; heraus, hinaus, hervor; weiter, fort; **~·com·ing** [fɔːθ'kʌmɪŋ] *adj* erscheinend; bereit; bevorstehend; F entgegenkommend.
for·ti·eth ['fɔːtɪɪθ] *adj* vierzigste(r, -s).
for·ti|fi·ca·tion [fɔːtɪfɪ'keɪʃn] *s* Befestigung *f*; **~·fy** ['fɔːtɪfaɪ] *v/t mil.* befestigen; *fig.* (ver)stärken; **~·tude** [~tjuːd] *s* Seelenstärke *f*; Tapferkeit *f*.
fort·night ['fɔːtnaɪt] *s* vierzehn Tage.

for·tress ['fɔːtrɪs] *s* Festung *f*.
for·tu·i·tous [fɔː'tjuːɪtəs] *adj* □ zufällig.
for·tu·nate ['fɔːtʃnət] *adj* glücklich; **be ~** Glück haben; **~·ly** [~lɪ] *adv* glücklicherweise.
for·tune ['fɔːtʃn] *s* Glück *n*; Schicksal *n*; Zufall *m*; Vermögen *n*; **~-tell·er** *s* Wahrsager(in).
for·ty ['fɔːtɪ] **1.** *adj* vierzig; **~ *winks*** *pl* F Nickerchen *n*; **2.** *s* Vierzig *f*.
for·ward ['fɔːwəd] **1.** *adj* vorder; bereit(willig); fortschrittlich; vorwitzig, keck; **2.** *adv a.* **~s** vor(wärts); **3.** *s soccer*: Stürmer *m*; **4.** *v/t* befördern, (ver)senden, schicken; *letter, etc.*: nachsenden; **~·ing a·gent** *s* Spediteur *m*.
fos·ter|-child ['fɒstətʃaɪld] *s* Pflegekind *n*; **~-par·ents** *s pl* Pflegeeltern *pl*.
fought [fɔːt] *pret and pp of* **fight** 2.
foul [faʊl] **1.** *adj* □ stinkend, widerlich, schlecht, übel(riechend); *weather*: schlecht, stürmisch; *wind*: widrig; *sports*: regelwidrig, unfair; *fig.* widerlich, ekelhaft; *fig.* abscheulich, gemein; **2.** *s sports*: Foul *n*, Regelverstoß *m*; **3.** *v/t a.* **~ *up*** be-, verschmutzen, verunreinigen; *sports*: foulen.
found [faʊnd] **1.** *pret and pp of* **find** 1; **2.** *v/t* (be)gründen; stiften; *tech.* gießen.
foun·da·tion [faʊn'deɪʃn] *s arch.* Grundmauer *f*, Fundament *n*; *fig.* Gründung *f*, Errichtung *f*; (gemeinnützige) Stiftung; *fig.* Grund(lage *f*) *m*, Basis *f*; **~ stone** *s arch.* Grundstein *m*.
found·er[1] ['faʊndə] *s* Gründer(in), Stifter(in); **~ *member*** Gründungsmitglied *n*.
foun·der[2] [~] *v/i mar.* sinken; *fig.* scheitern.
found·ling ['faʊndlɪŋ] *s* Findling *m*.
foun·dry *tech.* ['faʊndrɪ] *s* Gießerei *f*.
foun·tain ['faʊntɪn] *s* Quelle *f*; Springbrunnen *m*; **~ pen** *s* Füllfederhalter *m*.
four [fɔː] **1.** *adj* vier; **2.** *s* Vier *f*; *rowing*: Vierer *m*; ***on all ~s*** auf allen vieren; **~-square** [fɔː'skweə] *adj* viereckig; *fig.* unerschütterlich; **~-stroke** *mot.* ['~strəʊk] *adj* Viertakt...; **~·teen** [~'tiːn] **1.** *adj* vierzehn; **2.** *s* Vierzehn *f*; **~·teenth** [~'tiːnθ] *adj* vierzehnte(r, -s); **~th** [~θ] **1.** *adj* vierte(r, -s); **2.** *s* Viertel *n*; **~th·ly** ['~θlɪ] *adv* viertens.
fowl [faʊl] *s* Geflügel *n*.
fox [fɒks] **1.** *s* Fuchs *m*; **2.** *v/t* überlisten; **~·y** ['~ɪ] *adj* (**-ier**, **-iest**) fuchsartig; schlau, gerissen; *Am. sl.* sexy.
frac·tion ['frækʃn] *s math.* Bruch *m*; Bruchteil *m*.
frac·ture ['fræktʃə] **1.** *s* (*esp. med.* Knochen)Bruch *m*; **2.** *v/t* brechen.
fra·gile ['frædʒaɪl] *adj* zerbrechlich.
frag·ment ['frægmənt] *s* Bruchstück *n*, *of china*: *a.* Scherbe *f*; *mus., etc.*: Fragment *n*; **~·ary** *adj* fragmentarisch, bruchstückhaft.
fra|grance ['freɪgrəns] *s* Wohlgeruch *m*, Duft *m*; **~·grant** [~t] *adj* □ wohlriechend.
frail [freɪl] *adj* □ ge-, zerbrechlich; zart, schwach; **~·ty** ['freɪltɪ] *s* Zartheit *f*; Zerbrechlichkeit *f*; Schwäche *f*.
frame [freɪm] **1.** *s* Rahmen *m*; Gerippe *n*; Gerüst *n*; (Brillen)Gestell *n*; Körper *m*; (An)Ordnung *f*; *phot.* (Einzel)Bild *n*; *agr.* Frühbeetkasten *m*; **~ *of mind*** Gemütsverfassung *f*, Stimmung *f*; **2.** *v/t* bilden, formen, bauen; entwerfen; (ein)rahmen; *sl. j-m* et. anhängen, *j-n* reinlegen; **~-up** *esp. Am.* F ['~ʌp] *s* abgekartetes Spiel; **~·work** *s tech.* Gerippe *n*; Rahmen *m*; *fig.* Struktur *f*, System *n*.
fran·chise *jur.* ['fræntʃaɪz] *s* Wahl-, Bürgerrecht *n*; *esp. Am.* Konzession *f*.
frank [fræŋk] **1.** *adj* □ frei(mütig), offen; **2.** *v/t letter*: maschinell frankieren.
frank·fur·ter ['fræŋkfɜːtə] *s* Frankfurter Würstchen *n*.
frank·ness ['fræŋknɪs] *s* Offenheit *f*.
fran·tic ['fræntɪk] *adj* (**~ally**) wahnsinnig.
fra·ter|nal [frə'tɜːnl] *adj* □ brüderlich; **~·ni·ty** [~nətɪ] *s* Brüderlichkeit *f*; Bruderschaft *f*; *Am. univ.* Verbindung *f*.
fraud [frɔːd] *s* Betrug *m*; F Schwindel *m*; **~·u·lent** ['~jʊlənt] *adj* □ betrügerisch.
fray [freɪ] *v/t and v/i* (sich) abnutzen; (sich) durchscheuern, (sich) ausfransen.
freak [friːk] **1.** *s* Mißbildung *f*, Mißgeburt *f*, Monstrosität *f*; außergewöhnlicher Umstand; Grille *f*, Laune *f*; *mst in compounds*: Süchtige(r *m*) *f*; Freak *m*, Narr *m*, Fanatiker *m*; **~ *of nature*** Laune *f* der Natur; ***film ~*** Kinonarr *m*, -fan *m*; **2.** *v/i*: **~ *out*** *sl.* ausflippen.
freck·le ['frekl] *s* Sommersprosse *f*; **~d** *adj* sommersprossig.
free [friː] **1.** *adj* □ (**~r**, **~st**) frei; freigebig

(**of** mit); freiwillig; ***he is ~ to*** *inf* es steht ihm frei, zu *inf*; ***~ and easy*** zwanglos; sorglos; ***make ~*** sich Freiheiten erlauben; ***set ~*** freilassen; ***~ movement of goods*** *econ.* freier Güteraustausch; **2.** *v/t* (***freed***) befreien; freilassen, *et.* frei machen; **~•dom** ['fri:dəm] *s* Freiheit *f*; freie Benutzung; Offenheit *f*; Zwanglosigkeit *f*; (plumpe) Vertraulichkeit; ***~ of a city*** (Ehren)Bürgerrecht *n*; **~•hold•er** *s* Grundeigentümer *m*; **~•lance 1.** *adj* frei(beruflich tätig), freischaffend; **2.** *s a.* **~r** Freiberufler(in); **♀•ma•son** *s* Freimaurer *m*; **~•way** *s Am.* Schnellstraße *f*; **~•wheel** *tech.* [fri:'wi:l] **1.** *s* Freilauf *m*; **2.** *v/i* im Freilauf fahren.

freeze [fri:z] **1.** (***froze***, ***frozen***) *v/i* (ge)frieren; erstarren; *v/t* gefrieren lassen; *food, etc.*: einfrieren, tiefkühlen; *econ. prices, etc.*: einfrieren; **2.** *s* Frost *m*, Kälte *f*; *econ. pol.* Einfrieren *n*; ***wage ~***, ***~ on wages*** Lohnstopp *m*; **~-dry** [~'draɪ] *v/t* gefriertrocknen; **freez•er** *s a.* ***deep ~*** Gefriertruhe *f*, Tiefkühl-, Gefriergerät *n*; Gefrierfach *n*; **freez•ing** *adj* □ eisig; *tech.* Gefrier...; ***~ compartment*** Gefrier-, Tiefkühlfach *n*; ***~ point*** Gefrierpunkt *m*.

freight [freɪt] **1.** *s* Fracht(geld *n*) *f*; *attr Am.* Güter...; **2.** *v/t* be-, verfrachten; **~ car** *Am. rail.* ['~kɑ:] *s* Güterwagen *m*; **~•er** *s* Frachter *m*, Frachtschiff *n*; Fracht-, Transportflugzeug *n*; **~ train** *s Am.* Güterzug *m*.

French [frentʃ] **1.** *adj* französisch; ***take ~ leave*** sich auf französisch empfehlen; ***~ doors*** *pl Am.* → ***French window***(***s***); ***~ fries*** *pl esp. Am.* Pommes frites *pl*; ***~ kiss*** Zungenkuß *m*; ***~ letter*** F Pariser *m*; ***~ window***(***s*** *pl*) Terrassen-, Balkontür *f*; **2.** *s ling.* Französisch *n*; ***the ~*** *pl* die Franzosen *pl*; **~•man** *s* Franzose *m*; **~•wo•man** *s* Französin *f*.

fren|zied ['frenzɪd] *adj* wahnsinnig; **~•zy** [~ɪ] *s* wilde Aufregung; Ekstase *f*; Raserei *f*.

fre•quen|cy ['fri:kwənsɪ] *s* Häufigkeit *f*; *electr.* Frequenz *f*; **~t 1.** *adj* □ [~t] häufig; **2.** *v/t* [frɪ'kwent] (oft) besuchen.

fresh [freʃ] *adj* □ frisch; neu; unerfahren; *Am.* F frech; **~•en** *v/i* frischer werden; *wind*: auffrischen; *v/t*: ***~ up*** *house, etc.*: F aufmöbeln; ***~*** (***o.s.***) ***up*** sich frisch machen; **~•man** *s univ.* Student(in) im ersten Jahr, *appr.* Erstsemester *n*; **~•ness** *s* Frische *f*; Neuheit *f*; Unerfahrenheit *f*; **~ wa•ter** *s* Süßwasser *n*; **~•wa•ter** *adj* Süßwasser...

fret [fret] **1.** *s* Aufregung *f*; Ärger *m*; *mus.* Bund *m*, Griffleiste *f*; **2.** *v/t and v/i* (**-tt-**) zerfressen; (sich) ärgern; (sich) grämen; ***~ away***, ***~ out*** aufreiben.

fret•ful ['fretfl] *adj* ärgerlich.

fri•ar ['fraɪə] *s* Mönch *m*.

fric•tion ['frɪkʃn] *s* Reibung *f* (*a. fig.*).

Fri•day ['fraɪdɪ] *s* Freitag *m*.

fridge F [frɪdʒ] *s* Kühlschrank *m*.

friend [frend] *s* Freund(in); Bekannte(r *m*) *f*; ***make ~s with*** sich anfreunden mit, Freundschaft schließen mit; **~•ly** *adj* freund(schaft)lich; ***be ~ with*** befreundet sein mit; **~•ship** *s* Freundschaft *f*.

frig•ate *mar.* ['frɪgɪt] *s* Fregatte *f*.

fright [fraɪt] *s* Schreck(en) *m*; *fig.* Vogelscheuche *f*; **~•en** ['fraɪtn] *v/t* erschrecken; ***be ~ed of s.th.*** vor et. Angst haben; **~•en•ing** *adj* □ furchterregend; **~•ful** *adj* □ schrecklich.

fri•gid ['frɪdʒɪd] *adj* □ kalt, frostig; *psych.* frigid(e).

fringe [frɪndʒ] **1.** *s* Franse *f*; Rand *m*; Ponyfrisur *f*; ***~ benefits*** *pl econ.* Gehalts-, Lohnnebenleistungen *pl*; ***~ event*** Randveranstaltung *f*; ***~ group*** *sociol.* Randgruppe *f*; **2.** *v/t* mit Fransen besetzen.

frisk [frɪsk] *v/i* herumtollen; *v/t* F filzen; *j-n, et.* durchsuchen; **~•y** *adj* □ (***-ier***, ***-iest***) lebhaft, munter.

frit•ter ['frɪtə] **1.** *s* Pfannkuchen *m*, Krapfen *m*. **2.** *v/t*: ***~ away*** vertun, -trödeln, -geuden.

fri•vol•i•ty [frɪ'vɒlətɪ] *s* Frivolität *f*, Leichtfertigkeit *f*; **friv•o•lous** ['frɪvələs] *adj* □ frivol, leichtfertig.

frizz•y ['frɪzɪ] *adj* □ (***-ier***, ***-iest***) gekräuselt, *hair*: kraus.

fro [frəʊ] *adv*: ***to and ~*** hin und her.

frock [frɒk] *s* Kutte *f*; Kleid *n*; Kittel *m*; Gehrock *m*.

frog *zo.* [frɒg] *s* Frosch *m*; **~•man** ['~mən] *s* Froschmann *m*.

frol•ic ['frɒlɪk] **1.** *s* Herumtoben *n*, -tollen *n*; Ausgelassenheit *f*; Streich *m*, Jux *m*; **2.** *v/i* (**-ck-**) herumtoben, -tollen; **~•some** [~səm] *adj* □ lustig, fröhlich.

from [frɒm, frəm] *prp* von; aus, von ... her; *of time*: seit, von ... (an); aus, vor

(*dat*), wegen; nach, gemäß; ***defend ~*** schützen vor (*dat*); ***~ amidst*** mitten aus.
front [frʌnt] **1.** *s* Stirn *f*; Vorderseite *f*; *mil.* Front *f*; Hemdbrust *f*; Strandpromenade *f*; Kühnheit *f*, Frechheit *f*; ***at the ~, in ~*** vorn; ***in ~ of*** *of place*: vor (*acc or dat*); **2.** *adj* Vorder...; ***~ door*** Haustür *f*; ***~ entrance*** Vordereingang *m*; **3.** *v/t a. v/i* ***~ on, ~ towards*** die Front haben nach; gegenüberstehen (*dat*), gegenübertreten (*dat*); **~·age** ['~ɪdʒ] *s* (Vorder)Front *f* (*of house*); **~·al** [~tl] *adj* Stirn...; Front..., Vorder...
fron·tier ['frʌntɪə] *s* (Landes)Grenze *f*; *Am. hist.* Grenzland *n*, Grenze *f* (zum Wilden Westen); *attr* Grenz...
front| page ['frʌntpeɪdʒ] *s newspaper*: Titelseite *f*; **~-wheel drive** *s mot.* Vorderradantrieb *m*.
frost [frɒst] **1.** *s* Frost *m*; *a.* ***hoar~, white ~*** Reif *m*; **2.** *v/t* (mit Zucker) bestreuen; glasieren, mattieren; ***~ed glass*** Milchglas *n*; **~·bite** *s* Erfrierung *f*; **~·bit·ten** *adj* erfroren; **~·y** *adj* □ (***-ier, -iest***) eisig, frostig (*a. fig.*).
froth [frɒθ] **1.** *s* Schaum *m*; **2.** *v/i* schäumen; *v/t* zu Schaum schlagen; **~·y** *adj* □ (***-ier, -iest***) schäumend, schaumig; *fig.* seicht.
frown [fraʊn] **1.** *s* Stirnrunzeln *n*; finsterer Blick; **2.** *v/i* die Stirn runzeln; finster blicken; ***~ on*** *or* ***upon s.th.*** et. mißbilligen.
froze [frəʊz] *pret of* **freeze** 1; **fro·zen** ['frəʊzn] **1.** *pp of* **freeze** 1; **2.** *adj* (eis)kalt; (ein-, zu)gefroren; Gefrier...; ***~ food*** Tiefkühlkost *f*.
fru·gal ['fru:gl] *adj* □ einfach; sparsam.
fruit [fru:t] **1.** *s* Frucht *f*; Früchte *pl*; Obst *n*; **2.** *v/i* Frucht tragen; **~·er·er** ['~ərə] *s* Obsthändler *m*; **~·ful** *adj* □ fruchtbar; **~·less** *adj* □ unfruchtbar; **~·y** [~ɪ] *adj* (***-ier, -iest***) frucht-, obstartig; *wine*: fruchtig; *voice*: klangvoll, sonor; F *joke, remark*: schlüpfrig, zweideutig.
frus|trate [frʌ'streɪt] *v/t* vereiteln; enttäuschen; frustrieren; **~·tra·tion** [~eɪʃn] *s* Vereitelung *f*; Enttäuschung *f*; Frustration *f*.
fry [fraɪ] **1.** *s* Gebratene(s) *n*; Fischbrut *f*; **2.** *v/t* braten, backen; ***fried potatoes*** *pl* Bratkartoffeln *pl*; **~·ing-pan** ['~ɪŋpæn] *s* Bratpfanne *f*.
fuch·sia *bot.* ['fju:ʃə] *s* Fuchsie *f*.
fuck V [fʌk] **1.** *v/t and v/i* V ficken, vögeln; ***~ it!*** F Scheiße!; ***get ~ed!*** der Teufel soll dich holen!; **2.** *int* F Scheiße!; **~·ing** V *adj* F Scheiß..., verflucht, -dammt (*adding emphasis*); ***~ hell!*** verdammte Scheiße!
fudge [fʌdʒ] **1.** *v/t* F zurechtpfuschen; **2.** *s* Unsinn *m*; *cooking*: Fondant *m, n*.
fu·el [fjʊəl] **1.** *s* Brennmaterial *n*; *mot.* Kraftstoff *m*; ***~ economy*** *mot.* sparsamer Benzinverbrauch; **2.** *v/t* (*esp. Br.* ***-ll-***, *Am.* ***-l-***) *mot., aer.* (auf)tanken.
ful·fil, *Am. a.* **-fill** [fʊl'fɪl] *v/t* (***-ll-***) erfüllen; vollziehen; **~·ment** *s* Erfüllung *f*.
full [fʊl] **1.** *adj* □ voll; Voll...; vollständig, völlig; reichlich; ausführlich; ***of ~ age*** volljährig; **2.** *adv* völlig, ganz; genau; **3.** *s das* Ganze; Höhepunkt *m*; ***in ~*** völlig; ausführlich; ***to the ~*** vollständig; **~·blood·ed** *adj* vollblütig; kräftig; reinrassig; **~ dress** *s* Gesellschaftsanzug *m*; **~·dress** *adj* formell, Gala...; **~-fledged** *esp. Am.* → ***fully-fledged***; **~-grown** *adj* ausgewachsen; **~-length** *adj* in voller Größe; bodenlang; *film, etc.*: abendfüllend; **~ moon** *s* Vollmond *m*; **~ stop** *s ling.* Punkt *m*; **~ time** *s sports*: Spielende *n*; **~-time** *adj* ganztägig, Ganztags...; ***~ job*** *s* Ganztagsbeschäftigung *f*.
ful·ly ['fʊlɪ] *adv* voll, völlig, ganz; **~-fledged** *adj* flügge; *fig.* richtig; **~-grown** *Br.* → ***full-grown***.
fum·ble ['fʌmbl] *v/i* tasten; fummeln.
fume [fju:m] **1.** *v/i* rauchen; *be angry*: aufgebracht sein; **2.** *s*: ***~s*** *pl* Dämpfe *pl*.
fu·mi·gate ['fju:mɪgeɪt] *v/t* ausräuchern, desinfizieren.
fun [fʌn] *s* Scherz *m*, Spaß *m*; ***make ~ of*** sich lustig machen über (*acc*).
func·tion ['fʌŋkʃn] **1.** *s* Funktion *f*; Beruf *m*; Tätigkeit *f*; Aufgabe *f*; Feierlichkeit *f*; **2.** *v/i* funktionieren; **~·a·ry** [~ərɪ] *s* Funktionär *m*.
fund [fʌnd] **1.** *s* Fonds *m*; ***~s*** *pl* Staatspapiere *pl*; Geld(mittel *pl*) *n*; ***a ~ of*** *fig.* ein Vorrat an (*dat*); **2.** *v/t debt*: fundieren; *money*: anlegen; das Kapital aufbringen für.
fun·da·men·tal [fʌndə'mentl] **1.** *adj* □ grundlegend; Grund...; **2.** *s*: ***~s*** *pl* Grundlage *f*, -züge *pl*, -begriffe *pl*.
fu·ne|ral ['fju:nərəl] *s* Beerdigung *f*; *attr*

Trauer..., Begräbnis...; **~·re·al** [fjuːˈnɪərɪəl] *adj* □ traurig, düster.
fun-fair [ˈfʌnfeə] *s* Rummelplatz *m*.
fu·nic·u·lar [fjuːˈnɪkjʊlə] *s a.* **~ *railway*** (Draht)Seilbahn *f*.
fun·nel [ˈfʌnl] *s* Trichter *m*; Rauchfang *m*; *mar.*, *rail.* Schornstein *m*.
fun·nies *Am.* [ˈfʌnɪz] *s pl* Comics *pl*.
fun·ny [ˈfʌnɪ] *adj* □ (**-*ier***, **-*iest***) lustig, spaßig, komisch.
fur [fɜː] **1.** *s* Pelz *m*; *on tongue*: Belag *m*; Kesselstein *m*; **~*s*** *pl* Pelzwaren *pl*; **2.** *v/t* mit Pelz besetzen *or* füttern.
fu·ri·ous [ˈfjʊərɪəs] *adj* □ wütend; wild.
furl [fɜːl] *v/t flag*, *sail*: auf-, einrollen; *umbrella*: zusammenrollen.
fur·lough *mil.* [ˈfɜːləʊ] *s* Urlaub *m*.
fur·nace [ˈfɜːnɪs] *s* Schmelz-, Hochofen *m*; (Heiz)Kessel *m*.
fur·nish [ˈfɜːnɪʃ] *v/t* versehen (***with*** mit); *et.* liefern; möblieren; ausstatten.
fur·ni·ture [ˈfɜːnɪtʃə] *s* Möbel *pl*, Einrichtung *f*; Ausstattung *f*; ***sectional* ~** Anbaumöbel *pl*.
fur·ri·er [ˈfʌrɪə] *s* Kürschner *m*.
fur·row [ˈfʌrəʊ] **1.** *s* Furche *f*; **2.** *v/t* furchen.
fur·ry [ˈfɜːrɪ] *adj* aus Pelz, pelzartig; *tongue*: belegt.
fur·ther [ˈfɜːðə] **1.** *comp of* ***far***; **2.** *v/t* fördern; **~·more** *adv* ferner, überdies; **~·most** *adj* weiteste(r, -s), entfernteste(r, -s).
fur·thest [ˈfɜːðɪst] *sup of* ***far***.
fur·tive [ˈfɜːtɪv] *adj* □ verstohlen.
fu·ry [ˈfjʊərɪ] *s* Raserei *f*, Wut *f*; Furie *f*.
fuse [fjuːz] **1.** *v/i* schmelzen; *electr.* durchbrennen; **2.** *s electr.* Sicherung *f*; Zünder *m*; Zündschnur *f*.
fu·se·lage *aer.* [ˈfjuːzɪlɑːʒ] *s* (Flugzeug-)Rumpf *m*.
fu·sion [ˈfjuːʒn] *s* Verschmelzung *f*, Fusion *f*; ***nuclear* ~** Kernfusion *f*.
fuss F [fʌs] **1.** *s* Lärm *m*; Wesen *n*, Getue *n*; **2.** *v/i* viel Aufhebens machen (***about*** um, von); sich aufregen; **~·y** [ˈfʌsɪ] *adj* □ (**-*ier***, **-*iest***) aufgeregt, hektisch; pedantisch, kleinlich; heikel, wählerisch.
fus·ty [ˈfʌstɪ] *adj* (**-*ier***, **-*iest***) muffig; *fig.* verstaubt.
fu·tile [ˈfjuːtaɪl] *adj* □ nutz-, zwecklos.
fu·ture [ˈfjuːtʃə] **1.** *adj* (zu)künftig; **2.** *s* Zukunft *f*; *gr.* Futur *n*, Zukunft *f*; ***in* ~** in Zukunft, künftig.
fuzz[1] [fʌz] *s* feiner Flaum; Fusseln *pl*.
fuzz[2] *sl.* [~] *s policeman*: Bulle *m*.

G

gab F [gæb] *s* Geschwätz *n*; ***have the gift of the* ~** redegewandt sein.
gab·ar·dine [ˈgæbədiːn] *s cloth*: Gabardine *m*; *hist.* Kaftan *m*.
gab·ble [ˈgæbl] **1.** *s* Geschnatter *n*, Geschwätz *n*; **2.** *v/i* schnattern, schwatzen; *v/t poem*, *etc.*: herunterrasseln.
gab·er·dine [ˈgæbədiːn] → ***gabardine***.
ga·ble *arch.* [ˈgeɪbl] *s* Giebel *m*.
gad F [gæd] *v/i* (**-*dd*-**): **~ *about***, **~ *around*** (viel) unterwegs sein (in *dat*).
gad·fly *zo.* [ˈgædflaɪ] *s* Bremse *f*.
gad·get *tech.* [ˈgædʒɪt] *s* Apparat *m*, Gerät *n*, Vorrichtung *f*; *often contp.* technische Spielerei.
gag [gæg] **1.** *s* Knebel *m* (*a. fig.*); F Gag *m*; **2.** *v/t* (**-*gg*-**) knebeln; *fig.* mundtot machen.
gage *Am.* [geɪdʒ] → ***gauge***.
gai·e·ty [ˈgeɪətɪ] *s* Fröhlichkeit *f*.
gai·ly [ˈgeɪlɪ] *adv of* ***gay*** 1.
gain [geɪn] **1.** *s* Gewinn *m*; Vorteil *m*; **2.** *v/t* gewinnen; erreichen; bekommen; zunehmen an (*dat*); *of watch*: vorgehen um; *v/i watch*: vorgehen; **~ *in*** zunehmen an (*dat*).
gait [geɪt] *s* Gang(art *f*) *m*; Schritt *m*.
gal F [gæl] *s* Mädel *n*.
gal·ax·y *ast.* [ˈgæləksɪ] *s* Milchstraße *f*, Galaxis *f*.
gale [geɪl] *s* Sturm *m*.
gall [gɔːl] **1.** *s* Galle *f*; wundgeriebene

Stelle; F Frechheit *f*; **2.** *v/t* wund reiben; ärgern.
gal|lant ['gælənt] *adj* stattlich; tapfer; galant, höflich; **~·lan·try** [~rɪ] *s* Tapferkeit *f*; Galanterie *f*.
gal·le·ry ['gælərɪ] *s* Galerie *f*; Empore *f*.
gal|ley ['gælɪ] *s mar.* Galeere *f*; *mar.* Kombüse *f*; *a.* **~ *proof*** *print.* Fahne(nabzug *m*) *f*.
gal·lon ['gælən] *s* Gallone *f* (*Br. 4,54 litres, Am. 3,78 liters*).
gal·lop ['gæləp] **1.** *s* Galopp *m*; **2.** *v/i and v/t* galoppieren (lassen).
gal·lows ['gæləʊz] *s sg* Galgen *m*.
ga·lore [gə'lɔː] *adj* in rauhen Mengen.
gam·ble ['gæmbl] **1.** *v/i* (um Geld) spielen; **2.** *s* F Glücksspiel *n*; **~r** [~ə] *s* Spieler(in).
gam·bol ['gæmbl] **1.** *s* Luftsprung *m*; **2.** *v/i* (*esp. Br.* **-ll-**, *Am.* **-l-**) (herum)hüpfen.
game [geɪm] **1.** *s* (Karten-, Ball- *etc.*) Spiel *n*; (einzelnes) Spiel (*a. fig.*); *hunt.* Wild *n*; Wildbret *n*; **~s** *pl* Spiele *pl*; *school*: Sport *m*; **2.** *adj* mutig; bereit (**for** zu; **to do** zu tun); **~·keep·er** ['~kiːpə] *s* Wildhüter *m*.
gam·mon *esp. Br.* ['gæmən] *s* schwachgepökelter *or* -geräucherter Schinken.
gan·der *zo.* ['gændə] *s* Gänserich *m*.
gang [gæŋ] **1.** *s* (Arbeiter)Trupp *m*; Gang *f*, Bande *f*; Clique *f*; Horde *f*; **2.** *v/i*: **~ *up*** sich zusammentun, *contp.* sich zusammenrotten.
gang·ster ['gæŋstə] *s* Gangster *m*.
gang·way ['gæŋweɪ] *s* (Durch)Gang *m*; *mar.* Fallreep *n*; *mar.* Laufplanke *f*.
gaol [dʒeɪl], **~·bird** ['dʒeɪlbɜːd], **~·er** [~ə] → ***jail***, *etc.*
gap [gæp] *s* Lücke *f*; Kluft *f*; Spalte *f*.
gape [geɪp] *v/i* gähnen; klaffen; gaffen.
gar·age ['gærɑːʒ] **1.** *s* Garage *f*; (Reparatur)Werkstatt *f* (u. Tankstelle *f*); **2.** *v/t car*: in e-r Garage ab- *or* unterstellen; *car*: in die Garage fahren.
gar·bage *esp. Am.* ['gɑːbɪdʒ] *s* Abfall *m*, Müll *m*; **~ can** *s* Abfall-, Mülleimer *m*; Abfall-, Mülltonne *f*; **~ truck** *s* Müllwagen *m*.
gar·den ['gɑːdn] **1.** *s* Garten *m*; **~s** *pl a.* Park *m*, Parkanlage *f*; **2.** *v/i* im Garten arbeiten; Gartenbau treiben; **~·er** *s* Gärtner(in); **~·ing** *s* Gartenarbeit *f*.
gar·gle ['gɑːgl] **1.** *v/t and v/i* gurgeln; **2.** *s* Gurgeln *n*; Gurgelwasser *n*.
gar·ish ['geərɪʃ] *adj* □ grell, auffallend.
gar·land ['gɑːlənd] *s* Girlande *f*.
gar·lic *bot.* ['gɑːlɪk] *s* Knoblauch *m*.
gar·ment ['gɑːmənt] *s* Gewand *n*.
gar·nish ['gɑːnɪʃ] *v/t* garnieren; zieren.
gar·ri·son *mil.* ['gærɪsn] *s* Garnison *f*.
gas [gæs] **1.** *s* Gas *n*; *Am.* F Benzin *n*; ***step on the* ~** *mot.* Gas geben; **2.** (**-ss-**) *v/t* vergasen; *v/i* F faseln; *a.* **~ *up*** *Am.* F *mot.* (auf)tanken; **~ e·mis·sions** *s pl* Abgase *pl*; **~·e·ous** ['gæsɪəs] *adj* gasförmig.
gash [gæʃ] **1.** *s* klaffende Wunde; Hieb *m*; Riß *m*; **2.** *v/t* tief (ein)schneiden in (*acc*).
gas·ket *tech.* ['gæskɪt] *s* Dichtung *f*.
gas|light ['gæslaɪt] *s* Gasbeleuchtung *f*; **~ me·ter** *s* Gasuhr *f*; **~·o·lene, ~·o·line** *Am.* [~əliːn] *s* Benzin *n*.
gasp [gɑːsp] **1.** *s* Keuchen *n*, schweres Atmen; **2.** *v/i* keuchen; **~ *for breath*** nach Luft schnappen, nach Atem ringen.
gas| sta·tion *Am.* ['gæssteɪʃn] *s* Tankstelle *f*; **~ stove** *s* Gasofen *m*, -herd *m*; **~·works** *s sg* Gaswerk *n*.
gate [geɪt] *s* Tor *n*; Pforte *f*; Schranke *f*, Sperre *f*; *aer.* Flugsteig *m*; *sports*: Besucher(zahl *f*) *pl*; **~·crash** *v/i and v/t* uneingeladen kommen *or* (hin)gehen (zu); sich ohne zu bezahlen hinein- *or* hereinschmuggeln (in *acc*); **~·crash·er** *s* ungeladener Gast; **~·post** *s* Tor-, Türpfosten *m*; **~·way** *s* Tor(weg *m*) *n*, Einfahrt *f*.
gath·er ['gæðə] **1.** *v/t* (ein-, ver)sammeln; *information*: zusammentragen; *harvest*: ernten; *flowers, etc.*: pflücken; *deduce*: schließen (**from** aus); zusammenziehen, kräuseln; **~ *speed*** schneller werden; *v/i* sich (ver)sammeln; sich vergrößern; *abscess*: reifen; *wound*: eitern; **2.** *s* Falte *f*; **~·ing** [~rɪŋ] *s* Versammlung *f*, Zusammenkunft *f*.
gau·dy ['gɔːdɪ] *adj* □ (**-ier, -iest**) auffällig, bunt, *colour*: grell; protzig.
gauge [geɪdʒ] **1.** *s* (Normal)Maß *n*; *tech. instrument*: Lehre *f*; *rail.* Spurweite *f*; Meßgerät *n*; *fig.* Maßstab *m*; **2.** *v/t* eichen; (aus)messen; *fig.* abschätzen.
gaunt [gɔːnt] *adj* □ hager; ausgemergelt.
gaunt·let ['gɔːntlɪt] *s* Schutzhandschuh *m*; *fig.* Fehdehandschuh *m*; ***run the* ~** Spießruten laufen.

G

gauze [gɔːz] *s* Gaze *f*.
gave [geɪv] *pret of* ***give***.
gaw·ky ['gɔːkɪ] *adj* □ (***-ier***, ***-iest***) unbeholfen, linkisch.
gay [geɪ] **1.** *adj* □ lustig, fröhlich; bunt, (farben)prächtig; F schwul (*homosexual*); **2.** *s* F Schwule(r) *m* (*homosexual*).
gaze [geɪz] **1.** *s* (starrer) Blick; **2.** *v/i* starren; ***~ at*** starren auf (*acc*), anstarren.
ga·zelle *zo*. [gə'zel] *s* Gazelle *f*.
ga·zette [gə'zet] *s* Amtsblatt *n*; *Am. a.* Zeitung *f*.
gear [gɪə] **1.** *s tech*. Getriebe *n*; *mot*. Gang *m*; *mst in compounds*: Vorrichtung *f*, Gerät *n*; ***in ~*** mit eingelegtem Gang; ***out of ~*** im Leerlauf; ***change ~(s)***, *Am*. ***shift ~(s)*** *mot*. schalten; ***landing ~*** *aer*. Fahrgestell *n*; ***steering ~*** *mar*. Ruderanlage *f*; *mot*. Lenkung *f*; **2.** *v/t* anpassen (***to*** an *acc*); **~·le·ver** ['~liːvə], *Am*. **~·shift** *s mot*. Schalthebel *m*.
geese [giːs] *pl of* ***goose***.
geld·ing *zo*. ['geldɪŋ] *s* Wallach *m*.
gem [dʒem] *s* Edelstein *m*; Gemme *f*; *fig*. Glanzstück *n*.
gen·der ['dʒendə] *s gr*. Genus *n*, Geschlecht *n*; *coll*. F Geschlecht *n*.
gen·e·ral ['dʒenərəl] **1.** *adj* □ allgemein; allgemeingültig; ungefähr; Haupt..., General...; ***~ Agreement on Tariffs and Trade*** (*abbr*. ***GATT***) *pol*. Allgemeines Zoll- und Handelsabkommen; ***♀ Certificate of Education → certificate*** 1; ***~ education*** *or* ***knowledge*** Allgemeinbildung *f*; ***~ election*** *Br. pol*. allgemeine Wahlen *pl*; ***~ practitioner*** praktischer Arzt; **2.** *s mil*. General *m*; Feldherr *m*; ***in ~*** im allgemeinen; **~·i·ty** [dʒenə'rælətɪ] *s* Allgemeinheit *f*; *die* große Masse; **~·ize** [~laɪz] *v/t* verallgemeinern; **gen·er·al·ly** [~lɪ] *adv* im allgemeinen, überhaupt; gewöhnlich.
gen·e|rate ['dʒenəreɪt] *v/t* erzeugen; **~·ra·tion** [dʒenə'reɪʃn] *s* (Er)Zeugung *f*; Generation *f*; Menschenalter *n*; **~·ra·tor** ['~reɪtə] *s* Erzeuger *m*; *tech*. Generator *m*; *esp. Am. mot*. Lichtmaschine *f*.
gen·e|ros·i·ty [dʒenə'rɒsətɪ] *s* Großmut *f*, Großzügigkeit *f*; **~·rous** ['dʒenərəs] *adj* □ großmütig, großzügig.
ge·net·ic [dʒɪ'netɪk] *adj* (***~ally***) genetisch; ***~ code*** genetischer Code; ***~ engineering*** Gentechnologie *f*; **~s** *s sg* Genetik *f*.
ge·ni·al ['dʒiːnɪəl] *adj* □ freundlich; angenehm; wohltuend.
gen·i·tive *gr*. ['dʒenɪtɪv] *adj a*. ***~ case*** Genitiv *m*, zweiter Fall.
ge·ni·us ['dʒiːnɪəs] *s* Geist *m*; Genie *n*.
gent F [dʒent] *s* Herr *m*; **~s** *sg Br*. F Herrenklo *n*.
gen·teel [dʒen'tiːl] *adj* □ vornehm; elegant.
gen·tile ['dʒentaɪl] **1.** *adj* heidnisch, nichtjüdisch; **2.** *s* Heid|e *m*, -in *f*.
gen·tle ['dʒentl] *adj* □ (**~r**, **~st**) sanft; mild; zahm; leise, sacht; vornehm; ***~ revolution*** *hist*., *pol*. sanfte Revolution; **~·man** *s* Herr *m*; Gentleman *m*; **~·man·ly** [~mənlɪ] *adj* vornehm, *a*. gentlemanlike; **~·ness** *s* Sanftheit *f*; Milde *f*, Güte *f*, Sanftmut *f*.
gen·try ['dʒentrɪ] *s* niederer Adel; Oberschicht *f*.
gen·u·ine ['dʒenjʊɪn] *adj* □ echt; aufrichtig.
ge·og·ra·phy [dʒɪ'ɒgrəfɪ] *s* Geographie *f*.
ge·ol·o·gy [dʒɪ'ɒlədʒɪ] *s* Geologie *f*.
ge·om·e·try [dʒɪ'ɒmətrɪ] *s* Geometrie *f*.
germ *biol*., *bot*. [dʒɜːm] *s* Keim *m*.
Ger·man ['dʒɜːmən] **1.** *adj* deutsch; **2.** *s* Deutsche(r *m*) *f*; *ling*. Deutsch *n*.
ger·mi·nate ['dʒɜːmɪneɪt] *v/i and v/t* keimen (lassen).
ges·tic·u|late [dʒe'stɪkjʊleɪt] *v/i* gestikulieren; **~·la·tion** [dʒestɪkjʊ'leɪʃn] *s* Gestikulation *f*.
ges·ture ['dʒestʃə] *s* Geste *f*, Gebärde *f*.
get [get] (***-tt-***; ***got***, ***got*** *or Am*. ***gotten***) *v/t* erhalten, bekommen, F kriegen; besorgen; *fetch*: holen; (mit)bringen; *receive*: verdienen, bekommen; *capture*: ergreifen, fassen, fangen; (veran)lassen; ***have got*** haben; ***have got to*** müssen; ***~ one's hair cut*** sich die Haare schneiden lassen; ***~ by heart*** auswendig lernen; ***what can I ~ you?*** was darf ich dir bringen?; *v/i* gelangen, geraten, kommen; gehen; werden; ***~ ready*** sich fertig machen; ***~ about*** auf den Beinen sein; herumkommen; *rumour*: sich verbreiten; ***~ ahead*** vorankommen; ***~ ahead of*** übertreffen (*acc*); ***~ along*** vorwärtskommen; auskommen (***with*** mit); ***~ at*** herankommen an (*acc*); sagen wollen;

~ away loskommen; entkommen; **~ back** *v/i* zurückgehen, -kommen; *v/t* zurückbekommen; **~ in** einsteigen (in *acc*); **~ off** aussteigen (aus); **~ on** einsteigen (in *acc*); **~ out** heraus-, hinausgehen; aussteigen (**of** aus); **~ over s.th.** über et. hinwegkommen; **~ through** *v/i* durchkommen (*a. teleph.*); *v/t* durchbekommen; **~ to** kommen nach; **~ together** zusammenkommen; **~ up** aufstehen.

get|a·way ['getəweɪ] *s* Flucht *f*; **~ car** Fluchtauto *n*; **~-to·geth·er** *s* F Zusammenkunft *f*, gemütliches Beisammensein; **~-up** *s* Aufmachung *f*.

ghast·ly ['gɑːstlɪ] *adj* (**-ier**, **-iest**) gräßlich; schrecklich; (toten)bleich; gespenstisch.

gher·kin ['gɜːkɪn] *s* Gewürzgurke *f*.

ghet·to ['getəʊ] *s* (*pl* **-tos, -toes**) Getto *n*; **~ blast·er** *s sl.* Ghettoblaster *m*.

ghost [gəʊst] *s* Geist *m*, Gespenst *n*; *fig.* Spur *f*; **~·ly** ['gəʊstlɪ] *adj* (**-ier**, **-iest**) geisterhaft.

gi·ant ['dʒaɪənt] **1.** *adj* riesig; Groß..., Riesen...; **2.** *s* Riese *m*; *econ.* Gigant *m*.

gib·ber ['dʒɪbə] *v/i* kauderwelschen; **~·ish** [~rɪʃ] *s* Kauderwelsch *n*.

gib·bet ['dʒɪbɪt] *s* Galgen *m*.

gibe [dʒaɪb] **1.** *v/i* spotten (**at** über *acc*); **2.** *s* höhnische Bemerkung.

gib·lets ['dʒɪblɪts] *s pl* Hühner-, Gänseklein *n*.

gid|di·ness ['gɪdɪnɪs] *s med.* Schwindel *m*; Unbeständigkeit *f*; Leichtsinn *m*; **~·dy** ['gɪdɪ] *adj* □ (**-ier**, **-iest**) schwind(e)lig; leichtfertig; unbeständig; albern.

gift [gɪft] *s* Geschenk *n*; Talent *n*; **~·ed** ['gɪftɪd] *adj* begabt.

gi·gan·tic [dʒaɪ'gæntɪk] *adj* (**~ally**) gigantisch, riesenhaft, riesig, gewaltig.

gig·gle ['gɪgl] **1.** *v/i* kichern; **2.** *s* Gekicher *n*.

gild [gɪld] *v/t* (**gilded** *or* **gilt**) vergolden; verschönen; **~ed youth** Jeunesse *f* dorée.

gill [gɪl] *s zo.* Kieme *f*; *bot.* Lamelle *f*.

gilt [gɪlt] **1.** *pp of* **gild**; **2.** *s* Vergoldung *f*.

gim·mick F ['gɪmɪk] *s* Trick *m*; *in advertising*: Gag *m*, Spielerei *f*, *a.* Gimmick *m*.

gin [dʒɪn] *s* Gin *m*.

gin·ger ['dʒɪndʒə] **1.** *s* Ingwer *m*; rötliches *or* gelbliches Braun; **2.** *adj* rötlich- *or* gelblichbraun.

gip·sy ['dʒɪpsɪ] *s* Zigeuner(in).

gi·raffe *zo.* [dʒɪ'rɑːf] *s* Giraffe *f*.

girl [gɜːl] *s* Mädchen *n*; *daughter*: *a.* Tochter *f*; **~·friend** *s* Freundin *f*; **~·hood** *s* Mädchenzeit *f*, Mädchenjahre *pl*, Jugend(zeit) *f*; **~·ish** *adj* □ mädchenhaft; Mädchen...

gi·ro *econ.* ['dʒaɪrəʊ] **1.** *s* Giro(system) *n*; *Br.* Postscheckdienst *m*; **2.** *adj* Giro...; *Br.* Postscheck...

girth [gɜːθ] *s* (Sattel)Gurt *m*; (*a.* Körper)Umfang *m*.

gist [dʒɪst] *s das* Wesentliche.

give [gɪv] *v/t and v/i* (**gave**, **given**) geben; ab-, übergeben; her-, hingeben; überlassen; *as a gift*: schenken; *grant*: gewähren; *sell*: verkaufen; *pay*: (be)zahlen; *result, etc.*: ergeben; *joy*: machen, bereiten; *lecture, speech*: halten; **~ birth to** zur Welt bringen; **~ away** her-, weggeben, verschenken; *fig.* verraten; **~ back** zurückgeben; **~ in** *petition, etc.*: einreichen, *exam paper*: abgeben; nachgeben; aufgeben; **~ off** *smell*: verbreiten; ausströmen; **~ out** aus-, verteilen; *supplies, strength*: zu Ende gehen; **~ up** (es) aufgeben; aufhören mit; *j-n* ausliefern; **~ o.s. up** sich (freiwillig) stellen.

give|-and-take [gɪvən'teɪk] *s* beidseitiges Entgegenkommen, Kompromißbereitschaft *f*; **~·a·way 1.** *s econ.* Werbegeschenk *n*, Give-away *n*; **2.** *adj*: **~ price** Schleuderpreis *m*.

giv·en ['gɪvn] **1.** *pp of* **give**; **2.** *adj* vorausgesetzt; in Anbetracht (*gen*); **be ~ to** verfallen sein (*dat*); neigen zu; **~ name** *Am.* Vorname *m*.

gla|cial ['gleɪsɪəl] *adj* □ eisig; Eis...; Gletscher...; **~·ci·er** ['glæsɪə] *s* Gletscher *m*.

glad [glæd] *adj* □ (**-dd-**) froh, erfreut; freudig; **~·den** *v/t* erfreuen; **~·ly** *adv* gern(e); **~·ness** *s* Freude *f*.

glam·o(u)r ['glæmə] *s* Zauber *m*, Glanz *m*, Reiz *m*; **~·ous** ['glæmərəs] *adj* □ bezaubernd.

glance [glɑːns] **1.** *s* (schneller *or* flüchtiger) Blick (**at** auf *acc*); **at a ~** mit e-m Blick; **2.** *v/i*: **~ at** flüchtig ansehen, e-n kurzen Blick werfen auf (*acc*); *mst* **~ off** abprallen.

gland *anat.* [glænd] *s* Drüse *f*.

G

glare [gleə] **1.** *s* grelles Licht; wilder, starrer Blick; **2.** *v/i* grell leuchten; wild blicken; **~ *at s.o.*** j-n anfunkeln.
glass [glɑːs] **1.** *s* Glas *n*; Opern-, Fernglas *n*; Barometer *n*; (***a pair of***) **~*es*** *pl* (e-e) Brille; **2.** *adj* gläsern; Glas...; **3.** *v/t* verglasen; **~·house** *s* Treibhaus *n*; *mil.* F Bau *m*; **~·y** *adj* (***-ier***, ***-iest***) gläsern; glasig (*eyes*).
glaze [gleɪz] **1.** *s* Glasur *f*; **2.** *v/t* verglasen; glasieren; polieren; *v/i eyes*: glasig werden; **gla·zi·er** ['~ɪə] *s* Glaser *m*; **glaz·ing** *s* Verglasen *n*; Verglasung *f*; ***double ~*** Doppelverglasung *f*, Doppelfenster *n*.
gleam [gliːm] **1.** *s* Schimmer *m*, Schein *m*; **2.** *v/i* schimmern.
glee [gliː] *s* Fröhlichkeit *f*; **~·ful** *adj* □ ausgelassen, fröhlich.
glen [glen] *s* Bergschlucht *f*, enges Tal.
glide [glaɪd] **1.** *aer.* Gleitflug *m*; **2.** *v/i and v/t* (dahin)gleiten (lassen); im Gleitflug fliegen (lassen); **glid·er** *s* Segelflugzeug *n*; Segelflieger(in); **glid·ing** *s* Segelfliegen *n*.
glim·mer ['glɪmə] **1.** *s* Schimmer *m*; *min.* Glimmer *m*; **2.** *v/i* schimmern.
glimpse [glɪmps] **1.** *s* flüchtiger Blick (***at*** auf *acc*); Schimmer *m*; flüchtiger Eindruck; **2.** *v/t* flüchtig erblicken.
glit·ter ['glɪtə] **1.** *v/i* glitzern, funkeln, glänzen; **2.** *s* Glitzern *n*, Funkeln *n*, Glanz *m*; **glit·te·ra·ti** *sl.* [~'rɑːtɪ] *s pl* Schickeria *f*, F Schickimickis *pl*.
gloat [gləʊt] *v/i*: **~ *over*** sich hämisch *or* diebisch freuen über (*acc*); **~·ing** *adj* □ hämisch, schadenfroh.
glo·bal ['gləʊbəl] *adj* global, weltweit; **~ *warming*** globaler Temperaturanstieg, Erwärmung *f* der Erdatmosphäre.
globe [gləʊb] *s* (Erd)Kugel *f*; Globus *m*; **~·trot·ter** F ['~trɒtə] *s* Globetrotter(in), Weltenbummler(in).
gloom [gluːm] *s* Düsterkeit *f*; Dunkelheit *f*; gedrückte Stimmung, Schwermut *f*; **~·y** *adj* □ (***-ier***, ***-iest***) dunkel; düster; schwermütig, traurig.
glo|ri·fy ['glɔːrɪfaɪ] *v/t* verherrlichen, preisen; **~·ri·ous** [~ɪəs] *adj* □ herrlich; glorreich; *fig.* phantastisch (*weather*); **~·ry** [~ɪ] **1.** *s* Ruhm *m*; Herrlichkeit *f*, Pracht *f*; **2.** *v/i*: **~ *in*** sich freuen über (*acc*); *success, etc.*: sich sonnen in (*dat*).
gloss [glɒs] **1.** *s* Glosse *f*, Erläuterung *f*; Glanz *m*; **2.** *v/t* erläutern; Glanz geben (*dat*); **~ *over*** beschönigen.
glos·sa·ry ['glɒsərɪ] *s* Glossar *n*, Wörterverzeichnis *n*.
gloss·y ['glɒsɪ] **1.** *adj* (***-ier***, ***-iest***) glänzend; **2.** *s* F *a.* **~ *magazine*** Hochglanzmagazin *n*.
glove [glʌv] *s* Handschuh *m*; **~ *compartment*** *mot.* Handschuhfach *n*.
glow [gləʊ] **1.** *s* Glühen *n*; Glut *f*; **2.** *v/i* glühen; **~·worm** *s zo.* Glühwürmchen *n*.
glu·cose ['gluːkəʊs] *s* Traubenzucker *m*.
glue [gluː] **1.** *s* Leim *m*; **2.** *v/t* kleben.
glum [glʌm] *adj* □ (***-mm-***) bedrückt, niedergeschlagen.
glut [glʌt] *v/t* (***-tt-***) überschwemmen, -sättigen; **~ *o.s. with*** *or* ***on*** sich vollstopfen mit; **~·ton** ['~n] *s* Unersättliche(r *m*) *f*; Vielfraß *m*; **~·ton·ous** *adj* □ gefräßig; **~·ton·y** *s* Gefräßigkeit *f*.
gnarled [nɑːld] *adj* knorrig; *hands*: knotig.
gnash [næʃ] *v/t* knirschen mit.
gnat *zo.* [næt] *s* (Stech)Mücke *f*.
gnaw [nɔː] *v/t* (*and v/i*: **~ *at***) nagen an (*dat*); *a.* kauen an (*dat*) (*fingernails*).
gnome [nəʊm] *s* Gnom *m*; Gartenzwerg *m*.
go [gəʊ] **1.** *v/i* (***went***, ***gone***) gehen, fahren, fliegen; weggehen, aufbrechen, abfahren, abreisen; *bus, etc.*: verkehren; *time*: vergehen; *mad, etc.*: werden; *way, etc.*: führen (***to*** nach); *reach*: sich erstrecken, reichen (***to*** bis zu); *develop*: ausgehen, ablaufen, ausfallen; *work properly*: gehen, arbeiten, funktionieren; *break down* (*machine*): kaputtgehen; ***let ~*** loslassen; **~ *shares*** teilen; ***I must be ~ing*** ich muß weg *or* fort; **~ *to bed*** ins Bett gehen; **~ *to school*** zur Schule gehen; **~ *to see*** besuchen; **~ *ahead*** vorangehen; vorausgehen, -fahren; **~ *ahead with s.th.*** et. durchführen, et. machen; **~ *at*** losgehen auf (*acc*); **~ *between*** vermitteln zwischen (*dat*); **~ *by*** sich richten nach; **~ *down*** hinuntergehen; *sun*: untergehen; *ship*: sinken; **~ *for*** holen; **~ *for a walk*** e-n Spaziergang machen, spazierengehen; **~ *in*** hineingehen, eintreten; **~ *in for an exam*** e-e Prüfung machen; **~ *off*** fortgehen; **~ *on*** weitergehen, -fahren; *fig.* fortfahren, weitermachen (***doing*** zu tun); *fig.* vor

sich gehen, vorgehen; ~ ***out*** hinausgehen; ausgehen, *regularly*: gehen (***with*** mit); *fire, etc.*: ausgehen, verlöschen; ~ ***through*** durchgehen; durchmachen; ~ ***up*** steigen; hinaufgehen, -steigen; ~ ***without*** sich behelfen ohne, auskommen ohne; **2.** *s* F Mode *f*; Schwung *m*; ***on the*** ~ auf den Beinen; im Gange; ***it is no*** ~ es geht nicht; ***in one*** ~ auf Anhieb; ***have a*** ~ ***at*** es versuchen mit; ***it's your*** ~ du bist dran.

goad [gəʊd] **1.** *s fig.* Ansporn *m*; **2.** *v/t fig.* anstacheln.

go-a·head F ['gəʊəhed] **1.** *adj* fortschrittlich, progressiv; **2.** *s*: ***give s.o. the*** ~ F j-m grünes Licht geben.

goal [gəʊl] *s* Mal *n*; Ziel *n*; *soccer*: Tor *n*; **~·keep·er** ['~kiːpə] *s* Torwart *m*.

goat *zo.* [gəʊt] *s* Ziege *f*, Geiß *f*.

gob·ble ['gɒbl] **1.** *v/i* schmatzen; *of turkey*: kollern; *v/t mst* ~ ***up*** verschlingen; **2.** *s* Kollern *n*; **~r** [~ə] *s* Truthahn *m*; gieriger Esser.

go-be·tween ['gəʊbɪtwiːn] *s* Vermittler (-in), Mittelsmann *m*.

gob·lin ['gɒblɪn] *s* Kobold *m*.

god [gɒd] *s eccl.* ♀ Gott *m*; *fig.* Abgott *m*; **~·child** *s* Patenkind *n*; **~·dess** ['gɒdɪs] *s* Göttin *f*; **~·fa·ther** *s* Pate *m* (*a. fig.*), Taufpate *m*; **~·for·sak·en** *adj contp.* gottverlassen; **~·less** *adj* gottlos; **~·like** *adj* gottähnlich; göttlich; **~·ly** *adj* (***-ier, -iest***) gottesfürchtig; fromm; **~·moth·er** *s* (Tauf)Patin *f*; **~·par·ent** *s* (Tauf-) Pate *m*, (-)Patin *f*; **~·send** *s* F Geschenk *n* des Himmels.

gog·gle ['gɒgl] **1.** *v/i* glotzen; **2.** *s*: **~s** *pl* Schutzbrille *f*; **~-box** *s Br.* F Glotze *f*.

go·ing ['gəʊɪŋ] **1.** *adj* gehend; im Gange (befindlich); ***be*** ~ ***to*** *inf* im Begriff sein zu *inf*, gleich *tun* wollen *or* werden; **2.** *s* Gehen *n*; Vorwärtskommen *n*; Straßenzustand *m*; Geschwindigkeit *f*, Leistung *f*; **~s-on** *s pl* F Treiben *n*, Vorgänge *pl*.

gold [gəʊld] **1.** *s* Gold *n*; **2.** *adj* golden; ~ **dig·ger** *Am.* ['~dɪgə] *s* Goldgräber *m*; **~·en** *adj mst fig.* golden, goldgelb; ~ ***handshake*** *Br.* Abfindung *f*; **~·fish** *s zo.* Goldfisch *m*; **~·smith** *s* Goldschmied *m*.

golf [gɒlf] **1.** *s* Golf(spiel) *n*; **2.** *v/i* Golf spielen; ~ **club** *s* Golfschläger *m*; Golfklub *m*; ~ **course** *s*, ~ **links** *s pl or sg* Golfplatz *m*.

gon·do·la ['gɒndələ] *s* Gondel *f*.

gone [gɒn] **1.** *pp of* **go** 1; **2.** *adj* fort; F futsch; vergangen; tot; F hoffnungslos.

good [gʊd] **1.** *adj* (***better, best***) gut; artig; gütig; gründlich; ~ ***at*** geschickt *or* gut in (*dat*); **2.** *s* Nutzen *m*, Wert *m*, Vorteil *m*; *das* Gute, Wohl *n*; **~s** *pl econ.* Waren *pl*, Güter *pl*; ***that's no*** ~ das nützt nichts; ***for*** ~ für immer; **~·bye** [~'baɪ] **1.** *s*: ***wish s.o.*** ~, ***say*** ~ ***to s.o.*** j-m auf Wiedersehen sagen; **2.** *int* (auf) Wiedersehen!; ♀ **Fri·day** *s* Karfreitag *m*; **~-hu·mo(u)red** *adj* □ gutgelaunt; gutmütig; **~-look·ing** *adj* gutaussehend; **~-na·tured** *adj* □ gutmütig; **~·ness** *s* Güte *f*; *das* Beste; ***thank*** ~**!** Gott sei Dank!; (***my***) ~**!**, ~ ***gracious!*** du meine Güte!, du lieber Himmel!; ***for*** ~**' *sake*** um Himmels willen!; ~ ***knows*** weiß der Himmel; **~·will** *s* Wohlwollen *n*; *econ.* Goodwill *m*, (ideeller) Firmenwert.

good·y F ['gʊdɪ] *s sweet*: Bonbon *m, n*; *in film, novel, etc.*: *der/die* Gute.

goose *zo.* [guːs] *s* (*pl* ***geese***) Gans *f* (*a. fig.*); **~·ber·ry** *bot.* ['gʊzbərɪ] *s* Stachelbeere *f*; **~·flesh** *s*, ~ **pim·ples** *s pl* Gänsehaut *f*; **~·step** *s* Stechschritt *m*.

gore [gɔː] *v/t with horns*: durchbohren, aufspießen.

gorge [gɔːdʒ] **1.** *s* Kehle *f*, Schlund *m*; enge (Fels)Schlucht; **2.** *v/i and v/t* (ver)schlingen; (sich) vollstopfen.

gor·geous ['gɔːdʒəs] *adj* □ prächtig.

go·ril·la *zo.* [gə'rɪlə] *s* Gorilla *m*.

gor·y ['gɔːrɪ] *adj* □ (***-ier, -iest***) blutig; *fig.* blutrünstig.

gosh F [gɒʃ] *int*: ***by*** ~ Mensch!

gos·ling *zo.* ['gɒzlɪŋ] *s* junge Gans.

go-slow *Br. econ.* [gəʊ'sləʊ] *s* Bummelstreik *m*.

Gos·pel *eccl.* ['gɒspəl] *s* Evangelium *n*.

gos·sa·mer ['gɒsəmə] *s* Spinnfäden *pl*, *a.* Altweibersommer *m*.

gos·sip ['gɒsɪp] **1.** *s* Klatsch *m*, Tratsch *m*; Klatschbase *f*; **2.** *v/i* klatschen, tratschen.

got [gɒt] *pret and pp of* **get**.

Goth·ic ['gɒθɪk] *adj* gotisch; Schauer...; ~ ***novel*** Schauerroman *m*.

got·ten *Am.* ['gɒtn] *pp of* **get**.

gourd *bot.* [gʊəd] *s* Kürbis *m*.

gout *med.* [gaʊt] *s* Gicht *f*.

gov·ern ['gʌvn] *v/t* regieren, beherr-

G

schen; lenken, leiten; *v/i* herrschen; **~·ess** *s* Erzieherin *f*.
gov·ern·ment ['gʌvnmənt] *s* Regierung *f*; *system*: Regierungsform *f*; Herrschaft *f* (**of** über *acc*); Ministerium *n*; *attr* Staats...; **~·al** [~'mentl] *adj* Regierungs...; **~ loan** *s* Staatsanleihe *f*; **~ mo·nop·o·ly** *s* staatliches Monopol; **~ se·cu·ri·ties** *s pl* Staatsanleihen *pl*; **~ sourc·es** *s pl appr*. Regierungskreise *pl*; **~ spend·ing** *s* öffentliche Ausgaben *pl*.
gov·er·nor ['gʌvənə] *s pol*. Gouverneur *m*; *Br. of bank*: Direktor *m*, Präsident *m*; F *father, boss*: F Alte(r) *m*.
gown [gaʊn] **1.** *s* (Frauen)Kleid *n*; Robe *f*, Talar *m*; **2.** *v/t* kleiden.
grab [græb] **1.** *v/t* (**-bb-**) (hastig *or* gierig) ergreifen, packen, fassen; **2.** *s* (hastiger *or* gieriger) Griff; *tech*. Greifer *m*.
grace [greɪs] **1.** *s* Gnade *f*; Gunst *f*; *delay*: (Gnaden)Frist *f*; *charm*: Grazie *f*, Anmut *f*; *decency*: Anstand *m*; *prayer*: Tischgebet *n*; ***Your* 2** Eure Hoheit (*duke, duchess*); Eure Exzellenz (*archbishop*); **2.** *v/t* zieren, schmücken; begünstigen, auszeichnen; **~·ful** *adj* □ anmutig; **~·less** *adj* □ ungraziös, linkisch; ungehobelt.
gra·cious ['greɪʃəs] *adj* □ gnädig.
gra·da·tion [grə'deɪʃn] *s* Abstufung *f*.
grade [greɪd] **1.** *s* Grad *m*, Rang *m*; Stufe *f*; Qualität *f*; *esp. Am*. → ***gradient***; *Am. school*: Klasse *f*; Note *f*; ***make the ~*** es schaffen, Erfolg haben; ***~ crossing*** *esp. Am*. schienengleicher Bahnübergang; **2.** *v/t* abstufen; einstufen; *tech*. planieren.
gra·di·ent *rail., etc*. ['greɪdɪənt] *s* Steigung *f* (*of slope*).
grad·u|al ['grædʒʊəl] *adj* stufenweise, allmählich; **~·al·ly** [~lɪ] *adv* nach u. nach; allmählich; **~·ate 1.** [~jʊeɪt] *v/i* die Abschlußprüfung machen, *Br*. e-n akademischen Grad erwerben, *Am*. die Schulausbildung abschließen; ***she ~d from ...*** sie hat in (*dat*) ... studiert; *v/t* graduieren; abstufen; **2.** *s* [~ʒʊət] *univ*. Hochschulabsolvent(in), Graduierte(r *m*) *f*, Akademiker(in); *Am*. Schulabgänger(in); **~·a·tion** [grædʒʊ'eɪʃn] *s* Gradeinteilung *f*; *univ., Am. a. school*: (Ab)Schlußfeier *f*; *univ*. Erteilung *f or* Erlangung *f* e-s akademischen Grades.
graf·fi·ti [græ'fiːtɪ] *s pl or sg* Wandmalereien *pl*, -schmierereien *pl*, Graffiti *pl*.
grain [greɪn] *s* Korn *n*; Getreide *n*; Gefüge *n*; *fig*. Natur *f*; *old weight*: Gran *n*.
gram [græm] *s* Gramm *n*.
gram·mar ['græmə] *s* Grammatik *f*; **~ school** *s Br. appr*. Gymnasium; *Am. appr*. Realschule *f*.
gram·mat·i·cal [grə'mætɪkl] *adj* □ grammatisch.
gramme [græm] → ***gram***.
gra·na·ry ['grænərɪ] *s* Kornspeicher *m*.
grand [grænd] **1.** *adj* □ *fig*. großartig; erhaben; groß; Groß..., Haupt...; ***2 Old Party*** *Am*. Republikanische Partei; **2.** *s* (*pl* ***grand***) F Riese *m* (*1000 dollars or pounds*); **~·child** ['græntʃaɪld] *s* Enkel(in); **~·dad,** *a*. **gran·dad** ['græn~] *s* F Großpapa *m*, Opa *m*; **~·daugh·ter** ['græn~] *s* Enkelin *f*, Enkeltochter *f*.
gran·deur ['grændʒə] *s* Größe *f*, Hoheit *f*; Erhabenheit *f*.
grand·fa·ther ['grændfɑːðə] *s* Großvater *m*; **~ clock** *s* Standuhr *f*.
gran·di·ose ['grændɪəʊs] *adj* □ großartig.
grand|ma F ['grænmɑː] *s* Großmama *f*, Oma *f*; **~·moth·er** ['græn~] *s* Großmutter *f*; **~·par·ents** ['græn~] *s pl* Großeltern *pl*; **~·pa** ['grænpɑː] *s* F → ***granddad***; **~ pi·an·o** *s mus*. (Konzert)Flügel *m*; **~·son** ['græn~] *s* Enkel *m*, Enkelsohn *m*; **~·stand** *s sports*: Haupttribüne *f*.
gran·ny F ['grænɪ] *s* Oma *f*.
grant [grɑːnt] **1.** *s* Gewährung *f*; Unterstützung *f*; Stipendium *n*; **2.** *v/t* gewähren; bewilligen; verleihen; *jur*. übertragen; zugestehen; ***~ed, but*** zugeben, aber; ***take for ~ed*** als selbstverständlich annehmen.
gran|u·lat·ed ['grænjʊleɪtɪd] *adj* körnig, granuliert; ***~ sugar*** Kristallzucker *m*; **~·ule** [~juːl] *s* Körnchen *n*.
grape [greɪp] *s* Weinbeere *f*, -traube *f*; **~·fruit** *bot*. ['~fruːt] *s* Grapefruit *f*, Pampelmuse *f*; **~·vine** *s bot*. Weinstock *m*; F *j-s* Verbindungen *pl*, Gerücht *n*; ***hear s.th. on or through the ~*** et. gerüchtweise hören.
graph [græf] *s* graphische Darstellung; **~·ic** *adj* (***~ally***) graphisch; anschaulich; ***~ arts*** *pl* Graphik *f*, graphische Kunst.

grap·ple ['græpl] *v/i* ringen, kämpfen; ~ *with fig.* sich herumschlagen mit *et.*
grasp [grɑːsp] **1.** *s* Griff *m*; Bereich *m*; Beherrschung *f*; Fassungskraft *f*; **2.** *v/t* (er)greifen, packen; begreifen.
grass [grɑːs] *s* Gras *n*; Rasen *m*; Weide(land *n*) *f*; *sl. marihuana*: Grass *n*; **~·hop·per** *s zo.* Heuschrecke *f*; ~ **roots** *s pl pol.* Basis *f*; ~ **wid·ow** *s* Strohwitwe *f*; *Am.* geschiedene Frau; *Am.* getrennt lebende Frau; ~ **wid·ow·er** *s* Strohwitwer *m*; *Am.* geschiedener Mann; *Am.* getrennt lebender Mann; **gras·sy** *adj* (**-ier**, **-iest**) grasbedeckt, Gras...
grate [greɪt] **1.** *s* Gitter *n*; (Feuer)Rost *m*; **2.** *v/t* reiben, raspeln; *v/i* knirschen; ~ ***on s.o.'s nerves*** an j-s Nerven zerren.
grate·ful ['greɪtfl] *adj* □ dankbar.
grat·er ['greɪtə] *s* Reibe *f*.
grat·ing[1] ['greɪtɪŋ] *adj* □ kratzend, knirschend, quietschend; schrill; unangenehm.
grat·ing[2] [~] *s* Gitter(werk) *n*.
grat·i·tude ['grætɪtjuːd] *s* Dankbarkeit *f*.
grave[1] [greɪv] *adj* □ (**~r**, **~st**) ernst; (ge-)wichtig; gemessen.
grave[2] [~] *s* Grab *n*; **~·dig·ger** ['~dɪgə] *s* Totengräber *m* (*a. zo.*).
grav·el ['grævl] **1.** *s* Kies *m*; Schotter *m*; *med.* Harngrieß *m*; **2.** *v/t* (*esp. Br.* **-ll-**, *Am.* **-l-**) schottern, mit Kies bestreuen.
grave|stone ['greɪvstəʊn] *s* Grabstein *m*; **~·yard** *s* Friedhof *m*.
grav·i·ta·tion [grævɪ'teɪʃn] *s phys.* Schwerkraft *f*; *fig.* Hang *m*, Neigung *f*.
grav·i·ty ['grævətɪ] *s* Schwere *f*, Ernst *m*; *phys.* Schwerkraft *f*.
gra·vy ['greɪvɪ] *s* Bratensaft *m*; Bratensoße *f*; ~ **boat** *s* Soßenschüssel *f*.
gray *esp. Am.* [greɪ] *adj* grau.
graze[1] [greɪz] *v/i and v/t cattle*: weiden (lassen); (ab)weiden; (ab)grasen.
graze[2] [~] **1.** *v/t* streifen; schrammen; *skin*: (ab-, auf)schürfen, (auf)schrammen; **2.** *s* Abschürfung *f*, Schramme *f*.
grease 1. *s* [griːs] Fett *n*; Schmiere *f*; **2.** *v/t* [griːz] (ein)fetten; *tech.* (ab)schmieren; **greas·y** ['griːzɪ] *adj* □ (**-ier**, **-iest**) fett(ig), ölig; schmierig.
great [greɪt] *adj* □ groß, Groß...; F großartig; **~-grand...** *child, parents*: Ur..., Urgroß...; **~·ly** *adv* sehr; **~·ness** *s* Größe *f*; Stärke *f*.
greed [griːd] *s* Gier *f*; **~·y** *adj* □ (**-ier**, **-iest**) gierig (***for*** auf *acc*, nach); habgierig; gefräßig.
Greek [griːk] **1.** *adj* griechisch; **2.** *s* Griech|e *m*, -in *f*; *ling.* Griechisch *n*.
green [griːn] **1.** *adj* □ grün (*a. fig.*); *fish, etc.*: frisch; neu; Grün...; *pol.* (*a. adv*) ökologisch, grün, Umwelt...; ~ ***issues*** *pl pol.* Umweltfragen *pl*; ***go*** ~ *production, etc.*: umweltfreundlich werden; ***the*** **&s** die Grünen; **2.** *s* Grün *n*; Grünfläche *f*, Rasen *m*; **~s** *pl* grünes Gemüse, Blattgemüse *n*; **~·back** *s Am.* F Dollarschein *m*; ~ **belt** *s round a town*: Grüngürtel *m*; **~·gro·cer** *s esp. Br.* Obst- u. Gemüsehändler(in); **~·gro·cer·y** *s esp. Br.* Obst- u. Gemüsehandlung *f*; **~·horn** *s* Greenhorn *n*, Grünschnabel *m*; **~·house** *s* Gewächs-, Treibhaus *n*; ~ ***effect*** Treibhauseffekt *m*; **~·ish** *adj* grünlich.
greet [griːt] *v/t* grüßen; **~·ing** *s* Begrüßung *f*, Gruß *m*; **~s** *pl* Grüße *pl*.
gre·nade *mil.* [grɪ'neɪd] *s* Granate *f*.
grew [gruː] *pret of* **grow**.
grey [greɪ] **1.** *adj* □ grau; **2.** *s* Grau *n*; **3.** *v/t and v/i* grau machen *or* werden; **~·hound** *zo.* ['~haʊnd] *s* Windhund *m*.
grid [grɪd] **1.** *s* Gitter *n*; *electr., etc.*: Versorgungsnetz *n*; **2.** *adj electr.* Gitter...; **~·i·ron** ['~aɪən] *s* (Brat)Rost *m*; *Am. sports*: F Footballfeld *n*.
grief [griːf] *s* Gram *m*, Kummer *m*; ***come to*** ~ zu Schaden kommen.
griev|ance ['griːvəns] *s* Beschwerde *f*; Mißstand *m*; **~e** [griːv] *v/t* betrüben, bekümmern, *j-m* Kummer bereiten; *v/i* bekümmert sein; ~ ***for*** trauern um; **~·ous** ['griːvəs] *adj* □ kränkend, schmerzlich; schlimm.
grill [grɪl] **1.** *v/t* grillen; **2.** *s* Grill *m*; Bratrost *m*; Gegrillte(s) *n*; *a.* ***~-room*** Grillroom *m*.
grim [grɪm] *adj* □ (**-mm-**) grimmig; schrecklich; erbittert; F schlimm.
gri·mace [grɪ'meɪs] **1.** *s* Fratze *f*, Grimasse *f*; **2.** *v/i* Grimassen schneiden.
grime [graɪm] *s* Schmutz *m*; Ruß *m*; **grim·y** ['graɪmɪ] *adj* □ (**-ier**, **-iest**) schmutzig; rußig.
grin [grɪn] **1.** *s* Grinsen *n*; **2.** *v/i* (**-nn-**) grinsen.
grind [graɪnd] **1.** *v/t* (***ground***) (zer)reiben; mahlen; schleifen; *barrel-organ, etc.*: drehen; *fig.* schinden; ~ ***one's***

teeth mit den Zähnen knirschen; **2.** *s* Schinderei *f*, Schufterei *f*; **~·er** *s* (Messer- *etc.*)Schleifer *m*; *tech.* Schleifmaschine *f*; *tech.* Mühle *f*; **~·stone** *s* Schleifstein *m*.
grip [grɪp] **1.** *v/t* (**-pp-**) packen, fassen (*a. fig.*); **2.** *s* Griff *m* (*a. fig.*); *fig.* Gewalt *f*, Herrschaft *f*; *Am.* Reisetasche *f*.
gris·ly ['grɪzlɪ] *adj* (***-ier***, ***-iest***) gräßlich, schrecklich.
gris·tle ['grɪsl] *s in meat*: Knorpel *m*.
grit [grɪt] **1.** *s* Kies *m*; Sand(stein) *m*; *fig.* Mut *m*; **2.** *v/t* (**-tt-**): ***~ one's teeth*** die Zähne zusammenbeißen.
griz·zly (bear) *zo.* ['grɪzlɪ(beə)] *s* Grizzly(bär) *m*, Graubär *m*.
groan [grəʊn] **1.** *v/i* stöhnen, ächzen; **2.** *s* Stöhnen *n*, Ächzen *n*.
gro·cer ['grəʊsə] *s* Lebensmittelhändler *m*; **~·ies** [~rɪz] *s pl* Lebensmittel *pl*; **~·y** *s* Lebensmittelgeschäft *n*.
grog·gy F ['grɒgɪ] *adj* (***-ier***, ***-iest***) schwach *or* wackelig (auf den Beinen), F groggy.
groin *anat.* [grɔɪn] *s* Leiste(ngegend) *f*.
groom [grʊm] **1.** *s* Pferdepfleger *m*, Stallbursche *m*; → ***bridegroom***; **2.** *v/t* pflegen; *j-n* aufbauen, lancieren.
groove [gru:v] *s* Rinne *f*, Furche *f*; Rille *f*, Nut *f*; **groov·y** *sl.* ['gru:vɪ] *adj* (***-ier***, ***-iest***) klasse, toll.
grope [grəʊp] *v/i* tasten; *v/t sl. girl*: befummeln.
gross [grəʊs] **1.** *adj* □ dick, fett; grob, derb; *econ.* Brutto...; **2.** *s* Gros *n* (*12 dozen*); ***in the ~*** im ganzen.
gro·tesque [grəʊ'tesk] *adj* □ grotesk.
ground¹ [graʊnd] **1.** *pret and pp of* ***grind*** 1; **2.** *adj*: ***~ glass*** Mattglas *n*.
ground² [~] **1.** *s* Grund *m*, Boden *m*; Gebiet *n*; (Spiel- *etc.*)Platz *m*; *reason*: (Beweg)Grund *m*; *electr.* Erde *f*; **~s** *pl* Grundstück *n*, Park(s *pl*) *m*, Gärten *pl*; (Kaffee)Satz *m*; ***on the ~(s) of*** auf Grund (*gen*); ***stand*** *or* ***hold*** *or* ***keep one's ~*** sich behaupten; **2.** *v/t* niederlegen; (be)gründen; *j-m* die Anfangsgründe beibringen; *electr.* erden; **~ crew** *s aer.* Bodenpersonal *n*; **~ floor** *s esp. Br.* Erdgeschoß *n*; **~ forc·es** *s pl mil.* Bodentruppen *pl*, Landstreitkräfte *pl*; **~·ing** *s Am. electr.* Erdung *f*; Grundlagen *pl*, -kenntnisse *pl*; **~·less** *adj* □ grundlos; **~ staff** *s Br. aer.* Bodenpersonal *n*; **~ sta·tion** *s space travel*: Bodenstation *f*; **~·work** *s* Grundlage *f*.
group [gru:p] **1.** *s* Gruppe *f*; **2.** *v/t and v/i* (sich) gruppieren; **~·ie** F ['~ɪ] *s* Groupie *n*; **~·ing** *s* Gruppierung *f*.
grove [grəʊv] *s* Wäldchen *n*, Gehölz *n*.
grov·el ['grɒvl] *v/i* (*esp. Br.* ***-ll-***, *Am.* ***-l-***) (am Boden) kriechen; *fig.* ***~ before s.o.*** vor j-m kriechen.
grow [grəʊ] (***grew***, ***grown***) *v/i* wachsen; werden; ***~ into*** hineinwachsen in (*acc*); werden zu, sich entwickeln zu; ***~ on*** *j-m* lieb werden *or* ans Herz wachsen; ***~ out of*** herauswachsen aus; entstehen aus; ***~ up*** aufwachsen, heranwachsen; sich entwickeln; *v/t bot.* anpflanzen, anbauen, züchten; **~·er** *s* Züchter *m*, Erzeuger *m*, *in compounds* ...bauer *m*.
growl [graʊl] *v/i and v/t* knurren, brummen.
grown [grəʊn] **1.** *pp of* ***grow***; **2.** *adj* erwachsen; bewachsen; **~-up** ['~ʌp] **1.** *adj* erwachsen; **2.** *s* Erwachsene(r *m*) *f*; **growth** [grəʊθ] *s* Wachstum *n*; (An-)Wachsen *n*; Entwicklung *f*; Erzeugnis *n*; *med.* Gewächs *n*, Wucherung *f*; ***~ rate*** *econ.* Wachstumsrate *f*.
grub [grʌb] **1.** *s zo.* Raupe *f*, Larve *f*, Made *f*; F *food*: Futter *n*; **2.** *v/i* (**-bb-**) graben; sich abmühen; **~·by** ['grʌbɪ] *adj* (***-ier***, ***-iest***) schmutzig.
grudge [grʌdʒ] **1.** *s* Groll *m*; **2.** *v/t* mißgönnen; ungern geben *or* tun *etc.*
gru·el ['grʊəl] *s* Haferschleim *m*.
gruff [grʌf] *adj* □ grob, schroff, barsch.
grum·ble ['grʌmbl] **1.** *v/i and v/t* murren; **2.** *s* Murren *n*; **~r** [~ə] *s fig.* Brummbär *m*.
grunt [grʌnt] **1.** *v/i and v/t* grunzen; brummen; stöhnen; **2.** *s* Grunzen *n*; Stöhnen *n*.
guar·an|tee [gærən'ti:] **1.** *s* Garantie *f*; Bürgschaft *f*; Sicherheit *f*; Zusicherung *f*; **2.** *v/t* (sich ver)bürgen für; garantieren; **~·tor** [~'tɔ:] *s* Bürge *m*, Bürgin *f*; **~·ty** ['gærəntɪ] *s* Garantie *f*; Bürgschaft *f*; Sicherheit *f*.
guard [gɑ:d] **1.** *s* Wacht *f*; *mil.* Wache *f*; Wächter *m*, Wärter *m*; *rail.* Schaffner *m*; Schutz(vorrichtung *f*) *m*; **&s** *pl* Garde *f*; ***be on ~*** Wache haben; ***be on (off) one's ~*** (nicht) auf der Hut sein; **2.** *v/t* bewachen, (be)schützen (***from*** vor *dat*); *v/i* sich hüten (***against*** vor *dat*); **~·ed**

adj □ vorsichtig, zurückhaltend; **~·i·an** *s* Hüter *m*, Wächter *m*; *jur*. Vormund *m*; *attr* Schutz...; **~·i·an·ship** *s* *jur*. Vormundschaft *f*.

gue(r)·ril·la *mil*. [gəˈrɪlə] *s* Guerilla *m*; **~ warfare** Guerillakrieg *m*.

guess [ges] **1.** *s* Vermutung *f*; **2.** *v/t and v/i* vermuten; schätzen; raten; *Am*. glauben, denken; **~ing game** Ratespiel *n*; **~·work** *s* (reine) Vermutung(en *pl*).

guest [gest] **1.** *s* Gast *m*; **2.** *adj* Gast...; **~·house** *s* (Hotel)Pension *f*, Fremdenheim *n*; **~·room** *s* Gast-, Gäste-, Fremdenzimmer *n*.

guid·ance [ˈgaɪdns] *s* Führung *f*; (An)Leitung *f*.

guide [gaɪd] **1.** *s* (Reise-, Fremden)Führer(in); *tech*. Führung *f*; *a*. **~book** (Reise- *etc*.)Führer *m*; **a ~ to London** ein London-Führer; **2.** *v/t* leiten; führen; lenken; **guid·ed tour** *s* Führung *f*; **~·line** [ˈ~laɪn] *s* Richtlinie *f*, -schnur *f*.

guild *hist*. [gɪld] *s* Gilde *f*, Zunft *f*; **2·hall** [gɪldˈhɔːl] *s* Rathaus *n* (*of London*).

guile [gaɪl] *s* Arglist *f*; **~·ful** *adj* □ arglistig; **~·less** *adj* □ arglos.

guilt [gɪlt] *s* Schuld *f*; Strafbarkeit *f*; **~·less** *adj* □ schuldlos; unkundig; **~·y** [~ɪ] *adj* □ (**-ier**, **-iest**) schuldig (**of** *gen*).

guin·ea *Br*. [ˈgɪnɪ] *s* Guinee *f* (*former monetary unit*, = *21 shillings*); **~-pig** *s* *zo*. Meerschweinchen *n*; *fig*. Versuchskaninchen *n*.

gui·tar *mus*. [gɪˈtɑː] *s* Gitarre *f*.

gulch *esp*. *Am*. [gʌlʃ] *s* tiefe Schlucht.

gulf [gʌlf] *s* Meerbusen *m*, Golf *m*; *fig*. *chasm*: Kluft *f*, Abgrund *m*.

gull *zo*. [gʌl] *s* Möwe *f*.

gul·let *anat*. [ˈgʌlɪt] *s* Schlund *m*, Speiseröhre *f*, Gurgel *f*.

gulp [gʌlp] **1.** *s* (großer) Schluck; **2.** *v/t often* **~ down** *drink*: hinunterstürzen, *food*: hinunterschlingen.

gum [gʌm] **1.** *s* Gummi *m*, *n*; Klebstoff *m*; *Am*. *a*. **~drop** Gummibonbon *m*, *n*; **~s** *pl anat*. Zahnfleisch *n*; *Am*. Gummischuhe *pl*; **2.** *v/t* (**-mm-**) gummieren; kleben.

gun [gʌn] **1.** *s* Gewehr *n*; Flinte *f*; Geschütz *n*, Kanone *f*; *Am*. Revolver *m*; **big ~** F *fig*. hohes Tier; **2.** *v/t* (**-nn-**) *mst* **~ down** niederschießen; **~ bat·tle** *s* Feuergefecht *n*, Schießerei *f*; **~·boat** *s* Kanonenboot *n*; **~·fight** *Am*. → **gun battle**; **~·fire** *s* Schüsse *pl*; *mil*. Geschützfeuer *n*; **~ li·cence** *s* Waffenschein *m*; **~·man** *s* Bewaffnete(r) *m*; Revolverheld *m*; **~·ner** *s mil*. Kanonier *m*; **~·point** *s*: **at ~** mit vorgehaltener Waffe, mit Waffengewalt; **~·pow·der** *s* Schießpulver *n*; **~·run·ner** *s* Waffenschmuggler *m*; **~·run·ning** *s* Waffenschmuggel *m*; **~·shot** *s* Schuß *m*; **within** (**out of**) **~** in (außer) Schußweite; **~·smith** *s* Büchsenmacher *m*.

gur·gle [ˈgɜːgl] **1.** *v/i* glucksen, gluckern, gurgeln; **2.** *s* Glucksen *n*, Gurgeln *n*.

gush [gʌʃ] **1.** *s* Schwall *m*, Strom *m* (*a*. *fig*.); **2.** *v/i* sich ergießen, schießen (**from** aus); *fig*. schwärmen.

gust [gʌst] *s* Windstoß *m*, Bö *f*.

gut [gʌt] *s anat*. Darm *m*; *mus*. Darmsaite *f*; **~s** *pl* Eingeweide *pl*; *das* Innere; *fig*. Schneid *m*, F Mumm *m*.

gut·ter [ˈgʌtə] *s* Dachrinne *f*; Gosse *f* (*a*. *fig*.), Rinnstein *m*; **~ press** *s* Sensationspresse *f*.

guy F [gaɪ] *s* Kerl *m*, Typ *m*.

guz·zle [ˈgʌzl] *v/t and v/i* saufen; fressen.

gym F [dʒɪm] → **gymnasium**, **gymnastics**; **~·na·si·um** [dʒɪmˈneɪzɪəm] *s* Turn-, Sporthalle *f*; **~·nas·tics** [~ˈnæstɪks] *s sg* Turnen *n*, Gymnastik *f*.

gy·n(a)e·col·o|gist [gaɪnɪˈkɒlədʒɪst] *s* Gynäkolog|e *m*, -in *f*, Frauenarzt *m*, -ärztin *f*; **~·gy** [~dʒɪ] *s* Gynäkologie *f*, Frauenheilkunde *f*.

gyp·sy *esp*. *Am*. [ˈdʒɪpsɪ] → **gipsy**.

gy·rate [dʒaɪəˈreɪt] *v/i* kreisen, sich (im Kreis) drehen, (herum)wirbeln.

G

H

hab·it ['hæbɪt] *s* (An)Gewohnheit *f*; *esp. of monk*: Ordenskleidung *f*; ***out of** or **by** ~* aus Gewohnheit; ***... as was her** ~* wie es ihre Gewohnheit war; ***~ of mind*** Geistesverfassung *f*; ***drink has become a ~ with him*** er kommt vom Alkohol nicht mehr los.

hab·i|ta·ble ['hæbɪtəbl] *adj* □ bewohnbar; **~·tat** [~tæt] *s of animal*: Lebensraum *m*; *of plant*: Standort *m*.

ha·bit·u·al [hə'bɪtjʊəl] *adj* □ gewohnt, gewöhnlich; Gewohnheits...

hack¹ [hæk] *v/t and v/i* (zer)hacken; *computer*: hacken.

hack² [~] *s* Reitpferd *n*; Mietpferd *n*; *contp.* Klepper *m*; *a.* ***~ writer*** Schreiberling *m*.

hack·er ['hækə] *s computer*: Hacker *m*.

hack·neyed ['hæknɪd] *adj phrase, etc.*: abgedroschen, abgenutzt.

had [hæd] *pret and pp of* ***have.***

had·dock *zo.* ['hædək] *s* Schellfisch *m*.

h(a)e·mor·rhage *med.* ['hemərɪdʒ] *s* Blutung *f*.

hag *fig.* [hæg] *s* häßliches altes Weib, Hexe *f*.

hag·gard ['hægəd] *adj* □ verhärmt.

hag·gle ['hægl] *v/i* feilschen, schachern.

hail [heɪl] **1.** *s* Hagel *m*; (Zu)Ruf *m*; **2.** *v/i and v/t* (nieder)hageln (lassen); rufen; (be)grüßen; ***~ from*** stammen aus; **~·stone** *s* Hagelkorn *n*; **~·storm** *s* Hagelschauer *m*.

hair [heə] *s single*: Haar *n*; *coll.* Haar *n*, Haare *pl*; **~·breadth** ['~bredθ] *s*: ***by a ~*** um Haaresbreite; **~·brush** *s* Haarbürste *f*; **~·cut** *s* Haarschnitt *m*; **~·do** *s* (*pl* ***-dos***) F Frisur *f*; **~·dress·er** *s* Friseur *m*, Friseuse *f*; **~·dri·er, ~·dry·er** *s* Trokkenhaube *f*; Haartrockner *m*; *TM* Fön *m*; **~·grip** *s Br.* Haarklammer *f*, -klemme *f*; **~·less** *adj* ohne Haare, kahl; **~·pin** *s* Haarnadel *f*; ***~ bend*** Haarnadelkurve *f*; **~·rais·ing** *adj* haarsträubend; **~'s breadth** → ***hairbreadth***; **~·slide** *s Br.* Haarspange *f*; **~·split·ting** *s* Haarspalterei *f*; **~ spray** *s* Haarspray *m, n*; **~·style** *s* Frisur *f*; **~ styl·ist** *s* Hair-Stylist *m*, Damenfriseur *m*; **~·y** *adj* (***-ier***, ***-iest***) behaart; haarig.

hale [heɪl] *adj*: ***~ and hearty*** gesund u. munter.

half [hɑːf] **1.** *s* (*pl* ***halves*** [~vz]) Hälfte *f*; ***by halves*** nur halb; ***go halves*** halbe-halbe machen, teilen; **2.** *adj and adv* halb; ***~ an hour*** e-e halbe Stunde; ***~ a pound*** ein halbes Pfund; ***~ past ten*** halb elf (Uhr); ***~ way up*** auf halber Höhe; **~·breed** *s* Halbblut *n*; **~ broth·er** *s* Halbbruder *m*; **~-caste** *s* Halbblut *n*; **~-heart·ed** *adj* □ halbherzig, lustlos, lau; **~-hour** *s* halbe Stunde; **~ly** halbstündlich; **~-life** *s phys.* Halbwertszeit *f*; **~-mast** *s*: ***fly at ~*** auf halbmast wehen; **~ sis·ter** *s* Halbschwester *f*; **~-term** *s Br. univ.* Kurzferien *pl* in der Mitte e-s Trimesters; **~-tim·bered** *adj arch.* Fachwerk...; **~-time** *s sports*: Halbzeit *f*; **~-way** *adj and adv* halb; auf halbem Weg, in der Mitte; **~-wit·ted** *adj* schwachsinnig.

hal·i·but *zo.* ['hælɪbət] *s* Heilbutt *m*.

hall [hɔːl] *s* Halle *f*, Saal *m*; Flur *m*, Diele *f*; Herrenhaus *n*; *univ.* Speisesaal *m*; *univ.* ***~ of residence*** Studentenwohnheim *n*.

hal·lo *Br.* [hə'ləʊ] → ***hello***.

hal·low ['hæləʊ] *v/t* heiligen, weihen.

Hal·low·e'en [hæləʊ'iːn] *s* Halloween *n*, Abend *m* vor Allerheiligen.

hal·lu·ci·na·tion [həluːsɪ'neɪʃn] *s* Halluzination *f*.

hall·way *esp. Am.* ['hɔːlweɪ] *s* Halle *f*, Diele *f*; Korridor *m*.

ha·lo ['heɪləʊ] *s* (*pl* ***-loes***, ***-los***) *ast.* Hof *m*; Heiligenschein *m*.

halt [hɔːlt] **1.** *s* Halt(estelle *f*) *m*; Stillstand *m*; **2.** *v/t and v/i* (an)halten.

hal·ter ['hɔːltə] *s* Halfter *m, n*; Strick *m*.

halve [hɑːv] *v/t* halbieren; **~s** [hɑːvz] *pl of* ***half*** 1.

ham [hæm] *s* Schinken *m*; ***~ and eggs*** Schinken mit (Spiegel)Ei.

ham·burg·er ['hæmbɜːgə] *s* Hamburger *m*; Hacksteak *n*, Frikadelle *f*.

ham·let ['hæmlɪt] *s* Weiler *m*.

ham·mer ['hæmə] **1.** *s* Hammer *m*; **2.** *v/t and v/i* hämmern; *v/t* F *sports*: vernichtend schlagen, deklassieren.

ham·mock ['hæmək] *s* Hängematte *f*; *a.*

swinging garden ~ Hollywoodschaukel *f*.
ham·per¹ ['hæmpə] *s* (Trag)Korb *m* (mit Deckel); Geschenk-, F Freßkorb *m*.
ham·per² [~] *v/t* (be)hindern; stören.
ham·ster *zo*. ['hæmstə] *s* Hamster *m*.
hand [hænd] **1.** *s* Hand *f* (*a. fig*.); *~writing*: Handschrift *f*; *measurement*: Handbreite *f*; *of clock*: (Uhr)Zeiger *m*; *worker*: Mann *m*, Arbeiter *m*; *cards*: Blatt *n*; ***at*** ~ bei der Hand; nahe bevorstehend; ***at first*** ~ aus erster Hand; ***a good*** (***poor***) ~ ***at*** (un)geschickt in (*dat*); ~ ***and glove*** ein Herz und eine Seele; ***change*** ~***s*** den Besitzer wechseln; ***lend a*** ~ (mit) anfassen; ***off*** ~ aus dem Handgelenk *or* Stegreif; ***on*** ~ *econ*. vorrätig, auf Lager; *esp. Am*. zur Stelle, bereit; ***on one's*** ~***s*** auf dem Hals; ***on the one*** ~ einerseits; ***on the other*** ~ andererseits; **2.** *v/t* ein-, aushändigen, (über)geben, (-)reichen; ~ ***around*** herumreichen; ~ ***down*** herunterreichen; vererben; ~ ***in*** *et*. hinein-, hereinreichen; *paper, essay, etc*.: abgeben; *report, forms, etc*.: einreichen; ~ ***on*** weiterreichen, -geben; ~ ***out*** aus-, verteilen; ~ ***over*** übergeben; aushändigen; ~ ***up*** hinauf-, heraufreichen; **~·bag** *s* Handtasche *f*; **~·bill** *s* Handzettel *m*, Flugblatt *n*; **~·book** *s* Handbuch *n*; **~·brake** *s tech*. Handbremse *f*; **~·cuff** *v/t j-m* Handschellen anlegen, *j-n* mit Handschellen fesseln; **~·cuffs** *s pl* Handschellen *pl*; **~·ful** *s* Handvoll *f*.
hand·i·cap ['hændıkæp] **1.** *s* Handikap *n*; *sports*: Vorgabe *f*; *race*: Vorgaberennen *n*; *fig*. Behinderung *f*, Benachteiligung *f*, Nachteil *m*; → ***mental***, ***physical***; **2.** *v/t* (**-pp-**) (be)hindern, benachteiligen; *sports*: mit Handikaps belegen; **~ped 1.** *adj* gehandikapt, behindert, benachteiligt; → ***mental***, ***physical***; **2.** *s*: ***the*** ~ *pl med*. die Behinderten *pl*.
hand·ker·chief ['hæŋkətʃıf] *s* Taschentuch *n*.
han·dle ['hændl] **1.** *s* Griff *m*; Stiel *m*; Henkel *m*; *fig*. Handhabe *f*; ***fly off the*** ~ F wütend werden; **2.** *v/t* anfassen; handhaben; behandeln; **~·bar(s** *pl***)** *s* Lenkstange *f*.
hand| lug·gage ['hændlʌgıdʒ] *s* Handgepäck *n*; **~·made** *adj* handgearbeitet; **~·rail** *s* Geländer *n*; **~·shake** *s* Händedruck *m*; **~·some** ['hænsəm] *adj* □ (**~r**, **~st**) ansehnlich; hübsch; anständig; **~·work** *s* Handarbeit *f*; **~·writ·ing** *s* Handschrift *f*; **~·writ·ten** *adj* handgeschrieben; **~·y** *adj* □ (**-ier**, **-iest**) geschickt; handlich; nützlich; zur Hand; ***come in*** ~ sich als nützlich erweisen; sehr gelegen kommen.
hang¹ [hæŋ] **1.** (***hung***) *v/t* hängen; auf-, einhängen; verhängen; hängen lassen; *wallpaper*: ankleben; *v/i* hängen; schweben; sich neigen; ~ ***about***, ~ ***around*** herumlungern; ~ ***back*** zögern; ~ ***on*** sich klammern (***to*** an *acc*) (*a. fig*.); F *wait*: warten; ~ ***up*** *teleph*. einhängen, auflegen; ***she hung up on me*** sie legte einfach auf; **2.** *s* Fall *m*, Sitz *m* (*of dress, etc*.); ***get the*** ~ ***of s.th.*** et. kapieren, den Dreh rauskriegen (bei et.).
hang² [~] *v/t* (***hanged***) (auf)hängen; ~ ***o.s.*** sich erhängen.
han·gar ['hæŋə] *s* Hangar *m*, Flugzeughalle *f*.
hang·er ['hæŋə] *s* Kleiderbügel *m*; **~-on** *fig*. [~ər'ɒn] *s* (*pl* ***hangers-on***) Klette *f*.
hang|-glid·er ['hæŋglaıdə] *s* (Flug)Drachen *m*; Drachenflieger(in); **~-glid·ing** *s* Drachenfliegen *n*.
hang·ing ['hæŋıŋ] **1.** *adj* hängend; Hänge...; **2.** *s* (Er)Hängen *n*; **~s** *pl* Tapete *f*, Wandbehang *m*, Vorhang *m*.
hang·man ['hæŋmən] *s* Henker *m*.
hang·o·ver F ['hæŋəʊvə] *s* Katzenjammer *m*, Kater *m*.
han·ker ['hæŋkə] *v/i* sich sehnen (***after***, ***for*** nach).
hap·haz·ard [hæp'hæzəd] **1.** *s* Zufall *m*; ***at*** ~ aufs Geratewohl; **2.** *adj* □ willkürlich, plan-, wahllos.
hap·pen ['hæpən] *v/i* sich ereignen, geschehen; ***these things*** ~ das kommt vor; ***he*** ~***ed to be at home*** er war zufällig zu Hause; ~ ***on***, ~ ***upon*** zufällig treffen auf (*acc*); **~·ing** *s* Ereignis *n*, Vorkommnis *n*; Happening *n*.
hap·pi|ly ['hæpılı] *adv* glücklich(erweise); **~·ness** [~nıs] *s* Glück(seligkeit *f*) *n*.
hap·py ['hæpı] *adj* □ (**-ier**, **-iest**) glücklich; beglückt; erfreut; erfreulich; geschickt; treffend; F beschwipst; **~-go-luck·y** *adj* unbekümmert.
ha·rangue [hə'ræŋ] **1.** *s* Strafpredigt *f*; **2.** *v/t j-m* e-e Strafpredigt halten.

H

har·ass ['hærəs] *v/t* belästigen, quälen; **~·ment** *s* Belästigung *f*, Schikane *f*; ***sexual ~*** sexuelle Belästigung.

har·bo(u)r ['hɑːbə] **1.** *s* Hafen *m*; Zufluchtsort *m*; **2.** *v/t* beherbergen; *thoughts, etc.*: hegen.

hard [hɑːd] **1.** *adj* hart; schwer; mühselig; streng; ausdauernd; fleißig; heftig; *drug*: hart, *drink*: *a.* stark; ***~ of hearing*** schwerhörig; **2.** *adv* stark; tüchtig; mit Mühe; ***~ by*** nahe bei; ***~ up*** in Not; **~-boiled** *adj* hart(gekocht); *fig.* hart, unsentimental, nüchtern; **~ cash** *s* Bargeld *n*; F Bare(s) *n*; **~ core** *s* harter Kern (*of gang, etc.*); **~-core** *adj* zum harten Kern gehörend; *pornography*: hart; **~·cov·er** *print.* **1.** *adj* gebunden; **2.** *s* Hardcover *n*, gebundene Ausgabe; **~·en** *v/t and v/i* härten; hart machen *or* werden; (sich) abhärten; *fig.* (sich) verhärten (***to*** gegen); *econ.* (*prices*) sich festigen; **~ hat** *s* Schutzhelm *m* (*for construction workers, etc.*); **~·head·ed** *adj* nüchtern, praktisch; *esp. Am.* starr-, dickköpfig; **~ la·bo(u)r** *s jur.* Zwangsarbeit *f*; **~ line** *s esp. pol.* harter Kurs; **~-line** *adj esp. pol.* hart, kompromißlos; **~-lin·er** *s esp. pol.* Hardliner *m*, F Betonkopf *m*; **~·heart·ed** *adj* □ hart (-herzig); **~·ly** *adv* kaum; streng; mit Mühe; **~·ness** *s* Härte *f*; Schwierigkeit *f*; Not *f*; **~·ship** *s* Bedrängnis *f*, Not *f*; Härte *f*; **~ shoul·der** *s mot.* Standspur *f*, Seitenstreifen *m*; **~·ware** *s* Eisenwaren *pl*; Haushaltswaren *pl*; *computer*: Hardware *f*; *language lab, etc.*: Hardware *f*, technische Ausrüstung; **har·dy** *adj* □ (***-ier, -iest***) kühn; widerstandsfähig, hart; abgehärtet; *plant*: winterfest.

hare *zo.* [heə] *s* Hase *m*; **~·bell** *s bot.* Glockenblume *f*; **~·brained** *adj crazy*: verrückt; *plan*: *a.* F hirnrissig; **~·lip** *s anat.* Hasenscharte *f*.

harm [hɑːm] **1.** *s* Schaden *m*; Unrecht *n*, Böse(s) *n*; **2.** *v/t* beschädigen, verletzen; schaden (*dat*), Leid zufügen (*dat*); **~·ful** *adj* □ schädlich; **~·less** *adj* □ harmlos; unschädlich.

har·mo|ni·ous [hɑː'məʊnɪəs] *adj* □ harmonisch; **~·ni·za·tion** [hɑːmənaɪ'zeɪʃn] *s mus., fig.* Harmonisierung *f*; **~·nize** ['hɑːmənaɪz] *v/t* in Einklang bringen; harmonisieren; *v/i* harmonieren; **~·ny** ['hɑːmənɪ] *s* Harmonie *f*.

har·ness ['hɑːnɪs] **1.** *s* Harnisch *m*; (Pferde- *etc.*)Geschirr *n*; ***die in ~*** *fig.* in den Sielen sterben; **2.** *v/t* anschirren; *natural forces*: nutzbar machen.

harp [hɑːp] **1.** *mus.* Harfe *f*; **2.** *v/i mus.* Harfe spielen; ***~ on*** *fig.* herumreiten auf (*dat*).

har·poon [hɑː'puːn] **1.** *s* Harpune *f*; **2.** *v/t* harpunieren.

har·row *agr.* ['hærəʊ] **1.** *s* Egge *f*; **2.** *v/t* eggen.

har·row·ing ['hærəʊɪŋ] *adj* □ quälend, qualvoll, erschütternd.

harsh [hɑːʃ] *adj* □ rauh; herb; grell; streng; schroff; barsch.

hart *zo.* [hɑːt] *s* Hirsch *m*.

har·vest ['hɑːvɪst] **1.** *s* Ernte(zeit) *f*; (Ernte)Ertrag *m*; **2.** *v/t* ernten; einbringen; **~·er** *s* Mähdrescher *m*.

has [hæz] *3. sg pres of* **have**.

hash[1] [hæʃ] **1.** *s* Haschee *n*; *fig.* Durcheinander *n*; ***make a ~ of*** verpfuschen; **2.** *v/t meat*: zerhacken, -kleinern.

hash[2] F [~] *s* Hasch *n* (*hashish*).

hash·ish ['hæʃiːʃ] *s* Haschisch *n*.

haste [heɪst] *s* Eile *f*; Hast *f*; ***make ~*** sich beeilen; **has·ten** ['heɪsn] *v/t j-n* antreiben; *et.* beschleunigen; *v/i* (sich be-) eilen; **hast·y** ['heɪstɪ] *adj* □ (***-ier, -iest***) (vor)eilig; hastig; hitzig, heftig.

hat [hæt] *s* Hut *m*.

hatch[1] [hætʃ] *v/t a.* ***~ out*** ausbrüten; *v/i* ausschlüpfen.

hatch[2] [~] *s mar., aer.* Luke *f*; *for food*: Durchreiche *f*; **~·back** *mot.* ['hætʃbæk] *s* (Wagen *m* mit) Hecktür *f*.

hatch·et ['hætʃɪt] *s* (Kriegs)Beil *n*.

hatch·way *mar.* ['hætʃweɪ] *s* Luke *f*.

hate [heɪt] **1.** *s* Haß *m*; **2.** *v/t* hassen; **~·ful** *adj* □ verhaßt; abscheulich; **ha·tred** [~rɪd] *s* Haß *m*.

haugh|ti·ness ['hɔːtɪnɪs] *s* Stolz *m*; Hochmut *m*; **~·ty** [~ɪ] *adj* □ stolz; hochmütig.

haul [hɔːl] **1.** *s* Ziehen *n*; (Fisch)Zug *m*; Transport(weg) *m*; **2.** *v/t* ziehen; schleppen; transportieren; *mining*: fördern; *v/i mar.* abdrehen.

haunch [hɔːntʃ] *s* Hüfte *f*; *zo.* Keule *f*; *Am. a.* **~es** *pl* Gesäß *n*; *zo.* Hinterbakken *pl*.

haunt [hɔːnt] **1.** *s* Aufenthaltsort *m*; Schlupfwinkel *m*; **2.** *v/t* oft besuchen; heimsuchen; verfolgen; spuken in (*dat*); **~·ing** *adj* □ quälend; unvergeßlich, eindringlich.

have [hæv] (**had**) *v/t* haben; *obtain*: bekommen; *keep*: behalten; *meal*: einnehmen; **~ *to do*** tun müssen; ***I had my hair cut*** ich ließ mir die Haare schneiden; ***he will ~ it that ...*** er behauptet, daß ...; ***I had better go*** es wäre besser, wenn ich ginge; ***I had rather go*** ich möchte lieber gehen; **~ *about one*** bei *or* an sich haben; **~ *on*** *light, dress, etc.*: anhaben; **~ *out*** entfernen; *tooth*: ziehen lassen; **~ *it out with*** sich auseinandersetzen mit; F ***and what ~ you*** und so weiter; *v/aux* haben; *with v/i often*: sein (*mainly with verbs denoting change of state or position*); **~ come** gekommen sein.

ha·ven ['heɪvn] *s* Hafen *m* (*mst fig.*).

hav·oc ['hævək] *s* Verwüstung *f*; ***play ~ with*** verwüsten, zerstören; verheerend wirken auf (*acc*), übel mitspielen (*dat*).

Ha·wai·i·an [hə'waɪɪən] **1.** *adj* hawaiisch; **2.** *s* Hawaiianer(in); *ling*. Hawaiisch *n*.

hawk[1] *zo*. [hɔːk] *s* Habicht *m*, Falke *m*.

hawk[2] [~] *v/t* hausieren (gehen) mit; auf der Straße verkaufen.

haw·thorn *bot*. ['hɔːθɔːn] *s* Weißdorn *m*.

hay [heɪ] **1.** *s* Heu *n*; **2.** *v/i* Heu machen; **~·cock** *s* Heuhaufen *m*; **~ fe·ver** *s* Heuschnupfen *m*; **~·loft** *s* Heuboden *m*.

haz·ard ['hæzəd] **1.** *s* Zufall *m*; Gefahr *f*, Wagnis *n*; Hasard(spiel) *n*; **2.** *v/t* wagen; **~·ous** *adj* □ gewagt.

haze [heɪz] *s* Dunst *m*, feiner Nebel.

ha·zel ['heɪzl] **1.** *s bot*. Haselnuß *f*, Hasel(nuß)strauch *m*; **2.** *adj* (hasel)nußbraun; **~·nut** *s bot*. Haselnuß *f*.

haz·y ['heɪzɪ] *adj* □ (**-*ier***, **-*iest***) dunstig, diesig; *fig*. unklar.

H-bomb *mil*. ['eɪtʃbɒm] *s* H-Bombe *f*, Wasserstoffbombe *f*.

he [hiː] **1.** *pron* er; **2.** *s* Er *m*; *zo*. Männchen *n*; **3.** *adj in compounds, esp. zo.*: männlich, ...männchen *n*; **~-*goat*** Ziegenbock *m*.

head [hed] **1.** *s* Kopf *m* (*a. fig.*); Haupt *n* (*a. fig.*); *after numerals*: Kopf *m*, Person *f*, *cattle, etc.*: Stück *n*; Leiter(in), Chef(in); *of bed, etc.*: Kopfende *n*; *of coin*: Kopfseite *f*; *fig*. Gipfel *m*; *mar*. Bug *m*; Hauptpunkt *m*, Abschnitt *m*; *title*: Überschrift *f*; F ***have a ~*** F e-n Brummschädel haben; ***come to a ~*** *of abscess*: eitern; *fig*. sich zuspitzen, zur Entscheidung kommen; ***get it into one's ~ that*** es sich in den Kopf setzen, daß; ***lose one's ~*** den Kopf *or* die Nerven verlieren; **~ *over heels*** Hals über Kopf, kopfüber; **~ *of state*** Staatsoberhaupt *n*; **~ *of government*** Regierungschef(in); **2.** *adj* Ober..., Haupt..., Chef..., oberste(r, -s), erste(r, -s); **3.** *v/t* (an)führen; an der Spitze von *et*. stehen; vorausgehen (*dat*); mit e-r Überschrift versehen; **~ *off*** *person*: ablenken; *conflict*: abwenden; *v/i* gehen, fahren; sich bewegen (***for*** auf *acc* ... zu), lossteuern, -gehen (***for*** auf *acc*); *mar*. zusteuern (***for*** auf *acc*); **~·ache** *s* Kopfweh *n*; **~·band** *s* Stirnband *n*; **~·first** *adv* kopfüber; **~·hunt** *v/t econ*. abwerben; **~·hunt·er** *s econ*. Headhunter *m*; **~·ing** *s* Brief-, Titelkopf *m*, Rubrik *f*; Überschrift *f*, Titel *m*; *soccer*: Kopfballspiel *n*; **~·land** *s* Vorgebirge *n*, Kap *n*; **~·light** *s mot*. Scheinwerfer(licht *n*) *m*; **~·line** *s* Überschrift *f*; Schlagzeile *f*; **~s** *pl TV, etc.*: *das* Wichtigste in Schlagzeilen, *die* Headlines *pl*; **~·long 1.** *adj* ungestüm; **2.** *adv* kopfüber; **~·mas·ter** *s of school*: Direktor *m*, Rektor *m*; **~·mis·tress** *s of school*: Direktorin *f*, Rektorin *f*; **~ of·fice** *s econ*. Hauptsitz *m*, Zentrale *f*; **~-on** *adj* frontal; **~ *collision*** Frontalzusammenstoß *m*; **~·phones** *s pl* Kopfhörer *pl*; **~·quar·ters** *s pl mil*. Hauptquartier *n*; Zentrale *f*; **~·rest, ~ re·straint** *s* Kopfstütze *f*; **~·set** *s esp. Am*. Kopfhörer *pl*; **~ start** *s sports*: Vorgabe *f*, -sprung *m* (*a. fig.*); **~·way** *s fig*. Fortschritt(e *pl*) *m*; ***make ~*** (gut) vorankommen; **~·word** *s* Stichwort *n* (*in a dictionary*); **~·y** *adj* □ (**-*ier***, **-*iest***) ungestüm; voreilig; zu Kopfe steigend.

heal [hiːl] *v/i and v/t* heilen; **~ *over***, **~ *up*** (zu)heilen.

health [helθ] *s* Gesundheit *f*; **~ *club*** Fitneßclub *m*; **~ *food*** Reformkost *f*; **~ *food shop*** (*esp. Am*. ***store***) Reformhaus *n*; **~ *insurance*** Krankenversicherung *f*; **~ *resort*** Kurort *m*; **~ *service*** öffentliches *or* staatliches Gesundheitswesen; **~·ful** *adj* □ gesund; heilsam; **~·y** *adj* □ (**-*ier***, **-*iest***) gesund.

heap [hiːp] **1.** *s* Haufe(n) *m*; **2.** *v/t a*. **~ *up*** aufhäufen, *fig. a*. anhäufen.

hear [hɪə] (***heard***) *v/t and v/i* hören; er-

H

fahren; anhören, *j-m* zuhören; erhören; *witness*: vernehmen; *poem, vocabulary, etc.*: abhören; **~d** [hɜːd] *pret and pp of* **hear**; **~·er** *s* (Zu)Hörer(in); **~·ing** *s* Gehör *n*; *jur.* Verhandlung *f*; *jur.* Vernehmung *f*; *esp. pol.* Hearing *n*, Anhörung *f*; ***within*** (***out of***) **~** in (außer) Hörweite; **~·say** *s* Gerede *n*; ***by*** **~** vom Hörensagen *n*.

hearse [hɜːs] *s* Leichenwagen *m*.

heart [hɑːt] *s anat.* Herz *n* (*a. fig.*); Innere(s) *n*; Kern *m*; *fig.* Liebling *m*, Schatz *m*; ***by*** **~** auswendig; ***out of*** **~** mutlos; ***cross my*** **~** Hand aufs Herz; ***lay to*** **~** sich zu Herzen nehmen; ***lose*** **~** den Mut verlieren; ***take*** **~** sich ein Herz fassen; **~·ache** ['hɑːteɪk] *s* Kummer *m*; **~ at·tack** *s med.* Herzanfall *m*; Herzinfarkt *m*; **~·beat** *s* Herzschlag *m*; **~·break** *s* Leid *n*, großer Kummer; **~·break·ing** *adj* □ herzzerreißend; **~·brok·en** *adj* gebrochen, verzweifelt; **~·burn** *s med.* Sodbrennen *n*; **~·en** *v/t* ermutigen; **~ fail·ure** *s med.* Herzinsuffizienz *f*; Herzversagen *n*; **~·felt** *adj* innig, tiefempfunden.

hearth [hɑːθ] *s* Herd *m* (*a. fig.*).

heart|less ['hɑːtlɪs] *adj* □ herzlos; **~·rend·ing** *adj* □ herzzerreißend; **~ trans·plant** *s med.* Herzverpflanzung *f*, -transplantation *f*; **~·y** *adj* □ (**-ier**, **-iest**) herzlich; aufrichtig; herzhaft.

heat [hiːt] **1.** *s* Hitze *f*; Wärme *f*; Eifer *m*; *sports*: Vorlauf *m*; *zo.* Läufigkeit *f*; **2.** *v/t and v/i* heizen; (sich) erhitzen (*a. fig.*); **~·ed** *adj* □ erhitzt; *fig.* erregt; **~·er** *s* Heizgerät *n*, Ofen *m*; **~·ing** *s* Heizung *f*; *attr* Heiz...; **~·proof, ~·re·sis·tant, ~·re·sist·ing** *adj* hitzebeständig; **~ shield** *s space travel*: Hitzeschild *m*; **~·stroke** *s med.* Hitzschlag *m*; **~ wave** *s* Hitzewelle *f*.

heave [hiːv] **1.** *s* Heben *n*; **2.** (***heaved***, *esp. mar.* ***hove***) *v/t* heben; *sigh*: ausstoßen; *anchor*: lichten; *v/i* sich heben u. senken, wogen.

heav·en ['hevn] *s* Himmel *m*; **~·ly** [~lɪ] *adj* himmlisch.

heav·i·ness ['hevɪnɪs] *s* Schwere *f*, Druck *m*; Schwerfälligkeit *f*; Schwermut *f*.

heav·y ['hevɪ] *adj* □ (**-ier**, **-iest**) schwer; schwermütig; schwerfällig; trüb; drükkend; *rain, etc.*: heftig; *road, etc.*: unwegsam; Schwer...; **~ cur·rent** *s electr.* Starkstrom *m*; **~-du·ty** *adj tech.* Hochleistungs...; strapazierfähig; **~-hand·ed** *adj* □ ungeschickt; **~·weight** *s boxing, etc.*: Schwergewicht(ler *m*) *n*.

He·brew ['hiːbruː] **1.** *adj* hebräisch; **2.** *s* Hebräer(in), Jude *m*, Jüdin *f*; *ling.* Hebräisch *n*.

heck·le ['hekl] *v/t j-m* zusetzen; *speaker*: durch Zwischenrufe *or* -fragen aus der Fassung bringen, stören.

hec·tic ['hektɪk] *adj* (**~ally**) hektisch.

hedge [hedʒ] **1.** *s* Hecke *f*; **2.** *v/t* mit e-r Hecke einfassen *or* umgeben; *v/i* ausweichen, sich nicht festlegen (wollen); **~·hog** *zo.* ['hedʒhɒg] *s* Igel *m*; *Am.* Stachelschwein *n*; **~·row** *s* Hecke *f*.

heel [hiːl] **1.** *s* Ferse *f*; Absatz *m*; *Am. sl.* Lump *m*; ***head over*** **~s** Hals über Kopf; ***down at*** **~** *shoe*: mit schiefen Absätzen; *fig. person*: abgerissen; schlampig; ***take to one's*** **~s** sich aus dem Staub machen; **2.** *v/t* Absätze machen auf (*acc*).

hef·ty ['heftɪ] *adj* □ (**-ier**, **-iest**) kräftig, stämmig; mächtig (*punch, etc.*), gewaltig.

he·gem·o·ny [hɪ'gemənɪ] *s* Hegemonie *f*.

height [haɪt] *s* Höhe *f*; Höhepunkt *m*; **~·en** ['haɪtn] *v/t* erhöhen; vergrößern.

heir [eə] *s* Erbe *m*; **~ *apparent*** rechtmäßiger Erbe; **~·ess** ['eərɪs] *s* Erbin *f*; **~·loom** ['eəluːm] *s* Erbstück *n*.

held [held] *pret and pp of* ***hold*** 2.

hel·i|cop·ter *aer.* ['helɪkɒptə] *s* Hubschrauber *m*, Helikopter *m*; **~·port** *s aer.* Hubschrauberlandeplatz *m*.

hell [hel] **1.** *s* Hölle *f*; *attr* Höllen...; ***what the*** **~ ...?** F was zum Teufel ...?; ***raise*** **~** F e-n Mordskrach schlagen; ***give s.o.*** **~** F j-m die Hölle heiß machen; F *as intensifier*: ***a*** **~ *of a lot*** verdammt viel; **2.** *int* F verdammt!, verflucht!; **~-bent** *adj* ganz versessen, wie wild (***for***, ***on*** auf *acc*); **~·ish** *adj* □ höllisch.

hel·lo [hə'ləʊ] *int* hallo!

helm *mar.* [helm] *s* Ruder *n*, Steuer *n*.

hel·met ['helmɪt] *s* Helm *m*.

helms·man *mar.* ['helmzmən] *s* Steuermann *m*.

help [help] **1.** *s* Hilfe *f*; (Hilfs)Mittel *n*; (Dienst)Mädchen *n*; **2.** *v/t j-m* helfen; **~ *o.s.*** sich bedienen, zulangen; ***I cannot*** **~**

it ich kann es nicht ändern; ***I could not ~ laughing*** ich mußte einfach lachen; **~·er** *s* Helfer(in); **~·ful** *adj* □ hilfreich; nützlich; **~·ing** *s at a meal*: Portion *f*; **~·less** *adj* □ hilflos; **~·less·ness** *s* Hilflosigkeit *f*.

hel·ter-skel·ter [heltə'skeltə] **1.** *adv* Hals über Kopf; **2.** *adj* hastig, überstürzt; **3.** *s Br.* Rutschbahn *f*.

helve [helv] *s* Stiel *m*, Griff *m*.

Hel·ve·tian [hel'vi:ʃɪən] *s* Helvetier(in); *attr* Schweizer...

hem [hem] **1.** *s* Saum *m*; **2.** *v/t* (**-mm-**) säumen; **~ *in*** einschließen.

hem·i·sphere *geogr.* ['hemɪsfɪə] *s* Halbkugel *f*, Hemisphäre *f*.

hem·line ['hemlaɪn] *s* (Kleider)Saum *m*.

hemp *bot.* [hemp] *s* Hanf *m*.

hen [hen] *s zo.* Henne *f*, Huhn *n*; Weibchen *n* (*of birds*).

hence [hens] *adv* hieraus; daher; ***a week ~*** in *or* nach e-r Woche; **~·forth** [~'fɔ:θ], **~·for·ward** [~'fɔ:wəd] *adv* von nun an.

hen|-house ['henhaʊs] *s* Hühnerstall *m*; **~·pecked** *adj* unter dem Pantoffel (stehend).

her [hɜ:, hə] *pron* sie; ihr; ihr(e); sich.

her·ald ['herəld] **1.** *s hist.* Herold *m*; **2.** *v/t* ankündigen; **~ *in*** einführen; **~·ry** [~rɪ] *s* Wappenkunde *f*, Heraldik *f*.

herb *bot.* [hɜ:b] *s* Kraut *n*; **her·ba·ceous** *bot.* [hɜ:'beɪʃəs] *adj* krautartig; **~ *border*** (Stauden)Rabatte *f*; **herb·age** ['hɜ:bɪdʒ] *s* Grünpflanzen *pl*; Weide *f*; **her·biv·o·rous** *zo.* [hɜ:'bɪvərəs] *adj* □ pflanzenfressend.

herd [hɜ:d] **1.** *s* Herde *f* (*a. fig.*), *of deer, etc.*: *a.* Rudel *n*; **2.** *v/t cattle*: hüten; *v/i a.* **~ *together*** in e-r Herde leben; sich zusammendrängen; **~s·man** *s* Hirt *m*.

here [hɪə] *adv* hier; hierher; ***~ you are*** hier(, bitte); ***~'s to you!*** auf dein Wohl!

here|a·bout(s) ['hɪərəbaʊt(s)] *adv* hier herum, in dieser Gegend; **~·af·ter** [hɪər'ɑ:ftə] **1.** *adv* künftig; **2.** *s das* Jenseits; **~·by** [hɪə'baɪ] *adv* hierdurch.

he·red·i|ta·ry [hɪ'redɪtərɪ] *adj* erblich; Erb...; **~·ty** [~ɪ] *s* Erblichkeit *f*; ererbte Anlagen *pl*, Erbmasse *f*.

here|in [hɪər'ɪn] *adv* hierin; **~·of** [~'ɒv] *adv* hiervon.

her·e|sy ['herəsɪ] *s* Häresie *f*, Ketzerei *f*; **~·tic** [~tɪk] *s* Häretiker(in), Ketzer(in).

here|up·on [hɪərə'pɒn] *adv* hierauf; **~·with** [~'wɪð] *adv* hiermit.

her·i·tage ['herɪtɪdʒ] *s* Erbschaft *f*.

her·mit ['hɜ:mɪt] *s* Einsiedler *m*.

he·ro ['hɪərəʊ] *s* (*pl* **-roes**) Held *m*; **~·ic** [hɪ'rəʊɪk] *adj* (**~ally**) heroisch; heldenhaft; Helden...

her·o·in ['herəʊɪn] *s* Heroin *n*.

her·o|ine ['herəʊɪn] *s* Heldin *f*; **~·is·m** [~ɪzəm] *s* Heldenmut *m*, -tum *n*.

her·on *zo.* ['herən] *s* Reiher *m*.

her·ring *zo.* ['herɪŋ] *s* Hering *m*.

hers [hɜ:z] *pron* der, die, das ihr(ig)e; ihr.

her·self [hɜ:'self] *pron* sie selbst; ihr selbst; sich; ***by ~*** von selbst, allein, ohne Hilfe.

hes·i|tant ['hezɪtənt] *adj* □ zögernd, zaudernd, unschlüssig; **~·tate** [~eɪt] *v/i* zögern, unschlüssig sein, Bedenken haben; **~·ta·tion** [hezɪ'teɪʃn] *s* Zögern *n*, Unschlüssigkeit *f*; ***without ~*** ohne zu zögern, bedenkenlos.

hew [hju:] *v/t* (***hewed***, ***hewed*** *or* ***hewn***) hauen, hacken; **~ *down*** fällen, umhauen; **~n** [hju:n] *pp of* **hew**.

hex·a·gon ['heksəgən] *s* Sechseck *n*.

hey [heɪ] *int* ei!, hei!; he!, heda!

hey·day ['heɪdeɪ] *s* Höhepunkt *m*, Blüte(zeit) *f*.

hi [haɪ] *int* hallo!; he!, heda!

hi·ber|nate *zo.* ['haɪbəneɪt] *v/i* Winterschlaf halten; **~·na·tion** [~'neɪʃn] *s* Winterschlaf *m*.

hic|cup, ~·cough ['hɪkʌp] **1.** *s* Schluckauf *m*; F *fig.* Störung *f*; **2.** *v/i* den Schluckauf haben.

hid [hɪd] *pret of* ***hide²***; **~·den** ['hɪdn] *pp of* ***hide²***.

hide¹ [haɪd] *s* Haut *f*, Fell *n*.

hide² [~] *v/t and v/i* (***hid***, ***hidden***) (sich) verbergen, (sich) verstecken; **~-and-seek** [haɪdn'si:k] *s* Versteckspiel *n*; **~·a·way** F ['~əweɪ] *s* Versteck *n*; **~·bound** *adj* engstirnig.

hid·e·ous ['hɪdɪəs] *adj* □ scheußlich.

hide·out ['haɪdaʊt] *s* Versteck *n*.

hid·ing¹ F ['haɪdɪŋ] *s* Tracht *f* Prügel.

hid·ing² [~] *s* Verstecken *n*, -bergen *n*; **~·place** *s* Versteck *n*.

hi·er·ar·chy ['haɪrɑ:kɪ] *s* Hierarchie *f*.

hi-fi ['haɪfaɪ] **1.** *s* (*pl* ***hi-fis***) Hi-Fi *n*; Hi-Fi-Anlage *f*; **2.** *adj* Hi-Fi-...

high [haɪ] **1.** *adj* □ hoch; *noble*: vornehm; *character*: gut, edel, stolz; *style*:

H

hochtrabend; extrem; *luxurious*: üppig, *life*: flott; F *drunk*: blau; *caused by drugs or euphoria*: F high; Haupt..., Hoch..., Ober...; ***with a ~ hand*** arrogant, anmaßend; ***in ~ spirits*** guter Laune; ***be left ~ and dry*** F *fig.* auf dem trockenen sitzen; ***~ noon*** Mittag *m*; ***~ society*** High-Society *f*, gehobene Gesellschaftsschicht; ♀ ***Tech***, ♀ ***Technology*** Hochtechnologie *f*; ***~ time*** höchste Zeit; ***~ words*** heftige Worte; **2.** *s meteor.* Hoch *n*; **3.** *adv* hoch; stark, heftig; **~ beam** *s mot.* Fernlicht; **~·brow** F **1.** *s* Intellektuelle(r *m*) *f*; **2.** *adj* betont intellektuell; **~-class** *adj* erstklassig; **~ court** *s jur.* oberstes Gericht, oberster Gerichtshof; **~ fi·del·i·ty** *s* High-Fidelity *f*; **~-fi·del·i·ty** *adj* High-Fidelity-...; **~-fli·er** *s* Erfolgsmensch *m*, *contp.* Ehrgeizling *m*; **~-flown** *adj style, etc.*: hochtrabend, geschwollen; *plans, etc.*: hochfliegend, -gesteckt; **~-grade** *adj* hochwertig; **~-hand·ed** *adj* □ anmaßend; **~ jump** *s sports*: Hochsprung *m*; **~ jump·er** *s sports*: Hochspringer(in); **~·land** *s mst* **~s** *pl* Hochland *n*; **~·lights** *s pl fig.* Höhepunkte *pl*; **~·ly** *adv* hoch; sehr; ***speak ~ of s.o.*** j-n loben; ***think ~ of*** e-e hohe Meinung haben von; **~-mind·ed** *adj* hochgesinnt; *ideals*: hoch; **~-necked** *adj dress, etc.*: hochgeschlossen; **~·ness** *s* Höhe *f*; *fig.* Hoheit *f*; **~-pitched** *adj sound*: schrill; *roof*: steil; **~-pow·ered** *adj tech.* stark, Hochleistungs..., Groß...; dynamisch; **~-pres·sure** *adj meteor., tech.* Hochdruck...; **~-rise 1.** *adj* Hoch...; Hochhaus...; **2.** *s* Hochhaus *n*; **~·road** *s* Hauptstraße *f*; **~ school** *s esp. Am.* High-School *f*; **~ street** *s* Hauptstraße *f*; **~-strung** *adj* reizbar, nervös; **~ tea** *s Br.* (frühes) Abendessen; **~ wa·ter** *s* Hochwasser *n*; **~·way** *s esp. Am. or jur.* Highway *m*, Haupt(verkehrs)straße *f*; ♀ ***Code*** *Br.* Straßenverkehrsordnung *f*.

hi·jack ['haɪdʒæk] **1.** *v/t aircraft*: entführen; *rob*: überfallen; **2.** *s* (Flugzeug-)Entführung *f*; Überfall *m*; **~·er** *s* (Flugzeug)Entführer *m*, Luftpirat *m*; Räuber *m*.

hike F [haɪk] **1.** *v/i* wandern; **2.** *s* Wanderung *f*; *Am. prices, etc.*: Erhöhung *f*; **hik·er** *s* Wanderer *m*; **hik·ing** *s* Wandern *n*.

hi·lar·i|ous [hɪ'leərɪəs] *adj* □ *party, etc.*: ausgelassen; *film, etc.*: sehr komisch; **~·ty** [hɪ'lærətɪ] *s* Ausgelassenheit *f*.

hill [hɪl] *s* Hügel *m*, Berg *m*; **~·bil·ly** *Am.* F ['hɪlbɪlɪ] *s* Hinterwäldler *m*; ***~ music*** Hillbilly-Musik *f*; **~·ock** ['hɪlək] *s* kleiner Hügel; **~·side** *s* Hang *m*; **~·top** *s* Gipfel *m*; **~·y** *adj* (**-ier**, **-iest**) hügelig.

him [hɪm] *pron* ihn; ihm; sich; **~·self** [~'self] *pron* sich; sich (selbst); (er, ihm, ihn) selbst; ***by ~*** von selbst, allein, ohne Hilfe.

hind[1] *zo.* [haɪnd] *s* Hirschkuh *f*.

hind[2] [~] *adj* Hinter...

hin·der ['hɪndə] *v/t* hindern (***from*** an *dat*); hemmen.

hin·drance ['hɪndrəns] *s* Hindernis *n*.

hinge [hɪndʒ] **1.** *s* Türangel *f*; Scharnier *n*; *fig.* Angelpunkt *m*; **2.** *v/i*: ***~ on***, ***~ upon*** *fig.* abhängen von.

hint [hɪnt] **1.** *s* Wink *m*; Anspielung *f*; ***take a ~*** e-n Wink verstehen; **2.** *v/t* andeuten; *v/i*: ***~ at*** anspielen auf (*acc*).

hin·ter·land ['hɪntəlænd] *s* Hinterland *n*.

hip[1] *anat.* [hɪp] *s* Hüfte *f*.

hip[2] *bot.* [~] *s* Hagebutte *f*.

hip·po *zo.* F ['hɪpəʊ] *s* (*pl* **-pos**) → **~·pot·a·mus** *zo.* [hɪpə'pɒtəməs] *s* (*pl* **-muses**, **-mi** [-maɪ]) Fluß-, Nilpferd *n*.

hire ['haɪə] **1.** *s* Miete *f*; Entgelt *n*, Lohn *m*; ***for ~*** zu vermieten, *taxi*: frei; ***~ car*** Leih-, Mietwagen *m*; ***~ charge*** Leihgebühr *f*; ***~ purchase*** *Br. econ.* Ratenkauf *m*, Teilzahlungskauf *m*; **2.** *v/t* mieten; *j-n* anstellen; ***~ out*** vermieten.

his [hɪz] *pron* sein(e); seine(r, -s).

hiss [hɪs] **1.** *v/i and v/t* zischen; zischeln; *a.* ***~ at*** auszischen; **2.** *s* Zischen *n*.

his|to·ri·an [hɪ'stɔːrɪən] *s* Historiker(in); **~·tor·ic** [hɪ'stɒrɪk] *adj* (***~ally***) historisch, geschichtlich; **~·tor·i·cal** [~kl] *adj* □ historisch, geschichtlich; Geschichts...; **~·to·ry** ['hɪstərɪ] *s* Geschichte *f*; ***~ of civilization*** Kulturgeschichte *f*; ***contemporary ~*** Zeitgeschichte *f*.

hit [hɪt] **1.** *s* Schlag *m*, Stoß *m*; *fig.* (Seiten)Hieb *m*; (Glücks)Treffer *m*; *book, record, etc.*: Hit *m*; **2.** (**-tt-**; ***hit***) *v/t* schlagen, stoßen; treffen; auf *et.* stoßen; ***~ it off with*** F sich vertragen mit; *v/i*: ***~ on***, ***~ upon*** (zufällig) stoßen auf (*acc*), finden; **~-and-run** [hɪtənd'rʌn] **1.** *s a.* ***~ accident*** Unfall *m* mit Fahrerflucht; **2.** *adj*: ***~ driver*** unfallflüchtiger Fahrer.

hitch [hɪtʃ] **1.** *s* Ruck *m*; *mar.* Knoten *m*; Schwierigkeit *f*, Problem *n*, Haken *m*; **2.** *v/t* (ruckartig) ziehen, rücken; befestigen, festmachen, -haken, anbinden, ankoppeln; **~-hike** ['~haɪk] *v/i* per Anhalter fahren, trampen; **~-hik·er** *s* Anhalter(in), Tramper(in).

hive [haɪv] *s* Bienenstock *m*; Bienenschwarm *m*.

hoard [hɔːd] **1.** *s* Vorrat *m*, Schatz *m*; **2.** *v/t a.* **~ up** horten, hamstern.

hoard·ing ['hɔːdɪŋ] *s* Bauzaun *m*; *Br.* Reklametafel *f*.

hoar·frost [hɔː'frɒst] *s* (Rauh)Reif *m*.

hoarse [hɔːs] *adj* □ (**~r**, **~st**) heiser, rauh.

hoar·y ['hɔːrɪ] *adj* □ (**-ier**, **-iest**) ergraut; *fig.* uralt (*joke*, *etc.*).

hoax [həʊks] **1.** *s* Falschmeldung *f*; (übler) Scherz; **2.** *v/t j-n* hereinlegen.

hob·ble ['hɒbl] **1.** *s* Hinken *n*, Humpeln *n*; **2.** *v/i* humpeln, hinken (*a. fig.*); *v/t* an den Füßen fesseln.

hob·by ['hɒbɪ] *s fig.* Steckenpferd *n*, Hobby *n*; **~-horse** *s* Steckenpferd *n*; Schaukelpferd *n*.

hob·gob·lin ['hɒbgɒblɪn] *s* Kobold *m*.

ho·bo *Am.* ['həʊbəʊ] *s* (*pl* **-boes**, **-bos**) Wanderarbeiter *m*; Landstreicher *m*.

hock[1] [hɒk] *s esp. Br.* Rheinwein *m*.

hock[2] *zo.* [~] *s* Sprunggelenk *n*.

hock·ey ['hɒkɪ] *s sports*: *Br.*, *Am.* **field ~** Hockey *n*; *Am.* Eishockey *n*.

hoe *agr.* [həʊ] **1.** *s* Hacke *f*; **2.** *v/t* hacken.

hog [hɒg] *s* (Mast)Schwein *n*; *Am.* Schwein *n*; **~·gish** ['hɒgɪʃ] *adj* □ schweinisch; gefräßig.

hoist [hɔɪst] **1.** *s* (Lasten)Aufzug *m*, Winde *f*; **2.** *v/t* hochziehen; hissen.

hold [həʊld] **1.** *s* Halten *n*; Halt *m*; Griff *m*; Gewalt *f*, Macht *f*, Einfluß *m*; *mar.* Lade-, Frachtraum *m*; **catch** (*or* **get**, **lay**, **take**, **seize**) **~ of** erfassen, ergreifen; sich aneignen; **keep ~ of** festhalten; **2.** (**held**) *v/t* halten; (fest)halten; (zurück-, einbe)halten; abhalten (**from** von); an-, aufhalten; *elections*, *meeting*, *etc.*: abhalten; *sports* (*championship*, *etc.*): austragen; beibehalten; *position*: innehaben, besitzen; *office*, *etc.*: *a.* bekleiden; *place*: einnehmen; *world record*, *etc.*: halten; fassen, enthalten; behaupten, *opinion*: vertreten; fesseln, in Spannung halten; aushalten; *v/i* standhalten; sich festhalten; sich verhalten; *weather*: anhalten, andauern; **~ one's ground**, **~ one's own** sich behaupten; **~ the line** *teleph.* am Apparat bleiben; **~ good** (weiterhin) gelten; **~ still** stillhalten; **~ against** *j-m et.* vorhalten *or* vorwerfen; *j-m et.* übelnehmen; **~ back** (sich) zurückhalten; *fig.* zurückhalten mit; **~ forth** sich auslassen *or* verbreiten (**on** über *acc*); **~ off** (sich) fernhalten; *et.* aufschieben; ausbleiben; **~ on** (sich) festhalten (**to** an *dat*); aus-, durchhalten; andauern; *teleph.* am Apparat bleiben; **~ on to** *et.* behalten; **~ over** vertagen, -schieben; **~ together** zusammenhalten; **~ up** hochheben; hochhalten; hinstellen (**as** *example*, *etc.* als); aufhalten, verzögern; *person*, *bank*, *etc.*: überfallen; **~·all** ['həʊldɔːl] *s* Reisetasche *f*; **~·er** *s* Pächter *m*; *apparatus*: Halter *m*; Inhaber(in) (*esp. econ.*); **~·ing** *s* Halten *n*; Halt *m*; Pachtgut *n*; Besitz *m*; **~ company** *econ.* Holding-, Dachgesellschaft *f*; **~-up** *s* Verzögerung *f*, (*a.* Verkehrs)Stockung *f*; (bewaffneter) (Raub)Überfall.

hole [həʊl] **1.** *s* Loch *n*; Höhle *f*; F *fig.* Klemme *f*; **pick ~s in** F bekritteln, madig machen; **2.** *v/t* aushöhlen; durchlöchern.

hol·i·day ['hɒlədɪ] *s* Feiertag *m*; freier Tag; *esp. Br. mst* **~s** *pl* Ferien *pl*, Urlaub *m*; **need a ~** urlaubsreif sein; **~ camp** *s* Feriendorf *n*; **~-mak·er** *s* Urlauber(in); **~ re·sort** *s* Urlaubsort *m*.

hol·i·ness ['həʊlɪnɪs] *s* Heiligkeit *f*; **His ♀** Seine Heiligkeit (*the pope*).

hol·ler *Am.* F ['hɒlə] *v/i and v/t* schreien.

hol·low ['hɒləʊ] **1.** *adj* □ hohl; leer; falsch; **2.** *s* Höhle *f*, (Aus)Höhlung *f*; (Land)Senke *f*; **3.** *v/t*: **~ out** aushöhlen.

hol·o·caust ['hɒləkɔːst] *s* Massenvernichtung *f*, -sterben *n*, (*esp.* Brand-) Katastrophe *f*; **the ♀** *hist.* der Holocaust.

ho·ly ['həʊlɪ] *adj* (**-ier**, **-iest**) heilig; **♀ Thursday** Gründonnerstag *m*; **~ water** Weihwasser *n*; **♀ Week** Karwoche *f*.

home [həʊm] **1.** *s* Heim *n*; Haus *n*, Wohnung *f*; Heimat *f*; *Br. sports*: (*a.* **~ win**) Heimsieg *m*; **at ~** zu Hause; **make oneself at ~** es sich bequem machen; **make yourself at ~** fühl dich wie zu Hause; **at ~ and abroad** im In- u. Ausland; **2.** *adj* (ein)heimisch, inländisch; *sports*:

Heim...; Heimat...; **3.** *adv* heim, nach Hause; zu Hause, daheim; ins Ziel *or* Schwarze; ***strike*** ~ sitzen, treffen; ~ **com·put·er** *s* Heimcomputer *m*; ~ **e·co·nom·ics** *s sg* Hauswirtschaft(slehre) *f*; **~-grown** *adj vegetables, etc.*: selbstgezogen; ~ **help** *s* Haushaltshilfe *f*; **~·less** *adj* heimatlos; **~·like** *adj* anheimelnd, gemütlich; **~·ly** *adj* (***-ier***, ***-iest***) freundlich (***with*** zu); vertraut; einfach; *Am.* unscheinbar, reizlos; **~-made** *adj* selbstgemacht, Hausmacher...; ♀ **Of·fice** *s Br. pol.* Innenministerium *n*; **~-pro·duced** *adj*: ~ ***goods*** *pl* Inlandsprodukte *pl*; ♀ **Sec·re·ta·ry** *s Br. pol.* Innenminister *m*; **~·sick** *adj*: ***be*** ~ Heimweh haben; **~·sick·ness** *s* Heimweh *n*; **~·stead** *s* Gehöft *n*; *jur. in USA*: Heimstätte *f*; ~ **team** *s sports*: Gastgeber *pl*; ~ **town** *s* Heimatstadt *f*; **~·ward** **1.** *adj* Heim..., Rück...; **2.** *adv Am.* heimwärts, nach Hause; **~·wards** *adv* → ***homeward*** 2; **~·work** *s* Hausaufgabe(n *pl*) *f*, Schularbeiten *pl*.

hom·i·cide *jur.* ['hɒmɪsaɪd] *s* Tötung *f*; Totschlag *m*; Mord *m*; Totschläger(in); Mörder(in); ~ ***squad*** Mordkommission *f*.

ho·mo F ['həʊməʊ] *s* (*pl* ***-mos***) *homosexual*: Homo *m*.

ho·mo·ge·ne·ous [hɒmə'dʒiːnɪəs] *adj* □ homogen, gleichartig.

ho·mo·sex·u·al [hɒməʊ'seksjʊəl] **1.** *adj* □ homosexuell; **2.** *s* Homosexuelle(r *m*) *f*.

hone *tech.* [həʊn] *v/t* feinschleifen.

hon|est ['ɒnɪst] *adj* □ ehrlich, rechtschaffen; aufrichtig; echt; **~·es·ty** [~ɪ] *s* Ehrlichkeit *f*, Rechtschaffenheit *f*; Aufrichtigkeit *f*.

hon·ey ['hʌnɪ] *s* Honig *m*; *fig.* Liebling *m*; **~·comb** [~kəʊm] *s* (Honig)Wabe *f*; **~ed** [~ɪd] *adj* honigsüß; **~·moon** **1.** *s* Flitterwochen *pl*; **2.** *v/i* s-e Hochzeitsreise machen.

honk *mot.* [hɒŋk] *v/i* hupen.

hon·ky-tonk *Am. sl.* ['hɒŋkɪtɒŋk] *s* Spelunke *f*.

hon·or·ar·y ['ɒnərərɪ] *adj* Ehren...; ehrenamtlich.

hon·o(u)r ['ɒnə] **1.** *s* Ehre *f*; *fig.* Zierde *f*; ***~s*** *pl* besondere Auszeichnung(en *pl*), Ehren *pl*; ***Your*** ♀ Euer Ehren; **2.** *v/t* (be)ehren; *econ.* honorieren; **~·a·ble** *adj* □ ehrenvoll; redlich; ehrbar; ehrenwert.

hood [hʊd] *s* Kapuze *f*; *mot.* Verdeck *n*; *Am.* (Motor)Haube *f*; *tech.* Kappe *f*.

hood·lum *Am.* F ['huːdləm] *s* Rowdy *m*; Ganove *m*.

hood·wink ['hʊdwɪŋk] *v/t j-n* reinlegen.

hoof [huːf] *s* (*pl* ***hoofs*** [~fs], ***hooves*** [~vz]) Huf *m*.

hook [hʊk] **1.** *s* Haken *m*; Angelhaken *m*; Sichel *f*; ***by ~ or by crook*** so oder so; **2.** *v/t and v/i* (sich) (zu-, fest)haken; angeln (*a. fig.*) **~ed** *adj* krumm, Haken...; F süchtig (***on*** nach) (*a. fig.*); ***~ on heroin*** (***television***) heroin-(fernseh-) süchtig; **~·y** *s*: ***play*** ~ *Am.* F (*esp.* die Schule) schwänzen.

hoo·li·gan ['huːlɪgən] *s* Rowdy *m*; Hooligan *m*; **~·is·m** *s* Rowdytum *n*.

hoot [huːt] **1.** *s* Schrei *m* (*of owl, a. fig.*); *mot.* Hupen *n*; ***~s of laughter*** johlendes Gelächter; **2.** *v/i* heulen; johlen; *mot.* hupen; *v/t* auspfeifen, auszischen.

Hoo·ver *TM* ['huːvə] **1.** *s* Staubsauger *m*; **2.** *v/t and v/i mst* ♀ (staub)saugen, *carpet, etc.*: *a.* absaugen.

hooves [huːvz] *pl of* ***hoof.***

hop¹ [hɒp] **1.** *s* Sprung *m*; F Tanz *m*; **2.** *v/i and v/t* (***-pp-***) hüpfen; springen (über *acc*); ***be ~ping mad*** F e-e Stinkwut (im Bauch) haben.

hop² *bot.* [~] *s* Hopfen *m*.

hope [həʊp] **1.** *s* Hoffnung *f*; **2.** *v/i* hoffen (***for*** auf *acc*); ~ ***in*** vertrauen auf (*acc*); **~·ful** *adj* □ hoffnungsvoll; **~·less** *adj* □ hoffnungslos; verzweifelt.

horde [hɔːd] *s* Horde *f*.

ho·ri·zon [hə'raɪzn] *s* Horizont *m*.

hor·i·zon·tal [hɒrɪ'zɒntl] *adj* □ horizontal, waag(e)recht.

horn [hɔːn] *s* Horn *n*; Schalltrichter *m*; *mot.* Hupe *f*; ***~s*** *pl* Geweih *n*.

hor·net *zo.* ['hɔːnɪt] *s* Hornisse *f*.

horn·y ['hɔːnɪ] *adj* (***-ier***, ***-iest***) hornig, schwielig; V geil.

hor·o·scope ['hɒrəskəʊp] *s* Horoskop *n*.

hor·ren·dous [hɒ'rendəs] *adj* schrecklich, entsetzlich; *prices*: horrend

hor|ri·ble ['hɒrəbl] *adj* □ schrecklich, furchtbar, scheußlich; F gemein; **~·rid** ['hɒrɪd] *adj* □ gräßlich, abscheulich; schrecklich; **~·ri·fy** [~faɪ] *v/t* erschrecken; entsetzen; **~·ror** [~ə] *s* Entsetzen *n*, Schauder *m*; Schrecken *m*; Greuel *m*.

horse [hɔːs] *s zo.* Pferd *n*; Bock *m*, Gestell *n*; ***wild ~s will not drag me there*** keine zehn Pferde bringen mich dorthin; **~·back** *s*: ***on ~*** zu Pferde, beritten; **~ chest·nut** *s bot.* Roßkastanie *f*; **~·hair** *s* Roßhaar *n*; **~·man** *s* (geübter) Reiter; **~·man·ship** *s* Reitkunst *f*; **~ op·e·ra** *s* F Western *m*; **~·pow·er** *s* (*abbr.* ***HP***) *phys.* Pferdestärke *f* (*abbr.* PS); **~·rac·ing** *s* Pferderennen *n or pl*; **~·rad·ish** *s* Meerrettich *m*; **~·shoe** *s* Hufeisen *n*; **~·wom·an** *s* (geübte) Reiterin.

hor·ti·cul·ture ['hɔːtɪkʌltʃə] *s* Gartenbau *m*.

hose[1] [həʊz] *s* Schlauch *m*.

hose[2] [~] *s pl* Strümpfe *pl*, Strumpfwaren *pl*; **ho·sier·y** ['~ɪərɪ] *s* Strumpfwaren *pl*.

hos·pi·ta·ble ['hɒspɪtəbl] *adj* □ gastfreundlich, gastfrei.

hos·pi·tal ['hɒspɪtl] *s* Krankenhaus *n*, Klinik *f*; *mil.* Lazarett *n*; ***in*** (*Am.* ***in the***) ~ im Krankenhaus; **~·i·ty** [hɒspɪ'tælətɪ] *s* Gastfreundschaft *f*, Gastlichkeit *f*; **~·ize** ['hɒspɪtəlaɪz] *v/t* ins Krankenhaus einliefern *or* -weisen.

host[1] [həʊst] *s* Gastgeber *m*; (Gast)Wirt *m*; *TV, etc.*: Talkmaster *m*; Showmaster *m*; Moderator *m*; *in holiday club*: Animateur *m*; ***your ~ was ...*** *TV, etc.*: durch die Sendung führte Sie ...

host[2] [~] *s* Menge *f*, Masse *f*.

host[3] *eccl.* [~] *s often* ♀ Hostie *f*.

hos·tage ['hɒstɪdʒ] *s* Geisel *f*; ***take s.o. ~*** j-n als Geisel nehmen.

hos·tel ['hɒstl] *s esp. Br.* (Studenten-, Arbeiter- *etc.*)(Wohn)Heim *n*; *mst* ***youth ~*** Jugendherberge *f*.

host·ess ['həʊstɪs] *s* Gastgeberin *f*; (Gast)Wirtin *f*; Hostess *f*; *aer.* Stewardeß *f*; → *a.* ***host***[1].

hos|tile ['hɒstaɪl] *adj* feindlich (gesinnt); ***~ to foreigners*** ausländerfeindlich; **~·til·i·ty** [hɒ'stɪlətɪ] *s* Feindseligkeit *f* (***to*** gegen).

hot [hɒt] *adj and adv* (***-tt-***) heiß; scharf; beißend; hitzig, heftig; eifrig; *food, a. tracks*: warm; F heiß, gestohlen; radioaktiv; **~·bed** *s* Mistbeet *n*; *fig.* Brutstätte *f*.

hotch·potch ['hɒtʃpɒtʃ] *s* Mischmasch *m*; Gemüsesuppe *f*.

hot dog [hɒt'dɒg] *s* Hot dog *n, m*.

ho·tel [həʊ'tel] *s* Hotel *n*.

hot|head ['hɒthed] *s* Hitzkopf *m*; **~·house** *s* Treibhaus *n*; **~ line** *s pol.* heißer Draht; **~·pot** *s* Eintopf *m*; **~ spot** *s esp. pol.* Unruhe-, Krisenherd *m*; **~·spur** *s* Hitzkopf *m*; **~·wa·ter** *adj* Heißwasser...; ***~ bottle*** Wärmflasche *f*.

hound [haʊnd] **1.** *s* Jagdhund *m*; *fig.* Hund *m*; **2.** *v/t* jagen, hetzen.

hour ['aʊə] *s* Stunde *f*; Zeit *f*, Uhr *f*; **~·ly** [~lɪ] *adj* stündlich.

house 1. *s* [haʊs] Haus *n*; *Br.* ***the*** ♀ das Unterhaus; die Börse; **2.** [haʊz] *v/t* unterbringen; *v/i* hausen; **~·a·gent** *s* Makler *m*; **~·bound** *adj fig.* ans Haus gefesselt; **~·hold** *s* Haushalt *m*; *attr* Haushalts...; **~·hold·er** *s* Hausherr *m*; **~·hus·band** *s* Hausmann *m*; **~·keep·er** *s* Haushälterin *f*; **~·keep·ing** *s* Haushaltung *f*, Haushaltsführung *f*; **~·maid** *s* Hausmädchen *n*; **~·man** *s Br. med.* Arzt *m* im Praktikum (*abbr.* AIP); **~·warm·ing (par·ty)** *s* Einzugsparty *f*; **~·wife** *s* Hausfrau *f*; **~·work** *s* Hausarbeit *f*.

hous·ing ['haʊzɪŋ] *s* Unterbringung *f*; Wohnung *f*; Wohnungsbau *m*; ***~ estate*** *Br.* Wohnsiedlung *f*; ***~ policy*** Wohnungspolitik *f*; ***~ shortage(s pl)*** Wohnungs-, Wohnraumknappheit *f*.

hove [həʊv] *pret and pp of* ***heave*** 2.

hov·el ['hɒvl] *s* Schuppen *m*; Hütte *f*.

hov·er ['hɒvə] *v/i* schweben; herumlungern; *fig.* schwanken; **~·craft** *s* (*pl* ***-craft***[**s**]) Hovercraft *n*, Luftkissenfahrzeug *n*.

how [haʊ] *adv* wie; ***~ do you do?*** guten Tag!; ***~ is she?*** wie geht es ihr?; ***~ are you?*** *about health*: wie geht es dir?, *when meeting s.o.*: wie geht's?; ***~ about ...?*** wie steht's mit ...?; F ***and ~!*** F und wie!

how·dy *Am.* F ['haʊdɪ] *int* Tag!

how·ev·er [haʊ'evə] **1.** *adv* wie auch (immer), wenn auch noch so ...; **2.** *cj* (je)doch.

howl [haʊl] **1.** *v/i and v/t* heulen; brüllen; **2.** *s* Heulen *n*, Geheul *n*; **~·er** F ['~ə] *s* grober Schnitzer, F Hammer *m*.

hub [hʌb] *s* (Rad)Nabe *f*; *fig.* Mittel-, Angelpunkt *m*.

hub·bub ['hʌbʌb] *s* Tumult *m*.

hub·by F ['hʌbɪ] *s* (Ehe)Mann *m*.

huck·ster ['hʌkstə] *s* Hausierer(in).

hud·dle ['hʌdl] **1.** *v/t and v/i a.* ***~ together***

H

(sich) zusammendrängen, zusammenpressen; ~ (**o.s.**) **up** sich zusammenkauern; **2.** *s* (wirrer) Haufen, Wirrwarr *m*, Durcheinander *n*.

huff [hʌf] *s* Verärgerung *f*; Verstimmung *f*; ***be in a*** ~ verärgert *or* -stimmt sein.

hug [hʌg] **1.** *s* Umarmung *f*; **2.** *v/t* (**-gg-**) an sich drücken, umarmen; *fig*. festhalten an (*dat*); sich dicht halten an (*acc*).

huge [hju:dʒ] *adj* □ ungeheuer, riesig; **~·ness** *s* ungeheure Größe.

hulk·ing ['hʌlkɪŋ] *adj* sperrig, klotzig; ungeschlacht, schwerfällig.

hull [hʌl] **1.** *s bot*. Schale *f*, Hülse *f*; *mar*. Rumpf *m*; **2.** *v/t* enthülsen; schälen.

hul·la·ba·loo [hʌləbə'lu:] *s* (*pl* ***-loos***) Lärm *m*.

hul·lo [hə'ləʊ] *int* hallo!

H

hum [hʌm] *v/i and v/t* (***-mm-***) summen; brummen.

hu·man ['hju:mən] **1.** *adj* □ menschlich, Menschen...; ***~ly possible*** menschenmöglich; ~ ***being*** Mensch *m*; ~ ***chain*** Menschenkette *f*; ~ ***rights*** *pl* Menschenrechte *pl*; **2.** *s* Mensch *m*; **~e** [hju:'meɪn] *adj* □ human, menschenfreundlich; **~·i·tar·i·an** [hju:mænɪ'teərɪən] **1.** *s* Menschenfreund *m*; **2.** *adj* menschenfreundlich; **~·i·ty** [hju:'mænətɪ] *s* die Menschheit, die Menschen *pl*; Humanität *f*, Menschlichkeit *f*; ***humanities*** *pl* Geisteswissenschaften *pl*; Altphilologie *f*.

hum·ble ['hʌmbl] **1.** *adj* □ (***~r***, ***~st***) demütig; bescheiden; **2.** *v/t* erniedrigen; demütigen; **~·ness** *s* Demut *f*.

hum·bug ['hʌmbʌg] *s* F Unsinn *m*, Humbug *m*; *person*: Gauner *m*; *Br*. Pfefferminzbonbon *m*, *n*.

hum·drum ['hʌmdrʌm] *adj* eintönig.

hu·mid ['hju:mɪd] *adj* feucht, naß; **~·i·ty** [hju:'mɪdətɪ] *s* Feuchtigkeit *f*.

hu·mil·i|ate [hju:'mɪlɪeɪt] *v/t* erniedrigen, demütigen; **~·a·tion** [hju:mɪlɪ'eɪʃn] *s* Erniedrigung *f*, Demütigung *f*; **~·ty** [hju:'mɪlətɪ] *s* Demut *f*.

hum·ming·bird *zo*. ['hʌmɪŋbɜ:d] *s* Kolibri *m*.

hu·mor·ous ['hju:mərəs] *adj* □ humoristisch, humorvoll; spaßig.

hu·mo(u)r ['hju:mə] **1.** *s* Laune *f*, Stimmung *f*; Humor *m*; *das* Spaßige; ***out of*** ~ schlecht gelaunt; **2.** *v/t j-m* s-n Willen lassen; eingehen auf (*acc*).

hump [hʌmp] **1.** *s of camel*: Höcker *m*, Buckel *m*; **2.** *v/t* krümmen; *Br*. F auf den Rücken nehmen, tragen; ~ **o.s.** *Am. sl.* sich ranhalten; **~·back(ed)** ['~bæk(t)] → ***hunchback(ed)***.

hunch [hʌntʃ] **1.** *s* → ***hump*** 1; Ahnung *f*, Gefühl *n*; **2.** *v/t a.* ~ ***up*** krümmen; **~·back** ['~bæk] *s* Buckel *m*; Bucklige(r *m*) *f*; **~·backed** *adj* buck(e)lig.

hun·dred ['hʌndrəd] **1.** *adj* hundert; **2.** *s* Hundert *n* (*unit*); Hundert *f* (*numeral*); **~th** [~θ] **1.** *adj* hundertste(r, -s); **2.** *s* Hundertstel *n*; **~·weight** *s Br. appr.* Zentner *m* (= *50,8 kg*).

hung [hʌŋ] **1.** *pret and pp of* **hang**[1]; **2.** *adj* abgehangen (*meat*); ~ ***parliament*** *pol*. parlamentarische Pattsituation.

Hun·gar·i·an [hʌŋ'geərɪən] **1.** *adj* ungarisch; **2.** *s* Ungar(in); *ling*. Ungarisch *n*.

hun·ger ['hʌŋgə] **1.** *s* Hunger *m* (*a. fig*.: ***for*** nach); ***die of*** ~ verhungern; **2.** *v/i* hungern (***for***, ***after*** nach); ~ **strike** *s* Hungerstreik *m*.

hun·gry ['hʌŋgrɪ] *adj* □ (***-ier***, ***-iest***) hungrig; ***be*** ~ Hunger haben.

hunk [hʌŋk] *s* dickes Stück.

hunt [hʌnt] **1.** *s* Jagd *f* (*a. fig*.: ***for*** nach); Jagd(revier *n*) *f*; Jagd(gesellschaft) *f*; **2.** *v/t* jagen; *area*: bejagen; hetzen; ~ ***out***, ~ ***up*** aufspüren; *v/i*: ~ ***after***, ~ ***for*** Jagd machen auf (*acc*); **~·er** *s* Jäger *m*; Jagdpferd *n*; **~·ing** *s* Jagen *n*; *attr* Jagd...; **~·ing-ground** *s* Jagdrevier *n*.

hur·dle ['hɜ:dl] *s sports*: Hürde *f* (*a. fig*.); **~r** [~ə] *s sports*: Hürdenläufer(in); ~ **race** *s sports*: Hürdenrennen *n*.

hurl [hɜ:l] **1.** *s* Schleudern *n*; **2.** *v/t* schleudern; *words*: ausstoßen.

hur·ri·cane ['hʌrɪkən] *s* Hurrikan *m*, Wirbelsturm *m*; Orkan *m*.

hur·ried ['hʌrɪd] *adj* □ eilig; übereilt.

hur·ry ['hʌrɪ] **1.** *s* (große) Eile, Hast *f*; ***be in a*** (***no***) ~ es (nicht) eilig haben; ***not ... in a*** ~ F nicht so bald, nicht so leicht; ***there's no*** ~ es eilt nicht; **2.** *v/t* (an)treiben; drängen; *et.* beschleunigen; eilig schicken *or* bringen; *v/i* eilen, hasten; ~ ***up*** sich beeilen.

hurt [hɜ:t] **1.** *s* Schmerz *m*; Verletzung *f*, Wunde *f*; Schaden *m*; **2.** *v/t* (***hurt***) verletzen, -wunden (*a. fig*.); weh tun (*dat*); schaden (*dat*); *v/i* schmerzen, weh tun; **~·ful** *adj* □ verletzend.

hus·band ['hʌzbənd] **1.** *s* (Ehe)Mann *m*; **2.** *v/t* haushalten mit; verwalten; **~·ry**

[~rɪ] *s agr.* Landwirtschaft *f*; *fig.* Haushalten *n*, sparsamer Umgang (**of** mit).
hush [hʌʃ] **1.** *int* still!; **2.** *s* Stille *f*; **3.** *v/t* zum Schweigen bringen; besänftigen, beruhigen; **~ *up*** vertuschen; **~ mon·ey** ['hʌʃmʌnɪ] *s* Schweigegeld *n*.
husk [hʌsk] **1.** *s bot.* Hülse *f*, Schote *f*, Schale *f* (*a. fig.*); **2.** *v/t* enthülsen; **hus·ky** ['hʌskɪ] **1.** *adj* □ (**-*ier*, -*iest***) hülsig; trocken; heiser; F stramm, stämmig; **2.** *s* F stämmiger Kerl.
hus·sy ['hʌsɪ] *s* Fratz *m*, Göre *f*; Flittchen *n*.
hus·tings ['hʌstɪŋz] *s pl Br. pol.* Wahlkampf *m*
hus·tle ['hʌsl] **1.** *v/t* (an)rempeln; stoßen; drängen; *v/i* sich drängen; hasten, hetzen; sich beeilen; **2.** *s*: **~ *and bustle*** Gedränge *n*; Gehetze *n*; Getriebe *n*.
hut [hʌt] *s* Hütte *f*; Baracke *f*.
hutch [hʌtʃ] *s* (*esp.* Kaninchen)Stall *m*.
hy·a·cinth *bot.* ['haɪəsɪnθ] *s* Hyazinthe *f*.
hy·ae·na *zo.* [haɪ'iːnə] *s* Hyäne *f*.
hy·brid *biol.* ['haɪbrɪd] *s* Bastard *m*, Mischling *m*, Kreuzung *f*; *attr* Bastard...; Zwitter...; **~·ize** [~aɪz] *v/t* kreuzen.
hy·drant ['haɪdrənt] *s* Hydrant *m*.
hy·draul·ic [haɪ'drɔːlɪk] *adj* (**~*ally***) hydraulisch; **~s** *s sg* Hydraulik *f*.
hy·dro|- ['haɪdrəʊ] Wasser...; Hydro...; **~·car·bon** *s chem.* Kohlenwasserstoff *m*; **~·chlor·ic ac·id** *s chem.* Salzsäure *f*; **~·e·lec·tric pow·er sta·tion** *s tech.* Wasserkraftwerk *n*; **~·foil** *s mar.* Tragflächen-, Tragflügelboot *n*; **~·gen** *s chem.* Wasserstoff *m*; **~·gen bomb** *s mil.* Wasserstoffbombe *f*; **~·plane** *s aer.* Wasserflugzeug *n*; *mar.* Gleitboot *n*; **~·pon·ics** *agr.* [~'pɒnɪks] *s sg* Hydrokultur *f*.
hy·e·na *zo.* [haɪ'iːnə] *s* Hyäne *f*.
hy·giene ['haɪdʒiːn] *s* Hygiene *f*; **hy·gien·ic** [haɪ'dʒiːnɪk] *adj* (**~*ally***) hygienisch.
hymn [hɪm] **1.** *s* Hymne *f*; Lobgesang *m*; Kirchenlied *n*; **2.** *v/t* preisen.
hy·per- ['haɪpə] hyper..., Hyper..., über..., höher, größer; **~·mar·ket** *s* Groß-, Verbrauchermarkt *m*; **~·sen·si·tive** [~'sensətɪv] *s* überempfindlich (***to*** gegen).
hy·phen ['haɪfn] *s* Bindestrich *m*; **~·ate** [~eɪt] *v/t* mit Bindestrich schreiben.
hyp·no·tize ['hɪpnətaɪz] *v/t* hypnotisieren.
hy·po·chon·dri·ac [haɪpəʊ'kɒndrɪæk] *s* Hypochonder *m*.
hy·poc·ri·sy [hɪ'pɒkrəsɪ] *s* Heuchelei *f*; **hyp·o·crite** ['hɪpəkrɪt] *s* Heuchler(in); Scheinheilige(r *m*) *f*; **hyp·o·crit·i·cal** [hɪpə'krɪtɪkl] *adj* □ heuchlerisch, scheinheilig.
hy·poth·e·sis [haɪ'pɒθɪsɪs] *s* (*pl* **-*ses*** [-siːz]) Hypothese *f*.
hys|te·ri·a *med.* [hɪ'stɪərɪə] *s* Hysterie *f*; **~·ter·i·cal** [~'sterɪkl] *adj* □ hysterisch; **~·ter·ics** [~'sterɪks] *s pl* hysterischer Anfall; ***go into* ~** hysterisch werden; F e-n Lachkrampf bekommen.

I

I [aɪ] *pron* ich; ***it is* ~** ich bin es.
ice [aɪs] **1.** *s* Eis *n*; **2.** *v/t* gefrieren lassen; *cake*: mit Zuckerguß überziehen, glasieren; in Eis kühlen; *v/i a.* **~ *up*** vereisen; **~ age** *s* Eiszeit *f*; **~·berg** *s* Eisberg *m* (*a. fig.*); **~·bound** *adj harbour*: zugefroren; **~·box** *s* Eisfach *n*; *Am.* Kühlschrank *m*; **~ cream** *s* (Speise)Eis *n*; **~ cube** *s* Eiswürfel *m*; **~ floe** *s* Eisscholle *f*; **~ hock·ey** *s* Eishockey *n*; **~ lol·ly** *s Br.* Eis *n* am Stiel; **~ rink** *s* (Kunst)Eisbahn *f*; **~ show** *s* Eisrevue *f*.
i·ci·cle ['aɪsɪkl] *s* Eiszapfen *m*.
ic·ing ['aɪsɪŋ] *s* Zuckerguß *m*, Glasur *f*; Vereisung *f*; *ice hockey*: unerlaubter Weitschuß, Befreiungsschlag *m*, Icing *n*.
i·cy ['aɪsɪ] *adj* □ (**-*ier*, -*iest***) eisig (*a. fig.*); vereist.
i·dea [aɪ'dɪə] *s* Idee *f*; Begriff *m*; Vorstel-

lung *f*; Gedanke *m*; Meinung *f*; Ahnung *f*; Plan *m*.

i·deal [aɪ'dɪəl] **1.** *adj* □ ideal, vollkommen; **2.** *s* Ideal *n*; **~·is·m** *s* Idealismus *m*; **~·ize** [~aɪz] *v/t* idealisieren.

i·den·ti|cal [aɪ'dentɪkl] *adj* □ identisch, gleich(bedeutend); **~·fi·ca·tion** [aɪdentɪfɪ'keɪʃn] *s* Identifizierung *f*; Ausweis *m*; **~·fy** [aɪ'dentɪfaɪ] *v/t* identifizieren; ausweisen; erkennen; **~·ty** [~ətɪ] *s* Identität *f*; Persönlichkeit *f*, Eigenart *f*; **~ *card*** (Personal)Ausweis *m*.

i·de|o·log·i·cal [aɪdɪə'lɒdʒɪkl] *adj* □ ideologisch; **~·ol·o·gy** [aɪdɪ'ɒlədʒɪ] *s* Ideologie *f*.

id·i|om ['ɪdɪəm] *s* Idiom *n*; Redewendung *f*; **~·o·mat·ic** [ɪdɪə'mætɪk] *adj* (***~ally***) idiomatisch.

id·i·ot ['ɪdɪət] *s* Idiot(in), Schwachsinnige(r *m*) *f*; **~·ic** [ɪdɪ'ɒtɪk] *adj* (***~ally***) blödsinnig.

I

i·dle ['aɪdl] **1.** *adj* □ (***~r***, ***~st***) *person*: müßig, untätig, träge, faul; *econ.* unproduktiv, tot (*money*), ungenutzt (*capacity*); **~ *hours*** *pl* Mußestunden *pl*; **2.** *v/t mst* **~ *away*** vertrödeln; *v/i* faulenzen; *tech.* leer laufen; **~·ness** *s* Untätigkeit *f*, Müßiggang *m*; Faul-, Trägheit *f*; Muße *f*; Zwecklosigkeit *f*.

i·dol ['aɪdl] *s* Idol *n* (*a. fig.*); Götzenbild *n*; **~·ize** ['aɪdəlaɪz] *v/t* abgöttisch verehren, vergöttern.

i·dyl·lic [aɪ'dɪlɪk] *adj* (***~ally***) idyllisch.

if [ɪf] **1.** *cj* wenn, falls; ob; **2.** *s* Wenn *n*.

ig·nite [ɪg'naɪt] *v/t and v/i* anzünden, (sich) entzünden; *mot.* zünden; **ig·ni·tion** [ɪg'nɪʃən] *s* An-, Entzünden *n*; *mot.* Zündung *f*.

ig·no·min·i·ous [ɪgnə'mɪnɪəs] *adj* □ schändlich, schimpflich (*defeat*).

ig·no·rance ['ɪgnərəns] *s* Unwissenheit *f*; **ig·no·rant** [~t] *adj* unwissend; ungebildet; F ungehobelt; **ig·nore** [ɪg'nɔː] *v/t* ignorieren, nicht beachten; *jur.* verwerfen.

ill [ɪl] **1.** *adj* (***worse***, ***worst***) krank; schlimm, schlecht, übel; böse; ***fall ~***, ***be taken ~*** krank werden; **2.** *s mst pl* Übel *n*, Mißstand *m*; **~·ad·vised** [ɪləd'vaɪzd] *adj* □ schlechtberaten; unbesonnen, unklug; **~-bred** *adj* schlechterzogen; ungezogen; **~ breed·ing** *s* schlechtes Benehmen.

il·le·gal [ɪ'liːgl] *adj* □ unerlaubt; *jur.* illegal, ungesetzlich; **~ *parking*** Falschparken *n*.

il·le·gi·ble [ɪ'ledʒəbl] *adj* □ unleserlich.

il·le·git·i·mate [ɪlɪ'dʒɪtɪmət] *adj* □ illegitim; unrechtmäßig; unehelich.

ill|-fat·ed [ɪl'feɪtɪd] *adj* unglücklich, Unglücks...; **~-hu·mo(u)red** *adj* schlechtgelaunt.

il·lib·e·ral [ɪ'lɪbərəl] *adj* □ engstirnig; intolerant; knaus(e)rig.

il·li·cit [ɪ'lɪsɪt] *adj* □ unerlaubt.

il·lit·e·rate [ɪ'lɪtərət] **1.** *adj* □ unwissend, ungebildet; **2.** *s* Analphabet(in).

ill|-judged ['ɪl'dʒʌdʒd] *adj* unbesonnen, unklug; **~-man·nered** *adj* □ ungezogen; **~-na·tured** *adj* □ boshaft, bösartig.

ill·ness ['ɪlnɪs] *s* Krankheit *f*.

il·lo·gi·cal [ɪ'lɒdʒɪkl] *adj* □ unlogisch.

ill|-tem·pered [ɪl'tempəd] *adj* schlechtgelaunt, übellaunig; **~-timed** *adj* ungelegen, unpassend, zur unrechten Zeit.

il·lu·mi|nate [ɪ'ljuːmɪneɪt] *v/t* be-, erleuchten (*a. fig.*); *fig.* erläutern, erklären; **~·nat·ing** [~ɪŋ] *adj* Leucht...; *fig.* aufschlußreich; **~·na·tion** [~'neɪʃn] *s* Er-, Beleuchtung *f*; *fig.* Erläuterung *f*, Erklärung *f*; **~s** *pl* Illumination *f*, Festbeleuchtung *f*.

il·lu|sion [ɪ'luːʒn] *s* Illusion *f*, Täuschung *f*; **~·sive** [~sɪv], **~·so·ry** [~ərɪ] *adj* □ illusorisch, trügerisch.

il·lus|trate ['ɪləstreɪt] *v/t* illustrieren, bebildern; erläutern; **~·tra·tion** [ɪlə'streɪʃn] *s* Erläuterung *f*; Illustration *f*; Bild *n*, Abbildung *f*, **~·tra·tive** ['ɪləstreɪtɪv] *adj* □ erläuternd.

il·lus·tri·ous [ɪ'lʌstrɪəs] *adj* □ berühmt.

ill will [ɪl'wɪl] *s* Feindschaft *f*.

im·age ['ɪmɪdʒ] *s* Bild *n*; Statue *f*; Götzenbild *n*; Ebenbild *n*; Image *n*; **im·ag·e·ry** [~ərɪ] *s* Bilder *pl*; Bildersprache *f*, Metaphorik *f*.

i·ma·gi·na|ble [ɪ'mædʒɪnəbl] *adj* □ denkbar; **~·ry** [~ərɪ] *adj* eingebildet, imaginär; **~·tion** [ɪmædʒɪ'neɪʃn] *s* Einbildung(skraft) *f*; **~·tive** [ɪ'mædʒɪnətɪv] *adj* □ ideen-, einfallsreich.

i·ma·gine [ɪ'mædʒɪn] *v/t and v/i* sich *et.* einbilden *or* vorstellen *or* denken; ***can you ~?*** stell dir vor!; ***as you can ~*** wie du dir denken kannst.

im·bal·ance [ɪm'bæləns] *s* Unausgewogenheit *f*; *pol., etc.*: Ungleichgewicht *n*.

im•be•cile ['ımbısi:l] **1.** *adj* □ schwachsinnig; **2.** *s* Schwachsinnige(r *m*) *f*; *contp.* Idiot *m*, Trottel *m*.
im•bue *fig.* [ım'bju:] *v/t* durchdringen, erfüllen (***with*** mit).
im•i|tate ['ımıteıt] *v/t* nachahmen, imitieren; **~•ta•tion** [ımı'teıʃn] *s* Nachahmung *f*; Imitation *f*; *attr* nachgemacht, unecht, künstlich, Kunst...
im•mac•u•late [ı'mækjʊlət] *adj* □ unbefleckt, rein; fehlerlos.
im•ma•te•ri•al [ımə'tıərıəl] *adj* □ unkörperlich; unwesentlich (***to*** für).
im•ma•ture [ımə'tjʊə] *adj* □ unreif.
im•mea•su•ra•ble [ı'meʒərəbl] *adj* □ unermeßlich.
im•me•di•ate [ı'mi:dıət] *adj* □ unmittelbar; unverzüglich, sofortig; **~•ly** [~lı] **1.** *adv* sofort; **2.** *cj* sobald; sofort, als.
im•mense [ı'mens] *adj* □ riesig; *fig. a.* enorm, immens; prima, großartig.
im•merse [ı'mɜ:s] *v/t* (ein-, unter)tauchen; *fig.* versenken *or* vertiefen (***in*** in *acc*); **im•mer•sion** [~ʃn] *s* Ein-, Untertauchen *n*; **~ *heater*** Boiler *m*, *portable*: Tauchsieder *m*.
im•mi|grant ['ımıgrənt] *s* Einwander|er *m*, -in *f*, Immigrant(in); **~•grate** [~greıt] *v/i* einwandern; *v/t* ansiedeln (***into*** in *dat*); **~•gra•tion** [~'greıʃn] *s* Einwanderung *f*, Immigration *f*.
im•mi•nent ['ımınənt] *adj* □ nahe bevorstehend; **~ *danger*** drohende Gefahr.
im•mo•bile [ı'məʊbaıl] *adj* unbeweglich.
im•mod•e•rate [ı'mɒdərət] *adj* □ maßlos.
im•mod•est [ı'mɒdıst] *adj* □ unbescheiden; unanständig.
im•mor•al [ı'mɒrəl] *adj* □ unmoralisch.
im•mor•tal [ı'mɔ:tl] **1.** *adj* □ unsterblich; **2.** *s* Unsterbliche(r *m*) *f*; **~•i•ty** [ımɔ:'tælətı] *s* Unsterblichkeit *f*.
im•mo•va•ble [ı'mu:vəbl] **1.** *adj* □ unbeweglich; unerschütterlich; unnachgiebig; **2. ~s** *s pl* Immobilien *pl*.
im•mune [ı'mju:n] *adj* (***against***, ***from***, ***to***) immun (gegen); geschützt (gegen), frei (von); *pol.* immun; **im•mu•ni•ty** [~ətı] *s* Immunität *f* (*a. pol.*); Unempfindlichkeit *f*.
im•mu•ta•ble [ı'mju:təbl] *adj* □ unveränderlich.
imp [ımp] *s* Teufelchen *n*; *child*: Racker *m*.
im•pact ['ımpækt] *s* (Zusammen)Stoß *m*; Anprall *m*; Einwirkung *f*.
im•pair [ım'peə] *v/t* beeinträchtigen.
im•par|tial [ım'pɑ:ʃl] *adj* □ unparteiisch; **~•ti•al•i•ty** [ımpɑ:ʃı'ælətı] *s* Unparteilichkeit *f*, Objektivität *f*.
im•pass•a•ble [ım'pɑ:səbl] *adj* □ unpassierbar; *to cars*: unbefahrbar.
im•passe [æm'pɑ:s] *s fig.* Sackgasse *f*, toter Punkt.
im•pas•sioned [ım'pæʃnd] *adj* leidenschaftlich.
im•pas•sive [ım'pæsıv] *adj* □ teilnahmslos; *face*: unbewegt.
im•pa|tience [ım'peıʃns] *s* Ungeduld *f*; **~•tient** [~t] *adj* □ ungeduldig.
im•peach [ım'pi:tʃ] *v/t* anklagen (***for***, ***of***, ***with*** *gen*); anfechten, anzweifeln.
im•pec•ca•ble [ım'pekəbl] *adj* □ untadelig, einwandfrei.
im•pede [ım'pi:d] *v/t* (be)hindern.
im•ped•i•ment [ım'pedımənt] *s* Hindernis *n*; *med.* Behinderung *f*, Störung *f*.
im•pel [ım'pel] *v/t* (**-ll-**) (an)treiben.
im•pend•ing [ım'pendıŋ] *adj* nahe bevorstehend; **~ *danger*** drohende Gefahr.
im•pen•e•tra•ble [ım'penıtrəbl] *adj* □ undurchdringlich; *fig.* unergründlich; *fig.* unzugänglich (***to*** *dat*).
im•per•a•tive [ım'perətıv] **1.** *adj* □ notwendig, dringend, unbedingt erforderlich; befehlend; gebieterisch; *gr.* imperativisch; **2.** *s* Befehl *m*; *a.* **~ *mood*** *gr.* Imperativ *m*, Befehlsform *f*.
im•per•cep•ti•ble [ımpə'septəbl] *adj* □ unmerklich.
im•per•fect [ım'pɜ:fıkt] **1.** *adj* □ unvollkommen; unvollendet; **2.** *s a.* **~ *tense*** *gr.* Imperfekt *n*.
im•pe•ri•al•is|m *pol.* [ım'pıərıəlızəm] *s* Imperialismus *m*; **~t** *pol.* [~ıst] *s* Imperialist *m*.
im•per•il [ım'perəl] *v/t* (*esp. Br.* **-ll-**, *Am.* **-l-**) gefährden.
im•pe•ri•ous [ım'pıərıəs] *adj* □ herrisch, gebieterisch; dringend.
im•per•me•a•ble [ım'pɜ:mıəbl] *adj* □ undurchlässig.
im•per•son•al [ım'pɜ:snl] *adj* □ unpersönlich.
im•per•so•nate [ım'pɜ:səneıt] *v/t thea., etc.*: verkörpern, darstellen.
im•per•ti|nence [ım'pɜ:tınəns] *s* Unver-

I

schämtheit *f*, Ungehörigkeit *f*, Frechheit *f*; **~·nent** [~t] *adj* □ unverschämt, ungehörig, frech.

im·per·tur·ba·ble [ɪmpə'tɜːbəbl] *adj* □ unerschütterlich, gelassen.

im·per·vi·ous [ɪm'pɜːvɪəs] *adj* □ unzugänglich (***to*** für); undurchlässig.

im·pe·tu·ous [ɪm'petjʊəs] *adj* □ ungestüm, heftig; impulsiv.

im·pe·tus ['ɪmpɪtəs] *s* Antrieb *m*, Schwung *m*.

im·pi·e·ty [ɪm'paɪətɪ] *s* Gottlosigkeit *f*; Respektlosigkeit *f*.

im·pinge [ɪm'pɪndʒ] *v/i*: ***~ on***, ***~ upon*** sich auswirken auf (*acc*), beeinflussen.

im·pi·ous ['ɪmpɪəs] *adj* □ gottlos; pietätlos; respektlos.

im·plac·a·ble [ɪm'plækəbl] *adj* □ unversöhnlich, unnachgiebig.

im·plant [ɪm'plɑːnt] *v/t* *med.* einpflanzen; *fig.* einprägen.

im·ple|ment 1. *s* ['ɪmplɪmənt] Werkzeug *n*; Gerät *n*; **2.** *v/t* [~ment] ausführen; **~·men·ta·tion** [ɪmplɪmen'teɪʃn] *s* Aus-, Durchführung *f*; *pol.* Umsetzung *f*, Implementation *f*.

im·pli|cate ['ɪmplɪkeɪt] *v/t* *j-n* verwikkeln; **~·ca·tion** [~'keɪʃn] *s* Verwicklung *f*; Implikation *f*, Einbeziehung *f*; Folgerung *f*.

im·pli·cit [ɪm'plɪsɪt] *adj* □ implizit, indirekt, unausgesprochen; *faith*, *etc.*: unbedingt, blind.

im·plore [ɪm'plɔː] *v/t* inständig bitten, anflehen; (er)flehen.

im·ply [ɪm'plaɪ] *v/t* implizieren, (mit) einbegreifen; bedeuten; andeuten.

im·po·lite [ɪmpə'laɪt] *adj* □ unhöflich.

im·port[1] *econ.* **1.** *s* ['ɪmpɔːt] Import *m*, Einfuhr *f*; Import-, Einfuhrartikel *m*; ***~s*** *pl* (Gesamt)Import *m*, (-)Einfuhr *f*; Importgüter *pl*; **2.** *v/t* [ɪm'pɔːt] importieren, einführen.

im·port[2] **1.** *s* ['ɪmpɔːt] *meaning*: Bedeutung *f*; *~ance*: Wichtigkeit *f*; **2.** *v/t* [ɪm'pɔːt] bedeuten, beinhalten.

im·por|tance [ɪm'pɔːtəns] *s* Bedeutung *f*, Wichtigkeit *f*; **~·tant** [~t] *adj* □ bedeutend, wichtig; wichtigtuerisch.

im·por·ta·tion [ɪmpɔː'teɪʃn] → ***import***[1] 1.

im·pose [ɪm'pəʊz] *v/t* auferlegen, -bürden, -drängen, -zwingen (***on***, ***upon*** *dat*); *v/i*: ***~ on***, ***~ upon*** *j-m* imponieren, *j-n* beeindrucken; *j-n* ausnutzen; sich *j-m* aufdrängen; *j-m* zur Last fallen; **im·pos·ing** [~ɪŋ] *adj* □ imponierend, eindrucksvoll, imposant.

im·pos·si|bil·i·ty [ɪmpɒsə'bɪlətɪ] *s* Unmöglichkeit *f*; **~·ble** [ɪm'pɒsəbl] *adj* unmöglich.

im·pos·tor [ɪm'pɒstə] *s* Betrüger *m*.

im·po|tence ['ɪmpətəns] *s* Unfähigkeit *f*; Hilflosigkeit *f*; Schwäche *f*; *med.* Impotenz *f*; **~·tent** [~t] *adj* □ unfähig; hilflos; schwach; *med.* impotent.

im·pov·e·rish [ɪm'pɒvərɪʃ] *v/t* arm machen; *soil*: auslaugen.

im·prac·ti·ca·ble [ɪm'præktɪkəbl] *adj* □ undurchführbar, unbrauchbar; *street*: unpassierbar.

im·prac·ti·cal [ɪm'præktɪkl] *adj* □ unpraktisch; theoretisch; unbrauchbar.

im·preg|na·ble [ɪm'pregnəbl] *adj* □ uneinnehmbar (*fortress*); *fig.* unerschütterlich, unwiderlegbar (*argument*); **~·nate** ['ɪmpregneɪt] *v/t* *biol.* schwängern; *chem.* sättigen; *tech.* imprägnieren.

im·press [ɪm'pres] *v/t* (auf-, ein)drükken; (deutlich) klarmachen; einschärfen; *j-n* beeindrucken; *j-n mit et.* erfüllen; **im·pres·sion** [~ʃn] *s* Eindruck *m*; *print.* Abdruck *m*; Abzug *m*; Auflage *f*; ***be under the ~ that*** den Eindruck haben, daß; **im·pres·sive** *adj* □ eindrucksvoll.

im·print 1. *v/t* [ɪm'prɪnt] aufdrücken, -prägen; *fig.* einprägen (***on***, ***in*** *dat*); **2.** *s* ['ɪmprɪnt] Eindruck *m*; Stempel *m* (*a. fig.*); *print.* Impressum *n*.

im·pris·on *jur.* [ɪm'prɪzn] *v/t* inhaftieren; **~·ment** *s* *jur.* Freiheitsstrafe *f*, Gefängnis(strafe *f*) *n*, Haft *f*.

im·prob·a·ble [ɪm'prɒbəbl] *adj* □ unwahrscheinlich.

im·prop·er [ɪm'prɒpə] *adj* □ unrichtig; *unsuitable*: ungeeignet, unpassend; *behaviour*: unanständig, unschicklich.

im·prove [ɪm'pruːv] *v/t* verbessern; veredeln, -feinern; *v/i* sich (ver)bessern; ***~ on***, ***~ upon*** übertreffen; **~·ment** *s* (Ver-)Besserung *f*; Fortschritt *m* (***on***, ***upon*** gegenüber).

im·pro·vise ['ɪmprəvaɪz] *v/t and v/i* improvisieren.

im·pru·dent [ɪm'pruːdənt] *adj* □ unklug.

im·pu|dence ['ɪmpjʊdəns] *s* Unverschämtheit *f*, Frechheit *f*; **~·dent** *adj* □ unverschämt, frech.
im·pulse ['ɪmpʌls] *s* Impuls *m*, (An)Stoß *m*; *fig.* (An)Trieb *m*; **im·pul·sive** [ɪm'pʌlsɪv] *adj* □ (an)treibend; *fig.* impulsiv.
im·pu·ni·ty [ɪm'pju:nətɪ] *s* Straflosigkeit *f*; ***with ~*** ungestraft.
im·pure [ɪm'pjʊə] *adj* □ unrein (*a. eccl.*), schmutzig; verfälscht; *fig.* schlecht, unmoralisch.
in [ɪn] **1.** *prp* in (*dat*), innerhalb (*gen*); an (*dat*): ***~ the morning*** am Morgen, morgens; ***~ number*** an der Zahl; ***~ itself*** an sich; auf (*dat*): ***~ the street*** auf der Straße; ***~ English*** auf Englisch; auf (*acc*): ***~ this manner*** auf diese Art; bei: ***~ Shakespeare*** bei Shakespeare; ***~ crossing the road*** beim Überqueren der Straße; mit: ***engaged ~ reading*** mit Lesen beschäftigt; ***~ a word*** mit einem Wort; nach: ***~ my opinion*** meiner Meinung nach; über (*acc*): ***rejoice ~ s.th.*** über et. jubeln; unter (*dat*): ***~ the circumstances*** unter diesen Umständen; ***one ~ ten*** einer unter zehn; ***~ 1992*** 1992; ***~ that*** ... insofern als, weil; **2.** *adv* innen, drinnen; herein; hinein; in, in Mode; ***be ~ for*** *et.* zu erwarten haben, *exam, etc.*: vor sich haben; ***you are ~ for trouble*** du kannst dich auf etwas gefaßt machen; ***be ~ with*** gut mit *j-m* stehen; **3.** *adj* hereinkommend; Innen...; F *fashionable*: in.
in·a·bil·i·ty [ɪnə'bɪlətɪ] *s* Unfähigkeit *f*.
in·ac·ces·si·ble [ɪnæk'sesəbl] *adj* □ unzugänglich, unerreichbar (***to*** für *or dat*).
in·ac·cu·rate [ɪn'ækjʊrət] *adj* □ ungenau; unrichtig.
in·ac|tive [ɪn'æktɪv] *adj* □ untätig; *econ.* lustlos, flau; *volcano*: erloschen; **~·tiv·i·ty** [~'tɪvətɪ] *s* Untätigkeit *f*; *econ.* Lustlosigkeit *f*, Flauheit *f*.
in·ad·e·quate [ɪn'ædɪkwət] *adj* □ unangemessen; unzulänglich, ungenügend.
in·ad·mis·si·ble [ɪnəd'mɪsəbl] *adj* □ unzulässig, unerlaubt.
in·ad·ver·tent [ɪnəd'vɜ:tənt] *adj* □ unachtsam; unbeabsichtigt, versehentlich.
in·a·li·e·na·ble [ɪn'eɪlɪənəbl] *adj* □ *rights*: unveräußerlich.
i·nane *fig.* [ɪ'neɪn] *adj* □ leer; albern.
in·an·i·mate [ɪn'ænɪmət] *adj* □ leblos; *nature*: unbelebt; geistlos, langweilig.
in·ap·pro·pri·ate [ɪnə'prəʊprɪət] *adj* □ *dress, etc.*: unpassend, ungeeignet.
in·apt [ɪn'æpt] *adj* □ *comment*: unpassend.
in·ar·tic·u·late [ɪnɑ:'tɪkjʊlət] *adj* □ unartikuliert, undeutlich; unverständlich; unfähig(, deutlich) zu sprechen.
in·as·much [ɪnəz'mʌtʃ] *cj*: ***~ as*** insofern als.
in·at·ten·tive [ɪnə'tentɪv] *adj* □ unaufmerksam.
in·au·di·ble [ɪn'ɔ:dəbl] *adj* □ unhörbar.
in·au·gu|ral [ɪ'nɔ:gjʊrəl] *s* Antrittsrede *f*; *attr* Antritts...; **~·rate** [~reɪt] *v/t* (feierlich) einführen; einweihen; einleiten; **~·ra·tion** [ɪnɔ:gjʊ'reɪʃn] *s* Amtseinführung *f*; Einweihung *f*; Beginn *m*; ***♀ Day*** *Am.* Tag *m* der Amtseinführung des neugewählten Präsidenten der USA (*January 20th*).
in·born [ɪn'bɔ:n] *adj* angeboren.
in·built ['ɪnbɪlt] *adj* eingebaut, Einbau...
in·cal·cu·la·ble [ɪn'kælkjʊləbl] *adj* □ unberechenbar.
in·can·des·cent [ɪnkæn'desnt] *adj* □ (weiß)glühend.
in·ca·pa·ble [ɪn'keɪpəbl] *adj* □ unfähig, nicht imstande (***of*** *ger* zu *inf*); hilflos.
in·ca·pa·ci|tate [ɪnkə'pæsɪteɪt] *v/t* unfähig machen; **~·ty** [~sətɪ] *s* Unfähigkeit *f*.
in·car|nate [ɪn'kɑ:nət] *adj eccl.* fleischgeworden; *fig.* verkörpert; **~·na·tion** [~'neɪʃn] *s eccl.* Inkarnation *f*, Fleischwerdung *f*; *fig.* Inkarnation *f*, Inbegriff *m*.
in·cau·tious [ɪn'kɔ:ʃəs] *adj* □ unvorsichtig.
in·cen·di·a·ry [ɪn'sendɪərɪ] **1.** *adj* Brand...; *fig.* aufwiegelnd, -hetzend; **2.** *s* Brandstifter *m*; Aufwiegler *m*.
in·cense¹ ['ɪnsens] *s* Weihrauch *m*.
in·cense² [ɪn'sens] *v/t* in Wut bringen.
in·cen·tive [ɪn'sentɪv] *s* Ansporn *m*, Antrieb *m*, Anreiz *m*; *econ.* ***tax ~s*** steuerliche Anreize *pl*; → ***investment***.
in·ces·sant [ɪn'sesnt] *adj* □ unaufhörlich.
in·cest ['ɪnsest] *s* Inzest *m*, Blutschande *f*.
inch [ɪntʃ] **1.** *s* Inch *m* (= *2,54 cm*), Zoll *m* (*a. fig.*); ***by ~es*** allmählich; ***every ~***

I

durch u. durch; **2.** *v/i and v/t* (sich) zentimeterweise *or* sehr langsam bewegen.

in·ci|dence ['ınsıdəns] *s* Vorkommen *n*; **~·dent** [~t] *s* Vorfall *m*, Ereignis *n*, Vorkommnis *n*; **~·den·tal** [ınsı'dentl] *adj* □ zufällig; gelegentlich; Neben...; beiläufig; **~ly** nebenbei.

in·cin·e|rate [ın'sınəreıt] *v/t* verbrennen; **~·ra·tor** [~ə] *s* Verbrennungsofen *m*; Verbrennungsanlage *f*.

in·cise [ın'saız] *v/t* ein-, aufschneiden; **in·ci·sion** [ın'sıʒn] *s* (Ein)Schnitt *m*; **in·ci·sive** [ın'saısıv] *adj* □ (ein)schneidend; scharf; **in·ci·sor** *anat.* [~aızə] *s* Schneidezahn *m*.

in·cite [ın'saıt] *v/t* anspornen, anregen; anstiften; **~·ment** *s* Anregung *f*; Ansporn *m*; Anstiftung *f*.

in·cli·na·tion [ınklı'neıʃn] *s* Neigung *f* (*a. fig.*); **in·cline** [ın'klaın] **1.** *v/i* sich neigen, (schräg) abfallen; **~ *to*** *fig.* zu *et.* neigen; *v/t* neigen; geneigt machen; **2.** *s* Gefälle *n*; (Ab)Hang *m*; **in·clined** *adj*: ***be* ~ *to*** Lust haben zu.

I

in·close [ın'kləʊz], **in·clos·ure** [~əʊʒə] → ***enclose***, ***enclosure***.

in·clude [ın'klu:d] *v/t* einschließen; enthalten; **~d** eingeschlossen; mit inbegriffen; ***tax* ~d** inklusive Steuer; **in·clud·ing** *prp* einschließlich; **in·clu·sion** [~ʒn] *s* Einschluß *m*, Einbeziehung *f*; **in·clu·sive** [~sıv] *adj* □ einschließlich, inklusive (***of*** *gen*); ***be* ~ *of*** einschließen (*acc*); **~ *terms*** *pl* Pauschalpreis *m*.

in·co·her|ence [ınkəʊ'hıərəns] *s* Zusammenhang(s)losigkeit *f*; **~·ent** *adj* □ (logisch) unzusammenhängend, unklar, unverständlich.

in·come *econ.* ['ınkʌm] *s* Einkommen *n*, Einkünfte *pl*; **~ sup·port** *s Br. since 1988*: *appr.* Sozialhilfe *f*; **~ tax** *s econ.* Einkommensteuer *f*.

in·com·ing ['ınkʌmıŋ] *adj* hereinkommend; ankommend; nachfolgend, neu; **~ *orders*** *pl econ.* Auftragseingänge *pl*; **~s** *pl* Einkünfte *pl*, Einnahmen *pl*.

in·com·mu·ni·ca·tive [ınkə'mju:nıkətıv] *adj* □ nicht mitteilsam, verschlossen.

in·com·pa·ra·ble [ın'kɒmpərəbl] *adj* □ unvergleichlich.

in·com·pat·i·ble [ınkəm'pætəbl] *adj* □ unvereinbar; unverträglich; *computer*: nicht kompatibel, inkompatibel.

in·com·pe|tence [ın'kɒmpıtəns] *s* Unfähigkeit *f*; Inkompetenz *f*; **~·tent** [~t] *adj* □ unfähig; nicht fach- *or* sachkundig; unzuständig, inkompetent.

in·com·plete [ınkəm'pli:t] *adj* □ unvollständig; unvollkommen.

in·com·pre·hen|si·ble [ınkɒmprı'hensəbl] *adj* □ unbegreiflich, unfaßbar; **~·sion** [~ʃn] *s* Unverständnis *n*.

in·con·cei·va·ble [ınkən'si:vəbl] *adj* □ unbegreiflich, unfaßbar; undenkbar.

in·con·clu·sive [ınkən'klu:sıv] *adj* □ nicht überzeugend; ergebnis-, erfolglos.

in·con·gru·ous [ın'kɒŋgrʊəs] *adj* □ nicht übereinstimmend; nicht passend.

in·con·se·quent [ın'kɒnsıkwənt] *adj* □ unlogisch.

in·con·sid|e·ra·ble [ınkən'sıdərəbl] *adj* □ gering(fügig), unbedeutend; **~·er·ate** [~ət] *adj* □ unüberlegt; rücksichtslos.

in·con·sis|ten·cy [ınkən'sıstənsı] *s* Unvereinbarkeit *f*; Inkonsequenz *f*; **~·tent** *adj* □ unvereinbar; widersprüchlich; unbeständig; inkonsequent.

in·con·so·la·ble [ınkən'səʊləbl] *adj* □ untröstlich.

in·con·spic·u·ous [ınkən'spıkjʊəs] *adj* □ unauffällig.

in·con·stant [ın'kɒnstənt] *adj* □ unbeständig, veränderlich.

in·con·ve·ni|ence [ınkən'vi:nıəns] **1.** *s* Unbequemlichkeit *f*; Unannehmlichkeit *f*; **2.** *v/t* belästigen, stören; **~·ent** *adj* □ unbequem; ungelegen, lästig.

in·cor·po|rate [ın'kɔ:pəreıt] *v/t and v/i* (sich) verbinden *or* vereinigen *or* zusammenschließen; *include*: aufnehmen, eingliedern, inkorporieren; *econ., jur.* als Gesellschaft eintragen (lassen); **~·rat·ed** *adj Am.* (*abbr.* **Inc.**) *econ., jur.* als (Aktien)Gesellschaft eingetragen; **~·ra·tion** [ınkɔ:pə'reıʃn] *s* Vereinigung *f*, -bindung *f*, Zusammenschluß *m*; Eingliederung *f*; *Am. econ., jur.* Eintragung *f* als (Aktien)Gesellschaft.

in·cor·rect [ınkə'rekt] *adj* □ unrichtig, falsch; inkorrekt.

in·cor·ri·gi·ble [ın'kɒrıdʒəbl] *adj* □ unverbesserlich.

in·cor·rup·ti·ble [ınkə'rʌptəbl] *adj* □ unbestechlich; unvergänglich.

in·crease 1. *v/t and v/i* [ın'kri:s] zunehmen, (an)wachsen, (an)steigen, (sich) vergrößern *or* -mehren; *taxes, prices, etc.*: erhöhen; *noise, etc.*: steigern *or* verstärken; **2.** *s* ['ınkri:s] Zunahme *f*, Vergrößerung *f*; (An)Wachsen *n*, Steigen *n*, Steigerung *f*; Zuwachs *m*; **in·creas·ing·ly** [ın'kri:sıŋlı] *adv* zunehmend, immer mehr; ~ ***difficult*** immer schwieriger.

in·cred·i·ble [ın'kredəbl] *adj* □ unglaublich, unglaubhaft.

in·cre·du·li·ty [ınkrı'dju:lətı] *s* Ungläubigkeit *f*; **in·cred·u·lous** [ın'kredjʊləs] *adj* □ ungläubig, skeptisch.

in·crim·i·nate [ın'krımıneıt] *v/t* beschuldigen; *j-n* belasten.

in·cu|bate ['ınkjʊbeıt] *v/t* ausbrüten (*a. fig.*); **~·ba·tor** [~ə] *s* Brutapparat *m*, Brutkasten *m*; *med. a.* Inkubator *m*.

in·cur [ın'kɜ:] *v/t* (**-rr-**) sich *et.* zuziehen, auf sich laden, geraten in (*acc*); *debts*: machen; *risk, etc.*: eingehen; *loss, etc.*: erleiden.

in·cu·ra·ble [ın'kjʊərəbl] *adj* □ unheilbar.

in·cu·ri·ous [ın'kjʊərıəs] *adj* □ nicht neugierig; gleichgültig, uninteressiert.

in·cur·sion [ın'kɜ:ʃn] *s* (feindlicher) Einfall; plötzlicher Angriff; Eindringen *n*.

in·debt·ed [ın'detıd] *adj econ.* verschuldet; *fig.* (zu Dank) verpflichtet.

in·de·cent [ın'di:snt] *adj* □ unanständig, anstößig; *jur.* unsittlich, unzüchtig; ~ ***assault*** *jur.* Sittlichkeitsverbrechen *n*.

in·de·ci|sion [ındı'sıʒn] *s* Unentschlossenheit *f*; **~·sive** [~'saısıv] *adj* □ unbestimmt, ungewiß; unentschlossen, unschlüssig.

in·deed [ın'di:d] **1.** *adv* in der Tat, tatsächlich, wirklich; allerdings; ***thank you very much ~!*** vielen herzlichen Dank!; **2.** *int* ach wirklich?

in·de·fat·i·ga·ble [ındı'fætıgəbl] *adj* □ unermüdlich.

in·de·fen·si·ble [ındı'fensəbl] *adj* □ *theory, etc.*: unhaltbar; *behaviour, etc.*: unentschuldbar.

in·de·fi·na·ble [ındı'faınəbl] *adj* □ undefinierbar, unbestimmbar.

in·def·i·nite [ın'defınət] *adj* □ unbestimmt; unbegrenzt; unklar.

in·del·i·ble [ın'delıbl] *adj* □ unauslöschlich, untilgbar; *fig.* unvergeßlich; ~ ***pencil*** Kopier-, Tintenstift *m*.

in·del·i·cate [ın'delıkət] *adj* □ unfein, derb; taktlos.

in·dem·ni|fy [ın'demnıfaı] *v/t j-n* entschädigen (***for*** für); versichern; *jur. j-m* Straflosigkeit zusichern; **~·ty** [~ətı] *s* Schadenersatz *m*, Entschädigung *f*, Abfindung *f*; Versicherung *f*; *jur.* Straflosigkeit *f*.

in·dent [ın'dent] *v/t* einkerben, auszacken; *line*: einrücken; *jur. contract*: mit Doppel ausfertigen; *v/i*: ~ ***on s.o. for s.th.*** *esp. Br. econ.* et. bei j-m bestellen.

in·den·tures *econ., jur.* [ın'dentʃəz] *s pl* Ausbildungs-, Lehrvertrag *m*.

in·de·pen|dence [ındı'pendəns] *s* Unabhängigkeit *f*; Selbständigkeit *f*; Auskommen *n*; ♀ ***Day*** *Am.* Unabhängigkeitstag *m* (*July 4th*); **~·dent** *adj* □ unabhängig; selbständig.

in·de·scri·ba·ble [ındı'skraıbəbl] *adj* □ unbeschreiblich.

in·de·struc·ti·ble [ındı'strʌktəbl] *adj* □ unzerstörbar; unverwüstlich.

in·de·ter·mi·nate [ındı'tɜ:mınət] *adj* □ unbestimmt; unklar, vage.

in·dex ['ındeks] **1.** *s* (*pl* **-dexes**, **-dices** [-dısi:z]) (Inhalts-, Namens-, Sach-, Stichwort)Verzeichnis *n*, Register *n*, Index *m*; Index-, Meßziffer *f*; *tech.* Zeiger *m*; Anzeichen *n*; ***cost of living ~*** Lebenshaltungskosten-Index *m*; **2.** *v/t* mit e-m Inhaltsverzeichnis versehen; in ein Verzeichnis aufnehmen; ~ **card** *s* Karteikarte *f*; ~ **fin·ger** *s* Zeigefinger *m*.

In·di·an ['ındıən] **1.** *adj* indisch; indianisch, Indianer...; **2.** *s* Inder(in); *a.* ***American ~, Red ~*** Indianer(in); ~ **corn** *s bot.* Mais *m*; ~ **file** *s*: ***in ~*** im Gänsemarsch; ~ **sum·mer** *s* Altweiber-, Nachsommer *m*.

in·di|cate ['ındıkeıt] *v/t* (an)zeigen; hinweisen *or* -deuten auf (*acc*); andeuten; *v/i mot.* blinken; **~·ca·tion** [~'keıʃn] *s* (An)Zeichen *n*, Hinweis *m*, Andeutung *f*; **in·dic·a·tive** *gr.* [ın'dıkətıv] *s* (*a. adj* ~ ***mood***) Indikativ *m*; **~·ca·tor** ['ındıkeıtə] *s* (An)Zeiger *m*; *mot.* Blinker *m*, Richtungsanzeiger *m*.

in·di·ces ['ındısi:z] *pl of* ***index***.

in·dict *jur.* [ın'daıt] *v/t* anklagen (***for*** wegen); **~·ment** *s jur.* Anklage *f*.

in·dif·fer|ence [ɪn'dɪfrəns] *s* Gleichgültigkeit *f*, Interesselosigkeit *f*; **~·ent** *adj* □ gleichgültig (***to*** gegen), interesselos (***to*** gegenüber); durchschnittlich, mittelmäßig.

in·di·ges|ti·ble [ɪndɪ'dʒestəbl] *adj* □ unverdaulich; **~·tion** [~tʃən] *s* Verdauungsstörung *f*, Magenverstimmung *f*.

in·dig|nant [ɪn'dɪgnənt] *adj* □ entrüstet, empört, ungehalten (***at***, ***over***, ***about*** über *acc*); **~·na·tion** [ɪndɪg'neɪʃn] *s* Entrüstung *f*, Empörung *f* (***at***, ***over***, ***about*** über *acc*); **~·ni·ty** [ɪn'dɪgnətɪ] *s* Demütigung *f*, unwürdige Behandlung.

in·di·rect [ɪndaɪ'rekt] *adj* □ indirekt (*a. gr.*); ***by ~ means*** auf Umwegen.

in·dis|creet [ɪndɪ'skriːt] *adj* □ unbesonnen; taktlos; indiskret; **~·cre·tion** [~reʃn] *s* Unbesonnenheit *f*; Taktlosigkeit *f*; Indiskretion *f*.

in·dis·crim·i·nate [ɪndɪ'skrɪmɪnət] *adj* □ unterschieds-, wahllos; willkürlich.

in·di·spen·sa·ble [ɪndɪ'spensəbl] *adj* □ unentbehrlich, unerläßlich.

in·dis|posed [ɪndɪ'spəʊzd] *adj* indisponiert; unpäßlich; abgeneigt; **~·po·si·tion** [ɪndɪspə'zɪʃn] *s* Abneigung *f* (***to*** gegen); Unpäßlichkeit *f*.

in·dis·pu·ta·ble [ɪndɪ'spjuːtəbl] *adj* □ unbestreitbar, unstreitig.

in·dis·tinct [ɪndɪ'stɪŋkt] *adj* □ undeutlich; unklar, verschwommen.

in·dis·tin·guish·a·ble [ɪndɪ'stɪŋgwɪʃəbl] *adj* □ nicht zu unterscheiden(d).

in·di·vid·u·al [ɪndɪ'vɪdjʊəl] **1.** *adj* □ persönlich; individuell; besondere(r, -s); einzeln, Einzel...; **2.** *s* Individuum *n*, Einzelne(r *m*) *f*; **~·is·m** *s* Individualismus *m*; **~·ist** *s* Individualist(in); **~·i·ty** [ɪndɪvɪdjʊ'ælətɪ] *s* Individualität *f*, (persönliche) Note; **~·ly** [ɪndɪ'vɪdjʊəlɪ] *adv* einzeln, jede(r, -s) für sich.

in·di·vis·i·ble [ɪndɪ'vɪzəbl] *adj* □ unteilbar.

in·do·lent ['ɪndələnt] *adj* □ träge, faul, arbeitsscheu; *med.* schmerzlos.

in·dom·i·ta·ble [ɪn'dɒmɪtəbl] *adj* □ unbezähmbar, nicht unterzukriegen(d).

in·door ['ɪndɔː] *adj* zu *or* im Hause (befindlich), Haus..., Zimmer..., Innen..., *sports*: Hallen...; **~s** [ɪn'dɔːz] *adv* zu *or* im Hause; im *or* ins Haus.

in·dorse [ɪn'dɔːs] → ***endorse*** *etc.*

in·duce [ɪn'djuːs] *v/t* veranlassen; hervorrufen, bewirken; **~·ment** *s* Anlaß *m*; Anreiz *m*, Ansporn *m*.

in·duct [ɪn'dʌkt] *v/t into a position*: einführen, -setzen; **in·duc·tion** [~kʃn] *s* (Amts)Einführung *f*, Einsetzung *f*; *electr.* Induktion *f*; *of birth*: Einleitung *f*.

in·dulge [ɪn'dʌldʒ] *v/t* nachsichtig sein gegen, gewähren lassen, *j-m* nachgeben; *v/i*: ***~ in s.th.*** sich et. gönnen *or* leisten; **in·dul·gence** *s* Nachsicht *f*, Nachgiebigkeit *f*; Schwäche *f*, Leidenschaft *f*; **in·dul·gent** *adj* □ nachsichtig, -giebig.

in·dus·tri·al [ɪn'dʌstrɪəl] *adj* □ industriell, Industrie..., Gewerbe..., Betriebs...; ***~ action*** Arbeitskampf(maßnahmen *pl*) *m*; ***~ area*** Industriegebiet *n*; ***~ waste*** Industriemüll *m*; **~·ist** *econ.* [~əlɪst] *s* Industrielle(r *m*) *f*; **~·ize** *econ.* [~əlaɪz] *v/t* industrialisieren.

in·dus·tri·ous [ɪn'dʌstrɪəs] *adj* □ fleißig.

in·dus·try ['ɪndəstrɪ] *s econ.* Industrie(-zweig *m*) *f*; Gewerbe(zweig *m*) *n*, Branche *f*; Fleiß *m*.

in·ed·i·ble [ɪn'edɪbl] *adj* □ ungenießbar, nicht eßbar.

in·ef·fec|tive [ɪnɪ'fektɪv], **~·tu·al** [~tʃʊəl] *adj* □ unwirksam, wirkungslos; untauglich.

in·ef·fi·cient [ɪnə'fɪʃnt] *adj* □ unfähig, untauglich; leistungsschwach, unproduktiv.

in·el·e·gant [ɪn'elɪgənt] *adj* □ unelegant; schwerfällig.

in·eli·gi·ble [ɪn'elɪdʒəbl] *adj* □ nicht wählbar; ungeeignet; nicht berechtigt; *esp. mil.* untauglich.

in·ept [ɪ'nept] *adj* □ *remark*: unpassend; *behaviour*: ungeschickt; *person*: albern, töricht.

in·e·qual·i·ty [ɪnɪ'kwɒlətɪ] *s* Ungleichheit *f*.

in·ert [ɪ'nɜːt] *adj* □ *phys.* träge (*a. fig.*); *chem.* inaktiv; **in·er·tia** [ɪ'nɜːʃə] *s* Trägheit *f* (*a. fig.*).

in·es·ca·pa·ble [ɪnɪ'skeɪpəbl] *adj* □ unvermeidlich, unausweichlich.

in·es·sen·tial [ɪnɪ'senʃl] *adj* unwesentlich, unwichtig (***to*** für).

in·es·ti·ma·ble [ɪn'estɪməbl] *adj* □ unschätzbar.

in·ev·i·ta·ble [ɪn'evɪtəbl] *adj* □ unvermeidlich; zwangsläufig.

in·ex·act [ɪnɪg'zækt] *adj* □ ungenau.
in·ex·cu·sa·ble [ɪnɪk'skjuːzəbl] *adj* □ unverzeihlich, unentschuldbar.
in·ex·haus·ti·ble [ɪnɪg'zɔːstəbl] *adj* □ unerschöpflich; unermüdlich.
in·ex·o·ra·ble [ɪn'eksərəbl] *adj* □ unerbittlich.
in·ex·pe·di·ent [ɪnɪk'spiːdɪənt] *adj* □ unzweckmäßig; nicht ratsam.
in·ex·pen·sive [ɪnɪk'spensɪv] *adj* □ nicht teuer, billig, preiswert.
in·ex·pe·ri·ence [ɪnɪk'spɪərɪəns] *s* Unerfahrenheit *f*; **~d** *adj* unerfahren.
in·ex·pert [ɪn'ekspɜːt] *adj* □ unerfahren; ungeschickt.
in·ex·plic·a·ble [ɪnɪk'splɪkəbl] *adj* □ unerklärlich.
in·ex·pres·si|ble [ɪnɪk'spresəbl] *adj* □ unaussprechlich, unbeschreiblich; **~ve** [~sɪv] *adj* ausdruckslos.
in·fal·li·ble [ɪn'fæləbl] *adj* □ unfehlbar.
in·fa|mous ['ɪnfəməs] *adj* □ berüchtigt; schändlich, niederträchtig; **~·my** [~ɪ] *s* Schande *f*; Niedertracht *f*, Gemeinheit *f*, Infamie *f*.
in·fan|cy ['ɪnfənsɪ] *s* frühe Kindheit; *jur.* Minderjährigkeit *f*; ***in its ~*** *fig.* in den Anfängen *or* Kinderschuhen steckend; **~t** [~t] *s* Säugling *m*; Kleinkind *n*; *jur.* Minderjährige(r *m*) *f*.
in·fan·tile ['ɪnfəntaɪl] *adj* kindlich; Kindes..., Kinder...; infantil, kindisch.
in·fan·try *mil.* ['ɪnfəntrɪ] *s* Infanterie *f*.
in·fat·u·at·ed [ɪn'fætjʊeɪtɪd] *adj* vernarrt (***with*** in *acc*).
in·fect [ɪn'fekt] *v/t med. j-n, et.* infizieren, *j-n* anstecken (*a. fig.*); verseuchen, verunreinigen; **in·fec·tion** [~kʃn] *s med.* Infektion *f*, Ansteckung *f* (*a. fig.*); **in·fec·tious** [~kʃəs] *adj* □ *med.* infektiös, ansteckend (*a. fig.*).
in·fer [ɪn'fɜː] *v/t* (***-rr-***) folgern, schließen (***from*** aus); **~·ence** ['ɪnfərəns] *s* (Schluß)Folgerung *f*.
in·fe·ri·or [ɪn'fɪərɪə] **1.** *adj* (***to***) untergeordnet (*dat*), *in position*: tieferstehend, niedriger, geringer (als); minderwertig; ***be ~ to s.o.*** j-m untergeordnet sein; j-m unterlegen sein; **2.** *s* Untergebene(r *m*) *f*; **~·i·ty** [ɪnfɪərɪ'ɒrətɪ] *s* Unterlegenheit *f*; geringerer Wert *or* Stand, Minderwertigkeit *f*; ***~ complex*** *psych.* Minderwertigkeitskomplex *m*.
in·fer|nal [ɪn'fɜːnl] *adj* □ höllisch, Höllen...; **~·no** [~əʊ] *s* (*pl* ***-nos***) Inferno *n*, Hölle *f*.
in·fer·tile [ɪn'fɜːtaɪl] *adj* unfruchtbar.
in·fest [ɪn'fest] *v/t* heimsuchen; verseuchen, befallen; *fig.* überschwemmen (***with*** mit).
in·fi·del·i·ty [ɪnfɪ'delətɪ] *s* Untreue *f*.
in·fil·trate ['ɪnfɪltreɪt] *v/t* eindringen in (*acc*); einsickern in (*acc*), durchdringen; *pol.* unterwandern; *pol.* einschleusen; *v/i* eindringen (***into*** in *acc*); *pol.* unterwandern (***into*** *acc*), sich einschleusen (***into*** in *acc*).
in·fi·nite ['ɪnfɪnət] *adj* □ unendlich.
in·fin·i·tive *gr.* [ɪn'fɪnətɪv] *s* (*a. adj* ***~ mood***) Infinitiv *m*, Nennform *f*.
in·fin·i·ty [ɪn'fɪnətɪ] *s* Unendlichkeit *f*.
in·firm [ɪn'fɜːm] *adj* □ schwach; gebrechlich; **in·fir·ma·ry** [~ərɪ] *s* Krankenhaus *n*; Krankenstube *f*, -zimmer *n* (*in school, etc.*); **in·fir·mi·ty** [~ətɪ] *s* Schwäche *f* (*a. fig.*); Gebrechlichkeit *f*.
in·flame [ɪn'fleɪm] *v/t and v/i* entflammen (*mst fig.*); *med.* (sich) entzünden; erregen; erzürnen.
in·flam·ma|ble [ɪn'flæməbl] *adj* leicht-entzündlich; feuergefährlich; **~·tion** *med.* [ɪnflə'meɪʃn] *s* Entzündung *f*; **~·to·ry** [ɪn'flæmətərɪ] *adj med.* entzündlich; *fig.* aufrührerisch, Hetz...
in·flate [ɪn'fleɪt] *v/t* aufpumpen, -blasen, -blähen (*a. fig.*); *econ. price, etc.*: in die Höhe treiben; **in·fla·tion** [~ʃn] *s* Aufblähung *f*; *econ.* Inflation *f*.
in·flect *gr.* [ɪn'flekt] *v/t* flektieren, beugen; **in·flec·tion** [~kʃn] → ***inflexion***.
in·flex|i·ble [ɪn'fleksəbl] *adj* □ unbiegsam, starr (*a. fig.*); *fig.* unbeugsam; **~·ion** *esp. Br.* [~kʃn] *s gr.* Flexion *f*, Beugung *f*; *mus.* Modulation *f*.
in·flict [ɪn'flɪkt] *v/t* (***on, upon***) *suffering, etc.*: zufügen (*dat*); *wound, etc.*: beibringen (*dat*); *blow, etc.*: versetzen (*dat*); *punishment, etc.*: verhängen (über *acc*); aufbürden, -drängen (*dat*); **in·flic·tion** [~kʃn] *s* Zufügung *f*; *of punishment*: Verhängung *f*; Plage *f*.
in·flow ['ɪnfləʊ] *s* Zustrom *m*, -fluß *m*.
in·flu|ence ['ɪnflʊəns] **1.** *s* Einfluß *m*; **2.** *v/t* beeinflussen; **~·en·tial** [ɪnflʊ'enʃl] *adj* □ einflußreich.
in·flu·en·za *med.* [ɪnflʊ'enzə] *s* Grippe *f*.
in·flux ['ɪnflʌks] *s* Einströmen *n*; *econ.* (Waren)Zufuhr *f*; *fig.* (Zu)Strom *m*.

I

in·form [ɪn'fɔːm] *v/t* benachrichtigen, unterrichten (**of** von), informieren (**of** über *acc*); *v/i*: **~ against** *or* **on** *or* **upon s.o.** j-n anzeigen; j-n denunzieren.

in·for·mal [ɪn'fɔːml] *adj* formlos, zwanglos; **~·i·ty** [ɪnfɔː'mælətɪ] *s* Formlosigkeit *f*; Ungezwungenheit *f*.

in·for·ma|tion [ɪnfə'meɪʃn] *s* Auskunft *f*; Nachricht *f*; Information *f*; **~ desk** Informationsschalter *m*; **~ science** Informatik *f*; **~ storage** *computer*: Datenspeicherung *f*; **~·tive** [ɪn'fɔːmətɪv] *adj* informativ; lehrreich; mitteilsam; **in·form·er** [ɪn'fɔːmə] *s* Denunziant(in); Spitzel *m*.

in·fra·struc·ture ['ɪnfrəstrʌktʃə] *s* Infrastruktur *f*.

in·fre·quent [ɪn'friːkwənt] *adj* □ selten.

in·fringe [ɪn'frɪndʒ] *v/t* (*and v/i*: **~ on**, **~ upon**) *rights, contract, etc.*: verletzen.

in·fu·ri·ate [ɪn'fjʊərɪeɪt] *v/t* wütend machen.

in·fuse [ɪn'fjuːz] *v/t tea*: aufgießen; *fig.* einflößen; *fig.* erfüllen (**with** mit); **in·fu·sion** [~ʒn] *s* Aufguß *m*, Tee *m*; Einflößen *n*; *med.* Infusion *f*.

in·ge|ni·ous [ɪn'dʒiːnɪəs] *adj* □ genial; geist-, sinnreich; erfinderisch; raffiniert; **~·nu·i·ty** [ɪndʒɪ'njuːətɪ] *s* Genialität *f*; Einfallsreichtum *m*.

in·gen·u·ous [ɪn'dʒenjʊəs] *adj* □ offen, aufrichtig; unbefangen; naiv.

in·got ['ɪŋgət] *s* (Gold- *etc.*)Barren *m*.

in·gra·ti·ate [ɪn'greɪʃɪeɪt] *v/t*: **~ o.s. with s.o.** sich bei j-m beliebt machen.

in·grat·i·tude [ɪn'grætɪtjuːd] *s* Undankbarkeit *f*.

in·gre·di·ent [ɪn'griːdɪənt] *s* Bestandteil *m*; *cooking*: Zutat *f*.

in·grow·ing ['ɪngrəʊɪŋ] *adj* nach innen wachsend; eingewachsen.

in·hab|it [ɪn'hæbɪt] *v/t* bewohnen, leben in (*dat*); **~·i·ta·ble** *adj* bewohnbar; **~·i·tant** *s* Bewohner(in); Einwohner(in).

in·hale [ɪn'heɪl] *v/t and v/i* einatmen, *med. a.* inhalieren.

in·her·ent [ɪn'hɪərənt] *adj* □ anhaftend; innewohnend, eigen (**in** *dat*).

in·her|it [ɪn'herɪt] *v/t* erben; **~·i·tance** [~əns] *s* Erbe *n*, Erbschaft *f*; *biol.* Vererbung *f*.

in·hi·b·it [ɪn'hɪbɪt] *v/t* hemmen (*a. psych.*), hindern; **~·ed** *adj psych.* gehemmt; **in·hi·bi·tion** *psych.* [ɪnhɪ'bɪʃn] *s* Hemmung *f*.

in·hos·pi·ta·ble [ɪn'hɒspɪtəbl] *adj* □ ungastlich; *region, etc.*: unwirtlich.

in·hu·man [ɪn'hjuːmən] *adj* □ unmenschlich; **~e** [ɪnhjuː'meɪn] *adj* □ inhuman; menschenunwürdig.

in·im·i·cal [ɪ'nɪmɪkl] *adj* □ feindselig (**to** gegen); nachteilig (**to** für).

in·im·i·ta·ble [ɪ'nɪmɪtəbl] *adj* □ unnachahmlich.

i·ni|tial [ɪ'nɪʃl] **1.** *adj* □ anfänglich, Anfangs...; **2.** *s* Initiale *f*, (großer) Anfangsbuchstabe; **~·tial·ly** [~ʃəlɪ] *adv* am *or* zu Anfang, anfangs; **~·ti·ate 1.** *s* [~ʃɪət] Eingeweihte(r *m*) *f*; **2.** *v/t* [~ʃɪeɪt] beginnen, in die Wege leiten; einführen, einweihen; aufnehmen; **~·ti·a·tion** [ɪnɪʃɪ'eɪʃn] *s* Einführung *f*; Aufnahme *f*; **~ fee** *esp. Am.* Aufnahmegebühr *f*; **~·tia·tive** [ɪ'nɪʃɪətɪv] *s* Initiative *f*; erster Schritt; Entschlußkraft *f*, Unternehmungsgeist *m*; **take the ~** die Initiative ergreifen; **on one's own ~** aus eigenem Antrieb.

in·ject *med.* [ɪn'dʒekt] *v/t* injizieren, einspritzen; **in·jec·tion** *med.* [~kʃn] *s* Injektion *f*, Spritze *f*.

in·junc·tion [ɪn'dʒʌŋkʃn] *s jur.* gerichtliche Verfügung; ausdrücklicher Befehl.

in·jure ['ɪndʒə] *v/t* verletzen, verwunden; (be)schädigen; schaden (*dat*); kränken; **in·ju·ri·ous** [ɪn'dʒʊərɪəs] *adj* □ schädlich; beleidigend; **be ~ to** schaden (*dat*); **~ to health** gesundheitsschädlich; **in·ju·ry** ['ɪndʒərɪ] *s med.* Verletzung *f*; Unrecht *n*; Schaden *m*; Kränkung *f*.

in·jus·tice [ɪn'dʒʌstɪs] *s* Ungerechtigkeit *f*; Unrecht *n*; **do s.o. an ~** j-m unrecht tun.

ink [ɪŋk] *s* Tinte *f*; *mst* **printer's ~** Druckerschwärze *f*; *attr* Tinten...

ink·ling ['ɪŋklɪŋ] *s* Andeutung *f*; dunkle *or* leise Ahnung.

ink|pad ['ɪŋkpæd] *s* Stempelkissen *n*; **~·y** [~ɪ] *adj* (**-ier**, **-iest**) voll Tinte, Tinten...; tinten-, pechschwarz.

in·laid ['ɪnleɪd] *adj* eingelegt, Einlege...; **~ work** Einlegearbeit *f*.

in·land 1. *adj* ['ɪnlənd] inländisch, einheimisch; Binnen...; **2.** *s* [~] *das* Landesinnere; Binnenland *n*. **3.** *adv* [ɪn'lænd] landeinwärts; **~ rev·e·nue** *s Br.* Steuer-

einnahmen *pl*; ≈ **Rev·e·nue** *s Br.* Finanzamt *n.*
in·lay ['ınleı] *s* Einlegearbeit *f*; (Zahn-) Füllung *f*, Plombe *f*.
in·let ['ınlet] *s* Meeresarm *m*; Flußarm *m*; *tech.* Einlaß *m*.
in·mate ['ınmeıt] *s* Insass|e *m*, -in *f*; Mitbewohner(in).
in·most ['ınməʊst] → ***innermost***.
inn [ın] *s* Gasthaus *n*, Wirtshaus *n*.
in·nate [ı'neıt] *adj* □ angeboren.
in·ner ['ınə] *adj* innere(r, -s); Innen...; verborgen; **~ *city*** Innenstadt *f*, Stadtzentrum *n*; **~*-city decay*** *der* Verfall der Innenstädte; **~·most** *adj* innerste(r, -s) (*a. fig.*).
in·nings ['ınıŋz] *s cricket*, *baseball*: *appr.* Spielzeit *f*, Schlagrunde *f*.
inn·keep·er ['ınki:pə] *s* Gastwirt(in).
in·no|cence ['ınəsns] *s* Unschuld *f*; Harmlosigkeit *f*; Naivität *f*; **~·cent** [~t] **1.** *adj* □ unschuldig; *mistake*: unabsichtlich, harmlos; arglos, naiv; **2.** *s* Unschuldige(r *m*) *f*; Einfältige(r *m*) *f*.
in·noc·u·ous [ı'nɒkjʊəs] *adj* □ harmlos.
in·no|vate ['ınəveıt] *v/t technology*, *etc.*: neu einführen; *v/i* Neuerungen einführen; **~·va·tion** [ınə'veıʃn] *s* Neuerung *f*.
in·nu·me·ra·ble [ı'nju:mərəbl] *adj* □ unzählig, zahllos.
i·noc·u|late *med.* [ı'nɒkjʊleıt] *v/t* (ein)impfen; **~·la·tion** *med.* [ınɒkjʊ'leıʃn] *s* Impfung *f*.
in·of·fen·sive [ınə'fensıv] *adj* □ harmlos.
in·op·e·ra·ble [ın'ɒpərəbl] *adj med.* inoperabel, nicht operierbar; *plan*, *etc.*: undurchführbar.
in·op·por·tune [ın'ɒpətju:n] *adj* □ inopportun, unangebracht, ungelegen.
in·pa·tient *med.* ['ınpeıʃnt] *s* stationärer Patient, stationäre Patientin.
in·put ['ınpʊt] *s* Input *m*: *econ.* Produktionsmittel *pl*; Arbeitsaufwand *m*; Energiezufuhr *f*; *point of* **~**: *electr.* Eingang *m*; *computer*: (Daten- *or* Programm)Eingabe *f*.
in·quest *jur.* ['ınkwest] *s* gerichtliche Untersuchung.
in·quir|e [ın'kwaıə] *v/t and v/i a.* **~ *about*** fragen *or* sich erkundigen nach; **~ *into*** untersuchen; **in·quir·ing** *adj* □ forschend; wißbegierig; **in·quir·y** [~rı] *s* Erkundigung *f*; Untersuchung *f*; Ermittlung *f*; ***make inquiries*** Erkundigungen einziehen.
in|qui·si·tion [ınkwı'zıʃn] *s jur.* Untersuchung *f*; Verhör *n*; *eccl. hist.* Inquisition *f*; **~·quis·i·tive** [~'kwızətıv] *adj* □ neugierig; wißbegierig.
in·road(s) *fig.* ['ınrəʊd(z)] *s* (***into***, ***on***) Eingriff *m* (in *acc*); übermäßige Inanspruchnahme (*gen*); ***make ~s into*** *market*, *etc.*: eindringen in (*acc*).
in|sane [ın'seın] *adj* □ geisteskrank, wahnsinnig; **~·san·i·ty** [~'sænətı] *s* Geisteskrankheit *f*, Wahnsinn *m*.
in·sa·tia·ble [ın'seıʃəbl] *adj* □ unersättlich.
in|scribe [ın'skraıb] *v/t* (ein-, auf)schreiben, einmeißeln, -ritzen; *book*: mit e-r Widmung versehen; **~·scrip·tion** [~'skrıpʃn] *s* Inschrift *f*; Widmung *f*.
in·scru·ta·ble [ın'skru:təbl] *adj* □ unerforschlich, unergründlich.
in·sect *zo.* ['ınsekt] *s* Insekt *n*; **in·sec·ti·cide** [ın'sektısaıd] *s* Insektenvertilgungsmittel *n*, Insektizid *n*.
in·se·cure [ınsı'kjʊə] *adj* □ unsicher; nicht sicher *or* fest.
in·sem|i·nate [ın'semıneıt] *v/t* befruchten, *cattle*: besamen; **~·i·na·tion** [ınsemı'neıʃn] *s* Befruchtung *f*, Besamung *f*.
in·sen·si|ble [ın'sensəbl] *adj* □ unempfindlich (***to*** gegen); bewußtlos; unmerklich; gefühllos, gleichgültig; **~·tive** [~sətıv] *adj* unempfindlich, gefühllos (***to*** gegen); unempfänglich.
in·sep·a·ra·ble [ın'sepərəbl] *adj* □ untrennbar; unzertrennlich.
in·sert **1.** *v/t* [ın'sɜ:t] einfügen, -setzen, -führen, (hinein)stecken; *coin*: einwerfen; inserieren; **2.** *s* ['ınsɜ:t] Bei-, Einlage *f*; **in·ser·tion** [ın'sɜ:ʃn] *s* Einfügen *n*, Einsetzen *n*, -führen *n*, Hineinstecken *n*; Einfügung *f*; Einwurf *m* (*of coin*); Anzeige *f*, Inserat *n*.
in·shore [ın'ʃɔ:] **1.** *adv* an *or* nahe der Küste; **2.** *adj* Küsten...
in·side [ın'saıd] **1.** *s* Innenseite *f*; *das* Innere; ***turn ~ out*** umkrempeln; auf den Kopf stellen; **2.** *adj* innere(r, -s), Innen...; Insider...; **3.** *adv* im Innern, (dr)innen; **~ *of a week*** F innerhalb e-r Woche; **4.** *prp* innen in (*dat*); in (*acc*) ... (hinein); **in·sid·er** [~ə] *s* Eingeweihte(r *m*) *f*, Insider *m*.

I

in·sid·i·ous [ɪn'sɪdɪəs] *adj* □ heimtückisch.
in·sight ['ɪnsaɪt] *s* Einsicht *f*, Einblick *m*; Verständnis *n*.
in·sig·nif·i·cant [ɪnsɪg'nɪfɪkənt] *adj* bedeutungslos; unbedeutend.
in·sin·cere [ɪnsɪn'sɪə] *adj* □ unaufrichtig.
in·sin·u|ate [ɪn'sɪnjʊeɪt] *v/t* andeuten, anspielen auf (*acc*); **~·a·tion** [~'eɪʃn] *s* Anspielung *f*, Andeutung *f*.
in·sist [ɪn'sɪst] *v/i* bestehen, beharren (***on***, ***upon*** auf *dat*); **in·sis·tence** *s* Bestehen *n*, Beharren *n*; Beharrlichkeit *f*; **in·sis·tent** *adj* □ beharrlich, hartnäckig.
in·sol·u·ble [ɪn'sɒljʊbl] *adj* □ unlöslich; unlösbar (*problem*, *etc*.).
in·sol·vent [ɪn'sɒlvənt] *adj* zahlungsunfähig, insolvent.
in·som·ni·a [ɪn'sɒmnɪə] *s* Schlaflosigkeit *f*.
in·spect [ɪn'spekt] *v/t* untersuchen, prüfen, nachsehen; besichtigen, inspizieren; **in·spec·tion** [~kʃn] *s* Prüfung *f*, Untersuchung *f*, Kontrolle *f*; Inspektion *f*; **in·spec·tor** [~ktə] *s* Aufsichtsbeamte(r) *m*, Inspektor *m*; (Polizei)Inspektor *m*, (-)Kommissar *m*.
in·spi·ra·tion [ɪnspə'reɪʃn] *s* Inspiration *f*, Eingebung *f*; **in·spire** [ɪn'spaɪə] *v/t* inspirieren; hervorrufen; *hope*, *etc*.: wecken; *respect*, *etc*.: einflößen.
in·stall [ɪn'stɔːl] *v/t tech*. installieren, einrichten, aufstellen, einbauen, *wires*, *cables*, *etc*.: legen; *in an official post*, *etc*.: einsetzen; **in·stal·la·tion** [ɪnstə'leɪʃn] *s tech*. Installation *f*, Einrichtung *f*, -bau *m*; *tech. apparatus*, *etc*.: Anlage *f*; *ceremony*: Einsetzung *f*, -führung *f*.
in·stal·ment, *Am. a.* **-stall-** [ɪn'stɔːlmənt] *s econ*. Rate *f*; (Teil)Lieferung *f* (*of book*, *etc*.); Fortsetzung *f* (*of novel*, *etc*.); *radio*, *TV*: (Sende)Folge *f*; ***monthly ~*** Monatsrate *f*.
in·stance ['ɪnstəns] *s* Beispiel *n*; (besonderer) Fall; *jur*. Instanz *f*; ***for ~*** zum Beispiel; ***at s.o.'s ~*** auf j-s Veranlassung (hin).
in·stant ['ɪnstənt] **1.** *adj* □ sofortig; *reaction*, *etc*.: unmittelbar; *econ*. Fertig...; **~ *coffee*** löslicher Kaffe, Pulverkaffee *m*, Instantkaffee *m*; **2.** *s* Augenblick *m*; ***this*** (***very***) **~** auf der Stelle, sofort;
in·stan·ta·ne·ous [~'teɪnɪəs] *adj* □ sofortig, augenblicklich; Moment...; **~·ly** *adv* sofort, unverzüglich.
in·stead [ɪn'sted] *adv* statt dessen, dafür; **~ *of*** an Stelle von, (an)statt.
in·step *anat*. ['ɪnstep] *s* Spann *m*, Rist *m*.
in·sti|gate ['ɪnstɪgeɪt] *v/t* anstiften; aufhetzen; veranlassen; **~·ga·tor** *s* Anstifter(in); (Auf)Hetzer(in).
in·stil, *Am. a.* **-still** *fig*. [ɪn'stɪl] *v/t* (***-ll-***) beibringen, einflößen (***into*** *dat*).
in·stinct ['ɪnstɪŋkt] *s* Instinkt *m*; **instinc·tive** [ɪn'stɪŋktɪv] *adj* □ instinktiv.
in·sti|tute ['ɪnstɪtjuːt] **1.** *s* Institut *n*; *group of scientists*, *etc*.: Gesellschaft *f*; **2.** *v/t organization*: einrichten, gründen; *reforms*: einführen; einleiten; **~·tu·tion** [ɪnstɪ'tjuːʃn] *s* Institut *n*, Anstalt *f*; Einführung *f*; Institution *f*, Einrichtung *f*.
in·struct [ɪn'strʌkt] *v/t* unterrichten; belehren; *j-n* anweisen, beauftragen (***to do s.th.*** et. zu tun); **in·struc·tion** [~kʃn] *s* Unterricht *m*; Anweisung *f*, Instruktion *f*; *computer*: Befehl *m*; ***~s for use*** Gebrauchsanweisung *f*; ***operating ~s*** Bedienungsanleitung *f*; **in·struc·tive** *adj* □ instruktiv, lehrreich; **in·struc·tor** *s* Lehrer *m*; Ausbilder *m*; *Am. univ*. Dozent *m*.
in·stru|ment ['ɪnstrʊmənt] *s* Instrument *n*; Werkzeug *n* (*a. fig*.); **~ *panel*** *tech*. Armaturenbrett *n*; **~·men·tal** [ɪnstrʊ'mentl] *adj* □ behilflich, dienlich; *mus*. Instrumental...
in·sub·or·di|nate [ɪnsə'bɔːdənət] *adj* aufsässig; **~·na·tion** [~ɪ'neɪʃn] *s* Auflehnung *f*.
in·suf·fe·ra·ble [ɪn'sʌfərəbl] *adj* □ unerträglich, unausstehlich.
in·suf·fi·cient [ɪnsə'fɪʃnt] *adj* □ unzulänglich, ungenügend.
in·su·lar ['ɪnsjʊlə] *adj* □ insular, Insel...; *fig*. engstirnig.
in·su|late ['ɪnsjʊleɪt] *v/t house*, *etc*.: isolieren; **~·la·tion** [ɪnsjʊ'leɪʃn] *s* Isolierung *f*; Isoliermaterial *n*.
in·sult **1.** *s* ['ɪnsʌlt] Beleidigung *f*; **2.** *v/t* [ɪn'sʌlt] beleidigen.
in·sur|ance [ɪn'ʃʊərəns] *s* Versicherung *f*, Versicherungssumme *f*; **~ *company*** Versicherungsgesellschaft *f*; **~ *policy*** Versicherungspolice *f*; **~e** [ɪn'ʃʊə] *v/t* versichern (***against*** gegen).

in·sur·moun·ta·ble *fig.* [ınsə'maʊntəbl] *adj* □ unüberwindlich.

in·tact [ın'tækt] *adj* unberührt; unversehrt, intakt.

in·tan·gi·ble [ın'tændʒəbl] *adj* nicht greifbar; unbestimmt.

in·te|gral ['ıntıgrəl] *adj* □ ganz, vollständig; wesentlich; **~·grate** [~eıt] *v/t* integrieren, zu e-m Ganzen zusammenfassen; einbeziehen, -gliedern; *Am.* die Rassenschranken aufheben zwischen (*dat*); *v/i* sich integrieren; **~·grat·ed** *adj* einheitlich; *tech.* eingebaut; ohne Rassentrennung; **~·gra·tion** [~'greıʃn] *s* Integration *f*.

in·teg·ri·ty [ın'tegrətı] *s* Integrität *f*, Rechtschaffenheit *f*; Vollständigkeit *f*.

in·tel|lect ['ıntəlekt] *s* Intellekt *m*, Verstand *m*; **~·lec·tual** [ıntə'lektʃʊəl] **1.** *adj* □ intellektuell, Verstandes..., geistig; **~ *property*** geistiges Eigentum; **2.** *s* Intellektuelle(r *m*) *f*.

in·tel·li|gence [ın'telıdʒəns] *s* Intelligenz *f*, Verstand *m*; Informationen *pl*; *a.* **~ *department*** Geheimdienst *m*; **~·gent** *adj* □ intelligent, klug.

in·tel·li·gi·ble [ın'telıdʒəbl] *adj* □ verständlich (***to*** für).

in·tend [ın'tend] *v/t* beabsichtigen, vorhaben, planen; ***~ed for*** bestimmt für.

in·tense [ın'tens] *adj* □ intensiv; stark, heftig; angespannt; ernsthaft.

in·ten|si·fy [ın'tensıfaı] *v/t* intensivieren; (*a. v/i* sich) verstärken; **~·si·ty** [~sətı] *s* Intensität *f*; **~·sive** *adj* intensiv; stark, heftig; **~ *care unit*** *med.* Intensivstation *f*; **~ *farming*** *of animals*: Intensivhaltung *f*.

in·tent [ın'tent] **1.** *adj* □ gespannt, aufmerksam; **~ *on*** fest entschlossen zu (*dat*); konzentriert auf (*acc*); **2.** *s* Absicht *f*, Vorhaben *n*; ***to all ~s and purposes*** in jeder Hinsicht; **in·ten·tion** *s* Absicht *f*; *jur.* Vorsatz *m*; **in·ten·tion·al** *adj* □ absichtlich, vorsätzlich.

in·ter|- ['ıntə] zwischen, Zwischen...; gegenseitig, einander; **~·act** [~r'ækt] *v/i* aufeinander (ein)wirken, sich gegenseitig beeinflussen; **~·cede** [~'si:d] *v/i* vermitteln, sich einsetzen (***with*** bei; ***for*** für).

in·ter|cept [ıntə'sept] *v/t* abfangen; aufhalten; **~·cep·tion** [~pʃn] *s* Abfangen *n*; Aufhalten *n*.

in·ter·ces·sion [ıntə'seʃn] *s* Fürbitte *f*, -sprache *f*.

in·ter·change **1.** *v/t* [ıntə'tʃeındʒ] austauschen; **2.** *s* ['~tʃeındʒ] Austausch *m*; kreuzungsfreier Verkehrsknotenpunkt.

in·ter·course ['ıntəkɔ:s] *s* (***sexual ~***) (Geschlechts)Verkehr *m*; *communication*: Verkehr *m*, Umgang *m*.

in·ter|dict **1.** *v/t* [ıntə'dıkt] untersagen, verbieten (***s.th. to s.o.*** j-m et.; ***s.o. from doing*** j-m zu tun); **2.** *s* ['ıntədıkt], **~·dic·tion** [ıntə'dıkʃn] *s* Verbot *n*.

in·terest ['ıntrıst] **1.** *s* Interesse *n* (***in*** an *dat*, für), (An)Teilnahme *f*; Nutzen *m*; *econ.* Anteil *m*, Beteiligung *f*; *econ.* Zins(en *pl*) *m*; *mst pl econ.* Interessenten *pl*, Interessengruppe(n *pl*) *f*; ***take an ~ in*** sich interessieren für; **2.** *v/t* interessieren (***in*** für *et.*); ***be ~ed in*** sich interessieren für; **~·ing** *adj* □ interessant.

in·ter·face ['ıntəfeıs] *s computer*: Schnittstelle *f*, Knoten *m*.

in·ter|fere [ıntə'fıə] *v/i* sich einmischen (***with*** in *acc*); stören; **~·fer·ence** *s* Einmischung *f*; Störung *f*.

in·ter·gov·ern·ment·al [ıntəgʌvn'mentl] *adj pol.* zwischenstaatlich; **~ *agreement*** Regierungsabkommen *n*; **~ *talks*** *pl* Gespräche *pl* auf Regierungsebene.

in·te·ri·or [ın'tıərıə] **1.** *adj* □ innere(r, -s), Innen...; Binnen...; Inlands...; **~ *decorator*** Innenarchtitekt(in); **2.** *s das* Innere; Interieur *n*; *pol.* innere Angelegenheiten *pl*; ***Department of the* ♀** *Am.* Innenministerium *n*.

in·ter|ject [ıntə'dʒekt] *v/t remark*: einwerfen; **~·jec·tion** [~kʃn] *s* Einwurf *m*; Ausruf *m*; *ling.* Interjektion *f*.

in·ter|lace [ıntə'leıs] *v/t* (ineinander) verflechten; **~·lock** [~'lɒk] *v/i* ineinandergreifen; *v/t* (miteinander) verzahnen; **~·lop·er** ['~ləʊpə] *s* Eindringling *m*; **~·lude** ['~lu:d] *s* Zwischenspiel *n*; Pause *f*; ***~s of bright weather*** zeitweilig schön.

in·ter·me·di|a·ry [ıntə'mi:dıərı] *s* Vermittler(in); **~·ate** [~ət] *adj* □ in der Mitte liegend, Mittel..., Zwischen...; ***~-range missile*** Mittelstreckenrakete *f*; **~ *test*** *or* ***exam***(***ination***) Zwischenprüfung *f*.

in·ter·mi·na·ble [ın'tɜ:mınəbl] *adj* □ endlos.

in·ter·mis·sion [ɪntəˈmɪʃn] *s* Unterbrechung *f*, Aussetzen *n*; *esp. Am. thea., in concert, etc.*: Pause *f*.
in·ter·mit·tent [ɪntəˈmɪtənt] *adj* □ (zeitweilig) aussetzend, periodisch (auftretend); ~ ***fever*** *med.* Wechselfieber *n*.
in·tern¹ [ɪnˈtɜːn] *v/t* internieren.
in·tern² *Am. med.* [ˈɪntɜːn] *s* Arzt *m* im Praktikum (*abbr.* AIP).
in·ter·nal [ɪnˈtɜːnl] *adj* □ innere(r, -s); einheimisch, Inlands...; ***~-combustion engine*** Verbrennungsmotor *m*.
in·ter·na·tion·al [ɪntəˈnæʃənl] **1.** *adj* □ international; ~ ***law*** *jur.* Völkerrecht *n*; **2.** *s sports*: Internationale *m, f*, Nationalspieler(in); internationaler Wettkampf; Länderspiel *n*.
in·ter·pose [ɪntəˈpəʊz] *v/t veto*: einlegen; *remark*: einwerfen; *v/i* eingreifen.
in·ter|pret [ɪnˈtɜːprɪt] *v/t* auslegen, erklären, deuten, interpretieren; *a. v/i* dolmetschen; **~·pre·ta·tion** [ɪntɜːprɪˈteɪʃn] *s* Auslegung *f*, Deutung *f*, Interpretation *f*; **~·pret·er** [ɪnˈtɜːprɪtə] *s* Dolmetscher(in); Interpret(in).
in·ter·ro|gate [ɪnˈterəgeɪt] *v/t* (be-, aus-) fragen; verhören; **~·ga·tion** [ɪnterəˈgeɪʃn] *s* Befragung *f*; Verhör *m*; Frage *f*; ***note*** *or* ***mark*** *or* ***point of*** ~ *ling.* Fragezeichen *n*; **~g·a·tive** [ɪntəˈrɒgətɪv] *adj* □ fragend, Frage...; *gr.* Interrogativ..., Frage...
in·ter|rupt [ɪntəˈrʌpt] *v/t and v/i* unterbrechen; **~·rup·tion** [~pʃn] *s* Unterbrechung *f*.
in·ter|sect [ɪntəˈsekt] *v/t* durchschneiden; *v/i* sich schneiden *or* kreuzen; **~·sec·tion** [~kʃn] *s* Schnittpunkt *m*; (Straßen- *etc.*) Kreuzung *f*.
in·ter·sperse [ɪntəˈspɜːs] *v/t* einstreuen, hier u. da einfügen.
in·ter·state *Am.* [ɪntəˈsteɪt] *adj* zwischen den einzelnen Bundesstaaten.
in·ter·twine [ɪntəˈtwaɪn] *v/t and v/i* (sich ineinander) verschlingen; ***inextricably ~d of fate, etc.***: untrennbar verbunden.
in·ter·val [ˈɪntəvl] *s* Intervall *n* (*a. mus.*), Abstand *m*; *thea., in concert, etc.*: Pause *f*; ***at ~s of*** in Abständen von; ***at ten-minute ~s*** *of bus, etc.*: im Zehnminutentakt.
in·ter|vene [ɪntəˈviːn] *v/i of person*: einschreiten, intervenieren; *of time*: dazwischenliegen; *of event*: (unerwartet) dazwischenkommen; **~·ven·tion** [~ˈvenʃn] *s* Eingreifen *n*, -griff *m*, Intervention *f*; ~ ***price*** *econ.* Interventionspreis *m*.
in·ter·view [ˈɪntəvjuː] **1.** *s TV, etc.*: Interview *n*; Unterredung *f*; (Vorstellungs-) Gespräch *n*; **2.** *v/t j-n* interviewen, befragen; ein Vorstellungsgespräch führen mit; **~·er** *s* Interviewer(in); Leiter(in) e-s Vorstellungsgesprächs.
in·ter·weave [ɪntəˈwiːv] *v/t* (***-wove, -woven***) (miteinander) verweben, -flechten, -schlingen.
in·tes·tine *anat.* [ɪnˈtestɪn] *s* Darm *m*; **~s** *pl* Eingeweide *pl*.
in·ti·ma·cy [ˈɪntɪməsɪ] *s* Intimität *f* (*a. sexual*), Vertrautheit *f*; Vertraulichkeit *f*.
in·ti·mate¹ [ˈɪntɪmət] **1.** *adj* □ intim (*a. sexual*), vertraut; vertraulich; **2.** *s* Vertraute(r *m*) *f*.
in·ti|mate² [ˈɪntɪmeɪt] *v/t* andeuten; **~·ma·tion** [ɪntɪˈmeɪʃn] *s* Andeutung *f*.
in·tim·i|date [ɪnˈtɪmɪdeɪt] *v/t* einschüchtern; **~·da·tion** [ɪntɪmɪˈdeɪʃn] *s* Einschüchterung *f*.
in·to [ˈɪntʊ, ˈɪntə] *prp* in (*acc*), in (*acc*) ... hinein; gegen (*acc*); *math.* in (*acc*); ***4 ~ 20 goes five times*** 4 geht fünfmal in 20; F ***be ~ s.th.*** F (voll) abfahren auf et., auf et. stehen.
in·tol·e|ra·ble [ɪnˈtɒlərəbl] *adj* □ unerträglich; **~·rance** [ɪnˈtɒlərəns] *s* Intoleranz *f*; **~·rant** *adj* intolerant.
in·to·na·tion [ɪntəʊˈneɪʃn] *s gr.* Intonation *f*, Tonfall *m*; *mus.* Intonation *f*.
in·tra|- [ˈɪntrə] intra..., binnen...; ***~-Community trade*** EG-Binnenhandel *m*.
in·trac·ta·ble [ɪnˈtræktəbl] *adj* □ unlenksam, eigensinnig (*a. child*); *material*: unnachgiebig; schwer zu handhaben(d); *illness*: hartnäckig.
in·tran·si·tive *gr.* [ɪnˈtrænsətɪv] *adj* □ intransitiv.
in·tra·ve·nous *med.* [ɪntrəˈviːnəs] *adj* intravenös.
in·trep·id [ɪnˈtrepɪd] *adj* □ unerschrocken.
in·tri·cate [ˈɪntrɪkət] *adj* □ verwickelt, kompliziert.
in·trigue [ɪnˈtriːg] **1.** *s* Intrige *f*; Machenschaft *f*; **2.** *v/t* faszinieren, interessieren; *v/i* intrigieren.
in·trin·sic [ɪnˈtrɪnsɪk] *adj* (***~ally***) wirklich, wahr, inner(lich).

in·tro|duce [ɪntrəˈdjuːs] *v/t* vorstellen (***to*** *dat*), *j-n* bekannt machen (***to*** mit); einführen; einleiten; **~·duc·tion** [~ˈdʌkʃn] *s* Vorstellung *f*; Einführung *f*; Einleitung *f*; ***letter of ~*** Empfehlungsschreiben *n*; **~·duc·to·ry** [~tərɪ] *adj* einleitend, Einführungs..., Einleitungs...

in·tro·spec|tion [ɪntrəʊˈspekʃn] *s* Selbstbeobachtung *f*; **~·tive** [~tɪv] *adj* selbstbeobachtend.

in·tro·vert *psych.* [ˈɪntrəʊvɜːt] *s* introvertierter Mensch; **~·ed** *adj psych.* introvertiert, in sich gekehrt.

in·trude [ɪnˈtruːd] *v/i* sich einmischen; sich ein- *or* aufdrängen; stören; ***am I intruding?*** störe ich?; **in·trud·er** *s* Eindringling *m*; **in·tru·sion** [~ʒn] *s* Aufdrängen *n*; Einmischung *f*; Auf-, Zudringlichkeit *f*; Störung *f*; Verletzung *f*; **in·tru·sive** [~sɪv] *adj* □ aufdringlich.

in·tu·i|tion [ɪntjuːˈɪʃn] *s* Intuition *f*; Ahnung *f*; **~·tive** [ɪnˈtjuːɪtɪv] *adj* □ intuitiv.

in·un·date [ˈɪnʌndeɪt] *v/t* überschwemmen, -fluten (*a. fig.*).

in·vade [ɪnˈveɪd] *v/t* eindringen in, einfallen in, *mil. a.* einmarschieren in (*acc*); *fig.* überlaufen, -schwemmen; **in·vad·er** *s* Eindringling *m*.

in·va·lid¹ [ˈɪnvəlɪd] **1.** *adj* dienstunfähig; kränklich, invalide; Kranken...; **2.** *s* Invalide *m, f*.

in·val|id² [ɪnˈvælɪd] *adj* □ *ticket, etc.*: ungültig; *argument*: nicht schlüssig; **~·i·date** [~eɪt] *v/t argument, theory, etc.*: entkräften; *jur.* ungültig machen.

in·val·u·a·ble [ɪnˈvæljʊəbl] *adj* □ unschätzbar.

in·var·i·a|ble [ɪnˈveərɪəbl] *adj* □ unveränderlich; **~·bly** [~lɪ] *adv* ausnahmslos.

in·va·sion [ɪnˈveɪʒn] *s* Invasion *f*, Einfall *m*; *fig.* Eingriff *m*, Verletzung *f*.

in·vec·tive [ɪnˈvektɪv] *s* Schmähung *f*, Beschimpfung *f*.

in·vent [ɪnˈvent] *v/t* erfinden; **in·ven·tion** [~nʃn] *s* Erfindung(sgabe) *f*; **in·ven·tive** *adj* □ erfinderisch; **in·ven·tor** *s* Erfinder(in); **in·ven·tory** [ˈɪnvəntrɪ] *s* Inventar *n*; Bestandsverzeichnis *n*; *Am.* Inventur *f*.

in·verse [ˈɪnˈvɜːs] **1.** *adj* □ umgekehrt; **2.** *s* Umkehrung *f*, Gegenteil *n*; **in·ver·sion** [ɪnˈvɜːʃn] *s* Umkehrung *f*; *gr.* Inversion *f*.

in·vert [ɪnˈvɜːt] *v/t* umkehren; *gr. sentence, etc.*: umstellen; ***~ed commas pl*** Anführungszeichen *pl*.

in·ver·te·brate *zo.* [ɪnˈvɜːtɪbrət] **1.** *adj* wirbellos; **2.** *s* wirbelloses Tier.

in·vest *econ.* [ɪnˈvest] *v/t and v/i* investieren, anlegen.

in·ves·ti|gate [ɪnˈvestɪgeɪt] *v/t* untersuchen; überprüfen; *v/i* Untersuchungen *or* Ermittlungen anstellen (***into*** über *acc*), nachforschen; **~·ga·tion** [ɪnvestɪˈgeɪʃn] *s* Untersuchung *f*; Ermittlung *f*, Nachforschung *f*; **~·ga·tor** [ɪnˈvestɪgeɪtə] *s* Untersuchungs-, Ermittlungsbeamte(r) *m*; ***private ~*** Privatdetektiv *m*.

in·vest|ment *econ.* [ɪnˈvestmənt] *s* Investition *f*, (Kapital)Anlage *f*; ***~ consultant*** Anlageberater *m*; ***~ incentive*** Investitionsanreiz *m*; **~·or** *s* Kapitalanleger *m*, Investor *m*.

in·vin·ci·ble [ɪnˈvɪnsəbl] *adj* □ unbesiegbar; unüberwindlich.

in·vi·o·la|ble [ɪnˈvaɪələbl] *adj* □ unverletzlich, unantastbar; **~te** [~lət] *adj* unverletzt; unversehrt.

in·vis·i·ble [ɪnˈvɪzəbl] *adj* □ unsichtbar.

in·vi·ta·tion [ɪnvɪˈteɪʃn] *s* Einladung *f*; Aufforderung *f*; **in·vite** [ɪnˈvaɪt] *v/t* einladen; auffordern; *danger, etc.*: herausfordern; ***~ s.o. in*** j-n hereinbitten; **in·vit·ing** *adj* □ einladend, verlockend.

in·voice *econ.* [ˈɪnvɔɪs] **1.** *s* (Waren-)Rechnung *f*; Lieferschein *m*; **2.** *v/t* in Rechnung stellen, berechnen.

in·voke [ɪnˈvəʊk] *v/t* anrufen; zu Hilfe rufen (*acc*); appellieren an (*acc*); *spirits*: (herauf)beschwören.

in·vol·un·ta·ry [ɪnˈvɒləntərɪ] *adj* □ unfreiwillig; unabsichtlich; unwillkürlich.

in·volve [ɪnˈvɒlv] *v/t* verwickeln, hineinziehen (***in*** in *acc*); umfassen; zur Folge haben, mit sich bringen; betreffen; **~d** *adj* kompliziert; *person*: betroffen; **~·ment** *s* Verwicklung *f*; Beteiligung *f*; Engagement *n*; (Geld)Verlegenheit *f*.

in·vul·ne·ra·ble [ɪnˈvʌlnərəbl] *adj* □ unverwundbar; *fig.* unanfechtbar.

in·ward [ˈɪnwəd] **1.** *adj* innere(r, -s), innerlich; **2.** *adv mst* **~s** einwärts, nach innen.

i·o·dine *chem.* [ˈaɪədiːn] *s* Jod *n*.

i·on *phys.* [ˈaɪən] *s* Ion *n*.

IOU F [aɪəʊ'juː] *s* (= ***I owe you***) Schuldschein *m*.
I·ra·ni·an [ɪ'reɪnɪən] **1.** *adj* iranisch, persisch; **2.** *s* Iraner(in), Perser(in); *ling*. Iranisch *n*, Persisch *n*.
I·ra·qi [ɪ'rɑːkɪ] **1.** *adj* irakisch; **2.** *s* Iraker(in); *ling*. Irakisch *n*.
i·ras·ci·ble [ɪ'ræsəbl] *adj* □ jähzornig.
i·rate [aɪ'reɪt] *adj* □ zornig, wütend.
ir·i·des·cent [ɪrɪ'desnt] *adj* schillernd.
i·ris ['aɪərɪs] *s anat*. Regenbogenhaut *f*, Iris *f*; *bot*. Schwertlilie *f*, Iris *f*.
I·rish ['aɪərɪʃ] **1.** *adj* irisch; **2.** *s ling*. Irisch *n*; ***the ~ pl*** die Iren *pl*; **~·man** *s* Ire *m*; **~·wom·an** *s* Irin *f*.
irk·some ['ɜːksəm] *adj* lästig, ärgerlich.
i·ron ['aɪən] **1.** *s* Eisen *n*; *a*. ***flat-~*** Bügeleisen *n*; **~s** *pl* Hand- u. Fußschellen *pl*; ***strike while the ~ is hot*** *fig*. das Eisen schmieden, solange es heiß ist; **2.** *adj* eisern (*a. fig*.), Eisen..., aus Eisen; **3.** *v/t* bügeln; ***~ out*** *fig*. *et*. ausbügeln, *difficulties*: beseitigen; **♀ Cur·tain** *s hist*. Eiserner Vorhang.
i·ron·ic [aɪ'rɒnɪk] (***~ally***), **i·ron·i·cal** [~kl] *adj* □ ironisch, spöttisch.
i·ron|ing ['aɪənɪŋ] *s* Bügeln *n*; Bügelwäsche *f*; ***~ board*** Bügelbrett *n*; **~ lung** *s med*. eiserne Lunge; **~·mon·ger** *s Br*. Eisenwarenhändler *m*; **~·mon·ger·y** *s Br*. Eisenwaren *pl*; **~·works** *s sg* Eisenhütte *f*.
i·ron·y ['aɪrənɪ] *s* Ironie *f*.
ir·ra·tion·al [ɪ'ræʃənl] *adj* □ irrational; unvernünftig; vernunftlos (*animal*).
ir·rec·on·ci·la·ble [ɪ'rekənsaɪləbl] *adj* □ unversöhnlich; unvereinbar.
ir·re·cov·e·ra·ble [ɪrɪ'kʌvərəbl] *adj* □ unersetzlich; unwiederbringlich.
ir·ref·u·ta·ble [ɪ'refjʊtəbl] *adj* □ unwiderlegbar, nicht zu widerlegen(d).
ir·reg·u·lar [ɪ'regjʊlə] *adj* □ unregelmäßig; uneben; ungleichmäßig; regelwidrig; ungesetzlich; ungehörig.
ir·rel·e·vant [ɪ'reləvənt] *adj* □ irrelevant, nicht zur Sache gehörig; unerheblich, belanglos (***to*** für).
ir·rep·a·ra·ble [ɪ'repərəbl] *adj* □ irreparabel, nicht wiedergutzumachen(d).
ir·re·place·a·ble [ɪrɪ'pleɪsəbl] *adj* unersetzlich.
ir·re·pres·si·ble [ɪrɪ'presəbl] *adj* □ nicht zu unterdrücken(d); unerschütterlich; un(be)zähmbar.
ir·re·proa·cha·ble [ɪrɪ'prəʊtʃəbl] *adj* □ einwandfrei, tadellos, untadelig.
ir·re·sis·ti·ble [ɪrɪ'zɪstəbl] *adj* □ unwiderstehlich.
ir·res·o·lute [ɪ'rezəluːt] *adj* □ unentschlossen.
ir·re·spec·tive [ɪrɪ'spektɪv] *adj* □: ***~ of*** ungeachtet (*gen*), ohne Rücksicht auf (*acc*); unabhängig von.
ir·re·spon·si·ble [ɪrɪ'spɒnsəbl] *adj* □ unverantwortlich; verantwortungslos.
ir·re·trie·va·ble [ɪrɪ'triːvəbl] *adj* □ unwiederbringlich, unersetzlich; nicht wiedergutzumachen(d).
ir·rev·e·rent [ɪ'revərənt] *adj* □ respektlos.
ir·rev·o·ca·ble [ɪ'revəkəbl] *adj* □ unwiderruflich, unabänderlich, endgültig.
ir·ri·gate ['ɪrɪgeɪt] *v/t* (künstlich) bewässern.
ir·ri·ta|ble ['ɪrɪtəbl] *adj* □ reizbar; **~te** [~teɪt] *v/t* reizen; ärgern; **~t·ing** [~tɪŋ] *adj* □ aufreizend; *annoying*: ärgerlich; **~·tion** [ɪrɪ'teɪʃn] *s* Reizung *f*; Gereiztheit *f*, Ärger *m*.
is [ɪz] *3. sg pres of* **be**.
Is·lam ['ɪzlɑːm] *s* der Islam.
is·land ['aɪlənd] *s* Insel *f*; *a*. ***traffic ~*** Verkehrsinsel *f*; **~·er** *s* Inselbewohner(in).
isle *poet*. [aɪl] *s* Insel *f*.
is·let ['aɪlɪt] *s* Inselchen *n*.
i·so|late ['aɪsəleɪt] *v/t* absondern; isolieren; **~·lat·ed** *adj* einsam, abgeschieden; einzeln; **~·la·tion** [aɪsə'leɪʃn] *s* Isolierung *f*; Absonderung *f*; ***live in ~*** zurückgezogen leben; ***~ ward*** *med*. Isolierstation *f*.
Is·rae·li [ɪz'reɪlɪ] **1.** *adj* israelisch; **2.** *s* Israeli *m*, Bewohner(in) des Staates Israel.
is·sue ['ɪʃuː, 'ɪsjuː] **1.** *s subject*: Thema *n*, Frage *f*; *econ*. Ausgabe *f* (*of banknotes, etc*.); Erteilung *f* (*of order, etc*.); *print*. Ausgabe *f*, Exemplar *n* (*of book, etc*.); *print*. Ausgabe *f*, Nummer *f* (*of newspaper, etc*.); *esp. jur*. Streitfrage *f*; *fig*. Ausgang *m*, Ergebnis *n*; ***at ~*** zur Debatte stehend; ***contemporary ~s*** aktuelle Fragen; ***date of ~*** *stamps, etc*.: Ausgabedatum *n*, -tag *m*; ***point at ~*** strittiger Punkt; **2.** *v/i* herauskommen; *problems*: herkommen, -rühren (***from*** von); *v/t econ., materials, etc*.: ausgeben; *orders, etc*.: erteilen; *book, news-*

paper, etc.: herausgeben, veröffentlichen.
isth·mus ['ɪsməs] *s* Landenge *f*.
it [ɪt] *pron* es; er, ihn, sie; *after prp*: ***by ~*** dadurch; ***for ~*** dafür.
I·tal·i·an [ɪ'tæljən] **1.** *adj* italienisch; **2.** *s* Italiener(in); *ling*. Italienisch *n*.
i·tal·ics *print*. [ɪ'tælɪks] *s pl* Kursivschrift *f*.
itch [ɪtʃ] **1.** *s med.* Krätze *f*; Jucken *n*; Verlangen *n*; **2.** *v/i and v/t* jucken; ***I ~ all over*** es juckt mich überall; ***be ~ing to*** *inf* darauf brennen, zu *inf*.
i·tem ['aɪtəm] *s* Punkt *m*; Gegenstand *m*; Posten *m*, Artikel *m*; *a*. ***news ~*** (Zeitungs)Notiz *f*, (kurzer) Artikel; *radio, TV*: (kurze) Meldung; **~·ize** [~aɪz] *v/t* einzeln angeben *or* aufführen.
i·tin·e|rant [ɪ'tɪnərənt] *adj* □ reisend; umherziehend, Reise..., Wander...; **~·ra·ry** [aɪ'tɪnərərɪ] *s* Reiseroute *f*; Reisebeschreibung *f*.
its [ɪts] *pron* sein(e), ihr(e), dessen, deren.
it·self [ɪt'self] *pron* sich; (sich) selbst; ***by ~*** (für sich) allein; von selbst; ***in ~*** an sich.
i·vo·ry ['aɪvərɪ] *s* Elfenbein *n*.
i·vy *bot*. ['aɪvɪ] *s* Efeu *m*.

J

jab [dʒæb] **1.** *v/t* (*-bb-*) stechen; stoßen; **2.** *s* Stich *m*, Stoß *m*; F *med.* Spritze *f*.
jab·ber ['dʒæbə] *v/t and v/i* (daher)plappern.
jack [dʒæk] **1.** *s tech.* Hebevorrichtung *f*; *tech.* Wagenheber *m*; *electr.* Klinke *f*; *electr.* Steckdose *f*, Buchse *f*; *mar.* Gösch *f*, kleine Bugflagge; *playing card*: Bube *m*; **2.** *v/t*: ***~ up*** *car*: aufbokken.
jack·al *zo*. ['dʒækɔːl] *s* Schakal *m*.
jack·ass ['dʒækæs] *s* Esel *m* (*a. fig.*).
jack·et ['dʒækɪt] *s* Jacke *f*, Jackett *n*; *tech.* Mantel *m*; Schutzumschlag *m* (*of book*); *Am.* (Schall)Plattenhülle *f*.
jack|-knife ['dʒæknaɪf] **1.** *s* Klappmesser *n*; **2.** *v/i* zusammenklappen, -knicken; **~-of-all-trades** *s* Alleskönner *m*, Hansdampf *m* in allen Gassen; **~·pot** *s* Haupttreffer *m*, -gewinn *m*; Jackpot *m*; ***hit the ~*** F den Haupttreffer machen; *fig*. das große Los ziehen.
jade [dʒeɪd] *s* Jade *m, f*; Jadegrün *n*.
jag [dʒæg] *s* Zacken *m*; **~·ged** ['dʒægɪd] *adj* □ gezackt; zackig.
jag·u·ar *zo*. ['dʒægjʊə] *s* Jaguar *m*.
jail [dʒeɪl] **1.** *s* Gefängnis *n*; **2.** *v/t* einsperren; **~·bird** *s* F Knastbruder *m*; **~·er** *s* Gefängnisaufseher *m*; **~·house** *s Am.* Gefängnis *n*.
jam¹ [dʒæm] *s* Konfitüre *f*, Marmelade *f*.
jam² [~] **1.** *s* Gedränge *n*, Gewühl *n*; *tech.* Klemmen *n*, Blockierung *f*; Stauung *f*, Stockung *f*; ***traffic ~*** Verkehrsstau *m*; ***be in a ~*** F in der Klemme sein; **2.** *v/t and v/i* (*-mm-*) *tech.* (sich) (ver)klemmen, blockieren; (hinein)zwängen, (-)stopfen; einklemmen; pressen, quetschen; ***~ the brakes on, ~ on the brakes*** auf die Bremse steigen.
jamb [dʒæm] *s* (Tür-, Fenster)Pfosten *m*.
jan·gle ['dʒæŋgl] *v/i and v/t* klimpern *or* klirren (mit); bimmeln (lassen); F tratschen.
Jan·u·a·ry ['dʒænjʊərɪ] *s* Januar *m*.
Jap·a·nese [dʒæpə'niːz] **1.** *adj* japanisch; **2.** *s* Japaner(in); *ling*. Japanisch *n*; ***the ~*** *pl* die Japaner *pl*.
jar¹ [dʒɑː] *s* Krug *m*, Topf *m*; (Marmelade- *etc.*)Glas *n*.
jar² [~] **1.** *v/i* (*-rr-*) knarren, kreischen, quietschen; sich nicht vertragen; *v/t* erschüttern (*a. fig.*); **2.** *s* Knarren *n*, Kreischen *n*, Quietschen *n*; Erschütterung *f* (*a. fig.*); Schock *m*.
jar·gon ['dʒɑːgən] *s* Jargon *m*, Fachsprache *f*.
jaun·dice *med.* ['dʒɔːndɪs] *s* Gelbsucht *f*; **~d** *adj med.* gelbsüchtig; *fig*. neidisch, eifersüchtig, voreingenommen.
jaunt [dʒɔːnt] **1.** *s* Ausflug *m*, Spritztour *f*; **2.** *v/i* e-n Ausflug machen; **jaun·ty**

J

['dʒɔːntɪ] *adj* □ (**-ier**, **-iest**) munter, unbeschwert; flott.

jav·e·lin ['dʒævlɪn] *s sports*: Speer *m*; ~ (***throw[ing]***), ***throwing the*** ~ Speerwerfen *n*; ~ ***thrower*** Speerwerfer(in).

jaw [dʒɔː] *s anat.* Kinnbacken *m*, Kiefer *m*; **~s** *pl* Rachen *m*; Maul *n*; Schlund *m*; *tech.* Backen *pl*; **~·bone** *s anat.* Kieferknochen *m*.

jay *zo.* [dʒeɪ] *s* Eichelhäher *m*.

jay·walk ['dʒeɪwɔːk] *v/i* unachtsam über die Straße gehen; **~·er** *s* unachtsamer Fußgänger.

jazz *mus.* [dʒæz] *s* Jazz *m*.

jeal·ous ['dʒeləs] *adj* □ eifersüchtig (***of*** auf *acc*); neidisch; **~·y** *s* Eifersucht *f*; Neid *m*.

jeans [dʒiːnz] *s pl* Jeans *pl*.

jeep *TM* [dʒiːp] *s* Jeep *m*.

jeer [dʒɪə] **1.** *s* Spott *m*; höhnische Bemerkung; **2.** *v/i* spotten (***at*** über *acc*); *v/t* verspotten, -höhnen.

jel·lied ['dʒelɪd] *adj* eingedickt (*fruit juice*); in Gelee.

jel·ly ['dʒelɪ] **1.** *s* Gallert(e *f*) *n*; Gelee *n*; **2.** *v/i and v/t* gelieren; ~ **ba·by** *s Br.* Gummibärchen *n*; ~ **bean** *s* Gummi-, Geleebonbon *m*, *n*; **~·fish** *s zo.* Qualle *f*.

jeop·ar|dize ['dʒepədaɪz] *v/t* gefährden; **~·dy** [~ɪ] *s* Gefahr *f*; ***put in*** ~ gefährden.

jerk [dʒɜːk] **1.** *s* (plötzlicher) Ruck; Sprung *m*, Satz *m*; *med.* Zuckung *f*, Zucken *n*; F Schwachkopf *m*, Blödmann *m*; **2.** *v/t and v/i* (plötzlich) ziehen, zerren, reißen (an *dat*); schleudern; schnellen; **~·y** *adj* □ (**-ier**, **-iest**) ruckartig; holprig; abgehackt (*way of speaking*).

jer·sey ['dʒɜːzɪ] *s* Pullover *m*; *sports*: Trikot *n*.

jest [dʒest] **1.** *s* Spaß *m*; **2.** *v/i* scherzen; **~·er** *s hist.* (Hof)Narr *m*.

jet [dʒet] **1.** *s* (Wasser-, Gas- *etc.*)Strahl *m*; *tech.* Düse *f*; → ~ ***engine***, ~ ***plane***; **2.** *v/i* (**-tt-**) hervorschießen, (her)ausströmen; *aer.* jetten; ~ **en·gine** *s tech.* Düsen-, Strahltriebwerk *n*; ~ **lag** *s* Jetlag *m*; ***I'm suffering from*** ~ ich habe noch mit dem Zeitunterschied zu kämpfen; ~ **plane** *s* Düsenflugzeug *n*, Jet *m*; **~-pro·pelled** *adj* mit Düsenantrieb, Düsen...; ~ **set** *s* Jet-set *m*; ~ **set·ter** *s* Angehörige(r *m*) *f* des Jet-set.

jet·ty *mar.* ['dʒetɪ] *s* Mole *f*; Pier *m*.

Jew [dʒuː] *s* Jude *m*, Jüdin *f*; *attr* Juden...

jew·el ['dʒuːəl] *s* Juwel *m*, *n*, Edelstein *m*; Schmuckstück *n*; **~·ler,** *Am.* **~·er** *s* Juwelier *m*; **~·lery,** *Am.* **~·ry** [~lrɪ] *s* Juwelen *pl*; Schmuck *m*.

Jew|ess ['dʒuːɪs] *s* Jüdin *f*; **~·ish** [~ɪʃ] *adj* jüdisch.

jib *mar.* [dʒɪb] *s* Klüver *m*.

jif·fy F ['dʒɪfɪ] *s*: ***in a*** ~ im Nu, sofort.

jig·saw ['dʒɪgsɔː] *s* Laubsäge *f*; → ~ **puz·zle** *s* Puzzle(spiel) *n*.

jilt [dʒɪlt] *v/t girl*: sitzenlassen; *lover*: den Laufpaß geben (*dat*).

jin·gle ['dʒɪŋgl] **1.** *s* Geklingel *n*, Klimpern *n*; Spruch *m*, Vers *m*; ***advertising*** ~ Werbespruch *m*; **2.** *v/i and v/t* klingeln; klimpern (mit); klinge(l)n lassen.

jit·ters F ['dʒɪtəz] *s pl*: ***the*** ~ Bammel *m*, das große Zittern.

job [dʒɒb] *s* (ein Stück) Arbeit *f*; *econ.* Akkordarbeit *f*; Beruf *m*, Beschäftigung *f*, Stellung *f*, Stelle *f*, Arbeit *f*, Job *m*; Aufgabe *f*, Sache *f*; ***by the*** ~ im Akkord; ***out of*** ~ arbeitslos; **~·ber** *s Br. econ.* Börsenspekulant *m*; **~-hop·ping** *s Am.* häufiger Arbeitsplatzwechsel; ~ **hunt·er** *s* Arbeit(s)suchende(r *m*) *f*; ~ **hunt·ing** *s*: ***be*** ~ auf Arbeitssuche sein; **~·less** *adj* arbeitslos; ~ **work** *s* Akkordarbeit *f*.

jock·ey ['dʒɒkɪ] *s* Jockei *m*, Rennreiter(in).

jog [dʒɒg] **1.** *s* (leichter) Stoß, Schubs *m*; *sports*: Dauerlauf *m*; Trott *m*; **2.** (**-gg-**) *v/t* (an)stoßen, (*fig.* auf)rütteln; *v/i mst* ~ ***along***, ~ ***on*** dahintrotten, -zuckeln; *sports*: Dauerlauf machen, joggen; **~·ging** *s sports*: Dauerlauf *m*, Jogging *n*, Joggen *n*.

join [dʒɔɪn] **1.** *v/t* verbinden, zusammenfügen (***to*** mit); vereinigen; sich anschließen (*dat*) *or* an (*acc*), sich gesellen zu; eintreten in (*acc*), beitreten (*dat*); ~ ***hands*** sich die Hände reichen; *fig.* sich zusammentun; *v/i* sich verbinden *or* vereinigen; ~ ***in*** teilnehmen an (*dat*), mitmachen bei, sich beteiligen an (*dat*); ~ ***up*** Soldat werden; **2.** *s* Verbindungsstelle *f*, Naht *f*.

join·er ['dʒɔɪnə] *s* Tischler *m*, Schreiner *m*; **~·y** *s esp. Br.* Tischlerhandwerk *n*; Tischlerarbeit *f*.

joint [dʒɔɪnt] **1.** *s* Verbindung(sstelle) *f*;

Naht(stelle) *f*; *anat.*, *tech.* Gelenk *n*; *bot.* Knoten *m*; *Br.* Braten *m*; *sl.* Spelunke *f*; *sl.* Joint *m*; ***out of*** **~** ausgerenkt; *fig.* aus den Fugen; **2.** *adj* □ gemeinsam; Mit...; **~ *heir*** Miterbe *m*; **~ *stock*** *econ.* Aktienkapital *n*; → ***venture*** 1; **3.** *v/t* verbinden, zusammenfügen; *meat*: zerlegen; **~·ed** *adj* gegliedert; Glieder...; **~-stock** *s econ.* Aktien...; **~ *company*** *Br.* Aktiengesellschaft *f*.
joke [dʒəʊk] **1.** *s* Witz *m*; Scherz *m*, Spaß *m*; ***practical*** **~** Streich *m*; **2.** *v/i* scherzen, Witze machen; **jok·er** *s* Spaßvogel *m*; *playing card*: Joker *m*.
jol·ly ['dʒɒlı] **1.** *adj* (***-ier***, ***-iest***) lustig, fidel, vergnügt; **2.** *adv Br.* F mächtig, sehr; **~ *good*** prima.
jolt [dʒəʊlt] **1.** *v/t and v/i* stoßen, rütteln, holpern; *fig.* aufrütteln; **2.** *s* Ruck *m*, Stoß *m*; *fig.* Schock *m*.
jos·tle ['dʒɒsl] **1.** *v/t* (an)rempeln; drängeln; **2.** *s* Stoß *m*, Rempelei *f*; Zusammenstoß *m*.
jot [dʒɒt] **1.** *s*: ***not a*** **~** keine Spur, kein bißchen; **2.** *v/t* (***-tt-***) *mst* **~ *down*** schnell hinschreiben *or* notieren.
jour·nal ['dʒɜːnl] *s* Journal *n*; (Fach-) Zeitschrift *f*; (Tages)Zeitung *f*; Tagebuch *n*; **~·is·m** *s* Journalismus *m*; **~·ist** *s* Journalist(in).
jour·ney ['dʒɜːnı] **1.** *s* Reise *f*; Fahrt *f*; ***go on a*** **~** verreisen; **2.** *v/i* reisen; **~·man** *s* Geselle *m*.
jo·vi·al ['dʒəʊvıəl] *adj* □ heiter, jovial.
joy [dʒɔı] *s* Freude *f*; ***for*** **~** vor Freude; **~·ful** *adj* □ freudig; erfreut; **~·less** *adj* □ freudlos, traurig; **~·stick** *s aer.* Steuerknüppel *m*; F *of computer*: Joystick *m*.
jub·i·lant ['dʒuːbılənt] *adj* jubelnd, überglücklich.
ju·bi·lee ['dʒuːbıliː] *s* Jubiläum *n*.
judge [dʒʌdʒ] **1.** *s jur.* Richter *m*; Schieds-, Preisrichter *m*; Kenner(in), Sachverständige(r *m*) *f*; **2.** *v/i* urteilen; *v/t jur.* verhandeln, die Verhandlung führen über (*acc*); *jur.* ein Urteil fällen über (*acc*); richten; beurteilen; halten für.
judg(e)·ment ['dʒʌdʒmənt] *s jur.* Urteil *n*; Urteilsvermögen *n*; Meinung *f*, Ansicht *f*, Urteil *n*; *eccl.* (Straf)Gericht; ***pass*** **~ *on*** *jur.* ein Urteil fällen über (*acc*); **≈ *Day***, ***Day of*** **≈** *eccl.* Tag *m* des Jüngsten Gerichts.
ju·di·cial [dʒuː'dıʃl] *adj* □ *jur.* gerichtlich, Gerichts...; kritisch; unparteiisch.
ju·di·cia·ry *jur.* [dʒuː'dıʃıərı] *s* Richter(stand *m*) *pl*.
jug [dʒʌg] *s* Krug *m*, Kanne *f*.
jug·gle ['dʒʌgl] *v/t and v/i* jonglieren (mit); manipulieren, *facts*, *figures*, *etc.*: frisieren; **~r** *s* Jongleur *m*; Schwindler(in).
juice [dʒuːs] *s* Saft *m*; *sl. mot.* Sprit *m*; **juic·y** *adj* □ (***-ier***, ***-iest***) saftig; F pikant, gepfeffert.
juke·box ['dʒuːkbɒks] *s* Musikbox *f*, Musikautomat *m*.
Ju·ly [dʒuː'laı] *s* Juli *m*.
jum·ble ['dʒʌmbl] **1.** *s* Durcheinander *n*; **2.** *v/t a.* **~ *together***, **~ *up*** durcheinanderbringen, -werfen; **~ sale** *s Br.* Wohltätigkeitsbasar *m*.
jum·bo ['dʒʌmbəʊ] **1.** *s* (*pl* ***-bos***) Koloß *m*; *aer.* Jumbo *m*; **2.** *adj a.* **~-*sized*** riesig; **~ *jet*** *aer.* Jumbo-Jet *m*.
jump [dʒʌmp] **1.** *s* Sprung *m*; ***the*** **~*s*** *pl* große Nervosität; ***high*** (***long***) **~** *sports*: Hoch-(Weit)sprung *m*; ***get the*** **~ *on*** F zuvorkommen; **2.** *v/i* springen; zusammenzucken, -fahren, hochfahren; **~ *at the chance*** mit beiden Händen zugreifen; **~ *to conclusions*** übereilte Schlüsse ziehen; *v/t* (hinweg)springen über (*acc*); überspringen; springen lassen; **~ *the queue*** *Br.* sich vordränge(l)n; **~ *the lights*** bei Rot über die Kreuzung fahren, F bei Rot drüberfahren; **~ ball** *s sports*: Sprungball *m*; *esp. basketball*: Jump *m*; **~·er** *s* Springer(in); *Br.* Pullover *m*; *Am.* Trägerkleid *n*; F *basketball*: Sprungwurf *m*; **~·ing jack** *s* Hampelmann *m*; **~·y** *adj* (***-ier***, ***-iest***) nervös.
junc|tion ['dʒʌŋkʃn] *s* Verbindung *f*; (Straßen)Kreuzung *f*; *rail.* Knotenpunkt *m*; **~·ture** [~ktʃə] *s*: ***at this*** **~** an dieser Stelle, in diesem Augenblick.
June [dʒuːn] *s* Juni *m*.
jun·gle ['dʒʌŋgl] *s* Dschungel *m*.
ju·ni·or ['dʒuːnıə] **1.** *adj* jüngere(r, -s); untergeordnet, rangniedriger; *sports*: Junioren..., Jugend...; **2.** *s* Jüngere(r *m*) *f*; F Junior *m*; *Am. univ.* Student(in) im vorletzten Studienjahr.
junk[1] *mar.* [dʒʌŋk] *s* Dschunke *f*.
junk[2] F [~] *s* Plunder *m*, Kram *m*; *sl.* Stoff *m* (*esp. heroin*); **~ *food*** Junkfood *n*; **~·ie, ~·y** *sl.* ['dʒʌŋkı] *s* Fixer(in), Junkie

J

m; ~ **mail** *s* F Reklame(zettel *m*) *f*; ~ **yard** *s* Schrottplatz *m*.
jur·is·dic·tion [dʒʊərɪs'dɪkʃn] *s jur.* Gerichtsbarkeit *f*; Zuständigkeit(sbereich *m*) *f*.
ju·ris·pru·dence *jur.* [dʒʊərɪs'pru:dəns] *s* Rechtswissenschaft *f*.
ju·ror *jur.* ['dʒʊərə] *s* Geschworene(r *m*) *f*, Schöffe *m*, Schöffin *f*.
ju·ry ['dʒʊərɪ] *s jur. die* Geschworenen *pl*; Jury *f*, Preisrichter *pl*; **~·man** *s jur.* Geschworene(r) *m*; **~·wom·an** *s jur.* Geschworene *f*.
just [dʒʌst] **1.** *adj* □ gerecht; berechtigt; angemessen; **2.** *adv* gerade, (so)eben; gerade, genau, eben; gerade (noch), ganz knapp; nur, bloß; F einfach, wirklich; F ~ ***about*** F so ziemlich, in etwa; ~ ***now*** gerade (jetzt); (so)eben.
jus·tice ['dʒʌstɪs] *s* Gerechtigkeit *f*; Rechtmäßigkeit *f*; Recht *n*; Gerichtsbarkeit *f*, Justiz *f*; *jur.* Richter *m*; ♀ ***of the Peace*** Friedensrichter *m*; ***court of*** ~ Gericht(shof *m*) *n*.
jus·ti|fi·ca·tion [dʒʌstɪfɪ'keɪʃn] *s* Rechtfertigung *f*; **~·fy** ['~ɪfaɪ] *v/t* rechtfertigen.
just·ly ['dʒʌstlɪ] *adv* mit *or* zu Recht.
jut [dʒʌt] (**-tt-**) *v/i*: ~ ***out*** vorspringen, hervorragen, -stehen.
ju·ve·nile ['dʒu:vənaɪl] **1.** *adj* jung, jugendlich; Jugend..., für Jugendliche; ~ ***court*** Jugendgericht *n*; ~ ***delinquency*** Jugendkriminalität *f*; ~ ***delinquent*** jugendlicher Straftäter; **2.** *s* Jugendliche(r *m*) *f*.

K

K

kan·ga·roo *zo.* [kæŋgə'ru:] *s* (*pl* **-roos**) Känguruh *n*.
keel *mar.* [ki:l] **1.** *s* Kiel *m*; **2.** *v/i*: ~ ***over*** umschlagen, kentern.
keen [ki:n] *adj* □ scharf (*a. fig.*); schneidend (*cold*); heftig; stark, groß (*appetite, etc.*); ~ ***on*** F scharf *or* erpicht auf (*acc*); ***be*** ~ ***on hunting*** ein leidenschaftlicher Jäger sein; **~·ness** *s* Schärfe *f*; Heftigkeit *f*; Scharfsinn *m*.
keep [ki:p] **1.** *s* (Lebens)Unterhalt *m*; ***for*** **~s** F für immer; **2.** (**kept**) *v/t* (auf-, [bei]be-, er-, fest-, zurück)halten; unterhalten, sorgen für; *law, etc.*: einhalten, befolgen; *goods, diary, etc.*: führen; *secret*: für sich behalten; *promise*: halten, einlösen; (auf)bewahren; abhalten (***from*** von), hindern (an *dat*); *animals*: halten; *bed*: hüten; (be)schützen; ~ **s.o.** ***company*** j-m Gesellschaft leisten; ~ ***company with*** verkehren mit; ~ ***one's head*** die Ruhe bewahren; ~ ***early hours*** früh zu Bett gehen; ~ ***one's temper*** sich beherrschen; ~ ***time*** richtig gehen (*clock, watch*); Takt *or* Schritt halten; ~ **s.o.** ***waiting*** j-n warten lassen; ~ ***away*** fernhalten; ~ ***s.th. from*** **s.o.** j-m et. vorenthalten *or* verschweigen *or* verheimlichen; ~ ***in*** *pupil*: nachsitzen lassen; ~ ***on*** *clothes*: anbehalten, *hat*: aufbehalten; ~ ***up*** aufrechterhalten; *courage*: bewahren; instand halten; fortfahren mit, weitermachen; nicht schlafen lassen; ~ ***it up*** so weitermachen; *v/i* bleiben; sich halten; fortfahren, weitermachen; ~ ***doing*** immer wieder tun; ~ ***going*** weitergehen; ~ ***away*** sich fernhalten; ~ ***from doing s.th.*** et. nicht tun; ~ ***off*** weg-, fernbleiben; ~ ***on*** fortfahren (***doing*** zu tun); ~ ***on talking*** weiterreden; ~ ***to*** sich halten an (*acc*); ~ ***up*** stehen bleiben; andauern, anhalten; ~ ***up with*** Schritt halten mit; ~ ***up with the Joneses*** nicht hinter den Nachbarn zurückstehen (wollen).
keep|er ['ki:pə] *s* Wärter(in), Wächter(in), Aufseher(in); Verwalter(in); Inhaber(in); **~-fit cen·tre** *s* Fitneßcenter *n*; **~·ing** Verwahrung *f*; Obhut *f*; ***be in*** (***out of***) ~ ***with*** ... (nicht) übereinstimmen mit ...; **~·sake** *s* Andenken *n* (*present*).
keg [keg] *s* Fäßchen *n*, kleines Faß.
ken·nel ['kenl] *s* Hundehütte *f*; **~s** *pl* Hundezwinger *m*; Hundepension *f*.

kept [kept] *pret and pp of* **keep** 2.
kerb [kɜːb], **~·stone** ['~stəʊn] *s* Bordstein *m*.
ker·nel ['kɜːnl] *s* Kern *m* (*a. fig.*).
ketch·up ['ketʃəp] *s* Ketchup *m, n*.
ket·tle ['ketl] *s* (Koch)Kessel *m*; **~·drum** *s mus.* (Kessel)Pauke *f*.
key [kiː] **1.** *s* Schlüssel *m*; *of typewriter, piano, computer, etc.*:Taste *f*; (Druck-)Taste *f*; *mus.* Tonart *f*; *fig.* Ton *m*; *fig.* Schlüssel *m*, Lösung *f*; *attr* Schlüssel...; **2.** *v/t* anpassen (***to*** an *acc*); ***~ed up*** nervös, aufgeregt, überdreht; **~·board** *s* Klaviatur *f*; Tastatur *f*; **~·hole** *s* Schlüsselloch *n*; **~ man** *s* Schlüsselfigur *f*; **~ mon·ey** *s Br.* Abstand(ssumme *f*) *m* (*for a flat*); **~·note** *s mus.* Grundton *m*; *fig.* Grundgedanke *m*, Tenor *m*; **~ ring** *s* Schlüsselring *m*; **~·stone** *s arch.* Schlußstein *m*; *fig.* Grundpfeiler *m*; **~·word** *s* Schlüssel-, Stichwort *n*.
kick [kɪk] **1.** *s* (Fuß)Tritt *m*; Stoß *m*; F Kraft *f*, Feuer *n*; F Nervenkitzel *m*; ***get a ~ out of s.th.*** e-n Riesenspaß an et. haben; ***for ~s*** (nur) zum Spaß; **2.** *v/t* (mit dem Fuß) stoßen *or* treten; *soccer*: schießen, treten, kicken; ***~ off*** von sich schleudern; ***~ out*** hinauswerfen; ***~ up*** hochschleudern; ***~ up a fuss or row*** F Krach schlagen; *v/i* (mit dem Fuß) treten *or* stoßen; (hinten) ausschlagen; strampeln; ***~ off*** *soccer*: anstoßen, den Anstoß ausführen; **~·er** *s* Fußballspieler *m*; **~·off** *s soccer*: Anstoß *m*.
kid [kɪd] **1.** *s* Zicklein *n*, Kitz *n*; Ziegenleder *n*; F Kind *n*; ***~ brother*** F kleiner Bruder; **2.** (***-dd-***) *v/t j-n* aufziehen; ***~ s.o.*** j-m et. vormachen; *v/i* Spaß machen; ***he is only ~ding*** er macht ja nur Spaß; ***no ~ding!*** im Ernst!; **~ glove** *s* Glacéhandschuh *m* (*a. fig.*).
kid·nap ['kɪdnæp] *v/t* (***-pp-***, *Am. a.* ***-p-***) entführen, kidnappen; **~·per** *s* Entführer(in), Kidnapper(in); **~·ping** *s* Entführung *f*, Kidnapping *n*.
kid·ney ['kɪdnɪ] *s anat.* Niere *f* (*a. food*); ***~ bean*** *bot.* Weiße Bohne; ***~ machine*** Dialysegerät *n*, künstliche Niere.
kill [kɪl] **1.** *v/t* töten (*a. fig.*); umbringen; vernichten; beseitigen; *animals*: schlachten; *hunt.* erlegen, schießen; ***be ~ed in an accident*** tödlich verunglükken; ***~ time*** die Zeit totschlagen; **2.** *s* Tötung *f*; *hunt.* Jagdbeute *f*; **~·er** *s* Mörder(in), F Killer *m*; **~·ing** *adj* □ mörderisch, tödlich.
kiln [kɪln] *s* Brenn-, Darrofen *m*.
ki·lo F ['kiːləʊ] *s* (*pl* ***-los***) Kilo *n*.
kil·o|gram(me) ['kɪləgræm] *s* Kilogramm *n*; **~·me·tre**, *Am.* **~·me·ter** *s* Kilometer *m*.
kilt [kɪlt] *s* Kilt *m*, Schottenrock *m*.
kin [kɪn] *s* Verwandtschaft *f*, Verwandte *pl*.
kind [kaɪnd] **1.** *adj* □ gütig, freundlich, liebenswürdig, nett; **2.** *s* Art *f*, Sorte *f*; Art *f*, Gattung *f*, Geschlecht *n*; ***pay in ~*** in Naturalien zahlen; *fig.* mit gleicher Münze heimzahlen.
kin·der·gar·ten ['kɪndəgɑːtn] *s* Kindergarten *m*.
kind-heart·ed [kaɪnd'hɑːtɪd] *adj* □ gütig.
kin·dle ['kɪndl] *v/t* anzünden; *a. v/i* (sich) entzünden (*a. fig.*).
kin·dling ['kɪndlɪŋ] *s* Material *n* zum Anzünden, Anmachholz *n*.
kind|ly ['kaɪndlɪ] *adj* (***-ier***, ***-iest***) *and adv* freundlich, liebenswürdig, nett; gütig; **~·ness** *s* Güte *f*; Freundlichkeit *f*, Liebenswürdigkeit *f*; Gefälligkeit *f*.
kin·dred ['kɪndrɪd] **1.** *adj* verwandt; *fig.* gleichartig; ***~ spirits*** *pl* Gleichgesinnte *pl*; **2.** *s* Verwandtschaft *f*.
king [kɪŋ] *s* König *m* (*a. fig., in chess and card games*); **~·dom** ['kɪŋdəm] *s* Königreich *n*; *eccl.* Reich *n* Gottes; ***animal*** (***mineral***, ***vegetable***) **~** Tier-(Mineral-, Pflanzen)reich *n*; **~·ly** *adj* (***-ier***, ***-iest***) königlich; **~-size(d)** *adj* extrem groß.
kink [kɪŋk] *s* Schleife *f*, Knoten *m*; *fig.* Schrulle *f*, Tick *m*, Spleen *m*; **~·y** ['kɪŋkɪ] *adj* (***-ier***, ***-iest***) schrullig, spleenig; F (*sexually*) pervers.
ki·osk ['kiːɒsk] *s* Kiosk *m*
kip·per ['kɪpə] *s* Räucherhering *m*.
kiss [kɪs] **1.** *s* Kuß *m*; **2.** *v/t and v/i* (sich) küssen.
kit [kɪt] *s* Ausrüstung *f* (*a. mil. and sports*); Werkzeug(e *pl*) *n*; Werkzeugtasche *f*, -kasten *m*; Bastelsatz *m*; → ***first-aid***; **~·bag** ['kɪtbæg] *s* Seesack *m*.
kitch·en ['kɪtʃɪn] *s* Küche *f*; *attr* Küchen...; **~·ette** [kɪtʃɪ'net] *s* Kleinküche *f*, Kochnische *f*; **~ gar·den** *s* Küchen-, Gemüsegarten *m*.
kite [kaɪt] *s* (Papier-, Stoff)Drachen *m*; *zo.* Milan *m*.

K

kit·ten ['kɪtn] *s* Kätzchen *n*.
knack [næk] *s* Kniff *m*, Trick *m*, Dreh *m*; Geschick *n*, Talent *n*.
knave [neɪv] *s* Schurke *m*, Spitzbube *m*; *playing card*: Bube *m*, Unter *m*.
knead [ni:d] *v/t* kneten; massieren.
knee [ni:] *s* Knie *n*; *tech*. Kniestück *n*; **~-cap** *s anat*. Kniescheibe *f*; **~-deep** *adj* knietief, bis an die Knie (reichend); **~-joint** *s anat*. Kniegelenk *n* (*a. tech.*); **~l** [ni:l] *v/i* (**knelt**, *Am. a.* **kneeled**) knien (**to** vor *dat*); **~-length** *adj* knielang (*skirt, etc.*).
knell [nel] *s* Totenglocke *f*.
knelt [nelt] *pret and pp of* **kneel.**
knew [nju:] *pret of* **know.**
knick·er|bock·ers ['nɪkəbɒkəz] *s pl* Knickerbocker *pl*, Kniehosen *pl*; **~s** *Br*. F [~z] *s pl* (Damen)Schlüpfer *m*.
knife [naɪf] **1.** *s* (*pl* **knives** [~vz]) Messer *n*; **2.** *v/t* schneiden; mit e-m Messer verletzen; erstechen.
knight [naɪt] **1.** *s* Ritter *m*; *in chess*: Springer *m*; **2.** *v/t* zum Ritter schlagen; **~·hood** *s* Ritterwürde *f*, -stand *m*; Ritterschaft *f*.
K
knit [nɪt] (**-tt-**; **knit** *or* **knitted**) *v/t* stricken; *a.* **~ together** zusammenfügen, verbinden; **~ one's brows** die Stirn runzeln; *v/i* stricken; zusammenwachsen (*of bones*); **~·ting** *s* Stricken *n*; Strickzeug *n*; *attr* Strick...; **~·wear** *s* Strickwaren *pl*.
knives [naɪvz] *pl of* **knife** 1.
knob [nɒb] *s* Knopf *m*, Knauf *m*; Buckel *m*; Brocken *m*.
knock [nɒk] **1.** *s* Stoß *m*; Klopfen *n* (*a. mot.*), Pochen *n*; **there is a ~** es klopft; **2.** *v/i* schlagen, pochen, klopfen; stoßen (**against**, **into** gegen); **~ about**, **~ around** F sich herumtreiben; F herumliegen; **~ at the door** an die Tür klopfen; **~ off** F Feierabend *or* Schluß machen, aufhören; *v/t* stoßen, schlagen; F schlechtmachen, verreißen; **~ about**, **~ around** herumstoßen, übel zurichten; **~ down** niederschlagen, umwerfen; um-, überfahren; *at an auction*: *et.* zuschlagen (**to s.o.** j-m); *price*: herabsetzen; *tech.* auseinandernehmen, zerlegen; *house*: abreißen; *tree*: fällen; **be ~ed down** überfahren werden; **~ off** herunterstoßen; abschlagen; F aufhören mit; F hinhauen (*do quickly*); *deduct*: abziehen, nachlassen; *Br*. F ausrauben; **~ out** (her)ausschlagen, (her)ausklopfen; k.o. schlagen; *fig*. F umwerfen, schocken; **be ~ed out of** ausscheiden aus (*from a competition*); **~ over** umwerfen, umstoßen; um-, überfahren; **be ~ed over** überfahren werden; **~ up** hochschlagen; *Br*. F rasch auf die Beine stellen, improvisieren (*a meal*); *sl. woman*: schwängern, V anbumsen; **~·er** *s* Türklopfer *m*; **~·ers** *s pl* V Titten *pl*; **~-kneed** *adj* X-beinig; **~·out** *s boxing*: Knockout *m*, K.o. *m*.
knoll [nəʊl] *s* kleiner runder Hügel.
knot [nɒt] **1.** *s* Knoten *m*; Astknorren *m*; *mar*. Knoten *m*, Seemeile *f*; Gruppe *f*, Knäuel *m*, *n* (*of people*); **2.** *v/t* (**-tt-**) (ver)knoten, (-)knüpfen; **~·ty** *adj* (**-ier**, **-iest**) knotig; knorrig; *fig*. verzwickt.
know [nəʊ] *v/t and v/i* (**knew**, **known**) wissen; kennen; erfahren; (wieder)erkennen, unterscheiden; (es) können *or* verstehen; **~ French** Französisch können; **come to ~** erfahren; **get to ~** kennenlernen; **~ one's business**, **~ the ropes**, **~ a thing or two**, **~ what's what** F sich auskennen, Erfahrung haben; **you ~** wissen Sie; **~-how** ['nəʊhaʊ] *s* Know-how *n*, praktische (Sach-, Spezial-) Kenntnis(se *pl*) *f*; **~·ing** *adj* □ klug; schlau; verständnisvoll; wissend; **~·ing·ly** *adv* wissend; absichtlich, bewußt; **~l·edge** ['nɒlɪdʒ] *s* Kenntnis(se *pl*) *f*; Wissen *n*; **to my ~** meines Wissens; **~n** [nəʊn] *pp of* **know**; bekannt; **make ~** bekanntmachen.
knuck·le ['nʌkl] **1.** *s* (Finger)Knöchel *m*; **2.** *v/i*: **~ down to work** sich an die Arbeit machen; **~-dust·er** *s* Schlagring *m*.
KO F [keɪ'əʊ] *s* (*pl* **KO's**) *boxing*: K.o. *m*.
kook *sl. Am.* [ku:k] *s* Spinner(in); **~·y** *adj* versponnen; idiotisch
Krem·lin ['kremlɪn] *s*: **the ~** der Kreml.

L

lab F [læb] *s* Labor *n.*
la·bel ['leɪbl] **1.** *s* Etikett *n*, Aufkleber *m*, Schild(chen) *n*; Aufschrift *f*, Beschriftung *f*; (Schall)Plattenfirma *f*; **2.** *v/t* (*esp. Br.* **-ll-**, *Am.* **-l-**) etikettieren, beschriften; *fig.* abstempeln als.
la·bor·a·to·ry [lə'bɒrətərɪ] *s* Labor(atorium) *n*; ~ ***assistant*** Laborant(in).
la·bo·ri·ous [lə'bɔːrɪəs] *adj* □ mühsam; schwerfällig (*style*).
la·bo(u)r ['leɪbə] **1.** *s* (schwere) Arbeit; Mühe *f*; *med.* Wehen *pl*; Arbeiter *pl*, Arbeitskräfte *pl*; ***Labour*** *pol.* die Labour Party; ***hard*** ~ *jur.* Zwangsarbeit *f*; **2.** *adj* Arbeiter..., Arbeits...; **3.** *v/i* (schwer) arbeiten; sich abmühen, sich quälen; ~ ***under*** leiden unter (*dat*), zu kämpfen haben mit; *v/t* ausführlich behandeln; **~ed** *adj* schwerfällig (*style*); mühsam (*breathing, etc.*); **~·er** *s* (*esp.* ungelernter) Arbeiter; **La·bour Ex·change** *s Br.* F *or hist.* Arbeitsamt *n*; **La·bour Par·ty** *s pol.* Labour Party *f*; **la·bor u·nion** *s Am. pol.* Gewerkschaft *f*.
lace [leɪs] **1.** *s* Spitze *f*; Borte *f*; Schnürsenkel *m*; **2.** *v/t*: ~ ***up*** (zu-, zusammen-) schnüren; *shoe*: zubinden; **~*d with brandy*** mit e-m Schuß Weinbrand.
la·ce·rate ['læsəreɪt] *v/t* zerfleischen, aufreißen; *feelings*: verletzen.
lack [læk] **1.** *s* (***of***) Fehlen *n* (von), Mangel *m* (an *dat*); **2.** *v/t* nicht haben; ***he* ~*s money*** es fehlt ihm an Geld; *v/i*: ***be* ~*ing*** fehlen; ***he is* ~*ing in courage*** ihm fehlt der Mut; **~·lus·tre**, *Am.* **~·lus·ter** ['læklʌstə] *adj* glanzlos, matt.
la·con·ic [lə'kɒnɪk] *adj* (**~*ally***) lakonisch, wortkarg, kurz und prägnant.
lac·quer ['lækə] **1.** *s* Lack *m*; Haarspray *m, n*; Nagellack *m*; **2.** *v/t* lackieren.
lad [læd] *s* Bursche *m*, Junge *m*.
lad·der ['lædə] *s* Leiter *f*; *Br.* Laufmasche *f*; **~·proof** *adj* (lauf)maschenfest.
la·den ['leɪdn] *adj* (schwer)beladen.
la·ding ['leɪdɪŋ] *s* Ladung *f*, Fracht *f*.
la·dle ['leɪdl] **1.** *s* (Schöpf)Kelle *f*, Schöpflöffel *m*; **2.** *v/t*: ~ ***out*** *soup*: austeilen.
la·dy ['leɪdɪ] *s* Dame *f*; Lady *f* (*a. title*); ~ ***doctor*** Ärztin *f*; ***Ladies(')***, *Am.* ***Ladies' room*** Damentoilette *f*; ***ladies and gentlemen*** m-e Damen und Herren; **~·bird** *s zo.* Marienkäfer *m*; **~·like** *adj* damenhaft.
lag [læg] **1.** *v/i* (**-gg-**) ~ ***behind*** zurückbleiben; sich verzögern; **2.** *s* Verzögerung *f*; Zeitabstand *m*, -differenz *f*.
la·ger ['lɑːgə] *s* helles Bier; ***a pint of* ~, *please!*** ein Helles, bitte!
la·goon [lə'guːn] *s* Lagune *f*.
laid [leɪd] *pret and pp of* **lay³**.
lain [leɪn] *pp of* **lie²** 2.
lair [leə] *s of wild animal*: Höhle *f*, Bau *m*; *fig.* Schlupfwinkel *m*.
la·i·ty ['leɪətɪ] *s* Laien *pl*.
lake [leɪk] *s* See *m*.
lamb [læm] **1.** *s* Lamm *n*; **2.** *v/i* lammen.
lame [leɪm] **1.** *adj* □ lahm (*a. fig.*); **2.** *v/t* lähmen; ~ **duck** *s person*: Versager(in); *Am. pol.* nicht nochmals wählbarer Politiker; *econ. a.* ~ ***company*** zahlungsunfähige Firma, finanziell angeschlagene Firma.
la·ment [lə'ment] **1.** *s* Wehklage *f*; Klagelied *n*; **2.** *v/i and v/t* (be)klagen; (be-)trauern; **lam·en·ta·ble** ['læməntəbl] *adj* □ beklagenswert; kläglich; **lam·en·ta·tion** [læmən'teɪʃn] *s* Wehklage *f*.
lamp [læmp] *s* Lampe *f*; Laterne *f*; **~*post*** Laternenpfahl *m*; **~*shade*** Lampenschirm *m*.
lam·poon [læm'puːn] *s* Schmähschrift *f*.
lance [lɑːns] *s* Lanze *f*.
land [lænd] **1.** *s* Land *n*; *agr.* Land *n*, Boden *m*; Land-, Grundbesitz *m*; *pol.* Land *n*, Staat *m*, Nation *f*; ***by*** ~ auf dem Landweg; **~*s*** *pl* Ländereien *pl*; **2.** *v/i* landen; *v/t* landen; *goods*: löschen; F *job, etc.*: erwischen, kriegen; F ~ ***s.o.*** (***o.s.***) ***into*** *trouble, etc.*: j-n (sich) bringen in (*acc*); **~·a·gent** *s* Gutsverwalter *m*; **~·ed** *adj* Land..., Grund...; **~·hold·er** *s* Grundbesitzer(in).
land·ing ['lændɪŋ] *s* Landung *f*, Anlegen *n* (*of ship*); Anlegestelle *f*; Treppenabsatz *m*; Flur *m*, Gang *m* (*on stairs*); **~·field** *s aer.* Landebahn *f*; **~·gear** *s aer.* Fahrgestell *n*; **~·stage** *s mar.* Landungsbrücke *f*, -steg *m*.

land|la·dy ['lændleɪdɪ] *s* Vermieterin *f*; Wirtin *f*; **~·lord** ['~lɔːd] *s* Vermieter *m*; Wirt *m*; Hauseigentümer *m*; Grundbesitzer *m*; **~·mark** *s* Grenzstein *m*; Orientierungspunkt *m*; Wahrzeichen *n*; *fig.* Markstein *m*; **~·own·er** *s* Grundbesitzer(in); **~·scape** *s* Landschaft *f* (*a. paint.*); **~·slide** *s* Erdrutsch *m* (*a. pol.*); ***a ~ victory*** *pol.* ein überwältigender Wahlsieg; **~·slip** *s* (kleiner) Erdrutsch.
lane [leɪn] *s* Feldweg *m*; Gasse *f*, Sträßchen *n*; *mar.* (Fahrt)Route *f*; *aer.* Flugschneise *f*; *mot.* Fahrbahn *f*, Spur *f*; *Sport*: (einzelne) Bahn; ***get in ~!*** bitte einordnen!
lan·guage ['læŋgwɪdʒ] *s* Sprache *f*; ***~ barrier*** Sprachbarriere *f*; ***~ course*** Sprachkurs *m*; ***~ laboratory*** Sprachlabor *n*; ***~ teaching*** Sprachunterricht *m*.
lan·tern ['læntən] *s* Laterne *f*.
lap¹ [læp] *s* Schoß *m*.
lap² [~] **1.** *s sports*: Runde *f*; **2.** (**-pp-**) *v/t sports*: überrunden; *wrap*: wickeln; *v/i sports*: e-e Runde zurücklegen.
lap³ [~] (**-pp-**) *v/t*: ***~ up*** auflecken, -schlecken; *v/i* plätschern.
la·pel [lə'pel] *s* Revers *n*, *m*.
lapse [læps] **1.** *s of time*: Verlauf *m*; *small fault*: (kleiner) Fehler *or* Irrtum; *jur.* Verfall *m*; **2.** *v/i* verfallen (*a. jur.*), erlöschen.
lar·ce·ny *jur.* ['lɑːsənɪ] *s* Diebstahl *m*.
larch *bot.* [lɑːtʃ] *s* Lärche *f*.
lard [lɑːd] **1.** *s* Schweinefett *n*, -schmalz *n*; **2.** *v/t meat*: spicken; **lar·der** *s* Speisekammer *f*; Speiseschrank *m*.
large [lɑːdʒ] *adj* □ (**~r**, **~st**) groß; umfassend, weitgehend, ausgedehnt; ***at ~*** in Freiheit, auf freiem Fuß; ganz allgemein; in der Gesamtheit; (sehr) ausführlich; **~·ly** *adv* zum großen Teil; im wesentlichen; **~·mind·ed** *adj* tolerant; **~·ness** *s* Größe *f*.
lar·i·at *esp. Am.* ['lærɪət] *s* Lasso *n*, *m*.
lark¹ *zo.* [lɑːk] *s* Lerche *f*.
lark² F [~] *s* Jux *m*, Spaß *m*.
lar·va *zo.* ['lɑːvə] *s* (*pl* **-vae** [-viː]) Larve *f*.
lar·ynx *anat.* ['lærɪŋks] *s* Kehlkopf *m*.
las·civ·i·ous [lə'sɪvɪəs] *adj* □ lüstern.
la·ser *phys.* ['leɪzə] *s* Laser *m*; **~ beam** *s* Laserstrahl *m*.
lash [læʃ] **1.** *s* Peitschenschnur *f*; Peitschenhieb *m*; Wimper *f*; **2.** *v/t* peitschen, schlagen; (fest)binden; *v/i*: ***~ out*** (wild) um sich schlagen; ***~ out at*** *fig.* heftig angreifen (*acc*).
lass, **~·ie** [læs, 'læsɪ] *s* Mädchen *n*.
las·si·tude ['læsɪtjuːd] *s* Mattigkeit *f*.
las·so [læ'suː] *s* (*pl* -[**e**]**s**) Lasso *n*, *m*.
last¹ [lɑːst] **1.** *adj* letzte(r, -s); vorige(r, -s); äußerste(r, -s); neueste(r, -s); ***~ but one*** vorletzte(r, -s); ***~ night*** gestern abend; ***~ date of sale*** *econ.* Verfallsdatum *n*; **2.** *s der, die, das* Letzte; ***at ~*** endlich; ***to the ~*** bis zum Schluß; **3.** *adv* zuletzt; ***~ but not least*** nicht zuletzt.
last² [~] *v/i* (an-, fort)dauern; *flowers, etc.*: (sich) halten; *food, etc.*: (aus)reichen.
last³ [~] *s* (Schuhmacher)Leisten *m*.
last·ing ['lɑːstɪŋ] *adj* □ dauerhaft; beständig.
last·ly ['lɑːstlɪ] *adv* schließlich, zum Schluß.
latch [lætʃ] **1.** *s* Klinke *f*; Schnappschloß *n*; **2.** *v/t* ein-, zuklinken; **~·key** *s* Hausschlüssel *m*.
late [leɪt] *adj* □ (**~r**, **~st**) spät; jüngste(r, -s), letzte(r, -s); frühere(r, -s), ehemalig; verstorben; ***be ~*** zu spät kommen, sich verspäten; ***at*** (***the***) ***~st*** spätestens; ***as ~ as*** noch, erst; ***of ~*** kürzlich; ***~r on*** später; **~·ly** *adv* kürzlich.
la·tent ['leɪtənt] *adj* □ verborgen, latent.
lath [lɑːθ] *s* Latte *f*.
lathe *tech.* [leɪð] *s* Drehbank *f*.
la·ther ['lɑːðə] **1.** *s* (Seifen)Schaum *m*; **2.** *v/t* einseifen; *v/i* schäumen.
Lat·in ['lætɪn] **1.** *adj ling.* lateinisch; romanisch; südländisch; **2.** *s ling.* Latein *n*; Roman|e *m*, -in *f*, Südländer(in).
lat·i·tude ['lætɪtjuːd] *s geogr.* Breite *f*; *fig.* Spielraum *m*.
lat·ter ['lætə] *adj* letztere(r, -s) (*of two*); letzte(r, -s), spätere(r, -s).
lat·tice ['lætɪs] *s* Gitter *n*.
lau·da·ble ['lɔːdəbl] *adj* □ lobenswert.
laugh [lɑːf] **1.** *s* Lachen *n*, Gelächter *n*; ***have the last ~*** es (am Ende) j-m zeigen; ***have a good ~ about*** sich köstlich amüsieren über (*acc*); **2.** *v/i* lachen; ***~ at*** *j-n* auslachen, sich lustig machen über *j-n*; **~·a·ble** *adj* □ lächerlich; **~·ter** *s* Lachen *n*, Gelächter *n*.
launch [lɔːntʃ] **1.** *v/t ship*: vom Stapel laufen lassen; *boat*: aussetzen; *hurl*: schleudern; *rocket*: starten, abschießen; *fig.* in Gang setzen; *company*:

gründen; *product*: einführen, auf den Markt bringen; **2.** *s mar.* Barkasse *f*; → **~ing** *s mar.* Stapellauf *m*; Abschuß *m* (*of rocket*); *fig.* Start(en *n*) *m*; **~ pad** Abschußrampe *f*; **~ site** Abschußbasis *f*.
laun|de•rette [lɔːndəˈret], *esp. Am.* **~dro•mat** [ˈ~drəmæt] *s* Waschsalon *m*, Münzwäscherei *f*; **~•dry** [ˈ~drɪ] *s* Wäscherei *f*; *clothes, etc.*: Wäsche *f*.
laur•el *bot.* [ˈlɒrəl] *s* Lorbeer *m* (*a. fig.*).
lav•a•to•ry [ˈlævətərɪ] *s* Toilette *f*, Klosett *n*; **public ~** Bedürfnisanstalt *f*.
lav•ish [ˈlævɪʃ] **1.** *adj* □ freigebig, verschwenderisch; **2.** *v/t*: **~ s.th. on s.o.** j-n mit et. überhäufen *or* überschütten.
law [lɔː] *s* Gesetz *n*; Recht *n*; (Spiel)Regel *f*; Rechtswissenschaft *f*, Jura *pl*; F *die* Polizei; **~ and order** Recht *or* Ruhe u. Ordnung; **~-a•bid•ing** *adj* gesetzestreu; **~•court** *s* Gericht(shof *m*) *n*; **~•ful** *adj* □ gesetzlich; rechtmäßig, legitim; rechtsgültig; **~•less** *adj* □ gesetzlos; gesetzwidrig; zügellos.
lawn [lɔːn] *s* Rasen *m*.
law|suit [ˈlɔːsjuːt] *s* Prozeß *m*; **~•yer** [ˈlɔːjə] *s* (Rechts)Anwalt *m*, (-)Anwältin *f*.
lax [læks] *adj* □ locker, lax; schlaff; lasch; **~•a•tive** *med.* [ˈlæksətɪv] **1.** *adj* abführend; **2.** *s* Abführmittel *n*.
lay¹ [leɪ] *pret of* **lie²** 2.
lay² [~] *adj eccl.* weltlich; Laien...
lay³ [~] (**laid**) *v/t* legen; umlegen; *plan*: schmieden; *table*: decken; *eggs*: legen; beruhigen, besänftigen; auferlegen; *complaint*: vorbringen, *charge*: erheben; *bet*: abschließen, *risk money*: wetten; **~ in** einlagern, sich eindecken mit; **~ low** niederstrecken, -werfen; **~ off** *econ. workers*: vorübergehend entlassen, *work*: einstellen; **~ open** darlegen; **~ out** ausbreiten; *garden, etc.*: anlegen; entwerfen, planen; *print.* gestalten; **~ up** *supplies*: anlegen, sammeln; **be laid up** das Bett hüten müssen; *v/i of hens*: (Eier) legen.
lay-by *Br. mot.* [ˈleɪbaɪ] *s* Parkbucht *f*, -streifen *m*; Park-, Rastplatz *m*.
lay•er [ˈleɪə] *s* Lage *f*, Schicht *f*.
lay•man [ˈleɪmən] *s* Laie *m*.
lay|-off *econ.* [ˈleɪɒf] *s* vorübergehende Arbeitseinstellung, Feierschicht(en *pl*) *f*; **~•out** *s* Anlage *f*; Plan *m*; *print.* Layout *n*, Gestaltung *f*.
la•zy [ˈleɪzɪ] *adj* □ (**-ier**, **-iest**) faul; träg(e), langsam; müde *or* faul machend.
lead¹ [led] *s chem.* Blei *n*; *mar.* Lot *n*.
lead² [liːd] **1.** *s* Führung *f*; Leitung *f*; Spitzenposition *f*; Beispiel *n*; *thea.* Hauptrolle *f*; *thea.* Hauptdarsteller(in); *sports and fig.*: Führung *f*, Vorsprung *m*; *card games*: Vorhand *f*; *electr.* Leitung *f*; (Hunde)Leine *f*; Hinweis *m*, Tip *m*, Anhaltspunkt *m*; **2.** (**led**) *v/t* führen; leiten; (an)führen; verleiten, bewegen (**to** zu); *card*: ausspielen; **~ on** F *j-n* anführen, auf den Arm nehmen; *v/i* führen; vorangehen; *sports and fig.*: in Führung liegen; **~ off** den Anfang machen; **~ up to** führen zu, überleiten zu.
lead•ed [ˈledɪd] *adj* verbleit, bleihaltig.
lead•en [ˈledn] *adj* bleiern (*a. fig.*), Blei...
lead•er [ˈliːdə] *s* (An)Führer(in), Leiter(in); Erste(r *m*) *f*; *Br.* Leitartikel *m*; **~•ship** [~ʃɪp] *s* Führung *f*, Leitung *f*.
lead-free [ˈledfriː] *adj* bleifrei.
lead•ing [ˈliːdɪŋ] *adj* leitend; führend; Haupt...
leaf [liːf] **1.** *s* (*pl* **leaves** [~vz]) Blatt *n*; (*of door, etc.*) Flügel *m*; (*of table*) Klappe *f*; **2.** *v/i*: **~ through** durchblättern; **~•let** [ˈliːflɪt] *s* Prospekt *m*; Broschüre *f*, Informationsblatt *n*; Merkblatt *n*; **~•y** *adj* (**-ier**, **-iest**) belaubt.
league [liːg] *s* Liga *f* (*a. hist. and sports*); Bund *m*.
leak [liːk] **1.** *s* Leck *n*, undichte Stelle (*a. fig.*); **2.** *v/i* lecken, leck sein; tropfen; **~ out** auslaufen, -strömen, entweichen; *fig.* durchsickern; **~•age** [ˈ~ɪdʒ] *s* Lekken *n*, Auslaufen *n*, -strömen *n*; *fig.* Durchsickern; **~•y** *adj* (**-ier**, **-iest**) leck, undicht.
lean¹ [liːn] *v/i and v/t* (*esp. Br.* **leant,** *esp. Am.* **leaned**) (sich) lehnen; (sich) stützen; (sich) neigen; **~ on**, **~ upon** sich verlassen auf (*acc*).
lean² [~] **1.** *adj* mager; **2.** *s* mageres Fleisch.
leant *esp. Br.* [lent] *pret and pp of* **lean¹**.
leap [liːp] **1.** *s* Sprung *m*, Satz *m*; **2.** *v/i and v/t* (**leapt** *or* **leaped**) (über)springen; **~ at** *fig.* sich stürzen auf (*acc*); **~t** [lept] *pret and pp of* **leap** 2; **~ year** [ˈliːpjɜː] *s* Schaltjahr *n*.
learn [lɜːn] *v/t and v/i* (**learned** *or* **learnt**) (er)lernen; erfahren, hören; **~•ed**

['lɛːnɪd] *adj* gelehrt; **~er** *s* Anfänger(in); Lernende(r *m*) *f*; **~ *driver*** *mot.* Fahrschüler(in); **~ing** *s* (Er)Lernen *n*; Gelehrsamkeit *f*; **~t** [lɜːnt] *pret and pp of* ***learn***.

lease [liːs] **1.** *s* Pacht *f*, Miete *f*; Pacht-, Mietvertrag *m*; **2.** *v/t* (ver)pachten, (ver)mieten.

leash [liːʃ] *s* (Hunde)Leine *f*.

least [liːst] **1.** *adj* (*sup of* ***little*** 1) kleinste(r, -s), geringste(r, -s), wenigste(r, -s); **2.** *adv* (*sup of* ***little*** 2) am wenigsten; ***~ of all*** am allerwenigsten; **3.** *s das* Geringste, *das* Mindeste, *das* Wenigste; ***at ~*** wenigstens; ***to say the ~*** gelinde gesagt.

leath·er ['leðə] **1.** *s* Leder *n*; **2.** *adj* ledern; Leder...

leave [liːv] **1.** *s* Erlaubnis *f*; *a.* ***~ of absence*** Urlaub *m*; Abschied *m*; ***take*** (***one's***) ***~*** sich verabschieden; **2.** (***left***) *v/t* (hinter-, übrig-, ver-, zurück)lassen; stehen-, liegenlassen, vergessen; vermachen, -erben; *v/i* (fort-, weg)gehen, abreisen, abfahren, abfliegen (***for*** nach).

leaves [liːvz] *s pl of* ***leaf*** 1; Laub *n*.

leav·ings ['liːvɪŋz] *s pl* Überreste *pl*.

lech·er·ous ['letʃərəs] *adj* □ lüstern.

lec|ture ['lektʃə] **1.** *s univ.* Vorlesung *f*; Vortrag *m*; Strafpredigt *f*; **2.** *v/i univ.* e-e Vorlesung halten; e-n Vortrag halten; *v/t* tadeln, abkanzeln; **~tur·er** [~rə] *s univ.* Dozent(in); Redner(in).

led [led] *pret and pp of* ***lead²*** 2.

led·ger *econ.* ['ledʒə] *s* Hauptbuch *n*.

leech [liːtʃ] *s zo.* Blutegel *m*; *fig.* Blutsauger *m*, Schmarotzer *m*.

leek *bot.* [liːk] *s* Lauch *m*, Porree *m*.

leer [lɪə] **1.** *s* anzüglicher (Seiten)Blick; **2.** *v/i* anzüglich *od.* lüstern blicken; schielen (***at*** nach).

lee|ward *mar.* ['liːwəd] *adv* leewärts; **~way** *s mar.* Abtrift *f*; *fig.* Rückstand *m*; *fig.* Spielraum *m*.

left¹ [left] *pret and pp of* ***leave*** 2; ***~-luggage*** (***office***) *Br. rail.* Gepäckaufbewahrung *f*.

left² [~] **1.** *adj* linke(r, -s); **2.** *adv* (nach) links; **3.** *s* Linke *f* (*a. pol.*, *boxing*), linke Seite; ***on or to the ~*** links; **~-hand** *adj* linke(r, -s); ***~ drive*** *mot.* Linkssteuerung *f*; **~-hand·ed** *adj* □ linkshändig; für Linkshänder.

left-o·vers ['leftəʊvəz] *s pl* (Speise)Reste *pl*.

left wing [left'wɪŋ] **1.** *adj pol.* linke(r, -s), linksgerichtet; **2.** *s pol.*, *sports*: linker Flügel, Linksaußen *m*.

lefty ['leftɪ] *s esp. Br.* F Linke(r *m*) *f*; *esp. Am.* Linkshänder(in).

leg [leg] *s* Bein *n*; Keule *f*; (Stiefel)Schaft *m*; *math.* Schenkel *m*; ***pull s.o.'s ~*** F j-n auf den Arm nehmen; ***stretch one's ~s*** sich die Beine vertreten.

leg·a·cy ['legəsɪ] *s* Vermächtnis *n*.

le·gal ['liːgl] *adj* □ legal, gesetz-, rechtmäßig; gesetzlich, rechtlich; juristisch, Rechts...; **~ize** [~aɪz] *v/t* legalisieren, rechtskräftig machen.

le·ga·tion [lɪ'geɪʃn] *s* Gesandtschaft *f*.

le·gend ['ledʒənd] *s* Legende *f*, Sage *f*; Bildunterschrift *f*; **le·gen·da·ry** *adj* legendär, sagenhaft.

leg·gings ['legɪŋz] *s pl* Gamaschen *pl*; *fashion*: Leggings *pl*.

le·gi·ble ['ledʒəbl] *adj* □ leserlich.

le·gion *fig.* ['liːdʒən] *s* Legion *f*, Heer *n*.

le·gis·la|tion [ledʒɪs'leɪʃn] *s* Gesetzgebung *f*; **~tive** *pol.* ['ledʒɪslətɪv] **1.** *adj* □ gesetzgebend, legislativ; **2.** *s* Legislative *f*, gesetzgebende Gewalt; **~tor** ['ledʒɪsleɪtə] *s* Gesetzgeber *m*.

le·git·i·mate [lɪ'dʒɪtɪmət] *adj* □ legitim; gesetz-, rechtmäßig, berechtigt; ehelich.

leg|less ['leglɪs] *adj* ohne Beine; *sl.* sternhagelvoll; **~-pull** *s* F Jux *m*, Scherz *m*; **~-room** *s in car*: Beinfreiheit *f*.

lei·sure ['leʒə] *s* Muße *f*, Freizeit *f*; ***at ~*** in Ruhe, ohne Hast; ***~ activities*** *pl* Freizeitgestaltung *f*; ***~ wear*** Freizeitkleidung *f*; **~ly** *adj and adv* gemächlich.

lem·on *bot.* ['lemən] *s* Zitrone *f*; **~ade** [lemə'neɪd] *s* Zitronenlimonade *f*; ***~ squash*** *s Br.* Zitronenwasser *n*.

lend [lend] *v/t* (***lent***) (ver-, aus)leihen, (aus)borgen.

length [leŋθ] *s* Länge *f*; Strecke *f*; (Zeit-)Dauer *f*; ***at ~*** endlich, schließlich; ausführlich; ***go to any*** *or* ***great*** *or* ***considerable ~s*** sehr weit gehen; **~en** *v/t* verlängern; *v/i* länger werden; **~ways, ~wise** *adv* der Länge nach; **~y** *adj* □ (***-ier***, ***-iest***) sehr lang.

le·ni·ent ['liːnɪənt] *adj* □ mild(e), nachsichtig.

lens *opt.* [lenz] *s* Linse *f*.

lent¹ [lent] *pret and pp of* **lend**.
Lent² [~] *s* Fastenzeit *f*.
len·til *bot*. ['lentɪl] *s* Linse *f*.
leop·ard *zo*. ['lepəd] *s* Leopard *m*.
lep·ro·sy *med*. ['leprəsɪ] *s* Lepra *f*.
les·bi·an ['lezbɪən] **1.** *adj* lesbisch; **2.** *s* Lesbierin *f*, F Lesbe *f*.
less [les] **1.** *adj and adv* (*comp of* **little** 1, 2) kleiner, geringer, weniger; **2.** *prp* weniger, minus, abzüglich.
less·en ['lesn] *v/t and v/i* (sich) vermindern *or* -ringern; abnehmen; herabsetzen.
less·er ['lesə] *adj* kleiner, geringer.
les·son ['lesn] *s* Lektion *f*; (Unterrichts-) Stunde *f*; *fig*. Lektion *f*, Lehre *f*; **~s** *pl* Unterricht *m*.
let [let] (**let**) *v/t* lassen; vermieten, -pachten; **~ alone** in Ruhe lassen; geschweige denn; **~ down** herab-, herunterlassen; *clothes*: verlängern; *j-n* im Stich lassen; (*a v/i*) **~ go** loslassen; **~ o.s. go** sich gehenlassen; **~ in** (her)einlassen; **~ o.s. in for s.th.** sich et. aufhalsen *or* einbrocken; **~ s.o. in on s.th.** j-n in et. einweihen; **~ off** abschießen; *j-n* laufenlassen; aussteigen lassen; **~ out** hinauslassen; ausplaudern; vermieten; *v/i*: **~ up** aufhören.
le·thal ['li:θl] *adj* □ tödlich; Todes...
leth·ar·gy ['leθədʒɪ] *s* Lethargie *f*.
let·ter ['letə] **1.** *s* Buchstabe *m*; *print*. Type *f*; Brief *m*, Schreiben *n*; **~s** *pl* Literatur *f*; *attr* Brief...; **2.** *v/t* beschriften; **~-box** *s* Briefkasten *m*; **~ed** *adj* (literarisch) gebildet; **~·ing** *s* Beschriftung *f*.
let·tuce *bot*. ['letɪs] *s* (*esp*. Kopf)Salat *m*.
leu·k(a)e·mia *med*. [lju:'ki:mɪə] *s* Leukämie *f*.
lev·el ['levl] **1.** *adj* waag(e)recht; eben; gleich; ausgeglichen; **my ~ best** F mein möglichstes; **~ crossing** *Br*. Bahnübergang *m*; **2.** *s* Ebene *f*, ebene Fläche; (gleiche) Höhe, (Wasser)Spiegel *m*, (-)Stand *m*; Wasserwaage *f*; *fig*. Niveau *n*, Stand *m*, Stufe *f*; **on the ~** F ehrlich, aufrichtig; **3.** *v/t* (*esp. Br.* **-ll-**, *Am.* **-l-**) (ein)ebnen, planieren; niederschlagen, fällen; **~ at** *weapon*: richten auf (*acc*); *accusations*: erheben gegen; **~-headed** *adj* vernünftig, nüchtern.
le·ver ['li:və] *s* Hebel *m*; **~·age** *s* Hebelkraft *f*, -wirkung *f*; *fig*. Einfluß *m*; **~·aged** *adj*: **~ buyout** *or* **take-over** *econ. appr*. kreditfinanzierte Übernahme.
lev·y ['levɪ] **1.** *s* Steuereinziehung *f*; Steuer *f*; *mil*. Aushebung *f*; **2.** *v/t taxes* einziehen, erheben; *mil*. ausheben.
lewd [lju:d] *adj* □ unanständig, obszön; schmutzig.
li·a·bil·i·ty [laɪə'bɪlətɪ] *s jur*. Haftung *f*, Haftpflicht *f*; *pl* Verbindlichkeiten *pl*; *econ*. Passiva *pl*.
li·a·ble ['laɪəbl] *adj jur*. haftbar, -pflichtig; **be ~ for** haften für; **be ~ to** neigen zu; anfällig sein für.
li·ar ['laɪə] *s* Lügner(in).
li·bel *jur*. ['laɪbl] **1.** *s* schriftliche Verleumdung *or* Beleidigung *f*; **2.** *v/t* (*esp. Br.* **-ll-**, *Am.* **-l-**) verleumden, beleidigen.
lib·e·ral ['lɪbərəl] **1.** *adj* □ liberal (*a. pol.*), aufgeschlossen; großzügig; reichlich; **2.** *s* Liberale(r *m*) *f* (*a. pol.*); **~·i·ty** [lɪbə'rælətɪ] *s* Großzügigkeit *f*; Aufgeschlossenheit *f*.
lib·e|rate ['lɪbəreɪt] *v/t* befreien; **~·ra·tion** [~'reɪʃn] *s* Befreiung *f*; **~ theology** Befreiungstheologie *f*; **~·ra·tor** *s* Befreier *m*.
lib·er·ty ['lɪbətɪ] *s* Freiheit *f*; **take liberties** sich Freiheiten herausnehmen; **be at ~** frei sein.
li·brar·i·an [laɪ'breərɪən] *s* Bibliothekar(in); **li·bra·ry** ['laɪbrərɪ] *s* Bibliothek *f*; Bücherei *f*.
lice [laɪs] *pl of* **louse**.
li·cence, *Am.* **-cense** ['laɪsəns] *s* Lizenz *f*, Konzession *f*; Freiheit *f*; Zügellosigkeit *f*; **license plate** *Am. mot*. Nummernschild *n*; **driving ~**, *Am.* **driver's license** Führerschein *m*.
li·cense, -cence [~] *v/t j-m* e-e Lizenz *or* Konzession erteilen; (amtlich) genehmigen *or* zulassen.
lick [lɪk] **1.** *s* Lecken *n*; Salzlecke *f*; **2.** *v/t* (ab-, auf-, be)lecken; F verdreschen, -prügeln; F schlagen, besiegen; *v/i* lekken; *flames*: züngeln.
lid [lɪd] *s* Deckel *m*; (Augen)Lid *n*.
lie¹ [laɪ] **1.** *s* Lüge *f*; **give s.o. the ~** j-n Lügen strafen; **2.** *v/i* lügen.
lie² [~] **1.** *s* Lage *f*; **2.** *v/i* (**lay, lain**) liegen; **~ behind** *fig*. dahinterstecken; **~ down** sich hinlegen; **let sleeping dogs ~** *fig*. daran rühren wir lieber nicht; **~-down** *s*

L

F Nickerchen *n*; **~-in** *s*: ***have a ~*** *Br.* F sich gründlich ausschlafen.

lieu·ten·ant [lef'tenənt; *mar.* le'tenənt; *Am.* lu:'tenənt] *s* Leutnant *m.*

life [laɪf] *s* (*pl* ***lives*** [~vz]) Leben *n*; Menschenleben *n*; Lebensbeschreibung *f*, Biographie *f*; ***for ~*** fürs (ganze) Leben, *job, etc.*: auf Lebenszeit; *esp. jur.* lebenslänglich; ***be imprisoned for ~*** lebenslänglich bekommen; ***~ imprisonment, ~ sentence*** lebenslängliche Freiheitsstrafe; **~ as·su·rance** *s* Lebensversicherung *f*; **~-belt** *s* Rettungsgürtel *m*; **~-boat** *s* Rettungsboot *n*; **~-cy·cle a·nal·y·sis** *s* Ökobilanz *f*; **~-guard** *s mil.* Leibgarde *f*; Bademeister *m*; Rettungsschwimmer *m*; **~ in·sur·ance** *s* Lebensversicherung *f*; **~-jack·et** *s* Schwimmweste *f*; **~-less** *adj* □ leblos; matt, schwung-, lustlos; **~-like** *adj* lebensecht; **~-long** *adj* lebenslang; **~ pre·serv·er** *s Am.* Schwimmweste *f*; Rettungsgürtel *m*; **~-time 1.** *s* Lebenszeit *f*; **2.** *adj* auf Lebenszeit, lebenslang.

lift [lɪft] **1.** *s* (Hoch-, Auf)Heben *n*; *phys., aer.* Auftrieb *m*; *esp. Br.* Lift *m*, Aufzug *m*, Fahrstuhl *m*; **give s.o. a ~** *cheer s.o. up*: j-n aufmuntern, j-m Auftrieb geben; *hitchhiker*: j-n (im Auto) mitnehmen; **2.** *v/t* (hoch-, auf)heben; erheben; *ban*: aufheben; *skin*: straffen; F klauen, stehlen; *v/i* sich heben (*fog*); ***~ off*** abheben (*rocket, etc.*); **~-off** ['lɪftɒf] *s* Start *m*, Abheben *n* (*of rocket, etc.*).

light¹ [laɪt] **1.** *s* Licht *n* (*a. fig.*); Lampe *f*; Leuchten *n*, Glanz *m*; *fig.* Aspekt *m*; ***can you give me a ~, please?*** haben Sie Feuer?; ***put a ~ to*** anzünden; **2.** *adj* licht, hell; blond; **3.** (***lit*** *or* ***lighted***) *v/t*: ***~ (up)*** be-, erleuchten; anzünden; *v/i* sich entzünden, brennen; ***~ up*** aufleuchten.

light² [~] *adj and adv* leicht (*a. fig.*); ***make ~ of*** *et.* leichtnehmen.

light·en¹ ['laɪtn] *v/t* erhellen; aufhellen; aufheitern; *v/i* hell(er) werden, sich aufhellen.

light·en² [~] *v/t and v/i* leichter machen *or* werden; erleichtern.

light·er ['laɪtə] *s* Anzünder *m*; Feuerzeug *n*; *mar.* Leichter *m.*

light|-head·ed ['laɪthedɪd] *adj* benommen, benebelt; leichtfertig, töricht; **~-heart·ed** *adj* □ fröhlich, unbeschwert; **~-house** *s* Leuchtturm *m.*

light·ing ['laɪtɪŋ] *s* Beleuchtung *f*; Anzünden *n.*

light|-mind·ed [laɪt'maɪndɪd] *adj* leichtfertig; **~-ness** *s* Leichtheit *f*; Leichtigkeit *f.*

light·ning ['laɪtnɪŋ] *s* Blitz *m*; *attr* blitzschnell, Blitz...; **~ con·duc·tor**, *Am.* **~ rod** *s* Blitzableiter *m.*

light·weight ['laɪtweɪt] *s boxing, etc.*: Leichtgewicht(ler *m*) *n.*

like [laɪk] **1.** *adj and prp* gleich; ähnlich; (so) wie; F als ob; ***~ that*** so; ***feel ~*** Lust haben auf (*acc*) *or* zu; ***what is he ~?*** wie ist er?; ***that is just ~ him!*** das sieht ihm ähnlich!; ***that's more ~ it!*** F das gefällt mir schon besser!; **2.** *s der, die, das* gleiche, *et.* Gleiches; ***his ~*** seinesgleichen; ***the ~*** dergleichen; ***the ~s of you*** Leute wie du; ***my ~s and dislikes*** was ich mag und was ich nicht mag; **3.** *v/t* gern haben, (gern) mögen; gern tun *etc.*; ***how do you ~ it?*** wie gefällt es dir?, wie findest du es?; ***I ~ that!*** *iro.* das hab' ich gern!; ***I should ~ to come*** ich würde gern kommen; *v/i* wollen; ***as you ~*** wie du willst; ***if you ~*** wenn Sie wollen; **~-li·hood** ['~lɪhʊd] *s* Wahrscheinlichkeit *f*; **~-ly 1.** *adj* (*-**ier**, -**iest***) wahrscheinlich; geeignet; **2.** *adv* wahrscheinlich; ***not ~!*** F bestimmt nicht!; **~-ness** Ähnlichkeit *f*; (Ab)Bild *n*; Gestalt *f*; **~-wise** *adv* gleich-, ebenfalls; auch.

lik·ing ['laɪkɪŋ] *s* (***for***) Vorliebe *f* (für), Gefallen *n* (an *dat*).

li·lac ['laɪlək] **1.** *adj* lila; **2.** *s bot.* Flieder *m.*

lil·y *bot.* ['lɪlɪ] *s* Lilie *f*; ***~ of the valley*** Maiglöckchen *n*; **~-white** *adj* schneeweiß.

limb [lɪm] *s arms, legs*: Glied *n*; Ast *m.*

lime¹ [laɪm] *s* Kalk *m.*

lime² *bot.* [~] *s* Linde *f*; Limone *f.*

lime·light *fig.* ['laɪmlaɪt] *s* Rampenlicht *n.*

lim·it ['lɪmɪt] **1.** *s fig.* Grenze *f*; ***within ~s*** in Grenzen; ***off ~s*** *Am.* Zutritt verboten (***to*** für); ***that is the ~!*** F das ist der Gipfel!, das ist (doch) die Höhe!; ***go to the ~*** bis zum Äußersten gehen; **2.** *v/t* beschränken (***to*** auf *acc*).

lim·i·ta·tion [lɪmɪ'teɪʃn] *s* Ein-, Beschränkung *f*; *fig.* Grenze *f.*

lim·it|ed ['lɪmɪtɪd] *adj* beschränkt, begrenzt; ***~ (liability) company*** *Br. econ.*

L

Gesellschaft *f* mit beschränkter Haftung; **~·less** *adj* □ grenzenlos.

limp [lɪmp] **1.** *v/i* hinken, humpeln; **2.** *s* Hinken *n*, Humpeln *n*; **3.** *adj* schlaff; schwach, müde; weich.

lim·pid ['lɪmpɪd] *adj* □ klar, durchsichtig.

line [laɪn] **1.** *s* Linie *f* (*a. math.*), Strich *m*; *written*: Zeile *f*; *of poem*: Vers *m*; *on face*: Falte *f*, Runzel *f*, Furche *f*; *row*: Reihe *f*; *queue*: (Menschen)Schlange *f*; *of ancestors*: (Ahnen)Reihe *f*, Linie *f*; *of railway*, *etc.*: (Bahn-, Verkehrs)Linie *f*, Strecke *f*; (Eisenbahn-, Verkehrs)Gesellschaft *f*; *teleph.*, *etc.*: Leitung *f*; Branche *f*, Fach *n*, Gebiet *n*; *sports*: (Ziel)Linie *f*; Leine *f*, Angelschnur *f*; Äquator *m*; Richtung *f*; *econ. goods*: Posten *m*; *fig*. Grenze *f*; **~s** *pl thea.* Rolle *f*, Text *m*; ***be in ~ for*** gute Aussichten haben auf (*acc*); ***be in ~ with*** übereinstimmen mit; ***draw the ~*** haltmachen, e-e Grenze ziehen (***at*** bei); ***hold the ~*** *teleph.* am Apparat bleiben; ***stand in ~*** *Am.* Schlange stehen; **2.** *v/t* lin(i)ieren; *face*: zeichnen; *streets*, *etc.*: säumen; *clothes*: füttern; *tech.* auskleiden; (*a. v/i*) **~ *up*** (sich) in e-r Reihe aufstellen.

lin·e·ar ['lɪnɪə] *adj* linear, geradlinig; Längen...

lin·en ['lɪnɪn] **1.** *s* Leinen *n*; (Bett-, Tisch)Wäsche *f*; **2.** *adj* leinen, Leinen...; **~-clos·et**, **~-cup·board** *s* Wäscheschrank *m*.

lin·er ['laɪnə] *s* Linien-, Passagierschiff *n*; Verkehrsflugzeug *n*; → ***eyeliner***

lin·ger ['lɪŋgə] *v/i* zögern; verweilen, sich aufhalten; dahinsiechen; *a.* **~ *on*** sich hinziehen.

lin·ge·rie ['lɛ̃:nʒəri:] *s* Damenunterwäsche *f*.

lin·ing ['laɪnɪŋ] *s* Futter(stoff *m*) *n*; *mot.* (Brems)Belag *m*; *tech.* Aus-, Verkleidung *f*.

link [lɪŋk] **1.** *s* (Ketten)Glied *n*; Manschettenknopf *m*; *fig.* (Binde)Glied *n*, Verbindung *f*; **2.** *v/t and v/i* (sich) verbinden; **~ *up*** miteinander verbinden; *spacecraft*: (an)koppeln.

links [lɪŋks] *s pl* Dünen *pl*; *a.* ***golf ~*** Golfplatz *m*.

link-up ['lɪŋkʌp] *s* Zusammenschluß *m*, Verbindung *f*, Kopplung(smanöver *n*) *f* (*of spacecraft*).

lin·seed ['lɪnsi:d] *s bot.* Leinsamen *m*; **~ *oil*** Leinöl *n*.

li·on *zo.* ['laɪən] *s* Löwe *m*; **~ess** *zo.* [~nɪs] *s* Löwin *f*.

lip [lɪp] *s* Lippe *f*; *of cup*, *etc.*: Rand *m*; *sl.* Unverschämtheit *f*; **~·stick** *s* Lippenstift *m*.

li·que·fy ['lɪkwɪfaɪ] *v/i and v/t* (sich) verflüssigen.

liq·uid ['lɪkwɪd] **1.** *adj* flüssig; *eyes*: feucht (schimmernd); **2.** *s* Flüssigkeit *f*.

liq·ui·date ['lɪkwɪdeɪt] *v/t* liquidieren (*a. econ.*); *debt*: tilgen.

liq·uid|ize ['lɪkwɪdaɪz] *v/t* zerkleinern, pürieren; **~·iz·er** [~ə] *s* Mixgerät *n*, Mixer *m*.

liq·uor ['lɪkə] *s Br.* alkoholisches Getränk; *Am.* Schnapps *m*.

lisp [lɪsp] **1.** *s* Lispeln *n*; **2.** *v/i and v/t* lispeln.

list [lɪst] **1.** *s* Liste *f*, Verzeichnis *n*; **2.** *v/t* (in e-e Liste) eintragen; verzeichnen, auflisten.

lis·ten ['lɪsn] *v/i* (***to***) lauschen, horchen (auf *acc*); anhören (*acc*), zuhören (*dat*); hören (auf *acc*); **~ *in*** (im Radio) hören (***to*** *acc*); *secretly*: mithören; **~·er** *s* Zuhörer(in); (Rundfunk)Hörer(in).

list·less ['lɪstlɪs] *adj* teilnahms-, lustlos.

lit [lɪt] *pret and pp of* ***light***[1] 3.

lit·e·ral ['lɪtərəl] *adj* □ (wort)wörtlich; buchstäblich; prosaisch.

lit·e·ra|ry ['lɪtərərɪ] *adj* □ literarisch, Literatur...; **~·ture** [~rətʃə] *s* Literatur *f*.

lit·i·ga·tion *jur.* [lɪtɪ'geɪʃn] *s* Prozeß *m*.

li·tre, *Am.* **-ter** ['li:tə] *s* Liter *m*, *n*.

lit·ter ['lɪtə] **1.** *s vehicle*: Sänfte *f*; *stretcher*: Tragbahre *f*, Trage *f*; *straw*: Streu *f*; *zo.* Wurf *m*; *waste*: Abfall *m*, *esp.* herumliegendes Papier; *mess*: Durcheinander *n*, Unordnung *f*; **2.** *v/t zo.* werfen; verstreuen; ***be ~ed with*** übersät sein mit; *v/i zo.* Junge werfen; **~ bas·ket**, **~ bin** *s* Abfallkorb *m*.

lit·tle ['lɪtl] **1.** *adj* (***less***, ***least***) klein; gering(fügig), unbedeutend; wenig; **~ *one*** Kleiner *m*, Kleine *f*, Kleines *n* (*child*); **2.** *adv* (***less***, ***least***) wenig, kaum; überhaupt nicht; **3.** *s* Kleinigkeit *f*; ***a ~*** ein bißchen, etwas; **~ *by* ~** nach und nach; ***not a ~*** nicht wenig.

live[1] [lɪv] *v/i* leben; wohnen; **~ *to see*** erleben; **~ *off s.th.*** leben von et.; **~ *off s.o.*** auf j-s Kosten leben; **~ *on*** leben von; ~ ***through*** durchmachen, -stehen; ~ ***up to*** *one's reputation*: gerecht werden (*dat*), *one's principles*: gemäß leben (*dat*); *promise*: halten; *expectations*: erfüllen; ~ ***with*** mit *j-m* zusammenleben; mit *et*. leben; ***you ~ and learn*** man lernt nie aus; *v/t life*: führen.

live² [laɪv] **1.** *adj* lebend, lebendig; wirklich, richtig; aktuell; *coal*: glühend; *ammunition*: scharf; *electr*. stromführend, geladen; *TV*: direkt, Direkt..., live, Live..., Original...; **2.** *adv TV*: direkt, live, original.

live·able ['lɪvəbl] *adj life*: erträglich, lebenswert; *house*: wohnlich.

live|li·hood ['laɪvlɪhʊd] *s* (Lebens)Unterhalt *m*; **~·li·ness** [~nɪs] *s* Lebhaftigkeit *f*; **~·ly** [~lɪ] *adj* (-***ier***, -***iest***) lebhaft, lebendig; aufregend; schnell; bewegt.

liv·er *anat*. ['lɪvə] *s* Leber *f*.

lives [laɪvz] *pl of* **life**.

live·stock ['laɪvstɒk] *s* Vieh(bestand *m*) *n*.

liv·ing ['lɪvɪŋ] **1.** *adj* □ lebend(ig); ***the ~ image of*** das genaue Ebenbild *gen*; **2.** *s* *das* Leben; Lebensweise *f*; Lebensunterhalt *m*; *eccl*. Pfründe *f*; ***the ~*** *pl* die Lebenden *pl*; ***standard of ~*** Lebensstandard *m*; **~ *room*** *s* Wohnzimmer *n*.

liz·ard *zo*. ['lɪzəd] *s* Eidechse *f*.

load [ləʊd] **1.** *s* Last *f* (*a. fig*.); Ladung *f*; Belastung *f*; **2.** *v/t* (auf-, be)laden; *gun*: laden; *j-n* überhäufen (***with*** mit); **~ *a camera*** e-n Film einlegen; **~·ing** *s* Laden *n*; Ladung *f*, Fracht *f*; *attr* Lade...

loaf¹ [ləʊf] *s* (*pl* ***loaves*** [~vz]) Laib *m* (Brot); Brot *n*.

loaf² [~] *v/i* herumlungern; **~·er** *s* Faulenzer(in).

loam [ləʊm] *s* Lehm *m*; **~·y** *adj* (-***ier***, -***iest***) lehmig.

loan [ləʊn] **1.** *s* Anleihe *f*; Darlehen *n*; Leihgabe *f*; ***on ~*** leihweise; **2.** *v/t esp. Am. j-m et*. ausleihen; **~·word** *s* Lehnwort *n*.

loath [ləʊθ] *adj* □ abgeneigt; ***be ~ to do s.th.*** et. ungern tun; **~e** [ləʊð] *v/t* sich ekeln vor (*dat*); verabscheuen; **~·ing** *s* Ekel *m*; Abscheu *m*; **~·some** *adj* □ abscheulich, ekelhaft; verhaßt.

loaves [ləʊvz] *pl of* ***loaf¹***.

lob [lɒb] *tennis*: **1.** *s* Lob *m*; **2.** *v/t j-n* überlobben; *ball*: lobben; *v/i* e-n Lob spielen.

lob·by ['lɒbɪ] **1.** *s* Vorhalle *f*; *of theatre*: Foyer *n*; *parl*. Wandelhalle *f*; *pol*. Lobby *f*, Interessengruppe *f*; **2.** *v/t pol*. beeinflussen, Einfluß nehmen auf (*acc*).

lobe *anat*., *bot*. [ləʊb] *s* Lappen *m*; *a*. ***ear~*** Ohrläppchen *n*.

lob·ster *zo*. ['lɒbstə] *s* Hummer *m*.

lo·cal ['ləʊkl] **1.** *adj* □ örtlich, Orts..., lokal, Lokal...; **~ *elections*** *pl* Kommunalwahlen *pl*; **~ *government*** Gemeindeverwaltung *f*; **2.** *s* Einheimische(r *m*) *f*; *a*. **~ *train*** Nahverkehrszug *m*; ***the ~*** *Br*. F die Stammkneipe; **~·i·ty** [ləʊ'kælətɪ] *s* Örtlichkeit *f*; Lage *f*; **~·ize** ['ləʊkəlaɪz] *v/t* lokalisieren.

lo·cate [ləʊ'keɪt] *v/t* ausfindig machen; orten; ***be ~d*** liegen, sich befinden; **lo·ca·tion** [~eɪʃn] *s* Lage *f*; Standort *m*; Platz (***for*** für); *film*: Drehort *m*; ***on ~*** auf Außenaufnahme.

loch *ScotE* [lɒx, lɒk] *s* See *m*.

lock¹ [lɒk] **1.** *s of door*, *gun*, *etc*.: Schloß *n*; Schleuse(nkammer) *f*; *tech*. Sperrvorrichtung *f*; **2.** *v/t* (ab-, ver-, zu-) schließen, zu-, versperren; umschließen, umfassen; **~ *away*** wegschließen; **~ *in*** einschließen, -sperren; **~ *out*** aussperren; **~ *up*** abschließen; wegschließen; einsperren; *v/i* sich schließen lassen; *tech*. blockieren.

lock² [~] *s* (Haar)Locke *f*.

lock|er ['lɒkə] *s* Schrank *m*, Spind *m*; Schließfach *n*; **~ *room*** Umkleideraum *m*; **~·et** [~ɪt] *s* Medaillon *n*; **~·out** *s econ*. Aussperrung *f*; **~·smith** *s* Schlosser *m*; **~·up** *s* (Haft)Zelle *f*; F Gefängnis *n*.

lo·co *Am. sl*. ['ləʊkəʊ] *adj* bekloppt.

lo·co·mo|tion [ləʊkə'məʊʃn] *s* Fortbewegung(sfähigkeit) *f*; **~·tive** ['ləʊkəməʊtɪv] **1.** *adj* (Fort)Bewegungs...; **2.** *s* *a*. **~ *engine*** Lokomotive *f*.

lo·cust *zo*. ['ləʊkəst] *s* Heuschrecke *f*.

lodge [lɒdʒ] **1.** *s* Häuschen *n*; Jagd-, Skihütte *f etc*.; Pförtnerhaus *n*, -loge *f*; (*masonic* ~) (Freimaurer)Loge *f*; **2.** *v/i* (*esp*. vorübergehend *or* in Untermiete) wohnen; stecken(bleiben) (*bullet*, *etc*.), (fest)sitzen; *v/t* aufnehmen, beherbergen, unterbringen; *bullet*: jagen (***in*** in *acc*); *complaint*: einlegen; *charge*: einreichen; **lodg·er** *s* Untermieter(in); **lodg·ing** *s* Unterkunft *f*; **~s** *pl* (*esp*. möbliertes) Zimmer.

loft [lɒft] *s* (Dach)Boden *m*; Heuboden

m; Empore *f*; **~·y** *adj* □ (**-ier**, **-iest**) hoch; erhaben; stolz.

log [lɒg] *s* (Holz)Klotz *m*, (gefällter) Baumstamm; *mar*. Log *n*; → **~·book** *s mar*., *aer*. Logbuch *n*; *mot*. Fahrtenbuch *n*; *Br*. *mot*. Kraftfahrzeugbrief *m*; **~ cab·in** *s* Blockhaus *n*, -hütte *f*.

log·ger·head ['lɒgəhed] *s*: ***be at ~s*** sich in den Haaren liegen.

lo·gic ['lɒdʒɪk] *s* Logik *f*; **~·al** *adj* □ logisch.

loin [lɔɪn] *s anat*. Lende *f*; *cooking*: Lende(nstück *n*) *f*.

loi·ter ['lɔɪtə] *v/i* trödeln, schlendern, bummeln; herumlungern.

loll [lɒl] *v/i* sich rekeln *or* lümmeln; ***~ about*** herumlümmeln; ***~ out*** *tongue*: heraushängen.

lol|li·pop ['lɒlɪpɒp] *s* Lutscher *m*; Eis *n* am Stiel; ***~ man***, ***~ woman*** *Br*. F Schülerlotse *m*; **~·ly** F ['lɒlɪ] *s* Lutscher *m*; ***ice(d) ~*** Eis *n* am Stiel.

lone|li·ness ['ləʊnlɪnɪs] *s* Einsamkeit *f*; **~·ly** (**-ier**, **-iest**), **~·some** *adj* □ einsam.

long[1] [lɒŋ] **1.** *s* (e-e) lange Zeit; ***before ~*** bald; ***for ~*** lange; ***take ~*** lange brauchen *or* dauern; **2.** *adj* lang; langfristig; ***in the ~ run*** schließlich; ***be ~*** lange brauchen; **3.** *adv* lang(e); ***as*** *or* ***so ~ as*** solange; vorausgesetzt, daß; ***~ ago*** vor langer Zeit; ***no ~er*** nicht mehr, nicht länger; ***so ~!*** F bis dann!, tschüs!

long[2] [~] *v/i* sich sehnen (**for** nach).

long|-dis·tance [lɒŋ'dɪstəns] *adj* Fern...; Langstrecken...; ***~ call*** *teleph*. Ferngespräch *n*; ***~ runner*** *sports*: Langstreckenläufer(in); **~·hand** *s* Schreibschrift *f*.

long·ing ['lɒŋɪŋ] **1.** *adj* □ sehnsüchtig; **2.** *s* Sehnsucht *f*, Verlangen *n*.

lon·gi·tude *geogr*. ['lɒndʒɪtju:d] *s* Länge *f*.

long| jump ['lɒŋdʒʌmp] *s sports*: Weitsprung *m*; **~·range** *adj plan*: langfristig; *mil*. Langstrecken...; **~·shore·man** *s* Hafenarbeiter *m*; **~·sight·ed** *adj* □ weitsichtig; **~·stand·ing** *adj* seit langer Zeit bestehend; alt; **~·term** *adj* langfristig, auf lange Sicht; **~ wave** *s electr*. Langwelle *f*; **~·wind·ed** *adj* □ langatmig.

loo *Br*. F [lu:] *s* Klo *n*.

look [lʊk] **1.** *s* Blick *m*; Miene *f*, (Gesichts)Ausdruck *m*; (***good***) **~s** *pl* gutes Aussehen; ***have a ~ at s.th.*** sich et. ansehen; ***I don't like the ~ of it*** es gefällt mir nicht; **2.** *v/t and v/i* sehen, blicken, schauen (**at**, **on** auf *acc*, nach); nachsehen; *pale, etc*.: aussehen; aufpassen, achten; *face in a direction*: liegen, gehen (*window, etc*.); ***~ here!*** schau mal (her); hör mal (zu)!; ***~ like*** aussehen wie; ***it ~s as if*** es sieht (so) aus, als ob; ***~ after*** aufpassen auf (*acc*), sich kümmern um, sorgen für; ***~ ahead*** nach vorne sehen; *fig*. vorausschauen; ***~ around*** sich umsehen; ***~ at*** ansehen; ***~ back*** sich umsehen; ***~ back to*** *fig*. zurückblicken auf (*acc*), zurückdenken an (*acc*); ***~ down*** herab-, heruntersehen (*a. fig*. **on s.o.** auf j-n); ***~ for*** suchen; ***~ forward to*** sich freuen auf (*acc*); ***~ in*** F hereinschauen (**on** bei) (*as a visitor*); F fernsehen; ***~ into*** untersuchen, prüfen; ***~ on*** zusehen, -schauen (*dat*); ***~ on to*** liegen zu, (hinaus)gehen auf (*acc*) (*window, etc*.); ***~ on***, ***~ upon*** betrachten, ansehen (**as** als); ***~ out*** hinaus-, heraussehen; aufpassen, sich vorsehen; Ausschau halten (**for** nach); ***~ over*** *et*. durchsehen; *j-n* mustern; ***~ round*** sich umsehen; ***~ through*** *et*. durchsehen; ***~ up*** aufblicken, -sehen; *et*. nachschlagen; *j-n* aufsuchen.

look-a·like ['lʊkəlaɪk] *s* F Doppelgänger(in); genaues Gegenstück.

look-out ['lʊkaʊt] *s* Ausguck *m*; Ausschau *f*; *fig*. F Aussicht(en *pl*) *f*; ***that is my ~*** F das ist meine Sache.

loom [lu:m] **1.** *s* Webstuhl *m*; **2.** *v/i a*. ***~ up*** undeutlich sichtbar werden *or* auftauchen.

loony ['lu:nɪ] F **1.** *s* Verrückte(r *m*) *f*; **2.** *adj* verrückt, bekloppt; ***~ bin*** F Klapsmühle *f*.

loop [lu:p] **1.** *s* Schlinge *f*, Schleife *f*; Schlaufe *f*; Öse *f*; *aer*. Looping *m*, *n*; *computer*: Programmschleife *f*; **2.** *v/t* in Schleifen legen; schlingen; *v/i* e-e Schleife machen; sich schlingen; **~·hole** ['lu:phəʊl] *s mil*. Schießscharte *f*; *fig*. Hintertürchen *n*; ***a ~ in the law*** e-e Gesetzeslücke.

loose [lu:s] **1.** *adj* □ (**~r**, **~st**) los(e); locker; weit; frei; ungenau; liederlich; ***let ~*** loslassen; freilassen; **2.** *s*: ***be on the ~*** frei herumlaufen; **loos·en** ['lu:sn] *v/t and v/i* (sich) lösen, (sich) lockern; ***~ up*** *sports*: Lockerungsübungen machen.

loot [lu:t] **1.** *v/t* plündern; **2.** *s* Beute *f*.

L

lop [lɒp] *v/t* (*-pp-*) *tree*: beschneiden, stutzen; ~ ***off*** abhauen, abhacken; **~·sid·ed** *adj* □ schief; einseitig.

lord [lɔːd] *s* Herr *m*, Gebieter *m*; Lord *m*; ***the*** ♀ der Herr (*God*); ***my*** ~ [mɪˈlɔːd] *address*: Mylord, Euer Gnaden, Euer Ehren; ♀ ***Mayor*** *Br.* Oberbürgermeister *m*; ***the*** ♀***'s Prayer*** das Vaterunser; ***the*** ♀***'s Supper*** das Abendmahl; **~·ly** *adj* (*-ier*, *-iest*) vornehm, edel; gebieterisch; hochmütig, arrogant; **~·ship** *s*: ***his*** *or* ***your*** ~ seine *or* Euer Lordschaft.

lore [lɔː] *s* Kunde *f*; Überlieferungen *pl*.

lor·ry *Br.* [ˈlɒrɪ] *s* Last(kraft)wagen *m*, Lastauto *n*, Laster *m*; *rail.* Lore *f*.

lose [luːz] (***lost***) *v/t* verlieren (*a. job, etc.*); verpassen, -säumen; *et.* nicht mitbekommen; nachgehen (*watch, etc.*); ~ ***o.s.*** sich verirren; sich verlieren; *v/i* Verluste erleiden; verlieren; nachgehen (*watch, etc.*); **los·er** [ˈluːzə] *s* Verlierer(in).

loss [lɒs] *s* Verlust *m*; Schaden *m*; ***at a*** ~ *econ.* mit Verlust; ***be at a*** ~ nicht mehr weiterwissen; → ***dead.***

lost [lɒst] **1.** *pret and pp of* ***lose***; **2.** *adj* verloren; verlorengegangen; verirrt; verschwunden; *time*: verloren, vergeudet; *chance*: versäumt; ***be*** ~ ***in thought*** in Gedanken versunken *or* vertieft sein; ~ ***property office*** Fundbüro *n*.

lot [lɒt] *s* Los *n*; *econ.* Partie *f*, Posten *m* (*of goods*); *esp. Am.* Bauplatz *m*; *esp. Am.* Parkplatz *m*; *esp. Am.* Filmgelände *n*; F Gruppe *f*, Gesellschaft *f*; Los *n*, Schicksal *n*; ***the*** ~ F alles, das Ganze; ***a*** ~ ***of*** F, **~*s of*** F viel, e-e Menge; **~*s and*** **~*s of*** F jede Menge; ***a bad*** ~ F ein übler Kerl; ***cast*** *or* ***draw*** **~*s*** losen.

loth [ləʊθ] → ***loath.***

lo·tion [ˈləʊʃn] *s* Lotion *f*.

lot·te·ry [ˈlɒtərɪ] *s* Lotterie *f*.

loud [laʊd] *adj* □ laut (*a. adv*); *fig.* schreiend, grell (*colours, etc.*); **~·speak·er** *s* Lautsprecher *m*.

lounge [laʊndʒ] **1.** *v/i* faulenzen; herumlungern; schlendern; **2.** *s* Bummel *m*; Wohnzimmer *n*; Aufenthaltsraum *m*, Lounge *f* (*of hotel*); Warteraum *m*, Lounge *f* (*of airport*); ~ **suit** *s* Straßenanzug *m*.

louse *zo.* [laʊs] *s* (*pl* ***lice*** [laɪs]) Laus *f*; **lou·sy** [ˈlaʊzɪ] *adj* (*-ier*, *-iest*) verlaust; F miserabel, mies, saumäßig.

lout [laʊt] *s* Flegel *m*, Lümmel *m*.

lov·a·ble [ˈlʌvəbl] *adj* □ liebenswert; reizend.

love [lʌv] **1.** *s* Liebe *f* (***of, for, to, towards*** zu); Liebling *m*, Schatz *m*; *Br.* (*address*) m-e Liebe, mein Lieber, mein Liebes; *tennis*: null; ***be in*** ~ ***with s.o.*** in j-n verliebt sein; ***fall in*** ~ ***with s.o.*** sich in j-n verlieben; ***make*** ~ sich lieben, miteinander schlafen, F Liebe machen; ***give my*** ~ ***to her*** grüße sie herzlich von mir; ***send one's*** ~ ***to*** *j-n* grüßen lassen; ~ ***from*** herzliche Grüße von (*in letter*); **2.** *v/t* lieben; gern mögen; ~ **af·fair** *s* Liebesaffäre *f*; **~·ly** *adj* (*-ier*, *-iest*) lieblich, wunderschön, entzückend, reizend; **lov·er** *s* Liebhaber *m*, Geliebte(r) *m*; Geliebte *f*; *of art, music, etc.*: Liebhaber(in), Freund(in).

lov·ing [ˈlʌvɪŋ] *adj* □ liebevoll, liebend.

low[1] [ləʊ] **1.** *adj* nieder, niedrig (*a. fig.*); tief; gering(schätzig); *supplies*: knapp; *light*: gedämpft, schwach; *unhappy*: niedergeschlagen; *socially*: untere(r, -s), niedrig; *mean*: gewöhnlich, niedrig, gemein; *mus. note*: tief; *voice*: leise; **2.** *adv* niedrig; tief (*a. fig.*); leise; **3.** *s* *meteor.* Tief(druckgebiet) *n*; Tiefstand *m*, Tiefpunkt *m*.

low[2] [~] *v/i* brüllen, muhen (*cow*).

low|brow F [ˈləʊbraʊ] **1.** *s* geistig Anspruchslose(r *m*) *f*; **2.** *adj* geistig anspruchslos; **~-cal·o·rie** *adj* kalorienarm; **~-cost** *adj* preiswert, preisgünstig.

low·er [ˈləʊə] **1.** *adj* niedriger, tiefer; geringer; leiser; untere(r, -s), Unter...; **2.** *v/t* herunterlassen; niedriger machen; *eyes, voice, price, etc.*: senken; (ab)schwächen; *standard*: herabsetzen; erniedrigen; ~ **o.s.** sich herablassen; sich demütigen; *v/i* fallen, sinken; ~ **deck** *s mar.* Unterdeck *n*.

low|land [ˈləʊlənd] *s mst* **~*s*** *pl* Tiefland *n*; **~·li·ness** *s* Niedrigkeit *f*; Bescheidenheit *f*; **~·ly** *adj and adv* (*-ier*, *-iest*) niedrig; bescheiden; **~·necked** *adj* (tief) ausgeschnitten (*of blouse, dress, etc.*); **~·pitched** *adj mus.* tief; **~·pres·sure** *adj meteor.* Tiefdruck...; *tech.* Niederdruck...; **~·priced** *adj* preisgünstig; **~·rise** *adj esp. Am.* niedrig (gebaut); ~ **sea·son** *s* Nebensaison *f*; **~·spir·it·ed** *adj* niedergeschlagen.

loy·al ['lɔɪəl] *adj* □ loyal, treu; **~·ty** [~tɪ] *s* Loyalität *f*, Treue *f*.
loz·enge ['lɒzɪndʒ] *s math.* Raute *f*; *sweet*: Pastille *f*.
lu·bri|cant ['lu:brɪkənt] *s* Schmiermittel *n*; **~·cate** [~keɪt] *v/t* schmieren, ölen; **~·ca·tion** [lu:brɪ'keɪʃn] *s* Schmieren *n*, Ölen *n*.
lu·cid ['lu:sɪd] *adj* □ klar; deutlich.
luck [lʌk] *s* Schicksal *n*; Glück *n*; ***bad ~, hard ~*** Unglück *n*, Pech *n*; ***good ~*** Glück *n*; ***good ~!*** viel Glück!; ***be in*** (***out of***) ~ (kein) Glück haben; **~·i·ly** ['lʌkɪlɪ] *adv* glücklicherweise, zum Glück; **~·y** *adj* □ (*-ier, -iest*) glücklich; Glücks...; ***be ~*** Glück haben.
lu·cra·tive ['lu:krətɪv] *adj* □ einträglich, lukrativ.
lu·di·crous ['lu:dɪkrəs] *adj* □ lächerlich.
lug [lʌg] *v/t* (*-gg-*) zerren, schleppen.
lug·gage *esp. Br.* ['lʌgɪdʒ] *s* (Reise)Gepäck *n*; **~ lock·er** *s* (Gepäck)Schließfach *n*; **~ rack** *s* Gepäcknetz *n*, -ablage *f*; **~ trol·ley** *s* Kofferkuli *m*; **~ van** *s esp. Br.* Gepäckwagen *m*.
luke·warm ['lu:kwɔ:m] *adj* □ lau (-warm); *fig.* lau, mäßig.
lull [lʌl] **1.** *v/t* beruhigen; *mst* ***~ to sleep*** einlullen; *v/i* sich legen *or* beruhigen; **2.** *s* Pause *f*; Flaute *f* (*a. econ.*), Windstille *f*.
lul·la·by ['lʌləbaɪ] *s* Wiegenlied *n*.
lum·ba·go *med.* [lʌm'beɪgəʊ] *s* Hexenschuß *m*.
lum·ber ['lʌmbə] **1.** *s esp. Am.* Bau-, Nutzholz *n*; *esp. Br.* Gerümpel *n*; **2.** *v/t*: ***~ s.o. with s.th.*** *Br.* F j-m et. aufhalsen; *v/i* rumpeln, poltern (*truck, etc.*); schwerfällig gehen, trampeln; **~·jack, ~·man** *s esp. Am.* Holzfäller *m*, -arbeiter *m*; **~ mill** *s* Sägewerk *n*; **~ room** *s* Rumpelkammer *f*; **~·yard** *s* Holzplatz *m*, -lager *n*.
lu·mi|na·ry ['lu:mɪnərɪ] *s* Himmelskörper *m*; *fig.* Leuchte *f*, Koryphäe *f*; **~·nous** [~əs] *adj* □ leuchtend, Leucht...
lump [lʌmp] **1.** *s* Klumpen *m*; Beule *f*; Stück *n* (*sugar, etc.*); ***in the ~*** in Bausch und Bogen; ***~ sugar*** Würfelzucker *m*; ***~ sum*** Pauschalsumme *f*; **2.** *v/t* zusammentun, -stellen, -legen, -werfen, -fassen; *v/i* Klumpen bilden; **~·y** *adj* □ (*-ier, -iest*) klumpig.
lu·na·cy ['lu:nəsɪ] *s* Wahnsinn *m*.
lu·nar ['lu:nə] *adj* Mond...; ***~ module*** *space travel*: Mond(lande)fähre *f*.
lu·na·tic ['lu:nətɪk] **1.** *adj* irr-, wahnsinnig; **2.** *s* Irre(r *m*) *f*, Wahnsinnige(r *m*) *f*, Geisteskranke(r *m*) *f*.
lunch [lʌntʃ], *formal* **lun·cheon** ['lʌntʃən] **1.** *s* Lunch *m*, Mittagessen *n*; **2.** *v/i* zu Mittag essen; **~ hour, ~ time** *s* Mittagszeit *f*, -pause *f*.
lung *anat.* [lʌŋ] *s* Lunge(nflügel *m*) *f*; ***the ~s*** *pl* die Lunge.
lunge [lʌndʒ] **1.** *s fencing*: Ausfall *m*; **2.** *v/i fencing*: e-n Ausfall machen (***at*** gegen); losstürzen (***at*** auf *acc*).
lurch [lɜ:tʃ] **1.** *v/i* taumeln, torkeln; **2.** *s*: ***leave in the ~*** im Stich lassen.
lure [ljʊə] **1.** *s* Köder *m*; *fig.* Lockung *f*; **2.** *v/t* ködern, (an)locken.
lu·rid ['ljʊərɪd] *adj* □ grell, schreiend (*colours, etc.*); schockierend, widerlich.
lurk [lɜ:k] *v/i* lauern; ***~ about, ~ around*** herumschleichen.
lus·cious ['lʌʃəs] *adj* □ köstlich, lecker; üppig; *girl*: knackig.
lush [lʌʃ] *adj* saftig, üppig.
lust [lʌst] **1.** *s* sinnliche Begierde, Lust *f*; Gier *f*; **2.** *v/i*: ***~ after, ~ for*** begehren; gierig sein nach.
lus|tre, *Am.* **-ter** ['lʌstə] *s* Glanz *m*, Schimmer *m*; **~·trous** *adj* □ glänzend, schimmernd.
lust·y ['lʌstɪ] *adj* □ (*-ier, -iest*) kräftig, stark u. gesund, vital; kraftvoll.
lute *mus.* [lu:t] *s* Laute *f*.
Lu·ther·an ['lu:θərən] *adj* lutherisch.
lux·ate *med.* ['lʌkseɪt] *v/t* sich *et.* verrenken.
lux·u|ri·ant [lʌg'zjʊərɪənt] *adj* □ üppig; **~·ri·ate** [~ɪeɪt] *v/i* schwelgen (***in*** in *dat*); **~·ri·ous** [~ɪəs] *adj* □ luxuriös, üppig, Luxus...; **~·ry** ['lʌkʃərɪ] *s* Luxus *m*; Komfort *m*; Luxusartikel *m*; *attr* Luxus...
lye [laɪ] *s* Lauge *f*.
ly·ing ['laɪɪŋ] **1.** *ppr of* **lie¹** 2 *and* **lie²** 2; **2.** *adj* lügnerisch, verlogen; **~-in** *med.* [~'ɪn] *s* Wochenbett *n*.
lymph *physiol.* [lɪmf] *s* Lymphe *f*.
lynch [lɪntʃ] *v/t* lynchen; **~ law** ['lɪntʃlɔ:] *s* Lynchjustiz *f*.
lynx *zo.* [lɪŋks] *s* Luchs *m*.
lyr|ic ['lɪrɪk] **1.** *adj* lyrisch; **2.** *s* lyrisches Gedicht; **~s** *pl* Lyrik *f*; *of song*: (Lied)Text *m*; **~·i·cal** *adj* □ lyrisch, gefühlvoll; schwärmerisch.

L

M

ma F [mɑː] *s* Mama *f*, Mutti *f*.
ma'am [mæm] *s addressing the Queen*: Majestät; *Am. addressing a woman politely*: gnä' Frau (*dated or formal*).
mac *Br.* F [mæk] → ***mackintosh***.
ma·ca·bre [mə'kɑːbrə] *adj* makaber.
mac·a·ro·ni [mækə'rəʊnɪ] *s sg* Makkaroni *pl*.
mach·i·na·tion [mækɪ'neɪʃn] *s mst pl* Machenschaften *pl*.
ma·chine [mə'ʃiːn] **1.** *s* Maschine *f*; Mechanismus *m*; **2.** *v/t* maschinell herstellen *or* drucken; mit der (Näh)Maschine nähen; **~-made** *adj* maschinell hergestellt; **~-rea·da·ble** *adj computer*: maschinenlesbar.
ma·chin|e·ry [mə'ʃiːnərɪ] *s* Maschinen *pl*; Maschinerie *f*; **~·ist** [~ɪst] *s* Maschinenbauer *m*; Maschinist *m*; Maschinennäherin *f*.
ma·chine| time [mə'ʃiːntaɪm] *s* Betriebszeit *f*; *computer*: Rechenzeit *f*; **~ trans·la·tion** *s* maschinelle Übersetzung.
mack *Br.* F [mæk] → ***mackintosh***.
mack·e·rel *zo.* ['mækrəl] *s* Makrele *f*.
mack·in·tosh *esp. Br.* ['mækɪntɒʃ] *s* Regenmantel *m*.
mac·ro(-) ['mækrəʊ] **1.** *in compounds*: Makro..., makro...; **2.** *s* (*pl* **-ros**) *computer*: Makro *n*.
mad [mæd] *adj* □ wahnsinnig, verrückt; toll(wütig); F wütend; *fig.* wild; ***go ~***, *Am.* ***get ~*** verrückt *or* wahnsinnig werden; ***drive s.o. ~*** j-n verrückt *or* wahnsinnig machen; ***like ~*** wie toll, wie verrückt (*work*, *etc.*).
mad·am ['mædəm] *s addressing a woman politely*: gnädige Frau, gnädiges Fräulein (*both dated or formal*); → **sir.**
mad|cap ['mædkæp] **1.** *adj* verrückt; **2.** *s* verrückter Kerl; **~·den** *v/t* verrückt *or* rasend machen; **~·den·ing** *adj* □ verrückt *or* rasend machend.
made [meɪd] *pret and pp of* **make** 1; ***~ of gold*** aus Gold.
mad|house ['mædhaʊs] *s* Irrenhaus *n*; **~·ly** *adv* wie verrückt, wie besessen; F irre, wahnsinnig; **~·man** *s* Wahnsinnige(r) *m*, Verrückte(r) *m*; **~·ness** *s* Wahnsinn *m*; (Toll)Wut *f*; **~·wom·an** *s* Wahnsinnige *f*, Verrückte *f*.
mag·a·zine [mægə'ziːn] *s* Magazin *n*; (Munitions)Lager *n*; Zeitschrift *f*.
Ma·gi ['meɪdʒaɪ] *s pl*: ***the*** (***three***) **~** die (drei) Weisen aus dem Morgenland, die Heiligen Drei Könige.
ma·gic ['mædʒɪk] **1.** *adj* (**~*ally***), *a.* **~·al** □ magisch, Zauber...; **2.** *s* Zauber(ei *f*) *m*; *fig.* Wunder *n*; **ma·gi·cian** [mə'dʒɪʃn] *s* Zauberer *m*; Zauberkünstler *m*.
ma·gis·trate ['mædʒɪstreɪt] *s* Friedensrichter *m*.
mag·net ['mægnɪt] *s* Magnet *m*; ***~ school*** *Br. appr.* Eliteschule *f*; **~·ic** [mæg'netɪk] *adj* (**~*ally***) magnetisch, Magnet...; ***~ field*** *phys.* Magnetfeld *n*; ***~ tape*** Magnetband *n*.
mag·nif|i·cence [mæg'nɪfɪsns] *s* Pracht *f*, Herrlichkeit *f*; **~·i·cent** [~t] *adj* prächtig, herrlich.
mag·ni|fy ['mægnɪfaɪ] *v/t* vergrößern; ***~ing glass*** Vergrößerungsglas *n*, Lupe *f*; **~·tude** [~tjuːd] *s* Größe *f*; Wichtigkeit *f*; Ausmaß *n*.
mag·num ['mægnəm] *s champagne*: Magnum *f*, Anderthalbliterflasche *f*.
mag·pie *zo.* ['mægpaɪ] *s* Elster *f*.
ma·hog·a·ny [mə'hɒgənɪ] *s* Mahagoni(-holz) *n*.
maid [meɪd] *s* (Dienst)Mädchen *n*, Hausangestellte *f*; *old or lit.*: (junges) Mädchen, (junge) unverheiratete Frau; ***old ~*** alte Jungfer; ***~ of hono(u)r*** Ehren-, Hofdame *f*; *esp. Am.* (erste) Brautjungfer.
maid·en ['meɪdn] **1.** *s* → ***maid***; **2.** *adj* jungfräulich; unverheiratet; *fig.* Jungfern..., Erstlings...; ***~ name*** *of married woman*: Mädchenname *m*; **~·ly** *adj* jungfräulich; mädchenhaft.
mail¹ [meɪl] *s hist.* (Ketten)Panzer *m*.
mail² [~] **1.** *s* Post(dienst *m*) *f*; Post(sendung) *f*; ***by ~*** mit der Post; **2.** *v/t esp. Am.* mit der Post schicken, aufgeben; **~·a·ble** *adj Am.* postversandfähig; **~·bag** *s* Postsack *m*; *Am. postman's bag*: Posttasche *f*; **~·box** *s Am.* Briefkasten *m*; **~ car·ri·er** *Am.*, **~·man** *s Am.* Briefträger *m*, Postbote *m*; **~ or·der** *s of goods*: postalische Bestellung; Mailor-

M

der *f*; **~-order ...** *in compounds*: Versand..., Versandhaus...

maim [meɪm] *v/t* verstümmeln, zum Krüppel machen.

main [meɪn] **1.** *adj* Haupt..., größte(r, -s), wichtigste(r, -s); hauptsächlich; ***by ~ force*** mit äußerster Kraft; ***~ road*** Haupt(verkehrs)straße *f*; **2.** *s mst* ***~s*** *pl* Haupt(gas-, -wasser-, -strom)leitung *f*; (Strom)Netz *n*; ***in the ~*** in der Hauptsache, im wesentlichen; **~·frame** *s computer*: Großrechner *m*; **~·land** *s* Festland *n*; **~·ly** *adv* hauptsächlich; **~·spring** *s* Hauptfeder *f* (*in a watch*); *tech. and fig.* Triebfeder *f*; **~·stay** *s mar.* Großstag *n*; *fig.* Hauptstütze *f*; **~·stream** *s* Hauptstrom *m*; *fig.* Hauptrichtung *f*; *mus.* Mainstream *m*.

main·tain [meɪn'teɪn] *v/t* (aufrecht)erhalten, beibehalten; instand halten; *tech.*, *mot. a.* warten; unterstützen; unterhalten; behaupten.

main·te·nance ['meɪntənəns] *s* Erhaltung *f*; Unterhalt *m*; Instandhaltung *f*; *tech.*, *mot. a.* Wartung *f*.

maize *esp. Br. bot.* [meɪz] *s* Mais *m*.

ma·jes|tic [mə'dʒestɪk] *adj* (***~ally***) majestätisch; **~·ty** ['mædʒəstɪ] *s* Majestät *f*; Würde *f*, Hoheit *f*.

ma·jor ['meɪdʒə] **1.** *adj* größere(r, -s); *fig. a.* bedeutend, wichtig; *jur.* volljährig; **C ~** *mus.* C-Dur *n*; ***~ key*** *mus.* Dur(tonart *f*) *n*; ***~ league*** *Am. baseball, etc.*: oberste Spielklasse; ***~ road*** Haupt(verkehrs)straße *f*; **2.** *s mil.* Major *m*; *jur.* Volljährige(r *m*) *f*; *Am. univ.* Hauptfach *n*; *mus.* Dur *n*.

ma·jor·i·ty [mə'dʒɒrətɪ] *s* Mehrheit *f*, Mehrzahl *f*; *jur.* Volljährigkeit *f*; ***a two-thirds ~*** e-e Zweidrittelmehrheit; ***~ decision*** Mehrheitsentscheidung *f*; **~ vot·ing** *s pol.* Mehrheitswahl(system *n*) *f*.

make [meɪk] **1.** (***made***) *v/t* machen; *manufacture*: anfertigen, herstellen, erzeugen; *meal*: (zu)bereiten; *create*: (er-) schaffen; *result*: (aus)machen, (er)geben; *appoint*: machen zu, ernennen zu; *compel*: *j-n* lassen, veranlassen zu, bringen zu, *force*: zwingen zu; *money*: verdienen; *turn out to be*: sich erweisen als, abgeben; *achieve*: F *et.* erreichen, *et.* schaffen; *mistake*: machen; *peace*, *etc.*: schließen; *speech*: halten; F *distance*: zurücklegen; *time*: feststellen; ***~ s.th. do***, ***~ do with s.th.*** mit et. auskommen, sich mit et. behelfen; ***do you ~ one of us?*** machen Sie mit?; ***what do you ~ of it?*** was halten Sie davon?; ***~ friends with*** sich anfreunden mit; ***~ good*** wiedergutmachen; *promise*, *etc.*: halten, erfüllen; ***~ haste*** sich beeilen; ***~ way*** Platz machen; vorwärtskommen; *v/i* sich anschicken (***to do*** zu tun); sich begeben; führen, gehen (*way*, *etc.*); *with adverbs and prepositions*: ***~ away with*** sich davonmachen mit (*money*, *etc.*); beseitigen; ***~ for*** zugehen auf (*acc*); sich aufmachen nach; ***~ into*** verarbeiten zu; ***~ off*** sich davonmachen, sich aus dem Staub machen; ***~ out*** ausfindig machen; erkennen; verstehen; entziffern; *bill*, *etc.*: ausstellen; ***~ over*** *property*: überschreiben, übertragen; ***~ up*** ergänzen, vervollständigen; zusammenstellen; bilden, ausmachen; *invent*: sich *et.* ausdenken; *quarrel*: beilegen; (sich) zurechtmachen *or* schminken; ***~ up one's mind*** sich entschließen; ***be made up of*** bestehen aus, sich zusammensetzen aus; ***~ up for*** nach-, aufholen; für *et.* entschädigen; **2.** *s* Mach-, Bauart *f*; (Körper)Bau *m*; Form *f*; Fabrikat *n*, Erzeugnis *n*.

make|-be·lieve ['meɪkbɪli:v] *s* Schein *m*, Vorwand *m*, Verstellung *f*; **mak·er** *s* Hersteller *m*; ♀ Schöpfer *m* (*God*); **~·shift 1.** *s* Notbehelf *m*; **2.** *adj* behelfsmäßig, Behelfs...; **~-up** *s cosmetics*: Schminke *f*, Make-up *n*; *theatre*: Maske *f*; *print.* Umbruch *m*; Aufmachung *f*.

mak·ing ['meɪkɪŋ] *s* Machen *n*; Erzeugung *f*, Herstellung *f*; ***be in the ~*** im Entstehen sein, F in der Mache sein; ***he has the ~s of ...*** er hat das Zeug zu ...

mal·ad·just|ed [mælə'dʒʌstɪd] *adj* schlecht angepaßt *or* angeglichen; **~·ment** *s* schlechte Anpassung.

mal·ad·min·i·stra·tion [mælədmɪnɪ'streɪʃn] *s* schlechte Verwaltung; *pol.* Mißwirtschaft *f*.

male [meɪl] **1.** *adj* männlich; Männer...; **2.** *s* Mann *m*; *zo.* Männchen *n*; **~ chau·vin·ist** *s* Chauvinist *m*, F Chauvi *m*; ***~ pig*** F Chauvischwein *n*; **~ nurse** *s med.* Krankenpfleger *m*.

mal·e·dic·tion [mælɪ'dɪkʃn] Fluch *m*, Verwünschung *f*.

mal·for·ma·tion [mælfɔːˈmeɪʃn] *s* Mißbildung *f.*

mal·ice [ˈmælɪs] *s* Bosheit *f*; Groll *m.*

ma·li·cious [məˈlɪʃəs] *adj* □ boshaft; böswillig; **~·ness** *s* Bosheit *f.*

ma·lign [məˈlaɪn] **1.** *adj* □ schädlich; *med.* → ***malignant***; **2.** *v/t* verleumden; **ma·lig·nant** [məˈlɪgnənt] *adj med.* bösartig, maligne; boshaft; **ma·lig·ni·ty** [~ətɪ] *s* Bösartigkeit *f* (*a. med.*); Bosheit *f.*

mall *Am.* [mɔːl, mæl] *s* Einkaufszentrum *n*, Einkaufsstraße *f.*

mal·let [ˈmælɪt] *s* Holzhammer *m*; (Polo-, Krocket)Schläger *m.*

mal·nu·tri·tion [mælnjuːˈtrɪʃn] *s* Unterernährung *f*; Fehlernährung *f.*

mal·prac·tice [mælˈpræktɪs] *s med.* falsche Behandlung; *jur.* Amtsvergehen *n*; Untreue *f* (*in an official position, etc.*).

malt [mɔːlt] *s* Malz *n.*

mal·treat [mælˈtriːt] *v/t* schlecht behandeln; mißhandeln.

ma·ma, mam·ma [məˈmɑː] *s* Mama *f*, Mutti *f.*

mam·mal *zo.* [ˈmæml] *s* Säugetier *n.*

mam·moth [ˈmæməθ] **1.** *s zo.* Mammut *n*; **2.** *adj* riesig.

mam·my F [ˈmæmɪ] *s* Mami *f*; *Am. contp.* farbiges Kindermädchen.

M

man [mæn, -mən] **1.** *s* (*pl* ***men*** [men; -mən]) Mann *m*; Mensch(en *pl*) *m*; Menschheit *f*; *servant*: Diener *m*; Angestellte(r) *m*; *worker*: Arbeiter *m*; *mil.* Mann *m*, (einfacher) Soldat; F *husband*: (Ehe)Mann *m*; F *boyfriend*: Freund *m*; F *lover*: Geliebte(r) *m*; *chess*: (Schach-)Figur *f*; *draughts*: Damestein *m*; ***the ~ in*** (*Am. a.* ***on***) ***the street*** der Mann auf der Straße, der Durchschnittsbürger; **2.** *adj* männlich; **3.** *v/t* (**-nn-**) *mil., mar.* bemannen; **~ o.s.** sich ermannen.

man·age [ˈmænɪdʒ] *v/t* handhaben; verwalten; *company, etc.*: leiten *or* führen; *estate, etc.*: bewirtschaften; *artist, actor, etc.*: managen; mit *j-m* fertig werden; *et.* fertigbringen; F *work, meal, etc.*: bewältigen, schaffen; ***~ to inf*** es fertigbringen, zu *inf*; *v/i* die Aufsicht haben, das Geschäft führen; auskommen; F es schaffen; F es einrichten, es ermöglichen; **~·a·ble** *adj* □ handlich; lenksam; **~·ment** *s* Verwaltung *f*; *econ.* Management *n*, Unternehmensführung *f*; *econ.* (Geschäfts)Leitung *f*, Direktion *f*; (kluge) Taktik; ***~ studies*** Betriebswirtschaft *f*; ***labo(u)r and ~*** Arbeitnehmer u. Arbeitgeber.

man·ag·er [ˈmænɪdʒə] *s* Verwalter *m*; *econ.* Manager *m*; *econ.* Geschäftsführer *m*, Leiter *m*, Direktor *m*; *thea.* Intendant *m*; *thea.* Regisseur *m*; Manager *m* (*of artist, actor, etc.*); (Guts)Verwalter *m*; *sports*: Cheftrainer *m*; ***be a good ~*** gut *or* sparsam wirtschaften können; **~·ess** *s* Verwalterin *f*; *econ.* Managerin *f*; *econ.* Geschäftsführerin *f*, Leiterin *f*, Direktorin *f*; Managerin *f* (*of artist, actor, etc.*).

man·a·ge·ri·al *econ.* [mænəˈdʒɪərɪəl] *adj* geschäftsführend, leitend; ***~ position*** leitende Stellung; ***~ staff*** leitende Angestellte *pl.*

man·ag·ing *econ.* [ˈmænɪdʒɪŋ] *adj* geschäftsführend; Betriebs...

man|date [ˈmændeɪt] *s* Mandat *n*; Auftrag *m*; Vollmacht *f*; **~·da·to·ry** [~ətərɪ] *adj* vorschreibend; obligatorisch.

mane [meɪn] *s* Mähne *f.*

ma·neu·ver [məˈnuːvə] → ***manoeuvre***.

man·ful [ˈmænfl] *adj* □ mannhaft, beherzt.

mange *vet.* [meɪndʒ] *s* Räude *f.*

man·ger [ˈmeɪndʒə] *s* Krippe *f.*

mang·y [ˈmeɪndʒɪ] *adj* □ (**-ier, -iest**) *vet.* räudig; *fig.* schäbig.

man·hood [ˈmænhʊd] *s* Mannesalter *n*; Männlichkeit *f*; die Männer *pl.*

ma·ni·a [ˈmeɪnɪə] *s* Wahn(sinn) *m*; *fig.* (***for***) Sucht *f* (nach), Leidenschaft (für), Manie *f* (für); **~c** [ˈmeɪnɪæk] *s* Wahnsinnige(r *m*) *f*; *fig.* Fanatiker(in).

man·i·cure [ˈmænɪkjʊə] **1.** *s* Maniküre *f*; **2.** *v/t* maniküren.

man·i|fest [ˈmænɪfest] **1.** *adj* □ offenbar, -kundig, deutlich (erkennbar); **2.** *v/t* offenbaren, kundtun, deutlich zeigen; **3.** *s mar.* Ladungsverzeichnis *n*; **~·fes·ta·tion** [mænɪfeˈsteɪʃn] *s* Offenbarung *f*; Kundgebung *f*; **~·fes·to** [mænɪˈfestəʊ] *s* (*pl* **-tos, -toes**) Manifest *n*; *pol.* Grundsatzerklärung *f*, (Wahl)Programm *n* (*of a party*).

man·i·fold [ˈmænɪfəʊld] **1.** *adj* □ mannigfaltig; **2.** *v/t* vervielfältigen.

ma·nip·u|late [məˈnɪpjʊleɪt] *v/t* manipulieren; (geschickt) handhaben; **~·la·tion** [mənɪpjʊˈleɪʃn] *s* Manipulation *f*;

Handhabung *f*, Behandlung *f*, Verfahren *n*; Kniff *m*.

man|jack [mæn'dʒæk] *s*: **every ~** jeder einzelne; **~·kind** [~'kaınd] *s* die Menschheit, die Menschen *pl*; ['~kaınd] die Männer *pl*; **~·ly** *adj* (**-ier**, **-iest**) männlich; mannhaft.

man·ner ['mænə] *s* Art *f*, Weise *f*, Art *f* u. Weise *f*; Stil(art *f*) *m*; **in this ~** auf diese Art und Weise; **~s** *pl* Benehmen *n*, Manieren *pl*; Sitten *pl*; **~ed** *adj* ... geartet; gekünstelt; **~·ly** *adj* manierlich, gesittet, anständig.

ma·noeu·vre, *Am.* **ma·neu·ver** [mə'nu:və] **1.** *s* Manöver *n* (*a. fig.*); **2.** *v/i and v/t* manövrieren (*a. fig.*).

man-of-war *dated* [mænəv'wɔ:] *s* (*pl* **men-of-war**) Kriegsschiff *n*.

man·or *Br.* ['mænə] *s hist.* Rittergut *n*; (Land)Gut *n*; *sl.* Polizeibezirk *m*; **lord of the ~** Gutsherr *m*; → **~-house** *s* Herrenhaus *n*, -sitz *m*.

man·pow·er ['mænpaʊə] *s* menschliche Arbeitskraft; Menschenpotential *n*; Personal *n*, Arbeitskräfte *pl*.

man·ser·vant ['mænsɜ:vənt] *s* (*pl* **menservants**) Diener *m*.

man·sion ['mænʃn] *s* (herrschaftliches) Wohnhaus, Villa *f*.

man·slaugh·ter *jur.* ['mænslɔ:tə] *s* Totschlag *m*, fahrlässige Tötung.

man·tel|piece ['mæntlpi:s], **~·shelf** *s* Kaminsims *m*.

man·tle ['mæntl] **1.** *s tech.* Glühstrumpf *m*; *fig.* Hülle *f*; **a ~ of snow** e-e Schneedecke; **2.** *v/t* einhüllen, bedecken.

man·u·al ['mænjʊəl] **1.** *adj* □ Hand...; mit der Hand (gemacht); **2.** *s* Handbuch *n*.

man·u·fac|ture [mænjʊ'fæktʃə] **1.** *s* Herstellung *f*, Fabrikation *f*; Fabrikat *n*; **2.** *v/t* (an-, ver)fertigen, erzeugen, herstellen, fabrizieren; verarbeiten; **~·tur·er** *s* Hersteller *m*, Erzeuger *m*; Fabrikant *m*; **~·tur·ing** *s* Herstellungs...; Fabrik...; Gewerbe...; Industrie...

ma·nure [mə'njʊə] **1.** *s* Dünger *m*, Mist *m*, Dung *m*; **2.** *v/t* düngen.

man·u·script ['mænjʊskrıpt] *s* Manuskript *n*; Handschrift *f*.

man·y ['menı] **1.** *adj* (**more**, **most**) viel(e); **~ (a)** manche(r, -s), manch eine(r, -s); **~ times** oft; **as ~ (as)** ebensoviele (wie); **he's had one too ~** F er hat e-n zuviel getrunken; **2.** *s* viele; Menge *f*; **a good ~** ziemlich viel(e); **a great ~** sehr viele.

map [mæp] **1.** *s* (Land-, Straßen- *etc.*) Karte *f*; *of streets, town*: Stadtplan *m*; **2.** *v/t* (**-pp-**) e-e Karte machen von; auf e-r Karte eintragen; **~ out** *fig.* planen; einteilen.

ma·ple *bot.* ['meıpl] *s* Ahorn *m*.

mar [mɑ:] *v/t* (**-rr-**) schädigen; verderben.

mar·ble ['mɑ:bl] **1.** *s* Marmor *m*; Murmel *f*; **2.** *adj* marmorn, aus Marmor.

March[1] [mɑ:tʃ] *s* März *m*.

march[2] [~] **1.** *s* Marsch *m*; *fig.* Fortgang *m*; **the ~ of events** der Lauf der Dinge; **2.** *v/i and v/t* marschieren (lassen); *fig.* fort-, vorwärtsschreiten.

mare [meə] *s zo.* Stute *f*; **~'s nest** *fig.* Schwindel *m*, (Zeitungs)Ente *f*.

mar·ga·rine [mɑ:dʒə'ri:n], *Br.* F **marge** [mɑ:dʒ] *s* Margarine *f*.

mar·gin ['mɑ:dʒın] *s* Rand *m* (*a. fig.*); Grenze *f* (*a. fig.*); Spielraum *m*; Verdienst-, Gewinn-, Handelsspanne *f*; **by a narrow ~** *fig.* mit knapper Not; **~·al** *adj* □ am Rande (befindlich); Rand...; **~ note** Randbemerkung *f*.

ma·ri·na [mə'ri:nə] *s* Bootshafen *m*, Jachthafen *m*.

ma·rine [mə'ri:n] *s* Marine *f*; *mar.* Marineinfanterist *m*; *paint.* Seestück *n*; *attr* See...; Meeres...; Marine...; Schiffs...;

mar·i·ner ['mærınə] *s* Seemann *m*.

mar·i·tal ['mærıtl] *adj* □ ehelich, Ehe...; **~ status** *jur.* Familienstand *m*.

mar·i·time ['mærıtaım] *adj* an der See liegend *or* lebend; See...; Küsten...; Schiffahrts...

mark[1] [mɑ:k] *s* (deutsche) Mark.

mark[2] [~] **1.** *s* Marke *f*, Markierung *f*, Bezeichnung *f*; *sign*: Zeichen *n* (*a. fig.*); *indication*: Merkmal *n*; *birth~*: (Körper)Mal *n*; *target*: Ziel *n* (*a. fig.*); *of feet, tyres*: (Fuß-, Brems-, Reifen)Spur *f* (*a. fig.*); *trade name*: (Fabrik-, Waren)Zeichen *n*, (Schutz-, Handels)Marke *f*; *econ.* Preisangabe *f*; *at school*: (Schul-)Note *f*, Zensur *f*, Punkt *m*; *sports*: Startlinie *f*; *fig.* Norm *f*; *fig.* Bedeutung *f*, Rang *m*; **a man of ~** e-e bedeutende Persönlichkeit; **be up to the ~** (gesundheitlich) auf der Höhe sein; **be wide of the ~** *fig.* sich gewaltig irren; den Kern

M

der Sache nicht treffen; ***hit the ~*** *fig.* (ins Schwarze) treffen; ***miss the ~*** danebenschießen; *fig.* sein Ziel verfehlen; **2.** *v/t* (be)zeichnen; markieren; kennzeichnen; be(ob)achten, achtgeben auf (*acc*); sich *et.* merken; Zeichen hinterlassen auf (*dat*); *at school*: benoten, zensieren; *note*: notieren, vermerken; *econ. goods*: auszeichnen; *econ. price*: festsetzen; *sports*: decken; ***~ my words*** denke an m-e Worte; ***to ~ the occasion*** zur Feier des Tages; ***~ down*** notieren, vermerken; *econ. price*: herabsetzen; ***~ off*** abgrenzen; *esp. on a list*: abhaken; ***~ out*** *with lines, etc.*: markieren, bezeichnen; ***~ up*** *econ. price*: heraufsetzen; *v/i* markieren; achtgeben, aufpassen; *sports*: decken; **~ed** *adj* □ auffallend; merklich; ausgeprägt; **~·er** ['mɑːkə] *s* Markierstift *m*; Lesezeichen *n*; *sports*: Bewacher(in).

mar·ket ['mɑːkɪt] **1.** *s* Markt(platz) *m*; *Am.* (Lebensmittel)Geschäft *n*, Laden *m*; *econ.* Absatz *m*; *econ.* (**for**) Nachfrage *f* (nach), Bedarf *m* (an *dat*); ***in the ~*** auf dem Markt; ***be on the ~*** (zum Verkauf) angeboten werden; ***play the ~*** (an der Börse) spekulieren; **2.** *v/t* auf den Markt bringen; verkaufen; *v/i esp. Am.* ***go ~ing*** einkaufen gehen; **~·a·ble** *adj* □ marktfähig, -gängig; **~ e·con·o·my** *s econ.* Marktwirtschaft *f*; **~·eer** [mɑːkə'tɪə] *s Br. pol.* Anhänger(in) der EG; **~ for·ces** *s pl econ.* Marktkräfte *f*; **~ gar·den** *s Br.* Gemüsegärtnerei *f*; **~·ing** *s econ.* Marketing *n*, Absatzpolitik *f*; Marktbesuch *m*; **~ mech·a·nis·ms** *s pl econ.* Marktmechanismen *pl*; **~ po·si·tion** *s econ.*: ***dominant ~*** marktbeherrschende Rolle; **~ re·search** *s econ.* Marktforschung *f*.

marks·man ['mɑːksmən] *s* Scharfschütze *m*; **~·ship** *s* Treffsicherheit *f*.

mar·ma·lade ['mɑːməleɪd] *s esp.* Orangenmarmelade *f*.

mar·mot *zo.* ['mɑːmət] *s* Murmeltier *n*.

ma·roon [mə'ruːn] **1.** *adj* kastanienbraun; **2.** *v/t on island*: aussetzen; **3.** *s* Leuchtrakete *f*.

mar·riage ['mærɪdʒ] *s* Heirat *f*, Hochzeit *f*; Ehe(stand *m*) *f*; ***civil ~*** standesamtliche Trauung; **mar·ria·gea·ble** [~dʒəbl] *adj* heiratsfähig; **~ ar·ti·cles** *s pl* Ehevertrag *m*; **~ cer·tif·i·cate** *s*, **~ lines** *s pl esp. Br.* F Trauschein *m*; **~ por·tion** *s* Mitgift *f*.

mar·ried ['mærɪd] *adj* verheiratet; ehelich, Ehe...; ***~ couple*** Ehepaar *n*; ***~ life*** Ehe(leben *n*) *f*.

mar·row ['mærəʊ] *s anat.* (Knochen-) Mark *n*; *fig.* Kern *m*, *das* Wesentlichste; (***vegetable***) **~** *Br. bot.* Kürbis *m*; ***frozen to the ~*** bis auf die Knochen durchgefroren.

mar·ry ['mærɪ] *v/t* (ver)heiraten; *eccl.* trauen; ***get married to*** sich verheiraten mit; *v/i* (sich ver)heiraten.

marsh [mɑːʃ] *s* Sumpf *m*; Morast *m*.

mar·shal ['mɑːʃl] **1.** *s mil.* Marschall *m*; *hist.* Hofmarschall *m*, Zeremonienmeister *m*; *Am.* Branddirektor *m*; *Am.* Polizeidirektor *m*; *Am.* Bezirkspolizeichef *m*; ***US ~*** *Am.* (Bundes)Vollzugsbeamte(r) *m*; **2.** *v/t* (*esp. Br.* **-ll-**, *Am.* **-l-**) ordnen, aufstellen; führen; *rail. train*: zusammenstellen.

marsh·y ['mɑːʃɪ] *adj* (**-ier**, **-iest**) sumpfig, morastig.

mar·ten *zo.* ['mɑːtɪn] *s* Marder *m*.

mar·tial ['mɑːʃl] *adj* □ kriegerisch; militärisch; Kriegs...; ***~ law*** *mil.* Kriegsrecht *n*; (***state of***) ***~ law*** *mil.* Ausnahmezustand *m*.

mar·tyr ['mɑːtə] **1.** *s* Märtyrer(in) (***to*** *gen*); **2.** *v/t* (zu Tode) martern.

mar·vel ['mɑːvl] **1.** *s* Wunder *n*, *et.* Wunderbares; **2.** *v/i* (*esp. Br.* **-ll-**, *Am.* **-l-**) sich wundern; **~·(l)ous** ['mɑːvələs] *adj* □ wunderbar; erstaunlich.

mar·zi·pan [mɑːzɪ'pæn] *s* Marzipan *n*.

mas·ca·ra [mæ'skɑːrə] *s* Wimperntusche *f*.

mas·cot ['mæskət] *s* Maskottchen *n*.

mas·cu·line ['mæskjʊlɪn] *adj gr.* maskulin; *appearance*, *voice*: männlich, maskulin; Männer...

mash [mæʃ] **1.** *s* Gemisch *n*; *brewing*: Maische *f*; *fodder*: Mengfutter *n*; Püree *n*; **2.** *v/t* zerdrücken; (ein)maischen; ***~ed potatoes*** *pl* Kartoffelbrei *m*, Kartoffelpüree *n*; **~·er** *s* (Kartoffel)Stampfer *m*.

mask [mɑːsk] **1.** *s* Maske *f*; **2.** *v/t* maskieren; *fig.* verbergen; tarnen; **~ed** *adj* maskiert; ***~ advertising*** Schleichwerbung *f*; ***~ ball*** Maskenball *m*.

ma·son ['meɪsn] *s* Steinmetz *m*; *Am.* Maurer *m*; *mst* ♀ Freimaurer *m*; **~·ry** *s* Mauerwerk *n*.

mas·que·rade [mæskə'reɪd] **1.** *s* Maskenball *m*; *fig*. Maske *f*, Verkleidung *f*; **2.** *v/i fig*. sich maskieren.
mass [mæs] **1.** *s eccl. a.* ♀ Messe *f*; Masse *f*; Menge *f*; ***the* ~*es*** *pl* die (breite) Masse; **~ *media*** *pl* Massenmedien *pl*; **~ *meeting*** Massenversammlung *f*; **2.** *v/t and v/i* (sich) (an)sammeln.
mas·sa·cre ['mæsəkə] **1.** *s* Blutbad *n*; **2.** *v/t* niedermetzeln.
mas·sage ['mæsɑːʒ] **1.** *s* Massage *f*; **2.** *v/t* massieren.
mas·sif ['mæsiːf] *s* (Gebirgs)Massiv *n*.
mas·sive ['mæsɪv] *adj* massiv; groß u. schwer; *fig*. gewaltig.
mast *mar*. [mɑːst] *s* Mast *m*.
mas·ter ['mɑːstə] **1.** *s* Meister *m*; Herr *m* (*a. fig.*); Gebieter *m*; *esp. Br.* Lehrer *m*; *mar. of merchant ship*: Kapitän *m*; *univ.* Rektor *m*; ♀ ***of Arts*** (*abbr.* ***MA***) Magister *m* Artium; **~ *of ceremonies*** *esp. Am.* Conférencier *m*; ***be one's own* ~** sein eigener Herr sein; **2.** *adj* Meister...; Haupt..., hauptsächlich; *fig*. führend; **3.** *v/t* Herr sein *or* herrschen über (*acc*); *language, etc.*: meistern, beherrschen; **~·key** *s* Hauptschlüssel *m*; **~·ly** *adj* meisterhaft, virtuos; **~·piece** *s* Meisterstück *n*; **~·ship** *s* Meisterschaft *f*; Herrschaft *f*; *esp. Br.* Lehramt *n*; **~·y** *s* Herrschaft *f*; Überlegenheit *f*, Oberhand *f*; Meisterschaft *f*; Beherrschung *f*.
mas·tur·bate ['mæstəbeɪt] *v/i and v/t* masturbieren.
mat [mæt] **1.** *s* Matte *f*; Deckchen *n*; Unterlage *f*, -setzer *m*; **2.** *v/t and v/i* (**-*tt*-**) (sich) verflechten *or* -filzen; *fig*. bedecken; **3.** *adj* mattiert, matt.
match¹ [mætʃ] *s* Zünd-, Streichholz *n*.
match² [~] **1.** *s sports*: Partie *f*, Wettkampf *m*, Treffen *n*, Match *n*, Spiel *n*; Heirat *f*; *der, die, das* gleiche; ***be a* ~ *for*** *j-m* gewachsen sein; ***find or meet one's* ~** s-n Meister finden; **2.** *v/t* passend machen, anpassen; passen zu; et. Passendes finden *or* geben zu; es aufnehmen mit; passend verheiraten; ***be well* ~*ed*** gut zusammenpassen; *v/i* zusammenpassen.
match·box ['mætʃbɒks] *s* Zünd-, Streichholzschachtel *f*.
match|less ['mætʃlɪs] *adj* □ unvergleichlich, einzigartig; **~·mak·er** *s* Ehestifter(in), Kuppler(in).

mate¹ [meɪt] → ***checkmate***.
mate² [~] **1.** *s* Kamerad(in), F Kumpel *m*; *work*~: (Arbeits)Kolle|ge *m*, -gin *f*; *spouse*: Gatt|e *m*, -in *f*; *of animals*: Männchen *n*, Weibchen *n*; *assistant*: Gehilf|e *m*, -in *f*; *mar*. Maat *m*; **2.** *v/t and v/i* (sich) verheiraten; (sich) paaren.
ma·te·ri·al [mə'tɪərɪəl] **1.** *adj* □ materiell; körperlich; wesentlich; **2.** *s* Material *n*; Stoff *m*; Werkstoff *m*; ***writing* ~*s*** *pl* Schreibmaterial(ien *pl*) *n*.
ma·ter|nal [mə'tɜːnl] *adj* □ mütterlich, Mutter...; mütterlicherseits; **~·ni·ty** [~ətɪ] **1.** *s* Mutterschaft *f*; **2.** *adj* Schwangerschafts..., Umstands...; **~ *hospital*** Entbindungsklinik *f*; **~ *ward*** Entbindungsstation *f*.
math *Am*. F [mæθ] *s* F Mathe *f*.
math·e|ma·ti·cian [mæθəmə'tɪʃn] *s* Mathematiker *m*; **~·mat·ics** [~'mætɪks] *s mst sg* Mathematik *f*.
maths *Br*. F [mæθs] *s mst sg* F Mathe *f*.
mat·i·née *thea., mus.* ['mætɪneɪ] *s* Nachmittagsvorstellung *f*, Frühvorstellung *f*; Matinee *f*.
ma·tric·u·late [mə'trɪkjʊleɪt] *v/t and v/i* (sich) immatrikulieren.
mat·ri·mo|ni·al [mætrɪ'məʊnɪəl] *adj* ehelich, Ehe...; **~·ny** ['mætrɪmənɪ] *s* Ehe (-stand *m*) *f*.
ma·trix ['meɪtrɪks] *s* (*pl* ***-trices*** [-trɪsiːz], ***-trixes***) *s tech.* Matrize *f*; *math.* Matrix *f*.
ma·tron ['meɪtrən] *s* Matrone *f*; Hausmutter *f*; *Br*. Oberschwester *f*.
mat·ter ['mætə] **1.** *s* Materie *f*, Material *n*, Substanz *f*, Stoff *m*; *med*. Eiter *m*; Gegenstand *m*; Sache *f*; Angelegenheit *f*; Anlaß *m*, Veranlassung *f* (***for*** zu); ***printed* ~** *mail*: Drucksache *f*; ***what's the* ~ (*with you*)?** was ist los (mit Ihnen)?; ***no* ~** es hat nichts zu sagen; ***no* ~ *who*** gleichgültig, wer; ***a* ~ *of course*** e-e Selbstverständlichkeit; ***for that* ~, *for the* ~ *of that*** was das betrifft; ***a* ~ *of fact*** e-e Tatsache; **2.** *v/i* von Bedeutung sein; ***it doesn't* ~** es macht nichts; **~-of-fact** *adj* sachlich.
mat·tress ['mætrɪs] *s* Matratze *f*.
ma·ture [mə'tjʊə] **1.** *adj* □ (**~*r***, **~*st***) reif (*a. fig.*); *econ*. fällig; *fig*. reiflich erwogen; **2.** *v/t* zur Reife bringen; *v/i* reifen; *econ*. fällig werden; **ma·tu·ri·ty** [~rətɪ] *s* Reife *f*; *econ*. Fälligkeit *f*.

M

maul [mɔːl] *v/t* übel zurichten, roh umgehen mit; *fig.* verreißen.
Maun·dy Thurs·day *eccl.* [mɔːndɪ-ˈθɜːzdɪ] *s* Gründonnerstag *m.*
maw *zo.* [mɔː] *s* (Tier)Magen *m*, *esp.* Labmagen *m*; Rachen *m*; Kropf *m.*
mawk·ish [ˈmɔːkɪʃ] *adj* □ rührselig, sentimental.
max·i- [ˈmæksɪ] Maxi..., riesig, Riesen...
max·im [ˈmæksɪm] *s* Grundsatz *m.*
max·i·mum [ˈmæksɪməm] **1.** *s* (*pl* ***-ma*** [-mə], ***-mums***) Maximum *n*, Höchstmaß *n*, -stand *m*, -betrag *m*; **2.** *adj* höchste(r, -s), maximal, Höchst...
May[1] [meɪ] *s* Mai *m.*
may[2] [~] *v/aux* (***might***) mögen, können, dürfen.
may·be [ˈmeɪbiː] *adv* vielleicht.
may|-bee·tle *zo.* [ˈmeɪbiːtl], **~-bug** *s zo.* Maikäfer *m.*
May·day [ˈmeɪdeɪ] **1.** *int* Mayday; **2.** *s* Maydaysignal *n.*
May Day [ˈmeɪdeɪ] *s* der 1. Mai.
mayor [meə] *s* Bürgermeister *m*; **~·ess** [~ˈres] *s* Bürgermeisterin *f*; Frau *f* des Bürgermeisters.
may·pole [ˈmeɪpəʊl] *s* Maibaum *m.*
maze [meɪz] *s* Irrgarten *m*, Labyrinth *n*; *fig.* Verwirrung *f*; ***in a ~*** → **~d** [meɪzd] *adj* verwirrt.
M
me [miː, mɪ] *pron* mich; mir; F ich.
mead [miːd] *s* Met *m.*
mead·ow [ˈmedəʊ] *s* Wiese *f.*
mea·gre, *Am.* **-ger** [ˈmiːgə] *adj* □ mager (*a. fig.*), dürr; dürftig.
meal [miːl] *s* Mahl(zeit *f*) *n*; Essen *n*; Mehl *n*; ***go out for a ~*** essen gehen; ***enjoy your ~*** guten Appetit!; ***~-ticket*** Essensmarke *f.*
mean[1] [miːn] *adj* □ gemein, niedrig, gering; armselig; knauserig; schäbig; *Am.* boshaft, ekelhaft.
mean[2] [~] **1.** *adj* mittel, mittlere(r, -s); Mittel..., Durchschnitts...; **2.** *s* Mitte *f*; **~s** *pl* (Geld)Mittel *pl*; (*a. sg*) Mittel *n*; ***by all ~s*** auf alle Fälle, unbedingt; ***by no ~s*** keineswegs; ***by ~s of*** mittels (*gen*).
mean[3] [~] (***meant***) *v/t* meinen; beabsichtigen; bestimmen; bedeuten; *v/i*: ***~ well*** (***ill***) es gut (schlecht) meinen.
mean·ing [ˈmiːnɪŋ] **1.** *adj* □ bedeutsam; **2.** *s* Sinn *m*, Bedeutung *f*; **~·ful** *adj* □ bedeutungsvoll; sinnvoll; **~·less** *adj* bedeutungslos; sinnlos.
meant [ment] *pret and pp of* ***mean***[3].
mean|time [ˈmiːntaɪm] **1.** *adv* mittlerweile, inzwischen; **2.** *s*: ***in the ~*** inzwischen; **~·while** → ***meantime*** 1.
mea·sles *med.* [ˈmiːzlz] *s sg* Masern *pl.*
mea·su·ra·ble [ˈmeʒərəbl] *adj* □ meßbar.
mea·sure [ˈmeʒə] **1.** *s* Maß *n*; Maß *n*, Meßgerät *n*; *mus.* Takt *m*; Maßnahme *f*; *fig.* Maßstab *m*; ***~ of capacity*** Hohlmaß *n*; ***beyond ~*** über alle Maßen; ***in a great ~*** großenteils; ***made to ~*** nach Maß gemacht; ***take ~s*** Maßnahmen treffen *or* ergreifen; **2.** *v/t* (ab-, aus-, ver)messen; *j-m* Maß nehmen; *v/i*: ***~ up to*** den Ansprüchen (*gen*) genügen; **~d** *adj* gemessen; wohlüberlegt; maßvoll; **~·less** *adj* □ unermeßlich; **~·ment** *s* Messung *f*; Maß *n.*
meat [miːt] *s* Fleisch *n*; *fig.* Gehalt *m*; ***cold ~*** kalte Platte; **~·y** *adj* (***-ier***, ***-iest***) fleischig; *fig.* gehaltvoll.
me·chan|ic [mɪˈkænɪk] *s* Mechaniker *m*; **~·i·cal** *adj* □ mechanisch; Maschinen...; ***~ engineering*** Maschinenbau *m*; **~·ics** *s mst sg phys.* Mechanik *f.*
mech·a|nis·m [ˈmekənɪzəm] *s* Mechanismus *m*; **~·nize** [~aɪz] *v/t* mechanisieren; **~d** *mil.* motorisiert, Panzer...
med·al [ˈmedl] *s* Medaille *f*; Orden *m*; **~·(l)ist** [~ɪst] *s sports*: Medaillengewinner(in).
med·dle [ˈmedl] *v/i* sich einmischen (***with***, ***in*** in *acc*); **~·some** [~səm] *adj* zu-, aufdringlich.
me·di·a [ˈmiːdɪə] *s pl die* Medien *pl* (*newspapers*, *TV*, *etc.*); F ***~ circus*** Medienlandschaft *f*, F Medienrummel *m.*
med·i·ae·val [medɪˈiːvl] → ***medieval***.
me·di·al [ˈmiːdɪəl] *adj* Mittel...
me·di·an [ˈmiːdɪən] *adj* die Mitte bildend *or* einnehmend, Mittel...
me·di|ate [ˈmiːdɪeɪt] *v/i* vermitteln (***between*** zwischen *dat*); **~·a·tion** [miːdɪˈeɪʃn] *s* Vermittlung *f*; **~·a·tor** [ˈmiːdɪeɪtə] *s* Vermittler *m.*
med·i·cal [ˈmedɪkl] **1.** *adj* □ medizinisch, ärztlich; ***~ certificate*** ärztliches Attest; ***~ man*** F Doktor *m*; **2.** *s* ärztliche Untersuchung.
med·i·cate [ˈmedɪkeɪt] *v/t* medizinisch behandeln; mit Arzneistoff(en) versetzen; ***~d bath*** medizinisches Bad.

me·di·ci·nal [me'dɪsɪnl] *adj* □ medizinisch; heilend, Heil...; *fig.* heilsam.
medi·cine ['medsɪn] *s* Medizin *f* (*substance, science*).
med·i·e·val [medɪ'i:vl] *adj* □ mittelalterlich.
me·di·o·cre [mi:dɪ'əʊkə] *adj* mittelmäßig, zweitklassig.
med·i|tate ['medɪteɪt] *v/i* nachdenken, überlegen; meditieren; *v/t* im Sinn haben, planen, erwägen; **~·ta·tion** [~'teɪʃn] *s* Nachdenken *n*; Meditation *f*; **~·ta·tive** ['~tətɪv] *adj* □ nachdenklich, meditativ.
Med·i·ter·ra·ne·an [medɪtə'reɪnɪən] **1.** *s* Mittelmeer *n*; **2.** *adj* Mittelmeer...
me·di·um ['mi:dɪəm] **1.** *s* (*pl* ***-dia*** [-dɪə], ***-diums***) Mitte *f*; Mittel *n*; Vermittlung *f*; Medium *n*; (Lebens)Element *n*; **2.** *adj steak*: halbdurch, medium; mittlere(r, -s), Mittel..., Durchschnitts...
med·ley ['medlɪ] *s* Gemisch *n*; *mus.* Medley *n*, Potpourri *n*.
meek [mi:k] *adj* □ sanft-, demütig, bescheiden; **~·ness** *s* Sanft-, Demut *f*.
meet [mi:t] (***met***) *v/t* treffen (auf *acc*); begegnen (*dat*); abholen; *opponent*; stoßen auf (*acc*); *need, demand, etc.*: nachkommen (*dat*); *requirements*: genügen (*dat*); *deadline*: einhalten; *j-n* kennenlernen; *Am. j-m* vorgestellt werden; *fig. j-m* entgegenkommen; *v/i* sich treffen; zusammenstoßen; sich versammeln; sich kennenlernen; *sports*: sich begegnen; **~ *with*** stoßen auf (*acc*); erleiden; **~·ing** *s* Begegnung *f*; (Zusammen)Treffen *n*; Versammlung *f*; Tagung *f*.
mel·an·chol·y ['melənkəlɪ] **1.** *s* Melancholie *f*, Schwermut *f*; **2.** *adj* melancholisch, traurig.
mel·low ['meləʊ] **1.** *adj* □ mürbe; reif; weich; mild; **2.** *v/t and v/i* reifen (lassen); weich machen *or* werden; (sich) mildern.
me·lo|di·ous [mɪ'ləʊdɪəs] *adj* □ melodisch; **~·dy** ['melədɪ] *s* Melodie *f*; Lied *n*.
mel·on *bot.* ['melən] *s* Melone *f*.
melt [melt] *v/i* (zer)schmelzen (*a. v/t*); *fig.* zerfließen, dahinschmelzen, sich erweichen lassen (***at*** durch); **~·ing-point** *s phys.* Schmelzpunkt *m*; **~·ing-pot** *s fig.* Schmelztiegel *m*.
mem·ber ['membə] *s* Mitglied *n*; Angehörige(r *m*) *f*; **♀ *of Parliament*** *parl. Br.* Mitglied *n* des Unterhauses, Abgeordnete(r *m*) *f*; **♀ *of Congress*** *parl. Am.* Kongreßabgeordnete(r *m*) *f*; **~ *of the European Parliament*** (*abbr.* ***MEP***) Mitglied *n* des europäischen Parlaments, Europaabgeordnete(r *m*) *f*; **~·ship** *s* Mitgliedschaft *f*; Mitgliederzahl *f*; **~ *card*** Mitgliedsausweis *m*; **~ state** *s pol. of EC*: Mitgliedsstaat *m*.
mem·brane ['membreɪn] *s* Membran(e) *f*, Häutchen *n*.
me·men·to [mɪ'mentəʊ] *s* (*pl* ***-toes***, ***-tos***) Mahnzeichen *n*; Andenken *n*.
mem·o ['meməʊ] *s* (*pl* ***-os***) → ***memorandum***.
mem·oir ['memwɑ:] *s* Denkschrift *f*; **~s** *pl* Memoiren *pl*.
mem·o|ra·ble ['memərəbl] *adj* □ denkwürdig; **~·ran·dum** [~'rændəm] *s* (*pl* ***-da*** [-də], ***-dums***) Notiz *f*; *pol.* Note *f*; *jur.* Schriftsatz *m*; **~·ri·al** [mɪ'mɔ:rɪəl] *s* Denkmal *n* (***to*** für); Gedenkfeier *f*; Denkschrift *f*, Eingabe *f*; *attr* Gedächtnis..., Gedenk...; **~·rize** ['meməraɪz] *v/t* auswendig lernen, memorieren; **~·ry** ['memərɪ] *s* Gedächtnis *n*; Erinnerung *f*; Andenken *n*; *computer*: Speicher *m*; ***in ~ of*** zum Andenken an (*acc*).
men [men] *pl of* ***man*** 1; Mannschaft *f*.
men·ace ['menəs] **1.** *v/t* (be)drohen; **2.** *s* (Be)Drohung *f*; drohende Gefahr.
mend [mend] **1.** *v/t* (ver)bessern; ausbessern, flicken; besser machen; **~ *one's ways*** sich bessern; *v/i* sich bessern; **2.** *s* ausgebesserte Stelle; ***on the ~*** auf dem Wege der Besserung.
men·da·cious [men'deɪʃəs] *adj* □ lügnerisch, verlogen; unwahr.
men·di·cant ['mendɪkənt] **1.** *adj* bettelnd, Bettel...; **2.** *s* Bettler(in); Bettelmönch *m*.
men·in·gi·tis *med.* [menɪn'dʒaɪtɪs] *s* Meningitis *f*, Hirnhautentzündung *f*.
men·stru|ate *physiol.* ['menstrʊeɪt] *v/i* menstruieren, die Regel *or* Periode haben; **~·a·tion** [~'eɪʃn] *s* Menstruation *f*.
men·tal ['mentl] *adj* □ geistig, Geistes...; *esp. Br.* F geisteskrank, -gestört; **~ *arithmetic*** Kopfrechnen *n*; **~ *handicap*** geistige Behinderung; **~ *home***, **~ *hospital*** Nervenklinik *f*; **~*ly handicapped*** geistig behindert; **~·i·ty** [men'tælətɪ] *s* Mentalität *f*.

M

men·tion ['menʃn] **1.** *s* Erwähnung *f*; **2.** *v/t* erwähnen; ***don't ~ it!*** bitte (sehr)!
men·u ['menjuː] *s* Speise(n)karte *f*; Speisenfolge *f*; *computer*: Menü *n*.
mer·can·tile ['mɜːkəntaɪl] *adj* kaufmännisch, Handels...
mer·ce·na·ry ['mɜːsɪnərɪ] **1.** *adj* gewinnsüchtig; **2.** *s mil.* Söldner *m*.
mer·chan·dise ['mɜːtʃəndaɪz] *s* Ware(n *pl*) *f*.
mer·chant ['mɜːtʃənt] **1.** *s* Kaufmann *m*; *esp. Am.* Ladenbesitzer *m*, Einzelhändler *m*; **2.** *adj* Handels..., Kaufmanns...; **~ bank** *s* Handelsbank *f*; **~·man, ~·ship** *s* Handelsschiff *n*.
mer·ci|ful ['mɜːsɪfl] *adj* □ barmherzig; **~·less** *adj* □ unbarmherzig.
mer·cu·ry ['mɜːkjʊrɪ] *s* Quecksilber *n*.
mer·cy ['mɜːsɪ] *s* Barmherzigkeit *f*; Gnade *f*; ***be at the ~ of s.o.*** j-m auf Gedeih u. Verderb ausgeliefert sein.
mere [mɪə] *adj* □ rein; bloß; **~·ly** ['mɪəlɪ] *adv* bloß, nur, lediglich.
merge [mɜːdʒ] *v/t and v/i* verschmelzen (***in*** mit); *econ.* fusionieren; **merg·er** *s* Verschmelzung *f*; *econ.* Fusion *f*.
me·rid·i·an [mə'rɪdɪən] *s geogr.* Meridian *m*; *fig.* Gipfel *m*.
mer|it ['merɪt] **1.** *s* Verdienst *n*; Wert *m*; Vorzug *m*; **2.** *v/t* verdienen; **~·i·toc·ra·cy** [merɪ'tɒkrəsɪ] *s* Leistungsgesellschaft *f*; **~·i·to·ri·ous** [~'tɔːrɪəs] *adj* □ verdienstvoll; lobenswert.
mer·maid ['mɜːmeɪd] *s* Nixe *f*.
mer·ri·ment ['merɪmənt] *s* Lustigkeit *f*; Belustigung *f*.
mer·ry ['merɪ] *adj* □ (***-ier***, ***-iest***) lustig, fröhlich; ***make ~*** sich amüsieren, lustig sein, feiern; **~-go-round** *s* Karussell *n*; **~-mak·ing** *s* Feiern *n*.
mesh [meʃ] **1.** *s* Masche *f*; *fig. often* **~es** *pl* Netz *n*; ***be in ~*** *tech.* (ineinander)greifen; **2.** *v/t* in e-m Netz fangen.
mess¹ [mes] **1.** *s* Unordnung *f*; Schmutz *m*, F Schweinerei *f*; *trouble*: F Patsche *f*; ***make a ~ of*** verpfuschen; **2.** *v/t* in Unordnung bringen; verpfuschen; *v/i*: ***~ about***, ***~ around*** F herummurksen; sich herumtreiben.
mess² [~] *s* Kasino *n*, Messe *f*.
mes·sage ['mesɪdʒ] *s* Botschaft *f* (***to*** an *acc*); Mitteilung *f*, Bescheid *m*; ***give s.o. a ~*** j-m et. ausrichten.
mes·sen·ger ['mesɪndʒə] *s* Bote *m*.
mess·y ['mesɪ] *adj* □ (***-ier***, ***-iest***) unordentlich; unsauber, schmutzig.
met [met] *pret and pp of* ***meet***.
met·al ['metl] *s* Metall *n*; **me·tal·lic** [mɪ'tælɪk] *adj* (**~*ally***) metallisch, Metall...
met·a·phor ['metəfə] *s* Metapher *f*.
me·te·or ['miːtɪə] *s* Meteor *m*.
me·te·o·rol·o·gy [miːtɪə'rɒlədʒɪ] *s* Meteorologie *f*, Wetterkunde *f*.
me·ter *tech.* ['miːtə] *s* Messer *m*, Meßgerät *n*, Zähler *m*.
meth·od ['meθəd] *s* Methode *f*; Art *f* u. Weise *f*; Verfahren *n*; Ordnung *f*, System *n*; **me·thod·ic** [mɪ'θɒdɪk] (**~*ally***), **me·thod·i·cal** [~kl] *adj* □ methodisch, planmäßig; überlegt.
me·tic·u·lous [mɪ'tɪkjʊləs] *adj* □ peinlich genau, übergenau.
me·tre, *Am.* **-ter** ['miːtə] *s* Meter *m*, *n*; Versmaß *n*.
met·ric ['metrɪk] *adj* (**~*ally***) metrisch; Maß...; Meter...; ***~ system*** metrisches (Maß- u. Gewichts)System.
me·trop·o·lis [mɪ'trɒpəlɪs] *s* Metropole *f*, Hauptstadt *f*; **met·ro·pol·i·tan** [metrə'pɒlɪtən] *adj* hauptstädtisch.
Mex·i·can ['meksɪkən] **1.** *adj* mexikanisch; **2.** *s* Mexikaner(in).
mi·aow [miː'aʊ] *v/i* miauen.
mice [maɪs] *pl of* ***mouse***.
mickey ['mɪkɪ] *s*: F ***take the ~ out of s.o.*** j-n auf den Arm nehmen, F j-n verarschen.
mi·cro- ['maɪkrəʊ] Mikro..., (sehr) klein.
mi·cro|chip ['maɪkrəʊtʃɪp] *s computer*: Microchip *m*; **~·el·ec·tron·ics** *s sg* Mikroelektronik *f*; **~·phone** *s* Mikrophon *n*; **~·pro·ces·sor** *s* Mikroprozessor *m*; **~·scope** *s* Mikroskop *n*; **~·wave (ov·en)** *s* Mikrowellenherd *m*, F Mikrowelle *f*.
mid [mɪd] *adj* mittlere(r, -s), Mitt(el)...; ***in ~-air*** (mitten) in der Luft; ***be in one's ~-forties*** Mitte Vierzig sein; **~·day** **1.** *s* Mittag *m*; **2.** *adj* mittägig; Mittag(s)...
mid·dle ['mɪdl] **1.** *s* Mitte *f*; F *waist*: Taille *f*; **2.** *adj* mittlere(r, -s), Mittel...; **~-aged** *adj* mittleren Alters; **2 Ag·es** *s pl* Mittelalter *n*; **~-class** *adj* bürgerlich, Mittelstands...; **~ class(·es** *pl*) *s* Mittelstand *m*; **~ name** *s* zweiter Vorname; **~-of-the-road** *adj ideas, political views*:

gemäßigt, moderat; **~-sized** *adj* mittelgroß; **~ weight** *s boxing*: Mittelgewicht(ler *m*) *n*.
mid·dling ['mɪdlɪŋ] *adj* mittelmäßig, Mittel...; leidlich, F passabel.
midge *zo*. [mɪdʒ] *s* Stechmücke *f*.
midg·et ['mɪdʒɪt] *s* Zwerg *m*, Knirps *m*.
mid|land ['mɪdlənd] **1.** *adj* binnenländisch; **2.** *s* Binnenland *n*; **~·night** *s* Mitternacht *f*; **~·ship·man** *s mar*. Midshipman *m*: *Br*. Fähnrich *m* zur See; *Am*. Seeoffiziersanwärter *m*; **~st** [mɪdst] *s* Mitte *f*; ***in the ~ of*** mitten in (*dat*); **~·sum·mer** *s ast*. Sommersonnenwende *f*; Hochsommer *m*; **~·way 1.** *adj* in der Mitte befindlich, mittlere(r, -s); **2.** *adv* auf halbem Wege; **~·wife** *s* Hebamme *f*; **~·wif·e·ry** ['~wɪfərɪ] *s* Geburtshilfe *f*; **~·win·ter** *s ast*. Wintersonnenwende *f*; Mitte *f* des Winters; ***in ~*** mitten im Winter.
might [maɪt] **1.** *s* Macht *f*, Gewalt *f*; Kraft *f*; ***with ~ and main*** *dated* mit aller Kraft *or* Gewalt; **2.** *pret of* ***may²***; **~·y** *adj* □ (**-ier**, **-iest**) mächtig, gewaltig.
mi·grant ['maɪgrənt] *s* Auswanderer *m*; *~ worker*: Wanderarbeiter(in); *bird*: Zugvogel *m*; → ***economic***; **mi·grate** [maɪ'greɪt] *v/i* (aus)wandern, (fort)ziehen (*a. zo.*); **mi·gra·tion** [~ʃn] *s* Wanderung *f*; **mi·gra·to·ry** ['maɪgrətərɪ] *adj* wandernd; *zo*. Zug...
mike F [maɪk] *s microphone*: Mikro *n*.
mil·age ['maɪlɪdʒ] → ***mileage***.
mild [maɪld] *adj* □ mild; sanft; gelind; leicht; ***to put it ~ly*** gelinde gesagt; **~·ness** Milde *f*.
mile [maɪl] *s* Meile *f* (*1,609 km*).
mile·age ['maɪlɪdʒ] *s* zurückgelegte Meilenzahl *or* Fahrtstrecke, Meilenstand *m*; *a*. **~ *allowance*** Meilen-, *appr*. Kilometergeld *n*.
mile·stone ['maɪlstəʊn] *s* Meilenstein *m* (*a. fig.*).
mil·i|tant ['mɪlɪtənt] *adj* □ militant; streitend; streitbar, kriegerisch; **~·ta·ry** [~ərɪ] **1.** *adj* □ militärisch, Militär...; Heeres..., Kriegs...; ♀ ***Government*** Militärregierung *f*; **2.** *s das* Militär, Soldaten *pl*, Truppen *pl*.
mi·li·tia [mɪ'lɪʃə] *s* Miliz *f*, Bürgerwehr *f*.
milk [mɪlk] **1.** *s* Milch *f*; ***it's no use crying over spilt ~*** geschehen ist geschehen; **2.** *v/t* melken; *v/i* Milch geben; **~·maid** *s* Melkerin *f*; Milchmädchen *n*; **~·man** *s* Milchmann *m*; **~ pow·der** *s* Milchpulver *n*; **~ shake** *s* Milchmixgetränk *n*; **~·sop** *s* Weichling *m*, Muttersöhnchen *n*; **~·y** *adj* (**-ier**, **-iest**) milchig; Milch...; ♀ ***Way*** *ast*. Milchstraße *f*.
mill [mɪl] **1.** *s* Mühle *f*; Fabrik *f*, Spinnerei *f*; **2.** *v/t grain, etc.*: mahlen; *tech*. fräsen; *coin*: rändeln.
mil·le·pede *zo*. ['mɪlɪpiːd] *s* Tausendfüß(l)er *m*.
mill·er ['mɪlə] *s* Müller *m*.
mil·let ['mɪlɪt] *s* Hirse *f*.
mil·lion ['mɪljən] *s* Million *f*; **~·aire** [mɪljə'neə] *s* Millionär(in); **~th** ['mɪljənθ] **1.** *adj* millionste(r, -s); **2.** *s* Millionstel *n*.
mil·li·pede *zo*. ['mɪlɪpiːd] → ***millepede***.
mill|-pond ['mɪlpɒnd] *s* Mühlteich *m*; **~·stone** *s* Mühlstein *m*.
mim·ic ['mɪmɪk] **1.** *adj* mimisch; Schein...; **2.** *s* Imitator *m*; **3.** *v/t* (**-ck-**) nachahmen; nachäffen; **~·ry** [~rɪ] *s* Nachahmung *f*; *zo*. Mimikry *f*.
mince [mɪns] **1.** *v/t* zerhacken, -stückeln; ***he does not ~ matters*** er nimmt kein Blatt vor den Mund; *v/i* sich zieren; **2.** *s a*. **~*d meat*** Hackfleisch *n*; **~·meat** *s* (e-e süße) Pastetenfüllung; **~ pie** *s* Pastete *f* (*filled with mincemeat*) ; **minc·er** [~ə] *s* Fleischwolf *m*.
mind [maɪnd] **1.** *s* Sinn *m*, Gemüt *n*, Herz *n*; Geist *m* (*a. phls.*); Verstand *m*; Meinung *f*, Ansicht *f*; Absicht *f*; Neigung *f*, Lust *f*; Gedächtnis *n*; ***in or to my ~*** meiner Ansicht nach; ***be out of one's ~*** verrückt sein, von Sinnen sein, den Verstand verloren haben; ***change one's ~*** seine Meinung ändern; ***bear or keep s.th. in ~*** (immer) an et. denken; ***have (half) a ~ to*** (beinahe) Lust haben zu; ***have s.th. on one's ~*** et. auf dem Herzen haben; ***make up one's ~*** sich entschließen; → ***presence***; **2.** *v/t and v/i* merken *or* achten auf (*acc*); sich kümmern um; etwas (einzuwenden) haben gegen; ***~!*** gib acht!; ***never ~!*** macht nichts!; ***~ the step!*** Achtung, Stufe!; ***I don't ~ (it)*** ich habe nichts dagegen; ***do you ~ if I smoke?*** stört es Sie, wenn ich rauche?; ***would you ~ taking off your hat?*** würden Sie bitte den Hut abnehmen?; ***~ your own business!*** kümmern

M

Sie sich um Ihre Angelegenheiten!; **~·ful** *adj* □ (***of***) eingedenk (*gen*); achtsam (auf *acc*); **~·less** *adj* □ (***of***) unbekümmert (um), ohne Rücksicht (auf *acc*).

mine¹ [maɪn] *pron* der, die, das meinige *or* meine.

mine² [~] **1.** *s* Bergwerk *n*, Mine *f*, Zeche *f*, Grube *f*; *mil.* Mine *f*; *fig.* Fundgrube *f*; **2.** *v/i* graben; minieren; *v/t* graben in (*dat*); *mining*: fördern; *mil.* verminen; **min·er** ['maɪnə] *s* Bergmann *m*.

min·e·ral ['mɪnərəl] **1.** *s* Mineral *n*; **~s** *pl Br.* Mineralwasser *n*; **2.** *adj* mineralisch, Mineral...; **~ *water*** Mineralwasser *n*.

min·gle ['mɪŋgl] *v/t* (ver)mischen; *v/i* sich mischen *or* mengen (***with*** unter *acc*).

min·i ['mɪnɪ] *s* Minikleid *n*, -rock *m*; *car*: *TM* Mini *m*.

min·i- ['mɪnɪ] Mini..., Klein(st)...

min·i·a·ture ['mɪnɪətʃə] **1.** *s* Miniatur(gemälde *n*) *f*; **2.** *adj* in Miniatur; Miniatur...; Klein...; **~ *camera*** Kleinbildkamera *f*.

min·i|mize ['mɪnɪmaɪz] *v/t* auf ein Minimum reduzieren, minimieren (*risk*, *etc.*); schlechtmachen; bagatellisieren; **~·mum** [~əm] **1.** *s* (*pl* ***-ma*** [-mə], ***-mums***) Minimum *n*, Mindestmaß *n*, -betrag *m*; **2.** *adj* niedrigste(r, -s), minimal, Mindest...

min·ing ['maɪnɪŋ] *s* Bergbau *m*; *attr* Berg(bau)..., Bergwerks...; Gruben...; **~ *industry*** Bergbau *m*.

min·i·skirt ['mɪnɪskɜːt] *s* Minirock *m*.

min·is·ter ['mɪnɪstə] **1.** *s eccl.* Geistliche(r) *m*; *pol.* Minister(in); *diplomat*: Gesandte(r) *m*; **2.** *v/i*: **~ *to*** helfen (*dat*), unterstützen (*acc*).

min·is·try ['mɪnɪstrɪ] *s eccl.* geistliches Amt; *pol.* Ministerium *n*, Regierung *f*.

mink *zo.* [mɪŋk] *s* Nerz *m*.

mi·nor ['maɪnə] **1.** *adj* kleinere(r, -s), geringere(r, -s); *fig. a.* unbedeutend, geringfügig; *jur.* minderjährig; ***A* ~** *mus.* a-Moll *n*; **~ *key*** *mus.* Moll(tonart *f*) *n*; **~ *league*** *Am. baseball*, *etc.*: untere Spielklasse; **2.** *s jur.* Minderjährige(r *m*) *f*; *Am. univ.* Nebenfach *n*; *mus.* Moll *n*; **~·i·ty** [~'nɒrətɪ] *s* Minderheit *f*; *jur.* Minderjährigkeit *f*.

min·ster ['mɪnstə] *s* Münster *n*.

min·strel ['mɪnstrəl] *s* Minnesänger *m*; Bänkelsänger *m*.

mint¹ [mɪnt] **1.** *s* Münze *f*, Münzamt *n*; ***a* ~ *of money*** e-e Menge Geld; **2.** *v/t* münzen, prägen.

mint² *bot.* [~] *s* Minze *f*.

min·u·et *mus.* [mɪnjʊ'et] *s* Menuett *n*.

mi·nus ['maɪnəs] **1.** *prp* minus, weniger; F ohne; **2.** *adj* negativ.

min·ute¹ ['mɪnɪt] *s* Minute *f*; Augenblick *m*; ***in a* ~** sofort; ***just a* ~** Moment mal!; ***it won't take a* ~** es dauert nicht lange; ***have you got a* ~?** hast du einen Augenblick Zeit?; ***at the last* ~** in letzter Minute; **~s** *pl* Protokoll *n*.

mi·nute² [maɪ'njuːt] *adj* □ sehr klein, winzig; unbedeutend; sehr genau; **~·ness** *s* Kleinheit *f*; Genauigkeit *f*.

mir·a·cle ['mɪrəkl] *s* Wunder *n*; ***as if by*** (***a***) **~** wie durch ein Wunder; ***work*** (***perform***) **~s** Wunder tun (vollbringen); **mi·rac·u·lous** [mɪ'rækjʊləs] *adj* □ wunderbar.

mi·rage ['mɪrɑːʒ] *s* Luftspiegelung *f*; *fig* Illusion *f*.

mire ['maɪə] *s* Sumpf *m*; Schlamm *m*; Kot *m*.

mir·ror ['mɪrə] **1.** *s* Spiegel *m*; **2.** *v/t* (wider)spiegeln (*a. fig.*).

mirth [mɜːθ] *s* Fröhlichkeit *f*, Heiterkeit *f*; **~·ful** *adj* □ fröhlich, heiter; **~·less** *adj* □ freudlos.

mis- [mɪs] miß..., falsch, schlecht.

mis·ad·ven·ture [mɪsəd'ventʃə] *s* Mißgeschick *n*; Unglück(sfall *m*) *n*.

mis·an|thrope ['mɪzənθrəʊp], **~·thro·pist** [mɪ'zænθrəpɪst] *s* Menschenfeind *m*; Misanthrop *m*.

mis·ap·ply [mɪsə'plaɪ] *v/t* falsch anwenden; **~·ap·pre·hend** [~æprɪ'hend] *v/t* mißverstehen; **~·ap·pro·pri·ate** [~ə'prəʊprɪeɪt] *v/t* unterschlagen, veruntreuen; **~·be·have** [~bɪ'heɪv] *v/i* sich schlecht benehmen; **~·cal·cu·late** [~'kælkjʊleɪt] *v/t* falsch berechnen; *v/i* sich verrechnen.

mis·car|riage [mɪs'kærɪdʒ] *s med.* Fehlgeburt *f*; Mißlingen *n*; *of letters*: Verlust *m*, Fehlleitung *f*; **~ *of justice*** Fehlspruch *m*, -urteil *n*; **~·ry** [~ɪ] *v/i* mißlingen, scheitern; verlorengehen (*letter*); *med.* e-e Fehlgeburt haben.

mis·cel·la|ne·ous [mɪsɪ'leɪnɪəs] *adj* □ ge-, vermischt; verschiedenartig; "**~**"

M

„Verschiedenes"; **~·ny** [mɪ'selənɪ] *s* Gemisch *n*; Sammelband *m*.
mis·chief ['mɪstʃɪf] *s* Schaden *m*; Unfug *m*; Mutwille *m*, Übermut *m*; **~·mak·er** *s* Unheil-, Unruhestifter(in).
mis·chie·vous ['mɪstʃɪvəs] *adj* □ schädlich; boshaft, mutwillig; schelmisch.
mis·con·ceive [mɪskən'siːv] *v/t* falsch auffassen, mißverstehen.
mis·con·duct **1.** *s* [mɪs'kɒndʌkt] schlechtes Benehmen; Verfehlung *f*; schlechte Verwaltung; **2.** *v/t* [mɪskən'dʌkt] schlecht verwalten; **~ o.s.** sich schlecht benehmen.
mis|con·strue [mɪskən'struː] *v/t* falsch auslegen, mißdeuten; **~·deed** ['~diːd] *s* Missetat *f*, Vergehen *n*; Verbrechen *n*; **~·de·mea·no(u)r** *jur*. [~dɪ'miːnə] *s* Vergehen *n*; **~·di·rect** [~dɪ'rekt] *v/t* fehl-, irreleiten; *letter*, *etc*.: falsch adressieren; **~·do·ing** ['~duːɪŋ] *s mst* **~s** *pl* → **misdeed**.
mise en scène *thea*. [miːzɑ̃ːn'seɪn] *s* Inszenierung *f*.
mi·ser ['maɪzə] *s* Geizhals *m*.
mis·e·ra·ble ['mɪzərəbl] *adj* □ elend; unglücklich; erbärmlich.
mi·ser·ly ['maɪzəlɪ] *adj* geizig, F knick(e)rig; kleinlich.
mis·e·ry ['mɪzərɪ] *s* Elend *n*, Not *f*.
mis|fire [mɪs'faɪə] *v/i* versagen (*gun*); *mot*. fehlzünden, aussetzen; **~·fit** ['~fɪt] *s* Außenseiter *m*, Einzelgänger *m*; schlechtsitzendes Kleidungsstück; **~·for·tune** [~'fɔːtʃən] *s* Unglück(sfall *m*) *n*; Mißgeschick *n*; **~·giv·ing** [~'gɪvɪŋ] *s* böse Ahnung, Befürchtung *f*; **~·guide** [~'gaɪd] *v/t* fehl-, irreleiten; **~·hap** ['~hæp] *s* Unglück *n*; Unfall *m*; Mißgeschick *n*; Panne *f*; **~·in·form** [~ɪn'fɔːm] *v/t falsch unterrichten*; **~·in·ter·pret** [~ɪn'tɜːprɪt] *v/t* mißdeuten, falsch auffassen; **~·lay** [~'leɪ] *v/t* (*-laid*) *et*. verlegen; **~·lead** [~'liːd] *v/t* (*-led*) irreführen; verleiten.
mis·man·age [mɪs'mænɪdʒ] *v/t* schlecht verwalten *or* führen *or* handhaben; **~·ment** *s* Mißwirtschaft *f*.
mis·place [mɪs'pleɪs] *v/t* an e-e falsche Stelle legen *or* setzen; *et*. verlegen; falsch anbringen.
mis·print **1.** *v/t* [mɪs'prɪnt] verdrucken; **2.** *s* ['mɪsprɪnt] Druckfehler *m*.
mis·read [mɪs'riːd] *v/t* (**-read** [-red]) falsch lesen *or* deuten.
mis·rep·re·sent [mɪsreprɪ'zent] *v/t* falsch darstellen, verdrehen.
miss[1] [mɪs] *s* (*before the name* ♀) Fräulein *n*; ♀ **Germany 1991** (die) Miss Germany 1991.
miss[2] [~] **1.** *s* Fehlschlag *m*, -schuß *m*, -stoß *m*, -wurf *m*; Versäumen *n*, Entrinnen *n*; **2.** *v/t* (ver)missen; verfehlen, -passen, -säumen; auslassen, übergehen; übersehen; überhören; **he ~ed ...** ihm entging ...; **you haven't ~ed much** du hast nicht viel verpaßt; *v/i* nicht treffen; mißglücken.
mis·shap·en [mɪs'ʃeɪpən] *adj* mißgebildet.
mis·sile ['mɪsaɪl, *Am*. 'mɪsəl] **1.** *s* (Wurf)Geschoß *n*; *mil*. Rakete *f*; **2.** *adj mil*. Raketen...
miss·ing ['mɪsɪŋ] *adj* fehlend, weg, nicht da; *mil*. vermißt; **be ~** *object*: fehlen, weg sein; *person*: vermißt sein *or* werden.
mis·sion ['mɪʃn] *s pol*. Auftrag *m*; (innere) Berufung, Sendung *f*, Lebensziel *n*; *pol*. Gesandtschaft *f*; *eccl*., *pol*. Mission *f*; *mil*. Einsatz *m*, (Kampf)Auftrag *m*; **~·a·ry** ['mɪʃənrɪ] **1.** *s* Missionar *m*; **2.** *adj* Missions...
mis·spell [mɪs'spel] *v/t* (**-spelt** *or* **-spelled**) falsch buchstabieren *or* schreiben.
mis·spend [mɪs'spend] *v/t* (**-spent**) falsch verwenden; vergeuden.
mist [mɪst] **1.** *s* (feiner *or* leichter) Nebel; Dunst *m*; **2.** *v/i* sich trüben; beschlagen.
mis|take [mɪ'steɪk] **1.** *v/t* (**-took**, **-taken**) sich irren in (*dat*); verkennen; mißverstehen; verwechseln (**for** mit); **2.** *s* Mißverständnis *n*; Irrtum *m*; Versehen *n*; Fehler *m*; **~·tak·en** [~ən] *adj* □ irrig, falsch (verstanden); **be ~** sich irren.
mis·ter ['mɪstə] *s* (*before the name* ♀) Herr *m* (*abbr*. **Mr**).
mis·tle·toe *bot*. ['mɪsltəʊ] *s* Mistel *f*.
mis·tress ['mɪstrɪs] *s* Herrin *f*; *of household*: Frau *f* des Hauses; *esp*. *Br*. *teacher*: Lehrerin *f*; *lover*: Geliebte *f*; *expert*: Meisterin *f*, Expertin *f*.
mis·trust [mɪs'trʌst] **1.** *v/t* mißtrauen (*dat*); **2.** *s* Mißtrauen *n*; **~·ful** *adj* □ mißtrauisch.
mist·y ['mɪstɪ] *adj* □ (**-ier**, **-iest**) neb(e)lig; unklar.

M

mis·un·der|stand [mɪsʌndə'stænd] *v/t* (*-stood*) mißverstehen; *j-n* nicht verstehen; **~·stand·ing** *s* Mißverständnis *n*; **~·stood** *adj* unverstanden, *writer, etc.*: verkannt.
mis|us·age [mɪs'ju:zɪdʒ] *s* Mißbrauch *m*; Mißhandlung *f*; **~·use 1.** *v/t* [mɪs'ju:z] mißbrauchen, -handeln; **2.** *s* [~s] Mißbrauch *m*.
mite [maɪt] *s zo.* Milbe *f*; *small child or animal*: Wurm *m*, kleines Ding; *hist.* Heller *m*; *fig.* Scherflein *n*.
mit·i·gate ['mɪtɪgeɪt] *v/t* mildern, lindern.
mi·tre, *Am.* **-ter** ['maɪtə] *s* Mitra *f*, Bischofsmütze *f*.
mitt [mɪt] *s baseball*: (Fang)Handschuh *m*; *sl.* Boxhandschuh *m*; → ***mitten***.
mit·ten ['mɪtn] *s* Fausthandschuh *m*; Halbhandschuh *m* (*with bare fingers*).
mix [mɪks] *v/t and v/i* (sich) (ver)mischen; mixen; verkehren (***with*** mit); **~ed** gemischt; *fig.* zweifelhaft; ***~ed doubles*** *sports*: gemischtes Doppel, Mixed *n*; ***~ed school*** *esp. Br.* Koedukationsschule *f*; ***~ up*** durcheinanderbringen; ***be ~ed up with*** in *e-e Sache* verwickelt sein; **~·ture** ['mɪkstʃə] *s* Mischung *f*.
moan [məʊn] **1.** *s* Stöhnen *n*; **2.** *v/i* stöhnen.
moat [məʊt] *s* Burg-, Wassergraben *m*.
mob [mɒb] **1.** *s* Mob *m*, Pöbel *m*; **2.** *v/t* (*-**bb**-*) (lärmend) bedrängen; *gang*: herfallen über (*acc*), angreifen.
mo·bile ['məʊbaɪl] *adj* beweglich; *mil.* mobil, motorisiert; *face*: lebhaft; *work-force*: mobil; ***~ home*** *esp. Am.* Wohnwagen *m*.
mo·bil·i|za·tion *mil.* [məʊbɪlaɪ'zeɪʃn] *s* Mobilmachung *f*; **~ze** *mil.* ['məʊbɪlaɪz] *v/t and v/i* mobil machen.
moc·ca·sin ['mɒkəsɪn] *s* weiches Leder; Mokassin *m* (*shoe*).
mock [mɒk] **1.** *s* Spott *m*; **2.** *adj* Schein...; falsch, nachgemacht; **3.** *v/t* verspotten; nachmachen; täuschen; spotten (*gen*); *v/i* spotten (***at*** über *acc*); **~·e·ry** *s* Spott *m*, Hohn *m*, Spötterei *f*; Gespött *n*; Nachäfferei *f*; **~·ing-bird** *s zo.* Spottdrossel *f*; **~ tur·tle soup** *s* Mockturtlesuppe *f*, falsche Schildkrötensuppe.
mode [məʊd] *s* (Art *f* u.) Weise *f*; (Erscheinungs)Form *f*; Mode *f*, Brauch *m*.
mod·el ['mɒdl] **1.** *s* Modell *n*; Muster *n*; Vorbild *n*; Mannequin *n*, (Foto)Modell *n*; ***male ~*** Dressman *m*; **2.** *adj* Muster...; **3.** *v/t* (*esp. Br.* **-ll-**, *Am.* **-l-**) modellieren; (ab)formen; *show clothes, etc.*: vorführen; *fig.* formen, bilden; *v/i for an artist*: Modell stehen; als Mannequin *or* (Foto)Modell arbeiten.
mod·e|rate 1. *adj* □ ['mɒdərət] (mittel-)mäßig; gemäßigt; vernünftig, angemessen; **2.** *v/t and v/i* [~reɪt] (sich) mäßigen; **~·ra·tion** [~'reɪʃn] *s* Mäßigung *f*; Mäßigkeit *f*.
mod·ern ['mɒdən] *adj* modern, neu; **~·ize** [~aɪz] *v/t* modernisieren.
mod|est ['mɒdɪst] *adj* □ bescheiden; anständig, sittsam; **~·es·ty** *s* Bescheidenheit *f*.
mod·i|fi·ca·tion [mɒdɪfɪ'keɪʃn] *s* Ab-, Veränderung *f*; Einschränkung *f*; **~·fy** ['mɒdɪfaɪ] *v/t* (ab)ändern; mildern.
mods *Br.* [mɒdz] *s pl in the sixties*: Halbstarke *pl*.
mod·ule ['mɒdju:l] *s* Verhältniszahl *f*; *tech.* Baueinheit *f*; *tech., electr.* Modul *n*, *electr. a.* Baustein *m*; *of spacecraft*: (Kommando- *etc.*)Kapsel *f*.
moi·e·ty ['mɔɪətɪ] *s* Hälfte *f*; Teil *m*.
moist [mɔɪst] *adj* feucht; **~·en** ['mɔɪsn] *v/t* be-, anfeuchten; *v/i* feucht werden; **mois·ture** [~stʃə] *s* Feuchtigkeit *f*.
mo·lar ['məʊlə] *s* Backenzahn *m*.
mo·las·ses [mə'læsɪz] *s sg* Melasse *f*; *Am.* Sirup *m*.
mole[1] *zo.* [məʊl] *s* Maulwurf *m*.
mole[2] [~] *s* Muttermal *n*.
mole[3] [~] *s* Mole *f*, Hafendamm *m*.
mol·e·cule ['mɒlɪkju:l] *s* Molekül *n*.
mole·hill ['məʊlhɪl] *s* Maulwurfshügel *m*; ***make a mountain out of a ~*** aus e-r Mücke e-n Elefanten machen.
mo·lest [məʊ'lest] *v/t* belästigen.
mol·li·fy ['mɒlɪfaɪ] *v/t* besänftigen, beruhigen.
mol·ly·cod·dle ['mɒlɪkɒdl] **1.** *s* Weichling *m*, Muttersöhnchen *n*; **2.** *v/t* verweichlichen, -zärteln.
mol·ten ['məʊltən] *adj* geschmolzen.
mom *Am.* F [mɒm] *s* Mami *f*, Mutti *f*.
mo·ment ['məʊmənt] *s* Moment *m*, Augenblick *m*; Bedeutung *f*; → ***momentum***; **mo·men·ta·ry** [~ərɪ] *adj* □ momentan, augenblicklich; vorübergehend; **mo·men·tous** [mə'mentəs] *adj* □

M

bedeutend, folgenschwer; **mo·men·tum** [mə'mentəm] *s phys.* (*pl* **-ta** [-tə], **-tums**) Moment *n*; Triebkraft *f*.

mon|arch ['mɒnək] *s* Monarch(in); **~·ar·chy** [~ɪ] *s* Monarchie *f*.

mon·as·tery ['mɒnəstrɪ] *s* (Mönchs-) Kloster *n*.

Mon·day ['mʌndɪ] *s* Montag *m*.

mon·e·ta·ry *econ.* ['mʌnɪtərɪ] *adj* monetär, währungspolitisch; Währungs...; Geld...; **~ union** Währungsunion *f*.

mon·ey ['mʌnɪ] *s* Geld *n*; ***ready* ~** Bargeld *n*; ***earn good* ~** gut verdienen; **~-box** *s* Sparbüchse *f*; **~-chang·er** *s* (Geld)Wechsler *m* (*person*); *Am.* Wechselautomat *m*; **~ or·der** *s* Postanweisung *f*.

mon·grel ['mʌŋgrəl] *s* Mischling *m*, Bastard *m*; *attr* Bastard...

mon·i·tor ['mɒnɪtə] **1.** *s tech.*, *TV*: Monitor *m*; *pupil*: (Klassen)Ordner *m*; **2.** *v/t* kontrollieren; *weather*, *etc.*: beobachten; *listen*: abhören.

monk [mʌŋk] *s* Mönch *m*.

mon·key ['mʌŋkɪ] **1.** *s zo.* Affe *m*; *tech.* Rammbock *m*; ***put s.o.'s* ~ *up*** F j-n auf die Palme bringen; **~ *business*** F fauler Zauber; Blödsinn *m*, Unfug *m*; **2.** *v/i*: **~ *about***, **~ *around*** F (herum)albern; **~ (*about or around*) *with*** F herummurksen an (*dat*); **~-wrench** *s tech. tool*: Engländer *m*.

monk·ish ['mʌŋkɪʃ] *adj* mönchisch.

mon·o F ['mɒnəʊ] *s* (*pl* **-os**) *Radio etc.*: Mono *n*; Monogerät *n*; *attr* Mono...

mon·o- ['mɒnəʊ] *adj* ein(fach), einzeln.

mon·o·chrome ['mɒnəkrəʊm] *adj* einfarbig, monochrom; *TV*, *etc.*: Schwarzweiß...

mon·o·cle ['mɒnəkl] *s* Monokel *n*.

mo·nog·a·my [mɒ'nɒgəmɪ] *s* Einehe *f*.

mon·o|logue, *Am. a.* **~·log** ['mɒnəlɒg] *s* Monolog *m*.

mo·nop·o|list [mə'nɒpəlɪst] *s* Monopolist *m*; **~·lize** *v/t* monopolisieren; *fig.* an sich reißen; **~·ly** *s* Monopol *n* (***of*** auf *acc*).

mo·not·o|nous [mə'nɒtənəs] *adj* □ monoton, eintönig; **~·ny** *s* Monotonie *f*.

mon·soon [mɒn'suːn] *s* Monsun *m*.

mon·ster ['mɒnstə] *s* Ungeheuer *n* (*a. fig.*); Monstrum *n*; *attr* Riesen...

mon|stros·i·ty [mɒn'strɒsətɪ] *s* Ungeheuer(lichkeit *f*) *n*; **~·strous** ['mɒnstrəs] *adj* □ ungeheuer(lich), gräßlich.

month [mʌnθ] *s* Monat *m*; ***this day* ~** heute in e-m Monat; **~·ly 1.** *adj* monatlich; Monats...; **2.** *s* Monatsschrift *f*.

mon·u·ment ['mɒnjʊmənt] *s* Denkmal *n*; **~·al** [mɒnjʊ'mentl] *adj* □ monumental; großartig; Gedenk...

moo [muː] *v/i* muhen.

mood [muːd] *s* Stimmung *f*, Laune *f*; **~s** *pl* schlechte Laune; **~·y** *adj* □ (**-ier**, **-iest**) launisch; übellaunig; niedergeschlagen.

moon [muːn] **1.** *s* Mond *m*; ***once in a blue* ~** F alle Jubeljahre (einmal); **2.** *v/i*: **~ *about***, **~ *around*** F herumirren; träumen, dösen; **~·light** *s* Mondlicht *n*, -schein *m*; **~·lit** *adj* mondhell; **~·struck** *adj* mondsüchtig; **~ walk** *s* Mondspaziergang *m*.

Moor[1] [mʊə] *s* Maure *m*, Mohr *m*.

moor[2] [~] *s* Moor *n*; Ödland *n*, Heideland *n*.

moor[3] *mar.* [~] *v/t* vertäuen; **~·ings** *s pl mar.* Vertäuung *f*; Liegeplatz *m*.

moose *zo.* [muːs] *s* nordamerikanischer Elch.

mop [mɒp] **1.** *s* Mop *m*; (Haar)Wust *m*; **2.** *v/t* (**-pp-**) auf-, abwischen.

mope [məʊp] *v/i* den Kopf hängen lassen.

mo·ped *Br. mot.* ['məʊped] *s* Moped *n*.

mor·al ['mɒrəl] **1.** *adj* □ moralisch; Moral..., Sitten...; **2.** *s* Moral *f*; Lehre *f*; **~s** *pl* Sitten *pl*; **mo·rale** [mɒ'rɑːl] *s esp. mil.*, *sports*, *etc.*: Moral *f*, Stimmung *f*, Haltung *f*; **mo·ral·i·ty** [mə'rælətɪ] *s* Moralität *f*; Sittlichkeit *f*, Moral *f*; **mor·al·ize** ['mɒrəlaɪz] *v/i* moralisieren.

mo·rass [mə'ræs] *s* Morast *m*, Sumpf *m*.

mor·bid ['mɔːbɪd] *adj* □ krankhaft.

more [mɔː] **1.** *adj and adv* mehr; noch (mehr); **~ *and* ~** immer mehr; **~ *and* ~ *difficult*** immer schwieriger; **2.** *s and pron*: ***no* ~** nichts mehr; ***no* ~ *than*** ebensowenig wie; ***once* ~** noch einmal, wieder; (***all***) ***the* ~ *so*** (nur) um so mehr; ***so much the* ~ *as*** um so mehr als.

mo·rel *bot.* [mɒ'rel] *s* Morchel *f*.

more·o·ver [mɔː'rəʊvə] *adv* außerdem, überdies, weiter, ferner.

morgue [mɔːg] *s Am.* Leichenschauhaus *n*; F (Zeitungs)Archiv *n*.

morn·ing ['mɔːnɪŋ] *s* Morgen *m*; Vormittag *m*; ***good* ~!** guten Morgen!; ***in***

M

the ~ morgens; morgen früh; ***tomorrow*** ~ morgen früh; ~ **pa·per** *s* Morgenzeitung *f*.
mo·ron ['mɔːrən] *s* Schwachsinnige(r *m*) *f*; *contp*. Idiot *m*.
mo·rose [mə'rəʊs] *adj* □ mürrisch.
mor·phine ['mɔːfiːn] *s* Morphium *n*.
Morse code ['mɔːskəʊd] *s* Morsealphabet *n*.
mor·sel ['mɔːsl] *s* Bissen *m*; Stückchen *n*, *fig*. das *or* ein bißchen.
mor·tal ['mɔːtl] **1.** *adj* □ sterblich; tödlich; Tod(es)...; **2.** *s* Sterbliche(r *m*) *f*; **~·i·ty** [mɔː'tælətɪ] *s* Sterblichkeit *f*.
mor·tar ['mɔːtə] *s* Mörser *m*; Mörtel *m*.
mort|gage ['mɔːgɪdʒ] **1.** *s* Hypothek *f*; **2.** *v/t* mit e-r Hypothek belasten, e-e Hypothek aufnehmen auf (*acc*); **~·gag·ee** [mɔːgə'dʒiː] *s* Hypothekengläubiger *m*; **~·gag·er** ['mɔːgɪdʒə], **~·ga·gor** [mɔːgə'dʒɔː] *s* Hypothekenschuldner *m*.
mor·ti·cian *Am*. [mɔː'tɪʃn] *s* Leichenbestatter *m*.
mor·ti|fi·ca·tion [mɔːtɪfɪ'keɪʃn] *s* Kränkung *f*; Ärger *m*; **~·fy** ['mɔːtɪfaɪ] *v/t* kränken; ärgern.
mor·tu·a·ry ['mɔːtjʊərɪ] *s* Leichenhalle *f*.
mo·sa·ic [məʊ'zeɪɪk] *s* Mosaik *n*.
mosque [mɒsk] *s* Moschee *f*.
mos·qui·to *zo*. [mə'skiːtəʊ] *s* (*pl* **-toes**) Moskito *m*; Stechmücke *f*.
M
moss *bot*. [mɒs] *s* Moos *n*; **~·y** *adj bot*. (**-ier**, **-iest**) moosig, bemoost.
most [məʊst] **1.** *adj* □ meiste(r, -s); die meisten; ~ ***people*** *pl* die meisten Leute *pl*; **2.** *adv* am meisten; *very*: höchst, äußerst; *forming the superlative*: ***the ~ important point*** der wichtigste Punkt; ~ ***of all*** am allermeisten; **3.** *s das* meiste, *das* Höchste; das meiste; die meisten *pl*; ***at*** (***the***) ~ höchstens; ***make the ~ of*** möglichst ausnutzen; **~·ly** *adv* hauptsächlich, meistens.
MOT [eməʊ'tiː] *s* F *Br*. *appr*. TÜV *m*.
mo·tel [məʊ'tel] *s* Motel *n*.
moth *zo*. [mɒθ] *s* Motte *f*; **~-eat·en** ['mɒθiːtn] *adj* mottenzerfressen.
moth·er ['mʌðə] **1.** *s* Mutter *f*; **2.** *v/t* bemuttern; ~ **coun·try** *s* Vater-, Heimatland *n*; Mutterland *n*; **~·hood** *s* Mutterschaft *f*; **~-in-law** *s* Schwiegermutter *f*; **~·ly** *adj* mütterlich; **♀'s Day** *s* Muttertag *m*; ~ **tongue** *s* Muttersprache *f*.

mo·tif *mus*., *paint*. [məʊ'tiːf] *s* (Leit)Motiv *n*.
mo·tion ['məʊʃn] **1.** *s* Bewegung *f*; Gang *m* (*a*. *tech*.); *parl*. Antrag *m*; *physiol*. Stuhlgang *m*, *often* **~s** *pl* Stuhl *m*; **2.** *v/t* *j-m* (zu)winken, *j-m* ein Zeichen geben; *v/i* winken; **~·less** *adj* bewegungslos; ~ **pic·ture** *s* Film *m*.
mo·ti|vate ['məʊtɪveɪt] *v/t* motivieren, begründen; **~·va·tion** [məʊtɪ'veɪʃn] *s* Motivierung *f*, Begründung *f*; Motivation *f*.
mo·tive ['məʊtɪv] **1.** *s* Motiv *n*, Beweggrund *m*; **2.** *adj* bewegend, treibend (*a*. *fig*.); Antriebs...
mot·ley ['mɒtlɪ] *adj* bunt, scheckig.
mo·tor ['məʊtə] **1.** *s* Motor *m*; *fig*. treibende Kraft; *Br*. *dated*: Auto *n*; **2.** *adj* motorisch; bewegend; Motor...; Kraft...; Auto...; **3.** *v/i Br*. *dated*: mit dem Auto fahren; ~ **bi·cy·cle** *s* Motorrad *n*; *Am*. Moped *n*; *Am*. Mofa *n*; **~·bike** *s* F Motorrad *n*; *Am*. Moped *n*; *Am*. Mofa *n*; **~·boat** *s* Motorboot *n*; ~ **bus** *s* Autobus *m*; **~·cade** *s* Autokolonne *f*; ~ **car** *s Br*. *dated*: (Kraft)Wagen *m*, Kraftfahrzeug *n*, Auto(mobil) *n*; ~ **coach** *s* Reisebus *m*; ~ **cy·cle** *s* Motorrad *n*; **~-cy·clist** *s* Motorradfahrer(in); **~·ing** *s* Autofahren *n*; ***school of*** ~ Fahrschule *f*; **~·ist** *s* Kraft-, Autofahrer(in); **~·ize** *v/t* motorisieren; ~ **launch** *s* Motorbarkasse *f*; **~·way** *s Br*. Autobahn *f*.
mot·tled ['mɒtld] *adj* gefleckt.
mo(u)ld [məʊld] **1.** *s agr*. Gartenerde *f*, Humus(boden) *m*; Schimmel *m*, Moder *m*; *tech*. (Guß)Form *f* (*a*. *fig*.); *geol*. Abdruck *m*; *character*: Art *f*; **2.** *v/t* formen, gießen (***on***, ***upon*** nach).
mo(u)l·der ['məʊldə] *v/i* zerfallen.
mo(u)ld·y ['məʊldɪ] *adj* (**-ier**, **-iest**) schimm(e)lig, dumpfig, mod(e)rig.
mo(u)lt [məʊlt] *v/i and v/t* (sich) mausern; *hair*: verlieren.
mound [maʊnd] *s* Erdhügel *m*, -wall *m*.
mount [maʊnt] **1.** *s* Berg *m*; Reitpferd *n*; **2.** *v/i* (auf-, hoch)steigen; aufsitzen, aufs Pferd steigen; *v/t* be-, ersteigen; montieren; aufziehen, -kleben; *jewel*: fassen; ***~ed police*** berittene Polizei.
moun·tain ['maʊntɪn] **1.** *s* Berg *m*; **~s** *pl* Gebirge *n*; **2.** *adj* Berg..., Gebirgs...; **~·eer** [~'nɪə] *s* Bergbewohner(in); Bergsteiger(in); **~·eer·ing** [~'nɪərɪŋ] *s* Berg-

steigen *n*; **~·ous** ['~əs] *adj* bergig, gebirgig.
mourn [mɔːn] *v/t and v/i* (be)trauern; trauern um; **~·er** *s* Trauernde(r *m*) *f*; **~·ful** *adj* □ traurig; Trauer...; **~·ing** *s* Trauer *f*; *attr* Trauer...
mouse [maʊs] *s* (*pl* **mice** [maɪs]) Maus *f* (*a. computer*).
mous·tache [mə'stɑːʃ], *Am.* **mus·tache** ['mʌstæʃ] *s* Schnurrbart *m.*
mouth [maʊθ] *s* (*pl* **mouths** [maʊðz]) Mund *m*; Maul *n*; Mündung *f*; Öffnung *f*; **~·ful** *s* Schluck *m*; Bissen *m*; **~·or·gan** *s* Mundharmonika *f*; **~·piece** *s* Mundstück *n*; *fig.* Sprachrohr *n.*
mo·va·ble ['muːvəbl] *adj* □ beweglich.
move [muːv] **1.** *v/t* (fort)bewegen; in Bewegung setzen; (weg)rücken; (an)treiben; *chess, etc.*: e-n Zug machen mit; *et.* beantragen; *provoke*: er-, aufregen; *affect*: bewegen, rühren, ergreifen; **~ *down*** *pupil*: zurückstufen; **~ *up*** *pupil*: versetzen; **~ *house*** *Br.* umziehen; **~ *heaven and earth*** Himmel und Hölle in Bewegung setzen; *v/i* sich (fort)bewegen; sich rühren; *chess*: ziehen; (um)ziehen (**to** nach); *med.* sich entleeren; *fig.* voran-, fortschreiten; **~ *away*** weg-, fortziehen; **~ *for s.th.*** et. beantragen; **~ *in*** einziehen; anrücken (*police, etc.*); vorgehen (**on** *demonstrators, etc.* gegen); **~ *on*** weitergehen; **~ *out*** ausziehen; **2.** *s* (Fort)Bewegung *f*, Aufbruch *m*; Umzug *m*; *chess, etc.*: Zug *m*; *fig.* Schritt *m*; ***on the ~*** in Bewegung; auf den Beinen; ***get a ~ on!*** Tempo!, mach(t) schon!, los!; ***make a ~*** aufbrechen; *fig.* handeln; **~·a·ble** → ***movable***; **~·ment** *s* Bewegung *f*; *tendency, etc.*: Bestrebung *f*, Tendenz *f*, Richtung *f*; *mus.* Tempo *n*; *mus.* Satz *m*; *tech.* (Geh)Werk *n*; *physiol.* Stuhlgang *m.*
mov·ie *esp. Am.* F ['muːvɪ] *s* Film *m*; **~s** *pl* Kino *n.*
mov·ing ['muːvɪŋ] *adj* □ bewegend (*a. fig.*); sich bewegend, beweglich; **~ *staircase*** Rolltreppe *f.*
mow [məʊ] *v/t and v/i* (**~ed**, **~n** *or* **~ed**) mähen; **~·er** ['məʊə] *s* Mäher(in); Mähmaschine *f*, *esp.* Rasenmäher *m*; **~·ing-ma·chine** *s* Mähmaschine *f*; **~n** *pp of* **mow.**
much [mʌtʃ] **1.** *adj* (**more**, **most**) viel; **2.** *adv* sehr; *in compounds*: viel...; *before comp*: viel; *before sup*: bei weitem; fast; ***~ as I would like*** so gern ich möchte; ***I thought as ~*** das dachte ich mir; ***~ to my surprise*** zu m-r großen Überraschung; → ***so***; **3.** *s* Menge *f*, große Sache, Besondere(s) *n*; ***make ~ of*** viel Wesens machen von; ***I am not ~ of a dancer*** F ich bin kein großer Tänzer.
muck [mʌk] *s* Mist *m* (F *a. fig.*); **~·rake** **1.** *s* Mistgabel *f*; **2.** *v/i* Skandale aufdekken; *contp.* im Schmutz wühlen.
mud [mʌd] *s* Schlamm *m*; Kot *m*, Schmutz *m* (*a. fig.*).
mud·dle ['mʌdl] **1.** *v/t* verwirren; *a.* **~ *up***, **~ *together*** durcheinanderbringen; F benebeln; *v/i* pfuschen, stümpern; **~ *through*** F sich durchwursteln; **2.** *s* Durcheinander *n*; Verwirrung *f.*
mud|dy ['mʌdɪ] *adj* □ (**-ier**, **-iest**) schlammig; trüb; **~·guard** *s* Kotflügel *m*; Schutzblech *n.*
muff [mʌf] *s* Muff *m.*
muf·fle ['mʌfl] *v/t often* **~ *up*** ein-, umhüllen, umwickeln; *voice, etc.*: dämpfen; **~r** *s* (dicker) Schal; *Am. mot.* Auspufftopf *m.*
mug¹ [mʌg] *s* Krug *m*; Becher *m.*
mug² F [~] *v/t* (**-gg-**) überfallen u. ausrauben; **~·ger** *s* F Straßenräuber *m*; **~·ging** *s* F Raubüberfall *m.*
mug·gy ['mʌgɪ] *adj* schwül.
mug·wump *Am. iro.* ['mʌgwʌmp] *s* hohes Tier; *pol.* Unabhängige(r) *m.*
mu·lat·to *mst contp.* [mjuː'lætəʊ] *s* (*pl* **-tos**, *Am.* **-toes**) Mulatt|e *m*, -in *f.*
mul·ber·ry *bot.* ['mʌlbərɪ] *s* Maulbeerbaum *m*; Maulbeere *f.*
mule [mjuːl] *s zo.* Maultier *n*, -esel *m*; *fig.* störrischer Mensch; **mu·le·teer** [~ɪ'tɪə] *s* Maultiertreiber *m.*
mull¹ [mʌl] *s* Mull *m.*
mull² [~] *v/i*: **~ *over*** überdenken.
mulled [mʌld] *adj*: **~ *claret***, **~ *wine*** Glühwein *m.*
mul·li·gan *Am.* F ['mʌlɪgən] *s* Eintopfgericht *n.*
mul·ti- ['mʌltɪ] *in compounds*: viel..., mehr..., ...reich, Mehrfach..., Multi...
mul·ti|chan·nel [mʌltɪ'tʃænl] *adj TV, etc.*: Mehrkanal...; **~·cul·tu·ral** *adj society*: multikulturell; **~·far·i·ous** [~'feərɪəs] *adj* mannigfaltig; **~·form** *adj* vielförmig, -gestaltig; **~·lat·e·ral** *adj* vielseitig; *pol.* multilateral, mehrseitig;

M

~·lin·gual *adj dictionary, etc.*: mehrsprachig; **~·na·tion·al 1.** *s* multinationaler Konzern, F Multi *m*; **2.** *adj* multinational; **~-par·ty sys·tem** *s pol.* Mehrparteiensystem *n*; **~·ple** ['mʌltɪpl] **1.** *adj* vielfach; **2.** *s math.* Vielfache(s) *n*; **~·pli·ca·tion** [~plɪ'keɪʃn] *s* Vervielfachung *f*; Vermehrung *f*; *math.* Multiplikation *f*; **~ *table*** Einmaleins *n*; **~·pli·ci·ty** [~'plɪsətɪ] *s* Vielfalt *f*; **~·ply** ['~plaɪ] *v/t and v/i* (sich) vermehren (*a. biol.*); vervielfältigen; *math.* multiplizieren, malnehmen (***by*** mit); ***~ 3 by 4*** drei mit vier multiplizieren *or* malnehmen.
mul·ti·sto·rey [mʌltɪ'stɔːrɪ] *adj* mehrstöckig; ***~ car-park*** Park(hoch)haus *n*.
mul·ti|tude ['mʌltɪtjuːd] *s* Vielheit *f*; Menge *f*; **~·tu·di·nous** [mʌltɪ'tjuːdɪnəs] *adj* zahlreich.
mum¹ [mʌm] **1.** *int*: ***~'s the word*** nichts verraten!; **2.** *adj*: ***keep ~*** den Mund halten.
mum² *Br.* F [~] *s* Mami *f*, Mutti *f*.
mum·ble ['mʌmbl] *v/t and v/i* murmeln, nuscheln.
mum·my¹ ['mʌmɪ] *s* Mumie *f*.
mum·my² *Br.* F [~] *s* Mami *f*, Mutti *f*.
mumps *med.* [mʌmps] *s sg* Ziegenpeter *m*, Mumps *m*.
munch [mʌntʃ] *v/t and v/i* geräuschvoll *or* schmatzend kauen, mampfen.
mun·dane [mʌn'deɪn] *adj* □ weltlich.
mu·ni·ci·pal [mjuː'nɪsɪpl] *adj* □ städtisch, Stadt..., kommunal, Gemeinde...; **~·i·ty** [mjuːnɪsɪ'pælətɪ] *s* Stadt *f* mit Selbstverwaltung; Stadtverwaltung *f*.
mu·ral ['mjʊərəl] **1.** *s* Wandgemälde *n*; **2.** *adj* Mauer..., Wand...
mur·der ['mɜːdə] **1.** *s* Mord *m*; ***it was ~*** *a. fig.* es war mörderisch; ***she can get away with ~*** sie kann sich alles erlauben; **2.** *v/t* (er)morden; *fig.* F verhunzen; **~·er** *s* Mörder *m*; **~·ess** *s* Mörderin *f*; **~·ous** *adj* □ mörderisch; Mord...
murk·y ['mɜːkɪ] *adj* □ (***-ier***, ***-iest***) dunkel, finster.
mur·mur ['mɜːmə] **1.** *s* Murmeln *n*; Gemurmel *n*; Murren *n*; **2.** *v/t and v/i* murmeln; murren.
mur·rain ['mʌrɪn] *s* Viehseuche *f*.
mus|cle ['mʌsl] *s* Muskel *m*; **~·cu·lar** ['mʌskjʊlə] *adj* Muskel...; muskulös.
Muse¹ [mjuːz] *s* Muse *f*.
muse² [~] *v/i* (nach)sinnen, (-)grübeln.
mu·se·um [mjuː'zɪəm] *s* Museum *n*.
mush [mʌʃ] *s* Brei *m*, Mus *n*; *Am.* Maisbrei *m*.
mush·room ['mʌʃrʊm] **1.** *bot.* Pilz *m*, *esp.* Champignon *m*; **2.** *v/i* rasch wachsen; ***~ up*** (wie Pilze) aus dem Boden schießen.
mu·sic ['mjuːzɪk] *s* Musik *f*; Musikstück *n*; Noten *pl*; ***set to ~*** vertonen; *fig.* ***that's ~ to my ears*** das ist Musik in meinen Ohren; **~·al 1.** *s* Musical *n*; **2.** *adj* □ musikalisch; Musik...; wohlklingend; ***~ box*** *esp. Br.* Spieldose *f*; **~ box** *s esp. Am.* Spieldose *f*; **~-hall** *s Br.* Varieté(theater) *n*; **mu·si·cian** [mjuː'zɪʃn] *s* Musiker(in); **~-stand** *s* Notenständer *m*; **~-stool** *s* Klavierstuhl *m*.
musk [mʌsk] *s* Moschus *m*, Bisam *m*; **~-deer** *zo.* [mʌsk'dɪə] *s* Moschustier *n*.
mus·ket *mil. hist.* ['mʌskɪt] *s* Muskete *f*.
musk-rat ['mʌskræt] *s zo.* Bisamratte *f*; Bisampelz *m*.
muss *Am.* F [mʌs] *s* Durcheinander *n*.
mus·sel *zo.* ['mʌsl] *s* (Mies)Muschel *f*.
must¹ [mʌst] **1.** *v/aux* müssen; dürfen; ***I ~ go to the bank*** ich muß auf die Bank; ***you ~ not*** (F ***mustn't***) du darfst nicht; ***you ~ be crazy*** du bist wohl verrückt!; **2.** *s* Muß *n*; ***this film is a(n absolute) ~*** diesen Film muß man (unbedingt) gesehen haben..
must² [~] *s* Schimmel *m*, Moder *m*.
must³ [~] *s* Most *m*.
mus·tache *Am.* ['mʌstæʃ] → ***moustache.***
mus·ta·chi·o [mə'stɑːʃɪəʊ] *s* (*pl* ***-os***) *mst* **~s** *pl* Schnauzbart *m*.
mus·tard ['mʌstəd] *s* Senf *m*.
mus·ter ['mʌstə] **1.** *s mil.* Appell *m*; ***pass ~*** *fig.* den Anforderungen genügen (***with*** bei); **2.** *v/t mil.* versammeln, antreten lassen; *a.* **~ *up*** *courage, etc.*: aufbieten, zusammennehmen.
must·y ['mʌstɪ] *adj* (***-ier***, ***-iest***) mod(e)rig, muffig.
mu·ta|ble ['mjuːtəbl] *adj* □ veränderlich; *fig.* wankelmütig; **~·tion** [mjuː'teɪʃn] *s* Veränderung *f*; *biol.* Mutation *f*.
mute [mjuːt] **1.** *adj* □ stumm; **2.** *s* Stumme(r *m*) *f*; Statist(in); **3.** *v/t* dämpfen.
mu·ti·late ['mjuːtɪleɪt] *v/t* verstümmeln.
mu·ti|neer [mjuːtɪ'nɪə] *s* Meuterer *m*;

M

~·nous ['mju:tɪnəs] *adj* □ meuterisch; rebellisch; **~·ny** ['mju:tɪnɪ] **1.** *s* Meuterei *f*; **2.** *v/i* meutern.
mut·ter ['mʌtə] **1.** *s* Gemurmel *n*; Murren *n*; **2.** *v/t and v/i* murmeln; murren.
mut·ton ['mʌtn] *s* Hammel-, Schaffleisch *n*; ***leg of ~*** Hammelkeule *f*; **~ chop** *s* Hammelkotelett *n*.
mu·tu·al ['mju:tʃʊəl] *adj* □ wechselseitig, gegenseitig; F *shared*: gemeinsam.
muz·zle ['mʌzl] **1.** *s zo.* Maul *n*, Schnauze *f*; Mündung *f* (*of gun*); Maulkorb *m*; **2.** *v/t* e-n Maulkorb anlegen (*dat*); *fig.* den Mund stopfen (*dat*).
my [maɪ] *pron* mein(e).
my·self [maɪ'self] *pron* (ich) selbst; mir; mich; ***by ~*** allein.
mys·te|ri·ous [mɪ'stɪərɪəs] *adj* □ geheimnisvoll, mysteriös; **~·ry** ['mɪstərɪ] *s* Mysterium *n*; Geheimnis *n*; Rätsel *n*.
mys|tic ['mɪstɪk] **1.** *adj a.* **~·tic·al** [~kl] □ mystisch; geheimnisvoll; **2.** *s* Mystiker(in); **~·ti·fy** [~faɪ] *v/t* täuschen; verwirren; in Dunkel hüllen.
myth [mɪθ] *s* Mythe *f*, Mythos *m*, Sage *f*.

N

nab F [næb] *v/t* (**-bb-**) schnappen, erwischen.
nag [næg] **1.** *s* F Gaul *m*, Klepper *m*; **2.** (**-gg-**) *v/i* nörgeln, F meckern; ***~ at*** herumnörgeln an (*dat*); *v/t* herumnörgeln, -meckern an (*dat*).
nail [neɪl] **1.** *s* (Finger-, Zehen)Nagel *m*; *tech.* Nagel *m*; *zo.* Kralle *f*, Klaue *f*; **2.** *v/t* (an-, fest)nageln; *eyes, etc.*: heften (***to*** auf *acc*); **~·ar·i·um** [neɪ'lærɪəm] *s Am.* Maniküresalon *m*, Nagelstudio *n*; **~ e·nam·el, ~ pol·ish** *s Am.* Nagellack *m*; ***~ remover*** Nagellackentferner *m*; **~ scis·sors** *s pl* Nagelschere *f*; **~ var·nish** *s Br.* Nagellack *m*.
na·ïve, na·ive [nɑ:'i:v] *adj* □ naiv.
na·ked ['neɪkɪd] *adj* □ nackt, bloß; kahl; *fig.* ungeschminkt; **~·ness** *s* Nacktheit *f*, Blöße *f*; Kahlheit *f*; *fig.* Ungeschminktheit *f*.
name [neɪm] **1.** *s* Name *m*; Ruf *m*; ***by the ~ of*** ... namens ...; ***what's your ~?*** wie heißen Sie?; ***call s.o. ~s*** j-n beschimpfen; **2.** *v/t* (be)nennen; erwähnen; ernennen zu; **~·less** *adj* □ namenlos; unbekannt; **~·ly** *adv* nämlich; **~·plate** *s* Namens-, Tür-, Firmenschild *n*; **~·sake** [~seɪk] *s* Namensvetter *m*.
nan·ny ['nænɪ] *s* Kindermädchen *n*; **~·goat** *s zo.* Ziege *f*.
nap [næp] **1.** *s* Schläfchen *n*; ***have or take a ~*** → **2.** *v/i* (**-pp-**) ein Nickerchen machen.
nape [neɪp] *s mst **~ of the neck*** Genick *n*, Nacken *m*.
nap|kin ['næpkɪn] *s* Serviette *f*; *Br.* Windel *f*; **~·py** *Br.* F ['næpɪ] *s* Windel *f*.
nar·co·sis *med.* [nɑ:'kəʊsɪs] *s* (*pl* **-ses** [-si:z]) Narkose *f*.
nar·cot·ic [nɑ:'kɒtɪk] **1.** *adj* (***~ally***) narkotisch, betäubend, einschläfernd; Rauschgift...; ***~ addiction*** Rauschgiftsucht *f*; ***~ drug*** Rauschgift *n*; **2.** *s* Betäubungsmittel *n*; Rauschgift *n*; ***~s squad*** Rauschgiftdezernat *n*.
nar|rate [nə'reɪt] *v/t* erzählen; **~·ra·tion** [~ʃn] *s* Erzählung *f*; **~·ra·tive** ['nærətɪv] **1.** *adj* □ erzählend; **2.** *s* Erzählung *f*; **~·ra·tor** [nə'reɪtə] *s* Erzähler(in).
nar·row ['nærəʊ] **1.** *adj* eng, schmal; beschränkt; knapp (*majority*, *escape*); engherzig; **2. ~s** *s pl* Engpaß *m*; Meerenge *f*; **3.** *v/i and v/t* (sich) verengen; beschränken; einengen; *stitch*: abnehmen; **~·chest·ed** *adj* schmalbrüstig; **~·mind·ed** *adj* □ engherzig, -stirnig, beschränkt; **~·ness** *s* Enge *f*; Beschränktheit *f* (*a. fig.*); Engherzigkeit *f*.
na·sal ['neɪzl] *adj* □ nasal; Nasen...
nas·ty ['nɑ:stɪ] *adj* □ (**-ier**, **-iest**) schmutzig; garstig; eklig, widerlich; böse; häßlich; abstoßend, unangenehm.

N

na·tal ['neɪtl] *adj* Geburts...
na·tion ['neɪʃn] *s* Nation *f*, Volk *n*.
na·tion·al ['næʃənl] **1.** *adj* □ national, National..., Landes..., Volks..., Staats...; **2.** *s* Staatsangehörige(r *m*) *f*; **~ an·them** *s* Nationalhymne *f*; **~ dress** *s* National-, Landestracht *f*; **♀ Health (Ser·vice)** *s Br.* staatlicher Gesundheitsdienst; **~ hol·i·day** *s* gesetzlicher Feiertag; **♀ In·sur·ance** *s Br.* Sozialversicherung *f*.
na·tion·al|i·ty [næʃə'nælətɪ] *s* Nationalität *f*, Staatsangehörigkeit *f*; **~·is·m** ['næʃənəlɪzm] *s* Nationalismus *m*; **~·ist** *s* Nationalist(in); **~·ize** *v/t person*: naturalisieren, einbürgern; *property*: verstaatlichen.
na·tion·al| park [næʃənl'pa:k] *s* Nationalpark *m*; **♀ So·cial·is·m** *s hist. der* Nationalsozialismus; **♀ So·cial·ist** *hist.* **1.** *adj* nationalsozialistisch; **2.** *s* Nationalsozialist(in).
na·tion-wide ['neɪʃnwaɪd] *adj* die ganze Nation umfassend, landesweit.
na·tive ['neɪtɪv] **1.** *adj* □ angeboren; heimatlich, Heimat...; eingeboren; einheimisch; **~ *language*** Muttersprache *f*; **2.** *s* Eingeborene(r *m*) *f*; **~ *speaker*** Muttersprachler(in); **~-born** *adj* gebürtig.
nat·u·ral ['nætʃrəl] *adj* □ natürlich; angeboren; ungezwungen; **~ *science*** Naturwissenschaft *f*; **~·ist** *s* Naturforscher(in), *esp.* Biolog|e *m*, -in *f*; *phls.* Naturalist(in); **~·ize** *v/t* einbürgern; **~·ly** *adv* von Natur aus; natürlich (*a. of course*); **~·ness** *s* Natürlichkeit *f*.
na·ture ['neɪtʃə] *s* Natur *f*; **~ *reserve*** Naturschutzgebiet *n*; **~ *trail*** Naturlehrpfad *m*.
-na·tured ['neɪtʃəd] *in compounds*: ...artig, ...mütig.
na·tur·is·m ['neɪtʃərɪzəm] → ***nudism***; **na·tur·ist** ['neɪtʃərɪst] → ***nudist***.
naugh·ty ['nɔ:tɪ] *adj* □ (**-*ier***, **-*iest***) unartig, frech, ungezogen.
nau·se|a ['nɔ:sɪə] *s* Übelkeit *f*; Ekel *m*; **~·ate** ['nɔ:sɪeɪt] *v/t*: **~ *s.o.*** (bei) j-m Übelkeit verursachen; ***be ~d*** sich ekeln; **~·at·ing** *adj* ekelerregend; **~·ous** ['nɔ:sɪəs] *adj* □ ekelhaft.
nau·ti·cal ['nɔ:tɪkl] *adj* nautisch, See...
na·val *mil.* ['neɪvl] *adj* See...; Marine...; **~ *base*** Flottenstützpunkt *m*.
na·vel ['neɪvl] *s anat.* Nabel *m*; *fig.* Mittelpunkt *m*.
nav·i|ga·ble ['nævɪgəbl] *adj* □ schiffbar; fahrbar; lenkbar; **~·gate** [~eɪt] *v/i* fahren, segeln; steuern; *v/t sea, etc.*: befahren; steuern; **~·ga·tion** [~'geɪʃn] *s* Schiffahrt *f*; Navigation *f*; **~·ga·tor** ['~geɪtə] *s mar.* Seefahrer *m*; *mar.* Steuermann *m*; *aer.* Navigator *m*.
na·vy ['neɪvɪ] *s* Kriegsmarine *f*.
near [nɪə] **1.** *adj and adv* nahe; kurz (*distance*); *related*: nahe verwandt; *friend*: eng befreundet *or* vertraut; knapp; genau, wörtlich; sparsam, geizig; ***~ at hand*** dicht dabei; **2.** *prp* nahe, in der Nähe (*gen*) *or* von, nahe an (*dat*) *or* bei; **3.** *v/t* sich nähern (*dat*); **~·by** *adj and adv* in der Nähe (gelegen); nahe; **~·ly** *adv* nahe; fast, beinahe; annähernd; genau; **~·ness** *s* Nähe *f*; **~·side** *s Br. mot.* Beifahrerseite *f*; **~ *door*** Beifahrertür *f*; **~-sight·ed** *adj* kurzsichtig.
neat [ni:t] *adj* □ ordentlich; sauber; gepflegt; hübsch, adrett; *esp. Br.* pur (*whisky, etc.*); **~·ness** *s* Sauberkeit *f*; nettes Aussehen; Gewandtheit *f*.
neb·u·lous ['nebjʊləs] *adj* □ neb(e)lig.
ne·ces|sa·ry ['nesəsərɪ] **1.** *adj* □ notwendig; unvermeidlich; **2.** *s mst* ***necessaries*** *pl* Bedürfnisse *pl*; **~·si·tate** [nɪ'sesɪteɪt] *v/t et.* erfordern, verlangen; **~·si·ty** [~ətɪ] *s* Notwendigkeit *f*; Bedürfnis *n*; Not *f*.
neck [nek] **1.** *s* (*a. of bottle*) Hals *m*; Nacken *m*, Genick *n*; Ausschnitt *m* (*of dress*); ***~ and ~*** Kopf an Kopf; ***~ or nothing*** auf Biegen od. Brechen; F ***be a pain in the ~*** j-m auf die Nerven (*or* F auf den Geist) gehen; **2.** *v/t and v/i* F (ab)knutschen, knutschen *or* schmusen (mit); **~·er·chief** ['nekətʃɪf] *s* Halstuch *n*; **~·ing** *s* F Geschmuse *n*, Geknutsche *n*; **~·lace** ['neklɪs], **~·let** [~lɪt] *s* Halskette *f*; **~·line** *s* (*of dress, etc.*) Ausschnitt *m*; **~·tie** *s Am.* Krawatte *f*, Schlips *m*.
nec·ro·man·cy ['nekrəʊmænsɪ] *s* Toten-, Geisterbeschwörung *f*.
née, *Am. a.* **nee** [neɪ] *adj before a woman's original family name*: geborene ...
need [ni:d] **1.** *s* Not *f*; Notwendigkeit *f*; Bedürfnis *n*; Mangel *m*, Bedarf *m*; ***be or stand in ~ of*** dringend brauchen; ***if ~ be*** falls nötig, nötigenfalls; **2.** *v/t* nötig haben, brauchen, bedürfen (*gen*);

N

v/aux müssen, brauchen; **~·ful** *adj* □ notwendig.
nee·dle ['ni:dl] **1.** *s* Nadel *f*; Zeiger *m*; **2.** *v/t* nähen; *fig.* F aufziehen, reizen; *fig.* anstacheln.
need·less ['ni:dlɪs] *adj* □ unnötig.
nee·dle|wom·an ['ni:dlwʊmən] *s* Näherin *f*; **~·work** *s* Handarbeit *f*.
need·y ['ni:dɪ] *adj* □ (**-ier**, **-iest**) bedürftig, arm.
ne·gate [nɪ'geɪt] *v/t* verneinen; **ne·ga·tion** [nɪ'geɪʃn] *s* Verneinung *f*; **neg·a·tive** ['negətɪv] **1.** *adj* □ negativ; verneinend; **2.** *s* Verneinung *f*; *phot.* Negativ *n*; ***answer in the ~*** verneinen; **3.** *v/t* verneinen; ablehnen.
ne·glect [nɪ'glekt] **1.** *s* Vernachlässigung *f*; Nachlässigkeit *f*; **2.** *v/t* vernachlässigen; **~·ful** *adj* □ nachlässig.
neg·li|gence ['neglɪdʒəns] *s* Nachlässigkeit *f*; **~·gent** *adj* □ nachlässig.
neg·li·gi·ble ['neglɪdʒəbl] *adj* nebensächlich; unbedeutend.
ne·go·ti|ate [nɪ'gəʊʃɪeɪt] *v/t and v/i* verhandeln (über *acc*); zustande bringen; *hill*, *etc.*: bewältigen; **~·a·tion** [nɪgəʊʃɪ'eɪʃn] *s* Ver-, Unterhandlung *f*; Bewältigung *f*; **~·a·tor** [nɪ'gəʊʃɪeɪtə] *s* Unterhändler *m*.
Ne·gress ['ni:grɪs] *s* Negerin *f*; **Ne·gro** [~əʊ] *s* (*pl* **-groes**) Neger *m*.
neigh [neɪ] **1.** *s* Wiehern *n*; **2.** *v/i* wiehern.
neigh·bo(u)r ['neɪbə] *s* Nachbar(in); Nächste(r *m*) *f*; **~·hood** *s* Nachbarschaft *f*, Umgebung *f*, Nähe *f*; **~·ing** *adj* benachbart; **~·ly** *adj* nachbarlich, freundlich; **~·ship** *s* Nachbarschaft *f*.
nei·ther ['naɪðə, *Am.* 'ni:ðə] **1.** *adj and pron* keine(r, -s) (von beiden); **2.** *adv* noch, auch nicht; **3.** *cj*: ***~ ... nor*** ... weder ... noch ...
ne·on *chem.* ['ni:ən] *s* Neon *n*; ***~ lamp*** Neonlampe *f*; ***~ sign*** Leuchtreklame *f*.
neph·ew ['nevju:] *s* Neffe *m*.
nep·o·tis·m ['nepətɪzəm] *s* Vetternwirtschaft *f*, F Filzokratie *f*.
nerve [nɜ:v] **1.** *s* Nerv *m*; Sehne *f*; *of leaf*: Rippe *f*; Kraft *f*, Mut *m*; Dreistigkeit *f*; ***lose one's ~*** den Mut verlieren; ***get on s.o.'s ~s*** j-m auf die Nerven gehen, F j-n nerven; ***you've got a ~!*** F Sie haben Nerven!; **2.** *v/t* kräftigen; ermutigen; **~·less** *adj* □ kraftlos.
ner·vous ['nɜ:vəs] *adj* □ Nerven...; nervös; nervig, kräftig; **~·ness** *s* Nervigkeit *f*; Nervosität *f*.
nest [nest] **1.** *s* Nest *n* (*a. fig.*); **2.** *v/i* nisten.
nes·tle ['nesl] *v/i* (sich) (an)schmiegen *or* kuscheln (***to***, ***against*** an *acc*); *a.* ***~ down*** sich behaglich niederlassen.
net¹ [net] **1.** *s* Netz *n*; **2.** *v/t* (**-tt-**) mit e-m Netz fangen *or* umgeben.
net² [~] **1.** *adj* netto; Rein...; ***~ profit*** Reingewinn *m*; **2.** *v/t* (**-tt-**) netto einbringen.
net·tle ['netl] **1.** *s bot.* Nessel *f*; **2.** *v/t* ärgern.
net·work ['netwɜ:k] *s* (Straßen-, Kanal- *etc.*)Netz *n*; *TV*, *etc.*: Sendernetz *n*, -gruppe *f*; *cooperation*: Netzwerk *n*.
neu·ro·sis *psych.* [njʊə'rəʊsɪs] *s* (*pl* **-ses** [-si:z]) Neurose *f*; **neu·rot·ic** [njʊ'rɒtɪk] **1.** *adj* neurotisch; **2.** *s* Neurotiker(in).
neu·ter ['nju:tə] **1.** *adj* geschlechtslos; *gr.* sächlich; **2.** *s* kastriertes Tier; *gr.* Neutrum *n*.
neu·tral ['nju:trəl] **1.** *adj* neutral; unparteiisch; ***~ gear*** *mot.* Leerlauf *m*; **2.** *s* Neutrale(r *m*) *f*; Null(punkt *m*) *f*; *mot.* Leerlauf(stellung *f*) *m*; **~·i·ty** [nju:'trælətɪ] *s* Neutralität *f*; **~·ize** ['nju:trəlaɪz] *v/t* neutralisieren.
neu·tron *phys.* ['nju:trɒn] *s* Neutron *n*.
nev·er ['nevə] *adv* nie(mals); gar nicht; **~·more** *adv* nie wieder; **~·the·less** [nevəðə'les] *adv* nichtsdestoweniger, dennoch.
new [nju:] *adj* neu; frisch; unerfahren; **~·com·er** *s* Neuankömmling *m*; Neuling *m*; **~·ly** ['nju:lɪ] *adv* neulich; neu.
news [nju:z] *s mst sg* Neuigkeit(en *pl*) *f*, Nachricht(en *pl*) *f*; ***be in the ~*** Schlagzeilen machen; **~·a·gent** *s* Zeitungshändler *m*; **~·boy** *s* Zeitungsjunge *m*, -austräger *m*; **~·cast** *s TV*, *etc.*: Nachrichtensendung *f*; **~·cast·er** *s TV*, *etc.*: Nachrichtensprecher(in); **~·deal·er** *s Am.* Zeitungshändler *m*; **~·mon·ger** *s* Klatschmaul *n*; **~·pa·per** *s* Zeitung *f*; *attr* Zeitungs...; **~·print** *s* Zeitungspapier *n*; **~·reel** *s* (*dated*) *film*: Wochenschau *f*; **~·room** *s* Nachrichtenredaktion *f*; **~·stand** *s* Zeitungskiosk *m*.
new year [nju:'jɜ:] *s* Neujahr *n*, *das* neue Jahr; ***New Year's Day*** Neujahrstag *m*; ***New Year's Eve*** Silvester *m*, *n*; ***Happy New Year!*** Gutes neues Jahr!

N

next [nekst] **1.** *adj* nächste(r, -s); (***the***) ~ ***day*** am nächsten Tag; ~ ***to*** gleich neben *or* nach; *fig.* fast; ~ ***but one*** übernächste(r, -s); ~***-door to*** *fig.* beinahe, fast; **2.** *adv* als nächste(r, -s), gleich darauf; das nächste Mal; **3.** *s der, die, das* Nächste; ~**-door** *adj* benachbart, nebenan; ~ **of kin** *s der, die* nächste Verwandte, *die* nächsten Angehörigen *pl.*
nib·ble ['nɪbl] *v/t* knabbern an (*dat*); *v/i*: ~ ***at*** nagen *or* knabbern an (*dat*); *fig.* (herum)kritteln an (*dat*).
nice [naɪs] *adj* □ (~***r***, ~***st***) fein; wählerisch; (peinlich) genau; heikel; nett; sympathisch; schön; hübsch; ~**·ly** *adv* (sehr) gut; **ni·ce·ty** [~ətɪ] *s* Feinheit *f*; Genauigkeit *f*; Spitzfindigkeit *f*.
niche [nɪtʃ] *s* Nische *f*.
nick [nɪk] **1.** *s* Kerbe *f*; ***in the*** ~ ***of time*** im richtigen Augenblick *or* letzten Moment; **2.** *v/t* (ein)kerben, *Br. sl. j-n* schnappen, einlochen; F klauen.
nick·el ['nɪkl] **1.** *s min.* Nickel *m*; *Am. a.* Fünfcentstück *n*; **2.** *v/t* vernickeln.
nick·name ['nɪkneɪm] **1.** *s* Spitzname *m*; **2.** *v/t j-m* den Spitznamen ... geben.
niece [ni:s] *s* Nichte *f*.
nif·ty F ['nɪftɪ] *adj* (***-ier***, ***-iest***) hübsch, schick, fesch; *clever*: geschickt.
nig·gard ['nɪgəd] *s* Geizhals *m*; ~**·ly** *adj* geizig, knaus(e)rig; karg.
night [naɪt] *s* Nacht *f*; Abend *m*; ***at*** ~, ***by*** ~, ***in the*** ~ nachts; ~**·cap** *s* Nachtmütze *f*, -haube *f*; Schlaftrunk *m*; ~**·club** *s* Nachtklub *m*, -lokal *n*; ~**·dress** *s* (Damen-, Kinder)Nachthemd *n*; ~**·fall** *s* Einbruch *m* der Nacht; ~**·gown** *esp. Am.*, ~**·ie** F → ***nightdress***; **nigh·tin·gale** *zo.* [~ɪŋgeɪl] *s* Nachtigall *f*; ~**·life** *s* Nachtleben *n*; ~**·ly** *adj and adv* nächtlich; jede Nacht *or* jeden Abend (stattfindend); ~**·mare** *s* Alptraum *m*; ~**·nurse** *s* Nachtschwester *f*, *man*: Pfleger *m* im Nachtdienst; ~**·owl** *s zo.* Eule *f*; F *fig.* Nachtschwärmer(in); ~ **school** *s* Abendschule *f*; ~**·shirt** *s* (Herren-) Nachthemd *n*; ~**·y** F → ***nightie***.
nil [nɪl] *s esp. sports*: null.
nim·ble ['nɪmbl] *adj* □ (~***r***, ~***st***) flink, behend(e).
nine [naɪn] **1.** *adj* neun; ~ ***to five*** normale Dienststunden; ***a*** ~***-to-five job*** e-e (An)Stellung mit geregelter Arbeitszeit; **2.** *s* Neun *f*; ~**·pin** *s* Kegel *m*; ~***s*** *sg* Kegeln *n*; ~**·teen** [~'ti:n] **1.** *adj* neunzehn; **2.** *s* Neunzehn *f*; ~**·teenth** [~θ] *adj* neunzehnte(r, -s); ~**·tieth** ['~tɪɪθ] *adj* neunzigste(r, -s); ~**·ty** ['~tɪ] **1.** *adj* neunzig; **2.** *s* Neunzig *f*.
nin·ny F ['nɪnɪ] *s* Dummkopf *m*.
ninth [naɪnθ] **1.** *adj* neunte(r, -s); **2.** *s* Neuntel *n*; ~**·ly** ['~lɪ] *adv* neuntens.
nip [nɪp] **1.** *s* Kneifen *n*; *tech.* Knick *m*; Frost *m*; Schlückchen *n*; **2.** *v/t and v/i* (**-pp-**) kneifen, klemmen; *cold*: schneiden; *sl.* flitzen; nippen (an *dat*); ~ ***in the bud*** im Keim ersticken.
nip·per ['nɪpə] *s zo. of crab*: Schere *f*; (***a pair of***) ~***s*** *pl* (e-e) (Kneif)Zange *f*.
nip·ple ['nɪpl] *s* Brustwarze *f*.
no [nəʊ] **1.** *adj* kein(e); ***at*** ~ ***time*** nie; ***in*** ~ ***time*** im Nu; ~ ***one*** keiner; **2.** *adv* nein; nicht; ***I won't say*** ~ da kann ich nicht nein sagen; **3.** *s* (*pl* **noes**) Nein *n*.
no·bil·i·ty [nəʊ'bɪlətɪ] *s* Adel *m* (*a. fig.*)
no·ble ['nəʊbl] **1.** *adj* □ (~***r***, ~***st***) adlig; edel; vornehm; vortrefflich; **2.** *s* Adlige(r *m*) *f*; ~**·man** *s* Adlige(r) *m*; ~**-minded** *s* edelmütig; ~**·wom·an** *s* Adlige *f*.
no·bod·y ['nəʊbədɪ] **1.** *pron* niemand, keiner; **2.** *s* Niemand *m*, Null *f*.
no-claim bo·nus [nəʊ'kleɪmbəʊnəs] *s* Schadenfreiheitsrabatt *m*.
nod [nɒd] **1.** *v/i and v/t* (**-dd-**) nicken (mit); sich neigen; ~ ***off*** einnicken; ~***ding acquaintance*** oberflächliche Bekanntschaft; **2.** *s* Nicken *n*; ***give s.o. a*** ~ j-m zunicken.
noise [nɔɪz] **1.** *s* Lärm *m*; Geräusch *n*; Geschrei *n*; ***big*** ~ *contp. person*: großes Tier; **2.** *v/t*: ~ ***abroad*** (***about, around***) *et.* verbreiten; ~**·less** *adj* □ geräuschlos.
nois·y ['nɔɪzɪ] *adj* □ (***-ier***, ***-iest***) geräuschvoll; laut; lärmend; *colour*: grell, aufdringlich.
nom·i|nal ['nɒmɪnl] *adj* □ nominell; (nur) dem Namen nach (vorhanden); namentlich; ~ ***value*** *econ.* Nennwert *m*; ~**·nate** [~eɪt] *v/t* ernennen; nominieren, (zur Wahl) vorschlagen; ~**·na·tion** [nɒmɪ'neɪʃn] *s* Ernennung *f*; *of candidate*: Nominierung *f*, Aufstellung *f*; ~**·nee** [~'ni:] *s* Kandidat(in).
nom·i·na·tive *gr.* ['nɒmɪnətɪv] *s* (*a. adj* ~ ***case***) Nominativ *m*, erster Fall.
non- [nɒn] *in compounds*: nicht..., Nicht..., un...

N

non|-al·co·hol·ic [nɒnælkə'hɒlɪk] *adj* alkoholfrei; **~-a·ligned** *pol.* [~ə'laɪnd] *adj* blockfrei; **~-cash** *adj econ.* bargeldlos.
nonce [nɒns] *s*: ***for the ~*** nur für diesen Fall.
non|-com·mis·sioned [nɒnkə'mɪʃnd] *adj* nicht bevollmächtigt; ***~ officer*** *mil.* Unteroffizier *m*; **~-com·mit·tal** [~kə'mɪtl] *adj* unverbindlich; ***be ~*** sich nicht festlegen; **~-con·duc·tor** *s esp. electr.* Nichtleiter *m*; **~-con·form·ist** [~kən'fɔːmɪst] *s* Nonkonformist(in); ♀ *Br. eccl.* Dissident(in); **~-de·script** ['nɒndɪskrɪpt] *adj* nichtssagend; *person*: unscheinbar.
none [nʌn] **1.** *pron* keine(r, -s); nichts; **2.** *adv* keineswegs, gar nicht; ***~ the less*** nichtsdestoweniger.
non-EC coun·try [nɒnʔiːsiː'kʌntrɪ] *s pol.* Nicht-EG-Land *n*.
non-e·vent [nɒnɪ'vent] *s* F Reinfall *m*.
non-ex·ist·ence [nɒnɪg'zɪstəns] *s* Nicht(vorhanden)sein *n*; Fehlen *n*.
non-fic·tion [nɒn'fɪkʃn] *s* Sachbücher *pl*.
non-par·ty [nɒn'pɑːtɪ] *adj* parteilos.
non-per·form·ance *jur.* [nɒnpə'fɔːməns] *s* Nichterfüllung *f*.
non·plus [nɒn'plʌs] **1.** *s* Verlegenheit *f*; **2.** *v/t* (***-ss-***) *j-n* (völlig) verwirren.
non-pol·lut·ing [nɒnpə'luːtɪŋ] *adj* umweltfreundlich, ungiftig.
non-res·i·dent [nɒn'rezɪdənt] *adj* nicht im Haus *or* am Ort wohnend.
non|sense ['nɒnsəns] *s* Unsinn *m*; Quatsch *m*, Nonsens *m*; **~-sen·si·cal** [nɒn'sensɪkl] *adj* □ unsinnig.
non-skid [nɒn'skɪd] *adj* rutschfest.
non-smok·er [nɒn'sməʊkə] *s* Nichtraucher(in); *rail.* Nichtraucher(abteil *n*) *m*.
non-stop [nɒn'stɒp] *adj* Nonstop..., ohne Halt, durchgehend (*train*), ohne Zwischenlandung (*aircraft*).
non-u·nion [nɒn'juːnɪən] *adj* nicht (gewerkschaftlich) organisiert.
non-vi·o·lence [nɒn'vaɪələns] *s* (Politik *f* der) Gewaltlosigkeit *f*.
noo·dle ['nuːdl] *s* Nudel *f*.
nook [nʊk] *s* Ecke *f*, Winkel *m*.
noon [nuːn] *s* Mittag *m*; ***at (high) ~*** um 12 Uhr mittags; **~·day, ~·tide, ~·time** *Am.* → ***noon***.
noose [nuːs] **1.** *s* Schlinge *f*; **2.** *v/t* mit der Schlinge fangen; schlingen.
nope F [nəʊp] *adv* ne(e), nein.
nor [nɔː] *cj* noch; auch nicht.
norm [nɔːm] *s* Norm *f*, Regel *f*; Muster *n*; Maßstab *m*; **nor·mal** ['nɔːml] *adj* □ normal; **nor·mal·ize** ['~əlaɪz] *v/t* normalisieren; normen.
north [nɔːθ] **1.** *s* Nord(en *m*); **2.** *adj* nördlich, Nord...; **~-east 1.** *s* Nordost(en *m*); **2.** *adj a.* **~-east·ern** nordöstlich; **nor·ther·ly** ['nɔːðəlɪ], **nor·thern** *adj* nördlich, Nord...; **~·ward(s)** ['nɔːθwəd(z)] *adv* nördlich, nordwärts; **~-west 1.** *s* Nordwest(en *m*); **2.** *adj a.* **~-west·ern** nordwestlich.
Nor·we·gian [nɔː'wiːdʒən] **1.** *adj* norwegisch; **2.** *s* Norweger(in); *ling.* Norwegisch *n*.
nose [nəʊz] **1.** *s* Nase *f*; Spitze *f*; Schnauze *f*; ***follow your ~*** immer der Nase nach!; ***pay through the ~*** F sich dumm und dämlich zahlen; **2.** *v/t* riechen; ***~ one's way*** vorsichtig fahren; *v/i* (***~ about*** *or* ***around***) (herum)schnüffeln; **~·bleed** *s* Nasenbluten *n*; ***have a ~*** Nasenbluten haben; **~·dive** *s aer.* Sturzflug *m*; **~·gay** *s* Sträußchen *n*.
nos·ey ['nəʊzɪ] → ***nosy***.
nos·tal·gia [nɒ'stældʒɪə] *s* Nostalgie *f*, Sehnsucht *f*.
nos·tril ['nɒstrəl] *s* Nasenloch *n*; Nüster *f* (*of horse*).
nos·y F ['nəʊzɪ] *adj* (***-ier***, ***-iest***) neugierig.
not [nɒt] *adv* nicht; ***~ a*** kein(e).
no·ta·ble ['nəʊtəbl] **1.** *adj* □ bemerkenswert; **2.** *s* angesehene Person.
no·ta·ry ['nəʊtərɪ] *s mst* ***~ public*** Notar *m*.
no·ta·tion [nəʊ'teɪʃn] *s* Bezeichnung *f*.
notch [nɒtʃ] **1.** *s* Kerbe *f*, Einschnitt *m*; Scharte *f*; *Am. geol.* Engpaß *m*; **2.** *v/t* (ein)kerben.
note [nəʊt] **1.** *s* Zeichen *n*; Notiz *f*; *print.* Anmerkung *f*; Briefchen *n*, Zettel *m*; *esp. Br.* Banknote *f*; (*esp.* Schuld-)Schein *m*; *diplomacy*, *mus.*: Note *f*; *mus.* Ton *m* (*a. fig.*); *fig.* Ruf *m*; Beachtung *f*; ***take ~s*** sich Notizen machen; **2.** *v/t* bemerken; (besonders) beachten *or* achten auf (*acc*); besonders erwähnen; *a.* ***~ down*** niederschreiben, notieren; **~·book** *s* Notizbuch *n*; **not·ed** ['nəʊtɪd] *adj* bekannt, berühmt (***for*** wegen); **~·pa·per** *s* Briefpapier *n*; **~·wor·thy** *adj* bemerkenswert.

noth·ing ['nʌθɪŋ] **1.** *pron* nichts; **2.** *s* Nichts *n*; Null *f*; *~ **but*** nichts als, nur; ***for*** *~* umsonst; ***good for*** *~* zu nichts zu gebrauchen; ***come to*** *~* zunichte werden; ***to say*** *~* ***of*** ganz zu schweigen von; ***there is*** *~* ***like*** es geht nichts über (*acc*).

no·tice ['nəʊtɪs] **1.** *s* Nachricht *f*, Bekanntmachung *f*; Anzeige *f*, Ankündigung *f*; Kündigung *f*; Be(ob)achtung *f*; ***at short*** *~* kurzfristig; ***give*** *~* ***that*** bekanntgeben, daß; ***give*** (***a week's***) *~* (acht Tage vorher) kündigen; ***hand in*** (*Am.* ***give***) ***one's*** *~* kündigen; ***take*** *~* ***of*** Notiz nehmen von; ***without*** *~* fristlos; **2.** *v/t* bemerken; (besonders) beachten *or* achten auf (*acc*); **~·a·ble** *adj* □ wahrnehmbar; bemerkenswert; **~ board** *s Br.* Schwarzes Brett.

no·ti|fi·ca·tion [nəʊtɪfɪ'keɪʃn] *s* Anzeige *f*, Meldung *f*; Bekanntmachung *f*; **~·fy** ['nəʊtɪfaɪ] *v/t et.* anzeigen, melden; *j-n* benachrichtigen.

no·tion ['nəʊʃn] *s* Begriff *m*, Vorstellung *f*; Absicht *f*; **~s** *pl Am.* Kurzwaren *pl*.

no·to·ri·ous [nəʊ'tɔːrɪəs] *adj* □ notorisch; all-, weltbekannt; berüchtigt.

not·with·stand·ing [nɒtwɪθ'stændɪŋ] **1.** *prp* ungeachtet, trotz (*gen*); **2.** *adv* dennoch, trotzdem.

nought [nɔːt] *s* Null *f*; *poet. or dated*: Nichts *n*.

noun *gr.* [naʊn] *s* Substantiv *n*, Hauptwort *n*.

N

nour·ish ['nʌrɪʃ] *v/t* (er)nähren; *fig.* hegen; **~·ing** *adj* nahrhaft; **~·ment** *s* Ernährung *f*; Nahrung(smittel *n*) *f*.

nov·el ['nɒvl] **1.** *adj* neu(artig); **2.** *s* Roman *m*; **~·ist** *s* Romanschriftsteller(in); **no·vel·la** [nəʊ'velə] *s* (*pl* **-las**, **-le**) Novelle *f*; **~·ty** *s* Neuheit *f*.

No·vem·ber [nəʊ'vembə] *s* November *m*.

nov·ice ['nɒvɪs] *s* Neuling *m*, Anfänger(in) (***at*** auf dem Gebiet *gen*); *eccl.* Novize *m, f*.

now [naʊ] **1.** *adv* nun, jetzt; eben; ***just*** *~* gerade eben; *~* ***and again*** *or* ***then*** dann und wann; **2.** *cj a.* *~* ***that*** nun da.

now·a·days ['naʊədeɪz] *adv* heutzutage.

no·where ['nəʊweə] *adv* nirgends, nirgendwo(hin); *~* ***near*** nicht annähernd; ***get*** *~* nichts erreichen, nicht vorankommen.

nox·ious ['nɒkʃəs] *adj* □ schädlich.

noz·zle *tech.* ['nɒzl] *s* Düse *f*; Tülle *f*.

nu·ance [njuː'ɑ̃ːns] *s* Nuance *f*.

nub [nʌb] *s* Knötchen *n*; kleiner Klumpen; ***the*** *~ fig.* der springende Punkt (***of*** bei).

nu·cle·ar ['njuːklɪə] *adj* nuklear, Nuklear..., atomar, Atom..., Kern...; **~-free** *adj* atomwaffenfrei; **~-pow·ered** *adj* atomgetrieben; **~ pow·er sta·tion** *s* Kernkraftwerk *n*; **~ re·ac·tor** *s* Kernreaktor *m*; **~ war·head** *s mil.* Atomsprengkopf *m*; **~ weap·ons** *s pl* Kernwaffen *pl*; **~ waste** *s* Atommüll *m*.

nude [njuːd] **1.** *adj* nackt; **2.** *s paint.* Akt *m*.

nudge [nʌdʒ] **1.** *v/t j-n* anstoßen, (an-)stupsen; **2.** *s* Stups(er) *m*.

nud·is·m ['njuːdɪzəm] *s* Nudismus *m*, Freikörperkultur *f*, FKK *n*; **nud·ist** ['njuːdɪst] *s* Nudist(in), FKK-Anhänger(in); **nu·di·ty** ['njuːdɪtɪ] *s* Nacktheit *f*.

nug·get ['nʌgɪt] *s* (*esp.* Gold)Klumpen *m*.

nui·sance ['njuːsns] *s* Ärgernis *n*, Unfug *m*, Plage *f*; lästiger Mensch, Nervensäge *f*; ***what a*** *~!* wie ärgerlich!; ***be a*** *~* ***to s.o.*** j-m lästig fallen; ***make a*** *~* ***of o.s.*** den Leuten auf die Nerven gehen *or* fallen.

nuke [njuːk] **1.** *s Am. sl.* Kernwaffe *f*; **2.** *v/t* F mit Atomwaffen angreifen; *fig. vermin, weed*: vernichten, vertilgen.

null [nʌl] **1.** *adj* nichtssagend; *~* ***and void*** null und nichtig; **2.** *s tech., math.* Null *f*.

numb [nʌm] **1.** *adj* starr (***with*** vor *dat*); *fingers, etc.*: taub; **2.** *v/t* starr *or* taub machen; **~ed** erstarrt.

num·ber ['nʌmbə] **1.** *s math.* Zahl *f*; *of car, house, etc.*: Nummer *f*; (An)Zahl *f*; *of periodical, etc.*: Heft *n*, Ausgabe *f*, Nummer *f*; *bus, etc.*: Linie *f*; ***without*** *~* zahllos; ***in*** *~* an der Zahl; **2.** *v/t* zählen; numerieren; **~·less** *adj* zahllos; **~·plate** *s esp. Br. mot.* Nummernschild *n*.

nu·me|ral ['njuːmərəl] **1.** *adj* Zahl(en)...; **2.** *s math.* Ziffer *f*; *ling.* Numerale *n*, Zahlwort *n*; **~·rous** *adj* □ zahlreich.

nun [nʌn] *s* Nonne *f*; **~·ne·ry** *s* Nonnenkloster *n*.

nurse [nɜːs] **1.** *s* Kindermädchen *n*; *a.* ***dry-~*** Säuglingsschwester *f*; *a.* ***wet-~*** Amme *f*; (Kranken)Pflegerin *f*, (Kranken)Schwester *f*; ***at*** *~* in Pflege; ***put out***

to ~ in Pflege geben; **2.** *v/t and v/i* stillen, nähren; großziehen; pflegen; hätscheln; **~·maid** *s* Kindermädchen *n*; **nur·se·ry** *s* Kinderzimmer *n*; *agr*. Baum-, Pflanzschule *f*; ~ ***rhymes*** *pl* Kinderlieder *pl*, -reime *pl*; ~ ***school*** Kindergarten *m*; ~ ***slope*** *skiing*: F Idiotenhügel *m*.
nurs·ing ['nɜːsɪŋ] *s* Stillen *n*; (Kranken-)Pflege *f*; ~ **bot·tle** *s* (Säuglings-, Saug-)Flasche *f*; ~ **home** *s Br*. Privatklinik *f*.
nur·ture ['nɜːtʃə] **1.** *s* Pflege *f*; Erziehung *f*; **2.** *v/t* aufziehen; (er)nähren.
nut [nʌt] *s bot*. Nuß *f*; *tech*. (Schraubenmutter *f*; *sl*. verrückter Kerl; **~s** *pl Am. sl*. Eier *pl*; **be ~s** *sl*. verrückt sein; **~·crack·er** *s a*. **~s** *pl* Nußknacker *m*; **~·meg** *s bot*. Muskatnuß *f*.
nu·tri·ment ['njuːtrɪmənt] *s* Nahrung *f*.
nu·tri|tion [njuː'trɪʃn] *s* Ernährung *f*; Nahrung *f*; **~·tious** [~ʃəs], **~·tive** ['njuːtrɪtɪv] *adj* □ nahrhaft.
nut|shell ['nʌtʃel] *s* Nußschale *f*; ***in a*** ~ in aller Kürze; **~·ty** ['nʌtɪ] *adj* (**-ier**, **-iest**) voller Nüsse; nußartig; *sl*. verrückt.
ny·lon ['naɪlɒn] *s* Nylon *n*; **~s** *pl* Nylonstrümpfe *pl*.
nymph [nɪmf] *s* Nymphe *f*.

O

o [əʊ] **1.** *int* oh!; ach!; **2.** *s in phone numbers*: Null *f*.
oaf [əʊf] *s* Dummkopf *m*; Tölpel *m*.
oak *bot*. [əʊk] *s* Eiche *f*.
oar [ɔː] *s* Ruder *n*; **~s·man** ['ɔːzmən] *s* Ruderer *m*.
o·a·sis [əʊ'eɪsɪs] *s* (*pl* **-ses** [-siːz]) Oase *f* (*a. fig*.).
oat [əʊt] *s mst* **~s** *pl bot*. Hafer *m*; ***feel one's ~s*** F groß in Form sein; *Am*. sich wichtig vorkommen; ***sow one's wild ~s*** sich die Hörner abstoßen.
oath [əʊθ] *s* (*pl* **~s** [əʊðz]) Eid *m*, Schwur *m*; Fluch *m*; ***be on*** ~ unter Eid stehen; ***take*** (***make***, ***swear***) ***an*** ~ e-n Eid leisten, schwören.
oat·meal ['əʊtmiːl] *s* Hafermehl *n*.
ob·du·rate ['ɒbdjʊrət] *adj* □ verstockt.
o·be·di|ence [ə'biːdɪəns] Gehorsam *m*; **~·ent** *adj* □ gehorsam.
o·bei·sance [əʊ'beɪsəns] *s* Ehrerbietung *f*; Verbeugung *f*; ***do*** (***make***, ***pay***) ~ ***to s.o.*** j-m huldigen.
o·bese [əʊ'biːs] *adj* fett(leibig); **o·bes·i·ty** [~ətɪ] *s* Fettleibigkeit *f*.
o·bey [ə'beɪ] *v/t and v/i* gehorchen (*dat*); *order*, *etc*.: befolgen, Folge leisten (*dat*).
o·bit·u·a·ry [ə'bɪtjʊərɪ] *s* Todesanzeige *f*; Nachruf *m*; *attr* Todes..., Toten...
ob·ject 1. *s* ['ɒbdʒɪkt] Gegenstand *m*; Ziel *n*, Zweck *m*, Absicht *f*; Objekt *n* (*a. gr*.); **2.** [əb'dʒekt] *v/t* einwenden (***to*** gegen); *v/i* et. dagegen haben (***to ger*** daß).
ob·jec|tion [əb'dʒekʃn] *s* Einwand *m*, -spruch *m*; **~·tio·na·ble** *adj* □ nicht einwandfrei; unangenehm.
ob·jec·tive [əb'dʒektɪv] **1.** *adj* □ objektiv, sachlich; **2.** *s* Ziel *n*; *opt*. Objektiv *n*.
ob·li·ga·tion [ɒblɪ'geɪʃn] *s* Verpflichtung *f*; *econ*. Schuldverschreibung *f*; ***be under an ~ to s.o.*** j-m (zu Dank) verpflichtet sein; ***be under ~ to*** *inf* die Verpflichtung haben, zu *inf*; **ob·lig·a·to·ry** [ə'blɪgətərɪ] *adj* □ verpflichtend, (rechts)verbindlich.
o·blige [ə'blaɪdʒ] *v/t* (zu Dank) verpflichten; nötigen, zwingen; ~ ***s.o.*** j-m e-n Gefallen tun; ***much ~d*** sehr verbunden, danke bestens; **o·blig·ing** *adj* □ verbindlich, zuvor-, entgegenkommend, gefällig.
o·blique [ə'bliːk] *adj* □ schräg, schief (*a. fig*.: *look*, *etc*.); *hint*: indirekt.
o·blit·er·ate [ə'blɪtəreɪt] *v/t* auslöschen, tilgen (*a. fig*.); F *opponents*: vernichten (*a. sports*).
o·bliv·i|on [ə'blɪvɪən] *s* Vergessen(heit *f*) *n*; **~·ous** *adj* □: ***be ~ of s.th.*** et. vergessen haben; ***be ~ to s.th.*** blind sein gegen et., et. nicht beachten.
ob·long ['ɒblɒŋ] *adj* länglich; rechteckig.

ob·nox·ious [əb'nɒkʃəs] *adj* □ anstößig; widerwärtig, verhaßt.
ob·scene [əb'siːn] *adj* □ obszön, unanständig; *fig.* ***the ~ poverty in the Third World*** der Skandal der Armut in der Dritten Welt.
ob·scure [əb'skjʊə] **1.** *adj* □ *fig.* dunkel, unklar; unbekannt; **2.** *v/t hide*: verdekken; **ob·scu·ri·ty** [~rətɪ] *s* Dunkelheit *f* (*a. fig.*), Unklarheit *f*; ***sink into ~*** in Vergessenheit geraten.
ob·ser|va·ble [əb'zɜːvəbl] *adj* □ bemerkbar; bemerkenswert; **~·vance** [~ns] *s* Befolgung *f*; Brauch *m*; **~·vant** *adj* □ beachtend; aufmerksam; **~·va·tion** [ɒbzə'veɪʃn] *s* Beobachtung *f*; Bemerkung *f*; *attr* Beobachtungs...; Aussichts...; **~·va·to·ry** [əb'zɜːvətrɪ] *s* Observatorium *n*, Stern-, Wetterwarte *f*.
ob·serve [əb'zɜːv] *v/t* be(ob)achten; sehen; *custom, etc.*: (ein)halten; *law, etc.*: befolgen; bemerken, äußern; *v/i* sich äußern.
ob·sess [əb'ses] *v/t* heimsuchen, quälen; ***~ed by*** *or* ***with*** besessen von; **ob·session** *s* Besessenheit *f*; **ob·ses·sive** *adj* □ *psych.* zwanghaft, Zwangs...
ob·so·lete ['ɒbsəliːt] *adj* veraltet.
ob·sta·cle ['ɒbstəkl] *s* Hindernis *n*.
ob·sti|na·cy ['ɒbstɪnəsɪ] *s* Hartnäckigkeit *f*; Eigensinn *m*; **~·nate** [~ənət] *adj* □ halsstarrig; eigensinnig; hartnäckig.
ob·struct [əb'strʌkt] *v/t* verstopfen, -sperren; blockieren; (be)hindern; **ob·struc·tion** [~kʃn] *s* Verstopfung *f*; Blockierung *f*; Behinderung *f*; Hindernis *n*; **ob·struc·tive** *adj* □ blockierend; hinderlich.
ob·tain [əb'teɪn] *v/t* erlangen, erhalten, erreichen, bekommen; **ob·tai·na·ble** *adj econ.* erhältlich.
ob·trude [əb'truːd] *v/t and v/i* (sich) aufdrängen (***on*** *dat*); **ob·tru·sive** [~sɪv] *adj* □ aufdringlich.
ob·tuse [əb'tjuːs] *adj* □ stumpf; dumpf; begriffsstutzig.
ob·vi·ate ['ɒbvɪeɪt] *v/t* beseitigen; vorbeugen (*dat*).
ob·vi·ous ['ɒbvɪəs] *adj* □ offensichtlich, augenfällig, klar, einleuchtend.
oc·ca·sion [ə'keɪʒn] **1.** *s* Gelegenheit *f*; Anlaß *m*; Veranlassung *f*; (festliches) Ereignis; ***on the ~ of*** anläßlich (*gen*); **2.** *v/t* veranlassen; **~·al** *adj* □ gelegentlich, Gelegenheits...
Oc·ci|dent ['ɒksɪdənt] *s* Westen *m*; Okzident *m*, Abendland *n*; **2·den·tal** [ɒksɪ'dentl] *adj* □ abendländisch, westlich.
oc·cu|pant ['ɒkjʊpənt] *s of flat, etc.*: Bewohner(in); *of car*: Insass|e *m*, -in *f*; *jur.* Besitzer(in); **~·pa·tion** [ɒkjʊ'peɪʃn] *s* Besitz(nahme *f*) *m*; *mil.* Besetzung *f*, Besatzung *f*, Okkupation *f*; *profession*: Beruf *m*; *activity*: Beschäftigung *f*; **~·py** ['ɒkjʊpaɪ] *v/t* einnehmen; in Besitz nehmen; *mil.* besetzen; besitzen; innehaben; *flat, etc.*: bewohnen; *take up time*: in Anspruch nehmen; beschäftigen.
oc·cur [ə'kɜː] *v/i* (**-rr-**) vorkommen; sich ereignen; ***it ~red to me*** mir fiel ein; **~·rence** [ə'kʌrəns] *s* Vorkommen *n*; Vorfall *m*, Ereignis *n*.
o·cean ['əʊʃn] *s* Ozean *m*, Meer *n*.
o'clock [ə'klɒk] *adv telling the time*: Uhr; (***at***) ***five ~*** (um) fünf Uhr.
Oc·to·ber [ɒk'təʊbə] *s* Oktober *m*.
oc·u|lar ['ɒkjʊlə] *adj* Augen...; **~·list** [~ɪst] *s* Augenarzt *m*.
odd [ɒd] *adj* □ *number*: ungerade; einzeln; *after numbers*: und einige *or* etwas darüber; überzählig; gelegentlich; sonderbar, merkwürdig; ***five pounds ~*** F fünf Pfund und ein paar Zerquetschte; **~·i·ty** ['ɒdətɪ] *s* Seltsamkeit *f*
odds [ɒdz] *s often sg* (Gewinn)Chancen *pl*; Vorteil *m*; Verschiedenheit *f*; Unterschied *m*; Uneinigkeit *f*; ***be at ~ with s.o.*** mit j-m im Streit sein, uneins sein mit j-m; ***the ~ are that*** es ist sehr wahrscheinlich, daß; ***~ and ends*** Reste *pl*; Krimskrams *m*.
ode [əʊd] *s poem*: Ode *f*.
o·di·ous ['əʊdɪəs] *adj* □ verhaßt; ekelhaft.
o·do(u)r ['əʊdə] *s* Geruch *m*; Duft *m*.
of [ɒv, əv] *prp* von; um (***cheat ~*** betrügen um); *with cause*: von, an (*dat*) (***die ~*** sterben an); aus (***~ charity*** aus Menschenfreundlichkeit); vor (*dat*) (***be afraid ~*** Angst haben vor); auf (*acc*) (***proud ~*** stolz auf); über (*acc*) (***be ashamed ~*** sich schämen über *or* wegen); nach (***smell ~ roses*** nach Rosen riechen); von, über (*acc*) (***speak ~ s.th.*** von et. sprechen); an (*acc*) (***think ~ s.o.*** an j-n denken); *origin*: : von, aus; *material*: aus, von; ***nimble ~ foot*** leichtfüßig;

O

the city ~ London die Stadt London; ***the works ~ Dickens*** Dickens' Werke; ***your letter ~ ...*** Ihr Schreiben vom ...; ***five minutes ~ twelve*** *Am.* fünf Minuten vor zwölf.

off [ɒf] **1.** *adv* fort, weg; ab, herunter(...), los(...); *distance*: entfernt; *time*: bis hin (***3 months ~***); *light, etc.*: aus(-), ab(geschaltet); *tap, etc.*: zu; *button, etc.*: ab(-), los(gegangen); frei (*at work*); ganz, zu Ende; *econ.* flau; verdorben (*meat, etc.*); *fig.* aus, vorbei; ***be ~*** a) fort *or* weg sein, (weg)gehen; b) *cancelled*: abgesagt sein, ausfallen; ***~ and on*** ab u. an; ab u. zu; ***well*** (***badly***) ***~*** gut (schlecht) daran; ***I'm ~*** ich geh' jetzt; ***~ we go!*** auf geht's!; **2.** *prp* fort von, weg von; von (... ab, weg, herunter); abseits von, entfernt von; frei von (*work*); *mar.* auf der Höhe von; ***be ~ duty*** dienstfrei haben; ***be ~ smoking*** nicht mehr rauchen; **3.** *adj* (weiter) entfernt; Seiten..., Neben...; (arbeits-, dienst)frei; *econ.* flau, still, tot; *int.* fort!, weg!, raus!

of·fal ['ɒfl] *s* Abfall *m*; **~s** *pl esp. Br. of animal*: Innereien *pl*.

of·fence, *Am.* **-fense** [ə'fens] *s* Angriff *m*; Beleidigung *f*, Kränkung *f*, Ärgernis *n*, Vergehen *n*, Verstoß *m*; *jur.* Straftat *f*.

of·fend [ə'fend] *v/t* beleidigen, verletzen, kränken; *v/i* verstoßen (***against*** gegen); **~·er** *s* Übel-, Missetäter(in); *jur.* Straffällige(r *m*) *f*; ***first ~*** *jur.* nicht Vorbestrafte(r *m*) *f*, Ersttäter(in).

of·fen·sive [ə'fensɪv] **1.** *adj* □ beleidigend; anstößig; ekelhaft; Offensiv..., Angriffs...; **2.** *s* Offensive *f*.

of·fer ['ɒfə] **1.** *s* Angebot *n*; Anerbieten *n*; ***~ of marriage*** Heiratsantrag *m*; **2.** *v/t* anbieten (*a. econ.*); *price, advice, etc.*: bieten; *prize, award*: aussetzen; *prayers, sacrifice*: darbringen; *be willing*: sich bereit erklären zu; *resistance*: leisten; *v/i* sich bieten; **~·ing** *s eccl.* Opfer(n) *n*; Anerbieten *n*, Angebot *n*.

off·hand [ɒf'hænd] *adj and adv* aus dem Stegreif, auf Anhieb; Stegreif..., unvorbereitet; ungezwungen, frei.

of·fice ['ɒfɪs] *s* Büro *n*; Geschäftsstelle *f*; Amt *n*; Pflicht *f*; Dienst *m*, Gefälligkeit *f*; *eccl.* Gottesdienst *m*; ♀ Ministerium *n*; ***~ hours*** *pl* Dienststunden *pl*, Geschäftszeit *f*; **of·fi·cer** *s* Beamt|e(r) *m*, -in *f*; Polizist *m*, Polizeibeamte(r) *m*; *mil.* Offizier *m*.

of·fi·cial [ə'fɪʃl] **1.** *adj* □ offiziell, amtlich; Amts...; **2.** *s* Beamt|e(r) *m*, -in *f*.

of·fi·ci·ate [ə'fɪʃɪeɪt] *v/i* amtieren.

of·fi·cious [ə'fɪʃəs] *adj* □ aufdringlich, übereifrig.

off|-li·cence *Br.* ['ɒflaɪsəns] *s* Alkoholkonzession *f*; Spirituosengeschäft *n*; **~·print** *s* Sonderdruck *m*; **~·peak** *adj*: ***~ fare*** verbilligter Fahr-, Flugpreis; ***~ ticket*** verbilligte Fahr-, Flugkarte; **~·put·ting** *adj smell, etc.*: abstoßend; **~·sea·son** *s* Nebensaison *f*; **~·set 1.** *v/t* [ɒf'set] ausgleichen; **2.** *s* ['ɒfset] *print.* Offset-Druck *m*; **~·shoot** *s bot.* Sproß *m*, Ableger *m*; **~·side 1.** *s sports*: Abseits(stellung *f*, -position *f*) *n*; *mot.* Fahrerseite *f*; ***~ door*** Fahrertür *f*; **2.** *adj sports*: abseits; **~·spring** *s* Nachkomme(nschaft *f*) *m*; *fig.* Ergebnis *n*.

of·ten ['ɒfn] *adv* oft(mals), häufig.

o·gle ['əʊgl] *v/t* (*a. v/i* ***~ at***) liebäugeln mit, schöne Augen machen (*dat*).

oh [əʊ] *int* oh!; ach!

oil [ɔɪl] **1.** *s* Öl *n*; **2.** *v/t* ölen; schmieren (*a. fig.*); **~·cloth** *s* Wachstuch *n*; **~ rig** *s* (Öl)Bohrinsel *f*; **~·skin** *s* Ölleinwand *f*; **~s** *pl* Ölzeug *n*; **~ slick** *s* Ölteppich *m*; **~·y** *adj* □ (***-ier, -iest***) ölig (*a. fig.*); fettig; schmierig (*a. fig.*).

oint·ment ['ɔɪntmənt] *s* Salbe *f*.

O.K., o·kay F [əʊ'keɪ] **1.** *adj* richtig, gut, in Ordnung; **2.** *int* einverstanden!; gut!, in Ordnung!; **3.** *v/t* genehmigen, zustimmen (*dat*).

old [əʊld] **1.** *adj* (***~er, ~est,*** *a.* ***elder, eldest***) alt; altbekannt; erfahren; ***~ age*** (das) Alter; ***~ people's home*** Alters-, Altenheim *n*; ***grow ~*** alt werden; F ***~ chap*** F alter Junge; **2.** *s*: ***the ~*** *things*: das Alte, Altes *n*; *people*: alte Menschen; **~·age** *adj* Alters...; **~·fashioned** *adj* altmodisch; **~·ish** *adj* ältlich.

ol·ive ['ɒlɪv] *s bot.* Olive *f*; Olivgrün *n*.

O·lym·pic Games [əlɪmpɪk'geɪmz] *s pl* Olympische Spiele *pl*; ***Summer*** (***Winter***) ***~*** *pl* Olympische Sommer-(Winter)spiele *pl*.

om·i·nous ['ɒmɪnəs] *adj* □ unheilvoll.

o·mis·sion [əʊ'mɪʃn] *s* Unterlassung *f*; Auslassung *f*.

o·mit [ə'mɪt] *v/t* (**-tt-**) unterlassen; auslassen.

O

om·nip·o|tence [ɒm'nɪpətəns] *s* Allmacht *f*; **~·tent** *adj* □ allmächtig.

on [ɒn] **1.** *prp mst* auf (*dat, acc*); an (*dat*) (**~ the wall** an der Wand); *direction, aim*: auf (*acc*) ... (hin), an (*acc*), nach (*dat*) ... (hin); *fig.* auf (*acc*) ... (hin); *day, date, etc.*: an (*dat*) (**~ Sunday** am Sonntag; **~ the 1st of April** am ersten April); (gleich) nach, bei (**~ his arrival** bei s-r Ankunft); *belonging to*: zu, *employed*: bei (**be ~ a committee** e-m Ausschuß angehören; **be ~ the Daily Mail** bei der Daily Mail arbeiten); *situation*: in (*dat*), auf (*dat*), zu (**~ duty** im Dienst); *topic*: über (*acc*); **be ~ the pill** die Pille nehmen; **~ the street** *Am.* auf der Straße; **get ~ a train** *esp. Am.* in e-n Zug einsteigen; **~ hearing it** als ich *etc.* es hörte; **2.** *adj and adv light, etc.*: an(geschaltet), eingeschaltet; *tap*: laufend, auf; (dar)auf (*put ~, etc.*); *clothes*: an (*put ~*) (**have a coat ~** e-n Mantel anhaben); auf (*keep ~*); weiter (*go ~, speak ~, etc.*); **and so ~** und so weiter; **~ and ~** immer weiter; **~ to ...** auf (hinauf *or* hinaus); **be ~** im Gange sein, los sein; *thea.* gespielt werden; laufen (*movie*); **what's ~?** was ist los?, was gibt's?

once [wʌns] **1.** *adv* einmal; je(mals); einst; **at ~** (so)gleich, sofort; zugleich; **all at ~** plötzlich; **for ~** diesmal, ausnahmsweise; **~ (and) for all** ein für allemal; **~ again, ~ more** noch einmal; **~ in a while** dann und wann; **2.** *cj a.* **~ that** sobald.

one [wʌn] **1.** *adj* ein(e); einzig; eine(r, -s); man; eins; **~'s** sein(e); **~ day** eines Tages; **~ Smith** ein gewisser Smith; **2.** *pron* ein(e); man; **the ~ who** derjenige, welcher; **~ another** einander; **3.** *s*: **~ by ~, ~ after another, ~ after the other** e-r nach dem andern; **be at ~ with s.o.** mit j-m einig sein; **I for ~** ich für meinen Teil; **the little ~s** *pl* die Kleinen *pl*.

one|self [wʌn'self] *pron* sich (selbst); (sich) selbst; **~-sid·ed** *adj* □ einseitig; **~-way** *adj*: **~ street** Einbahnstraße *f*; **~ ticket** *Am.* einfache Fahrkarte; *aer.* einfaches Ticket.

on·ion *bot.* ['ʌnɪən] *s* Zwiebel *f*.

on·look·er ['ɒnlʊkə] *s* Zuschauer(in).

on·ly ['əʊnlɪ] **1.** *adj* einzige(r, -s); **2.** *adv* nur, bloß; erst; **~ yesterday** erst gestern; **3.** *cj*: **~ (that)** nur daß.

on·rush ['ɒnrʌʃ] *s* Ansturm *m*.

on·set ['ɒnset], **on·slaught** ['ɒnslɔːt] *s* Angriff *m*; Anfang *m*; *med.* Ausbruch *m* (*of fever, etc.*).

on·ward ['ɒnwəd] **1.** *adj* fortschreitend; **2.** *a.* **~s** *adv* vorwärts, weiter.

ooze [uːz] **1.** *s* Schlamm *m*; **2.** *v/i* sickern; **~ away** *fig.* schwinden; *v/t* ausströmen, -schwitzen.

o·pen ['əʊpən] **1.** *adj* □ offen; geöffnet, auf; frei (*fields, etc.*); öffentlich; offen, unentschieden; offen, freimütig; freigebig; *fig.* zugänglich (**to** *dat*), aufgeschlossen (**to** für); **2.** *s*: **in the ~ (air)** im Freien; **come out into the ~** *fig.* an die Öffentlichkeit treten; **3.** *v/t* öffnen; eröffnen (*a. fig.*); *v/i* sich öffnen, aufgehen; *fig.* öffnen, aufmachen; anfangen; **~ into** führen nach (*door, etc.*); **~ on to** hinausgehen auf (*acc*) (*window, etc.*); **~ out** sich ausbreiten

o·pen|-air [əʊpən'eə] *adj* im Freien (stattfindend), Freilicht..., Freiluft..., *a.* Open-air-...; **~·er** *s for cans, bottles, etc.*: Öffner *m*; **~-eyed** *adj* staunend; wach; mit offenen Augen; **~-hand·ed** *adj* freigebig, großzügig; **~-heart·ed** *adj* offen(herzig), aufrichtig; **~·ing** *s* (Er)Öffnung *f*; freie Stelle; Gelegenheit *f*; *attr* Eröffnungs...; **~-mind·ed** *adj fig.* aufgeschlossen; **~-plan of·fice** *s* Großraumbüro *n*.

op·e·ra ['ɒpərə] *s* Oper *f*; **~-glass·es** *s pl* Opernglas *n*.

op·e|rate ['ɒpəreɪt] *v/t* bewirken, (mit sich) bringen; *tech. machine*: bedienen, *et.* betätigen; *business*: betreiben; *v/i tech.* arbeiten, funktionieren, laufen; wirksam werden *or* sein; *mil.* operieren; *med.* operieren (**on** *or* **upon s.o.** j-n); **operating room** *Am.*, **operating theatre** *Br.* Operationssaal *m*; **~·ration** [ɒpə'reɪʃn] *s* Wirkung *f* (**on** auf *acc*); *tech.* Betrieb *m*, Tätigkeit *f*; *med., mil.* Operation *f*; **be in ~** in Betrieb sein; **come into ~** *jur.* in Kraft treten; **~·ra·tive** ['ɒpərətɪv] **1.** *adj* □ wirksam, tätig; praktisch; *med.* operativ; **2.** *s* Arbeiter *m*; **~·ra·tor** [~eɪtə] *s tech.* Bedienungsperson *f*; Telefonist(in).

o·pin·ion [ə'pɪnɪən] *s* Meinung *f*; Ansicht *f*; Stellungnahme *f*; Gutachten *n*; **in my ~** meines Erachtens.

op·po·nent [ə'pəʊnənt] *s* Gegner *m*.

O

op·por|tune ['ɒpətju:n] *adj* □ passend; rechtzeitig; günstig; **~·tu·ni·ty** [ɒpə'tju:nətɪ] *s* (günstige) Gelegenheit.
op·pose [ə'pəʊz] *v/t* entgegen-, gegenüberstellen; sich widersetzen (*dat*), bekämpfen; **~d** *adj* entgegengesetzt; ***be ~ to*** gegen ... sein; **op·po·site** ['ɒpəzɪt] **1.** *adj* □ gegenüberliegend; entgegengesetzt; **2.** *prp and adv* gegenüber; **3.** *s* Gegenteil *n*, -satz *m*; **op·po·si·tion** [ɒpə'zɪʃn] *s* Widerstand *m*; Gegensatz *m*; Widerspruch *m*; Opposition *f* (*a. pol.*).
op·press [ə'pres] *v/t* be-, unterdrücken; **op·pres·sion** *s* Unterdrückung *f*; Druck *m*, Bedrängnis *f*; Bedrücktheit *f*; **op·pres·sive** *adj* □ (be)drückend; hart, grausam; schwül (*weather*).
opt [ɒpt] *v/i* sich entscheiden (***for*** für).
op·tic ['ɒptɪk] *adj* Augen..., Seh...; → **op·ti·cal** *adj* □ optisch; **op·ti·cian** [ɒp'tɪʃn] *s* Optiker *m*.
op·ti|mis·m ['ɒptɪmɪzəm] *s* Optimismus *m*; **~·mist** [~mɪst] *s* Optimist(in); **~·mist·ic** [~'mɪstɪk] *adj* (***~ally***) optimistisch.
op·tion ['ɒpʃn] *s* Wahl(freiheit) *f*; Alternative *f*; *econ.* Vorkaufsrecht *n*, Option *f*; **~·al** *adj* □ freigestellt, wahlfrei.
op·u·lence ['ɒpjʊləns] *s* (großer) Reichtum, Überfluß *m*.
o·pus ['əʊpəs] *s* Opus *n*, Werk *n*.
or [ɔ:] *cj* oder; ***~ else*** sonst.
or·a·cle ['ɒrəkl] *s* Orakel *n*.
o·ral ['ɔ:rəl] **1.** *adj* □ mündlich; Mund...; **2.** *s* F *exam*: mündliche Prüfung.
or·ange ['ɒrɪndʒ] **1.** *s* Orange *n* (*colour*); *bot.* Orange *f*, Apfelsine *f*; **2.** *adj* orange(farben); **~·ade** [~'eɪd] *s* Orangenlimonade *f*.
or·bit ['ɔ:bɪt] **1.** *s* Kreis-, Umlaufbahn *f*; ***get*** *or* ***put into ~*** in e-e Umlaufbahn gelangen *or* bringen; **2.** *v/t planet*: umkreisen; *satellite*: auf e-e Umlaufbahn bringen; *v/i* die Erde *etc.* umkreisen, sich auf e-r Umlaufbahn bewegen.
or·ches·tra ['ɔ:kɪstrə] *s mus.* Orchester *n*; *Am. thea.* Parkett *n*.
or·chid *bot.* ['ɔ:kɪd] *s* Orchidee *f*.
or·deal *fig.* [ɔ:'di:l] *s* schwere Prüfung; Qual *f*, Tortur *f*.
or·der ['ɔ:də] **1.** *s* Ordnung *f*; Anordnung *f*, Reihenfolge *f*; Befehl *m*; *in restaurant, etc.*: Bestellung *f*; *econ.* Bestellung *f*, Auftrag *m*; *econ.* Zahlungsauftrag *m*; *parl. etc.* (Geschäfts)Ordnung *f*; Klasse *f*, Rang *m*; Orden *m* (*a. eccl.*); ***in ~ to*** *inf* um zu *inf*; ***in ~ that*** damit; ***out of ~*** nicht in Ordnung; defekt; nicht in Betrieb; ***get out of ~*** durcheinandergeraten, -kommen; ***make to ~*** auf Bestellung anfertigen; **2.** *v/t* (an-, *med.* ver-) ordnen; befehlen; *econ., in restaurant, etc.*: bestellen; *j-n* schicken; **~ book** *s econ.* Auftragsbuch *n*; **~·ly 1.** *adj* ordentlich; *fig.* ruhig; **2.** *s mil.* (Offiziers)Bursche *m*; *mil.* Sanitätssoldat *m*; Krankenpfleger *m*.
or·di·nal ['ɔ:dɪnl] **1.** *adj* Ordnungs...; **2.** *s a.* ***~ number*** *math.* Ordnungszahl *f*.
or·di·nary ['ɔ:dnrɪ] *adj* □ üblich, gewöhnlich, normal.
ore [ɔ:] *s* Erz *n*.
or·gan ['ɔ:gən] *s mus.* Orgel *f*; *anat. and fig.* Organ *n*; **~·ic** [ɔ:'gænɪk] *adj* (***~ally***) organisch; *farming*: biodynamisch; **~·is·m** *s* Organismus *m*.
or·gan|i·za·tion [ɔ:gənaɪ'zeɪʃn] *s* Organisation *f*; **~·ize** ['ɔ:gənaɪz] *v/t* organisieren; ***~d crime*** das organisierte Verbrechen; **~·iz·er** *s* Organisator(in).
or·gas·m ['ɔ:gæzəm] *s* Orgasmus *m*
or·gy ['ɔ:dʒɪ] *s* Orgie *f* (*a. fig.*).
o·ri|ent ['ɔ:rɪənt] **1.** *s*: ♀ Osten *m*; Orient *m*, Morgenland *n*; **2.** *v/t*: ***~ o.s.*** sich orientieren (***by*** an *dat*, nach) (*a. fig.*); **~·en·tal** [ɔ:rɪ'entl] **1.** *adj* □ orientalisch, östlich; **2.** *s*: ♀ Oriental|e *m*, -in *f*; **~·en·tate** ['ɔ:rɪənteɪt] *v/t* → ***orient*** 2.
or·i·gin ['ɒrɪdʒɪn] *s* Ursprung *m*; Anfang *m*; Herkunft *f*.
o·rig·i·nal [ə'rɪdʒənl] **1.** *adj* □ ursprünglich; originell; Original...; **2.** *s* Original *n*; **~·i·ty** [ərɪdʒə'nælətɪ] *s* Orginalität *f*; **~·ly** *adv* originell; ursprünglich, zuerst.
o·rig·i|nate [ə'rɪdʒɪneɪt] *v/t* hervorbringen, schaffen; *v/i* entstehen; **~·na·tor** *s* Urheber(in).
or·na|ment 1. *s* ['ɔ:nəmənt] Verzierung *f*; *fig.* Zierde *f*; **2.** *v/t* [~ment] verzieren, schmücken; **~·men·tal** [ɔ:nə'mentl] *adj* □ schmückend, Zier...
or·nate [ɔ:'neɪt] *adj* □ reichverziert, reichgeschmückt; überladen.
or·phan ['ɔ:fn] **1.** *s* Waise *f*; **2.** *adj a.* ***~ed*** verwaist; **~·age** [~ɪdʒ] *s* Waisenhaus *n*.
or·tho·dox ['ɔ:θədɒks] *adj* □ orthodox; strenggläubig; üblich, anerkannt.

os·cil·late ['ɒsɪleɪt] *v/i* schwingen; *fig.* schwanken.

os·ten·si·ble [ɒ'stensəbl] *adj* □ angeblich.

os·ten·ta|tion [ɒstən'teɪʃn] *s* Zurschaustellung *f*; Protzerei *f*; **~·tious** [~ʃəs] *adj* □ großtuerisch, prahlerisch.

os·tra·cize ['ɒstrəsaɪz] *v/t* verbannen; ächten.

os·trich *zo.* ['ɒstrɪtʃ] *s* Strauß *m*.

oth·er ['ʌðə] *adj* andere(r, -s); ***some ~ time*** ein andermal; ***one ~ thing*** noch etwas, noch eins; ***the ~ day*** neulich; ***the ~ morning*** neulich morgens; ***every ~ day*** jeden zweiten Tag; **~·wise** *adv* anders; andernfalls, sonst.

ot·ter ['ɒtə] *s zo.* Otter *m*; Otterfell *n*.

ought [ɔ:t] *v/aux* sollte(st) *etc.*; ***you ~ to have done it*** Sie hätten es tun sollen.

ounce [aʊns] *s* Unze *f* (*Br. = 28,35 g*; *Am. = 29,6 g*).

our ['aʊə] *pron* unser; **~s** *pron* der, die, das uns(e)re; unser; **~·selves** [aʊə'selvz] *pron* uns (selbst); *wir* selbst.

oust [aʊst] *v/t* verdrängen, -treiben, hinauswerfen; *from office*: entheben.

out [aʊt] **1.** *adv* aus; hinaus (*go, throw, etc.*); heraus (*come, etc.*); außen, draußen; nicht zu Hause; *sports*: aus, draußen; aus der Mode, F out; vorbei; erloschen; aus(gegangen); verbraucht; (bis) zu Ende; ***~ and about*** (wieder) auf den Beinen; ***way ~*** Ausgang *m*; ***be ~*** nicht da *or* ausgegangen sein; ***~ of*** aus (... heraus); hinaus; außerhalb; ***~ of breath*** außer Atem; (hergestellt) aus; ***~ of fear*** aus Furcht; ***in nine cases ~ of ten*** in neun von zehn Fällen; ***be ~ of s.th.*** et. nicht mehr haben; **2.** *s* Ausweg *m*; ***the ~s*** *pl parl.* die Opposition; **3.** *int* hinaus!, raus!

out|bal·ance [aʊt'bæləns] *v/t* überwiegen, -treffen; **~·bid** *v/t* (*-dd-*; *-bid*) überbieten; **~·board** *adj* Außenbord...; **~·break** *s* Ausbruch *m*; ***~ of war*** Kriegsausbruch *m*; **~·build·ing** *s* Nebengebäude *n*; **~·burst** *s* Ausbruch *m* (*a. fig.*); **~·cast 1.** *adj* ausgestoßen; **2.** *s* Ausgestoßene(r *m*) *f*; **~·come** *s* Ergebnis *n*, Resultat *n*; **~·cry** *s* Aufschrei *m*, Schrei *m* der Entrüstung; **~·dat·ed** *adj* überholt, veraltet; **~·dis·tance** *v/t* (weit) überholen, hinter sich lassen; **~·do** *v/t* (***-did***, ***-done***) übertreffen.

out·door ['aʊtdɔ:] *s* Außen..., außerhalb des Hauses, im Freien, draußen; **~s** *adv* draußen, im Freien.

out·er ['aʊtə] *adj* äußere(r, -s); Außen...; ***~ space*** All *n*, Weltraum *m*; **~·most** [~məʊst] *adj* äußerst.

out·fit ['aʊtfɪt] *s* Ausrüstung *f*, Ausstattung *f*; F Haufen *m*, Trupp *m*, (Arbeits)Gruppe *f*; *Am. mil.* Einheit *f*; **~·ter** *s Br.* Herrenausstatter *m*

out|go·ing ['aʊtgəʊɪŋ] **1.** *adj* weg-, abgehend; *retiring*: scheidend; *friendly*: kontaktfreudig; **2.** *s* Ausgehen *n*; **~s** *pl* (Geld)Ausgaben *pl*; **~·grow** *v/t* (***-grew***, ***-grown***) herauswachsen aus (*clothes*); größer werden als, hinauswachsen über (*acc*); **~·house** *s* Nebengebäude *n*; *Am.* Außenabort *m*.

out·ing ['aʊtɪŋ] *s* Ausflug *m*.

out|last [aʊt'lɑ:st] *v/t* überdauern, -leben; **~·law** *s* Geächtete(r *m*) *f*; **~·lay** *s* (Geld)Auslage(n *pl*) *f*, Ausgabe(n *pl*) *f*; **~·let** *s* Auslaß *m*, Abfluß *m*, Austritt *m*, Abzug *m*; *econ.* Absatzmarkt *m*; *Am. electr.* Anschluß *m*, Steckdose *f*; *fig.* Ventil *n*; **~·line 1.** *s* Umriß *m*; Überblick *m*; Skizze *f*; **2.** *v/t* umreißen; skizzieren; **~·live** *v/t* überleben; **~·look** *s* Ausblick *m* (*a. fig.*); Auffassung *f*; **~·ly·ing** *adj* entlegen; **~·match** *v/t* weit übertreffen; **~·num·ber** *v/t* zahlenmäßig übertreffen.

out-pa·tient *med.* ['aʊtpeɪʃnt] *s* ambulanter Patient, ambulante Patientin; **~*s(' department*)** Ambulanz *f*.

out|post ['aʊtpəʊst] *s* Vorposten *m*; **~·pour·ing** *s* (*esp.* Gefühls)Erguß *m*.

out·put ['aʊtpʊt] *s* Output *m*: *econ. and tech.* Arbeitsertrag *m*, -leistung *f*; *econ.* Produktion *f*, Ausstoß *m*, Ertrag *m*; *electr.* Ausgangsleistung *f*; *electr.* Ausgang *m* (*of amplifier, etc.*); *computer*: (Daten)Ausgabe *f*.

out|rage ['aʊtreɪdʒ] **1.** *s* Ausschreitung *f*, Gewalttat *f*; **2.** *v/t* empören; beleidigen; Gewalt antun (*dat*); **~·ra·geous** [aʊt'reɪdʒəs] *adj* □ abscheulich; empörend, unerhört.

out|right [*adj* 'aʊtraɪt, *adv* aʊt'raɪt] gerade heraus; völlig; direkt; **~·run** *v/t* (***-nn-***; ***-ran***, ***-run***) schneller laufen als; *fig.* übertreffen, hinausgehen über (*acc*); **~·set** *s* Anfang *m*; Aufbruch *m*;

O

~·shine *v/t* (**-*shone***) überstrahlen; *fig. a.* in den Schatten stellen.

out|side [aʊt'saɪd] **1.** *s* Außenseite *f*; *das* Äußere; *sports*: Außenstürmer *m*; ***at the*** (***very***) **~** (aller)höchstens; *attr*: **~ *left*** (***right***) *sports*: Linksaußen (Rechtsaußen) *m*; **2.** *adj* äußere(r, -s), Außen...; außerhalb, draußen; äußerste(r, -s) (*price*); **3.** *adv* draußen, außerhalb; heraus, hinaus; **4.** *prp* außerhalb; **~·sid·er** *s* Außenseiter(in), -stehende(r *m*) *f*.

out|size ['aʊtsaɪz] *s* Übergröße *f*; **~·skirts** *s pl* Außenbezirke *pl*, (Stadt-) Rand *m*; **~·smart** *v/t* F überlisten; **~·spo·ken** *adj* offen, freimütig; **~·spread** *adj* ausgestreckt, -breitet; **~·stand·ing** *adj* hervorragend (*a. fig.*); ausstehend (*debts*); ungeklärt (*question*); unerledigt (*work*); **~·stay** *v/t* länger bleiben als; **~ *one's welcome*** j-s Gastfreundschaft überbeanspruchen *or* ausnützen; **~·stretched** → ***outspread***; **~·strip** *v/t* (**-*pp*-**) überholen (*a. fig.*); **~·vote** *v/t pol., a. fig.* überstimmen.

out·ward ['aʊtwəd] **1.** *adj* äußere(r, -s); äußerlich; nach (dr)außen gerichtet; **2.** *adv mst* **~*s*** (nach) auswärts, nach (dr)außen; **~·ly** *adv* äußerlich.

out|weigh [aʊt'weɪ] *v/t* schwerer sein als; *fig.* überwiegen; **~·wit** *v/t* (**-*tt*-**) überlisten; **~·worn** *adj* erschöpft; *fig.* abgegriffen; überholt.

o·val ['əʊvl] **1.** *adj* □ oval; **2.** *s* Oval *n*.

o·va·ry *anat.* ['əʊvərɪ] *s* Eierstock *m*.

o·va·tion [əʊ'veɪʃn] *s* begeisterter Beifall, Ovation *f*; ***standing* ~** stehende Ovationen *pl*.

ov·en ['ʌvn] *s* Backofen *m*; ***put s.th. in the* ~** et. backen; **~·able**, **~·proof** *adj* hitzebeständig, backofenfest; **~-read·y** *adj* backfertig, bratfertig.

o·ver ['əʊvə] **1.** *adv* hinüber; darüber; herüber; drüben; über...; darüber...; ***hand* ~** *et.* übergeben; ***boil* ~** überkochen; ***fall* ~** umfallen; ***turn* ~** herumdrehen; ***read* ~** (von Anfang bis Ende) durchlesen; ganz, über u. über; ***switch* ~** umschalten; ***think* ~** (gründlich) überlegen; nochmals, wieder; übermäßig, über...; darüber, mehr; übrig; zu Ende, vorüber, vorbei, aus; (***all***) **~ *again*** noch einmal, (ganz) von vorn; **~ *against*** gegenüber (*dat*); ***all* ~** ganz vorbei; **~ *and* ~ *again*** immer wieder; **2.** *prp* über; über (*acc*) ... hin(weg); **~ *and above*** neben, zusätzlich zu.

o·ver·act [əʊvər'ækt] *v/t thea., etc.*: übertrieben spielen; *v/i fig.* übertreiben.

o·ver·all **1.** *s* ['əʊvərɔːl] *Br.* (Arbeits)Kittel *m*; **~*s*** *pl* Arbeitsanzug *m*, Overall *m*; **2.** *adj* [əʊvər'ɔːl] gesamt, Gesamt...; *parl.* **~ *majority*** absolute Mehrheit.

o·ver|awe [əʊvər'ɔː] *v/t* einschüchtern; **~·bal·ance** **1.** *s* Übergewicht *n*; **2.** *v/i* das Gleichgewicht verlieren; umkippen; überwiegen (*a. fig.*); *v/t* aus dem Gleichgewicht bringen; **~·bear·ing** *adj* □ anmaßend; **~·board** *adv mar.* über Bord; **~·cast** *adj* bewölkt; **~·charge** **1.** *v/t electr., tech.* überladen; *v/i* zuviel verlangen (***for*** für); **2.** *s* Überpreis *m*; Aufschlag *m*; **~·coat** *s* Mantel *m*; **~·come** *v/t* (**-*came***, **-*come***) überwinden, -wältigen; **~·crowd** *v/t* überfüllen; **~·do** *v/t* (**-*did***, **-*done***) übertreiben; zu sehr kochen *or* braten; überanstrengen; **~·draft** *s econ.* Kontoüberziehung *f*; **~·draw** *v/t* (**-*drew***, **-*drawn***) *econ. bank account*: überziehen; **~·due** *adj* überfällig; **~·eat** *v/i* (**-*ate***, **-*eaten***) *a.* **~ *o.s.*** sich überessen.

o·ver·flow **1.** [əʊvə'fləʊ] *v/t* überfluten, -schwemmen; *v/i* überfließen, -laufen; **2.** *s* ['əʊvəfləʊ] Überschwemmung *f*; Überschuß *m*; *tech.* Überlauf *m*.

o·ver|grow [əʊvə'grəʊ] (**-*grew***, **-*grown***) *v/t* überwuchern; *v/i* zu groß werden; **~·grown** *adj* überwuchert; übergroß.

o·ver|hang **1.** [əʊvə'hæŋ] (**-*hung***) *v/t* über (*dat*) hängen; *v/i* überhängen; **2.** *s* ['əʊvəhæŋ] Überhang *m*; **~·haul** *v/t car, etc.*: überholen.

o·ver·head **1.** *adv* [əʊvə'hed] (dr)oben; **2.** *adj* ['əʊvəhed] Hoch..., Ober...; *econ.* allgemein (*costs*); **~ *projector*** Overheadprojektor *m*; **3.** *s mst Br.* **~*s*** *pl econ.* allgemeine Unkosten *pl*.

o·ver|hear [əʊvə'hɪə] *v/t* (**-*heard***) (zufällig) belauschen, (mit an)hören; **~·joyed** *adj* überglücklich (***at*** über *acc*); **~·kill** *s mil.* Overkill *m*; *fig.* Übermaß *n*, Zuviel *n* (***of*** an *dat*); **~·lap** *v/t and v/i* (**-*pp*-**) sich überschneiden (mit); *tech.* (sich) überlappen; **~·lay** *v/t* (**-*laid***) belegen, überziehen; **~·leaf** *adv* umseitig; **~·load** *v/t* überladen; **~·look** *v/t* übersehen (*a. fig.*); **~*ing the sea*** mit Blick auf das

Meer; **~·night 1.** *adv* über Nacht; ***stay** ~* übernachten; **2.** *adj* Nacht..., Übernachtungs...; **~·pay** *v/t* (*-**paid***) zuviel bezahlen für; **~·peo·pled** *adj* übervölkert; **~·plus** *s* Überschuß *m* (***of*** an *dat*); **~·pow·er** *v/t* überwältigen; **~·pro·duc·tion** *s econ.* Überproduktion *f*; **~·rate** *v/t* überschätzen; **~·reach** *v/t* übervorteilen; **~ *o.s.*** sich übernehmen; **~·ride** *v/t* (*-**rode**, -**ridden***) *fig.* sich hinwegsetzen über (*acc*); umstoßen; **~·rule** *v/t* überstimmen; *jur. verdict*: aufheben.

o·ver·run [əʊvəˈrʌn] *v/t* (*-**nn**-; -**ran**, -**run***) *land*: überfluten; überwuchern; *signal*: überfahren; *time*: überziehen; ***be ~ with*** wimmeln von.

o·ver·sea(s) [əʊvəˈsiː(z)] **1.** *adj* überseeisch, Übersee...; **2.** *adv* in *or* nach Übersee.

o·ver|see [əʊvəˈsiː] *v/t* (*-**saw**, -**seen***) beaufsichtigen; **~·seer** [ˈəʊvəsɪə] *s* Aufseher *m*; Vorarbeiter *m*.

o·ver|shad·ow [əʊvəˈʃædəʊ] *v/t* überschatten (*a. fig.*); *fig.* in den Schatten stellen; **~·sight** *s* Versehen *n*; **~·sleep** *v/i* (*-**slept***) verschlafen; **~·staffed** *adj* (personell) überbesetzt.

o·ver·state [əʊvəˈsteɪt] *v/t* übertreiben; **~·ment** *s* Übertreibung *f*.

o·ver·strain 1. *v/t* [əʊvəˈstreɪn] überanstrengen; **~ *o.s.*** sich übernehmen; **2.** *s* [ˈəʊvəstreɪn] Überanstrengung *f*.

o·ver|take [əʊvəˈteɪk] *v/t* (*-**took**, -**taken***) *j-n* überraschen; überholen; **~·tax** *v/t* zu hoch besteuern; *fig.* überschätzen; überfordern.

o·ver·throw 1. *v/t* [əʊvəˈθrəʊ] (*-**threw**, -**thrown***) (um)stürzen (*a. fig.*); besiegen; **2.** *s* [ˈəʊvəθrəʊ] (Um)Sturz *m*; Niederlage *f*.

o·ver·time *econ.* [ˈəʊvətaɪm] *s* Überstunden *pl*; ***be on ~, do ~*** Überstunden machen.

o·ver·ture [ˈəʊvətjʊə] *s mus.* Ouvertüre *f*; *mus.* Vorspiel *n*; *mst* **~s** *pl* Vorschlag *m*, Antrag *m*.

o·ver|turn [əʊvəˈtɜːn] *v/t and v/i* (um-) stürzen (*a. fig.*); **~·weight** *s* Übergewicht *n*; **~·whelm** *v/t* überwältigen (*a. fig.*); **~·work 1.** *s* Überarbeitung *f*; **2.** *v/i* sich überarbeiten; *v/t* überanstrengen.

owe [əʊ] *v/t money, etc.*: schulden, schuldig sein; verdanken; ***~ s.th. to s.o.*** j-m et. zu verdanken haben.

ow·ing [ˈəʊɪŋ] *adj*: ***be ~*** zu zahlen sein; ***~ to*** infolge (*gen*); wegen (*gen*); dank (*dat*).

owl *zo.* [aʊl] *s* Eule *f*.

own [əʊn] **1.** *adj* eigen; selbst; einzig, (innig) geliebt; **2.** *s*: ***my ~*** mein Eigentum; ***a house of one's ~*** ein eigenes Haus; ***hold one's ~*** standhalten; **3.** *v/t* besitzen; *admit*: zugeben.

own·er [ˈəʊnə] *s* Eigentümer(in); **~·ship** [ˈəʊnəʃɪp] *s* Eigentum(srecht) *n*.

ox *zo.* [ɒks] *s* (*pl* ***oxen*** [ˈɒksn]) Ochse *m*.

ox·i·da·tion *chem.* [ɒksɪˈdeɪʃn] *s* Oxydation *f*, Oxydierung *f*; **ox·ide** *chem.* [ˈɒksaɪd] *s* Oxyd *n*; **ox·i·dize** *chem.* [ˈɒksɪdaɪz] *v/t and v/i* oxydieren; **ox·y·gen** *chem.* [ˈɒksɪdʒən] *s* Sauerstoff *m*.

oy·ster *zo.* [ˈɔɪstə] *s* Auster *f*.

o·zone *chem.* [ˈəʊzəʊn] *s* Ozon *n*; **~-friend·ly** *adj of aerosols, etc.*: FCKW-frei; **~ hole** *s* Ozonloch *n*; **~ lay·er** *s* Ozonschicht *f*; ***the hole in the ~*** das Ozonloch.

P

P

pace [peɪs] **1.** *s* Schritt *m*; Gang *m*; Tempo *n*; **2.** *v/t* abschreiten; durchschreiten; *v/i* (einher)schreiten; ***~ up and down*** auf u. ab gehen.

pac·i|fi·er *Am.* [ˈpæsɪfaɪə] *s* Schnuller *m*; **~·fy** [~aɪ] *v/t* beruhigen, besänftigen.

pack [pæk] **1.** *s* Pack(en) *m*, Paket *n*, Ballen *m*, Bündel *n*; *Am.* Packung *f* (*cigarettes*); Meute *f* (*dogs*); Rudel *n* (*wolves*); Pack *n*, Bande *f*; *med., cosmetic*: Packung *f*; *a.* ***~ of cards*** Spiel *n* Karten; *a.* ***~ of films*** *phot.* Filmpack *m*; ***a ~ of lies*** ein Haufen Lügen; **2.** *v/t* (voll)packen; bepacken; vollstopfen;

zusammenpferchen; *econ.* eindosen; *tech.* (ab)dichten; *Am.* F *gun, etc.*: (bei sich) tragen; *often* ~ ***up*** zusammen-, ver-, ein-, abpacken; *mst* ~ ***off*** (rasch) fortschicken, -jagen; *v/i* sich *gut etc.* verpacken *or* konservieren lassen; *often* ~ ***up*** (zusammen)packen; ***send s.o.*** ~***ing*** j-n fortjagen; ~ ***into*** *car, etc.*: sich hineinquetschen *or* sich drängen in (*acc*).

pack|age ['pækɪdʒ] *s* Pack *m*, Ballen *m*; Paket *n*; Packung *f*; Frachtstück *n*; ~ ***tour*** Pauschalreise *f*; ~**·er** *s* Packer(in); *Am.* Konservenhersteller *m*; ~**·et** *s* Päckchen *n*; Packung *f* (*cigarettes*); *a.* ~***-boat*** *mar.* Postschiff *n*; ~**·ing** *s* Pakken *n*; Verpackung *f*.

pact [pækt] *s* Vertrag *m*, Pakt *m*.

pad [pæd] **1.** *s* Polster *n*; *sports*: Beinschutz *m*; Schreib-, Zeichenblock *m*; Abschußrampe *f* (*for rockets*); *a.* ***ink***~ Stempelkissen *n*; **2.** *v/t* (***-dd-***) (aus)polstern, wattieren; ~**·ding** *s* Polsterung *f*, Wattierung *f*.

pad·dle ['pædl] **1.** *s* Paddel *n*; *mar.* (Rad)Schaufel *f*; **2.** *v/t and v/i* paddeln; planschen; ~**-wheel** *s mar.* Schaufelrad *n*.

pad·lock ['pædlɒk] *s* Vorhängeschloß *n*.

pa·gan ['peɪgən] **1.** *adj* heidnisch; **2.** *s* Heid|e *m*, -in *f*.

page¹ [peɪdʒ] **1.** *s* Seite *f* (*of book, etc.*); **2.** *v/t* paginieren.

page² [~] **1.** *s* (Hotel)Page *m*; **2.** *v/t j-n* ausrufen lassen.

paid [peɪd] *pret and pp of* ***pay*** 2.

pail [peɪl] *s* Eimer *m*.

pain [peɪn] **1.** *s* Schmerz(en *pl*) *m*; Kummer *m*; ~***s*** *pl* Mühe *f*; ***on*** *or* ***under*** ~ ***of death*** bei Todesstrafe; ***be in*** (***great***) ~ (große) Schmerzen haben; ***take*** ~***s*** sich Mühe geben; → ***arse, neck*** 1; **2.** *v/t j-n* schmerzen, *j-m* weh tun; ~**·ful** *adj* □ schmerzhaft; schmerzlich; peinlich; mühsam; *memories*: *a.* traurig; ~**·less** *adj* □ schmerzlos; ~**s·tak·ing** *adj* □ sorgfältig, gewissenhaft.

paint [peɪnt] **1.** *s* Farbe *f*; *contp.* Schminke *f*; Anstrich *m*; **2.** *v/t* (an-, be)malen; (an)streichen; ~**·box** *s* Malkasten *m*; ~**·brush** *s* (Maler)Pinsel *m*; ~**·er** *s* Maler(in); ~**·ing** *s* Malen *n*; Malerei *f*; Gemälde *n*, Bild *n*.

pair [peə] **1.** *s* Paar *n*; ***a*** ~ ***of*** ... ein Paar ..., ein(e) ...; ***a*** ~ ***of scissors*** e-e Schere; **2.** *v/i zo.* sich paaren; zusammenpassen; ~ ***off*** Paare bilden; paarweise weggehen.

pa·ja·ma(s) *Am.* [pə'dʒɑːmə(z)] → ***pyjama(s)***.

pal [pæl] *s* Kumpel *m*, Kamerad *m*.

pal·ace ['pælɪs] *s* Palast *m*, Schloß *n*.

pal·a·ta·ble ['pælətəbl] *adj* □ wohlschmeckend, schmackhaft (*a. fig.*).

pal·ate ['pælɪt] *s anat.* Gaumen *m*; *fig.* Geschmack *m*.

pale¹ [peɪl] *s* Pfahl *m*; *fig.* Grenzen *pl*.

pale² [~] **1.** *adj* □ (~***r***, ~***st***) blaß, bleich, fahl; ~ ***ale*** helles Bier; **2.** *v/i* blaß *or* bleich werden; ~**·ness** *s* Blässe *f*.

pal·ings ['peɪlɪŋz] *s pl* Pfahlzaun *m*.

pal·i·sade [pælɪ'seɪd] *s* Palisade *f*; ~***s*** *pl Am.* Steilufer *n*.

pal·li|ate ['pælɪeɪt] *v/t med.* lindern; *fig.* bemänteln; ~**·a·tive** *med.* [~ətɪv] *s* Linderungsmittel *n*.

pal|lid ['pælɪd] *adj* □ blaß; ~**·lid·ness,** ~**·lor** [~ə] *s* Blässe *f*.

palm [pɑːm] **1.** *s* Handfläche *f*; *bot.* Palme *f*; **2.** *v/t* in der Hand verbergen; ~ ***s.th. off on*** *or* ***upon s.o.*** j-m et. andrehen; ~**·tree** *s bot.* Palme *f*.

pal·pi|tate *med.* ['pælpɪteɪt] *v/i* klopfen (*heart*); ~**·ta·tion** *med.* [pælpɪ'teɪʃn] *s* Herzklopfen *n*.

pal·try ['pɔːltrɪ] *adj* □ (***-ier***, ***-iest***) armselig; wertlos.

pam·per ['pæmpə] *v/t* verwöhnen; *child*: *a.* verhätscheln, verzärteln.

pam·phlet ['pæmflɪt] *s* Broschüre *f*; (kurze, kritische) Abhandlung.

pan [pæn] *s* Pfanne *f*; Tiegel *m*.

pan- [~] *in compounds*: all..., ganz..., gesamt..., pan..., Pan...

pan·a·ce·a [pænə'sɪə] *s* Allheilmittel *n*.

pan·cake ['pænkeɪk] *s* Pfann-, Eierkuchen *m*; ♀ ***Day*** *Br.* Faschingsdienstag *m*; ~ ***landing*** *aer.* F Bauchlandung *f*.

pan·da *zo.* ['pændə] *s* Panda *m*; ~ **car** *s Br.* (Funk)Streifenwagen *m*; ~ **crossing** *s Br.* Fußgängerübergang *m* mit Druckampel.

pan·de·mo·ni·um *fig.* [pændɪ'məʊnɪəm] *s* Hölle(nlärm *m*) *f*.

pan·der ['pændə] **1.** *v/i* Vorschub leisten (***to*** *dat*); *dated* sich als Kuppler betätigen; **2.** *s dated* Kuppler *m*.

pane [peɪn] *s* (Fenster)Scheibe *f*.

pan·e·gyr·ic [pænɪ'dʒɪrɪk] *s* Lobrede *f*.

P

pan·el ['pænl] **1.** *s arch.* Fach *n*, *of door*: Füllung *f*, *of wall*: Täfelung *f*; *electr.*, *tech.* Instrumentenbrett *n*, Schalttafel *f*; *jur.* Geschworenenliste *f*; *jur. die* Geschworenen *pl*; *die* Diskussionsteilnehmer *pl*; **2.** *v/t* (*esp. Br.* **-ll-**, *Am.* **-l-**) täfeln.
pang [pæŋ] *s* plötzlicher Schmerz; *fig.* Angst *f*, Qual *f*; **~s** *pl* **of conscience** Gewissensbisse *pl*.
pan·han·dle ['pænhændl] **1.** *s* Pfannenstiel *m*; *Am. stretch of land*: schmaler Landstreifen; **2.** *v/i Am.* F betteln.
pan·ic ['pænɪk] **1.** *adj* panisch; **2.** *s* Panik *f*; **3.** *v/i* (**-ck-**) in Panik geraten.
pan·sy *bot.* ['pænzɪ] *s* Stiefmütterchen *n*.
pant [pænt] *v/i breathe*: nach Luft schnappen, keuchen, schnaufen.
pan·ther *zo.* ['pænθə] *s* Panther *m*; *Am.* Puma *m*.
pan·ties ['pæntɪz] *s pl* (Damen)Schlüpfer *m*; Kinderhöschen *n*.
pan·ti·hose *esp. Am.* ['pæntɪhəʊz] *s* Strumpfhose *f*.
pan·try ['pæntrɪ] *s* Speisekammer *f*.
pants [pænts] *s pl esp. Am.* Hose *f*; *esp. Br.* Unterhose; *esp. Br.* Schlüpfer *m*.
pap [pæp] *s* Brei *m*.
pa·pa [pə'pɑː] *s* Papa *m*.
pa·pal ['peɪpl] *adj* □ päpstlich.
pa·per ['peɪpə] **1.** *s* Papier *n*; Zeitung *f*; schriftliche Prüfung; Prüfungsarbeit *f*; Vortrag *m*, Aufsatz *m*; **~s** *pl* (Ausweis-)Papiere *pl*; **2.** *v/t* tapezieren; **~·back** *s* Taschenbuch *n*, Paperback *n*; **~·bag** *s* (Papier)Tüte *f*; **~·clip** *s* Büroklammer *f*; **~·hang·er** *s* Tapezierer *m*; **~·mill** *s* Papierfabrik *f*; **~·weight** *s* Briefbeschwerer *m*.
pap·py ['pæpɪ] *adj* (**-ier**, **-iest**) breiig.
par [pɑː] *s econ.* Nennwert *m*, Pari *n*; *golf*: Par *n*; **at ~** zum Nennwert; ***be on a ~ with*** gleich *or* ebenbürtig sein (*dat*).
par·a·ble ['pærəbl] *s* Gleichnis *n*, Parabel *f*.
par·a|chute ['pærəʃuːt] **1.** *s* Fallschirm *m*; **2.** *v/i* mit dem Fallschirm abspringen; **~·chut·ist** *s* Fallschirmspringer(in).
pa·rade [pə'reɪd] **1.** *s* (Um)Zug *m*; *mil.* (Truppen)Parade *f*; Zurschaustellung *f*, Vorführung *f*; (Strand)Promenade *f*; ***make a ~ of*** *fig.* zur Schau stellen; **2.** *v/i and v/t mil.* antreten (lassen); *mil.* vorbeimarschieren (lassen); zur Schau stellen; **~·ground** *s mil.* Exerzier-, Paradeplatz *m*.
par·a·dise ['pærədaɪs] *s* Paradies *n*.
par·a·gon ['pærəgən] *s* Vorbild *n*, Muster *n*; ***a ~ of virtue*** F ein Ausbund an Tugend(haftigkeit).
par·a·graph ['pærəgrɑːf] *s print.* Absatz *m*, Abschnitt *m*; kurze Zeitungsnotiz.
par·al·lel ['pærəlel] **1.** *adj* parallel; **2.** *s math.* Parallele *f* (*a. fig.*); Gegenstück *n*; Vergleich *m*; ***without*** (**a**) **~** ohnegleichen; **3.** *v/t* (**-l-**, *Br. a.* **-ll-**) vergleichen; entsprechen (*dat*); gleichen (*dat*); parallel (ver)laufen zu.
par·a·lyse, *Am.* **-lyze** ['pærəlaɪz] *v/t med.* lähmen (*a. fig.*); *fig.* zunichte machen; **pa·ral·y·sis** *med.* [pə'rælɪsɪs] *s* (*pl* ***-ses*** [-siːz]) Paralyse *f*, Lähmung *f*.
par·a·mount ['pærəmaʊnt] *adj* höher stehend (***to*** als), übergeordnet, oberste(r, -s); höchste(r, -s); *fig.* größte(r, -s).
par·a|noi·a [pærə'nɔɪə] *s med.* Paranoia *f*; *a.* Verfolgungswahn *m*, krankhaftes Mißtrauen; **~·noid** ['pærənɔɪd] *adj med.* paranoid; *fig.* krankhaft.
par·a·pet ['pærəpɪt] *s* Brüstung *f*; Geländer *n*.
par·a·pher·na·li·a [pærəfə'neɪlɪə] *s pl* Ausrüstung *f*; Zubehör *n*, *m*; F *Br.* Scherereien *pl*.
par·a·site ['pærəsaɪt] *s* Schmarotzer *m*.
par·a·sol ['pærəsɒl] *s* Sonnenschirm *m*.
par·a·troop|er *mil.* ['pærətruːpə] *s* Fallschirmjäger *m*; **~s** *s pl mil.* Fallschirmtruppen *pl*.
par·boil ['pɑːbɔɪl] *v/t* ankochen.
par·cel ['pɑːsl] **1.** *s* Paket *n*, Päckchen *n*; Bündel *n*; Parzelle *f*; **2.** *v/t* (*esp. Br.* **-ll-**, *Am.* **-l-**): **~ *out*** aus-, aufteilen.
parch [pɑːtʃ] *v/t and v/i* rösten, (aus)dörren.
parch·ment ['pɑːtʃmənt] *s* Pergament *n*.
pard *Am. sl.* [pɑːd] *s* Partner *m*.
par·don ['pɑːdn] **1.** *s* Verzeihung *f*; *jur.* Begnadigung *f*; **~?** wie bitte?; **2.** *v/t* verzeihen; *jur.* begnadigen; **~ *me!*** Entschuldigung!; **~·a·ble** *adj* □ verzeihlich.
pare [peə] *v/t* (be)schneiden (*a. fig.*); schälen.
par·ent ['peərənt] *s* Elternteil *m*; *fig.* Ursache *f*; **~s** *pl* Eltern *pl*; ***~-teacher meeting*** *school*: Elternabend *m*; → ***single***

P

parent; **~age** [~ɪdʒ] *s* Abstammung *f*;
pa·ren·tal [pəˈrentl] *adj* elterlich.
pa·ren·the·sis [pəˈrenθɪsɪs] *s* (*pl* **-ses** [-siːz]) Einschaltung *f*; *print*. (runde) Klammer.
par·ing [ˈpeərɪŋ] *s* Schälen *n*; (Be)schneiden *n*; **~s** *pl* Schalen *pl*; Schnipsel *pl*.
par·ish [ˈpærɪʃ] **1.** *s* Gemeinde *f*; **2.** *adj* Pfarr..., Kirchen...; *pol*. Gemeinde...; ***~ church*** Pfarrkirche *f*; ***~ council*** Gemeinderat *m*; **pa·rish·io·ner** [pəˈrɪʃənə] *s* Gemeindemitglied *n*.
par·i·ty [ˈpærətɪ] *s* Gleichheit *f*.
park [pɑːk] **1.** *s* Park *m*, Anlagen *pl*; Naturschutzgebiet *n*, Park *m*; *Am*. (Sport)Platz *m*; ***the ~*** *Br*. F der Fußballplatz, das Stadion; *mst* **car-~** Parkplatz *m*; **2.** *v/t and v/i mot*. parken.
par·ka [ˈpɑːkə] *s* Parka *f*, *m*.
park·ing *mot*. [ˈpɑːkɪŋ] *s* Parken *n*; ***no ~*** Parkverbot, Parken verboten; ***~ for 200 cars*** 200 Parkplätze; **~ disc** *s* Parkscheibe *f*; **~ fee** *s* Parkgebühr *f*; **~ lot** *s Am*. Parkplatz *m*; **~ me·ter** *s* Parkuhr *f*; **~ or·bit** *s space travel*: Parkbahn *f*; **~ tick·et** *s* Strafzettel *m*.
par·lance [ˈpɑːləns] *s* Ausdrucksweise *f*, Sprache *f*.
par·lia|ment [ˈpɑːləmənt] *s* Parlament *n*; ***member of ~*** Abgeordnete(r *m*) *f*; ***Member of*** ♀ *Br*. Unterhausmitglied *n*; **~·men·tar·i·an** [~menˈteərɪən] *s* Parlamentarier(in); **~·men·ta·ry** [~ˈmentərɪ] *adj* □ parlamentarisch, Parlaments...
par·lo(u)r [ˈpɑːlə] *s dated* Wohnzimmer *n*; Empfangs-, Sprechzimmer *n*; ***beauty ~*** *Am*. Schönheitssalon *m*; ***~ car*** *rail. Am*. Salonwagen *m*; **~·maid** *s Br*. Hausmädchen *n*.
pa·ro·chi·al [pəˈrəʊkɪəl] *adj* □ Pfarr..., Kirchen..., Gemeinde...; *fig*. engstirnig, beschränkt.
par·o·dy [ˈpærədɪ] **1.** *s* Parodie *f*; **2.** *v/t* parodieren.
pa·role [pəˈrəʊl] **1.** *s mil*. Parole *f*; *jur*. bedingte Haftentlassung; *jur*. Hafturlaub *m*; ***he is out on ~*** *jur*. er wurde bedingt entlassen; er hat Hafturlaub; **2.** *v/t*: ***~ s.o.*** *jur*. j-n bedingt entlassen; j-m Hafturlaub gewähren.
par·quet [ˈpɑːkeɪ] *s* Parkett(fußboden *m*) *n*; *Am. thea*. Parkett *n*.
par·rot [ˈpærət] **1.** *s zo*. Papagei *m* (*a. fig*.); **2.** *v/t* nachplappern.
par·ry [ˈpærɪ] *v/t* abwehren, parieren.
par·si·mo·ni·ous [pɑːsɪˈməʊnɪəs] *adj* □ sparsam, geizig, knaus(e)rig.
pars·ley *bot*. [ˈpɑːslɪ] *s* Petersilie *f*.
par·son [ˈpɑːsn] *s* Pfarrer *m*; **~·age** [~ɪdʒ] *s* Pfarrei *f*, Pfarrhaus *n*.
part [pɑːt] **1.** *s* Teil *m*; Anteil *m*; Seite *f*, Partei *f*; *thea*., *fig*. Rolle *f*; Stimme *f*; Gegend *f*; *Am*. *of hair*: Scheitel *m*; ***a man of (many) ~s*** ein fähiger Mensch; ***take ~ in s.th***. an e-r Sache teilnehmen; ***take s.th. in bad (good) ~*** et. (nicht) übelnehmen; ***for my ~*** ich für mein(en) Teil; ***for the most ~*** meistens; ***in ~*** teilweise, zum Teil; ***on the ~ of*** von seiten, seitens (*gen*); ***on my ~*** meinerseits; **2.** *adj* Teil...; **3.** *adv* teils; **4.** *v/t* (ab-, ein-, zer)teilen; trennen; *hair*: scheiteln; ***~ company*** sich trennen (***with*** von); *v/i* sich trennen (***with*** von).
part ex·change [pɑːtɪksˈtʃeɪndʒ] *s econ*.: ***take (offer) s.th. in ~*** et. in Zahlung nehmen (geben).
par|tial [ˈpɑːʃl] *adj* □ Teil..., teilweise, partiell; parteiisch, eingenommen (***to*** für); **~·ti·al·i·ty** [pɑːʃɪˈælətɪ] *s* Parteilichkeit *f*; Vorliebe *f* (***for*** für).
par·tic·i|pant [pɑːˈtɪsɪpənt] *s* Teilnehmer(in); **~·pate** [~peɪt] *v/i* teilnehmen, sich beteiligen (***in*** an *dat*); **~·pa·tion** [~ˈpeɪʃn] *s* Teilnahme *f*, Beteiligung *f*.
par·ti·ci·ple *gr*. [ˈpɑːtɪsɪpl] *s* Partizip *n*.
par·ti·cle [ˈpɑːtɪkl] *s* Teilchen *n*.
par·tic·u·lar [pəˈtɪkjʊlə] **1.** *adj* □ besondere(r, -s), einzeln, Sonder...; genau, eigen; wählerisch; **2.** *s* Einzelheit *f*; **~s** *pl* nähere Umstände *pl or* Angaben *pl*; Personalien *pl*; ***for further ~s apply to ...*** nähere Auskünfte erteilt ...; ***in ~*** insbesondere; **~·i·ty** [~ˈlærətɪ] *s* Besonderheit *f*; Ausführlichkeit *f*; Eigenheit *f*; **~·ly** [~lɪ] *adv* besonders, vor allem.
part·ing [ˈpɑːtɪŋ] **1.** *s* Trennung *f*, Abschied *m*; *of hair*: Scheitel *m*; ***~ of the ways*** *esp. fig*. Scheideweg *m*; **2.** *adj* Abschieds...
par·ti·san [pɑːtɪˈzæn] *s* Parteigänger(in); *mil*. Partisan *m*; *attr* Partei...
par·ti·tion [pɑːˈtɪʃn] **1.** *s* Teilung *f*; Trennwand *f*; Verschlag *m*; Fach *n*; **2.** *v/t*: ***~ off*** abteilen, abtrennen.
part·ly [ˈpɑːtlɪ] *adv* teilweise, zum Teil.
part·ner [ˈpɑːtnə] **1.** *s* Partner(in); **2.** *v/t* zusammenbringen; sich zusammentun

P

mit (*j-m*); **~·ship** *s* Teilhaber-, Partnerschaft *f*; *econ.* Handelsgesellschaft *f*.
part-own·er ['pɑːtəʊnə] *s* Miteigentümer(in).
par·tridge *zo.* ['pɑːtrɪdʒ] *s* Rebhuhn *n*.
part|-time [pɑːt'taɪm] **1.** *adj* Teilzeit..., Halbtags...; **2.** *adv* halbtags; **~·tim·er** *s* Teilzeitbeschäftigte(r *m*) *f*.
par·ty ['pɑːtɪ] *s* Party *f*, Fest *n*; *pol.* Partei *f*; *group*: (Arbeits-, Reise- *etc.*)Gruppe *f*; *rescue team, etc.*: Mannschaft *f*; Beteiligte(r *m*) *f*; F *person*: Type *f*, Individuum *n*; **~ line** *s pol.* Parteilinie *f*; **~ pol·i·tics** *s sg* Parteipolitik *f*.
pass [pɑːs] **1.** *s* (Dienst)Ausweis *m*; Passier-, Erlaubnisschein *m*; *of exam*: Bestehen *n*; *Br. univ. appr.*: ausreichend, bestanden; kritische Lage; *sports*: Paß *m*, (Ball)Abgabe *f*, Vorlage *f*, Zuspiel *n*; (Gebirgs)Paß *m*; Durch-, Zugang *m*; *card games*: Passen *n*; Handbewegung *f*, (Zauber)Trick *m*; F Annäherungsversuch *m*; ***free* ~** Freikarte *f*; **2.** *v/i* (vorbei)gehen, (-)fahren, (-)kommen, (-)ziehen *etc.*; *move from s.o. to s.o.*: übergehen, übertragen werden (***to*** auf *acc*); *change*: übergehen; herumgereicht werden, von Hand zu Hand gehen; *sports*: (den Ball) abspielen *or* abgeben *or* passen (***to*** zu); vergehen, vorübergehen (*time, pain, etc.*); angenommen werden, gelten; durchkommen; *univ.*, *school*: (die Prüfung) bestehen; *parl.* Rechtskraft erlangen; *card games*: passen; **~ *away*** sterben, *formal*: die Augen schließen; **~ *by*** vorüber- *or* vorbeigehen, passieren; **~ *for*** *or* ***as*** gelten für *or* als, gehalten werden für, **~ *off*** ablaufen, vonstatten gehen; **~ *out*** F ohnmächtig werden; *v/t* vorbei-, vorübergehen, -fahren, -fließen, -kommen, -ziehen *etc.* an (*dat*); *et.* passieren; vorbeifahren an (*dat*), überholen (*a. mot.*); durch-, überschreiten, durchqueren, passieren; vorbeilassen; reichen, geben; streichen (*with hand over s.th.*); (*sports*) *ball*: abspielen, abgeben, passen (***to*** zu); *exam*: bestehen; *candidate*: bestehen *or* durchkommen lassen; *et.* durchgehen lassen; *time*: ver-, zubringen; *money*: in Umlauf bringen; *parl.* verabschieden; *suggestion, etc.*: durchbringen, annehmen; *judgement*: abgeben; *opinion*: äußern; *remark*: machen; *fig.* (hinaus)gehen über (*acc*), übersteigen.
pass·a·ble ['pɑːsəbl] *adj* □ *river, road*: passierbar; *fig.* gangbar; *knowledge*: passabel, leidlich.
pas·sage ['pæsɪdʒ] *s* Durchgang *m*; Durchfahrt *f*; Durchreise *f*; Korridor *m*, Gang *m*; Reise *f*, (Über)Fahrt *f*, Flug *m*; *parl.* Annahme *f* (*of law*); *mus.* Passage *f*; (Text)Stelle *f*; ***bird of* ~** Zugvogel *m*.
pass·book *econ.* ['pɑːsbʊk] *s* Bankbuch *n*; Sparbuch *n*.
pas·sen·ger ['pæsɪndʒə] *s* Passagier *m*, Fahr-, Fluggast *m*, Reisende(r *m*) *f*, (*of car, etc.*) Insasse *m*.
pass·er-by [pɑːsə'baɪ] *s* Vorbei-, Vorübergehende(r *m*) *f*, Passant(in).
pas·sion ['pæʃn] *s* Leidenschaft *f*; (Gefühls)Ausbruch *m*; Wut *f*, Zorn *m*; ♀ *eccl.* Passion *f*; ♀ ***Week*** *eccl.* Karwoche *f*; **~·ate** [~ət] *adj* □ leidenschaftlich.
pas·sive ['pæsɪv] *adj* □ passiv (*a. gr.*); teilnahmslos; untätig.
pass·port ['pɑːspɔːt] *s* (Reise)Paß *m*.
pass·word ['pɑːswɜːd] *s* Kennwort *n*.
past [pɑːst] **1.** *adj* vergangen, *pred* vorüber; *gr.* Vergangenheits...; frühere(r, -s); ***for some time* ~** seit einiger Zeit; **~ *tense*** *gr.* Vergangenheit *f*, Präteritum *n*; **2.** *adv* vorbei; **3.** *prp time*: nach, über (*acc*); über ... (*acc*) hinaus; an ... (*dat*) vorbei; ***half* ~ *two*** halb drei; **~ *endurance*** unerträglich; **~ *hope*** hoffnungslos; **4.** *s* Vergangenheit *f* (*a. gr.*).
paste [peɪst] **1.** *s* Teig *m*; Kleister *m*; Paste *f*; **2.** *v/t* (be)kleben; **~·board** ['~bɔːd] *s* Pappe *f*; *attr* Papp...
pas·tel [pæ'stel] *s* Pastell(zeichnung *f*) *n*.
pas·teur·ize ['pæstəraɪz] *v/t* pasteurisieren, keimfrei machen.
pas·time ['pɑːstaɪm] *s* Zeitvertreib *m*, Freizeitbeschäftigung *f*.
pas·tor ['pɑːstə] *s* Pastor *m*, Seelsorger *m*; **~·al** *adj* □ Hirten...; idyllisch; *eccl.* pastoral.
pas·try ['peɪstrɪ] *s* Kuchen *m*, Torte *f*; Konditorwaren *pl*, Feingebäck *n*; **~·cook** *s* Konditor *m*.
pas·ture ['pɑːstʃə] **1.** *s* Weide(land *n*) *f*; Grasfutter *n*; **2.** *v/t and v/i* grasen, (ab)weiden (lassen).
pat [pæt] **1.** *s* Klaps *m*; Portion *f* (*butter*);

P

2. *v/t* (**-tt-**) tätscheln; klopfen; **3.** *adj* gerade recht; parat, bereit.
patch [pætʃ] **1.** *s* Fleck *m*; Flicken *m*; Stück *n* Land; *med.* Pflaster *n*; ***in ~es*** stellenweise; **2.** *v/t* flicken; **~·work** *s* Patchwork *n*; *contp.* Flickwerk *n*.
pa·tent ['peɪtənt, *Am.* 'pætənt] **1.** *adj* offen(kundig); patentiert; Patent...; ***~ agent***, *Am.* ***~ attorney*** Patentanwalt *m*; ***letters ~*** ['pætənt] *pl* Patenturkunde *f*; ***~ leather*** Lackleder *n*; **2.** *s* Patent *n*; Privileg *n*, Freibrief *m*; Patenturkunde *f*; **3.** *v/t* patentieren (lassen); **~·ee** [peɪtən'tiː] *s* Patentinhaber(in); **~ of·fice** *s* Patentamt *n*; **~ pro·tec·tion** *s* Patentschutz *m*.
pa·ter|nal [pə'tɜːnl] *adj* □ väterlich(erseits); **~·ni·ty** [~ətɪ] *s* Vaterschaft *f*.
path [pɑːθ] *s* (*pl* ***paths*** [pɑːðz]) Pfad *m*; Weg *m*.
pa·thet·ic [pə'θetɪk] *adj* (**~*ally***) bemitleidenswert, mitleiderregend; *attempt*: kläglich, erbärmlich; ***it's ~*** F es ist zum Heulen; **pa·thos** ['peɪθɒs] *s* Mitleid *n*; *das* Mitleiderregende.
pa·tience ['peɪʃns] *s* Geduld *f*; Ausdauer *f*; *Br.* Patience *f* (*card game*); **pa·tient** [~t] **1.** *adj* □ geduldig; **2.** *s* Patient(in).
pat·i·o ['pætɪəʊ] *s* (*pl* **-*os***) Terrasse *f*; Innenhof *m*, Patio *m*.
pat·ri·ot ['pætrɪət] *s* Patriot(in); **~·ic** [pætrɪ'ɒtɪk] *adj* (**~*ally***) patriotisch.
pa·trol [pə'trəʊl] **1.** *s mil.* Patrouille *f*; (Polizei)Streife *f*; ***on ~*** auf Patrouille, auf Streife; **2.** *v/t and v/i* (**-*ll*-**) patrouillieren, auf Streife sein (in *dat*), s-e Runde machen (in *dat*); **~ car** *s* (Funk-)Streifenwagen *m*; **~·man** *s Am.* (Streifen)Polizist *m*; *Br.* (motorisierter) Pannenhelfer (*of automobile association*).
pa·tron ['peɪtrən] *s* Schirmherr *m*; Gönner *m*; (Stamm)Kunde *m*, Stammgast *m*; **pat·ron·age** ['pætrənɪdʒ] *s* Schirmherrschaft *f*; Gönnerschaft *f*; Kundschaft *f*; Schutz *m*; **pat·ron·ize** ['pætrənaɪz] *v/t* fördern, unterstützen; (Stamm)Kunde *or* Stammgast sein bei; gönnerhaft *or* herablassend behandeln; **~ saint** *s* Schutzheilige(r *m*) *f*.
pat·ter ['pætə] *v/i* plappern; prasseln (*rain*); trappeln (*feet*).
pat·tern ['pætən] **1.** *s* Muster *n* (*a. fig.*); Modell *n*; **2.** *v/t* (nach)bilden, formen (***after***, ***on*** nach).
paunch [pɔːnʃ] *s* (dicker) Bauch.
pau·per ['pɔːpə] *s* Arme(r *m*) *f*.
pause [pɔːz] **1.** *s* Pause *f*, Unterbrechung *f*; **2.** *v/i* e-e Pause machen.
pave [peɪv] *v/t* pflastern; ***~ the way for*** *fig.* den Weg ebnen für; **~·ment** *s Br.* Gehsteig *m*; Pflaster *n*; *Am.* Fahrbahn *f*; ***~ artist*** Pflastermaler(in).
paw [pɔː] **1.** *s* Pfote *f*, Tatze *f*; F ***keep your ~s off*** Pfoten weg!; **2.** *v/t* F betatschen; F derb *or* ungeschickt anfassen; F befummeln; *a. v/i*: **~ (*the ground*)** (mit den Hufen *etc.*) scharren.
paw·ky *esp. Br.* ['pɔːkɪ] *adj* □ *humour*: trocken.
pawn [pɔːn] **1.** *s chess*: Bauer *m*; Pfand *n*; ***in or at ~*** verpfändet; **2.** *v/t* verpfänden; **~·bro·ker** *s* Pfandleiher *m*; **~·shop** *s* Leihhaus *n*.
pay [peɪ] **1.** *s* (Be)Zahlung *f*; Sold *m*; Lohn *m*; **2.** (***paid***) *v/t* (be)zahlen; (be)lohnen; sich lohnen für; *attention*: schenken; *visit*: abstatten; *honour*: erweisen; *compliment*: machen; ***~ attention or heed to*** achtgeben auf (*acc*); ***~ down***, ***~ cash*** bar bezahlen; ***~ in*** einzahlen; ***~ into*** *account*: einzahlen auf (*acc*); ***~ off*** *et.* ab(be)zahlen; *j-n* bezahlen und entlassen; *j-n* voll auszahlen; *v/i* zahlen; sich lohnen; ***~ for*** (*fig.* für) *et.* bezahlen; **~·a·ble** *adj* zahlbar, fällig; **~-as-you-earn (tax) sys·tem** *s appr.* direkter Lohnsteuerabzug; **~-bed** *s in hospital*: Privatbett *n*; **~-day** *s* Zahltag *m*; **~·ee** [~'iː] *s* Zahlungsempfänger(in); **~ en·ve·lope** *s Am.* Lohntüte *f*; **~ freeze** *s* Lohnstopp *m*; **~ in·crease** *s econ.* Lohn-, Gehaltserhöhung *f*; **~·ing** *adj* lohnend; **~·mas·ter** *s* Zahlmeister *m*; **~·ment** *s* (Be-, Ein-, Aus)Zahlung *f*; Lohn *m*, Sold *m*; **~ pack·et** *s Br.* Lohntüte *f*; **~ phone** *s Br.* Münzfernsprecher *m*; **~·roll** *s* Lohnliste *f*; **~ slip** *s* Lohn-, Gehaltsstreifen *m*; **~ sta·tion** *Am.*, **~ tel·e·phone** *s* Münzfernsprecher *m*; **~-TV** *s* Abonnementsfernsehen *n*.
pea *bot.* [piː] *s* Erbse *f*.
peace [piːs] *s* Frieden *m*; Ruhe *f*; ***at ~*** in Frieden; **~·a·ble** *adj* □ friedliebend, friedlich; **~·ful** *adj* □ friedlich; **~-keep·ing** *adj* zur Friedenssicherung; ***~ force*** Friedenstruppe *f*; **~·ma·ker** *s* Friedensstifter *m*.
peach *bot.* [piːtʃ] *s* Pfirsich(baum) *m*.

P

pea|cock *zo.* ['pi:kɒk] *s* Pfau(hahn) *m*; **~·hen** *s zo.* Pfauhenne *f*.
peak [pi:k] *s* Spitze *f*, Gipfel *m*; *attr* Spitzen..., Höchst..., Haupt...; **~ *hours*** *pl* Hauptverkehrs-, Stoßzeit *f*; **~ed** *adj* spitz.
peal [pi:l] **1.** *s* (Glocken)Läuten *n*; Glockenspiel *n*; Dröhnen *n*; **~s** *pl* ***of laughter*** schallendes Gelächter; **2.** *v/i and v/t* erschallen (lassen); dröhnen.
pea·nut *bot.* ['pi:nʌt] *s* Erdnuß *f*.
pear *bot.* [peə] *s* Birne *f*; Birnbaum *m*.
pearl [pɜ:l] **1.** *s* Perle *f* (*a. fig.*); *attr* Perl(en)...; **2.** *v/i* tropfen, perlen; **~·y** *adj* (***-ier***, ***-iest***) perlenartig, Perl(en)...
peas·ant ['peznt] **1.** *s* Kleinbauer *m*; **2.** *adj* kleinbäuerlich, Kleinbauern...; **~·ry** [~rɪ] *s* Kleinbauernstand *m*; *die* Kleinbauern *pl*.
peat [pi:t] *s* Torf *m*.
peb·ble ['pebl] *s* Kiesel(stein) *m*.
peck [pek] **1.** *v/t* picken (*bird*); F *j-m* e-n flüchtigen Kuß geben; **2.** *s* F flüchtiger Kuß, Küßchen *n*.
pe·cu·li·ar [pɪ'kju:lɪə] *adj* □ eigen(tümlich); besondere(r, -s); seltsam; **~·i·ty** [~'ærətɪ] *s* Eigenheit *f*.
ped·a|gog·ics [pedə'gɒdʒɪks] *s mst sg* Pädagogik *f*; **~·gogue**, *Am. a.* **~·gog** ['pedəgɒg] *s* Pädagoge *m*; F Pedant *m*, Schulmeister *m*.
ped·al ['pedl] **1.** *s* Pedal *n*; *attr* Fuß...; **2.** *v/i* (*esp. Br.* ***-ll-***, *Am.* ***-l-***) das Pedal treten; radfahren; F strampeln.
pe·dan·tic [pɪ'dæntɪk] *adj* (***~ally***) pedantisch.
ped·dle ['pedl] *v/t and v/i* hausieren gehen (mit); **~ *drugs*** mit Drogen handeln; **~r** *s* Drogenhändler *m*; *Am.* → ***pedlar***.
pe·des·tri·an [pɪ'destrɪən] **1.** *adj* zu Fuß; *fig.* prosaisch, trocken; **2.** *s* Fußgänger(in); **~ cross·ing** *s* Fußgängerübergang *m*; **~ pre·cinct** *s* Fußgängerzone *f*.
ped·i·gree ['pedɪgri:] *s* Stammbaum *m*.
ped·lar ['pedlə] *s* Hausierer *m*.
pee [pi:] F **1.** *s*: ***have*** (***go for***) ***a ~*** pinkeln (gehen); **2.** *v/i* pinkeln.
peek [pi:k] **1.** *v/i* spähen, gucken, lugen; **2.** *s* flüchtiger *or* heimlicher Blick.
peel [pi:l] **1.** *s* Schale *f*, Rinde *f*, Haut *f*; **2.** *v/t* schälen; *a.* **~ *off*** abschälen, *label, etc.*: abziehen; *clothes*: abstreifen; *v/i a.* **~ *off*** sich (ab)schälen, abblättern.
peep [pi:p] **1.** *s* neugieriger *or* verstohlener Blick; Piep(s)en *n*; **2.** *v/i* gucken, neugierig *or* verstohlen blicken; *a.* **~ *out*** hervorschauen; *fig.* sich zeigen; piep(s)en; **~·hole** *s* Guckloch *n*; **~·ing Tom** *s* Spanner *m*, Voyeur *m*.
peer [pɪə] **1.** *v/i* spähen, lugen; **~ *at*** (sich) genau ansehen, anstarren; **2.** *s* Gleiche(r *m*) *f*; *Br.* Peer *m*; **~·less** *adj* □ unvergleichlich.
peev·ish ['pi:vɪʃ] *adj* □ verdrießlich, gereizt.
peg [peg] **1.** *s* (Holz)Stift *m*, Zapfen *m*, Dübel *m*, Pflock *m*; *for clothes*: Haken *m*; *Br. a. clothes* **~**: (Wäsche)Klammer *f*; *for tent*: (Zelt)Hering *m*; *mus.* Wirbel *m*; *fig.* Aufhänger *m*; ***take s.o. down a ~*** (***or two***) F j-m e-n Dämpfer aufsetzen; **2.** (***-gg-***) *v/t* festpflocken; *mst* **~ *out*** *boundary, etc.*: abstecken; *v/i*: **~ *away***, **~ *along*** F dranbleiben (***at*** an *dat*).
pel·i·can *zo.* ['pelɪkən] *s* Pelikan *m*.
pel·let ['pelɪt] *s* Kügelchen *n*; Pille *f*; Schrotkorn *n*.
pelt [pelt] **1.** *s* Fell *n*, (rohe) Haut, (Tier)Pelz *m*; **2.** *v/t* bewerfen; *v/i a.* **~ *down*** (nieder)prasseln (*rain, etc.*).
pel·vis *anat.* ['pelvɪs] *s* (*pl* ***-vises***, ***-ves*** [-vi:z]) Becken *n*.
pen[1] [pen] **1.** *s* Füller *m*; Kugelschreiber *m*; *dated*: (Schreib)Feder *f*; Federhalter *m*; **2.** *v/t* (***-nn-***) schreiben.
pen[2] [~] **1.** *s* Pferch *m*, (Schaf)Hürde *f*; **2.** *v/t* (***-nn-***): **~ *in***, **~ *up*** einpferchen, -sperren.
pe·nal ['pi:nl] *adj* □ Straf...; strafbar; **~ *code*** Strafgesetzbuch *n*; **~ *servitude*** Zwangsarbeit *f*; **~·ize** [~əlaɪz] *v/t* bestrafen; **pen·al·ty** ['penltɪ] *s* Strafe *f*; *sports*: *a.* Strafpunkt *m*; *soccer*: Elfmeter *m*; **~ *area*** *soccer*: Strafraum *m*; **~ *box*** *soccer*: Strafraum *m*; *ice hockey*: Strafbank *f*; **~ *goal*** *soccer*: Elfmetertor *n*; **~ *kick*** *soccer*: Strafstoß *m*.
pen·ance ['penəns] *s* Buße *f*.
pence [pens] *pl of* ***penny***.
pen·cil ['pensl] **1.** *s* (Blei-, Farb-, Zeichen)Stift *m*; **2.** *v/t* (*esp. Br.* ***-ll-***, *Am.* ***-l-***) zeichnen; (mit Bleistift) aufschreiben *or* anzeichnen *or* anstreichen; *eyebrows*: nachziehen; **~·sharp·en·er** *s* Bleistiftspitzer *m*.
pend·ing ['pendɪŋ] **1.** *adj jur.* schwebend; **2.** *prp* während; bis zu.

P

pen·du·lum ['pendjʊləm] *s* Pendel *n*.
pen·e|tra·ble ['penɪtrəbl] *adj* □ durchdringbar; **~·trate** [~eɪt] *v/t and v/i* durchdringen; **~** (***into***) eindringen in (*acc*) (*a. fig.*); **~·trat·ing** *adj* □ durchdringend, scharf (*mind*); scharfsinnig; **~·tra·tion** [~'treɪʃn] *s* Durch-, Eindringen *n*; Scharfsinn *m*; **~·tra·tive** ['penɪtrətɪv] *adj* □ → ***penetrating***.
pen-friend ['penfrend] *s* Brieffreund(in).
pen·guin *zo.* ['peŋgwɪn] *s* Pinguin *m*.
pen·hold·er ['penhəʊldə] *s dated* Federhalter *m*.
pe·nin·su·la [pə'nɪnsjʊlə] *s* Halbinsel *f*.
pe·nis *anat.* ['piːnɪs] *s* Penis *m*.
pen·i|tence ['penɪtəns] *s* Buße *f*, Reue *f*; **~·tent** [~t] **1.** *adj* □ reuig, bußfertig; **2.** *s* Büßer(in); **~·ten·tia·ry** [penɪ'tenʃərɪ] *s Am.* (Staats)Gefängnis *n*.
pen|knife ['pennaɪf] *s* Taschenmesser *n*; **~-name** *s* Schriftstellername *m*, Pseudonym *n*.
pen·ni·less ['penɪlɪs] *adj* ohne e-n Pfennig (Geld), mittellos.
pen·ny ['penɪ] *s* (*pl* ***-nies***, *coll.* ***pence*** [pens]): *a.* ***new ~*** *Br.* Penny *m*; *Am.* Cent(stück *n*) *m*; *fig.* Pfennig *m*.
pen·sion¹ ['penʃn] **1.** *s* Rente *f*, Pension *f*, Ruhegeld *n*; **2.** *v/t often* **~ *off*** pensionieren; **~·er** [~ə] *s*, Rentner(in), Pensionär(in).
pen·sion² ['pɒnsɪɒn] *s boardinghouse*: Pension *f*.
pen·sive ['pensɪv] *adj* □ nachdenklich.
pen·tath|lete [pen'tæθliːt] *s sports*: Fünfkämpfer(in); **~·lon** [~ɒn] *s sports*: Fünfkampf *m*.
Pen·te·cost ['pentɪkɒst] *s* Pfingsten *n*.
pent·house ['penthaʊs] *s* Penthouse *n*, -haus *n*, Dachterrassenwohnung *f*; Vor-, Schutzdach *n*.
pent-up [pent'ʌp] *adj emotions*: an-, aufgestaut.
peo·ple ['piːpl] **1.** *s* Volk *n*, Nation *f*; Leute *pl*; Angehörige *pl*; *coll.* die Leute *pl*; man; **2.** *v/t* besiedeln, bevölkern.
pep F [pep] **1.** *s* Elan *m*, Schwung *m*, Pep *m*; **~ *pill*** Aufputschpille *f*; **2.** *v/t* (***-pp-***) *mst* **~ *up*** *j-n or et.* in Schwung bringen.
pep·per ['pepə] **1.** *s* Pfeffer *m*; **2.** *v/t* pfeffern; **~·mint** *s bot.* Pfefferminze *f*; Pfefferminzbonbon *m, n*; **~·y** *adj* pfefferig; *fig.* hitzig.
per [pɜː] *prp* per, durch; pro, für, je.
per·am·bu·la·tor *esp. Br.* ['præmbjʊleɪtə] *s* → ***pram***.
per·ceive [pə'siːv] *v/t* (be)merken, wahrnehmen, empfinden; erkennen.
per cent, *Am.* **per·cent** [pə'sent] *s* Prozent *n*.
per·cen·tage [pə'sentɪdʒ] *s* Prozentsatz *m*; Prozente *pl*; (An)Teil *m*.
per·cep|ti·ble [pə'septəbl] *adj* □ wahrnehmbar, merklich; **~·tion** [~pʃn] *s* Wahrnehmung(svermögen *n*) *f*; Erkenntnis *f*; Auffassung(sgabe) *f*.
perch [pɜːtʃ] **1.** *s zo.* Barsch *m*; (Sitz-)Stange *f* (*for birds*); **2.** *v/i* sich setzen *or* niederlassen, sitzen (*birds*).
per·co|late ['pɜːkəleɪt] *v/t coffee, etc.*: filtern, durchsickern lassen; *v/i* durchsickern (*a. fig.*); gefiltert werden; **~·la·tor** *s* Kaffeemaschine *f*, -automat *m*.
per·cus·sion [pə'kʌʃn] *s* Schlag *m*, Erschütterung *f*; *med.* Abklopfen *n*; *mus. coll.* Schlagzeug *n*; **~ *instrument*** *mus.* Schlaginstrument *n*.
per·e·gri·na·tion [perɪgrɪ'neɪʃn] *s* Wanderschaft *f*; Wanderung *f*.
pe·ren·ni·al [pə'renɪəl] *adj* immer wiederkehrend, beständig; immerwährend; *bot.* perennierend.
per|fect **1.** *adj* □ ['pɜːfɪkt] vollkommen; vollendet; virtuos; gänzlich, völlig; **2.** *s* [~] *a.* **~ *tense*** *gr.* Perfekt *n*; **3.** *v/t* [pə'fekt] vervollkommnen; vollenden; **~·fec·tion** [pə'fekʃn] *s* Vollendung *f*; Vollkommenheit *f*; *fig.* Gipfel *m*.
per|fid·i·ous [pə'fɪdɪəs] *adj* □ treulos (***to*** gegen), verräterisch; **~·fi·dy** ['pɜːfɪdɪ] *s* Treulosigkeit *f*, Verrat *m*.
per·fo·rate ['pɜːfəreɪt] *v/t* durchlöchern.
per·form [pə'fɔːm] *v/t* verrichten, ausführen, tun; *duty, etc.*: erfüllen; *thea., mus.* aufführen, spielen, vortragen (*a. v/i*); **~·ance** *s* Verrichtung *f*, Ausführung *f*; Leistung *f*; *thea., mus.* Aufführung *f*, Vorstellung *f*, Vortrag *m*; **~·er** *s* Künstler(in).
per·fume **1.** *s* ['pɜːfjuːm] Duft *m*, Wohlgeruch *m*; Parfüm *n*; **2.** *v/t* [pə'fjuːm] mit Duft erfüllen, parfümieren.
per·haps [pə'hæps, præps] *adv* vielleicht.
per·il ['perəl] **1.** *s* Gefahr *f*; **2.** *v/t* gefährden; **~·ous** [~əs] *adj* □ gefährlich.
pe·rim·e·ter [pə'rɪmɪtə] *s math.* Umkreis *m*; Umgrenzungslinie *f*, Grenze *f*.

pe·ri·od ['pɪərɪəd] *s* Periode *f*; Zeitraum *m*; *gr. esp. Am.* Punkt *m*; *gr.* Gliedsatz *m*, Satzgefüge *n*; (Unterrichts)Stunde *f*; *physiol.* Periode *f*, Regel *f*, Tage *pl*; **~·ic** [pɪərɪ'ɒdɪk] *adj* periodisch; **~·i·cal** [~ɪkl] **1.** *adj* □ periodisch; **2.** *s* Zeitschrift *f*.

pe·riph|e·ral [pə'rɪfərəl] **1.** *adj* peripher; *fig.* nebensächlich; **~ *region*** *geogr., econ.* Randgebiet *n*; **2.** *s computer:* Peripheriegerät *n*; **~·e·ry** *s* Peripherie *f*, Rand *m*.

per·ish ['perɪʃ] *v/i* umkommen, zugrunde gehen; **~·a·ble** *adj* □ leichtverderblich; **~·ing** *adj* □ *esp. Br.* F sehr kalt; F verdammt, verflixt.

per|jure ['pɜːdʒə] *v/t*: **~ *o.s.*** e-n Meineid leisten; **~·ju·ry** [~rɪ] *s* Meineid *m*; ***commit* ~** e-n Meineid leisten.

perk [pɜːk] *v/i*: **~ *up*** sich wieder erholen, munter werden (*person*); *v/t*: **~ *up*** *head*: heben, *ears*: spitzen; schmücken, verschönern; *j-n* aufmöbeln, munter machen.

perk·y ['pɜːkɪ] *adj* □ (***-ier***, ***-iest***) munter; keck, dreist, flott.

perm F [pɜːm] **1.** *s* Dauerwelle *f*; **2.** *v/t j-m* e-e Dauerwelle machen.

per·ma|nence ['pɜːmənəns] *s* Dauer *f*; **~·nent** *adj* □ dauernd, ständig; dauerhaft; Dauer...; **~ *wave*** Dauerwelle *f*.

per·me|a·ble ['pɜːmɪəbl] *adj* □ durchlässig; **~·ate** [~ɪeɪt] *v/t* durchdringen; *v/i* dringen (***into*** in *acc*, ***through*** durch).

per·mis|si·ble [pə'mɪsəbl] *adj* □ zulässig; **~·sion** [~ʃn] *s* Erlaubnis *f*; ***ask* ~** um Erlaubnis bitten; ***with your* ~** wenn Sie gestatten; **~·sive** [~sɪv] *adj* □ zulässig, erlaubt; tolerant; (sexuell) freizügig; **~ *society*** tabufreie Gesellschaft.

per·mit 1. [pə'mɪt] (***-tt-***) *v/t* erlauben, gestatten; *v/i*: ***weather ~ting*** wenn das Wetter es zuläßt; **2.** *s* ['pɜːmɪt] Erlaubnis *f*, Genehmigung *f*; Passierschein *m*.

per·ni·cious [pə'nɪʃəs] *adj* □ verderblich, schädlich; *med.* bösartig.

per·pen·dic·u·lar [pɜːpən'dɪkjʊlə] *adj* □ senkrecht; aufrecht; steil.

per·pe·trate ['pɜːpɪtreɪt] *v/t* verüben.

per·pet·u|al [pə'petʃʊəl] *adj* □ fortwährend, ständig, ewig; **~·ate** [~eɪt] *v/t* bewahren; verewigen.

per·plex [pə'pleks] *v/t* verwirren; **~·i·ty** [~ətɪ] *s* Verwirrung *f*.

per·se|cute ['pɜːsɪkjuːt] *v/t* verfolgen; **~·cu·tion** [pɜːsɪ'kjuːʃn] *s* Verfolgung *f*; **~·cu·tor** ['pɜːsɪkjuːtə] *s* Verfolger(in).

per·se·ver|ance [pɜːsɪ'vɪərəns] *s* Beharrlichkeit *f*, Ausdauer *f*; **~e** [pɜːsɪ'vɪə] *v/i* beharrlich weitermachen (***at, in, with*** mit).

per|sist [pə'sɪst] *v/i* beharren, bestehen (***in*** auf *dat*); fortdauern, anhalten; **~·sis·tence**, **~·sis·ten·cy** [~əns, ~sɪ] *s* Beharrlichkeit *f*; Hartnäckigkeit *f*, Ausdauer *f*; **~·sis·tent** *adj* □ beharrlich, ausdauernd; anhaltend.

per·son ['pɜːsn] *s* Person *f* (*a. gr., jur.*); **~·age** *s* (hohe *or* bedeutende) Persönlichkeit; **~·al** *adj* □ persönlich (*a. gr.*); *attr* Personal...; Privat...; **~ *call*** *teleph.* Privatgespräch *n*; **~ *computer*** Personalcomputer *m*, PC *m*; **~ *data*** *pl* Personalien *pl*; **~·al·i·ty** [pɜːsə'nælətɪ] *s* Persönlichkeit *f*; ***personalities*** *pl* anzügliche *or* persönliche Bemerkungen *pl*; **~·i·fy** [pɜː'sɒnɪfaɪ] *v/t* verkörpern; **~·nel** [pɜːsə'nel] *s* Personal *n*, Belegschaft *f*; *mil.* Mannschaften *pl*; *mar., aer.* Besatzung *f*; **~ *department*** Personalabteilung *f*; **~ *manager*** Personalchef *m*.

per·spec·tive [pə'spektɪv] *s* Perspektive *f*; Ausblick *m*, Fernsicht *f*.

per·spic·u·ous [pə'spɪkjʊəs] *adj* klar.

per|spi·ra·tion [pɜːspə'reɪʃn] *s* Schwitzen *n*; Schweiß *m*; Transpiration *f*; **~·spire** [pə'spaɪə] *v/i* schwitzen, transpirieren.

per|suade [pə'sweɪd] *v/t* überreden; überzeugen; **~·sua·sion** [~ʒn] *s* Überredung *f*; Überzeugung *f*, (feste) Meinung; Glaube *m*; **~·sua·sive** [~sɪv] *adj* □ überredend; überzeugend.

pert [pɜːt] *adj* □ keck (*a. hat*), vorlaut, frech, naseweis.

per·ti·nent ['pɜːtɪnənt] *adj* □ sachdienlich, relevant, zur Sache gehörig.

per·turb [pə'tɜːb] *v/t* beunruhigen.

pe·rus|al [pə'ruːzl] *s* sorgfältige Durchsicht; **~e** [~z] *v/t* (sorgfältig) durchlesen; prüfen.

per·vade [pə'veɪd] *v/t* durchdringen (*smell, idea, etc.*).

per|verse [pə'vɜːs] *adj* □ *psych.* pervers; eigensinnig, verstockt; **~·ver·sion** [~ʃn] *s* Verdrehung *f*; Abkehr *f*; *psych.* Perversion *f*; **~·ver·si·ty** [~ətɪ] *s psych.* Perversität *f*; Eigensinn *m*, Verstocktheit *f*.

per·vert 1. *v/t* [pə'vɜːt] verdrehen; ver-

führen; **2.** *s psych.* ['pɜːvɜːt] perverser Mensch, Perverse(r *m*) *f*.
pes·si|mis·m ['pesɪmɪzəm] *s* Pessimismus *m*; **~·mist** [~mɪst] *s* Pessimist(in); **~·mist·ic** [~'mɪstɪk] *adj* (**~ally**) pessimistisch.
pest [pest] *s* lästiger Mensch, Nervensäge *f*; lästige Sache, Plage *f*; *zo.* Schädling *m*; **pes·ter** *v/t* belästigen, plagen.
pet [pet] **1.** *s* Heimtier *n*; Liebling *m*; **2.** *adj* Lieblings...; Tier...; **~ dog** Schoßhund *m*; **~ name** Kosename *m*; **~ shop** Tierhandlung *f*, Zoogeschäft *n*; **3.** (**-tt-**) *v/t* (ver)hätscheln; streicheln, liebkosen; *v/i* F Petting machen.
pet·al *bot.* ['petl] *s* Blütenblatt *n*.
pe·ti·tion [pɪ'tɪʃn] **1.** *s* Bittschrift *f*, Eingabe *f*, Gesuch *n*, Petition *f*; Unterschriftenliste *f*; **2.** *v/t* bitten, ersuchen; *v/i* ein Gesuch einreichen (**for** um), e-n Antrag stellen (**for** auf *acc*).
pet·ri·fy ['petrɪfaɪ] *v/t* versteinern.
pet·rol ['petrəl] *s Br.* Benzin *n*; **~ pump** Zapfsäule *f*; **~ station** Tankstelle *f*.
pe·tro·le·um *chem.* [pɪ'trəʊlɪəm] *s* Petroleum *n*, Erd-, Mineralöl *n*; **~ refinery** Erdölraffinerie *f*.
pet·ti·coat ['petɪkəʊt] *s* Unterrock *m*.
pet·ting F ['petɪŋ] *s* Petting *n*.
pet·tish ['petɪʃ] *adj* □ launisch, reizbar.
pet·ty ['petɪ] *adj* □ (**-ier**, **-iest**) klein, geringfügig, Bagatell...; **~ cash** Portokasse *f*; **~ larceny** *jur.* einfacher Diebstahl.
pet·u·lant ['petjʊlənt] *adj* □ gereizt.
pew [pjuː] *s* Kirchenbank *f*.
pew·ter ['pjuːtə] *s* Zinn *n*; Zinngeschirr *n*; Zinnkrug *m*.
phan·tom ['fæntəm] *s* Phantom *n*, Trugbild *n*; Gespenst *n*.
phar·ma·cy ['fɑːməsɪ] *s* Pharmazie *f*; Apotheke *f*.
phase [feɪz] **1.** *s* Phase *f*; **2.** *v/t* schritt- *or* stufenweise planen *or* durchführen; **~ in** *scheme, etc.*: schrittweise einführen; **~ out** *scheme, etc.*: auslaufen lassen.
pheas·ant *zo.* ['feznt] *s* Fasan *m*.
phe·nom·e·non [fɪ'nɒmɪnən] *s* (*pl* **-na** [-ə]) Phänomen *n*, Erscheinung *f*.
phi·al ['faɪəl] *s* Phiole *f*, Fläschchen *n*.
phi·lan·thro·pist [fɪ'lænθrəpɪst] *s* Philanthrop *m*, Menschenfreund *m*.
phi·lol·o|gist [fɪ'lɒlədʒɪst] *s* Philolog|e *m*, -in *f*; **~·gy** [~ɪ] *s* Philologie *f*.
phi·los·o|pher [fɪ'lɒsəfə] *s* Philosoph *m*; **~·phize** [~aɪz] *v/i* philosophieren; **~·phy** [~ɪ] *s* Philosophie *f*.
phlegm [flem] *s* Schleim *m*; Phlegma *n*.
phone F [fəʊn] **1.** *s* Telefon *n*; **pick up** (**put down**) **the ~** den Hörer abnehmen (auflegen); **~ book**, **~ directory** Telefonbuch *n*; **~ booth**, **~ box** Telefonzelle *f*; **~ card** Telefonkarte *f*; *a.* Kartentelefon *n*; → *a.* **telephone**; **2.** *v/i* telefonieren; *v/t j-n* anrufen.
pho·net·ics [fə'netɪks] *s sg* Phonetik *f*, Lautlehre *f*; phonetische Umschrift *or* Angaben *pl*.
pho·n(e)y *sl.* ['fəʊnɪ] **1.** *s* Fälschung *f*; Schwindler(in); **2.** *adj* (**-ier**, **-iest**) falsch, unecht.
phos·pho·rus *chem.* ['fɒsfərəs] *s* Phosphor *m*.
pho·to F ['fəʊtəʊ] *s* (*pl* **-tos**) Foto *n*, Bild *n*.
pho·to- [~] Licht..., Photo..., Foto...; **~·cop·i·er** *s* Fotokopiergerät *n*; **~·cop·y** **1.** *s* Fotokopie *f*; **2.** *v/t* fotokopieren; **~·gen·ic** [~'dʒenɪk] *adj* fotogen.
pho|to·graph ['fəʊtəgrɑːf] **1.** *s* Fotografie *f* (*picture*); **2.** *v/t* fotografieren; **~·tog·ra·pher** [fə'tɒgrəfə] *s* Fotograf(in); **~·tog·ra·phy** [~ɪ] *s* Fotografie *f* (*art, business*).
phras·al ['freɪzl] *adj*: **~ verb** Verb *n* mit Adverb u./od. Präposition; **phrase** [freɪz] **1.** *s* (Rede)Wendung *f*, Redensart *f*, (idiomatischer) Ausdruck; **~ book** Sprachführer *m*; **2.** *v/t* ausdrücken.
phys|i·cal ['fɪzɪkl] *adj* □ physisch; körperlich; physikalisch; **~ education**, **~ training** Leibeserziehung *f*; **~ handicap** Körperbehinderung *f*; **~ly handicapped** körperbehindert; **phy·si·cian** [fɪ'zɪʃn] *s* Arzt *m*; **~·i·cist** ['fɪzɪsɪst] *s* Physiker *m*; **~·ics** [~ɪks] *s sg* Physik *f*.
phy·sique [fɪ'ziːk] *s* Körper(bau) *m*, Statur *f*.
pi·an·o ['pjænəʊ] *s* (*pl* **-os**) Klavier *n*.
pi·az·za [pɪ'ætsə] *s* Piazza *f*, (Markt-)Platz *m*; *Am.* (große) Veranda.
pick¹ [pɪk] → **pickaxe**.
pick² [pɪk] **1.** *s* (Aus)Wahl *f*; **take your ~** suchen Sie sich etwas aus; **2.** *v/t* (auf)hacken; (auf)picken (*bird*); entfernen; pflücken; *bone*: abnagen; bohren *or* stochern in (*dat*); *lock*: mit e-m Dietrich öffnen, F knacken; *quarrel*: vom

Zaun brechen; (sorgfältig) (aus)wählen; *Am. mus. strings*: zupfen, *banjo*: spielen; **~ *one's nose*** in der Nase bohren; **~ *one's teeth*** in den Zähnen (herum)stochern; **~ *s.o.'s pocket*** j-n bestehlen; ***have a bone to ~ with s.o.*** mit j-m ein Hühnchen zu rupfen haben; **~ *out*** *et.* auswählen; heraussuchen; **~ *up*** aufhacken; aufheben, -lesen, -nehmen; aufpicken (*bird*); *trail*: aufnehmen; *criminal*: aufgreifen; F *et.* aufschnappen; *foreign language*: sich aneignen; *in a car*: mitnehmen *or* abholen; F *j-n* zufällig kennenlernen, auflesen; *a.* **~ *up speed*** *mot.* schneller werden; **~-a-back** *adv* huckepack.

pick|axe, *Am.* **~ax** ['pɪkæks] *s* Spitzhacke *f.*

pick·et ['pɪkɪt] **1.** *s* Pfahl *m*; Streikposten *m*; **~ *line*** Streikpostenkette *f*; **2.** *v/t* mit Streikposten besetzen, Streikposten aufstellen vor (*dat*); *v/i* Streikposten stehen.

pick·ings ['pɪkɪŋz] *s pl* Überbleibsel *pl*, Reste *pl*; Ausbeute *f*; Profit *m*, (unehrlicher) Gewinn.

pick·le ['pɪkl] **1.** *s* (Salz)Lake *f*; *mst* **~s** *pl* Eingepökelte(s) *n*, Pickles *pl*; F mißliche Lage; **2.** *v/t* einlegen, (-)pökeln; **~d *herring*** Salzhering *m.*

pick|lock ['pɪklɒk] *s* Einbrecher *m*; Dietrich *m*; **~·pock·et** *s* Taschendieb *m*; **~-up** *s* Tonabnehmer *m*; Kleinlieferwagen *m*; F Staßenbekanntschaft *f.*

pic·nic ['pɪknɪk] **1.** *s* Picknick *n*; **2.** *v/i* (*-ck-*) ein Picknick machen, picknicken.

pic·to·ri·al [pɪk'tɔːrɪəl] **1.** *adj* □ malerisch; illustriert; **2.** *s* Illustrierte *f.*

pic·ture ['pɪktʃə] **1.** *s* Bild *n*; Gemälde *n*; bildschöne Sache *or* Person; Film *m*; *attr* Bilder...; **~s** *pl esp. Br.* Kino *n*; ***put s.o. in the ~*** j-n ins Bild setzen, j-n informieren; **2.** *v/t* abbilden; *fig.* schildern, beschreiben; *fig.* sich *et.* vorstellen; **~ post·card** *s* Ansichtskarte *f*; **pic·ture·some** ['~səm] *adj* fotogen; **pic·tur·esque** [~'resk] *adj* □ malerisch.

pie [paɪ] *s* Pastete *f*; Obstkuchen *m.*

pie·bald ['paɪbɔːld] *adj* (bunt)scheckig.

piece [piːs] **1.** *s* Stück *n*; Teil *m*, *n* (*of machine, etc.*); *chess*: Figur *f*; *board games*: Stein *m*; ***by the ~*** stückweise; im Akkord; ***a ~ of advice*** ein Rat; ***a ~ of news*** e-e Neuigkeit; ***of a ~*** einheitlich; ***give s.o. a ~ of one's mind*** j-m gründlich die Meinung sagen; ***take to ~s*** zerlegen; **2.** *v/t*: **~ *together*** zusammensetzen, -flicken; **~·meal** *adj and adv* stückweise; **~·work** *s* Akkordarbeit *f*; ***do ~*** im Akkord arbeiten.

pier [pɪə] *s* Pfeiler *m*; *mar.* Pier *m*, Hafendamm *m*, Mole *f*, Landungsbrücke *f.*

pierce [pɪəs] *v/t* durchbohren, -stechen, -stoßen; durchdringen; eindringen in (*acc*).

pi·e·ty ['paɪətɪ] *s* Frömmigkeit *f*; Pietät *f.*

pig [pɪg] *s zo.* Schwein *n* (*a. fig.* F); *esp. Am.* Ferkel *n*; *sl. contp.* Bulle *m* (*policeman*).

pi·geon ['pɪdʒɪn] *s* Taube *f*; **~-hole 1.** *s* Fach *n*; **2.** *v/t* in Fächer einordnen.

pig|head·ed [pɪg'hedɪd] *adj* dickköpfig; **~-i·ron** *s* Roheisen *n*; **~·skin** *s* Schweinsleder *n*; **~·sty** *s* Schweinestall *m*; **~·tail** *s* (Haar)Zopf *m.*

pike [paɪk] *s zo.* Hecht *m*; Schlagbaum *m*; Mautstraße *f*; Maut *f*; *mil. hist.* Pike *f*, Spieß *m.*

pile [paɪl] **1.** *s* Haufen *m*; Stapel *m*, Stoß *m*; F Haufen *m*, Masse *f*; *electr.* Batterie *f*; Pfahl *m*; Flor *m* (*of carpets, etc.*); **~s** *pl* F *med.* Hämorrhoiden *pl*; (**atomic**) **~** Atommeiler *m*, (Kern)Reaktor *m*; **2.** *v/t often* **~ *up***, **~ *on*** (an-, auf)häufen, (auf)stapeln, aufschichten.

pil·fer ['pɪlfə] *v/t* stehlen, F stibitzen.

pil·grim ['pɪlgrɪm] *s* Pilger(in); **~·age** [~ɪdʒ] *s* Pilger-, Wallfahrt *f.*

pill [pɪl] *s* Pille *f* (*a. fig.*); ***the ~*** die (Antibaby)Pille.

pil·lar ['pɪlə] *s* Pfeiler *m*, Ständer *m*; Säule *f*; **~-box** *s Br.* Briefkasten *m.*

pil·li·on *mot.* ['pɪlɪən] *s* Soziussitz *m.*

pil·lo·ry ['pɪlərɪ] **1.** *s hist.* Pranger *m*; **2.** *v/t hist. and fig.* an den Pranger stellen; *fig.* anprangern.

pil·low ['pɪləʊ] *s* (Kopf)Kissen *n*; **~·case**, **~·slip** *s* (Kopf)Kissenbezug *m.*

pi·lot ['paɪlət] **1.** *s aer.* Pilot *m*; *mar.* Lotse *m*; **2.** *adj* Versuchs..., Probe..., Pilot...; **~ *film*** *TV* Pilotfilm *m*; **~ *project*** Pilotprojekt *n*; **~ *scheme*** Versuchsprojekt *n*; **3.** *v/t* lotsen; steuern.

pimp [pɪmp] **1.** *s* Zuhälter *m*; **2.** *v/i* Zuhälter sein.

pim·ple ['pɪmpl] *s* Pickel *m*, Pustel *f.*

pin [pɪn] **1.** *s* (Steck-, Krawatten-, Hut-

etc.)Nadel *f*; *tech*. Pflock *m*, Bolzen *m*, Stift *m*, Dorn *m*; *mus*. Wirbel *m*; *ninepins*: Kegel *m*; *bowling*: Pin *m*; (**clothes**) **~** *esp*. *Am*. Wäscheklammer *f*; (**drawing-**)**~** *Br*. Reißzwecke *f*; **2.** *v/t* (**-nn-**) (an)heften, anstecken (**to** an *acc*), befestigen (**to** an *dat*); pressen, drücken (**against**, **to** gegen, an *acc*).

pin·a·fore ['pɪnəfɔː] *s* Schürze *f*.

pin·cers ['pɪnsəz] *s pl* (**a pair of ~** e-e) (Kneif)Zange.

pinch [pɪnʃ] **1.** *s* Kneifen *n*; Prise *f* (*salt*, *tobacco*, *etc*.); *fig*. Druck *m*, Not *f*; **2.** *v/t* kneifen, zwicken, (ein)klemmen; F klauen; F *arrest*: F schnappen, erwischen; *v/i* drücken (*shoe*, *poverty*, *etc*.); *a*. **~ and scrape** sich einschränken, knausern.

pin·cush·ion ['pɪnkʊʃn] *s* Nadelkissen *n*.

pine [paɪn] **1.** *s bot*. Kiefer *f*, Föhre *f*; **2.** *v/i* sich sehnen (**for** nach); **~** (**away**) vor Gram vergehen; **~·ap·ple** *bot*. ['~æpl] *s* Ananas *f*.

pin·ion ['pɪnɪən] **1.** *s zo*. Flügelspitze *f*; *zo*. Schwungfeder *f*; *tech*. Ritzel *n*; **2.** *v/t* die Flügel stutzen (*dat*); fesseln.

pink [pɪŋk] **1.** *s bot*. Nelke *f*; Rosa *n*; **be in the ~** (**of condition** *or* **health**) in Top- *or* Hochform sein; **2.** *adj* rosa(farben).

pin-mon·ey ['pɪnmʌnɪ] *s* (selbstverdientes) Taschengeld (der Hausfrau).

pin·na·cle ['pɪnəkl] *s arch*. Fiale *f*; (Berg)Spitze *f*; *fig*. Gipfel *m*, Höhepunkt *m*.

pint [paɪnt] *s* Pint *n* (= *0,57 or Am. 0,47 litre*); *Br*. F Halbe *f* (*beer*).

pi·o·neer [paɪə'nɪə] **1.** *s* Pionier *m* (*a. mil*.); **2.** *v/i and v/t* den Weg bahnen (für).

pi·ous ['paɪəs] *adj* □ fromm, religiös.

pip [pɪp] *s vet*. Pips *m*; F miese Laune; (Obst)Kern *m*; Auge *n* (*on dice*, *etc*.); *mil*. *Br*. F Stern *m* (*indicating rank*); *sound*: Ton *m*, Piepsen *n*.

pipe [paɪp] **1.** *s* Rohr *n*, Röhre *f*; Pfeife *f* (*a. mus*.); *mus*. Flöte *f*; *of bird*: Pfeifen *n*, Lied *n*; Pipe *f* (*wine cask = 477,3 litres*); **2.** *v/t* (durch Rohre) leiten; *a*. *v/i* pfeifen; flöten; piep(s)en (*bird*, *etc*.); **~·line** *s* Rohrleitung *f*; *for oil*, *gas*, *etc*.: Pipeline *f*; **pip·er** *s* Pfeifer *m*.

pip·ing ['paɪpɪŋ] **1.** *adj* pfeifend, schrill; *adv* **~ hot** siedend heiß; **2.** *s* Rohrleitung *f*, -netz *n*; *tailoring*: Paspel *f*, Biese *f*; Pfeifen *n*, Piep(s)en *n*.

pi·quant ['piːkənt] *adj* □ pikant.

pique [piːk] **1.** *s* Groll *m*; **2.** *v/t* kränken, reizen; **~ o.s. on** sich brüsten mit.

pi·ra·cy ['paɪərəsɪ] *s* Piraterie *f*, Seeräuberei *f*; **pi·rate** [~ət] **1.** *s* Pirat *m*, Seeräuber *m*; Piratenschiff *n*; **~ radio station** Piratensender *m*; **2.** *v/t idea*, *etc*.: stehlen, klauen; *book*, *record*, *etc*.: e-n Raubdruck *or* e-e Raubkopie herstellen von.

piss V [pɪs] *v/i* pissen; **~ off!** verpiß dich!, hau ab!; **~ed** V *adj Br*. F besoffen, *Am*. stocksauer; **be ~ off with** die Schnauze voll haben von.

pis·tol ['pɪstl] *s* Pistole *f*.

pis·ton *tech*. ['pɪstən] *s* Kolben *m*.

pit [pɪt] **1.** *s* Grube *f* (*a. mining*, *anat*.); *agr*. Miete *f*; Fallgrube *f*, Falle *f*; *motor sports*: Box *f*; *athletics*: Sprunggrube *f*; *thea*. *Br*. Parterre *n*; *a*. **orchestra ~** Orchestergraben *m*; *Am*. (Obst)Stein *m*, Kern *m*; **2.** *v/t* (**-tt-**) *agr*. einmieten; mit Narben bedecken; *Am*. entsteinen, -kernen.

pitch [pɪtʃ] **1.** *s min*. Pech *n*; *Br*. Stand(platz) *m* (*of street trader*, *etc*.); *mus*. Tonhöhe *f*; Grad *m*, Stufe *f*, Höhe *f*; Gefälle *n*, Neigung *f*; Wurf *m* (*a. sports*); *esp*. *Br*. *sports*: Spielfeld *n*, Platz *m*; *mar*. Stampfen *n* (*of ship*); **2.** *v/t* werfen; schleudern; *tent*, *etc*.: aufschlagen, -stellen; *mus*. (an)stimmen; **~ too high** *fig*. *expectations*: zu hoch stecken; *v/i mil*. (sich) lagern; hinschlagen; *mar*. stampfen (*ship*); **~ into** F herfallen über (*acc*); **~-black**, **~-dark** *adj* pechschwarz; stockdunkel.

pitch·er ['pɪtʃə] *s* Krug *m*; *baseball*: Werfer *m*.

pitch·fork ['pɪtʃfɔːk] *s* Heu-, Mistgabel *f*.

pit·e·ous ['pɪtɪəs] *adj* □ kläglich.

pit·fall ['pɪtfɔːl] *s* Fallgrube *f*; *fig*. Falle *f*.

pith [pɪθ] *s* Mark *n*; *fig*. Kern *m*; *fig*. Kraft *f*; **~·y** ['pɪθɪ] *adj* □ (**-ier**, **-iest**) markig, kernig.

pit·i|a·ble ['pɪtɪəbl] *adj* □ bemitleidenswert; erbärmlich; **~·ful** *adj* □ bemitleidenswert; erbärmlich, jämmerlich (*a. contp*.); **~·less** *adj* □ unbarmherzig.

pit·tance ['pɪtəns] *s* Hungerlohn *m*.

pit·y ['pɪtɪ] **1.** *s* Mitleid *n* (**on** mit); **it is a ~** es ist schade; **2.** *v/t* bemitleiden.

P

piv·ot ['pɪvət] **1.** *s tech.* (Dreh)Zapfen *m*; *fig.* Dreh-, Angelpunkt *m*; **2.** *v/i* sich drehen (***on***, ***upon*** um).
piz·za ['piːtsə] *s* Pizza *f*.
pla·ca·ble ['plækəbl] *adj* □ versöhnlich.
plac·ard ['plækɑːd] **1.** *s* Plakat *n*; Transparent *n*; **2.** *v/t* anschlagen; mit e-m Plakat bekleben.
place [pleɪs] **1.** *s* Platz *m*; Ort *m*; Stelle *f*; Stätte *f*; (Arbeits)Stelle *f*, (An)Stellung *f*; Wohnsitz *m*, Haus *n*, Wohnung *f*; Wohnort *m*; (soziale) Stellung; ***~ of delivery*** *econ.* Erfüllungsort *m*; ***give ~ to*** *j-m* Platz machen; ***in ~ of*** an Stelle (*gen*); ***out of ~*** fehl am Platz; **2.** *v/t* stellen, legen, setzen; *j-n* ein-, anstellen; *order*: erteilen (***with s.o.*** j-m); ***be ~d*** *sports*: sich placieren; ***I can't ~ him*** *fig.* ich weiß nicht, wo ich ihn hintun soll.
plac·id ['plæsɪd] *adj* □ sanft; ruhig.
pla·gia|ris·m ['pleɪdʒərɪzəm] *s* Plagiat *n*; **~·rize** [~raɪz] *v/i and v/t* plagiieren.
plague [pleɪg] **1.** *s* Seuche *f*; Pest *f*; Plage *f*; **2.** *v/t* plagen, quälen.
plaice *zo.* [pleɪs] *s* Scholle *f*.
plain [pleɪn] **1.** *adj* □ klar; deutlich; einfach, schlicht; unscheinbar, wenig anziehend; häßlich (*person*); offen (u. ehrlich); einfarbig; rein (*truth*, *nonsense*, *etc.*); **2.** *adv* klar, deutlich; **3.** *s* Ebene *f*, Flachland *n*; ***the Great*** **2*s*** *pl Am.* die Prärien *pl*; **~ choc·o·late** *s* Zartbitterschokolade *f*; **~-clothes man** *s* Polizist *m or* Kriminalbeamte(r) *m* in Zivil; **~ deal·ing** *s* Redlichkeit *f*; **~s·man** *s Am.* Präriebewohner *m*.

P

plain|tiff *jur.* ['pleɪntɪf] *s* Kläger(in); **~·tive** [~v] *adj* □ traurig, klagend.
plait [plæt, *Am.* pleɪt] **1.** *s* (Haar- *etc.*) Flechte *f*; Zopf *m*; **2.** *v/t* flechten.
plan [plæn] **1.** *s* Plan *m*; **2.** *v/t* (-***nn***-) planen; entwerfen; ausarbeiten.
plane [pleɪn] **1.** *adj* flach, eben (*a. math.*); **2.** *s* Ebene *f*, (ebene) Fläche; *aer.* Tragfläche *f*; *aircraft*: Flugzeug *n*, F Maschine *f*; *tech. tool*: Hobel *m*; *fig.* Stufe *f*, Niveau *n*; ***by ~*** mit dem Flugzeug, auf dem Luftweg; ***go by ~*** fliegen; **3.** *v/t* (ein)ebnen; *tech.* hobeln.
plan·et *ast.* ['plænɪt] *s* Planet *m*.
plank [plæŋk] **1.** *s* Planke *f*, Bohle *f*, Diele *f*; *pol.* Programmpunkt *m*; **2.** *v/t* dielen; verschalen; ***~ down*** F *et.* hinknallen; *money*: auf den Tisch legen, blechen.
plant [plɑːnt] **1.** *s bot.* Pflanze *f*; *tech.* Anlage *f*; Fabrik *f*; **2.** *v/t* (an-, ein-) pflanzen (*a. fig.*); bepflanzen; besiedeln; anlegen; (auf)stellen; *punch*: verpassen; **plan·ta·tion** [plæn'teɪʃn] *s* Pflanzung *f*, Plantage *f*; Besied(e)lung *f*; **~·er** *s* Pflanzer *m*; Plantagenbesitzer *m*; *agr.* Pflanzmaschine *f*; Übertopf *m*.
plaque [plɑːk] *s* (Schmuck)Platte *f*; Gedenktafel *f*; *med.* Zahnbelag *m*.
plash [plæʃ] *v/i* platschen.
plas·ter ['plɑːstə] **1.** *s arch.* (Ver)Putz *m*; (*a.* ***sticking ~***) *med.* Pflaster *n*; *a.* ***~ of Paris*** Gips *m* (*a. med.*); **2.** *v/t* verputzen; *wall*: bekleben; *med. wound*: verpflastern, ein Pflaster kleben auf (*acc*); **~ cast** *s* Gipsabdruck *m*, -abguß *m*; *med.* Gipsverband *m*; **plas·tered** ['plɑːstəd] *adj sl. drunk*: blau.
plas·tic ['plæstɪk] **1.** *adj* (***~ally***) plastisch (*a. med.*); aus Plastik, Plastik...; ***~ money*** F Kreditkarten *pl*; ***~ packaging*** Kunststoffverpackung *f*; **2.** *s often* ***~s*** *sg* Plastik(material) *n*, Kunststoff *m*.
plate [pleɪt] **1.** *s* Platte *f*; Teller *m*; (Bild-) Tafel *f*; Schild *n*; (Kupfer-, Stahl)Stich *m*; (Tafel)Besteck *n*; *tech.* Grobblech *n*; **2.** *v/t* plattieren; panzern.
plat·form ['plætfɔːm] *s* Plattform *f*; *geol.* Hochebene *f*; *rail.* Bahnsteig *m*; *Br. of bus*: Plattform *f*; (Redner)Tribüne *f*, Podium *n*; *tech.* Rampe *f*, Bühne *f*; *pol.* Parteiprogramm *n*; *esp. Am. pol.* Aktionsprogramm *n* (*for election campaign*).
plat·i·num *chem.* ['plætɪnəm] *s* Platin *n*.
plat·i·tude *fig.* ['plætɪtjuːd] *s* Plattheit *f*.
plau·si·ble ['plɔːzəbl] *adj* □ glaubhaft.
play [pleɪ] **1.** *s* Spiel *n*; Schauspiel *n*, (Theater)Stück *n*; *tech.* Spiel *n*; *fig.* Spielraum *m*; **2.** *v/t and v/i* spielen; *tech.* Spiel(raum) haben; ***~ back*** *ball*: zurückspielen (***to*** zu); *tape*: abspielen; ***~ off*** *fig.* ausspielen (***against*** gegen); ***~ on***, ***~ upon*** *fig. s.o.'s weakness*: ausnutzen; ***~ed out*** *fig.* erledigt, erschöpft; **~·back** *s* Wiedergabe *f*, Abspielen *n*; **~·bill** *s* Theaterplakat *n*; *Am.* Programm(heft) *n*; **~·boy** *s* Playboy *m*; **~·er** *s* (Schau)Spieler(in); Plattenspieler *m*; **~·fel·low** *s* Spielgefährt|e *m*, -in *f*; **~·ful** *adj* □ verspielt; spielerisch,

scherzhaft; **~·girl** *s* Playgirl *n*; **~·go·er** *s* (*esp.* häufige[r]) Theaterbesucher(in); **~·ground** *s* Spielplatz *m*; Schulhof *m*; **~·house** *s thea.* Schauspielhaus *n*; Spielhaus *n* (*for children*); **~·mate** → ***playfellow***; Gespiel|e *m*, -in *f*; **~·thing** *s* Spielzeug *n*; **~·wright** *s* Dramatiker *m*.

plea [pli:] *s jur.* Einspruch *m*; Ausrede *f*; Gesuch *n*; ***on the ~ of*** *or* ***that*** unter dem Vorwand (*gen or* daß).

plead [pli:d] (**~*ed***, *esp. ScotE., Am.* ***pled***) *v/i jur.* plädieren; **~ *for*** für *j-n* sprechen; sich einsetzen für; **~ (*not*) *guilty*** sich (nicht) schuldig bekennen; *v/t* sich berufen auf (*acc*), *et.* vorschützen; *s.o.'s case*: vertreten; *jur.* (als Beweis) anführen; **~·ing** *s jur.* Plädoyer *n*.

pleas·ant ['pleznt] *adj* □ angenehm, erfreulich; freundlich; sympathisch; **~·ry** *s* Scherz *m*, Spaß *m*.

please [pli:z] **1.** *v/i and v/t* (*j-m*) gefallen, angenehm sein; befriedigen; belieben; **~ *yourself*** (ganz) wie Sie wünschen; **2.** *int* bitte; (***yes,***) **~** (ja,) bitte; (oh ja,) gerne; **~ *come in!*** bitte treten Sie ein!; **~d** *adj* erfreut, zufrieden; ***be ~ at*** erfreut sein über (*acc*); ***be ~ to do*** *et.* gerne tun; **~ *to meet you!*** angenehm!; ***be ~ with*** befriedigt sein von; Vergnügen haben an (*dat*); **pleas·ing** ['pli:zɪŋ] *adj* □ angenehm, gefällig.

plea·sure ['pleʒə] *s* Vergnügen *n*, Freude *f*; Belieben *n*; *attr* Vergnügungs...; ***at ~*** nach Belieben; ***my ~, it's a ~*** gern geschehen, es war mir ein Vergnügen; **~-boat** *s* Vergnügungs-, Ausflugsdampfer *m*; **~-ground** *s* (Park)Anlage(n *pl*) *f*; Vergnügungspark *m*.

pleat [pli:t] **1.** *s* (Plissee)Falte *f*; **2.** *v/t* fälteln, plissieren.

pled [pled] *pret and pp of* ***plead***.

pledge [pledʒ] **1.** *s* Pfand *n*; Trinkspruch *m*, Toast *m*; Versprechen *n*, Gelöbnis *n*; **2.** *v/t* verpfänden; *j-m* zutrinken; ***he ~d himself*** er gelobte.

ple·na·ry ['pli:nərɪ] *adj* Voll..., Plenar...

plen·ti·ful ['plentɪfl] *adj* □ reichlich.

plen·ty ['plentɪ] **1.** *s* Fülle *f*, Überfluß *m*; **~ *of*** reichlich; **2.** *adv* F reichlich.

pli·a·ble ['plaɪəbl] *adj* □ biegsam; *fig.* geschmeidig, nachgiebig.

pli·ers ['plaɪəz] *s pl* (***a pair of ~*** e-e) (Draht-, Kombi)Zange.

plight [plaɪt] *s* (schlechter) Zustand, schwierige Lage, Notlage *f*.

plim·soll *Br.* ['plɪmsəl] *s* Turnschuh *m*.

plod [plɒd] *v/i* (**-*dd*-**) *a.* **~ *along***, **~ *on*** sich dahinschleppen; **~ *away*** sich abplagen (***at*** mit), schuften.

plop [plɒp] *v/i and v/t* (**-*pp*-**) plumpsen *or* (*esp. into water*) platschen (lassen).

plot [plɒt] **1.** *s* Stück *n* Land, Parzelle *f*, Grundstück *n*; (geheimer) Plan, Komplott *n*, Anschlag *m*, Intrige *f*; Handlung *f* (*of drama, etc.*); **2.** (**-*tt*-**) *v/t* auf-, einzeichnen; planen, anzetteln; *v/i* sich verschwören (***against*** gegen).

plough, *Am.* **plow** [plaʊ] **1.** *s* Pflug *m*; **2.** *v/i and v/t* (um)pflügen; **~·share** *s* Pflugschar *f*.

pluck [plʌk] **1.** *s* Rupfen *n*, Zupfen *n*, Zerren *n*, Reißen *n*; Zug *m*, Ruck *m*; Innereien *pl*; *fig.* Mut *m*, Schneid *m*; **2.** *v/t* pflücken; *bird*: rupfen (*a. fig.*); *mus. strings*: zupfen; **~ *up courage*** Mut fassen; *v/i* zupfen, ziehen, zerren (***at*** an *dat*); **~·y** F *adj* □ (**-*ier***, **-*iest***) mutig.

plug [plʌg] **1.** *s* Pflock *m*, Dübel *m*, Stöpsel *m*; *electr.* Stecker *m*, F Steckdose *f*; Hydrant *m*; *mot.* (Zünd)Kerze *f*; *radio, TV*: F Schleichwerbung *f*; **2.** *v/t* (**-*gg*-**) (*a.* **~ *up***) zu-, verstopfen, zustöpseln; F *radio, TV, etc.*: (ständig) Reklame machen für; **~ *in*** *electr.* einstecken, einstöpseln, anschließen.

plum [plʌm] *s bot.* Pflaume(nbaum *m*) *f*; Rosine *f* (*a. fig.*).

plum·age ['plu:mɪdʒ] *s* Gefieder *n*.

plumb [plʌm] **1.** *adj and adv* lot-, senkrecht; *fig.* völlig; F total; **2.** *s* (Blei)Lot *n*; **3.** *v/t* loten; sondieren (*a. fig.*); Wasser- *or* Gasleitungen legen in (*dat*); **~ *in*** *connect*: anschließen; *v/i* als Rohrleger arbeiten; **~·er** *s* Klempner *m*, Installateur *m*; **~·ing** *s* Klempnerarbeit *f*; Rohrleitungen *pl*; sanitäre Installation.

plume [plu:m] **1.** *s* Feder *f*; Federbusch *m*; **2.** *v/t* mit Federn schmücken; *plumage*: putzen; **~ *o.s. on*** sich brüsten mit.

plump [plʌmp] **1.** *adj* drall, prall, mollig; F glatt (*refusal, etc.*); **2.** *v/i and v/t a.* **~ *down*** (hin)plumpsen (lassen); **3.** *s* Plumps *m*; **4.** *adv* F unverblümt, geradeheraus.

plum pud·ding [plʌm'pʊdɪŋ] *s* Plumpudding *m*.

plun·der ['plʌndə] **1.** *s* Plünderung *f*; Raub *m*, Beute *f*; **2.** *v/t* plündern.
plunge [plʌndʒ] **1.** *s* (Ein-, Unter)Tauchen *n*; (Kopf)Sprung *m*; Sturz *m*; ***take the ~*** *fig.* den entscheidenden Schritt wagen; **2.** *v/i and v/t* (ein-, unter)tauchen; (sich) stürzen (***into*** in *acc*); *knife, etc.*: stoßen; *mar.* stampfen (*ship*).
plu·per·fect *gr.* [plu:'pɜ:fɪkt] *s* (*a. adj* ***~ tense***) Plusquamperfekt *n*.
plu·ral *gr.* ['plʊərəl] *s* Plural *m*, Mehrzahl *f*; **~·i·ty** [plʊə'rælətɪ] *s* Vielzahl *f*.
plus [plʌs] **1.** *prp* plus; **2.** *adj* positiv; Plus...; **3.** *cj* F und außerdem, wie auch; **4.** *s* Plus *n*; Mehr *n*.
plush [plʌʃ] *s* Plüsch *m*.
ply [plaɪ] **1.** *s* Lage *f*, Schicht *f* (*of cloth, wood, etc.*); Strähne *f* (*thread, etc.*); *fig.* Neigung *f*; ***three-~*** dreifach (*thread, etc.*); dreifach gewebt (*carpet*); **2.** *v/t* handhaben, umgehen mit; *fig. j-m* zusetzen, *j-n* überhäufen (***with*** mit); *v/i bus, etc.*: regelmäßig fahren (***between*** zwischen *dat*); **~·wood** *s* Sperrholz *n*.
pneu·mat·ic [nju:'mætɪk] *adj* (***~ally***) Luft...; pneumatisch; ***~ brake*** *tech.* Druckluftbremse *f*.
pneu·mo·ni·a *med.* [nju:'məʊnɪə] *s* Lungenentzündung *f*.
poach[1] [pəʊtʃ] *v/t* pochieren; ***~ed eggs*** *pl* verlorene Eier *pl*.
poach[2] [~] *v/t and v/i* wildern; **~·er** *s* Wilddieb *m*, Wilderer *m*.
PO Box [pi:'əʊbɒks] *s* Postfach *n*.
pock *med.* [pɒk] *s* Pocke *f*, Blatter *f*.
pock·et ['pɒkɪt] **1.** *s* (Hosen- *etc.*)Tasche *f*; *billiards*: Loch *n*; *aer.* → ***air pocket***; ***with an empty ~*** mit leeren Taschen; ***it's beyond my ~*** es übersteigt meine finanziellen Möglichkeiten; ***... to suit every ~, ... easy on the ~*** ... für jeden Geldbeutel; **2.** *v/t* einstecken (*a. fig.*); *emotion*: unterdrücken; *billiards*: einlochen; ***~ one's pride*** s-n Stolz überwinden; **3.** *adj* im Taschenformat, Taschen...; **~ bil·liards** *s sg* Pool-, Lochbillard *n*; **~-book** *s notebook*: Notizbuch *n*; *wallet*: Brieftasche *f*; *Am. handbag*: Handtasche *f*; *Am. paperback*: Taschenbuch *n*; **~ cal·cu·la·tor** *s* Taschenrechner *m*; **~-knife** *s* Taschenmesser *n*; **~-mon·ey** *s* Taschengeld *n*.
pod *bot.* [pɒd] *s* Hülse *f*, Schote *f*.
po·em ['pəʊɪm] *s* Gedicht *n*.
po·et ['pəʊɪt] *s* Dichter *m*; **~·ess** *s* Dichterin *f*; **~·ic** [pəʊ'etɪk] (***~ally***), **~·i·cal** *adj* □ dichterisch; **~·ics** *s sg* Poetik *f*; **~·ry** ['pəʊɪtrɪ] *s* Dichtkunst *f*; Dichtung *f*; *coll.* Dichtungen *pl*, Gedichte *pl*.
point [pɔɪnt] **1.** *s* Spitze *f*; *geogr.* Landspitze *f*; *gr., math., phys., etc.* Punkt *m*; *math.* (Dezimal)Punkt *m*, Komma *n*; *phys.* Grad *m* (*on scale*); *mar.* Kompaßstrich *m*; Auge *n* (*on playing card, etc.*); *sports*: Punkt *m*; *place*: Punkt *m*, Stelle *f*, Ort *m*; *main idea*: springender Punkt; *purpose*: Zweck *m*, Ziel *n*; *of joke*: Pointe *f*; *fig.* hervorstechende Eigenschaft; ***~s*** *pl Br. rail.* Weiche *f*; ***~ of view*** Stand-, Gesichtspunkt *m*; ***the ~ is that ...*** die Sache ist die, daß ...; ***make a ~ of s.th.*** auf e-r Sache bestehen; ***there is no ~ in doing*** es hat keinen Zweck, zu tun; ***in ~ of*** hinsichtlich (*gen*); ***to the ~*** zur Sache (gehörig); ***off*** *or* ***beside the ~*** nicht zur Sache (gehörig); ***on the ~ of*** *ger* im Begriff zu *inf*; *boxing, etc.*: ***beat s.o. on ~s*** j-n nach Punkten schlagen; ***win*** (***lose***) ***on ~s*** nach Punkten gewinnen (verlieren); ***winner on ~s*** Punktsieger *m*; ***1.5*** [wʌnpɔɪnt'faɪv] eins Komma fünf (1,5); **2.** *v/t* (zu)spitzen; ***~ at*** *weapon, etc.*: richten auf (*acc*); *with fingers*: zeigen auf (*acc*); ***~ out*** zeigen; *fig.* hinweisen auf (*acc*); *v/i*: ***~ at*** deuten *or* weisen auf (*acc*); ***~ to*** *compass needle*: weisen *or* zeigen nach; hinweisen auf (*acc*); **~·ed** *adj* □ spitz; Spitz...; *fig.* scharf, unmißverständlich; **~·er** *s* Zeiger *m*; Zeigestock *m*; *zo.* ***~*** (***dog***) Vorstehhund *m*; F Tip *m*, Hinweis *m*; **~·less** *adj* □ sinnlos; zwecklos.
poise [pɔɪz] **1.** *s* Gleichgewicht *n*; (Körper-, Kopf)Haltung *f*; **2.** *v/t* im Gleichgewicht halten; *head, etc.*: tragen, halten; *v/i* schweben.
poi·son ['pɔɪzn] **1.** *s* Gift *n*; **2.** *v/t* vergiften; **~ gas** *s* Giftgas *n*; **~·ing** *s* Vergiftung *f*; **~·ous** *adj* □ giftig (*a. fig.*).
poke [pəʊk] **1.** *s* Stoß *m*; F Faustschlag *m*; **2.** *v/t* stoßen, puffen; *fire*: schüren; *hole*: bohren; ***~ fun at*** sich über *j-n* lustig machen; ***~ one's nose into everything*** F s-e Nase überall hineinstecken; *v/i* (herum)stochern (***among, at, in*** in *dat*).
pok·er[1] ['pəʊkə] *s* Feuerhaken *m*.
po·ker[2] [~] *s card game*: Poker *n*; ***play ~*** pokern, Poker spielen.

pok·y F ['pəʊkɪ] *adj* (*-ier*, *-iest*) eng; schäbig.

po·lar ['pəʊlə] *adj* polar; **~ *bear*** *zo*. Eisbär *m*.

Pole¹ [pəʊl] *s* Pole *m*, Polin *f*.

pole² [~] *s* Pol *m*; Stange *f*; Mast *m*; Deichsel *f*; *sports*: (Sprung)Stab *m*.

po·lem|ic [pə'lemɪk], *a*. **~·i·cal** *adj* □ polemisch.

pole-star ['pəʊlstɑː] *s ast*. Polarstern *m*; *fig*. Leitstern *m*.

pole-vault ['pəʊlvɔːlt] **1.** *s* Stabhochsprung *m*; **2.** *v/i* stabhochspringen; **~·er** *s* Stabhochspringer *m*; **~·ing** *s* Stabhochspringen *n*, -sprung *m*.

po·lice [pə'liːs] **1.** *s pl* Polizei *f*; **2.** *v/t* überwachen; **~·man** *s* Polizist *m*; **~·of·fi·cer** *s* Polizeibeamte(r) *m*, Polizist *m*; **~ sta·tion** *s* Polizeiwache *f*, -revier *n*; **~·wom·an** *s* Polizistin *f*.

pol·i·cy ['pɒləsɪ] *s* Vorgehensweise *f*, Politik *f*, Taktik *f*; Klugheit *f*; (Versicherungs)Police *f*.

po·li·o *med*. ['pəʊlɪəʊ] *s* Polio *f*, Kinderlähmung *f*.

Pol·ish¹ ['pəʊlɪʃ] **1.** *adj* polnisch; **2.** *s ling*. Polnisch *n*.

pol·ish² ['pɒlɪʃ] **1.** *s* Politur *f*; Schuhcreme *f*; *fig*. Schliff *m*; **2.** *v/t* polieren; *shoes*: putzen; *fig*. verfeinern.

po·lite [pə'laɪt] *adj* □ (**~*r***, **~*st***) artig, höflich; **~·ness** *s* Höflichkeit *f*.

pol·i·tic ['pɒlɪtɪk] *adj* □ diplomatisch; klug.

po·lit·i·cal [pə'lɪtɪkl] *adj* □ politisch; staatlich, Staats...; **~ *asylum*** politisches Asyl; **pol·i·ti·cian** [pɒlɪ'tɪʃn] *s* Politiker(in); **pol·i·tick·ing** ['pɒlɪtɪkɪŋ] *s contp*. politisches Hickhack; **pol·i·tics** ['pɒlɪtɪks] *s sg or pl* Politik *f*; *univ*. Politologie *f*.

pol·ka ['pɒlkə] *s* Polka *f*.

poll [pəʊl] **1.** *s* (Ergebnis *n* e-r) (Meinungs)Umfrage *f*; Wahl *f*, Abstimmung *f*; Stimmenzahl *f*; ***heavy* ~** hohe Wahlbeteiligung; ***go to the* ~*s*** wählen (gehen), zur Wahl gehen; **2.** *v/t votes*: erhalten; *v/i* wählen.

pol·len *bot*. ['pɒlən] *s* Pollen *m*, Blütenstaub *m*; **~ count** *s* Pollenwerte *pl*.

poll·ing ['pəʊlɪŋ] *s* Wählen *n*, Wahl *f*; **~ *booth*** Wahlkabine *f*, -zelle *f*; **~ *district*** Wahlbezirk *m*; **~ *place*** *Am*., **~ *station*** *esp*. *Br*. Wahllokal *n*.

poll-tax ['pəʊltæks] *s* Kopfsteuer *f*.

pol|lut·ant [pə'luːtənt] *s* Schadstoff *m*; **~·lute** *v/t* be-, verschmutzen; verunreinigen; *fig*. verderben; **~·lut·er** *s* Umweltverschmutzer *m*, Umweltsünder *m*; **~·lu·tion** *s* Verunreinigung *f*; (Luft-, Wasser-, Umwelt)Verschmutzung *f*; *a*. Schadstoffe *pl*; **~ *control*** *appr*. Reduzierung *f* der Umweltbelastung; **~ *level*** *der* Grad der Umweltverschmutzung.

po·lo ['pəʊləʊ] *s sports*: Polo *n*; **~·neck** *s* Rollkragen(pullover) *m*.

pomp [pɒmp] *s* Pomp *m*, Prunk *m*.

pom·pous ['pɒmpəs] *adj* □ pompös, prunkvoll; aufgeblasen; schwülstig.

pond [pɒnd] *s* Teich *m*, Weiher *m*.

pon·der ['pɒndə] *v/t* erwägen; *v/i* nachdenken.

po·ny *zo*. ['pəʊnɪ] *s* Pony *n*.

poo·dle *zo*. ['puːdl] *s* Pudel *m*.

pool [puːl] **1.** *s* Teich *m*; Pfütze *f*, Lache *f*; (Schwimm)Becken *n*; Pool *m*; *card games*: Gesamteinsatz *m*; *econ*. Kartell *n*; *econ*. Fonds *m*, F Topf *m*; *mst* **~*s*** *pl* (Fußball- *etc*.)Toto *n*, *m*; *Am*. Poolbillard *n*; **~*room*** *Am*. Billardspielhalle *f*; Wettannahmestelle *f*; **2.** *v/t money*, *ideas*, *etc*.: in e-n Topf werfen, zusammenlegen.

poop *mar*. [puːp] *s* Heck *n*; *a*. **~ *deck*** (erhöhtes) Achterdeck.

poor [pʊə] *adj* □ arm(selig); dürftig; schlecht; **~·ly 1.** *adj* kränklich, unpäßlich; **2.** *adv* arm(selig), dürftig.

pop¹ [pɒp] **1.** *s* Knall *m*; F *lemonade*: Limo *f*; **2.** (*-pp-*) *v/t* knallen lassen; F *put*: tun, stecken; *v/i* knallen; *balloon*: platzen; huschen; **~ *in*** hereinplatzen (*visitor*); **~ *in for a cup of tea*** auf e-e Tasse Tee vorbeischauen.

pop² [~] **1.** *s a*. **~ *music*** Schlagermusik *f*; Pop(musik *f*) *m*; **2.** *adj* volkstümlich, beliebt; Schlager...; Pop...; **~ *concert*** Popkonzert *n*; **~ *singer*** Schlagersänger(in); **~ *song*** Schlager *m*.

pop³ *Am*. F [~] *s* Paps *m*, Papa *m*; *elderly man*: Opa *m*.

pop·corn ['pɒpkɔːn] *s* Popcorn *n*, Puffmais *m*.

pope [pəʊp] *s mst* ♀ Papst *m*.

pop-eyed F ['pɒpaɪd] *adj* glotzäugig.

pop·lar *bot*. ['pɒplə] *s* Pappel *f*.

pop·py *bot*. ['pɒpɪ] *s* Mohn *m*; **~·cock** *s* F Quatsch *m*, dummes Zeug.

P

pop·u|lace ['pɒpjʊləs] *s die* breite Masse, *contp.* Pöbel *m*; **~·lar** *adj* □ beliebt, populär; weitverbreitet; Volks...; **~·lar·i·ty** [~'lærətɪ] *s* Popularität *f*, Beliebtheit *f*.

pop·u|late ['pɒpjʊleɪt] *v/t* bevölkern, bewohnen; **~·la·tion** [~'leɪʃn] *s* Bevölkerung *f*; **~·lous** *adj* □ dichtbesiedelt, -bevölkert.

porce·lain ['pɔːslɪn] *s* Porzellan *n*.

porch [pɔːtʃ] *s* Vorhalle *f*, Portal *n*, Vorbau *m*; *Am.* Veranda *f*.

por·cu·pine *zo.* ['pɔːkjʊpaɪn] *s* Stachelschwein *n*.

pore [pɔː] **1.** *s* Pore *f*; **2.** *v/i*: **~ *over*** *et.* eifrig studieren.

pork [pɔːk] *s* Schweinefleisch *n*; **~·y** *adj* F fett; dick.

porn F [pɔːn], **por·no** F ['pɔːnəʊ] **1.** *s* (*pl* **-*nos***) Porno(film) *m*; **2.** *adj* Porno...; **por·nog·ra·phy** [pɔː'nɒgrəfɪ] *s* Pornographie *f*.

po·rous ['pɔːrəs] *adj* □ porös.

por·poise *zo.* ['pɔːpəs] *s* Tümmler *m*.

por·ridge ['pɒrɪdʒ] *s* Haferbrei *m*.

port¹ [pɔːt] *s* Hafen(stadt *f*) *m*.

port² [~] *s mar.* (Lade)Luke *f*; *mar.*, *aer.* → ***porthole***.

port³ *mar.*, *aer.* [~] *s* Backbord *n*.

port⁴ [~] *s* Portwein *m*.

por·ta·ble ['pɔːtəbl] **1.** *adj* tragbar; **2.** *s TV*, *computer*: Portable *m*.

por·tal ['pɔːtl] *s* Portal *n*, Tor *n*.

por·ter ['pɔːtə] *s* (Gepäck)Träger *m*; *esp. Br.* Pförtner *m*, Portier *m*; *Am. rail.* Schlafwagenschaffner *m*; *beer*: Porter *m*, *n*.

P

port·hole *mar.*, *aer.* ['pɔːthəʊl] *s* Bullauge *n*.

por·tion ['pɔːʃn] **1.** *s* (An)Teil *m*; Portion *f* (*food*); Erbteil *n*; Aussteuer *f*; *fig.* Los *n*; **2.** *v/t*: **~ *out*** aus-, verteilen (***among*** unter *acc*).

por·trait ['pɔːtrɪt] *s* Porträt *n*, Bild *n*.

por·tray [pɔː'treɪ] *v/t* malen, porträtieren; schildern; **~·al** [~əl] *s* Porträtieren *n*; Schilderung *f*.

pose [pəʊz] **1.** *s* Pose *f*; Haltung *f*; **2.** *v/t* aufstellen; *question*, *etc.*: stellen, aufwerfen; *v/i* posieren; Modell sitzen *or* stehen; **~ *as*** sich ausgeben als *or* für.

posh F [pɒʃ] *adj* schick, piekfein.

po·si·tion [pə'zɪʃn] *s* Position *f*, Lage *f*, Stellung *f* (*a. fig.*); Stand *m*; *fig.* Standpunkt *m*.

pos·i·tive ['pɒzətɪv] **1.** *adj* □ positiv (*a. math.*); bestimmt, ausdrücklich; feststehend, sicher; bejahend; überzeugt; rechthaberisch; **2.** *s phot.* Positiv *n*.

pos|sess [pə'zes] *v/t* besitzen, haben; beherrschen; *fig.* erfüllen; **~ *o.s. of*** *et.* in Besitz nehmen; **~·sessed** *adj* besessen; **~·ses·sion** *s* Besitz *m*; *fig.* Besessenheit *f*; **~·ses·sive** **1.** *adj* □ *gr.* possessiv, besitzanzeigend; *person*: besitzergreifend; **~ *case*** *gr.* Genitiv *m*; **2.** *s gr.* Possessivpronomen *n*, besitzanzeigendes Fürwort; Genitiv *m*; **~·ses·sor** *s* Besitzer(in).

pos·si|bil·i·ty [pɒsə'bɪlətɪ] *s* Möglichkeit *f*; **~·ble** ['pɒsəbl] *adj* möglich; **~·bly** [~lɪ] *adv* möglicherweise, vielleicht; ***if I ~ can*** wenn ich irgend kann.

post [pəʊst] **1.** *s* Pfosten *m*, Pfahl *m*; *job*: Stelle *f*, Amt *n*; *esp. Br.* Post *f*; **2.** *v/t notice*, *etc.*: anschlagen; aufstellen, postieren; eintragen; *esp. Br. letter*, *etc.*: einstecken, abschicken, aufgeben; **~ *up*** *j-n* informieren.

post·age ['pəʊstɪdʒ] *s* Porto *n*; **~ *stamp*** *s* Briefmarke *f*.

post·al ['pəʊstl] **1.** *adj* □ postalisch, Post...; **~ *order*** *Br.* Postanweisung *f*; **2.** *s a.* **~ *card*** *Am.* Postkarte *f*.

post|-bag *esp. Br.* ['pəʊstbæg] *s* Postsack *m*, -beutel *m*; **~-box** *s esp. Br.* Briefkasten *m*; **~·card** *s* Postkarte *f*; *a.* ***picture ~*** Ansichtskarte *f*; **~·code** *s Br.* Postleitzahl *f*.

post·er ['pəʊstə] *s* Plakat *n*; Poster *n*, *m*.

poste res·tante [pəʊst'restɑːnt] *esp. Br.* **1.** *s* Schalter *m* für postlagernde Sendungen; **2.** *adj letter*: postlagernd.

pos·te·ri·or [pɒ'stɪərɪə] **1.** *adj* □ später (***to*** als); hinter; **2.** *s often pl* Hinterteil *n*.

pos·ter·i·ty [pɒ'sterətɪ] *s* Nachwelt *f*; Nachkommen(schaft *f*) *pl*.

post-free *esp. Br.* [pəʊst'friː] *adj* portofrei.

post-grad·u·ate [pəʊst'grædjʊət] **1.** *adj* nach dem ersten akademischen Grad; **~ *study*** Aufbaustudium *n*; **2.** *s* j-d, der nach dem ersten akademischen Grad weiterstudiert; *in Germany mst*: Doktorand(in).

post·hu·mous ['pɒstjʊməs] *adj* □ nachgeboren; post(h)um.

post|man *esp. Br.* ['pəʊstmən] *s* Briefträger *m*; **~·mark 1.** *s* Poststempel *m*; **2.** *v/t* (ab)stempeln; **~·mas·ter** *s* Postamtsvorsteher *m*; **~ of·fice** *s* Post(amt *n*) *f*; **~-of·fice box** *s* Postfach *n*; **~-paid** *adj* portofrei.
post·pone [pəʊst'pəʊn] *v/t* ver-, aufschieben; **~·ment** *s* Verschiebung *f*, Aufschub *m*.
post·script ['pəʊsskrɪpt] *s* (*abbr.* ***PS***) Postskriptum *n*.
pos·ture ['pɒstʃə] **1.** *s* (Körper)Haltung *f*, Stellung *f*; **2.** *v/i* posieren, sich in Positur werfen.
post-war [pəʊst'wɔː] *adj* Nachkriegs...
po·sy ['pəʊzɪ] *s* Sträußchen *n*.
pot [pɒt] **1.** *s* Topf *m*; Kanne *f*; Tiegel *m*; F *sports*: Pokal *m*; *sl. hashish*: Hasch *n*; *sl. marijuana*: Grass *n*; **2.** *v/t* (***-tt-***) in e-n Topf geben; *plant*: eintopfen; *billiards*: einlochen.
po·ta·to [pə'teɪtəʊ] *s* (*pl* ***-toes***) Kartoffel *f*; → ***chip*** 1, ***crisp*** 3.
pot-bel·ly ['pɒtbelɪ] *s* F Schmerbauch *m*, Wampe *f*; *person*: Dickwanst *m*.
po·ten|cy ['pəʊtənsɪ] *s* Macht *f*; Stärke *f*; *physiol.* Potenz *f*; **~t** *adj* mächtig; stark; *physiol.* potent; **~·tial** [pə'tenʃl] **1.** *adj* potentiell; möglich; **2.** *s* Potential *n*; Leistungsfähigkeit *f*.
pot-herb ['pɒthɜːb] *s* Küchenkraut *n*.
po·tion ['pəʊʃn] *s* (Arznei-, Gift-, Zauber)Trank *m*.
pot·ter¹ ['pɒtə] *v/i*: **~ *about*** herumwerkeln.
pot·ter² [~] *s* Töpfer(in); **~·y** *s* Töpferei *f*; Töpferware(n *pl*) *f*.
pot·ty ['pɒtɪ] *adj* F verrückt.
pouch [paʊtʃ] *s* Tasche *f*; Beutel *m* (*a. zo.*); *anat.* Tränensack *m*.
poul·try ['pəʊltrɪ] *s* Geflügel *n*.
pounce [paʊns] **1.** *s* Satz *m*, Sprung *m*; **2.** *v/i* sich stürzen; *eagle, etc.*: herabstoßen (***on***, ***upon*** auf *acc*).
pound¹ [paʊnd] *s* Pfund *n* (*weight*); **~ (*sterling*)** Pfund *n* (Sterling) (*abbr.* **£** = *100 pence*).
pound² [~] *s for stray animals*: Zwinger *m*, Tierheim *n*; *for cars*: Abstellplatz *m*.
pound³ [~] *v/t* zerstoßen; -stampfen; *v/i* stampfen; **~ *at*** *or* ***on*** hämmern *or* trommeln an (*acc*) *or* gegen.
pour [pɔː] *v/t* gießen, schütten; **~ *out*** *drink*: eingießen; *v/i* strömen, rinnen; ***it's ~ing down*** es gießt in Strömen.
pout [paʊt] **1.** *s* Schmollen *n*; **2.** *v/t lips*: schürzen; *v/i* e-n Schmollmund machen; schmollen.
pov·er·ty ['pɒvətɪ] *s* Armut *f*; Mangel *m*.
pow·der ['paʊdə] **1.** *s* Pulver *n*; Puder *m*; **2.** *v/t* pulverisieren; (sich *et.*) pudern; bestreuen; **~-box** *s* Puderdose *f*; **~-room** *s* Damentoilette *f*.
pow·er ['paʊə] **1.** *s* Kraft *f*, Stärke *f*; Macht *f*; Gewalt *f*; *tech.* Leistung *f*; *jur.* Vollmacht *f*; *math.* Potenz *f*; ***in ~*** an der Macht, im Amt; **2.** *v/t tech.* antreiben; ***rocket-~ed*** raketengetrieben; **~-cur·rent** *s electr.* Starkstrom *m*; **~ cut** *s electr.* Stromsperre *f*; Strom-, Netzausfall *m*; **~·ful** *adj* □ mächtig; kräftig; wirksam; **~·less** *adj* □ macht-, kraftlos; **~-plant** → ***power-station***; **~ pol·i·tics** *s often sg* Machtpolitik *f*; **~-sta·tion** *s* Elektrizitäts-, Kraftwerk *n*.
pow·wow *Am.* F ['paʊwaʊ] *s* Versammlung *f*.
prac·ti|ca·ble ['præktɪkəbl] *adj* □ durchführbar; begeh-, befahrbar (*road*); brauchbar; **~·cal** *adj* □ praktisch; tatsächlich; sachlich; **~ *joke*** Streich *m*; **~·cal·ly** *adv* so gut wie.
prac·tice, *Am. a.* **-tise** ['præktɪs] **1.** *s* Praxis *f* (*a. med.*); Übung *f*; Gewohnheit *f*; Brauch *m*; Praktik *f*; ***it is common ~*** es ist allgemein üblich; ***put into ~*** in die Praxis umsetzen; **2.** *v/t Am.* →
prac·tise [~] *v/t* in die Praxis umsetzen; ausüben; betreiben; üben; *v/i* (sich) üben; praktizieren; **~d** geübt (***in*** in *dat*).
prac·ti·tion·er [præk'tɪʃnə] *s*: ***general ~*** Allgemeinarzt *m*, praktischer Arzt; ***legal ~*** Rechtsanwalt *m*.
prai·rie ['preərɪ] *s* Grasebene *f*; Prärie *f* (*in North America*).
praise [preɪz] **1.** *s* Lob *n*; **2.** *v/t* loben, preisen; **~·wor·thy** ['~wɜːðɪ] *adj* lobenswert.
pram *esp. Br.* [præm] *s* Kinderwagen *m*.
prance [prɑːns] *v/i* sich bäumen, steigen; tänzeln (*horse*); (einher)stolzieren.
prank [præŋk] *s* Streich *m*.
prat F [præt] *s* Schwachkopf *m*, Trottel *m*.
prat·tle F ['prætl] **1.** *s* Geplapper *n*; **2.** *v/i and v/t* (*et.* daher)plappern.
prawn *zo.* [prɔːn] *s* Garnele *f*.
pray [preɪ] *v/i and v/t* beten; inständig

(er)bitten; **~er** [preə] *s* Gebet *n*; *often* **~s** *pl* Andacht *f*; ***the Lord's*** **2** das Vaterunser; **~*book*** Gebetbuch *n*.

pre- [pri:; prɪ] *temporal*: vor, vorher, früher als; *of place*: vor, davor.

preach [pri:tʃ] *v/i and v/t* predigen; **~er** *s* Prediger(in).

pre·am·ble [pri:'æmbl] *s* Einleitung *f*.

pre·car·i·ous [prɪ'keərɪəs] *adj* □ unsicher, bedenklich; gefährlich.

pre·cau·tion [prɪ'kɔ:ʃn] *s* Vorkehrung *f*, Vorsicht(smaßregel, -smaßnahme) *f*; **~·a·ry** *adj* vorbeugend.

pre|cede [pri:'si:d] *v/t* voraus-, vorangehen (*dat*); **~·ce·dence, ~·ce·den·cy** ['presɪdəns, ~sɪ] *s* Vorrang *m*; **~·ce·dent** ['presɪdənt] *s* Präzedenzfall *m*.

pre·cept ['pri:sept] *s* Grundsatz *m*.

pre·cinct ['pri:sɪŋkt] *s* Bezirk *m*; *Am.* Wahlbezirk *m*, -kreis *m*; *Am.* (Polizei-)Revier *n*; **~s** *pl* Umgebung *f*; Bereich *m*; Grenzen *pl*; → ***pedestrian precinct.***

pre·cious ['preʃəs] **1.** *adj* □ kostbar; edel (*gems, etc.*); F schön, nett, fein; **2.** *adv* F reichlich, herzlich.

pre·ci·pice ['presɪpɪs] *s* Abgrund *m*.

pre·cip·i|tate 1. [prɪ'sɪpɪteɪt] *v/t* (hinab)stürzen; *chem.* (aus)fällen; *fig.* beschleunigen; *v/i chem.* ausfallen; *meteor.* sich niederschlagen; **2.** [~tət] *adj* □ überstürzt, hastig; **3.** *chem.* [~teɪt] *s* Niederschlag *m*; **~·ta·tion** [prɪsɪpɪ'teɪʃn] *s* Sturz *m*; *chem.* Ausfällen *n*; *meteor.* Niederschlag *m*; *fig.* Überstürzung *f*, Hast *f*; **~·tous** [prɪ'sɪpɪtəs] *adj* □ steil (abfallend), jäh.

P

pré·cis ['preɪsi:] *s* (*pl* ***-cis*** [-si:z]) (gedrängte) Übersicht, Zusammenfassung *f*, Inhaltsangabe *f*.

pre|cise [prɪ'saɪs] *adj* □ genau, präzis; ***at one o'clock ~ly*** genau *or* pünktlich um ein Uhr; ***be more ~!*** drücke dich deutlicher aus!; **~·ci·sion** [~'sɪʒn] *s* Genauigkeit *f*; Präzision *f*.

pre·clude [prɪ'klu:d] *v/t* ausschließen; *e-r Sache* vorbeugen; *j-n* hindern.

pre·co·cious [prɪ'kəʊʃəs] *adj* □ frühreif; altklug.

pre·con|ceived [pri:kən'si:vd] *adj* vorgefaßt (*opinion*); **~·cep·tion** [~'sepʃn] *s* vorgefaßte Meinung.

pre·de·ces·sor ['pri:dɪsesə] *s* Vorgänger(in).

pre·de·ter·mine [pri:dɪ'tɜ:mɪn] *v/t* vorher festsetzen; vorherbestimmen.

pre·dic·a·ment [prɪ'dɪkəmənt] *s* mißliche Lage, Zwangslage *f*.

pred·i·cate 1. *v/t* ['predɪkeɪt] behaupten; gründen (***on*** auf *dat*); **2.** *s gr.* [~kət] Prädikat *n*, Satzaussage *f*.

pre|dict [prɪ'dɪkt] *v/t* vorhersagen, prophezeien; **~·dic·tion** *s* Prophezeiung *f*.

pre·di·lec·tion [pri:dɪ'lekʃn] *s* Vorliebe *f*.

pre·dis|pose [pri:dɪ'spəʊz] *v/t j-n* (im voraus) geneigt *or* empfänglich machen (***to*** für); **~·po·si·tion** [~pə'zɪʃn] *s*: **~ *to*** Neigung *f* zu; *esp. med.* Anfälligkeit *f* für.

pre·dom·i|nance [prɪ'dɒmɪnəns] *s* Vorherrschaft *f*; Vormacht(stellung) *f*; *fig.* Übergewicht *n*; **~·nant** [~t] *adj* □ vorherrschend; **~·nate** [~eɪt] *v/i* die Oberhand haben; vorherrschen.

pre·em·i·nent [pri:'emɪnənt] *adj* □ herausragend.

pre·emp|tion [pri:'empʃn] *s econ.* Vorkauf(srecht *n*) *m*; **~·tive** [~tɪv] *adj* Vorkaufs...; *mil.* Präventiv...

pre·ex·ist [pri:ɪg'zɪst] *v/i* vorher dasein.

pre·fab F ['pri:fæb] *s* Fertighaus *n*.

pre·fab·ri·cate [pri:'fæbrɪkeɪt] *v/t* vorfabrizieren; **~*d house*** Fertighaus *n*.

pref·ace ['prefɪs] **1.** *s* Vorrede *f*, Vorwort *n*, Einleitung *f*; **2.** *v/t* einleiten.

pre·fect ['pri:fekt] *s* Präfekt *m*; *school*: *Br.* Aufsichts-, Vertrauensschüler(in).

pre·fer [prɪ'fɜ:] *v/t* (***-rr-***) vorziehen, bevorzugen, lieber haben *or* mögen *or* tun; *jur. charges*: einreichen; *eccl.* befördern.

pref·e|ra·ble ['prefərəbl] *adj* (***to***) vorzuziehen(d) (*dat*), besser (als); **~·ra·bly** [~lɪ] *adv* vorzugsweise, besser; **~·rence** [~əns] *s* Vorliebe *f*; Vorzug *m*; **~·ren·tial** [prefə'renʃl] *adj* □ bevorzugt; Vorzugs...

pre·fix ['pri:fɪks] *s* Präfix *n*, Vorsilbe *f*.

preg·nan|cy ['pregnənsɪ] *s* Schwangerschaft *f*; Trächtigkeit *f* (*of animal*); *fig.* Bedeutung(sgehalt *m*) *f*, Tragweite *f*; **~t** *adj* □ schwanger; trächtig (*animal*); *fig.* bedeutungsvoll.

pre·judge [pri:'dʒʌdʒ] *v/t* im voraus *or* vorschnell be- *or* verurteilen.

prej·u|dice ['predʒʊdɪs] **1.** *s* Voreingenommenheit *f*, Vorurteil *n*; Nachteil *m*, Schaden *m*; **2.** *v/t j-n* (günstig *or* ungünstig) beeinflussen, einnehmen (***in***

favour of für; ***against*** gegen); benachteiligen; *chances*: beeinträchtigen; **~d** (vor)eingenommen; **~·di·cial** [~'dɪʃl] *adj* □ nachteilig.

pre·lim·i·na·ry [prɪ'lɪmɪnərɪ] **1.** *adj* □ vorläufig; einleitend; Vor...; **2.** *s* Einleitung *f*; Vorbereitung *f*.

prel·ude ['prelju:d] *s* Vorspiel *n*.

pre·mar·i·tal [pri:'mærɪtəl] *adj* vorehelich.

pre·ma·ture [premə'tjʊə] *adj* □ vorzeitig, verfrüht; *fig*. vorschnell.

pre·med·i|tate [pri:'medɪteɪt] *v/t* vorsätzlich planen; **~·tat·ed** *adj* vorsätzlich; **~·ta·tion** [~'teɪʃn] *s* Vorsatz *m*.

prem·i·er ['premɪə] **1.** *adj* führend; **2.** *s pol*. Premierminister *m*.

prem·is·es ['premɪsɪz] *s pl* Grundstück *n*, Gebäude *n or pl*, Anwesen *n*; Lokal *n*.

pre·mi·um ['pri:mɪəm] *s* Prämie *f*; *econ*. Agio *n*; Versicherungsprämie *f*; ***at a ~*** über pari; *fig*. sehr gefragt.

pre·mo·ni·tion [pri:mə'nɪʃn] *s* (Vor-) Warnung *f*; (Vor)Ahnung *f*.

pre·oc·cu|pied [pri:'ɒkjʊpaɪd] *adj* gedankenverloren; **~·py** [~aɪ] *v/t* ausschließlich beschäftigen; *j-n* (völlig) in Anspruch nehmen.

prep F [prep] → ***preparation***, ***preparatory school***.

pre·paid *mail* [pri:'peɪd] *adj* frankiert; ***~ envelope*** Freiumschlag *m*.

prep·a·ra·tion [prepə'reɪʃn] *s* Vorbereitung *f*; Zubereitung *f*; **pre·par·a·to·ry** [prɪ'pærətərɪ] *adj* □ vorbereitend; ***~ (school)*** Vor(bereitungs)schule *f*.

pre·pare [prɪ'peə] *v/t* vorbereiten; zurechtmachen; (zu)bereiten; *v/i* sich vorbereiten, sich anschicken; **~d** *adj* □ bereit; gefaßt.

pre·pay [pri:'peɪ] *v/t* (***-paid***) vorausbezahlen; frankieren.

pre·pon·de|rance [prɪ'pɒndərəns] *s fig*. Übergewicht *n*; **~·rant** [~t] *adj* überwiegend; **~·rate** [~reɪt] *v/i* überwiegen.

prep·o·si·tion *gr*. [prepə'zɪʃn] *s* Präposition *f*, Verhältniswort *n*.

pre·pos·sess [pri:pə'zes] *v/t* einnehmen; ***be ~ed by*** eingenommen sein von; **~·ing** *adj* □ einnehmend, anziehend.

pre·pos·ter·ous [prɪ'pɒstərəs] *adj* absurd; lächerlich, grotesk.

pre·req·ui·site [pri:'rekwɪzɪt] *s* Vorbedingung *f*, (Grund)Voraussetzung *f*.

pre·rog·a·tive [prɪ'rɒgətɪv] *s* Vorrecht *n*.

pres·age ['presɪdʒ] **1.** *s* (böses) Vorzeichen; (Vor)Ahnung *f*; **2.** *v/t* (vorher) ankündigen; prophezeien.

pre·scribe [prɪ'skraɪb] *v/t* vorschreiben; *med*. verschreiben.

pre·scrip·tion [prɪ'skrɪpʃn] *s* Vorschrift *f*, Verordnung *f*; *med*. Rezept *n*.

pres·ence ['prezns] *s* Gegenwart *f*, Anwesenheit *f*; ***~ of mind*** Geistesgegenwart *f*.

pres·ent¹ ['preznt] **1.** *adj* □ gegenwärtig; anwesend, vorhanden; jetzig; laufend (*year*, *etc*.); vorliegend (*case*, *etc*.); ***~ tense*** *gr*. Präsens *n*, Gegenwart *f*; **2.** *s* Gegenwart *f*, *gr*. *a*. Präsens *n*; Geschenk *n*; ***at ~*** jetzt; ***for the ~*** vorläufig.

pre·sent² [prɪ'zent] *v/t* (dar)bieten; *thea*., *film*: bringen, zeigen; *radio*, *TV*: bringen, moderieren; vorlegen, (-)zeigen; *j-n* vorstellen; (über)reichen; (be)schenken.

pre·sen·ta·tion [prezən'teɪʃn] *s* Verleihung *f*, Überreichung *f*; *gift*: Geschenk *n*; *of person*: Vorstellung *f*; Schilderung *f*; *thea*., *film*: Darbietung *f*; *radio*, *TV*: Moderation *f*; *of petition*: Einreichung *f*; *of cheque*, *etc*.: Vorlage *f*.

pres·ent-day [preznt'deɪ] *adj* heutig, gegenwärtig, modern.

pre·sen·ti·ment [prɪ'zentɪmənt] *s* Vorgefühl *n*, (*mst* böse Vor)Ahnung *f*.

pres·ent·ly ['prezntlɪ] *adv* bald (darauf); *Am*. zur Zeit, jetzt.

pres·er·va·tion [prezə'veɪʃn] *s* Bewahrung *f*, Schutz *m*, Erhaltung *f* (*a*. *fig*.); Konservierung *f*; Einmachen *n*, -kochen *n*; ***~ agent*** Haltbarmacher *m*; **pre·ser·va·tive** [prɪ'zɜ:vətɪv] **1.** *adj* bewahrend; konservierend; ***~ agent*** Haltbarmacher *m*; **2.** *s* Konservierungsmittel *n*.

pre·serve [prɪ'zɜ:v] **1.** *v/t* bewahren, behüten; erhalten; einmachen; **2.** *s hunt*. (Jagd)Revier *n*, (Jagd-, Fisch)Gehege *n*; *fig*. Reich *n*; *mst* **~s** *pl das* Eingemachte.

pre·side [prɪ'zaɪd] *v/i* den Vorsitz führen (***at***, ***over*** bei).

pres·i|den·cy ['prezɪdənsɪ] *s* Vorsitz *m*; Präsidentschaft *f*; **~·dent** [~t] *s* Präsident(in); Vorsitzende(r *m*) *f*; *univ*. Rektor *m*; *Am*. *econ*. Direktor *m*.

press [pres] **1.** *s* Druck *m* (*a. fig.*); (Wein- *etc.*)Presse *f*; *printing house*: Druckerei *f*; *publishing firm*: Verlag *m*; Druck(en *n*) *m*; *a.* **printing-~** Druckerpresse *f*; *newspapers, etc.*: *die* Presse; *crowd*: Andrang *m*, (Menschen)Menge *f*; **2.** *v/t* (aus)pressen; (zusammen-)drücken; drücken auf (*acc*); *clothes*: bügeln; (be)drängen; bestehen auf (*dat*); aufdrängen (**on** *dat*); ***be ~ed for time*** es eilig haben; *v/i* pressen, drükken; bügeln; (sich) drängen; ***~ for*** dringen *or* drängen auf (*acc*), fordern; ***~ on*** (zügig) weitermachen; **~ a·gen·cy** *s* Nachrichtenbüro *n*, Presseagentur *f*; **~ a·gent** *s* Presseagent *m*; **~-but·ton** *s* Druckknopf *m*; **~·ing** *adj* □ dringend; **~-stud** *s Br.* Druckknopf *m*; **pres·sure** [~ʃə] *s* Druck *m* (*a. fig.*); Bedrängnis *f*, Belastung *f*.

pres·tige [pre'sti:ʒ] *s* Prestige *n*.

pre·su|ma·ble [prɪ'zju:məbl] *adj* □ vermutlich; **~me** [~'zju:m] *v/t* annehmen, vermuten, voraussetzen; sich *et.* herausnehmen; *v/i* sich erdreisten; anmaßend sein; ***~ on, ~ upon*** ausnutzen *or* mißbrauchen (*acc*).

pre·sump|tion [prɪ'zʌmpʃn] *s* Vermutung *f*; Wahrscheinlichkeit *f*; Anmaßung *f*; **~·tive** *adj* □ mutmaßlich; **~·tu·ous** [~tjʊəs] *adj* □ überheblich; vermessen.

pre·sup|pose [pri:sə'pəʊz] *v/t* voraussetzen; **~·po·si·tion** [pri:sʌpə'zɪʃn] *s* Voraussetzung *f*.

pre·tence, *Am.* **-tense** [prɪ'tens] *s* Vortäuschung *f*; Vorwand *m*; Schein *m*, Verstellung *f*.

pre·tend [prɪ'tend] *v/t* vorgeben; vortäuschen; heucheln; *v/i* sich verstellen; Anspruch erheben (***to*** auf *acc*); **~·ed** *adj* □ angeblich.

pre·ten·sion [prɪ'tenʃn] *s* Anspruch *m* (***to*** auf *acc*); Anmaßung *f*.

pre·ter·it(e) *gr.* ['pretərɪt] *s* Präteritum *n*, erste Vergangenheit.

pre·text ['pri:tekst] *s* Vorwand *m*.

pret·ty ['prɪtɪ] **1.** *adj* □ (*-ier*, *-iest*) hübsch, niedlich; nett; F ***a ~ penny*** F e-e schöne Stange Geld; **2.** *adv* ziemlich.

pre·vail [prɪ'veɪl] *v/i* die Oberhand haben *or* gewinnen; (vor)herrschen; maßgebend *or* ausschlaggebend sein; ***~ on or upon s.o. to do s.th.*** j-n dazu bewegen, et. zu tun; **~·ing** *adj* □ (vor)herrschend.

pre|vent [prɪ'vent] *v/t* verhindern, -hüten; vorbeugen (*dat*); *j-n* hindern; **~·ven·tion** [~ʃn] *s* Verhinderung *f*, Verhütung *f*; **~·ven·tive** *adj* □ *esp. med.* vorbeugend, präventiv.

pre·view ['pri:vju:] *s* Vorschau *f*; Vorbesichtigung *f*.

pre·vi·ous ['pri:vɪəs] *adj* □ vorher-, vorausgehend, Vor...; voreilig; ***~ to*** bevor, vor (*dat*); ***~ knowledge*** Vorkenntnisse *pl*; **~·ly** *adv* vorher, früher.

pre-war [pri:'wɔ:] *adj* Vorkriegs...

prey [preɪ] **1.** *s* Raub *m*, Beute *f*; ***beast of ~*** Raubtier *n*; ***bird of ~*** Raubvogel *m*; ***be or fall a ~ to*** die Beute (*gen*) werden; *fig.* geplagt werden von; **2.** *v/i*: ***~ on, ~ upon*** *zo.* Jagd machen auf (*acc*), fressen (*acc*); *fig.* berauben (*acc*), ausplündern (*acc*); *fig.* ausbeuten (*acc*); *fig.* nagen *or* zehren an (*dat*).

price [praɪs] **1.** *s* Preis *m*; Lohn *m*; **2.** *v/t* *goods*: auszeichnen; den Preis festsetzen für; *fig.* bewerten, schätzen; **~ con·trol** *s econ.* Preiskontrolle *f*; **~-cut** *s* Preissenkung *f*; **~·less** *adj* von unschätzbarem Wert, unbezahlbar; **~ sup·port** *s econ.* Preisstützung *f*, Subvention *f*; **pric·ing** *s econ.* Preispolitik *f*, Preisgestaltung *f*.

prick [prɪk] **1.** *s* Stich *m*; V Schwanz *m* (*penis*); ***~s pl of conscience*** Gewissensbisse *pl*; **2.** *v/t* (durch)stechen; *fig.* peinigen; *a.* ***~ out*** *pattern*: ausstechen; ***~ up one's ears*** die Ohren spitzen; *v/i* stechen.

prick|le ['prɪkl] *s* Stachel *m*, Dorn *m*; **~·ly** *adj* (*-ier*, *-iest*) stach(e)lig.

pride [praɪd] **1.** *s* Stolz *m*; Hochmut *m*; ***take (a) ~ in*** stolz sein auf (*acc*); **2.** *v/t*: ***~ o.s. on or upon*** stolz sein auf (*acc*).

priest [pri:st] *s* Priester *m*.

prig [prɪg] *s* Tugendbold *m*, selbstgefälliger Mensch; Pedant *m*.

prim [prɪm] *adj* □ (*-mm-*) steif; prüde.

pri·ma|cy ['praɪməsɪ] *s* Vorrang *m*; **~·ri·ly** [~rəlɪ] *adv* in erster Linie; **~·ry** [~rɪ] **1.** *adj* □ ursprünglich; hauptsächlich; primär; elementar; höchst; Erst..., Ur..., Anfangs...; Haupt...; **2.** *s a.* ***~ election*** *Am. pol.* Vorwahl *f*; **~·ry school** *s Br.* Grundschule *f*.

P

prime [praɪm] **1.** *adj* □ erste(r, -s), wichtigste(r, -s), Haupt...; erstklassig, vorzüglich; **~ *cost*** *econ.* Selbstkosten *pl*; **~ *minister*** Premierminister *m*, Ministerpräsident *m*; **~ *number*** *math.* Primzahl *f*; **~ *time*** *TV* Hauptsendezeit *f*, beste Sendezeit; **2.** *s fig.* Blüte(zeit) *f*; *das* Beste, höchste Vollkommenheit; **3.** *v/t* vorbereiten; *pump*: anlassen; instruieren; *paint.* grundieren.

pri·m(a)e·val [praɪ'miːvl] *adj* uranfänglich, Ur...

prim·i·tive ['prɪmɪtɪv] *adj* □ ursprünglich, Ur...; primitiv (*a. contp.*); *art*: naiv.

prince [prɪns] *s* Fürst *m*; Prinz *m*; **prin·cess** [prɪn'ses, *attr* 'prɪnses] *s* Fürstin *f*; Prinzessin *f*.

prin·ci·pal ['prɪnsəpl] **1.** *adj* □ erste(r, -s), hauptsächlich, Haupt...; **2.** *s* Hauptperson *f*; Vorsteher *m*; (Schul-) Direktor *m*, Rektor *m*; Chef(in); *jur.* Haupttäter(in); *econ.* (Grund)Kapital *n*; **~·i·ty** [prɪnsɪ'pæləti] *s* Fürstentum *n*.

prin·ci·ple ['prɪnsəpl] *s* Prinzip *n*, Grundsatz *m*; ***on* ~** grundsätzlich, aus Prinzip.

print [prɪnt] **1.** *s print.* Druck *m*; Druckbuchstaben *pl*; (Finger- *etc.*)Abdruck *m*; (Stahl-, Kupfer)Stich *m*; *phot.* Abzug *m*; Drucksache *f*, *esp. Am.* Zeitung *f*; ***in* ~** gedruckt; ***out of* ~** vergriffen; **2.** *v/t* (ab-, auf-, be)drucken; in Druckbuchstaben schreiben; *fig.* einprägen (***on*** *dat*); **~ (*off or out*)** *phot.* abziehen, kopieren; **~ *out*** *computer*: ausdrucken; **~-*out*** *computer*: Ausdruck *m*; **~*ed matter*** *mail*: Drucksache *f*; **~·er** ['prɪntə] *s person, machine*: Drucker *m*.

print·ing ['prɪntɪŋ] *s* Druck *m*; Drucken *n*; *phot.* Abziehen *n*, Kopieren *n*; **~-ink** *s* Druckerschwärze *f*; **~-of·fice** *s* (Buch-) Druckerei *f*; **~-press** *s* Druckerpresse *f*.

pri·or ['praɪə] **1.** *adj* früher, älter (***to*** als); **2.** *adv*: **~ *to*** vor (*dat*); **3.** *s eccl.* Prior *m*; **~·i·ty** [praɪ'ɒrɪtɪ] *s* Priorität *f*; Vorrang *m*; *mot.* Vorfahrt(srecht *n*) *f*; ***a top* ~** e-e Sache von höchster Dringlichkeit.

prise *esp. Br.* [praɪz] → ***prize²***.

pris·m ['prɪzəm] *s* Prisma *n*.

pris·on ['prɪzn] *s* Gefängnis *n*; **~·er** [~ə] *s* Gefangene(r *m*) *f*, Häftling *m*; ***take s.o.* ~** j-n gefangennehmen.

priv·a·cy ['prɪvəsɪ] *s* Zurückgezogenheit *f*; Privatleben *n*; Intim-, Privatsphäre *f*; Geheimhaltung *f*.

pri·vate ['praɪvɪt] **1.** *adj* □ privat, Privat...; persönlich; vertraulich; geheim; F **~ *eye*** Privatdetektiv *m*, F Schnüffler *m*; **~ *parts*** *pl* Geschlechtsteile *pl*; **~ *sector*** *econ.* Privatwirtschaft *f*; **2.** *s mil.* Gefreite(r *m*) *f*; ***in* ~** privat, im Privatleben; unter vier Augen.

pri·va·tion [praɪ'veɪʃn] *s* Not *f*, Entbehrung *f*.

pri·vat|i·za·tion *econ.* [praɪvətaɪ'zeɪʃn] *s* Privatisierung *f*; **~·ize** *econ.* ['praɪvətaɪz] *v/t* privatisieren.

priv·i·lege ['prɪvɪlɪdʒ] *s* Privileg *n*; Vorrecht *n*; **~d** *adj* privilegiert.

priv·y ['prɪvɪ] *adj* (**-ier**, **-iest**): **~ *to*** eingeweiht in (*acc*); **2 *Council*** Staatsrat *m*; **2 *Councillor*** Geheimer Rat (*person*).

prize¹ [praɪz] **1.** *s* (Sieges)Preis *m*, Prämie *f*, Auszeichnung *f*; (Lotterie)Gewinn *m*; **2.** *adj* preisgekrönt; Preis...; **~-*winner*** Preisträger(in); **3.** *v/t* (hoch-) schätzen.

prize², *esp. Br.* **prise** [praɪz] *v/t* (auf-) stemmen; **~ *open*** aufbrechen.

pro¹ [prəʊ] **1.** *prp* für; **2.** *s*: ***the* ~*s and cons*** das Für und Wider, das Pro und Kontra.

pro² F [~] *s* (*pl* ***pros***) *sports*: F Profi *m*; *prostitute*: F Nutte *f*.

pro- [prəʊ] *in compounds*: (eintretend) für, pro..., ...freundlich.

prob·a|bil·i·ty [prɒbə'bɪlətɪ] *s* Wahrscheinlichkeit *f*; **~·ble** *adj* □ wahrscheinlich.

pro·ba·tion [prə'beɪʃn] *s* Probe *f*, Probezeit *f*; *jur.* Bewährung(sfrist) *f*; **~ *officer*** Bewährungshelfer(in).

probe [prəʊb] **1.** *s med., tech.* Sonde *f*; *fig.* Sondierung *f*; ***lunar* ~** Mondsonde *f*; **2.** *v/t* sondieren (*a. med.*); untersuchen.

prob·lem ['prɒbləm] *s* Problem *n*; *math.* Aufgabe *f*; **~·at·ic** [~'mætɪk] (**~*ally***), **~·at·i·cal** *adj* □ problematisch, zweifelhaft.

pro·ce·dure [prə'siːdʒə] *s* Verfahren *n*; Handlungsweise *f*.

pro·ceed [prə'siːd] *v/i* weitergehen (*a. fig.*); sich begeben (***to*** nach); fortfahren; vor sich gehen; vorgehen; **~ *from*** kommen *or* ausgehen *or* herrühren von; **~ *to*** schreiten *or* übergehen zu,

P

sich machen an (*acc*); **~·ing** *s* Vorgehen *n*; Handlung *f*; **~s** *pl jur*. Verfahren *n*, (Gerichts)Verhandlung(en *pl*) *f*; (Tätigkeits)Bericht *m*; **~s** *pl* Erlös *m*, Ertrag *m*, Gewinn *m*.

pro|cess ['prəʊses] **1.** *s* Fortschreiten *n*, Fortgang *m*; Vorgang *m*; Verlauf *m* (*of time*); Prozeß *m*, Verfahren *n*; ***be in ~*** in Gang sein; ***in ~ of construction*** im Bau (befindlich); **2.** *v/t tech.* bearbeiten; *waste*: aufbereiten; *phot.* entwickeln; *jur.* gerichtlich belangen; **~·ces·sion** [prə'seʃn] *s* Prozession *f*; **~·ces·sor** *s* Prozessor *m*.

pro·claim [prə'kleɪm] *v/t* proklamieren, erklären, ausrufen; **proc·la·ma·tion** [prɒklə'meɪʃn] *s* Proklamation *f*, Bekanntmachung *f*; Erklärung *f*.

pro·cure [prə'kjʊə] *v/t* be-, verschaffen; *v/i* Kuppelei betreiben.

prod [prɒd] **1.** *s* Stich *m*, Stoß *m*; *fig.* Ansporn *m*; **2.** *v/t* (***-dd-***) stoßen (*a. v/i*); *fig.* anstacheln, anspornen.

prod·i·gal ['prɒdɪgl] **1.** *adj* □ verschwenderisch; **2.** *s* Verschwender(in).

pro·di·gious [prə'dɪdʒəs] *adj* □ erstaunlich, ungeheuer; **prod·i·gy** ['prɒdɪdʒɪ] *s* Wunder *n* (*object or person*); ***child*** *or* ***infant ~*** Wunderkind *n*.

prod·uce¹ ['prɒdjuːs] *s* (Natur)Erzeugnis(se *pl*) *n*, (Landes)Produkte *pl*; Ertrag *m*; *tech.* Leistung *f*, Ausstoß *m*.

pro|duce² [prə'djuːs] *v/t* produzieren; erzeugen, herstellen; hervorbringen; *econ. interest, etc.*: (ein)bringen; heraus-, hervorziehen; (vor)zeigen; *proof, etc.*: beibringen; *reasons*: vorbringen; *math. line*: verlängern; *film*: produzieren; *fig.* hervorrufen, erzielen; **~·duc·er** *s* Erzeuger(in), Hersteller(in); *film, TV*: Produzent(in); *thea., etc.*: *Br.* Regisseur(in).

prod·uct ['prɒdʌkt] *s* Produkt *n*, Erzeugnis *n*; ***~ liability*** *econ.* Produkthaftung *f*.

pro·duc|tion [prə'dʌkʃn] *s* Produktion *f*; Erzeugung *f*, Herstellung *f*; Erzeugnis *n*; Hervorbringen *n*; Vorlegung *f*, Beibringung *f*; *thea., etc.*: Inszenierung *f*; **~·tive** *adj* □ produktiv; ertragreich; schöpferisch; **~·tive·ness, ~·tiv·i·ty** [prɒdʌk'tɪvətɪ] *s* Produktivität *f*.

prof F [prɒf] *s* Professor *m*, F Prof *m*.

pro|fa·na·tion [prɒfə'neɪʃn] *s* Entweihung *f*; **~·fane** [prə'feɪn] **1.** *adj* □ profan, weltlich; gottlos, lästerlich; **2.** *v/t* entweihen; **~·fan·i·ty** [~'fænətɪ] *s* Gottlosigkeit *f*; Fluchen *n*.

pro·fess [prə'fes] *v/t* erklären, beteuern; *interest, etc.*: bekunden; *declare one's faith in*: sich bekennen zu; **~ed** *adj* □ erklärt; angeblich.

pro·fes·sion [prə'feʃən] *s* Bekenntnis *n*; Erklärung *f*; Beruf *m*; **~·al 1.** *adj* □ Berufs...; Amts...; professionell; beruflich; fachmännisch; freiberuflich; ***~ man*** (***woman***) Akademiker(in); **2.** *s* Fachmann *m*; *sports*: Berufsspieler(in), -sportler(in), Profi *m*; Berufskünstler(in).

pro·fes·sor [prə'fesə] *s* Professor(in); *Am.* Dozent(in).

pro·fi·cien|cy [prə'fɪʃənsɪ] *s* Tüchtigkeit *f*; **~t** [~t] *adj* □ tüchtig; bewandert.

pro·file ['prəʊfaɪl] *s* Profil *n*.

prof|it ['prɒfɪt] **1.** *s* Gewinn *m*, Profit *m*; Vorteil *m*, Nutzen *m*; **2.** *v/t j-m* nützen; *v/i*: ***~ from*** *or* ***by*** Nutzen ziehen aus; **~·i·ta·ble** *adj* □ nützlich, vorteilhaft; gewinnbringend, einträglich; **~·i·teer** [~'tɪə] **1.** *v/i* Schiebergeschäfte machen; **2.** *s* Profitmacher *m*, Schieber *m*; **~·it-shar·ing** *s* Gewinnbeteiligung *f*.

prof·li·gate ['prɒflɪgət] *adj* lasterhaft; verschwenderisch.

pro·found [prə'faʊnd] *adj* □ tief; tiefgründig, gründlich, profund.

pro|fuse [prə'fjuːs] *adj* □ verschwenderisch; (über)reich; **~·fu·sion** *fig.* [~ʒn] *s* Überfluß *m*, (Über)Fülle *f*.

pro·gen·i·tor [prəʊ'dʒenɪtə] *s* Vorfahr *m*, Ahn *m*; **prog·e·ny** ['prɒdʒənɪ] *s* Nachkommen(schaft *f*) *pl*; *zo.* Brut *f*.

prog·no·sis [prɒg'nəʊsɪs] *s* (*pl* **-ses** [~siːz]) Prognose *f*.

pro·gram ['prəʊgræm] **1.** *s computer*: Programm *n*; *Am.* → *Br.* ***programme*** 1; **2.** *v/t* (***-mm-***) *computer*: programmieren; *Am.* → *Br.* ***programme*** 2; **~·er** → ***programmer***.

pro|gramme, *Am.* **-gram** ['prəʊgræm] **1.** *s* Programm *n*; *radio, TV*: *a.* Sendung *f*; **2.** *v/t* (vor)programmieren; planen; **~·gram·mer** *s computer*: Programmierer(in).

pro|gress 1. *s* ['prəʊgres] Fortschritt(e *pl*) *m*; Vorrücken *n*; Fortgang *m*; ***in ~*** im Gang; **2.** *v/i* [prə'gres] fortschreiten;

P

~·gres·sion *s* Fortschreiten *n*; Weiterentwicklung *f*; **~·gres·sive 1.** *adj* □ fortschreitend; fortschrittlich; **2.** *s pol.* Progressive(r *m*) *f*.

pro|hib·it [prəˈhɪbɪt] *v/t* verbieten; verhindern; **~·hi·bi·tion** [prəʊɪˈbɪʃn] *s* Verbot *n*; Prohibition *f*; **~·hi·bi·tion·ist** *s* Prohibitionist *m*; **~·hib·i·tive** [prəˈhɪbɪtɪv] *adj* □ verbietend; Schutz...; unerschwinglich (*price*).

proj·ect¹ [ˈprɒdʒekt] *s* Projekt *n*; Vorhaben *n*, Plan *m*.

pro|ject² [prəˈdʒekt] *v/t* planen, entwerfen; werfen, schleudern; projizieren; *v/i* vorspringen, -ragen; **~·jec·tile** [~aɪl] *s* Projektil *n*, Geschoß *n*; **~·jec·tion** [~kʃn] *s* Entwurf *m*; Vorsprung *m*, vorspringender Teil; *math., phot.* Projektion *f*; **~·jec·tion·ist** [~kʃənɪst] *s* Filmvorführer(in); **~·jec·tor** *opt.* [~tə] *s* Projektor *m*.

pro·le·tar·i·an [prəʊlɪˈteərɪən] **1.** *adj* proletarisch; **2.** *s* Proletarier(in).

pro·lif·e·rate [prəˈlɪfəreɪt] *v/i number*: sich stark erhöhnen; *plants, etc.*: wuchern, sich stark vermehren; **pro·lif·e·ra·tion** [~ˈreɪʃn] *s* starke Erhöhung *or* Vermehrung; *of nuclear weapons*: Weitergabe *f*; **~ *of algae*** Algenpest *f*.

pro·lif·ic [prəˈlɪfɪk] *adj* (**~*ally***) fruchtbar.

pro·logue, *Am. a.* **-log** [ˈprəʊlɒg] *s* Prolog *m*.

pro·long [prəˈlɒŋ] *v/t* verlängern.

prom·e·nade [prɒməˈnɑːd] **1.** *s* (Strand)Promenade *f*; **2.** *v/i and v/t* promenieren (auf *dat*).

prom·i·nent [ˈprɒmɪnənt] *adj* □ vorstehend, hervorragend (*a. fig.*); *fig.* prominent.

pro·mis·cu·ous [prəˈmɪskjʊəs] *adj* □ unordentlich, verworren; sexuell freizügig.

prom|ise [ˈprɒmɪs] **1.** *s* Versprechen *n*; *fig.* Aussicht *f*; **2.** *v/t* versprechen; **~·is·ing** *adj* □ vielversprechend.

prom·on·to·ry *geol.* [ˈprɒməntrɪ] *s* Vorgebirge *n*.

pro|mote [prəˈməʊt] *v/t et.* fördern; *j-n* befördern; *Am. school*: versetzen; *parl.* unterstützen; *econ.* gründen; *sales figures*: steigern; *econ.* werben für; *organize*: veranstalten; **~·mot·er** *s* Förderer *m*, Befürworter *m*; *sports*: Veranstalter *m*; **~·mo·tion** *s* Förderung *f*; Beförderung *f*; *econ.* Gründung *f*; *econ.* Verkaufsförderung *f*, Werbung *f*.

prompt [prɒmpt] **1.** *adj* □ umgehend, unverzüglich, sofortig; bereit(willig); pünktlich; **2.** *v/t j-n* veranlassen; *idea*: eingeben; *j-m* vorsagen, soufflieren; **~·er** *s* Souffleu|r *m*, -se *f*; **~·ness** *s* Schnelligkeit *f*; Bereitschaft *f*.

prone [prəʊn] *adj* □ mit dem Gesicht nach unten (liegend); hingestreckt; ***be* ~ *to*** *fig.* neigen zu.

prong [prɒŋ] *s* Zinke *f*; Spitze *f*.

pro·noun *gr.* [ˈprəʊnaʊn] *s* Pronomen *n*, Fürwort *n*.

pro·nounce [prəˈnaʊns] *v/t* aussprechen; verkünden; erklären für.

pron·to F [ˈprɒntəʊ] *adv* fix, schnell.

pro·nun·ci·a·tion [prənʌnsɪˈeɪʃn] *s* Aussprache *f*.

proof [pruːf] **1.** *s* Beweis *m*; Probe *f*; *print.* Korrekturfahne *f*, -bogen *m*; *print., phot.* Probeabzug *m*; **2.** *adj* fest; *in compounds*: ...fest, ...beständig, ...dicht, ...sicher; **~·read** *v/i and v/t* (***-read***) Korrektur lesen; **~·read·er** *s* Korrektor *m*.

prop [prɒp] **1.** *s* Stütze *f* (*a. fig.*); **2.** *v/t* (***-pp-***) *a.* **~ *up*** stützen; *sich, et.* lehnen (***against*** gegen).

prop·a·gan·da [prɒpəˈgændə] *s* Propaganda *f*.

prop·a|gate [ˈprɒpəgeɪt] *v/i and v/t* (sich) fortpflanzen; verbreiten; **~·ga·tion** [~ˈgeɪʃn] *s* Fortpflanzung *f*; Verbreitung *f*.

pro·pel [prəˈpel] *v/t* (***-ll-***) (vorwärts-, an-) treiben; **~·ler** *s* Propeller *m*, (Luft-, Schiffs)Schraube *f*; **~·ling pen·cil** *s* Drehbleistift *m*.

prop·er [ˈprɒpə] *adj* □ eigen(tümlich); passend; richtig; anständig, korrekt; zuständig; *esp. Br.* F ordentlich, tüchtig, gehörig; Eigen...; **~ *name*** Eigenname *m*; **~·ty** [~tɪ] *s* Eigentum *n*, Besitz *m*; Vermögen *n*; Eigenschaft *f*.

proph·e|cy [ˈprɒfɪsɪ] *s* Prophezeiung *f*; **~·sy** [~aɪ] *v/t* prophezeien, weissagen.

proph·et [ˈprɒfɪt] *s* Prophet *m*.

pro·por·tion [prəˈpɔːʃn] **1.** *s* Verhältnis *n*; Gleichmaß *n*; (An)Teil *m*; **~*s*** *pl* (Aus)Maße *pl*; **2.** *v/t* in das richtige Verhältnis bringen; **~·al** *adj* □ proportional; → **~·ate** [~nət] *adj* □ im richtigen Verhältnis (***to*** zu), angemessen.

pro·pos|al [prəˈpəʊzl] *s* Vorschlag *m*, (*a.* Heirats)Antrag *m*; Angebot *n*; **~e** *v/t* vorschlagen; beabsichtigen, vorhaben; e-n Toast ausbringen auf (*acc*); **~ s.o.'s health** auf j-s Gesundheit trinken; *v/i* e-n Heiratsantrag machen (**to** *dat*); **prop·o·si·tion** [prɒpəˈzɪʃn] *s* Vorschlag *m*, Antrag *m*; *econ.* Angebot *n*; Behauptung *f*.

pro·pound [prəˈpaʊnd] *v/t question, etc.*: vorlegen; vorschlagen.

pro·pri·e|ta·ry [prəˈpraɪətərɪ] *adj* Eigentümer..., Eigentums...; *econ.* gesetzlich geschützt (*as patent*); **~·tor** [~ə] *s* Eigentümer *m*, Geschäftsinhaber *m*; **~·ty** [~ɪ] *s* Richtigkeit *f*; Schicklichkeit *f*, Anstand *m*; **the proprieties** *pl* die Anstandsformen *pl*.

pro·pul·sion *tech.* [prəˈpʌlʃn] *s* Antrieb *m*.

pro·sa·ic *fig.* [prəʊˈzeɪɪk] *adj* (**~ally**) prosaisch, nüchtern, trocken.

prose [prəʊz] *s* Prosa *f*.

pros·e|cute [ˈprɒsɪkjuːt] *v/t* (*a.* strafrechtlich) verfolgen; *studies, etc.*: betreiben; *jur.* anklagen (**for** wegen); **~·cu·tion** [~ˈkjuːʃn] *s* Durchführung *f* (*of plan, etc.*); *jur.* Strafverfolgung *f*, Anklage *f*; **~·cu·tor** *jur.* [ˈ~kjuːtə] *s* Ankläger *m*; **public ~** Staatsanwalt *m*.

pros·pect 1. *s* [ˈprɒspekt] Aussicht *f* (*a. fig.*); *econ.* Interessent *m*; **2.** *v/i* [prəˈspekt]: **~ for** *mining*: schürfen nach; bohren nach (*oil*).

pro·spec·tive [prəˈspektɪv] *adj* □ (zu-)künftig, voraussichtlich.

pro·spec·tus [prəˈspektəs] *s* (*pl* **-tuses**) (Werbe)Prospekt *m*.

pros·per [ˈprɒspə] *v/i* Erfolg haben; gedeihen, blühen; *v/t* begünstigen; segnen; **~·i·ty** [prɒˈsperətɪ] *s* Gedeihen *n*, Wohlstand *m*, Glück *n*; *econ.* Wohlstand *m*, Konjunktur *f*, Blüte(zeit) *f*; **~·i·ty gap** *s pol.* Wohlstandsgefälle *n*; **~·ous** [ˈprɒspərəs] *adj* □ erfolgreich, blühend; wohlhabend; günstig.

pros·ti·tute [ˈprɒstɪtjuːt] *s* Prostituierte *f*, Dirne *f*; **male ~** Strichjunge *m*.

pros|trate 1. *adj* [ˈprɒstreɪt] hingestreckt; erschöpft; daniederliegend; demütig; gebrochen; **2.** *v/t* [prɒˈstreɪt] niederwerfen; erschöpfen; *fig.* niederschmettern; **~·tra·tion** [~ˈstreɪʃn] *s* Niederwerfen *n*, Fußfall *m*; Erschöpfung *f*.

pros·y *fig.* [ˈprəʊzɪ] *adj* (**-ier**, **-iest**) prosaisch; langweilig.

pro·tag·o·nist [prəʊˈtægənɪst] *s thea.* Hauptfigur *f*; *fig.* Vorkämpfer(in).

pro|tect [prəˈtekt] *v/t* (be)schützen; **~·tec·tion** [~kʃn] *s* Schutz *m*; *jur.* (Rechts)Schutz *m*; *econ.* Schutzzoll *m*; **~·tec·tion·is·m** *s econ.* Protektionismus *m*; **~·tec·tive** *adj* □ (be)schützend; Schutz...; **~ duty** *econ.* Schutzzoll *m*; **~·tec·tor** *s* (Be)Schützer *m*; Schutz-, Schirmherr *m*; **~·tec·tor·ate** [~rət] *s pol.* Protektorat *n*.

pro·test 1. *s* [ˈprəʊtest] Protest *m*; Einspruch *m*; **2.** [prəˈtest] *v/i* protestieren (**against** gegen); *v/t Am.* protestieren gegen; beteuern.

Prot·es·tant [ˈprɒtɪstənt] **1.** *adj* protestantisch; **2.** *s* Protestant(in).

prot·es·ta·tion [prɒteˈsteɪʃn] *s* Beteuerung *f*; Protest *m* (**against** gegen).

pro·to·col [ˈprəʊtəkɒl] **1.** *s* Protokoll *n*; **2.** *v/t* (**-ll-**) protokollieren.

pro·to·type [ˈprəʊtətaɪp] *s* Prototyp *m*, Urbild *n*.

pro·tract [prəˈtrækt] *v/t* in die Länge ziehen, hinziehen.

pro|trude [prəˈtruːd] *v/i* heraus-, (her-)vorstehen, -ragen, -treten; **~·tru·sion** *s* Herausragen *n*, (Her)Vorstehen *n*, Hervortreten *n*.

pro·tu·ber·ance [prəˈtjuːbərəns] *s* Auswuchs *m*, Beule *f*.

proud [praʊd] *adj* □ stolz (**of** auf *acc*).

prove [pruːv] (**proved**, **proved** *or esp. Am.* **proven**) *v/t* be-, er-, nachweisen; prüfen; *v/i* sich herausstellen *or* erweisen als; **prov·en** [ˈpruːvən] **1.** *esp. Am. pp of* **prove**; **2.** *adj* be-, erwiesen; bewährt.

prov·erb [ˈprɒvɜːb] *s* Sprichwort *n*.

pro·vide [prəˈvaɪd] *v/t* besorgen, beschaffen, liefern; bereitstellen; versorgen, ausstatten; *jur.* vorsehen, festsetzen; *v/i* (vor)sorgen; **~d** (**that**) vorausgesetzt, daß; sofern; **~ for** *family*: sorgen für, versorgen; **the treaty ~s for ...** der Vertrag sieht vor, ...

prov·i|dence [ˈprɒvɪdəns] *s* Vorsehung *f*; Voraussicht *f*, Vorsorge *f*; **~·dent** *adj* □ vorausblickend, vorsorglich; haushälterisch; **~·den·tial** [~ˈdenʃl] *adj* □ durch die (göttliche) Vorsehung bewirkt; glücklich, günstig.

P

pro·vid·er [prə'vaɪdə] *s of family*: Ernährer *m*; *econ*. Lieferant *m*.

prov·ince ['prɒvɪns] *s* Provinz *f*; *fig*. Gebiet *n*; *fig*. Fach *n*, Aufgabenbereich *m*; **pro·vin·cial** [prə'vɪnʃl] **1.** *adj* □ Provinz..., provinziell; kleinstädtisch; **2.** *s* Provinzbewohner(in).

pro·vi·sion [prə'vɪʒn] *s* Beschaffung *f*; Vorsorge *f*; *jur*. Bestimmung *f*; Vorkehrung *f*, Maßnahme *f*; **~s** *pl* (Lebensmittel)Vorrat *m*, Proviant *m*, Lebensmittel *pl*; **~·al** *adj* □ provisorisch; *driving licence, etc*.: vorläufig.

pro·vi·so [prə'vaɪzəʊ] *s* (*pl* **-sos**, *Am. a.* **-soes**) Bedingung *f*, Vorbehalt *m*.

prov·o·ca·tion [prɒvə'keɪʃn] *s* Herausforderung *f*; **pro·voc·a·tive** [prə'vɒkətɪv] *adj* herausfordernd; aufreizend; **pro·voke** [prə'vəʊk] *v/t* reizen; herausfordern; provozieren.

prov·ost ['prɒvəst] *Br. mst* ♀ *of certain colleges*: Rektor *m*; *ScotE*. Bürgermeister *m*.

prow *mar*. [praʊ] *s* Bug *m*.

prowl [praʊl] **1.** *v/i a.* **~ *about***, **~ *around*** herumstreichen; *v/t* durchstreifen; **2.** *s* Herumstreifen *n*; **~ car** *s Am*. (Funk-) Streifenwagen *m*.

prox·im·i·ty [prɒk'sɪmətɪ] *s* Nähe *f*.

prox·y ['prɒksɪ] *s* (Stell)Vertreter(in); (Stell)Vertretung *f*, Vollmacht *f*; ***by*** **~** in Vertretung.

prude [pru:d] *s* prüder Mensch; ***be a*** **~** prüde sein.

pru|dence ['pru:dns] *s* Klugheit *f*, Vernunft *f*; Vorsicht *f*; **~·dent** *adj* □ klug, vernünftig; vorsichtig.

prud|er·y ['pru:dərɪ] *s* Prüderie *f*; **~·ish** *adj* □ prüde, spröde.

prune [pru:n] **1.** *s* Backpflaume *f*; **2.** *v/t agr*. beschneiden (*a. fig*.); *a.* **~ *away***, **~ *off*** wegschneiden.

pry[1] [praɪ] *v/i* neugierig gucken *or* sein; **~ *about*** herumschnüffeln; **~ *into*** s-e Nase stecken in (*acc*).

pry[2] [~] → ***prize***[2].

psalm [sɑ:m] *s* Psalm *m*.

pseu·do- ['sju:dəʊ] *in compounds*: Pseudo..., falsch.

pseu·do·nym ['sju:dənɪm] *s* Pseudonym *n*, Deckname *m*.

psy·chi·a|trist [saɪ'kaɪətrɪst] *s* Psychiater *m*; **~·try** *s* Psychiatrie *f*.

psy|chic ['saɪkɪk] (***~ally***), **~·chi·cal** *adj* □ übersinnlich, übernatürlich; psychisch.

psy|cho·log·i·cal [saɪkə'lɒdʒɪkl] *adj* □ psychologisch; **~·chol·o·gist** [saɪ'kɒlədʒɪst] *s* Psycholog|e *m*, -in *f*; **~·chol·o·gy** *s* Psychologie *f*.

pub *Br*. F [pʌb] *s* Pub *n*, *m*, Kneipe *f*; **~ *crawl*** F Kneipentour *f*.

pu·ber·ty ['pju:bətɪ] *s* Pubertät *f*.

pu·bic *anat*. ['pju:bɪk] *adj* Scham...; **~ *bone*** Schambein *n*; **~ *hair*** Schamhaare *pl*.

pub·lic ['pʌblɪk] **1.** *adj* □ öffentlich; staatlich, Staats...; allgemein bekannt; **~ *spirit*** Gemein-, Bürgersinn *m*; ***go*** **~** *econ. company*: an die Börse gehen; **2.** *s* Öffentlichkeit *f*; *die* Öffentlichkeit, *das* Publikum, *die* Leute *pl*.

pub·li·can *esp. Br*. ['pʌblɪkən] *s* Gastwirt(in).

pub·li·ca·tion [pʌblɪ'keɪʃn] *s* Bekanntmachung *f*; Veröffentlichung *f*; ***monthly*** **~** Monatsschrift *f*.

pub·lic| com·pa·ny *s econ*. Aktiengesellschaft *f*; **~ con·ve·ni·ence** *s Br*. öffentliche Toiletten *pl*; **~ health** *s die* öffentliche Gesundheit; **~ *service*** *das* öffentliche Gesundheitswesen; **~ hol·i·day** *s* gesetzlicher Feiertag; **~ house** *s Br*. → ***pub***.

pub·lic·i·ty [pʌb'lɪsətɪ] *s* Öffentlichkeit *f*; Reklame *f*, Werbung *f*.

pub·lic| law *jur*. **1.** *s* öffentliches Recht; **2.** *adj* öffentlich-rechtlich; **~ li·bra·ry** *s* Leihbücherei *f*; **~ mon·ey** *s* öffentliche Gelder *pl*; **~ o·pin·ion** *s die* öffentliche Meinung; **~ *poll*** Meinungsumfrage *f*; **~ pur·chas·er** *s econ*. öffentlicher Auftraggeber; **~ pur·chas·ing** *s econ. die* Vergabe öffentlicher Aufträge; **~ re·la·tions** *s pl* Public Relations *pl*, Öffentlichkeitsarbeit *f*; **~ school** *s Br*. Privatschule *f*, Public School *f*; *Am*. staatliche Schule; **~ ser·vice** *s* öffentlicher Dienst; **~ spend·ing** *s pol., econ*. Ausgaben *pl* der öffentlichen Hand; **~ trans·port** *s* öffentliche Verkehrsmittel *pl*.

pub·lish ['pʌblɪʃ] *v/t* bekanntmachen; veröffentlichen; *book, etc*.: herausgeben, verlegen; ***~ing house*** Verlag *m*; **~·er** *s* Herausgeber *m*, Verleger *m*; **~s** *pl* Verlag(sanstalt *f*) *m*.

pud·ding ['pʊdɪŋ] *s* Pudding *m*; (*solid*)

P

Süßspeise, Nachspeise *f*, -tisch *m*; *with meat, etc.*: Fleischpastete *f*; ***black*** ~ Blutwurst *f*; ***white*** ~ Preßsack *m*.
pud·dle ['pʌdl] *s* Pfütze *f*.
puff [pʌf] **1.** *s* kurzer Atemzug, Schnaufer *m*; leichter Windstoß, Hauch *m*; *at cigarette*: Zug *m*; (Dampf-, Rauch-) Wölkchen *n*; (Puder)Quaste *f*; **2.** *v/i and v/t* (auf)blasen; pusten; paffen; schnauben, schnaufen, keuchen; ~ ***out***, ~ ***up*** sich (auf)blähen; ~***ed up eyes*** geschwollene Augen; ~ **pas·try** *s* Blätterteiggebäck *n*; ~**·y** *adj* (-***ier***, -***iest***) geschwollen; aufgedunsen; bauschig.
pug *zo.* [pʌg] *s a.* ~***-dog*** Mops *m*.
puke *sl.* [pju:k] *v/i and v/t* (aus)kotzen.
pull [pʊl] **1.** *s* Ziehen *n*, Zerren *n*; Zug *m*; *of planet*: Anziehungskraft *f*; *of tide*: Sog *m*; *print.* Fahne *f*, (Probe)Abzug *m*; *rowing*: Ruderpartie *f*; Zug *m* (***from*** *a cigarette, etc.* an); Schluck *m* (***at*** *a bottle* aus); *fig.* Einfluß *m*, Beziehungen *pl*; **2.** *v/t and v/i* ziehen; reißen; ~ (***at*** *or* ***on***) ziehen an (*dat*); ~ ***about*** herumzerren; ~ ***ahead of*** vorbeiziehen an (*dat*), überholen (*acc*) (*car, etc.*); ~ ***away*** anfahren (*bus, etc.*); sich losreißen (***from*** von); ~ ***down*** niederreißen; ~ ***in*** einfahren (*train*); anhalten (*car, boat*); ~ ***off*** F zustande bringen, schaffen; ~ ***out*** herausfahren (***of*** aus), abfahren (*train, etc.*); ausscheren (*car, etc.*); *fig.* sich zurückziehen, aussteigen; ~ ***over*** (s-n Wagen) an die *or* zur Seite fahren; ~ ***round*** *patient*: durchbringen; durchkommen (*patient*); ~ ***through*** *j-n* durchbringen; ~ ***o.s. together*** sich zusammennehmen, sich zusammenreißen; ~ ***up*** *car, horse, etc.*: anhalten; (an)halten (*car, etc.*); ~ ***up with***, ~ ***up to*** *j-n* einholen.
pul·ley *tech.* ['pʊlı] *s* Rolle *f*; Flaschenzug *m*.
pull|-in *Br.* ['pʊlın] *s* Raststätte *f* (*esp. for truckers*); ~**·o·ver** *s* Pullover *m*; ~**-up** *s Br.* → ***pull-in***.
pulp [pʌlp] *s* Brei *m*; Fruchtfleisch *n*; ~ ***magazine*** Schundblatt *n*.
pul·pit ['pʊlpıt] *s* Kanzel *f*.
pulp·y ['pʌlpı] *adj* (-***ier***, -***iest***) breiig; fleischig.
pul·sate [pʌl'seıt] *v/i* pulsieren, schlagen; **pulse** [pʌls] *s* Puls(schlag) *m*.
pul·ver·ize ['pʌlvəraız] *v/t* pulverisieren; *v/i* zu Staub werden.
pum·mel ['pʌml] *v/t* (*esp. Br.* -**ll**-, *Am.* -**l**-) mit den Fäusten bearbeiten, verprügeln.
pump [pʌmp] **1.** *s* Pumpe *f*; *shoe*: Pumps *m*; **2.** *v/t* pumpen; F *j-n* aushorchen, -fragen; ~ ***up*** *tyre, etc.*: aufpumpen; ~ **at·tend·ant** *s* Tankwart *m*.
pump·kin *bot.* ['pʌmpkın] *s* Kürbis *m*.
pun [pʌn] **1.** *s* Wortspiel *n*; **2.** *v/i* (-***nn***-) ein Wortspiel machen.
Punch[1] [pʌntʃ] *s* Kasper(le *n*) *m*; ~***-and-Judy show*** Kasperl(e)theater *n*.
punch[2] [~] **1.** *s* (Faust)Schlag *m*; Punsch *m*; *tool*: Locher *m*, Lochzange *f*; **2.** *v/t* schlagen (*with fist*), boxen; (ein)hämmern auf (*acc*); (aus)stanzen, lochen; *esp. Am. time clock*: stechen, *card*: stempeln; *Am. cattle*: treiben; ~(***ed***) ***card/tape*** Lochkarte *f*/-streifen *m*; ~**-line** *s* Pointe *f*.
punc·tu·al ['pʌŋktʃʊəl] *adj* pünktlich; ~**·i·ty** [~'ælətı] *s* Pünktlichkeit *f*.
punc·tu|ate *gr.* ['pʌŋktʃʊeıt] *v/t* interpunktieren; ~**·a·tion** *gr.* [~'eıʃn] *s* Interpunktion *f*, Zeichensetzung *f*; ~ ***mark*** Satzzeichen *n*.
punc·ture ['pʌŋktʃə] **1.** *s* (Ein)Stich *m*, Loch *n*; *mot.* Reifenpanne *f*; **2.** *v/t* durchstechen; ein Loch machen in (*dat or acc*); *v/i* platzen (*balloon*); ***be*** ~***d*** *mot.* e-n Platten haben, platt sein.
pun·gen|cy ['pʌndʒənsı] *s* Schärfe *f*; ~**t** [~t] *adj* stechend, beißend, scharf.
pun·ish ['pʌnıʃ] *v/t* (be)strafen; *boxing*: übel zurichten; ~**·a·ble** *adj* □ strafbar; ~**·ing** *adj* F *blow, pace, etc.*: mörderisch; *strenuous*: aufreibend; ~**·ment** *s* Strafe *f*; Bestrafung *f*; *boxing*: Prügel *pl*; ***take a lot of*** ~ F schwer einstecken müssen.
punk [pʌŋk] *s sl.* Punk *m* (*a. mus.*), Punker(in); Ganove *m*; ~ ***rock***(***er***) *mus.* Punkrock(er) *m*.
pu·ny ['pju:nı] *adj* (-***ier***, -***iest***) winzig; schwächlich.
pup *zo.* [pʌp] *s* Welpe *m*, junger Hund.
pu·pa *zo.* ['pju:pə] *s* (*pl* -***pae*** [-pi:], -***pas***) Puppe *f*.
pu·pil ['pju:pl] s *anat.* Pupille *f*; Schüler(in).
pup·pet ['pʌpıt] *s* Marionette *f* (*a. fig.*); ~**-show** *s* Puppenspiel *n*.

pup·py ['pʌpɪ] *s zo.* Welpe *m*, junger Hund; *fig.* Schnösel *m*.
pur|chase ['pɜːtʃəs] **1.** *s* (An-, Ein)Kauf *m*; *jur.* Erwerb(ung *f*) *m*; Anschaffung *f*; *grip*: Halt *m*; ***make ~s*** Einkäufe machen; **2.** *v/t* (er)kaufen; *jur.* erwerben; **~·chas·er** *s* Käufer(in); → ***public purchaser***; **~·chas·ing pow·er** *s econ.* Kaufkraft *f*.
pure [pjʊə] *adj* □ (**~r**, **~st**) rein; pur; **~-bred** *adj* reinrassig.
pu·rée ['pjʊəreɪ] *s* Püree *n*; ***tomato ~*** Tomatenmark *n*.
pur·ga|tive *med.* ['pɜːgətɪv] **1.** *adj* abführend; **2.** *s* Abführmittel *n*; **~·to·ry** *eccl.* [~ərɪ] *s* Fegefeuer *n*.
purge [pɜːdʒ] **1.** *s med.* Abführmittel *n*; *pol.* Säuberung *f*; **2.** *v/t mst fig.* reinigen; *pol.* säubern; *v/i med.* abführen.
pu·ri·fy ['pjʊərɪfaɪ] *v/t* reinigen; läutern.
pu·ri·tan ['pjʊərɪtən] (*hist.* Ձ) **1.** *s* Puritaner(in); **2.** *adj* puritanisch.
pu·ri·ty ['pjʊərətɪ] *s* Reinheit *f* (*a. fig.*).
purl [pɜːl] *v/i* murmeln (*stream*).
pur·loin [pɜː'lɔɪn] *v/t* entwenden.
pur·ple ['pɜːpl] **1.** *adj* purpurn, purpurrot; **2.** *s* Purpur *m*; **3.** *v/t and v/i* (sich) purpurn färben.
pur·port ['pɜːpət] **1.** *s* Sinn *m*, Inhalt *m*; **2.** *v/t* behaupten, vorgeben.
pur·pose ['pɜːpəs] **1.** *s* Absicht *f*, Vorhaben *n*; Zweck *m*; Entschlußkraft *f*; ***for the ~ of*** *ger* um zu *inf*; ***on ~*** absichtlich; ***to the ~*** zweckdienlich; ***to no ~*** vergebens; **2.** *v/t* beabsichtigen, vorhaben; **~·ful** *adj* □ zweckmäßig; absichtlich; zielbewußt; **~·less** *adj* □ zwecklos; ziellos; **~·ly** *adv* absichtlich.
purr [pɜː] *v/i* schnurren (*cat*); summen (*engine*).
purse [pɜːs] **1.** *s* Geldbeutel *m*, -börse *f*; *Am.* (Damen)Handtasche *f*; Geldgeschenk *n*; Siegprämie *f*; *boxing*: Börse *f*; ***~ snatcher*** *Am.* Handtaschenräuber *m*; **2.** *v/t*: ***~ (up) one's lips*** e-n Schmollmund machen.
pur·su·ance [pə'sjuːəns] *s*: ***in (the) ~ of*** bei der Ausführung *or* Ausübung (*gen*).
pur|sue [pə'sjuː] *v/t* verfolgen (*a. fig.*); streben nach; *profession*: nachgehen (*dat*); *studies*: betreiben, nachgehen (*dat*); fortsetzen, -fahren in (*dat*); **~·su·er** *s* Verfolger(in); **~·suit** *s* Verfolgung *f*; *mst* **~s** *pl* Beschäftigung *f*.
pur·vey [pə'veɪ] *v/t goods*: liefern; **~·or** *s* Lieferant *m*.
pus [pʌs] *s* Eiter *m*.
push [pʊʃ] **1.** *s* (An-, Vor)Stoß *m*; Schub *m*; Druck *m*; Notfall *m*; Anstrengung *f*, Bemühung *f*; F Schwung *m*, Energie *f*, Tatkraft *f*; **2.** *v/t and v/i* stoßen; schieben; drängen; *button*: drücken; (an)treiben; *a.* ***~ through*** durchführen; *claim, etc.*: durchsetzen; F verkaufen, *drugs*: pushen; ***~ s.th. on s.o.*** j-m et. aufdrängen; ***~ one's way*** sich durch- *or* vordrängen; ***~ along, ~ on, ~ forward*** weitermachen, -gehen, -fahren *etc.*; **~-but·ton** *s tech.* Druckknopf *m*, -taste *f*; **~-chair** *s Br.* (Falt)Sportwagen *m* (*for small children*); **~·er** *s* F Pusher *m*; **~·o·ver** *s* Kinderspiel *n*, Kleinigkeit *f*; ***be a ~ for*** auf *j-n or et.* hereinfallen.
puss [pʊs] *s* Mieze *f* (*a. fig.*: *girl*), Kätzchen *n*, Katze *f*; **pus·sy** *s*: *a.* ***~-cat*** Mieze *f*, Kätzchen *n*; **pus·sy·foot** *v/i* F leisetreten, sich nicht festlegen.
put [pʊt] (**-tt-**; ***put***) *v/t* setzen, legen, stellen, stecken, tun; bringen (*to bed*); *time, work*: verwenden (***into*** auf *acc*); *question*: stellen, vorlegen; *sports shot*: stoßen; werfen; *say*: ausdrücken, sagen; ***~ to school*** zur Schule schicken; ***~ s.o. to work*** j-n an die Arbeit setzen; ***~ about*** *rumours*: verbreiten; *mar. ship*: wenden (*a. v/i*); ***~ across*** *idea, etc.*: an den Mann bringen, verkaufen; ***~ back*** zurückstellen (*a. watch, clock*), -tun; *fig.* aufhalten; ***~ by*** *money*: zurücklegen; ***~ down*** *v/t* hin-, niederlegen, -setzen, -stellen; *j-n* absetzen, aussteigen lassen; (auf-, nieder)schreiben; eintragen; zuschreiben (***to*** *dat*); *revolt*: niederschlagen; *mismanagement*: unterdrücken; (*a. v/i*) *aer.* landen, aufsetzen; ***~ forth*** *energy*: aufbieten; *buds, leaves, etc.*: treiben; ***~ forward*** *watch, clock*: vorstellen; *opinion, etc.*: vorbringen; ***~ o.s. forward*** sich bemerkbar machen; ***~ in*** *v/t* herein-, hineinlegen, -setzen, -stellen, -stecken; hineintun; *claim*: erheben; *petition*: einreichen; *document*: vorlegen; *application*: stellen; *as employee*: einstellen; *remark*: einwerfen; *v/i* einkehren (***at*** in *dat*); *mar.* einlaufen (***at*** in *dat*); ***~ off*** *v/t clothes*: ablegen (*a. fig.*); *postpone*: auf-, verschieben; vertrösten; *j-n* abbringen; hindern; *passen-*

gers: aussteigen lassen; *v/i mar*. auslaufen; **~ on** *clothes*: anziehen; *hat*, *glasses*: aufsetzen; *watch*, *clock*: vorstellen; an-, einschalten; vortäuschen, -spielen; **~ on airs** sich aufspielen; **~ on speed** beschleunigen; **~ on weight** zunehmen; **~ out** *v/t* ausmachen, (-)löschen; sich *et*. verrenken; (her)ausstrecken; verwirren; ärgern; *j-m* Ungelegenheiten bereiten; *energy*: aufbieten; *money*: ausleihen; *v/i mar*. auslaufen; **~ right** in Ordnung bringen; **~ through** *teleph*. verbinden (**to** mit); **~ together** zusammensetzen; zusammenstellen; **~ up** *v/t* hinauflegen, -stellen; hochheben, -schieben, -ziehen; *picture*, *etc*.: aufhängen; *hair*: hochstecken; *umbrella*: aufspannen; *tent*, *etc*.: aufstellen; errichten, bauen; *goods*: anbieten; *price*: erhöhen; *resistance*: leisten; *fight*: liefern; *guests*: unterbringen, (bei sich) aufnehmen; *announcement*: anschlagen; *v/i*: **~ up at** einkehren *or* absteigen in (*dat*); **~ up for** kandidieren für, sich bewerben um; **~ up with** sich gefallen lassen, sich abfinden mit.

pu·tre·fy ['pju:trɪfaɪ] *v/i* verwesen.

pu·trid ['pju:trɪd] *adj* □ faul, verfault, verwest; *sl*. scheußlich, saumäßig; **~·i·ty** [pju:'trɪdətɪ] *s* Fäulnis *f*.

put·ty ['pʌtɪ] **1.** *s* Kitt *m*; **2.** *v/t* kitten.

put-you-up *Br*. F ['pʊtju:ʌp] *s* Schlafcouch *f*, -sessel *m*.

puz·zle ['pʌzl] **1.** *s* Rätsel *n*; schwierige Aufgabe; Verwirrung *f*; Geduld(s)spiel *n*; **2.** *v/t* verwirren; *j-m* Kopfzerbrechen machen; **~ out** austüfteln; *v/i* verwirrt sein; sich den Kopf zerbrechen; **~-head·ed** *adj* konfus.

pyg·my ['pɪgmɪ] *s* Pygmäe *m*; Zwerg *m*; *attr* zwergenhaft.

py·ja·ma *Br*. [pə'dʒɑ:mə] *s* Schlafanzug..., Pyjama...; **~s** *Br*. [~əz] *s pl* Schlafanzug *m*, Pyjama *m*.

py·lon ['paɪlən] *s* (Leitungs)Mast *m*.

pyr·a·mid ['pɪrəmɪd] *s* Pyramide *f*.

pyre ['paɪə] *s* Scheiterhaufen *m*.

Py·thag·o·re·an [paɪθægə'rɪən] **1.** *adj* pythagoreisch; **2.** *s* Pythagoreer *m*.

py·thon *zo*. ['paɪθn] *s* Pythonschlange *f*.

pyx *eccl*. [pɪks] *s* Hostienbehälter *m*.

Q

quack¹ [kwæk] **1.** *s* Quaken *n*; **2.** *v/i* quaken.

quack² [~] *s* Scharlatan *m*; *a*. **~ doctor** Quacksalber *m*, Kurpfuscher *m*; **~·er·y** ['kwækərɪ] *s* Quacksalberei *f*.

quad·ran|gle ['kwɒdræŋgl] *s* Viereck *n*; *court*: viereckiger Innenhof; **~·gu·lar** [kwɒ'dræŋgjʊlə] *adj* □ viereckig.

quad·ren·nial [kwɒ'drenɪəl] *adj* □ vierjährig; vierjährlich (wiederkehrend).

quad·ru|ped ['kwɒdrʊped] *s* Vierfüß(l)er *m*; **~·ple** [~pl] **1.** *adj* □ vierfach; Vierer...; **2.** *v/t and v/i* (sich) vervierfachen; **~·plets** [~plɪts] *s pl* Vierlinge *pl*.

quag·mire ['kwægmaɪə] *s* Sumpf(land *n*) *m*, Moor *n*; Morast *m*.

quail¹ *zo*. [kweɪl] *s* Wachtel *f*.

quail² [~] *v/i* verzagen; (vor Angst) zittern (**before** vor *dat*; **at** bei).

quaint [kweɪnt] *adj* □ anheimelnd, malerisch; wunderlich, drollig.

quake [kweɪk] **1.** *v/i* zittern, beben (**with**, **for** vor *dat*); **2.** *s* F Erdbeben *n*.

Quak·er ['kweɪkə] *s* Quäker *m*.

qual·i|fi·ca·tion [kwɒlɪfɪ'keɪʃn] *s* Qualifikation *f*, Eignung *f*, Befähigung *f*; Einschränkung *f*; *gr*. nähere Bestimmung; **~·fy** ['kwɒlɪfaɪ] *v/t* (*v/i* sich) qualifizieren; befähigen; bezeichnen; *gr*. näher bestimmen; einschränken; abschwächen, mildern; **~·ta·tive** ['kwɒlɪtətɪv] *adj* qualitativ; **~·ty** ['kwɒlətɪ] *s* Eigenschaft *f*; Beschaffenheit *f*; *econ*. Qualität *f*.

qualm [kwɑ:m] *s* Übelkeit *f*; *often* **~s** *pl* Skrupel *m*, Bedenken *n*.

quan·ti|fy ['kwɒntɪfaɪ] *v/t* quantifizieren, in Zahlen ausdrücken; **~·ta·tive** ['~tətɪv] *adj* quantitativ, mengenmäßig;

~·ty ['kwɒntətɪ] *s* Quantität *f*, Menge *f*; große Menge.
quan·tum ['kwɒntəm] *s* (*pl* **-ta** [-tə]) Quantum *n*, Menge *f*; *phys.* Quant *n*.
quar·an·tine ['kwɒrəntiːn] **1.** *s* Quarantäne *f*; **2.** *v/t* unter Quarantäne stellen.
quar·rel ['kwɒrəl] **1.** *s* Streit *m*; **2.** *v/i* (*esp. Br.* **-ll-**, *Am.* **-l-**) (sich) streiten; **~·some** *adj* □ zänkisch, streitsüchtig.
quar·ry ['kwɒrɪ] **1.** *s* Steinbruch *m*; *hunt.* (Jagd)Beute *f*; *fig.* Fundgrube *f*; **2.** *v/t stone*: brechen.
quart [kwɔːt] *s* Quart *n* (= *1,136 l*).
quar·ter ['kwɔːtə] **1.** *s* Viertel *n*, vierter Teil; Viertel(stunde *f*) *n*; Vierteljahr *n*, Quartal *n*; Viertelpfund *n*; Viertelzentner *m*; *Am.* Vierteldollar *m* (*25 cents*); *sports*: (Spiel)Viertel *n*; (*esp.* Hinter)Viertel *n* (*of animal*); (Stadt)Viertel *n*; (Himmels-, Wind)Richtung *f*; Gegend *f*, Richtung *f*; **~s** *pl* Quartier *n* (*a. mil.*), Unterkunft *f*; **a ~ (of an hour)** e-e Viertelstunde; *time*: **a ~ to** (*Am.* **of**) (ein) Viertel vor; **a ~ past** (*Am.* **after**) (ein) Viertel nach; **at close ~s** in *or* aus nächster Nähe; **from official ~s** von amtlicher Seite; **2.** *v/t* vierteln, in vier Teile teilen; beherbergen; *mil.* einquartieren; **~·back** *s American Football*: Quarterback *m*; **~·day** *s* Quartalstag *m*; **~·deck** *s mar.* Achterdeck *n*; **~·fi·nal** *s sports*: Viertelfinalspiel *n*; **~s** *pl* Viertelfinale *n*; **~·ly 1.** *adj and adv* vierteljährlich; **2.** *s* Vierteljahresschrift *f*.
quar·tet(te) *mus.* [kwɔː'tet] *s* Quartett *n*.
quartz *min.* [kwɔːts] *s* Quarz *m*; **~ clock** Quarzuhr *f*; **~ watch** Quarzarmbanduhr *f*.
qua·si ['kweɪzaɪ] *adv* gleichsam, sozusagen; Quasi..., Schein...
qua·ver ['kweɪvə] **1.** *s* Zittern *n*; *mus.* Triller *m*; **2.** *v/t and v/i* mit zitternder Stimme sprechen *or* singen; *mus.* trillern.
quay [kiː] *s* Kai *m*.
quea·sy ['kwiːzɪ] *adj* □ (**-ier**, **-iest**) empfindlich (*stomach, conscience*); **I feel ~** mir ist übel *or* schlecht.
queen [kwiːn] *s* Königin *f* (*a. zo.*); *card games, chess*: Dame *f*; *sl. homosexual*: Schwule(r) *m*, Homo *m*; **~ bee** Bienenkönigin *f*; **~·like**, **~·ly** *adj* wie e-e Königin, königlich.
queer [kwɪə] *adj* sonderbar, seltsam; wunderlich; komisch; F schwul.
quench [kwentʃ] *v/t flames, fire*: (aus)löschen; *thirst, etc.*: löschen, stillen; *hope*: zunichte machen.
quer·u·lous ['kwerʊləs] *adj* □ quengelig, mürrisch, verdrossen.
que·ry ['kwɪərɪ] **1.** *s* Frage(zeichen *n*) *f*; Zweifel *m*; **2.** *v/t* (be)fragen; be-, anzweifeln.
quest [kwest] **1.** *s* Suche *f*; **2.** *v/i* suchen (**for** nach).
ques·tion ['kwestʃən] **1.** *s* Frage *f*; Problem *n*, (Streit)Frage *f*, (Streit)Punkt *m*; Zweifel *m*; Sache *f*, Angelegenheit *f*; **ask ~s** Fragen stellen; **beyond (all) ~** ohne Frage; **in ~** fraglich; **call in ~** *et.* an-, bezweifeln; **that is out of the ~** das kommt nicht in Frage; **2.** *v/t* (be)fragen; *jur.* vernehmen, -hören; *et.* an-, bezweifeln; **~·a·ble** *adj* □ fraglich; fragwürdig; **~·er** *s* Fragesteller(in); **~ mark** *s* Fragezeichen *n*; **~·mas·ter** *s Br.* Quizmaster *m*; **~·naire** [kwestʃə'neə] *s* Fragebogen *m*.
queue [kjuː] **1.** *s* Reihe *f* (*of persons, etc.*), (Warte)Schlange *f*; **2.** *v/i mst* **~ up** Schlange stehen; anstehen; sich anstellen.
quib·ble ['kwɪbl] **1.** *s* Spitzfindigkeit *f*, Haarspalterei *f*; **2.** *v/i* spitzfindig sein; **~ with s.o. about** *or* **over s.th.** sich mit j-m über et. herumstreiten.
quick [kwɪk] **1.** *adj* schnell, rasch; prompt; aufgeweckt, wach (*mind*); scharf (*eye, ear*); lebhaft; hitzig, aufbrausend; **be ~!** mach schnell!; **2.** *s*: **cut s.o. to the ~** *fig.* j-n tief verletzen; **~·en** *v/t and v/i* (sich) beschleunigen; *v/i* schneller werden; **~·freeze** *v/t* (**-froze**, **-frozen**) einfrieren, tiefkühlen; **~·ie** *s* F auf die Schnelle gemachte Sache; kurze Sache, kurze Frage; F e-r auf die Schnelle (*a. sex*); **~·ly** *adv* schnell, rasch; **~·ness** *s* Schnelligkeit *f*; rasche Auffassungsgabe; Schärfe *f* (*of eye, etc.*); Lebhaftigkeit *f*; Hitzigkeit *f*; **~·sand** *s* Treibsand *m*; **~·wit·ted** *adj* geistesgegenwärtig; schlagfertig.
quid *Br. sl.* [kwɪd] *s* (*pl* **~**) Pfund *n* (Sterling).
qui·es|cence [kwaɪ'esns] *s* Ruhe *f*, Stille *f*; **~·cent** [~t] *adj* □ ruhend; *fig.* ruhig, still.

Q

qui·et ['kwaɪət] **1.** *adj* □ ruhig, still; ***be ~!*** sei still!; **2.** *s* Ruhe *f*; ***on the ~*** heimlich(, still u. leise); **3.** *esp. Am.* → **~·en** *esp. Br.* [~tn] *v/t* beruhigen; *v/i mst* ***~ down*** sich beruhigen; **~·ness** *s* Ruhe *f*, Stille *f*.

quilt [kwɪlt] **1.** *s* Steppdecke *f*; **2.** *v/t* steppen; wattieren.

quin·ine [kwɪ'niːn, *Am.* 'kwaɪnaɪn] *s* Chinin *n*.

quin·quen·ni·al [kwɪŋ'kwenɪəl] *adj* □ fünfjährig; fünfjährlich.

quin·tes·sence [kwɪn'tesns] *s* Quintessenz *f*; Inbegriff *m*.

quin·tu|ple ['kwɪntjʊpl] **1.** *adj* □ fünffach; **2.** *v/t and v/i* (sich) verfünffachen; **~·plets** [~lɪts] *s pl* Fünflinge *pl*.

quip [kwɪp] **1.** *s* geistreiche Bemerkung; Stichelei *f*; **2.** *v/i* (**-pp-**) witzeln, spötteln.

quirk [kwɜːk] *s* Eigenart *f*, seltsame Angewohnheit; Laune *f* (*of fate, etc.*); *arch.* Hohlkehle *f*.

quit [kwɪt] **1.** (**-tt-**; *Br.* **~ted** *or* **~**, *Am. mst* **~**) *v/t* verlassen; *job*: aufgeben; aufhören mit; *v/i* aufhören; weggehen; ausziehen (*tenant*); ***give notice to ~*** *j-m* kündigen; **2.** *adj* frei, los.

quite [kwaɪt] *adv* ganz, völlig, vollständig; ziemlich, recht; ganz, sehr, durchaus; ***~ nice*** ganz *or* recht nett; **~ (*so*)!** ganz recht; ***~ the thing*** F ganz große Mode; ***she's ~ a beauty*** sie ist e-e wirkliche Schönheit; ***I ~ agree*** ganz meine Meinung.

quits [kwɪts] *adj*: ***be ~ with s.o.*** mit j-m quitt sein.

quit·ter F ['kwɪtə] *s* Drückeberger *m*.

quiv·er[1] ['kwɪvə] *v/i* zittern, beben.

quiv·er[2] [~] *s* Köcher *m*.

quiz [kwɪz] **1.** *s* (*pl* ***quizzes***) Prüfung *f*, Test *m*; Quiz *n*; **2.** *v/t* (**-zz-**) ausfragen; *j-n* prüfen; **~·mas·ter** *s esp. Am.* Quizmaster *m*; **~·zi·cal** *adj* □ spöttisch.

quoit [kɔɪt] *s* Wurfring *m*; **~s** *sg* Wurfringspiel *n*.

quo·rum ['kwɔːrəm] *s* beschlußfähige Anzahl *or* Mitgliederzahl, Quorum *n*.

quo·ta ['kwəʊtə] *s* Quote *f*, Anteil *m*, Kontingent *n*.

quo·ta·tion [kwəʊ'teɪʃn] *s* Anführung *f*, Zitat *n*; Beleg(stelle *f*) *m*; *econ.* (Börsen-, Kurs)Notierung *f*; Preis(angabe *f*) *m*; *estimate*: Kostenvoranschlag *m*; **~ marks** *s pl* Anführungszeichen *pl*.

quote [kwəʊt] **1.** *s from author*: Zitat *n*; **~s** *pl* Anführungszeichen *pl*, F Gänsefüßchen *pl*; **2.** *v/t* anführen, zitieren (*text*); *econ. price*: nennen, berechnen; *stock exchange*: notieren (**at** mit); *v/i* zitieren (***from*** aus); **..., *I ~* ...,** ich zitiere.

quo·tient *math.* ['kwəʊʃnt] *s* Quotient *m*.

R

rab·bi ['ræbaɪ] *s* Rabbiner *m*.

rab·bit ['ræbɪt] *s* Kaninchen *n*.

rab·ble ['ræbl] *s* Pöbel *m*, Mob *m*; **~·rous·er** *s* Aufrührer *m*, Demagoge *m*; **~·rous·ing** *adj* □ aufwieglerisch, demagogisch.

rab·id ['ræbɪd] *adj* □ tollwütig (*animal*); *fig.* wild, wütend.

ra·bies *vet.* ['reɪbiːz] *s* Tollwut *f*.

rac·coon *zo.* [rə'kuːn] *s* Waschbär *m*.

race[1] [reɪs] *s* Rasse *f*; Geschlecht *n*, Stamm *m*; Volk *n*, Nation *f*; (Menschen)Schlag *m*.

race[2] [~] **1.** *s* Lauf *m* (*a. fig.*); (Wett)Rennen *n*; Strömung *f*; **~s** *pl* Pferderennen *n*; **2.** *v/i and v/t* rennen; rasen; um die Wette laufen *or* fahren (mit); *tech.* durchdrehen; **~·course** *s* Rennbahn *f*, -strecke *f*; **~·horse** *s* Rennpferd *n*; **rac·er** *s* Läufer(in); Rennpferd *n*; Rennboot *n*; Rennwagen *m*; Rennrad *n*.

ra·cial ['reɪʃl] *adj* rassisch; Rassen...; **~·is·m** *s* Rassismus *m*.

rac·ing ['reɪsɪŋ] *s* (Wett)Rennen *n*; (Pferde)Rennsport *m*; *attr* Renn...

rack [ræk] **1.** *s* Gestell *n*; Kleiderständer *m*; *in train, etc.*: Gepäcknetz *n*; *on car*:

Dachgepäckträger *m*; *for fodder*: Raufe *f*, Futtergestell *n*; *for torture*: Folter(bank) *f*; ***go to ~ and ruin*** verfallen (*building*, *person*); dem Ruin entgegentreiben (*country*, *economy*); **2.** *v/t* strekken; foltern, quälen (*a. fig.*); ***~ one's brains*** sich den Kopf zerbrechen.

rack·et ['rækɪt] **1.** *s tennis*, *etc.*: Schläger *m*; *loud noise*: Lärm *m*, Trubel *m*; F Schwindel(geschäft *n*) *m*, Gaunerei *f*; F *occupation*: Job *m*; **2.** *v/i* lärmen; sich amüsieren.

rack·e·teer [rækə'tɪə] *s* Gauner *m*, Erpresser *m*; **~·ing** *s* Gaunereien *pl*, kriminelle Geschäfte *pl*.

ra·coon *Br. zo.* [rə'ku:n] → ***raccoon***.

rac·y ['reɪsɪ] *adj* □ (**-ier**, **-iest**) kraftvoll, lebendig; stark; würzig; urwüchsig; *Am. risqué*: gewagt.

ra·dar ['reɪdə] *s* Radar(gerät) *n*.

ra·di|ance ['reɪdɪəns] *s* Strahlen *n*, strahlender Glanz (*a. fig.*); **~·ant** *adj* □ strahlend, leuchtend (*a. fig.* ***with*** vor *dat*); ***~ heater*** Heizstrahler *m*.

ra·di|ate ['reɪdɪeɪt] *v/t* (aus)strahlen; *v/i* strahlenförmig ausgehen; **~·a·tion** [~'eɪʃn] *s* (Aus)Strahlung *f*; **~·a·tor** ['~ə] *s* Heizkörper *m*; *mot.* Kühler *m*.

rad·i·cal ['rædɪkl] **1.** *adj* □ *bot.*, *math.* Wurzel...; Grund...; radikal, drastisch; eingewurzelt; *pol.* radikal; **2.** *s pol.* Radikale(r *m*) *f*; *math.* Wurzel *f*; *chem.* Radikal *n*.

ra·di·o ['reɪdɪəʊ] **1.** *s* (*pl* **-os**) Radio(apparat *m*) *n*; Funk(spruch) *m*; Funk...; ***~ play*** Hörspiel *n*; ***~ set*** Radiogerät *n*; ***by ~*** über Funk; ***on the ~*** im Radio; **2.** *v/t* funken; **~·ac·tive** *adj* radioaktiv; ***~ waste*** Atommüll *m*; **~·ac·tiv·i·ty** *s* Radioaktivität *f*; **~·ther·a·py** *s med.* Strahlen-, Röntgentherapie *f*.

rad·ish *bot.* ['rædɪʃ] *s* Rettich *m*; (***red***) ***~*** Radieschen *n*.

ra·di·us ['reɪdɪəs] *s* (*pl* **-dii** [-dɪaɪ], **-uses**) Radius *m*.

raf·fle ['ræfl] **1.** *s* Tombola *f*, Verlosung *f*; **2.** *v/t* verlosen.

raft [rɑ:ft] **1.** *s* Floß *n*; **2.** *v/i and v/t* flößen; **~·er** *s tech.* (Dach)Sparren *m*; **~s·man** *s* Flößer *m*.

rag¹ [ræg] *s* Lumpen *m*; Fetzen *m*; Lappen *m*; ***in ~s*** zerlumpt; ***~-and-bone man*** *esp. Br.* Lumpensammler *m*.

rag² *sl.* [~] **1.** *s* Unfug *m*; Radau *m*; Schabernack *m*; **2.** (**-gg-**) *v/t j-n* aufziehen; *j-n* anschnauzen; *j-m* e-n Schabernack spielen; *v/i Br.* herumtollen, Radau machen.

rag·a·muf·fin ['rægəmʌfɪn] *s* zerlumpter Kerl; Gassenjunge *m*.

rage [reɪdʒ] **1.** *s* Wut(anfall *m*) *f*, Zorn *m*, Raserei *f*; Wüten *n*, Toben *n* (*of storm*, *etc.*); Sucht *f*, Gier *f* (**for** nach); Manie *f*; Ekstase *f*; ***it is*** (***all***) ***the ~*** es ist jetzt die große Mode; **2.** *v/i* wüten, rasen, toben.

rag·ged ['rægɪd] *adj* □ rauh; *hair*: zottig; *rocks*: zerklüftet, zackig; *person*: zerlumpt; *clothes*: ausgefranst; *exhausted*: ausgelaugt; F erledigt; F ***be run ~*** F völlig fertig sein.

raid [reɪd] **1.** *s* Überfall *m*, (*esp. air ~*: Luft)Angriff *m*; *by police*: Razzia *f*; **2.** *v/t* einbrechen in (*acc*); überfallen; plündern; e-e Razzia durchführen in (*dat*).

rail¹ [reɪl] *v/i* schimpfen.

rail² [~] **1.** *s* Geländer *n*; Stange *f*; *mar.* Reling *f*; *rail.* Schiene *f*; (Eisen)Bahn *f*; ***by ~*** mit der Bahn; ***off the ~s*** *fig.* aus dem Geleise, durcheinander; verrückt; ***run off*** *or* ***leave***, ***jump the ~s*** entgleisen; **2.** *v/t a.* ***~ in*** mit e-m Geländer umgeben; *a.* ***~ off*** durch ein Geländer (ab)trennen.

rail·ing ['reɪlɪŋ] *s a.* **~s** *pl* Geländer *n*.

rail·ler·y ['reɪlərɪ] *s* Stichelei *f*.

rail·road *Am.* ['reɪlrəʊd] *s* Eisenbahn *f*.

rail·way *esp. Br.* ['reɪlweɪ] *s* Eisenbahn *f*; **~·man** *s* Eisenbahner *m*.

rain [reɪn] **1.** *s* Regen *m*; **~s** *pl* Regenfälle *pl*; ***the ~s*** *pl* die Regenzeit (*in tropical countries*); ***~ or shine*** bei jedem Wetter; **2.** *v/i and v/t* regnen; ***it's ~ing buckets*** *or* ***cats and dogs*** es schüttet wie aus Kübeln; ***it never ~s but it pours*** es kommt immer gleich knüppeldick, ein Unglück kommt selten allein; **~·bow** *s* Regenbogen *m*; **~·coat** *s* Regenmantel *m*; **~·fall** *s* Regenmenge *f*; **~ for·est** *s* Regenwald *m*; **~-proof** **1.** *adj* regen-, wasserundurchlässig; imprägniert (*material*); **2.** *s* Regenmantel *m*; **~·y** *adj* (**-ier**, **-iest**) regnerisch; Regen...; ***for a ~ day*** *fig.* für schlechte Zeiten *or* Notzeiten.

raise [reɪz] **1.** *v/t often* ***~ up*** (auf-, hoch-) heben; (*often fig.*) erheben; errichten; erhöhen (*a. fig.*: *salary*); *money*, *etc.*:

aufbringen; *loan*: aufnehmen; *family*: gründen; *children*: aufziehen; (auf)erwecken; anstiften; züchten, ziehen; *siege*, *etc.*: aufheben; **2.** *s* Lohn-, Gehaltserhöhung *f*.

rai·sin ['reɪzn] *s* Rosine *f*.

rake [reɪk] **1.** *s* Rechen *m*, Harke *f*; Wüstling *m*; Lebemann *m*; **2.** *v/t* (glatt)harken, (-)rechen; *fig.* durchstöbern; *v/i*: **~ about** (herum)stöbern; **~-off** *s* F (Gewinn)Anteil *m*.

rak·ish ['reɪkɪʃ] *adj* □ *life*: liederlich, ausschweifend; *person*: verwegen, keck; *mar.* schnittig (*ship*).

ral·ly ['rælɪ] **1.** *s* Treffen *n*; (Massen)Versammlung *f*; Kundgebung *f*; Erholung *f*; *mot.* Rallye *f*; **2.** *v/t and v/i* (sich ver)sammeln; sich erholen.

ram [ræm] **1.** *s zo.* Widder *m*, Schafbock *m*; ♌ *ast.* Widder *m*; *tech.*, *mar.* Ramme *f*; **2.** *v/t* (**-mm-**) (fest)rammen; *mar.* rammen; **~ s.th. down s.o.'s head** *fig.* j-m et. eintrichtern.

ram|ble ['ræmbl] **1.** *s* Streifzug *m*; Wanderung *f*; **2.** *v/i* umherstreifen; abschweifen; **~·bler** *s* Wanderer *m*; **~·bling** *adj* abschweifend; weitschweifend; weitläufig; *plant*: rankend; **~ rose** *bot.* Kletterrose *f*.

ram·i·fy ['ræmɪfaɪ] *v/i* sich verzweigen.

ramp [ræmp] *s* Rampe *f*.

ram·pant ['ræmpənt] *adj* □ wuchernd; *fig.* zügellos.

ram·part ['ræmpɑːt] *s* Wall *m*.

ram·shack·le ['ræmʃækl] *adj* baufällig; wack(e)lig; klapp(e)rig.

ran [ræn] *pret of* **run** 1.

ranch [rɑːntʃ, *Am.* ræntʃ] *s* Ranch *f*, Viehfarm *f*; **~·er** *s* Rancher *m*, Viehzüchter *m*; Farmer *m*.

R

ran·cid ['rænsɪd] *adj* □ ranzig.

ran·co(u)r ['ræŋkə] *s* Groll *m*, Haß *m*.

ran·dom ['rændəm] **1.** *s*: **at ~** aufs Geratewohl, blindlings; **2.** *adj* ziel-, wahllos; zufällig; willkürlich.

rang [ræŋ] *pret of* **ring**[1] 2.

range [reɪndʒ] **1.** *s* Reihe *f*; *mountains*: (Berg)Kette *f*; *econ.* Kollektion *f*, Sortiment *n*; *stove*: Herd *m*; *scope*: Raum *m*, Umfang *m*, Bereich *m*; *distance*: Reichweite *f*, Schußweite *f*, Entfernung *f*; *area*: (ausgedehnte) Fläche; *shooting* **~**: Schießstand *m*; *grazing ground*: offenes Weidegebiet; **at close ~** aus nächster Nähe; **within ~ of vision** in Sichtweite; **a wide ~ of** eine große Auswahl an (*dat*); **2.** *v/t* (ein)reihen, ordnen; *area*, *etc.*: durchstreifen; *v/i* in e-r Reihe *or* Linie stehen; (umher)streifen; sich erstrecken, reichen; zählen, gehören (**among**, **with** zu); **~ from ... to ...**, **~ between ... and ...** sich zwischen (*dat*) ... und ... bewegen (*prices*, *etc.*).

rang·er ['reɪndʒə] *s* Förster *m*; Aufseher *m* e-s Forsts *or* Parks; Angehörige(r) *m* e-r berittenen Schutztruppe.

rank [ræŋk] **1.** *s row*: Reihe *f*, Linie *f*; *class*: Klasse *f*; *social* **~**: Rang *m*, Stand *m*; *taxi* **~**: Taxistand *m*; **the ~ and file** *fig.* die große Masse; *pol.*, *of party*: das Fußvolk, die Basis; *mil.* Glied *n*; **~s** *pl mil.* *die* Mannschaften *pl*; **2.** *v/t* einreihen, (ein)ordnen; einstufen; *v/i* gehören (**among**, **with** zu); e-n Rang *or* e-e Stelle einnehmen (**above** über *dat*); **~ as** gelten als; **3.** *adj plants*: üppig; *smell*: ranzig, stinkend; *beginner*: blutig; *injustice*, *etc.*: kraß.

ran·kle *fig.* ['ræŋkl] *v/i* nagen, weh tun.

ran·sack ['rænsæk] *v/t* durchwühlen, -stöbern, -suchen; ausrauben.

ran·som ['rænsəm] **1.** *s* Lösegeld *n*; Auslösung *f*; **2.** *v/t* loskaufen, auslösen.

rant [rænt] **1.** *s* Schwulst *m*; **2.** *v/i* Phrasen dreschen; *v/t* mit Pathos vortragen.

rap[1] [ræp] **1.** *s* Klaps *m*; Klopfen *n*; **2.** *v/i and v/t* (**-pp-**): **~ (at)** klopfen an (*acc*); **~ (on)** klopfen auf (*acc*).

rap[2] *fig.* [~] *s* Heller *m*, Deut *m*.

ra·pa|cious [rə'peɪʃəs] *adj* □ habgierig; (raub)gierig; **~·ci·ty** [rə'pæsətɪ] *s* Habgier *f*; (Raub)Gier *f*.

rape[1] [reɪp] **1.** *s* Notzucht *f*, Vergewaltigung *f* (*a. fig.*); **2.** *v/t* vergewaltigen.

rape[2] *bot.* [~] *s* Raps *m*.

rap·id ['ræpɪd] **1.** *adj* □ schnell, rasch, rapid(e); steil; **2.** *s*: **~s** *pl* Stromschnelle(n *pl*) *f*; **ra·pid·i·ty** [rə'pɪdətɪ] *s* Schnelligkeit *f*.

rap·proche·ment *pol.* [ræ'prɒʃmɑ̃ːŋ] *s* Wiederannäherung *f*.

rapt [ræpt] *adj* □ entzückt; versunken; **rap·ture** ['ræptʃə] *s* Entzücken *n*; **go into ~s** in Entzücken geraten.

rare [reə] *adj* □ (**~r**, **~st**) selten; *phys.* dünn (*air*); halbgar, nicht durchgebraten (*meat*); F ausgezeichnet, köstlich.

rare·bit ['reəbɪt] *s*: ***Welsh ~*** überbackener Käsetoast.

rar·i·ty ['reərətɪ] *s* Seltenheit *f*; Rarität *f*.

ras·cal ['rɑːskəl] *s* Schuft *m*; *co.* Gauner *m*, Schlingel *m*.

rash¹ [ræʃ] *adj* □ hastig, vorschnell; übereilt; unbesonnen; waghalsig.

rash² *med.* [~] *s* (Haut)Ausschlag *m*.

rash·er ['ræʃə] *s* Speckscheibe *f*.

rasp [rɑːsp] **1.** *s* Raspel *f*; **2.** *v/t* raspeln; krächzen.

rasp·ber·ry *bot.* ['rɑːzbərɪ] *s* Himbeere *f*.

rat [ræt] *s zo.* Ratte *f*; *pol.* Überläufer *m*; ***smell a ~*** Lunte *or* den Braten riechen; ***~s!*** *sl.* Quatsch!

rate [reɪt] **1.** *s* (Verhältnis)Ziffer *f*; Rate *f*; Verhältnis *n*; (Aus)Maß *n*; Satz *m*; Preis *m*, Gebühr *f*; Taxe *f*; (Gemeinde-) Abgabe *f*, (Kommunal)Steuer *f*; Grad *m*, Rang *m*, Klasse *f*; Geschwindigkeit *f*; Tempo *n*; ***at any ~*** auf jeden Fall; ***~ of exchange*** (Umrechnungs-, Wechsel-) Kurs *m*; ***~ of interest*** Zinssatz *m*, -fuß *m*; **2.** *v/t* (ein)schätzen; besteuern; ***~ among*** rechnen *or* zählen zu; ***be ~ed*** gelten als.

ra·ther ['rɑːðə] *adv* eher, lieber; vielmehr; besser gesagt; ziemlich, fast; *int*: ***~!*** F und ob!, allerdings!; ***I'd ~ not!*** lieber nicht!; ***I had*** *or* ***would ~*** (***not***) ***go*** ich möchte lieber (nicht) gehen.

rat·i·fy *pol.* ['rætɪfaɪ] *v/t* ratifizieren.

rat·ing ['reɪtɪŋ] *s* Schätzung *f*; Steuersatz *m*; *mar.* Dienstgrad *m*; Matrose *m*; *sports*: Klasse *f*, Kategorie *f* (*sailing*, *etc.*); *TV* Einschaltquote *f*.

ra·ti·o *math.* ['reɪʃɪəʊ] *s* (*pl* ***-os***) Verhältnis *n*.

ra·tion ['ræʃn] **1.** *s* Ration *f*, Zuteilung *f*; **2.** *v/t* rationieren.

ra·tion·al ['ræʃənl] *adj* □ vernunftgemäß; vernünftig; rational (*a. math.*); **~·i·ty** [ræʃə'nælətɪ] *s* Vernunft *f*; **~·ize** *econ.* ['ræʃnəlaɪz] *v/t* rationalisieren.

rat race ['rætreɪs] *s* täglicher Konkurrenzkampf.

rat·tle ['rætl] **1.** *s* Gerassel *n*; Geklapper *n*; Klapper *f*; **2.** *v/i and v/t* rasseln (mit); klappern; ***~*** (***at***) rüffeln an (*dat*); ***~ off*** *poem, etc.*: herunterrasseln; **~·snake** *s zo.* Klapperschlange *f*; **~·trap** *s fig.* Klapperkasten *m* (*car*, *etc.*).

rat·tling ['rætlɪŋ] **1.** *adj* rasselnd; F schnell, flott; **2.** *adv* F sehr, äußerst; ***~ good*** prima.

rau·cous ['rɔːkəs] *adj* □ heiser, rauh.

rav·age ['rævɪdʒ] **1.** *s* Verwüstung *f*; **2.** *v/t* verwüsten; plündern.

rave [reɪv] *v/i* rasen, toben; schwärmen (***about***, ***of*** von).

rav·el ['rævl] (*esp. Br.* ***-ll-***, *Am.* ***-l-***) *v/t* verwickeln; ***~*** (***out***) auftrennen; *fig.* entwirren; *v/i a.* ***~ out*** ausfasern, aufgehen.

ra·ven *zo.* ['reɪvn] *s* Rabe *m*.

rav·e·nous ['rævənəs] *adj* □ gefräßig; heißhungrig; gierig; raubgierig.

ra·vine [rə'viːn] *s* Hohlweg *m*; Schlucht *f*; Klamm *f*.

rav·ish ['rævɪʃ] *v/t* entzücken; hinreißen; **~·ing** *adj* □ hinreißend, entzückend; **~·ment** *s* Entzücken *n*.

raw [rɔː] *adj* □ roh; Roh..., *data*: unaufbereitet; *sore*: wund; rauh (*climate*); *inexperienced*: ungeübt, unerfahren; **~-boned** *adj* knochig, hager; **~ hide** *s* Rohleder *n*.

ray [reɪ] *s* Strahl *m*; *fig.* Schimmer *m*.

ray·on ['reɪɒn] *s* Kunstseide *f*.

raze [reɪz] *v/t house, etc.*: abreißen; *fortress*: schleifen; *fig.* ausmerzen, tilgen; ***~ s.th. to the ground*** et. dem Erdboden gleichmachen.

ra·zor ['reɪzə] *s* Rasiermesser *n*; Rasierapparat *m*; **~-blade** *s* Rasierklinge *f*; **~-edge** *s fig.* kritische Lage; ***be on a ~*** auf des Messers Schneide stehen.

re- [riː] *in compounds*: wieder, noch einmal, neu; zurück, wider.

reach [riːtʃ] **1.** *s* Griff *m*; Reichweite *f*; Fassungskraft *f*; ***beyond ~***, ***out of ~*** unerreichbar; ***within easy ~*** leicht erreichbar; **2.** *v/i* reichen; langen, greifen; sich erstrecken; *v/t* (hin-, her)reichen, (hin-, her)langen; erreichen, erzielen; *a.* ***~ out*** ausstrecken.

re·act [rɪ'ækt] *v/i* reagieren (***to*** auf *acc*); (ein)wirken (***on***, ***upon*** auf *acc*).

re·ac·tion [rɪ'ækʃn] *s* Reaktion *f* (*a. chem.*, *pol.*); Rückwirkung *f*; **~·a·ry** **1.** *adj* reaktionär; **2.** *s* Reaktionär(in).

re·ac·tor *phys.* [rɪ'æktə] *s* (Kern)Reaktor *m*.

read [riːd] (***read*** [red]) *v/t* lesen; *interpret*: deuten; (an)zeigen (*thermometer*); *univ.* studieren; ***~ medicine*** Medizin studieren; *v/i book, essay, etc.*: sich lesen (lassen); *text*: lauten; ***~ to s.o.*** j-m

R

vorlesen; **rea·da·ble** *adj* □ lesbar; leserlich; lesenswert; **read·er** *s* (Vor-)Leser(in); *print.* Korrektor *m*; Lektor *m*; *univ.* Dozent *m*; Lesebuch *n*.
read·i|ly ['redılı] *adv* gleich; leicht; bereitwillig, gern; **~·ness** *s* Bereitschaft *f*; Bereitwilligkeit *f*.
read·ing ['ri:dıŋ] *s* Lesen *n*; Lesung *f* (*a. parl.*); Stand *m* (*of thermometer*); Belesenheit *f*; Lektüre *f*; Lesart *f*; Auslegung *f*; Auffassung *f*; *attr* Lese...
re·ad·just [ri:ə'dʒʌst] *v/t* wieder in Ordnung bringen; wieder anpassen; *tech.* nachstellen, neu einstellen; **~·ment** *s* Wiederanpassung *f*; Neuordnung *f*; *tech.* Korrektur *f*, Neueinstellung *f*.
read·y ['redı] *adj* □ (*-ier*, *-iest*) bereit, fertig; bereitwillig; im Begriff (***to do*** zu tun); schnell; schlagfertig, gewandt; leicht; *econ.* bar; ***~ for use*** gebrauchsfertig; ***get ~*** (sich) fertig machen; ***~ cash***, ***~ money*** Bargeld *n*; **~-made** *adj* fertig, Konfektions...
re·a·gent *chem.* [ri:'eıdʒənt] *s* Reagens *n*.
real [rıəl] *adj* □ wirklich, tatsächlich, real, wahr, eigentlich; echt; **~ es·tate** *s* Grundbesitz *m*, Immobilien *pl*.
re·a·lis|m ['rıəlızəm] *s* Realismus *m*; **~t** [~ıst] *s* Realist *m*; **~·tic** [rıə'lıstık] *adj* (***~ally***) realistisch; sachlich; wirklichkeitsnah.
re·al·i·ty [rı'ælətı] *s* Wirklichkeit *f*.
re·a·li|za·tion [rıəlaı'zeıʃn] *s* Realisierung *f* (*a. econ.*); Verwirklichung *f*; Erkenntnis *f*; **~ze** ['rıəlaız] *v/t* sich klarmachen; erkennen, einsehen; verwirklichen; realisieren (*a. econ.*); zu Geld machen.
real·ly ['rıəlı] *adv* wirklich, tatsächlich; ***~!*** ich muß schon sagen!
realm [relm] *s* Königreich *n*; Reich *n*; Bereich *m*.
real|tor *Am.* ['rıəltə] *s* Grundstücksmakler *m*; **~·ty** *jur.* [~ı] *s* Grundeigentum *n*, -besitz *m*.
reap [ri:p] *v/t grain*: schneiden; *field*: mähen; *fig.* ernten; **~·er** *s dated* Schnitter(in); *harvester*: Mähmaschine *f*.
re·ap·pear [ri:ə'pıə] *v/i* wieder erscheinen.
rear [rıə] **1.** *v/t* auf-, großziehen; züchten; (er)heben; *v/i horse*: sich aufbäumen; **2.** *s* Rück-, Hinterseite *f*; Hintergrund *m*; *mot.*, *mar.* Heck *n*; *mil.* Nachhut *f*; ***at*** (*Am.* ***in***) ***the ~ of*** hinter (*dat*); **3.** *adj* Hinter..., Rück...; ***~ wheel drive*** Hinterradantrieb *m*; **~-lamp**, **~-light** *s mot.* Rücklicht *n*.
re·arm *mil.* [ri:'ɑ:m] *v/i and v/t* (wieder)aufrüsten; **re·ar·ma·ment** *mil.* [~məmənt] *s* (Wieder)Aufrüstung *f*.
rear|most ['rıəməʊst] *adj* hinterste(r, -s); **~·view mir·ror** *s mot.* Rückspiegel *m*; **~·ward 1.** *adj* rückwärtig; **2.** *adv a.* **~s** rückwärts.
rea·son ['ri:zn] **1.** *s* Vernunft *f*; Verstand *m*; Recht *n*, Billigkeit *f*; Ursache *f*, Grund *m*; ***for ~s of ...*** aus ...gründen; ***by ~ of*** wegen; ***for this ~*** aus diesem Grund; ***with ~*** aus gutem Grund; ***without any ~***, ***for no ~*** ohne jeden Grund, grundlos; ***listen to ~*** Vernunft annehmen; ***it stands to ~ that*** es leuchtet ein, daß; **2.** *v/i* vernünftig *or* logisch denken; argumentieren; *v/t* folgern, schließen (***from*** aus); *a.* ***~ out*** (logisch) durchdenken; ***~ away*** wegdiskutieren; ***~ s.o. into*** (***out of***) ***s.th.*** j-m et. ein-(aus)reden; **rea·so·na·ble** *adj* □ vernünftig; angemessen; berechtigt.
re·as·sure [ri:ə'ʃʊə] *v/t* (nochmals) versichern; beteuern; beruhigen.
re·bate ['ri:beıt] *s econ.* Rabatt *m*, Abzug *m*; Rückzahlung *f*.
reb·el[1] ['rebl] **1.** *s* Rebell *m*; Aufrührer *m*; Aufständische(r) *m*; **2.** *adj* rebellisch, aufrührerisch.
re·bel[2] [rı'bel] *v/i* rebellieren, sich auflehnen; **~·lion** [~lıən] *s* Empörung *f*; **~·lious** [~lıəs] → ***rebel***[1] 2.
re·birth [ri:'bɜ:θ] *s* Wiedergeburt *f*.
re·bound [rı'baʊnd] **1.** *v/i* zurückprallen; **2.** *s* [*mst* 'ri:baʊnd] Rückprall *m*; *in ball games*: Abpraller *m*, *esp. basketball*: Rebound *m*.
re·buff [rı'bʌf] **1.** *s* schroffe Abweisung, Abfuhr *f*; **2.** *v/t* abblitzen lassen, abweisen.
re·build [ri:'bıld] *v/t* (***-built***) wieder aufbauen; *house*: *a.* umbauen.
re·buke [rı'bju:k] **1.** *s* Tadel *m*; **2.** *v/t* tadeln.
re·call [rı'kɔ:l] **1.** *s* Zurückrufung *f*; Abberufung *f*; Widerruf *m*; ***beyond ~***, ***past ~*** unwiderruflich; **2.** *v/t* zurückrufen; ab(be)rufen; sich erinnern an (*acc*); *j-n* erinnern (***to*** an *acc*); widerrufen; *econ. capital*: kündigen.

R

re·ca·pit·u·late [riːkəˈpɪtjʊleɪt] *v/t and v/i* rekapitulieren, kurz wiederholen, zusammenfassen.

re·cap·ture [riːˈkæptʃə] *v/t* wiederergreifen; *mil.* zurückerobern; *fig.* wiedereinfangen (*past emotions, etc.*).

re·cast [rɪˈkɑːst] *v/t* (**-cast**) *tech.* umgießen; umarbeiten, neu gestalten; *thea. part*: umbesetzen.

re·cede [rɪˈsiːd] *v/i* zurücktreten; ***receding*** fliehend (*chin, forehead*).

re·ceipt [rɪˈsiːt] **1.** *s* Empfang *m*; *econ.* Eingang *m* (*of goods*); Quittung *f*; **~s** *pl* Einnahmen *pl*; **2.** *v/t* quittieren.

re·cei·va·ble [rɪˈsiːvəbl] *adj* annehmbar; *econ.* ausstehend; **re·ceive** [~v] *v/t* empfangen; erhalten, bekommen; aufnehmen; annehmen; anerkennen; **re·ceived** *adj* (allgemein) anerkannt; **re·ceiv·er** *s* Empfänger *m*; *teleph.* Hörer *m*; Hehler *m*; *of taxes*: Einnehmer *m*; ***official ~*** *jur.* Konkursverwalter *m*.

re·cent [ˈriːsnt] *adj* □ neu; frisch; modern; ***~ events*** *pl die* jüngsten Ereignisse *pl*; **~·ly** *adv* kürzlich, neulich.

re·cep·ta·cle [rɪˈseptəkl] *s* Behälter *m*.

re·cep·tion [rɪˈsepʃn] *s* Aufnahme *f* (*a. fig.*); Empfang *m* (*a. radio, TV*); Annahme *f*; **~ desk** *s* Rezeption *f* (*in hotel*); **~·ist** *s* Empfangsdame *f*, -chef *m*; *of doctor*: Sprechstundenhilfe *f*; **~ room** *s* Empfangszimmer *n*.

re·cep·tive [rɪˈseptɪv] *adj* □ empfänglich, aufnahmefähig (***of, to*** für).

re·cess [rɪˈses] *s* Unterbrechung *f*, (*Am. a.* Schul)Pause *f*; *esp. parl.* Ferien *pl*; (entlegener) Winkel; Nische *f*; **~es** *pl fig. das* Innere, Tiefe(n *pl*) *f*; **re·cession** *s* Zurückziehen *n*, Zurücktreten *n*; *econ.* Rezession *f*, Konjunkturrückgang *m*.

re·ci·pe [ˈresɪpɪ] *s* (Koch)Rezept *n*.

re·cip·i·ent [rɪˈsɪpɪənt] *s* Empfänger(in).

re·cip·ro|cal [rɪˈsɪprəkl] *adj* wechsel-, gegenseitig; **~·cate** [~eɪt] *v/i* sich erkenntlich zeigen; *tech.* sich hin- und herbewegen; *v/t good wishes, etc.*: erwidern; **re·ci·pro·ci·ty** [resɪˈprɒsətɪ] *s* Gegenseitigkeit *f*.

re·cit·al [rɪˈsaɪtl] *s* Bericht *m*; Erzählung *f*; *mus.* (Solo)Vortrag *m*, Konzert *n*; **re·ci·ta·tion** [resɪˈteɪʃn] *s* Hersagen *n*; Vortrag *m*; **re·cite** [rɪˈsaɪt] *v/t* vortragen; aufsagen; berichten.

reck·less [ˈreklɪs] *adj* □ unbekümmert; rücksichtslos; leichtsinnig.

reck·on [ˈrekən] *v/t* er-, berechnen; glauben, schätzen (***that*** daß); ***~ among*** rechnen *or* zählen zu; ***~ as*** halten für; ***~ up*** zusammenrechnen; *v/i*: ***~ on, ~ upon*** zählen auf (*acc*); ***~ with***(***out***) (nicht) rechnen mit; **~·ing** *s* (Be)Rechnung *f*; ***be out in one's ~*** sich verrechnet haben.

re·claim [rɪˈkleɪm] *v/t* zurückfordern; *j-n* bekehren, bessern; zivilisieren; urbar machen; *tech.* (zurück)gewinnen.

re·cline [rɪˈklaɪn] *v/i* sich zurücklehnen; liegen, ruhen; **~d** liegend; ***reclining seat*** verstellbarer Sitz, *in car, etc.*: Liegesitz *m*.

re·cluse [rɪˈkluːs] *s* Einsiedler(in).

rec·og|ni·tion [rekəgˈnɪʃn] *s* Anerkennung *f*; (Wieder)Erkennen *n*; **~·nize** [ˈrekəgnaɪz] *v/t* anerkennen; (wieder)erkennen; zugeben, einsehen.

re·coil **1.** *v/i* [rɪˈkɔɪl] zurückprallen; zurückschrecken; **2.** *s* [ˈriːkɔɪl] Rückstoß *m*, -lauf *m*.

rec·ol|lect [rekəˈlekt] *v/t* sich erinnern an (*acc*); **~·lec·tion** [~ˈlekʃn] *s* Erinnerung *f* (***of*** an *acc*); Gedächtnis *n*.

rec·om|mend [rekəˈmend] *v/t* empfehlen; **~·men·da·tion** [rekəmenˈdeɪʃn] *s* Empfehlung *f*; Vorschlag *m*.

rec·om·pense [ˈrekəmpens] **1.** *s* Belohnung *f*, Vergeltung *f*; Entschädigung *f*; Ersatz *m*; **2.** *v/t* belohnen, vergelten; entschädigen; ersetzen.

rec·on|cile [ˈrekənsaɪl] *v/t* aus-, versöhnen; in Einklang bringen; *disagreement*: schlichten; **~·cil·i·a·tion** [rekənsɪlɪˈeɪʃn] *s* Ver-, Aussöhnung *f*.

re·con·di·tion [riːkənˈdɪʃn] *v/t* wieder herrichten; *tech.* (general)überholen; ***~ed engine*** *mot.* Austauschmotor *m*.

re·con|nais·sance [rɪˈkɒnɪsəns] *s mil.* Aufklärung *f*, Erkundung *f*; **~·noi·tre**, *Am.* **~·noi·ter** [rekəˈnɔɪtə] *v/t* erkunden, auskundschaften.

re·con·sid·er [riːkənˈsɪdə] *v/t* wieder erwägen; nochmals überlegen.

re·con·sti·tute [riːˈkɒnstɪtjuːt] *v/t* wiederherstellen.

re·con|struct [riːkənˈstrʌkt] *v/t* wiederaufbauen; **~·struc·tion** [~kʃn] *s* Wiederaufbau *m*, Wiederherstellung *f*.

rec·ord[1] [ˈrekɔːd] *s* Aufzeichnung *f*; *jur.*

R

Protokoll *n*; (Gerichts)Akte *f*; Urkunde *f*; Register *n*, Verzeichnis *n*; (schriftlicher) Bericht; Ruf *m*, Leumund *m*; Schallplatte *f*; *sports*: Rekord *m*; **place on ~** schriftlich niederlegen; **~ office** Archiv *n*; **~ player** Plattenspieler *m*; **off the ~** inoffiziell.

re·cord² [rɪ'kɔːd] *v/t* aufzeichnen, schriftlich niederlegen; *on disc, tape, etc.*: aufnehmen; **~·er** *s* Aufnahmegerät *n*, *esp*. Tonbandgerät *n*, Kassetten-, Videorecorder *m*; *mus*. Blockflöte *f*; **~·ing** *s TV, etc.*: Aufzeichnung *f*, -nahme *f*.

re·coup [rɪ'kuːp] *v/t j-n* entschädigen (**for** für); *et*. wiedereinbringen.

re·cov·er [rɪ'kʌvə] *v/t* wiedererlangen, -bekommen, -finden; *losses*: wiedereinbringen, wiedergutmachen; *debts, etc.*: eintreiben; *car, ship, etc.*: bergen; **be ~ed** wiederhergestellt sein; *v/i* sich erholen; genesen; **~·y** *s* Wiedererlangung *f*; Bergung *f*; Genesung *f*; Erholung *f*; **past ~** unheilbar krank.

rec·re|ate ['rekrɪeɪt] *v/t* erfrischen; *v/i* (*a*. **~ o.s.**) ausspannen, sich erholen; **~·a·tion** [rekrɪ'eɪʃn] *s* Erholung *f*; **~ centre** Freizeitzentrum *n*.

re·crim·i·na·tion [rɪkrɪmɪ'neɪʃn] *s* Gegenbeschuldigung *f*; **~s** *pl* gegenseitige Beschuldigungen.

re·cruit [rɪ'kruːt] **1.** *s mil*. Rekrut *m*; *fig*. Neuling *m*; **2.** *v/t staff, etc.*: einstellen; *members*: werben.

rec·tan·gle *math*. ['rektæŋgl] *s* Rechteck *n*.

rec·ti|fy ['rektɪfaɪ] *v/t* berichtigen; verbessern; *damage*: korrigieren; *electr*. gleichrichten; **~·tude** [~tjuːd] *s* Geradheit *f*, Redlichkeit *f*.

R

rec|tor ['rektə] *s Br. eccl*. Pfarrer *m*; Rektor *m*; **~·to·ry** *s* Pfarre(i) *f*; Pfarrhaus *n*.

re·cum·bent [rɪ'kʌmbənt] *adj* liegend.

re·cu·pe·rate [rɪ'kjuːpəreɪt] *v/i* sich erholen; *v/t health*: wiedererlangen.

re·cur [rɪ'kɜː] *v/i* (*-rr-*) wiederkehren (**to** zu), sich wiederholen; zurückkommen (**to** auf *acc*); **~·rence** [rɪ'kʌrəns] *s* Rückkehr *f*, Wiederauftreten *n*; **~·rent** *adj* □ wiederkehrend.

re·cy|cle [riː'saɪkl] *v/t waste*: wiederverwerten, recyceln; **~·cling** [~ɪŋ] *s* Wiederverwertung *f*, Recycling *n*.

red [red] **1.** *adj* rot; **~ heat** Rotglut *f*; **2.** *s* Rot *n*; *esp. pol*. Rote(r *m*) *f*; **be in the ~** in den roten Zahlen sein.

red|breast *zo*. ['redbrest] *s a*. **robin ~** Rotkehlchen *n*; **~·den** *v/i and v/t* (sich) röten; erröten; **~·dish** *adj* rötlich.

re·dec·o·rate [riː'dekəreɪt] *v/t room*: neu streichen *or* tapezieren.

re·deem [rɪ'diːm] *v/t* zurück-, loskaufen; ablösen; *promise*: einlösen; büßen; entschädigen für; erlösen; **ℒ·er** *s eccl*. Erlöser *m*, Heiland *m*.

re·demp·tion [rɪ'dempʃn] *s* Rückkauf *m*; Auslösung *f*; Erlösung *f*.

re·de·vel·op [riːdɪ'veləp] *v/t building, part of town*: sanieren; **~·ment** *s* Sanierung *f*; **~ area** Sanierungsgebiet *n*.

red|-hand·ed [red'hændɪd] *adj*: **catch s.o. ~** j-n auf frischer Tat ertappen; **~·head** *s* Rotschopf *m*; **~·head·ed** *adj* rothaarig; **~·hot** *adj* rotglühend; *fig*. hitzig; **ℒ In·di·an** *s* Indianer(in); **~·let·ter day** *s* Festtag *m*; *fig*. Freudentag *m*, Glückstag *m*; denkwürdiger Tag; **~ light** *s* Rotlicht *n*, rotes Licht; **~·light dis·trict** *s* Rotlichtbezirk *m*, Bordellviertel *n*; **~·ness** *s* Röte *f*.

re·dou·ble [riː'dʌbl] *v/t and v/i* (sich) verdoppeln.

re·dress [rɪ'dres] **1.** *s* Abhilfe *f*; Wiedergutmachung *f*; *jur*. Entschädigung *f*; **2.** *v/t* abhelfen (*dat*); abschaffen, beseitigen; wiedergutmachen.

red tape [red'teɪp] *s* Bürokratismus *m*, F Amtsschimmel *m*, F Papierkrieg *m*.

re·duce [rɪ'djuːs] *v/t* verringern, -mindern; einschränken; *price*: herabsetzen; zurückführen, bringen (**to** auf, in *acc*, zu); verwandeln (**to** in *acc*), machen zu; *math., chem*. reduzieren; *med*. einrenken; **~ to writing** schriftlich niederlegen; **re·duc·tion** [rɪ'dʌkʃn] *s* Herabsetzung *f*, (Preis)Nachlaß *m*, Rabatt *m*; Verminderung *f*; Verkleinerung *f*; Reduktion *f*; Verwandlung *f*; *med*. Einrenkung *f*.

re·dun·dant [rɪ'dʌndənt] *adj* □ überflüssig; *style*: weitschweifig; *worker*: arbeitslos; **be made ~** *worker*: entlassen werden.

reed *bot*. [riːd] *s* Schilfrohr *n*.

re-ed·u·ca·tion [riːedjʊ'keɪʃn] *s* Umschulung *f*, Umerziehung *f*.

reef [riːf] *s* (Felsen)Riff *n*; *mar*. Reff *n*.

reek [riːk] **1.** *s* Gestank *m*, unangenehmer Geruch; **2.** *v/i* stinken, unangenehm riechen (***of*** nach).

reel [riːl] **1.** *s* Haspel *f*; (Garn-, Film-) Rolle *f*, Spule *f*; **2.** *v/t*: ~ (***up***) (auf)wikkeln, (-)spulen; *v/i* wirbeln; schwanken; taumeln.

re·e·lect [riːɪ'lekt] *v/t* wiederwählen.

re·en·ter [riː'entə] *v/i and v/t* wieder eintreten (in *acc*).

re·es·tab·lish [riːɪ'stæblɪʃ] *v/t* wiederherstellen.

ref F [ref] → ***referee***.

re·fer [rɪ'fɜː] *v/t and v/i*: ~ ***to*** ver- *or* überweisen an (*acc*); sich beziehen auf (*acc*); erwähnen (*acc*); zuordnen (*dat*); befragen (*acc*), nachschlagen in (*dat*); zurückführen auf (*acc*), zuschreiben (*dat*).

ref·er·ee [refə'riː] **1.** *s* Schiedsrichter *m*; *boxing*: Ringrichter *m*; *wrestling*: Kampfrichter *m*; *arbitrator*: Schlichter *m*; *Br.* Gutachter(in), Referenz *f* (*person*); **2.** *v/t and v/i sports*: als Schiedsrichter fungieren (bei), schiedsrichtern; *match*: *a.* pfeifen.

ref·er·ence ['refrəns] *s* Referenz *f*, Empfehlung *f*, Zeugnis *n*; *note*: Verweis(ung *f*) *m*, Hinweis *m*; Erwähnung *f*, Anspielung *f*; Bezugnahme *f*; Beziehung *f*; Nachschlagen *n*, Befragen *n*; ***in*** *or* ***with*** ~ ***to*** was ... betrifft, bezüglich (*gen*); ~ ***book*** Nachschlagewerk *n*; ~ ***library*** Handbibliothek *f*; ~ ***number*** Aktenzeichen *n*; ***make*** ~ ***to*** *et.* erwähnen.

ref·e·ren·dum [refə'rendəm] *s* (*pl* ***-da*** [~də], ***-dums***) Volksentscheid *m*.

re·fill 1. *s* ['riːfɪl] Nachfüllung *f*; Ersatzpackung *f*; Ersatzmine *f* (*for pen*); **2.** *v/t* [riː'fɪl] wieder füllen, auffüllen.

re·fine [rɪ'faɪn] *v/t tech.* raffinieren, veredeln; verfeinern, kultivieren; (*v/i* sich) läutern; *v/i*: ~ ***on***, ~ ***upon*** *et.* verfeinern, -bessern; **~d** *adj* fein, vornehm; **~·ment** *s* Vered(e)lung *f*; Verfeinerung *f*; Läuterung *f*; Feinheit *f*, Vornehmheit *f*; **re·fin·e·ry** *s tech.* Raffinerie *f*; *metall.* (Eisen)Hütte *f*.

re·fit *mst mar.* [riː'fɪt] (***-tt-***) *v/t* ausbessern; neu ausrüsten; *v/i* ausgebessert werden; neu ausgerüstet werden.

re·flect [rɪ'flekt] *v/t* zurückwerfen, reflektieren; widerspiegeln (*a. fig.*); zum Ausdruck bringen; *v/i*: ~ ***on***, ~ ***upon*** nachdenken über (*acc*); ein schlechtes Licht werfen auf (*acc*); **re·flec·tion** *s* Reflexion *f*, Zurückstrahlung *f*; Widerspiegelung *f* (*a. fig.*); Reflex *m*; Spiegelbild *n*; *careful thought*: Überlegung *f*, Reflexion *f*, Gedanke *m*; **re·flec·tive** *adj* □ reflektierend, zurückstrahlend; nachdenklich.

re·flex ['riːfleks] **1.** *adj* Reflex...; **2.** *s* Widerschein *m*, Reflex *m* (*a. physiol.*); **~·ive** *gr.* [rɪ'fleksɪv] *adj* □ reflexiv, rückbezüglich.

re·for·est [riː'fɒrɪst] *v/t* aufforsten.

re·form [rɪ'fɔːm] **1.** *s* Verbesserung *f*, Reform *f*; **2.** *v/t* verbessern, reformieren; (*v/i* sich) bessern.

ref·or·ma·tion [refə'meɪʃn] *s* Reformierung *f*; Besserung *f*; *eccl.* ♀ Reformation *f*; **re·form·er** [rɪ'fɔːmə] *s eccl.* Reformator *m*; *esp. pol.* Reformer *m*.

re·fract [rɪ'frækt] *v/t light*: brechen; **re·frac·tion** *s* (Licht)Brechung *f*.

re·frain [rɪ'freɪn] **1.** *v/i* sich enthalten (***from*** *gen*), unterlassen (***from*** *acc*); **2.** *s* Kehrreim *m*, Refrain *m*.

re·fresh [rɪ'freʃ] *v/t* (***o.s.*** sich) erfrischen, stärken; *memory, etc.*: auffrischen; **~·ment** *s* Erfrischung *f* (*a. drink*).

re·fri·ge|rant [rɪ'frɪdʒərənt] *s tech.* Kühlmittel *n*; **~·rate** [~reɪt] *v/t* kühlen; **~·ra·tor** *s* Kühlschrank *m*, -raum *m*; ~ ***van***, *Am.* ~ ***car*** *rail.* Kühlwagen *m*.

re·fu·el [riː'fjʊəl] *v/t* (auf)tanken.

ref|uge ['refjuːdʒ] *s* Zuflucht(sstätte) *f*; Verkehrsinsel *f*; ***women's*** ~ Frauenhaus *n*; **~·u·gee** [refjʊ'dʒiː] *s* Flüchtling *m*; ~ ***camp*** Flüchtlingslager *n*.

re·fund 1. *v/t* [riː'fʌnd] zurückzahlen; ersetzen; **2.** *s* ['riːfʌnd] Rückzahlung *f*; Erstattung *f*.

re·fur·bish [riː'fɜːbɪʃ] *v/t* aufpolieren (*a. fig.*).

re·fus·al [rɪ'fjuːzl] *s* Ablehnung *f*, (Ver-) Weigerung *f*; *econ.* Vorkaufsrecht *n* (***of*** auf *acc*).

re·fuse¹ [rɪ'fjuːz] *v/t* verweigern; abweisen, ablehnen; ~ ***to do s.th.*** sich weigern, et. zu tun; *v/i* sich weigern; verweigern (*horse*).

ref·use² ['refjuːs] *s* Ausschuß *m*; Abfall *m*, Müll *m*.

re·fute [rɪ'fjuːt] *v/t* widerlegen.

re·gain [rɪ'geɪn] *v/t* wiedergewinnen.

re·gard [rɪ'gɑːd] **1.** *s* (Hoch)Achtung *f*; Rücksicht *f*; Hinblick *m*, -sicht *f*; ***with*** ~

R

to hinsichtlich (*gen*); ***~s*** *pl* Grüße *pl* (*esp. in letters*); ***kind ~s*** herzliche Grüße; **2.** *v/t* ansehen; betrachten; (be)achten; betreffen; ***~ s.o. as*** j-n halten für; ***as ~s ...*** was ... betrifft; **~·ing** *prp* hinsichtlich (*gen*); **~·less** *adv*: ***~ of*** ohne Rücksicht auf (*acc*), ungeachtet (*gen*).

re·gen·e·rate [rɪ'dʒenəreɪt] *v/t and v/i* (sich) erneuern; (sich) regenerieren; (sich) neu bilden.

re·gent ['riːdʒənt] *s* Regent(in); ***Prince*** ~ Prinzregent *m*.

re·gi·ment 1. *s* ['redʒɪmənt] *mil.* Regiment *n*; **2.** *v/t* ['~ment] organisieren; reglementieren; **~·als** *mil.* [redʒɪ'mentlz] *s pl* Uniform *f*.

re·gion ['riːdʒən] *s* Gegend *f*, Gebiet *n*; *fig.* Bereich *m*; **~·al** *adj* □ regional; örtlich; Regional..., Orts...

re·gis·ter ['redʒɪstə] **1.** *s* Register *n*, Verzeichnis *n*; *tech.* Schieber *m*, Ventil *n*; *mus.* Register *n*; Zählwerk *n*; ***cash ~*** Registrierkasse *f*; **2.** *v/t and v/i* registrieren; *enter*: (sich) eintragen *or* -schreiben (lassen); *enrol*: (sich) anmelden; *record*: (an)zeigen, auf-, verzeichnen; *letter*: einschreiben (lassen); *Br. luggage*: aufgeben; *with police*: sich melden; ***~ed letter*** Einschreibebrief *m*; ***~ed office*** *econ.* eingetragener Firmensitz.

re·gis|trar [redʒɪ'strɑː] *s* Standesbeamte(r) *m*; **~·tra·tion** [~eɪʃn] *s* Eintragung *f*; Anmeldung *f*; *mot.* Zulassung *f*; ***~ fee*** Anmeldegebühr *f*; **~·try** ['redʒɪstrɪ] *s* Eintragung *f*; Registratur *f*; Register *n*; ***~ office*** Standesamt *n*.

re·gress ['riːgres], **re·gres·sion** [rɪ'greʃn] *s* Rückwärtsbewegung *f*; rückläufige Entwicklung.

re·gret [rɪ'gret] **1.** *s* Bedauern *n*; Schmerz *m*; **2.** *v/t* (-*tt*-) bedauern; *loss*: beklagen; **~·ful** *adj* □ bedauernd; **~·ta·ble** *adj* □ bedauerlich.

reg·u·lar ['regjʊlə] *adj* □ regelmäßig; regulär, normal, gewohnt; geregelt, geordnet; genau, pünktlich; richtig, recht, ordentlich; F richtig(gehend); *mil.* regulär; **~·i·ty** [regjʊ'lærətɪ] *s* Regelmäßigkeit *f*; Richtigkeit *f*, Ordnung *f*.

reg·u|late ['regjʊleɪt] *v/t* regeln, ordnen; regulieren; **~·la·tion** [regjʊ'leɪʃn] **1.** *s* Regulierung *f*; ***~s*** *pl* Vorschrift *f*, Bestimmung *f*; **2.** *adj* vorschriftsmäßig.

re·hash *fig.* [riː'hæʃ] **1.** *v/t* wiederaufwärmen; **2.** *s* Aufguß *m*.

re·hears|al [rɪ'hɜːsl] *s thea.* Probe *f*; Wiederholung *f*; **~e** [rɪ'hɜːs] *v/t thea.* proben (*a. v/i*); wiederholen; aufsagen.

reign [reɪn] **1.** *s* Regierung *f*; *a. fig.* Herrschaft *f*; **2.** *v/i* herrschen, regieren.

re·im·burse [riːɪm'bɜːs] *v/t j-n* entschädigen; *expenses*: erstatten.

rein [reɪn] **1.** *s* Zügel *m*; **2.** *v/t* zügeln.

rein·deer *zo.* ['reɪndɪə] *s* Ren(tier) *n*.

re·in·force [riːɪn'fɔːs] *v/t* verstärken; **~·ment** *s* Verstärkung *f*.

re·in·state [riːɪn'steɪt] *v/t* wiedereinsetzen; wieder instand setzen.

re·in·sure [riːɪn'ʃʊə] *v/t* rückversichern.

re·it·e·rate [riː'ɪtəreɪt] *v/t* (dauernd) wiederholen.

re·ject [rɪ'dʒekt] *v/t* ab-, zurückweisen; abschlagen; verwerfen; ablehnen; **re·jec·tion** *s* Verwerfung *f*; Ablehnung *f*; Zurückweisung *f*.

re·joice [rɪ'dʒɔɪs] *v/t* erfreuen; *v/i* sich freuen (***at, over*** über *acc*); **re·joic·ing 1.** *adj* □ freudig; **2.** *s* Freude *f*; ***~s*** *pl* Freudenfest *n*.

re·join [riː'dʒɔɪn] *v/t* sich wieder vereinigen mit; wieder zurückkehren zu; [rɪ'dʒɔɪn] *reply*: erwidern.

re·ju·ve·nate [rɪ'dʒuːvɪneɪt] *v/t* verjüngen.

re·kin·dle [riː'kɪndl] *v/t and v/i* (sich) wieder entzünden; *love, etc.*: wieder entflammen.

re·lapse [rɪ'læps] **1.** *s* Rückfall *m*; **2.** *v/i* rückfällig werden; e-n Rückfall haben.

re·late [rɪ'leɪt] *v/t* erzählen; in Beziehung bringen; *v/i* sich beziehen (***to*** auf *acc*); **re·lat·ed** *adj* verwandt (***to*** mit).

re·la·tion [rɪ'leɪʃn] *s* Beziehung *f*, Verhältnis *n*; Verwandtschaft *f*; Verwandte(r *m*) *f*; *account*: Bericht *m*; ***~s*** *pl* Beziehungen *pl*; ***in ~ to*** in bezug auf (*acc*); **~·ship** *s* Verwandtschaft *f*; Beziehung *f*.

rel·a·tive ['relətɪv] **1.** *adj* □ relativ, verhältnismäßig; bezüglich (***to*** *gen*); *gr.* Relativ..., bezüglich; entsprechend; **2.** *s* *gr.* Relativpronomen *n*, bezügliches Fürwort; Verwandte(r *m*) *f*.

re·lax [rɪ'læks] *v/t and v/i* (sich) lockern; nachlassen (in *dat*); (sich) entspannen, ausspannen; **~·a·tion** [riːlæk'seɪʃn] *s* Lockerung *f*; Nachlassen *n*; Entspan-

R

nung *f*, Erholung *f*; **~ed** *adj* locker, entspannt.

re·lay¹ **1.** *s* ['ri:leɪ] Ablösung *f*; *electr.* Relais *n*; *radio*: Übertragung *f*; *sports*: Staffel *f*; **~ *race*** Staffellauf *m*; **2.** *v/t* [ri:'leɪ] *radio*: übertragen.

re·lay² [ri:'leɪ] *v/t* (***-laid***) *cable*: neu verlegen.

re·lease [rɪ'li:s] **1.** *s* Freilassung *f*; Befreiung *f*; Freigabe *f*; *tech., phot.* Auslöser *m*; **2.** *v/t* freilassen; erlösen; freigeben; *right*: aufgeben, übertragen; *film*: herausbringen; *tech.* auslösen.

rel·e·gate ['relɪgeɪt] *v/t* verbannen; verweisen (***to*** an *acc*); ***be ~d*** *sports*: absteigen.

re·lent [rɪ'lent] *v/i* nachgeben; *storm, etc.*: nachlassen; **~·less** *adj* □ unbarmherzig.

rel·e·vant ['reləvənt] *adj* □ sachdienlich; zutreffend; relevant, erheblich.

re·li·a|bil·i·ty [rɪlaɪə'bɪlətɪ] *s* Zuverlässigkeit *f*; **~·ble** [rɪ'laɪəbl] *adj* □ zuverlässig.

re·li·ance [rɪ'laɪəns] *s* Vertrauen *n*; Verlaß *m*.

rel·ic ['relɪk] *s* (Über)Rest *m*; Reliquie *f*.

re·lief [rɪ'li:f] *s* Erleichterung *f*; (angenehme) Unterbrechung; *mil.* Ablösung *f*, Entsatz *m*; Hilfe *f*; *art*: Relief *n*.

re·lieve [rɪ'li:v] *v/t* erleichtern; mildern, lindern; *mil.* ablösen, entsetzen; (ab-) helfen (*dat*); entlasten, befreien; (angenehm) unterbrechen, beleben; **~ *o.s.*** *or* ***nature*** seine Notdurft verrichten, sich erleichtern.

re·li|gion [rɪ'lɪdʒən] *s* Religion *f*; **~·gious** *adj* □ Religions...; religiös; gewissenhaft.

re·lin·quish [rɪ'lɪŋkwɪʃ] *v/t* aufgeben; verzichten auf (*acc*); loslassen.

rel·ish ['relɪʃ] **1.** *s* (Wohl)Geschmack *m*; Würze *f*; Genuß *m*; *fig.* Reiz *m*; ***with great ~*** mit großem Appetit; *fig.* mit großem Vergnügen, *esp. iro.* mit Wonne; **2.** *v/t* genießen; gern essen; Geschmack *or* Gefallen finden an (*dat*).

re·luc|tance [rɪ'lʌktəns] *s* Widerstreben *n*; *esp. phys.* Widerstand *m*; **~·tant** *adj* □ widerstrebend, widerwillig.

re·ly [rɪ'laɪ] *v/i*: **~ *on*, ~ *upon*** sich verlassen auf (*acc*), bauen auf (*acc*).

re·main [rɪ'meɪn] **1.** *v/i* (ver)bleiben; übrigbleiben; **2.** *s*: **~s** *pl* Überbleibsel *pl*, (Über)Reste *pl*; *a.* ***mortal ~s*** *die* sterblichen Überreste *pl*; **~·der** *s* Rest *m*.

re·mand *jur.* [rɪ'mɑ:nd] **1.** *v/t*: **~ *s.o.*** (***in custody***) j-n in Untersuchungshaft halten; **2.** *s a.* **~ *in custody*** Verbleiben *n* in der Untersuchungshaft; ***prisoner on ~*** Untersuchungsgefangene(r *m*) *f*; **~ *home centre*** *Br.* Untersuchungsgefängnis *n* für Jugendliche.

re·mark [rɪ'mɑ:k] **1.** *s* Bemerkung *f*; Äußerung *f*; **2.** *v/t* bemerken; äußern; *v/i* sich äußern (***on***, ***upon*** über *acc*, zu); **re·mar·ka·ble** *adj* □ bemerkenswert; außergewöhnlich.

rem·e·dy ['remədɪ] **1.** *s* (Heil-, Hilfs-, Gegen-, Rechts)Mittel *n*; (Ab)Hilfe *f*; **2.** *v/t* heilen; abhelfen (*dat*).

re·mem|ber [rɪ'membə] *v/t and v/i* sich erinnern (an *acc*); denken an (*acc*); beherzigen; ***do you ~ when ...*** weißt du noch, als *or* wann ...; **~ *me to her*** grüße sie von mir; **~·brance** *s* Erinnerung *f*; Gedächtnis *n*; Andenken *n*.

re·mind [rɪ'maɪnd] *v/t j-n* erinnern (***of*** an *acc*); ***that ~s me ...*** dabei fällt mir ein ...; **~·er** *s* Gedächtnisstütze *f*, -hilfe *f*.

rem·i·nis|cence [remɪ'nɪsns] *s* Erinnerung *f*; **~·cent** *adj* □ (sich) erinnernd; ***be ~ of*** sich erinnern an.

re·mis·sion [rɪ'mɪʃn] *s* Vergebung *f* (*of sins*); Erlaß *m* (*of penalty, etc.*); Nachlassen *n*.

re·mit [rɪ'mɪt] *v/t* (***-tt-***) *sins*: vergeben; *debts, etc.*: erlassen; *money*: überweisen; **~·tance** *s econ.* (Geld)Sendung *f*, Überweisung *f*.

rem·nant ['remnənt] *s* (Über)Rest *m*.

re·mod·el [ri:'mɒdl] *v/t* umbilden.

re·mon·strance [rɪ'mɒnstrəns] *s* Einspruch *m*; Protest *m*; **rem·on·strate** ['remənstreɪt] *v/i* Vorhaltungen machen (***about*** wegen; ***with s.o.*** j-m); protestieren.

re·morse [rɪ'mɔ:s] *s* Gewissensbisse *pl*; Reue *f*; ***without ~*** unbarmherzig; **~·less** *adj* □ unbarmherzig.

re·mote [rɪ'məʊt] *adj* □ (***~r***, ***~st***) entfernt, entlegen; **~ *control*** *tech.* Fernlenkung *f*, -steuerung *f*, -bedienung *f*; **~·ness** *s* Entfernung *f*; Abgelegenheit *f*.

re·mov|al [rɪ'mu:vl] *s* Entfernen *n*; Beseitigung *f*; *change of house*: Umzug *m*; *dismissal*: Entlassung *f*; **~ *van*** Möbel-

R

wagen *m*; **~e** [~uːv] **1.** *v/t* entfernen; wegräumen, wegschaffen; beseitigen; entlassen; *v/i* (aus-, um-, ver)ziehen; **2.** *s* Entfernung *f*; *fig*. Schritt *m*, Stufe *f*; **~·er** *s* (Möbel)Spediteur *m*.
Re·nais·sance [rəˈneɪsəns] *s die* Renaissance.
re·name [riːˈneɪm] *v/t* umbenennen, umtaufen.
re·nas|cence [rɪˈnæsns] *s* Wiedergeburt *f*; Erneuerung *f*; Renaissance *f*; **~·cent** [~nt] *adj* wiederauflebend, -erwachend.
ren·der [ˈrendə] *v/t* machen; (wieder)geben; *help, etc.*: leisten; *honour, etc.*: erweisen; *thanks*: abstatten; *translate*: übersetzen; *mus.* vortragen; *thea.* gestalten, interpretieren; *reason*: angeben; *econ. account*: vorlegen; übergeben; machen zu; *fat*: auslassen; **~·ing** *s* Wiedergabe *f*; Vortrag *m*; Interpretation *f*; Übersetzung *f*, Übertragung *f*.
ren·di·tion *esp. Am.* [renˈdɪʃn] *s* Wiedergabe *f*; Interpretation *f*; Vortrag *m*.
ren·e·gade [ˈrenɪgeɪd] *s* Abtrünnige(r *m*) *f*; Renegat(in).
re·new [rɪˈnjuː] *v/t* erneuern; *conversation, etc.*: wiederaufnehmen; *strength, etc.*: wiedererlangen; *passport, etc.*: verlängern; **~·a·ble** *adj* erneuerbar; zu erneuern; *passport*: verlängerbar; **~ *sources of energy*** regenerationsfähige Energiequellen; **~·al** *s* Erneuerung *f*; *of passport*: Verlängerung *f*; → ***urban.***
re·nounce [rɪˈnaʊns] *v/t* entsagen (*dat*); verzichten auf (*acc*); verleugnen.
ren·o·vate [ˈrenəʊveɪt] *v/t* renovieren; erneuern.
re·nown [rɪˈnaʊn] *s* Ruhm *m*, Ansehen *n*; **re·nowned** *adj* berühmt, namhaft.
rent¹ [rent] *s* Riß *m*; Spalte *f*.
rent² [~] **1.** *s* Miete *f*; Pacht *f*; ***for* ~** zu vermieten; **2.** *v/t* (ver)mieten, (-)pachten; *car, etc.*: leihen; **~·al** *s* Miete *f*; Pacht *f*; Leihgebühr *f*.
re·nun·ci·a·tion [rɪnʌnsɪˈeɪʃn] *s* Entsagung *f*; Verzicht *m* (***of*** auf *acc*).
re·pair [rɪˈpeə] **1.** *s* Ausbesserung *f*, Reparatur *f*; **~s** *pl* Instandsetzungsarbeiten *pl*; **~ *shop*** Reparaturwerkstatt *f*; ***in good* ~** in gutem Zustand, gut erhalten; ***out of* ~** baufällig; **2.** *v/t* reparieren, ausbessern; wiedergutmachen.
rep·a·ra·tion [repəˈreɪʃn] *s* Wiedergutmachung *f*; Entschädigung *f*; **~s** *pl pol.* Reparationen *pl*.
rep·ar·tee [repɑːˈtiː] *s* schlagfertige Antwort; Schlagfertigkeit *f*.
re·pay [riːˈpeɪ] *v/t* (***-paid***) *et.* zurückzahlen; *visit*: erwidern; *et.* vergelten; *j-n* entschädigen; **~·ment** *s* Rückzahlung *f*.
re·peal [rɪˈpiːl] **1.** *s* Aufhebung *f* (*of law*); **2.** *v/t* aufheben; widerrufen.
re·peat [rɪˈpiːt] **1.** *v/t* wiederholen; nachsprechen; aufsagen; nachliefern; *v/i* aufstoßen (***on*** *dat*) (*food*); **2.** *s* Wiederholung *f*; *mus.* Wiederholungszeichen *n*; **~ *order*** *econ.* Nachbestellung *f*.
re·pel [rɪˈpel] *v/t* (***-ll-***) *enemy*: zurückschlagen; *fig.* zurückweisen; *j-n* abstoßen; **~·lent** [~ənt] **1.** *adj* abstoßend (*a. fig.*); **2.** *s*: (***insect***) **~** Insektenschutzmittel *n*.
re·per·cus·sion [riːpəˈkʌʃn] *s* Rückprall *m*; *mst pl* **~s** Auswirkungen *pl*.
rep·er·to·ry [ˈrepətərɪ] *s thea.* Repertoire *n*; *fig.* Fundgrube *f*.
rep·e·ti·tion [repɪˈtɪʃn] *s* Wiederholung *f*; Aufsagen *n*; Nachbildung *f*.
re·place [rɪˈpleɪs] *v/t* wieder hinstellen *or* -legen; an *j-s* Stelle treten; ablösen; **~·ment** *s* Ersatz *m*.
re·plant [riːˈplɑːnt] *v/t* umpflanzen.
re·play *sports* **1.** *s* [ˈriːpleɪ] Wiederholungsspiel *n*; (***action***) **~** Wiederholung *f*; **2.** *v/t* [riːˈpleɪ] *match*: wiederholen.
re·plen·ish [rɪˈplenɪʃ] *v/t* (wieder) auffüllen; ergänzen; **~·ment** *s* Auffüllung *f*; Ergänzung *f*.
re·plete [rɪˈpliːt] *adj* reich ausgestattet, voll(gepfropft) (***with*** mit).
rep·li·ca [ˈreplɪkə] *s of painting, etc.*: Originalkopie *f*; Nachbildung *f*.
re·ply [rɪˈplaɪ] **1.** *v/i and v/t* antworten, erwidern (***to*** auf *acc*); **2.** *s* Antwort *f*, Erwiderung *f*; ***in* ~ *to your letter*** in Beantwortung Ihres Schreibens; **~*-paid envelope*** Freiumschlag *m*.
re·port [rɪˈpɔːt] **1.** *s* Bericht *m*; Meldung *f*, Nachricht *f*; *rumour*: Gerücht *n*; *reputation*: Ruf *m*; *of gun*: Knall *m*; (***school***) **~** (Schul)Zeugnis *n*; **2.** *v/t* berichten (über *acc*); (*v/i* sich) melden; anzeigen; ***it is* ~*ed that*** es heißt, (daß); **~*ed speech*** *gr.* indirekte Rede; **~·er** *s* Reporter(in), Berichterstatter(in).
re·pose [rɪˈpəʊz] **1.** *s* Ruhe *f*; **2.** *v/t* (***o.s.***

R

sich) ausruhen; (aus)ruhen lassen; ~ ***trust***, *etc.*, ***in*** Vertrauen *etc.* setzen auf *or* in (*acc*); *v/i* (sich) ausruhen; ruhen; beruhen (***on*** auf *dat*).

re·pos·i·to·ry [rɪ'pɒzɪtərɪ] *s* (Waren)Lager *n*; *fig.* Fundgrube *f*, Quelle *f*.

rep·re|sent [reprɪ'zent] *v/t* darstellen; verkörpern; *thea. part*: darstellen, *play*: aufführen; (fälschlich) hinstellen, darstellen (***as, to be*** als); *act for*: vertreten; **~·sen·ta·tion** [~'teɪʃn] *s* Darstellung *f*; *thea.* Aufführung *f*; Vertretung *f*; **~·sen·ta·tive** [~'zentətɪv] **1.** *adj* □ darstellend (***of*** *acc*); (stell)vertretend; *a. parl.* repräsentativ; typisch; **2.** *s* Vertreter(in); Bevollmächtigte(r *m*) *f*; Repräsentant(in); *parl.* Abgeordnete(r *m*) *f*; ***House of*** **℘*****s*** *Am. parl.* Repräsentantenhaus *n*.

re·press [rɪ'pres] *v/t* unterdrücken; *psych.* verdrängen; **re·pres·sion** [~ʃn] *s* Unterdrückung *f*; *psych.* Verdrängung *f*.

re·prieve [rɪ'priːv] **1.** *s* Begnadigung *f*; (Straf)Aufschub *m*; *fig.* Gnadenfrist *f*; **2.** *v/t* begnadigen; *j-m* Strafaufschub *or fig.* e-e Gnadenfrist gewähren.

rep·ri·mand ['reprɪmɑːnd] **1.** *s* Verweis *m*; **2.** *v/t j-m* e-n Verweis erteilen.

re·print 1. *v/t* [riː'prɪnt] neu auflegen *or* drucken, nachdrucken; **2.** *s* ['riːprɪnt] Neuauflage *f*, Nachdruck *m*.

re·pri·sal [rɪ'praɪzl] *s* Repressalie *f*, Vergeltungsmaßnahme *f*.

re·proach [rɪ'prəʊtʃ] **1.** *s* Vorwurf *m*; Schande *f*; **2.** *v/t* vorwerfen (***s.o. with s.th.*** j-m et.); *j-m* Vorwürfe machen; **~·ful** *adj* □ vorwurfsvoll.

re·pro·cess [riː'prəʊses] *v/t atomic waste*: wiederaufbereiten; **~·ing plant** *s* Wiederaufbereitungsanlage *f*.

re·pro|duce [riːprə'djuːs] *v/t* (wieder)erzeugen; (*v/i* sich) fortpflanzen; wiedergeben, reproduzieren; **~·duc·tion** [~'dʌkʃn] *s* Wiedererzeugung *f*; Fortpflanzung *f*; Reproduktion *f*; **~·duc·tive** [~'dʌktɪv] *adj* Fortpflanzungs...

re·proof [rɪ'pruːf] *s* Tadel *m*, Rüge *f*.

re·prove [rɪ'pruːv] *v/t* tadeln, rügen.

rep·tile *zo.* ['reptaɪl] *s* Reptil *n*.

re·pub|lic [rɪ'pʌblɪk] *s* Republik *f*; **~·li·can 1.** *adj* republikanisch; **2.** *s* Republikaner(in).

re·pu·di·ate [rɪ'pjuːdɪeɪt] *v/t* nicht anerkennen; ab-, zurückweisen; *j-n* verstoßen.

re·pug|nance [rɪ'pʌgnəns] *s* Abneigung *f*, Widerwille *m*; **~·nant** *adj* □ abstoßend; widerlich.

re·pulse [rɪ'pʌls] **1.** *s mil.* Abwehr *f*; Zurück-, Abweisung *f*; **2.** *v/t mil.* zurückschlagen, abwehren; zurück-, abweisen; **re·pul·sion** *s* Abscheu *m*, Widerwille *m*; *phys.* Abstoßung *f*; **re·pul·sive** *adj* □ abstoßend (*a. phys.*), widerwärtig.

rep·u·ta|ble ['repjʊtəbl] *adj* □ angesehen, achtbar; ehrbar, anständig; **~·tion** [repjʊ'teɪʃn] *s* Ruf *m*, Ansehen *n*; **re·pute** [rɪ'pjuːt] **1.** *s* Ruf *m*; **2.** *v/t* halten für; ***be ~d*** (***to be***) gelten als; **re·put·ed** *adj* vermeintlich; angeblich.

re·quest [rɪ'kwest] **1.** *s* Bitte *f*, Gesuch *n*; Ersuchen *n*; *econ.* Nachfrage *f*; ***by ~, on ~*** auf Wunsch; ***in*** (***great***) ***~*** (sehr) gesucht *or* begehrt; ***~ stop*** Bedarfshaltestelle *f*; **2.** *v/t* um *et.* bitten *or* ersuchen; *j-n* (höflich) bitten *or* ersuchen.

re·quire [rɪ'kwaɪə] *v/t* verlangen, fordern; brauchen, erfordern; ***if ~d*** falls notwendig; **~d** *adj* erforderlich; **~·ment** *s* (An)Forderung *f*; Erfordernis *n*; *to get a job*: Voraussetzung *f*; **~*****s*** *pl* Bedarf *m*.

req·ui|site ['rekwɪzɪt] **1.** *adj* erforderlich; **2.** *s* Erfordernis *n*; (Bedarfs-, Gebrauchs)Artikel *m*; ***toilet ~s*** *pl* Toilettenartikel *pl*; **~·si·tion** [rekwɪ'zɪʃn] **1.** *s* Anforderung *f*; *mil.* Requisition *f*; **2.** *v/t* anfordern; *mil.* requirieren.

re·sale ['riːseɪl] *s* Wieder-, Weiterverkauf *m*; ***~ price*** Wiederverkaufspreis *m*.

re·scind *jur.* [rɪ'sɪnd] *v/t judgement, etc.*: aufheben; *contract*: annullieren; **re·scis·sion** *jur.* [rɪ'sɪʒn] *s* Aufhebung *f*; Annullierung *f*.

res·cue ['reskjuː] **1.** *s* Rettung *f*; Hilfe *f*; Befreiung *f*; **2.** *v/t* retten; befreien.

re·search [rɪ'sɜːtʃ] **1.** *s* Forschung *f*; Untersuchung *f*; Nachforschung *f*; **2.** *v/i* forschen, Nachforschungen anstellen; *v/t et.* untersuchen, erforschen; **~·er** *s* Forscher(in).

re·sem|blance [rɪ'zembləns] *s* Ähnlichkeit *f* (***to*** mit); ***bear ~ to*** Ähnlichkeit haben mit; **~·ble** [rɪ'zembl] *v/t* gleichen, ähnlich sein (*dat*).

R

re·sent [rɪ'zent] *v/t* übelnehmen; sich ärgern über (*acc*); **~·ful** *adj* □ ärgerlich; **~·ment** *s* Ärger *m*; Groll *m*
res·er·va·tion [rezə'veɪʃn] *s of rooms, etc.*: Reservierung *f*, Vorbestellung *f*; Vorbehalt *m*; Reservat(ion *f*) *n*; ***central ~*** *Br. of motorway*: Mittelstreifen *m*.
re·serve [rɪ'zɜːv] **1.** *s* Reserve *f* (*a. mil.*); Vorrat *m*; *econ.* Rücklage *f*; Zurückhaltung *f*; Vorbehalt *m*; *sports*: Ersatzmann *m*; **2.** *v/t* aufbewahren, aufsparen; (sich) vorbehalten; (sich) zurückhalten mit; *ticket, seat, etc.*: reservieren (lassen), belegen, vorbestellen; **~d** *adj* □ *fig.* zurückhaltend, reserviert.
res·er·voir ['rezəvwɑː] *s for water*: Behälter *m*, Sammel-, Staubecken *n*; *fig.* Reservoir *n*.
re·side [rɪ'zaɪd] *v/i* wohnen, ansässig sein, s-n Wohnsitz haben; ***~ in*** *fig.* innewohnen (*dat*).
res·i|dence ['rezɪdəns] *s* Wohnsitz *m*, -ort *m*; Aufenthalt *m*; (Amts)Sitz *m*; (herrschaftliches) Wohnhaus; Residenz *f*; ***~ permit*** Aufenthaltsgenehmigung *f*; **~·dent 1.** *adj* wohnhaft; ortsansässig; **2.** *s* Ortsansässige(r *m*) *f*, Einwohner(in); Bewohner(in); Hotelgast *m*; *mot.* Anlieger *m*; **~·den·tial** [rezɪ'denʃl] *adj* Wohn...; ***~ area*** Wohngegend *f*.
re·sid·u·al [rɪ'zɪdjʊəl] *adj* übrig(geblieben); zurückbleibend; restlich; **res·i·due** ['rezɪdjuː] *s* Rest *m*; Rückstand *m*.
re·sign [rɪ'zaɪn] *v/t* aufgeben; *office*: niederlegen; überlassen; verzichten auf (*acc*); ***~ o.s. to*** sich ergeben in (*acc*); sich abfinden mit; *v/i* zurücktreten; **res·ig·na·tion** [rezɪg'neɪʃn] *s* Rücktritt(sgesuch *n*) *m*; Resignation *f*; **~ed** [rɪ'zaɪnd] *adj* □ ergeben, resigniert.
re·sil·i|ence [rɪ'zɪlɪəns] *s* Elastizität *f*; *fig.* Unverwüstlichkeit *f*; **~·ent** *adj* elastisch; *fig.* unverwüstlich.
res·in ['rezɪn] *s* Harz *n*.
re·sist [rɪ'zɪst] *v/t* widerstehen (*dat*); sich widersetzen (*dat*); *v/i* Widerstand leisten; **~·ance** *s* Widerstand *m* (*a. electr., phys.*); *med.* Widerstandsfähigkeit *f*; ***line of least ~*** Weg *m* des geringsten Widerstands; **re·sis·tant** *adj* widerstandsfähig.
res·o|lute ['rezəluːt] *adj* □ entschlossen, energisch; **~·lu·tion** [rezə'luːʃn] *s* Entschlossenheit *f*; Bestimmtheit *f*; Beschluß *m*; *pol.* Resolution *f*; Lösung *f*.
re·solve [rɪ'zɒlv] **1.** *v/t* auflösen; *fig.* lösen; *doubts, etc.*: zerstreuen; beschließen, entscheiden; *v/i* (*a.* **~ o.s.**) sich auflösen; ***~ on, ~ upon*** sich entschließen zu; **2.** *s* Entschluß *m*; Beschluß *m*; **~d** *adj* □ entschlossen.
res·o|nance ['rezənəns] *s* Resonanz *f*; **~·nant** *adj* □ nach-, widerhallend.
re·sort [rɪ'zɔːt] **1.** *s* Zuflucht *f*; Ausweg *m*; Aufenthalt(sort) *m*; *holiday* **~**: Urlaubsort *m*, Erholungsort *m*; ***health ~*** Kurort *m*; ***seaside ~*** Seebad *n*; ***summer ~*** Sommerurlaubsort *m*; **2.** *v/i*: ***~ to*** oft besuchen; seine Zuflucht nehmen zu.
re·sound [rɪ'zaʊnd] *v/i and v/t* widerhallen (lassen).
re·source [rɪ'sɔːs] *s* Hilfsquelle *f*, -mittel *n*; Zuflucht *f*; Findigkeit *f*; **~s** *pl* (natürliche) Reichtümer *pl*, Mittel *pl*, Bodenschätze *pl*; **~·ful** *adj* □ einfallsreich, findig.
re·spect [rɪ'spekt] **1.** *s* Beziehung *f*, Hinsicht *f*; Achtung *f*, Respekt *m*; Rücksicht *f*; ***with ~ to ...*** was ... (an)betrifft; ***in this ~*** in dieser Hinsicht; **~s** *pl* Empfehlungen *pl*, Grüße *pl*; **give my ~s to ...** grüßen Sie ... von mir; **2.** *v/t* achten, schätzen; respektieren; betreffen; **as ~s ...** was ... betrifft *or* anbelangt; **re·spec·ta·ble** *adj* □ ehrbar; anständig; angesehen, geachtet (*person*); ansehnlich, beachtlich (*sum*); **~·ful** *adj* □ ehrerbietig; ***yours ~ly*** hochachtungsvoll; **~·ing** *prp* hinsichtlich (*gen*).
re·spect·ive [rɪ'spektɪv] *adj* □ jeweilig; ***we went to our ~ places*** wir gingen jeder an seinen Platz; **~·ly** *adv* beziehungsweise.
res·pi·ra|tion [respə'reɪʃn] *s* Atmung *f*; **~·tor** *med.* ['respəreɪtə] *s* Atemgerät *n*;
re·spire [rɪ'spaɪə] *v/i* atmen.
re·spite ['respaɪt] *s* Frist *f*; Aufschub *m*; Stundung *f*; Ruhepause *f* (***from*** von); ***without*** (***a***) **~** ohne Unterbrechung.
re·splen·dent [rɪ'splendənt] *adj* □ glänzend, strahlend.
re·spond [rɪ'spɒnd] *v/i and v/t* antworten, erwidern; ***~ to*** reagieren *or* ansprechen auf (*acc*).
re·sponse [rɪ'spɒns] *s* Antwort *f*, Erwiderung *f*; *fig.* Reaktion *f*; ***meet with little ~*** wenig Anklang finden.

re·spon·si|bil·i·ty [rɪspɒnsə'bɪlətɪ] *s* Verantwortung *f*; ***on one's own ~*** auf eigene Verantwortung; ***sense of ~*** Verantwortungsgefühl *n*; ***take*** (***accept, assume***) ***~ for*** die Verantwortung übernehmen für; **~·ble** [rɪ'spɒnsəbl] *adj* □ verantwortlich; verantwortungsvoll.

rest¹ [rest] **1.** *s* Ruhe *f*; Rast *f*; Pause *f*, Unterbrechung *f*; Erholung *f*; *tech.* Stütze *f*; (Telefon)Gabel *f*; ***have*** *or* ***take a ~*** sich ausruhen; ***be at ~*** ruhig sein; **2.** *v/i* ruhen; rasten; schlafen; sich lehnen, sich stützen (***on*** auf *acc*); ***~ on, ~ upon*** ruhen auf (*eyes, load*); *fig.* beruhen auf (*dat*); ***~ with*** *fig.* liegen bei (*mistake, responsibility*); *v/t* (aus)ruhen lassen; stützen (***on*** auf *acc*); lehnen (***against*** gegen).

rest² [~] *s*: ***the ~*** der Rest; ***and all the ~ of it*** und so weiter und so fort; ***for the ~*** im übrigen.

res·tau·rant ['restərɔ̃:ŋ, ~rɒnt] *s* Restaurant *n*, Gaststätte *f*.

rest·ful ['restfl] *adj* ruhig, erholsam.

rest·ing-place ['restɪŋpleɪs] *s* Ruheplatz *m*; (letzte) Ruhestätte.

res·ti·tu·tion [restɪ'tju:ʃn] *s* Wiederherstellung *f*; Rückerstattung *f*.

res·tive ['restɪv] *adj* □ widerspenstig.

rest·less ['restlɪs] *adj* □ ruhelos; rastlos; unruhig; **~·ness** *s* Ruhelosigkeit *f*; Rastlosigkeit *f*; Unruhe *f*.

res·to·ra·tion [restə'reɪʃn] *s* Wiederherstellung *f*; Wiedereinsetzung *f*; Restaurierung *f*; Rekonstruktion *f*, Nachbildung *f*; (Rück)Erstattung *f*.

re·store [rɪ'stɔ:] *v/t* wiederherstellen; wiedereinsetzen (***to*** in *acc*); restaurieren; (rück)erstatten, zurückgeben; zurücklegen; ***~ s.o.*** (***to health***) j-n wiederherstellen.

re·strain [rɪ'streɪn] *v/t* zurückhalten (***from*** von); in Schranken halten; bändigen, zügeln; *emotions*: unterdrücken; **~t** *s* Zurückhaltung *f*; Zwang *m*.

re·strict [rɪ'strɪkt] *v/t* be-, einschränken; **re·stric·tion** *s* Be-, Einschränkung *f*; *econ. often pl* Restriktionen *pl*; ***without ~s*** uneingeschränkt.

rest room *Am.* ['restru:m] *s* Toilette *f*.

re·struc·ture [ri:'strʌktʃə] *v/t economy, etc.*: umstrukturieren.

re·sult [rɪ'zʌlt] **1.** *s* Ergebnis *n*, Resultat *n*; Folge *f*; **2.** *v/i* folgen, sich ergeben (***from*** aus); ***~ in*** hinauslaufen auf (*acc*), zur Folge haben.

re·sume [rɪ'zju:m] *v/t* wiederaufnehmen; fortsetzen; *seat*: wieder einnehmen; **re·sump·tion** [rɪ'zʌmpʃn] *s* Wiederaufnahme *f*; Fortsetzung *f*.

re·sur·rec·tion [rezə'rekʃn] *s* Wiederaufleben *n*; ♀ *eccl.* Auferstehung *f*.

re·sus·ci·tate [rɪ'sʌsɪteɪt] *v/t* wiederbeleben; *fig.* wieder aufleben lassen.

re·tail 1. ['ri:teɪl] *s* Einzelhandel *m*; ***by ~***, *adv* ~ im Einzelhandel; **2.** *adj* [~] Einzelhandels...; **3.** *v/t* [ri:'teɪl] im Einzelhandel verkaufen; **~·er** *s* Einzelhändler(in); ***~ price*** *s econ.* Einzelhandelspreis *m*; ***~ index*** *econ.* Einzelhandelspreisindex *m*.

re·tain [rɪ'teɪn] *v/t* behalten; zurück(be)halten; beibehalten; ***~ power*** an der Macht bleiben.

re·tal·i|ate [rɪ'tælɪeɪt] *v/i* Vergeltung üben, sich revanchieren (***against*** an *dat*); *sports*: *a.* kontern; **~·a·tion** [rɪtælɪ'eɪʃn] *s* Vergeltung *f*.

re·tard [rɪ'tɑ:d] *v/t* verzögern, aufhalten, hemmen; (***mentally***) **~ed** *psych.* (geistig) zurückgeblieben.

retch [retʃ] *v/i* würgen.

re·tell [ri:'tel] *v/t* (***-told***) nacherzählen; wiederholen.

re·think [ri:'θɪŋk] *v/t* (***-thought***) *et.* nochmals überdenken.

re·ti·cent ['retɪsənt] *adj* verschwiegen; schweigsam; zurückhaltend.

ret·i·nue ['retɪnju:] *s* Gefolge *n*.

re·tire [rɪ'taɪə] *v/t* zurückziehen; pensionieren; *v/i* sich zurückziehen; zurück-, abtreten; sich zur Ruhe setzen; in Pension *or* Rente gehen, sich pensionieren lassen; **~d** *adj* □ zurückgezogen; pensioniert, im Ruhestand (lebend); ***be ~*** in Pension *or* Rente sein; ***~ pay*** Ruhegeld *n*; **~·ment** *s* Ausscheiden *n*, Aus-, Rücktritt *m*; Ruhestand *m*; Zurückgezogenheit *f*; ***~ pension*** Ruhegeld *n*; **re·tir·ing** *adj* zurückhaltend.

re·tort [rɪ'tɔ:t] **1.** *s* (scharfe *or* treffende) Erwiderung; **2.** *v/t* (scharf *or* treffend) erwidern.

re·touch [ri:'tʌtʃ] *v/t et.* überarbeiten; *phot.* retuschieren.

re·trace [rɪ'treɪs] *v/t* zurückverfolgen; ***~ one's steps*** zurückgehen.

re·tract [rɪ'trækt] *v/t offer*: zurückzie-

R

hen; *statement*: zurücknehmen; *claws*, *aer. undercarriage*: einziehen; *v/i* eingezogen werden (*claws*, *undercarriage*).
re·train [riː'treɪn] *v/t and v/i* umschulen.
re·tread 1. *v/t* [riː'tred] *tyres*: runderneuern; **2.** *s* ['riːtred] runderneuerter Reifen.
re·treat [rɪ'triːt] **1.** *s* Rückzug *m*; Zuflucht(sort *m*) *f*; Schlupfwinkel *m*; ***sound the ~*** *mil.* zum Rückzug blasen; **2.** *v/i* sich zurückziehen.
ret·ri·bu·tion [retrɪ'bjuːʃn] *s* Vergeltung *f*; ***in ~*** als Vergeltung.
re·trieve [rɪ'triːv] *v/t* wiederfinden, -bekommen; wiedergewinnen, -erlangen; wiedergutmachen; *hunt.* apportieren.
ret·ro- ['retrəʊ] (zu)rück...; **~·ac·tive** *jur.* [~'æktɪv] *adj* □ rückwirkend; **~·grade** ['~greɪd] *adj* rückläufig; rückschrittlich; **~·spect** [~spekt] *s* Rückblick *m*; **~·spec·tive** [~'spektɪv] *adj* □ (zu)rückblickend; *jur.* rückwirkend.
re·try *jur.* [riː'traɪ] *v/t* wiederaufnehmen, neu verhandeln.
re·turn [rɪ'tɜːn] **1.** *s* Rück-, Wiederkehr *f*; Wiederauftreten *n*; *Br.* Rückfahrkarte *f*, *aer.* Rückflugticket *n*; *econ.* Rückzahlung *f*; Rückgabe *f*; Entgelt *n*, Gegenleistung *f*; (amtlicher) Bericht; (Steuer)Erklärung *f*; *parl.* Wahl *f* (*of candidate*); *sports*: Rückspiel *n*; *tennis*, *etc.*: Rückschlag *m*, Return *m*; Erwiderung *f*; *attr* Rück...; **~s** *pl econ.* Umsatz *m*; Ertrag *m*, Gewinn *m*; ***many happy ~s of the day*** herzliche Glückwünsche zum Geburtstag; ***in ~ for*** (als Gegenleistung) für; ***by ~ (of post)***, ***by ~ mail*** *Am.* postwendend; ***~ match*** *sports*: Rückspiel *n*; ***~ ticket*** *Br.* Rückfahrkarte *f*, *aer.* Rückflugticket *n*; **2.** *v/i* zurückkehren, -kommen; wiederkommen; *v/t* zurückgeben; *money*: zurückzahlen; zurückschicken, -senden; zurückstellen, -bringen, -tun; *profit*: abwerfen; (zur Steuerveranlagung) angeben; *parl. candidate*: wählen; (*tennis*, *etc.*) *ball*: zurückschlagen, -geben; erwidern; vergelten; ***~ a verdict of guilty*** *jur.* j-n schuldig sprechen.
re·u·ni·fi·ca·tion *pol.* [riːjuːnɪfɪ'keɪʃn] *s* Wiedervereinigung *f*.
re·u·nion [riː'juːnɪən] *s* Wiedervereinigung *f*; Treffen *n*, Zusammenkunft *f*.
re·val·ue *econ.* [riː'væljuː] *v/t currency*: aufwerten.
re·vamp F [riː'væmp] *v/t* renovieren; *company*: auf Vordermann bringen; *text*, *etc.*: überarbeiten.
re·veal [rɪ'viːl] *v/t* enthüllen; offenbaren; **~·ing** *adj* aufschlußreich.
rev·el ['revl] *v/i* (*esp. Br.* **-ll-**, *Am.* **-l-**) ausgelassen sein; ***~ in*** schwelgen in (*dat*); sich weiden an (*dat*).
rev·e·la·tion [revə'leɪʃn] *s* Enthüllung *f*; Offenbarung *f*.
rev·el·ry ['revlrɪ] *s* (laute) Festlichkeit.
re·venge [rɪ'vendʒ] **1.** *s* Rache *f*; *esp. sports*, *match*: Revanche *f*; ***in ~ for*** als Rache für; **2.** *v/t* rächen; **~·ful** *adj* □ rachsüchtig; **re·veng·er** *s* Rächer(in).
rev·e·nue *econ.* ['revənjuː] *s* Staatseinkünfte *pl*, -einnahmen *pl*; *Br.* ***Inland*** ♀ Finanzamt *n*.
re·ver·be·rate *phys.* [rɪ'vɜːbəreɪt] *v/t* zurückwerfen; zurückstrahlen; *v/i* widerhallen.
re·vere [rɪ'vɪə] *v/t* (ver)ehren.
rev·e|rence ['revərəns] **1.** *s* Verehrung *f*; Ehrfurcht *f*; **2.** *v/t* (ver)ehren; **~rend 1.** *adj* ehrwürdig; **2.** *s* Geistliche(r) *m*.
rev·e|rent ['revərənt], **~ren·tial** [~'renʃl] *adj* □ ehrerbietig, ehrfurchtsvoll.
re·vers|al [rɪ'vɜːsl] *s* Umkehrung *f*, Umschwung *m*; **~e 1.** *s* Gegenteil *n*; Rück-, Kehrseite *f*; *mot.* Rückwärtsgang *m*; Rückschlag *m*; **2.** *adj* □ umgekehrt; Rück(wärts)...; ***in ~ order*** in umgekehrter Reihenfolge; ***~ gear*** *mot.* Rückwärtsgang *m*; ***~ side*** *of cloth*: linke (Stoff)Seite; **3.** *v/t* umkehren; *judgement*: umstoßen; *mot. car*: rückwärts fahren; *v/i mot.* zurücksetzen, -stoßen; **~·i·ble** *adj* □ doppelseitig (tragbar).
re·vert [rɪ'vɜːt] *v/i* (**to**) zurückkehren (zu); zurückkommen (auf *acc*); wieder zurückfallen (in *acc*); *jur.* zurückfallen (an *j-n*).
re·view [rɪ'vjuː] **1.** *s* Nachprüfung *f*, (Über)Prüfung *f*, Revision *f*; *mil.* Parade *f*; Rückblick *m*; *of book*: (Buch)Besprechung *f*, Kritik *f*, Rezension *f*; ***pass s.th. in ~*** et. Revue passieren lassen; **2.** *v/t* (über-, nach)prüfen; *mil.* inspizieren; *book*, *etc.*: besprechen, rezensieren; *fig.* überblicken, -schauen; **~·er** *s* Rezensent(in).
re·vise [rɪ'vaɪz] *v/t* überarbeiten, durchsehen, revidieren; *Br.* (*v/i* den Stoff) wiederholen (***for an exam*** für);

R

re·vi·sion [rɪ'vɪʒn] *s* Revision *f*; Überarbeitung *f*; *Br.* Wiederholung.
re·viv·al [rɪ'vaɪvl] *s* Wiederbelebung *f*; Wiederaufleben *n*, -blühen *n*; Erneuerung *f*; *fig.* Erweckung *f*; **re·vive** *v/t* wiederbeleben; wiederaufleben lassen; wiederherstellen; *v/i* wiederaufleben; sich erholen.
re·voke [rɪ'vəʊk] *v/t* widerrufen, zurücknehmen, rückgängig machen.
re·volt [rɪ'vəʊlt] **1.** *s* Revolte *f*, Aufstand *m*, -ruhr *m*; **2.** *v/i* sich auflehnen, revoltieren (***against*** gegen); *v/t fig.* abstoßen; **~·ing** *adj* □ abstoßend; ekelhaft; scheußlich.
rev·o·lu·tion [revə'lu:ʃn] *s tech.* Umdrehung *f*; *fig.* Revolution *f* (*a. pol.*), Umwälzung *f*, Umschwung *m*; **~·ar·y 1.** *adj* revolutionär; Revolutions...; **2.** *s pol. and fig.* Revolutionär(in); **~·ize** *v/t fig.* revolutionieren.
re·volve [rɪ'vɒlv] *v/i* sich drehen (***about***, ***round*** um); **~ *around*** *fig.* sich um *j-n or et.* drehen; *v/t* drehen; **re·volv·ing** *adj* sich drehend, Dreh...
re·vue [rɪ'vju:] *s* Revue *f*; Kabarett *n*.
re·vul·sion *fig.* [rɪ'vʌlʃn] *s* Abscheu *m*.
re·ward [rɪ'wɔ:d] **1.** *s* Belohnung *f*; Entgelt *n*; **2.** *v/t* belohnen; **~·ing** *adj* □ lohnend; *task*: dankbar.
re·write [ri:'raɪt] *v/t* (***-wrote***, ***-written***) neu (*or* um)schreiben.
rhap·so·dy ['ræpsədɪ] *s mus.* Rhapsodie *f*; *fig.* Schwärmerei *f*, Wortschwall *m*.
rhe·to·ric ['retərɪk] *s* Rhetorik *f*; *fig. contp.* leere Phrasen *pl*.
rheu·ma·tis·m *med.* ['ru:mətɪzəm] *s* Rheumatismus *m*.
rhu·barb *bot.* ['ru:bɑ:b] *s* Rhabarber *m*.
rhyme [raɪm] **1.** *s* Reim *m*; Vers *m*; ***without ~ or reason*** ohne Sinn und Verstand; **2.** *v/i and v/t* (sich) reimen.
rhyth|m ['rɪðəm] *s* Rhythmus *m*; **~·mic** (***~ally***), **~·mi·cal** *adj* □ rhythmisch.
rib [rɪb] **1.** *s anat.* Rippe *f*; **2.** *v/t* (***-bb-***) F hänseln, aufziehen.
rib·ald ['rɪbəld] *adj* lästerlich, zotig.
rib·bon ['rɪbən] *s* Band *n*; Ordensband *n*; Farbband *n*; Streifen *m*; **~s** *pl* Fetzen *pl*.
rib cage *anat.* ['rɪbkeɪdʒ] *s* Brustkorb *m*.
rice *bot.* [raɪs] *s* Reis *m*.
rich [rɪtʃ] **1.** *adj* □ reich (***in*** an *dat*); *splendid*: prächtig, kostbar; fruchtbar, fett (*soil*); voll (*sound*); schwer, nahrhaft (*food*); schwer (*wine*, *smell*); satt (*colour*); **2.** *s*: ***the ~*** *pl* die Reichen *pl*; **~·es** *s pl* Reichtum *m*, Reichtümer *pl*.
rid [rɪd] *v/t* (***-dd-***; ***rid***) befreien, frei machen (***of*** von); ***get ~ of*** loswerden.
rid·dance F ['rɪdəns] *s*: ***good ~!*** den (die, das) wären wir (Gott sei Dank) los!
rid·den ['rɪdn] **1.** *pp of* ***ride*** 2; **2.** *in compounds*: geplagt von ...; ***fever-~*** fieberkrank.
rid·dle[1] ['rɪdl] *s* Rätsel *n*.
rid·dle[2] [~] **1.** *s* grobes (Draht)Sieb; **2.** *v/t* durchsieben; durchlöchern.
ride [raɪd] **1.** *s* Ritt *m*; Fahrt *f*; Reitweg *m*; ***give s.o. a ~*** j-n (im Auto) mitnehmen; **2.** (***rode***, ***ridden***) *v/i* reiten; fahren (***on a bicycle*** auf e-m Fahrrad; ***in***, *Am.* ***on a bus*** im Bus); *v/t horse, etc.*: reiten; *bicycle*, *motorbike*: fahren, fahren auf (*dat*); **rid·er** *s* Reiter(in); Fahrer(in).
ridge [rɪdʒ] **1.** *s* (Gebirgs)Kamm *m*, Grat *m*; *arch.* First *m*; *agr.* Rain *m*; **~ tent** *s* Hauszelt *n*.
rid·i·cule ['rɪdɪkju:l] **1.** *s* Spott *m*; **2.** *v/t* lächerlich machen, verspotten; **ri·dic·u·lous** [rɪ'dɪkjʊləs] *adj* □ lächerlich; ***make o.s.*** (***look***) **~** sich lächerlich machen.
rid·ing ['raɪdɪŋ] *s* Reiten *n*; *attr* Reit...
riff-raff ['rɪfræf] *s* Gesindel *n*.
ri·fle[1] ['raɪfl] *s* Gewehr *n*; Büchse *f*.
ri·fle[2] [~] *v/t* (aus)plündern; durchwühlen.
rift [rɪft] *s* Riß *m*, Sprung *m*; Spalte *f*.
rig[1] [rɪg] *v/t* (***-gg-***) manipulieren.
rig[2] [~] **1.** *s mar.* Takelage *f*; *tech.* Bohranlage *f*, -turm *m*, Förderturm *m*; F Aufmachung *f*; **2.** *v/t* (***-gg-***) *ship*: auftakeln; **~ *up*** F (behelfsmäßig) herrichten, zusammenbauen; **~·ging** *s mar.* Takelage *f*.
right [raɪt] **1.** *adj* □ recht; richtig; rechte(r, -s), Rechts...; ***all ~!*** in Ordnung!, gut!; ***that's all ~!*** das macht nichts!, schon gut!, bitte!; ***I am perfectly all ~*** mir geht es ausgezeichnet; ***that's ~!*** richtig!, ganz recht!, stimmt!; ***be ~*** recht haben; ***put ~***, ***set ~*** in Ordnung bringen; berichtigen, korrigieren; ***..., ~?*** ..., nicht wahr?, oder (nicht)?; **2.** *adv* rechts; recht, richtig; gerade(wegs), direkt; ganz (und gar); genau, gerade; ***~ away***

R

sofort; ~ ***on*** geradeaus; ***turn*** ~ (sich) nach rechts wenden, rechts abbiegen; **3.** *s* Recht *n*; Rechte *f* (*a. pol.*, *boxing*), rechte Seite *or* Hand; ***by ~ of*** auf Grund (*gen*); ***on*** *or* ***to the*** ~ rechts; ***~ of way*** Durchgangsrecht *n*; *mot.* Vorfahrt *f*; **4.** *v/t* aufrichten; *et.* wiedergutmachen; in Ordnung bringen; **~·eous** ['raɪtʃəs] *adj* □ rechtschaffen; selbstgerecht; gerecht(fertigt), berechtigt; **~·ful** *adj* □ rechtmäßig; gerecht; **~-hand** *adj* rechte(r, -s); ***~ drive*** Rechtssteuerung *f*; **~-hand·ed** *adj* rechtshändig; **~·ly** *adv* richtig; mit Recht; **~-wing** *adj pol.* rechte(r, -s), rechtsgerichtet.

rig·id ['rɪdʒɪd] *adj* □ starr, steif; *fig.* streng, hart; **~·i·ty** [rɪ'dʒɪdətɪ] *s* Starrheit *f*; Strenge *f*, Härte *f*.

rig·or·ous ['rɪgərəs] *adj* □ streng, rigoros; (peinlich) genau.

rig·o(u)r ['rɪgə] *s* Strenge *f*, Härte *f*.

rile F [raɪl] *v/t* ärgern, reizen.

rim [rɪm] *s* Rand *m*; Krempe *f*; Felge *f*; Radkranz *m*; **~·less** *adj* randlos (*glasses*); **~med** *adj* mit (e-m) Rand.

ring[1] [rɪŋ] **1.** *s* Klang *m*; Geläut(e) *n*; Klingeln *n*, Läuten *n*; (Telefon)Anruf *m*; ***give s.o. a ~*** j-n anrufen; ***there was a ~ at the door*** es hat geklingelt; **2.** *v/i and v/t* (***rang***, ***rung***) läuten; klingeln; klingen; erschallen; *esp. Br. teleph.* anrufen; ***~ the bell*** läuten, klingeln; F *fig.* ***this tune ~s a bell*** diese Melodie kommt mir bekannt vor; *esp. Br. teleph.* ***~ back*** zurückrufen; ***~ off*** (den Hörer) auflegen, Schluß machen; ***~ s.o. up*** j-n *or* bei j-m anrufen.

ring[2] [~] **1.** *s* Ring *m*; Kreis *m*; Manege *f*; (Box)Ring *m*; (Verbrecher-, Spionage- *etc.*)Ring *m*; **2.** *v/t* umringen; beringen; **~ bind·er** *s* Ringbuch *n*; **~·lead·er** *s* Rädelsführer *m*; **~·let** *s* (Ringel)Locke *f*; **~·mas·ter** *s* Zirkusdirektor *m*; **~ road** *s Br.* Umgehungsstraße *f*; Ringstraße *f*; **~·side** *s*: ***at the ~*** *boxing*: am Ring; ***~ seat*** Ringplatz *m*; Manegenplatz *m*.

rink [rɪŋk] *s* (*esp.* Kunst)Eisbahn *f*; Rollschuhbahn *f*.

rinse [rɪns] **1.** *s* Spülung *f*; **2.** *v/t often* ***~ out*** (ab-, aus)spülen.

ri·ot ['raɪət] **1.** *s* Aufruhr *m*; Tumult *m*, Krawall *m*; ***run ~*** randalieren; **2.** *v/i* Krawall machen, randalieren; e-n Aufstand machen; **~·er** *s* Aufrührer(in); Randalierer *m*; **~·ous** *adj* □ aufrührerisch; lärmend; ausgelassen, wild.

rip [rɪp] **1.** *s* Riß *m*; **2.** (**-pp-**) *v/t* zerreißen; *v/t* (zer)reißen; F sausen, rasen.

ripe [raɪp] *adj* □ reif; **rip·en** *v/i and v/t* reifen (lassen), reif werden; **~·ness** *s* Reife *f*.

rip·ple ['rɪpl] **1.** *s* kleine Welle; Kräuselung *f*; Rieseln *n*; **2.** *v/i and v/t* (sich) kräuseln; rieseln.

rise [raɪz] **1.** *s* (An-, Auf)Steigen *n*; (Preis-, Gehalts-, Lohn)Erhöhung *f*; Steigung *f*; Anhöhe *f*; *origin*: Ursprung *m*; *fig.* Aufstieg *m*; ***give ~ to*** verursachen, führen zu; **2.** *v/i* (***rose***, ***risen***) sich erheben, aufstehen; *end a meeting*: die Sitzung schließen; auf-, hoch-, emporsteigen; (an)steigen; sich erheben, emporragen; aufkommen (*storm*, *etc.*); *eccl.* auferstehen; aufgehen (*sun*, *seed*); entspringen (*river*); (an)wachsen, sich steigern; sich erheben, revoltieren; *in one's job*: aufsteigen; ***~ to the occasion*** sich der Lage gewachsen zeigen; F ***~ and shine!*** F raus aus den Federn!; **ris·en** *pp of* ***rise*** 2; **ris·er** *s*: ***early ~*** Frühaufsteher(in).

ris·ing ['raɪzɪŋ] *s* (An-, Auf)Steigen *n*; *ast.* Aufgehen *n*, -gang *m*; Aufstand *m*.

risk [rɪsk] **1.** *s* Gefahr *f*, Wagnis *n*, Risiko *n* (*a. econ.*); ***be at ~*** in Gefahr sein; ***run the ~ of doing s.th.*** Gefahr laufen, et. zu tun; ***run*** *or* ***take a ~*** ein Risiko eingehen; **2.** *v/t* wagen, riskieren; **~·y** *adj* □ riskant, gefährlich, gewagt.

rite [raɪt] *s* Ritus *m*; Zeremonie *f*; **rit·u·al** ['rɪtʃʊəl] **1.** *adj* □ rituell; Ritual...; **2.** *s* Ritual *n*.

ri·val ['raɪvl] **1.** *s* Rival|e *m*, -in *f*, Konkurrent(in); **2.** *adj* rivalisierend, Konkurrenz...; **3.** *v/t* (*esp. Br.* **-ll-**, *Am.* **-l-**) rivalisieren *or* konkurrieren mit; **~·ry** *s* Rivalität *f*; Konkurrenz(kampf *m*) *f*.

riv·er ['rɪvə] *s* Fluß *m*, Strom *m* (*a. fig.*); **~·side 1.** *s* Flußufer *n*; **2.** *adj* am Ufer *or* Fluß (gelegen).

riv·et ['rɪvɪt] **1.** *s tech.* Niet(e *f*) *m*, *n*; **2.** *v/t tech.* (ver)nieten; *fig. eyes, etc.*: heften; *fig.* fesseln.

road [rəʊd] *s* (Auto-, Land)Straße *f*; *fig.* Weg *m*; ***on the ~*** unterwegs; *thea.* auf Tournee; ***across the ~*** über die *or* der Straße, gegenüber; ***is this the ~ to ...?***

R

geht es hier nach ...?; ***the ~ to success*** der Weg zum Erfolg; **~ ac·ci·dent** *s* Verkehrsunfall *m*; **~·block** *s* Straßensperre *f*; **~ haul·age** *s* Spedition *f*; **~ haul·i·er** *s* Spediteur *m*; **~-hog** *s* Verkehrsrowdy *m*; **~ map** *s* Straßenkarte *f*; **~ safe·ty** *s* Verkehrssicherheit *f*; **~·side 1.** *s* Straßen-, Wegrand *m*; **2.** *adj* an der Landstraße (gelegen); **~·way** *s* Fahrbahn *f*; **~ works** *s pl* Straßenbauarbeiten *pl*; **~·wor·thy** *adj mot.* verkehrssicher.

roam [rəʊm] *v/i* (umher)streifen, (-)wandern; *v/t* durchstreifen.

roar [rɔː] **1.** *v/i* brüllen (*a. v/t*); brausen, tosen, donnern; **2.** *s* Brüllen *n*, Gebrüll *n*; Brausen *n*; Krachen *n*, Getöse *n*; *laughter*: schallendes Gelächter.

roast [rəʊst] **1.** *s* Braten *m*; **2.** *v/t* braten; rösten; **3.** *adj* gebraten; ***~ beef*** Rost- *or* Rinderbraten *m*.

rob [rɒb] *v/t* (*-bb-*) berauben; **~·ber** *s* Räuber *m*; **~·ber·y** *s* Raub *m*; ***~ with violence*** *jur.* schwerer Raub.

robe [rəʊb] *s* (Amts)Robe *f*, Talar *m*; Bade-, Hausmantel *m*, Morgenrock *m*.

rob·in *zo.* ['rɒbɪn] *s* Rotkehlchen *n*.

ro·bot ['rəʊbɒt] *s* Roboter *m*.

ro·bust [rə'bʌst] *adj* □ robust, kräftig.

rock [rɒk] **1.** *s* Fels(en) *m*; Klippe *f*; Gestein *n*; *Br. sweet*: Zuckerstange *f*; ***on the ~s*** a) mit Eiswürfeln (*whisky, etc.*), b) kaputt, in die Brüche gegangen (*marriage*); ***~ crystal*** Bergkristall *m*; **2.** *v/t* schaukeln, wiegen; erschüttern (*a. fig.*); **~-bot·tom** *s* F: ***~ prices*** *pl* Schleuderpreise *pl*; ***our spirits reached ~*** unsere Stimmung sank auf den Nullpunkt.

rock·er ['rɒkə] *s* Kufe *f*; *Am.* Schaukelstuhl *m*; *Br.* Rocker *m*; ***off one's ~*** *sl.* übergeschnappt.

rock·et ['rɒkɪt] *s* Rakete *f*; *attr* Raketen...; **~-pro·pelled** *adj* mit Raketenantrieb; **~·ry** *s* Raketentechnik *f*.

rock·ing|-chair ['rɒkɪŋtʃeə] *s* Schaukelstuhl *m*; **~-horse** *s* Schaukelpferd *n*.

rock·y ['rɒkɪ] *adj* felsig, Felsen...

rod [rɒd] *s* Rute *f*; Stab *m*; *tech.* Stange *f*.

rode [rəʊd] *pret of* **ride** 2.

ro·dent *zo.* ['rəʊdənt] *s* Nagetier *n*.

ro·de·o [rəʊ'deɪəʊ] *s* (*pl* **-os**) Rodeo *m, n*.

roe¹ *zo.* [rəʊ] *s* Reh *n*.

roe² *zo.* [~] *s a.* ***hard ~*** Rogen *m*; *a.* ***soft ~*** Milch *f*.

rogue [rəʊg] *s* Schurke *m*, Gauner *m*; Schlingel *m*, Spitzbube *m*; **ro·guish** *adj* □ spitzbübisch.

role, rôle *thea.* [rəʊl] *s* Rolle *f* (*a. fig.*).

roll [rəʊl] **1.** *s* Rolle *f*; Brötchen *n*, Semmel *f*; (*esp. of names*: Namens-, Anwesenheits)Liste *f*; Brausen *n*; *of thunder*: Rollen *n*; *of drums*: Wirbel *m*; *mar.* Schlingern *n*; **2.** *v/t* rollen; wälzen; walzen; *cigarette*: drehen; ***~ up*** *sleeve*: hochkrempeln; *mot. window*: hochkurbeln; *v/i* rollen; fahren; sich wälzen; (g)rollen (*thunder*); dröhnen; brausen; wirbeln (*drums*); *mar.* schlingern; **~-call** *s* Namensaufruf *m*; *mil.* Appell *m*.

roll·er ['rəʊlə] *s* Rolle *f*, Walze *f*; (Locken)Wickler *m*; *mar.* Sturzwelle *f*, Brecher *m*; **~ coast·er** *s* Achterbahn *f*; **~ skate** *s* Rollschuh *m*; **~-skate** *v/i* Rollschuh laufen; **~-skat·ing** *s* Rollschuhlaufen *n*; **~ tow·el** *s* Rollhandtuch *n*.

rol·lick·ing ['rɒlɪkɪŋ] *adj* übermütig.

roll·ing ['rəʊlɪŋ] *adj* rollend *etc.*; Roll..., Walz...; ***~ mill*** *tech.* Walzwerk *n*; ***~ pin*** Nudelholz *n*.

roll-neck ['rəʊlnek] **1.** *s* Rollkragen (-pullover) *m*; **2.** *adj* → **~ed** *adj* Rollkragen...

Ro·man ['rəʊmən] **1.** *adj* römisch; **2.** *s* Römer(in).

ro·mance¹ [rəʊ'mæns] **1.** *s* (Ritter-, Vers)Roman *m*; Abenteuer-, Liebesroman *m*; Romanze *f* (*a. fig.*); Romantik *f*, Zauber *m*; **2.** *v/i* phantasieren.

Ro·mance² *ling.* [~] *s* (*a. adj*: ***~ languages***) die romanischen Sprachen *pl*.

Ro·ma·ni·an [ruː'meɪnɪən] **1.** *adj* rumänisch; **2.** *s* Rumän|e *m*, -in *f*; *ling.* Rumänisch *n*.

ro·man|tic [rə'mæntɪk] **1.** *adj* (***~ally***) romantisch (veranlagt); **2.** *s* Romantiker(in); Schwärmer(in); **~·ti·cis·m** *s* Romantik *f*.

romp [rɒmp] **1.** *s* Tollen *n*, Toben *n*; **2.** *v/i a.* ***~ about***, ***~ around*** herumtollen, -toben; **~·er-suit** *s*, *a.* **~·ers** *s pl* Strampelanzug *m*, -hose *f*.

roof [ruːf] **1.** *s* Dach *n* (*a. fig.*); ***~ of the mouth*** *anat.* Gaumen *m*; **2.** *v/t* mit e-m Dach versehen; ***~ in***, ***~ over*** überdachen; **~·ing 1.** *s* Material *n* zum Dachdecken; **2.** *adj* Dach...; ***~ felt*** Dachpappe *f*; **~ rack** *s* Dachgepäckträger *m*.

R

rook [rʊk] **1.** *s chess*: Turm *m*; *zo.* Saatkrähe *f*; **2.** *v/t* betrügen (**of** um).
room [ruːm] **1.** *s* Raum *m*; Platz *m*; Zimmer *n*; *fig.* Spielraum *m*; **~s** *pl* (Miet)Wohnung *f*; **2.** *v/i Am.* wohnen; **~·er** *s esp. Am.* Untermieter(in); **~·ing-house** *s Am.* Fremdenheim *n*, Pension *f*; **~·mate** *s* Zimmergenoss|e *m*, -in *f*; **~·y** *adj* □ (**-ier**, **-iest**) geräumig.
roost [ruːst] **1.** *s* Schlafplatz *m* (*of birds*); Hühnerstange *f*; **2.** *v/i* sich zum Schlaf niederhocken (*birds*); **~·er** *s esp. Am. zo.* (Haus)Hahn *m*.
root [ruːt] **1.** *s* Wurzel *f*; **2.** *v/i* Wurzeln schlagen; wühlen (**for** nach); **~ about, ~ around** herumwühlen (**among** in *dat*); *v/t* tief einpflanzen; **~ out** ausrotten; **~ up** ausgraben; **~·ed** *adj* eingewurzelt; **deeply ~** *fig.* tief verwurzelt; **stand ~ to the spot** wie angewurzelt stehen(bleiben).
rope [rəʊp] **1.** *s* Tau *n*; Seil *n*; Strick *m*; Schnur *f* (*pearls, etc.*); **be at the end of one's ~** mit s-m Latein am Ende sein; **know the ~s** sich auskennen; **2.** *v/t* verschnüren; festbinden; **~ off** (durch ein Seil) absperren *or* abgrenzen; **~ lad·der** *s* Strickleiter *f*; **~ tow** *s* Schlepplift *m*; **~·way** *s* (Seil)Schwebebahn *f*.
ro·sa·ry *eccl.* [ˈrəʊzərɪ] *s* Rosenkranz *m*.
rose[1] [rəʊz] *s bot.* Rose *f*; (Gießkannen-)Brause *f*; Rosa-, Rosenrot *n*.
rose[2] [~] *pret of* **rise** 2.
ros·trum [ˈrɒstrəm] *s* (*pl* **-tra** [-trə], **-trums**) Rednertribüne *f*, -pult *n*.
ros·y [ˈrəʊzɪ] *adj* □ (**-ier**, **-iest**) rosig.
rot [rɒt] **1.** *s* Fäulnis *f*; *Br.* F Quatsch *m*; **2.** (**-tt-**) *v/t* (ver)faulen lassen; *v/i* (ver-)faulen, (-)modern, verrotten.
ro·ta·ry [ˈrəʊtərɪ] *adj* rotierend, sich drehend; Rotations...; **ro·tate** [rəʊˈteɪt] *v/i and v/t* rotieren (*a. pol.*) *or* kreisen (lassen), (sich) drehen; *agr. crops*: wechseln; **ro·ta·tion** *s* Rotation *f* (*a. pol.*), (Um)Drehung *f*, Umlauf *m*; Wechsel *m*.
ro·tor *esp. aer.* [ˈrəʊtə] *s* Rotor *m*.
rot·ten [ˈrɒtn] *adj* □ verfault, faul(ig); morsch; mies; gemein; **feel ~** *sl.* sich beschissen fühlen.
ro·tund [rəʊˈtʌnd] *adj* □ rundlich.
rough [rʌf] **1.** *adj* □ rauh; roh; grob; barsch; hart; holp(e)rig, uneben; grob, ungefähr (*estimate, etc.*); unfertig, Roh...; **~ copy** erster Entwurf, Konzept *n*; **~ draft** Rohfassung *f*; **2.** *adv* roh, rauh, hart; **3.** *s* holp(e)riger Boden; *golf*: Rough *n*; **4.** *v/t* an-, aufrauhen; **~ it** F primitiv *or* anspruchslos leben; **~·age** *s* Ballaststoffe *pl*; **~·cast 1.** *s tech.* Rohputz *m*; **2.** *adj* unfertig; **3.** *v/t* (**-cast**) *tech.* roh verputzen; roh entwerfen; **~·en** *v/i* rauh werden; *v/t* an-, aufrauhen; **~·neck** *s Am.* F Grobian *m*; Ölbohrarbeiter *m*; **~·ness** *s* Rauheit *f*; rauhe Stelle; Roheit *f*; Grobheit *f*; **~·shod** *adv*: **ride ~ over** *j-n* rücksichtslos behandeln; rücksichtslos über *et.* hinweggehen.
round [raʊnd] **1.** *adj* □ rund; voll (*voice, etc.*); abgerundet (*style*); unverblümt; **a ~ dozen** ein rundes Dutzend; **in ~ figures** auf- *or* abgerundet; **2.** *adv* rund-, rings(her)um; überall, auf *or* von *or* nach allen Seiten; **ask s.o. ~** j-n zu sich einladen; **~ about** ungefähr; **all the year ~** das ganze Jahr hindurch; **the other way ~** umgekehrt; **3.** *prp* (rund) um; um (... herum); in *or* auf (*dat*) ... herum; **4.** *s* Rund *n*, Kreis *m*; Runde *f*; (Leiter)Sprosse *f*; *Br.* Scheibe *f* (*bread, etc.*); (Dienst)Runde *f*, Rundgang *m*; *med.* Visite *f* (*in hospital*); *mus.* Kanon *m*; **5.** *v/t* runden; (herum)gehen *or* (-)fahren um, biegen um; **~ off** abrunden; *fig.* krönen, beschließen; **~ up** *figure, etc.*: aufrunden (**to** auf *acc*); *cattle*: zusammentreiben; *people, etc.*: zusammentrommeln, auftreiben.
round|a·bout [ˈraʊndəbaʊt] **1.** *adj*: **~ way** *or* **route** Umweg *m*; **in a ~ way** *fig.* auf Umwegen; **2.** *s Br.* Karussell *n*; *Br.* Kreisverkehr *m*; **~·ish** *adj* rundlich; **~ trip** *s* Rundreise *f*; *Am.* Hin- u. Rückfahrt *f*, *aer.* Hin- u. Rückflug *m*; **~-trip** *adj*: **~ ticket** *Am.* Rückfahrkarte, *aer.* Rückflugticket *n*; **~-up** *s* Zusammentreiben *n* (*of cattle*).
rouse [raʊz] *v/t* wecken; *game birds*: aufjagen; *j-n* aufrütteln; *j-n* reizen, erzürnen; *anger*: erregen; **~ o.s.** sich aufraffen; *v/i* aufwachen.
route [ruːt] *s* (Reise-, Fahrt)Route *f*, (-)Weg *m*; (Bahn-, Bus-, Flug)Strecke *f*; *mil.* Marschroute *f*.
rou·tine [ruːˈtiːn] **1.** *s* Routine *f*; **2.** *adj* üblich, routinemäßig, Routine...

R

rove [rəʊv] *v/i* umherstreifen, -wandern; *v/t* durchstreifen, -wandern.
row¹ [rəʊ] *s* Reihe *f*.
row² F [raʊ] **1.** *s* Krach *m*, Lärm *m*; (lauter) Streit, Krach *m*; **2.** *v/i* (sich) streiten.
row³ [rəʊ] **1.** *s* Rudern *n*; Ruderpartie *f*; **2.** *v/i and v/t* rudern; **~·boat** *s Am*. Ruderboot *n*; **~·er** *s* Ruder|er *m*, -in *f*; **~·ing boat** *s Br*. Ruderboot *n*.
roy·al ['rɔɪəl] *adj* königlich; **~·ty** *s* Königtum *n*; Königswürde *f*; *coll*. das Königshaus, die königliche Familie; *econ*. Tantieme *f*.
rub [rʌb] **1.** *s*: ***give s.th. a good ~*** et. (ab)reiben; et. polieren; **2.** (*-bb-*) *v/t* reiben; polieren; (wund) scheuern; **~ *down*** abschmirgeln, abschleifen; trokkenreiben, (ab)frottieren; **~ *in*** einreiben; **~ *it in*** *fig*. F darauf herumreiten; **~ *off*** ab-, wegreiben, ab-, wegwischen; **~ *out*** *Br*. ausradieren; **~ *up*** aufpolieren; **~ *s.o. up the wrong way*** j-n verstimmen; *v/i* reiben (***against***, ***on*** an *dat*, gegen).
rub·ber ['rʌbə] **1.** *s* Gummi *n*, *m*; (Radier)Gummi *m*; Wischtuch *n*; F *condom*: Gummi *m*, Präser *m*; **~s** *pl Am*. (Gummi)Überschuhe *pl*; *Br*. Turnschuhe *pl*; **~ band** *s* Gummiband *n*; **~ cheque**, *Am*. **~ check** *s* geplatzter Scheck; **~·neck** *Am*. F **1.** *s* Gaffer(in); **2.** *v/i* gaffen; **~·y** *adj* gummiartig; zäh, wie Gummi (*meat*).
rub·bish ['rʌbɪʃ] *s* Schutt *m*; Abfall *m*, Müll *m*; *fig*. Schund *m*; Quatsch *m*, Blödsinn *m*; **~ bin** *s Br*. Mülleimer *m*; **~ chute** *s* Müllschlucker *m*.
rub·ble ['rʌbl] *s* Schutt *m*.
ru·by ['ruːbɪ] *s* Rubin(rot *n*) *m*.
ruck·sack ['rʌksæk] *s* Rucksack *m*.
rud·der ['rʌdə] *s mar*. (Steuer)Ruder *n*; *aer*. Seitenruder *n*.
rud·dy ['rʌdɪ] *adj* □ (*-ier*, *-iest*) rot, rötlich; frisch, gesund.
rude [ruːd] *adj* □ (**~r**, **~st**) unhöflich, grob; unanständig; heftig, wild; ungebildet; einfach, kunstlos.
ru·di|men·ta·ry [ruːdɪ'mentərɪ] *adj* elementar, Anfangs...; **~·ments** ['ruːdɪmənts] *s pl* Anfangsgründe *pl*.
rue·ful ['ruːfl] *adj* □ reuig.
ruf·fle ['rʌfl] **1.** *s* Krause *f*, Rüsche *f*; Kräuseln *n*; **2.** *v/t* kräuseln; *hair*, *feathers*: sträuben; zerknüllen; *fig*. aus der Ruhe bringen; (ver)ärgern.
rug [rʌg] *s* (Reise-, Woll)Decke *f*; Vorleger *m*, Brücke *f*, (kleiner) Teppich.
rug·ged ['rʌgɪd] *adj* □ rauh (*a. fig*.); wild, zerklüftet, schroff.
ru·in ['rʊɪn] **1.** *s* Ruin *m*, Verderben *n*, Untergang *m*; *mst* **~s** *pl* Ruine(n *pl*) *f*, Trümmer *pl*; **2.** *v/t* ruinieren, zugrunde richten, zerstören, zunichte machen, zerrütten; **~·ous** *adj* □ verfallen; ruinös.
rule [ruːl] **1.** *s* Regel *f*; Spielregel *f*; Vorschrift *f*; Satzung *f*; Herrschaft *f*, Regierung *f*; Lineal *n*; ***as a ~*** in der Regel; ***work to ~*** Dienst nach Vorschrift tun; **~s** *pl* (Geschäfts-, Gerichts- *etc*.)Ordnung *f*; **~(s) *of the road*** Straßenverkehrsordnung *f*; ***stick to the ~s*** sich an die Spielregeln halten; **~ *of thumb*** Faustregel *f*; **2.** *v/t* beherrschen, herrschen über (*acc*); lenken, leiten; anordnen, verfügen; liniieren; **~ *out*** ausschließen; *v/i* herrschen; **rul·er** *s* Herrscher(in); Lineal *n*.
rum [rʌm] *s* Rum *m*; *Am*. Alkohol *m*.
rum·ble ['rʌmbl] *v/i* rumpeln, poltern, (g)rollen (*thunder*), knurren (*stomach*).
ru·mi|nant *zo*. ['ruːmɪnənt] **1.** *adj* wiederkäuend; **2.** *s* Wiederkäuer *m*; **~·nate** [~eɪt] *v/i zo*. wiederkäuen; *fig*. grübeln (***about***, ***over*** über *acc or dat*).
rum·mage ['rʌmɪdʒ] **1.** *s* gründliche Durchsuchung; Ramsch *m*; **~ *sale*** *Am*. Ramschverkauf *m*; Wohltätigkeitsbasar *m*; **2.** *v/i a*. **~ *about*** herumstöbern, -wühlen (***among***, ***in*** in *dat*).
ru·mo(u)r ['ruːmə] **1.** *s* Gerücht *n*; **2.** *v/t*: ***it is ~ed*** man sagt *or* munkelt, es geht das Gerücht.
rump [rʌmp] *s* Steiß *m*, F *of person*: Hinterteil *n*, *of animal*: Hinterbacken *pl*.
rum·ple ['rʌmpl] *v/t* zerknittern, -knüllen.
run [rʌn] **1.** (*-nn-*; ***ran***, ***run***) *v/i* laufen, rennen, eilen; fahren; verkehren, fahren, gehen (*train*, *bus*); fließen, strömen; verlaufen (*road*), führen (*route*); *tech*. laufen; in Betrieb *or* Gang sein; gehen (*watch*, *clock*, *etc*.); schmelzen (*butter*, *etc*.); zer-, auslaufen (*colour*); lauten (*text*); gehen (*tune*); laufen (*play*, *film*), gegeben werden; *jur*. gelten, laufen; *esp. Am. pol*. kandidieren

R

(***for*** für); ~ ***across s.o.*** j-n zufällig treffen, auf j-n stoßen; ~ ***after*** hinter (*dat*) herlaufen, *j-m etc.* nachlaufen; ~ ***along!*** F ab mit dir!; ~ ***away*** davonlaufen; ~ ***away with*** durchbrennen mit; durchgehen mit (*temper, enthusiasm, etc.*); ~ ***down*** ablaufen (*clock, watch, etc.*); *fig.* herunterkommen; ~ ***dry*** austrocknen; ~ ***into*** (hinein)laufen *or* (-)rennen in (*acc*); fahren gegen; *j-n* zufällig treffen; geraten in (*debts, etc.*); sich belaufen auf (*acc*); ~ ***low*** knapp werden; ~ ***off with*** → ~ ***away with***; ~ ***out*** ablaufen (*time*); ausgehen, knapp werden; ~ ***out of petrol*** kein Benzin mehr haben; ~ ***over*** überlaufen, -fließen; überfliegen, durchgehen, -lesen; ~ ***short*** knapp werden; ~ ***short of petrol*** kein Benzin mehr haben; ~ ***through*** überfliegen, durchgehen, -lesen; ~ ***up to*** sich belaufen auf (*acc*); *v/t distance*: durchlaufen, *route*: einschlagen; fahren; laufen lassen; *train, bus*: fahren *or* verkehren lassen; *hand, etc.*: gleiten lassen; *business*: betreiben; *company*: führen, leiten; fließen lassen; *temperature, fever*: haben; ~ ***down*** an-, überfahren; *fig.* schlechtmachen; herunterwirtschaften; ~ ***errands*** Besorgungen *or* Botengänge machen; ~ ***s.o. home*** F j-n nach Hause bringen *or* fahren; ~ ***in*** *car*: einfahren; F *criminal*: einbuchten; ~ ***over*** überfahren; ~ ***s.o. through*** j-n durchbohren; ~ ***up*** *price, etc.*: in die Höhe treiben; *bill, debts, etc.*: auflaufen lassen; **2.** *s* Laufen *n*, Rennen *n*, Lauf *m*; Verlauf *m*; Fahrt *f*; Spazierfahrt *f*; Reihe *f*, Folge *f*, Serie *f*; *econ.* Ansturm *m*, Run *m* (***on*** auf *acc*), stürmische Nachfrage (nach); *Am.* Bach *m*; *Am.* Laufmasche *f*; Gehege *n*; Auslauf *m*, (Hühner)Hof *m*; *sports*: Bob-, Rodelbahn *f*; (Ski)Abfahrt(sstrecke) *f*; *thea., film*: Laufzeit *f*; F ***the ~s*** *pl diarrhoea*: F Dünnpfiff *m*; ***have a ~ of 20 nights*** *thea.* 20mal nacheinander gegeben werden; ***in the long ~*** auf die Dauer; ***in the short ~*** fürs nächste; ***on the ~*** auf der Flucht.

run|a·bout F *mot.* ['rʌnəbaʊt] *s* kleiner leichter Wagen; **~·a·way** *s* Ausreißer *m*.

rung[1] [rʌŋ] *pp of* **ring**[1] 2.

rung[2] [~] *s* (Leiter)Sprosse *f* (*a. fig.*).

run·ner ['rʌnə] *s* Läufer(in); *horse*: Rennpferd *n*; Bote *m*; (Schlitten-, Schlittschuh)Kufe *f*; *carpet*: Läufer *m*; *for table*: Tischläufer *m*; *Am.* Laufmasche *f*; **~ bean** *s Br. bot.* Stangenbohne; **~-up** *s* (*pl* **runners-up**) *sports*: Zweite(r *m*) *f*.

run·ning ['rʌnɪŋ] **1.** *adj* laufend; fließend; ***two days ~*** zwei Tage hintereinander; **2.** *s* Laufen *n*; Rennen *n*; **~-board** *s* Trittbrett *n*.

run·way *aer.* ['rʌnweɪ] Start-, Lande-, Rollbahn *f*.

rup·ture ['rʌptʃə] **1.** *s* Bruch *m*, Riß *m*; (Zer)Platzen *n*; **2.** *v/i* brechen; bersten, (zer)platzen.

ru·ral ['rʊərəl] *adj* □ ländlich, Land...

ruse [ruːz] *s* List *f*, Kniff *m*, Trick *m*.

rush[1] *bot.* [rʌʃ] *s* Binse *f*.

rush[2] [~] **1.** *s* Eile *f*; (An)Sturm *m*; Andrang *m*, Gedränge *n*; *econ.* stürmische Nachfrage; Hetze *f*, Hochbetrieb *m*; **2.** *v/i* stürzen, jagen, hetzen, stürmen; ~ ***at*** sich stürzen auf (*acc*); ~ ***in*** hereinstürzen, -stürmen; *v/t* jagen, hetzen, drängen, (an)treiben; losstürmen auf (*acc*), angreifen; schnell bringen; **~ hour** *s* Hauptverkehrszeit *f*, Stoßzeit *f*; **~-hour traf·fic** *s* Stoßverkehr *m*.

Rus·sian ['rʌʃn] **1.** *adj* russisch; **2.** *s* Russ|e *m*, -in *f*; *ling.* Russisch *n*.

rust [rʌst] **1.** *s* Rost *m*; Rostbraun *n*; **2.** *v/i and v/t* (ver-, ein)rosten (lassen).

rus·tic ['rʌstɪk] **1.** *adj* (**~ally**) ländlich, rustikal; bäurisch; **2.** *s* Bauer *m*.

rus·tle ['rʌsl] **1.** *v/i* rascheln; rauschen; *v/t* rascheln mit; *Am. cattle*: stehlen; **2.** *s* Rascheln *n*; Rauschen *n*.

rust|less ['rʌstlɪs] *adj* rostfrei; **~·y** *adj* □ (**-ier**, **-iest**) rostig; *fig.* eingerostet.

rut[1] [rʌt] *s* Wagenspur *f*; *esp. fig.* ausgefahrenes Geleise.

rut[2] *zo.* [~] *s* Brunst *f*, Brunft *f*.

ruth·less ['ruːθlɪs] *adj* □ umbarmherzig; rücksichts-, skrupellos.

rut|ted ['rʌtɪd], **~·ty** [~ɪ] *adj* (**-ier**, **-iest**) ausgefahren (*path*).

rye *bot.* [raɪ] *s* Roggen *m*.

R

S

sa•ble ['seɪbl] *s zo.* Zobel(pelz) *m.*

sab•o•tage ['sæbətɑ:ʒ] **1.** *s* Sabotage *f*; **2.** *v/t* sabotieren.

sa•bre, *Am. mst* **-ber** ['seɪbə] *s* Säbel *m.*

sack [sæk] **1.** Sack *m*; *Am.* (Einkaufs-) Tüte *f*; Sackkleid *n*; *hist.* Plünderung *f*; ***get the ~*** F entlassen werden; F den Laufpaß bekommen; ***give s.o. the ~*** F j-n entlassen; F j-m den Laufpaß geben; **2.** *v/t* einsacken; F rausschmeißen, entlassen; F *j-m* den Laufpaß geben; *hist.* plündern; **~•cloth** *s* Sackleinen *n*, -leinwand *f*; **~•ing** *s* Sackleinen *n*; F Entlassung *f.*

sac•ra•ment *eccl.* ['sækrəmənt] *s* Sakrament *n.*

sa•cred ['seɪkrɪd] *adj* □ heilig; geistlich.

sac•ri•fice ['sækrɪfaɪs] **1.** *s* Opfer *n*; ***at a ~*** *econ.* mit Verlust; **2.** *v/t* opfern; *econ.* mit Verlust verkaufen.

sac•ri|lege ['sækrɪlɪdʒ] *s* Sakrileg *n*; Entweihung *f*; Frevel *m*; **~•le•gious** [~'lɪdʒəs] *adj* □ frevelhaft.

sad [sæd] *adj* □ traurig; jämmerlich, elend; schlimm; *colour*: dunkel, matt.

sad•dle ['sædl] **1.** *s* Sattel *m*; **2.** *v/t* satteln; *fig.* belasten; **~r** *s* Sattler *m.*

sa•dis•m ['seɪdɪzəm] *s* Sadismus *m.*

sad•ness ['sædnɪs] *s* Traurigkeit *f.*

safe [seɪf] **1.** *adj* □ (**~r**, **~st**) sicher; unversehrt; zuverlässig; **2.** *s* Safe *m, n*, Geldschrank *m*; Fliegenschrank *m*; **~ con•duct** *s* freies Geleit; Geleitbrief *m*; **~•guard 1.** *s* Schutz *m* (***against*** gegen, vor *dat*); **2.** *v/t* sichern, schützen (***against*** gegen, vor *dat*).

safe•ty ['seɪftɪ] *s* Sicherheit *f*; Sicherheits...; **~•belt** *s* Sicherheitsgurt *m*; **~ cage** *s mot.* Sicherheits-Fahrgastzelle *f*; **~ hel•met** *s* Schutzhelm *m*; **~ is•land** *s Am.* Verkehrsinsel *f*; **~•lock** *s* Sicherheitsschloß *n*; **~•pin** *s* Sicherheitsnadel *f*; **~ ra•zor** *s* Rasierapparat *m.*

saf•fron ['sæfrən] *s* Safran(gelb *n*) *m.*

sag [sæg] *v/i* (**-gg-**) durchsacken; *tech.* durchhängen; abfallen, (herab)hängen; sinken, fallen, absacken.

sage[1] [seɪdʒ] **1.** *adj* □ (**~r**, **~st**) klug, weise; **2.** *s* Weise(r) *m.*

sage[2] *bot.* [~] *s* Salbei *m, f.*

said [sed] *pret and pp of* **say** 1.

sail [seɪl] **1.** *s* Segel *n or pl*; (Segel)Fahrt *f*; Windmühlenflügel *m*; (Segel)Schiff(e *pl*) *n*; ***set ~*** auslaufen (***for*** nach); **2.** *v/i* segeln, fahren; auslaufen (*ship*); absegeln; *fig.* schweben; *v/t mar.* befahren; *ship*: steuern; *sailboat*: segeln; **~•boat** *s Am.* Segelboot *n*; **~•er** *s* Segler *m* (*ship*); **~•ing-boat** *s Br.* Segelboot *n*; **~•ing-ship, ~•ing-ves•sel** *s* Segelschiff *n*; **~•or** *s* Seemann *m*, Matrose *m*; ***be a good*** (***bad***) ***~*** (nicht) seefest sein; **~•plane** *s* Segelflugzeug *n.*

saint [seɪnt] **1.** *s* Heilige(r *m*) *f*; *before name*: Sankt ...; **2.** *v/t* heiligsprechen; **~•ly** ['seɪntlɪ] *adj* heilig, fromm.

sake [seɪk] *s*: ***for the ~ of*** um ... (*gen*) willen; ***for my ~*** meinetwegen; ***for God's ~*** um Gottes willen.

sa•la•ble ['seɪləbl] → ***saleable.***

sal•ad ['sæləd] *s* Salat *m.*

sal•a•ried ['sælərɪd] *adj* (fest)angestellt, (-)bezahlt; **~ *employee*** Angestellte(r *m*) *f*, Gehaltsempfänger(in); **~ *job*** feste Anstellung.

sal•a•ry ['sælərɪ] *s* Gehalt *n*; **~ earn•er** *s* Angestellte(r *m*) *f*, Gehaltsempfänger(in).

sale [seɪl] *s* Verkauf *m*; Ab-, Umsatz *m*; (Saison)Schlußverkauf *m*; Auktion *f*; ***for ~*** zu verkaufen; ***be on ~*** verkauft werden, erhältlich sein.

sale•a•ble *esp. Br.* ['seɪləbl] *adj* verkäuflich.

sales|clerk *Am.* ['seɪlzklɑ:k] *s* (Laden-) Verkäufer(in); **~•man** *s* Verkäufer *m*; (Handels)Vertreter *m*; **~•per•son** *s* Verkäufer(in); (Handels)Vertreter(in); **~ slip** *s Am.* Kassenbeleg *m*, -zettel *m*; **~•wom•an** *s* Verkäuferin *f*; (Handels-) Vertreterin *f.*

sa•line ['seɪlaɪn] *adj* salzig, Salz...

sa•li•va [sə'laɪvə] *s* Speichel *m.*

sal•low ['sæləʊ] *adj* blaß, gelblich, fahl.

salm•on *zo.* ['sæmən] *s* Lachs *m*, Salm *m.*

sa•loon [sə'lu:n] *s* Salon *m*; Saal *m*; erste Klasse (*on ships*); *Am.* Kneipe *f*, Wirtschaft *f*, Saloon *m*; **~ (*car*)** *Br. mot.* Limousine *f.*

salt [sɔ:lt] **1.** *s* Salz *n*; *fig.* Würze *f*; **2.** *adj*

S

salzig; gesalzen, gepökelt; Salz...; Pökel...; **3.** *v/t* (ein)salzen; pökeln; **~-cellar** *s* Salzfäßchen *n*, -streuer *m*; **~·petre**, *Am.* **~·pe·ter** *chem.* [~'pi:tə] *s* Salpeter *m*; **~-wa·ter** *adj* Salzwasser...; **~·y** *adj* (**-ier**, **-iest**) salzig.
sa·lu·bri·ous [sə'lu:brɪəs], **sal·u·ta·ry** ['sæljʊtərɪ] *adj* □ heilsam, gesund.
sal·u·ta·tion [sælju:'teɪʃn] *s* Gruß *m*, Begrüßung *f*; Anrede *f* (*in letter*).
sa·lute [sə'lu:t] **1.** *s* Gruß *m*; *mil.* Salut *m*; **2.** *v/t* (be)grüßen; *v/i mil.* salutieren.
sal·vage ['sælvɪdʒ] **1.** *s* Bergung(sgut *n*) *f*; Bergegeld *n*; **2.** *v/t* bergen; retten.
sal·va·tion [sæl'veɪʃn] *s* Erlösung *f*; (Seelen)Heil *n*; Rettung *f*; ~ **Army** Heilsarmee *f*.
salve¹ [sælv] *v/t* retten, bergen.
salve² [~] **1.** *s* Salbe *f*; *fig.* Balsam *m*, Trost *m*; **2.** *v/t fig.* beschwichtigen, beruhigen.
same [seɪm] *adj*, *pron*, *adv*: **the ~** der-, die-, dasselbe; ***all the ~*** trotzdem; ***it is all the ~ to me*** es ist mir (ganz) gleich; ***~ to you!*** danke gleichfalls!
sam·ple ['sɑ:mpl] **1.** *s* Probe *f*, Muster *n*; **2.** *v/t* probieren; kosten.
san·a·to·ri·um [sænə'tɔ:rɪəm] *s* (*pl* **-ums**, **-a** [-ə]) Sanatorium *n*.
sanc·ti·fy ['sæŋktɪfaɪ] *v/t eccl.* heiligen; weihen; sanktionieren.
sanc·tion ['sæŋkʃn] **1.** *s* Sanktion *f* (*a. pol.*); Billigung *f*, Zustimmung *f*; **2.** *v/t* billigen; sanktionieren.
sanc|ti·ty ['sæŋktətɪ] *s* Heiligkeit *f*; **~·tu·a·ry** ['sæŋktʃʊərɪ] *s* Heiligtum *n*; *das* Allerheiligste; Asyl *n*; Schutzgebiet *n* (*for animals*); ***seek ~ with*** Zuflucht suchen bei.
sand [sænd] **1.** *s* Sand *m*; **~s** *pl* Sand(fläche *f*) *m*; Sandbank *f*; **2.** *v/t* mit Sand bestreuen; schmirgeln.
san·dal ['sændl] *s* Sandale *f*.
sand|bag ['sændbæg] **1.** *s* Sandsack *m*; **2.** *v/t* mit Sandsäcken befestigen; **~ dune** *s* Sanddüne *f*; **~-glass** *s* Sanduhr *f*; **~-hill** *s* Sanddüne *f*.
sand·wich ['sænwɪdʒ] **1.** *s* Sandwich *n*; **2.** *v/t* einklemmen, -zwängen; *a.* **~ *in*** *fig.* ein-, dazwischenschieben.
sand·y ['sændɪ] *adj* (**-ier**, **-iest**) sandig; *hair*: rotblond.
sane [seɪn] *adj* (**~r**, **~st**) geistig gesund; *jur.* zurechnungsfähig; vernünftig.
sang [sæŋ] *pret of* ***sing***.
san|gui·na·ry ['sæŋgwɪnərɪ] *adj* □ blutdürstig; blutig; **~·guine** [~ŋgwɪn] *adj* □ leichtblütig; zuversichtlich; rot, frisch, blühend (*complexion*).
san·i·tar·i·um *Am.* [sænɪ'teərɪəm] *s* (*pl* **-ums**, **-a** [-ə]) → ***sanatorium***.
san·i·ta·ry ['sænɪtərɪ] *adj* □ Gesundheits..., gesundheitlich, sanitär (*a. tech.*); **~ *napkin*** *Am.*, **~ *towel*** Damenbinde *f*.
san·i·ta·tion [sænɪ'teɪʃn] *s* Hygiene *f*; sanitäre Einrichtungen *pl*.
san·i·ty ['sænətɪ] *s* geistige Gesundheit; *jur.* Zurechnungsfähigkeit *f*.
sank [sæŋk] *pret of* ***sink*** 1.
San·ta Claus [sæntə'klɔ:z] *s* der Weihnachtsmann, der Nikolaus.
sap [sæp] **1.** *s bot.* Saft *m* (*in plants*); *fig.* Lebenskraft *f*; **2.** *v/t* (**-pp-**) schwächen; **~·less** *adj* saft-, kraftlos; **~·ling** *s bot.* junger Baum.
sap·phire ['sæfaɪə] *s* Saphir *m*.
sap·py ['sæpɪ] *adj* (**-ier**, **-iest**) saftig; *fig.* kraftvoll.
sar·cas·m ['sɑ:kæzəm] *s* Sarkasmus *m*.
sar·dine *zo.* [sɑ:'di:n] *s* Sardine *f*.
sash [sæʃ] *s* Schärpe *f*; Fensterrahmen *m*; **~-win·dow** *s* Schiebefenster *n*.
sat [sæt] *pret and pp of* ***sit***.
Sa·tan ['seɪtən] *s* Satan *m*.
satch·el ['sætʃəl] *s* Schulmappe *f*, -tasche *f*, -ranzen *m*.
sate [seɪt] *v/t* übersättigen.
sa·teen [sæ'ti:n] *s* (Baum)Wollsatin *m*.
sat·el·lite ['sætəlaɪt] *s* Satellit *m*; *a.* **~ *state*** Satellit(enstaat) *m*; **~ *dish*** *s* Parabolantenne *f*.
sa·ti·ate ['seɪʃɪeɪt] *v/t* übersättigen.
sat·in ['sætɪn] *s* (Seiden)Satin *m*.
sat|ire ['sætaɪə] *s* Satire *f*; **~·ir·ist** [~ərɪst] *s* Satiriker(in); **~·ir·ize** [~əraɪz] *v/t* verspotten.
sat·is·fac|tion [sætɪs'fækʃn] *s* Befriedigung *f*; Genugtuung *f*; Zufriedenheit *f*; *eccl.* Sühne *f*; Gewißheit *f*; **~·to·ry** [~'fæktərɪ] *adj* □ befriedigend, zufriedenstellend.
sat·is·fy ['sætɪsfaɪ] *v/t* befriedigen, zufriedenstellen; überzeugen; ***be satisfied with*** zufrieden sein mit.
sat·u·rate *chem. and fig.* ['sætʃəreɪt] *v/t* sättigen.

Sat·ur·day ['sætədɪ] *s* Sonnabend *m*, Samstag *m*.
sat·ur·nine ['sætənaɪn] *adj* □ *fig.* düster, finster.
sauce [sɔːs] **1.** *s* Soße *f*; *Am.* Kompott *n*; *fig.* Würze *f*, Reiz *m*; F Frechheit *f*; ***none of your ~!*** werd bloß nicht frech!; **2.** *v/t* F frech sein zu *j-m*; **~-boat** *s* Soßenschüssel *f*; **~·pan** *s* Kochtopf *m*; Kasserolle *f*.
sau·cer ['sɔːsə] *s* Untertasse *f*.
sauc·y ['sɔːsɪ] *adj* □ (**-ier**, **-iest**) frech; F flott, keß.
saun·ter ['sɔːntə] **1.** *s* Schlendern *n*, Bummel *m*; **2.** *v/i* schlendern, bummeln.
saus·age ['sɒsɪdʒ] *s* Wurst *f*; *a.* ***small ~*** Würstchen *n*.
sav|age ['sævɪdʒ] **1.** *adj* □ wild; roh, grausam; **2.** *s* Wilde(r *m*) *f*; Rohling *m*, Barbar(in); **~·ag·e·ry** *s* Wildheit *f*; Roheit *f*, Grausamkeit *f*.
save [seɪv] **1.** *v/t* retten; *eccl.* erlösen; bewahren; (auf-, er)sparen; schonen; (*sports*) *ball*, *shot*: halten, *goal*: verhindern; **2.** *prp and cj*: *rhet.* außer (*dat*); **~ for** bis auf (*acc*); **~ that** nur daß; **3.** *s sports*: Ballabwehr *f*, Parade *f*.
sav·er ['seɪvə] *s* Retter(in); Sparer(in); ***it is a time-~*** es spart Zeit.
sav·ing ['seɪvɪŋ] **1.** *adj* □ ...sparend; rettend; **2.** *s* Rettung *f*; **~s** *pl* Ersparnisse *pl*; **~s ac·count** *s* Sparkonto *n*; **~s bank** *s* Sparkasse *f*; **~s book** *s* Sparbuch *n*; **~s de·pos·it** *s* Spareinlage *f*.
sa·vio(u)r ['seɪvjə] *s* Retter *m*; **the** ♀ *eccl.* der Erlöser, der Heiland.
sa·vo(u)r ['seɪvə] **1.** *s* (Wohl)Geschmack *m*; *fig.* Beigeschmack *m*; *fig.* Würze *f*, Reiz *m*; **2.** *v/t fig.* genießen; *v/i fig.* schmecken, riechen (**of** nach); **~·y** *adj* □ schmackhaft; appetitlich; pikant.
saw¹ [sɔː] *pret of* **see¹**.
saw² [~] *s* Sprichwort *n*.
saw³ [~] **1.** *v/t* (**~ed**, **~n** *or* **~ed**) sägen; **2.** *s* Säge *f*; **~·dust** *s* Sägemehl *n*, -späne *pl*; **~·mill** *s* Sägewerk *n*; **~n** *pp of* **saw³** 1.
Sax·on ['sæksn] **1.** *adj* sächsisch; *ling. often* germanisch; **2.** *s* Sachse *m*, Sächsin *f*.
say [seɪ] **1.** *v/t and v/i* (**said**) sagen; auf-, hersagen; berichten; **~ grace** das Tischgebet sprechen; ***what do you ~ to ...?*** was hältst du von ...?, wie wäre es mit ...?, wie steht es mit ...?; ***it ~s*** es lautet (*writing*, *document*, *etc.*); ***it ~s here*** hier heißt es, hier steht; ***that is to ~*** das heißt; (***and***) ***that's ~ing s.th.*** (und) das will was heißen; ***you don't ~*** (***so***)***!*** was Sie nicht sagen!; ***I ~!*** sag(en Sie) mal!; ich muß schon sagen!; ***you can ~ that again***, F ***you said it*** F das kannst du laut sagen; ***he is said to be ...*** er soll ... sein; ***no sooner said than done*** gesagt, getan; **2.** *s* Rede *f*, Wort *n*; Mitspracherecht *n*; ***let him have his ~*** laß(t) ihn (doch auch mal) reden *or* s-e Meinung äußern; ***have a*** *or* ***some*** (***no***) ***~ in s.th.*** et. (nichts) zu sagen haben bei et.; ***have the final ~*** das letzte Wort haben; **~·ing** *s* Reden *n*; Sprichwort *n*, Redensart *f*; Ausspruch *m*; ***it goes without ~*** es versteht sich von selbst; ***as the ~ goes*** wie es so schön heißt.
scab [skæb] *s med.*, *bot.* Schorf *m*; *vet.* Räude *f*; *sl.* Streikbrecher *m*.
scaf·fold ['skæfəld] *s* (Bau)Gerüst *n*; Schafott *n*; **~·ing** *s* (Bau)Gerüst *n*.
scald [skɔːld] **1.** *s* Verbruhung *f*; **2.** *v/t* sich *et.* verbrühen; *milk*: abkochen; ***~ing hot*** kochendheiß; glühendheiß (*day*, *etc.*).
scale¹ [skeɪl] **1.** *s* Schuppe *f*; Kesselstein *m*; *med.* Zahnstein *m*; **2.** *v/t and v/i* (sich) (ab)schuppen, (sich) ablösen; *med. teeth*: von Zahnstein reinigen.
scale² [~] **1.** *s* Waagschale *f*; (***a pair of***) **~s** *pl* (e-e) Waage; **2.** *v/t* wiegen.
scale³ [~] **1.** *s* Stufenleiter *f*; *mus.* Tonleiter *f*; Skala *f*; Maßstab *m*; *fig.* Ausmaß *n*; **2.** *v/t* ersteigen; **~ up** (**down**) maßstab(s)getreu vergrößern (verkleinern).
scalp [skælp] **1.** *s* Kopfhaut *f*; Skalp *m*; **2.** *v/t* skalpieren.
scal·y ['skeɪlɪ] *adj* (**-ier**, **-iest**) schuppig.
scamp [skæmp] **1.** *s* Taugenichts *m*; **2.** *v/t* pfuschen bei.
scam·per ['skæmpə] **1.** *v/i a.* **~ about**, **~ around** (herum)tollen, herumhüpfen; hasten; **2.** *s* (Herum)Tollen *n*, Herumhüpfen *n*.
scan [skæn] *v/t* (**-nn-**) genau prüfen; forschend ansehen; *horizon*, *etc.*: absuchen; *computer*, *radar*, *TV*: abtasten; *headlines*: überfliegen.
scan·dal ['skændl] *s* Skandal *m*; Ärgernis *n*; Klatsch *m*; **~·ize** [~dəlaɪz] *v/t*: ***be ~d at s.th.*** über et. empört *or* entrüstet

S

sein; **~·mon·ger** *s* F Klatschmaul *n*; *journalist*: Klatschkolumnist(in); **~·ous** *adj* □ skandalös, anstößig.

Scan·di·na·vi·an [skændɪˈneɪvɪən] **1.** *adj* skandinavisch; **2.** *s* Skandinavier(in); *ling*. Skandinavisch *n*.

scant [skænt] *adj* □ knapp, gering; **~·y** *adj* □ (*-ier*, *-iest*) knapp, spärlich, kärglich, dürftig.

scape|goat [ˈskeɪpgəʊt] *s* Sündenbock *m*; **~·grace** [~greɪs] *s* Taugenichts *m*.

scar [skɑː] **1.** *s* Narbe *f*; *fig*. (Schand-) Fleck *m*, Makel *m*; Klippe *f*; **2.** (*-rr-*) *v/t* e-e Narbe *or* Narben hinterlassen auf (*dat*); *v/i*: **~ over** vernarben.

scarce [skeəs] *adj* (**~r**, **~st**) knapp; rar, selten; **~·ly** *adv* kaum; **scar·ci·ty** [~ətɪ] *s* Mangel *m*, Knappheit *f* (**of** an *dat*).

scare [skeə] **1.** *v/t* erschrecken; **~ away**, **~ off** verscheuchen; **be ~d** (**of s.th.**) (vor et.) Angst haben; **2.** *s* Schreck(en) *m*, Panik *f*; **~·crow** *s* Vogelscheuche *f* (*a. fig.*).

scarf [skɑːf] *s* (*pl* **scarfs** [~fs], **scarves** [~vz]) Schal *m*, Hals-, Kopf-, Schultertuch *n*.

scar·let [ˈskɑːlət] **1.** *s* Scharlach(rot *n*) *m*; **2.** scharlachrot; **~ fever** *med*. Scharlach *m*; **~ runner** *bot*. Feuerbohne *f*.

scarred [skɑːd] *adj* narbig.

scarves [skɑːvz] *pl of* **scarf**.

scath·ing [ˈskeɪðɪŋ] *adj look*: vernichtend; *critisism*: beißend.

scat·ter [ˈskætə] *v/t and v/i* (sich) zerstreuen; aus-, verstreuen; auseinanderstieben (*birds*, *etc*.); **~·brain** *s* F Schussel *m*; **~·brained** *adj* zerstreut, F schusselig; **~ed** *adj* verstreut; *showers*, *etc*.: vereinzelt.

sce·na·ri·o [sɪˈnɑːrɪəʊ] *s* (*pl* **-os**) *film*: Drehbuch *n*.

scene [siːn] *s* Szene *f*; Schauplatz *m*; **~s** *pl* Kulissen *pl*; **sce·ne·ry** [ˈsiːnərɪ] *s* Szenerie *f*; Bühnenbild *n*, Kulissen *pl*, Dekoration *f*; Landschaft *f*.

scent [sent] **1.** *s* (*esp*. Wohl)Geruch *m*, Duft *m*; *esp. Br*. Parfüm *n*; *hunt*. Witterung *f*; *gute etc*. Nase; Fährte *f* (*a. fig*.); **2.** *v/t* wittern; *esp. Br*. parfümieren; **~·less** *adj* geruchlos.

scep|tic, *Am*. **skep-** [ˈskeptɪk] *s* Skeptiker(in); **~·ti·cal**, *Am*. **skep-** *adj* □ skeptisch.

scep·tre, *Am*. **-ter** [ˈseptə] *s* Zepter *n*.

sched·ule [ˈʃedjuːl, *Am*. ˈskedʒuːl] **1.** *s* Zeitplan *m*, Stundenplan *m*; *esp. Am*. Verzeichnis *n*, Tabelle *f*; Plan *m*; *esp. Am*. Fahr-, Flugplan *m*; **be ahead of ~** dem Zeitplan voraus sein; **be behind ~** Verspätung haben; im Rückstand sein; **be on ~** (fahr)planmäßig *or* pünktlich ankommen; **2.** *v/t* (in e-e Liste *etc*.) eintragen; festlegen, -setzen, planen; **~d** *adj* planmäßig (*departure*, *etc*.); **~ flight** *aer*. Linienflug *m*.

scheme [skiːm] **1.** *s* Schema *n*; Plan *m*, Projekt *n*, Programm *n*; Intrige *f*; **2.** *v/t* planen; *v/i* Pläne machen; intrigieren.

schol·ar [ˈskɒlə] *s* Gelehrte(r *m*) *f*; Gebildete(r *m*) *f*; *univ*. Stipendiat(in); *dated*: Schüler(in); **~·ly** *adj* gelehrt; **~·ship** *s* Gelehrsamkeit *f*; *univ*. Stipendium *n*.

school [skuːl] **1.** *s zo*. Schwarm *m*; Schule *f* (*a. fig*.); *univ*. Fakultät *f*; *Am*. Hochschule *f*; **at ~** auf *or* in der Schule; **2.** *v/t* schulen, ausbilden; *animal*: dressieren; **~·boy** *s* Schüler *m*; **~·chil·dren** *s pl* Schulkinder *pl*, Schüler *pl*; **~·fel·low** *s* Mitschüler(in); **~·girl** *s* Schülerin *f*; **~·ing** *s* (Schul)Ausbildung *f*; **~·mate** *s* Mitschüler(in); **~·teach·er** *s* Lehrer(in).

schoo·ner [ˈskuːnə] *s mar*. Schoner *m*; *Am*. großes Bierglas; *Br*. großes Sherryglas.

sci·ence [ˈsaɪəns] *s* Wissenschaft *f*; *a*. **natural ~** *die* Naturwissenschaft(en *pl*); Kunst(fertigkeit) *f*, Technik *f*; **~ fic·tion** *s* Science-fiction *f*.

sci·en·tif·ic [saɪənˈtɪfɪk] *adj* (**~ally**) (natur)wissenschaftlich; exakt, systematisch; kunstgerecht.

sci·en·tist [ˈsaɪəntɪst] *s* (Natur)Wissenschaftler(in).

scin·til·late [ˈsɪntɪleɪt] *v/i* funkeln.

scis·sors [ˈsɪzəz] *s pl* (**a pair of ~** e-e) Schere.

scoff [skɒf] **1.** *s* Spott *m*; **2.** *v/i* spotten.

scone [skɒn] *s* (weiches) Teegebäck.

scoop [skuːp] **1.** *s* Schaufel *f*; Schöpfkelle *f*, *for icecream*, *etc*.: Portionierer *m*; F Coup *m*, gutes Geschäft; *newspaper*: F Exklusivmeldung *f*, Knüller *m*; **2.** *v/t* schöpfen, schaufeln; **~ up** (auf)schaufeln; zusammenraffen.

scoot·er [ˈskuːtə] *s* (Kinder)Roller *m*; (Motor)Roller *m*.

scope [skəʊp] *s* Bereich *m*; Gesichtskreis *m*, (geistiger) Horizont; Spielraum *m*.

scorch [skɔːtʃ] *v/t* versengen, -brennen; *v/i* F (dahin)rasen.

score [skɔː] **1.** *s sports*: (Spiel)Stand *m*, Punkt-, Trefferzahl *f*, (Spiel)Ergebnis *n*; große (An)Zahl, Menge *f*; *mus*. Partitur *f*; Kerbe *f*; ***keep ~*** *sports*: anschreiben; ***what's the ~?*** wie steht es?; ***the ~ is 2-2*** es steht zwei zu zwei; ***~s of*** viele; ***run up a ~*** Schulden machen; ***on the ~ of*** wegen (*gen*); **2.** *v/t and v/i sports*: erzielen (*points, goals*), punkten, *goals*: *a*. schießen; *record the score*: anschreiben; *mus*. instrumentieren; *Am*. F scharf kritisieren; einkerben; **~·board** *s sports*: Anzeigetafel *f*; **~·keep·er** *s sports*: Anschreiber(in); **scor·er** *s* Anschreiber(in); *soccer*: Torschütze *m*, -schützin *f*.

scorn [skɔːn] **1.** *s* Verachtung *f*; Spott *m*; **2.** *v/t* verachten; verschmähen; **~·ful** *adj* □ verächtlich.

Scot [skɒt] *s* Schott|e *m*, -in *f*.

Scotch [skɒtʃ] **1.** *adj* schottisch; **2.** *s ling*. Schottisch *n*; schottischer Whisky; **~-man, ~·wom·an** → ***Scotsman, Scotswoman***.

scot-free [skɒt'friː] *adj* ungestraft; ***go*** *od*. ***get away ~*** ungeschoren davonkommen.

Scots [skɒts] ***the ~*** *pl* die Schotten *pl*; **~·man** *s* Schotte *m*; **~·wom·an** *s* Schottin *f*.

Scot·tish ['skɒtɪʃ] *adj* schottisch.

scour[1] ['skaʊə] *v/t* scheuern; reinigen.

scour[2] [~] *v/t* durchsuchen, -stöbern.

scourge [skɜːdʒ] **1.** *s* Geißel *f* (*a. fig.*); *fig*. Plage *f*; **2.** *v/t* geißeln.

scout [skaʊt] **1.** *s esp. mil*. Späher *m*, Kundschafter *m*; *sports*: Spion *m*, Beobachter *m*; *aer*. Aufklärer *m*; *Br. mot*. motorisierter Pannenhelfer; (***boy***) **~** Pfadfinder *m*; (***girl***) **~** *Am*. Pfadfinderin *f*; ***talent ~*** Talentsucher *m*; **2.** *v/t* auskundschaften; *v/i esp. mil*. auf Erkundung sein; ***~ about, ~ around*** sich umsehen (***for*** nach).

scowl [skaʊl] **1.** *s* finsteres Gesicht; **2.** *v/i* finster blicken.

scrab·ble ['skræbl] *v/i* scharren; (herum)tasten, (-)wühlen.

scram·ble ['skræmbl] **1.** *v/i* klettern; sich balgen (***for*** um); *v/t* verrühren; ***~d eggs*** *pl* Rührei *n*; **2.** *s* Kletterei *f*; Balgerei *f*; *fig*. Gerangel *n*.

scrap [skræp] **1.** *s* Stückchen *n*, Fetzen *m*; (Zeitungs)Ausschnitt *m*; Altmaterial *n*; Schrott *m*; **~s** *pl* Abfall *m*, (*esp*. Speise)Reste *pl*; **2.** *v/t* (**-pp-**) ausrangieren; verschrotten; **~-book** *s* Sammelalbum *n*.

scrape [skreɪp] **1.** *s* Kratzen *n*; Kratzer *m*, Schramme *f*; *fig*. Klemme *f*; **2.** *v/t* (ab)schaben, (ab)kratzen (***from*** von); ***~ together*** F *money*: zusammenkratzen; *v/i* scheuern (***against*** an *dat*).

scrap|-heap ['skræphiːp] *s* Abfall-, Schrotthaufen *m*; **~-i·ron, ~-met·al** *s* Alteisen *n*, Schrott *m*; **~-pa·per** *s* Schmierpapier *n*; Altpapier *n*.

scratch [skrætʃ] **1.** *s* Kratzer *m*, Schramme *f*; Kratzen *n*; *sports*: Startlinie *f*; ***start from ~*** *fig*. ganz von vorn (*or* von Null) anfangen; ***be up to ~*** den Erwartungen entsprechen, F auf Zack sein; ***bring s.th. up to ~*** et. auf Vordermann bringen; **2.** *adj* zusammengewürfelt; improvisiert; *sports*: ohne Vorgabe; **3.** *v/t and v/i* (zer)kratzen; (zer)schrammen; (sich) kratzen, *animal*: kraulen; ***~ out, ~ through, ~ off*** aus-, durchstreichen; **~ pad** *s Am*. Notizblock *m*; **~ pa·per** *s Am*. Schmierpapier *n*.

scrawl [skrɔːl] **1.** *v/t* kritzeln; **2.** *s* Gekritzel *n*, F Klaue *f*.

scraw·ny ['skrɔːnɪ] *adj* (**-ier, -iest**) dürr.

scream [skriːm] **1.** *s* Schrei *m*; Gekreisch *n*; ***he is a ~*** F er ist zum Schreien komisch; **2.** *v/i and v/t* schreien, kreischen.

screech [skriːtʃ] → ***scream***.

screen [skriːn] **1.** *s* Wand-, Ofen-, Schutzschirm *m*; (Film)Leinwand *f*; *der* Film, *das* Kino; *radar, TV, computer*: Bildschirm *m*; Fliegengitter *n*; *fig*. Schutz *m*, Tarnung *f*; **2.** *v/t* abschirmen (*a*. **~ off**) (***from*** gegen); (be)schützen (***from*** vor *dat*); *picture*: projizieren; *TV*: senden; *film*: vorführen, zeigen; verfilmen; *fig*. *j-n* decken; *fig*. *person*: überprüfen; **~·play** *s* Drehbuch *n*.

screw [skruː] **1.** *s* Schraube *f*; (Flugzeug-, Schiffs)Schraube *f*; Propeller *m*; **2.** *v/t* schrauben; V bumsen, vögeln; ***~ up*** zuschrauben, F *spoil*: vermasseln; ***~ up one's courage*** sich ein Herz fassen; **~·ball** *s Am. sl*. komischer Kauz, Spinner *m*; **~·driv·er** *s* Schraubenzieher *m*.

scrib·ble ['skrɪbl] **1.** *s* Gekritzel *n*; **2.** *v/t* (hin)kritzeln.

scrimp [skrɪmp] *v/i* sparen, knausern (**on** mit).
script [skrɪpt] *s* Schrift *f*; Handschrift *f*; *print.* Schreibschrift *f*; Manuskript *n*; *film, TV*: Drehbuch *n*.
Scrip·ture ['skrɪptʃə] *s*: (***Holy***) **~**, ***The*** (***Holy***) **~*s*** *pl* die Heilige Schrift.
scroll¹ [skrəʊl] *s* Schriftrolle *f*; Schnecke *f* (*of violin*); Schnörkel *m*.
scroll² [~] *v/t computer*: rollen, scrollen.
scro·tum *anat.* ['skrəʊtəm] *s* (*pl* **-*ta*** [-tə], **-*tums***) Hodensack *m*.
scrub¹ [skrʌb] *s* Gestrüpp *n*, Buschwerk *n*; Knirps *m*; *contp.* Null *f* (*person*); *Am. sports*: zweite (Spieler)Garnitur.
scrub² [~] **1.** *s* Schrubben *n*, Scheuern *n*; **2.** *v/t* (**-*bb*-**) schrubben, scheuern.
scru|ple ['skru:pl] **1.** *s* Skrupel *m*, Zweifel *m*, Bedenken *n*; **2.** *v/i* Bedenken haben; **~·pu·lous** [~jʊləs] *adj* □ voller Skrupel; gewissenhaft; ängstlich.
scru·ti|nize ['skru:tɪnaɪz] *v/t* (genau) prüfen; **~·ny** [~ɪ] *s* forschender Blick; genaue (*esp. pol.* Wahl)Prüfung.
scu·ba ['sku:bə] *s* Unterwasser-Atemgerät *n*; **~ *diving*** Sporttauchen *n*.
scuff [skʌf] *v/t* abwetzen; *v/i* schlurfen.
scuf·fle ['skʌfl] **1.** *s* Balgerei *f*, Rauferei *f*; **2.** *v/i* sich balgen, raufen.
scull [skʌl] *s* **1.** Skull *n* (*oar*); Skullboot *n*; **2.** *v/t and v/i* rudern, skullen.
scul·le·ry ['skʌlərɪ] *s* Spülküche *f*.
sculp|tor ['skʌlptə] *s* Bildhauer *m*; **~·tress** *s* Bildhauerin *f*; **~·ture 1.** *s* Bildhauerei *f*; Skulptur *f*, Plastik *f*; **2.** *v/t* (heraus)meißeln, formen.
scum [skʌm] *s* (Ab)Schaum *m*; ***the ~ of the earth*** *fig.* der Abschaum der Menschheit.
scurf [skɜ:f] *s* (Haut-, *esp.* Kopf)Schuppen *pl*.
scur·ri·lous ['skʌrɪləs] *adj* □ gemein, unflätig; beleidigend.
scur·ry ['skʌrɪ] *v/i* hasten, huschen.
scur·vy *med.* ['skɜ:vɪ] *s* Skorbut *m*.
scut·tle ['skʌtl] **1.** *s* Kohleneimer *m*; **2.** *v/i* → ***scurry***; sich hastig zurückziehen.
scythe *agr.* [saɪð] *s* Sense *f*.
sea [si:] *s* See *f*, Meer *n* (*a. fig.*); hohe Welle; ***at ~*** auf See; (***all***) ***at ~*** *fig.* (völlig) ratlos; ***by ~*** auf dem Seeweg, mit dem Schiff; ***by the ~*** am Meer, an der See; **~·board** *s* Küste(ngebiet *n*) *f*; **~·coast** *s* Meeresküste *f*; **~·far·ing** [~feərɪŋ] *adj* seefahrend; **~·food** *s* Meeresfrüchte *pl*; **~·front** *s appr.* Uferstraße *f*, Uferpromenade *f*; **~·go·ing** *adj mar.* (hoch)seetüchtig; (Hoch)See...; **~·gull** *s zo.* Möwe *f*.
seal¹ [si:l] **1.** *s* Siegel *n*; Stempel *m*; *tech.* Dichtung *f*; *fig.* Bestätigung *f*; **2.** *v/t* versiegeln; *fig.* besiegeln; **~ *off*** *fig.* abriegeln; **~ *up*** (fest) verschließen *or* abdichten.
seal² *zo.* [~] *s* Robbe *f*, Seehund *m*.
sea-lev·el ['si:levl] *s* Meeresspiegel *m*, -höhe *f*.
seal·ing-wax ['si:lɪŋwæks] *s* Siegellack *m*.
seam [si:m] **1.** *s* Naht *f*; *mar.* Fuge *f*; *geol.* Flöz *n*; Narbe *f*; **2.** *v/t*: **~ *together*** zusammennähen; **~*ed with*** *face*: zerfurcht von.
sea·man ['si:mən] *s* Seemann *m*, Matrose *m*.
seam·stress ['semstrɪs] *s* Näherin *f*.
sea|plane ['si:pleɪn] *s* Wasserflugzeug *n*; **~·port** *s* Seehafen *m*; Hafenstadt *f*; **~ pow·er** *s* Seemacht *f*.
sear [sɪə] *v/t* versengen, -brennen; *med.* ausbrennen; verdorren lassen.
search [sɜ:tʃ] **1.** *s* Suche *f*, Suchen *n*, Forschen *n*; *jur.* Fahndung *f* (**for** nach); Unter-, Durchsuchung *f*; ***in ~ of*** auf der Suche nach; **2.** *v/t* durch-, untersuchen; *med.* sondieren; *conscience*: erforschen, prüfen; **~ *me!*** F keine Ahnung!; *v/i* suchen, forschen (**for** nach); **~ *into*** untersuchen, ergründen; **~·ing** *adj* □ forschend, prüfend; eingehend (*examination, inquiry, etc.*); **~·light** *s* (Such-) Scheinwerfer *m*; **~·par·ty** *s* Suchmannschaft *f*; **~·war·rant** *s jur.* Haussuchungs-, Durchsuchungsbefehl *m*.
sea|-shore ['si:ʃɔ:] *s* See-, Meeresküste *f*; **~·sick** *adj* seekrank; **~·sick·ness** *s* Seekrankheit *f*; **~·side** *s*: ***at the ~*** am Meer; ***go to the ~*** ans Meer fahren; **~ *place*, ~ *resort*** Seebad *n*.
sea·son ['si:zn] **1.** *s* Jahreszeit *f*; (rechte) Zeit; Saison *f*; *Br.* F → ***season ticket***; ***cherries are now in ~*** jetzt ist Kirschenzeit; ***out of ~*** nicht (auf dem Markt) zu haben; *fig.* zur Unzeit; ***with the compliments of the ~*** mit den besten Wünschen zum Fest; **2.** *v/t* würzen; *wood*: ablagern; **sea·so·na·ble** *adj* □ zeitgemäß; rechtzeitig; **~·al** *adj*

S

□ saisonbedingt, Saison...; **~·ing** *s* Würze *f* (*a. fig.*); Gewürz *n*; **~ tick·et** *s rail., etc.* Dauer-, Zeitkarte *f*; *thea.* Abonnement *n.*

seat [siːt] **1.** *s* Sitz *m*; Sessel *m*, Stuhl *m*, Bank *f*; (Sitz)Platz *m*; Platz *m*, Sitz *m* (*in theatre, etc.*); (***country***) **~** Landsitz *m*; *buttocks*: Gesäß *n*, Hosenboden *m*; *fig.* Sitz *m* (*membership*), *pol. a.* Mandat *n*; *fig.* Stätte *f*, Ort *m*, Schauplatz *m*; → ***take*** 1; **2.** *v/t* (hin)setzen; fassen, Sitzplätze haben für; ***~ed*** sitzend; ...sitzig; ***be ~ed*** sitzen; ***be ~ed!*** nehmen Sie Platz!; ***remain ~ed*** sitzen bleiben; **~-belt** *s aer., mot.* Sicherheitsgurt *m.*

sea|-ur·chin *zo.* [ˈsiːɜːtʃɪn] *s* Seeigel *m*; **~·ward 1.** *adj* seewärts gerichtet; **2.** *adv a.* **~s** seewärts; **~·weed** *s bot.* (See-)Tang *m*; **~·wor·thy** *adj* seetüchtig.

se·cede [sɪˈsiːd] *v/i* sich trennen, abfallen (***from*** von); **se·ces·sion** [sɪˈseʃn] *s* Abfall *m*, Abspaltung *f*, Sezession *f*; **se·ces·sion·ist** *s* Abtrünnige(r *m*) *f.*

se·clude [sɪˈkluːd] *v/t* abschließen, absondern; **se·clud·ed** *adj* einsam; zurückgezogen; abgelegen; **se·clu·sion** [~ʒn] *s* Zurückgezogen-, Abgeschiedenheit *f.*

sec·ond¹ [ˈsekənd] *s* Sekunde *f*; ***just a ~!*** Moment, bitte!; ***have you got a ~?*** hast du e-n Moment Zeit?

sec·ond² [~] **1.** *adj* □ zweite(r, -s); ***~ to none*** unübertroffen; ***on ~ thought*** nach reiflicher Überlegung; **2.** *adv* als zweite(r, -s), an zweiter Stelle; **3.** *s der, die, das* Zweite; Sekundant *m*; Beistand *m*; **~s** *pl* Ware(n *pl*) *f* zweiter Wahl, zweite Wahl; F Nachschlag *m*; **4.** *v/t* sekundieren (*dat*); unterstützen.

sec·ond·a·ry [ˈsekəndərɪ] *adj* □ sekundär, untergeordnet; Neben...; Hilfs...; Sekundär...; ***~ education*** höhere Schulbildung; ***~ modern*** (***school***) *Br.* (*appr.*) Kombination *f* aus Real- u. Hauptschule; ***~ school*** höhere Schule.

sec·ond|-hand [sekəndˈhænd] *adj* aus zweiter Hand (*a. adv*); gebraucht; antiquarisch; **~·ly** [~lɪ] *adv* zweitens; **~-rate** *adj* zweitklassig.

se·cre|cy [ˈsiːkrɪsɪ] *s* Heimlichkeit *f*; Verschwiegenheit *f*; **~t** [~t] **1.** *adj* □ geheim; Geheim...; verschwiegen; verborgen; **2.** *s* Geheimnis *n*; ***in ~*** heimlich, insgeheim; ***be in the ~*** eingeweiht sein; ***keep s.th. a ~ from s.o.*** j-m et. verheimlichen.

sec·re·ta·ry [ˈsekrətrɪ] *s* Schriftführer *m*; Sekretär(in); ***♀ of State*** *Br.* Staatssekretär *m*; *Br.* Minister *m*; *Am.* Außenminister *m.*

se·crete [sɪˈkriːt] *v/t* verbergen; *biol., med.* absondern; **se·cre·tion** [~ʃn] *s* Verbergen *n*; *biol., med.* Absonderung *f*; **se·cre·tive** [~tɪv] *adj* verschlossen, geheimnistuerisch.

se·cret·ly [ˈsiːkrɪtlɪ] *adv* heimlich, insgeheim.

sec·tion [ˈsekʃn] *s med.* Sektion *f*; Schnitt *m*; Teil *m*; Abschnitt *m*; *jur.* Paragraph *m*; *print.* Absatz *m*; Abteilung *f*; Gruppe *f.*

se·cure [sɪˈkjʊə] **1.** *adj* □ sicher; fest; gesichert; **2.** *v/t* (sich *et.*) sichern; schützen; garantieren; befestigen; (fest) (ver)schließen; **se·cu·ri·ty** *s* Sicherheit *f*; Sicherheitsmaßnahmen *pl*; Sorglosigkeit *f*; Garantie *f*; Bürge *m*; Kaution *f*; ***securities*** *pl* Wertpapiere *pl*; **~ check** Sicherheitskontrolle *f.*

se·date [sɪˈdeɪt] *adj* □ gesetzt; ruhig.

sed·a·tive *mst med.* [ˈsedətɪv] **1.** *adj* beruhigend; **2.** *s* Beruhigungsmittel *n.*

sed·i·ment [ˈsedɪmənt] *s* Sediment *n*; (Boden)Satz *m*; *geol.* Ablagerung *f.*

se·duce [sɪˈdjuːs] *v/t* verführen; **se·duc·er** *s* Verführer *m*; **se·duc·tion** [sɪˈdʌkʃn] *s* Verführung *f*; **se·duc·tive** *adj* □ verführerisch.

see¹ [siː] (***saw***, ***seen***) *v/i* sehen; *make sure*: nachsehen; *reflect*: überlegen; ***I ~!*** ich verstehe; ach so!; ***~ about*** sich kümmern um; ***I'll ~ about it*** ich werde es mir überlegen, mal sehen; ***~ into*** untersuchen, nachgehen (*dat*); ***~ through*** *j-n or et.* durchschauen; ***~ to*** sich kümmern um; *v/t* sehen; *meet*: besuchen, treffen; dafür sorgen(, daß); *doctor, etc.*: aufsuchen, konsultieren; einsehen; ***~ s.o. home*** j-n nach Hause bringen *or* begleiten; ***~ you!*** F bis dann!, auf bald!, wir sehen uns!; ***~ you later!*** bis später!, bis nachher!; ***~ s.o. off*** j-n verabschieden (***at*** *station, etc.* am *Bahnhof etc.*); ***~ s.o. out*** j-n hinausbegleiten; ***~ through*** *et.* durchhalten; *j-m* durchhelfen; ***live to ~*** erleben.

see² [~] *s*: ***the Holy ♀*** der Heilige Stuhl.

seed [siːd] **1.** *s* Same(n) *m*, Saat(gut *n*) *f*;

S

(Obst)Kern *m*; *coll.* Samen *pl*; *mst* **~s** *pl fig.* Saat *f*, Keim *m*; ***go** or **run to** ~* schießen (*salad, etc.*); *fig.* herunterkommen; **2.** *v/t* (be)säen; entkernen; *v/i* in Samen schießen; **~less** *adj* kernlos (*fruit*); **~ling** *s agr.* Sämling *m*; **~y** *adj* □ F (**-ier**, **-iest**) schäbig; elend.
seek [siːk] *v/t and v/i* (***sought***) suchen (***after, for*** nach); streben nach.
seem [siːm] *v/i* (er)scheinen; ***it ~s to me that ...*** mir scheint, daß ...; **~ing** *adj* □ scheinbar.
seen [siːn] *pp of* **see**[1].
seep [siːp] *v/i* (durch)sickern.
see-saw ['siːsɔː] **1.** *s* Wippe *f*, Wippschaukel *f*; **2.** *v/i* wippen; *fig.* schwanken.
seethe [siːð] *v/i* sieden; schäumen (*a. fig.*); *fig.* kochen.
seg·ment ['segmənt] *s* Abschnitt *m*; Segment *n*.
seg·re|gate ['segrɪgeɪt] *v/t* absondern, trennen (*a. social groups*); **~ga·tion** [~'geɪʃn] *s* Absonderung *f*; Rassentrennung *f*.
seize [siːz] *v/t* ergreifen, packen, fassen; an sich reißen; *jur.* beschlagnahmen; *j-n* ergreifen, festnehmen; (ein)nehmen, erobern; *fig.* erfassen.
sei·zure ['siːʒə] *s* Ergreifung *f*; *jur.* Beschlagnahme *f*; *med.* Anfall *m*.
sel·dom ['seldəm] *adv* selten.
se·lect [sɪ'lekt] **1.** *v/t* auswählen, -suchen; **2.** *adj* ausgewählt; erlesen; exklusiv; **se·lec·tion** *s* Auswahl *f*; Auslese *f*.
self [self] **1.** *s* (*pl* ***selves*** [selvz]) Selbst *n*, Ich *n*; **2.** *pron* selbst; *econ. or* F → ***myself**, etc.*; **~-as·sured** *adj* selbstbewußt, -sicher; **~-ca·ter·ing 1.** *s* Selbstversorgung *f*; **2.** *adj* mit Selbstversorgung; **~-cen·t(e)red** *adj* egozentrisch; **~-col·o(u)red** *adj esp. bot.* einfarbig; **~-com·mand** *s* Selbstbeherrschung *f*; **~-con·fi·dence** *s* Selbstvertrauen *n*, -bewußtsein *n*; **~-con·fi·dent** *adj* □ selbstsicher, -bewußt; **~-con·scious** *adj* □ befangen, gehemmt, unsicher; **~-con·tained** *adj* (in sich) geschlossen, selbständig; *fig.* verschlossen; ***~ flat*** *Br.* abgeschlossene *or* separate Wohnung; **~-con·trol** *s* Selbstbeherrschung *f*; **~-de·fence**, *Am.* **~-de·fense** *s* Selbstverteidigung *f*; ***in ~*** in Notwehr; **~-de·ni·al** *s* Selbstverleugnung *f*; **~-de·ter·mi·na·tion** *s esp. pol.* Selbstbestimmung *f*; **~-drive** *adj*: ***~ hire*** Autovermietung *f*; ***~ vehicle*** Mietwagen *m*; **~-em·ployed** *adj econ.* selbständig; **~-ev·i·dent** *adj* selbstverständlich; **~-gov·ern·ment** *s pol.* Selbstverwaltung *f*, Autonomie *f*; **~-help** *s* Selbsthilfe *f*; **~-in·dul·gent** *adj* maßlos, zügellos; **~-in·struc·tion** *s* Selbstunterricht *m*; **~-in·terest** *s* Eigennutz *m*, eigenes Interesse; **~ish** *adj* □ selbstsüchtig; **~-made** *adj* selbstgemacht; ***~ man*** Selfmademan *m*; **~-pit·y** *s* Selbstmitleid *n*; **~-pos·ses·sion** *s* Selbstbeherrschung *f*; **~-re·li·ant** *adj* selbstsicher, -bewußt; **~-re·spect** *s* Selbstachtung *f*; **~-right·eous** *adj* □ selbstgerecht; **~-ser·vice 1.** *adj* mit Selbstbedienung, Selbstbedienungs...; **2.** *s* Selbstbedienung *f*; **~-willed** *adj* eigenwillig, -sinnig.
sell [sel] (***sold***) *v/t* verkaufen (*a. fig.*); *j-m et.* aufschwatzen; ***~ off*** abstoßen; ***~ out*** ausverkaufen; *v/i* sich verkaufen (lassen), gehen (*goods*); verkauft werden (***at, for*** für); **~-by date** *s* Verfallsdatum *n*; **~er** *s* Verkäufer(in); ***good ~*** *econ.* gutgehender Artikel.
selves [selvz] *pl of* ***self*** 1.
sem·blance ['sembləns] *s* Anschein *m*.
se·men *biol.* ['siːmen] *s* Samen *m*, Sperma *n*.
sem·i ['semɪ] **1.** *s Br.* F Doppelhaushälfte *f*; **2.** *adj* halb..., Halb...; **~co·lon** *s* Semikolon *n*, Strichpunkt *m*; **~-de·tached (house)** *s* Doppelhaushälfte *f*; **~fi·nal** *s sports*: Halb-, Semifinalspiel *n*; **~s** *pl* Halb-, Semifinale *n*, Vorschlußrunde *f*.
sem·i·nar ['semɪnɑː] *s* Seminar *n*; *Am.* Konferenz *f*; **sem·i·na·ry** ['semɪnərɪ] *s* (Priester)Seminar *n*; *fig.* Schule *f*.
semp·stress ['semstrɪs] → ***seamstress.***
sen·ate ['senɪt] *s* Senat *m*; **sen·a·tor** ['senətə] *s* Senator *m*.
send [send] (***sent***) *v/t* senden, schicken; (*with adj or ppr*) machen; ***~ s.o. mad*** j-n wahnsinnig machen; ***~ forth*** aussenden, -strahlen; hervorbringen; veröffentlichen; ***~ in*** einsenden, -schicken, -reichen; ***~ up*** *fig. price, etc.*: steigen lassen, in die Höhe treiben; ***~ word to s.o.*** j-m Nachricht geben; *v/i*: ***~ for*** nach *j-m* schicken, *j-n* kommen lassen, *j-n* holen *or* rufen (lassen); **~er** *s* Absender(in).

S

se·nile ['siːnaɪl] *adj* greisenhaft, senil; **se·nil·i·ty** [sɪ'nɪlətɪ] *s* Senilität *f*.

se·ni·or ['siːnɪə] **1.** *adj* senior; älter; rang-, dienstälter; Ober...; ***~ citizens*** *pl* ältere Mitbürger *pl*, Senioren *pl*; ***≗ Citizen's Railcard*** Seniorenpaß *m*; ***~ partner*** *econ.* Seniorpartner *m*; **2.** *s* Ältere(r *m*) *f*; Rang-, Dienstältere(r *m*) *f*; Senior(in); ***he is my ~ by a year*** er ist ein Jahr älter als ich; **~·i·ty** [siːnɪ'ɒrətɪ] *s* höheres Alter *or* Dienstalter.

sen·sa·tion [sen'seɪʃn] *s* (Sinnes)Empfindung *f*; Gefühl *n*; Eindruck *m*; Sensation *f*; **~·al** *adj* □ sensationell; aufsehenerregend.

sense [sens] **1.** *s* Sinn *m* (***of*** für); Empfindung *f*, Gefühl *n*; Verstand *m*; Bedeutung *f*; Ansicht *f*; ***in*** (***out of***) ***one's ~s*** bei (von) Sinnen; ***bring s.o. to his*** *or* ***her ~s*** j-n zur Vernunft bringen; ***make ~*** Sinn haben; ***talk ~*** vernünftig reden; **2.** *v/t* spüren, fühlen.

sense·less ['senslɪs] *adj* □ bewußtlos; unvernünftig, dumm; sinnlos; **~·ness** *s* Bewußtlosigkeit *f*; Unvernunft *f*; Sinnlosigkeit *f*.

sen·si·bil·i·ty [sensɪ'bɪlətɪ] *s* Sensibilität *f*, Empfindungsvermögen *n*; *phys.*, *etc.*: Empfindlichkeit *f*; ***sensibilities*** *pl* Empfindsamkeit *f*, Zartgefühl *n*.

sen·si·ble ['sensəbl] *adj* □ vernünftig; spür-, fühlbar; ***be ~ of s.th.*** sich e-r Sache bewußt sein; et. empfinden.

sen·si|tive ['sensɪtɪv] *adj* empfindlich (***to*** gegen); Empfindungs...; sensibel, empfindsam, feinfühlig; **~·tive·ness** *s*, **~·tiv·i·ty** [~'tɪvətɪ] *s* Sensibilität *f*; Empfindlichkeit *f*.

sen·sor *tech.* ['sensə] *s* Sensor *m*.

sen·su·al ['senʃʊəl] *adj* □ sinnlich.

sen·su·ous ['senʃʊəs] *adj* □ sinnlich; Sinnes...; sinnenfroh.

sent [sent] *pret and pp of* **send**.

sen·tence ['sentəns] **1.** *s jur.* (Straf)Urteil *n*; *gr.* Satz *m*; ***serve one's ~*** s-e Strafe absitzen; **2.** *v/t jur.* verurteilen.

sen·ti|ment ['sentɪmənt] *s* (seelische) Empfindung, Gefühl *n*; Meinung *f*; → ***sentimentality***; **~·ment·al** [~'mentl] *adj* □ empfindsam; sentimental; **~·men·tal·i·ty** [~men'tælətɪ] *s* Sentimentalität *f*.

sen·try *mil.* ['sentrɪ] *s* Wache *f*, (Wach[t])Posten *m*.

sep·a|ra·ble ['sepərəbl] *adj* □ trennbar; **~·rate 1.** *adj* □ ['seprət] (ab)getrennt, gesondert, separat; einzeln; **2.** *v/t and v/i* ['sepəreɪt] (sich) trennen; (sich) absondern; (sich) scheiden; aufteilen (***into*** in *acc*); **~·ra·tion** [sepə'reɪʃn] *s* Trennung *f*; Scheidung *f*.

sep·sis *med.* ['sepsɪs] *s* (*pl* **-ses** [-siːz]) Sepsis *f*, Blutvergiftung *f*.

Sep·tem·ber [sep'tembə] *s* September *m*.

sep·tic *med.* ['septɪk] *adj* (***~ally***) septisch.

se·pul·chral [sɪ'pʌlkrəl] *adj* Grab...; *fig.* düster, Grabes...; **sep·ul·chre**, *Am.* **-cher** ['sepəlkə] *s* Grab(stätte *f*) *n*.

se·quel ['siːkwəl] *s* Folge *f*; Nachspiel *n*; (Roman- *etc.*)Fortsetzung *f*; ***a four-~ program***(***me***) *TV* ein Vierteiler *m*, e-e vierteilige Serie.

se·quence ['siːkwəns] *s* (Aufeinander-, Reihen)Folge *f*; *film*: Szene *f*; **se·quent** [~t] *adj* (aufeinander)folgend.

se·ques·trate *jur.* [sɪ'kwestreɪt] *v/t property*: einziehen; beschlagnahmen.

ser·e·nade *mus.* [serə'neɪd] **1.** *s* Serenade *f*, Ständchen *n*; **2.** *v/t j-m* ein Ständchen bringen.

se·rene [sɪ'riːn] *adj* □ klar; heiter; ruhig; **se·ren·i·ty** [sɪ'renətɪ] *s* Heiterkeit *f*; Ruhe *f*.

ser·geant ['sɑːdʒənt] *s mil.* Feldwebel *m*; (Polizei)Wachtmeister *m*.

se·ri·al ['sɪərɪəl] **1.** *adj* □ serienmäßig, Reihen..., Serien..., Fortsetzungs...; **2.** *s* Fortsetzungsroman *m*; (Hörspiel-, Fernseh)Folge *f*, Serie *f*.

se·ries ['sɪəriːz] *s* (*pl* **-ries**) Reihe *f*; Serie *f*; Folge *f*.

se·ri·ous ['sɪərɪəs] *adj* □ ernst; ernsthaft, ernstlich; *newspaper*: seriös; ***be ~*** es ernst meinen (***about*** mit); ***you can't be ~!*** das kann nicht dein Ernst sein!; ***take s.o. ~ly*** j-n ernst nehmen; ***~ly wounded*** schwer verletzt; **~·ness** *s* Ernst(haftigkeit *f*) *m*.

ser·mon ['sɜːmən] *s eccl.* Predigt *f*; *iro.* (Moral-, Straf)Predigt *f*.

ser|pent *zo.* ['sɜːpənt] *s* Schlange *f*; **~·pen·tine** [~aɪn] *adj* schlangenförmig; gewunden, *road*: kurvenreich, Serpentinen...

se·rum ['sɪərəm] *s* (*pl* **-rums**, **-ra** [-rə]) Serum *n*.

ser·vant ['sɜːvənt] *s a.* ***domestic ~*** Diener(in), Hausangestellte(r *m*) *f*, Dienstbote *m*, -mädchen *n*, Bedienstete(r *m*) *f*; ***public* ~** Staatsbeamt|er *m*, -in *f*; Angestellte(r *m*) *f* im öffentlichen Dienst; → ***civil***.

serve [sɜːv] **1.** *v/t* dienen (*dat*); *period of service* (*a. mil.*): ableisten; *apprenticeship*: (durch)machen; *jur. sentence*: verbüßen; genügen (*dat*); *customers*: bedienen; *meal*: servieren, auftragen, reichen; *drink*: servieren, einschenken; versorgen (***with*** mit); *be useful*: nützen, dienlich sein (*dat*); *purpose*: erfüllen; *tennis, etc.*: aufschlagen, *volleyball*: *a.* aufgeben; (***it***) **~*s him right*** (das) geschieht ihm ganz recht; **~ *out*** *et.* aus-, verteilen; *v/i* dienen (*a. mil.*; ***as, for*** als); *econ.* bedienen; nützen; genügen; *tennis, etc.*: aufschlagen, *volleyball*: *a.* aufgeben; ***XY to* ~** *tennis, etc.*: Aufschlag XY; **~ *at table*** (bei Tisch) servieren, bedienen; **2.** *s tennis, etc.*: Aufschlag *m*, *volleyball*: *a.* Aufgabe *f*.

ser·vice ['sɜːvɪs] **1.** *s* Dienst *m*; *econ., etc.*: Dienstleistung *f*; *in hotel, etc.*: Bedienung *f*; *favour*: Gefälligkeit *f*; *eccl.* Gottesdienst *m*; *mil.* (Wehr-, Militär-) Dienst *m*; *tech.* Wartung *f*, *mot. a.* Inspektion *f*; Service *m*, Kundendienst *m*; *trains, etc.*: (Zug- *etc.*)Verkehr *m*; *set of dishes*: Service *n*; *tennis, etc.*: Aufschlag *m*, *volleyball*: *a.* Aufgabe *f*; ***be at s.o.'s* ~** j-m zur Verfügung stehen; **2.** *v/t tech.* warten, pflegen; **ser·vi·cea·ble** *adj* □ brauchbar, nützlich; praktisch; strapazierfähig; **~ ar·e·a** *s Br.* (Autobahn-) Raststätte *f*; **~ charge** *s* Bedienungszuschlag *m*; Bearbeitungsgebühr *f*; **~ in·dus·try** *s econ.* Dienstleistungsgewerbe *n*; **~ sta·tion** *s* Tankstelle *f*; (Reparatur)Werkstatt *f*.

ser|vile ['sɜːvaɪl] *adj* □ sklavisch (*a. fig.*); unterwürfig, kriecherisch; **~·vil·i·ty** [sɜː'vɪlətɪ] *s* Unterwürfigkeit *f*, Kriecherei *f*.

serv·ing ['sɜːvɪŋ] *s of food*: Portion *f*.

ser·vi·tude ['sɜːvɪtjuːd] *s* Knechtschaft *f*; Sklaverei *f*.

ses·sion ['seʃn] *s* Sitzung(speriode) *f*; ***be in* ~** *jur., parl.* tagen.

set [set] **1.** (-***tt***-; ***set***) *v/t* setzen; stellen; legen; *causing to happen*: (ver)setzen, bringen; veranlassen zu; ein-, herrichten, ordnen; *tech.* (ein)stellen; (*alarm-*) *clock*: stellen; *gem*: fassen; besetzen (***with*** *jewels* mit); *liquid*: erstarren lassen; *hair*: legen; *med. fracture, bone*: einrenken, -richten; *mus.* vertonen; *print.* absetzen; *task*: stellen; *time, price*: festsetzen; *record*: aufstellen; **~ *s.o. laughing*** j-n zum Lachen bringen; **~ *an example*** ein Beispiel geben; **~ *one's hopes on*** s-e Hoffnung setzen auf (*acc*); **~ *the table*** den Tisch decken; **~ *one's teeth*** die Zähne zusammenbeißen; **~ *at ease*** beruhigen; **~ *s.o.'s mind at rest*** j-n beruhigen; **~ *great*** (***little***) ***store by*** großen (geringen) Wert legen auf (*acc*); **~ *aside*** beiseite legen, weglegen; *jur.* aufheben; verwerfen; **~ *forth*** darlegen; **~ *off*** hervorheben; **~ *up*** errichten; aufstellen; einrichten, gründen; *government*: bilden; *j-n* etablieren; *v/i* untergehen (*sun, etc.*); gerinnen, fest werden; erstarren (*a. face, muscles*); *med.* sich einrenken; *hunt.* vorstehen (*pointer*); **~ *about doing s.th.*** sich daranmachen, et. zu tun; **~ *about s.o.*** F über j-n herfallen; **~ *forth*** aufbrechen; **~ *in*** einsetzen (*begin*); **~ *off*** aufbrechen; **~ *on*** angreifen; **~ *out*** aufbrechen; **~ *to*** sich daranmachen; **~ *up*** sich niederlassen (***as*** als); **~ *up as*** sich ausgeben für; **2.** *adj* fest; starr; festgesetzt, bestimmt; bereit, entschlossen; vorgeschrieben; **~ *fair*** *barometer*: beständig; **~ *phrase*** feststehender Ausdruck; **~ *speech*** wohlüberlegte Rede; **3.** *s* Satz *m*, Garnitur *f*; Service *n*; Set *n*, *m*; gesammelte Ausgabe (*of author*); (Schriften)Reihe *f*, (Artikel)Serie *f*; *radio, TV*: Gerät *n*, Apparat *m*; *thea.* Bühnenausstattung *f*; *film*: Szenenaufbau *m*; *tennis, etc.*: Satz *m*; *hunt.* Vorstehen *n*; *agr.* Setzling *m*; (Personen)Kreis *m*, *contp.* Clique *f*; Sitz *m*, Schnitt *m* (*clothes*); *poet.* Untergang *m* (*sun*); *fig.* Richtung *f*, Tendenz *f*; ***have a shampoo and* ~** sich die Haare waschen und legen lassen; **~*-back*** *s fig.* Rückschlag *m*.

set·tee [se'tiː] *s* (kleines) Sofa.

set the·o·ry *math.* ['setθɪərɪ] *s* Mengenlehre *f*.

set·ting ['setɪŋ] *s* Setzen *n*; Einrichten *n*; Fassung *f* (*of jewel*); Gedeck *n*; *tech.* Einstellung *f*; *thea.* Bühnenbild *n*; *film*: Ausstattung *f*; *mus.* Vertonung *f*; (Son-

S

nen- *etc.*)Untergang *m*; Umgebung *f*; Schauplatz *m*; *fig.* Rahmen *m*.

set·tle ['setl] **1.** *s* Sitzbank *f*; **2.** *v/t* vereinbaren, abmachen, festsetzen; erledigen, in Ordnung bringen, regeln; *question, etc.*: klären, entscheiden; *deal*: abschließen; *bill*: begleichen; *econ. account*: ausgleichen; *quarrel, dispute*: beilegen, schlichten; *a.* **~ down** beruhigen; *child*: versorgen; *property*: vermachen (**on** *dat*); *annuity*: aussetzen (**on** *dat*); ansiedeln; *land*: besiedeln; **~ s.o. in** j-m helfen, sich einzugewöhnen; **~ o.s.** sich niederlassen; **~ one's affairs** s-e Angelegenheiten in Ordnung bringen; **that ~s it** F damit ist der Fall erledigt; **that's ~d then** das ist also klar; *v/i* sich niederlassen *or* setzen; *a.* **~ down** sich ansiedeln *or* niederlassen; sich (häuslich) niederlassen; sich senken (*walls, etc.*); beständig werden (*weather*); *a.* **~ down** *fig.* sich beruhigen, sich legen; sich setzen (*sediment*); sich klären (*liquid*); sich legen (*dust*); **~ back** sich (gemütlich) zurücklehnen; **~ down to** sich widmen (*dat*); **~ in** sich einrichten; sich einleben *or* eingewöhnen; **~ on, ~ upon** sich entschließen zu; **~d** *adj* fest; geregelt (*life*); beständig (*weather*); **~·ment** *s* (Be-)Siedlung *f*; Klärung *f*, Erledigung *f*; Übereinkunft *f*, Abmachung *f*; Bezahlung *f*; Schlichtung *f*, Beilegung *f*; *jur.* (Eigentums)Übertragung *f*; **~r** *s* Siedler *m*.

set-up ['setʌp] *s* F Um-, Zustände *pl*, Arrangement *n*; abgekartete Sache.

sev·en ['sevn] **1.** *adj* sieben; **2.** *s* Sieben *f*; **~·teen** [~'tiːn] **1.** *adj* siebzehn; **2.** *s* Siebzehn *f*; **~·teenth** [~'tiːnθ] *adj* siebzehnte(r, -s); **~th** ['~θ] **1.** *adj* sieb(en)te(r, -s); **2.** *s* Sieb(en)tel *n*; **~th·ly** [~θlɪ] *adv* sieb(en)tens; **~·ti·eth** [~tɪɪθ] *adj* siebzigste(r, -s); **~·ty** [~tɪ] **1.** *adj* siebzig; **2.** *s* Siebzig *f*.

sev·e·ral ['sevrəl] *adj* □ mehrere; verschieden; einige; einzeln; eigen; getrennt; **~·ly** *adv* einzeln, gesondert, getrennt.

se·vere [sɪ'vɪə] *adj* □ (**~r**, **~st**) streng; scharf; hart; rauh (*weather*); hart (*winter*); ernst, finster (*look, etc.*); heftig (*pain, etc.*); schlimm, schwer (*disease, etc.*); **se·ver·i·ty** [sɪ'verətɪ] *s* Strenge *f*, Härte *f*; Heftigkeit *f*, Stärke *f*; Ernst *m*.

sew [səʊ] *v/t and v/i* (**sewed**, **sewn** *or* **sewed**) nähen; heften.

sew·age ['sjuːɪdʒ] *s* Abwasser *n*; **~ pollution** Abwasserverunreinigung *f*.

sew·er¹ ['səʊə] *s* Näherin *f*.

sew·er² [sjʊə] *s* Abwasserkanal *m*; **~·age** ['~rɪdʒ] *s* Kanalisation *f*.

sew|ing ['səʊɪŋ] *s* Nähen *n*; Näharbeit *f*; *attr* Näh...; **~n** [səʊn] *pp of* **sew**.

sex [seks] *s* Geschlecht *n*; Sexualität *f*; Sex *m*; **~·is·m** *s* Sexismus *m*; **~·ist 1.** *s* Sexist(in); **2.** *adj* sexistisch.

sex·ton ['sekstən] *s* Küster *m* (u. Totengräber *m*).

sex|u·al ['sekʃʊəl] *adj* □ geschlechtlich, Geschlechts..., sexuell, Sexual...; **~ intercourse** Geschlechtsverkehr *m*; → **harassment**; **~·u·al·i·ty** [~'ælətɪ] *s* Sexualität *f*; **~·y** *adj* F (**-ier**, **-iest**) sexy, aufreizend.

shab·by ['ʃæbɪ] *adj* □ (**-ier**, **-iest**) schäbig; gemein.

shack [ʃæk] *s* Hütte *f*, Bude *f*.

shack·le ['ʃækl] **1.** *s* Fessel *f* (*fig. mst pl*); **2.** *v/t* fesseln.

shade [ʃeɪd] **1.** *s* Schatten *m* (*a. fig.*); (Lampen- *etc.*)Schirm *m*; Schattierung *f*; *Am.* Rouleau *n*; *fig.* Nuance *f*; *fig.* F Spur *f*; **2.** *v/t* beschatten; verdunkeln (*a. fig.*); abschirmen; schützen; schattieren; *v/i*: **~ off** allmählich übergehen (**into** in *acc*).

shad·ow ['ʃædəʊ] **1.** *s* Schatten *m* (*a. fig.*); Phantom *n*; *fig.* Spur *f*; **2.** *v/t* e-n Schatten werfen auf (*acc*); *fig. j-n* beschatten, überwachen; **~·y** *adj* (**-ier**, **-iest**) schattig, dunkel; unbestimmt, vage.

shad·y ['ʃeɪdɪ] *adj* □ (**-ier**, **-iest**) schattenspendend; schattig, dunkel; F zweifelhaft.

shaft [ʃɑːft] *s* Schaft *m*; Stiel *m*; *poet.* Pfeil *m* (*a. fig.*); *poet.* Strahl *m*; *tech.* Welle *f*; Deichsel *f*; *mining*: Schacht *m*.

shag·gy ['ʃægɪ] *adj* (**-ier**, **-iest**) zottig.

shake [ʃeɪk] **1.** (**shook**, **shaken**) *v/t* schütteln; rütteln an (*dat*); erschüttern; **~ down** herunterschütteln; **~ hands** sich die Hand geben *or* schütteln; **~ off** abschütteln (*a. fig.*); **~ up** *bed*: aufschütteln; *fig.* aufrütteln; *v/i* zittern (*a. voice*), beben, wackeln, (sch)wanken (**with** vor *dat*); *mus.* trillern; **~ down** F kampieren; **2.** *s* Schütteln *n*; Erschütte-

rung *f*; Beben *n*; *mus.* Triller *m*; (Milch- *etc.*)Shake *m*; **~·down 1.** *s* (Behelfs)Lager *n*; *Am.* F Erpressung *f*; *Am.* F Durchsuchung *f*; **2.** *adj*: **~ *flight*** *aer.* Testflug *m*; **~ *voyage*** *mar.* Testfahrt *f*;
shak·en 1. *pp of* **shake** 1; **2.** *adj* erschüttert.
shak·y ['ʃeɪkɪ] *adj* □ (**-*ier***, **-*iest***) wack(e)lig (*a. fig.*); (sch)wankend; zitternd; zitt(e)rig; ***feel* ~** sich etwas schwach (auf den Beinen) fühlen.
shall [ʃæl] *v/aux* (*pret* **should**; *negative*: **~ *not*, *shan't***) *ich, du etc.* soll(st) *etc.*; *ich* werde, *wir* werden.
shal·low ['ʃæləʊ] **1.** *adj* □ seicht; flach; *fig.* oberflächlich; **2.** *s* seichte Stelle, Untiefe *f*; **3.** *v/i* (sich) verflachen.
sham [ʃæm] **1.** *adj* falsch; Schein...; **2.** *s* (Vor)Täuschung *f*, Heuchelei *f*; Fälschung *f*; Schwindler(in); **3.** (**-*mm*-**) *v/t* vortäuschen; *v/i* sich verstellen; simulieren; **~ *ill*(*ness*)** sich krank stellen.
sham·ble ['ʃæmbl] *v/i* watscheln; **~s** *s sg* Schlachtfeld *n*, wüstes Durcheinander, Chaos *n*.
shame [ʃeɪm] **1.** *s* Scham *f*; Schande *f*; ***for* ~!, ~ *on you!*** pfui!, schäm dich!; ***put to* ~** beschämen; **2.** *v/t* beschämen; *j-m* Schande machen; **~·faced** *adj* □ schüchtern, schamhaft; **~·ful** *adj* □ schändlich, beschämend; **~·less** *adj* □ schamlos.
sham·poo [ʃæm'puː] **1.** *s* Shampoo *n*, Schampon *n*, Schampun *n*; Kopf-, Haarwäsche *f*; → ***set*** 3; **2.** *v/t head, hair*: waschen; *j-m* den Kopf *or* die Haare waschen.
sham·rock *bot.* ['ʃæmrɒk] *s* Kleeblatt *n*.
shank [ʃæŋk] *s* Unterschenkel *m*, Schienbein *n*; *bot.* Stiel *m*; (*mar.* Anker)Schaft *m*.
shan·ty ['ʃæntɪ] *s* Hütte *f*, Bude *f*; Seemannslied *n*.
shape [ʃeɪp] **1.** *s* Gestalt *f*, Form *f* (*a. fig.*); *physical or mental*: Verfassung *f*; **2.** *v/t* gestalten, formen, bilden; anpassen (***to*** *dat*); *v/i a.* **~ *up*** sich entwickeln; **~d** *adj* geformt; **...-~** ...förmig; **~·less** *adj* formlos; **~·ly** *adj* (**-*ier***, **-*iest***) wohlgeformt.
share [ʃeə] **1.** *s* (An)Teil *m*; Beitrag *m*; *econ.* Aktie *f*; *agr.* Pflugschar *f*; ***have a* ~ *in*** Anteil haben an (*dat*); ***go* ~s** teilen; **2.** *v/t* teilen; *v/i* teilhaben (***in*** an *dat*); **~·crop·per** *s Am.* Farmpächter *m*; **~·hold·er, ~·own·er** *s econ.* Aktionär(in), Anteilseigner(in).
shark [ʃɑːk] *s zo.* Hai(fisch) *m*; Gauner *m*, Betrüger *m*; Kredit- *or* Miethai *m*.
sharp [ʃɑːp] **1.** *adj* □ scharf (*a. fig.*); *needle*: spitz; *slope, etc.*: steil, jäh; *pain*: schneidend, stechend, heftig; *acid, etc.*: beißend, scharf; *sound*: durchdringend, schrill; *mind, etc.*: schnell, pfiffig, schlau, gerissen; *mus.* (um e-n Halbton) erhöht; **C ~** *mus.* Cis *n*; **2.** *adv* scharf; jäh, plötzlich; *mus.* zu hoch; pünktlich, genau; ***at eight o'clock* ~** Punkt 8 (Uhr); ***look* ~!** F paß auf!, gib acht!; F mach fix *or* schnell!; **3.** *s mus.* Kreuz *n*; *mus.* durch ein Kreuz erhöhte Note.
sharp|en ['ʃɑːpən] *v/t* (ver)schärfen; spitzen; verstärken; **~·en·er** *s for knife*: Schärfer *m*; (Bleistift)Spitzer *m*; **~·er** *s* Gauner *m*, Schwindler *m*; Falschspieler *m*; **~-eyed** *adj* scharfsichtig; *fig. a.* scharfsinnig; **~·ness** *s* Schärfe *f* (*a. fig.*); **~·shoot·er** *s* Scharfschütze *m*; **~·sight·ed** *adj* scharfsichtig; *fig. a.* scharfsinnig; **~·wit·ted** *adj* scharfsinnig.
shat [ʃæt] *pret and pp of* **shit** 2.
shat·ter ['ʃætə] *v/t* zerschmettern, -schlagen; *health, nerves*: zerstören, -rütten.
shave [ʃeɪv] **1.** *v/t and v/i* (***shaved***, ***shaved*** *or as adj* ***shaven***) (sich) rasieren; (ab)schaben; (glatt)hobeln; streifen; *a.* knapp vorbeikommen an (*dat*); **2.** *s* Rasieren *n*, Rasur *f*; ***have* (*get*) *a* ~** sich rasieren (lassen); ***have a close*** *or* ***narrow* ~** mit knapper Not davonkommen *or* entkommen; ***that was a close* ~** das war knapp; **shav·en** *pp of* **shave** 1;
shav·ing 1. *s* Rasieren *n*; **~s** *pl* (*esp.* Hobel)Späne *pl*; **2.** *adj* Rasier...
shawl [ʃɔːl] *s* (Umhänge)Tuch *n*, Umhang *m*; Kopftuch *n*.
she [ʃiː] **1.** *pron* sie; **2.** *s* Sie *f*; *zo.* Weibchen *n*; **3.** *adj in compounds, esp. zo.*: weiblich, ...weibchen *n*; **~-*dog*** Hündin *f*; **~-*goat*** Geiß *f*.
sheaf [ʃiːf] *s* (*pl* **sheaves**) *agr.* Garbe *f*; Bündel *n*.
shear [ʃɪə] **1.** *v/t* (***sheared***, ***shorn*** *or* ***sheared***) scheren; **2.** *s* (***a pair of***) **~s** *pl* (e-e) große Schere.
sheath [ʃiːθ] *s* (*pl* **sheaths** [~ðz]) Scheide

f; Futteral *n*, Hülle *f*; **~e** [ʃiːð] *v/t* in die Scheide *or* in ein Futteral stecken; *esp. tech.* umhüllen.

sheaves [ʃiːvz] *pl of* **sheaf**.

she·bang *esp. Am. sl.* [ʃəˈbæŋ] *s*: **the whole ~** der ganze Kram.

shed¹ [ʃed] *v/t* (**-dd-**; **shed**) aus-, vergießen; verbreiten; *leaves, etc.*: abwerfen.

shed² [~] *s* Schuppen *m*; Stall *m*.

sheep [ʃiːp] *s* (*pl* **sheep**) *zo.* Schaf *n*; Schafleder *n*; **~dog** *s* Schäferhund *m*; **~·ish** *adj* □ einfältig; verlegen; **~·skin** *s* Schaffell *n*; Schafleder *n*.

sheer [ʃɪə] *adj* rein; bloß; glatt; hauchdünn; steil; senkrecht; direkt.

sheet [ʃiːt] *s* Bett-, Leintuch *n*, Laken *n*; *of glass, etc.*: Platte *f*; *of paper*: Blatt *n*, Bogen *m*; weite Fläche (*water, etc.*); *mar.* Schot(e) *f*, Segelleine *f*; **the rain came down in ~s** es regnete in Strömen; **~ i·ron** *s tech.* Eisenblech *n*; **~ light·ning** *s* Wetterleuchten *n*.

shelf [ʃelf] *s* (*pl* **shelves**) (Bücher-, Wand- *etc.*)Brett *n*, Regal *n*, Fach *n*; Riff *n*; **on the ~** *fig.* ausrangiert; **~-life** *s of food, etc.*: Haltbarkeit *f*, Lagerfähigkeit *f*.

shell [ʃel] **1.** *s* Schale *f*; *bot.* Hülse *f*, Schote *f*; Muschel *f*; Schneckenhaus *n*; *zo.* Panzer *m*; Gerüst *n*, Gerippe *n*, *arch. a.* Rohbau *m*; *mil.* Granate *f*; (Geschoß-, Patronen)Hülse *f*; *Am.* Patrone *f*; **2.** *v/t* schälen; enthülsen; *mil.* (mit Granaten) beschießen; **~fire** *s* Granatfeuer *n*; **~·fish** *s zo.* Schal(en)tier *n*; **~** *pl* Meeresfrüchte *pl*; **~proof** *adj* bombensicher.

shel·ter [ˈʃeltə] **1.** *s* Schutzhütte *f*, -raum *m*, -dach *n*; Zufluchtsort *m*; Obdach *n*; Schutz *m*, Zuflucht *f*; **take ~** Schutz suchen; **bus ~** Wartehäuschen *n*; **2.** *v/t* (be)schützen; beschirmen; *j-m* Schutz *or* Zuflucht gewähren; *v/i* Schutz *or* Zuflucht suchen.

shelve [ʃelv] *v/t* in ein Regal stellen; *fig. et.* auf die lange Bank schieben; *fig. et.* zurückstellen; *v/i* sanft abfallen (*land*).

shelves [ʃelvz] *pl of* **shelf**.

she·nan·i·gans F [ʃɪˈnænɪgənz] *s pl* Blödsinn *m*, Mumpitz *m*; übler Trick.

shep·herd [ˈʃepəd] **1.** *s* Schäfer *m*, Hirt *m*; **2.** *v/t* hüten; führen, leiten.

sher·iff *Am.* [ˈʃerɪf] *s* Sheriff *m*.

shield [ʃiːld] **1.** *s* (Schutz)Schild *m*; Wappenschild *m, n*; *fig.* Schutz *m*; **2.** *v/t* (be)schützen (**from** vor *dat*); *j-n* decken.

shift [ʃɪft] **1.** *s* Veränderung *f*, Verschiebung *f*, Wechsel *m*; *trick*: List *f*, Kniff *m*, Ausflucht *f*; (Arbeits)Schicht *f*; **work in ~s** Schicht arbeiten; **make ~** es fertigbringen (**to do** zu tun); sich behelfen; sich durchschlagen; **2.** *v/t* (um-, aus)wechseln, verändern; *a. fig.* verlagern, -schieben, -legen; *guilt, etc.*: (ab)schieben (**onto** auf *acc*); **~ gear(s)** *esp. Am. mot.* schalten; *v/i* wechseln; sich verlagern *or* -schieben; *esp. Am. mot.* schalten (**into**, **to** in *acc*); **~ from one foot to the other** von e-m Fuß auf den anderen treten; **~ in one's chair** auf s-m Stuhl (ungeduldig *etc.*) hin u. her rutschen; **~ for o.s.** sich selbst (weiter)helfen; **~ key** *s typewriter*: Umschalttaste *f*; **~·less** *adj* □ hilflos; faul; **~·y** *adj* □ (**-ier**, **-iest**) *fig.* gerissen; verschlagen; unzuverlässig.

shil·ling [ˈʃɪlɪŋ] *s until 1971 British coin*: Schilling *m*.

shin [ʃɪn] **1.** *s a.* **~-bone** Schienbein *n*; **2.** *v/i* (**-nn-**) **~ up** hinaufklettern.

shim·mer [ˈʃɪmə] **1.** *s* Schimmer *m*; **2.** *v/i* schimmern.

shine [ʃaɪn] **1.** *s* Schein *m*; Glanz *m*; **2.** *v/i* (**shone**) scheinen; leuchten; *fig.* glänzen, strahlen; → **rise** 2; *v/t* (**shined**) polieren, putzen.

shin·gle [ˈʃɪŋgl] *s* Schindel *f*; *Am.* F (Firmen)Schild *n*; grober Strandkies; **~s** *sg med.* Gürtelrose *f*.

shin·y [ˈʃaɪnɪ] *adj* (**-ier**, **-iest**) blank, glänzend.

ship [ʃɪp] **1.** *s* Schiff *n*; F Flugzeug *n*; F Raumschiff *n*; **2.** (**-pp-**) *v/t mar.* an Bord nehmen *or* bringen; *mar.* verschiffen; *econ.* transportieren, versenden; *mar.* (an)heuern; *v/i mar.* anheuern; **~·board** *s mar.*: **on ~** an Bord; **~·ment** *s* Verschiffung *f*, Versand *m*; Schiffsladung *f*; **~·own·er** *s* Schiffseigner(in); Reeder *m*; **~·ping** *s* Verschiffung *f*; Versand *m*; *coll.* Schiffe *pl*, Flotte *f*; *attr* Schiffs...; Versand...; **~·wreck** **1.** *s* Schiffbruch *m*; *fig.* Scheitern *n*; **2.** *v/t*: **be ~ed** schiffbrüchig werden *or* sein; *fig. a.* scheitern; **~·yard** *s* (Schiffs)Werft *f*.

shirk [ʃɜːk] *v/i and v/t* sich drücken (vor *dat*); **~·er** *s* Drückeberger(in).

S

shirt [ʃɜːt] *s* (Herren-, Ober)Hemd *n*; *sports*: Trikot *n*; *a.* ~ ***blouse*** Hemdbluse *f*; F ***keep your*** ~ ***on*** F reg dich nicht auf!; **~-sleeve 1.** *s* Hemdsärmel *m*; **2.** *adj* hemdsärmelig; leger, ungezwungen; **~•waist** *s Am.* Hemdbluse *f*.

shit V [ʃɪt] **1.** *s* Scheiße *f* (*a. fig.*); Scheißen *n*; *sl. hashish*: Shit *m, n*; F ***don't give me that*** ~ F erzähl (mir) nicht so einen Scheiß!; **2.** *v/i* (**-tt-**; ***shit***[***ted***] *or* ***shat***) scheißen.

shiv•er [ˈʃɪvə] **1.** *s* Splitter *m*; Schauer *m*, Zittern *n*, Frösteln *n*; **2.** *v/i* zersplittern; zittern, (er)schauern, frösteln; **~•y** *adj* fröstelnd.

shoal [ʃəʊl] *s* Schwarm *m* (*esp. fish*); Masse *f*; Untiefe *f*, seichte Stelle; Sandbank *f*.

shock [ʃɒk] **1.** *s* (heftiger) Stoß; (*a. emotional*) Erschütterung *f*, Schock *m*, Schreck *m*, (plötzlicher) Schlag (**to** für); *med.* (Nerven)Schock *m*; *of hair*: Schopf *m*; **2.** *v/t* erschüttern; *fig.* schokkieren, empören; ~ **ab•sorb•er** *s tech.* Stoßdämpfer *m*; **~•ing** *adj* □ schockierend, empörend, anstößig; haarsträubend; F scheußlich.

shod [ʃɒd] *pret and pp of* **shoe** 2.

shod•dy [ˈʃɒdɪ] **1.** *s* Reißwolle *f*; *fig.* Schund *m*; **2.** *adj* (**-ier**, **-iest**) falsch; minderwertig, schäbig.

shoe [ʃuː] **1.** *s* Schuh *m*; Hufeisen *n*; **2.** *v/t* (**shod**) *horse*: beschlagen; **~•black** *s* Schuhputzer *m*; **~•horn** *s* Schuhanzieher *m*; **~-lace** *s* Schnürsenkel *m*; **~•mak•er** *s* Schuhmacher *m*; **~•shine** *s esp. Am.* Schuhputzen *n*; ~ ***boy*** *Am.* Schuhputzer *m*; **~-string** *s* Schnürsenkel *m*.

shone [ʃɒn, *Am.* ʃəʊn] *pret and pp of* **shine** 2.

shook [ʃʊk] *pret of* **shake** 1.

shoot [ʃuːt] **1.** *s* Jagd *f*; Jagd(revier *n*) *f*; Jagdgesellschaft *f*; *bot.* Schößling *m*, (Seiten)Trieb *m*; **2.** (**shot**) *v/t* (ab)schießen; erschießen; werfen, stoßen; fotografieren, aufnehmen, *film*: drehen; unter (*dat*) hindurchschießen, über (*acc*) hinwegschießen; *bot.* treiben; *bot.* (ein)spritzen; ~ ***up*** *sl. heroin, etc.*: drücken; *v/i* schießen; jagen; stechen (*pain*); (dahin-, vorbei- *etc.*)schießen, (-)jagen, (-)rasen; *bot.* sprießen, keimen; fotografieren; filmen; ~ ***ahead of*** überholen (*acc*); **~•er** *s* Schütz|e *m*, -in *f*; F Schießeisen *n* (*gun*).

shoot•ing [ˈʃuːtɪŋ] **1.** *s* Schießen *n*; Schießerei *f*; Erschießung *f*; Jagd *f*; *film*: Dreharbeiten *pl*; **2.** *adj* stechend (*pain*); **~-gal•le•ry** *s* Schießstand *m*, -bude *f*; **~-range** *s* Schießplatz *m*; ~ **star** *s* Sternschnuppe *f*.

shop [ʃɒp] **1.** *s* Laden *m*, Geschäft *n*; Werkstatt *f*; Betrieb *m*; ***talk*** ~ fachsimpeln; **2.** *v/i* (**-pp-**) *mst* ***go*** **~*ping*** einkaufen gehen; ~ **as•sis•tant** *s Br.* Verkäufer(in); **~•keep•er** *s* Ladenbesitzer(in); **~-lift•er** *s* Ladendieb(in); **~-lift•ing** *s* Ladendiebstahl *m*; **~•per** *s* Käufer(in).

shop•ping [ˈʃɒpɪŋ] **1.** *s* Einkauf *m*, Einkaufen *n*; Einkäufe *pl* (*goods*); ***do one's*** ~ (s-e) Einkäufe machen; **2.** *adj* Laden..., Einkaufs...; ~ ***bag*** *Am.* Tragtasche *f*; ~ ***centre*** (*Am.* ***center***) Einkaufszentrum *n*; ~ ***street*** Geschäfts-, Ladenstraße *f*.

shop|-stew•ard [ʃɒpˈstjʊəd] *s* gewerkschaftlicher Vertrauensmann; **~•walker** *s Br.* Aufsicht(sperson) *f* (*in large shop*); **~-win•dow** *s* Schaufenster *n*.

shore [ʃɔː] *s* Küste *f*, Ufer *n*, Strand *m*; ***on*** ~ an Land.

shorn [ʃɔːn] *pp of* **shear** 1.

short [ʃɔːt] **1.** *adj* □ kurz; klein; knapp; kurz angebunden, barsch (***with*** gegen); mürbe (*pastry*); stark, unverdünnt (*drink*); ***in*** ~ kurz(um); ~ ***of*** knapp an (*dat*); ***a*** ~ ***time*** *or* ***while ago*** vor kurzem; **2.** *adv* plötzlich, jäh, abrupt; ~ ***of*** abgesehen von, außer (*dat*); ***come*** *or* ***fall*** ~ ***of*** *et.* nicht erreichen; ***cut*** ~ plötzlich unterbrechen; ***stop*** ~ plötzlich innehalten, stutzen; ***stop*** ~ ***of*** zurückschrecken vor (*dat*); → ***run*** 1; **~•age** *s* Fehlbetrag *m*; Knappheit *f*, Mangel *m* (***of*** an *dat*); **~•com•ing** *s* Unzulänglichkeit *f*; Fehler *m*, Mangel *m*; ~ **cut** *s* Abkürzung(sweg *m*) *f*; ***take a*** ~ (den Weg) abkürzen; **~-dat•ed** *adj econ.* kurzfristig; **~-dis•tance** *adj* Nah...; **~•en** *v/t* (ab-, ver)kürzen; *v/i* kürzer werden; **~•en•ing** *s* Backfett *n*; **~•hand** *s* Kurzschrift *f*; ~ ***typist*** Stenotypistin *f*; **~•ly** *adv* kurz; bald; **~•ness** *s* Kürze *f*; Mangel *m*; Schroffheit *f*; **~s** *s pl* (***a pair of*** **~*s***) Shorts *pl*; *esp. Am.* (e-e) (Herren)Unterhose; **~-sight•ed** *adj* □ kurzsichtig (*a. fig.*); **~-term** *adj econ.* kurz-

S

fristig; ~ **wave** *s phys.* Kurzwelle *f*; **~-wind·ed** *adj* □ kurzatmig.
shot [ʃɒt] **1.** *pret and pp of* **shoot** 2; **2.** *s* Schuß *m*; Abschuß *m*; Geschoß *n*, Kugel *f*; *a.* **small ~** Schrot(kugeln *pl*) *m, n*; Schußweite *f*; Schütz|e *m*, -in *f*; *soccer, etc.*: Schuß *m*, *basketball, etc.*: Wurf *m*, *tennis, golf*: Schlag *m*; *phot., film*: Aufnahme *f*; *med.* F Spritze *f*, Injektion *f*; F Schuß *m* (*injection of drug, small quantity of alcohol*); *fig.* Versuch *m*; *fig.* Vermutung *f*; ***have a ~ at*** *et.* versuchen; ***not by a long ~*** F noch lange nicht; ***big ~*** F großes Tier; ***like a ~*** F blitzartig, sofort; **~·gun** *s* Schrotflinte *f*; ***~ marriage*** *or* ***wedding*** F Mußheirat *f*; **~ put** *s sports*: Kugelstoßen *n*; Stoß *m*, Wurf *m*; **~-put·ter** *s sports*: Kugelstoßer(in).
should [ʃʊd, ʃəd] *pret of* ***shall***.
shoul·der [ˈʃəʊldə] **1.** *s* Schulter *f* (*a. of animals; a. fig.*); Achsel *f*; *Am.* Bankett *n* (*of road*); **2.** *v/t* auf die Schulter *or fig.* auf sich nehmen; schultern; drängen; **~·blade** *s anat.* Schulterblatt *n*; **~-strap** *s* Träger *m* (*of dress, etc.*).
shout [ʃaʊt] **1.** *s* (lauter) Schrei *or* Ruf; Geschrei *n*; **2.** *v/i and v/t* (laut) rufen; schreien.
shove [ʃʌv] **1.** *s* Schubs *m*, Stoß *m*; **2.** *v/t and v/i* schieben, stoßen.
shov·el [ˈʃʌvl] **1.** *s* Schaufel *f*; **2.** *v/t* (*esp. Br.* **-ll-**, *Am.* **-l-**) schaufeln.
show [ʃəʊ] **1.** (***showed***, ***shown*** *or* ***showed***) *v/t* zeigen; ausstellen; erweisen; beweisen; ***~ in*** herein-, hineinführen; ***~ off*** zur Geltung bringen; ***~ out*** heraus-, hinausführen, -bringen; ***~ round*** herumführen; ***~ up*** herauf-, hinaufführen; *j-n* bloßstellen; *et.* aufdecken; *v/i a.* ***~ up*** sichtbar werden *or* sein; sich zeigen; zu sehen sein; ***~ off*** angeben, prahlen, sich aufspielen; ***~ up*** F auftauchen, sich blicken lassen; **2.** *s* (Her)Zeigen *n*; Zurschaustellung *f*; Ausstellung *f*; Vorführung *f*, -stellung *f*, Schau *f*; F (Theater-, Film)Vorstellung *f*, *radio, TV*: Sendung *f*, Show *f*; *outward appearance*: Schein *m*; ***on ~*** zu besichtigen; ***bad ~!*** F das ist ein schwaches Bild!; ***good ~!*** gut gemacht!; **~·biz** F, **~ busi·ness** *s* Showbusineß *n*, Showgeschäft *n*, Vergnügungs-, Unterhaltungsbranche *f*; **~-case** *s* Schaukasten *m*, Vitrine *f*; **~-down** *s* Aufdecken *n* der Karten (*a. fig.*); *fig.* Kraftprobe *f*.
show·er [ˈʃaʊə] **1.** *s* (Regen- *etc.*) Schauer *m*; Dusche *f*; *fig.* Fülle *f*; ***have*** *or* ***take a ~*** duschen; **2.** *v/t* überschütten, -häufen; *v/i* gießen; (sich) brausen *or* duschen; ***~ down*** niederprasseln; **~·y** *adj* (**-ier**, **-iest**) regnerisch.
show|-jump·er [ˈʃəʊdʒʌmpə] *s sports*: Springreiter(in); **~-jump·ing** *s sports*: Springreiten *n*; **~n** *pp of* ***show*** 1; **~·room** *s* Ausstellungsraum *m*; **~-win·dow** *s* Schaufenster *n*; **~·y** *adj* □ (**-ier**, **-iest**) prächtig; protzig.
shrank [ʃræŋk] *pret of* ***shrink***.
shred [ʃred] **1.** *s* Stückchen *n*; Fetzen *m* (*a. fig.*); *fig.* Spur *f*; **2.** *v/t* (**-dd-**) zerfetzen; in Streifen schneiden.
shrew [ʃruː] *s woman*: F Hausdrachen *m*.
shrewd [ʃruːd] *adj* □ scharfsinnig; schlau.
shriek [ʃriːk] **1.** *s* schriller Schrei; Gekreisch *n*; **2.** *v/i* kreischen, schreien.
shrill [ʃrɪl] **1.** *adj* □ schrill, gellend; **2.** *v/i* schrillen, gellen; *v/t et.* kreischen.
shrimp [ʃrɪmp] *s zo.* Garnele *f*, Krabbe *f*; *fig. contp.* Knirps *m*.
shrine [ʃraɪn] *s* Schrein *m*.
shrink [ʃrɪŋk] *v/i* (***shrank***, ***shrunk***) (ein-, zusammen)schrumpfen; einlaufen; zurückweichen (***from*** vor *dat*); zurückschrecken (***from***, ***at*** vor *dat*); **~·age** [ˈ~ɪdʒ] *s* Einlaufen *n*; (Ein-, Zusammen)Schrumpfen *n*; Schrumpfung *f*; *fig.* Verminderung *f*.
shriv·el [ˈʃrɪvl] *v/i and v/t* (*esp. Br.* **-ll-**, *Am.* **-l-**) (ein-, zusammen)schrumpfen (lassen), (ver)welken (lassen).
shroud [ʃraʊd] **1.** *s* Leichentuch *n*; *fig.* Schleier *m*; **2.** *v/t* in ein Leichentuch (ein)hüllen; *fig.* hüllen.
Shrove|tide [ˈʃrəʊvtaɪd] *s* Fastnachts-, Faschingszeit *f*; **~ Tues·day** *s* Fastnachts-, Faschingsdienstag *m*.
shrub [ʃrʌb] *s* Strauch *m*; Busch *m*; **~·be·ry** [ˈʃrʌbərɪ] *s* Gebüsch *n*.
shrug [ʃrʌg] **1.** (**-gg-**) *v/i* (*and v/t*: ***~ one's shoulders***) mit den Achseln zucken; **2.** *s* Achselzucken *n*.
shrunk [ʃrʌŋk] *pp of* ***shrink***; **~·en** [ˈ~ən] *adj* (ein-, zusammen)geschrumpft.
shud·der [ˈʃʌdə] **1.** *v/i* schaudern; (er-)zittern, (er)beben; **2.** *s* Schauder *m*.
shuf·fle [ˈʃʌfl] **1.** *v/t playing cards*: mischen; (*a. v/i*) ~ (***one's feet***) schlurfen;

S

~ off *clothes*: abstreifen; *fig. work, etc.*: abwälzen (**on, upon** auf *acc*); **2.** *s* (Karten)Mischen *n*; Schlurfen *n*; Umstellung *f*; *pol.* (Kabinetts)Umbildung *f*; *fig.* Ausflucht *f*, Schwindel *m*.

shun [ʃʌn] *v/t* (-**nn**-) (ver)meiden.

shunt [ʃʌnt] **1.** *s rail.* Rangieren *n*; *electr.* Nebenschluß *m*; **2.** *v/t rail.* rangieren; *electr.* nebenschließen; beiseite schieben; *fig. et.* aufschieben.

shut [ʃʌt] *v/t and v/i* (-**tt**-; **shut**) (sich) schließen; zumachen; **~ down** *company, etc.*: schließen; **~ off** *water, gas, etc.*: abstellen; **~ up** einschließen; *house, etc.*: verschließen; einsperren; *person*: zum Schweigen bringen; **~ up!** F halt die Klappe!; **~·ter** *s* Fensterladen *m*; *phot.* Verschluß *m*; **~ speed** *phot.* Belichtung(szeit) *f*.

shut·tle ['ʃʌtl] **1.** *s tech.* Schiffchen *n*; Pendelverkehr *m*; → **space shuttle**; **2.** *v/i bus, etc.*: pendeln; **~·cock** *s sports*: Federball *m*; **~ di·plo·ma·cy** *s pol.* Pendeldiplomatie *f*; **~ ser·vice** *s* Pendelverkehr *m*.

shy [ʃaɪ] **1.** *adj* □ (**~er** *or* **shier**, **~est** *or* **shiest**) scheu; schüchtern; **2.** *v/i* scheuen (**at** vor *dat*); **~ away from** *fig.* zurückschrecken vor (*dat*); **~·ness** *s* Schüchternheit *f*; Scheu *f*.

Si·be·ri·an [saɪ'bɪərɪən] **1.** *adj* sibirisch; **2.** *s* Sibirier(in).

sick [sɪk] *adj* krank (**of** an *dat*; **with** vor *dat*); überdrüssig (**of** *gen*); *fig.* krank (**of** vor *dat*; **for** nach); F *fig.* geschmacklos, makaber (*joke, etc.*); **be ~** sich übergeben (müssen); F **be ~ of s.th.** et. satt haben; F **be ~ and tired of ...** F die Nase (gestrichen) voll haben von ...; **fall ~** krank werden; **I feel ~** mir ist schlecht *or* übel; **go ~**, **report ~** sich krank melden; **be off ~** wegen Krankheit fehlen, krank (geschrieben) sein; **skive off ~** krankmachen, krankfeiern; **~-ben·e·fit** *s Br.* Krankengeld *n*; **~·en** *v/i* krank werden; kränkeln; **~ at** sich ekeln vor (*dat*); *v/t* krank machen; anekeln; **~·en·ing** *adj* □ ekelhaft, widerlich; *fig.* unerträglich, F zum Kotzen.

sick·le ['sɪkl] *s* Sichel *f*.

sick|-leave ['sɪkliːv] *s* Fehlen *n* wegen Krankheit; **be on ~** wegen Krankheit fehlen; **~·ly** *adj* (-**ier**, -**iest**) kränklich; schwächlich; bleich, blaß; ungesund (*climate*); ekelhaft; matt (*smile*); **~·ness** *s* Krankheit *f*; Übelkeit *f*.

side [saɪd] **1.** *s* Seite *f*; **~ by ~** Seite an Seite; **take ~s with** Partei ergreifen für; **2.** *adj* Seiten...; Neben...; **3.** *v/i* Partei ergreifen (**with** für); **~·board** *s* Anrichte *f*, Sideboard *n*; **~-car** *s mot.* Beiwagen *m*; **~·dish** *s* Beilage *f* (*with main dish*); **~·long 1.** *adv* seitwärts; **2.** *adj* seitlich; Seiten...; **~-road**, **~-street** *s* Nebenstraße *f*; **~·walk** *s Am.* Gehsteig *m*; **~ artist** *Am.* Pflastermaler(in); **~·ward(s)**, **~·ways** *adv* seitlich; seitwärts.

sid·ing *rail.* ['saɪdɪŋ] *s* Nebengleis *n*.

siege [siːdʒ] *s* Belagerung *f*; **lay ~ to** belagern; *fig. j-n* bestürmen.

sieve [sɪv] **1.** *s* Sieb *n*; **2.** *v/t* sieben.

sift [sɪft] *v/t* sieben; *fig.* sichten, prüfen.

sigh [saɪ] **1.** *s* Seufzer *m*; **2.** *v/i* seufzen.

sight [saɪt] **1.** *s* Sehvermögen *n*, Sehkraft *f*, Auge(nlicht) *n*; Anblick *m*; Sicht *f* (*a. econ.*); Visier *n*; *fig.* Auge *n*; **~s** *pl* Sehenswürdigkeiten *pl*; **at ~**, **on ~** sofort; *mus.* **at ~** vom Blatt; **at the ~ of** beim Anblick (*gen*); **at first ~** auf den ersten Blick; **be out of ~** außer Sicht sein; **catch ~ of** erblicken; **know by ~** vom Sehen kennen; **lose ~ of** aus den Augen verlieren; (**with**)**in ~** in Sicht(weite); **2.** *v/t* sichten, erblicken; (an)visieren; **~·ed** *adj* sehend; **...~** ...sichtig; **~·ly** *adj* (-**ier**, -**iest**) ansehnlich, stattlich; **~·see·ing 1.** *s* Besichtigung *f* von Sehenswürdigkeiten; **go ~** e-e Besichtigungstour machen; **2.** *adj*: **~ tour** Besichtigungstour *f*, (Stadt)Rundfahrt *f*; **~·se·er** *s* Tourist(in).

sign [saɪn] **1.** *s* Zeichen *n*; Wink *m*; *notice*: Schild *n*; **in ~ of** zum Zeichen (*gen*); **2.** *v/t and v/i* unterzeichnen, unterschreiben.

sig·nal ['sɪgnl] **1.** *s* Signal *n* (*a. fig.*); Zeichen *n*; **2.** *adj* bemerkenswert; außerordentlich; **3.** (*esp. Br.* -**ll**-, *Am.* -**l**-) *v/t fig. readiness, etc.*: signalisieren; **~ s.o. to do s.th.** j-m (ein) Zeichen geben, et. zu tun; *v/i*: **~ for a taxi** e-m Taxi winken.

sig·na|to·ry ['sɪgnətərɪ] **1.** *s* Unterzeichner(in); **2.** *adj* unterzeichnend; **~ powers** *pl pol.* Signatarmächte *pl*; **~·ture** [~tʃə] *s* Signatur *f*; Unterschrift *f*.

sign|board ['saɪnbɔːd] *s* (Aushänge-) Schild *n*; **~·er** *s* Unterzeichner(in).

S

sig·nif·i|cance [sɪg'nɪfɪkəns] *s* Bedeutung *f*; **~·cant** *adj* □ bedeutsam; bezeichnend (***of*** für); **~·ca·tion** [sɪgnɪfɪ'keɪʃn] *s* Bedeutung *f*, Sinn *m*.
sig·ni·fy ['sɪgnɪfaɪ] *v/t* andeuten; zu verstehen geben; bedeuten.
sign·post ['saɪnpəʊst] *s* Wegweiser *m*.
si·lence ['saɪləns] **1.** *s* (Still)Schweigen *n*; Stille *f*, Ruhe *f*; **~!** Ruhe!; ***put** or **reduce to ~*** → **2.** *v/t* zum Schweigen bringen; **si·lenc·er** *s tech.* Schalldämpfer *m*; *mot.* Auspufftopf *m*.
si·lent ['saɪlənt] *adj* □ still; schweigend; schweigsam; stumm; ***~ partner*** *Am. econ.* stiller Teilhaber.
silk [sɪlk] *s* Seide *f*; *attr* Seiden...; **~·en** *adj* seiden, Seiden...; **~·worm** *s zo.* Seidenraupe *f*; **~·y** *adj* □ (***-ier***, ***-iest***) seidig, seidenartig.
sill [sɪl] *s* Schwelle *f*; Fensterbrett *n*.
sil·ly ['sɪlɪ] *adj* □ (***-ier***, ***-iest***) albern, töricht, dumm, verrückt; ***~ fool*** F Dummkopf *m*; ***~ season*** *press*: Sauregurkenzeit *f*.
silt [sɪlt] **1.** *s* Schlamm *m*; **2.** *v/i and v/t mst* ***~ up*** verschlammen.
sil·ver ['sɪlvə] **1.** *s* Silber *n*; **2.** *adj* silbern, Silber...; **3.** *v/t* versilbern; **~ plate, ~·ware** *s* Tafelsilber *n*; **~·y** *adj* silberglänzend; *fig.* silberhell.
sim·i·lar ['sɪmɪlə] *adj* □ ähnlich, gleich; **~·i·ty** [sɪmɪ'lærətɪ] *s* Ähnlichkeit *f*.
sim·mer ['sɪmə] *v/i and v/t* köcheln, leicht kochen *or* sieden (lassen); *fig.* kochen (***with*** vor *dat*), gären (*emotions*); ***~ down*** sich beruhigen *or* abregen.
sim·per ['sɪmpə] **1.** *s* einfältiges Lächeln; **2.** *v/i* einfältig lächeln.
sim·ple ['sɪmpl] *adj* □ (***~r***, ***~st***) einfach, simpel; *clothes, etc.*: schlicht; *foolish*: einfältig, arglos, naiv; **~-heart·ed, ~-mind·ed** *adj* einfältig, arglos, naiv.
sim·pli|ci·ty [sɪm'plɪsətɪ] *s* Einfachheit *f*; Unkompliziertheit *f*; Schlichtheit *f*; Einfalt *f*; **~·fi·ca·tion** [~fɪ'keɪʃn] *s* Vereinfachung *f*; **~·fy** ['~faɪ] *v/t* vereinfachen.
sim·ply ['sɪmplɪ] *adv* einfach; bloß.
sim·u·late ['sɪmjʊleɪt] *v/t* vortäuschen; simulieren; *mil., tech. a. conditions*: (wirklichkeitsgetreu) nachahmen.
sim·ul·ta·ne·ous [sɪml'teɪnɪəs] *adj* □ gleichzeitig, simultan.
sin [sɪn] **1.** *s* Sünde *f*; **2.** *v/i* (***-nn-***) sündigen.
since [sɪns] **1.** *prp* seit; **2.** *adv* seitdem; **3.** *cj* seit(dem); da (ja).
sin·cere [sɪn'sɪə] *adj* □ aufrichtig, ehrlich, offen; ***Yours ~ly*** *letter*: Mit freundlichen Grüßen; **sin·cer·i·ty** [~'serətɪ] *s* Aufrichtigkeit *f*; Offenheit *f*.
sin·ew *anat.* ['sɪnjuː] *s* Sehne *f*; **~·y** [~juːɪ] *adj* sehnig; *fig.* kraftvoll.
sin·ful ['sɪnfl] *adj* □ sündig, sündhaft.
sing [sɪŋ] *v/t and v/i* (***sang***, ***sung***) singen; ***~ to s.o.*** j-m vorsingen.
singe [sɪndʒ] *v/t* (ver-, ab)sengen.
sing·er ['sɪŋə] *s* Sänger(in).
sing·ing ['sɪŋɪŋ] *s* Gesang *m*, Singen *n*; ***~ bird*** Singvogel *m*.
sin·gle ['sɪŋgl] **1.** *adj* □ einzig; einzeln; Einzel...; einfach; ledig, unverheiratet; ***bookkeeping by ~ entry*** *econ.* einfache Buchführung; ***in ~ file*** im Gänsemarsch; **2.** *s Br.* einfache Fahrkarte, *aer.* einfaches Ticket; Single *f* (*record*); Single *m*, *f*, Unverheiratete(r *m*) *f*; *Br.* Einpfund *n*, *Am.* Eindollarschein *m*; **~s** *sg, pl tennis*: Einzel *n*; **3.** *v/t*: ***~ out*** auswählen, -suchen; **~-breast·ed** *adj* einreihig (*jacket, etc.*); **~-en·gined** *adj aer.* einmotorig; **♀ Eu·ro·pe·an Act** *s pol. die* Einheitliche Europäische Akte; **~ (Eu·ro·pe·an) cur·ren·cy** *s* europäische Einheitswährung; **♀ (Eu·ro·pe·an) Mar·ket** *s pol.* europäischer Binnenmarkt; **~-hand·ed** *adj* eigenhändig, allein; **~-heart·ed, ~-mind·ed** *adj* □ aufrichtig; zielstrebig; **~ par·ent** *s* Alleinerziehende(r *m*) *f*; ***~ family*** Familie *f* mit nur einem Elternteil.
sin·glet *Br.* ['sɪŋglɪt] *s* ärmelloses Unterhemd *or* Trikot.
sin·gle-track ['sɪŋgltræk] *adj rail.* eingleisig; F *fig.* einseitig.
sin·gu·lar ['sɪŋgjʊlə] **1.** *adj* □ einzigartig; eigenartig; sonderbar; **2.** *s a.* ***~ number*** *gr.* Singular *m*, Einzahl *f*; **~·i·ty** [~'lærətɪ] *s* Einzigartigkeit *f*; Eigentümlichkeit *f*.
sin·is·ter ['sɪnɪstə] *adj* □ unheilvoll; böse.
sink [sɪŋk] **1.** (***sank***, ***sunk***) *v/i* sinken; ein-, nieder-, unter-, versinken; sich senken; (ein)dringen, (-)sickern; *v/t* (ver)senken; *well*: bohren; *money*: fest anlegen; **2.** *s* Ausguß *m*, Spülbecken *n*,

Spüle *f*; **~·ing** *s* (Ein-, Ver)Sinken *n*; Versenken *n*; *econ.* Tilgung *f*; **~-fund** Tilgungsfonds *m*.
sin·less ['sınlıs] *adj* □ sündenfrei; **sin·ner** *s* Sünder(in).
sin·u·ous ['sınjʊəs] *adj* □ gewunden.
sip [sıp] **1.** *s* Schlückchen *n*; **2.** (-**pp**-) *v/t* nippen an (*dat*) *or* von; schluckweise trinken; *v/i* nippen (**at** an *dat or* von).
sir [sɜː] *s* Herr *m* (*form of address*); ♀ [sə] Sir *m* (*title*); **Dear Sir or Madam** Sehr geehrte Damen und Herren.
sire ['saıə] *s mst poet.* Vater *m*; Vorfahr *m*; *zo.* Vater(tier *n*) *m*.
si·ren ['saıərən] *s* Sirene *f* (*a. myth.*).
sir·loin ['sɜːlɔın] *s* Lendenstück *n*.
sis·sy F ['sısı] *s* Weichling *m*.
sis·ter ['sıstə] *s* (*a.* Ordens-, Ober-, Kranken)Schwester *f*; **~-in-law** *s* Schwägerin *f*; **~·ly** *adj* schwesterlich.
sit [sıt] (-**tt**-; **sat**) *v/i* sitzen; e-e Sitzung halten, tagen; *fig.* liegen, stehen; **~ down** sich setzen; **~ in** ein Sit-in veranstalten; **~ in for** für *j-n* einspringen; **~ up** aufrecht sitzen; aufbleiben; *v/t* setzen; sitzen auf (*dat*); *exam*: machen.
site [saıt] *s* Lage *f*; Stelle *f*; Stätte *f*; (Bau)Gelände *n*.
sit·ting ['sıtıŋ] *s* Sitzung *f*; **~ room** *s* Wohnzimmer *n*.
sit·u|at·ed ['sıtjʊeıtıd] *adj* gelegen; **be ~** liegen, gelegen sein; **~·a·tion** [~'eıʃn] *s* Lage *f*, Situation *f*; *job*: Stellung *f*, Stelle *f*.
six [sıks] **1.** *adj* sechs; **2.** *s* Sechs *f*; **~·teen** [~'tiːn] **1.** *adj* sechzehn; **2.** *s* Sechzehn *f*; **~·teenth** [~'tiːnθ] *adj* sechzehnte(r, -s); **~th** [~θ] **1.** *adj* sechste(r, -s); **2.** *s* Sechstel *n*; **~th·ly** ['~θlı] *adv* sechstens; **~·ti·eth** [~tııθ] *adj* sechzigste(r, -s); **~·ty** [~tı] **1.** *adj* sechzig; **2.** *s* Sechzig *f*.
size [saız] **1.** *s* Größe *f*; Format *n*; **2.** *v/t* nach Größe(n) ordnen; **~ up** F abschätzen; **~d** *adj* von *or* in ... Größe.
siz(e)·a·ble ['saızəbl] *adj* □ (ziemlich) groß.
siz·zle ['sızl] *v/i* zischen; knistern; brutzeln; **sizzling** (**hot**) glühendheiß.
skate [skeıt] **1.** *s* Schlittschuh *m*; Rollschuh *m*; **2.** *v/i* Schlittschuh laufen, eislaufen; Rollschuh laufen; **~·board 1.** *s* Skateboard *n*; **2.** *v/i* Skateboard fahren; **skat·er** *s* Schlittschuhläufer(in); Rollschuhläufer(in); **skat·ing** *s* Schlittschuh-, Eislaufen *n*, Eislauf *m*; Rollschuhlauf(en *n*) *m*.
ske·dad·dle F [skı'dædl] *v/i* abhauen.
skel·e·ton ['skelıtn] *s* Skelett *n*; Gerippe *n*; Gestell *n*; *attr* Skelett...; **~ key** Nachschlüssel *m*.
skep|tic ['skeptık], **~·ti·cal** [~l] *Am.* → **sceptic(al)**.
sketch [sketʃ] **1.** *s* Skizze *f*; Entwurf *m*; *thea.* Sketch *m*; **2.** *v/t* skizzieren; entwerfen.
ski [skiː] **1.** *s* Schi *m*, Ski *m*; *attr* Schi..., Ski...; **2.** *v/i* Schi *or* Ski laufen *or* fahren.
skid [skıd] **1.** *s* Bremsklotz *m*; *aer.* (Gleit)Kufe *f*; *mot.* Rutschen *n*, Schleudern *n*; **~ mark** *mot.* Bremsspur *f*; **2.** *v/i* (-**dd**-) rutschen; schleudern.
ski|er ['skiːə] *s* Schi-, Skiläufer(in); **~·ing** *s* Schi-, Skilauf(en *n*) *m*, -fahren *n*, -sport *m*.
skil·ful ['skılfl] *adj* □ geschickt; geübt.
skill [skıl] *s* Geschicklichkeit *f*, Fertigkeit *f*; **~ed** *adj* geschickt; ausgebildet, Fach...; **~ worker** Facharbeiter *m*; **~·ful** *Am.* → **skilful**.
skim [skım] (-**mm**-) *v/t* abschöpfen; *milk*: entrahmen; (hin)gleiten über (*acc*); *book*: überfliegen; *v/i*: **~ through** durchblättern; **~ milk** *s* Magermilch *f*.
skimp [skımp] *v/t j-n* knapphalten; sparen an (*dat*); *v/i* knausern (**on** mit); **~·y** *adj* □ (-**ier**, -**iest**) knapp; dürftig.
skin [skın] **1.** *s* Haut *f*; Fell *n*; Schale *f*; **2.** (-**nn**-) *v/t* (ent)häuten; *animal*: abziehen; *fruit*: schälen; *v/i a.* **~ over** zuheilen; **~-deep** *adj* (nur) oberflächlich; **~ div·ing** *s* Sporttauchen *n*; **~·flint** *s* Knicker *m*; **~·ny** *adj* (-**ier**, -**iest**) mager; **~·ny-dip** *v/i* (-**pp**-) F nackt baden.
skip [skıp] **1.** *s* Sprung *m*; **2.** (-**pp**-) *v/i* hüpfen, springen; seilhüpfen; *v/t* überspringen.
skip·per ['skıpə] *s mar.* Schiffer *m*; *mar.*, *aer.*, *sports*: Kapitän *m*.
skir·mish ['skɜːmıʃ] **1.** *s mil. and fig.* Geplänkel *n*; **2.** *v/i* plänkeln.
skirt [skɜːt] **1.** *s* (Damen)Rock *m*; (Rock)Schoß *m*; *often* **~s** *pl* Rand *m*, Saum *m*; **2.** *v/t* (um)säumen; sich entlangziehen an (*dat*).
skit [skıt] *s* Stichelei *f*; Satire *f*; **~·tish** *adj* □ ausgelassen; scheu (*horse*).
skit·tle ['skıtl] *s* Kegel *m*; **play** (**at**) **~s** kegeln; **~-al·ley** *s* Kegelbahn *f*.

S

skive [skaɪv] *v/i* blaumachen; *a.* **~ off (sick)** krankmachen, krankfeiern; **skiv·er** *s* Drückeberger(in).
skulk [skʌlk] *v/i* (herum)schleichen; lauern; sich drücken.
skull [skʌl] *s* Schädel *m.*
skul(l)·dug·ge·ry F [skʌl'dʌgərɪ] *s* Gaunerei *f.*
skunk *zo.* [skʌŋk] *s* Skunk *m*, Stinktier *n.*
sky [skaɪ] *s often* **skies** *pl* Himmel *m*; **~·jack** *v/t* F *aircraft*: entführen; **~·jack·er** *s* F Flugzeugentführer(in); **~·lab** *s Am.* Raumlabor *n*; **~·light** *s* Oberlicht *n*, Dachfenster *n*; **~·line** *s* Horizont *m*; Silhouette *f*, Skyline *f*; **~·rock·et** *v/i* F in die Höhe schießen (*prices*), sprunghaft ansteigen; **~·scrap·er** *s* Wolkenkratzer *m*; **~·ward(s)** *adj and adv* himmelwärts.
slab [slæb] *s* Platte *f*, Fliese *f*; (dicke) Scheibe (*of cheese, etc.*).
slack [slæk] **1.** *adj* □ schlaff; locker; (nach)lässig; flau (*a. econ.*); **2.** *s mar.* Lose *f*; Flaute *f* (*a. econ.*); Kohlengrus *m*; **~·en** *v/i and v/t* nachlassen; (sich) verringern; (sich) lockern; (sich) entspannen; (sich) verlangsamen; **~s** *s pl* Freizeithose *f.*
slag [slæg] *s* Schlacke *f.*
slain [sleɪn] *pp of* **slay**.
slake [sleɪk] *v/t lime*: löschen; *thirst*: löschen, stillen.
slam [slæm] **1.** *s* Zuschlagen *n*; Knall *m*; **2.** *v/t* (**-mm-**) *door, etc.*: zuschlagen, zuknallen; **~ the book on the desk** das Buch auf den Tisch knallen.
slan·der ['slɑːndə] **1.** *s* Verleumdung *f*; **2.** *v/t* verleumden; **~·ous** *adj* □ verleumderisch.
slang [slæŋ] **1.** *s* Slang *m*; Berufssprache *f*; lässige Umgangssprache; **2.** *v/t j-n* wüst beschimpfen.
slant [slɑːnt] **1.** *s* schräge Fläche; Abhang *m*; Neigung *f*; Standpunkt *m*, Einstellung *f*; Tendenz *f*; **2.** *v/i and v/t* schräg legen *or* liegen; sich neigen; **~·ing** *adj* □, **~·wise** *adv* schief, schräg.
slap [slæp] **1.** *s* Klaps *m*, Schlag *m*; **a ~ in the face** ein Schlag ins Gesicht (*a. fig.*); **2.** (**-pp-**) *v/t* e-n Klaps geben (*dat*); schlagen; *v/i* klatschen; **~·stick** *s* F Klamotte *f*; *a.* **~ comedy** *film, etc.*: Slapstickkomödie *f.*
slash [slæʃ] **1.** *s* Hieb *m*; Schnitt(wunde *f*) *m*; Schlitz *m*; **2.** *v/t* (auf)schlitzen; schlagen, hauen; *fig.* scharf kritisieren.
slate [sleɪt] **1.** *s* Schiefer *m*; Schiefertafel *f*; *esp. Am. pol.* Kandidatenliste *f*; **2.** *v/t* mit Schiefer decken; *Br.* F heftig kritisieren; *Am.* F *candidates*: aufstellen; **~-pen·cil** *s* Griffel *m.*
slaugh·ter ['slɔːtə] **1.** *s* Schlachten *n*; *fig.* Blutbad *n*, Gemetzel *n*; **2.** *v/t* schlachten; *fig.* niedermetzeln; **~·house** *s* Schlachthaus *n*, -hof *m.*
Slav [slɑːv] **1.** *s* Slaw|e *m*, -in *f*; **2.** *adj* slawisch.
slave [sleɪv] **1.** *s* Sklav|e *m*, -in *f* (*a. fig.*); **2.** *v/i* sich (ab)placken, schuften.
slav·er ['slævə] **1.** *s* Geifer *m*, Sabber *m*; **2.** *v/i* geifern, sabbern.
sla·ve·ry ['sleɪvərɪ] *s* Sklaverei *f*; Plackerei *f*; **slav·ish** *adj* □ sklavisch.
slay [sleɪ] *v/t* (**slew, slain**) erschlagen; töten.
sled [sled] **1.** → **sledge¹** 1; **2.** (**-dd-**) → **sledge¹** 2.
sledge¹ [sledʒ] **1.** *s* Schlitten *m*; **2.** *v/i* Schlitten fahren, rodeln.
sledge² [~] *s a.* **~-hammer** Vorschlaghammer *m.*
sleek [sliːk] **1.** *adj* □ glatt, glänzend (*hair, fur*); geschmeidig; **2.** *v/t* glätten.
sleep [sliːp] **1.** (**slept**) *v/i* schlafen; **~ (up)on or over** *et.* überschlafen; **~ with s.o.** *have sex*: mit j-m schlafen; *v/t* schlafen; *j-n* für die Nacht unterbringen; **~ away** *time*: verschlafen; **2.** *s* Schlaf *m*; **get** *or* **go to ~** einschlafen; **put to ~** *animal*: einschläfern.
sleep·er ['sliːpə] *s* Schlafende(r *m*) *f*; *on railway track*: Schwelle *f*; *rail.* Schlafwagen *m*; **~·ette** [~'ret] *s on train, aircraft, etc.*: Liege-, Ruhesitz *m.*
sleep·ing ['sliːpɪŋ] *adj* schlafend; Schlaf...; ♀ **Beau·ty** *s* Dornröschen *n*; **~-car(·riage)** *s rail.* Schlafwagen *m*; **~ part·ner** *s Br. econ.* stiller Teilhaber.
sleep|less ['sliːpləs] *adj* □ schlaflos; **~·less·ness** *s* Schlaflosigkeit *f*; **~·walk·er** *s* Schlafwandler(in); **~·y** *adj* □ (**-ier, -iest**) schläfrig; müde; verschlafen.
sleet [sliːt] **1.** *s* Schneeregen *m*; Graupelschauer *m*; **2.** *v/i*: **it was ~ing** es gab Schneeregen; es graupelte.
sleeve [sliːv] *s* Ärmel *m*; *tech.* Muffe *f*; *Br.* (Schall)Plattenhülle *f.*
sleigh [sleɪ] *s* (*esp.* Pferde)Schlitten *m.*

sleight [slaɪt] *s*: **~ *of hand*** (Taschenspieler)Trick *m*; Fingerfertigkeit *f*.

slen·der ['slendə] *adj* □ schlank; schmächtig; *fig*. schwach; dürftig.

slept [slept] *pret and pp of* **sleep** 1.

sleuth [slu:θ] *s a*. **~*-hound*** Spürhund *m* (*a. fig. detective*).

slew [slu:] *pret of* **slay**.

slice [slaɪs] **1.** *s* Schnitte *f*, Scheibe *f*, Stück *n*; (An)Teil *m*; **2.** *v/t* (in) Scheiben schneiden; aufschneiden.

slick [slɪk] **1.** *adj* □ glatt, glitschig; F geschickt, raffiniert; **2.** *adv* direkt; **3.** *s* Ölfleck *m*, -teppich *m*; **~·er** *s Am*. F Regenmantel *m*; gerissener Kerl.

slid [slɪd] *pret and pp of* **slide** 1.

slide [slaɪd] **1.** *v/i and v/t* (***slid***) gleiten (lassen); rutschen; schlittern; ausgleiten; **~ *into*** *fig*. in *et*. hineinschlittern; ***let things ~*** *fig*. die Dinge laufen lassen; **2.** *s* Gleiten *n*, Rutschen *n*, Schlittern *n*; Rutschbahn *f*; Rutsche *f*; *tech*. Schieber *m*; *phot*. Dia(positiv) *n*; *Br*. (Haar-) Spange *f*; *a*. ***land~*** Erdrutsch *m*; **~-rule** *s math*. Rechenschieber *m*.

slid·ing ['slaɪdɪŋ] *adj* □ gleitend, rutschend; Schiebe...; **~ *door*** Schiebetür *f*.

slight [slaɪt] **1.** *adj* □ leicht; schmächtig; schwach; gering, unbedeutend; **2.** *s* Geringschätzung *f*; **3.** *v/t* geringschätzig behandeln; beleidigen, kränken.

slim (***-mm-***) [slɪm] **1.** *adj* □ schlank, dünn; *fig*. gering, dürftig; **2.** *v/i* e-e Schlankheitskur machen, abnehmen.

slime [slaɪm] *s* Schlamm *m*; Schleim *m*; **slim·y** *adj* (***-ier***, ***-iest***) schlammig; schleimig; *fig*. schmierig; kriecherisch.

sling [slɪŋ] **1.** *s* (Stein)Schleuder *f*; (Trag)Schlinge *f*, Tragriemen *m*; *med*. Schlinge *f*, Binde *f*; **2.** *v/t* (***slung***) schleudern; auf-, umhängen; *a*. **~ *up*** hochziehen.

slink [slɪŋk] *v/i* (***slunk***) schleichen.

slip [slɪp] **1.** *v/i and v/t* (***-pp-***) gleiten (lassen); rutschen, *on ice*: *a*. schlittern; ausgleiten, -rutschen; (ver)rutschen; loslassen; **~ *away*** wegschleichen, sich fortstehlen; **~ *by*** *time*: verstreichen; **~ *in*** *remark*: dazwischenwerfen; **~ *into*** hineinstecken *or* hineinschieben in (*acc*); **~ *off*** (***on***) *ring, dress, etc*.: abstreifen (überstreifen); **~ *up*** (e-n) Fehler machen; ***have ~ped s.o.'s memory*** *or* ***mind*** j-m entfallen sein; ***she let ~ that*** ... ihr ist herausgerutscht, daß ...; **2.** *s* (Aus)Gleiten *n*, (-)Rutschen *n*; Fehltritt *m* (*a. fig*.); (Flüchtigkeits)Fehler *m*; Fehler *m*, Panne *f*; Streifen *m*, Zettel *m*; *econ*. (Kontroll)Abschnitt *m*; (Kissen)Bezug *m*; Unterkleid *n*, -rock *m*; ***a ~ of a boy*** (***girl***) ein schmächtiges Bürschchen (ein zartes Ding); ***~ of the tongue*** Versprecher *m*; ***give s.o. the ~*** j-m entwischen; **~ped disc** *s med*. Bandscheibenvorfall *m*; **~·per** *s* Pantoffel *m*, Hausschuh *m*; **~·per·y** *adj* □ (***-ier***, ***-iest***) glatt, schlüpfrig; *fig. person*: zwielichtig; **~-road** *s Br*. Autobahnauffahrt *f*, -ausfahrt *f*; Zubringer (-straße *f*) *m*; **~·shod** *adj* schlampig, nachlässig; **~·stream** *sports* **1.** *s* Windschatten *m*; **2.** *v/i* im Windschatten fahren.

slit [slɪt] **1.** *s* Schlitz *m*, Spalt *m*; **2.** *v/t* (***-tt-***; ***slit***) (auf-, zer)schlitzen.

slith·er ['slɪðə] *v/i* gleiten, rutschen.

sliv·er ['slɪvə] *s* Splitter *m*.

slob·ber ['slɒbə] **1.** *s* Sabber *m*, Geifer *m*; **2.** *v/i* geifern, sabbern.

slo·gan ['sləʊgən] *s* Slogan *m*; Schlagwort *n*; Werbespruch *m*.

slo·mo F ['sləʊməʊ] → ***slowmo***.

sloop *mar*. [slu:p] *s* Schaluppe *f*.

slop [slɒp] **1.** *s for sick people*: Süppchen *n*; **~s** *pl* Spül-, Schmutzwasser *n*; **2.** (***-pp-***) *v/t* verschütten; *v/i*: **~ *over*** überschwappen.

slope [sləʊp] **1.** *s* (Ab)Hang *m*; Neigung *f*, Gefälle *n*; **2.** *v/t tech*. abschrägen; *v/i* abfallen; schräg verlaufen; sich neigen.

slop·py ['slɒpɪ] *adj* □ (***-ier***, ***-iest***) naß, schmutzig; schlampig; labb(e)rig (*food*); rührselig.

slot [slɒt] *s* Schlitz *m*, (Münz)Einwurf *m*.

sloth [sləʊθ] *s* Faulheit *f*; *zo*. Faultier *n*.

slot-ma·chine ['slɒtməʃi:n] *s* (Waren-, Spiel)Automat *m*.

slouch [slaʊtʃ] **1.** *v/i* krumm *or* (nach-) lässig dastehen *or* dasitzen; F (herum-) latschen; **2.** *s* schlaffe, schlechte Haltung; **~ *hat*** Schlapphut *m*.

slough[1] [slaʊ] *s* Sumpf(loch *n*) *m*.

slough[2] [slʌf] *v/t skin*: abwerfen.

slow [sləʊ] **1.** *adj* □ langsam; schwerfällig; träge; ***be ~*** nachgehen (*clock, watch*); **2.** *adv* langsam; **3.** **~ *down***, **~ *up*** *v/t speed*: verlangsamen, -ringern; *v/i* langsamer werden; **~·coach** *s* Lang-

S

weiler *m*; **~-down** *s* Verlangsamung *f*; *of inflation, etc.*: Sinken *n*; *a.* **~ (strike)** *Am. econ.* Bummelstreik *m*; **~ lane** *s mot.* Kriechspur *f*; **~·mo** F, **~ mo·tion** *s TV* Zeitlupe *f*; **~·poke** *Am.* → ***slowcoach***; **~-worm** *s zo.* Blindschleiche *f*.

sludge [slʌdʒ] *s* Schlamm *m*; Matsch *m*.

slug [slʌg] **1.** *s zo.* Wegschnecke *f*; Stück *n* Rohmetall; *esp. Am.* (Pistolen)Kugel *f*; *Am.* (Faust)Schlag *m*; **2.** *v/t* (**-gg-**) *Am.* F *j-m* e-n harten Schlag versetzen.

slug|gard ['slʌgəd] *s* Faulpelz *m*; **~·gish** *adj* □ träge; *econ.* schleppend.

sluice *tech.* [sluːs] *s* Schleuse *f*.

slum·ber ['slʌmbə] **1.** *s mst* **~s** *pl* Schlummer *m*; **2.** *v/i* schlummern.

slump [slʌmp] **1.** *v/i* plumpsen; *econ.* fallen, stürzen (*prices*); **2.** *s econ.* (Kurs-, Preis)Sturz *m*; (starker) Konjunkturrückgang.

slums [slʌmz] *s pl* Slums *pl*, Elendsviertel *n or pl.*

slung [slʌŋ] *pret and pp of* **sling** 2.

slunk [slʌŋk] *pret and pp of* **slink**.

slur [slɜː] **1.** *v/t* (**-rr-**) verunglimpfen, verleumden; undeutlich (aus)sprechen; *mus. notes*: binden; **2.** *s* Verunglimpfung *f*, Verleumdung *f*; undeutliche Aussprache; *mus.* Bindebogen *m*.

slush [slʌʃ] *s* Schlamm *m*, Matsch *m*; Schneematsch *m*; Kitsch *m*.

slut [slʌt] *s* Schlampe *f*; Nutte *f*.

sly [slaɪ] *adj* □ (**~er**, **~est**) schlau, listig; hinterlistig; ***on the ~*** heimlich.

smack [smæk] **1.** *s* (Bei)Geschmack *m*; Schmatz *m* (*kiss*); Schmatzen *n*; klatschender Schlag, Klatsch *m*, Klaps *m*; (Peitschen)Knall *m*; *fig.* Spur *f*, Andeutung *f*; **2.** *v/i* schmecken (**of** nach); *v/t* klatschend schlagen; knallen mit; *j-m* e-n Klaps geben; ***~ one's lips*** schmatzen.

small [smɔːl] **1.** *adj* klein; *effect, etc.*: gering; *not much*: wenig; *minor*: unbedeutend, bescheiden; (sozial) niedrig; *petty*: kleinlich; ***feel ~*** sich schämen; sich ganz klein und häßlich vorkommen; ***look ~*** beschämt *or* schlecht dastehen; ***the ~ hours*** *pl* die frühen Morgenstunden *pl*; ***in a ~ way*** bescheiden; ***it's a ~ world*** wie klein doch die Welt ist; **2.** *s*: ***~ of the back*** *anat.* Kreuz *n*; **~s** *pl Br.* F Unterwäsche *f*, Taschentücher *pl etc.*; ***wash one's ~s*** kleine Wäsche waschen; **~ arms** *s pl* Handfeuerwaffen *pl*; **~ change** *s* Kleingeld *n*; **~·ish** *adj* ziemlich klein; **~·pox** *s med.* Pocken *pl*; **~ talk** *s* oberflächliche Konversation; **~-time** *adj* F unbedeutend.

smart [smɑːt] **1.** *adj* □ klug; gewandt, geschickt; gerissen, raffiniert; elegant, schick, fesch; forsch; flink; hart, scharf; heftig; schlagfertig; ***~ aleck*** F Klugscheißer *m*; **2.** *s* stechender Schmerz; **3.** *v/i* schmerzen; leiden; **~·ness** *s* Klugheit *f*; Gewandtheit *f*; Gerissenheit *f*; Eleganz *f*; Schärfe *f*.

smash [smæʃ] **1.** *v/t* zerschlagen, -trümmern; (zer)schmettern; *fig.* vernichten; *v/i* zersplittern; krachen; zusammenstoßen; *fig.* zusammenbrechen; **2.** *s* heftiger Schlag; Zerschmettern *n*; Krach *m*; Zusammenbruch *m* (*a. econ.*); *tennis, etc.*: Schmetterball *m*; *a.* ***~ hit*** F toller Erfolg; **~·ing** *adj esp. Br.* F toll, sagenhaft; **~-up** *s* Zusammenstoß *m*; Zusammenbruch *m*.

smat·ter·ing ['smætərɪŋ] *s* oberflächliche Kenntnis; ***have a ~ of German*** ein paar Brocken Deutsch können.

smear [smɪə] **1.** *v/t* (be-, ein-, ver-) schmieren; *fig.* verleumden; *v/i* schmieren; **2.** *s* Schmiere *f*; Fleck *m*.

smell [smel] **1.** *s* Geruch(ssinn) *m*; Duft *m*; Gestank *m*; **2.** (***smelt*** *or* ***smelled***) *v/t* riechen (an *dat*); *v/i* riechen (**at** an *dat*); duften; stinken; **~·y** *adj* (**-ier**, **-iest**) übelriechend, stinkend.

smelt[1] [smelt] *pret and pp of* **smell** 2.

smelt[2] *metall.* [~] *v/t ore*: (ein)schmelzen, verhütten.

smile [smaɪl] **1.** *s* Lächeln *n*; **2.** *v/i* lächeln; ***~ at*** *j-n* anlächeln.

smirch [smɜːtʃ] *v/t* besudeln.

smirk [smɜːk] *v/i* grinsen.

smith [smɪθ] *s* Schmied *m*.

smith·e·reens [smɪðə'riːnz] *s pl* Stücke *pl*, Splitter *pl*, Fetzen *pl*; ***smash to ~*** in tausend Stücke schlagen *or* zerbrechen.

smith·y ['smɪðɪ] *s* Schmiede *f*.

smit·ten ['smɪtn] *adj* betroffen, heimgesucht; *fig.* hingerissen (***with*** von); *co.* verliebt, -knallt (***with*** in *acc*).

smock [smɒk] *s* Kittel *m*.

smog [smɒg] *s* Smog *m*.

smoke [sməʊk] **1.** *s* Rauch *m*; ***have a ~*** (eine) rauchen; **2.** *v/i* rauchen; qualmen dampfen; *v/t* rauchen; räuchern;

~dried *adj* geräuchert; **smok·er** *s* Raucher(in); *rail.* F Raucher(abteil *n*) *m*; **~stack** *s rail., mar.* Schornstein *m.*
smok·ing ['sməʊkɪŋ] *s* Rauchen *n*; *attr* Rauch(er)...; **~com·part·ment** *s rail.* Raucherabteil *n.*
smok·y ['sməʊkɪ] *adj* □ (*-ier*, *-iest*) rauchig; verräuchert.
smooth [smu:ð] **1.** *adj* □ glatt; eben; ruhig (*tech., sea, journey*); sanft (*voice*); flüssig (*style, etc.*); mild (*wine*); (aal-) glatt, gewandt (*manner*); **2.** *v/t* glätten; *fig.* besänftigen; **~ away** *fig.* wegräumen; **~ down** *v/i* sich glätten; *v/t* glattstreichen; **~ out** *wrinkles*: glattstreichen; **~·ness** *s* Glätte *f.*
smo(u)l·der ['sməʊldə] *v/i* schwelen.
smudge [smʌdʒ] **1.** *v/t* (ver-, be)schmieren; *v/i* schmutzig werden; **2.** *s* Schmutzfleck *m.*
smug·gle ['smʌgl] *v/t* schmuggeln; **~r** *s* Schmuggler(in).
smut [smʌt] *s* Ruß(fleck) *m*; Schmutzfleck *m*; *fig.* Zote(n *pl*) *f*; **~·ty** *adj* □ (*-ier*, *-iest*) schmutzig.
snack [snæk] *s* Imbiß *m*; **have a ~** e-e Kleinigkeit essen; **~bar** *s* Snackbar *f*, Imbißstube *f.*
snag [snæg] *s fig.* Haken *m*, Schwierigkeit *f.*
snail *zo.* [sneɪl] *s* Schnecke *f.*
snake *zo.* [sneɪk] *s* Schlange *f.*
snap [snæp] **1.** *s* (Zu)Schnappen *n*, Biß *m*; *sound*: Knacken *n*, Krachen *n*; Knacks *m*; *of whip*: Knallen *n*; F *phot.* Schnappschuß *m*; *fig.* F Schwung *m*, Schmiß *m*; **cold ~** Kälteeinbruch *m*; **2.** (*-pp-*) *v/i* schnappen (**at** nach); *a.* **~ shut** zuschnappen (*lock*); *sound*: krachen, knacken, knallen; *break*: (zer)brechen; zerkrachen, -springen, -reißen; **~ at s.o.** j-n anschnauzen; **~ to it!**, *Am. a.* **~ it up!** *sl.* mach schnell!, Tempo!; **~ out of it!** *sl.* hör auf (damit)!, komm, komm!; *v/t* schnappen nach, schnell greifen nach; knallen mit; (auf- *or* zu)schnappen *or* zuknallen lassen; *phot.* knipsen; zerbrechen; *j-n* anschnauzen, anfahren; **~ one's fingers** mit den Fingern schnalzen; **~ one's fingers at** *fig. j-n, et.* nicht ernst nehmen; **~ out** *words*: hervorstoßen; **~ up** wegschnappen; an sich reißen; **~fas·ten·er** *s* Druckknopf *m*; **~·pish** *adj* □ bissig; schnippisch; **~·py** *adj* (*-ier*, *-iest*) bissig; F flott; F schnell; **make it ~!**, *Br. a.* **look ~!** F mach fix!; **~·shot** *s* Schnappschuß *m*, Momentaufnahme *f.*
snare [sneə] **1.** *s* Schlinge *f*, Falle *f* (*a. fig.*); **2.** *v/t* fangen; *fig.* umgarnen.
snarl [snɑ:l] **1.** *v/i and v/t* wütend knurren; **2.** *s* Knurren *n*, Zähnefletschen *n*; Knoten *m*; *fig.* Gewirr *n.*
snatch [snætʃ] **1.** *s* schneller Griff; Ruck *m*; Stückchen *n*; **2.** *v/t* schnappen; ergreifen; *et.* an sich reißen; nehmen; *v/i*: **~ at** greifen nach.
sneak [sni:k] **1.** *v/i* schleichen; *Br. sl.* petzen; *v/t sl.* stibitzen; **2.** *s* F Leisetreter *m*, Kriecher *m*; *Br. sl.* Petze *f*; **~·ers** *s pl esp. Am.* Turnschuhe *pl*; **~·y** *adj* F gerissen, raffiniert.
sneer [snɪə] **1.** *s* höhnisches Grinsen; höhnische Bemerkung; **2.** *v/i* höhnisch grinsen; spotten; höhnen.
sneeze [sni:z] **1.** *v/i* niesen; **2.** *s* Niesen *n.*
snick·er ['snɪkə] *v/i esp. Am.* kichern; *esp. Br.* wiehern.
sniff [snɪf] *v/t and v/i* riechen, schnuppern; schnüffeln (*a. glue*), schnupfen (*snuff, cocaine*); *fig.* die Nase rümpfen.
snig·ger *esp. Br.* ['snɪgə] *v/i* kichern.
snip [snɪp] **1.** *s* Schnitt *m*; Schnipsel *m, n*; **2.** *v/t* (*-pp-*) schnippeln, schnipseln.
snipe [snaɪp] **1.** *s zo.* Schnepfe *f*; **2.** *v/i* aus dem Hinterhalt schießen; **snip·er** *s* Heckenschütze *m.*
snob [snɒb] *s* Snob *m*; **~·bish** *adj* □ versnobt.
snoop F [snu:p] **1.** *v/i*: **~ about, ~ around** F *fig.* herumschnüffeln; **2.** *s* Schnüffler(in).
snooze F [snu:z] **1.** *s* Nickerchen *n*; **2.** *v/i* ein Nickerchen machen; dösen.
snore [snɔ:] **1.** *v/i* schnarchen; **2.** *s* Schnarchen *n.*
snort [snɔ:t] *v/i and v/t* schnauben; prusten.
snout [snaʊt] *s* Schnauze *f*; Rüssel *m.*
snow [snəʊ] **1.** *s* Schnee *m*; (*a. sl.*: *cocaine, heroin*); **2.** *v/i* schneien; **~ed in** *or* **up** eingeschneit; **be ~ed under** *fig.* erdrückt werden; **~bound** *adj* eingeschneit; **~capped, ~clad, ~cov·ered** *adj* schneebedeckt; **~drift** *s* Schneewehe *f*; **~drop** *s bot.* Schneeglöckchen *n*; **~white** *adj* schneeweiß; **~·y** *adj* □

S

(*-ier*, *-iest*) schneeig; schneebedeckt, verschneit; schneeweiß.

snub [snʌb] **1.** *v/t* (*-bb-*) *j-n* vor den Kopf stoßen, brüskieren; *j-m* über den Mund fahren; *j-n* schneiden; **2.** *s* Brüskierung *f*; **~-nosed** *adj* stupsnasig.

snuff [snʌf] **1.** *s* Schnupftabak *m*; ***take ~*** schnupfen; **2.** *v/t* schnupfen; *candle*: ausdrücken.

snug [snʌg] *adj* □ (*-gg-*) geborgen; behaglich; enganliegend; **~·gle** *v/i* sich anschmiegen *or* kuscheln (***up to s.o.*** an j-n).

so [səʊ] *adv* so; *cj* also, deshalb; ***I hope ~*** ich hoffe es; ***I think ~*** ich glaube *or* denke schon; ***are you tired? - ~ I am*** bist du müde? Ja; ***you are tired***, ***~ am I*** du bist müde, ich auch; ***I hope ~*** hoffentlich; ***~ far*** bisher; ***~ much for ...*** so viel zu ...; ***~ much for that*** das hätten wir; ***very much ~!*** allerdings!, und wie!

soak [səʊk] *v/t* einweichen; durchnässen; (durch)tränken; ***~ in*** einsaugen; ***~ up*** aufsaugen; *v/i* sich vollsaugen; ein-, durchsickern; ***~ing*** (***wet***) klatschnaß.

soap [səʊp] **1.** *s* Seife *f*; ***soft ~*** Schmierseife *f*; *sl. fig.* Schmeichelei *f*; ***~*** (***opera***) F *TV*: Seifenoper *f*; **2.** *v/t* ab-, einseifen; **~-box** *s* Seifenkiste *f*; ***get up on one's ~*** F *fig.* Volksreden halten; **~·y** *adj* □ (*-ier*, *-iest*) seifig; *fig.* F schmeichlerisch.

soar [sɔː] *v/i* (hoch) aufsteigen, sich erheben; in großer Höhe fliegen *or* schweben; *aer.* segeln, gleiten.

sob [sɒb] **1.** *s* Schluchzen *n*; **2.** *v/i and v/t* (*-bb-*) schluchzen.

so·ber ['səʊbə] **1.** *adj* □ nüchtern; **2.** *v/t and v/i mst* ***~ up*** (wieder) nüchtern machen *or* werden; **~·ness** *s*, **so·bri·e·ty** [səʊ'braɪətɪ] *s* Nüchternheit *f*.

so-called [səʊ'kɔːld] *adj* sogenannt.

soc·cer ['sɒkə] *s* Fußball *m*.

so·cia·ble ['səʊʃəbl] **1.** *adj* □ gesellig; gemütlich; **2.** *s* geselliges Beisammensein.

so·cial ['səʊʃl] **1.** *adj* □ gesellig; gesellschaftlich; sozial; Sozial..., Gesellschafts...; **2.** *s* geselliges Beisammensein; **♀ Char·ter** *s of EC*: *die* Sozialcharta; **~ dem·o·crat** *s pol.* Sozialdemokrat(in); **~ dem·o·crat·ic** *adj pol.* sozialdemokratisch; **~ fab·ric** *s* Gesellschaftsgefüge *n*; **~ in·sur·ance** *s* Sozialversicherung *f*.

so·cial|is·m ['səʊʃəlɪzəm] *s* Sozialismus *m*; **~·ist 1.** *s* Sozialist(in); **2.** → **~·is·tic** [~'lɪstɪk] *adj* (***~ally***) sozialistisch; **~·ize** *v/t* sozialisieren; vergesellschaften; *v/i* gesellschaftlich verkehren (***with*** mit).

so·cial| pol·i·cy [səʊʃl'pɒləsɪ] *s* Sozialpolitik *f*; **~ sci·ence** *s* Sozialwissenschaft *f*; **~ se·cu·ri·ty** *s* Sozialhilfe *f*; ***be on ~*** Sozialhilfe beziehen; **~ ser·vic·es** *s pl* staatliche Sozialleistungen *pl*; ***cuts in ~*** Sozialabbau *m*; **~ work** *s* Sozialarbeit *f*; **~ work·er** *s* Sozialarbeiter(in).

so·ci·e·ty [sə'saɪətɪ] *s* Gesellschaft *f*; Verein *m*, Vereinigung *f*.

so·ci·ol·o·gy [səʊsɪ'ɒlədʒɪ] *s* Soziologie *f*.

sock [sɒk] *s* Socke *f*; Einlegesohle *f*.

sock·et ['sɒkɪt] *s anat.* (Augen-, Zahn-) Höhle *f*; *anat.* (Gelenk)Pfanne *f*; *tech.* Muffe *f*; *electr.* Fassung *f*; *electr.* Steckdose *f*; *electr.* (Anschluß)Buchse *f*.

sod [sɒd] *s* Grasnarbe *f*; Rasenstück *n*; *sl. person*: V Sau *f*, F blöder Hund.

so·da ['səʊdə] *s chem.* Soda *f*, *n*; Soda (-wasser) *n*; **~-foun·tain** *s* Siphon *m*; *Am.* Erfrischungshalle *f*, Eisbar *f*.

soft [sɒft] **1.** *adj* □ weich; mild; sanft; sacht, leise; gedämpft (*light*, *etc.*); leicht, angenehm (*job*); weichlich; *a.* ***~ in the head*** F einfältig, doof; alkoholfrei (*drink*); weich (*drugs*); ***have a ~ job*** F e-e ruhige Kugel schieben; **2.** *adv* sanft, leise; **~·en** ['sɒfn] *v/t* weich machen; *voice, etc.*: dämpfen; *water*: enthärten; *j-n* erweichen; *fig.* mildern; *v/i* weich(er) *or* sanft(er) *or* mild(er) werden; **~-head·ed** *adj* doof; **~-heart·ed** *adj* weichherzig; **~·ware** *s computer*: Software *f*; **~·y** *s* F Trottel *m*; weichlicher Typ; Schwächling *m*.

sog·gy ['sɒgɪ] *adj* (***-ier***, ***-iest***) durchnäßt; feucht.

soil [sɔɪl] *s* Boden *m*, Erde *f*.

sol·ace ['sɒləs] **1.** *s* Trost *m*; **2.** *v/t* trösten.

so·lar ['səʊlə] *adj* Sonnen..., Solar...

sold [səʊld] *pret and pp of* ***sell***.

sol·dier ['səʊldʒə] *s* Soldat *m*.

sole[1] [səʊl] *adj* □ alleinig, einzig, Allein...; ***~ agent*** Alleinvertreter *m*.

sole[2] [~] **1.** *s* (Fuß-, Schuh)Sohle *f*; **2.** *v/t* besohlen.

S

sole³ *zo.* [~] *s* Seezunge *f.*
sol|emn ['sɒləm] *adj* □ feierlich; ernst; **so·lem·ni·ty** [sə'lemnətɪ] *s* Feierlichkeit *f.*
so·li·cit [sə'lɪsɪt] *v/t* (dringend) bitten (um); *v/i* sich anbieten (*prostitute*).
so·lic·i·tor [sə'lɪsɪtə] *s Br. jur.* Anwalt; *Am.* Agent *m*, Werber *m.*
sol·id ['sɒlɪd] **1.** *adj* □ fest; derb, kräftig; stabil; massiv; *math.* körperlich, räumlich, Raum...; gewichtig, triftig; solid(e), gründlich; solid(e), zuverlässig (*person*); einmütig, solidarisch; ***a ~ hour*** e-e volle Stunde; **2.** *s* fester Stoff; *geom.* Körper *m*; **~s** *pl* feste Nahrung; **sol·i·dar·i·ty** [sɒlɪ'dærətɪ] *s* Solidarität *f.*
so·lid·i|fy [sə'lɪdɪfaɪ] *v/i and v/t* fest werden (lassen); verdichten; **~·ty** *s* Festigkeit *f*; Solidität *f.*
so·lil·o·quy [sə'lɪləkwɪ] *s* Selbstgespräch *n*; *esp. thea.* Monolog *m.*
sol·i·taire [sɒlɪ'teə] *s gem*: Solitär *m*; *Am. card game*: Patience *f.*
sol·i|ta·ry ['sɒlɪtərɪ] *adj* □ einsam; einzeln; einsiedlerisch; ***~ confinement*** Einzelhaft *f*; **~·tude** *s* Einsamkeit *f*; Verlassenheit *f*; Öde *f.*
so·lo ['səʊləʊ] *s* (*pl* **-los**) Solo *n*; *aer.* Alleinflug *m*; **~·ist** *s mus.* Solist(in).
sol·u·ble ['sɒljʊbl] *adj* löslich; *fig.* lösbar; **so·lu·tion** [sə'lu:ʃn] *s* (Auf)Lösung *f.*
solve [sɒlv] *v/t* lösen; **sol·vent 1.** *adj chem.* (auf)lösend; *econ.* zahlungsfähig; **2.** *s chem.* Lösungsmittel *n.*
som·bre, *Am.* **-ber** ['sɒmbə] *adj* □ düster, trüb(e); *fig.* trübsinnig.
some [sʌm, səm] *adj and pron* (irgend-) ein; *before pl*: einige, ein paar, manche; etwas; etwa; F beachtlich, vielleicht ein (*in exclamations*); ***~ 20 miles*** etwa 20 Meilen; ***to ~ extent*** einigermaßen; **~·bod·y** *pron* (irgend) jemand, irgendeiner; **~·day** *adv* eines Tages; **~·how** *adv* irgendwie; ***~ or other*** irgendwie; **~·one** *pron* (irgend) jemand, irgendeiner; **~·place** *adv Am.* → ***somewhere.***
som·er·sault ['sʌməsɔ:lt] **1.** *s* Salto *m*; Purzelbaum *m*; ***turn a ~*** → **2.** *v/i* e-n Salto machen; e-n Purzelbaum schlagen.
some|thing ['sʌmθɪŋ] *adv and pron* (irgend) etwas; ***~ like*** so etwas wie, so ungefähr; ***~ or other*** irgend etwas; ***the book is really ~*** F das Buch ist echt spitze; **~·time 1.** *adv* irgendwann; **2.** *adj* ehemalige(r, -s); **~·times** *adv* manchmal; **~·what** *adv* etwas, ziemlich; irgendwie; **~·where** *adv* irgendwo(hin); F ***get ~*** weiterkommen, es zu etwas bringen.
son [sʌn] *s* Sohn *m.*
song [sɒŋ] *s* Lied *n*; Gesang *m*; Gedicht *n*; ***for a ~*** für ein Butterbrot; **~·bird** *s* Singvogel *m.*
son·ic ['sɒnɪk] *adj* Schall...; **~ boom**, *Br. a.* **~ bang** *s* Überschallknall *m.*
son-in-law ['sʌnɪnlɔ:] *s* Schwiegersohn *m.*
son·net ['sɒnɪt] *s* Sonett *n.*
so·nor·ous [sə'nɔ:rəs] *adj* □ klangvoll.
soon [su:n] *adv* bald; früh; gern; ***as** or **so ~ as*** sobald als *or* wie; **~·er** *adv* eher; früher; lieber; ***~ or later*** früher oder später; ***the ~ the better*** je eher, desto besser; ***no ~ ... than*** kaum ... als; ***no ~ said than done*** gesagt, getan.
soot [sʊt] **1.** *s* Ruß *m*; **2.** *v/i* verrußen.
soothe [su:ð] *v/t* beruhigen, besänftigen, beschwichtigen; lindern, mildern; **sooth·ing** *adj* □ besänftigend; lindernd; **sooth·say·er** ['su:θseɪə] *s* Wahrsager(in).
soot·y ['sʊtɪ] *adj* □ (**-ier**, **-iest**) rußig.
sop [sɒp] **1.** *s* eingetunktes Brotstück; **2.** *v/t* (**-pp-**) eintunken.
so·phis·ti·cat·ed [sə'fɪstɪkeɪtɪd] *adj* anspruchsvoll, kultiviert; intellektuell; blasiert; *tech.* hochentwickelt; *tech.* kompliziert; verfälscht; **soph·ist·ry** ['sɒfɪstrɪ] *s* Spitzfindigkeit *f.*
soph·o·more *Am.* ['sɒfəmɔ:] *s* College-Student(in) *or* Schüler(in) e-r High-School im zweiten Jahr.
sop·o·rif·ic [sɒpə'rɪfɪk] **1.** *adj* (***~ally***) einschläfernd; **2.** *s* Schlafmittel *n.*
sor·cer|er ['sɔ:sərə] *s* Zauberer *m*, Hexenmeister *m*; **~·ess** *s* Zauberin *f*, Hexe *f*; **~·y** *s* Zauberei *f*, Hexerei *f.*
sor·did ['sɔ:dɪd] *adj* □ schmutzig; schäbig, elend, miserabel.
sore [sɔ:] **1.** *adj* □ (**~r**, **~st**) schlimm, entzündet; wund, weh; gereizt; verärgert, böse; ***a ~ throat*** Halsschmerzen *pl*, Angina *f*; **2.** *s* Wunde *f*, Entzündung *f*; **~·head** *s Am.* F mürrischer Mensch.
sor·row ['sɒrəʊ] *s* Kummer *m*, Leid *n*;

S

Schmerz *m*, Jammer *m* **~·ful** *adj* □ traurig, betrübt.
sor·ry ['sɒrɪ] *adj and int* (**-ier**, **-iest**) betrübt, bekümmert; traurig; ***be ~ about s.th.*** et. bereuen *or* bedauern; ***I am*** (***so***) ***~!*** es tut mir (sehr) leid, Verzeihung!; ***~!*** Verzeihung!, Entschuldigung!; ***I am ~ for him*** er tut mir leid; ***we are ~ to say*** wir müssen leider sagen.
sort [sɔːt] **1.** *s* Sorte *f*, Art *f*; ***what ~ of*** was für; ***of a ~, of ~s*** F so was wie; ***~ of*** F irgendwie, gewissermaßen; ***out of ~s*** F nicht auf der Höhe; **2.** *v/t* sortieren; ***~ out*** (aus)sortieren; *fig.* in Ordnung bringen.
sot [sɒt] *s* Säufer *m*, Trunkenbold *m*.
sought [sɔːt] *pret and pp of* **seek.**
soul [səʊl] *s* Seele *f* (*a. fig.*); Inbegriff *m*; *mus.* Soul *m*.
sound [saʊnd] **1.** *adj* □ gesund; intakt; *econ.* solid(e), stabil, sicher; vernünftig; *jur.* gültig; zuverlässig; kräftig, tüchtig; fest, tief (*sleep*); **2.** *s* Ton *m*, Schall *m*, Laut *m*, Klang *m*; *mus.* Sound *m*; *med.* Sonde *f*; *geogr.* Sund *m*, Meerenge *f*; **3.** *v/i and v/t* (er)tönen, (-)klingen; erschallen (lassen); sich anhören; sondieren; *mar.* (aus)loten; *med.* abhorchen; **~ bar·ri·er** *s* Schallmauer *f*; **~-film** *s* Tonfilm *m*; **~·ing** *s mar.* Lotung *f*; *pl* lotbare Wassertiefe; **~·less** *adj* □ lautlos; **~ lev·el** *s* Geräusch-, Lärmpegel *m*; **~·ness** *s* Gesundheit *f* (*a. fig.*); **~ pol·lu·tion** *s* Lärmbelästigung *f*; **~-proof** *adj* schalldicht; **~-track** *s of film*: Tonspur *f*; Filmmusik *f*; **~-wave** *s* Schallwelle *f*.
soup [suːp] **1.** *s* Suppe *f*; (***some***) ***~*** e-e Suppe; **2.** *v/t*: ***~ up*** F *engine*: frisieren.
sour ['saʊə] **1.** *adj* □ sauer; *fig.* verbittert; **2.** *v/t* säuern; *fig.* ver-, erbittern; *v/i* sauer (*fig.* verbittert) werden.
source [sɔːs] **1.** *s* Quelle *f*; Ursprung *m*; **2.** *v/t esp. econ.* erwerben.
sour|ish ['saʊərɪʃ] *adj* □ säuerlich; **~·ness** *s* saurer Geschmack; *fig. of person*: Bitterkeit *f*.
south [saʊθ] **1.** *s* Süden *m*; **2.** *adj* südlich, Süd...; **~-east 1.** *s* Südosten *m*; **2.** *adj* südöstlich; **~-east·er** *s* Südostwind *m*; **~-east·ern** *adj* südöstlich.
south·er|ly ['sʌðəlɪ], **~n** [~n] *adj* südlich, Süd...; **~n·most** *adj* südlichste(r, -s).
south·ward(**s**) ['saʊθwəd(z)] *adv* südwärts, nach Süden.
south|-west [saʊθ'west] **1.** *s* Südwesten *m*; **2.** *adj* südwestlich; **~-west·er** *s* Südwestwind *m*; *mar.* Südwester *m*; **~-west·er·ly, ~-west·ern** *adj* südwestlich.
sou·ve·nir [suːvə'nɪə] *s* Souvenir *n*, Andenken *n*.
sove·reign ['sɒvrɪn] **1.** *adj* □ höchste(r,-s); unübertrefflich; souverän, unumschränkt; **2.** *s* Herrscher(in); Monarch(in); Sovereign *m* (*former British coin*); **~·ty** [~əntɪ] *s* höchste (Staats)Gewalt; Souveränität *f*, Landeshoheit *f*.
sow¹ [saʊ] *s* Sau *f*, (Mutter)Schwein *n*.
sow² [səʊ] *v/t* (***sowed, sown*** *or* ***sowed***) (aus)säen, ausstreuen; besäen; **~n** [~n] *pp of* **sow².**
spa [spɑː] *s* Heilbad *n*; Kurort *m*.
space [speɪs] **1.** *s* (Welt)Raum *m*; Raum *m*, Platz *m*; Abstand *m*, Zwischenraum *m*; Zeitraum *m*; **2.** *v/t mst* ***~ out*** *print.* sperren; **~ age** *s* Weltraumzeitalter *m*; **~ cap·sule** *s* Raumkapsel *f*; **~·craft** *s* Raumfahrzeug *n*; **~ flight** *s* (Welt-)Raumflug *m*; **~·lab** *s* Raumlabor *n*; **~·port** *s* Raumfahrtzentrum *n*; **~ probe** *s* (Welt)Raumsonde *f*; **~ re·search** *s* (Welt)Raumforschung *f*; **~-sav·ing** *adj* platzsparend; **~·ship** *s* Raumschiff *n*; **~ shut·tle** *s* Raumfähre *f*; **~ sta·tion** *s* (Welt)Raumstation *f*; **~·suit** *s* Raumanzug *m*; **~ walk** *s* Weltraumspaziergang *m*; **~·wom·an** *s* (Welt)Raumfahrerin *f*.
spa·cious ['speɪʃəs] *adj* □ geräumig; weit; umfassend.
spade [speɪd] *s* Spaten *m*; *playing-card*: Pik *n*, Grün *n*; ***king of ~s*** Pik-König *m*; ***call a ~ a ~*** das Kind beim (rechten) Namen nennen.
span [spæn] **1.** *s* Spanne *f*; *arch.* Spannweite *f*; **2.** *v/t* (**-nn-**) um-, überspannen; (aus)messen.
span·gle ['spæŋgl] **1.** *s* Flitter *m*, Paillette *f*; **2.** *v/t* mit Flitter *or* Pailletten besetzen; *fig.* übersäen.
Span·iard ['spænjəd] *s* Spanier(in).
Span·ish ['spænɪʃ] **1.** *adj* spanisch; **2.** *s ling.* Spanisch *n*; ***the ~*** *pl coll.* die Spanier *pl*.
spank F [spæŋk] **1.** *v/t* verhauen; **2.** *s* Klaps *m*, Schlag *m*; **~·ing 1.** *adj* □

schnell, flott; tüchtig, gehörig; **2.** *adv*: ~ ***clean*** blitzsauber; F ~ ***new*** F funkelnagelneu; **3.** *s* F Haue *f*, Tracht *f* Prügel.

span·ner *tech.* ['spænə] *s* Schraubenschlüssel *m*.

spar [spɑː] *v/i* (*-**rr**-*) *boxing*: sparren; *fig.* sich streiten.

spare [speə] **1.** *adj* □ sparsam; kärglich, mager; überzählig; überschüssig; Ersatz..., Reserve...; ~ ***part*** Ersatzteil *n*, *a. m*; ~ ***room*** Gästezimmer *n*; ~ ***time***, ~ ***hours*** *pl* Freizeit *f*, Mußestunden *pl*; **2.** *s tech.* Ersatzteil *n*, *a. m*; **3.** *v/t* (ver)schonen; erübrigen; entbehren; (übrig)haben; ersparen; sparen mit; *trouble*, *expense*: scheuen.

spar·ing ['speərɪŋ] *adj* □ sparsam.

spark [spɑːk] **1.** *s* Funke(n) *m*; **2.** *v/i* Funken sprühen; ~**·ing-plug** *s Br. mot.* Zündkerze *f*.

spar|kle ['spɑːkl] **1.** *s* Funke(n) *m*; Funkeln *n*; **2.** *v/i* funkeln; blitzen; perlen (*wine*); ~**·kling** *adj* □ funkelnd, sprühend; *fig.* geistsprühend, spritzig; ~ ***wine*** Schaumwein *m*.

spark-plug *Am. mot.* ['spɑːkplʌg] *s* Zündkerze *f*.

spar·row *zo.* ['spærəʊ] *s* Sperling *m*, Spatz *m*; ~**-hawk** *s zo.* Sperber *m*.

sparse [spɑːs] *adj* □ spärlich, dünn.

spas·m ['spæzəm] *s med.* Krampf *m*; Anfall *m*; **spas·mod·ic** [spæz'mɒdɪk] *adj* (~***ally***) *med.* krampfhaft, -artig; *fig.* sprunghaft.

spas·tic *med.* ['spæstɪk] **1.** *adj* (~***ally***) spastisch; **2.** *s* Spastiker(in).

spat [spæt] *pret and pp of* **spit**[2] 2.

spat·ter ['spætə] *v/t and v/i* (be)spritzen.

spawn [spɔːn] **1.** *s zo.* Laich *m*; *fig. contp.* Brut *f*; **2.** *v/i zo.* laichen; *v/t fig.* hervorbringen.

speak [spiːk] (***spoke***, ***spoken***) *v/i* sprechen, reden (***to*** mit; ***about*** über *acc*); ~ ***out***, ~ ***up*** laut u. deutlich sprechen; offen reden; ~ ***to s.o.*** j-n *or* mit j-m sprechen; *v/t* (aus)sprechen; sagen; äußern; *language*: sprechen, können; ~**·er** *s* Sprecher(in), Redner(in); *of radio, etc.*: Lautsprecher *m*; ♀ *parl.* Präsident *m*; ***Mr*** ♀*!* Herr Vorsitzender!

spear [spɪə] **1.** *s* Speer *m*; Spieß *m*, Lanze *f*; **2.** *v/t* durchbohren, aufspießen.

spe·cial ['speʃl] **1.** *adj* □ besondere(r, -s); speziell; Sonder...; Spezial...; **2.** *s newspaper*: Sonderausgabe *f*; *rail.* Sonderzug *m*; *radio*, *TV*: Sondersendung *f*; *constable*: Hilfspolizist(in); *Am.* Tagesgericht *n* (*in restaurant*); *Am. econ.* Sonderangebot *n*; ***on*** ~ *Am. econ.* im Angebot; ~**·ist** *s* Spezialist(in), Fachmann *m*, -frau *f*; *med.* Facharzt *m*, -ärztin *f*; **spe·ci·al·i·ty** [speʃɪ'ælətɪ] *s* Besonderheit *f*; Spezialfach *n*; *econ.* Spezialität *f*; ~**·ize** ['speʃəlaɪz] *v/i and v/t* (sich) spezialisieren; ~**·ly** ['speʃəlɪ] *adv* besonders; extra; ~**·ty** *esp. Am.* → ***speciality***.

spe·cies ['spiːʃiːz] *s* (*pl -**cies***) Art *f*, Spezies *f*.

spe|cif·ic [spɪ'sɪfɪk] *adj* (~***ally***) spezifisch; besondere(r, -s); bestimmt; ~**·ci·fy** ['spesɪfaɪ] *v/t* spezifizieren, einzeln angeben; ~**·ci·men** ['spesɪmən] *s* Probe *f*, Muster *n*; Exemplar *n*.

spe·cious ['spiːʃəs] *adj* □ blendend, bestechend; trügerisch; Schein...

speck [spek] *s* Fleck(en) *m*; Stückchen *n*; ~**·le** *s* Fleck(en) *m*, Sprenkel *m*, Tupfen *m*; ~**·led** *adj* gefleckt, gesprenkelt, getüpfelt.

spec·ta·cle ['spektəkl] *s* Schauspiel *n*; Anblick *m*; (***a pair of***) ~**s** *pl* (e-e) Brille.

spec·tac·u·lar [spek'tækjʊlə] **1.** *adj* □ spektakulär, sensationell, aufsehenerregend; **2.** *s* große (Fernseh)Schau, Galavorstellung *f*.

spec·ta·tor [spek'teɪtə] *s* Zuschauer(in).

spec|tral ['spektrəl] *adj* □ gespenstisch; ~**·tre**, *Am.* ~**·ter** *s* Gespenst *n*.

spec·u|late ['spekjʊleɪt] *v/i* grübeln, nachsinnen; *econ.* spekulieren; ~**·la·tion** [~'leɪʃn] *s* theoretische Betrachtung; Nachdenken *n*; Grübeln *n*; *econ.* Spekulation *f*; ~**·la·tive** ['~lətɪv] *adj* □ grüblerisch; theoretisch; *econ.* spekulativ; ~**·la·tor** ['~leɪtə] *s econ.* Spekulant *m*.

sped [sped] *pret and pp of* **speed** 2.

speech [spiːtʃ] *s* Sprache *f*; Reden *n*, Sprechen *n*; Rede *f*, Ansprache *f*; ***make a*** ~ e-e Rede halten; ~**-day** *s Br. school*: (Jahres)Schlußfeier *f*; ~**·less** *adj* □ sprachlos.

speed [spiːd] **1.** *s* Geschwindigkeit *f*, Tempo *n*, Schnelligkeit *f*, Eile *f*; *tech.* Drehzahl *f*; *mot.* Gang *m*; *phot.* Lichtempfindlichkeit *f*; *phot.* Belichtungszeit *f*; *sl.* Speed *n* (*drug*); ***full*** *or* ***top*** ~ Höchstgeschwindigkeit *f*; ***a ten-~ bi-***

S

cycle ein Zehngangfahrrad; **2.** (***sped***) *v/i* (dahin)eilen, schnell fahren, rasen; ~ ***up*** (*pret and pp* ***speeded***) die Geschwindigkeit erhöhen; *v/t* rasch befördern; ~ ***up*** (*pret and pp* ***speeded***) beschleunigen; **~·boat** *s* Rennboot *n*; **~·ing** *s mot.* zu schnelles Fahren, Geschwindigkeitsüberschreitung *f*; ~ **limit** *s mot.* Geschwindigkeitsbegrenzung *f*, Tempolimit *n*; **~·o** F *mot.* [~əʊ] *s* (*pl* ***-os***) Tacho *m*; **~·om·e·ter** *mot.* [spɪ'dɒmɪtə] *s* Tachometer *m, n*; **~-up** *s* Beschleunigung *f*, Temposteigerung *f*; *econ.* Produktionserhöhung *f*; **~·way** *s sports*: Speedwayrennen *n*; Speedwaybahn *f*; *Am. mot.* Schnellstraße *f*; *Am. sports*: *mot.* Rennstrecke *f*; **~·y** *adj* □ (***-ier***, ***-iest***) schnell, rasch.

spell [spel] **1.** *s* Weile *f*, Weilchen *n*; Anfall *m*; Zauber(spruch) *m*; *fig.* Zauber *m*; ***a ~ of fine weather*** e-e Schönwetterperiode; ***hot ~*** Hitzewelle *f*; **2.** *v/t*: ***~ s.o. at s.th.*** *esp. Am.* j-n bei et. ablösen; (***spelt*** *or Am.* ***spelled***) buchstabieren; richtig schreiben; bedeuten; geschrieben werden, sich schreiben; **~·bound** *adj* (wie) gebannt, fasziniert, gefesselt; **~·er** *s computer*: Rechtschreib(korrektur)system *n*; ***be a good*** (***bad***) ~ in Rechtschreibung gut (schlecht) sein; **~·ing** *s* Buchstabieren *n*; Rechtschreibung *f*.

spelt [spelt] *pret and pp of* ***spell*** 2.

spend [spend] **1.** *v/t* (***spent***) verwenden; *money*: ausgeben; verbrauchen; verschwenden; *energy, etc.*: aufwenden; *time, holiday*: zu-, verbringen; ***~ o.s.*** sich erschöpfen; **2.** *s* Ausgaben(höhe *f*) *pl*; **~·thrift** *s* Verschwender(in).

spent [spent] **1.** *pret and pp of* ***spend*** 1; **2.** *adj* erschöpft, matt.

sperm [spɜːm] *s* Sperma *n*, Samen *m*.

spew [spjuː] *v/i* F *vomit*: brechen, speien; ~ ***out*** *of water, etc.*: hervorsprudeln.

sphere [sfɪə] *s* Kugel *f*; Erd-, Himmelskugel *f*; *fig.* Sphäre *f*; (Wirkungs)Kreis *m*, Bereich *m*, Gebiet *n*; **spher·i·cal** ['sferɪkl] *adj* □ sphärisch; kugelförmig.

spice [spaɪs] **1.** *s* Gewürz(e *pl*) *n*; *fig.* Würze *f*; Anflug *m*; **2.** *v/t* würzen.

spick and span [spɪkən'spæn] *adj* blitzsauber; wie aus dem Ei gepellt; funkelnagelneu.

spic·y ['spaɪsɪ] *adj* □ (***-ier***, ***-iest***) würzig; gewürzt; *fig.* pikant.

spi·der *zo.* ['spaɪdə] *s* Spinne *f*.

spig·ot ['spɪgət] *s* (Faß)Zapfen *m*; (Zapf-, *Am.* Leitungs)Hahn *m*.

spike [spaɪk] **1.** *s* Stift *m*; Spitze *f*; Dorn *m*; Stachel *m*; *agr.* Ähre *f*; *sports*: Spike *m*; **~s** *pl sports, mot.*: Spikes *pl*, *mot. a.* Spikereifen *pl*; **2.** *v/t* festnageln; mit (Eisen)Spitzen *etc.* versehen; ~ **heel** *s* Pfennigabsatz *m*.

spill [spɪl] **1.** (***spilt*** *or* ***spilled***) *v/t* ver-, ausschütten; *blood*: vergießen; verstreuen; *rider*: abwerfen; *sl.* ausplaudern; → ***milk*** 1; *v/i* überlaufen; *sl.* auspacken, singen; **2.** *s* Sturz *m* (*from horse, etc.*).

spilt [spɪlt] *pret and pp of* ***spill*** 1.

spin [spɪn] **1.** (***-nn-***; ***spun***) *v/t* spinnen; schnell drehen, (herum)wirbeln; *coin*: hochwerfen; *fig.* sich *et.* ausdenken, erzählen; ***~ s.th. out*** et. in die Länge ziehen, et. ausspinnen; *v/i* spinnen; sich drehen; *aer.* trudeln; *mot.* durchdrehen (*wheels*); ~ ***along*** dahinrasen; **2.** *s* schnelle Drehung; *aer.* Trudeln *n*; ***go for a ~*** e-e Spritztour machen.

spin·ach *bot.* ['spɪnɪdʒ] *s* Spinat *m*.

spin·al *anat.* ['spaɪnl] *adj* Rückgrat...; ~ ***column*** Wirbelsäule *f*, Rückgrat *n*; ~ ***cord***, ~ ***marrow*** Rückenmark *n*.

spin·dle ['spɪndl] *s* Spindel *f*.

spin|-dri·er ['spɪndraɪə] *s* (Wäsche-)Schleuder *f*; **~-dry** *v/t washing*: schleudern; **~-dry·er** → ***spin-drier***.

spine [spaɪn] *s anat.* Wirbelsäule *f*, Rückgrat *n*; *bot., zo.* Stachel *m*; (Gebirgs)Grat *m*; (Buch)Rücken *m*.

spin·ning|-mill ['spɪnɪŋmɪl] *s* Spinnerei *f*; **~-wheel** *s* Spinnrad *n*.

spin·ster ['spɪnstə] *s jur.* ledige Frau; *contp.* alte Jungfer.

spin·y *bot., zo.* ['spaɪnɪ] *adj* (***-ier***, ***-iest***) stach(e)lig.

spi·ral ['spaɪərəl] **1.** *adj* □ spiralig; Spiral...; gewunden; ~ ***staircase*** Wendeltreppe *f*; **2.** *s* Spirale *f*; ***price ~*** Preisspirale *f*.

spire ['spaɪə] *s* (Turm-, Berg- *etc.*)Spitze *f*; Kirchturm(spitze *f*) *m*.

spir·it ['spɪrɪt] **1.** *s* Geist *m*; Schwung *m*; Elan *m*; Mut *m*; Gesinnung *f*; *chem.* Spiritus *m*; **~s** *pl* alkoholische *or* geistige Getränke *pl*, Spirituosen *pl*; ***high***

(**low**) **~s** *pl* gehobene (gedrückte) Stimmung; ***that's the ~!*** das lobe ich mir!; **2.** *v/t*: **~ away** *or* **off** wegschaffen, -zaubern; **~·ed** *adj* □ temperamentvoll, lebhaft; energisch; feurig (*horse*, *etc.*); geistvoll; **~·less** *adj* □ geistlos; temperamentlos; mutlos.

spir·i·tu·al ['spɪrɪtjʊəl] **1.** *adj* □ geistig; geistlich; geistreich; **2.** *s mus.* Spiritual *n*; **~·is·m** [~ɪzəm] *s* Spiritismus *m*.

spit¹ [spɪt] **1.** *s* (Brat)Spieß *m*; *geogr.* Landzunge *f*; **2.** *v/t* (**-tt-**) aufspießen.

spit² [~] **1.** *s* Speichel *m*, Spucke *f*; Fauchen *n*; F Ebenbild *n*; **2.** *v/i and v/t* (**-tt-**; **spat**, *Am. a.* **spit**) spucken; fauchen; *rain*: sprühen; *a.* **~ out** (aus)spucken.

spite [spaɪt] **1.** *s* Bosheit *f*; Groll *m*; **in ~ of** trotz (*gen*); **2.** *v/t j-n* ärgern; **~·ful** *adj* □ boshaft, gehässig.

spit·fire ['spɪtfaɪə] *s* Hitzkopf *m*.

spit·ting im·age [spɪtɪŋ'ɪmɪdʒ] *s* Ebenbild *n*.

spit·tle ['spɪtl] *s* Speichel *m*, Spucke *f*.

spit·toon [spɪ'tu:n] *s* Spucknapf *m*.

splash [splæʃ] **1.** *s* Spritzer *m*, (Spritz-) Fleck *m*; Klatschen *n*, Platschen *n*; **2.** *v/t and v/i* (be)spritzen; platschen; planschen; (hin)klecksen; **~ down** wassern (*spacecraft*); **~·down** *s* Wasserung *f*.

spleen [spli:n] *s anat.* Milz *f*; schlechte Laune.

splen|did ['splendɪd] *adj* □ glänzend, prächtig, herrlich; F großartig, hervorragend; **~·do(u)r** [~ə] *s* Glanz *m*, Pracht *f*, Herrlichkeit *f*.

splice [splaɪs] *v/t ropes*: spleißen; *film*: zusammenkleben.

splint *med.* [splɪnt] **1.** *s* Schiene *f*; **2.** *v/t* schienen.

splin·ter ['splɪntə] **1.** *s* Splitter *m*; **2.** *v/t and v/i* (zer)splittern; **~ off** (*fig.* sich) absplittern.

S

split [splɪt] **1.** *s* Spalt *m*, Riß *m*, Sprung *m*; *fig.* Spaltung *f*; **2.** *adj* gespalten; **3.** (**-tt-**; **split**) *v/t* (zer)spalten; zerreißen; **~ hairs** Haarspalterei treiben; **~ one's sides laughing** *or* **with laughter** sich totlachen; *v/i* sich spalten; sich teilen (**into** in *acc*); zerspringen, (-)platzen, (-)bersten; **~·ting** *adj* heftig, rasend (*headache*).

splut·ter ['splʌtə] *v/t and v/i* (heraus-) stottern; *spit*: prusten, spucken; *of fire*: zischen; *of engine*: stottern.

spoil [spɔɪl] **1.** *s mst* **~s** *pl* Beute *f*; *fig.* Ausbeute *f*, Gewinn *m*; **2.** *v/t* (**spoilt** *or* **spoiled**) verderben; ruinieren; *child*: verwöhnen, -ziehen; **~·er** *s mot.* Spoiler *m*; **~·sport** *s* Spielverderber(in); **~t** *pret and pp of* **spoil** 2.

spoke¹ [spəʊk] *s* Speiche *f*; (Leiter-) Sprosse *f*.

spoke² [~] *pret of* **speak**; **spok·en 1.** *pp of* **speak**; **2.** *adj* gesprochen (*language*); **~s·man** *s* Wortführer *m*, Sprecher *m*; **~·per·son** *s* Sprecher(in); **~s·wom·an** *s* Wortführerin *f*, Sprecherin *f*.

sponge [spʌndʒ] **1.** *s* Schwamm *m*; F *fig.* Schmarotzer(in); *Br.* → **sponge-cake**; **2.** *v/t* mit e-m Schwamm (ab)wischen; **~ off** weg-, abwischen; **~ up** aufsaugen, -wischen; *v/i* F *fig.* schmarotzen; **~-cake** *s* Biskuitkuchen *m*; **spong·er** *s* F *fig.* Schmarotzer(in); **spong·y** *adj* (**-ier**, **-iest**) schwammig.

spon·sor ['spɒnsə] **1.** *s* Geldgeber(in), Sponsor(in) (*a. sports*); Bürg|e *m*, -in *f*; (Tauf)Pat|e *m*, -in *f*; Förderer *m*, Gönner(in); Schirmherr(in); **2.** *v/t sports, etc.*: sponsern; bürgen für; fördern; die Schirmherrschaft (*gen*) übernehmen; **~·ship** *s* Bürgschaft *f*; Patenschaft *f*; Schirmherrschaft *f*; Unterstützung *f*, Förderung *f*.

spon·ta·ne|i·ty [spɒntə'neɪətɪ] *s* Spontaneität *f*, eigener Antrieb; Ungezwungenheit *f*; **~·ous** [spɒn'teɪnɪəs] *adj* □ spontan; unvermittelt; ungezwungen, natürlich; von selbst (entstanden); Selbst...

spook [spu:k] *s* Spuk *m*; **~·y** *adj* (**-ier**, **-iest**) gespenstisch, Spuk...

spool [spu:l] *s* Spule *f*; Rolle *f*; *a.* **~ of thread** *Am.* Garnrolle *f*.

spoon [spu:n] **1.** *s* Löffel *m*; **2.** *v/t* löffeln; **~·ful** *s* (ein) Löffel(voll) *m*.

spo·rad·ic [spə'rædɪk] *adj* (**~ally**) sporadisch, gelegentlich, vereinzelt.

spore *bot.* [spɔ:] *s* Spore *f*, Keimkorn *n*.

sport [spɔ:t] **1.** *s* Sport(art *f*) *m*; Zeitvertreib *m*; *fun*: Spaß *m*, Scherz *m*; F feiner Kerl; **~s** *pl* Sport *m*; *Br. school*: Sportfest *n*; **do ~** Sport treiben; **be a bad (good) ~** ein schlechter (guter) Verlierer sein; **2.** *v/i* herumtollen; spielen; *v/t* F stolz (zur Schau) tragen, protzen mit; **~·ing** *adj* sportlich, Sport...; *chance*: fair; **spor·tive** *adj* □ verspielt; **~s** *adj*

Sport...; **~s·man** *s* Sportler *m*; **~s·man·ship** *s* (sportliche) Fairneß; **~s·wom·an** *s* Sportlerin *f*.

spot [spɒt] **1.** *s* Fleck *m*; Tupfen *m*; Makel *m*; Stelle *f*, Ort *m*; *med.* Leberfleck *m*; *med.* Pickel *m*; *radio*, *TV*: (Werbe-)Spot *m*; *Br.* F Tropfen *m*, Schluck *m*; ***a ~ of*** *Br.* F etwas; ***on the ~*** auf der Stelle, sofort; **2.** *adj econ.* sofort liefer- *or* zahlbar; **3.** (**-*tt*-**) *v/t* bespritzen, sprenkeln; entdecken, sehen, erkennen; *v/i* fleckig werden; **~·less** *adj* □ fleckenlos; *fig.* makellos, tadellos; **~·light** *s thea.* Scheinwerfer(licht *n*) *m*; *fig.* ***be in the ~*** im Rampenlicht der Öffentlichkeit stehen; **~·ter** *s* Beobachter *m*; *mil.* Aufklärer *m*; **~·ty** *adj* (**-*ier***, **-*iest***) fleckig; pickelig.

spouse [spaʊz] *s* Gatt|e *m*, -in *f*.

spout [spaʊt] **1.** *s* Ausguß *m*, Schnabel *m* (*of teapot*, *etc.*); *tube*: Strahlrohr *n*; *water ~*: (Wasser)Strahl *m*; **2.** *v/i* (heraus-)spritzen; hervorsprudeln.

sprain *med.* [spreɪn] **1.** *s* Verstauchung *f*; **2.** *v/t* sich *et.* verstauchen.

sprang [spræŋ] *pret of* **spring** 2.

sprat *zo.* [spræt] *s* Sprotte *f*.

sprawl [sprɔːl] *v/i* sich rekeln; ausgestreckt daliegen; *bot.* wuchern.

spray [spreɪ] **1.** *s* Sprühregen *m*, Gischt *m*, *f*, Schaum *m*; Spray *m*, *n*; → ***sprayer***; **2.** *v/t* zerstäuben; (ver)sprühen; besprühen; *hair*: sprayen; *plants*: spritzen; *v/i* sprühen; spritzen; **~·er** *s* Zerstäuber *m*, Sprüh-, Spraydose *f*.

spread [spred] **1.** (***spread***) *v/t a.* ***~ out*** ausbreiten; ausstrecken; spreizen; ausdehnen; verbreiten; belegen; *butter*, *etc.*: (auf)streichen; *bread*, *etc.*: streichen; ***~ the word*** es weitersagen; *eccl.* das Wort Gottes verkünden; ***~ the table*** den Tisch decken; *v/i* sich aus- *or* verbreiten; sich ausdehnen; **2.** *s* Aus-, Verbreitung *f*; Ausdehnung *f*; Spannweite *f*; Fläche *f*; (Bett)Decke *f*; (Brot)Aufstrich *m*; F Festessen *n*.

spree F [spriː] *s*: ***go*** (***out***) ***on a ~*** e-e Sauftour machen; ***go on a buying*** (*or* ***shopping***, ***spending***) ***~*** wie verrückt einkaufen.

sprig *bot.* [sprɪg] *s* kleiner Zweig.

spright·ly ['spraɪtlɪ] *adj* (**-*ier***, **-*iest***) lebhaft, munter.

spring [sprɪŋ] **1.** *s* Sprung *m*, Satz *m*; *tech.* (Sprung)Feder *f*; Sprungkraft *f*, Elastizität *f*; Quelle *f*; *fig.* Triebfeder *f*; *fig.* Ursprung *m*; Frühling *m* (*a. fig.*), Frühjahr *n*; **2.** (***sprang*** *or Am.* ***sprung***, ***sprung***) *v/t* springen lassen; (zer-)sprengen; *game*: aufjagen; ***~ a leak*** *mar.* leck werden; ***~ a surprise on s.o.*** j-n überraschen; *v/i* springen; entspringen (***from*** *dat*), *fig.* herkommen, stammen (***from*** von); *bot.* sprießen; ***~ up*** aufkommen (*ideas*, *etc.*); **~·board** *s* Sprungbrett *n*; **~ tide** *s* Springflut *f*; **~·time** *s* Frühling(szeit *f*) *m*, Frühjahr *n*; **~·y** *adj* □ (**-*ier***, **-*iest***) federnd.

sprin|kle ['sprɪŋkl] *v/t and v/i* (be)streuen; (be)sprengen; sprühen (*rain*); **~·kler** *s* Berieselungsanlage *f*; Sprinkler *m*; Rasensprenger *m*; **~·kling** *s* Sprühregen *m*; ***a ~ of*** *fig.* ein wenig, ein paar.

sprint [sprɪnt] *sports* **1.** *v/i* sprinten; spurten; **2.** *s* Sprint *m*; Spurt *m*; **~·er** *s sports*: Sprinter(in).

sprout [spraʊt] **1.** *v/i* sprießen; wachsen; **2.** *s bot.* Sproß *m*; (***Brussels***) ***~s*** *pl bot.* Rosenkohl *m*.

spruce[1] [spruːs] *adj* □ schmuck, adrett.

spruce[2] *bot.* [~] *s a.* ***~ fir*** Fichte *f*, Rottanne *f*.

sprung [sprʌŋ] *pret and pp of* **spring** 2.

spry [spraɪ] *adj* munter, flink.

spun [spʌn] *pret and pp of* **spin** 1.

spur [spɜː] **1.** *s* Sporn *m* (*a. zo.*, *bot.*); Vorsprung *m*, Ausläufer *m* (*of mountains*); *fig.* Ansporn *m*; ***on the ~ of the moment*** der Eingebung des Augenblicks folgend, spontan; **2.** *v/t* (**-*rr*-**) *horse*: die Sporen geben (*dat*); *often* ***~ on*** *fig.* anspornen.

spurt[1] [spɜːt] **1.** *v/i* plötzlich aktiv werden; *sports*: spurten, sprinten; **2.** *s* plötzliche Aktivität *or* Anspannung; *sports*: Spurt *m*, Sprint *m*.

spurt[2] [~] **1.** *v/i* (heraus)spritzen; **2.** *s* (Wasser- *etc.*)Strahl *m*.

sput·ter ['spʌtə] → ***splutter***.

spy [spaɪ] **1.** *s* Spion(in); Spitzel *m*; **2.** *v/t* erspähen, entdecken; ausspionieren; *v/i* spionieren; ***~ on***, ***~ upon*** *j-m* nachspionieren; *j-n* bespitzeln; **~·glass** *s* Fernglas *n*; **~·hole** *s* Guckloch *n*, Spion *m*.

squab·ble ['skwɒbl] **1.** *s* Zank *m*, Kabbelei *f*; **2.** *v/i* sich zanken.

S

squad [skwɒd] *s* Gruppe *f* (*a. mil.*); *police*: (Überfall- *etc.*)Kommando *n*; Dezernat *n*; *sports*: Mannschaft *f*, Truppe *f*; **~ car** *Am.* (Funk)Streifenwagen *m*; **~·ron** *mil.* ['skwɒdrən] *s* Schwadron *f*; (Panzer)Bataillon *n*; *aer.* Staffel *f*; *mar.* Geschwader *n*.

squal·id ['skwɒlɪd] *adj* □ schmutzig, verwahrlost, -kommen, armselig.

squall [skwɔːl] **1.** *s meteor.* Bö *f*; Schrei *m*; **~s** *pl* Geschrei *n*; **2.** *v/i* schreien.

squal·or ['skwɒlə] *s* Schmutz *m*.

squan·der ['skwɒndə] *v/t* verschwenden, -geuden.

square [skweə] **1.** *adj* □ (vier)eckig; quadratisch, Quadrat...; ... im Quadrat; rechtwink(e)lig; stimmend, in Ordnung; *quits*: quitt, gleich; *honest*: anständig, ehrlich, offen; *stocky*: gedrungen; F *old-fashioned*: überholt, altmodisch, spießig; **2.** *s* Quadrat *n* (*a. math.*); Viereck *n*; Feld *n* (*on game-board*); *in town*: Platz *m*; *sl.* altmodischer Spießer; **3.** *v/t* quadratisch *or* rechtwink(e)lig machen; *number*: ins Quadrat erheben; *shoulders*: straffen; *sports*: unentschieden beenden (*match*); *econ.* ausgleichen (*account*); *econ.* begleichen (*debt*); *fig.* in Einklang bringen *or* (*v/i*) stehen (***with*** mit); anpassen (***to*** an *acc*); *v/i* passen (***with*** zu); **~-built** *adj person*: gedrungen; **~ dance** *s esp. Am.* Square dance *m*; **~ mile** *s* Quadratmeile *f*.

squash¹ [skwɒʃ] **1.** *s* Gedränge *n*; Brei *m*, Matsch *m*; *Br.* (Orangen- *etc.*)Saft *m*; *sports*: Squash *n*; **2.** *v/t* (zer-, zusammen)quetschen; zusammendrücken.

squash² *bot.* [~] *s* Kürbis *m*.

squat [skwɒt] **1.** (**-tt-**) *v/i* hocken, kauern; (*a. v/t*) sich illegal ansiedeln (auf *dat*); **~ *down*** sich hinhocken; *v/t empty building*: besetzen; **2.** *adj* in der Hocke; untersetzt, vierschrötig; **~·ter** *s* Squatter *m*, illegaler Siedler; Schafzüchter *m* (*in Australia*); Hausbesetzer(in); **~ *movement*** Hausbesetzerszene *f*.

squawk [skwɔːk] **1.** *v/i* kreischen, schreien; **2.** *s* Gekreisch *n*, Geschrei *n*.

squeak [skwiːk] *v/i* quiek(s)en, piepen, piepsen; quietschen.

squeal [skwiːl] *v/i* schreien, kreischen; quietschen, kreischen (*brakes, etc.*); quiek(s)en, piep(s)en.

squeam·ish ['skwiːmɪʃ] *adj* □ empfindlich; mäkelig; heikel; penibel.

squeeze [skwiːz] **1.** *v/t* (aus-, zusammen)drücken, (-)pressen, (aus)quetschen; *v/i* sich zwängen *or* quetschen; **2.** *s* Druck *m*; Gedränge *n*; **squeez·er** *s* (Frucht)Presse *f*.

squid *zo.* [skwɪd] *s* Tintenfisch *m*.

squint [skwɪnt] *v/i* schielen; blinzeln.

squire ['skwaɪə] *s* Gutsherr *m*.

squirm F [skwɜːm] *v/i* sich winden.

squir·rel *zo.* ['skwɪrəl, *Am.* 'skwɜːrəl] *s* Eichhörnchen *n*.

squirt [skwɜːt] **1.** *s* Spritze *f*; Strahl *m*; F Wichtigtuer *m*; **2.** *v/i and v/t* (be)spritzen.

stab [stæb] **1.** *s* Stich *m*, (Dolch- *etc.*)Stoß *m*; **2.** (**-bb-**) *v/t* niederstechen; *et.* aufspießen; *v/i* stechen (***at*** nach).

sta·bil|i·ty [stə'bɪlətɪ] *s* Stabilität *f*; Standfestigkeit *f*, Beständigkeit *f*; **~·ize** ['steɪbəlaɪz] *v/t and v/i* (sich) stabilisieren.

sta·ble¹ ['steɪbl] *adj* □ stabil, fest.

sta·ble² [~] **1.** *s* Stall *m*; **2.** *v/t* in den Stall bringen; im Stall halten.

stack [stæk] **1.** *s agr.* (Heu-, Stroh-, Getreide)Schober *m*; Stapel *m*; F Haufen *m*; Schornstein(reihe *f*) *m*; **~s** *pl* (Haupt)Magazin *n* (*in library*); **2.** *v/t a.* **~ *up*** (auf)stapeln.

sta·di·um ['steɪdɪəm] *s* (*pl* **-diums**, **-dia** [-dɪə]) *sports*: Stadion *n*.

staff [stɑːf] **1.** *s* Stab *m* (*a. mil.*), Stock *m*; Stütze *f*; (*pl* **staves** [steɪvz]) *mus.* Notensystem *n*; (Mitarbeiter)Stab *m*; Personal *n*, Belegschaft *f*; Beamtenstab *m*; Lehrkörper *m*; **2.** *v/t* besetzen (***with*** mit); **~ mem·ber** *s* Mitarbeiter(in); **~ room** *s* Lehrerzimmer *n*.

stag *zo.* [stæg] *s* Hirsch *m*.

stage [steɪdʒ] **1.** *s thea.* Bühne *f*; *das* Theater; *fig.* Schauplatz *m*; Stufe *f*, Stadium *n*, Phase *f*; Teilstrecke *f*, Fahrzone *f* (*bus, etc.*); Etappe *f*; *tech.* Bühne *f*, Gerüst *n*; *tech.* Stufe *f* (*of rocket*); **2.** *v/t* inszenieren; veranstalten; **~·coach** *s hist.* Postkutsche *f*; **~·craft** *s* dramaturgisches *or* schauspielerisches Können; **~ de·sign** *s* Bühnenbild *n*; **~ de·sign·er** *s* Bühnenbildner(in); **~ di·rec·tion** *s* Regieanweisung *f*; **~ fright** *s* Lampenfieber *n*; **~ prop·er·ties** *s pl* Requisiten *pl*.

S

stag·ger ['stægə] **1.** *v/i* schwanken, taumeln, torkeln; *fig.* wanken(d werden); **~ about** *or* **around** herumtorkeln; *v/t* ins Wanken bringen; *working hours, etc.*: staffeln; *fig.* überwältigen, sprachlos machen; **2.** *s* Schwanken *n*, Taumeln *n*; **~·ing** *adj fig.* atemberaubend, umwerfend (*news, revelations*).

stag|nant ['stægnənt] *adj* □ stehend (*water, air*); stagnierend; stockend; *econ.* still, flau; *fig.* träge; **~·nate** [~'neɪt] *v/i* stagnieren, stillstehen, stokken.

stain [steɪn] **1.** *s* Fleck *m*; Beize *f*; *fig.* Schandfleck *m*; **2.** *v/t* beschmutzen, beflecken; färben, *wood*: beizen; *glass*: bemalen; *v/i* schmutzen, Flecken geben; **~ed glass** Buntglas *n*; **~·less** *adj* □ rostfrei, nichtrostend; *esp. fig.* fleckenlos.

stair [steə] *s* Stufe *f*; **~s** *pl* Treppe *f*, Stiege *f*; **~·case**, **~·way** *s* Treppe(nhaus *n*) *f*.

stake [steɪk] **1.** *s* Pfahl *m*, Pfosten *m*; Marterpfahl *m*; (Wett-, Spiel)Einsatz *m* (*a. fig.*); **~s** *pl horse-race*: Dotierung *f*; Rennen *n*; **pull up ~s** *esp. Am. fig.* F s-e Zelte abbrechen; **be at ~** *fig.* auf dem Spiel stehen; **2.** *v/t* wagen, aufs Spiel setzen; **~ off**, **~ out** abstecken.

stale [steɪl] *adj* □ (**~r**, **~st**) *not fresh*: alt; *beer, etc.*: schal, abgestanden; *air*: verbraucht; *fig.* fad.

stalk[1] *bot.* [stɔːk] *s* Stengel *m*, Stiel *m*, Halm *m*.

stalk[2] [~] *v/i hunt.* (sich an)pirschen; *often* **~ along** (einher)stolzieren; *v/t* sich heranpirschen an (*acc*); verfolgen, hinter *j-m* herschleichen.

stall[1] [stɔːl] **1.** *s* Box *f* (*in stable*); (Verkaufs)Stand *m*, (Markt)Bude *f*; Chorstuhl *m*; **~s** *pl Br. thea.* Parkett *n*; **2.** *v/t animal*: in Boxen unterbringen; *mot. engine*: abwürgen; *v/i* absterben (*engine*).

stall[2] [~] *v/i* ausweichen; *a.* **~ for time** Zeit schinden; *sports*: auf Zeit spielen.

stal·li·on *zo.* ['stæljən] *s* (Zucht)Hengst *m*.

stal·wart ['stɔːlwət] *adj* □ stramm, kräftig; *supporter*: unerschütterlich, treu.

stam·i·na ['stæmɪnə] *s* Ausdauer *f*, Zähigkeit *f*; Durchhaltevermögen *n*, Kondition *f*.

stam·mer ['stæmə] **1.** *v/i and v/t* stottern, stammeln; **2.** *s* Stottern *n*.

stamp [stæmp] **1.** *s* (Auf)Stampfen *n*; Stempel *m* (*a. fig.*); (Brief)Marke *f*; *fig.* Gepräge *n*; *fig.* Art *f*; **2.** *v/t* aufstampfen mit; (ab)stempeln (*a. fig.*); *letter*: frankieren; (auf)prägen; **~ out** (aus)stanzen; *v/i* (auf)stampfen; **~ al·bum** *s* Briefmarkenalbum *n*; **~ col·lec·tion** *s* Briefmarkensammlung *f*.

stam·pede [stæm'piːd] **1.** *s* Panik *f*, wilde, panische Flucht; (Massen)Ansturm *m*; **2.** *v/i of horses, etc.*: durchgehen; *v/t* in Panik versetzen.

stanch [stɑːntʃ] → **staunch**[1] *and* [2].

stand [stænd] **1.** (**stood**) *v/i* stehen; sich befinden; bleiben; *fig.* festbleiben; *mst* **~ still** stillstehen, stehenbleiben; **~ about** herumstehen; **~ aside** beiseite treten; **~ back** zurücktreten; **~ by** dabeisein, -stehen; bereitstehen; *fig.* zu *j-m* halten *or* stehen, *j-m* helfen; **~ for** kandidieren für; bedeuten; eintreten für; F sich *et.* gefallen lassen; **~ in** einspringen (**for s.o.** für j-n); **~ in for** *film*: *j-n* doubeln; **~ off** sich entfernt halten; *fig.* Abstand halten; **~ on** (*fig.* be)stehen auf (*dat*); **~ out** hervorstehen, -treten; sich abheben (**against** gegen); aus-, durchhalten; *fig.* herausragen; standhalten (*dat*); **~ over** liegenbleiben; (sich) vertagen (**to** auf *acc*); **~ to** stehen zu; *mil.* in Bereitschaft stehen *or* versetzen; **~ up** aufstehen, sich erheben; **~ up for** eintreten für; **~ up to** mutig gegenüberstehen (*dat*); standhalten (*dat*); **~ upon** → **~ on**; *v/t* stellen; *endure*: aushalten, vertragen, ertragen; *test, etc.*: sich unterziehen (*dat*); *exam*: *a.* bestehen; *chance*: haben; F spendieren; **~ a round** F e-e Runde schmeißen; **2.** *s* Stand *m*; Stillstand *m*; (Stand)Platz *m*, Standort *m*; Stand(platz) *m* (*for taxis*); (Verkaufs-, Messe)Stand *m*; *fig.* Standpunkt *m*; *support*: Ständer *m*; *in stadium*: Tribüne *f*; *esp. Am. jur.* Zeugenstand *m*; **make a ~ against** sich entgegenstellen (*dat*).

stan·dard ['stændəd] **1.** *s* Standarte *f*, Fahne *f*, Flagge *f*; *norm*: Standard *m*, Norm *f*; Maßstab *m*; *level*: Niveau *n*, Stand *m*, Grad *m*; *of currency*: Münzfuß *m*, (Gold- *etc.*)Währung *f*; *of lamp, etc.*: Ständer *m*; **~ of living** Lebensstandard *m*; **2.** *adj* maßgebend; normal;

S

Normal...; **~·ize** *v/t* norm(ier)en, standardisieren, vereinheitlichen.

stand|-by ['stændbaɪ] **1.** *s* (*pl* **-bys**) Beistand *m*, Hilfe *f*; Bereitschaft *f*; Ersatz *m*; **2.** *adj* Not..., Ersatz..., Reserve...; Bereitschafts...; **~-in** *s film*: Double *n*; Ersatzmann *m*, Vertreter(in).

stand·ing ['stændɪŋ] **1.** *adj* stehend (*a. fig.*); (fest)stehend; *econ.* laufend; ständig; **2.** *s* Stellung *f*, Rang *m*; Ruf *m*, Ansehen *n*; Dauer *f*; ***of long ~*** alt; **~ or·der** *s econ.* Dauerauftrag *m*; **~-room** *s* Stehplatz *m*.

stand|-off·ish [stænd'ɒfɪʃ] *adj* reserviert, ablehnend, zurückhaltend; **~·point** *s* Standpunkt *m*; **~·still** *s* Stillstand *m*; ***be at a ~*** stocken, ruhen, an e-m toten Punkt angelangt sein; stillstehen; **~-up** *adj* stehend; im Stehen (eingenommen) (*meal*); ***~ collar*** Stehkragen *m*.

stank [stæŋk] *pret of* **stink** 2.

stan·za ['stænzə] *s* Stanze *f*; Strophe *f*.

sta·ple¹ ['steɪpl] *s* Haupterzeugnis *n*; Hauptgegenstand *m*; *attr* Haupt...

sta·ple² [~] **1.** *s* Krampe *f*; Heftklammer *f*; **2.** *v/t* heften; **~r** *s* Heftmaschine *f*.

star [stɑː] **1.** *s* Stern *m*; *thea., film, sports*: Star *m*; ***The 2s and Stripes*** *pl* das Sternenbanner; **2.** (*-rr-*) *v/t* mit Sternen schmücken; in der *or* e-r Hauptrolle zeigen; ***a film ~ring ...*** ein Film mit ... in der Hauptrolle; *v/i* die *or* e-e Hauptrolle spielen (***in*** in *dat*).

star·board *mar.* ['stɑːbəd] *s* Steuerbord *n*.

stare [steə] **1.** *s* Starren *n*; starrer *or* erstaunter Blick; **2.** *v/i* (***~ at*** an)starren; erstaunt blicken.

stark [stɑːk] **1.** *adj* □ starr; rein, bar, völlig (*nonsense*); **2.** *adv* völlig; ***~ naked*** *or Br.* F ***~ers*** splitternackt.

star·light ['stɑːlaɪt] *s* Sternenlicht *n*.

star·ling *zo.* ['stɑːlɪŋ] *s* Star *m*.

star·lit ['stɑːlɪt] *s* stern(en)klar.

star|ry ['stɑːrɪ] *adj* (**-ier**, **-iest**) Stern(en)...; **~·ry-eyed** *adj* F naiv; romantisch; **~-span·gled** *adj* sternenbesät; ***The 2 Banner*** das Sternenbanner.

start [stɑːt] **1.** *s* Start *m*; Aufbruch *m*, Abreise *f*, Abfahrt *f*, *aer.* Abflug *m*, Start *m*; Beginn *m*, Anfang *m*; *sports*: Vorgabe *f*; *fig.* Vorsprung *m*; *in surprise, etc.*: Auffahren *n*, -schrecken *n*; Schreck *m*; ***for a ~*** fürs erste, zunächst einmal; ***from the ~*** von Anfang an; ***get the ~ of s.o.*** j-m zuvorkommen; **2.** *v/i set out*: sich auf den Weg machen, aufbrechen; abfahren (*train*), auslaufen (*ship*), *aer.* abfliegen, starten; *sports*: starten; *tech.* anspringen (*engine*), anlaufen (*machine*); *begin*: anfangen, beginnen; *in surprise*: auffahren, hochschrecken; stutzen; ***to ~ with*** zunächst einmal; ***~ from scratch*** F ganz von vorne anfangen; *v/t* in Gang setzen *or* bringen, *tech. a.* anlassen; anfangen, beginnen; *sports*: starten (lassen); **~·er** *s sports*: Starter *m*; *mot.* Anlasser *m*, Starter *m*; **~s** *pl* F Vorspeise *f*.

start|le ['stɑːtl] *v/t* erschrecken; aufschrecken; **~·ling** *adj* erschreckend; überraschend, aufsehenerregend.

starv|a·tion [stɑː'veɪʃn] *s* Hungern *n*; Verhungern *n*, Hungertod *m*; *attr* Hunger...; **~e** [stɑːv] *v/i and v/t* verhungern (lassen); *fig.* verkümmern (lassen); ***I'm starving!*** F ich bin am Verhungern!

state [steɪt] **1.** *s* Zustand *m*, Stand *m*; *often* 2 *pol.* Staat *m*, *attr* Staats...; ***lie in ~*** feierlich aufgebahrt liegen; ***the ~ of things*** der Stand der Dinge; **2.** *v/t* angeben; erklären, darlegen; feststellen; festsetzen, -legen.

state| aid ['steɪteɪd] *s mst pl econ.* staatliche Hilfe, Subvention *f*; 2 **De·part·ment** *s Am. pol.* Außenministerium *n*; **~·ly** *adj* (**-ier**, **-iest**) stattlich; würdevoll; erhaben; **~·ment** *s* Angabe *f*; (Zeugen- *etc.*)Aussage *f*; Darstellung *f*; Erklärung *f*, Verlautbarung *f*, Statement *n*; Aufstellung *f*, *esp. econ.* (Geschäfts-, Monats- *etc.*)Bericht *m*; ***~ of account*** Kontoauszug *m*; **~-of-the-art** *adj* auf dem neuesten Stand der Technik; **~-owned** *adj* staatseigen; **~s·man** *s pol.* Staatsmann *m*; **~ sub·si·dies** *s pl* → ***state aid***.

stat·ic ['stætɪk] *adj* (***~ally***) statisch.

sta·tion ['steɪʃn] **1.** *s* Platz *m*, Posten *m*; Station *f*; (Polizei- *etc.*)Wache *f*; (Tank- *etc.*)Stelle *f*; (Fernseh-, Rundfunk)Sender *m*; *rail.* Bahnhof *m*; *rank*: Stellung *f*, Rang *m*; **2.** *v/t* aufstellen, postieren; *mar.*, *mil.* stationieren; **~·a·ry** *adj* □ (still)stehend; fest(stehend); gleichbleibend.

sta·tion|er ['steɪʃnə] *s* Schreibwaren-

händler *m*; **~'s** (**shop**) Schreibwarenhandlung *f*; **~·er·y** *s* Schreibwaren *pl*; Briefpapier *n*.
sta·tion|-mas·ter ['steɪʃnmɑːstə] *s rail*. Stationsvorsteher *m*; **~ wag·on** *s Am. mot*. Kombiwagen *m*.
sta·tis·tics [stə'tɪstɪks] *s pl and sg* Statistik *f*; → ***vital statistics.***
stat·ue ['stætʃuː] *s* Standbild *n*, Plastik *f*, Statue *f*.
stat·ure ['stætʃə] *s* Statur *f*, Wuchs *m*.
sta·tus ['steɪtəs] *s* (Familien)Stand *m*; Stellung *f*, Rang *m*; Status *m*.
stat·ute ['stætjuːt] *s* Statut *n*, Satzung *f*; Gesetz *n*.
staunch[1] [stɔːntʃ] *v/t blood*: stillen.
staunch[2] [~] *adj* □ treu, zuverlässig.
stay [steɪ] **1.** *s* Aufenthalt *m*, Besuch *m*; *jur*. Aufschub *m*; *tech*. Stütze *f*; **~s** *pl* Korsett *n*; **2.** *v/i* bleiben (***with s.o.*** bei j-m); sich (vorübergehend) aufhalten, wohnen (***at, in*** in *dat*; ***with s.o.*** bei j-m); ***~ away*** (***from***) fernbleiben (*dat*), wegbleiben (von); F die Finger lassen (von); ***~ up*** aufbleiben, wach bleiben.
stead·y ['stedɪ] **1.** *adj* □ (***-ier, -iest***) fest; gleichmäßig, stetig, (be)ständig; zuverlässig; ruhig, sicher; **2.** *adv*: ***go ~ with s.o.*** F (fest) mit j-m gehen; **3.** *v/i and v/t* (sich) festigen, fest *or* sicher *or* ruhig machen *or* werden; (sich) beruhigen; **4.** *s* F feste Freundin, fester Freund.
steak [steɪk] *s* Steak *n*.
steal [stiːl] **1.** (***stole, stolen***) *v/t* stehlen (*a. fig.*); *v/i* stehlen; ***~ away*** sich davonstehlen; **2.** *s Am. sl.* Diebstahl *m*; *esp. Am.* F *bargain*: Geschenk *n*; ***it's a ~*** das ist ja geschenkt.
stealth [stelθ] *s*: ***by ~*** heimlich, verstohlen; ***~·y*** *adj* □ (***-ier, -iest***) heimlich, verstohlen.
steam [stiːm] **1.** *s* Dampf *m*; Dunst *m*; *attr* Dampf...; **2.** *v/i* dampfen; ***~ up*** (sich) beschlagen (*glass*); *v/t food*: dünsten, dämpfen; **~·er** *s mar*. Dampfer *m*; **~·y** *adj* □ (***-ier, -iest***) dampfig, dampfend; dunstig; beschlagen (*glass*).
steel [stiːl] **1.** *s* Stahl *m*; **2.** *adj* stählern; Stahl...; **3.** *v/t fig*. stählen, wappnen; **~·work·er** *s* Stahlarbeiter *m*; **~·works** *s sg* Stahlwerk *n*.
steep [stiːp] **1.** *adj* □ steil, jäh; F toll; **2.** *v/t* einweichen; eintauchen; ziehen lassen; ***be ~ed in s.th.*** *fig*. von et. durchdrungen sein.
stee·ple ['stiːpl] *s* (spitzer) Kirchturm; **~·chase** *s horse-race*: Hindernisrennen *n*; *athletics*: Hindernislauf *m*.
steer[1] *zo*. [stɪə] *s* junger Ochse.
steer[2] [~] *v/t* steuern, lenken; **~·age** *s mar*. Steuerung *f*; Zwischendeck *n*.
steer·ing ['stɪərɪŋ] *s mot*. Lenkung *f*; *mar*. Steuerung *f*; **~ col·umn** *s mot*. Lenksäule *f*; **~ wheel** *s mar*. Steuerrad *n*; *mot. a.* Lenkrad *n*.
stem [stem] **1.** *s* (Baum-, Wort)Stamm *m*; Stiel *m*; Stengel *m*; **2.** (***-mm-***) *v/i* stammen (***from*** von); *v/t* eindämmen; *bleeding*: stillen; ankämpfen gegen.
stench [stentʃ] *s* Gestank *m*.
sten·cil ['stensl] *s* Schablone *f*; *print*. Matrize *f*.
ste·nog·ra|pher [stə'nɒgrəfə] *s* Stenograph(in); **~·phy** *s* Stenographie *f*.
step [step] **1.** *s* Schritt *m*, Tritt *m*; kurze Strecke; (Treppen)Stufe *f*; Trittbrett *n*; *fig*. Fußstapfe *f*; (***a pair of***) ***~s*** *pl* (e-e) Trittleiter; ***mind the ~!*** Vorsicht, Stufe!; ***take ~s*** *fig*. Schritte unternehmen; **2.** (***-pp-***) *v/i* schreiten, treten; gehen; ***~ out*** forsch ausschreiten; *v/t*: ***~ off, ~ out*** abschreiten; ***~ up*** ankurbeln, steigern.
step- [~] *in compounds*: Stief...; **~·fa·ther** *s* Stiefvater *m*; **~·moth·er** *s* Stiefmutter *f*.
steppe [step] *s* Steppe *f*.
step·ping-stone *fig*. ['stepɪŋstəʊn] *s* Sprungbrett *n*.
ster·e·o ['sterɪəʊ] *s* (*pl* ***-os***) *radio, etc.*: Stereo *n*; Stereogerät *n*; *attr* Stereo...
ster|ile ['steraɪl] *adj* unfruchtbar; steril; **ste·ril·i·ty** [stə'rɪlətɪ] *s* Sterilität *f*; **~·il·ize** ['sterəlaɪz] *v/t* sterilisieren.
ster·ling ['stɜːlɪŋ] **1.** *adj* lauter, echt, gediegen; **2.** *s econ*. Sterling *m* (*currency*).
stern [stɜːn] **1.** *adj* □ ernst; finster, streng, hart; **2.** *s mar*. Heck *n*; **~·ness** *s* Ernst *m*; Strenge *f*.
stew [stjuː] **1.** *v/t and v/i* schmoren, dünsten; **2.** *s* Eintopf *m*, Schmorgericht *n*; ***be in a ~*** in heller Aufregung sein.
stew·ard [stjʊəd] *s* Verwalter *m*; *mar., aer*. Steward *m*; (Fest)Ordner *m*; **~·ess** *s mar., aer*. Stewardeß *f*.
stick [stɪk] **1.** *s* Stock *m*; Stecken *m*; trockener Zweig; Stengel *m*, Stiel *m*; (Lippen- *etc.*)Stift *m*; Stab *m*; Stange *f*;

(Besen- *etc.*)Stiel *m*; **~s** *pl* Kleinholz *n*; **2.** (**stuck**) *v/i* stecken(bleiben); (fest-)kleben (**to** an *dat*); sich heften (**to** an *acc*); **~ at nothing** vor nichts zurückschrecken; **~ out** ab-, hervor-, heraus-stehen; **~ to** bleiben bei; *v/t* (ab)stechen; stecken, heften (**to** an *acc*); kleben; F *knife*: stoßen; F *et.*, *j-n* (v)ertragen, aus-stehen; **~ out** herausst(r)ecken; **~ it out** F durchhalten; **~·er** *s* Aufkleber *m*; **anti-... ~** Anti-...-Aufkleber *m*; **~·ing plas·ter** *s* Heftpflaster *n*.

stick·y ['stɪkɪ] *adj* □ (**-ier**, **-iest**) klebrig; schwierig, heikel.

stiff [stɪf] **1.** *adj* □ steif; starr; hart; fest; mühsam; stark (*alcoholic drink*); **be bored ~** F zu Tode gelangweilt sein; **keep a ~ upper lip** Haltung bewahren; **2.** *s sl.* Leiche *f*; **~·en** *v/i* sich versteifen; steif werden, erstarren; *v/t* versteifen; **~-necked** *adj* halsstarrig.

sti·fle ['staɪfl] *v/t* ersticken; *fig.* unterdrücken.

sti·let·to [stɪ'letəʊ] *s* (*pl* **-tos**, **-toes**) Stilett *n*; **~ heel** *s* Pfennigabsatz *m*.

still [stɪl] **1.** *adj* □ still; ruhig; unbeweglich; **keep ~** stillhalten; **2.** *adv* noch (immer), (immer) noch; *nevertheless*: trotzdem, und doch, dennoch; **3.** *v/t* stillen; beruhigen; **4.** *s* Destillierapparat *m*; **~·born** *adj* totgeboren; **~ life** *s* (*pl* **still lifes**) *paint.* Stilleben *n*; **~·ness** *s* Stille *f*, Ruhe *f*.

stilt [stɪlt] *s* Stelze *f*; **~·ed** *adj* □ gestelzt (*style*).

stim·u|lant ['stɪmjʊlənt] **1.** *adj med.* stimulierend; **2.** *s med.* Reiz-, Aufputschmittel *n*; Genußmittel *n*; Anreiz *m*; **~·late** ['~leɪt] *v/t med.* stimulieren (*a. fig.*), anregen, aufputschen; *fig. a.* anspornen; **~·la·tion** [~'leɪʃn] *s med.* Reiz *m*, Reizung *f*; Anreiz *m*, Antrieb *m*, Anregung *f*; **~·lus** ['~ləs] *s* (*pl* **-li** [-laɪ]) *med.* Reiz *m*; (An)Reiz *m*, Antrieb *m*.

sting [stɪŋ] **1.** *s* Stachel *m*; Stich *m*, Biß *m*; **2.** *v/t and v/i* (**stung**) stechen; brennen; schmerzen; *fig.* anstacheln, reizen.

stin|gi·ness ['stɪndʒɪnɪs] *s* Geiz *m*; **~·gy** *adj* □ (**-ier**, **-iest**) geizig, knaus(e)rig; dürftig.

stink [stɪŋk] **1.** *s* Gestank *m*; **kick up** *or* **raise a ~** F Stunk machen; **2.** *v/i* (**stank** *or* **stunk**, **stunk**) stinken.

stint [stɪnt] **1.** *s* Einschränkung *f*; Arbeit *f*; **2.** *v/t* knausern mit; einschränken; *j-n* knapphalten.

stip·u|late ['stɪpjʊleɪt] *v/t and v/i*: **~ (for)** sich *et.* ausbedingen, ausmachen, vereinbaren; **~·la·tion** [~'leɪʃn] *s* Abmachung *f*; Klausel *f*, Bedingung *f*.

stir [stɜː] **1.** *s* Rühren *n*; Bewegung *f*; Aufregung *f*, Aufruhr *m*; Aufsehen *n*; **2.** *v/t and v/i* (**-rr-**) (sich) rühren; (sich) bewegen; erwachen; (um)rühren; *fig.* erregen; **~ up** aufhetzen; *dispute, etc.*: entfachen.

stir·rup ['stɪrəp] *s* Steigbügel *m*.

stitch [stɪtʃ] **1.** *s* Stich *m*; Masche *f*; Seitenstechen *n*; **2.** *v/t* nähen; heften.

stock [stɒk] **1.** *s of tree*: (Baum)Strunk *m*; *handle*: Griff *m*; *of gun*: (Gewehr-)Schaft *m*; *origin*: Stamm *m*, Familie *f*, Herkunft *f*; Rohstoff *m*; *cookery*: (Gemüse-, Fleisch)Brühe *f*; *supply*: Vorrat *m*; *econ.* Waren(lager *n*) *pl*; (Wissens-)Schatz *m*; *a.* **live~** Vieh(bestand *m*) *n*; *econ.* Stammkapital *n*; *econ.* Anleihekapital *n*; **~s** *pl econ.* Effekten *pl*; Aktien *pl*; Staatspapiere *pl*; **in** (**out of**) **~** *econ.* (nicht) vorrätig *or* auf Lager; **take ~** *econ.* Inventur machen; **take ~ of** *fig.* sich klarwerden über (*acc*); **2.** *adj* vorrätig; Serien..., Standard...; *fig.* stehend, stereotyp; **3.** *v/t* ausstatten, versorgen; *econ. goods*: führen, vorrätig haben.

stock|breed·er ['stɒkbriːdə] *s* Viehzüchter *m*; **~·brok·er** *s econ.* Börsenmakler *m*; **~ ex·change** *s econ.* Börse *f*; **~ farm·er** *s* Viehzüchter *m*; **~·hold·er** *s esp. Am. econ.* Aktionär(in).

stock·ing ['stɒkɪŋ] *s* Strumpf *m*.

stock|job·ber *econ.* ['stɒkdʒɒbə] *s* Börsenhändler *m*; *Am.* Börsenspekulant *m*; **~ mar·ket** *s econ.* Börse *f*; Börsengeschäft *n*; **~-still** *adv* stockstill, unbeweglich; **~-tak·ing** *s econ.* Bestandsaufnahme *f* (*a. fig.*), Inventur *f*; **~·y** *adj* (**-ier**, **-iest**) stämmig, untersetzt.

stok·er ['stəʊkə] *s* Heizer *m*.

stole [stəʊl] *pret of* **steal** 1; **sto·len** ['stəʊlən] *pp of* **steal** 1.

stol·id ['stɒlɪd] *adj* □ gleichmütig; stur.

stom·ach ['stʌmək] **1.** *s* Magen *m*; Leib *m*, Bauch *m*; *fig.* Lust *f*; **2.** *v/t fig.* (v)ertragen; **~·ache** *s* Magenschmerzen *pl*, Bauchweh *n*; **~ up·set** *s* Magenverstimmung *f*.

S

stone [stəʊn] **1.** *s* Stein *m*; (Obst)Stein *m*, (-)Kern *m*; (*pl* **stone**) *Br. unit of weight* (= *14 lb* = *6,35 kg*); **2.** *adj* steinern; Stein...; **3.** *v/t* steinigen; entsteinen, -kernen; **~-blind** *adj* stockblind.

stoned *sl.* [stəʊnd] *adj of alcohol*: F stockbesoffen; *of drugs*: *sl.* stoned.

stone|-dead [stəʊn'ded] *adj* mausetot; **~-deaf** *adj* stocktaub; **~·ma·son** *s* Steinmetz *m*; **~·ware** *s* Steinzeug *n*.

ston·y ['stəʊnɪ] *adj* □ (**-ier**, **-iest**) steinig; *fig.* steinern, kalt.

stood [stʊd] *pret and pp of* **stand** 1.

stool [stu:l] *s* Hocker *m*, Schemel *m*; *physiol.* Stuhl(gang) *m*; **~-pi·geon** *s* Lockvogel *m*; Spitzel *m*.

stoop [stu:p] **1.** *v/i* sich bücken; gebeugt gehen; *fig.* sich erniedrigen *or* herablassen; *v/t* neigen, beugen; **2.** *s* gebeugte Haltung.

stop [stɒp] **1.** (**-pp-**) *v/t* aufhören (mit); stoppen; anhalten; aufhalten; hindern; *payment*, *activity*, *etc.*: einstellen; *bleeding*: stillen; *a.* **~ up** ver-, zustopfen; *v/i* (an)halten, stehenbleiben, stoppen; aufhören; bleiben; **~ dead** plötzlich stehenbleiben *or* aufhören; **~ off** F kurz haltmachen; **~ over** kurz haltmachen; Zwischenstation machen; **~ short** plötzlich anhalten; **2.** *s* Halt *m*; Stillstand *m*; Ende *n*; Pause *f*; *rail.*, *etc.*: Aufenthalt *m*, Station *f*, (Bus)Haltestelle *f*; *mar.* Anlegestelle *f*; *phot.* Blende *f*; *mst* **full ~** *gr.* Punkt *m*; **~·gap** *s* Notbehelf *m*; **~-light** *s mot.* Brems-, Stopplicht *n*; **~·o·ver** *s esp. Am.* Zwischenstation *f*; *aer.* Zwischenlandung *f*; **~·page** [~ɪdʒ] *s* Unterbrechung *f*; Stopp *m*; (Verkehrs)Stockung *f*, Stau *m*; Verstopfung *f*; (Gehalts-, Lohn)Abzug *m*; Sperrung *f* (*of cheque*); (Arbeits-, Zahlungs- *etc.*)Einstellung *f*; **~·per** *s* Stöpsel *m*, Pfropfen *m*; **~·ping** *s med.* Plombe *f*; **~ sign** *s mot.* Stoppschild *n*; **~·watch** *s* Stoppuhr *f*.

stor·age ['stɔ:rɪdʒ] *s* Lagerung *f*, Speicherung *f*; *computer*: Speicher *m*; Lagergeld *n*; *attr* Speicher... (*a. computer*); **~ charges** *pl econ.* Lagerkosten *pl.*

store [stɔ:] **1.** *s* Vorrat *m*; Lagerhaus *n*; *Br.* Kauf-, Warenhaus *n*; *esp. Am.* Laden *m*, Geschäft *n*; *fig.* Fülle *f*, Reichtum *m*; **in ~** vorrätig, auf Lager; **2.** *v/t* versorgen; *a.* **~ up**, **~ away** (auf)speichern, (ein)lagern; *electr.*, *computer*: speichern; **~·house** *s* Lagerhaus *n*; *fig.* Fundgrube *f*; **~·keep·er** *s* Lagerverwalter *m*; *esp. Am.* Ladenbesitzer(in).

sto·rey, *esp. Am.* **-ry** ['stɔ:rɪ] *s* Stock (-werk *n*) *m*; **-sto·reyed**, *esp. Am.* **-storied** *adj* mit ... Stockwerken, ...stöckig.

stork *zo.* [stɔ:k] *s* Storch *m*.

storm [stɔ:m] **1.** *s* Sturm *m*; Unwetter *n*; Gewitter *n*; **2.** *v/i* stürmen; toben; *v/t* stürmen (*a. mil.*); **~·y** *adj* □ (**-ier**, **-iest**) stürmisch.

sto·ry¹ ['stɔ:rɪ] *s* Geschichte *f*; Erzählung *f*; *thea.*, *etc.*: Handlung *f*; F Lüge *f*, Märchen *n*; **short ~** Kurzgeschichte *f*; Erzählung *f*.

sto·ry² *esp. Am.* [~] → **storey**.

stout [staʊt] *adj* □ stark, kräftig; derb; dick; tapfer.

stove¹ [stəʊv] *s* Ofen *m*, Herd *m*.

stove² [~] *pret and pp of* **stave** 2.

stow [stəʊ] *v/t* (ver)stauen, packen; **~ away** wegräumen; **~·a·way** *s mar.*, *aer.* blinder Passagier.

strad·dle ['strædl] **1.** *v/i* die Beine spreizen; *v/t* rittlings sitzen auf (*dat*); *jump*: grätschen über (*acc*); **2.** *s sports*: Grätsche *f*; *high jump*: Straddle *m*.

straight [streɪt] **1.** *adj* □ gerade; glatt (*hair*); pur (*whisky*, *etc.*); aufrichtig, offen, ehrlich; **put ~** in Ordnung bringen; **2.** *adv* gerade(aus); gerade(wegs); direkt; klar (*think*); ehrlich, anständig; *a.* **~ out** offen, rundheraus; **~ away** sofort; **~·en** *v/t* geradmachen, (gerade)richten; **~ out** in Ordnung bringen; *v/i* gerade werden; **~ up** sich aufrichten; **~·for·ward** *adj* □ ehrlich, redlich, offen; einfach.

strain [streɪn] **1.** *s biol.* Rasse *f*, Art *f*; (Erb)Anlage *f*, Hang *m*, Zug *m*; *tech.* Spannung *f*; *mental tension*: (Über)Anstrengung *f*, Anspannung *f*, Belastung *f*, Druck *m*, Streß *m*; *med.* Zerrung *f*; *fig.* Ton(art *f*) *m*; *mst* **~s** *pl mus.* Weise *f*, Melodie *f*; **2.** *v/t* (an)spannen; (über-) anstrengen; *med.* sich *et.* zerren *or* verstauchen; *fig et.* strapazieren, überfordern; durchseihen, filtern; *v/i* sich spannen; sich anstrengen; sich abmühen (**after** um); zerren (**at** an *dat*); **~ed** *adj* gezwungen, unnatürlich; **~·er** *s* Sieb *n*, Filter *m*.

strait [streɪt] *s* (*in proper names*: **2s** *pl*)

Meerenge *f*, Straße *f*; **~s** *pl* Not(lage) *f*; ***be in dire ~s*** in großen Nöten sein; **~·ened** *adj*: ***in ~ circumstances*** in bescheidenen *or* beschränkten Verhältnissen; **~·jack·et** *s* Zwangsjacke *f*.
strand [strænd] **1.** *s* Strang *m*; (Haar-)Strähne *f*; *poet.* Gestade *n*, Ufer *n*; **2.** *v/t and v/i* auf den Strand setzen; *fig.* stranden (lassen).
strange [streɪndʒ] *adj* □ (**~r**, **~st**) fremd; seltsam, merkwürdig, sonderbar; **strang·er** *s* Fremde(r *m*) *f*.
stran·gle ['stræŋgl] *v/t* erwürgen.
strap [stræp] **1.** *s* Riemen *m*; Gurt *m*; Band *n*; Träger *m* (*of dress*); **2.** *v/t* (**-pp-**) festschnallen; mit e-m Riemen schlagen; **~·hang** *v/i* F *in bus, etc.*: stehen; **~·hang·er** *s* F stehender Fahrgast.
stra·te·gic [strə'tiːdʒɪk] *adj* (**~ally**) strategisch; **strat·e·gy** ['strætɪdʒɪ] *s* Strategie *f*.
stra·tum *geol.* ['strɑːtəm] *s* (*pl* **-ta** [-tə]) Schicht *f* (*a. fig.*), Lage *f*.
straw [strɔː] **1.** *s* Stroh(halm *m*) *n*; **2.** *adj* Stroh...; **~·ber·ry** *s bot.* Erdbeere *f*.
stray [streɪ] **1.** *v/i* (herum)streunen; (herum)streifen; sich verirren; **2.** *adj* verirrt, streunend; vereinzelt; **3.** *s* verirrtes *or* streunendes Tier.
streak [striːk] **1.** *s* Strich *m*, Streifen *m*; *fig.* Spur *f*; *fig.* (Glücks- *etc.*)Strähne *f*; ***~ of lightning*** Blitzstrahl *m*; **2.** *v/t* streifen; *v/i* rasen, flitzen; F *run naked*: flitzen, blitzen; **~·er** *s* F Flitzer(in), Blitzer(in).
stream [striːm] **1.** *s* Bach *m*, Flüßchen *n*; Strom *m*, Strömung *f*; **2.** *v/i* strömen; tränen (*eyes*); triefen; flattern, wehen; **~·er** *s* Wimpel *m*; (flatterndes) Band.
street [striːt] *s* Straße *f*; *attr* Straßen...; ***in*** (*Am.* ***on***) ***the ~*** auf der Straße; **~·car** *s Am.* Straßenbahn(wagen *m*) *f*; **~·map** *s* Stadtplan *m*; **~·wise** *adj sl. appr.* F mit allen Wassern gewaschen.
strength [streŋθ] *s* Stärke *f*, Kraft *f*; ***on the ~ of*** auf (*acc*) ... hin, auf Grund (*gen*); **~·en** *v/t* (ver)stärken; *fig.* bestärken; *v/i* stark werden.
stren·u·ous ['strenjʊəs] *adj* □ anstrengend; eifrig.
stress [stres] **1.** *s* Akzent *m*, Betonung *f*; *fig.* Nachdruck *m*; *fig.* Belastung *f*, Anspannung *f*; *strain*: Streß *m*; **2.** *v/t* betonen.
stretch [stretʃ] **1.** *v/t* strecken; (aus)dehnen; recken; *fig.* übertreiben; *fig.* es nicht allzu genau nehmen mit; ***~ out*** ausstrecken; *v/i* sich erstrecken; sich dehnen (lassen); **2.** *s* Dehnen *n*; Übertreibung *f*, Zeit(raum *m*, -spanne) *f*; Strecke *f*, Fläche *f*; **~·er** *s* (Kranken)Trage *f*.
strick·en ['strɪkən] *adj* heimgesucht, schwer betroffen; ergriffen.
strict [strɪkt] *adj* □ streng; genau; ***~ly speaking*** genaugenommen; **~·ness** *s* Genauigkeit *f*; Strenge *f*.
strid·den ['strɪdn] *pp of* **stride** 1.
stride [straɪd] **1.** *v/i* (***strode***, ***stridden***) (*a.* ***~ out*** aus)schreiten; **2.** *s* großer Schritt.
strife [straɪf] *s* Streit *m*, Hader *m*.
strike [straɪk] **1.** *s econ.* Streik *m*; (Öl-, Erz)Fund *m*; *mil.* (Luft)Angriff *m*; *mil.* Atomschlag *m*; ***be on ~*** streiken; ***go on ~*** in (den) Streik treten; ***a lucky ~*** ein Glückstreffer; ***first ~*** *mil.* Erstschlag *m*; **2.** (***struck***) *v/t* schlagen; treffen; stoßen; schlagen *or* stoßen gegen *or* auf (*acc*); *find suddenly*: stoßen *or* treffen auf (*acc*); *flag, sail*: streichen; *mus.* anschlagen; *match*: anzünden; *light*: machen; *tent*: abbrechen; einschlagen in (*acc*) (*lightning*); *root*: schlagen; *impress*: *j-n* beeindrucken; *occur*: *j-m* auf- *or* einfallen; ***be struck by*** beeindruckt sein von; ***it ~s me as rather strange*** es kommt mir recht seltsam vor; ***~ off***, ***~ out*** (aus-)streichen; ***~ up*** *mus.* anstimmen; *friendship*: schließen; *v/i* schlagen; *mar.* auflaufen (***on*** auf *acc*); *econ.* streiken; ***~ home*** *fig.* ins Schwarze treffen; **strik·er** *s econ.* Streikende(r *m*) *f*; *soccer*: Stürmer(in); **strik·ing** *adj* □ Schlag...; auffallend; eindrucksvoll; treffend.
string [strɪŋ] **1.** *s* Schnur *f*; Bindfaden *m*; Band *n*; Faden *m*, Draht *m*; (Bogen-)Sehne *f*; *bot.* Faser *f*; Reihe *f*, Kette *f*; *mus.* Saite *f*; **~s** *pl mus.* Streichinstrumente *pl*, *die* Streicher *pl*; ***pull the ~s*** *fig.* der Drahtzieher sein; ***no ~s attached*** ohne Bedingungen; **2.** *v/t* (***strung***) spannen; *pearls, etc.*: aufreihen; *mus.* besaiten, bespannen; (ver-, zu)schnüren; *beans*: abziehen; ***be strung up*** angespannt *or* erregt sein; ***~ band*** *s mus.* Streichorchester *n*.
strin·gent ['strɪndʒənt] *adj* □ streng, scharf; zwingend; knapp.

S

string·y ['strɪŋɪ] *adj* (*-ier*, *-iest*) faserig; sehnig; zäh.
strip [strɪp] **1.** (*-pp-*) *v/t* entkleiden (*a. fig.*); *a.* **~ off** abziehen, abstreifen, (ab-)schälen; *a.* **~ down** *tech.* zerlegen, auseinandernehmen; *fig.* entblößen, berauben; *v/i* sich ausziehen; **2.** *s* Streifen *m.*
stripe [straɪp] *s* Streifen *m*; *mil.* Tresse *f.*
strive [straɪv] *v/i* (**strove**, **striven**) streben; sich bemühen; ringen (**for** um); **striv·en** ['strɪvn] *pp of* **strive**.
strode [strəʊd] *pret of* **stride** 1.
stroke [strəʊk] **1.** *s* Schlag *m*; Streich *m*, Stoß *m*; Strich *m*; *med.* Schlag(anfall) *m*; **~ of** (**good**) **luck** Glücksfall *m*; **2.** *v/t* streichen über (*acc*); streicheln.
stroll [strəʊl] **1.** *v/i* schlendern, (herum-)bummeln; herumziehen; **2.** *s* Bummel *m*, Spaziergang *m*; **~·er** *s* Spaziergänger(in); *esp. Am. pram*: Sportwagen *m*, Buggy *m.*
strong [strɒŋ] *adj* □ stark, kräftig; energisch; überzeugt; fest; stark, schwer (*drink, etc.*); **~-box** *s* Geld-, Stahlkassette *f*; **~-hold** *s* Festung *f*; *fig.* Hochburg *f*; **~-mind·ed** *adj* willensstark; **~-room** *s* Stahlkammer *f*, Tresor (-raum) *m.*
strove [strəʊv] *pret of* **strive**.
struck [strʌk] *pret and pp of* **strike** 2.
struc·ture ['strʌktʃə] *s* Bau(werk *n*) *m*; Struktur *f*, Gefüge *n*; Gebilde *n.*
strug·gle ['strʌgl] **1.** *v/i* sich (ab)mühen; kämpfen, ringen; sich winden, zappeln, sich sträuben; **2.** *s* Kampf *m*, Ringen *n*; Anstrengung *f.*
strung [strʌŋ] *pret and pp of* **string** 2.
stub [stʌb] **1.** *s* (Baum)Stumpf *m*; Stummel *m*; Kontrollabschnitt *m*; **2.** *v/t* (*-bb-*) (aus)roden; *toe*: sich *et.* stoßen; **~ out** *cigarette, etc.*: ausdrücken.
stub·ble ['stʌbl] *s* Stoppel(n *pl*) *f*; → **designer stubble**.
stub·born ['stʌbən] *adj* □ eigensinnig; widerspenstig; stur; hartnäckig.
stuck [stʌk] *pret and pp of* **stick** 2; **~-up** *adj* F hochnäsig.
stud¹ [stʌd] **1.** *s* Ziernagel *m*; Knauf *m*; Manschetten-, Kragenknopf *m*; **2.** *v/t* (*-dd-*) mit Nägeln *etc.* beschlagen; übersäen.
stud² [~] *s* Gestüt *n*; *a.* **~-horse** (Zucht-)Hengst *m*; **~-farm** Gestüt *n*; **~-mare** Zuchtstute *f.*
stu·dent ['stju:dnt] *s* Student(in); *Am.* Schüler(in).
stud·ied ['stʌdɪd] *adj* □ einstudiert; gesucht, gewollt; wohlüberlegt.
stu·di·o ['stju:dɪəʊ] *s* (*pl* *-os*) Atelier *n*, Studio *n*; *TV, etc.*: Studio *n*, Aufnahme-, Senderaum *m*; **~ couch** *s* Schlafcouch *f.*
stu·di·ous ['stju:dɪəs] *adj* □ fleißig; eifrig bemüht; sorgfältig, peinlich.
stud·y ['stʌdɪ] **1.** *s* Studium *n*; *room*: Studier-, Arbeitszimmer *n*; *paint., etc.*: Studie *f*; **studies** *pl* Studium *n*, Studien *pl*; **in a brown ~** in Gedanken versunken, geistesabwesend; **2.** *v/t and v/i* (ein)studieren; lernen; studieren, erforschen.
stuff [stʌf] **1.** *s* Stoff *m*; Zeug *n*; **2.** *v/t* (voll-, aus)stopfen; *cookery*: füllen; **get ~ed!** F hau ab!, F verpiß dich!; *v/i* sich vollstopfen; **~·ing** *s* Füllung *f*; **~·y** □ *adj* (*-ier*, *-iest*) dumpf, muffig, stickig; langweilig, fad; F spießig; F prüde.
stum·ble ['stʌmbl] **1.** *s* Stolpern *n*, Straucheln *n*; Fehltritt *m*; **2.** *v/i* stolpern, straucheln; **~ across**, **~ on**, **~ upon** zufällig stoßen auf (*acc*).
stump [stʌmp] **1.** *s* Stumpf *m*, Stummel *m*; **2.** *v/t* F verblüffen; *v/i* stampfen, stapfen; **~·y** *adj* □ (*-ier*, *-iest*) gedrungen; plump.
stun [stʌn] *v/t* (*-nn-*) betäuben (*a. fig.*).
stung [stʌŋ] *pret and pp of* **sting** 2.
stunk [stʌŋk] *pret and pp of* **stink** 2.
stun·ning F ['stʌnɪŋ] *adj* □toll, phantastisch.
stunt¹ [stʌnt] *s* Kunststück *n*; (Reklame)Trick *m*; Sensation *f*; **~ man** *film*: Stuntman *m*, Double *n.*
stunt² [~] *v/t* (im Wachstum *etc.*) hemmen; **~·ed** *adj* verkümmert.
stu·pe·fy ['stju:pɪfaɪ] *v/t* betäuben; *fig.* verblüffen.
stu·pen·dous [stju:'pendəs] *adj* □ verblüffend, erstaunlich.
stu·pid ['stju:pɪd] *adj* □ dumm, einfältig; stumpfsinnig, blöd; **~·i·ty** [~'pɪdətɪ] *s* Dummheit *f*; Stumpfsinn *m.*
stu·por ['stju:pə] *s* Erstarrung *f*, Betäubung *f.*
stur·dy ['stɜ:dɪ] *adj* □ (*-ier*, *-iest*) robust, kräftig; *fig.* entschlossen.

stut·ter ['stʌtə] **1.** *v/i and v/t* stottern; stammeln; **2.** *s* Stottern *n*; Stammeln *n*.
sty¹ [staɪ] *s* Schweinestall *m*.
sty², **stye** *med.* [~] *s* Gerstenkorn *n*.
style [staɪl] **1.** *s* Stil *m*; Mode *f*; (Mach)Art *f*; Titel *m*, Anrede *f*; **2.** *v/t* entwerfen; gestalten.
styl|ish ['staɪlɪʃ] *adj* □ stilvoll; elegant; **~·ish·ness** *s* Eleganz *f*; **~·ist** *s* Stilist(in).
suave [swɑːv] *adj* □ verbindlich; mild.
sub- [sʌb] *in compounds*: Unter..., unter...; Neben..., untergeordnet; Hilfs...; fast ...
sub·di·vi·sion ['sʌbdɪvɪʒn] *s* Unterteilung *f*; Unterabteilung *f*.
sub·due [səb'djuː] *v/t* unterwerfen; bezwingen; bändigen; dämpfen.
sub|ject 1. *adj* ['sʌbdʒɪkt] unterworfen; untergeben; abhängig; untertan; ausgesetzt (***to*** *dat*); ***be ~ to*** neigen zu; ***~ to*** vorbehaltlich (*gen*); **2.** *s* [~] Untertan (-in); Staatsbürger(in), Staatsangehörige(r *m*) *f*; *gr.* Subjekt *n*, Satzgegenstand *m*; Thema *n*, Gegenstand *m*; (Lehr-, Schul-, Studien)Fach *n*; **3.** *v/t* [səb'dʒekt] unterwerfen; *fig.* unterwerfen, -ziehen, aussetzen (***to*** *dat*); **~·jec·tion** [səb'dʒekʃn] *s* Unterwerfung *f*; Abhängigkeit *f*.
sub·ju·gate ['sʌbdʒʊgeɪt] *v/t* unterjochen, -werfen.
sub·junc·tive *gr.* [səb'dʒʌŋktɪv] *s* (*a. adj* ***~ mood***) Konjunktiv *m*.
sub|lease [sʌb'liːs], **~·let** *v/t* (***-tt-***; ***-let***) untervermieten.
sub·lime [sə'blaɪm] *adj* □ erhaben; *ideas, etc.*: sublim.
sub·ma·chine gun [sʌbmə'ʃiːngʌn] *s* Maschinenpistole *f*.
sub·ma·rine ['sʌbməriːn] **1.** *adj* unterseeisch, Untersee...; **2.** *s mar., mil.* Unterseeboot *n*.
sub·merge [səb'mɜːdʒ] *v/t and v/i* (unter)tauchen; überschwemmen.
sub·mis|sion [səb'mɪʃn] *s* Unterwerfung *f*; Unterbreitung *f*; **~·sive** [~sɪv] *adj* □ unterwürfig; ergeben.
sub·mit [səb'mɪt] (***-tt-***) *v/t* (*v/i* sich) unterwerfen *or* -ziehen; unterbreiten, vorlegen (***to*** *dat*); *v/i* sich fügen *or* ergeben (***to*** *dat or* in *acc*).
sub·or·di·nate 1. *adj* □ [sə'bɔːdɪnət] untergeordnet; nebensächlich; ***~ clause*** *gr.* Nebensatz *m*; **2.** *s* [~] Untergebene(r *m*) *f*; **3.** *v/t* [~eɪt] unterordnen.
sub|scribe [səb'skraɪb] *v/t money*: stiften, spenden (***to*** für); *specified sum*: zeichnen; *with one's name*: unterzeichnen, unterschreiben mit; *v/i*: ***~ to*** *newspaper, etc.*: abonnieren; **~·scrib·er** *s* Unterzeichner(in); Spender(in); Abonnent(in); *teleph.* Teilnehmer(in), Anschluß *m*; **~·scrip·tion** [~'skrɪpʃn] *s* Vorbestellung *f*, Subskription *f*, *of newspaper, etc.*: Abonnement *n*; *membership fee*: (Mitglieds)Beitrag *m*; Spende *f*.
sub·se·quent ['sʌbsɪkwənt] *adj* (nach-) folgend; später; **~ly** nachher; später.
sub|side [səb'saɪd] *v/i* sinken; sich senken; sich setzen; sich legen (*wind, etc.*); ***~ into*** verfallen in (*acc*); **~·sid·i·a·ry** [~'sɪdɪərɪ] **1.** *adj* □ Hilfs...; Neben..., untergeordnet; **2.** *s econ.* Tochter(gesellschaft) *f*; **~·si·dize** *econ.* ['sʌbsɪdaɪz] *v/t* subventionieren; **~·si·dy** *econ.* [~ɪ] *s* Beihilfe *f*; Subvention *f*; ***~ policies*** *econ.* Subventionspolitik *f*.
sub|sist [səb'sɪst] *v/i* leben, sich ernähren (***on*** von); **~·sis·tence** *s* Dasein *n*, Existenz *f*; (Lebens)Unterhalt *m*.
sub·stance ['sʌbstəns] *s* Substanz *f*; *das* Wesentliche, Kern *m*, Gehalt *m*; Vermögen *n*.
sub·stan·dard [sʌb'stændəd] *adj* unter der Norm; ***~ film*** Schmalfilm *m*.
sub·stan·tial [səb'stænʃl] *adj* □ wesentlich; wirklich (vorhanden); beträchtlich; reichlich, kräftig (*a. meal*); stark; solid; vermögend; namhaft (*sum*).
sub·stan·ti·ate [səb'stænʃɪeɪt] *v/t* beweisen, begründen.
sub·stan·tive *gr.* ['sʌbstəntɪv] *s* Substantiv *n*, Hauptwort *n*.
sub·sti|tute ['sʌbstɪtjuːt] **1.** *v/t and v/i* an die Stelle setzen *or* treten (***for*** von); ***~ A for B*** B durch A ersetzen, B gegen A austauschen *or* auswechseln; **2.** *s* Stellvertreter(in), Vertretung *f*; Ersatz *m*; **~·tu·tion** [~'tjuːʃn] *s* Stellvertretung *f*; Ersatz *m*; *sports*: Auswechslung *f*.
sub·ter·ra·ne·an [sʌbtə'reɪnɪən] *adj* □ unterirdisch.
sub·ti·tle ['sʌbtaɪtl] *s* Untertitel *m*.
sub·tle ['sʌtl] *adj* □ (***~r***, ***~st***) fein(sinnig); subtil; scharf(sinnig).

S

sub·tract *math.* [səb'trækt] *v/t* abziehen, subtrahieren.
sub·trop·i·cal [sʌb'trɒpɪkl] *adj* subtropisch.
sub|urb ['sʌbɜːb] *s* Vorstadt *f*, -ort *m*; **~·ur·ban** [sə'bɜːbən] *adj* vorstädtisch; **~ *railway*** *Br.* S-Bahn *f*.
sub·ven·tion *econ.* [səb'venʃn] *s* Subvention *f*.
sub·ver|sion [səb'vɜːʃn] *s* Subversion *f*; Umsturz *m*; **~·sive** *adj* □ umstürzlerisch, subversiv; **~t** *v/t* stürzen.
sub·way ['sʌbweɪ] *s* (Straßen-, Fußgänger)Unterführung *f*; *Am.* Untergrundbahn *f*, U-Bahn *f*.
suc·ceed [sək'siːd] *v/i* Erfolg haben; glücken, gelingen; **~ *to*** folgen (*dat*) *or* auf (*acc*), nachfolgen (*dat*); *v/t* (nach-) folgen (*dat*), *j-s* Nachfolger werden.
suc·cess [sək'ses] *s* Erfolg *m*; **~·ful** *adj* □ erfolgreich.
suc·ces|sion [sək'seʃn] *s* (Nach-, Erb-, Reihen)Folge *f*; ***in* ~** nacheinander; **~·sive** *adj* □ aufeinanderfolgend; **~·sor** *s* Nachfolger(in).
suc·cumb [sə'kʌm] *v/i*: **~ *to*** *illness, etc.*: unter-, erliegen (*dat*).
such [sʌtʃ] *adj* solche(r, -s); derartige(r, -s); *adv* so; *pron* solch; **~ *a man*** ein solcher Mann; ***no* ~ *thing*** nichts dergleichen; **~ *is life*** so ist das Leben; **~ *as*** wie (zum Beispiel).
suck [sʌk] **1.** *v/t* saugen (an *dat*); aussaugen; lutschen (an *dat*); *v/i* saugen (***at*** an *dat*); **2.** *s* Saugen *n*; **~·er** *s* Saugnapf *m*, -organ *n*; *bot.* Wurzelschößling *m*; F Trottel *m*, Simpel *m*; **~·le** *v/t* säugen, stillen; **~·ling** *s* Säugling *m*.
suc·tion ['sʌkʃn] *s* (An)Saugen *n*; Sog *m*; *attr* (An)Saug...
sud·den ['sʌdn] *adj* □ plötzlich; **(*all*) *of a* ~** (ganz) plötzlich.
suds [sʌdz] *s pl* Seifenlauge *f*; Seifenschaum *m*; **~·y** *adj* (**-*ier***, **-*iest***) schaumig.
sue [sjuː] *v/t* verklagen (***for*** auf *acc*, wegen); *a.* **~ *out*** erwirken; *v/i* nachsuchen (***for*** um); klagen.
suede, suède [sweɪd] *s* Wildleder *n*.
suf·fer ['sʌfə] *v/i* leiden (***from*** an, unter *dat*); büßen; *v/t* erleiden, erdulden; (zu)lassen; **~·ance** *s* Duldung *f*; **~·er** *s* Leidende(r *m*) *f*; Dulder(in); **~·ing** *s* Leiden *n*.
suf·fice [sə'faɪs] *v/i and v/t* (*j-m*) genügen; **~ *it to say*** es genügt wohl, wenn ich sage.
suf·fi·cien|cy [sə'fɪʃnsɪ] *s* genügende Menge; Auskommen *n*; **~t** *adj* genügend, genug, ausreichend; ***be* ~** genügen, (aus)reichen.
suf·fix ['sʌfɪks] *s* Suffix *n*, Nachsilbe *f*.
suf·fo·cate ['sʌfəkeɪt] *v/i and v/t* ersticken.
suf·frage *pol.* ['sʌfrɪdʒ] *s* Wahl-, Stimmrecht *n*.
suf·fuse [sə'fjuːz] *v/t* übergießen; überziehen.
sug·ar ['ʃʊgə] **1.** *s* Zucker *m*; **2.** *v/t* zukkern; **~·ba·sin**, *esp. Am.* **~ bowl** *s* Zukkerdose *f*; **~·cane** *s bot.* Zuckerrohr *n*; **~·coat** *v/t* überzuckern; *fig.* versüßen; **~·y** *adj* zuckerig; *fig.* zuckersüß.
sug|gest [sə'dʒest, *Am.* səg'dʒest] *v/t* vorschlagen, anregen; nahelegen; hinweisen auf (*acc*); *idea*: eingeben; andeuten; denken lassen an (*acc*); **~·ges·tion** *s* Anregung *f*, Vorschlag *m*; *psych.* Suggestion *f*; Eingebung *f*; Andeutung *f*; **~·ges·tive** *adj* □ anregend; vielsagend; zweideutig; ***be* ~ *of s.th.*** auf et. hindeuten; an et. denken lassen; den Eindruck von et. erwecken.
su·i·cide ['sjʊɪsaɪd] **1.** *s* Selbstmord *m*; Selbstmörder(in); ***commit* ~** Selbstmord begehen; **2.** *v/i Am.* Selbstmord begehen.
suit [sjuːt] **1.** *s* (Herren)Anzug *m*; (Damen)Kostüm *n*; Anliegen *n*; *cards*: Farbe *f*; *jur.* Prozeß *m*; ***follow* ~** *fig.* dem Beispiel folgen, dasselbe tun; **2.** *v/t j-m* passen, zusagen, bekommen; *j-n* kleiden, *j-m* stehen, passen zu; **~ *oneself*** tun, was e-m beliebt; **~ *yourself*** mach, was du willst; **~ *s.th. to*** et. anpassen (*dat*) *or* an (*acc*); ***be* ~*ed*** geeignet sein (***for***, ***to*** für, zu); *v/i* passen; **sui·ta·ble** *adj* □ passend, geeignet (***for***, ***to*** für, zu); **~·case** *s* (Hand)Koffer *m*.
suite [swiːt] *s* Gefolge *n*; *mus.* Suite *f*; Zimmerflucht *f*, Suite *f*; (Möbel-, Sitz-) Garnitur *f*, (Zimmer)Einrichtung *f*.
sul·fur *Am.* ['sʌlfə] → ***sulphur***.
sulk [sʌlk] *v/i* schmollen, eingeschnappt sein; **~·i·ness** *s*, **~s** *s pl* Schmollen *n*; **~·y** **1.** *adj* □ (**-*ier***, **-*iest***) verdrießlich; schmollend; **2.** *s sports*: Sulky *n*, Traberwagen *m*.

sul·len ['sʌlən] *adj* □ verdrossen, mürrisch; düster, trübe.
sul|phur *chem.* ['sʌlfə] *s* Schwefel *m*; **~·phu·ric** *chem.* [sʌl'fjʊərɪk] *adj* Schwefel...
sul·tri·ness ['sʌltrɪnɪs] *s* Schwüle *f*; **sul·try** *adj* □ (*-ier*, *-iest*) schwül; *fig.* heftig, hitzig.
sum [sʌm] **1.** *s* Summe *f*; Betrag *m*; Rechenaufgabe *f*; *fig.* Inbegriff *m*; ***do ~s*** rechnen; **2.** *v/t* (*-mm-*): ***~ up*** zusammenzählen, addieren; *j-n* kurz einschätzen; *situation*: erfassen; zusammenfassen.
sum|mar·ize ['sʌməraɪz] *v/t* zusammenfassen; **~·ma·ry 1.** *adj* □ kurz (zusammengefaßt); *jur.* Schnell...; **2.** *s* (kurze) Inhaltsangabe, Zusammenfassung *f*.
sum·mer ['sʌmə] *s* Sommer *m*; ***in early*** (***late***) ***~*** im Früh-(Spät)sommer; ***~ school*** Ferienkurs *m*; **~·ly**, **~·y** *adj* sommerlich; **~·time** *s* Sommerzeit *f*.
sum·mit ['sʌmɪt] *s* Gipfel *m* (*a. fig.*).
sum·mon ['sʌmən] *v/t* auffordern; (einbe)rufen; *jur.* vorladen; ***~ up*** *courage, etc.*: zusammennehmen, aufbieten; **~s** *s* Aufforderung *f*; *jur.* Vorladung *f*.
sump·tu·ous ['sʌmptʃʊəs] *adj* □ kostspielig; üppig, aufwendig.
sun [sʌn] **1.** *s* Sonne *f*; *attr* Sonnen...; **2.** *v/t* (*-nn-*) der Sonne aussetzen; ***~ o.s.*** sich sonnen; **~·bath** *s* Sonnenbad *n*; **~·beam** *s* Sonnenstrahl *m*; **~·burn** *s* Sonnenbrand *m*.
sun·dae ['sʌndeɪ] *s* Eisbecher *m* mit Früchten.
Sun·day ['sʌndɪ] *s* Sonntag *m*; ***on ~*** (am) Sonntag; ***on ~s*** sonntags.
sun|di·al ['sʌndaɪəl] *s* Sonnenuhr *f*; **~·down** → ***sunset***.
sun|dries ['sʌndrɪz] *s pl* Verschiedene(s) *n*; **~·dry** *adj* verschiedene.
sung [sʌŋ] *pp of* ***sing***.
sun·glass·es ['sʌnglɑːsɪz] *s pl* (***a pair of ~*** e-e) Sonnenbrille.
sunk [sʌŋk] *pret and pp of* ***sink*** 1.
sunk·en ['sʌŋkən] *adj* versunken; tiefliegend; *fig.* eingefallen.
sun|-loung·er ['sʌnlaʊndʒə] *s* Sonnenstuhl *m*, Sonnenliege *f*; **~·ny** *adj* □ (*-ier*, *-iest*) sonnig; **~·rise** *s* Sonnenaufgang *m*; **~·set** *s* Sonnenuntergang *m*; **~·shade** *s* Sonnenschirm *m*; Markise *f*; **~·shine** *s* Sonnenschein *m*; **~·stroke** *s* *med.* Sonnenstich *m*; **~·tan** *s* (Sonnen-)Bräune *f*; **~·wor·ship·per** *s* Sonnenanbeter(in).
su·per F ['suːpə] *adj* super, toll, prima, Spitze, Klasse.
su·per- ['sjuːpə] *in compounds*: Über..., über...; Ober..., ober...; Super..., Groß...; **~·a·bun·dant** [~rə'bʌndənt] *adj* □ überreichlich; überschwenglich.
su·per·an·nu|ate [sjuːpə'rænjʊeɪt] *v/t* pensionieren; ***~d*** pensioniert; veraltet; **~·a·tion** [~'eɪʃn] *s pension*: Rente *f*; *contribution*: Beitrag *m* zur Rentenversicherung.
su·perb [sjuː'pɜːb] *adj* □ prächtig, herrlich, großartig; ausgezeichnet.
su·per|charg·er *mot.* ['sjuːpətʃɑːdʒə] *s* Kompressor *m*; **~·cil·i·ous** [~'sɪlɪəs] *adj* □ hochmütig; **~·e·go** *s psych.* Über-Ich *n*; **~·fi·cial** [~'fɪʃl] *adj* □ oberflächlich; **~·fine** *adj* extrafein; **~·flu·i·ty** [~'flʊətɪ] *s* Überfluß *m*; **~·flu·ous** [sjuː'pɜːflʊəs] *adj* □ überflüssig; überreichlich; **~·grass** *s* F *of police*: (Top)Informant(in); **~·heat** *v/t mot.* überhitzen; **~·hu·man** *adj* □ übermenschlich; **~·im·pose** *v/t* darauf-, darüberlegen; überlagern; **~·in·tend** *v/t* die (Ober)Aufsicht haben über (*acc*), überwachen; leiten; **~·in·tend·ent 1.** *s* Leiter *m*, Direktor *m*; (Ober)Aufseher *m*, Inspektor *m*; *Br.* Kommissar(in); *Am.* Polizeichef *m*; *Am.* Hausverwalter *m*; **2.** *adj* aufsichtführend.
su·pe·ri·or [sjuː'pɪərɪə] **1.** *adj* □ höhere(r, -s), höherstehend, vorgesetzt; besser, hochwertiger; überlegen (***to*** *dat*); hervorragend; **2.** *s* Vorgesetzte(r *m*) *f*; *mst* ***Father*** ♀ *eccl.* Superior *m*; *mst* ***Lady*** ♀, ***Mother*** ♀ *eccl.* Oberin *f*; **~·i·ty** [sjuːpɪərɪ'ɒrətɪ] *s* Überlegenheit *f*.
su·per·la·tive [sjuː'pɜːlətɪv] **1.** *adj* □ höchste(r, -s); überragend; **2.** *s a.* ***~ degree*** *gr.* Superlativ *m*.
su·per|mar·ket ['sjuːpəmɑːkɪt] *s* Supermarkt *m*; **~·nat·u·ral** *adj* □ übernatürlich; **~·sede** [~'siːd] *v/t* ersetzen; verdrängen; absetzen; ablösen; **~·son·ic** *adj phys.* Überschall...; **~·sti·tion** [~'stɪʃn] *s* Aberglaube *m*; **~·sti·tious** *adj* □ abergläubisch; **~·struc·ture** *s* Aufbau *m*; *sociol.* Überbau *m*; **~·vene** [~'viːn] *v/i* (noch) hinzukommen; dazwischenkommen; **~·vise** ['~vaɪz] *v/t*

S

beaufsichtigen, überwachen; **~·vi·sion** [~'vɪʒn] *s* (Ober)Aufsicht *f*; Beaufsichtigung *f*, Überwachung *f*; **~·vi·sor** ['~vaɪzə] *s* Aufseher(in); Leiter(in); *univ*. Doktorvater *m*.

sup·per ['sʌpə] *s* Abendessen *n*; ***the (Lord's)*** ♀ das heilige Abendmahl; ***have ~*** zu Abend essen.

sup·plant [sə'plɑːnt] *v/t* verdrängen.

sup·ple|ment **1.** *s* ['sʌplɪmənt] Ergänzung *f*; Nachtrag *m*; (Zeitungs- *etc*.) Beilage *f*; **2.** *v/t* [~ment] ergänzen; **~·men·tal** [~'mentl] □, **~·men·ta·ry** [~'mentərɪ] *adj* Ergänzungs...; nachträglich; Nachtrags...

sup·pli·er [sə'plaɪə] *s* Lieferant(in); *a*. **~s** *pl* Lieferfirma *f*.

sup·ply [sə'plaɪ] **1.** *v/t* liefern; *deficiency*: abhelfen (*dat*); *post, etc*.: ausfüllen; beliefern, ausstatten, versorgen; ergänzen; **2.** *s* Lieferung *f*; Versorgung *f*; Zufuhr *f*; *econ*. Angebot *n*; (Stell)Vertretung *f*; *mst* ***supplies*** *pl* Vorrat *m*; *econ*. Artikel *m*, Bedarf *m*; *parl*. bewilligter Etat; ***~ and demand*** *econ* Angebot und Nachfrage.

sup·port [sə'pɔːt] **1.** *s* Stütze *f*; Hilfe *f*; *tech*. Träger *m*; Unterstützung *f*; (Lebens)Unterhalt *m*; **2.** *v/t* tragen, (ab)stützen; unterstützen; unterhalten, sorgen für (*family, etc*.); ertragen; **~·er** *s* Anhänger(in) (*a. sports*), Befürworter(in).

sup·pose [sə'pəʊz] *v/t* annehmen; voraussetzen; vermuten; ***he is ~d to ...*** er soll ...; ***~ we go*** gehen wir!; wie wär's, wenn wir gingen?; ***what is that ~d to mean?*** was soll denn das?; *after question*: ***I ~ not*** ich glaube kaum; ***I ~ so*** ich nehme es an, vermutlich.

sup|posed [sə'pəʊzd] *adj* □ vermeintlich; **~·pos·ed·ly** *adv* angeblich.

sup·po·si·tion [sʌpə'zɪʃn] *s* Voraussetzung *f*; Annahme *f*, Vermutung *f*.

su·pra·na·tion·al [suːprə'næʃənəl] *adj* *pol*. supra-, übernational, überstaatlich.

sup|press [sə'pres] *v/t* unterdrücken; **~·pres·sion** [~ʃn] *s* Unterdrückung *f*.

sup·pu·rate *med*. ['sʌpjʊəreɪt] *v/i* eitern.

su·prem|a·cy [sjʊ'preməsɪ] *s* Oberhoheit *f*; Vorherrschaft *f*; Überlegenheit *f*; Vorrang *m*; **~e** [~'priːm] *adj* höchste(r, -s); oberste(r, -s); Ober...; größte(r, -s).

sur·charge **1.** *v/t* [sɜː'tʃɑːdʒ] e-n Zuschlag *or* ein Nachporto erheben auf (*acc*); **2.** *s* ['sɜːtʃɑːdʒ] Zuschlag *m*; Nach-, Strafporto *n*; Über-, Aufdruck *m* (*on stamps*).

sure [ʃʊə] **1.** *adj* □ (**~r**, **~st**): **~** (***of***) sicher, gewiß (*gen*), überzeugt (von); ***make ~ that*** sich (davon) überzeugen, daß; ***for ~!*** F auf jeden Fall!; **2.** *adv Am*. F wirklich; ***it ~ was cold*** *Am*. F es war vielleicht kalt!; ***~!*** klar!, aber sicher!; ***~ enough*** ganz bestimmt; tatsächlich; **~·ly** *adv* sicher(lich); **sur·e·ty** ['ʃɔːrətɪ] *s sum*: Kaution *f*; *person*: Bürge *m*.

surf [sɜːf] **1.** *s* Brandung *f*; **2.** *v/i sports*: surfen.

sur·face ['sɜːfɪs] **1.** *s* (Ober)Fläche *f*; *aer*. Tragfläche *f*; **2.** *v/i mar*. auftauchen (*submarine*).

surf|board ['sɜːfbɔːd] *s* Surfbrett *n*; **~·boat** *s* Brandungsboot *n*.

sur·feit ['sɜːfɪt] **1.** *s* Übersättigung *f*; Überdruß *m*; **2.** *v/t and v/i* (sich) übersättigen *or* -füttern.

surf|er ['sɜːfə] *s sports*: Surfer(in), Wellenreiter(in); **~·ing**, **~·rid·ing** *s sports*: Surfen *n*, Wellenreiten *n*.

surge [sɜːdʒ] **1.** *s* Woge *f*; **2.** *v/i* wogen; (vorwärts)drängen; *a*. **~ *up*** (auf)wallen (*emotions*).

sur|geon ['sɜːdʒən] *s* Chirurg *m*; **~·ge·ry** *s* Chirurgie *f*; operativer Eingriff, Operation *f*; *Br*. Sprechzimmer *n*; ***~ hours*** *pl Br*. Sprechstunde(n *pl*) *f*.

sur·gi·cal ['sɜːdʒɪkl] *adj* □ chirurgisch.

sur·ly ['sɜːlɪ] *adj* □ (**-ier**, **-iest**) mürrisch; grob.

sur·mount [sɜː'maʊnt] *v/t* überwinden.

sur·name ['sɜːneɪm] *s* Familien-, Nach-, Zuname *m*.

sur·pass *fig*. [sə'pɑːs] *v/t* übersteigen, -treffen; **~·ing** *adj* unvergleichlich.

sur·plus ['sɜːpləs] **1.** *s* Überschuß *m*, Mehr *n*; **2.** *adj* überschüssig; Über(schuß)...

sur·prise [sə'praɪz] **1.** *s* Überraschung *f*; Überrump(e)lung *f*; **2.** *v/t* überraschen; überrumpeln.

sur·ren·der [sə'rendə] **1.** *s* Übergabe *f*; Kapitulation *f*; Aufgabe *f*, Verzicht *m*; Hingabe *f*; **2.** *v/t et*. übergeben; aufgeben; *v/i* sich ergeben (***to*** *dat*), kapitulieren; sich hingeben *or* überlassen (***to*** *dat*).

S

sur·ro·gate ['sʌrəgɪt] *s* Ersatz *m*; ~ ***mother*** Leihmutter *f*.
sur·round [sə'raʊnd] *v/t* umgeben; *mil.* umzingeln, -stellen; **~·ing** *adj* umliegend; **~·ings** *s pl* Umgebung *f*.
sur·tax ['sɜːtæks] *s* Steuerzuschlag *m*.
sur·vey 1. *v/t* [sə'veɪ] überblicken; sorgfältig prüfen; begutachten; *area*: vermessen; **2.** *s* ['sɜːveɪ] Überblick *m* (*a. fig.*); sorgfältige Prüfung; Inspektion *f*, Besichtigung *f*; Gutachten *n*; (Land-)Vermessung *f*; (Lage)Karte *f*, (-)Plan *m*; **~·or** [sə'veɪə] *s* Landmesser *m*; (Bau)Inspektor *m*.
sur|viv·al [sə'vaɪvl] *s* Überleben *n*; Fortleben *n*; Überbleibsel *n*; ~ ***kit*** Überlebensausrüstung *f*; **~·vive** [~aɪv] *v/i* überleben (*a. v/t*), am Leben bleiben; noch leben; fortleben; bestehen bleiben; **~·vi·vor** *s* Überlebende(r *m*) *f*.
sus·cep·ti·ble [sə'septəbl] *adj* □ empfänglich (***to*** für); empfindlich (***to*** gegen); ***be ~ of*** *et.* zulassen.
sus·pect 1. *v/t* [sə'spekt] (be)argwöhnen; in Verdacht haben, verdächtigen; vermuten, befürchten; **2.** *s* ['sʌspekt] Verdächtige(r *m*) *f*; **3.** *adj* [~] → **~·ed** [sə'spektɪd] *adj* verdächtig.
sus·pend [sə'spend] *v/t* (auf)hängen; aufschieben; in der Schwebe lassen; *payment*: einstellen; *jur. sentence, etc.*: aussetzen; suspendieren; *sports*: *j-n* sperren; **~·ed** *adj* schwebend; hängend; *jur.* zur Bewährung ausgesetzt; suspendiert; **~·er** *s Br.* Strumpf-, Sockenhalter *m*; (*a.* ***a pair of***) **~s** *pl Am.* Hosenträger *pl*.
sus|pense [sə'spens] *s* Ungewißheit *f*; Unentschiedenheit *f*; Spannung *f*; **~·pen·sion** *s* Aufhängung *f*; Aufschub *m*; (einstweilige) Einstellung; Suspendierung *f*, Amtsenthebung *f*; *sports*: Sperre *f*; ~ ***bridge*** Hängebrücke *f*; ~ ***railroad***, *esp. Br.* ~ ***railway*** Schwebebahn *f*.
sus·pi|cion [sə'spɪʃn] *s* Verdacht *m*; Mißtrauen *n*; *fig.* Spur *f*; **~·cious** *adj* □ verdächtig; mißtrauisch.
sus·tain [sə'steɪn] *v/t* stützen, tragen; *et.* (aufrecht)erhalten; aushalten (*a. fig.*); erleiden; *family*: ernähren; *j-m* Kraft geben; *jur. objection*: stattgeben (*dat*).
swab [swɒb] **1.** *s* Scheuerlappen *m*, Mop *m*; *med.* Tupfer *m*; *med.* Abstrich *m*; **2.** *v/t* (**-bb-**): ~ ***up*** aufwischen.
swad·dle ['swɒdl] *v/t baby*: wickeln.
swag·ger ['swægə] *v/i* stolzieren; prahlen, großtun.
swal·low[1] *zo.* ['swɒləʊ] *s* Schwalbe *f*.
swal·low[2] [~] **1.** *s* Schluck *m*; **2.** *v/t* (hinunter-, ver)schlucken; *insult*: einstekken, schlucken; F für bare Münze nehmen; *fig.* ~ ***the bait*** den Köder schlukken; *v/i* schlucken.
swam [swæm] *pret of* ***swim*** 1.
swamp [swɒmp] **1.** *s* Sumpf *m*; **2.** *v/t* überschwemmen (*a. fig.*); *boat*: vollaufen lassen; **~·y** *adj* (**-ier**, **-iest**) sumpfig.
swan *zo.* [swɒn] *s* Schwan *m*.
swank F [swæŋk] **1.** *s* Angabe *f*, Protzerei *f*; **2.** *v/i* angeben, protzen; **~·y** *adj* □ (**-ier**, **-iest**) protzig, angeberisch.
swap F [swɒp] **1.** *s* Tausch *m*; **2.** *v/t* (**-pp-**) (ein-, aus)tauschen.
swarm [swɔːm] **1.** *s* (Bienen- *etc.*) Schwarm *m*; Haufen *m*, Schar *f*, Horde *f*; **2.** *v/i* schwärmen (*bees*); wimmeln (***with*** von).
swar·thy ['swɔːðɪ] *adj* (**-ier**, **-iest**) dunkel(häutig).
swas·ti·ka ['swɒstɪkə] *s* Hakenkreuz *n*.
swat [swɒt] *v/t* (**-tt-**) *fly, etc.*: totschlagen.
sway [sweɪ] **1.** *s* Schwanken *n*; Einfluß *m*; Herrschaft *f*; **2.** *v/i and v/t* schwanken; (sich) wiegen; schwingen; beeinflussen; beherrschen.
swear [sweə] *v/i and v/t* (***swore***, ***sworn***) schwören; fluchen; ~ ***s.o. in*** *j-n* vereidigen; **~·word** *s* Fluch *m*, Kraftausdruck *m*, Schimpfwort *n*.
sweat [swet] **1.** *s* Schweiß *m*; Schwitzen *n*; ***by the ~ of one's brow*** im Schweiße seines Angesichts; ***in a ~***, F ***all of a ~*** in Schweiß gebadet (*a. fig.*); **2.** (***sweated***, *Am. a.* ***sweat***) *v/i* schwitzen; *v/t* (aus-)schwitzen; in Schweiß bringen; *employees*: schuften lassen, ausbeuten; **~·er** ['swetə] *s* Sweater *m*, Pullover *m*; *econ.* Ausbeuter *m*; **~·shirt** *s* Sweatshirt *n*; ~ ***suit*** *s sports*: *esp. Am.* Trainingsanzug *m*; **~·y** *adj* □ (**-ier**, **-iest**) schweißig; verschwitzt.
Swede [swiːd] *s* Schwed|e *m*, -in *f*;
Swed·ish [~ɪʃ] **1.** *adj* schwedisch; **2.** *s ling.* Schwedisch *n*.
sweep [swiːp] **1.** (***swept***) *v/t* fegen (*a. fig.*), kehren; *scan*: absuchen; gleiten *or*

S

schweifen über (*acc*); *v/i* (majestätisch) gleiten; *on skis*: (dahin)rauschen; **2.** *s* Kehren *n*; Schwung *m*; schwungvolle Bewegung; (*fig*. Dahin)Fegen *n*; Spielraum *m*, Bereich *m*; *esp. Br*. Schornsteinfeger *m*; ***make a clean ~*** gründlich aufräumen (***of*** mit); *sports*: überlegen siegen; **~·er** *s* (Straßen)Kehrer *m*; Kehrmaschine *f*; *soccer*: Ausputzer *m*; **~·ing** *adj* □ schwungvoll; umfassend; *victory, success*: durchschlagend; **~·ings** *s pl* Kehricht *m*, Müll *m*.

sweet [swiːt] **1.** *adj* □ süß; lieblich; freundlich; frisch; duftend; ***have a ~ tooth*** gern Süßes essen, gerne naschen; **2.** *s Br*. Süßigkeit *f*, Bonbon *m, n*; *Br*. Nachtisch *m*; *form of address*: Süße(r *m*) *f*, Schatz *m*; **~·en** *v/t* (ver)süßen; **~·en·er** *s* Süßstoff *m*; **~·heart** *s* Schatz *m*, Liebste(r *m*) *f*; **~·ish** *adj* süßlich; **~·shop** *s Br*. Süßwarenladen *m*.

swell [swel] **1.** (***swelled***, ***swollen*** *or* ***swelled***) *v/i* (an)schwellen; sich (auf-) blähen; sich bauschen; *v/t* aufblähen; (an)schwellen lassen; **2.** *adj Am*. F prima; **3.** *s* Anschwellen *n*; Schwellung *f*; *mar*. Dünung *f*; **~·ing 1.** *s med*. Schwellung *f*, Geschwulst *f*; **2.** *adj sail*: gebläht; *sound, etc*.: anschwellend.

swel·ter ['sweltə] *v/i* vor Hitze (fast) umkommen.

swept [swept] *pret and pp of* ***sweep*** 1.

swerve [swɜːv] **1.** *v/i* ausbrechen (*car, horse*); schwenken (*road*); *mot*. das Steuer *or* den Wagen herumreißen; **2.** *s mot*. Schlenker *m*; Ausweichbewegung *f*; Schwenk *m* (*of road*).

swift [swɪft] *adj* □ schnell, eilig, flink; **~·ness** *s* Schnelligkeit *f*.

swill [swɪl] **1.** *s* (Ab)Spülen *n*; Schmutzwasser *n*; **2.** *v/t and v/i* (ab)spülen; F saufen.

swim [swɪm] **1.** *v/t and v/i* (***-mm-***; ***swam***, ***swum***) (durch)schwimmen; schweben; ***my head ~s*** mir ist schwind(e)lig; **2.** *s* Schwimmen *n*; ***go for a ~*** schwimmen gehen; ***have*** *or* ***take a ~*** baden, schwimmen; ***be in the ~*** auf dem laufenden sein; **~·mer** *s* Schwimmer(in); **~·ming 1.** *s* Schwimmen *n*; **2.** *adj* Schwimm...; ***~-bath***(***s*** *pl*) *Br*. Schwimmbad *n*, *esp*. Hallenbad *n*; ***~-pool*** Schwimmbecken *n*, Swimmingpool *m*; Schwimmbad *n*; (***a pair of***) ***~-trunks*** *pl* (e-e) Badehose; **~-suit** *s* Badeanzug *m*.

swin·dle ['swɪndl] **1.** *v/t* beschwindeln; betrügen; **2.** *s* Schwindel *m*, Betrug *m*.

swine [swaɪn] *s* Schwein *n*.

swing [swɪŋ] **1.** *v/i and v/t* (***swung***) schwingen; schwenken; schlenkern; baumeln (lassen); (sich) schaukeln; *of door*: sich (in den Angeln) drehen; F baumeln, hängen; **2.** *s* Schwingen *n*; Schwung *m*; Schaukel *f*; Spielraum *m*; ***~ in opinion*** Meinungsumschwung *m*; ***in full ~*** in vollem Gange; **~-door** *s Br*. Pendel-, Drehtür *f*; **~·ing** *adj step, music*: schwungvoll; ***~ door*** *Am*. → ***swing-door***.

swin·ish ['swaɪnɪʃ] *adj* □ schweinisch.

swipe [swaɪp] **1.** *v/i*: ***~ at*** schlagen nach; *v/t* F klauen; **2.** *s* harter Schlag.

swirl [swɜːl] **1.** *v/i and v/t* (herum)wirbeln, strudeln; **2.** *s* Wirbel *m*, Strudel *m*.

Swiss [swɪs] **1.** *adj* schweizerisch, Schweizer...; **2.** *s* Schweizer(in); ***the ~ pl*** die Schweizer *pl*.

switch [swɪtʃ] **1.** *s electr*. Schalter *m*; *stick*: Gerte *f*; *Am. rail*. Weiche *f*; *of hair*: Haarteil *n*; ***do*** *or* ***make a ~*** tauschen; **2.** *v/t and v/i electr., TV, etc*.: (um)schalten; *fig*. wechseln, überleiten; peitschen; *esp. Am. rail*. rangieren; ***~ off*** ab-, ausschalten; ***~ on*** an-, einschalten; **~·board** *s electr*. Schalttafel *f*; *teleph*. Zentrale *f*, Vermittlung *f*.

swol·len ['swəʊlən] *pp of* ***swell*** 1; **~-head·ed** *adj* F eingebildet.

swoop [swuːp] **1.** *v/i*: ***~ down on*** *or* ***upon*** herabstoßen auf (*acc*) (*bird of prey*); *fig*. herfallen über (*acc*); **2.** *s* Herabstoßen *n*; Razzia *f*.

swop F [swɒp] → ***swap***.

sword [sɔːd] *s* Schwert *n*.

swore [swɔː] *pret of* ***swear***.

sworn [swɔːn] *pp of* ***swear***.

swum [swʌm] *pp of* ***swim*** 1.

swung [swʌŋ] *pret and pp of* ***swing*** 1.

syl·la·ble ['sɪləbl] *s* Silbe *f*.

syl·la·bus ['sɪləbəs] *s* (*pl* ***-buses***, ***-bi*** [-baɪ]) (*esp*. Vorlesungs)Verzeichnis *n*; Lehrplan *m*.

sym·bol ['sɪmbl] *s* Symbol *n*, Sinnbild *n*; **~·ic** [sɪm'bɒlɪk], **~·i·cal** *adj* □ sinnbildlich; **~·is·m** ['sɪmbəlɪzəm] *s* Symbolik *f*; **~·ize** *v/t* symbolisieren.

S

sym|met·ric [sɪ'metrɪk], **~·met·ri·cal** *adj* □ symmetrisch, ebenmäßig; **~·me·try** ['sɪmɪtrɪ] *s* Symmetrie *f*; Ebenmaß *n*.
sym·pa|thet·ic [sɪmpə'θetɪk] *adj* (**~ally**) mitfühlend; **~ *strike*** Sympathiestreik *m*; **~·thize** ['sɪmpəθaɪz] *v/i* sympathisieren, mitfühlen; **~·thy** *s* Anteilnahme *f*, Mitgefühl *n*.
sym·pho·ny *mus*. ['sɪmfənɪ] *s* Sinfonie *f*, Symphonie *f*; **~ *orchestra*** Sinfonie-, Symphonieorchester *n*.
symp·tom ['sɪmptəm] *s* Symptom *n*.
syn·chro|nize ['sɪŋkrənaɪz] *v/i* synchron gehen (*clock*) *or* laufen (*machine*); *v/t machines*: synchronisieren; *actions*: aufeinander abstimmen; **~·nous** *adj* □ gleichzeitig; synchron.
syn·di·cate ['sɪndɪkət] *s* Syndikat *n*.
syn·o·nym ['sɪnənɪm] *s* Synonym *n*; **sy·non·y·mous** [sɪ'nɒnɪməs] *adj* □ synonym; gleichbedeutend.
sy·nop·sis [sɪ'nɒpsɪs] *s* (*pl* **-ses** [-siːz]) Übersicht *f*, Zusammenfassung *f*.
syn|the·sis ['sɪnθəsɪs] *s* (*pl* **-ses** [-siːz]) Synthese *f*; **~·the·siz·er** *s mus*. Synthesizer *m*; **~·thet·ic** [sɪn'θetɪk], **~·thet·i·cal** *adj* □ synthetisch; **~ *fibre*** Kunstfaser *f*.
sy·ringe ['sɪrɪndʒ] **1.** *s* Spritze *f*; **2.** *v/t* (be-, ein-, aus)spritzen.
syr·up ['sɪrəp] *s* Sirup *m*.
sys|tem ['sɪstəm] *s* System *n*; *physiol*. Organismus *m*, Körper *m*; Plan *m*, Ordnung *f*; **~ *of government*** *pol*. Regierungssystem *n*; **~·te·mat·ic** [sɪstɪ'mætɪk] *adj* (**~ally**) systematisch.

T

ta *Br*. F [tɑː] *int* danke.
tab [tæb] *s* Streifen *m*; Etikett *n*, Schildchen *n*, Anhänger *m*; Schlaufe *f*, (Mantel)Aufhänger *m*; F Rechnung *f*.
ta·ble ['teɪbl] **1.** *s* Tisch *m*; Tafel *f*; Tisch-, Tafelrunde *f*; Tabelle *f*, Verzeichnis *n*; ***at* ~** bei Tisch; ***turn the* ~s** den Spieß umdrehen (***on s.o.*** j-m gegenüber); **2.** *v/t* tabellarisch anordnen; *parl. motion*: einbringen; **~·cloth** *s* Tischtuch *n*, -decke *f*; **~·lin·en** *s* Tischwäsche *f*; **~·mat** *s* Untersetzer *m*; Set *n*; **~ set** *s radio*, *TV*: Tischgerät *n*; **~·spoon** *s* Eßlöffel *m*.
tab·let ['tæblɪt] *s pill*: Tablette *f*; (Gedenk)Tafel *f*; (Schreib- *etc*.)Tafel *f*; *piece*: Stück *n*; Tafel *f* (*chocolate*).
ta·ble|top ['teɪbltɒp] *s* Tischplatte *f*; **~·ware** *s* Geschirr *n* u. Besteck *n*.
ta·boo [tə'buː] **1.** *adj* tabu, unantastbar; verboten; verpönt; **2.** *s* (*pl* **-boos**) Tabu *n*; **3.** *v/t et*. für tabu erklären.
tab·u|lar ['tæbjʊlə] *adj* □ tabellarisch; **~·late** [~eɪt] *v/t* tabellarisch (an)ordnen.
tack [tæk] **1.** *s* Stift *m*, Reißnagel *m*, Zwecke *f*; *sewing*: Heftstich *m*; *mar*. Halse *f*; *mar*. (Auf)Kreuzen *n*; *fig*. Weg *m*; **2.** *v/t* heften (***to*** an *acc*); *v/i mar*. wenden; *fig*. lavieren.
tack·le ['tækl] **1.** *s* Gerät *n*; *mar*. Takel-, Tauwerk *n*; *tech*. Flaschenzug *m*; *soccer*: Angriff *m* auf e-n Gegenspieler; **2.** *v/t* (an)packen; *soccer*: angreifen (*opponent*); *problem*, *etc*.: in Angriff nehmen; lösen, fertig werden mit.
tack·y ['tækɪ] *adj* (**-ier**, **-iest**) klebrig; *Am*. F schäbig.
tact [tækt] *s* Takt *m*, Feingefühl *n*; **~·ful** *adj* □ taktvoll.
tac·tics ['tæktɪks] *s pl and sg* Taktik *f*.
tact·less ['tæktlɪs] *adj* □ taktlos.
tad·pole *zo*. ['tædpəʊl] *s* Kaulquappe *f*.
tag [tæg] **1.** *s* (Schnürsenkel)Stift *m*; Schildchen *n*, Etikett *n*; loses Ende, Fetzen *m*, Lappen *m*; Redensart *f*, Zitat *n*; *a*. ***question* ~** *gr*. Frageanhängsel *n*; Fangen *n* (*game*); **2.** (**-gg-**) *v/t* etikettieren, auszeichnen; anhängen (***to***, ***on to*** an *acc*); *v/i*: **~ *along*** F mitkommen; **~ *along behind s.o.*** hinter j-m hertrotten *or* -zockeln.
tail [teɪl] **1.** *s* Schwanz *m*; Schweif *m*; hinteres Ende, Schluß *m*; **~s** *pl* Rück-

seite *f* (*of coin*); F Frack *m*; ***turn ~*** davonlaufen; ***~s up*** in Hochstimmung, fidel; **2.** *v/t*: ***~ s.o.*** F j-n beschatten; *v/i*: ***~ after s.o.*** j-m hinterherlaufen; ***~ away***, ***~ off*** abflauen, sich verlieren; nachlassen; **~•back** *s mot.* Rückstau *m*; **~•coat** *s* Frack *m*; **~•light** *s mot.*, *etc.*: Rück-, Schlußlicht *n*.

tai•lor ['teılə] **1.** *s* Schneider *m*; **2.** *v/t* schneidern; **~-made** *adj* Schneider..., Maß...

taint [teınt] **1.** *s* (Schand)Fleck *m*, Makel *m*; *of illness, etc.*: (verborgene) Anlage; **2.** *v/t* beflecken; verderben; *med.* anstecken; ***become ~ed*** verderben, schlecht werden (*meat, etc.*).

take [teık] **1.** (***took***, ***taken***) *v/t* nehmen; (an-, ein-, entgegen-, heraus-, hin-, mit-, weg)nehmen; *grasp*: fassen, packen, ergreifen (*a. prisoner*); fangen, *mil.* gefangennehmen; *assume possesion*: sich aneignen, Besitz ergreifen von; *carry*: (hin-, weg)bringen; *accept, etc.*: (*et. gut*) aufnehmen; *insult*: hinnehmen; *et.* ertragen, aushalten; halten (***for*** für); auffassen; *fig.* fesseln; *phot. et.* aufnehmen, *picture*: machen; *temperature*: messen; *notes*: machen, niederschreiben; *exam*: machen, ablegen; *holidays, rest, etc.*: machen; *day off, bath*: nehmen; *standard size, etc.*: haben; *illness*: sich holen; *food*: zu sich nehmen, *meal*: einnehmen; *newspaper*: beziehen; *train, bus, etc.*: nehmen; *route*: wählen; *show the way*: *j-n wohin* führen; *prize*: gewinnen; *opportunity, measures*: ergreifen; *presidency, etc.*: übernehmen; *oath*: ablegen; *time, patience*: erfordern, brauchen; *time*: dauern; *courage*: fassen; *offence*: nehmen; ***I ~ it that*** ich nehme an, daß; ***~ it or leave it*** F mach, was du willst; ***~n all in all*** im großen und ganzen; ***be ~n*** besetzt sein; ***be ~n ill*** *or* F ***bad*** krank werden; ***be ~n with*** begeistert *or* entzückt sein von; ***~ breath*** verschnaufen; ***~ comfort*** sich trösten; ***~ compassion on*** Mitleid mit *j-m* haben; sich erbarmen (*gen*); ***~ counsel*** beraten; ***~ a drive*** e-e Fahrt machen; ***~ fire*** Feuer fangen; ***~ in hand*** unternehmen; ***~ hold of*** ergreifen; ***~ a look*** e-n Blick tun *or* werfen (***at*** auf *acc*); ***can I ~ a message?*** kann ich et. ausrichten?; ***~ to pieces*** auseinandernehmen, zerlegen; ***~ pity on*** Mitleid haben mit; ***~ place*** stattfinden; spielen (*plot*); ***~ a risk*** ein Risiko eingehen *or* auf sich nehmen; ***~ a seat*** Platz nehmen; ***~ a walk*** e-n Spaziergang machen; ***~ my word for it*** verlaß dich drauf; ***~ along*** mitnehmen; ***~ apart*** auseinandernehmen, zerlegen; ***~ around*** *j-n* herumführen; ***~ away*** wegnehmen; ***... to ~ away*** *Br. of food*: ... zum Mitnehmen; ***~ down*** herunternehmen; *building*: abreißen; notieren; ***~ from*** *j-m* wegnehmen; *math.* abziehen von; ***~ in*** kürzer *or* enger machen; *newspaper*: halten; aufnehmen (*as a guest, etc.*); *situation*: überschauen; *fig.* einschließen; verstehen; erfassen; F *j-n* reinlegen; ***be ~n in*** reingefallen sein; ***~ in lodgers*** (Zimmer) vermieten; ***~ off*** ab-, wegnehmen; *clothes*: ablegen, ausziehen; *hat, etc.*: abnehmen; ***~ a day off*** e-n Tag Urlaub machen, e-n Tag freinehmen; ***~ on*** an-, übernehmen; *workers, etc.*: einstellen; *passengers*: zusteigen lassen; ***~ out*** heraus-, entnehmen; *stain*: entfernen; *j-n* ausführen; *insurance*: abschließen; ***~ over*** *office, task, idea, etc.*: übernehmen; ***~ up*** aufheben, -nehmen; sich befassen mit; *case, idea, etc.*: aufgreifen; *space, time*: in Anspruch nehmen; *v/i med.* wirken, anschlagen (*medicine*); F gefallen, ankommen, ziehen; ***~ after*** *resemble*: *j-m* ähnlich sein; ***~ off*** abspringen; *aer., space travel*: starten; ***~ on*** Anklang finden; ***~ over*** die Amtsgewalt (*etc.*) übernehmen; ***~ to*** sich hingezogen fühlen zu, Gefallen finden an (*dat*); ***~ to doing s.th.*** anfangen, et. zu tun; ***~ up with*** sich anfreunden mit; **2.** *s fishing*: Fang *m*; (Geld)Einnahme(n *pl*) *f*; *hunt.* Beute *f*; Anteil *m* (***of*** an *dat*); *film*: Szene(naufnahme) *f*, Take *m*; **~-a•way 1.** *adj food, etc.*: zum Mitnehmen; **2.** *s* Restaurant *n* mit Straßenverkauf; Essen *n* zum Mitnehmen; **~-in** *s* F Schwindel *m*, Betrug *m*; **tak•en** *pp of* ***take*** 1; **~-off** *s* Absprung *m*; *aer., space travel*: Start *m*, Abflug *m*; Abheben *n*; F Nachahmung *f*; **~-o•ver** *s econ.* Übernahme *f*; (***un***)***friendly ~*** (un)erwüschte Übernahme; → ***leveraged***; **~-o•ver bid** *s econ.* Übernahmeangebot *n*.

tak•ing ['teıkıŋ] **1.** *adj* □ F anziehend, fesselnd, einnehmend; ansteckend; **2.** *s*

T

(An-, Ab-, Auf-, Ein-, Ent-, Hin-, Weg- *etc.*)Nehmen *n*; Inbesitznahme *f*; *mil.* Einnahme *f*; F Aufregung *f*; **~s** *pl econ.* Einnahme(n *pl*) *f*.
tale [teɪl] *s* Erzählung *f*; Geschichte *f*; Märchen *n*, Sage *f*; ***tell ~s*** klatschen; ***it tells its own ~*** es spricht für sich selbst.
tal·ent ['tælənt] *s* Talent *n*, Begabung *f*, Anlage *f*; **~·ed** *adj* talentiert, begabt.
talk [tɔːk] **1.** *s* Gespräch *n*; Unterhaltung *f*; Unterredung *f*; Plauderei *f*; *lecture*: Vortrag *m*; *contp*. Geschwätz *n*; *way of conversation*: Sprache *f*, Art *f* zu reden; **2.** *v/i and v/t* sprechen; reden; plaudern; ***~ to s.o.*** mit j-m sprechen *od.* reden; ***~ at s.o.*** auf j-n einreden; ***~ over s.th.*** et. besprechen; **~·a·tive** *adj* □ gesprächig, geschwätzig; **~·er** *s* Schwätzer(in); Sprechende(r *m*) *f*; **~ show** *s* *TV*: Talk-Show *f*; **~·show host** *s* *TV*: Talkmaster(in).
tall [tɔːl] *adj* groß; lang; hoch; F übertrieben, unglaublich; ***that's a ~ order*** F das ist ein bißchen viel verlangt.
tal·low ['tæləʊ] *s* Talg *m*.
tal·ly ['tælɪ] **1.** *s econ.* (Ab-, Gegen-)Rechnung *f*; Kontogegenbuch *n*; Etikett *n*, Kennzeichen *n*; *sports*: Punkt(-zahl *f*) *m*; **2.** *v/t* in Übereinstimmung bringen; *v/i* übereinstimmen.
tal·on ['tælən] *s* Kralle *f*, Klaue *f*.
tame [teɪm] **1.** *adj* □ (**~r**, **~st**) zahm; folgsam; harmlos; lahm, fad(e); **2.** *v/t* zähmen, bändigen.
tam·per ['tæmpə] *v/i*: ***~ with*** sich (unbefugt) zu schaffen machen an (*dat*); *j-n* zu bestechen suchen; *document*: fälschen.
tam·pon *med.* ['tæmpən] *s* Tampon *m*.
tan [tæn] **1.** *s* (Sonnen)Bräune *f*; **2.** *adj* gelbbraun; **3.** (**-nn-**) *v/t* gerben; bräunen; *v/i* braun werden.
tang [tæŋ] *s* scharfer Geschmack *or* Geruch; (scharfer) Klang.
tan·gent ['tændʒənt] *s math.* Tangente *f*; ***fly*** *or* ***go off at a ~*** plötzlich (vom Thema) abschweifen.
tan·ge·rine *bot.* [tændʒə'riːn] *s* Mandarine *f*.
tan·gi·ble ['tændʒəbl] *adj* □ fühl-, greifbar; klar.
tan·gle ['tæŋgl] **1.** *s* Gewirr *n*; *fig.* Verwirrung *f*, Verwicklung *f*; **2.** *v/t and v/i* (sich) verwirren, (sich) verwickeln.
tank [tæŋk] **1.** *s mot., etc.*: Tank *m*; (Wasser)Becken *n*, Zisterne *f*; *mil.* Panzer *m*, Tank *m*; **2.** *v/t*: **~ (*up*)** auf-, volltanken.
tank·ard ['tæŋkəd] *s* Humpen *m*, *esp.* (Bier)Krug *m*.
tank·er ['tæŋkə] *s mar.* Tanker *m*; *aer.* Tankflugzeug *n*; *mot.* Tankwagen *m*.
tan|ner ['tænə] *s* Gerber *m*; **~·ne·ry** *s* Gerberei *f*.
tan·ta·lize ['tæntəlaɪz] *v/t* quälen.
tan·ta·mount ['tæntəmaʊnt] *adj* gleichbedeutend (***to*** mit).
tan·trum ['tæntrəm] *s* Wutanfall *m*.
tap [tæp] **1.** *s* leichtes Klopfen; (Wasser-, Gas-, Zapf)Hahn *m*; Zapfen *m*; ***~ room*** *Br.* Schankstube *f*; ***on ~*** vom Faß (*beer*); **~s** *pl Am. mil.* Zapfenstreich *m*; **2.** *v/t and v/i* (**-pp-**) leicht pochen, klopfen, tippen (***on***, ***at*** auf, an, gegen *acc*); anzapfen (*a. telephone*); abzapfen; **~·dance** *s* Steptanz *m*.
tape [teɪp] **1.** *s* schmales Band, Streifen *m*; *sports*: Zielband *n*; *tel.* Papierstreifen *m*; (Magnet-, Video-, Ton)Band *n*; → ***red tape***; **2.** *v/t* mit e-m Band befestigen; mit Klebestreifen verkleben; auf (Ton)Band aufnehmen; *TV*: aufzeichnen; **~ cas·sette** *s* Tonbandkassette *f*; **~ deck** *s* Tapedeck *n*; **~ li·bra·ry** *s* Bandarchiv *n*; **~ mea·sure** *s* Bandmaß *n*.
ta·per ['teɪpə] **1.** *s* dünne Wachskerze; **2.** *adj* spitz (zulaufend); **3.** *v/i oft en* ***~ off*** spitz zulaufen; *v/t* zuspitzen.
tape|-re·cord ['teɪprɪkɔːd] *v/t* auf (Ton-) Band aufnehmen; **~ re·cord·er** *s* (Ton)Bandgerät *n*; **~ re·cord·ing** *s* (Ton)Bandaufnahme *f*; **~ speed** *s* Bandgeschwindigkeit *f*.
ta·pes·try ['tæpɪstrɪ] *s* Gobelin *m*, Wandteppich *m*.
tape·worm *zo., med.* ['teɪpwɜːm] *s* Bandwurm *m*.
tar [tɑː] **1.** *s* Teer *m*; **2.** *v/t* (**-rr-**) teeren.
tar·dy ['tɑːdɪ] *adj* □ (**-ier**, **-iest**) langsam; *Am.* spät.
tare *econ.* [teə] *s* Tara *f*.
tar·get ['tɑːgɪt] *s* (Schieß-, Ziel)Scheibe *f*; *mil., radar*: Ziel *n*; *objective, goal*: (Leistungs- *etc.*)Ziel *n*, (-)Soll *n*; *fig.* Zielscheibe *f* (*of joke, etc.*); ***~ group*** *econ.* Zielgruppe *f*; ***~ language*** *ling.* Zielsprache *f*; ***~ practice*** Übungsschießen *n*.

T

tar·iff ['tærɪf] *s* (*esp*. Zoll)Tarif *m*; ~ ***restrictions*** *pl*, ~ ***walls*** *pl econ*. Zollschranken *pl*.

tar·nish ['tɑːnɪʃ] **1.** *v/t tech*. matt *or* blind machen; *ideals, reputation*: trüben; *v/i* matt *or* trüb werden, anlaufen; **2.** *s* Trübung *f*; Belag *m*.

tart [tɑːt] **1.** *adj* □ sauer, herb; *fig*. scharf, beißend; **2.** *s esp. Br*. Obstkuchen *m*, (Obst)Torte *f*; *sl*. Flittchen *n*.

tar·tan ['tɑːtn] *s* Tartan *m*: Schottentuch *n*; Schottenmuster *n*.

task [tɑːsk] *s* Aufgabe *f*; Arbeit *f*; ***take to*** ~ zur Rede stellen; ~ **force** *s mar., mil*. Sonder-, Spezialeinheit *f*; Sonderdezernat *n* (*of police*).

tas·sel ['tæsl] *s* Troddel *f*, Quaste *f*.

taste [teɪst] **1.** *s* Geschmack *m*; (Kost-) Probe *f*; Neigung *f*, Vorliebe *f* (***for*** für, zu); **2.** *v/t* kosten; (ab)schmecken; *food*: probieren, versuchen; *v/i* schmecken (***of*** nach); **~·ful** *adj* □ schmackhaft; *fig*. geschmackvoll; **~·less** *adj* □ fad(e); *fig*. geschmacklos.

tast·y ['teɪstɪ] *adj* □ (*-**ier**, -**iest***) schmackhaft; *sl. music, woman, etc*.: F super, spitze.

ta-ta F [tæ'tɑː] *int* auf Wiedersehen!

tat·ter ['tætə] *s* Fetzen *m*.

tat·tle F ['tætl] **1.** *v/i* klatschen, tratschen; **2.** *s* Klatsch *m*, Tratsch *m*.

tat·too [tə'tuː] **1.** *s* (*pl* -**toos**) *mil*. Zapfenstreich *m*; Tätowierung *f*; **2.** *v/i fig*. trommeln (***at, an*** gegen, an *acc*); *v/t* tätowieren.

taught [tɔːt] *pret and pp of* ***teach***.

taunt [tɔːnt] **1.** *s* Stichelei *f*, Spott *m*; **2.** *v/t* verhöhnen, verspotten.

taut [tɔːt] *adj* □ straff; angespannt.

tav·ern *dated* ['tævn] *s* Wirtshaus *n*, Schenke *f*.

taw·dry ['tɔːdrɪ] *adj* □ (*-**ier**, -**iest***) billig, geschmacklos; knallig.

taw·ny ['tɔːnɪ] *adj* (*-**ier**, -**iest***) gelbbraun.

tax [tæks] **1.** *s* Steuer *f*, Abgabe *f*; *fig*. Belastung *f* (***on, upon*** *gen*); → ***incentive, include***; **2.** *v/t* besteuern; *fig*. strapazieren, auf e-e harte Probe stellen; *j-n* zur Rede stellen; ~ ***s.o. with s.th***. j-n e-r Sache beschuldigen; **~·a·tion** [tæk'seɪʃn] *s* Besteuerung *f*; Steuer(n *pl*) *f*; ***double*** ~ *econ*. Doppelbesteuerung *f*.

tax·i F ['tæksɪ] **1.** *s a*. **~-*cab*** Taxi *n*, Taxe *f*; **2.** *v/i* (**~*ing***, ***taxying***) *aer*. rollen; ~ **driv·er** *s* Taxifahrer(in); ~ **rank**, *esp. Am*. ~ **stand** *s* Taxistand *m*.

tax|pay·er ['tækspeɪə] *s* Steuerzahler(in); ~ **re·turn** *s* Steuererklärung *f*.

tea [tiː] *s* Tee *m*; → ***high tea***; **~·bag** *s* Tee-, Aufgußbeutel *m*.

teach [tiːtʃ] *v/t* (***taught***) lehren, unterrichten, *j-m et*. beibringen; **~·a·ble** *adj* gelehrig; lehrbar; **~·er** *s* Lehrer(in); **~-in** *s* Teach-in *n*.

tea|-co·sy ['tiːkəʊzɪ] *s* Teewärmer *m*; **~·cup** *s* Teetasse *f*; ***storm in a*** ~ *fig*. Sturm *m* im Wasserglas; **~·ket·tle** *s* Tee-, Wasserkessel *m*.

team [tiːm] *s* Team *n*, Arbeitsgruppe *f*; Gespann *n*; *sports and fig*.: Mannschaft *f*, Team *n*; **~·ster** *s Am*. LKW-Fahrer *m*; **~·work** *s* Zusammenarbeit *f*, Teamwork *n*; Zusammenspiel *n*.

tea·pot ['tiːpɒt] *s* Teekanne *f*.

tear[1] [teə] **1.** *v/t and v/i* (***tore, torn***) zerren; (zer)reißen; rasen; **2.** *s* Riß *m*.

tear[2] [tɪə] *s* Träne *f*; ***in ~s*** weinend, in Tränen (aufgelöst); **~·ful** *adj* □ tränenreich; weinend.

tea·room ['tiːrʊm] *s* Teestube *f*.

tease [tiːz] *v/t* necken, hänseln; ärgern.

teat [tiːt] *s zo*. Zitze *f*; *anat*. Brustwarze *f* (*of woman*); (Gummi)Sauger *m*.

tech·ni·cal ['teknɪkl] *adj* □ technisch; *fig*. rein formal; Fach...; **~·i·ty** [~'kælətɪ] *s* technische Besonderheit *or* Einzelheit; Fachausdruck *m*; reine Formsache.

tech·ni·cian [tek'nɪʃn] *s* Techniker(in); Facharbeiter(in).

tech·nique [tek'niːk] *s* Technik *f*, Verfahren *n*, Methode *f*.

tech·no·crat ['teknəkræt] *s* Technokrat(in); **~·ic** [~'krætɪk] *adj* technokratisch.

tech·nol·o·gy [tek'nɒlədʒɪ] *s* Technologie *f*, Technik *f*; ~ **trans·fer** *s* Technologietransfer *m*.

ted·dy| bear ['tedɪbeə] *s* Teddybär *m*; ♀ **boy** *s esp. Br*. (*in the 1950's*) Halbstarke(r) *m*.

te·di·ous ['tiːdɪəs] *adj* □ langweilig, ermüdend; *style*: *a*. weitschweifig.

teen [tiːn] → ***teenage(d), teenager***.

teen|-age(d) ['tiːneɪdʒ(d)] *adj* im Teenageralter; für Teenager; **~·ag·er** *s* Teenager *m*.

teens [ti:nz] *s pl* Teenageralter *n*; Teenager *pl*; ***be in one's*** ~ ein Teenager sein.
tee·ny¹ F ['ti:nɪ] *s* Teeny *m*.
tee·ny² F [~], *a*. **~-wee·ny** F [~'wi:nɪ] *adj* (-***ier***, -***iest***) klitzeklein, winzig.
tee shirt ['ti:ʃɜ:t] → ***T-shirt***.
teeth [ti:θ] *pl of* ***tooth***; **~e** [ti:ð] *v/i* zahnen, Zähne bekommen.
tee·to·tal·(l)er [ti:'təʊtlə] *s* Abstinenzler(in).
tel·e|book ['telɪbʊk] *s to a TV series*: Begleitbuch *n*; **~·cast 1.** *s* Fernsehsendung *f*; **2.** *v/t* (**-*cast***) im Fernsehen übertragen *or* bringen; **~·com·mu·ni·ca·tions** *s pl* Telekommunikation *f*; **~·course** *s* Fernsehlehrgang *m*, -kurs *m*; **~·fax** → ***fax***; **~·gram** *s* Telegramm *n*.
tel·e·graph ['telɪgrɑ:f] **1.** *s* Telegraf *m*; **2.** *v/t* telegrafieren; **~·ese** [~grə'fi:z] *s* Telegrammstil *m*; **~·ic** [~'græfɪk] *adj* (**~*ally***) telegrafisch; im Telegrammstil; **te·leg·ra·phy** [tɪ'legrəfɪ] *s* Telegrafie *f*.
tel·e·phone ['telɪfəʊn] **1.** *s* Telefon *n*, Fernsprecher *m*; **2.** *v/i and v/t* telefonieren; anrufen; ~ **booth** *esp. Am*., ~ **box** *s Br*. Telefonzelle *f*; **tel·e·phon·ic** [~'fɒnɪk] *adj* (**~*ally***) telefonisch.
tel·e|pho·to lens *phot*. [telɪfəʊtəʊ'lenz] *s* Teleobjektiv *n*; **~·print·er** *s* Fernschreiber *m*; **~·scope** ['~skəʊp] **1.** *s* Fernrohr *n*; **2.** *v/i and v/t* (sich) ineinanderschieben; **~·type·writ·er** *Am*. [~'taɪpraɪtə] *s* Fernschreiber *m*; **~·vise** ['~vaɪz] *v/t* im Fernsehen übertragen *or* bringen; **~·vi·sion** ['~vɪʒn] *s* Fernsehen *n*; ***be on*** ~ im Fernsehen kommen; ***watch*** ~ fernsehen; *a*. ~ ***set*** Fernsehapparat *m*, -gerät *n*.
tel·ex ['teleks] **1.** *s* Telex *n*, Fernschreiben *n*; **2.** *v/t j-m et*. telexen *or* per Fernschreiben mitteilen.
tell [tel] (***told***) *v/t* sagen, erzählen; *see*: erkennen, nennen; *distinguish*: unterscheiden; *count*: zählen; ~ ***s.o. to do s.th***. j-m sagen, er solle et. tun; ~ ***off*** abzählen; F abkanzeln; *v/i* erzählen (***of*** von; ***about*** über *acc*); sich auswirken (***on*** auf *acc*); sitzen (*punch*, *etc*.); ~ ***on s.o***. j-n verpetzen; ***you never can*** ~ man kann nie wissen; **~·er** *s esp. Am*. (Bank)Kassierer *m*; **~·ing** *adj* □ wirkungsvoll; aufschlußreich, vielsagend; **~·tale 1.** *s* Klatschbase *f*, Petze *f*; **2.** *adj fig*. verräterisch.

T

tel·ly *Br*. F ['telɪ] *s* Fernseher *m*.
temp F [temp] **1.** Zeitarbeitskraft *f*; **2.** *v/i* Zeitarbeit machen; ~ **a·gen·cy** *s* F Zeitarbeitsunternehmen *n*.
tem·per ['tempə] **1.** *v/t* mäßigen, mildern; *tech*. tempern; *metal*: härten; **2.** *s tech*. Härte(grad *m*) *f*; Temperament *n*, Charakter *m*; Laune *f*, Stimmung *f*; Wut *f*; ***keep one's*** ~ sich beherrschen; ***lose one's*** ~ in Wut geraten.
tem·pe|ra·ment ['tempərəmənt] *s* Temperament *n*; **~·ra·men·tal** [~'mentl] *adj* □ von Natur aus; launisch; **~·rance** *s* Mäßigkeit *f*; Enthaltsamkeit *f*; **~·rate** ['~rət] *adj* □ gemäßigt; zurückhaltend; maßvoll; mäßig; **~·ra·ture** ['~prətʃə] *s* Temperatur *f*.
tem|pest ['tempɪst] *s* Sturm *m*; Gewitter *n*; **~·pes·tu·ous** [tem'pestʃʊəs] *adj* □ stürmisch; ungestüm.
tem·ple ['templ] *s* Tempel *m*; *anat*. Schläfe *f*.
tem·po|ral ['tempərəl] *adj* □ zeitlich; weltlich; **~·ra·ry** *adj* □ zeitweilig; vorläufig; vorübergehend; Not..., (Aus-) Hilfs..., Behelfs...
tempt [tempt] *v/t j-n* versuchen; verleiten; (ver)locken; **temp·ta·tion** [~'teɪʃn] *s* Versuchung *f*; Reiz *m*; **~·ing** *adj* □ verführerisch.
ten [ten] **1.** *adj* zehn; **2.** *s* Zehn *f*.
ten·a·ble ['tenəbl] *adj* haltbar (*theory*, *etc*.); verliehen (*office*).
te·na|cious [tɪ'neɪʃəs] *adj* zäh; gut (*memory*); ***be*** ~ ***of s.th***. zäh an et. festhalten; **~·ci·ty** [tɪ'næsətɪ] *s* Zähigkeit *f*; Festhalten *n*; Verläßlichkeit *f* (*of memory*).
ten·ant ['tenənt] *s* Pächter *m*; Mieter *m*.
tend [tend] *v/i* sich bewegen, streben (***to*** nach, auf *acc* ... zu); *fig*. tendieren, neigen (***to*** zu); *v/t* pflegen; hüten; *tech*. bedienen; **ten·den·cy** *s* Tendenz *f*; Richtung *f*; Neigung *f*; Zweck *m*.
ten·der ['tendə] **1.** *adj* □ zart; weich; empfindlich; heikel (*subject*); sanft, zart, zärtlich; **2.** *s* Angebot *n*; *econ*. Kostenvoranschlag *m*; *rail*., *mar*. Tender *m*; ***legal*** ~ gesetzliches Zahlungsmittel; **3.** *v/i econ*.: ~ ***for*** ein Angebot machen für; *v/t resignation*: einreichen; **~·foot** *s* (*pl* **-*foots***, **-*feet***) *Am*. F Neuling *m*, Anfänger *m*; **~·loin** *s* Filet *n*; **~·ness** *s* Zartheit *f*; Zärtlichkeit *f*.
ten·don *anat*. ['tendən] *s* Sehne *f*.

ten·dril *bot*. ['tendrıl] *s* Ranke *f*.
ten·e·ment ['tenımənt] *s* Mietwohnung *f*; *a*. **~ house** Mietshaus *n*, *contp*. Mietskaserne *f*.
ten·nis ['tenıs] *s* Tennis *n*; **~ court** *s* Tennisplatz *m*.
ten·or ['tenə] *s* Fortgang *m*, Verlauf *m*; Inhalt *m*, 'Tenor *m*; *mus*. Te'nor *m*.
tense [tens] **1.** *s gr*. Zeit(form) *f*, Tempus *n*; **2.** *adj* □ (**~r**, **~st**) gespannt (*a. fig*.); straff; (über)nervös, verkrampft; **tension** *s* Spannung *f*.
tent [tent] **1.** *s* Zelt *n*; **2.** *v/i* zelten.
ten·ta·cle *zo*. ['tentəkl] *s* Fühler *m*; Fangarm *m* (*of octopus*).
ten·ta·tive ['tentətıv] *adj* □ versuchend; Versuchs...; vorsichtig, zögernd, zaghaft; **~ly** versuchsweise.
ten·ter·hooks *fig*. ['tentəhʊks] *s pl*: ***be on ~*** wie auf (glühenden) Kohlen sitzen.
tenth [tenθ] **1.** *adj* zehnte(r, -s); **2.** *s* Zehntel *n*; **~·ly** ['~lı] *adv* zehntens.
tent|-peg ['tentpeg] *s* Hering *m*; **~ pole** *s* Zeltstange *f*.
ten·u·ous ['tenjʊəs] *adj* □ dünn; zart, fein; *fig*. dürftig.
ten·ure ['tenjʊə] *s* Besitz(art *f*, -dauer *f*) *m*; ***~ of office*** Amtsdauer *f*.
tep·id ['tepıd] *adj* □ lau(warm).
term [tɜːm] **1.** *s* (bestimmte) Zeit, Dauer *f*; Frist *f*; Termin *m*; Zahltag *m*; Amtszeit *f*; *jur*. Sitzungsperiode *f*; *univ*. Semester *n*, Quartal *n*, Trimester *n*; *expression*: (Fach)Ausdruck *m*, Wort *n*, Bezeichnung *f*, Begriff *m*; **~s** *pl* (Vertrags)Bedingungen *pl*; Beziehungen *pl*; ***be on good*** (***bad***) ***~s with*** gut (schlecht) stehen mit; ***we are not on speaking ~s*** wir sprechen nicht (mehr) miteinander; ***come to ~s*** sich einigen; **2.** *v/t* (be)nennen; bezeichnen.
ter·mi|nal ['tɜːmınl] **1.** *adj* □ End...; letzte(r, -s); *med*. unheilbar; **~ly** zum Schluß; **2.** *s* Endstück *n*; *electr*. Pol *m*; *rail*., *etc*.: Endstation *f*, Endbahnhof *m*; *aer*. Terminal *m*, *n*, Abfertigungsgebäude *n*; *computer*: Terminal *n*; **~·nate** [~neıt] *v/t* begrenzen; beend(ig)en; *contract*: lösen, kündigen; **~·na·tion** [~'neıʃn] *s* Beendigung *f*; Ende *n*; *gr*. Endung *f*.
ter·mi·nus ['tɜːmınəs] *s* (*pl* **-ni** [-naı], **-nuses**) Endstation *f*.
ter·race ['terəs] *s* Terrasse *f*; *of houses*: Häuserreihe *f*; **~d** *adj* terrassenförmig (angelegt); **~ house** *Br*. → **~ house** *s Br*. Reihenhaus *n*.
ter·res·tri·al [tı'restrıəl] *adj* □ irdisch; Erd...; *zo*., *bot*. Land...; *TV*: terrestrisch.
ter·ri·ble ['terəbl] *adj* □ schrecklich.
ter·rif·ic F [tə'rıfık] *adj* (**~ally**) toll, phantastisch; irre (*speed*, *heat*, *etc*.).
ter·ri·fy ['terıfaı] *v/t j-m* Angst u. Schrecken einjagen.
ter·ri·to|ri·al [terı'tɔːrıəl] *adj* □ territorial, Land...; **~·ry** ['terıtərı] *s* Territorium *n*, (Hoheits-, Staats)Gebiet *n*.
ter·ror ['terə] *s* Entsetzen *n*; Terror *m*; **~·is·m** *s* Terrorismus *m*; **~·ist** *s* Terrorist(in); **~·ize** *v/t* terrorisieren.
terse [tɜːs] *adj* □ (**~r**, **~st**) knapp; kurz u. bündig.
test [test] **1.** *s* Probe *f*; Versuch *m*; Test *m*; Untersuchung *f*; (Eignungs)Prüfung *f*; *chem*. Reagens *n*; **2.** *v/t* probieren; prüfen; testen; **3.** *adj* Probe..., Versuchs..., Test...
tes·ta·ment ['testəmənt] *s* Testament *n*; ***last will and ~*** *jur*. Testament *n*.
tes·ti·cle *anat*. ['testıkl] *s* Hoden *m*.
tes·ti·fy ['testıfaı] *v/t* bezeugen; *v/i* (als Zeuge) aussagen.
tes·ti·mo|ni·al [testı'məʊnıəl] *s* (Führungs)Zeugnis *n*; Zeichen *n* der Anerkennung; **~·ny** ['testımənı] *s jur*. Zeugenaussage *f*; Beweis *m*.
test-tube ['testtjuːb] *s chem*. Reagenzglas *n*; **~ ba·by** *s* Retortenbaby *n*.
tes·ty ['testı] *adj* □ (**-ier**, **-iest**) gereizt, reizbar, kribbelig.
teth·er ['teðə] **1.** *s* Haltestrick *m*; *fig*. Spielraum *m*; ***at the end of one's ~*** *fig*. am Ende s-r Kräfte; **2.** *v/t* anbinden.
text [tekst] *s* Text *m*; Wortlaut *m*; **~·book** *s* Lehrbuch *n*.
tex·tile ['tekstaıl] **1.** *adj* Textil..., Gewebe...; **2.** *s*: **~s** *pl* Textilwaren *pl*, Textilien *pl*.
text| in·put [tekst'ınpʊt] *s computer*: Texteingabe *f*; **~ pro·cess·ing** *s computer*: Textverarbeitung *f*
tex·ture ['tekstʃə] *s* Gewebe *n*; Gefüge *n*; Struktur *f*.
than [ðæn, ðən] *cj* als.
thank [θæŋk] **1.** *v/t* danken (*dat*); ***~ you*** danke; ***no, ~ you*** nein, danke; (***yes,***) **~**

T

you ja, bitte; **2.** *s*: **~s** *pl* Dank *m*; **~s** danke (schön); ***no*, ~s** nein, danke; **~s** ***to*** dank (*dat or gen*); **~·ful** *adj* □ dankbar; **~·less** *adj* □ undankbar; **~s·giv·ing** *s* Dankgebet *n*; ♀ (***Day***) *Am.* Erntedankfest *n.*

that [ðæt, ðət] **1.** *pron and adj* (*pl* ***those*** [ðəʊz]) jene(r, -s), der, die, das, der-, die-, dasjenige; solche(r, -s); *only sg*: das; F ***... and all*** ~ F ... und so; ~ ***is*** (***to say***) das heißt; ***~'s it!*** das wär's!, *showing approval*: richtig so!; **2.** *adv* F so, dermaßen; ~ ***much*** so viel; **3.** *rel pron* (*pl* ***that***) der, die, das, welche(r, -s); **4.** *cj* daß; damit; weil; da, als.

thatch [θætʃ] **1.** *s* Reet *n*; Strohdach *n*; **2.** *v/t* mit Stroh decken.

thaw [θɔː] **1.** *s* Tauwetter *n*; (Auf)Tauen *n*; **2.** *v/t and v/i* (auf)tauen.

the [ðiː; *before vowel*: ðɪ; *before consonant*: ðə] **1.** *def art* der, die, das, *pl* die; **2.** *adv* desto, um so; ~ ***...*** ~ je ..., desto.

the·a·tre, *Am.* **-ter** ['θɪətə] *s* Theater *n*; *fig.* Schauplatz *m*; **the·at·ri·cal** [θɪ'ætrɪkl] *adj* □ Theater...; *fig.* theatralisch.

theft [θeft] *s* Diebstahl *m.*

their [ðeə] *poss pron pl* ihr(e); **~s** [~z] *poss pron* der (die, das) ihrige *or* ihre.

them [ðem, ðəm] *pron* sie (*acc pl*); ihnen.

theme [θiːm] *s* Thema *n*; *film*, *TV*: Melodie *f.*

them·selves [ðəm'selvz] *pron* sie (*acc pl*) selbst; sich (selbst).

then [ðen] **1.** *adv* dann; damals; da; denn; also, folglich; ***by*** ~ bis dahin; inzwischen; ***every now and*** ~ ab und zu, gelegentlich; ***there and*** ~ sofort; ***now*** ~ also (nun); ***but then*** ~ andererseits aber; **2.** *attr adj* damalig.

the·ol·o·gy [θɪ'ɒlədʒɪ] *s* Theologie *f.*

the·o|ret·ic [θɪə'retɪk] (***~ally***), **~ret·i·cal** *adj* □ theoretisch; **~re·ti·cian** [~rə'tɪʃn] *s*, **~rist** ['θɪərɪst] *s* Theoretiker(in); **~ry** ['θɪərɪ] *s* Theorie *f.*

ther·a|peu·tic [θerə'pjuːtɪk] *adj* (***~ally***) therapeutisch; **~·pist** ['~pɪst] *s* Therapeut(in); **~·py** ['~pɪ] *s* Therapie *f.*

there [ðeə] *adv* da, dort; darin; (da-, dort)hin; *int* da!, na!; ~ ***is***, *pl* ~ ***are*** es gibt, es ist, es sind; ~ ***you are!*** *giving s.th. to s.o.*: bitte sehr!, *spotting s.o.*: da bist du ja!; ***we are getting*** ~ wir schaffen es (schon); **~·a·bout(s)** *adv* da herum; so ungefähr; **~·af·ter** *adv* danach; **~·by** *adv* dadurch; **~·fore** *adv* darum, deswegen, deshalb, daher; **~·up·on** *adv* darauf(hin); **~·with** *adv* damit.

ther·mal ['θɜːml] **1.** *adj* □ Thermal...; *phys.* thermisch, Wärme...; **2.** *s* Thermik *f*; **ther·mom·e·ter** [θə'mɒmɪtə] *s* Thermometer *n.*

Ther·mos *TM* ['θɜːməs] *s a.* ~ ***flask*** Thermosflasche *f TM.*

these [ðiːz] *pl of* **this**.

the·sis ['θiːsɪs] *s* (*pl* **-ses** [-siːz]) These *f*; Dissertation *f.*

they [ðeɪ] *pron pl* sie; man.

thick [θɪk] **1.** *adj* □ dick; *hair*, *forest*: *a.* dicht; *liquid*: trüb; *soup*: legiert; *accent*: stark; F dumm; F *very friendly*: F dick befreundet; ~ ***with*** über und über bedeckt von; voll von, voller; ***that's a bit ~!*** *sl.* das ist ein starkes Stück!; **2.** *s* dickster Teil; *fig.* Brennpunkt *m*; ***in the ~ of*** mitten in (*dat*); **~·en** *v/t and v/i* (sich) verdicken; (sich) verstärken; legieren; (sich) verdichten; dick(er) werden; **~·et** *s* Dickicht *n*; **~-head·ed** *adj* dumm; **~·ness** *s* Dicke *f*, Stärke *f*; Dichte *f*; **~·skinned** *adj fig.* dickfellig.

thief [θiːf] *s* (*pl* ***thieves*** [θiːvz]) Dieb(in); **thieve** [θiːv] *v/i and v/t* stehlen.

thigh *anat.* [θaɪ] *s* (Ober)Schenkel *m.*

thim·ble ['θɪmbl] *s* Fingerhut *m.*

thin [θɪn] **1.** *adj* □ (-***nn***-) dünn; *hair*, *forest*: *a.* licht; *not fat*: mager; *sparse*: spärlich, dürftig, schwach; *excuse*: fadenscheinig; **2.** *v/t and v/i* (-***nn***-) verdünnen; (sich) lichten; abnehmen.

thing [θɪŋ] *s* Ding *n*; Sache *f*; Gegenstand *m*; Geschöpf *n*; **~s** *pl* Sachen *pl*; die Dinge *pl* (*circumstances*); ***the*** ~ das Richtige.

think [θɪŋk] (***thought***) *v/i* denken (***of*** an *acc*); überlegen, nachdenken (***about*** über *acc*); ~ ***of*** sich erinnern an (*acc*); sich *et.* ausdenken; ~ ***of doing s.th.*** beabsichtigen, et. zu tun; ***it made me*** ~ es machte mich nachdenklich; ~ ***again!*** denk noch mal nach; ***what do you ~ of ...?*** was hältst du von ...?; *v/t et.* denken; meinen, glauben; sich vorstellen; halten für; *et.* halten (***of*** von); beabsichtigen, vorhaben; ~ ***s.th. over*** sich et. überlegen, über et. nachdenken.

third [θɜːd] **1.** *adj* dritte(r, -s); **2.** *s* Drittel *n*; **~·ly** *adv* drittens; **~-rate** *adj* drittklassig.

T

thirst [θɜːst] *s* Durst *m*; **~·y** *adj* □ (**-ier**, **-iest**) durstig; dürr (*land*); **be ~** Durst haben, durstig sein.
thir|teen [θɜːˈtiːn] **1.** *adj* dreizehn; **2.** *s* Dreizehn *f*; **~·teenth** [~iːnθ] *adj* dreizehnte(r, -s); **~·tieth** [ˈθɜːtɪɪθ] *adj* dreißigste(r, -s); **~·ty** [ˈθɜːtɪ] **1.** *adj* dreißig; **2.** *s* Dreißig *f*.
this [ðɪs] *pron and adj* (*pl* **these** [ðiːz]) diese(r, -s); **~ *morning*** heute morgen; **~ *is John speaking*** *teleph.* hier (spricht) John.
this·tle *bot.* [ˈθɪsl] *s* Distel *f*.
thorn [θɔːn] *s* Dorn *m*; **~·y** *adj* (**-ier**, **-iest**) dornig; *fig.* schwierig; heikel.
thor·ough [ˈθʌrə] *adj* □ gründlich, genau; vollkommen; vollständig, völlig; vollendet; **~·bred** *s* Vollblut(pferd) *n*; *attr* Vollblut...; **~·go·ing** *adj* gründlich; kompromißlos; durch und durch.
those [ðəʊz] *pl of* **that** 1.
though [ðəʊ] *cj* obwohl, wenn auch; zwar; *adv* jedoch, doch; **as ~** als ob.
thought [θɔːt] **1.** *pret and pp of* **think**; **2.** *s* Gedanke *m*, Einfall *m*; (Nach)Denken *n*; ***on second ~s*** nach reiflicher Überlegung; **~·ful** *adj* □ gedankenvoll, nachdenklich; rücksichtsvoll (**of** gegen); **~·less** *adj* □ gedankenlos, unbesonnen; rücksichtslos (**of** gegen).
thou·sand [ˈθaʊzənd] **1.** *adj* tausend; **2.** *s* (*pl* **~**, **~s**) Tausend *n*; **~th** [~ntθ] **1.** *adj* tausendste(r, -s); **2.** *s* Tausendstel *n*.
thrash [θræʃ] *v/t* verdreschen, -prügeln; *sports*: *j-m* e-e Abfuhr erteilen; **~ *out*** *fig.* gründlich erörtern; *v/i*: **~ *about***, **~ *around*** *in bed*: sich hin und her werfen; um sich schlagen; zappeln (*fish*); **~·ing** *s* Dresche *f*, Tracht *f* Prügel; *sports*: Abfuhr *f*, Schlappe *f*.
thread [θred] **1.** *s* Faden *m* (*a. fig.*); Zwirn *m*, Garn *n*; *tech.* (Schrauben)Gewinde *n*; **2.** *v/t* einfädeln; aufreihen; *v/i fig.* sich durchwinden (***through*** durch); **~·bare** *adj* fadenscheinig (*a. fig.*); *fig.* abgedroschen.
threat [θret] *s* (Be)Drohung *f*; **~·en** *v/t* (be-, an)drohen; **~·en·ing** *adj* drohend; bedrohlich.
three [θriː] **1.** *adj* drei; **2.** *s* Drei *f*; **~·fold** *adj* dreifach.
thresh *agr.* [θreʃ] *v/t and v/i* dreschen; **~·er** *s* Drescher *m*; Dreschmaschine *f*; **~·ing** *s* Dreschen *n*; **~·ing-ma·chine** *s* Dreschmaschine *f*.
thresh·old [ˈθreʃhəʊld] *s* Schwelle *f*.
threw [θruː] *pret of* **throw** 1.
thrift [θrɪft] *s* Sparsamkeit *f*; Wirtschaftlichkeit *f*; **~·less** *adj* □ verschwenderisch; **~·y** *adj* □ (**-ier**, **-iest**) sparsam; *poet.* blühend.
thrill [θrɪl] **1.** *v/t* erschauern lassen, erregen, packen; *v/i* (er)beben, erschauern, zittern; **2.** *s* Zittern *n*, Erregung *f*; (Nerven)Kitzel *m*, Sensation *f*; Beben *n*; **~·er** *s* Reißer *m*, Thriller *m* (*film, etc.*); **~·ing** *adj* spannend, aufregend.
thrive [θraɪv] (***thrived*** *or* ***throve***, ***thrived*** *or* ***thriven***) *v/i* gedeihen; *fig.* blühen; Erfolg haben.
throat [θrəʊt] *s* Kehle *f*, Gurgel *f*; Hals *m*; ***clear one's ~*** sich räuspern.
throb [θrɒb] **1.** *v/i* (**-bb-**) (heftig) pochen, klopfen, schlagen; pulsieren; **2.** *s* Pochen *n*; Schlagen *n*; Pulsschlag *m*.
throm·bo·sis *med.* [θrɒmˈbəʊsɪs] *s* (*pl* **-ses** [-siːz]) Thrombose *f*.
throne [θrəʊn] *s* Thron *m*.
throng [θrɒŋ] **1.** *s* Gedränge *n*; (Menschen)Menge *f*; **2.** *v/i and v/t* sich drängen (in *dat*); ***be ~ed with*** wimmeln von.
throt·tle [ˈθrɒtl] **1.** *v/t* erdrosseln; *v/i*: **~ *back***, **~ *down*** *mot. tech.* drosseln, Gas wegnehmen; **2.** *s a.* **~-*valve*** *mot., tech.* Drosselklappe *f*.
through [θruː] **1.** *prp* durch; hindurch; *Am.* (von ...) bis; ***Monday ~ Friday*** *Am.* von Montag bis Freitag; ***live ~ s.th.*** *survive*: et. überleben; *experience*: et. erleben; **2.** *adj* Durchgangs...; durchgehend; **~ *car*** *Am.*, **~ *carriage***, **~ *coach*** *Br. rail.* Kurswagen *m*; **~ *flight*** *aer.* Direktflug *m*; **~ *travel(l)er*** Transitreisende(r *m*) *f*; **~·out** **1.** *prp* überall in (*dat*); während; **2.** *adv* durch und durch, ganz und gar, durchweg; **~·put** *s* *econ. computer*: Durchsatz *m*, Leistung *f*; **~ traf·fic** *s* Durchgangsverkehr *m*; **~·way** *s Am.* Schnellstraße *f*.
throve [θrəʊv] *pret of* **thrive**.
throw [θrəʊ] **1.** (***threw***, ***thrown***) *v/t* (ab)werfen, schleudern; *Am. competition, etc.*: absichtlich verlieren; *dice*: werfen, *number*: würfeln; *tech.* ein-, ausschalten; **~ *away*** wegwerfen; *money*: verschwenden; **~ *over*** *fig.* aufgeben (*friend, etc.*); **~ *up*** hochwerfen; *fig. et.*

T

aufgeben, hinwerfen (*job, etc.*); *v/i*: ~ **up** F *vomit*: erbrechen, sich übergeben; **2.** *s* Wurf *m*; **~·a·way** *adj* Wegwerf...; Einweg...; ~ ***price*** Schleuderpreis *m*; ~ ***society*** Wegwerfgesellschaft *f*; **~n** *pp of* ***throw*** 1.

thrush *zo.* [θrʌʃ] *s* Drossel *f*.

thrust [θrʌst] **1.** *s* Stoß *m*; Vorstoß *m*; *tech.* Druck *m*, Schub *m*; **2.** *v/t* (***thrust***) stoßen; stecken, schieben; ~ ***o.s. into*** sich drängen in (*acc*); ~ ***s.th. upon s.o.*** j-m et. aufdrängen.

thud [θʌd] **1.** *v/i* (***-dd-***) dumpf (auf)schlagen, F bumsen; **2.** *s* dumpfer (Auf-) Schlag, F Bums *m*.

thug [θʌg] *s* (Gewalt)Verbrecher *m*, Schläger *m*.

thumb [θʌm] **1.** *s* Daumen *m*; **2.** *v/t*: ~ ***a lift*** *or* ***ride*** per Anhalter fahren; ***well-~ed*** *book, etc.*: abgegriffen; *v/i*: ~ ***through a book*** ein Buch durchblättern; **~·tack** *s Am.* Reißzwecke *f*, -nagel *m*.

thump [θʌmp] **1.** *s* dumpfer Schlag; **2.** *v/t* heftig schlagen *or* hämmern *or* pochen gegen *or* auf (*acc*); *v/i* (auf)schlagen; (laut) pochen (*heart*).

thun·der ['θʌndə] **1.** *s* Donner *m*; **2.** *v/i and v/t* donnern; **~·bolt** *s* Blitz *m* (und Donner *m*); **~·clap** *s* Donnerschlag *m*; **~·ous** *adj* □ donnernd; **~·storm** *s* Gewitter *n*; **~·struck** *adj fig.* wie vom Donner gerührt.

Thurs·day ['θɜːzdɪ] *s* Donnerstag *m*.

thus [ðʌs] *adv* so; also, somit.

thwart [θwɔːt] **1.** *v/t* durchkreuzen, vereiteln; **2.** *s* Ruderbank *f*.

tick[1] *zo.* [tɪk] *s* Zecke *f*.

tick[2] [~] **1.** *s* Ticken *n*; (Vermerk)Häkchen *n*, Haken *m*; **2.** *v/i* ticken; *v/t* anhaken; ~ ***off*** abhaken.

tick[3] [~] *s of pillow*: Inlett *n*; *of mattress*: Matratzenbezug *m*.

tick·er tape ['tɪkəteɪp] *s* Lochstreifen *m*; ~ ***parade*** *esp. Am.* Konfettiparade *f*.

tick·et ['tɪkɪt] **1.** *s* Fahrkarte *f*, -schein *m*; Flugkarte *f*, Ticket *n*; (Eintritts-, Theater- *etc.*)Karte *f*; *mot.* Strafzettel *m*, gebührenpflichtige Verwarnung; Etikett *n*, Schildchen *n*, (Preis- *etc.*)Zettel *m*; *esp. Am. pol.* (Wahl-, Kandidaten-) Liste *f*; **2.** *v/t* etikettieren, *goods*: auszeichnen; **~-can·cel·(l)ing ma·chine** *s* (Fahrschein)Entwerter *m*; ~ **col·lec·tor** *s rail.* (Bahnsteig)Schaffner(in), Fahrkartenkontrolleur(in); ~ **ma·chine** *s a.* ***automatic*** ~ Fahrkartenautomat *m*; ~ **of·fice** *s rail.* Fahrkartenschalter *m*; *thea.* Kasse *f*.

tick|le ['tɪkl] *v/t and v/i* kitzeln (*a. fig.*); **~·lish** *adj* □ kitz(e)lig; *fig.* heikel.

tid·al ['taɪdl] *adj* Gezeiten...; ~ ***wave*** Flutwelle *f*.

tid·bit *Am.* ['tɪdbɪt] → ***titbit***.

tide [taɪd] **1.** *s* Gezeiten *pl*; Ebbe *f* und Flut *f*; *fig.* Strom *m*, Strömung *f*; ***high*** ~ Flut *f*; ***low*** ~ Ebbe *f*; **2.** *v/t*: ~ ***over*** *fig. j-m* hinweghelfen über (*acc*); *j-n* über Wasser halten.

ti·dy ['taɪdɪ] **1.** *adj* □ (***-ier, -iest***) ordentlich, sauber, reinlich, aufgeräumt; F ganz schön, beträchtlich (*sum*); **2.** *s* Behälter *m*; Abfallkorb *m*; **3.** *v/t a.* ~ ***up*** zurechtmachen; in Ordnung bringen; aufräumen.

tie [taɪ] **1.** *s* (Schnür)Band *n*; Schleife *f*; Krawatte *f*, Schlips *m*; *fig.* Band *n*, Bindung *f*; *fig.* (lästige) Fessel, Last *f*; *sports*: Punktegleichstand *m*, Unentschieden *n*; *parl.* Stimmengleichheit *f*; *sports*: *a.* (Ausscheidungs)Spiel *n*; *Am. rail.* Schwelle *f*; **2.** *v/t* (an-, fest-, *fig.* ver)binden; *v/i sports*: punktgleich sein; *with adverbs*: ~ ***down*** *fig.* binden (***to*** an *acc*); ~ ***in with*** passen zu; verbinden *or* koppeln mit; ~ ***up*** zu-, an-, ver-, zusammenbinden; **~-break(·er)** *s tennis*: Tiebreak *m, n*; **~-in** *s econ.* Koppelungsgeschäft *n*, -verkauf *m*; ***a book movie*** ~ *Am. appr*: das Buch zum Film; **~-up** *s* (Ver)Bindung *f*; *econ.* Fusion *f*; Stockung *f*; *esp. Am.* Streik *m*.

ti·ger *zo.* ['taɪgə] *s* Tiger *m*.

tight [taɪt] **1.** *adj* □ dicht; fest; eng; knapp (sitzend); straff, (an)gespannt; *econ.* knapp; F blau, besoffen; F knick(e)rig, geizig; ***be in a*** ~ ***corner*** *or* ***place*** *or* F ***spot*** *fig.* in der Klemme sein; **2.** *adv* fest; ***hold*** ~ festhalten; **~·en** *v/t* fest-, anziehen; *belt*: enger schnallen; *a.* ~ ***up*** (*v/i* sich) zusammenziehen; **~-fist·ed** *adj* knick(e)rig, geizig; **~·ness** *s* Festigkeit *f*; Dichte *f*; Straffheit *f*; Knappheit *f*; Enge *f*; Geiz *m*; **~s** *s pl* (Tänzer- *etc.*)Trikot *n*; *esp. Br.* Strumpfhose *f*.

ti·gress *zo.* ['taɪgrɪs] *s* Tigerin *f*.

tile [taɪl] **1.** *s* (Dach)Ziegel *m*; Kachel *f*;

Platte *f*; Fliese *f*; **2.** *v/t* (mit Ziegeln *etc.*) decken; kacheln; fliesen.
till¹ [tɪl] *s* (Laden)Kasse *f*.
till² [~] **1.** *prp* bis (zu); **2.** *cj* bis.
tilt [tɪlt] **1.** *s* Kippen *n*; Neigung *f*; Stoß *m*; **2.** *v/i and v/t* (um)kippen.
tim·ber ['tɪmbə] **1.** *s* (Bau-, Nutz)Holz *n*; *aer*. Spant *m*; Baumbestand *m*, Bäume *pl*; **2.** *v/t* zimmern; **~ed** *adj a.* ***half-~*** Fachwerk...
time [taɪm] **1.** *s* Zeit *f*; Uhrzeit *f*; Frist *f*; Mal *n*; *mus*. Takt *m*; Tempo *n*; **~s** *pl* mal, ...mal; ***~ is up*** die Zeit ist um *or* abgelaufen; ***for the ~ being*** vorläufig; ***have a good ~*** sich gut unterhalten *or* amüsieren; ***what's the ~?***, ***what ~ is it?*** wieviel Uhr ist es?, wie spät ist es?; ***~ and again*** immer wieder; ***all the ~*** ständig, immer; ***at a ~*** auf einmal, zusammen; ***at any ~***, ***at all ~s*** jederzeit; ***at the same ~*** gleichzeitig, zur selben Zeit; ***in ~*** rechtzeitig; ***in no ~*** im Nu, im Handumdrehen; ***on ~*** pünktlich; **2.** *v/t* messen, (ab)stoppen; zeitlich abstimmen; timen (*a. sports*), den richtigen Zeitpunkt wählen *or* bestimmen für; **~ card** *s* Stechkarte *f*; **~ clock** *s* Stechuhr *f*; **~-con·sum·ing** *adj* zeitraubend; **~·keep·er** *s sports* Zeitnehmer(in); **~ lim·it** *s* zeitliche Begrenzung; Frist *f*; **~·ly** *adj* rechtzeitig.
tim·er ['taɪmə] *s* Timer *m*, Schaltuhr *f*.
time| sheet ['taɪmʃiːt] *s* Stechkarte *f*; **~ sig·nal** *s radio*, *TV*: Zeitzeichen *n*; **~·ta·ble** *s* Terminkalender *m*; Fahr-, Flug-, Stundenplan *m*.
tim|id ['tɪmɪd], **~·or·ous** [~ərəs] *adj* □ ängstlich; schüchtern.
tin [tɪn] **1.** *s* Zinn *n*; Weißblech *n*; *esp. Br.* (Konserven)Dose *f*, (-)Büchse *f*; **2.** *v/t* (***-nn-***) verzinnen; *esp. Br.* (in Büchsen) einmachen, eindosen.
tinc·ture ['tɪŋktʃə] *s med.* Tinktur *f*; *fig.* Anstrich *m*.
tin·foil ['tɪnfɔɪl] *s* Stanniol(papier) *n*.
tinge [tɪndʒ] **1.** *s* Tönung *f*; *fig.* Anflug *m*, Spur *f*; **2.** *v/t* tönen, färben; *fig.* e-n Anstrich geben (*dat*).
tin·gle ['tɪŋgl] *v/i* klingen; prickeln.
tink·er ['tɪŋkə] *v/i* herumpfuschen, -basteln (***at*** an *dat*).
tin·kle ['tɪŋkl] *v/i and v/t* klingeln (mit).
tin| o·pen·er *esp. Br.* ['tɪnəʊpnə] *s* Dosenöffner *m*; **~ plate** *s* Weißblech *n*.
tin·sel ['tɪnsl] *s* Flitter *m*; Lametta *n*.
tint [tɪnt] **1.** *s* (zarte) Farbe; (Farb)Ton *m*, Tönung *f*, Schattierung *f*; **2.** *v/t* (leicht) färben; tönen.
ti·ny ['taɪnɪ] *adj* □ (***-ier***, ***-iest***) winzig, sehr klein.
tip [tɪp] **1.** *s* Spitze *f*; Filter *m* (*of cigarette*); *for waiter, etc.*: Trinkgeld *n*; *advice*: Tip *m*, Wink *m*; *Br. dump*: Schuttabladeplatz *m*; **2.** *v/t* (***-pp-***) mit e-r Spitze versehen; (um)kippen; *j-m* ein Trinkgeld geben; *a.* ***~ off*** *j-m* e-n Tip *or* Wink geben.
tip·sy ['tɪpsɪ] *adj* □ (***-ier***, ***-iest***) angeheitert.
tip·toe ['tɪptəʊ] **1.** *v/i* auf Zehenspitzen gehen; **2.** *s*: ***on ~*** auf Zehenspitzen.
tire¹ *Am.* ['taɪə] → ***tyre***.
tire² [~] *v/t and v/i* ermüden, müde machen *or* werden; **~d** *adj* □ müde; **~·less** *adj* □ unermüdlich; **~·some** *adj* □ ermüdend; lästig.
tis·sue ['tɪʃuː] *s* Gewebe *n*; Papiertaschentuch *n*; → **~ pa·per** *s* Seidenpapier *n*.
tit¹ [tɪt] → ***teat***.
tit² *zo.* [~] *s a.* ***~mouse*** Meise *f*.
tit·bit *esp. Br.* ['tɪtbɪt] *s* Leckerbissen *m*.
ti·tle ['taɪtl] *s* (Buch-, Ehren- *etc.*)Titel *m*; Überschrift *f*; *jur.* Rechtsanspruch *m*; **~d** *adj* ad(e)lig.
tit·ter ['tɪtə] **1.** *v/i* kichern; **2.** *s* Kichern *n*.
tit·tle-tat·tle F ['tɪtltætl] **1.** *s* Tratsch *m*, Klatsch *m*; **2.** *v/i* tratschen, klatschen.
to [tuː, tʊ, tə] **1.** *prp* zu; gegen, nach, an, in, auf (*acc*); bis zu, bis an (*acc*); für; ***a quarter ~ one*** (ein) Viertel vor eins; ***from Monday ~ Friday*** *Br.* von Montag bis Freitag; ***~ me***, *etc.* mir *etc.*; ***here's to you!*** auf Ihr Wohl!, prosit!; **2.** *Partikel*: um zu; ***I weep ~ think of it*** ich weine, wenn ich daran denke; **3.** *adv* zu, geschlossen; ***pull ~*** *door*: zuziehen; ***come ~*** (wieder) zu sich kommen; ***~ and fro*** hin und her, auf und ab.
toad *zo.* [təʊd] *s* Kröte *f*; **~·stool** *s bot.* ungenießbarer Pilz, Giftpilz *m*; **~·y** **1.** *s* Speichellecker(in); **2.** *v/i fig.* kriechen (***to*** vor *dat*).
toast [təʊst] **1.** *s* Toast *m*; Toast *m*, Trinkspruch *m*; **2.** *v/t* toasten; rösten; *fig.* wärmen; trinken auf (*acc*).
to·bac·co [tə'bækəʊ] *s* (*pl* ***-cos***) Tabak *m*; **~·nist** [~ənɪst] *s* Tabakhändler *m*.

to·bog·gan [tə'bɒgən] **1.** *s* Rodelschlitten *m*; **2.** *v/i* rodeln.
to·day [tə'deɪ] *adv* heute; heutzutage; ***a week*** ~, ~ ***week*** heute in einer Woche.
tod·dle ['tɒdl] *v/i* wackeln, auf wack(e)ligen Beinen gehen (*esp. small child*); F (dahin)zotteln; **~r** *s* Kleinkind *n*.
tod·dy ['tɒdɪ] *s appr.* Grog *m*.
to-do F [tə'du:] *s* Lärm *m*; Getue *n*, Aufheben *n*.
toe [təʊ] **1.** *s anat.* Zehe *f*; Spitze *f* (*of shoe, etc.*); → ***tread*** 1; **2.** *v/t*: ~ ***the line*** sich einordnen; ~ ***the party line*** linientreu sein; **~·nail** *s* Zehennagel *m*.
tof|fee, *a.* **~·fy** ['tɒfɪ] *s* Sahnebonbon *m*, *n*, Toffee *n*.
to·geth·er [tə'geðə] *adv* zusammen; zugleich; *days, etc.*: nacheinander.
toil [tɔɪl] **1.** *s* mühselige Arbeit, Mühe *f*, Plackerei *f*; **2.** *v/i* sich plagen.
toi·let ['tɔɪlɪt] *s* Toilette *f*; ***go to the*** ~ auf die Toilette gehen; **~·pa·per** *s* Toilettenpapier *n*.
to·ken ['təʊkən] **1.** *s* Zeichen *n*; Andenken *n*, Geschenk *n*; *voucher*: Gutschein *m*; ***as a*** ~, ***in*** ~ ***of*** als *or* zum Zeichen (*gen*); **2.** *adj* symbolisch; Schein..., Alibi...; ~ ***strike*** Warnstreik *m*.
told [təʊld] *pret and pp of* **tell**.
tol·e|ra·ble ['tɒlərəbl] *adj* □ erträglich; **~·rance** *s* Toleranz *f*; Nachsicht *f*; **~·rant** *adj* □ tolerant (**of** gegen); **~·rate** ['~eɪt] *v/t* dulden; ertragen; **~·ra·tion** [~'reɪʃn] *s* Duldung *f*.
toll [təʊl] **1.** *s* Straßenbenutzungsgebühr *f*, Maut *f*; *fig.* Tribut *m*, (Zahl *f* der) Todesopfer *pl*; ***the*** ~ ***of the road*** die Verkehrsopfer *pl*; **2.** *v/i and v/t* läuten; **~·bar**, **~·gate** *s* Schlagbaum *m*.
to·ma·to *bot.* [tə'mɑ:təʊ, *Am.* tə'meɪtəʊ] *s* (*pl* **-toes**) Tomate *f*.
tomb [tu:m] *s* Grab(mal) *n*.
tom·boy ['tɒmbɔɪ] *s girl*: Wildfang *m*.
tomb·stone ['tu:mstəʊn] *s* Grabstein *m*.
tom-cat *zo.* ['tɒmkæt] *s* Kater *m*.
to·mor·row [tə'mɒrəʊ] **1.** *adv* morgen; **2.** *s das* Morgen; **~'s** *paper, etc.*: morgig, von morgen.
ton [tʌn] *s unit of weight*: Tonne *f*.
tone [təʊn] **1.** *s* Ton *m*, Klang *m*, Laut *m*; (Farb)Ton *m*; **2.** *v/t* (ab)tönen; ~ ***down*** (*v/i* sich) abschwächen *or* mildern.
tongs [tɒŋz] *s pl* (***a pair of*** ~ e-e) Zange.
tongue [tʌŋ] *s anat.* Zunge *f*; Sprache *f*; *of shoe*: Zunge *f*, Lasche *f*; ***hold one's*** ~ den Mund halten; → ***slip*** 2; **~-tied** *adj fig.* stumm, sprachlos; ~ **twist·er** *s* Zungenbrecher *m*.
ton·ic ['tɒnɪk] **1.** *adj* (**~*ally***) stärkend, belebend; **2.** *s mus.* Grundton *m*; Stärkungsmittel *n*, Tonikum *n*.
to·night [tə'naɪt] *adv* heute abend *or* nacht.
ton·nage *mar.* ['tʌnɪdʒ] *s* Tonnage *f*.
ton·sil *anat.* ['tɒnsl] *s* Mandel *f*; **~·li·tis** *med.* [tɒnsɪ'laɪtɪs] *s* Mandelentzündung *f*.
too [tu:] *adv* zu, allzu; auch, ebenfalls.
took [tʊk] *pret of* **take** 1.
tool [tu:l] *s* Werkzeug *n*, Gerät *n*; **~-bag** *s* Werkzeugtasche *f*; **~-box** *s* Werkzeugkasten *m*; **~-kit** *s* Werkzeugtasche *f*.
toot [tu:t] **1.** *v/i* blasen (*a. v/t*), tuten; hupen; **2.** *s* Tuten *n*.
tooth [tu:θ] *s* (*pl* ***teeth*** [ti:θ]) Zahn *m*; **~·ache** *s* Zahnschmerzen *pl*; **~·brush** *s* Zahnbürste *f*; **~·less** *adj* □ zahnlos; **~·paste** *s* Zahnpasta *f*, -creme *f*; **~·pick** *s* Zahnstocher *m*.
top[1] [tɒp] **1.** *s* ober(st)es Ende; Oberteil *n*; Spitze *f* (*a. fig.*); Gipfel *m* (*a. fig.*); *of tree*: Wipfel *m*; Kopf(ende *n*) *m*; (Topf- *etc.*)Deckel *m*; *mot.* Verdeck *n*; ***at the*** ~ ***of one's voice*** aus vollem Halse; ***on*** ~ oben(auf); obendrein; ***on*** ~ ***of*** (oben) auf (*dat*); **2.** *adj* oberste(r, -s), höchste(r, -s), Höchst..., Spitzen...; **3.** *v/t* (**-pp-**) oben bedecken; überragen (*a. fig.*); *list, etc.*: an der Spitze (*gen*) stehen; ~ ***up*** *tank, etc.*: auf-, nachfüllen; ~ ***s.o. up*** j-m nachschenken.
top[2] [~] *s* Kreisel *m*.
top|-flight ['tɒpflaɪt] *adj* erstklassig, Spitzen...; ~ **hat** *s* Zylinder(hut) *m*.
top·ic ['tɒpɪk] *s* Gegenstand *m*, Thema *n*; **~·al** *adj* □ lokal; aktuell.
top|less ['tɒplɪs] *adj* oben ohne, Oben-ohne-...; **~-lev·el** *adj* Spitzen...; **~·most** *adj* höchste(r, -s), oberste(r, -s).
top·ple ['tɒpl] *v/t*: (~ ***down***, ~ ***over*** um)kippen; *fig. government*: stürzen.
top·sy-tur·vy [tɒpsɪ'tɜ:vɪ] *adj and adv* auf den Kopf (gestellt); drunter und drüber.
torch [tɔ:tʃ] *s* Fackel *f*; *a.* ***electric*** ~ *esp. Br.* Taschenlampe *f*; **~·light** *s* Fackelschein *m*; ~ ***procession*** Fackelzug *m*.
tore [tɔ:] *pret of* **tear**[1] 1.

T

tor·ment 1. *s* [ˈtɔːment] Qual *f*, Marter *f*; **2.** *v/t* [tɔːˈment] quälen, peinigen, plagen.

torn [tɔːn] *pp of* **tear¹** 1.

tor·na·do [tɔːˈneɪdəʊ] *s* (*pl* **-does**, **-dos**) Wirbelsturm *m*, Tornado *m*.

tor·pe·do [tɔːˈpiːdəʊ] **1.** *s* (*pl* **-does**) Torpedo *m*; **2.** *v/t* torpedieren (*a. fig.*).

tor|rent [ˈtɒrənt] *s* Sturz-, Wildbach *m*; reißender Strom; *fig*. Strom *m*, Schwall *m*; **~·ren·tial** [təˈrenʃl] *adj*: **~ rain(s)** sintflutartige Regenfälle.

tor·toise *zo*. [ˈtɔːtəs] *s* (Land)Schildkröte *f*.

tor·tu·ous [ˈtɔːtjʊəs] *adj* □ gewunden.

tor·ture [ˈtɔːtʃə] **1.** *s* Folter(ung) *f*; Tortur *f*; **2.** *v/t* foltern.

toss [tɒs] **1.** *s* (Hoch)Werfen *n*, Wurf *m*; Zurückwerfen *n* (*of head*); **2.** *v/t* werfen, schleudern; *a. v/i* **~ about** (sich) hin- und herwerfen; schütteln; **~ off** *drink*: hinunterstürzen; *work*: hinhauen; V *masturbate*: (sich) e-n runterholen; *a.* **~ up** hochwerfen; *with a coin*: losen, knobeln (**for** um).

tot F [tɒt] *s small child*: Knirps *m*.

to·tal [ˈtəʊtl] **1.** *adj* □ ganz, gänzlich, völlig; total; gesamt; **2.** *s* Gesamtbetrag *m*, -menge *f*; **3.** *v/t* (*esp. Br.* **-ll-**, *Am.* **-l-**) sich belaufen auf (*acc*); **~·i·tar·i·an** [təʊtælɪˈteərɪən] *adj* totalitär; **~·i·ty** [təʊˈtælətɪ] *s* Gesamtheit *f*.

tot·ter [ˈtɒtə] *v/i* torkeln, (sch)wanken, wackeln.

touch [tʌtʃ] **1.** *v/t* berühren; anrühren; anfassen; grenzen *or* stoßen an (*acc*); *fig*. rühren; erreichen; *mus*. anschlagen; **~ glasses** anstoßen; **a bit ~ed** *fig*. ein bißchen verrückt; **~ up** auffrischen; retuschieren; *v/i* sich berühren; **~ at** *mar*. anlegen in (*dat*); **~ down** *aer*. aufsetzen; **2.** *s* Berührung *f*; Tastsinn *m*, -gefühl *n*; Verbindung *f*, Kontakt *m*; *mus*. Anschlag *m*; *paint*. (Pinsel)Strich *m*; **a ~ of vinegar**, *etc*. e-e Spur Essig *etc*.; **he has a ~ of style** er hat irgendwie Stil; **be in ~** Kontakt haben; **keep in ~** laß von dir hören!, melde dich mal wieder!; **~-and-go** *adj*: **it is ~** es steht auf des Messers Schneide; **~·ing** *adj* □ rührend; **~·stone** *s* Prüfstein *m*; **~·y** *adj* □ (**-ier**, **-iest**) empfindlich; heikel.

tough [tʌf] *adj* □ zäh (*a. fig.*); robust, stark; hart, grob, brutal, übel; **~·en** *v/t and v/i* zäh machen *or* werden; **~·ness** *s* Zähigkeit *f*.

tour [tʊə] **1.** *s* (Rund)Reise *f*, Tour *f*; Rundgang *m*, -fahrt *f*; *thea*. Tournee *f* (*a. sports*); **~ operator** Reiseveranstalter *m*; → **conduct** 2; **2.** *v/t* bereisen; **~·is·m** *s* Tourismus *m*, Fremdenverkehr *m*; **~·ist** *s* Tourist(in); **~ agency** Reisebüro *n*; **~ information (centre)**, **~ office** Verkehrsverein *m*, Fremdenverkehrsbüro *n*, Touristeninformation *f*; **~ season** Reisesaison *f*, -zeit *f*; **~ trap** *bar*, *etc*.: *appr*. Nepplokal *n*; *resort*: *appr*. überteuerter Touristenort.

tour·na·ment [ˈtʊənəmənt] *s* Turnier *n*.

tow [təʊ] **1.** *s* Schleppen *n*; **take in ~** ins Schlepptau nehmen; **2.** *v/t* (ab)schleppen; ziehen.

to·ward(s) [təˈwɔːd(z)] *prp in direction of*: gegen; nach ... zu, auf (*acc*) ... zu; *in relation to*: gegenüber, zu.

tow·el [ˈtaʊəl] **1.** *s* Handtuch *n*; **2.** *v/t* (*esp. Br.* **-ll-**, *Am.* **-l-**) (ab)trocknen; (ab)reiben.

tow·er [ˈtaʊə] **1.** *s* Turm *m*; *fig*. Stütze *f*, Bollwerk *n*; *a.* **~ block** (Büro-, Wohn-) Hochhaus *n*; **2.** *v/i* (hoch)ragen, sich erheben; **~·ing** *adj* □ (turm)hoch; rasend (*rage*).

town [taʊn] **1.** *s* Stadt *f*; **2.** *adj* Stadt...; städtisch; **~ cen·tre**, *Am.* **~ cen·ter** *s* Innenstadt *f*, City *f*; **~ clerk** *s Br*. städtischer Verwaltungsbeamter; **~ coun·cil** *s Br*. Stadtrat *m* ; **~ coun·ci(l)·lor** *s Br*. Stadtrat *m*, -rätin *f*; **~ hall** *s* Rathaus *n*; **~s·folk** *s pl* Städter *pl*; **~·ship** *s* Stadtgemeinde *f*; Stadtgebiet *n*; **~s·man** *s* Städter *m*; (Mit)Bürger *m*; **~s·peo·ple** *s pl* → **townsfolk**; **~s·wom·an** *s* Städterin *f*; (Mit)Bürgerin *f*.

tox|ic [ˈtɒksɪk] *adj* (**~ally**) giftig; Gift...; **~ waste** Giftmüll *m*; **~·in** *s* Giftstoff *m*.

toy [tɔɪ] **1.** *s* Spielzeug *n*; **~s** *pl* Spielsachen *pl*, -waren *pl*; **2.** *adj* Spielzeug...; Miniatur...; Zwerg...; **3.** *v/i* spielen.

trace [treɪs] **1.** *s* Spur *f* (*a. fig.*); **2.** *v/t* nachspüren (*dat*), *j-s* Spur folgen; verfolgen; herausfinden; (auf)zeichnen; (durch)pausen.

trac·ing [ˈtreɪsɪŋ] *s* Pauszeichnung *f*.

track [træk] **1.** *s* Spur *f*, Fährte *f*; *rail*. Gleis *n*, Geleise *n and pl*; Pfad *m* (*a. computer*); *of tape*: Spur *f*; (Raupen-) Kette *f*; *sports*: (Renn-, Aschen)Bahn *f*;

T

~-and-field *sports*: Leichtathletik...; ~ **events** *pl sports*: Laufdisziplinen *pl*; ~ **suit** Trainingsanzug *m*; **2.** *v/t* nachgehen, -spüren (*dat*), verfolgen; ~ **down**, ~ **out** aufspüren; ~**ing station** *space travel*: Bodenstation *f*.

tract [trækt] *s* Fläche *f*, Strecke *f*, Gegend *f*; *text*: Traktat *n*, Abhandlung *f*.

trac|tion ['trækʃn] *s* Ziehen *n*, Zug *m*; ~ **engine** Zugmaschine *f*; ~**·tor** *s tech*. Trecker *m*, Traktor *m*.

trade [treɪd] **1.** *s* Handel *m*; Gewerbe *n*, Beruf *m*, Handwerk *n*; **2.** *v/i* Handel treiben, handeln; ~ **on** ausnutzen; ~ **def·i·cit** *s* Handelsbilanzdefizit *n*; ~ **mark** *s* Warenzeichen *n*; ~ **price** *s* Großhandelspreis *m*; **trad·er** *s* Händler *m*; ~**s·man** *s* (Einzel)Händler *m*; ~**(s) u·nion** *s* Gewerkschaft *f*; ~**(s) u·nion·ist** *s* Gewerkschaftler(in); ~ **wind** *s* Passat(wind) *m*; **trad·ing part·ner** *s* Handelspartner *m*.

tra·di·tion [trə'dɪʃn] *s* Tradition *f*; Überlieferung *f*; ~**·al** *adj* □ traditionell.

traf·fic ['træfɪk] **1.** *s* Verkehr *m*; Handel *m*; **2.** *v/i* (**-ck-**) (*a*. illegal) handeln (**in** mit); ~ **cir·cle** *s Am*. Kreisverkehr *m*; ~ **jam** *s* (Verkehrs)Stau *m*, Verkehrsstokkung *f*; ~ **light(s** *pl*) *s* Verkehrsampel *f*; ~ **sign** *s* Verkehrszeichen *n*, -schild *n*; ~ **sig·nal** → ***traffic light*(s)**; ~ **war·den** *s Br*. Politesse *f*.

tra|ge·dy ['trædʒɪdɪ] *s* Tragödie *f*; ~**·gic** (~**ally**), **trag·i·cal** *adj* □ tragisch.

trail [treɪl] **1.** *s* Schleppe *f*; Spur *f*; Pfad *m*, Weg *m*; *fig*. Schweif *m*; **2.** *v/t* hinter sich herziehen; verfolgen, *j-n* beschatten; *v/i* schleifen; sich schleppen; *bot*. kriechen, sich ranken; ~**·er** *s bot*. Kriechpflanze *f*; *mot*. Anhänger *m*; *Am. mot*. Wohnwagen *m*, Wohnanhänger *m*, Caravan *m*; *film*, *TV*: (Programm)Vorschau *f*.

train [treɪn] **1.** *s rail*. (Eisenbahn)Zug *m*; *line of people*, *etc*.: Zug *m*; Gefolge *n*; Reihe *f*, Folge *f*, Kette *f*; Schleppe *f* (*of dress*); **2.** *v/t* erziehen; schulen; *dog*: abrichten; ausbilden; *sports*: trainieren; ~**·ee** [~'ni:] *s* Auszubildende(r *m*) *f*, F Azubi *m*, *f*; ~**·er** *s* Ausbilder *m*; *sports*: Trainer *m*; ~**·ing** *s* Ausbildung *f*; Üben *n*; *esp. sports*: Training *n*.

trai·tor ['treɪtə] *s* Verräter *m*.

tram(·car) *Br*. ['træm(kɑ:)] *s* Straßenbahn(wagen *m*) *f*.

tramp [træmp] **1.** *s* Getrampel *n*; Wanderung *f*; Tramp *m*, Landstreicher(in), *in city*: Stadtstreicher(in); **2.** *v/i* trampeln, treten; (*v/t* durch)wandern.

tram·ple ['træmpl] *v/i* (*v/t* zer)trampeln.

trance [trɑ:ns] *s* Trance *f*.

tran·quil ['træŋkwɪl] *adj* □ ruhig; gelassen; ~**·(l)i·ty** [~'kwɪlətɪ] *s* Ruhe *f*; Gelassenheit *f*; ~**·(l)ize** *v/t* beruhigen; ~**·(l)iz·er** *s* Beruhigungsmittel *n*.

trans|act [træn'zækt] *v/t* abwickeln, abmachen; ~**·ac·tion** *s* Erledigung *f*; Geschäft *n*, Transaktion *f*.

trans·al·pine [trænz'ælpaɪn] *adj* transalpin.

trans·at·lan·tic [trænzət'læntɪk] *adj* transatlantisch, Übersee...

tran|scend [træn'send] *v/t* überschreiten, hinausgehen über (*acc*); übertreffen; ~**·scen·dence**, ~**·scen·den·cy** *s* Überlegenheit *f*; *phls*. Transzendenz *f*.

tran·scribe [træn'skraɪb] *v/t* abschreiben; *from shorthand*: übertragen.

tran|script ['trænskrɪpt], ~**·scrip·tion** [~'skrɪpʃn] *s* Abschrift *f*; Umschrift *f*.

trans·fer 1. [træns'fɜ:] (**-rr-**) *v/t* übertragen; versetzen, -legen; *money*: überweisen; (*sports*) *player*: transferieren (**to** zu), abgeben (**to** an *acc*); *v/i* übertreten; *sports*: wechseln (*player*); *rail*., *etc*.: umsteigen; **2.** *s* ['trænsfɜ:] Übertragung *f*; Versetzung *f*, -legung *f*; *econ*. (Geld-) Überweisung *f*; *sports*: Transfer *m*, Wechsel *m*; *Am. rail*., *etc*.: Umsteigefahrschein *m*; ~**·a·ble** [træns'fɜ:rəbl] *adj* übertragbar; ~ **fee** ['trænsfɜ:] *s sports*: Ablösesumme *f*.

trans·fig·ure [træns'fɪgə] *v/t* umgestalten; verklären.

trans·fix [træns'fɪks] *v/t* durchstechen; ~**ed** *adj fig*. versteinert, starr (**with** vor *dat*).

trans|form [træns'fɔ:m] *v/t* umformen; um-, verwandeln; ~**·for·ma·tion** [trænsfə'meɪʃn] *s* Umformung *f*; Um-, Verwandlung *f*.

trans|fuse *med*. [træns'fju:z] *v/t blood*: übertragen; ~**·fu·sion** *s med*. (Blut-) Übertragung *f*, (-)Transfusion *f*.

trans|gress [træns'gres] *v/t* überschreiten; *law*, *etc*.: übertreten, verletzen; *v/i* sich vergehen; ~**·gres·sion** *s* Überschreitung *f*; Übertretung *f*; Vergehen

T

n; **~·gres·sor** *s* Übeltäter(in); Rechtsbrecher(in).

tran·sient ['trænzɪənt] **1.** *adj* □ → ***transitory***; **2.** *s Am.* Durchreisende(r *m*) *f*.

tran·sis·tor [træn'sɪstə] *s* Transistor *m*.

tran·sit ['trænsɪt] *s* Durchgang *m*; Transit-, Durchgangsverkehr *m*; *econ.* Transport *m* (*of goods*); ***~ camp*** Durchgangslager *n*; ***~ visa*** Transit-, Durchreisevisum *n*.

tran·si·tion [træn'sɪʒn] *s* Übergang *m*; **~·al** *adj* Übergangs... (*period, etc.*).

tran·si·tive *gr.* ['trænsɪtɪv] *adj* □ transitiv.

tran·si·to·ry ['trænsɪtərɪ] *adj* □ vorübergehend; vergänglich, flüchtig.

trans|late [træns'leɪt] *v/t* übersetzen, -tragen; *fig.* umsetzen; **~·la·tion** *s* Übersetzung *f*, -tragung *f*; **~·la·tor** *s* Übersetzer(in).

trans·lu·cent [trænz'lu:snt] *adj* lichtdurchlässig.

trans·mi·gra·tion [trænzmaɪ'greɪʃn] *s* Seelenwanderung *f*.

trans·mis·sion [trænz'mɪʃn] *s* Übermittlung *f*; Übertragung *f*; *biol.* Vererbung *f*; *phys.* Fortpflanzung *f*; *mot.* Getriebe *n*; *radio, TV*: Sendung *f*.

trans·mit [trænz'mɪt] *v/t* (**-tt-**) übermitteln, -senden; übertragen; *radio, TV*: senden; *biol.* vererben; *phys.* (weiter-)leiten; **~·ter** *s* Übermittler(in); *radio, tel., etc.*: Sender *m*.

trans·par·ent [træns'pærənt] *adj* □ durchsichtig (*a. fig.*).

tran·spire [træn'spaɪə] *v/t* ausdünsten, -schwitzen; *v/i fig.* durchsickern.

trans|plant [træns'plɑ:nt] **1.** *s med.* Verpflanzung *f*, Transplantation *f*; *organ*: Transplantat *n*; **2.** *v/t* umpflanzen; verpflanzen (*a. med.*), transplantieren; **~·plan·ta·tion** [~'teɪʃn] *s* Verpflanzung *f* (*a. med.*), Transplantation *f*.

trans|port **1.** *v/t* [træns'pɔ:t] transportieren, befördern, fortschaffen; *fig. j-n* hinreißen; **2.** *s* ['trænspɔ:t] Transport *m*, Beförderung *f*; Versand *m*; Verkehr *m*; Beförderungsmittel *n*; *mil.* Transportschiff *n*, -flugzeug *n*; ***public ~*** öffentliche Verkehrsmittel *pl*; ***be in ~s of*** außer sich sein vor (*dat*); **~·por·ta·tion** [~'teɪʃn] *s* Transport *m*, Beförderung *f*.

trans·pose [træns'pəʊz] *v/t* versetzen, umstellen; *mus.* transponieren.

trap [træp] **1.** *s* Falle *f* (*a. fig.*); *tech.* Klappe *f*; *sl. mouth*: Schnauze *f*; ***keep one's ~ shut*** *sl.* die Schnauze halten; ***set a ~ for s.o.*** j-m e-e Falle stellen; **2.** *v/t* (**-pp-**) (in e-r Falle) fangen; *fig.* in e-e Falle locken; **~·door** *s* Falltür *f*; *thea.* Versenkung *f*.

tra·peze [trə'pi:z] *s* Trapez *n*.

trap·per ['træpə] *s* Trapper *m*, Fallensteller *m*, Pelztierjäger *m*.

trash [træʃ] *s esp. Am.* Abfall *m*, Abfälle *pl*, Müll *m*; Unsinn *m*, F Blech *n*; *contp. people*: Gesindel *n*; *film, etc.*: Kitsch *m*; **~ can** *s Am.* Abfall-, Mülleimer *m*; *Am.* Abfall-, Mülltonne *f*; **~·y** *adj* □ (**-ier, -iest**) wertlos, kitschig.

trav·el ['trævl] **1.** (*esp. Br.* **-ll-**, *Am.* **-l-**) *v/i* reisen; sich bewegen; *esp. fig.* schweifen, wandern; *econ.* Vertreter sein; *v/t* bereisen; **2.** *s* Reisen *n*; *tech.* (Kolben)Hub *m*; **~s** *pl* Reisen *pl*; **~ a·gen·cy, ~ bu·reau** *s* Reisebüro *n*; **~·(l)er** *s* Reisende(r *m*) *f*; *econ.* Vertreter *m*; ***~'s cheque*** (*Am.* ***check***) Reisescheck *m*; **~ sick·ness** *s* Reisekrankheit *f*.

tra·verse ['trævəs] *v/t* durch-, überqueren; durchziehen; führen über (*acc*).

trav·es·ty ['trævɪstɪ] **1.** *s* Travestie *f*; Karikatur *f*, Zerrbild *n*; **2.** *v/t* travestieren; ins Lächerliche ziehen.

trawl *mar.* [trɔ:l] **1.** *s* (Grund)Schleppnetz *n*; **2.** *v/i and v/t* mit dem Schleppnetz fischen; **~·er** *s mar.* Trawler *m*.

tray [treɪ] *s* (Servier)Brett *n*, Tablett *n*; Ablagekorb *m*.

treach·er|ous ['tretʃərəs] *adj* □ verräterisch, treulos; (heim)tückisch; trügerisch; **~·y** *s* Verrat *m* (**to** an *dat*), Treulosigkeit *f* (**to** gegen).

trea·cle ['tri:kl] *s* Sirup *m*.

tread [tred] **1.** *v/i and v/t* (***trod, trodden***) treten; (be)schreiten; trampeln; ***~ on s.o.'s toes*** *fig.* j-m auf die Füße *or* Zehen treten *or* F steigen; **2.** *s* Tritt *m*, Schritt *m*; *tech.* Lauffläche *f*; *mot.* Profil *n*; **trea·dle** *s* Pedal *n*; Tritt *m*; **~·mill** *s* Tretmühle *f* (*a. fig.*).

trea|son ['tri:zn] *s* Verrat *m*; **~·so·na·ble** *adj* □ verräterisch.

treas|ure ['treʒə] **1.** *s* Schatz *m*, Reichtum *m*; ***~ trove*** Schatzfund *m*; **2.** *v/t* sehr schätzen; ***~ up*** sammeln, anhäufen; **~·ur·er** *s* Schatzmeister *m*; Kassenwart *m*.

T

treas·ur·y ['treʒərı] *s* Schatzkammer *f*; ♀ Finanzministerium *n*; ♀ **Bench** *s Br. parl.* Regierungsbank *f*; ♀ **Department** *s Am.* Finanzministerium *n*.
treat [tri:t] **1.** *v/t* behandeln, umgehen mit; betrachten; **~ s.o. to s.th.** j-m et. spendieren; *v/i*: **~ of** handeln von; **~ with** verhandeln mit; **2.** *s* Vergnügen *n*; **school ~** Schulausflug *m*, -fest *n*; **it is my ~** es geht auf meine Rechnung.
trea·tise ['tri:tız] *s* Abhandlung *f*.
treat·ment ['tri:tmənt] *s* Behandlung *f*.
treat·y ['tri:tı] *s* Vertrag *m*; **the ♀ of Rome** *pol. hist.* die Römischen Verträge.
tre·ble ['trebl] **1.** *adj* □ dreifach; **2.** *s mus.* Diskant *m*, Sopran *m*; *radio*: Höhen *pl*; **3.** *v/t and v/i* (sich) verdreifachen.
tree [tri:] *s* Baum *m*.
tre·foil *bot.* ['trefɔıl] *s* Klee *m*.
trem·ble ['trembl] *v/i* zittern.
tre·men·dous [trı'mendəs] *adj* □ gewaltig; F enorm; riesig; F klasse, toll.
trem·or ['tremə] *s* Zittern *n*; Beben *n*.
trem·u·lous ['tremjʊləs] *adj* □ zitternd, bebend.
trench [trentʃ] **1.** *s* (*mil.* Schützen)Graben *m*; Furche *f*; **2.** *v/t* mit Gräben durchziehen; *v/i* (*mil.* Schützen)Gräben ausheben.
tren·chant ['trentʃənt] *adj* □ scharf (*comment, criticism*).
trend [trend] *s* Richtung *f*; *fig.* (Ver)Lauf *m*; *fig.* Trend *m*, Entwicklung *f*, Tendenz *f*; **~·y** *esp. Br.* F (**-ier**, **-iest**) *adj* modern; **be ~** Mode sein, F in sein.
trep·i·da·tion [trepı'deıʃn] *s* Zittern *n*; Angst *f*, Beklommenheit *f*.
tres·pass ['trespəs] **1.** *s jur.* unbefugtes Betreten; Vergehen *n*; **2.** *v/i*: **~ (up)on** *jur.* widerrechtlich betreten; über Gebühr in Anspruch nehmen; **no ~ing** Betreten verboten; **~·er** *s jur.* Rechtsverletzer *m*; Unbefugte(r *m*) *f*.
tres·tle ['tresl] *s* Gestell *n*, Bock *m*.
tri·al ['traıəl] **1.** *s* Versuch *m*; Probe *f*, Prüfung *f* (*a. fig.*); *jur.* Prozeß *m*, Verhandlung *f*; *fig.* Plage *f*; **by ~ and error** durch Ausprobieren; **on ~** auf *or* zur Probe; **give s.th. (s.o.) a ~** e-n Versuch mit et. (j-m) machen; **be on ~** *jur.* angeklagt sein; **put s.o. on ~** *jur.* j-n vor Gericht bringen; **2.** *adj* Versuchs..., Probe...
tri·an|gle ['traıæŋgl] *s* Dreieck *n*; **~·gu·lar** [~'æŋgjʊlə] *adj* □ dreieckig.
tri·ath·lon [traı'æθlɒn] *s* Triathlon *n*.
tribe [traıb] *s* (Volks)Stamm *m*; *contp.* Sippe *f*; *bot., zo.* Klasse *f*.
tri·bu·nal [traı'bju:nl] *s jur.* Gericht(shof *m*) *n*; *fig.* Tribunal *n*; **trib·une** ['trıbju:n] *s hist.* Tribun *m*; *platform*: Tribüne *f*.
trib|u·ta·ry ['trıbjʊtərı] **1.** *adj* □ zinspflichtig; *fig.* helfend; *geogr.* Neben...; **2.** *s* Nebenfluß *m*; **~·ute** ['~ju:t] *s* Tribut *m* (*a. fig.*), Zins *m*; Anerkennung *f*.
trice [traıs] *s*: F **in a ~** im Nu.
trick [trık] **1.** *s* Kniff *m*, List *f*, Trick *m*; Kunststück *n*; Streich *m*; (schlechte) Angewohnheit; **play a ~ on s.o.** j-m e-n Streich spielen; **2.** *v/t* überlisten, F hereinlegen; **~·e·ry** *s* Betrügerei *f*.
trick·le ['trıkl] *v/i* tröpfeln, rieseln.
trick|ster ['trıkstə] *s* Gauner(in); **~·y** *adj* □ (**-ier**, **-iest**) verschlagen; F heikel; verzwickt, verwickelt, schwierig.
tri·cy·cle ['traısıkl] *s* Dreirad *n*.
tri·dent ['traıdənt] *s* Dreizack *m*.
tri|fle ['traıfl] **1.** *s* Kleinigkeit *f*; Lappalie *f*; **a ~** ein bißchen, ein wenig, etwas; **2.** *v/i* spielen; spaßen; *v/t*: **~ away** verschwenden; **~·fling** *adj* □ geringfügig; unbedeutend.
trig·ger ['trıgə] *s* Abzug *m* (*of gun*); *phot.* Auslöser *m*.
trill [trıl] **1.** *s* Triller *m*; gerolltes r; **2.** *v/i and v/t* trillern; *esp.* das r rollen.
tril·lion ['trılıən] *s Br.* Trillion $f = 10^{18}$, *Am.* Billion $f = 10^{12}$.
trim [trım] **1.** *adj* □ (**-mm-**) ordentlich; schmuck; gepflegt; **2.** *s* (guter) Zustand; Ordnung *f*; **in good ~** in Form; **3.** *v/t* (**-mm-**) zurechtmachen, in Ordnung bringen; (*a.* **~ up** heraus)putzen, schmücken; *dress, etc.*: besetzen; stutzen, trimmen, (be)schneiden; *budget*: kürzen; *aer., mar.* trimmen; **~·ming** *s*: **~s** *pl* Besatz *m*; Zutaten *pl*, Beilagen *pl* (*of dish*).
Trin·i·ty *eccl.* ['trınıtı] *s* Dreieinigkeit *f*.
trin·ket ['trıŋkıt] *s* Schmuckstück *n*.
trip [trıp] **1.** *s* (kurze) Reise, Fahrt *f*; Ausflug *m*, Spritztour *f*; *fall*: Stolpern *n*, Fallen *n*, Fehltritt *m* (*a. fig.*); *fig.* Versehen *n*, Fehler *m*; *sl.* Trip *m* (*on*

drugs); ***we make a ~ to ...*** wir fahren nach ...; **2.** (**-pp-**) *v/i* trippeln; stolpern (***over*** über *acc*); *fig*. (e-n) Fehler machen; *v/t a.* **~ *up*** *j-m* ein Bein stellen (*a. fig.*).

tripe [traɪp] *s* Kaldaunen *pl*, Kutteln *pl*; F Quatsch *m*.

trip|le ['trɪpl] *adj* dreifach; ***~ jump*** *sports*: Dreisprung *m*; **~·lets** *s pl* Drillinge *pl*.

trip·li·cate 1. *adj* ['trɪplɪkɪt] dreifach; in dreifacher Ausfertigung; **2.** *v/t* [~keɪt] verdreifachen.

tri·pod ['traɪpɒd] *s* Dreifuß *m*; *phot*. Stativ *n*.

trip·per *esp. Br.* ['trɪpə] *s* Ausflügler(in).

trite [traɪt] *adj* □ abgedroschen, banal.

tri|umph ['traɪəmf] **1.** *s* Triumph *m*, Sieg *m*; **2.** *v/i* triumphieren; **~·um·phal** [~'ʌmfl] *adj* Sieges..., Triumph...; **~·um·phant** [~'ʌmfənt] *adj* □ triumphierend.

triv·i·al ['trɪvɪəl] *adj* □ bedeutungslos; unbedeutend; trivial; alltäglich.

trod [trɒd] *pret of* ***tread*** 1; **~·den** *pp of* ***tread*** 1.

trol·l(e)y ['trɒlɪ] *s Br.* Handwagen *m*; *for suitcases, etc.*: Gepäckwagen *m*, Kofferkuli *m*; *in shops, etc.*: Einkaufswagen *m*, *golf*: Caddie *m*; *Br. rail.* Draisine *f*; *Br.* Tee-, Servierwagen *m*; *electr. of tram*: Kontaktrolle *f*; *Am.* Straßenbahn(wagen *m*) *f*; **~·bus** *s* Oberleitungsbus *m*, O-Bus *m*.

trom·bone *mus.* [trɒm'bəʊn] *s* Posaune *f*.

troop [tru:p] **1.** *s* Trupp *m*; **~s** *pl mil.* Truppen *pl*; **2.** *v/i* sich scharen; (herein- *etc.*)strömen, marschieren; ***~ away, ~ off*** F abziehen; *v/t*: ***~ the colours*** *Br. mil.* e-e Fahnenparade abhalten; **~·er** *s mil.* Kavallerist *m*; *Am.* Polizist(in).

tro·phy ['trəʊfɪ] *s* Trophäe *f*.

trop|ic ['trɒpɪk] **1.** *s* Wendekreis *m*; **~s** *pl* Tropen *pl*; **2.** *adj* (**~*ally***) → **~·i·cal** *adj* □ tropisch; ***~ rain forest*** tropischer Regenwald.

trot [trɒt] **1.** *s* Trott *m*, Trab *m*; **2.** *v/i and v/t* (**-tt-**) trotten; traben (lassen).

trou·ble ['trʌbl] **1.** *s* Mühe *f*, Plage *f*, Last *f*, Belästigung *f*, Störung *f*; Ärger *m*, Unannehmlichkeiten *pl*, Schwierigkeiten *pl*, Scherereien *pl*; ***ask*** *or* ***look for ~*** unbedingt Ärger haben wollen; ***take (the) ~*** sich (die) Mühe machen; ***don't go to a lot of ~*** mach dir keine (allzu) großen Umstände; ***what's the ~?*** was ist los?; **2.** *v/t* stören, beunruhigen, belästigen; quälen, plagen; *j-m* Mühe machen; bitten (***for*** um); ***don't ~ yourself*** bemühen Sie sich nicht; **~·mak·er** *s* Unruhestifter(in); **~·some** *adj* □ beschwerlich; lästig.

trough [trɒf] *s* Trog *m*; Rinne *f*; Wellental *n*.

trounce [traʊns] *v/t sports*: vernichtend schlagen.

troupe *thea.* [tru:p] *s* Truppe *f*.

trou·ser ['traʊzə] *s*: (***a pair of***) **~s** *pl* (e-e) (lange) Hose; Hosen *pl*; *attr* Hosen...; **~ *suit*** *s Br.* Hosenanzug *m*.

trous·seau ['tru:səʊ] *s* Aussteuer *f*.

trout *zo.* [traʊt] *s* Forelle(n *pl*) *f*.

trow·el ['traʊəl] *s* Maurerkelle *f*.

tru·ant ['tru:ənt] *s* Schulschwänzer(in); ***play ~*** (die Schule) schwänzen.

truce *mil.* [tru:s] *s* Waffenstillstand *m*.

truck [trʌk] *s rail.* offener Güterwagen; *esp. Am.* Last(kraft)wagen *m*, Lkw *m*; Transportkarren *m*; Tausch(handel) *m*; *Am.* Gemüse *n*; **~·er** *s Am.* Lastwagen-, Fernfahrer *m*; **~ *farm*** *s Am.* Gemüsegärtnerei *f*.

truc·u·lent ['trʌkjʊlənt] *adj* □ wild, roh, grausam; gehässig.

trudge [trʌdʒ] *v/i* sich (mühsam dahin-) schleppen, (mühsam) stapfen.

true [tru:] *adj* □ (**~*r*, ~*st***) wahr; echt, wirklich; treu; genau; richtig; (***it is***) **~** gewiß, freilich, zwar; ***come ~*** in Erfüllung gehen; wahr werden; ***~ to nature*** naturgetreu.

tru·ly ['tru:lɪ] *adv* wirklich; wahrhaft; aufrichtig; genau; treu; ***Yours ~*** *ending a letter*: Hochachtungsvoll.

trump [trʌmp] **1.** *s* Trumpf(karte *f*) *m*; **2.** *v/t* (über)trumpfen; ***~ up*** erfinden.

trum·pet ['trʌmpɪt] **1.** *s mus.* Trompete *f*; **2.** *v/i* trompeten; *v/t fig.* ausposaunen.

trun·cheon ['trʌntʃən] *s* (Gummi)Knüppel *m*, Schlagstock *m*.

trunk [trʌŋk] *s* (Baum)Stamm *m*; Rumpf *m*; Rüssel *m*; (Schrank)Koffer *m*, Truhe *f*; *Am. mot.* Kofferraum *m*; **~-line** *s rail.* Hauptlinie *f*; *dated teleph.* Fernleitung *f*; **~s** *s pl* Turnhose *f*; Badehose *f*; *sports*: Shorts *pl*; *esp. Br.* (Herren)Unterhose *f*.

truss [trʌs] **1.** *s* Bündel *n*, Bund *n*; *med.*

T

Bruchband *n*; *arch.* Träger *m*, Fachwerk *n*; **2.** *v/t* (zusammen)binden; *arch.* stützen.

trust [trʌst] **1.** *s* Vertrauen *n*; Glaube *m*; Kredit *m*; Pfand *n*; Verwahrung *f*; *jur.* Treuhand *f*; *jur.* Treuhandvermögen *n*; *econ.* Trust *m*; *econ.* Kartell *n*; ***~ company*** Treuhandgesellschaft *f*; ***in ~*** zu treuen Händen; **2.** *v/t* (ver)trauen (*dat*); anvertrauen, übergeben (***s.o. with s.th., s.th. to s.o.*** j-m et.); zuversichtlich hoffen; *v/i* vertrauen (***in, to*** auf *acc*); **~·ee** [trʌs'tiː] *s jur.* Sach-, Verwalter *m*; Treuhänder *m*; **~·ful, ~·ing** *adj* □ vertrauensvoll; **~·wor·thy** *adj* □ vertrauenswürdig, zuverlässig.

truth [truːθ] *s* (*pl* **~s** [truːðz, truːθs]) Wahrheit *f*; Wirklichkeit *f*; Genauigkeit *f*; **~·ful** *adj* □ wahr(heitsliebend).

try [traɪ] **1.** *v/t* versuchen; probieren; prüfen; *jur.* verhandeln über *et. or* gegen *j-n*; vor Gericht stellen; *eyes, etc.*: anstrengen; ***~ on*** *dress, etc.*: anprobieren; ***~ out*** ausprobieren; *v/i* sich bemühen *or* bewerben (***for*** um); **2.** *s* Versuch *m*; **~·ing** *adj* □ anstrengend; kritisch.

tsar *hist.* [zɑː] *s* Zar *m*.

T-shirt ['tiːʃɜːt] *s* T-Shirt *n*.

tub [tʌb] *s* Faß *n*, Tonne *f*; Zuber *m*, Kübel *m*; *Br.* F (Bade)Wanne *f*; *Br.* F (Wannen)Bad *n*.

tube [tjuːb] *s* Rohr *n*; *electr.* Röhre *f*; Tube *f*; (***inner ~*** Luft)Schlauch *m*; Tunnel *m*; die Londoner U-Bahn; ***the ~*** *Am.* F die Röhre, die Glotze (*TV*); **~·less** *adj* schlauchlos.

tu·ber *bot.* ['tjuːbə] *s* Knolle *f*.

tu·ber·cu·lo·sis *med.* [tjuːbɜːkjʊ'ləʊsɪs] *s* Tuberkulose *f*.

tu·bu·lar ['tjuːbjʊlə] *adj* □ röhrenförmig, Röhren...

tuck [tʌk] **1.** *s* Biese *f*; Saum *m*, Abnäher *m*; **2.** *v/t* stecken; ***~ away*** weg-, verstekken; ***~ in, ~ up*** (warm) zudecken; ***~ s.o. up in bed*** j-n ins Bett packen; ***~ up*** *skirt*: schürzen; *sleeve*: hochkrempeln.

T

Tues·day ['tjuːzdɪ] *s* Dienstag *m*.

tuft [tʌft] *s* Büschel *n*; (Haar)Schopf *m*.

tug [tʌg] **1.** *s* Zerren *n*, heftiger Ruck; *a.* ***~boat*** *mar.* Schlepper *m*; *fig.* Anstrengung *f*; **2.** (**-gg-**) *v/t* ziehen, zerren; *mar.* schleppen; *v/i* sich mühen; ***~ of war*** *s* Tauziehen *n*.

tu·i·tion [tjuː'ɪʃn] *s* Unterricht *m*; Schulgeld *n*.

tu·lip *bot.* ['tjuːlɪp] *s* Tulpe *f*.

tum·ble ['tʌmbl] **1.** *v/i* fallen; stürzen; purzeln; taumeln; sich wälzen; **2.** *s* Sturz *m*; Wirrwarr *m*; **~·down** *adj* baufällig; **~·dri·er** *s* Wäschetrockner *m*.

tum·bler ['tʌmblə] *s* Becher *m*; *zo.* Tümmler *m*; → ***tumble-drier.***

tu·mid ['tjuːmɪd] *adj* geschwollen.

tum·my F ['tʌmɪ] *s* Bauch *m*, Bäuchlein *n*.

tu·mo(u)r *med.* ['tjuːmə] *s* Tumor *m*.

tu·mult ['tjuːmʌlt] *s* Tumult *m*; **tu·mul·tu·ous** [tjuː'mʌltʃʊəs] *adj* □ lärmend; stürmisch.

tu·na *zo.* ['tuːnə] *s* Thunfisch *m*.

tune [tjuːn] **1.** *s* Melodie *f*; *mus.* (Ein)Stimmung *f*; *fig.* Harmonie *f*; ***in ~*** (gut)gestimmt; ***out of ~*** verstimmt; **2.** *v/t mus.* stimmen; ***~ in*** *v/i* (das Radio *etc.*) einschalten; *v/t radio, etc.*: einstellen (***to*** auf *acc*); ***~ up*** *v/i* die Instrumente stimmen; *v/t mot. engine*: tunen; **~·ful** *adj* □ melodisch; **~·less** *adj* □ unmelodisch.

tun·er ['tjuːnə] *s radio, TV*: Tuner *m*.

tun·nel ['tʌnl] **1.** *s* Tunnel *m*; *mining*: Stollen *m*; ***wind ~*** Windkanal *m*: **2.** *v/t and v/i* (*esp. Br.* **-ll-**, *Am.* **-l-**) e-n Tunnel bohren (durch).

tun·ny *zo.* ['tʌnɪ] *s* Thunfisch *m*.

tur·bine *tech.* ['tɜːbaɪn] *s* Turbine *f*.

tur·bot *zo.* ['tɜːbət] *s* Steinbutt *m*.

tur·bu·lent ['tɜːbjʊlənt] *adj* □ unruhig; ungestüm; stürmisch, turbulent.

tu·reen [tə'riːn] *s* Terrine *f*.

turf [tɜːf] **1.** *s* (*pl* **~s**, ***turves*** [tɜːvz]) Rasen *m*; Torf *m*; ***the ~*** die (Pferde)Rennbahn; der Pferderennsport *m*; **2.** *v/t* mit Rasen bedecken.

tur·gid ['tɜːdʒɪd] *adj* □ geschwollen; *fig. style*: *a.* schwülstig.

Turk [tɜːk] *s* Türk|e *m*, -in *f*.

tur·key ['tɜːkɪ] *s zo.* Truthahn *m*, -henne *f*, Pute(r *m*) *f*; ***talk ~*** *esp. Am.* F offen *or* sachlich reden.

Turk·ish ['tɜːkɪʃ] **1.** *adj* türkisch; **2.** *s ling.* Türkisch *n*.

tur·moil ['tɜːmɔɪl] *s* Aufruhr *m*, Unruhe *f*; Durcheinander *n*.

turn [tɜːn] **1.** *v/t* (um-, herum)drehen; (um)wenden; *page*: umdrehen, -blättern; lenken, richten; verwandeln; *j-n* abbringen (***from*** von); abwenden; *text*: übertragen, -setzen; bilden, formen; *tech.* drechseln; *leaves*: verfärben; **~ *a corner*** um eine Ecke biegen; **~ *loose*** los-, freilassen; **~ *s.o. sick*** j-n krank machen; **~ *sour*** *milk*: sauer werden lassen; → ***somersault***; **~ *s.o. against*** j-n aufhetzen gegen; **~ *aside*** abwenden; **~ *away*** abwenden; abweisen; **~ *down*** umbiegen; *collar*: umschlagen; *bed*: aufdecken, *blanket*: zurückschlagen; *gas, etc.*: klein(er) stellen; *radio, etc.*: leiser stellen; *j-n, et.* ablehnen, F *j-m* e-n Korb geben; ; **~ *in*** *esp. Am.* einreichen, -senden; **~ *off*** *gas, water, etc.*: abdrehen; *light, radio, etc.*: ausschalten, -machen; **~ *on*** *gas, water, etc.*: aufdrehen; *radio, etc.*: anstellen; *light, radio, etc.*: anmachen, einschalten; F antörnen; F anmachen (*a. sexually*); **~ *out*** *econ. goods*: produzieren; hinauswerfen; → **~ *off***; **~ *over*** *econ. goods*: umsetzen; umdrehen; *page*: umblättern; umwerfen; übergeben (***to*** *dat*); überlegen; **~ *up*** nach oben drehen *or* biegen; *collar*: hochschlagen; *sleeve*: hochkrempeln; *trousers, etc.*: auf-, umschlagen; *gas, etc.*: aufdrehen; *radio, etc.*: lauter stellen; *v/i* sich drehen (lassen); sich (um-, herum)drehen; *mot.* wenden; sich (ab-, hin-, zu)wenden; (ab-, ein)biegen; e-e Biegung machen (*road, etc.*); sich (ver-) wandeln; umschlagen (*weather, etc.*); *become*: werden; **~ (*sour*)** sauer werden (*milk*); **~ *upside down*** sich überschlagen (*car*); **~ *about*** sich umdrehen; *mil.* kehrtmachen; **~ *aside*, ~ *away*** sich abwenden; **~ *back*** zurückkehren; **~ *in*** F ins Bett gehen; **~ *off*** abbiegen; **~ *out*** *develop*: ausfallen, -gehen; sich herausstellen (als); **~ *over*** sich umdrehen; **~ *to*** nach ... abbiegen; sich zuwenden (*dat*); sich an *j-n* wenden; werden zu; **~ *up*** *fig.* auftauchen; **2.** *s* (Um)Drehung *f*; *bend*: Biegung *f*, Kurve *f*, Kehre *f*; (einzelne) Windung (*of cable, etc.*); *change of direction*: Wendung *f*, Wendepunkt *m* (*a. fig.*), Wende *f*, Wechsel *m*; *trip*: (kurze) Fahrt; *service*: Dienst *m*, Gefallen *m*, Zweck *m*; *inclination*: Neigung *f*, Talent *n*; F Schrecken *m*; **~ (*of mind*)** Denkart *f*, -weise *f*; ***at every*** **~** auf Schritt und Tritt; ***by*** **~*s*** abwechselnd; ***in*** **~** der Reihe nach; ***it is my*** **~** ich bin an der Reihe; ***take*** **~*s*** (mit)einander *or* sich (gegenseitig) abwechseln (***at*** in *dat*, bei); **~·coat** *s* Abtrünnige(r) *m*, Überläufer(in); F Wendehals *m*; **~·er** *s tech.* Drechsler *m*; Dreher *m*; **~·ing** *s* Biegung *f*; Straßenecke *f*; (Weg)Abzweigung *f*; Querstraße *f*; *tech.* Drehen *n*, Drechseln *n*; **~·ing-point** *s fig.* Wendepunkt *m*; **~·out** *s* Aufmachung *f*, *esp.* Kleidung *f*; Teilnahme *f*, Besucher(zahl *f*) *pl*, Beteiligung *f*; *econ.* Gesamtproduktion *f*; **~·o·ver** *s econ.* Umsatz *m*; Personalwechsel *m*, Fluktuation *f*; **~·pike** *s a.* **~ *road*** *Am.* gebührenpflichtige Schnellstraße; **~·stile** *s* Drehkreuz *n*; **~·ta·ble** *s rail.* Drehscheibe *f*; Plattenteller *m*.

tur·pen·tine *chem.* ['tɜːpəntaɪn] *s* Terpentin *n*.

tur·ret ['tʌrɪt] *s* Türmchen *n*; *mil., mar.* Geschützturm *m*.

tur·tle *zo.* ['tɜːtl] *s* (See)Schildkröte *f*; **~·dove** *s zo.* Turteltaube *f*; **~·neck** *s* Rollkragen *m*; *a.* **~ *sweater*** Rollkragenpullover *m*.

tusk [tʌsk] *s* Fangzahn *m*; Stoßzahn *m*; Hauer *m*.

tus·sle ['tʌsl] **1.** *s* Rauferei *f*, Balgerei *f*; **2.** *v/i* raufen, sich balgen.

tus·sock ['tʌsək] *s* (Gras)Büschel *n*.

tut [tʌt] *int* ach was!; Unsinn!

tu·te·lage ['tjuːtɪlɪdʒ] *s jur.* Vormundschaft *f*; (An)Leitung *f*.

tu·tor ['tjuːtə] **1.** *s* Privat-, Hauslehrer *m*; *Br. univ.* Tutor *m*; *Am. univ.* Assistent *m*; **2.** *v/t* unterrichten; schulen, erziehen; **tu·to·ri·al** [tjuː'tɔːrɪəl] **1.** *s Br. univ.* Tutorenkurs *m*; **2.** *adj* Tutor(en)...

tux·e·do *Am.* [tʌk'siːdəʊ] *s* (*pl* **-dos, -does**) Smoking *m*.

TV F [tiː'viː] **1.** *s* TV *n*, Fernsehen *n*; Fernseher *m*, Fernsehapparat *m* ; ***on*** **~** im Fernsehen; **2.** *adj* Fernseh...

twang [twæŋ] **1.** *s* Schwirren *n*; *mst* ***nasal*** **~** näselnde Aussprache; **2.** *v/i and v/t* schwirren (lassen); näseln; klimpern *or* kratzen auf (*dat*), zupfen.

tweak [twiːk] *v/t* zwicken, kneifen.

tweet [twiːt] *v/i* zwitschern.

tweez·ers ['twiːzəz] *s pl* (***a pair of*** **~** e-e) Pinzette.

twelfth [twelfθ] **1.** *adj* zwölfte(r, -s); **2.** *s* Zwölftel *n*; **2-night** *s* Dreikönigsabend *m*.

T

twelve [twelv] **1.** *adj* zwölf; **2.** *s* Zwölf *f.*
twen|ti·eth ['twentɪɪθ] *adj* zwanzigste(r, -s); **~·ty 1.** *adj* zwanzig; **2.** *s* Zwanzig *f.*
twice [twaɪs] *adv* zweimal.
twid·dle ['twɪdl] *v/t*: **~ *one's thumbs*** Däumchen drehen (*a. fig.*).
twig [twɪg] *s* dünner Zweig, Ästchen *n.*
twi·light ['twaɪlaɪt] *s* Zwielicht *n*; (*esp.* Abend)Dämmerung *f*; *fig.* Verfall *m.*
twin [twɪn] **1.** *adj* Zwillings...; doppelt; **2.** *s* Zwilling *m*; **~*s*** *pl* Zwillinge *pl*; **~*-bedded room*** Zweibettzimmer *n*; **~ *brother*** Zwillingsbruder *m*; **~*-engined*** *aer.* zweimotorig; **~*-jet*** *aer.* zwei-, doppelstrahlig; **~*-lens reflex camera*** *phot.* Spiegelreflexkamera *f*; **~ *sister*** Zwillingsschwester *f*; **~ *town*** Partnerstadt *f*; **3.** *v/i towns*: e-e (Städte)Partnerschaft eingehen.
twine [twaɪn] **1.** *s* Bindfaden *m*, Schnur *f*; Zwirn *m*; **2.** *v/t* zusammendrehen; verflechten; (*v/i* sich) schlingen *or* winden; umschlingen, -ranken.
twinge [twɪndʒ] *s* stechender Schmerz, Zwicken *n*, Stich *m.*
twin·kle ['twɪŋkl] **1.** *v/i* funkeln, blitzen; huschen; zwinkern; **2.** *s* Funkeln *n*, Blitzen *n*; (Augen)Zwinkern *n*, Blinzeln *n.*
twirl [twɜːl] **1.** *s* Wirbel *m*; **2.** *v/t and v/i* wirbeln.
twist [twɪst] **1.** *s* Drehung *f*; Windung *f*; Biegung *f*; *thread*: Twist *m*, Garn *n*; Kringel *m*, Zopf *m* (*bread, cakes, etc.*); *mus.* Twist *m*; *fig.* Entstellung *f*; *fig.* (ausgeprägte) Neigung *or* Veranlagung; **2.** *v/t and v/i* (sich) drehen *or* winden; zusammendrehen; verdrehen; (sich) verziehen *or* -zerren; *mus.* twisten, Twist tanzen.
twit *fig.* [twɪt] *v/t* (**-tt-**) *j-n* aufziehen.
twitch [twɪtʃ] **1.** *v/t* zucken mit; zupfen an (*dat*); *v/i* zucken; **2.** *s* Zuckung *f.*
twit·ter ['twɪtə] **1.** *v/i* zwitschern; **2.** *s* Gezwitscher *n*; ***in a ~, all of a ~*** aufgeregt.
two [tuː] **1.** *adj* zwei; ***in ~s*** zu zweit, zu zweien; ***in ~*** entzwei; ***put ~ and ~ together*** *fig.* zwei und zwei zusammenzählen, sich einen Vers darauf machen; **2.** *s* Zwei *f*; ***the ~*** die beiden; ***the ~ of us*** wir zwei, wir beide(n); ***that makes ~ of us*** F mir geht's ebenso; **~-bit** *adj Am. fig.* unbedeutend, klein; **~-cy·cle** *adj Am. tech.* Zweitakt...; **~-edged** *adj* zweischneidig; **~·fold** *adj* zweifach; **~·pence** *Br.* ['tʌpəns] *s* zwei Pence *pl*; **~·pen·ny** *Br.* ['tʌpnɪ] *adj* zwei Pence wert; **~-piece 1.** *adj* zweiteilig; **2.** *s a.* **~ *dress*** Jackenkleid *n*; *a.* **~ *swimming-costume*** Zweiteiler *m*; **~-seat·er** *s mot., aer.* Zweisitzer *m*; **~-stroke** *adj esp. Br. tech.* Zweitakt...; **~-way** *adj* Doppel...; **~ *adapter*** *electr.* Doppelstecker *m*; **~ *traffic*** Gegenverkehr *m.*
ty·coon *Am.* F [taɪ'kuːn] *s* Industriemagnat *m*; ***oil ~*** Ölmagnat *m.*
type [taɪp] **1.** *s* Typ *m*; Urbild *n*; Vorbild *n*; Muster *n*; Art *f*, Sorte *f*; *print.* Type *f*, Buchstabe *m*; ***true to ~*** artgemäß, typisch; ***set in ~*** *print.* setzen; **2.** *v/t et.* mit der Maschine (ab)schreiben, (ab)tippen; *v/i* maschineschreiben, tippen; **~·writ·er** *s* Schreibmaschine *f*; **~ *ribbon*** Farbband *n.*
ty·phoid *med.* ['taɪfɔɪd] **1.** *adj* typhös; **~ *fever*** → **2.** *s* (Unterleibs)Typhus *m.*
ty·phoon [taɪ'fuːn] *s* Taifun *m.*
ty·phus *med.* ['taɪfəs] *s* Flecktyphus *m*, -fieber *n.*
typ·i|cal ['tɪpɪkl] *adj* □ typisch; bezeichnend, kennzeichnend (***of*** für); **~·fy** *v/t* typisch sein für; versinnbildlichen.
typ·ist ['taɪpɪst] *s* Maschinenschreiber(in); Schreibkraft *f.*
ty·ran|nic [tɪ'rænɪk] (***~ally***), **~·ni·cal** *adj* □ tyrannisch.
tyr·an|nize ['tɪrənaɪz] *v/t* tyrannisieren; **~·ny** *s* Tyrannei *f.*
ty·rant ['taɪərənt] *s* Tyrann(in).
tyre *Br.* ['taɪə] *s* (Rad-, Auto)Reifen *m.*
Tyr·o·lese [tɪrə'liːz] **1.** *s* Tiroler(in); **2.** *s* tirolisch, Tiroler...
tzar *hist.* [zɑː] *s* Zar *m.*

U

u·biq·ui·tous [juːˈbɪkwɪtəs] *adj* □ allgegenwärtig, überall zu finden(d).
ud·der [ˈʌdə] *s* Euter *n.*
ug·ly [ˈʌglɪ] *adj* □ (**-ier**, **-iest**) häßlich; schlimm; gemein; widerwärtig, übel.
ul·cer *med.* [ˈʌlsə] *s* Geschwür *n*; **~ate** *med.* [ˈ~reɪt] *v/i and v/t* eitern (lassen); **~ous** *adj med.* eiternd.
ul·te·ri·or [ʌlˈtɪərɪə] *adj* □ jenseitig; weiter; tiefer(liegend), versteckt.
ul·ti·mate [ˈʌltɪmət] *adj* □ äußerste(r, -s), letzte(r, -s); End...; **~·ly** *adv* letztlich; schließlich.
ul·ti·ma·tum [ʌltɪˈmeɪtəm] *s* (*pl* **-tums**, **-ta** [-tə]) Ultimatum *n.*
ul·tra [ˈʌltrə] *adj* übermäßig; extrem; super...; Ultra..., ultra...; **~-fash·ion·a·ble** *adj* hypermodern; **~-mod·ern** *adj* hypermodern.
um·bil·i·cal cord *anat.* [ʌmbɪlɪklˈkɔːd] *s* Nabelschnur *f.*
um·brel·la [ʌmˈbrelə] *s* Regenschirm *m*; *mil.*, *aer.* Abschirmung *f*; *fig.* Schutz *m.*
um·pire [ˈʌmpaɪə] **1.** *s* Schiedsrichter *m*; **2.** *v/i and v/t* als Schiedsrichter fungieren (bei); schlichten; *match*: *a.* leiten.
un- [ʌn] *in compounds*: un..., Un...; ent...; nicht...
un·a·bashed [ʌnəˈbæʃt] *adj* unverfroren; unerschrocken.
un·a·bat·ed [ʌnəˈbeɪtɪd] *adj* unvermindert.
un·a·ble [ʌnˈeɪbl] *adj* unfähig, außerstande, nicht in der Lage.
un·ac·com·mo·dat·ing [ʌnəˈkɒmədeɪtɪŋ] *adj* unnachgiebig; ungefällig.
un·ac·coun·ta·ble [ʌnəˈkaʊntəbl] *adj* unerklärlich, seltsam.
un·ac·cus·tomed [ʌnəˈkʌstəmd] *adj* ungewohnt; ungewöhnlich.
un·ac·quaint·ed [ʌnəˈkweɪntɪd] *adj*: ***be ~ with s.th.*** et. nicht kennen, mit e-r Sache nicht vertraut sein.
un·ad·vised [ʌnədˈvaɪzd] *adj* unbesonnen, unüberlegt; unberaten.
un·af·fect·ed [ʌnəˈfektɪd] *adj* □ unberührt; ungerührt; ungekünstelt.
un·aid·ed [ʌnˈeɪdɪd] *adj* ohne Unterstützung, (ganz) allein; *eye*: bloß.
un·al·ter·a·ble [ʌnˈɔːltərəbl] *adj* unveränderlich; **un·al·tered** *adj* unverändert.
u·na·nim·i·ty [juːnəˈnɪmətɪ] *s* Einmütigkeit *f*; **u·nan·i·mous** [juːˈnænɪməs] *adj* □ einmütig, -stimmig; ***~ voting*** *pol.* Einstimmigkeitsprinzip *n.*
un·an·swe·ra·ble [ʌnˈɑːnsərəbl] *adj* □ unwiderleglich; **un·an·swered** [ʌnˈɑːnsəd] *adj* unbeantwortet.
un·ap·proa·cha·ble [ʌnəˈprəʊtʃəbl] *adj* □ unzugänglich, unnahbar.
un·apt [ʌnˈæpt] *adj* □ ungeeignet.
un·a·shamed [ʌnəˈʃeɪmd] *adj* □ schamlos.
un·asked [ʌnˈɑːskt] *adj* ungefragt; ungebeten; uneingeladen.
un·as·sist·ed [ʌnəˈsɪstɪd] *adj* ohne Hilfe *or* Unterstützung.
un·as·sum·ing [ʌnəˈsjuːmɪŋ] *adj* □ anspruchslos, bescheiden.
un·at·tached [ʌnəˈtætʃt] *adj* nicht gebunden; ungebunden, ledig, frei.
un·at·trac·tive [ʌnəˈtræktɪv] *adj* □ wenig anziehend, reizlos, unattraktiv.
un·au·thor·ized [ʌnˈɔːθəraɪzd] *adj* unberechtigt; unbefugt.
un·a·vai·la·ble [ʌnəˈveɪləbl] *adj* nicht verfügbar.
un·a·void·a·ble [ʌnəˈvɔɪdəbl] *adj* □ unvermeidlich.
un·a·ware [ʌnəˈweə] *adj*: ***be ~ of*** *et.* nicht bemerken; **~s** *adv* unversehens, unvermutet; versehentlich.
un·bal·ance [ʌnˈbæləns] *v/t* aus dem Gleichgewicht bringen; **~d** *adj* unausgeglichen; ***of ~ mind*** geistesgestört.
un·bear·a·ble [ʌnˈbeərəbl] *adj* □ unerträglich.
un·beat·a·ble [ʌnˈbiːtəbl] *adj team*, *price*, *etc.*: unschlagbar, unbesiegbar.
un·beat·en [ʌnˈbiːtn] *adj* ungeschlagen, unbesiegt; unübertroffen.
un·be·com·ing [ʌnbɪˈkʌmɪŋ] *adj* □ unkleidsam; unpassend, unschicklich.
un·be·known(st) [ʌnbɪˈnəʊn(st)] *adv* (**to**) ohne (*j-s*) Wissen; unbekannt (**to** *dat*).
un·be·lief *eccl.* [ʌnbɪˈliːf] *s* Unglaube *m.*

un·be·lie·va·ble [ʌnbɪ'liːvəbl] *adj* □ unglaublich; **un·be·liev·ing** *adj* □ ungläubig.
un·bend [ʌn'bend] *v/i* (*-bent*) sich entspannen; aus sich herausgehen, auftauen; **~·ing** *adj* □ unbiegsam; *fig.* unbeugsam.
un·bi·as(s)ed [ʌn'baɪəst] *adj* □ unvoreingenommen; *jur.* unbefangen.
un·bid·den [ʌn'bɪdn] *adj* unaufgefordert; ungebeten; ungeladen.
un·bind [ʌn'baɪnd] *v/t* (*-bound*) losbinden, befreien; lösen; den Verband abnehmen von.
un·born [ʌn'bɔːn] *adj* (noch) ungeboren; (zu)künftig, kommend.
un·break·a·ble [ʌn'breɪkəbl] *adj* unzerbrechlich.
un·bri·dled *fig.* [ʌn'braɪdld] *adj* ungezügelt; **~ tongue** lose Zunge.
un·bro·ken [ʌn'brəʊkən] *adj* ungebrochen; unversehrt; ununterbrochen; nicht zugeritten (*horse*).
un·bur·den [ʌn'bɜːdn] *v/t*: **~ o.s.** (**to s.o.**) (j-m) sein Herz ausschütten.
un·but·ton [ʌn'bʌtn] *v/t* aufknöpfen.
un·called-for [ʌn'kɔːldfɔː] *adj* unerwünscht; unverlangt; unpassend.
un·can·ny [ʌn'kænɪ] *adj* (*-ier*, *-iest*) unheimlich.
un·cared-for [ʌn'keədfɔː] *adj* unbeachtet; vernachlässigt; ungepflegt.
un·ceas·ing [ʌn'siːsɪŋ] *adj* □ unaufhörlich.
un·ce·re·mo·ni·ous [ʌnserɪ'məʊnɪəs] *adj* □ ungezwungen; grob; unhöflich.
un·cer·tain [ʌn'sɜːtn] *adj* □ unsicher; ungewiß; unbestimmt; unzuverlässig; **~·ty** *s* Unsicherheit *f*.
un·chal·lenged [ʌn'tʃæləndʒd] *adj* unangefochten.
un·change·a·ble [ʌn'tʃeɪndʒəbl] *adj* □ unveränderlich, unwandelbar; **unchanged** *adj* unverändert; **un·chang·ing** *adj* □ unveränderlich.
un·char·i·ta·ble [ʌn'tʃærɪtəbl] *adj* □ lieblos; unbarmherzig; unfreundlich.
un·chart·ed [ʌn'tʃɑːtɪd] *adj* auf keiner Landkarte verzeichnet, unerforscht (*a. fig.*).
un·checked [ʌn'tʃekt] *adj* ungehindert; unkontrolliert.
un·civ·il [ʌn'sɪvl] *adj* □ unhöflich; **un·civ·i·lized** *adj* unzivilisiert.
un·claimed [ʌn'kleɪmd] *adj right, claim*: nicht beansprucht.
un·clas·si·fied [ʌn'klæsɪfaɪd] *adj* nicht klassifiziert; nicht geheim.
un·cle ['ʌŋkl] *s* Onkel *m*.
un·clean [ʌn'kliːn] *adj* unrein, unsauber, schmutzig.
un·col·oured [ʌn'kʌləd] *adj* farblos; *fig.* unparteiisch.
un·com·for·ta·ble [ʌn'kʌmfətəbl] *adj* □ unbehaglich, ungemütlich; unangenehm; **be ~** sich unbehaglich fühlen.
un·com·mon [ʌn'kɒmən] *adj* □ ungewöhnlich.
un·com·mu·ni·ca·tive [ʌnkə'mjuːnɪkətɪv] *adj* □ wortkarg, verschlossen.
un·com·plain·ing [ʌnkəm'pleɪnɪŋ] *adj* □ klaglos, ohne Murren, geduldig.
un·com·pli·cat·ed [ʌn'kɒmplɪkeɪtɪd] *adj* unkompliziert.
un·com·pro·mis·ing [ʌn'kɒmprəmaɪzɪŋ] *adj* □ kompromißlos.
un·con·cern [ʌnkən'sɜːn] *s* Unbekümmertheit *f*; Gleichgültigkeit *f*; **~ed** *adj* □ unbekümmert; unbeteiligt; gleichgültig; uninteressiert (**with** an *dat*).
un·con·di·tion·al [ʌnkən'dɪʃənl] *adj* □ bedingungslos (*surrender*); vorbehaltlos (*promise*).
un·con·firmed [ʌnkən'fɜːmd] *adj* unbestätigt; *eccl.* nicht konfirmiert.
un·con·nect·ed [ʌnkə'nektɪd] *adj* □ unverbunden; unzusammenhängend.
un·con·quer·a·ble [ʌn'kɒŋkərəbl] *adj* □ unüberwindlich, unbesiegbar; **un·con·quered** *adj* unbesiegt.
un·con·scious [ʌn'kɒnʃəs] **1.** *adj* □ unbewußt; *med.* bewußtlos; **be ~ of s.th.** sich e-r Sache nicht bewußt sein; **2.** *s psych. das* Unbewußte; **~·ness** *s med.* Bewußtlosigkeit *f*.
un·con·sti·tu·tion·al [ʌnkɒnstɪ'tjuːʃənl] *adj* □ *pol.* verfassungswidrig.
un·con·trol·la·ble [ʌnkən'trəʊləbl] *adj* □ unkontrollierbar; unbeherrscht; **un·con·trolled** *adj* □ unbeaufsichtigt; unbeherrscht.
un·con·ven·tion·al [ʌnkən'venʃənl] *adj* □ unkonventionell; unüblich; ungezwungen.
un·con·vinced [ʌnkən'vɪnst] *adj* nicht überzeugt (**of** von); **un·con·vinc·ing** *adj* nicht überzeugend.
un·cooked [ʌn'kʊkt] *adj* roh.

U

un·cork [ʌnˈkɔːk] *v/t* entkorken.

un·count|a·ble [ʌnˈkaʊntəbl] *adj* unzählbar; **~·ed** *adj* ungezählt.

un·coup·le [ʌnˈkʌpl] *v/t* ab-, aus-, loskoppeln.

un·couth [ʌnˈkuːθ] *adj* □ ungehobelt.

un·cov·er [ʌnˈkʌvə] *v/t* aufdecken, freilegen; entblößen.

un·cul·ti·vat·ed [ʌnˈkʌltɪveɪtɪd], **un·cul·tured** [~tʃəd] *adj* unkultiviert.

un·dam·aged [ʌnˈdæmɪdʒd] *adj* unbeschädigt, unversehrt, heil.

un·daunt·ed [ʌnˈdɔːntɪd] *adj* unerschrocken, furchtlos.

un·de·ceive [ʌndɪˈsiːv] *v/t j-m* die Augen öffnen; *j-n* aufklären.

un·de·cid·ed [ʌndɪˈsaɪdɪd] *adj* unentschieden, offen; unentschlossen.

un·de·fined [ʌndɪˈfaɪnd] *adj* □ unbestimmt; unbegrenzt.

un·de·mon·stra·tive [ʌndɪˈmɒnstrətɪv] *adj* □ zurückhaltend, reserviert.

un·de·ni·a·ble [ʌndɪˈnaɪəbl] *adj* □ unleugbar; unbestreitbar.

un·der [ˈʌndə] **1.** *adv* unten; darunter; **2.** *prp* unter (*acc or dat*); **3.** *adj in compounds*: unter..., Unter...; ungenügend, zu gering; **~·age** *adj* minderjährig; **~·bid** *v/t* (*-dd-*; *-bid*) unterbieten; **~·brush** *s* Unterholz *n*; **~·car·riage** *s aer*. Fahrwerk *n*, -gestell *n*; *mot*. Fahrgestell *n*; **~·clothes** *pl*, **~·cloth·ing** *s* Unterkleidung *f*, -wäsche *f*; **~·cov·er** *adj* getarnt; verdeckt; *spy, etc.*: geheim, Geheim...; **~·cut** *v/t* (*-tt-*; *-cut*) *price*: unterbieten; **~·dog** *s* Verlierer *m*, Unterlegene(r *m*) *f*; *der* sozial Schwächere *or* Benachteiligte; **~·done** *adj* nicht gar, nicht durchgebraten; **~·es·ti·mate** *v/t* unterschätzen; **~·ex·pose** *v/t phot*. unterbelichten; **~·fed** *adj* unterernährt; **~·floor heat·ing** *s* Fußbodenheizung *f*; **~·go** *v/t* (*-went*, *-gone*) durchmachen; erdulden; sich unterziehen (*dat*); **~·grad·u·ate** *s* Student(in); **~·ground** **1.** *adj* unterirdisch; Untergrund...; **2.** *s esp. Br*. Untergrundbahn *f*, U-Bahn *f*; **~·growth** *s* Unterholz *n*; **~·hand(·ed)** *adj* □ hinterhältig; **~·lie** *v/t* (*-lay*, *-lain*) zugrunde liegen (*dat*); **~·line** *v/t* unterstreichen; **~·ling** *s contp*. Untergebene(r *m*) *f*; **~·mine** *v/t* unterminieren; *fig*. untergraben; schwächen; **~·most** *adj* unterste(r, -s); **~·neath** **1.** *prp* unter(halb); **2.** *adv* unten; darunter; **~·nour·ished** *adj* unterernährt; **~·pass** *s* Unterführung *f*; **~·pin** *v/t* (*-nn-*) untermauern (*a. fig.*); **~·plot** *s thea., etc.*: Nebenhandlung *f*; **~·priv·i·leged** *adj* benachteiligt, unterprivilegiert; **~·rate** *v/t* unterschätzen; **~·sec·re·ta·ry** *s pol*. Staatssekretär *m*; **~·sell** *v/t* (*-sold*) *econ. j-n* unterbieten; *goods*: verschleudern; **~·shirt** *s Am*. Unterhemd *n*; **~·signed** *s*: *the* ~ der, die Unterzeichnete; **~·size(d)** *adj* zu klein; **~·skirt** *s* Unterrock *m*; **~·staffed** *adj* (personell) unterbesetzt.

un·der·stand [ʌndəˈstænd] *v/t and v/i* (*-stood*) verstehen; sich verstehen auf (*acc*); (als sicher) annehmen; erfahren, hören; (sinngemäß) ergänzen; ***make o.s. understood*** sich verständlich machen; ***an understood thing*** e-e abgemachte Sache; **~·a·ble** *adj* verständlich; **~·ing** *s* Verstand *m*; Einvernehmen *n*; Verständigung *f*, Abmachung *f*, Einigung *f*; Voraussetzung *f*.

un·der·state [ʌndəˈsteɪt] *v/t* herunterspielen; untertreiben; **~·ment** *s* Understatement *n*, Untertreibung *f*.

un·der|take [ʌndəˈteɪk] *v/t* (*-took*, *-taken*) unternehmen; übernehmen; sich verpflichten; **~·tak·er** [ˈʌndəteɪkə] *s* Leichenbestatter *m*; Beerdigungs-, Bestattungsinstitut *n*; **~·tak·ing** *s* [ʌndəˈteɪkɪŋ] *s* Unternehmen *n*; Zusicherung *f*; [ˈʌndəteɪkɪŋ] Leichenbestattung *f*.

un·der|tone [ˈʌndətəʊn] *s* leiser Ton; *fig*. Unterton *m*; **~·val·ue** *v/t* unterschätzen; **~·wear** *s* Unterkleidung *f*, -wäsche *f*; **~·wood** *s* Unterholz *n*; **~·world** *s* Unterwelt *f*; **~·writ·er** *s insurance*: Versicherer *m*.

un·de·served [ʌndɪˈzɜːvd] *adj* □ unverdient; **un·de·serv·ing** *adj* □ unwürdig.

un·de·signed [ʌndɪˈzaɪnd] *adj* □ unbeabsichtigt, unabsichtlich.

un·de·si·ra·ble [ʌndɪˈzaɪərəbl] **1.** *adj* □ unerwünscht; **2.** *s* unerwünschte Person.

un·de·vel·oped [ʌndɪˈveləpt] *adj* unerschlossen (*site*); unentwickelt.

un·de·vi·at·ing [ʌnˈdiːvɪeɪtɪŋ] *adj* □ unentwegt, unbeirrbar.

un·dies F [ˈʌndɪz] s *pl* (Damen)Unterwäsche *f*.

U

un·dig·ni·fied [ʌn'dɪgnɪfaɪd] *adj* □ unwürdig, würdelos.
un·dis·ci·plined [ʌn'dɪsɪplɪnd] *adj* undiszipliniert; ungeschult.
un·dis·guised [ʌndɪs'gaɪzd] *adj* □ nicht verkleidet; *fig.* unverhohlen.
un·dis·put·ed [ʌndɪ'spju:tɪd] *adj* □ unbestritten.
un·do [ʌn'du:] *v/t* (**-did**, **-done**) aufmachen; (auf)lösen; ungeschehen machen, aufheben; vernichten; **~·ing** *s* Aufmachen *n*; Ungeschehenmachen *n*; Vernichtung *f*; Verderben *n*; **un·done** *adj* zugrunde gerichtet, ruiniert, erledigt.
un·doubt·ed [ʌn'daʊtɪd] *adj* □ unzweifelhaft, zweifellos.
un·dreamed [ʌn'dri:md], **un·dreamt** [ʌn'dremt] *adj*: **~-of** ungeahnt.
un·dress [ʌn'dres] *v/t* (*v/i* sich) entkleiden *or* ausziehen; **~ed** *adj* unbekleidet.
un·due [ʌn'dju:] *adj* □ unpassend; übermäßig; *econ.* noch nicht fällig.
un·du|late ['ʌndjʊleɪt] *v/i* wogen; wallen; wellenförmig verlaufen; **~·la·tion** [~'leɪʃn] *s* wellenförmige Bewegung.
un·du·ly [ʌn'dju:lɪ] *adj* übertrieben, unmäßig; unangemessen.
un·earth [ʌn'ɜ:θ] *v/t* ausgraben; *fig.* aufstöbern; **~·ly** *adj* überirdisch; unheimlich; ***at an ~ hour*** F zu e-r unchristlichen Zeit.
un·eas|i·ness [ʌn'i:zɪnɪs] *s* Unruhe *f*; Unbehagen *n*; **~·y** *adj* □ (**-ier**, **-iest**) unbehaglich; unruhig; unsicher.
un·ed·u·cat·ed [ʌn'edjʊkeɪtɪd] *adj* ungebildet.
un·e·mo·tion·al [ʌnɪ'məʊʃənl] *adj* □ leidenschaftslos; passiv; nüchtern.
un·em|ployed [ʌnɪm'plɔɪd] **1.** *adj* arbeitslos; ungenützt; **2.** *s*: ***the ~*** *pl* die Arbeitslosen *pl*; **~·ploy·ment** *s* Arbeitslosigkeit *f*; ***~ benefit*** *Br.*, ***~ compensation*** *Am.* Arbeitslosenunterstützung *f*.
un·end·ing [ʌn'endɪŋ] *adj* □ endlos.
un·en·dur·a·ble [ʌnɪn'djʊərəbl] *adj* □ unerträglich.
un·e·qual [ʌn'i:kwəl] *adj* □ ungleich; nicht gewachsen (***to*** *dat*); **~(l)ed** *adj* unerreicht, unübertroffen.
un·er·ring [ʌn'ɜ:rɪŋ] *adj* □ unfehlbar.
un·es·sen·tial [ʌnɪ'senʃl] *adj* unwesentlich, unwichtig.
un·e·ven [ʌn'i:vn] *adj* □ uneben; ungleich(mäßig); *temper*: unausgeglichen; *number*: ungerade.
un·e·vent·ful [ʌnɪ'ventfl] *adj* □ ereignislos; ohne Zwischenfälle.
un·ex·am·pled [ʌnɪg'zɑ:mpld] *adj* beispiellos.
un·ex·cep·tio·na·ble [ʌnɪk'sepʃnəbl] *adj* □ untadelig; einwandfrei.
un·ex·pec·ted [ʌnɪk'spektɪd] *adj* □ unerwartet.
un·fail·ing [ʌn'feɪlɪŋ] *adj* □ unfehlbar, nie versagend; unerschöpflich; *fig.* treu.
un·fair [ʌn'feə] *adj* □ unfair; ungerecht; *econ. competition*: unlauter.
un·faith·ful [ʌn'feɪθfl] *adj* □ un(ge)treu, treulos; nicht wortgetreu.
un·fa·mil·i·ar [ʌnfə'mɪlɪə] *adj* ungewohnt; unbekannt; nicht vertraut (***with*** mit).
un·fash·ion·a·ble [ʌn'fæʃənəbl] *adj* unmodern.
un·fas·ten [ʌn'fɑ:sn] *v/t* öffnen, aufmachen; lösen; **~ed** *adj* unbefestigt, lose.
un·fath·o·ma·ble [ʌn'fæðəməbl] *adj* □ unergründlich.
un·fa·vo(u)·ra·ble [ʌn'feɪvərəbl] *adj* □ ungünstig; unvorteilhaft.
un·feel·ing [ʌn'fi:lɪŋ] *adj* □ gefühllos.
un·fin·ished [ʌn'fɪnɪʃt] *adj* unvollendet; unfertig; unerledigt.
un·fit [ʌn'fɪt] **1.** *adj* □ ungeeignet, untauglich; *sports*: nicht fit, nicht in (guter) Form; **2.** *v/t* (**-tt-**) ungeeignet *or* untauglich machen.
un·fix [ʌn'fɪks] *v/t* losmachen, lösen.
un·fledged [ʌn'fledʒd] *adj bird*: ungefiedert, (noch) nicht flügge; *fig.* unreif.
un·flinch·ing [ʌn'flɪntʃɪŋ] *adj* □ entschlossen, unnachgiebig; unerschrocken.
un·fold [ʌn'fəʊld] *v/t and v/i* (sich) entfalten, (sich) öffnen; auseinanderfalten, -klappen; *fig.* darlegen, enthüllen.
un·forced [ʌn'fɔ:st] *adj* ungezwungen.
un·fore|see·a·ble [ʌnfɔ:'si:əbl] *adj* unvorhersehbar; **~·seen** *adj* unvorhergesehen, unerwartet.
un·for·get·ta·ble [ʌnfə'getəbl] *adj* □ unvergeßlich.
un·for·giv·ing [ʌnfə'gɪvɪŋ] *adj* unversöhnlich, nachtragend.
un·for·got·ten [ʌnfə'gɒtn] *adj* unvergessen.

U

un·for·tu·nate [ʌn'fɔːtʃnət] **1.** *adj* □ unglücklich; **2.** *s* Unglückliche(r *m*) *f*; **~·ly** *adv* unglücklicherweise, leider.
un·found·ed [ʌn'faʊndɪd] *adj* □ unbegründet, grundlos.
un·friend·ly [ʌn'frendlɪ] *adj* (**-ier**, **-iest**) unfreundlich; ungünstig.
un·furl [ʌn'fɜːl] *v/t* entfalten, aufrollen.
un·fur·nished [ʌn'fɜːnɪʃt] *adj* unmöbliert.
un·gain·ly [ʌn'geɪnlɪ] *adj* unbeholfen, plump, linkisch.
un·gen·er·ous [ʌn'dʒenərəs] *adj* □ nicht freigebig; kleinlich; unfair.
un·god·ly [ʌn'gɒdlɪ] *adj* gottlos; F scheußlich; ***at an ~ hour*** F zu e-r unchristlichen Zeit.
un·gov·er·na·ble [ʌn'gʌvənəbl] *adj* □ *country*: unregierbar; *passion*: zügellos, wild.
un·grace·ful [ʌn'greɪsfl] *adj* □ ungraziös, ohne Anmut; unbeholfen.
un·gra·cious [ʌn'greɪʃəs] *adj* □ ungnädig; unfreundlich.
un·grate·ful [ʌn'greɪtfl] *adj* □ undankbar.
un·guard·ed [ʌn'gɑːdɪd] *adj* □ unbewacht; ungeschützt; unvorsichtig.
un·guent *pharm.* ['ʌŋgwənt] *s* Salbe *f*.
un·ham·pered [ʌn'hæmpəd] *adj* ungehindert.
un·han·dy [ʌn'hændɪ] *adj* □ (**-ier**, **-iest**) unhandlich; ungeschickt; unbeholfen.
un·hap·py [ʌn'hæpɪ] *adj* □ (**-ier**, **-iest**) unglücklich.
un·harmed [ʌn'hɑːmd] *adj* unversehrt.
un·health·y [ʌn'helθɪ] *adj* □ (**-ier**, **-iest**) ungesund.
un·heard-of [ʌn'hɜːdɒv] *adj* unerhört; beispiellos.
un·heed|ed [ʌn'hiːdɪd] *adj* □ unbeachtet; **~·ing** *adj* sorglos.
un·hes·i·tat·ing [ʌn'hezɪteɪtɪŋ] *adj* prompt; anstandslos, bereitwillig.
un·ho·ly [ʌn'həʊlɪ] *adj* (**-ier**, **-iest**) unheilig; gottlos; F → ***ungodly***.
un·hook [ʌn'hʊk] *v/t* auf-, loshaken.
un·hoped-for [ʌn'həʊptfɔː] *adj* unverhofft, unerwartet.
un·hurt [ʌn'hɜːt] *adj* unverletzt.
u·ni·corn *myth.* ['juːnɪkɔːn] *s* Einhorn *n*.
u·ni·fi·ca·tion [juːnɪfɪ'keɪʃn] *s* Vereinigung *f*; Vereinheitlichung *f*.
u·ni·form ['juːnɪfɔːm] **1.** *adj* □ gleichförmig, -mäßig, gleich; einheitlich; **2.** *s* Uniform *f*, Dienstkleidung *f*; **3.** *v/t* uniformieren; **~·i·ty** [~'fɔːmətɪ] *s* Gleichförmigkeit *f*; Einheitlichkeit *f*.
u·ni·fy ['juːnɪfaɪ] *v/t* verein(ig)en; vereinheitlichen.
u·ni·lat·e·ral [juːnɪ'lætərəl] *adj* □ einseitig.
un·i·ma·gi·na|ble [ʌnɪ'mædʒɪnəbl] *adj* □ unvorstellbar; **~·tive** *adj* □ phantasie-, einfallslos.
un·im·por·tant [ʌnɪm'pɔːtənt] *adj* □ unwichtig, unbedeutend.
un·in·formed [ʌnɪn'fɔːmd] *adj* nicht unterrichtet *or* eingeweiht.
un·in·hab|i·ta·ble [ʌnɪn'hæbɪtəbl] *adj* unbewohnbar; **~·it·ed** *adj* unbewohnt.
un·in·jured [ʌn'ɪndʒəd] *adj* unbeschädigt, unverletzt.
un·in·tel·li·gi·ble [ʌnɪn'telɪdʒəbl] *adj* □ unverständlich.
un·in·ten·tion·al [ʌnɪn'tenʃənl] *adj* □ unabsichtlich, unbeabsichtigt.
un·in·terest·ing [ʌn'ɪntrɪstɪŋ] *adj* □ uninteressant.
un·in·ter·rupt·ed [ʌnɪntə'rʌptɪd] *adj* □ ununterbrochen.
u·nion ['juːnɪən] *s* Vereinigung *f*; Verbindung *f*; Union *f*; Verband *m*, Verein *m*, Bund *m*; *pol.* Vereinigung *f*, Zusammenschluß *m*; Gewerkschaft *f*; **~·ist** *s* Gewerkschaftler(in); **♀ Jack** *s* Union Jack *m*; **~ suit** *s Am.* lange Hemdhose.
u·nique [juː'niːk] *adj* □ einzigartig, einmalig.
u·ni·son *mus. and fig.* ['juːnɪzn] *s* Einklang *m*.
u·nit ['juːnɪt] *s* Einheit *f*; *tech.* (Bau)Einheit *f*; *math.* Einer *m*; ***kitchen ~*** Küchenelement *n*.
u·nite [juː'naɪt] *v/t and v/i* (sich) vereinigen, (sich) verbinden; (sich) zusammenschließen; **u·nit·ed** *adj* vereinigt, vereint; **u·ni·ty** ['juːnətɪ] *s* Einheit *f*; Einigkeit *f*, Eintracht *f*.
u·ni·ver·sal [juːnɪ'vɜːsl] *adj* □ allgemein; allumfassend; Universal...; Welt...; **~·i·ty** [~'sælətɪ] *s* Allgemeinheit *f*; umfassende Bildung; Vielseitigkeit *f*.
u·ni·verse ['juːnɪvɜːs] *s* Weltall *n*, Universum *n*.
u·ni·ver·si·ty [juːnɪ'vɜːsətɪ] *s* Universität *f*; **~ *graduate*** Hochschulabsolvent(in), Akademiker(in).

U

un·just [ʌn'dʒʌst] *adj* □ ungerecht; **~ly** zu Unrecht.
un·jus·ti·fi·a·ble [ʌn'dʒʌstɪfaɪəbl] *adj* □ nicht zu rechtfertigen(d), unentschuldbar.
un·kempt [ʌn'kempt] *adj* ungekämmt, zerzaust; ungepflegt.
un·kind [ʌn'kaɪnd] *adj* □ unfreundlich.
un·know·ing [ʌn'nəʊɪŋ] *adj* □ unwissend; unbewußt; **un·known 1.** *adj* unbekannt; **~ *to me*** ohne mein Wissen; **2.** *s der, die, das* Unbekannte.
un·lace [ʌn'leɪs] *v/t* aufschnüren.
un·latch [ʌn'lætʃ] *v/t door*: aufklinken.
un·law·ful [ʌn'lɔːfl] *adj* □ ungesetzlich, widerrechtlich, illegal.
un·lead·ed ['ʌnledɪd] *adj* bleifrei.
un·learn [ʌn'lɜːn] *v/t* (**-*ed*** *or* **-*learnt***) verlernen.
un·less [ən'les] *cj* wenn ... nicht, außer wenn ..., es sei denn, daß ...
un·like [ʌn'laɪk] **1.** *adj* □ ungleich; **2.** *prp* unähnlich (**s.o.** j-m); anders als; im Gegensatz zu; **~·ly** *adj* unwahrscheinlich.
un·lim·it·ed [ʌn'lɪmɪtɪd] *adj* unbegrenzt.
un·load [ʌn'ləʊd] *v/t* ent-, ab-, ausladen; *mar. cargo*: löschen.
un·lock [ʌn'lɒk] *v/t* aufschließen; **~ed** *adj* unverschlossen.
un·looked-for [ʌn'lʊktfɔː] *adj* unerwartet, überraschend.
un·loose [ʌn'luːs], **un·loos·en** [ʌn'luːsn] *v/t* lösen; lockern; losmachen.
un·love·ly [ʌn'lʌvlɪ] *adj* reizlos, unschön; **un·lov·ing** *adj* □ lieblos.
un·luck·y [ʌn'lʌkɪ] *adj* □ (**-*ier***, **-*iest***) unglücklich; unheilvoll; ***be*** **~** Pech haben.
un·man [ʌn'mæn] *v/t* (**-*nn*-**) entmannen; entmutigen; **~*ned*** *space travel*: unbemannt.
un·man·age·a·ble [ʌn'mænɪdʒəbl] *adj* □ unkontrollierbar.
un·mar·ried [ʌn'mærɪd] *adj* unverheiratet, ledig.
un·mask [ʌn'mɑːsk] *v/t* demaskieren; *fig*. entlarven.
un·matched [ʌn'mætʃt] *adj* unerreicht, unübertroffen, unvergleichlich.
un·mean·ing [ʌn'miːnɪŋ] *adj* □ nichtssagend.
un·mea·sured [ʌn'meʒəd] *adj* ungemessen; unermeßlich.
un·mind·ful [ʌn'maɪndfl] *adj* □: ***be*** **~ *of*** nicht achten auf (*acc*); nicht denken an (*acc*).
un·mis·ta·ka·ble [ʌnmɪ'steɪkəbl] *adj* □ unverkennbar; unmißverständlich.
un·mit·i·gat·ed [ʌn'mɪtɪgeɪtɪd] *adj* ungemildert; **~ *scoundrel*** Erzhalunke *m*.
un·mount·ed [ʌn'maʊntɪd] *adj* unberitten; ungefaßt (*gem*); nicht aufgezogen (*picture*).
un·moved [ʌn'muːvd] *adj* unbewegt, ungerührt.
un·mu·sic·al [ʌn'mjuːzɪkl] *adj tune*: unmelodiös; *person*: unmusikalisch.
un·named [ʌn'neɪmd] *adj* ungenannt; *without name*: namenlos.
un·nat·u·ral [ʌn'nætʃrəl] *adj* □ unnatürlich.
un·ne·ces·sa·ry [ʌn'nesəsərɪ] *adj* □ unnötig; überflüssig.
un·neigh·bo(u)r·ly [ʌn'neɪbəlɪ] *adj* nicht gutnachbarlich; unfreundlich.
un·nerve [ʌn'nɜːv] *v/t* entnerven.
un·no·ticed [ʌn'nəʊtɪst] *adj* unbemerkt.
un·ob·jec·tio·na·ble [ʌnəb'dʒekʃnəbl] *adj* □ einwandfrei.
un·ob·serv·ant [ʌnəb'zɜːvənt] *adj* □ unachtsam; **un·ob·served** *adj* □ unbemerkt.
un·ob·tai·na·ble [ʌnəb'teɪnəbl] *adj* unerreichbar.
un·ob·tru·sive [ʌnəb'truːsɪv] *adj* □ unaufdringlich, bescheiden.
un·oc·cu·pied [ʌn'ɒkjʊpaɪd] *adj* unbesetzt; unbewohnt; unbeschäftigt.
un·of·fend·ing [ʌnə'fendɪŋ] *adj* harmlos.
un·of·fi·cial [ʌnə'fɪʃl] *adj* □ nichtamtlich, inoffiziell.
un·op·posed [ʌnə'pəʊzd] *adj* ungehindert.
un·owned [ʌn'əʊnd] *adj* herrenlos.
un·pack [ʌn'pæk] *v/t* auspacken.
un·paid [ʌn'peɪd] *adj* unbezahlt.
un·par·al·leled [ʌn'pærəleld] *adj* einmalig, beispiellos, ohnegleichen.
un·par·don·a·ble [ʌn'pɑːdnəbl] *adj* □ unverzeihlich.
un·per·ceived [ʌnpə'siːvd] *adj* □ unbemerkt.
un·per·turbed [ʌnpə'tɜːbd] *adj* ruhig, gelassen.
un·pick [ʌn'pɪk] *v/t stitches, etc.*: auftrennen.
un·placed [ʌn'pleɪst] *adj*: ***be*** **~** *sports*: sich nicht placieren können.

U

un·pleas·ant [ʌn'pleznt] *adj* □ unangenehm, unerfreulich; unfreundlich; **~·ness** *s* Unannehmlichkeit *f*; Unstimmigkeit *f*.
un·pol·ished [ʌn'pɒlɪʃt] *adj* unpoliert; *fig*. ungehobelt, ungebildet.
un·pol·lut·ed [ʌnpə'luːtɪd] *adj* unverschmutzt, unverseucht, sauber (*environment*).
un·pop·u·lar [ʌn'pɒpjʊlə] *adj* □ unpopulär, unbeliebt; **~·i·ty** [~'lærətɪ] *s* Unbeliebtheit *f*.
un·prac|ti·cal [ʌn'præktɪkl] *adj* □ unpraktisch; **~·tised**, *Am*. **~·ticed** *adj* ungeübt.
un·pre·ce·dent·ed [ʌn'presɪdəntɪd] *adj* □ beispiellos; noch nie dagewesen.
un·prej·u·diced [ʌn'predʒʊdɪst] *adj* □ unbefangen, unvoreingenommen.
un·pre·med·i·tat·ed [ʌnprɪ'medɪteɪtɪd] *adj* □ unüberlegt; nicht vorsätzlich.
un·pre·pared [ʌnprɪ'peəd] *adj* unvorbereitet.
un·pre·ten·tious [ʌnprɪ'tenʃəs] *adj* □ bescheiden, schlicht.
un·prin·ci·pled [ʌn'prɪnsəpld] *adj* ohne Grundsätze; gewissenlos.
un·prof·i·ta·ble [ʌn'prɒfɪtəbl] *adj* □ unrentabel.
un·proved [ʌn'pruːvd], **un·prov·en** [ʌn'pruːvn] *adj* unbewiesen.
un·pro·vid·ed [ʌnprə'vaɪdɪd] *adj*: **~ with** nicht versehen mit, ohne; **~ for** unversorgt, mittellos.
un·pro·voked [ʌnprə'vəʊkt] *adj* □ ohne Anlaß, grundlos.
un·qual·i·fied [ʌn'kwɒlɪfaɪd] *adj* unqualifiziert, ungeeignet; uneingeschränkt.
un·ques|tio·na·ble [ʌn'kwestʃənəbl] *adj* □ unzweifelhaft, fraglos; **~·tion·ing** *adj* □ bedingungslos, blind.
un·quote [ʌn'kwəʊt] *adv*: **~!** Ende des Zitats!
un·rav·el [ʌn'rævl] *v/t* (*esp. Br.* **-ll-**, *Am.* **-l-**) auftrennen; (*v/i* sich) entwirren.
un·read [ʌn'red] *adj book*: ungelesen; *person*: wenig belesen; **un·rea·da·ble** [ʌn'riːdəbl] *adj writing*: unleserlich; *book*: schwer lesbar.
un·real [ʌn'rɪəl] *adj* □ unwirklich, irreal; **un·re·a·lis·tic** *adj* (**~ally**) wirklichkeitsfremd, unrealistisch.
un·rea·so·na·ble [ʌn'riːznəbl] *adj* □ unvernünftig; unsinnig; unmäßig.
un·rec·og·niz·a·ble [ʌn'rekəgnaɪzəbl] *adj* □ nicht wiederzuerkennen(d).
un·re·deemed [ʌnrɪ'diːmd] *adj* □ *eccl.* unerlöst; nicht eingelöst (*bill*, *pawn*); ungetilgt (*debt*).
un·re·fined [ʌnrɪ'faɪnd] *adj* nicht raffiniert, roh, Roh...; *fig*. unkultiviert.
un·re·flect·ing [ʌnrɪ'flektɪŋ] *adj* □ gedankenlos, unüberlegt.
un·re·gard·ed [ʌnrɪ'gɑːdɪd] *adj* unbeachtet; unberücksichtigt.
un·re·lat·ed [ʌnrɪ'leɪtɪd] *adj* unzusammenhängend, ohne Beziehung (**to** zu).
un·re·lent·ing [ʌnrɪ'lentɪŋ] *adj* □ erbarmungslos (*fight*, *etc*.); unvermindert.
un·rel·i·a·ble [ʌnrɪ'laɪəbl] *adj* □ unzuverlässig.
un·re·lieved [ʌnrɪ'liːvd] *adj* ungemildert; ungemindert
un·re·mit·ting [ʌnrɪ'mɪtɪŋ] *adj* □ unablässig, unaufhörlich; unermüdlich.
un·re·quit·ed [ʌnrɪ'kwaɪtɪd] *adj*: **~ love** unerwiderte Liebe.
un·re·served [ʌnrɪ'zɜːvd] *adj* □ rückhaltlos; frei, offen; nicht reserviert.
un·re·sist·ing [ʌnrɪ'zɪstɪŋ] *adj* □ widerstandslos.
un·re·spon·sive [ʌnrɪ'spɒnsɪv] *adj* □ unempfänglich (**to** für); teilnahmslos.
un·rest [ʌn'rest] *s* Unruhe *f*, *pol. a.* Unruhen *pl*.
un·re·strained [ʌnrɪ'streɪnd] *adj* □ ungehemmt; uneingeschränkt.
un·re·strict·ed [ʌnrɪ'strɪktɪd] *adj* □ uneingeschränkt.
un·right·eous [ʌn'raɪtʃəs] *adj* □ ungerecht; unredlich.
un·ripe [ʌn'raɪp] *adj* unreif.
un·ri·val(l)ed [ʌn'raɪvld] *adj* unvergleichlich, unerreicht, einzigartig.
un·roll [ʌn'rəʊl] *v/t* ent-, aufrollen; *v/i* sich entfalten.
un·ruf·fled [ʌn'rʌfld] *adj* glatt; *fig*. gelassen, ruhig.
un·ru·ly [ʌn'ruːlɪ] *adj* (**-ier**, **-iest**) ungebärdig, widerspenstig.
un·safe [ʌn'seɪf] *adj* □ unsicher.
un·said [ʌn'sed] *adj* unausgesprochen.
un·sal(e)·a·ble [ʌn'seɪləbl] *adj* unverkäuflich.
un·san·i·tar·y [ʌn'sænɪtərɪ] *adj* unhygienisch.
un·sat·is|fac·to·ry [ʌnsætɪs'fæktərɪ] *adj* □ unbefriedigend, unzulänglich; **~·fied**

[ʌn'sætɪsfaɪd] *adj* unbefriedigt; **~·fy·ing** → ***unsatisfactory***.

un·sa·vo(u)r·y [ʌn'seɪvərɪ] *adj* □ unappetitlich (*a. fig.*), widerwärtig.

un·say [ʌn'seɪ] *v/t* (**-*said***) zurücknehmen, widerrufen.

un·scathed [ʌn'skeɪðd] *adj* unversehrt, unverletzt.

un·schooled [ʌn'sku:ld] *adj* ungeschult, nicht ausgebildet.

un·screw [ʌn'skru:] *v/t* ab-, los-, aufschrauben; *v/i* sich abschrauben lassen.

un·scru·pu·lous [ʌn'skru:pjʊləs] *adj* □ bedenken-, gewissen-, skrupellos.

un·sea·soned [ʌn'si:znd] *adj* nicht abgelagert (*timber*); ungewürzt; *fig.* nicht abgehärtet.

un·seat [ʌn'si:t] *v/t rider*: abwerfen; *from office*: *j-n* s-s Postens entheben; *pol. j-m* s-n Sitz (im Parlament) nehmen.

un·see·ing [ʌn'si:ɪŋ] *adj* □ *fig.* blind; ***with ~ eyes*** mit leerem Blick.

un·seem·ly [ʌn'si:mlɪ] *adj* ungehörig.

un·self·ish [ʌn'selfɪʃ] *adj* □ selbstlos, uneigennützig; **~·ness** *s* Selbstlosigkeit *f*.

un·set·tle [ʌn'setl] *v/t* durcheinanderbringen; beunruhigen; aufregen; erschüttern; **~d** *adj* unbeständig, veränderlich (*weather*).

un·shak·en [ʌn'ʃeɪkən] *adj* unerschüttert; unerschütterlich.

un·shaved [ʌn'ʃeɪvd], **un·shav·en** [ʌn'ʃeɪvn] *adj* unrasiert.

un·ship [ʌn'ʃɪp] *v/t* ausschiffen.

un·shrink|a·ble [ʌn'ʃrɪŋkəbl] *adj* nicht einlaufend (*fabric*); **~·ing** *adj* □ unverzagt, furchtlos.

un·sight·ly [ʌn'saɪtlɪ] *adj* häßlich.

un·skil(l)·ful [ʌn'skɪlfl] *adj* □ ungeschickt; **un·skilled** *adj worker*: ungelernt.

un·so·cia·ble [ʌn'səʊʃəbl] *adj* □ ungesellig; **un·so·cial** *adj* unsozial; asozial; ***work ~ hours*** *Br.* außerhalb der normalen Arbeitszeit arbeiten.

un·so·lic·it·ed [ʌnsə'lɪsɪtɪd] *adj* unaufgefordert; ***~ goods*** *econ.* unbestellte Ware(n).

un·solv·a·ble [ʌn'sɒlvəbl] *adj chem.* unlöslich; *fig.* unlösbar; **un·solved** *adj* ungelöst.

un·so·phis·ti·cat·ed [ʌnsə'fɪstɪkeɪtɪd] *adj* ungekünstelt, natürlich, naiv.

un·sound [ʌn'saʊnd] *adj* □ ungesund; verdorben; wurmstichig, morsch; nicht stichhaltig (*argument*); verkehrt; ***of ~ mind*** *jur.* unzurechnungsfähig.

un·spar·ing [ʌn'speərɪŋ] *adj* □ freigebig; schonungslos, unbarmherzig.

un·spea·ka·ble [ʌn'spi:kəbl] *adj* □ unsagbar, unbeschreiblich, entsetzlich.

un·spoiled, **un·spoilt** [ʌn'spɔɪld, ~t] *adj* unverdorben; nicht verzogen (*child*).

un·spo·ken [ʌn'spəʊkən] *adj* ungesagt; **~-*of*** unerwähnt.

un·stead·y [ʌn'stedɪ] *adj* □ (**-*ier***, **-*iest***) unsicher; schwankend, unbeständig; unregelmäßig; *fig.* unsolide.

un·strained [ʌn'streɪnd] *adj* unfiltriert; *fig.* ungezwungen.

un·strap [ʌn'stræp] *v/t* (**-*pp*-**) ab-, auf-, losschnallen.

un·stressed *ling.* [ʌn'strest] *adj* unbetont.

un·strung [ʌn'strʌŋ] *adj mus.* saitenlos; *mus.* entspannt (*string*); *fig.* zerrüttet, entnervt (*person*).

un·stuck [ʌn'stʌk] *adj*: ***come ~*** sich lösen, abgehen; *fig.* scheitern (*person, plan*).

un·stud·ied [ʌn'stʌdɪd] *adj* ungekünstelt, natürlich.

un·suc·cess·ful [ʌnsək'sesfl] *adj* □ erfolglos, ohne Erfolg.

un·suit·a·ble [ʌn'sju:təbl] *adj* □ unpassend; unangemessen.

un·sure [ʌn'ʃɔ:] *adj* (**~*r***, **~*st***) unsicher.

un·sur·passed [ʌnsə'pɑ:st] *adj* unübertroffen.

un·sus·pect|ed [ʌnsə'spektɪd] *adj* □ unverdächtig; unvermutet; **~·ing** *adj* □ nichts ahnend; arglos.

un·sus·pi·cious [ʌnsə'spɪʃəs] *adj* □ arglos; unverdächtig.

un·tan·gle [ʌn'tæŋgl] *v/t* entwirren.

un·tapped [ʌn'tæpt] *adj* unangezapft (*barrel*); ungenutzt (*resources, energy*).

un·teach·a·ble [ʌn'ti:tʃəbl] *adj* unbelehrbar (*person*); nicht lehrbar (*subject*).

un·ten·a·ble [ʌn'tenəbl] *adj* unhaltbar (*theory, position, etc.*).

un·thank·ful [ʌn'θæŋkfl] *adj* □ undankbar.

un·think|a·ble [ʌn'θɪŋkəbl] *adj* undenkbar; **~·ing** *adj* □ gedankenlos.

un·thought [ʌn'θɔ:t] *adj* unüberlegt; **~-*of*** unvorstellbar; unerwartet.

un·ti·dy [ʌn'taɪdɪ] *adj* □ (*-ier*, *-iest*) unordentlich.
un·tie [ʌn'taɪ] *v/t* aufknoten, *knot*, *etc.*: lösen; losbinden.
un·til [ən'tɪl] **1.** *prp* bis; **2.** *cj* bis (daß); ***not*** ~ erst als *or* wenn.
un·time·ly [ʌn'taɪmlɪ] *adj* vorzeitig; ungelegen.
un·tir·ing [ʌn'taɪərɪŋ] *adj* □ unermüdlich.
un·to ['ʌntʊ] → ***to*** 1.
un·told [ʌn'təʊld] *adj* unerzählt; ungesagt; unermeßlich; unsäglich.
un·touched [ʌn'tʌtʃt] *adj* unberührt (*meal*, *etc.*); *fig.* ungerührt.
un·trou·bled [ʌn'trʌbld] *adj* ungestört; ruhig.
un·true [ʌn'tru:] *adj* □ unwahr, falsch.
un·trust·wor·thy [ʌn'trʌstwɜ:ðɪ] *adj* unzuverlässig, nicht vertrauenswürdig.
un·truth·ful [ʌn'tru:θfl] *adj* □ unwahr; unaufrichtig; falsch.
un·used¹ [ʌn'ju:zd] *adj* unbenutzt, ungebraucht.
un·used² [ʌn'ju:st] *adj* nicht gewohnt (***to*** an *acc*); nicht gewohnt (***to doing*** zu tun).
un·u·su·al [ʌn'ju:ʒʊəl] *adj* □ ungewöhnlich.
un·var·nished *fig.* [ʌn'vɑ:nɪʃt] *adj* ungeschminkt.
un·veil [ʌn'veɪl] *v/t* entschleiern; *monument*, *etc.*: enthüllen.
un·versed [ʌn'vɜ:st] *adj* unbewandert, unerfahren (***in*** in *dat*).
un·want·ed [ʌn'wɒntɪd] *adj* unerwünscht.
un·war·rant·ed [ʌn'wɒrəntɪd] *adj* ungerechtfertigt, unberechtigt.
un·wel·come [ʌn'welkəm] *adj* unwillkommen.
un·well [ʌn'wel] *adj*: ***she is*** *or* ***feels*** ~ sie fühlt sich unwohl *or* unpäßlich, sie ist unpäßlich.
un·whole·some [ʌn'həʊlsəm] *adj* ungesund (*a. fig.*).
un·wield·y [ʌn'wi:ldɪ] *adj* □ unhandlich, sperrig; unbeholfen.
un·will·ing [ʌn'wɪlɪŋ] *adj* □ widerwillig; ungern; ***be*** ~ ***to do*** *et.* nicht tun wollen.
un·wind [ʌn'waɪnd] *v/t and v/i* (***-wound***) auf-, loswickeln; (sich) abwickeln; F sich entspannen, abschalten.
un·wise [ʌn'waɪz] *adj* □ unklug.
un·wor·thy [ʌn'wɜ:ðɪ] *adj* unwürdig; ***he is*** ~ ***of it*** er verdient es nicht, er ist es nicht wert.
un·wrap [ʌn'ræp] *v/t* (***-pp-***) auswickeln, auspacken, aufwickeln.
un·writ·ten ['ʌnrɪtn] *adj*: ~ ***law*** ungeschriebenes Gesetz.
un·yield·ing [ʌn'ji:ldɪŋ] *adj* □ starr, fest; *fig.* unnachgiebig.
un·zip [ʌn'zɪp] *v/t* (*-pp-*) den Reißverschluß (*gen*) öffnen.
up [ʌp] **1.** *adv* nach oben, hoch, (her-, hin)auf, in die Höhe, empor, aufwärts; oben; von ... an; flußaufwärts; *Br. esp. to capital*: in der *or* in die (Haupt-) Stadt; *Br. esp.* in *or* nach London; ~*right*: aufrecht, gerade; *baseball*: am Schlag; ~ ***to*** hinauf nach *or* zu; bis (zu); ~ ***North*** im Norden; ~ ***there*** dort oben, dort hinauf; ~ ***here*** hier oben, hier herauf; ~ ***and away*** auf und davon; ***walk*** ~ ***and down*** auf und ab gehen, hin und her gehen; ***rents have gone*** ~ die Mieten sind gestiegen; ***it is*** ~ ***to him*** es liegt an ihm, es hängt von ihm ab; ***what are you*** ~ ***to?*** was hast du vor?, was machst du (***there*** da)?; **2.** *adj* aufwärts..., nach oben; oben; hoch; aufgegangen (*sun*); gestiegen (*prices*); abgelaufen, um (*time*); auf(gestanden); ~ ***and about*** wieder auf den Beinen; ***what's*** ~***?*** was ist los?; ~ ***train*** Zug *m* nach der Stadt; **3.** *prp* hinauf; ~ (***the***) ***country*** landeinwärts; F ~ ***yours!*** F du kannst mich mal!; **4.** (*-pp-*) *v/i* aufstehen, sich erheben; *v/t prices*, *etc.*: erhöhen; **5.** *s*: ***the*** ~***s and downs*** *pl* das Auf u. Ab, die Höhen u. Tiefen *pl* (***of life*** des Lebens).
up-and-com·ing [ʌpən'kʌmɪŋ] *adj* aufstrebend, vielversprechend.
up·bring·ing ['ʌpbrɪŋɪŋ] *s* Erziehung *f*.
up·com·ing *Am.* ['ʌpkʌmɪŋ] *adj* bevorstehend.
up·coun·try [ʌp'kʌntrɪ] *adj and adv* landeinwärts; im Inneren des Landes (gelegen).
up·date [ʌp'deɪt] *v/t* auf den neuesten Stand bringen.
up·end [ʌp'end] *v/t* hochkant stellen; *receptacle*: umstülpen.
up-front F [ʌp'frʌnt] *adj* vorne; *of payment*: Voraus...; *person*: aufgeschlossen, offen.

U

up·grade [ʌp'greɪd] *v/t j-n* (im Rang) befördern.
up·heav·al *fig.* [ʌp'hi:vl] *s* Umwälzung *f.*
up·hill [ʌp'hɪl] *adj and adv* bergauf; *fig.* mühsam.
up·hold [ʌp'həʊld] *v/t* (**-held**) aufrechterhalten, unterstützen; *jur.* bestätigen.
up·hol·ster [ʌp'həʊlstə] *v/t chair, etc.*: polstern; **~·er** *s* Polsterer *m*; **~·y** *s* Polsterung *f*; (Möbel)Bezugsstoff *m*; Polstern *n*; Polsterei *f*.
up·keep ['ʌpki:p] *s* Instandhaltung(skosten *pl*) *f*; Unterhalt(ungskosten *pl*) *m*.
up·land ['ʌplənd] *s mst* **~s** *pl* Hochland *n*.
up·lift *fig.* [ʌp'lɪft] *v/t* aufrichten, erbauen.
up-mar·ket ['ʌpmɑ:kɪt] *adj goods, etc.*: exklusiv, Luxus...
up·on [ə'pɒn] *prp* → **on** 1; **once ~ a time there was** es war einmal.
up·per ['ʌpə] *adj* obere(r, -s), höhere(r, -s), Ober...; **~ middle class** obere Mittelschicht; **~ class** *s* Oberschicht *f*; **~·most 1.** *adj* oberste(r, -s), höchste(r, -s); **2.** *adv* obenan, ganz oben.
up·right ['ʌpraɪt] **1.** *adj* □ aufrecht; *fig.* rechtschaffen; **2.** *s* (senkrechte) Stütze, Träger *m*.
up·ris·ing ['ʌpraɪzɪŋ] *s* Erhebung *f*, Aufstand *m*.
up·roar ['ʌprɔ:] *s* Aufruhr *m*; **~·i·ous** [ʌp'rɔ:rɪəs] *adj* □ lärmend, laut, tosend (*applause*), schallend (*laughter*).
up·root [ʌp'ru:t] *v/t* entwurzeln; (her-) ausreißen.
up·set [ʌp'set] *v/t* (**-tt-; -set**) umwerfen, (um)stürzen, umkippen, umstoßen; durcheinanderbringen (*a. fig.*); *stomach*: verderben; *fig. j-n* aus der Fassung bringen; **be ~** aufgeregt sein, aus der Fassung sein, durcheinander sein.
up·shot ['ʌpʃɒt] *s* Ergebnis *n*.
up·side down [ʌpsaɪd'daʊn] *adv* das Oberste zuunterst; verkehrt (herum).
up·stairs [ʌp'steəz] *adj and adv* im oberen Stockwerk (gelegen); die Treppe hinauf, (nach) oben.
up·start ['ʌpstɑ:t] *s* Emporkömmling *m*.
up·stream [ʌp'stri:m] *adv* fluß-, stromaufwärts.
up·tight F ['ʌptaɪt] *adj* nervös.
up-to-date [ʌptə'deɪt] *adj* modern; auf dem neuesten Stand.
up·town *Am.* [ʌp'taʊn] *adj and adv* im *or* in das Wohn- *or* Villenviertel.
up·turn ['ʌptɜ:n] *s* Aufschwung *m*.
up·ward(s) ['ʌpwəd(z)] *adv* aufwärts (gerichtet).
u·ra·ni·um *chem.* [jʊə'reɪnɪəm] *s* Uran *n*.
ur·ban ['ɜ:bən] *adj* städtisch, Stadt...; **~ renewal** Stadtsanierung *f*; **~e** [ɜ:'beɪn] *adj* □ gewandt, weltmännisch; gebildet.
urge [ɜ:dʒ] **1.** *v/t j-n* (be)drängen (**to do** zu tun); dringen auf (*acc*); *claim*: geltend machen; *often* **~ on** *j-n* drängen, (an)treiben; **2.** *s* Verlangen *n*, Drang *m*; **ur·gen·cy** ['ɜ:dʒənsɪ] *s* Dringlichkeit *f*; Drängen *n*; **ur·gent** *adj* □ dringend; dringlich; eilig.
u·ri|nal ['jʊərɪnl] *s* Harnglas *n*; Pissoir *n*; **~·nate** ['~neɪt] *v/i* urinieren; **u·rine** ['jʊərɪn] *s* Urin *m*, Harn *m*.
urn [ɜ:n] *s* Urne *f*; *in cafeteria, etc.*: Tee-, Kaffeemaschine *f*.
us [ʌs, əs] *pron* uns; **all of ~** wir alle; **both of ~** wir beide.
us·age ['ju:zɪdʒ] *s* Brauch *m*, Gepflogenheit *f*; Sprachgebrauch *m*; Behandlung *f*; Verwendung *f*, Gebrauch *m*.
use 1. *s* [ju:s] Gebrauch *m*, Benutzung *f*, Verwendung *f*; *custom*: Gewohnheit *f*, Brauch *m*; **~***fulness*: Nutzen *m*; (**of**) **no ~** nutz-, zwecklos; **have no ~ for** keine Verwendung haben für; *Am.* F nicht mögen; **2.** *v/t* [ju:z] gebrauchen, benutzen, ver-, anwenden; handhaben; **~ up** ver-, aufbrauchen; **I ~d to do** ich pflegte zu tun, früher tat ich; **~d** *adj* [ju:zd] ge-, verbraucht; [ju:st] gewöhnt (**to** an *acc*), gewohnt (**to** zu *or acc*); **~·ful** *adj* □ brauchbar, nützlich; Nutz...; **~·less** *adj* □ nutz-, zwecklos, unnütz.
us·er ['ju:zə] *s* Benutzer(in); *of drugs*: Konsument(in); **~-friend·ly** *adj* benutzerfreundlich.
ush·er ['ʌʃə] **1.** *s* Gerichtsdiener *m*; Platzanweiser *m*; **2.** *v/t mst* **~ in** herein-, hineinführen, *era*: einleiten; **~·ette** [~'ret] *s* Platzanweiserin *f*.
u·su·al ['ju:ʒʊəl] *adj* □ gewöhnlich, üblich, gebräuchlich.
u·surp [ju:'zɜ:p] *v/t* sich widerrechtlich aneignen; *power*: an sich reißen, usurpieren; **~·er** *s* Usurpator *m*.

u·ten·sil [juː'tensl] *s* Gerät *n.*
u·te·rus *anat.* ['juːtərəs] *s* (*pl* ***-ri*** [-raɪ]) Gebärmutter *f.*
u·til·i·ty [juː'tɪlətɪ] **1.** *s* Nützlichkeit *f*, Nutzen *m*; ***utilities*** *pl* Leistungen *pl* der öffentlichen Versorgungsbetriebe; **2.** *adj* Gebrauchs...
u·ti|li·za·tion [juːtɪlaɪ'zeɪʃn] *s* (Aus)Nutzung *f*, Verwertung *f*, Verwendung *f*; **~·lize** ['juːtɪlaɪz] *v/t* (aus)nutzen, verwerten, verwenden.
ut·most ['ʌtməʊst] *adj* äußerste(r, -s).
u·to·pi·an [juː'təʊpɪən] **1.** *adj* utopisch; **2.** *s* Utopist(in).
ut·ter ['ʌtə] **1.** *adj* □ *fig.* äußerste(r, -s), völlig; **2.** *v/t* äußern; *sigh, etc.*: ausstoßen, von sich geben; **~·ance** *s* Äußerung *f*; Aussprache *f*.
U-turn ['juːtɜːn] *s mot.* Wende *f*; *fig.* Kehrtwendung *f*.
u·vu·la *anat.* ['juːvjʊlə] *s* (*pl* ***-lae*** [-liː], ***-las***) (Gaumen)Zäpfchen *n.*

V

vac F [væk] *s Br. univ.* Semesterferien *pl.*
va|can·cy ['veɪkənsɪ] *s* Leere *f*; freies Zimmer (*hotel*); offene *or* freie Stelle; *fig.* geistige Leere; **~·cant** *adj* □ leer (*a. fig.*); frei (*room, seat*); leer(stehend), unbewohnt (*house*); offen, frei (*job*); unbesetzt, vakant (*office*); *fig.* geistesabwesend.
va·cate [və'keɪt, *Am.* 'veɪ-] *v/t* räumen, *job*: aufgeben, *post*: scheiden aus, *office*: niederlegen; **va·ca·tion** [və'keɪʃn, *Am.* veɪ'-] **1.** *s esp. Am.* Schulferien *pl*; *univ.* Semesterferien *pl*; *jur.* Gerichtsferien *pl*; *esp. Am.* Urlaub *m*, Ferien *pl*; ***be on ~*** *esp. Am.* im Urlaub sein, Urlaub machen; ***take a ~*** *esp. Am.* sich Urlaub nehmen, Urlaub machen; **2.** *v/i esp. Am.* Urlaub machen; **va·ca·tion·ist** *s esp. Am.* Urlauber(in).
vac|cin·ate ['væksɪneɪt] *v/t* impfen; **~·cin·a·tion** [~'neɪʃn] *s* (Schutz)Impfung *f*; **~·cine** *med.* ['~siːn] *s* Impfstoff *m.*
vac·il·late *mst fig.* ['væsɪleɪt] *v/i* schwanken.
vac·u·um ['vækjʊəm] **1.** *s* (*pl* ***-uums, -ua***) *phys.* Vakuum *n*; ***~ bottle*** Thermosflasche *f TM*; ***~ cleaner*** Staubsauger *m*; ***~ flask*** Thermosflasche *f TM*; ***~-packed*** vakuumverpackt; **2.** *v/t carpet*: saugen; *v/i* (staub)saugen.
vag·a·bond ['vægəbɒnd] *s* Landstreicher(in).
va·ga·ry ['veɪgərɪ] *s* Laune *f*; *strange idea*: verrückter Einfall.
va·gi|na *anat.* [və'dʒaɪnə] *s* Vagina *f*, Scheide *f*; **~·nal** *adj anat.* vaginal, Vaginal..., Scheiden...
va|grant ['veɪgrənt] **1.** *adj* □ wandernd, vagabundierend; *fig.* unstet; **2.** *s* Landstreicher(in).
vague [veɪg] *adj* □ (***~r, ~st***) vage, verschwommen; unbestimmt; unklar.
vain [veɪn] *adj* □ eitel, eingebildet; nutzlos, vergeblich; ***in ~*** vergebens, vergeblich, umsonst.
vale [veɪl] *s poet. or in place names*: Tal *n.*
val·en·tine ['væləntaɪn] *s* Valentinsgruß *m* (*sent on St Valentine's Day, 14th February*); Empfänger(in) e-s Valentinsgrußes.
va·le·ri·an *bot.* [və'lɪərɪən] *s* Baldrian *m.*
val·et ['vælɪt] *s* (Kammer)Diener *m*; Hoteldiener *m.*
val|id ['vælɪd] *adj* □ gültig; *argument*: triftig, stichhaltig; *claim*: berechtigt; ***be ~*** gelten; ***become ~*** Rechtskraft erlangen; **~·i·date** *v/t jur.* für gültig erklären, bestätigen; **~·id·i·ty** [və'lɪdətɪ] *s* (*jur.* Rechts)Gültigkeit *f*; Stichhaltigkeit *f*; Richtigkeit *f*.
val·ley ['vælɪ] *s* Tal *n.*
val·o(u)r ['vælə] *s* Mut *m*, Tapferkeit *f*.
val·u·a·ble ['væljʊəbl] **1.** *adj* □ wertvoll; **2.** *s*: **~s** *pl* Wertsachen *pl.*
val·u·a·tion [væljʊ'eɪʃn] *s* Bewertung *f*, Schätzung *f*; Schätz-, Taxwert *m.*

val·ue ['vælju:] **1.** *s* Wert *m*; *econ.* Währung *f*; *mst* **~s** *pl fig.* (*cultural or ethical*) Werte *pl*; **at ~** *econ.* zum Tageskurs; **give (get) good ~ for money** *econ.* reell bedienen (bedient werden); **2.** *v/t* (ab-)schätzen, veranschlagen; *fig.* schätzen, bewerten; **~-ad·ded tax** *s econ.* (*abbr.* **VAT**) Mehrwertsteuer *f* (*abbr. MWSt*); **~d** *adj* veranschlagt; geschätzt; **~·less** *adj* wertlos.

valve [vælv] *s tech.* Ventil *n*; *anat.* (Herz- *etc.*)Klappe *f*; *Br. electr.* (Radio-, Fernseh)Röhre *f*.

vam·pire ['væmpaıə] *s* Vampir *m*.

van[1] [væn] *s* Lieferwagen *m*; *esp. Br. rail.* Güter-, Gepäckwagen *m*; F Wohnwagen *m*.

van[2] *mil.* [~] → ***vanguard***.

van·dal ['vændəl] *hist.* Vandale *m*; *fig.* Vandale *m*, Rowdy *m*; **~·is·m** *s* Vandalismus *m*; **~·ize** *v/t* wie die Vandalen hausen in (*dat*), mutwillig zerstören, verwüsten.

vane [veın] *s* Wetterfahne *f*; (Propeller)Flügel *m*; *tech.* Schaufel *f*.

van·guard *mil.* ['vængɑ:d] *s* Vorhut *f*.

va·nil·la [və'nılə] *s* Vanille *f*.

van·ish ['vænıʃ] *v/i* verschwinden.

van·i·ty ['vænətı] *s* Eitelkeit *f*; Nichtigkeit *f*; **~ bag** Kosmetiktäschchen *n*; **~ case** Kosmetikkoffer *m*.

van·quish ['væŋkwıʃ] *v/t* besiegen.

van·tage *rare* ['vɑ:ntıdʒ] *s tennis*: Vorteil *m*; **~-ground** *s mst mil.* günstige Stellung.

vap·id ['væpıd] *adj* □ schal; fad(e).

va·por·ize ['veıpəraız] *v/i and v/t* verdampfen, verdunsten (lassen).

va·po(u)r ['veıpə] *s* Dampf *m*, Dunst *m*; **~ trail** *aer.* Kondensstreifen *m*.

var·i|a·ble ['veərıəbl] **1.** *adj* □ veränderlich, wechselnd, unbeständig; *tech.* ver-, einstellbar; **2.** *s* veränderliche Größe; **~·ance** *s*: **be at ~ (with)** uneinig sein (mit *j-m*), anderer Meinung sein (als *j-d*); im Widerspruch stehen (zu); **~·ant** **1.** *adj* abweichend, verschieden; **2.** *s* Variante *f*; **~·a·tion** [~'eıʃn] *s* Schwankung *f*, Abweichung *f*; Variation *f*.

var·i·cose veins *med.* [værıkəʊs'veınz] *s pl* Krampfadern *pl*.

var·ied ['veərıd] *adj* □ verschieden, unterschiedlich; *life, etc.*: abwechslungsreich.

va·ri·e·ty [və'raıətı] *s* Mannigfaltigkeit *f*, Vielzahl *f*, Abwechslung *f*; *econ.* Auswahl *f*; Sorte *f*, Art *f*; Spielart *f*, Variante *f*; **for the sake of ~** zur Abwechslung; **for a ~ of reasons** aus den verschiedensten Gründen; **~ show** Varietévorstellung *f*; **~ theatre** Varieté(theater) *n*.

var·i·ous ['veərıəs] *adj* □ verschiedene, mehrere; verschiedenartig.

var·mint F ['vɑ:mınt] *s zo.* Schädling *m*; Halunke *m*.

var·nish ['vɑ:nıʃ] **1.** *s* Firnis *m*; Lack *m*; Politur *f*; *fig.* Tünche *f*; **2.** *v/t* firnissen; lackieren; *furniture*: (auf)polieren; *fig.* beschönigen.

var·y ['veərı] *v/i and v/t* (sich) (ver)ändern; variieren; wechseln (mit *et.*); abweichen *or* verschieden sein (**from** von); **~ in price** sich im Preis unterscheiden; **opinions on this matter ~** in dieser Sache gehen die Meinungen auseinander; **~·ing** *adj* □ unterschiedlich.

vase [vɑ:z, *Am.* veıs, veız] *s* Vase *f*.

vast [vɑ:st] *adj* □ ungeheuer, gewaltig, riesig, umfassend, weit; *majority*: überwältigend.

vat [væt] *s* Faß *n*, Bottich *m*.

vau·de·ville *Am.* ['vəʊdəvıl] *s* Varieté *n*.

vault[1] [vɔ:lt] *s* (Keller)Gewölbe *n*; Wölbung *f*; Stahlkammer *f*, Tresorraum *m*; Gruft *f*.

vault[2] [~] **1.** *s esp. sports*: Sprung *m*; **2.** *v/i* springen (**over** über *acc*); *v/t* überspringen, springen über (*acc*); **~·ing-horse** *s gymnastics*: Pferd *n*; **~·ing-pole** *s athletics*: Sprungstab *m*.

veal [vi:l] *s* Kalbfleisch *n*; **~ chop** Kalbskotelett *n*; **~ cutlet** Kalbsschnitzel *n*; **roast ~** Kalbsbraten *m*.

veer [vıə] *v/i* sich drehen; *car*: *a.* plötzlich die Richtung ändern, ausscheren.

vege·ta·ble ['vedʒtəbl] **1.** *adj* Gemüse...; pflanzlich; **2.** *s* Pflanze *f*; *mst* **~s** *pl* Gemüse *n*.

veg·e|tar·i·an [vedʒı'teərıən] **1.** *s* Vegetarier(in); **be a ~** vegetarisch leben, Vegetarier sein; **2.** *adj* vegetarisch; **~·tate** *fig.* ['~teıt] *v/i* (dahin)vegetieren; **~·ta·tive** ['~tətıv] *adj* □ vegetativ; wachstumsfördernd.

ve·he|mence ['vi:ıməns] *s* Heftigkeit *f*; Gewalt *f*; **~·ment** *adj* □ heftig; ungestüm.

ve·hi·cle ['vi:ıkl] *s* Fahrzeug *n*; *fig.* Ver-

mittler *m*, Träger *m*; *fig*. Ausdrucksmittel *n*.
veil [veɪl] **1.** *s* Schleier *m*; **2.** *v/t* verschleiern; *fig*. verbergen.
vein [veɪn] *s anat*. Vene *f*; Ader *f* (*a. fig*.); *fig*. Veranlagung *f*, Neigung *f*; *fig*. Stimmung *f*.
ve·loc·i·pede *Am*. [vɪ'lɒsɪpi:d] *s* (Kinder)Dreirad *n*.
ve·loc·i·ty [vɪ'lɒsətɪ] *s* Geschwindigkeit *f*.
vel·vet ['velvɪt] **1.** *s* Samt *m*; **2.** *adj* aus Samt, Samt...; **~·y** *adj* samtig.
ve·nal ['vi:nl] *adj* käuflich; bestechlich, korrupt.
vend [vend] *v/t* verkaufen; **~·ing-ma·chine** *s* (Verkaufs)Automat *m*; **~·or** *s esp. jur*. Verkäufer(in); (Verkaufs)Automat *m*.
ve·neer [və'nɪə] **1.** *s* Furnier *n*; *fig*. äußerer Anstrich, Tünche *f*; **2.** *v/t* furnieren.
ven·e|ra·ble ['venərəbl] *adj* □ ehrwürdig; **~·rate** ['~reɪt] *v/t* (ver)ehren; **~·ra·tion** [~'reɪʃn] *s* Verehrung *f*.
ve·ne·re·al [vɪ'nɪərɪəl] *adj* Geschlechts...; **~ *disease*** *med*. Geschlechtskrankheit *f*.
Ve·ne·tian [vɪ'ni:ʃn] **1.** *adj* venezianisch; **♀ *blind*** Jalousie *f*; **2.** *s* Venezianer(in).
ven·geance ['vendʒəns] *s* Rache *f*; ***with a ~*** F wie verrückt, ganz gehörig.
ve·ni·al ['vi:nɪəl] *adj* □ verzeihlich; *eccl*. läßlich (*sin*).
ven·i·son ['venɪzn] *s* Wildbret *n*.
ven·om ['venəm] *s* (*esp*. Schlangen)Gift *n*; *fig*. Gift *n*, Gehässigkeit *f*; **~·ous** *adj* □ giftig (*a. fig*.).
ve·nous ['vi:nəs] *adj* Venen...; venös.
vent [vent] **1.** *s* (Abzugs)Öffnung *f*; Luft-, Spundloch *n*; Schlitz *m*; ***give ~ to*** → **2.** *v/t fig. anger, etc.*: Luft machen (*dat*), auslassen, abreagieren (***on*** an *dat*).
ven·ti|late ['ventɪleɪt] *v/t* ventilieren, (be-, ent-, durch)lüften; *fig*. erörtern; **~·la·tion** [~'leɪʃn] *s* Ventilation *f*, Lüftung *f*; *fig*. Erörterung *f*; **~·la·tor** *s* Ventilator *m*; *med. a.* **~ *machine*** Beatmungsgerät *n*.
ven·tril·o·quist [ven'trɪləkwɪst] *s* Bauchredner *m*.
ven·ture ['ventʃə] **1.** *s* Wagnis *n*, Risiko *n*; Abenteuer *n*; *econ*. Unternehmen *n*; *econ*. Spekulation *f*; ***at a ~*** auf gut Glück; ***joint ~*** *econ*. Gemeinschaftsunternehmen *n*, Joint-venture *n*; **2.** *v/t* (*v/i* sich) wagen; riskieren.
ve·ra·cious [və'reɪʃəs] *adj* □ wahrhaftig; wahrheitsgemäß.
verb *gr*. [vɜ:b] *s* Verb *n*, Zeitwort *n*; **~·al** *adj* □ wörtlich; mündlich; **ver·bi·age** ['vɜ:bɪɪdʒ] *s* Wortschwall *m*; **ver·bose** [vɜ:'bəʊs] *adj* □ wortreich, langatmig.
ver·dant *poet*. ['vɜ:dənt] *adj* grün; *fig*. unreif.
ver·dict ['vɜ:dɪkt] *s jur*. Spruch *m* (*of jury*); *fig*. Urteil *n*; ***bring in*** *or* ***return a ~ of guilty*** auf schuldig erkennen.
ver·di·gris ['vɜ:dɪgrɪs] *s* Grünspan *m*.
ver·dure ['vɜ:dʒə] *s* (frisches) Grün.
verge [vɜ:dʒ] **1.** *s* Rand *m*, Grenze *f*; *of road*: Bankett *n*; ***on the ~ of*** am Rande (*gen*), dicht vor (*dat*); ***on the ~ of despair*** der Verzweiflung nahe; **2.** *v/i*: **~ (*up*)*on*** grenzen an (*acc*) (*a. fig*.).
ver·i|fi·able ['verɪfaɪəbl] *adj* nachprüfbar; **~·fi·ca·tion** [~fɪ'keɪʃn] *s* Überprüfung *f*; Nachweis *m*; Bestätigung *f*; **~·fy** *v/t* (nach)prüfen; beweisen; bestätigen.
ver·i·ta·ble ['verɪtəbl] *adj* wahr, wirklich.
ver·mi·cel·li [vɜ:mɪ'selɪ] *s sg* Fadennudeln *pl*, Vermicelli *pl*.
ver·mi·form ap·pen·dix *anat*. [vɜ:mɪfɔ:mə'pendɪks] *s* Wurmfortsatz *m*.
ver·min ['vɜ:mɪn] *s* Ungeziefer *n*; Schädling(e *pl*) *m*; *fig*. Gesindel *n*, Pack *n*; **~·ous** *adj* voller Ungeziefer.
ver·nac·u·lar [və'nækjʊlə] **1.** *adj* □ einheimisch; Volks...; **2.** *s* Landes-, Volkssprache *f*; Jargon *m*.
ver·sa·tile ['vɜ:sətaɪl] *adj* □ vielseitig; flexibel.
verse [vɜ:s] *s* Vers(e *pl*) *m*; Strophe *f*; Dichtung *f*; **~d** *adj* bewandert; ***be*** (***well***) **~ *in*** sich (gut) auskennen in (*dat*).
ver·si·fy ['vɜ:sɪfaɪ] *v/t* in Verse bringen; *v/i* Verse machen.
ver·sion ['vɜ:ʃn] *s* Fassung *f*, Darstellung *f*; Version *f*, Lesart *f*; *translation*: Übersetzung *f*; *tech*. Ausführung *f*, Modell *n* (*of car, etc*.).
ver·sus ['vɜ:səs] *prp jur., sports*: gegen.
ver·te|bra *anat*. ['vɜ:tɪbrə] *s* (*pl* ***-brae*** [-bri:]) Wirbel *m*; **~·brate** *zo*. [~eɪt] *s* Wirbeltier *n*.
ver·ti·cal ['vɜ:tɪkl] *adj* □ vertikal, senkrecht.

ver·tig·i·nous [vɜːˈtɪdʒɪnəs] *adj* schwindelerregend, schwindelnd (*height*).
ver·ti·go [ˈvɜːtɪgəʊ] *s* (*pl* **-gos**) Schwindel(anfall) *m*.
verve [vɜːv] *s* Schwung *m*, Begeisterung *f*; Elan *m*.
ver·y [ˈverɪ] **1.** *adv* sehr; *with sup.*: aller...; ***the ~ best*** das allerbeste; ***~ little*** sehr wenig; ***thank you ~ much*** danke sehr; ***the ~ same car*** genau das gleiche Auto; **2.** *adj* gerade, genau; bloß; rein; der-, die-, dasselbe; ***the ~ same*** ebenderselbe; ***in the ~ act*** auf frischer Tat; gerade dabei; ***the ~ opposite*** genau das Gegenteil; ***the ~ thing*** genau das (richtige); ***the ~ thought*** der bloße Gedanke (***of*** an *acc*).
ves·i·cle *med.* [ˈvesɪkl] *s* Bläschen *n*.
ves·sel [ˈvesl] *s* Gefäß *n* (*a. anat.*, *bot.*, *fig.*); *mar.* Fahrzeug *n*, Schiff *n*.
vest [vest] *s Br.* Unterhemd *n*; *Am.* Weste *f*.
ves·ti·bule [ˈvestɪbjuːl] *s anat.* Vorhof *m*; *of house*: (Vor)Halle *f*.
ves·tige *fig.* [ˈvestɪdʒ] *s* Spur *f*.
vest·ment [ˈvestmənt] *s* Amtstracht *f*, Robe *f*.
ves·try *eccl.* [ˈvestrɪ] *s* Sakristei *f*.
vet F [vet] **1.** *s* Tierarzt *m*; *Am. mil.* Veteran *m*; **2.** *v/t* (**-tt-**) *co.* verarzten; gründlich prüfen.
vet·e·ran [ˈvetərən] **1.** *adj* altgedient; erfahren; **2.** *s* Veteran *m*.
vet·e·ri·nar·i·an *Am.* [vetərɪˈneərɪən] *s* Tierarzt *m*.
vet·e·ri·na·ry [ˈvetərɪnərɪ] **1.** *adj* tierärztlich; **2.** *s a.* ***~ surgeon*** *Br.* Tierarzt *m*.
ve·to [ˈviːtəʊ] **1.** *s* (*pl* **-toes**) Veto *n*; **2.** *v/t* sein Veto einlegen gegen.
vex [veks] *v/t* ärgern; schikanieren; **~·a·tion** [~ˈseɪʃn] *s* Verdruß *m*; Ärger(-nis *n*) *m*; **~·a·tious** *adj* ärgerlich.
vi·a [ˈvaɪə] *prp* über (*acc*), via.
vi·a·duct [ˈvaɪədʌkt] *s* Viadukt *m*, *n*.
vi·al [ˈvaɪəl] *s* Phiole *f*, Fläschchen *n*.
vi·brate [vaɪˈbreɪt] *v/i* vibrieren; zittern; **vi·bra·tion** *s* Schwingung *f*; Zittern *n*, Vibrieren *n*.
vic·ar *eccl.* [ˈvɪkə] *s* Vikar *m*; **~·age** [ˈ~rɪdʒ] *s* Pfarrhaus *n*.
vice¹ [vaɪs] *s* Laster *n*; Untugend *f*; Fehler *m*; ***~ squad*** Sittenpolizei *f*, -dezernat *n*, F Sitte *f*.
vice² *Br. tech.* [~] *s* Schraubstock *m*.
vi·ce³ [ˈvaɪsɪ] *prp* an Stelle von.
vice⁴ F [vaɪs] *s* Vize *m*; *attr* stellvertretend, Vize...; **~·roy** *s* Vizekönig *m*.
vi·ce ver·sa [vaɪsɪˈvɜːsə] *adv* umgekehrt.
vi·cin·i·ty [vɪˈsɪnətɪ] *s* Nachbarschaft *f*; Nähe *f*.
vi·cious [ˈvɪʃəs] *adj* □ lasterhaft; bösartig; boshaft; ***~ circle*** Teufelskreis *m*.
vi·cis·si·tude [vɪˈsɪsɪtjuːd] *s* Wandel *m*, Wechsel *m*; **~s** *pl* Wechselfälle *pl*, *das* Auf und Ab.
vic·tim [ˈvɪktɪm] *s* Opfer *n*; **~·ize** *v/t* (auf)opfern; schikanieren; (ungerechterweise) bestrafen.
vic|tor [ˈvɪktə] *s* Sieger(in); **ꝸ·to·ri·an** *hist.* [~ˈtɔːrɪən] *adj* Viktorianisch; **~·to·ri·ous** *adj* □ siegreich; Sieges...; **~·to·ry** [ˈ~tərɪ] *s* Sieg *m*.
vid·e·o [ˈvɪdɪəʊ] **1.** *s* (*pl* **-os**) Video *n*; *a.* Videogerät *n*, -recorder *m*; **2.** *adj* Video...; **3.** *v/t* auf Video(kassette) aufnehmen; **~ cas·sette** *s* Videokassette *f*; **~ (cas·sette) re·cord·er** *s* Videorecorder *m*; **~ disc** *s* Bildplatte *f*; **~ game** *s* Videospiel *n*; **~ nas·ty** *s* F Gewalt-, Horror- *or* Pornovideo(film *m*) *n*; **~·phone** *s* Bildtelefon *n*; **~·tape 1.** *s* Videoband *n*; **2.** *v/t* auf Videoband aufnehmen.
vie [vaɪ] *v/i* wetteifern (***with*** mit; ***for*** um).
Vi·en·nese [vɪəˈniːz] **1.** *s* Wiener(in); **2.** *adj* wienerisch, Wiener...
view [vjuː] **1.** *s* Sicht *f*, Blick *m*; Besichtigung *f*; Aussicht *f* (***of*** auf *acc*); Anblick *m*; Ansicht *f* (*a. fig.*); Absicht *f*; ***in ~*** sichtbar, zu sehen; ***in ~ of*** im Hinblick auf (*acc*); angesichts (*gen*); ***on ~*** zu besichtigen; ***with a ~ to*** *inf or* ***of*** *ger* in der Absicht zu *inf*; ***have*** (***keep***) ***in ~*** im Auge haben (behalten); **2.** *v/t* ansehen, besichtigen; *fig.* betrachten; *v/i* fernsehen; **~ da·ta** *s pl* Bildschirmtext *m*; **~·er** *s* Fernsehzuschauer(in), Fernseher(in); *tech.* Diabetrachter *m*; **~·find·er** *s phot.* (Bild)Sucher *m*; **~·less** *adj* ohne eigene Meinung; *poet.* unsichtbar; **~·point** *s* Gesichts-, Standpunkt *m*.
vig|il [ˈvɪdʒɪl] *s* Nachtwache *f*; **~·i·lance** *s* Wachsamkeit *f*; **~·i·lant** *adj* □ wachsam; **~·i·lan·te** [~ˈlæntiː] *s*: ***~ group*** Bürgerwehr *f*.
vig|or·ous [ˈvɪgərəs] *adj* □ kräftig; energisch; nachdrücklich; **~·o(u)r** *s* Kraft *f*;

Vitalität *f*; Energie *f*; Nachdruck *m*; ***with ~*** kräftig, schwungvoll.
Vi·king ['vaɪkɪŋ] **1.** *s* Wiking(er) *m*; **2.** *adj* wikingisch, Wikinger...
vile [vaɪl] *adj* □ gemein; abscheulich.
vil·la ['vɪlə] *s for holidays*: Ferienhaus *n*; *country house*: Landhaus *n*, Villa *f*.
vil·lage ['vɪlɪdʒ] *s* Dorf *n*; **~ green** *s* Dorfanger *m*, -wiese *f*; **~ id·i·ot** *s* F Dorftrottel *m*; **vil·lag·er** *s* Dorfbewohner(in).
vil·lain ['vɪlən] *s* Schurke *m*, Schuft *m*, Bösewicht *m*; **~·ous** *adj* □ schurkisch; F scheußlich; **~·y** *s* Schurkerei *f*.
vim F [vɪm] *s* Schwung *m*, Schmiß *m*.
vin·di|cate ['vɪndɪkeɪt] *v/t* rechtfertigen; rehabilitieren; **~·ca·tion** [~'keɪʃn] *s* Rechtfertigung *f*.
vin·dic·tive [vɪn'dɪktɪv] *adj* □ rachsüchtig, nachtragend.
vine *bot.* [vaɪn] *s* Wein(stock) *m*, (Wein-)Rebe *f*.
vin·e·gar ['vɪnɪgə] *s* (Wein)Essig *m*.
vine| grow·er ['vaɪngrəʊə] *s* Winzer(in); **~-grow·ing** *s* Weinbau *m*; **~ *district*** Weingegend *f*; **~·yard** ['vɪnjəd] *s* Weinberg *m*.
vin|tage ['vɪntɪdʒ] **1.** *s* Weinlese *f*; (Wein)Jahrgang *m*; **2.** *adj* klassisch; erlesen; altmodisch; **~ *car*** *mot.* Oldtimer *m*; **~·tag·er** *s* Weinleser(in).
vi·o·la *mus.* [vɪ'əʊlə] *s* Bratsche *f*.
vi·o|late ['vaɪəleɪt] *v/t* verletzen; *oath, etc.*: brechen; *rape*: vergewaltigen; **~·la·tion** [~'leɪʃn] *s* Verletzung *f*; (Eid- *etc.*)Bruch *m*; Vergewaltigung *f*.
vi·o|lence ['vaɪələns] *s* Gewalt(tätigkeit) *f*; Heftigkeit *f*; **~·lent** *adj* □ gewaltsam, gewalttätig; heftig.
vi·o·let *bot.* ['vaɪələt] *s* Veilchen *n*.
vi·o·lin *mus.* [vaɪə'lɪn] *s* Violine *f*, Geige *f*.
VIP F [viːaɪ'piː] *s* prominente Persönlichkeit, VIP *m*.
vi·per *zo.* ['vaɪpə] *s* Viper *f*, Natter *f*.
vir·gin ['vɜːdʒɪn] **1.** *s* Jungfrau *f*; **2.** *adj a.* **~·al** *adj* □ jungfräulich; **~·i·ty** [və'dʒɪnətɪ] *s* Jungfräulichkeit *f*.
vir·ile ['vɪraɪl] *adj* männlich; Mannes...; **vi·ril·i·ty** [vɪ'rɪlətɪ] *s* Männlichkeit *f*; *physiol.* Mannes-, Zeugungskraft *f*.
vir·tu·al ['vɜːtʃʊəl] *adj* □ eigentlich; **~·ly** *adv* praktisch.
vir|tue ['vɜːtʃuː] *s* Tugend *f*; Vorzug *m*; ***in*** *or* ***by ~ of*** kraft, vermöge (*gen*); ***make a ~ of necessity*** aus der Not e-e Tugend machen; **~·tu·os·i·ty** [vɜːtjʊ'ɒsətɪ] *s* Virtuosität *f*; **~·tu·ous** ['vɜːtʃʊəs] *adj* □ tugendhaft; rechtschaffen.
vir·u·lent ['vɪrʊlənt] *adj* □ *med.* (sehr) giftig, bösartig (*a. fig.*).
vi·rus ['vaɪərəs] *s med.* Virus *n*, *m*; *fig.* Gift *n*.
vi·sa ['viːzə] *s* Visum *n*, Sichtvermerk *m*; **~ed, ~'d** *adj* mit e-m Sichtvermerk *or* Visum (versehen).
vis·cose ['vɪskəʊs] *s* Viskose *f*.
vis·count ['vaɪkaʊnt] *s* Vicomte *m*; **~·ess** *s* Vicomtesse *f*.
vis·cous ['vɪskəs] *adj* □ zähflüssig.
vise *Am. tech.* [vaɪs] *s* Schraubstock *m*.
vis·i|bil·i·ty [vɪzɪ'bɪlətɪ] *s* Sichtbarkeit *f*; Sichtweite *f*; **~·ble** ['vɪzəbl] *adj* □ sichtbar; *fig.* (er)sichtlich; *pred* zu sehen (*object*).
vi·sion ['vɪʒn] *s* Sehvermögen *n*, -kraft *f*; *fig.* Seherblick *m*; Vision *f*; **~·a·ry 1.** *adj* phantastisch; **2.** *s* Hellseher(in); Phantast(in).
vis|it ['vɪzɪt] **1.** *v/t* besuchen; aufsuchen; besichtigen; *dated fig.* heimsuchen; ***~ s.th. on s.o.*** *eccl.* j-n für et. (be)strafen; *v/i* e-n Besuch *or* Besuche machen; *Am.* plaudern (***with*** mit); **2.** *s* Besuch *m*; ***pay*** *or* ***make a ~ to s.o.*** j-m e-n Besuch abstatten; **~·i·ta·tion** [~'teɪʃn] *s* Besuch *m*; Besichtigung *f*; *fig.* Heimsuchung *f*; **~·it·ing** *s* Besuche *pl*; ***~ hours*** *pl in hospital, etc.*: Besuchszeit *f*; ***~ team*** *sports*: Gastmannschaft *f*, *die* Gäste *pl*; **~·it·or** *s* Besucher(in), Gast *m*; *pl sports*: *die* Gäste *pl*.
vi·sor ['vaɪzə] *s* Visier *n*; (Mützen-)Schirm *m*; *mot.* Sonnenblende *f*.
vis·ta ['vɪstə] *s* (Aus-, Durch)Blick *m*.
vis·u·al ['vɪzjʊəl] *adj* Seh..., Gesichts...; visuell; ***~ aids*** *pl school*: Anschauungsmaterial *n*; ***~ display unit*** *computer*: Bildschirm *m*, Datensichtgerät *n*; ***~ instruction*** *school*: Anschauungsunterricht *m*; **~·ize** *v/t* sich vorstellen, sich ein Bild machen von.
vi·tal ['vaɪtl] **1.** *adj* □ Lebens...; lebenswichtig; wesentlich; (hoch)wichtig; vital; ***~ parts*** *pl* → **2.** *s*: **~s** *pl* lebenswichtige Organe *pl*, edle Teile *pl*; **~·i·ty** [vaɪ'tælətɪ] *s* Lebenskraft *f*, Vitalität *f*; **~·ize** *v/t* beleben; **~ sta·tis·tics** *s pl* Be-

V

völkerungsstatistik *f*; F *Br. of woman*: *die* Maße *pl*.
vit·a·min ['vɪtəmɪn] *s* Vitamin *n*; ~ ***deficiency*** Vitaminmangel *m*.
vi·ti·ate ['vɪʃɪeɪt] *v/t* verderben; beeinträchtigen.
vit·re·ous ['vɪtrɪəs] *adj* □ Glas..., gläsern.
vi·va·cious [vɪ'veɪʃəs] *adj* □ lebhaft; **vi·vac·i·ty** [vɪ'væsətɪ] *s* Lebhaftigkeit *f*.
viv·id ['vɪvɪd] *adj* □ lebhaft, lebendig.
vix·en ['vɪksn] *s* Füchsin *f*; zänkisches Weib, Drachen *m*.
V-neck ['viːnek] *s* V-Ausschnitt *m*; **V-necked** *adj* mit V-Ausschnitt.
vo·cab·u·la·ry [və'kæbjʊlərɪ] *s* Wörterverzeichnis *n*; Wortschatz *m*.
vo·cal ['vəʊkl] *adj* □ stimmlich, Stimm...; laut; *mus*. Vokal..., Gesang...; klingend; *ling*. stimmhaft; **~·ist** ['vəʊkəlɪst] *s* Sänger(in); **~·ize** ['vəʊkəlaɪz] *v/t* (*ling*. stimmhaft) aussprechen.
vo·ca·tion [vəʊ'keɪʃn] *s* Berufung *f*; Beruf *m*; **~·al** *adj* □ beruflich, Berufs...; ~ ***adviser*** Berufsberater *m*; ~ ***education*** Berufsausbildung *f*; ~ ***guidance*** Berufsberatung *f*; ~ ***school*** *Am. appr*. Berufsschule *f*; ~ ***training*** Berufsausbildung *f*.
vogue [vəʊg] *s* Mode *f*; ***be in*** ~ (in) Mode sein.
voice [vɔɪs] **1.** *s* Stimme *f*; ***active*** (***passive***) ~ *gr*. Aktiv *n* (Passiv *n*); ***give*** ~ ***to*** Ausdruck geben *or* verleihen (*dat*); **2.** *v/t* äußern, ausdrücken; *ling*. (stimmhaft) (aus)sprechen.
void [vɔɪd] **1.** *adj* leer; *jur*. (rechts)unwirksam, ungültig; ~ ***of*** frei von, arm an (*dat*), ohne; **2.** *s* Leere *f*; *fig*. Lücke *f*.
vol·a·tile ['vɒlətaɪl] *adj chem*. flüchtig (*a. fig*.); flatterhaft.
vol·ca·no [vɒl'keɪnəʊ] *s* (*pl* **-noes**, **-nos**) Vulkan *m*.
vol·ley ['vɒlɪ] **1.** *s* Salve *f*; (Geschoß- *etc*.)Hagel *m*; *fig*. Schwall *m*; *tennis*: Volley *m*, Flugball *m*; **2.** *v/i tennis*: e-n Volley spielen *or* schlagen; *mil*. e-e Salve *or* Salven abgeben; **~·ball** *s sports*: Volleyball(spiel *n*) *m*.
volt *electr*. [vəʊlt] *s* Volt *n*; **~·age** *electr*. ['~ɪdʒ] *s* Spannung *f*; **~·me·ter** *s electr*. Volt-, Spannungsmesser *m*.
vol·ume ['vɒljuːm] *s* Band *m* (*book*); Volumen *n*; *fig*. Masse *f*, große Menge; (*esp*. Stimm)Umfang *m*; *sound*: Lautstärke *f*; **vo·lu·mi·nous** [və'ljuːmɪnəs] *adj* □ vielbändig; umfangreich, voluminös.
vol·un|ta·ry ['vɒləntərɪ] *adj* □ freiwillig; **~·teer** [vɒlən'tɪə] **1.** *s* Freiwillige(r *m*) *f*; **2.** *v/i* freiwillig dienen; sich freiwillig melden; sich erbieten; *v/t help, etc*.: freiwillig anbieten; *remark, etc*.: sich erlauben.
vo·lup·tu|a·ry [və'lʌptjʊərɪ] *s* Lüstling *m*; **~·ous** *adj* □ wollüstig; *body*: üppig, sinnlich, verlockend.
vom·it ['vɒmɪt] **1.** *v/t* (er)brechen; *v/i* (sich er)brechen; **2.** *s* Erbrochene(s) *n*; Erbrechen *n*.
vo·ra·cious [və'reɪʃəs] *adj* □ gefräßig, gierig, unersättlich; **vo·rac·i·ty** [vɒ'ræsətɪ] *s* Gefräßigkeit *f*, Gier *f*.
vor·tex ['vɔːteks] *s* (*pl* **-texes**, **-tices** [-tɪsiːz]) Wirbel *m*, Strudel *m* (*mst fig*.).
vote [vəʊt] **1.** *s* (Wahl)Stimme *f*; Abstimmung *f*; Stimm-, Wahlrecht *n*; Beschluß *m*, Votum *n*; ~ ***of no confidence*** Mißtrauensvotum *n*; ***take a*** ~ ***on s.th.*** über et. abstimmen; **2.** *v/t* wählen; bewilligen; *v/i* abstimmen; wählen; ~ ***for*** stimmen für; F für *et*. sein; **vot·er** *s* Wähler(in).
vot·ing ['vəʊtɪŋ] *s* Abstimmung *f*, Stimmabgabe *f*; *attr* Wahl...; ~ **pa·per** *s* Stimmzettel *m*; ~ **right** *s* Wahl-, Stimmrecht *n*; ***~s in local elections*** Kommunalwahlrecht *n*; ~ **sys·tem** *s* Wahlsystem *n*.
vouch [vaʊtʃ] *v/i*: ~ ***for*** (sich ver)bürgen für; **~·er** *s* Beleg *m*, Unterlage *f*; Gutschein *m*.
vow [vaʊ] **1.** *s* Gelübde *n*; (Treu)Schwur *m*; ***take a*** ~, ***make a*** ~ ein Gelübde ablegen; **2.** *v/t* geloben.
vow·el *ling*. ['vaʊəl] *s* Vokal *m*, Selbstlaut *m*.
voy|age ['vɔɪɪdʒ] *s* (längere) (See-, Flug)Reise; **~·ag·er** *s* (See)Reisende(r *m*) *f*.
vul·gar ['vʌlgə] *adj* □ gewöhnlich, unfein, ordinär; vulgär, pöbelhaft; geschmacklos; ~ ***tongue*** *die* Sprache des Volkes; **~·i·ty** [vʌl'gærətɪ] *s* Vulgarität *f*; ungehobeltes Wesen; Ungezogenheit *f*; Geschmacklosigkeit *f*.
vul·ne·ra·ble ['vʌlnərəbl] *adj* □ ver-

wundbar (*a. fig.*); *mil., sports*: ungeschützt, offen; *fig.* angreifbar.

vul·pine ['vʌlpaɪn] *adj* Fuchs..., fuchsartig; schlau, listig.

vul·ture *zo.* ['vʌltʃə] *s* Geier *m.*

vy·ing ['vaɪɪŋ] *adj* wetteifernd.

W

wad [wɒd] **1.** *s* (Watte)Bausch *m*; Pfropf(en) *m*; Banknotenbündel *n*; **2.** *v/t* (**-dd-**) wattieren, auspolstern; zu e-m Bausch zusammenpressen; **~·ding** *s for packing*: Einlage *f*, Füllmaterial *n*; Wattierung *f*; Watte *f*.

wad·dle ['wɒdl] **1.** *v/i* watscheln; **2.** *s* watschelnder Gang, Watscheln *n*.

wade [weɪd] *v/i* waten; **~ *through*** *fig.* F sich (hin)durcharbeiten; *v/t* durchwaten.

wa·fer ['weɪfə] *s* Waffel *f*; Oblate *f*; *eccl.* Hostie *f*.

waf·fle¹ ['wɒfl] *s* Waffel *f*.

waf·fle² *Br.* F [~] **1.** *v/i* schwafeln; **2.** *s* Geschwafel *n*.

waft [wɑːft] **1.** *v/t and v/i* wehen; **2.** *s* Hauch *m*.

wag [wæg] **1.** *v/t and v/i* (**-gg-**) wackeln *or* wedeln (mit); **2.** *s* Schütteln *n*; Wedeln *n*; Spaßvogel *m*.

wage¹ [weɪdʒ] *v/t war*: führen, *campaign*: unternehmen (***on, against*** gegen).

wage² [~] *s mst* **~s** *pl* (Arbeits)Lohn *m*; **~-earn·er** *s econ.* Lohnempfänger(in); **~ freeze** *s econ.* Lohnstopp *m*; **~ in·crease** *s* Lohnerhöhung *f*; **~ pack·et** *s econ.* Lohntüte *f*.

wag·gish ['wægɪʃ] *adj* □ schelmisch.

wag·gle ['wægl] *v/i and v/t* wackeln (mit).

wag·(g)on ['wægən] *s* (Last-, Roll)Wagen *m*; *Br. rail.* (offener) Güterwagen; **~·er** *s* Fuhrmann *m*.

wag·tail *zo.* ['wægteɪl] *s* Bachstelze *f*.

wail [weɪl] **1.** *s* (Weh)Klagen *n*; **2.** *v/i* (weh)klagen; schreien, wimmern, heulen (*a. wind*).

waist [weɪst] *s* Taille *f*; schmalste Stelle; *mar.* Mitteldeck *n*; **~·coat** *s* Weste *f*; **~·line** *s* Taille *f*.

wait [weɪt] **1.** *v/i* warten (***for*** auf *acc*); *a.* **~ *at*** (*Am.* ***on***) ***table*** bedienen, servieren; **~ *on***, **~ *upon*** *j-n* bedienen; *v/t* abwarten; **2.** *s* Warten *n*; ***lie in ~ for s.o.*** j-m auflauern; **~·er** *s* Kellner *m*; **~, *the bill*** (*Am.* ***check***), ***please!*** (Herr) Ober, bitte zahlen!

wait·ing ['weɪtɪŋ] *s* Warten *n*; Dienst *m*; ***in ~*** diensttuend; **~-room** *s* Wartezimmer *n*; *rail., etc.*: Wartesaal *m*.

wait·ress ['weɪtrɪs] *s* Kellnerin *f*, Bedienung *f*; **~, *the bill*** (*Am.* ***check***), ***please!*** Bedienung, bitte zahlen!

waive [weɪv] *v/t* verzichten auf (*acc*).

wake [weɪk] **1.** *s mar.* Kielwasser *n* (*a. fig.*); ***in the ~ of*** im Kielwasser (*of a ship*); *fig.* im Gefolge (*gen*); **2.** (***woke*** *or* ***waked***, ***woken*** *or* ***waked***) *v/i a.* **~ *up*** aufwachen; *v/t a.* **~ *up*** (auf)wecken; *fig.* wachrufen; **~·ful** *adj* □ wachsam; schlaflos; **wak·en** → ***wake*** 2.

walk [wɔːk] **1.** *v/i* gehen (*a. sports*), zu Fuß gehen, laufen; spazierengehen; wandern; im Schritt gehen; **~ *out*** *econ.* streiken; **~ *out on*** F im Stich lassen, *boy-, girlfriend*: verlassen; *v/t* (zu Fuß) gehen; führen, *dog*: ausführen; *horse*: im Schritt gehen lassen; begleiten; durchwandern; auf und ab gehen in *or* auf (*dat*); **2.** *s* (Spazier)Gang *m*; *hike*: Wanderung *f*; Spazierweg *m*; ***a 5 minutes' ~*** fünf Minuten zu Fuß; **~ *of life*** (soziale) Schicht; Beruf *m*; **~·a·bout** *s of politician, etc.*: Bad *n* in der Menge; **~·er** *s* Spaziergänger(in); *sports*: Geher *m*; ***be a good ~*** gut zu Fuß sein.

walk·ie-talk·ie [wɔːkɪ'tɔːkɪ] *s* Walkie-talkie *n*, tragbares Funksprechgerät.

walk·ing ['wɔːkɪŋ] *s* (Zufuß)Gehen *n*; Spazierengehen *n*, Wandern *n*; *attr* Spazier...; Wander...; **~ pa·pers** *s pl* *Am.* F Laufpaß *m* (*dismissal*); **~-stick** *s*

Spazierstock *m*; **~-tour** *s* Wanderung *f*.
walk|-out *econ*. ['wɔːkaʊt] *s* Ausstand *m*, Streik *m*; **~-o·ver** *s* F *fig*. Spaziergang *m*, leichter Sieg; **~-up** *s* *Am*. (Miets-)Haus *n* ohne Fahrstuhl; Wohnung *f* in e-m Haus ohne Fahrstuhl.
wall [wɔːl] **1.** *s* Wand *f*; Mauer *f*; **2.** *v/t a*. **~ in** mit e-r Mauer umgeben; **~ up** zumauern.
wal·let ['wɒlɪt] *s* Brieftasche *f*.
wall·flow·er *fig*. ['wɔːlflaʊə] *s* Mauerblümchen *n*.
wal·lop F ['wɒləp] *v/t j-n* verdreschen.
wal·low ['wɒləʊ] *v/i* sich wälzen.
wall|-pa·per ['wɔːlpeɪpə] **1.** *s* Tapete *f*; **2.** *v/t* tapezieren; **~-sock·et** *s* *electr*. (Wand)Steckdose *f*; **~-to-~** *adj*: **~ carpet** Spannteppich *m*; **~ carpeting** Teppichboden *m*.
wal·nut *bot*. ['wɔːlnʌt] *s* Walnuß(baum *m*) *f*.
wal·rus *zo*. ['wɔːlrəs] *s* Walroß *n*.
waltz [wɔːls] **1.** *s* Walzer *m*; **2.** *v/i* Walzer tanzen.
wand [wɒnd] *s* Zauberstab *m*.
wan·der ['wɒndə] *v/i* herumwandern, -laufen, umherstreifen; *fig*. abschweifen; irregehen; phantasieren.
wane [weɪn] **1.** *v/i* abnehmen (*moon*); *fig*. schwinden; **2.** *s* Abnehmen *n*.
wan·gle F ['wæŋgl] *v/t* deichseln, hinkriegen; *v/i* mogeln.
wank V [wæŋk] **1.** *v/i* wichsen, sich e-n runterholen; **2.** *s*: ***have a ~*** sich e-n runterholen; **~·er** *s* V Wichser *m*.
want [wɒnt] **1.** *s* Mangel *m* (**of** an *dat*); Bedürfnis *n*; Not *f*; **2.** *v/i* ermangeln (**for** *gen*); ***he ~s for nothing*** es fehlt ihm an nichts; *v/t* wünschen, (haben) wollen; *need*: bedürfen (*gen*), brauchen; nicht (genug) haben; ***you ~ to ...*** du solltest ...; ***it ~s s.th.*** es fehlt an et. (*dat*); ***he ~s energy*** es fehlt ihm an Energie; **~ed** gesucht; **~-ad** *s* F Stellenangebot *n*, -gesuch *n*; *Am*. Kaufgesuch *n*; **~·ing** *adj*: **be ~** es fehlen lassen (**in** an *dat*); unzulänglich sein.
wan·ton ['wɒntən] *adj* □ mutwillig; ausgelassen.
war [wɔː] *s* Krieg *m*; *attr* Kriegs...; ***make*** *or* ***wage ~*** Krieg führen (**on, against** gegen).
war·ble ['wɔːbl] *v/i and v/t* trillern; trällern.
ward [wɔːd] **1.** *s* (Krankenhaus)Station *f*, Abteilung *f*; Krankenzimmer *n*; (Gefängnis)Trakt *m*; Zelle *f*; (Stadt-, Wahl)Bezirk *m*; *jur*. Mündel *n*; **in ~** *jur*. unter Vormundschaft (stehend); **2.** *v/t*: **~ off** abwehren; **war·den** *s* Aufseher *m*; *univ*. Rektor *m*; *Am*. (Gefängnis)Direktor *m*; **~·er** *s* *Br*. Aufsichtsbeamte(r) *m* (*in prison*).
war·drobe ['wɔːdrəʊb] *s* Garderobe *f*; Kleiderschrank *m*; **~ trunk** Schrankkoffer *m*.
ware [weə] *s in compounds*: Ware(n *pl*) *f*, Artikel *m or pl*; **~·house 1.** *s* (Waren-)Lager *n*; Lagerhaus *n*, Speicher *m*; **2.** *v/t* auf Lager bringen, (ein)lagern.
war|fare ['wɔːfeə] *s* Krieg(führung *f*) *m*; **~·head** *s mil*. Spreng-, Gefechtskopf *m* (*of missile, etc*.).
war·i·ness ['weərɪnɪs] *s* Vorsicht *f*.
war·like ['wɔːlaɪk] *adj* kriegerisch.
warm [wɔːm] **1.** *adj* □ warm (*a. fig*.); heiß; *fig*. hitzig; *applause*: begeistert; *smile*: herzlich; **2.** *s et*. Warmes; (Auf-, An)Wärmen *n*; **3.** *v/t a*. **~ up** (auf-, an-, er)wärmen; *v/i a*. **~ up** warm werden, sich erwärmen; warmlaufen (*engine, etc*.); *sports*: sich warm machen, sich aufwärmen; **~-heart·ed** *adj* herzlich; *person*: warmherzig; **~th** *s* Wärme *f*.
warn [wɔːn] *v/t* warnen (**of, against** vor *dat*); verwarnen; ermahnen; verständigen; **~·ing** *s* (Ver)Warnung *f*; Mahnung *f*; Kündigung *f*; *attr* warnend, Warn...
warp [wɔːp] *v/i* sich verziehen (*wood*); *v/t* *fig*. verdrehen, verzerren; beeinflussen; *j-n* abbringen (**from** von).
war|rant ['wɒrənt] **1.** *s* Vollmacht *f*; Rechtfertigung *f*; Berechtigung *f*; *jur*. Durchsuchungs-, Haftbefehl *m*; Berechtigungsschein *m*; **~ of arrest** *jur*. Haftbefehl *m*; **2.** *v/t* bevollmächtigen; rechtfertigen; verbürgen, garantieren; **~·ran·ty** *s econ*.: ***it's still under ~*** darauf ist noch Garantie.
war·ri·or ['wɒrɪə] *s* Krieger *m*.
wart [wɔːt] *s* Warze *f*; Auswuchs *m*.
war·y ['weərɪ] *adj* □ (**-ier, -iest**) wachsam, vorsichtig.
was [wɒz, wəz] *1. and 3. sg pret of* **be**: war; *past pass of* **be**: wurde.
wash [wɒʃ] **1.** *v/t* waschen; (ab)spülen; **~ up** abwaschen, abspülen; *v/i* sich wa-

W

schen (lassen); *by the sea, river*: gespült *or* geschwemmt werden; **~ *up*** *Br.* Geschirr spülen; **2.** *s* Waschen *n*; Wäsche *f*; Wellenschlag *m*; Spülwasser *n*; ***mouth~*** Mundwasser *n*; **3.** *adj* Wasch...; **~·a·ble** *adj* waschbar; **~-and-wear** *adj* bügelfrei; pflegeleicht; **~·ba·sin** *s* Waschbecken *n*; **~·cloth** *s* *Am.* Waschlappen *m*; **~·er** *s* Wäscherin *f*; Waschmaschine *f*; → ***dishwasher***; *tech.* Unterlegscheibe *f*; **~·ing 1.** *s* Waschen *n*; Wäsche *f*; **2.** *adj* Wasch...; **~·ing ma·chine** *s* Waschmaschine *f*; **~·ing pow·der** *s* Waschpulver *n*, -mittel *n*; **~·ing-up** *s* *Br.* Abwasch *m*; **~·rag** *s* *Am.* Waschlappen *m*; **~·y** *adj* (***-ier***, ***-iest***) wässerig, wäßrig.

wasp *zo.* [wɒsp] *s* Wespe *f*.

wast·age ['weɪstɪdʒ] *s* Verlust *m*; Vergeudung *f*.

waste [weɪst] **1.** *adj land*: öde, unbebaut; *superfluous*: überflüssig; Abfall...; ***lay~*** verwüsten; **2.** *s* Verschwendung *f*, -geudung *f*; *refuse*: Abfall *m*, *land*: Ödland *n*, Wüste *f*; **3.** *v/t* verwüsten; verschwenden; verzehren; *v/i* verschwendet werden; **~ a·void·ance** *s* Müllvermeidung *f*; **~ dis·pos·al** *s* Müllbeseitigung *f*; **~ *unit*** Müllschlucker *m*; **~·ful** *adj* □ verschwenderisch; **~ pa·per** *s* Abfallpapier *n*; Altpapier *n*; **~(-pa·per) bas·ket** *s* Papierkorb *m*; **~ pipe** *s* Abflußrohr *n*; **~ prod·uct** *s* Abfallprodukt *n*; **~ re·duc·tion** *s* Müllverringerung *f*, Reduzierung *f* der Abfallmenge; **~ wa·ter** *s* Abwasser *n*; **~ *treatment*** Abwasseraufbereitung *f*.

watch [wɒtʃ] **1.** *s* Wache *f*; (Taschen-, Armband)Uhr *f*; **2.** *v/i* zusehen, zuschauen; wachen; **~ *for*** warten auf (*acc*); **~ *out*** (***for***) aufpassen, achtgeben (auf *acc*); sich hüten (vor *dat*); **~ *out!*** Achtung!, Vorsicht!; *v/t* bewachen; beobachten; achtgeben auf (*acc*); *chance*: abwarten; **~·dog** *s* Wachhund *m*; *fig.* Überwacher(in); **~·ful** *adj* □ wachsam; **~·mak·er** *s* Uhrmacher *m*; **~·man** *s* (Nacht)Wächter *m*.

wa·ter ['wɔːtə] **1.** *s* Wasser *n*; Gewässer *n*; ***the ~s*** *pl* Heilquelle *f*; ***drink or take the ~s*** e-e (Trink)Kur machen; **2.** *v/t* bewässern; (be)sprengen; (be)gießen; mit Wasser versorgen; tränken; verwässern (*a. fig.*); *v/i* wässern (*mouth*); tränen (*eyes*); **~ can·non** *s* Wasserwerfer *m*; **~ clos·et** *s* (Wasser)Klosett *n*; **~·col·o(u)r** *s* Wasser-, Aquarellfarbe *f*; Aquarell(malerei *f*) *n*; **~·course** *s* Wasserlauf *m*; Flußbett *n*; Kanal *m*; **~·fall** *s* Wasserfall *m*; **~·front** *s* Hafengebiet *n*, -viertel *n*; **~ ga(u)ge** *s* *tech.* Wasserstandsanzeiger *m*; Pegel *m*; **~·hole** *s* Wasserloch *n*.

wa·ter·ing ['wɔːtərɪŋ] *s* Bewässern *n*; (Be)Gießen *n*; Tränken *n* (*of animals*); **~·can** *s* Gießkanne *f*; **~·place** *s* Wasserstelle *f*; Tränke *f*; Bad(eort *m*) *n*; Seebad *n*; **~·pot** *s* Gießkanne *f*.

wa·ter| lev·el ['wɔːtəlevl] *s* Wasserspiegel *m*; Wasserstand(slinie *f*) *m*; *tech.* Wasserwaage *f*; **~ main** *s* *tech.* Hauptwasserrohr *n*; **~·mark** *s* *print.* Wasserzeichen *n*; **~·mel·on** *s* *bot.* Wassermelone *f*; **~ pol·lu·tion** *s* Wasserverschmutzung *f*; **~ po·lo** *s* *sports*: Wasserball(spiel *n*) *m*; **~·proof 1.** *adj* wasserdicht; **2.** *s* Regenmantel *m*; **3.** *v/t* imprägnieren; **~·shed** *s* *geogr.* Wasserscheide *f*; *fig.* Wendepunkt *m*; **~·side** *s* Fluß-, Seeufer *n*; **~ ski·ing** *s* *sports*: Wasserski(laufen) *n*; **~·tight** *adj* wasserdicht; *fig.* unanfechtbar; stichhaltig (*argument*); **~·way** *s* Wasserstraße *f*; **~·works** *s* *often sg* Wasserwerk *n*; ***turn on the ~*** *fig.* F losheulen; **~·y** *adj* wässerig, wäßrig.

watt *electr.* [wɒt] *s* Watt *n*.

wave [weɪv] **1.** *s* Welle *f* (*a. phys.*); Woge *f*; Winken *n*; **2.** *v/t* wellen; schwingen; schwenken; **~ *s.o. aside*** j-n beiseite winken; *v/i* wogen; wehen, flattern; **~ *at or to s.o.*** j-m (zu)winken, j-m ein Zeichen geben; **~·length** *s* *phys.* Wellenlänge *f* (*a. fig.*).

wa·ver ['weɪvə] *v/i* *hesitate*: (sch)wanken; *light*: flackern.

wav·y ['weɪvɪ] *adj* (***-ier***, ***-iest***) wellig; wogend.

wax¹ [wæks] **1.** *s* Wachs *n*; Siegellack *m*; Ohrenschmalz *n*; **2.** *v/t* wachsen; bohnern.

wax² [~] *v/i* zunehmen (*moon*).

wax|works ['wækswɜːks] *s* *sg* Wachsfigurenkabinett *n*; **~·y** *adj* (***-ier***, ***-iest***) wachsartig; weich.

way [weɪ] **1.** *s* Weg *m*; Straße *f*; Art *f* und Weise *f*; (Eigen)Art *f*; Strecke *f*; Richtung *f*; *fig.* Hinsicht *f*; **~ *in*** Eingang *m*; **~**

out Ausgang *m*; *fig*. Ausweg *m*; ***right of ~*** *jur*. Wegerecht *n*, *esp. mot*. Vorfahrt(srecht *n*) *f*; ***this ~*** hierher, hier entlang; ***by the ~*** übrigens; ***by ~ of*** durch; ***on the ~, on one's ~*** unterwegs; ***out of the ~*** ungewöhnlich; ***under ~*** in Fahrt; ***give ~*** zurückweichen; *mot*. die Vorfahrt lassen (***to*** *dat*); nachgeben; abgelöst werden (***to*** von); sich hingeben (***to*** *dat*); ***have one's ~*** s-n Willen haben; ***lead the ~*** vorangehen; **2.** *adv* weit; ***~ off*** weit weg; ***~ back*** vor *or* seit langer Zeit; **~·bill** *s* Frachtbrief *m*; **~·lay** *v/t* (***-laid***) *j-m* auflauern; *j-n* abfangen, abpassen; **~ sta·tion** *s Am*. Zwischenstation *f*; **~ train** *s Am*. Bummelzug *m*; **~·ward** *adj* □ launisch; eigensinnig.

we [wiː, wɪ] *pron* wir.

weak [wiːk] *adj* □ schwach; schwächlich; dünn (*drink*); **~·en** *v/t* schwächen; *v/i* schwach werden; **~·ling** *s* Schwächling *m*; **~-mind·ed** *adj* schwachsinnig; willensschwach; **~·ness** *s* Schwäche *f*.

weal [wiːl] *s* Strieme(n *m*) *f*.

wealth [welθ] *s* Reichtum *m*; *econ*. Besitz *m*, Vermögen *n*; *fig*. Fülle *f*; **~·y** *adj* (***-ier***, ***-iest***) reich; wohlhabend.

wean [wiːn] *v/t* entwöhnen; ***~ s.o. from s.th.*** j-m et. abgewöhnen.

weap·on ['wepən] *s* Waffe *f*.

wear [weə] **1.** (***wore***, ***worn***) *v/t clothing, etc*.: tragen; zur Schau tragen; *a*. ***~ away, ~ down, ~ off, ~ out*** *clothes, etc*.: abnutzen, abtragen, verschleißen, *tyres*: abfahren; *a*. ***~ out*** ermüden; *patience*: erschöpfen; *a*. ***~ away, ~ down*** zermürben; entkräften; *v/i shoes, etc*.: sich tragen; *last*: sich halten; *a*. ***~ away, ~ down, ~ off, ~ out*** sich abnutzen *or* abtragen, verschleißen; sich abfahren (*tyres*); ***~ off*** *fig*. sich verlieren; ***~ on*** sich dahinschleppen (*time, etc*.); ***~ out*** *fig*. sich erschöpfen; **2.** *s* Tragen *n*; (Be-) Kleidung *f*; Abnutzung *f*; ***for hard ~*** strapazierfähig; ***the worse for ~*** abgetragen; **~ and tear** *s* Verschleiß *m*; **~·er** *s* Träger(in).

wear|i·ness ['wɪərɪnɪs] *s* Müdigkeit *f*; Überdruß *m*; **~·i·some** *adj* □ ermüdend; langweilig; **~·y** ['wɪərɪ] **1.** *adj* □ (***-ier***, ***-iest***) müde; überdrüssig; ermüdend; anstrengend; **2.** *v/t and v/i* ermüden; überdrüssig werden (***of*** *gen*).

wea·sel *zo*. ['wiːzl] *s* Wiesel *n*.

weath·er ['weðə] **1.** *s* Wetter *n*, Witterung *f*; **2.** *v/t* dem Wetter aussetzen; *mar. storm*: abwettern; *fig*. überstehen; *v/i* verwittern; **~-beat·en** *adj* vom Wetter mitgenommen; **~ bu·reau** *s* Wetteramt *n*; **~ chart** *s* Wetterkarte *f*; **~ fore·cast** *s* Wetterbericht *m*, -vorhersage *f*; **~-worn** *adj* verwittert.

weave [wiːv] *v/t and v/i* (***wove***, ***woven***) weben; flechten; *fig*. ersinnen, erfinden; **weav·er** *s* Weber *m*.

web [web] *s* Gewebe *n*, Netz *n*; *zo*. Schwimm-, Flughaut *f*.

wed·ding ['wedɪŋ] **1.** *s* Hochzeit *f*, *ceremony*: Trauung *f*; **2.** *adj* Hochzeits..., Braut..., Trau...; ***~ ring*** Ehe-, Trauring *m*.

wedge [wedʒ] **1.** *s* Keil *m*; **2.** *v/t* (ver)keilen; (ein)keilen, (ein)zwängen (***in*** in *acc*).

Wednes·day ['wenzdɪ] *s* Mittwoch *m*.

wee [wiː] *adj* klein, winzig; F ***a ~ bit*** ein klein wenig.

weed [wiːd] **1.** *s* Unkraut *n*; **2.** *v/t* jäten; säubern (***of*** von); ***~ out*** *fig*. aussondern, -sieben; *v/i* Unkraut jäten; **~-kill·er** *s* Unkrautvertilgungsmittel *n*; **~·y** *adj* (***-ier***, ***-iest***) voller Unkraut, unkrautbewachsen; F schmächtig.

week [wiːk] *s* Woche *f*; ***today ~, this day ~*** heute in *or* vor e-r Woche; ***a ~ on Monday, Monday ~*** Montag in einer Woche; **~·day** *s* Wochentag *m*; ***on ~s*** werktags; **~·end** *s* Wochenende *n*; ***a long ~*** ein verlängertes Wochenende; **~·end·er** *s* Wochenendausflügler(in); **~·ly 1.** *adj* wöchentlich; Wochen...; ***~ season-ticket*** Wochenkarte *f*; **2.** *s a*. ***~ paper*** Wochenblatt *n*, Wochenzeitschrift *f*.

weep [wiːp] *v/i and v/t* (***wept***) weinen; tropfen; **~·ing** *adj*: ***~ willow*** *bot*. Trauerweide *f*; **~·y** *adj* F (***-ier***, ***-iest***) weinerlich; rührselig, sentimental.

weigh [weɪ] *v/t* (ab)wiegen; *fig*. ab-, erwägen; ***~ anchor*** *mar*. den Anker lichten; ***~ed down*** niedergedrückt; *v/i* wiegen (*a. fig*.); ausschlaggebend sein; ***~ on, ~ upon*** lasten auf (*dat*).

weight [weɪt] **1.** *s* Gewicht *n* (*a. fig*.); Last *f*; *fig*. Bedeutung *f*; *fig*. Last *f*, Bürde *f*; ***put on ~, gain ~*** zunehmen; ***lose ~*** abnehmen; **2.** *v/t* beschweren;

W

belasten; **~·less** *adj* schwerelos; **~·less·ness** *s* Schwerelosigkeit *f*; **~ lift·ing** *s sports*: Gewichtheben *n*; **~·y** *adj* □ (*-ier*, *-iest*) (ge)wichtig; wuchtig.
weir [wɪə] *s* Wehr *n*; Fischreuse *f*.
weird [wɪəd] *adj* □ unheimlich; F sonderbar, seltsam.
wel·come ['welkəm] **1.** *adj* willkommen; ***you are ~ to*** *inf* es steht Ihnen frei, zu *inf*; (***you are***) ***~!*** nichts zu danken!, bitte sehr!; **2.** *s* Willkommen *n*, Empfang *m*; **3.** *v/t* willkommen heißen; *fig.* begrüßen.
weld *tech.* [weld] *v/t* (ver-, zusammen-) schweißen.
wel·fare ['welfeə] *s* Wohl(ergehen) *n*; Sozialhilfe *f*; Wohlfahrt *f*; **~ state** *s pol.* Wohlfahrtsstaat *m*; **~ work** *s* Sozialarbeit *f*; **~ work·er** *s* Sozialarbeiter(in).
well¹ [wel] **1.** *s* Brunnen *m*; Quelle *f*; *tech.* Bohrloch *n*; Fahrstuhl-, Licht-, Luftschacht *m*; **2.** *v/i* quellen.
well² [~] **1.** *adj and adv* (***better***, ***best***) wohl; gut; ordentlich, gründlich; gesund; ***be ~***, ***feel ~*** sich wohl fühlen; ***be ~ off*** in guten Verhältnissen leben, wohlhabend sein; **2.** *int* nun!, na!; **~-bal·anced** *adj* ausgewogen (*diet*); (innerlich) ausgeglichen (*person*); **~-be·ing** *s* Wohl(befinden) *n*; **~-born** *adj* aus guter Familie; **~-de·fined** *adj* deutlich; klar umrissen; **~-done** *adj* gutgemacht; (gut) durchgebraten (*meat*); **~-in·ten·tioned** *adj* wohlmeinend; gutgemeint; **~-kept** *adj* gepflegt, in gutem Zustand; **~-known** *adj* bekannt; **~-man·nered** *adj* mit guten Manieren; **~-off** *adj* wohlhabend; **~-read** *adj* belesen; **~-timed** *adj* (zeitlich) günstig, im richtigen Augenblick; *sports*: gutgetimt (*pass, etc.*); **~-to-do** *adj* wohlhabend; **~-worn** *adj* abgetragen; *fig.* abgedroschen.
Welsh [welʃ] **1.** *adj* walisisch; **2.** *s ling.* Walisisch *n*; ***the ~*** *pl* die Waliser *pl*; **~ rab·bit**, **~ rare·bit** *s* überbackener Käsetoast.
welt [welt] *s* Strieme(n *m*) *f*.
wel·ter ['weltə] *s* Wirrwarr *m*, Durcheinander *n*.
went [went] *pret of* **go** 1.
wept [wept] *pret and pp of* **weep**.
were [wɜː, wə] **1.** *pret of* **be** (*German forms*:) *du* warst, *Sie* waren, *wir*, *sie* waren, *ihr* wart; **2.** *pret pass of* **be**: wurde(n); **3.** *subj past of* **be**: wäre(n).
west [west] **1.** *s* West(en *m*); *a.* Westen *m*, westlicher Landesteil; ***the*** ♀ der Westen, die Weststaaten *pl* (*of the USA*); *pol.* der Westen; **2.** *adj* West..., westlich; **3.** *adv* westwärts, nach Westen; **~·er·ly** *adj* westlich; **~·ern 1.** *adj* westlich; **2.** *s* Western *m*, Wildwestfilm *m*; **~·ward(s)** *adj and adv* westwärts.
wet [wet] **1.** *adj* naß, feucht; F *weak*: F schlapp(schwänzig); **2.** *s* Nässe *f*, Feuchtigkeit *f*; F *Br.* (*a. pol.*) F Waschlappen *m*, Schlappschwanz *m*; **3.** *v/t* (*-tt-*; ***wet or wetted***) naß machen, anfeuchten.
weth·er *zo.* ['weðə] *s* Hammel *m*.
wet|lands ['wetlændz] *s pl* Feuchtgebiete *pl*; **~-nurse** *s* Amme *f*.
whack [wæk] **1.** *s* (knallender) Schlag; F (An)Teil *m*; **2.** *v/t* F schlagen; **~ed** *adj* F *exhausted*: fertig, erledigt; **~·ing 1.** *adj and adv* F Mords...; **2.** *s* (Tracht *f*) Prügel *pl*.
whale *zo.* [weɪl] *s* Wal *m*; **~·bone** *s* Fischbein *n*; **~ oil** *s* Tran *m*.
whal|er ['weɪlə] *s* Walfänger *m* (*a. ship*); **~·ing** *s* Walfang *m*.
wharf [wɔːf] *s* (*pl* ***wharfs***, ***wharves*** [~vz]) Kai *m*.
what [wɒt] **1.** *pron* was; wie; was für ein(e), welche(r, -s), *with pl*: was für; (das,) was; ***know ~'s ~*** Bescheid wissen; ***~ about ...?*** wie steht's mit ...?; ***~ for?*** wozu?; ***~ of it?***, ***so ~?*** na und?; ***~ next?*** was sonst noch?; *iro.* sonst noch was?, das fehlte noch!; ***and ~'s more*** und außerdem; ***~ luck!*** was für ein Glück!; **2.** *int* was!, wie!; *interrogative*: was?, wie?; **~·(so·)ev·er** *adj and pron* was auch (immer); alles, was; ***no ... ~*** überhaupt kein(e).
wheat *bot.* [wiːt] *s* Weizen *m*.
wheel [wiːl] **1.** *s* Rad *n*; *mot.* Steuer(rad) *n*, Lenkrad *n*; *a.* ***potter's ~*** Töpferscheibe *f*; *movement*: Drehung *f*; *mil.* Schwenkung *f*; **2.** *v/t and v/i* rollen, fahren, schieben; sich drehen; *mil.* schwenken; **~·bar·row** *s* Schubkarre(n *m*) *f*; **~·chair** *s* Rollstuhl *m*; **~ clamp** *s mot.* Parkkralle *f*; **~ed** *adj* mit Rädern; fahrbar; *in compounds*: ...räd(e)rig.
-wheel·er ['wiːlə] *in compounds*: Wagen *m or* Fahrzeug *n* mit ... Rädern.
wheeze [wiːz] *v/i* schnaufen, keuchen.

whelp [welp] **1.** *s zo.* Welpe *m*; Junge(s) *n*; *dated* F *naughty child*: Lauser *m*; **2.** *v/i* (Junge) werfen.
when [wen] **1.** *adv* wann; **2.** *cj* wenn; als; während, obwohl, wo ... (doch).
when·ev·er [wen'evə] *cj* (immer) wenn, sooft (als); wann auch immer; *interrogative*: wann denn, wann ... nur.
where [weə] *adv and cj* wo; wohin; ***~ ... from?*** woher ...?; ***~ ... to?*** wohin ...?; **~·a·bouts 1.** *adv* [weərə'baʊts] wo etwa; woher, wohin; **2.** *s* ['weərəbaʊts] Aufenthalt(sort) *m*, Verbleib *m*; **~·as** *cj* wohingegen, während (doch); **~·by** *adv* wodurch; **~·up·on** *cj* worauf(hin); **wher·ev·er** *adv* wo(hin) (auch) immer; **~·with·al** *s* F *die* (nötigen) Mittel *pl*, *das* nötige (Klein)Geld.
whet [wet] *v/t* (-**tt**-) wetzen, schärfen; *fig.* anstacheln.
wheth·er ['weðə] *cj* ob; ***~ or no*** so oder so.
whet·stone ['wetstəʊn] *s* Schleifstein *m*.
whey [weɪ] *s* Molke *f*.
which [wɪtʃ] **1.** *adj* welche(r, -s); **2.** *pron* der, die, das; was; **~·ev·er** *adj and pron* welche(r, -s) (auch) immer.
whiff [wɪf] **1.** *s* Hauch *m*; Duftwolke *f*, Geruch *m*; F Zigarillo *m*, *n*; *puff*: Zug *m*; ***have a few ~s*** ein paar Züge machen; **2.** *v/t and v/i* paffen; *smell*: F duften.
while [waɪl] **1.** *s* Weile *f*, Zeit *f*; ***for a ~*** e-e Zeitlang; **2.** *v/t mst* ***~ away*** *time*: sich vertreiben; verbringen; **3.** *cj a.* **whilst** [waɪlst] während.
whim [wɪm] *s* Laune *f*, Grille *f*.
whim·per ['wɪmpə] **1.** *v/i and v/t* wimmern, winseln; **2.** *s* Wimmern *n*, Winseln.
whim|si·cal ['wɪmzɪkl] *adj* □ wunderlich; launisch (*a. weather, etc.*); **~·sy** *s* Grille *f*, Laune *f*.
whine [waɪn] *v/i* jaulen (*dog*).
whin·ny ['wɪnɪ] *v/i* wiehern.
whip [wɪp] **1.** (-**pp**-) *v/t* peitschen; geißeln (*a. fig.*); *j-n* verprügeln; schlagen; *a. eggs, cream*: schlagen; ***~ped cream*** Schlagsahne *f*, -rahm *m*; ***~ped eggs*** *pl* Eischnee *m*; *v/i* sausen, flitzen; **2.** *s* Peitsche *f*; (Reit)Gerte *f*; *Br. parl. appr.* Fraktionsgeschäftsführer(in).
whip·ping ['wɪpɪŋ] *s* (Tracht *f*) Prügel *pl*; **~ boy** *s* Prügelknabe *m*.
whirl [wɜːl] **1.** *v/i* wirbeln; sich drehen; **2.** *s* Wirbel *m*, Strudel *m*; **~·pool** *s* Strudel *m* (*a. fig.*); Whirlpool *m*; **~·wind** *s* Wirbelwind *m* (*a. fig.*).
whir(r) [wɜː] *v/i* (-**rr**-) schwirren.
whisk [wɪsk] **1.** *s* schnelle *or* heftige Bewegung; Wisch *m*; Staubwedel *m*; *cooking*: Schneebesen *m*; **2.** *v/t* (ab-, weg-) wischen, (ab-, weg)fegen; *eggs*: schlagen; ***~ its tail*** *horse*: mit dem Schwanz schlagen; ***~ away*** schnell verschwinden lassen, wegnehmen; *v/i* huschen, flitzen; **whis·ker** *s* Barthaar *n*; **~s** *pl* Bakkenbart *m*.
whis·per ['wɪspə] **1.** *v/i and v/t* flüstern; **2.** *s* Flüstern *n*, Geflüster *n*; ***in a ~, in ~s*** flüsternd, im Flüsterton.
whis·tle ['wɪsl] **1.** *v/i and v/t* pfeifen; **2.** *s* Pfeife *f*; Pfiff *m*; F Kehle *f*; **~ stop** *s Am. rail.* Bedarfshaltestelle *f*; Kleinstadt *f*; *pol. of candidate*: Stippvisite *f*, kurzes Auftreten.
Whit [wɪt] *in compounds*: Pfingst...
white [waɪt] **1.** *adj* (**~r**, **~st**) weiß; rein; F anständig; Weiß...; **2.** *s* Weiß(e) *n*; Weiße(r *m*) *f*; **~-col·lar** *adj* Büro...; ***~ worker*** (Büro)Angestellte(r *m*) *f*; ***~ crime*** Wirtschaftskriminalität *f*; Wirtschaftsverbrechen *n*; **~ el·e·phant** *s* F nutzloses Zeug; (*costly*: teure) Fehlinvestition; **~ heat** *s* Weißglut *f*; **~ hope** *s* F Hoffnungsträger(in); **~ horse** *s* Schimmel *m*; **2 House** *s pol. das* Weiße Haus; **~ knight** *s fig.* Retter *m* in der Not; *econ.* freundliches Übernahmeangebot; **~ lie** *s* Notlüge *f*, fromme Lüge; **whit·en** *v/t and v/i* weiß machen *or* werden; bleichen; **~·ness** *s* Weiße *f*; Blässe *f*; **~·wash 1.** *s* Tünche *f*; *fig.* Schönfärberei *f*; **2.** *v/t* weißen, tünchen; *fig.* reinwaschen; *sports*: zu Null schlagen.
whit·ish ['waɪtɪʃ] *adj* weißlich.
Whit·sun ['wɪtsn] *adj* Pfingst...; **~·tide** *s* Pfingsten *n or pl.*
whiz(z) [wɪz] *v/i* (-**zz**-) zischen, sausen; **~ kid** *s* F Senkrechtstarter(in).
who [huː, hʊ] *pron* wer; welche(r, -s), der, die, das.
who·dun(n)·it F [huː'dʌnɪt] *s* Krimi *m*.
who·ev·er [huː'evə] *pron* wer (auch) immer.
whole [həʊl] **1.** *adj* □ ganz; voll(ständig); heil, unversehrt; **2.** *s* Ganze(s) *n*; ***the ~ of London*** ganz London; ***on the ~***

im großen und ganzen; im allgemeinen; **~heart·ed** *adj* □ aufrichtig; **~·meal** *adj* Vollkorn...; **~ *bread*** Vollkornbrot *n*; **~·sale 1.** *s econ.* Großhandel *m*; **2.** *adj econ.* Großhandels...; *fig.* Massen...; **~ *dealer*** → **~·sal·er** *s econ.* Großhändler *m*; **~·some** *adj* □ gesund; **~ wheat** *esp. Am.* → ***wholemeal.***
whol·ly ['həʊllɪ] *adv* ganz, gänzlich.
whom [huːm, hʊm] *pron* wen, wem; *rel* welche(n, -s), welche(m, -r); den (die, das); dem (der).
whoop [huːp] **1.** *s* (*esp.* Freuden)Schrei *m*; *med.* Keuchen *n* (*in whooping cough*); **2.** *v/i* schreien, *a.* **~ *with joy*** jauchzen; *v/t*: **~ *it up*** F auf den Putz hauen; **~·ee** F ['wʊpiː] *s*: ***make* ~** F auf den Putz hauen; **~·ing cough** *s med.* Keuchhusten *m*; **~s** [wʊps] *int* hoppla!
whore [hɔː] *s* Hure *f*.
whose [huːz] *pron* wessen; *rel* dessen, deren.
why [waɪ] **1.** *adv* warum, weshalb; **~ *so?*** wieso?, **2.** *int* nun (gut); ja doch.
wick [wɪk] *s* Docht *m*.
wick·ed ['wɪkɪd] *adj* □ böse, schlecht, schlimm; **~·ness** *s* Bosheit *f*.
wick·er ['wɪkə] *adj* aus Weiden geflochten, Weiden..., Korb...; **~ *basket*** Weidenkorb *m*; **~ *bottle*** Korbflasche *f*; **~ *chair*** Korbstuhl *m*; **~*work*** Korbwaren *pl*; Flechtwerk *n*.
wick·et ['wɪkɪt] *s cricket*: Dreistab *m*, Tor *n*, Wicket *n*.
wide [waɪd] *adj and adv* weit; ausgedehnt; großzügig; breit; weitab; *sports*: daneben (*of ball, etc.*); ***six meters* ~** sechs Meter breit; **~ *awake*** völlig (*or* hell)wach; aufgeweckt, wach; **wid·en** *v/t and v/i* (sich) verbreitern; (sich) erweitern (*knowledge, etc.*); **~·o·pen** *adj* weitgeöffnet; *Am. laws*: *appr.* äußerst großzügig; **~·spread** *adj* weitverbreitet; ausgedehnt.
wid·ow ['wɪdəʊ] *s* Witwe *f*; *attr* Witwen...; **~ed** *adj* verwitwet; **~·er** *s* Witwer *m*.
width [wɪdθ] *s* Breite *f*, Weite *f*.
wield [wiːld] *v/t influence, etc.*: ausüben.
wife [waɪf] *s* (*pl* **wives** [waɪvz]) (Ehe-) Frau *f*, Gattin *f*.
wig [wɪg] *s* Perücke *f*.
wild [waɪld] **1.** *adj* □ wild; toll; rasend; wütend; ausgelassen; planlos; **~ *about*** (ganz) verrückt nach; **2.** *adv*: ***run* ~** verwildern (*garden, etc.*; *a. fig. children*); ***talk* ~** (wild) drauflosreden; dummes Zeug reden; **3.** *s a.* **~s** *pl* Wildnis *f*; **~·cat 1.** *s zo.* Wildkatze *f*; *econ. Am.* Schwindelunternehmen *n*; **2.** *adj* wild (*strike*); *econ. Am.* Schwindel...; **wil·der·ness** ['wɪldənɪs] *s* Wildnis *f*, Wüste *f*; **~·fire** *s*: ***like* ~** wie ein Lauffeuer; **~·life** *s coll.* Tier- und Pflanzenwelt *f*.
will [wɪl] **1.** *s* Wille *m*; Wunsch *m*; Testament *n*; ***of one's own free* ~** aus freien Stücken; **2.** *v/aux* (*pret* **would**; *negative*: **~ *not*, *won't***) *ich, du etc.* will(st) *etc.*; *ich* werde, *wir* werden; wollen; werden; **3.** *v/t* wollen; durch Willenskraft zwingen; entscheiden; *jur.* vermachen.
wil(l)·ful ['wɪlfl] *adj* □ eigensinnig; absichtlich, *esp. jur.* vorsätzlich.
will·ing ['wɪlɪŋ] *adj* □ gewillt, willens, bereit; (bereit)willig; **~·ness** *s* Bereitschaft *f*; Bereitwilligkeit *f*.
wil·low *bot.* ['wɪləʊ] *s* Weide *f*; **~·y** *adj fig.* geschmeidig; gertenschlank.
will·pow·er ['wɪlpaʊə] *s* Willenskraft *f*.
wil·ly-nil·ly [wɪlɪ'nɪlɪ] *adv* wohl oder übel.
wilt [wɪlt] *v/i* (ver)welken.
wi·ly ['waɪlɪ] *adj* □ (**-*ier***, **-*iest***) listig, gerissen.
win [wɪn] **1.** (**-*nn*-**; ***won***) *v/t* gewinnen; erringen; erlangen; erreichen; *j-n* dazu bringen (***to do*** zu tun); **~ *s.o.* *over or round*** j-n für sich gewinnen; *v/i* gewinnen, siegen; **2.** *s sports*: Sieg *m*.
wince [wɪns] *v/i* (zusammen)zucken.
winch [wɪntʃ] *s* Winde *f*; Kurbel *f*.
wind¹ [wɪnd] **1.** *s* Wind *m*; Atem *m*, Luft *f*; *med.* Blähung(en *pl*) *f*; **the ~** *sg or pl mus.* die Bläser; ***a load of* ~** F leeres Geschwätz; **2.** *v/t hunt.* wittern; verschnaufen lassen; *make breathless*: außer Atem bringen.
wind² [waɪnd] (***wound***) *v/t* winden, wickeln, schlingen; kurbeln; (***winded** or **wound***) *horn*: blasen; **~ *up*** *clock, etc.*: aufziehen; *speech, etc.*: beschließen; *v/i* sich winden; sich schlängeln; **~ *up*** (*esp.* s-e Rede) schließen (***by saying*** mit den Worten); F enden, landen.
wind|bag F ['wɪndbæg] *s* Schwätzer(in); **~·fall** *s fruit*: Fallobst *n*; *fig.* Glücksfall *m*, F warmer Regen.

W

wind·ing ['waɪndɪŋ] **1.** *s* Windung *f*; **2.** *adj* sich windend; **~ *stairs*** *pl* Wendeltreppe *f*.
wind-in·stru·ment *mus.* ['wɪndɪnstrʊmənt] *s* Blasinstrument *n*.
wind·mill ['wɪnmɪl] *s* Windmühle *f*.
win·dow ['wɪndəʊ] *s* Fenster *n*; Schaufenster *n*; *of bank, etc.*: Schalter *m*; **~·dress·ing** *s* Schaufensterdekoration *f*; *fig.* Aufmachung *f*, Mache *f*; **~ shade** *s Am.* Rouleau *n*; **~ shop·ping** *s* Schaufensterbummel *m*; ***go*** **~** e-n Schaufensterbummel machen.
wind|pipe *anat.* ['wɪndpaɪp] *s* Luftröhre *f*; **~·screen**, *Am.* **~·shield** *s mot.* Windschutzscheibe *f*; **~ *wiper*** Scheibenwischer *m*; **~·surf·ing** *s sports*: Windsurfing *n*, -surfen *n*.
wind·y ['wɪndɪ] *adj* □ (**-*ier***, **-*iest***) windig (*a. fig.*); *person*: geschwätzig.
wine [waɪn] *s* Wein *m*; **~·press** *s* (Wein-) Kelter *f*.
wing [wɪŋ] **1.** *s* Flügel *m* (*a. mil., arch., sports, pol.*); *of bird*: *a.* Schwinge *f*; *Br. mot.* Kotflügel *m*; *aer.* Tragfläche *f*; *aer., mil.* Geschwader *n*; **~*s*** *pl thea.* Seitenkulisse *f*; ***take*** **~** weg-, auffliegen; ***on the*** **~** im Flug; **2.** *v/i and v/t* fliegen; *fig.* beflügeln.
wink [wɪŋk] **1.** *s* Blinzeln *n*, Zwinkern *n*; ***not get a*** **~ *of sleep*** kein Auge zutun; → ***forty***; **2.** *v/i* blinzeln, zwinkern; blinken (*a. v/t*: **~ *one's lights***); **~ *at*** *j-m* zublinzeln; *fig.* ein Auge zudrücken bei *et.*; *v/t* blinzeln *or* zwinkern mit.
win|ner ['wɪnə] *s* Gewinner(in); Sieger(in); **~·ning 1.** *adj* □ einnehmend, gewinnend; **2.** *s*: **~*s*** *pl* Gewinn *m*.
win|ter ['wɪntə] **1.** *s* Winter *m*; **2.** *v/i* überwintern; den Winter verbringen; **~·ter sports** *s pl* Wintersport *m*; **~·try** *adj* winterlich; *fig.* frostig.
wipe [waɪp] *v/t* (ab-, auf)wischen; reinigen; (ab)trocknen; **~ *out*** auswischen; wegwischen, (aus)löschen; *fig.* vernichten; **~ *up*** aufwischen; **wip·er** *s mot.* Scheibenwischer *m*.
wire ['waɪə] **1.** *s* Draht *m*; *electr.* Leitung *f*; F Telegramm *n*; ***pull the*** **~*s*** der Drahtzieher sein; s-e Beziehungen spielen lassen; **2.** *v/t* (ver)drahten; telegrafieren; **~·less 1.** *adj* □ drahtlos, Funk...; **2.** *s Br. dated* Radio(apparat *m*) *n*; ***on the*** **~** im Radio *or* Rundfunk; **3.** *v/i and v/t Br. dated* funken; **~ net·ting** *s* Maschendraht *m*; **~·tap** *v/i* (**-*pp*-**) Telefongespräche abhören, die Telefonleitung anzapfen.
wir·y ['waɪərɪ] *adj* □ (**-*ier***, **-*iest***) drahtig, sehnig.
wis·dom ['wɪzdəm] *s* Weisheit *f*, Klugheit *f*; **~ *tooth*** Weisheitszahn *m*.
wise[1] [waɪz] *adj* □ (**~*r***, **~*st***) weise, klug; verständig; erfahren; **~ *guy*** F Klugscheißer *m*.
wise[2] *dated* [~] *s* Weise *f*, Art *f*.
wise·crack F ['waɪzkræk] **1.** *s* witzige Bemerkung; **2.** *v/i* witzeln.
wish [wɪʃ] **1.** *v/t and v/i* wünschen; wollen; **~ *for*** (sich) *et.* wünschen; **~ *s.o. well*** (***ill***) j-m Gutes (Böses) wünschen; **2.** *s* Wunsch *m*; **~·ful** *adj* □ sehnsüchtig; **~ *thinking*** Wunschdenken *n*.
wish·y-wash·y ['wɪʃɪwɒʃɪ] *adj drink*: wäßrig, dünn; *fig.* seicht, saft- u. kraftlos, F wischiwaschi.
wist·ful ['wɪstfl] *adj* □ sehnsüchtig.
wit [wɪt] *s* Geist *m*, Intelligenz *f*, Witz *m*; *a.* **~*s*** *pl* Verstand *m*; geistreicher Mensch; ***be at one's*** **~*'s*** *or* **~*s' end*** mit s-r Weisheit am Ende sein; ***keep one's*** **~*s about one*** e-n klaren Kopf behalten.
witch [wɪtʃ] *s* Hexe *f*, Zauberin *f*; **~·craft**, **~·e·ry** *s* Hexerei *f*; **~-hunt** *s pol.* Hexenjagd *f* (***for***, ***against*** auf *acc*).
with [wɪð] *prp* mit; nebst; bei; von; durch; vor (*dat*); **~ *it*** F up to date, modern.
with·draw [wɪð'drɔː] (**-*drew***, **-*drawn***) *v/t* ab-, ent-, zurückziehen; zurücknehmen; *money*: abheben; *v/i* sich zurückziehen; zurücktreten; *sports*: auf den Start verzichten; **~·al** *s* Zurückziehung *f*, -nahme *f*; Rücktritt *m*; *esp. mil.* Ab-, Rückzug *m*; *econ.* Abheben *n* (*of money*); *sports*: Startverzicht *m*; *med.* Entziehung *f*; **~ *cure*** *med.* Entziehungskur *f*; **~ *symptoms*** *pl med.* Entzugserscheinungen *pl*.
with·er ['wɪðə] *v/i* (ver)welken, verdorren, austrocknen; *v/t* welken lassen.
with·hold [wɪð'həʊld] *v/t* (**-*held***) zurückhalten; *truth*: *a.* verschweigen; **~ *s.th. from s.o.*** j-m et. vorenthalten; **~·ing tax** *s econ.* Quellensteuer *f*.
with|in [wɪ'ðɪn] **1.** *adv* im Innern, drin(nen); zu Hause; **2.** *prp* in(ner-

halb); ~ ***doors*** im Hause; ~ ***call*** in Rufweite; **~·out 1.** *adv* (dr)außen; äußerlich; **2.** *prp* ohne.

with·stand [wɪð'stænd] *v/t* (***-stood***) widerstehen (*dat*).

wit·ness ['wɪtnɪs] **1.** *s* Zeug|e *m*, -in *f*; ***bear ~ to*** Zeugnis ablegen von, *et*. bestätigen; **2.** *v/t* bezeugen; Zeuge sein von *et*.; beglaubigen; **~ box**, *Am*. **~ stand** *s* Zeugenstand *m*.

wit|ti·cis·m ['wɪtɪsɪzəm] *s* witzige Bemerkung; **~·ty** *adj* □ (***-ier***, ***-iest***) witzig; geistreich.

wives [waɪvz] *pl of* ***wife***.

wiz·ard ['wɪzəd] *s* Zauberer *m*; Genie *n*, Leuchte *f*.

wiz·en(ed) ['wɪzn(d)] *adj* schrump(e)lig.

wob·ble ['wɒbl] *v/i* schwanken, wackeln (*a. v/t*.: wackeln an *dat*).

woe [wəʊ] *s* Weh *n*, Leid *n*; ***~ is me!*** wehe mir!; **~·be·gone** ['~bɪgɒn] *adj* jammervoll; **~·ful** *adj* □ jammervoll, traurig, elend.

woke [wəʊk] *pret and pp of* ***wake*** 2; **wok·en** ['wəʊkən] *pp of* ***wake*** 2.

wolf [wʊlf] **1.** *s* (*pl* ***wolves*** [~vz]) *zo*. Wolf *m*; **2.** *v/t a*. **~ *down*** (gierig) ver- *or* hinunterschlingen; **~·ish** *adj* □ wölfisch, Wolfs...

wom·an ['wʊmən] **1.** *s* (*pl* ***women*** ['wɪmɪn]) Frau *f*; F (Ehe)Frau *f*; F Freundin *f*; F Geliebte *f*; **2.** *adj* weiblich; ***~ doctor*** Ärztin *f*; ***~ student*** Studentin *f*; **~·hood** *s* die Frauen *pl*; Weiblichkeit *f*; **~·ish** *adj* □ weibisch; **~·ize** *v/i* Frauen nachstellen; **~·iz·er** *s* Schürzenjäger *m*, F Weiberheld *m*; **~·kind** *s* die Frauen(welt *f*) *pl*; **~·like** *adj* fraulich; **~·ly** *adj* weiblich, fraulich.

womb [wuːm] *s* Gebärmutter *f*; Mutterleib *m*; *fig*. Schoß *m*.

wom·en ['wɪmɪn] *pl of* ***woman***; ***2's Liberation*** (***Movement***), F ***2's Lib*** [lɪb] Frauen(emanzipations)bewegung *f*; **~·folk**, **~·kind** *s* die Frauen *pl*; F Weibervolk *n*; **~'s rights** *s pl* die Rechte *pl* der Frau.

won [wʌn] *pret and pp of* ***win*** 1.

won·der ['wʌndə] **1.** *s* Wunder *n*; Verwunderung *f*, Erstaunen *n*; ***work ~s*** Wunder wirken; **2.** *v/t and v/i* sich wundern; gern wissen mögen, sich fragen; ***I ~ if you could help me*** vielleicht können Sie mir helfen; **~·ful** *adj* □ wunderbar, -voll; **~·ing** *adj* □ staunend, verwundert.

wont [wəʊnt] **1.** *adj* gewohnt; ***be ~ to do*** gewohnt sein zu tun, zu tun pflegen; **2.** *s* Gewohnheit *f*; ***as was his ~*** wie es s-e Gewohnheit war; **~·ed** *adj* gewohnt.

wood [wʊd] *s* Holz *n*; *often* **~s** *pl* Wald *m*, Gehölz *n*; Holzfaß *n*; → ***woodwind***; ***touch ~!*** unberufen!, toi, toi, toi!; ***he cannot see the ~ for the trees*** er sieht den Wald vor lauter Bäumen nicht; **~·chip** *s* Holzsplitter *m*; *wallpaper*: Rauhfasertapete *f*; **~·cut** *s* Holzschnitt *m*; **~·cut·ter** *s* Holzfäller *m*; *arts*: Holzschnitzer *m*; **~·ed** *adj* bewaldet; **~·en** *adj* □ hölzern, aus Holz, Holz...; *fig*. ausdruckslos; **~·man** *s* Förster *m*; Holzfäller *m*; **~·peck·er** *s zo*. Specht *m*; **~s·man** *s* Waldbewohner *m*; **~·wind** *s mus*. Holzblasinstrument *n*; ***the ~*** *sg or pl* die Holzbläser *pl*; **~·y** *adj* (***-ier***, ***-iest***) waldig; holzig.

wool [wʊl] *s* Wolle *f*; **~·gath·er·ing** *s* Verträumtheit *f*; **~·(l)en 1.** *adj* aus Wolle, wollen, Woll...; **2.** *s*: **~s** *pl* Wollsachen *pl*; **~·ly 1.** *adj* (***-ier***, ***-iest***) wollig; Woll...; *fig*. verschwommen (*ideas*); **2.** *s*: ***woollies*** *pl* F Wollsachen *pl*.

word [wɜːd] **1.** *s* Wort *n*; Vokabel *f*; *message*: Nachricht *f*; *mil*. Losung(swort *n*) *f*; *promise*: Wort *n*, Versprechen *n*; *order*: Befehl *m*; *saying*: Spruch *m*; **~s** *pl* Wörter *pl*; Worte *pl*; *fig*. Wortwechsel *m*, Streit *m*; Text *m* (*of a song*); ***have a ~ with*** mit *j-m* sprechen; ***in a*** *or* ***one ~*** mit e-m Wort; ***in other ~s*** mit anderen Worten; ***keep one's ~*** sein Wort halten; **2.** *v/t* (in Worten) ausdrücken, (ab)fassen; **~·ing** *s* Wortlaut *m*, Fassung *f*; **~ or·der** *s gr*. Wort-, Satzstellung *f*; **~ pro·cess·ing** *s computer*: Textverarbeitung *f*; **~ pro·ces·sor** *s computer*: Textverarbeitungsanlage *f*, -system *n*.

word·y ['wɜːdɪ] *adj* □ (***-ier***, ***-iest***) wortreich; Wort...

wore [wɔː] *pret of* ***wear*** 1.

work [wɜːk] **1.** *s* Arbeit *f*; Werk *n*; *attr* Arbeits...; **~s** *pl tech*. (Uhr-, Feder-) Werk *n*; **~s** *sg* Werk *n*, Fabrik *f*; ***~ of art*** Kunstwerk *n*; ***at ~*** bei der Arbeit; ***be in ~*** Arbeit haben; ***be out of ~*** arbeitslos sein; ***set to ~***, ***set*** *or* ***go about one's ~*** an die Arbeit gehen; ***~s council*** Be-

W

triebsrat *m*; **2.** *v/i* arbeiten (***at***, ***on*** an *dat*); *tech.* funktionieren, gehen; wirken; *fig.* gelingen, F klappen; **~ *to rule*** *econ.* Dienst nach Vorschrift tun; *v/t* ver-, bearbeiten; *machine*, *etc.*: bedienen; betreiben; *fig.* bewirken; **~ *one's way*** sich durcharbeiten; **~ *off*** ab-, aufarbeiten; *feelings*: abreagieren; *econ. goods*: abstoßen; **~ *out*** *v/t plan*: ausarbeiten; *problem*: lösen; ausrechnen; *v/i sports*: trainieren, sich fit halten; **~ *up*** verarbeiten (***into*** zu); *interest*: wecken; **~ *o.s. up*** sich aufregen.

wor·ka·ble ['wɜːkəbl] *adj* □ bearbeitungs-, betriebsfähig; ausführbar.

work|a·day ['wɜːkədeɪ] *adj* Alltags...; **~·a·hol·ic** [wɜːkə'hɒlɪk] *s* Arbeitssüchtige(r *m*) *f*; **~·bench** *s tech.* Werkbank *f*; **~·book** *s school*: Arbeitsheft *n*; **~·day** *s* Werktag *m*; ***on ~s*** werktags; **~·er** *s* Arbeiter(in).

work·ing ['wɜːkɪŋ] **1.** *s*: **~*s*** *pl* Arbeitsweise *f*, Funktionieren *n*; **2.** *adj* arbeitend; Arbeits...; Betriebs...; **~-class** *adj* Arbeiter...; **~ day** *s* Werk-, Arbeitstag *m*; **~ hours** *s pl* Arbeitszeit *f*; → ***flexible***.

work·man ['wɜːkmən] *s* Arbeiter *m*; Handwerker *m*; **~·like** *adj* kunstgerecht, fachmännisch; **~·ship** *s* Kunstfertigkeit *f*.

work|out ['wɜːkaʊt] *s* F *sports*: (Konditions)Training *n*; **~·shop** *s* Werkstatt *f*; Werkraum *m*; **~-shy** *adj* arbeitsscheu, faul; **~-to-rule** *s econ.* Dienst *m* nach Vorschrift; **~·wom·an** *s* Arbeiterin *f*.

world [wɜːld] *s* Welt *f*; ***a ~ of*** e-e Unmenge (von); ***bring*** (***come***) ***into the ~*** zur Welt bringen (kommen); ***think the ~ of*** große Stücke halten auf (*acc*); **♀ Bank** *s econ.* Weltbank *f*; **~ cham·pi·on** *s* Weltmeister(in); **~-class** *adj* (von) Weltklasse, von internationalem Format (*athlete*, *etc.*); **♀ Cup** *s* Fußballweltmeisterschaft *f*; *skiing*, *etc.*: Weltcup *m*.

world·ly ['wɜːldlɪ] *adj* (***-ier***, ***-iest***) weltlich; Welt...; **~-wise** *adj* weltklug.

world| pow·er *pol.* ['wɜːldpaʊə] *s* Weltmacht *f*; **~ rec·ord** *s sports*, *etc.*: Weltrekord *m*; **~ *holder*** Weltrekordhalter(in); **~·wide** *adj* weltweit, weltumspannend; Welt...

worm [wɜːm] **1.** *s zo.* Wurm *m* (*a. fig.*); **2.** *v/t secret*, *etc.*: entlocken (***out of*** *dat*); **~ *o.s.*** sich schlängeln; *fig.* sich einschleichen (***into*** in *acc*); **~-eat·en** *adj* wurmstichig; *fig.* veraltet, altmodisch.

worn [wɔːn] *pp of* ***wear*** 1; **~-out** *adj* abgenutzt; abgetragen; verbraucht (*a. fig.*); müde, erschöpft; abgezehrt; verhärmt.

wor·ried ['wʌrɪd] *adj* □ besorgt, beunruhigt.

wor·ry ['wʌrɪ] **1.** *v/i and v/t* (sich) beunruhigen, (sich) ängstigen, sich sorgen, sich aufregen; ärgern; plagen, quälen; ***don't ~!*** keine Angst *or* Sorge!; **2.** *s* Unruhe *f*; Sorge *f*; Ärger *m*.

worse [wɜːs] *adj* (*comp of* ***bad***) schlechter, schlimmer, ärger; **~ *luck!*** leider!; um so schlimmer!; **wors·en** *v/i and v/t* (sich) verschlechtern.

wor·ship ['wɜːʃɪp] **1.** *s* Verehrung *f*; Gottesdienst *m*; Kult *m*; **2.** (*esp. Br.* ***-pp-***, *Am.* ***-p-***) *v/t* verehren; anbeten; *v/i* den Gottesdienst besuchen; **~·(p)er** *s* Verehrer(in); Kirchgänger(in).

worst [wɜːst] **1.** *adj* (*sup of* ***bad***) schlechteste(r, -s), schlimmste(r, -s), ärgste(r, -s); **2.** *adv* (*sup of* ***badly***) am schlechtesten, am schlimmsten, am ärgsten; **3.** *s der*, *die*, *das* Schlechteste *or* Schlimmste *or* Ärgste; ***at*** (***the***) **~** schlimmstenfalls.

wor·sted ['wʊstɪd] *s* Kammgarn *n*.

worth [wɜːθ] **1.** *adj* wert; **~ *reading*** lesenswert; **2.** *s* Wert *m*; **~·less** *adj* □ wertlos; nichtsnutzig; **~·while** *adj* der Mühe wert; **~·y** *adj* □ (***-ier***, ***-iest***) würdig; wert.

would [wʊd] *pret of* ***will*** 2; ***I ~ like*** ich hätte gern; **~-be** *adj* Möchtegern...; angehend, zukünftig.

wound¹ [wuːnd] **1.** *s* Wunde *f*, Verletzung *f* (*a. fig.*), Verwundung *f*; *fig.* Kränkung *f*; **2.** *v/t* verwunden, verletzen (*a. fig.*).

wound² [waʊnd] *pret and pp of* ***wind²***.

wove [wəʊv] *pret of* ***weave***; **wov·en** ['wəʊvn] *pp of* ***weave***.

wow F [waʊ] *int* Mensch!, toll!

wran·gle ['ræŋgl] **1.** *v/i* sich streiten *or* zanken; **2.** *s* Streit *m*, Zank *m*.

wrap [ræp] **1.** (***-pp-***) *v/t often* **~ *up*** (ein)wickeln; *fig.* (ein)hüllen; ***be ~ped up in*** gehüllt sein in (*acc*); ganz aufgehen in (*dat*); *v/i*: **~ *up*** sich einhüllen *or* -packen; **2.** *s* Hülle *f*; Decke *f*; Schal *m*; Mantel *m*; **~·per** *s* Hülle *f*, Umschlag

W

m; *a.* ***postal*** ~ Streifband *n*; **~·ping** *s* Verpackung *f*; ***~-paper*** Einwickel-, Pack-, Geschenkpapier *n*.
wreck [rek] **1.** *s* Wrack *n*; Trümmer *pl*; Schiffbruch *m*; *fig*. Untergang *m*; **2.** *v/t* zertrümmern, -stören; zugrunde richten, ruinieren; ***be ~ed*** *mar*. scheitern, Schiffbruch erleiden; in Trümmer gehen; **~·age** *s* Trümmer *pl*; Wrackteile *pl*; **~ed** *adj* schiffbrüchig; ruiniert; **~·er** *s mar*. Bergungsschiff *n*, -arbeiter *m*; *esp. hist*. Strandräuber *m*; Abbrucharbeiter *m*; *Am. mot*. Abschleppwagen *m*; **~·ing** *s esp. hist*. Strandraub *m*; ***~ company*** *Am*. Abbruchfirma *f*; ***~ service*** *Am. mot*. Abschleppdienst *m*.
wrench [rentʃ] **1.** *v/t* reißen, zerren, ziehen; entwinden (***from s.o.*** j-m); *med*. sich *et*. verrenken, -stauchen; ***~ open*** aufreißen; **2.** *s* Ruck *m*; *med*. Verrenkung *f*, -stauchung *f*; *fig*. Schmerz *m*; *tech*. Schraubenschlüssel *m*; ***be a ~*** weh tun.
wrest [rest] *v/t* reißen; ***~ s.th. from s.o.*** j-m et. entreißen.
wres|tle ['resl] *v/i and v/t* ringen (mit); **~·tler** *s esp. sports*: Ringer *m*; **~·tling** *s esp. sports*: Ringen *n*.
wretch [retʃ] *s a.* ***poor ~*** armer Teufel; *co*. Wicht *m*.
wretch·ed ['retʃɪd] *adj* □ elend.
wrig·gle ['rɪgl] *v/i* sich winden *or* schlängeln; ***~ out of s.th.*** sich aus e-r Sache herauswinden.
-wright [raɪt] *in compounds*: ...macher *m*, ...bauer *m*.
wring [rɪŋ] *v/t* (***wrung***) *hands*: ringen; (aus)wringen; pressen; *throat*: umdrehen; abringen (***from s.o.*** j-m); ***~ s.o.'s heart*** j-m zu Herzen gehen.
wrin·kle ['rɪŋkl] **1.** *s* Runzel *f*, Falte *f*; **2.** *v/t and v/i* (sich) runzeln.
wrist [rɪst] *s* Handgelenk *n*; ***~watch*** Armbanduhr *f*; **~·band** *s* Bündchen *n*; Armband *n*; *sports*: Schweißband *n*.
writ [rɪt] *s* Erlaß *m*; gerichtlicher Befehl; ***Holy*** 𝔖 *die* Heilige Schrift.
write [raɪt] *v/t and v/i* (***wrote***, ***written***) schreiben; ***~ down*** auf-, niederschreiben; **writ·er** *s* Schreiber(in); Verfasser(in); Schriftsteller(in); **~-off** *s econ*. Abschreibung *f*; F *car*: Totalschaden *m*.
writ·ing ['raɪtɪŋ] *s* Schreiben *n* (*act*); Aufsatz *m*; Werk *n*; (Hand)Schrift *f*; Schriftstück *n*; Urkunde *f*; Stil *m*; *attr* Schreib...; ***in ~*** schriftlich; **~ case** *s* Schreibmappe *f*; **~ desk** *s* Schreibtisch *m*; **~ pad** *s* Schreibblock *m*; **~ pa·per** *s* Schreibpapier *n*.
writ·ten ['rɪtn] **1.** *pp of* ***write***; **2.** *adj* schriftlich.
wrong [rɒŋ] **1.** *adj* □ unrecht; verkehrt, falsch; ***be ~*** unrecht haben; nicht in Ordnung sein; falsch gehen (*clock*, *watch*); ***go ~*** schiefgehen; ***be on the ~ side of sixty*** über 60 (Jahre alt) sein; **2.** *s* Unrecht *n*; Beleidigung *f*; Irrtum *m*, Unrecht *n*; ***be in the ~*** unrecht haben; **3.** *v/t* unrecht tun (*dat*); ungerecht behandeln; **~·do·er** *s* Übeltäter(in); **~·foot** *v/t sports*: *j-n* auf dem falschen Fuß erwischen (*a. fig.*); *fig*. überraschen, unvorbereitet treffen; **~·ful** *adj* □ ungerecht; unrechtmäßig.
wrote [rəʊt] *pret of* ***write***.
wrought| i·ron [rɔːt'aɪən] *s* Schmiedeeisen *n*; **~-i·ron** *adj* schmiedeeisern.
wrung [rʌŋ] *pret and pp of* ***wring***.
wry [raɪ] *adj* □ (***-ier***, ***-iest***) *smile*: süßsauer; *humour*: sarkastisch.

X

X·mas F ['krɪsməs] → ***Christmas***.
X-ray [eks'reɪ] **1.** *s* Röntgenaufnahme *f*, -untersuchung *f*; **2.** *adj* Röntgen...; **3.** *v/t* durchleuchten, röntgen.

Y

yacht *mar.* [jɒt] **1.** *s* (Segel-, Motor)Jacht *f*; (Renn)Segler *m*; **2.** *v/i* auf e-r Jacht fahren; segeln; **~-club** *s* Segel-, Jachtklub *m*; **~-ing** *s* Segelsport *m*; *attr* Segel...
Yan·kee F ['jæŋkɪ] *s* Yankee *m.*
yap [jæp] *v/i* (**-pp-**) kläffen; F quasseln; F meckern.
yard [jɑːd] *s* Yard *n* (= *0,914 m*); *mar.* Rah(e) *f*; Hof *m*; (Bau-, Stapel)Platz *m*; *Am.* Garten *m*; **~ mea·sure**, **~-stick** *s* Yardstock *m*, -maß *n.*
yarn [jɑːn] *s* Garn *n*; F Seemannsgarn *n*, abenteuerliche Geschichte.
yawl *mar.* [jɔːl] Jolle *f.*
yawn [jɔːn] **1.** *v/i* gähnen; **2.** *s* Gähnen *n.*
yea F *dated* [jeɪ] *int* ja.
year [jɪə, jɜː] *s* Jahr *n*; *wine, students, etc.*: Jahrgang *m*; ***from his or her earliest ~s*** von frühester Kindheit an; **~-book** *s* Jahrbuch *n*; **~-ly** *adj and adv* jährlich.
yearn [jɜːn] *v/i* sich sehnen (***for*** nach); **~-ing 1.** *s* Sehnen *n*, Sehnsucht *f*; **2.** *adj* □ sehnsüchtig.
yeast [jiːst] *s* Hefe *f*; Schaum *m.*
yell [jel] **1.** *v/i and v/t* (gellend) schreien; aufschreien; **2.** *s* (gellender) Schrei; Anfeuerungs-, Schlachtruf *m.*
yel·low ['jeləʊ] **1.** *adj* gelb; F *cowardly*: hasenfüßig, feig; Sensations...; **2.** *s* Gelb *n*; **3.** *v/i and v/t* (sich) gelb färben; **~ card** *s sports*: *die* gelbe Karte; **~ed** *adj* vergilbt; **~ fe·ver** *s med.* Gelbfieber *n*; **~-ish** *adj* gelblich; **~ pag·es** *s pl teleph. die* gelben Seiten, Branchenverzeichnis *n*; **~ press** *s* Sensations-, Boulevardpresse *f.*
yelp [jelp] **1.** *v/i* (auf)jaulen (*dog, etc.*); aufschreien; **2.** *s* (Auf)Jaulen *n*; Aufschrei *m.*
yep F [jep] *adv* ja.
yes [jes] **1.** *adv* ja; doch; **2.** *s* Ja *n.*
yes·ter·day ['jestədɪ] *adv* gestern.
yet [jet] **1.** *adv* noch; schon (*in questions*); sogar; ***as ~*** bis jetzt; ***not ~*** noch nicht; **2.** *cj* aber (dennoch), doch.
yew *bot.* [juː] *s* Eibe *f.*
yield [jiːld] **1.** *v/t* (ein-, hervor)bringen; *profit*: abwerfen; *v/i agr.* tragen; sich fügen, nachgeben; **2.** *s* Ertrag *m*; **~-ing** *adj* □ nachgebend; *fig.* nachgiebig.
yip·pee F [jɪ'piː] *int* hurra!
yo·del ['jəʊdl] **1.** *s* Jodler *m*; **2.** *v/i and v/t* (*esp. Br.* **-ll-**, *Am.* **-l-**) jodeln.
yog·hurt ['jɒgət] *s* Joghurt *m, n.*
yoke [jəʊk] **1.** *s* Joch *n* (*a. fig.*); *oxen*: Paar *n*, Gespann *n*; Schultertrage *f*; **2.** *v/t* anschließen, zusammenspannen; *fig.* paaren (***to*** mit).
yolk [jəʊk] *s* (Ei)Dotter *m, n*, Eigelb *n.*
you [juː, jʊ] *pron* du, ihr, Sie; man.
young [jʌŋ] **1.** *adj* □ jung; jung, klein; **2.** *s pl* (Tier)Junge *pl*; ***the ~*** die jungen Leute, die Jugend; ***with ~*** trächtig; **~-ster** *s* Jugendliche(r *m*) *f*, Junge *m.*
your [jɔː] *pron* dein(e), euer(e), Ihr(e); **~s** *pron* deine(r, -s), euer, euere(s), Ihre(r, -s); 𝔄, ***Bill*** *in letters*: Dein Bill; **~-self** *pron* (*pl* ***yourselves***) du, ihr, Sie selbst; dir, dich, euch, sich; ***by ~*** allein.
youth [juːθ] *s* (*pl* **~s** [~ðz]) Jugend *f*; junger Mann, Jüngling *m*; **~ *hostel*** Jugendherberge *f*; **~-ful** *adj* □ jugendlich.
yuck [jʌk] *int* igitt!
yule·tide *esp. poet.* ['juːltaɪd] *s* Weihnachten *n*, Weihnachtszeit *f.*
Yup·pie ['jʌpɪ] *s* Yuppie *m.*

Y

Z

za·ny ['zeɪnɪ] *adj* irrsinnig komisch.
zap F [zæp] **1.** *s* Schwung *m*, Pep *m*; **2.** *v/t*: **~ s.o. one** j-m e-e knallen; **3.** *int* zack!
zeal [zi:l] *s* Eifer *m*; **~·ot** ['zelət] *s* Eiferer *m*; **~·ous** ['zeləs] *adj* □ eifrig; eifrig bedacht (**for** auf *acc*); innig, heiß.
zeb·ra *zo.* ['zi:brə] *s* Zebra *n*; **~ cross·ing** *s* Zebrastreifen *m*.
zen·ith ['zenɪθ] *s* Zenit *m*; *fig.* Höhepunkt *m*.
ze·ro ['zɪərəʊ] **1.** *s* (*pl* **-ros**, **-roes**) Null *f*; Nullpunkt *m*; **2.** *adj* Null...; **~ (economic) growth** Nullwachstum *n*; **~ option** *pol.* Nullösung *f*; **~ rating** *econ.* Mehrwertsteuerbefreiung *f*; **have ~ interest in s.th.** F null Bock auf et. haben.
zest [zest] *s* Würze *f* (*a. fig.*); Lust *f*, Freude *f*; Genuß *m*.
zig·zag ['zɪgzæg] **1.** *s* Zickzack *m*; Zickzacklinie *f*, -kurs *m*, -weg *m*; **2.** *v/i* im Zickzack laufen *or* fahren *etc.*; **3.** *adj* zickzackförmig, Zickzack...
zinc [zɪŋk] **1.** *s min.* Zink *n*; **2.** *v/t* verzinken.
zip [zɪp] **1.** *s* Schwirren *n*; F Schwung *m*; → ***zip-fastener***; **2.** *v/t* (**-pp-**): **~ s.th. open** den Reißverschluß von et. öffnen; **~ s.o. up** j-m den Reißverschluß zumachen; **~ code** *s Am.* Postleitzahl *f*; **~-fas·ten·er** *esp. Br.*, **~·per** *s Am.* Reißverschluß *m*.
zo·di·ac *ast.* ['zəʊdɪæk] *s* Tierkreis *m*.
zone [zəʊn] *s* Zone *f*; *fig.* Gebiet *n*; **~ bound·a·ry** *s public transport*: *appr.* Zahlgrenze *f*.
zoo [zu:] *s* (*pl* **~s**) Zoo *m*.
zo·o·log·i·cal [zəʊə'lɒdʒɪkl] *adj* □ zoologisch; **~ garden(s** *pl*) zoologischer Garten.
zo·ol·o·gy [zəʊ'ɒlədʒɪ] *s* Zoologie *f*.
zoom [zu:m] **1.** *v/i* surren; *aer.* steil hochziehen; F sausen; *phot.*, *film*: zoomen; **~ in on s.th.** *phot.*, *film*: et. heranholen; **~ past** F vorbeisausen; **2.** *s* Surren *n*; *aer.* Steilflug *m*; **~ lens** *s phot.* Zoomobjektiv *n*, Gummilinse *f*.

Z

Wörterverzeichnis Deutsch-Englisch

A

à [a] *prp* at ... each.

Aal [a:l] *m* (-[e]s; -e) *zo.* eel; '**2en** *v/refl* (h): ***sich in der Sonne ~*** bask in the sun; **2'glatt** *adj fig.* (as) slippery as an eel.

ab [ap] **1.** *prp*: ***~ morgen*** starting tomorrow, from tomorrow; **2.** *adv*: ***München ~ 13.55*** departure Munich 13.55; ***von heute ~*** starting today, from today; ***von jetzt ~*** from now on, in future; ***~ und zu*** now and then.

'**abarbeiten** (*sep*, -ge-, h) **1.** *v/t Schulden*: work off; **2.** *v/refl*: ***sich ~*** slave (away).

Abart ['apʔart] *f* (-; -en) *biol.* variety; '**2ig** *adj* abnormal, *sexuell*: *a.* perverse.

'**Abbau** *m* (-[e]s; *no pl*) mining; dismantling; reduction (*gen* in); '**2en** *v/t* (*sep*, -ge-, h) *Kohle etc*: mine; *Maschinen etc*: dismantle; *Vorurteile*: (gradually) get rid of: ***Arbeitskräfte ~*** cut down on (*od.* reduce) the workforce.

'**ab|beißen** *v/t* (*irr*, *sep*, -ge-, h, → ***beißen***) bite off; '**~beizen** *v/t* (*sep*, -ge-, h) *Holz*: strip; '**~bekommen** *v/t* (*irr*, *sep*, *no* -ge-, h, → ***kommen***) *losbekommen*: get off: ***sein Teil*** *od.* ***et. ~*** get one's share; ***et. ~*** *Person*: be hit, get hurt, *Sache*: be damaged.

'**abbestell|en** *v/t* (*sep*, *no* -ge-, h) cancel; '**2ung** *f* (-; -en) cancellation.

'**abbiegen** *v/i* (*irr*, *sep*, -ge-, sn, → ***biegen***) turn (off): ***nach links*** (***rechts***) ***~*** turn left (right).

'**Abbildung** *f* (-; -en) picture, illustration.

'**Abbitte** *f*: ***j-m ~ leisten*** *od.* ***tun*** apologize to s.o. (***wegen*** for).

'**abblasen** *v/t* (*irr*, *sep*, -ge-, h, → ***blasen***) F *fig.* call off.

'**abblend|en** *v/i* (*sep*, -ge-, h) *mot.* dip (*Am.* dim) one's headlights; '**2licht** *n mot.* dipped (*Am.* dimmed) headlights *pl*, *Am.* low beam.

'**ab|brechen** (*irr*, *sep*, -ge-, → ***brechen***) **1.** *v/t* (h) break off (*a. Beziehungen etc*); *Gebäude etc*: demolish, pull down; *Spiel etc*: stop; **2.** *v/i* (sn) break off; '**~bremsen** *v/t u. v/i* (*sep*, -ge-, h) slow down, brake; '**~brennen** *v/i* (*irr*, *sep*, -ge-, sn, → ***brennen***) burn down: → ***abgebrannt***; '**~bringen** *v/t* (*irr*, *sep*, -ge-, h, → ***bringen***): ***j-n ~ von*** talk s.o. out of; ***j-n davon ~, et. zu tun*** talk s.o. out of doing s.th.; '**~bröckeln** *v/i* (*sep*, -ge-, sn) crumble away.

Abbruch *m* (-[e]s; *no pl*) *e-s Gebäudes etc*: demolition; *von Beziehungen etc*: breaking off.

'**abbuch|en** *v/t* (*sep*, -ge-, h): ***e-e Summe von j-s Konto ~*** debit a sum to s.o.'s account; '**2ung** *f* (-; -en) debit (entry).

ABC-Waffen [a:be:'tse:~] *pl mil.* NBC weapons *pl.*

'**abdank|en** *v/i* (*sep*, -ge-, h) resign; *Herrscher*: abdicate; '**2ung** *f* (-; -en) resignation; abdication.

'**ab|decken** *v/t* (*sep*, -ge-, h) uncover; *Dach*: untile; *Gebäude*: unroof; *Tisch*: clear; *zudecken*: cover (up); '**~dichten** *v/t* (*sep*, -ge-, h) seal; '**~drängen** *v/t* (*sep*, -ge-, h) push aside; '**~drehen** (*sep*, -ge-, h) **1.** *v/t Gas etc*: turn off, *Licht etc*: *a.* switch off; **2.** *v/i* (*a.* sn) *aer.*, *mar.* change course.

Abdruck *m* (-[e]s; ¨e) impression, imprint, mark.

'**abdrücken** *v/i* (*sep*, -ge-, h) fire, pull the trigger.

Abend ['a:bənt] *m* (-s; -e) evening: ***am ~*** in the evening, at night; ***heute*** 2 tonight; ***morgen*** (***gestern***) 2 tomorrow (last) night; → ***essen***; '**~essen** *n* supper; *ausgiebiges*: dinner; '**~kasse** *f thea. etc* box office; '**~kleid** *n* evening dress (*Am.* gown).

abends ['a:bənts] *adv* in the evening(s): ***um 7 Uhr ~*** at 7 o'clock in the evening, at 7 p.m.

'**Abendzeitung** *f* evening paper.

Abenteu|er ['a:bəntɔyər] *n* (-s; -) adventure; '**2erlich** *adj* adventurous; *fig. riskant*: risky; *unwahrscheinlich*: fantastic; '**~rer** *m* (-s; -) adventurer.

aber [a:bər] **1.** *cj* but: ***oder ~*** otherwise,

or else; **2.** *int*: **~, ~!** now, now!; **~ sicher!** (but) of course; **3.** *adv*: **Tausende u. ~ Tausende** thousands upon (*od.* and) thousands.

'**Aber|glaube** *m* (-ns; *no pl*) superstition; **ǂgläubisch** ['~glɔʏbɪʃ] *adj* superstitious.

'**aberkenn|en** *v/t* (*irr, sep, no* -ge-, h, → **kennen**): **j-m et. ~** deprive s.o. of s.th. (*a. jur.*); '**ǂung** *f* (-; -en) deprivation.

aber|malig ['~maːlɪç] *adj* repeated; **~mals** ['~maːls] *adv* (once) again, once more.

'**abfahren** *v/i* (*irr, sep*, -ge-, sn, → **fahren**) leave (**nach** for): → **abgefahren.**

'**Abfahrt** *f* (-; -en) departure (**nach** for); '**~szeit** *f* departure time.

'**Abfall** *m* (-[e]s; ⁼e) waste; *Hausmüll*: rubbish, refuse, *bsd. Am.* garbage, trash; *in Park etc*: litter; '**~eimer** *m* rubbish bin, *Am.* trash can; '**ǂen** *v/i* (*irr, sep*, -ge-, sn, → **fallen**) fall off; *Gelände*: fall away: *fig.* **~ gegen** compare badly with.

'**abfällig 1.** *adj Bemerkung*: disparaging; **2.** *adv*: **sich ~ über j-n äußern** run s.o. down.

'**Abfall|korb** *m* litter bin (*od.* basket); '**~pro,dukt** *n* waste product; *Nebenprodukt*: spin-off, by-product.

'**abfärben** *v/i* (*sep*, -ge-, h) run: *fig.* **~ auf** (*acc*) rub off on.

'**abfertig|en** *v/t* (*sep*, -ge-, h) *Waren*: get ready for dispatch, *beim Zoll*: clear; *Personen*: *an der Grenze*: deal with, *am Flughafen*: check in; '**ǂung** *f* (-; -en) dispatch; clearance; check-in; '**ǂungsschalter** *m aer.* check-in counter.

'**abfeuern** *v/t* (*sep*, -ge-, h) *Schuß*: fire (**auf** *acc* at).

'**abfind|en** (*irr, sep*, -ge-, h, → **finden**) **1.** *v/t Gläubiger*: pay off; *entschädigen*: compensate; **2.** *v/refl*: **sich ~ mit** come to terms with; '**ǂung** *f* (-; -en) compensation; *von Angestellten*: severance (*od.* redundancy) pay.

'**ab|fliegen** *v/i* (*irr, sep*, -ge-, sn, → **fliegen**) *Person*: fly; *Flugzeug*: take off; '**~fließen** *v/i* (*irr, sep*, -ge-, sn, → **fließen**) flow (*od.* drain) off.

'**Abflug** *m* (-[e]s; ⁼e) takeoff; *auf Flugplan etc*: departure; '**~halle** *f* departure lounge; '**~zeit** *f* departure time.

'**Abfluß** *m* (-sses; ⁼sse) *Abfließen*: flowing (*od.* draining) off; **~öffnung**: outlet, drain; '**~rohr** *n* waste pipe, *außen*: drainpipe.

Abfuhr ['apfuːr] *f* (-; -en): *fig.* **j-m e-e ~ erteilen** give s.o. the brush-off.

'**abführ|en** *v/t* (*sep*, -ge-, h) *j-n*: lead off (*od.* away); *Steuern etc*: pay over (**an** *acc* to); '**ǂmittel** *n* (-s; -) *med.* laxative.

'**Abgaben** *pl* taxes *pl*; → **Kommunalabgaben, Sozialabgaben.**

'**abgas|arm** *adj mot.* low-emission; '**ǂe** *pl mot.* exhaust fumes *pl*; '**ǂsonderuntersuchung** *f mot.* special emission test.

'**abgeben** (*irr, sep*, -ge-, h, → **geben**) **1.** *v/t Prüfungsarbeit etc*: hand in; *Schlüssel etc*: leave (**bei** with); *Gepäck*: deposit (at), *Am.* check (at); *Fahrkarte*: surrender; *Vorsitz etc*: hand over (**an** *acc* to); *Schuß*: fire; *Erklärung etc*: make; *Stimme*: cast; **2.** *v/refl*: **sich ~ mit** concern o.s. with; **sich mit j-m ~** associate with s.o.

'**abge|brannt** *adj* F *fig.*: (**völlig**) **~** (flat *od.* stony) broke; '**~brüht** *adj fig.* hard-boiled; '**~droschen** *adj* hackneyed, trite; '**~fahren** *adj Reifen*: bald; '**~härtet** *adj* hardened (**gegen** against).

'**abgehen** *v/i* (*irr, sep*, -ge-, sn, → **gehen**) *aer., rail.* leave, *Schiff*: *a.* sail (*beide*: **nach** for); *Post*: go; *Knopf etc*: come off; *Straße etc*: branch off: **~ von** *e-m Plan* give up; **von s-r Meinung ~** change one's mind (*od.* views); **gut ~** go (*od.* pass off) well.

'**abge|kartet** *adj*: **~es Spiel** put-up job; '**~legen** *adj* remote, faraway; '**~magert** *adj* emaciated; '**~neigt** *adj*: **ich wäre e-r Sache nicht ~** (**nicht ~, et. zu tun**) I wouldn't mind (doing) s.th.; '**~nutzt** *adj* worn.

Abgeordnete ['apgəˀɔrdnətə] *m, f* (-n; -n) *parl. Br.* Member of Parliament, (*abbr.* MP), *Am.* Congressman (Congresswoman).

'**abge|schlossen** *adj Wohnung*: self-contained; *Ausbildung etc*: completed; '**~sehen** *adv*: **~ von** apart (*bsd. Am. a.* aside) from; **~ davon, daß** apart from the fact that; '**~spannt** *adj* exhausted, worn-out; '**~standen** *adj Luft*: stale; *Bier etc*: flat; '**~stumpft** *adj Person*: insensitive (**gegen** to)

'**abgewöhnen** *v/t* (*sep, pp* abgewöhnt,

h): ***j-m et. ~*** break (*od.* cure) s.o. of s.th.; ***sich das Rauchen ~*** give up smoking.

abgöttisch ['apgœtɪʃ] *adv*: ***j-n ~ lieben*** idolize (*od.* adore) s.o.

'**Abgrund** *m* (-[e]s; ⸚e) abyss, chasm (*beide a. fig.*): *fig.* ***am Rande des ~s stehen*** be on the brink of disaster; '**2tief** *adj Haß etc*: all-consuming.

'**ab|haken** *v/t* (*sep*, -ge-, h) tick (*Am.* check) off; '**~halten** *v/t* (*irr*, *sep*, -ge-, h, → ***halten***) *Versammlung etc*: hold: ***j-n von der Arbeit ~*** keep s.o. from his work; ***j-n davon ~, et. zu tun*** keep s.o. from doing s.th.

abhanden [ap'handən] *adv*: ***~ kommen*** get lost; ***mir ist m-e Brille ~ gekommen*** I've lost my glasses.

'**Abhandlung** *f* (-; -en) treatise (***über*** *acc* on).

'**Abhang** *m* (-[e]s; ⸚e) slope.

'**abhängen** *v/i* (*irr*, *sep*, -ge-, h, → ***hängen***): ***~ von*** depend on, *finanziell*: be dependent on.

abhängig ['aphɛŋɪç] *adj* dependent (***von*** on): ***~ sein von*** → ***abhängen***; '**2keit** *f* (-; *no pl*) dependence (***von*** on).

'**ab|hauen** *v/i* (*irr*, *sep*, -ge-, sn, → ***hauen***) F push off: ***hau ab!*** *a.* beat it!, get lost!; '**~heben** (*irr*, *sep*, -ge-, h, → ***heben***) **1.** *v/t* lift (*od.* take) off; *Hörer*: pick up; *Karten*: cut; *Geld*: draw (out) (***von*** from); **2.** *v/i aer.* take off; F *fig.* get a real lift; *teleph.* answer the phone; *Kartenspiel*: cut the cards; '**~heften** *v/t* (*sep*, -ge-, h) file (away).

'**Abhilfe** *f* (-; *no pl*) remedy: ***~ schaffen*** put things right.

'**ab|holen** *v/t* (*sep*, -ge-, h) call for, pick up, collect: ***j-n von der Bahn ~*** meet s.o. at the station; '**~horchen** *v/t* (*sep*, -ge-, h) *med.* auscultate, sound; '**~kaufen** *v/t* (*sep*, -ge-, h): ***j-m et. ~*** buy s.th. from s.o.; '**~klingen** *v/i* (*irr*, *sep*, -ge-, sn, → ***klingen***) *Schmerzen*: ease; *Wirkung*: wear off; '**~klopfen** *v/t* (*sep*, -ge-, h) *med.* tap.

'**Abkommen** *n* (-s; -) agreement (*a. pol.*): ***ein ~ treffen*** make an agreement.

ab|koppeln ['~kɔpəln] *v/t* (*sep*, -ge-, h) uncouple (***von*** from); *Raumfahrt*: undock; '**~kratzen** (*sep*, -ge-) **1.** *v/t* (h) (*a.* ***~ von***) scrape off; **2.** F *v/i* (sn) *sterben*: kick the bucket; '**~kühlen** *v/t*, *v/i u. v/refl* (*sep*, -ge-, h) cool off (*od.* down) (*a. fig.*).

'**abkürz|en** *v/t* (*sep*, -ge-, h) *Vorgang*: shorten; *Wort etc*: abbreviate, shorten: ***den Weg ~*** take a short cut; '**2ung** *f* (-; -en) abbreviation; short cut: ***e-e ~ nehmen*** take a short cut.

'**abladen** *v/t* (*irr*, *sep*, -ge-, h, → ***laden***) unload; *Müll*: dump.

'**Ablage** *f* (-; -n) *für Akten etc*: file; *allg.* place to put s.th.

'**ablassen** *v/t* (*irr*, *sep*, -ge-, h, → ***lassen***) *Wasser*: drain off; *Luft*: let out; *Dampf*: let off: ***die Luft ~ aus*** deflate.

'**Ablauf** *m* (-[e]s; ⸚e) *e-r Frist*, *e-s Passes etc*: expiry; *von Ereignissen*: course; '**2en** *v/i* (*irr*, *sep*, -ge-, sn, ***laufen***) run (*od.* drain) off; *Frist*, *Paß etc*: run out, expire; *verlaufen*: go; *ausgehen*: turn out.

'**ablegen** (*sep*, -ge-, h) **1.** *v/t Kleidung*: take off; *Akten etc*: file; *Gewohnheit*: give up; *Eid*, *Prüfung*: take; **2.** *v/i* take one's coat off; *mar.* (set) sail.

'**ablehn|en** *v/t* (*sep*, -ge-, h) *Einladung*: refuse, turn down; *Angebot*, *Gesetzentwurf*, *Vorschlag etc*: reject; *nicht mögen*: dislike; *mißbilligen*: disapprove of: ***es ~, et. zu tun*** refuse to do s.th.; '**~end** *adj* negative; '**2ung** *f* (-; -en) refusal; rejection; disapproval.

'**ablenk|en** *v/t* (*sep*, -ge-, h) *Verdacht etc*: divert (***von*** from): ***j-n von der Arbeit ~*** distract s.o. from his work; '**2ung** *f* (-; -en) diversion (*a. Zerstreuung*); distraction.

'**ab|lesen** *v/t* (*irr*, *sep*, -ge-, h, → ***lesen***) *Rede*: read (from notes); *Instrument etc*: read; '**~leugnen** *v/t* (*sep*, -ge-, h) deny; '**~liefern** *v/t* (*sep*, -ge-, h) deliver (***bei*** to, at).

'**ablös|en** *v/t* (*sep*, -ge-, h) *entfernen*: remove, take off; *Wache etc*: relieve; *Kollegen etc*: take over from; *j-n im Amt*: replace; ***sich ~*** take turns (***bei*** at); '**2ung** *f* (-; en) removal; relief; replacement.

'**abmach|en** *v/t* (*sep*, -ge-, h) *entfernen*: remove, take off; *vereinbaren*: arrange, agree (on); '**2ung** *f* (-; -en) arrangement, agreement: ***e-e ~ treffen*** come to an agreement (***über*** *acc* on).

'**abmager|n** *v/i* (*sep*, -ge-, sn) go thin: →

abgemagert; **'≈ungskur** *f* slimming diet: ***e-e ~ machen*** be slimming.

'abmelden (*sep*, -ge-, h) **1.** *v/t*: ***sein Auto ~*** take one's car off the road; ***sein Telefon ~*** have one's telephone disconnected; **2.** *v/refl polizeilich*: give notification that one is moving: ***sich bei j-m ~*** report to s.o. that one is leaving.

'abmess|en *v/t* (*irr*, *sep*, -ge-, h, → ***messen***) measure; **'≈ungen** *pl* dimensions *pl*.

'abmühen *v/refl* (*sep*, -ge-, h) take great pains (***zu tun*** to do); struggle (***mit*** with).

'Abnahme *f* (-; *no pl*) *Rückgang*: decrease, decline (*beide*: *gen* in); *an Gewicht*: loss; *tech.* acceptance; *econ.* purchase: ***bei ~ von*** on orders of.

'abnehme|n (*irr*, *sep*, -ge-, h, → ***nehmen***) **1.** *v/t* take off; *teleph. Hörer*: pick up; *tech. Maschine etc*: accept; *Ware*: buy (*dat* from); *Gewicht*: lose; **2.** *v/i* decrease, decline, diminish; *an Gewicht*: lose weight; *teleph.* answer the phone; *Mond*: wane; **'≈r** *m* (-s; -) buyer; *Kunde*: customer.

'Abneigung *f* (-; -en) dislike (***gegen*** of, for), *stärker*: aversion (to).

'abnutz|en *v/t u. v/refl* (*sep*, -ge-, h) wear out: → ***abgenutzt***; **'≈ung** *f* (-; *no pl*) wear (and tear).

Abonn|ement [abɔn(ə)'mã:] *n* (-s; -s) subscription (***auf*** *acc* to); **~ent** [abɔ'nɛnt] *m* (-en; -en) subscriber (*gen* to); **≈ieren** [abɔ'ni:rən] *v/t* (*no* ge-, h) subscribe to.

Abort [a'bɔrt] *m* (-[e]s; -e) lavatory, toilet.

'ab|putzen *v/t* (*sep*, -ge-, h) clean (up); *abwischen*: wipe off (*od.* up); **'~raten** *v/i* (*irr*, *sep*, -ge-, h, → ***raten***): ***j-m ~ von*** advise (*od.* warn) s.o. against; **'~räumen** *v/t* (*sep*, -ge-, h) clear up (*od.* away); *Tisch*: clear; **'~reagieren** (*sep*, *no* -ge-, h) **1.** *v/t*. *Ärger etc*: work off (***an*** *dat* on); **2.** *v/refl* let off steam.

'abrechn|en (*sep*, -ge, h) **1.** *v/t* deduct (***von*** from); *Spesen etc*: account for; **2.** *v/i* settle acocunts (***mit j-m*** with s.o.), *fig. a.* get even (with s.o.); **'≈ung** *f* (-; -en) deduction; settlement of accounts; **'≈ungszeitraum** *m* accounting period.

'Abreise *f* (-;-n) departure (***nach*** for); **'≈n** *v/i* (*sep*, -ge-, sn) leave (***nach*** for); **'~tag** *m* day of departure.

'abreiß|en (*irr*, *sep*, -ge-, → ***reißen***) **1.** *v/t* (h) tear (*od.* pull (off); *Gebäude*: pull down, demolish; **2.** *v/i* (sn) *Schnur etc*: break; *Knopf etc*: come off; **'≈ka,lender** *m* tear-off calendar.

'abriegeln *v/t* (*sep*, -ge-, h) *Tür*: bolt; *Straße*: block, *durch Polizei*: cordon off.

'Abriß *m* (-sses; -sse) *e-s Gebäudes*: demolition; *kurze Darstellung*: brief outline (*od.* summary).

'ab|rufen *v/t* (*irr*, *sep*, -ge-, h, → ***rufen***) *Daten*: (re)call; **'~runden** *v/t* (*sep*, -ge-, h) round off: ***nach oben*** (***unten***) ~ round up (down).

abrupt [ap'rʊpt] *adj* abrupt.

'abrüst|en *v/i* (*sep*, -ge-, h) *mil.* disarm; **'≈ung** *f* (-; *no pl*) disarmament.

'Absage *f* (-; -n) cancellation; *Ablehnung*: negative reply; **'≈n** (*sep*, -ge-, h) **1.** *v/t* cancel, call off; **2.** *v/i*: ***j-m ~*** tell s.o. not to come; tell s.o. one can't come.

'Absatz *m* (-es; ¨e) *Abschnitt*: paragraph; *econ.* sales *pl*; *Schuh≈*: heel; *Treppen≈*: landing; **'~förderung** *f* sales promotion; **'~gebiet** *n* market(ing area).

'abschaff|en *v/t* (*sep*, -ge-, h) do away with, abolish; *Gesetz*: repeal; *Mißstände*: put an end to; **'≈ung** *f* (-; *no pl*) abolition; repeal:

'abschalten (*sep*, -ge-, h) **1.** *v/t* switch (*od.* turn) off; **2.** *v/i* F *fig.* switch off; *sich erholen*: relax.

'abschätz|en *v/t* (*sep*, -ge-, h) estimate, assess; **'~ig** *adj* disparaging.

'Abscheu *m* (-s; *no pl*) horror (***vor*** *dat* of), disgust (for, at): ***~ haben vor*** detest; **≈lich** [ap'ʃɔʏlɪç] *adj* dreadful; *Verbrechen*: atrocious.

'ab|schicken *v/t* (*sep*, -ge-, h) → ***absenden***; **'~schieben** *v/t* (*irr*, *sep*, -ge-, h, → ***schieben***) *Schuld etc*: shift (***auf*** *acc* onto); *loswerden*: get rid of; *Ausländer*: deport.

Abschied ['apʃi:t] *m* (-[e]s; -e) leave-taking, farewell: ***~ nehmen*** say goodbye (***von*** to); **'~sfeier** *f* farewell party; **'~skuß** *m* goodbye kiss: ***j-m e-n ~ geben*** kiss s.o. goodbye.

'abschießen *v/t* (*irr*, *sep*, -ge-, h, →

schießen) *Waffe*: fire; *Rakete*: launch; *Flugzeug*: shoot (*od.* bring) down.

ˌ**Abschlagszahlung** *f* part payment.

ˈ**Abschlepp|dienst** *m mot.* breakdown (*Am.* towing) service; ˈ**♀en** *v/t* (*sep*, -ge-, h) tow (off): ***j-n* ~** give s.o. a tow; ˈ**~seil** *n* towrope; ˈ**~stange** *f* tow bar; ˈ**~wagen** *m Br.* breakdown lorry, *Am.* wrecker, tow truck.

ˈ**abschließen** *v/t* (*irr*, *sep*, -ge-, h, → ***schließen***) lock (up); *beenden*: close, end; *vollenden*: complete; *Versicherung*: take out; *Vertrag*: conclude; *Wette*: make: ***e-n Handel* ~** strike a bargain; → ***abgeschlossen***; ˈ**~d 1.** *adj* concluding; *endgültig*: final; **2.** *adv*: **~ *sagte er*** he wound up by saying.

ˈ**Abschluß** *m* (-sses; ⸗sse) conclusion.

ˈ**abschneiden** (*irr*, *sep*, -ge-, h, → ***schneiden***) **1.** *v/t* cut off: ***j-m das Wort* ~** cut s.o. short; **2.** *v/i* take a short cut: ***gut* ~** do (*od.* come off) well.

ˈ**Abschnitt** *m* (-[e]s; -e) *e-s Buches etc*: section, passage, paragraph; *e-r Reise etc*: stage, leg; *Zeit♀*: period; *e-r Entwicklung etc*: phase; *Kontroll♀*: stub, counterfoil.

ˈ**abschrauben** *v/t* (*sep*, -ge-, h) unscrew.

ˈ**abschreck|en** *v/t* (*sep*, -ge-, h) deter (***von*** from), put off; ˈ**~end** *adj* deterrent: ***~es Beispiel*** deterrent, warning; ˈ**♀ung** *f* (-; -en) deterrence.

ˈ**abschreiben** *v/t* (*irr*, *sep*, -ge-, h, → ***schreiben***) copy; *econ.* depreciate, write down, *völlig*: write off (*a. fig.*).

ˈ**Abschrift** *f* (-; -en) copy, duplicate.

ˈ**abschürf|en** *v/t* (*sep*, -ge-, h): ***sich das Knie* ~** graze one's knee; ˈ**♀ung** *f* (-; -en) graze.

ˈ**Abschuß** *m* (-sses; ⸗sse) *e-r Rakete*: launching; *e-s Flugzeugs*: downing.

abschüssig [ˈapʃʏsɪç] *adj* sloping, *stärker*: steep.

ˈ**ab|schütteln** *v/t* (*sep*, -ge-, h) shake off (*a. fig.*); ˈ**~schwächen** *v/t* (*sep*, -ge-, h) *Aussage*: tone down; ˈ**~schweifen** *v/i* (*sep*, -ge-, sn): ***vom Thema* ~** digress; ˈ**~schwellen** *v/i* (*irr*, *sep*, -ge-, sn, → ***schwellen***) *med.* go down.

ˈ**abseh|bar** *adj*: ***in ~er Zeit*** in the foreseeable future; ˈ**~en** (*irr*, *sep*, -ge-, h, → ***sehen***) **1.** *v/t*: ***es ist kein Ende abzusehen*** there's no end in sight; ***es abgesehen haben auf*** (*acc*) be out for; *j-n*: have it in for; **2.** *v/i*: **~ *von*** refrain from: → ***abgesehen.***

abseits [ˈapzaɪts] **1.** *prp*: **~ *der Straße*** off the road; **2.** *adv*: **~ *stehen*** stand apart; **~ *liegen*** be out of the way.

ˈ**absende|n** *v/t* (*mst irr*, *sep*, -ge-, h, → ***senden***) send off, dispatch; *Brief etc*: post, *bsd. Am.* mail; ˈ**~r** *m* (-s; -) sender, return address.

ˈ**absetz|bar** *adj steuerlich*: deductible; ˈ**~en** (*sep*, -ge-, h) **1.** *v/t Last*: set (*od.* put) down; *Brille*, *Hut*: take off; *Glas etc*: put down; *Fahrgast*: drop (***an*** *dat*, ***bei*** at); *Herrscher etc*: depose; *thea.*, *Film*: take off; *Medikament*: stop taking; *steuerlich*: deduct (from tax); *econ.* sell; **2.** *v/refl chem. etc* be deposited; F make off (***nach*** for); **3.** *v/i*: ***ohne abzusetzen*** in one go.

ˈ**Absicht** *f* (-; -en) intention: ***mit* ~** on purpose; ˈ**♀lich 1.** *adj* intentional; **2.** *adv* on purpose.

ˈ**absitzen** *v/t* (*irr*, *sep*, -ge-, h, → ***sitzen***) *Strafe*: serve.

absolut [apzoˈluːt] *adj* absolute.

ˈ**absperr|en** *v/t* (*sep*, -ge-, h) lock (up); *Straße*: block off, *Polizei*: cordon off; *Gas etc*: turn off; ˈ**♀ung** *f* (-; -en) road block, cordon.

ˈ**abspielen** (*sep*, -ge-, h) **1.** *v/t* play; **2.** *v/refl* happen, take place.

ˈ**Absprache** *f* (-; -n) arrangement.

ˈ**ab|sprechen** (*irr*, *sep*, -ge-, h, → ***sprechen***) **1.** *v/t* arrange; **2.** *v/refl*: ***sich mit j-m* ~** make an arrangement with s.o.; ˈ**~spülen** (*sep*, -ge-, h) **1.** *v/t* rinse; *Geschirr*: wash up; **2.** *v/i* wash up, *Br. a.* do the washing-up.

ˈ**abstamm|en** *v/i* (*sep*, -ge-, sn): **~ *von*** be descended from; ˈ**♀ung** *f* (-; *no pl*) descent.

ˈ**Abstand** *m* (-[e]s; ⸗e) distance; *Zwischenraum*: space; *zeitlich*: interval: **~ *halten*** keep one's distance; *fig.* ***mit* ~** by far.

ab|statten [ˈapʃtatən] *v/t* (*sep*, -ge-, h): ***j-m e-n Besuch* ~** pay s.o. a visit; ˈ**~stauben** *v/t* (*sep*, -ge-, h) dust.

ˈ**Abstecher** *m* (-s; -) quick trip (***nach*** to).

ˈ**ab|stehend** *adj*: ***~e Ohren*** bat ears; ˈ**~steigen** *v/i* (*irr*, *sep*, -ge-, sn, → ***steigen***) stay (***in*** *e-m Hotel etc* at).

ˈ**abstell|en** *v/t* (*sep*, -ge-, h) put down, leave (***bei*** with); *Auto etc*: park; *Gas*,

Maschine etc: turn off; *Radio, Motor etc*: switch off; *Mißstände*: remedy; '**≈raum** *m* storeroom, *Br. a.* boxroom.

'**abstimm|en** *v/i* (*sep*, -ge-, h) vote (***über*** *acc* on); '**≈ung** *f* (-; -en) vote; *Volks≈*: referendum.

Abstinenzler [apsti'nɛntslər] *m* (-s; -) teetotal(l)er.

'**abstoßen** *v/t* (*irr, sep*, -ge-, h, → ***stoßen***) *anwidern*: disgust, repel, revolt; '**~d** *adj* disgusting, repulsive, revolting.

abstrakt [ap'strakt] *adj* abstract.

'**ab|streiten** *v/t* (*irr, sep*, -ge-, h, → ***streiten***) deny; '**~stumpfen** *v/i* (*sep*, -ge-, sn) *Person*: become insensitive (***gegen*** to): → ***abgestumpft.***

'**Absturz** *m* (-es; ⸚e) *aer., Computer*: crash.

'**ab|stürzen** *v/i* (*sep*, -ge-, sn) *aer., Computer*: crash; '**~suchen** *v/t* (*sep*, -ge-, h) search (***nach*** for).

absurd [ap'zʊrt] *adj* absurd.

Abszeß [aps'tsɛs] *m* (-sses; -sse) *med.* abscess.

'**ab|tasten** *v/t* (*sep*, -ge-, h) feel (***nach*** for); *med.* palpate; *nach Waffen etc*: frisk; *Computer, Radar etc*: scan; '**~tauen** *v/t* (*sep*, -ge-, h) *Kühlschrank*: defrost.

Abteil [ap'taɪl] *n* (-[e]s; -e) *rail.* compartment.

Ab'teilung *f* (-; -en) department; *e-s Krankenhauses*: ward, unit; **~sleiter** *m* head of a department.

'**Abtransport** *m* (-[e]s; -e) removal.

'**abtreib|en** *v/i* (*irr, sep*, -ge-, h, → ***treiben***) *med.* have an abortion; '**≈ung** *f* (-; -en) abortion.

'**ab|trennen** *v/t* (*sep*, -ge-, h) *Coupon etc*: detach; *Fläche etc*: separate; '**~trocknen** (*sep*, -ge-, h) **1.** *v/t*: ***sich die Hände ~*** dry one's hands (***an*** *dat* on); ***das Geschirr ~*** dry up the dishes; **2.** *v/i* dry up, *Br. a.* do the drying-up; '**~wägen** *v/t* (*mst irr, sep*, -ge-, h, → ***wägen***) weigh, consider (carefully); '**~wälzen** *v/t* (*sep*, -ge-, h) *Schuld etc*: shift (***auf*** *acc* onto); '**~warten** (*sep*, -ge-, h) **1.** *v/t* wait for; **2.** *v/i* wait (and see).

abwärts ['apvɛrts] *adv* down, downward(s).

'**abwaschen** (*irr, sep*, -ge-, h, → ***waschen***) **1.** *v/t* wash off (*a.* ***~ von***); *Geschirr*: wash up; **2.** *v/i* → ***abspülen*** 2.

'**Abwasser** *n* (-s; ⸚) waste water, sewage.

'**abwechseln** *v/t u. v/refl* (*sep*, -ge-, h) *Personen*: take turns (***mit*** with; ***bei*** with, in); '**~d** *adv* by turns.

'**Abwechslung** *f* (-; -en) change: ***zur ~*** for a change; '**≈sreich** *adj* varied; *Leben etc*: eventful.

'**Abweg** *m*: ***auf ~e geraten*** go astray; **≈ig** ['apve:gɪç] *adj* absurd, unrealistic.

'**Abwehr** *f* (-; *no pl*) defen|ce, *Am.* -se (*a. Sport*); *e-s Stoßes etc*: warding off; '**≈en** *v/t* (*sep*, -ge-, h) ward off; *zurückschlagen*: beat back; '**~kräfte** *pl med.* resistance *sg*; '**~stoffe** *pl med.* antibodies *pl.*

'**abweich|en** *v/i* (*irr, sep*, -ge-, sn, → ***weichen***) deviate (***von*** from); *vom Thema*: digress; '**≈ung** *f* (-; -en) deviation.

'**abwerfen** *v/t* (*irr, sep*, -ge-, h, → ***werfen***) *Bomben etc*: drop; *Gewinn*: yield.

'**abwert|en** *v/t* (*sep*, -ge-, h) *Währung*: devalue; '**~end** *adj Bemerkung etc*: depreciatory; '**≈ung** *f* devaluation.

'**abwesen|d** *adj* absent; '**≈heit** *f* (-; *no pl*) absence.

'**ab|wickeln** *v/t* (*sep*, -ge-, h) unwind; *erledigen*: handle; *Geschäft*: transact; '**~wiegen** *v/t* (*irr, sep*, -ge-, h, → ***wiegen***) weigh out; '**~wischen** *v/t* (*sep*, -ge-, h) wipe off (*a.* ***~ von***); '**~würgen** *v/t* (*sep*, -ge-, h) F *mot.* stall; *Diskussion etc*: stifle; '**~zahlen** *v/t* (*sep*, -ge-, h) pay off; *in Raten*: pay by instal(l)ments; '**~zählen** *v/t* (*sep*, -ge-, h) count.

'**Abzahlung** *f*: ***et. auf ~ kaufen*** buy s.th. on hire purchase (*bsd. Am.* on the instal[l]ment plan).

'**Abzeichen** *n* (-s; -) badge.

'**abziehen** (*irr, sep*, -ge-, → ***ziehen***) **1.** *v/t* (h) *Bett*: strip; *Schlüssel*: take out; *Truppen*: withdraw; *math.* subtract (***von*** from), *econ.* deduct (from); **2.** *v/i* (sn) *Rauch*: escape.

'**Abzug** *m* (-[e]s; ⸚e) *mil.* withdrawal; *econ.* deduction, *Skonto*: discount; *Kopie*: copy; *phot.* print; *e-r Waffe*: trigger; *tech.* outlet.

abzüglich ['aptsy:klɪç] *prp* less, minus.

'**abzweig|en** *v/i* (*sep*, -ge-, sn) branch off; '**≈ung** *f* (-; -en) turn-off; *Gabelung*: fork.

Achse ['aksə] *f* (-; -n) *tech.* axle.

Achsel ['aksəl] *f* (-; -n) shoulder: ***die ~n***

zucken shrug one's shoulders; '**~höhle** *f* armpit.

acht [axt] *adj* eight: ***in ~ Tagen*** in a week('s time); ***heute in ~ Tagen*** today week; ***vor ~ Tagen*** a week ago.

Acht [~] *f*: ***außer 2 lassen*** disregard, ignore; ***sich in 2 nehmen*** be careful, watch out (***vor*** *dat* for), be on one's guard (against).

'**acht|e** *adj* eighth: ***am ~n Mai*** on the eighth of May, on May the eighth; '**~eckig** *adj* octagonal; '**2el** *n* (-s; -) eighth (part).

achten ['axtən] (h) **1.** *v/t j-n*: respect; **2.** *v/i*: **~ *auf*** (*acc*) pay attention to, mind; *aufpassen auf*: watch, keep an eye on; *Ausschau halten nach*: watch out for; ***darauf ~, daß*** see to it that.

'**Achterbahn** *f* roller coaster.

'**achtfach** *adj u. adv* eightfold.

'**achtgeben** *v/i* (*irr*, *sep*, -ge-, h, → ***geben***) be careful: **~ *auf*** (*acc*) pay attention to, mind; *aufpassen auf*: watch, keep an eye on; ***gib acht!*** look out!, (be) careful!

'**achtlos** *adj* careless.

'**Achtung** *f* (-; *no pl*) respect (***vor*** *dat* for): ***~!*** look out!; **~ *Stufe!*** mind the step!

'**acht|zehn** *adj* eighteen; **~zig** ['axtsıç] *adj* eighty: ***die ~er Jahre*** the eighties.

ächzen ['ɛçtsən] *v/i* (h) groan (***vor*** *dat* with).

Acker ['akər] *m* (-s; ¨) field; '**~bau** *m* (-[e]s; *no pl*) agriculture.

Adapter [a'daptər] *m* (-s; -) *electr*. adapter.

addieren [a'di:rən] *v/t* (*no* ge- h) add (up).

Adel ['a:dəl] *m* (-s; *no pl*) aristocracy, nobility.

Ader ['a:dər] *f* (-; -n) *anat*. blood vessel, *Vene*: vein, *Arterie*: artery.

adieu [a'dĭø:] *int*. goodbye.

adoptieren [adɔp'ti:rən] *v/t* (*no* ge-, h) adopt.

Adoptiv|eltern [adɔp'ti:f~] *pl* adoptive parents *pl*; **~kind** *n* adopted child.

Adresse [a'drɛsə] *f* (-; -n) address; **~nänderung** *f* change of address; **~nverzeichnis** *n* mailing list.

adressier|en [adrɛ'si:rən] *v/t* (*no* ge- h) address (***an*** *acc* to); **2ma,schine** *f* addressing machine.

Affäre [a'fɛ:rə] *f* (-; -n) affair.

Affe ['afə] *m* (-n; -n) *zo*. monkey, *Menschen2*: ape.

Affekt [a'fɛkt] *m*: ***im ~*** in the heat of the moment; **2iert** [afɛk'ti:rt] *adj* affected.

Afrikan|er [afri'ka:nər] *m* (-s; -), **2isch** *adj* African.

After ['aftər] *m* (-s; -) *anat*. anus.

Agent [a'gɛnt] *m* (-en; -en) agent; **~ur** [agɛn'tu:r] *f* (-; -en) agency.

Aggress|ion [agrɛ'sĭo:n] *f* (-; -en) aggression; **2iv** [~'si:f] *adj* aggressive; **~ivität** [~sivi'tɛ:t] *f* (-; *no pl*) aggressiveness.

Agrar|land [a'gra:r~] *n* agrarian country; **~markt** *m* agricultural market; **~poli,tik** *f* agrarian policy.

aha [a'ha:] *int* I see.

ähneln ['ɛ:nəln] *v/i* (h) resemble, look like.

ahnen ['a:nən] *v/t* (h) foresee; *vermuten*: suspect.

ähnlich ['ɛ:nlıç] *adj* similar (*dat* to): ***j-m ~ sehen*** look like s.o.; ***das sieht ihm ~*** that's him all over; '**2keit** *f* (-; -en) likeness (***mit*** to), resemblance (to), similarity (with).

'**Ahnung** *f* (-; -en) presentiment; *Vermutung*: suspicion: ***keine ~!*** no idea.

Aids [eıds] *n* (-; *no pl*) *med*. AIDS, Aids; '**2beratung** *f* AIDS advice cent|re (*Am*. -er); '**2krank** *adj* suffering from AIDS; '**~kranke** *m* AIDS sufferer (*od*. victim); '**~test** *m* AIDS test.

Akademi|e [akade'mi:] *f* (-; -n) academy; **~ker** [~'de:mikər] *m* (-s; -) university man; **2sch** [~'de:mıʃ] *adj* academic: ***~e Bildung*** university education.

akklimatisieren [aklimati'zi:rən] *v/refl* (*no* ge-, h) get acclimatized (***an*** *acc* to).

Akkord [a'kɔrt] *m* (-[e]s; -e) *mus*. chord: ***im ~ arbeiten*** *econ*. do piecework; **~arbeit** *f* piecework; **~arbeiter** *m* pieceworker; **~lohn** *m* piecework wages *pl*.

Akku ['aku] *m* (-s; -s) F, **~mulator** [akumu'la:tɔr] *m* (-s; -en [~'to:rən]) *tech*. accumulator.

Akne ['aknə] *f* (-;-n) *med*. acne.

Akrobat [akro'ba:t] *m* (-en; -en) acrobat; **2isch** *adj* acrobatic.

Akt [akt] *m* (-[e]s; -e) act (*a*. *thea*.).

Akte ['aktə] *f* (-; -n) file, record: ***zu den ~n legen*** file, *fig*. shelve; '**~nkoffer** *m* attaché case; '**~nmappe** *f* folder; *Aktentasche*: briefcase; '**~nno,tiz** *f* memo

(-randum); '**~nordner** *m* file; '**~nschrank** *m* filing cabinet; '**~ntasche** *f* briefcase; '**~nzeichen** *n* file number; *auf Brief*: reference.

Aktie ['aktsĭə] *f* (-; -n) *econ.* share, *Am.* stock; '**~ngesellschaft** *f Br.* joint-stock company, *Am.* (stock) corporation; '**~nkurse** *pl* share (*Am.* stock) prices *pl*; '**~nmarkt** *m* stock market; '**~nmehrheit** *f* majority holding.

Aktion [ak'tsĭo:n] *f* (-; -en) *Maßnahmen*: measures *pl*; *Werbe*≈ *etc*: campaign, drive; *Rettungs*≈ *etc*: operation.

Aktionär [aktsĭo'nɛ:r] *m* (-s; -e) shareholder, *Am.* stockholder.

aktiv [ak'ti:f] *adj* active.

aktuell [ak'tŭɛl] *adj Zahlen etc*: up-to-date; *Themen etc*: topical: ***die Frage ist im Moment nicht ~*** the question is of no interest at the moment.

Akusti|k [a'kʊstɪk] *f* (-; *no pl*) *e-s Raums*: acoustics *pl*; **≈sch** *adj* acoustic.

akut [a'ku:t] *adj med.* acute, *fig. a.* pressing.

Akzent [ak'tsɛnt] *m* (-[e]s; -e) accent; *Betonung*: *a.* stress (*a. fig.*).

akzept|abel [aktsɛp'ta:bəl] *adj* acceptable (***für*** to); **~ieren** [~'ti:rən] *v/t* (*no* ge-, h) accept.

Alarm [a'larm] *m* (-[e]s; -e) alarm: ***~ schlagen*** sound the alarm; **~anlage** *f* alarm system; **≈ieren** [alar'mi:rən] *v/t* (*no* ge-, h) *Polizei etc*: call; *beunruhigen*: alarm.

albern ['albərn] *adj* silly.

Album ['albʊm] *n* (-s; Alben) album.

Alibi ['a:libi] *n* (-s; -s) *jur.* alibi.

Alimente [ali'mɛntə] *pl* maintenance *sg.*

Alkohol ['alkoho:l] *m* (-[e]s; -e) alcohol; '**≈frei** *adj* nonalcoholic, soft; **~iker** [~'ho:likər] *m* (-s; -) alcoholic; **≈isch** [~'ho:lɪʃ] *adj* alcoholic; **~ismus** [~ho'lɪsmʊs] *m* (-; *no pl*) alcoholism; '**~test** *m mot.* breathalyser test.

all [al] *indef pron* all, *jeder*: every: ***~e beide*** both of them; ***~e drei*** all three (of them); ***wir ~e*** all of us; ***fast ~e*** almost everyone; ***~e drei Tage*** every three days; → ***alles.***

All [~] *n* (-s; *no pl*) universe; *Raum*: (outer) space.

Allee [a'le:] *f* (-; -n) avenue.

allein [a'laɪn] *adj u. adv* alone, *a. ohne Hilfe*: on one's own, by o.s.; *einsam*: lonely: ***ganz ~*** all alone; **≈erbe** *m* sole heir; **≈erziehende** *m, f* (-n; -n) single parent; **≈gang** *m*: ***im ~*** single-hand-ed(ly), solo; **~ig** *adj* sole, exclusive; **≈sein** *n* (-s; *no pl*) loneliness; **~stehend** *adj unverheiratet*: single; *ohne Verwandte*: without dependants; *Haus*: detached; **≈verdiener** *m* (-s; -) sole earner.

aller|beste ['alər'bɛstə] *adj* very best; **~dings** ['~'dɪŋs] *adv* however; '**~'erste** *adj* very first.

Allerg|ie [alɛr'gi:] *f* (-; -n) *med.* allergy (***gegen*** to); **≈isch** [a'lɛrgɪʃ] *adj* allergic (***gegen*** to) (*a. fig.*).

'**Aller|'heiligen** *n* (-; *no pl*) All Saints' Day; **≈lei** ['~'laɪ] *adj* all kinds (*od.* sorts) of; '**≈'letzte** *adj* very last; '**≈'meist 1.** *adj* most; **2.** *adv*: ***am ~en*** most of all; '**≈'nächste** *adj*: ***in ~er Zeit*** very soon; '**≈'neu(e)ste** *adj* very latest; '**~'seelen** *n* (-; *no pl*) All Souls' Day; '**≈'seits** *adv*: ***guten Morgen ~!*** good morning everybody; '**≈'wenigst 1.** *adj* least ... of all; **2.** *adv*: ***am ~en*** least of all.

'**alles** *indef pron* everything: ***~ in allem*** all in all; ***auf ~ gefaßt sein*** be prepared for the worst; → ***als, Mädchen.***

allge'mein 1. *adj* general: ***im ~en*** → 2; **2.** *adv* generally, in general; **≈arzt** *m* general practitioner; **≈bildung** *f* general education; **≈heit** *f* (-; *no pl*) general public; **~verständlich** *adj* comprehensible; **≈wissen** *n* general knowledge.

All'heilmittel *n* cure-all (*a. fig.*).

'**all|'jährlich** *adj* yearly, annual(ly *adv*), *adv a.* every year; **~mählich** [al'mɛ:lɪçh] *adj* gradual(ly *adv*).

'**Allradantrieb** *m mot.* all-wheel drive.

all|'täglich *adj* daily; *fig.* everyday; *durchschnittlich*: ordinary; '**≈'wissend** *adj* omniscient; '**≈zu** *adv* far (*od.* much) too: ***nicht ~*** not too; '**≈zu'viel** *adv* too much.

Alphabet [alfa'be:t] *n* (-[e]s; -e) alphabet; **≈isch** *adj* alphabetical.

Alptraum ['alp~] *m* nightmare (*a. fig.*).

als [als] *cj* as; *nach comp*: than; *zeitlich* when, *während*: while: ***~ ob*** as if (*od.* though); ***alles andere ~*** anything but.

also ['alzo] *cj* so: ***~ gut!*** all right (*Am.* alright) (then); ***na ~!*** what did I say?

alt [alt] *adj* old; *geschichtlich*: *a.* ancient:

ein fünf Jahre ~er Junge a five-year-old boy; ***~ werden → altern.***

Alt [~] *m* (-s; *no pl*) *mus.* alto.

Altar [al'taːr] *m* (-[e]s; ⸚e) altar.

Altenheim ['altən~] *n* old people's home.

Alter ['altər] *n* (-s; *no pl*) age; *hohes*: old age: ***im ~ von*** at the age of.

älter ['ɛltər] *adj* older: ***mein ~er Bruder*** my elder brother; ***ein ~er Herr*** an elderly gentleman.

altern ['altərn] *v/i* (sn) grow old, age.

alternativ [altərna'tiːf] *adj* alternative; **2e** [~'tiːvə] *f* (-; -n) alternative (**zu** to); **2ener,gie** *f* alternative energy.

'Alters|grenze *f* age limit; *Rentenalter*: retirement age; **'~heim** *n* old people's home; **'~rente** *f* old-age pension; **'~schwäche** *f*: ***an ~ sterben*** die of old age; **'~versorgung** *f* old-age pension (scheme).

'Altertum *n* (-s; -tümer) antiquity.

'alt|klug *adj* precocious; **'2me,tall** *n* scrap metal; **'~modisch** *adj* old-fashioned; **'2öl** *n* used oil; **'2pa,pier** *n* used paper.

'Altstadt *f* old part of the town; **'~sanierung** *f* inner city redevelopment.

Alu|folie ['alu~] *f* tinfoil; **~minium** [alu'miːnĭʊm] *n* (-s; *no pl*) aluminium, *Am.* aluminum.

am [am] (= ***an dem***) *prp*: ***~ Fenster*** at the window; → ***Anfang, Morgen*** *etc.*

Amateur [ama'tøːr] *m* (-s; -e) amateur; **~funker** *m* radio ham.

ambulan|t [ambu'lant] **1.** *adj*: ***~e Behandlung*** outpatient treatment; **2.** *adv*: ***~ behandelt werden*** get outpatient treatment; **2z** [~'lants] *f* (-; -en) *Klinik*: outpatients' department; *Krankenwagen*: ambulance.

Ameise ['aːmaɪzə] *f* (-; -n) *zo.* ant; **'~nhaufen** *m* anthill.

Amerikan|er [ameri'kaːnər] *m* (-s; -), **2isch** *adj* American.

Amnestie [amnɛs'tiː] *f* (-; -n) amnesty; **2ren** [~'tiːrən] *v/t* (*no* ge-, h) grant an amnesty to.

Amok ['aːmɔk]: ***~ laufen*** run amok.

Ampel ['ampəl] *f* (-; -n) *mot. Br.* (traffic) lights *pl*, *Am.* (traffic) light, stoplight.

Ampulle [am'pʊlə] *f* (-; -n) ampoule.

Amput|ation [amputa'tsĭoːn] *f* (-; -en) *med.* amputation; **2ieren** [~'tiːrən] *v/t* (*no* ge-, h) amputate.

Amsel ['amzəl] *f* (-; -n) *zo.* blackbird.

Amt [amt] *n* (-es; ⸚er) *Dienststelle*: office, department; *Posten*: post; *Aufgabe*: duty, function; *teleph.* exchange; **'2lich** *adj* official.

'Amts|arzt *m* public health officer; **'~geschäfte** *pl* official business *sg*; **'~zeichen** *n teleph.* dialling (*Am.* dial) tone; **'~zeit** *f* term (of office).

Amulett [amu'lɛt] *n* (-[e]s; -e) amulet, (lucky) charm.

amüs|ant [amy'zant] *adj unterhaltsam*: entertaining; *lustig*: amusing; **~ieren** [~'ziː·rən] (*no* ge-, h) **1.** *v/refl* enjoy o.s., have a good time: ***sich ~ über*** (*acc*) be amused at; **2.** *v/t* amuse, entertain.

an [an] **1.** *prp* (*dat*) *zeitlich*: on; *örtlich*: at, on: ***~ e-m Sonntagmorgen*** on a Sunday morning; ***~ der Themse*** on the Thames; ***~ der Wand*** on the wall; ***~ der Grenze*** at the border; → ***erkennen, Stelle*** *etc*; **2.** *prp* (*acc*) to, for; at, against: ***ein Brief ~ mich*** a letter for me; → ***klopfen*** *etc*; **3.** *adv*: ***von ... ~*** from ... (on[wards]); ***von nun ~*** from now on; ***das Gas ist ~*** the gas is on; ***~ - aus***; on - off; ***München ~ 13.55*** arrival Munich 13.55; ***~ die 100 Mark*** about 100 marks.

Analphabet [analfa'beːt] *m* (-en; -en) illiterate (person).

Analys|e [ana'lyːzə] *f* (-; -n) analysis; **2ieren** [~ly'ziːrən] *v/t* (*no* ge-, h) analy|se, *Am.* -ze.

Ananas ['ananas] *f* (-; -[se]) pineapple.

Anarchie [anar'çiː] *f* (-; -n) anarchy.

anatomisch [ana'toːmɪʃ] *adj* anatomical.

'Anbau¹ *m* (-[e]s; *no pl*) *agr.* cultivation.

'Anbau² *m* (-[e]s; -ten) *arch. bsd. Br.* annexe, *bsd. Am.* annex.

'anbau|en *v/t* (*sep*, -ge-, h) *agr.* cultivate, grow; **'2möbel** *pl* sectional (*od.* unit) furniture *sg*.

an'bei *adv*: *econ.* ***~ senden wir Ihnen ...*** enclosed please find ...

'Anbetracht: *in ~* (***dessen, daß***) considering (that).

'anbiete|n *v/t* (*irr*, *sep*, -ge-, h, → ***bieten***) offer; **'2r** *m* (-s; -) (potential) seller.

'Anblick *m* ([e]s; -e) sight.

'an|blinken *v/t* (*sep*, -ge-, h): ***j-n ~*** *mot.* flash s.o., flash one's lights at s.o.; **'~brechen** (*irr*, *sep*, -ge-, → ***brechen***)

1. *v/t* (h) *Vorräte*: break into, *Dose, Packung etc*: start on, *a. Flasche*: open; **2.** *v/i* (sn) begin; *Tag*: dawn, *Nacht*: fall; '**~brennen** *v/i* (*irr, sep*, -ge-, sn, → ***brennen***) (*a.* ***~ lassen***) burn; '**~brüllen** *v/t* (*sep*, -ge-, h) *v/t* bawl at.

'**Andenken** *n* (-s; -) keepsake; *Reise*~: souvenir (*beide*: ***an*** *acc* of): ***zum ~ an*** in memory of.

ander ['andər] **1.** *adj* other, *verschieden*: different: ***ein ~es Buch*** another book: ***am ~en Tag*** the next day; **2.** *indef pron*: ***ein ~er, e-e ~e*** someone else; ***die ~en*** the others; ***alles ~e*** everything else; → ***als.***

'**anderer'seits** *adv* on the other hand.

ändern ['ɛndərn] (h) **1.** *v/t* change, *a. Kleidung*: alter: ***ich kann es nicht ~*** I can't help it; **2.** *v/refl* change.

'**anders** *adv* different(ly): ***j-d ~*** somebody else; ***~ werden*** change; → ***überlegen***¹; '**~her,um** *adv* the other way round.

anderthalb ['andərt'~] *adj* one and a half: ***~ Tage*** a day and a half.

'**Änderung** *f* (-; -en) change, *a. an Kleidung*: alteration.

'**andeut|en** *v/t* (*sep*, -ge-, h) *zu verstehen geben*: hint, suggest (***daß*** that); *hinweisen auf*: hint at, suggest; '**~ung** *f* (-; -en) hint, suggestion.

'**Andrang** *m* (-[e]s; *no pl*) crush.

'**an|drehen** *v/t* (*sep*, -ge-, h) *Gas etc*: turn on, *Licht etc*: *a.* switch on; '**~drohen** *v/t* (*sep*, -ge-, h): ***j-m et. ~*** threaten s.o. with s.th.; '**~ekeln** *v/t* (*sep*, -ge-, h) *Essen etc*: make *s.o.* feel sick, *Benehmen, Person etc*: make *s.o.* sick.

'**anerkannt** *adj* recognized, accepted.

'**anerkenn|en** *v/t* (*irr, sep, no* -ge- h, → ***kennen***) acknowledge, *a. pol.* recognize (***als*** as); *Anspruch*: allow; '**~end** *adj*: ***~e Worte*** words of praise; '**~ung** *f* (-; *no pl*) acknowledg(e)ment, recognition: ***in ~*** (*gen*) in recognition of.

'**anfahren** (*irr, sep*, -ge-, → ***fahren***) **1.** *v/i* (sn) start; **2.** *v/t* (h) run into, hit.

'**Anfall** *m* (-[e]s; ¨e) *med.* attack, *epileptischer, a. Wut*~ *etc*: fit.

'**anfällig** *adj* susceptible (***für*** to); *Gesundheit*: delicate.

'**Anfang** *m* (-[e]s; ¨e) beginning, start: ***am ~*** at (*od.* in) the beginning; ***von ~ an*** (right) from the beginning (*od.* start); ***~ Mai*** early in May; ***er ist ~ 20*** he is in his early twenties; '**~en** *v/t u. v/i* (*irr, sep*, -ge-, h, → ***fangen***) start, begin (*beide*: ***mit*** with; ***zu tun*** to do, doing).

Anfänger ['anfɛŋər] *m* (-s; -) beginner.

'**anfangs** *adv* at first; '**~buchstabe** *m* first (*od.* initial) letter: ***großer*** (***kleiner***) ~ capital (small) letter.

'**an|fassen** *v/t* (*sep*, -ge-, h) *berühren*: touch; *ergreifen*: take hold of; '**~fechten** *v/t* (*irr, sep*, -ge-, h, → ***fechten***) contest; *jur.* appeal against; '**~fertigen** *v/t* (*sep*, -ge-, h) make, do, *econ., tech. a.* manufacture; '**~feuchten** *v/t* (*sep*, -ge-, h) moisten; '**~fliegen** *v/t* (*irr, sep*, -ge-, h, → ***fliegen***) *regelmäßig*: fly to.

'**anforder|n** *v/t* (*sep*, -ge-, h) request, *stärker*: demand; '**~ung** *f* (-; -en) demand (*gen* for): ***~en*** *pl* standard *sg*, demands *pl*; ***auf ~*** on request.

'**Anfrage** *f* (-; -n) inquiry: ***auf ~*** on request; '**~n** *v/i* (*sep*, -ge-, h) inquire (***bei j-m nach et.*** of s.o. about s.th.).

'**an|freunden** *v/refl* (*sep*, -ge-, h) make friends(***mit*** with); '**~fühlen** *v/refl* (*sep*, -ge-, h) feel.

'**anführe|n** *v/t* (*sep*, -ge-, h) lead; *nennen*: state; '**~r** *m* (-s; -) leader; *Rädelsführer*: ringleader.

'**Angabe** *f* (-; -n) statement; F *Angeberei*: showing off: ***~n*** *pl* information *sg*; ***~n zur Person*** personal data.

'**angebe|n** (*irr, sep*, -ge-, h, → ***geben***) **1.** *v/t Grund, Namen etc*: give; *erklären*: declare (*a. Zollware*); *festlegen*: set; **2.** *v/i* F show off (***mit*** [with]); '**~r** *m* (-s; -) F show-off; '**~rei** *f* (-; -en) F showing-off.

angeblich ['ange:plɪç] **1.** *adj* alleged, supposed; **2.** *adv*: ***~ ist er ...*** he's supposed to be ...

'**angeboren** *adj* innate, inborn; *med.* congenital.

'**Angebot** *n* (-[e]s; -e) offer: ***~ und Nachfrage*** supply and demand.

'**angehen** (*irr, sep*, -ge-, sn, → ***gehen***) **1.** *v/i Licht etc*: go on; F *anfangen*: start; **2.** *v/t* (*a.* h): ***j-n ~*** concern s.o.; ***das geht dich nichts an*** that is none of your business.

'**angehör|en** *v/i* (*sep, pp* angehört, h) belong to; '**~ige** *m, f* (-n; -n) relative; *Mitglied*: member; ***die nächsten ~n*** *pl* the next of kin *pl.*

Angeklagte ['angəkla:ktə] *m, f* (-n; -n) *jur.* defendant.

'Angelegenheit *f* (-; -en) matter, affair.

ange|lehnt ['angəle:nt] *adj Tür etc*: ajar; **'~lernt** *adj Arbeiter*: semi-skilled; **~nehm** ['~ne:m] *adj* pleasant, agreeable: ***das 2e mit dem Nützlichen verbinden*** combine business with pleasure; **'~sehen** *adj* respected; **'~sichts** *prp* in view of.

Angestellte ['angəʃtɛltə] *m, f* (-n; -n) (salaried) employee; **'~nversicherung** *f* (salaried) employees' insurance.

'ange|trunken *adj*: ***in ~em Zustand*** under the influence of alcohol; **'~wandt** *adj* applied: **'~wiesen** *adj*: ***~ sein auf*** (*acc*) be dependent on, depend on.

'angewöhnen *v/t* (*sep, pp* angewöhnt, h): ***sich ~, et. zu tun*** get used to doing s.th.; ***sich das Rauchen ~*** take to smoking.

'Angewohnheit *f* (-; -en) habit.

Angina [aŋ'gi:na] *f* (-; -nen) *med.* tonsilitis.

'angleichen *v/t* (*irr, sep*, -ge-, h, → ***gleichen***) adapt, adjust (*beide*: *dat*, **an** *acc* to).

'angreife|n *v/t* (*irr, sep*, -ge-, h, → ***greifen***) attack (*a. v/i*; *a. fig.*); *Gesundheit*: affect; *Vorräte*: break into; **'2r** *m* (-s; -) attacker; *pol.* aggressor.

'angrenzend *adj* adjacent (**an** *acc* to), adjoining.

'Angriff *m* (-[e]s; -e) attack (*a. fig.*).

Angst [aŋst] *f* (-; ⸚e) fear (**vor** *dat* of): ***~ haben*** be afraid (*od.* scared) (**vor** *dat* of); ***j-m ~ einjagen*** frighten (*od.* scare) s.o.

ängst|igen ['ɛŋstɪgən] *v/t* (h) frighten, alarm; **'~lich** *adj schüchtern*: timid; *besorgt*: anxious.

'an|gurten → ***anschnallen***; **'~haben** *v/t* (*irr, sep*, -ge-, h, → ***haben***) *Kleidung*: wear, *a. Licht etc*: have on.

'anhalte|n (*irr, sep*, -ge-, h, → ***halten***) **1.** *v/t* stop: ***den Atem ~*** hold one's breath; **2.** *v/i* stop; *andauern*: continue, last; **'~nd** *adj* continuous; **'2r** *m* (-s; -) hitchhiker: ***per ~ fahren*** hitchhike.

'Anhaltspunkt *m* clue, s.th. to go by.

an'hand *prp* by means of.

Anhang ['anhaŋ] *m* (-[e]s; ⸚e) *e-s Buches*: appendix; *Angehörige*: dependents *pl*, family.

Anhänger ['anhɛŋər] *m* (-s; -) follower; *e-r Partei*: supporter, *Sport*: *a.* fan; *Schmuck*: pendant; *Koffer2 etc*: label, tag; *mot.* trailer; **'~kupplung** *f* tow bar.

'anhäuf|en *v/t u. v/refl* (*sep*, -ge-, h) heap up, accumulate; **'2ung** *f* (-; -en) accumulation.

'anheben *v/t* (*irr, sep*, -ge-, h, → ***heben***) lift, raise (*a. Preis etc*).

'Anhieb *m*: ***auf ~*** at the first go.

'anhör|en (*sep*, -ge-, h) **1.** *v/t* (*a.* ***sich*** *et.* **~**) listen to; **2.** *v/refl* sound; **'2ung** *f* (-; -en) *parl., jur.* hearing.

'Ankauf *m* (-[e]s; ⸚e) purchase.

'Anklage *f* (-; -n) accusation, charge; **'2n** *v/t* (*sep*, -ge-, h) accuse (*gen od.* ***wegen*** of), charge (with).

'Anklang *m*: ***~ finden*** go down well (***bei*** with).

'an|klopfen *v/i* (*sep*, -ge-, h) knock; **'~knüpfen** (*sep*, -ge-, h) **1.** *v/t Gespräch*: start, strike up: ***Beziehungen ~*** establish contacts (**zu** with); **2.** *v/i*: **~ an** (*acc*) go on from; **'~kommen** (*irr, sep*, -ge-, sn, → ***kommen***) **1.** *v/i* arrive (**in** *dat* at, in): ***nicht ~ gegen*** be not match for; **2.** *v/impers*: **~ auf** (*acc*) depend on; ***es auf et. ~ lassen*** risk s.th.

'ankündig|en *v/t* (*sep*, -ge-, h) announce; **'2ung** *f* (-; -en) announcement.

Ankunft ['ankʊnft] *f* (-; *no pl*) arrival; **'~szeit** *f* arrival time.

'an|lächeln, '~lachen *v/t* (*sep*, -ge-, h) smile at.

'Anlage *f* (-; -n) *Anordnung*: arrangement; *Einrichtung*: facility; *Fabrik2*: plant; *Grün2*, *Sport2*: grounds *pl*; *Geld2*: investment; *zu e-m Brief*: enclosure; *Talent*: gift (**zu** for): ***in der ~ senden wir Ihnen ...*** enclose please find ...; **'~berater** *m* investment consultant; **'~kapi‚tal** *n* invested capital.

Anlaß ['anlas] *m* (-sses; ⸚sse) *Gelegenheit*: occasion; *Ursache*: reason: ***aus ~*** (*gen*) → ***anläßlich***.

'anlasse|n *v/t* (*irr, sep*, -ge-, h, → ***lassen***) *Kleidung*: keep on; *Licht etc*: leave on; *Motor etc*: start; **'2r** *m* (-s; -) *mot.* starter.

anläßlich ['anlɛslɪç] *prp* on the occasion of.

'anlaufen (*irr, sep*, -ge-, → ***laufen***) **1.** *v/i* (sn) *fig.* start, get under way; *be-*

schlagen: steam up; **2.** *v/t* (h) *Hafen*: call at.

'**anlege|n** (*sep*, -ge- h) **1.** *v/t Geld*: invest (***in*** *dat* in): ***j-m e-n Verband ~*** put a bandage on s.o.; **2.** *v/refl*: ***sich ~ mit*** start a fight (*od.* an argument) with; '**≗r** *m* (-s; -) *econ.* investor.

'**anlehnen** (*sep*, -ge-, h) **1.** *v/t Tür etc*: leave ajar, *nicht einklinken*: close over: → ***angelehnt*; 2.** *v/refl auf Stuhl etc*: lean back.

'**Anleihe** ['anlaɪə] *f* (-; -n) *econ.* loan.

'**Anleitung** *f* guidance, direction; *tech.* instructions *pl.*

'**Anliegen** *n* (-s; -) *Bitte*: request; *e-s Buches etc*: message.

Anlieger ['anliːgər] *m* (-s; -) resident: ***~ frei*** residents only.

'**an|machen** *v/t* (*sep*, -ge-, h) *Licht etc*: switch on; *Salat*: dress: ***j-n ~*** chat s.o. up, *j-m sehr gefallen*: turn s.o. on; '**~malen** *v/t* (*sep*, -ge-, h) paint.

'**Anmeld|eformu,lar** *n* registration form; '**≗en** (*sep*, -ge-, h) **1.** *v/t zollpflichtige Waren*: declare; **2.** *v/refl zur Teilnahme*: enrol(l) (***zu*** for); *beim Arzt etc*: make an appointment (***bei*** with): ***sich polizeilich ~*** register (with the police); '**~ung** *f* (-; -en) enrol(l)ment; registration.

'**anmerk|en** *v/t* (*sep*, -ge-, h): ***j-m s-e Verlegenheit ~*** notice s.o.'s embarrassment; ***sich nichts ~ lassen*** not to show one's feelings; '**≗ung** *f* (-; -en) note; *erklärende*: annotation.

'**annähen** *v/t* (*sep*, -ge-, h) sew on.

'**annähernd** *adv* roughly: ***nicht ~*** not nearly.

,**Annahme** ['anaːmə] *f* (-; -n) acceptance (*a. fig.*); *Vermutung*: assumption.

annehm|bar ['aneːmbaːr] *adj* acceptable (***für*** to), *Preis etc*: *a.* reasonable; '**~en** (*irr*, *sep*, -ge-, h, → ***nehmen***) **1.** *v/t* accept (*a. fig.*); *Kind*, *Namen*: adopt; *vermuten*: assume, suppose; **2.** *v/refl*: ***sich ~*** (*gen*) take care of.

Annonc|e [a'nõːsə] *f* (-; -n) ad(vertisement); **≗ieren** [anõ'siːrən] (*no* ge-, h) **1.** *v/t* advertise; **2.** *v/i* place an ad(vertisement) in a newspaper.

anonym [ano'nyːm] *adj* anonymous; **≗ität** [~nymi'tɛːt] *f* (-; *no pl*) anonymity.

Anorak ['anorak] *m* (-s; -s) anorak.

'**anordn|en** *v/t* (*sep*, -ge-, h) arrange; *befehlen*: order; '**≗ung** *f* (-; -en) arrangement; instruction, order.

'**anpass|en** (*sep*, -ge-, h) **1.** *v/t* adapt, adjust (*beide*: *dat od.* ***an*** *acc* to); **2.** *v/refl* adapt (o.s.), adjust (o.s.) (*beide*: *dat od.* ***an*** *acc* to); '**≗ung** *f* (-; -en) adaptation, adjustment (*beide*: ***an*** *acc* to).

'**anpassungsfähig** *adj* adaptable; '**≗keit** *f* (-; *no pl*) adaptability.

'**anprobieren** *v/t* (*no* ge-, h) try on.

'**Anrecht** *n* (-[e]s; -e): ***ein ~ haben auf*** (*acc*) be entitled to, have a right to.

'**Anrede** *f* (-; -n) address; '**≗n** *v/t* (*sep*, -ge-, h) address (***als*** as; ***mit*** with).

'**anreg|en** *v/t* (*sep*, -ge-, h) *beleben*: stimulate (*a. v/i*); *vorschlagen*: suggest; '**~end** *adj* stimulating; '**≗ung** *f* (-; -en) stimulation; suggestion.

'**Anreiz** *m* (-es; -e) incentive.

'**anrichten** *v/t* (*sep*, -ge-, h) *Speisen* : prepare; *Unheil*, *etc*: cause; *Schaden*: do.

'**Anruf** *m* (-[e]s; -e) *teleph.* call; '**~beantworter** *m* (-s; -) answering machine (*od.* system); '**≗en** (*irr*, *sep*, -ge-, h, → ***rufen***) **1.** *v/t* call (*od.* ring) (up) (*a. v/i*); **2.** *v/i* make a call; '**~er** *m* (-s; -) caller..

Ansage ['anzaːgə] *f* (-; -n) announcement; '**≗n** *v/t* (*sep*, -ge-, h) announce; '**~r** *m* (-s; -) announcer.

'**anschaff|en** *v/t* (*sep*, -ge-, h): ***sich et. ~*** buy s.th., get (o.s.) s.th.; '**≗ung** *f* (-; -en) purchase; *Gegenstand*: acquisition.

'**anschau|en** *v/t* (*sep*, -ge-, h) → ***ansehen***; '**≗ung** *f* (-; -en) view, opinion.

'**Anschein** *m* (-[e]s; *no pl*): ***allem ~ nach*** to all appearances; '**≗end** *adv* apparently.

'**Anschlag** *m* (-[e]s; ¨e) *Plakat*: poster; *Bekanntmachung*: notice; *Überfall*: attack: ***e-n ~ auf j-n verüben*** make an attempt on s.o.'s life; '**~brett** *n* notice (*od.* bulletin) board.

'**anschließen** (*irr*, *sep*, -ge-, h, → ***schließen***) **1.** *v/t tech.* connect (***an*** *acc* to), *electr. a.* plug in; **2.** *v/refl*: ***sich j-m ~*** join s.o., *fig.* take s.o.'s side; '**~d 1.** *adj* ... that followed; **2.** *adv* afterwards.

'**Anschluß** *m* (-sses; ¨sse) *rail.*, *tech. etc* connection: ***im ~ an*** (*acc*) after, following; ***~ bekommen*** *teleph.* get through; ***~ finden*** make contact (*od.* friends) (***bei*** with); ***~ suchen*** look for company;

'~flug *m* connecting flight; **'~zug** *m* connecting train.

'anschnall|en *v/refl* (*sep*, -ge-, h) *aer.* fasten one's seat (*mot. a.* safety) belt; **'≈gurt** *m aer.* seat (*mot. a.* safety) belt; **'≈pflicht** *f* (-; *no pl*) *mot.* compulsory wearing of safety (*od.* seat) belts.

'anschreien *v/t* (*irr*, *sep*, -ge-, h, → ***schreien***) shout at.

'Anschrift *f* (-; -en) address; **'~enliste** *f* list of addresses.

'an|schwellen *v/i* (*irr*, *sep*, -ge-, sn, → ***schwellen***) swell; **'~sehen 1.** *v/t* (*irr*, *sep*, -ge-, h, → ***sehen***) look at: ***sich*** *et.* **~** take (*od.* have) a look at; ***sich e-n Film* ~** see a film; ***et. mit* ~** watch (*od.* witness) s.th.; **2.** **≈** *n* (-s; *no pl*) reputation.

ansehnlich ['anze:nlɪç] *adj beträchtlich*: considerable.

'ansetzen *v/t* (*sep*, -ge-, h) *Termin*: fix, set.

'Ansicht *f* (-; -en) *Anblick*: view; *Meinung*: opinion (***über*** *acc* of, about), view (about, on): ***m-r ~ nach*** in my opinion (*od.* view); ***der ~ sein, daß*** take the view that; ***zur ~*** *econ.* on approval; **'~skarte** *f* picture postcard; **'~ssache** *f*: ***das ist ~*** that's a matter of opinion.

'anspiel|en *v/i* (*sep*, -ge-, h): *fig.* ***~ auf*** (*acc*) allude to, hint at; **'≈ung** *f* (-; -en) allusion, hint.

'Ansprache *f* (-; -n) address, speech (*beide*: ***an*** *acc* to): ***e-e ~ halten*** deliver an address.

'an|sprechen *v/t* (*irr*, *sep*, -ge-, h, → ***sprechen***) address (***mit*** as); speak to (***auf*** *acc* about); **'~springen** *v/i* (*irr*, *sep*, -ge-, sn, → ***springen***) *Motor*: start (up).

'Anspruch *m* (-[e]s; ¨-e) claim (***auf*** *acc* to): ***~ haben auf*** be entitled to; **'≈slos** *adj* modest; *schlicht*: plain; *Roman etc*: lowbrow; **'≈svoll** *adj* demanding; *wählerisch*: particular; *Roman etc*: highbrow.

Anstand ['anʃtant] *m* (-[e]s; *no pl*) decency; *Benehmen*: manners *pl.*

anständig ['anʃtɛndɪç] *adj* decent (*a.* F *gut*).

'anstandslos *adv* unhesitatingly; *ungehindert*: freely.

'anstarren *v/t* (*sep*, -ge-, h) stare at.

an'statt 1. *prp* instead of; **2.** *cj*: ***~ zu arbeiten*** instead of working.

'ansteck|en (*sep*, -ge-, h) *med.* **1.** *v/t* infect (***mit*** with); **2.** *v/refl* catch *the flu etc* (***bei*** from); **'~end** *adj med.* infectious, *direkt*: contagious; *bsd. fig. a.* catching; **'≈nadel** *f* pin; *Abzeichen*: badge; **'≈ung** *f med.* infection, *direkte*: contagion.

'an|stehen *v/i* (*irr*, *sep*, -ge-, h, → ***stehen***) queue (*od.* line) (up) (***nach*** for); **'~steigen** *v/i* (*irr*, *sep*, -ge-, sn, → ***steigen***) rise (*a. fig.*).

'anstell|en (*sep*, -ge-, h) **1.** *v/t einstellen*: employ; *bsd. Am.* hire; *Heizung etc*: turn on, *Radio etc*: *a.* switch on; *Motor etc*: start; **2.** *v/refl* → ***anstehen***; **'≈ung** *f* (-; -en) job.

Anstieg ['anʃti:k] *m* (-[e]s; -e) ascent; *fig.* rise (*gen* in).

'Anstoß *m* (-es; ¨-e) *Fußball*: kickoff; *Anregung*: initiative: ***den ~ geben zu*** start off; ***~ erregen*** cause offen|ce (*Am.* -se) (***bei*** to); ***~ nehmen an*** (*dat*) take offence at; **'≈en** *v/i* (*irr*, *sep*, -ge-, h, → ***stoßen***) clink glasses: ***~ auf*** (*acc*) drink to.

anstreng|en ['anʃtrɛŋən] *v/refl* (*sep*, -ge-, h) make an effort, try hard; **'~end** *adj* hard; **'≈ung** *f* (-; -en) strain; *Bemühung*: effort.

'Anteil *m* (-[e]s; -e) share (***an*** *dat* of): ***~ nehmen an*** take an interest in, *mitleidig*: sympathize with; **~nahme** ['~na:mə] *f* (-; *no pl*) interest (***an*** *dat* in); *Mitgefühl*: sympathy (with).

Antenne [an'tɛnə] *f* (-; -n) aerial, *bsd. Am.* antenna.

Anti..., anti... [anti] anti...

Anti|alko'holiker *m* teetotal(l)er; **~'babypille** *f the* pill; **~biotikum** [~bi'o:tikʊm] *n* (-s; -ka) *med.* antibiotic.

antik [an'ti:k] *adj* ancient, classical; *Möbel etc*: antique.

Antipathie [antipa'ti:] *f* (-; -n) antipathy (***gegen*** to, towards), dislike (of, for).

Antiquar|iat [antikvarɪ'a:t] *n* (-[e]s; -e) second-hand bookshop; **≈isch** [~'kva:rɪʃ] *adj u. adv* second-hand.

Antiquität [antikvi'tɛ:t] *f* (-; -en) antique; **~enladen** antique shop.

Antrag ['antra:k] *m* (-[e]s; ¨-e) application (***auf*** *acc* for): ***e-n ~ stellen auf*** apply for; **'~sformu,lar** *n* application form; **~steller** ['~ʃtɛlər] *m* (-s; -) applicant.

'an|treiben *v/t* (*irr*, *sep*, -ge-, h, → ***trei-***

ben) *tech.* drive; **'~treten** *v/t* (*irr, sep,* -ge-, h, → ***treten***) *Amt*: take up; *Erbe*: enter upon; *Reise*: set out on: → ***Nachfolge***.

'Antrieb *m* (-[e]s; -e) *tech.* drive.

Antwort ['antvɔrt] *f* (-; -en) answer, reply (*beide*: ***auf*** *acc* to); **'Ձen** *v/t u. v/i* (h) answer (***j-m*** s.o.; ***auf*** *acc* **et.** s.th.), reply (to s.o.; to s.th.).

Anwalt ['anvalt] *m* (-[e]s; ⸚e) lawyer, *Am.* attorney(-at-law); *beratender*: *Br.* solicitor; *plädierender*: *Br.* barrister, *vor Gericht*: counsel.

Anweisung ['anvaɪzʊŋ] *f* (-; -en) instruction.

'anwend|en *v/t* (*irr, sep,* -ge-, h, → ***wenden***) apply (***auf*** *acc* to); *gebrauchen*: use, make use of: → ***angewandt***; **'Չung** *f* (-; -en) application; use.

anwesen|d ['anveːzənt] *adj* present (***bei*** at); **'Չheit** *f* (-; *no pl*) presence: ***in ~ von*** (*od. gen*) in the presence of.

'Anzahl *f* (-; *no pl*) number.

'anzahl|en *v/t* (*sep,* -ge-, h) *Betrag*: make a down payment of (***für*** on, for); *Ware*: make a down payment on (*od.* for); **'Չung** *f* (-; -en) down payment.

'Anzeichen *n* (-s; -) sign, indication; *med.* symptom.

Anzeige ['antsaɪgə] *f* (-; -n) *Inserat*: ad(vertisement); **'Չn** *v/t* (*sep,* -ge-, h) *Instrument*: indicate, show; *j-n, et.*: report to the police.

'anziehen (*irr, sep,* -ge-, h, → ***ziehen***) **1.** *v/t Kleidung*: put on; *Kind etc*: dress; *Schraube*: tighten; *Bremse*: apply; *fig.* attract, draw; **2.** *v/refl* dress, get dressed; **'~d** *adj* attractive.

'Anzug *m* (-[e]s; ⸚e) suit.

'anzünden *v/t* (*sep,* -ge-, h) *Kerze etc*: light; *Haus etc*: set fire to: ***sich e-e Zigarre ~*** light a cigar.

Apartment [a'partmənt] *n* (-s; -s) *Br.* bedsit, *Am.* efficiency apartment.

Apfel ['apfəl] *m* (-s; ⸚) apple; **~sine** [~'ziːnə] *f* (-; -n) orange.

Apotheke [apo'teːkə] *f* (-; -n) *Br.* chemist's (shop), *Am.* drugstore.

Apparat [apa'raːt] *m* (-[e]s; -e) apparatus; *Gerät*: device; radio; *TV* set; *phot.* camera; *teleph.* phone: ***am ~!*** *teleph.* speaking; ***am ~ bleiben*** *teleph.* hold the line.

Appell [a'pɛl] *m* (-s; -e) appeal (***an*** *acc* to); **Չieren** [apɛ'liːrən] *v/i* (*no* ge-, h): ***~ an*** (*acc*) appeal to.

Appartement [apartə'mãː] *n* (-s; -s) → ***Apartment.***

Appetit [ape'tiːt] *m* (-[e]s; *no pl*) appetite (***auf*** *acc* for): ***~ haben auf*** feel like; ***guten ~!*** bon appétit; **Չlich** *adj* appetizing.

applau|dieren [aplaʊ'diːrən] *v/i* (*no* ge-, h) applaud; **Չs** [a'plaʊs] *m* (-es; *no pl*) applause: → ***klatschen.***

Aprikose [apri'koːzə] *f* (-; -n) apricot.

April [a'prɪl] *m* (-[s]; -e) April: ***im ~*** in April.

Aquarium [a'kvaːrĭum] *n* (-s; -rien) aquarium.

Ära ['ɛːra] *f* (-; *rare* Ären) era.

Arbeit ['arbaɪt] *f* (-; -en) work; *econ., pol.* labo(u)r; *Berufstätigkeit*: work, employment: ***bei der ~*** at work; ***zur ~ gehen*** *od.* ***fahren*** go to work; ***sich an die ~ machen*** set to work; ***die ~ niederlegen*** stop work; **'Չen** *v/i* (h) work (***an*** *dat* on; ***bei*** for); *tech.* work, run.

'Arbeiter *m* (-s; -) worker; *bsd. ungelernter*: labo(u)rer; **'~klasse** *f* working class(es *pl*).

'Arbeit|geber *m* (-s; -) employer; **'~nehmer** *m* (-s; -) employee.

'Arbeits|amt *n* employment office; **'~bedingungen** *pl* working conditions *pl*; **'~beˌschaffungsproˌgramm** *n* job creation scheme; **'~bescheinigung** *f* certificate of employment; **'~erlaubnis** *f* work permit; **'Չfähig** *adj* fit for work; **'~gericht** *n* labo(u)r court, *Br.* industrial tribunal; **'~kampf** *m* labo(u)r dispute; **'~kleidung** *f* working clothes *pl*; **'~kraft** *f Fähigkeit*: capacity for work; *Person*: worker: ***Arbeitskräfte*** *pl* manpower *sg*.

'arbeitslos *adj* unemployed, out of work, jobless; **'Չe** *m, f* (-n; -n) unemployed person: ***die ~n*** *pl* the unemployed *pl*; **'Չengeld** *n* unemployment benefit; **'Չenhilfe** *f* unemployment assistance; **'Չenversicherung** *f* unemployment insurance; **'Չigkeit** *f* (-; *no pl*) unemployment.

'Arbeits|markt *m* labo(u)r market; **'~niederlegung** *f* (-; -en) strike, walkout; **'~pause** *f* break; **'~platz** *m* place of work; *Stelle*: job; **'~suche** *f*: ***er ist***

auf **~** he is job-hunting; **'~tag** *m* working day, workday; **'~teilung** *f* division of labo(u)r; **'2unfähig** *adj* unfit for work; *ständig*: disabled; **'~unfall** *m* work accident; **'~weise** *f* working method; **'~zeit** *f* working hours *pl*; **'~zeitverkürzung** *f* reduction in working hours; **'~zimmer** *n* study.

Architekt [arçi'tɛkt] m (-en; -en) architect; **2onisch** [~'to:nɪʃ] *adj* architectural: **~ur** [~'tu:r] *f* (-; *no pl*) architecture.

Archiv [ar'çi:f] *n* (-s; -e) archives *pl*.

Ärger ['ɛrgər] *m* (-s; *no pl*) anger; *Unannehmlichkeiten*: trouble; **'2lich** *adj* angry (***über*** *acc* at, about *s.th.*, with *s.o.*); *störend*: annoying; **'2n** (h) **1.** *v/t* annoy, make angry; **2.** *v/refl* be annoyed (*od.* angry) (***über*** *acc* at, about *s.th.*, with *s.o.*).

Arie ['a:rĭə] *f* (-; -n) *mus.* aria.

arm [arm] *adj* poor (***an*** *dat* in).

Arm [~] *m* (-[e]s; -e) arm: *fig.* ***j-n auf den ~ nehmen*** pull s.o.'s leg.

Armaturen [arma'tu:rən] *pl Bad etc*: fittings *pl*; *mot. etc* instruments *pl*, controls *pl*; **~brett** *n mot.* dashboard.

'Armband *n* (-[e]s; ¨er) bracelet; **'~uhr** *f* wristwatch.

Armee [ar'me:] *f* (-; -n) army.

Ärmel ['ɛrməl] *m* (-s; -) sleeve.

ärmlich ['ɛrmlɪç] *adj* poor (*a. fig.*); *Kleidung*: shabby.

Armut ['armu:t] *f* (-; *no pl*) poverty (*a. fig.* ***an*** *dat* of).

Aroma [a'ro:ma] *n* (-s; -men) flavo(u)r; *Duft*: fragrance.

arrogant [aro'gant] *adj* arrogant.

Arsch [arʃ] *m* (-es; ¨e) V arse, *Am. mst* ass; **'~loch** *n* V arsehole, *Am. mst* asshole (*a. fig.*).

Art [art] *f* (-; -en) **~** *u. Weise*: way, manner; *Sorte*: kind, sort; *Wesen*: nature; *biol.* species: ***auf die(se)* ~** (in) this way; ***Geräte aller* ~** all kinds (*od.* sorts) of tools.

Arterie [ar'te:rĭə] *f* (-; -n) *anat.* artery.

Arznei [arts'naɪ] *f* (-; -en), **~mittel** *n* medicine, drug (*beide*: ***gegen*** for).

Arzt [a:rtst] *m* (-es; ¨e) doctor, *bsd. Berufsbezeichnung*: physician; **'~helferin** *f* (-; -nen) doctor's assistant (*od.* receptionist).

Ärztin ['ɛrtstɪn] *f* (-; -nen) lady doctor (*od.* physician).

ärztlich ['ɛrtstlɪç] *adj* medical: → ***Attest.***

As [as] *n* (-ses; -se) *allg.* ace.

Asche ['aʃə] *f* (-; *no pl*) ashes *pl*, *e-r Zigarette etc*: ash; **'~nbecher** *m* ashtray.

Ascher'mittwoch *m* Ash Wednesday.

asozial ['azotsĭa:l] *adj* antisocial.

Assistent [asɪs'tɛnt] *m* (-en; -en) assistant.

Assi'stenzarzt *m Br.* houseman, *Am.* intern.

Ast [ast] *m* (-es; ¨e) branch.

Asthma ['astma] *n* (-s; *no pl*) *med.* asthma; **~tiker** [~'ma:tɪkər] *m* (-s; -) asthmatic.

Astronaut [astro'naʊt] *m* (-en; -en) astronaut.

ASU ['azu:] *f* (-; -s) → ***Abgassonderuntersuchung***; **'~-Pla,kette** *f* special-emission-test badge.

Asyl [a'zy:l] *n* (-s; *no pl*) *pol.* asylum: ***um (politisches) ~ bitten*** ask for (political) asylum; **~ant** [azy'lant] *m* (-en; -en) asylum-seeker; **~antrag** *m* application for asylum: ***e-n ~ stellen*** apply for asylum; **~bewerber** *m* → ***Asylant.***

Atelier [atə'lje:] *n* (-s; -s) studio.

Atem ['a:təm] *m* (-s; *no pl*) breath: ***außer ~ sein*** be out of breath; ***(tief) ~ holen*** take a (deep) breath; → ***anhalten*** 1; **'2beraubend** *adj* breathtaking; **'2los** *adj* breathless (*a. fig.*); **'~pause** *f* breather; **'~zug** *m* breath.

Atlas ['atlas] *m* (-[ses]; -se, Atlanten) atlas.

atmen ['a:tmən] *v/i u. v/t* (h) breathe.

Atmosphäre [atmɔ'sfɛ:rə] *f* (-; -n) atmosphere (*a. fig.*).

'Atmung *f* (-; *no pl*) breathing, respiration.

Atom [a'to:m] *n* (-s; -e) atom.

atomar [ato'ma:r] *adj* atomic, nuclear.

A'tom|bombe *f* atom(ic) bomb, A-bomb; **~ener,gie** *f* atomic energy; **~kraftwerk** *n* nuclear power station.

Atten|tat [atɛn'ta:t] *n* (-[e]s; -e) (attempted) assassination: ***ein ~ auf j-n verüben*** make an attempt on s.o.'s life, *erfolgreich*: assassinate s.o.; **~'täter** *m* assassin.

Attest [a'tɛst] *n* (-[e]s; -e) (***ärztliches ~*** medical *od.* doctor's) certificate.

Attrak|tion [atrak'tsĭo:n] *f* (-; -en) attraction; **2tiv** [~'ti:f] *adj* attractive.

au [aʊ] *int* ouch!

auch [aʊx] *adv* also, too, as well: ***ich ~*** so am (do, *etc*) I; ***ich ~ nicht*** not (*od.* neither) am (do, *etc*) I.

auf [aʊf] **1.** *prp* (*dat*) on, in, at: ***~ dem Tisch*** on the table; ***~ e-r Party*** at a party; ***~ Seite 10*** on page 10; → ***Straße*** *etc*; **2.** *prp* (*acc*) on, in, at, to: ***~ den Tisch*** on the table; ***~ e-e Party gehen*** go to a party; → ***zugehen*** *etc*; **3.** *adv*: ***~ u. ab gehen*** walk up and down (*od.* to and fro).

'auf|arbeiten *v/t* (*sep*, -ge-, h) *Rückstände*: catch up on; **'~atmen** *v/i* (*sep*, -ge-, h) *fig.* heave a sigh of relief.

'Aufbau *m* (-[e]s; *no pl*) *e-s Gebäudes*: erection; *e-s Unternehmens etc*: foundation; *e-s Dramas etc*: structure; **'2en** *v/t* (*sep*, -ge-, h) *Gebäude*: put up; *Unternehmen etc*: found, set up.

'auf|bekommen *v/t* (*irr*, *sep*, *no* -ge-, h, → ***kommen***) *Tür etc*: get open; *Knoten*: get undone; **'~bessern** *v/t* (*sep*, -ge-, h) *Gehalt*: increase; **'~bewahren** *v/t* (*sep*, *no* -ge-, h) keep; **'~blasen** *v/t* (*irr*, *sep*, -ge-, h, → ***blasen***) blow up, inflate; **'~bleiben** *v/i* (*irr*, *sep*, -ge-, sn, → ***bleiben***) stay up;**'~brechen** (*irr*, *sep*, -ge, → ***brechen***) **1.** *v/t* (h) break open; **2.** *v/i* (sn) leave, set off (***nach*** for); **'2bruch** *m* (-[e]s; *rare* ⁻e) departure (***nach*** for).

aufdringlich ['aʊfdrɪŋlɪç] *adj* obtrusive.

aufein'ander *adv*: ***~ angewiesen sein*** depend on each other; **~folgend** *adj*: ***an drei ~en Tagen*** on three days running; **~legen** *v/t* (*sep*, -ge-, h) put on top of each other.

Aufenthalt ['aʊfɛnthalt] *m* (-[e]s; -e) stay; *rail.* stop, *aer.* stopover: ***ohne ~*** nonstop; **'~serlaubnis** *f*, **'~sgenehmigung** *f* residence permit; **'~sraum** *m* *Hotel etc*: lounge.

'auf|essen *v/t* (*irr*, *sep*, -ge-, h, → ***essen***) eat up, finish; **'~fahren** *v/i* (*irr*, *sep*, -ge-, sn, → ***fahren***): *mot.* ***~ auf*** (*acc*) crash into.

'Auffahrunfall *m mot.* rear-end collision.

'auf|fallen *v/i* (*irr*, *sep*, -ge-, sn, → ***fallen***) attract attention, be conspicuous: ***j-m ~*** strike s.o.; **'~fallend, '~fällig** *adj* noticeable, striking, conspicuous.

'auf|fangen *v/t* (*irr*, *sep*, -ge-, h, → ***fangen***) catch; **'2fassung** *f* (-; -en) *Meinung*: opinion, view; *Deutung*: interpretation: ***nach m-r ~*** as I see it; ***die ~ vertreten, daß*** take the view that; **'~finden** *v/t* (*irr*, *sep*, -ge-, h, → ***finden***) find.

'aufforder|n *v/t* (*sep*, -ge-, h): ***j-n ~, et. zu tun*** call on s.o. (*anordnend*: order s.o., *bittend*: ask s.o.) to do s.th.; **'2ung** *f* (-; -en) call; order; request.

'auffrischen *v/t* (*sep*, -ge-, h) *Wissen*: brush up.

'aufführ|en (*sep*, -ge-, h) **1.** *v/t thea. etc* perform; **2.** *v/refl* behave; **'2ung** *f* (-; -en) *thea. etc* performance, *Film*: showing.

'Aufgabe *f* (-; -n) *Auftrag*: job; *Pflicht*: duty.

'Aufgang *m* (-[e]s; ⁻e) staircase; *ast.* rising.

'auf|geben (*irr*, *sep*, -ge-, h, → ***geben***) **1.** *v/t Brief etc*: *Br.* post, *Am.* mail, *Telegramm*: send; *Gepäck*: *Br.* register, *Am.* check; *Anzeige*: place in the paper; *Beruf*, *Hoffnung*: give up: ***das Rauchen ~*** give up (*od.* stop) smoking; **2.** *v/i* give up (*od.* in); **'~gehen** *v/i* (*irr*, *sep*, -ge-, sn, → ***gehen***) *sich öffnen*: open; *Knoten*: come undone; *Sonne*: rise.

'aufge|hoben *adj*: ***gut ~ sein bei*** be in good hands with; **'~legt** *adj*: ***zu et. ~ sein*** feel like (doing) s.th.; ***gut*** (***schlecht***) ~ in a good (bad) mood; **'~schlossen** *adj fig.* open-minded: ***~ für*** open to.

'auf|haben (*irr*, *sep*, -ge-, h, → ***haben***) **1.** *v/t Hut etc*: have on; **2.** *v/i Geschäft etc*: be open; **'~halten** (*irr*, *sep*, -ge-, h, → ***halten***) **1.** *v/t Tür*: hold open (***j-m*** for s.o.); *Augen*: keep open; *Dieb*, *Entwicklung etc*: stop; *Verkehr*: hold up; **2.** *v/refl* stay (***bei j-m*** with s.o.); **'~hängen** *v/t* (*sep*, -ge-, h) hang (up) (***an*** *dat* on); **'~heben** *v/t* (*irr*, *sep*, -ge-, h, → ***heben***) *vom Boden*: pick up; *aufbewahren*: keep; *abschaffen*: abolish; *Sitzung etc*: close; **'~holen** *v/t* (*sep*, -ge-, h) *Zeit*: make up (for); *Rückstand*: catch up with (*od.* on); **'~hören** *v/i* (*sep*, -ge-, h) stop (***zu tun*** doing): ***hör auf!*** stop it!; **'~kaufen** *v/t* (*sep*, -ge-, h) buy up; **'~klären** *v/t* (*sep*, -ge-, h) *Verbrechen*, *Mißverständnis etc*: clear up; *j-n*: inform (***über*** *acc* on); **'~kleben** *v/t* (*sep*, -ge-, h) stick on; **'2kleber** *m* (-s; -)

sticker; **~knöpfen** ['~knœpfən] *v/t* (*sep*, -ge-, h) unbutton; '**~kommen** *v/i* (*irr*, *sep*, -ge-, sn, → ***kommen***): **~ *für*** *bezahlen*: pay for; *Kosten*: pay; *Schaden*: compensate for; '**~laden** *v/t* (*irr*, *sep*, -ge-, h, → ***laden***) load (***auf*** *acc* onto); *Batterie*: charge.

'**Auflage** *f* (-; -n) *Buch*: edition; *Zeitung*: circulation; *Bedingung*: condition.

'**auf|lassen** *v/t* (*irr*, *sep*, -ge-, h, → ***lassen***) F *Tür etc*: leave open; *Hut*: keep on; '**~legen** (*sep*, -ge-, h) **1.** *v/t Schallplatte etc*: put on: **den Hörer ~** → 2; **2.** *v/i teleph.* hang up.

'**auflös|en** *v/t* (*sep*, -ge-, h) *Tablette etc*, *a. Parlament*: dissolve; *Vertrag*: cancel; *Firma*: close down; *Konto*: close; *Rätsel*: solve; '**≈ung** *f* (-; -en) dissolving, *des Parlaments*: *a.* dissolution; cancel(l)ation; closing (down); solution (*gen* to).

'**aufmach|en** *v/t* (*sep*, -ge-, h) open; '**≈ung** *f* (-; -en) presentation, getup.

aufmerksam ['aʊfmɛrkza:m] *adj* attentive; *zuvorkommend*: thoughtful: ***j-n* ~ *machen auf*** (*acc*) call (*od.* draw) s.o.'s attention to; **~ *werden auf*** (*acc*) become aware of; '**≈keit** *f* (-; *no pl*) attention.

'**aufmuntern** *v/t* (*sep*, -ge-, h) *ermuntern*: encourage; *aufheitern*: cheer up.

Aufnahme ['aʊfna:mə] *f* (-; -n) *e-r Tätigkeit*: taking up; *Unterbringung*: accommodation, *von Asylanten*: taking up; *e-s Kredits*: taking out; *Empfang*: reception; *phot.*: picture, photo; *auf Band*, *Schallplatte*: recording: **~ *in*** *e-n Verein etc* admission to; '**~gebühr** *f* admission fee.

'**auf|nehmen** *v/t* (*irr*, *sep*, -ge-, h, → ***nehmen***) *Tätigkeit*: take up; *unterbringen*: accommodate, *Asylanten*: take up; *Kredit*: take out; *empfangen*: receive (*a. Nachricht etc*); *phot.* take a picture (*od.* photo) of; *auf Band*, *Schallplatte*: record: **in** *e-n Verein etc* **~** admit to; '**~passen** *v/i* (*sep*, -ge-, h) *aufmerksam sein*: pay attention; *vorsichtig sein*: take care; **~ *auf*** (*acc*) take care of, look after, *im Auge behalten*: keep an eye on; ***paß auf!*** look (*od.* watch) out!; '**≈preis** *m* (-es; -e) extra charge: ***gegen* ~** for an extra charge; '**~räumen** *v/t* (*sep*, -ge-, h) *Zimmer etc*: tidy up; *Sachen*: tidy (*od.* put) away.

'**aufreg|en** (*sep*, -ge- h) **1.** *v/t* excite; *beunruhigen*: worry, *stärker*: upset; *ärgern*: annoy; **2.** *v/refl* get worked up (**über** *acc* about); '**~end** *adj* exciting; upsetting; '**≈ung** *f* (-; -en) excitement.

'**aufreißen** *v/t* (*irr*, *sep*, -ge-, h, → ***reißen***) tear open; *Tür*: fling open.

'**aufrichtig** *adj* sincere; *ehrlich*: honest; '**≈keit** *f* (-; *no pl*) sincerity; honesty.

'**Aufruf** *m* (-[e]s; -e) *öffentlicher*: appeal (**zu** for); '**≈en** *v/i* (*irr*, *sep*, -ge-, h, → ***rufen***): **~ *zu*** appeal for.

'**Aufrüstung** *f* (-; -en) *mil.* (re)armament.

'**auf|schieben** (*irr*, *sep*, -ge-, h, → ***schieben***) postpone, put off (***auf*** *acc*, ***bis*** till); '**~schließen** *v/t* (*irr*, *sep*, -ge-, h, → ***schließen***) unlock, open.

'**Aufschnitt** *m* (-[e]s, *no pl*) cold cuts *pl.*

'**aufschreiben** (*irr*, *sep*, -ge-, h, → ***schreiben***) write down.

'**Aufschrift** *f* (-; -en) *Etikett*: label; *Inschrift*: inscription.

'**Aufschwung** *m* (-[e]s; *no pl*) *econ.* recovery, upswing.

'**Aufsehen** *n* (-s; *no pl*) **~ *erregen*** attract attention; *stärker*: cause a sensation; '**≈erregend** *adj* sensational.

'**auf|sein** *v/i* (*irr*, *sep*, -ge-, sn, → **sein**) F be up; *offen sein*: be open; '**~setzen** *v/t* (*sep*, -ge-, h) *Hut etc*: put on; *Vertrag etc*: draft; '**~spannen** *v/t* (*sep*, -ge-, h) *Schirm*: put up; '**~sperren** *v/t* (*sep*, -ge-, h) unlock, open.

'**Aufstand** *m* (-[e]s; ¨e) revolt, rebellion.

'**auf|stehen** *v/i* (*irr*, *sep*, -ge-, sn, → ***stehen***) get up; '**~stellen** *v/t* (*sep*, -ge-, h) set up; *Wachen*: post; *Rekord*: set; *Kandidaten*: put forward; *Liste etc*: draw up.

Aufstieg ['aʊfʃti:k] *m* (-[e]s; -e) *fig.* rise; '**~schancen** *pl* promotion prospects *pl.*

'**aufsuchen** *v/t* (*sep*, -ge-, h) *Arzt*: (go and) see.

'**Auftakt** *m fig.* prelude (**zu** to).

'**auf|tanken** *v/t u. v/i* (*sep*, -ge-, h) *mot.* fill up; '**~tauchen** *v/i* (*sep*, -ge-, sn) *erscheinen*: turn up; '**~tauen** *v/t* (*sep*, -ge-, h) *Tiefkühlkost*: defrost; '**~teilen** *v/t* (*sep*, -ge-, h) divide (up); *verteilen*: distribute (***unter*** *acc* among).

'**Auftrag** ['aʊftra:k] *m* (-[e]s; ¨e) *econ.* order: ***im* ~ *von*** on behalf of; '**~geber** *m* (-s; -) customer, client; '**~sbestä-**

tigung *f* confirmation (*vom Verkäufer*: acknowledg[e]ment) of order.

'**auf|wachen** *v/i* (*sep*, -ge-, sn) wake up; '**~wachsen** *v/i* (*irr sep*, -ge-, sn, → ***wachsen***) grow up.

Aufwand [aʊfwant] *m* (-[e]s; *no pl*) expenditure (***an*** *dat* of), *Geld*: *a.* expense.

'**auf|wecken** *v/t* (*sep*, -ge-, h) wake (up); '**~wenden** *v/t* (*irr*, *sep*, -ge-, h, → ***wenden***) spend (***für*** on).

'**aufwert|en** *v/t* (*sep*, -ge-, h) *econ.* revalue; *fig.* upgrade; '**£ung** *f* (-; -en) *econ.* revaluation; *fig.* upgrading.

'**auf|wirbeln** *v/t* (*sep*, -ge-, h): *fig.* ***viel Staub ~*** cause quite a stir; '**~wischen** *v/t* (*sep*, -ge-, h) wipe up.

'**aufzähl|en** *v/t* (*sep*, -ge-, h) enumerate; '**£ung** *f* (-; -en) enumeration.

'**Aufzeichnung** *f* (-; -en) *Rundfunk*, *TV*: recording: ***~en*** *pl Notizen*: notes *pl.*

'**Aufzug** *m* (-[e]s; ⸚e) *Br.* lift, *Am.* elevator; *fig. contp.* outfit.

'**aufzwingen** *v/t* (*irr*, *sep*, -ge-, h, → ***zwingen***): ***j-m et. ~*** force s.th. on s.o.

'**Augapfel** *m anat.* eyeball.

Auge ['aʊgə] *n* (-s; -n) *anat.* eye: ***unter vier ~n*** in private; ***ein ~ zudrücken*** turn a blind eye (***bei*** to).

'**Augen|arzt** *m*, '**~ärztin** *f* eye specialist; '**~blick** *m* (-[e]s; -e) moment: (***e-n***) ***~!*** one moment (*od.* just a minute), please; ***im letzten ~*** just in time; '**£blicklich 1.** *adj gegenwärtig*: present; *sofortig*: immediate; *vorübergehend*: momentary; **2.** *adv* at present, at the moment; immediately; '**~braue** *f* eyebrow; '**~brauenstift** *m* eyebrow pencil; '**~lid** *n* eyelid.

August [aʊ'gʊst] *m* (-[e]s; -e) August: ***im ~*** in August.

Auktion [aʊk'tsi̯oːn] *f* (-; -en) auction; **~shaus** *n* auctioneers *pl.*

Au-pair-Mädchen [o'pɛːr~] *n* au pair (girl).

aus [aʊs] **1.** *prp* out of; from; of: ***~ Berlin*** from Berlin; ***~ dem Fenster*** out of (*Am. a.* out) the window; ***~ Holz*** (made) of wood; → ***Mitleid, Spaß, Versehen*** *etc*; **2.** *adv*: ***von mir ~*** I don't mind; → ***an*** 3, ***ein*** 3.

'**aus|arbeiten** *v/t* (*sep*, -ge-, h) *Plan etc*: draw up: *vervollkommnen*: complete; *Schriftliches*: finish; '**~atmen** *v/t u. v/i* (*sep*, -ge-, h) breathe out.

'**Ausbau** *m* (-[e]s; *no pl*) extension, conversion; removal; '**£en** *v/t* (*sep*, -ge-, h) *arch.* extend, *Dachgeschoß etc*: convert; *tech.* remove.

'**ausbesser|n** *v/t* (*sep*, -ge-, h) mend, repair; '**£ung** *f* (-; -en) repair.

'**Ausbildung** *f* (-; -en) training; *akademische*: education.

'**Ausblick** *m* (-[e]s; -e) view (***auf*** *acc* of).

'**aus|brechen** *v/i* (*irr*, *sep*, -ge-, sn, → ***brechen***) *Feuer*, *Krankheit*, *Krieg etc*: break out; *Vulkan*: erupt: ***in Tränen ~*** burst into tears; '**~breiten** *v/t* (*sep*, -ge-, h) spread (out).

'**Ausbruch** *m* (-[e]s; ⸚e) *e-s Feuers*, *e-r Krankheit*, *e-s Kriegs etc*: outbreak; *e-s Vulkans*: eruption.

'**ausdrehen** *v/t* (*sep*, -ge-, h) *Gas etc*: turn off, *Licht etc*: *a.* switch off.

'**Ausdruck**[1] *m* (-[e]s; ⸚e) expression (*a. Gesichts£*), *Wort*: word, term.

'**Ausdruck**[2] *m* (-[e]s; -e) *Computer*: printout; '**£en** *v/t* (*sep*, -ge-, h) print out.

'**ausdrück|en** *v/t* (*sep*, -ge-, h) *Zigarette*: stub out; *äußern*, *zeigen*: express; '**~lich** *adj* express, explicit.

ausein'ander *adv* apart; **~gehen** *v/i* (*irr*, *sep*, -ge-, sn, → ***gehen***) *Menge*: break up, disperse; *Meinungen*: be divided (***über*** *acc* on); **~nehmen** *v/t* (*irr*, *sep*, -ge-, h, → ***nehmen***) take apart; **~setzen** (*sep*, -ge-, h) **1.** *v/t erklären*: explain (*dat* to); **2.** *v/refl* grapple (***mit*** with *s.th.*); argue (with *s.o.*); **£setzung** *f* (-; -en) *Streit*: argument.

'**Ausfahrt** *f* (-; -en) *mot.* exit: ***~ freihalten!*** (exit,) keep clear.

'**Ausfall** *m* (-[e]s; ⸚e) *Absage*: cancel(l)ation; *tech.* breakdown, failure; '**£en** *v/i* (*irr*, *sep*, -ge-, sn, → ***fallen***) fall out; *nicht stattfinden*: be cancel(l)ed, be called off; *tech.* break down: ***~ lassen*** cancel, call off; ***gut*** (***schlecht***) ***~*** turn out well (badly).

Ausfertigung ['aʊsfɛrtɪgʊŋ] *f* (-; -en) (certified) copy: ***in doppelter*** (***dreifacher***) ***~*** in duplicate (triplicate).

'**ausfindig** *adj*: ***~ machen*** find; *aufspüren*: trace.

ausflippen ['aʊsflɪpən] *v/i* (*sep*, -ge-, sn) F freak out.

'**Ausflucht** *f* (-; ⸚e): ***Ausflüchte machen*** make excuses.

'**Ausflug** *m*: ***e-n ~ machen*** go on a trip (*od.* an excursion, an outing).

'Ausfuhr *f* (-; -en) *econ.* export; *Ausgeführtes*: exports *pl.*
'ausführen *v/t* (*sep*, -ge-, h) *econ.* export; *Plan etc*: carry out.
'Ausfuhrgenehmigung *f econ.* export licen|ce (*Am.* -se).
ausführlich ['aʊsfy:rlɪç] **1.** *adj* detailed; **2.** *adv* in detail.
'Ausführung *f* (-; -en) *e-s Plans etc*: carrying out; *Typ*: version; *Qualität*: workmanship, quality.
'Ausfuhrzoll *m econ.* export duty.
'ausfüllen *v/t* (*sep*, -ge-, h) *Formular*: fill in (*bsd. Am.* out), complete.
'Ausgaben *pl* expenditure *sg*; *Unkosten*: cost *sg.*
'Ausgang *m* exit, way out; *am Flughafen*: (departure) gate; *Ergebnis*: outcome, result.
'ausgeben *v/t* (*irr*, *sep*, -ge-, h, → ***geben***) *Geld*: spend (***für*** on).
'ausge|bildet *adj* trained; *mst akademisch*: qualified; **'~bucht** *adj* booked out; **'~fallen** *adj* unusual.
'ausgehen *v/i* (*irr*, *sep*, -ge-, sn, → ***gehen***) go out; *enden*: end; *Geld*: run out: ***ihm ging das Geld aus*** he ran out of money; ***leer ~*** end up with nothing.
'ausge|rechnet *adv*: ***~ er*** he of all people; ***~ heute*** today of all days; **'~schlossen** *adj* impossible, out of the question; **'~storben** *adj* extinct; **'~zeichnet** *adj* excellent.
'aus|gießen *v/t* (*irr*, *sep*, -ge-, h, → ***gießen***) pour out; *Gefäß*: empty; **'~gleichen** *v/t* (*irr*, *sep*, -ge-, h, → ***gleichen***) *Verlust*: compensate (for), make up for; **'~halten** *v/t* (*irr*, *sep*, -ge-, h, → ***halten***) put up with, *bsd. verneint*: stand, take.
'Aushang *m* (-[e]s; ⸚e) notice.
'aushelfen *v/i* (*irr*, *sep*, -ge-, h, → ***helfen***) help *s.o.* out (***mit*** with).
'Aushilf|e *f* (-; -n) temporary help; **'~s...** *in Zssgn Kellner*, *Personal etc*: temporary ...
'aus|kennen *v/refl* (*irr*, *sep*, -ge-, h, → ***kennen***): ***sich ~ in*** (*dat*) know one's way around; *fig.* know all about; **'~kommen** *v/i* (*irr*, *sep*, -ge-, sn, → ***kommen***): ***~ mit*** make do (*od.* manage) with *s.th.*; get on with *s.o.*
Auskunft ['aʊskʊnft] *f* (-; ⸚e) information (***über*** *acc* about, on); *~sschalter*: information desk; *teleph.* directory enquiries *pl* (*Am.* assistance); **'~sschalter** *m* information desk.
'aus|lachen *v/t* (*sep*, -ge-, h) laugh at (***wegen*** for); **'~laden** *v/t* (*irr*, *sep*, -ge-, h, → ***laden***) unload.
'Auslage *f* (-; -n) window display: ***~n*** *pl* expenses *pl.*
'Ausland *n* (-[e]s; *no pl*): ***das ~*** foreign countries *pl*; ***ins ~, im ~*** abroad.
Ausländ|er ['aʊslɛndər] *m* (-s; -) foreigner; **'2isch** *adj* foreign.
'Auslands|aufenthalt *m* stay abroad; **'~auftrag** *m econ.* foreign order; **'~flug** *m* international flight; **'~gespräch** *n teleph.* international call; **'~krankenschein** *m* international health insurance chit; **'~markt** *m* foreign market.
'Auslastung *f* (-; *no pl*) (capacity) utilization.
'auslauf|en *v/i* (*irr*, *sep*, -ge-, sn, → ***laufen***) *Flüssigkeit*: run out, *a. Gefäß*: leak; *Vertrag etc*: expire, run out, *mar.* sail; **'2modell** *n econ.* phase-out model.
'ausliefer|n *v/t* (*sep*, -ge-, h) *econ.* deliver; **'2ung** *f* (-; -en) delivery.
'auslöschen *v/t* (*sep*, -ge-, h) *Licht etc*: put out; *fig.* wipe out.
'auslös|en *v/t* (*sep*, -ge-, h) *tech.* release; *Alarm*, *Krieg etc*: trigger off; *Gefühl*, *Reaktion*: cause; *Begeisterung*: arouse; **'2er** *m* (-s; -) *phot.* shutter release.
'ausmachen *v/t* (*sep*, -ge-, h) *Licht*, *Zigarette etc*: put out; *Radio etc*: turn (*od.* switch) off; *Termin etc*: arrange: ***macht es Ihnen et. aus, wenn ...?*** do you mind, if ...?; ***es macht mir nichts aus*** I don't mind (*gleichgültig*: care).
'Ausmaß *m* (-es; -e) *fig.* extent: ***~e*** *pl* proportions *pl.*
'ausmessen *v/t* (*irr*, *sep*, -ge-, h, → ***messen***) measure (out).
Ausnahm|e ['aʊsna:mə] *f* (-; -n) exception: ***mit ~ von*** (*od. gen*) except (for), with the exception of; **'2sweise** *adv* by way of exception.
'aus|nutzen *v/t* (*sep*, -ge-, h) make use of; *Vorteil ziehen aus*: take advantage of (*a. b.s.*); **'~packen** *v/t* (*sep*, -ge-, h) unpack (*a. v/i*); *Geschenk etc*: unwrap; **'~pfeifen** *v/t* (*irr*, *sep*, -ge-, h, → ***pfeifen***) boo, hiss; **'~pro,bieren** *v/t* (*sep*, *no* -ge-, h) try (out), test.
'Auspuff *m* (-[e]s; -e) *mot.* exhaust;

'~gase *pl* exhaust fumes *pl*; **'~rohr** *n* exhaust pipe; **'~topf** *m bsd. Br.* silencer, *Am.* muffler.

'aus|quar,tieren *v/t* (*sep*, *no* -ge-, h) move out; **'~rauben** *v/t* (*sep*, -ge-, h) rob; **'~rechnen** *v/t* (*sep*, -ge-, h) work out, *Summe*: *a.* calculate.

'Ausrede *f* (-; -n) excuse; **'2n** (*sep*, -ge-, h) **1.** *v/i* finish speaking: ***~ lassen*** hear *s.o.* out; **2.** *v/t*: ***j-m et. ~*** talk s.o. out of s.th.

'Ausreise *f* (-; -n) departure; **'~erlaubnis** *f* exit permit; **'2n** *v/i* (*sep*, -ge-, sn) leave (the country); **'~visum** *n* exit visa.

'aus|richten *v/t* (*sep*, -ge-, h) *Veranstaltung*: organize: ***j-m et. ~*** tell s.o. s.th.; ***kann ich et. ~?*** can I take a message?; ***richte ihr e-n Gruß (von mir) aus*** give her my regards; **~rotten** ['aʊsrɔtən] *v/t* (*sep*, -ge-, h) *Tierart*, *Volk*: wipe out; **'~ruhen** *v/i u. v/refl* (*sep*, -ge-, h) (have a) rest; **'~rutschen** *v/i* (*sep*, -ge-, sn) slip (***auf*** *dat* on).

'Aussage *f* (-; -n) statement; *e-s Romans etc*: message; *jur.* evidence: ***die ~ verweigern*** refuse to give evidence; **'2n** (*sep*, -ge-, h) **1.** *v/t* state (***daß*** that); **2.** *v/i jur.* give evidence (***für*** for, ***gegen*** against).

'ausschalten *v/t* (*sep*, -ge-, h) switch off.

'Ausschau *f*: ***~ halten nach*** look out for.

'aus|scheiden (*irr*, *sep*, -ge-, → ***scheiden***) **1.** *v/t* (h) *aussondern*: sort out; *physiol.* excrete; **2.** *v/i* (sn) *nicht in Frage kommen*: have to be ruled out, *Person*: not be eligible; *Sport*: be eliminated (***aus*** from), drop out (of): ***~ aus*** *e-m Amt*: retire from, *e-r Firma*: leave; **'~schlafen** *v/i* (*irr*, *sep*, -ge-, h, → ***schlafen***) get a good night's sleep.

'Ausschlag *m* (-[e]s; ⸚e) *med.* rash: ***e-n ~ bekommen*** break out in a rash; *fig.* ***den ~ geben*** decide the issue; **'2gebend** *adj* decisive.

'ausschließen *v/t* (*irr*, *sep*, -ge-, h, → ***schließen***) expel (***aus*** *e-r Partei etc* from); *Möglichkeit etc*: rule out; *nicht berücksichtigen*: exclude.

'Ausschluß *m* (-sses; ⸚sse) expulsion, exclusion: ***unter ~ der Öffentlichkeit*** behind closed doors, *jur.* in camera.

'ausschneiden *v/t* (*irr*, *sep*, -ge-, h, → ***schneiden***) cut out.

'Ausschnitt *m* (-[e]s; -e) *e-s Kleids etc*: neck(line); *Zeitungs2*: *Br.* cutting, *Am.* clipping; *fig.* part; *e-s Buchs*, *e-r Rede*: extract.

'ausschreiben *v/t* (*irr*, *sep*, -ge-, h, → ***schreiben***) *Scheck*: make (*od.* write) out (***j-m*** to s.o.); *Stelle etc*: advertise; *econ. Wettbewerb*: invite tenders for.

Ausschreitungen ['aʊsʃraɪtʊŋən] *pl* riots *pl*.

'Ausschuß *m* (-sses; ⸚sse) committee.

'ausschütten *v/t* (*sep*, -ge-, h) pour out; *verschütten*: spill.

'aussehen *v/i* (*irr*, *sep*, -ge-, h, → ***sehen***) look: ***gut ~*** be good-looking, *gesundheitlich*: look well; ***schlecht*** (*krank*) ***~*** look ill; ***wie sieht er aus?*** what does he look like?

'Aussehen *n* (-s; *no pl*) looks *pl*, appearance.

'aussein *v/i* (*irr*, *sep*, -ge-, sn, → ***sein***) F *vorbei sein*: be over; *Gerät*: be off, *Licht*: *a.* be out; *abends etc*: be out.

außen ['aʊsən] *adv* outside: ***von ~*** from (the) outside; ***nach ~*** outward(s); *fig.* outwardly.

'Außen|dienst *m* field service: ***im ~*** in the field; **'~dienstmitarbeiter** *m* field representative; **'~handel** *m* foreign trade; **'~mi,nister** *m Br.* Foreign Secretary, *Am.* Secretary of State; **'~poli,tik** *f* foreign affairs *pl*, *bestimmte*: foreign policy; **'~seite** *f* outside; **'~spiegel** *m mot. Br.* wing mirror, *Am.* sideview mirror; **~stände** ['~ʃtɛndə] *pl econ.* accounts *pl* receivable; **'~welt** *f* outside world.

außer ['aʊsər] **1.** *prp abgesehen von*: apart (*bsd. Am.* aside) from; *zusätzlich zu*: besides, in addition to: → ***Atem*** *etc*; **2.** *cj*: ***~ (wenn)*** unless; ***~ daß*** except that; **'~dem** *adv* besides.

äußere ['ɔʏsərə] *adj* outer, outside; *Verletzung etc*: external.

'außer|gewöhnlich *adj* unusual; *Leistung etc*: exceptional; **'~halb 1.** *prp* outside; *der Geschäftszeit etc*: out of; **2.** *adv* out of town.

äußerlich ['ɔʏsərlɪç] *adj* external: ***nur ~!*** *med.* for external use only.

äußer|n ['ɔʏsərn] **1.** *v/t* (h) express, voice; **2.** *v/refl* (h) say s.th. (***über*** *acc*, ***zu*** about); **'2ung** *f* (-; -en) remark.

'aussetzen *v/t* (*sep*, -ge-, h) *Kind*, *Tier*:

abandon; *Belohnung*, *Preis*: offer: ***et. auszusetzen haben an*** (*dat*) object to.

'Aussicht *f* (-; -en) view (***auf*** *acc* of); *fig.* prospect(s *pl*) (of), chance (of); **'≈slos** *adj* hopeless; **'~spunkt** *m* lookout (*od.* vantage) point; **'≈sreich** *adj* promising.

aussöhn|en ['aʊszø:nən] *v/refl* (*sep*, -ge-, h) reconcile o.s. (***mit*** with *s.o.*, to *s.th.*); **'≈ung** *f* (-; -en) reconciliation.

'aussperr|en *v/t* (*sep*, -ge-, h) *econ.* lock out; **'≈ung** *f* (-; -en) lockout.

'Aussprache *f* (-; -n) pronunciation; *Unterredung*: discussion, *zwanglose*: talk.

'aussprechen (*irr*, *sep*, -ge-, h, → ***sprechen***) **1.** *v/t* pronounce; **2.** *v/refl* have it out (***mit*** with): ***sich ~ für*** (***gegen***) speak out in favo(u)r of (against).

'Ausstand *m* (-[e]s; ¨e) *econ.* strike: ***in den ~ treten*** go on strike.

Ausstattung ['aʊsʃtatʊŋ] *f* (-; -en) equipment; *e-r Wohnung*: furnishings *pl.*

'ausstehen *v/t* (*irr*, *sep*, -ge-, h, → ***stehen***): ***ich kann ihn*** (***es***) ***nicht ~*** I can't stand him (it).

'aussteig|en *v/i* (*irr*, *sep*, -ge-, sn, → ***steigen***) get out (***aus*** of), get off (***aus*** *a bus, etc*); *fig.* drop out (of); *aus e-m Geschäft*: back out (of); **'≈er** *m* (-s; -) dropout.

'ausstell|en *v/t* (*sep*, -ge-, h) show, display, *Kunstwerk*: exhibit; *Paß etc*: issue (*dat* for); *Rechnung*, *Scheck etc*: make out (to); **'≈er** *m* (-s; -) *auf Messe*: exhibitor; **'≈ung** *f* (-; -en) exhibition; issue; **'≈ungsgelände** *n* exhibition site; **'≈ungsraum** *m* showroom.

'aus|sterben *v/i* (*irr*, *sep*, -ge-, sn, → ***sterben***) die out (*a. fig.*): → ***ausgestorben***; **'~suchen** *v/t* (*sep*, -ge-, h): (***sich***) *et.* ~ choose, pick.

'Austausch *m* (-[e]s; *no pl*) exchange: ***im ~ für*** in exchange for; **'Austausch...** *ped.*, *univ.* exchange; **'≈en** *v/t* (*sep*, -ge-, h) exchange (***gegen*** for); **'~motor** *m* reconditioned engine.

'austeilen *v/t* (*sep*, -ge-, h) distribute (***an*** *acc* to; ***unter*** *acc* among).

Auster ['aʊstər] *f* (-; -n) oyster.

'austrag|en *v/t* (*irr*, *sep*, -ge-, h, → ***tragen***) *Briefe etc*: deliver; *Streit etc*: settle; *Wettkampf etc*: hold; **'≈ungsort** *m Sport*: venue.

Austral|ier [aʊs'tra:lĭər] *m* (-s; -), **≈isch** *adj* Australian.

'aus|treten *v/i* (*irr*, *sep*, -ge-, sn, → ***treten***): ***~ aus*** *e-m Verein etc*: leave; **'~trinken** *v/t* (*irr*, *sep*, -ge-, h, → ***trinken***) *Getränk*: drink up (*a. v/i*); *leeren*: empty; **'~üben** *v/t* (*sep*, -ge-, h) *Beruf*, *Tätigkeit*: carry out: → ***Druck***[1].

'Ausverkauf *m* (-[e]s; ¨e) *econ.* (clearance) sale: ***im ~*** *kaufen* at the sales; **'≈t** *adj* sold out.

'Auswahl *f* (-; *no pl*) choice (***an*** *dat* of), selection (of).

'auswählen *v/t* (*sep*, -ge-, h) → ***aussuchen***.

'Auswander|er *m* (-s; -) emigrant; **'≈n** *v/i* (*sep*, -ge-, sn) emigrate (***nach*** to); **'~ung** *f* emigration.

auswärts ['aʊsvɛrts] *adv* out of town: ***~ essen*** eat out.

'auswechseln *v/t* (*sep*, -ge-, h) exchange (***gegen*** for); *ersetzen*: replace (by); *Rad etc*: change.

'Ausweg *m* (-[e]s; -e) way out (***aus*** of); **'≈los** *adj* hopeless.

'ausweichen *v/i* (*irr*, *sep*, -ge-, sn, → ***weichen***) make way (*dat* for); *fig. j-m*: avoid; *e-r Frage*: evade; **'~d** *adj* evasive.

Ausweis ['aʊsvaɪs] *m* (-es; -e) identity card; **'≈en** (*irr*, *sep*, -ge-, h, → ***weisen***) **1.** *v/t* expel (***aus*** from); **2.** *v/refl* identify o.s.; **'~pa,piere** *pl* (identification) papers *pl.*

'auswendig *adv* by heart.

'aus|werten *v/t* (*sep*, -ge-, h) evaluate; *ausnützen*: utilize, *a. kommerziell*: exploit; **'~wickeln** *v/t* (*sep*, -ge-, h) unwrap; **'~wirken** *v/refl* (*sep*, -ge-, h): ***sich ~ auf*** (*acc*) affect; ***sich positiv*** (***negativ***) ***~ auf*** have a positive (negative) effect on; **'~zahlen** (*sep*, -ge-, h) **1.** *v/t* pay (out); *j-n*: pay off; **2.** *v/refl fig.* pay (off); **'~ziehen** (*irr*, *sep*, -ge-, → ***ziehen***) **1.** *v/t* (h) *Kleidung*: take off; **2.** *v/refl* (h) get undressed; **3.** *v/i* (sn) move (***aus*** out of).

'Auszubildende *m*, *f* (-n, -n) trainee.

'Auszug *m* (-[e]s; ¨e) move (***aus*** from); *Ausschnitt*: extract, excerpt (***aus*** from); *Konto≈*: statement (of account).

Auto ['aʊto] *n* (-s; -s) car, *bsd. Am.* auto

B

(-mobile): **~ fahren** drive (a car); **mit dem ~ fahren** go by car; **'~apo,theke** *f* (driver's) first-aid kit; **'~atlas** *m* road atlas.

'Autobahn *f Br.* motorway, *Am.* superhighway, expressway; **'~auffahrt** *f Br.* motorway access road, *Am.* expressway *etc* entrance; **'~ausfahrt** *f* motorway (*Am.* expressway *etc*) exit; **'~dreieck** *n* motorway (*Am.* expressway) junction; **'~gebühr** *f* motorway (*Am.* turnpike) toll; **'~zubringer** *m* (-s; -) feeder road.

Auto|biogra'phie *f* autobiography; **'~bus** *m* → **Bus**; **'~fähre** *f* car ferry; **'~fahrer** *m* motorist, driver; **~'gramm** *n* (-[e]s; -e) autograph; **'~karte** *f* road map.

Automat [aʊto'maːt] *m* (-en; -en) *Verkaufs*&: vending machine; *Spiel*&: slot machine; **~ik** [~'maːtɪk] *f* (-; -en) *mot.* automatic transmission; **&isch** [~'maːtɪʃ] *adj* automatic.

Auto|mobilklub [~mo'biːl~] *m* automobile association; **'~nummer** *f* registration (*Am.* license) number.

Autor ['aʊtɔr] *m* (-s; -en) author, writer.

'Auto|radio *n* car radio; **'~reisezug** *m* motorail train; **'~schlüssel** *m* car key; **'~verleih** *m Br.* car hire service, *Am.* rent-a-car (service); **'~waschanlage** *f* car wash.

B

Bach [bax] *m* (-[e]s; ⸚e) brook, stream, *Am. a.* creek.

Backe ['bakə] *f* (-; -n) cheek.

backen ['bakən] *v/t* (backte, *rare* buk, gebacken, h) bake.

'Backenzahn *m* molar.

Bäcker ['bɛkər] *m* (-s; -) baker: **beim ~** at the baker's; **~ei** [~'raɪ] *f* (-; -en) bakery, baker's (shop).

Bad [baːt] *n* (-[e]s; ⸚er) a) bath, *im Freien*: swim: **ein ~ nehmen** have (*od.* take) a bath, b) → **Badeanstalt, Badeort, Badezimmer.**

'Bade|anstalt *f* swimming pool; **'~anzug** *m* swimsuit; **'~hose** *f* (**e-e** a pair of) swimming trunks *pl*; **'~kappe** *f* bathing cap; **'~mantel** *m* bathrobe; **'~meister** *m* pool attendant.

baden ['baːdən] *v/i* (h) have (*od.* take) a bath, *im Freien*: swim: **~ gehen** go swimming.

'Bade|ort *m* seaside resort; *Kurbad*: health resort; **'~sachen** *pl* swimming things *pl*; **'~tuch** *n* bath towel; **'~urlaub** *m* holiday (*bsd. Am.* vacation) at the seaside; **'~wanne** *f* bath(tub); **'~zimmer** *n* bathroom.

Bahn [baːn] *f* (-; -en) *bsd. Br.* railway, *Am.* railroad; *Zug*: train; *Weg*: way, path; **mit der ~** by train, *econ.* by rail; **'~anschluß** *m* rail connection; **'~fahrt** *f* train journey; **'~hof** *m* (railway, *Am.* railroad) station; **'~poli,zei** *f* station police (*sg. konstr.*); **~steig** ['~ʃtaɪk] *m* (-[e]s; -e) platform; **'~übergang** *m* level (*Am.* grade) crossing.

Baisse ['bɛːsə] *f* (-; -n) *econ.* slump.

Bakterie [bak'teːrĭə] *f* (-; -n) bacterium, germ.

bald [balt] *adv* soon; F *beinahe*: almost, nearly: **so ~ wie möglich** as soon as possible.

Balken ['balkən] *m* (-s; -) beam.

Balkon [bal'kɔŋ] *m* (-s; -s *od.* -e) balcony; **~tür** *f* French window(s *pl*).

Ball [bal] *m* (-[e]s; ⸚e) ball (*a. Tanz*&).

Ballett [ba'lɛt] *n* (-[e]s; -e) ballet.

Ballon [ba'lɔŋ] *m* (-s; -s) balloon.

'Ballungs|gebiet *n*, **'~raum** *m* conurbation.

Banane [ba'naːnə] *f* (-; -n) banana; **~nstecker** *m electr.* banana plug.

Band[1] [bant] *m* (-[e]s; ⸚e) *Buch*&: volume.

Band[2] [~] *n* (-[e]s; ⸚er) *Meß*&, *Ton*&: tape; *Schmuck*& *etc*: ribbon; *anat.* ligament: **auf ~ aufnehmen** tape, record.

Band[3] [bɛnt] *f* (-; -s) *mus.* band.

Bandag|e [ban'daːʒə] *f* (-; -n) bandage;

B

2ieren [~da'ʒiːrən] *v/t* (*no* ge-, h) bandage.

Bande ['bandə] *f* (-; -n) *Verbrecher2 etc*: gang.

Bänder|riß ['bɛndər~] *m med.* torn ligament; '**~zerrung** *f* pulled ligament.

'**Bandscheibe** *f anat.* (intervertebral) disc; '**~nvorfall** *m med.* slipped disc.

Bank[1] [baŋk] *f* (-; ⸚e) *Sitz2*: bench: ***auf die lange ~ schieben*** put off.

Bank[2] [~] *f* (-; -en) *econ.* bank: ***Geld auf der ~ haben*** have money in the bank; '**~konto** *n* bank account; '**~leitzahl** *f* bank code; '**~note** *f* (bank) note, *bsd. Am. a.* (bank) bill.

Bankomat [baŋko'maːt] *m* (-en; -en) *bsd. Br.* cash dispenser, *Am.* automated teller, cash machine.

bankrott [baŋ'krɔt] *adj* bankrupt.

Bank'rott *m* (-[e]s; -e) bankruptcy: ***~ machen*** go bankrupt.

'**Bank|schließfach** *n* safe(-deposit) box; '**~überfall** *m* bank holdup; '**~verbindung** *f* bank account.

bar [baːr] *adj*: (***in***) ***~ bezahlen*** pay cash; ***gegen ~*** for cash.

Bar [baːr] *f* (-; -s) bar; nightclub: ***an der ~*** at the bar.

Bär [bɛːr] *m* (-en; -en) *zo.* bear.

Baracke [ba'rakə] *f* (-; -n) hut; *contp.* shack.

'**Bardame** *f* barmaid.

barfuß *adj u. adv* barefoot.

'**Bargeld** *n* cash; '**~auto,mat** *m* → ***Bankomat***; '**2los** *adj* cashless.

'**Barhocker** *m* bar stool.

Bariton ['baːritɔn] *m* (-s; -e) *mus.* baritone.

'**Barmixer** *m* barman, bartender.

Barometer [baro'meːtər] *n* (-s; -) barometer.

'**Barpreis** *m* cash price.

Barriere [ba'rĭeːrə] *f* (-; -n) barrier.

'**Barscheck** *m econ.* cash cheque (*Am.* check).

Bart [baːrt] *m* (-[e]s; ⸚e) beard: ***sich e-n ~ wachsen lassen*** grow a beard.

bärtig ['bɛːrtɪç] *adj* bearded.

'**Barzahlung** *f* cash payment; '**~spreis** *m* cash price.

basieren [ba'ziːrən] *v/i* (*no* ge-, h): ***~ auf*** (*dat*) be based on.

Basis ['baːzɪs] *f* (-; Basen) *Grundlage*: basis.

Baß [bas] *m* (-sses; ⸚sse) *mus.* bass (*a. in Zssgn*).

Batterie [batə'riː] *f* (-; -n) *electr.* battery.

Bau [baʊ] *m* (-[e]s; Bauten) *Vorgang*: construction; *Gebäude*: building; *Körper2*: build: ***im ~*** under construction; '**~arbeiten** *pl* construction work *sg*, *Straße*: roadworks *pl.*

Bauch [baʊx] *m* (-[e]s; ⸚e) belly, stomach, *anat.* abdomen; '**~schmerzen** *pl*, '**~weh** *n* (-s; *no pl*) stomach-ache.

bauen ['baʊən] *v/t* (h) build, *errichten*: erect; *herstellen*: make, build, *tech. a.* construct.

Bauer ['baʊər] *m* (-n; -n) farmer; *Schach*: pawn; '**~nhof** *m* farm; '**~nmöbel** *pl* rustic furniture *sg.*

'**bau|fällig** *adj* dilapidated; '**2genehmigung** *f* planning permission; '**2gerüst** *n* scaffolding; '**2jahr** *n* year of construction: ***~ 1986*** 1986 model.

Baum [baʊm] *m* (-[e]s; ⸚e) tree: ***auf dem ~*** in the tree; '**~stamm** *m* (tree) trunk; *gefällter*: log; '**~sterben** *n* (-s; *no pl*) dying of trees; '**~wolle** *f* cotton.

'**Bau|platz** *m* site, (building) plot; '**2reif** *adj* ripe for development; '**~sparkasse** *f Br.* building society, *Am.* savings and loan association; '**~stelle** *f* building site; *Straße*: roadworks *pl*; '**~unter,nehmer** *m* building contractor.

Bay|er ['baɪər] *m* (-n; -n), '**2(e)risch** *adj* Bavarian.

Bazillus [ba'tsɪlʊs] *m* (-; -len) germ.

beabsichtigen [bə'ʔapzɪçtɪgən] *v/t* (*no* ge-, h) intend (***zu tun*** to do, doing).

be'acht|en *v/t* (*no* ge- h) pay attention to; *zur Kenntnis nehmen*: note; *Anweisungen, Regeln*: follow, *Gesetz*: observe: ***nicht ~*** take no notice of; *ignorieren*: ignore, *Ratschläge etc*: *a.* disregard; **~lich** *adj beträchtlich*: considerable; *bemerkenswert*: remarkable.

Beamte [bə'ʔamtə] *m* (-n; -n) *Staats2*: civil (*Am.* public) servant; *Polizei2*, *Zoll2*: officer.

be'anspruch|en *v/t* (*no* ge-, h) *Recht, Eigentum etc*: claim; *Zeit, Raum*: take up; *tech.* stress; **2ung** *f* (-; -en) *tech.*, *nervliche*: stress, strain.

beanstand|en [be'ʔanʃtandən] *v/t* (*no* ge-, h) *Ware etc*: complain about; *Einwand erheben gegen*: object to; **2ung** *f*

B

(-; -en) complaint (*gen* about); objection (to).

beantragen [bə'ʔantra:gən] *v/t* (*no* ge-, h) apply for.

be'antwort|en *v/t* (*no* ge-, h) answer, reply to; **ᘕung** *f* (-; -en) answer, reply: ***in ~*** (*gen*) in answer (*od.* reply) to.

be'arbeit|en *v/t* (*no* ge-, h) *Sachgebiet etc*: work on, *Fall etc*: *a.* deal with; *für Bühne etc*: adapt; *mus.* arrange; **ᘕung** *f* (-; -en) *thea. etc* adaptation; *mus.* arrangement; **ᘕungsgebühr** *f* handling charge; *Bank*: service charge.

beaufsichtigen [bə'ʔaʊfzɪçtɪgən] *v/t* (*no* ge-, h) supervise; *Kind*: look after.

beauftragen [bə'ʔaʊftra:gən] *v/t* (*no* ge-, h): ***j-n ~, et. zu tun*** ask (*formell*: instruct, *Künstler*: commission) s.o. to do s.th.; ***j-n mit e-m Fall ~*** put s.o. in charge of a case.

be'bauen *v/t* (*no* ge-, h) *arch.* build on.

Becher ['bɛçər] *m* (-s; -) *aus Plastik*: beaker, cup; *aus Glas*: glass, tumbler.

Becken ['bɛkən] *n* (-s; -) *Schwimmᘕ*: pool; *anat.* pelvis.

be'danken *v/refl* (*no* ge-, h) say thank you (***bei j-m*** to s.o.; ***für et.*** for s.th.).

Bedarf [bə'darf] *m* (-[e]s; *no pl*) need (***an*** *dat* of); *econ.* demand (for); **~shaltestelle** *f* request stop.

bedauerlich [bə'daʊərlɪç] *adj* regrettable, unfortunate; **~erweise** *adv* unfortunately.

be'dauern *v/t* (*no* ge-, h) *j-n*: feel (*od.* be) sorry for; *et.*: regret.

Be'dauern *n* (-s; *no pl*) regret (***über*** *acc* at): ***zu m-m (großen) ~*** (much) to my regret.

be'deck|en *v/t* (*no* ge-, h) cover (up); **~t** *adj Himmel*: overcast.

be'denken *v/t* (*irr*, *no* ge-, h, → ***denken***) consider.

Be'denk|en *pl Zweifel*: doubts *pl*; *moralische*: scruples *pl*; *Einwände*: objections *pl*; **ᘕlich** *adj zweifelhaft*: dubious; *ernst*: serious, *stärker*: critical; **~zeit** *f*: ***e-e Stunde ~*** one hour to think it over.

be'deuten *v/t* (*no* ge-, h) mean; **~d** *adj* important; *beträchtlich*: considerable; *angesehen*: distinguished.

Be'deutung *f* (-; -en) meaning; *Wichtigkeit*: importance; **ᘕslos** *adj* insignificant; *ohne Sinn*: meaningless; **ᘕsvoll** *adj* significant; *vielsagend*: meaningful.

bedien|en (*no* ge-, h) **1.** *v/t j-n*: serve (*a. Kunden*), wait on; *tech.* operate, work; **2.** *v/refl* help o.s.; **ᘕung** *f* (-; -en) service; *Kellner(in)*: wait|er (-ress); *tech.* operation; **ᘕungsanleitung** *f* operating instructions *pl.*

Bedingung [bə'dɪŋʊŋ] *f* (-; -en) condition: **~en** *pl econ.*, *jur.* terms *pl*; *Verhältnisse*: conditions *pl*; ***unter der ~, daß*** on condition that.

be'droh|en *v/t* (*no* ge-, h) threaten; **~lich** *adj* threatening; **ᘕung** *f* (-; -en) threat (*gen* to).

be'drücken *v/t* (*no* ge-, h) depress.

be'eilen *v/refl* (*no* ge-, h) hurry: ***beeil dich!*** hurry up!

beeindrucken [bə'ʔaɪndrʊkən] *v/t* (*no* ge-, h) impress.

beeinfluss|en [bə'ʔaɪnflʊsən] *v/t* (*no* ge-, h) influence; *nachteilig*: affect; **ᘕung** *f* (-; -en) influence.

beeinträchtigen [bə'ʔaɪntrɛçtɪgən] *v/t* (*no* ge-, h) affect.

be'enden *v/t* (*no* ge-, h) (bring to an) end.

be'erben *v/t* (*no* ge-, h): ***j-n ~*** be s.o.'s heir.

beerdig|en [bə'ʔɛ:rdɪgən] *v/t* (*no* ge-, h) bury; **ᘕung** *f* (-; -en) burial, funeral.

Beere ['be:rə] *f* (-; -n) berry; *Weinᘕ*: grape.

Beet [be:t] *n* (-[e]s; -e) bed, *Gemüseᘕ*: *a.* patch.

be'fahrbar *adj* passable; *mar.* navigable.

be'fangen *adj voreingenommen*: bias(s)ed (*a. jur.*); **ᘕheit** *f* (-; *no pl*) bias.

be'fassen *v/refl* (*no* ge-, h) deal (***mit*** with).

Befehl [bə'fe:l] *m* (-[e]s; -e) order: ***auf ~ von*** (*od. gen*) by order of; **ᘕen** *v/t* (befahl, befohlen, h) order: ***j-m et. ~*** order s.o. to do s.th.; **~shaber** [bə'fe:lsha:bər] *m* (-s; -) commander.

be'festigen *v/t* (*no* ge-, h) fix (***an*** *dat* onto), attach (to).

be'finden *v/refl* (*irr*, *no* ge-, h, → ***finden***) be.

Be'finden *n* (-s; *no pl*) (state of) health.

be'folgen *v/t* (*no* ge-, h) *Rat*: follow, take; *Vorschrift*: observe.

be'förder|n *v/t* (*no* ge-, h) carry, transport; *econ.* ship, forward; *im Rang etc*: promote (***zu*** to); **ᘕung** *f* transportation; *econ.* shipment; promotion.

be'fragen *v/t* (*no* ge-, h) ask (***über*** *acc* about), question (about); *interviewen*: interview; *konsultieren*: consult (***wegen, in*** *dat* about, on).

befrei|en [bə'fraɪən] *v/t* (*no* ge-, h) free, *Land etc*: *a.* liberate; *retten*: rescue; *von Pflichten etc*: exempt (*alle*: ***von*** from); **2ung** *f* (-; *no pl*) liberation; rescue; exemption.

befreunde|n [bə'frɔʏndən] *v/refl* (*no* ge-, h): ***sich mit j-m ~*** make friends with s.o.; **~t** *adj*: (***miteinander***) ***~ sein*** be friends.

befriedig|en [bə'fri:dɪgən] *v/t* (*no* ge-, h) satisfy; **~end** *adj* satisfactory; **2ung** *f* (-; *no pl*) satisfaction.

befristet [bə'frɪstət] *adj* limited (***auf*** *acc* to).

Befug|nis [bə'fu:knɪs] *f* (-; -se) authority, power(s *pl*); **2t** *adj* authorized (***zu tun*** to do).

Be'fund *m* (-[e]s; -e) *med.* results *pl*: ***ohne ~*** negative.

be'fürcht|en *v/t* (*no* ge-, h) fear; *vermuten*: suspect; **2ung** *f* (-; -en) fear; suspicion.

befürwort|en [bə'fy:rvɔrtən] *v/t* (*no* ge-, h) advocate;*unterstützen*: support; **2er** *m* (-s; -) advocate; supporter.

begab|t [bə'ga:pt] *adj* gifted, talented; **2ung** [~bʊŋ] *f* (-; -en) gift, talent.

begegn|en [bə'ge:gnən] *v/i* (*no* ge-, sn) meet; **2ung** *f* (-; -en) meeting.

be'gehen *v/t* (*irr*, *no* ge- h, → ***gehen***) *Geburtstag etc*: celebrate; *Verbrechen*: commit; *Fehler*: make.

begeister|n [bə'gaɪstərn] (*no* ge-, h) **1.** *v/t* fill with enthusiasm; **2.** *v/refl*: ***sich ~ für*** be very much interested in; **2ung** *f* (-; *no pl*) enthusiasm.

Beginn [bə'gɪn] *m* (-[e]s; *no pl*) beginning, start: ***zu ~*** at the beginning; **2en** *v/t u. v/i* (begann, begonnen, h) begin, start.

beglaubigen [bə'glaʊbɪgən] *v/t* (*no* ge-, h) certify: ***beglaubigte Abschrift*** certified copy.

be'gleichen *v/t* (*irr*, *no* ge-, h, → ***gleichen***) *econ.* pay, settle.

be'gleit|en *v/t* (*no* ge-, h) accompany (*a. mus.* ***auf*** *dat* on): ***j-n nach Hause ~*** see s.o. home; **2er** *m* (-s; -) companion; *mus.* accompanist; **2schreiben** *n* covering letter; **2ung** *f* (-; -en) company; *mus.* accompaniment: ***in ~ von*** (*od. gen*) accompanied by.

be'glückwünschen *v/t* (*no* ge-, h) congratulate (***zu*** on).

begnadig|en [bə'gna:dɪgən] *v/t* (*no* ge-, h) pardon; *pol.* amnesty; **2ung** *f* (-; -en) pardon; *pol.* amnesty.

begnügen [bə'gny:gen] *v/refl* (*no* ge-, h): ***sich ~ mit*** be satisfied with; *auskommen*: make do with.

be'graben *v/t* (*irr*, *no* ge-, h, → ***graben***) bury (*a. fig.*).

Begräbnis [bə'grɛ:pnɪs] *n* (-ses; -se) burial, funeral.

be'greif|en *v/t* (*irr*, *no* ge-, h, → ***greifen***) understand; **~lich** *adj* understandable.

be'grenzen *v/t* (*no* ge-, h) *fig.* limit (***auf*** *acc* to), restrict (to).

Begriff [bə'grɪf] *m* (-[e]s; -e) *Vorstellung*: idea, notion; *Ausdruck*: term: ***im ~ sein zu tun*** be about to do.

be'gründ|en *v/t* (*no* ge-, h) *fig.* give reasons for; **2ung** *f* (-; -en) reason(s *pl*).

be'grüß|en *v/t* (*no* ge-, h) greet; *willkommen heißen*: welcome (*a. fig.*); **2ung** *f* (-; -en) greeting, welcome.

begünstigen [bə'gʏnstɪgən] *v/t* (*no* ge-, h) favo(u)r.

be'gutachten *v/t* (*no* ge-, h) give an (expert's) opinion on; *prüfen*: examine: ***~ lassen*** get an expert's opinion on.

begütert [bə'gy:tərt] *adj* wealthy.

behaart [bə'ha:rt] *adj* hairy.

be'halten *v/t* (*irr*, *no* ge-, h → ***halten***) keep (***für sich*** to o.s.); *sich merken*: remember.

Behälter [bə'hɛltər] *m* (-s; -) container.

be'hand|eln *v/t* (*no* ge-, h) treat (*a. med., tech.*); **2lung** *f* (-; -en) treatment: ***in*** (***ärztlicher***) ***~ sein*** be under medical treatment.

behaupt|en [bə'haʊptən] *v/t* (*no* ge-, h) claim, maintain (***daß*** that); **2ung** *f* (-; -en) claim.

be'heben *v/t* (*irr*, *no* ge-, h, → ***heben***) *Schaden etc*: repair.

be'helfen *v/refl* (*irr*, *no* ge-, h, → ***helfen***): ***sich ~ mit*** make do with; ***sich ~ ohne*** do without.

beherbergen [bə'hɛrbɛrgən] *v/t* (*no* ge-, h) put up, accommodate.

be'herrsch|en (*no* ge-, h) **1.** *v/t pol. etc* rule (over), govern; *Lage, Markt etc*: control; *Sprache*: have a good com-

B

mand of; **2.** *v/refl* control o.s.; **2ung** *f* (-; *no pl*) rule (*gen* over); control (of, over); *Selbst2*: self-control; *e-r Sprache*: command (of): ***die ~ verlieren*** lose control, lose one's self-control.

beherzigen [bəˈhɛrtsɪgən] *v/t* (*no* ge-, h) take to heart.

behilflich [bəˈhɪlflɪç] *adj*: ***j-m ~ sein*** help s.o. (***bei*** with).

behinder|t [bəˈhɪndərt] *adj* handicapped, disabled: ***geistig ~*** mentally handicapped; **2te** *m, f* (-n; -n) handicapped (*od.* disabled) person; **~tengeˌrecht** *adj* suitable for the handicapped; **2ung** *f* (-; -en) handicap.

Behörde [bəˈhøːrdə] *f* (-; -n) (public) authority: ***die ~n*** *pl* the authorities *pl.*

bei [baɪ] *prp*: ***~ München*** near Munich; ***~ Müller*** *Adresse*: c/o Müller; ***ich habe kein Geld ~ mir*** I have no money on me; ***~ e-r Tasse Tee*** over a cup of tea; ***~ m-r Ankunft*** on my arrival; ***~ Regen*** in case of rain; ***~ weitem*** by far; → ***Nacht, Tagesanbruch*** *etc.*

ˈbeibringen *v/t* (*irr, sep*, -ge-, h, → ***bringen***) *lehren*: teach; *mitteilen*: tell.

beide [ˈbaɪdə] *adj u. pron* both: ***m-e ~n Brüder*** my two brothers; ***wir ~*** the two of us; *betont*: both of us; ***keiner von ~n*** neither of them.

ˈBeifahrer *m* (front-seat) passenger.

ˈBeifall *m* (-[e]s; *no pl*) applause.

ˈBeihilfe *f* (-; *no pl*) *jur.* aiding and abetting.

ˈBeilage *f Zeitung*: supplement; *Essen*: side dish, *Gemüse*: vegetables *pl.*

ˈbeileg|en *v/t* (*sep*, -ge-, h) *e-m Brief*: enclose (with); *Streit*: settle; **ˈ2ung** *f* (-; *no pl*) settlement.

ˈBeileid *n* (-[e]s; *no pl*): ***j-m sein ~ aussprechen*** offer s.o. one's condolences; **(*mein*) *herzliches ~!*** please accept my sincere condolences; **ˈ~skarte** *f* condolence (*od.* sympathy) card.

ˈbeiliegen *v/i* (*irr, sep*, -ge-, h, → ***liegen***) be enclosed (*dat* with).

beim [baɪm] (= ***bei dem***) *prp*: ***~ Bäcker*** at the baker's; ***~ Sprechen*** while speaking.

ˈbeimessen *v/t* (*irr, sep*, -ge-, h, → ***messen***) *Bedeutung*: attach (*dat* to).

Bein [baɪn] *n* (-[e]s; -e) leg (*a. e-s Tisches, e-r Hose etc*).

beinah(e) [baɪˈnaː(ə)] *adv* almost, nearly.

ˈBeinbruch *m* fractured (*od.* broken) leg.

beipflichten [ˈbaɪpflɪçtən] *v/i* (*sep*, -ge-, h) agree (*dat* with).

ˈBeisein *n*: ***im ~ von*** (*od. gen*) in the presence of.

ˈbeisetz|en *v/t* (*sep*, -ge-, h) bury; **ˈ2ung** *f* (-; -en) burial.

ˈBeispiel *n* (-[e]s; -e) example: ***zum ~*** for example, for instance; **ˈ2haft** *adj* exemplary; **ˈ2los** *adj* unparalleled; *noch nie dagewesen*: unprecedented; **ˈ2sweise** *adv* for example, for instance.

beißen [ˈbaɪsən] *v/t u. v/i* (biß, gebissen, h) bite (*a. fig.*): ***~ in*** (*acc*) bite (into); **ˈ~d** *adj Wind, Kritik etc*: biting; *Geruch*: sharp, acrid.

ˈbei|stehen *v/i* (*irr, sep*, -ge-, h, → ***stehen***): ***j-m ~*** help s.o.; **ˈ~steuern** *v/t* (*sep*, -ge-, h) contribute (***zu*** to).

Beitrag [ˈbaɪtraːk] *m* (-[e]s; ⸚e) contribution; *Mitglieds2*: subscription.

ˈbei|treten *v/i* (*irr, sep*, -ge-, sn, → ***treten***) join; **ˈ2tritt** *m* (-[e]s; -e) joining; **ˈ~wohnen** *v/i* (*sep*, -ge-, h) be present at.

beˈkämpfen *v/t* (*no* ge-, h) fight (against); *Feuer*: fight.

bekannt [bəˈkant] *adj* known (*dat* to); *berühmt*: well-known; *vertraut*: familiar: ***j-n mit j-m ~ machen*** introduce s.o. to s.o.; **2e** *m, f* (-n; -n) acquaintance, *mst* friend; **2gabe** *f* (-; *no pl*) announcement; **~geben** *v/t* (*irr, sep*, -ge-, h, → ***geben***) announce; **~lich** *adv* as everybody knows; **~machen** *v/t* (*sep*, -ge-, h) announce; **2machung** *f* (-; -en) announcement; **2schaft** *f* (-; -en) acquaintance.

beˈkennen *v/refl* (*irr, no* ge-, h, → ***kennen***): ***sich schuldig ~*** *jur.* plead guilty; ***sich ~ zu*** *e-m Bombenanschlag etc* claim responsibility for.

beˈklagen *v/refl* (*no* ge-, h) complain (***über*** *acc* about).

Beˈkleidung *f* (-;-en) clothing, clothes *pl.*

beˈkommen (*irr, no* ge-, h, → ***kommen***) **1.** *v/t* (h) get, *med. a.* catch (*a. Zug etc*), *Kind*: have; **2.** *v/i* (sn): ***j-m*** (***gut***) ***~*** agree with s.o.; ***j-m nicht*** (*od.* ***schlecht***) ***~*** disagree with s.o.

be'laden *v/t* (*irr*, *no* ge-, h, → ***laden***) load (up).

Belag [bə'la:k] *m* (-[e]s; ⸚e) *Schicht*: layer; *Fußboden2*: covering; *Straßen2*: surface; *Brems2 etc*: lining; *Zungen2*: coating; *Zahn2*: plaque, tartar; *Brot2*: topping, *Aufstrich*: spread.

be'lasten *v/t* (*no* ge-, h) *electr.*, *tech.* load; *psych.*, *a. Beziehung etc*: strain; *jur.* incriminate: ***j-s Konto ~ mit*** *econ.* debit s.o.'s account with.

belästig|en [bə'lɛstɪgən] *v/t* (*no* ge-, h) pester (***mit*** with); *sexuell*: molest; **2ung** *f* (-; -en) pestering; molestation.

Be'lastung *f* (-; -en) *electr.*, *tech.* load; *psychische*: strain; **~szeuge** *m jur.* witness for the prosecution.

be'laufen *v/refl* (*irr*, *no* ge-, h, → ***laufen***): ***sich ~ auf*** (*acc*) amount to.

be'lebt *adj Straße etc*: busy.

Beleg [bə'le:k] *m* (-[e]s; -e) *Beweis*: proof; *Quittung*: receipt; *Quelle*: reference; **2en** *v/t* (*no* ge-, h) cover; *Platz etc*: reserve; *beweisen*: prove; *Kurs etc*: enrol(l) for: ***den ersten Platz ~*** take first place; **~schaft** *f* (-; -en) staff (*u. pl konstr.*), personnel (*pl konstr.*); **2t** *adj Platz*, *Zimmer*: taken, occupied; *Hotel etc*: full; *Stimme*: husky; *Zunge*: coated, furred; *teleph. Br.* engaged, *Am.* busy: ***~es Brot*** (open) sandwich.

beleidig|en [bə'laɪdɪgən] *v/t* (*no* ge-, h) offend (*a. fig.*), *stärker*: insult; **~end** *adj* offensive, insulting; **2ung** *f* (-; -en) offen|ce (*Am.* -se), insult.

be'lesen *adj* well-read.

be'leucht|en *v/t* (*no* ge-, h) light (up), illuminate; **2ung** *f* (-; -en) lighting, illumination.

belicht|en [bə'lɪçtən] *v/t* (*no* ge-, h) *phot.* expose; **2ung** *f* (-; -en) exposure; **2ungsmesser** *m* (-s; -) light meter.

beliebt [bə'li:pt] *adj* popular (***bei*** with); **2heit** *f* (-; *no pl*) popularity.

be'liefern *v/t* (*no* ge-, h) supply (***mit*** with).

bellen ['bɛlən] *v/i* (h) bark.

be'lohn|en *v/t* (*no* ge-, h) reward; **2ung** *f* (-; -en) reward: ***zur ~*** as a reward.

be'lügen *v/t* (*irr*, *no* ge-, h, → ***lügen***): ***j-n ~*** lie to s.o.

bemängeln [bə'mɛŋəln] *v/t* (*no* ge-, h) find fault with.

bemannt [bə'mant] *adj* manned.

bemerk|bar [bə'mɛrkba:r] *adj* noticeable: ***sich ~ machen*** *Person*: draw attention to o.s.; *Sache*: begin to show; **~en** *v/t* (*no* ge-, h) notice; *äußern*: remark; **~enswert** *adj* remarkable (***wegen*** for); **2ung** *f* (-; -en) remark (***über*** *acc* on, about).

bemitleiden [bə'mɪtlaɪdən] *v/t* (*no* ge-, h) pity, feel sorry for; **~swert** *adj* pitiable.

bemüh|en [bə'my:ən] *v/refl* (*no* ge-, h) try (hard): ***sich ~ um*** *et.*: try to get; *j-n*: try to help; ***bitte ~ Sie sich nicht!*** please don't bother; **2ung** *f* (-; -en) effort(s *pl*).

be'nachbart *adj* neighbo(u)ring.

benachrichtig|en [bə'na:xrɪçtɪgən] *v/t* (*no* ge-, h) inform (***von*** of), notify (of); **2ung** *f* (-; -en) notification.

benachteilig|en [bə'na:xtaɪlɪgən] *v/t* (*no* ge-, h) put at a disadvantage; *bsd. sozial*: discriminate against; **2ung** *f* (-; -en) disadvantage; discrimination (*gen* against).

be'nehmen *v/refl* (*irr*, *no* ge-, h, → ***nehmen***) behave (***gegenüber*** towards).

Be'nehmen *n* (-s; *no pl*) behavio(u)r, conduct; *Manieren*: manners *pl*.

beneiden [bə'naɪdən] *v/t* (*no* ge-, h): ***j-n um et. ~*** envy s.o. s.th.; **~swert** *adj* enviable.

benötigen [bə'nø:tɪgən] *v/t* (*no* ge-, h) need.

be'nutz|en *v/t* (*no* ge-, h) use; *Verkehrsmittel*: take, go by; **2ung** *f* (-; *no pl*) use.

Benzin [bɛn'tsi:n] *n* (-s; -e) *mot. Br.* petrol, *Am.* gas(oline); **~gutschein** *m* petrol (*Am.* gas[oline]) coupon.

beobacht|en [bə'ʔo:baxtən] *v/t* (*no* ge-, h) watch, *a. med. u. Polizei*: observe; **2ung** *f* (-; -en) observation: ***unter ~ stehen*** be under observation.

bequem [bə'kve:m] *adj* comfortable; *faul*: lazy; **2lichkeit** *f* (-; *no pl*) comfort; laziness.

be'rat|en (*irr*, *no* ge-, h, → ***raten***) **1.** *v/t j-n*: advise (***bei*** on); *et.*: discuss; **2.** *v/refl*: ***sich mit j-m ~*** confer with s.o. (***über*** *acc* on); **2er** *m* (-s; -) advis|er (*Am.* -or), consultant; **2ung** *f* (-; -en) consultation; *Besprechung*: discussion.

be'rauben *v/t* (*no* ge-, h) rob.

be'rechn|en *v/t* (*no* ge-, h) calculate; *schätzen*: estimate (***auf*** *acc* at): ***j-m 100 Mark für et. ~*** charge s.o. 100 marks for s.th.; **~end** *adj* calculating; **2ung** *f* (-; -en) calculation (*a. fig.*); estimate.

berechtig|en [bə'rɛçtɪgən] *v/t* (*no* ge-, h) entitle (**zu** to [*do*] *s.th.*); *ermächtigen*: authorize (to *do s.th.*); **2ung** *f* (-; *no pl*) right (**zu** to); *Vollmacht*: authority.

Bereich [bə'raɪç] *m* (-[e]s; -e) area; *fig. a.* field, sphere.

bereichern [bə'raɪçərn] *v/refl* (*no* ge-, h) get rich (**an** *dat* on; **auf Kosten** *gen* at the expense of).

Bereifung [bə'raɪfʊŋ] *f* (-; -en) *Br.* tyres *pl*, *Am.* tires *pl.*

bereit [bə'raɪt] *adj* ready (**zu** for *s.th.*; to *do s.th.*); *gewillt*: prepared (to *do s.th.*); **~s** *adv* already; *nur*: even.

bereuen [bə'rɔʏən] *v/t* (*no* ge-, h) regret (***et. getan zu haben*** doing s.th.).

Berg [bɛrk] *m* (-[e]s; -e) mountain: ***~e von*** F heaps (*od.* piles) of; ***die Haare standen ihm zu ~e*** his hair stood on end; **2'ab** *adv* downhill; **2'auf** *adv* uphill.

bergen ['bɛrgən] *v/t* (barg, geborgen, h) rescue; *Leichen, Güter*: recover.

'Bergführer *m* mountain guide.

bergig ['bɛrgɪç] *adj* mountainous.

'Berg|steigen *n* (-s; *no pl*) mountaineering; **'~steiger** *m* (-s; -) mountain climber, mountaineer; **'~wandern** *n* (-s; *no pl*) mountain hiking.

Bericht [bə'rɪçt] *m* (-[e]s; -e) report (**über** *acc* on); *Beschreibung*: account (of); **2en** (*no* ge-, h) **1.** *v/t* report: ***j-m et. ~*** inform s.o. of s.th.; *erzählen*: tell s.o. about s.th.; **2.** *v/i*: ***über et. ~*** report on s.th., *in der Presse*: *a.* cover s.th.; **~erstatter** *m* (-s; -) *Presse*: reporter, *auswärtiger*: (foreign) correspondent; **~erstattung** *f* (-; -en) reporting, *in der Presse*: *a.* coverage.

berichtig|en [bə'rɪçtɪgən] *v/t* (*no* ge-, h) correct (***sich*** o.s.); **2ung** *f* (-; -en) correction.

berüchtigt [bə'rʏçtɪçt] *adj* notorious (***wegen*** for).

berücksichtig|en [bə'rʏkzɪçtɪgən] *v/t* (*no* ge-, h) take into consideration; **2ung** *f* (-; *no pl*): ***unter ~ von*** (*od. gen*) considering.

Beruf [bə'ru:f] *m* (-[e]s; -e) job, occupation; *akademischer*: profession; *handwerklicher*: trade; **2en** *v/refl* (*irr*, *no* ge-, h, → ***rufen***): ***sich ~ auf*** (*acc*) cite, quote, refer to; **2lich 1.** *adj* professional; *Ausbildung etc*: vocational: → ***Mobilität***; **2.** *adv*: ***~ unterwegs*** away on business.

Be'rufs|anfänger *m* first-time employee; **~ausbildung** *f* vocational training; **~beratung** *f* careers guidance; **2tätig** *adj* working: ***~ sein*** (go to) work; **~verkehr** *m* rush-hour traffic.

Be'rufung *f* (-; -en) *Ernennung*: appointment (**zu** to): ***unter ~ auf*** (*acc*) with reference to; ***in die ~ gehen, ~ einlegen*** *jur.* (file an) appeal (***gegen*** against).

be'ruhen *v/i* (*no* ge-, h): ***~ auf*** (*dat*) be based on; ***et. auf sich ~ lassen*** let s.th. rest.

beruhig|en [bə'ru:ɪgən] (*no* ge-, h) **1.** *v/t* calm (down); *Gewissen*: ease; *Nerven*: calm, soothe; **2.** *v/refl* calm down; *Lage*: quieten down; **2ungsmittel** *n med.* sedative, tranquil(l)izer.

berühmt [bə'ry:mt] *adj* famous (***wegen, für*** for); **2heit** *f* (-; -en) fame; *Person*: celebrity.

be'rühr|en *v/t* (*no* ge-, h) touch; *seelisch*: *a.* move; *betreffen*: concern; **2ung** *f* (-; -en) touch: ***in ~ kommen mit*** come into contact with.

Besatzung [bə'zatsʊŋ] *f* (-; -en) *aer.*, *mar.* crew.

be'schädig|en *v/t* (*no* ge-, h) damage; **2ung** *f* (-; -en) damage (*gen* to).

beschäftig|en [bə'ʃɛftɪgən] (*no* ge-, h) **1.** *v/t* employ; *zu tun geben*: keep busy; **2.** *v/refl*: ***sich ~ mit*** be busy with; *e-m Problem etc*: deal with; **~t** *adj* busy (***mit*** with; ***damit, et. zu tun*** doing s.th.): ***~ sein bei*** be employed with (*od.* at); **2te** *m, f* (-n; -n) employee; **2ung** *f* (-; -en) *Tätigkeit*: activity; *Anstellung*: employment.

be'schäm|en *v/t* (*no* ge-, h) (put to) shame; **~end** *adj* shameful; **~t** *adj* ashamed (***über*** *acc* of).

Bescheid [bə'ʃaɪt] *m* (-[e]s; -e) answer, reply: ***~ bekommen*** be informed; ***j-m ~ geben*** let s.o. know (***über*** *acc* about); ***~ wissen*** know (***über*** *acc* about).

bescheiden [bə'ʃaɪdən] *adj* modest; **2heit** *f* (-; *no pl*) modesty.

bescheinig|en [bə'ʃaɪnɪgən] *v/t* (*no* ge-, h) certify: ***den Empfang*** (*gen*) ***~*** acknowledge receipt of; ***hiermit wird bescheinigt, daß*** this is to certify that;

≈**ung** *f* (-; -en) *Schein*: certificate; *Quittung*: receipt.

be'scheißen *v/t* (*irr*, *no* ge-, h, → ***scheißen***) *sl.* do (***um*** out of).

be'schenken *v/t* (*no* ge-, h): ***j-n*** ~ give s.o. (*reich*: shower s.o. with) presents.

be'schimpfen *v/t* (*no* ge-, h) call *s.o.* names.

Beschlagnahme [bə'ʃlaːknaːmə] *f* (-; -n) seizure, confiscation; ≈**n** *v/t* (*no* ge-, h) seize, confiscate.

beschleunigen [bə'ʃlɔʏnɪgən] *v/t* (*no* ge-, h) *Vorgang*: speed up.

be'schließen *v/t* (*irr*, *no* ge-, h, → ***schließen***) decide (***zu tun*** to do); *beenden*: end.

Be'schluß *m* (-sses; ¨sse) decision.

beschränk|en [bə'ʃrɛŋkən] *v/refl* (*no* ge-, h) confine o.s. (***auf*** *acc* to; ***darauf, zu tun*** to doing); ~**t** *adj* limited; *einfältig*: dense.

be'schreib|en *v/t* (*irr*, *no* ge-, h, → ***schreiben***) describe; ≈**ung** *f* (-; -en) description.

beschuldig|en [bə'ʃʊldɪgən] *v/t* (*no* ge-, h) accuse (*gen* of), *jur. a.* charge (with); ≈**ung** *f* (-; -en) accusation, *jur. a.* charge.

be'schützen *v/t* (*no* ge-, h) protect (***vor*** *dat*, ***gegen*** from).

Beschwerde [bə'ʃveːrdə] *f* (-; -n) complaint (***über*** *acc* about): ~**n** *pl med.* problems *pl* (***mit*** with), trouble *sg* (with); *Schmerzen*: pain *sg*.

beschweren [bə'ʃveːrən] *v/refl* (*no* ge-, h) complain (***über*** *acc* about; ***bei*** to).

beschwichtigen [bə'ʃvɪçtɪgən] *v/t* (*no* ge-, h) appease (*a. pol.*), calm down.

be'schwipst *adj* F tipsy.

be'schwören *v/t* (*irr*, *no* ge-, h, → ***schwören***) *et.*: swear to.

beseitig|en [bə'zaɪtɪgən] *v/t* (*no* ge-, h) remove; *Abfall*: *a.* dispose of; *Mißstand, Fehler etc*: eliminate; ≈**ung** *f* (-; *no pl*) removal; disposal; elimination.

Besen ['beːzən] *m* (-s;-) broom; '~**stiel** *m* broomstick.

be'setz|en *v/t* (*no* ge-, h) *Sitzplatz, Land etc*: occupy; *Stelle etc*: fill; *thea. Rollen*: cast; *Kleid*: trim (***mit*** with); *Haus*: squat; ~**t** *adj* occupied; *Platz*: taken; *Bus, Zug etc*: full up; *teleph. Br.* engaged, *Am.* busy; *Toilette*: engaged; ≈**tzeichen** *n teleph. Br.* engaged tone, *Am.* busy signal; ≈**ung** *f* (-; -en) *mil.* occupation; *thea.* cast.

besichtig|en [bə'zɪçtɪgən] *v/t* (*no* ge-, h) visit; *prüfend*: inspect; ≈**ung** *f* (-; -en) visit (*gen* to); inspection (of).

besiedeln [bə'ziːdəln] *v/t* (*no* ge-, h) *sich ansiedeln in*: settle in; *kolonisieren*: colonize; *bevölkern*: populate: ***dicht*** (***dünn***) ***besiedelt*** densely (sparsely) populated.

be'siegen *v/t* (*no* ge-, h) *allg.* defeat.

Besinnung [bə'zɪnʊŋ] *f* (-; *no pl*) *Bewußtsein*: consciousness: ***die ~ verlieren*** lose consciousness; ≈**slos** *adj* unconscious.

Besitz [bə'zɪts] *m* (-es, *no pl*) possession; *Eigentum*: property: ***im ~ sein von*** be in possession of; ≈**en** *v/t* (*irr*, *no* ge-, h, → ***sitzen***) possess, own; ~**er** *m* (-s; -) possessor, owner: ***den ~ wechseln*** change hands.

besonder [bə'zɔndər] *adj* special; *bestimmt*: particular; *außergewöhnlich*: exceptional; *getrennt*: separate; ≈**heit** *f* (-; -en) peculiarity.

be'sonders *adv* (e)specially, particularly; *außergewöhnlich*: exceptionally; *getrennt*: separately.

be'sorg|en *v/t* (*no* ge-, h): ***sich et. ~*** get (*od.* buy) s.th.; ~**niserregend** [bə'zɔrknɪs~] *adj* alarming; ~**t** *adj* worried (***um*** about), concerned (about); ≈**ung** *f* (-; -en): ***~en machen*** go shopping.

be'sprech|en *v/t* (*irr*, *no* ge-, h, → ***sprechen***) discuss, talk *s.th.* over ; *Buch etc*: review; ≈**ung** *f* (-; -en) discussion; meeting, conference; review.

besser ['bɛsər] *adj u. adv* better (***als*** than): ***es ist ~, wir fragen ihn*** we had better ask him; ***es geht ihm ~*** he is feeling better; ***oder ~ gesagt*** or rather; ***ich weiß*** (***kann***) ***es ~*** I know (can do) better (than that); '~**n** *v/refl* (h) improve, get better; '≈**ung** *f* (-; *no pl*) improvement: ***gute ~!*** I hope you feel better soon.

Be'stand *m* (-[e]s; ¨e) (continued) existence; *Vorrat*: stock (***an*** *dat* of): ***~ haben*** last, be lasting.

be'ständig *adj* constant, steady; *Wetter*: settled.

Be'standteil *m* (-[e]s; -e) part, component.

bestätig|en [bə'ʃtɛːtɪgən] *v/t* (*no* ge-, h)

confirm (*a. Auftrag*); *bescheinigen*: certify; *Empfang*: acknowledge; **2ung** *f* (-; -en) confirmation; certificate; acknowledg(e)ment.

bestatt|en [bə'ʃtatən] *v/t* (*no* ge-, h) bury; **2ung** *f* (-; -en) burial, funeral; **2ungsinsti,tut** *n bsd. Br.* undertaker's, *Am.* funeral home.

beste ['bɛstə] *adj u. adv* best: ***am ~n*** best; ***welches gefällt dir am ~n?*** which do you like best?; ***es ist das ~*** (*od.* ***am ~n ist es***), ***Sie nehmen den Bus*** you had best (*od.* it would be best for you to) take a bus.

Beste ['bɛstə] *m, f, n* (-n; -n) *the* best: ***das ~ geben*** do one's best; ***das ~ machen aus*** make the best of; (***nur***) ***zu deinem ~n*** for your own good.

be'stech|en *v/t* (*irr*, *no* ge-, h, → ***stechen***) bribe; **~lich** *adj* corruptible; **2ung** *f* (-; -en) bribery, corruption.

Besteck [bə'ʃtɛk] *n* (-[e]s; -e) knife, fork and spoon; *coll.* cutlery.

be'stehen (*irr*, *no* ge-, h, → ***stehen***) **1.** *v/t Probe*: stand; *Prüfung*: pass; **2.** *v/i* be, exist: ***~ auf*** (*dat*) insist on; ***~ aus*** consist of; ***~ bleiben*** last, continue.

be'steigen *v/t* (*irr*, *no* ge-, h, → ***steigen***) *Berg*: climb; *Fahrzeug*, *Pferd*: get on; *Thron*: ascend.

be'stell|en *v/t* (*no* ge-, h) *Waren*, *Speisen etc*: order; *Zimmer*, *Karten*: book; *Taxi*: call: ***kann ich et. ~?*** can I take a message?; **2formu,lar** *n*, **2schein** *m* order form; **2ung** *f* (-; -en) order; booking.

'besten|falls *adv* at best; **'~s** *adv* very well.

be'steuer|n *v/t* (*no* ge-, h) tax; **2ung** *f* (-; *no pl*) taxation.

bestimm|t [bə'ʃtɪmt] *adj* certain: ***~ sein für*** be meant for; **2ung** *f* (-; -en) *Vorschrift*: regulation, rule; **2ungsort** *m* destination.

be'straf|en *v/t* (*no* ge-, h) punish (***wegen, für*** for); **2ung** *f* (-; -en) punishment.

be'streik|en *v/t* (*no* ge-, h) go out (*od.* be) on strike against; **~t** *adj* strikebound.

be'streiten *v/t* (*irr*, *no* ge-, h, → ***streiten***) deny (***daß*** that; ***et. getan zu haben*** doing s.th.).

bestürz|t [bə'ʃtʏrtst] *adj* dismayed (***über*** *acc* at); **2ung** *f* (-; *no pl*) dismay.

Besuch [bə'zuːx] *m* (-[e]s; -e) visit (*gen*, ***bei, in*** *dat* to); *kurzer*: call (***bei*** on); *Schule*, *Veranstaltung*: attendance (*gen* at); *Besucher*: visitor(s *pl*); **2en** *v/t* (*no* ge-, h) go and see, visit; *kurz*: call on; *Ort*: visit; *Schule*, *Veranstaltung*: go to, attend; **~er** *m* (-s; -) visitor (*gen* to); **~szeit** *f* visiting hours *pl*.

betätigen [bə'tɛːtɪɡən] *v/t* (*no* ge-, h) *tech.* operate; *Bremse*: apply.

beteilig|en [bə'taɪlɪɡən] (*no* ge-, h) **1.** *v/t*: ***j-n ~*** give s.o. a share (***an*** *dat* in); ***beteiligt sein an*** (*dat*) *Unfall*, *Verbrechen*: be involved in; *Gewinn*: have a share in; **2.** *v/refl*: ***sich ~ an*** (*dat*) participate in; *Beitrag leisten zu*: contribute to; **2ung** *f* (-; -en) participation (***an*** *dat* in); involvement (in); share (in).

beten ['beːtən] (h) **1.** *v/i* pray (***um*** for), say one's prayers; *bei Tisch*: say grace; **2.** *v/t Vaterunser etc*: say.

beteuern [bə'tɔʏərn] *v/t* (*no* ge-, h) *Unschuld*: protest.

Beton [be'tɔŋ] *m* (-s; -s) concrete.

betonen [bə'toːnən] *v/t* (*no* ge-, h) stress; *fig. a.* emphasize.

Betracht [bə'traxt] *m*: ***in ~ ziehen*** take into consideration; ***in ~ kommen*** be a possibility; ***nicht in ~ kommen*** be out of the question; **2en** *v/t* (*no* ge-, h) look at, *fig. a.* view: ***~ als*** regard as, consider.

beträchtlich [bə'trɛçtlɪç] *adj* considerable.

Be'trachtung *f* (-; -en): ***bei näherer ~*** on closer inspection.

Betrag [bə'traːk] *m* (-[e]s; ⸚e) amount, sum; **2en** *v/i* (*irr*, *no* ge-, h, → ***tragen***) amount to.

Betreff [bə'trɛf] *m* (-[e]s; -e) *econ.* reference; *im Briefkopf* (**Betr.**): re; **2en** *v/t* (*irr*, *no* ge-, h, → ***treffen***) *angehen*: concern: ***was ... betrifft*** as for; **2end** *adj* concerning: ***die ~en Personen*** the people concerned.

be'treiben *v/t* (*irr*, *no* ge-, h, → ***treiben***) *Geschäft*: keep; *Unternehmen*: operate, run; *Hobby*, *Sport*: go in for.

be'treten *v/t* (*irr*, *no* ge-, h, → ***treten***) step on; *Raum*: enter.

Be'treten *n* (-s): ***~*** (***des Rasens***) ***verboten!*** keep off (the grass)!

betreuen [bə'trɔʏən] *v/t* (*no* ge-, h) look after.

Betrieb [bəˈtriːp] *m* (-[e]s; -e) *Firma*: business, firm, company; *Betreiben*: operation, running; *in Straßen, Geschäften*: rush: ***in ~ sein*** (***setzen***) be in (put into) operation; ***außer ~*** out of order; ***im Geschäft war viel ~*** the shop was very busy; **2lich** *adj*: ***~e Altersversorgung*** employee pension scheme; ***~e Mitbestimmung*** worker participation.

Beˈtriebs|anleitung *f* operating instructions *pl*; **~ausgaben** *pl* operating expenses *pl*; **~gewinn** *m* operating profit(s *pl*); **~kapiˌtal** *n* working capital; **~klima** *n* working atmosphere; **~kosten** *pl* running costs *pl*; **~leitung** *f* management; **~rat** *m* (member of the) works council; **2sicher** *adj* safe to operate; **~störung** *f* breakdown; **~syˌstem** *n Computer*: operating system; **~unfall** *m* industrial accident; **~vereinbarung** *f* agreement between works council and management; **~wirtschaft** *f* (-; *no pl*) business administration.

beˈtrinken *v/refl* (*irr*, *no* ge-, h, → ***trinken***) get drunk.

betroffen [bɛˈtrɔfən] *adj* shocked; *berührt*: affected (***von*** by): ***die ~en Personen*** the persons concerned.

Betrug [bəˈtruːk] *m* (-[e]s; *no pl*) fraud (*a. jur.*), swindle; *Täuschung*: deception.

betrüge|n [bəˈtryːgən] *v/t* (*irr*, *no* ge-, h, → ***trügen***) cheat (***um*** out of), swindle; *jur.* defraud; *Ehepartner*: be unfaithful to, two-time (***mit*** with); *täuschen*: deceive; **2r** *m* (-s; -) swindler, cheat.

betrunken [bəˈtrʊŋkən] *adj* drunk(en *attr*); **2e** *m, f* (-n; -n) drunk.

Bett [bɛt] *n* (-[e]s; -en) bed: ***am ~*** at the bedside; ***ins ~ gehen*** go to bed; **ˈ~decke** *f wollene*: blanket; *gesteppte*: quilt; *Tagesdecke*: bedspread.

betteln [ˈbɛtəln] *v/i* (h) beg (***um*** for).

bett|lägerig [ˈbetlɛːgərɪç] *adj* laid up, *länger*: bedridden; **2laken** *n* sheet.

Bettler [ˈbɛtlər] *m* (-s; -) beggar.

ˈBettruhe *f* bed rest: ***j-m ~ verordnen*** tell s.o. to stay in bed.

Beule [ˈbɔʏlə] *f* (-; -n) bump, swelling; *im Blech*: dent.

beunruhigen [bəˈʊnruːɪgən] *v/t* (*no* ge-, h) worry, *stärker*: alarm.

beurkunden [bəˈuːrkʊndən] *v/t* (*no* ge-, h) certify; *Geburt etc*: register.

beˈurteil|en *v/t* (*no* ge-, h) judge (***nach*** by); **2ung** *f* (-; -en) judg(e)ment.

Beute [ˈbɔʏtə] *f* (-; *no pl*) booty, loot; *e-s Tieres*: prey; *hunt.* bag.

Beutel [ˈbɔʏtəl] *m* (-s; -) bag.

bevölker|n [bəˈfœlkərn] *v/t* (*no* ge-, h) populate; *bewohnen*: inhabit: ***dicht*** (***dünn***) ***bevölkert*** desenly (thinly) populated; **2ung** *f* (-; -en) population; **2ungsexplosiˌon** *f* population explosion.

bevollmächtigen [bəˈfɔlmɛçtɪgən] *v/t* (*no* ge-, h) authorize (***zu tun*** to do), *jur.* give *s.o.* power of attorney.

beˈvor *cj* before.

beˈvorstehen *v/i* (*irr*, *sep*, -ge-, h, → ***stehen***) be approaching; *Gefahr*: be imminent: ***j-m ~*** be in store for s.o.

bevorzug|en [bəˈfoːrtsuːgən] *v/t* (*no* ge-, h) prefer (*dat*, ***vor*** *dat* to); *begünstigen*: favo(u)r (above); **~t** *adj* preferred; *Lieblings...*: favo(u)rite; **2ung** *f* (-; *no pl*) preference (*gen* given to).

beˈwach|en *v/t* (*no* ge-, h) guard; **2er** *m* (-s; -) guard; **2ung** *f* (-; *no pl*) guarding.

bewaffnet [bəˈvafnət] *adj* armed (***mit*** with).

bewähr|en [bəˈvɛːrən] *v/refl* (*no* ge-, h) *Sache*: prove a success; **~t** *adj Person*: experienced; *Sache*: proven; **2ung** *f* (-; -en) *jur.* (release on) probation: ***drei Monate mit ~*** a suspended sentence of three months.

bewältigen [bəˈvɛltɪgən] *v/t* (*no* ge-, h) *Schwierigkeit*: cope with, *Arbeit*, *Essen etc*: *a.* manage; *Strecke*: cover.

beweg|en [bəˈveːgən] (*no* ge-, h) **1.** *v/t* move (*a. fig.*); **2.** *v/refl* move: *die Preise* ***~ sich zwischen ... u. ...*** range between ... and ...; **2grund** *m* motive; **~lich** *adj* movable (*a. Festtag*), mobile; *tech.* flexible (*a. fig.*); *Person*: agile; **~t** *adj Meer*: rough; *Stimme*: choked; *Leben*: eventful; **2ung** *f* (-; -en) movement (*a. pol. etc*); *körperliche*: exercise: ***in ~ setzen*** start (*a. fig.*), set in motion; ***sich in ~ setzen*** start to move; **~ungslos** *adj u. adv* motionless.

Beweis [bəˈvaɪs] *m* (-es; -e) proof (*gen*, ***für*** of): **~(e** *pl*) *bsd. jur.* evidence; **2en** *v/t* (*irr*, *no* ge-, h, → ***weisen***) prove; *Interesse etc*: show; **~stück** *n* (piece of) evidence, *vor Gericht*: exhibit.

be'wenden *v/i*: ***es dabei ~ lassen*** leave it at that.

be'werb|en *v/refl* (*irr*, *no* ge-, h, → ***werben***) apply (***bei*** to; ***um*** for): ***sich ~ um*** *kandidieren*: *Br*. stand for, *bsd. Am*. run for; **2er** *m* (-s; -) applicant, candidate; **2ung** *f* (-; -en) application; **2ungsgespräch** *n* interview; **2ungsschreiben** *n* (letter of) application; **2ungsunterlagen** *pl* application papers *pl*.

be'wert|en *v/t* (*no* ge-, h) *Leistung*: assess (***nach*** by); *j-n*: judge (by); **2ung** *f* (-; -en) assessment.

bewilligen [bə'vɪlɪgən] *v/t* (*no* ge-, h) allow (***j-m et.*** s.o. s.th.); *Mittel etc*: grant.

be'wirken *v/t* (*no* ge-, h) *verursachen*: cause; *zustande bringen*: bring about.

be'wohne|n *v/t* (*no* ge-, h) live in, occupy; *Gebiet etc*: inhabit; **2r** *m* (-s; -) occupant; *Mieter*: tenant; inhabitant.

bewölk|en [bə'vœlkən] *v/refl* (*no* ge-, h) get cloudy, *völlig*: cloud over; **~t** *adj* cloudy, *völlig*: overcast; **2ung** *f* (-; *no pl*) clouds *pl*.

be'wunder|n *v/t* (*no* ge-, h) admire (***wegen*** for); **~nswert** *adj* admirable; **2ung** *f* (-; *no pl*) admiration.

bewußt [bə'vʊst] *adj absichtlich*: intentional: ***sich e-r Sache ~ sein*** be aware (*od*. conscious) of s.th.; ***sich e-r Sache ~ werden*** realize s.th., become aware of s.th.; **~los** *adj* unconscious: ***~ werden*** lose consciousness; **~machen** *v/t* (*sep*, -ge-, h): ***j-m et. ~*** bring s.th. home to s.o.; **2sein** *n* (-s; *no pl*) consciousness: ***bei ~*** conscious; ***das ~ verlieren*** lose consciousness.

be'zahl|en *v/t* (*no* ge-, h) *Betrag*, *Rechnung*, *Schuld*, *j-n*: pay; *Ware etc*: pay for (*a. fig*.); **2ung** *f* (-; *no pl*) payment.

be'zeichnen *v/t* (*no* ge-, h): ***j-n als Lügner ~*** call s.o. a liar; **~d** *adj* typical (***für*** of), characteristic (of).

be'zeugen *v/t* (*no* ge-, h) *jur*. testify (to) (*a. fig*.).

be'zieh|en (*irr*, *no* ge-, h, → ***ziehen***) **1.** *v/t Bett*: put clean sheets on; *Wohnung*: move into; *Gehalt etc*: receive; *Zeitung*: take, subscribe to; **2.** *v/refl Himmel*: cloud over: ***sich ~ auf*** (*acc*) refer to; **2ung** *f* (-; -en) relation (***zu*** to), relationship (with, to), connection (with, to); *sexuelle*: relationship (with, to): ***diplomatische ~en*** *pl* diplomatic relations *pl*; ***gute ~en haben*** have good connections; ***in dieser ~*** in that respect; **~ungsweise** *cj* respectively; *oder vielmehr*: or rather.

Bezug [bə'tsu:k] *m* (-[e]s; ⸚e): ***mit ~ auf*** (*acc*) with reference to; ***in 2 auf*** (*acc*) as far as ... is concerned; ***~ nehmen auf*** (*acc*) refer to; **~squelle** *f* supply source.

be'zweifeln *v/t* (*no* ge-, h) doubt.

Bibliothek [biblio'te:k] *f* (-; -en) library.

bieg|en ['bi:gən] (bog, gebogen) **1.** *v/t* (h) bend; **2.** *v/i* (sn): ***nach links*** (***rechts***) ***~*** turn left (right); ***um die Ecke ~*** turn (round) the corner; **~sam** ['bi:kza:m] *adj* flexible; **2ung** *f* (-; -en) bend.

Biene ['bi:nə] *f* (-; -n) *zo*. bee.

Bier [bi:r] *n* (-[e]s; -e) beer: ***~ vom Faß*** draught (*Am*. draft) beer; **'~deckel** *m* beer mat; **'~dose** *f* beer can; **'~garten** *m* beer garden; **'~glas** *n* beer glass; **'~krug** *m* beer mug, stein; **'~zelt** *n* beer tent.

bieten ['bi:tən] (bot, geboten, h) **1.** *v/t* offer (***j-m et.*** s.o. s.th.): ***das lasse ich mir nicht ~*** I won't stand for that; **2.** *v/refl Gelegenheit*: present itself.

Bigamie [biga'mi:] *f* (-; -n) bigamy.

Bikini [bi'ki:ni] *m* (-s; -s) bikini.

Bilanz [bi'lants] *f* (-; -en) *econ*. balance, *Aufstellung*: balance sheet; *fig*. result, outcome.

bilateral ['bi:latera:l] *adj* bilateral.

Bild [bɪlt] *n* (-[e]s; -er) picture; *sprachliches*: image: ***auf dem ~*** in the picture; ***sich ein ~ machen von*** form an impression of; **'~ausfall** *m TV* picture loss.

bilden ['bɪldən] (h) **1.** *v/t Ausnahme*, *Regel*: be; **2.** *v/i* broaden the mind; **3.** *v/refl* educate o.s., *weitS*. broaden one's horizons.

'Bild|fläche *f*: F ***auf der ~ erscheinen*** (***von der ~ verschwinden***) appear on (disappear from) the scene; **'~röhre** *f TV* picture tube; **'~schirm** *m* screen, *Computer*: *a*. display: ***am ~ arbeiten*** work at the computer.

'Bildung *f* (-; *no pl*) education; **'~sweg** *m*: ***auf dem zweiten ~*** through evening classes.

billig ['bɪlɪç] *adj* cheap (*a. contp*.), inexpensive.

billigen ['bɪlɪgən] *v/t* (h) approve of.

'Billig|flug *m* cheap flight; **'~lohnland** *n* low-wage country.

'Billigung *f* (-; *no pl*) approval.

Binde ['bɪndə] *f* (-; -n) *med.* bandage; *Armschlinge*: sling; *Damen*♀: sanitary towel (*Am.* napkin); **'~hautentzündung** *f med.* conjunctivitis.

binden ['bɪndən] *v/t* (band, gebunden, h) tie (***an*** *acc* to; *a. fig.*); *Strauß etc*: make.

'Bindfaden *m* string.

Binnen|hafen ['bɪnən~] *m* inland port; **'~handel** *m* domestic trade; **'~land** *n* interior; **'~markt** *m* home (*EG*: single) market.

biologisch [bio'lo:gɪʃ] **1.** *adj* biological: ***~er Anbau*** organic farming (*od.* gardening); **2.** *adv*: ***~ abbaubar*** biodegradable.

Biotop [bio'to:p] *n* (-s; -e) biotope.

Birne ['bɪrnə] *f* (-; -n) pear; *electr.* bulb.

bis [bɪs] **1.** *prp zeitlich*: till, until; *räumlich*: (up) to: ***~ heute*** so far; ***~ jetzt*** up to now; ***~ in die Nacht*** into the night; ***~ morgen!*** see you tomorrow; ***~*** (*spätestens*) ***Freitag*** by Friday; ***wie weit ist es ~ zum Bahnhof?*** how far is it to the station?; ***~ auf*** (*acc*) *außer*: except; **2.** *cj* till, until.

bis'her *adv* up to now, so far: ***wie ~*** as before; **~ig** *adj* previous.

Biskuit [bɪs'kvi:t] *m* (-[s]; -s) sponge.

Biß [bɪs] *m* (Bisses; Bisse) bite.

bißchen ['bɪsçən] **1.** *adj*: ***ein ~*** a little, a (little) bit of; **2.** *adv*: ***ein ~*** a bit; ***ein ~ viel*** a bit (too) much; ***kein ~*** not a bit.

Bissen ['bɪsən] *m* (-s; -) bite: ***keinen ~*** not a thing.

bissig ['bɪsɪç] *adj Hund*: vicious; *Bemerkung*: cutting; *Person*: snappy: ***Vorsicht, ~er Hund!*** beware of the dog.

Bitte ['bɪtə] *f* (-; -n) request (***um*** for; ***auf j-s*** at s.o.'s): ***ich habe e-e ~*** (***an dich***) I have a favo(u)r to ask of you.

bitte [~] *adv* please: ***~ nicht!*** please don't; ***~*** (***schön***)! *keine Ursache*: that's all right (*Am.* alright), not at all, *bsd. Am.* you're welcome; *beim Überreichen etc*: here you are; (***wie***) ***~?*** pardon?, *Br. a.* sorry?

bitten ['bɪtən] *v/t* (bat, gebeten, h): ***j-n um et. ~*** ask s.o. for s.th.; ***j-n um Erlaubnis ~*** ask s.o.'s permission.

bitter ['bɪtər] *adj* bitter (*a. fig.*); *Kälte*: biting.

Blähungen ['blɛ:ʊŋən] *pl* wind *sg.*

Blam|age [bla'ma:ʒə] *f* (-; -n) disgrace; **♀ieren** [~'mi:rən] (*no* ge-, h) **1.** *v/t* make a fool of *s.o.*; **2.** *v/refl* make a fool of o.s.

Blankoscheck ['blaŋkoʃɛk] *m* blank cheque (*Am.* check).

Blase ['bla:zə] *f* (-; -n) *Luft*♀: bubble; *anat.* bladder; *Haut*♀: blister.

blasen ['bla:zən] *v/t u. v/i* (blies, geblasen, h) blow.

'Blas|instru,ment *n mus.* wind instrument; **'~ka,pelle** *f* brass band.

blaß [blas] *adj* pale (***vor*** *dat* with): ***~ werden*** turn pale.

Blässe ['blɛsə] *f* (-; *no pl*) paleness.

Blatt [blat] *n* (-[e]s; ⸚er) *bot.* leaf; *Papier*♀, *Noten*♀: sheet; *Kartenspiel*: hand; *Zeitung*: paper.

blättern ['blɛtərn] *v/i* (h): ***~ in*** (*dat*) leaf through.

blau [blaʊ] *adj* blue; F *fig.* loaded, stoned: ***~es Auge*** black eye; ***~er Fleck*** bruise.

Blech [blɛç] *n* (-[e]s; -e) sheet metal; **'~schaden** *m mot.* bodywork damage.

Blei [blaɪ] *n* (-[e]s; -e) lead.

bleiben ['blaɪbən] *v/i* (blieb, geblieben, sn) stay (***zum Essen*** for dinner), remain: ***ruhig ~*** keep calm; ***~ bei*** stick to; → ***Apparat***; **'~d** *adj* lasting, permanent; **'~lassen** *v/t* (*irr*, *sep*, *no* -ge-, h, → ***lassen***) not to do *s.th.*; *aufhören mit*: stop (doing) *s.th.*: ***laß das bleiben!*** stop it!

'bleifrei *adj mot.* unleaded, lead-free.

'Bleistift *m* pencil; **'~spitzer** *m* pencil sharpener.

Blende ['blɛndə] *f* (-; -n) *phot.* aperture: (***bei***) ***~ 8*** (at) f-8.

blend|en ['blɛndən] *v/t* (h) blind, dazzle; **~end** *adj* dazzling (*a. fig.*); *Leistung*: brilliant; *Aussehen*: marvellous; **'~frei** *adj* antiglare.

Blick [blɪk] *m* (-[e]s; -e) look (***auf*** *acc* at); *Aussicht*: view (of): ***flüchtiger ~*** glance; ***auf den ersten ~*** at first sight; **'♀en** *v/i* (h) look (***auf*** *acc* at).

blind [blɪnt] *adj* blind (***auf e-m Auge*** in one eye; *fig.* ***gegen, für*** to; ***vor*** *dat* with); *Spiegel*: cloudy; ***~er Alarm*** false alarm; ***~er Passagier*** stowaway.

'Blinddarm *m anat.* appendix; **'~entzündung** *f med.* appendicitis; **'~operati,on** *f med.* appendectomy.

B

'**Blinde** *m, f* (-n; -n) blind man (woman): ***die ~n*** *pl* the blind *pl.*
blinke|n ['blɪŋkən] *v/i* (h) *funkeln*: sparkle; *Sterne*: twinkle; *mot.* indicate; '**ꝰr** *m* (-s; -) *mot.* indicator.
blinzeln ['blɪntsəln] *v/i* (h) blink.
Blitz [blɪts] *m* (-es; -e) (flash of) lightning; *phot.* flash; '**ꝰen** (h) **1.** *v/i* flash: ***es blitzt*** there's lightning; **2.** *v/t*: ***geblitzt werden*** *mot.* be caught speeding; '**~licht** *n phot.* flash(light); '**ꝰschnell** *adv* with lightning speed.
blockieren ['blɔkiːrən] (*no* ge-, h) **1.** *v/t* block; **2.** *v/i Räder*: lock.
blöd [bløːt] *adj* stupid.
blond [blɔnt] *adj* blond(e), fair(-haired); **ꝰine** [~'diːnə] *f* (-; -n) blonde.
bloß [bloːs] *adv* just, only.
blühen ['blyːən] *v/i* (h) *Blumen*: bloom; *bsd. Bäume*: blossom; *fig.* prosper, thrive.
Blume ['bluːmə] *f* (-; -n) flower; *Wein*: bouquet; *Bier*: froth, head.
'**Blumen|kohl** *m* cauliflower; '**~strauß** *m* bunch of flowers; '**~topf** *m* flowerpot.
Bluse ['bluːzə] *f* (-; -n) blouse.
Blut [bluːt] *n* (-[e]s; *no pl*) blood; '**~bad** *n* bloodbath, massacre; '**~bank** *f* (-; -en) blood bank; '**~blase** *f* blood blister; '**~druck** *m* blood pressure: ***j-m den ~ messen*** take s.o.'s blood pressure; '**ꝰen** *v/i* (h) bleed (***aus*** from); **~erguß** ['~ərgʊs] *m* (-gusses; -güsse) bruise; '**~gefäß** *n* blood vessel; **~gerinnsel** ['~gərɪnzəl] *n* (-s; -) blood clot; '**~gruppe** *f* blood group: ***welche ~ haben Sie?*** which blood group are you?; '**~probe** *f* blood (*jur.* alcohol) test; *entnommene*: blood sample: ***j-m e-e ~ entnehmen*** take s.o.'s blood, take a blood sample from s.o.; '**~schande** *f* incest; '**~spender** *m* blood donor; '**ꝰstillend** *adj* (*a.* ***~es Mittel***) styptic; '**ꝰsverwandt** *adj* related by blood (***mit*** to); '**~sverwandte** *m, f* blood relation; '**~über‚tragung** *f* blood transfusion; '**~ung** *f* (-; -en) bleeding; '**~vergießen** *n* (-s; *no pl*) bloodshed; '**~vergiftung** *f* blood poisoning.
Boden ['boːdən] *m* (-s; ⸚) ground; *Fußꝰ*: floor; *Gefäßꝰ*, *Meeresꝰ*: bottom; *Dachꝰ*: loft, attic; '**~perso‚nal** *n aer.* ground staff (*od.* crew); '**~schätze** *pl* mineral resources *pl.*
Bohne ['boːnə] *f* (-; -n) bean: ***grüne ~n*** *pl* French (*od.* string) beans *pl*; ***weiße ~n*** *pl* haricot beans *pl.*
bohren ['boːrən] (h) **1.** *v/t Loch*: drill (***in*** *acc* into); **2.** *v/i* drill (***nach*** for); '**~d** *adj Blick*: piercing, *a. Frage*: penetrating.
'**Bohr|er** *m* (-s; -) *tech.* drill; '**~insel** *f* oilrig; '**~ma‚schine** *f* drill; '**~turm** *m* (drilling) derrick.
Boje ['boːjə] *f* (-; -n) buoy.
Bolzen ['bɔltsən] *m* (-s; -) *tech.* bolt.
bombardieren [bɔmbar'diːrən] *v/t* (*no* ge-, h) bomb; *fig.* bombard (***mit*** *Fragen* with).
Bombe ['bɔmbə] *f* (-; -n)bomb; '**~nanschlag** *m* bomb attack, *Attentat*: *a.* bomb attempt (***auf*** *acc* on; ***auf j-n*** on s.o.'s life); '**~ndrohung** *f* bomb threat.
Bon [bɔŋ] *m* (-s; -s) voucher; *Kassenꝰ*: receipt, *Am.* sales slip.
Bonbon [bɔŋ'bɔŋ] *m, n* (-s; -s) *bsd. Br.* sweet, *Am. a. pl* candy.
Bonus ['boːnʊs] *m* (-[ses]; -se) bonus, premium.
Boot [boːt] *n* (-[e]s; -e) boat; '**~sfahrt** *f* boat trip; '**~sverleih** *m* boat hire.
Bord[1] [bɔrt] *n* (-[e]s; -e) shelf.
Bord[2] [~] *m* (-[e]s; -e): ***an ~*** *aer., mar.* on board, aboard; ***an ~ gehen*** board (the plane), *mar.* go aboard; ***von ~ gehen*** leave the plane (ship); '**~karte** *f aer.* boarding pass; '**~stein** *m Br.* kerb, *Am.* curb.
borgen ['bɔrgən] *v/t* (h): ***sich et. ~*** borrow s.th. (***von*** from); ***j-m et. ~*** lend (*bsd. Am.* loan) s.o. s.th.
Börse ['bœrzə] *f* (-; -n) stock exchange: ***an der ~*** on the stock exchange.
'**Börsen|bericht** *m* market report; '**~kurs** *m* quotation; '**~makler** *m* stockbroker.
bösartig ['bøːsartɪç] *adj* vicious; *med. Tumor*: malignant.
Böschung ['bœʃʊŋ] *f* (-; -en) embankment.
böse ['bøːzə] **1.** *adj* bad; *unartig*: *a.* naughty; *gemein*: wicked; *Überraschung, Verletzung etc*: nasty; *zornig*: angry (***über*** *acc* about; ***auf j-n*** with s.o.); **2.** *adv* badly *etc*: ***er meint es nicht ~*** he doesn't mean any harm.
bos|haft ['boːshaft] *adj* malicious; '**ꝰheit** *f* (-; *no pl*) malice.
'**böswillig** *adj* malicious, *jur. a.* wil(l)ful.

botanisch [bo'ta:nɪʃ] *adj* botanical: **~er Garten** botanical garden(s *pl*).
Bote ['bo:tə] *m* (-n; -n) messenger.
Botschaft ['bo:tʃaft] *f* (-; -en) message; *pol.* embassy; '**~er** *m* (-s; -) ambassador (**in** *dat* to).
Bouillon [bʊl'jɔŋ] *f* (-; -s) consommé.
Boulevard [bulə'va:r] *m* (-s; -s) boulevard; **~blatt** *n* tabloid; **~presse** *f* popular (*contp.* gutter) press.
Boxe|n ['bɔksən] *n* (-s) boxing; '**~r** *m* (-s; -) boxer.
Boykott [bɔʏ'kɔt] *m* (-[e]s; -s, -e) boycott; **Ձieren** [~'ti:rən] *v/t* (*no* ge-, h) boycott.
Branche ['brã:ʃə] *f* (-; -n) line of business; '**~nverzeichnis** *n* classified directory.
Brand [brant] *m* (-[e]s; ⸚e) fire: ***in ~ geraten*** catch fire; ***in ~ stecken*** set fire to; '**~blase** *f* blister; '**~bombe** *f* incendiary bomb; '**~stifter** *m* (-s; -) arsonist; '**~stiftung** *f* arson; '**~wunde** *f* burn; *durch Verbrühen*: scald.
braten ['bra:tən] *v/t* (briet, gebraten, h) roast, *auf dem Rost*: grill, broil; *in der Pfanne*: fry: ***am Spieß ~*** roast on a spit.
Braten [~] *m* (s; -) roast; '**~soße** *f* gravy.
'**Brat|huhn** *n* roast chicken; '**~kar,toffeln** *pl* fried potatoes *pl*; '**~pfanne** *f* frying pan; '**~röhre** *f* oven.
Brauch [braʊx] *m* (-[e]s; ⸚e) *Sitte*: custom; *Gewohnheit*: habit, practice; '**Ձbar** *adj* useful; '**Ձen** (h) **1.** *v/t* (*pp* gebraucht) *nötig haben*: need; *erfordern*: require; *Zeit*: take; *ge~*: use: ***wie lange wird er ~?*** how long will it take him?; **2.** *v/aux* (*pp* brauchen): ***du brauchst es nur zu sagen*** just say the word; ***ihr braucht es nicht zu tun*** you need not (*od.* don't have to) do it; ***er hätte nicht zu kommen ~*** he need not have come.
Braue ['braʊə] *f* (-; -n) (eye)brow.
braun [braʊn] *adj* brown; *sonnen~*: tanned: ***~ werden*** *von der Sonne*: get a tan.
Bräune ['brɔʏnə] *f* (-; *no pl*) *Sonnen*Ձ: (sun)tan; '**Ձn** (h) **1.** *v/t* tan; **2.** *v/i u. v/refl* get a tan.
'**braungebrannt** *adj* tanned.
Braut [braʊt] *f* (-; ⸚e) *am Hochzeitstag*: bride; *Verlobte*: fiancée.
Bräutigam ['brɔʏtɪgam] *m* (-s; -e) *am Hochzeitstag*: (bride)groom; *Verlobter*: fiancé.
'**Braut|jungfer** *f* bridesmaid; '**~kleid** *n* wedding dress; '**~paar** *n am Hochzeitstag*: bride and (bride)groom; *Verlobte*: engaged couple.
brav [bra:f] *adj artig*: good; *ehrlich*: honest: ***sei(d) ~!*** be good.
brechen ['brɛçən] (brach, gebrochen) **1.** *v/t* (h) break (*a. fig.*): ***sich den Arm ~*** break one's arm; **2.** *v/i* a) (sn) break, b) (h) vomit, *Br. a.* be sick: ***mit j-m ~*** break with s.o.
breit [braɪt] *adj* wide; *Schultern*, *Grinsen etc*: broad.
'**Breite** *f* (-; -n) width; breadth; *ast.*, *geogr.* latitude; '**Ձn** *v/t* (h): ***~ über*** (*acc*) spread on; '**~ngrad** *m* (degree of) latitude; '**~nkreis** *m* parallel (of latitude).
'**breit|machen** *v/refl* (*sep*, -ge-, h) *Angst etc*: spread; *Person*: spread o.s. out; '**~schlagen** *v/t* (*irr*, *sep*, -ge-, h, → ***schlagen***): F ***j-n zu et. ~*** talk s.o. into (doing) s.th.
Bremsbelag ['brɛms~] *m mot.* brake lining.
Bremse ['brɛmzə] *f* (-; -n) *tech.* brake; '**Ձn** (h) **1.** *v/i* brake, apply (*od.* put on) the brakes; **2.** *v/t fig.* check, curb.
'**Brems|flüssigkeit** *f mot.* brake fluid; '**~kraftverstärker** *m mot.* brake booster; '**~leuchte** *f*, '**~licht** *n mot.* stop light; '**~pe,dal** *n* brake pedal; '**~scheibe** *f mot.* brake disc; '**~weg** *m* braking distance.
brenn|bar ['brɛnba:r] *adj* combustible; *entzündlich*: (in)flammable; '**~en** (brannte, gebrannt, h) **1.** *v/t Loch*: burn (**in** *acc* in[to]); **2.** *v/i allg.* burn; *Wunde*, *Augen etc*: *a.* smart: ***es brennt!*** fire!; ***darauf ~, et. zu tun*** be burning to do s.th.
brenzlig ['brɛntslɪç] *adj* dangerous.
Brett [brɛt] *n* (-[e]s; -er) board; '**~spiel** *n* board game.
Brezel ['bre:tsəl] *f* (-; -n) pretzel.
Brief [bri:f] *m* (-[e]s; -e) letter; '**~beschwerer** *m* (-s; -) paperweight; **~bogen** ['~bo:gən] *m* (-s; -) sheet of writing paper; '**~bombe** *f* letter bomb; '**~freund** *m* pen friend; '**~kasten** *m bsd. Br.* letterbox, *Am.* mailbox; '**~kastenfirma** *f* letterbox company; '**~kopf** *m* letterhead; '**Ձlich** *adj u. adv* by letter;

B

'~**marke** *f* (postage) stamp; '~**markensammlung** *f* stamp collection; '~**öffner** *m* paper knife, letter opener; '~**pa,pier** *n* writing paper; '~**tasche** *f* wallet, *Am. a.* billfold; '~**träger** *m* postman, *Am. a.* mailman; '~**umschlag** *m* envelope; '~**wahl** *f* postal vote, absentee ballot; '~**wechsel** *m* correspondence.

brillant [brɪl'jant] *adj* brilliant.

Brillant [~] *m* (-en; -en) diamond.

Brille ['brɪlə] *f* (-; -n) (***e-e*** ~ a pair of) glasses *pl* (*od.* spectacles *pl*); *Schutz*⁲: goggles *pl*; '~**ne,tui** *n* spectacle case; '~**nträger** *m* person who wears glasses: ~ ***sein*** wear glasses.

bringen ['brɪŋən] *v/t* (brachte, gebracht, h) bring; *fort*~, *hin*~: take; *Opfer*: make; *Gewinn etc*: yield: ***nach Hause*** ~ see *s.o.* home; ***j-n auf e-e Idee*** ~ put s.th. into s.o.'s head; ***j-n dazu*** ~, ***et. zu tun*** make s.o. (*od.* get s.o. to) do s.th.; ***et. mit sich*** ~ involve s.th.; ***j-n um et.*** ~ deprive s.o. of s.th.; ***j-n zum Lachen*** ~ make s.o. laugh; ***j-n wieder zu sich*** ~ bring s.o. round; ***es zu et.*** (***nichts***) ~ succeed (fail) in life.

Brise ['bri:zə] *f* (-; -n) breeze.

Brit|e ['brɪtə] *m* (-n; -n) British man, Briton: ***die*** ~***n*** *pl* the British *pl*; '⁲**isch** *adj* British.

bröckeln ['brœkəln] *v/i* (sn) crumble.

Brocken ['brɔkən] *m* (-s; -) piece; *Klumpen*: lump; *Fleisch*: chunk; *Bissen*: morsel: ~ *pl e-r Unterhaltung etc*: snatches *pl*; F ***ein harter*** ~ a hard nut to crack.

Bronchi|en ['brɔnçĭən] *pl* bronchi *pl*; ~**tis** [~'çi:tɪs] *f* (-; -tiden) bronchitis.

Bronze ['brõ:sə] *f* (-; -n) bronze; '~**me,daille** *f* bronze medal.

Brosche ['brɔʃə] *f* (-; -n) brooch.

Broschüre [brɔ'ʃy:rə] *f* (-; -n) *Werbe*⁲: brochure.

Brot [bro:t] *n* (-[e]s; -e) bread; *Laib*: loaf.

Brötchen ['brø:tçən] *n* (-s; -) roll.

'**Brot(schneide)ma,schine** *f* bread slicer.

Bruch [brʊx] *m* (-[e]s; ⸚e) *Knochen*⁲: fracture; *Unterleibs*⁲: rupture, hernia; *e-s Versprechens*: breach.

brüchig ['brʏçɪç] *adj zerbrechlich*: fragile; *spröde*: brittle.

'**Bruch|landung** *f aer.* crash landing; '~**stück** *n* fragment (*a. fig.*): ~***e*** *pl e-r Unterhaltung etc*: snatches *pl*; '~**teil** *m* fraction: ***im*** ~ ***e-r Sekunde*** in a split second.

Brücke ['brʏkə] *f* (-; -n) bridge (*a. Zahn*⁲); *Teppich*: rug; '~**npfeiler** *m* bridge pier.

Bruder ['bru:dər] *m* (-s; ⸚) brother.

brüllen ['brʏlən] *v/i* (h) roar (***vor*** *dat* with); '~**d** *adj*: ~***es Gelächter*** roars *pl* of laughter.

brumm|en *v/i* (h) *Bär*, *fig. Mensch*: growl (***über*** *acc* about); '~**ig** *adj* grumpy.

brünett [bry'nɛt] *adj* brunette.

Brunnen ['brʊnən] *m* (-s; -) well; *Quelle*: spring; *Spring*⁲: fountain.

Brust [brʊst] *f* (-; ⸚e) chest; *weibliche*: breast(s *pl*); '~**bein** *n anat.* breastbone.

brüsten ['brʏstən] *v/refl* (h) boast (***mit*** about).

'**Brustwarze** *f anat.* nipple.

brutal [bru'ta:l] *adj* brutal; ⁲**ität** [~tali'tɛ:t] *f* (-; -en) brutality.

brutto ['brʊto] *adv econ.* gross; '⁲**einkommen** *n* gross income (*od.* earnings *pl*); '⁲**sozi,alpro,dukt** *n* gross national product.

Bub [bu:p] *m* (-en; -en) boy; ~**e** ['bu:bə] *m* (-n; -n) *Kartenspiel*: jack.

Buch [bu:x] *n* (-[e]s; ⸚er) book; '⁲**en** (h) **1.** *v/t Flug*: book, *a. Zimmer etc*: reserve; **2.** *v/i*: ***haben Sie gebucht?*** *Hotel etc*: have you got a reservation?

'**Bücher|bord** *n* bookshelf; ~**ei** [~'raɪ] *f* (-; -en) library; '~**re,gal** *n* bookshelf; '~**schrank** *m* bookcase.

'**Buch|führung** *f* (-; *no pl*) bookkeeping; '~**halter** *m* bookkeeper; '~**haltung** *f* (-; *no pl*) bookkeeping; '~**handlung** *f Br.* bookshop, *Am.* bookstore.

Büchse ['bʏksə] *f* (-; -n) can, *bsd. Br.* tin; *Gewehr*: rifle; '~**nbier** *n* canned beer; '~**nfleisch** *n* canned (*bsd. Br.* tinned) meat; '~**nöffner** *m* can (*bsd. Br.* tin) opener.

Buchstab|e ['bu:xʃta:bə] *m* (-n; -n) letter: ***großer*** (***kleiner***) ~ capital (small) letter; ⁲**ieren** [~ʃta'bi:rən] *v/t* (*no* ge-, h) spell.

buchstäblich ['bu:xʃtɛ:plɪç] *adj* literal.

Bucht [bʊxt] *f* (-; -en) bay, *kleine*: inlet.

'**Buchung** *f* (-; -en) booking, reserva-

tion; *Buchhaltung*: entry; '**~sbestätigung** *f* confirmation (of booking).
bücken ['bʏkən] *v/refl* (h) bend (down).
Bude ['bu:də] *f* (-; -n) *Verkaufs*♀: kiosk, *auf Jahrmarkt etc*: stall; F digs *pl*, pad.
Budget [bʏ'dʒe:] *n* (-s; -s) budget.
Büfett [by'fe:] *n* (-s; -s) sideboard; (*Verkaufs)Theke*: counter; *Speisen*: buffet: ***kaltes*** ~ cold buffet.
Bügel ['by:gəl] *m* (-s; -) *Kleider*♀: hanger; *Brillen*♀: ear piece; '**~brett** *n* ironing board; '**~eisen** *n* iron; '**~falte** *f* crease; '**♀frei** *adj* drip-dry, non-iron; '**♀n** *v/t* (h) iron; *Hose*: press.
buhen ['bu:ən] *v/i* (h) boo.
Bühne ['by:nə] *f* (-; -n) stage; '**~nbild** *n* (stage) set.
Bull|auge ['bʊl~] *n mar*. porthole; '**~dogge** *f zo*. bulldog.
Bulle ['bʊlə] *m* (-n; -n) *zo*. bull; F *Polizist*: screw.
Bummel ['bʊməl] *m* (-s; -) F stroll: ***e-n ~ machen*** go for a stroll; '**~n** *v/i* F a) (sn) stroll: ~ ***gehen*** have a night out on the tiles, b) (h) *trödeln*: dawdle; '**~streik** *m bsd. Br*. go-slow, *Am*. slowdown; '**~zug** *m* F slow train.
Bund[1] [bʊnt] *n* (-[e]s; -e) *Bündel*: bundle, *Schlüssel* (*a. m*), *Radieschen etc*: bunch.
Bund[2] [~] *m* (-[e]s; ⸚e) *pol. Bündnis*: alliance; *Staaten*♀ *etc*: federation, league; *Verband*: union: *pol*. **der ~** the Federal Government; *mil*. F ***beim ~*** in the army.
Bund[3] [~] *m* (-[e]s; ⸚e) *an Hose etc*: waistband.
Bündel ['byndəl] *n* (-s; -) bundle (*a. fig*.); '**♀n** *v/t* (h) bundle up.
Bundes|bahn *f* Federal Railway(s *pl*); '**~bank** *f* German Central Bank; '**~kanzler** *m* Federal (*od*. German *od*. Austrian) Chancellor; '**~land** *n* state, land; '**~präsi͵dent** *m* Federal (*od*. German *od*. Austrian) President; '**~rat** *m* Bundesrat, Upper House; '**~repu͵blik** *f* Federal Republic; '**~tag** *m* Bundestag, Lower House; '**~wehr** *f* (-; *no pl*) (German) Armed Forces *pl*.
bündig ['bʏndɪç] *adv*: → ***kurz*** 2.
Bündnis ['bʏntnɪs] *n* (-ses; -se) alliance.
bunt [bʊnt] *adj farbig*: colo(u)red; *mehrfarbig*: multicolo(u)red; *farbenfroh*: colo(u)rful (*a. fig*.); *abwechslungsreich*: varied.
Burg [bʊrk] *f* (-; -en) castle.
Bürge ['bʏrgə] *m* (-n; -n) *jur*. guarantor (*a. fig*.); '**♀n** *v/i* (h): ***für j-n*** ~ *jur*. stand surety for s.o.; ***für et.*** ~ guarantee s.th.
'**Bürger** *m* (-s; -) citizen; '**~initia͵tive** *f* action group; '**~krieg** *m* civil war; '**~meister** *m* mayor; '**~rechte** *pl* civil rights *pl*; **~steig** ['~ʃtaɪk] *m* (-[e]s; -e) *Br*. pavement, *Am*. sidewalk.
'**Bürgschaft** *f* (-; -en) surety; *Kaution*: bail.
Büro [by'ro:] *n* (-s; -s) office; **~angestellte** *m, f* office worker; **~arbeit** *f* office work; **~kauffrau** *f*, **~kaufmann** *m* trained clerical worker; **~klammer** *f* paper clip.
Bürokrat [byro'kra:t] *m* (-en; -en) bureaucrat; **~ie** [~kra'ti:] *f* (-; -n) bureaucracy.
Bü'ro|stunden *pl*, **~zeit** *f* office hours *pl*.
Bürste ['bʏrstə] *f* (-; -n) brush; '**♀n** *v/t* (h) brush: ***sich die Haare ~*** brush one's hair.
Bus [bʊs] *m* (-ses; -se) bus; *Reise*♀: *Br*. coach; '**~bahnhof** *m* bus station; *für Reisebusse*: *Br*. coach station.
Busch [bʊʃ] *m* (-es; ⸚e) bush, shrub.
Büschel ['bʏʃəl] *n* (-s; -) bunch; *Haar, Gras etc*: tuft.
'**buschig** *adj* bushy.
Busen ['bu:zən] *m* (-s; -) breasts *pl*, bust, bosom.
'**Bushaltestelle** *f* bus stop.
Buße ['bu:sə] *f* (-; -n) penance; *Reue*: repentance; *Geld*♀: fine: ~ ***tun*** do penance.
büßen ['by:sən] *v/t u. v/i* (h): ~ (***für***) pay for; ***das sollst du mir ~!*** you'll pay for that!
'**Bußgeld** *n jur*. fine.
Büste ['by:stə] *f* (-; -n) bust; '**~nhalter** *m* brassiere.
'**Busverbindung** *f* bus connection (*od*. service).
Butter ['bʊtər] *f* (-; *no pl*) butter; '**~brot** *n* (slice of) bread and butter; '**~dose** *f* butter dish; '**~fahrt** *f* cruise to buy duty-free goods.
Byte [baɪt] *n* (-[s]; -[s]) *Computer*: byte.

C

Café [ka'fe:] *n* (-s; -s) café.
Cafeteria [kafete'ri:a] *f* (-; -s) cafeteria.
campe|n ['kɛmpən] *v/i* (h) camp; '**2r** *m* (-s; -) camper.
Camping ['kɛmpɪŋ] *n* (-s; *no pl*) camping; '**~bus** *m* motor caravan, camper; '**~platz** *m* campsite.
Celsius ['tsɛlzĭʊs] *n*: ***5 Grad ~*** five degrees centigrade.
Champagner [ʃam'panjər] *m* (-s; -) champagne.
Champignon ['ʃampɪnjɔŋ] *m* (-s; -s) *bot.* mushroom.
Chance ['ʃã:sə] *f* (-; -n) chance: ***die ~n stehen gleich*** (***3 zu 1***) the odds are even (three to one); '**~ngleichheit** *f* equal opportunities *pl.*
Chao|s ['ka:ɔs] *n* (-; *no pl*) chaos; **2tisch** [ka'o:tɪʃ] *adj* chaotic.
Charakter [ka'raktər] *m* (-s; -e) character; *Eigenart etc*: *a.* nature; **2isieren** [~teri'zi:rən] *v/t* (*no* ge-, h) characterize; **2istisch** [~te'rɪstɪʃ] *adj* characteristic (***für*** of), typical (of); **~zug** *m* trait.
charmant [ʃar'mant] *adj* charming.
Charme [ʃarm] *m* (-s; *no pl*) charm.
Charter|flug ['(t)ʃartər~] *m* charter flight; '**~ma,schine** *f* chartered plane; '**2n** *v/t* (h) charter.
Chassis [ʃa'si:] *n* (-; -) *tech.* chassis.
Chauffeur [ʃɔ'fø:r] *m* (-s; -e) driver; *privat angestellter*: chauffeur.
Chef [ʃɛf] *m* (-s; -s) *Abteilung, Regierung etc*: head; *Polizei*: chief; *Vorgesetzter*: boss; '**~sekre,tärin** *f* director's secretary.
Chem|ie [çe'mi:] *f* (-; *no pl*) chemistry; **~ikalien** [çemi'ka:lĭən] *pl* chemicals *pl*; **~iker** ['çe:mikər] *m* (-s; -) (analytical) chemist; **2isch** ['çe:mɪʃ] **1.** *adj* chemical: ***~e Reinigung*** dry cleaning; → ***Keule***; **2.** *adv*: ***et. ~ reinigen lassen*** have s.th. dry-cleaned.
Chiffre ['ʃɪfrə] *f* (-; -n) *in Anzeigen*: box number: ***Zuschriften unter ~ ...*** reply quoting box no. ...
Chines|e [çi'ne:zə] *m* (-n; -n) Chinese; **2isch** *adj* Chinese.
Chip [tʃɪp] *m* (-s; -s) *Spielmarke, Computer*: chip; *Kartoffel2*: *Br.* crisp, *Am.* chip.
Chirurg [çi'rʊrk] *m* (-en; -en) surgeon; **~ie** [~'gi:] *f* (-; *no pl*) surgery; **2isch** [~gɪʃ] *adj* surgical.
Chlor [klo:r] *n* (-s; *no pl*) *chem.* chlorine; '**2en** *v/t* (h) chlorinate.
Cholera ['ko:lera] *f* (-; *no pl*) *med.* cholera.
Chor [ko:r] *m* (-[e]s; ⸚e) choir (*a. arch.*): ***im ~*** in chorus; **~al** [ko'ra:l] *m* (-s; -räle) chorale, hymn.
Chrom [kro:m] *n* (-s; *no pl*) *chem.* chromium.
Chronik ['kro:nɪk] *f* (-; -en) chronicle.
chronisch ['kro:nɪʃ] *adj med.* chronic (*a. fig.*).
chronologisch [krono'lo:gɪʃ] *adj* chronological.
circa ['tsɪrka] *adv* → ***zirka.***
City ['sɪti] *f* (-; -s) (city (*od.* town) cent|re (*Am.* -er).
Cocktail ['kɔkte:l] *m* (-s; -s) cocktail.
Container [kɔn'te:nər] *m* (-s; -) container.
Couch [kaʊtʃ] *f* (-; -es) couch.
Coupé [ku'pe:] *n* (-s; -s) *mot.* coupé.
Cousin [ku'zɛ̃:] *m* (-s; -s) (male) cousin; **~e** [ku'zi:nə] *f* (-; -n) (female) cousin.
Creme [kre:m] *f* (-; -s) cream (*a. fig.*).
Curry ['kœri] *n* (-s; -s) *Gewürz*: curry powder.

D

da [daː] **1.** *adv räumlich*: (*dort*) there, (*hier*) here; *zeitlich*: then, at that time: ***~ drüben*** (***draußen***) over (out) there; ***von ~ aus*** from there; ***~ kommt er*** here he comes; ***von ~ an*** (*od.* ***ab***) from then on; **2.** *cj begründend*: as, since, because.

dabei [da'baɪ] *adv anwesend*: there, present; *nahe*: near (*od.* close) by; *gleichzeitig, zusätzlich*: at the same time, as well; *mit enthalten*: included: ***er ist gerade ~*(, *es zu tun*)** he's just doing it; ***es ist nichts ~*** *leicht*: there's nothing to it; *harmlos*: there's no harm in it; ***was ist schon ~?*** (so) what of it?; ***lassen wir es ~!*** let's leave it at that!; **~haben** *v/t* (*irr, sep*, -ge-, h, → ***haben***): ***ich hab' keinen Schirm dabei*** I didn't bring my umbrella; ***ich hab' kein Geld dabei*** I haven't got any money on me.

'dableiben *v/i* (*irr, sep*, -ge-, sn, → ***bleiben***) stay.

Dach [dax] *n* (-[e]s; ¨er) roof, *mot. a.* top; **'~boden** *m* loft: ***auf dem ~*** in the loft; **'~fenster** *n* dormer (window); **'~gepäckträger** *m mot.* roof rack; **'~geschoß** *n* attic; **'~geschoßwohnung** *f* → ***Dachwohnung***; **'~gesellschaft** *f econ.* holding company; **'~kammer** *f* garret; **'~luke** *f* skylight; **'~ter͵rasse** *f* roof terrace; **'~verband** *m econ.* umbrella organization; **'~wohnung** *f Br.* attic flat, *Am.* (converted) loft.

Dackel ['dakəl] *m* (-s; -) *zo.* dachshund.

dadurch [da'dʊrç] **1.** *adv deswegen*: because of that; **2.** *cj*: ***~, daß*** by *ger*.

dafür [da'fyːr] **1.** *adv* for it (*od.* them); *als Gegenleistung*: in return: ***~ sein*** be in favo(u)r of it, *bei Abstimmung*: be in favo(u)r; ***~ sein, et. zu tun*** be for doing s.th.; **2.** *cj*: ***~, daß*** for *ger*; ***~ sorgen, daß*** see to it that; **~können** *v/t* (*irr, sep*, -ge, h, → ***können***): ***er kann nichts dafür*** it's not his fault.

dagegen [da'geːgən] **1.** *adv* against it (*od.* them): ***~ sein*** be against (*od.* opposed to) it, *bei Abstimmung*: be against; ***~ sein, et. zu tun*** be against doing s.th.; ***haben Sie et. ~, wenn ich ...?*** do you mind if I ...?; ***wenn Sie nichts ~ haben*** if you don't mind; **2.** *cj andererseits*: however, on the other hand.

daheim [da'haɪm] *adv* at home.

daher [da'heːr] **1.** *adv* hence: ***~ kommt es, daß*** that's why (*od.* how); **2.** *cj deshalb*: (and) so.

dahin [da'hɪn] *adv räumlich*: there; *vergangen*: gone, past: ***bis ~*** *zeitlich*: till then.

dahinten [da'hɪntən] *adv* back there.

dahinter [da'hɪntər] *adv* behind it (*od.* them); **~kommen** *v/i* (*irr, sep*, -ge-, sn, → ***kommen***) find out (about it); **~stecken** *v/i* (*sep*, -ge-, h) be behind it.

'dalassen *v/t* (*irr, sep*, -ge-, h, → ***lassen***) leave behind.

damal|ig ['daːmaːlɪç] *adj* then, of (*od.* at) that time; **'~s** *adv* then, at that time.

Dame ['daːmə] *f* (-; -n) lady; *Tanz*: partner; *Karte, Schach*: queen; *Spiel*: *Br.* draughts *pl*, *Am.* checkers *pl* (*beide sg konstr.*); **'~nbekleidung** *f* ladies' wear; **'~nbinde** *f* sanitary towel (*Am.* napkin); **'~nfri͵seur** *m* ladies' hairdresser (*Geschäft*: hairdresser's); **'~nmode** *f* ladies' fashions *pl*; **'~ntoi͵lette** *f* ladies' toilet (*Am.* room).

damit [da'mɪt] **1.** *adv* with it (*od.* them): ***was will er ~ sagen?*** what is he trying to say?; ***wie steht es ~?*** how about it?; ***~ einverstanden sein*** have no objections; **2.** *cj* so that, in order to *inf*: ***~ nicht*** so as not to *inf*.

Damm [dam] *m* (-[e]s; ¨e) *Stau*⁓: dam; *Fluß*⁓ *etc*: embankment.

Dämmerung ['dɛmərʊŋ] *f* (-; -en) *Abend*⁓: dusk; *Morgen*⁓: dawn.

Dampf [dampf] *m* (-[e]s; ¨e) steam, *phys.* vapo(u)r; **'⁓en** *v/i* (h) steam.

dämpfen ['dɛmpfən] *v/t* (h) *Schall*: deaden; *Stimme*: muffle; *Licht, Farbe, Schlag*: soften; *Kleidungsstück*: steam-iron; *Stimmung*: put a damper on; *econ. Kosten, Konjunktur*: curb.

Dampfer ['dampfər] *m* (-s; -) steamer, steamship; **'~fahrt** *f* steamer trip.

danach [da'naːx] *adv* after that; *später*: afterwards; *entsprechend*: according to it: ***ich fragte ihn ~*** I asked him about it.

Däne ['dɛːnə] *m* (-n; -n) Dane.

daneben [da'ne:bən] *adv* beside it (*od.* them); *außerdem*: in addition; **~gehen** *v/i* (*irr*, *sep*, -ge-, sn, → **gehen**) *Schuß etc*: miss.

dänisch ['dɛ:nɪʃ] *adj* Danish.

D

Dank [daŋk] *m* (-[e]s; *no pl*) thanks *pl*: ***Gott sei ~!*** thank God!

dank [~] *prp* thanks to; **'~bar** *adj* grateful (***j-m*** to s.o.; ***für*** for); *lohnend*: rewarding; **'&barkeit** *f* (-; *no pl*) gratitude; **'~en** *v/i* (h) thank (***j-m für et.*** s.o. for s.th.): ***danke*** (***schön***) thank you (very much); (***nein***) ***danke*** no, thank you; ***nichts zu ~*** not at all.

dann [dan] *adv* then.

daran [da'ran] *adv*: ***~ befestigen*** attach to it; ***~ denken*** think of it; ***~ glauben*** believe in it; ***~ leiden*** suffer from it; ***~ sterben*** die of it.

darauf [da'raʊf] *adv räumlich*: on it (*od.* them); *zeitlich*: after that: ***am Tag ~*** the day after; ***zwei Jahre ~*** two years later; ***~ stolz sein*** be proud of it; ***sich ~ freuen*** look forward to it.

daraus [da'raʊs] *adv*: ***was ist ~ geworden?*** what has become of it?; ***ich mache mir nichts ~*** I don't care for it; ***mach dir nichts ~!*** never mind.

darin [da'rɪn] *adv* in it (*od.* them); *in dieser Hinsicht*: in this respect: ***gut ~*** good at it.

Darlehen ['da:rle:ən] *n* (-s; -) loan: ***ein ~ aufnehmen*** take out a loan.

Darm [darm] *m* (-[e]s; ⸚e) intestine, bowels *pl*; *Wurst*: skin; **'~grippe** *f med.* intestinal flu.

'darstell|en *v/t* (*sep*, -ge-, h) *wiedergeben*, *zeigen*: represent, show, depict; *beschreiben*: describe; *Rolle*: play, do; *graphisch*: trace, graph; **'&er** *m* (-s; -) *thea.* performer, actor; **'&erin** *f* (-; -nen) performer, actress; **'&ung** *f* (-; -en) representation; description; account; *Porträt*, *Rolle*: portrayal.

darüber [da'ry:bər] *adv* over it (*od.* them); *mehr*: more; *über et.*: about it: ***~ werden Jahre vergehen*** that will take years.

darum [da'rʊm] *adv* (a)round it; *deshalb*: that's why: ***ich bat ihn ~*** I asked him for (*od.* to do) it; ***~ geht es*** (***nicht***) that's (not) the point.

darunter [da'rʊntər] *adv* under it (*od.* them), underneath; *dazwischen*: among them; *weniger*: less; *einschließlich*: including: ***was verstehst du ~?*** what do you understand by it?

das [das] → ***der.***

'dasein *v/i* (*irr*, *sep*, -ge-, sn, → **sein**) be there (*od.* present); *vorhanden sein*: exist: ***da bin ich*** here I am; ***ich bin gleich da*** I'll be back in a minute; ***ist noch Kaffee da?*** is there any coffee left?; ***dafür ist es da*** that's what it's here for.

'Dasein *n* (-s; *no pl*) life, existence.

daß [das] *cj* that; *damit*: so (that): ***es sei denn, ~*** unless; ***ohne ~*** without *ger*; ***nicht ~ ich wüßte*** not that I know of.

'dastehen *v/i* (*irr*, *sep*, -ge-, h, → **stehen**) stand (there).

Datei [da'taɪ] *f* (-; -en) file.

Daten ['da:tən] *pl* data *pl*, facts *pl*; *Personalangaben*: particulars *pl*; **'~bank** *f* (-; -en) data bank (*od.* base); **'~schutz** *m* data protection; **'~träger** *m* data medium (*od.* carrier); **~typistin** ['~tyˌpɪstɪn] *f* (-; -nen) data typist; **'~verarbeitung** *f* data processing.

datieren [da'ti:rən] *v/t* (*no* ge-, h) date.

Datum ['da:tʊm] *n* (-s; Daten) date: ***ohne ~*** undated; ***welches ~ haben wir heute?*** what's the date today?

Dauer ['daʊər] *f* (-; *no pl*) duration; *Fort&*: continuance: ***auf die ~*** in the long run; ***für die ~ von*** for a period (*od.* term) of; ***von ~ sein*** last; **'~arbeitslosigkeit** *f* long-term unemployment; **'~auftrag** *m econ.* standing order; **'&haft** *adj Friede etc*: lasting; *Material etc*: durable; *Farbe etc*: fast; **'~karte** *f* season ticket; **&n** ['daʊərn] *v/i* (h) last, take: ***wie lange dauert es*** (***noch***)***?*** how long (how much longer) will it take?; ***es dauert nicht lange*** it won't take long; **'~welle** *f* perm.

Daumen ['daʊmən] *m* (-s; -) thumb: ***j-m den ~ halten*** keep one's fingers crossed (for s.o.).

Daunen ['daʊnən] *pl* down *sg*; **'~decke** *f* eiderdown.

davon [da'fɔn] *adv*: ***genug*** (***mehr***) ***~*** enough (more) of it; ***drei ~*** three of them; ***et.*** (***nichts***) ***~ haben*** get s.th. (nothing) out of it; ***das kommt ~!*** there you are!, that will teach you!; **~kommen** *v/i* (*irr*, *sep*, -ge-, sn, → **kommen**) escape, get off; **~laufen** *v/i* (*irr*, *sep*, -ge-, sn, → **laufen**) run away.

davor [da'foːr] *adv örtlich*: before (*od.* in front of) it (*od.* them); *zeitlich*: before that: ***sich ~ fürchten*** be afraid of it.
dazu [da'tsuː] *adv dafür*: for it (*od.* them), for that purpose; *außerdem*: in addition: ***noch ~*** into the bargain; ***~ ist es da*** that's what it's there for; ***... Salat ~?*** ... a salad with it?; ***~ wird es nicht kommen*** it won't come to that; ***~ kommen(, es zu tun)*** get around to (doing) it; ***~ habe ich keine Lust*** I don't feel like it; **~gehören** *v/i* (*sep*, *pp* dazugehört, h) belong to it (*od.* them), be part of it (*od.* them); **~kommen** *v/i* (*irr*, *sep*, -ge-, sn, → ***kommen***) join s.o.; *Sache*: be added.
dazwischen [da'tsvɪʃən] *adv räumlich*: between (them), *a. zeitlich*: in between; *darunter*: among them; **~kommen** *v/i* (*irr*, *sep*, -ge-, sn, → **kommen**) *Ereignis*: intervene, happen.
Debatt|e [de'batə] *f* (-; -n) debate; **♀ieren** [~'tiːrən] *v/t u. v/i* (*no* ge-, h): ~ (***über*** *acc*) debate.
Debüt [de'byː] *n* (-s; -s) debut: ***sein ~ geben*** make one's debut (***als*** as).
Deck [dɛk] *n* (-[e]s; -s) *mar.* deck: ***an*** (*od.* ***auf***) ~ on deck.
Decke ['dɛkə] *f* (-; -n) *Woll♀*: blanket; *Stepp♀*: quilt; *Zimmer♀*: ceiling; **'~l** *m* (-s; -) cover; *e-s Behälters*: lid, *e-s Glases*: *a.* top; **'♀n** (h) **1.** *v/t Bedarf*: meet; *Scheck*: cover: ***den Tisch ~*** lay the table; **2.** *v/refl* correspond (***mit*** with).
'Deckung *f* (-; *no pl*) *econ.* cover: ***in ~ gehen*** take cover (***vor*** *dat* from).
defekt [de'fɛkt] *adj* faulty.
Defekt [~] *m* (-[e]s; -e) fault.
Defizit ['deːfitsɪt] *n* (-s; -e) *econ.* deficit.
Deflation [defla'tsĭoːn] *f* (-; -en) *econ.* deflation.
dehn|bar ['deːnbaːr] *adj* flexible, elastic (*a. fig.*); **'~en** *v/t* (h) stretch (*a. fig.*).
Deich [daɪç] *m* (-[e]s; -e) dike; **'~bruch** *m* breach in a dike.
dein [daɪn] *poss pron* your: **~er, ~e, ~(e)s** yours; **'~esgleichen** *pron contp.* the likes *pl* of you.
Dekolleté [dekɔl'teː] *n* (-s; -s) low neckline: ***tiefes ~*** plunging neckline.
Dekor|ation [dekora'tsĭoːn] *f* (-; -en) decoration; *Schaufenster♀*: window display; *thea.* set(s *pl*); **♀ieren** [~'riːrən] *v/t* (*no* ge-, h) decorate; *Schaufenster*: dress.
Deleg|ation [delega'tsĭoːn] *f* (-; -en) delegation; **♀ieren** [~'giːrən] *v/t* (*no* ge-, h) delegate; **~ierte** [~'giːrtə] *m, f* (-n; -n) delegate.
delikat [deli'kaːt] *adj köstlich*: delicious; *heikel*: delicate; **♀esse** [~ka'tɛsə] *f* (-; -n) delicacy; **♀essenladen** *m* delicatessen.
Dement|i [de'mɛnti] *n* (-s; -s) (official) denial; **♀ieren** [~'tiːrən] *v/t* (*no* ge-, h) deny (officially).
'dem'nächst *adv* soon, before long.
Demo ['deːmo] *f* (-; -s) F demo.
Demokrat [demo'kraːt] *m* (-en; -en) democrat; **~ie** [~kra'tiː] *f* (-; -n) democracy; **♀isch** [~'kraːtɪʃ] *adj* democratic.
demolieren [demo'liːrən] *v/t* (*no* ge-, h) *beschädigen*: damage; *zerstören*: wreck, *mutwillig*: vandalize.
Demonstr|ant [demɔn'strant] *m* (-en; -en) demonstrator; **~ation** [~stra'tsĭoːn] *f* (-; -en) demonstration; **♀ieren** [~'striːrən] *v/t u. v/i* (*no* ge-, h) demonstrate.
demontieren [demɔn'tiːrən] *v/t* (*no* ge-, h) dismantle.
Denk|anstoß ['dɛŋk~] *m*: ***j-m e-n ~ geben*** give s.o. food for thought, set s.o. thinking; **'♀bar 1.** *adj* conceivable; **2.** *adv*: ***~ einfach*** most simple; **'♀en** *v/t u. v/i* (dachte, gedacht, h) think (***an*** *acc*, ***über*** *acc* of, about): ***das kann ich mir ~*** I can imagine; ***das habe ich mir gedacht*** I thought so; ***denk daran zu ...*** remember to ...; **'~mal** *n* (-[e]s; ¨er) monument (*gen* to); **'~malschutz** *m*: ***unter ~ stehen*** be listed; **'~zettel** *m fig.* lesson.
denn [dɛn] **1.** *cj begründend*: because, since; *nach comp*: than: ***mehr ~ je*** more than ever; ***es sei ~*** unless; **2.** *adv* then: ***wieso ~?*** (but) why?; ***was ist ~?*** what's up?
dennoch ['dɛnɔx] *cj* (yet ...) still, nevertheless.
Denunz|iant [denʊn'tsĭant] *m* (-en; -en) informer; **♀ieren** [~'tsiːrən] *v/t* (*no* ge-, h) inform on.
Deo ['deːo] *n* (-s; -s) F, **~dorant** [deˀodo'rant] *n* (-s; -e, -s) deodorant.
deplaziert [depla'tsiːrt] *adj* out of place.
Depo|nie [depo'niː] *f* (-; -n) dump, tip;

2nieren [~'ni:rən] *v/t* (*no* ge-, h) deposit; **~t** [de'po:] *n* (-s; -s) depot.
Depress|ion [deprɛ'si̯o:n] *f* (-; -en) depression (*a. econ.*); **2iv** [~'si:f] *adj* depressive.
deprimieren [depri'mi:rən] *v/t* (*no* ge-, h) depress.
der [der], **die, das 1.** *art* the; **2.** *dem pron* that, this; he, she, it; ***die*** *pl* these, those, they; **3.** *rel pron* who, which, that.
derart(ig) ['de:r'ʔa:rt(ɪç)] *adv* so much.
derb [dɛrp] *adj unfein, grob*: coarse (*a. Stoff*); *Leder*: tough.
'der'gleichen *dem pron*: ***nichts ~*** nothing of the kind.
der-, die-, dasjenige ['de:rje:nɪgə] *dem pron* he, she, that; ***diejenigen*** *pl* those.
der-, die-, dasselbe [de:r'zɛlbə] *dem pron* the same.
Desert|eur [dezɛr'tø:r] *m* (-s: -e) deserter; **2ieren** [~'ti:rən] *v/i* (*no* ge-, sn) desert (***von*** from).
deshalb *cj u. adv* therefore, for that reason, that is why, so.
Design [di'zaɪn] *n* (-s; -s) *econ., tech.* design; **~er** *m* (-s; -) designer.
desinfizieren [dɛsʔɪnfi'tsi:rən] *v/t* (*no* ge-, h) disinfect.
Desinteress|e [dɛsʔɪnte'rɛsə] *n* (-s; *no pl*) indifference (***an*** *dat* to, towards); **2iert** [~'si:rt] *adj* uninterested (***an*** *dat* in), indifferent (to, towards).
Dessert [dɛ'se:r] *n* (-s; -s) *gastr.* dessert.
desto ['dɛsto] *cj*: ***je mehr, ~ besser*** the more the better.
Detail [de'taɪ] *n* (-s; -s) detail.
Detektiv [detɛk'ti:f] *m* (-s; -e) detective.
deuten ['dɔʏtən] *v/i* (h): ***~ auf*** (*acc*) point at.
deutlich ['dɔʏtlɪç] *adj* clear, distinct.
deutsch [dɔʏtʃ] *adj* German; **'2e** *m, f* (-n; -n) German.
Devise [de'vi:zə] *f* (-; -n) motto: ***~n*** *pl econ.* foreign currency *sg* (*od.* exchange *sg*); **~nkon͵trolle** *f* (foreign) exchange control; **~nkurs** *m* rate of exchange; **~nmakler** *m* (foreign) exchange broker.
Dezember [de'tsɛmbər] *m* (-[s]; -) December: ***im ~*** in December.
dezent [de'tsɛnt] *adj Farbe, Licht, Musik*: soft; *Kleidung*: tasteful.
Dia ['di:a] *n* (-s; -s) slide.
Diagnose [dia'gno:zə] *f* (-; -n) diagnosis.
diagonal [diago'na:l] *adj* diagonal; **2e** *f* (-; -n) diagonal.
Diagramm [dia'gram] *n* (-s; -e) graph.
Dialekt [dia'lɛkt] *m* (-[e]s; -e) dialect.
Dialog [dia'lo:k] *m* (-[e]s; -e) dialogue, *Am. a.* dialog.
Diamant [dia'mant] *m* (-en; -en) diamond.
'Diapro͵jektor *m* slide projector.
Diät [di'ɛ:t] *f* (-; -en) diet: ***e-e ~ machen*** be (*od.* go) on a diet; ***~en*** *pl parl.* parliamentary allowance.
dicht [dɪçt] **1.** *adj Haar, Gewebe, Nebel, Verkehr, Wald etc*: dense, thick; *Fenster etc*: tight (*a. fig.*); **2.** *adv*: ***~ an*** (*dat*) (*od.* ***bei***) close to; → ***besiedeln.***
Dichter ['dɪçtər] *m* (-s; -) poet; *Schriftsteller*: author, writer.
'Dichtung¹ *f* (-; -en) *tech.* seal.
'Dichtung² *f* (-; -en) literature; *Vers2*: poetry.
dick [dɪk] *adj* thick; *Person*: fat; *Bauch*: big: ***es macht ~*** it is fattening; **'2kopf** *m* F stubborn (*od.* pigheaed) person.
die [di:] → ***der.***
Dieb [di:p] *m* (-[e]s; -e) thief; **~stahl** ['~ʃta:l] *m* (-[e]s; ⸚e) theft, *jur mst* larceny; **'~stahlversicherung** *f* theft insurance.
Diele ['di:lə] *f* (-; -n) *Brett*: board, plank; *Vorraum*: hall, *Am. a.* hallway.
dienen ['di:nən] *v/i* (h) serve (***j-m*** s.o.; ***als*** as).
Dienst [di:nst] *m* (-es; -e) service (*a. ~leistung*); *Amtsleistung*: duty; *Arbeit*: work: ***~ haben*** be on duty; ***im*** (***außer***) ~ on (off) duty; ***außer ~*** *pensioniert*: retired; **'~...** *in Zssgn Wagen, Wohnung etc*: official ..., company ...
Dienstag ['di:nstak] *m* (-[e]s; -e) Tuesday: (***am***) ~ on Tuesday.
'Dienst|alter *n* seniority, length of service; **'2bereit** *adj* on duty; **'~grad** *m* grade, rank (*a. mil.*).
'Dienstleistung *f* service; **'~sabend** *m* late shopping night; **'~sgewerbe** *n* service industries *pl*; **'~sunter͵nehmen** *n* services enterprise.
'dienst|lich *adj* official; **'2mädchen** *n* maid, home help; **'2reise** *f* business trip; **'2stunden** *pl* office hours *pl*; **'~tuend** *adj* on duty; **'2wagen** *m* company car; *für Minister etc*: official car; **'2weg** *m* official channels *pl*.

Diesel ['di:zəl] *m* (-[s]; -) diesel, *Kraftstoff*: *Br. a.* derv *TM*.

dies|er, ~e, ~es ['di:zər] *dem pron* this; *alleinstehend*: this one: **~e** *pl* these *pl*.

dies|jährig ['di:sjɛ:rɪç] *adj* this year's; **'~mal** *adv* this time; **~seits** ['~zaɪts] *prp* on this side of.

Differenz [dɪfə'rɛnts] *f* (-; -en) difference; **2ieren** [~'tsi:rən] *v/i* (*no* ge-, h) differentiate (***zwischen*** *dat* between).

Digital...[digi'ta:l] *in Zssgn Anzeige*, *Uhr etc*: digital ...

Diktat [dɪk'ta:t] *n* (-[e]s; -e) dictation; **~or** [~'ta:tɔr] *m* (-s; -en) dictator; **~ur** [~ta-'tu:r] *f* (-; -en) dictatorship.

diktier|en [dɪk'ti:rən] *v/t u. v/i* (*no* ge-, h): ***j-m e-n Brief ~*** dictate a letter to s.o.; **2gerät** *n* dictating machine.

Ding [dɪŋ] *n* (-[e]s; -e) thing: ***guter ~e sein*** be cheerful; ***vor allen ~en*** above all; F ***ein ~ drehen*** pull a job.

Diphtherie [dɪfte'ri:] *f* (-; -n) *med.* diphtheria.

Diplom [di'plo:m] *n* (-[e]s; -e) diploma, degree; **~...** *in Zssgn Ingenieur etc*: qualified ..., graduate ...

Diplomat [diplo'ma:t] *m* (-en; en) diplomat (*a. fig.*); **~enkoffer** *m* attaché case; **~ie** [~ma'ti:] *f* (-; *no pl*) diplomacy (*a. fig.*); **2isch** [~'ma:tɪʃ] *adj* diplomatic (*a. fig.*).

dir [di:r] *pers pron* (to) you: **~ (*selbst*)** yourself.

direkt [di'rɛkt] **1.** *adj* direct; *Rundfunk*, *TV*: live; **2.** *adv geradewegs*: direct; *fig. genau*, *sofort*: directly; *Rundfunk*, *TV*: live: ***~ gegenüber (von)*** right across; **2flug** *m* direct flight; **2ion** [~'tsĭo:n] *f* (-; -en) *Geschäftsleitung*: management; **2or** [di'rektɔr] *m* (-s; -en) director, manager; *geschäftsführender*: managing director; **2über,tragung** *f Rundfunk*, *TV*: live broadcast; **2verkauf** *m* (-[e]s; *no pl*) direct selling; **2werbung** *f* direct advertising.

Dirigent [diri'gɛnt] *m* (-en; -en) *mus.* conductor.

Dirne ['dɪrnə] *f* (-; -n) prostitute.

Diskette [dɪs'kɛtə] *f* (-; -n) *Computer*: diskette, floppy (disk); **~nlaufwerk** *n* disk drive.

Disko ['dɪsko] *f* (-; -s) F disco.

Diskont [dɪs'kɔnt] *m* (-s; -e) *econ.* discount; **~satz** *m* discount rate.

Diskothek [dɪsko'te:k] *f* (-; -en) discotheque.

diskret [dɪs'kre:t] *adj* discreet; **2ion** [~kre'tsĭo:n] *f* (-; *no pl*) discretion.

diskriminier|en [dɪskrimi'ni:rən] *v/t* (*no* ge-, h) discriminate against; **2ung** *f* (-; -en) discrimination (*gen* against).

Diskussion [dɪskʊ'sĭo:n] *f* (-; -en) discussion (***um*** on, about); **~sleiter** *m* (panel) chairman.

diskutieren [dɪskʊ'ti:rən] *v/t u. v/i* (*no* ge-, h) discuss (***über et.*** s.th.).

Disqualifi|kation [dɪskvalifika'tsĭo:n] *f* (-; -en) disqualification; **2zieren** [~'tsi:-rən] *v/t* (*no* ge-, h) disqualify (***wegen*** for).

Distanz [dɪs'tants] *f* (-; -en) distance (*a. fig.*); **2ieren** [~'tsi:rən] *v/refl* (*no* ge-, h): ***sich ~ von*** dissociate o.s. from.

Distrikt [dɪs'trɪkt] *m* (-[e]s; -e) district.

Disziplin [dɪstsi'pli:n] *f* (-; -en) discipline; **2iert** [~pli'ni:rt] *adj* disciplined.

Divid|ende [divi'dɛndə] *f* (-; -n) *econ.* dividend; **2ieren** [~'di:rən] *v/t* (*no* ge-, h) divide (***durch*** by).

Division [divi'zĭo:n] *f* (-; -en) *math.*, *mil.* division.

doch [dɔx] *cj u. adv* but, however, yet: ***also ~ (noch)*** after all; ***kommst du nicht (mit)? - ~!*** aren't you coming? - (oh) yes, I am!; ***ich war es nicht - ~!*** I didn't do it - yes, you did!, *Am. a.* you did too!; ***du kommst ~?*** you're coming, aren't you?; ***kommen Sie ~ herein!*** do come in!; ***du weißt ~, daß*** (I'm sure) you know that; ***wenn ~ ...!*** *wünschend*: if only ...!

Docht [dɔxt] *m* (-[e]s; -e) wick.

Dock [dɔk] *n* (-s; -s) *mar.* dock.

Doktor ['dɔktɔr] *m* (-s; -en) doctor.

Dokument [doku'mɛnt] *n* (-[e]s; -e) document; **~arfilm** [~'ta:r~] *m* documentary (film).

Dollar ['dɔlar] *m* (-[s]; -s) dollar.

dolmetsche|n ['dɔlmɛtʃən] *v/i u. v/t* (h) interpret; **'2r** *m* (-s; -) interpreter.

Dom [do:m] *m* (-[e]s; -e) cathedral.

Donner ['dɔnər] *m* (-s; -) thunder; **'2n** *v/impers* (h) thunder; **'~stag** *m* (-[e]s; -e) Thursday: **(*am*) ~** on Thursday.

Doppel ['dɔpəl] *n* (-s; -) duplicate; **'~besteuerung** *f* double taxation; **'~besteuerungsabkommen** *n* Convention for the Avoidance of Double Taxation;

'**~bett** *n* double bed; '**~haus** *n* pair of semis; '**~haushälfte** *f* semi(-detached house).
'**doppelt** *adj u. adv* double: **~ *soviel* (*wie*)** twice as much (as).
'**Doppelzimmer** *n* double room.
D
Dorf [dɔrf] *n* (-[e]s; ⁻er) village; '**~bewohner** *m* villager.
dort [dɔrt] *adv* there: **~ *drüben*** over there; '**~her** *adv*: **(*von*) ~** from there; '**~hin** *adv* there.
Dose ['do:zə] *f* (-; -n) can, *bsd. Br.* tin; *Steck*⁀: socket; '**~nbier** *n* canned beer; '**~nfleisch** *n* canned (*bsd. Br.* tinned) meat; '**~nöffner** *m* can (*bsd. Br.* tin) opener.
Dosis ['do:zɪs] *f* (-; Dosen) dose (*a. fig.*).
Dotter ['dɔtər] *m, n* (-s; -) yolk.
Double ['du:bəl] *n* (-s; -s) *Film*: stand-in, stuntman, stuntwoman.
Draht [dra:t] *m* (-[e]s; ⁻e) wire; '⁀**los** *adj* wireless; '**~seilbahn** *f* cable railway.
Drama ['dra:ma] *n* (-s; -men) drama; **~tiker** [dra'ma:tikər] *m* (-s; -) dramatist, playwright; ⁀**tisch** [dra'ma:tɪʃ] *adj* dramatic.
dran [dran] *adv* F → ***daran.***
Drang [draŋ] *m* (-[e]s; *no pl*) urge (***nach*** for).
drängen ['drɛŋən] (h) **1.** *v/t* push, urge (***zu tun*** to do); **2.** *v/i* push one's way (*a. v/refl*); *eilig sein*: be urgent: ***die Zeit drängt*** time's running short.
drastisch ['drastɪʃ] *adj* drastic.
drauf [drauf] *adv* F → ***darauf*: ~ *und dran sein, et. zu tun*** be on the point of doing s.th..
draus [draus] *adv* F → ***daraus.***
draußen ['drausən] *adv* outside; *im Freien*: *a.* in the open: ***da* ~** out there.
Dreck [drɛk] *m* (-[e]s; *no pl*) F dirt, *stärker*: muck, filth; *fig.* rubbish; '⁀**ig** *adj* dirty, *stärker*: filthy (*beide a. fig.*).
Dreh|buch ['dre:~] *n* script; '⁀**en** (h) **1.** *v/t* turn; *Film*: shoot; *Zigarette*: roll; **2.** *v/refl* turn, rotate; *schnell*: spin: ***worum dreht es sich* (*eigentlich*)?** what is it (all) about?; ***darum dreht es sich* (*nicht*)** that's (not) the point; '**~kreuz** *n* turnstile; '**~strom** *m electr.* three-phase current; '**~stuhl** *m* swivel chair; '**~tür** *f* revolving door; '**~ung** *f* (-; -en) turn; *um e-e Achse*: rotation; '**~zahl** *f tech.* revolutions *pl* per minute; '**~zahlmesser** *m* (-s; -) *mot.* rev counter, tachometer.
drei [draɪ] *adj* three; '⁀**bettzimmer** *n* three-bed room; '⁀**eck** *n* (-[e]s; -e) triangle; '**~eckig** *adj* triangular; '**~fach** *adj* triple.
dreißig ['draɪsɪç] *adj* thirty; '**~ste** *adj* thirtieth.
'**dreizehn** *adj* thirteen; '**~te** *adj* thirteenth.
Dressman ['drɛsmən] *m* (-s; -men) male model.
Drilling ['drɪlɪŋ] *m* (-s; -e) triplet.
drin [drɪn] *adv* F → ***darin.***
dringen ['drɪŋən] *v/i* (drang, gedrungen) a) (h): **~ *auf*** (*acc*) insist on; ***darauf* ~, *daß*** urge that, b) (sn): **~ *aus*** break forth from; *Geräusch*: come from; **~ *durch*** force one's way through, penetrate, pierce; **~ *in*** (*acc*) penetrate into; ***an die Öffentlichkeit* ~** leak out; '**~d** *adj* urgent, pressing; *Verdacht, Rat, Grund*: strong.
drinnen ['drɪnən] *adv* inside.
dritte ['drɪtə] *adj* third: ***zu dritt sein*** be three; '⁀**l** *n* (-s; -) third; '**~ns** *adv* third (-ly).
Droge ['dro:gə] *f* (-; -n) drug.
'**drogenabhängig** *adj* addicted to drugs; '⁀**e** *m, f* drug addict; '⁀**keit** *f* drug addiction.
'**Drogen|beratungsstelle** *f* drugs advice cent|re (*Am.* -er); '**~handel** *m* drug trafficking; '**~händler** *m* drug trafficker (*od.* dealer); '**~kon,sum** *m* use of drugs; '**~mißbrauch** *m* drug abuse; '⁀**süchtig** *etc* → ***drogenabhängig*** *etc*; '**~szene** *f* drug scene.
Drogerie [drogə'ri:] *f* (-; -n) *Br.* chemist's (shop), *Am.* drugstore.
drohen ['dro:ən] *v/i* (h) threaten.
dröhnen ['drø:nən] *v/i* (h) *Motor, Stimme etc*: roar; *widerhallen*: resound.
'**Drohung** *f* (-; -en) threat.
drüben ['dry:bən] *adv* over there.
drüber ['dry:bər] *adv* F → ***darüber.***
Druck[1] [drʊk] *m* (-[e]s; *no pl*) pressure (*a. fig.*): **~ *auf j-n ausüben*** put s.o. under pressure.
Druck[2] [~] *m* (-[e]s; -e) *Kunst*⁀ *etc*: print; '**~buchstabe** *m* block letter; '⁀**en** *v/t* (h) print.
drücken ['drʏkən] (h) **1.** *v/t* press; *Knopf*: *a.* push; *Schuh*: pinch (*a. v/i*);

Preis, Leistung etc: force down: ***j-m die Hand ~*** shake hands with s.o.; **2.** *v/refl*: F ***sich ~ vor*** (*dat*) shirk (doing) *s.th.*; *aus Angst*: chicken out of *s.th.*; **'~d** *adj Hitze*: oppressive.
'Drucker *m* (-s; -) *tech.* printer.
'Drücker *m* (-s; -) *Tür*: latch; *Gewehr*: trigger.
'Druck|fehler *m* misprint; **'~knopf** *m tech.* (push)button; *an Kleid etc*: *bsd. Br.* press stud, *Am.* snap fastener; **'~luft** *f* compressed air; **'~sache(n** *pl*) *f Post*: printed matter; **'~schrift** *f* block letters *pl*.
drum [drʊm] *adv* F → ***darum.***
drunter ['drʊntər] *adv* F → ***darunter.***
Drüse ['dry:zə] *f* (-; -n) *anat.* gland.
du [du:] *pers pron* you.
ducken ['dʊkən] *v/refl* (h) duck.
Duell [du'ɛl] *n* (-s; -e) duel (*a. fig.*).
Duett [du'ɛt] *n* (-[e]s; -e) *mus.* duet.
Duft [dʊft] *m* (-[e]s; ⸚e) scent, fragrance, smell; **'≈en** *v/i* (h) smell (***nach*** of); **'≈end** *adj* fragrant; **'≈ig** *adj* dainty, *Kleid*: *a.* gossamer-fine.
dulden ['dʊldən] *v/t* (h) *zulassen*: tolerate; *hinnehmen*: put up with.
dumm [dʊm] *adj* stupid; **'≈heit** *f* (-; -en) stupidity; *Handlung*: stupid thing; **'≈kopf** *m* fool, blockhead.
dumpf [dʊmpf] *adj Geräusch*: dull; *Gefühl etc*: vague.
Dumping ['dampɪŋ] *n* (-s; *no pl*) *econ.* dumping; **'~preis** *m* dumping price.
Düne ['dy:nə] *f* (-; -n) dune.
dunkel ['dʊŋkəl] *adj* dark; **'≈heit** *f* (-; *no pl*) darkness; **'≈kammer** *f phot.* darkroom; **'~rot** *adj* dark red.
dünn [dʏn] *adj* thin; *Kaffee etc*: weak; **'~besiedelt** *adj* sparsely populated.
Dunst [dʊnst] *m* (-es; ⸚e) haze, mist; *Dampf*: vapo(u)r; *Qualm*: fume(s *pl*).
dünsten ['dʏnstən] *v/t* (h) stew.
'dunstig *adj* hazy, misty.
Duplikat [dupli'ka:t] *n* (-[e]s; -e) duplicate; *Kopie*: copy.
durch [dʊrç] **1.** *prp* through (*a. fig.*); *quer ~*: across; **2.** *adv*: ***es ist 5 Uhr ~*** it's past five; ***~ u. ~*** through and through.
durch'aus *adv* absolutely, quite: ***~ nicht*** by no means.
'durch|blättern *v/t* (*sep*, -ge-, h) leaf through *a book, etc*; **'~blicken** *v/i* (*sep*, -ge-, h) look through: ***~ lassen*** give to understand; ***ich blicke*** (***da***) ***nicht durch*** I don't get it; **~'bluten** *v/t* (*insep*, *no* -ge-, h) supply with blood; **~'bohren** *v/t* (*insep*, *no* -ge-, h) pierce; *durchlöchern*: perforate: ***mit Blicken ~*** look daggers at; **'~brennen** *v/i* (*irr*, *sep*, -ge, sn, → ***brennen***) *electr. Sicherung*: blow; *Reaktor*: melt down; F *fig.* run away; **'~bringen** *v/t* (*irr*, *sep*, -ge-, h, → ***bringen***) get (*Kranken*: pull) through (*a. Geld*); *Familie*: support; **'≈bruch** *m* breakthrough (*a. fig.*); **'~drängen** *v/refl* (*sep*, -ge-, h): ***sich ~*** (***durch***) force one's way through; **'~drehen** (*sep*, -ge-, h) **1.** *v/i* a) (*a.* sn) F *nervlich*: crack up, flip; *stärker*: freak out, b) *Räder etc*: spin; **2.** *v/t Fleisch etc*: mince, *bsd. Am.* grind; **'~dringend** *adj* piercing.
durchein'ander *adv*: ***~ sein*** be confused; *Dinge*: be (in) a mess; **~bringen** *v/t* (*irr*, *sep*, -ge-, h, → ***bringen***) confuse, mix up.
'durchfahren¹ *v/i* (*irr*, *sep*, -ge-, sn, → ***fahren***) pass (*od.* go, *mot. a.* drive) through: ***~ bis*** drive nonstop to.
durch'fahren² *v/t* (*irr*, *insep*, *no* -ge-, h, → ***fahren***) pass (*od.* go, *mot. a.* drive) through.
'Durchfahrt *f* passage: ***~ verboten!*** no thoroughfare.
'Durchfall *m med.* diarrh(o)ea; F *Reinfall*; flop; **'≈en** *v/i* (*irr*, *sep*, -ge-, sn, → ***fallen***) fall through; *Prüfling*: fail, *bsd. Am.* F flunk; *Stück etc*: be a flop: ***j-n ~ lassen*** fail s.o., *bsd. Am.* F flunk s.o.
'durchfragen *v/refl* (*sep*, -ge-, h) ask one's way (***nach, zu*** to).
'durchführ|bar *adj* practicable, feasible; **'~en** *v/t* (*sep*, -ge-, h) *fig.* carry out.
'Durchgang *m* (-[e]s; ⸚e) passage: ***~ verboten!*** no thoroughfare.
'durchgebraten *adj gastr.* well-done.
'durchgehend **1.** *adj ununterbrochen*: continuous: ***~er Zug*** through train; **2.** *adv*: ***~ geöffnet*** open all day; ***~ Einlaß*** nonstop admission.
'durchgreifen *v/i* (*irr*, *sep*, -ge-, h → ***greifen***) *fig.* take drastic measures (*od.* steps); **'~d** *adj Maßnahmen*: drastic; *Änderungen etc*: radical.
'durch|halten *v/i* (*irr*, *sep*, -ge-, h, → ***halten***) hold out; **'~kommen** *v/i* (*irr*, *sep*, -ge-, sn, → ***kommen***) come through (*a. fig.*); *teleph.* get through;

Sonne: break through; *Kranker*: pull through; *in Prüfung*: pass: **~ mit** *Lüge etc*: get away with; *auskommen*: get by with; **~'kreuzen** *v/t* (*insep*, *no* -ge-, h) *Plan etc*: thwart; **'~lassen** *v/t* (*irr*, *sep*, -ge-, h, → **lassen**) let pass, let through.

D

'durchlässig *adj undicht*: leaky.

'durch|lesen *v/t* (*irr*, *sep*, -ge-, h, → **lesen**) read *s.th.* through; **~'leuchten** *v/t* (*insep*, *no* -ge-, h) *med.* X-ray; *fig.* investigate, *bsd. pol.* screen.

'Durchmesser *m* (-s; -) diameter.

durch'queren *v/t* (*insep*, *no* -ge-, h) cross.

'Durchreiche *f* (-; -n) hatch.

'Durchreise *f*: ***ich bin nur auf der ~*** I'm just passing through; **'~visum** *n* transit visa.

'Durchsage *f* (-; -n) announcement; **'≗n** *v/t* (*sep*, -ge-, h) announce.

durch'schauen *v/t* (*insep*, *no* -ge-, h) *fig.* see through *s.o.*, *s.th.*

'Durchschlag *m* (-[e]s; ⸚e) (carbon) copy; **'~pa,pier** *n* carbon paper.

'Durchschnitt *m* average: ***im ~*** on average; ***im ~ betragen*** (***verdienen*** *etc*) average; **'≗lich 1.** *adj* average; *gewöhnlich*: ordinary; **2.** *adv* on average; normally; **'~s...** *in Zssgn Einkommen, Temperatur etc*: average ...

'Durchschrift *f* (carbon) copy.

'durch|sehen *v/t* (*irr*, *sep*, -ge-, h, → **sehen**) look (*od.* go) through *s.th.*; *prüfen*: check; **'~setzen** (*sep*, -ge-, h) **1.** *v/t Plan etc*: get (*mit Nachdruck*: push) through: ***seinen Kopf ~*** have one's way; **2.** *v/refl* have (*od.* get) one's way; *erfolgreich sein*: be successful: ***sich ~ können*** *Lehrer etc*: have authority (***bei*** over).

durchsichtig ['dʊrçzɪçtɪç] *adj* transparent (*a. fig.*); *Bluse etc*: *a.* see-through.

'durchsprechen *v/t* (*irr*, *sep*, -ge-, h, → **sprechen**) talk *s.th.* over, discuss.

durch'such|en *v/t* (*insep*, *no* -ge-, h) search (***nach*** for); **≗ung** *f* (-; -en) search; **≗ungsbefehl** *m jur.* search warrant.

'Durch|wahl *f* (-; *no pl*) *teleph.* direct dial(l)ing; **'≗wählen** *v/i* (*sep*, -ge-, h): ***~ nach ...*** dial ... direct; **'~wahlnummer** *f* direct dial number; *Nebenstelle*: extension.

dürfen ['dʏrfən] (durfte, h) **1.** *v/aux* (*pp* dürfen): ***et. tun ~*** be allowed to do s.th.; ***das hättest du nicht tun ~!*** you shouldn't have done that!; ***dürfte ich ...?*** could I ...?; ***das dürfte genügen*** that should be enough; **2.** *v/i* (*pp* gedurft): ***darf ich?*** may I?; ***er darf*** (***es***) he's allowed to.

dürftig ['dʏrftɪç] *adj* poor, *spärlich*: scanty.

dürr [dʏr] *adj* dry; *Boden etc*: barren, arid; *Mager*: skinny; **'≗e** *f* (-; -n) *Trockenzeit*: drought; barrenness.

Durst [dʊrst] *m* (-es; *no pl*) thirst (***nach*** for): ***~ haben*** be thirsty; **'≗ig** *adj* thirsty.

Dusche ['du:ʃə] *f* (-; -n) shower: ***e-e ~ nehmen*** → ***duschen***; **'≗n** *v/refl u. v/i* (h) have (*od.* take) a shower.

Düse ['dy:zə] *f* (-; -n) *tech.* nozzle; **'~nantrieb** *m* jet propulsion: ***mit ~*** jet-propelled; **'~nflugzeug** *n* jet (plane); **'~njäger** *m mil.* jet fighter; **'~ntriebwerk** *n aer.* jet engine.

düster ['dy:stər] *adj* dark, gloomy (*beide a. fig.*); *Licht*: dim; *trostlos*: dismal.

Dutzend ['dʊtsənt] *n* (-s; -e) dozen: ***ein ~ Eier*** a dozen eggs; **'≗weise** *adv* by the dozen.

duzen ['du:tsən] *v/t* (h) say 'du' to, (*etwa*) be on first-name terms with.

dynamisch [dy'na:mɪʃ] *adj* dynamic; *Rente*: index-linked.

Dynamit [dyna'mi:t] *n* (-s; *no pl*) dynamite.

'D-Zug *m* fast train, express.

E

Ebbe ['ɛbə] *f* (-; -n) low tide.
eben ['eːbən] *adj flach*: even, level.
Ebene ['eːbənə] *f* (-; -n) *geogr*. plain.
'**ebenfalls** *adv* likewise, also, *nachgestellt*: as well, too.
Echo ['ɛço] *n* (-s; -s) echo; *fig*. response (***auf*** *acc* to).
echt [ɛçt] *adj* genuine (*a. fig*.), real; *wahr*: true; *rein*: pure; *wirklich*: real; *Farbe*: fast; *Dokument*: authentic; '**ᘓheit** *f* (-; *no pl*) genuineness; fastness; authenticity.
Eck|daten ['ɛk~] *pl* key features *pl*; '**~e** *f* (-; -n) corner; '**~haus** *n* corner house; '**ᘓig** *adj Kinn etc*: angular, square; '**~lohn** *m* basic wage.
Economyklasse ['ɪkɔnəmɪ~] *f aer*. economy class: ***in der ~ fliegen*** fly economy.
edel ['eːdəl] *adj* noble; *min*. precious; '**ᘓmetall** *n* precious metal; '**ᘓstahl** *m* high-grade steel; '**ᘓstein** *m* precious stone; *geschnittener*: gem.
Efeu ['eːfɔʏ] *m* (-s; *no pl*) *bot*. ivy.
Effekt [ɛ'fɛkt] *m* (-[e]s; -e) effect; **ᘓiv** [~'tiːf] **1.** *adj wirksam*: effective; **2.** *adv* actually; **ᘓvoll** *adj* effective.
effizien|t [ɛfi'tsǐɛnt] *adj wirtschaftlich*: efficient; *wirksam*: effective; **ᘓz** *f* (-; *no pl*) *efficiency*; *effectiveness*.
egal [e'gaːl] *adj* F: ***~ ob*** (***warum, wer*** *etc*) no matter if (why, who, *etc*); ***das ist ~*** it doesn't matter; ***das ist mir ~*** I don't care.
Egois|mus [ego'ɪsmʊs] *m* (-; *no pl*) egoism; **~t** *m* (-en; -en) egoist; **ᘓtisch** *adj* egoistic.
ehe ['eːə] *cj* before: ***nicht ~*** not until.
Ehe ['eːə] *f* (-; -n) marriage (***mit*** to); '**ᘓähnlich** *adj*: ***in e-m ~en Verhältnis leben*** live together as man and wife; '**~beratung** *f Stelle*: marriage guidance bureau; '**~bruch** *m* adultery; '**~frau** *f* wife; '**~leute** *pl* husband and wife; '**ᘓlich** *adj* marital; *Kind*: legitimate.
ehemal|ig ['eːəmaːlɪç] *adj* former, ex-...; '**~s** *adv* formerly.
'**Ehe|mann** *m* husband; '**~paar** *n* married couple.
eher ['eːər] *adv früher*: earlier, sooner; *lieber, vielmehr*: rather.
'**Ehe|ring** *m* wedding ring; '**~vermittlungsinsti,tut** *n* marriage bureau.
Ehre ['eːrə] *f* (-; -n) hono(u)r: ***zu ~n von*** (*od. gen*) in hono(u)r of; '**ᘓn** *v/t* (h) hono(u)r; *achten*: respect.
'**ehren|amtlich** *adj* honorary; '**ᘓbürger** *m* freeman; '**ᘓgast** *m* guest of hono(u)r; '**ᘓmitglied** *n* honorary member; '**ᘓwort** *n* (-[e]s; -e) word of hono(u)r: ***~!*** cross my heart.
'**Ehr|furcht** *f* (-; *no pl*) respect (***vor*** *dat* for) *stärker*: awe (of); **ᘓfürchtig** ['~fʏrçtɪç] *adj* respectful; *Schweigen*: awed; '**~geiz** *m* ambition; '**ᘓgeizig** *adj* ambitious.
'**ehrlich** *adj* honest; *offen*: *a*. frank; *Kampf*: fair; '**ᘓkeit** *f* (-; *no pl*) honesty.
Ei [aɪ] *n* (-[e]s; -er) egg: V ***~er*** *pl Hoden*: balls *pl*.
Eid [aɪt] *m* (-[e]s; -e) oath; '**ᘓesstattlich** *adj*: ***e Erklärung*** affirmation in lieu of an oath.
'**Eidotter** *m, n* yolk.
'**Eier|becher** *m* eggcup; '**~stock** *m anat*. ovary.
Eifer ['aɪfər] *m* (-s; *no pl*) keenness, eagerness; '**~sucht** *f* (-; *no pl*) jealousy; '**ᘓsüchtig** *adj* jealous (***auf*** *acc* of).
eifrig ['aɪfrɪç] *adj* keen, eager.
eigen ['aɪgən] *adj* own, of one's own; *~tümlich*: peculiar; (*über*)*genau*: particular, F fussy; ***...~*** *in Zssgn staats~ etc*: ...-owned.
Eigenart *f* (-; -en) peculiarity; '**ᘓig** *adj* strange; '**ᘓigerweise** *adv* strangely enough.
'**Eigen|bedarf** *m* one's personal needs *pl*; '**~finan,zierung** *f* self-financing; **ᘓhändig** ['~hɛndɪç] *adj* personal; '**~heim** *n* house of one's own; '**~kapi,tal** *n econ*. equity capital, capital resources *pl*; '**~lob** *n* self-praise; '**ᘓmächtig** *adj* arbitrary; '**~name** *m* proper name; **ᘓnützig** ['~nʏtsɪç] *adj* selfish.
eigens ['aɪgəns] *adv* (e)specially.
'**Eigenschaft** *f* (-; -en) quality; *chem., phys., tech*. property: ***in s-r ~ als*** in his capacity as.

'Eigensinn *m* (-[e]s; *no pl*) stubbornness; **'2ig** *adj* stubborn.

eigentlich ['aɪgəntlɪç] **1.** *adj wirklich*: actual, true, real; *genau*: exact; **2.** *adv* actually, really; *ursprünglich*: originally.

'Eigentum *n* (-s; *no pl*) property.

Eigentüm|er ['aɪgənty:mər] *m* (-s; -) owner, proprietor; **'2lich** *adj* peculiar; *seltsam*: strange, odd; **'~lichkeit** *f* (-; -en) peculiarity.

E

'Eigentumswohnung *f Br.* owner-occupied flat, *Am.* condo(minium).

'eigenwillig *adj Person*: self-willed; *Stil etc*: individual, original.

eign|en ['aɪgnən] *v/refl* (h): ***sich ~ für*** be suited for; **'2er** *m* (-s; -) owner; **'2ung** *f* (-; *no pl*) suitability; *Person*: *a.* aptitude, qualification; **'2ungsprüfung** *f*, **'2ungstest** *m* aptitude test.

Eil|bote ['aɪl~] *m*: ***durch ~n*** *Post*: by special delivery; **'~brief** *m* express (*Am.* special delivery) letter.

Eil|e ['aɪlə] *f* (-; *no pl*) haste, hurry: ***in ~ sein*** be in a hurry; **'2en** *v/i* a) (sn) hurry, hasten, rush, b) (h) *Brief, Angelegenheit*: be urgent; **'2ig** *adj* hurried, hasty; *dringend*: urgent: ***es ~ haben*** be in a hurry.

'Eilzug *m* semifast train.

Eimer ['aɪmər] *m* (-s; -) bucket, pail.

ein [aɪn] **1.** *adj u. indef pron* one; **2.** *indef art* a, an; **3.** *adv*: ***~ - aus*** on - off.

einander [aɪ'nandər] *pron* each other, one another.

'einarbeiten (*sep*, -ge-, h) **1.** *v/t* acquaint *s.o.* with his work, F break *s.o.* in; **2.** *v/refl* work o.s. in.

einäscher|n ['aɪnˀɛʃərn] *v/t* (*sep*, -ge-, h) *Leiche*: cremate; **'2ung** *f* (-; -en) cremation.

'einatmen *v/t* (*sep*, -ge-, h) inhale, breathe.

'Einbahnstraße *f* one-way street.

'Einbau *m* (-[e]s; -ten) installation, fitting; **'~...** *in Zssgn Möbel etc*: built-in ..., fitted ...; **'2en** *v/t* (*sep*, -ge-, h) instal(l) (***in*** *acc* into); *Möbel*: fit in.

einberuf|en *v/t* (*irr*, *sep*, *no* -ge-, h, → ***rufen***) *mil.* call up (**zu** for), *Am.* draft (into); *Versammlung*: call; **'2ung** *f* (-; -en) *mil.* conscription, *Am.* draft; calling; **'2ungsbescheid** *m mil.* call-up orders *pl*, *Am.* draft papers *pl*.

'Einbettzimmer *n* single room.

'einbiegen *v/i* (*irr*, *sep*, -ge-, sn, → ***biegen***) turn (***nach rechs*** right; ***in*** *acc* into).

'einbild|en *v/t* (*sep*, -ge-, h): ***sich ~*** imagine; ***sich et. ~ auf*** (*acc*) be conceited about; ***darauf kannst du dir et. ~*** (***brauchst du dir nichts einzubilden***) that's s.th. (nothing) to be proud of; **'2ung** *f* (-; *no pl*) imagination, fancy; *Dünkel*: conceit.

'Einblick *m* (-[e]s; -e) insight (***in*** *acc* into).

'ein|brechen *v/i* (*irr*, *sep*, -ge-, sn, → ***brechen***): ***~ in*** (*acc*) break into; ***bei uns wurde eingebrochen*** we had burglars, we were burgled (*Am.* burglarized); **'2brecher** *m* (-s; -) burglar; **'2bruch** *m* (-[e]s; ⸚e) burglary: ***bei ~ der Dunkelheit*** at nightfall.

einbürger|n ['aɪnbʏrgərn] (*sep*, -ge-, h) **1.** *v/t* naturalize; **2.** *v/refl fig.* come into use; **'2ung** *f* (-; -en) naturalization.

'ein|büßen *v/t* (*sep*, -ge-, h) lose; **~checken** ['~tʃɛkən] *v/i u. v/t* (*sep*, -ge-, h) *aer.* check in; **'~cremen** *v/refl u. v/t* (*sep*, -ge-, h): ***sich*** (***et.***) ***~*** put some cream on; **'~decken** *v/refl* (*sep*, -ge-, h) stock up (***mit*** on).

eindeutig ['aɪndɔʏtɪç] *adj* clear.

'eindring|en *v/i* (*irr*, *sep*, -ge-, sn, → ***dringen***): ***~ in*** enter (*a. Wasser, Keime etc*); *gewaltsam*: force one's way into; *mil.* invade; **'~lich** *adj* urgent.

'Eindruck *m* (-[e]s; ⸚e) impression; **'2svoll** *adj* impressive.

'ein|er, '~e, '~(e)s *indef pron* one.

'einerseits *adv* on the one hand.

einfach ['aɪnfax] *adj* simple; *leicht*: *a.* easy; *schlicht*: *a.* plain; *Fahrkarte*: single, *Am.* one-way; **'2heit** *f* (-; *no pl*): ***der ~ halber*** to simplify matters.

'einfahr|en (*irr*, *sep*, -ge-, → ***fahren***) **1.** *v/t* (h) *mot.* run (*bsd. Am.* break) in; **2.** *v/i* (sn) *Zug*: come (*od.* pull) in; **'2t** *f* (-; -en) *Eingang*: entrance; *Auffahrt*: drive; *zur Autobahn*: access road.

'Einfall *m* (-[e]s; ⸚e) idea; *mil.* invasion; **'2en** *v/i* (*irr*, *sep*, -ge-, sn, → ***fallen***) fall in; *einstürzen*: *a.* collapse; *mus.* join in: ***~ in*** *mil.* invade; ***ihm fiel ein, daß*** it came to his mind that; ***mir fällt nichts ein*** I have no ideas; ***es fällt mir nicht ein*** I can't think of it; ***dabei fällt mir***

ein that reminds me; ***was fällt dir ein?*** what's the idea?

'einfarbig *adj* one-colo(u)red; unicolo(u)red; *Stoff*: plain.

'Einflugschneise *f* approach corridor.

'Einfluß *m* (-sses; ¨sse) influence (***auf*** *acc* on, *j-n* over); **'Ƨreich** *adj* influential.

'einfrieren *v/t* (*irr*, *sep*, -ge-, h, → ***frieren***) *Lebensmittel*: (deep)freeze; *Löhne etc*: freeze.

Einfuhr ['aınfu:r] *f* (-; -en) *econ.* import, *Eingeführtes*: imports *pl*; **'~beschränkungen** *pl* import restrictions *pl.*

'einführen *v/t* (*sep*, -ge-, h) *econ.* import.

'Einfuhr|genehmigung *f* import licen|ce (*Am.* -se); **'~land** *n* importing country; **'~stopp** *m* import ban.

'Einführungs|angebot *n* introductory offer; **'~preis** *m* introductory price.

'Eingabe *f* (-; -n) *Computer*: input; **'~gerät** *n* input device.

'Eingang *m* entrance; *Eintritt*: entry; *von Waren*: arrival, *von Schreiben*: receipt; **'~sdatum** *n* date of receipt; **'~sstempel** *m* date stamp.

'eingeben *v/t* (*irr*, *sep*, -ge-, h, → ***geben***) *Daten*: feed (***in*** *acc* into).

'Eingeborene *m*, *f* (-n; -n) native.

'Eingebung *f* (-; -en) inspiration.

'einge|fallen *adj Augen*, *Wangen*: sunken, hollow; **~fleischt** ['~gəflaıʃt] *adj Junggeselle etc*: confirmed.

'eingehen (*irr*, *sep*, -ge-, sn, → ***gehen***) **1.** *v/i Post*, *Waren*; come in, arrive; *bot.*, *Tier*: die; *Stoff*: shrink: ***~ auf*** (*acc*) agree to; *Einzelheiten*: go into; **2.** *v/t Vertrag etc*: enter into; *Wette*: make; *Risiko*: take; **'~d** *adj* thorough.

einge|meinden ['aıngəmaındən] *v/t* (*sep*, *pp* eingemeindet, h) incorporate (***in*** *acc* into); **'~schrieben** *adj* registered; **'~wöhnen** *v/refl* (*sep*, *pp* eingewöhnt, h): ***sich ~ in*** (*dat*) settle into.

'einglieder|n *v/t* (*sep*, -ge-, h) integrate (***in*** *acc* into); **'Ƨung** *f* (-; *no pl*) integration.

'Eingriff *m* (-[e]s; -e) *med.* operation.

'ein|halten *v/t* (*irr*, *sep*, -ge-, h, → ***halten***) *Termin*, *Versprechen*, *Regel*: keep; **'~hängen** *v/i* (*sep*, -ge-, h) *teleph.* hang up.

'einheimisch *adj* native, local; *Industrie*, *Markt*. home, domestic.

Einheit ['aınhaıt] *f* (-; -en) *econ.*, *math.*, *mil.*, *phys.* unit; *pol.* unity; *Ganzes*: *a.* whole; **'Ƨlich** *adj* uniform; *geschlossen*: homogeneous; **'~s...** *in Zssgn Maß etc*: standard ...

einhellig ['aınhɛlıç] *adj* unanimous.

'einholen *v/t* (*sep*, -ge-, h) catch up with; *Zeitverlust*: make up for; *Auskünfte*: make (***über*** *acc* about); *Rat*: seek (***bei*** from); *Erlaubnis*: ask for.

einig ['aınıç] *adj*: (***sich***) ***~ sein*** (***werden***) be in (come to an) agreement (***mit*** with; ***über*** *acc* about); (***sich***) ***nicht ~ sein über*** disagree (*od.* differ) on; **~e** ['~gə] *indef pron* some, a few, several; **'~en** *v/refl* (h) agree (***über*** *acc*, ***auf*** *acc* on); **'~ermaßen** *adv* fairly, reasonably; **'~es** *indef pron* some(thing); *viel*: quite a lot; **'Ƨkeit** *f* (-; *no pl*) *Übereinstimmung*: agreement.

'einjagen *v/t* (*sep*, -ge-, h): ***j-m Angst*** (*od.* ***e-n Schreck***) ***~*** frighten s.o.

'einjährig *adj* one-year-old: ***~e Tätigkeit*** one year's work.

'einkalkulieren *v/t* (*sep*, *no* -ge-, h) take into account, allow for.

Einkauf ['aınkaʊf] *m* (-[e]s; ¨e) *bsd. econ.* purchase; ***Einkäufe machen*** → ***einkaufen*** 2; **'Ƨen** (*sep*, -ge-, h) **1.** *v/t* buy, *econ. a.* purchase; **2.** *v/i*: ***~*** (***gehen***) go shopping; **'~sbummel** *m*: ***e-n ~ machen*** have a look around the shops; **'~spreis** *m econ.* purchase price; **'~swagen** *m bsd. Br.* trolley, *Am.* shopping cart; **'~szentrum** *n* shopping cent|re (*Am.* -er), *Am. a.* shopping mall.

'ein|kehren *v/i* (*sep*, -ge-, sn) stop (off) (***in*** *dat* at); **'~klagen** *v/t* (*sep*, -ge-, h) sue for.

'Einkommen *n* (-s; -) income; **'~steuer** *f* income tax.

Einkünfte ['aınkʏnftə] *pl* income *sg.*

'einlad|en *v/t* (*irr*, *sep*, -ge-, h, → ***laden***) invite (***zu*** to); *Waren*: load; **'Ƨung** *f* (-; -en) invitation.

Einlaß ['aınlas] *m* (-sses; ¨sse) admittance: ***~ ab 19 Uhr*** doors open at 7 p.m.

'ein|lassen (*irr*, *sep*, -ge-, h, → ***lassen***) **1.** *v/t* let in, admit; *ein Bad*: run; **2.** *v/refl*: ***sich ~ auf*** (*acc*) get involved in; *leichtsinnig*: let o.s. in for; *zustimmen*: agree to; ***sich mit j-m ~*** get involved with s.o. (*a. sexuell*); **'~leben** *v/refl* (*sep*, -ge-, h) settle in(to ***in*** *dat*); **'~lösen** *v/t* (*sep*, -ge-, h) *Scheck*: cash.

'**einmal** *adv* once; *zukünftig*: *a.* some (*od.* one) day, sometime: ***auf ~*** *plötzlich*: suddenly; *gleichzeitig*: at the same time; ***noch ~*** once more (*od.* again); ***noch ~ so ...*** (***wie***) twice as ... (as); ***es war ~*** once (upon a time) there was; ***haben Sie schon ~ ...?*** have you ever ...?; ***es schon ~ getan haben*** have done it before; ***schon ~ dortgewesen sein*** have been there before; ***erst ~*** first (of all); ***nicht ~*** not even; '**~ig** *adj* single; *fig.* unique.

'**ein|mieten** *v/refl* (*sep*, -ge-, h) take a room (***in*** *dat* at); '**~mischen** *v/refl* (*sep*, -ge-, h) interfere (***in*** *acc* in, with), meddle (in, with).

einmütig ['aɪnmy:tɪç] *adj* unanimous.

Einnahme ['aɪnna:mə] *f* (-; -n) taking, *mil. a.* capture: **~n** *pl* receipts *pl.*

'**ein|nehmen** *v/t* (*irr*, *sep*, -ge-, h, → ***nehmen***) *Arznei*, *Platz*: take, *mil. a.* capture; *Mahlzeit*: have; *verdienen*: earn; '**~ordnen** *v/refl* (*sep*, -ge-, h) *mot.* get in lane: ***sich links ~*** get into the left lane; '**~packen** *v/t* (*sep*, -ge-, h) pack (up); *einwickeln*: wrap up; '**~parken** *v/i* (*sep*, -ge-, h) park; '**~program,mieren** *v/t* (*sep*, *no* -ge-, h) program(me) in (*a. Computer*); '**~reden** (*sep*, -ge-, h) **1.** *v/t*: ***j-m et. ~*** talk s.o. into (believing) s.th.; **2.** *v/i*: ***auf j-n ~*** keep on at s.o.; '**~reichen** *v/t* (*sep*, -ge-, h) send in, submit: → ***Scheidung.***

'**Einreise** *f* (-; -n) entry; '**~erlaubnis** *f* entry permit; '**2n** *v/i* (*sep*, -ge-, sn) enter the country: ***~ in*** (*acc*) (*od.* ***nach***) enter; '**~visum** *n* entry visa.

'**ein|reißen** (*irr*, *sep*, -ge-, → ***reißen***) **1.** *v/t* (h) *Gebäude*: pull down; **2.** *v/i* (sn) tear; *Unsitte etc*: spread; **~renken** ['~rɛŋkən] *v/t* (*sep*, -ge-, h) *med.* set.

'**einricht|en** (*sep*, -ge-, h) **1.** *v/t Zimmer etc*: furnish; *Küche*, *Büro etc*: fit out; *gründen*: establish; *ermöglichen*: arrange; **2.** *v/refl*: ***sich ~ auf*** (*acc*) prepare for; '**2ung** *f* (-; -en) furnishings *pl*; fittings *pl*; *tech.* installation(s *pl*), facilities *pl*; *öffentliche*: institution, facility.

einsam ['aɪnza:m] *adj Person*: lonely, *bsd. Am. a.* lonesome; *Haus*, *Gegend etc*: *a.* isolated, secluded; '**2keit** *f* (-; *no pl*) loneliness, *bsd. Am.* lonesomeness; isolation, seclusion.

'**einschalt|en** *v/t* (*sep*, -ge-, h) switch on; '**2quote** *f TV* ratings *pl.*

'**ein|schätzen** *v/t* (*sep*, -ge-, h) *Kosten etc*: estimate; *beurteilen*: judge, rate: ***falsch ~*** misjudge; '**~schenken** *v/t* (*sep*, -ge-, h) pour (out); '**~schicken** *v/t* (*sep*, -ge-, h) send in (***an*** *acc* to); '**~schlafen** *v/i* (*irr*, *sep*, -ge-, sn, → ***schlafen***) fall asleep, go to sleep; '**~schlagen** (*irr*, *sep*, -ge-, h, → ***schlagen***) **1.** *v/t Nagel*: drive in; *zerbrechen*: break (in), smash (*a. Schädel*); *einwickeln*: wrap up; *Weg*, *Richtung*: take; *Laufbahn*: enter on, take up; *Rad*: turn; **2.** *v/i Blitz*, *Geschoß*: strike; *fig.* be a success.

einschlägig ['aɪnʃlɛ:gɪç] *adj* relevant.

'**ein|schleppen** *v/t* (*sep*, -ge-, h) *Krankheit*: bring in(to ***in*** *acc*, ***nach***); '**~schließlich** *prp* including, *nachgestellt*: included; '**~schneidend** *adj* drastic; *weitreichend*: far-reaching.

einschränk|en ['aɪnʃrɛŋkən] (*sep*, -ge-, h) **1.** *v/t* restrict (***auf*** *acc* to), reduce (to); *Rauchen etc*: cut down on; **2.** *v/refl* economize; '**2ung** *f* (-; -en) restriction, reduction; cut.

'**Einschreibebrief** *m* registered letter.

'**einschreiben** (*irr*, *sep*, -ge-, h, → ***schreiben***) **1.** *v/t*: ***e-n Brief ~ lassen*** have a letter registered; **2.** *v/refl univ. etc* register, *Am.* enrol(l) (***für*** for).

'**Einschreiben** *n* (-s; -) *Post*: registered letter.

'**ein|schreiten** *v/i* (*irr*, *sep*, -ge-, sn, → ***schreiten***): ***~*** (***gegen***) interfere (with), take (*gerichtlich*: legal) action (against); '**~schüchtern** *v/t* (*sep*, -ge-, h) intimidate; '**~sehen** *v/t* (*irr*, *sep*, -ge-, h, → ***sehen***) *Zweck*, *Fehler etc*: see, realize.

einseitig ['aɪnzaɪtɪç] *adj* one-sided; *jur.*, *med.*, *pol.* unilateral.

'**einsende|n** *v/t* (*irr*, *sep*, -ge-, h, → ***senden***) send in; '**2r** *m* (-s; -) sender; *an Zeitungen*: contributor; '**2schluß** *m* closing date.

'**einsetzen** (*sep*, -ge-, h) **1.** *v/t* put in, insert; *ernennen*: appoint; *Mittel*: use, employ; *Geld*: invest, stake; bet; *Leben*: risk; **2.** *v/refl* try hard, make an effort; *für j-n*, *et.*: support, stand up for; **3.** *v/i* set in, start.

'**Einsicht** *f* (-; -en) *Erkenntnis*: insight; *Einsehen*: understanding; *Vernunft*:

reason; **'≗ig** *adj* understanding; reasonable.

'ein|sparen *v/t* (*sep*, -ge-, h) save; **'~speichern** *v/t* (*sep*, -ge-, h) *Computer*: store; **'~sperren** *v/t* (*sep*, -ge-, h) lock up; **'~springen** *v/i* (*irr*, *sep*, -ge-, sn, → ***springen***) help out: ***für j-n ~*** fill in for s.o.

'Einspruch *m* objection (***gegen*** to) (*a. jur.*), protest (against); *pol.* veto (against); *Berufung*: appeal (against).

einspurig ['aɪnʃpuːrɪç] *adj mot.* single-lane.

'einsteigen *v/i* (*irr*, *sep*, -ge-, sn, → ***steigen***) get in(to ***in*** *acc*), *Bus*, *Flugzeug*, *Zug*: (*a.* ***~ in*** *acc*) get on: ***alles ~!*** all aboard!

'einstell|en (*sep*, -ge-, h) **1.** *v/t Arbeitskräfte etc*: take on, employ; *aufgeben*: give up; *beenden*: stop; *Rekord*: equal; *regulieren*: *tech.* adjust (***auf*** *acc* to); *Radio*: tune in (to); *opt.* focus (on) (*a. fig.*); **2.** *v/refl*: ***sich ~ auf*** *j-n*, *et.*: adjust to; *vorsorglich*: be prepared for; **'≗ung** *f* (-; -en) *Haltung*: attitude (***zu*** towards); *Arbeitskräfte*: employment; *Beendigung*: discontinuance, *tech.* adjustment; **'≗ungsgespräch** *n* interview.

einstimmig ['aɪnʃtɪmɪç] *adj* unanimous.

einstöckig ['aɪnʃtœkɪç] *adj* one-stor(e)y.

'Ein|sturz *m* (-es; ⸚e) collapse; **'≗stürzen** *v/i* (*sep*, -ge-, sn) collapse.

'eintauschen *v/t* (*sep*, -ge-, h) exchange (***gegen*** for).

'einteil|en *v/t* (*sep*, -ge-, h) divide (***in*** *acc* into); *Zeit*: organize; **'≗ung** *f* (-; -en) division; organization.

eintönig ['aɪntøːnɪç] *adj* monotonous; **'≗keit** *f* (-; *no pl*) monotony.

Eintrag ['aɪntraːk] *m* (-[e]s; ⸚e) entry, *econ. a.* item; **'≗en** (*irr*, *sep*, -ge-, h, → ***tragen***) **1.** *v/t* enter (***in*** *acc* into); *amtlich*: register; **2.** *v/refl* sign; *sich vormerken lassen*: put one's name down.

einträglich ['aɪntrɛːklɪç] *adj* profitable.

'ein|treffen *v/i* (*irr*, *sep*, -ge-, sn, → ***treffen***) arrive; *geschehen*: happen; *sich erfüllen*: come true; **'~treten** (*irr*, *sep*, -ge-, → ***treten***) **1.** *v/i* (sn) enter; *geschehen*: happen, take place: ***~ für*** stand up for, support; ***~ in*** *Verein etc*: join; **2.** *v/t* (h) *Tür etc*: kick in.

'Eintritt *m* (-[e]s; -e) entry; *Zutritt*, *Gebühr*: admission: ***~ frei!*** admission free; ***~ verboten!*** no admittance; **'~skarte** *f* (admission) ticket; **'~spreis** *m* admission charge.

'einver|standen *adj*: ***~ sein*** agree (***mit*** to): ***~!*** agreed!; **'≗ständnis** *n* (-sses; *no pl*) approval (***zu*** of).

Einwand ['aɪnwant] (-[e]s; ⸚e) objection (***gegen*** to).

'Einwander|er *m* (-s; -) immigrant; **'≗n** *v/i* (*sep*, -ge-, sn) immigrate (***in*** *acc*, ***nach*** to); **'~ung** *f* immigration.

'einwandfrei *adj* perfect, faultless.

'Einweg|flasche *f* nonreturnable bottle; **'~ra͵sierer** *m* disposable razor.

'einwend|en *v/t* (*irr*, *sep*, -ge-, h, → ***wenden***): ***~, daß*** object that; **'≗ung** *f* objection (***gegen*** to).

'einwerfen *v/t* (*irr*, *sep*, -ge-, h, → ***werfen***) *Brief*: *bsd. Br.* post, *Am.* mail; *Münze*: insert.

'einwickel|n *v/t* (*sep*, -ge-, h) wrap up (***in*** *acc* in); **'≗pa͵pier** *n* wrapping paper.

einwillig|en ['aɪnvɪlɪgən] *v/i* (*sep*, -ge-, h) agree (***in*** *acc* to); **'≗ung** *f* (-; -en) approval (***zu*** of).

Einwohner ['aɪnvoːnər] *m* (-s; -) inhabitant; **'~meldeamt** *n* residents' registration office.

'Einwurf *m* (-[e]s; ⸚e) *e-r Münze*: insertion; *für Briefe etc*: slit; *für Münzen*: slot.

'einzahl|en *v/t* (*sep*, -ge-, h) pay in; **'≗ung** *f* (-; -en) payment; **'≗ungsbeleg** *m* pay-in slip.

Einzel|bett ['aɪntsəl~] *n* single bed; **'~haft** *f jur.* solitary confinement; **'~handel** *m* retail trade; **'~handelsgeschäft** *n* retail shop (*bsd. Am.* store); **'~händler** *m* retailer; **'~heit** *f* (-; -en) detail; **'~kind** *n* only child.

'einzeln 1. *adj* single; *Schuh etc*: odd: ***~e*** *pl* several, some; ***der ~e*** (***Mensch***) the individual; ***im ~en*** in detail; ***jeder ~e*** each and every one; **2.** *adv*: ***~ eintreten*** enter one at a time; ***~ angeben*** specify.

'Einzelzimmer *n* single room; **'~zuschlag** *m* single-room supplement.

'einziehen (*irr*, *sep*, -ge-, → ***ziehen***) **1.** *v/t* (h) *tech.* retract; *mil.* call up, *Am.* draft; *beschlagnahmen*: confiscate; *Führerschein*: withdraw: ***den Kopf ~*** duck; **2.** *v/i* (sn) *in Haus etc*: move in; *Flüssigkeit*: soak in.

einzig ['aɪntsɪç] *adj* only; *einzeln*: single: ***kein ~er ...*** not a single ...; ***das ~e*** the only thing; ***der ~e*** the only one; **'~artig** *adj* unique, singular.

Ein'zimmera,partment *n* one-room (*Am. a.* efficiency) apartment, *Br. a.* bedsit.

'Einzugsgebiet *n e-r Stadt*: hinterland, *engS.* commuter belt.

E

Eis [aɪs] *n* (-es; *no pl*) ice; *Speise*≗: ice cream; **'~diele** *f* ice-cream parlo(u)r.

Eisen ['aɪzən] *n* (-s; -) iron.

'Eisenbahn *f bsd. Br.* railway, *Am.* railroad; *Zssgn* → *a.* ***Bahn***; **'~wagen** *m Br.* railway carriage, coach, *Am.* railroad car.

eisern ['aɪzərn] *adj* iron (*a. fig.*), of iron; *Nerven*: of steel.

'eis|gekühlt *adj* chilled; **'~ig** *adj* icy (*a. fig.*); **'~kalt** *adj* ice-cold; **'≗schrank** *m* → ***Kühlschrank***; **'≗verkäufer** *m* ice-cream seller; **'≗würfel** *m* ice cube; **'≗zapfen** *m* icicle.

eitel ['aɪtəl] *adj* vain; **'≗keit** *f* (-; *no pl*) vanity.

Eiter ['aɪtər] *m* (-s; *no pl*) pus; **'≗n** *v/i* (h) fester.

'eitrig *adj med.* festering.

'Eiweiß *n* white of egg; *biol.* protein; **'≗arm** *adj* low in protein, low-protein; **'≗reich** *adj* rich in protein, high-protein.

Ekel ['e:kəl] *m* (-s; *no pl*) disgust (***vor*** *dat* at); **'≗haft, '≗ig** *adj* disgusting; **'≗n** *v/refl* (h): ***ich ekle mich davor*** it makes me sick.

elastisch [e'lastɪʃ] *adj* elastic; *mot., tech.* flexible.

Elefant [ele'fant] *m* (-en; -en) *zo.* elephant; **~enhochzeit** *f econ.* F jumbo merger.

elegan|t [ele'gant] *adj* elegant; **≗z** [~'gants] *f* (-; *no pl*) elegance.

Elektri|ker [e'lɛktrɪkər] *m* (-s; -) electrician; **≗sch** *adj allg.* electric(al).

Elektrizität [elɛktritsi'tɛ:t] *f* (-; *no pl*) electricity; **~swerk** *n* (electric) power station.

Elektro|gerät [e'lɛktro~] *n* electrical appliance; **~geschäft** *n* electrical shop (*bsd. Am.* store).

Elektron|ik [elɛk'tro:nɪk] *f* (-; *no pl*) electronics *pl* (*sg konstr.*); electronic system; **≗isch** *adj* electronic: ***~e Datenverarbeitung*** electronic data processing.

Elend ['e:lɛnt] *n* (-s; *no pl*) misery; **'~sviertel** *n* slum(s *pl*).

elf [ɛlf] *adj* eleven.

Elfenbein ['ɛlfən~] *n* (-[e]s; *no pl*) ivory.

elfte ['ɛlftə] *adj* eleventh.

Elite [e'li:tə] *f* (-; -n) elite.

Ellbogen ['ɛl~] *m* (-s; -) *anat.* elbow; **'~gesellschaft** *f* dog-eat-dog society.

elter|lich ['ɛltərlɪç] *adj* parental; **'≗n** *pl* parents *pl*; **'~nlos** *adj* orphan(ed); **'≗nteil** *m* parent.

Email [e'maɪ(l)] *n* (-s; -s) enamel.

Emanzip|ation [emantsipa'tsĭo:n] *f* (-; *no pl*) emancipation; **≗ieren** [~'pi:rən] *v/refl* (*no* ge-, h) become emancipated.

Embargo [ɛm'bargo] *n* (-s; -s) embargo.

Embolie [ɛmbo'li:] *f* (-; -n) *med.* embolism.

Emigr|ant [emi'grant] *m* (-en; -en) emigrant, *pol.* émigré; **~ation** [~'tsĭo:n *f* (-; -en) emigration; ***in der ~*** in exile; **≗ieren** [~'gri:rən] *v/i* (*no* ge-, sn) emigrate (***nach*** to).

Emission [emɪ'sĭo:n] *f* (-; -en) *phys.* emission; *econ.* issue; **~swerte** *pl* emission level *sg*.

Empfang [ɛm'pfaŋ] *m* (-[e]s; ⸚e) reception (*a. Radio, Hotel*), welcome; *Erhalt*: receipt (***nach, bei*** on); **≗en** *v/t* (empfing, empfangen, h) receive; *freundlich*: *a.* welcome.

Empfäng|er [em'pfɛŋər] *m* (-s; -) receiver (*a. Radio*); **≗lich** *adj* susceptible (***für*** to); **~nis** *f* (-; *no pl*) *med.* conception; **~nisverhütung** *f* contraception.

Emp'fangs|bescheinigung *f* receipt; **~dame** *f* receptionist.

empfehl|en [ɛm'pfe:lən] *v/t* (empfahl, empfohlen, h) recommend (***j-m et.*** s.th. to s.o.); **~enswert** *adj ratsam*: advisable; **≗ung** *f* (-; -en) recommendation: ***auf j-s ~*** on s.o.'s recommendation; **≗ungsschreiben** *n* letter of recommendation.

empfind|en [ɛm'pfɪndən] *v/t* (empfand, empfunden, h) feel; **~lich** *adj* sensitive (***für, gegen*** to) (*a. phot., tech.*); *zart*: tender, delicate (*a. Gesundheit, Gleichgewicht*); *leicht gekränkt*: touchy; *sensibel*: sensitive; *reizbar*: irritable (*a. Magen*); *Kälte, Strafe*: severe: ***~e Stelle*** sore (*fig. a.* vulnerable) spot; **≗lich-**

keit *f* (-; *no pl*) sensitivity; delicacy; touchiness; irritability; severity; **2ung** *f* (-; -en) sensation; *Wahrnehmung*: perception; *Gefühl*: feeling, emotion.
empör|t [ɛm'pø:rt] *adj* indignant (***über*** *acc* at), shocked (at); **2ung** *f* (-; *no pl*) indignation (***über*** *acc* at).
Ende ['ɛndə] *n* (-s; *no pl*) end: ***am ~*** at the end; *schließlich*: in the end, finally; ***zu ~*** over; *Zeit*: up; ***zu ~ gehen*** come to an end; ***et. zu ~ tun*** finish doing s.th.; ***er ist ~ zwanzig*** he is in his late twenties; (***am***) ***~ der achtziger Jahre*** in the late eighties; **'2n** *v/i* (h) (come to an) end; stop, finish: ***~ als*** end up as.
End|ergebnis ['ɛnt~] *n* final result; **'2gültig** *adj* final; **'2lagern** *v/t* (*only inf u. pp* endgelagert, h) dispose of *s.th.* permanently; **'~lagerung** *f* final disposal; **'2los** *adj* endless; **'~pro,dukt** *n* end (*od.* finished) product; **'~stati,on** *f* terminus; **'~verbraucher** *m* end user.
Energie [enɛrgi:] *f* (-; -n) *phys.* energy (*a. fig.*), *electr. a.* power; **2bewußt** *adj* energy-conscious; **~krise** *f* energy crisis; **2los** *adj* lacking in energy; **~quelle** *f* source of energy; **~versorgung** *f* energy supply.
energisch [e'nɛrgɪʃ] *adj* energetic.
eng [ɛŋ] **1.** *adj* narrow; *Kleidung*, *Kurve*: tight; *Kontakt*, *Freund*(*schaft*): close; *beengt*: cramped; **2.** *adv*: ***~ befreundet sein*** be close friends.
Engagement [ãgaʒə'mã:] *n* (-s; -s) *thea. etc* engagement; *fig.* commitment, involvement.
engagier|en [ãga'ʒi:rən] (*no* ge-, h) **1.** *v/t Künstler*: engage, *Band etc*: hire; **2.** *v/refl*: ***sich ~ für*** be very involved (*od.* active) in; **~t** *adj* involved.
Enge ['ɛŋə] *f* (-; *no pl*) narrowness; *Wohnverhältnisse*: cramped conditions *pl*: ***in die ~ treiben*** drive into a corner.
Engel ['ɛŋəl] *m* (-s; -) angel.
Engländer ['ɛŋlɛndər] *m* (-s; -) Englishman: ***die ~*** *pl* the English *pl*; **'~in** *f* (-; -nen) Englishwoman.
englisch ['ɛŋlɪʃ] *adj* English: ***auf ~*** in English.
'Engpaß *m fig.* bottleneck.
engstirnig ['ɛŋʃtɪrnɪç] *adj* narrow-minded.
Enkel ['ɛŋkəl] *m* (-s; -) grandchild; grandson; **'~in** *f* (-; -nen) granddaughter.
enorm [e'nɔrm] *adj* tremendous.
Ensemble [ã'sã:bl] *n* (-s; -s) *thea.* company; cast.
ent'bind|en (*irr*, *no* ge-, h, → ***binden***) *med.* **1.** *v/t e-e Frau*: deliver (***von*** of); **2.** *v/i* give birth to a child, F have a baby; **2ung** *f* (-; -en) *med.* delivery; **2ungsstati,on** *f* maternity ward.
ent'deck|en *v/t* (*no* ge-, h) discover, find; **2er** *m* (-s; -) discoverer; **2ung** *f* (-; -en) discovery.
Ente ['ɛntə] *f* (-; -n) *zo.* duck; F *Zeitungs2*: canard, hoax.
ent'eign|en *v/t* (*no* ge-, h) expropriate; *j-n*: dispossess; **2ung** *f* (-; -en) expropriation; dispossession.
ent|'erben *v/t* (*no* ge-, h) disinherit; **~fachen** [ɛnt'faxən] *v/t* (*no* ge-, h) kindle; *fig. a.* rouse; **~'fallen** *v/i* (*irr*, *no* ge-, sn, → ***fallen***) *wegfallen*: be dropped (*od.* cancelled): ***auf j-n ~*** fall to s.o.('s share); ***es ist mir ~*** it has slipped my memory.
entfern|en [ɛnt'fɛrnən] (*no* ge-, h) **1.** *v/t* remove (*a. fig.*); **2.** *v/refl* leave; **~t** *adj* distant (*a. fig.*): ***weit*** (***10 Meilen***) ***~*** far (10 miles) away; **2ung** *f* (-; -en) removal; *Abstand*: distance; **2ungsmesser** *m* (-s; -) *phot.* range finder.
ent'führ|en *v/t* (*no* ge-, h) kidnap; *Flugzeug*: hijack; **2er** *m* (-s; -) kidnapper; hijacker; **2ung** *f* (-; -en) kidnapping; hijacking.
ent'gegen **1.** *prp* contrary to, against; **2.** *adv* towards; **~gehen** *v/i* (*irr*, *sep*, -ge-, sn, → ***gehen***) go to meet; **~gesetzt** *adj* opposite; **~kommen** *v/i* (*irr*, *sep*, -ge-, sn, → ***kommen***) come to meet; *fig.* ***j-m ~*** meet s.o. halfway; **~nehmen** *v/t* (*irr*, *sep*, -ge-, h, → ***nehmen***) accept, take; **~sehen** *v/i* (*irr*, *sep*, -ge, h, → ***sehen***) await; *e-r Sache freudig*: look forward to.
entgegnen [ɛnt'ge:gnən] *v/t* (*no* ge-, h) reply (***auf*** *acc* to; ***daß*** that).
ent'gehen *v/i* (*irr*, *no* ge-, sn, → ***gehen***) escape: *fig.* ***j-m ~*** escape s.o.('s notice); ***sich et. ~ lassen*** miss s.th.
Entgelt ['ɛntgɛlt] *n* (-[e]s; -e) remuneration; *Honorar*: fee.
entgiften [ɛnt'gɪftən] *v/t* (*no* ge-, h) *Luft etc*: decontaminate.

E

E

entgleis|en [ɛnt'glaɪzən] *v/i* (*no* ge-, sn) be derailed; **≈ung** *f* (-; -en) derailment; *fig.* gaffe, faux pas.
ent'halt|en (*irr*, *no* ge-, h, → ***halten***) **1.** *v/t* contain; **2.** *v/refl*: ***sich*** (***der Stimme***) **~** abstain; **≈ung** *f* (-; -en) *Stimm≈*: abstention.
enthüll|en [ɛnt'hʏlən] *v/t* (*no* ge-, h) *Denkmal etc*: unveil; *fig.* reveal; **≈ung** *f* (-; -en) unveiling; *fig.* disclosure.
Enthusias|mus [ɛntu'zĭasmʊs] *m* (-; *no pl*) enthusiasm; **≈tisch** *adj* enthusiastic.
ent'kommen *v/i* (*irr*, *no* ge-, sn, → ***kommen***) escape (***j-m*** s.o.; ***aus*** from).
ent'lad|en *v/t* (*irr*, *no* ge-, h, → ***laden***) unload; *electr.* discharge (*a. v/refl*); **≈ung** *f* (-; -en) unloading; discharge.
ent'lang *prp u. adv* along: ***hier* ~, *bitte!*** this way, please.
entlarven [ɛnt'larfən] *v/t* (*no* ge-, h) unmask, expose.
ent'lass|en *v/t* (*irr*, *no* ge-, h, → ***lassen***) dismiss; *Patienten*: discharge (***aus*** from); *Häftling*: release (from); **≈ung** *f* (-; -en) dismissal; discharge; release; **≈ungsgesuch** *n* (letter of) resignation.
ent'last|en *v/t* (*no* ge-, h) relieve; *Gewissen*, *Verkehr*: ease; *jur.* exonerate; **≈ung** *f* (-; *no pl*) relief; *jur.* exoneration; **≈ungszeuge** *m* witness for the defen|ce (*Am.* -se).
ent|'laufen *v/i* (*irr*, *no* ge-, sn, → ***laufen***) run away (*dat* from); **~'legen** *adj* remote; **~machten** [ɛnt'maxtən] *v/t* (*no* ge-, h) deprive *s.o.* of *his* power; **~militarisieren** [~militari'ziːrən] *v/t* (*no* ge-, h) demilitarize; **~mutigen** [~'muːtɪgən] *v/t* (*no* ge-, h) discourage; **~'nerven** *v/t* (*no* ge-, h) enervate; **~puppen** [~'pʊpən] *v/refl* (*no* ge-, h): ***sich* ~ *als*** turn out to be; **~'reißen** *v/t* (*irr*, *no* ge-, h, → ***reißen***): ***j-m et.* ~** snatch s.th. from s.o.
ent'rüst|en (*no* ge-, h) **1.** *v/t* fill with indignation; **2.** *v/refl* become indignant (***über*** *acc* at *s.th.*, with *s.o.*); **~et** *adj* indignant; **≈ung** *f* (-; *no pl*) indignation.
ent'schädig|en *v/t* (*no* ge-, h) compensate (***für*** for) (*a. fig.*); **≈ung** *f* (-; -en) compensation.
ent'schärfen *v/t* (*no* ge-, h) defuse (*a. Lage*).
entscheid|en [ɛnt'ʃaɪdən] (*irr*, *no* ge-, h, → ***scheiden***) **1.** *v/t* decide; *endgültig*: settle; **2.** *v/i* be decisive: **~ *über*** (*acc*) decide (on); **3.** *v/refl* decide (***für*** on; ***gegen*** against; ***zu tun*** to do), make up one's mind; **~end** *adj* decisive (***für*** for, in); *kritisch*: crucial; **≈ung** *f* (-; -en) decision.
ent'schließ|en *v/refl* (*irr*, *no* ge-, h, → ***schließen***) decide (***zu, für*** on; ***zu tun*** to do), make up one's mind; **≈ung** *f* (-; -en) *bsd. pol.* resolution.
Ent'schluß *m* (-sses; ⸚sse) decision: ***e-n* ~ *fassen*** make (*od.* reach) a decision.
entschuldig|en [ɛnt'ʃʊldɪgən] (*no* ge-, h) **1.** *v/t*: **~ *Sie die Störung!*** sorry to bother (*od.* disturb) you; **2.** *v/refl* apologize (***bei j-m*** to s.o.; ***für et.*** for s.th.); **3.** *v/i*: **~ *Sie!*** *beim Vorbeigehen etc*: excuse me; *Verzeihung!*: sorry; **≈ung** *f* (-; -en) apology; *Grund etc*: excuse: **~!** *beim Vorbeigehen etc*: excuse me; *Verzeihung!*: sorry; ***j-n um* ~ *bitten*** apologize to s.o. (***wegen*** for).
ent'setzen *v/t* (*no* ge-, h) horrify, shock.
Ent'setz|en *n* (-s; *no pl*) horror; **≈lich** *adj* horrible, dreadful, terrible; *scheußlich*: atrocious.
ent'sorg|en *v/t* (*no* ge-, h) dispose of the waste of; **≈ung** *f* (-; -en) waste disposal.
ent'spann|en *v/refl* (*no* ge-, h) relax; *Lage*: ease (up); **≈ung** *f* (-; -en) relaxation; *pol.* détente.
ent'sprechen *v/i* (*irr*, *no* ge-, h, → ***sprechen***) correspond to; *e-r Beschreibung*: answer to; *Anforderungen etc*: meet; **~d** *adj* corresponding (to); *passend*: appropriate.
ent'steh|en *v/i* (*irr*, *no* ge-, sn, → ***stehen***) come into being (*od.* existence); *geschehen*: arise, come about; *allmählich*: emerge, develop: **~ *aus*** originate from; **≈ung** *f* (-; *no pl*) origin.
ent'stört *adj electr.* interference-free.
ent'täusch|en *v/t* (*no* ge-, h) disappoint; **≈ung** *f* (-; -en) disappointment.
entweder ['ɛntveːdər] *cj*: **~ ... *oder*** either ... or.
ent'werfen *v/t* (*irr*, *no* ge-, h, → ***werfen***) design; *Schriftstück*: draw up.
ent'wert|en *v/t* (*no* ge-, h) *Fahrschein etc*: cancel; **≈ung** *f* (-; -en) cancellation.
ent'wickeln *v/t u. v/refl* (*no* ge-, h) develop (*a. phot.*) (***zu*** into).
Ent'wicklung *f* (-; -en) development, *biol. a.* evolution; **~shelfer** *m* develop-

ment aid volunteer; *Br.* VSO worker, *Am.* Peace Corps worker; **~shilfe** *f* development aid; **~sland** *n* developing country.

Ent'wurf *m* outline, (rough) draft, plan; *Gestaltung*: design; *Skizze*: sketch.

ent'zieh|en *v/t* (*irr*, *no* ge-, h, → ***ziehen***): ***j-m den Führerschein ~*** ban s.o. from driving; **2ungsanstalt** *f med.* (drug) detoxification cent|re (*Am.* -er), drying-out cent|re (*Am.* -er); **2ungskur** *f med.* withdrawal treatment.

entziffern [ɛnt'tsɪfərn] *v/t* (*no* ge-, h) *Handschrift*: decipher, make out.

Entzück|en [ɛnt'tsʏkən] *n* (-s; *no pl*) delight; **2end** *adj* delightful, charming; **2t** *adj* delighted (***über*** *acc*, ***von*** at, with).

Ent'zugserscheinung *f med.* withdrawal symptom.

ent'zünd|en *v/refl* (*no* ge-, h) catch fire; *med.* become inflamed; **2ung** *f* (-; -en) *med.* inflammation.

Epidemie [epide'mi:] *f* (-; -n) epidemic.

Episode [epi'zo:də] *f* (-; -n) episode.

Epoche [e'pɔxə] *f* (-; -n) epoch, period, era.

er [e:r] *pers pron* he; *Sache*: it.

Er'achten *n*: ***m-s ~s*** in my opinion.

erbärmlich [ɛr'bɛrmlɪç] *adj* pitiful, pitiable; *elend*: miserable; *gemein*: mean.

er'baue|n *v/t* (*no* ge-, h) build, construct; **2r** *m* (-s; -) builder, architect.

Erbe¹ ['ɛrbə] *m* (-n; -n) heir.

Erbe² [~] *n* (-s; *no pl*) inheritance; *fig.* heritage.

'erben *v/t* (h) inherit.

erbeuten [ɛr'bɔʏtən] *v/t* (*no* ge-, h) *bei Einbruch etc*: get away with.

Erbin ['ɛrbɪn] *f* (-; -nen) heiress.

erbittert [ɛr'bɪtərt] *adj Kampf etc*: fierce.

'Erbkrankheit *f* hereditary disease.

erblich ['ɛrplɪç] *adj* hereditary.

er'blicken *v/t* (*no* ge-, h) see, catch sight of.

erblind|en [ɛr'blɪndən] *v/i* (*no* ge-, sn) go blind (***auf e-m Auge*** in one eye); **2ung** *f* (-; *no pl*) loss of (one's) sight.

er'brechen (*irr*, *no* ge-, h, → ***brechen***) *med.* **1.** *v/t* bring up, vomit; **2.** *v/i u. v/refl* vomit, *Br. a.* be sick.

'Erbschaft *f* (-; -en) inheritance; **'~ssteuer** *f* inheritance tax.

Erbse ['ɛrpsə] *f* (-; -n) *bot.* pea.

Erd|beben ['e:rtbe:bən] *n* (-s; -) earthquake; **'~beere** *f bot.* strawberry; **'~boden** *m* (-s; *no pl*) earth, ground.

Erde ['e:rdə] *f* (-; *no pl*) (planet) earth; *Erdreich*: earth, soil; *Boden*: ground; **'2n** *v/t* (h) *electr. bsd. Br.* earth, *Am.* ground.

'Erd|gas *n* natural gas; **'~geschoß** *n* (***im*** on the) ground (*Am.* first) floor; **'~nuß** *f bot.* peanut; **'~öl** *n* (mineral) oil, petroleum.

erdrosseln [ɛr'drɔsəln] *v/t* (*no* ge-, h) strangle.

er'drücken *v/t* (*no* ge-, h) crush (to death); **~d** *adj fig.* overwhelming.

Erd|rutsch ['e:rtrʊtʃ] *m* (-[e]s; -e) landslide (*a. pol.*); **'~teil** *m geogr.* continent.

er'dulden *v/t* (*no* ge-, h) bear, endure.

er'eignen *v/refl* (*no* ge-, h) happen, occur.

Ereignis [ɛr'ˀaɪgnɪs] *n* (-ses; -se) event; **2reich** *adj* very eventful.

er'fahren¹ *v/t* (*irr*, *no* ge-, h, → ***fahren***) hear; *erleben*: experience.

er'fahr|en² *adj* experienced; **2ung** *f* (-; -en) experience.

er'fassen *v/t* (*no* ge-, h) *be-*, *ergreifen*: grasp; *statistisch*: record, register; *umfassen*: cover, include; *Daten*: acquire, gather; *Text*: compose.

er'find|en *v/t* (*irr*, *no* ge-, h, → ***finden***) invent; **2er** *m* inventor; **~erisch** *adj* inventive; **2ung** *f* (-; -en) invention.

Erfolg [ɛr'fɔlk] *m* (-[e]s; -e) success; *Ergebnis*: result; **2los** *adj* unsuccessful; *vergeblich*: futile; **~losigkeit** *f* (-; *no pl*) failure; **2reich** *adj* successful; **~serlebnis** *n* positive experience; **2versprechend** *adj* promising.

erforder|lich [ɛr'fɔrdərlɪç] *adj* necessary, required: ***unbedingt ~*** essential; **~n** *v/t* (*no* ge-, h) require, demand.

er'forsch|en *v/t* (*no* ge-, h) explore; *untersuchen*: investigate; *wissenschaftlich*: study, research (into); **2er** *m* explorer; **2ung** *f* (-; -en) exploration (*gen* of); investigation (of, into); research (into).

er'freu|en (*no* ge-, h) **1.** *v/t* please; **2.** *v/refl*: ***sich ~ an*** (*dat*) enjoy; **~lich** *adj* pleasing.

er'frier|en *v/i* (*irr*, *no* ge-, sn, → ***frieren***) freeze to death; *Pflanzen*: be killed by frost; **2ung** *f* (-; -en) frostbite.

erfrisch|en [ɛr'frɪʃən] *v/t u. v/refl* (*no* ge-,

E

h) refresh (o.s.); **&ung** *f* (-; -en) refreshment.

er'füll|en (*no* ge-, h) *fig.* **1.** *v/t* fill (**mit** with); *Wunsch, Pflicht, Aufgabe*: fulfil(l); *Versprechen*: keep; *Zweck*: serve; *Bedingung, Erwartung*: meet; **2.** *v/refl* come true; **&ung** *f* (-; -en) fulfil(l)ment: ***in ~ gehen*** come true; **&ungsort** *m econ.* place of fulfil(l)ment.

E

ergänz|en [ɛr'gɛntsən] *v/t* (*no* ge-, h) complement (**sich** each other); *nachträglich hinzufügen*: supplement, add; **~end** *adj* complementary; supplementary; **&ung** *f* (-; -en) complement; supplement, addition.

er'geben (*irr, no* ge-, h, → ***geben***) **1.** *v/t* amount (*od.* come) to; **2.** *v/refl* surrender; *Schwierigkeiten*: arise: ***sich ~ aus*** result from; ***sich ~ in*** resign o.s. to; **&heit** *f* (-; *no pl*) devotion.

Ergebnis [ɛr'ge:pnɪs] *n* (-ses; -se) result, outcome; **&los** *adj* fruitless, without result.

er|'gehen *v/impers u. v/i* (*irr, no* ge-, sn, → ***gehen***): ***wie ist es dir ergangen?*** how did things go with you?; ***so erging es mir auch*** the same thing happened to me; ***et. über sich ~ lassen*** (patiently) endure s.th.; **~'greifen** *v/t* (*irr, no* ge-, h, → ***greifen***) seize, grasp; *Gelegenheit, Maßnahme*: take; *Beruf*: take up; *fig.* move, touch.

Ergriffenheit [ɛr'grɪfənhaɪt] *f* (-; *no pl*) emotion.

er'halten[1] *v/t* (*irr, no* ge-, h, → ***halten***) get, receive; *bewahren*: keep; *unterstützen*: support, maintain.

er'halten[2] *adj*: ***gut ~*** in good condition.

erhältlich [ɛr'hɛltlɪç] *adj* obtainable, available: ***schwer ~*** hard to come by.

er'hängen *v/refl* (*no* ge-,h) hang o.s.

er'heben (*irr, no* ge-, h, → ***heben***) **1.** *v/t* raise (*a. Stimme*), lift; **2.** *v/refl* rise (to one's feet); *Volk etc*: rise (up) (**gegen** against).

erheblich [ɛr'he:plɪç] *adj* considerable.

er'hoffen *v/t* (*no* ge-, h): ***sich et. ~*** hope for s.th.; *erwarten*: expect s.th. (**von** of).

erhöh|en [ɛr'hø:ən] *v/t* (*no* ge-, h) raise, increase (*beide*: ***auf*** *acc* to; ***um*** by); **&ung** *f* (-; -en) increase (*gen* in); *Gehalts&*: *bsd. Br.* rise, *Am.* raise.

er'hol|en *v/refl* (*no* ge-, h) *genesen*: recover (**von** from); *sich entspannen*: relax, rest; **~sam** *adj* restful, relaxing; **&ung** *f* (-; *no pl*) recovery; relaxation.

erinner|n [ɛr'ˀɪnərn] (*no* ge-, h) **1.** *v/t* remind (***an*** *acc* of); **2.** *v/refl*: ***sich ~*** (***an*** *acc*) remember; **&ung** *f* (-; -en) memory (***an*** *acc* of); *Andenken*: souvenir (of): ***zur ~ an*** (*acc*) in memory of.

erkält|en [ɛr'kɛltən] *v/refl* (*no* ge-, h) catch (a) cold: ***stark erkältet sein*** have a bad cold; **&ung** *f* (-; -en) cold.

er'kennen *v/t* (*irr, no* ge-, h, → ***kennen***) recognize (***an*** *dat* by); *deutlich sehen*: make out.

erklär|en [ɛr'klɛ:rən] *v/t* (*no* ge-, h) explain (***j-m et.*** s.th. to s.o.); *verkünden*: declare (*a. jur.*): ***j-n*** (*offiziell*) ***für ... ~*** pronounce s.o. ...; **~t** *adj* professed, declared; **&ung** *f* (-; -en) explanation; declaration: ***e-e ~ abgeben*** make a statement.

erkrank|en [ɛr'kraŋkən] *v/i* (*no* ge-, sn) *bsd. Br.* fall (*od.* be taken) ill (***an*** *dat* with), *Am.* get sick (with): ***~ an*** (*dat*) come down with; **&ung** *f* (-; -en) illness.

erkundigen [ɛr'kʊndɪgən] *v/refl* (*no* ge-, h) ask (***nach*** after *s.o.*), inquire (about *s.th.*); *Auskünfte einholen*: make inquiries (***über*** *acc* about): ***sich*** (***bei j-m***) ***nach dem Weg ~*** ask (s.o.) the way.

Erlaß [ɛr'las] *m* (-sses; -sse) *Anordnung*: decree; *e-r Strafe etc*: remission.

er'lassen *v/t* (*irr, no* ge-, h, → ***lassen***) *Verordnung*: issue; *Gesetz*: enact; *j-m et.*: release from.

erlaub|en [ɛr'laʊbən] *v/t* (*no* ge-, h) allow, permit; **&nis** [~'laʊpnɪs] *f* (-; *no pl*) permission: → ***bitten.***

erläuter|n [ɛr'lɔʏtərn] *v/t* (*no* ge-, h) explain (***j-m et.*** s.th. to s.o.); *kommentieren*: comment on; **&ung** *f* (-; -en) explanation; comment.

er'leben *v/t* (*no* ge-, h) experience; *Schlimmes*: go through; *mit ansehen*: see; *Abenteuer, Überraschung, Freude etc*: have: ***das werden wir nicht mehr ~*** we won't live to see that.

Erlebnis [ɛr'le:pnɪs] *n* (-ses; -se) experience; *Abenteuer*: adventure; **&reich** *adj* very eventful.

erledigen [ɛr'le:dɪgən] *v/t* (*no* ge-, h) *allg.* take care of, do, handle; *Angelegenheit, Problem*: settle.

erleichter|t [ɛr'laɪçtərt] *adj* relieved; **&ung** *f* (-; *no pl*) relief (***über*** *acc* at).

er|'leiden *v/t* (*irr*, *no* ge-, h, → ***leiden***) suffer; **~'lernen** *v/t* (*no* ge-, h) learn.

er'liegen *v/i* (*irr*, *no* ge-, sn, → ***liegen***) succumb to; *e-r Krankheit*: die from.

Er'liegen *n* (-s; *no pl*): ***zum ~ kommen*** (***bringen***) come (bring) to a standstill.

erlogen [ɛr'loːgən] *adj* made(-)up, *pred a.* a lie.

Erlös [ɛr'løːs] *m* (-es; -e) proceeds *pl.*

erloschen [ɛr'lɔʃən] *adj Vulkan*: extinct.

ermächtig|en [ɛr'mɛçtɪgən] *v/t* (*no* ge-, h) authorize; **Ձung** *f* (-; -en) authorization; *Befugnis*: authority.

er'mäßig|en *v/t* (*no* ge-, h) reduce; **Ձung** *f* (-; -en) reduction.

ermitt|eln [ɛr'mɪtəln] (*no* ge-, h) **1.** *v/t* find out; *bestimmen*: determine; **2.** *v/i*: **~** (***gegen***) *jur.* investigate; **Ձlung** *f* (-; -en) investigation.

ermöglichen [ɛr'møːklɪçən] *v/t* (*no* ge-, h) make possible.

ermord|en [ɛr'mɔrdən] *v/t* (*no* ge-, h) murder; *bsd. pol.* assassinate; **Ձung** *f* (-; -en) murder; assassination.

ermunter|n [ɛr'mʊntərn] *v/t* (*no* ge-, h) encourage (***zu et., et. zu tun*** to do s.th.); **Ձung** *f* (-; -en) encouragement.

ermutig|en [ɛr'muːtɪgən] *v/t* (*no* ge-, h), **Ձung** *f* (-; -en) → ***ermuntern, Ermunterung.***

ernähr|en [ɛr'nɛːrən] (*no* ge-, h) **1.** *v/t* feed; *Familie*: support; **2.** *v/refl*: ***sich ~ von*** live on; **Ձer** *m* (-s; -) breadwinner, provider; **Ձung** *f* (-; *no pl*) food; **~s-***weise*: diet.

er'nenn|en *v/t* (*irr*, *no* ge-, h, → ***nennen***): ***j-n zu et. ~*** appoint s.o. s.th.; **Ձung** *f* (-; -en) appointment (***zu*** as).

erneu|ern [ɛr'nɔʏərn] *v/t* (*no* ge-, h) renew; **Ձerung** *f* (-; -en) renewal; **~t** *adv* once more.

Ernst [ɛrnst] *m* (-es; *no pl*) seriousness: ***ist das dein ~?*** are you serious?

ernst [~], **~haft, ~lich** *adj* serious, earnest.

Erober|er [ɛr'ʔoːbərər] *m* (-s; -) conqueror; **Ձn** *v/t* (*no* ge-, h) conquer (*a. fig.*); **~ung** *f* (-; -en) conquest (*a. fig.*)

er'öffn|en *v/t* (*no* ge-, h) open, *feierlich*: *a.* inaugurate; **Ձung** *f* (-; -en) opening, inauguration.

erörter|n [ɛr'ʔœrtərn] *v/t* (*no* ge-, h) discuss; **Ձung** *f* (-;-en) discussion.

erotisch [e'roːtɪʃ] *adj* erotic.

erpicht [ɛr'pɪçt] *adj*: **~ *auf*** (*acc*) keen on.

er'press|en *v/t* (*no* ge-, h) blackmail; *Geständnis etc*: extort (***von*** from); **Ձer** *m* (-s; -) blackmailer; **Ձung** *f* (-; -en) blackmail.

er|'proben *v/t* (*no* ge-, h) try, test; **~'raten** *v/t* (*irr*, *no* ge-, h, → ***raten***) guess; **~'rechnen** *v/t* (*no* ge-, h) calculate.

er'reg|bar *adj* excitable; *reizbar*: irritable; **~en** *v/t* (*no* ge-, h) excite; *aufregen*: *a.* upset; *sexuell*: *a.* arouse; *Gefühle*: rouse; *verursachen*: cause; **~end** *adj* exciting, thrilling; **Ձer** *m* (-s; -) *med.* germ; **Ձung** *f* (-; -en) excitement.

er'reichen *v/t* (*no* ge-, h) reach; *Zug etc*: catch; *Erfolg haben*: succeed in: ***et. ~*** get somewhere; ***telefonisch zu ~ sein*** be on the (*Am.* have a) phone.

er'richt|en *v/t* (*no* ge-, h) build, erect, put up; *fig.* found, *bsd. econ.* set up; **Ձung** *f* (-; *no pl*) building, erection; *fig.* foundation.

er|'ringen *v/t* (*irr*, *no* ge-, h, → ***ringen***) win, gain; *Erfolg*: achieve; **~'röten** *v/i* (*no* ge-, sn) blush (***vor*** *dat* with).

Ersatz [ɛr'zats] *m* (-es; *no pl*) replacement; ***auf Zeit, a. Person***: substitute; *Ausgleich*: compensation; *Schaden*Ձ: damages *pl*: ***als ~ für j-n*** in s.o.'s place; **~dienst** *m* alternative national service (for conscientious objectors); **~mann** *m* (-[e]s; -leute) substitute (*a. Sport*); **~mittel** *n* substitute; **~reifen** *m mot.* spare tyre (*Am.* tire); **~teil** *n tech.* spare part.

er|'scheinen *v/i* (*irr*, *no* ge-, sn, → ***scheinen***) appear (*a. Zeitung etc*), turn up; *Buch*: be published; **~'schießen** *v/t* (*irr*, *no* ge-, h, → ***schießen***) shoot (dead).

er'schließ|en *v/t* (*irr*, *no* ge-, h, → ***schließen***) *Bauland*: develop; *Markt*: open up; **Ձung** *f* (-; *no pl*) development; opening up; **Ձungskosten** *pl* development costs *pl.*

er'schöpf|en *v/t* (*no* ge-, h) exhaust; **Ձung** *f* (-; *no pl*) exhaustion.

erschrecken [ɛr'ʃrɛkən] **1.** *v/t* (*no* ge-, h) frighten, scare; **2.** *v/i* (erschrak, erschrocken, sn) be frightened (***über*** *acc* at); **~d** *adj* alarming; *Anblick*: terrible.

erschütter|n [ɛr'ʃʏtərn] *v/t* (*no* ge-, h) shake; *fig. a.* shock; **Ձung** *f* (-; -en) shock (*a. seelisch*); *tech.* vibration.

E

erschweren [ɛr'ʃveːrən] *v/t* (*no* ge-, h) make more difficult.

erschwinglich [ɛr'ʃvɪŋlɪç] *adj* within one's means; *Preise*: reasonable: ***das ist für uns nicht ~*** we can't afford that.

er|'sehen *v/t* (*irr*, *no* ge-, h, → ***sehen***) see, learn, gather (*alle*: ***aus*** from); **~'setzen** *v/t* (*no* ge-, h) replace (***durch*** by); *ausgleichen*: compensate for, make up for (*a. Schaden*, *Verlust*).

er'sichtlich *adj* evident, obvious: ***ohne ~en Grund*** for no apparent reason.

er'spar|en *v/t* (*no* ge-, h) (*a.* ***sich*** *Geld* **~**) save: ***j-m et. ~*** spare s.o. s.th.; **2nisse** *pl* savings *pl.*

erst [eːrst] *adv* first; *anfangs*: at first: ***~ jetzt*** (***gestern***) only now (yesterday); ***~ nächste Woche*** not before (*od.* until) next week; ***es ist ~ neun Uhr*** it is only nine o'clock; ***eben ~*** just (now); ***~ recht*** all the more; ***~ recht nicht*** even less.

erstatt|en [ɛr'ʃtatən] *v/t* (*no* ge-, h) *Geld*: refund; *Bericht*: make: ***Anzeige ~ gegen*** report *s.o.* to the police; **2ung** *f* (-; -en) refund.

er'staunen *v/t* (*no* ge-, h) astonish, amaze.

Er'staun|en *n* (-s) astonishment, amazement: ***zu m-m ~*** to my astonishment; **2lich** *adj* astonishing, amazing; **2t** **1.** *adj* astonished (***über*** *acc* at), amazed (at); **2.** *adv* in astonishment.

erste ['eːrstə] *adj* first: ***fürs ~*** for the time being; ***als ~(r)*** first; → ***Blick, Hilfe*** *etc.*

er'stechen *v/t* (*irr*, *no* ge-, h, → ***stechen***) stab (to death).

erstens ['eːrstəns] *adv* first(ly), in the first place.

ersticken [ɛr'ʃtɪkən] (*no* ge-) *v/t* (h) *u.* *v/i* (sn) choke, suffocate: → ***Keim***.

'erstklassig *adj* first-class.

er'strecken *v/refl* (*no* ge-, h) extend (***bis zu*** as far as; ***über*** *acc* over): ***sich ~ über*** *a.* cover.

ertappen [ɛr'tapən] *v/t* (*no* ge-, h) catch (***j-n beim Stehlen*** s.o. stealing): → ***Tat***.

Ertrag [ɛr'traːk] *m* (-s; ⸚e) yield; *Einnahmen*: proceeds *pl*, returns *pl.*

er'tragen *v/t* (*irr*, *no* ge-, h, → ***tragen***) *Schmerzen etc*: bear, endure; *Klima*, *Person*: *a.* stand.

erträglich [ɛr'trɛːklɪç] *adj* bearable, tolerable.

Er'tragslage *f* profit situation.

er|'trinken *v/i* (*irr*, *no* ge-, sn, → ***trinken***) (be) drown(ed); **~übrigen** [ɛr'ʔyːbrɪgən] (*no* ge-, h) **1.** *v/t Zeit etc*: spare; **2.** *v/refl* be unnecessary.

er'wachsen *adj* grown-up, adult; **2e** *m, f* (-n; -n) adult, grown-up.

erwäg|en [ɛr'vɛːgən] *v/t* (erwog, erwogen, h) consider (***zu tun*** doing); **2ung** *f* (-; -en) consideration: ***in ~ ziehen*** take into consideration.

erwähn|en [ɛr'vɛːnən] *v/t* (*no* ge-, h) mention; **2ung** *f* (-; -en) mention.

er'wart|en *v/t* (*no* ge-, h) expect; *Kind*: be expecting; *warten auf*: wait for; **2ung** *f* (-; -en) expectation; **~ungsvoll** *adj* expectant.

er|'wecken *v/t* (*no* ge-, h) *Verdacht*, *Gefühle*: arouse; **~'weisen** (*irr*, *no* ge-, h, → ***weisen***) **1.** *v/t Dienst*, *Gefallen*: do; **2.** *v/refl*: ***sich ~ als*** prove to be.

erweiter|n [ɛr'vaɪtərn] (*no* ge-, h) **1.** *v/t Straße etc*: widen; *Macht etc*: extend; *bsd. econ.* expand; **2.** *v/refl Straße etc*: widen; **2ung** *f* (-; -en) widening; extension; *bsd. econ.* expansion.

Erwerb [ɛr'vɛrp] *m* (-[e]s; -e) acquisition; *Kauf*: purchase; **2en** *v/t* (*irr*, *no* ge-, h, → ***werben***) acquire (*a. Wissen*, *Ruf etc*); *kaufen*: purchase.

er'werbs|los *adj*, **2lose** *m, f* → ***arbeitslos, Arbeitslose***; **~tätig** *adj* (gainfully) employed, working; **2tätige** *m, f* (-n; -n) employed person; **2zweig** *m* line of business.

erwider|n [ɛr'viːdərn] *v/t* (*no* ge-, h) reply (***auf*** *acc* to); *Gruß*, *Besuch etc*: return; **2ung** *f* (-; -en) reply; return.

er'wischen *v/t* (*no* ge-, h) catch (***beim Stehlen*** stealing).

erwünscht [ɛr'vʏnʃt] *adj* desired; *wünschenswert*: desirable; *willkommen*: welcome.

er'würgen *v/t* (*no* ge-, h) strangle.

Erz [eːrts] *n* (-es; -e) ore.

er'zählen *v/t* (*no* ge-, h) tell.

erzeug|en [ɛr'tsɔʏgən] *v/t* (*no* ge-, h) produce (*a. fig.*); *industriell*: *a.* make, manufacture; *electr.* generate; *verursachen*: cause, create; **2er** *m* (-s; -) *econ.* producer; **2erland** *n* country of origin; **2nis** *n* (-ses; -se) product (*a. fig.*); **2ung** *f* (-; *no pl*) production.

er'ziehen *v/t* (*irr*, *no* ge-, h, → ***ziehen***) bring up; *geistig*: educate.

Er'ziehung *f* (-; *no pl*) upbringing; *geistige*: education; **~sberechtigte** *m, f* (-n; -n) parent or guardian.

er|'zielen *v/t* (*no* ge-, h) *Ergebnis, Erfolg etc*: achieve; **~'zwingen** *v/t* (*irr, no* ge-, h, → **zwingen**) force.

es [ɛs] *pers pron* it; *Person, Tier bei bekanntem Geschlecht*: he, she: **~ gibt** there is, there are; **ich bin ~** it's me.

Esel ['e:zəl] *m* (-s; -) *zo*. donkey; *bsd. fig.* ass; **'~sbrücke** *f* mnemonic; **'~sohr** *n fig.* dog-ear.

eßbar ['ɛsba:r] *adj* eatable; *bsd. Pilz etc*: edible.

essen ['ɛsən] *v/t u. v/i* (aß, gegessen, h) eat: **zu Mittag ~** (have) lunch; **zu Abend ~** have supper *od.* dinner; **et. zu Mittag** *etc* **~** have s.th. for lunch *etc.*

Essen [~] *n* (-s; -) *Nahrung, Verpflegung*: food; *Mahlzeit*: meal; *Gericht*: dish: **beim ~ sein** be having lunch *etc*; **'~smarke** *f* meal ticket, *Br. a.* luncheon voucher; **'~szeit** *f* mealtime.

Essig ['ɛsıç] *m* (-s; -e) vinegar.

Eß|löffel ['ɛs~] *m* tablespoon; **'~stäbchen** *pl* chopsticks *pl*; **'~tisch** *m* dining table; **'~zimmer** *n* dining room.

Etage [e'ta:ʒə] *f* (-; -n) floor, *Br.* storey, *Am.* story: **auf der ersten ~** on the first (*Am.* second) floor; **~nbett** *n* bunk bed.

Etappe [e'tapə] *f* (-; -n) stage, leg.

Etat [e'ta:] *m* (-s; -s) budget.

Eth|ik ['e:tık] *f* (-; *no pl*) *Normen*: ethics *pl*; **'⁀isch** *adj* ethical.

ethnisch ['ɛtnıʃ] *adj* ethnic.

Etikett [etı'kɛt] *n* (-[e]s; -e[n], -s) label; *Preisschild*: price tag; **⁀ieren** [~'ti:rən] *v/t* (*no* ge-, h) label.

etliche ['ɛtlıçə] *indef pron* several, quite a few.

Etui [ɛt'vi:] *n* (-s; -s) case.

etwa ['ɛtva] *adv ungefähr*: about, *bsd. Am. a.* around; **'~ig** *adj* any.

etwas ['ɛtvas] **1.** *indef pron* something; *irgend* **~**: anything; **2.** *adj* some; any; **3.** *adv* a little, somewhat.

EU-Beitritt *m* joining the EU, EU entry, EU accession.

euer ['ɔʏər] *poss pron* your: **der** (**die, das**) **eu**(**e**)**re** yours.

Eule ['ɔʏlə] *f* (-; -n) *zo*. owl: **~n nach Athen tragen** carry coals to Newcastle.

EU-|Osterweiterung *f* EU expansion into Eastern Europe; **~ Richtlinie** *f* EU directive.

Euro ['ɔʏro] *m* Euro: **die Einführung des ~** the launching of the Euro; **~cent** *m* Eurocent; **~fighter** *m mil.* Eurofighter; **~krat** *m* Eurocrat; **~land** *n* Euroland; **~norm** *f* Euronorm, European standard.

Europa [ɔʏ'ro:pa] *n* Europe.

Europäer [ɔʏro'pɛ:ər] *m* (-s; -) European.

europäisch [ɔʏro'pɛ:ıʃ] *adj* European: **⁀er Binnenmarkt** Single European Market; **⁀e Gemeinschaft** (**EG**) *hist.* European Community (EC); **⁀er Gerichtshof** (**EuGH**) European Court of Justice (ECJ); **⁀e Investitionsbank** (**EIB**) European Investment Bank (EIB); **⁀e Kommission** (**EuK**) European Commission (EC); **⁀es Parlament** European Parliament; **⁀es Patentamt** (**EPA**) European Patent Office (EPO); **⁀er Rat** European Council; **⁀er Rechnungshof** European Court of Auditors; **⁀e Union** (**EU**) European Union (EU); **⁀e Währungseinheit** (**ECU**) European Currency Unit (ECU); **⁀es Währungsinstitut** (**EWI**) European Monetary Institute (EMI); **⁀es Währungssystem** (**EWS**) European Monetary System (EMS); **⁀e** (**Wirtschafts- und**) **Währungsunion** (**EWU, EWWU**) European (Economic and) Monetary Union (EMU); **⁀e Zentralbank** (**EZB**) European Central Bank (ECB).

Europa|parlament [ɔʏ'ro:pa~] *n* (-[e]s; *no pl*) European Parliament; **~politik** *f* European policy; **~rat** *m* (-[e]s; *no pl*) Council of Europe.

Euroscheck ['ɔʏro~] *m* Eurocheque; **'~karte** *f* Eurocheque card.

Euroskeptiker *m* (-s; -) Eurosceptic.

evakuieren [evaku'i:rən] *v/t* (*no* ge-, h) evacuate.

evangelisch [evan'ge:lıʃ] *adj eccl.* Protestant.

eventuell [evɛn'tŭɛl] **1.** *adj* possible; **2.** *adv* possibly, perhaps.

ewig ['e:vıç] **1.** *adj* eternal; F *dauernd*: constant, endless; **2.** *adv*: **auf ~** for ever; **'⁀keit** *f* eternity: F **e-e ~** (for) ages.

exakt [ɛ'ksakt] *adj* exact, precise; **⁀heit** *f* (-; *no pl*) exactness, precision.

Examen [ɛ'ksa:mən] *n* (-s; -) exam(ination).

E

Exekutive [ɛkseku'tiːvə] *f* (-; -n) *pol.* executive (branch).
Exemplar [ɛksɛm'plaːr] *n* (-s; -e) specimen; *e-s Buches etc*: copy.
Exil [ɛ'ksiːl] *n* (-s; -e): ***ins ~ gehen*** go into exile; ***im ~ leben*** live in exile; **~re͵gierung** *f* government in exile.
Existenz [ɛksɪs'tɛnts] *f* (-; -en) existence; *Unterhalt*: living, livelihood; **~minimum** *n* subsistence level.
existieren [ɛksɪs'tiːrən] *v/i* (*no* ge-, h) exist: **~ *von*** subsist on.
exklusiv [ɛksklu'ziːf] *adj* exclusive.
exotisch [ɛ'ksoːtɪʃ] *adj* exotic.
Expansion [ɛkspan'zĭoːn] *f* (-; -en) expansion.
Expedition [ɛkspedi'tsĭoːn] *f* (-; -en) expedition.
Experiment [ɛksperi'mɛnt] *n* (-[e]s; -e) experiment; **2ieren** [~'tiːrən] *v/i* (*no* ge-, h) experiment (***mit*** on, with).
Experte [ɛks'pɛrtə] *m* (-n; -n) expert (***für*** at, in, on).
explo|dieren [ɛksplo'diːrən] *v/i* (*no* ge-, sn) explode (*a. fig.*); **2sion** [~'zĭoːn] *f* (-; -en) explosion (*a. fig.*); **~siv** [~'ziːf] *adj* explosive (*a. fig.*).
Export [ɛks'pɔrt] *m* (-[e]s; -e) *econ.* export; *Exportiertes*: exports *pl*; **~eur** [~'tøːr] *m* (-s; -e) exporter; **2ieren** [~'tiːrən] *v/t* (*no* ge-, h) export; **~land** *n* exporting country; **~überschuß** *m* export surplus.
extra ['ɛkstra] *adv* extra; *gesondert*: *a.* separately; *eigens*: especially; F *absichtlich*: on purpose: **~ *für dich*** just for you; '**2blatt** *n* extra.
extrem [ɛks'treːm] *adj*, **2** *n* extreme; **2ismus** [~tre'mɪsmʊs] *m* (-; *no pl*) extremism; **2ist** [~tre'mɪst] *m* (-en; -en) extremist; **~istisch** [~tre'mɪstɪʃ] *adj* extremist.

F

fabelhaft ['faːbəlhaft] *adj* fantastic.
Fabrik [fa'briːk] *f* (-; -en) factory; **~ant** [fabri'kant] *m* (-en; -en) *Besitzer*: factory owner; *Hersteller*: manufacturer; **~arbeiter** *m* factory worker; **~at** [fabri'kaːt] *n* (-[e]s; -e) *Marke*: make; *Erzeugnis*: product; **~ation** [fabrika'tsĭoːn] *f* (-; -en) production.
Fach [fax] *n* (-[e]s; ⸚er) *Schrank2 etc*: compartment, shelf; *in Wand, Kasten etc*: box; *Schul-, Studien2*: subject; → ***Fachgebiet***; '**~arbeiter** *m* skilled worker: ***Mangel an ~n*** shortage of skilled workers; '**~arzt** *m*, '**~ärztin** *f* specialist (***für*** in); '**~gebiet** *n* line, field; *Branche*: *a.* trade, business; '**~geschäft** *n* specialist shop (*Am.* store); '**~hochschule** *f appr.* college; '**~kenntnisse** *pl* specialized knowledge; '**~mann** *m* (-[e]s; -leute) expert (***für*** at, in, on); **2männisch** ['~mɛnɪʃ] *adj* expert; **2simpeln** ['~zɪmpəln] *v/i* (*insep*, *pp* gefachsimpelt, h) talk shop; '**~werkhaus** *n* half-timbered house.
Fackel ['fakəl] *f* (-; -n) torch; '**~zug** *m* torchlight procession.
fade ['faːdə] *adj Essen*: tasteless, insipid; *langweilig*: dull, boring.
Faden ['faːdən] *m* (-s; ⸚) thread (*a. fig.*).
fähig ['fɛːɪç] *adj* capable (***zu tun*** of doing), able (to do); '**2keit** *f* (-; -en) capability, ability; *Begabung*: talent, gift.
fahl [faːl] *adj* pale; *Gesicht*: *a.* ashen.
fahnd|en ['faːndən] *v/i* (h) search (***nach*** for); '**2ung** *f* (-; -en) search.
Fahne ['faːnə] *f* (-; -n) flag: F ***e-e ~ haben*** reek of the bottle.
Fahr|ausweis ['faːr~] *m* ticket; '**~bahn** *f* road, *Br.* carriageway; *Spur*: lane.
Fähre ['fɛːrə] *f* (-; -n) ferry.
fahren ['faːrən] (fuhr, gefahren) **1.** *v/i* (sn) *allg.* go; *reisen*: *a.* travel; *verkehren*: run; *ab~*: leave, go; *Auto ~*: drive; *in od. auf e-m Fahrzeug*: ride: ***mit dem Auto*** (***Zug, Bus*** *etc*) **~** go by car (train, bus *etc*); **2.** *v/t* (h) *Auto etc*: drive; (*Motor*)*Rad*: ride; *Güter*: carry.
'**Fahrer** *m* (-s; -) driver; *Chauffeur*: chauffeur; '**~flucht** *f* (-; *no pl*) hit-and-run offen|ce (*Am.* -se): **~ *begehen*** just drive off.
Fahr|gast ['faːr~] *m* passenger, *Taxi*: fare; '**~geld** *n* fare; '**~gemeinschaft** *f* car pool; '**~gestell** *n mot.* chassis; *aer.* → ***Fahrwerk***; '**~karte** *f* ticket; '**~karten-**

auto|mat *m* ticket machine; '**~kartenschalter** *m* ticket window; '**ℒlässig** *adj* careless, reckless (*a. jur.*): **grob ~** grossly negligent; '**~lehrer** *m* driving instructor; '**~plan** *m* timetable, *Am. a.* schedule; '**ℒplanmäßig 1.** *adj* scheduled; **2.** *adv* according to schedule; *pünktlich*: on time; '**~preis** *m* fare; '**~prüfung** *f* driving test; '**~rad** *n* bicycle; '**~schein** *m* ticket; '**~schule** *f* driving school; '**~schüler** *m mot.* learner (*Am.* student) driver; '**~spur** *f* lane; '**~stuhl** *m Br.* lift, *Am.* elevator; '**~stunde** *f* driving lesson.

Fahrt [fa:rt] *f* (-; -en) *in od. auf e-m Fahrzeug*: ride; *mot. a.* drive; *Reise*: trip (*a. Ausflug*), journey; *mar.* voyage, trip, cruise; *Geschwindigkeit*: speed (*a. mar.*): **in voller ~** at full speed.

Fährte ['fɛ:rtə] *f* (-; -n) track (*a. fig.*).

'**Fahrtenschreiber** *m* (-s; -) *mot.* tachograph.

fahr|tüchtig ['fa:r~] *adj Wagen*: roadworthy; *Person*: fit to drive; '**ℒwerk** *n aer.* undercarriage, landing gear.

Fahrzeug ['fa:r~] *n* (-[e]s; -e) vehicle; '**~brief** *m Br.* logbook; '**~halter** *m* vehicle owner; '**~pa|piere** *pl* vehicle documents *pl*; '**~schein** *m* vehicle registration document.

Faktor ['faktɔr] *m* (-s; -en) factor.

Fakultät [fakʊl'tɛ:t] *f* (-; -en) *univ.* faculty.

Falke ['falkə] *m* (-n; -n) *zo.* hawk (*a. pol.*), falcon.

Fall [fal] *m* (-[e]s; ⸚e) fall; *gr.*, *jur.*, *med.* case: **auf jeden** (**keinen**) **~** in any (no) case, by all (no) means; **für den ~, daß ...** in case ...; **gesetzt den ~, daß** suppose (that).

Falle ['falə] *f* (-; -n) trap (*a. fig.*).

fallen ['falən] *v/i* (fiel, gefallen, sn) fall (*a. Regen*), drop (*a.* **~ lassen**); *mil.* be killed (in action).

fällen ['fɛlən] *v/t* (h) *Baum*: fell, cut down; *jur. Urteil*: pass; *Entscheidung*: make.

'**fallenlassen** *v/t* (*irr*, *sep*, *no* -ge-, h, → **lassen**) *Plan etc*: drop.

fällig ['fɛlɪç] *adj* due; *Geld*: *a.* payable.

falls [fals] *cj* if, in case: **~ nicht** unless.

'**Fallschirm** *m* parachute; '**~jäger** *m mil.* paratrooper; '**~springen** *n* (-s) parachuting; *Sport*: *mst* skydiving; '**~springer** *m* parachutist; skydiver.

falsch [falʃ] **1.** *adj* wrong; *unwahr*, *unecht*: false (*a. Freund, Name, Bescheidenheit etc*); *gefälscht*: forged; **2.** *adv*: **~ gehen** *Uhr*: be wrong; **et. ~ aussprechen** (**schreiben, verstehen** *etc*) mispronounce (misspell, misunderstand *etc*) s.th.; **~ verbunden!** *teleph.* sorry, wrong number.

fälsche|n ['fɛlʃən] *v/t* (h) forge, fake; *Geld*: *a.* counterfeit; '**ℒr** *m* (-s; -) forger; counterfeiter.

'**Falsch|fahrer** *m* wrong-way driver; '**~geld** *n* counterfeit money.

'**Fälschung** *f* (-; -en) forgery; counterfeit.

Falte ['faltə] *f* (-; -n) fold; *Knitter*ℒ, *Runzel*: wrinkle; *Rock*ℒ: pleat; *Bügel*ℒ: crease; '**ℒen** *v/t* (h) fold; '**~enrock** *m* pleated skirt; '**ℒig** *adj* wrinkled.

familiär [fami'lǐɛ:r] *adj zwanglos*: informal: **~e Gründe** family reasons.

Familie [fa'mi:lǐə] *f* (-; -n) family (*a. bot.*, *zo.*).

Fa'milien|betrieb *m* family business (*od.* firm); **~name** *m* family name, surname, *Am. a.* last name; **~packung** *f* family(-size) pack; **~planung** *f* family planning; **~stand** *m* marital status; **~vater** *m* family man.

Fanati|ker [fa'na:tikər] *m* (-s; -) fanatic; **ℒsch** *adj* fanatic; **~smus** [fana'tɪsmʊs] *m* (-; *no pl*) fanaticism.

Fang [faŋ] *m* (-[e]s; ⸚e) catch (*a. fig.*); '**ℒen** *v/t* (fing, gefangen, h) catch (*a. fig.*); '**~en** *n* (-s): **~ spielen** play catch (*Am.* tag).

Farb|band ['farb~] *n* (typewriter) ribbon; '**~e** *f* (-; -n) colo(u)r; *Mal*ℒ: paint: *Gesichts*ℒ: complexion; *Bräune*: tan; *Kartenspiel*: suit: **welche ~ hat ...?** what colo(u)r is ...?; '**ℒecht** *adj* colo(u)rfast.

färben ['fɛrbən] (h) **1.** *v/t* dye; *bsd. fig.* colo(u)r; **2.** *v/refl*: **sich rot ~** turn red.

'**farben|blind** *adj* colo(u)r-blind; '**~froh** *adj* colo(u)rful.

Farb|fernsehen ['farb~] *n* colo(u)r TV; '**~fernseher** *m* colo(u)r TV set; '**~film** *m* colo(u)r film; '**~foto** *n* colo(u)r photo.

farbig ['farbɪç] *adj* colo(u)red; *Glas*: stained; *fig.* colo(u)rful.

farb|los ['farb~] *adj* colo(u)rless (*a. fig.*); '**ℒstift** *m* colo(u)red pencil, crayon;

F

'**≈stoff** *m für Lebensmittel*: colo(u)ring; *tech.* dye; '**≈ton** *m* shade.
Fasching ['faʃɪŋ] *m* (-s; -e, -s) carnival.
Faschis|mus [fa'ʃɪsmʊs] *m* (-; *no pl*) fascism; **~t** *m* (-en; -en) fascist; **≈tisch** *adj* fascist.
Faß [fas] *n* (-sses; ⁼sser) barrel: ***Bier vom ~*** → ***Faßbier.***
Fassade [fa'sa:də] *f* (-; -n) facade, front (*beide a. fig.*).
Faßbier *n* (-[e]s; -e) draught (*Am.* draft) beer.
fassen ['fasən] (h) **1.** *v/t* seize, grasp, take hold of; *Verbrecher*: catch; *enthalten können*: hold; *Schmuck*: set; *begreifen*: grasp, understand; *glauben*: believe; *Mut*: pluck up: → ***Entschluß, Herz***; **2.** *v/refl* compose o.s.: ***sich kurz ~*** be brief; **3.** *v/i*: ***~ nach*** reach for.
'**Fassung** *f* (-; -en) *Schmuck*: setting; *Brillen≈*: frame; *electr.* socket; *Wortlaut*: wording, version; *seelische*: composure: ***die ~ verlieren*** lose one's temper; ***aus der ~ bringen*** upset, shake; '**~svermögen** *n* (-s; *no pl*) capacity (*a. fig.*).
fast [fast] *adv* almost, nearly: ***~ nie*** (***nichts***) hardly ever (anything).
fasten ['fastən] *v/i* (h) fast; '**≈zeit** *f eccl.* Lent.
fatal [fa'ta:l] *adj* unfortunate; *peinlich*: awkward; *verhängnisvoll*: disastrous.
faul [faʊl] *adj* rotten, bad; *Fisch, Fleisch*: *a.* spoiled; *fig.* lazy, idle; *verdächtig*: fishy: ***~e Ausrede*** lame excuse; '**~en** *v/i* (sn) rot, go bad; *verwesen*: decay; '**≈heit** *f* (-; *no pl*) laziness, idleness.
Faust [faʊst] *f* (-; ⁼e) fist: ***auf eigene ~*** on one's own initiative; '**~regel** *f* rule of thumb; '**~schlag** *m* punch.
Favorit [favo'ri:t] *m* (-en; -en) favo(u)rite.
Fax]faks] *n* (-; -[e]) fax; '**≈en** *v/t* (h) fax.
Februar ['fe:bruar] *m* (-[s]; -e) February: ***im ~*** in February.
fechten ['fɛçtən] *v/i* (focht, gefochten, h) fence; *fig.* fight (***für*** for).
Fechten [~] *n* (-s) *Sport*: fencing.
Feder ['fe:dər] *f* (-; -n) feather; *tech.* spring; '**~ball** *m Sport*: badminton; *Ball*: shuttlecock; '**~bett** *n* duvet, *Br.* continental quilt; '**≈leicht** *adj* (as) light as a feather; '**≈n** *v/i* (h) be springy; '**≈nd** *adj* springy, elastic; '**~ung** *f* (-; -en) *tech.* resilience; *mot.* suspension: ***e-e gute ~ haben*** be well sprung.
fehl [fe:l] *adv*: ***~ am Platze*** out of place; '**≈betrag** *m* deficit; '**~en** *v/i* (h) *nicht da, verschwunden sein*: be missing; *Schule etc* be absent: ***ihm fehlt*** (***es an*** *dat*) he is lacking; ***du fehlst uns*** we miss you; ***was dir fehlt, ist*** what you need is; ***was fehlt Ihnen?*** what's wrong with you?; '**≈en** *n* (-s) absence (***in*** *dat*, ***bei*** from); *Mangel*: lack.
'**Fehler** *m* (-s; -) mistake, error; *Charakter≈, Schuld, Mangel*: fault; *tech. a.* defect, flaw; '**≈frei** *adj* faultless, perfect, flawless; '**≈haft** *adj* faulty, full of mistakes; *tech.* defective.
'**Fehl|geburt** *f* miscarriage; '**~konstrukti͵on** *f* faulty design; '**~schlag** *m fig.* failure; '**~zündung** *f mot.* misfire, backfire.
Feier ['faɪər] *f* (-; -n) celebration; party; '**~abend** *m* finishing time: ***~ machen*** finish (work), F knock off; ***machen wir ~!*** let's call it a day!; '**≈lich** *adj* solemn; *festlich*: festive; '**~lichkeit** *f* (-; -en) solemnity; *Feier*: ceremony; '**≈n** *v/i* (h) celebrate (*a. v/t*), have a party; '**~tag** *m* holiday.
feig, feige [faɪk, 'faɪgə] *adj* cowardly.
Feige ['faɪgə] *f* (-; -n) *bot.* fig.
'**Feig|heit** *f* (-; *no pl*) cowardice; '**~ling** *m* (-[e]s; -e) coward.
Feile ['faɪlə] *f* (-; -n) file; '**≈n** *v/t u. v/i* file.
feilschen ['faɪlʃən] *v/i* (h) haggle (***um*** about, over).
fein [faɪn] *adj* fine; *Qualität*: *a.* choice, excellent; *Gehör etc*: keen; *zart*: delicate; *vornehm*: distinguished, F posh (*a. Gegend, Restaurant etc*); F *prima*: fine, great.
Feind [faɪnt] *m* (-[e]s; -e) enemy (*a. mil.*); '**≈lich** *adj* hostile; *Truppen etc*: enemy; '**~schaft** *f* (-; -en) hostility; '**≈selig** *adj* hostile (***gegen*** to); '**~seligkeit** *f* (-; -en) hostility.
fein|fühlig ['faɪnfy:lɪç] *adj* sensitive; *taktvoll*: tactful; '**≈gefühl** *n* (-[e]s; *no pl*) sensitiveness; tact; '**≈heit** *f* (-; -en) fineness; *des Gehörs etc*: keenness; *Zartheit*: delicacy: **~en** *pl* niceties *pl*; *Einzelheiten*: details *pl*; '**≈kostgeschäft** *n* delicatessen; '**≈me͵chanik** *f* precision engineering; '**≈me͵chaniker** *m* precision

engineer; '**≈schmecker** *m* (-s; -) gourmet.

Feld [fɛlt] *n* (-[e]s; -er) field (*a. fig.*); *Schach etc*: square: ***auf dem ~*** in the field; '**~stecher** *m* (-s; -) (***ein*** a pair of) binoculars *pl od.* field glasses *pl*; '**~zug** *m mil.* campaign (*a. fig.*).

Felge ['fɛlgə] *f* (-; -n) *tech.* rim.

Fell [fɛl] *n* (-[e]s; -e) coat; *abgezogenes*: skin, fur.

Fels [fɛls] *m* (-en; -en), **Felsen** ['fɛlzən] *m* (-s; -) rock.

felsig ['fɛlzɪç] *adj* rocky.

femin|in [femi'ni:n] *adj* feminine (*a. gr.*); **≈istin** [~'nɪstɪn] *f* (-; -nen) feminist; **~istisch** [~'nɪstɪʃ] *adj* feminist.

Fenchel ['fɛnçəl] *m* (-s; *no pl*) *bot.* fennel.

Fenster ['fɛnstər] *n* (-s; -) window; '**~brett** *n* windowsill; '**~laden** *m* shutter; '**~rahmen** *m* window frame; '**~scheibe** *f* windowpane.

Ferien ['fe:rĭən] *pl Br.* holiday(s *pl*), *Am.* vacation; '**~haus** *n* holiday (*Am.* vacation) house; '**~ort** *m* holiday (*Am.* vacation) resort; '**~wohnung** *f Br.* holiday flat, *Am.* vacation apartment.

Ferkel ['fɛrkəl] *n* (-s; -) piglet; *fig.* pig.

fern [fɛrn] **1.** *adj* far(-away), far-off, distant (*a. Zukunft etc*); **2.** *adv* far (away *od.* off): ***von ~*** from a distance; '**≈amt** *n teleph.* (telephone) exchange; '**~bedienung** *f* remote control; '**≈e** *f* (-; *no pl*): ***aus der ~*** from a distance; *von weit her*: from afar; ***in der ~*** far away (from home); '**~er** *adv* further(more), in addition, also; '**≈fahrer** *m Br.* long-distance lorry driver, *Am.* long-haul truck driver, F trucker; '**≈gespräch** *n teleph.* long-distance call; '**~gesteuert** *adj* remote-controlled, remote control ...; *Rakete*: guided; '**≈glas** *n* (***ein*** a pair of) binoculars *pl*; '**~halten** *v/t u. v/refl* (*irr*, *sep*, -ge-, h, → ***halten***) keep away (***von*** from); '**≈heizung** *f* district heating; '**≈kurs** *m* correspondence course; '**≈laster** *m mot.* F *Br.* long-distance lorry, *Am.* long-haul truck; '**≈licht** *n mot.* full (*Am.* high) beam; '**~liegen** *v/i* (*irr*, *sep*, -ge-, h, → ***liegen***): ***es liegt mir fern zu*** far be it from me to; '**≈meldeamt** *n* telephone exchange; '**≈meldesatel,lit** *m* communications satellite; '**≈rohr** *n* telescope; '**≈schreiben** *n* telex; '**≈schreiber** *m* telex (machine), teleprinter.

'**Fernseh|en** *n* (-s) television, TV: ***im ~*** on (the) television; '**≈en** *v/i* (*irr*, *sep*, -ge-, h, → ***sehen***) watch TV; '**~er** *m* (-s; -) TV set; *Person*: (TV) viewer; *pl coll.* TV audience *sg*; '**~schirm** *m* (TV) screen; '**~sendung** *f* TV program(me).

'**Fern|sprechamt** *n* telephone exchange; '**~steuerung** *f* remote control; '**~verkehr** *m* long-distance traffic; '**~zug** *m* long-distance train.

Ferse ['fɛrzə] *f* (-; -n) heel.

fertig ['fɛrtɪç] *adj bereit*: ready; *beendet*: finished: (***mit et.***) ***~ sein*** have finished (s.th.); ***mit et. ~ werden*** *Problem etc*: cope (*od.* deal) with, manage; '**~bringen** *v/t* (*irr*, *sep*, -ge-, h, → ***bringen***) bring about, manage; '**≈gericht** *n* instant meal; '**≈haus** *n arch.* prefab(ricated house); '**≈keit** *f* (-; -en) skill; '**~machen** (*sep*, -ge-, h) **1.** *v/t* finish (*a. fig. j-n*); *für et.*: get *s.th. od. s.o.* ready; **2.** *v/refl* get ready; '**≈pro,dukt** *n* finished product; '**~stellen** *v/t* (*sep*, -ge-, h) complete, finish; '**≈stellung** *f* (-; *no pl*) completion; '**≈waren** *pl* finished products *pl*.

fesseln ['fɛsəln] *v/t* (h) bind, tie (up); *fig.* fascinate.

fest [fɛst] **1.** *adj* firm (*a. fig.*); *nicht flüssig*: solid; *~gelegt*: fixed; *gutbefestigt*: fast; *Schlag*: sound; *Freund*(*in*): steady; **2.** *adv*: ***~ schlafen*** be fast asleep.

Fest [fɛst] *n* (-[e]s; -e) festival, feast (*beide a. eccl.*); *Feier*: celebration, party; *bsd. im Freien*: fête.

'**fest|binden** *v/t* (*irr*, *sep*, -ge-, h, → ***binden***) fasten, tie (***an*** *dat* to); '**≈essen** *n* banquet; '**≈geld** *n econ.* fixed deposit; '**~halten** (*irr*, *sep*, -ge-, h, → ***halten***) **1.** *v/t* hold on to; hold *s.o. od. s.th.* tight; **2.** *v/refl* hold tight: ***sich ~ an*** (*dat*) hold on to; **~igen** ['fɛstɪgən] (h) **1.** *v/t* strengthen; **2.** *v/refl* grow stronger; '**≈land** *n* mainland; *bsd. europäisches*: Continent; '**~legen** (*sep*, -ge-, h) **1.** *v/t* fix; **2.** *v/refl* commit o.s. (***auf*** *acc* to); '**~lich** *adj* festive; *feierlich*: ceremonial; '**~machen** *v/t* (*sep*, -ge-, h) fasten, fix (***an*** *dat* to); *mar.* moor (*a. v/i*); *vereinbaren*: arrange; **≈nahme** ['~na:mə] *f* (-; -n) arrest; '**~nehmen** *v/t* (*irr*, *sep*, -ge-, h, → ***nehmen***) arrest; '**≈preis** *m* fixed

F

price; '**~setzen** *v/t* (*sep*, -ge-, h) fix; '**Ꙩspiele** *pl* festival; '**~stehen** *v/i* (*irr*, *sep*, -ge-, h, → ***stehen***) *fig.* be certain; *Plan*, *Termin*: be fixed; '**~stehend** *adj* *Tatsache etc*: established; *Regel*, *Redensart*: standing; '**~stellen** *v/t* (*sep*, -ge-, h) find (out); *ermitteln*: establish; *wahrnehmen*: see, notice; *tech*. lock, arrest; '**Ꙩstellung** *f* (-; -en) *Ermittlung*: establishment; *Erkenntnis*: realization; '**Ꙩtag** *m* holiday; '**~verzinslich** *adj* *econ*. fixed-interest; '**Ꙩzug** *m* procession.

F

Fett [fɛt] *n* (-[e]s; -e) fat; *Braten*Ꙩ: dripping; *tech*. grease.

fett [~] *adj* fat (*a. fig.*); '**Ꙩfleck** *m* grease spot.

Fetzen ['fɛtsən] *m* (-s; -) shred; *Lumpen*: rag: ***ein ~ Papier*** a scrap of paper.

feucht [fɔʏçt] *adj* moist, damp; *Luft*: *a*. humid; '**Ꙩbio,top** *n* wetland; '**Ꙩigkeit** *f* (-; *no pl*) moisture; *e-s Ortes etc*: dampness; *Luft*Ꙩ: humidity.

feudal [fɔʏ'da:l] *adj* F *fig*. posh.

Feuer ['fɔʏər] *n* (-s; -) fire (*a. fig.*): ***~ fangen*** catch fire; ***haben Sie ~?*** have you got a light?; '**~a,larm** *m* fire alarm; '**~bestattung** *f* cremation; '**Ꙩfest** *adj* fireproof; '**Ꙩgefährlich** *adj* (in)flammable; '**~leiter** *f* fire escape; '**~löscher** *m* (-s; -) fire extinguisher; '**~melder** *m* (-s; -) fire alarm; '**Ꙩn** (h) **1.** *v/t* F *werfen*: fling; *entlassen*: fire, sack; **2.** *v/i* fire (***auf*** *acc* at); '**~stein** *m* flint; '**~versicherung** *f* fire insurance; **~wehr** ['~we:r] *f* (-; -en) fire brigade (*od*. service), *Am*. fire department; '**~wehrmann** *m* (-[e]s; ⸚er, -leute) fireman; '**~werk** *n* (-s; -e) fireworks *pl*; '**~werkskörper** *m* firework; '**~zeug** *n* (-[e]s; -e) lighter.

Fiasko [fi'asko] *n* (-s; -s) fiasco.

ficken ['fɪkən] *v/t u. v/i* (h) V fuck.

Fieber ['fi:bər] *n* (-s; *no pl*) temperature, fever: ***~ haben*** have (*od*. run) a temperature; '**Ꙩhaft** *adj* feverish (*a. fig.*); '**Ꙩn** *v/i* (h) have (*od*. run) a temperature; *fig*. be feverish (***vor*** *dat* with): ***~ nach*** yearn for; '**Ꙩsenkend** *adj* *med*. antipyretic; '**~thermo,meter** *n* (clinical) thermometer.

Figur [fi'gu:r] *f* (-; -en) figure (*a. fig.*).

Filet [fi'le:] *n* (-s; -s) *gastr*. fillet; **~steak** *n* fillet steak.

Filiale [fi'lĭa:lə] *f* (-; -n) branch.

Film [fɪlm] *m* (-s; -e) *phot*. film; *Spiel*Ꙩ: *bsd. Am. a*. movie: ***e-n ~ einlegen*** *phot*. load a camera; '**Ꙩen** *v/t* (h) film; '**~kamera** *f* film (*Am*. motion-piture) camera; '**~regis,seur** *m* film director; '**~schauspieler** *m* film actor; '**~vorstellung** *f* film show.

Filter ['fɪltər] *m*, *bsd. tech*. *n* (-s; -) filter; '**~kaffee** *m* filter(ed) coffee; '**Ꙩn** *v/t* (h) filter; '**~ziga,rette** *f* filter(-tipped) cigarette.

Filz [fɪlts] *m* (-es; -e) felt; F *contp*: corruption; '**Ꙩen** *v/t* (h) F frisk; **~okratie** [~okra'ti:] *f* (-; -n) F *contp*. corruption.

Finanz|amt [fi'nants~] *n* Inland (*Am*. Internal) Revenue; *Gebäude*: tax office; **~en** *pl* finances *pl*; **Ꙩiell** [~'tsĭɛl] *adj* financial; **Ꙩieren** [~'tsi:rən] *v/t* (*no* ge-, h) finance; **~lage** *f* financial situation; **~mi,nister** *m allg*. minister of finance; *Br*. Chancellor of the Exchequer, *Am*. Secretary of the Treasury; **~mini,sterium** *n allg*. ministry of finance; *Br*., *Am*. Treasury.

finden ['fɪndən] (fand, gefunden, h) **1.** *v/t* find; *der Ansicht sein*: think, believe: ***ich finde ihn nett*** I think he's nice; ***wie ~ Sie ...?*** how do you like ...?; **2.** *v/i*: ***~ Sie*** (***nicht***)***?*** do (don't) you think so?; **3.** *v/refl*: ***das wird sich ~*** we'll see.

Finder ['fɪndər] *m* (-s; -) finder; '**~lohn** *m* finder's reward.

Finger ['fɪŋər] *m* (-s; -) finger; '**~abdruck** *m* fingerprint; '**~spitze** *f* fingertip; '**~spitzengefühl** *n* (-[e]s; *no pl*) *fig*. sure instinct; tact.

Finn|e ['fɪnə] *m* (-n; -n) Finn; **Ꙩisch** ['fɪnɪʃ] *adj* Finnish.

finster ['fɪnstər] *adj* dark; *Miene*: grim; *fragwürdig*: shady; '**Ꙩnis** *f* (-; *no pl*) darkness.

Firma ['fɪrma] *f* (-; -men) *econ*. firm, company.

Fisch [fɪʃ] *m* (-[e]s; -e) fish; '**Ꙩen** *v/t u. v/i* (h) fish; '**~er** *m* (-s; -) fisherman; '**~erboot** *n* fishing boat; '**~erdorf** *n* fishing village; **~erei** [~'raɪ] *f* (-; *no pl*) fishing; **~e'reihafen** *m* fishing port; '**~fang** *m* (-[e]s; *no pl*) fishing; '**~markt** *m* fish market; '**~stäbchen** *n Br*. fish finger, *Am*. fish stick; '**~suppe** *f* fish soup; '**~vergiftung** *f med*. fish poisoning.

Fistel ['fɪstəl] *f* (-; -n) *med.* fistula.
fit [fɪt] *adj* fit: ***sich ~ halten*** keep fit.
Fitneß ['fɪtnes] *f* (-; *no pl*) fitness; '**~center** ['~sɛntər] *n* (-s; -) health cent|re (*Am.* -er); '**~raum** *m* exercise room.
fix [fɪks] *adj fest(gelegt)*: fixed (*a. Idee*); *flink*: quick; *aufgeweckt*: smart, bright.
fixe|n ['fɪksən] *v/i* (h) *sl.* shoot, fix; '**2r** *m* (-s; -) *sl.* junkie.
FKK [ɛfka:'ka:] nudism; **~-Anhänger** *m* nudist; **~-Strand** *m* nudist beach; **~-Urlaub** *m* nudist holiday(s *pl*) (*bsd. Am.* vacation).
flach [flax] *adj* flat; *eben*: *a.* level, even, plane; *nicht tief*, *fig. oberflächlich*: shallow.
Fläche ['flɛçə] *f* (-; -n) *Ober2*: surface (*a. math.*); *Gebiet*: area (*a. geom.*); *weite ~*: expanse, space; '**~nmaß** *n* unit of square measure.
'**Flachland** *n* lowland.
flackern ['flakərn] *v/i* (h) flicker.
Flagge ['flagə] *f* (-; -n) flag.
Flamme ['flamə] *f* (-; -n) flame (*a. Herd u. fig.*).
Flanell [fla'nɛl] *m* (-s; -e) flannel.
Flasche ['flaʃə] *f* (-; -n) bottle; *Säuglings2*: feeding bottle; '**~nbier** *n* bottled beer; '**~nöffner** *m* bottle opener; '**~npfand** *n* (bottle) deposit.
Flaute ['flaʊtə] *f* (-; -n) *mar.* calm; *bsd. econ.* slack period.
Fleck [flɛk] *m* (-[e]s; -e) *Schmutz2*, *Farb2 etc*: spot, stain, mark; *kleiner*: speck; *Punkt*: dot; *Klecks*: blot(ch); *Ort*, *Stelle*: place, spot; *Flicken*, *Fläche*: patch: ***blauer ~*** bruise; '**~enentferner** *m* (-s; -) stain remover; '**2enlos** *adj* spotless (*a. fig.*); '**2ig** *adj* spotted; *schmutzig*: *a.* stained, soiled.
Fleisch [flaɪʃ] *n* (-es; *no pl*) *Nahrung*: meat; *lebendes*: flesh (*a. fig.*); **~brühe** ['~bry:ə] *f* (-; -n) (meat) broth, consommé, beef tea; '**~er** *m* (-s; -) butcher; **~e'rei** *f* (-; -en) butcher's (shop); '**2fressend** *adj bot.*, *zo.* carnivorous; '**~konˌserven** *pl* tinned (*Am.* canned) meat; '**2los** *adj* meatless; '**~vergiftung** *f med.* meat poisoning; '**~wolf** *m Br.* mincer, *Am.* meat grinder; '**~wunde** *f* flesh wound.
Fleiß [flaɪs] *m* (-es; *no pl*) hard work; *Eigenschaft*: diligence; '**2ig** *adj* hard-working, diligent: ***~ sein*** (*od.* ***arbeiten***) work hard.
fletschen ['flɛtʃən] *v/t* (h) *Zähne*: bare.
flexib|el [flɛ'ksi:bəl] *adj* flexible; **2ilität** [~sibili'tɛ:t] *f* (-; *no pl*) flexibility.
flicken ['flɪkən] *v/t* (h) mend, repair; *notdürftig*, *a. fig.*: patch (up).
Fliege ['fli:gə] *f* (-; -n) *zo.* fly; *Krawatte*: bow tie.
fliege|n ['fli:gən] *v/i* (sn) *u. v/t* (h) (flog, geflogen) fly (*a.* ***~ lassen***); *fig.* be fired, get the sack: ***in die Luft ~*** blow up; '**2r** *m* (-s; -) F *Flugzeug*: plane.
flieh|en ['fli:ən] *v/i* (floh, geflohen, sn) flee, run away (*beide*: ***vor*** *dat* from); '**2kraft** *f phys.* centrifugal force.
Fliese ['fli:zə] *f* (-; -n) tile; '**2n** *v/t* (h) tile; '**~nleger** *m* (-s; -) tiler.
Fließ|band ['fli:s~] *n* (-[e]s; ⸚er) assembly line; *Förderband*: conveyor belt; '**2en** *v/i* (floß, geflossen, sn) flow (*a. fig.*); *Leitungswasser*, *Schweiß*, *Blut*: run; '**2end 1.** *adj* flowing; *Leitungswasser*: running; **2.** *adv*: ***er spricht ~ Deutsch*** he speaks German fluently (*od.* fluent German); '**~heck** *n mot.* fastback.
flimmern ['flɪmərn] *v/i* (h) shimmer; *Fernsehgerät*, *Film*: flicker.
flink [flɪŋk] *adj* quick, nimble.
Flinte ['flɪntə] *f* (-; -n) *Schrot2*: shotgun.
Flipper ['flɪpər] *m* (-s; -) pinball machine; '**2n** *v/i* (h) play pinball.
Flirt [flœrt] *m* (-s; -s) flirtation; '**2en** *v/i* (h) flirt (***mit*** with).
Flitterwochen ['flɪtərvɔxən] *pl* honeymoon *sg.*
Flocke ['flɔkə] *f* (-; -n) *Schnee2*: flake.
Floh [flo:] *m* (-[e]s; ⸚e) *zo.* flea; '**~markt** *m* flea market.
florieren [flo'ri:rən] *v/i* (*no* ge-, h) flourish.
Floskel ['flɔskəl] *f* (-; -n) cliché, empty phrase.
Floß [flo:s] *n* (-es; ⸚e) raft.
Flosse ['flɔsə] *f* (-; -n) fin; *Robbe*, *Schwimm2*: flipper; F *Hand*: paw.
Flöte ['flø:tə] *f* (-; -n) *mus.* flute; *Block2*: recorder.
flott [flɔt] *adj Tempo*: brisk; *schick*: smart; *Wagen*: *a.* racy; *mar.* afloat.
Flotte ['flɔtə] *f* (-; -n) *mar.* fleet; *Marine*: navy; '**~nstützpunkt** *m mil.* naval base.
Fluch [flu:x] *m* (-[e]s; ⸚e) curse; *Schimpf-*

F

wort: *a.* swearword; '**∼en** *v/i* (h) swear, curse: **∼ auf** (*acc*) swear at, curse.

Flucht [flʊxt] *f* (-; -en) flight (**vor** *dat* from); *erfolgreiche*: escape, getaway (**aus** from); '**∼artig** *adv* hastily.

flücht|en ['flʏçtən] *v/i* (sn) flee (**nach, zu** to), run away; *entkommen*: escape, get away; '**∼ig** *adj Gefangener etc*: on the run, at large; *oberflächlich*: superficial; *nachlässig*: careless: **∼er Blick** glance; **∼er Eindruck** glimpse; '**∼igkeitsfehler** *m* slip; **∼ling** ['∼lɪŋ] *m* (-s; -e) fugitive; *pol.* refugee; '**∼lingslager** *n* refugee camp.

F

Flug [flu:k] *m* (-[e]s; ⸚e) flight: (**wie**) **im ∼(e)** rapidly, quickly; '**∼blatt** *n* handbill, leaflet.

Flügel ['fly:gəl] *m* (-s; -) wing (*a. pol. etc*); *mus.* grand piano.

'**Flug|gast** *m* (air) passenger; '**∼gesellschaft** *f* airline; '**∼hafen** *m* airport; '**∼linie** *f* a) air route, b) → **Fluggesellschaft**; '**∼lotse** *m* air-traffic controller; '**∼platz** *m* airfield; '**∼schreiber** *m* flight recorder, black box; '**∼sicherung** *f* air-traffic control; **∼steig** ['∼ʃtaɪk] *m* (-[e]s; -e) gate; '**∼ticket** *n* air ticket.

Flugzeug *n* (-[e]s; -e) aircraft, *Br.* (aero-)plane, *Am.* (air)plane: **mit dem ∼** by air (*od.* plane); '**∼absturz** *m* air (*od.* plane) crash; '**∼entführer** *m* hijacker; '**∼entführung** *f* hijacking; '**∼träger** *m* aircraft carrier.

Flur [flu:r] *m* (-[e]s; -e) *Diele*: hall; *Gang*: corridor.

Fluß [flʊs] *m* (-sses; ⸚sse) river; *das Fließen*: flow (*a. fig.*); **∼'abwärts** *adv* downstream; **∼'aufwärts** *adv* upstream; '**∼bett** *n* river bed.

flüssig ['flʏsɪç] *adj* liquid (*a. econ.*); *geschmolzen*: molten; *Stil, Schrift etc*: fluent; '**∼keit** *f* (-; -en) liquid; *Zustand*: liquidity; fluency.

'**Fluß|lauf** *m* course of a river; '**∼ufer** *n* river bank.

flüstern ['flʏstərn] *v/i u. v/t* (h) whisper.

Flut [flu:t] *f* (-; -en) flood (*a. fig.*); *Hochwasser*: high tide: **es ist ∼** the tide is in; '**∼licht** *n electr.* floodlight; '**∼welle** *f* tidal wave.

Föderalis|mus [fœdera'lɪsmʊs] *m* (-; *no pl*) federalism; **∼tisch** [∼tɪʃ] *adj* federalist.

Föderation [fœdera'tsǐo:n] *f* (-; -en) federation.

Föhn [fø:n] *m* (-[e]s; -e) föhn, foehn.

Folge ['fɔlgə] *f* (-; -n) *Ergebnis*: result, consequence; *Wirkung*: effect; *Aufeinander∼*: succession; *Reihen∼*: order; *Serie*: series (*a. TV etc*); *Fortsetzung*: episode; (*negative*) *Auswirkung*: after-effect(s *pl*), aftermath.

folgen ['fɔlgən] *v/i* (sn) follow; (h) F *gehorchen*: obey: **hieraus folgt, daß** from this it follows that; **wie folgt** as follows; '**∼dermaßen** *adv* as follows; '**∼schwer** *adj* with serious consequences.

folger|n ['fɔlgərn] *v/t* (h) conclude (**aus** from); '**∼ung** *f* (-; -en) conclusion: **e-e ∼ ziehen** draw a conclusion.

folglich ['fɔlklɪç] *cj* consequently.

Folie ['fo:lǐə] *f* (-; -n) *Metall∼*: foil; *Plastik∼*: film.

Folklor|e [fɔlk'lo:rə] *f* (-; *no pl*) folklore; **∼eabend** *m* folklore evening; **∼istisch** [∼lo'rɪstɪʃ] *adj* folkloric.

Fön [fø:n] (-[e]s; -e) *TM* hairdryer.

Fonds [fõ:] *m* (-s; -s) *econ.* fund.

fönen ['fø:nən] *v/t* (h) (blow-)dry: **sich die Haare ∼** blow-dry one's hair.

Fontäne [fɔn'tɛ:nə] *f* (-; -n) jet; *Springbrunnen*: fountain.

Förderband ['fœrdər∼] *n* (-[e]s; ⸚er) conveyor belt.

fordern ['fɔrdərn] *v/t* (h) demand; *Lohnerhöhung, Menschenleben etc.* claim; *Preis etc*: ask, charge.

fördern ['fœrdərn] *v/t* (h) promote; *unterstützen*: support; *Bergbau*: mine.

'**Forderung** *f* (-; -en) demand; *Anspruch*: claim; *Preis∼*: charge.

'**Förderung** *f* (-; -en) promotion; support; mining.

Forelle [fo'rɛlə] *f* (-; -n) *zo.* trout.

Form [fɔrm] *f* (-; -en) form, shape; *Sport*: *a.* condition; *tech.* mo(u)ld; **∼al** [∼'ma:l] *adj* formal; **∼alität** [∼mali'tɛ:t] *f* (-; -en) formality; **∼at** [∼'ma:t] *n* (-s; -e) size; *fig.* calib|re (*Am.* -er); '**∼blatt** *n* form; **∼el** ['∼məl] *f* (-; -n) formula; **∼ell** [∼'mɛl] *adj* formal; '**∼en** *v/t* (h) shape, form; *Charakter etc*: mo(u)ld, form; '**∼fehler** *m jur.* formal defect.

förmlich ['fœrmlɪç] **1.** *adj* formal; **2.** *adv* formally; *fig.* literally.

'**formlos** *adj fig.* informal.

Formular [fɔrmu'la:r] *n* (-s; -e) form.

forsche|n ['fɔrʃən] *v/i* (h) research, do research (work): **~ *nach*** search for; '**2r** *m* (-s; -) researcher, research scientist.

'**Forschung** *f* (-; -en) research (work); '**~sauftrag** *m* research assignment; '**~sgebiet** *n* field of research; '**~szentrum** *n* research cent|re (*Am.* -er).

Förster ['fœrstər] *m* (-s; -) forester, *Am. a.* forest ranger.

fort [fɔrt] *adv davon*: off, away; *weg*: away, gone; *verschwunden*: gone, missing.

'**fort|bestehen** *v/i* (*irr*, *sep*, *no* -ge-, h, → ***stehen***) continue; '**2bildung** *f* further education (*od.* training); '**~fahren** *v/i* (*irr*, *sep*, -ge-, sn, → ***fahren***) leave, go away (*a. verreisen*); *mot. a.* drive off; *weitermachen*: continue, go (*od.* keep) on (***et. zu tun*** doing s.th.); '**~führen** *v/t* (*sep*, -ge-, h) continue, carry on; '**~gehen** *v/i* (*irr*, *sep*, -ge-, sn, → ***gehen***) go away, leave; '**~geschritten** *adj* advanced; '**~laufend** *adj* consecutive.

'**fortpflanz|en** *v/refl* (*sep*, -ge-, h) *biol.* reproduce; *fig.* spread; '**2ung** *f* (-; -en) *biol.* reproduction.

'**fortschreiten** *v/i* (*irr*, *sep*, -ge-, sn, → ***schreiten***) advance, progress; '**~d** *adj* progressive; *zunehmend*: *a.* increasing.

'**Fortschritt** *m* progress; '**2lich** *adj* progressive.

'**fortsetz|en** *v/t* (*sep*, -ge-, h) continue, go on with; '**2ung** *f* (-; -en) continuation: **~ *folgt*** to be continued; '**2ungsro,man** *m* serial, serialized novel.

Foto ['fo:to] *n* (-s; -s) photo: ***auf dem* ~** in the photo; '**~album** *n* photo album; '**~appa,rat** *m* camera.

Fotograf [foto'gra:f] *m* (-en; -en) photographer; **~ie** [~gra'fi:] *f* (-; -n) photography; *Bild*: photograph: ***auf der* ~** in the photograph; **2ieren** [~gra'fi:rən] *v/t* (*no* ge-, h) photograph, take a photograph of.

Fotoko'pie *f* photocopy; **2ren** [~'pi:rən] *v/t* (*no* ge-, h) photocopy; **~rgerät** [~'pi:r~] *n* photocopier.

Fotze ['fɔtsə] *f* (-; -n) V cunt.

Foyer [fŏa'je:] *n* (-s; -s) foyer.

Fracht [fraxt] *f* (-; -en) *mot.*, *rail.* freight, *aer.*, *mar. a.* cargo; '**~brief** *m* waybill, *bsd. Br.* consignment note; '**~er** *m* (-; -s) freighter; '**~kosten** *pl aer.*, *mar.* freight (-age), *mot.*, *rail.* carriage; '**~schiff** *n* cargo ship, freighter.

Frack [frak] *m* (-[e]s; ¨e) tailcoat, tails *pl.*

Frage ['fra:gə] *f* (-; -n) question: ***in* ~ *stellen*** question; *gefährden*: put in jeopardy; ***in* ~ *kommen*** be possible (*Person*: eligible); ***nicht in* ~ *kommen*** be out of the question; ***e-e* ~ *der Zeit*** a matter of time; '**~bogen** *m* questionnaire; '**2n** *v/t u. v/i* (h) ask (***nach*** for; ***wegen*** about); ***j-n nach dem Weg*** (***der Zeit***) **~** ask s.o. the way (time); ***sich* ~** wonder; '**~zeichen** *n* question mark.

fraglich ['fra:klıç] *adj* doubtful; *betreffend*: in question.

Fragment [fra'gmɛnt] *n* (-[e]s; -e) fragment.

fragwürdig ['fra:kvʏrdıç] *adj* dubious.

Fraktion [frak'tsĭo:n] *f* (-; -en) *parl.* parliamentary group; **2slos** *adj* independent; **~svorsitzende** *m, f Br.* leader of the parliamentary group, *Am.* floor leader; **~szwang** *m* obligation to vote according to party policy.

frankier|en [fraŋ'ki:rən] *v/t* (*no* ge-, h) frank; **2ma,schine** *f* franking machine.

Franz|ose [fran'tso:zə] *m* (-n; -n) Frenchman: ***die* ~*n*** *pl* the French *pl*; **~ösin** [~'tsø:zın] *f* (-; -nen) Frenchwoman; **2ösisch** [~'tsø:zıʃ] *adj* French.

Fraß [fra:s] (-es; *no pl*) F *contp.* muck.

Frau [fraʊ] *f* (-; -en) woman; *Ehe2*: wife: **~ *X*** Mrs X.

'**Frauen|arzt** *m*, '**~ärztin** *f* gyn(a)ecologist; '**~bewegung** *f* (-; *no pl*) women's movement; '**~haus** *n* battered wives' refuge; '**~klinik** *f* gyn(a)ecological hospital.

Fräulein ['frɔʏlaın] *n* (-s; -): **~ *X*** Miss X.

'**fraulich** *adj* womanly, feminine.

frech [frɛç] *adj* impudent, F cheeky, *Am.* fresh; *Lüge etc*: brazen; *keß*: pert; '**2heit** *f* (-; -en) impudence, F cheek; *Bemerkung*: impudent remark.

frei [fraı] **1.** *adj* free (***von*** of); *Beruf*: independent; *Journalist etc*: freelance; *nicht besetzt*: vacant (*a. WC*); *2mütig*: candid, frank: ***ein* ~*er Tag*** a day off; **~*e Stelle*** vacancy; ***den Oberkörper* ~ *machen*** strip to the waist; ***im* 2*en*** outdoors; → ***Mitarbeiter***; **2.** *adv*: *econ.* **~ *Haus*** carriage free.

'**Frei|bad** *n* open-air swimming pool;

'**⁓bekommen** *v/t* (*irr, sep, no* -ge-, h, → ***kommen***) get *a day etc.* off; '**⁓berufler** *m* (-s; -) freelance; '**⁓exem͵plar** *n* free copy; '**⁓gabe** *f* (-; *no pl*) release; *econ.* floating; '**⁓geben** *v/t* (*irr, sep,* -ge-, h, → ***geben***) release; *econ. Wechselkurs*: float; **⁓gebig** ['⁓ge:bɪç] *adj* generous; '**⁓gepäck** *n* baggage allowance; '**⁓hafen** *m* free port; '**⁓halten** *v/t* (*irr, sep,* -ge-, h, → ***halten***) *Platz*: keep; *j-n*: treat: → ***Ausfahrt***; '**⁓handel** *m* (-s; *no pl*) free trade; '**⁓handelszone** *f* free-trade area (*od.* zone); '**⁓heit** *f* (-; -en) freedom, liberty; '**⁓heitsstrafe** *f jur.* prison sentence; '**⁓karte** *f* free ticket; '**⁓lassen** *v/t* (*irr, sep,* -ge-, h, → ***lassen***) release, set free: ***gegen Kaution ⁓*** *jur.* release on bail; '**⁓lassung** *f* (-; -en) release; '**⁓lichtthe͵ater** *n* open-air theat|re (*Am.* -er); '**⁓machen** *v/t* (*sep,* -ge-, h) *Brief etc*: frank; **⁓mütig** ['⁓my:tɪç] *adj* candid, frank; '**⁓sprechen** *v/t* (*irr, sep,* -ge-, h, → ***sprechen***) *jur.* acquit (***von*** of); '**⁓spruch** *m* (-[e]s; ⁓e) *jur.* acquittal; '**⁓staat** *m pol.* free state; '**⁓stehen** *v/i* (*irr, sep,* -ge-, h, → ***stehen***) *leerstehen*: be vacant: ***es steht dir frei zu*** you are free to; '**⁓tag** *m* (-[e]s; -e) Friday: ***am ⁓*** on Friday; '**⁓willig 1.** *adj* voluntary; **2.** *adv*: ***sich ⁓ melden*** volunteer (***zu*** for); '**⁓willige** *m, f* (-n; -n) volunteer.

'**Freizeit** *f* (-; *no pl*) free (*od.* spare, leisure) time; '**⁓angebot** *n* leisure amenities *pl*; '**⁓gestaltung** *f* leisure activity; '**⁓kleidung** *f* casual clothes.

fremd [frɛmt] *adj* strange; *ausländisch*: foreign; *unbekannt*: unknown: ***ich bin auch ⁓ hier*** I'm a stranger here myself; '**⁓artig** *adj* strange, exotic.

Fremde¹ ['frɛmdə] *f* (-; *no pl*): ***in der*** (***die***) ***⁓*** abroad.

Fremde² [⁓] *m, f* (-n; -n) stranger; *Ausländer*: foreigner; *Tourist*: tourist.

'**Fremden|führer** *m* (tourist) guide; '**⁓verkehr** *m* tourism; '**⁓verkehrsbü͵ro** *n* tourist office; '**⁓zimmer** *n*: ***⁓*** (***zu vermieten***) rooms to let.

'**Fremd|finan͵zierung** *f* outside financing; '**⁓gehen** *v/i* (*irr, sep,* -ge-, sn, → ***gehen***) F be unfaithful (to one's wife *od.* husband); '**⁓kapi͵tal** *n* outside capital; '**⁓körper** *m med.* foreign body; *fig.* alien element.

'**Fremdsprach|e** *f* foreign language; '**⁓enkorrespon͵dent** *m* foreign correspondence clerk; '**⁓ig**, '**⁓lich** *adj* foreign-language.

'**Fremdwort** *n* foreign word.

Frequenz [fre'kvɛnts] *f* (-; -en) frequency.

Fresse ['frɛsə] *f* (-; -n) V *Mund*: trap; *Gesicht*: mug.

fressen ['frɛsən] (fraß, gefressen, h) **1.** *v/t Tier*: eat; *sich ernähren von*: feed on; F *Mensch*: guzzle; **2.** *v/i Tier*: feed; F *Mensch*: guzzle, eat like a pig.

Freude ['frɔʏdə] *f* (-; -n) joy (***über*** *acc* at); *Vergnügen*: pleasure: ***⁓ haben an*** (*dat*) take pleasure in.

'**freudig** *adj* joyful, cheerful; *Ereignis, Erwartung*: happy.

freuen ['frɔʏən] (h) **1.** *v/impers*: ***es freut mich, daß*** I am glad (*od.* pleased) (that); **2.** *v/refl*: ***sich ⁓ über*** (*acc*) be pleased about (*od.* with), be glad about; ***sich ⁓ auf*** (*acc*) look forward to.

Freund [frɔʏnt] *m* (-[e]s; -e) friend; *e-s Mädchens*: boyfriend; **⁓in** ['⁓dɪn] *f* (-; -nen) friend; *e-s Jungen*: girlfriend; '**⁓lich** *adj* friendly, kind; *Farben etc*: cheerful; '**⁓lichkeit** *f* (-; -en) friendliness, kindness; '**⁓schaft** *f* (-; -en) friendship: ***⁓ schließen*** make friends (***mit*** with); '**⁓schaftlich** *adj* friendly.

Frieden ['fri:dən] *m* (-s, *no pl*) peace: ***im ⁓*** in peacetime; ***laß mich in ⁓!*** leave me alone!

'**Friedens|bewegung** *f* peace movement; '**⁓forschung** *f* peace research; '**⁓no͵belpreis** *m* Nobel Peace Price; '**⁓poli͵tik** *f* policy of peace; '**⁓verhandlungen** *pl* peace negotiations *pl* (*od.* talks *pl*); '**⁓vertrag** *m* peace treaty.

Fried|hof ['fri:t⁓] *m* cemetery, graveyard; '**⁓lich** *adj* peaceful; '**⁓liebend** *adj* peace-loving.

frieren ['fri:rən] *v/i* (fror, gefroren, h) freeze: ***ich friere*** I am (*od.* feel) cold, *stärker*: I'm freezing.

frisch [frɪʃ] **1.** *adj* fresh; *Wäsche*: clean: → ***Luft, Tat***; **2.** *adv*: ***⁓ gestrichen!*** wet (*Am. a.* fresh) paint!; ***⁓ verheiratet*** just married; '**⁓e** *f* (-; *no pl*) freshness; '**⁓haltepackung** *f* airtight pack.

Friseu|r [fri'zø:r] *m* (-s; -e) hairdresser, *Herren⁓*: *a.* barber; **⁓rsa͵lon** *m* (ladies' *od.* men's) hairdressing saloon, *Da-*

men♀: *Am*. *a*. beauty parlor (*od*. shop), *Herren♀*: *a*. barber's shop, *Am*. barbershop; **~se** [~'zø:zə] *f* (-; -n) hairdresser.

frisieren [fri'zi:rən] (*no* ge-,h) **1.** *v/t j-n*: do *s.o.'s* hair; F *Konten etc*: doctor, *mot*. soup up; **2.** *v/refl* do one's hair.

Frist [frɪst] *f* (-; -en) *Zeitraum*: (prescribed) period, (set) term; *Zeitpunkt*: time limit, deadline; *Aufschub*: extension (*a. econ.*); **'♀los** *adj u. adv* without notice.

Frisur [fri'zu:r] *f* (-; -en) hairstyle, hairdo.

fritieren [fri'ti:rən] *v/t* (*no* ge-, h) deep-fry.

frivol [fri'vo:l] *adj* risqué; *stärker*: indecent.

froh [fro:] *adj* glad (***über*** *acc* about); *fröhlich*: cheerful; *glücklich*: happy.

fröhlich ['frø:lɪç] *adj* cheerful, happy; *lustig*: *a*. merry; **'♀keit** *f* (-; *no pl*) cheerfulness.

fromm [frɔm] *adj* religious, pious; ***ein ~er Wunsch*** wishful thinking.

Frömmigkeit ['frœmɪçkaɪt] *f* (-; *no pl*) religiousness, piety.

Front [frɔnt] *f* (-; -en) *arch*. facade, front; *mil*. front (line): ***an der ~*** at the front; **♀al** [~'ta:l] *adv mot*. head-on; **~alzusammenstoß** *m* head-on collision; **'~antrieb** *m mot*. front-wheel drive.

Frosch [frɔʃ] *m* (-[e]s; ¨e) *zo*. frog; **'~mann** *m* (-[e]s; ¨er) frogman.

Frost [frɔst] *m* (-[e]s; ¨e) frost.

frösteln ['frœstəln] *v/i* (h) feel chilly, shiver (with cold).

frostig ['frɔstɪç] *adj* frosty (*a. fig.*).

Frucht [frʊxt] *f* (-; ¨e) fruit: ***Früchte tragen*** *a. fig*. bear fruit; **'♀bar** *adj biol*. fertile; *fig*. fruitful; **'~barkeit** *f* (-; *no pl*) fertilility ; fruitfulness; **'♀los** *adj* fruitless.

früh [fry:] *adj u. adv* early: ***zu ~ kommen*** be early; ***~ genug*** soon enough; ***heute*** (***morgen***) ~ this (tomorrow) morning; **'♀aufsteher** *m* (-s; -) early riser, F early bird; **'♀e** *f* (-; *no pl*): ***in aller ~*** (very) early in the morning; **'~er 1.** *adj ehemalig*: former; *vorherig*: previous; **2.** *adv* in former times: ***~ oder später*** sooner or later; ***ich habe ~*** (***einmal***) ***...*** I used to ...; **'~estens** *adv* at the earliest; **'♀geburt** *f med*. premature birth; *Kind*: premature baby; **'♀jahr** *n* (-s; -e), **~ling** ['~lɪŋ] *m* (-s; -e) spring: ***im ~*** in spring; **'~reif** *adj Kind*: precocious.

'Frühstück *n* (-s; -e) breakfast : ***zum ~*** for breakfast; **'♀en** (h) **1.** *v/i* (have) breakfast; **2.** *v/t* have *s.th*. for breakfast; **'~sbü,fett** *n* breakfast buffet; **'~sfernsehen** *n* breakfast TV.

Fuchs [fʊks] *m* (-es; ¨e) *zo*. fox.

fühl|bar ['fy:lba:r] *adj fig*. noticeable; *beträchtlich*: considerable; **'~en** *v/t u. v/refl* (h) feel: → ***wohl***.

Fuhre ['fu:rə] *f* (-; -n) *Taxi*: fare.

führen ['fy:rən] (h) **1.** *v/t* lead; *herum~*, *lenken*, *leiten*: guide; *geleiten*, *bringen*: take; *Betrieb*, *Haushalt etc*: run, manage; *Waren*: sell, deal in; *Buch*, *Konto*: keep; *Gespräch etc*: carry on: ***j-n ~ durch*** show s.o. round; **2.** *v/i* lead (***zu*** to, *a. fig*.); **'~d** *adj* leading, prominent.

'Führer *m* (-s; -) leader; *Fremden♀*: guide; *Leiter*: head, chief; *Reise♀*: guide(book); **'~schein** *m mot*. *Br*. driving licence, *Am*. driver's license.

'Führung *f* (-; -en) leadership, control; *Unternehmen etc*: management; *Museum etc*: guided tour (***durch*** of); **'~szeugnis** *n* certificate of (good) conduct.

füll|en ['fʏlən] *v/t* (h) fill (*a. v/refl*); *Kissen*, *Geflügel etc*: stuff; **'♀er** *m* (-s; -) fountain pen; **'♀ung** *f* (-; -en) filling; stuffing.

Fundament [fʊnda'mɛnt] *n* (-[e]s; -e) *arch*. foundations *pl*; *fig*. *a*. basis.

Fund|büro ['fʊnt~] *n Br*. lost-property office, *Am*. lost-and-found (office); **'~gegenstand** *m* object found; **'~grube** *f fig*. rich source, mine.

fünf [fʏnf] *adj* five; **'~fach** *adj u. adv* fivefold; **'♀ling** *m* (-s; -e) quintuplet, F quin; **♀'sterneho,tel** *n* five-star hotel; **'~te** *adj* fifth; **'♀tel** *n* (-s; -) fifth; **'~tens** *adv* fifth(ly), in the fifth place; **'~zehn** *adj* fifteen; **~zig** ['~tsɪç] *adj* fifty.

Funk [fʊŋk] *m* (-s; *no pl*) radio: ***über ~*** by radio; **'~ama,teur** *m* radio ham.

Funke ['fʊŋkə] *m* (-n; -n) spark; *fig*. *a*. glimmer; **'♀ln** *v/i* (h) sparkle, glitter; *Sterne*: *a*. twinkle.

funk|en ['fʊŋkən] *v/t* (h) radio; **'♀er** *m* (-s; -) radio operator; **'♀gerät** *n* radio set; **'♀haus** *n* broadcasting cent|re (*Am*. -er); **'♀spruch** *m* radio message, **'♀streife** *f* (radio) patrol car.

Funktion [fʊŋk'tsĭoːn] *f* (-; -en) function; **ꝸieren** [~o'niːrən] *v/i* (*no* ge-, h) work.

für [fyːr] *prp* for; *zugunsten*: *a.* in favo(u)r of; *anstatt*: *a.* instead of: **~ mich** *Meinung, Geschmack*: to me; **~ immer** forever; **Tag ~ Tag** day after day; **Wort ~ Wort** word for word; **jeder ~ sich** *arbeiten etc*: everyone by himself; **was ~ ...?** what (kind [*od.* sort] of) ...?; **das ꝸ u. Wider** the pros and cons *pl.*

Furcht [fʊrçt] *f* (-; *no pl*) fear (**vor** *dat* of): **aus ~ vor** for fear of; '**ꝸbar** *adj* terrible, awful.

fürchten ['fʏrçtən] (h) **1.** *v/t* fear, be afraid of: **ich fürchte, ...** I'm afraid ...; **2.** *v/refl* be afraid (**vor** *dat* of).

fürchterlich ['fʏrçtərlıç] → **furchtbar.**

'**furcht|erregend** *adj* frightening; '**~los** *adj* fearless; '**~sam** *adj* timid.

Fürst [fʏrst] *m* (-en; -en) prince; '**~entum** *n* (-s; ⸚er) principality; '**~in** *f* (-; -nen) princess.

Furt [fʊrt] *f* (-; -en) ford.

Furunkel [fu'rʊŋkəl] *m* (-s; -) *med.* boil, furuncle.

Furz [fʊrts] *m* (-es; ⸚e) V fart; '**ꝸen** *v/i* (h) fart.

Fusion [fu'zĭoːn] *f* (-; -en) *econ.* merger; **ꝸieren** [~o'niːrən] *v/i* (*no* ge-, h) merge.

Fuß [fuːs] *m* (-es; ⸚e) foot: **zu ~** on foot; **zu ~ gehen** walk; **gut zu ~ sein** be a good walker; **~ fassen** become established; **auf freiem ~** at large; '**~abdruck** *m* footprint; '**~abstreifer** *m* (-s; -) doormat; '**~ball** *m Sport*: *Br.* football; F *u. Am.* soccer; *Ball*: football, F *u. Am.* soccer ball; '**~boden** *m* floor; *~belag*: flooring; '**~bodenheizung** *f* underfloor heating; '**~bremse** *f mot.* footbrake.

Fußgänger ['fuːsgɛŋər] *m* (-s; -) pedestrian; '**~ampel** *f* pedestrian lights *pl*; '**~überweg** *m* pedestrian crossing; '**~zone** *f* pedestrian precinct.

'**Fuß|gelenk** *n* ankle; '**~marsch** *m* march; '**~note** *f* footnote; '**~pilz** *m med.* athlete's foot; '**~sohle** *f* sole (of the foot); '**~spur** *f* footprint; *Fährte*: track; '**~stapfen** *pl*: **in j-s ~ treten** follow in s.o.'s footsteps; '**~tritt** *m* kick; '**~weg** *m* footpath: **e-e Stunde ~** an hour's walk.

Futter[1] ['fʊtər] *n* (-s; *no pl*) feed; *Pferdeꝸ etc*: fodder; *Hundeꝸ etc*: food.

Futter[2] [~] *n* (-s; -) *tech., Mantelꝸ etc*: lining.

Futteral [fʊtə'raːl] *n* (-s; -e) case; *Hülle*: cover.

futtern ['fʊtərn] *v/i* (h) tuck in(to *v/t*).

füttern ['fʏtərn] *v/t* (h) feed; *Kleid etc*: line.

Futternapf *m* (feeding) bowl.

G

Gabel ['gaːbəl] *f* (-;-n) fork; '**ꝸn** *v/refl* (h) fork; **~stapler** ['~ʃtaːplər] *m* (-s; -) *tech.* forklift (truck); '**~ung** *f* (-; -en) fork.

gaffen ['gafən] *v/i* (h) gape.

Gage ['gaːʒə] *f* (-; -n) salary; *einmalige*: fee.

gähnen ['gɛːnən] *v/i* (h) yawn.

Gala ['gaːla] *f* (-; *no pl*) gala dress; '**~abend** *m* gala performance.

Galerie [galə'riː] *f* (-; -n) gallery.

Galgen ['galgən] *m* (-s; -) gallows; '**~frist** *f* reprieve; '**~humor** *m* gallows humo(u)r.

Galle ['galə] *f* (-; -n) *anat.* gall bladder; *physiol.* bile; '**~nblase** *f anat.* gall bladder; '**~nstein** *m med.* gallstone.

gammeln ['gaməln] *v/i* (h) F loaf around.

Gang [gaŋ] *m* (-[e]s; ⸚e) walk; *~art*: gait; *Durchꝸ*: passage; *zwischen Sitzen etc*: aisle; *Flur*: corridor, hall(way); *mot.* gear; *Speise, (Ver)Lauf*: course: **et. in ~ bringen** get s.th. going, start s.th.; **in ~ kommen** get started; **im ~(e) sein** be (going) on, be in progress; **in vollem ~(e)** in full swing.

gängig ['gɛŋıç] *adj* current; *econ.* sal(e)able.

'Gangschaltung *f Br.* gear change, *Am.* gearshift.
Ganove [ga'no:və] *m* (-n; -n) crook.
Gans [gans] *f* (-; ¨e) *zo.* goose.
Gänse|blümchen ['gɛnzəbly:mçən] *n* (-s; -) *bot.* daisy; **'~braten** *m* roast goose; **'~haut** *f* (-; *no pl*): ***e-e ~ bekommen*** get gooseflesh (*od.* goose pimples); ***dabei kriege ich e-e ~*** it gives me the creeps; **'~marsch** *m*: ***im ~*** in single (*od.* Indian) file.
ganz [gants] **1.** *adj* whole; *ungeteilt, vollständig*: *a.* entire, total; *Betrag, Stunde*: *a.* full: ***den ~en Tag*** all day; ***die ~e Zeit*** all the time; ***in der ~en Welt*** all over the world; ***sein ~es Geld*** all his money; **2.** *adv* wholly, completely; entirely, totally; *sehr*: very; *ziemlich*: quite, rather, fairly; *genau*: just, exactly: ***~ allein*** all by oneself; ***~ aus Holz*** *etc* all wood *etc*; ***~ u. gar*** completely, totally; ***~ u. gar nicht*** not at all, by no means; ***~ wie du willst*** just as you like; ***nicht ~*** not quite; ***im ~en*** in all, altogether; ***im*** (***großen u.***) ***~en*** on the whole.
Ganze ['gantsə] *n* (-n; *no pl*) whole: ***das ~e*** the whole thing; ***aufs ~ gehen*** go all out.
gänzlich ['gɛntslıç] *adv* completely, entirely.
ganz|tägig ['gantstɛ:gıç] *adv*: ***~ geöffnet*** open all day; **'≈tagsbeschäftigung** *f* full-time job.
gar [ga:r] **1.** *adj gastr.* done; **2.** *adv*: ***~ nicht*** not at all; ***~ nichts*** nothing at all.
Garage [ga'ra:ʒə] *f* (-; -n) garage.
Garantie [garan'ti:] *f* (-; -n) guarantee, *econ. a.* warranty; **≈ren** [~'ti:rən] *v/t u. v/i* (*no* ge-, h) guarantee (***für et.*** s.th.); **~schein** *m* guarantee (certificate).
Garderobe [gardə'ro:bə] *f* (-; -n) wardrobe, clothes *pl*; *Kleiderablage*: cloakroom, *Am.* checkroom; *thea.* dressing room; *im Haus*: coat rack; **~nfrau** *f* cloakroom (*Am.* checkroom) attendant, *Am.* F *a.* hatcheck girl; **~nmarke** *f* check, *Br. a.* cloakroom ticket; **~nständer** *m* coat stand (*od.* rack).
Gardine [gar'di:nə] *f* (-; -n) (net) curtain.
Garn [garn] *n* (-[e]s; -e) yarn; *Faden*: thread.
Garnitur [garni'tu:r] *f* (-; -en) set; *Möbel*: *a.* suite.
Garten ['gartən] *m* (-s; ¨) garden; **'~arbeit** *f* gardening; **'~fest** *n* garden party; **'~geräte** *pl* gardening tools *pl*; **'~lo,kal** *n* beer garden; **'~stadt** *f* garden city; **'~zwerg** *m* garden gnome.
Gärtner ['gɛrtnər] *m* (-s; -) gardener; **~ei** [~'raı] *f* (-; -en) *Betrieb*: *Br.* market garden, *Am.* truck farm.
Gas [ga:s] *n* (-es; -e) gas: ***~ geben*** *mot.* accelerate, F step on the gas; **'~heizung** *f* gas heating; **'~herd** *m* gas cooker (*od.* stove); **'~kammer** *f* gas chamber; **'~maske** *f* gas mask; **'~pe,dal** *n mot.* accelerator (pedal), *bsd. Am.* gas pedal.
Gasse ['gasə] *f* (-; -n) lane, alley.
Gast [gast] *m* (-[e]s; ¨e) guest; *Besucher*: visitor; *im Lokal etc*: customer; **'~arbeiter** *m* foreign worker.
Gäste|buch ['gɛstə~] *n* visitors' book; **'~haus** *n* guesthouse; **'~zimmer** *n* guest (*od.* spare) room.
'gast|freundlich *adj* hospitable; **'≈freundschaft** *f* (-; *no pl*) hospitality; **'≈geber** *m* (-s; -) host; **'≈geberin** *f* (-; -nen) hostess; **'≈haus** *n*, **'≈hof** *m* inn.
gastieren [gas'ti:rən] *v/i* (*no* ge-, h) *Zirkus etc*: give performances; *thea.* give a guest performance.
'Gast|land *n* host country; **'≈lich** *adj* hospitable.
Gastronomie [gastrono'mi:] *f* (-; *no pl*) *Gaststättengewerbe*: restaurant trade; *Kochkunst*: gastronomy.
'Gast|stätte *f* restaurant; **'~wirt** *m* landlord, *Br. a.* publican; **'~wirtschaft** *f* restaurant.
'Gas|werk *n* gasworks *pl* (*mst sg konstr.*); **'~zähler** *m* gas meter.
Gatt|e ['gatə] *m* (-n; -n) husband; **'~in** *f* (-; -nen) wife.
Gattung ['gatʊŋ] *f* (-; -en) type, class, sort; *biol.* genus; *Art*: species.
GAU [gaʊ] *m* (-s; -s) MCA.
Gaumen ['gaʊmən] *m* (-s; -) *anat.* palate.
Gauner ['gaʊnər] *m* (-s; -) crook.
Gebäck [gə'bɛk] *n* (-[e]s; -e) pastries *pl*; *Plätzchen*: *Br.* biscuits *pl*, *Am.* cookies *pl*.
Gebärmutter [gə'bɛ:r~] *f* (-; ¨er) *anat.* uterus, womb.
Gebäude [gə'bɔydə] *n* (-s; -) building.
geben ['ge:bən] (gab, gegeben, h) **1.** *v/t*

G

give; *reichen*: *a.* hand, pass; *er~*: make: ***von sich ~*** give, let out; *chem.* give off; **2.** *v/i Kartenspiel*: deal; **3.** *v/refl nachlassen*: pass; *gut werden*: come right; **4.** *v/impers*: ***es gibt*** there is, *pl* there are; ***was gibt es?*** what's the matter?; *zum Essen*: what's for lunch *etc*?; *TV etc*: what's on?; ***das gibt es nicht*** there's no such thing; *verbietend*: that's out.

Gebet [gə'be:t] *n* (-[e]s; -e) prayer.

Gebiet [gə'bi:t] *n* (-[e]s; -e) region, area; *bsd. pol.* territory; *fig.* field; **ᛋsweise** *adv* regionally: ***~ Regen*** local showers.

Gebirg|e [gə'bɪrgə] *n* (-s; -) mountains *pl*; **ᛋig** *adj* mountainous.

G

Gebiß [gə'bɪs] *n* (-sses; -sse) (set of) teeth *pl*; *künstliches*: (set of) false teeth *pl*, denture(s *pl*).

ge|blümt [gə'bly:mt] *adj* flowered; **~bogen** [~'bo:gən] *adj* bent, curved; **~boren** [~'bo:rən] *adj* born: ***er ist ein ~er Deutscher*** he's German by birth; ***~e Schmidt*** née Schmidt; ***ich bin am ... ~*** I was born on the ...

Gebot [gə'bo:t] *n* (-[e]s; -e) *Auktion etc*: bid.

Ge'brauch *m* (-[e]s; *no pl*) use; *Anwendung*: *a.* application; **ᛋen** *v/t* (*pp* gebraucht, h) use; *anwenden*: *a.* employ: ***gut*** (***nicht***) ***zu ~ sein*** be useful (useless); ***ich könnte ... ~*** I could do with ...

gebräuchlich [gə'brɔʏçlɪç] *adj* in use; *üblich*: common, usual.

Ge'brauchs|anweisung *f* directions *pl* (*od.* instructions *pl*) for use; **ᛋfertig** *adj* ready for use; *Kaffee etc*: instant.

ge'braucht *adj* used; *bsd. Waren*: *a.* second-hand; **ᛋwagen** *m mot.* used car.

gebrechlich [gə'brɛçlɪç] *adj* frail, infirm.

Gebrüder [gə'bry:dər] *pl* brothers *pl*.

Gebrüll [gə'brʏl] *n* (-[e]s; *no pl*) roar (-ing).

Gebühr [gə'by:r] *f* (-; -en) charge (*a. teleph.*), fee; *mail.* postage; *mot.* toll; **ᛋend** *adj* due; *angemessen*: proper; **~eneinheit** *f teleph.* unit; **~enerhöhung** *f* increase in charges; **ᛋenfrei** *adj* free of charge; *mail.* post-free; **~enordnung** *f* scale of charges; **ᛋenpflichtig** *adj* chargeable: ***~e Straße*** toll road; ***~e Verwarnung*** *jur.* fine.

Geburt [gə'bu:rt] *f* (-; -en) birth: ***von ~ an*** from birth.

Ge'burten|kon,trolle *f* (-; *no pl*), **~regelung** *f* (-; *no pl*) birth control; **~rückgang** *m* decrease in the birthrate; **ᛋschwach** *adj* with a low birthrate; **ᛋstark** *adj* with a high birthrate; **~ziffer** *f* birthrate.

gebürtig [gə'bʏrtɪç] *adj*: ***er ist ~er Deutscher*** he's German by birth.

Ge'burts|anzeige *f* birth announcement; **~datum** *n* date of birth; **~fehler** *m* congenital defect; **~jahr** *n* year of birth; **~land** *n* native country; **~ort** *m* birthplace; **~tag** *m* birthday: ***sie hat heute ~*** it's her birthday today; **~tagsfeier** *f* birthday party; **~urkunde** *f* birth certificate.

Gebüsch [gə'bʏʃ] *n* (-[e]s; -e) bushes *pl*.

Gedächtnis [gə'dɛçtnɪs] *n* (-ses; -se) memory: ***aus dem ~*** from memory; ***zum ~ an*** (*acc*) in memory of; ***im ~ behalten*** keep in mind, remember.

Gedanke [gə'daŋkə] *m* (-n; -n) thought (***an*** *acc* of), idea: ***in ~n*** lost in thought; ***sich ~n machen über*** (*acc*) think about; *besorgt*: be worried *od.* concerned about; ***j-s ~n lesen*** read s.o.'s mind.

Gedeck [gə'dɛk] *n* (-[e]s; -e) cover: ***ein ~ auflegen*** lay (*od.* set) a place.

gedeihen [gə'daɪən] *v/i* (gedieh, gediehen, sn) thrive, prosper; *wachsen*: grow; *blühen*: flourish.

ge'denken *v/i* (*irr*, *pp* gedacht, h, → ***denken***) think of; *ehrend*: commemorate; *erwähnen*: mention.

Ge'denk|feier *f* commemoration; **~stätte** *f* memorial; **~tafel** *f* commemorative plaque.

Gedicht [gə'dɪçt] *n* (-[e]s; -e) poem.

Gedränge [gə'drɛŋə] *n* (-s; *no pl*) crowd, crush.

Geduld [gə'dʊlt] *f* (-; *no pl*) patience: ***~ haben mit*** be patient with; **ᛋen** [~dən] *v/refl* (*pp* geduldet, h) be patient; **ᛋig** [~dɪç] *adj* patient.

ge|ehrt [gə'e:rt] *adj* hono(u)red; *in Briefen*: ***Sehr ~er Herr N.!*** Dear Sir, Dear Mr N; **~eignet** [~'aɪgnət] *adj* suitable; *befähigt*: suited, qualified; *bsd. körperlich*: fit; *passend*: right.

Gefahr [gə'fa:r] *f* (-; -en) danger; *Bedrohung*: *a.* menace, threat (*alle*: ***für*** to): ***auf eigene ~*** at one's own risk; ***außer ~*** out of danger, safe.

gefährden [gəˈfɛːrdən] *v/t* (*pp* gefährdet, h) endanger; *aufs Spiel setzen*: risk.
gefährlich [gəˈfɛːrlɪç] *adj* dangerous (***für*** to); *riskant*: risky.
Gefährte [gəˈfɛːrtə] *m* (-n; -n) companion.
Gefälle [gəˈfɛlə] *n* (-s; -) incline, slope; *Straße etc*: gradient.
Geˈfallen¹ *m* (-s; -) favo(u)r: ***j-n um e-n ~ bitten*** ask a favo(u)r of s.o.; ***j-m e-n ~ tun*** do s.o. a favo(u)r.
Geˈfallen² *n* (-s; *no pl*): ***~ finden an** et.*: take pleasure in; *j-m*: take (a fancy) to.
geˈfallen *v/i* (*irr*, *pp* gefallen, h, → ***fallen***) please: ***es gefällt mir*** (***nicht***) I (don't) like it; ***wie gefällt dir ...?*** how do you like ...?; ***sich ~ lassen*** put up with.
geˈfällig *adj angenehm*: pleasing, agreeable; *entgegenkommend*: obliging, kind: ***j-m ~ sein*** do s.o. a favo(u)r; **2keit** *f* (-; -en) kindness; *Gefallen*: favo(u)r; **~st** *adv* F kindly, (if you) please; *grob*: will you!
Gefangene [gəˈfaŋənə] *m, f* (-n; -n) prisoner.
Gefängnis [gəˈfɛŋnɪs] *n* (-ses; -se) prison, jail, *Br. a.* gaol: ***ins ~ kommen*** be sent to prison; **~diˌrektor** *m* governor, *Am.* warden; **~strafe** *f* prison sentence; **~wärter** *m* prison guard, *bsd. Br.* warder.
Gefäß [gəˈfɛːs] *n* (-es; -e) vessel (*a. anat.*), container.
gefaßt [gəˈfast] *adj* composed: ***~ auf*** (*acc*) prepared for.
Gefecht [gəˈfɛçt] *n* (-[e]s; -e) *mil.* battle.
Geˈflügel *n* (-s; *no pl*) poultry; **~saˌlat** *m gastr.* chicken salad.
geˈfrier|en *v/i* (*irr*, *pp* gefroren, sn, → ***frieren***) freeze; **2fach** *n* freezing compartment; **2fleisch** *n* frozen meat; **2schrank** *m* upright freezer; **2truhe** *f* chest freezer.
Gefühl [gəˈfyːl] *n* (-[e]s; -e) feeling; *Sinn, Gespür*: *a.* sense; *bsd. kurzes*: sensation; *Gemütsbewegung*: *a.* emotion; **2los** *adj med.* numb; *herzlos*: unfeeling; **2sbetont** *adj* emotional; **2voll** *adj* full of feeling; *rührselig*: sentimental.
geˈgebenenfalls *adv* if necessary.
gegen [ˈgeːgən] *prp* against; *jur.*, *Sport*: *a.* versus; *ungefähr*: about, *bsd. Am.* around; *für* (*Geld etc*): (in return) for; *Mittel*: for; *verglichen mit*: compared with; **ˈ2arguˌment** *n* counterargument; **ˈ2beweis** *m* proof of the contrary.
Gegend [ˈgeːgənt] *f* (-; -en) region, area; *Landschaft*: countryside; *Nähe*, *Wohn*2: neighbo(u)rhood.
ˈGegen|fahrbahn *f mot.* opposite (*od.* oncoming) lane; **ˈ~gewicht** *n*: ***ein ~ bilden zu et.*** counterbalance s.th.; **ˈ~kandiˌdat** *m* rival candidate; **ˈ~leistung** *f* service in return: ***als ~*** in return (***für*** for); **ˈ~maßnahme** *f* countermeasure; **ˈ~mittel** *n* antidote (*a. fig.*); **ˈ~parˌtei** *f* other side; *pol.* opposition; **ˈ~probe** *f*: ***die ~ machen*** crosscheck; **ˈ~richtung** *f* opposite direction; **ˈ~satz** *m*: ***im ~ zu*** in contrast with (*od.* to); *im Widerspruch*: in opposition to; **2sätzlich** [ˈ~zɛtslɪç] *adj* conflicting; **2seitig** [ˈ~zaɪtɪç] *adj* mutual; **ˈ~seitigkeit** *f* (-; *no pl*): ***auf ~ beruhen*** be mutual; **ˈ~sprechanlage** *f* intercom (system); **ˈ~stand** *m* (-[e]s; ⸚e) object (*a. fig.*); *Thema*: subject; **ˈ~teil** *n* opposite: ***im ~*** on the contrary; **ˈ2teilig** *adj* contrary, opposite.
gegenˈüber **1.** *prp* opposite; *im Vergleich zu*: compared with; **2.** *adv* opposite; **~stehen** *v/i* (*irr*, *sep*, -ge-, h, → ***stehen***) face; *fig.* be faced with; **2stellung** *f* confrontation (*a. jur.*).
ˈGegen|verkehr *m* oncoming traffic; **~wart** [ˈ~vart] *f* (-; *no pl*) present (time); *Anwesenheit*: presence; **2wärtig** [ˈ~vɛrtɪç] **1.** *adj* present, current; **2.** *adv* at present; **ˈ~wehr** *f* (-; *no pl*) resistance; **ˈ~wert** *m* equivalent (value); **ˈ~wind** *m* headwind: **ˈ2zeichnen** *v/t u. v/i* (*sep*, -ge-, h) countersign.
Gegner [ˈgeːgnər] *m* (-s; -) opponent; *Rivale*: rival; **ˈ2isch** *adj* opposing.
Geˈhalt¹ *m* (-[e]s; -e) content (*a. fig.*)
Geˈhalt² *n* (-[e]s; ⸚er) salary.
Geˈhalts|abrechnung *f* payslip; **~erhöhung** *f* salary increase, *Br.* (pay) rise, *Am.* raise; **~gruppe** *f* salary bracket; **~konto** *n Br.* current account, *Am.* checking account; **~streifen** *m* payslip.
gehässig [gəˈhɛsɪç] *adj* spiteful; **2keit** *f* (-; -en) spitefulness; *Bemerkung*: spiteful remark.
Gehäuse [gəˈhɔʏzə] *n* (-s; -) *tech.* case, casing: *Kern*2: core.
geheim [gəˈhaɪm] *adj* secret; **2dienst** *m*

G

secret service; **~halten** *v/t* (*irr, sep*, -ge-, h, → ***halten***) keep secret (***vor*** *dat* from).

Ge'heimnis *n* (-ses; -se) secret; *Rätselhaftes*: mystery; **≗voll** *adj* mysterious.

Ge'heimnummer *f* secret number; *teleph.* ex-directory (*Am.* unlisted) number.

ge'hemmt *adj* inhibited.

gehen ['ge:ən] (ging, gegangen, sn) **1.** *v/i* go; *zu Fuß*: walk; *weg~*: leave; *funktionieren* (*a. fig.*): work; *Ware*: sell; *dauern*: last: ***einkaufen*** (***schwimmen***) ~ go shopping (swimming); ***~ wir!*** let's go!; ***~ in*** (*acc*) *passen*: go into; ***~ nach*** *urteilen*: go (*od.* judge) by; **2.** *v/impers*: ***wie geht es dir*** (***Ihnen***)***?*** how are you?; ***es geht mir gut*** (***schlecht***) I'm fine (not feeling well); ***es geht nichts über*** there is nothing like; ***worum geht es?*** what is it about?

Gehirn [gə'hɪrn] *n* (-[e]s; -e) brain; **~erschütterung** *f med.* concussion; **~schlag** *m med.* (cerebral) apoplexy; **~wäsche** *f pol.* brainwashing: ***j-n e-r ~ unterziehen*** brainwash s.o.

Gehör [gə'hø:r] *n* (-[e]s; *no pl*) (sense of) hearing: ***nach dem ~*** by ear; ***sich ~ verschaffen*** make o.s. heard.

ge'horchen *v/i* (*pp* gehorcht, h) obey: ***nicht ~*** disobey.

gehören [gə'hø:rən] (*pp* gehört, h) **1.** *v/i* belong (*dat od.* ***zu*** to):***gehört dir das?*** is this yours?; ***das gehört nicht hierher*** that's not to the point; **2.** *v/refl* be fitting: ***das gehört sich nicht!*** it's not done.

ge'hörlos *adj* deaf.

gehorsam [gə'ho:rza:m] *adj* obedient.

Gehorsam [~] *m* (-s; *no pl*) obedience.

Geh|steig ['ge:ʃtaɪk] *m* (-[e]s; -e), **'~weg** *m Br.* pavement, *Am.* sidewalk.

Geige ['gaɪgə] *f* (-; -n) *mus.* violin.

Geisel ['gaɪzəl] *f* (-; -n) hostage: ***j-n als ~ nehmen*** take s.o. hostage; **'~nehmer** *m* (-s; -) kidnap(p)er.

Geist [gaɪst] *m* (-[e]s; -er) spirit; *Seele*: *a.* soul; *Sinn, Gemüt*: mind; *Verstand*: mind, intellect; *Witz*: wit; *Gespenst*: ghost: ***der Heilige ~*** the Holy Ghost (*od.* Spirit).

'Geister|bahn *f Br.* ghost train, *Am.* tunnel of horror; **'~fahrer** *m mot.* wrong-way driver; **'~schreiber** *m* (-s; -) ghostwriter.

'geistes|abwesend *adj* absent-minded; **'≗blitz** *m* brainwave, flash of inspiration; **'≗gegenwart** *f* presence of mind; **'~gestört** *adj* mentally disturbed; **'~krank** *adj* insane, mentally ill; **'≗krankheit** *f* insanity, mental illness; **'≗wissenschaften** *pl* arts *pl*, humanities *pl*; **'≗zustand** *m* (-[e]s; *no pl*) state of mind.

'geistig **1.** *adj* mental; *Arbeit, Fähigkeiten etc*: intellectual; *nicht körperlich*: spiritual: ***~e Getränke*** *pl* alcoholic drinks *pl*; **2.** *adv*: ***~ behindert*** mentally handicapped.

'geistlich *adj* religious; *Lied etc*: *a.* spiritual; *kirchlich*: ecclesiastical; *≗e betreffend*: clerical; **'≗e** *m* (-n; -n) clergyman; *bsd. protestantisch*: minister: ***die ~n*** *pl coll.* the clergy *pl*.

'geist|los *adj* trivial; **'~reich, '~voll** *adj* witty.

Geiz ['gaɪts] *m* (-es; *no pl*) meanness, stinginess; **'~hals** *m* miser; **'≗ig** *adj* mean, stingy.

Gelächter [gə'lɛçtər] *n* (-; -) laughter.

Gelände [gə'lɛndə] *n* (-s; -) area, country, ground; *Bau≗ etc*: site: ***auf dem ~*** *e-s Betriebs etc*: on the premises; **~fahrzeug** *n* cross-country vehicle; **≗gängig** *adj mot.* all-terrain.

Geländer [gə'lɛndər] *n* (-s; -) *Treppen≗*: banisters *pl*; *~stange*: handrail, rail (-ing); *Brücken≗, Balkon≗*: parapet.

ge'langen *v/i* (*pp* gelangt, sn): ***~ an*** (*acc*) *od.* ***nach*** reach, arrive at, get (*od.* come) to; ***~ in*** (*acc*) get (*od.* come) into; ***zu et. ~*** gain (*od.* win, achieve) s.th.

ge'lassen *adj* calm, composed.

gelaunt [gə'laʊnt] *adj*: ***gut*** (***schlecht***) ***~ sein*** be in a good (bad) mood.

gelb [gɛlp] *adj* yellow; *Ampel*: *Br.* amber; **'~lich** *adj* yellowish; **'≗sucht** *f* (-; *no pl*) *med.* jaundice.

Geld [gɛlt] *n* (-[e]s; -er) money: ***zu ~ machen*** turn into cash; **'~angelegenheiten** *pl* money (*od.* financial) matters *pl*; **'~anlage** *f* investment; **'~auto,mat** *m* → ***Bankomat***; **'~beutel** *m*, **'~börse** *f* purse; **'~buße** *f* fine; **'~geber** *m* (-s; -) financial backer; **'~geschäfte** *pl* money transactions *pl*; **'≗gierig** *adj* greedy for money, avaricious; **'~insti,tut** *n* financial institution; **'~mittel** *pl* funds *pl*; **'~schein** *m* (bank)note, *Am.* bill;

'**~schrank** *m* safe; '**~strafe** *f* fine; '**~stück** *n* coin; '**~umtausch** *m* exchange of money; '**~verlegenheit** *f* financial embarrassment: ***in ~ sein*** be financially embarrassed; '**~verschwendung** *f* waste of money; '**~wechsel** *m* exchange of money; '**~wechsler** *m* (-s; -) *Person*: money-changer; *Maschine*: change machine.

Gelegenheit [gə'le:gənhaɪt] *f* (-; -en) *Anlaß*: occasion; *günstige*: opportunity, chance: ***bei ~*** some time; **~sarbeit** *f* casual work (*od.* job); **~sarbeiter** *m* casual worker; **~skauf** *m* bargain.

gelegentlich [gə'le:gəntlɪç] **1.** *adj* occasional; **2.** *adv* occasionally; *bei Gelegenheit*: some time.

Gelenk [gə'lɛŋk] *n* (-[e]s; -e) *anat.*, *tech.* joint.

ge'lernt *adj Arbeiter*: skilled, trained: ***er ist ~er Musiker*** he's actually a musician.

Ge'liebte¹ *m* (-n; -n) lover.

Ge'liebte² *f* (-n; -n) mistress.

gelinde [gə'lɪndə] *adv*: ***~ gesagt*** to put it mildly.

gelingen [gə'lɪŋən] *v/i u. v/impers* (gelang, gelungen, sn) succeed; *gut geraten*: turn out well: ***es gelang mir, et. zu tun*** I succeeded in doing (*od.* I managed to do) s.th.

gelt|en ['gɛltən] (galt, gegolten, h) **1.** *v/i* be valid; *Gesetz etc*: be in force; *Preis*: be effective: ***~ für*** apply to; ***~ als*** be regarded as, be considered (to be); ***~ lassen*** accept (***als*** as); **2.** *v/t*: ***viel*** (***wenig***) ~ carry a lot of (little) weight; '**~end** *adj* accepted: ***~ machen*** *Anspruch*, *Recht*: assert; ***s-n Einfluß*** (***bei j-m***) ***~ machen*** bring one's influence to bear (on s.o.); '**2ung** *f* (-; *no pl*) *Ansehen*: prestige; *Gewicht*: weight: ***zur ~ kommen*** show to advantage.

gelungen [gə'lʊŋən] *adj* successful, *pred.* a success.

Gemälde [gə'mɛ:ldə] *n* (-s; -) painting; **~gale,rie** *f* picture gallery.

gemäß [gə'mɛ:s] *prp* according to; **~igt** *adj* moderate; *Klima etc*: temperate.

ge'mein *adj contp.* mean: ***et. ~ haben*** (***mit***) have s.th. in common (with).

Gemeinde [gə'maɪndə] *f* (-; -n) *pol.* municipality; *Verwaltung*: *a.* local government; *eccl.* parish; *in der Kirche*: congregation; **~amt** *n* local authority; *Gebäude*: municipal offices *pl*; **~rat** *m* municipal council; *Person*: municipal council(l)or; **~steuern** *pl* (local) rates *pl*, *Am.* local taxes *pl*.

ge'mein|gefährlich *adj*: ***~er Mensch*** public danger, *Am.* public enemy; **2heit** *f* (-; -en) meanness; mean thing (to do *od.* say); **~nützig** [~nʏtsɪç] *adj* non-profit(-making); **2platz** *m* commonplace; **~sam 1.** *adj* common, joint; *gegenseitig*: mutual; **2.** *adv*: ***et. ~ tun*** do s.th. together; **2schaft** *f* (-; -en) community; **2wohl** *n* public good.

Gemisch [gə'mɪʃ] *n* (-[e]s; -e) mixture.

Gemüse [gə'my:zə] *n* (-s; -) vegetables *pl*; **~händler** *m* greengrocer('s).

Gemüt [gə'my:t] *n* (-[e]s; -er) mind, soul; *Herz*: heart; *~sart*: nature, mentality; **2lich** *adj* comfortable, snug, cosy; *ungezwungen*, *angenehm*: peaceful, pleasant, relaxed: ***mach es dir ~*** make yourself at home; **~lichkeit** *f* (-; *no pl*) snugness, cosiness; cosy (*od.* relaxed) atmosphere; **~sverfassung** *f*, **~szustand** *m* state of mind.

Gen [ge:n] *n* (-s; -e) gene.

genau [gə'naʊ] **1.** *adj* exact, precise, accurate; *sorgfältig*: careful, close; *streng*: strict: **2eres** further details *pl*; **2.** *adv*: ***~ um 10 Uhr*** at 10 o'clock sharp; ***~ der ...*** that very ...; ***~ zuhören*** listen closely; ***es ~ nehmen*** (***mit et.***) be particular (about s.th.); **~genommen** *adv* strictly speaking; **2igkeit** *f* (-; *no pl*) accuracy, precision, exactness.

genehmig|en [gə'ne:mɪgən] *v/t* (*pp* genehmigt, h) permit, allow; *amtlich*: approve; **2ung** *f* (-; -en) permission; approval; *~sschein*: permit; *Zulassung*: *a.* licen|ce (*Am.* -se); **~ungspflichtig** *adj* requiring official approval.

geneigt [gə'naɪkt] *adj* inclined (***zu tun*** to do).

General [gene'ra:l] *m* (-s; -e, ⁓e) *mil.* general; **~di,rektor** *m* general manager, managing director; **~konsul** *m* consul general; **~konsu,lat** *n* consulate general; **~probe** *f thea.* dress rehearsal; **~streik** *m* general strike; **~versammlung** *f econ.* general meeting; **~vertreter** *m econ.* general agent.

Generation [genera'tsi̯o:n] *f* (-; -en) generation; **~skon,flikt** *m* generation gap.

G

Generator [gene'ra:tɔr] *m* (-s; -en) *electr.* generator.
generell [gene'rɛl] *adj* general.
genes|en [gə'ne:zən] *v/i* (genas, genesen, sn) recover (***von*** from), get well; **2ung** *f* (-; *no pl*) recovery.
Genet|ik [ge'ne:tɪk] *f* (-; *no pl*) genetics *pl* (*sg konstr.*); **2isch** *adj* genetic.
'Genforschung *f* genetic research.
genial [ge'nĭa:l] *adj* brilliant; *Person*: ingenious; **2ität** [~ali'tɛ:t] *f* (-; *no pl*) genius.
Genick [gə'nɪk] *n* (-[e]s; -e) (back [*od.* nape] of the) neck.
Genie [ʒe'ni:] *n* (-s; -s) genius.
genieren [ʒə'ni:rən] *v/refl* (*no* ge-, h) be (*od.* feel) embarrassed (***zu tun*** to do).
genießen [gə'ni:sən] *v/t* (genoß, genossen, h) enjoy.
genormt [gə'nɔrmt] *adj* standardized.
Genosse [gə'nɔsə] *m* (-n; -n) *pol.* comrade; **~nschaft** *f* (-; -en) *econ.* cooperative; **2nschaftlich** *adj econ.* cooperative.
'Gentechnolo,gie *f* genetic engineeering.
genug [gə'nu:k] *adj* enough, sufficient.
Genüg|e [gə'ny:gə] *f*: ***zur ~*** (well) enough, sufficiently; **2en** *v/i* (h) be enough (*od.* sufficient): ***das genügt*** that will do; **2end** *adj* enough, sufficient; *Zeit*: *a.* plenty of; **2sam** [gə'ny:kza:m] *adj* easily satisfied; *im Essen*: frugal; *bescheiden*: modest; **~samkeit** *f* (-; *no pl*) modesty; frugality.
Ge'nugtuung *f* (-; *no pl*) satisfaction (***über*** *acc* at).
Genuß [gə'nʊs] *m* (-sses; ¨sse) pleasure; *von Nahrung*: consumption: ***ein ~*** a real treat; *Essen*: *a.* delicious.
geöffnet [gə'œfnət] *adj Laden etc*: open.
Geograph|ie [geogra'fi:] *f* (-; *no pl*) geography; **2isch** [~'gra:fɪʃ] *adj* geographic(al).
Geolog|e [geo'lo:gə] *m* (-n; -n) geologist; **~ie** [~lo'gi:] *f* (-; *no pl*) geology; **2isch** [~'lo:gɪʃ] *adj* geological.
Geometr|ie [geome'tri:] *f* (-; -n) geometry; **2isch** [~'me:trɪʃ] *adj* geometric(al).
Gepäck [gə'pɛk] *n* (-[e]s; *no pl*) *Br.* luggage, *Am.* baggage; *aer.* baggage; **~abfertigung** *f aer.* baggage check-in; **~ablage** *f* luggage (*Am.* baggage) rack; **~ausgabe** *f aer.* baggage reclaim; **~kon,trolle** *f* luggage (*Am.* baggage) check; **~schein** *m Br.* luggage ticket, *Am.* baggage check; **~schließfach** *n* luggage (*Am.* baggage) locker; **~stück** *n* piece of luggage (*Am.* baggage); **~träger** *m* porter; *Fahrrad*: carrier, *mot.* roof rack.
ge'pflegt *adj Erscheinung*: well-groomed; *Kleidung*: neat; *Garten etc*: well-kept.
Gepflogenheit [gə'pflo:gənhaɪt] *f* (-; -en) habit, custom.
gerade [gə'ra:də] **1.** *adj* straight (*a. fig.*); *Zahl etc*: even; *direkt*: direct; *Haltung*: upright, erect; **2.** *adv* just: ***nicht ~*** not exactly; ***das ist es ja ~!*** that's just it!; ***~ deshalb*** that's just why; ***~ rechtzeitig*** just in time; ***warum ~ ich?*** why me of all people?; ***da wir ~ von ... sprechen*** speaking of ...; **~'aus** *adv* straight ahead (*od.* on); **~zu** *adv* really.
Gerät [gə'rɛ:t] *n* (-[e]s; -e) *Vorrichtung*: device; *kleines*: F gadget; *Elektro2*, *Haushalts2 etc*: appliance; *Radio2*, *Fernseh2*: set; *coll.* *~schaften*: equipment; *Handwerks2*, *Garten2*: tool; *feinmechanisches*, *optisches*: instrument; *Küchen2*: (kitchen) utensil(s *pl coll.*).
ge'raten *v/i* (*irr*, *pp* geraten, sn, → ***raten***) *ausfallen*: turn out (***gut*** well): ***~ an*** (*acc*) come across; ***~ in*** (*acc*) get into; → ***Brand.***
Gerate'wohl *n*: ***aufs ~*** at random.
geräumig [gə'rɔʏmɪç] *adj* spacious, roomy.
Geräusch [gə'rɔʏʃ] *n* (-[e]s; -e) sound, noise; **2los 1.** *adj* noiseless; **2.** *adv* without a sound; **2voll** *adj* noisy.
ge'recht *adj* just, fair: ***~ werden*** do justice to; *Wünschen etc*: meet; **2igkeit** *f* (-; *no pl*) justice.
Ge'rede *n* (-s; *no pl*) talk; *Klatsch*: gossip.
ge'reizt *adj* irritable; **2heit** *f* (-; *no pl*) irritability.
Gericht [gə'rɪçt] *n* (-[e]s; -e) dish; *jur.* court: ***vor ~ stehen*** (***stellen***) stand (bring to) trial; ***vor ~ gehen*** go to court; **2lich** *adj* judicial, legal.
Ge'richts|barkeit *f* (-; *no pl*) jurisdiction; **~gebäude** *n* courthouse; **~medi,zin** *f* forensic medicine; **~saal** *m* courtroom; **~stand** *m* place of jurisdiction; **~verfahren** *n* legal proceedings *pl*;

~verhandlung *f* hearing; *Strafverhandlung*: trial; **~vollzieher** *m* (-s; -) *Br.* bailiff, *Am.* marshal; **~weg** *m*: ***auf dem ~*** by legal proceedings.

gering [gəˈrɪŋ] *adj* little, small; *unbedeutend*: slight, minor; *niedrig*: low; **~fügig** [~fyːgɪç] *adj* slight, minor; *Betrag, Vergehen*: petty; **~st** *adj* least: ***nicht im ~en*** not in the least.

geˈrinnen *v/i* (*irr, pp* geronnen, sn, → ***rinnen***) coagulate; *bsd. Milch*: *a.* curdle; *bsd. Blut*: *a.* clot.

Gerippe [gəˈrɪpə] *n* (-s; -) skeleton (*a. fig.*); *tech.* framework.

gerissen [gəˈrɪsən] *adj fig.* cunning, smart.

gern(e) [ˈgɛrn(ə)] *adv* willingly, gladly: ***~ haben*** like, be fond of; ***et.*** **(*sehr*)** ***~ tun*** like (love) to do (*od.* doing) s.th.; ***ich möchte ~*** I'd like (to); ***~ geschehen!*** not at all, (you're) welcome.

Gerste [ˈgɛrstə] *f* (-; -n) *bot.* barley; **ˈ~nkorn** *n med.* sty.

Geruch [gəˈrʊx] *m* (-[e]s; ¨e) smell; *bsd. schlechter*: odo(u)r; *bsd. Duft*: scent; **≈los** *adj* odo(u)rless; **~ssinn** *m* (-[e]s; *no pl*) (sense of) smell.

Gerücht [gəˈrʏçt] *n* (-[e]s; -e) rumo(u)r.

geˈrührt *adj* touched, moved.

Gerümpel [gəˈrʏmpəl] *n* (-s; *no pl*) junk.

Gerüst [gəˈrʏst] *n* (-[e]s; -e) *Bau≈*: scaffold(ing).

gesamt [gəˈzamt] *adj* whole, entire, total; **≈...** *in Zssgn Bevölkerung, Gewicht etc*: *mst* total ...; **≈ausgabe** *f* complete edition; **≈schule** *f* comprehensive school.

Gesang [gəˈzaŋ] *m* (-[e]s; ¨e) singing; *Lied*: song; *Fach*: voice; **~buch** *n eccl.* hymnbook.

Gesäß [gəˈzɛːs] *n* (-es; -e) *anat.* buttocks *pl.*

Geschäft [gəˈʃɛft] *n* (-[e]s; -e) business; *Laden*: *Br.* shop, *Am.* store; *vorteilhaftes*: bargain; **≈ehalber** *adv* on business; **≈ig** *adj* busy, active; **~igkeit** *f* (-; *no pl*) activity; **≈lich 1.** *adj* business ..., commercial; **2.** *adv* on business.

Geˈschäfts|beziehungen *pl* business connections *pl* (**zu** with); **~brief** *m* business letter; **~frau** *f* businesswoman; **~freund** *m* business associate; **~führer** *m* manager; **~führung** *f* management; **~inhaber** *m* owner, proprietor; **~jahr** *n* financial year; **~lage** *f* business situation; **~leitung** *f* management; **~mann** *m* (-[e]s; -leute) businessman; **≈mäßig** *adj* businesslike; **~partner** *m* (business) partner; **~räume** *pl* business premises *pl*; *Büros*: offices *pl*; **~reise** *f* business trip; **~schluß** *m* closing time: ***nach ~*** *a.* after business hours; **~sitz** *m* place of business; **~stelle** *f* office; **~straße** *f* shopping street; **~träger** *m pol.* chargé d'affaires; **≈tüchtig** *adj* efficient, smart; **~verbindung** *f* business connection; **~zeit** *f* office (*od.* business) hours *pl*; **~zweig** *m* branch (of business).

geschehen [gəˈʃeːən] *v/i* (geschah, geschehen, sn) happen, occur, take place; *getan werden*: be done: ***es geschieht ihm recht*** it serves him right.

Geschehen [~] *n* (-s) events *pl*, happenings *pl.*

gescheit [gəˈʃaɪt] *adj* clever, intelligent, bright.

Geschenk [gəˈʃɛŋk] *n* (-[e]s; -e) present, gift; **~packung** *f* gift pack.

Geschicht|e [gəˈʃɪçtə] *f* (-; -n) story; *Wissenschaft etc*: history; *fig.* business, thing; **≈lich** *adj* historical.

Geschick¹ [gəˈʃɪk] *n* (-[e]s; -e) fate.

Geschick² [~] *n* (-[e]s; *no pl*) skill; **≈t** *adj* skil(l)ful, skilled; *gewandt*: dext(e)rous; *geistig*: *a.* clever.

Geschirr [gəˈʃɪr] *n* (-[e]s; -e) dishes *pl*; *Porzellan*: china; *Küchen≈*: kitchen utensils *pl*, pots and pans *pl*, crockery: ***~ spülen*** wash (*od.* do) the dishes; **~spüler** *m* (-s; -) dishwasher.

Geschlecht [gəˈʃlɛçt] *n* (-[e]s; -er) sex; *Abstammung*: family; *Generation*: generation; *gr.* gender; **≈lich** *adj* sexual.

Geˈschlechts|krankheit *f med.* venereal disease; **~verkehr** *m* sexual intercourse.

ge|schliffen [gəˈʃlɪfən] *adj Edelstein*: cut; *fig.* polished; **~schlossen** [~ˈʃlɔsən] *adj* closed: ***~e Gesellschaft*** private party.

Geschmack [gəˈʃmak] *m* (-[e]s; ¨e, F ¨er) taste (*a. fig.*); *Aroma*: flavo(u)r: ***~ finden an*** (*dat*) develop a taste for; **≈los** *adj* tasteless (*a. fig.*); **~losigkeit** *f* (-; *no pl*) tastelessness (*a. fig.*): ***das war e-e ~*** that was in bad taste; **~(s)sache** *f* matter of taste; **≈voll** *adj* tasteful, in good taste.

Geschöpf [gə'ʃœpf] *n* (-[e]s; -e) creature.
Geschoß [gə'ʃɔs] *n* (-sses; -sse) projectile, missile; *Stockwerk*: floor, *Br.* storey, *Am.* story.
Ge'schrei *n* (-[e]s; *no pl*) shouting, yelling; *Angst*℞: screams *pl*; *Baby*: crying; *fig. Aufhebens*: fuss.
Geschwätz [gə'ʃvɛts] *n* (-es; *no pl*) prattle; *Klatsch*: gossip; *fig. Unsinn*: nonsense; ℞**ig** *adj* talkative; gossipy.
ge'schweige *cj*: ~ (***denn***) let alone.
Geschwindigkeit [gə'ʃvɪndɪçkaɪt] *f* (-; -en) speed; *phys.* velocity: ***mit e-r ~ von*** at a speed of; **~sbeschränkung** *f* (-; -en) speed limit; **~süber,schreitung** *f* (-; -en) speeding.
Geschwister [gə'ʃvɪstər] *pl* brothers *pl* and sisters *pl*.
geschwollen [gə'ʃvɔlən] *adj med.* swollen; *fig.* bombastic, pompous.
Geschworene [gə'ʃvo:rənə] *m, f* (-n; -n) *jur.* juror: ***die ~n*** *pl* the jury.
Geschwulst [gə'ʃvʊlst] *f* (-; ⸚e) *med.* tumo(u)r.
Geschwür [gə'ʃvy:r] *n* (-[e]s; -e) *med.* abscess, ulcer.
Gesell|e [gə'zɛlə] *m* (-n; -n) *Handwerker*: journeyman: ***Bäcker***℞ journeyman baker; **~enbrief** *m* journeyman's certificate; ℞**ig** *adj Person*: sociable: ***~es Beisammensein*** get-together; **~in** *f* (-; -nen) journeywoman.
Gesellschaft [gə'zɛlʃaft] *f* (-; -en) society; *Umgang*: company; *Abend*℞ *etc*: party; *Firma*: company: ***j-m ~ leisten*** keep s.o. company; **~er** *m* (-s; -) *econ.* partner; ℞**lich** *adj* social.
Ge'sellschafts|ordnung *f* social order; **~poli,tik** *f* social policy; **~reise** *f* group tour; **~schicht** *f* stratum (of society); **~spiel** *n* parlo(u)r game; **~sy,stem** *n* social system.
Gesetz [gə'zɛts] *n* (-es; -e) law; **~entwurf** *m* bill; ℞**gebend** *adj* legislative; **~geber** *m* (-s; -) legislator; **~gebung** *f* (-; *no pl*) legislation; ℞**lich 1.** *adj* legal; *legal*: *a.* lawful; **2.** *adv*: ***~ geschützt*** protected by law; *Patent etc*: registered.
ge'setzt *cj*: → ***Fall.***
ge'setzwidrig [~vi:drɪç] *adj* illegal, unlawful.
Gesicht [gə'zɪçt] *n* (-[e]s; -er) face: ***zu ~ bekommen*** catch sight (*kurz*: a glimpse) of; ***aus dem ~ verlieren*** lose sight (*fig. a.* track) of; ***das ~ verziehen*** make a face.
Ge'sichts|ausdruck *m* expression, look; **~farbe** *f* complexion; **~punkt** *m* point of view; **~züge** *pl* features *pl.*
Gesindel [gə'zɪndəl] *n* (-s; *no pl*) riffraff.
gesinn|t [gə'zɪnt] *adj eingestellt*: minded: ***j-m feindlich ~ sein*** be ill-disposed towards s.o.; ℞**ung** *f* (-; -en) mind; *Haltung*: attitude; *pol.* conviction(s *pl*).
ge'spannt 1. *adj Aufmerksamkeit*: rapt; *Situation etc.* tense; *Beziehungen*: strained: ***~ sein auf*** (*acc*) be eager to see (*od.* know); ***~ sein, ob*** be eager to see (*od.* know) whether.
Gespenst [gə'ʃpɛnst] *n* (-[e]s; -er) ghost.
Gespött [gə'ʃpœt] *n* (-[e]s; *no pl*): ***j-n zum ~ machen*** make a laughingstock of s.o.
Gespräch [gə'ʃprɛ:ç] *n* (-[e]s; -e) talk (*a. pol.*), conversation; *teleph.* call; ℞**ig** *adj* talkative.
Gestalt [gə'ʃtalt] *f* (-; -en) *allg.* shape, form; *Figur, Person*: figure; ℞**en** *v/t* (*pp* gestaltet, h) *Fest etc*: arrange; *entwerfen*: design; **~ung** *f* (-; *no pl*) arrangement; design; *Raum*℞: decoration.
geständ|ig [gə'ʃtɛndɪç] *adj*: ***~ sein*** have confessed; ℞**nis** [~tnɪs] *n* (-ses; -se) confession: ***ein ~ ablegen*** make a confession.
Gestank [gə'ʃtaŋk] *m* (-[e]s; *no pl*) stench, stink.
gestatten [gə'ʃtatən] *v/t* (*pp* gestattet, h) allow, permit.
Geste ['gɛstə] *f* (-; -n) gesture (*a. fig.*).
ge'stehen *v/t u. v/i* (*irr, pp* gestanden, h, → ***stehen***) confess (***et.*** [to] s.th.; ***et. getan zu haben*** [to] doing s.th.; ***daß*** that).
gest|ern ['gɛstərn] *adv* yesterday: ***~ abend*** last night; **~rig** ['~rɪç] *adj* yesterday's, of yesterday.
Gestrüpp [gə'ʃtrʏp] *n* (-[e]s; -e) brushwood, undergrowth.
Gesuch [gə'zu:x] *n* (-[e]s; -e) application, request (***um*** for).
gesund [gə'zʊnt] *adj* healthy; *Kost, Leben*: *a.* healthful; *fig. a.* sound: ***~er Menschenverstand*** common sense; ***~ sein*** be in good health; *Obst etc*: be good for you(r health); (***wieder***) ***~ werden*** get well (again), recover.
Ge'sundheit *f* (-; *no pl*) health: ***auf j-s ~ trinken*** drink s.o.'s health; ***~!*** *beim*

Niesen: bless you!; **2lich 1.** *adj*: ***sein ~er Zustand*** the state of his health; ***aus ~en Gründen*** for health reasons; **2.** *adv*: ***~ geht es ihm gut*** he is in good health.

Geˈsundheits|amt *n* public health office; **~poliˌtik** *f* health policy; **2schädlich** *adj* injurious (*od.* harmful) to health; *Nahrung etc*: unhealthy, unwholesome; **~zeugnis** *n* health certificate; **~zustand** *m* state of health: ***sein ~*** the state of his health.

geˈsundschrumpfen *v/t u. v/refl* (*sep*, -ge-, h) slim down.

Getränk [gəˈtrɛŋk] *n* (-[e]s; -e) drink, beverage; **~eautoˌmat** *m* drinks machine; **~ekarte** *f* wine list.

geˈtrauen *v/refl* (*pp* getraut, h) → ***trauen*** 3.

Getreide [gəˈtraɪdə] *n* (-s; -) grain, cereals *pl*; *Br. a.* corn.

geˈtrennt 1. *adj Schlafzimmer etc*: separate: ***~e Kasse machen*** go Dutch; ***mit ~er Post*** under separate cover; **2.** *adv*: ***~ leben*** be separated (***von*** from), live apart (from); ***~ zahlen*** go Dutch.

Getriebe [gəˈtriːbə] *n* (-s; -) *mot.* gearbox; **~öl** *n* gearbox oil; **~schaden** *m* gearbox trouble.

Getto [ˈgɛto] *n* (-s; -s) ghetto.

Getue [gəˈtuːə] *n* (-s; *no pl*) fuss (***um*** about).

Getümmel [gəˈtʏməl] *n* (-s; -) turmoil.

Gewächs [gəˈvɛks] *n* (-es; -e) plant; *med.* growth; **~haus** *n* greenhouse, hothouse.

ge|ˈwachsen *adj*: ***j-m ~ sein*** be a match for s.o.; ***e-r Sache ~ sein*** be equal to s.th., be able to cope with s.th.; **~ˈwagt** *adj* daring (*a. fig.Film etc*); *fig. Witz etc*: risqué.

Gewähr [gəˈvɛːr] *f* (-; *no pl*): ***für et. ~ leisten*** guarantee s.th.; ***ohne ~*** subject to change; **2en** *v/t* (*pp* gewährt, h) grant, allow; **2leisten** *v/t* (*pp* gewährleistet, h) guarantee.

Geˈwahrsam *m* (-s; *no pl*): ***et.*** (***j-n***) ***in ~ nehmen*** take s.th. in safekeeping (s.o. into custody).

Gewalt [gəˈvalt] *f* (-; -en) force, violence (*a. ~tätigkeit*); *Macht*: power; *Beherrschung*: control (***über*** *acc* of): ***mit ~*** by force; ***höhere ~*** act of God; ***die ~ verlieren über*** (*acc*) lose control over; **2ig** *adj* powerful, mighty; *riesig, ungeheuer*: enormous; **2los** *adj* nonviolent; **~losigkeit** *f* (-; *no pl*) nonviolence; **2sam 1.** *adj* violent; **2.** *adv* forcibly: ***~ öffnen*** force open; **2tätig** *adj* violent; **~verbrechen** *n* crime of violence.

Gewässer [gəˈvɛsər] *n* (-s; -) stretch of water: ***~*** *pl* waters *pl*; **~schutz** *m* prevention of water pollution.

Gewehr [gəˈveːr] *n* (-[e]s; -e) rifle; *Flinte*: shotgun; **~kolben** *m* rifle butt.

Gewerbe [gəˈvɛrbə] *n* (-s; -) trade, business; **~freiheit** *f* freedom of trade; **~schein** *m* trade licen|ce (*Am.* -se).

gewerb|lich [gəˈvɛrplɪç] *adj* commercial, industrial; **~smäßig** *adj* professional.

Gewerkschaft [gəˈvɛrkʃaft] *f* (-; -en) (*Br.* trade, *Am.* labor) union; **~ler** *m* (-s; -) (*Br.* trade, *Am.* labor) unionist; **2lich 1.** *adj* (*Br.* trade, *Am.* labor) union; **2.** *adv*: ***~ organisiert*** organized; **~s...** *in Zssgn* (*Br.* trade, *Am.* labor) union ...; **~sbund** *m* federation of trade (*Am.* labor) unions.

Gewicht [gəˈvɪçt] *n* (-[e]s; -e) weight; *Bedeutung*: *a.* importance: ***~ legen auf*** (*acc*) stress, emphasize.

gewillt [gəˈvɪlt] *adj*: (***nicht***) ***~ sein, et. zu tun*** be (un)willing to do s.th.

Gewinn [gəˈvɪn] *m* (-[e]s; -e) *econ.* profit (*a. fig.*); *Ertrag*: gain(s *pl*); *Lotterie2*: prize; *Spiel2*: winnings *pl*: ***mit ~*** at a profit; **~anteil** *m* share in the profits; **~beteiligung** *f* profit sharing; **2bringend** *adj* profitable; **2en** *v/t u. v/i* (gewann, gewonnen, h) win; *zunehmen an*: gain; **2end** *adj Lächeln*: winning, engaging; **~er** *m* (-s; -) winner; **~spanne** *f* profit margin; **~-u.-Verlust-Rechnung** *f* profit and loss account.

gewiß [gəˈvɪs] **1.** *adj* certain: ***ein gewisser Herr N.*** a certain Mr N.; **2.** *adv* certainly, surely.

Geˈwissen *n* (-s; -) conscience: ***auf dem ~ haben*** have *s.o., s.th.* on one's conscience; **2haft** *adj* conscientious; **2los** *adj* unscrupulous; **~sbisse** *pl* pricks *pl* (*od.* pangs *pl*) of conscience; **~sfrage** *f* question of conscience; **~sgründe** *pl*: ***aus ~n*** for reasons of conscience.

Geˈwißheit *f* (-; *no pl*) certainty: ***mit ~*** *sagen, wissen*: for certain (*od.* sure).

Gewitter [gəˈvɪtər] *n* (-s; -) thunder-

storm; **~regen** *m* thundery shower; **~wolke** *f* thundercloud.
gewittrig [gə'vɪtrɪç] *adj* thundery.
gewöhnen [gə'vø:nən] *v/t u. v/refl* (*pp* gewöhnt, h): ***sich (j-n) ~ an*** (*acc*) get (s.o.) used to; ***sich daran ~, et. zu tun*** get used to doing s.th.
Gewohnheit [gə'vo:nhaɪt] *f* (-; -en) habit (***et. zu tun*** of doing s.th.); **2smäßig** *adj* habitual; **~srecht** *n* customary right.
gewöhnlich [gə'vø:nlɪç] *adj* common, ordinary, usual; *unfein*: vulgar, common.
gewohnt [gə'vo:nt] *adj* usual: ***et. ~ sein*** be used to s.th; ***es ~ sein, et. zu tun*** be used to doing s.th.
Gewühl [gə'vy:l] *n* (-[e]s; *no pl*) milling crowd.
Gewürz [gə'vʏrts] *n* (-es; -e) spice; **~gurke** *f* pickled gherkin.
Ge'zeiten *pl* tides *pl*.
Gicht [gɪçt] *f* (-; *no pl*) *med.* gout.
Giebel ['gi:bəl] *m* (-s; -) gable.
Gier [gi:r] *f* (-; *no pl*) greed(iness) (***nach*** for); '**2ig** *adj* greedy (***nach*** for).
gieß|en ['gi:sən] (goß, gegossen, h) **1.** *v/t* pour; *Blumen*: water; **2.** *v/impers*: ***es gießt in Strömen*** it's pouring with rain; '**2kanne** *f* watering can.
Gift [gɪft] *n* (-[e]s; -e) poison; *zo. a.* venom (*a. fig.*); '**~gas** *n* poison gas; '**2ig** *adj* poisonous; venomous (*a. fig.*); *vergiftet*: poisoned; *med.* toxic; '**~müll** *m* toxic waste; '**~pilz** *m* poisonous mushroom, (poisonous) toadstool; '**~schlange** *f* poisonous (*od.* venomous) snake; '**~stoff** *m* poisonous (*od.* toxic) substance; *Umwelt*: pollutant.
Gigant [gi'gant] *m* (-en; -en) giant; **2isch** *adj* gigantic.
Gipfel ['gɪpfəl] *m* (-s; -) summit (*a. pol. etc*), peak (*a. fig.*), top; *Höhepunkt*: height; '**~konfe,renz** *f* summit conference; '**2n** *v/i* (h) culminate (***in*** *dat* in); '**~treffen** *n* summit meeting.
Gips [gɪps] *m* (-es; -e) plaster; '**~verband** *m* plaster cast.
Girokonto ['ʒi:ro~] *n* current (*bsd. Am.* checking) account.
Gitarr|e [gi'tarə] *f* (-; -n) *mus.* guitar; **~ist** [~'rɪst] *m* (-en; -en) guitarist.
Gitter ['gɪtər] *n* (-s; -) lattice; *vor Fenster etc*: grating: F ***hinter ~n sitzen*** be behind bars.
Glanz [glants] *m* (-es; *no pl*) shine, gloss (*a. tech.*), lust|re (*Am.* -er), brilliance (*a. fig.*); *fig. Pracht*: splendo(u)r, glamo(u)r.
glänzen ['glɛntsən] *v/i* (h) shine, gleam; *funkeln*: *a.* glitter, glisten; '**~d** *adj* shiny, glossy (*a. phot.*), brilliant (*a. fig.*); *fig.* excellent, splendid.
'**Glanz|leistung** *f* brilliant achievement; '**~zeit** *f* heyday.
Glas [gla:s] *n* (-es; ¨er) glass; '**~er** *m* (-s; -) glazier; '**~scheibe** *f* (glass) pane.
glatt [glat] *adj* smooth (*a. fig.*); *schlüpfrig*: slippery; *fig. Sieg etc*: clear.
Glätte ['glɛtə] *f* (-; *no pl*) smoothness (*a. fig.*); slipperiness.
'**Glatt|eis** *n* black ice: ***es herrscht ~*** the roads are icy; '**2gehen** *v/i* (*irr, sep*, -ge-, sn, → ***gehen***) work (out well), go (off) well; '**2ra,siert** *adj* clean-shaven.
Glatze ['glatsə] *f* (-; -n) bald head: ***e-e ~ haben*** be bald.
Glaube ['glaʊbə] *m* (-ns; *no pl*) belief, *bsd. eccl.* faith (*beide*: ***an*** *acc* in); '**2n** *v/t u. v/i* (h) believe; *meinen*: *a.* think, *Am. a.* guess: ***~ an*** (*acc*) believe in (*a. eccl.*).
glaubhaft ['glaʊphaft] *adj* credible, plausible.
Gläubiger ['glɔʏbɪgər] *m* (-s; -) *econ.* creditor.
glaubwürdig ['glaʊpvʏrdɪç] *adj* credible; reliable.
gleich [glaɪç] **1.** *adj* same; *Rechte, Lohn*: equal: ***auf die ~e Art*** (in) the same way; ***zur ~en Zeit*** at the same time; ***das ist mir ~*** it's all the same to me; ***ganz ~, wann*** *etc* no matter when *etc*; ***das ~e*** the same; **2.** *adv* equally, alike; *sofort*: at once, right away; *sehr bald*: in a moment (*od.* minute): ***~ groß*** (***alt***) of the same size (age); ***~ nach*** (***neben***) right after (next to); ***~ gegenüber*** just opposite (*od.* across the street); ***es ist ~ 5*** it's almost 5 o'clock; ***~ aussehen*** (***gekleidet***) look (dressed) alike; ***bis ~!*** see you soon (*od.* later)!; **~altrig** ['~altrɪç] *adj* (of) the same age; '**~berechtigt** *adj* having equal rights; '**2berechtigung** *f* (-; *no pl*) equal rights *pl*; '**~bleibend** *adj* constant, steady; '**~en** *v/t* (glich, geglichen, h) be (*od.* look) like; '**~falls** *adv* also, likewise: ***danke, ~!*** (thanks,) the same to you!; '**2gewicht** *n* (-[e]s; *no pl*) balance (*a. fig.*);

'**~gültig** *adj* indifferent (**gegen** to); *leichtfertig*: careless: **das (er) ist mir ~** I don't care (for him); '**2gültigkeit** *f* (-; *no pl*) indifference; '**2heit** *f* (-; *no pl*) equality; '**2heitsgrundsatz** *m*, '**2heits-prin,zip** *n* principle of equality before the law; '**~kommen** *v/i* (*irr*, *sep*, -ge-, sn, → **kommen**): **e-r Sache ~** amount to s.th.; **j-m ~** equal s.o. (**an** *dat* in); '**~lautend** *adj* identical; '**~mäßig** *adj* *regelmäßig*: regular; *gleichbleibend*: constant; *Verteilung*: even; **~namig** ['~na:mıç] *adj* of the same name; '**~setzen,** '**~stellen** *v/t* (*sep*, -ge-, h) equate (*dat* to, with); *j-n*: put on an equal footing (with); '**2strom** *m electr.* direct current, *abbr.* DC; '**~wertig** *adj* equally good: **j-m ~ sein** be a match for s.o.; '**~zeitig 1.** *adj* simultaneous; **2.** *adv* simultaneously, at the same time.

Gleis [glaıs] *n* (-es; -e) *rail.* rails *pl*, track, line; *Bahnsteig*: platform, *Am. a.* gate.

gleit|en ['glaıtən] *v/i* (glitt, geglitten, sn) glide, slide; '**~end** *adj*: **~e Arbeitszeit** → **Gleitzeit**; '**2zeit** *f* flexible working hours *pl*, flexitime: **~ haben** be on flexitime.

Gletscher ['glɛtʃər] *m* (-s; -) glacier; '**~spalte** *f* crevasse.

Glied [gli:t] *n* (-[e]s; -er) *anat.* limb; *männliches*: penis; *Verbindungs2*: link; **2ern** ['~dərn] *v/t* (h) structure; divide (**in** *acc* into); **~erung** ['~dərʊŋ] *f* (-; -en) structure; arrangement.

glimpflich ['glımpflıç] **1.** *adj* lenient, mild; **2.** *adv*: **~ davonkommen** get off lightly.

glitschig ['glıtʃıç] *adj* slippery.

glitzern ['glıtsərn] *v/i* (h) glitter, sparkle.

Glocke ['glɔkə] *f* (-; -n) bell; '**~nspiel** *n* chimes *pl*; '**~nturm** *m* bell tower, belfry.

Glotze ['glɔtsə] *f* (-; -n) F box: **in der ~** on the box; '**2n** *v/i* (h) F goggle, gawp.

Glück [glʏk] *n* (-[e]s; *no pl*) luck, fortune; *Gefühl*: happiness: **~ haben** be lucky; **~ bringen** bring (good) luck; **zum ~** fortunately; **viel ~!** good luck!; '**2en** → **gelingen**; '**2lich** *adj* happy: **~er Zufall** lucky chance; '**2licherweise** *adv* fortunately.

'**Glücks|bringer** *m* (-s; -) lucky charm; '**~fall** *m* lucky chance; '**~pilz** *m* lucky beggar; '**~spiel** *n* game of chance; *coll.* gambling; '**~spieler** *m* gambler; '**~tag** *m* lucky day.

'**Glückwunsch** *m* congratulations *pl*: **herzlichen ~!** congratulations!; *zum Geburtstag*: happy birthday!; '**~tele-,gramm** *n* greetings telegram.

Glüh|birne ['gly:~] *f electr.* light bulb; '**2en** *v/i* (h) glow (*a. fig.*); '**~wein** *m* mulled claret.

Gnade ['gna:də] *f* (-; *no pl*) mercy; '**~nfrist** *f* reprieve; '**~ngesuch** *n jur.* petition for mercy; '**2nlos** *adj* merciless.

gnädig ['gnɛ:dıç] *adj* gracious.

Gold [gɔlt] *n* (-[e]s; *no pl*) gold; **~barren** ['~barən] *m* (-s; -) gold bar (*od.* ingot), *coll.* bullion; **2en** ['~dən] *adj* gold; *fig.* golden; '**~fisch** *m* goldfish; '**~grube** *f fig.* goldmine; '**~me,daille** *f* gold medal; '**~münze** *f* gold coin; '**~preis** *m* gold price; '**~schmied** *m* goldsmith; '**~stück** *n* gold coin.

Golf[1] [gɔlf] *m* (-[e]s; -e) *geogr.* gulf.

Golf[2] [~] *n* (-s; *no pl*) *Sport*: golf; '**~platz** *m* golf course; '**~schläger** *m* golf club; '**~spieler** *m* golfer.

Gondel ['gɔndəl] *f* (-; -n) gondola; *Lift2*: *a.* cabin.

gönn|en ['gœnən] *v/t* (h): **j-m et. ~** not (be)grudge s.o. s.th.; **j-m et. nicht ~** (be)grudge s.o. s.th.; **sich et. ~** allow o.s. s.th., treat o.s. to s.th.; '**~erhaft** *adj* patronizing.

Gorilla [go'rıla] *m* (-s; -s) *zo.* gorilla (*a.* F *fig.*)

Gosse ['gɔsə] *f* (-; -n) gutter (*a. fig.*)

Got|ik ['go:tık] *f* (-; *no pl*) Gothic style (*od.* period); '**2isch** *adj* Gothic.

Gott [gɔt] *m* (-es; ¨er) God; *myth.* god: → **Dank**; '**~esdienst** *m eccl.* service.

Gött|in ['gœtın] *f* (-; -nen) goddess; '**2lich** *adj* divine.

'**gott|verlassen** *adj* F godforsaken; '**2vertrauen** *n* trust in God.

Grab [gra:p] *n* (-[e]s; ¨er) grave; *bsd.* *~mal*: tomb.

Graben ['gra:bən] *m* (-s; ¨) ditch; *mil.* trench.

graben ['gra:bən] *v/t u. v/i* (grub, gegraben, h) dig (**nach** for).

'**Grab|mal** *n* tomb; *Ehrenmal*: monument; '**~stein** *m* gravestone, tombstone.

Grad [gra:t] *m* (-[e]s; -e) degree (*a. univ.*

u. fig.); *mil. etc*: rank, grade: ***15 ~ Kälte*** 15 degrees below zero.

Graf [graːf] *m* (-en; -en) count; *Br.* earl.

Graffiti [gra'fiːti] *pl* graffiti *pl* (*sg konstr.*).

Gräfin ['grɛːfɪn] *f* (-; -nen) countess.

'Grafschaft *f* (-; -en) county.

Gramm [gram] *n* (-s; -[e]) gram: ***100 ~*** 100 grams.

Grammati|k [gra'matɪk] *f* (-; -en) grammar; *Lehrbuch*: *a.* grammar book; **⁀sch** *adj* grammatical.

Graphi|k ['graːfɪk] *f* (-; -en) *coll.* graphic arts *pl*; *Druck*: print; *tech. etc* graph, diagram; *Ausgestaltung*: art(work), illustrations *pl*; **'~ker** *m* (-s; -) graphic artist; **'⁀sch** *adj* graphic.

Gras [graːs] *n* (-es; ⁼er) *bot.* grass.

grassieren [gra'siːrən] *v/i* (*no* ge-, h) rage, be rife, be widespread.

gräßlich ['grɛslɪç] *adj* hideous, atrocious.

Gräte ['grɛːtə] *f* (-; -n) (fish)bone.

Gratifikation [gratifika'tsĭoːn] *f* (-; -en) bonus.

gratis ['graːtɪs] *adv* free (of charge); **'⁀probe** *f* free sample.

Gratul|ant [gratu'lant] *m* (-en; -en) congratulator, well-wisher; **~ation** [~-'tsĭoːn] *f* (-; -en) congratulations *pl* (**zu** on); **⁀ieren** [~'liːrən] *v/i* (*no* ge-, h) congratulate (***j-m zu et.*** s.o. on s.th.): ***j-m zum Geburtstag ~*** wish s.o. many happy returns (of the day).

grau [graʊ] *adj bsd. Br.* grey, *Am.* gray.

'grausam *adj* cruel; **'⁀keit** *f* (-; -en) cruelty.

'Grauzone *f* grey (*Am.* gray) area.

greifen ['graɪfən] (griff, gegriffen, h) **1.** *v/t* seize, grasp, grab, take (*od.* catch) hold of; **2.** *v/i*: ***~ nach*** reach for; *fest*: grasp at.

Greis [graɪs] *m* (-es; -e) (very) old man; **'~in** *f* (-; -nen) (very) old woman.

grell [grɛl] *adj Licht etc*: glaring; *Farben etc*: gaudy.

Grenze ['grɛntsə] *f* (-; -n) border; *Linie*: *a.* boundary; *fig.* limit; **'⁀n** *v/i* (h): ***~ an*** (*acc*) border on; **'⁀nlos** *adj* boundless.

'Grenz|fall *m* borderline case; **'~formali,täten** *pl* passport and customs formalities *pl*; **'~kon,trolle** *f* border check; **'~linie** *f* borderline, boundary (line) (*beide a fig.*), *pol.* demarcation line; **'~poli,zei** *f* border police (*pl konstr.*); **'~stein** *m* boundary stone; **'~übergang** *m* border crossing (point), checkpoint; **'⁀über,schreitend** *adj* across the border(s); **'~zwischenfall** *m* border incident.

Greueltat ['grɔʏəl~] *f* atrocity.

Griech|e ['griːçə] *m* (-n; -n) Greek; **'⁀isch** *adj* Greek.

Grieß [griːs] *m* (-es; -e) *gastr.* semolina.

Griff [grɪf] *m* (-[e]s; -e) grip, grasp, hold; *Tür⁀, Messer⁀ etc*: handle; **'⁀bereit** *adj* at hand, handy.

Grill [grɪl] *m* (-s; -s) grill; **'⁀en** *v/t* (h) grill; **'~fest** *n*, **'~party** *f* barbecue.

Grimasse [gri'masə] *f* (-; -n) grimace: ***~n schneiden*** pull faces.

grinsen ['grɪnzən] *v/i* (h) grin (***über*** *acc* at): *höhnisch*: sneer (at).

Grinsen [~] *n* (-s) grin; sneer.

Grippe ['grɪpə] *f* (-; -n) *med.* influenza, F flu; **'~epide,mie** *f* influenza (F flu) epidemic; **'~impfung** *f* anti-influenza inoculation; **'⁀krank** *adj* down with influenza (F flu); **'~virus** *n* influenza (F flu) virus; **'~welle** *f* wave of influenza (F flu).

grob [groːp] **1.** *adj* coarse (*a. fig.*); *Fehler, Lüge etc*: gross; *Benehmen*: crude; *frech*: rude; *Arbeit, Fläche, Skizze etc*: rough; **2.** *adv*: ***~ geschätzt*** at a rough estimate; **'⁀heit** *f* (-; -en) coarseness; roughness; rudeness; *Äußerung*: rude remark.

grölen ['grøːlən] *v/t u. v/i* (h) bawl.

groß [groːs] *adj* big; *bsd. Fläche, Umfang, Zahl*: large (*a. Familie*); *hoch* (*-gewachsen*): tall; *erwachsen*: grown-up; F *Bruder*: big; *fig. bedeutend*: great (*a. Freude, Spaß, Eile, Mühe, Schmerz etc*); *Buchstabe*: capital: ***~es Geld*** notes *pl*, *Am.* bills *pl*; ***~e Ferien*** *Br.* summer holidays *pl*, *Am.* summer vacation *sg*; ***~ u. klein*** young and old; ***im ~en*** (***u.***) ***ganzen*** on the whole; F ***~ in et. sein*** be great at (doing) s.th.; ***wie ~ ist es?*** what size is it?; ***wie ~ bist du?*** how tall are you?; **'⁀abnehmer** *m econ.* bulk purchaser; **'⁀aktio,när** *m* major shareholder (*Am.* stockholder); **'~artig** *adj* great, F *a.* terrific; **'⁀aufnahme** *f Film*: close-up; **'⁀bank** *f* (-; -en) big bank.

Größe ['grøːsə] *f* (-; -n) size (*a. Kleid etc*);

Körper≈: height; *Bedeutung*: greatness; *Person*: celebrity; *Film etc*: star.

'**Groß|einkauf** *m econ.* bulk purchase; '**~eltern** *pl* grandparents *pl.*

'**Größenordnung** *f* scale: ***in e-r ~ von*** of (*od.* in, *Am.* on) the order of.

'**großenteils** *adv* to a large (*od.* great) extent, largely.

'**Größenwahn** *m* megalomania.

'**Groß|handel** *m econ.* wholesale trade; '**~handelspreis** *m econ.* wholesale price; '**~händler** *m econ.* wholesaler; '**~handlung** *f econ.* wholesale business; '**~indu,strie** *f* big industry; '**~industri,elle** *m* big industrialist; '**~macht** *f pol.* great power; '**~maul** *n* F braggart; '**~mutter** *f* grandmother; '**~raum** *m*: ***der ~ München*** Greater Munich, the Greater Munich area; '**~raumbü,ro** *n* open-plan office; '**~schreibung** *f* (use of) capitalization; **≈spurig** ['~ʃpu:rıç] *adj* arrogant; '**~stadt** *f* (big) city; '**≈städtisch** *adj* (big-)city; '**~stadtverkehr** *m* (big-)city traffic.

'**größtenteils** *adv* mostly, mainly.

'**groß|tun** (*irr, sep,* -ge-, h, → ***tun***) **1.** *v/i* show off; **2.** *v/refl*: ***sich mit et. ~*** boast (*od.* brag) about s.th.; '**≈unter,nehmen** *n econ.* large-scale (*od.* big) enterprise; '**≈unter,nehmer** *m* big businessman; '**≈vater** *m* grandfather; '**≈verdiener** *m* big earner; '**≈wetterlage** *f* macro weather situation; *pol.* general situation; '**~ziehen** *v/t* (*irr, sep,* -ge-, h, → ***ziehen***) raise, rear, bring up; **~zügig** ['~tsy:gıç] *adj* generous; *Haus etc*: spacious; *Planung etc*: large-scale; '**≈zügigkeit** *f* (-; *no pl*) generosity; spaciousness.

Grotte ['grɔtə] *f* (-; -n) grotto.

Grübchen ['gry:pçən] *n* (-s; -) dimple.

Grube ['gru:bə] *f* (-; -n) pit; *Bergwerk*: *a.* mine.

grübeln ['gry:bəln] *v/i* (h) ponder, muse (***über*** *acc, dat* on, over).

Gruft [grʊft] *f* (-; ⸚e) *Gewölbe*: vault; *in Kirche*: crypt; *Grab*: tomb.

grün [gry:n] *adj* green; *pol. a.* ecological: ***~e Versicherungskarte*** *mot.* green card; ***~ u. blau schlagen*** beat black and blue; ***die ≈en*** *pl* the Greens *pl*; '**≈anlage** *f* green space.

Grund [grʊnt] *m* (-[e]s; ⸚e) reason; *Ursache*: cause; *Boden*: ground; *agr. a.* soil; *Meer etc*: bottom: ***~ u. Boden*** property, land; ***aus diesem ~(e)*** for this reason; ***auf ~*** *gen* because of; ***von ~ auf*** entirely; ***im ~e (genommen)*** actually, basically; '**~begriffe** *pl* fundamentals *pl*; '**~besitz** *m* land(ed property); '**~besitzer** *m* landowner.

gründe|n ['grʏndən] (h) **1.** *v/t* found (*a. Familie*), set up, establish; **2.** *v/refl*: ***sich ~ auf*** (*acc*) be based (*od.* founded) on; '**≈r** *m* (-s; -) founder.

'**grund|'falsch** *adj* absolutely wrong; '**≈fläche** *f e-s Zimmers etc*: area; '**≈gedanke** *m* basic idea; '**≈gesetz** *n pol.* Basic Law; '**≈kapi,tal** *n econ.* initial capital; '**≈lage** *f* foundation; *fig. a.* basis: ***~n*** *pl* (basic) elements *pl*; '**~legend** *adj* fundamental, basic.

gründlich ['grʏntlıç] *adj* thorough.

'**grund|los** *fig.* **1.** *adj* groundless, unfounded; **2.** *adv* for no reason (at all); '**≈mauer** *f* foundation wall; '**≈nahrungsmittel** *pl* basic food(stuff) *sg.*

Grün'donnerstag *m eccl.* Maundy Thursday.

'**Grund|recht** *n* basic (*od.* fundamental) right; '**~riß** *m arch.* ground plan; '**~satz** *m* principle; **≈sätzlich** ['~zɛtslıç] **1.** *adj* fundamental; **2.** *adv*: ***ich bin ~ dagegen*** I am against it on principle; '**~schule** *f* primary (*Am. a.* grade) school; '**~stück** *n* plot (of land), *bsd. Am. a.* lot; *Bauplatz*: (building) site; *Haus nebst Zubehör*: premises *pl*; '**~stücksmakler** *m* (*Am.* real) estate agent, *Am. a.* realtor.

'**Gründung** *f* (-; -en) foundation, establishment, setting up.

'**grund|ver'schieden** *adj* totally different; '**≈wasser** *n* (-s; *no pl*) ground water; '**≈wasserspiegel** *m* ground-water level.

'**Grün|fläche** *f* green space; '**~gürtel** *m* green belt; '**≈lich** *adj* greenish; '**~span** *m* (-[e]s; *no pl*) verdigris.

Gruppe ['grʊpə] *f* (-; -n) group; '**~nreise** *f* group travel.

Grusel|film ['gru:zəl~] *m* horror film; '**~geschichte** *f* horror story; '**≈ig** *adj* eerie, creepy; *Film etc*: spine-chilling.

Gruß [gru:s] *m* (-es; ⸚e) greeting(s *pl*): ***viele Grüße an*** (*acc*) ... give my regards (*herzlicher*: love) to ...; ***mit freundlichem ~*** *Brief*: Yours sincerely; ***herz-***

G

liche Grüße best wishes, *herzlicher*: love.

grüßen ['gry:sən] *v/t* (h) greet, F say hello to: ***j-n ~ lassen*** send one's regards (*herzlicher*: love) to s.o.

gültig ['gʏltɪç] *adj* valid; *Geld*: *a.* current; '**2keit** *f* (-; *no pl*) validity: ***s-e ~ verlieren*** expire.

Gummi[1] ['gʊmi] *m*, *n* (-s; -[s]) rubber.

Gummi[2] [~] *n* (-s; -s) → ***Gummiband.***

Gummi[3] [~] *m* (-s; -s) *Radier2*: eraser, *Br. a.* rubber; F *Präservativ*: rubber.

'**Gummi|band** *n* (-[e]s; ⸚er) rubber (*bsd. Br. a.* elastic) band; *Gummizug*: elastic; '**~baum** *m bot.* rubber plant; '**~knüppel** *m* truncheon, *Am. a.* billy (club); '**~stiefel** *m bsd. Br.* wellington (boot), *Am.* rubber boot; '**~zug** *m* elastic.

Gunst [gʊnst] *f* (-; *no pl*): ***zu j-s ~en*** in s.o.'s favo(u)r.

günstig ['gʏnstɪç] *adj* favo(u)rable (***für*** to); *passend*: convenient: ***~e Gelegenheit*** chance; ***im ~sten Fall*** at best.

gurgeln ['gʊrgəln] *v/i* (h) *med.* gargle; *Wasser*: gurgle.

Gurke ['gʊrkə] *f* (-; -n) cucumber; *Gewürz2*: pickled gherkin.

Gurt [gʊrt] *m* (-[e]s; -e) belt (*a. aer.*, *mot*); *Halte2*, *Trage2*: strap.

Gürtel ['gʏrtəl] *m* (-s; -) belt; '**~reifen** *m mot.* radial (tyre, *Am.* tire).

'**Gurt|muffel** *m mot.* F *s.o. who refuses to wear a seat belt*; '**~pflicht** *f* (-; *no pl*) *mot.* compulsory wearing of seat belts.

Guß [gʊs] *m* (-sses; ⸚sse) *Regen etc*: downpour; *tech.* casting; *Zucker2*: icing; '**~eisen** *n* cast iron; '**2eisern** *adj* cast-iron.

gut [gu:t] **1.** *adj* good; *Wetter*: *a.* fine: ***ganz ~*** not bad; ***also ~!*** all right (then)!; ***schon ~!*** never mind!; (***wieder***) ***~ werden*** come right (again), be all right; ***~e Reise!*** have a nice trip!; ***sei bitte so ~ u. ...*** would you be so good as to (*od.* good enough to) ...; ***in et. ~ sein*** be good at (doing) s.th.; **2.** *adv* well; *aussehen*, *klingen*, *riechen*, *schmecken etc*: good: ***du hast es ~*** you are lucky; ***es ist ~ möglich*** it may well be; ***es gefällt mir ~*** I (do) like it; ***~ gemacht!*** well done!; ***mach's ~!*** take care (of yourself)!; → ***meinen.***

Gut [~] *n* (-[e]s; ⸚er) *Land2*: estate; *pl* goods *pl.*

'**Gut|achten** *n* (-s; -) (expert) opinion; *Zeugnis*: certificate; '**~achter** *m* (-s; -) expert; *jur.* expert witness; '**2artig** *adj* good-natured; *med.* benign; '**2'bürgerlich** *adj*: ***~e Küche*** good plain cooking; **~dünken** ['~dʏŋkən] *n* (-s; *no pl*): ***nach ~*** at one's discretion.

'**Gute** *n* (-n; *no pl*) good: ***~s tun*** do good; ***alles ~!*** all the best!, good luck!

Güte ['gy:tə] *f* (-; *no pl*) goodness, kindness; *econ.* quality: F ***m-e ~!*** good gracious!

Güter|bahnhof ['gy:tər~] *m Br.* goods station, *Am.* freight depot; '**~gemeinschaft** *f jur.* community of property: ***in ~ leben*** have joint property; '**~trennung** *f jur.* separation of property: ***in ~ leben*** have separate property; '**~verkehr** *m* goods (*Am.* freight) traffic; '**~wagen** *m rail. Br.* (goods) wagon, *Am.* freight car; '**~zug** *m Br.* goods train, *Am.* freight train.

'**gut|gebaut** *adj* well-built; '**~gehen** *v/i* (*irr*, *sep*, -ge-, sn, → ***gehen***) go (off) well, work out well (*od.* all right): ***wenn alles gutgeht*** if nothing goes wrong; ***mir geht es gut*** I'm (*finanziell*: doing) well; '**~gelaunt** *adj* in a good mood; **~gläubig** ['~glɔʏbɪç] *adj* credulous; '**2haben** *n* (-s; -) *econ.* credit balance.

gütig ['gy:tɪç] *adj* kind(ly).

gütlich ['gy:tlɪç] *adv*: ***sich ~ einigen*** come to an amicable settlement.

'**gut|machen** *v/t* (*sep*, -ge-, h) make up for, make good; **~mütig** ['~my:tɪç] *adj* good-natured; '**2mütigkeit** *f* (-; *no pl*) good nature; '**2schein** *m* coupon, *bsd. Br.* voucher; '**~schreiben** *v/t* (*irr*, *sep*, -ge-, h, → ***schreiben***): ***j-m et. ~*** credit s.o. with s.th.; '**2schrift** *f* credit; '**~tun** *v/i* (*irr*, *sep*, -ge-, h, → ***tun***): ***j-m ~*** do s.o. good.

Gymnasium [gʏm'na:zĭʊm] *n* (-s; -ien) secondary school, *Br. appr.* grammar school.

Gymnastik [gʏm'nastɪk] *f* (-; *no pl*) physical exercises *pl.*

Gynäkologe [gʏnɛko'lo:gə] *m* (-n; -n) *med.* gyn(a)ecologist.

H

Haar [haːr] *n* (-[e]s; -e) hair: ***sich die ~e kämmen*** comb one's hair; ***sich die ~e schneiden lassen*** have one's hair cut; ***aufs ~*** to a hair; ***um ein ~*** by a hair's breadth; → ***Berg***; **'~ausfall** *m* loss of hair; **'~bürste** *f* hairbrush; **'~esbreite** *f*: ***um ~*** by a hair's breadth; **'~festiger** *m* (-s; -) setting lotion; **'~gefäß** *n anat.* capillary (vessel); **'ℒge'nau** *adv* F precisely: (***stimmt***) ***~!*** dead right!; **'ℒ'klein** *adv* F to the last detail; **'~nadel** *f* hairpin; **'~nadelkurve** *f* hairpin bend; **'ℒscharf** *adv* by a hair's breadth; **'~schnitt** *m* haircut; **~spalte'rei** *f* (-; -en) hairsplitting; **'~spange** *f Br.* (hair) slide, *Am.* barrette; **'~spray** *m, n* hair spray; **'ℒsträubend** *adj* hair-raising; **'~teil** *n* hairpiece; **'~trockner** *m* hairdryer; **'~wäsche** *f* shampoo; **'~waschmittel** *n* shampoo; **'~wasser** *n* hair tonic; **'~wuchs** *m*: ***starken ~ haben*** have a lot of hair; **'~wuchsmittel** *n* hair restorer.

Habe ['haːbə] *f* (-; *no pl*) belongings *pl*, possessions *pl*.

haben ['haːbən] (hatte, gehabt, h) **1.** *v/t* have (got): ***was hast du?*** what's the matter (with you)?; → ***Farbe, Hunger*** *etc*; **2.** *v/aux*: ***hast du m-n Bruder gesehen?*** have you seen my brother?; ***hast du gerufen?*** did you call?

Haben [~] *n* (s; -) *econ.* credit: → ***Soll***; **'~seite** *f* credit side; **'~zinsen** *pl* interest *sg* on deposits.

Habgier ['haːpgiːr] *f* (-; *no pl*) greed (-iness); **'ℒig** *adj* greedy.

Habseligkeiten ['haːpzeːlıçkaıtən] *pl* belongings *pl*, possessions *pl*.

Hab und Gut [haːp] *n* (- - -[e]s; *no pl*) belongings *pl*, possessions *pl*.

hack|en ['hakən] *v/t* (h) chop; *agr.* hoe; *Vogel*: peck; **'ℒfleisch** *n* minced (*Am.* ground) meat; **'ℒordnung** *f* pecking order (*a. fig.*).

Hafen ['haːfən] *m* (-s; ̈) harbo(u)r, port; **'~anlagen** *pl* docks *pl*; **'~arbeiter** *m* docker, *Am. a.* longshoreman; **'~gebühren** *pl* harbo(u)r dues *pl*; **'~poli,zei** *f* port police (*pl konstr.*); **'~rundfahrt** *f* boat tour of the harbo(u)r; **'~stadt** *f* (sea)port; **'~viertel** *n* dockland(s *pl*).

Hafer ['haːfər] *m* (-s; -) oats *pl*; **'~brei** *m* porridge; **'~flocken** *pl* rolled oats *pl*; **'~schleim** *m* gruel.

Haft [haft] *f* (-; *no pl*) *jur.* custody; *Freiheitsstrafe*: imprisonment: ***in ~ nehmen*** take into custody; **'ℒbar** *adj* responsible (***für*** for), liable (for): ***j-n ~ machen für*** hold (*od.* make) s.o. liable for; **'~befehl** *m* warrant of arrest; **'ℒen** *v/i* (h) stick (***an*** *dat* to), adhere (to): ***~ für*** be liable for.

Häftling ['hɛftlıŋ] *m* (-s; -e) prisoner, convict.

'Haftpflicht *f* liability; **'~versicherung** *f* liability insurance; *mot.* third-party insurance.

'Haftung *f* (-; *no pl*) responsibility, liability: ***mit beschränkter ~*** limited.

Hagel ['haːgəl] *m* (-s; *no pl*) hail, *fig. a.* shower; **'~korn** *n* hailstone; **'ℒn 1.** *v/impers* (h) hail; **2.** *v/i* (sn): ***~ auf*** (*acc*) rain down on; **'~schauer** *m* hail shower.

Hahn [haːn] *m* (-[e]s; ̈e) *zo.* cock, *Hausℒ*: *a.* rooster; *tech. Wasserℒ etc*: tap, *Am. a.* faucet.

Hähnchen ['hɛːnçən] *n* (-s; -) chicken.

Hai [haı] *m* (-[e]s; -e), **'~fisch** *m zo.* shark.

Häkchen ['hɛːkçən] *n* (-s; -) small hook; *Zeichen*: *Br.* tick, *Am.* check.

häkeln ['hɛːkəln] *v/t u. v/i* (h) crochet.

Haken ['haːkən] *m* (-s; -) hook; *Kleiderℒ*: *a.* peg; *fig.* snag, catch.

halb [halp] *adj u. adv* half: ***e-e ~e Stunde*** half an hour; ***ein ~es Pfund*** half a pound; ***zum ~en Preis*** at half-price; ***auf ~em Wege*** (***entgegenkommen***) (meet) halfway; ***~ so viel*** half as much; F (***mit j-m***) ***~e-~e machen*** go halves (*od.* fifty-fifty) (with s.o.); **'~amtlich** *adj* semiofficial; **'ℒbruder** *m* half-brother; **ℒe** ['~bə] *f* (-n; -n) pint (of beer); **'ℒfabri,kat** *n* semifinished product; **'~gar** *adj gastr.* underdone; **~ieren** [~'biːrən] *v/t* (*no* ge-, h) halve; **'ℒinsel** *f* peninsula; **'ℒjahr** *n* six months *pl*; **~jährig** ['~jɛːrıç] *adj* six-month; **'~jährlich** **1.** *adj* half-yearly; **2.** *adv* half-yearly, twice a year; **'ℒkreis** *m* semicircle;

H

'**♀leiter** *m electr.* semiconductor; '**~mast** *adv*: **~ *flaggen*** fly the flags at half-mast; '**♀pensi,on** *f* half-board; '**♀schuh** *m* shoe; '**♀schwester** *f* half--sister.

'**halbtags** *adv*: **~ *arbeiten*** work part--time; '**♀arbeit** *f*, '**♀beschäftigung** *f* part-time job; '**♀kraft** *f* part-time worker, part-timer.

'**halbtrocken** *adj Sekt, Wein*: semidry, demisec.

Halde ['haldə] *f* (-; -n) slope; *Bergbau*: dump.

Hälfte ['hɛlftə] *f* (-; -n) half: ***die ~ von*** half of.

Halle ['halə] *f* (-; -n) hall; *Hotel♀*: lobby; *Fabrik♀*: shed; '**~nbad** *n* indoor swimming pool.

Halm [halm] *m* (-[e]s; -e) *bot. Gras♀*: blade; *Getreide♀*: ha(u)lm, stalk; *Stroh♀*: straw.

Halogenscheinwerfer [halo'ge:n~] *m mot.* halogen headlight.

Hals [hals] *m* (-es; ⸚e) neck; *Kehle*: throat: **~ *über Kopf*** helter-skelter; ***sich vom ~ schaffen*** get rid of; ***es hängt mir zum ~(e) (he)raus*** I'm fed up with it; '**~band** *n* necklace; *Hunde♀ etc*: collar; '**~entzündung** *f med.* sore throat; '**~kette** *f* necklace; '**~schmerzen** *pl*: **~ *haben*** have a sore throat; **♀starrig** ['~ʃtarɪç] *adj* stubborn, obstinate; '**~tuch** *n* scarf, neckerchief.

Halt [halt] *m* (-[e]s; -e, -s) hold; *Stütze*: support (*a. fig.*); *Zwischen♀*: stop; *fig. innerer*: stability.

halt [~] *int* stop!, *mil.* halt!

'**haltbar** *adj* durable, lasting; *Lebensmittel*: not perishable; *Farben*: fast; *Argument etc*: tenable: **~ *bis ...*** use by ...; '**♀keit** *f* (-; *no pl*) durability; *fig.* tenability; '**♀keitsdatum** *n* best-by date.

halte|n ['haltən] (hielt, gehalten, h) **1.** *v/t* hold; *Versprechen, Tier etc*: keep; *Rede*: make: *Vortrag*: give: **~ *für*** regard as; *irrtümlich*: (mis)take for; ***viel (wenig) ~ von*** think highly (little) of; **2.** *v/refl* last; *Essen, in Richtung od. Zustand*: keep; ***sich gut ~*** *in e-r Prüfung*: do well; ***sich ~ an*** (*acc*) keep to; **3.** *v/i* hold, last; *an~*: stop, halt; *Eis*: bear; *Seil etc*: hold: **~ *zu*** stand by, F stick to; '**♀r** *m* (-s; -) *Eigentümer*: owner; *für Geräte etc*: holder.

'**Halte|stelle** *f* stop; '**~verbot** *n*: (***absolutes***) **~** no-stopping zone; ***eingeschränktes ~*** no-waiting zone; ***hier ist ~*** this is a no-stopping zone; '**~verbotsschild** *n* no-stopping sign.

'**halt|los** *adj unbegründet*: unfounded; '**~machen** *v/i* (*sep*, -ge-, h) stop: ***vor nichts ~*** stop at nothing; '**♀ung** *f* (-; -en) *Körper*: posture; *pol. etc* attitude (***gegenüber*** towards).

hämisch ['hɛ:mɪʃ] *adj* malicious, sneering.

Hammel ['haməl] *m* (-s; -) *zo.* wether; '**~fleisch** *n* mutton.

Hammer ['hamər] *m* (-s; ⸚) hammer.

Hämorrhoiden [hɛmoro'i:dən] *pl med.* h(a)emorrhoids *pl*, piles *pl*.

Hamster ['hamstər] *m* (-s; -) *zo.* hamster; '**♀n** *v/t u. v/i* (h) hoard.

Hand [hant] *f* (-; ⸚e) hand: ***von (mit der) ~*** by hand; ***an ~ von*** by means of; zur **~** at hand; ***aus erster (zweiter) ~*** firsthand (secondhand); ***an die ~ nehmen*** take by the hand; ***sich die ~ geben*** shake hands; ***aus der ~ legen*** lay aside; ***Hände hoch (weg)!*** hands up (off)!; '**~arbeit** *f*: ***es ist ~*** it is handmade; '**~breit** *f* (-; -) hand's breadth; '**~bremse** *f mot.* handbrake; '**~buch** *n* manual, handbook.

Händedruck ['hɛndə~] *m* (-[e]s; ⸚e) handshake.

Handel ['handəl] *m* (-s; *no pl*) commerce, business; *~sverkehr*: trade; *Markt*: market; *abgeschlossener*: transaction, deal, bargain: **~ *treiben*** *econ.* trade (***mit*** with *s.o.*); '**♀n** (h) **1.** *v/i* act, take action; *feilschen*: bargain (***um*** for), haggle (over): ***mit j-m ~*** *econ.* trade with s.o.; ***mit Waren ~*** *econ.* trade (*od.* deal) in goods; **~ *von*** deal with, be about; **2.** *v/impers*: ***es handelt sich um*** it concerns, it is about, it is a matter of.

'**Handels|abkommen** *n* trade agreement; '**~bank** *f* (-; -en) merchant bank; '**~beziehungen** *pl* trade relations *pl*; '**~bi,lanz** *f* balance of trade; '**♀einig** *adj*: **~ *werden*** come to terms (***mit*** with); '**~gesellschaft** *f* company: ***offene ~*** general partnership; '**~kammer** *f* chamber of commerce; '**~klasse** *f* grade; '**~partner** *m* trading partner; '**~schranke** *f* trade barrier; '**~spanne** *f* profit margin; '**♀üblich** *adj* customary in trade; '**~vertreter** *m* sales representative; '**~ware** *f* commodity: ***„keine ~"*** *mail.* "no commercial value".

'**Hand|fläche** *f* palm; '**≈gearbeitet** *adj* handmade; '**~gelenk** *n* wrist; '**~gepäck** *n aer.* hand baggage; **~granate** ['~gra͵na:tə] *f* (-; -n) hand grenade; **≈greiflich** ['~graɪflɪç] *adj*: ***~ werden*** turn violent; '**≈haben** *v/t* (handhabte, gehandhabt, h) handle, manage; *Maschine etc*: operate.

Händler ['hɛndlər] *m* (-s; -) dealer, trader.

'**handlich** *adj* handy.

'**Handlung** *f* (-; -en) *Film etc*: story, plot; *Tat*: act, action.

'**Hand|rücken** *m* back of the hand; '**~schellen** *pl* handcuffs *pl*: ***j-m ~ anlegen*** handcuff s.o.; '**~schlag** *m* (-[e]s; *no pl*) handshake: ***durch*** (*od.* ***per***) ***~*** with a handshake; ***et. durch ~ bekräftigen*** shake hands on s.th.; '**~schrift** *f* hand(writing); '**≈schriftlich** *adj* handwritten; '**~schuh** *m* glove; '**~schuhfach** *n mot.* glove compartment; '**~tasche** *f* handbag, *Am. a.* purse; '**~tuch** *n* towel; '**~werk** *n* (-[e]s; -e) craft, trade; '**~werker** *m* (-s; -) craftsman; '**~wurzel** *f anat.* wrist.

Hang [haŋ] *m* (-[e]s; ⸚e) slope; *fig.* inclination (***zu*** for), tendency (to, towards).

'**Hänge|brücke** *f arch.* suspension bridge; '**~matte** *f* hammock.

hängen¹ ['hɛŋən] *v/i* (hing, gehangen, h) hang (***an*** *Wand etc* on, *Decke etc* from): ***~ an*** (*dat*) be very fond of, *stärker*: love.

hängen² [~] *v/t* (h): ***j-n ~*** hang s.o.; ***et. ~ an*** (*acc*) hang s.th. on (*od.* from).

'**hängenbleiben** *v/i* (*irr, sep*, -ge-, sn, → ***bleiben***): ***sie blieb mit dem Rock an e-m Nagel hängen*** her skirt (got) caught on a nail.

hänseln ['hɛnzəln] *v/t* (h) tease (***wegen*** about).

Happen ['hapən] *m* (-s; -) morsel, bite.

harmlos ['harmlo:s] *adj* harmless.

Harmoni|e [harmo'ni:] *f* (-; -n) harmony; **≈eren** [~'ni:rən] *v/i* (*no* ge-, h) harmonize (***mit*** with); **≈sch** [~'mo:nɪʃ] *adj* harmonious; **≈sieren** [~moni'zi:rən] *v/t* (*no* ge-, h) harmonize.

Harn [harn] *m* (-[e]s; -e) urine; '**~blase** *f* bladder; '**~leiter** *m*, '**~röhre** *f* urethra.

Harpun|e [har'pu:nə] (-; -n) harpoon; **≈ieren** [~pu'ni:rən] *v/t* (*no* ge-, h) harpoon.

hart [hart] **1.** *adj allg.* hard: ***~es Ei*** hard-boiled egg; **2.** *adv* hard.

Härte ['hɛrtə] *f* (-; -n) *allg.* hardness: ***soziale ~n*** *pl* social hardships *pl*; '**~fall** *m* case of hardship.

'**Hart|geld** *n* coins *pl*; '**≈herzig** *adj* hard-hearted; **≈näckig** ['~nɛkɪç] *adj* stubborn, obstinate; *beharrlich*: persistent; *Krankheit*: refractory.

Hasch [haʃ] *n* (-s, *no pl*) F hash; '**≈en** *v/i* (h) F smoke hash; **~isch** ['~ɪʃ] *n* (-; *no pl*) hashish.

Hase ['ha:zə] *m* (-n; -n) *zo.* hare; '**~nbraten** *m* roast hare; '**~nscharte** *f med.* harelip.

Haß [has] *m* (-sses; *no pl*) hatred, hate (***auf*** *acc*, ***gegen*** of, for).

hassen ['hasən] *v/t* (h) hate.

häßlich ['hɛslɪç] *adj* ugly; *fig. a.* nasty.

Hast [hast] *f* (-; *no pl*) hurry, haste; '**≈en** *v/i* (sn) hurry, hasten; '**≈ig** *adj* hasty, hurried.

Haube ['haʊbə] *f* (-; -n) *mot. Br.* bonnet, *Am.* hood.

Haufen ['haʊfən] *m* (-s; -) heap, pile (*beide a.* F *fig.*).

häuf|en ['hɔʏfən] *v/refl* (h) increase (in number); **~ig 1.** *adj* frequent; **2.** *adv* frequently, often.

Haupt [haʊpt] *n* (-[e]s; ⸚er) head, *fig. a.* leader; '**~aktio͵när** *m* principal shareholder (*Am.* stockholder); '**~bahnhof** *m* main (*od.* central) station; '**~beschäftigung** *f* chief occupation; '**~darsteller(in)** leading man (lady); '**~eingang** *m* main entrance; '**~fach** *n univ. Br.* main subject, *Am.* major: ***et. als ~ studieren*** *Br.* study s.th. as one's main subject, *Am.* major in s.th.; '**~fi͵gur** *f* main character; '**~gericht** *n gastr.* main course; '**~geschäftsstelle** *f* head office; '**~geschäftsstraße** *f* main shopping street; '**~geschäftszeit** *f* peak shopping hours *pl*; '**~gewinn** *m* first prize; '**~grund** *m* main reason; '**~mahlzeit** *f* main meal; '**~per͵son** *f* cent|re (*Am.* -er) of attention; '**~postamt** *n* main post office; '**~quar͵tier** *n* headquarters *pl* (*a. sg konstr.*); '**~reisezeit** *f* peak tourist season; '**~rolle** *f thea.* lead(ing role); '**~sache** *f* main thing

H

(*od.* point); '**~sai͵son** *f* peak season; '**~stadt** *f* capital; '**~straße** *f* main street; '**~verkehrsstraße** *f* main road; '**~verkehrszeit** *f* rush hour; '**~versammlung** *f* general meeting; '**~wohnsitz** *m* main place of residence.

Haus [haʊs] *n* (-es; ⸚er) house; *Gebäude*: building: ***zu ~e*** at home, in; ***nach ~e kommen*** come home; '**~angestellte** *f* domestic (servant); '**~apo͵theke** *f* medicine cabinet; '**~arbeit** *f* housework; '**~arzt** *m* family doctor; '**~aufgaben** *pl* homework *sg*, *Am. a.* assignment; '**~bar** *f* cocktail cabinet; '**~besetzer** *m* squatter; '**~besetzung** *f* squatting; '**~eigentümer** *m* house owner; '**~frau** *f* housewife; '**~friedensbruch** *m* (-[e]s; *no pl*) *jur.* trespass; '**~gast** *m* resident; '**≈gemacht** *adj* home-made; '**~halt** *m* (-[e]s; -e) household; *econ. pol.* budget: ***(j-m) den ~ führen*** keep house (for s.o.); **~hälterin** ['~hɛltərɪn] *f* (-; -nen) housekeeper; '**~haltsdefizit** *n* budgetary deficit; '**~haltsgeld** *n* housekeeping money; '**~haltsplan** *m* budget; '**~haltswaren** *pl* household articles *pl*; '**~herr** *m Familienoberhaupt*: head of the household; *Gastgeber*: host; '**~herrin** *f* (-; -nen) *Familienoberhaupt*: lady of the house; *Gastgeberin*: hostess.

Hausierer [haʊ'ziːrər] *m* (-s; -) hawker, pedlar.

häuslich ['hɔʏslɪç] *adj* domestic; *sein Zuhause liebend*: home-loving.

'**Haus|mädchen** *n* (house)maid; '**~mann** *m* househusband; '**~marke** *f* house wine; '**~meister** *m* caretaker; '**~mittel** *n* household remedy; '**~nummer** *f* house number; '**~ordnung** *f* house rules *pl*; '**~rat** *m* (-[e]s; *no pl*) household effects *pl*; '**~schlüssel** *m* front-door key; '**~schuh** *m* slipper.

Hausse ['hoːs(ə)] *f* (-; -n) *econ.* rise, boom.

'**Haus|suchung** *f* (-; -en) *jur.* house search; '**~suchungsbefehl** *m* search warrant; '**~tier** *n* domestic animal; *Heimtier*: pet; '**~tür** *f* front door; '**~verwaltung** *f* property management; '**~wirt(in)** landlord (landlady); '**~zelt** *n* ridge tent.

Haut [haʊt] *f* (-; ⸚e) skin; *Teint*: complexion: ***bis auf die ~ durchnäßt*** soaked to the skin; '**~abschürfung** *f med.* graze; '**~arzt** *m* dermatologist; '**~ausschlag** *m med.* rash; '**≈eng** *adj* skin-tight; '**~farbe** *f* colo(u)r of the skin; *Teint*: complexion; '**~krankheit** *f* skin disease; '**~krebs** *m med.* skin cancer; '**~pflege** *f* skin care.

H-Bombe ['haː~] *f mil.* H-bomb.

Hebamme ['heːpʔamə] *f* (-; -en) midwife.

'**Hebebühne** *f mot.* hydraulic lift.

Hebel ['heːbəl] *m* (-s; -) lever.

heben ['heːbən] (hob, gehoben, h) **1.** *v/t* lift, raise (*a. Wrack u. fig.*); *schwere Last*: heave; *hochwinden*: hoist; *fig.* improve; **2.** *v/refl Vorhang*: rise, go up.

Hecht [hɛçt] *m* (-[e]s; -e) *zo.* pike.

Heck [hɛk] *n* (-[e]s; -e, -s) *mar.* stern; *aer.* tail; *mot.* rear, back.

Hecke ['hɛkə] *f* (-; -n) hedge; '**~nschütze** *m* sniper.

'**Heck|motor** *m* rear engine; '**~scheibe** *f mot.* rear window; '**~scheibenheizung** *f mot.* rear-window defroster; '**~scheibenwischer** *m* rear(-window) wiper.

Heer [heːr] *n* (-[e]s; -e) *mil.* army; *fig. a.* host.

Hefe ['heːfə] *f* (-; -n) yeast.

Heft [hɛft] *n* (-[e]s; -e) notebook; *Bändchen*: booklet; *Ausgabe*: issue, number.

hefte|n ['hɛftən] *v/t* (h) fix, fasten (***an*** *acc* to); *mit Nadeln*: pin (to); *Saum etc*: tack, baste; *Buch*: stitch; '**≈r** *m* (-s; -) stapler; *Ordner*: file.

heftig ['hɛftɪç] *adj* violent, fierce; *Regen etc*: heavy; '**≈keit** *f* (-; *no pl*) violence, fierceness.

'**Heft|klammer** *f* staple; *Büroklammer*: paper clip; '**~pflaster** *n* adhesive plaster, *Am. a.* band-aid *TM*.

Hehler ['heːlər] *m* (-s; -) receiver (of stolen goods), *sl.* fence; **~ei** [~'raɪ] *f* (-; -en) receiving (stolen goods).

Heiden|angst ['haɪdən~] *f* F: ***e-e ~ haben*** be scared stiff; '**~geld** *n* F: ***ein ~*** a fortune; '**~lärm** *m* F: ***ein ~*** a hell of a noise; '**~spaß** *m* F: ***e-n ~ haben*** have a ball.

heikel ['haɪkəl] *adj* delicate, tricky; *Person*: fussy (***in bezug auf*** *acc* about).

heil [haɪl] *adj Person*: safe, unhurt; *Sache*: undamaged, whole, intact; '**≈anstalt** *f* sanatorium, *Am. a.* sanitarium;

Nerven♀: mental home; '♀**bad** *n* health resort, spa; '**~bar** *adj* curable; '**~en 1.** *v/t* (h) cure; **2.** *v/i* (sn) heal (up); '♀**gymnastik** *f* physiotherapy.

heilig ['haılıç] *adj* holy; *Gott geweiht*: sacred (*a. fig.*): ***der* ♀*e Abend*** Christmas Eve; ♀'**abend** *m* Christmas Eve.

'**Heil|kraft** *f* healing (*od.* curative) power; '♀**kräftig** *adj* curative; '**~kraut** *n* medicinal herb; '♀**los** *adj fig. Durcheinander*: utter, hopeless; '**~mittel** *n* remedy, cure (*beide a fig.*); '**~praktiker** *m* nonmedical practitioner; '**~quelle** *f* mineral spring; '♀**sam** *adj fig.* salutary.

'**Heilsar,mee** *f* Salvation Army.

'**Heilung** *f* (-; -en) cure; *Wunde*: healing.

Heim [haım] *n* (-[e]s; -e) home; *Jugend*♀ *etc*: hostel; '**~arbeit** *f* outwork; '**~arbeiter** *m* outworker.

Heimat ['haıma:t] *f* (-; *no pl*) home, native country; *Ort*: home town: ***in der*** (***m-r***) **~** at home; '**~anschrift** *f* home address; '**~hafen** *m* home port; '♀**los** *adj* homeless; '**~ort** *m* home town (*od.* village); '**~vertriebene** *m* expellee.

'**heim|bringen** *v/t* (*irr*, *sep*, -ge-, h, → ***bringen***) *j-n*: take (*od.* see) home; '♀**com,puter** *m* home computer; '**~gehen** *v/i* (*irr*, *sep*, -ge-, sn, → ***gehen***) go home.

'**heimisch** *adj Industrie etc*: home, domestic; *bot.*, *zo. etc* native: ***sich* ~ *fühlen*** feel at home.

Heim|kehr ['haımke:r] *f* (-; *no pl*) return (home); '♀**kommen** *v/i* (*irr*, *sep*, -ge-, sn, → ***kommen***) come (*od.* return) home.

'**heimlich** *adj* secret; '♀**keit** *f* (-; -en) secrecy: ***~en*** *pl* secrets *pl*.

'**Heim|reise** *f* journey home; '♀**tückisch** *adj* insidious (*a. Krankheit*); *Mord etc*: treacherous; '**~weg** *m* way home; '**~weh** *n* (-s; *no pl*) homesickness: ***~ haben*** be homesick (***nach*** for).

Heirat ['haıra:t] *f* (-; -en) marriage; '♀**en** *v/t u. v/i* (h) marry, get married (to).

'**Heirats|antrag** *m* proposal (of marriage): ***j-m e-n ~ machen*** propose to s.o.; '**~schwindler** *m* marriage impostor; '**~vermittlung** *f* marriage bureau.

heiser ['haızər] *adj* hoarse: ***sich ~ schreien*** shout o.s. hoarse; '♀**keit** *f* (-; *no pl*) hoarseness.

heiß [haıs] *adj* hot (*a. fig.*): ***mir ist ~*** I am (*od.* feel) hot.

heißen ['haısən] *v/i* (hieß, geheißen, h) be called; *bedeuten*: mean: ***wie ~ Sie?*** what is your name?; ***wie heißt das?*** what do you call this?; ***was heißt ... auf englisch?*** what is ... in English?: ***das heißt*** that is (*abbr.* **d.h.** i.e.).

'**heißlaufen** *v/i* (*irr*, *sep*, -ge-, sn, → ***laufen***) *tech.* overheat.

heiter ['haıtər] *adj* cheerful; *Film etc*: humorous; *meteor.* fair: *fig.* ***aus ~em Himmel*** out of the blue; '♀**keit** *f* (-; *no pl*) cheerfulness; *Belustigung*: amusement.

heiz|en ['haıtsən] (h) **1.** *v/t* heat; **2.** *v/i* put (*od.* have) the heating on; '♀**kessel** *m* boiler; '♀**kissen** *n* electric cushion; '♀**körper** *m* radiator; '♀**kraftwerk** *n* thermal power station; '♀**materi,al** *n* fuel; '♀**öl** *n* fuel oil; '♀**ung** *f* (-; -en) heating.

Held [hɛlt] *m* (-en; -en) hero; ♀**enhaft** ['~dən~] *adj* heroic; **~in** ['~dın] *f* (-; -nen) heroine.

helfen ['hɛlfən] *v/i* (half, geholfen, h) help, aid; *förmlicher*: assist: ***j-m bei et. ~*** help s.o. with (*od.* in) (doing) s.th.; ***~ gegen*** *Mittel etc*: be good for; ***er weiß sich zu ~*** he can manage (*bsd. Br.* cope); ***es hilft nichts*** it's no use.

'**Helfer** *m* (-s; -) helper, assistant; '**~shelfer** *m* accomplice.

hell [hɛl] *adj Licht etc*: bright; *Farbe*: light; *Kleid etc*: light-colo(u)red; *Klang*: clear; *Bier*: pale; *fig. intelligent*: bright, clever: ***es wird schon ~*** it's getting light already; '**~blau** *adj* light-blue; '**~blond** *adj* very fair; '♀**seher** *m* (-s; -) clairvoyant.

Helm [hɛlm] *m* (-[e]s; -e) helmet.

Hemd [hɛmt] *n* (-[e]s; -en) shirt; *Unter*♀: *Br.* vest, *Am.* undershirt.

Hemisphäre [hemi'sfɛ:rə] *f* (-; -n) hemisphere.

hemm|en ['hɛmən] *v/t* (h) *Bewegung etc*: check, stop; *behindern*: hamper: → ***gehemmt***; '♀**ung** *f* (-; -en) *psych.* inhibition; *moralische*: scruple; '**~ungslos** *adj* unrestrained; *skrupellos*: unscrupulous.

Hengst [hɛŋst] *m* (-[e]s; -e) *zo.* stallion.

Henkel ['hɛŋkəl] *m* (-s; -) handle.

Henne ['hɛnə] *f* (-; -n) hen.

her [heːr] *adv*: ***das ist lange ~*** that was a long time ago.
herab|lassen [hɛ'rap~] *v/refl* (*irr*, *sep*, -ge-, h, → ***lassen***) *fig.* condescend, deign (***zu tun*** to do); **~lassend** *adj* condescending; **~sehen** *v/i* (*irr*, *sep*, -ge-, h, → ***sehen***): *fig.* ***~ auf*** (*acc*) look down on; **~setzen** *v/t* (*sep*, -ge-, h) reduce; *fig.* disparage: ***zu herabgesetzten Preisen*** at reduced prices.
herauf|beschwören [hɛ'raʊf~] *v/t* (*irr*, *sep*, *no* -ge-, h, → ***schwören***) cause, provoke; **~kommen** *v/i* (*irr*, *sep*, -ge-, sn, → ***kommen***) come up.
heraus|bekommen [hɛ'raʊs~] *v/t* (*irr*, *sep*, *no* -ge-, h, → ***kommen***) get out; *fig.* find out: ***10 Mark ~*** get back 10 marks change; **~bringen** *v/t* (*irr*, *sep*, -ge-, h, → ***bringen***) bring out; *veröffentlichen*: *a.* publish; *auf den Markt bringen*: *a.* launch; *thea.* stage; *fig.* find out; **~finden** *v/t* (*irr*, *sep*, -ge-, h, → ***finden***) find; *fig.* find out, discover; **~fordern** *v/t* (*sep*, -ge-, h) challenge (***zu*** to; ***zu tun*** to do); *provozieren*: provoke; **⁀forderung** *f* (-; -en) challenge; provocation; **~geben** (*irr*, *sep*, -ge-, h, → ***geben***) **1.** *v/t zurückgeben*: give back; *ausliefern*: give up; *Buch etc*: publish; *Vorschriften*, *Briefmarken etc*: issue: ***j-m 10 Mark ~*** give s.o. 10 marks change; **2.** *v/i*: ***können Sie (mir) auf 100 Mark ~?*** have you got change for 100 marks?; **⁀geber** *m* (-s; -) publisher; **~kommen** *v/i* (*irr*, *sep*, -ge-, sn, → ***kommen***) come out; *veröffentlicht werden*: *a.* be published; *auf den Markt kommen*: *a.* be launched; *Briefmarken etc*: be issued: ***groß ~*** be a great success; **~reden** *v/refl* (*sep*, -ge-, h) talk one's way out (***aus*** of); **~stellen** *v/refl* (*sep*, -ge-, h): ***sich ~ als*** turn out (*od.* prove) to be; **~strecken** *v/t* (*sep*, -ge-, h) stick out (***aus*** of); **~suchen** *v/t* (*sep*, -ge-, h) pick out: ***j-m et. ~*** find s.o. s.th.
herb [hɛrp] *adj Wein*: dry; *Enttäuschung*, *Verlust*: bitter.
Herberg|e ['hɛrbɛrgə] *f* (-; -n) *Jugend⁀*: youth hostel; '**~smutter** , '**~svater** *m* warden.
Herbst [hɛrpst] *m* (-[e]s; -e) autumn, *Am.* *a.* fall: ***im ~*** in autumn, *Am. a.* in the fall; '**⁀lich** *adj* autumn(al), *Am. a.* fall.
Herd [heːrt] *m* (-[e]s; -e) cooker, stove; *fig.* cent|re (*Am.* -er); *med.* focus, seat.
Herde ['heːrdə] *f* (-; -n) *Vieh⁀*, *Schweine⁀ etc*: herd (*a. fig. contp.*); *Schaf⁀*, *Gänse⁀ etc*: flock.
herein [hɛ'raɪn] *adv*: ***~!*** come in!; **~fallen** *v/i* (*irr*, *sep*, -ge-, sn, → ***fallen***): *fig.* ***~ auf*** (*acc*) be taken in by; **~kommen** *v/i* (*irr*, *sep*, -ge-, sn, → ***kommen***) come in; **~legen** *v/t* (*sep*, -ge-, h) *fig.* take in.
'**her|fallen** *v/i* (*irr*, *sep*, -ge-, sn, → ***fallen***): ***~ über*** (*acc*) attack (*a. fig.*); F *fig.* pull to pieces; '**⁀gang** *m* (-[e]s; *no pl*): ***j-m den ~ schildern*** tell s.o. what (*od.* how it) happened; '**~geben** (*irr*, *sep*, -ge-, h, → ***geben***) **1.** *v/t* give up, part with; **2.** *v/refl*: ***sich ~ zu*** lend o.s. to.
Hering ['heːrɪŋ] *m* (-s; -e) *zo.* herring.
'**her|kommen** *v/i* (*irr*, *sep*, -ge-, sn, → ***kommen***) come here: ***~ von*** come from; *fig. a.* be caused by; **~kömmlich** ['~kœmlɪç] *adj* conventional; **⁀kunft** ['~kʊnft] *f* (-; *no pl*) origin; *Person*: *a.* birth, descent; '**⁀kunftsland** *n* country of origin.
Herr [hɛr] *m* (-[e]n; -en) gentleman; *eccl.* *the Lord*: ***~ Brown*** Mr Brown; ***~ der Lage*** master of the situation.
'**Herren|bekleidung** *f* men's wear; '**~fri͵seur** *m* barber, men's hairdresser; '**⁀los** *adj Tier*: stray; *Fahrzeug etc*: abandoned; '**~mode** *f* men's fashion; '**~toi͵lette** *f* men's toilet.
'**herrichten** *v/t* (*sep*, -ge-, h) get ready.
herrlich ['hɛrlɪç] *adj* marvel(l)ous, wonderful, F fantastic.
'**Herrschaft** *f* (-; *no pl*) rule; *Macht*: power: ***die ~ verlieren über*** (*acc*) lose control of.
herrsch|en ['hɛrʃən] *v/i* (*a. v/impers*) (h) rule (***über*** *acc* over): ***es herrschte ...*** *Freude etc*: there was ...; '**⁀er** *m* (-s; -) ruler, sovereign, monarch; '**~süchtig** *adj* domineering, F bossy.
'**herrühren** *v/i* (*sep*, -ge-, h): ***~ von*** come from, be due to.
'**herstell|en** *v/t* (*sep*, -ge-, h) make, manufacture, produce; *fig.* establish; '**⁀er** *m* (-s; -) manufacturer, producer; '**⁀ung** *f* (-; *no pl*) manufacture, production; *fig.* establishment; '**⁀ungskosten** *pl* production costs *pl.*
herüberkommen [hɛ'ryːbər~] *v/i* (*irr*, *sep*, -ge-, sn, → ***kommen***) come over.
herum [hɛ'rʊm] *adv*: ***um Ostern ~***

around Easter; → ***andersherum***; **~führen** *v/t* (*sep*, -ge-, h): ***j-n*** (***in*** *der Stadt etc*) **~** show s.o. (a)round (the town *etc*); **~kommen** *v/i* (*irr*, *sep*, -ge-, sn, → ***kommen***): *fig*. **~ *um*** get out of, avoid; **~kriegen** *v/t* (*sep*, -ge-, h) F talk round; **~lungern** *v/i* (*sep*, -ge-, h) loaf (*od.* hang) around; **~reichen** *v/t* (*sep*, -ge-, h) pass (*od.* hand) round; **~sprechen** *v/refl* (*irr*, *sep*, -ge-, h, → ***sprechen***) get around.

herunter|gekommen [hɛ'rʊntər~] *adj* run-down; *schäbig*: seedy, shabby; **~kommen** *v/i u. v/t* (*irr*, *sep*, -ge-, sn, → ***kommen***) come down: ***die Treppe* ~** *a.* come downstairs; → ***heruntergekommen***; **~spielen** *v/t* (*sep*, -ge-, h) F *fig.* play down.

hervor|gehen [hɛr'foːr~] *v/i* (*irr*, *sep*, -ge-, sn, → ***gehen***): *fig*. **~ *aus*** follow from; **~heben** *v/t* (*irr*, *sep*, -ge-, h, → ***heben***) *fig*. stress, emphasize; **~ragend** *adj fig*. outstanding, excellent, superior; *Bedeutung*, *Persönlichkeit*: prominent, eminent; **~rufen** *v/t* (*irr*, *sep*, -ge-, h, → ***rufen***) *fig*. cause, bring about; *Problem etc*: *a.* create; **~stechend** *adj fig*. striking; **~tun** *v/refl* (*irr*, *sep*, -ge-, h, → ***tun***) distinguish o.s. (***als*** as).

Herz [hɛrts] *n* (-ens; -en) *anat*. heart (*a. fig.*); *Kartenspiel*: (*Farbe*) hearts *pl*, (*Karte*) heart: ***sich ein* ~ *fassen*** take heart; ***mit ganzem* ~*en*** whole-heartedly; ***sich et. zu* ~*en nehmen*** take s.th. to heart; ***es nicht übers* ~ *bringen zu*** not have the heart to; ***et. auf dem* ~*en haben*** have s.th. on one's mind; ***ins* ~ *schließen*** take to one's heart; **'~anfall** *m med.* heart attack.

'Herzens|lust *f*: ***nach* ~** to one's heart's content; **'~wunsch** *m* dearest wish.

'herz|ergreifend *adj* deeply moving; **'♀fehler** *m med.* cardiac (*od.* heart) defect; **'~haft** *adj* hearty; **'~ig** *adj* sweet, lovely, *Am. a.* cute; **'♀in͵farkt** *m med.* heart attack, F coronary; **'♀klopfen** *n* (-s): ***er hatte* ~** his heart was pounding (***vor*** *dat* with); **'~krank** *adj* suffering from a heart condition; **'~lich 1.** *adj* cordial, hearty; *Empfang*, *Lächeln etc*: *a.* warm, friendly: → ***Gruß***; **2.** *adv*: **~ *gern*** with pleasure; **'~los** *adj* heartless.

Herzog ['hɛrtsoːk] *m* (-s; ⸚e) duke; **~in** ['~gɪn] *f* (-; -nen) duchess.

'Herz|schlag *m* heartbeat; *med.* heart failure; **'~schrittmacher** *m med.* (cardiac) pacemaker; **'~verpflanzung** *f med.* heart transplant; **'~versagen** *n med.* heart failure; **'♀zerreißend** *adj* heart-rending.

Heu [hɔʏ] *n* (-[e]s; *no pl*) hay; **'~boden** *m* hayloft.

Heuch|elei ['hɔʏçə'laɪ] *f* (-; -en) hypocrisy; *Bemerkung*: hypocritical remark; **'~ler** *m* (-s; -) hypocrite; **'♀lerisch** *adj* hypocritical.

heuer ['hɔʏər] *adv* this year.

heuern ['hɔʏərn] *v/t* (h) *mar.* hire.

heulen ['hɔʏlən] *v/i* (h) howl; F *contp. weinen*: bawl; *mot.* roar; *Sirene*: whine.

'Heu|schnupfen *m med.* hay fever; **'~schrecke** *f zo.* grasshopper, locust.

heut|e ['hɔʏtə] *adv* today: **~ *abend*** this evening, tonight; **~ *früh*, ~ *morgen*** this morning; **~ *in acht Tagen*** a week from now, *Br. a.* today week; **~ *vor acht Tagen*** a week ago today; → ***Mittag***; **'~ig** *adj* today's; *gegenwärtig*: of today, present(-day); **'~zutage** *adv* nowadays, these days.

Hexe ['hɛksə] *f* (-; -n) witch (*a. fig.*): ***alte* ~** (old) hag; **'~nkessel** *m fig.* inferno; **'~nschuß** *m med.* lumbago.

Hieb [hiːp] *m* (-[e]s; -e) blow, stroke; *Faust♀*: *a.* punch: **~*e*** *pl* beating *sg*, thrashing *sg*.

hier [hiːr] *adv* here; *anwesend*: present: **~ *entlang!*** this way; **'~bleiben** *v/i* (*irr*, *sep*, -ge-, sn, → ***bleiben***) stay here; **~'hergehören** *v/i* (*sep*, *pp* hierhergehört, h) belong here: *fig*. ***das gehört nicht hierher*** that's irrelevant.

hiesig ['hiːzɪç] *adj* local.

Hilfe ['hɪlfə] *f* (-; -n) help; *Beistand*: aid (*a. econ.*), assistance (*a. med.*), relief (***für*** to): ***j-m Erste* ~ *leisten*** give s.o. first aid; ***um* ~ *rufen*** cry for help; ***mit* ~ *von*** with the help of; *fig. a.* by means of; **~*!*** help!; **'~ruf** *m* cry for help; **'~stellung** *f* (-; *no pl*) support (*a. fig.*).

'hilf|los *adj* helpless; **'~reich** *adj* helpful.

'Hilfs|akti͵on *f* relief action; **'~arbeiter** *m* unskilled worker; *am Bau etc*: labo(u)rer; **'♀bedürftig** *adj* needy; **'♀bereit** *adj* helpful, ready to help; **'~bereitschaft** *f* readiness to help, helpfulness; **'~mittel** *n* aid; **'~organisati͵on** *f* relief organization.

Himbeere ['hɪmbeːrə] *f* (-; -n) raspberry.

Himmel ['hɪməl] *m* (-s; -) sky; *eccl., fig.* heaven: ***am ~*** in the sky; ***im ~*** in heaven; ***um ~s willen*** for Heaven's sake; → ***heiter***; '**ᴥblau** *adj* sky-blue; '**~fahrt** *f* (-; *no pl*) *eccl. Christi ~*: Ascension Day; *Mariä ~*: Assumption Day; '**~fahrtskom,mando** *n* suicide mission.

'**Himmels|körper** *m* celestial body; '**~richtung** *f* direction; *Kompaß*: cardinal point.

himmlisch ['hɪmlɪʃ] *adj* heavenly; *fig. a.* marvel(l)ous.

hin [hɪn] *adv*: ***bis ~ zu*** as far as; ***noch lange ~*** still a long way off; ***auf s-e Bitte*** (***s-n Rat***) ~ at his request (advice); ***~ u. her*** to and fro, back and forth; ***~ u. wieder*** now and then; ***~ u. zurück*** there and back; *Fahrkarte*: *Br.* return, *bsd. Am.* round trip; '**~arbeiten** *v/i* (*sep*, -ge-, h): ***~ auf*** (*acc*) work for (*od.* towards).

hinaufgehen [hɪ'naʊf~] *v/i u. v/t* (*irr*, *sep*, -ge-, sn, → ***gehen***) go up: ***die Treppe ~*** *a.* go upstairs.

hinaus|gehen [hɪ'naʊs~] *v/i* (*irr*, *sep*, -ge-, sn, → ***gehen***) go out: ***~ über*** (*acc*) go beyond; ***~ auf*** (*acc*) *Fenster etc*: look out on; **~laufen** *v/i* (*irr*, *sep*, -ge-, sn, → ***laufen***) run out: ***~ auf*** (*acc*) come (*od.* amount) to; **~schieben** *v/t* (*irr*, *sep*, -ge-, h, → ***schieben***) put off, postpone; **~werfen** *v/t* (*irr*, *sep*, -ge-, h, → ***werfen***) throw out (***aus*** of); *fig. a.* kick out; *entlassen*: *a.* (give *s.o.* the) sack, fire; **~wollen** *v/i* (*irr*, *sep*, -ge-, h, → ***wollen***): ***~ auf*** (*acc*) aim (*bsd. mit Worten*: drive *od.* get) at.

'**Hin|blick** *m*: ***im ~ auf*** (*acc*) in view of, with regard to; '**ᴥbringen** *v/t* (*irr*, *sep*, -ge-, h, → ***bringen***) take there.

hinder|n ['hɪndərn] *v/t* (h): ***~ an*** (*dat*) prevent from; '**ᴥnis** *n* (-ses; -se) obstacle (*a. fig.*).

hin'durch *adv*: ***das ganze Jahr*** *etc* ~ throughout the year *etc.*

hineingehen [hɪ'naɪn~] *v/i* (*irr*, *sep*, -ge-, sn, → ***gehen***) go in(to ***in*** *acc*).

'**hin|fallen** *v/i* (*irr*, *sep*, -ge-, sn, → ***fallen***) fall (down); '**~fällig** *adj gegenstandslos*: irrelevant; '**~halten** *v/t* (*irr*, *sep*, -ge-, h, → ***halten***) *j-n*: put *s.o.* off.

hinken ['hɪŋkən] *v/i* (h) (walk with a) limp.

hin|kommen *v/i* (*irr*, *sep*, -ge-, sn, → ***kommen***) get there; '**~kriegen** *v/t* (*sep*, -ge-, h) F manage; '**~länglich** *adj* sufficient; '**~legen** (*sep*, -ge-, h) **1.** *v/t* lay (*od.* put) down; **2.** *v/refl* lie down; '**~nehmen** *v/t* (*irr*, *sep*, -ge-, h, → ***nehmen***) *ertragen*: put up with; '**~reißen** *v/t* (*irr*, *sep*, -ge-, h, → ***reißen***) carry away; '**~reißend** *adj* enchanting; *Schönheit*: breathtaking; '**~richten** *v/t* (*sep*, -ge-, h) execute; '**ᴥrichtung** *f* (-; -en) execution; '**~sein** *v/i* (*irr*, *sep*, -ge-, sn, → ***sein***) F *kaputt sein*: have had it; '**~setzen** *v/refl* (*sep*, -ge-, h) sit down; '**ᴥsicht** *f* (-; *no pl*) respect: ***in gewisser*** ~ in a way; '**~sichtlich** *prp* with regard to; '**~stellen** *v/t* (*sep*, -ge-, h) *abstellen*: put down: *j-n, et.* ***~ als*** make out to be.

hinten ['hɪntən] *adv* at the back, *im Auto etc*: in the back: ***von ~*** from behind.

hinter ['hɪntər] *prp* (*acc od. dat*) behind; **ᴥbliebenen** [~'bliːbənən] *pl the* bereaved *pl*, *bsd. jur.* surviving dependents *pl*; **~ein'ander** *adv* one after the other: ***dreimal ~*** three times in a row; '**ᴥgedanke** *m* ulterior motive; '**ᴥgrund** *m* (-[e]s; ¨e) background (*a. fig.*); **~'her** *adv zeitlich*: afterwards; '**ᴥhof** *m* backyard; '**ᴥkopf** *m* back of the head; '**ᴥland** *n* (-[e]s; *no pl*) hinterland; **~'lassen** *v/t* (*irr*, *insep*, *no* -ge-, h, → ***lassen***) leave (behind); **ᴥ'lassenschaft** *f* (-; -en) estate; **~legen** *v/t* (*insep*, *no* -ge-, h) deposit (***bei*** with); '**ᴥn** *m* (-s; -) F bottom, backside, behind; **~rücks** ['~rʏks] *adv* from behind; '**ᴥseite** *f* back; '**ᴥteil** *n* F → ***Hintern***; '**ᴥtreppe** *f* back stairs *pl*; '**ᴥtür** *f* back door; **~'ziehen** *v/t* (*irr*, *insep*, *no* -ge-, h, → ***ziehen***) *Steuern*: evade; '**ᴥzimmer** *n* back room.

hinuntergehen [hɪ'nʊntər~] *v/i u. v/t* (*irr*, *sep*, -ge-, sn, → ***gehen***) go down: ***die Treppe ~*** *a.* go downstairs.

'**Hinweg** *m* way there.

hinweg|kommen [hɪn'wɛk~] *v/i* (*irr*, *sep*, -ge-, sn, → ***kommen***): ***~ über*** (*acc*) get over (*a. fig.*); **~sehen** *v/i* (*irr*, *sep*, -ge-, h, → ***sehen***): ***~ über*** (*acc*) *ignorieren*: ignore; **~setzen** *v/refl* (*sep*, -ge-, h): ***sich ~ über*** (*acc*) ignore, disregard.

Hinweis ['hɪnvaɪs] *m* (-es; -e) *Verweis*: reference (***auf*** *acc* to); *Wink*: hint, tip (as to, regarding); *Anzeichen*: indication (of), clue (as to); '**2en** (*irr*, *sep*, -ge-, h, → ***weisen***) **1.** *v/t*: ***j-n ~ auf*** (*acc*) draw (*od.* call) s.o.'s attention to; **2.** *v/i*: ***~ auf*** (*acc*) point to, indicate; *fig.* point out, indicate; *anspielen*: hint at; '**~schild** *n*, '**~tafel** *f* sign, notice.

'**hin|werfen** *v/t* (*irr*, *sep*, -ge-, h, → ***werfen***) F *Job*: chuck (in); '**~ziehen** *v/refl* (*irr*, *sep*, -ge-, h, → ***ziehen***) *räumlich*: extend (***bis zu*** to), stretch (to); *zeitlich*: drag on.

hinzu|fügen [hɪn'tsuːfyːgən] *v/t* (*sep*, -ge-, h) add (**zu** to) (*a. fig.*); **~kommen** *v/i* (*irr*, *sep*, -ge-, sn, → ***kommen***) *noch ~*: be added: ***hinzu kommt, daß*** add to this, ... and what is more, ...; **~ziehen** *v/t* (*irr*, *sep*, -ge-, h, → ***ziehen***) *Arzt*, *Experten etc*: call in, consult.

Hirn [hɪrn] *n* (-[e]s; -e) *anat.* brain; *fig.* brain(s *pl*), mind.

Hirsch [hɪrʃ] *m* (-es, -e) *zo.* stag.

hissen ['hɪsən] *v/t* (h) *Flagge*, *Segel*: hoist.

Histori|ker [hɪs'toːrɪkər] *m* (-s; -) historian; **2sch** [~rɪʃ] *adj* historical; *Ereignis etc*: historic.

Hitze ['hɪtsə] *f* (-; *no pl*) heat; '**~welle** *f* heat wave.

'**hitz|ig** *adj* hot-tempered; *Debatte*: heated; '**2kopf** *m* hothead; '**2schlag** *m med.* heat stroke.

HIV|-negativ [haːiːfaʊ'~] *adj med.* HIV-negative; **~-'positiv** *adj med.* HIV-positive.

hoch [hoːx] **1.** *adj* high; *Baum, Haus etc*: tall; *Strafe*: heavy, severe; *Gast etc*: distinguished; *Alter*: great, old; *Schnee*: deep: ***in hohem Maße*** highly, greatly; ***das ist mir zu ~*** that's above me; **2.** *adv*: ***3000 Meter ~*** *fliegen etc* at a height of 3,000 met|res (*Am.* -ers).

Hoch [~] *n* (-s; -s) *meteor.* high (*a. fig.*).

'**Hoch|achtung** *f* (deep) respect (***vor*** *dat* for); '**2achtungsvoll** *adv Brief*: Yours faithfully; '**~bau** *m* (-[e]s; *no pl*): ***Hoch- u. Tiefbau*** structural and civil engineering; '**~betrieb** *m* (-[e]s; *no pl*) rush; '**2deutsch** *adj* High (*od.* standard) German; '**~druck** *m meteor.*, *phys.* high pressure; '**~druckgebiet** *n meteor.* high-pressure area; '**~ebene** *f* plateau, tableland; '**~form** *f* (-; *no pl*): ***in ~*** in top form (*od.* shape); '**~fre͵quenz** *f electr.* high frequency; '**~gebirge** *n* high mountains *pl*; '**~genuß** *m* (real) treat; '**~haus** *n* high rise, *Br. a.* tower block; '**~konjunk͵tur** *f econ.* boom; '**~land** *n* highlands *pl*; '**~ofen** *m tech.* blast furnace; '**2pro͵zentig** *adj Schnaps etc*: high-proof; *Lösung*: highly concentrated; '**~sai͵son** *f* high season; '**~schulabschluß** *m* degree; '**~schule** *f* college; *Universität*: university; '**~sommer** *m* midsummer: ***im ~*** in midsummer; '**~spannung** *f electr.* high tension (*a. fig.*), high voltage; '**2spielen** *v/t* (*sep*, -ge-, h) F *fig.* play up; '**~sprung** *m* (-[e]s; *no pl*) high jump.

höchst [høːçst] **1.** *adj* highest; *fig. a.* supreme; *äußerst*: extreme; **2.** *adv* highly, most, extremely.

Hochstapler ['~ʃtaːplər] *m* (-s; -) impostor.

'**höchstens** *adv* at (the) most, at best.

'**Höchst|geschwindigkeit** *f* top speed; *Begrenzung*: speed limit; '**~maß** *n* maximum (***an*** *dat* of); '**~preis** *m* maximum price: ***zum ~*** at the highest price; '**~stand** *m* highest level; '**~wahr'scheinlich** *adv* most likely (*od.* probably).

'**Hoch|wasser** *n* (-s; *no pl*) high tide; *Überschwemmung*: flood; '**2wertig** *adj* high-grade, high-quality.

Hochzeit ['hɔxtsaɪt] *f* (-; -en) wedding; '**~skleid** *n* wedding dress; '**~snacht** *f* wedding night; '**~sreise** *f* honeymoon (trip); '**~stag** *m* wedding day; *Jahrestag*: wedding anniversary.

hocke|n ['hɔkən] *v/i* (h) squat, crouch; F sit; '**2r** *m* (-s; -) stool.

Hockey ['hɔke] *n* (-s; *no pl*) *Sport*: hockey, *Am.* field hockey.

Hoden ['hoːdən] *m* (-s; -) *anat.* testicle.

Hof [hoːf] *m* (-[e]s; ⸚e) yard; *agr.* farm; *Innen2*: court(yard); *Fürsten2*: court: ***bei ~*** at court; '**~dame** *f* lady-in-waiting.

hoffen ['hɔfən] *v/i u. v/t* (h) hope (***auf*** *acc* for); *zuversichtlich*: trust (in): ***das Beste ~*** hope for the best; ***ich hoffe es*** I hope so; ***ich hoffe nicht, ich will es nicht ~*** I hope not; '**~tlich** *adv* I hope, let's hope, hopefully.

Hoffnung ['hɔfnʊŋ] *f* (-; -en) hope (***auf*** *acc* of): ***sich ~en machen*** have hopes; ***die ~ aufgeben*** lose hope; '**2slos** *adj* hopeless; '♀**svoll** *adj* hopeful; *vielversprechend*: promising.

höflich ['hø:flɪç] *adj* polite; '♀**keit** *f* (-; *no pl*) politeness.

Höhe ['hø:ə] *f* (-; -n) height; *aer.*, *ast.*, *geogr.* altitude; *An*♀: hill; *Gipfel*: peak (*a. fig.*); *e-r Summe*, *Strafe etc*: amount; *Niveau*: level; *Ausmaß*: extent: ***auf gleicher ~ mit*** on a level with; ***in die ~*** up; ***ich bin nicht ganz auf der ~*** I'm not feeling up to the mark.

Hoheit ['ho:haɪt] *f* (-; -en) *pol.* sovereignty; *Titel*: Highness; '**~sgebiet** *n* territory; '**~sgewässer** *pl* territorial waters *pl*; '**~szeichen** *n* national emblem.

Höhen|luft *f* (-; *no pl*) mountain air; '**~sonne** *f med.* ultraviolet (*od.* sun) lamp.

H

'**Höhepunkt** *m* climax (*a. thea. u. sexuell*), culmination, height, peak; *e-s Abends etc*: highlight.

hohl [ho:l] *adj* hollow (*a. fig.*).

Höhle ['hø:lə] *f* (-; -n) cave, cavern.

'**Hohl|maß** *n* measure of capacity; '**~raum** *m* hollow, cavity.

Hohn [ho:n] *m* (-[e]s; *no pl*) derision, scorn.

höhnisch ['hø:nɪʃ] *adj* derisive, scornful.

Holdinggesellschaft ['ho:ldɪŋ~] *f econ.* holding company.

holen ['ho:lən] *v/t* (h) (go and) get, fetch, go for; *Polizei*, *ans Telefon*: call: ***~ lassen*** send for; ***sich ~*** *Krankheit etc*: catch, get; *Rat etc*: seek; → ***Atem, Luft***.

Holländ|er ['hɔlɛndər] *m* (-s; -) Dutchman: ***die ~*** *pl* the Dutch *pl*; '**~erin** *f* (-; -nen) Dutchwoman; ♀**isch** ['~dɪʃ] *adj* Dutch.

Hölle ['hœlə] *f* (-; -n) hell: ***in die ~ kommen*** go to hell; '**~nlärm** *m a* hell of a noise.

höllisch ['hœlɪʃ] *adj* infernal (*a. fig.*).

holperig ['hɔlpərɪç] *adj* bumpy, rough, uneven.

Holz [hɔlts] *n* (-es; ⸚er) wood; *Nutz*♀: timber, *Am. a.* lumber: ***aus ~*** (made of) wood, wooden.

hölzern ['hœltsərn] *adj* wooden; *fig. a.* clumsy.

'**Holz|weg** *m fig.*: ***auf dem ~ sein*** be on the wrong track; '**~wolle** *f* woodwool, *Am. a.* excelsior.

homöopathisch [homøo'pa:tɪʃ] *adj* hom(o)eopathic.

homosexu'ell [homo~] *adj* homosexual; ♀**e** *m* (-n; -n) homosexual.

Honig ['ho:nɪç] *m* (-s; -e) honey.

Honorar [hono'ra:r] *n* (-s; -e) fee.

Hopfen ['hɔpfən] *m* (-s; *no pl*) *bot.* hop.

hörbar ['hø:rbar] *adj* audible.

horche|n ['hɔrçən] *v/i* (h) listen (***auf*** *acc* to); *heimlich*: eavesdrop; '♀**r** *m* (-s; -) eavesdropper.

Horde ['hɔrdə] *f* (-; -n) horde (*a. zo.*); *contp. a.* mob, gang.

hör|en ['hø:rən] *v/i u. v/t* (h) hear; *an~*, *Radio*, *Musik etc*: listen to; *gehorchen*: obey, listen: ***~ auf*** (*acc*) listen to; ***von j-m ~*** hear from (*durch Dritte*: of, about) s.o.; ***er hört schwer*** his hearing is bad; ***hör(t) mal!*** listen!; *erklärend*: *a.* look (here)!; ***nun*** (*od.* ***also***) ***hör(t) mal!*** *Einwand*: wait a minute!, now look (*od.* listen) here!; '♀**er** *m* (-s; -) listener; *teleph.* receiver; '♀**fehler** *m med.* hearing defect; '♀**gerät** *n* hearing aid.

Horizont [hori'tsɔnt] *m* (-[e]s; -e) horizon (*a. fig.*): ***s-n ~ erweitern*** broaden one's mind (*od.* horizons); ***das geht über m-n ~*** that's beyond me; ♀**al** [~'ta:l] *adj* horizontal.

Hormon [hɔr'mo:n] *n* (-s; -e) hormone.

Horn [hɔrn] *n* (-[e]s; ⸚er) horn; '**~haut** *f* hard skin; *Auge*: cornea.

Hornisse [hɔr'nɪsə] *f* (-; -n) *zo.* hornet.

Horoskop [horo'sko:p] *n* (-s; -e) horoscope.

Horrorfilm ['hɔrɔr~] *m* horror film.

'**Hör|saal** *m* lecture hall; '**~spiel** *n* radio play; '**~weite** *f* (-; *no pl*): ***in*** (***außer***) ***~*** within (out of) earshot.

Höschen ['hø:sçən] *n* (-s; -) *Slip*: (***ein ~*** a pair of) panties *pl*.

Hose ['ho:zə] *f* (-; -n) (***e-e ~*** a pair of) trousers *pl*, *bsd. Am.* pants *pl*; '**~nrock** *m* (***ein ~*** a pair of) culottes *pl*, divided skirt; '**~nschlitz** *m* fly; '**~nträger** *pl* (a pair of) braces *pl* (*Am.* suspenders *pl*).

Hotel [ho'tɛl] *n* (-s; -s) hotel: ***~ garni*** bed-and-breakfast hotel; **~di,rektor** *m* hotel manager; **~gewerbe** *n* hotel industry; **~verzeichnis** *n* list of hotels; **~zimmer** *n* hotel room.

Hubraum ['hu:p~] *m mot.* cubic capacity.

hübsch [hʏpʃ] *adj* pretty, nice(-looking), *bsd. Am. a.* cute; *Geschenk etc*: nice, lovely.

Hubschrauber ['hu:p~] *m* (-s; -) *aer.* helicopter; '**~landeplatz** *m* heliport.

Huckepackverkehr ['hʊkəpak~] *m* pick-a-back traffic.

Hüft|e ['hʏftə] *f* (-; -n) *anat.* hip; '**~gelenk** *n* hip joint.

Hügel ['hy:gəl] *m* (-s; -) hill(ock); '**2ig** *adj* hilly.

Huhn [hu:n] *n* (-[e]s; ⸚er) *zo.* chicken: *Henne*: hen.

Hühnchen ['hy:nçən] *n* (-s; -) chicken: ***ein ~ zu rupfen haben mit*** have a bone to pick with.

Hühner|auge ['hy:nər~] *n* *med.* corn; '**~brühe** *f* chicken broth; '**~ei** *n* hen's egg; '**~farm** *f* poultry (*od.* chicken) farm.

Hülle ['hʏlə] *f* (-; -n) cover(ing), wrap(ping); *Schutz2*, *Buch2*, *Platten2*: jacket; *Schirm2*: sheath: ***in ~ u. Fülle*** in abundance.

Hülsenfrüchte ['hʏlzən~] *pl* pulses *pl.*

human [hu'ma:n] *adj* humane; **~itär** [humani'tɛ:r] *adj* humanitarian; **2ität** [humani'tɛ:t] *f* (-; *no pl*) humanity.

Hummel ['hʊməl] *f* (-; -n) *zo.* bumblebee.

Hummer ['hʊmər] *m* (-s; -) *zo.* lobster.

Humor [hu'mo:r] *m* (-s; *no pl*) (sense of) humo(u)r; **2voll** *adj* humorous.

Hund [hʊnt] *m* (-[e]s; -e) *zo.* dog.

Hunde|hütte ['hʊndə~] *f* kennel, *Am. a.* doghouse; '**~kuchen** *m* dog biscuit; '**2müde** *adj* F dog-tired.

hundert ['hʊndərt] *adj* a (*od.* one) hundred: ***zu 2en*** by the hundreds; **2'jahrfeier** *f* centenary, *Am. a.* centennial.

Hündin ['hʏndɪn] *f* (-; -nen) bitch.

Hunger ['hʊŋər] *m* (-s; *no pl*) hunger: ***~ bekommen*** (***haben***) get (be) hungry; '**~lohn** *m* starvation wages *pl*; '**2n** *v/i* (h) go hungry, starve; '**~snot** *f* famine; '**~streik** *m* hunger strike.

hungrig ['hʊŋrɪç] *adj* hungry.

Hupe ['hu:pə] *f* (-; -n) *mot.* horn; '**2n** *v/i* (h) sound one's horn.

hüpfen ['hʏpfən] *v/i* (sn) hop; *Ball etc*: bounce.

'**Hupverbot** *n* ban on sounding one's horn, *Schild*: no horn signals.

Hürde ['hʏrdə] *f* (-; -n) *Leichtathletik*: hurdle (*a. fig.*).

Hure ['hu:rə] *f* (-; -n) whore.

huschen ['hʊʃən] *v/i* (sn) flit, dart.

hüsteln ['hy:stəln] *v/i* (h) cough slightly.

husten ['hu:stən] *v/i* (h) cough.

Husten [~] *m* (-s; *no pl*) cough: ***~ haben*** have a cough; '**~anfall** *m* coughing fit; '**~bon,bon** *m*, *n* cough drop; '**~saft** *m* cough syrup.

Hut[1] [hu:t] *m* (-[e]s; ⸚e) hat.

Hut[2] [~] *f* (-; *no pl*): ***auf der ~ sein*** be on one's guard (***vor*** *dat* against).

hüten ['hy:tən] (h) **1.** *v/t Haus, Kind etc*: look after; **2.** *v/refl*: ***sich ~ vor*** (*dat*) be on one's guard against; ***sich ~, et. zu tun*** be careful not to do s.th.

Hütte ['hʏtə] *f* (-; -n) hut (*a. contp.*), cabin; *contp.* shack; *Berg2*, *Jagd2*: lodge.

Hydrant [hy'drant] *m* (-en; -en) hydrant.

hydraulisch [hy'draʊlɪʃ] *adj* hydraulic.

Hydrokultur ['hy:drokʊl,tu:r] *f* (-; *no pl*) hydroponics *pl* (*sg konstr.*).

Hygien|e [hy'gǐe:nə] *f* (-; *no pl*) hygiene; **2isch** *adj* hygienic.

Hymne ['hʏmnə] *f* (-; -n) → ***Nationalhymne.***

Hypno|se [hyp'no:zə] *f* (-; -n) hypnosis; **~tiseur** [~noti'zø:r] *m* (-s; -e) hypnotist; **2tisieren** [~noti'zi:rən] *v/t* (*no* ge-, h) hypnotize.

Hypothek [hypo'te:k] *f* (-; -en) mortgage: ***e-e ~ aufnehmen*** raise a mortgage (***auf*** *acc* on); **~enzinsen** *pl* mortgage interest *sg.*

Hypothe|se [hypo'te:zə] *f* (-; -n) hypothesis; **2tisch** *adj* hypothetical.

Hysteri|e [hʏste'ri:] *f* (-; *no pl*) hysteria; **2sch** [~'te:rɪʃ] *adj* hysterical.

H

I

ich [ıç] *pers pron* I: **~ *selbst*** (I) myself; **~ *bin's*** it's me.
ideal [ide'a:l] *adj* ideal.
Ideal [~] *n* (-s; -e) ideal; **~fall** *m* ideal case: ***im ~*** ideally; **~ismus** [~a'lısmʊs] *m* (-; *no pl*) idealism; **~ist** [~a'lıst] *m* (-en; -en) idealist.
Idee [i'de:] *f* (-; -n) idea.
identi|fizieren [idɛntifi'tsi:rən] (*no* ge-, h) **1.** *v/t* identify; **2.** *v/refl*: ***sich ~ mit*** identify with; **~sch** *adj* identical; **≗tät** [~'tɛ:t] *f* (-; *no pl*) identity; **~'tätskrise** *f* identity crisis.
Ideolog|ie [ideolo'gi:] *f* (-; -n) ideology; **≗isch** [~'lo:gıʃ] *adj* ideological.
Idiot [i'dĭo:t] *m* (-en; -en) idiot; **≗isch** *adj* idiotic.
Idol [i'do:l] *n* (-s; -e) idol.
Idyll [i'dʏl] *n* (-s; -e), **~e** *f* (-; -n) idyll; **≗isch** *adj* idyllic.
Igel ['i:gəl] *m* (-s; -) *zo.* hedgehog.
ignorieren [ıgno'ri:rən] *v/t* (*no* ge-, h) ignore.
ihr [i:r] *poss pron* her; *pl* their: ***Ihr*** *sg u. pl* your; **'~et'wegen** *adv* for her (*pl* their) sake.
illegal ['ılega:l] *adj* illegal.
Illus|ion [ılu'zĭo:n] *f* (-; -en) illusion; **≗orisch** [~'zo:rıʃ] *adj* illusory.
Illu|stration [ilʊstra'tsĭo:n] *f* (-; -en) illustration; **≗strieren** [~'tri:rən] *v/t* (*no* ge-, h) illustrate; **~'strierte** *f* (-n; -n) magazine.
im [ım] (= ***in dem***) *prp*: **~ *Bett*** in bed; **~ *Kino*** at the cinema; → ***Erdgeschoß, Februar*** *etc.*
Image ['ımıtʃ] *n* (-[s]; -s) image.
Imbiß ['ımbıs] *m* (-sses; -sse) snack; **'~stube** *f* snack bar.
imitieren [imi'ti:rən] *v/t* (*no* ge-, h) imitate.
immer ['ımər] *adv* always: **~ *mehr*** more and more; **~ *wieder*** again and again; → ***für.***
Immigrant [ımi'grant] *m* (-en; -en) immigrant.
Immission [ımı'sĭo:n] *f* (-; -en) (harmful effects *pl* of) noise, pollutants *pl*, *etc*; **~sschutz** *m* protection from noise, pollutants, *etc.*
Immobilien [ımo'bi:lĭən] *pl* real estate *sg*; **~makler** *m* (*Am.* real) estate agent, *Am. a.* realtor.
immun [ı'mu:n] *adj* immune (***gegen*** to); **≗ität** [ımuni'tɛ:t] *f* (-; *no pl*) immunity.
Imperialis|mus [ımperĭa'lısmʊs] *m* (-; *no pl*) imperialism; **~t** *m* (-en; -en) imperialist; **≗tisch** *adj* imperialist.
impf|en ['ımpfən] *v/t* (h) *med.* vaccinate (***gegen*** against), inoculate (against); **'≗paß** *m*, **'≗schein** *m* vaccination certificate; **'≗stoff** *m* vaccine; **'≗ung** *f* (-; -en) vaccination, inoculation.
imponieren [ımpo'ni:rən] *v/i* (*no* ge-, h): ***j-m ~*** impress s.o.
Import [ım'pɔrt] *m* (-[e]s; -e) import; *Importiertes*: imports *pl*; **~beschränkungen** *pl* import restrictions *pl*; **~eur** [~'tø:r] *m* (-s; -e) importer; **≗ieren** [~'ti:rən] *v/t* (*no* ge-, h) import.
imposant [ımpo'zant] *adj* impressing, imposing.
improvisieren [ımprovi'zi:rən] *v/t u. v/i* (*no* ge-, h) improvise.
Impuls [ım'pʊls] *m* (-es, -e) impulse; *Anstoß*: *a.* stimulus; **≗iv** [~'zi:f] *adj* impulsive.
im'stande *adj*: **~ *sein, et. zu tun*** be capable of doing s.th.
in [ın] *prp* **1.** *räumlich*: *wo?* (*dat*) in, at; *innerhalb*: within, inside; *wohin?* (*acc*) into, in: ***warst du schon mal in ...?*** have you ever been to ...?; → ***Schule, Stadt, überall*** *etc*; **2.** *zeitlich*: (*dat*) in, at, during: **~ *dieser*** (***der nächsten***) ***Woche*** this (next) week; **~ *diesem Alter*** (***Augenblick***) at this age (moment); → ***heute*** *etc*; **3.** *Art u. Weise etc*: (*dat*) in, at: → ***Eile, gut*** 1 *etc.*
'inbegriffen *adj* included.
Inder ['ındər] *m* (-s; -) Indian.
Index ['ındɛks] *m* (-es; -e, -dizes) index.
Indianer [ın'dĭa:nər] *m* (-s; -) (American) Indian.
'indirekt *adj* indirect.
indisch ['ındıʃ] *adj* Indian.
'indiskret *adj* indiscreet; **≗ion** [~'tsĭo:n] *f* (-; -en) indiscretion.
indiskutabel ['ındıskuta:bəl] *adj* out of the question.

individuell [ɪndivi'dŭɛl] *adj* individual.

industrialisier|en [ɪndʊstrĭali'ziːrən] *v/t* (*no* ge-, h) industrialize; **&ung** [~'ziːrʊŋ] *f* (-; *no pl*) industrialization.

Industrie [ɪndʊs'triː] *f* (-; -n) industry; **~gebiet** *n* industrial area; **&ll** [~tri'ɛl] *adj* industrial; **~lle** [~tri'ɛlə] *m* (-n; -n) industrialist; **~spio,nage** *f* industrial espionage; **~staat** *m* industrial(ized) country (*od.* nation); **~- u. Handelskammer** *f* chamber of industry and commerce.

Infektion [ɪnfɛk'tsĭoːn] *f* (-; -en) *med.* infection; **~skrankheit** *f* infectious disease.

infizieren [ɪnfi'tsiːrən] (*no* ge-, h) **1.** *v/t* infect; **2.** *v/refl* get infected: ***sich ~ bei*** be infected by.

Inflation [ɪnfla'tsĭoːn] *f* (-; -en) *econ.* inflation; **&är** [~o'nɛːr] *adj* inflationary; **~srate** *f* inflation rate.

in'folge *prp* owing (*od.* due) to; **~'dessen** *adv* consequently.

Informatik [ɪnfɔr'maːtɪk] *f* (-; *no pl*) computer science; **~er** *m* (-s; -) computer scientist.

Information [ɪnfɔrma'tsĭoːn] *f* (-; -en) information: ***die neuesten ~en*** *pl* the latest information *sg*; **~sbü,ro** *n* information office; **~smateri,al** *n* information(al literature); **~sschalter** *m* information desk.

informieren [ɪnfɔr'miːrən] *v/t* (*no* ge-, h) inform (***sich*** o.s.) (***über*** *acc* of, about): ***falsch ~*** misinform.

infra|rot ['ɪnfra~] *adj phys.* infrared; **'&struk,tur** *f* infrastructure.

Ingenieur [ɪnʒe'nĭøːr] *m* (-s; -e) engineer.

Inhaber ['ɪnhaːbər] *m* (-s; -) owner, proprietor; *e-r Wohnung*: occupant; *e-s Ladens*: keeper; *e-s Amtes etc*: holder.

Inhalt ['ɪnhalt] *m* (-[e]s; -e) contents *pl*; *Raum&*: volume, capacity; *fig. Sinn*: meaning; **'~sangabe** *f* summary; **'~sverzeichnis** *n Buch*: table of contents.

Initiative [initsĭa'tiːvə] *f* (-; -n) initiative: ***die ~ ergreifen*** take the initiative.

inklusiv|e [ɪnklu'ziːvə] *prp* including; **&preis** [~'ziːf~] *m* all-inclusive price.

'inkonsequen|t *adj* inconsistent; **'&z** *f* inconsistency.

In'krafttreten *n* (-s; *no pl*) coming into force, taking effect.

'Inland *n* (-[e]s; *no pl*) home (country); *Landesinnere*: inland; **'~flug** *m* domestic (*od.* internal) flight.

inländisch ['ɪnlɛndɪʃ] *adj* domestic, home.

in'mitten *prp* in the midst of.

innen ['ɪnən] *adv* inside; *im Haus*: indoors: ***nach ~*** inwards; **'&archi,tekt** *m* interior designer; **'&architek,tur** *f* interior design; **'&mi,nister** *m* minister of the interior; *Br.* Home Secretary, *Am.* Secretary of the Interior; **'~mini,sterium** *n* ministry of the interior; *Br.* Home Office, *Am.* Department of the Interior; **'~poli,tik** *f* domestic policy; *innere Angelegenheiten*: home (*od.* domestic) affairs *pl*; **'&po,litisch** *adj* domestic, internal; **'~seite** *f*: ***auf der ~*** (on the) inside; **'~stadt** *f* (city *od.* town) cent|re (*Am.* -er), *Am. a.* downtown: ***in der ~ von Chicago*** in downtown Chicago.

inner ['ɪnər] *adj* inner, inside, *med.*, *pol.* internal; **'~betrieblich** *adj* internal; **'~halb** *prp* within: ***~ der Arbeitszeit*** during working hours; **'~lich** *adj* internal (*a. med.*).

Innovation [ɪnova'tsĭoːn] *f* (-; -en) innovation.

'inoffizi,ell *adj* unofficial.

ins [ɪns] (= ***in das***) *prp*: → ***Bett*** *etc.*

Insasse ['ɪnzasə] *m* (-n; -n) *mot. etc* passenger; *Anstalt etc*: inmate; **'~nversicherung** *f mot.* passenger insurance.

'Inschrift *f* (-; -en) inscription.

Insekt [ɪn'zɛkt] *n* (-[e]s; -en) *zo.* insect; **~enschutzmittel** *n* insect repellent; **~enstich** *m* insect bite.

Insel ['ɪnzəl] *f* (-; -n) island; **'~bewohner** *m* islander.

Inser|at [ɪnzə'raːt] *n* (-[e]s; -e) advertisement, F ad; **&ieren** [~'riːrən] *v/t u. v/i* (*no* ge-, h) advertise.

insge'samt *adv* altogether, in all.

'insolven|t *adj econ.* insolvent; **'&z** *f* insolvency.

Inspekt|ion [ɪnspɛk'tsĭoːn] *f* (-; -en) inspection; *mot. a.* servicing; **~or** [ɪn'spɛktɔr] *m* (-s; -en) *Polizei&*: inspector.

inspizieren [ɪnspi'tsiːrən] *v/t* (*no* ge-, h) inspect.

Install|ateur [ɪnstala'tøːr] *m* (-s; -e) plumber; (gas *od.* electrical) fitter; **&ieren** [~'liːrən] *v/t* (*no* ge-, h) instal(l).

instand [ɪn'ʃtant] *adv*: ***~ halten*** keep in

good order; *tech.* maintain; ~ ***setzen*** repair; **ˇhaltung** *f* (-; *no pl*) maintenance; **ˇsetzung** *f* (-; *no pl*) repair.

Instantgetränk ['ɪnstənt~] *n* instant drink.

Instanz [ɪn'stants] *f* (-; -en) authority; *jur.* instance.

Instinkt [ɪn'stɪŋkt] *m* (-[e]s; -e) instinct; **ˇiv** [~'tiːf] *adv* instinctively, by instinct.

Institut [ɪnsti'tuːt] *n* (-s; -e) institute; **~ion** [~u'tsi̯oːn] *f* (-; -en) institution.

Instrument [ɪnstru'mɛnt] *n* (-[e]s; -e) instrument.

intellektuell [ɪntɛlek'tu̯ɛl] *adj* intellectual; **ˇe** *m, f* (-n; -n) intellectual.

intelligen|t [ɪntɛli'gɛnt] *adj* intelligent; **ˇz** [~ts] *f* (-; *no pl*) intelligence; **ˇzquoti͵ent** *m* I.Q.

intensiv [ɪntɛn'ziːf] *adj* intensive; *stark*: intense; **ˇkurs** *m* crash course; **ˇstati͵on** *f med.* intensive-care unit.

Intercity-Zug [ɪntər'sɪti~] *m* inter-city train.

interess|ant [ɪntərɛ'sant] *adj* interesting; **ˇe** [~'rɛsə] *n* (-s; -n) interest (***an*** *dat*, ***für*** in); **ˇengebiet** *n* field of interest; **ˇengemeinschaft** *f* community of interests; *econ.* combine, pool; **ˇent** [~rɛ'sɛnt] *m* (-en; -en) interested person (*od.* party); *econ.* prospective buyer, *bsd. Am.* prospect; **~ieren** [~'siːrən] (*no* ge-, h) **1.** *v/t* interest (***für*** in); **2.** *v/refl*: ***sich ~ für*** take an interest in, be interested in.

intern [ɪn'tɛrn] *adj* internal; **ˇat** [~'naːt] *n* (-[e]s; -e) boarding school.

internatio'nal *adj* international.

Internist [ɪntɛr'nɪst] *m* (-en; -en) *med.* internist.

Interrail-Karte ['ɪntəreɪl~] *f* inter-rail ticket.

Interview [ɪntər'vjuː] *n* (-s; -s) interview; **ˇen** *v/t* (*no* ge-, h) interview.

intim [ɪn'tiːm] *adj* intimate; **ˇsphäre** *f* (-; *no pl*) privacy.

'intoleran|t *adj* intolerant (***gegenüber*** of); **'ˇz** *f* intolerance.

Invalid|e [ɪnva'liːdə] *m* (-n; -n) invalid; **~enrente** *f* disability pension; **~ität** [~idi'tɛːt] *f* (-; *no pl*) disability.

Inventar [ɪnvɛn'taːr] *n* (-s; -e) stock; *Verzeichnis*: inventory.

Inventur [ɪnvɛn'tuːr] *f* (-; -en) *econ.* stocktaking: ~ ***machen*** take stock.

invest|ieren [ɪnvɛs'tiːrən] *v/t u. v/i* (*no* ge-, h) *econ.* invest (***in*** *acc* in); **ˇition** [~i'tsi̯oːn] *f* (-; -en) investment.

in'zwischen *adv* meanwhile, in the meantime; *jetzt*: by now.

Ire ['iːrə] *m* (-n; -n) Irishman: ***die ~n*** *pl* the Irish *pl.*

irgend ['ɪrgənt] *adv*: F ~ ***so ein*** some; ~ ***et.*** something; *fragend, verneinend*: anything; ~ ***j-d*** someone, somebody; *fragend, verneinend*: anyone, anybody; **'~'ein** *indef pron* some; *fragend, verneinend*: any; **'~'wann** *adv unbestimmt*: sometime (or other); *beliebig*: (at) any time; **'~'wie** *adv* somehow (or other); **'~'wo** *adv* somewhere; *fragend, verneinend*: anywhere.

Ir|in ['iːrɪn] *f* (-; -nen) Irishwoman; **'ˇisch** *adj* Irish.

Iron|ie [iro'niː] *f* (-; -n) irony; **ˇisch** [i'roːnɪʃ] *adj* ironic.

irre ['ɪrə] *adj* mad, crazy, insane; F *sagenhaft*: super, terrific.

Irre [~] *m, f* (-n; -n) madman (madwoman), lunatic: ***wie ein ~r*** like mad.

'irreführen *v/t* (*sep*, -ge-, h) *fig.* mislead; **'~d** *adj* misleading.

'irremachen *v/t* (*sep*, -ge-, h) confuse.

irren ['ɪrən] **1.** *v/refl* (h) be wrong (*od.* mistaken): ***sich in et. ~*** get s.th. wrong; **2.** *v/i* (sn) wander, stray.

irritieren [ɪri'tiːrən] *v/t* (*no* ge-, h) *ärgern, reizen*: irritate; *verwirren*: confuse; *stören*: disturb.

'Irr|tum *m* (-s; ¨er) error, mistake: ***im ~ sein*** be mistaken; ***Irrtümer vorbehalten!*** errors excepted; **ˇtümlich** ['~tyːmlɪç] **1.** *adj* erroneous; **2.** *adv* by mistake.

Ischias ['ɪʃi̯as] *m, n, med. f* (-; *no pl*) sciatica; **'~nerv** *m* sciatic nerve.

Islam [ɪs'laːm] *m* (-s; *no pl*) Islam.

Isländ|er ['iːslɛndər] *m* (-s; -) Icelander; **'ˇisch** *adj* Icelandic.

Isolier|band [izo'liːr~] *n* (-[e]s; ¨er) *electr.* insulating tape; **ˇen** *v/t* (*no* ge-, h) isolate; *electr., tech.* insulate; **~haft** *f jur.* solitary confinement; **~stati͵on** *f med.* isolation ward; **ˇung** *f* (-; -en) isolation; *electr., tech.* insulation.

Israeli [ɪsra'eːli] *m* (-[s]; -[s]) Israeli; **ˇsch** *adj* Israeli.

Italien|er [ita'li̯eːnər] *m* (-s; -) Italian; **ˇisch** *adj* Italian.

J

ja [ja] *adv* yes; *parl. Br.* aye, *Am.* yea: ***wenn ~*** if so; ***da ist er ~!*** well, there he is!; ***ich sagte es Ihnen ~*** I told you so; ***ich bin ~*** (***schließlich***) ***...*** after all, I am ...; ***tut es ~ nicht!*** don't you dare do it!; ***sei ~ vorsichtig!*** do be careful!; ***vergessen Sie es ~ nicht!*** be sure not to forget it!; ***~, weißt du nicht?*** why, don't you know?; ***du kommst doch, ~?*** you're coming, aren't you?
Jacht [jaxt] *f* (-; -en) *mar.* yacht.
Jacke ['jakə] *f* (-; -n) jacket; *Strick*♀: cardigan.
Jacketkrone ['dʒɛkɪt~] *f med.* jacket crown.
Jackett [ʒa'kɛt] *n* (-s; -s) jacket.
Jagd [ja:kt] *f* (-; -en) hunt(ing) (*a. fig.*); *mit dem Gewehr*: *a.* shoot(ing); *Verfolgung*: chase: ***auf die ~ gehen*** go hunting (*od.* shooting); ***~ machen auf*** (*acc*) hunt (for); *j-n*: *a.* chase; **'~hund** *m* hound; **'~hütte** *f* (hunting) lodge; **'~re,vier** *n* preserve, shoot; **'~schein** *m* game licen|ce (*Am.* -se); **'~zeit** *f* open (*od.* hunting, shooting) season.
jagen ['ja:gən] **1.** *v/t* (h) hunt; *mit dem Gewehr*: *a.* shoot; *fig. verfolgen*: hunt, chase: ***aus dem Haus*** *etc* ***~*** drive (*od.* chase) out of the house, *etc*; **2.** *v/i* (sn) *fig. rasen*: race, dash.
Jäger ['jɛ:gər] *m* (-s; -) hunter, huntsman.
Jahr [ja:r] *n* (-[e]s; -e) year: ***einmal im ~*** once a year; ***im ~e 1993*** in (the year) 1993; ***ein 20 ~e altes Auto*** a twenty-year-old car; ***mit 18 ~en, im Alter von 18 ~en*** at (the age of) eighteen; **'~buch** *n* yearbook.
'jahrelang 1. *adj* years *pl* of; **2.** *adv* for (many) years.
'Jahres|abonne,ment *n* annual (*od.* yearly) subscription; **'~abschluß** *m econ.* annual accounts *pl*; **'~anfang** *m* beginning of the year; **'~ausgleich** *m Steuer*: annual wage-tax adjustment; **'~bericht** *m* annual report; **'~bi,lanz** *f econ.* annual balance sheet; **'~einkommen** *n* annual income; **'~ende** *n* end of the year; **'~hauptversammlung** *f econ.* annual general meeting; **'~tag** *m* anniversary; **'~umsatz** *m econ.* annual turnover; **'~zahl** *f* date, year; **'~zeit** *f* season: ***in dieser ~*** at this time of the year.
'Jahr|gang *m Personen*: age group; *Wein*: vintage: ***er ist ~ 1941*** he was born in 1941; **~'hundert** *n* (-s; -e) century; **~'hundertwende** *f* turn of the century.
jährlich ['jɛ:rlɪç] **1.** *adj* annual, yearly; **2.** *adv* every year, yearly, once a year.
'Jahr|markt *m* fair; **~'tausend** *n* (-s; -e) millennium; **~'tausendwende** *f* turn of the millennium.
Jahr'zehnt *n* (-[e]s; -e) decade.
Jalousie [ʒalu'zi:] *f* (-; -n) (venetian) blind.
Jammer ['jamər] *m* (-s; *no pl*) misery: F ***es ist ein ~, daß*** it's a crying shame that.
jämmerlich ['jɛmərlɪç] **1.** *adj* miserable, wretched; *Anblick etc*: *a.* pitiful, sorry; **2.** *adv*: ***~ versagen*** fail miserably.
jammer|n ['jamərn] *v/i* (h) moan, lament (***über*** *acc* over, about); **'~schade** *adj*: F ***es ist ~, daß*** it's a crying shame that.
Januar ['janŭa:r] *m* (-[s]; -e) January: ***im ~*** in January.
Japan|er [ja'pa:nər] *m* (-s; -) Japanese; **♀isch** *adj* Japanese.
'Jastimme *f parl. Br.* aye, *Am.* yea.
je [je:] **1.** *adv* ever: ***der beste Film, den ich ~ gesehen habe*** the best film I have ever seen; ***~ zwei*** (***Pfund***) two (pounds) each; ***drei Mark ~ Kilo*** three marks per kilo; ***~ nach Größe*** (***Geschmack***) according to size (taste); ***~ nachdem*** it (all) depends; **2.** *cj*: ***~ ..., desto ...*** the ... the ...; ***~ nachdem, wie*** depending on how.
jede ['je:də] *indef pron* ***~r*** *insgesamt*: every; ***~r*** *beliebige*: any; ***~r*** *einzelne*: each: *von zweien*: either: ***~r weiß*** (***das***) everybody knows; ***du kannst ~n fragen*** (you can) ask anyone; ***~r von uns*** (***euch***) each of us (you); ***~r, der*** whoever; ***~n zweiten Tag*** every other day; ***~n Augenblick*** any moment now; **'~n'falls** *adv* in any case, anyhow; **'~rmann** *indef pron* everyone, every-

J

body; '**~r'zeit** *adv* always, (at) any time; '**~s'mal** *adv* each (*od.* every) time: *~ **wenn*** whenever.

je'doch *cj* however.

jemals ['je:ma:ls] *adv* ever.

jemand ['je:mant] *indef pron* someone, somebody; *fragend, verneinend*: anyone, anybody.

Jenseits ['je:nzaɪts] *n* (-; *no pl*) hereafter.

jetzig ['jɛtsɪç] *adj* present, current.

jetzt [jɛtst] *adv* now, at present: ***bis ~*** up to now, so far; ***eben ~*** just now; ***erst ~*** only now; ***~ gleich*** right now (*od.* away); ***für ~*** for the present; ***noch ~*** even now; ***von ~ an*** from now on.

jeweil|ig ['je:vaɪlɪç] *adj* respective; '**~s** *adv je*: each; *gleichzeitig*: at a time.

Job [dʒɔp] *m* (-s; -s) F job; *Gelegenheitsarbeit*: temporary job; **2ben** ['dʒɔbən] *v/i* (h) F have a temporary job, do temporary work; '**~killer** *m* F job killer; **~sharing** ['~ʃe:rɪŋ] *n* (-[s]; *no pl*) F job sharing.

J

Jochbein ['jɔx~] *n anat.* cheekbone.

Jod [jo:t] *n* (-[e]s; *no pl*) *chem.* iodine.

jodeln ['jo:dəln] *v/i* (h) yodel.

Joga → ***Yoga.***

Joghurt ['jo:gʊrt] *m, n* (-[s]; -[s]) yog(h)urt.

Johannisbeere [jo'hanɪs~] *f* currant: ***rote ~*** redcurrant; ***schwarze ~*** blackcurrant.

Journalis|mus [ʒʊrna'lɪsmʊs] *m* (-; *no pl*) journalism; **~t** *m* (-en; -en) journalist.

Jubel ['ju:bəl] *m* (-s; *no pl*) cheering, cheers *pl*; '**2n** *v/i* (h) cheer.

Jubiläum [jubi'lɛ:ʊm] *n* (-s; -läen) jubilee; *Jahrestag*: anniversary.

jucken ['jʊkən] *v/t, v/i u. v/impers* (h) itch: ***es juckt mich am ...*** my ... itches.

Jude ['ju:də] *m* (-n; -n) Jew.

Jüd|in ['jy:dɪn] *f* (-; -nen) Jewess; '**2isch** *adj* Jewish.

Jugend ['ju:gənt] *f* (-; *no pl*) youth; *Jugendliche*: *a.* young people *pl*; '**~amt** *n* youth welfare office; '**~arbeitslosigkeit** *f* youth unemployment; '**~gericht** *n* juvenile court; '**~herberge** *f* youth hostel; '**~kriminali,tät** *f* juvenile delinquency; '**2lich** *adj* youthful, young; '**~liche** *m, f* (-n; -n) young person, *m a.* youth; '**~stil** *m* Art Nouveau; *in Deutschland*: Jugendstil; '**~zentrum** *n* youth cent|re (*Am.* -er).

Jugoslaw|e [jugo'sla:və] *m* (-n; -n) Yugoslav; **2isch** *adj* Yugoslav(ian).

Juli ['ju:li] *m* (-[s]; -s) July: ***im ~*** in July.

Jumbo-Jet ['dʒʌmbodʒɛt] *m* (-[s]; -s) *aer.* jumbo jet.

jung [jʊŋ] *adj* young.

Junge[1] ['jʊŋə] *m* (-n; -n) boy.

Junge[2] [~] *n* (-n; -n) *zo.* young one; *Hund*: *a.* pup(py); *Katze*: *a.* kitten; *Raubtier*: *a.* cub: ***~ bekommen*** (*od.* ***werfen***) have young.

jünger ['jʏŋər] *adj* younger.

Jungfer ['jʊŋfər] *f* (-; -n): ***alte ~*** old maid.

'**Jungfern|fahrt** *f mar.* maiden voyage; '**~flug** *m* maiden flight.

'**Jung|frau** *f* virgin; '**~geselle** *m* bachelor; '**~gesellin** *f* (-; -nen) bachelor girl.

jüngst [jʏŋst] *adj* youngest; *Ereignisse etc*: latest: ***in ~er Zeit*** lately, recently.

Juni ['ju:ni] *m* (-[s]; -s) June: ***im ~*** in June.

Junior|chef ['ju:nĭɔr~] *m* owner's son; '**~partner** *m* junior partner.

Jura ['ju:ra] *pl*: ***~ studieren*** study (*Br. a.* read) law.

Jurist [ju'rɪst] *m* (-en; -en) lawyer; **2isch** *adj* legal.

Jury [ʒy'ri:] *f* (-; -s) jury.

Justitiar [jʊsti'tsĭa:r] *m* (-s; -e) legal advis|er (*Am.* -or).

Justiz [jʊs'ti:ts] *f* (-; *no pl*) justice, *the* law; **~beamte** *m* judicial officer; **~irrtum** *m* miscarriage of justice; **~mi,nister** *m* minister of justice; *Br.* Lord Chancellor, *Am.* Attorney General; **~mini,sterium** *n* ministry of justice; *Am.* Department of Justice.

Juwelier [juvə'li:r] *m* (-s; -e) jewel(l)er.

K

Kabarett [kaba'rɛt] *n* (-s; -s; -e) (political) revue; **~ist** [~'tɪst] *m* (-en; -en) revue artist.

Kabel ['ka:bəl] *n* (-s; -) cable; **'~anschluß** *m TV* cable connection: ***~ haben*** have cable TV, be cabled; **'~fernsehen** *n* cable TV.

Kabeljau ['ka:bəljaʊ] *m* (-s; -e, -s) *zo.* cod.

'Kabelnetz *n* cable network.

Kabine [ka'bi:nə] *f* (-; -n) cabin; *im Schwimmbad, beim Arzt etc*: cubicle; *Sport*: dressing room; *Seilbahn*: car; *teleph., im Sprachlabor etc*: booth; **~nbahn** *f* cable railway.

Kabinett [kabi'nɛt] *n* (-s; -e) *pol.* cabinet.

Kabrio ['ka:brio] *n* (-s; -s), **~lett** [kabrio'lɛt] *n* (-s; -s) *mot.* convertible.

Kachel ['kaxəl] *f* (-; -n) tile; **'Ձn** *v/t* (h) tile; **'~ofen** *m* tiled stove.

Kadaver [ka'da:vər] *m* (-s; -) carcass.

Käfer ['kɛ:fər] *m* (-s; -) *zo.* beetle.

Kaffee ['kafe] *m* (-s; *no pl*) coffee: ***~ kochen*** make (some) coffee; ***~ mit*** (***ohne***) ***Milch*** white (black) coffee; ***zwei ~, bitte*** two coffees, please; **'~auto,mat** *m* coffee machine; **'~fahrt** *f cheap coach trip combined with a sales show*; **'~filter** *m* coffee filter; **'~haus** *n* café, coffee house; **'~kanne** *f* coffee pot; **'~löffel** *m* teaspoon; **'~ma,schine** *f* coffee maker; **'~mühle** *f* coffee grinder; **'~pause** *f* coffee break; **'~sahne** *f* (coffee) cream; **'~ser,vice** *n* coffee service; **'~tasse** *f* coffee cup.

Käfig ['kɛ:fɪç] *m* (-s; -e) cage.

kahl [ka:l] *adj* bald; *Landschaft*: barren, bleak; *Wand*: bare.

Kahn [ka:n] *m* (-[e]s; ⸚e) boat; *LastՁ*: barge; **'~fahrt** *f* boat trip.

Kai [kaɪ] *m* (-s; -s) quay(side), wharf; **'~mauer** *f* quayside.

Kaiser ['kaɪzər] *m* (-s; -) emperor; **~in** ['~zərɪn] *f* (-; -nen) empress; **'~reich** *n* empire.

Kajüte [ka'jy:tə] *f* (-; -n) *mar.* cabin.

Kakao [ka'kaʊ] *m* (-s; -s) cocoa; **~pulver** *n* cocoa (powder).

Kaktee [kak'te:] *f* (-; -n), **Kaktus** ['~tʊs] *m* (-; -teen [~'te:ən]) *bot.* cactus.

Kalb [kalp] *n* (-[e]s; ⸚er) *zo.* calf; **'~fleisch** *n* veal; **'~sbraten** *m* roast veal; **~shachse** ['~haksə] *f* knuckle of veal; **'~sleber** *f* calf's liver; **'~sschnitzel** *n* veal cutlet.

Kalender [ka'lɛndər] *m* (-s; -) calendar; **~jahr** *n* calendar year.

Kaliber [ka'li:bər] *n* (-s; -) calib|re (*Am.* -er) (*a. fig.*).

Kalk [kalk] *m* (-[e]s; -e) lime; *med.* calcium; **'~stein** *m* limestone.

Kalkul|ation [kalkula'tsĭo:n] *f* (-; -en) calculation; *Kostenberechnung*: estimate; **Ձieren** [~'li:rən] *v/t* (*no* ge-, h) calculate.

Kalorie [kalo'ri:] *f* (-; -n) calorie; **Ձnarm** *adj* low-calorie ..., low in calories; **Ձnreich** *adj* high-calorie ..., high in calories.

kalt [kalt] *adj* cold: ***mir ist ~*** I'm cold; **~blütig** ['~bly:tɪç] **1.** *adj zo.* cold-blooded (*a. fig.*); **2.** *adv* in cold blood.

Kälte ['kɛltə] *f* (-; *no pl*) cold; **'~einbruch** *m* cold snap; **'~peri,ode** *f*, **'~welle** *f* cold spell.

'Kalt|front *f* cold front; **'Ձlassen** *v/t* (*irr, sep*, -ge-, h, → ***lassen***): ***das läßt mich kalt*** that leaves me cold; **'~luft** *f* cold air; **'~miete** *f* basic rent without heating.

Kamel [ka'me:l] *n* (-[e]s; -e) *zo.* camel; **~haar** *n* camelhair (*a. in Zssgn*).

Kamera ['kaməra] *f* (-; -s) camera.

Kamerad [kamə'ra:t] *m* (-en; -en) companion, F mate; **~schaft** *f* (-; *no pl*) comradeship; **Ձschaftlich 1.** *adj* friendly; **2.** *adv* as a friend.

'Kamera|mann *m* (-[e]s; ⸚er, -leute) cameraman; **'Ձscheu** camera-shy.

Kamille [ka'mɪlə] *f* (-; -n) *bot.* camomile; **~ntee** *m* camomile tea.

Kamin [ka'mi:n] *m* (-s; -e) *innen*: fireplace; *Schornstein*: chimney; **~feger** [~fe:gər] *m* (-s; -), **~kehrer** [~ke:rər] *m* (-s; -) chimney sweep; **~sims** *m, n* mantelpiece.

Kamm [kam] *m* (-[e]s; ⸚e) comb, *zo. a.* crest; *GebirgsՁ*: ridge.

kämmen ['kɛmən] *v/t u. v/refl* (h) comb (one's hair): → ***Haar.***

Kammer ['kamər] *f* (-; -n) small room; *Abstell*Ɑ: cubbyhole; *parl.* chamber; *jur.* division; '**~mu,sik** *f* chamber music.

'**Kammgarn** *n* worsted.

Kampagne [kam'panjə] *f* (-; -n) campaign, drive.

Kampf [kampf] *m* (-[e]s; ⸚e) fight (*a. fig.*); *schwerer*: struggle (*a. fig.*); *Schlacht*: battle (*a. fig.*) (*alle*: **um** for; **gegen** against); *Box*Ɑ: fight, bout.

kämpfen ['kɛmpfən] (h) **1.** *v/i* fight (**um** for) (*a. fig.*); struggle (**mit** with; **gegen** against) (*a. fig.*): **~ gegen** fight (against); **2.** *v/refl*: **sich ~ durch** *a. fig.* fight (*od.* battle) one's way through.

Kampfer ['kampfər] *m* (-s; *no pl*) camphor.

Kämpfer ['kɛmpfər] *m* (-s; -) *Boxer*: fighter; *fig.* fighter (**für** for), champion (of); 'Ɑ**isch** *adj* aggressive.

'**Kampf|flugzeug** *n* fighter aircraft; '**~kraft** *f* fighting spirit; '**~richter** *m* *Sport*: judge.

kampieren [kam'piːrən] *v/i* (*no* ge-, h) camp.

Kanal [ka'naːl] *m* (-s; ⸚e) *künstlicher*: canal; *natürlicher*: channel (*a. Rundfunk, TV u. fig.*); *Abwasser*Ɑ: drain, sewer; **~isation** [kanaliza'tsĭoːn] *f* (-; -en) sewerage (system); Ɑ**isieren** [~'ziːrən] *v/t* (*no* ge-, h) sewer.

Kanarienvogel [ka'naːrĭən~] *m* canary.

Kandid|at [kandi'daːt] *m* (-en; -en) candidate; Ɑ**ieren** [~'diːrən] *v/i* (*no* ge-, h) stand (*od.* run) for election: **~ für das Amt** (*gen*) stand (*od.* run) for the office of.

Känguruh ['kɛŋguru] *n* (-s; -s) kangaroo.

Kaninchen [ka'niːnçən] *n* (-s; -) rabbit.

Kanister [ka'nɪstər] *m* (-s; -) canister, can.

Kanne ['kanə] *f* (-; -n) *Kaffee*Ɑ, *Tee*Ɑ: pot; *Gieß*Ɑ: can.

Kanone [ka'noːnə] *f* (-; -n) *mil.* gun, *hist.* cannon; F *Revolver*: *bsd. Br.* shooter, *bsd. Am.* rod; F *bsd. Sport*: ace.

Kant|e ['kantə] *f* (-; -n) edge; 'Ɑ**en** *v/t* (h) tilt; 'Ɑ**ig** *adj* squared; *Gesicht*: angular; *Kinn*: square.

Kantine [kan'tiːnə] *f* (-; -n) canteen.

Kanton [kan'toːn] *m* (-s; -e) *pol.* canton.

Kanu ['kaːnu] *n* (-s; -s) canoe.

Kanüle [ka'nyːlə] *f* (-; -n) *med.* can(n)ula.

Kanzel ['kantsəl] *f* (-; -n) *eccl.* pulpit; *aer.* cockpit: **auf der ~** in the pulpit.

Kanzlei [kants'laɪ] *f* (-; -en) office.

Kanzler ['kantslər] *m* (-s; -) *pol.* chancellor.

Kap [kap] *n* (-s; -s) *geogr.* cape.

Kapazität [kapatsi'tɛːt] *f* (-; -en) *allg.* capacity; *fig.* (leading) authority (***auf dem Gebiet*** *gen* on); **~sauslastung** *f* capacity utilization; **~serweiterung** *f* increase in capacity.

Kapell|e [ka'pɛlə] *f* (-; -n) *eccl.* chapel; *mus.* band; **~meister** *m* conductor.

kapieren [ka'piːrən] (*no* ge-, h) F **1.** *v/t* get; **2.** *v/i* catch on: ***kapiert?*** got it?

Kapital [kapi'taːl] *n* (-s; -e, -ien) capital, funds *pl*; **~anlage** *f* (capital) investment; **~aufwand** *m* capital expenditure; **~ertrag** *m* capital yield; **~ertragssteuer** *f* capital gains tax; **~flucht** *f* capital flight; **~gesellschaft** *f* *Br.* joint-stock company, *Am.* corporation; **~hilfe** *f* financial aid; Ɑ**inten,siv** *adj* capital-intensive; Ɑ**isieren** [~ta-li'ziːrən] *v/t* (*no* ge-, h) capitalize; **~ismus** [~ta'lɪsmʊs] *m* (-; *no pl*) capitalism; **~ist** [~ta'lɪst] *m* (-en; -en) capitalist; Ɑ**istisch** *adj* [~ta'lɪstɪʃ] capitalist(ic); **~markt** *m* capital market.

Kapitän [kapi'tɛːn] *m* (-s; -e) *allg.* captain.

Kapitel [ka'pɪtəl] *n* (-s; -) chapter (*a. fig.*).

Kapitu|lation [kapitula'tsĭoːn] *f* (-; -en) capitulation, surrender; Ɑ'**lieren** *v/i* (*no* ge-, h) capitulate, surrender (*beide a. fig.*: **vor** *dat* to); *fig.* give in (*od.* up).

Kappe ['kapə] *f* (-; -n) cap; *Verschluß*: *a.* top.

Kapsel ['kapsəl] *f* (-; -n) *anat.*, *bot.*, *pharm.* capsule; *Raum*Ɑ: *a.* module.

kaputt [ka'pʊt] *adj* F broken (*a. Ehe etc*), kaput; *außer Betrieb*: *a.* not working, out of order; *erschöpft*: done in, *bsd. Br.* shattered; **~gehen** *v/i* (*irr, sep,* -ge-, sn, → ***gehen***) F break, get broken; *Ehe etc*: break up; **~machen** *v/t* (*sep,* -ge-, h) F break.

Kapuze [ka'puːtsə] *f* (-; -n) hood.

Karaffe [ka'rafə] *f* (-; -n) carafe, *Wein*Ɑ: *a.* decanter.

Karambolage [karambo'laːʒə] *f* (-; -n) *mot.* collision, crash.
Karat [ka'raːt] *n* (-[e]s; -e) carat.
Karate [ka'raːtə] *n* (-[s]; *no pl*) karate; **~schlag** *m* karate chop.
karätig [ka'rɛːtɪç] *adj in Zssgn*: ***18~es Gold*** 18-carat gold.
Kardinal [kardi'naːl] *m* (-s; ⸚e) *eccl.* cardinal.
Karfreitag [kaːr'~] *m eccl.* Good Friday.
karg [kark] *adj*, **kärglich** ['kɛrklɪç] *adj* meag|re (*Am.* -er); *Essen*, *Leben*: frugal; *Boden*, *Landschaft*: barren.
kariert [ka'riːrt] *adj* checked; *Papier*: squared.
Karies ['kaːrĭɛs] *f* (-; *no pl*) *med.* (dental) caries.
Karik|atur [karika'tuːr] *f* (-; -en) caricature; *Witzzeichnung*: *mst* cartoon; **~aturist** [~tu'rɪst] *m* (-en; -en) caricaturist; cartoonist; **೭ieren** [~'kiːrən] *v/t* (*no* ge-, h) caricature.
Karneval ['karnəval] *m* (-s; -e, -s) carnival.
Karo ['kaːro] *n* (-s; -s) square, check; *Kartenspiel*: (*Farbe*) diamonds *pl*, (*Karte*) diamond.
Karosserie [karɔsə'riː] *f* (-; -n) *mot.* body, coachwork.
Karotte [ka'rɔtə] *f* (-; -n) *bot.* carrot.
Karpfen ['karpfən] *m* (-s; -) *zo.* carp.
Karre ['karə] *f* (-; -n), '**Karren** *m* (-s; -) cart; *Schub*೭: (wheel)barrow; F *altes Auto*: jalopy.
Karriere [ka'rĭɛːrə] *f* (-; -n) career: ~ ***machen*** get to the top.
Karsamstag [kaːr'~] *m* Easter Saturday.
Karte ['kartə] *f* (-; -n) card; *Eintritts*೭, *Fahr*೭: ticket: *Speise*೭: menu; *Wein*೭: wine list.
Kartei [kar'taɪ] *f* (-; -en) card index; **~karte** *f* index card; **~kasten** *m* card-index box.
Kartell [kar'tɛl] *n* (-s; -e) *econ.* cartel; **~amt** *n* Federal Cartel Office; **~gesetz** *n* antitrust law.
'**Karten|spiel** *n* card playing; *bestimmtes*: card game; *Karten*: pack (*bsd. Am.* deck) of cards ; '**~teleˌfon** *n* cardphone; '**~verkauf** *m* sale of tickets; *Stelle*: box office; '**~vorverkauf** *m* advance booking; *Stelle*: box office.
Kartoffel [kar'tɔfəl] *f* (-; -n) *bot.* potato; **~brei** *m* mashed potatoes *pl*; **~chips** *pl* *Br.* (potato) crisps *pl*, *Am.* (potato) chips; **~kloß** *m*, **~knödel** *m* potato dumpling; **~puffer** *m* potato fritter; **~salat** *m* potato salad; **~suppe** *f* potato soup.
Karton [kar'tɔŋ] *m* (-s; -s) *Pappe*: cardboard, *stärker*: pasteboard; *Schachtel*: cardboard box.
Karussell [karʊ'sɛl] *n* (-s; -s, -e) merry-go-round, *Br.* roundabout, *Am.* car(r)ousel: ~ ***fahren*** go on the merry-go-round.
Karwoche ['kaːr~] *f* Holy Week.
Kaschmir ['kaʃmiːr] *m* (-s; -e) cashmere.
Käse ['kɛːzə] *m* (-s; -) cheese; '**~kuchen** *m*, '**~torte** *f* cheesecake.
Kaserne [ka'zɛrnə] *f* (-; -n) barracks *sg*.
Kasino [ka'ziːno] *n* (-s; -s) *Spiel*೭: casino; *Speiseraum*: cafeteria; *mil.* officers' mess.
Kasse ['kasə] *f* (-; -n) *Laden*೭: till; *Registrier*೭: cash register; *Supermarkt*: checkout (counter); *Bank*: cashier's counter; *thea. etc* box office; *Kartenspiel etc*: pool; *Kranken*೭: health insurance scheme; **gut** (***knapp***) ***bei ~ sein*** F be flush (a bit short); → ***getrennt*** 1; '**~narzt** *m* panel doctor; '**~nbestand** *m* cash balance; '**~nbon** *m* receipt, *Am. a.* sales slip (*od.* check); '**~npatiˌent** *m* health-plan patient; '**~nzettel** *m* → ***Kassenbon.***
Kassette [ka'sɛtə] *f* (-; -n) *Audio*೭, *Video*೭: cassette, *phot. a.* cartridge; *Geld*೭: cashbox; *Schmuck*೭: case, box; **~nreˌcorder** *m* cassette recorder.
kassiere|n [ka'siːrən] *v/t* (*no* ge-, h) collect; F *verdienen*: make; **೭r** *m* (-s; -) cashier; *Bank*: *a.* teller.
Kastanie [kas'taːnĭə] *f* (-; -n) chestnut.
Kasten ['kastən] *m* (-s; ⸚) box (*a.* F *Fernseher*, *Gebäude*); *Behälter*, *Kiste*. case; *Bier*೭ *etc*: crate.
kastrieren [kas'triːrən] *v/t* (*no* ge-, h) castrate.
Kat [kat] *m* (-s; -s) F *mot.* → ***Katalysator.***
Katalog [kata'loːk] *m* (-[e]s; -e) catalogue, *Am. a.* catalog; **~preis** *m* list price.
Katalysator [kataly'zaːtɔr] *m* (-s; -en) *chem.* catalyst, *mot. a.* catalytic converter; **~auto** *n* car with a catalytic converter.
Katarrh [ka'tar] *m* (-s; -e) *med.* catarrh.

K

katastroph|al [katastro'fa:l] *adj* disastrous (*a. fig.*); **2e** [~'tro:fə] *f* (-; -n) disaster (*a. fig.*), catastrophe; **2engebiet** *n* disaster area; **2enschutz** *m* disaster control.

Kategorie [katego'ri:] *f* (-; -n) category.

Kater ['ka:tər] *m* (-s; -) *zo.* tom(cat); F *fig.* hangover.

Kathedrale [kate'dra:lə] *f* (-; -n) cathedral.

Katholi|k [kato'li:k] *m* (-en; -en) Catholic; **2sch** [ka'to:lɪʃ] *adj* Catholic.

Kätzchen ['kɛtsçən] *n* (-s; -) *zo.* kitten.

Katze ['katsə] *f* (-; -n) *zo.* cat; **'~nsprung** *m*: ***bis zum Bahnhof ist es nur ein ~*** the station is only a stone's throw away.

Kauderwelsch ['kaʊdərvɛlʃ] *n* (-[s]; *no pl*) gibberish.

kauen ['kaʊən] *v/t u. v/i* (h) chew.

kauern ['kaʊərn] *v/i u. v/refl* (h) crouch, squat.

Kauf [kaʊf] *m* (-[e]s; ⸚e) purchase: ***günstiger ~*** bargain, good buy; ***zum ~ anbieten*** offer for sale; **'~anreiz** *m* incentive to buy; **'2en** *v/t* (h) buy (*a. bestechen*).

Käufer ['kɔʏfər] *m* (-s; -) buyer; *Kunde*: customer.

'Kauf|frau *f* businesswoman; **'~haus** *n* department store; **'~kraft** *f econ.* purchasing (*od.* buying) power.

käuflich ['kɔʏflɪç] *adj* for sale; *bestechlich*: bribable.

'Kauf|mann *m* (-[e]s; -leute) businessman; *Händler*: trader; *Einzelhändler*: shopkeeper, *Am. mst* storekeeper; **2männisch** ['~mɛnɪʃ] *adj*: ***~er Angestellter*** clerk; **'~vertrag** *m* contract of sale.

'Kaugummi *m, n* chewing gum.

kaum [kaʊm] *adv* hardly: ***~ zu glauben*** hard to believe.

Kaution [kaʊ'tsĭo:n] *f* (-; -en) *econ.* security; *jur.* bail; *für Wohnung etc*: deposit: → ***freilassen.***

Kavalier [kava'li:r] *m* (-s; -e) gentleman.

Kaviar ['ka:vĭar] *m* (-s; -e) caviar(e).

keck [kɛk] *adj* cheeky, saucy.

Kehl|e ['ke:lə] *f* (-; -n) *anat.* throat; **'~kopf** *m anat.* larynx.

Kehre ['ke:rə] *f* (-; -n) (sharp) bend; **'2n** *v/t* (h) sweep: ***j-m den Rücken ~*** *a. fig.* turn one's back on s.o.

Kehrseite ['ke:r~] *f* reverse, other side: ***die ~ der Medaille*** *fig.* the other side of the coin.

kehrtmachen ['ke:rt~] *v/i* (*sep*, -ge-, h) turn back.

keifen ['kaɪfən] *v/i* (h) nag.

Keil [kaɪl] *m* (-[e]s; -e) wedge; *Zwickel*: gusset; **'~absatz** *m* wedge heel; **2förmig** ['~fœrmɪç] *adj* wedge-shaped; **'~kissen** *n* wedge-shaped bolster; **'~riemen** *m mot.* fan belt.

Keim [kaɪm] *m* (-[e]s; -e) *biol., med.* germ; *bot. Trieb*: sprout: ***im ~ ersticken*** *fig.* nip in the bud; **'2frei** *adj* sterile: ***~ machen*** sterilize.

kein [kaɪn] *indef pron* **1.** *adjektivisch*: **~(e)** no, not any; ***er hat ~ Auto*** he hasn't got a car; ***er ist ~ Kind mehr*** he's not a child any more; **2.** *substantivisch* **~er, ~e, ~(e)s** *Personen*: no one, nobody; *Sachen*: none, not any; ***~er von beiden*** neither (of them); ***~er von uns*** *beiden*: neither of us, *mehrere*: none of us; **'~es'falls** *adv* on no account, under no circumstances; **'~es'wegs** *adv* not at all; (*alles andere als*) anything but; **'~mal** *adv* not once, never.

Keks [ke:ks] *m* (-[es]; -[e]) biscuit, *Am.* cookie.

Keller ['kɛlər] *m* (-s; -) cellar; *bewohnt*: basement; **'~wohnung** *f* basement (flat, *bsd. Am.* apartment).

Kellner ['kɛlnər] *m* (-s; -) waiter; **'~in** *f* (-; -nen) waitress.

kenn|en ['kɛnən] *v/t* (kannte, gekannt, h) know; **'~enlernen** *v/t* (*sep*, -ge-, h) get to know, (*begegnen*) meet: ***als ich ihn kennenlernte*** when I first met him; **'2er** *m* (-s; -) connoisseur (*gen* of); *Fachmann*: expert (at, in, on); **'~tlich** *adj*: ***~ machen*** mark; **'2tnis** *f* (-; -se) knowledge (*gen od.* **von** of): **~se** *pl Wissen*: knowledge *sg* (*gen od.* **in** *dat* of); ***~ nehmen von*** take note of; ***gute ~se haben in*** be well grounded in; **'2zeichen** *n* (distinguishing) feature, characteristic; *mot.* registration (*Am.* license) number; → *a.* ***Nummernschild***; **'~zeichnen** *v/t* (*insep*, ge-, h) mark; *charakteristisch sein für*: characterize.

kentern ['kɛntərn] *v/i* (sn) capsize.

Kerbe ['kɛrbə] *f* (-; -n) notch.

Kerl [kɛrl] *m* (-s; -e) F fellow, bloke, guy:

armer ~ poor devil; **ein anständiger ~** a decent sort.

Kern [kɛrn] *m* (-[e]s; -e) *von Kernobst*: pip, seed; *von Steinobst*: stone; *Nuß*♀: kernel; *tech. etc* core (*a. fig.*); *Atom*♀: nucleus; **'~ener,gie** *f* nuclear energy; **'~forschung** *f* nuclear research; **'♀gesund** *adj* (as) fit as a fiddle; **'~kraft** *f* nuclear power; **'~kraftgegner** *m* antinuclear campaigner; **'~kraftwerk** *n* nuclear power plant; **'~re,aktor** *m* nuclear reactor; **'~technik** *f* nuclear technology; **'~waffe** *f* nuclear weapon; **'♀waffenfrei** *adj*: **~e Zone** nuclear-free zone; **'~zeit** *f* core time.

Kerze ['kɛrtsə] *f* (-; -n) candle; *mot.* (spark) plug.

keß [kɛs] *adj* F pert, saucy.

Kessel ['kɛsəl] *m* (-s; -) *Tee*♀: kettle; *Dampf*♀ *etc*: boiler.

Kette ['kɛtə] *f* (-; -n) chain (*a. fig.*); *Hals*♀: necklace: **e-e ~ bilden** form a line; **'♀n** *v/t* (h) chain (**an** *acc* to); **'~nfahrzeug** *n* tracked vehicle; **'~nraucher** *m* chain smoker; **'~nreakti,on** *f phys.* chain reaction (*a. fig.*).

keuch|en ['kɔʏçən] *v/i* (h) pant; **'♀husten** *m med.* whooping cough.

Keule ['kɔʏlə] *f* (-; -n) club; *gastr.* leg, haunch: **chemische ~** chemical mace.

Kfz|-Brief [kaːɛf'tsɛt~] *m* vehicle registration document; **~-Schein** *m* vehicle registration document; **~-Steuer** *f* road (*Am.* automobile) tax; **~-Werkstatt** *f* garage.

kichern ['kɪçərn] *v/i* (h) giggle; *spöttisch*: snigger, *Am mst* snicker.

Kiefer[1] ['kiːfər] *m* (-s; -) *anat.* jaw(bone).

Kiefer[2] [~] *f* (-; -n) *bot.* pine (tree).

Kies [kiːs] *m* (-es; *no pl*) gravel; F *Geld*: dough, *Br.* lolly; **~el** ['kiːzəl] *m* (-s; -), **'~elstein** *m* pebble; **'~weg** *m* gravel path.

Killer ['kɪlər] *m* (-s; -) hit man.

Kilo ['kiːlo] *n* (-s; -[s]) kilo; **~'gramm** *n* kilogram(me); **~'meter** *m* kilomet|re (*Am.* -er).

Kind [kɪnt] *n* (-[e]s; -er) child; *Baby*: baby: **ein ~ bekommen** be expecting a baby; have a baby.

Kinder|arzt ['kɪndər~] *m* p(a)ediatrician; **'~betreuung** *f* childminding; **'~ermäßigung** *f* reduction for children; **'~fahrkarte** *f* children's ticket; **'~freibetrag** *m* child allowance (*Am.* exemption); **'♀freundlich** *adj* very fond of children; *Wohnung etc*: suitable for children; **'~garten** *m* kindergarten; **'~gärtnerin** *f* (-; -nen) kindergarten teacher; **'~geld** *n Br.* child benefit, *Am.* family allowance; **'~lähmung** *f med.* polio; **'♀los** *adj* childless; **'~mädchen** *n* nurse(maid), *bsd. Br.* nanny; **'~spiel** *n*: **ein ~** *fig.* child's play; **'~spielplatz** *m* children's playground; **'~wagen** *m Br.* pram, *Am.* baby carriage.

Kindes|alter ['kɪndəs~] *n* childhood, *frühes*: infancy; **'~beine** *pl*: **von ~n an** from childhood.

'Kind|heit *f* (-; *no pl*) childhood, *frühe*: infancy: **von ~ an** from childhood; **♀isch** ['~dɪʃ] *adj* childish; **'♀lich** *adj* childlike.

Kinn [kɪn] *n* (-[e]s; -e) chin; **'~haken** *m* hook (to the chin); *Aufwärtshaken*: uppercut.

Kino ['kiːno] *n* (-s; -s) *Gebäude*: *bsd. Br.* cinema, *Am.* movie theater: **ins ~ gehen** go to the cinema (*Am.* the movies); **'~vorstellung** *f* performance (of a film, *Am.* movie).

Kiosk [kĭɔsk] *m* (-[e]s; -e) kiosk.

Kipp|e ['kɪpə] *f* (-; -n) *Müll*♀: dump; F *Zigarettenstummel*: stub, butt: **er steht auf der ~** it's touch and go with him; **'♀en 1.** *v/i* (sn) tip over; **2.** *v/t* (h) tip up; *Fenster etc*: tilt; *Wasser etc*: tip; **'~fenster** *n* tilting window.

Kirch|e ['kɪrçə] *f* (-; -n) church: **in der ~** at church; **in die ~ gehen** go to church; **'~enlied** *n* hymn; **'~ensteuer** *f* church tax; **'♀lich** *adj* church, ecclesiastical; **'~turm** *m* (church) steeple, spire: *ohne Spitze*: church tower.

Kirsche ['kɪrʃə] *f* (-; -n) *bot.* cherry.

Kissen ['kɪsən] *n* (-s; -) cushion; *Kopf*♀: pillow; **'~bezug** *m* pillowcase, pillowslip.

Kiste ['kɪstə] *f* (-; -n) box; *Latten*♀: crate.

Kitchenette [kɪtʃə'nɛt] *f* (-; -s) kitchenette.

Kitsch [kɪtʃ] *m* (-[e]s; *no pl*) kitsch; *Waren etc*: trash; **'♀ig** *adj* kitschy; trashy.

Kittel ['kɪtəl] *m* (-s; -) overall; *Arbeits*♀: coat.

kitz|eln ['kɪtsəln] *v/i u. v/t* (h) tickle; **~lig** ['~lɪç] *adj* ticklish (*a. fig.*).

klaffend ['klafənt] *adj* gaping.

K

Klage ['kla:gə] *f* (-; -n) complaint; *jur.* action, suit; '**≗n** *v/i* (h) complain (***über*** *acc* about, of; ***bei*** to); *jur.* bring an action (***gegen*** against; ***auf*** *acc*, ***wegen*** for): **~ *über*** (*acc*) *med.* complain of.

Kläger ['klɛ:gər] *m* (-s; -) *jur.* plaintiff.

kläglich ['klɛ:klɪç] *adj* pitiful.

Klamauk [kla'maʊk] *m* (-s; *no pl*) F *Lärm*: racket; *thea. etc* slapstick.

klamm [klam] *adj feuchtkalt*: clammy; *erstarrt*: numb (***vor*** *dat* with).

Klammer ['klamər] *f* (-; -n) *Büro≗*: clip; *Heft≗*: staple; *Wäsche≗*: *Br.* peg, *Am.* pin; *Haar≗*: pin; *Zahn≗*: brace; *tech.* clamp; *math., print.* bracket; '**≗n** (h) **1.** *v/t* clip (*a. med.*), attach (***an*** *acc* to); **2.** *v/refl*: ***sich ~ an*** (*acc*) cling to (*a. fig.*).

Klang [klaŋ] *m* (-[e]s; ⸚e) sound; *Ton*: tone; '**≗voll** *adj* sonorous; *fig.* illustrious.

Klapp|bett ['klap~] *n* folding bed; '**~e** *f* (-; -n) *e-s Briefumschlags, e-r Tasche etc*: flap; *anat.* valve; *tech.* shutter: ***halt die ~!*** F shut up; '**≗en** (h) **1.** *v/t* fold; **2.** *v/i fig.* work (out all right).

klapper|n ['klapərn] *v/i* (h) rattle; *Geschirr etc*: clatter (*beide*: ***mit et.*** s.th.): ***er klapperte vor Kälte mit den Zähnen*** his teeth were chattering with cold; '**≗schlange** *f zo.* rattlesnake.

'**Klapp|messer** *n* clasp (*od.* jack) knife; '**~rad** *n* folding bicycle; **≗rig** ['~rɪç] *adj* shaky; *Möbel*: rickety; '**~sitz** *m* jump (*od.* folding) seat; '**~stuhl** *m* folding chair.

Klaps [klaps] *m* (-es; -e) slap, smack.

klar [kla:r] *adj* clear (*a. fig.*): ***ist dir ~, daß ...?*** do you realize that ...?; (***na***) ***~!*** of course; ***alles ~?*** everything all right?

Klär|anlage ['klɛ:r~] *f* sewage plant; '**≗en** *v/t* (h) *tech.* purify; *fig.* clear up, clarify.

Klarinette [klari'nɛtə] *f* (-; -n) clarinet.

'**klar|machen** *v/t* (*sep*, -ge-, h): ***j-m et. ~*** make s.th. clear to s.o.; '**≗sichtfolie** *f* cling film; '**≗sichtpackung** *f* transparent pack; '**~stellen** *v/t* (*sep*, -ge-, h) get *s.th.* straight.

Klasse ['klasə] *f* (-; -n) *allg.* class: ***erste*** (***zweite***) **~** *rail. etc* first (second) class; (***ganz große***) **~** F great, fantastic.

klasse [~] *adj* F great, fantastic.

klassifizier|en [klasifi'tsi:rən] *v/t* (*no* ge-, h) classify; **≗ung** *f* (-; -en) classification.

klassisch ['klasɪʃ] *adj* classical (*a. Musik*); *fig.* classic.

Klatsch [klatʃ] *m* (-[e]s; *no pl*) F *fig.* gossip; '**≗en** (h) **1.** *v/t*: ***Beifall ~*** applaud, clap; **2.** *v/i Beifall ~*: applaud, clap; F *fig.* gossip (***über*** *acc* about): ***in die Hände ~*** clap one's hands; '**≗naß** *adj* soaking (wet).

klauen ['klaʊən] *v/t* (h) F pinch.

Klausel ['klaʊzəl] *f* (-; -n) *jur.* clause.

Klavier [kla'vi:r] *n* (-s; -e) *mus.* piano: ***~ spielen*** (***können***) play the piano.

Klebeband ['kle:bə~] *n* (-[e]s; ⸚er) adhesive tape.

kleb|en ['kle:bən] (h) **1.** *v/t* glue, stick: ***j-m e-e ~*** F land s.o. one; **2.** *v/i* stick (***an*** *dat* to); *klebrig sein*: be sticky; **~rig** ['~rɪç] *adj* sticky; '**≗stoff** *m* glue; *Kleister*: paste.

Kleid [klaɪt] *n* (-[e]s; -er) dress: **~er** *pl Kleidung*: clothes *pl.*

Kleider|bügel ['klaɪdər~] *m* (coat) hanger; '**~bürste** *f* clothes brush; '**~haken** *m* coat hook; '**~schrank** *m* wardrobe; '**~ständer** *m* coat stand.

Kleidung ['klaɪdʊŋ] *f* (-; -en) clothes *pl*; '**~sstück** *n* article (*od.* piece) of clothing.

klein [klaɪn] *adj* small; *bsd. attr* little (*a. Finger, Zehe*): ***von ~ auf*** from an early age; '**≗anzeige** *f* classified (*Br. a.* small, *Am. a.* want) ad; '**≗bildkamera** *f phot.* 35 mm camera; '**≗gedruckte** *n*: ***das ~*** the small print; '**≗geld** *n* (small) change; '**≗igkeit** *f* (-; -en) little thing; *Geschenk*: little something; *Imbiß*: bite: ***das ist e-e ~*** that's nothing; '**≗stadt** *f* small town; '**~städtisch** *adj* small-town; '**≗wagen** *m* small car.

Kleister ['klaɪstər] *m* (-s; -) paste.

Klemme ['klɛmə] *f* (-; -n) *tech.* clamp; *electr.* terminal; *Haar≗*: pin: ***in der ~ sitzen*** F *fig.* be in a fix; '**≗n** (h) **1.** *v/t*: ***sich et. ~*** tuck s.th. (***unter den Arm*** under one's arm); ***sich den Finger ~*** jam one's finger (***in der Tür*** in the door); **2.** *v/i* be stuck.

Klempner ['klɛmpnər] *m* (-s; -) plumber.

kletter|n ['klɛtərn] *v/i* (sn): ***auf e-n Baum ~*** climb (up) a tree; '**≗pflanze** *f* climbing plant.

K

Klettverschluß ['klɛt~] *m TM* velcro fastening.

Klient [kli'ɛnt] *m* (-en; -en) client.

Klima ['kli:ma] *n* (-s; -s) climate; *fig. a.* atmosphere; '**~anlage** *f* air conditioning: ***mit ~*** air-conditioned; '**~kata,strophe** *f* climatic upheavals *pl*; **≈tisch** [kli'ma:tɪʃ] *adj* climatic; **≈tisiert** [klimati'zi:rt] *adj* air-conditioned; '**~veränderung** *f* change in climate.

Klinge ['klɪŋə] *f* (-; -n) blade.

Klingel ['klɪŋəl] *f* (-; -n) bell; '**≈n** *v/i* (h) ring: ***es hat geklingelt*** there's somebody at the door; *in Schule etc*: the bell has gone.

klingen ['klɪŋən] *v/i* (klang, geklungen, h) sound (*a. fig.*); *Glocke*, *Metall*: ring; *Gläser*: clink.

Klini|k ['kli:nɪk] *f* (-; -en) clinic, hospital; '**≈sch** *adj* clinical.

Klinke ['klɪŋkə] *f* (-; -n) (door) handle.

Klippe ['klɪpə] *f* (-; -n) cliff; *Fels*: rock; *fig.* obstacle.

klirren ['klɪrən] *v/i* (h) *Fenster*, *Teller etc*: rattle; *Schlüssel etc*: jingle; *Ketten etc*: jangle.

Klischee [kli'ʃe:] *n* (-s; -s) *fig.* cliché; **~vorstellung** *f* clichéd idea.

Klo [klo:] *n* (-s; -s) F *Br.* lav, loo, *Am.* john.

klobig ['klo:bɪç] *adj* bulky; *Schuhe*: heavy.

'**Klopa,pier** *n* F *Br.* loo paper.

klopfen ['klɔpfən] (h) **1.** *v/i* knock (***an*** *acc* at, on); *Herz*: beat, *stärker*: throb, thump (*alle* ***vor*** *dat* with): ***es klopft*** there's somebody (knocking) at the door; ***j-m auf die Schulter ~*** give s.o. a pat on the back; **2.** *v/t Teppich etc*: beat; *Nagel*: knock (***in*** *acc* into).

Klosett [klo'zɛt] *n* (-s; -s) lavatory, toilet, *Am. a.* bathroom; **~pa,pier** *n* toilet paper (*od.* tissue).

Kloß [klo:s] *m* (-es; ⸚e) *gastr.* dumpling: ***e-n ~ in der Kehle haben*** *fig.* have a lump in one's throat.

Kloster ['klo:stər] *n* (-s; ⸚) *Mönchs≈*: monastery; *Nonnen≈*: convent.

Klub [klʊp] (-s; -s) club.

klug [klu:k] *adj* clever, intelligent; '**≈heit** *f* (-; *no pl*) cleverness, intelligence.

knabbern ['knabərn] *v/t u. v/i* (h) nipple (***an*** *dat* at).

Knabe ['kna:bə] *m* (-n; -n) boy.

knacken ['knakən] *v/t* (h) *Nüsse*, *Safe etc*: crack; *Auto*: break into; *Schloß*: break open.

Knall [knal] *m* (-[e]s; -e) bang; '**~ef,fekt** *m* sensation; '**≈en 1.** *v/i* a) (h) bang, b) (sn): F ***~ an*** (*acc*) *od.* ***gegen*** crash into; **2.** *v/t* (h) F *werfen*: fling: ***j-m e-e ~*** F give s.o. a wallop; '**≈ig** *adj* F *Farbe*: loud; '**~körper** *m* banger.

knapp [knap] **1.** *adj Kleidung*: tight; *beschränkt*: limited; *Sieg etc*: narrow; *Worte*: brief: ***mit ~er Not*** only just; ***~ werden*** run short; **2.** *adv*: → ***Kasse***; '**~halten** *v/t* (*irr*, *sep*, -ge-, h, → ***halten***) keep *s.o.* short (***mit*** on); '**≈heit** *f* (-; *no pl*) shortage (***an*** *dat* of).

Knast [knast] *m* (-[e]s; ⸚e, -e): ***im ~ sitzen*** F be in the clink.

knauserig ['knaʊzərɪç] *adj* F stingy, mean.

Knautschzone ['knaʊtʃ~] *f mot.* crumple zone.

Knebel ['kne:bəl] *m* (-s; -) gag; '**≈n** *v/t* (h) gag.

kneif|en ['knaɪfən] (kniff, gekniffen, h) **1.** *v/t* pinch (***j-n in den Arm*** s.o. on the arm, s.o.'s arm); **2.** *v/i Kleidung*: pinch; F *fig.* chicken out (***vor*** *dat* of); '**≈zange** *f* (***e-e*** a pair of) pincers *pl*.

Kneipe ['knaɪpə] *f* (-; -n) *bsd. Br.* pub, *Am.* bar.

Knick [knɪk] *m* (-[e]s; -e) *Falte*: crease; *Eselsohr*: dog-ear; *in Draht etc*: kink; *Kurve*: sharp bend; '**≈en 1.** *v/t* (h) bend; *Papier*: crease; *brechen*: break; **2.** *v/i* (sn) bend; *brechen*: break.

Knie [kni:] *n* (-s; - ['kni:(ə)]) *anat.* knee; **~beuge** ['~bɔʏgə] *f* (-; -n) knee bend: ***e-e ~ machen*** do a knee bend; '**~kehle** *f* hollow of the knee; '**≈n** *v/i* (h) kneel, be on one's knees; '**~scheibe** *f* kneecap; '**~strumpf** *m* knee-length sock.

knifflig ['knɪflɪç] *adj* F tricky.

knipsen ['knɪpsən] *v/t* (h) take a picture (*od.* shot) of; *Fahrkarte etc*: punch.

knirschen ['knɪrʃən] *v/i* (h) crunch: ***mit den Zähnen ~*** grind one's teeth.

knittern ['knɪtərn] *v/i* (h) crease.

Knoblauch ['kno:plaʊx] *m* (-[e]s; *no pl*) *bot.* garlic.

Knöchel ['knœçəl] *m* (-s; -) *anat.* ankle; *Finger≈*: knuckle.

Knochen ['knɔxən] *m* (-s; -) bone; '**~bruch** *m med.* fracture.

K

Knödel ['knø:dəl] *m* (-s; -) *gastr.* dumpling.
Knopf [knɔpf] *m* (-[e]s; ⸗e) button; '**~loch** *n* buttonhole.
Knorpel ['knɔrpəl] *m* (-s; -) *in Wurst etc*: gristle; *anat.* cartilage.
Knospe ['knɔspə] *f* (-; -n) *bot.* bud.
knoten ['kno:tən] *v/t* (h) knot, make knots in.
Knoten [~] *m* (-s; -) knot.
Knüller ['knʏlər] *m* (-s; -) F *Buch, Film etc*: blockbuster; *Schallplatte*: smash hit; *Presse*: scoop.
knüpfen ['knʏpfən] *v/t* (h) *Teppich etc*: knot.
Knüppel ['knʏpəl] *m* (-s; -) club; *Polizei*2: truncheon, baton, *Am. a.* nightstick, billy (club).
knurren ['knʊrən] *v/i* (h) growl; *Magen*: rumble; *murren*: grumble (**über** *acc* at).
knusprig ['knʊsprɪç] *adj Braten, Semmel*: crisp.
knutschen ['knu:tʃən] *v/i* (h) F smooch (***mit*** with), *Br.* snog (with).

K

k. o. [ka:'ʔo:] *adj*: ***~ schlagen*** knock out; ***total ~ sein*** F be dead beat.
koalieren [koʔa'li:rən] *v/i* (*no* ge-, h) *pol.* form a coalition (***mit*** with).
Koalition [koʔali'tsĭo:n] *f* (-; -en) *pol.* coalition; **~spartner** *m* coalition partner; **~sre,gierung** *f* coalition government.
Koch [kɔx] *m* (-[e]s; ⸗e) cook; *Küchenchef*: chef; '**~buch** *n* cookery book, cookbook; '**2en** (h) **1.** *v/i* cook, do the cooking; *Flüssiges*: be boiling (*a. fig.* ***vor Wut*** with rage): ***gut ~*** be a good cook; **2.** *v/t Fleisch, Gemüse*: cook; *Eier, Wasser*: boil; *Kaffee, Tee*: make; '**2endheiß** *adj* boiling hot; '**~gelegenheit** *f* cooking facilities *pl.*
Köchin ['kœçɪn] *f* (-; -nen) cook.
'**Koch|nische** *f* kitchenette; '**~topf** *m* saucepan.
Koffein [kɔfe'i:n] *n* (-s; *no pl*) caffeine; **2frei** *adj* decaffeinated.
Koffer ['kɔfər] *m* (-s; -) (suit)case; **~kuli** ['~ku:li] *m* (-s; -s) trolley; '**~radio** *n* transistor radio; '**~raum** *m mot. Br.* boot, *Am.* trunk.
Kognak ['kɔnjak] *m* (-s; -s) brandy.
Kohl [ko:l] *m* (-[e]s; -e) *bot.* cabbage.
Kohle ['ko:lə] *f* (-; -n) coal: ***~n*** *pl* F *Geld*: dough, *Br.* lolly; **~nhydrat** ['~nhy-,dra:t] *n* (-[e]s; -e) carbohydrate; '**~nsäure** *f* carbonic acid: ***mit ~*** → ***kohlensäurehaltig***; ***ohne ~*** still; **2nsäurehaltig** ['~haltɪç] *adj* fizzy, sparkling; '**~papier** *n* carbon paper.
Kohlrabi [ko:l'ra:bi] *m* (-[s]; -[s]) *bot.* kohlrabi.
Kokain [koka'i:n] *n* (-s; *no pl*) cocaine.
kokett [ko'kɛt] *adj* coquettish; **~ieren** [~'ti:rən] *v/i* (*no* ge-, h) flirt (***mit*** with) (*a. fig.*).
Kokosnuß ['ko:kɔs~] *f bot.* coconut.
Koks [ko:ks] *m* (-es; -e) coke; F *Kokain*: coke.
Kolben ['kɔlbən] *m* (-s; -) *tech.* piston; *Gewehr*2: butt.
Kollege [kɔ'le:gə] *m* (-n; -n) colleague.
Kollektion [kɔlɛk'tsĭo:n] *f* (-; -en) *econ.* collection, range.
kollektiv [kɔlɛk'ti:f] *adj* collective.
Kollektiv [~] *n* (-s; -e) collective.
kolli|dieren [kɔli'di:rən] *v/i* (*no* ge-, sn) collide (***mit*** with), *fig.* (h) *a.* clash (with); **2sion** [~'zĭo:n] *f* (-; -en) collision, *fig. a.* clash.
Kolonne [ko'lɔnə] *f* (-; -n) column; *von Fahrzeugen*: convoy.
Koloß [ko'lɔs] *m* (-sses; -sse) colossus, *fig. a.* giant.
kolossal [kolɔ'sa:l] *adj* gigantic.
Kombi ['kɔmbi] *m* (-[s]; -s) *mot.* estate car, *bsd. Am.* station wagon; **~nation** [~na'tsĭo:n] *f* (-; -en) combination; *Fußball etc*: move; **2nieren** [~'ni:rən] (*no* ge-, h) **1.** *v/t* combine (***mit*** with); **2.** *v/i*: ***gut ~*** be a good thinker.
Komfort [kɔm'fo:r] *m* (-s; *no pl*) conveniences *pl*; *Luxus*: luxury; **2abel** [~fɔr-'ta:bəl] *adj Sessel etc*: comfortable (*a. Leben*); *Wohnung*: well-appointed.
komisch ['ko:mɪʃ] *adj* funny (*a. merkwürdig*).
Komitee [komi'te:] *n* (-s; -s) committee.
Komma ['kɔma] *n* (-s; -s) comma: ***zwei ~ vier*** two point four.
Kommand|ant [kɔman'dant] *m* (-en; -en) *mil.* commander, commanding officer; **~eur** [~'dø:r] *m* (-s; -e) *mil.* commander; **~o** [~'mando] *n* (-s; -s) *Befehl*: command, order; *mil.* **~***einheit*: commando: ***das ~ führen*** be in command; ***auf ~*** on command.
kommen ['kɔmən] *v/i* (kam, gekommen, sn) come; *an*~: *a.* arrive; *gelangen*: get (***bis*** to): ***~ lassen*** send for; *et.*: order; ***~***

auf (*acc*) *sich erinnern*: think of, remember; *herausfinden*: think of, hit on; ***hinter et. ~*** find s.th. out; ***um et. ~*** be done out of s.th.; ***zu et. ~*** come by s.th.; ***wieder zu sich ~*** come round (*od.* to); ***wohin kommt ...?*** where does ... go?

Komment|ar [kɔmɛn'ta:r] *m* (-s; -e) comment (**zu** on); **≈ieren** *v/t* (*no* ge-, h) comment on.

Kommerz [kɔ'mɛrts] *m* (-es; *no pl*) commercialism; **≈ialisieren** [~tsĭali'si:ren] *v/t* (*no* ge-, h) commercialize; **≈iell** [~'tsĭɛl] *adj* commercial.

Kommissar [kɔmɪ'sa:r] *m* (-s; -e) *Polizei≈*: superintendent.

Kommission [kɔmɪ'sĭo:n] *f* (-; -en) commission.

Kommode [kɔ'mo:də] *f* (-; -n) chest of drawers, *Am. a.* bureau.

kommunal [kɔmu'na:l] *adj* local; **≈abgaben** *pl* (local) rates *pl*, *Am.* local taxes *pl*; **≈poli¦tik** *f* local politics *pl*; **≈wahlen** *pl* local elections *pl.*

Kommune [kɔ'mu:nə] *f* (-; -n) *Gemeinde*: community; *Wohngemeinschaft*: commune.

Kommunis|mus [kɔmu'nɪsmʊs] *m* (-; *no pl*) communism; **~t** *m* (-en; -en) communist; **≈tisch** *adj* communist.

Komödie [ko'mø:dĭə] *f* (-; -n) comedy; *fig.* farce.

Kompanie [kɔmpa'ni:] *f* (-; -n) *mil.* company.

Kompaß ['kɔmpas] *m* (-sses; -sse) compass.

kompatib|el [kɔmpa'ti:bəl] *adj* compatible; **≈ilität** [~tibili'tɛ:t] *f* (-; -en) compatibility.

Kompens|ation [kɔmpɛnza'tsĭo:n] *f* (-; -en) compensation; **~ati'onsgeschäft** *n* barter transaction; **≈ieren** [~'tsi:rən] *v/t* (*no* ge-, h) compensate for.

kompetent [kɔmpe'tɛnt] *adj zuständig*: responsible (***für*** for); *befähigt*: competent; *sachverständig*: expert (***in*** *dat* at, in, on).

Kompetenz [kɔmpe'tɛnts] *f* (-; -en) competence: ***in j-s ~ fallen*** be s.o.'s responsibility; **~bereich** *m* area (*od.* sphere) of responsibility.

komplett [kɔm'plɛt] *adj* complete.

Komplex [kɔm'plɛks] *m* (-es; -e) complex.

Kompliment [kɔmpli'mɛnt] *n* (-[e]s; -e) compliment: ***j-m ein ~ machen*** pay s.o. a compliment (***wegen*** on).

Kompliz|e [kɔm'pli:tsə] *m* (-n; -n), **~in** *f* (-; -nen) accomplice.

kompliziert [kɔmpli'tsi:rt] *adj* complicated; *med. Bruch*: compound.

Komplott [kɔm'plɔt] *n* (-[e]s; -e) plot, conspiracy.

kompo|nieren [kɔmpo'ni:rən] *v/t u. v/i* (*no* ge-, h) compose; **≈nist** [~'nɪst] *m* (-en; -en) composer; **≈sition** [~zi'tsĭo:n] *f* (-; -en) composition.

Kompott [kɔm'pɔt] *n* (-[e]s; -e) stewed fruit.

Kompromiß [kɔmpro'mɪs] *m* (-sses; -sse) compromise; **≈los** *adj* uncompromising.

Kondens|milch [kɔn'dɛns~] *f* evaporated milk; **~wasser** *n* condensation.

Kondition [kɔndi'tsĭo:n] *f* (-; -en) *Ausdauer*: stamina; *pl econ.* terms *pl.*

Konditorei [kɔndito'raɪ] *f* (-; -en) cake shop; *Café*: café.

Kondom [kɔn'do:m] *n*, *m* (-s; -e) condom.

Konfekt [kɔn'fɛkt] *n* (-[e]s; -e) chocolates *pl*; **~ionsanzug** [kɔnfɛk'tsĭo:ns~] *m* ready-made suit.

Konferenz [kɔnfe'rɛnts] *f* (-; -en) conference; **~raum** *m* conference room.

Konfession [kɔnfɛ'sĭo:n] *f* (-; -en) religion, (religious) denomination; **≈ell** [~sĭo'nɛl] *adj* denominational.

konfiszieren [kɔnfɪs'tsi:rən] *v/t* (*no* ge-, h) *jur.* confiscate, seize.

Konfitüre [kɔnfi'ty:rə] *f* (-; -n) jam.

Konflikt [kɔn'flɪkt] *m* (-[e]s; -e) conflict.

konfrontieren [kɔnfrɔn'ti:rən] *v/t* (*no* ge-, h) confront (***mit*** with).

konfus [kɔn'fu:s] *adj* confused, muddled.

Kongreß [kɔn'grɛs] *m* (-sses; -sse) congress.

König ['kø:nɪç] *m* (-s; -e) king; **~in** ['~gɪn] *f* (-; -nen) queen; **≈lich** ['~klɪç] *adj* royal; **'~reich** *n* kingdom.

Konjunktur [kɔnjʊŋk'tu:r] *f* (-; -en) *econ.* economic situation.

konkret [kɔn'kre:t] *adj* concrete.

Konkurr|ent [kɔnkʊ'rɛnt] *m* (-en; -en) competitor, rival; **~enz** [~'rɛnts] *f* (-; -en) competitor(s *pl*), rival(s *pl*); *coll.* competition; *Wettkampf*: competition, event; **≈enzfähig** *adj* competitive; **~enzkampf** *m* competition; **≈enzlos**

adj unrival(l)ed; **2ieren** [~'ri:rən] *v/i* (*no* ge-, h) compete (***mit*** with; ***um*** for).

Konkurs [kɔn'kʊrs] *m* (-es; -e) *econ.* bankruptcy: ***in ~ gehen*** go bankrupt; **~masse** *f* bankrupt's estate; **~verwalter** *m* receiver.

können ['kœnən] *v/aux, v/t u. v/i* (konnte, gekonnt, h) be able to; *dürfen*: be allowed to: ***kann ich ...?*** can I ...?; ***ich kann nicht mehr*** *bin erschöpft*: I've had it; *bin satt*: I couldn't eat another thing; ***e-e Sprache ~*** know (*od.* speak) a language.

Können [~] *n* (-s; *no pl*) ability, skill.

Könner ['kœnər] *m* (-s; -) expert (***auf dem Gebiet*** *gen* at, in).

konsequen|t [kɔnze'kvɛnt] *adj folgerichtig*: logical; *beständig*: consistent; **2z** [~ts] *f* (-; -en) consistency; *Folge*: consequence: ***die ~en ziehen*** take the necessary steps (***aus*** in view of).

konservativ [kɔnzɛrva'ti:f] *adj* conservative; **2e** [~'ti:və] *m, f* (-n; -n) conservative.

K

Konserve [kɔn'zɛrvə] *f* (-; -n) → ***Konservenbüchse***: **~n** *pl* tinned (*bsd. Am.* canned) foods *pl*; **~nbüchse** *f*, **~ndose** *f bsd. Br.* tin, *bsd. Am.* can.

konservier|en [kɔnzɛr'vi:rən] *v/t* (*no* ge-, h) preserve; **2ungsstoff** *m* preservative.

konstruieren [kɔnstru'i:rən] *v/t* (*no* ge-, h) construct; *entwerfen*: design.

Konstrukt|eur [kɔnstrʊk'tø:r] *m* (-s; -e) designer; **~ion** [~'tsĭo:n] *f* (-; -en) construction; *Entwurf*: design.

Konsul ['kɔnzʊl] *m* (-s; -n) consul; **~at** [~zu'la:t] *n* (-[e]s; -e) consulate.

Konsum [kɔn'zu:m] *m* (-s; *no pl*) consumption; **~ar͵tikel** *m* consumer article (*pl* goods *pl*); **~ent** [~zu'mɛnt] *m* (-en; -en) consumer; **2ieren** [~zu'mi:rən] *v/t* (*no* ge-, h) consume.

Kontakt [kɔn'takt] *m* (-[e]s; -e) contact (*a. electr.*): ***mit j-m ~ aufnehmen*** get in touch with s.o.; ***mit j-m in ~ stehen*** be in contact (*od.* touch) with s.o.; **2freudig** *adj* sociable: ***~ sein*** be a good mixer; **~linsen** *pl* contact lenses *pl*.

Kontinent [kɔnti'nɛnt] *m* (-[e]s; -e) continent; **2al** [~'ta:l] *adj* continental; **~aleu͵ropa** *n* the Continent; **~alklima** *n* continental climate.

Konto ['kɔnto] *n* (-s; -ten) *econ.* account; '**~auszug** *m* bank statement; '**~nummer** *f* account number; '**~stand** *m* balance.

Kontrast [kɔn'trast] *m* (-[e]s; -e) contrast.

Kontroll|e [kɔn'trɔlə] *f* (-; -n) *Überwachung, Beherrschung*: control; *Aufsicht*: supervision; *Prüfung*: check(ing), *von Gepäck etc*: inspection; **~eur** [~'lø:r] *m* (-s; -e) inspector; **2ieren** [~'li:rən] *v/t* (*no* ge-, h) control; supervise; check, inspect.

Kontroverse [kɔntrɔ'vɛrzə] *f* (-; -n) controversy.

Konvention|alstrafe [kɔnvɛntsĭo'na:l~] *f* contract penalty; **2ell** [~'nɛl] *adj* conventional.

Konversation [kɔnvɛrza'tsĭo:n] *f* (-; -en) conversation; **~slexikon** *n* encyclop(a)edia.

konvertierbar [kɔnvɛr'ti:rba:r] *adj* convertible; **2keit** *f* (-; *no pl*) convertibility.

Konzentr|ation [kɔntsɛntra'tsĭo:n] *f* (-; -en) concentration; **2ieren** *v/t u. v/refl* (*no* ge-, h) concentrate (***auf*** *acc* on).

Konzept [kɔn'tsɛpt] *n* (-[e]s; -e) (rough) draft: ***j-n aus dem ~ bringen*** put s.o. out.

Konzern [kɔn'tsɛrn] *m* (-[e]s; -e) *econ.* group.

Konzert [kɔn'tsɛrt] *n* (-[e]s; -e) concert; *Musikstück*: concerto: ***ins ~ gehen*** go to a concert; **2iert** [~'ti:rt] *adj*: ***~e Aktion*** concerted action.

Konzession [kɔntsɛ'sĭo:n] *f* (-; -en) *Genehmigung*: licen|ce (*Am.* -se); *Zugeständnis*: concession (*dat od.* ***an*** *acc* to).

Kooper|ation [koˀopera'tsĭo:n] *f* (-; -en) cooperation; **2ativ** [~'ti:f] *adj* cooperative; **2ieren** [~'ri:rən] *v/i* (*no* ge-, h) cooperate.

Kopf [kɔpf] *m* (-[e]s; ¨e) head (*a.* ~*ende*, *Verstand etc*): ***~ hoch!*** chin up!; ***sich den ~ zerbrechen*** cudgel (*od.* rack) one's brains; → ***durchsetzen*** 1; '**~bahnhof** *m* terminus; '**~ende** *n* head; '**~hörer** *m* headphones *pl*; '**~kissen** *n* pillow; '**2los** *adj fig.* panic-stricken; '**~sa͵lat** *m* lettuce; '**~schmerzen** *pl* headache *sg*; '**~schmerzta͵blette** *f* headache pill (*od.* tablet); '**~tuch** *n* scarf; **2'über** *adv* headfirst; '**~zerbrechen** *n* (-s; *no pl*): ***j-m ~ machen*** give s.o. quite a headache.

Kopie [ko'piː] *f* (-; -n) copy; **Ϩren** [~'piːrən] *v/t* (*no* ge-, h) copy; **~rgerät** *n* copier.
Kopilot ['koːpiˌloːt] *m aer.* copilot.
Korb [kɔrp] *m* (-[e]s; ¨e) basket: ***j-m e-n ~ geben*** *fig.* turn s.o. down.
Korken ['kɔrkən] *m* (-s; -) cork; **'~zieher** *m* corkscrew.
Korn[1] [kɔrn] *n* (-[e]s; ¨er) *Sand etc*: grain; *Samen*Ϩ: seed; *Getreide*: grain, *Br. a.* corn.
Korn[2] [~] *m* (-[e]s; -) F (grain) schnapps.
körnig ['kœrnɪç] *adj* grainy; *Reis*: al dente; *in Zssgn*: ...-grained.
Körper ['kœrpər] *m* (-s; -) body (*a. phys. etc*); **'~bau** *m* (-[e]s; *no pl*) build, physique; **'Ϩbehindert** *adj* (physically) disabled *od.* handicapped; **'~geruch** *m* body odo(u)r, BO; **'~gewicht** *n* (body) weight; **'~größe** *f* height; **'~kraft** *f* physical strength; **'Ϩlich** *adj* bodily, physical; **'~pflege** *f* personal hygiene; **'~schaft** *f* (-; -en) corporation, body; **'~schaftssteuer** *f* corporation tax; **'~teil** *m* part of the body; **'~verletzung** *f jur.* bodily harm.
korrekt [kɔ'rɛkt] *adj* correct; **Ϩur** [~'tuːr] *f* (-; -en) correction; **Ϩurband** *n* correction tape.
Korrespond|ent [kɔrɛspɔn'dɛnt] *m* (-en; -en) correspondent; **~enz** [~ts] *f* (-; -en) correspondence; **Ϩieren** [~'diːrən] *v/i* (*no* ge-, h) correspond (***mit*** with).
Korridor ['kɔridoːr] *m* (-s; -e) *Gang*: corridor; *Flur*: hall.
korrigieren [kɔri'giːrən] *v/t* (*no* ge-, h) correct.
korrupt [kɔ'rʊpt] *adj* corrupt; **Ϩion** [~'tsi̯oːn] *f* (-; -en) corruption.
Kosename ['koːzə~] *m* pet name.
Kosmet|ik [kɔs'meːtɪk] *f* (-; *no pl*) make-up; *Mittel*: cosmetics *pl*; **~ikerin** *f* (-; -nen) beautician; **~ikkoffer** *m* vanity case; **~iksaˌlon** *m* beauty parlo(u)r; **Ϩisch** *adj* cosmetic.
Kost [kɔst] *f* (-; *no pl*) food; *Verpflegung*: board.
kostbar ['kɔstbaːr] *adj* precious, valuable; *teuer*: expensive; **'Ϩkeit** *f* (-; -en) precious object, treasure.
kosten[1] ['kɔstən] *v/t* (h) taste, try.
kosten[2] [~] *v/t* (h) cost: ***was*** (*od.* ***wieviel***) ***kostet ...?*** how much is ...?
Kosten [~] *pl* cost(s *pl*); *Gebühren*: charges *pl*, fees *pl*: ***auf j-s ~*** at s.o.'s expense; **'~dämpfung** *f* (-; -en) curbing of costs; **'Ϩdeckend** *adj* cost-covering; **'~erstattung** *f* refund (of expenses); **'~exploslˌon** *f* runaway costs *pl*; **'~faktor** *m* cost factor; **'Ϩgünstig** *adj* reasonable; **'Ϩlos** *adj u. adv* free (of charge); **'~voranschlag** *m* estimate: ***e-n ~ einholen*** get an estimate.
köstlich ['kœstlɪç] **1.** *adj* delicious; **2.** *adv*: ***sich ~ amüsieren*** have a great time.
'Kost|probe *f* sample; *fig. a.* taste; **Ϩspielig** ['~ʃpiːlɪç] *adj* expensive.
Kostüm [kɔs'tyːm] *n* (-s; -e) costume; *Damen*Ϩ: suit; **~fest** *n* fancy-dress ball.
Kot [koːt] *m* (-[e]s; *no pl*) excrement; *von Tieren*: *a.* droppings *pl.*
Kotelett [kotə'lɛt] *n* (-s; -s) chop.
'Kotflügel *m mot. Br.* wing, *Am.* fender.
kotzen ['kɔtsən] *v/i* (h) V puke.
Krabbe ['krabə] *f* (-; -n) shrimp, *größere*: prawn.
krabbeln ['krabəln] *v/i* (sn) crawl.
Krach [krax] *m* (-[e]s; ¨e) *Lärm*: noise; *Knall, Schlag*: crash; *Streit*: row: ***~ machen*** make a noise; **'Ϩen** *v/i* a) (sn) crash (***gegen*** into), b) (h) *Schuß*: ring out.
krächzen ['krɛçtsən] *v/i u. v/t* (h) *Person*: croak.
Kraft [kraft] *f* (-; ¨e) strength (*a. fig.*); *Natur*Ϩ, *a. phys.*: force; *electr., pol., tech.* power: ***in ~ sein*** (***setzen, treten***) be in (put into, come into) force; **'~fahrer** *m* driver, motorist; **'~fahrzeug** *n* motor vehicle; *Zssgn* → ***Kfz-...***
kräftig ['krɛftɪç] *adj* strong; *Schlag*: heavy, powerful; *~ gebaut*: big; *Essen*: nourishing; *Farbe*: bright, strong.
'kraft|los *adj* weak; **'Ϩprobe** *f* trial of strength; **'Ϩstoff** *m mot.* fuel; *Zssgn* → ***Benzin...***; **'Ϩwerk** *n* power station.
Kragen ['kraːgən] *m* (-s; -) collar.
Kralle ['kralə] *f* (-; -n) claw (*a. fig.*); **'Ϩn** *v/refl* (h) cling (***an*** *acc* to), clutch (at).
Kram [kraːm] *m* (-[e]s; *no pl*) F rubbish; *Sache*: business.
Krampf [krampf] *m* (-[e]s; ¨e) *med.* cramp; **'~ader** *f med.* varicose vein.
Kran [kraːn] *m* (-[e]s; ¨e) *tech.* crane.
krank [kraŋk] *adj pred* ill, *bsd. attr* sick: ***~ sein*** (***werden***) be (fall) ill (*bsd. Am.* sick).

K

kränken ['krɛŋkən] *v/t* (h) hurt *s.o.'s* feelings, offend.

Kranken|geld ['kraŋkən~] *n* sick benefit; '**~gym,nastik** *f* physiotherapy; '**~haus** *n* hospital: ***im ~ liegen*** be in hospital; '**~kasse** *f* health insurance scheme; '**~pfleger** *m* male nurse; '**~schein** *m* health insurance chit; '**~schwester** *f* nurse; '**2versichert** *adj*: ***~ sein*** have medical insurance; '**~versicherung** *f* health insurance; '**~wagen** *m* ambulance.

'**krankhaft** *adj* pathological; *übertrieben etc*: abnormal, obsessive.

'**Krankheit** *f* (-; -en) illness, sickness; *bestimmte*: disease; '**~serreger** *m* germ.

Kränkung ['krɛŋkʊŋ] *f* (-; -en) insult.

Kranz [krants] *m* (-es; ⸚e) wreath.

kraß [kras] *adj Beispiel, Widerspruch etc*: crass; *Fall, Lüge*: blatant; *Übertreibung etc*: gross; *Außenseiter*: rank.

kratzen ['kratsən] (h) **1.** *v/t* scratch; *schaben*: scrape (***von*** from, off); **2.** *v/i* scratch; **3.** *v/refl* scratch o.s.: ***sich am Kinn ~*** scratch one's chin.

Kraut [kraʊt] *n* (-[e]s; ⸚er) *bot.* herb; *gastr.* cabbage.

Krawall [kra'val] *m* (-s; -e) riot; F *Lärm*: row, racket.

Krawatte [kra'vatə] *f* (-; -n) tie.

kreat|iv [krea'ti:f] *adj* creative; **2ivität** [~ivi'tɛt] *f* (-; *no pl*) creativity; **2ur** [~'tu:r] *f* (-; -en) creature.

Krebs [kre:ps] *m* (-es; -e) *zo.* crayfish; *med.* cancer; '**2erregend** *adj* carcinogenic; '**~forschung** *f* cancer research.

Kredit [kre'di:t] *m* (-[e]s; -e) *econ.* credit, loan; **~hai** *m* F *contp.* loan shark; **~insti,tut** *n* credit institution; **~karte** *f* credit card; **~rahmen** *m* credit plan; **2würdig** *adj* creditworthy.

Kreis [kraɪs] *m* (-es; -e) circle (*a. fig.*); *pol.* district, *Am. a.* county; *electr.* circuit; '**~bahn** *f ast.* orbit; '**2en** ['~zən] *v/i* (sn) *Flugzeug, Vogel*: circle: ***~ um Satellit etc***: orbit, *Planet, Gedanken*: revolve (a)round; **2förmig** ['~fœrmɪç] *adj* circular; '**~lauf** *m econ. etc* cycle; *Blut, Geld etc*: circulation; '**~laufstörungen** *pl med.* circulatory trouble *sg*; '**2rund** *adj* circular; '**~verkehr** *m* roundabout (*Am.* rotary) traffic.

Kreuz [krɔʏts] *n* (-es; -e) cross (*a. fig.*); *Symbol*: *a.* crucifix; *anat.* (small of the) back; *Kartenspiel*: (*Farbe*) clubs *pl*, (*Karte*) club; '**2en** *v/refl* (h) cross (*a. fig.*); *Interessen etc*: clash; '**~fahrt** *f mar.* cruise; '**~otter** *f zo.* adder; '**~schmerzen** *pl* backache *sg*; '**~ung** *f* (-; -en) crossroads *pl* (*sg konstr.*), junction, intersection; *biol.* cross(breed)-ing; *Produkt*: cross(breed); *fig.* cross; '**~verhör** *n jur.* cross-examination: ***ins ~ nehmen*** cross-examine; '**2weise** *adv* crosswise, crossways; '**~worträtsel** *n* crossword (puzzle).

kriech|en ['kri:çən] *v/i* (kroch, gekrochen, sn) creep, crawl (*fig.* ***vor j-m*** to s.o.); '**2spur** *f mot.* slow (*od.* crawler) lane; '**2tempo** *n*: ***im ~*** at a snail's pace.

Krieg [kri:k] *m* (-[e]s; -e) war: ***~ führen*** wage war (***gegen*** against).

kriegen ['kri:gən] *v/t* (h) get; *fangen*: catch.

Krieger|denkmal ['kri:gər~] *n* war memorial; '**2isch** *adj* warlike, martial.

'**kriegführ|end** *adj* belligerent; '**2ung** *f* (-; *no pl*) warfare.

'**Kriegs|dienst** *m* active service; *Wehrdienst*: military service; '**~dienstverweigerer** *m* (-s; -) conscientious objector; '**~dienstverweigerung** *f* conscientious objection; '**~erklärung** *f* declaration of war; '**~gefangene** *m* prisoner of war, P.O.W.; '**~recht** *n* (-[e]s; *no pl*) martial law; '**~schauplatz** *m* theat|re (*Am.* -er) of war; '**~schiff** *n* warship; '**~verbrechen** *n* war crime; '**~verbrecher** *m* war criminal.

Krimi ['krɪmi] *m* (-s; -s) (crime) thriller, F whodunit.

Kriminal|beamte [krimi'na:l~] *m* detective; **~film** *m* crime film; **~poli,zei** *f* criminal investigation department; **~ro,man** *m* crime (*od.* detective) novel.

kriminell [krimi'nɛl] *adj* criminal; **2e** *m*, *f* (-n; -n) criminal.

Krise ['kri:zə] *f* (-; -n) crisis; '**~nherd** *m* trouble spot; '**~nstab** *m* crisis committee.

Kriterium [kri'te:rĭʊm] *n* (-s; -rien) criterion (***für*** of).

Krit|ik [kri'ti:k] *f* (-; -en) criticism (***an*** *dat* of); *thea., mus. etc* review: ***gute ~en*** a good press; ***~ üben an*** (*dat*) criticize; **~iker** ['kri:tiker] *m* (-s; -) critic; **2iklos** *adj* uncritical; '**2isch** *adj* critical (*a. fig.*)

(***gegenüber*** of); **ﾠ2isieren** [kriti'si:rən] *v/t* (*no* ge-, h) criticize.

Krone ['kro:nə] *f* (-; -n) crown.

krönen ['krø:nən] *v/t* (h) crown (***j-n zum König*** s.o. king).

'Kronleuchter *m* chandelier.

'Krönung *f* (-; -en) coronation; *fig.* culmination.

Kropf [krɔpf] *m* (-[e]s; ⸚e) *med.* goit|re (*Am.* -er).

Kröte ['krø:tə] *f* (-; -n) *zo.* toad.

Krücke ['krʏkə] *f* (-; -n) crutch: ***an ~n gehen*** walk on crutches.

Krug [kru:k] *m* (-[e]s; ⸚e) jug, pitcher; *Bier*2: mug, stein.

krümm|en ['krʏmən] *v/refl* (h): ***sich ~ vor*** (*dat*) double up with; **'2ung** *f* (-; -en) *Straße etc*: bend, turn.

Kübel ['ky:bəl] *m* (-s; -) pail, bucket.

Kubikmeter [ku'bi:k~] *m, n* cubic met|re (*Am.* -er).

Küche ['kʏçə] *f* (-; -n) kitchen; *Kochkunst*: cooking, cuisine: ***kalte*** (***warme***) **~** cold (hot) meals *pl.*

Kuchen ['ku:xən] *m* (-s; -) cake.

Kugel ['ku:gəl] *f* (-; -n) ball; *Gewehr*2 *etc*: bullet; **'~gelenk** *n anat., tech.* ball--and-socket joint; **'~kopf** *m* golf ball; **'~kopfma,schine** *f* golf-ball typewriter; **'~lager** *n tech.* ball bearing; **'~schreiber** *m* (-s; -) ballpoint (pen), *Br. a. TM* biro; **'2sicher** *adj* bulletproof; **'~stoßen** *n* (-s) *Leichtathletik*: shot put.

Kuh [ku:] *f* (-; ⸚e) *zo.* cow.

kühl [ky:l] *adj* cool (*a. fig.*); **'2e** *f* (-; *no pl*) cool(ness); **'~en** *v/t* (h) cool, chill; **'2er** *m* (-s; -) *mot.* radiator; **'2erhaube** *f Br.* bonnet, *Am.* hood; **'2mittel** *n* coolant; **'2raum** *m* cold-storage room; **'2schrank** *m* refrigerator, F fridge; **'2tasche** *f* cold bag; **'2truhe** *f* chest freezer; **'2wasser** *n* cooling water.

'Kuhstall *m* cowshed.

Küken ['ky:kən] *n* (-s; -) *zo.* chick.

Kuli ['ku:li] *m* (-s; -s) F → ***Kugelschreiber.***

kulinarisch [kuli'na:rɪʃ] *adj* culinary.

Kulissen [ku'lɪsən] *pl thea.* wings *pl*; *Dekorationsstücke*: scenery *sg*: ***hinter den ~*** *a. fig.* behind the scenes.

Kult [kʊlt] *m* (-[e]s; -e) cult.

Kultur [kʊl'tu:r] *f* (-; -en) culture, civilization; **~abkommen** *n* cultural agreement; **~angebot** *n* range of cultural events; **~austausch** *m* cultural exchange; **~beutel** *m* toilet bag; **2ell** [~tu'rɛl] *adj* cultural; **~geschichte** *f* history of civilization; **~pro'gramm** *n* cultural program(me); **~schock** *m* culture shock.

'Kultus|mi,nister ['kʊltʊs~] *m* minister of education; **'~mini,sterium** *n* ministry of education.

kümmern ['kʏmərn] *v/refl* (h): ***sich ~ um*** *j-n od. et.*: look after, take care of; *sich Gedanken machen*: care about, be interested in.

Kumpel ['kʊmpəl] *m* (-s; -) *Bergbau*: miner; F *Freund*: pal, *bsd. Br.* mate, *bsd. Am.* buddy.

kündbar ['kʏntba:r] *adj Vertrag*: terminable: ***er ist nicht ~*** he cannot be given notice.

Kunde ['kʊndə] *m* (-n; -n) customer; **'~ndienst** *m* after-sales service; *Abteilung*: service department; **'~nkre,ditbank** *f Br.* finance house, *Am.* sales finance company.

Kundgebung ['kʊntge:bʊŋ] *f* (-; -en) rally.

kündig|en ['kʏndɪgən] (h) **1.** *v/t Vertrag*: terminate; *Abonnement etc*: cancel; **2.** *v/i* give in one's notice: ***j-m ~*** give s.o. his notice; **'2ung** *f* (-; -en) termination; cancel(l)ation; notice; **'2ungsschutz** *m* protection against unlawful dismissal.

Kundschaft ['kʊntʃaft] *f* (-; *no pl*) customers *pl.*

Kunst [kʊnst] *f* (-; ⸚e) art; *Fertigkeit*: *a.* skill; **'~ausstellung** *f* art exhibition; **'~dünger** *m* artificial fertilizer; **'~fehler** *m med.* professional error; **'~geschichte** *f* history of art; **'~gewerbe** *n*, **'~handwerk** *n* arts and crafts *pl*; **'~leder** *n* imitation leather.

Künstler ['kʏnstlər] *m* (-s; -) artist; **'2isch** *adj* artistic.

künstlich ['kʏnstlɪç] *adj* artificial; *unecht*: *a.* false (*a. Zähne etc*); *Diamant etc*: synthetic.

'Kunst|stoff *m* synthetic material, plastic; **'2voll** *adj* artistic, elaborate; **'~werk** *n* work of art.

Kupfer ['kʊpfər] *n* (-s; *no pl*) copper; **'~stich** *m* copperplate (engraving).

kuppeln ['kʊpəln] *v/i* (h) *mot.* operate the clutch.

K

'Kupplung *f* (-; -en) *mot.* clutch; **'~s-pe,dal** *n* clutch pedal; **'~sscheibe** *f* clutch disc.
Kur [kuːr] *f* (-; -en) (course of) treatment; *in Kurort*: cure; **'~aufenthalt** *m* stay at a health resort; **'~bad** *n* health resort, spa.
Kurbel ['kʊrbəl] *f* (-; -n) crank, handle; **'~welle** *f mot.* crankshaft.
Kürbis ['kʏrbɪs] *m* (-ses; -se) *bot.* pumpkin.
'Kur|gast *m* patient (at a health resort); **'~haus** *n* casino.
kurieren [ku'riːrən] *v/t* (*no* ge-, h) *med.* cure (**von** of) (*a. fig.*).
kurios [ku'ri̯oːs] *adj* curious, odd, strange.
'Kur|ort *m* health resort, spa; **'~pfuscher** *m* quack.
Kurs [kʊrs] *m* (-es; -e) *aer., ped., pol. etc* course; *Wechsel*⁓: (exchange) rate; *Börsen*⁓: price: ***zum ~ von*** at a rate of; **'~abfall** *m* fall in prices; **'~anstieg** *m* rise in prices; **'~buch** *n* (railway, *Am.* railroad) timetable; **'~gewinn** *m* price gain (*od.* profit); **'~wagen** *m rail.* through coach.
Kurtaxe ['~taksə] *f* (-; -n) health-resort tax.
Kurve ['kʊrvə] *f* (-; -n) curve; *Straßen*⁓: *a.* bend, corner; **'⁓nreich** *adj* winding.
kurz [kʊrts] **1.** *adj* short; *zeitlich*: *a.* brief: ***~e Hose*** shorts *pl*; (***bis***) ***vor ~em*** (until) recently; (***erst***) ***seit ~em*** (only) for a short time; **2.** *adv*: ***~ vorher*** (***darauf***) shortly before (after[wards]); ***~ vor uns*** just ahead of us; ***~ nacheinander*** in quick succession; ***~ fortgehen*** go away for a short time (*od.* a moment); ***sich ~ fassen*** be brief, put it briefly; ***~ gesagt*** in short; ***zu ~ kommen*** go short; ***~ u. bündig*** briefly and succinctly; → ***lang*** 2; **'⁓arbeit** *f* (-; *no pl*) short time; **'~arbeiten** *v/i* (*sep*, -ge-, h) be on (*od.* work) short time; **'⁓arbeiter** *m* short-time worker.
Kürze ['kʏrtsə] *f* (-; *no pl*) shortness; *zeitlich*: *a.* brevity: ***in ~*** soon, shortly, before long; **'⁓n** *v/t* (h) *Kleid etc*: shorten (**um** by); *Buch etc*: abridge; *Ausgaben etc*: cut, reduce.
'kurz|fristig **1.** *adj* short-term; **2.** *adv* at short notice; *für kurze Zeit*: for a short period; **'⁓geschichte** *f* short story.
kürzlich ['kʏrtslɪç] *adv* recently, not long ago.
'Kurz|nachrichten *pl* news summary *sg*; **'~parkzone** *f* limited parking zone; **'~schluß** *m electr.* short circuit; **'⁓sichtig** *adj* shortsighted (*a. fig.*); **'~strecke** *f* short distance.
'Kürzung *f* (-; -en) cut, reduction.
'Kurzwelle *f electr.* short wave: ***auf ~*** on short wave.
Kusine [ku'ziːnə] *f* (-; -n) cousin.
Kuß [kʊs] *m* (-sses; ⁓sse) kiss; **'⁓echt** *adj* kissproof.
küssen ['kʏsən] *v/t* (h) kiss.
Küste ['kʏstə] *f* (-; -n) coast, shore; **'~ngewässer** *pl* coastal waters *pl*; **'~nschiffahrt** *f* coastal shipping; **'~nschutz** *m* coastguard.
Kuvert [ku'veːr] *n* (-s; -s) envelope.

L

labil [la'biːl] *adj* unstable.
Labor [la'boːr] *n* (-s; -s, -e) laboratory, F lab; **~ant** [~bo'rant] *m* (-en; -en) laboratory assistant; **⁓ieren** [~bo'riːrən] *v/i* (*no* ge-, h): ***~ an*** (*dat*) suffer from; **~versuch** *m* laboratory experiment.
Lache ['laxə] *f* (-; -n) pool, puddle.
lächeln ['lɛçəln] *v/i* (h) smile (***über*** *acc* at).
Lächeln [~] *n* (-s) smile.
lachen ['laxən] *v/i* (h) laugh (***über*** *acc* at).
Lachen [~] *n* (-s) laugh(ter): ***j-n zum ~ bringen*** make s.o. laugh.
lächerlich ['lɛçərlɪç] *adj* ridiculous: ***~***

machen ridicule, make fun of; ***sich ~ machen*** make a fool of o.s.
Lachs [laks] *m* (-es; -e) salmon.
Lack [lak] *m* (-[e]s; -e) varnish (*a. Nagel*≈); *Farb*≈: lacquer; *mot.* paint; **≈ieren** [~'kiːrən] *v/t* (*no* ge-, h) varnish; lacquer; *mot.* paint.
Lade|fläche ['laːdə~] *f* loading space; '**~gerät** *n electr.* battery charger.
'**laden** *v/t* (lud, geladen, h) load; *electr.* charge.
'**Laden** *m* (-s; ¨) *Br.* shop, *bsd. Am.* store; *Fenster*≈: shutter; '**~dieb** *m* shoplifter; '**~diebstahl** *m* shoplifting; '**~inhaber** *m Br.* shopkeeper, *bsd. Am.* storekeeper; '**~kasse** *f* till; '**~preis** *m* retail price; '**~schluß** *m* (-sses; *no pl*) closing time: ***nach ~*** after hours; '**~schlußgesetz** *n law regulating closing times*; '**~schlußzeit** *f* closing time; '**~straße** *f* shopping street; '**~tisch** *m* counter.
'**Lade|rampe** *f* loading ramp; '**~raum** *m* loading space; *mar.* hold.
'**Ladung** *f* (-; -en) *aer.*, *mar.* cargo; *mot.* load.
Lage ['laːgə] *f* (-; -n) situation, position (*beide a. fig.*); *Platz*: *a.* location; *Schicht*: layer; *Bier etc*: round: ***in schöner*** (***ruhiger***) **~** beautifully (peacefully) situated; ***in der ~ sein zu*** be able to, be in a position to.
Lager ['laːgər] *n* (-s; -) camp (*a. fig. Partei*); *Vorratsraum*: storeroom, *in Geschäft etc*: stockroom; *~haus*: warehouse; *Vorrat*: stock: ***et. auf ~ haben*** have s.th. in stock; '**~bestand** *m* stock; '**~feuer** *n* campfire; '**~haltung** *f* stockkeeping; '**~haltungskosten** *pl* storage charges *pl* (*od.* costs *pl*); '**~haus** *n* warehouse; '**≈n** (h) **1.** *v/i* camp; *Lebensmittel etc*: be stored (*od.* kept); **2.** *v/t* store: ***kühl ~*** store (*od.* keep) in a cool place; '**~raum** *m* storeroom, *in Geschäft etc*: stockroom; '**~ung** *f* (-; *no pl*) storage.
Lagune [la'guːnə] *f* (-; -n) lagoon.
lähmen ['lɛːmən] *v/t* (h) paraly|se (*Am.* -ze); *fig.* → ***lahmlegen***: ***wie gelähmt sein vor*** (*dat*) be paralysed with.
lahmlegen ['laːm~] *v/t* (*sep*, -ge-, h) *Wirtschaft etc*: paraly|se (*Am.* -ze); *Verkehr*: bring to a standstill.
'**Lähmung** *f* (-; -en) *med.* paralysis.
Laib [laɪp] *m* (-[e]s; -e) loaf.
Laich [laɪç] *m* (-[e]s; -e) spawn; '**≈en** *v/i* (h) spawn.
Laie ['laɪə] *m* (-n; -n) layman, *Frau*: laywoman; '**≈nhaft** *adj* amateurish.
Laken ['laːkən] *n* (-s; -) sheet; *Bade*≈: bath towel.
Lamm [lam] *n* (-[e]s; ¨er) *zo.* lamb (*a. gastr.*); '**~braten** *m* roast lamb; '**~fell** *n* lambskin; '**~kote,lett** *n* lamb chop.
Lampe ['lampə] *f* (-; -n) lamp, light; *Glüh*≈: bulb; '**~nfieber** *n* stage fright; '**~nschirm** *m* lampshade.
Lampion [lam'pĩɔŋ] *m* (-s; -s) Chinese lantern.
Land [lant] *n* (-es; ¨er) *Fest*≈: land; *Staat*: country, *Bundes*≈: Land; *Boden*: ground, soil; *~besitz*: land, property: ***an ~ gehen*** go ashore; ***auf dem ~*** in the country; ***aufs ~ fahren*** go into the country; ***außer ~es gehen*** go abroad; '**~bevölkerung** *f* rural population.
Lande|bahn ['landə~] *f aer.* runway; '**~erlaubnis** *f* permission to land.
land'einwärts *adv* inland.
landen ['landən] *v/i* (sn) land: *fig.* ***~ in*** end up in.
'**Landenge** *f* (-; -n) *geogr.* isthmus.
Landeplatz ['landə~] *m aer.* airstrip.
Landes|grenze ['landəs~] *f* national border; '**~innere** *n* (-inner[e]n; *no pl*) interior; '**~sprache** *f* national language; '**~verrat** *m* treason; '**~verteidigung** *f* national defen|ce (*Am.* -se); '**~währung** *f* national currency.
'**Land|flucht** *f* rural exodus; '**~friedensbruch** *m jur.* breach of the public peace; '**~karte** *f* map.
ländlich ['lɛntlɪç] *adj* rural; *derb*: rustic.
'**Landschaft** *f* (-; -en) countryside; *bsd. schöne*: scenery; *bsd. paint.* landscape; '**≈lich** *adj* scenic.
'**Lands|mann** *m* (-[e]s; -leute) (fellow) countryman; **~männin** ['~mɛnɪn] *f* (-; -nen) (fellow) countrywoman.
'**Land|straße** *f* country road; *nicht Autobahn*: ordinary road; '**~streitkräfte** *pl* land forces *pl.*
'**Landung** *f* (-; -en) landing, *aer. a.* touchdown; '**~sbrücke** *f*, '**~ssteg** *m mar.* landing stage.
'**Land|weg** *m*: ***auf dem ~*** by land; '**~wirt** *m* farmer; '**~wirtschaft** *f* farming; '**≈wirtschaftlich** *adj* agricultural.
lang [laŋ] **1.** *adj* long; F *Person*: tall: ***seit***

L

~em for a long time; ***vor ~er Zeit*** (a) long time ago; **2.** *adv* long: ***drei Jahre*** (***einige Zeit***) ~ for three years (some time); ***den ganzen Tag*** ~ all day long; ***über kurz od.*** ~ sooner or later; **'~e** *adv* (for a) long time: ***es ist schon ~ her***(, ***seit***) it has been a long time (since); (***noch***) ***nicht ~ her*** not long ago; ***noch ~ hin*** still a long way off; ***es dauert nicht ~*** it won't take long; ***ich bleibe nicht ~ fort*** I won't be long; ***wie ~ noch?*** how much longer?

Länge ['lɛŋə] *f* (-; -n) length; *geogr.* longitude: ***der ~ nach*** (at) full length; ***in die ~ ziehen*** drag out; ***sich in die ~ ziehen*** drag on.

langen ['laŋən] *v/i* (h) F *greifen*: reach (***nach*** for); *genügen*: be enough: ***mir langt es*** I've had enough.

'Längen|grad *m geogr.* degree of longitude; **'~maß** *n* measure of length.

'Langeweile *f* (-; *no pl*) boredom: ***~ haben*** be bored.

'lang|fristig *adj* long-term; **~jährig** ['~jɛːrɪç] *adj*: ***~e Erfahrung*** many years *pl* of experience; **~lebig** ['~leːbɪç] long-lived; *econ.* durable: ***~e Gebrauchsgüter*** *pl* (consumer) durables *pl.*

länglich ['lɛŋlɪç] *adj* longish, oblong.

längs [lɛŋs] **1.** *prp* along; **2.** *adv* lengthwise.

'lang|sam *adj* slow: ***~er werden*** (*od.* ***fahren***) slow down; **'&spielplatte** *f* long-playing record, *mst* LP.

längst [lɛŋst] *adv* long ago (*od.* before): ***~ vorbei*** long past; ***ich weiß es ~*** I have known it for a long time.

'Lang|strecke *f* long distance; **&weilen** ['~vaɪlən] (*insep*, ge-, h) **1.** *v/t* bore; **2.** *v/refl* be bored; **'~weiler** *m* (-s; -) F bore; **'&weilig** *adj* boring, dull; **'~welle** *f electr.* long wave: ***auf ~*** on long wave; **&wierig** ['~viːrɪç] *adj* lengthy, protracted (*a. med.*).

Lappalie [la'paːlĭə] *f* (-; -n) trifle.

Lappen ['lapən] *m* (-s; -) (piece of) cloth; *Fetzen*: rag (*a. fig*); *Staub&*: duster.

Lärm [lɛrm] *m* (-[e]s; *no pl*) noise; **'~bekämpfung** *f* (-; *no pl*) noise abatement; **'~belästigung** *f* noise pollution; **'&end** *adj* noisy; **'~schutz** *m* protection against noise; **'~schutzwand** *f* noise barrier.

lassen ['lasən] (ließ, h) **1.** *v/t* (*pp* gelassen) let, leave: ***j-n*** (***et.***) ***zu Hause ~*** leave s.o. (s.th.) at home; ***j-n allein ~*** leave s.o. alone; ***laß alles so, wie*** (***wo***) ***es ist*** leave everything as (where) it is; ***er kann das Rauchen*** *etc.* ***nicht ~*** he can't stop smoking *etc*; ***laß das!*** stop (*od.* quit) it!, *bsd. Am.* F cut it out!; → ***Ruhe***; **2.** *v/aux* (*pp* lassen): ***j-n et. tun ~*** let s.o. do s.th., allow s.o. to do s.th.; *veran~*: make s.o. do s.th.; ***es läßt sich machen*** it can be done; → ***grüßen, kommen, Haar*** *etc.*

lässig ['lɛsɪç] *adj* casual, nonchalant; *nach~*: careless.

Last [last] *f* (-; -en) load (*a. fig.*); *Bürde*: burden (*a. fig.*); *Gewicht*: weight (*a. fig.*): ***j-m zur ~ fallen*** be a burden to s.o.; ***j-m et. zur ~ legen*** charge s.o. with s.th.; **'~auto** *n* → ***Lastwagen***; **'&en** *v/i* (h): ***~ auf*** (*dat*) weigh heavily on, rest on (*beide a. fig.*); **'~enaufzug** *m Br.* goods lift, *Am.* freight elevator.

Laster[1] ['lastər] *m* (-s; -) F → ***Lastwagen.***

Laster[2] [~] *n* (-s; -) vice.

lästern ['lɛstərn] *v/i* (h): ***~ über*** (*acc*) run down, backbite.

lästig ['lɛstɪç] *adj* troublesome, annoying: (***j-m***) ***~ sein*** be a nuisance (to s.o.).

'Last|schrift *f econ.* debit entry; **'~wagen** *m mot.* truck, *Br. a.* lorry; **'~wagenfahrer** *m* truck (*Br. a.* lorry) driver, *Am. a.* trucker.

Laub [laʊp] *n* (-[e]s; *no pl*) foliage; **'~baum** *m* deciduous tree.

Lauch [laʊx] *m* (-[e]s; -e) *bot.* leek.

Lauer ['laʊər] *f*: ***auf der ~ liegen*** lie in wait; **'&n** *v/i* (h) lurk: ***~ auf*** (*acc*) lie in wait for.

Lauf [laʊf] *m* (-[e]s; ⸚e) *Sport*: race, run; *Verlauf*: course; *Gewehr&*: barrel: ***im ~ der Zeit*** in the course of time; **'~bahn** *f* career.

'laufen ['laʊfən] (lief, gelaufen, sn) **1.** *v/i* run (*a. econ., mot., tech., fig.*); *zu Fuß gehen*: walk; *funktionieren*: work; **2.** *v/t* walk; **'~d 1.** *adj* current (*a. econ.*); *ständig*: continual: ***~e Kosten*** *pl econ.* overheads *pl*; ***auf dem ~en sein*** be up to date; **2.** *adv* continuously; *regelmäßig*: regularly; *immer*: always; **'~lassen** *v/t* (*irr, sep, no* -ge-, h, → ***lassen***) *j-n*: let go; *straffrei*: let off.

Läufer ['lɔʏfər] *m* (-s; -) runner (*a. Teppich*); *Schach*: bishop.

'Lauf|masche *f bsd. Br.* ladder, *Am.* run; **'~paß** *m*: F ***j-m den ~ geben*** give s.o. his marching orders; *Freundin etc*: ditch s.o.; **'~schritt** *m*: ***im ~*** at the double; **'~stall** *m* playpen; **'~steg** *m* catwalk; **'~werk** *n Computer*: drive; **'~zeit** *f Vertrag etc*: life, term; *Cassette etc*: running time.

Laun|e ['laʊnə] *f* (-; -n) mood, temper: ***gute*** (***schlechte***) ***~ haben*** be in a good (bad) mood (*od.* temper); **'2enhaft, '2isch** *adj* moody; *mürrisch*: bad-tempered.

Laus [laʊs] *f* (-; ⸚e) *zo.* louse.

lauschen ['laʊʃən] *v/i* (h) *heimlich*: eavesdrop.

laut¹ [laʊt] **1.** *adj* loud; *Straße, Kinder*: noisy; **2.** *adv* loud(ly): ***~ vorlesen*** read (out) aloud; (***sprich***) ***~er, bitte!*** speak up, please!

laut² [~] *prp* according to.

Laut [~] *m* (-[e]s; -e) sound, noise; **'2en** *v/i* (h) read; *Name*: be.

läuten ['lɔʏtən] *v/i u. v/t* (h) ring: ***es läutet*** the (door)bell is ringing.

lauter ['laʊtər] *adv Unsinn etc*: sheer; *nichts als*: nothing but.

'laut|los *adj* silent, soundless; *Stille*: hushed; **'2sprecher** *m* (loud)speaker; **'2stärke** *f* loudness; *electr. a.* (sound) volume: ***mit voller ~*** (at) full blast; **'2stärkeregler** *m* volume control.

lauwarm ['laʊ~] *adj* lukewarm.

Lava ['la:va] *f* (-; -ven) *geol.* lava.

Lawine [la'vi:nə] *f* (-; -n) avalanche.

leben ['le:bən] (h) **1.** *v/i am Leben sein*: be alive; *wohnen*: live: ***von et. ~*** live on s.th.; **2.** *v/t* live.

Leben [~] *n* (-s; -) life: ***am ~ bleiben*** stay alive; *überleben*: survive; ***am ~ sein*** be alive; ***sich das ~ nehmen*** take one's (own) life, commit suicide; ***ums ~ kommen*** lose one's life; ***um sein ~ laufen*** (***kämpfen***) run (fight) for one's life; ***das tägliche ~*** everyday life; ***mein ~ lang*** all my life; **'2d** *adj* living; **~ig** [le'bɛndɪç] *adj* living, *pred.* alive; *fig.* lively.

'Lebens|abend *m* old age, the last years *pl* of one's life; **'~bedingungen** *pl* living conditions *pl*; **'~dauer** *f* lifespan; *tech.* (service) life; **'~erfahrung** *f* experience of life; **'~erwartung** *f* life expectancy; **'2fähig** *adj med.* viable (*a. fig.*); **'~gefahr** *f* (-; *no pl*) mortal danger: ***unter ~*** at the risk of one's life; ***er schwebte in ~*** his life was in danger, *med.* he was in a critical condition; **'2gefährlich** *adj* highly dangerous; *Krankheit*: very serious; *Verletzung*: critical; **'~gefährte** *m* live-in boyfriend; **'~gefährtin** *f* (-; -nen) live-in girlfriend; **'2groß** *adj* life-size(d); **'~größe** *f*: ***in ~*** life-size(d); **'~haltungskosten** *pl* cost *sg* of living; **'2länglich 1.** *adj* lifelong: ***~e Freiheitsstrafe*** *jur.* life imprisonment; **2.** *adv* for life; **'~lauf** *m* curriculum vitae, *Am. a.* résumé; **'2lustig** *adj* fond of life.

'Lebensmittel *pl* food *sg*, foodstuffs *pl*; *Waren*: *a.* groceries *pl*; **'~ab,teilung** *f* food department; **'~geschäft** *n* grocery, grocer's (shop, *bsd. Am.* store); **'~vergiftung** *f med.* food poisoning.

'lebens|müde *adj* weary of life; **'2notwendigkeit** *f* vital necessity; **'2quali,tät** *f* (-; *no pl*) quality of life; **'2retter** *m* rescuer; **'2standard** *m* standard of living; **'2stellung** *f* permanent position; **'2unterhalt** *m* livelihood: ***s-n ~ verdienen*** earn one's living (***als*** as; ***mit*** out of, by); **'2versicherung** *f* life insurance; **'2weise** *f* way of life; **'~wichtig** *adj* vital, essential; **'2zeichen** *n* sign of life; **'2zeit** *f* lifetime: ***auf ~*** for life.

Leber ['le:bər] *f* (-; -n) *anat., gastr.* liver; **'~fleck** *m* mole.

'Lebewesen *n* (-s; -) living being, creature.

leb|haft ['le:phaft] *adj* lively; *Verkehr*: heavy; **'2kuchen** *m* gingerbread; **'2zeiten** *pl*: ***zu s-n ~*** in his lifetime.

leck [lɛk] *adj* leaking, leaky.

Leck [~] *n* (-[e]s; -e) leak.

'lecken¹ *v/i* (h) leak.

'lecken² *v/t u. v/i* (***~ an*** *dat*) (h) lick.

lecker ['lɛkər] *adj* delicious, tasty; **'2bissen** *m* delicacy; *fig.* treat.

Leder ['le:dər] *n* (-s; -) leather; **'2n** *adj* leather; **'~waren** *pl* leather goods *pl*.

ledig ['le:dɪç] *adj* single, unmarried; **~lich** ['~dɪklɪç] *adv* only, merely, solely.

leer [le:r] **1.** *adj* empty (*a. fig.*); *unbewohnt*: *a.* vacant; *Seite etc*: blank; *Batterie*: flat; **2.** *adv*: ***~ laufen*** *tech.* idle; **'2e** *f* (-; *no pl*) emptiness (*a. fig.*); **'~en** *v/t u. v/refl* (h) empty; **'2gut** *n* (-[e]s; *no* *pl*) empties *pl*; '**≈lauf** *m tech.* idling; *Gang*: neutral (gear); *fig.* running on the spot; '**~stehend** *adj Wohnung*: unoccupied, vacant; '**≈taste** *f Schreibmaschine*: space bar; '**≈ung** *f* (-; -en) *mail.* collection.

legal [le'ga:l] *adj* legal, lawful; **~isieren** [legali'zi:rən] *v/t* (*no* ge-, h) legalize; **≈i'sierung** *f* (-; -en) legalization.

legen ['le:gən] (h) **1.** *v/t* lay (*a. Eier*), place, put; *Haare*: set; **2.** *v/refl* lie down; *fig.* calm down; *Schmerz*: wear off.

Legende [le'gɛndə] *f* (-; -n) legend.

Legislat|ive [legɪsla'ti:və] *f* (-; -n) *pol.* legislature; **~urperi,ode** [~'tu:r~] *f* legislature period.

legitim [legi'ti:m] *adj* legitimate.

Lehn|e ['le:nə] *f* (-; -n) *Rücken≈*: back(rest); *Arm≈*: arm(rest); '**≈en** *v/t, v/i u. v/refl* (h) lean (***an*** *acc*, ***gegen*** against): ***sich aus dem Fenster ~*** lean out of the window; '**~sessel** *m*, '**~stuhl** *m* armchair.

Lehr|buch ['le:r~] *n* textbook; '**~e** *f* (-; -n) *Wissenschaft*: science; *Theorie*: theory; *eccl., pol.* teachings *pl*, doctrine; *e-r Geschichte*: moral; *e-s Lehrlings*: apprenticeship: ***in der ~ sein*** be apprenticed (***bei*** to); ***das wird ihm e-e ~ sein*** that will teach him a lesson; '**≈en** *v/t* (h) teach; *zeigen*: show.

'**Lehrer** *m* (-s; -) teacher, *Br. a.* master; '**~in** *f* (-; -nen) (lady) teacher, *Br. a.* mistress; '**~mangel** *m* (-s; *no pl*) shortage of teachers.

'**Lehr|gang** *m* course (***für, in*** *dat* in); '**~jahr** *n* year (of apprenticeship); **~ling** ['~lɪŋ] *m* (-s; -e) apprentice, trainee; '**≈reich** *adj* informative, instructive; '**~stelle** *f* apprenticeship; *offene*: vacancy for an apprentice; '**~stuhl** *m univ.* chair (***für*** of); '**~zeit** *f* apprenticeship.

Leib [laɪp] *m* (-[e]s; -er) body: ***bei lebendigem ~e*** alive; ***mit ~ u. Seele*** heart and soul.

Leibes|kräfte ['laɪbəs~] *pl*: ***aus ~n*** with all one's might; **~visitation** ['~vizita,tsĭo:n] *f* (-; -en) body search.

'**Leib|gericht** *n* favo(u)rite dish; '**~rente** *f* life annuity; '**~wache** *f coll.* bodyguard(s *pl*); '**~wächter** *m* bodyguard.

Leiche ['laɪçə] *f* (-; -n) (dead) body, corpse.

'**leichen|blaß** *adj* deathly pale; '**≈halle** *f* mortuary; '**≈schauhaus** *n* morgue; '**≈wagen** *m* hearse.

leicht [laɪçt] **1.** *adj* light (*a. fig.*); *einfach*: easy, simple; *geringfügig*: slight, minor; **2.** *adv*: ***~ möglich*** quite possible; ***~ gekränkt*** easily offended; ***das ist ~ gesagt*** it's not as easy as that; ***es geht ~ kaputt*** it breaks easily; '**≈athletik** *f Br.* athletics *pl* (*a. sg konstr.*), *Am.* track and field; '**~fallen** *v/i* (*irr, sep*, -ge-, sn, → ***fallen***): ***es fällt mir*** (***nicht***) ***~*** (***zu***) I find it easy (difficult) (to); **~gläubig** ['~glɔʏbɪç] *adj* credulous; '**≈igkeit** *f* (-; *no pl*) : ***mit ~*** easily, with ease; '**≈metall** *n* light metal; '**~nehmen** *v/t* (*irr, sep*, -ge-, h, → ***nehmen***) not worry about; *Krankheit etc*: make light of; '**≈sinn** *m* (-[e]s; *no pl*) carelessness ; *stärker*: recklessness; '**~sinnig** *adj* careless, reckless; '**~verständlich** *adj* easy to understand.

Leid [laɪt] *n* (-[e]s; *no pl*) sorrow, grief; *Schmerz*: pain: ***ihr ist kein ~ geschehen*** she came to no harm.

leid [~] *adj*: ***es tut mir ~*** I'm sorry (***um*** for; ***wegen*** about; ***daß ich zu spät komme*** for being late).

leiden ['laɪdən] (litt, gelitten, h) **1.** *v/i* suffer (***an*** *dat*, ***unter*** *dat* from); **2.** *v/t*: ***j-n gut ~ können*** like s.o.; ***ich kann ihn nicht ~*** I don't like him, *stärker*: I can't stand him.

Leiden [~] *n* (-s; -) suffering; *med.* illness, *Gebrechen*: complaint.

'**Leidenschaft** *f* (-; -en) passion; '**≈lich** *adj* passionate; *heftig*: vehement.

'**Leidensgenosse** *m* fellow sufferer.

leider ['laɪdər] *adv* unfortunately: ***~ ja*** (***nein***) I'm afraid so (not).

'**Leid|tragende** *m, f* (-n; -n): ***er ist der ~ dabei*** he is the one who suffers for it; '**~wesen** *n*: ***zu m-m ~*** to my regret.

Leih|bücherei ['laɪ~] *f* lending library; '**≈en** *v/t* (lieh, geliehen, h) *j-m*: lend: ***sich et. ~*** borrow s.th. (***bei, von*** from); '**~gebühr** *f Auto*: hire (*Am.* rental) charge; *Buch*: lending fee; '**~haus** *n* pawnshop; '**~mutter** *f* surrogate mother; '**~wagen** *m mot.* hire (*Am.* rental) car: ***sich e-n ~ nehmen*** hire (*Am.* rent) a car.

Leine ['laɪnə] *f* (-; -n) line; *Hunde≈*: lead, leash.

'**Leinwand** *f Kino etc*: screen.

leise ['laɪzə] **1.** *adj* quiet; *Stimme etc*: *a.* low, soft (*a. Musik*); *fig.* slight, faint: **~r stellen** turn down; **2.** *adv* in a low voice: **~ sagen** *a.* whisper.
Leiste ['laɪstə] *f* (-; -n) *anat.* groin.
leisten ['laɪstən] *v/t* (h) do, work; *vollbringen*: achieve, accomplish; *Dienst, Hilfe*: render; *Eid*: take: **gute Arbeit ~** do a good job; **sich et. ~** *gönnen*: treat o.s. to s.th.; **ich kann es mir (nicht) ~** I can('t) afford it (*a. fig.*).
'Leistenbruch *m med.* inguinal hernia.
'Leistung *f* (-; -en) performance; *besondere*: achievement; *tech. a.* output; *Dienst2*: service; *Sozial2 etc*: benefit; **'2sbezogen** *adj* performance-oriented; **'~sbiˌlanz** *f econ.* balance on current account; **'~sdruck** *m* (-[e]s; *no pl*) pressure; **'2sfähig** *adj* efficient; *tech.* powerful; **'~sfähigkeit** *f* (-; *no pl*) efficiency; *tech.* power; fitness; **'~sgesellschaft** *f* meritocracy, achievement-oriented society; **'~sprinˌzip** *n* achievement principle.
Leitartikel ['laɪt~] *m* editorial, *bsd. Br.* leader, leading article.
leiten ['laɪtən] *v/t* (h) lead, guide (*a. fig.*), conduct (*a. mus., phys.*); *Amt, Geschäft etc*: run, be in charge of, manage; *Sitzung etc*: chair; *TV etc als Moderator*: host; **'~d** *adj* leading; *phys.* conductive: **~e Stellung** managerial position; **~er Angestellter** executive.
Leiter¹ ['laɪtər] *f* (-; -n) ladder.
Leiter² [~] *m* (-s; -) leader; conductor (*a. mus., phys.*); *Amt, Firma etc*: head, manager; *Sitzung etc*: chairman; **'~in** *f* (-; -nen) manageress; chairwoman.
'Leitplanke *f mot. Br.* crash barrier, *Am.* guardrail.
'Leitung *f* (-; -en) *econ.* management; *Hauptbüro*: head office; *Verwaltung*: administration; *Vorsitz*: chairmanship; *e-r Veranstaltung*: organization; *künstlerische etc*: direction; *tech. Haupt2*: main; *im Haus*: pipe(s *pl*); *electr., teleph.* line: **die ~ haben** be in charge; **unter der ~ von** *mus.* conducted by; **'~srohr** *n* pipe; **'~swasser** *n* tap water.
'Leit|währung *f econ.* key currency; **'~zins** *m econ.* central bank discount rate.
Lektion [lɛk'tsi̯oːn] *f* (-; -en) lesson: **j-m e-e ~ erteilen** *fig.* teach s.o. a lesson.
Lektüre [lɛk'tyːrə] *f* (-; -n) reading (matter).
Lende ['lɛndə] *f* (-; -n) *anat., gastr.* loin; **'~nwirbel** *m anat.* lumbar vertebra.
lenk|en ['lɛŋkən] *v/t* (h) steer, *mot. a.* drive; *fig.* direct, guide; *j-s Aufmerksamkeit*: direct (**auf** *acc* to); **'2rad** *n mot.* steering wheel; **'2ung** *f* (-; -en) *mot.* steering (system).
lernen ['lɛrnən] *v/t u. v/i* (h) learn; *für die Schule etc*: study: **schwimmen** *etc* **~** learn (how) to swim *etc.*
Lesb|ierin ['lɛsbi̯ərɪn] *f* (-; -nen) lesbian; **'2isch** *adj* lesbian.
Lese|lampe ['leːzə~] *f* reading lamp; **'2n** *v/t u. v/i* (las, gelesen, h) read: **das liest sich wie** it reads like; **'2nswert** *adj* worth reading; **'~r** *m* (-s; -) reader; **'~rbrief** *m* letter to the editor; **'2rlich** *adj* legible; **'~stoff** *m* reading matter; **'~zeichen** *n* bookmark.
'Lesung *f* (-; -en) *parl.* reading.
letzte ['lɛtstə] *adj* last; *neueste*: latest: **als ~r ankommen** *etc* arrive *etc* last; **2r sein** be last; **das ist das 2!** that's the limit!; → **Mal¹, Zeit.**
Leucht|e ['lɔʏçtə] *f* (-; -n) light; **'2en** *v/i* (h) shine; *schwächer*: glow; **'2end** *adj* shining (*a. fig.*); *Farbe etc*: bright; **'~er** *m* (-s; -) candlestick; → **Kronleuchter; '~reˌklame** *f* neon sign(s *pl*).
leugnen ['lɔʏgnən] (h) **1.** *v/t* deny (**et. getan zu haben** doing s.th.; **daß** that); **2.** *v/i* deny everything.
Leute ['lɔʏtə] *pl* people *pl.*
Lexikon ['lɛksikɔn] *n* (-s; -ka) encyclop(a)edia; *Wörterbuch*: dictionary.
liberal [libe'raːl] *adj* liberal; **2e** *m, f* (-n; -n) liberal.
Licht [lɪçt] *n* (-[e]s; -er) light; *Helle*: brightness: **~ machen** switch (*od.* turn) on the light(s); **'~bild** *n* passport photograph; *Dia*: slide; **'~bildervortrag** *m* slide lecture; **'~blick** *m fig.* ray of hope; **'2empfindlich** *adj* sensitive to light; *phot.* (photo)sensitive; **'~hupe** *f*: **die ~ betätigen** *mot.* flash one's lights; **'~maˌschine** *f mot.* alternator; **'~schalter** *m* light switch; **'~schutzfaktor** *m* protection factor.
Lid [liːt] *n* (-[e]s; -er) (eye)lid; **'~schatten** *m* eye shadow.
lieb [liːp] *adj* dear; *liebenswert*: *a.* sweet;

nett, freundlich: nice, kind; *Kind*: good; *in Briefen*: ***~e Jeanie*** dear Jeanie.

Liebe ['li:bə] *f* (-; *no pl*) love (**zu** of, for): ***aus ~ zu*** out of love for; ***~ auf den ersten Blick*** love at first sight; **'2n** *v/t* (h) love; *j-n*: *a.* be in love with; *sexuell*: make love to.

'liebenswürdig *adj* kind; **'2keit** *f* (-; *no pl*) kindness.

lieber ['li:bər] *adv* rather, sooner: ***~ haben*** prefer, like better; ***ich möchte ~ (nicht) ...*** I'd rather (not) ...; ***du solltest ~ (nicht) ...*** you had better (not) ...

'Liebes|brief *m* love letter; **~kummer** ['~kʊmər] *m* (-s; *no pl*) lovesickness: ***~ haben*** be lovesick; **'~paar** *n* (pair of) lovers *pl*, courting couple.

'liebevoll *adj* loving, affectionate.

'lieb|gewinnen *v/t* (*irr*, *sep*, *pp* liebgewonnen, h, → ***gewinnen***) grow fond of; **'~haben** *v/t* (*irr*, *sep*, -ge-, h, → ***haben***) love, be fond of; **'2haber** *m* (-s; -) lover (*a. fig.*); **'2haberpreis** *m* collector's price; **'2haberstück** *n* collector's item; **2habe'rei** *f* (-; -en) hobby; **'~lich** *adj* lovely, charming, sweet (*a. Wein*).

'Liebling *m* (-s; -e) darling; *Günstling*: favo(u)rite; *bsd. Kind, Tier*: pet; *als Anrede*: darling, F honey; **'~s...** *in Zssgn mst* favo(u)rite ...

Lied [li:t] *n* (-[e]s; -er) song; *Kunst2*: lied; **~ermacher** ['li:dər~] *m* (-s; -) singer-songwriter.

Lieferant [lifə'rant] *m* (-en; -en) *econ.* supplier.

'liefer|bar *adj* available; **'2frist** *f* delivery period; **'~n** *v/t* (h) deliver: ***j-m et. ~*** supply s.o. with s.th.; **'2schein** *m* delivery note; **'2ung** *f* (-; -en) delivery; *Versorgung*: supply: ***zahlbar bei ~*** payable on delivery; **'2wagen** *m* (delivery) van.

Liege ['li:gə] *f* (-; -n) couch; *Camping2*: camp bed.

'liegen *v/i* (lag, gelegen, h, sn) lie; (*gelegen*) *sein*: *a.* be (situated): ***(krank) im Bett ~*** be (ill) in bed; ***nach Osten (der Straße) ~*** face east (the street); ***daran liegt es (, daß)*** that's (the reason) why; ***es (er) liegt mir nicht*** it (he) is not my cup of tea; ***mir liegt viel (wenig) daran*** it means a lot (doesn't mean much) to me; **'~bleiben** *v/i* (*irr*, *sep*, -ge-, sn, → ***bleiben***) stay in bed; *Tasche etc*: be left behind; **'~lassen** *v/t* (*irr*, *sep*, -ge-, h, → ***lassen***) leave behind: ***j-n links ~*** ignore s.o., give s.o. the cold shoulder.

'Liege|sitz *m mot.* reclining seat; **'~stuhl** *m Br.* deckchair, *Am.* beachchair; **'~stütz** *m* (-es; -e) *bsd. Br.* press-up, *bsd. Am.* push-up: ***e-n ~ machen*** do a press-up; **'~wagen** *m rail.* couchette (coach, *Am.* car); **'~wiese** *f* lawn (for sunbathing).

Lift [lɪft] *m* (-[e]s; -e, -s) *Br.* lift, *Am.* elevator.

Likör [li'kø:r] *m* (-s; -e) liqueur.

lila ['li:la] *adj* lilac; *dunkel~*: purple.

Lilie ['li:lĭə] *f* (-; -n) *bot.* lily.

Limonade [limo'na:də] *f* (-; -n) fizzy drink, *Am. a.* soda pop.

Limousine [limu'zi:nə] *f* (-; -n) *mot. Br.* saloon (car), *Am.* sedan.

linder|n ['lɪndərn] *v/t* (h) *Not*: alleviate, relieve, *Schmerzen*: *a.* ease; **'2ung** *f* (-; *no pl*) alleviation, relief.

Linie ['li:nĭə] *f* (-; -n) line: ***auf s-e ~ achten*** watch one's figure; **'~nbus** *m* regular bus; **'~nflug** *m* scheduled flight; **'~nma,schine** *f aer.* scheduled plane; **'~ntaxi** *n* public-service taxi.

link|e ['lɪŋkə] *adj* left (*a. pol.*): ***auf der ~n Seite*** on the left(-hand) side; **'2e** *m, f* (-n; -n) *pol.* leftist, left-winger; **'~isch** *adj* awkward, clumsy.

links [lɪŋks] *adv* on the left; *verkehrt*: on the wrong side: ***nach ~*** (to the) left; ***~ von*** to the left of; → ***liegenlassen***; **'2abbieger** *m* (-s; -) motorist *etc* turning left; **'2extre,mismus** *m pol.* left-wing extremism; **'2extre,mist** *m* left-wing extremist; **'~extre,mistisch** *adj* extremely left-wing; **2händer** ['~hɛndər] *m* (-s; -) left-hander: ***~ sein*** be left-handed; **'~radi,kal** *adj pol.* radically left-wing; **'2radi,kale** *m, f* left-wing radical; **'2radika,lismus** *m* left-wing radicalism; **'2steuerung** *f mot.* left-hand drive; **'2verkehr** *m*: ***in Großbritannien ist ~*** in Great Britain they drive on the left.

Linse ['lɪnzə] *f* (-; -n) *bot.* lentil; *opt.* lens.

Lippe ['lɪpə] *f* (-; -n) lip; **'~nstift** *m* lipstick.

liquidieren [likvi'di:rən] *v/t* (*no* ge-, h) *Firma, a. pol. j-n*: liquidate; *Betrag*: charge.

List [lɪst] *f* (-; -en) trick; *~igkeit*: cunning.
Liste ['lɪstə] *f* (-; -n) list; **'~npreis** *m econ.* list price.
'listig *adj* cunning, crafty.
Liter ['li:tər] *m, n* (-s; -) lit|re (*Am.* -er).
litera|risch [lite'ra:rɪʃ] *adj* literary; **2tur** [~a'tu:r] *f* (-; -en) literature; **2'tur...** *in Zssgn Kritiker etc*: *mst* literary ...
Litfaßsäule ['lɪtfas~] *f* advertising pillar.
Lizenz [li'tsɛnts] *f* (-; -en) licen|ce (*Am.* -se): ***in ~ herstellen etc***: under licence.
Lkw [ɛlka've:] *m* (-[s]; -s) → ***Lastwagen***; **~-Fahrer** *m* → ***Lastwagenfahrer.***
Lob [lo:p] *n* (-[e]s; *no pl*) praise; **2en** ['lo:bən] *v/t* (h) praise (***für, wegen*** for); **'2enswert** *adj* praiseworthy, laudable.
Loch [lɔx] *n* (-[e]s; ⸚er) hole; *im Reifen*: puncture; **'2en** *v/t* (h) *Papier, Karte etc*: punch (*a. tech.*); **'~er** *m* (-s; -) *tech.* punch; **'~karte** *f* punch(ed) card.
Locke ['lɔkə] *f* (-; -n) curl.
locken ['lɔkən] *v/t* (h) lure, entice, *fig. a.* attract, tempt.
Lockenwickler ['lɔkənvɪklər] *m* (-s; -) curler, roller.
locker ['lɔkər] *adj* loose; *Seil*: *a.* slack; *fig. lässig*: relaxed; **'~n** (h) **1.** *v/t* loosen, slacken; *Griff*: relax (*a. fig.*); **2.** *v/refl* loosen, (be)come loose.
Löffel ['lœfəl] *m* (-s; -) spoon.
Logbuch ['lɔk~] *n mar.* log.
Loge ['lo:ʒə] *f* (-; -n) *thea.* box.
Log|ik ['lo:gɪk] *f* (-; *no pl*) logic; **'2isch** *adj* logical; **'2ischerweise** *adv* logically.
Lohn [lo:n] *m* (-[e]s; ⸚e) wages *pl*, pay; *fig.* reward; **'~empfänger** *m* wage earner, *Am. a.* wageworker; **'2en** *v/refl* (h) be worth(while), pay: ***es (die Mühe) lohnt sich*** it's worth it (the trouble); ***das Buch (der Film) lohnt sich*** the book (film) is worth reading (seeing); **'2end** *adj* paying; *fig.* rewarding; **'~erhöhung** *f* wage increase, *Br.* (pay) rise, *Am.* raise; **'~gruppe** *f* wage group; **'2inten,siv** *adj* wage-intensive; **'~-'Preis-Spi,rale** *f* wage-price spiral; **'~steuer** *f* income tax; **'~steuerjahresausgleich** *m* (-[e]s; -e) annual adjustment of income tax; **'~steuerkarte** *f* income-tax card; **'~stopp** *m* wage freeze.
Lok [lɔk] *f* (-; -s) *rail.* F engine.
Lokal [lo'ka:l] *n* (-s; -e) bar, *bsd. Br.* pub; *Gaststätte*: restaurant.
lokal [~] *adj* local; **2blatt** *n* local paper; **2presse** *f* local press; **2verbot** *n*: ***~ haben in*** (*dat*) be banned from.
'Lokführer *m* F → ***Lokomotivführer.***
Lokomotiv|e [lokomo'ti:və] *f* (-; -n) engine; **~führer** [~'ti:f~] *m Br.* engine driver, *Am.* engineer.
Los [lo:s] *n* (-es; -e) lot; *fig. a.* fate; *Lotterie2*: ticket.
los [~] **1.** *adj ab, fort*: off; *Hund etc*: loose: ***~ sein*** be rid of; ***was ist ~?*** what's the matter?, F what's up?; *geschieht*: what's going on (here)?; ***hier ist nicht viel ~*** there's nothing much going on here; F ***da ist was ~!*** that's where the action is; **2.** *adv*: F ***also ~!*** okay, let's go!; **'~binden** *v/t* (*irr, sep,* -ge-, h, → ***binden***) untie.
löschen ['lœʃən] *v/t* (h) *Feuer etc*: extinguish, put out; *Durst*: quench; *Aufnahme, Daten etc*: erase; *Kalk*: slake; *mar.* unload.
lose ['lo:zə] *adj* loose (*a. fig. Zunge etc*).
Lösegeld ['lø:zə~] *n* ransom.
losen ['lo:zən] *v/i* (h) draw lots (***um*** for).
lösen ['lø:zən] (h) **1.** *v/t Knoten etc*: undo; *lockern*: loosen, relax; *Bremse etc*: release; *ab~*: take off; *Rätsel, Problem etc*: solve; *Karte*: buy, get; *auf~*: dissolve (*a. chem.*); **2.** *v/refl* come loose (*od.* undone); *fig.* free o.s. (***von*** from).
'los|fahren *v/i* (*irr, sep,* -ge-, sn, → ***fahren***) leave; *selbst*: drive off; **'~gehen** *v/i* (*irr, sep,* -ge-, sn, → ***gehen***) leave; *beginnen*: start, begin; *Schuß etc*: go off: ***auf j-n ~*** go for s.o.; ***ich gehe jetzt los*** I'm off now; **'~kommen** *v/i* (*irr, sep,* -ge-, sn, → ***kommen***) get away (***von*** from); **'~lassen** *v/t* (*irr, sep,* -ge-, h, → ***lassen***) let go (of): ***den Hund ~ auf*** (*acc*) set the dog on; **'~legen** *v/i* (*sep,* -ge-, h) F get cracking.
'löslich *adj chem.* soluble.
'los|reißen *v/refl* (*irr, sep,* -ge-, h, → ***reißen***) break away; *bsd. fig.* tear o.s. away (*beide*: ***von*** from); **'~schnallen** *v/refl* (*sep,* -ge-, h) unfasten one's seat belt; **'~schrauben** *v/t* (*sep,* -ge-, h) unscrew, screw off.
'Lösung *f* (-; -en) solution (*gen* to) (*a. chem.*).
'loswerden *v/t* (*irr, sep,* -ge-, sn, → ***wer-***

den) get rid of; *Geld*: spend, *verlieren*: lose.

löten ['lø:tən] *v/t* (h) solder.

Lotion [lo'tsĭo:n] *f* (-; -en) lotion.

Lotse ['lo:tsə] *m* (-n; -n) *mar.* pilot; **'~ndienst** *m mot.* driver-guide service.

Lotterie [lɔtə'ri:] *f* (-; -n) lottery; **~los** *n* lottery ticket.

Lotto ['lɔto] *n* (-s; -s) *deutsches*: Lotto: (***im***) ***~ spielen*** do Lotto; **'~schein** *m* Lotto coupon; **'~ziehung** *f* Lotto draw.

Löwe ['lø:və] *m* (-n; -n) *zo.* lion.

Lücke ['lʏkə] *f* (-; -n) gap (*a. fig.*); **'~nbüßer** *m* (-s; -) stopgap; **'2nhaft** *adj fig.* incomplete; **'2nlos** *adj fig.* complete.

Luft [lʊft] *f* (-; ⁻̈e) air: ***an der frischen ~*** (out) in the fresh air; (***frische***) ***~ schöpfen*** get a breath of fresh air; (***tief***) ***~ holen*** take a (deep) breath; → ***fliegen, sprengen***; **'~bal‚lon** *m* balloon; **'~blase** *f* air bubble; **'~brücke** *f* airlift; **'2dicht** *adj* airtight; **'~druck** *m phys., tech.* air pressure.

lüften ['lʏftən] *v/t* (h) air; *ständig*: ventilate; *Geheimnis etc*: reveal.

'Luft|fahrt *f* (-; *no pl*) aviation; **'~feuchtigkeit** *f* (atmospheric) humidity; **'~filter** *n, m tech.* air filter; **'~fracht** *f* air freight; **'2ig** *adj* airy; *Plätzchen*: breezy; *Kleid etc*: light; **'~kissenfahrzeug** *n* air-cushion vehicle, hovercraft; **'2krank** *adj* airsick; **'~krankheit** *f* (-; *no pl*) airsickness; **'~kurort** *m* climatic health resort; **'2leer** *adj*: ***~er Raum*** vacuum; **'~linie** *f*: ***50 km ~*** 50 km as the crow flies; **'~loch** *n* airhole; *aer.* air pocket; **'~ma‚tratze** *f* air bed (*od.* mattress); **'~pi‚rat** *m* hijacker; **'~post** *f* airmail: ***per ~*** (by) airmail; **'~postbrief** *m* air(mail) letter; **'~pumpe** *f* air pump; **'~röhre** *f anat.* windpipe, trachea; **'~tempera‚tur** *f* air temperature.

'Lüftung *f* (-; -en) airing; *ständige*: ventilation.

'Luft|veränderung *f* change of air; **'~verkehr** *m* air traffic; **'~verschmutzung** *f* air pollution; **'~waffe** *f mil.* air force; **'~weg** *m*: ***auf dem ~*** by air; **'~zug** *m bsd. Br.* draught, *Am.* draft.

Lüge ['ly:gə] *f* (-; -n) lie; **'2n** (log, gelogen, h) **1.** *v/i* lie, tell a lie (*od.* lies); **2.** *v/t*: ***das ist gelogen*** that's a lie.

Lügner ['ly:gnər] *m* (-s; -) liar.

Luke ['lu:kə] *f* (-; -n) hatch; *Dach2*: skylight.

'Lunchpa‚ket ['lanʃ~] *n* packed lunch.

Lunge ['lʊŋə] *f* (-; -n) *anat.* lungs *pl*; **'~nentzündung** *f med.* pneumonia; **'~nflügel** *m anat.* lung; **'~nkrebs** *m med.* lung cancer.

lungern ['lʊŋərn] *v/i* (h) → ***herumlungern.***

Lupe ['lu:pə] *f* (-; -n) magnifying glass: *fig.* ***unter die ~ nehmen*** scrutinize (closely).

Lust [lʊst] *f* (-; *no pl*): ***~ haben auf*** (*acc*) (***,et. zu tun***) feel like (doing s.th.); ***hättest du ~ auszugehen?*** would you like to go out?, how about going out?; ***ich habe keine ~*** I don't feel like it, I'm not in the mood for it; ***die ~ verlieren an*** (*dat*) (***j-m die ~ nehmen an*** *dat*) (make s.o.) lose all interest in; **'2ig** *adj* funny; *fröhlich*: cheerful: ***er ist sehr ~*** he is full of fun; ***es war sehr ~*** it was great fun; ***sich ~ machen über*** (*acc*) make fun of; **'2los** *adj* listless; **'~spiel** *n* comedy.

lutschen ['lʊtʃən] *v/i* (***~ an*** *dat*) *u. v/t* (h) suck.

luxuriös [lʊksu'rĭø:s] *adj* luxurious.

Luxus ['lʊksʊs] *m* (-s; *no pl*) luxury (*a. fig.*); **'~ar‚tikel** *m* luxury (article); **'~ausführung** *f* de luxe (*bsd. Am.* deluxe) version; **'~ho‚tel** *n* five-star (*od.* luxury) hotel.

Lymphdrüse ['lʏmf~] *f anat.* lymph gland.

lynchen ['lʏnçən] *v/t* (h) lynch.

M

'machbar *adj* feasible.

machen ['maxən] *v/t* (h) *tun*: do; *herstellen, verursachen*: make; *Essen etc*: make, prepare; *in Ordnung bringen, reparieren*: fix (*a. fig.*); *ausmachen, betragen*: be, come to, amount to; *Prüfung*: take, *erfolgreich*: pass; *Reise, Ausflug*: make, go on: ***Hausaufgaben ~*** do one's homework; ***da*(*gegen*) *kann man nichts ~*** it can't be helped; ***mach, was du willst!*** do as you please; (***nun***) ***mach mal*** (*od.* ***schon***)***!*** hurry up; ***mach's gut!*** take care (of yourself), good luck; (***das***) ***macht nichts*** it doesn't matter; ***mach dir nichts d*(*a*)*raus!*** never mind, don't worry; ***was*** (*od.* ***wieviel***) ***macht das?*** how much is it?; ***sich et.*** (***nichts***) ***~ aus*** *für (un)wichtig halten*: (not) care about; *(nicht) mögen*: (not) care for.

'Macher *m* (-s; -) doer.

Macht [maxt] *f* (-; ⸚e) power (***über*** *acc* of): ***an der ~*** *pol.* in power; ***mit aller ~*** with all one's might; **'~appa,rat** *m* machinery of power; **'~befugnis** *f* power, authority; **'~haber** *m* (-s; -) ruler.

mächtig ['mɛçtɪç] **1.** *adj* powerful, mighty (*a. fig.*); *riesig*: enormous, huge; **2.** *adv* F tremendously, awfully.

'Macht|kampf *m* power struggle; **'<u>2</u>los** *adj* powerless; **'~poli,tik** *f* power politics *pl* (*sg konstr.*); **'~übernahme** *f* takeover (*gen* by); **'~wechsel** *m* transition of power.

Mädchen ['mɛːtçən] *n* (-s; -) girl; *Dienst*<u>2</u>: maid: ***~ für alles*** maid of all work; **'~name** *m* girl's name; *e-r Frau*: maiden name.

Magazin [maga'tsiːn] *n* (-s; -e) *Zeitschrift, Rundfunk, TV, e-r Waffe*: magazine.

Magen ['maːgən] *m* (-s; ⸚) stomach, F tummy; **'~beschwerden** *pl* stomach trouble *sg*; **'~-'Darm-Infekti,on** *f med.* gastroenteritis; **'~geschwür** *n med.* stomach ulcer; **'~krebs** *m med.* stomach cancer; **'~säure** *f physiol.* gastric acid; **'~schmerzen** *pl* stomachache *sg*; **'~verstimmung** *f* indigestion.

mager ['maːgər] *adj Körper(teil)*: lean, thin, skinny; *Käse etc*: low-fat; *Fleisch*: lean; *Milch*: skim; *fig. Gewinn, Ernte etc*: meag|re (*Am.* -er).

Magnet [ma'gneːt] *m* (-en; -en) magnet (*a. fig.*); **~band** *n* (-[e]s; ⸚er) magnetic tape; **<u>2</u>isch** *adj* magnetic (*a. fig.*); **~platte** *f* magnetic disk.

mähen ['mɛːən] *v/t* (h) *Rasen*: mow; *Gras*: cut; *bsd. Getreide*: reap.

mahlen ['maːlən] *v/t* (mahlte, gemahlen, h) grind.

Mahlzeit ['maːltsaɪt] *f* (-; -en) meal.

Mahn|bescheid ['maːn~] *m* order for payment; **'<u>2</u>en** *v/t* (h) send *s.o.* a reminder; **'~gebühr** *f* reminder fee; **'~ung** *f* (-; -en) *Brief*: reminder.

Mai [maɪ] *m* (-[e]s; -e) May: ***im ~*** in May; ***der Erste ~*** May Day; **'~baum** *m* maypole; **~glöckchen** ['~glœkçən] *n* (-s; -) *bot.* lily of the valley; **'~käfer** *m zo.* cockchafer.

Mais [maɪs] *m* (-es; -e) *bot. bsd. Br.* maize, *Am.* corn.

Major [ma'joːr] *m* (-s; -e) *mil.* major.

Makler ['maːklər] *m* (-s; -) *Immobilien*<u>2</u>: (*Am.* real) estate agent, *Am. a.* realtor; *Börsen*<u>2</u>: (stock)broker; **'~gebühr** *f* fee, commission; brokerage.

Makrele [ma'kreːlə] *f* (-; -n) *zo.* mackerel.

mal [maːl] *adv math.* times, multiplied by; *Maße*: by; F → ***einmal***: ***12 ~ 5 ist*** (***gleich***) ***60*** 12 times (*od.* multiplied by) 5 is (*od.* equals) 60; ***ein 7 Meter ~ 4 Meter großes Zimmer*** a room 7 metres by 4 metres.

Mal[1] [~] *n* (-[e]s; -e) time: ***zum ersten*** (***letzten***) ***~*** for the first (last) time; ***mit e-m ~*** *plötzlich*: all of a sudden; ***ein für alle ~*** once and for all.

Mal[2] [~] *n* (-[e]s; -e) *Zeichen*: mark; → ***Muttermal.***

malen ['maːlən] *v/t* (h) paint (*a. streichen*).

Maler ['maːlər] *m* (-s; -) painter; **~ei** [~'raɪ] *f* (-; -en) painting; **'<u>2</u>isch** *adj fig.* picturesque.

'malnehmen *v/t* (*irr, sep,* -ge-, h, → ***nehmen***) *math.* multiply (***mit*** by).

Malz [malts] *n* (-es; *no pl*) malt; '**~bier** *n* malt beer.

Mama ['mama] *f* (-; -s) F *bsd. Br.* mum(my), *bsd. Am.* mom(my).

man [man] *indef pron* you, *förmlicher*: one; they, people: ***wie schreibt ~ das?*** how do you spell it?; ***~ sagt, daß*** they (*od.* people) say (that); ***~ hat mir gesagt*** I was told.

Manage|ment ['mɛnɪdʒmənt] *n* (-s; -s) management; **2n** ['~dʒən] *v/t* (h) manage; *zustande bringen*: fix; **~r** ['~dʒər] *m* (-s; -) manager; '**~rkrankheit** *f* stress disease.

manchmal ['mançma:l] *adv* sometimes.

Mandant [man'dant] *m* (-en; -en) *jur.* client.

Mandarine [manda'ri:nə] *f* (-; -n) *bot.* tangerine.

Mandat [man'da:t] *n* (-[e]s; -e) *parl.* mandate; *Sitz*: seat; *jur.* brief.

Mandel ['mandəl] *f* (-; -n) *bot.* almond; *anat.* tonsil; '**~entzündung** *f med.* tonsillitis.

Mangel ['maŋəl] *m* (-s; ⸚) *Fehlen*: lack (**an** *dat* of); *Knappheit*: shortage (of); *tech.* defect, fault: **aus ~ an** for lack of; '**~beruf** *m* understaffed occupation; '**2haft** *adj Qualität*: poor; *Arbeit, Ware*: defective.

Mängelhaftung ['mɛŋəl~] *f jur.* liability for defects.

mangeln[1] ['maŋəln] *v/impers* (h): ***es mangelt ihm an*** (*dat*) he lacks; ***ihr ~des Selbstvertrauen*** her lack of self-confidence.

mangeln[2] [~] *v/t* (h) *Wäsche*: mangle.

Mängelrüge ['mɛŋəl~] *f jur.* notice of defects.

'**mangels** *prp* for lack (*od.* want) of.

'**Mangelware** *f*: ***~ sein*** be scarce.

Manieren [ma'ni:rən] *pl* manners *pl.*

Manifest [mani'fɛst] *n* (-[e]s; -e) *pol.* manifesto.

Maniküre [mani'ky:rə] *f* (-; -n) manicure; *Frau*: manicurist.

Manipul|ation [manipula'tsi̯o:n] *f* (-; -en) manipulation; **2ieren** [~'li:rən] *v/t* (*no* ge-, h) manipulate.

Mann [man] *m* (-[e]s; ⸚er) man; *Ehe2*: husband.

Männchen ['mɛnçən] *n* (-s; -) *zo.* male.

Mannequin ['manəkɛ̃] *n* (-s; -s) (fashion) model.

männlich ['mɛnlɪç] *adj biol.* male; *Aussehen, Eigenschaften, gr.*: masculine (*a. fig.*); *Mut, Verhalten etc*: manly.

'**Mannschaft** *f* (-; -en) *Sport*: team (*a. fig.*); *aer., mar.* crew.

Mansarde [man'zardə] *f* (-; -n) attic room.

Manschette [man'ʃɛtə] *f* (-; -n) cuff; **~nknopf** *m* cuff link.

Mantel ['mantəl] *m* (-s; ⸚) coat; '**~ta,rif** *m econ.* terms *pl* of the skeleton wage agreement; '**~ta,rifvertrag** *m* skeleton wage agreement.

manuell [ma'nŭɛl] *adj* manual.

Manuskript [manu'skrɪpt] *n* (-[e]s; -e) manuscript; *Notizen*: notes *pl.*

Mappe ['mapə] *f* (-; -n) *Aktentasche*: briefcase; *Aktendeckel*: folder.

Märchen ['mɛ:rçən] *n* (-s; -) fairy tale (*a. fig.*).

Margarine [marga'ri:nə] *f* (-; -n) margarine.

Marienkäfer [ma'ri:ən~] *m zo.* ladybird.

Marihuana [mari'hŭa:na] *n* (-s; *no pl*) marijuana.

Marine [ma'ri:nə] *f* (-; -n) *mil.* navy.

maritim [mari'ti:m] *adj* maritime.

Mark[1] [mark] *f* (-; -) *Währung, Münze*: mark.

Mark[2] [~] *n* (-[e]s; *no pl*) *Knochen2*: marrow; *Frucht2*: pulp.

Marke ['markə] *f* (-; -n) *Lebensmittel etc*: brand; *Fahrzeug, Gerät*: make; *~nzeichen*: trademark (*a. fig.*); *Brief2 etc*: stamp; *Erkennungs2*: badge, tag; *Zeichen*: mark; '**~nar,tikel** *m* brand-name article; '**~nbewußtsein** *n* brand awareness; '**~nerzeugnis** *n* brand-name product; '**~nimage** *n* brand image; '**~ntreue** *f* brand loyalty; '**~nzeichen** *n* trademark (*a. fig.*).

Marketing ['markətɪŋ] *n* (-s; *no pl*) *econ.* marketing; '**~ab,teilung** *f* marketing department.

markier|en [mar'ki:rən] *v/t* (*no* ge-, h) mark; *fig.* act; **2ung** *f* (-; -en) mark.

Markise [mar'ki:zə] *f* (-; -n) (sun)blind.

Markt [markt] *m* (-[e]s; ⸚e) market; *~platz*: marketplace: ***auf dem ~*** at (*econ.* on) the market; ***auf den ~ bringen*** bring on the market; '**~ana,lyse** *f* market analysis; '**~anteil** *m* share of the market; '**2beherrschend** *adj* market-dominating; '**~forschung** *f* market research; **'~führer** *m* market leader; **'~lücke** *f* gap in the market; **'~platz** *m* marketplace; **'~wert** *m* (-[e]s; *no pl*) market value; **'~wirtschaft** *f* (-; *no pl*): (***freie***) **~** free market (*od.* enterprise) economy; ***soziale*** **~** social market economy.

Marmelade [marmə'la:də] *f* (-; -n) jam; *Orangen♀*: marmalade.

Marmor ['marmɔr] *m* (-s; -e) marble.

Marsch [marʃ] *m* (-[e]s; ⸚e) march (*a. mus.*); **'~flugkörper** *m mil.* cruise missile; **♀ieren** [~'ʃi:rən] *v/i* (*no* ge-, sn) march.

Martinshorn ['marti:ns~] *n* (police, *etc*) siren.

Marxis|mus [mar'ksɪsmʊs] *m* (-; *no pl*) *pol.* Marxism; **~t** *m* (-en; -en) Marxist; **♀tisch** *adj* marxist.

März [mɛrts] *m* (-[es]; -e) March: ***im*** **~** in March.

Marzipan [martsi'pa:n] *n* (-s; -e) marzipan.

Masche ['maʃə] *f* (-; -n) *Strick♀*: stitch; *Netz♀*: mesh; F *fig.* trick; **'~ndraht** *m* wire netting.

Maschine [ma'ʃi:nə] *f* (-; -n) machine (*a.* F *Motorrad*); F *Motor*: engine; *Flugzeug*: plane; ***mit der ~ schreiben*** type; **♀ll** [maʃi'nɛl] **1.** *adj* machine; **2.** *adv* by machine: **~** ***hergestellt*** machine-made.

Ma'schinen|bau *m* (-[e]s; *no pl*) mechanical engineering; **~gewehr** *n* machinegun; **~pi,stole** *f* submachine gun; **~schaden** *m* engine trouble (*od.* failure); **~schlosser** *m* (engine) fitter.

ma'schineschreiben *v/i* (schrieb Maschine, maschinegeschrieben, h) type.

Masern ['ma:zərn] *pl med.* measles *pl* (*a. sg konstr.*).

Mask|e ['maskə] *f* (-; -n) mask (*a. fig.*); **'~enball** *m* fancy-dress ball; **~enbildner** ['~bɪldnər] *m* (-s; -) make-up artist; **♀ieren** [~'ki:rən] *v/refl* (*no* ge-, h) dress up (***als*** as).

maskulin [masku'li:n] *adj* masculine (*a. gr.*).

Maß¹ [ma:s] *n* (-es; -e) *~einheit*: measure (***für*** of); *e-s Raumes etc*: dimensions *pl*, measurements *pl*, size; *fig.* extent, degree: ***~e u. Gewichte*** weights and measures; ***nach*** **~** (***gemacht***) made to measure; ***in gewissem ~e*** to a certain degree; ***in zunehmendem ~e*** increasingly; → ***hoch*** 1.

Maß² [~] *f* (-; -) lit|re (*Am.* -er) of beer.

Massage [ma'sa:ʒə] *f* (-; -n) massage; **~sa,lon** *m euphem.* massage parlo(u)r.

Massaker [ma'sa:kər] *n* (-s; -) massacre.

Masse ['masə] *f* (-; -n) mass; *Substanz*: substance; *Menschen♀*: crodw(s *pl*): F ***e-e*** **~** *Geld etc*: loads (*od.* heaps) of; ***die*** (***breite***) **~**, *pol.* ***die ~n*** *pl* the masses *pl*.

'Maßeinheit *f* unit of measure(ment).

'Massen|abfertigung *f a. contp.* mass processing; **'~absatz** *m* mass sale; **'~andrang** *m* crush; **'~arbeitslosigkeit** *f* mass unemployment; **'~ar,tikel** *m* mass-produced article; **'~entlassungen** *pl* mass dismissals *pl*; **'♀haft** *adv* F masses (*od.* loads) of; **'~karambo,lage** *f mot.* pileup; **'~medien** *pl* mass media *pl* (*a. sg konstr.*); **'~produkti,on** *f* mass production; **'~tou,rismus** *m* mass tourism; **'~verkehrsmittel** *n* means of mass transportation; **'♀weise** → ***massenhaft.***

Masseur [ma'sø:r] *m* (-s; -e) masseur; **~in** *f* (-; -nen) masseuse.

'maß|gebend *adj*, **~geblich** ['~ge:plɪç] *adj verbindlich*: authoritative; *beträchtlich*: substantial, considerable; **'~halten** *v/i* (*irr*, *sep*, -ge-, h, → ***halten***) be moderate (***in*** *dat* in).

massieren [ma'si:rən] *v/t* (*no* ge-, h) massage.

massig ['masɪç] *adj* massive, bulky.

mäßig ['mɛ:sɪç] *adj* moderate; *dürftig*: poor; **~en** ['~gən] (h) **1.** *v/t* moderate; **2.** *v/refl* restrain (*od.* control) o.s.; **'♀ung** *f* (-; *no pl*) moderation, restraint.

massiv [ma'si:f] *adj* solid.

'Maß|krug *m* beer mug, stein; **'♀los** *adj Essen, Forderungen etc*: immoderate; *Übertreibung*: gross; **~nahme** ['~na:mə] *f* (-; -n) measure; **'~nahmenkata,log** *m* catalo(ue) of measures; **'~stab** *m* scale; *fig.* standard: ***im ~ 1:50 000*** to a scale of 1:50,000; **'♀voll** *adj* moderate.

Mast [mast] *m* (-[e]s; -e[n]) *mar.* mast; *Fahnen♀*: pole.

masturbieren [mastʊr'bi:rən] *v/i* (*no* ge-, h) masturbate.

Material [mate'rĭa:l] *n* (-s; -ien) material (*a. fig.*); *Arbeits♀*: materials *pl*; **~fehler** *m* material defect; **~ismus** [~a'lɪsmʊs]

M

m (-; *no pl*) materialism; **~ist** [~a'lɪst] *m* (-en; -en) materialist; **2istisch** [~a'lɪstɪʃ] *adj* materialist(ic).
Materie [ma'teːrĭə] *f* (-; -n) matter (*a. fig.*); *Thema*: subject (matter).
materiell [mate'rĭɛl] *adj* material.
Mathe ['matə] *f* (-; *no pl*) F *Br.* maths *pl* (*sg konstr.*), *Am.* math.
Mathemati|k [matema'tiːk] *f* (-; *no pl*) mathematics *pl* (*sg konstr.*); **~ker** [~'maːtikər] *m* (-s; -) mathematician; **2sch** [~'maːtɪʃ] *adj* mathematical.
Matinee [mati'neː] *f* (-; -n) *thea. etc* morning performance.
Matratze [ma'tratsə] *f* (-; -n) mattress.
Matrose [ma'troːzə] *m* (-n; -n) *mar.* sailor, seaman.
Matsch [matʃ] *m* (-[e]s; *no pl*) sludge, mud; *bsd. Schnee2*: slush; '**2ig** *adj* muddy, slushy; *Frucht*: squashy, mushy.
matt [mat] *adj schwach*: weak; *Farbe*: dull, pale; *Foto*: mat(t); *Glas, Glühbirne*: frosted; *Schach*: (check)mate.
Matte ['matə] *f* (-; -n) mat.
Mauer ['maʊər] *f* (-; -n) wall; **~blümchen** ['~blyːmçən] *n* (-s; -) *fig.* wallflower; '**~werk** *n* (-[e]s; *no pl*) masonry, brickwork.
Maul [maʊl] *n* (-[e]s; ¨er) mouth: *sl.* ***halt's ~!*** shut up!; '**~tier** *n* mule; '**~wurf** *m* (-[e]s; ¨e) *zo.* mole (*a.* F *Agent*).
Maurer ['maʊrər] *m* (-s; -) bricklayer.
Maus [maʊs] *f* (-; ¨e) *zo.* mouse (*a. Computer*).
Maut [maʊt] *f* (-; -en), '**~gebühr** *f* toll; '**~stelle** *f* tollhouse; '**~straße** *f* toll road, *Am. a.* turnpike.
maxi|mal [maksi'maːl] **1.** *adj* maximum; **2.** *adv* at (the) most; **~mieren** [~'miːrən] *v/t* (*no* ge-, h) maximize; **2'mierung** *f* (-; -en) maximization; **2mum** ['~mʊm] *n* (-s; -ma) maximum.
Mayonnaise [majɔ'neːzə] *f* (-; -n) *gastr.* mayonnaise.
Mäzen [mɛ'tseːn] *m* (-s; -e) patron.
Mechani|k [mɛ'çaːnɪk] *f* (-; -en) *phys.* mechanics *pl* (*sg konstr.*); *tech.* mechanism; **~ker** *m* (-s; -) mechanic; **2sch** *adj* mechanical; **2sieren** [~ani'ziːrən] *v/t* (*no* ge-, h) mechanize; **~sierung** [~ani'ziːrʊŋ] *f* (-; -en) mechanization; **~smus** [~a'nɪsmʊs] *m* (-; -men) mechanism (*a. fig.*).
meckern ['mɛkərn] *v/i* (h) F grumble, bitch (*beide*: ***über*** *acc* about).
Medaille [me'daljə] *f* (-; -n) medal; **~ngewinner** *m* medal(l)ist.
Medaillon [medal'jɔ̃ː] *n* (-s; -s) locket; *gastr.* medallion.
Medien ['meːdĭən] *pl* media *pl* (*a. sg konstr.*); '**~ereignis** *n* media event; '**~landschaft** *f* media landscape (*od.* environment).
Medikament [medika'mɛnt] *n* (-[e]s; -e) medicine, drug (*beide*: ***gegen*** for); **2ös** [~'tøːs] *adj u. adv* with drugs.
Medizin [medi'tsiːn] *f* (-; -en) medicine; *Arznei*: → ***Medikament***; **2isch** *adj* medical; **2isch-technische Assi'stentin** *f* (-; -nen) medical laboratory assistant.
Meer [meːr] *n* (-[e]s; -e) sea (*a. fig.*), ocean; '**~blick** *m* (-[e]s; *no pl*) view of the sea; '**~enge** *f* strait(s *pl*); '**~esboden** *m* seabed, bottom of the sea; **~esfrüchte** ['~fryçtə] *pl* seafood *sg*; '**~esgrund** *m* (-[e]s; *no pl*) → ***Meeresboden***; '**~esspiegel** *m* (-s; *no pl*): ***über*** (***unter***) ***dem ~*** above (below) sea level; '**~rettich** *m bot.* horseradish.
Mehl [meːl] *n* (-[e]s; -e) flour.
mehr [meːr] *indef pron u. adv* more: ***noch ~*** even more; ***es ist kein ... ~ da*** there isn't any ... left; → ***immer, nicht***; '**2arbeit** *f* (-; *no pl*) extra work; '**2aufwand** *m* additional expenditure (***an*** *dat* of); **~deutig** ['~dɔʏtɪç] *adj* ambiguous; '**2einnahmen** *pl* additional earnings *pl*; **~ere** ['~ərə] *adj u. indef pron* several; '**2heit** *f* (-; -en) majority; '**2heitswahlrecht** *n* majority vote system; '**2kosten** *pl* extra costs *pl*; '**~mals** *adv* several times; '**2par,teiensy,stem** *n* multiparty system; '**2wertsteuer** *f* value-added tax; '**2zahl** *f* (-; *no pl*) *Mehrheit*: majority; *gr.* plural; '**2zweckhalle** *f* multi-purpose hall.
meiden ['maɪdən] *v/t* (mied, gemieden, h) avoid.
Meile ['maɪlə] *f* (-; -n) mile; '**2nweit** *adv* (for) miles.
mein [maɪn] *poss pron* my: **~er, ~e, ~(e)s** mine.
'**Meineid** *m jur.* perjury: ***e-n ~ leisten*** commit perjury.
meinen ['maɪnən] *v/t u. v/i* (h) *glauben, e-r Ansicht sein*: think, believe; *sagen*

wollen, beabsichtigen, sprechen von: mean; *sagen*: say: **~ *Sie* (*wirklich*)?** do you (really) think so?; ***wie ~ Sie das?*** what do you mean by that?; ***sie ~ es gut*** they mean well; ***ich habe es nicht so gemeint*** I didn't mean it; ***wie ~ Sie?*** (I beg your) pardon?

meinet|wegen ['maɪnət'~] *adv von mir aus*: I don't mind (*od.* care); *für mich*: for my sake; *wegen mir*: because of me.

'Meinung *f* (-; -en) opinion (***über*** *acc*, ***von*** about, of): ***m-r ~ nach*** in my opinion; ***der ~ sein, daß*** be of the opinion that, feel (*od.* believe) that; ***s-e ~ ändern*** change one's mind; ***ich bin Ihrer*** (***anderer***) **~** I (don't) agree with you; **'~saustausch** *m* exchange of views (***über*** *acc* on); **'~sforscher** *m* pollster; **'~sforschung** *f* opinion research; **'~sforschungsinsti,tut** *n* polling institute; **'~sfreiheit** *f* (-; *no pl*) freedom of speech (*od.* opinion); **'~sumfrage** *f* opinion poll; **'~sumschwung** *m* swing of opinion; **'~sverschiedenheit** *f* difference of opinion (***über*** *acc* over).

Meise ['maɪzə] *f* (-; -n) *zo.* titmouse.

meist [maɪst] **1.** *adj* most: ***das ~e*** (***davon***) most of it; ***die ~en*** (***von ihnen***) most of them; ***die ~en Leute*** most people; ***die ~e Zeit*** most of the time; **2.** *adv* → ***meistens***: ***am ~en*** most (of all); **'Ձbegünstigungsklausel** *f econ., pol.* most-favo(u)red-nation clause; **'Ձbietende** *m, f* (-n; -n) highest bidder; **'~ens** *adv* mostly, usually.

Meister ['maɪstər] *m* (-s; -) *HandwerksՁ*: master craftsman; *Künstler, Könner*: master; *Sport etc*: champion; **'Ձhaft 1.** *adj* masterly; **2.** *adv* in a masterly manner (*od.* way); **'Ձn** *v/t* (h) master; **'~schaft** *f* (-; -en) *Können*: mastery; *Sport etc*: championship; **'~werk** *n* masterpiece.

Melanchol|ie [melaŋko'li:] *f* (-; -n) melancholy; **Ձisch** [~'ko:lɪʃ] *adj* melancholy: ***~ sein*** feel melancholy.

Meld|ebehörde ['mɛldə~] *f* registration office; **'Ձen** (h) **1.** *v/t et., j-n*: report (***bei*** to); *Presse, Funk etc*: announce, report; *amtlich*: notify the authorities of; **2.** *v/refl* report (***bei*** to; ***für, zu*** for); *polizeilich an~*: register (***bei*** with); *teleph.* answer (the phone); *freiwillig*: volunteer (***für, zu*** for); **'~epflicht** *f* obligatory registration; *med.* duty of notification; **'Ձepflichtig** *adj* subject to registration; *med.* notifiable; **'~ezettel** *m* registration form; **'~ung** *f* (-; -en) *Presse, Funk etc*: report, news *pl* (*sg konstr.*), announcement; *Mitteilung*: information, notice; *amtlich*: notification, report; *polizeiliche AnՁ*: registration (***bei*** with).

Melodi|e [melo'di:] *f* (-; -n) melody, *Weise*: *a.* tune; **Ձös** [~'dĭø:s] *adj* melodious.

Melone [me'lo:nə] *f* (-; -n) *bot.* melon.

Memoiren [me'mŏa:rən] *pl* memoirs *pl.*

Menge ['mɛŋə] *f* (-; -n) *Anzahl*: quantity, amount; *MenschenՁ*: crowd: F ***e-e ~ Geld*** plenty of money, lots *pl* of money; **'~nra,batt** *m econ.* bulk discount.

Mensch [mɛnʃ] *m* (-en; -en) human being; *der ~ als Gattung*: man; *einzelner*: person, individual: ***die ~en*** *pl* people *pl*; *alle*: mankind *sg*; ***kein ~*** nobody.

'Menschen|affe *m zo.* ape; **'~handel** *m* slave trade; **'~kenntnis** *f* (-; *no pl*) knowledge of human nature: ***~ haben*** know human nature; **'~leben** *n* human life; **'Ձleer** *adj* deserted; **'~menge** *f* crowd; **'~rechte** *pl* human rights *pl*; **'~seele** *f*: ***keine ~*** not a living soul; **'Ձunwürdig** *adj Behandlung etc*: degrading; *Unterkunft etc*: unfit for human beings; **'~verstand** *m*: ***gesunder ~*** common sense; **'~würde** *f* human dignity.

'Mensch|heit *f* (-; *no pl*): ***die ~*** mankind, the human race; **'Ձlich** *adj den Menschen betreffend*: human; *human*: humane; **'~lichkeit** *f* (-; *no pl*) humanity.

Menstruation [mɛnstrua'tsĭo:n] *f* (-; -en) *physiol.* menstruation.

Mentalität [mɛntali'tɛ:t] *f* (-; -en) mentality.

Menü [me'ny:] *n* (-s; -s) *gastr.* set meal, *mittags*: *a.* set lunch; *Computer*: menu.

Merk|blatt ['mɛrk~] *n* leaflet; **'Ձen** *v/t* (h) *wahrnehmen*: notice; *spüren*: feel; *entdecken*: find (out), discover: ***sich et. ~*** remember s.th., keep (*od.* bear) s.th. in mind; **'Ձlich** *adj wahrnehmbar*: noticeable; *deutlich*: marked, distinct; *beträchtlich*: considerable; **'~mal** *n* (-[e]s; -e) characteristic, feature; *Zeichen*: sign; **'Ձwürdig** *adj* strange, odd;

M

'**2würdigerweise** *adv* strangely (*od.* oddly) enough.
meß|bar ['mɛsba:r] *adj* measurable; '**2becher** *m* measuring cup.
Messe ['mɛsə] *f* (-; -n) *econ.* fair; *eccl.* mass; '**~ausweis** *m* fair pass; '**~besucher** *m* visitor to the fair; '**~gelände** *n* exhibition cent|re (*Am.* -er); '**~halle** *f* exhibition hall.
messen ['mɛsən] (maß, gemessen, h) **1.** *v/t* measure; *Temperatur, Blutdruck etc*: take: ***gemessen an*** (*dat*) compared with; **2.** *v/refl*: ***sich nicht mit j-m ~ können*** be no match for s.o.
'**Messeneuheit** *f* newcomer to the market.
Messer ['mɛsər] *n* (-s; -) knife: ***auf des ~s Schneide stehen*** be on a razor edge; **~steche'rei** *f* (-; -en) knifing; '**~stich** *m* stab; *Wunde*: stab wound.
'**Messestadt** *f* exhibition cent|re (*Am.* -er).
Messing ['mɛsɪŋ] *n* (-s; *no pl*) brass.
'**Meßinstru,ment** *n* ['mɛs~] measuring instrument.
'**Messung** *f* (-; -en) measuring; *Ablesung*: reading.
Metall [me'tal] *n* (-s; -e) metal; **2verarbeitend** *adj* metal-processing; **~waren** *pl* metal goods *pl*, hardware *sg*.
Meteorolog|e [meteoro'lo:gə] *m* (-n; -n) meteorologist; **~ie** [~lo'gi:] *f* (-; *no pl*) meteorology; **2isch** *adj* meteorological.
Meter ['me:tər] *m, a. n* (-s; -) met|re (*Am.* -er); '**~maß** *n* tape measure.
Method|e [me'to:də] *f* (-; -n) method; **2isch** *adj* methodical.
metrisch ['me:trɪʃ] *adj* metric.
Metropole [metro'po:lə] *f* (-; -n) metropolis.
Metzger ['mɛtsgər] *m* (-s; -) butcher: ***beim ~*** at the butcher's; **~ei** [~'raɪ] *f* (-; -en) butcher's (shop).
mich [mɪç] **1.** *pers pron* me; **2.** *refl pron* myself.
Miene ['mi:nə] *f* (-; -n) expression, look, air: ***gute ~ zum bösen Spiel machen*** grin and bear it.
Miet|e ['mi:tə] *f* (-; -n) rent; '**2en** *v/t* (h) rent; '**~er** *m* (-s; -) tenant; '**~kauf** *m* hire purchase; '**~shaus** *n Br.* block of flats, *Am.* apartment house; '**~vertrag** *m* lease; '**~wagen** *m* → ***Leihwagen***; '**~wohnung** *f Br.* (rented) flat, *Am.* apartment.
Migräne [mi'grɛ:nə] *f* (-; -n) *med.* migraine.
Mikro|chip ['mi:kro~] *m* microchip; **~fiche** ['~fi:ʃ] *n, m* microfiche; '**~film** *m* microfilm.
Mikrophon [mikro'fo:n] *n* (-s; -e) microphone.
Mikroskop [mikro'sko:p] *n* (-s; -e) microscope; **2isch** *adj* (*a.* ***~ klein***) microscopic.
Mikrowellenherd ['mi:kro~] *m* microwave oven.
Milch [mɪlç] *f* (-; *no pl*) milk; '**~glas** *n tech.* frosted glass; '**~mixgetränk** *n* milk shake; '**~pro,dukte** *pl* dairy products *pl*; '**~pulver** *n* powdered milk; '**~reis** *m* rice pudding; '**~straße** *f ast.* Milky Way, Galaxy; '**~zahn** *m* milk tooth.
mild [mɪlt] *adj Klima etc*: mild; *Strafe etc*: *a.* lenient; *Farbe, Licht*: soft.
milde ['mɪldə] *adv*: ***~ ausgedrückt*** to put it mildly.
Milde [~] *f* (-; *no pl*) mildness; leniency: ***~ walten lassen*** be lenient.
mildern ['mɪldərn] *v/t* (h) *Schmerzen*: alleviate, ease, soothe; *Wirkung etc*: reduce, soften; '**~d** *adj*: ***~e Umstände*** *jur.* mitigating circumstances.
Milieu [mi'lĭø:] *n* (-s; -s) *Umwelt*: environment; *Herkunft*: social background.
Militär [mili'tɛ:r] *n* (-s; *no pl*) *the* military, armed forces *pl*; *Heer*: army; **~dienst** *m* military service; **~dikta,tur** *f* military dictatorship; **2isch** *adj* military.
Milita|rismus [milita'rɪsmʊs] *m* (-; *no pl*) militarism; **~'rist** *m* (-en; -en) militarist; **2'ristisch** *adj* militaristic.
Mili'tärre,gierung *f* military government.
Milliarde [mɪ'lĭa:rdə] *f* (-; -n) billion,
Milli'meter ['mɪli~] *m, a. n* millimet|re (*Am.* -er).
Million [mɪ'lĭo:n] *f* (-; -en) million; **~är** [~o'nɛ:r] *m* (-s; -e) millionaire.
Milz [mɪlts] *f* (-; -en) *anat.* spleen.
Minder|einnahme ['mɪndər~] *f* shortfall in receipts; '**~heit** *f* (-; -en) minority; '**~heitsre,gierung** *f* minority government.
minderjährig ['~jɛ:rɪç] *adj* underage; **2e**

['~gə] *m*, *f* (-n; -n) minor; '**2keit** *f* (-; *no pl*) minority.
'**minderwertig** *adj* inferior, of inferior quality; '**2keit** *f* (-; *no pl*) inferiority; *econ.* inferior quality; '**2keitskom,plex** *m* inferiority complex.
mindest ['mɪndəst] *adj* least: ***das ~e*** the (very) least; ***nicht im ~en*** not in the least, by no means; '**2alter** *n* minimum age; **~ens** [~əns] *adv* at least; '**2gebot** *n* reserve price; '**2lohn** *m* minimum wage; '**2maß** *n* minimum (***an*** *dat* of): ***auf ein ~ herabsetzen*** minimize; '**2umtausch** *m* minimum currency exchange.
Mineral [minə'ra:l] *n* (-s; -e, -ien) mineral; **~öl** *n* mineral oil; **~ölsteuer** *f* mineral oil tax; **~wasser** *n* mineral water.
Minigolf ['mɪni~] *n Br.* crazy golf, *Am.* miniature golf; '**~anlage** *f* crazy (*Am.* miniature) golf course.
mini|mal [mini'ma:l] *adj* minimal; **~mum** ['mi:nimʊm] *n* (-s; -ma) → ***Mindestmaß.***
Minirock ['mɪni~] *m* miniskirt.
Minister [mi'nɪstər] *m* (-s; -) minister, *Br.* Secretary of State, *Am.* Secretary; **~ium** [~'te:rĭʊm] *n* (-s; -rien) ministry, *Am.* department; **~präsi,dent** *m e-s Bundeslandes*: prime minister.
minus ['mi:nʊs] **1.** *prp math.* minus; **2.** *adv*: ***10 Grad ~*** 10 degrees below zero.
Minus [~] *n* (-; *no pl*) deficit; *Konto*: overdraft; *fig.* disadvantage: ***~ machen*** make a loss; ***im ~ sein*** be in the red; '**~betrag** *m* deficit.
Minute [mi'nu:tə] *f* (-; -n) minute; **~nzeiger** *m* minute hand.
mir [mi:r] *pers pron* (to) me.
'**Misch|batte,rie** ['mɪʃ~] *f Waschbecken etc*: *Br.* mixer tap, *Am.* mixing faucet; '**~brot** *n* mixed-grain bread; '**2en** *v/t* (h) mix; *Tabak, Tee etc*: blend; *Karten*: shuffle; '**~gemüse** *n* mixed vegetables *pl*; '**~pult** *n Rundfunk, TV*: mixer, mixing console; '**~ung** *f* (-; -en) mixture; blend; *Pralinen2 etc*: assortment; '**~wald** *m* mixed forest.
miserabel [mizə'ra:bəl] *adj* F lousy, rotten.
miß|'achten [mɪs~] *v/t* (*insep*, *no* -ge-, h) *nicht beachten*: disregard, ignore; **2'achtung** *f* disregard; **~'billigen** *v/t* (*insep*, *no* -ge-, h) disapprove of; '**2brauch** *m* abuse; misuse; **~'brauchen** *v/t* (*insep*, *no* -ge-, h) abuse (*a. sexuell*); *falsch anwenden*: misuse; **~'deuten** *v/t* (*insep*, *no* -ge-, h) misinterpret; '**2erfolg** *m* failure, *Film etc*: *a.* flop; '**2ernte** *f* bad harvest, crop failure; **~'fallen** *v/i* (*irr*, *insep*, *no* -ge-, h, → ***fallen***): ***es mißfiel ihm*** he didn't like it; '**2fallen** *n* (-s; *no pl*) displeasure, dislike; '**2geschick** *n Panne etc*: mishap; **~'glücken** *v/i* (*insep*, *no* -ge-, sn) fail; **~'gönnen** *v/t* (*insep*, *no* -ge-, h): ***j-m et. ~*** (be)grudge s.o. s.th.; '**2griff** *m* mistake; **~'handeln** *v/t* (*insep*, *no* -ge-, h) ill-treat, maltreat; *(Ehe)Frau, Kind*: batter; **2'handlung** *f* ill-treatment, maltreatment; *jur.* assault and battery; **~lingen** [~'lɪŋən] *v/i* (mißlang, mißlungen, sn) fail: ***es mißlang mir*** I didn't manage it; **~'trauen** *v/i* (*insep*, *no* -ge-, h) distrust, mistrust; '**2trauen** *n* (-s; *no pl*) distrust, mistrust (*beide*: ***gegen*** of): ***j-s ~ erregen*** arouse s.o.'s suspicion; '**2trauensantrag** *m parl.* motion of no confidence; '**2trauensvotum** *n parl.* vote of no confidence; **~trauisch** ['~traʊɪʃ] *adj* distrustful (***gegen*** of); *argwöhnisch*: suspicious (of); '**2verhältnis** *n* disproportion; '**2verständnis** *n* (-ses; -se) misunderstanding; '**~verstehen** *v/t* (*irr*, *insep*, *no* -ge-, h, → ***stehen***) misunderstand; '**2wirtschaft** *f* mismanagement.
mit [mɪt] **1.** *prp* with: ***~ 100 Stundenkilometern*** at 100 kilometres per hour; → ***Auto, Gewalt, Jahr*** *etc*; **2.** *adv*: ***~ der Grund dafür, daß*** one of the reasons why; ***~ der Beste*** one of the best.
'**Mit|arbeit** *f* (-; *no pl*) cooperation, *Hilfe*: *a.* assistance (*beide*: ***bei*** in); '**~arbeiter** *m* employee; *Projekt etc*: collaborator: ***freier ~*** freelance; '**~arbeiterstab** *m* staff (*a. pl konstr.*); '**2benutzen** *v/t* (*sep*, *no* -ge-, h) share; '**~bestimmung** *f* (-; *no pl*) codetermination, *econ. a.* worker participation; '**~bewerber** *m* competitor; '**2bringen** *v/t* (*irr*, *sep*, -ge-, h, → ***bringen***) bring (*od.* take) along (with one): ***j-m et. ~*** bring (*od.* take) s.o. s.th.; **~bringsel** ['~brɪŋzəl] *n* (-s; -) little present; *Reise2*: souvenir; '**~bürger** *m* fellow citizen; '**~eigentümer** *m* joint owner; **2ein-**

M

'**ander** *adv* with each other; *zusammen*: together; '**2erleben** *v/t* (*sep*, *no* -ge-, h) witness; '**~esser** *m* (-s; -) *med.* blackhead; '**2fahren** *v/i* (*irr*, *sep*, -ge-, sn, → ***fahren***): ***mit j-m ~*** drive (*od.* go) with s.o.; '**~fahrerzen,trale** *f* car pooling service; '**~fahrgelegenheit** *f* lift; '**2geben** *v/t* (*irr*, *sep*, -ge-, h, → ***geben***): ***j-m et. ~*** give s.o. s.th. (to take along); '**~gefühl** *n* (-[e]s; *no pl*) sympathy; '**2gehen** *v/i* (*irr*, *sep*, -ge-, sn, → ***gehen***): ***mit j-m ~*** go along with s.o.; '**~gift** *f* (-; -en) dowry.

'**Mitglied** *n* member (*gen*, ***in*** *dat*, ***bei*** of); '**~sausweis** *m* membership card; '**~sbeitrag** *m* (membership) fee (*Am.* dues *pl*); '**~schaft** *f* (-; -en) membership; '**~sland** *n* member country.

'**mit|haben** *v/t* (*irr*, *sep*, -ge-, h, → ***haben***): ***ich habe kein Geld mit*** I haven't got any money with (*od.* on) me ; '**2hilfe** *f* assistance, help, cooperation; '**~hören** *v/t* (*sep*, -ge-, h) *belauschen*: listen in on, eavesdrop on; *zufällig*: overhear; '**2inhaber** *m* joint owner; '**~kommen** *v/i* (*irr*, *sep*, -ge-, sn, → ***kommen***) come along (***mit*** with); *fig. Schritt halten*: keep pace (***mit*** with); *verstehen*: follow.

'**Mitleid** *n* (-[e]s; *no pl*) pity (***mit*** for): ***~ haben mit*** feel sorry for; ***aus ~ für*** out of pity for; '**2ig** *adj* compassionate, sympathetic; '**2slos** *adj* pitiless.

M

'**mit|machen** (*sep*, -ge-, h) **1.** *v/i* join in; **2.** *v/t* take part in; *die Mode*: follow; *erleben*: go through; '**~nehmen** *v/t* (*irr*, *sep*, -ge-, h, → ***nehmen***) take along (*od.* with one): ***j-n*** (***im Auto***) ***~*** give s.o. a lift; '**2reisende** *m*, *f* fellow travel(l)er (*od.* passenger); '**~reißend** *adj Rede*, *Musik etc*: exciting, rousing; '**~schneiden** *v/t* (*irr*, *sep*, -ge-, h, → ***schneiden***) *Funk*, *TV*: record; '**~schreiben** (*irr*, *sep*, -ge-, h, → ***schreiben***) **1.** *v/t* take down; **2.** *v/i* take notes.

'**Mitschuld** *f* (-; *no pl*) partial responsibility; '**2ig** *adj*: ***~ sein*** be partly to blame (***an*** *dat* for).

Mittag ['mɪtaːk] *m* (-[e]s; -e) noon, midday: ***heute 2*** at noon today; → ***essen***; '**~essen** *n* lunch: ***was gibt es zum ~?*** what's for lunch?; '**2s** *adv* at noon: ***12 Uhr ~*** 12 o'clock noon.

'**Mittags|hitze** *f* midday heat; '**~pause** *f* lunch break; '**~schlaf** *m* afternoon nap; '**~zeit** *f* lunchtime.

Mitte ['mɪtə] *f* (-; -n) middle; *Mittelpunkt*: cent|re (*Am.* -er) (*a. pol.*): ***~ Juli*** in the middle of July; ***~ Dreißig*** in one's mid thirties.

'**mitteil|en** *v/t* (*sep*, -ge-, h): ***j-m et. ~*** inform s.o. of s.th.; '**~sam** *adj* communicative; *gesprächig*: talkative; '**2ung** *f* (-; -en) report, information, message.

Mittel ['mɪtəl] *n* (-s; -) means, way; *Maßnahme*: measure; *Heil2*: remedy (***gegen*** for) (*a. fig.*): ***~ pl*** means *pl*, money *sg*; '**~alter** *n* Middle Ages *pl*; '**2alterlich** *adj* medi(a)eval; '**~ding** *n* cross (***zwischen*** *dat* between); '**2euro,päisch** *adj*: ***~e Zeit*** Central European Time; '**~finger** *m* middle finger; '**2fristig** *adj Kredit etc*: medium-term; *Planung etc*: medium-range; '**~gebirge** *n* low mountain range; '**2groß** *adj Person*: of medium height; *Sache*: medium-sized; '**~klasse** *f econ.* medium price range: ***Hotel der ~*** → ***Mittelklassehotel***; ***Hotel der gehobenen ~*** superior hotel; ***Wagen der ~*** → ***Mittelklassewagen***; '**~klasseho,tel** *n* good hotel; '**~klassewagen** *m* middle-of-the-market car; '**2los** *adj* destitute, penniless; '**2mäßig** *adj* mediocre; *durchschnittlich*: average; '**~meerklima** *n* Mediterranean climate; **~meerländer** ['~lɛndər] *pl* Mediterranean countries *pl*; '**~meerraum** *m* Mediterranean area; '**~punkt** *m* cent|re (*Am.* -er) (*a. fig.*); '**2s** *prp* by (means of), through; '**~stand** *m* (-[e]s; *no pl*) *sociol.* middle class(es *pl*); **2ständisch** ['~ʃtɛndɪʃ] *adj* middle-class; '**~strecke** *f* middle distance; '**~streifen** *m mot. Br.* central reserve (*od.* reservation), *Am.* median strip; '**~stufe** *f* intermediate stage; '**~weg** *m fig.* middle course; '**~welle** *f electr.* medium wave: ***auf ~*** on medium wave.

mitten ['mɪtən] *adv*: ***~ in*** (*acc*, *dat*) (***auf*** *acc*, *dat*, ***unter*** *acc*, *dat*) in the middle of.

Mitternacht ['mɪtərnaxt] *f* (-; *no pl*) midnight: ***um ~*** at midnight.

mittlere ['mɪtlərə] *adj* middle, central; *durchschnittlich*: average.

Mittwoch ['mɪtvɔx] *m* (-[e]s; -e) Wednesday: (***am***) ***~*** on Wednesday.

mit|'unter *adv* now and then; **'~verantwortlich** *adj* jointly responsible (**für** for); **'≈verantwortung** *f* joint responsibility.

'mitwirk|en *v/i* (*sep*, -ge-, h) take part (**bei** in); **'≈ende** *m, f* (-n; -n) *mus., thea.* performer: **die ~n** *pl thea.* the cast (*a. pl konstr.*); **'≈ung** *f* (-; *no pl*) participation (**bei** in).

mix|en ['mɪksən] *v/t* (h) mix; **'≈getränk** *n* mixed drink; *alkoholisches*: cocktail.

Möbel ['mø:bəl] *pl* furniture *sg*; **'~spediti͵on** *f* removal firm; **'~stück** *n* piece of furniture; **'~wagen** *m* furniture (*od.* removal) van.

mobil [mo'bi:l] *adj* mobile: **~ machen** *mil.* mobilize; **≈iar** [mobi'lĭa:r] *n* (-s; *no pl*) furniture; **≈ität** [mobili'tɛ:t] *f* (-; *no pl*) mobility: **berufliche ~** occupational mobility; **≈machung** *f* (-; -en) *mil.* mobilization.

möblieren [mø'bli:rən] *v/t* (*no* ge-, h) furnish.

Mode ['mo:də] *f* (-; -n) fashion: **in ~** in fashion; **in (aus der) ~ kommen** come into (get out of) fashion.

Modell [mo'dɛl] *n* (-s; -e) model: **j-m ~ stehen** pose (*od.* sit) for s.o.; **~kleid** *n* model (dress).

'Modenschau *f* fashion show.

Moderator [mode'ra:tɔr] *m* (-s; -en), **~in** [~ra'to:rɪn] *f* (-; -nen) *TV*: presenter, host, *Am. a.* moderator.

moderieren [mode'ri:rən] *v/t* (*no* ge-, h) *TV*: present, *Am. a.* moderate.

modern [mo'dɛrn] *adj* modern; *modisch*: fashionable; *auf dem neuesten Stand*: up-to-date; **~isieren** [~i'zi:rən] *v/t* (*no* ge-, h) modernize; *auf den neuesten Stand bringen*: bring up to date.

'Mode|schmuck *m* costume jewel(le)ry; **'~schöpfer** *m* couturier; **'~schöpferin** *f* (-; -nen) couturière; **'~wort** *n* (-[e]s; ¨er) vogue word; **'~zeitschrift** *f* fashion magazine.

modisch ['mo:dɪʃ] *adj* fashionable, stylish.

Mofa ['mo:fa] *n* (-s; -s) motorized bicycle.

mogel|n ['mo:gəln] *v/i* (h) F cheat; **'≈packung** *f* cheat package.

mögen ['mø:gən] (mochte, h) **1.** *v/t* (*pp* gemocht) like: **er mag sie (nicht)** he likes (doesn't like) her; **lieber ~** like better, prefer; **nicht ~** dislike; **was möchten Sie?** what would you like?; **ich möchte, daß du es weißt** I'd like you to know (it); **2.** *v/aux* (*pp* mögen): **ich möchte lieber bleiben** I'd rather stay; **es mag sein(, daß)** it may be (that).

möglich ['mø:klɪç] **1.** *adj* possible: **alle ~en** all sorts of; **sein ~stes tun** do what one can; *stärker*: do one's utmost; **so bald wie ~** as soon as possible; **2.** *adv*: **~st bald** *etc* as soon *etc* as possible; **'~erweise** *adv* possibly; **'≈keit** *f* (-; -en) possibility; *Gelegenheit*: opportunity; *Aussicht*: chance: **nach ~** if possible.

Mohn [mo:n] *m* (-[e]s; -e) *bot.* poppy.

Möhre ['mø:rə] *f* (-; -n), **Mohrrübe** ['mo:r~] *f bot.* carrot.

Molekül [mole'ky:l] *n* (-s; -e) molecule.

Molotowcocktail ['mɔlotɔf~] *m* Molotov cocktail, petrol (*Am.* gasoline) bomb.

Moment [mo'mɛnt] *m* (-[e]s; -e) moment: **(e-n) ~ bitte!** just a moment, please; **im ~** at the moment.

Monarch [mo'narç] *m* (-en; -en) monarch; **~ie** [~'çi:] *f* (-; -n) monarchy.

Monat ['mo:nat] *m* (-[e]s; -e) month: **zweimal im (pro) ~** twice a month; **'≈elang** *adv* for months; **'≈lich** *adj u. adv* monthly.

'Monats|binde *f* → **Damenbinde**; **'~einkommen** *n* monthly income; **'~karte** *f* monthly (season) ticket; **'~rate** *f* monthly instal(l)ment.

Mond [mo:nt] *m* (-[e]s; -e) moon.

monetär [mone'tɛ:r] *adj* monetary.

Monitor ['mo:nitɔr] *m* (-s; -e[n]) monitor.

Mono|log [mono'lo:k] *m* (-s; -e) monolog(ue); **~pol** [~'po:l] *n* (-s; -e) *econ.* monopoly (**auf** *acc* on); **≈polisieren** [~poli'zi:rən] *v/t* (*no* ge-, h) monopolize; **≈ton** [~'to:n] *adj* monotonous; **~tonie** [~to'ni:] *f* (-; -n) monotony.

Monster ['mɔnstər] *n* (-s; -) monster; **'~film** *m* monster film; mammoth production.

Montag ['mo:nta:k] *m* Monday: **(am) ~** on Monday.

Montage [mɔn'ta:ʒə] *f* (-; -n) *tech. Zusammenbau*: assembly; *e-r Anlage*: installation: **auf ~ sein** be away on a construction job; **~band** *n* (-[e]s; ¨er) assembly line; **~halle** *f* assembly shop.

M

Mon'tan|indu,strie [mɔn'taːn~] *f* coal, iron, and steel industries *pl*; **~uni,on** *f* (-; *no pl*) European Coal and Steel Community.

Mont|eur [mɔn'tøːr] *m* (-s; -e) *tech.* fitter; *bsd. aer., mot.* mechanic; **≗ieren** [~'tiːrən] *v/t* (*no* ge-, h) *zusammensetzen*: assemble; *anbringen*: fit, attach; *Anlage*: instal(l).

Moped ['moːpɛt] *n* (-s; -s) moped.

Moral [mo'raːl] *f* (-; *no pl*) *Sittlichkeit*: morals *pl*; *e-r Geschichte etc*: moral; *mil. etc* morale; **≗isch** *adj* moral.

Mord [mɔrt] *m* (-[e]s; -e) murder (**an** *dat* of): ***e-n ~ begehen*** commit murder; **'~anschlag** *m* attempted murder (**auf** *acc* of), *bsd. pol.* assassination attempt (against on).

Mörder ['mœrdər] *m* (-s; -) murderer, killer, *bsd. pol.* assassin.

'Mord|kommissi,on *f* murder (*Am.* homicide) squad; **'~pro,zeß** *m jur.* murder trial; **'~verdacht** *m* suspicion of murder: ***unter ~ stehen*** be suspected of murder.

morgen ['mɔrgən] *adv* tomorrow: ***~ mittag*** at noon tomorrow; ***~ in e-r Woche*** a week from tomorrow; ***~ um diese Zeit*** this time tomorrow; → ***Abend, früh.***

Morgen [~] *m* (-s; -) morning: ***am (frühen) ~*** (early) in the morning; ***am nächsten ~*** the next morning; ***gestern ≗*** yesterday morning; → ***heute***; **'~grauen** *n*: ***beim*** (*od.* ***im***) ***~*** at dawn; **'~gym,nastik** *f*: ***s-e ~ machen*** do one's morning exercises.

'morgens *adv* in the morning: ***von ~ bis abends*** from morning till night.

'Morgenzeitung *f* morning paper.

morgig ['mɔrgɪç] *adj*: ***die ~en Ereignisse*** tomorrow's events; ***der ~e Tag*** tomorrow.

Morphium ['mɔrfĭʊm] *n* (-s; *no pl*) *pharm.* morphine.

morsch [mɔrʃ] *adj* rotten: ***~ werden*** rot.

Mosaik [moza'iːk] *n* (-s; -en) mosaic (*a. fig.*).

Moschee [mɔ'ʃeː] *f* (-; -n) mosque.

Moskito [mɔs'kiːto] *m* (-s; -s) *zo.* mosquito; **~netz** *n* mosquito net.

Motel ['moːtɛl] *n* (-s; -s) motel.

Motiv [mo'tiːf] *n* (-s; -e) motive; *mus., paint. etc* motif; *phot.* subject; **~ation** [motiva'tsĭoːn] *f* (-; -en) motivation; **≗ieren** [moti'viːrən] *v/t* (*no* ge-, h) motivate.

Motor ['moːtɔr] *m* (-s; -en) motor, *bsd. electr.* engine (*a. fig.*); **'~boot** *n* motor boat; **'~haube** *f Br.* bonnet, *Am.* hood; **'~leistung** *f* (engine) performance; **'~öl** *n* engine oil; **'~rad** *n* motorcycle, F motorbike: ***~ fahren*** ride a motorcycle; **'~radfahrer** *m* motorcyclist; **'~roller** *m* (motor) scooter; **'~schaden** *m* engine trouble.

Motte ['mɔtə] *f* (-; -n) *zo.* moth; **'~nkugel** *f* mothball; **'~npulver** *n* moth powder.

Motto ['mɔto] *n* (-s; -s) motto.

motzen ['mɔtsən] *v/i* (h) → ***meckern.***

Möwe ['møːvə] *f* (-; -n) *zo.* (sea)gull.

Mücke ['mʏkə] *f* (-; -n) *zo.* gnat, midge, mosquito: ***aus e-r ~ e-n Elefanten machen*** make a mountain out of a molehill; **'~nstich** *m* gnat bite.

müd|e ['myːdə] *adj* tired; **'≗igkeit** *f* (-; *no pl*) tiredness.

Muffel ['mʊfəl] *m* (-s; -) F sourpuss.

Mühe ['myːə] *f* (-; -n) trouble; *Anstrengung*: effort; *Schwierigkeit(en)*: trouble, difficulty (**mit** with *s.th.*): (***nicht***) ***der ~ wert*** (not) worth the trouble; ***j-m ~ machen*** give s.o. trouble; ***sich ~ geben*** try hard; ***sich die ~ sparen*** save o.s. the trouble; ***mit Müh u. Not*** just about; **'≗los** *adv* without difficulty; **'≗voll** *adj* laborious.

Mühle ['myːlə] (-; -n) mill; *Spiel*: nine men's morris.

'mühsam *adv* with difficulty.

Mull [mʊl] *m* (-[e]s; -e) *bsd. med.* gauze.

Müll [mʏl] *m* (-[e]s; *no pl*) *Haus≗*: rubbish, refuse, *Am. a.* garbage, trash; *Industrie≗ etc*: waste; **'~abfuhr** *f* refuse (*Am.* garbage) collection; *Müllmänner*: *Br.* dustmen *pl*, *Am.* garbage men *pl* (*od.* collectors *pl*); **'~beutel** *m Br.* dustbin liner, *Am.* garbage bag.

'Mullbinde *f med.* gauze bandage.

'Müll|con,tainer *m* rubbish (*Am.* garbage) skip; **'~depo,nie** *f* dump; **'~eimer** *m Br.* dustbin, *Am.* garbage can; **'~fahrer** *m Br.* dustman, *Am.* garbage man (*od.* collector); **'~haufen** *m* rubbish (*Am.* garbage) heap; **'~mann** *m* → ***Müllfahrer***; **'~schlucker** *m* (-s; -) refuse (*Am.* garbage) chute; **'~tonne** *f* → ***Mülleimer***; **'~verbrennungsanla-**

ge *f* (waste) incineration plant; '**~wagen** *m Br.* dustcart, *Am.* garbage truck.

Multi ['mʊlti] *m* (-s; -s) *econ.* F multinational; **⁓lateral** ['~late,ra:l] *adj econ., pol.* multilateral; '**⁓natio,nal** *adj* multinational.

Multipli|kation [mʊltiplika'tsǐo:n] *f* (-; -en) *math.* multiplication; **⁓zieren** [~'tsi:rən] *v/t* (*no* ge-, h) multiply (***mit*** by).

Mumie ['mu:mǐə] *f* (-; -n) mummy.

Mund [mʊnt] *m* (-[e]s; ⸚er) mouth: ***den ~ voll nehmen*** talk big; ***halt den ~!*** shut up!; '**~art** *f* dialect.

münden ['mʏndən] *v/i* (sn): ***~ in*** (*acc*) *Fluß etc*: flow into; *Straße etc*: lead into.

'**Mundgeruch** *m* bad breath.

mündig ['mʏndɪç] *adj Bürger*: politically mature: ***~*** (***werden***) *jur.* (come) of age.

mündlich ['mʏntlɪç] *adj Aussage, Vertrag etc*: verbal; *Prüfung, Überlieferung*: oral.

M-und-S-Reifen [ɛmʊnt'ɛs~] *m mot.* snow tyre (*Am.* tire).

'**Mündung** *f* (-; -en) mouth; *e-r Feuerwaffe*: muzzle.

'**Mund|wasser** *n* (-s; ⸚) mouthwash; '**~werk** (-[e]s; *no pl*): ***ein gutes ~*** the gift of the gab; ***ein loses ~*** a loose tongue; '**~winkel** *m* corner of one's mouth; '**~-zu-'~-Beatmung** *f med.* mouth-to-mouth resuscitation, F kiss of life.

Munition [muni'tsǐo:n] *f* (-; *no pl*) ammunition.

munter ['mʊntər] *adj wach*: awake; *lebhaft*: lively; *fröhlich*: merry.

Münz|e ['mʏntsə] *f* (-; -n) coin; *Gedenk⁓*: medal; '**~einwurf** *m Schlitz*: coin slot; '**~fernsprecher** *m teleph.* pay phone; '**~tankstelle** *f* coin-operated filling station; '**~wechsler** *m* (-s; -) change giver.

murmeln ['mʊrməln] *v/t u. v/i* (h) murmur, mutter.

murren ['mʊrən] *v/i* (h) grumble (***über*** *acc* about).

mürrisch ['mʏrɪʃ] *adj* sullen, grumpy.

Mus [mu:s] *n* (-es; -e) *Frucht⁓*: puree.

Muschel ['mʊʃəl] *f* (-; -n) *zo.* mussel; *~schale*: shell.

Museum [mu'ze:ʊm] *n* (-s; -seen) museum.

Musik [mu'zi:k] *f* (-; *no pl*) music; **⁓alisch** [muzi'ka:lɪʃ] *adj* musical; **~anlage** *f* hi-fi (*od.* stereo) set; **~box** [~bɔks] *f* (-; -en) jukebox; **~er** ['mu:zikər] *m* (-s; -) musician; **~ka,pelle** *f* band; **~kas,sette** *f* musicassette.

Muskat [mʊs'ka:t] *m* (-[e]s; -e), **~nuß** *f bot.* nutmeg.

Muskel ['mʊskəl] *m* (-s; -n) muscle; '**~kater** *m* sore muscles *pl*; '**~zerrung** *f med.* pulled muscle.

muskulös [mʊsku'lø:s] *adj* muscular.

Muß [mʊs] *n*: ***es ist ein ~*** it is a must.

Muße ['mu:sə] *f* (-; *no pl*) leisure; *Freizeit*: spare time.

müssen ['mʏsən] (mußte, h) **1.** *v/aux* (*pp* müssen) have (got) to: ***du mußt den Film sehen!*** you must see the film!; ***sie muß krank sein*** she must be ill; ***du mußt es nicht tun*** you need not do it; ***das müßtest du*** (***doch***) ***wissen*** you ought to now (that); ***sie müßte zu Hause sein*** she should (*od.* ought to) be at home; ***das müßte schön sein!*** that would be nice!; ***du hättest ihm helfen ~*** you ought to have helped him; **2.** *v/i* (*pp* gemußt): ***ich muß!*** I've got no choice; ***ich muß nach Hause*** I must go home.

'**Mußheirat** *f* F shotgun wedding.

müßig ['my:sɪç] *adj untätig*: idle; *unnütz*: useless.

Muster ['mʊstər] *n* (-s; -) *Vorlage*: pattern; *Probestück*: sample, specimen; *Vorbild*: model; '**⁓gültig,** '**⁓haft 1.** *adj* exemplary; **2.** *adv*: ***sich ~ benehmen*** behave perfectly; '**~haus** *n* showhouse; '**~kollekti,on** *f econ.* sample collection; '**⁓n** *v/t* (h) *neugierig*: eye *s.o.*; *abschätzend*: size *s.o.* up: ***gemustert werden*** *mil.* have one's medical; '**⁓ung** *f* (-; -en) medical examination (for military service).

Mut [mu:t] *m* (-[e]s; *no pl*) courage: ***j-m ~ machen*** boast s.o.'s courage; ***den ~ verlieren*** lose heart; '**⁓ig** *adj* courageous, brave; '**⁓los** *adj* discouraged; '**~probe** *f* test of courage.

Mutter[1] ['mʊtər] *f* (-; ⸚) mother.

Mutter[2] [~] *f* (-; -n) *tech.* nut.

'**mütterlich** *adj* motherly; '**~erseits** *adv*: ***Onkel etc ~*** maternal uncle *etc.*

'**Mutter|liebe** *f* motherly love; '**~mal** *n* birthmark; '**~milch** *f* mother's milk; '**~schaftsurlaub** *m* maternity leave;

'**~schutz** *m jur.* legal protection of expectant and nursing mothers; '**~sprache** *f* mother tongue; **~sprachler** ['~ʃpra:xlər] *m* (-s; -) native speaker; '**~tag** *m* Mother's Day.

Mutti ['mʊti] *f* (-; -s) F *bsd. Br.* mum(my), *bsd. Am.* mom(my).

'**mutwillig** *adj* wanton.

Mütze ['mʏtsə] *f* (-; -n) cap.

mysteriös [mʏste'riø:s] *adj* mysterious.

N

Nabel ['na:bəl] *m* (-s; -) *anat.* navel.

nach [na:x] **1.** *prp örtlich*: to, toward(s), for; *hinter*: after; *zeitlich*: after, past; *gemäß*: according to, by: ***zehn ~ drei*** ten past (*Am. a.* after) three; → ***abfahren, Haus, links, oben, Reihe*** *etc*; **2.** *adv*: ***~ u. ~*** gradually; ***~ wie vor*** as ever, still.

nachahm|en ['~a:mən] *v/t* (*sep*, -ge-, h) imitate, copy; *parodieren*: take off; '**2ung** *f* (-; -en) imitation.

Nachbar ['naxba:r] *m* (-n; -n) neighbo(u)r; '**~schaft** *f* (-; *no pl*) neighbo(u)rhood; *Nachbarn*: neighbo(u)rs *pl.*

'**nachbessern** *v/t* (*sep*, -ge-, h) touch up.

'**nachbestell|en** *v/t* (*sep*, *no* -ge-, h) order some more; *econ.* place a repeat order for; '**2ung** *f econ.* repeat order (*gen* for).

'**Nachbildung** *f* (-; -en) copy, reproduction; *genaue*: replica; *Attrappe*: dummy.

nach'dem *cj* after, when: → ***je*** 1, 2.

'**nachdenk|en** *v/i* (*irr*, *sep*, -ge-, h, → ***denken***) think: ***~ über*** (*acc*) think about, think *s.th.* over; ***Zeit zum 2*** time to think (it over); '**~lich** *adj* thoughtful: ***es macht e-n ~*** it makes you think.

'**Nachdruck**[1] *m* (-[e]s; *no pl*): ***mit ~*** emphatically; ***~ legen auf*** (*acc*) emphasize, stress.

'**Nachdruck**[2] *m* (-[e]s; -e) reprint: ***~ verboten!*** all rights reserved; '**2en** *v/t* (*sep*, -ge-, h) reprint.

nachdrücklich ['~drʏklɪç] **1.** *adj* emphatic; *Forderung etc*: forceful; **2.** *adv*: ***~ raten*** (***empfehlen***) advise (recommend) strongly.

nachein'ander *adv* one after the other.

'**Nachfolge** *f* (-; *no pl*) succession: ***j-s ~ antreten*** succeed s.o.; '**2n** *v/i* (*sep*, -ge-, sn) *j-m*: succeed; '**~r** *m* (-s; -) successor.

'**nachforsch|en** *v/i* (*sep*, -ge-, h) investigate; '**2ung** *f* (-; -en) investigation.

'**Nachfrage** *f* (-; -n) inquiry; *econ.* demand (***nach*** for); '**2n** *v/i* (*sep*, -ge-, h) inquire, ask (*beide*: ***wegen*** about).

'**nach|fühlen** *v/t* (*sep*, -ge-, h): ***das kann ich dir ~*** I know exactly how you (must) feel; '**~füllen** *v/t* (*sep*, -ge-, h) refill; '**~geben** *v/i* (*irr*, *sep*, -ge-, h, → ***geben***) give (way); *fig.* give in; *Preise*: drop; '**2gebühr** *f mail.* surcharge; '**~gehen** *v/i* (*irr*, *sep*, -ge-, sn, → ***gehen***) follow (*a. fig.*); *e-m Vorfall etc*: investigate: ***m-e Uhr geht*** (***zwei Minuten***) ***nach*** my watch is (two minutes) slow; '**2geschmack** *m* (-[e]s; *no pl*) aftertaste (*a. fig.*).

nachgiebig ['~gi:bɪç] *adj Person*: compliant; *Material*: flexible, pliable; '**2keit** *f* (-; *no pl*) compliance; flexibility.

'**nachhaltig** *adj* lasting.

nach'her *adv* afterwards: ***bis ~!*** see you later!, so long!

'**nachholen** *v/t* (*sep*, -ge-, h) make up for, catch up on.

'**Nachkomme** *m* (-n; -n) descendant: ***ohne ~n sterben*** *jur.* die without issue; '**2n** *v/i* (*irr*, *sep*, -ge-, sn, → ***kommen***) follow, come later; *e-m Wunsch etc*: comply with.

'**Nachkriegs...** *in Zssgn* post-war ...

Nachlaß ['~las] *m* (-sses; ⸚sse) *econ.* reduction, discount (*beide*: ***auf*** *acc* on); *jur.* estate.

'**nachlassen** (*irr*, *sep*, -ge-, h, → ***lassen***) **1.** *v/i* decrease, diminish; *Interesse*: flag; *Schmerz*: ease; *Wirkung*: wear off;

Regen, *Sturm*: let up; **2.** *v/t*: ***j-m DM 100*** (***vom Preis***) **~** give s.o. a discount of 100 marks.

'Nachlaßgericht *n jur*. probate court.

'nachlässig *adj* careless, negligent.

'Nachlaßverwalter *m jur*. executor.

'nach|laufen *v/i* (*irr*, *sep*, -ge-, sn, → ***laufen***) run after; **'~liefern** *v/t* (*sep*, -ge-, h) supply at a later date; **'~lösen** *v/t* (*sep*, -ge-, h) buy on the train, *etc*; **'~machen** *v/t* (*sep*, -ge-, h) imitate, copy; *fälschen*: forge.

'Nachmittag *m* afternoon: ***am*** **~** in the afternoon; ***heute*** **2** this afternoon; **'2s** *adv* in the afternoon(s).

Nach|nahme ['~na:mə] *f* (-; -n): ***et. als*** (*od*. ***per***) **~** ***schicken*** send s.th. cash (*Am*. collect) on delivery (*od*. COD); → **'~nahmesendung** *f* COD letter (*od*. parcel); **'~name** *m* → ***Familienname***; **'~porto** *n mail*. excess postage.

'nach|prüfen *v/t* (*sep*, -ge-, h) check; **'~rechnen** *v/t* (*sep*, -ge-, h) check.

'Nachrede *f*: ***üble*** **~** defamation.

'nachreisen *v/i* (*sep*, -ge-, sn) join *s.o.* later.

Nachricht ['na:xrıçt] *f* (-; -en) (***e-e*** a piece of) news *pl* (*sg konstr*.); *Botschaft*, *Mitteilung*: message: **~en** *pl Rundfunk*, *TV*: news *pl* (*sg konstr*.); ***in den ~en*** in (*TV* on) the news; ***e-e gute*** (***schlechte***) **~** good (bad) news.

'Nach|ruf *m* (-[e]s; -e) obituary (***auf*** *acc* on); **'2rüsten** *v/i* (*sep*, -ge-, h) *mil*., *pol*. close the armament gap; **'2sagen** *v/t* (*sep*, -ge-, h): ***j-m Schlechtes*** **~** speak badly of s.o.; ***man sagt ihm nach, daß er*** he is said to *inf*; **'~sai,son** *f* low (*od*. off-peak) season; **'2schauen** *v/i* (*sep*, -ge-, h) look after; **'2schicken** *v/t* (*sep*, -ge-, h) → ***nachsenden***; **'~schlüssel** *m* duplicate key; *Dietrich*: skeleton key; **'~schub** *m* (-[e]s; *no pl*) supply, (*a*. *mil*.) supplies *pl* (***an*** *dat* of).

'Nachsende|antrag *m* application to have one's mail forwarded; **'2n** *v/t* (*mst irr*, *sep*, -ge-, h, → ***senden***) forward.

'Nach|speise *f* dessert, sweet; **'~spiel** *n fig*. sequel, consequences *pl*.

nächste ['nɛ:çstə] *adj in der Reihenfolge*, *zeitlich*: next; *nächstliegend*: nearest (*a*. *Angehörige*): ***in den ~n Tagen*** (***Jahren***) in the next few days (years); ***in ~r Zeit*** in the near future; ***was kommt als ~s?*** what comes next?; ***der ~, bitte!*** next, please.

'nachstehen *v/i* (*irr*, *sep*, -ge-, h, → ***stehen***): ***j-m in nichts*** **~** be in no way inferior to s.o.

'Nächstenliebe *f* (-; *no pl*) charity.

Nacht [naxt] *f* (-; ¨e) night: ***in der*** (*od*. ***bei***) **~** at night; **'~arbeit** *f* (-; *no pl*) night work; **'~dienst** *m* night duty: **~** ***haben*** be on night duty.

'Nachteil *m* (-[e]s; -e) disadvantage: ***im ~ sein*** be at a disadvantage (***gegenüber*** compared with); **'2ig** *adj* disadvantageous (***für*** to).

'Nacht|fahrverbot *n* ban on nighttime driving; **'~flug** *m* night flight; **'~flugverbot** *n* ban on nighttime flying; **'~hemd** *n* nightdress, *Am*. *a*. nightgown, F nightie; *Männer2*: nightshirt.

'Nachtisch *m* (-[e]s; -e) → ***Nachspeise***.

'Nacht|klub *m* nightclub, *Am*. *a*. nightspot; **'~leben** *n* (-s; *no pl*) nightlife.

nächtlich ['nɛçtlıç] *adj* *all~*: nightly: *Straßen etc*: at (*od*. by) night.

'Nachtlo,kal *n* → ***Nachtklub***.

'nachtragend *adj* unforgiving.

nachträglich ['~trɛ:klıç] *adv*: **~** ***herzlichen Glückwunsch*** belated best wishes.

nachts *adv* at night.

'Nacht|schicht *f* night shift: **~** ***haben*** be on night shift; **'~schwester** *f* night nurse; **'~tisch** *m* bedside table; **'~tischlampe** *f* bedside light.

Nachweis ['na:xvaıs] *m* (-es; -e) proof, evidence (*beide*: ***für*** of); **'2en** *v/t* (*irr*, *sep*, -ge-, h, → ***weisen***) prove; **'2lich** *adv* as can be proved.

'Nach|welt *f* (-; *no pl*) posterity; **'~wirkung** *f* aftereffect: **~en** *pl a*. aftermath *sg*; **'2zahlen** *v/t u*. *v/i* (*sep*, -ge-, h) pay extra; **'2zählen** *v/t* (*sep*, -ge-, h) check; *Wechselgeld*: count; **'~zahlung** *f* additional (*od*. extra) payment.

Nacken ['nakən] *m* (-s; -) (back [*od*. nape] of the) neck; **'~stütze** *f* headrest.

nackt [nakt] *adj* naked; *bsd*. *paint*., *phot*. nude; *Beine*, *Wand etc*: bare; *Wahrheit*: plain: ***völlg*** **~** stark naked; ***sich ~ ausziehen*** strip; **~** ***baden*** swim in the nude; ***j-n ~ malen*** paint s.o. in the nude; **'2baden** *n* (-s; *no pl*) nude bathing; **'2badestrand** *m* nudist beach.

Nadel ['na:dəl] *f* (-; -n) needle (*a*. *bot*.);

N

Steck♀, *Haar*♀ *etc*: pin; *Brosche*: brooch; '**~baum** *m* conifer(ous tree).
Nagel ['na:gəl] *m* (-s; ⁼) *anat., tech.* nail; '**~lack** *m* nail varnish (*Am.* polish); '**♀n** *v/t* (h) nail (**an** *acc*, **auf** *acc* to); '**♀neu** *adj* brand-new.
nah [na:] *adj* near, close (**bei** to); **~** *gelegen*: nearby.
'**Nah|aufnahme** *f phot.* close-up; '**~bereich** *m* surrounding area: **der ~ von München** the Munich area.
Nähe ['nɛ:ə] *f* (-; *no pl*) nearness; *Umgebung*: neighbo(u)rhood, vicinity: **in der ~ des Bahnhofs** *etc* near the station *etc*; **ganz in der ~** quite near, close by; **in d-r ~** near you.
'**nahe|gehen** *v/i* (*irr, sep*, -ge-, sn, → **gehen**) affect deeply; '**~kommen** *v/i* (*irr, sep*, -ge-, sn, → **kommen**) come close to; '**~legen** *v/t* (*sep*, -ge-, h): **j-m et. ~** suggest s.th. to s.o.; '**~liegen** *v/i* (*irr, sep*, -ge-, h, → **liegen**) seem likely; *stärker*: be obvious; '**~liegend** *adj* likely; obvious.
nähen ['nɛ:ən] *v/t u. v/i* (h) sew; *Kleid*: make.
Nähere ['nɛ:ərə] *n* (-n; *no pl*) details *pl*, particulars *pl*.
'**Naherholungsgebiet** *n* nearby recreational area.
nähern ['nɛ:ərn] *v/refl* (h) approach, get near(er) (*od.* close[r]) (*dat* to).
'**Näh|ma,schine** *f* sewing machine; '**~nadel** *f* (sewing) needle.
'**nahrhaft** *adj* nutritious, nourishing.
Nährstoff ['nɛ:r~] *m* nutrient.
Nahrung ['na:rʊŋ] *f* (-; *no pl*) food; '**~smittel** *pl* food *sg*, foodstuffs *pl*.
Nährwert ['nɛ:r~] *m* nutritional value.
Naht [na:t] *f* (-; ⁼e) seam; *med.* suture; '**♀los** *adv*: **~ braun** tanned all over.
'**Nähzeug** *n* sewing kit.
naiv [na'i:f] *adj* naive; **♀ivität** [naivi'tɛ:t] *f* (-; *no pl*) naivety.
Name ['na:mə] *m* (-ns; -n) name: **wie ist Ihr ~?** what is your name?; **im ~n von** (*od. gen*) on behalf of.
'**Namens|tag** *m* name day; '**~vetter** *m* namesake; '**~zug** *m* signature.
namentlich ['na:məntlɪç] *adj u. adv* by name.
nämlich ['nɛ:mlɪç] *adv das heißt*: that is (to say), namely; *begründend*: you see (*od.* know), for.
Narb|e ['narbə] *f* (-; -n) scar; '**♀ig** *adj* scarred.
Narkose [nar'ko:zə] *f* (-; -n) *med.* an(a)esthesia.
Narr [nar] *m* (-en; -en) fool: **zum ~en halten** make a fool of; '**♀ensicher** *adj* foolproof.
Nase ['na:zə] *f* (-; -n) nose (*a. fig.*): **die ~ voll haben** be fed up (**von** with); → **putzen, rümpfen.**
'**Nasen|bluten** *n* (-s; *no pl*) nosebleed; '**~loch** *n* nostril; '**~spitze** *f* tip of the nose; '**~spray** *m, n* nose spray.
naß [nas] *adj* wet: **triefend ~** soaking.
Nässe ['nɛsə] *f* (-; *no pl*) wet(ness).
'**naßkalt** *adj* damp and cold.
Nation [na'tsĭo:n] *f* (-; -en) nation.
national [natsĭo'na:l] *adj* national; **♀feiertag** *m* national holiday; **♀gericht** *n gastr.* national dish; **♀hymne** *f* national anthem.
Nationalis|mus [natsĭona'lɪsmʊs] *m* (-; *no pl*) nationalism; **~t** *m* (-en; -en) nationalist; **♀tisch** *adj* nationalist(ic).
Nationalität [natsĭonali'tɛ:t] *f* (-; -en) nationality: **welcher ~ sind Sie?** what nationality are you?
Natio'nal|park *m* national park; **~tracht** *f* national costume.
Natur [na'tu:r] *f* (-; *no pl*) nature: **von ~ (aus)** by nature; **~kata,strophe** *f* natural disaster.
natürlich [na'ty:rlɪç] **1.** *adj* natural; **2.** *adv* naturally, of course.
Na'tur|park *m* nature reserve; **~schutz** *m* nature conservation: **unter ~** protected; **~schützer** *m* (-s; -) conservationist; **~schutzgebiet** *n* nature reserve; **~wissenschaft** *f* (natural) science.
Nebel ['ne:bəl] *m* (-s; -) mist; *stärker*: fog; *Dunst*: haze; '**~scheinwerfer** *m mot.* fog lamp; '**~schlußleuchte** *f mot.* rear fog lamp.
neben ['ne:bən] *prp* **1.** (*acc od. dat*) beside; *direkt ~*: next to; **2.** (*dat*) *außer*: apart (*bsd. Am.* aside) from, besides; *verglichen mit*: compared with (*od.* to): **~ anderen Dingen** among other things; **~'an** *adv* next door; '**♀beruf** *m* sideline; '**~beruflich** *adv* as a sideline; **♀buhler** ['~bu:lər] *m* (-s; -) rival (in love); **~ein'ander** *adv* side by side: **~ bestehen** coexist; '**♀einkünfte** *pl*, '**♀einnahmen**

pl extra money *sg*; '**2fach** *n univ. Br.* subsidiary subject, *Am.* minor (subject): ***et. als ~ studieren*** *Br.* study s.th. as one's subsidiary subject, *Am.* minor in s.th.; '**2fluß** *m* tributary; '**2gebäude** *n* next-door building; *Anbau*: annex(e); '**2haus** *n* house next door; '**2kosten** *pl* extras *pl*; '**2mann** *m*: ***mein ~*** the person next to me; '**2pro,dukt** *n* by-product; '**2rolle** *f thea. etc* minor part; *fig.* minor role; '**2sache** *f* minor matter: ***das ist ~*** that's of little (*od.* no) importance; **~sächlich** ['~zɛçlɪç] *adj* unimportant; '**2stelle** *f teleph.* extension; '**2straße** *f* side street; *Landstraße*: minor road; '**2tisch** *m* next table; '**2verdienst** *m* extra earnings *pl*; '**2wirkung** *f* side effect; '**2zimmer** *n* adjoining room.

neblig ['neːblɪç] *adj* foggy; misty; hazy.

Neffe ['nɛfə] *m* (-n; -n) nephew.

negativ ['neːgatiːf] *adj* negative.

Negativ [~] *n* (-s; -e) *phot.* negative.

nehmen ['neːmən] *v/t* (nahm, genommen, h) take (*a.* ***sich ~***): ***j-m et. ~*** take s.th. (away) from s.o. (*a. fig.*); ***et. zu sich ~*** have s.th. (to eat); ***sich e-n Tag*** *etc* ***frei ~*** take a day *etc* off; ***an die Hand ~*** take by the hand.

Neid [naɪt] *m* (-[e]s; *no pl*) envy (***auf*** *acc* of, at); **2isch** ['~dɪʃ] *adj* envious (***auf*** *acc* of).

Neige ['naɪgə] *f* (-; -n): ***zur ~ gehen*** *Vorräte etc*: run out.

nein [naɪn] *adv* no.

Nelke ['nɛlkə] *f* (-; -n) *bot.* carnation; *Gewürz2*: clove.

nennen ['nɛnən] (nannte, genannt, h) **1.** *v/t* name, call; *erwähnen*: mention: ***man nennt ihn*** (***es***) he (it) is called; **2.** *v/refl* call o.s., be called; '**~swert** *adj* worth mentioning.

'**Nennwert** *m econ.* nominal (*od.* face) value: ***zum ~*** at par.

'**Neonre,klame** ['neːɔn~] *f* neon sign; '**~röhre** *f* neon tube.

Nepp [nɛp] *m* (-s; *no pl*) F rip-off; '**2en** *v/t* (h) F fleece, rip off; '**~lo,kal** *n* F clip joint; '**~preis** *m* F rip-off price.

Nerv [nɛrf] *m* (-s; -en) nerve: ***j-m auf die ~en fallen*** (*od.* ***gehen***) get on s.o.'s nerves; ***die ~en behalten*** (***verlieren***) keep (loose) one's head; '**2en** *v/t* (h) F get on *s.o.'s* nerves.

'**Nerven|arzt** *m* neurologist; '**2aufreibend** *adj* nerve-racking; '**~belastung** *f* nervous strain; '**~bündel** *n* F bag (*od.* bundle) of nerves; '**~kitzel** *m* (-s; *no pl*) thrill; '**~klinik** *f* psychiatric clinic; '**2krank** *adj* mentally ill; '**~säge** *f* F pain in the neck; '**~sy,stem** *n* nervous system; '**~zusammenbruch** *m* nervous breakdown.

nerv|ös [nɛr'vøːs] *adj* nervous; **2osität** [~ozi'tɛːt] *f* (-; *no pl*) nervousness.

Nest [nɛst] *n* (-[e]s; -er) nest; F *contp.* one-horse town.

nett [nɛt] *adj* nice; *freundlich*: *a.* kind (*beide*: ***von*** of): ***so ~ sein u. et.*** (*od.* ***et. zu***) ***tun*** be so kind as to do s.th.

netto ['nɛto] *adv econ.* net; '**2einkommen** *n* net income.

Netz [nɛts] *n* (-es; -e) net; *fig.* network (*a. teleph. etc*); *electr.* mains *pl*; '**~anschluß** *m electr.* mains connection; '**~haut** *f anat.* retina; '**~karte** *f rail.* runaround ticket; '**~werk** *n* network.

neu [nɔʏ] *adj* new; *frisch, erneut*: *a.* fresh; *~zeitlich*: modern: ***~este Mode*** latest fashion; ***von ~em*** anew, afresh; ***seit ~(est)em*** since (very) recently; ***viel 2es*** a lot of new things; ***was gibt es 2es?*** what's the news?, what's new?; '**~artig** *adj* novel; '**2bau** *m* new building; '**2bauwohnung** *f* modern flat (*Am.* apartment); '**2gier** *f* curiosity; '**~gierig** *adj* curious (***auf*** *acc* about): ***ich bin ~, ob*** I wonder if; '**2heit** *f* (-; -en) novelty; '**2igkeit** *f* (-; -en) (***e-e ~*** a piece of) news *pl* (*sg konstr.*); '**2jahr** *n* New Year('s Day): ***Prost ~!*** Happy New Year!; '**~lich** *adv* the other day; '**~modisch** *adj contp.* newfangled.

neun [nɔʏn] *adj* nine; '**~te** *adj* ninth; '**2tel** *n* (-s; -) ninth; '**~tens** *adv* ninth(ly), in the ninth place; '**~zehn** *adj* nineteen; **~zig** ['~tsɪç] *adj* ninety.

neutral [nɔʏ'traːl] *adj* neutral; **2ität** [~ali'tɛːt] *f* (-; *no pl*) neutrality.

'**Neu|verfilmung** *f* remake; '**2wertig** *adj* as good as new.

nicht [nɪçt] *adv* not: ***~*** (***ein***)***mal*** not even; ***~ mehr*** no more (*od.* longer); ***sie ist nett*** (***wohnt hier***), ***~ wahr?*** she's nice (lives here), isn't (doesn't) she?; ***~ so ... wie*** not as ... as; ***~ besser*** *etc* (***als***) no (*od.* not any) better *etc* (than); ***ich*** (***auch***) ***~*** I don't (*od.* I'm not) (either);

N

(***bitte***) **~!** (please) don't!; → ***gar*** 2, ***noch*** 1, ***überhaupt.***
Nichte ['nɪçtə] *f* (-; -n) niece.
'**nichtig** *adj jur*. void, invalid.
'**Nichtraucher** *m* nonsmoker; '**~ab,teil** *n rail*. nonsmoking compartment; '**~zone** *f* nonsmoking area.
nichts [nɪçts] *indef pron* nothing, not anything: **~** (***anderes***) ***als*** nothing but; → ***gar*** 2, ***noch*** 1, ***überhaupt.***
'**Nichtschwimmer** *m* nonswimmer; '**~becken** *n* nonswimmer pool.
'**nichtssagend** *adj* meaningless, empty.
'**Nichtzutreffende** *n*: ***~s streichen*** delete as applicable.
nicken ['nɪkən] *v/i* (h) nod (one's head).
nie [niː] *adv* never: ***~ u. nimmer*** never ever; → ***fast.***
nieder ['niːdər] **1.** *adj* low; **2.** *adv*: ***~ mit*** down with.
'**Nieder|gang** *m* (-[e]s; *no pl*) decline; '**≈geschlagen** *adj* depressed; '**~lage** *f* (-; -n) defeat; '**≈lassen** *v/refl* (*irr, sep,* -ge-, h, → ***lassen***) settle (down); *econ.* set up (***als*** as); '**~lassung** *f* (-; -en) establishment; *Filiale*: branch; '**≈legen** (*sep*, -ge-, h) **1.** *v/t* lay down (*a. Waffen, Amt etc*): → ***Arbeit***; **2.** *v/refl* lie down.
'**Niederschlag** *m meteor.* rain(fall), precipitation; *radioaktiver*: fallout; '**≈en** *v/t* (*irr, sep*, -ge-, h, → ***schlagen***) knock down; *Aufstand*: put down; *jur. Verfahren*: quash; '**≈sarm** *adj* low-precipitation; '**≈schlagsreich** *adj* high-precipitation.
niedrig ['niːdrɪç] **1.** *adj* low (*a. fig.*); *Strafe*: light; **2.** *adv*: ***~ fliegen*** fly low.
'**niemals** *adv* → ***nie.***
niemand ['niːmant] *indef pron* nobody, no one, not anybody: ***~ von ihnen*** none of them; '**≈sland** *n* (-[e]s; *no pl*) no-man's-land (*a. fig.*).
Niere ['niːrə] *f* (-; -n) *anat., gastr.* kidney.
niesel|n ['niːzəln] *v/impers* (h) drizzle; '**≈regen** *m* drizzle.
niesen ['niːzən] *v/i* (h) sneeze.
Niete ['niːtə] *f* (-; -n) *Los*: blank; F *Person*: washout.
Nikotin [niko'tiːn] *n* (-s; *no pl*) *chem.* nicotine; **≈arm** *adj* low-nicotine, low in nicotine.
nippen ['nɪpən] *v/i* (h) sip (***an*** *dat* at).
nirgends ['nɪrgənts] *adv* nowhere.
Nische ['niːʃə] *f* (-; -n) niche, recess.
nisten ['nɪstən] *v/i* (h) nest.
Niveau [ni'voː] *n* (-s; -s) level; *fig. a.* standard.
'**Nobelho,tel** ['noːbəl~] *n* high-class hotel.
Nobelpreis [no'bɛl~] *m* Nobel Prize.
noch [nɔx] **1.** *adv* still: **~ *nicht*(*s*)** not (nothing) yet; ***~ nie*** never (before); ***er hat nur ~ 10 Mark*** (***Minuten***) he has only 10 marks (minutes) left; (***sonst***) ***~ et.?*** anything else?; ***sonst ~ Fragen?*** any other questions?; ***ich möchte ~ et.*** (***Tee***) I'd like some more (tea); **~ *ein*(*er*)** one more, another; **~ (*ein*)*mal*** once more (*od.* again); ***~ zwei Stunden*** another two hours, two hours to go; ***~ besser*** (***schlimmer***) even better (worse); ***~ gestern*** only yesterday; **2.** *cj*: → ***weder***; '**~malig** *adj* renewed, second; '**~mals** *adv* once more (*od.* again).
Nominal|einkommen [nomi'naːl~] *n* nominal income; **~wert** *m* nominal (*od.* face) value.
nominieren [nomi'niːrən] *v/t* (*no* ge-, h) nominate.
Nonne ['nɔnə] *f* (-; -n) nun; '**~nkloster** *n* convent.
nonstop [nɔn'stɔp] *adv* nonstop; **≈flug** *m* nonstop flight.
Norden ['nɔrdən] *m* (-s; *no pl*) north; *nördlicher Landesteil*: north: ***nach ~*** north(wards).
nördlich ['nœrtlɪç] **1.** *adj* north(ern); **2.** *adv*: ***~ von*** (to the) north of.
Nord|'osten *m* northeast; '**~pol** *m* (-s; *no pl*) North Pole; **~'westen** *m* northwest.
nörg|eln ['nœrgəln] *v/i* (h) nag, carp (*beide*: ***an*** *dat* at); **≈ler** ['~lər] *m* (-s; -) nagger, carper.
Norm [nɔrm] *f* (-; -en) standard, norm.
normal [nɔr'maːl] *adj* normal: F ***nicht ganz ~*** not quite right in the head.
Normal [~] *n* (-s; *no pl*) *mot.* F *Br.* two star, *Am.* regular.
Nor'mal|ben,zin *n mot. Br.* two-star petrol, *Am.* regular gas(oline); **≈erweise** *adv* normally; **~fall** *m* normal case: ***im ~*** normally; **≈isieren** [~ali'ziːrən] *v/refl* (*no* ge-, h) return to normal; **~verbraucher** *m* average consumer.
normen ['nɔrmən] *v/t* (h) standardize.
Not [noːt] *f* (-; ¨e) *allg.* need; *Mangel*: *a.* want; *Armut*: poverty; *Elend, Leid*: hardship, misery; *Bedrängnis*: difficulty, trouble, problem; *~fall*: emergency;

N

bsd. seelische: distress: ***in ~ sein*** be in trouble; ***zur ~*** if need be, if necessary; → ***knapp.***

Notar [no'taːr] *m* (-s; -e) notary; **Ձiell** [~a'rĭɛl] *adj u. adv*: **~ *beglaubigt*** attested by (a) notary.

'Not|arzt *m* doctor on call; **'~arztwagen** *m* emergency ambulance; **'~ausgang** *m* emergency exit; **'~bremse** *f* emergency brake; *rail. Br.* communication cord; **'~dienst** *m*: ***~ haben*** be on standby; *Arzt*: *a.* be on call; *Apotheke*: be open all night; **'Ձdürftig 1.** *adj spärlich*: scanty; *provisorisch*: provisional; **2.** *adv*: ***~ reparieren*** patch up.

Note ['noːtə] *f* (-; -n) note (*a. mus., pol.*); *Bank*Ձ: note, *bsd. Am.* bill; *ped.* mark, *bsd. Am.* grade: **~n** *pl mus.* music *sg.*

'Not|fall *m* emergency: ***für den ~*** just in case; **'Ձfalls** *adv* if necessary; **'Ձgedrungen** *adv*: ***et. ~ tun*** be forced to do s.th.

notier|en [no'tiːrən] (*no* ge-, h) **1.** *v/t* make a note of; **2.** *v/i econ.* be quoted (*mit* at); **Ձung** *f* (-; -en) *econ.* quotation.

nötig ['nøːtıç] *adj* necessary: ***~ haben*** need.

Notiz [no'tiːts] *f* (-; -en) note: ***sich ~en machen*** take notes; ***keine ~ nehmen von*** take no notice of, ignore; **~block** *m* (-[e]s; -s) notepad, *bsd. Am.* memo pad; **~buch** *n* notebook.

'Not|lage *f* awkward (*od.* difficult) situation; *plötzlicher Notfall*: emergency; **'Ձlanden** *v/i* (*insep*, -ge-, sn) *aer.* make a forced landing; **'~landung** *f aer.* forced landing; **'Ձleidend** *adj* needy; **'~lösung** *f* temporary solution; **'~lüge** *f* white lie; **'~ruf** *m teleph.* emergency call; **'~rufnummer** *f* emergency number; **'~rufsäule** *f* emergency phone; **'~stand** *m pol.* state of emergency; **'~standsgebiet** *n econ.* depressed area; *bei Katastrophen*: disaster area; **'~standsgesetze** *pl* emergency laws *pl*; **'~verband** *m med.* emergency dressing: ***j-m e-n ~ anlegen*** put an emergency dressing on s.o.; **'~wehr** *f* (-; *no pl*) self-defen|ce (*Am.* -se): ***aus*** (*od.* ***in***) **~** in self-defence; **'Ձwendig** *adj* necessary; **'~wendigkeit** *f* (-; -en) necessity.

November [no'vɛmbər] *m* (-s; -) November: ***im ~*** in November.

Nu [nuː] *m*: ***im ~*** in no time.

Nuance [ny'ãːsə] *f* (-; -n) shade (*a. fig.*).

nüchtern ['nʏçtərn] *adj* sober (*a. fig.*); *sachlich*: matter-of-fact: ***auf ~en Magen*** on an empty stomach; ***wieder ~ werden*** sober up.

Nudel ['nuːdəl] *f* (-; -n) noodle.

nuklear [nukle'aːr] *adj* nuclear; **Ձmedi,zin** *f* (-; *no pl*) nuclear medicine, **Ձwaffe** *f* nuclear weapon.

null [nʊl] *adj* nought, *Am.* zero; *teleph.* 0 [əʊ], *Am. a.* zero; *Sport.* nil, *Am. a.* zero; *Tennis*: love: **~ *Grad*** zero degrees; ***~ Fehler*** no mistakes; ***gleich* Ձ *sein*** *Chancen etc*: be nil; **'Ձdiät** *f* no-calorie diet; **'Ձta,rif** *m*: ***zum ~*** free; **'Ձwachstum** *n econ.* zero growth.

numerieren [nume'riːrən] *v/t* (*no* ge-, h) number.

Nummer ['nʊmər] *f* (-; -n) number; *Zeitung etc*: *a.* issue; *Größe*: size; **'~nkonto** *n* numbered account; **'~nschild** *n mot.* number (*Am.* license) plate.

nun [nuːn] *adv* now; *also*, *nu*: well.

nur [nuːr] *adv* only, just; *bloß*: merely; *nichts als*: nothing but: ***er tut ~ so*** he's just pretending; ***~ so*** (***zum Spaß***) just for fun; ***warte ~!*** just you wait!; ***~ für Erwachsene*** (for) adults only.

Nuß [nʊs] *f* (-; ⁼sse) *bot.* nut; **'~baum** *m bot.* walnut (tree); *Möbel*: walnut; **'~knacker** *m* (-s; -) nutcracker; **'~schale** *f* nutshell.

Nutte ['nʊtə] *f* (-; -n) F tart, *Am. a.* hooker.

nutzbringend ['nʊts~] *adj* profitable, useful.

nütze ['nʏtsə] *adj*: ***zu nichts ~ sein*** be (of) no use; *bsd. Person*: *a.* be good for nothing.

Nutzen ['nʊtsən] *m* (-s; *no pl*) use; *Gewinn*: profit, gain; *Vorteil*: advantage: ***~ ziehen aus*** benefit (*od.* profit) from.

nutzen [~], **'nützen** (h) **1.** *v/i*: ***j-m ~*** be of use to s.o.; ***es nützt nichts***(***, es zu tun***) it's no use (doing it); **2.** *v/t* use, make use of; *Gelegenheit*: take advantage of.

'Nutzlast *f* payload.

nützlich ['nʏtslıç] *adj* useful, helpful; *vorteilhaft*: advantageous: ***sich ~ machen*** make o.s. useful.

'nutzlos *adj* useless: ***es ist ~, et. zu tun*** it's useless (*od.* no use) doing s.th.

'Nutzung *f* (-; -en) use (*a. Be*Ձ), utilization.

N

O

Oase [o'a:zə] *f* (-; -n) oasis (*a. fig.*).

ob [ɔp] *cj* whether, if: ***u. ~!*** you bet!

Obacht ['o:baxt] *f* (-; *no pl*): ***~ geben auf*** (*acc*) pay attention to; (***gib***) ***~!*** look (*od.* watch) out!

'Obdach *n* (-[e]s; *no pl*) shelter; **'≈los** *adj* homeless; **'~lose** *m, f* (-n; -n) homeless person; **'~losenheim** *n* hostel for the homeless.

Obdu|ktion [ɔpdʊk'tsĭo:n] *f* (-; -en) *med.* autopsy, postmortem; **≈zieren** [~u'tsi:rən] *v/t* (*no* ge-, h) carry out an autopsy on.

oben ['o:bən] *adv* above; *in der Höhe*: up; *~auf*: on (the) top; *an Gegenstand*: at the top (*a. fig. Stellung*); *an der Oberfläche*: on the surface; *im Haus*: upstairs: ***da ~*** up there; ***nach ~*** up, *im Haus*: upstairs; ***von ~ bis unten*** from top to bottom (*Person*: toe); ***links ~*** left above; ***siehe ~*** see above; F ***~ ohne*** topless; ***von ~ herab*** *fig.* patronizing(ly), condescending(ly); **'~erwähnt, '~genannt** *adj* above(-mentioned).

Ober ['o:bər] *m* (-s; -) waiter; **'~arm** *m* upper arm; **'~arzt** *m*, **'~ärztin** *f* assistant medical director; **'~bürgermeister** *m* mayor, *Br.* Lord Mayor; **'~deck** *n mar.* upper deck; **'≈e** *adj* upper, top; *fig. a.* superior; **'~fläche** *f* surface; **≈flächlich** ['~flɛçlɪç] *adj* superficial; **'≈halb** *prp* above; **'~hand** *f*: ***die ~ gewinnen*** get the upper hand (***über*** *acc* of); **'~haus** *n parl. Br.* House of Lords; **'~hemd** *n* shirt.

'Oberin *f* (-; -nen) *eccl.* Mother Superior.

ober|irdisch ['~ɪrdɪʃ] *adj* surface; *electr.* overhead; **'≈kellner** *m* head waiter; **'≈kiefer** *m* upper jaw; **'≈körper** *m* upper part of the body: → ***frei***; **'≈lippe** *f* upper lip; **'≈schicht** *f sociol.* upper class(es *pl*).

Oberst ['o:bərst] *m* (-en; -e[n]) *mil.* colonel.

'oberste *adj* uppermost, top(most); *höchste*: *a.* highest; *fig.* chief, first.

'Oberteil *n* top (*a. Kleidung*).

Obhut ['ɔphu:t] *f* (-; *no pl*): ***in s-e ~ nehmen*** take care (*od.* charge) of.

obig ['o:bɪç] *adj* above(-mentioned).

Objekt [ɔp'jɛkt] *n* (-[e]s; -e) *Immobilie*: property; *phot.* subject.

objektiv [ɔbjɛk'ti:f] *adj* objective; *unparteiisch*: *a.* impartial, unbias(s)ed.

Objektiv [~] *n* (-s; -e) *phot.* lens.

Objektivität [ɔpjɛktivi'tɛ:t] *f* (-; *no pl*) objectivity; impartiality.

Obligation [ɔbliga'tsĭo:n] *f* (-; -en) *econ.* bond, debenture.

obligatorisch [obliga'to:rɪʃ] *adj* compulsory.

Obst [o:pst] *n* (-[e]s; *no pl*) fruit; **'~baum** *m* fruit tree; **'~garten** *m* orchard; **'~kuchen** *m* fruit flan (*Am.* pie); **'~plan,tage** *f* fruit plantation.

obszön [ɔps'tsø:n] *adj* obscene, filthy.

ob'wohl *cj* (al)though.

Ochse ['ɔksə] *m* (-n; -n) *zo.* ox; F *fig.* dope; **'~nschwanzsuppe** *f* oxtail soup.

oder ['o:dər] *cj* or: ***~ vielmehr*** or rather; ***~ so*** or so; ***er kommt doch, ~?*** he's coming, isn't he?; ***du kennst ihn ja nicht, ~ doch?*** you don't know him, or do you?; → ***aber*** 1, ***entweder***.

Ofen ['o:fən] *m* (-s; ¨) stove; *Back≈*: oven; *tech.* furnace; **'~heizung** *f* stove heating; **'~rohr** *n* stovepipe.

offen ['ɔfən] **1.** *adj* open (*a. fig.*); *Stelle*: *a.* vacant; *ehrlich*: *a.* frank; **2.** *adv*: ***~ gesagt*** frankly (speaking); ***~ s-e Meinung sagen*** speak one's mind (quite openly); **'~bar** *adv anscheinend*: apparently; *offensichtlich*: obviously; **'≈heit** *f* (-; *no pl*) openness, frankness; **'~herzig** *adj* open-hearted, frank, candid; *Kleid etc*: revealing; **'~lassen** *v/t* (*irr, sep*, -ge-, h, → ***lassen***) leave open; **'~sichtlich** *adv* obviously.

offensiv [ɔfən'zi:f] *adj* offensive; **≈e** [~və] *f* (-; -n) offensive: ***die ~ ergreifen*** take the offensive.

'offenstehen *v/i* (*irr, sep*, -ge-, h, → ***stehen***) be open (*fig.* ***j-m*** to s.o.); *Rechnung*: be outstanding: ***es steht Ihnen offen zu*** you are free to.

öffentlich ['œfəntlɪç] **1.** *adj* public: ***~e Verkehrsmittel*** *pl* public transport(ation *Am.*) *sg*; **2.** *adv*: ***~ auftreten*** appear

in public; '**≈keit** *f* (-; *no pl*) *the* public: ***in aller ~*** in public; ***an die ~ bringen*** make public; → ***dringen*** b; '**≈keitsarbeit** *f* (-; *no pl*) public relations *pl*.
Offerte [ɔ'fɛrtə] *f* (-; -n) *econ*. offer.
offiziell [ɔfi'tsĭɛl] *adj* official.
Offizier [ɔfi'tsiːr] *m* (-s; -e) *mil*. (commissioned) officer.
offiziös [ɔfi'tsĭøːs] *adj* semiofficial.
öffn|en ['œfnən] *v/t u. v/refl* (h) open; '**≈er** *m* (-s; -) opener; '**≈ung** *f* (-; -en) opening; '**≈ungszeiten** *pl* business (*od*. office) hours *pl*.
oft [ɔft] *adv* often, frequently.
ohne ['oːnə] *prp u. cj* without: ***~ mich!*** count me out!; ***~ ein Wort*** (***zu sagen***) without (saying) a word.
'**Ohn|macht** *f* (-; -en) unconsciousness; *Hilflosigkeit*: helplessness: ***in ~ fallen*** faint, pass out; '**≈mächtig** *adj* unconscious; helpless: ***~ werden*** faint, pass out.
Ohr [oːr] *n* (-[e]s; -en) ear: F ***j-n übers ~ hauen*** cheat s.o.; ***bis über die ~en verliebt*** (***verschuldet***) head over heels in love (debt).
'**Ohren|arzt** *m* ear specialist; '**≈betäubend** *adj* deafening; '**~schmerzen** *pl* earache *sg*; '**~zeuge** *m* earwitness.
'**Ohrfeige** *f* (-; -n) slap in the face (*a. fig*.); '**≈n** *v/t* (h): ***j-n ~*** slap s.o.'s face.
Ohr|läppchen ['~lɛpçən] *n* (-s; -) earlobe; '**~ring** *m* earring.
Öko|bewegung ['øːko~] *f* ecological movement; '**~bi,lanz** *f* life-cycle analysis; '**~laden** *m* health-food shop (*Am*. store).
Öko|loge [øko'loːgə] *m* (-n; -n) ecologist; **~logie** [~lo'giː] *f* (-; *no pl*) ecology; **≈'logisch** *adj* ecological; **~nomie** [~no'miː] *f* (-; -n) *Sparsamkeit*: economy; *econ*. economics *pl* (*sg konstr*.); **≈nomisch** [~'noːmɪʃ] *adj sparsam*: economical; *econ*. economic.
'**Ökosy,stem** ['øːko~] *n* ecosystem.
Oktan [ɔk'taːn] *n* (-s; *no pl*) *chem*. octane; **~zahl** *f mot*. octane number (*od*. rating).
Oktober [ɔk'toːbər] *m* (-s; -) October: ***im ~*** in October.
Öl [øːl] *n* (-[e]s; -e) oil; '**≈en** *v/t* (h) oil, *tech. a*. lubricate; '**~farben** *pl* oil paint *sg*, oils *pl*; '**~filter** *m, n mot*. oil filter; '**~förderland** *n* oil-producing country; '**≈förderung** *f* oil production; '**~gemälde** *n* oil painting; '**~heizung** *f* oil heating; '**≈ig** *adj* oily (*a. fig*.).
Oliv|e [o'liːvə] *f* (-; -n) *bot*. olive; **~enöl** *n* olive oil; **≈grün** [o'liːf~] *adj* olive-green.
'**Öl|leitung** *f* (oil) pipeline; '**~meßstab** *m mot*. dipstick; '**~pest** *f* oil pollution; '**~quelle** *f* oil well; '**~sar,dine** *f* (tinned, *Am*. canned) sardine; '**~stand** *m mot*. oil level; '**~tanker** *m* oil tanker; '**~teppich** *m* oil slick; '**~vorkommen** *n* oil resources *pl*; '**~wanne** *f mot*. (oil) sump; '**~wechsel** *m mot*. oil change.
Olympia|... [o'lʏmpĭa] *in Zssgn* Olympic ...; **~de** [~'pĭaːdə] *f* (-; -n) Olympiad; *Spiele*: Olympic Games *pl*.
olympisch [o'lʏmpɪʃ] *adj* Olympic: ***≈e Spiele*** Olympic Games.
Oma ['oːma] *f* (-; -s) F grandma, granny.
Omnibus ['ɔmnibʊs] *m* → ***Bus***.
onanieren [ona'niːrən] *v/i* (*no* ge-, h) masturbate.
Onkel ['ɔŋkəl] *m* (-s; -) uncle.
Opa ['oːpa] *m* (-s; -s) F grandpa.
Oper ['oːpər] *f* (-; -n) *mus*. opera; *Gebäude*: opera (house).
Operation [opera'tsĭoːn] *f* (-; -en) *med*., *mil*. operation; **~ssaal** *m med*. operating theatre (*Am*. room); **~sschwester** *f med*. theatre (*Am*. operating-room) nurse.
operieren [ope'riːrən] (*no* ge-, h) **1.** *v/t med*.: ***j-n ~*** operate on s.o. (***wegen*** for); ***sich ~ lassen*** have an operation; ***am Magen operiert werden*** have a stomach operation; **2.** *v/i med*., *mil*. operate; *vorgehen*: proceed.
Opfer ['ɔpfər] *n* (-s; -) sacrifice (*a. fig*.); *Unfall≈, e-s Betrügers etc*: victim: ***~ bringen*** make sacrifices; (*dat*) ***zum ~ fallen*** fall victim to; '**≈n** *v/t* (h) sacrifice (*a. fig*.); *sein Leben*: give.
Opium ['oːpĭʊm] *n* (-s; *no pl*) opium.
Opposition [ɔpozi'tsĭoːn] *f* (-; -en) opposition (***gegen*** to); **≈ell** [~o'nɛl] *adj* oppositional; **~sführer** *m pol*. opposition leader; **~spar,tei** *f* opposition party.
Optiker ['ɔptɪker] *m* (-s; -) optician.
opti|mal [ɔpti'maːl] *adj* optimum, best (possible); **≈mismus** [~'mɪsmʊs] *m* (-; *no pl*) optimism; **≈'mist** *m* (-en; -en) optimist; **~'mistisch** *adj* optimistic.
optisch ['ɔptɪʃ] *adj* optical.

Orange [o'rã:ʒə] *f* (-; -n) orange.
Orchester [ɔr'kɛstər] *n* (-s; -) orchestra.
Orchidee [ɔrçi'de:(ə)] *f* (-; -n) *bot.* orchid.
Orden ['ɔrdən] *m* (-s; -) *eccl.* order; *Auszeichnung*: medal, decoration; '**~sschwester** *f eccl.* sister, nun.
ordentlich ['ɔrdəntlıç] **1.** *adj Person, Zimmer, Haushalt etc*: tidy, neat, orderly; *richtig, sorgfältig*: proper; *gründlich*: thorough; *anständig*: decent (*a.* F *fig.*); *Leute*: *a.* respectable; *Mitglied, Professor*: full; *Gericht*: ordinary; *Leistung*: reasonable; F *tüchtig, kräftig*: good, sound; **2.** *adv*: ***s-e Sache ~ machen*** do a good job; ***sich ~ benehmen*** (***anziehen***) behave (dress) properly (*od.* decently).
Order ['ɔrdər] *f* (-; -s) *econ.* order; '**ℒn** *v/t* (h) order.
ordinär [ɔrdi'nɛ:r] *adj* vulgar.
ordn|en ['ɔrdnən] *v/t* (h) put in order; *an~*: arrange, sort (out); *Akten*: file; *Angelegenheiten*: settle; '**ℒer** *m* (-s; -) *Festℒ etc*: steward; *Aktenℒ etc*: file; '**ℒung** *f* (-; *no pl*) *allg.* order; *Ordentlichkeit*: order(liness), tidiness; *Vorschriften*: rules *pl*, regulations *pl*; *Anℒ*: arrangement; *System*: system, set-up; *Rang*: class: ***in ~*** all right; *tech. etc* in (good) order; ***in ~ bringen*** put right (*a. fig.*); *Zimmer etc*: tidy up; *reparieren*: repair, F fix (*a. fig.*); (***in***) ***~ halten*** keep (in) order; ***et. ist nicht in ~*** (***mit***) there is s.th. wrong (with); '**ℒungsstrafe** *f* fine.
Organ [ɔr'ga:n] *n* (-s; -e) *anat.* organ; **~bank** *f* (-; -en) *med.* organ bank; **~empfänger** *m med.* organ recipient.
Organisa|tion [ɔrganiza'tsĭo:n] *f* (-; -en) organization; **~tor** [~'za:tɔr] *m* (-s; -en) organizer; **ℒtorisch** [~a'to:rıʃ] *adj* organizational, organizing.
organisch [ɔr'ga:nıʃ] *adj* organic.
organisieren [ɔrgani'zi:rən] (*no* ge-, h) **1.** *v/t* organize; F *beschaffen*: rustle up: **2.** *v/refl gewerkschaftlich*: organize, unionize.
Organismus [ɔrga'nısmʊs] *m* (-; -men) organism.
Organist [ɔrga'nıst] *m* (-en; -en) *mus.* organist.
Or'gan|spender *m med.* organ donor; **~spenderausweis** *m* organ donor card; **~verpflanzung** *f. med.* organ transplant.
Orgasmus [ɔr'gasmʊs] *m* (-; -men) orgasm.
Orgel ['ɔrgəl] *f* (-; -n) *mus.* organ.
Orgie ['ɔrgĭə] *f* (-; -n) orgy.
orientier|en [ɔrĭɛn'ti:rən] *v/refl* (*no* ge-, h) orient(ate) o.s. (***nach, an*** *dat* by) (*a. fig.*); **ℒung** *f* (-; *no pl*): ***die ~ verlieren*** lose one's bearings; **ℒungssinn** *m* (-[e]s; *no pl*) sense of direction.
original [ɔrigi'na:l] *adv Rundfunk, TV*: live.
Original [~] *n* (-s; -e) original; F *Person*: real character; **~über,tragung** *f Rundfunk, TV*: live broadcast; **~verpackung** *f* original packaging.
originell [ɔrigi'nɛl] *adj* original; *witzig*: witty.
Orkan [ɔr'ka:n] *m* (-[e]s; -e) hurricane; **ℒartig** *adj Sturm*: violent; *Applaus*: thunderous.
Ort[1] [ɔrt] *m* (-[e]s; -e) *allg.* place; *~schaft*: *a.* village, (small) town; *Stelle, Fleck*: *a.* spot, point; *Schauplatz*: *a.* scene.
Ort[2] [~] *n* (-[e]s; ¨er): ***vor ~*** on the spot.
Orthopäde [ɔrto'pɛ:də] *m* (-n; -n) *med.* orthop(a)edist.
örtlich ['œrtlıç] *adj* local.
ortsansässig ['~anzɛsıç] *adj* local.
'**Ortschaft** *f* (-; -en) → ***Ort***[1]***: geschlossene ~*** built-up area.
'**Orts|gespräch** *n teleph.* local call; '**~kenntnis** *f*: ***~ besitzen*** know a place; '**~name** *m* place name; '**~schild** *n* place-name sign; '**~ta,rif** *m teleph.* local rates *pl*; '**~zeit** *f* local time.
Ost|block ['ɔst~] *m* (-[e]s; *no pl*) *hist.* Eastern bloc; '**~en** *m* (-s; *no pl*) east; *östlicher Landesteil*: East (*a. pol.*): ***nach ~*** east(wards).
Oster|ei ['o:stərˀaı] *n* Easter egg; '**~hase** *m* Easter bunny; '**~n** *n* (-; -) Easter: ***zu ~*** at Easter; ***frohe ~!*** Happy Easter!
Österreich|er ['ø:stəraıçər] *m* (-s; -) Austrian; '**ℒisch** *adj* Austrian.
östlich ['œstlıç] **1.** *adj* east(ern); **2.** *adv*: ***~ von*** (to the) east of.
Otter[1] ['ɔtər] *m* (-s; -) *zo.* otter.
Otter[2] [~] *f* (-; -n) *zo.* adder, viper.
Ouvertüre [uvər'ty:rə] *f* (-; -n) *mus.* overture (***zu*** to).
oval [o'va:l] *adj* oval.

O

Oval [~] *n* (-s; -e) oval.
oxydieren [ɔksy'diːrən] *v/i* (*no* ge-, h) oxidize.
Ozean ['oːtseaːn] *m* (-s; -e) ocean; **♀isch** [otse'aːnɪʃ] *adj* oceanic.
Ozon|loch [o'tsoːn~] *n* hole in the ozone layer; **~schicht** *f* (-; *no pl*) ozone layer (*od.* shield).

P

paar [paːr] *indef pron*: ***ein ~*** a few, some, F a couple of.
Paar [~] *n* (-[e]s; -e) pair; *Ehe♀, Liebes♀*: couple: ***ein ~ (neue) Schuhe*** a (new) pair of shoes; **'♀mal** *adv*: ***ein ~*** a few times; **'♀weise** *adv* in pairs (*od.* twos).
Pacht [paxt] *f* (-; -en) lease; *~zins*: rent; **'♀en** *v/t* (h) (take on) lease.
Pächter ['pɛçtər] *m* (-s; -) leaseholder, tenant.
'Pacht|vertrag *m* lease; **'~zins** *m* rent.
Pack[1] [pak] *m* (-[e]s; -e, ⁓e) *Haufen*: pile; *Bündel*: bundle.
Pack[2] [~] *n* (-[e]s; *no pl*) *contp.* rabble.
Päckchen ['pɛkçən] *n* (-s; -) (small) parcel; *Packung*: packet, *bsd. Am.* pack (*a. Zigaretten*).
packen ['pakən] *v/t* (h) pack (*a. v/i*); *Paket*: wrap up; *ergreifen*: grab, seize (***an*** *dat* by); *fig. mitreißen*: grip.
Packen [~] *m* (-s; -) → ***Pack***[1].
'Pack|er *m* (-s; -) packer; **'~pa,pier** *n* wrapping paper; **'~ung** *f* (-; -en) packet, *bsd. Am.* pack (*a. Zigaretten*); *Ver♀*: package; *med., Kosmetik*: pack; **'~ungsbeilage** *f* package insert.
Pädagog|e [pɛda'goːgə] *m* (-n; -n) educator, education(al)ist; **♀isch** *adj* educational.
Page ['paːʒə] *m* (-n; -n) *Hotel*: page, bellboy, *Am.* bellhop.
Paket [pa'keːt] *n* (-[e]s; -e) package, *bsd. mail.* parcel; **~karte** *f* parcel dispatch form; **~post** *f* parcel post; **~schalter** *m* parcels counter; **~zustellung** *f* parcel delivery.
Pakt [pakt] *m* (-[e]s; -e) pact.
Palast [pa'last] *m* (-[e]s; -läste) palace.
Palme ['palmə] *f* (-; -n) *bot.* palm (tree); **~'sonntag** *m eccl.* Palm Sunday.
Pampelmuse [pampəl'muːzə] *f* (-; -n) *bot.* grapefruit.
panieren [pa'niːrən] *v/t* (*no* ge-, h) bread.
Pani|k ['paːnɪk] *f* (-; -en) panic: ***in ~ geraten (versetzen)*** panic; ***in ~*** panic-stricken; **♀sch** *adj*: ***~e Angst haben*** be terrified (***vor*** *dat* of).
Panne ['panə] *f* (-; -n) breakdown; *Reifen♀*: puncture, *bsd. Am.* F flat; **'~ndienst** *m*, **'~nhilfe** *f mot.* breakdown service.
Pantoffel [pan'tɔfəl] *m* (-s; -n) slipper: F ***unter dem ~ stehen*** be henpecked; **~held** *m* F henpecked husband.
Panzer ['pantsər] *m* (-s; -) *mil.* tank; *zo.* shell; **'~glas** *n* bullet-proof glass; **'~schrank** *m* safe.
Papa ['papa] *m* (-s; -s) dad(dy), *Am. a.* pa.
Papagei [papa'gaɪ] *m* (-s *od.* -en; -en) *zo.* parrot.
Papier [pa'piːr] *n* (-s; -e) paper: ***~e*** *pl* papers *pl*, documents *pl*; *Ausweis♀e*: (identification) papers *pl*; **~geld** *n* (-[e]s; *no pl*) paper money; **~korb** *m* wastepaper basket, *Am.* wastebasket; **~krieg** *m* F red tape; **~servi,ette** *f* paper napkin; **~taschentuch** *n* tissue, paper handkerchief.
Pappe ['papə] *f* (-; -n) cardboard.
Pappel ['papəl] *f* (-; -n) *bot.* poplar.
'Papp|kar,ton *m* cardboard box, carton; **'~teller** *m* paper plate.
Paprika ['paprika] *m* (-s; -[s]) *Gewürz*: paprika; *Schote*: pepper; **~schote** *f* pepper.
Papst [paːpst] *m* (-[e]s; ⁓e) pope.
päpstlich ['pɛːpstlɪç] *adj* papal.
Para'bolan,tenne [para'boːl~] *f TV*: parabolic aerial (*bsd. Am.* antenna).

Paradies [para'di:s] *n* (-es; -e) paradise; *eccl. mst* Paradise; **≈isch** [~zɪʃ] *adj* heavenly.

paradox [para'dɔks] *adj* paradoxical.

Paragraph [para'gra:f] *m* (-en; -en) *jur.* article, section; *Absatz*: paragraph.

parallel [para'le:l] *adj u. adv* parallel (***mit, zu*** to); **≈e** *f* (-; -n) parallel (**zu** to) (*a. fig.*).

paraphieren [para'fi:rən] *v/t* (*no* ge-, h) initial.

Parfüm [par'fy:m] *n* (-s; -e, -s) perfume, *Br. a.* scent; **~erie** [~ymə'ri:] *f* (-; -n) perfume shop (*Am.* store); **≈ieren** [~y'mi:rən] *v/refl* (*no* ge-, h) put some perfume on.

Pariser [pa'ri:zər] *m* (-s; -) Parisian; F *Kondom*: rubber, *Br.* French letter.

Park [park] *m* (-s; -s) park.

'Park|deck *n* parking level; **'≈en** *v/i u. v/t* (h) park: ***schräg ~*** angle-park; ***in zweiter Reihe ~*** double-park; ***~de Autos*** parked cars; **≈ *verboten!*** no parking.

Parkett [par'kɛt] *n* (-s; -e) parquet; *thea. Br.* stalls *pl*, *Am.* orchestra; **~(fuß)boden** *m* parquet floor.

'Park|gebühr *f* parking fee; **'~(hoch)haus** *n Br.* multistorey car park, *Am.* parking garage; **'~kralle** *f Br.* wheel clamp, *Am.* bear paw; **'~lücke** *f* parking space; **'~möglichkeit** *f* place to park; **'~platz** *m bsd. Br.* car park, *Am.* parking lot; *Parklücke*: parking space; **'~scheibe** *f* parking disc; **'~sünder** *m* parking offender; **'~uhr** *f* parking meter; **'~verbot** *n*: ***hier ist ~*** there's no parking here; ***im ~ stehen*** be parked illegally; **'~wächter** *m* park keeper; *mot.* car-park (*Am.* parking-lot) attendant.

Parlament [parla'mɛnt] *n* (-[e]s; -e) parliament; **≈arisch** [~'ta:rɪʃ] *adj* parliamentary.

Parodie [paro'di:] *f* (-; -n) parody (***auf*** *acc* of, on), takeoff (of); **≈ren** [~'di:rən] *v/t* (*no* ge-, h) parody, take off.

Parole [pa'ro:lə] *f* (-; -n) *fig.* watchword, *pol. a.* slogan.

Partei [par'taɪ] *f* (-; -en) party (*a. pol.*): ***j-s ~ ergreifen*** take sides with s.o., side with s.o.; **≈isch** *adj* partial; **≈lich** *adj pol.* party; **≈los** *adj pol.* independent; **~mitglied** *n pol.* party member; **~pro,gramm** *n pol.* (party) platform; **~tag** *m pol.* party conference (*Am.* convention); **~vorsitzende** *m, f* party leader; **~zugehörigkeit** *f pol.* party membership.

Parterre [par'tɛrə] *n* (-s; -s) *Br.* ground floor, *Am.* first floor.

Partie [par'ti:] *f* (-; -n) *Spiel*: game; *Sport*: *a.* match; *Teil*: part (*a. mus., thea.*); *econ.* parcel, lot; F *Heirat*: match.

Partner ['partnər] *m* (-s; -) partner; **'~schaft** *f* (-; -en) partnership; **'~stadt** *f* twin (*Am.* sister) town.

Party ['pa:rti] *f* (-; -s, -ties) party.

Paß [pas] *m* (-sses; ⸚sse) *Reise≈*: passport; *Sport*, *Gebirgs≈*: pass.

Passage [pa'sa:ʒə] *f* (-; -n) *allg.* passage.

Passagier [pasa'ʒi:r] *m* (-s; -e) passenger.

Passant [pa'sant] *m* (-en; -en) passer-by.

'Paßbild *n* passport photo(graph).

passen ['pasən] *v/i* (h) fit (***j-m*** s.o.; ***auf*** *od.* **für** *od.* **zu et.** s.th.); *zusagen, genehm sein*: suit (***j-m*** s.o.), be convenient; *Kartenspiel*: pass: **~ zu** *farblich etc*: go with, match (with); ***sie ~ gut zueinander*** they are well suited to each other; ***paßt es Ihnen morgen?*** would tomorrow suit you (*od.* be all right [with you])?; ***das* (*er*) *paßt mir gar nicht*** I don't like that (him) at all; ***das paßt* (*nicht*) *zu ihm*** that's just like him (not like him, not his style); **~d** *adj* fitting (*a. Kleidung*); *farblich etc.* matching; *zeitlich, geeignet*: suitable, right.

passier|bar [pa'si:rba:r] *adj* passable; **~en** *v/i* (*no* ge-, sn) happen; **≈schein** *m* pass, permit.

passiv ['pasi:f] *adj* passive.

'Paß|kon,trolle *f* passport control; **'~straße** *f* mountain pass.

Paste ['pastə] *f* (-; -n) paste; **~te** [~'te:tə] *f* (-; -n) pie.

Pate ['pa:tə] *m* (-n; -n) godfather; **~n-***kind*: godchild; **'~nkind** *n* godchild; **'~nschaft** *f* (-; -en) sponsorship: ***die ~ übernehmen für*** sponsor.

Patent [pa'tɛnt] *n* (-[e]s; -e) patent: ***et. zum ~ anmelden*** apply for a patent for s.th.; **~amt** *n* patent office; **~anwalt** *m Br.* patent agent, *Am.* patent attorney; **≈ieren** [~'ti:rən] *v/t* (*no* ge-, h) patent: ***et. ~ lassen*** take out a patent for s.th.; **~inhaber** *m* patentee.

P

Patient [pa'tsǐɛnt] *m* (-en; -en) patient; **~enkar͵tei** *f* patients' file.
Patin ['pa:tɪn] *f* (-; -nen) godmother.
Patriot [patri'o:t] *m* (-en; -en) patriot; **2isch** *adj* patriotic; **~ismus** [~o'tɪsmʊs] *m* (-; *no pl*) patriotism.
Patrone [pa'tro:nə] *f* (-; -n) *allg*. cartridge.
Patrouill|e [pa'trʊljə] *f* (-; -n) patrol; **2ieren** [~'ji:rən] *v/i* (*no* ge-, h) patrol.
Patsche ['patʃə] *f* (-; -n): F ***in der ~ sitzen*** be in a fix.
patze|n ['patsən] *v/i* (h) F blunder; **'2r** *m* (-s; -) F blunder.
Pauschal|e [paʊ'ʃa:lə] *f* (-; -n) lump sum; **~gebühr** *f* flat rate; **~reise** *f* package tour.
Pause ['paʊzə] *f* (-; -n) break; *Reden etc*. pause; *ped. Br*. break, *Am*. recess; *thea*., *Sport*: interval, *Am. u. Film*: intermission; **'2nlos** *adj* uninterrupted, nonstop (*a. adv*).
Pavian ['pa:vǐa:n] *m* (-s; -e) *zo*. baboon.
Pavillon ['pavɪljɔ̃:] *m* (-s; -s) pavilion.
Pazifis|mus [patsi'fɪsmʊs] *m* (-; *no pl*) pacifism; **~t** *m* (-en; -en) pacifist; **2tisch** *adj* pacifist.
PC [pe:'tse:] *m* (-[s]; -[s]) PC.
Pech [pɛç] *n* (-[e]s; *no pl*) bad luck: ***~ haben*** be unlucky (***bei, mit*** with); **'~vogel** *m* F unlucky person.
Pedant [pe'dant] *m* (-en; -en) pedant; **~erie** [~ə'ri:] *f* (-; *no pl*) pedantry; **2isch** *adj* pedantic.
peinlich ['paɪnlɪç] *adj* embarrassing; *Schweigen*, *Situation etc*: *a*. awkward: ***es war mir ~*** I was (*od*. felt) embarrassed.
'Pellkar͵toffeln ['pɛl~] *pl* potatoes *pl* boiled in their skins, jacket potatoes *pl*.
Pelz [pɛlts] *m* (-es; -e) fur; *unbearbeitet*: hide, skin; **'2gefüttert** *adj* fur-lined; **'~geschäft** *n* fur(rier's) shop (*Am*. store); **'2ig** *adj Zunge*: furred; **'~mantel** *m* fur coat.
Pendel|bus ['pɛndəl~] *m* shuttle bus; **'2n** *v/i* (sn) *rail. etc* shuttle (***zwischen X u. Y*** back and forth between X and Y); *Person*: commute (from X to Y); **'~tür** *f* swing door; **'~verkehr** *m rail. etc* shuttle service; *Berufsverkehr*: commuter traffic.
Pendler ['pɛndlər] *m* (-s; -) commuter.
Penis ['pe:nɪs] *m* (-; -se) *anat*. penis.
Penizillin [penitsɪ'li:n] *n* (-s; -e) *med*. penicillin.
Pension [pã'zǐo:n] *f* (-; -en) *Ruhegeld*: (old-age) pension; *Fremdenheim*: boarding house: ***in ~ gehen*** retire; ***in ~ sein*** be retired; **~är** [~o'nɛ:r] *m* (-s; -e) (old-age) pensioner; **2ieren** [~o'ni:rən] *v/t* (*no* ge-, h) pension off: ***sich ~ lassen*** retire; *vorzeitig*: take early retirement; **~ierung** [~o'ni:rʊŋ] *f* (-; -en) retirement; **~salter** *n* retirement age; **~sgast** *m* boarder.
Pensum ['pɛnzʊm] *n* (-s; -sen) (work) quota, stint.
per [pɛr] *prp pro*: per; *durch*, *mit*: by.
perfekt [pɛr'fɛkt] *adj* perfect: ***~ machen*** settle.
Period|e [pe'rǐo:də] *f* (-; -n) period; *physiol. a*. menstruation; **2isch** *adj* periodic(al).
Peripherie [perife'ri:] *f* (-; -n) *e-r Stadt*: outskirts *pl*: ***an der ~ von*** on the outskirts of; **~gerät** *n Computer*: peripheral.
Perle ['pɛrlə] *f* (-; -n) pearl; *Glas2*, *Schweiß2 etc*: bead; **'2n** *v/i* (h) *Sekt etc*: sparkle, bubble; **'~nkette** *f* pearl necklace.
Person [pɛr'zo:n] *f* (-; -en) person; *thea. etc a*. character: ***ein Tisch für drei ~en*** a table for three.
Personal [pɛrzo'na:l] *n* (-s; *no pl*) staff, personnel: ***zuwenig ~ haben*** be understaffed; **~abbau** *m* staff reduction; **~ab͵teilung** *f* personnel department; **~akte** *f* personal file; **~ausweis** *m* identity card; **~bü͵ro** *n* personnel department; **~chef** *m* personnel manager; **~com͵puter** *m* personal computer; **~ien** [~ǐən] *pl* particulars *pl*; **~mangel** *m* shortage of staff: ***an ~ leiden*** be understaffed; **~vertretung** *f* personnel representation.
Per'sonen|kraftwagen *m bsd. Br*. motorcar, *Am*. auto(mobile); **~wagen** *m rail*. passenger coach (*Am*. car); *mot*. → ***Personenkraftwagen***; **~zug** *m* passenger train; *Nahverkehrszug*: local train.
persönlich [pɛr'zø:nlɪç] *adj* personal; **2keit** *f* (-; -en) personality.
Perücke [pe'rʏkə] *f* (-; -n) wig.
pervers [pɛr'vɛrs] *adj* perverted: ***~er Mensch*** pervert.
Pest [pɛst] *f* (-; *no pl*) *med*. plague.

Petersilie [pe:tər'zi:lĭə] *f* (-; -n) *bot.* parsley.

Pfad [pfa:t] *m* (-[e]s; -e) path.

Pfand [pfant] *n* (-[e]s; ⸚er) *econ.* pledge; *Bürgschaft*: security; *Flaschen*ϩ *etc*: deposit: ~ **zahlen** pay a deposit (**für** on); '~**brief** *m econ.* mortgage bond.

pfänden ['pfɛndən] *v/t* (h) *jur. et.*: seize, distrain upon.

'**Pfand|flasche** *f* deposit (*od.* returnable) bottle; '~**haus** *n* pawnshop; '~**schein** *m* pawn ticket.

'**Pfändung** *f* (-; -en) *jur.* seizure (*gen* of), distraint (upon).

Pfann|e [pfanə] *f* (-; -n) (frying) pan; '~**kuchen** *m* pancake, *Am. a.* flapjack.

Pfarrer [pfarər] *m* (-s; -) *katholisch*: (parish) priest; *anglikanisch*: vicar; *evangelisch*: pastor.

Pfeffer ['pfɛfər] *m* (-s; -) pepper; 'ϩ**n** *v/t* (h) pepper; '~**streuer** *m* (-s; -) pepper caster.

Pfeife ['pfaɪfə] *f* (-; -n) whistle; *Tabaks*ϩ: pipe; 'ϩ**n** *v/i u. v/t* (pfiff, gepfiffen, h) whistle (**j-m** to s.o.): F ~ **auf** (*acc*) not give a damn about.

Pfeil [pfaɪl] *m* (-[e]s; -e) arrow.

Pfeiler ['pfaɪlər] *m* (-s; -) pillar (*a. fig.*); *Brücken*ϩ: pier.

Pfennig ['pfɛnɪç] *m* (-s; -e) pfennig; *fig.* penny.

pferchen ['pfɛrçən] *v/t* (h) *fig.* cram (**in** *acc* into).

Pferd [pfe:rt] *n* (-[e]s; -e) *zo.* horse: **zu ~e** on horseback.

Pferde|rennen ['pfe:rdə~] *n* horserace; '~**stärke** *f mot.* horsepower.

Pfiff [pfɪf] *m* (-[e]s; -e) whistle.

Pfingst|en ['pfɪŋstən] *n* (-; -) *eccl.* Whitsun: **an** (*od.* **zu**) ~ at Whitsun; ~'**montag** *m* Whit Monday; ~'**sonntag** *m* Whit Sunday.

Pfirsich ['pfɪrzɪç] *m* (-s; -e) *bot.* peach.

Pflanz|e ['pflantsə] *f* (-; -n) plant; 'ϩ**en** *v/t* (h) plant; '~**enfett** *n* vegetable fat; 'ϩ**enfressend** *adj zo.* herbivorous; 'ϩ**lich** *adj* vegetable, plant.

Pflaster ['pflastər] *n* (-s; -) *med.* (sticking) plaster, *Am. a.* band-aid; *Straßen*ϩ: road (surface); '~**maler** *m* pavement (*Am.* sidewalk) artist; 'ϩ**n** *v/t* (h) *Straße*: surface; *Bürgersteig*: pave; '~**stein** *m* paving stone.

Pflaume ['pflaʊmə] *f* (-; -n) *bot.* plum; *Back*ϩ: prune.

Pflege ['pfle:gə] *f* (-; *no pl*) care; *med.* nursing; *e-s Gartens, von Beziehungen*: cultivation; *tech.* maintenance: ***in ~ nehmen*** take into one's care; '~... *in Zssgn Eltern, Kind, Sohn etc*: foster ...; ϩ**bedürftig** ['~bədʏrftɪç] *adj* in need of care; '~**fall** *m* invalid; '~**heim** *n* nursing home; 'ϩ**leicht** *adj* easy-care; 'ϩ**n** *v/t* (h) care for, look after; *bsd. Kind, Kranke*: *a.* nurse; *tech.* maintain; *fig. Beziehungen etc*: cultivate; *Brauch etc*: keep up: ***sie pflegte zu sagen*** she used to (*od.* would) say; '~**perso,nal** *n med.* nursing staff; '~**r** *m* (-s; -) *med.* male nurse; '~**rin** *f* (-; -nen) *med.* nurse; '~**stelle** *f* nursing place.

Pflicht [pflɪçt] *f* (-; -en) duty; 'ϩ**bewußt** *adj* conscientious; '~**bewußtsein** *n* sense of duty; '~**umtausch** *m* compulsory exchange of currency; '~**versicherung** *f* compulsory insurance.

pflücken ['pflʏkən] *v/t* (h) pick.

Pforte ['pfɔrtə] *f* (-; -n) gate, door.

Pförtner ['pfœrtnər] *m* (-s; -) gatekeeper; *Portier*: porter, doorman.

Pfosten ['pfɔstən] *m* (-s; -) post.

Pfote ['pfo:tə] *f* (-; -n) paw (*a. fig.*).

Pfropfen ['pfrɔpfən] *m* (-s; -) stopper; *Kork*ϩ: cork; *Watte*ϩ, *Stöpsel*: plug; *med.* clot.

pfui [pfʊɪ] *int.* ugh!; *Zuschauer*: boo!

Pfund [pfʊnt] *n* (-[e]s; -e) pound: ***10*** ~ ten pounds; 'ϩ**weise** *adv* by the pound.

Pfusch [pfʊʃ] *m* (-[e]s; *no pl*) F botch-up; 'ϩ**en** *v/i* (h) F bungle; '~**er** *m* (-s; -) F bungler.

Pfütze ['pfʏtsə] *f* (-; -n) puddle.

Phänomen [fɛno'me:n] *n* (-s; -e) phenomenon; ϩ**al** [~e'na:l] *adj* phenomenal.

Phantasie [fanta'zi:] *f* (-; -n) imagination; *Trugbild*: fantasy; **schmutzige ~** dirty mind; ϩ**los** *adj* unimaginative; ϩ**ren** *v/i* (*no* ge-, h) daydream; *med.* be delirious; ϩ**voll** *adj* imaginative.

phantastisch [fan'tastɪʃ] *adj* fantastic; F *a.* great, terrific.

pharmazeutisch [farma'tsɔʏtɪʃ] *adj* pharmaceutic(al).

Phase ['fa:zə] *f* (-; -n) phase (*a. electr.*), stage.

Philosoph [filo'zo:f] *m* (-en; -en) philosopher; **~ie** [~o'fiː] *f* (-; -n) philosophy; **2isch** *adj* philosophical.

phlegmatisch [flɛ'gmaːtɪʃ] *adj* phlegmatic.

Photo(...) → ***Foto*(...)**.

Phrase ['fraːzə] *f* (-; -n) *contp.* phrase, cliché.

Physik [fy'ziːk] *f* (-; *no pl*) physics *pl* (*sg konstr.*); **2alisch** [~i'kaːlɪʃ] *adj* physical; **~er** ['fyːziker] *m* (-s; -) physicist.

physisch ['fyːzɪʃ] *adj* physical.

Pianist [pĭa'nɪst] *m* (-en; -en) pianist.

Pickel ['pɪkəl] *m* (-s; -) *med.* spot, pimple.

Picknick ['pɪknɪk] *n* (-s; -s) picnic; '**2en** *v/i* (h) (have a) picnic.

Pik [piːk] *n* (-s; -s) *Kartenspiel*: (*Farbe*) spades *pl*, (*Karte*) spade.

pikant [pi'kant] *adj* piquant, spicy.

Pille ['pɪlə] *f* (-; -n) *med.* pill: F ***die ~ nehmen*** be on the pill.

Pilot [pi'loːt] *m* (-en; -en) *aer.* pilot; **~pro͵jekt** *n* pilot project.

Pilz [pɪlts] *m* (-es; -e) *bot.* mushroom, *giftiger*: toadstool; *med.* fungus.

pinkeln ['pɪŋkəln] *v/i* (h) F (have a) pee (*od.* piddle): ***~ gehen*** go for a pee.

Pinsel ['pɪnzəl] *m* (-s; -) (paint)brush.

Pinzette [pɪn'tsɛtə] *f* (-; -n) (***e-e ~*** a pair of) tweezers *pl.*

Pionier [pĭo'niːr] *m* (-s; -e) pioneer.

Pirat [pi'raːt] *m* (-en; -en) pirate.

Pisse ['pɪsə] *f* (-; *no pl*) V piss; '**2n** *v/i* (h) V (have a) piss: ***~ gehen*** go for a piss.

Piste ['pɪstə] *f* (-; -n) piste, ski run; *aer.* runway.

Pistole [pɪs'toːlə] *f* (-; -n) pistol, gun.

Pizz|a ['pɪtsa] *f* (-; -s) *gastr.* pizza; **~eria** [~e'riːa] *f* (-; -s) pizzeria.

Pkw [peːkaː'veː] *m* (-[s]; -s) → ***Personenkraftwagen.***

plädieren [plɛ'diːrən] *v/i* (*no* ge-, h) plead (***auf*** *acc*, ***für*** for) (*a. jur.*).

Plädoyer [plɛdŏa'jeː] *n* (-s; -s) *jur.* final speech.

Plage ['plaːgə] *f* (-; -n) *Insekten2 etc*: plague; *Ärgernis*: nuisance, F pest; '**2n** (h) **1.** *v/t* trouble; *belästigen*: bother; *stärker*: pester; **2.** *v/refl* slave (away) (***mit*** at).

Plakat [pla'kaːt] *n* (-[e]s; -e) poster, bill; *aus Pappe*: placard.

Plakette [pla'kɛtə] *f* (-; -n) *Abzeichen*: badge.

Plan [plaːn] *m* (-[e]s; ⸚e) plan; *Absicht*: *a.* intention; *Stadt2*: map; '**2en** *v/t* (h) plan; '**~er** *m* (-s; -) planner.

Planet [pla'neːt] *m* (-en; -en) planet.

planier|en [pla'niːrən] *v/t* (*no* ge-, h) level, grade; **2raupe** *f tech.* bulldozer.

Planke ['plaŋkə] *f* (-; -n) plank, board.

plan|los *adj* without plan; *ziellos*: aimless; '**~mäßig 1.** *adj Ankunft etc*: scheduled; **2.** *adv* according to plan.

Plansch|becken ['planʃ~] *n* paddling pool; '**2en** *v/i* (h) splash (about).

Plantage [plan'taːʒə] *f* (-; -n) plantation.

'**Planwirtschaft** *f* planned economy.

Plastik[1] ['plastɪk] *f* (-; -en) *Skulptur*: sculpture.

Plasti|k[2] [~] *n* (-s; *no pl*) plastic; '**~k...** *in Zssgn Tüte etc*: plastic ...; '**2sch** *adj* plastic; *Sehen etc*: three-dimensional; *fig.* graphic, vivid.

Platin ['plaːtiːn] *n* (-s; *no pl*) platinum.

platt [plat] *adj flach*: flat; *eben*: even, level; *fig.* trite; F *fig.* flabbergasted: F ***e-n 2en haben*** have a flat tyre (*Am.* tire), *bsd. Am.* F have a flat.

Platte ['platə] *f* (-; -n) *Metall*, *Glas*: sheet, plate; *Stein*: slab; *Pflaster2*: paving stone; *Holz*: board; *Paneel*: panel; *Schall2*: record, disc; *Teller*: dish; F *Glatze*: bald pate: ***kalte ~*** cold cuts *pl.*

'**Platten|spieler** *m* record player; '**~teller** *m* turntable.

'**Platt|form** *f* platform (*a. pol.*); '**~fuß** *m med.* flat foot; F *mot.* flat tyre (*Am.* tire), *bsd. Am.* F flat.

Platz [plats] *m* (-es; ⸚e) *Ort*, *Stelle*: place, spot; *Lage*, *Bau2 etc*: site; *Raum*: room, space; *öffentlicher*: square; *runder*: circus; *Sitz2*: seat: ***es ist*** (***nicht***) ***genug ~*** there is (isn't) enough room; ***~ machen für*** make room for; *vorbeilassen*: make way for; ***~ nehmen*** take a seat, sit down; ***ist dieser ~ noch frei?*** is this seat taken?; '**~anweiserin** *f* (-; -nen) usherette.

Plätzchen ['plɛtsçən] *n* (-s; -) (little) place, spot; *Gebäck*: *bsd. Br.* biscuit, *Am.* cookie.

platzen ['platsən] *v/i* (sn) burst (*a. fig.* ***vor*** *dat* with); *reißen*: crack, split; *fig. Plan etc*: fall through; *econ. Wechsel*: bounce.

'**Platz|karte** *f rail.* seat reservation (ticket); '**~regen** *m* cloudburst; '**~wunde** *f med.* cut, laceration.

Plauder|ei [plaʊdəˈraɪ] *f* (-; -en) chat; **ˈ2n** *v/i* (h) (have a) chat (***mit*** with).
Playback [ˈpleːbɛk] *n* (-; *no pl*) *TV etc* miming: **~ *singen*** (*od.* ***spielen***) mime.
Pleite [ˈplaɪtə] *f* (-; -n) F *econ.* bankruptcy; *fig.* flop: **~ *machen*** go bust.
pleite [~] *adj* F broke: ***völlig* ~** flat (*od.* stony) broke; **~ *gehen*** go broke.
Plomb|e [ˈplɔmbə] *f* (-; -n) seal; *Zahn2*: filling; **2ieren** [~ˈbiːrən] *v/t* (*no* ge-, h) seal; fill.
plötzlich [ˈplœtslɪç] **1.** *adj* sudden; **2.** *adv* suddenly, all of a sudden.
plump [plʊmp] *adj unbeholfen*: clumsy, awkward; *Lüge etc*: blatant.
plumps|en [ˈplʊmpsən] *v/i* (sn) F thud; **ˈ2klo** *n* F outdoor loo (*Am.* john).
Plunder [ˈplʊndər] *m* (-s; *no pl*) F rubbish, junk.
Plünder|er [ˈplʏndərer] (-s; -) looter, plunderer; **ˈ2n** *v/i u. v/t* (h) plunder, loot; F *Konto*, *Kühlschrank etc*: raid.
plus [plʊs] **1.** *prp math.* plus: ***~/minus e-e Stunde*** give or take an hour; ***~/minus null abschneiden*** break even; **2.** *adv*: ***10 Grad* ~** 10 degrees above zero.
Plus [~] *n* (-; -) profit; *fig.* asset, advantage; **~ *machen*** make a profit; ***im ~ sein*** be in the black; **ˈ~betrag** *m* profit.
Po [poː] *m* (-s; -s) F bottom, behind.
Pocken [ˈpɔkən] *pl med.* smallpox *sg*; **ˈ~impfung** *f med.* smallpox vaccination; **ˈ~narbe** *f* pockmark.
Podest [poˈdɛst] *n* (-[e]s; -e) platform.
Podium [ˈpoːdĭʊm] *n* (-s; -dien) rostrum, platform; **ˈ~sdiskussiˌon** *f* panel discussion.
poetisch [poˈeːtɪʃ] *adj* poetic(al).
Pointe [ˈpŏɛ̃ːtə] *f* (-; -n) *Geschichte*: point; *Witz*: punch line.
Pokal [poˈkaːl] *m* (-s; -e) *Sport*: cup; **~endspiel** *n* cup final; **~spiel** *n* cup tie.
pökeln [ˈpøːkəln] *v/t* (h) pickle, salt.
Poker [ˈpoːkər] *n* (-s; *no pl*) poker; **ˈ2n** *v/i* (h) play poker.
Pol [poːl] *m* (-s; -e) pole, *electr. a.* terminal.
Pole [ˈpoːlə] *m* (-n; -n) Pole.
Polemi|k [poˈleːmɪk] *f* (-; -en) polemics *pl* (*sg konstr.*); **2sch** *adj* polemic(al); **2sieren** [~iˈziːrən] *v/i* (*no* ge-, h) polemize (***gegen*** agianst).
Police [poˈliːsə] *f* (-; -n) policy.
Polier [poˈliːr] *m* (-s; -e) foreman; **2en** *v/t* (*no* ge-, h) polish.
Poliklinik [ˈpoːli~] *f* outpatients' clinic.
Politesse [poliˈtɛsə] *f* (-; -n) (woman) traffic warden, *Am.* F meter maid.
Politi|k [poliˈtiːk] *f* (-; *no pl*) *allg.* politics *pl* (*mst sg konstr.*); *bestimmte*, *fig. Taktik*: policy; **~ker** [poˈliːtiker] *m* (-s; -) politician; **2sch** [poˈliːtɪʃ] *adj* political.
Polizei [poliˈtsaɪ] *f* (-; -en) police (*pl konstr.*); **~beamte** *m* police officer; **2lich** *adj* (of [*od.* by] the) police; **~präˌsidium** *n* police headquarters *pl* (*a. sg konstr.*); **~reˌvier** *n* police station; *Bezirk*: district, *Am. a.* precinct; **~schutz** *m* police protection; **~staat** *m* police state; **~streife** *f* police patrol; **~stunde** *f* closing time; **~wache** *f* police station.
Polizist [poliˈtsɪst] *m* (-en; -en) policeman; **~in** *f* (-; -nen) policewoman.
polnisch [ˈpɔlnɪʃ] *adj* Polish.
Polster [ˈpɔlstər] *n* (-s; -) pad; *Kissen*: cushion; *Kopf2*: bolster; **ˈ~möbel** *pl* upholstered furniture *sg*; **ˈ2n** *v/t* (h) upholster, stuff; *wattieren*: pad (*a. tech.*), wad; **ˈ~sessel** *m* armchair, easy chair; **ˈ~stuhl** *m* upholstered chair; **ˈ~ung** *f* (-; -en) upholstery.
Pommes frites [pɔmˈfrɪt] *pl Br.* chips *pl*, *Am.* French fries *pl.*
Pool [puːl] *m* (-s; -s) *econ.* pool.
popul|är [popuˈlɛːr] *adj* popular; **2arität** [~ariˈtɛːt] *f* (-; *no pl*) popularity.
Pore [ˈpoːrə] *f* (-; -n) pore.
Porno [ˈpɔrno] *m* (-s; -s), **ˈ~film** *m* porn film, blue movie.
Portemonnaie [pɔrtmɔˈnɛː] *n* (-s; -s) purse.
Portier [pɔrˈtĭeː] *m* (-s; -s) doorman, porter.
Portion [pɔrˈtsĭoːn] *f* (-; -en) portion, share; *bei Tisch*: helping, serving; *Kaffee*, *Tee*: pot.
Porto [ˈpɔrto] *n* (-s; -s, -ti) postage; **ˈ2frei** *adj* postage paid.
Porträt [pɔrˈtrɛː] *n* (-s; -s) portrait; **2ieren** [~ɛˈtiːrən] *v/t* (*no* ge-, h) paint a portrait of; *fig.* portray.
Portugies|e [pɔrtuˈgiːzə] *m* (-n; -n) Portuguese; **2isch** *adj* Portuguese.
Porzellan [pɔrtsɛˈlaːn] *n* (-s; -e) china, porcelain.

P

Posaune [po'zaʊnə] *f* (-; -n) trombone.
Pose ['po:zə] *f* (-; -n) pose.
Position [pozi'tsi̯o:n] *f* (-; -en) position (*a. fig.*).
positiv ['po:ziti:f] *adj* positive.
Post [pɔst] *f* (-; *no pl*) post, *bsd. Am.* mail; *~sachen*: mail, letters *pl*; *~amt*: post office: ***mit der ~*** by post (*od.* mail); **'~amt** *n* post office; **~anweisung** *f* money (*od.* postal) order; **~beamte** *m* post-office clerk; **'~bote** *m* postman, *Am. a.* mailman.
Posten ['pɔstən] *m* (-s; -) post; *Anstellung*: *a.* job, position; *Wache*: guard, sentry; *Rechnungs*≈: item; *Waren*; lot, parcel.
'Post|fach *n* post-office box, PO box; **'~giroamt** *n* postal giro office; *Br.* Girobank, *Am.* postal check office; **'~girokonto** *n* postal giro account, *Am.* postal check account.
postieren [pɔs'ti:rən] (*no* ge-, h) **1.** *v/t* place, position; **2.** *v/refl* position o.s.
Post|karte *f* postcard; **'≈lagernd** *adv* poste restante, *Am. a.* general delivery; **'~leitzahl** *f Br.* postcode, *Am.* zip code; **'~scheck** *m Br.* giro cheque, *Am.* postal check; **'~sparbuch** *n* post-office (*Am.* postal) savings book; **'~stempel** *m* postmark; **'≈wendend** *adv bsd. Br.* by return (of post), *Am.* by return mail; **'~wertzeichen** *n* postage stamp; **'~wurfsendung** *f* bulk mail consignment; *pl a.* bulk mail *sg*; **'~zustellung** *f* postal delivery.
Pracht [praxt] *f* (-; *no pl*) splendo(u)r.
prächtig ['prɛçtɪç] *adj* splendid; *Wetter*: glorious; F *fig.* great.
prahlen ['pra:lən] *v/i* (h) brag, boast (*beide*: ***mit et.*** about s.th.), show off ([with] s.th.).
Prahler ['pra:lər] *m* (-s; -) boaster, braggart; **~ei** [~'raɪ] *f* (-; *no pl*) boasting, bragging; **'≈isch** *adj* boastful; *prunkend*: showy.
Prakti|kant [prakti'kant] *m* (-en; -en) trainee; **'~ken** *pl* practices *pl*; **'~ker** *m* (-s; -) practical man; **~kum** ['~kʊm] *n* (-s; -ka) practical training (period); **'≈sch 1.** *adj* practical; *nützlich*: *a.* useful, handy: ***~er Arzt*** general practitioner; **2.** *adv* practically; *so gut wie*: *a.* virtually; **≈zieren** [~'tsi:rən] *v/i* (*no* ge-, h) *jur.*, *med.* practi|se (*Am.* -ce).
Praline [pra'li:nə] *f* (-; -n) chocolate.
prall [pral] *adj Brieftasche etc*: bulging; *Busen etc*: well-rounded; *Sonne*: blazing; **'~en** *v/i* (sn): ***~ auf*** (*acc*) *od.* ***gegen*** crash into.
Prämi|e ['prɛ:mi̯ə] *f* (-; -n) *Versicherungs*≈ *etc*: premium; *Preis*: prize; *Leistungs*≈: bonus; **≈eren** [prɛ'mi:rən], **≈ieren** [prɛmi'i:rən] *v/t* (*no* ge-, h) award a prize to.
Präpa|rat [prɛpa'ra:t] *n* (-[e]s; -e) preparation; **≈rieren** [~'ri:rən] *v/t* (*no* ge-, h) prepare; *sezieren*: dissect.
präsentieren [prɛzɛn'ti:rən] *v/t* (*no* ge-, h) present (***j-m et.*** s.o. with s.th.).
Präservativ [prɛzɛrva'ti:f] *n* (-s; -e) condom.
Präsid|ent [prɛzi'dɛnt] *m* (-en; -en) president; *Vorsitzender*: *a.* chairman; **~ium** [~'zi:di̯ʊm] *n* (-s; -dien) presidency.
prasseln ['prasəln] *v/i* (h) *Regen etc*: patter; *Feuer*: crackle.
Praxis ['praksɪs] *f* (-; -xen) practice (*a. jur.*, *med.*); *Erfahrung*: experience; *~räume*: *med. Br.* surgery, *Am.* doctor's office: ***in der ~*** in practice.
Präzedenzfall [prɛtse'dɛnts~] *m* precedent: ***e-n ~ schaffen*** set a precedent.
präzis [prɛ'tsi:s] *adj* precise; **~ieren** [~i'zi:rən] *v/t* (*no* ge-, h) specify; **≈ion** [~i'zi̯o:n] *f* (-; *no pl*) precision.
predig|en ['pre:dɪgən] *v/i u. v/t* (h) preach; **≈t** ['~çt] *f* (-; -en) sermon.
Preis [praɪs] *m* (-es; -e) price (*a. fig.*); *im Wettbewerb*: prize; *Film etc*: award; *Belohnung*: reward: ***um jeden ~*** at all costs; ***unter ~ verkaufen*** undersell; **'~änderung** *f* change in price: ***~en vorbehalten*** subject to change; **'~anstieg** *m* rise in prices; **'~ausschreiben** *n* competition; **'≈bewußt** *adj* price-conscious.
Preiselbeere ['praɪzəl~] *f* cranberry.
Preisempfehlung *f* recommended price: ***unverbindliche ~*** recommended retail price.
preisen ['praɪzən] *v/t* (pries, gepriesen, h) praise.
'Preis|erhöhung *f* price increase; **'~ermäßigung** *f* price reduction; **'≈gekrönt** *adj* prizewinning; *Film etc*: award-winning; **'~gericht** *n* jury; **'≈günstig** → ***preiswert***; **'~lage** *f* price range; **'~liste** *f* price list; **'~nachlaß** *m*

P

discount; '**~ni,veau** *n* price level; '**~rätsel** *n* competition; '**~richter** *m* judge; '**~senkung** *f* price cut; '**~stopp** *m* price freeze; '**~träger** *m* prize winner; '**2wert** *adj* cheap: **~ *sein*** *a.* be good value.

prell|en ['prɛlən] *v/t* (h) *fig.* cheat (***um*** out of): ***sich et. ~*** *med.* bruise s.th.; '**2ung** *f* (-; -en) *med.* contusion, bruise.

Premiere [prə'mĭɛ:rə] *f* (-; -n) *thea. etc* first night, première.

Pre'miermi,nister [prə'mĭe:~] *m* prime minister.

Presse[1] ['prɛsə] *f* (-; -n) *tech.* press; *Saft2*: squeezer.

Presse[2] [~] *f* (-; *no pl*) press; '**~agen,tur** *f* press agency; '**~ausweis** *m* press card; '**~bericht** *m* press report; '**~foto,graf** *m* press photographer; '**~freiheit** *f* (-; *no pl*) freedom of the press; '**~meldung** *f* press report.

'**pressen** *v/t* (h) press; squeeze (***in*** *acc* into).

'**Pressevertreter** *m* reporter, *Br.* F pressman.

Preßluft ['prɛs~] *f* (-; *no pl*) compressed air; '**~bohrer** *m* pneumatic drill; '**~hammer** *m* pneumatic hammer.

Prestige [prɛs'ti:ʒə] *n* (-s; *no pl*) prestige; **~verlust** *m* loss of prestige (*od.* face).

Preuß|e ['prɔʏsə] *m* (-n; -n) Prussian; '**2isch** *adj* Prussian.

Priester ['pri:stər] *m* (-s; -) priest.

prima ['pri:ma] *adj* F great, super.

Primel ['pri:məl] *f* (-; -n) *bot.* primrose.

primitiv [primi'ti:f] *adj* primitive.

Prinz [prɪnts] *m* (-en; -en) prince; **~essin** [~'tsɛsɪn] *f* (-; -nen) princess.

Prinzip [prɪn'tsi:p] *n* (-s; -ien) principle: ***aus*** (***im***) **~** on (in) principle; **2iell** [~i'pĭɛl] *adv* on principle.

Prise ['pri:zə] *f* (-; -n) *Salz etc*: pinch.

privat [pri'va:t] *adj* private; *persönlich*: *a.* personal; **2a,dresse** *f* private (*od.* home) address; **2angelegenheit** *f* private matter: ***das ist m-e ~*** that's my affair; **2besitz** *m* private property: ***in ~*** privately owned; **2detek,tiv** *m* private detective; **2eigentum** *n* → ***Privatbesitz***; **2fernsehen** *n* private TV; **2klinik** *f* private clinic; **2leben** *n* private life; **2pat,ient** *m* private patient; **2quar,tier** *n* private accommodation; **~versichert** *adj* privately insured, **2wirtschaft** *f* (-; *no pl*) private enterprise.

Privileg [privi'le:k] *n* (-[e]s; -ien) privilege.

pro [pro:] *prp* per: ***2 Mark ~ Stück*** 2 marks each.

Pro [~] *n*: ***das ~ u. Kontra*** the pros and cons *pl.*

Probe ['pro:bə] *f* (-; -n) *Erprobung*: trial, test; *Muster, Beispiel*: sample; *thea.* rehearsal: ***auf ~*** on probation; ***auf die ~ stellen*** (put to the) test; '**~aufnahmen** *pl Film, TV*: screen test *sg*; '**2fahren** (*irr, sep*, -ge-, → ***fahren***, *mst inf u. pp*) **1.** *v/t* test-drive; **2.** *v/i* take a test-drive; '**~fahrt** *f* test-drive; '**2n** *v/i u. v/t* (h) *thea.* rehearse; '**2weise** *adv* on a trial basis; *Person*: *a.* on probation; '**~zeit** *f* (time of) probation.

probieren [pro'bi:rən] *v/t* (*no* ge-, h) try; *kosten*: *a.* taste.

Problem [pro'ble:m] *n* (-s; -e) problem; **~atik** [~e'ma:tɪk] *f* (-; *no pl*) problem(s *pl*); **2atisch** *adj* problematic(al).

Produkt [pro'dʊkt] *n* (-[e]s; -e) product.

Produktion [prodʊk'tsĭo:n] *f* (-; -en) production; *~smenge*: *a.* output; **~sausfall** *m* loss of production; **~skosten** *pl* production costs *pl*; **~smenge** *f* production, output; **~smittel** *pl* means *pl* of production; **~srückgang** *m* fall in production; **~ssteigerung** *f* increase in production.

produktiv [prodʊk'ti:f] *adj* productive; **2ität** [~tivi'tɛ:t] *f* (-; *no pl*) productivity.

Produz|ent [produ'tsɛnt] *m* (-en; -en) producer; **2ieren** [~'tsi:rən] *v/t* (*no* ge-, h) produce.

professionell [profɛsĭo'nɛl] *adj* professional.

Professor [pro'fɛsɔr] *m* (-s; -en) professor (***für*** of).

Profi ['pro:fi] *m* (-s; -s) F pro; '**~...** *in Zssgn Fußball etc*: professional ...

Profil [pro'fi:l] *n* (-s; -e) profile (*a. fig.*); *Reifen2*: tread; **2ieren** [~i'li:rən] *v/refl* (*no* ge-, h) distinguish o.s.

Profit [pro'fi:t] *m* (-[e]s; -e) profit; **2abel** [~i'ta:bəl] *adj* profitable; **2ieren** [~i'ti:rən] *v/i* (*no* ge-, h) profit (***von, bei*** by, from).

Prognose [pro'gno:zə] *f* (-; -n) prediction; *Wetter*: forecast; *med.* prognosis.

Programm [pro'gram] *n* (-s; -e) program(me); *TV Kanal*: *a.* channel; *Computer*: program; **2ieren** [~'mi:rən] *v/t*

P

(*no* ge-, h) program; **~ierer** [~'mi:rər] *m* (-s; -) programmer; **~iersprache** [~'mi:r~] *f* programming language.

Projekt [pro'jɛkt] *n* (-[e]s; -e) project; **~or** [~ɔr] *m* (-s; -en) projector.

Pro-'Kopf-Einkommen *n* per capita income.

Prokur|a [pro'ku:ra] *f* (-; -ren) (full) power of attorney; **~ist** [~u'rɪst] *m* (-en; -en) authorized signatory.

Promillegrenze [pro'mɪlə~] *f* (blood) alcohol limit.

prominen|t [promi'nɛnt] *adj* prominent; **ßz** [~ts] *f* (-; *no pl*) prominent figures *pl*.

Promo|tion [promo'tsĭo:n] *f* (-; -en) *univ*. doctorate; **ßvieren** [~'vi:rən] *v/i* (*no* ge-, h) do one's doctorate.

prompt [prɔmpt] *adj* prompt, quick.

prophezeien [profe'tsaɪən] *v/t* (*no* ge-, h) prophesy, predict, foretell.

Proportion [propɔr'tsĭo:n] *f* (-; -en) proportion.

Proporz [pro'pɔrts] *m* (-es; -e) proportional representation.

Prosa ['pro:za] *f* (-; *no pl*) prose.

Prospekt [pro'spɛkt] *m* (-[e]s; -e) *Reiseß etc*: brochure.

prost [pro:st] *int*. cheers!

Prostituierte [prɔstitu'i:rtə] *f* (-n; -n) prostitute.

Protest [pro'tɛst] *m* (-[e]s; -e) protest: ***aus ~*** in protest (***gegen*** against, at).

Protestant [protɛs'tant] *m* (-en; -en) Protestant; **ßisch** *adj* Protestant.

protestieren [protɛs'ti:rən] *v/i* (*no* ge-, h) protest (***gegen*** against).

Prothese [pro'te:zə] *f* (-; -n) *med*. artificial limb; *Zahnß*: denture(s *pl*).

Protokoll [proto'kɔl] *n* (-s; -e) minutes *pl*; *Diplomatie*: protocol: ***~ führen*** take (down) the minutes; **~führer** *m* minute-taker; *jur*. clerk of the court; **ßieren** [~'li:rən] *v/t* (*no* ge-, h) take the minutes of.

protz|en ['prɔtsən] *v/i* (h) F show off (***mit et.*** [with] s.th.); **~ig** *adj* F showy.

Proviant [pro'vĭant] *m* (-s; -e) provisions *pl*, food.

Provinz [pro'vɪnts] *f* (-; -en) province; *fig. contp*. provinces *pl*; **ßiell** [~'tsĭɛl] *adj* provincial (*a. fig. contp.*).

Provision [provi'zĭo:n] *f* (-; -en) *econ*. commission: ***auf ~*** on commission; **~sbasis** *f*: ***auf ~*** on a commission basis.

provisorisch [provi'zo:rɪʃ] *adj* provisional, temporary.

provozieren [provo'tsi:rən] *v/t* (*no* ge-, h) provoke.

Prozent [pro'tsɛnt] *n* (-[e]s; -e) *bsd. Br*. per cent, *bsd. Am*. percent: F ***~e*** *pl* discount *sg*; **~satz** *m* percentage; **ßual** [~'tŭa:l] *adj* proportional: ***~er Anteil*** percentage.

Prozeß [pro'tsɛs] *m* (-sses; -sse) *Vorgang*: process (*a. chem., tech. etc*); *jur*. *Rechtsstreit*: lawsuit; *Strafß*: trial: ***j-m den ~ machen*** take s.o. to court; ***e-n ~ gewinnen*** (***verlieren***) win (lose) a case.

prozessieren [protsɛ'si:rən] *v/i* (*no* ge-, h): ***gegen j-n ~*** bring an action against s.o.

Prozession [protsɛ'sĭo:n] *f* (-; -en) procession.

prüde ['pry:də] *adj* prudish: ***~ sein*** be a prude.

prüf|en ['pry:fən] *v/t* (h) *ped*. examine, test, *nach~*: check, *über~*: inspect (*a. tech.*); *erproben*: test; *Vorschlag etc*: consider; **'~end** *adj Blick*: searching; **'ßer** *m* (-s; -) *ped*. examiner; *bsd. tech*. tester; **'ßling** *m* (-s; -e) candidate; **'ßung** *f* (-; -en) examination, F exam; test; check; inspection.

PS [pe:'ɛs] *n* (-; -) *mot*. HP.

Pseudonym [psɔʏdo'ny:m] *n* (-s; -e) pseudonym.

pst [pst] *int*. *still*: ssh!; *hallo*: psst!

Psych|e ['psy:çə] *f* (-; -n) mind, psyche; **~iater** [psyçi'a:tər] *m* (-s; -) psychiatrist; **ßiatrisch** [psyçi'a:trɪʃ] *adj* psychiatric; **'ßisch** *adj* mental, *med. a*. psychic.

Psycho|ana'lyse [psyço~] *f* (-; *no pl*) psychoanalysis; **~loge** [~'lo:gə] *m* (-n; -n) psychologist (*a. fig.*); **~logie** [~lo'gi:] *f* (-; *no pl*) psychology; **ßlogisch** [~'lo:gɪʃ] *adj* psychological; **~se** [psy'ço:zə] *f* (-; -n) psychosis.

Pubertät [pubɛr'tɛ:t] *f* (-; *no pl*) puberty.

Publikum ['pu:blikʊm] *n* (-s; *no pl*) audience; *TV a*. viewers *pl*; *Rundfunk*: *a*. listeners *pl*; *Sport*: crowd, spectators *pl*; *Lokal etc*: customers *pl*; *Öffentlichkeit*: public.

publizieren [publi'tsi:rən] *v/t* (*no* ge-, h) publish.

Pudding ['pʊdɪŋ] *m* (-s; -e) blancmange.

Pudel ['pu:dəl] *m* (-s; -) *zo*. poodle.

P

Puder ['pu:dər] *m*, F *n* (-s; -) powder; '**~dose** *f* powder compact; '**2n** *v/t u. v/refl* (h): **sich (das Gesicht) ~** powder one's face; '**~zucker** *m* icing (*Am.* confectioner's) sugar.

Puff [pʊf] *m, n* (-s; -s) F brothel; '**~er** *m* (-s; -) *rail. etc* buffer; '**~mais** *m* popcorn.

Pull|i ['pʊli] *m* (-s; -s) F, **~over** [pʊ'lo:vər] *m* (-s; -) sweater, pullover, *Br. a.* jumper.

Puls [pʊls] *m* (-es; -e) pulse; *~zahl*: pulse rate: ***j-m den ~ fühlen*** feel s.o.'s pulse; '**~ader** *f anat.* artery.

Pult [pʊlt] *n* (-[e]s; -e) desk.

Pulver ['pʊlvər] *n* (-s; -) powder; F *fig.* dough; '**~kaffee** *m* instant coffee; '**~schnee** *m* powder snow.

Pumpe ['pʊmpə] *f* (-; -n) pump; '**2n** *v/t* (h) pump (*a. v/i*); F *verleihen*: lend: **sich et. ~** borrow s.th. **(*bei*, *von*** from).

Punker ['paŋkər] *m* (-s; -) punk.

Punkt [pʊŋkt] *m* (-[e]s; -e) point (*a. fig.*); *Tupfen*: dot; *Satzzeichen*: full stop, *Am.* period; *Stelle*: spot, place: ***um ~ zehn*** (**Uhr**) at ten (o'clock) sharp; **2ieren** [~'ti:rən] *v/t* (*no* ge-, h) *med.* puncture.

pünktlich ['pʏŋktlɪç] **1.** *adj* punctual: ***~ sein*** be on time; **2.** *adv*: ***~ um 10*** (**Uhr**) at ten (o'clock) sharp; '**2keit** *f* (-; *no pl*) punctuality.

Pupille [pu'pɪlə] *f* (-; -n) *anat.* pupil.

Puppe ['pʊpə] *f* (-; -n) doll; '**~nstube** *f bsd. Br.* doll's house, *Am.* dollhouse; '**~nwagen** *m Br.* doll's pram, *Am.* doll carriage.

pur [pu:r] *adj* pure (*a. fig.*); *Whisky*: neat, *Am.* straight.

Pute ['pu:tə] *f* (-; -n) *zo.* turkey (hen); '**~r** *m* (-s; -) *zo.* turkey (cock).

Putsch [pʊtʃ] *m* (-es; -e) putsch, coup (d'état); '**2en** *v/i* (h) revolt.

Putz [pʊts] *m* (-es; *no pl*) *arch.* plaster: ***unter ~*** *electr.* concealed; '**2en** *v/t* (h) clean; *Schuhe, Metall*: *a.* polish; *wischen*: wipe: **sich die Nase (Zähne) ~** blow one's nose (brush one's teeth); '**~frau** *f* cleaner, cleaning lady; '**~lappen** *m* cloth; '**~mittel** *n* clean(s)er; *Poliermittel*: polish.

Puzzle ['pazəl] *n* (-s; -s) jigsaw (puzzle).

Pyjama [py'dʒa:ma] *m* (-s; -s) (***ein ~*** a pair of) pyjamas *pl* (*Am.* pajamas *pl*).

Pyramide [pyra'mi:də] *f* (-; -n) pyramid.

Q

Quacksalber ['kvakzalbər] *m* (-s; -) quack.

Quadrat [kva'dra:t] *n* (-[e]s; -e) square; **2isch** *adj* square; **~meter** *m, a. n* square met|re (*Am.* -er); **~meterpreis** *m* price per square met|re (*Am.* -er).

quaken ['kva:kən] *v/i* (h) *Ente*: quack; *Frosch*: croak.

quälen ['kvɛ:lən] (h) **1.** *v/t* torment (*a. fig.*); *fig.* pester (***mit*** with); **2.** *v/refl abmühen*: struggle (***mit*** with).

Qualifi|kation [kvalifika'tsi̯o:n] *f* (-; -en) qualification; **2zieren** [~'tsi:rən] *v/t u. v/refl* (*no* ge-, h) qualify (***für*** for).

Qualit|ät [kvali'tɛ:t] *f* (-; -en) quality; **2ativ** [~a'ti:f] *adj* qualitative; **~ätsware** *f coll.* quality goods *pl.*

Qualm [kvalm] *m* (-[e]s; *no pl*) (thick) smoke; '**2en** *v/i* (h) smoke.

Quantit|ät [kvanti'tɛ:t] *f* (-; -en) quantity; **2ativ** [~a'ti:f] *adj* quantitative.

Quarantäne [karan'tɛ:nə] *f* (-; -n) quarantine: ***unter ~ stellen*** put in quarantine.

Quark [kvark] *m* (-s; *no pl*) quark.

Quartal [kvar'ta:l] *n* (-s; -e) quarter (year).

Quartett [kvar'tɛt] *n* (-[e]s; -e) *mus.* quartet(te).

Quartier [kvar'ti:r] *n* (-s; -e) accommodation.

Quarz [kva:rts] *m* (-es; -e) *min.* quartz; '**~uhr** *f* quartz watch (*od.* clock).

Quatsch [kvatʃ] *m* (-es; *no pl*) F rubbish: ***~ machen*** fool around; do s.th. stupid;

Q

~reden talk rubbish; '**≈en** *v/i* (h) F talk rubbish; *plaudern*: chat.
Quecksilber ['kvɛk~] *n* mercury, quicksilver.
Quelle ['kvɛlə] *f* (-; -n) spring, source (*a. fig.*); *Öl≈*: well; '**≈n** *v/i* (quoll, gequollen, sn) pour (*a. fig.*); *Blut*: *a.* gush (*beide*: **aus** out of, from); '**~nangabe** *f* reference; '**~nsteuer** *f* withholding tax.
quer [kveːr] *adv* crossways, crosswise; *diagonal*: diagonally; *rechtwinklig*: at right angles: **~ über** (*acc od. dat*) across; '**≈e** *f*: ***j-m in die ~ kommen*** get in s.o.'s way; '**≈schnitt** *m* cross-section (*a. fig.*: **durch** of); '**~schnitt(s)gelähmt** *adj med.* paraplegic; '**≈straße** *f* intersecting road: ***zweite ~ rechts*** second turning on the right.
Querulant [kveru'lant] *m* (-en; -en) troublemaker.
quetsch|en ['kvɛtʃən] (h) **1.** *v/t* squeeze (***in*** *acc* into): ***sich die Hand in der Tür ~*** get one's hand caught in the door; **2.** *v/refl med.* bruise o.s.: ***sich ~ in*** (*acc*) squeeze (o.s.) into; '**≈ung** *f* (-; -en) *med.* bruise, contusion.
quietschen ['kviːtʃən] *v/i* (h) squeal (***vor*** *dat* with); *Bremsen*, *Reifen*: *a.* screech; *Tür*, *Bett etc*: squeak, creak.
quitt [kvɪt] *adj*: ***mit j-m ~ sein*** be quits (*od.* even) with s.o.; **~ieren** [~'tiːrən] *v/t* (*no* ge-, h) give a receipt for: ***den Dienst ~*** resign; '**≈ung** *f* (-; -en) receipt: ***gegen ~*** on receipt.
Quote ['kvoːtə] *f* (-; -n) quota; *Anteil*: share; *Rate*: rate; '**~nregelung** *f* quota regulations *pl.*
Quotient [kvo'tsĭɛnt] *m* (-en; -en) *math.* quotient.

R

Rabatt [ra'bat] *m* (-[e]s; -e) *econ.* discount (***auf*** *acc* on).
Rache ['raxə] *f* (-; *no pl*) revenge: ***aus ~*** in (*od.* out of) revenge (***für*** for).
Rachen ['raxən] *m* (-s; -) *anat.* throat.
räche|n ['rɛçən] (h) **1.** *v/t* avenge; **2.** *v/refl* get one's revenge: ***sich an j-m ~*** revenge o.s. on s.o. (***für*** for); '**≈r** *m* (-s; -) avenger.
'**rachsüchtig** *adj* revengeful, vindictive.
Rad [raːt] *n* (-[e]s; ¨er) wheel; *Fahr≈*: bicycle, F bike.
Radar [ra'daːr] *m, n* (-s; *no pl*) radar; **~falle** *f* speed trap; **~kon,trolle** *f* radar speed check; **~schirm** *m* radar screen.
Radau [ra'daʊ] *m* (-s; *no pl*) F row, racket.
radeln ['raːdəln] *v/i* (sn) F cycle, bike.
Rädelsführer ['rɛːdəls~] *m* ringleader.
'**radfahre|n** *v/i* (fuhr Rad, radgefahren, sn) cycle, ride a bicycle; '**≈r** *m* cyclist.
Radiergummi [ra'diːr~] *m* eraser, *Br. a.* rubber.
Radieschen [ra'diːsçən] *n* (-s; -) *bot.* (red) radish.
radikal [radi'kaːl] *adj* radical; **≈e** *m, f* (-n; -n) radical; **≈ismus** [~a'lɪsmʊs] *m* (-; *no pl*) radicalism.
Radio ['raːdĭo] *n* (-s; -s) radio: ***im ~*** on the radio; ***~ hören*** listen to the radio; **≈ak'tiv** *adj phys.* radioactive: → ***Niederschlag***; '**~re,corder** *m* radio cassette recorder; '**~wecker** *m* clock radio.
Radius ['raːdĭʊs] *m* (-; -dien) radius.
'**Rad|kappe** *f* hubcap; '**~rennen** *n* cycle race; '**~sport** *m* cycling; '**~tour** *f*, '**~wanderung** *f* bicycle tour; '**~weg** *m* cycle track.
Raffi|nerie [rafinə'riː] *f* (-; -n) *chem.* refinery; **≈niert** [~'niːrt] *adj schlau*: shrewd, clever.
ragen ['raːgən] *v/i* (h): **~ aus** rise (*horizontal*: project) from; **~ über** (*acc*) tower (*od.* loom) above.
Ragout [ra'guː] *n* (-s; -s) *gastr.* ragout.
Rahm [raːm] *m* (-[e]s; *no pl*) cream.
rahmen ['raːmən] *v/t* (h) frame; *Dias*: mount.
Rahmen [~] *m* (-s; -) frame; *Gefüge*: framework; *Hintergrund*: setting; *Be-*

reich: scope: ***aus dem ~ fallen*** be out of the ordinary; '**~bedingungen** *pl* general conditions *pl*; '**~pro,gramm** *n* supporting program(me).

Rakete [ra'ke:tə] *f* (-; -n) rocket, *mil. a.* missile.

rammen ['ramən] *v/t* (h) ram.

Rampe ['rampə] *f* (-; -n) ramp.

Ramsch [ramʃ] *m* (-es; *no pl*) junk.

Rand [rant] *m* (-[e]s; ¨er) edge, border; *Abgrund etc*: brink (*a. fig.*); *Teller, Brille*: rim; *Hut, Glas*: brim; *Seite*: margin: ***am ~(e) des Ruins*** (***Krieges*** *etc*) on the brink of ruin (war *etc*).

randaliere|n [randa'li:rən] *v/i* (*no* ge-, h) riot; **Ձr** *m* (-s; -) rioter; *Rowdy*: hooligan.

'**Rand|bemerkung** *f* marginal note; *fig.* passing remark; '**~gruppe** *f* fringe group; '**Ձlos** *adj Brille*: rimless; '**~streifen** *m mot.* (*Br.* hard) shoulder.

Rang [raŋ] *m* (-[e]s; ¨e) *mil.* rank; *Stellung*: standing, status: ***Ränge*** *pl Stadion*: terraces *pl*; ***erster ~*** *thea.* dress circle; ***ersten ~es*** first-class, first-rate.

rangieren [rã'ʒi:rən] *v/i* (*no* ge-, h): ***~ vor*** (*dat*) rank above.

'**Rangordnung** *f* hierarchy.

ranzig ['rantsıç] *adj* rancid.

rar [ra:r] *adj* rare, scarce; **Ձität** [rari'tɛ:t] *f* (-; -en) *Sache*: curiosity; *Seltenheit*: rarity.

rasch [raʃ] *adj* quick, swift; *sofortig*: prompt.

rascheln ['raʃəln] *v/i* (h) rustle.

Rasen ['ra:zən] *m* (-s; -) lawn.

rasen [~] *v/i* a) (sn) F race, tear, speed, b) (h) *vor Wut, Sturm*: rage: ***~*** (***vor Begeisterung***) be wild with enthusiasm; '**~d** *adj Tempo*: breakneck; *wütend*: raging; *Schmerz*: agonizing; *Kopfschmerz*: splitting; *Beifall*: thunderous: ***~ machen*** drive mad.

'**Rasenmäher** *m* (-s; -) lawnmower.

Raser ['ra:zər] *m* (-s; -) *mot.* F speeder.

Ra'sier|appa,rat [ra'zi:r~] *m* (safety) razor: ***elektrischer ~*** electric razor (*od.* shaver); **~creme** *f* shaving cream; '**Ձen** *v/refl* (*no* ge-, h) shave; **~er** *m* (-s; -) → ***Rasierapparat***; **~klinge** *f* razor blade; **~pinsel** *m* shaving brush; **~schaum** *m* shaving foam; **~wasser** *n* (-s; -, ¨) aftershave (lotion).

Rasse ['rasə] *f* (-; -n) race; *zo.* breed; '**~ndiskrimi,nierung** *f* racial discrimination; '**~ntrennung** *f* (racial) segregation; '**~nunruhen** *pl* race riots *pl*.

Rassis|mus [ra'sısmʊs] *m* (-; *no pl*) racism; **~t** *m* (-en; -en) racist; **Ձtisch** *adj* racist.

Rast [rast] *f* (-; *no pl*) rest; *Pause*: *a.* break; '**Ձen** *v/i* (h) (take a) rest; '**~platz** *m* place for a rest; *mot. Br.* lay-by, *Am.* rest stop; '**~stätte** *f mot.* service area.

Rasur [ra'zu:r] *f* (-; -en) shave.

Rat[1] [ra:t] *m* (-[e]s; Ratschläge) advice: ***j-n um ~ fragen*** ask s.o.'s advice; → ***Ratschlag.***

Rat[2] [~] *m* (-[e]s; ¨e) *pol.* council.

Rate ['ra:tə] *f* (-; -n) *econ.* instal(l)ment; *GeburtenՁ etc*: rate: ***auf ~n*** in instal(l)ments.

raten ['ra:tən] *v/t u. v/i* (riet, geraten, h) advise; *er~*: guess; *Rätsel*: solve: ***j-m zu et. ~*** advise s.o. to do s.th.; ***rate mal!*** (have a) guess!

'**Raten|kauf** *m Br.* hire purchase, *bsd. Am.* instal(l)ment plan; '**~zahlung** *f* → ***Abzahlung.***

'**Rat|geber** *m* (-s; -) adviser, counsel(l)or; *Buch*: guide (***über*** *acc* to); '**~haus** *n* town (*Am.* city) hall.

ratifizieren [ratifi'tsi:rən] *v/t* (*no* ge-, h) ratify.

Ration [ra'tsĭo:n] *f* (-; -en) ration; **Ձal** [~o'na:l] *adj* rational; **Ձalisieren** [~onali'zi:rən] *v/t* (*no* ge-, h) rationalize; **~ali'sierung** *f* (-; -en) rationalization; **Ձell** [~o'nɛl] *adj* efficient; *sparsam*: economical; **Ձieren** [~o'ni:rən] *v/t* (*no* ge-, h) ration; **~ierung** [~o'ni:rʊŋ] *f* (-; -en) rationing.

'**rat|los** *adj* at a loss; '**~sam** *adj* advisable, wise; '**Ձschlag** *m* piece of advice: ***ein paar gute Ratschläge*** some good advice *sg*.

Rätsel ['rɛ:tsəl] *n* (-s; -) puzzle; *~frage*: riddle (*beide a. fig.*); *Geheimnis*: mystery; '**Ձhaft** *adj* puzzling; mysterious.

Ratte ['ratə] *f* (-; -n) *zo.* rat.

Raub [raʊp] *m* (-[e]s; *no pl*) robbery; *Beute*: loot, booty; **Ձen** ['~bən] *v/t* (h) steal: ***j-m et. ~*** rob s.o. of s.th. (*a. fig.*)

Räuber ['rɔʏbər] *m* (-s; -) robber.

'**Raub|fisch** *m* predatory fish; '**~mord** *m* murder with robbery; '**~mörder** *m* murderer and robber; '**~tier** *n* beast of prey; '**~überfall** *m* holdup, robbery;

auf der Straße: *a.* mugging; '**~vogel** *m* bird of prey.

Rauch [raʊx] *m* (-[e]s; *no pl*) smoke; '**⁓en** *v/i u. v/t* (h) smoke: F ***e-e ~*** have a smoke; **⁓ *verboten!*** no smoking; '**~er** *m* (-s; -) smoker; '**~erab͵teil** *m* smoking compartment; '**~erhusten** *m med.* smoker's cough.

räuchern ['rɔʏçərn] *v/t* (h) smoke.

'**Rauchverbot** *n* ban on smoking: ***hier ist ~*** there's no smoking here.

raufe|n ['raʊfən] (h) **1.** *v/t*: ***sich die Haare ~*** tear one's hair; **2.** *v/i u. v/refl* fight, scuffle (***mit*** with; ***um*** for); **⁓'rei** *f* (-; -en) fight, scuffle.

rauh [raʊ] *adj* rough, rugged (*a. fig.*); *Klima*, *Stimme*: *a.* harsh; *Hände etc*: chapped; *Hals*: sore; '**⁓reif** *m* hoarfrost.

Raum [raʊm] *m* (-[e]s; ⁼e) room; *Platz*: *a.* space; *Gebiet*: area; *Welt⁓*: (outer) space: ***im ~ München*** in the Munich area; '**~anzug** *m* spacesuit.

räumen ['rɔʏmən] *v/t* (h) *Wohnung*: move out of; *Hotelzimmer*: check out of; *Saal*, *Unfallstelle*, *econ. Lager etc.* clear; *Gebiet*: evacuate: ***s-e Sachen ~ in*** (*acc*) put one's things away in.

'**Raum|fähre** *f* space shuttle; '**~fahrt** *f* (-; *no pl*) space travel; *Wissenschaft*: astronautics *pl* (*sg konstr.*); '**~fahrtzentrum** *n* space cent|re (*Am.* -er); '**~flug** *m* space flight; '**~inhalt** *m* volume, capacity; '**~kapsel** *f* space capsule.

räumlich ['rɔʏmlɪç] *adj* three-dimensional.

'**Raum|schiff** *n* spacecraft; *bsd. bemanntes*: *a.* spaceship; '**~sonde** *f* space probe; '**~stati͵on** *f* space station.

'**Räumung** *f* (-; -en) clearing, *bsd. econ.* clearance; evacuation; *jur.* eviction; '**~sverkauf** *m econ.* clearance sale.

raunen ['raʊnən] *v/t u. v/i* (h) whisper, murmur.

Raupe ['raʊpə] *f* (-; -n) *zo.* caterpillar.

raus [raʊs] *int* F get out (of here)!

Rausch [raʊʃ] *m* (-[e]s; ⁼e) drunkenness, intoxication: ***e-n ~ haben*** be drunk; ***s-n ~ ausschlafen*** sleep it off; '**⁓en** *v/i* a) (h) *Wind*, *Wasser*: rush; *Bach*: murmur, b) (sn) F *fig. Person*: sweep; '**⁓end** *adj Applaus*: thunderous.

'**Rauschgift** *n* drug(s *pl coll.*); '**~handel** *m* drug trafficking; '**~händler** *m* drug trafficker; '**~sucht** *f* drug addiction; '**⁓süchtig** *adj* drug-addicted; '**~süchtige** *m, f* drug addict.

räuspern ['rɔʏspərn] *v/refl* (h) clear one's throat.

Razzia ['ratsĭa] *f* (-; -zien) raid (***auf*** *acc*, ***in*** *dat* on).

reagieren [reˀa'giːrən] *v/i* (*no* ge-, h) react (***auf*** *acc* to).

Reaktion [reˀak'tsĭoːn] *f* (-; -en) reaction (***auf*** *acc* to).

Reaktor [re'ˀaktɔr] *m* (-s; -en) *phys.* reactor.

real [re'aːl] *adj* real; *konkret*: concrete; **⁓einkommen** *n* real income; **~isieren** [reali'ziːrən] *v/t* (*no* ge-, h) realize; **⁓ismus** [rea'lɪsmʊs] *m* (-; *no pl*) realism; **⁓ist** [rea'lɪst] *m* (-en; -en) realist; **~istisch** [rea'lɪstɪʃ] *adj* realistic; **⁓ität** [reali'tɛːt] *f* (-; -en) reality.

Rechen ['rɛçən] *m* (-s; -) rake.

'**Rechen|anlage** *f* computer; '**~fehler** *m* mistake, miscalculation; '**~ma͵schine** *f* calculator; '**~schaft** *f* (-; *no pl*): (***j-m***) ***~ ablegen über*** (*acc*) account (to s.o.) for; ***j-m ~ schuldig sein*** be answerable to s.o.; ***zur ~ ziehen*** call to account (***wegen*** for); '**~schaftsbericht** *m* report, statement.

rechn|en ['rɛçnən] (h) **1.** *v/t* calculate; *veranschlagen*: reckon (on): ***j-n ~ zu*** count s.o. among; **2.** *v/i* calculate: ***~ mit*** *erwarten*: expect; *bauen auf*: count on; '**⁓er** *m* (-s; -) calculator; *Computer*: computer; '**~ergesteuert** *adj* computer-controlled; '**⁓ung** *f* (-; -en) calculation; bill, *Am.*, *im Lokal*: check; *econ.* invoice: ***die ~, bitte!*** can I have the bill, please; ***auf ~*** on account; ***das geht auf m-e ~*** *im Lokal*: it's on me; '**⁓ungsbetrag** *m* invoice total.

recht [rɛçt] **1.** *adj* right (*a. pol.*); *richtig*: correct: ***auf der ~en Seite*** on the right(-hand side); ***mir ist es ~*** I don't mind; ***~ haben*** be right; ***j-m ~ geben*** agree with s.o.; **2.** *adv* right(ly), correctly; *ziemlich*: rather, quite: ***ich weiß nicht ~*** I don't really know; ***du kommst gerade ~*** you're just in time (***zu*** for); → ***geschehen.***

Recht [~] *n* (-[e]s; -e) right; *Anspruch*: *a.* claim (*beide*: ***auf*** *acc* to); *Gesetz*: law; *Gerechtigkeit*: justice: ***gleiches ~*** equal rights *pl*; ***im ~ sein*** be in the right; ***ein ~***

R

haben auf (*acc*) be entitled to; ***alle ~e vorbehalten*** all rights reserved. .

'**Rechte** *m, f* (-n; -n) *pol.* rightist, right-winger.

'**Rechteck** *n* (-[e]s; -e) rectangle; '**≗ig** *adj* rectangular.

rechtfertig|en ['~fɛrtɪgən] (h) **1.** *v/t* justify; **2.** *v/refl* justify o.s.; '**≗ung** *f* (-; -en) justification: ***zu s-r ~*** in his defen|ce (*Am.* -se).

recht|haberisch ['~ha:bərɪʃ] *adj* self-opinionated; '**~lich** *adj* legal.

'**rechtmäßig** *adj* lawful, legal; *Anspruch, Besitzer etc*: legitimate; '**≗keit** *f* (-; *no pl*) lawfulness, legality; legitimacy.

rechts [rɛçts] *adv* on the right: ***nach ~*** (to the) right; ***~ von*** to the right of.

'**Rechts|abbieger** *m* (-s; -) motorist *etc* turning right, '**~anspruch** *m* legal claim (***auf*** *acc* to); '**~anwalt** *m* → ***Anwalt***; '**~berater** *m* legal adviser.

'**Rechtschreib|fehler** *m* spelling mistake; '**~ung** *f* spelling.

'**Rechts|extre,mismus** *m pol.* right-wing extremism; '**~extre,mist** *m* right-wing extremist; '**≗extre,mistisch** *adj* extremely right-wing; '**~fall** *m* (law) case; **~händer** ['~hɛndər] *m* (-s; -) right-hander: ***~ sein*** be right-handed.

'**Rechtsprechung** *f* (-; *no pl*) administration of justice.

'**rechts|radi,kal** *adj pol.* radically right-wing; '**≗radi,kale** *m, f* right-wing radical; '**≗radika,lismus** *m* right-wing radicalism; '**≗schutz** *m* legal protection; '**≗schutzversicherung** *f* legal costs insurance; '**≗staat** *m* constitutional state; '**≗steuerung** *f mot.* right-hand drive; '**≗streit** *m* lawsuit, action; '**≗verkehr** *m*: ***in Deutschland ist ~*** in Germany they drive on the right; '**≗weg** *m* course of law: ***auf dem ~*** by legal action; ***den ~ beschreiten*** take legal action; '**~widrig** *adj* illegal, unlawful.

'**recht|wink(e)lig** *adj* right-angled, rectangular; '**~zeitig 1.** *adj* timely; *pünktlich*: punctual; **2.** *adv* in time (***zu*** for); *pünktlich*: on time.

Recorder [re'kɔrdər] *m* (-s; -) recorder.

recyc|eln [ri'saɪkəln] *v/t* (*no* ge-, h) recycle; **≗ling** [~klɪŋ] *n* (-s; *no pl*) recycling; **≗lingpa,pier** *n* recycled paper.

Redakt|eur [redak'tø:r] *m* (-s; -e) editor; **~ion** [~'tsi̯o:n] *f* (-; -en) *Personal*: editorial staff (*a. pl konstr.*); *Abteilung*: editorial department.

Rede ['re:də] *f* (-; -n) speech: ***zur ~ stellen*** take to task (***wegen*** for); ***nicht der ~ wert*** not worth mentioning; '**≗n** *v/i u. v/t* (h) speak, talk (*beide*: ***mit*** to, with; ***über*** *acc* about): ***j-n zum ≗ bringen*** get s.o. to talk; '**~nsart** *f* expression, saying.

Redner ['re:dnər] *m* (-s; -) speaker; '**~pult** *n* lectern.

reduzieren [redu'tsi:rən] *v/t* (*no* ge-, h) reduce (***auf*** *acc* to).

Reeder ['re:dər] *m* (-s; -) shipowner; **~ei** [~'raɪ] *f* (-; -en) shipping company.

reell [re'ɛl] *adj Preis etc*: reasonable, fair; *Chance*: real; *Firma*: solid.

Refer|at [refe'ra:t] *n* (-[e]s; -e) report; *Vortrag*: *a.* lecture; *ped., univ.* paper; *Dienststelle*: department: ***ein ~ halten*** report; (give a) lecture; give a paper (*alle*: ***über*** *acc* on); **~enz** [~'rɛnts] *f* (-; -en) reference; *Person*: referee: **~en** *pl Zeugnisse*: credentials *pl.*

Reflex [re'flɛks] *m* (-es; -e) reflex.

Reform [re'fɔrm] *f* (-; -en) reform; **~er** *m* (-s; -) reformer; **~haus** *n* health food shop (*Am.* store); **≗ieren** [~'mi:rən] *v/t* (*no* ge-, h) reform; **~kost** *f* health food(s *pl*); **~poli,tik** *f* reformist policy.

Refrain [rə'frɛ̃:] *m* (-s; -s) refrain, chorus.

Regal [re'ga:l] *n* (-s; -e) shelves *pl.*

Regel ['re:gəl] *f* (-; -n) rule; *physiol.* period: ***in der ~*** as a rule; '**≗mäßig** *adj* regular; '**≗n** *v/t* (h) regulate; *tech. a.* adjust; *Angelegenheit etc*: settle; '**~ung** *f* (-; -en) regulation; adjustment; settlement; *Steuerung*: control.

regen ['re:gən] *v/t u. v/refl* (h) move, stir.

Regen [~] *m* (-s; -) rain; '**~bogen** *m* rainbow; '**~guß** *m* downpour; '**~mantel** *m* raincoat; '**~schauer** *m* shower; '**~schirm** *m* umbrella; '**~tag** *m* rainy day; '**~tropfen** *m* raindrop; '**~wasser** *n* (-s; *no pl*) rainwater; '**~wetter** *n* (-s; *no pl*) rainy weather; '**~wurm** *m zo.* earthworm; '**~zeit** *f* rainy season; *Tropen*: *the* rains *pl.*

Regie [re'ʒi:] *f* (-; *no pl*) *thea. Film*: direction: ***unter der ~ von*** directed by.

regier|en [re'gi:rən] (*no* ge-, h) **1.** *v/i* reign; **2.** *v/t* govern, rule; **≗ung** *f* (-; -en) government, *bsd. Am.* administration; *e-s Monarchen*: reign.

Re'gierungs|bezirk *m* administrative district; **~chef** *m* head of government; **~wechsel** *m* change of government.

Regime [re'ʒiːm] *n* (-s; -) *pol.* regime; **~kritiker** *m* dissident.

Regiment [regi'mɛnt] *n* (-[e]s; -e) *pol.* rule; *mil.* regiment.

Region [re'gi̯oːn] *f* (-; -en) region; **ƧaI** [~o'naːl] *adj* regional.

Regisseur [reʒɪ'søːr] *m* (-s; -e) director; *thea. Br. a.* producer.

Regist|er [re'gɪstər] *n* (-s; -) *in Büchern*: index; **Ƨrieren** [~'triːrən] *v/t* (*no* ge-, h) register (*a. fig.*), record; **~rierkasse** [~'triːr~] *f* cash register.

Regler ['reːglər] *m* (-s; -) *tech.* control (knob).

regne|n ['reːgnən] *v/impers* (h) rain: ***es regnet in Strömen*** it is pouring with rain; **'~risch** *adj* rainy.

Regreß [re'grɛs] *m* (-sses; -sse) *econ., jur.* recourse; **~anspruch** *m* claim of recourse; **°pflichtig** *adj* liable to recourse.

regulär [regu'lɛːr] *adj* regular; *üblich*: normal.

regulier|bar [regu'liːrbaːr] *adj* adjustable; *steuerbar*: controllable; **~en** *v/t* (*no* ge-, h) regulate, adjust; *steuern*: control.

Regung ['reːgʊŋ] *f* (-; -en) movement, motion; *GefühlsƧ*: emotion; *Eingebung*: impulse; **Ƨslos** *adj* motionless.

Reh [reː] *n* (-[e]s; -e) *zo.* (roe) deer; *gastr.* venison.

rehabilitieren [rehabili'tiːrən] (*no* ge-, h) **1.** *v/t med.* rehabilitate, *jur. a.* vindicate; **2.** *v/refl jur.* rehabilitate (*od.* vindicate) o.s., clear one's name.

Reh|bock ['~bɔk] *m* (-[e]s; ¨e) *zo.* roebuck; **'~braten** *m gastr.* roast venison; **'~keule** *f gastr.* leg of venison; **'~rücken** *m gastr.* saddle of venison.

reib|en ['raɪbən] (rieb, gerieben, h) **1.** *v/t* rub; *zerkleinern*: grate: ***sich die Augen*** (***Hände***) **~** rub one's eyes (hands); **2.** *v/i* chafe; **'Ƨung** *f* (-; -en) *tech.* friction (*a. fig.*).

reich [raɪç] *adj* rich (**an** *dat* in), wealthy; *Ernte, Vorräte*: rich, abundant: ***~e Auswahl*** wide selection.

Reich [~] *n* (-[e]s; -e) empire, kingdom (*a. eccl., bot., zo.*); *fig.* world.

reichen ['raɪçən] (h) **1.** *v/t*: ***j-m et.* ~** hand (*od.* pass) s.o. s.th.; **2.** *v/i aus~*: last, do, be enough: **~ *bis*** reach (*od.* come up) to; ***das reicht*** that will do; ***mir reicht's!*** I've had enough.

'reich|haltig *adj* rich; **'~lich 1.** *adj* rich plentiful; *Zeit, Geld etc*: plenty of; **2.** *adv ziemlich*: rather; *großzügig*: generously; **'Ƨtum** *m* (-s; ¨er) wealth (**an** *dat* of) (*a. fig.*); **'Ƨweite** *f* reach; *aer., mil., Funk etc*: range: ***in*** (***außer***) (***j-s***) **~** within (out of) (s.o.'s) reach.

reif [raɪf] *adj* ripe; *bsd. Mensch*: mature.

Reif [~] *m* (-[e]s; *no pl*) hoarfrost.

Reife ['raɪfə] *f* (-; *no pl*) ripeness; maturity.

reifen ['raɪfən] *v/i* (sn) ripen; mature (**zu** into).

Reifen [~] *m* (-s; -) *mot. etc bsd. Br.* tyre, *Am.* tire; **'~druck** *m* tyre (*Am.* tire) pressure; **'~panne** *f* puncture, *bsd. Am.* F flat; **'~wechsel** *m* tyre (*Am.* tire) change.

'reiflich *adj* careful.

Reihe ['raɪə] *f* (-; -n) line, row (*a. SitzƧ*); *Anzahl*: number; *Serie*: series: ***der ~ nach*** in turn; ***ich bin an der ~*** it's my turn; → ***parken***; **'~nfolge** *f* order; **'~nhaus** *n* terraced (*Am.* row) house; **'Ƨnweise** *adv* F *fig.* by the dozen.

Reim [raɪm] *m* (-[e]s; -e) rhyme; **'Ƨen** *v/refl* (h) rhyme (**auf** *acc* with).

rein [raɪn] *adj* pure (*a. fig.*); *sauber*: clean; *Gewissen*: clear; *Wahrheit*: plain; *nichts als*: mere, sheer, nothing but; **'Ƨfall** *m* F flop; *Enttäuschung*: letdown; **'Ƨgewinn** *m* net profit.

reinig|en ['raɪnɪgən] *v/t* (h) clean; *Luft etc*: purify; *chemisch*: dry-clean; **'Ƨung** *f* (-; -en) cleaning; purification; *chemische*: dry-cleaning; *Firma*: (dry) cleaners *pl* (*sg konstr.*): ***in der ~*** at the cleaners; ***in die ~ bringen*** take to the cleaners; **'Ƨungsmittel** *n* detergent, cleaner.

Reis [raɪs] *m* (-es; *no pl*) *bot.* rice.

Reise ['raɪzə] *f* (-; -n) *allg.* trip; *zu Lande*: *a.* journey; *mar.* voyage (*alle*: **nach** to); *RundƧ*: tour (**in** *dat* of): ***s-e ~n*** his travels; ***auf ~n sein*** be travel(l)ing; ***e-e ~ machen*** take a trip; ***gute ~!*** have a nice trip!; **'~andenken** *n* souvenir; **'~apo‚theke** *f* first-aid kit; **'~bekanntschaft** *f* travel(l)ing acquaintance; **'~bü‚ro** *n* travel agent('s) (*od.* agency); **'Ƨfertig** *adj* ready to start; **'~fieber** *n*: **~ *haben***

R

be all excited about one's journey; '**~führer** *m* guide(book); '**~gepäck** *n* → ***Gepäck***; '**~gepäckversicherung** *f* baggage insurance; '**~gesellschaft** *f* tourist party; '**~kosten** *pl* travel expenses *pl*; '**~leiter** *m* tour guide, *bsd. Br.* courier; '**~lek,türe** *f* s.th. to read on the trip; '**ȿn** *v/i* (sn) travel (***nach*** to): ***durch Frankreich ~*** tour France; ***ins Ausland ~*** go abroad; '**~nde** *m, f* (-n; -n) travel(l)er; *Fahrgast*: passenger; '**~paß** *m* passport; '**~pro,spekt** *m* travel brochure; '**~ruf** *m Rundfunk*: emergency call; '**~scheck** *m Br.* traveller's cheque, *Am.* traveler's check; '**~spesen** *pl* travel expenses *pl*; '**~tasche** *f* travel(l)ing bag, *Br.* holdall, *Am.* carryall; '**~unterlagen** *pl* travel documents *pl*; '**~verkehr** *m* holiday (*Am.* vacation) traffic; '**~wecker** *m* travel(l)ing alarm clock; '**~wetterbericht** *m* holiday (*Am.* vacation) weather report; '**~ziel** *n* destination.

'**Reißbrett** *n* drawing board.

reißen ['raɪsən] (riß, gerissen) **1.** *v/t* (h) tear (***in Stücke*** to pieces): ***j-m et. aus der Hand ~*** snatch s.th. away from s.o.; **2.** *v/i* a) (sn) tear, b) (h): ***~ an*** (*dat*) tear (*od.* tug) at; **3.** *v/refl* (h): ***sich ~ um*** fight over; '**~d** *adj Fluß*: torrential: ***~en Absatz finden*** sell like hot cakes.

'**Reißer** *m* (-s; -) F *Film etc*: thriller; '**ȿisch** *adj Schlagzeile*: sensational; *Farben, Werbung*: loud.

'**Reiß|nagel** *m* → ***Reißzwecke***; '**~verschluß** *m bsd. Br.* zip (fastener), *bsd. Am.* zipper: ***den ~ aufmachen*** (***zumachen***) unzip (zip up); **~zwecke** ['~tsvɛkə] *f* (-; -n) *Br.* drawing pin, *Am.* thumbtack.

reit|en ['raɪtən] (ritt, geritten) **1.** *v/i* (sn) ride; **2.** *v/t* (h) ride; '**ȿer** *m* (-s; -) rider, horseman; '**ȿerin** *f* (-; -nen) rider, horsewoman; '**ȿpferd** *n* saddle (*od.* riding) horse.

Reiz [raɪts] *m* (-es; -e) charm, attraction, appeal; *Kitzel*: thrill; *med., psych.* stimulus: (***für j-n***) ***den ~ verlieren*** lose one's appeal (for s.o.); '**ȿbar** *adj* irritable, excitable; '**ȿen** *v/t* (h) irritate (*a. med.*); *ärgern*: *a.* annoy; *bsd. Tier*: bait; *herausfordern*: provoke; *anziehen*: appeal to, attract; (*ver*)*locken*: tempt; *Aufgabe etc*: challenge; '**ȿend** *adj* charming, delightful; *hübsch*: lovely, sweet, *Am.* cute; '**~klima** *n* bracing climate; '**ȿlos** *adj* unattractive; '**~ung** *f* (-; -en) irritation (*a. med.*); provocation; '**ȿvoll** *adj* attractive; *Aufgabe etc*: challenging; '**~wäsche** *f* sexy underwear; '**~wort** *n* dirty word.

Reklamation [reklama'tsǐoːn] *f* (-; -en) complaint.

Reklame [re'klaːmə] *f* (-; -n) *Werbung*: advertising; *Anzeige*: ad(vertisement): ***~ machen für*** advertise; **Re'klame...** *in Zssgn* → ***Werbe...***

reklamieren [rekla'miːrən] *v/i* (*no* ge-, h) complain (***wegen*** about).

Rekord [re'kɔrt] *m* (-[e]s; -e) record.

Rekrut [re'kruːt] *m* (-en; -en) *mil.* recruit.

relativ [rela'tiːf] *adj* relative.

Relief [re'lǐɛf] *n* (-s; -s, -e) relief.

Religi|on [reli'gǐoːn] *f* (-; -en) religion; **ȿös** [~'gǐøːs] *adj* religious.

Reling ['reːlɪŋ] *f* (-; -s) *mar.* rail.

Reliquie [re'liːkvǐə] *f* (-; -n) relic.

rempeln ['rɛmpəln] *v/t* (h) jostle.

Rendezvous [rãdə'vuː] *n* (-; - [~'vuːs]) date

Rendite [rɛn'diːtə] *f* (-; -n) *econ.* yield.

rennen ['rɛnən] *v/i* (rannte, gerannt, sn) run, rush, tear.

Rennen [~] *n* (-s; -) race (*a. fig.*); *Einzel*ȿ: heat.

'**Renn|fahrer** *m mot.* racing driver; *Rad*ȿ: racing cyclist; '**~läufer** *m* ski racer; '**~pferd** *n* racehorse; '**~rad** *n* racing bicycle, racer; '**~wagen** *m* racing car.

renommiert [renɔ'miːrt] *adj* famous, noted (*beide*: ***wegen*** for).

renovieren [reno'viːrən] *v/t* (*no* ge-, h) renovate, F do up; *Innenraum*: redecorate.

rentab|el [rɛn'taːbəl] *adj* profitable; **ȿilität** [~abili'tɛːt] *f* (-; *no pl*) profitability.

Rente ['rɛntə] *f* (-; -n) (old-age) pension: ***in ~ gehen*** retire; '**~nalter** *n* retirement age; '**~nversicherung** *f* pension scheme.

rentieren [rɛn'tiːrən] *v/refl* (*no* ge-, h) → ***lohnen.***

Rentner ['rɛntnər] *m* (-s; -) pensioner.

Reparatur [repara'tuːr] *f* (-; -en) repair; **~werkstatt** *f* repair shop; *mot.* garage.

reparieren [repa'riːrən] *v/t* (*no* ge-, h) repair, mend, F fix.

R

Report|age [repɔr'taːʒə] *f* (-; -en) report; **~er** [re'pɔrtər] *m* (-s; -) reporter.

Repräsent|ant [reprɛzɛn'tant] *m* (-en; -en) representative; **~antenhaus** *n Am. parl.* House of Representatives; **2ativ** [~a'tiːf] *adj* representative (**für** of); *imposant*: impressive; **2ieren** [~'tiːrən] *v/t* (*no* ge-, h) represent.

Repressalie [reprɛ'saːlĭə] *f* (-; -n) reprisal.

reprivatisier|en [reprivati'ziːrən] *v/t* (*no* ge-, h) *econ.* denationalize; **2ung** *f* (-; -en) denationalization.

Reprodu|ktion [reprodʊk'tsĭoːn] *f* (-; -en) reproduction, print; **2zieren** [~du'tsiːrən] *v/t* (*no* ge-, h) reproduce.

Republik [repu'bliːk] *f* (-; -en) republic.

Reservat [rezɛr'vaːt] *n* (-[e]s; -e) *Wild2*: reserve; *Indianer2*: reservation.

Reserve [re'zɛrvə] *f* (-; -n) reserve; **~kaˌnister** *m mot.* spare can; **~rad** *n mot.* spare wheel.

reservier|en [rezɛr'viːrən] *v/t* (*no* ge-, h) reserve (*a.* **~ lassen**): ***j-m e-n Platz ~*** keep a seat for s.o.; **~t** *adj* reserved (*a. fig.*); **2ung** *f* (-; -en) reservation.

Residenz [rezi'dɛnts] *f* (-; -en) residence.

Resign|ation [rezigna'tsĭoːn] *f* (-; *no pl*) resignation; **2ieren** [~'gniːrən] *v/i* (*no* ge-, h) give up; **2iert** *adj* [~'gniːrt] *adj* resigned.

resozialisier|en [rezotsĭali'ziːrən] *v/t* (*no* ge-, h) rehabilitate; **2ung** *f* (-; -en) rehabilitation.

Respekt [re'spɛkt] *m* (-[e]s; *no pl*) respect (**vor** *dat* for); **2ieren** [~'tiːrən] *v/t* (*no* ge-, h) respect; **2los** *adj* disrespectful; **2voll** *adj* respectful.

Ressort [rɛ'soːr] *n* (-s; -s) department: *Zuständigkeit*: province.

Rest [rɛst] *m* (-[e]s; -e) rest: **~e** *pl Überreste*: remains *pl*, remnants *pl* (*a. econ.*); *Essen*: leftovers *pl*; ***das gab ihm den ~*** that finished him (off).

Restaurant [rɛsto'rãː] *n* (-s; -s) restaurant.

restaurieren [rɛstaʊ'riːrən] *v/t* (*no* ge-, h) restore.

'Rest|bestand *m econ.* remaining stock; **'~betrag** *m* balance; **'2lich** *adj* remaining; **'2los** *adv* completely; **'~urlaub** *m* unused holiday (*bsd. Am.* vacation).

Resultat [rezʊl'taːt] *n* (-[e]s; -e) result (*a. Sport*), outcome.

rette|n ['rɛtən] *v/t* (h) save, rescue (*beide*: ***aus, vor*** *dat* from): ***j-m das Leben ~*** save s.o.'s life; **'2r** *m* (-s; -) rescuer.

Rettich ['rɛtɪç] *m* (-s; -e) *bot.* radish.

'Rettung *f* (-; -en) rescue (***aus, vor*** *dat* from): ***das war s-e ~*** that saved him; **'~sboot** *n* lifeboat; **'~smannschaft** *f* rescue party; **'~sring** *m* life belt.

Revanch|e [re'vãːʃə] *f* (-; -n) revenge; **2ieren** [~ã'ʃiːrən] *v/refl* (*no* ge-, h) take revenge (***an*** *dat* on); *Dank*: return the favo(u)r.

Revier [re'viːr] *n* (-s; -e) *allg.* district; *zo., fig.* territory; → ***Polizeirevier.***

Revision [revi'zĭoːn] *f* (-; -en) *econ.* audit; *jur.* appeal; *Änderung*: revision: ***~ einlegen*** lodge an appeal.

Revolt|e [re'vɔltə] *f* (-; -n) revolt; **2ieren** [~'tiːrən] *v/i* (*no* ge-, h) revolt.

Revolution [revolu'tsĭoːn] *f* (-; -en) revolution; **2är** [~o'nɛːr] *adj* revolutionary; **2ieren** [~o'niːrən] *v/t* (*no* ge-, h) revolutionize.

Revolver [re'vɔlvər] *m* (-s; -) revolver, gun.

Rezept [re'tsɛpt] *n* (-[e]s; -e) *med.* prescription; *Koch2*: recipe (*a. fig. Mittel*); **2frei** *adj* over-the-counter; **~ion** [~'tsĭoːn] *f* (-; -en) reception (desk); **2pflichtig** *adj* prescription(-only).

Rezession [retsɛ'sĭoːn] *f* (-; -en) *econ.* recession.

R-Gespräch ['ɛr~] *n teleph.* reverse-charge (*Am.* collect) call.

Rhabarber [ra'barbər] *m* (-s; *no pl*) *bot.* rhubarb.

Rheuma ['rɔʏma] *n* (-s; *no pl*) *med.* rheumatism.

rhythm|isch ['rʏtmɪʃ] *adj* rhythmic(al); **2us** ['~mʊs] *m* (-; -men) rhythm.

richten ['rɪçtən] (h) **1.** *v/t allg.* fix; (*vor*)*bereiten*: *a.* get *s.th.* ready, prepare; *Zimmer, Haar etc*: *a.* do: **~ an** (*acc*) *Frage*: put to; **~ auf** (*acc*) *Waffe, Kamera etc*: point (*od.* aim) at; **2.** *v/refl*: ***sich ~ nach*** go by, act according to; *Mode, Beispiel*: follow; *abhängen von*: depend on; ***ich richte mich ganz nach dir*** I leave it to you.

'Richter *m* (-s; -) judge; **'2lich** *adj* judicial.

'Richtgeschwindigkeit *f mot.* recommended speed.

'richtig 1. *adj allg.* right; *korrekt*: *a.* cor-

rect; *wahr*: true; *echt*, *wirklich*, *typisch*: real; **2.** *adv*: **~ nett (böse)** really nice (angry); ***et. ~ machen*** do s.th. right; ***m-e Uhr geht ~*** my watch is right; **'≈keit** *f* (-; *no pl*) correctness; truth; **'~stellen** *v/t* (*sep*, -ge-, h) put right.
'Richt|linien *pl* guidelines *pl*; **'~preis** *m econ*. recommended price.
'Richtung *f* (-; -en) direction; **'≈weisend** *adj fig*. pioneering.
riechen ['ri:çən] *v/i u. v/t* (roch, gerochen, h) smell (***nach*** of; ***an*** *dat* at).
Riegel ['ri:gəl] *m* (-s; -) bolt, bar (*a. Schokolade*).
Riemen ['ri:mən] *m* (-s; -) strap; *Gürtel*, *tech*. belt; *mar*. oar.
Riese ['ri:zə] *m* (-n; -n) giant (*a. fig.*).
rieseln ['ri:zəln] *v/i* (sn) *Sand etc*: trickle; *Schnee*: fall gently.
'Riesen|erfolg *m* huge success; *Film etc*: *a*. smash hit; **'~rad** *n* Ferris wheel.
riesig ['ri:zıç] *adj* enormous, gigantic.
Riff [rıf] *n* (-[e]s; -e) reef.
Rille ['rılə] *f* (-; -n) groove.
Rind [rınt] *n* (-[e]s; -er) *Kuh*: cow; *Stier*: bull; *Fleisch*: beef: **~er** *pl* cattle *pl*.
Rinde ['rındə] *f* (-; -n) *bot*. bark; *Käse*≈: rind; *Brot*≈: crust.
Rinderbraten ['rındər~] *m* roast beef.
'Rind|fleisch *n* beef; **'~(s)leder** *n* cowhide.
Ring [rıŋ] *m* (-[e]s; -e) ring (*a. fig.*); *mot*. ring road; *U-Bahn etc*: circle (line); **'~buch** *n* loose-leaf (*od*. ring) binder.
ringen ['rıŋən] (rang, gerungen, h) **1.** *v/i* wrestle (***mit*** with); *fig. a*. struggle (against, with; ***um*** for): ***nach Atem ~*** gasp (for breath); **2.** *v/t Hände*: wring.
'Ringfinger *m* ring finger.
rings [rıŋs] *adv*: ***~ um*** around.
'Ringstraße *f* ring road.
Rinn|e ['rınə] *f* (-; -n) *Fahr*≈ *etc*: channel; *Dach*≈: gutter; **'≈en** *v/i* (rann, geronnen, sn) run (*a. Schweiß etc*); *strömen*: flow, stream; **'~stein** *m* gutter.
Rippe ['rıpə] *f* (-; -n) *anat*. rib; **'~nfell** *n anat*. pleura; **'~nfellentzündung** *f med*. pleurisy.
Risiko ['ri:ziko] *n* (-s; -s, -ken) risk: ***ein (kein) ~ eingehen*** take a risk (no risks); ***auf eigenes ~*** at one's own risk.
risk|ant [rıs'kant] *adj* risky; **~ieren** [~'ki:rən] *v/t* (*no* ge-, h) risk.
Riß [rıs] *m* (-sses; -sse) tear, rip, split (*a. fig.*); *Sprung*: crack; *in der Haut*: chap.
rissig ['rısıç] *adj* full of tears; *Haut etc*: chappy; *brüchig*: cracky, cracked.
Ritt [rıt] *m* (-[e]s; -e) ride.
Rival|e [ri'va:lə] *m* (-n; -n) rival; **≈isieren** [~ali'zi:rən] *v/i* (*no* ge-, h) rival (***mit j-m*** s.o.); **~ität** [~ali'tɛ:t] *f* (-; -en) rivalry.
Robbe ['rɔbə] *f* (-; -n) *zo*. seal.
Robe ['ro:bə] *f* (-; -n) robe, gown.
Roboter ['rɔbɔtər] *m* (-s; -) robot.
robust [ro'bʊst] *adj* robust.
Rock [rɔk] *m* (-[e]s; ⸚e) skirt.
roden ['ro:dən] *v/t* (h) *Land*: clear.
Roggen ['rɔgən] *m* (-s; -) *bot*. rye.
roh [ro:] *adj* raw; *unbearbeitet*: rough; *Handlung*: brutal: ***mit ~er Gewalt*** by brute force; **'≈bau** *m* (-[e]s; -ten) *arch*. shell; **'≈kost** *f* raw vegetables and fruit; **'≈materi̩al** *n* raw material; **'≈öl** *n* crude oil.
Rohr [ro:r] *n* (-[e]s; -e) *tech*. pipe.
Röhre ['rø:rə] *f* (-; -n) tube; *Leitungs*≈, *Luft*≈, *Speise*≈: pipe; *Bild*≈: tube.
'Rohstoff *m* raw material; **'≈arm** *adj* lacking in raw materials; **'≈reich** *adj* rich in raw materials.
'Rolladen *m* shutters *pl*.
'Rollbahn *f aer*. runway.
Rolle ['rɔlə] *f* (-; -n) roll; *unter Möbeln*: castor, caster; *thea*. part, role (*beide a. fig.*): ***das spielt keine ~*** that doesn't matter, that makes no difference; ***aus der ~ fallen*** forget o.s.
'rollen *v/i* (sn) *u. v/t* (h) roll.
'Roller *m* (-s; -) *mot*. scooter.
'Roll|film *m phot*. roll film; **'~kragenpull̩over** *m bsd. Br*. polo-neck sweater, *bsd. Am*. turtleneck (sweater).
Rollo ['rɔlo] *n* (-s; -s) *Br*. (roller) blind, *Am*. shade.
'Roll|stuhl *m* wheelchair; **'~stuhlfahrer** *m* person in a wheelchair; **'~treppe** *f* escalator.
Roman [ro'ma:n] *m* (-[e]s; -e) novel; **~schriftsteller** *m* novelist.
romantisch [ro'mantıʃ] *adj* romantic.
Röm|er ['rø:mər] *m* (-s; -) Roman; *Glas*: rummer; **≈isch** *adj* Roman.
röntgen ['rœntgən] *v/t* (h) *med*. X-ray; **'≈appa̩rat** *m* X-ray unit; **'≈aufnahme** *f*, **'≈bild** *n* X-ray; **'≈strahlen** *pl* X-rays *pl*.
rosa ['ro:za] *adj* pink.

R

Rose ['roːzə] *f* (-; -n) *bot.* rose; '**~nkohl** *m bot.* Brussels sprouts *pl*; '**~nkranz** *m eccl.* rosary.

rosig ['roːzɪç] *adj* rosy (*a. fig.*).

Rosine [ro'ziːnə] *f* (-; -n) raisin.

Rost¹ [rɔst] *m* (-[e]s; -e) grate; *Brat2*: grill.

Rost² [~] *m* (-[e]s; *no pl*) rust; '**2en** *v/i* (sn *od.* h) rust, get rusty.

rösten ['rœstən] *v/t* (h) *Fleisch*: roast, grill; *Brot*: toast; *Kartoffeln*: fry.

'**Rost|fleck** *m* rust stain; '**2frei** *adj* rustproof; *Stahl*: stainless; '**2ig** *adj* rusty (*a. fig.*).

rot [roːt] *adj* red: **~ *werden*** blush; ***in den ~en Zahlen stehen*** be in the red.

Rot [~] *n* (-s; -) red: ***die Ampel steht auf ~*** the lights are red; '**2blond** *adj* sandy(-haired).

Röte ['røːtə] *f* (-; *no pl*) redness; *Scham2*: blush; '**~ln** *pl med.* German measles *pl* (*sg konstr.*); '**2n** *v/refl* (h) redden; *Gesicht*: *a.* flush.

'**rothaarig** *adj* red-haired.

rotieren [ro'tiːrən] *v/i* (*no* ge-, h) rotate, revolve.

'**Rotkohl** *m* red cabbage.

rötlich ['røːtlɪç] *adj* reddish.

'**Rot|stift** *m* red pencil; '**~wein** *m* red wine.

Route ['ruːtə] *f* (-; -n) route.

Routin|e [ru'tiːnə] *f* (-; *no pl*) routine; *Erfahrung*: experience; **~ekon,trolle** *f* routine check; **~esache** *f* routine (matter); **2iert** [~i'niːrt] *adj* experienced.

Rowdy ['raʊdi] *m* (-s; -s) hooligan; '**~tum** *n* (-s; *no pl*) hooliganism.

Rübe ['ryːbə] *f* (-; -n) *bot.* turnip: ***gelbe ~*** carrot; ***rote ~*** beetroot.

Rubrik [ru'briːk] *f* (-; -en) *Kategorie*: category; *Spalte*: column.

Ruck [rʊk] *m* (-[e]s; -e) jerk, jolt, start; *fig. pol.* swing.

Rückantwort ['rʏk~] *f* reply; '**~karte** *f* reply-paid postcard.

'**ruckartig** *adj* jerky, abrupt.

'**Rück|blende** *f* flashback (***auf*** *acc* to); '**~blick** *m* review (***auf*** *acc* of); '**2da,tieren** *v/t* (*only inf u. pp* rückdatiert, h) backdate.

rücken ['rʏkən] **1.** *v/t* (h) move, shift, push; **2.** *v/i* (sn) move; *Platz machen*: move over: ***näher ~*** move closer; *zeitlich*: draw near.

Rücken [~] *m* (-s; -) back (*a. fig.*); '**~deckung** *f fig.* backing, support; '**~lehne** *f* back(rest); '**~mark** *n anat.* spinal cord; '**~schmerzen** *pl* backache *sg*; '**~wind** *m* following wind; '**~wirbel** *m anat.* dorsal vertebra.

'**rück|erstatten** *v/t* (*only inf u. pp* rückerstattet, h) refund; '**2erstattung** *f* refund; '**2fahrkarte** *f* return (*Am.* round-trip) ticket; '**2fahrscheinwerfer** *m mot.* reversing (*Am.* backup) light; '**2fahrt** *f* return journey (*od.* trip): ***auf der ~*** on the way back; '**2fall** *m med.* relapse (*a. fig.*); '**~fällig** *adj*: **~ *werden*** *jur.* reoffend; *fig.* have a relapse; '**2flug** *m* return flight; '**2frage** *f* query; '**~fragen** *v/i* (*only inf u. pp* rückgefragt, h) check (***bei*** with); '**2gabe** *f* return; '**2gang** *m* decline, drop (*beide*: *gen* in); '**~gängig** *adj*: **~ *machen*** cancel; **2grat** ['~graːt] *n* (-[e]s; -e) *anat.* backbone (*a. fig.*), spine; '**2halt** *m* support; '**2kauf** *m* repurchase; '**2lagen** *pl* reserve(s *pl*), savings *pl*; '**2lauf** *m Bandgerät*: rewind; **~läufig** ['~lɔʏfɪç] *adj* declining, downward; '**2licht** *n mot.* rear light, taillight; '**2porto** *n mail.* return postage; '**2reise** *f* → ***Rückfahrt***; '**2reiseverkehr** *m* homebound traffic; '**2reisewelle** *f* homebound wave of traffic.

'**Rucksack** *m* rucksack; *großer*: backpack; '**~tou,rismus** *m* backpacking; '**~tou,rist** *m* backpacker.

'**Rück|schlag** *m fig.* setback; '**~schluß** *m*: ***Rückschlüsse ziehen aus*** draw conclusions from; '**~schritt** *m* step back; '**~seite** *f* back; *Münze*: reverse; *Platte*: flip side; '**~sendung** *f* return; '**~sicht** *f* (-; *no pl*) consideration: ***aus*** (***ohne***) **~ *auf*** (*acc*) out of (without any) consideration for; **~ *nehmen auf*** (*acc*) show consideration for; '**2sichtslos** *adj* inconsiderate (***gegen*** of), thoughtless (of); *skrupellos*: ruthless; *Fahren etc*: reckless; '**2sichtsvoll** *adj* considerate (***gegen*** of), thoughtful; '**~sitz** *m mot.* back seat; '**~spiegel** *m mot.* rear-view mirror; '**~stand** *m chem.* residue: ***mit der Arbeit im ~ sein*** be behind with one's work; '**2ständig** *adj fig.* backward; *Land*: *a.* underdeveloped: ***~e Miete*** arrears *pl* of rent; '**~stau** *m mot.* tailback; '**~tritt** *m* resignation; *vom Vertrag*: withdrawal (from);

R

'**2vergüten** *v/t* (*only inf u. pp* rückvergütet, h) refund; '**~vergütung** *f* refund; **2wärts** ['~vɛrts] *adv* backward(s): ***~ aus ... (in** acc **...) fahren*** (*od.* ***gehen***) back out of ... (into ...); '**~wärtsgang** *m mot.* reverse (gear); '**~weg** *m* way back.

'**ruckweise** *adv* jerkily, in jerks.

'**rück|wirkend** *adv*: ***der Vertrag gilt ~ ab*** the contract will be backdated to; '**2wirkung** *f* repercussion (***auf** acc* on); '**2zahlung** *f* repayment; '**2zug** *m* retreat.

Ruder ['ru:dər] *n* (-s; -) *mar. Steuer2, aer. Seiten2*: rudder; *Riemen*: oar: ***am ~*** at the helm (*a. fig.*); '**~boot** *n Br.* rowing boat, *Am.* rowboat; '**2n** *v/i* (h *od.* sn) *u. v/t* (h) row.

Ruf [ru:f] *m* (-[e]s; -e) call (*a. fig.*); *Schrei*: cry, shout; *Ansehen*: reputation; '**2en** *v/i u. v/t* (rief, gerufen, h) call (*a. Arzt etc*), cry, shout: ***~ nach*** call for (*a. fig.*); ***~ lassen*** send for; → ***Hilfe***; '**~nummer** *f* telephone number; '**~weite** *f*: ***in (außer) ~*** within (out of) call(ing distance).

Rüge ['ry:gə] *f* (-; -n) reproof, reproach (*beide*: ***wegen*** for); '**2n** *v/t* (h) reprove, reproach.

Ruhe ['ru:ə] *f* (-; *no pl*) *Stille*: quiet, calm; *Schweigen*: silence; *Erholung, Stillstand, a. phys.*: rest; *Frieden*: peace; *Gemüts2*: calm(ness): ***zur ~ kommen*** come to rest; ***j-n in ~ lassen*** leave s.o. in peace; ***laß mich in ~!*** leave me alone!; ***et. in ~ tun*** take one's time (doing s.th.); ***die ~ behalten*** keep (one's) cool; ***sich zur ~ setzen*** retire; ***~, bitte!*** quiet, please; '**2los** *adj* restless; '**2n** *v/i* (h) rest (***auf** dat* on); '**~pause** *f* break; '**~stand** *m* retirement: ***im ~*** retired; ***in den ~ treten*** (***versetzen***) retire (retire, pension off); '**~störer** *m* (-s; -) *bsd. jur.* disturber of the peace; '**~störung** *f* disturbance (of the peace); '**~tag** *m* rest day; *Lokal*: closing day: ***Montag ~*** closed (on) Mondays.

ruhig ['ru:ɪç] *adj* quiet; *leise, schweigsam*: *a.* silent; *unbewegt*: calm; *Mensch*: *a.* cool; *tech.* smooth: ***~ bleiben*** keep (one's) cool.

Ruhm [ru:m] *m* (-[e]s; *no pl*) fame; *bsd. pol., mil. etc* glory.

Ruhr [ru:r] *f* (-; -en) *med.* dysentery.

Rühr|eier ['ry:r~] *pl* scrambled eggs *pl*; '**2en** *v/t u. v/refl* (h) stir; (*sich*) *bewegen*: *a.* move; *fig. innerlich*: move, touch: ***das rührt mich gar nicht*** that leaves me cold; '**2end** *adj* touching, moving; *mitleiderregend*: pathetic; '**2selig** *adj* sentimental; '**~ung** *f* (-; *no pl*) emotion.

Ruin [ru'i:n] *m* (-s; *no pl*) ruin.

Ruine [ru'i:nə] *f* (-; -n) ruin(s *pl*).

ruinieren [rui'ni:rən] *v/t* (*no* ge-, h) ruin.

rülpse|n ['rʏlpsən] *v/i* (h) belch; '**2r** *m* (-s; -) belch.

Rumän|e [ru'mɛ:nə] *m* (-n; -n) Romanian; **2isch** *adj* Romanian.

Rummel ['rʊməl] *m* (-s; *no pl*) F *Geschäftigkeit*: (hustle and) bustle; *Reklame2*: F ballyhoo: ***großen ~ machen um*** make a big fuss (*od.* to-do) about; '**~platz** *m* F amusement park, fairground.

Rumpelkammer ['rʊmpəl~] *f* junk room, *Br. a.* lumber room.

Rumpf [rʊmpf] *m* (-es; ⸚e) *anat.* trunk; *mar.* hull; *aer.* fuselage.

rümpfen ['rʏmpfən] *v/t* (h): ***die Nase ~*** turn up one's nose (***über** acc* at).

rund [rʊnt] **1.** *adj* round (*a. fig.*); **2.** *adv ungefähr*: about: ***~ um*** (a)round; '**2blick** *m* panorama; **2e** ['~də] *f* (-; -n) round (*a. fig. u. Sport*); *Rennsport*: lap: ***die ~ machen*** *Nachricht etc*: go the rounds; '**2fahrt** *f* tour (***durch*** of).

'**Rundfunk** *m* radio: ***im ~*** on the radio; ***im ~ übertragen*** (*od.* ***senden***) broadcast; '**~hörer** *m* listener; '**~sender** *m* broadcasting (*od.* radio) station.

'**Rund|gang** *m* tour (***durch*** of); '**~reise** *f* tour (***durch*** of); '**~schreiben** *n* circular (letter).

runter... ['rʊntər] F → ***herunter...***

Runz|el ['rʊntsəl] *f* (-; -n) wrinkle; '**2(e)lig** *adj* wrinkled; '**2eln** *v/t* (h): ***die Stirn ~*** frown (***über** acc* at).

Rüpel ['ry:pəl] *m* (-s; -) lout; '**2haft** *adj* loutish.

rupfen ['rʊpfən] *v/t* (h) pluck: → ***Hühnchen.***

Ruß [ru:s] *m* (-es; *no pl*) soot.

Russe ['rʊsə] *m* (-n; -n) Russian.

Rüssel ['rʏsəl] *m* (-s; -) trunk; *Schweins2*: snout.

'**ruß|en** *v/i* (h) smoke; '**~ig** *adj* sooty.

russisch ['rʊsɪʃ] *adj* Russian.

rüsten ['rʏstən] (h) **1.** *v/i mil.* arm; **2.**

v/refl get ready, prepare (***zu, für*** for); arm o.s. (***gegen*** for).
rüstig ['rʏstɪç] *adj* sprightly.
'Rüstung *f* (-; -en) *mil.* armament; **'~sindu,strie** *f* armaments industry; **'~swettlauf** *m* arms race.
rutsch|en ['rʊtʃən] *v/i* (sn) slide, slip (*a. aus~*); *gleiten*: glide; *mot. etc* skid; **'~ig** *adj* slippery.
rütteln ['rʏtəln] (h) **1.** *v/t* shake; **2.** *v/i* jolt: ***an der Tür ~*** rattle at the door.

S

Saal [za:l] *m* (-[e]s; Säle) hall.
Sabot|age [zabo'ta:ʒə] *f* (-; -n) sabotage; **~eur** [~'tø:r] *m* (-s; -e) saboteur; **≈ieren** [~'ti:rən] *v/t* (*no* ge-, h) sabotage.
Sach|bearbeiter ['zax~] *m* (-s; -) clerk in charge (***für*** of); **'~beschädigung** *f* damage to property; **'≈dienlich** *adj*: ***~e Hinweise*** *pl* relevant information *sg*
Sache ['zaxə] *f* (-; -n) thing; *Angelegenheit*: matter, business; (*Streit*)*Frage*: issue, problem, question; *Anliegen*: cause; *jur.* matter, case: **~n** *pl allg.* things *pl*; *Kleidung*: *a.* clothes *pl*; ***zur ~ kommen*** (***bei der ~ bleiben***) come (keep) to the point; ***nicht zur ~ gehören*** be irrelevant.
'sach|gemäß *adj*, **'~gerecht** *adj* proper; **'≈kenntnis** *f* expert knowledge; **'≈lage** *f* (-; *no pl*) state of affairs, situation; **'~lich 1.** *adj nüchtern*: matter-of-fact; *unparteiisch*: unbias(s)ed, objective; *Gründe etc*: practical, technical; **2.** *adv*: ***~ richtig*** factually correct; **'≈register** *n* (subject) index; **'≈schaden** *m* material damage.
sacht [zaxt] *adj* soft, gentle.
'Sach|verhalt *m* (-[e]s; -e) facts *pl* (of the case); **'~verstand** *m* know-how; **'~verständige** *m, f* (-n; -n) expert; *jur.* expert witness; **'~wert** *m* real value.
Sack [zak] *m* (-[e]s; ⸚e) sack, bag; V *Hoden*: balls *pl*; **'~gasse** *f* dead-end street, cul-de-sac; *fig.* dead end, impasse, deadlock.
Sadis|mus [za'dɪsmʊs] *m* (-; *no pl*) sadism; **~t** *m* (-en; -en) sadist; **≈tisch** *adj* sadistic.
säen ['zɛ:ən] *v/t u. v/i* (h) sow (*a. fig.*).
Safe [se:f] *m* (-s; -s) safe.
Saft [zaft] *m* (-[e]s; ⸚e) juice; **'≈ig** *adj* juicy (*a. Witz*); *Wiese*: lush; *Preis*: steep.
Sage ['za:gə] *f* (-; -n) legend.
Säge ['zɛ:gə] *f* (-; -n) *tech.* saw; **'~mehl** *n* sawdust.
sagen ['za:gən] *v/i u. v/t* (h) say: ***j-m et. ~*** tell s.o. s.th.; ***die Wahrheit ~*** tell the truth; ***er läßt dir ~*** he asked me to tell you; ***~ wir*** (let's) say; ***man sagt, er sei*** he is said to be; ***er läßt sich nichts ~*** he will not listen to reason; ***das hat nichts zu ~*** it doesn't matter; ***et.*** (***nichts***) ***zu ~ haben*** (***bei***) have a say (no say) (in); ***~ wollen mit*** mean by; ***das sagt mir nichts*** it doesn't mean anything to me; ***unter uns gesagt*** between you and me.
sägen ['zɛ:gən] *v/t u. v/i* (h) saw.
'sagenhaft *adj* legendary; F *fig.* fabulous, incredible, fantastic.
Sahne ['za:nə] *f* (-; *no pl*) cream; **'~torte** *f* cream gateau.
Saison [zɛ'zõ:] *f* (-s; -s) season; **≈abhängig** *adj*, **≈bedingt** *adj* seasonal; **≈bereinigt** *adj* seasonally adjusted.
Saite ['zaɪtə] *f* (-; -n) string; **'~ninstru,ment** *n* string(ed) instrument.
Sakko ['zako] *n* (-s; -s) (sports) jacket.
Sakristei [zakrɪs'taɪ] *f* (-; -en) vestry.
Salat [za'la:t] *m* (-[e]s; -e) *bot.* lettuce; *gastr.* salad; **~soße** *f* salad dressing.
Salbe ['zalbə] *f* (-; -n) ointment.
Saldo ['zaldo] *m* (-s; -den, -s, -di) *econ.* balance; **'~übertrag** *m* (-[e]s; ⸚e) balance carried forward.
Salmonellen [zalmo'nɛlən] *pl* salmonellae *pl*; **~vergiftung** *f med.* salmonella poisoning.
Salon [za'lõ:] *m* (-s; -s) *Mode≈*, *Friseur≈*

etc: salon; *mar. etc* saloon; *bsd. hist.* drawing room.

Salz [zalts] *n* (-es; -e) salt; '**≈arm** *adj* low-salt; '**≈en** *v/t* (salzte, gesalzen, h) salt; '**~hering** *m* salted herring; '**≈ig** *adj* salty; '**~kartoffeln** *pl* boiled potatoes *pl*; '**≈los** *adj* salt-free; '**~säure** *f chem.* hydrochloric acid; '**~streuer** *m* saltcellar, *größer u. Am.*: salt shaker; '**~wasser** *n* (-s; *no pl*) salt water.

Samen ['za:mən] *m* (-s; -) *bot.* seed (*a. fig.*); *physiol.* sperm, semen; '**~bank** *f* (-; -en) *med.* sperm bank; '**~korn** *n bot.* seedcorn.

Sammel|bestellung ['zaməl~] *f* collective order; '**~büchse** *f* collecting box; '**~konto** *n* collective account; '**≈n** (h) **1.** *v/t* collect; *Pilze etc*: gather; *anhäufen*: accumulate; **2.** *v/refl* assemble; *fig.* compose o.s.; '**~platz** *m* meeting place.

Samml|er ['zamlər] *m* (-s; -) collector; '**~ung** *f* (-; -en) collection.

Samstag ['zamsta:k] *m* Saturday: (***am***) **~** on Saturday.

samt [zamt] *prp* together (*od.* along) with.

Samt [~] *m* (-[e]s; -e) velvet.

sämtlich ['zɛmtlɪç] *adj*: **~*e*** *pl alle*: all the; *Werke etc*: the complete.

Sanatorium [zana'to:rĭʊm] *n* (-s; -rien) sanatorium, *Am. a.* sanitarium.

Sand [zant] *m* (-[e]s; ⸚e) sand; *~fläche*: sands *pl.*

Sandale [zan'da:lə] *f* (-; -n) sandal.

'**Sand|bank** *f* (-; ⸚e) sandbank; **≈ig** ['~dɪç] *adj* sandy; '**~korn** *n* grain of sand; '**~strand** *m* sandy beach; '**~uhr** *f* hourglass.

sanft [zanft] **1.** *adj* gentle, soft; *mild*: mild; *Tod*: easy; **2.** *adv*: ***ruhe* ~** rest in peace, *abbr.* R. I. P.; **~mütig** ['~my:tɪç] *adj* gentle, mild.

Sänger ['zɛŋər] *m* (-s; -) singer.

sanier|en [za'ni:rən] *v/t* (*no* ge-, h) *Stadtteil etc*: redevelop; *Haus*: refurbish; *Umwelt etc*: rehabilitate; *econ.* revitalize; **≈ung** *f* (-; -en) redevelopment; refurbishment; rehabilitation; revitalization; **≈ungsgebiet** *n* redevelopment area.

sani|tär [zani'tɛ:r] *adj* sanitary: ***~e Anlagen*** sanitary facilities; **≈täter** [~'tɛ:tər] *m* (-s; -) ambulance (*od.* first-aid) man, *bsd. Am.* paramedic; **≈'tätswagen** *m* ambulance.

Sankt [zaŋkt] Saint, *abbr.* St.

Sanktion [zaŋk'tsĭo:n] *f* (-; -en) sanction; **≈ieren** [~o'ni:rən] *v/t* (*no* ge-, h) sanction.

Sard|elle [zar'dɛlə] *f* (-; -n) *zo.* anchovy; **~ine** [~'di:nə] *f* (-; -n) *zo.* sardine.

Sarg [zark] *m* (-[e]s; ⸚e) coffin, *Am. a.* casket.

Sarkas|mus [zar'kasmʊs] *m* (-; *no pl*) sarcasm; **≈tisch** *adj* sarcastic.

Satellit [zatɛ'li:t] *m* (-en; -en) satellite; **~enbild** *n* satellite picture; **~enfernsehen** *n* satellite TV; **~enstadt** *f* satellite town.

Satir|e [za'ti:rə] *f* (-; -n) satire (***auf*** *acc* upon); **~iker** [~iker] *m* (-s; -) satirist; **≈isch** *adj* satirical.

satt [zat] *adj* full (up): ***ich bin* ~** I've had enough; ***sich* ~ *essen*** eat one's fill (***an*** *dat* of); *et. od. j-n* **~ *haben*** (***bekommen***) be (get) tired (*od.* F sick) of, be (get) fed up with.

Sattel ['zatəl] *m* (-s; ⸚) saddle; '**≈n** *v/t* (h) saddle; '**~schlepper** *m mot. Br.* articulated lorry, *Am.* semitrailer.

sättigen ['zɛtɪgən] (h) **1.** *v/t Neugier etc*: satisfy; *chem., econ. Markt*: saturate; **2.** *v/i Essen*: be filling.

Satz [zats] *m* (-es; ⸚e) *gr.* sentence; *Sprung*: leap; *Tennis, Briefmarken etc*: set; *econ.* rate; *mus.* movement.

'**Satzung** *f* (-; -en) statute.

'**Satzzeichen** *n gr.* punctuation mark.

Sau [zaʊ] *f* (-; ⸚e) *zo.* sow; F *fig.* pig.

sauber ['zaʊbər] *adj* clean (*a.* F *fig.*); *Luft*: *a.* pure; *ordentlich*: neat (*a. fig.*), tidy; *anständig*: decent; *iro.* fine, nice; '**≈keit** *f* (-; *no pl*) clean(li)ness; tidiness, neatness; purity; decency; '**~machen** *v/t u. v/i* (*sep*, -ge-, h) clean (up).

säuber|n ['zɔʏbərn] *v/t* (h) clean (up); *gründlich*: *a.* cleanse (*a. med.*): **~ *von*** clear (*pol. a.* purge) of; '**≈ung** *f* (-; -en), '**≈ungsakti,on** *f pol.* purge.

sauer ['zaʊər] *adj* sour (*a. fig. Gesicht*), acid (*a. chem.*); *Gurke*: pickled; *wütend*: mad (***auf*** *acc* at), cross (with): **~ *werden*** turn sour; *fig.* get mad; ***saurer Regen*** acid rain; '**≈kraut** *n* sauerkraut.

'**säuerlich** *adj* (slightly) sour.

'**Sauerstoff** *m* (-[e]s; *no pl*) *chem.*

S

oxygen; **'~maske** *f med.* oxygen mask; **'~zelt** *n* oxygen tent.

'Sauerteig *m* leaven,

saufen ['zaʊfən] *v/t u. v/i* (soff, gesoffen, h) drink; F *Mensch*: booze.

Säufer ['zɔʏfər] *m* (-s; -) F boozer.

saugen ['zaʊgən] *v/i u. v/t* (sog, saugte, gesogen, gesaugt, h) suck (***an et.*** [at] s.th.).

säuge|n ['zɔʏgən] *v/t* (h) suckle (*a. zo.*), nurse, breastfeed; **'2tier** *n* mammal.

'saugfähig *adj* absorbent.

Säugling ['zɔʏklɪŋ] *m* (-s; -e) baby; **'~snahrung** *f* baby food(s *pl*); **'~spflege** *f* baby care; **'~sschwester** *f* baby nurse; **'~ssterblichkeit** *f* infant mortality.

Säule ['zɔʏlə] *f* (-; -n) column; *Pfeiler*: pillar (*a. fig.*); **'~ngang** *m* colonnade.

Saum [zaʊm] *m* (-[e]s; ⁻e) hem(line); *Naht*: seam.

säumen ['zɔʏmən] *v/t* (h) hem; *umranden*: border, edge; *die Straßen*: line.

Sauna ['zaʊna] *f* (-; -nen) sauna: ***in die ~ gehen*** go for a sauna.

Säure ['zɔʏrə] *f* (-; -n) *chem.* acid.

'Saustall *m* pigsty (*a. fig.*).

Saxophon [zakso'foːn] *n* (-s; -e) *mus.* saxophone, F sax.

S-Bahn ['ɛs~] *f Br.* suburban train, *Am.* rapid transit; *System*: *Br.* suburban railway, *Am.* rapid transit; **'~hof** *m Br.* suburban train station, *Am.* rapid transit station.

Schabe ['ʃaːbə] *f* (-; -n) *zo.* cockroach; **'2n** *v/t* (h) scrape (***von*** from).

schäbig ['ʃɛːbɪç] *adj* shabby; *fig. a.* mean.

Schach [ʃax] *n* (-s; -s) chess: ***~!*** check!; ***~ u. matt!*** checkmate!; ***in ~ halten*** *fig.* keep *s.o.* in check; **'~brett** *n* chessboard; **'~comˌputer** *m* chess computer; **'~fiˌgur** *f* chessman, piece; **'2'matt** *adj* checkmate; *fig.* all worn out, dead beat; **'~parˌtie** *f* game of chess.

Schacht [ʃaxt] *m* (-[e]s; ⁻e) shaft; *Bergbau*: *a.* pit.

Schachtel ['ʃaxtəl] *f* (-; -n) box; *Papp2*: *a.* carton: ***~ Zigaretten*** packet (*bsd. Am.* pack) of cigarettes.

'Schachzug *m* move (*a. fig.*).

schade ['ʃaːdə] *pred adj*: ***es ist ~*** it's a pity; ***wie ~!*** what a pity (*od.* shame)!; ***zu ~ für*** too good for.

Schädel ['ʃɛːdəl] *m* (-s; -) *anat.* skull; **'~bruch** *m med.* fracture of the skull.

schaden ['ʃaːdən] *v/i* (h) damage, harm: ***der Gesundheit ~*** be bad for one's health; ***das schadet nichts*** it doesn't matter; ***es könnte ihm nicht ~*** it wouldn't hurt him.

Schaden [~] *m* (-s; ⁻) damage (***an*** *dat* to) *bsd. tech.* trouble, defect (*a. med.*); *Nachteil*: disadvantage; *econ.* loss: ***j-m ~ zufügen*** do s.o. harm; **'~ersatz** *m* damages *pl*: ***~ leisten*** pay damages; **'~freiheitsraˌbatt** *m mot.* no-claim bonus; **'~freude** *f* malicious glee: ***~ empfinden über*** (*acc*) gloat over; ***voller ~*** → ***schadenfroh***; **'2froh** *adv* gloatingly; **'~sfall** *m* claim; **'~sreguˌlierung** *f* claims settlement.

schadhaft ['ʃaːthaft] *adj* damaged; *mangelhaft*: defective, faulty; *Haus etc*: out of repair; *Rohr etc*: leaking; *Zähne*: decayed.

schädigen ['ʃɛːdɪgən] *v/t* (h) damage, harm.

schädlich ['ʃɛːtlɪç] *adj* harmful, injurious; *gesundheits~*: *a.* bad (for your health).

Schädling ['ʃɛːtlɪŋ] *m* (-s; -e) *zo.* pest; **'~sbekämpfung** *f* (-; *no pl*) pest control; **'~sbekämpfungsmittel** *n* pesticide.

'Schadstoff *m* harmful substance; *bsd. Umwelt*: *a.* pollutant; **'2arm** *adj mot.* low-emission; **'2frei** *adj mot.* emission-free.

Schaf [ʃaːf] *n* (-[e]s; -e) *zo.* sheep; **~bock** ['~bɔk] *m* (-[e]s; ⁻e) *zo.* ram.

Schäfer ['ʃɛːfər] *m* (-s; -) shepherd; **'~hund** *m* Alsatian.

schaffen ['ʃafən] (h) **1.** *v/t* a) (schuf, geschaffen) *er~*: create, b) (schaffte, geschafft) *bewirken, bereiten*: cause, bring about; *bewältigen*: manage, get *s.th.* done; *bringen*: take: ***es ~*** make it; *Erfolg haben*: *a.* succeed; ***das wäre geschafft*** we've done (*od.* made) it; **2.** *v/i* (schaffte, geschafft): ***j-m zu ~ machen*** cause s.o. trouble; ***sich zu ~ machen an*** (*dat*) *unbefugt*: tamper with.

Schaffner ['ʃafnər] *m* (-s; -), **'~in** *f* (-; -nen) conductor (conductress); *rail. Br.* guard.

schal [ʃaːl] *adj Getränk*: flat.

S

Schal [~] *m* (-s; -s, -e) scarf; *Woll*2: *Br. a.* comforter.

Schale ['ʃa:lə] *f* (-; -n) bowl, dish; *Eier*2, *Nuß*2 *etc*: shell; *Obst*2, *Kartoffel*2: peel, skin; *Kartoffel*2*n pl* peelings *pl.*

schälen ['ʃɛ:lən] (h) **1.** *v/t* peel; **2.** *v/refl Haut*: peel (off).

Schall [ʃal] *m* (-[e]s; -e, ¨e) sound; '**~dämpfer** *m* (-s; -) silencer, *mot. Am.* muffler; '**2dicht** *adj* soundproof; '**2end** *adj*: **~es Gelächter** roars *pl* of laughter; '**~geschwindigkeit** *f* speed of sound: (**mit**) **doppelte**(**r**) **~** (at) Mach two; '**~mauer** *f* (-; *no pl*) sound barrier; '**~platte** *f* record, disc; '**~welle** *f* sound wave.

schalten ['ʃaltən] (h) **1.** *v/i electr., tech.* switch (**auf** *acc* to); *mot.* change (*od.* shift) gears; F *fig.* catch on: **in den dritten Gang ~** change (*od.* shift) into third (gear); **2.** *v/t tech.* switch, turn; *electr. Verbindung herstellen*: connect.

'**Schalter** *m* (-s; -) *Bank*, *Post etc*: counter; *aer.* desk; *rail.* ticket window; *electr.* switch; '**~beamte** *m* counter (*rail.* booking) clerk; '**~schluß** *m* (-sses; *no pl*) closing time; '**~stunden** *pl* business hours.

'**Schalt|hebel** *m mot.* gear lever; '**~jahr** *n* leap year; '**~tafel** *f electr.* switchboard, control panel; '**~uhr** *f* timer; '**~ung** *f* (-; -en) *mot.* gearshift, gear change; *electr.* circuit.

Scham [ʃa:m] *f* (-; *no pl*) shame; '**~bein** *n anat.* pubic bone.

schämen ['ʃɛ:mən] *v/refl* (h) be (*od.* feel) ashamed (*gen*, **wegen** of): **du solltest dich** (**was**) **~!** you ought to be ashamed of yourself!

'**Scham|gefühl** *n* sense of shame; '**~haare** *pl* pubic hair *sg*; '**2haft** *adj* bashful; '**2los** *adj* shameless; *unanständig*: indecent; '**~losigkeit** *f* (-; *no pl*) shamelessness; indecency.

S

Schande ['ʃandə] *f* (-; *no pl*) shame, disgrace: **j-m ~ machen** be a disgrace to s.o.

Schandfleck ['ʃant~] *m Anblick*: eyesore.

scharf [ʃarf] **1.** *adj* sharp (*a. fig.*); *phot. a.* in focus; *deutlich*: clear; *Hund*: savage, fierce; *Munition*: live; *gastr.* hot; *erregt*: hot, *aufreizend*: *a.* sexy: **~ sein auf** (*acc*) be keen on; *bsd. sexuell*: be hot for; F **~e Sachen** *pl* hard liquo(u)r *sg*; **2.** *adv*: **~ bremsen** *mot.* brake hard; **~ einstellen** *phot.* focus; **~ nachdenken** think hard.

Schärfe ['ʃɛrfə] *f* (-; *no pl*) sharpness; '**2n** *v/t* (h) sharpen (*a. fig.*).

Scharlach ['ʃarlax] *m* (-s; *no pl*) *med.* scarlet fever; '**2rot** *adj* scarlet.

Scharnier [ʃar'ni:r] *n* (-s; -e) *tech.* hinge.

Scharte ['ʃartə] *f* (-; -n) notch, nick.

Schaschlik ['ʃaʃlɪk] *m*, *n* (-s; -s) shashli(c)k.

Schatt|en ['ʃatən] *m* (-s; -) shadow (*a. fig.*); *nicht Licht od. Sonne*: shade: **im ~** in the shade; '**~enkabi,nett** *n pol.* shadow cabinet; '**2ig** *adj* shady.

Schatz [ʃats] *m* (-es; ¨e) treasure; *fig.* darling.

schätz|en ['ʃɛtsən] *v/t* (h) estimate; *Wert*: *a.* value (*beide*: **auf** *acc* at); *zu ~ wissen*: appreciate; *hoch~*: think highly of; F *vermuten*: reckon, *Am. a.* guess; '**2preis** *m* estimate, estimated price; '**2ung** *f* (-; -en) estimate; appreciation; '**2wert** *m* estimated value.

Schau [ʃaʊ] *f* (-: -en) show (*a. TV*); exhibition: **zur ~ stellen** exhibit, display.

Schauder ['ʃaʊdər] *m* (-s; -) shudder; '**2haft** *adj* horrible, dreadful; '**2n** *v/i* (h) shudder, shiver (*beide*: **vor** *dat* with).

schauen ['ʃaʊən] *v/i* (h) look (**auf** *acc* at).

Schauer ['ʃaʊər] *m* (-s; -) *Regen*2 *etc*: shower; *Schauder*: shudder; '**2lich** *adj* dreadful, horrible.

Schaufel ['ʃaʊfəl] *f* (-; -n) shovel; *Kehr*2: dustpan; '**2n** *v/t* (h) shovel; *graben*: dig.

'**Schaufenster** *n* shop window; '**~bummel** *m*: **e-n ~ machen** go window-shopping.

Schaukel ['ʃaʊkəl] *f* (-; -n) swing; '**2n** (h) **1.** *v/i* swing; *Boot etc*: rock; **2.** *v/t* rock; '**~stuhl** *m* rocking chair.

'**Schaulustige** *pl* (curious) onlookers *pl*; *Am.* F rubbernecks *pl.*

Schaum [ʃaʊm] *m* (-[e]s; ¨e) foam; *Bier*2. froth, head; *Seifen*2: lather; *Gischt*: spray.

schäumen ['ʃɔʏmən] *v/i* (h) foam (*a. fig.*), froth; *Seife*: lather; *Wein etc*: sparkle.

'**Schaum|gummi** *m* (-s; -[s]) foam rubber; '**2ig** *adj* foamy, frothy.

'Schau|platz *m* scene; **'~pro,zeß** *m jur.* show trial.
schaurig ['ʃaʊrɪç] *adj unheimlich*: creepy; *gräßlich*: horrible.
'Schauspiel *n thea.* play; *fig.* spectacle; **'~er** *m* actor; **'~erin** *f* (-; -nen) actress; **'~schule** *f* drama school.
'Schausteller *m* (-s; -) showman.
Scheck [ʃɛk] *m* (-s; -s) *Br.* cheque, *Am.* check (**über** *acc* for); **'~betrug** *m* cheque (*Am.* check) fraud; **'~betrüger** *m* cheque (*Am.* check) bouncer; **'~buch** *n Br.* chequebook. *Am.* checkbook; **'~gebühr** *f* cheque (*Am.* check) charge; **'~heft** *n Br.* chequebook, *Am.* checkbook; **'~karte** *f* cheque (*Am.* check) card.
scheffeln ['ʃɛfəln] *v/t* (h) *Geld*: rake in.
Scheibe ['ʃaɪbə] *f* (-; -n) *bsd. Br.* disc, *Am.* disk; *Brot*♀ *etc*: slice; *Fenster*♀: pane; *Schieß*♀: target; **'~nbremse** *f mot.* disc brake; **'~nwaschanlage** *f mot.* windscreen (*Am.* windshield) washers *pl*; **'~nwischer** *m mot.* windscreen (*Am.* windshield) wiper.
Scheid|e ['ʃaɪdə] *f* (-; -n) sheath; *anat.* vagina; **'♀en** (schied, geschieden) **1.** *v/t* (h) *Ehe*: divorce: ***sich ~ lassen*** get a divorce; *von j-m*: divorce *s.o.*; **2.** *v/i* (sn): ***~ aus*** *Amt etc*: retire from; **'~ung** *f* (-; -en) divorce: ***die ~ einreichen*** file for divorce.
Schein¹ [ʃaɪn] *m* (-[e]s; -e) *Bescheinigung*: certificate; *Formular*: form, *Am.* blank; *Geld*♀: note, *Am. a.* bill.
Schein² [~] *m* (-[e]s; *no pl*) *Licht*♀: light; *fig.* appearance: **et.** (***nur***) ***zum ~ tun*** (only) pretend to do s.th.; **'~asy,lant** *m* economic refugee; **'♀bar** *adj* seeming, apparent; **'♀en** *v/i* (schien, geschienen, h) shine; *fig.* seem, appear, look; **'~firma** *f* dummy company; **'♀heilig 1.** *adj* hypocritical; **2.** *adv*: F ***~ tun*** act the innocent; **'~werfer** *m* (-s; -) *Such*♀: searchlight, *mot.* headlight; *thea.* spotlight.
Scheiß|... [ʃaɪs~] V *in Zssgn bsd. Br. sl.* bloody ..., V *Am.* fucking ...; **'~e** *f* (-; *no pl*) V shit, crap (*beide a. fig.*); **'♀en** *v/i* (schiß, geschissen, h) V shit, crap.
Scheitel ['ʃaɪtəl] *m* (-s; -) parting.
scheitern ['ʃaɪtərn] *v/i* (sn) fail.
Schelle ['ʃɛlə] *f* (-; -n) (little) bell.
'Schellfisch *m zo.* haddock.
Schema ['ʃeːma] *n* (-s; -s, -ta) pattern, system; **♀tisch** [ʃe'maːtɪʃ] *adj Arbeit etc*: mechanical.
Schemel ['ʃeːməl] *m* (-s; -) stool.
Schenkel ['ʃɛŋkəl] *m* (-s; -) *anat. Ober*♀: thigh; *Unter*♀: shank.
schenk|en ['ʃɛŋkən] *v/t* (h) give (as a present) (**zu** for); *jur.* donate (*dat* to); **'♀ung** *f* (-; -en) *jur.* donation; **'♀ungssteuer** *f* gift tax, *Br. a.* capital transfer tax; **'♀ungsurkunde** *f* deed of donation.
Scherbe ['ʃɛrbə] *f* (-; -n), **'~n** *m* (-s; -) piece (of broken glass *etc*) .
Schere ['ʃeːrə] *f* (-; -n) (**e-e ~** a pair of) scissors *pl.*
'scheren¹ *v/t* (schor, geschoren, h) *Schaf*: shear; *Haare*: cut; *Hecke*: clip, prune.
'scheren² *v/refl* (h): ***sich nicht ~ um*** not to bother (*od.* care) about; ***scher dich zum Teufel!*** go to hell!
Schere'reien *pl* trouble *sg.*
Scherz [ʃɛrts] *m* (-es; -e) joke: ***im*** (***zum***) ***~*** for fun; **'♀en** *v/i* (h) joke (**über** *acc* at); **'♀haft 1.** *adj* joking; **2.** *adv*: ***~ gemeint*** as a joke.
scheu [ʃɔʏ] *adj* shy; *ängstlich*: timid; **'~en** (h) **1.** *v/t*: ***keine Kosten*** (***Mühe***) ***~*** spare no expense (pains); **2.** *v/refl*: ***sich ~, et. zu tun*** be afraid of doing s.th.
Scheune ['ʃɔʏnə] *f* (-; -n) barn.
scheußlich ['ʃɔʏslɪç] *adj* horrible (*a.* F *Wetter etc*); *Verbrechen etc*: *a.* atrocious.
Schicht [ʃɪçt] *f* (-; -en) layer; *Farb*♀ *etc*: coat; *dünne ~*: film; *Arbeits*♀: shift; *Gesellschafts*♀: class; **'~arbeit** *f* (-; *no pl*) shift work; **'~arbeiter** *m* shift worker; **'~dienst** *m* (-[e]s; *no pl*) shift work; **'♀en** *v/t* (h) arrange in layers, pile up; **'~wechsel** *m* change of shift; **'♀weise** *adv* in layers; *arbeiten*: in shifts.
schick [ʃɪk] *adj* smart, chic, stylish.
Schick [~] *m* (-[e]s; *no pl*) smartness, chic, style.
schicken ['ʃɪkən] *v/t* (h) send (***nach, zu*** to).
Schickeria [ʃɪkə'riːa] *f* (-; *no pl*) F trendies *pl.*
Schickimicki [ʃɪkɪ'mɪkɪ] *m* (-s; -s) F trendy.
Schicksal ['ʃɪkzaːl] *n* (-s; -e) fate, destiny; *Los*: lot.

Schiebe|dach ['ʃi:bə~] *n mot.* sliding roof; '**2n** *v/t* (schob, geschoben, h) push; put (*in acc* into); '**~r** *m* (-s; -) *tech.* slide; '**~tür** *f* sliding door.

'**Schiebung** *f* (-; -en) manipulation; *geheime Absprache*: put-up job.

Schieds|gericht ['ʃi:ts~] *n* court of arbitration; *Sport etc*: jury; '**~richter** *m* judge, *pl. a.* jury *sg*; *Fußball etc*: referee; *Tennis*: umpire; '**~spruch** *m* arbitration; '**~verfahren** *n* arbitration proceedings *pl.*

schief [ʃi:f] *adj* crooked, not straight; *schräg*: sloping, oblique; *Turm etc*: leaning; *fig. Bild, Vergleich*: false; '**~gehen** *v/i* (*irr, sep*, -ge-, sn, → ***gehen***) go wrong.

schielen ['ʃi:lən] *v/i* (h) squint, be cross-eyed.

Schienbein ['ʃi:n~] *n anat.* shin(bone).

'**Schiene** *f* (-; -n) *rail. etc* rail, *pl a.* track *sg*; *med.* splint; '**2n** *v/t* (h) *med.* put in a splint; '**~nverkehr** *m* rail traffic.

Schieß|bude ['ʃi:s~] *f* shooting gallery; '**2en** (schoß, geschossen, h) **1.** *v/i* shoot, fire (*beide*: ***auf*** *acc* at); **2.** *v/t Tor*: score; **~e'rei** *f* (-; -en) gunfight; '**~scheibe** *f* target; '**~stand** *m* shooting range.

Schiff [ʃif] *n* (-[e]s; -e) *mar.* ship; *arch. Mittel2*: nave; *Seiten2*: aisle.

'**Schiffahrt** *f* (-; *no pl*) shipping, navigation.

'**schiff|bar** *adj* navigable; '**2bau** *m* (-[e]s; *no pl*) shipbuilding; '**2bruch** *m* shipwreck (*a. fig.*): ***~ erleiden*** be shipwrecked; *fig.* flounder; ***~ erleiden mit*** come a cropper with; '**2brüchige** *m, f* (-n; -n) shipwrecked person; '**2schaukel** *f* swing boat.

'**Schiffs|ladung** *f* shipload; *Frachtgut*: cargo; '**~reise** *f* voyage; *Vergnügungsreise*: cruise.

S

Schikan|e [ʃi'ka:nə] *f* (-; -n) *a. pl* harassment: ***aus reiner ~*** out of sheer spite; **2ieren** [~a'ni:rən] *v/t* (*no* ge-, h) harass.

Schild [ʃilt] *n* (-[e]s; -er) *allg.* sign (*a. mot.*); *Namens2, Firmen2 etc*: plate; '**~drüse** *f anat.* thyroid gland.

schilder|n ['ʃildərn] *v/t* (h) describe; *anschaulich*: *a.* depict, portray; '**2ung** *f* (-; -en) description, portrayal; *sachliche*: account.

'**Schildkröte** *f zo.* turtle; *Land2*: *a.* tortoise.

Schilf [ʃilf] *n* (-[e]s; -e) reed(s *pl*).

schillern ['ʃilərn] *v/i* (h) change colo(u)r, be iridescent; '**~d** *adj* iridescent; *fig.* dubious.

Schimmel[1] ['ʃiməl] *m* (-s; -) *zo.* white horse.

Schimm|el[2] [~] *m* (-s; *no pl*) mo(u)ld; '**2eln** *v/i* (h) go (*od.* have gone) mo(u)ldy; '**2lig** *adj* mo(u)ldy.

Schimmer ['ʃimər] *m* (-s; -) glimmer (*a. fig.*), gleam; *fig. a.* trace, touch; '**2n** *v/i* (h) shimmer, glimmer, gleam.

Schimpanse [ʃim'panzə] *m* (-n; -n) *zo.* chimpanzee.

schimpf|en ['ʃimpfən] (h) **1.** *v/i*: ***~ auf*** (*acc*) *od.* ***über*** (*acc*) complain about; ***mit j-m ~*** → 2; **2.** *v/t*: ***j-n ~*** tell s.o. off; '**2wort** *n* (-[e]s; ¨er, -e) swearword.

Schindel ['ʃindəl] *f* (-; -n) shingle.

schinde|n ['ʃindən] *v/refl* (schindete, geschunden, h) slave away; **2'rei** *f* (-; -en) drudgery.

Schinken ['ʃiŋkən] *m* (-s; -) ham.

Schirm [ʃirm] *m* (-[e]s; -e) *Regen2*: umbrella; *Sonnen2*: parasol, sunshade; *Fernseh2, Schutz2 etc*: screen; *Lampen2*: shade; '**~herr** *m* patron; '**~herrschaft** *f* patronage: ***unter der ~ von*** under the auspices of; '**~ständer** *m* umbrella stand.

Schlacht [ʃlaxt] *f* (-; -en) battle (***bei*** of); '**2en** *v/t* (h) slaughter, kill; '**~feld** *n mil.* battlefield; '**~hof** *m* slaughterhouse; '**~plan** *m fig.* map of action; '**~schiff** *n* battleship.

Schlaf [ʃla:f] *m* (-[e]s; *no pl*) sleep: ***e-n leichten*** (***festen***) ***~ haben*** be a light (sound) sleeper; '**~anzug** *m* → ***Pyjama.***

Schläfe ['ʃlɛ:fə] *f* (-; -n) *anat.* temple.

schlafen ['ʃla:fən] *v/i* (schlief, geschlafen h) sleep, be asleep: ***~ gehen, sich ~ legen*** go to bed; → ***fest*** 2.

schlaff [ʃlaf] *adj* slack (*a. fig.*); *Haut, Muskeln etc*: flabby; *kraftlos*: limp; (*ver*)*weich*(*licht*): soft.

'**Schlaf|gelegenheit** *f* sleeping accommodation; '**~lied** *n* lullaby; '**2los** *adj* sleepless; '**~losigkeit** *f* (-; *no pl*) sleeplessness, *med.* insomnia; '**~mittel** *n med.* soporific (drug).

schläfrig ['ʃlɛ:friç] *adj* sleepy, drowsy.

'**Schlaf|saal** *m* dormitory; '**~sack** *m*

sleeping bag; '**~ta,blette** *f med.* sleeping pill; '**~wagen** *m rail.* sleeping car, sleeper; '**~zimmer** *n* bedroom.

Schlag [ʃla:k] *m* (-[e]s; ⸚e) *allg.* blow (*a. fig.*); *mit der Hand*: slap; *Faust*2: punch; *med.*, *Uhr*2, *Blitz*2, *Tennis*: stroke; *electr.* shock (*a. fig.*); *Herz*, *Puls*: beat; *leichter* ~: pat, tap: **Schläge** *pl* beating *sg*; '**~ader** *f anat.* artery; '**~anfall** *m med.* (apoplectic) stroke; '**2artig 1.** *adj* sudden, abrupt; **2.** *adv* all of a sudden, abruptly; '**~baum** *m* barrier; '**~bohrer** *m tech.* percussion drill.

schlagen ['ʃla:gən] (schlug, geschlagen) **1.** *v/t* (h) hit, *wiederholt*: beat (*a. besiegen*, *Eier etc*); *Nagel*: drive (***in*** *acc* into): ***sich ~*** fight (***um*** over); ***sich geschlagen geben*** give in; **2.** *v/i* a) (h) *Herz*, *Puls*: beat; *Uhr*: strike: ***nach j-m ~*** hit out at s.o.; ***um sich ~*** lash out (in all directions), b) (sn): ***mit dem Kopf ~ an*** (*acc*) *od.* ***gegen*** knock one's head against; **3.** *v/refl* (h): ***sich gut ~*** give a good account of o.s.

Schlager ['ʃla:gər] *m* (-s; -) *mus.* pop song, *Erfolgs*2: hit (song); *econ.* sales hit.

Schläger ['ʃlɛ:gər] *m* (-s; -) *Tennis etc*: racket; *Golf*: club; *Person*: thug; **~ei** [~'raɪ] *f* (-; -en) fight, brawl.

'**schlag|fertig** *adj* quick-witted: ***~e Antwort*** good retort (*od.* answer); '**2instru,ment** *n mus.* percussion instrument; '**2loch** *n* pothole; '**2sahne** *f* whipped cream; '**2seite** *f mar.* list: ***~ haben*** be listing; F *Person*: be a bit unsteady on one's feet; '**2stock** *m* baton, truncheon, *Am. a.* nightstick, billy (club); '**2wort** *n* (-[e]s; -e) catchword, slogan; '**2zeile** *f* headline: ***~n machen*** make (*od.* hit) the headlines; '**2zeug** *n mus.* drums *pl*; '**2zeuger** *m* (-s; -) *mus.* drummer.

Schlamm [ʃlam] *m* (-[e]s; -e, ⸚e) mud; '**2ig** *adj* muddy.

Schlamp|e ['ʃlampə] *f* (-; -n) slut; '**2ig** *adj* sloppy.

Schlange ['ʃlaŋə] *f* (-; -n) *zo.* snake; *Menschen*2, *Auto*2: queue, *bsd. Am.* line: ***~ stehen*** queue (*bsd. Am.* line) up (***nach, um*** for).

schlängeln ['ʃlɛŋəln] *v/refl* (h) *Weg etc*: wind, *Fluß*: *a.* meander: ***sich ~ durch*** *Person*: worm one's way through.

'**Schlangenlinie** *f* wavy line: ***in ~n fahren*** weave.

schlank [ʃlaŋk] *adj* slim, slender: ***~ machen*** *Kleid etc*: make *s.o.* look slim; '**2heitskur** *f*: ***e-e ~ machen*** be (*od.* go) on a diet, be slimming.

schlau [ʃlaʊ] *adj klug*: clever, smart, bright; *listig*: cunning, crafty.

Schlauch [ʃlaʊx] *m* (-[e]s; ⸚e) tube; *zum Spritzen*: hose; '**~boot** *n* rubber dinghy; *großes*: *Am.* raft.

Schlaufe ['ʃlaʊfə] *f* (-; -n) loop.

schlecht [ʃlɛçt] *adj* bad; *Qualität*, *Leistung etc*: *a.* poor: ***mir ist*** (***wird***) ***~*** I feel (I'm getting) sick (*Am.* to my stomach); ***~*** (*krank*) ***aussehen*** look ill; ***sich ~ fühlen*** feel bad; ***~ werden*** *Fleisch etc*: go bad; '**~gehen** *v/impers* (*irr*, *sep*, -ge-, sn, → ***gehen***): ***es geht ihm ziemlich schlecht*** *gesundheitlich*: he's in a pretty bad way; *finanziell*: he's pretty hard up; '**~gelaunt** *adj* bad-tempered; '**~machen** *v/t* (*sep*, -ge-, h) run *s.o.* down, backbite; **2'wetterperi,ode** *f* spell of bad weather.

schleich|en ['ʃlaɪçən] *v/i* (schlich, geschlichen, sn) creep (*a. fig.*), sneak; '**2weg** *m* secret path; '**2werbung** *f* surreptitious advertising, plugging: ***für et. ~ machen*** plug s.th.

Schleier ['ʃlaɪər] *m* (-s; -) veil (*a. fig.*); *Dunst*: *a.* haze; '**2haft** *adj*: ***das ist mir*** (***völlig***) ***~*** it's a (complete) mystery to me.

schleifen[1] ['ʃlaɪfən] *v/t* (schliff, geschliffen, h) grind, sharpen; *Edelsteine*, *Glas*: cut.

schleifen[2] [~] (h) **1.** *v/t* drag (along) (*a. fig. j-n*); **2.** *v/i* trail (***am Boden*** along the ground); *reiben*: rub (***an*** *dat* against): ***die Kupplung ~ lassen*** *mot.* let the clutch slip.

Schleim [ʃlaɪm] *m* (-[e]s; -e) slime; *physiol.* mucus; '**~haut** *f anat.* mucous membrane; '**2ig** *adj* slimy (*a. fig.*); mucous.

schlemme|n ['ʃlɛmən] *v/i* (h) feast; '**2r** *m* (-s; -) gourmet; **2'rei** *f* (-; *no pl*) feasting; '**2rlo,kal** *n* gourmet restaurant.

schlendern ['ʃlɛndərn] *v/i* (sn) stroll, saunter.

schlepp|en ['ʃlɛpən] (h) **1.** *v/t* drag (*a. fig. j-n*); *mar.*, *mot.* tow; **2.** *v/refl Person*: drag o.s. (along); *Sache*: drag on;

S

'~end *adj träge*: sluggish, slow (*beide a. econ.*); *ermüdend*: tedious; *Redeweise*: drawling; **'≈er** *m* (-s; -) *mot.* tractor; *mar.* tug; F *Kundenwerber*: tout; **'≈lift** *m* drag lift.

Schleuder ['ʃlɔʏdər] *f* (-; -n) *Trocken≈*: spin drier; **'≈n** (h) **1.** *v/t* fling, hurl (*beide a. fig.*); *Wäsche*: spin-dry; **2.** *v/i* (*a.* sn) *mot.* skid: ***ins ≈ kommen*** go into a skid; **'~preis** *m* giveaway price; **'~sitz** *m aer.* ejector (*od.* ejection) seat.

schleunigst ['ʃlɔʏnɪçst] *adv* immediately.

Schleuse ['ʃlɔʏzə] *f* (-; -n) sluice; *Kanal≈*: lock.

schlicht [ʃlɪçt] *adj* plain, simple; **'~en** (h) **1.** *v/t* settle; **2.** *v/i* mediate (***zwischen*** *dat* between); **'≈er** *m* (-s; -) mediator; **'≈ung** *f* (-; *no pl*) settlement.

schließ|en ['ʃli:sən] *v/t u. v/i* (schloß, geschlossen, h) shut, close (*für immer*: down); *beenden*: close: ***~ aus*** conclude from; ***nach ... zu ~*** judging by ...; **'≈fach** *n rail. etc* locker; *Bank≈*: safe(-deposit) box; *Postfach*: post-office box, PO box; **'~lich** *adv* finally; *am Ende*: eventually, in the end; *immerhin*: after all.

Schliff [ʃlɪf] *m* (-[e]s; -e) *von Edelsteinen, Glas*: cut.

schlimm [ʃlɪm] *adj* bad; *furchtbar*: awful: ***das ist nicht*** (*od.* ***halb so***) ***~*** it's not as bad as that; ***das ≈e daran*** the bad thing about it; **'~stenfalls** *adv* if the worst comes to the worst.

Schling|e ['ʃlɪŋə] *f* (-; -n) loop; *zs.-ziehbare*: noose; *med.* sling: ***den Arm in der ~ tragen*** have one's arm in a sling; **'≈en** (schlang, geschlungen, h) **1.** *v/t Schal etc*: wrap (***um*** [a]round); *Arme*: fling (***um j-s Hals*** [a]round s.o.'s neck); **2.** *v/refl*: ***sich ~ um*** wind (a)round; **'≈ern** *v/i* (h) *mar.* roll; **'~pflanze** *f* creeper.

S

Schlips [ʃlɪps] *m* (-es; -e) tie.

Schlittschuh ['ʃlɪt~] *m* skate: ***~ laufen*** skate.

Schlitz [ʃlɪts] *m* (-es; -e) slit; *Hosen≈*: fly; *Einwurf≈*: slot.

Schloß [ʃlɔs] *n* (-sses; ⸚sser) lock; *Bau*: castle, palace: ***ins ~ fallen*** *Tür*: slam shut; ***hinter ~ u. Riegel sitzen*** be behind bars.

Schlosser ['ʃlɔsər] *m* (-s; -) mechanic.

'Schloß|park *m* castle (*od.* palace) grounds *pl*; **'~ru͵ine** *f* ruined castle.

schlottern ['ʃlɔtərn] *v/i* (h) shake, tremble (*beide*: ***vor*** *dat* with); F *Hose etc*: hang loose(ly).

Schlucht [ʃlʊxt] *f* (-; -en) gorge, ravine; *große*: canyon.

schluchze|n ['ʃlʊxtsən] *v/i* (h) sob; **'≈r** *m* (-s; -) sob.

Schluck [ʃlʊk] *m* (-[e]s; -e) gulp; *kleiner*: sip; *großer*: swig; **'~auf** *m* (-s; *no pl*): ***e-n ~ haben*** have (the) hiccups; **'≈en** (h) **1.** *v/t* swallow (*a. glauben, Tadel etc*); *Betrieb etc*, F *Geld*: swallow up; *Schall etc*: absorb; F *Benzin*: guzzle; **2.** *v/i* swallow; **'~impfung** *f med.* oral vaccination.

schlüpfe|n ['ʃlʏpfən] *v/i* (sn) slip (***in*** *acc* into; ***aus*** out of); *zo.* hatch (out); **'≈r** *m* (-s; -) (***ein ~*** a pair of) briefs *pl* (*od.* panties *pl*).

schlüpfrig ['ʃlʏpfrɪç] *adj* slippery; *fig.* risqué.

schlürfen ['ʃlʏrfən] *v/t u. v/i* (h) slurp; *mit Genuß*: sip.

Schluß [ʃlʊs] *m* (-sses; ⸚sse) end; *Ab≈, ~folgerung*: conclusion; *e-s Films etc*: ending: ***~ machen*** finish; *sich trennen*: break up; ***~ machen mit*** *et.*: stop, put an end to; ***zum ~*** finally; (***ganz***) ***bis zum ~*** to the (very) end; ***~ für heute!*** that's all for today; **'~bi͵lanz** *f econ.* annual balance sheet.

Schlüssel ['ʃlʏsəl] *m* (-s; -) key (***für, zu*** to) (*a. fig.*); **'~bein** *n anat.* collarbone; **'~bund** *m, n* (-[e]s; -e) bunch of keys; **'~dienst** *m* locksmith; **'~indu͵strie** *f* key industry; **'~loch** *n* keyhole; **'~ro͵man** *m* roman-à-clef; **'~stellung** *f* key position.

'Schlußfolgerung *f* conclusion.

schlüssig ['ʃlʏsɪç] *adj Beweis etc*: conclusive: ***sich ~ werden*** make up one's mind (***über*** *acc* about).

'Schluß|kurs *m econ.* closing price; **'~licht** *n mot. etc* taillight; **'~no͵tierung** *f econ.* closing quotation; **'~pfiff** *m* final whistle; **'~phase** *f* final stage(s *pl*); **'~verkauf** *m econ.* (end-of-season) sale.

schmackhaft ['ʃmakhaft] *adj* tasty.

schmal [ʃma:l] *adj* narrow; *Hüften etc*: slim.

schmälern ['ʃmɛ:lərn] *v/t* (h) *Verdienst etc*: detract from.

'Schmal|film *m* cine-film; **'~filmkame-**

ra *f* cine-camera; '**~spurbahn** *f* narrow-gauge railway (*Am.* railroad).

Schmalz[1] [ʃmalts] *n* (-es; -e) lard.

Schmalz[2] [~] *m* (-es; *no pl*) F schmaltz; '**2ig** *adj* F schmaltzy.

schmarotze|n [ʃma'rɔtsən] *v/i* (*no* ge-, h) sponge (**bei** on); **2r** *m* (-s; -) *bot., zo.* parasite; *fig. a.* sponger.

schmatzen ['ʃmatsən] *v/i* (h) eat noisily.

schmecken ['ʃmɛkən] *v/i u. v/t* (h) taste (***nach*** of): ***gut*** (***schlecht***) **~** taste good (bad); (***wie***) ***schmeckt dir ...?*** (how) do you like ...? (*a. fig.*); ***es schmeckt süß*** (***nach nichts***) it has a sweet (no) taste.

Schmeich|elei [ʃmaɪçə'laɪ] *f* (-; -en) flattery; '**2elhaft** *adj* flattering; '**2eln** *v/i* (h) flatter *s.o.*; '**~ler** *m* (-s; -) flatterer; '**2lerisch** *adj* flattering.

schmeiß|en ['ʃmaɪsən] (schmiß, geschmissen, h) F **1.** *v/t* throw, chuck; **2.** *v/i*: ***mit Geld um sich* ~** throw one's money around; '**2fliege** *f zo.* bluebottle.

schmelz|en ['ʃmɛltsən] (schmolz, geschmolzen) *v/i* (sn) *u. v/t* (h) melt; *Schnee*: *a.* thaw; *metall.* smelt; '**2käse** *m* cheese spread.

Schmerz [ʃmɛrts] *m* (-es; -en) pain (*a. fig.*), *anhaltender*: ache; *fig.* grief, sorrow: ***~en haben*** be in pain; '**2en** *v/i u. v/t* (h) hurt (*a. fig.*), ache; *bsd. fig.* pain; '**2frei** *adj* free of pain; '**2haft** *adj* painful; '**2lich** *adj* painful, sad; '**~mittel** *n* painkiller; '**2los** *adj* painless; '**2stillend** *adj* painkilling.

Schmetterling ['ʃmɛtərlɪŋ] *m* (-s; -e) *zo.* butterfly.

Schmied [ʃmi:t] *m* (-[e]s; -e) smith; **~eeisen** ['~də~] *n* (-s; *no pl*) wrought iron; **2en** ['~dən] *v/t* (h) forge; *Pläne etc*: make.

schmiegen ['ʃmi:gən] *v/refl* (h): ***sich ~ an*** (*acc*) snuggle up to; *den Körper etc*: cling to.

Schmier|e ['ʃmi:rə] *f* (-; -n) *tech.* grease; '**2en** *v/t* (h) *tech.* grease, oil, lubricate; *Butter etc*: spread (**auf** *acc* on); *unsauber schreiben*: scribble, scrawl: F ***j-n* ~** grease s.o.'s palm; **~e'rei** *f* (-; -en) scrawl; *Wand2en*: graffiti *pl* (*sg konstr.*); '**~geld** *n* bribe money; '**2ig** *adj* greasy; *schmutzig*: dirty; *unanständig*: filthy; F *kriecherisch*: slimy; '**~mittel** *n tech.* lubricant.

Schminke ['ʃmɪnkə] *f* (-; -n) makeup (*a. thea.*); '**2n** (h) **1.** *v/refl* put some makeup on; *allgemein*: wear makeup; **2.** *v/t*: ***sich die Lippen* ~** put some lipstick on.

schmollen ['ʃmɔlən] *v/i* (h) sulk.

Schmor|braten ['ʃmo:r~] *m gastr.* pot roast; '**2en** *v/t* (h) stew (*a. v/i*), braise.

Schmuck [ʃmʊk] (-[e]s; *no pl*) jewel(le)ry, jewels *pl*; *Zierde*: decoration(s *pl*), ornament(s *pl*).

schmücken ['ʃmʏkən] *v/t* (h) decorate.

'**schmuck|los** *adj schlicht*: plain; '**2stück** *n* piece of jewel(le)ry; *fig.* gem.

Schmugg|el ['ʃmʊgəl] *m* (-s; *no pl*) smuggling; '**2eln** *v/t u. v/i* (h) smuggle; '**~elware** *f* smuggled goods *pl*; '**~ler** *m* (-s; -) smuggler.

schmunzeln ['ʃmʊntsəln] *v/i* (h) smile (amusedly) (***über*** *acc* at).

schmusen ['ʃmu:zən] *v/i* (h) F cuddle (***mit j-m*** s.o.); *Liebespaar*: smooch.

Schmutz [ʃmʊts] *m* (-es; *no pl*) dirt, *stärker*: filth; *fig. a.* smut; '**~fleck** *m* smudge, stain; '**2ig** *adj* dirty (*a. fig.*); *stärker*: filthy (*a. fig.*): ***~ werden, sich ~ machen*** get dirty.

Schnabel ['ʃna:bəl] *m* (-s; ⸚) *zo.* bill, *bsd. Krumm2*: beak: F ***halt den ~!*** shut up!

Schnalle ['ʃnalə] *f* (-; -n) buckle.

schnapp|en ['ʃnapən] (h) **1.** *v/i*: ***~ nach*** snap (*od.* snatch) at; ***nach Luft ~*** gasp for breath; **2.** *v/t* F *fangen*: catch, nab; '**2schloß** *n* spring lock; '**2schuß** *m phot.* snapshot.

Schnaps [ʃnaps] *m* (-es; ⸚e) schnapps; F *Alkohol*: booze; '**~glas** *n* shot glass.

schnarchen ['ʃnarçən] *v/i* (h) snore.

Schnauz|bart ['ʃnaʊts~] *m* m(o)ustache; '**~e** *f* (-; -n) *zo.* snout; *bsd. Hunde2*: muzzle; F *aer., mot.* nose; *e-r Kanne*: spout; V *Mund*: trap, kisser: ***die ~ halten*** keep one's trap shut.

Schnecke ['ʃnɛkə] *f* (-; -n) *zo.* snail; *Nackt2*: slug; '**~nhaus** *n* snail shell; '**~ntempo** *n*: ***im ~*** at a snail's pace.

Schnee [ʃne:] *m* (-s; *no pl*) snow (*a. sl. Kokain*); '**~ball** *m* snowball; '**~ballschlacht** *f* snowball fight; '**~ballsy,stem** *n* (-s; *no pl*) *econ.* snowball (*od.* pyramid) (sales) system; '**2bedeckt** *adj* snow-covered, *Bergspitze*: *a.* snow-capped; '**~fall** *m* snowfall; '**~flocke** *f* snowflake; **~gestöber** ['~gəʃtø:bər] *n* (-s; -) snow flurry; **~glöckchen** ['~

S

glœkçən] *n* (-s; -) *bot.* snowdrop; '**~grenze** *f* snow line; '**~ka,none** *f* snow cannon; '**~ketten** *pl mot.* snow chains *pl*; '**~mann** *m* snowman; '**~matsch** *m* slush; **~pflug** ['~pflu:k] *m* (-[e]s; ⁼e) *tech. bsd. Br.* snowplough, *Am.* snowplow (*a. Skifahren*); '**~regen** *m* sleet; '**~schaufel** *f* snow shovel; '**2sicher** *adj* with snow guaranteed; '**~sturm** *m* snowstorm, blizzard; '**~wehe** *f* (-; -n) snowdrift; '**2weiß** *adj* snow-white.

Schneidbrenner ['ʃnaɪt~] *m* (-s; -) *tech.* cutting blowpipe.

Schneide ['ʃnaɪdə] *f* (-; -n) edge; '**2n** *v/t u. v/i* (schnitt, geschnitten, h) cut; *Film etc*: *a.* edit: → ***Haar***; '**~r** *m* (-s; -) tailor; *Damen2*: dressmaker; '**~rin** *f* (-; -nen) dressmaker; '**~zahn** *m* incisor.

schneien ['ʃnaɪən] *v/impers* (h) snow.

Schneise ['ʃnaɪzə] *f* (-; -n) *Wald2*: open strip; *aer.* corridor.

schnell [ʃnɛl] **1.** *adj* quick; *Auto etc*: fast; *Handeln, Antwort etc*: *a.* prompt; *Puls, Anstieg etc*: *a.* rapid; **2.** *adv*: ***es geht ~*** it won't take long; **(*mach*[*t*])** ***~!*** hurry up!; '**2gaststätte** *f* fast-food restaurant; '**2gericht** *n gastr.* instant meal; '**2hefter** *m* loose-leaf binder; '**2igkeit** *f* (-; *no pl*) quickness; fastness; promptness; rapidity; *Tempo*: speed; *phys.* velocity; '**2imbiß** *m* snack bar; '**2kurs** *m* crash course; '**2reinigung** *f* express dry cleaning; '**2straße** *f mot. Br.* dual carriageway, *Am.* divided highway; '**~zug** *m* fast train.

Schnitt [ʃnɪt] *m* (-[e]s; -e) cut; *Durch2*: average: ***im ~*** on average; F ***s-n ~ machen*** make a packet; '**~blumen** *pl* cut flowers *pl*; '**~e** *f* (-; -n) slice; *belegte*: open sandwich; '**~käse** *m* cheese slices *pl*; '**~stelle** *f Computer etc*: interface; '**~wunde** *f* cut.

Schnitzel ['ʃnɪtsəl] *n* (-s; -) *gastr.* cutlet, escalope; *Wiener ~*: schnitzel.

schnitz|en ['ʃnɪtsən] *v/t* (h) carve; **2e'rei** *f* (-; -en) (wood) carving.

Schnorchel ['ʃnɔrçəl] *m* (-s; -) snorkel; '**2n** *v/i* (h) snorkel.

schnorre|n ['ʃnɔrən] *v/t u. v/i* (h) F scrounge (***bei*** off, from); '**2r** *m* (-s; -) F scrounger.

schnüff|eln ['ʃnʏfəln] *v/i* (h) sniff (***an*** *dat* at); F *fig.* snoop (around); '**2ler** *m* (-s; -) F snoop(er); *Detektiv*: sleuth.

Schnuller ['ʃnʊlər] *m* (-s; -) *Br.* dummy, *Am.* pacifier.

Schnulz|e ['ʃnʊltsə] *f* (-; -n) tearjerker; '**~ensänger** *m* crooner; '**2ig** *adj* schmaltzy.

Schnupf|en ['ʃnʊpfən] *m* (-s; -) *med.* cold: ***e-n ~ haben*** (***bekommen***) have a (catch [a]) cold; '**~tabak** *m* snuff.

schnupper|n ['ʃnʊpərn] *v/t u. v/i* (h) sniff (***an*** *dat* at); '**2preis** *m* F *econ.* introductory price.

Schnur [ʃnu:r] *f* (-; ⁼e) string, cord; *electr.* flex.

Schnür|chen ['ʃny:rçən] *n*: ***wie am ~*** like clockwork; '**2en** *v/t* (h) lace (up); *ver~*: tie up.

'**schnurgerade** *adv* dead straight.

Schnurr|bart ['ʃnʊr~] *m* m(o)ustache; '**2en** *v/i* (h) *Katze, Motor*: purr.

'**Schnür|schuh** *m* lace-up shoe; **~senkel** ['~zɛŋkəl] *m* (-s; -) shoelace, *bsd. Am. a.* shoestring.

schnurstracks ['ʃnu:rʃtraks] *adv direkt*: straight; *sofort*: straightaway.

Schock [ʃɔk] *m* (-[e]s; -s) shock (*a. med.*): ***unter ~ stehen*** be in (a state of) shock; '**2en** *v/t* (h) F, '**2ieren** [ʃɔ'ki:rən] *v/t* (*no* ge-, h) shock.

Schokolade [ʃoko'la:də] *f* (-; -n) chocolate.

Scholle ['ʃɔlə] *f* (-; -n) *Erd2*: clod; *Eis2*: (ice) floe; *zo.* plaice.

schon [ʃo:n] *adv* already; *jemals*: ever; *sogar ~*: even; *in Fragen*: yet: ***~ damals*** ever then; ***~ 1968*** as early as 1968; ***~ der Gedanke*** the very idea; ***hast*** (***bist***) ***du ~ einmal ...?*** have you ever ...?; ***ich warte ~ seit 20 Minuten*** I've been waiting for 20 minutes; ***ich kenne ihn ~, aber*** I do know him, but; ***er macht das ~*** he'll do it all right (*Am.* alright); ***~ gut!*** never mind, all right, *Am.* alright.

schön [ʃø:n] **1.** *adj* beautiful, lovely; *Wetter*: *a.* fine, fair; *gut, angenehm, nett*: fine, nice (*beide a. iro.*): (***na,***) ***~*** all right, *Am.* alright; **2.** *adv*: ***~ warm*** (***kühl***) nice and warm (cool); ***ganz ~ teuer*** (***schnell***) pretty expensive (fast); ***j-n ganz ~ erschrecken*** (***überraschen***) give s.o. quite a start (surprise).

schonen ['ʃo:nən] (h) **1.** *v/t* take care of, go easy on (*a. tech.*); *j-n, j-s Leben*: spare; **2.** *v/refl* take it easy; save o.s. (*od.* one's strength) (***für*** for); '**~d** **1.** *adj*

S

gentle; *Mittel etc*: *a.* mild; **2.** *adv*: **~ *umgehen mit*** take (good) care of; *Glas etc*: handle with care; *sparsam*: go easy on.

'Schönheit *f* (-; -en) beauty; **'~spflege** *f* beauty care; **'~ssa,lon** *m* beauty parlo(u)r.

'Schonung *f* (-; -en) (good) care; *Ruhe*: rest; *Erhaltung*: preservation; *Bäume*: tree nursery; **'≈slos** *adj* merciless.

Schön'wetter|lage *f* stable area of high pressure; **~peri,ode** *f* period of fine weather.

schöpf|en ['ʃœpfən] *v/t* (h) scoop, ladle; *aus e-m Brunnen*: draw: → ***Luft, Verdacht***; **'≈er** *m* (-s; -) creator; **'~erisch** *adj* creative; **'≈ung** *f* (-; -en) creation.

Schorf [ʃɔrf] *m* (-[e]s; -e) *med.* scab.

Schornstein ['ʃɔrn~] *m* chimney; *mar.*, *rail.* funnel; **~feger** ['~feːgər] *m* (-s; -) chimney sweep.

Schoß [ʃoːs] *m* (-es; ¨-e) lap; *Mutterleib*: womb.

Schote ['ʃoːtə] *f* (-; -n) *bot.* pod, husk.

Schotte ['ʃɔtə] *m* (-n; -n) Scot(sman): ***die ~n*** *pl* the Scots *pl*, the Scottish *pl*.

Schotter ['ʃɔtər] *m* (-s; -) gravel, road metal.

Schott|in ['ʃɔtɪn] *f* (-; -nen) Scotswoman; **'≈isch** *adj* Scottish, Scots; *bsd. Produkte*: Scotch.

schräg [ʃrɛːk] **1.** *adj* slanting, sloping, oblique; *Linie etc*: diagonal; **2.** *adv*: **~ *gegenüber*** diagonally opposite; → ***parken.***

Schramme ['ʃramə] *f* (-; -n) scratch; **'≈n** *v/t* (h) scratch, graze.

Schrank [ʃraŋk] *m* (-[e]s; ¨-e) cupboard; *Wand≈*: *bsd. Am.* closet; *Kleider≈*: wardrobe.

Schranke ['ʃraŋkə] *f* (-; -n) barrier (*a. fig.*); *rail. a.* gate; *jur.* bar: ***~n*** *pl Grenzen*: limits *pl*, bounds *pl*; **'~nwärter** *m rail.* gatekeeper.

'Schrank|koffer *m* wardrobe trunk; **'~wand** *f* wall-to-wall cupboard.

Schraube ['ʃraʊbə] *f* (-; -n) screw; **'≈n** *v/t* (h) screw; **'~nschlüssel** *m tech. Br.* spanner, *Am.* wrench; **'~nzieher** *m* (-s; -) *tech.* screwdriver.

Schraubstock ['ʃraʊp~] *m* (-[e]s; ¨-e) vice, *Am.* vise.

Schrebergarten ['ʃreːbər~] *m Br.* allotment (garden).

Schreck [ʃrɛk] *m* (-[e]s; -e) fright: → ***einjagen***; **'~en** *m* (-s; -) fright: ***die ~ des Krieges*** the horrors of war; **'~ensnachricht** *f* terrible news *pl* (*sg konstr.*); **'≈haft** *adj* jumpy; **'≈lich** *adj* awful, terrible; *stärker*: horrible, dreadful; *Mord etc*: *a.* atrocious.

Schrei [ʃraɪ] *m* (-[e]s; -e) cry; *lauter*: shout, yell; *Angst≈*: scream (*alle*: **um, nach** for).

Schreib|arbeit ['ʃraɪp~] *f* deskwork; *bsd. unerwünschte*: paperwork; **'~bü,ro** *n* typing bureau.

schreiben ['ʃraɪbən] *v/t u. v/i* (schrieb, geschrieben, h) write (***j-m*** to s.o., *Am. a.* s.o.; ***über*** *acc* about, on); *tippen*: type: ***j-m et. ~*** write to s.o. about s.th.; ***groß ~*** capitalize; ***falsch ~*** misspell *s.th.*; ***wie schreibt man ...?*** how do you spell ...?

Schreiben [~] *n* (-s; -) letter.

schreib|faul ['ʃraɪp~] *adj* lazy about writing letters; **'≈fehler** *m* spelling mistake; **'≈kraft** *f* typist; **'≈ma,schine** *f* typewriter: ***~ schreiben*** type; ***mit der ~ geschrieben*** typed, typewritten; **'≈ma,schinenpa,pier** *n* typing paper; **'≈tisch** *m* desk.

'Schreibung *f* (-; -en) spelling.

Schreibwaren ['ʃraɪp~] *pl* stationery *sg*; **'~geschäft** *n* stationer's.

schreien ['ʃraɪən] *v/i u. v/t* (schrie, geschrien, h) cry; *lauter*: shout, yell; *kreischend*: scream (*alle*: ***um, nach*** [out] for): ***~ vor Schmerz (Angst)*** cry out with pain (in terror); ***es war zum ≈*** it was a scream; **'~d** *adj Farben*: loud; *Unrecht etc*: flagrant.

Schreiner ['ʃraɪnər] *m* (-s; -) joiner, carpenter.

schreiten ['ʃraɪtən] *v/i* (schritt, geschritten, sn) walk, stride: *fig.* ***zu et. ~*** proceed to s.th.

Schrift [ʃrɪft] *f* (-; -en) (hand)writing, hand: ***~en*** *pl Werke*: works *pl*, writings *pl*; **'~deutsch** *n* standard German; **'≈lich** *adj* written, in writing (*a. adv*); **'~satz** *m jur.* written statement; **'~steller** *m* (-s; -) author, writer; **'~verkehr** *m*, **'~wechsel** *m* correspondence.

schrill [ʃrɪl] *adj* shrill, piercing.

Schritt [ʃrɪt] *m* (-[e]s; -e) step (*a. fig.*); *Einzel≈*: *a.* pace: ***~e unternehmen*** take steps; **'~macher** *m* (-s; -) pacemaker (*a.*

S

med.); '**2weise** *adv* step by step, gradually.

schroff [ʃrɔf] *adj steil*: steep; *zerklüftet*: jagged; *fig.* gruff; *kraß*: sharp, glaring.

Schrot [ʃroːt] *m, n* (-[e]s; -e) wholemeal; *hunt.* (small) shot; '**~flinte** *f* shotgun; '**~korn** *n* pellet.

Schrott [ʃrɔt] *m* (-[e]s; *no pl*) scrap metal: F ***zu ~ fahren*** smash (up).

schrubben ['ʃrʊbən] *v/t* (h) scrub.

schrumpfen ['ʃrʊmpfən] *v/i* (sn) shrink.

Schub [ʃuːp] *m* (-[e]s; ¨e) *phys.* thrust; *med.* phase, *Anfall*: attack; '**~fach** *n* drawer; '**~kraft** *f phys.* thrust; '**~lade** *f* (-; -n) drawer.

Schubs [ʃʊps] *m* (-es; -e) F push, shove; '**2en** *v/t* (h) F push, shove.

schüchtern ['ʃʏçtərn] *adj* shy, bashful; '**2heit** *f* (-; *no pl*) shyness, bashfulness.

Schuft [ʃʊft] *m* (-[e]s; -e) *contp.* bastard; '**2en** *v/i* (h) F slave away.

Schuh [ʃuː] *m* (-[e]s; -e) shoe: ***j-m et. in die ~e schieben*** put the blame for s.th. on s.o.; '**~creme** *f* shoe polish; '**~geschäft** *n* shoe shop (*Am.* store); '**~löffel** *m* shoehorn; '**~macher** *m* shoemaker; '**~putzer** *m* (-s; -) shoeblack.

Schul|abgänger ['ʃuːlʔapgɛŋər] *m* (-s; -) school leaver; '**~abschluß** *m* school-leaving qualification; '**~bildung** *f* (-; *no pl*) (school) education.

Schuld [ʃʊlt] *f* (-; -en) *jur.*, *~gefühl*: guilt; *Geld2*: debt: ***j-m die ~*** (***an et.***) ***geben*** blame s.o. (for s.th.); ***es ist*** (***nicht***) ***d-e ~*** it is(n't) your fault; ***~en haben*** (***machen***) be in (run into) debt; '**2bewußt** *adj*: ***~e Miene*** guilty look; **2en** ['~dən] *v/t* (h): ***j-m et. ~*** owe s.o. s.th.; '**~enberg** *m* pile of debts; '**2enfrei** *adj* free from (*od.* of) debt; *Grundbesitz*: unencumbered.

'**Schuldienst** *m* (-[e]s; *no pl*): ***im ~ sein*** be a teacher.

S

schuldig ['ʃʊldɪç] *adj bsd. jur.* guilty (***an*** *dat* of); *verantwortlich*: responsible (*od.* to blame) (for): ***j-m et. ~ sein*** owe s.o. s.th.; → ***bekennen***; **~e** ['~gə] *m, f* (-n; -n) *jur.* guilty person; *Verantwortliche*: person responsible (*od.* to blame), offender; '**2keit** *f* (-; *no pl*) duty.

'**schuld|los** *adj* innocent (***an*** *dat* of); **2ner** ['~dnər] *m* (-s; -) debtor; '**2schein** *m* promissory note, IOU (= I owe you).

Schule ['ʃuːlə] *f* (-; -n) school (*a. fig.*): ***höhere ~*** secondary (*Am.* senior high) school; ***auf*** (*od.* ***in***) ***der ~*** at school; ***in die*** (***zur***) ***~ gehen*** (***kommen***) go to (start) school; ***die ~ fängt an um*** school begins at; '**2n** *v/t* (h) train.

'**Schulenglisch** *n* school English.

Schüler ['ʃyːlər] *m* (-s; -) pupil (*a. e-s Künstlers*), *Am. mst* student; '**~austausch** *m* school exchange.

'**Schul|ferien** *pl Br.* school holidays *pl*, *Am.* vacation *sg*; '**~jahr** *n* school year; '**~kameˌrad** *m* schoolmate; '**2pflichtig** *adj*: ***~es Kind*** school-age child.

Schulter ['ʃʊltər] *f* (-; -n) shoulder: → ***klopfen*** 1; '**~blatt** *n anat.* shoulder blade; '**2frei** *adj* off-the-shoulder; *trägerlos*: strapless.

'**Schul|ung** *f* (-; -en) training; '**~wesen** *n* (-s; *no pl*) school system.

schummeln ['ʃʊməln] *v/i* (h) F cheat.

Schund [ʃʊnt] *m* (-[e]s; *no pl*) trash, rubbish.

Schuppe ['ʃʊpə] *f* (-; -n) scale: ***~n*** *pl Kopf2n*: dandruff *sg*.

Schuppen ['ʃʊpən] *m* (-s; -) shed; F *Lokal etc*: joint.

schüren ['ʃyːrən] *v/t* (h) stir up (*a. fig.*).

schürf|en ['ʃʏrfən] *v/i* (h): ***~ nach*** prospect (*od.* dig) for; '**2wunde** *f* graze.

Schurwolle ['ʃuːr~] *f* virgin wool.

Schürze ['ʃʏrtsə] *f* (-; -n) apron.

Schuß [ʃʊs] *m* (-sses; ¨sse) shot; *Spritzer*: dash; *Ski*: schuss (*a.* ***im ~ fahren***); *sl. Droge*: shot, fix: ***gut in ~ sein*** be in good shape.

Schüssel ['ʃʏsəl] *f* (-; -n) bowl; *Servier2*: *a.* dish (*a.* F *Parabolantenne*); *Suppen2*: tureen.

'**Schuß|waffe** *f* firearm; '**~wunde** *f* gunshot (*od.* bullet) wound.

Schuster ['ʃuːstər] *m* (-s; -) shoemaker.

Schutt [ʃʊt] *m* (-[e]s; *no pl*) rubble.

Schüttel|frost ['ʃʏtəl~] *m med.* shivering fit; '**2n** *v/t* (h) shake: ***den Kopf ~*** shake one's head.

schütten ['ʃʏtən] *v/t* (h) pour.

schütter ['ʃʏtər] *adj Haar*: thin(ning).

Schutz [ʃʊts] *m* (-es; *no pl*) protection (***gegen, vor*** *dat* against), defen|ce (*Am.* -se) (against, from); *Zuflucht*: shelter (from); *Vorsichtsmaßnahme*: safeguard (against); *Deckung*: cover; '**~brief** *m mot.* travel insurance certificate; '**~bril-**

le *f* (**e-e ~** a pair of) safety goggles *pl.*

Schütze ['ʃʏtsə] *m* (-n; -n) *Tor*♀: scorer: ***guter ~*** good shot; '**♀n** *v/t* (h) protect (***gegen, vor*** *dat* against, from), guard (against, from); *gegen Wetter*: shelter (from); *sichern*: safeguard.

'**Schutz|engel** *m* guardian angel; '**~gewahrsam** *m jur.* protective custody; '**~heilige** *m, f* (-n; -n) patron saint; '**~helm** *m* (safety) helmet; '**~impfung** *f med.* vaccination, inoculation; '**~kleidung** *f* protective clothing.

Schützling ['ʃʏtslɪŋ] *m* (-s; -e) protégé(e *f*).

'**schutz|los** *adj* unprotected; *wehrlos*: defen|celess (*Am.* -seless); '**♀maßnahme** *f* safety measure; '**♀umschlag** *m* dust cover.

schwach [ʃvax] *adj* weak (*a. fig.*); *Leistung, Augen, Gesundheit etc*: *a.* poor; *Ton, Hoffnung, Erinnerung etc*: faint; *zart*: delicate, frail: ***schwächer werden*** grow weak; *nachlassen*: decline.

Schwäch|e ['ʃvɛçə] *f* (-; -n) weakness (*a. fig.*); *bsd. Alters*♀: infirmity; *Nachteil, Mangel*: drawback, shortcoming: ***e-e ~ haben für*** be partial to; '**♀en** *v/t* (h) weaken (*a. fig.*); *vermindern*: lessen; '**♀lich** *adj* weakly, feeble; *zart*: delicate, frail; '**~ling** *m* (-s; -e) weakling (*a. fig.*).

'**schwach|sinnig** *adj med.* feeble-minded; F *contp.* idiotic; '**♀strom** *m* (-[e]s; *no pl*) *electr.* low-voltage current.

Schwager ['ʃvaːgər] *m* (-s; ¨) brother-in-law.

Schwägerin ['ʃvɛːgərɪn] *f* (-; -nen) sister-in-law.

Schwalbe ['ʃvalbə] *f* (-; -n) *zo.* swallow.

Schwall [ʃval] *m* (-[e]s; -e) gush, *bsd. fig. a.* torrent.

Schwamm [ʃvam] *m* (-[e]s; ¨e) sponge; *bot.* fungus; *Haus*♀: dry rot; '**♀ig** *adj* spongy; *Gesicht etc*: puffy; *vage*: hazy, misty.

Schwan [ʃvaːn] *m* (-[e]s; ¨e) *zo.* swan.

schwanger ['ʃvaŋər] *adj* pregnant: ***im vierten Monat ~*** four months pregnant.

'**Schwangerschaft** *f* (-; -en) pregnancy; '**~sabbruch** *m* abortion; '**~stest** *m* pregnancy test.

schwank|en ['ʃvaŋkən] *v/i* a) (h) sway, roll (*a. Schiff u. Betrunkener*); *Preise, Temperaturen etc*: fluctuate: *fig.* ***~ zwischen*** (*dat*) ***... u. ...*** vacillate (*od.* waver) between ... and ...; *Preise etc*: range from ... to ..., b) (sn) *wanken, torkeln*: stagger; '**♀ung** *f* (-; -en) variation, fluctuation.

Schwanz [ʃvants] *m* (-es; ¨e) *zo.* tail (*a. aer., ast.*); V *Penis*: cock.

Schwarm [ʃvarm] *m* (-[e]s; ¨e) swarm; *Menschen*♀: *a.* crowd, F bunch; *Fisch*♀: shoal, school; *Idol*: idol: ***du bist ihr ~*** she's got a crush on you.

schwärmen ['ʃvɛrmən] *v/i* (h) *Bienen etc*: swarm: ***~ für*** be mad about; *sich wünschen*: dream of; *j-n*: *a.* adore, worship; *verliebt sein*: have a crush on; ***~ von*** *erzählen*: rave about.

schwarz [ʃvarts] **1.** *adj* black (*a. fig.*): ***♀es Brett*** notice (*bsd. Am.* bulletin) board; ***~e Zahlen schreiben*** *econ.* be in the black; ***~ auf weiß*** in black and white; **2.** *adv* illegally; *auf dem Schwarzmarkt*: on the black market; '**♀arbeit** *f* (-; *no pl*) illicit work, F moonlighting; '**~arbeiten** *v/i* (*sep*, -ge-, h) work on the side, F moonlight; '**♀arbeiter** *m* illicit worker, F moonlighter; '**♀brot** *n* rye bread.

'**Schwarze** *m, f* (-n; -n) black: ***die ~n*** *pl* the Blacks *pl.*

'**schwarz|fahren** *v/i* (*irr, sep*, -ge-, sn, → ***fahren***) dodge the fare; '**♀fahrer** *m* fare dodger; '**♀handel** *m* black market (-eering): ***im ~*** on the black market; '**♀händler** *m* black marketeer; *Karten*♀: *Br.* (ticket) tout, *Am.* (ticket) scalper.

schwärzlich ['ʃvɛrtslɪç] *adj* blackish.

'**Schwarz|markt** *m* black market; '**~marktpreis** *m* black-market price; '**♀sehen** *v/i* (*irr, sep*, -ge-, h, → ***sehen***) be pessimistic (***für*** about); *TV* have no licen|ce (*Am.* -se); '**~seher** *m* (-s; -) pessimist; *TV* licen|ce (*Am.* -se) dodger; **~'weiß...** *in Zssgn* black-and-white ...

S

schweben ['ʃveːbən] *v/i* (sn) be suspended; *Vogel*: hover (*a. fig.*); *gleiten*: glide: ***in Gefahr ~*** be in danger; '**~d** *adj jur. Verfahren*: pending.

Schwed|e ['ʃveːdə] *m* (-n; -n) Swede; '**♀isch** *adj* Swedish.

Schwefel ['ʃveːfəl] *m* (-s; *no pl*) *chem. bsd. Br.* sulphur, *Am.* sulfur; '**~säure** *f chem.* sulphuric (*Am.* sulfuric) acid.

Schweigen ['ʃvaɪgən] *n* (-s; *no pl*) silence.

schweig|en [~] *v/i* (schwieg, geschwiegen, h) be silent: ***ganz zu ~ von*** let alone; '**~end** *adj* silent; '**~sam** *adj* quiet.

Schwein [ʃvaɪn] *n* (-[e]s; -e) *zo.* pig, *bsd. Am. a.* hog; *~efleisch*: pork; F *contp. schmutziger Kerl*: (dirty) pig, *Lump*: swine, bastard: F ***~ haben*** be lucky.

'**Schweine|braten** *m* roast pork; '**~fleisch** *n* pork; **~'rei** *f* (-; -en) mess; *Gemeinheit*: dirty trick; *Schande*: dirty (*od.* crying) shame; *Unanständigkeit*: filth(y story *od.* joke); '**~stall** *m* pigsty (*a. fig.*).

'**schweinisch** *adj fig.* filthy; *Witz etc*: dirty.

'**Schweinsleder** *n* pigskin.

Schweiß [ʃvaɪs] *m* (-es; -e) sweat, perspiration; '**2en** *v/t* (h) *tech.* weld; '**~er** *m* (-s; -) *tech.* welder; '**2gebadet** *adj* bathed in sweat; '**~stelle** *f tech.* weld.

Schweizer ['ʃvaɪtsər] **1.** *m* (-s; -) Swiss: ***die ~*** *pl* the Swiss *pl*; **2.** *adj* Swiss.

schwelen ['ʃveːlən] *v/i* (h) smo(u)lder (*a. fig.*).

schwelgen ['ʃvɛlgən] *v/i* (h): ***~ in*** (*dat*) revel in.

Schwell|e ['ʃvɛlə] *f* (-; -n) *Tür2*: threshold (*a. fig.*); *rail. bsd. Br.* sleeper, *Am.* tie; '**2en** *v/i* (schwoll, geschwollen, sn) swell; '**~enland** *n* emergent nation; '**~ung** *f* (-; -en) swelling.

Schwemme ['ʃvɛmə] *f* (-; -n) *econ.* glut (**an** *dat* of); '**2n** *v/t* (h): ***an Land geschwemmt werden*** be washed ashore.

schwenken ['ʃvɛŋkən] *v/t* (h) *Fahne etc*: wave.

schwer [ʃveːr] **1.** *adj* heavy; *schwierig*: difficult, hard (*a. Arbeit*); *Wein, Zigarre etc*: strong; *Essen*: rich; *Krankheit, Fehler, Unfall, Schaden etc*: serious; *Strafe etc*: severe; *heftig*: heavy, violent: ***~e Zeiten*** hard times; ***es ~ haben*** have a bad time; ***100 Pfund ~ sein*** weigh a hundred pounds; **2.** *adv*: ***~ arbeiten*** work hard; → ***erhältlich, hören***; '**~behindert** *adj med.* severely handicapped (*od.* disabled); '**2e** *f* (-; *no pl*) weight (*a. fig.*); *fig.* seriousness; '**~fallen** *v/i* (*irr*, *sep*, -ge-, sn, → **fallen**) be difficult (*dat* for): ***es fällt ihm schwer zu ...*** he finds it hard to ...; '**~fällig** *adj* awkward, clumsy; **~hörig** ['~høːrɪç] *adj* hard of hearing, deaf; '**2indu,strie** *f* heavy industry; '**2kraft** *f* (-; *no pl*) *phys.* gravity; '**2me,tall** *n* heavy metal; **~mütig** ['~myːtɪç] *adj* melancholy; '**2punkt** *m phys.* cent|re (*Am.* -er) of gravity; *fig.* main focus; '**2punktstreik** *m econ.* pinpoint strike; '**~tun** *v/i u. v/refl* (*irr, sep*, -ge-, h, → **tun**): ***sich ~ mit*** have a hard time with; '**2verbrecher** *m* dangerous criminal, *jur.* felon; '**~verdaulich** *adj* indigestable, heavy (*a. fig.*); '**~verletzt** *adj* seriously injured; '**~verständlich** *adj* difficult (*od.* hard) to understand; '**~wiegend** *adj* serious.

Schwester ['ʃvɛstər] *f* (-; -n) sister; *Ordens2*: *a.* nun; *Kranken2*: nurse.

Schwieger... ['ʃviːgər~] *in Zssgn Eltern, Mutter, Sohn etc*: ...-in-law.

Schwiel|e ['ʃviːlə] *f* (-; -n) callus; '**2ig** *adj* callous, horny.

schwierig ['ʃviːrɪç] *adj* difficult, hard; '**2keit** *f* (-; -en) difficulty, trouble: ***in ~en geraten*** get into trouble; ***~en haben, et. zu tun*** have difficulty (in) doing s.th.

Schwimm|bad ['ʃvɪm~] *n* (*Hallen2*: indoor) swimming pool; '**~becken** *n* swimming pool; '**2en** *v/i* (schwamm, geschwommen, sn) swim; *Gegenstand*: float: ***~ gehen*** go swimming; '**~er** *m* (-s; -) swimmer; '**~weste** *f* life jacket.

Schwindel ['ʃvɪndəl] *m* (-; *no pl*) dizziness; *fig.* swindle; '**~anfall** *m med.* dizzy spell; '**2erregend** *adj* dizzy; '**~firma** *f* bogus company; '**2frei** *adj*: ***~ sein*** have a good head for heights; '**2n** *v/i* (h) fib, tell fibs.

schwinden ['ʃvɪndən] *v/i* (schwand, geschwunden, sn) *Einfluß, Macht etc*: dwindle, diminish.

Schwind|ler ['ʃvɪndlər] *m* (-s; -) swindler; *Lügner*: liar; '**2lig** *adj*: ***mir ist ~*** I feel dizzy.

schwingen ['ʃvɪŋən] *v/t* (schwang, geschwungen, h) *Fahne etc*: wave.

Schwips [ʃvɪps] *m* (-es; -e): F ***e-n ~ haben*** be tipsy.

schwirren ['ʃvɪrən] *v/i* a) (sn) whirr, whizz; *bsd. Insekt*: buzz (*a. fig.*), b) (h): ***mir schwirrt der Kopf*** my head is buzzing.

schwitzen ['ʃvɪtsən] *v/i* (h) sweat (***vor*** *dat* with), perspire.

S

schwören ['ʃvøːrən] *v/t u. v/i* (schwor, geschworen, h) swear (***bei*** by).
schwul [ʃvuːl]*adj* F gay, *contp*. queer.
schwül [ʃvyːl] *adj* sultry, close.
'**Schwule** *m* (-n; -n) F gay, *contp*. queer.
'**Schwüle** *f* (-; *no pl*) sultriness.
schwülstig ['ʃvʏlstɪç] *adj* bombastic, pompous.
Schwung [ʃvʊŋ] *m* (-[e]s; ⸚e) swing; *fig*. verve, zest, F vim, pep; *Energie*: drive: ***in ~ kommen*** (***bringen***) get (*s.th.*) going; '**2haft** *adj econ*. flourishing; '**2voll** *adj* full of energy (*od*. verve); *Melodie*: swinging, catchy.
Schwur [ʃvuːr] *m* (-[e]s; ⸚e) oath; '**~gericht** *n jur*. *appr*. jury court.
sechs [zɛks] *adj* six; '**2erpack** *m* six-pack; '**~fach** *adj u. adv* sixfold; '**~te** *adj* sixth; '**2tel** *n* (-s; -) sixth (part).
sech|zehn ['zɛçtseːn] *adj* sixteen; '**~zig** ['~tsɪç] *adj* sixty.
See[1] [zeː] *m* (-s; -n) lake.
See[2] [~] *f* (-; *no pl*) sea, ocean: ***an die ~ fahren*** go to the seaside; ***auf hoher ~*** on the high seas; ***in ~ stechen*** put to sea; '**~bad** *n* seaside resort; '**~blick** *m* view of the sea (*od*. lake); '**~gang** *m* (-[e]s; *no pl*) waves *pl*: ***hoher ~*** rough seas *pl*; '**~hafen** *m* seaport; '**~igel** *m zo*. sea urchin; '**2klar** *adj* ready to sail; '**2krank** *adj* seasick; '**~krankheit** *f* (-; *no pl*) seasickness.
Seel|e ['zeːlə] *f* (-; -n) soul; '**2isch** *adj* mental; *Gemüts...*: emotional.
'**See|luft** *f* (-; *no pl*) sea air; '**~macht** *f* sea power; '**~mann** *m* (-[e]s; -leute) seaman, sailor; '**~meile** *f* nautical mile; '**~not** *f* (-; *no pl*) distress (at sea): ***in ~*** distressed; '**~räuber** *m* pirate; '**~reise** *f* sea journey (*od*. voyage); *Kreuzfahrt*: cruise; *Überfahrt*: crossing; '**~rose** *f bot*. water lily; '**~schlacht** *f* naval battle; '**~streitkräfte** *pl* naval forces *pl*; '**2tüchtig** *adj Zustand*: seaworthy; *hoch~*: seagoing; '**~weg** *m* sea route: ***auf dem ~*** by sea.
Segel ['zeːgəl] *n* (-s; -) sail; '**~boot** *n Br*. sailing boat, *Am*. sailboat; *Sport*: yacht; '**2n** *v/i* (h *u*. sn) sail; '**~schiff** *n* sailing ship (*od*. vessel); '**~sport** *m* yachting, sailing; '**~tuch** *n* (-[e]s; -e) canvas, sailcloth
Segen ['zeːgən] *m* (-s; -) blessing (*a. fig*.).
Segler ['zeːglər] *m* (-s; -) yachtsman; '**~in** *f* (-; -nen) yachtswoman.
segn|en ['zeːgnən] *v/t* (h) bless; '**2ung** *f* (-; -en) blessing.
sehen ['zeːən] *v/i u. v/t* (sah, gesehen, h) see; *Sendung*, *Spiel etc*: *a*. watch; *bemerken*: notice: ***~ nach*** *sich kümmern um*: look after; *suchen*: look for; ***sich ~ lassen*** *kommen*: show up; ***das sieht man*** (***kaum***) it (hardly) shows; ***siehst du*** *erklärend*: (you) see; *vorwurfsvoll*: I told you; ***siehe oben*** (***unten, Seite ...***) see above (below, page ...); '**~swert** *adj* worth seeing; '**2swürdigkeit** *f* (-; -en) place *etc* worth seeing: ***~en*** *pl* sights *pl*.
'**Sehkraft** *f* (-; *no pl*) eyesight, vision.
Sehne ['zeːnə] *f* (-; -n) *anat*. sinew; *Bogen2*: string.
sehnen ['zeːnən] *v/refl* (h) long (***nach*** for); *stärker*: yearn (for): ***sich danach ~ zu*** be longing to.
'**Sehnerv** *m* optic nerve.
sehn|lichst ['zeːnlɪçst] *adj Wunsch*: dearest; '**2sucht** *f* (-; ⸚e) longing (***nach*** for); *stärker*: yearning (for): ***~ haben*** (***nach***) → ***sehnen***; '**~süchtig** *adj* longing, *stärker*: yearning.
sehr [zeːr] *adv vor adj u. adv*: very, most; *mit vb*: (very) much, greatly.
'**Sehtest** *m* eye test.
seicht [zaɪçt] *adj* shallow (*a. fig*.).
Seide ['zaɪdə] *f* (-; -n) silk; '**~npa,pier** *n* tissue paper.
Seife ['zaɪfə] *f* (-; -n) soap; '**~nblase** *f* soap bubble; '**~nschale** *f* soap dish; '**~nschaum** *m* lather.
Seil [zaɪl] *n* (-[e]s; -e) rope; '**~bahn** *f* cable railway.
Sein [zaɪn] *n* (-s; *no pl*) being, existence.
sein[1] [~] *v/i* (war, gewesen, sn) be; *bestehen*, *existieren*: *a*. exist.
sein[2] [~] *poss pron* his; her; its: ***~er, ~e, ~(e)s*** his; hers; its.
'**seinerzeit** *adv* then, in those days.
'**seinet'wegen** *adv für ihn*: for his sake; *wegen ihm*: because of him.
seit [zaɪt] *prp u. cj* since: ***~ 1982*** since 1982; ***~ drei Jahren*** for three yeas; ***~ langem*** (***kurzem***) for a long (short) time; '**~'dem 1.** *adv* since then, since that time, ever since; **2.** *cj* since.
Seite ['zaɪtə] *f* (-; -n) side (*a. fig*.); *Buch2*: page: ***auf der linken ~*** on the left(-hand) side; *fig*. ***auf der e-n***

S

(***anderen***) ~ on the one (other) hand.
'**Seiten|hieb** *m fig.* sideswipe (***auf*** *acc*, ***gegen*** at); '**&s** *prp* on the part of, by; '**~schiff** *n arch.* aisle; '**~sprung** *m* affair, fling; '**~straße** *f* side street; '**~streifen** *m* verge.
'**seit|lich** *adj* lateral, side; **~wärts** ['~vɛrts] *adv* sideways, to the side.
Sekret|är [zekre'tɛ:r] *m* (-s; -e) secretary (*gen* to); *Schreibtisch*: *a.* bureau; **~ariat** [~a'rĭa:t] *n* (-[e]s; -e) (secretary's) office; **~ärin** *f* (-; -nen) secretary (*gen* to).
Sekt [zɛkt] *m* (-[e]s; -e) sparkling wine, champagne.
Sekte ['zɛktə] *f* (-; -n) sect.
'**Sektglas** *n* champagne glass.
Sektor ['zɛktɔr] *m* (-s; -en) sector; *fig. a.* field.
Sekunde [ze'kʊndə] *f* (-; -n) second; **~nzeiger** *m* second hand.
selbe ['zɛlbə] *adj* same; '**~r** *pron* → ***selbst*** 1.
selbst [zɛlbst] **1.** *pron*: ***ich*** (***du*** *etc*) ~ I (you *etc*) myself (yourself *etc*); ***mach es*** ~ do it yourself; ***et.*** ~ (*ohne Hilfe*) ***tun*** do s.th. by oneself; ***von*** ~ by itself; **2.** *adv* even.
selbständig ['zɛlpʃtɛndɪç] *adj* independent; *beruflich*: *a.* self-employed; **&e** ['~gə] *m, f* (-n; -n) self-employed person; '**&keit** *f* (-; *no pl*) independence.
'**Selbst|auslöser** *m phot.* (self-)timer; '**~bedienung** *f* self-service: ***mit*** ~ self-service; '**~bedienungsladen** *m* self-service shop (*Am.* store); '**~bedienungsrestau,rant** *n* self-service restaurant, cafeteria; '**~befriedigung** *f* masturbation; '**~beherrschung** *f* self-control; '**~bestimmung** *f* (-; *no pl*) self-determination; '**&bewußt** *adj* self-confident; '**~bewußtsein** *n* self-confidence; '**~erhaltungstrieb** *m* survival instinct; '**&gemacht** *adj* homemade; '**~gespräch** *n*: ***~e führen*** talk to o.s.; '**~hilfe** *f* (-; *no pl*) self-help; '**~hilfegruppe** *f* self-help group; '**~kostenpreis** *m econ.*: ***zum*** ~ at cost (price); '**&kritisch** *adj* self-critical; '**&los** *adj* unselfish; '**~mord** *m* suicide; '**~mörder** *m* suicide; '**&mörderisch** *adj* suicidal; *Geschwindigkeit etc*: *a.* breakneck; '**&sicher** *adj* self-confident, self-assured; '**~sicherheit** *f* (-; *no pl*) self-confidence; '**~täuschung** *f* self-deception; '**~verpfleger** *m* (-s; -) self-caterer; '**~verpflegung** *f* (-; *no pl*) self-catering; '**~versorger** *m* (-s; -) self-supporter; '**~versorgung** *f* self-support; '**&verständlich 1.** *adj* natural: ***das ist*** ~ that's a matter of course; **2.** *adv* of course, naturally; '**~verständlichkeit** *f* (-; -en) matter of course; '**~verteidigung** *f* self-defen|ce (*Am.* -se); '**~vertrauen** *n* self-confidence; '**~verwaltung** *f* self-government, autonomy; '**&zufrieden** *adj* self-satisfied.
selig ['ze:lɪç] *adj eccl.* blessed; *verstorben*: late; *fig.* overjoyed.
Sellerie ['zɛləri] *m* (-s; -[s]), *f* (-; -) *bot.* celeriac; *Stauden&*: celery.
selten ['zɛltən] **1.** *adj* rare: ~ ***sein*** be rare (*od.* scarce); **2.** *adv* rarely, seldom.
Selters ['zɛltərs] *n* (-; *no pl*), '**~wasser** *n* (-s; ⸚) mineral water, *Am. a.* seltzer.
seltsam ['zɛltza:m] *adj* strange, odd.
Semester [ze'mɛstər] *n* (-s; -) *univ.* semester; **~ferien** *pl* vacation *sg.*
Seminar [zemi'na:r] *n* (-s; -e) *univ.* seminar; *Priester&*: seminary.
Semmel ['zɛməl] *f* (-; -n) roll.
Senat [ze'na:t] *m* (-[e]s; -e) senate; **~or** [~ɔr] *m* (-s; -en) senator.
senden¹ ['zɛndən] *v/t* (sandte, gesandt, h) send.
send|en² [~] *v/t* (h) *Funk*: transmit; *Rundfunk, TV*: *a.* broadcast; '**&er** *m* (-s; -) radio (*od.* television) station; *tech. Anlage*: transmitter; '**&eschluß** *m* (-sses; *no pl*) closedown, sign-off; '**&ung** *f* (-; -en) broadcast, program(me); *TV a.* telecast; *Waren&*: consignment, shipment: ***auf*** ~ ***sein*** be on the air.
Senf [zɛnf] *m* (-[e]s; -e) mustard.
senil [ze'ni:l] *adj* senile; **&ität** [~ili'tɛ:t] *f* (-; *no pl*) senility.
Senior|chef ['ze:nĭɔr~] *m econ.* head of the dynasty, father of the firm; **~en** [ze'nĭo:rən] *pl* senior citizens *pl*; **~enheim** retirement home.
senk|en ['zɛnkən] (h) **1.** *v/t* lower (*a. Stimme*); *Kopf*: *a.* bow; *Kosten, Preise etc*: *a.* reduce, cut; **2.** *v/refl* drop, go (*od.* come) down; '**~recht 1.** *adj* vertical; **2.** *adv*: ~ ***nach oben*** (***unten***) straight up (down); '**&ung** *f* (-; *no pl*) lowering, reduction.
Sensation [zɛnza'tsĭo:n] *f* (-; -en) sensa-

S

tion; **2ell** [~o'nɛl] *adj*, **~s...** *in Zssgn* sensational (...); **~smache** *f* (-; *no pl*) *contp.* sensationalism.

sensib|el [zɛn'ziːbəl] *adj* sensitive; **~ilisieren** [~ibili'ziːrən] *v/t* (*no* ge-, h) sensitize (**für** to); **2ilität** [~ibili'tɛːt] *f* (-; *no pl*) sensitiveness.

sentimental [zɛntimɛn'taːl] *adj* sentimental; **2ität** [~ali'tɛt] *f* (-; -en) sentimentality.

Separatismus [zepara'tɪsmʊs] *m* (-; *no pl*) *pol.* separatism.

September [zɛp'tɛmbər] *m* (-[s; -) September: **im ~** in September.

Serie ['zeːrĭə] *f* (-; -n) series; *TV etc a.* serial; *Satz*: set: **in ~** *bauen etc*: in series; **'2nmäßig** *adj* series(-produced); *Ausstattung etc*: standard; **'~nnummer** *f* serial number; **'~nwagen** *m mot.* standard-type car.

seriös [ze'rĭøːs] *adj* respectable; *ehrlich*: honest; *Zeitung*: quality.

Serum ['zeːrʊm] *n* (-s; -ren) serum.

Service¹ [zɛr'viːs] *n* (-; - [~'viːsə]) set, service.

Service² ['sœrvɪs] *m, a. n* (-; *no pl*) *Bedienung*: service, *Kundendienst*: after-sales service.

servier|en [zɛr'viːrən] *v/t u. v/i* (*no* ge-, h) serve; **2erin** *f* (-; -nen) waitress; **2wagen** *m* trolley.

Serviette [zɛr'vĭɛtə] *f* (-; -n) napkin.

Servo|bremse ['zɛrvo~] *f mot.* servo (*od.* power) brake; **'~lenkung** *f mot.* servo(-assisted) (*od.* power) steering.

Sessel ['zɛsəl] *m* (-s; -) armchair, easy chair; **'~lift** *m* chair lift.

seßhaft ['zɛshaft] *adj*: **~ werden** settle (down).

Set [sɛt] *n, m* (-[s]; -s) *Platzdeckchen*: place mat.

setzen ['zɛtsən] (h) **1.** *v/t* put, place; *j-n*: *a.* sit; **2.** *v/i*: **~ über** (*acc*) jump over; *Fluß*: cross; **~ auf** (*acc*) *wetten*: bet on, back; **3.** *v/refl* sit down; *chem. etc* settle: **sich ~ auf** (*acc*) *Pferd, Rad etc*: get on, mount; **sich ~ in** (*acc*) *Auto etc*: get into; **sich zu j-m ~** sit beside (*od.* with) s.o.; **~ Sie sich, bitte!** take (*od.* have) a seat, please.

Seuche ['zɔʏçə] *f* (-; -n) *med.* epidemic; **'~ngefahr** *f* danger of an epidemic.

seufze|n ['zɔʏftsən] *v/i* (h) sigh; **'2r** *m* (-s; -) sigh.

Sex [zɛks, sɛks] *m* (-[es]; *no pl*) sex.

Sexual|leben [ze'ksŭaːl~] *n* sex life; **~verbrechen** *n* sex(ual) crime.

sexuell [zɛ'ksŭɛl] *adj* sexual.

sexy ['zɛksi, 'sɛksi] *adj* sexy.

Show [ʃoː] *f* (-; -s) *TV etc* show.

sich [zɪç] *refl pron* oneself; *sg* himself, herself, itself; *pl* themselves; *sg* yourself, *pl* yourselves: **~ *ansehen*** *im Spiegel etc*: look at o.s.

sicher ['zɪçər] **1.** *adj* safe (***vor*** *dat* from), secure (from); *bsd. tech.* proof (***gegen*** against); *in Zssgn* ...proof; *gewiß, überzeugt*: certain, sure; *zuverlässig*: reliable: (***sich***) **~ *sein*** be sure (***e-r Sache*** of s.th.; ***daß*** that); **2.** *adv fahren etc*: safely; *natürlich*: of course, *bsd. Am. a.* sure(ly); *gewiß*: certainly; *wahrscheinlich*: probably: ***du hast*** (***bist***) **~ ...** you must have (be) ...

'Sicherheit *f* (-; -en) security (*a. mil., pol., econ.*); *bsd. körperliche*: safety (*a. tech.*); *Gewißheit*: certainty; *Können*: skill: (***sich***) ***in ~ bringen*** get to safety; **'~sglas** *n* (-es; *no pl*) safety glass; **'~sgurt** *m aer., mot.* seat (*od.* safety) belt; **'~snadel** *f* safety pin; **'~srisiko** *n* security risk; **'~sschloß** *n* safety lock.

'sicher|lich *adv* → ***sicher*** 2; **'~n** (h) **1.** *v/t* secure (*a. mil., tech.*); *schützen*: protect, safeguard; **2.** *v/refl* secure o.s. (***gegen, vor*** *dat* against, from); **'~stellen** *v/t* (*sep*, -ge-, h) *garantieren*: guarantee; *beschlagnahmen*: seize; **'2ung** *f* (-; -en) securing; safeguard(ing); *tech.* safety device, *electr.* fuse.

Sicht [zɪçt] *f* (-; *no pl*) visibility; *Aus2*: view (***auf*** *acc* of): ***in ~ kommen*** come into sight (*od.* view); ***auf lange ~*** in the long run; **'2bar** *adj* visible; **'2en** *v/t* (h) sight; *fig.* sort (through *od.* out); **'2lich** *adv* visibly; **'~weite** *f*: ***in*** (***außer***) **~** within (out of) sight.

sickern ['zɪkərn] *v/i* (sn) trickle, seep.

sie [ziː] *pers pron* she; *Sache*: it; *pl* they; ***Sie*** *sg u. pl* you.

Sieb [ziːp] *n* (-[e]s; -e) sieve; *Tee2 etc*: strainer.

sieben¹ ['ziːbən] *v/t* (h) sieve, sift; *fig.* weed out.

sieben² [~] *adj* seven.

sieb|te ['ziːptə] *adj* seventh; **'2tel** *n* (-s; -) seventh (part); **'~zehn** *adj* seventeen; **'~zig** *adj* seventy.

siedeln ['zi:dəln] *v/i* (h) settle.

siede|n ['zi:dən] *v/t u. v/i* (h) boil, simmer: ***~d heiß*** boiling hot; '**ᴥpunkt** *m* (-[e]s; *no pl*) boiling point (*a. fig.*).

Siedl|er ['zi:dlər] *m* (-s; -) settler; '**~ung** *f* (-; -en) settlement; *Wohn*ᴥ: housing estate.

Sieg [zi:k] *m* (-[e]s; -e) victory; *Sport etc*: *a.* win.

Siegel ['zi:gəl] *n* (-s; -) seal (*a. fig.*); *privates*: signet; '**~lack** *m* sealing wax; 'ᴥ**n** *v/t* (h) seal; '**~ring** *m* signet ring.

sieg|en ['zi:gən] *v/i* (h) win; 'ᴥ**er** *m* (-s; -) winner; **~reich** ['zi:k~] *adj* victorious; *Sport etc*: *a.* winning.

Signal [zi'gna:l] *n* (-[e]s; -e) signal; ᴥ**isieren** [~ali'zi:rən] *v/t* (*no* ge-, h) signal.

signieren [zi'gni:rən] *v/t* (*no* ge-, h) sign.

Silber ['zılbər] *n* (-s; *no pl*) silver; '**ᴥgrau** *adj* silver-grey (*Am.* -gray); '**~hochzeit** *f* silver wedding; '**~me,daille** *f* silver medal; '**~münze** *f* silver coin; 'ᴥ**n** *adj* silver.

Silhouette [zi'lŭɛtə] *f* (-; -n) silhouette; *e-r Stadt*: *a.* skyline.

Silvester [zıl'vɛstər] *n* (-s; -) New Year's Eve.

Simul|ant [zimu'lant] *m* (-en; -en) malingerer; ᴥ**ieren** [~'li:rən] (*no* ge-., h) **1.** *v/t* sham, feign, *a. tech.* simulate; **2.** *v/i* malinger.

simultan [zimʊl'ta:n] *adj* simultaneous; ᴥ**dolmetscher** *m* simultaneous translator (*od.* interpreter).

Sinfonie [zınfo'ni:] *f* (-; -n) symphony.

singen ['zıŋən] *v/t u. v/i* (sang, gesungen, h) sing (***richtig*** [***falsch***] in [out of] tune).

Single[1] ['sıŋl] *f* (-; -s) *Schallplatte*: single.

Single[2] [~] *m* (-[s]; -s) single (person).

'**Singvogel** *m* songbird.

sinken ['zıŋkən] *v/t* (sank, gesunken, sn) sink (*a. fig. Person*), go down (*a. Preise etc*); *Sonne*: *a.* set; *Preise etc*: fall, drop.

Sinn [zın] *m* (-[e]s; -e) sense (***für*** of) *Verstand etc*: mind; *Bedeutung*: sense, meaning; *e-r Sache*: point, idea: ***im ~ haben*** have in mind; ***es hat keinen ~*** (***zu warten*** *etc*) it's no use (waiting *etc*); '**~bild** *n* symbol; '**ᴥentstellend** *adj* distorting.

'**Sinnes|or,gan** *n* sense organ; '**~täuschung** *f* hallucination; '**~wandel** *m* change of heart.

'**sinn|lich** *adj die Sinne betreffend*: sensuous; *Wahrnehmung etc*: sensory; *Begierden etc*: sensual; '**ᴥlichkeit** *f* (-; *no pl*) sensuality; '**~los** *adj* senseless; *zwecklos*: useless; '**ᴥlosigkeit** *f* (-; *no pl*) senselessness; uselessness; '**~voll** *adj* meaningful; *nützlich*: useful; *vernünftig*: wise, sensible.

Sirene [zi're:nə] *f* (-; -n) siren.

Sitte ['zıtə] *f* (-; -n) custom, tradition: **~n** *pl* morals *pl*; *Benehmen*: manners *pl*.

'**sittlich** *adj* moral; *anständig*: decent; '**ᴥkeitsverbrechen** *n* sex(ual) crime.

Situation [zitŭa'tsĭo:n] *f* (-; -en) situation; *Lage*: *a.* position.

Sitz [zıts] *m* (-es; -e) seat (*a. fig.*); *e-s Kleides etc*: fit.

'**sitzen** *v/i* (saß, gesessen, h) sit; *sich befinden*: be; *stecken*: be (stuck); *passen*: fit; F *im Gefängnis*: do time: ***~ bleiben*** remain seated; '**~bleiben** *v/i* (*irr*, *sep*, -ge-, sn, → ***bleiben***) *ped.* have to repeat a year: ***~ auf*** (*dat*) be left with; '**~lassen** *v/t* (*irr*, *sep*, *pp* sitzenlassen, h, → ***lassen***) *Freundin etc*: walk out on.

'**Sitz|gelegenheit** *f* seat: ***genug ~en*** *pl* enough seating (room) *sg*; '**~ordnung** *f* seating plan; '**~platz** *m* seat.

'**Sitzung** *f* (-; -en) meeting, conference; *parl. etc* session (*a. Psychiater etc*), sitting; '**~speri,ode** *f parl.* session; '**~sproto,koll** *n* minutes *pl*; '**~ssaal** *m* conference hall.

Skala ['ska:la] *f* (-; -len, -s) scale; *fig. a* range.

Skandal [skan'da:l] *m* (-s; -e) scandal; **~blatt** *n* scandal sheet; ᴥ**ös** [~a'lø:s] *adj* scandalous, shocking; **~presse** *f* gutter press.

Skelett [ske'lɛt] *n* (-[e]s; -e) skeleton.

Skep|sis ['skɛpsıs] *f* (-; *no pl*) scepticism, *Am.* skepticism; **~tiker** ['~tiker] *m* (-s; -) sceptic, *Am.* skeptic; 'ᴥ**tisch** *adj* sceptical, *Am.* skeptical.

Ski [ʃi:] *m* (-s; -er, -) ski: ***~ laufen*** (*od.* ***fahren***) ski; '**~fahren** *n* (-s; *no pl*) skiing; '**~fahrer** *m* skier; '**~gebiet** *n* skiing area; '**~gym,nastik** *f* skiing exercises *pl*; '**~laufen** *n* (-s; *no pl*) skiing; '**~läufer** *m* skier; '**~lehrer** *m* skiing instructor; '**~lift** *m* ski lift; '**~stiefel** *m* skiing boot; '**~urlaub** *m* skiing holiday (*Am.* vacation).

Skizz|e ['skıtsə] *f* (-; -n) sketch; ᴥ**ieren**

S

[~'tsi:rən] *v/t* (*no* ge-, h) sketch; *fig.* outline.

Sklav|e ['skla:və] *m* (-n; -n) slave (*a. fig.*: *gen* to); '**~enhandel** *m* slave trade; **~e'rei** *f* (-; *no pl*) slavery; '**&isch** *adj* slavish (*a. fig.*).

Skonto ['skɔnto] *m, n* (-s; -s) *econ.* (cash) discount.

Skrupel ['skru:pəl] *m* (-s; -) scruple; '**&los** *adj* unscrupulous.

Skulptur [skʊlp'tu:r] *f* (-; -en) sculpture.

Slaw|e ['sla:və] *m* (-n; -n) Slav; '**&isch** *adj* Slav.

Slip [slɪp] *m* (-s; -s) (**ein ~** a pair of) briefs *pl*; *Damen&*: *a.* panties *pl.*

Slum [slam] *m* (-s; -s) *mst pl* slum; '**~bewohner** *m* slum dweller.

Smog [smɔk] *m* (-[s]; -s) smog; '**~a,larm** *m* smog alert.

Smoking ['smo:kɪŋ] *m* (-s; -s) dinner jacket, *Am.* tuxedo.

Snob [snɔp] *m* (-s; -s) snob; **~ismus** [sno'bɪsmʊs] *m* (-; *no pl*) snobbery; **&istisch** [sno'bɪstɪʃ] *adj* snobbish.

so [zo:] **1.** *adv* so; *auf diese Weise*; like this (*od.* that), this (*od.* that) way; *damit, dadurch*: *a.* thus; *solch*: such: **~ groß wie** as big as; **~ ein(e)** such a; **~ sehr** so (F that) much; **u. ~ weiter** and so on; **oder ~ et.** or s.th. like that; **oder ~** or so; **2.** *cj deshalb, daher*: so, therefore: **~ daß** so that; **3.** *int.*: **~!** all right!, *Am.* alright!; *fertig*: that's it!; **ach ~!** I see; **~'bald** *cj* as soon as.

Socke ['zɔkə] *f* (-; -n) sock.

Sockel ['zɔkəl] *m* (-s; -) base; *Statue etc*: pedestal.

Sodbrennen ['zo:t~] *n* (-s; *no pl*) *med.* heartburn.

so'eben *adv* just (now).

Sofa ['zo:fa] *n* (-s; -s) sofa, settee.

so'fern *cj* if, provided that: **~ nicht** unless.

so'fort *adv* at once, immediately, right away; **&bildkamera** *f phot.* instant camera.

so'gar *adv* even.

'**sogenannt** *adj* so-called.

Sohle ['zo:lə] *f* (-; -n) sole; *Tal& etc*: bottom.

Sohn [zo:n] *m* (-[e]s; ¨-e) son.

Sojabohne ['zo:ja~] *f bot.* soybean.

so'lange *cj* as long as.

So'lar|batte,rie [zo'la:r~] *f* solar battery; **~ener,gie** *f* solar energy.

Solarium [zo'la:rĭʊm] *n* (-s; -rien) solarium.

So'larzelle *f* solar cell.

solch [zɔlç] *dem pron* such, like this (*od.* that).

Sold [zɔlt] *m* (-[e]s; -e) *mil.* pay; **~at** [~'da:t] *m* (-en; -en) soldier.

solidarisch [zoli'da:rɪʃ] *adj*: **sich ~ erklären mit** declare one's solidarity with.

solide [zo'li:də] *adj haltbar*: solid; *fig. a.* sound (*a. econ*); *Preise*: reasonable; *Person*: steady.

Solist [zo'lɪst] *m* (-en; -en) soloist.

Soll [zɔl] *n* (-[s]; -[s]) *econ.* debit; *Plan&*: target, quota; **~ u. Haben** debit and credit.

sollen ['zɔlən] (sollte, h) **1.** *v/aux* (*pp* sollen) *geplant, bestimmt*: be to, *angeblich, verpflichtet*: be supposed to: (**was**) **soll ich ...?** (what) shall I ...?; **du solltest** (**nicht**) you should('nt); *stärker*: you ought('nt) to; **2.** *v/i* (*pp* gesollt): **was soll ich hier?** what am I here for?; **was soll das?** what's the idea?

'**Soll|seite** *f econ.* debit side; '**~zinsen** *pl econ.* debtor interest *sg.*

Solo ['zo:lo] *n* (-s; -s, -li) solo.

solven|t [zɔl'vɛnt] *adj* solvent; **&z** [~ts] *f* (-; -en) solvency.

Sommer ['zɔmər] *m* (-s; -) summer: **im ~** in summer; '**~anfang** *m* beginning of summer; '**~fahrplan** *m* summer timetable (*Am.* schedule); '**~ferien** *pl* summer holidays *pl* (*Am.* vacation *sg*); '**&lich** *adj* summerlike, summer(ly); '**~reifen** *m mot.* normal tyre (*Am.* tire); '**~schlußverkauf** *m* summer sales *pl*; '**~sprosse** *f* freckle; '**&sprossig** *adj* freckled; '**~zeit** *f* (-; *no pl*) summertime; *vorverlegte*: summer (*od.* daylight saving) time.

Sonder|angebot ['zɔndər~] *n* special offer; '**&bar** *adj* strange, odd; '**~fahrt** *f* excursion; '**&lich** *adv*: **nicht ~** not particularly; '**~müll** *m* toxic waste.

sondern ['zɔndərn] *cj* but: **nicht nur ..., ~ auch** not only ... but also.

'**Sonder|preis** *m* special price; '**~zug** *m* special train.

'**Sonnabend** *m* → **Samstag.**

Sonne ['zɔnə] *f* (-; -n) sun; '**&n** *v/refl* (h) sunbathe.

'Sonnen|aufgang *m* sunrise: ***bei ~*** at sunrise; **'~bad** *n*: ***ein ~ nehmen*** sunbathe; **'~blume** *f bot.* sunflower; **'~brand** *m* sunburn: ***e-n ~ haben*** have sunburn; **'~brille** *f* **(*e-e ~*** a pair of) sunglasses *pl*; **'~creme** *f* sun cream; **'~deck** *n mar.* sun deck; **'~ener,gie** *f* solar energy; **'~finsternis** *f* solar eclipse; **'~licht** *n* (-[e]s; *no pl*) sunlight: ***bei ~*** in sunlight; **'~öl** *n* suntan oil; **'~schein** *m* (-[e]s; *no pl*) sunshine; **'~schirm** *m* sunshade; *für Damen*: parasol; **'~seite** *f* sunny side (*a. fig.*); **'~stich** *m med.* sunstroke: ***e-n ~ haben*** have sunstroke; **'~strahl** *m* sunbeam; **'~untergang** *m* sunset: ***bei ~*** at sunset.

'sonnig *adj* sunny (*a. fig.*).

'Sonntag *m* Sunday: (***am***) ~ on Sunday.

'Sonntags|fahrer *m mot. contp.* Sunday driver; **'~rückfahrkarte** *f rail.* weekend ticket.

sonst [zɔnst] *adv außerdem*: else; *andernfalls*: otherwise, or (else); *normalerweise*: normally, usually: ***~ nichts*** nothing else, that's all; ***alles wie ~*** everything as usual; ***nichts*** (***alles***) ***ist wie ~*** nothing (all) is as it used to be; → ***noch***; **'~ig** *adj* other.

Sopran [zo'pra:n] *m* (-s; -e) *mus.* soprano; **~istin** [~a'nɪstɪn] (-; -nen) soprano.

Sorge ['zɔrgə] *f* (-; -n) worry; *Kummer*: sorrow; *Ärger*: trouble; *Für*ℒ: care: ***sich ~n machen*** (***um***) worry (*od.* be worried) (about); ***keine ~!*** don't worry!; **'ℒn** (h) **1.** *v/i*: ***~ für*** care for, take care of: → ***dafür*** 2; **2.** *v/refl*: ***sich ~ um*** worry (*od.* be worried) about.

Sorg|falt ['zɔrkfalt] *f* (-; *no pl*) care; **ℒfältig** ['~fɛltɪç] *adj* careful; **'ℒlos** *adj* carefree; *nachlässig*: careless; **'~losigkeit** *f* (-; *no pl*) carelessness.

Sort|e ['zɔrtə] *f* (-; -n) sort, kind; *econ. Marke*: *a.* brand; *Qualität*: quality, grade; **ℒieren** [~'ti:rən] *v/t* (*no* ge-, h) sort; *ordnen*: arrange; **~iment** [~i'mɛnt] *n* (-[e]s; -e) range (***an*** *dat* of).

Soße ['zo:sə] *f* (-; -n) sauce; *Braten*ℒ: gravy.

souverän [zuvə'rɛ:n] *adj pol.* sovereign; *fig.* superior; **ℒität** [~ɛni'tɛ:t] *f* (-; *no pl*) sovereignty; *fig.* superior style.

so|'viel 1. *cj* as far as; **2.** *adv*: ***~ wie möglich*** as much as possible; → ***doppelt***; **~'weit 1.** *cj* as far as; **2.** *adv bis jetzt od. hier*: so far: ***~ sein*** be ready; ***es ist ~*** it is time; **~'wie** *cj* as well as, and ... as well; *zeitlich*: as soon as; **~wie'so** *adv* anyway, anyhow, in any case.

Sowjet [zɔ'vjɛt] *m* (-s; -s) *hist.* Soviet; **ℒisch** *adj hist.* Soviet.

so'wohl *cj*: ***~ Lehrer als*** (***auch***) ***Schüler*** both teachers and pupils.

sozial [zo'tsi̯a:l] *adj* social; **ℒabgaben** *pl* social security contributions *pl*; **ℒarbeiter** *m* social worker; **~demo,kratisch** *adj* social democratic; **ℒhilfe** *f* income support: ***von der ~ leben*** be on social security (*Am.* welfare); **~isieren** [~ali'zi:rən] *v/t* (*no* ge-, h) *Betrieb etc*: nationalize; **ℒismus** [~a'lɪsmʊs] *m* (-; *no pl*) socialism; **ℒist** [~a'lɪst] *m* (-en; -en) socialist; **~istisch** [~a'lɪstɪʃ] *adj* socialist; **ℒpro,dukt** *n* (gross) national product; **ℒstaat** *m* welfare state.

Soziolog|e [zotsi̯o'lo:gə] *m* (-n; -n) sociologist; **~ie** [~o'gi:] *f* (-; *no pl*) sociology; **ℒisch** *adj* sociological.

sozu'sagen *adv* so to speak.

Spalt [ʃpalt] *m* (-[e]s; -e) crack, gap; **'~e** *f* (-; -n) → ***Spalt***; *print.* column; **'ℒen** (h) **1.** *v/t* split (*a. fig. Haare*); *Staat etc*: divide; **2.** *v/refl* split (up); **'~ung** *f* (-; -en) splitting; *phys.* fission; *fig.* split; *Staat etc*: division.

Span [ʃpa:n] *m* (-[e]s; ¨e) chip; *tech. pl* shavings *pl*.

Spange ['ʃpaŋə] *f* (-; -n) clasp; → ***Haarspange.***

Spani|er ['ʃpa:ni̯ər] *m* (-s; -) Spaniard; **'ℒsch** *adj* Spanish.

Spann [ʃpan] *m* (-[e]s; -e) instep; **'~e** *f* (-; -n) span; *econ.* margin; **'ℒen** (h) **1.** *v/t* stretch, tighten; *Leine etc*: put up; *Gewehr*: cock; *Bogen*: draw, bend; **2.** *v/i* be (too) tight; **'ℒend** *adj* exciting, thrilling, gripping; **'~ung** *f* (-; -en) tension (*a. tech., pol., psych.*); *electr.* voltage; *fig.* suspense, excitement.

Spar|buch ['ʃpa:r~] *n* savings book; **'~büchse** *f* money box; **'ℒen** (h) **1.** *v/t* save; **2.** *v/i* save; *sich einschränken*: economize: ***~ für*** (*od.* ***auf*** *acc*) save up for; **'~er** *m* (-s; -) saver.

Spargel ['ʃpargəl] *m* (-s;-) *bot.* asparagus.

'Spar|kasse *f* savings bank; **'~konto** *n* savings account.

S

spärlich ['ʃpɛːrlɪç] *adj* sparse, scant; *Lohn, Wissen etc*: scanty; *Besuch etc*: poor.

'sparsam 1. *adj* economical (***mit*** of); **2.** *adv*: ***~ leben*** lead a frugal life; ***~ umgehen mit*** use sparingly; **'≈keit** *f* (-; *no pl*) economy.

'Spar|schwein *n* piggy bank; **'~zins** *m econ.* interest on savings.

Spaß [ʃpaːs] *m* (-es; ¨e) fun; *Scherz*: joke: ***aus*** (***nur zum***) ***~*** (just) for fun; ***es macht viel*** (***keinen***) ***~*** it's great (no) fun; ***j-m den ~ verderben*** spoil s.o.'s fun; ***er macht nur*** (***keinen***) ***~*** he is only (not) joking (F kidding); ***keinen ~ verstehen*** have no sense of humo(u)r; **'≈en** *v/i* (h) joke; **'≈ig** *adj* funny.

Spasti|ker ['ʃpastɪkər] *m* (-s; -) *med.* spastic; **'≈sch** *adj* spastic.

spät [ʃpɛːt] *adj u. adv* late; ***am ~en Nachmittag*** late in the afternoon; ***wie ~ ist es?*** what time is it?; ***von früh bis ~*** from morning till night; (***fünf Minuten***) ***zu ~ kommen*** be (five minutes) late; ***bis ~er!*** see you (later); → ***früher*** 2.

Spaten ['ʃpaːtən] *m* (-s; -) spade.

spätestens ['ʃpɛːtəstəns] *adv* at the latest.

Spatz [ʃpats] *m* (-en, -es; -en) *zo.* sparrow.

spazieren|fahren [ʃpa'tsiːrən~] (*irr, sep*, -ge-, → ***fahren***) **1.** *v/i* (sn) go for a drive; **2.** *v/t* (h) take *s.o.* for a drive; *Baby*: take out; **~gehen** *v/i* (*irr, sep*, -ge-, sn, → ***gehen***) go for a walk.

Spa'zier|fahrt *f* drive, ride; **~gang** *m* walk: ***e-n ~ machen*** go for a walk; **~gänger** [~gɛŋər] *m* (-s; -) walker; **~weg** *m* walk.

Specht [ʃpɛçt] *m* (-[e]s; -e) *zo.* woodpecker.

Speck [ʃpɛk] *m* (-[e]s; -e) fat; *Frühstücks≈*: bacon; **'≈ig** *adj schmierig*: greasy.

Spedit|eur [ʃpedi'tøːr] *m* (-s; -e) forwarding agent; *Möbel≈*: remover; **~ion** [~'tsi̯oːn] *f* (-; -en) forwarding agency; removal (*Am.* moving) firm.

Speiche ['ʃpaɪçə] *f* (-; -n) spoke.

Speichel ['ʃpaɪçəl] *m* (-s; *no pl*) *physiol.* spittle, saliva.

Speicher ['ʃpaɪçər] *m* (-s; -) storehouse; *Wasser≈*: tank, reservoir; *Dachboden*: attic; *Computer*: memory, store; **'~kapazi,tät** *f Computer*: memory capacity; **'≈n** *v/t* (h) store (up).

Speise ['ʃpaɪzə] *f* (-; -n) food; *Gericht*: dish; **'~eis** *n* ice cream; **'~kammer** *f* larder, pantry; **'~karte** *f* menu; **'≈n** (h) **1.** *v/i* dine; **2.** *v/t* feed (*a. electr. etc*); **'~röhre** *f anat.* gullet, (o)esophagus; **'~saal** *m* dining hall; **'~wagen** *m rail.* dining car, *bsd. Br.* restaurant car, *bsd. Am.* diner.

Spekul|ant [ʃpeku'lant] *m* (-en; -en) speculator; **~ation** [~'tsi̯oːn] *f* (-; -en) speculation; *econ. a.* venture; **≈ieren** [~'liːrən] *v/i* (*no* ge-, h) speculate (***auf*** *acc* on; ***mit*** in).

Spende ['ʃpɛndə] *f* (-; -n) donation; *Beitrag*: contribution; **'≈n** *v/t* (h) *Geld etc*: give (*a. Schatten etc*), donate (*a. Blut etc*); **'~nkonto** *n* donation account; **'~r** *m* (-s; -) **donator**; *Blut≈ etc.* donor.

spendieren [ʃpɛn'diːrən] *v/t* (*no* ge-, h): ***j-m et. ~*** treat s.o. to s.th.

Spengler ['ʃpɛŋlər] *m* (-s; -) plumber.

Sperr|e ['ʃpɛrə] *f* (-; -n) *Schranke*: barrier; *Straßen≈*: road block; *Barrikade*: barricade; *tech.* lock; *econ.* embargo; *psych.* mental block; **'≈en** *v/t* (h) *Straße*: block, *amtlich*: close (***für den Verkehr*** to traffic); *Gas, Telefon etc*: cut off; *Konto*: block; *Scheck*: stop: ***~ in*** (*acc*) lock (up) in; **'~holz** *n* (-es; *no pl*) plywood; **'~konto** *n* blocked account; **'~müll** *m* bulk(y) rubbish; **'~müllabfuhr** *f* removal of bulk refuse.

Spesen ['ʃpeːzən] *pl* expenses *pl*; **'~konto** *n* expense account.

Spezial|ausbildung [ʃpe'tsi̯aːl~] *f* special(ized) training; **~gebiet** *n* special field; **~geschäft** *n* specialist shop (*Am.* store); **≈isieren** [~ali'ziːrən] *v/refl* (*no* ge-, h) specialize (***auf*** *acc* in); **~ist** [~a'lɪst] *m* (-en; -en) specialist; **~ität** [~ali'tɛːt] *f* (-; -en) *bsd. Br.* speciality, *Am.* specialty; **~i'tätenrestau,rant** *n* special(i)ty restaurant.

speziell [ʃpe'tsi̯ɛl] *adj* specific, particular.

Spiegel ['ʃpiːgəl] *m* (-s; -) mirror (*a. fig.*); **'~bild** *n* mirror image; *fig.* reflection; **'~ei** *n gastr.* fried egg; **'≈glatt** *adj Wasser etc*: glassy; *Straße*: icy; **'≈n** (h) **1.** *v/i blenden*: reflect the light; **2.** *v/t* reflect (*a. fig.*); **3.** *v/refl* be reflected (*a. fig.*);

S

'**~ung** *f* (-; -en) reflection; *Luft*≗: mirage.

Spiel [ʃpi:l] *n* (-[e]s; -e) game; *Wett*≗: *a.* match; *das ~en*, *~weise*: play (*a. thea. etc*); *Glücks*≗: gambling; *fig.* game, gamble: ***auf dem ~ stehen*** be at stake; ***aufs ~ setzen*** risk; '**~bank** *f* (-; -en) (gambling) casino; '**≗en** *v/i u. v/t* (h) play (*a. fig.*) (**um** for); *darstellen*: *a.* act; *aufführen*: perform; *Glücksspiel*: gamble; *Lotto etc*: do: ***Klavier*** *etc* **~** play the piano *etc*; '**≗end** *adv fig.* easily; '**~er** *m* (-s; -) player; *Glücks*≗: gambler; '**~film** *m* feature film; '**~halle** *f* amusement arcade; '**~kame͵rad** *m* playmate; '**~karte** *f* playing card; '**~ka͵sino** *n* (gambling) casino; '**~marke** *f* counter, chip; '**~plan** *m thea. etc* program(me); '**~platz** *m* playground; '**~raum** *m fig.* scope; '**~regel** *f* rule (of the game); '**~sachen** *pl* toys *pl*; '**~schuld** *f* gambling debt; '**~stand** *m* score; '**~verderber** *m* (-s; -) spoilsport; '**~waren** *pl* toys *pl*; '**~zeit** *f thea.*, *Sport*: season; *Dauer*: playing (*Film*: running) time; '**~zeug** *n* toy(s *pl*); '**~zeug...** *in Zssgn Pistole etc*: toy ...

Spieß [ʃpi:s] *m* (-es; -e) *Brat*≗: spit; *Fleisch*≗: skewer; '**~er** *m* (-s; -) *contp.* petty bourgeois, philistine; '**≗ig** *adj contp.* petty bourgeois, philistine.

Spinat [ʃpi'na:t] *m* (-[e]s; -e) *bot.* spinach.

Spind [ʃpɪnt] *m*, *n* (-[e]s; -e) locker.

Spinn|e ['ʃpɪnə] *f* (-; -n) spider; '**≗en** (spann, gesponnen, h) **1.** *v/t* spin (*a. fig.*); **2.** *v/i* F *fig.* be nuts; *Unsinn reden*: talk rubbish; '**~er** *m* (-s; -) F *fig.* crackpot; '**~webe** *f* (-; -n) cobweb.

Spion [ʃpi'o:n] *m* (-s; -e) spy; **~age** [~o'na:ʒə] *f* (-; *no pl*) espionage; **~agering** *m* spy ring; **≗ieren** [~o'ni:rən] *v/i* (*no* ge-, h) spy; F *schnüffeln*: snoop around.

S

Spiral|e [ʃpi'ra:lə] *f* (-; -n) spiral; **≗förmig** *adj* spiral.

Spirituosen [ʃpiri'tŭo:zən] *pl* spirits *pl.*

Spiritus ['ʃpi:ritʊs] *m* (-; -se) spirit.

spitz [ʃpɪts] *adj* pointed (*a. fig.*); *Winkel*: acute: ***~e Zunge*** sharp tongue; '**≗bogen** *m* pointed arch; '**≗e** *f* (-; -n) point; *Nasen*≗, *Finger*≗: tip; *Turm*≗: spire; *Baum*≗, *Berg*≗: top; *Pfeil*≗, *Unternehmens*≗: head; *Gewebe*: lace: F ***~ sein*** be super; '**≗el** *m* (-s; -) informer, stool pigeon; '**~en** *v/t* (h) *Bleistift*: sharpen; *Lippen*: purse; *Ohren*: prick up.

'**Spitzen...** *Höchst...*, *Best... etc in Zssgn* top ...

'**Spitzer** *m* (-s; -) (pencil) sharpener.

'**Spitzname** *m* nickname.

Splitter ['ʃplɪtər] *m* (-s; -) splinter; '**≗n** *v/i* (h) splinter; '**≗nackt** *adj* F stark naked.

spons|ern ['ʃpɔnzərn] *v/t* (h) sponsor; **≗or** ['~ɔr] *m* (-s; -en) sponsor.

spontan [ʃpɔn'ta:n] *adj* spontaneous.

Sport [ʃpɔrt] *m* (-[e]s; *no pl*) sport(s *pl coll.*): ***~ treiben*** go in for sports; '**~geschäft** *n* sports shop (*Am.* store); '**~kleidung** *f* sportswear; '**~ler** *m* (-s; -) sportsman, athlete; '**~lerin** *f* (-; -nen) sportswoman, athlete; '**≗lich** *adj Aussehen*: athletic; *Kleidung*: casual: ***sehr ~ sein*** do a lot of sports; '**~platz** *m* sports field; '**~verein** *m* sports club; '**~wagen** *m mot.* sports car; *Kinderwagen*: *Br.* pushcar, *Am.* stroller.

Spott [ʃpɔt] *m* (-[e]s; *no pl*) mockery; *verächtlicher*: scorn; '**≗billig** *adj* F dirt cheap; '**≗en** *v/i* (h) mock (***über*** *acc at*); *sich lustig machen*: make fun (of).

Spött|er ['ʃpœtər] *m* (-s; -) mocker; '**≗isch** *adj* mocking; *verächtlich*: derisive.

'**Spottpreis** *m*: ***für e-n ~*** dirt cheap.

Sprach|e ['ʃpra:xə] *f* (-; -n) language (*a. fig.*); *das Sprechen*, *Sprechweise*: speech: ***zur ~ kommen*** (***bringen***) come (bring *s.th.*) up; '**~enschule** *f* language school; '**~fehler** *m med.* speech defect; '**~kurs** *m* language course; '**≗los** *adj* speechless; '**~reise** *f* language tour; '**~unterricht** *m* language teaching: ***englischer ~*** English lessons *pl.*

Spray [ʃpre:] *m*, *n* (-s; -s) spray.

sprech|en ['ʃprɛçən] *v/i u. v/t* (sprach, gesprochen, h) speak; *reden*, *sich unterhalten*: talk (*beide*: ***mit*** to, with; ***über*** *acc*, ***von*** about): ***nicht zu ~ sein*** be busy; '**≗er** *m* (-s; -) speaker; *Ansager*: announcer; *Wortführer*: spokesman (*gen* for); '**≗stunde** *f* office hours *pl*; *med.* consulting (*Am.* office) hours *pl*; '**≗stundenhilfe** *f* doctor's assistant; *Empfang*: receptionist; '**≗zimmer** *n* consulting room, *Am. a.* office.

spreizen ['ʃpraɪtsən] *v/t* (h) spread.

spreng|en ['ʃprɛŋən] *v/t* (h) (*a.* ***in die Luft ~***) blow up; *Fels*: blast; *Wasser*:

sprinkle; *Rasen*: water; *Versammlung*: break up; '**2kopf** *m mil.* warhead; '**2stoff** *m* explosive; '**2ung** *f* (-; -en) blowing up; blasting.

Sprich|wort ['ʃprɪç~] *n* (-[e]s; ⸚er) proverb, saying; '**2wörtlich** *adj* proverbial (*a. fig.*).

sprießen ['ʃpri:sən] *v/i* (sproß, gesprossen, sn) shoot (up).

Spring|brunnen ['ʃprɪŋ~] *m* fountain; '**2en** *v/i* (sprang, gesprungen, sn) jump, leap; *Ball etc*: bounce; *Glas etc*: crack; *zer~*: break; *platzen*: burst: ***in die Höhe*** (***zur Seite***) **~** jump up (out of the way); '**~er** *m* (-s; -) *Schach*: knight; '**~flut** *f* spring tide.

Sprit [ʃprɪt] *m* (-[e]s; -e) F *Benzin*: juice.

Spritz|e ['ʃprɪtsə] *f* (-; -n) *med.* injection; *Gerät*: syringe; '**2en 1.** *v/t* (h) *versprühen*: spray (*a. Auto etc*); *Rasen etc*: water; *j-m et.*: give s.o. an injection of; ***j-n naß*** **~** splash s.o.; **2.** *v/i* (h, *bei Richtungsangabe*: sn) *Wasser etc*: splash, spray; *Blut*: spurt, *stärker*: gush (*beide*: ***aus*** from); *heißes Fett*: spray; '**~er** *m* (-s; -) splash; *Schuß*: dash; '**~pi,stole** *f tech.* spray gun; '**~tour** *f mot.* F spin: ***e-e ~ machen*** go for a spin.

Sprosse ['ʃprɔsə] *f* (-; -n) rung.

Spruch [ʃprʊx] *m* (-[e]s; ⸚e) saying; *Entscheidung*: decision; '**~band** *n* (-[e]s; ⸚er) banner.

Sprüh|dose ['ʃpry:~] *f* spray can; '**2en** (h) **1.** *v/t* spray, sprinkle; **2.** *v/i Funken*: fly (*bei Richtungsangabe*: sn): **~ *vor*** (*dat*) *Augen*: flash with; '**~regen** *m* drizzle.

Sprung [ʃprʊŋ] *m* (-[e]s; ⸚e) jump, leap; *Riß*: crack.

Spucke ['ʃpʊkə] *f* (-; *no pl*) F spit(tle); '**2n** (h) **1.** *v/i* spit; F *sich übergeben*: throw up; **2.** *v/t Blut etc*: spit.

Spuk [ʃpu:k] (-[e]s; -e) apparition; *fig.* nightmare; '**2en** *v/i* (h): **~ *in*** (*dat*) haunt; ***hier spukt es*** this place is haunted.

Spule ['ʃpu:lə] *f* (-; -n) spool, reel; *electr.* coil.

spül|en ['ʃpy:lən] *v/t u. v/i* (h) *aus~*: rinse; *Toilette*: flush: (**Geschirr**) **~** wash up, do the washing up; '**2ma,schine** *f* dishwasher.

Spur [ʃpu:r] *f* (-; -en) *Blut2 etc*: trail; *Fuß2en*, *Wagen2en*: track(s *pl*); *Abdruck*: print; *Fahr2*: lane; *Tonband2*: track; *fig.* trace: ***j-m auf der ~ sein*** be on s.o.'s trail.

spüren ['ʃpy:rən] *v/t* (h) *allg.* feel; *instinktiv*: *a.* sense; *wahrnehmen*: notice.

'**spurlos** *adv* without leaving a trace.

Staat [ʃta:t] *m* (-[e]s; -en) state; *Regierung*: government; '**~enbund** *m* confederacy, confederation; '**2enlos** *adj* stateless; '**2lich 1.** *adj* state; *Einrichtung*: *a.* public, national; **2.** *adv*: **~ *geprüft*** qualified, registered.

'**Staats|angehörige** *m, f* national, citizen, *bsd. Br.* subject; '**~angehörigkeit** *f* (-; -en) nationality; '**~anwalt** *m jur.* public prosecutor, *Am. mst* district attorney; '**~besuch** *m* state visit; '**~bürger** *m* citizen; '**~dienst** *m* civil (*Am. a.* public) service; '**2eigen** *adj* state-owned; '**~feiertag** *m* national holiday; '**~feind** *m* public enemy; '**2feindlich** *adj* subversive; '**~haushalt** *m* (national) budget; '**~kasse** *f* (public) treasury; '**~mann** *m* statesman; '**~oberhaupt** *n* head of state; '**~sekre,tär** *m* (*Br.* permanent) undersecretary; '**~streich** *m* coup (d'état); '**~vertrag** *m* treaty.

Stab [ʃta:p] *m* (-[e]s; ⸚e) staff (*a. fig.*); *Metall2*, *Holz2*: bar; *Staffel2*, *Dirigenten2*: baton.

Stäbchen ['ʃtɛ:pçən] *pl Eß2*: chopsticks *pl.*

stabil [ʃta'bi:l] *adj* stable (*a. econ.*, *pol.*); *robust*: solid, strong; *gesund*: sound; **~isieren** [~ili'zi:rən] *v/t* (*no* ge-, h) stabilize; **2ität** [~ili'tɛ:t] *f* (-; *no pl*) stability; **2i'tätspoli,tik** *f* policy of stability.

Stachel ['ʃtaxəl] *m* (-s; -n) *bot.*, *zo.* spine, prick; *Insekt*: sting; '**~beere** *f bot.* gooseberry; '**~draht** *m* barbed wire; '**2ig** *adj* prickly.

Stadion ['ʃta:dĭɔn] *n* (-s; -dien) stadium.

Stadium ['ʃta:dĭʊm] *n* (-s; -dien) stage, phase.

Stadt [ʃtat] *f* (-; ⸚e) town; *bsd. Groß2*: city: ***die ~ Berlin*** the city of Berlin; ***in der ~*** in town; ***in die ~ gehen*** (*od.* ***fahren***) go to town, *Am. a.* go downtown; '**~autobahn** *f* urban motorway (*Am.* expressway); '**~bild** *n* townscape, cityscape; '**~bummel** *m* stroll through town: ***e-n ~ machen*** go for a stroll through town.

Städte|bau ['ʃtɛ:tə~] *m* (-[e]s; *no pl*) ur-

S

ban development; '**~partnerschaft** *f* twinning; '**~r** *m* (-s; -) city dweller.

'**Stadt|gebiet** *n* urban area; '**~gespräch** *n*: *fig.* ***~ sein*** be the talk of the town.

städtisch ['ʃtɛːtɪʃ] *adj* urban, town, city; *pol.* municipal.

'**Stadt|mitte** *f* → ***Innenstadt***; '**~plan** *m* city map; '**~rand** *m* outskirts *pl*: ***am ~*** on the outskirts; '**~rat** *m* town council; *Person*: *bsd. Br.* town councillor, *Am.* city councilor; '**~rundfahrt** *f* city sightseeing tour; '**~teil** *m*, '**~viertel** *n* quarter; '**~zentrum** *n* → ***Innenstadt.***

Staffel ['ʃtafəl] *f* (-; -n) relay race (*od.* team); *aer. mil.* squadron; '**⁀n** *v/t* (h) *Steuern etc*: grade; *Arbeitszeit etc*: stagger.

Stagn|ation [ʃtagna'tsi̯oːn] *f* (-; -en) stagnation; **⁀ieren** [~'niːrən] *v/i* (*no* ge-, h) stagnate.

Stahl [ʃtaːl] *m* (-[e]s; ⸚e) steel; '**~kammer** *f* strongroom; '**~rohrmöbel** *pl* tubular steel furniture *sg*.

Stall [ʃtal] *m* (-[e]s; ⸚e) *Pferde⁀*: stable; *Kuh⁀*: (cow)shed; *Schweine⁀*: (pig)sty.

Stamm [ʃtam] *m* (-[e]s; ⸚e) *Baum⁀*: trunk; *Volks⁀*: tribe; *Geschlecht*: stock; *fig. Kern e-r Firma, Mannschaft etc*: regulars *pl*; '**~aktie** *f econ. Br.* ordinary share, *Am.* common stock; '**~aktio,när** *m econ. Br.* ordinary shareholder, *Am.* common stockholder; '**~baum** *m* family tree; *zo.* pedigree; '**⁀eln** *v/t* (h) stammer (out); '**⁀en** *v/i* (h): ***~ aus*** (***von***) *allg.* come from; *zeitlich*: date from; ***~ von*** *Künstler etc*: be by; '**~gast** *m* regular (guest); '**~haus** *n econ.* parent firm; '**~kapi,tal** *n econ. Br.* share capital, *Am.* capital stock; '**~kneipe** *f* favo(u)rite haunt, *Br. a.* local; '**~kunde** *m* regular customer; '**~lo,kal** *n* → ***Stammkneipe.***

Stand [ʃtant] *m* (-[e]s; ⸚e) *Halt*: footing, foothold; *~platz*: stand; *Verkaufs⁀*: stand, stall; *ast.* position; *Wasser⁀ etc*: height, level; *des Thermometers*: reading; *fig. Niveau, Höhe*: level; *soziale Stellung*: social standing, status; *Klasse*: class; *Beruf*: profession; *Sport*: score; *Lage*: state; *Zustand*: *a.* condition: ***aus dem ~*** from a standing position; ***auf den neuesten ~ bringen*** bring up to date; ***e-n schweren ~ haben*** have a hard time (of it).

Standard ['ʃtandart] *m* (-s; -s) standard.

'**Standbild** *n* statue; *Video*: still frame.

Ständer ['ʃtɛndər] *m* (-s; -) *Kleider⁀ etc*: stand; *Zeitungs⁀ etc*: rack.

Standes|amt ['ʃtandəs~] *n Br.* registry office, *Am.* marriage license bureau; '**⁀amtlich** *adj*: ***~e Trauung*** civil wedding; '**~beamte** *m Br.* registrar, *Am.* civil magistrate.

'**Standfoto** *n* still.

'**standhaft** *adj* steadfast, firm: ***~ bleiben*** resist temptation; '**⁀igkeit** *f* (-; *no pl*) steadfastness, firmness.

ständig ['ʃtɛndɪç] *adj* constant; *Adresse etc*: permanent; *Einkommen*: fixed.

'**Stand|licht** *n mot.* parking light; '**~ort** *m* position; *Betrieb etc*: location; '**~platz** *m* stand; '**~punkt** *m fig.* (point of) view, standpoint; '**~spur** *f mot.* (*Br.* hard) shoulder; '**~uhr** *f* grandfather clock.

Stange ['ʃtaŋə] *f* (-; -n) pole; *Fahnen⁀*: *a.* staff; *Metall⁀*: rod, bar; *Zigaretten*: carton.

Stanniol [ʃta'ni̯oːl] *n* (-s; -e) tin foil.

Stapel ['ʃtaːpəl] *m* (-s; -) pile, stack; *Haufen*: heap: ***vom ~ lassen*** *mar.* launch (*a. fig.*); ***vom ~ laufen*** *mar.* be launched; '**~lauf** *m mar.* launch; '**⁀n** *v/t* (h) pile (up), stack.

stapfen ['ʃtapfən] *v/i* (sn) trudge, plod.

Star¹ [ʃtaːr] *m* (-[e]s; -e) *zo.* starling: ***grauer ~*** *med.* cataract.

Star² [~] *m* (-s; -s) *Film etc*: star.

stark [ʃtark] **1.** *adj* strong (*a. fig. Kaffee, Bier, Tabak etc*); *mächtig, kraftvoll*: *a.* powerful; *Raucher, Regen, Erkältung, Verkehr etc*: heavy; F *toll*: super, great; **2.** *adv*: ***~ beeindruckt*** *etc* very much (*od.* greatly) impressed *etc*; ***~ beschädigt*** *etc* badly damaged *etc.*

Stärke ['ʃtɛrkə] *f* (-; -n) strength, power; *Intensität*: intensity; *Maß*: degree; *chem.* starch; '**⁀n** (h) **1.** *v/t* strengthen (*a. fig.*); *Wäsche etc*: starch; **2.** *v/refl* take some refreshment.

'**Starkstrom** *m* (-[e]s; *no pl*) high-voltage (*od.* heavy) current.

'**Stärkung** *f* (-; -en) strengthening; *Imbiß*: refreshment; '**~smittel** *n* tonic.

starr [ʃtar] *adj* stiff; *unbeweglich*: rigid (*a. tech.*); *Gesicht etc*: *a.* frozen; *Augen*: glassy: ***~er Blick*** (fixed) stare; ***~ vor Kälte*** (***Entsetzen***) frozen (scared) stiff; '**~en** *v/i* (h) stare (***auf*** *acc* at); **~köpfig** ['~kœpfɪç] *adj* stubborn, obstinate;

S

'**2sinn** *m* (-[e]s; *no pl*) stubbornness, obstinacy.

Start [ʃtart] *m* (-[e]s; -s) start (*a. fig.*); *aer.* take-off; *Rakete*: lift-off; '**~auto,matik** *f mot.* automatic choke (control); '**~bahn** *f aer.* runway; '**2bereit** *adj* ready to start; *aer.* ready for take-off; '**2en 1.** *v/i* (sn) start (*a.* F *fig.*); *aer.* take off; *Raumfahrt*: lift off; **2.** *v/t* (h) start (*a.* F *fig.*); *e-e Rakete*: launch (*a. fig. Unternehmen etc*); '**~hilfe** *f*: ***j-m ~ geben*** *mot.* give s.o. a jump start; '**~hilfekabel** *n mot. Br.* jump leads *pl*; *Am.* jumper cables *pl*; '**~kapi,tal** *n* start-up capital.

Station [ʃta'tsĭo:n] *f* (-; -en) station; *Kranken2*: ward; **2är** [~o'nɛ:r] *adj med.*: ***~e Behandlung*** in-patient treatment; ***~er Patient*** in-patient; **2ieren** [~o'ni:rən] *v/t* (*no* ge-, h) *mil.* station; *Raketen*: deploy.

Statist [ʃta'tɪst] *m* (-en; -en) *thea., Film*: extra; **~ik** [~ɪk] *f* (-; -en) statistics *pl*; **~iker** *m* (-s; -) statistician; **2isch** *adj* statistical.

Stativ [ʃta'ti:f] *n* (-s; -e) tripod.

statt [ʃtat] *prp* instead of: ***~ dessen*** instead (*mst nachgestellt*); ***~ et. zu tun*** instead of doing s.th.

Stätte ['ʃtɛtə] *f* (-; -n) place; *e-s Unglücks etc*: scene.

'**statt|finden** *v/i* (*irr, sep*, -ge-, h, → ***finden***) take place; *geschehen*: happen; '**~lich** *adj* imposing; *Summe etc*: handsome.

Statue ['ʃta:tŭə] *f* (-; -n) statue.

Statur [ʃta'tu:r] *f* (-; -en) build, stature (*a. fig.*).

Status ['ʃta:tʊs] *m* (-; -) *sozialer*: status; '**~symbol** *n* status symbol.

Statut [ʃta'tu:t] *n* (-[e]s; -en) statute, regulation.

Stau [ʃtaʊ] *m* (-[e]s; -s, -e) *mot.* traffic jam; *Rück2*: tailback.

Staub [ʃtaʊp] *m* (-[e]s; -e, ¨e) dust: ***~ wischen*** dust; → ***aufwirbeln.***

'**Staubecken** *n* reservoir.

stauben ['ʃtaʊbən] *v/i* (h) make a lot of dust.

Staubfänger ['~fɛŋər] *m* (-s; -) dust trap.

staubig ['ʃtaʊbɪç] *adj* dusty.

'**staub|saugen** *v/i u. v/t* (*insep*, -ge-, h) vacuum, F *Br.* hoover; '**2sauger** *m* (-s; -) vacuum cleaner; F *Br.* hoover; '**2tuch** *n* (-[e]s; ¨er) duster.

Staudamm *m* dam.

stauen ['ʃtaʊən] (h) **1.** *v/t Fluß etc*: dam up; **2.** *v/refl Verkehr*: be(come) congested.

staunen ['ʃtaʊnən] *v/i* (h) be astonished (*od.* surprised) (***über*** *acc* at).

Staunen [~] *n* (-s) astonishment, amazement.

'**Stausee** *m* reservoir.

Steak [ste:k] *n* (-s; -s) *gastr.* steak.

stech|en ['ʃtɛçən] *v/i, v/t u. v/refl* (stach, gestochen, h) prick (***in den Finger*** one's finger); *Biene etc*: sting; *Mücke etc*: bite; *mit Messer etc*: stab: ***mit et. ~ in*** (*acc*) stick s.th. in(to); ***sich ~*** prick o.s.; → ***See²***; '**~end** *adj Blick*: piercing; *Schmerz*: stabbing; '**2karte** *f* clocking-in card; '**2mücke** *f* → ***Mücke***; '**2uhr** *f* time clock.

Steck|brief ['ʃtɛk~] *m jur.* "wanted" circular; '**2brieflich** *adv jur.*: ***er wird ~ gesucht*** a warrant is out against him; '**~dose** *f electr.* (wall) socket; '**2en** (h) **1.** *v/t* stick; *wohin tun*: put; *bsd. tech.* insert (***in*** *acc* into); *an~*: pin (***an*** *acc* to, on); **2.** *v/i sich befinden*: be; *festsitzen*: stick, be stuck: ***tief in Schulden ~*** be deeply in debt; '**2enbleiben** *v/i* (*irr, sep*, -ge-, sn, → ***bleiben***) get stuck (*a. fig.*); '**~enpferd** *n fig.* hobby; '**~er** *m* (-s; -) *electr.* plug; '**~nadel** *f* pin.

Steg [ʃte:k] *m* (-[e]s; -e) footbridge; *Brett*: plank.

'**Stegreif** *m*: ***aus dem ~*** off the cuff; ***aus dem ~ spielen*** *etc* improvise.

stehen ['ʃte:ən] (stand, gestanden, h) **1.** *v/i* stand; *sich befinden, sein*: be; *aufrecht ~*: stand up: ***es steht ihr*** it suits (*od.* looks well on) her; ***wie(viel) steht es?*** what's the score?; ***hier steht, daß*** it says here that; ***wo steht das?*** where does it say so (*od.* that)?; ***wie steht es mit ...?*** what about ...?; F ***~ auf*** (*acc*) be into; **2.** *v/t*: → ***Modell*** *etc*; '**~bleiben** *v/i* (*irr, sep*, -ge-, sn, → ***bleiben***) stop; *bsd. tech., Entwicklung etc*: come to a standstill; '**~lassen** *v/t* (*irr, sep*, -ge-, h, → ***lassen***) leave (*Essen etc*: untouched); *Schirm etc*: leave behind: ***alles stehen- u. liegenlassen*** drop everything; ***sich e-n Bart ~*** grow a beard.

'**Stehlampe** *f* standard (*Am.* floor) lamp.

S

stehlen ['ʃte:lən] *v/t, v/i u. (fig.) v/refl* (stahl, gestohlen, h) steal.
'Stehplatz *m thea. etc* standing ticket; *pl* standing room *sg.*
steif [ʃtaif] *adj* stiff (*a. fig.*).
steigen ['ʃtaigən] (stieg, gestiegen, sn) **1.** *v/i sich begeben*: go, step; *klettern*: climb; *hoch~, zunehmen*: rise, go up, climb (*a. aer.*): **~ in** (*acc*) (**auf** *acc*) *Fahrzeug*: get on; **~ aus** (**von**) get off (*Bett*: out of); **2.** *v/t*: ***Treppen ~*** climb stairs.
steiger|n ['ʃtaigərn] (h) **1.** *v/t* raise, increase; *verstärken*: heighten; *verbessern*: improve; **2.** *v/refl Person*: improve, get better; **'2ung** *f* (-; -en) rise, increase; heightening; improvement.
'Steigung *f* (-; -en) gradient; *Hang*: slope.
steil [ʃtail] *adj* steep (*a. fig.*); **'2hang** *m* steep slope; **'2küste** *f* steep coast; **'2wandzelt** *n* frame tent.
Stein [ʃtain] *m* (-[e]s; -e) stone (*a. bot., med.*), *Am. a.* rock; *Edel2*: (precious) stone, gem; *Brettspiel*: piece; **'~bruch** *m* quarry; **'2ern** *adj* (of) stone; *fig.* stony; **'~gut** *n* (-[e]s; -e) earthenware; **'2ig** *adj* stony; **'~kohle** *f* hard coal; **'~metz** ['~mɛts] *m* (-en; -en) stonemason; **'~pilz** *m bot.* cep; **'2reich** *adj* F filthy rich; **'~schlag** *m* falling rocks *pl.*
Stelle ['ʃtɛlə] *f* (-; -n) place; *genauere*: spot; *Punkt*: point; *Arbeits2*: job; *Behörde*: authority: ***auf der*** (***zur***) **~** on the spot; ***an erster ~ stehen*** (***kommen***) be (come) first; ***an j-s ~*** in s.o.'s place; ***ich an d-r ~*** if I were you; → ***frei*** 1.
'stellen (h) **1.** *v/t allg.* put; *Uhr, Aufgabe, Falle etc*: set; *ein, aus, leiser etc*: turn; *Frage*: ask; *zur Verfügung ~*: provide; *Verbrecher etc*: corner, hunt down: ***s-e Uhr ~ nach*** set one's watch by; **2.** *v/refl* give o.s. up, turn o.s. in: ***sich ~ gegen*** (***hinter*** *acc*) *fig.* oppose (back); ***sich schlafend*** *etc.* **~** pretend to be asleep *etc*; ***stell dich dorthin!*** (go and) stand over there.
'Stellen|angebot *n* vacancy: ***ich habe ein ~*** I have been offered a job; **'~gesuch** *n* application for a job; **'~suche** *f*: ***auf ~ sein*** be job-hunting; **'~vermittlung** *f* employment agency; **'2weise** *adv* partly, in places.
'Stellung *f* (-; -en) position; *Arbeitsplatz*: *a.* post, job: ***~ nehmen zu*** comment on, give one's opinion of; **~nahme** ['~na:mə] *f* (-; -n) comment, opinion (*beide*: **zu** on); **'2slos** *adj* unemployed, jobless.
'stellvertrete|nd *adj amtlich*: acting, deputy, vice-...; **'2r** *m* (-s; -) representative; *amtlich*: deputy.
stemmen ['ʃtɛmən] (h) **1.** *v/t Gewicht*: lift; **2.** *v/refl*: ***sich ~ gegen*** press against; *fig.* resist.
Stempel ['ʃtɛmpəl] *m* (-s; -) stamp; *Post2*: postmark; *auf Silber etc*: hallmark; **'~kissen** *n* ink pad; **'2n** *v/t* (h) stamp; *entwerten*: cancel; *Gold, Silber*: hallmark; **'~uhr** *f* time clock.
Stengel ['ʃtɛŋəl] *m* (-s; -) *bot.* stalk, stem.
Steno|gramm [ʃteno'gram] *n* (-s; -e) shorthand notes *pl*; **~graphie** [~gra'fi:] *f* (-; -n) shorthand; **2graphieren** [~gra'fi:rən] (*no* ge-, h) **1.** *v/i* write shorthand; **2.** *v/t* take down in shorthand; **~typistin** *f* [~ty'pistin] *f* (-; -nen) shorthand typist.
Steppdecke ['ʃtɛp~] *f* quilt.
sterb|en ['ʃtɛrbən] *v/i* (starb, gestorben, sn) die (***an*** *dat* of): ***im 2 liegen*** be dying; **~lich** ['ʃtɛrpliç] *adj* mortal.
Stereoanlage ['ʃte:reo~] *f* stereo (system).
steril [ʃte'ri:l] *adj* sterile; **2isation** [~riliza'tsĭo:n] *f* (-; -en) sterilization; **~isieren** [~rili'zi:rən] *v/t* (*no* ge-, h) sterilize.
Stern [ʃtɛrn] *m* (-[e]s; -e) star (*a. fig.*); **'~bild** *n ast.* constellation; *des Tierkreises*: sign of the zodiac; **~enbanner** ['~ənbanər] *n* Star-Spangled Banner, Stars and Stripes *pl*; **'~(en)himmel** *m* starry sky; **'2klar** *adj* starry; **~schnuppe** ['~ʃnupə] *f* (-; -n) shooting (*od.* falling) star.
stets [ʃte:ts] *adv* always.
Steuer[1] ['ʃtɔyər] *n* (-s; -) *mot.* (steering) wheel; *mar.* helm; *aer.* controls *pl.*
Steuer[2] [~] *f* (-; -n) tax (***auf*** *acc* on); **'~aufkommen** *n* (-s; -) tax yield; **'~befreiung** *f* tax exemption; **'~berater** *m* tax adviser; **'~erhöhung** *f* tax increase; **'~erklärung** *f* tax return; **'~ermäßigung** *f* tax allowance; **'~flucht** *f* tax evasion; **'2frei** *adj* tax-free; *Waren*: duty-free; **'~freibetrag** *m* tax-free allowance; **'~gelder** *pl* tax money *sg*, taxes *pl*; **'~hinter,ziehung** *f* (-; -en) tax eva-

S

sion; '**~karte** *f* tax card; '**~klasse** *f* tax bracket; '**~knüppel** *m aer.* control stick (*od.* lever); '**2n** *v/t* (h) *mar.* steer, navigate; *mot.* drive, steer; *aer.* navigate, pilot (*alle a. v/i*); *tech.* control; *fig.* direct, control; '**~o,ase** *f*, '**~para,dies** *n* tax haven; '**2pflichtig** *adj* taxable; *Waren*: dutiable; '**~rad** *n mar., mot.* steering wheel; '**~rückzahlung** *f* tax rebate; '**~senkung** *f* tax reduction; '**~ung** *f* (-; -en) steering (system); *electr., tech.* control (*a. fig.*); '**~vor,auszahlung** *f* advance payment of taxes; '**~zahler** *m* (-s; -) taxpayer.

Steward ['stju:ərt] *m* (-s; -s) steward; **~eß** ['~dɛs] *f* (-; -ssen) stewardess, air hostess.

Stich [ʃtɪç] *m* (-[e]s; -e) *Nadel2*: prick; *Bienen2 etc*: sting; *Mücken2*: bite; *Messer2*: stab; *Nähen*: stitch; *Kartenspiel*: trick; *Kupfer2 etc*: engraving; ***im ~ lassen*** let down; *verlassen*: abandon, desert.

Stiche'l|ei *f* (-; -en) gibe(s *pl*), dig(s *pl*); '**2n** *v/i* (h) gibe (***gegen*** at).

'**Stich|flamme** *f* jet of flame; '**2haltig** *adj* valid, sound; *unwiderlegbar*: watertight: ***nicht ~ sein*** F not hold water; '**~probe** *f* spot check; *Waren*: random sample: ***e-e ~ machen*** do (*od.* carry out) a spot check; take a random sample; '**~tag** *m* deadline; '**~wahl** *f* runoff; '**~wort** *n* (-[e]s) a) (*pl* -e) *thea.* cue: **~e** *pl Notizen*: notes *pl*; ***das Wichtigste in ~en*** an outline of the main points, b) (*pl.* ¨er) *im Lexikon etc*: headword; '**~wunde** *f* stab wound.

Stief... ['ʃti:f~] *in Zssgn Mutter etc*: step...

Stiefel ['ʃti:fəl] *m* (-s; -) boot.

Stiel [ʃti:l] *m* (-[e]s; -e) handle; *Besen2*: stick; *Glas, Pfeife, Blume etc*: stem, *bot. a.* stalk.

Stier [ʃti:r] *m* (-[e]s; -e) *zo.* bull; '**~kampf** *m* bullfight.

Stift [ʃtɪft] *m* (-[e]s; -e) pen; *Blei2*: pencil; *Farb2*: *a.* crayon; *tech.* pin; *Holz2*: peg; *Kosmetik*: stick; '**2en** *v/t* (h) *spenden*: donate; *verursachen*: cause; '**~ung** *f* (-; -en) donation; *Institution*: foundation.

Stil [ʃti:l] *m* (-[e]s; -e) style (*a. fig.*): ***in großem ~*** in (grand) style; *fig.* on a large scale.

still [ʃtɪl] *adj* quiet; silent; *bsd. unbewegt*: still: ***sei(d) ~!*** be quiet!; ***sich ~ verhalten*** keep quiet (*körperlich*: still); **~er *Teilhaber*** *econ.* sleeping (*Am.* silent) partner; '**2e** *f* (-; *no pl*) silence (*a. Schweigen*), quiet(ness): ***in aller ~*** quietly; *heimlich*: secretly.

'**Stilleben** *n paint.* still life.

'**stillegen** *v/t* (*sep*, -ge-, h) *Betrieb*: shut down; *Fahrzeug*: lay up; *Maschine etc*: put out of operation; *med.* immobilize.

'**stillen** *v/t* (h) *Baby*: nurse, breastfeed; *Schmerz*: relieve; *Blutung*: stop; *Hunger, Neugier etc*: satisfy; *Durst*: quench.

'**stillhalten** *v/i* (*irr, sep*, -ge-, h, → ***halten***) keep still.

'**stillos** *adj* lacking style, tasteless.

'**still|schweigend** *adj fig.* tacit; '**2stand** *m* (-[e]s; *no pl*) standstill, stop; *fig. a.* stagnation (*a. econ.*); *von Verhandlungen*: deadlock; '**~stehen** *v/i* (*irr, sep*, -ge-, h, → ***stehen***) stop, have stopped, (have) come to a standstill.

'**Stil|möbel** *pl* period furniture *sg*; '**2voll** *adj* stylish.

Stimm|band ['ʃtɪm~] *n* (-[e]s; ¨er) vocal cord; '**2berechtigt** *adj* entitled to vote.

Stimme ['ʃtɪmə] *f* (-; -n) voice; *Wahl*: vote: → ***enthalten*** 2; '**2n** (h) **1.** *v/i* be right (*od.* true, correct); *Wahl*: vote (***für*** for; ***gegen*** against): ***es stimmt et. nicht*** (***damit*** [***mit ihm***]) there's s.th. wrong (with it [him]); **2.** *v/t mus.* tune; *fig. j-n traurig etc*: make.

'**Stimm|enthaltung** *f* abstention; '**~recht** *n* right to vote.

'**Stimmung** *f* (-; -en) *fig.* mood; *Atmosphäre*: *a.* atmosphere; *allgemeine*: feeling: ***alle waren in ~*** everybody was having fun; '**2svoll** *adj* atmospheric.

'**Stimmzettel** *m* ballot paper.

stinken ['ʃtɪŋkən] *v/i* (stank, gestunken, h) stink (***nach*** of) (*a. fig.*): F ***das*** (***er*** *etc*) ***stinkt mir*** I'm sick of it (him *etc*).

Stipendi|at [ʃtipɛn'dĭa:t] *m* (-en; -en) scholarship holder; **~um** [~'pɛndĭʊm] *n* (-s; -dien) scholarship.

Stirn [ʃtɪrn] *f* (-; -en) forehead: → ***runzeln***; '**~runzeln** *n* (-s) frown.

stöbern ['ʃtø:bərn] *v/i* (h) F rummage (around) (***nach*** for).

stochern ['ʃtɔxərn] *v/i* (h): ***im Essen ~*** pick at one's food; ***in den Zähnen ~*** pick one's teeth.

S

Stock [ʃtɔk] *m* (-[e]s; ⸚e) stick; *~werk*: stor(e)y, floor: ***im ersten ~*** on the first (*Am.* second) floor; **'ℒdunkel** *adj* F pitch-dark.

stocken ['ʃtɔkən] *v/i* (h) stop (short); *unsicher werden*: falter; *Verkehr*: be jammed; **'~d 1.** *adj Stimme etc*: halting; **2.** *adv*: ***~ lesen*** (*od.* ***sprechen***) stumble through a text (*od.* speech).

'stock|finster *adj* F pitch-dark; **'ℒwerk** *n* stor(e)y, floor: ***im ersten ~*** on the first (*Am.* second) floor.

Stoff [ʃtɔf] *m* (-[e]s; -e) material, stuff (*a. sl. fig.*); *Gewebe*: fabric, textile; *Tuch*: cloth; *chem., phys. etc*: substance; *fig. Thema, behandelter ~*: subject (matter): ***~ sammeln*** collect material; **'~tier** *n* stuffed animal; **'~wechsel** *m physiol.* metabolism.

stöhnen ['ʃtøːnən] *v/i* (h) groan (***vor*** *dat* with); *fig.* moan (***über*** *acc* about).

Stollen ['ʃtɔlən] *m* (-s; -) *Bergbau*: tunnel.

stolpern ['ʃtɔlpərn] *v/i* (sn) trip (up): ***~ über*** (*acc*) trip over; *fig.* stumble over.

stolz [ʃtɔlts] *adj* proud (***auf*** *acc* of).

Stolz [~] *m* (-es; *no pl*) pride (***auf*** *acc* in).

stopfen ['ʃtɔpfən] *v/t* (h) *Socken, Loch*: darn, mend; *pressen, füllen*: stuff (***in*** *acc* into).

Stopp ['ʃtɔp] *m* (-s; -s) stop; *Lohn*ℒ, *Preis*ℒ: freeze.

Stoppel ['ʃtɔpəl] *f* (-; -n) stubble; **'~bart** *m* stubbly beard; **'ℒig** *adj* stubbly.

stopp|en ['ʃtɔpən] *v/i u. v/t* (h) stop (*a. fig.*) *mit der Uhr*: time; **'ℒlicht** *n mot.* brake light; **'ℒschild** *n mot.* stop sign; **'ℒuhr** *f* stopwatch.

Stöpsel ['ʃtœpsəl] *m* (-s; -) *Waschbecken etc*: plug.

Storch [ʃtɔrç] *m* (-[e]s; ⸚e) *zo.* stork.

stören ['ʃtøːrən] (h) **1.** *v/t* disturb; *belästigen*: bother; *beeinträchtigen*: impair; *Versammlung etc*: disrupt: ***lassen Sie sich nicht ~*** don't let me disturb you; ***darf ich Sie kurz ~?*** could I bother you for a minute?; ***stört es Sie, wenn ich rauche?*** do you mind if I smoke?; **2.** *v/i im Weg sein*: be in the way; *lästig sein*: be a nuisance; *unangenehm sein*: be awkward: ***störe ich?*** am I disturbing you?; **3.** *v/refl*: ***sich ~ an*** (*dat*) be bothered by.

storn|ieren [ʃtɔr'niːrən] *v/t* (*no* ge-, h) *econ. Auftrag*: cancel; **ℒierung** *f* (-; -en) cancellation; **ℒierungsgebühr** *f* cancellation fee; **ℒo** ['~no] *n* (-s; -ni), **'ℒogebühr** *f* → ***Stornierung***(***sgebühr***).

störrisch ['ʃtœrɪʃ] *adj* stubborn, obstinate.

'Störung *f* (-; -en) disturbance; impairment; disruption; *med.* disorder; *tech.* fault, defect; *Betriebs*ℒ: failure, breakdown.

Stoß [ʃtoːs] *m* (-es; ⸚e) push; *Fuß*ℒ: kick; *Ruck*: jolt, jerk; *Erschütterung*: shock; *Stapel*: pile; **'~dämpfer** *m* (-s; -) *mot.* shock absorber; **'ℒen** (stieß, gestoßen) **1.** *v/t* (h) push; *mit dem Fuß*: kick; **2.** *v/refl* (h) knock (*od.* hurt) o.s.: ***sich ~ an*** (*dat*) knock (*od.* bump) against; *fig.* take offen|ce (*Am.* -se) at; **3.** *v/i* (sn): ***mit dem Kopf ~ an*** (*acc*) *od.* ***gegen*** bump one's head against; ***~ auf*** (*acc*) *entdecken*: come across; *Schwierigkeiten etc*: meet with; *Öl etc*: strike; **'~stange** *f mot.* bumper; **'~verkehr** *m* rush-hour traffic; **'~zeit** *f* peak period; *Verkehr*: rush hour.

stottern ['ʃtɔtərn] *v/i u. v/t* (h) stutter, stammer.

Straf|anstalt ['ʃtraːf~] *f* prison, *Am. a.* penitentiary; **'ℒbar** *adj* punishable: ***sich ~ machen*** commit an offen|ce (*Am.* -se); **'~e** *f* (-; -n) punishment; *jur. a.* penalty; *Geld*ℒ: fine: ***20 Mark ~ zahlen müssen*** be fined 20 marks; ***zur ~*** as a punishment; **'ℒen** *v/t* (h) punish.

straff [ʃtraf] *adj* tight; *fig.* strict.

'straf|frei *adv*: ***~ ausgehen*** go unpunished; **'ℒgefangene** *m, f* prisoner, convict; **'ℒgesetz** *n* penal law.

sträf|lich ['ʃtrɛːflɪç] **1.** *adj unverzeihlich*: inexcusable; **2.** *adv*: ***~ vernachlässigen*** neglect badly; **'ℒling** *m* (-s; -e) prisoner, convict.

'Straf|man͵dat *n* ticket; **'~pro͵zeß** *m* trial; **'~tat** *f* criminal offen|ce (*Am.* -se); *schwere*: crime; **'~zettel** *m* ticket.

Strahl [ʃtraːl] *m* (-[e]s; -en) ray (*a. fig.*); *Licht*ℒ, *Funk*ℒ *etc*: *a.* beam; *Blitz*ℒ *etc*: flash; *Wasser*ℒ *etc*: jet; **'ℒen** *v/i* (h) radiate; *Sonne*: shine (brightly); *fig.* beam (***vor*** *dat* with); **'~en...** *phys. in Zssgn Schutz etc*: radiation ...; **'~ung** *f* (-; -en) radiation.

Strähne ['ʃtrɛːnə] *f* (-; -n) strand; *weiße etc*: streak.

stramm [ʃtram] *adj* tight.

Strand [ʃtrant] *m* (-[e]s; ⸚e) beach: ***am ~*** on the beach; **'~bad** *n* swimming area; **'2en** *v/i* (sn) *mar.* run aground; **'~korb** *m* roofed wicker beach chair; **'~nähe** *f*: ***in ~*** near the beach; **~promenade** ['~promə'na:də] *f* (-; -n) promenade.

Strang [ʃtraŋ] *m* (-[e]s; ⸚e) rope; *bsd. anat.* cord.

Strapaz|e [ʃtra'pa:tsə] *f* (-; -n) strain; **2ieren** [~a'tsi:rən] *v/t* (*no* ge-, h) *j-n, Augen etc*: strain; *ermüden*: exhaust, wear out; *Nerven etc*: tax; **2ierfähig** [~a'tsi:r~] *adj* hardwearing; **2iös** [~a-'tsĭø:s] *adj* strenuous; *nervlich*: taxing.

Straße [ʃtra:sə] *f* (-; -n) road; *e-r Stadt etc*: street; *Meerenge*: strait(s *pl*): ***auf der ~*** on the road; in (*Am.* on) the street.

'Straßen|arbeiten *pl* roadworks *pl*; **'~bahn** *f Br.* tram, *Am* streetcar; **'~bahnhaltestelle** *f* tram (*Am.* streetcar) stop; **'~benutzungsgebühr** *f* road toll; **'~ca,fé** *n* pavement (*Am.* sidewalk) café; **'~karte** *f* road map; **'~kreuzung** *f* cross roads *pl* (*sg konstr.*), intersection; **'~lage** *f* road holding: ***e-e gute ~ haben*** have good road holding, hold the road well; **'~rand** *m* roadside: ***am ~*** at (*od.* by) the roadside; **'~sperre** *f* road block; **'~verhältnisse** *pl* road conditions *pl*; **'~verkehrsordnung** *f* traffic regulations *pl*, *Br.* Highway Code.

strategisch [ʃtra'te:gɪʃ] *adj* strategic.

sträuben ['ʃtrɔʏbən] *v/refl* (h): ***sich ~ gegen*** resist.

Strauch [ʃtraʊx] *m* (-[e]s; ⸚er) shrub, bush.

Strauß[1] [ʃtraʊs] *m* (-es; ⸚e) bunch (of flowers).

Strauß[2] [~] *m* (-es; -e) *zo.* ostrich.

streben ['ʃtre:bən] *v/i* (h): ***~ nach*** strive for.

Strecke ['ʃtrɛkə] *f* (-; -n) distance, way; *Route*: route; *rail.* line; *Renn2*: course; *Abschnitt, Fläche*: stretch; **'2n** *v/refl* (h) have a stretch.

Streich [ʃtraɪç] *m* (-[e]s; -e) trick, prank, practical joke: ***j-m e-n ~ spielen*** play a trick on s.o.; **'2eln** *v/t* (h) stroke, caress; **'2en** (strich, gestrichen, h) **1.** *v/t an~*: paint; schmieren: spread (***auf*** *acc* on); *aus~*: cross out; *Auftrag etc*: cancel; **2.** *v/i*: ***mit der Hand ~ über*** (*acc*) run one's hand over; **'~holz** *n* match; **'~instru,ment** *n mus.* string instrument: ***die ~e*** *pl* the strings *pl*; **'~ung** *f* (-; -en) cancellation; **'~or,chester** *n* string orchestra.

Streife ['ʃtraɪfə] *f* (-; -n) patrol (*a. Mannschaft*): ***~ gehen*** go on patrol.

streifen ['ʃtraɪfən] *v/t* (h) *berühren*: touch, brush against; *Auto*: scrape against; *Kugel*: graze; *Ring*: slip (**von** off); *Thema*: touch on.

Streif|en [~] *m* (-s; -) stripe; *Papier2 etc*: strip; **'~enwagen** *m* patrol car; **'~schuß** *m* graze.

Streik [ʃtraɪk] *m* (-[e]s; -s) *econ.* strike, walkout: ***in den ~ treten*** go on strike; ***wilder ~*** wildcat strike; **'~brecher** *m* (-s; -) strikebreaker, F blackleg; **'2en** *v/i* (h) (go [*od.* be] on) strike; **'~ende** *m, f* (-n; -n) striker; **'~posten** *m* picket; **'~recht** *n* (-[e]s; *no pl*) right to strike.

Streit [ʃtraɪt] *m* (-[e]s; -e) argument, quarrel (**über** *acc*, **um** about, over); *handgreiflicher*: fight; *pol. etc* dispute: ***~ anfangen*** pick a fight (*od.* quarrel); ***~ suchen*** be looking for trouble; **'2en** *v/i* (stritt, gestritten, h) (*a.* ***sich ~***) argue, quarrel, have an argument (*alle*: **über** *acc* about, over); *handgreiflich*: (have a) fight: ***darüber läßt sich ~*** that's a moot point; **'2ig** *adj*: ***j-m et. ~ machen*** dispute s.o.'s right to s.th.; **'~kräfte** *pl mil.* armed forces *pl*; **'2süchtig** *adj* quarrelsome.

streng [ʃtrɛŋ] **1.** *adj* strict; *Kälte, Kritik, Strafe etc*: severe; *hart*: harsh; *unnachgiebig*: rigid; **2.** *adv*: ***~ verboten*** (***vertraulich***) strictly prohibited (confidential); **'2e** *f* (-; *no pl*) strictness; severity; harshness; rigidity; **'~genommen** *adv* strictly speaking.

Streß [ʃtrɛs] *m* (-sses; *rare* -sse) stress: ***im ~*** under stress.

stress|en ['ʃtrɛsən] *v/t* (h) put under stress; **'~ig** *adj* stressful.

streuen ['ʃtrɔʏən] *v/t* (h) scatter (*a. phys.*); *Sand etc*: *a.* spread; *Salz etc*: sprinkle; *Gehweg etc*: grit, *mit Salz*: salt.

streunend ['ʃtrɔʏnənt] *adj* stray.

Strich [ʃtrɪç] *m* (-[e]s; -e) *Linie*: line; *Skalen2*: mark: F ***auf den ~ gehen*** walk the streets; **'2weise** *adv*: ***~ Regen*** scattered showers *pl*.

S

Strick [ʃtrɪk] *m* (-[e]s; -e) cord; *dicker*: rope; '**~...** *in Zssgn Nadel etc*: knitting ...; '**2en** *v/t u. v/i* (h) knit; '**~jacke** *f* cardigan; '**~leiter** *f* rope ladder; '**~waren** *pl* knitwear *sg*; '**~zeug** *n* knitting (things *pl*).

strittig ['ʃtrɪtɪç] *adj* controversial: **~er Punkt** point at issue.

Stroh [ʃtroː] *n* (-[e]s; *no pl*) straw; *Dach2*: thatch; '**~dach** *n* thatched roof; '**~halm** *m* straw; '**~hut** *m* straw hat; '**~witwe(r** *m*) *f* F grass widow(er).

Strom [ʃtroːm] *m* (-[e]s; ⸚e) (large) river; *Strömung, electr.*: current: **ein ~ von** a stream of (*a. fig.*); → **gießen** 2, **regnen**; 2'**ab(wärts)** *adv* downstream; 2'**auf(wärts)** *adv* upstream; '**~ausfall** *m electr.* power failure; *allgemeiner*: blackout.

strömen ['ʃtrøːmən] *v/i* (sn) stream (*a. fig.*), flow, run; *Regen*: pour (*a. fig. Menschen etc*).

'**Strom|kreis** *m electr.* circuit; '**2linienförmig** *adj* streamlined; '**~schnelle** *f* (-; -n) rapid; '**~stärke** *f electr.* amperage.

'**Strömung** *f* (-; -en) current; *fig. a.* trend.

'**Strom|versorgung** *f electr.* power supply; '**~zähler** *m* electricity meter.

Strophe ['ʃtroːfə] *f* (-; -n) stanza, verse.

strotzen ['ʃtrɔtsən] *v/i* (h): **~ von** *od.* **vor** (*dat*) be teeming with; *Gesundheit etc*: be brimming (*od.* bursting) with.

Struktur [ʃtrʊk'tuːr] *f* (-; -en) structure.

Strumpf [ʃtrʊmpf] *m* (-[e]s; ⸚e) stocking; '**~hose** *f* (**e-e ~** a pair of) tights *pl*, *bsd. Am.* panty hose.

Stube ['ʃtuːbə] *f* (-; -n) room.

Stück [ʃtʏk] *n* (-[e]s; -e) *allg.* piece; *Teil*: *a.* part; *Zucker*: lump; *Brot etc*: slice; *thea.* play: **2 Mark das ~** 2 marks each; **im** (*od.* **am**) **~** *Käse etc*: in one piece; → **reißen** 1 *etc*; '**2weise** *adv* bit by bit (*a. fig.*); *econ.* by the piece; '**~werk** *n* (-[e]s; *no pl*) *fig.* patchwork.

Student [ʃtu'dɛnt] *m* (-en; -en) student; **~enausweis** *m* student's identity card.

Studie ['ʃtuːdǐə] *f* (-; -n) study (**über** *acc* of); '**~nabbrecher** *m* (-s; -) university (*od.* college) dropout; '**~nabschluß** *m* final examinations *pl*; '**~naufenthalt** *m* study visit (**in** *dat* to); '**~nplatz** *m* university (*od.* college) place.

studieren [ʃtu'diːrən] *v/t* (*no* ge-, h) study, *v/i. a.* go to university.

Studium ['ʃtuːdǐʊm] *n* (-s; -dien) studies *pl.*

Stufe ['ʃtuːfə] *f* (-; -n) step; *Niveau*: level; *Stadium, Raketen2*: stage.

Stuhl [ʃtuːl] *m* (-[e]s; ⸚e) chair; *physiol.* stool; → **Stuhlgang**; '**~gang** *m* (-[e]s; *no pl*) *physiol.* bowel movement: **~ haben** have a bowel movement.

stülpen ['ʃtʏlpən] *v/t* (h) put (**auf** *acc* on; **über** *acc* over).

stumm [ʃtʊm] *adj* dumb; *still*: silent (*a. fig.*).

Stummel ['ʃtʊməl] *m* (-s; -) *Zahn2*: stump; *Zigarren2 etc*: butt, *a. Kerzen2 etc*: stub.

'**Stummfilm** *m* silent film.

Stümper ['ʃtʏmpər] *m* (-s; -) bungler.

Stumpf [ʃtʊmpf] *m* (-[e]s; ⸚e) stump.

stumpf [~] *adj* blunt; '**~sinnig** *adj* dull; *Arbeit*: *a.* monotonous.

Stunde ['ʃtʊndə] *f* (-; -n) hour; *Unterrichts2*: lesson, *Schul2*: *a.* period.

stunden ['ʃtʊndən] *v/t* (h): **j-m et. ~** grant s.o. a delay for s.th.

'**Stunden|kilo,meter** *pl* kilomet|res (*Am.* -ers) per hour; '**2lang 1.** *adj*: **nach ~em Warten** after hours of waiting; **2.** *adv* for hours (and hours); '**~lohn** *m* hourly wage; '**~plan** *m Br.* timetable, *Am.* schedule; '**2weise** *adj u. adv* by the hour; '**~zeiger** *m* hour hand.

stündlich ['ʃtʏntlɪç] **1.** *adj* hourly; **2.** *adv* hourly, every hour.

'**Stundung** *f* (-; -en) deferment of payment.

stur [ʃtuːr] *adj* F pigheaded.

Sturm [ʃtʊrm] *m* (-[e]s; ⸚e) storm (*a. fig.*): **~ auf** (*acc*) *econ.* rush for.

stürm|en ['ʃtʏrmən] **1.** *v/t* (h) *mil.* storm (*a. weitS.*); **2.** *v/impers* (h): **es stürmt** there's a gale blowing; **3.** *v/i* (sn) *wütend*: storm; '**2er** *m* (-s; -) *Sport*: forward; *bsd. Fußball*: striker; '**~isch** *adj* stormy; *fig.* wild, vehement.

'**Sturmwarnung** *f* gale warning.

Sturz [ʃtʊrts] *m* (-es; ⸚e) fall (*a. fig.*); *e-r Regierung etc*: overthrow.

stürzen ['ʃtʏrtsən] **1.** *v/i* (sn) (have a) fall; *laut*: crash; *rennen*: rush, dash; **2.** *v/t* (h) throw; *Regierung etc*: overthrow: **j-n ins Unglück ~** ruin s.o.; **3.**

S

v/refl (h): **sich ~ aus** (**auf** *acc etc*) throw o.s. out of (at *etc*).
'Sturzhelm *m* crash helmet.
Stütze ['ʃtʏtsə] *f* (-; -n) support (*a. fig.*), prop; **'2n** (h) **1.** *v/t* support (*a. fig.*); **2.** *v/refl*: **sich ~ auf** (*acc*) lean on; *fig.* be based on.
stutzig ['ʃtʊtsɪç] *adj*: **j-n ~ machen** arouse s.o.'s suspicion.
'Stütz|pfeiler *m arch.* supporting pillar; **'~punkt** *m mil.* base (*a. fig.*).
Styropor [ʃtyro'poːr] *n* (-s; *no pl*) *TM* styrofoam.
subjektiv [zʊpjɛk'tiːf] *adj* subjective; **2ität** [~ivi'tɛːt] *f* (-; *no pl*) subjectivity.
Substanz [zʊp'stants] *f* (-; -en) substance (*a. fig.*).
'Subunter,nehmer ['zʊp~] *m* subcontractor.
Subvention [zʊpvɛn'tsi̯oːn] *f* (-; -en) subsidy; **2ieren** [~o'niːrən] *v/t* (*no* ge-, h) subsidize.
Suche ['zuːxə] *f* (-; *no pl*) search (**nach** for): **auf der ~ nach** in search of; **'2n** (h) **1.** *v/t allg.* look for; *stärker*: search for: **gesucht: ...** wanted: ...; **was hat er hier zu ~?** what's he doing here?; **er hat hier nichts zu ~** he has no business to be here; **2.** *v/i*: **~ nach** → 1; **'~r** *m* (-s; -) *phot.* viewfinder.
Sucht [zʊxt] *f* (-; ⁼e) addiction (**nach** to); *Besessenheit*: mania (for).
süchtig ['zʏçtɪç] *adj*: **~ machen** be addictive; **~ sein** be addicted (**nach** to); **'2e** *m, f* (-n; -n) addict.
Süden ['zyːdən] *m* (-s; *no pl*) south; *südlicher Landesteil*: South: **nach ~** south(wards).
'Süd|früchte ['zyːt~] *pl* tropical (*od.* southern) fruits *pl*; **'2lich 1.** *adj* south(ern); **2.** *adv*: **~ von** (to the) south of; **~'osten** *m* southeast; **'~pol** *m* (-s, *no pl*) South Pole; **2wärts** ['~vɛrts] *adv* southward(s); **~'westen** *m* southwest.
Summe ['zʊmə] *f* (-; -n) sum (*a. fig.*); *Betrag*: amount; *Gesamt2*: (sum) total.
summen ['zʊmən] *v/i u. v/t* (h) buzz, hum (*a. Lied etc*).
summieren [zʊ'miːrən] *v/refl* (*no* ge-, h) add up (**auf** *acc*, **zu** to).
Sumpf [zʊmpf] *m* (-[e]s; ⁼e) swamp, marsh; **'2ig** *adj* swampy, marshy.
Sünde ['zʏndə] *f* (-; -n) sin (*a. fig.*); **~nbock** ['~nbɔk] *m* (-[e]s; ⁼e) scapegoat.
super ['zuːpər] *adj u. int* F super, great.
Super [~] *n* (-s; *no pl*) *mot.* F *Br.* four-star, *Am.* premium; **'~ben,zin** *n mot. Br.* four-star petrol, *Am.* premium gas(oline); **'~markt** *m* supermarket.
Suppe ['zʊpə] *f* (-; -n) soup; **'~nlöffel** *m* soup spoon; **'~nschüssel** *f* soup tureen; **'~nteller** *m* soup plate.
Surf|brett ['sœrf~] *m* surfboard; **'2en** *v/i* (h) surf; **'~er** *m* (-s; -) surfer.
süß [zyːs] *adj* sweet (*a. fig.*); **'~en** *v/t* (h) sweeten; **'2igkeiten** *pl* sweets *pl*, *bsd. Am. a.* candy *sg*; **'~lich** *adj* sweetish; *fig.* mawkish; **'~-'sauer** *adj* sweet-and-sour; **'2stoff** *m* sweetener; **'2wasser** *n* (-s; *no pl*) fresh water; *in Zssgn*: freshwater.
Swimmingpool ['svɪmɪŋpuːl] *m* (-s; -s) swimming pool.
Symbol [zym'boːl] *n* (-s; -e) symbol (*gen*, **für** of); **2isch** *adj* symbolic(al) (**für** of).
Sympathi|e [zympa'tiː] *f* (-; -n) liking (**für** for); *Mitgefühl*: sympathy; **~estreik** *m econ.* sympathy (*od.* sympathetic) strike; **~sant** [~i'zant] *m* (-en; -en) sympathizer; **2sch** [~'paːtiʃ] *adj* nice, likeable: **er ist mir ~** I like him.
Symphonie [zymfo'niː] *f* (-; -n) *mus.* symphony; **~or,chester** *n* symphony orchestra.
Symptom [zymp'toːm] *n* (-s; -e) symptom; **2atisch** [~o'maːtɪʃ] *adj* symptomatic (**für** of).
Synagoge [zyna'goːgə] *f* (-; -n) synagogue.
synchron [zyn'kroːn] *adj* synchronous; **~isieren** [~oni'ziːrən] *v/t* (*no* ge-, h) synchronize; *Film*: *a.* dub.
synthetisch [zyn'teːtɪʃ] *adj* synthetic.
System [zys'teːm] *n* (-s; -e) system; **2atisch** [~e'maːtɪʃ] *adj* systematic, methodical.
Szene ['stseːnə] *f* (-; -n) scene (*a. fig.*): (**j-m**) **e-e ~ machen** make a scene.

T

Tabak ['ta:bak] *m* (-s; -e) tobacco; '**~laden** *m* tobacconist's, *Am.* cigar store.
tabell|arisch [tabɛ'la:rɪʃ] *adj* tabulated, tabular; **2e** [ta'bɛlə] *f* (-; -n) table.
Tablett [ta'blɛt] *n* (-[e]s; -s, -e) tray; **~e** *f* (-; -n) tablet, pill.
Tabu [ta'bu:] *n* (-s; -s) taboo.
tabu [~] *adj* taboo; **~frei** *adj*: ***~e Gesellschaft*** permissive society.
Tacho ['taxo] *m* (-s; -s) F, **~meter** [~'me:tər] *m*, *a. n* (-s; -) *mot.* speedometer.
Tadel ['ta:dəl] *m* (-s; -) blame; *förmlich*: censure, reproof, rebuke; '**2los** *adj* faultless; *Leben etc*: blameless; *ausgezeichnet*: excellent; *Sitz*, *Funktionieren etc*: perfect; '**2n** *v/t* (h) criticize, blame; *förmlich*: censure, reprove, rebuke (*alle*: ***wegen*** for).
Tafel ['ta:fəl] *f* (-; -n) *Schule etc*: (black-) board; *Anschlag2 etc*: (notice, *Am.* bulletin) board; *Schild*: sign; *Gedenk2 etc*: plaque; *Schokoladen2*: bar.
täfel|n ['tɛ:fəln] *v/t* (h) panel; '**2ung** *f* (-; -en) panel(l)ing.
Tafelwein *m* table wine.
Tag [ta:k] *m* (-[e]s; -e) day: ***am*** (*od.* ***bei***) ***~*** during the day; *bei Tageslicht*: in daylight; ***welchen ~ haben wir heute?*** what day is it today?; ***alle zwei*** (***paar***) ***~e*** every other day (few days); ***heute*** (***morgen***) ***in 14 ~en*** two weeks from today (tomorrow); ***e-s ~es*** one day; ***den ganzen ~*** all day; ***~ u. Nacht*** night and day; ***am hellichten ~*** in broad daylight; ***guten ~!*** good morning, good afternoon; *beim Vorstellen*: how do you do?; F ***sie hat ihre ~e*** she's got her period; ***unter ~e*** *Bergbau*: underground.
Tage|buch ['ta:gə~] *n* diary: ***~ führen*** keep a diary; '**2lang** *adv* for days.
tagen ['ta:gən] *v/i* (h) have a meeting (*od.* conference); *jur.*, *parl.* be in session.
Tages|anbruch ['ta:gəs~] *m*: ***bei ~*** at daybreak (*od.* dawn); '**~fahrt** *f* day trip; '**~gespräch** *n* talk of the day; '**~karte** *f* day ticket; *gastr.* menu for the day; '**~kurs** *m Devisen*: today's rate of exchange; '**~licht** *n* (-[e]s; *no pl*) daylight: ***bei ~*** in daylight; '**~ordnung** *f* agenda: ***auf der ~ stehen*** be on the agenda; '**~presse** *f* daily press; '**~rückfahrkarte** *f* day return (ticket); '**~tour** *f* day trip; '**~zeit** *f* time of day: ***zu jeder ~*** at any hour; '**~zeitung** *f* daily (paper).
'**tageweise** *adj u. adv* on a day-to-day basis.
täglich ['tɛ:klɪç] **1.** *adj* daily; **2.** *adv* daily, every day.
'**Tagschicht** *f* day shift: ***~ haben*** be on day shift.
'**tagsüber** *adv* during the day.
'**Tagung** *f* (-; -en) conference; '**~sort** *m* conference venue.
Taill|e ['taljə] *f* (-; -n) waist; *am Kleid*: *a.* waistline; **2iert** [ta'ji:rt] *adj* waisted.
Takt [takt] *m* (-[e]s; -e) *mus.* time; *einzelner*: bar; *mot.* stroke; *Feingefühl*: tact: ***den ~ halten*** *mus.* keep time; **~ik** ['~ɪk] *f* (-; -en) *fig.* tactics *pl*; '**~iker** *m* (-s -) tactician; '**2isch** *adj* tactical; '**2los** *adj* tactless; '**~stock** *m mus.* baton; '**~strich** *m mus.* bar; '**2voll** *adj* tactful.
Tal [ta:l] *n* (-[e]s; ⸚er) valley.
Talent [ta'lɛnt] *n* (-[e]s; -e) talent, gift; *Person*: talented person: ***~e*** *pl* talent *sg* (*a. pl konstr.*); **2iert** [~'ti:rt] *adj* talented, gifted.
Talisman ['ta:lɪsman] *m* (-s; -e) talisman, charm.
Talk|master ['tɔ:kma:stər] *m* (-s; -) chat-show (*Am.* talk-show) host; '**~-Show** *f Br.* chat show, *Am.* talk show.
'**Talsperre** *f* dam.
Tang [taŋ] *m* (-[e]s; -e) *bot.* seaweed.
Tank [taŋk] *m* (-[e]s; -s) tank; '**2en** *v/i* (h) get some petrol (*Am.* gasoline); '**~er** *m* (-s; -) *mar.* tanker; '**~stelle** *f* filling (*od.* petrol, *Am.* gas) station; '**~wart** *m* (-[e]s; -e) pump attendant.
Tanne ['tanə] *f* (-; -n) *bot.* fir (tree); '**~nzapfen** *m* fir cone.
Tante ['tantə] *f* (-; -n) aunt; **~-Emma-Laden** [~'ɛma~] *m Br.* corner shop, *Am.* mom-and-pop store.
Tantiemen [tã'tĩɛ:mən] *pl* royalties *pl.*
Tanz [tants] *m* (-es; ⸚e) dance; '**2en** *v/i u. v/t* (h) dance.
Tänzer ['tɛntsər] *m* (-s; -) dancer.
'**Tanz|fläche** *f* dance floor; '**~lo͵kal** *n*

café with dancing; **'~mu,sik** *f* dance music.

Tape|te [ta'peːtə] *f* (-; -n) wallpaper; **2-zieren** [~e'tsiːrən] *v/t* (*no* ge-, h) (wall-) paper; **~'zierer** *m* (-s; -) paperhanger.

tapfer ['tapfər] *adj* brave; *mutig*: courageous; **'2keit** *f* (-; *no pl*) bravery; courage.

Tara ['taːra] *f* (-; -ren) *econ.* tare.

Tarif [ta'riːf] *m* (-s; -e) scale of charges; *Lohn2*: pay scale; **~autonomie** [~aʊtono,miː] *f* (-; -n) free collective bargaining; **~erhöhung** *f* increase in pay rates; **~kon,flikt** *m* pay dispute; **~lohn** *m* standard wage(s *pl*); **~partner** *m* party to a wage agreement; *pl* union(s) and management; **~verhandlungen** *pl* collective bargaining *sg.*

Tasche ['taʃə] *f* (-; -n) *Einkaufs2 etc*: bag; *Hand2*: bag, *Am. a.* purse; *Hosen2 etc*: pocket.

'Taschen|buch *n* paperback; **'~dieb** *m* pickpocket; **'~geld** *n bsd. Br.* pocket money, *Am.* allowance; **'~lampe** *f bsd. Br.* torch, *Am.* flashlight; **'~messer** *n* penknife, pocketknife; **'~rechner** *m* pocket calculator; **'~schirm** *m* telescopic umbrella; **'~tuch** *n* handkerchief.

Tasse ['tasə] *f* (-; -n) cup (**Tee** *etc* of tea *etc*).

Tastatur [tasta'tuːr] *f* (-; -en) keyboard, keys *pl.*

Tast|e ['tastə] *f* (-; -n) key; *tech. Druck2*: *a.* push button; **'~entele,fon** *n* push-button telephone; **'~sinn** *m* (-[e]s; *no pl*) sense of touch.

Tat [taːt] *f* (-; -en) act, deed; *Handeln*: action; *Straf2*: offen|ce (*Am.* -se): ***j-n auf frischer ~ ertappen*** catch s.o. in the act; **'2enlos** *adj* inactive.

Täter ['tɛːtər] *m* (-s; -) culprit; *jur.* offender.

tätig ['tɛːtɪç] *adj* active (*a. Vulkan*); *geschäftig*: busy: ***~ sein bei*** be employed with; ***~ werden*** act, take action; **'2keit** *f* (-; -en) activity; *Arbeit*: work; *Beruf, Beschäftigung*: occupation, job: ***in ~*** in action.

'Tat|kraft *f* (-; *no pl*) energy; **'2kräftig** *adj* energetic, active.

tätlich ['tɛːtlɪç] *adj*: ***~ werden*** become violent; ***~ werden gegen*** assault; **'2keiten** *pl* violence *sg.*

'Tat|ort *m jur.* scene of the crime; **'~sache** *f* fact; **2sächlich** ['~zɛçlɪç] **1.** *adj* actual, real; **2.** *adv* actually, in fact; *wirklich*: really.

Tau¹ [taʊ] *n* (-[e]s; -e) rope.

Tau² [~] *m* (-[e]s; *no pl*) dew.

taub [taʊp] *adj* deaf (***auf einem Ohr*** in one ear; *fig.* ***gegen, für*** to); *Finger etc*: numb.

Taube ['taʊbə] *f* (-; -n) *zo.* pigeon; *pol.* dove.

'Taub|heit *f* (-; *no pl*) deafness; numbness; **'2stumm** *adj* deaf and dumb; **'~stumme** *m, f* (-n; -n) deaf mute.

tauche|n ['taʊxən] **1.** *v/i* (sn) dive (***nach*** for); *Sport*: *a.* skin-dive; *U-Boot*: *a.* submerge; **2.** *v/t* (h) *ein~*: dip (***in*** *acc* into); **'2r** *m* (-s; -) (*Sport*: skin) diver.

tauen ['taʊən] **1.** *v/i* (sn) thaw, melt; **2.** *v/impers* (h): ***es taut*** it's thawing.

Taufe ['taʊfə] *f* (-; -n) baptism, christening; **'2n** *v/t* (h) baptize, christen (***auf den Namen Michael*** Michael).

'Tauf|pate *m* godfather; **'~patin** *f* (-; -nen) godmother; **'~schein** *m* certificate of baptism.

taug|en ['taʊgən] *v/i* (h): ***nicht ~ zu*** (*od.* ***für***) not to be suited to (*od.* for); ***nichts ~*** be no good; **~lich** ['~klɪç] *adj* suitable (***für, zu*** for); *mil.* fit (for service).

taumeln ['taʊməln] *v/i* (sn) stagger, reel.

Tausch [taʊʃ] *m* (-es; -e) exchange, F swap: ***im ~ gegen*** in exchange for; **'2en** (h) **1.** *v/t* exchange, F swap (*beide*: ***gegen*** for); *Rollen, Plätze etc*: *a.* switch; *wechseln*: change (*a. Geld*); **2.** *v/i*: ***ich möchte nicht mit ihm ~*** I wouldn't like to be in his shoes.

täuschen ['tɔʏʃən] (h) **1.** *v/t* deceive: ***sich ~ lassen*** be deceived (*od.* taken in) (***von*** by); **2.** *v/i* be deceptive; **3.** *v/refl* be wrong (*od.* mistaken): ***sich in j-m ~*** be completely wrong about s.o.; **'~d** *adj Ähnlichkeit*: striking.

'Tauschgeschäft *n* exchange deal, F swap.

'Täuschung *f* (-; -en) deception; *jur.* deceit; *Irrtum*: mistake; *Selbst2*: delusion.

tausend ['taʊzənd] *adj* a (*od.* one) thousand.

'Tau|wetter *n* thaw (*a. fig. pol.*); **'~ziehen** *n* (-s; *no pl*) tug-of-war (*a. fig.*: ***um*** for).

Taxameter [taksa'me:tər] *n, m* (-s; -) taximeter.
Taxi ['taksi] *n* (-s; -s) taxi, cab; '**~fahrer** *m* taxi (*od.* cab) driver; '**~stand** *m* taxi rank, *bsd. Am.* taxi stand, cabstand.
Technik ['tɛçnɪk] *f* (-; -en) *Wissenschaft*: technology; *angewandte*: *mst* engineering; *Verfahren*: technique (*a. Kunst etc*); *e-r Maschine etc*: mechanics *pl*; '**~er** *m* (-s; -) engineer; *Spezialist*: technician.
'**technisch** *adj* technical (*a. Gründe, Zeichnen etc*); *~-wissenschaftlich*: technological (*a. Fortschritt, Zeitalter etc*): ***~e Hochschule*** college of technology.
Technolog|ie [tɛçnolo'gi:] *f* (-; -n) technology; **~iepark** *m* technology (*od.* science) park; **~ietrans,fer** *m* technology transfer; **2isch** [~'lo:gɪʃ] *adj* technological.
Tee [te:] *m* (-s; -s) tea; '**~beutel** *m* teabag; '**~kanne** *f* teapot; '**~löffel** *m* teaspoon.
Teer [te:r] *m* (-[e]s; -e) tar; '**2en** *v/t* (h) tar.
'**Tee|ser,vice** *n* tea service (*od.* set); '**~sieb** *n* tea strainer; '**~tasse** *f* teacup.
Teich [taɪç] *m* (-[e]s; -e) pond.
Teig [taɪk] *m* (-[e]s; -e) dough; **2ig** ['~gɪç] doughy, pasty; '**~waren** *pl* pasta *sg*.
Teil [taɪl] *m, n* (-[e]s; -e) part; *An2*: portion, share; *Bestand2*: component: ***zum ~*** partly, in part; '**2bar** *adj* divisible; '**~betrag** *m* partial amount; *Rate*: instal(l)ment; '**~chen** *n* (-s; -) particle (*a. phys.*); '**2en** *v/t* (h) divide (***in*** *acc* into; *math.* ***durch*** by); *j-s Ansicht, Schicksal etc*: share; '**~erfolg** *m* partial success; '**~haber** *m* (-s; -) *econ.* partner; **~kaskoversicherung** ['~kasko~] *f mot.* partial coverage insurance; '**~lieferung** *f* part delivery; **~nahme** ['~na:mə] *f* (-; *no pl*) participation (***an*** *dat in*); *fig.* interest (in); *An2*: sympathy (for); '**2nahmslos** *adj* indifferent; *bsd. med.* apathetic; '**~nahmslosigkeit** *f* (-; *no pl*) indifference; apathy; '**2nehmen** *v/i* (*irr, sep*, -ge-, h, → ***nehmen***): ***~ an*** (*dat*) take part (*od.* participate) in; '**~nehmer** *m* (-s; -) participant: *Sport etc*: competitor; '**2s** *adv* partly, in part; '**~strecke** *f Reise, Rennen*: stage, leg; '**~ung** *f* (-; -en) division; '**2weise** *adv* partly, in part; '**~zahlung** *f* part payment; *Rate*: instal(l)ment; *Ratenzahlung*: → ***Abzahlung.***
Teint [tɛ̃:] *m* (-s; -s) complexion.
Telefon [tele'fo:n] *n* (-s; -e) (tele)phone: ***~ haben*** be on the phone; **~anschluß** *m* telephone connection; **~appa,rat** *m* (tele)phone; **~at** [~o'na:t] *n* (-[e]s; -e) telephone conversation; *Anruf*: phone call; **~buch** *n* telephone directory, phone book; **~gebühr** *f* telephone charge; **~gespräch** *n* → ***Telefonat***; **2ieren** [~o'ni:rən] *v/i* (*no* ge-, h) make a phone call; *gerade*: be on the phone: ***mit j-m ~*** talk to s.o. on the phone; **2isch 1.** *adj* telephonic, telephone; **2.** *adv* by (tele)phone, over the (tele-) phone; **~istin** [~o'nɪstɪn] *f* (-; -nen) switchboard operator; **~karte** *f* phonecard; **~nummer** *f* (tele)phone number; **~zelle** *f bsd. Br.* (tele)phone box, *Br.* call box, *Am.* (tele)phone booth; **~zen,trale** *f e-r Firma etc*: switchboard.
telegraf|ieren [telegra'fi:rən] *v/t u. v/i* (*no* ge-, h) telegraph, wire; **~isch** [~'gra:fɪʃ] **1.** *adj* telegraphic; **2.** *adv* by telegraph.
Telegramm [tele'gram] *n* (-s; -e) telegram.
telegraphieren, telegraphisch → ***telegrafieren, telegrafisch.***
'**Teleobjek,tiv** ['te:lə~] *n* telephoto lens.
Telephon(...) → ***Telefon(...).***
Teller ['tɛlər] *m* (-s; -) plate.
Tempel ['tɛmpəl] *m* (-s; -) temple.
Temperament [tɛmpera'mɛnt] *n* (-[e]s; -e) temper(ament); *Schwung*: verve; **2voll** *adj* spirited.
Temperatur [tɛmpera'tu:r] *f* (-; -en) temperature: ***j-s ~ messen*** take s.o.'s temperature.
Tempo ['tɛmpo] *n* (-s; -s, -pi) speed; *mus.* tempo: ***mit ~*** ... at a speed of ... an hour; **~limit** ['~lɪmɪt] *n* (-s; -s, -e) *mot.* speed limit.
Tendenz [tɛn'dɛnts] *f* (-; -en) tendency (***zu*** towards), trend (*a. econ.*); **2iös** [~'tsĭø:s] *adj* tendentious.
tendieren [tɛn'di:rən] *v/i* (*no* ge-, h) tend (***zu*** towards; ***dazu, et. zu tun*** to do s.th.).
Tennis ['tɛnɪs] *n* (-; *no pl*) tennis; '**~ball** *m* tennis ball; '**~platz** *m* tennis court; '**~schläger** *m* tennis racket; '**~spieler** *m* tennis player.

T

Tenor [te'no:r] *m* (-s; ⸚e) *mus.* tenor.

Teppich ['tɛpɪç] *m* (-s; -e) carpet; '**~boden** *m* fitted carpet, wall-to-wall carpeting; '**~fliese** *f* carpet tile.

Termin [tɛr'mi:n] *m* (-s; -e) *Geschäfts*≈ *etc*: appointment; *vereinbarter Tag*: date; *letzter ~*: deadline; **~ka|lender** *m* appointments book.

Terrasse [tɛ'rasə] *f* (-; -n) terrace; **~ntür** *f* French window(s *pl*).

Territorium [tɛri'to:rĭʊm] *n* (-s; -rien) territory.

Terror ['tɛrɔr] *m* (-s; *no pl*) terror; ≈**isieren** [~ori'zi:rən] *v/t* (*no* ge-, h) terrorize; **~ismus** [~o'rɪsmʊs] *m* (-; *no pl*) terrorism; **~ist** [~o'rɪst] *m* (-en; -en) terrorist.

Terzett [tɛr'tsɛt] *n* (-[e]s; -e) *mus.* trio.

Test [tɛst] *m* (-[e]s; -s, -e) test.

Testament [tɛsta'mɛnt] *n* (-[e]s; -e) will, *jur.* last will and testament; *eccl.* Testament: ***sein ~ machen*** make a will; ≈**arisch** [~'ta:rɪʃ] *adj* by will; **~seröffnung** *f* opening of the will; **~svoll|strecker** *m* (-s; -) executor.

'**Test|bild** *n TV Br.* test card, *Am.* test pattern; '≈**en** *v/t* (h) test.

teuer ['tɔʏər] *adj* expensive, dear: ***wie ~ ist es?*** how much is it?; '≈**ung** *f* (-; -en) rise in prices; '≈**ungsrate** *f* rate of price increases.

Teufel ['tɔʏfəl] *m* (-s; -) devil (*a. fig.*): ***wer*** (***wo, was***) ***zum ~ ...?*** who (where, what) the hell ...?; '**~skerl** *m* F devil of a guy; '**~skreis** *m* vicious circle.

'**teuflisch** *adj* devilish, diabolical.

Text [tɛkst] *m* (-[e]s; -e) text; *unter Bild etc*: caption; *Lied*≈: words *pl*, lyrics *pl*; *thea.* lines *pl*, part; '**~er** *m* (-s; -) *Schlager*≈: songwriter.

Textilien [tɛks'ti:lĭən] *pl* textiles *pl.*

'**Textverarbeitung** *f* (-; -en) word processing; '**~spro|gramm** *n* word processing program, word processor.

Theater [te'a:tər] *n* (-s; -) theat|re (*Am.* -er): F *fig.* ***~ machen*** (***um***) make a fuss (about); **~aufführung** *f* theat|re (*Am.* -er) performance; **~besucher** *m* theatregoer, *Am.* theatergoer; **~karte** *f* theat|re (*Am.* -er) ticket; **~kasse** *f* box office; **~stück** *n* play.

theatralisch [tea'tra:lɪʃ] *adj* theatrical.

Thema ['te:ma] *n* (-s; -men) subject, topic; *bsd. Leitgedanke, mus.*: theme: ***das ~ wechseln*** change the subject.

Theolog|e [teo'lo:gə] *m* (-n; -n) theologian; **~ie** [~o'gi:] *f* (-; -n) theology; ≈**isch** *adj* theological.

Theo|retiker [teo're:tikər] *m* (-s; -) theorist; ≈'**retisch** *adj* theoretical; **~rie** [~'ri:] *f* (-; -n) theory: ***in der ~*** in theory.

Thera|peut [tera'pɔʏt] *m* (-en; -en) therapist; ≈'**peutisch** *adj* therapeutic; **~pie** [~'pi:] *f* (-; -n) therapy.

Thermometer [tɛrmo'me:tər] *n* (-s; -) thermometer.

Thermosflasche ['tɛrmɔs~] *f TM* thermos flask (*Am.* bottle).

These ['te:zə] *f* (-; -n) thesis.

Thrombose [trɔm'bo:zə] *f* (-; -n) *med.* thrombosis.

Thron [tro:n] *m* (-[e]s; -e) throne; '**~folger** *m* (-s; -) successor to the throne.

Thunfisch ['tu:n~] *m zo.* tuna.

ticken ['tɪkən] *v/i* (h) tick.

Ticket ['tɪkɪt] *n* (-s; -s) ticket.

tief [ti:f] **1.** *adj* deep (*a. fig.*), ***niedrig***: low (*a. Ausschnitt*); **2.** *adv*: ***~ schlafen*** be fast asleep; → ***Atem, Luft.***

Tief [~] *n* (-s; -s) *meteor.* depression (*a. psych.*), low (*a. econ.*); '**~druckgebiet** *n meteor.* low-pressure area; '**~e** *f* (-; -n) depth (*a. fig.*); '**~ebene** *f* lowland(s *pl*); '**~flug** *m* low-level flight; '**~ga|rage** *f Br.* underground car park, *Am.* underground parking garage; '≈**gekühlt** *adj* deep-frozen; '**~kühlfach** *n* freezing compartment; '**~kühlschrank** *m* upright freezer; '**~kühltruhe** *f* chest freezer; '**~stand** *m* (-[e]s; *no pl*) low.

Tier [ti:r] *n* (-[e]s; -e) animal: F ***großes*** (*od.* ***hohes***) **~** bigwig, big shot; '**~arzt** *m Br.* vet(erinary surgeon), *Am.* vet(erinarian); '**~handlung** *f* pet shop; '**~heim** *n* animal shelter; '≈**isch** *adj* animal; *fig.* brutish; '**~klinik** *f* veterinary hospital; '**~kreis** *m* (-es; *no pl*) *ast.* zodiac; '**~kreiszeichen** *n* sign of the zodiac; '≈**lieb** *adj* fond of animals; '**~medi|zin** *f* (-; *no pl*) veterinary medicine; '**~park** *m* zoo; '**~quäle|rei** *f* (-; -en) cruelty to animals; '**~reich** *n* (-[e]s; *no pl*) animal kingdom; '**~schutzverein** *m* society for the prevention of cruelty to animals; '**~versuch** *m med.* animal experiment.

tilg|en ['tɪlgən] *v/t* (h) *econ. Schuld*: pay off; *Anleihe etc*: redeem; '≈**ung** *f* (-; -en)

T

repayment; redemption; '**2ungsfonds** *m* sinking fund.

Tinte ['tɪntə] *f* (-; -n) ink; '**~nfisch** *m zo.* squid.

Tip [tɪp] *m* (-s; -s) hint; *bsd. Wett2*: tip; *an Polizei*: tip-off: ***j-m e-n ~ geben*** *warnen*: tip s.o. off.

tipp|en ['tɪpən] (h) **1.** *v/i* F do the Lotto, *Toto*: do the pools; F *maschineschreiben*: type: **~ *an*** (*acc*) tap; **2.** *v/t* F *maschineschreiben*: type; '**2fehler** *m* F typing error.

Tisch [tɪʃ] *m* (-es; -e) table: ***am ~ sitzen*** sit at the table; ***bei ~*** at table; → ***decken*** 1; '**~decke** *f* tablecloth.

Tischler ['tɪʃlər] *m* (-s; -) joiner.

'**Tisch|platte** *f* tabletop; '**~rede** *f* after-dinner speech; '**~tennis** *n* table tennis.

Titel ['ti:təl] *m* (-s; -) title; '**~bild** *n* cover picture; '**~blatt** *n* title page; '**~geschichte** *f* cover story; '**~rolle** *f thea. etc* title role.

Toast [to:st] *m* (-[e]s; -e, -s) toast; '**2en** *v/t* (h) *Brot*: toast.

Tochter ['tɔxtər] *f* (-; ⸚) daughter; '**~gesellschaft** *f econ.* subsidiary (company).

Tod [to:t] *m* (-es; -e) death.

Todes|ängste ['to:dəs~] *pl*: **~ *ausstehen*** be scared to death; '**~anzeige** *f* obituary (notice); '**~fall** *m* death; '**~opfer** *n* casualty; '**~strafe** *f jur.* capital punishment, death penalty; '**~ursache** *f* cause of death.

'**Tod|feind** *m* deadly enemy; '**2krank** *adj* critically ill.

tödlich ['tø:tlɪç] **1.** *adj Unfall etc*: fatal; *Dosis, Gift etc*: lethal, deadly; **2.** *adv*: **~ *verunglücken*** be killed in an accident.

'**Todsünde** *f* mortal (*od.* deadly) sin.

Toilette [tõa'lɛtə] *f* (-; -n) toilet, lavatory, *Am.* bathroom; *öffentliche*: *Br.* public convenience, *Am.* comfort station; *im Theater etc*: *Am.* rest room; **~nfrau** *f* lavatory attendant; **~npa,pier** *n* toilet paper.

toler|ant [tole'rant] *adj* tolerant (***gegen*** of, towards); **2anz** [~'rants] *f* (-; *no pl*) tolerance (*a. tech.*); **~ieren** [~'ri:rən] *v/t* (*no* ge-, h) tolerate.

toll [tɔl] *adj* F great, fantastic; '**2wut** *f vet.* rabies; '**~wütig** *adj vet.* rabid, mad.

Tomate [to'ma:tə] *f* (-; -n) tomato.

Tombola ['tɔmbola] *f* (-; -s) raffle.

Ton¹ [to:n] *m* (-[e]s; -e) *geol.* clay.

Ton² [~] *m* (-[e]s; ⸚e) tone (*a. mus., paint, fig., Stimme*); *Klang, Geräusch*: sound (*a. TV, Film*); *Note*: note; *Betonung*: stress; *Farb2*: *a.* shade; '**~arm** *m* pickup (arm); '**~art** *f mus.* key; '**~band** *n* (-[e]s; ⸚er) (recording) tape; '**~bandgerät** *n* tape recorder.

tönen ['tø:nən] *v/t* (h) tint; *dunkler*: tone.

'**Ton|fall** *m* (-[e]s; *no pl*) intonation; '**~film** *m* sound film; '**~lage** *f* pitch; '**~leiter** *f mus.* scale.

Tonne ['tɔnə] *f* (-; -n) *Regen2*: butt; *Müll2*: *Br.* bin, *Am.* can; *Gewichtseinheit*: (metric) ton.

'**Tontechniker** *m* sound engineer.

'**Tönung** *f* (-; -en) tone, shade.

Topf [tɔpf] *m* (-[e]s; ⸚e) pot; *Koch2*: *a.* saucepan.

Tor [to:r] *n* (-[e]s; -e) gate (*a. Ski*); *Fußball etc*: goal.

Torf [tɔrf] *m* (-[e]s; *no pl*) peat; '**~mull** *m* peat dust.

torkeln ['tɔrkəln] *v/i* (sn) reel, stagger.

'**Tormann** *m* (-[e]s; ⸚er, -leute) *Sport*: goalkeeper, F goalie.

torped|ieren [tɔrpe'di:rən] *v/t* (*no* ge-, h) torpedo (*a. fig.*); **2o** [~'pe:do] *m* (-s; -s) torpedo.

'**Torschütze** *m Sport*: scorer.

Torte ['tɔrtə] *f* (-; -n) *Sahne2*: gateau; *Obst2*: (fruit) flan.

tosend ['to:zənt] *adj Applaus*: thunderous.

tot [to:t] *adj* dead (*a. fig.*): **~ *umfallen*** drop dead.

total [to'ta:l] *adj* total, complete; **2ausverkauf** *m* clearance sale; *wegen Geschäftsaufgabe*: *a.* closing-down sale; **~itär** [~ali'tɛ:r] *adj pol.* totalitarian; **2schaden** *m mot.* write-off.

'**tot|arbeiten** *v/refl* (*sep*, -ge-, h) work o.s. to death; '**2e** *m, f* (-n; -n) dead man (*od.* woman); *Leiche*: (dead) body, corpse: ***die ~n*** *pl* the dead *pl.*

töten ['tø:tən] *v/t* (h) kill.

'**toten|blaß** *adj*, '**~bleich** *adj* deathly pale; '**2kopf** *m Giftzeichen etc*: skull and crossbones; '**2schein** *m* death certificate; '**~still** *adj* (as) silent as the grave.

'**totlachen** *v/refl* (*sep*, -ge-, h) F kill o.s. laughing.

Toto ['to:to] *n, a. m* (-s; -s) football pools

pl: **(im) ~ spielen** do the pools; **'~schein** *m* pools coupon.

'Tot|schlag *m* (-[e]s; *no pl*) *jur*. manslaughter; **'Ꙩschweigen** *v/t* (*irr*, *sep*, -ge-, h, → **schweigen**) hush up.

'Tötung *f* (-; -en) killing; *jur*. homicide.

Toup|et [tu'pe:] *n* (-s, -s) toupee; **Ꙩieren** [~'pi:rən] *v/t* (*no* ge-, h) back-comb.

Tour [tu:r] *f* (-; -en) tour (**durch** of); *Ausflug*: trip, excursion; *tech*. turn, revolution: **auf ~en kommen** *mot*. pick up (speed); **krumme ~en** underhand methods; **'~en...** *in Zssgn Rad etc*: touring ...

Touris|mus [tu'rɪsmʊs] *m* (-; *no pl*) tourism; **~t** *m* (-en; -en) tourist; **~tenklasse** *f aer*. economy class; **Ꙩtisch** *adj* tourist(ic).

Tournee [tur'ne:] *f* (-; -s, -n) tour (**durch** of): **auf ~ gehen** go on tour.

Trabantenstadt [tra'bantən~] *f* satellite town.

Tracht [traxt] *f* (-; -en) traditional (*od.* national) costume; *Schwestern*Ꙩ *etc*: uniform; **'~enanzug** *m* traditionally styled suit; **'~enfest** *n festival at which traditional* (*od. national*) *costume is worn*.

trächtig ['trɛçtɪç] *adj zo*. pregnant.

Tradition [tradi'tsĭo:n] *f* (-; -en) tradition; **Ꙩell** [~o'nɛl] *adj* traditional.

Trage ['tra:gə] *f* (-; -n) stretcher.

träge ['trɛ:gə] *adj* lazy, indolent; *phys*. inert.

tragen ['tra:gən] (trug, getragen, h) **1.** *v/t* carry (*a. Waffe etc*): *Kleidung*, *Schmuck*, *Brille etc*: wear; *er~*, *a. Früchte*, *Folgen*, *Verantwortung*, *Namen etc*: bear; **2.** *v/i* bear fruit; *tragfähig sein*: hold; **'~d** *adj arch*. supporting; *thea*. leading.

Träger ['trɛ:gər] *m* (-s; -) carrier; *Gepäck*Ꙩ: porter; *am Kleid*: (shoulder) strap; *tech*. support; *arch*. girder; *fig*. *e-s Namens etc*: bearer; **'Ꙩlos** *adj Kleid etc*: strapless.

'Tragetasche *f* carrier bag; *für Babys*: carrycot.

Trag|fähigkeit ['tra:k~] *f* (-; *no pl*) load(-carrying) capacity; **'~fläche** *f aer*. wing.

Trägheit ['trɛ:khaɪt] *f* (-; *no pl*) laziness, indolence; *phys*. inertia.

Trag|ik ['tra:gɪk] *f* (-; *no pl*) tragedy; **'Ꙩisch** *adj* tragic; **~ödie** [tra'gø:dĭə] *f* (-; -n) *thea*. tragedy (*a. fig.*).

Train|er ['trɛ:nər] *m* (-s; -) trainer, coach; **Ꙩieren** [trɛ'ni:rən] *v/i u. v/t* (*no* ge-, h) *allg*. train; *j-n*, *e-e Mannschaft*: *a.* coach; **'~ing** *n* (-s; -s) training; **'~ingsanzug** *m* tracksuit.

Traktor ['traktɔr] *m* (-s; -en [~'to:rən]) *tech*. tractor.

trampe|n ['trɛmpən] *v/i* (sn) hitchhike; **'Ꙩr** *m* (-s; -) hitchhiker.

Träne ['trɛ:nə] *f* (-; -n) tear: → **ausbrechen**; **'~ngas** *n* tear gas.

Trans|akti'on [trans'~] *f* (-; -en) transaction; **~fer** [~'fe:r] *m* (-s; -s) transfer; **~formator** [~fɔr'ma:tɔr] *m* (-s; -en [~ma'to:rən]) transformer; **~fusi'on** *f* (-; -en) *med*. transfusion.

Transistor [tran'zɪstɔr] *m* (-s; -en [~'to:rən]) *electr*. transistor; **~radio** *n* transistor radio.

Transit [tran'zi:t] *m* (-s; -e) transit; **~halle** *f aer*. transit lounge; **~passa,gier** *m*, **~reisende** *m*, *f* transit passenger; **~strecke** *f* transit road (*od.* route); **~visum** *n* transit visa.

Transparent [transpa'rɛnt] *n* (-[e]s; -e) banner.

Transplant|ation [transplanta'tsĭo:n] *f* (-; -en) *med*. transplant; **Ꙩieren** [~'ti:rən] *v/t* (*no* ge-, h) transplant.

Transport [trans'pɔrt] *m* (-[e]s; -e) transport(ation); **Ꙩfähig** *adj* transportable; *Kranker*: fit for transportation; **Ꙩieren** [~'ti:rən] *v/t* (*no* ge-, h) transport; *tragen*: carry; *Kranken etc*: take; **~kosten** *pl* transport(ation) charges *pl*; *Speditionskosten*: forwarding charges *pl*; **~mittel** *n* (means of) transport(ation); **~unter,nehmen** *n* haulage company (*od.* contractors *pl*); **~unter,nehmer** *m* haul(i)er; **~wesen** *n* (-s; *no pl*) transportation.

Traube ['traʊbə] *f* (-; -n) bunch of grapes; *Weinbeere*: grape; *fig*. cluster; **'~nsaft** *m* grape juice; **'~nzucker** *m* glucose, dextrose.

trauen ['traʊən] (h) **1.** *v/t* marry: **sich ~ lassen** get married; **2.** *v/i* trust (**j-m** s.o.): **ich traute m-n Ohren (Augen) nicht** I could not believe my ears (eyes); **3.** *v/refl*: **sich ~, et. zu tun** dare (to) do s.th.

Trauer ['traʊər] *f* (-; *no pl*) grief, sorrow

T

(*beide*: **um** over, at); *um j-n*: mourning (for): ***in*** ~ in mourning (*a. Kleidung*); '**~fall** *m* death; '**~feier** *f* funeral service; '**~marsch** *m* funeral march; '**2n** *v/i* (h) mourn (***um*** for); *weitS.* grieve (for, over); '**~zug** *m* funeral procession.

Traum [traʊm] *m* (-[e]s; ⸚e) dream (*a. fig.*).

träumen ['trɔʏmən] *v/i u. v/t* (h) dream (***von*** of) (*a. fig.*).

traurig ['traʊrɪç] *adj* sad (***über*** *acc*, ***wegen*** about, at); '**2keit** *f* (-; *no pl*) sadness.

'**Trau|ring** *m* wedding ring; '**~schein** *m* marriage certificate; '**~ung** *f* (-; -en) wedding; '**~zeuge** *m* witness to a marriage.

Travellerscheck ['trɛvələr~] *m* → ***Reisescheck.***

treffen ['trɛfən] (traf, getroffen, h) **1.** *v/t* hit (***j-n am Arm*** s.o.'s arm); *j-m begegnen*: meet; *betreffen*: concern, *nachteilig*: affect; *kränken*: hurt; *Maßnahmen etc*: take: ***nicht*** ~ miss; ***sich*** ~ meet; **2.** *v/i* hit: ***nicht*** ~ miss; **3.** *v/refl*: ***sich mit j-m*** ~ meet (up with) s.o.

Treffen [~] *n* (-s; -) meeting; '**2d** *adj Bemerkung etc*: apt.

'**Treff|er** *m* (-s; -) hit (*a. fig.*); *Tor*: goal; *Gewinn*: win; '**~punkt** *m* meeting place.

Treibeis ['traɪp~] *n* drift ice.

treiben ['traɪbən] (trieb, getrieben) **1.** *v/t* (h) drive (*a. tech. u. fig.*); *j-n an~*: push, press; *Blüten etc*: put forth; F *allg. machen, tun*: do, be up to: → ***Sport***; **2.** *v/i* (sn) *im Wasser*: float, *a. Schnee, Rauch*: drift: ***sich ~ lassen*** drift (along) (*a. fig.*)

Treiben [~] *n* (-s) *Tun*: doings *pl*; *Vorgänge*: goings-on *pl*: ***geschäftiges*** ~ bustle; '**2d** *adj*: ***~e Kraft*** driving force.

Treib|haus ['traɪp~] *n* hothouse; '**~hausef͵fekt** *m* (-[e]s; *no pl*) greenhouse effect; '**~holz** *n* driftwood; '**~sand** *m* quicksand; '**~stoff** *m* fuel.

Trend [trɛnt] *m* (-s; -s) trend (***zu*** towards); '**~wende** *f* change in trend.

trenn|en ['trɛnən] (h) **1.** *v/t* separate (*a. chem.*); *Kämpfende*: part; *teilen*: divide; *Rassen*: segregate; *teleph.* cut off, disconnect: → ***getrennt***; **2.** *v/refl* part company; *Ehepartner*: split up (***von*** with), separate: ***sich ~ von*** *et.*: part with; '**2schärfe** *f Radio*: selectivity; '**2ung** *f* (-; -en) separation; division; segregation: ***seit ihrer*** ~ since they split up; '**2wand** *f* partition.

Treppe ['trɛpə] *f* (-; -n) (***e-e*** ~ a flight of) stairs *pl* (*vor dem Haus etc*: steps *pl*), staircase, *Am. a.* stairway.

'**Treppen|absatz** *m* landing; '**~geländer** *n* banisters *pl*; '**~haus** *n* staircase; *Flur*: hall.

Tresor [tre'zoːr] *m* (-s; -e) safe; *Bank2*: strongroom, vault; **~fach** *n* safe deposit box; **~raum** *m* strongroom, vault.

treten ['treːtən] (trat, getreten) **1.** *v/i* a) (sn) *allg.* step (***zur Seite*** aside): ***ins Zimmer*** ~ enter the room; → ***Ufer***, b) (h *od.* sn): ~ ***auf*** (*acc*) step (*od.* tread) on; ~ ***in*** (*acc*) step into, c) (h): ***nach j-m*** ~ (take a) kick at s.o.; **2.** *v/t* (h) kick.

treu [trɔʏ] *adj* faithful; *~gesinnt*: loyal; *ergeben*: devoted (*alle*: *dat* to); '**2e** *f* (-; *no pl*) faithfulness, *eheliche*: *a.* fidelity; loyalty; **2händer** ['~hɛndər] *m* (-s; -) trustee; '**~händerisch** *adv*: ***et. ~ verwalten*** hold s.th. in trust; '**2handgesellschaft** *f* trust company; '**~herzig** *adj* trusting.

Tribüne [tri'byːnə] *f* (-; -n) *Redner2*: platform, rostrum; *Zuschauer2*: stand.

Trick [trɪk] *m* (-s; -s) trick; '**~betrüger** *m* confidence trickster.

Triebwerk ['triːp~] *n aer. etc* engine; '**~schaden** *m* engine fault.

triefen ['triːfən] *v/i* (h) drip (***von*** with); *Augen, Nase*: run: → ***naß.***

triftig ['trɪftɪç] *adj* weighty; *Grund*: *a.* good.

Trikot [tri'koː] *n* (-s; -s) *Sport*: shirt, jersey; *Tanz2 etc*: leotard.

Trimm|-dich-Pfad ['trɪm~] *m* fitness trail; '**2en** *v/refl* (h) keep fit.

trink|bar ['trɪŋkbaːr] *adj* drinkable; '**~en** *v/t u. v/i* (trank, getrunken, h) drink (***auf*** *acc* to); *Tee etc*: *a.* have: ***et. zu*** ~ a drink; → ***Gesundheit***; '**2er** *m* (-s; -) heavy drinker, alcoholic; '**2geld** *n* tip: ***j-m ein*** (***e-e Mark***) ***~ geben*** tip s.o. (one mark); '**~wasser** *n* (-s; *no pl*) drinking water.

Trio ['triːo] *n* (-s; -s) *mus.* trio (*a.* F *fig.*).

Tritt [trɪt] *m* (-[e]s; -e) *Fuß2*: kick.

Triumph [tri'ʊmf] *m* (-[e]s; -e) triumph; **2al** [~'faːl] *adj* triumphant; **2ieren** [~'fiːrən] *v/i* (*no* ge-, h) triumph (***über*** *acc* over).

T

trocken ['trɔkən] *adj* dry (*a. fig.*); '**♀haube** *f* (hair)drier; '**♀heit** *f* (-; *no pl*) dryness (*a. fig.*); *Dürre*: drought; '**~legen** *v/t* (*sep*, -ge-, h) *Land etc*: drain; *Baby*: change; '**♀milch** *f* dried milk.
trockn|en ['trɔknən] *v/t* (h) *u. v/i* (sn) dry; '**♀er** *m* (-s; -) drier.
Tröd|el ['trø:dəl] *m* (-s; *no pl*) junk; '**~elmarkt** *m* flea market; '**♀eln** *v/i* (h) dawdle; '**~ler** *m* (-s; -) junk dealer; *Bummler*: dawdler.
Trommel ['trɔməl] *f* (-; -n) drum (*a. tech.*); '**~fell** *n anat.* eardrum.
Trompete [trɔm'pe:tə] *f* (-; -n) trumpet.
Tropen ['tro:pən] *pl* tropics *pl*; '**~...** *in Zssgn* tropical ...
Tropf [trɔpf] *m* (-[e]s; -e) *med.* drip: ***am ~ hängen*** be on the drip.
Tröpf|chen ['trœpfçən] *n* (-s; -) droplet; '**♀eln** *v/impers* (h); ***es tröpfelt*** it's spitting.
tropfen ['trɔpfən] *v/i* (h) *Wasserhahn etc*: drip.
Tropfen [~] *m* (-s; -) drop (*a. fig.*); *Schweiß♀*: bead: ***ein ~ auf den heißen Stein*** a drop in the bucket (*od.* ocean).
Trophäe [tro'fɛ:ə] *f* (-; -n) trophy.
tropisch ['tro:pɪʃ] *adj* tropical.
Trost [tro:st] *m* (-[e]s; *no pl*) comfort, consolation: ***ein schwacher ~*** cold comfort.
tröst|en ['trø:stən] (h) **1.** *v/t* comfort, console; **2.** *v/refl* comfort (*od.* console) o.s. (***mit*** with); '**~lich** *adj* comforting, consoling.
'**trost|los** *adj Situation etc*: hopeless; *Aussichten etc*: bleak; *Gegend etc*: desolate; '**♀preis** *m* consolation prize.
Trottel ['trɔtəl] *m* (-s; -) F dope.
trotz [trɔts] *prp* in spite of, despite; '**~dem** *adv* nevertheless, all the same.
trüb [try:p] *adj*, **~e** ['~bə] *adj* cloudy; *Wasser*: *a.* muddy; *Licht etc*: dim; *Himmel, Farben*: dull; *Stimmung, Tag etc*: *a.* gloomy.
Trubel ['tru:bəl] *m* (-s; *no pl*) (hustle and) bustle.
trüben ['try:bən] *v/t* (h) *Glück, Freude etc*: spoil, mar.
'**trübsinnig** *adj* gloomy.
Trugschluß ['tru:k~] *m* fallacy.
Truhe ['tru:ə] *f* (-; -n) chest.
Trümmer ['trʏmər] *pl* ruins *pl*; *Schutt*: debris *sg*; *Stücke*: fragments *pl*; *aer.* wreck(age).
Trumpf [trʊmpf] *m* (-[e]s; ⸗e) trump (card) (*a. fig.*): ***~ sein*** be trumps; *fig.* ***s-n ~ ausspielen*** play one's trump card.
Trunkenheit ['trʊŋkənhaɪt] *f* (-; *no pl*) *bsd. jur.* drunkenness: ***~ am Steuer*** drunken (*Am.* drunk) driving.
Trupp [trʊp] *m* (-s; -s) troop; *Such♀ etc*: party; *mil.* detachment.
Truppe ['trʊpə] *f* (-; -n) *mil. Einheit*: unit; *thea.* company: **~n** *pl mil.* troops *pl*, forces *pl*.
Trust [trast] *m* (-[e]s; -e, -s) *econ.* trust.
Truthahn ['tru:t~] *m zo.* turkey.
Tschech|e ['tʃɛçə] *m* (-n; -n) Czech; '**♀isch** *adj* Czech.
Tschechoslowak|e [tʃɛçoslo'va:kə] *m* (-n; -n) Czechoslovak; **♀isch** *adj* Czechoslovak.
tschüs [tʃʏs] *int* F bye, see you.
T-Shirt ['ti:ʃœrt] *n* (-s; -s) T-shirt.
Tube ['tubə] *f* (-; -n) tube.
Tuberkulose [tubɛrku'lo:zə] *f* (-; -n) *med.* tuberculosis.
Tuch [tu:x] *n* (-[e]s; ⸗er) *allg.* cloth; *Hals♀, Kopf♀*: scarf; *Staub♀*: duster.
tüchtig ['tʏçtɪç] *adj* (cap)able, competent; *geschickt*: skil(l)ful; *leistungsfähig*: efficient; F *fig. ordentlich*: good; '**♀keit** *f* (-, *no pl*) (cap)ability, qualities *pl*; skill; efficiency.
tückisch ['tʏkɪʃ] *adj* malicious; *Krankheit etc*: insidious; *gefährlich*: treacherous.
Tugend ['tu:gɛnt] *f* (-; -en) virtue.
Tulpe ['tʊlpə] *f* (-; -n) *bot.* tulip.
Tumor ['tu:mɔr] *m* (-s; -en [tu'mo:rən]) *med.* tumo(u)r.
Tümpel ['tʏmpəl] *m* (-s; -) pond.
Tumult [tu'mʊlt] *m* (-[e]s; -e) tumult, uproar.
tun [tu:n] *v/t u. v/i* (tat, getan, h) do; *Schritt*: take; F *legen etc*: put: F ***j-m et. ~*** do s.th. to s.o.; ***zu ~ haben*** have work to do; *beschäftigt sein*: be busy; ***ich weiß (nicht), was ich ~ soll*** (*od.* ***muß***) I (don't) know what to do; ***so ~, als ob*** pretend to *be etc.*
Tünche ['tʏnçə] *f* (-; -n) whitewash; '**♀n** *v/t* (h) whitewash.
Tunke ['tʊŋkə] *f* (-; -n) sauce; '**♀n** *v/t* (h) dip (***in*** *acc* in[to]).

T

Tunnel ['tʊnəl] *m* (-s; -[s]) tunnel.
Tupfer ['tʊpfər] *m* (-s; -) *med.* swab.
Tür [tyːr] *f* (-; -en) door: F ***vor die ~ setzen*** throw out; *fig.* ***vor der ~ stehen*** be just around the corner.
Turbine [tʊr'biːnə] *f* (-; -n) *tech.* turbine.
'**Türgriff** *m* door handle; *Knopf*: doorknob.
Türk|e ['tʏrkə] *m* (-n; -n) Turk; '**♀isch** *adj* Turkish.
'**Türklinke** *f* door handle.
Turm [tʊrm] *m* (-[e]s; ⸚e) tower; *Kirch♀*: *a.* steeple; *Schach*: castle, rook.
türmen ['tʏrmən] **1.** *v/refl* (h) pile up; **2.** *v/i* (sn) F bolt, do a bunk.
'**Turm|spitze** *f* spire; '**~uhr** *f* church clock.
turnen ['tʊrnən] *v/i* (h) do gymnastics.
Turn|en [~] *n* (-s) gymnastics *pl* (*sg konstr.*); '**~er** *m* (-s; -) gymnast; '**~halle** *f* gym(nasium); '**~hose** *f* (***e-e ~*** a pair of) gym shorts *pl.*
Turnier [tʊr'niːr] *n* (-s; -e) tournament.
'**Turnschuh** *m Br.* trainer, *Am.* sneaker.
'**Tür|öffner** *m* door opener; '**~pfosten** *m* doorpost; '**~rahmen** *m* doorframe; '**~schild** *n* doorplate.
Tusche ['tʊʃə] *f* (-; -n) Indian ink; *Wimpern♀*: mascara.
Tüte ['tyːtə] *f* (-; -n) (paper *od.* plastic) bag; *Eis♀*: (ice-cream) cone.
TÜV [tʏf] *m* (-; *no pl*): ***ich muß zum ~*** *Br. appr.* my MOT's due; ***e-n Wagen durch den ~ bringen*** *Br. appr.* get a car through its MOT; ***nicht durch den ~ kommen*** *Br. appr.* fail one's MOT; '**~-Pla͵kette** *f Br. appr.* MOT badge.
Typ [tyːp] *m* (-s; -en) type (*a. Person*); *tech. a.* model; F *Mann*: guy, bloke; '**~e** *f* (-; -n) *Schreibmaschine*: type.
Typhus ['tyːfʊs] *m* (-; *no pl*) *med.* typhoid (fever).
typisch ['tyːpɪʃ] *adj* typical (***für*** of).
Tyrann [ty'ran] *m* (-en; -en) tyrant; **♀isch** *adj* tyrannical; **♀isieren** [~i'ziːrən] *v/t* (*no* ge-, h) tyrannize; *fig. a.* bully.

U

U-Bahn ['uː~] *f bsd. Br.* underground, *Londoner*: *mst* Tube, *Am.* subway; '**~hof** *m* underground (*Londoner*: *mst* Tube, *Am.* subway) station; '**~-Netz** *n* underground (*Londoner*: *mst* Tube, *Am.* subway) system.
übel ['yːbəl] *adj* bad: ***mir ist*** (***wird***) ***~*** I feel (I'm getting) sick; → ***Nachrede***.
Übel [~] *n* (-s; -) *notwendiges, kleineres etc*: evil; '**~keit** *f* (-; *no pl*) nausea; '**♀nehmen** *v/t* (*irr, sep*, -ge-, h, → ***nehmen***) take offen|ce (*Am.* -se) at.
üben ['yːbən] *v/t u. v/i* (h) practi|se (*Am.* -ce): ***Klavier*** *etc* ***~*** practise the piano *etc.*
über ['yːbər] **1.** *prp* a) (*dat*) *Lage, Standort*: over, *a. Reihenfolge*: above, b) (*acc*) *Richtung*: over; *quer* ~: across: ***~ München nach Rom*** to Rome via Munich; → ***froh, nachdenken, Scheck*** *etc*; **2.** *adv*: ***~ u. ~*** all over.
'**überall** *adv* everywhere: ***~ in*** (*dat*) all over.
'**Überangebot** *n econ.* oversupply (***an*** *dat* of).
über|'anstrengen (*insep, no* -ge-, h) **1.** *v/t* overexert, strain; **2.** *v/refl* overexert (*od.* strain) o.s.; **~'arbeiten** (*insep, no* -ge-, h) **1.** *v/t Buch etc*: revise; **2.** *v/refl* overwork.
'**überaus** *adv* most, extremely.
'**über|belichten** *v/t* (*only inf u. pp* überbelichtet, h) *phot.* overexpose; **~'bieten** *v/t* (*irr, insep, no* -ge-, h, → ***bieten***) *bsd. Auktion*: outbid (***um*** by); *fig.* beat; *j-n*: *a.* outdo; **♀bleibsel** ['~blaɪpsəl] *n* (-s; -) remnant (*fig.* ***aus*** *e-r Zeit*: of, from), *pl a.* remains *pl*; *e-r Mahlzeit*: leftovers *pl*; '**♀blick** *m fig.* overall view (***über*** *acc* of); **~'blicken** *v/t* (*insep, no* -ge-, h) overlook; *fig. Folgen, Risiko etc*: be able to calculate;

~'bringen *v/t* (*irr*, *insep*, *no* -ge-, h, → ***bringen***) deliver (***j-m et.*** s.th. to s.o.); **~'brücken** *v/t* (*insep*, *no* -ge-, h) bridge (*a. fig.*); **~'dacht** *adj* roofed, covered; **~'dauern** *v/t* (*insep*, *no* -ge-, h) outlast, survive; **~'denken** *v/t* (*irr*, *insep*, *no* -ge-, h, → ***denken***) think *s.th.* over; **'≈dosis** *f med.* overdose; **'≈druck** *m* (-[e]s; ¨e) *phys.*, *tech.* overpressure; **~drüssig** ['~drʏsɪç] *adj*: ***e-r Sache ~ sein*** be tired (*od.* weary) of s.th.; **'~durchschnittlich** *adj* above-average, higher-than-average; **'~eifrig** *adj* overzealous.

über'eil|en *v/t* (*insep*, *no* -ge-, h) rush: ***nichts ~*** not to rush things; **~t** *adj* rash, overhasty.

überein'ander *adv* on top of (*sprechen etc*: about) each other; **~schlagen** *v/t* (*irr*, *sep*, -ge-, h, → ***schlagen***) *Beine*: cross.

Über'ein|kunft [~kʊnft] *f* (-; ¨e) agreement; **≈stimmen** *v/i* (*sep*, -ge-, h) *Angaben etc*: tally, correspond, agree; *Farben etc*: match: ***mit j-m ~*** agree with s.o. (***in*** *dat* on); **~stimmung** *f* (-; -en) agreement, correspondence: ***in ~ mit*** in agreement (*od.* correspondence) with.

über'fahr|en *v/t* (*irr*, *insep*, *no* -ge-, h, → ***fahren***) run *s.o.* over; *Ampel etc*: go through; **'≈t** *f mar.* crossing.

'Über|fall *m* (-[e]s; ¨e) attack (***auf*** *acc* on); *Straßenraub*: *a.* mugging (of); *Raub≈*: raid (on) (*a. mil.*), holdup; *mil. Invasion*: invasion (of); **≈'fallen** *v/t* (*irr*, *insep*, *no* -ge-, h, → ***fallen***) attack, mug; raid, hold up.

'überfällig *adj* overdue.

über|'fliegen *v/t* (*irr*, *insep*, *no* -ge-, h, → ***fliegen***) fly over; *fig.* glance over, skim (through); **'~fließen** *v/i* (*irr*, *sep*, -ge-, sn, → ***fließen***) overflow; **~'flügeln** *v/t* (*insep*, *no* -ge-, h) outstrip, surpass; **'≈fluß** *m* (-sses; *no pl*) abundance (***an*** *dat* of): ***im ~ haben*** abound in; **'~flüssig** *adj* superfluous; *unnötig*: unnecessary; **~'fluten** *v/t* (*insep*, *no* -ge-, h) flood (*a. fig.*); **~'fordern** *v/t* (*insep*, *no* -ge-, h) *Kräfte*, *Geduld etc*: overtax; *j-n*: expect too much of; **~'fragt** *adj*: F ***da bin ich ~*** you've got me there.

über'führ|en *v/t* (*insep*, *no* -ge-, h) *jur.* convict (*gen* of); **≈ung** *f* (-; -en) *jur.* conviction; *mot. Br.* flyover, *Am.* overpass; *Fußgänger≈*: footbridge.

über'füllt *adj* overcrowded, packed.

'Übergang *m* (-[e]s; ¨e) crossing; *fig.* transition; **'~slösung** *f* interim solution; **'~sre,gierung** *f* caretaker government; **'~sstadium** *n* transitional stage.

über'geben (*irr*, *insep*, *no* -ge-, h, → ***geben***) **1.** *v/t* hand over (***j-m et.*** s.th.to s.o.); *mil.* surrender; **2.** *v/refl* vomit, *bsd. Br. a.* be sick.

'übergehen[1] *v/i* (*irr*, *sep*, -ge-, sn, → ***gehen***): ***~ auf*** (*acc*) *Nachfolger etc*: develop on; ***~ in*** (*acc*) *j-s Besitz*: pass into; ***~ zu*** pass on to.

über'gehen[2] *v/t* (*irr*, *insep*, *no* -ge-, h, → ***gehen***) pass *s.th.* over; *ignorieren*: ignore; *nicht berücksichtigen*: leave *s.o.* out.

'Über|gepäck *n aer.* excess baggage; **'~gewicht** *n* (-[e]s; *no pl*) overweight; *fig.* preponderance: ***~ haben*** be overweight; *Gepäck*, *Brief etc*: be over the limit.

'überglücklich *adj* overjoyed.

'über|greifen *v/i* (*irr*, *sep*, -ge-, h, → ***greifen***) *fig.*: ***~ auf*** (*acc*) spread to; **'≈griff** *m* (-[e]s; -e) infringement (***auf*** *acc* of).

'Übergröße *f* outsize.

über|'handnehmen *v/i* (*irr*, *sep*, -ge-, h, → ***nehmen***) become rampant; **~'häufen** *v/t* (*insep*, *no* -ge-, h): ***~ mit*** *Arbeit etc*: swamp with; *Geschenken etc*: shower with.

über'haupt *adv* at all (*nachgestellt*); *sowieso*, *eigentlich*: anyway: ***~ nicht(s)*** not (nothing) at all.

überheblich [~'he:plɪç] *adj* arrogant; **≈keit** *f* (-; *no pl*) arrogance.

über|'hitzen *v/t* (*insep*, *no* -ge-, h) overheat (*a. fig.*); **~'höht** *adj* excessive.

über'hol|en *v/t* (*insep*, *no* -ge-, h) overtake (*a. fig.*), pass; *tech.* overhaul; **≈spur** *f mot.* passing lane; **~t** *adj* (out)dated, outmoded.

über'hören *v/t* (*insep*, *no* -ge-, h) miss, not to catch (*od.* get); *absichtlich*: ignore.

'überirdisch *adj* supernatural.

'überkochen *v/i* (*sep*, -ge-, sn) boil over.

über'laden *v/t* (*irr*, *insep*, *no* -ge-, h, → ***laden***) overload; *electr. a.* overcharge.

'Überlandbus *m* long-distance coach (*Am.* bus).
über'lassen *v/t* (*irr*, *insep*, *no* -ge-, h, → ***lassen***): ***j-m et.* ~** leave s.th. to s.o. (*a. fig.*); ***j-n sich selbst* (*s-m Schicksal*) ~** leave s.o. to fend for himself (to his fate); **~'lasten** *v/t* (*insep*, *no* -ge-, h) overload (*a. electr.*, *tech.*); *fig.* strain.
'überlaufen¹ *v/i* (*irr*, *sep*, -ge-, sn, → ***laufen***) run over; *pol.* defect (**zu** to); *mil.* desert, go over (to).
über'laufen² *v/impers* (*irr*, *insep*, *no* -ge-, h, → ***laufen***): ***es überlief mich heiß u. kalt*** I went hot and cold.
über'laufen³ *adj* overcrowded.
'Überläufer *m pol.* defector; *mil.* deserter.
über'leben *v/t u. v/i* (*insep*, *no* -ge-, h) survive (*a. fig.*); **Ωde** *m*, *f* (-n; -n) survivor.
'überlebensgroß *adj* larger-than-life.
über'legen¹ *v/t u. v/i* (*insep*, *no* -ge-, h) think about *s.th.*, think *s.th.* over; *erwägen*: *a.* consider: ***lassen Sie mich* ~** let me think; ***ich habe es mir* (*anders*) *überlegt*** I've made up (changed) my mind.
über'leg|en² *adj* superior (*dat* to; **an** *dat* in); **Ωenheit** *f* (-; *no pl*) superiority; **~t** [~'le:kt] *adj* (well-)considered; **Ωung** *f* (-; -en) consideration, reflection.
'überleit|en *v/i* (*sep*, -ge-, h): **~ zu** lead to; **'Ωung** *f* (-; -en) transition.
über'liefer|n *v/t* (*insep*, *no* -ge-, h) hand down, pass on (*beide*: *dat* to); **~t** *adj* traditional; **Ωung** *f* (-; -en) tradition.
über'listen *v/t* (*insep*, *no* -ge-, h) outwit.
'Über|macht *f* (-; *no pl*) superiority: ***in der* ~ *sein*** be superior in numbers; **'Ωmächtig** *adj* superior; *fig. Gefühl etc*: overpowering.
'Über|maß *n* (-es; *no pl*) excess (**an** *dat* of); **'Ωmäßig** *adj* excessive.
'übermenschlich *adj* superhuman.
über'mitt|eln *v/t* (*insep*, *no* -ge-, h) transmit (*dat* to); **Ωlung** *f* (-; -en) transmission.
'übermorgen *adv* the day after tomorrow.
über'müd|et *adj* overtired; **Ωung** *f* (-; -en) overtiredness.
'Über|mut *m* (-[e]s; *no pl*) high spirits *pl*; **Ωmütig** ['~my:tıç] *adj* high-spirited: **~ *sein*** *a.* be in high spirits.

'übernächst *adj the* next but one: ***~e Woche*** the week after next.
über'nacht|en *v/i* (*insep*, *no* -ge-, h) stay overnight (***bei j-m*** at s.o.'s [house], with s.o.), spend the night (at, with); **Ωung** *f* (-; -en) night: ***e-e* ~** one overnight stay; ***~ u. Frühstück*** bed and breakfast.
Übernahme ['~na:mə] *f* (-; -n) taking over, *bsd. econ.*, *pol.* takeover; adoption; **'~angebot** *n econ.* takeover bid.
'über|natio,nal *adj* supranational; **'~na,türlich** *adj* supernatural.
über'nehmen *v/t* (*irr*, *insep*, *no* -ge-, h, → ***nehmen***) take over; *Idee*, *Brauch*, *Namen etc*: *a.* adopt; *Führung*, *Risiko*, *Verantwortung*, *Auftrag etc*: take; *erledigen*: take care of.
'Überprodukti,on *f econ.* overproduction.
über'prüf|en *v/t* (*insep*, *no* -ge-, h) check, examine; *Aussage etc*: verify; *bsd. pol.* screen; **Ωung** *f* (-; -en) check, examination; verification; screening.
über'queren *v/t* (*insep*, *no* -ge-, h) cross.
über'ragen *v/t* (*insep*, *no* -ge-, h) tower above (*a. fig.*); **~d** *adj* outstanding.
überrasch|en [~'raʃən] *v/t* (*insep*, *no* -ge-, h) surprise: ***j-n bei et.* ~** catch s.o. doing s.th.; **Ωung** *f* (-; -en) surprise.
'überrea,gieren *v/i* (*insep*, *no* -ge-, h) overreact.
über'red|en *v/t* (*insep*, *no* -ge-, h) persuade (**zu** to): ***j-n zu et.* ~** *a.* talk s.o. into (doing) s.th.; **Ωung** *f* (-; *no pl*) persuasion.
'überregio,nal *adj Presse etc*: national.
über'reich|en *v/t* (*insep*, *no* -ge-, h): (***j-m***) ***et.* ~** hand s.th. over (*od.* present s.th) to s.o.; **Ωung** *f* (-; *no pl*) presentation.
über'reizt *adj* overwrought; *nervös*: on edge.
'Überrest *m* remains *pl*: ***~e*** *pl e-r Mahlzeit*: leftovers *pl*.
'Überrollbügel *m mot.* rollbar.
über|rumpeln [~'rʊmpəln] *v/t* (*insep*, *no* -ge-, h) take *s.o.* by surprise; **~'sättigen** *v/t* (*insep*, *no* -ge-, h) *econ. Markt*: oversaturate.
'Überschall... *in Zssgn* supersonic ...; **'~knall** *m* sonic boom.
über|'schatten *v/t* (*insep*, *no* -ge-, h) *fig.* cast a shadow over; **~'schätzen** *v/t*

(*insep*, *no* -ge-, h) overrate, overestimate; **'~schnappen** *v/i* (*sep*, -ge-, sn) F crack up; **~'schneiden** *v/refl* (*irr*, *insep*, *no* -ge-, h, → ***schneiden***) overlap (*a. fig.*); *Linien*: intersect; **~'schreiben** *v/t* (*irr*, *insep*, *no* -ge-, h, → ***schreiben***) *Besitz*: make *s.th.* over (*dat* to); **~'schreiten** *v/t* (*irr*, *insep*, *no* -ge-, h, → ***schreiten***) cross; *fig.* go beyond; *Höhepunkt*: pass; *Höchstgeschwindigkeit*: exceed.

'Überschrift *f* heading, title; *Schlagzeile*: headline.

'Über|schuß *m* (-sses; ⸚sse) surplus (***an*** *dat* of); **≈schüssig** ['~ʃʏsɪç] *adj* surplus; **'~schußprodukti͵on** *f* *econ.* surplus production.

über'schütten *v/t* (*insep*, *no* -ge-, h): **~ *mit*** *Geschenken*: shower with; *Lob etc*: heap *s.th.* on.

über'schwemm|en *v/t* (*insep*, *no* -ge-, h) flood; *econ. Markt*: *a.* glut; **≈ung** *f* (-; -en) flooding; *econ. a.* glut; *Hochwasser*: flood.

überschwenglich ['~ʃvɛŋlɪç] *adj* effusive.

'Übersee: *in* (***nach***) **~** overseas; **'~handel** *m* overseas trade; **'≈isch** *adj* overseas.

über'sehen *v/t* (*irr*, *insep*, *no* -ge-, h, → ***sehen***) overlook; *absichtlich*, *bsd. j-n*: *a.* ignore.

'übersetzen¹ (*sep*, -ge-) **1.** *v/i* (h *od.* sn) ferry across the river *etc*; **2.** *v/t* (h) ferry *s.o.*, *s.th.* across (*od.* over).

über'setz|en² *v/t u. v/i* (*insep*, *no* -ge-, h) translate (***aus*** from; ***in*** *acc* into); **≈er** *m* (-s; -) translator; **≈ung** *f* (-; -en) translation; *tech.* gear ratio.

'Übersicht *f* (-; -en) → ***Überblick***; **'≈lich** *adj* clear(ly arranged); **'~skarte** *f* general map.

über'sied|eln *v/i* (*insep*, *no* -ge-, sn) move (***nach*** to); **≈(e)lung** *f* (-; -en) move.

'übersinnlich *adj* supernatural.

über|'spielen *v/t* (*insep*, *no* -ge-, h) record; *auf Band*: *a.* tape; *fig.* cover up; **~'spitzt** *adj* exaggerated; **~'springen** *v/t* (*irr*, *insep*, *no* -ge-, h, → ***springen***) jump (over); *auslassen*: skip.

über'stehen¹ *v/t* (*irr*, *insep*, *no* -ge-, h, → ***stehen***) get over; *überleben*: survive.

'überstehen² *v/i* (*irr*, *sep*, -ge-, h, → ***stehen***) jut out, project.

über|'steigen *v/t* (*irr*, *insep*, *no* -ge-, h, → ***steigen***) exceed; **~'stimmen** *v/t* (*insep*, *no* -ge-, h) outvote.

'überstreifen *v/t* (*sep*, -ge-, h) slip *s.th.* on.

'Überstunden *pl* overtime *sg*: **~ *machen*** work (*od.* do) overtime; **'~zuschlag** *m* overtime premium.

über'stürz|en (*insep*, *no* -ge-, h) **1.** *v/t* → ***übereilen***; **2.** *v/refl* *Ereignisse*: come thick and fast; **~t** *adj* → ***übereilt.***

über|'teuert *adj* overpriced; **~'tönen** *v/t* (*insep*, *no* -ge-, h) drown (out).

Übertrag ['~tra:k] *m* (-[e]s; ⸚e) *econ.* amount carried over.

über'tragbar *adj* transferable (***auf*** *acc* to); *med.* infectious, *durch Berührung*: contagious.

über'tragen¹ *adj* *Bedeutung*: figurative.

über'trag|en² *v/t* (*irr*, *insep*, *no* -ge-, h, → ***tragen***) *senden*: broadcast; *TV a.* televise; *übersetzen*: translate (***aus*** from; ***in*** *acc* into); *Krankheit*, *tech. Kraft*: transmit; *Blut*: transfuse; *Organ etc*: transplant; *jur.*, *econ.*, *Zeichnung etc*: transfer (***auf*** *acc* to); **≈ung** *f* (-; -en) *Rundfunk*, *TV*: broadcast, transmission; translation; transfusion; transplant; transfer.

über'treffen *v/t* (*irr*, *insep*, *no* -ge-, h, → ***treffen***) *j-n*: excel; *a. Sache*: surpass, beat (*alle*: ***an*** *dat*, ***in*** *dat* in); *Erwartungen*: exceed.

über'treib|en *v/t* (*irr*, *insep*, *no* -ge-, h, → ***treiben***) exaggerate (*a. v/i*); *Tätigkeit*: overdo; **≈ung** *f* (-; -en) exaggeration.

'übertreten¹ *v/i* (*irr*, *sep*, -ge-, sn, → ***treten***) *pol. etc* go over, defect; *eccl.* convert (*alle*: ***zu*** to).

über'tret|en² *v/t* (*irr*, *insep*, *no* -ge-, h, → ***treten***) *Gesetz etc*: violate, infringe; **≈ung** *f* (-; -en) violation, infringement; *absolut*: *a.* offen|ce (*Am.* -se).

'Übertritt *m* (-[e]s; -e) *pol. etc* defection; *eccl.* conversion (*beide*: ***zu*** to).

über'völkert *adj* overpopulated.

über'wach|en *v/t* (*insep*, *no* -ge-, h) supervise; *leiten*: control; *polizeilich*: keep under surveillance; *med. etc* observe; **≈ung** *f* (-; -en) supervision; control; surveillance; observation.

Ü

überwältigen [~'vɛltɪgən] *v/t* (*insep*, *no* -ge-, h) overpower; *fig.* overcome, overwhelm.
über'weis|en *v/t* (*irr*, *insep*, *no* -ge-, h, → ***weisen***) *Geld*: transfer (***auf*** *ein Konto* to; ***j-m, an j-n*** to s.o.'s account); *postalisch*: remit (***j-m, an j-n*** to s.o.); *Fall, Patienten etc*: refer (***an*** *acc* to); **2ung** *f* (-; -en) transfer; remittance; referral; **2ungsformu,lar** *n* transfer form; **2ungsschein** *m med.* referral slip.
über'wiegen *v/i* (*irr*, *insep*, *no* -ge-, h, → ***wiegen***) predominate; **~d** *adj* predominant; *Mehrheit*: vast.
über'winden (*irr*, *insep*, *no* -ge-, h, → ***winden***) **1.** *v/t Angst etc*: overcome; *Krankheit etc*: get over; **2.** *v/refl* force o.s.: ***sich ~, et. zu tun*** bring (*od.* get) o.s. to do s.th.
'Überzahl *f* (-; *no pl*): ***in der ~ sein*** be in the majority.
über'zeug|en (*insep*, *no* -ge-, h) **1.** *v/t* convince (***von*** of); **2.** *v/refl*: ***sich ~ von*** (***, daß***) make sure of (that); ***sich selbst ~*** (go and) see for o.s.; **~t** *adj* convinced: ***~ sein*** *a.* be (*od.* feel) (quite) sure; **2ung** *f* (-; -en) conviction.
'überziehen¹ *v/t* (*irr*, *sep*, -ge-, h, → ***ziehen***) put on.
über'zieh|en² *v/t* (*irr*, *insep*, *no* -ge-, h) *Konto*: overdraw; **2ung** *f* (-; -en) overdraft; **2ungskre,dit** *m* overdraft facility.
üblich ['y:plɪç] *adj* usual: ***es ist ~*** *Brauch*: it's the custom; ***wie ~*** as usual.
U-Boot ['u:~] *n* submarine.
übrig ['y:brɪç] *adj* remaining: ***die ~en*** *pl* the others *pl*, the rest *sg*; ***~ sein*** (***haben***) be (have) left; **'~bleiben** *v/i* (*irr*, *sep*, -ge-, sn, → ***bleiben***) be left, remain: ***es bleibt mir nichts anderes übrig*** (***als zu***) there is nothing else I can do (but *do s.th.*); **~ens** ['~gəns] *adv* by the way; **'~lassen** *v/t* (*irr*, *sep*, -ge-, h, → ***lassen***) leave.
'Übung *f* (-; -en) exercise; *das Üben, Erfahrung*: practice: ***in*** (***aus der***) ***~*** in (out of) practice.
Ufer ['u:fər] *n* (-s; -) shore; *Fluß2*: bank: ***ans ~*** ashore; ***über die ~ treten*** overflow (its banks); **'~prome,nade** *f* riverside walk; *am Meer*: promenade; **'~straße** *f* riverside (*od.* lakeside) road; *Küstenstraße*: coast road.
Uhr [u:r] *f* (-; -en) clock; *Armband2 etc*: watch: ***nach m-r ~*** by my watch; ***wieviel ~ ist es?*** what time is it?; ***um vier ~*** at four o'clock; **'~armband** *n* watchstrap; **'~macher** *m* watchmaker; **'~werk** *n* clock (*od.* watch) mechanism; **'~zeiger** *m* (clock *od.* watch) hand; **'~zeigersinn** *m*: ***im ~*** clockwise; ***entgegen dem ~*** *bsd. Br.* anticlockwise, *Am.* counterclockwise; **'~zeit** *f* time.
UKW [u:ka:'ve:] VHF, *bsd. Am.* FM: ***auf ~*** on VHF (*bsd. Am.* FM).
Ultimatum [ʊlti'ma:tʊm] *n* (-s; -ten) ultimatum: ***j-m ein ~ stellen*** give s.o. an ultimatum.
um [ʊm] **1.** *prp räumlich*: (a)round; *zeitlich, ungefähr*: about, around: → ***bitten, kürzen, spielen, Uhr*** *etc*; **2.** *cj*: ***~ zu*** *inf* (in order) to *inf*; **3.** *adv etwa*: about, around.
um'arm|en *v/t* (*insep*, *no* -ge-, h) embrace, hug (*beide*: *a.* ***sich ~***); **2ung** *f* (-; -en) embrace, hug.
'Umbau *m* (-[e]s; -e, -ten) rebuilding, reconstruction; **'2en** *v/t* (*sep*, -ge-, h) rebuild, reconstruct.
'um|blättern *v/i* (*sep*, ge-,h) turn (over) the page; **'~bringen** (*irr*, *sep*, -ge-, h, → ***bringen***) **1.** *v/t* kill; **2.** *v/refl* kill o.s.
'umbuch|en (*sep*, -ge-, h) **1.** *v/t Flug etc*: change; **2.** *v/i* change one's booking; **'2ung** *f* (-; -en) change in booking.
'um|denken *v/i* (*irr*, *sep*, -ge-, h, → ***denken***) change one's way of thinking; **~disponieren** ['~dɪspo,ni:rən] *v/i* (*sep*, *no* -ge-, h) change one's plans.
'umdrehen (*sep*, -ge-, h) **1.** *v/t* turn (round); **2.** *v/refl* turn round (***nach j-m*** to look at s.o.).
Um'drehung *f* (-; -en) turn; *phys.*, *tech.* revolution, rotation.
'umfahren¹ *v/t* (*irr*, *sep*, -ge-, h, → ***fahren***) run (*od.* knock) down.
um'fahren² *v/t* (*irr*, *insep*, *no* -ge-, h, → ***fahren***) drive (*mar.* sail) (a)round.
'umfallen *v/i* (*irr*, *sep* -ge-, sn, → ***fallen***) fall down (*od.* over); *zs.-brechen*: collapse: → ***tot.***
'Umfang *m* (-[e]s; ⸚e) circumference; *Buch etc*: size; *Ausmaß*: extent: ***in großem ~*** on a large scale; **'2reich** *adj* extensive; *massig*: voluminous.
um'fassen *v/t* (*insep*, *no* -ge-, h) *fig.* cover; *enthalten*: *a.* include; **~d** *adj*

U

comprehensive; *vollständig*: complete.
'Umfrage *f* (-; -n) *Meinungs*♀: opinion poll.
'Umgang *m* (-[e]s; *no pl*) company: ***~ haben mit*** associate with; ***beim ~ mit*** when dealing with.
umgänglich ['~gɛŋlɪç] *adj* sociable.
'Umgangs|formen *pl* manners *pl*; **'~sprache** *f* colloquial speech: ***die englische ~*** colloquial English.
um'geb|en *adj* surrounded (***von*** by) **♀ung** *f* (-; -en) surroundings *pl*; *Milieu*: environment.
'umgehen¹ *v/i* (*irr*, *sep*, -ge-, sn, → ***gehen***): ***gut ~ können mit*** know how to handle.
um'gehen² *v/t* (*irr*, *insep*, *no* -ge-, h, → ***gehen***) *fig*. avoid, evade.
'umgehend *adj* immediate.
Um'gehungsstraße *f* bypass.
'umgekehrt 1. *adj*: ***in ~er Reihenfolge*** in reverse order; **2.** *adv* the other way round.
'umkehr|en (*sep*, -ge-) **1.** *v/i* (sn) turn back; **2.** *v/t* (h) *Reihenfolge etc*: reverse; **'♀ung** *f* (-; -en) reversal.
'um|kippen (*sep*, -ge-) **1.** *v/t* (h) tip over; *umstoßen*: knock over; **2.** *v/i* (sn) tip over; *umfallen*: fall over; F *ohnmächtig werden*: keel over; *Gewässer*: die; **'~kommen** *v/i* (*irr*, *sep*, -ge-, sn, → ***kommen***) be killed, die (*beide*: ***bei*** in): F ***~ vor*** (*dat*) be dying with.
'Umkreis *m* (-es; *no pl*): ***im ~ von*** within a radius of.
um'kreisen *v/t* (*insep*, *no* -ge-, h) *ast*. revolve (a)round.
'Umland *n* (-[e]s; *no pl*) surrounding area.
'Umlauf *m* (-[e]s; ⸚e) circulation; *phys*., *tech*. rotation; *Schreiben*: circular: ***im*** (***in***) ***~ sein*** (***bringen***) be in (put into) circulation, circulate; **'~bahn** *f* orbit.
'umlegen *v/t* (*sep*, -ge-, h) *Kosten*: divide (***auf*** *acc* among); *Hebel*: throw; *sl. töten*: bump *s.o.* off.
'umleit|en *v/t* (*sep*, -ge-, h) divert; **'♀ung** *f* (-; -en) diversion, detour; **'♀ungsschild** *n* diversion (*Am*. detour) sign.
'umliegend *adj* surrounding.
'umrechn|en *v/t* (*sep*, -ge-, h) convert (***in*** *acc* into); **'♀ung** *f* (-; -en) conversion; **'♀ungskurs** *m* exchange rate.
'um|reißen *v/t* (*irr*, *sep*, -ge-, h, → ***reißen***) knock down; **~'ringen** *v/t* (*insep*, *no* -ge-, h) surround.
'Umriß *m* (-sses; -sse) outline (*a. fig*.), contour.
'um|rühren *v/t* (*sep*, -ge-, h) stir; **'~rüsten** *v/t* (*sep*, -ge-, h) *tech*. convert (***auf*** *acc* to).
'Umsatz *m* (-es; ⸚e) *econ*. turnover; *Absatz*: *a*. sales *pl*; **'~beteiligung** *f* sales commission; **'~rückgang** *m* drop in sales; **'~steigerung** *f* sales increase; **'~steuer** *f* turnover tax.
'umschalten *v/t u. v/i* (*sep*, -ge-, h) switch (over) (***auf*** *acc* to) (*a. fig*.).
'Umschlag *m* (-[e]s; ⸚e) *Brief*♀: envelope; *Hülle*: cover, wrapper; *Buch*♀: jacket; *an der Hose*: *Br*. turn-up, *Am*. cuff; *med*. compress; *econ*. handling; *fig*. (sudden) change (*gen* in, of); **'♀en** (*irr*, *sep*, -ge-, → ***schlagen***) **1.** *v/t* (h) *Baum*: cut down, fell; *Ärmel*: turn up; *Kragen*: turn down; *econ*. handle; **2.** *v/i* (sn) *Boot etc*: overturn; *fig*. change (suddenly); **'~platz** *m* trading cent|re (*Am*. -er).
'um|schulden *v/t* (*sep*, -ge-, h) *Kredit etc*: convert; *Firma etc*: change the terms of debt of; **'~schulen** *v/t* (*sep*, -ge-, h) *beruflich*: retrain; **'~schütten** *v/t* (*sep*, -ge-, h) *verschütten*: spill.
'Umschwung *m* (-[e]s; ⸚e) (sudden) change (*gen* in, of); *bsd. pol*., *a. Meinungs*♀: swing.
'umsehen *v/refl* (*irr*, *sep*, -ge-, h, → ***sehen***) look (a)round (***in e-m Laden*** a shop; ***nach*** for); *zurückblicken*: look back (***nach*** at): ***sich ~ nach*** *suchen*: be looking for; **'~sein** *v/i* (*irr*, *sep*, -ge-, sn, → ***sein***) be over: ***die Zeit ist um*** time's up; **'~setzen** *v/t* (*sep*, -ge-, h) *Ware*: sell; *Geld*(*wert*): turn over: ***in die Tat ~*** put into action.
um'sonst *adv* free (of charge), for nothing; *vergebens*: in vain.
'Umstand *m* (-[e]s; ⸚e) circumstance; *Tatsache*: fact; *Einzelheit*: detail: ***unter diesen*** (***keinen***) ***Umständen*** under the (no) circumstances; ***unter Umständen*** possibly; ***keine Umstände machen*** *j-m*: not to cause any trouble; *sich*: not to go to any trouble, not to put o.s. out; ***in anderen Umständen sein*** be in the family way.
umständlich ['~ʃtɛntlɪç] *adj ungeschickt*:

awkward; *kompliziert*: complicated; *Stil etc*: long-winded: ***das ist (mir) viel zu ~*** that's far too much trouble (for me).

'**Umstandskleid** *n* maternity dress.

'**Umstehenden** *pl the* bystanders *pl.*

'**umsteigen** *v/i* (*irr*, *sep*, -ge-, sn, → ***steigen***) change (***nach*** for); *rail. a.* change trains (for).

um'stellen¹ *v/t* (*insep*, *no* -ge-, h) surround.

'**umstell|en²** **1.** *v/t* (*sep*, -ge-, h) *allg.* change (***auf*** *acc* to), make a change (*od.* changes) in; *bsd. tech. a.* switch (over) (to), convert (to); *anpassen*: adjust (to); *neu ordnen*: rearrange (*a. Möbel*), reorganize; *Uhr*: reset; **2.** *v/refl*: ***sich ~ auf*** (*acc*) change (*od.* switch [over]) to; *anpassen*: adjust (o.s.) to, get used to; '**2ung** *f* (-; -en) change; switch, conversion; adjustment; rearrangement, reorganization.

'**um|stimmen** *v/t* (*sep*, -ge-, h): ***j-n ~*** change s.o.'s mind; '**~stoßen** *v/t* (*irr*, *sep*, -ge-, h, → ***stoßen***) knock down (*od.* over); *fig. Plan etc*: upset.

umstritten [ʊm'ʃtrɪtən] *adj* controversial.

umstrukturier|en ['ʊmʃtrʊktuˌriːrən] *v/t* (*sep*, *no* -ge-, h) restructure; '**2ung** *f* (-; -en) restructuring.

'**Umsturz** *m* (-es; ⸚e) coup.

'**Umtausch** *m* (-[e]s; -e) exchange; '**2en** *v/t* (*sep*, -ge-, h) exchange (***gegen*** for); '**~kurs** *m* exchange rate.

'**umwälz|end** *adj fig.* revolutionary; '**2ung** *f* (-; -en) *fig.* revolution, upheaval.

'**umwand|eln** *v/t* (*sep*, -ge-, h) *allg.* turn (***in*** *acc* into), transform (into); *bsd. chem., electr., phys. a.* convert ([in]to); '**2ler** *m* (-s; -) converter; '**2lung** *f* (-; -en) transformation, conversion.

'**Umweg** *m* (-[e]s; -e) detour: ***e-n ~ machen*** make a detour; *fig.* ***auf ~en*** in a roundabout way.

'**Umwelt** *f* (-; *no pl*) environment; '**2bedingt** *adj* environmental; '**~belastung** *f* (environmental) pollution; '**2bewußt** *adj* environment-conscious; '**~bewußtsein** *n* environmental awareness; '**2freundlich** *adj* nonpolluting; '**~schäden** *pl* damage *sg* to the environment; '**2schädlich** *adj* ecologically harmful, polluting; '**~schutz** *m* environmental protection, pollution control; '**~schützer** *m* (-s; -) environmentalist, conservationist; '**~verschmutzer** *m* (-s; -) polluter; '**~verschmutzung** *f* (-; -en) (environmental) pollution.

'**um|werfen** *v/t* (*irr*, *sep*, -ge-, h, → ***werfen***) → ***umstoßen***; '**~ziehen** (*irr*, *sep*, -ge-, → ***ziehen***) **1.** *v/i* (sn) move (***nach*** to); **2.** *v/refl* (h) change (one's clothes).

'**Umzug** *m* (-[e]s; ⸚e) move (***nach*** to); *Festzug*: parade.

'**unabhängig** *adj* independent (***von*** of): ***~ davon, ob*** regardless whether; '**2keit** *f* (-; *no pl*) independence.

'**unabsichtlich** **1.** *adj* unintentional: **2.** *adv*: ***et. ~ tun*** do s.th. by mistake.

'**unan|genehm** *adj* unpleasant; *peinlich*: embarrassing; '**~nehmbar** *adj* unacceptable; '**2nehmlichkeiten** *pl* trouble *sg*, difficulties *pl*; '**~sehnlich** *adj* unsightly; '**~ständig** *adj* indecent, *stärker*: obscene.

'**unappetitlich** *adj* unappetizing, unsavo(u)ry (*a. fig.*).

'**Unart** *f* (-; -en) bad habit; '**2ig** *adj* naughty.

'**unauf|dringlich** *adj* unobstrusive; '**~fällig** *adj* inconspicuous, unobtrusive; **~'findbar** *adj* undiscoverable, untraceable; '**~gefordert** *adv* without being asked, of one's own accord; '**~merksam** *adj* inattentive; *gedankenlos*: thoughtless; '**~richtig** *adj* insincere.

unaus'stehlich *adj* unbearable.

'**unbe|absichtigt** *adj* unintentional; '**~achtet** *adj* unnoticed; ***~ lassen*** ignore; '**~baut** *adj Gelände*: undeveloped; *Grundstück*: empty; '**~denklich** *adj* safe; '**~deutend** *adj* insignificant; *geringfügig*: *a.* minor; '**~dingt** **1.** *adj* unconditional, absolute; **2.** *adv* by all means, absolutely; *brauchen*: badly: → ***erforderlich***; **~'fahrbar** *adj* impassable; '**~fangen** *adj unparteiisch*: unprejudiced, unbias(s)ed; *ohne Hemmung*: uninhibited; '**~friedigend** *adj* unsatisfactory; '**~friedigt** *adj* dissatisfied; '**~gabt** *adj* untalented; '**~greiflich** *adj* inconceivable, incomprehensible; '**~grenzt** *adj* unlimited, boundless; '**~gründet** *adj* unfounded; **~haglich** ['~haːklɪç] *adj*: ***sich ~ fühlen*** feel un-

U

easy; **~helligt** ['~hɛlɪçt] *adj* unhindered; '**~herrscht** *adj Äußerung etc*: uncontrolled; *Person*: lacking in self-control; '**~holfen** *adj* clumsy, awkward; '**~lehrbar** *adj*: ***er ist ~*** he'll never learn; '**~liebt** *adj* unpopular (***bei*** with):***er ist überall ~*** nobody likes him; '**~mannt** *adj* unmanned; '**~merkt** *adj* unnoticed; '**~nutzt** *adj* unused; '**~quem** *adj* uncomfortable; *lästig*: inconvenient; **~rechenbar** [~'rɛçənbaːr] *adj* unpredictable; '**~rechtigt** *adj* unauthorized; *ungerechtfertigt*: unjustified; '**~schädigt** *adj* undamaged; '**~scheiden** *adj* immodest; '**~schränkt** *adj* unlimited; *Macht etc*: *a.* absolute; **~schreiblich** [~'ʃraɪplɪç] *adj* indescribable; **~'siegbar** *adj* invincible; '**~ständig** *adj* unstable; *Wetter*: changeable; '**~stätigt** *adj* unconfirmed; '**~stechlich** *adj* incorruptible; *fig.* unerring; '**~stimmt** *adj unsicher*: uncertain; *Gefühl etc*: vague; '**~teiligt** *adj nicht verwickelt*: not involved (***an*** *dat* in); *gleichgültig*: indifferent; '**~wacht** *adj* unguarded (*a. fig.*); '**~waffnet** *adj* unarmed; '**~weglich** *adj* immovable; *bewegungslos*: motionless; **~'wohnbar** *adj* uninhabitable; '**~wohnt** *adj* uninhabited; *Gebäude*: *a.* unoccupied, vacant; '**~wußt** *adj* unconscious; **~'zahlbar** *adj* unaffordable; *fig.* invaluable, priceless.

'**un|blutig 1.** *adj* bloodless; **2.** *adv* without bloodshed; '**~brauchbar** *adj* useless.

und [ʊnt] *cj* and: F ***na ~?*** so what?

'**undankbar** *adj* ungrateful (***gegen*** to); *Aufgabe*: thankless; '**2keit** *f* (-; *no pl*) ingratitude, ungratefulness.

un|'denkbar *adj* unthinkable; '**~dicht** *adj* leaky.

undurch|'führbar *adj* impracticable; '**~lässig** *adj* impermeable (***für*** to); '**~sichtig** *adj* opaque; *fig.* mysterious.

'**uneben** *adj* uneven; '**2heit** *f* (-; -en) unevenness; *Stelle*: *a.* bump.

'**un|echt** *adj* false; *künstlich*: artificial; *imitiert*: imitation; F *contp. vorgetäuscht*: fake, phon(e)y; '**~ehelich** *adj* illegitimate; '**~ehrlich** *adj* dishonest; '**~eigennützig** *adj* unselfish; '**~einig** *adj*: (***sich***) ***~ sein*** be in disagreement (***über*** *acc* about, on); '**~empfänglich** *adj* insusceptible (***für*** to); '**~empfindlich** *adj* insensitive (***gegen*** to); *haltbar*: durable; **~'endlich** *adj* infinite; *endlos*: endless, never-ending.

'**unent|geltlich** *adj* free (of charge); '**~schieden** *adj* undecided: ***~ enden*** *Sport*: end in a draw; '**2schieden** *n* (-s; -) *Sport*: draw.

'**uner|fahren** *adj* inexperienced; '**~freulich** *adj* unpleasant; '**~füllt** *adj* unfulfilled; '**~heblich** *adj* irrelevant (***für*** to); *geringfügig*: insignificant; '**~kannt** *adj* unrecognized; '**~klärlich** *adj* inexplicable; **~läßlich** [~'lɛslɪç] *adj* essential; '**~laubt** *adj unbefugt*: unauthorized; *ungesetzlich*: illegal; '**~ledigt** *adj* unfinished; *Post*: unanswered; *Aufträge etc*: unfulfilled; **~'schwinglich** *adj Preise*: exorbitant: ***für j-n ~ sein*** be beyond s.o.'s means; **~'setzlich** *adj* irreplaceable; *Schaden etc*: irreparable; *Verlust*: irrecoverable; **~'träglich** *adj* unbearable; '**~wartet** *adj* unexpected; '**~wünscht** *adj* undesirable, unwelcome.

'**unfähig** *adj* unable (***zu tun*** to do), incapable (of doing); *untauglich*: incompetent: ***~ zu*** unqualified for; '**2keit** *f* (-; *no pl*) inability (***zu tun*** to do); incompetence.

'**Unfall** *m* (-[e]s; ⸚e) accident; '**~flucht** *f* → ***Fahrerflucht***; '**~stati,on** *f* first-aid station; *Krankenhaus*: casualty ward; '**~stelle** *f* scene of the accident; '**~versicherung** *f* accident insurance.

'**un|fran,kiert** *adj* unstamped; '**~frei** *adj* not free; *mail.* unfranked; '**~freiwillig** *adj* involuntary; *Humor*: unconscious; '**~freundlich** *adj* unfriendly (***zu*** to); *Zimmer*, *Tag*: cheerless.

'**unfruchtbar** *adj* infertile; *fig.* fruitless; '**2keit** *f* (-; *no pl*) infertility; *fig.* fruitlessness.

Unfug ['ʊnfuːk] *m* (-[e]s; *no pl*) mischief; *Unsinn*: nonsense: ***~ treiben*** be up to mischief.

Ungar ['ʊŋgar] *m* (-n; -n) Hungarian; '**2isch** *adj* Hungarian.

'**unge|achtet** *prp* regardless of; *trotz*: despite; '**~beten** *adj* uninvited; '**~bildet** *adj* uneducated; '**~boren** *adj* unborn; '**~bräuchlich** *adj* uncommon, unusual; '**~deckt** *adj Scheck etc*: uncovered.

Ungeduld *f* (-; *no pl*) impatience; '**2ig** *adj* impatient.

U

'unge|eignet *adj* unsuited; *Person*: *a.* unqualified (*beide*: **zu** for); **~fähr** ['~fɛ:r] **1.** *adj* approximate; *Vorstellung etc*: *a.* rough; **2.** *adv* approximately, roughly, about, around; **'~fährlich** *adj* harmless; *sicher*: safe.

Ungeheuer ['ʊngəhɔʏər] *n* (-s; -) monster (*a. fig.*).

ungeheuer [~] **1.** *adj* enormous, immense; F tremendous, terrific; **2.** *adv*: **~ *reich*** *etc* enormously rich *etc.*

'ungehorsam *adj* disobedient.

'Ungehorsam *m* (-s; *no pl*) disobedience.

'unge|kündigt *adj*: ***in ~er Stellung*** not under notice; **'~kürzt** *adj Buch etc*: unabridged; **'~legen** *adj* inconvenient: ***j-m ~ kommen*** be inconvenient for s.o.; **'~lernt** *adj Arbeiter*: unskilled; **'~mütlich** *adj* uncomfortable (*a. fig.*): F **~ *werden*** get nasty.

'ungenau *adj* inaccurate; *fig.* vague; **'≗igkeit** *f* (-; -en) inaccuracy.

'unge|,niert *adj* uninhibited; **'~nießbar** *adj* inedible; *Getränk*: undrinkable; F *Person*: unbearable; **'~pflegt** *adj* neglected; *Person*: untidy; **'~rade** *adj Zahl*: odd.

'ungerecht *adj* unfair, unjust; **'≗igkeit** *f* (-; -en) injustice, unfairness.

'un|gern *adv widerwillig*: unwillingly: ***et. ~ tun*** hate (*od.* not to like) to do s.th.; **'~geschehen** *adj*: **~ *machen*** undo.

'unge|schickt *adj* awkward, clumsy; **'~schminkt** *adj* without makeup; *fig.* unvarnished, plain; **'~setzlich** *adj* illegal, unlawful; **'~stört** *adj* undisturbed, uninterrupted; **'~straft** *adj*: **~ *davonkommen*** go unpunished; **'~sund** *adj* unhealthy (*a. fig.*); **'~wöhnlich** *adj* unusual; **'~wohnt** *adj* strange, unfamiliar; *neu*: new (**für** to); *unüblich*: unusual.

Ungeziefer ['ʊngətsi:fər] *n* (-s; *no pl*) vermin.

'ungezwungen *adj* relaxed, informal.

un'glaub|lich *adj* incredible, unbelievable; **'~würdig** *adj Person*: untrustworthy; *bsd. pol. a.* not credible; *Geschichte*, *Entschuldigung*: implausible.

'ungleich 1. *adj unähnlich*: dissimilar; *Chancen etc*: unequal; **2.** *adv* far, much; **'~mäßig** *adj Verteilung*: uneven; *unregelmäßig*: irregular.

'Unglück *n* (-[e]s; -e) bad luck, misfortune; *Unfall*: accident; *stärker*: disaster; *Elend*: misery: → **stürzen** 2; **'≗lich** *adj* unhappy; *bedauernswert*: unfortunate (*a. Umstände etc*); **'≗licher'weise** *adv* unfortunately.

'un|gültig *adj* invalid: ***für ~ erklären*** declare *s.th.* null and void, annul; **'~günstig** *adj* unfavo(u)rable; *nachteilig*: disadvantageous; **'~gut** *adj* bad: ***~es Gefühl*** funny feeling (**bei** about); ***nichts für ~!*** no offen|ce (*Am.* -se) meant; **'~haltbar** *adj Argument etc*: untenable; *Zustände*: intolerable; **'~handlich** *adj* unwieldy; **'~heilbar** *adj* incurable; **'~heimlich 1.** *adj* uncanny, weird; F *fig.* terrific, fantastic; **2.** *adv* F: **~ *viel*(e)** a terrific amount (of); **~ *gut*** terrific, fantastic.

'unhöflich *adj* impolite; *stärker*: rude; **'≗keit** *f* (-; *no pl*) impoliteness; rudeness.

'unhygi,enisch *adj* unhygienic.

Uni ['ʊni] *f* (-; -s) F uni.

Uniform [uni'fɔrm] *f* (-; -en) uniform.

'uninteres,sant *adj* uninteresting.

Universalerbe [univɛr'za:l~] *adj* sole heir.

Universität [univɛrzi'tɛ:t] *f* (-; -en) university: ***die ~ besuchen*** go to university.

Universum [uni'vɛrzʊm] *n* (-s; *no pl*) universe.

'unkennt|lich *adj* unrecognizable; **'≗nis** *f* (-s; *no pl*) ignorance: ***in ~*** (*gen*) unaware of.

'un|klar *adj* unclear; *ungewiß*: uncertain; *verworren*: confused, muddled: ***im ~en sein*** (***lassen***) be (leave *s.o.*) in the dark (***über*** *acc* about); **'~klug** *adj* imprudent, unwise.

'Unkosten *pl* expenses *pl*, costs *pl*.

'Unkraut *n* (-[e]s; ¨er) weed; *coll.* weeds *pl*.

'un|kündbar *adj Stellung*: permanent; *Vertrag*: not terminable: ***er ist ~*** he cannot be given notice; **'~leserlich** *adj* illegible; **'~logisch** *adj* illogical; **'~lösbar** *adj* insoluble; **'~männlich** *adj* effeminate; **'~mäßig** *adj* excessive; **'≗menge** *f* (-; -n) vast amount (*od.* number) (**von** of).

'Unmensch *m* monster, brute; **'≗lich** *adj* inhuman, cruel; **'~lichkeit** *f* (-; *no pl*) inhumanity, cruelty.

U

'un|merklich *adj* imperceptible; **'~miß-verständlich** *adj* unmistakeable; **'~mittelbar 1.** *adj* immediate, direct; **2.** *adv*: **~ *nach*** (***hinter*** *dat*) right after (behind); **'~möˌbliert** *adj* unfurnished; **'~moˌdern** *adj* old-fashioned; *nicht modisch*: unfashionable; **'~möglich 1.** *adj* impossible; **2.** *adv*: ***ich kann es ~ tun*** I can't possibly do it; **'~moˌralisch** *adj* immoral; **'~mündig** *adj* under-age; *politisch etc*: immature; **'~musiˌkalisch** *adj* unmusical; **'~nachahmlich** *adj* inimitable; **'~nachgiebig** *adj* unyielding; **'~naˌtürlich** *adj* unnatural (*a. fig.*); *geziert*: affected; **'~nötig** *adj* unnecessary, needless; **'~nütz** *adj* useless; **'~ordentlich** *adj* untidy: **~ *sein*** *Zimmer etc*: be (in) a mess; **'2ordnung** *f* (-; *no pl*) disorder, mess; **'~parˌteiisch** *adj* impartial; **~passend** *adj* unsuitable; *unschicklich*: improper; *unangebracht*: inappropriate; **'~pasˌsierbar** *adj* impassable; **~päßlich** ['~pɛslɪç] *adj*: **~ *sein, sich ~ fühlen*** be indisposed, feel unwell; ***sie ist ~*** *euphem.* it's that time of the month; **'~perˌsönlich** *adj* impersonal; **'~poˌlitisch** *adj* apolitical; **'~praktisch** *adj* impractical; **'~pünktlich** *adj Person, Zug etc*: late; *Person, generell*: unpunctual.

'unrecht *adj* wrong: **~ *haben*** (tun) be (do *s.o.*) wrong.

'Unrecht *n* (-[e]s; *no pl*) injustice, wrong: ***zu ~*** wrong(ful)ly; **'2mäßig** *adj* unlawful.

'unregelmäßig *adj* irregular.

'unreif *adj* unripe; *fig.* immature; **'2e** *f* (-; *no pl*) *fig.* immaturity.

'un|renˌtabel *adj* unprofitable; **'~richtig** *adj* incorrect, wrong.

'Unruh|e *f* (-; -n) restlessness, unrest (*a. pl pol.*); *Besorgnis*: anxiety, alarm; **'2ig** *adj* restless; *innerlich*: *a.* uneasy; *besorgt*: worried, alarmed; *See*: rough.

uns [ʊns] **1.** *pers pron* (to) us; *einander*: each other: ***ein Freund von ~*** a friend of ours; **2.** *refl pron* (to) ourselves.

'un|sachgemäß *adj* improper; **'~sachlich** *adj* unobjective; **'~sauber** *adj* dirty; *fig. Geschäfte, Methoden*: underhand, dubious; **'~schädlich** *adj* harmless: **~ *machen*** *fig.* put *s.o.* out of action; **'~scharf** *adj phot.* blurred; **'~schätzbar** *adj* invaluable; *Wert etc*: inestimable; **'~scheinbar** *adj* inconspicuous; *einfach*: plain; **'~schlüssig** *adj*: ***ich bin mir noch ~*** I haven't made up my mind yet (***über*** *acc* about); **'~schön** *adj* unsightly; *fig.* unpleasant.

'Unschuld *f* (-; *no pl*) innocence; **'2ig** *adj* innocent (***an*** *dat* of).

'unselbständig *adj* dependent on others: ***Einkünfte aus ~er Arbeit*** wage and salary incomes; **'2keit** *f* (-; *no pl*) lack of independence.

unser ['ʊnzər] *poss pron* our: **~er, ~e, ~(e)s** ours.

'unsicher *adj gefährlich*: unsafe; *gefährdet*: insecure; *gehemmt*: self-conscious; *ungewiß*: uncertain; **'2heit** *f* (-; *no pl*) unsafeness; insecurity; self-consciousness; uncertainty.

'unsichtbar *adj* invisible (***für*** to).

'Unsinn *m* (-[e]s; *no pl*) nonsense: **~ *machen*** fool around; **'2ig** *adj* silly, stupid; *absurd*: absurd.

'Unsitt|e *f* bad habit; *Mißstand*: nuisance; **'2lich** *adj* immoral; *stärker*: indecent.

'un|soziˌal *adj* unsocial; *Verhalten*: antisocial; **'~sportlich** *adj* unfair; *Mensch*: unathletic.

un'sterblich 1. *adj* immortal (*a. fig.*); **2.** *adv* F awfully: **~ *verliebt*** madly in love (***in*** *acc* with); **2keit** *f* (-; *no pl*) immortality.

'Un|stimmigkeiten *pl* differences *pl* (of opinion); **'2symˌpathisch** *adj* disagreeable: ***er*** (***es***) ***ist mir ~*** I don't like him (it).

'untätig *adj* inactive; *müßig*: idle; **'2keit** *f* (-; *no pl*) inactivity.

'untauglich *adj* unsuitable (***für, zu*** for); *Person*: *a.* incompetent; *mil.* unfit (for service).

unten ['ʊntən] *adv* below; *an Gegenstand*: at the bottom (*a. fig. Stellung*); *im Haus*: downstairs: ***da ~*** down there; ***nach ~*** down, *im Haus*: downstairs; ***links ~*** left below; ***siehe ~*** see below; → ***oben***.

unter ['ʊntər] *prp* a) (*dat*) *Lage, Standort etc*: under, *örtlich, rangmäßig*: *a.* below; *zwischen*: among, b) (*acc*) *Richtung, Ziel etc*: under; *niedriger als*: below; *zwischen*: among: **~ *anderem*** among other things; **~ *uns*** (***gesagt***) between you and me; *~ sich haben* be in charge of.

'Unter|arm *m* forearm **'2belichtet** *adj phot.* underexposed; **'~bewußtsein** *n* (-s; *no pl*) subconscious: ***im ~*** subconsciously.

unter|'bieten *v/t* (*irr, insep, no* -ge-, h, → ***bieten***) *Angebot*: underbid; *Preis*: undercut; *Konkurrenz*: undersell; *Rekord*: beat (***um*** by); **~'binden** *v/t* (*irr, insep, no* -ge-, h, → ***binden***) put a stop to; *verhindern*: prevent.

unter'brech|en *v/t* (*irr, insep, no* -ge-, h, → ***brechen***) interrupt; *teleph.* cut off; *Reise*: break; **2ung** *f* (-; -en) interruption; break.

'unterbring|en *v/t* (*irr, sep*, -ge-, h, → ***bringen***) *beherbergen*: accommodate, put *s.o.* up: ***j-n ~*** get s.o. a job (***in*** *dat*, ***bei*** with); **'2ung** *f* (-; -en) accommodation.

unter'drück|en *v/t* (*insep, no* -ge-, h) *Gefühl, Aufstand etc*: suppress; *Volk etc*: oppress; **2er** *m* (-s; -) oppressor; **2ung** *f* (-; -en) suppression; oppression.

'untere *adj* lower (*a. fig.*).

'unterentwickelt *adj* underdeveloped.

'unterernähr|t *adj* undernourished, underfed; **'2ung** *f* (-; *no pl*) undernourishment, malnutrition.

Unter'führung *f* (-; -en) *Fußgänger2*: *Br.* subway, *Am.* pedestrian underpass; *mot.* underpass.

'Unter|gang *m* (-[e]s; ⸚e) *ast.* setting; *mar.* sinking; *fig. e-s Reichs etc*: fall; *e-r Kultur etc*: extinction; **'2gehen** *v/i* (*irr, sep*, -ge-, sn, → ***gehen***) *ast.* set; *mar.* go down, sink; *fig. Reich etc*: fall; *Kultur etc*: die out.

'unterge|ordnet *adj* subordinate (*dat* to); *zweitrangig*: secondary; **'2schoß** *n* basement; **'2wicht** *n* (-[e]s; *no pl*) underweight: ***~ haben*** be underweight.

unter'graben *v/t* (*irr, insep, no* -ge-, h, → ***graben***) *fig.* undermine.

'Untergrund *m* (-[e]s; ⸚e) subsoil; *pol. etc* underground: ***in den ~ gehen*** go underground; **'~bahn** *f* → ***U-Bahn.***

'unterhalb *prp* below, under.

'Unterhalt *m* (-[e]s; *no pl*) support, maintenance; → ***Lebensunterhalt***: ***~ zahlen*** *jur.* pay alimony.

unter'halt|en (*irr, insep, no* -ge-, h, → ***halten***) **1.** *v/t Publikum etc*: entertain; *Familie etc*: support; *Beziehungen*: keep up; **2.** *v/refl* talk (***mit*** to, with; ***über*** *acc* about): ***sich gut ~*** enjoy o.s., have a good time; **~sam** *adj* entertaining.

'Unterhalts|anspruch *m* maintenance claim; **'~beihilfe** *f* maintenance grant; **'2berechtigt** *adj* entitled to maintenance; **'~kosten** *pl* maintenance costs *pl.*

Unter'haltung *f* (-; -en) talk, conversation; *Vergnügen*: entertainment (*a. TV etc*).

'Unter|händler *m* (-s; -) negotiator; **'~haus** *n parl. Br.* House of Commons; **'~hemd** *n Br.* vest, *Am.* undershirt; **'~hose** *f* (***e-e ~*** a pair of) underpants *pl*; *Damen2*: panties *pl*, *Br.* pants *pl*; **2irdisch** ['~ırdıʃ] *adj* underground; **'~kiefer** *m* lower jaw; **'~kleid** *n* slip.

'unterkommen *v/i* (*irr, sep*, -ge-, sn, → ***kommen***) find accommodation (***in*** *dat* in); *Arbeit finden*: find a job (***bei*** with).

'Unter|kunft *f* (-; ⸚e) accommodation: ***~ u. Verpflegung*** board and lodging; **'~lage** *f* (-; -n) *tech.* support, base; *Schreib2*: pad: ***~n*** *pl* documents *pl*; *Angaben*: data *pl.*

unter'lass|en *v/t* (*irr, insep, no* -ge-, h, → ***lassen***) fail to do *s.th.*; *aufhören mit*: stop (*od.* quit) doing *s.th.*; **2ung** *f* (-; -en) omission.

'unterlegen¹ *v/t* (*sep*, -ge-, h) lay (*od.* put) *s.th.* under.

unter'legen² *adj* inferior (*dat* to); **2e** *m, f* (-n; -n) loser; *Schwächere*: underdog; **2heit** *f* (-; *no pl*) inferiority.

'Unter|leib *m* abdomen, belly; **2'liegen** *v/i* (*irr, insep, no* -ge-, sn, → ***liegen***) be defeated (***j-m*** by s.o.), lose (to s.o.); *fig.* be subject (*dat* to); **'~lippe** *f* lower lip; **'~mieter** *m* lodger, subtenant, *Am. a.* roomer.

unter'nehmen *v/t* (*irr, insep, no* -ge-, h, → ***nehmen***) *Reise etc*: make, take, go on: ***et. ~*** do s.th. (***gegen*** about *s.th.*), take action (against *s.o.*).

Unter'nehm|en *n* (-s; -) firm, business; *Vorhaben*: undertaking, enterprise; *mil.* operation; **~ensberater** *m* management consultant; **~ensberatung** *f* management consultancy; **~ensführung** *f* (-; *no pl*) management; **~er** *m* (-s; -) entrepreneur; *Arbeitgeber*: em-

U

ployer; *Industrieller*: industrialist; **Ջungslustig** *adj* enterprising; *engS.* active.

'unterordnen *v/refl* (*sep*, -ge-, h) submit (*dat* to): → ***untergeordnet***.

Unter'redung *f* (-; -en) talk.

Unterricht ['ʊntərɪçt] *m* (-[e]s; *no pl*) instruction, teaching; *Stunden*: lessons *pl*; *ped. a.* classes *pl*: ***~ geben*** teach, give lessons.

unter'richten (*insep*, *no* -ge-, h) **1.** *v/t j-n*: teach, give lessons to; *et.*: teach, give lessons on; *informieren*: inform (***von, über*** *acc* of); **2.** *v/i* teach, be a teacher; **3.** *v/refl* inform o.s. (***über*** *acc* about).

'Unterrock *m* slip.

unter'sagen *v/t* (*insep*, *no* -ge-, h) prohibit: ***j-m ~, et. zu tun*** forbid s.o. to do s.th.

'Untersatz *m* (-es; ⸚e) *für Gläser*: coaster; *für Blumentöpfe*: saucer.

unter'schätzen *v/t* (*insep*, *no* -ge-, h) underestimate; *Können etc*: *a.* underrate.

unter'scheid|en (*irr*, *insep*, *no* -ge-, h, → ***scheiden***) **1.** *v/t u. v/i* distinguish (***zwischen*** *dat* between); **2.** *v/refl* differ (***von*** from; ***dadurch, daß*** in *ger*); **Ջung** *f* (-; -en) distinction.

Unterschied ['ʊntərʃiːt] *m* (-[e]s; -e) difference: ***im ~ zu*** unlike, as opposed to; **'Ջlich** *adj* different; *schwankend*: varying.

unter'schlag|en *v/t* (*irr*, *insep*, *no* -ge-, h, → ***schlagen***) *Geld*: embezzle; *Testament etc*: suppress; *fig. Fakten etc*: hold back; **Ջung** *f* (-; -en) embezzlement; suppression.

unter'schreiben *v/t u. v/i* (*irr*, *insep*, *no* -ge-, h, → ***schreiben***) sign.

'Unterschrift *f* (-; -en) signature; *Bild*Ջ: caption; **'~enmappe** *f* signature blotting book.

'Unterseeboot *n* submarine.

unter'setzt *adj* thickset, stocky.

unter'stehen (*irr*, *insep*, *no* -ge-, h, → ***stehen***) **1.** *v/i* be under (the control of); **2.** *v/refl*: ***sich ~, et. zu tun*** dare (to) do s.th.; ***untersteh dich!*** don't you dare!

'unterstellen¹ (*sep*, -ge-, h) **1.** *v/t unter et.*: put underneath; *unterbringen*: put (***in*** *dat* in[to]); *dalassen*: leave (***bei*** at); *lagern*: store (at); **2.** *v/refl* take shelter (***vor*** *dat* from).

unter'stell|en² *v/t* (*insep*, *no* -ge-, h) *vorläufig annehmen*: suppose, assume: ***j-m et. ~*** impute s.th. to s.o.; ***j-m ~, daß er ...*** allege (*od.* insinuate) that s.o. ...; **Ջung** *f* (-; -en) allegation, insinuation.

unter'stütz|en *v/t* (*insep*, *no* -ge-, h) support; *bsd. ideell*: *a.* back (up); **Ջung** *f* (-; -en) support; *soziale, staatliche*: *a.* aid.

unter'such|en *v/t* (*insep*, *no* -ge-, h) examine (*a. med.*), investigate (*a. jur.*); *Gepäck etc*: search; *chem.* analy|se (*Am.* -ze); **Ջung** *f* (-; -en) examination (*a. med.*), investigation (*a. jur.*); *med. a.* checkup; *chem.* analysis.

Unter'suchungs|gefangene *m, f* prisoner on remand; **~gefängnis** *n* remand prison; **~haft** *f* custody: ***in ~ sein*** be on remand; **~richter** *m* examining magistrate.

'Unter|tasse *f* saucer; **'Ջtauchen** *v/i* (*sep*, -ge-, sn) dive; *fig.* disappear; *bsd. pol.* go underground; **'~teil** *n, a. m* lower part, bottom.

unter'teil|en *v/t* (*insep*, *no* -ge-, h) subdivide (***in*** *acc* into); **Ջung** *f* (-; -en) subdivision.

'Unter|titel *m* subtitle; **'~ton** *m* undertone (*a. fig.*).

unter'treib|en *v/t u. v/i* (*irr*, *insep*, *no* -ge-, h, → ***treiben***) understate; **Ջung** *f* (-; -en) understatement.

'unter|vermieten *v/t* (*only inf u. pp* untervermietet) sublet; **~'wandern** *v/t* (*insep*, *no* -ge-, h) infiltrate; **'Ջwäsche** *f* (-; *no pl*) underwear; **'Ջwasser...** *in Zssgn* underwater ...; **~wegs** [~'veːks] *adv* on the (*od.* one's) way (***nach*** to): ***viel ~ sein*** be away a lot; **'Ջwelt** *f* (-; *no pl*) underworld (*a. fig.*).

unter'zeichn|en *v/t u. v/i* (*insep*, *no* -ge-, h) sign; **Ջete** *m, f the* undersigned; **Ջung** *f* (-; -en) signing.

'unterziehen¹ *v/t* (*irr*, *sep*, -ge-, h, → ***ziehen***) put *s.th.* on underneath.

unter'ziehen² (*irr*, *insep*, *no* -ge-, h, → ***ziehen***) **1.** *v/t* submit (*dat* to); **2.** *v/refl e-r Operation etc*: undergo, have; *e-r Prüfung*: take.

'untreu *adj* unfaithful (*dat* to).

'Untugend *f* bad habit; *Laster*: vice.

'unüber|legt *adj* thoughtless; **'~sichtlich** *adj Kurve etc*: blind; *verworren*: confusing; **~windlich** [~'vɪntlɪç] *adj fig.* insuperable.

U

'unumgänglich *adj* inevitable; *notwendig*: indispensable.

'ununterbrochen *adj* uninterrupted; *ständig*: continuous.

'unver|änderlich *adj* unchanging; **'~antwortlich** *adj* irresponsible; **'~besserlich** *adj* incorrigible; **'~bindlich** *adj bsd. econ.* without obligation; *Art etc*: noncommittal; **'~dient** *adj* undeserved; **'~einbar** *adj* incompatible (***mit*** with); **'~fänglich** *adj* harmless; **'~gänglich** *adj* immortal; **'~geßlich** *adj* unforgettable; **'~gleichlich** *adj* incomparable; **'~hältnismäßig** *adv* disproportionately: ~ ***hoch*** excessive; **'~heiratet** *adj* unmarried, single; **'~hofft** *adj* unhoped-for; *unerwartet*: unexpected; **'~hohlen** *adj* unconcealed; **'~käuflich** *adj* not for sale; *nicht gefragt*: unsal(e)able; **'~kennbar** *adj* unmistakable; **'~letzt** *adj* unhurt; **'~meidlich** *adj* inevitable; **'~mindert** *adj* undiminished; **'~mittelt** *adj* abrupt.

'Unvermögen *n* (-s; *no pl*) inability; **'2d** *adj* without means.

'unver|mutet *adj* unexpected; **'~nünftig** *adj* unreasonable; *töricht*: foolish; **'~richteter'dinge** *adv* without having achieved anything.

'unverschämt *adj* impudent, impertinent; *Preis etc*: outrageous; **'2heit** *f* (-; -en) impudence, impertinence; *Bemerkung*: impudent (*od.* impertinent) remark: ***die ~ haben zu*** have the nerve to.

'unver|schuldet *adj u. adv* through no fault of one's own; **'~sehens** *adv* unexpectedly, all of a sudden; **'~sehrt** *adj* unhurt; *Sache*: undamaged; **'~ständlich** *adj undeutlich*: unintelligible; *gedanklich*: incomprehensible: ***es ist mir ~, warum*** *etc* I can't understand why *etc*; **'~sucht** *adj*: ***nichts ~ lassen*** leave nothing undone; **'~zeihlich** *adj* inexcusable; **~züglich** [~'tsy:klıç] **1.** *adj* immediate, prompt; **2.** *adv* immediately, without delay.

'unvollendet *adj* unfinished.

'unvollkommen *adj* imperfect; **'2heit** *f* (-; *no pl*) imperfection.

'unvollständig *adj* incomplete.

'unvorbereitet *adj* unprepared.

'unvorsichtig *adj* careless; **'2keit** *f* (-; *no pl*) carelessness.

'unvor|stellbar *adj* inconceivable; *undenkbar*: unthinkable; **'~teilhaft** *adj* unprofitable; *Kleid etc*: unbecoming.

'unwahr *adj* untrue; **'2heit** *f* (-; -en) untruth; **'~scheinlich** *adj* improbable, unlikely; F *toll*: fantastic.

'un|wegsam *adj Gelände*: difficult, rough; **'~weigerlich** *adv* inevitably; **'~weit** *prp* not far from; **'~wesentlich** *adj* irrelevant; *geringfügig*: negligible; **'2wetter** *n* (-s; -) (thunder)storm; **'~wichtig** *adj* unimportant.

'unwider|ruflich *adj* irrevocable; **'~stehlich** *adj* irresistible.

'Unwill|e *m* (-ns; *no pl*) indignation; **'2ig** *adj* indignant (***über*** *acc* at); *widerwillig*: unwilling, reluctant; **'2kürlich** *adj* involuntary.

'unwirk|lich *adj* unreal; **'~sam** *adj* ineffective; *jur. etc* inoperative.

un|wirsch ['ʊnvɪrʃ] *adj* gruff; **'~wirtschaftlich** *adj* uneconomical.

'unwissen|d *adj* ignorant; **'2heit** *f* (-; *no pl*) ignorance.

'un|wohl *adj* unwell; *unbehaglich*: uneasy; **'~würdig** *adj* unworthy (*gen* of); **'~zählig** *adj* innumerable, countless; **'~zeitgemäß** *adj* old-fashioned.

'unzer|brechlich *adj* unbreakable; **'~trennlich** *adj* inseparable.

'Un|zucht *f* (-; *no pl*) *jur.*: ***gewerbsmäßige ~*** prostitution; ***~ mit Kindern*** illicit sexual relations *pl* with children; **2züchtig** ['~tsʏçtıç] *adj* indecent; *Literatur etc*: obscene.

'unzu,frieden *adj* dissatisfied (***mit*** with); **'2heit** *f* (-; *no pl*) dissatisfaction.

'unzu|gänglich *adj* inaccessible; **'~lässig** *adj* inadmissible; **'~mutbar** *adj* unacceptable.

'unzurechnungsfähig *adj jur.* not criminally responsible, *Am. a.* incompetent; **'2keit** *f* (-; *no pl*) lack of criminal responsibility, *Am. a.* incompetence.

'unzu|treffend *adj* incorrect: ***2es bitte streichen!*** delete where inapplicable; **'~verlässig** *adj* unreliable.

üppig ['ʏpıç] *adj Vegetation etc*: luxuriant; *Mahlzeit etc*: sumptuous, opulent; *Formen*: full.

Ur|abstimmung ['u:r~] *f econ.* strike ballot; **'2alt** *adj* ancient (*a. fig. iro.*)

Uran [u'ra:n] *n* (-s; *no pl*) *chem.* uranium.

Ur|aufführung ['uːr~] *f thea.* first performance, *a. Film*: première; '**~bevölkerung** *f*, '**~einwohner** *pl* (ab)original population (*od.* inhabitants *pl*); *Australiens*: Aborigines *pl*; '**~enkel** *m* great-grandson; '**~enkelin** *f* great-granddaughter; '**~groß...** *in Zssgn Eltern, Mutter, Vater*: great-grand....

Urheberrecht ['uːr~] *n* copyright (**an** *dat* on); '**ᘯlich** *adv*: **~ *geschützt*** protected by copyright.

Urin [u'riːn] *m* (-s; -e) urine; **ᘯieren** [uri'niːrən] *v/i* (*no* ge-, h) urinate; **~probe** *f* urine specimen.

Urkunde ['uːrkʊndə] *f* (-; -n) document; *Zeugnis, Ehren*ᘯ: diploma; '**~nfälschung** *f* forgery of documents.

Urlaub ['uːrlaʊp] *m* (-[e]s; -e) *bsd. Br.* holidays *pl*, *bsd. Am.* vacation: ***im ~*** on holiday (*bsd. Am.* vacation); ***in ~ gehen*** go on holiday (*bsd. Am.* vacation); ***e-n Tag*** (***ein paar Tage***) ***~ nehmen*** take a day (a few days) off; **~er** ['~bər] *m* (-s; -) *Br.* holidaymaker, *Am.* vacationer; '**~erstrom** *m* stream of holidaymakers (*Am.* vacationers).

'**Urlaubs|anschrift** *f* holiday (*bsd. Am.* vacation) address; '**~geld** *n Br.* holiday pay, *Am.* vacation money; '**~ort** *m* holiday (*bsd. Am.* vacation) resort; '**~reise** *f* holiday (*bsd. Am.* vacation) trip; '**~vertretung** *f Person*: holiday (*bsd. Am.* vacation) replacement; '**~zeit** *f* holiday (*bsd. Am.* vacation) period (*od.* season).

Urne ['ʊrnə] *f* (-; -n) urn; *Wahl*ᘯ: ballot box.

Ur|sache ['uːr~] *f* (-; -n) cause (*gen*, **für** of); *Grund*: reason (for): ***keine ~!*** not at all, you are welcome; '**~sprung** *m* (-[e]s; ⸚e) origin: ***germanischen ~s*** of Germanic origin; **ᘯsprünglich** ['~ʃprʏŋlɪç] *adj* original; '**~sprungsland** *n econ.* country of origin.

Urteil ['ʊrtaɪl] *n* (-s; -e) judg(e)ment; *jur. Strafmaß*: sentence: ***sich ein ~ bilden*** form a judg(e)ment (*od.* an opinion) (**über** *acc* on); '**ᘯen** *v/i* (h) judge (***über j-n, et.*** s.o., s.th.; ***nach*** by).

Urwald ['uːr~] *m* primeval forest; *Dschungel*: jungle.

Utensilien [utɛn'ziːlĭən] *pl* utensils *pl.*

utopisch [u'toːpɪʃ] *adj* (totally) unrealistic.

V

vage ['vaːgə] *adj* vague.

vakuumverpackt ['vaːkuʊm~] *adj* vacuum-packed.

Valuta [va'luːta] *f* (-; -ten) *econ.* foreign currency.

Vampir ['vampiːr] *m* (-s; -e) vampire.

Vanille [va'nɪljə] *f* (-; *no pl*) vanilla.

Variante [va'rĭantə] *f* (-; -n) variation (***zu*** on).

Varieté [varĭe'teː] *n* (-s; -s) *Br.* variety theatre, music hall, *Am.* vaudeville theater.

variieren [vari'iːrən] *v/i u. v/t* (*no* ge-, h) vary.

Vase ['vaːzə] *f* (-; -n) vase.

Vater ['faːtər] *m* (-s; ⸚) father; '**~land** *n* (-[e]s; ⸚er) native country; '**~landsliebe** *f* patriotism.

väterlich ['fɛːtərlɪç] *adj* fatherly, paternal; '**~erseits** *adv*: ***Onkel*** *etc* **~** paternal uncle *etc.*

Vater'unser *n* (-s; -) *eccl.* Lord's Prayer.

V-Ausschnitt ['faʊ~] *m* V-neck.

Veganer [ve'gaːnər] *m* (-s; -) vegan.

Veget|arier [vege'taːrĭər] *m* (-s; -) vegetarian; **ᘯarisch** [~'taːrɪʃ] *adj* vegetarian; **~ation** [~a'tsĭoːn] *f* (-; -en) vegetation; **ᘯieren** [~'tiːrən] *v/i* (*no* ge-, h) *fig.* vegetate.

Veilchen ['faɪlçən] *n* (-s; -) *bot.* violet; F *fig.* black eye.

Ventil [vɛn'tiːl] *n* (-s; -e) valve; *fig.* vent, outlet; **~ation** [~ila'tsĭoːn] *f* (-; -en) ventilation; **~ator** [~i'laːtɔr] *m* (-s; -en [~la'toːrən]) fan.

ver'abred|en (*no* ge-, h) **1.** *v/t* agree on,

V

arrange; *Ort, Zeit*: *a.* appoint, fix; **2.** *v/refl* make a date (*bsd. geschäftlich*: an appointment) (***mit*** with); **≈ung** *f* (-; -en) appointment; *bsd. private*: date.

ver'abschied|en [~ʃiːdən] (*no* ge-, h) **1.** *v/t* say goodbye to; *am Bahnhof etc*: see off; *entlassen*: dismiss; *Gesetz*: pass; **2.** *v/refl* say goodbye (***von*** to); **≈ung** *f* (-; -en) dismissal; passing.

ver|'achten *v/t* (*no* ge-, h) despise; **~ächtlich** [~'ˀɛçtlɪç] *adj* contemptuous; **≈'achtung** *f* (-; *no pl*) contempt; **~allgemeinern** [~ˀalgə'maɪnərn] *v/t* (*no* ge-, h) generalize; **~altet** [~'ˀaltət] *adj* antiquated, out-of-date.

Veranda [ve'randa] *f* (-; -den) veranda(h), *Am.* porch.

ver'änder|lich *adj* changeable (*a. Wetter*); **~n** *v/t u. v/refl* (*no* ge-, h) change; **≈ung** *f* (-; -en) change.

ver'ängstigt *adj* frightened, scared.

ver'anlag|en *v/t* (*no* ge-, h) *steuerlich*: assess; **~t** *adj* inclined (***zu, für*** to): ***künstlerisch ~ sein*** have artistic talent; **≈ung** *f* (-; -en) *charakterliche*: disposition; *Neigung*: inclination; *Talent*: talent, gift; *steuerliche*: assessment.

ver'anlass|en *v/t* (*no* ge-, h) *et.*: make arrangements (*od.* arrange) for: ***j-n zu et. ~*** make s.o. do s.th.; **≈ung** *f* (-; -en) cause (***zu*** for).

ver'anschlagen *v/t* (*no* ge-, h) *econ.* estimate (***auf*** *acc* at): ***zu hoch*** (***niedrig***) ***~*** overestimate (underestimate).

veranstalt|en [fɛr'ˀanʃtaltən] *v/t* (*no* ge-, h) arrange, organize; **≈er** *m* (-s; -) organizer; *Sport*: *a.* promoter; **≈ung** *f* (-; -en) arrangement, organization; *konkret*: event; *Sport*: *a.* meeting, *Am.* meet; **≈ungska͵lender** *m* calendar of events.

ver'antwort|en *v/t* (*no* ge-, h) take the responsibility for; **~lich** *adj* responsible: ***j-n ~ machen für*** hold s.o. responsible for.

Ver'antwortung *f* (-; *no pl*) responsibility: ***auf eigene ~*** at one's own risk; ***zur ~ ziehen*** call to account; **~sbewußtsein** *n*, **~sgefühl** *n* (-[e]s; *no pl*) sense of responsibility; **≈slos** *adj* irresponsible.

ver|'arbeiten *v/t* (*no* ge-, h) process; *fig.* digest: ***et. ~ zu*** manufacture (*od.* make) s.th. into; **~'ärgern** *v/t* (*no* ge-, h) make *s.o.* angry, annoy; **~'armt** *adj* impoverished; **~'arzten** *v/t* (*no* ge-, h) F fix *s.o.* up; **~'ausgaben** *v/refl* (*no* ge-, h) overspend; *fig.* exhaust o.s.

Verb [vɛrp] *n* (-s; -en) *gr.* verb.

Verband [fɛr'bant] *m* (-[e]s; ¨e) *med.* dressing, bandage; *Vereinigung*: association; **~(s)kasten** *m* first-aid box; **~(s)zeug** *n* dressing material.

ver'bergen *v/t* (*irr, no* ge-, h, → ***bergen***) hide (*a. v/refl*), conceal (*beide*: ***vor*** *dat* from).

ver'besser|n (*no* ge-, h) **1.** *v/t* improve; *berichtigen*; correct; **2.** *v/refl* improve; *beim Sprechen*: correct o.s.; **≈ung** *f* (-; -en) improvement; correction.

verbeug|en [fɛr'bɔʏgən] *v/refl* (*no* ge-, h) bow (***vor*** *dat* to); **≈ung** *f* (-; -en) bow: ***e-e ~ machen → verbeugen.***

ver|'biegen *v/t* (*irr, no* ge-, h, → ***biegen***) bend, twist; **~'bieten** *v/t* (*irr, no* ge-, h, → ***bieten***) forbid (***j-m et.*** [***zu tun***] s.o. [to do] s.th.); *amtlich*: prohibit (***et.*** s.th.; ***j-m et.*** s.o. from doing s.th.).

ver'billig|en *v/t* (*no* ge-, h) reduce in price; **~t** *adj* reduced, at reduced prices.

ver'bind|en *v/t* (*irr, no* ge-, h, → ***binden***) *med. Wunde*: dress, bandage, *j-n*: bandage *s.o.* up; *mit et., a. tech.*: connect, join, link (up); *teleph.* put *s.o.* through (***mit*** to, *Am.* with); *kombinieren*: combine (*a. chem., v/refl*); *vereinen*: unite; *Vorstellung etc*: associate: ***j-m die Augen ~*** blindfold s.o.; ***mit e-r Tätigkeit*** *etc* ***verbunden sein*** involve doing s.th. *etc*; ***falsch verbunden!*** sorry, wrong number; **~lich** [~'bɪntlɪç] *adj* binding (***für*** on); *gefällig*: obliging; **≈lichkeiten** *pl econ.* liabilities; **≈ung** *f* (-; -en) *allg.* connection; *Kombination*: combination; *chem.* compound: ***sich in ~ setzen mit*** get in touch with; ***in ~ stehen*** (***bleiben***) be (keep) in touch.

ver'bitten *v/t* (*irr, no* ge-, h, → ***bitten***): ***sich et. ~*** refuse to tolerate s.th.; ***das verbitte ich mir!*** I won't stand for it!

ver'bitter|t *adj* bitter, embittered; **≈ung** *f* (-; *no pl*) bitterness.

verblassen [fɛr'blasən] *v/i* (*no* ge-, sn) fade (*a. fig.*).

Verbleib [fɛr'blaɪp] *m* (-[e]s; *no pl*) whereabouts *pl* (*a. sg konstr.*); **≈en** *v/i* (*irr, no* ge-, sn, → ***bleiben***): ***wir sind so verblieben, daß*** we agreed (*od.* arranged) that.

verbleit [fɛrˈblaɪt] *adj mot.* leaded.

verblüff|en [fɛrˈblʏfən] *v/t* (*no* ge-, h) amaze, baffle, F flabbergast; **Ձung** *f* (-; *no pl*) amazement, bafflement: ***zu m-r ~*** to my amazement.

ver|ˈblühen *v/i* (*no* ge-, sn) fade, wither (*beide a. fig.*); **~ˈbluten** *v/i* (*no* ge-, sn) bleed to death; **~ˈborgen** *adj* hidden, concealed: ***im ~en*** in secret.

Verbot [fɛrˈboːt] *n* (-[e]s; -e) prohibition (*gen* of), ban (*gen*, ***von*** on); **Ձen** *adj*: ***Rauchen ~!*** no smoking; **~sschild** *n* no parking (*od.* no smoking *etc*) sign.

Verˈbrauch *m* (-[e]s; *no pl*) consumption (***an*** *dat* of); **Ձen** *v/t* (*no* ge-, h) consume, use up; **~er** *m* (-s; -) consumer; **~ermarkt** *m* hypermarket; **~erschutz** *m* consumer protection; **~sgüter** *pl* consumer goods *pl*; **~ssteuer** *f* excise duty.

Verˈbrech|en *n* (-s; -) crime; **~er** *m* (-s; -) criminal; **Ձerisch** *adj* criminal.

verˈbreit|en (*no* ge-, h) **1.** *v/t Neuigkeit etc*: spread; *Licht, Geruch etc*: give off; **2.** *v/refl* spread; **Ձung** *f* (-; *no pl*) spread(ing).

verˈbrenn|en (*irr*, *no* ge-, → ***brennen***) **1.** *v/t* (h) burn; *Müll*: incinerate; *Leiche*: cremate; **2.** *v/i* (sn) burn; **Ձung** *f* (-; -en) burning; *tech.* combustion; cremation; *Wunde*: burn (***an*** *dat* on).

verˈbringen *v/t* (*irr*, *no* ge-, h, → ***bringen***) *Zeit*: spend, pass.

verˈbuchen *v/t* (*no* ge-, h) enter (in the books); *fig. Erfolg etc*: clock (*od.* notch) up.

verbünde|n [fɛrˈbʏndən] *v/refl* (*no* ge-, h) ally o.s. (***mit*** to, with); **Ձte** *m, f* (-n; -n) ally (*a. fig.*).

ver|ˈbürgen *v/refl* (*no* ge-, h): ***sich ~ für*** vouch for, guarantee; **~ˈbüßen** *v/t* (*no* ge-, h): ***e-e Strafe ~*** serve a sentence, serve time; **~ˈchromt** *adj* chromium-plated.

Verdacht [fɛrˈdaxt] *m* (-[e]s; -e, ⸚e) suspicion: ***~ schöpfen*** become suspicious; ***im ~ stehen, et. zu tun*** (*od.* ***getan zu haben***) be under suspicion of doing s.th.

verdächtig [fɛrˈdɛçtɪç] *adj* suspicious, suspect; **Ձe** [~gə] *m, f* (-n; -n) suspect; **~en** [~gən] *v/t* (*no* ge-, h) suspect (*gen* of); **Ձung** *f* (-; -en) suspicion; *Unterstellung*: insinuation.

verdammt [fɛrˈdamt] F **1.** *adj* blasted, damn(ed), *bsd. Br.* bloody; **2.** *adv* damn(ed), *bsd. Br.* bloody; **3.** *int* blast!, damn (it)!

ver|ˈdampfen *v/i* (*no* ge-, sn) evaporate; **~ˈdanken** *v/t* (*no* ge-, h): ***j-m*** (***e-m Umstand*** *etc*) ***et. ~*** owe s.th. to s.o. (s.th.).

verdau|en [fɛrˈdaʊən] *v/t* (*no* ge-, h) digest (*a. fig.*); **Ձung** *f* (-; *no pl*) digestion; **Ձungsstörungen** *pl* indigestion *sg*; *Verstopfung*: constipation *sg*.

Verˈdeck *n* (-[e]s; -e) *mot.* top; **Ձen** *v/t* (*no* ge-, h) cover (up), *a. tech.* conceal.

verˈdenken *v/t* (*irr*, *no* ge-, h, → ***denken***): ***ich kann es ihm nicht ~*** I can't blame him (***daß*** for *ger*; ***wenn*** if).

verderb|en [fɛrˈdɛrbən] (verdarb, verdorben) **1.** *v/i* (sn) *Lebensmittel*: go bad; *Fleisch, Milchprodukte*: *a.* go off; **2.** *v/t* (h) spoil (*a. fig.*): ***sich die Augen*** (***den Magen***) ***~*** ruin one's eyes (upset one's stomach); ***j-m die Freude ~*** spoil s.o.'s fun; **~lich** [~plɪç] *adj*: ***~e Waren*** perishable goods, perishables.

verˈdiene|n (*no* ge-, h) **1.** *v/t Geld*: earn, make; *Lob, Strafe etc*: deserve; **2.** *v/i*: ***gut ~*** earn a good salary (*od.* wage); **Ձr** *m* (-s; -) wage earner, breadwinner.

Verˈdienst[1] *m* (-es; -e) earnings *pl*; *Lohn*: wage(s *pl*); *Gehalt*: salary.

Verˈdienst[2] *n* (-es; -e) merit: ***es ist sein ~, daß*** it is thanks to him that.

Verˈdienstausfall *m* (-[e]s; ⸚e) loss of earnings.

ver|ˈdient *adj Strafe etc*: (well-)deserved; **~ˈdoppeln** *v/t u. v/refl* (*no* ge-, h) double.

verdorben [fɛrˈdɔrbən] *adj* spoilt (*a. fig.*); *Lebensmittel*: bad, *Fleisch, Milchprodukte*: *pred a.* off; *Magen*: upset.

ver|ˈdrängen *v/t* (*no* ge-, h) *j-n*: oust (***aus*** *e-m Amt* from); *ersetzen*: replace; *phys.* displace; *psych.* repress; *bewußt*: suppress; **~ˈdrehen** *v/t* (*no* ge-, h) twist; *fig. a.* distort; *Augen*: roll: ***j-m den Kopf ~*** turn s.o.'s head; **~ˈdreifachen** *v/t u. v/refl* (*no* ge-, h) treble, triple.

Verdruß [fɛrˈdrʊs] *m* (-sses; *no pl*) displeasure; *Ärger*: trouble.

Verˈdunk(e)lungsgefahr *f* (-; *no pl*) *jur.* danger of collusion.

ver|ˈdünnen *v/t* (*no* ge-, h) dilute; *Farben etc*: thin (down); **~ˈdunsten** *v/i* (*no* ge-, sn) evaporate; **~ˈdursten** *v/i* (*no*

V

ge-, sn) die of thirst; **~dutzt** [~'dʊtst] *adj* puzzled.

ver'ehr|en *v/t* (*no* ge-, h) *bewundern*: admire; *anbeten, a. fig.*: adore, worship; **2er** *m* (-s; -) admirer (*a. e-r Frau etc*); *bsd. e-s Stars*: *a.* fan; **2ung** *f* (-; *no pl*) admiration; adoration, worship.

vereidigen [fɛr'ʔaɪdɪgən] *v/t* (*no* ge-, h) swear *s.o.* in; *jur. Zeugen*: put *s.o.* under an oath.

Ver'ein *m* (-[e]s; -e) club; *bsd. eingetragener*: *a.* society, association.

ver'einbar *adj* compatible (***mit*** with); **~en** *v/t* (*no* ge-, h) agree on, arrange; **2ung** *f* (-; -en) agreement, arrangement.

ver'einen *v/t u. v/refl* (*no* ge-, h) → ***vereinigen.***

ver'einfach|en *v/t* (*no* ge-, h) simplify; **2ung** *f* (-; -en) simplification.

ver'einheitlich|en *v/t* (*no* ge-, h) standardize; **2ung** *f* (-; -en) standardization.

ver'einig|en *v/t u. v/refl* (*no* ge-, h) unite (***zu*** into); (*sich*) *verbinden*: *a.* combine, join; **2ung** *f* (-; -en) union; combination; *Bündnis*: alliance.

ver'einzelt 1. *adj* occasioal, odd; **2.** *adv*: ***~ Regen*** occasional showers.

ver|'eiteln *v/t* (*no* ge-, h) prevent; *Plan etc*: *a.* frustrate; **~'enden** *v/i* (*no* ge-, sn) die, perish.

ver'erb|en (*no* ge-, h) **1.** *v/t*: ***j-m et. ~*** leave (*med.* transmit) s.th. to s.o.; **2.** *v/refl* be passed on (*od.* down) (***auf*** *acc* to) (*a. med. u. fig.*); **2ung** *f* (-; *no pl*) *biol.* heredity.

verewigen [fɛr'ʔeːvɪgən] *v/t* (*no* ge-, h) immortalize.

ver'fahren (*irr, no* ge-, → ***fahren***) **1.** *v/i* (sn) proceed: ***~ mit*** deal with; **2.** *v/refl* (h) get lost.

Ver'fahren *n* (-s; -) procedure, method; *bsd. tech. a.* technique, way; *jur.* (legal) proceedings *pl* (***gegen*** against).

Ver'fall *m* (-[e]s; *no pl*) decay (*a. fig.*); *e-s Hauses etc*: *a.* dilapidation; *Niedergang*: decline; *econ. etc* expiry; **2en** *v/i* (*irr, no* ge-, sn, → ***fallen***) decay (*a. fig.*); *bsd. fig. a.* decline; *Haus etc*: *a.* dilapidate; *ablaufen*: expire; *Kranker*: waste away; *e-m Laster etc*: become addicted to: ***~ auf*** (*acc*) hit on; **~sdatum** *n* expiry date.

ver|'fälschen *v/t* (*no* ge-, h) falsify; *Bericht etc*: *a.* distort; *Speisen etc*: adulterate; **~fänglich** [fɛr'fɛŋlɪç] *adj* delicate, tricky; *peinlich*: embarrassing, compromising; **~'färben** *v/refl* (*no* ge-, h) discolo(u)r; *a. Person*: change colo(u)r.

ver'fasse|n *v/t* (*no* ge-, h) write; **2r** *m* (-s; -) author, writer.

Ver'fassung *f* (-; -en) state (*gesundheitlich*: of health; *seelisch*: of mind), condition; *pol.* constitution; **2smäßig** *adj* constitutional; **2swidrig** *adj* unconstitutional.

ver'faulen *v/i* (*no* ge-, sn) rot, decay.

ver'fehl|en *v/t* (*no* ge-, h) miss (***um*** by); **2ung** *f* (-; -en) offen|ce (*Am.* -se).

ver|'feindet [fɛr'faɪndət] *adj* hostile; **~'feinern** *v/t u. v/refl* (*no* ge-, h) refine.

ver'film|en *v/t* (*no* ge-, h) film; **2ung** *f* (-; -en) filming; *Film*: film version.

verflossen [fɛr'flɔsən] *adj Zeit*: past: F ***mein ~er Mann*** my ex-husband.

ver'fluch|en *v/t* (*no* ge-, h) curse; **~t** *adj* → ***verdammt.***

ver'folg|en *v/t* (*no* ge-, h) pursue (*a. fig.*); *jagen, a. fig.*: chase, hunt; *pol., eccl.* persecute; *Spuren*: follow; *Gedanken, Traum*: haunt: ***gerichtlich ~*** prosecute; **2er** *m* (-s; -) pursuer; persecutor; **2ung** *f* (-; -en) pursuit; chase, hunt; persecution: ***gerichtliche ~*** prosecution; **2ungswahn** *m med.* persecution mania.

ver|'frachten *v/t* (*no* ge-, h) freight, *mar. od. Am.* ship; **~'früht** *adj* premature.

verfüg|bar [fɛr'fyːkbaːr] *adj* available; **~en** [~gən] (*no* ge-, h) **1.** *v/t* decree, order; **2.** *v/i*: ***~ über*** (*acc*) have at one's disposal; **2ung** *f* (-; -en) decree, order: ***j-m zur ~ stehen*** (***stellen***) be (place) at s.o.'s disposal.

ver'führ|en *v/t* (*no* ge-, h) seduce (***et. zu tun*** into doing s.th.); **2er** *m* (-s; -) seducer; **2erin** *f* (-; -nen) seductress; **~erisch** *adj* seductive; *verlockend*: tempting; **2ung** *f* (-; -en) seduction.

vergangen [fɛr'gaŋən] *adj* gone, past: ***im ~en Jahr*** last year; **2heit** *f* (-; *no pl*) past.

vergänglich [fɛr'gɛŋlɪç] *adj* transitory.

Ver'gaser *m* (-s; -) *mot.* carburet(t)or.

ver'geb|en (*irr, no* ge-, h, → ***geben***) **1.** *v/t* give away (*a. Chance*); *Preis etc*: *a.*

V

award: ***j-m et.*** **~** forgive s.o. for s.th.; **2.** *v/i*: ***j-m*** **~** forgive s.o.; **~ens** *adv* in vain; **~lich** [~plıç] **1.** *adj* vain; **2.** *adv* in vain.

ver'gehen (*irr*, *no* ge-, → ***gehen***) **1.** *v/i* (sn) *Zeit etc*: go by, pass; *nachlassen*: wear off: ***~ vor*** (*dat*) be dying with; ***wie die Zeit vergeht!*** how time flies!; **2.** *v/refl* (h): ***sich ~ an*** (*dat*) violate; *vergewaltigen*: rape.

Ver'gehen *n* (-s; -) *jur*. offen|ce (*Am*. -se).

Vergeltung [fɛr'gɛltʊŋ] *f* (-; *no pl*) retaliation: ***als ~ für*** in retaliation for; ***~ üben an*** (*dat*) retaliate against; **~smaßnahme** *f* retaliatory measure.

vergessen [fɛr'gɛsən] *v/t* (vergaß, vergessen, h) forget; *liegenlassen*: leave; **≈heit** *f* (-; *no pl*): ***in ~ geraten*** fall into oblivion.

vergeßlich [fɛr'gɛslıç] *adj* forgetful.

vergeud|en [fɛr'gɔydən] *v/t* (*no* ge-, h) waste; **≈ung** *f* (-; -en) waste.

vergewaltig|en [fɛrgə'valtıgən] *v/t* (*no* ge-, h) rape; **≈ung** *f* (-; -en) rape.

ver|gewissern [fɛrgə'vısərn] *v/refl* (*no* ge-, h) make sure (***e-r Sache*** of s.th.; ***ob*** whether; ***daß*** that); **~'gießen** *v/t* (*irr*, *no* ge-, h, → ***gießen***) *Blut*, *Tränen*: shed; *verschütten*: spill.

ver'gift|en *v/t* (*no* ge-, h) poison (*a. fig.*); *Umwelt*: contaminate; **≈ung** *f* (-; -en) poisoning; contamination.

Ver'gleich *m* (-[e]s; -e) comparison; *jur*. compromise; **≈bar** *adj* comparable (***mit*** to, with); **≈en** (*irr*, *no* ge-, h, → ***gleichen***) **1.** *v/t* compare (***mit*** with; *gleichstellend*: to): ***ist nicht zu ~ mit*** cannot be compared with; ***verglichen mit*** compared to (*od.* with); **2.** *v/refl* *sich einigen*: come to terms: ***sich ~ mit*** compare o.s. with; **~sverfahren** *n jur*. composition proceedings *pl*; **≈sweise** *adv* comparatively.

Vergnügen [fɛr'gny:gən] *n* (-s; -) pleasure; *Spaß*: fun: ***mit ~*** with pleasure; ***viel ~!*** have fun (*od.* a good time)!

vergnüg|en [~] *v/refl* (*no* ge-, h) enjoy o.s. (***mit et.*** doing s.th.); **~t** *adj* cheerful.

Ver'gnügung *f* (-; -en) pleasure, amusement, entertainment; **~spark** *m* amusement park, fun fair; **~sviertel** *n* night-life district.

ver|'goldet *adj* gold-plated; **~'graben** *v/t* (*irr*, *no* ge-, h, → ***graben***) bury; **~'greifen** *v/refl* (*irr*, *no* ge-, h, → ***greifen***): ***sich ~ an*** (*dat*) lay hands on; **~'griffen** *adj* *Buch*: out-of-print.

vergrößer|n [fɛr'grø:sərn] (*no* ge-, h) **1.** *v/t* enlarge (*a. phot.*); *vermehren*: increase; *opt*. magnify; **2.** *v/refl* increase, grow; **≈ung** *f* (-; -en) enlargement, *phot. a.* blow-up; *opt*. magnification; increase; **≈ungsglas** *n* magnifying glass.

Ver'günstigung *f* (-; -en) privilege; *steuerliche*: allowance.

vergüt|en [fɛr'gy:tən] *v/t* (*no* ge-, h): ***j-m et.*** **~** reimburse s.o. for s.th.; **≈ung** *f* (-; -en) reimbursement.

ver'haft|en *v/t* (*no* ge-, h) arrest; **≈ung** *f* (-; -en) arrest.

ver'halten *v/refl* (*irr*, *no* -ge-, h, → ***halten***) behave: ***sich ruhig ~*** keep quiet.

Ver'halten *n* (-s; *no pl*) behavio(u)r, conduct; **≈sgestört** *adj* maladjusted.

Verhältnis [fɛr'hɛltnıs] *n* (-ses; -se) *Beziehung*, *a. pol. etc*: relationship, relations *pl* (*beide*: **zu** with); *Einstellung*: attitude (to, towards); *zahlenmäßig etc*: proportion, relation; F *Liebes≈*: affair: **~se** *pl* circumstances *pl*, conditions *pl* (*a. soziale*); ***über s-e ~se leben*** live beyond one's means; **≈mäßig** *adv* comparatively, relatively; **~wahl** *f parl*. proportional representation; **~wahlrecht** *n* (-[e]s; *no pl*) system of proportional representation.

ver'hand|eln (*no* ge-, h) **1.** *v/i* negotiate (***über et.*** [about *od.* on] s.th.); **2.** *v/t jur*. *Fall*: hear; **≈lung** *f* (-; -en) negotiation; *jur*. hearing; *Strafrecht*: trial; **≈lungsbasis** *f*: ***~ DM 2000*** DM 2,000 or near(est) offer.

ver'häng|en *v/t* (*no* ge-, h) cover (***mit*** with); *Strafe etc*: impose (***über*** *acc* on); **≈nis** *n* (-ses; -se) fate; *Unheil*: disaster; **~nisvoll** *adj* fatal, disastrous.

ver|'harmlosen *v/t* (*no* ge-, h) play *s.th.* down; **~'haßt** *adj* hated; *Sache*: *a.* hateful.

verheerend [fɛr'he:rənt] *adj* disastrous.

ver|hehlen [fɛr'he:lən] *v/t* (*no* ge-, h) → ***verheimlichen***; **~'heilen** *v/i* (*no* ge-, sn) heal (up); **~'heimlichen** *v/t* (*no* ge-, h) hide, conceal (*beide*: *dat* from).

ver'heirate|n (*no* ge-, h) **1.** *v/t* marry

(*s.o.* off) (**mit** to); **2.** *v/refl* get married; **~t** *adj* married.
ver'heißungsvoll *adj* promising.
ver'helfen *v/i* (*irr, no* ge-, h, → **helfen**): ***j-m zu et.* ~** help s.o. to get s.th.
ver'hinder|n *v/t* (*no* ge-, h) prevent (***daß j-d et. tut*** s.o. from doing s.th.); **~t** *adj* unable to come: ***ein ~er Künstler*** an artist manqué; *Möchtegernkünstler*: a would-be artist; **⁲ung** *f* (-; -en) prevention.
verhöhn|en [fɛr'hø:nən] *v/t* (*no* ge-, h) deride, mock; **⁲ung** *f* (-; -en) derision.
Verhör [fɛr'hø:r] *n* (-[e]s; -e) *jur.* interrogation; **⁲en** (*no* ge-, h) **1.** *v/t* interrogate; **2.** *v/refl* mishear.
ver'hungern *v/i* (*no* ge-, sn) die of hunger, starve (to death).
ver'hüt|en *v/t* (*no* ge-, h) prevent; **⁲ungsmittel** *n med.* contraceptive.
ver|'irren *v/refl* (*no* ge-, h) get lost, lose one's way; **~'jagen** *v/t* (*no* ge-, h) chase (*od.* drive) away.
verjähr|en [fɛr'jɛ:rən] *v/i* (*no* ge-, sn) *jur.* come under the statute of limitations; **~t** *adj* statute-barred; **⁲ungsfrist** *f* statutory period of limitation.
ver'kabeln *v/t* (*no* ge-, h) *TV* cable.
Ver'kauf *m* (-[e]s; ⸗e) sale; **⁲en** (*no* ge-, h) **1.** *v/t* sell: ***zu ~*** for sale; **2.** *v/refl*: ***sich gut ~*** sell well.
Ver'käuf|er *m* (-s; -) seller; *im Laden*: salesperson, *Br.* (shop) assistant, *Am.* (sales) clerk; *Auto⁲, Möbel⁲ etc*: salesman; **~erin** *f* (-; -nen) → ***Verkäufer***; *Auto⁲, Möbel⁲ etc*: saleslady; **⁲lich** *adj* for sale: ***leicht*** (***schwer***) **~** easy (hard) to sell.
Ver'kaufs|leiter *m* sales manager; **⁲offen** *adj*: ***~er Samstag*** all-day shopping on Saturday; **~preis** *m* selling price.
Verkehr [fɛr'ke:r] *m* (-s; *no pl*) traffic; *öffentlicher*: transport(ation *Am.*); *Umgang*: dealings *pl*, contact; *Geschäfts⁲*: business; *Geschlechts⁲*: intercourse: ***aus dem ~ ziehen*** *Geld*: withdraw from circulation; **⁲en** (*no* ge-, h) **1.** *v/i* a) (*a.* sn) *Bus etc*: run, b) ***~ in e-m*** *Lokal etc*: frequent; ***~ mit*** associate (*od.* mix) with; **2.** *v/t*: ***ins Gegenteil ~*** reverse.
Ver'kehrs|ader *f* arterial road; **~ampel** *f Br.* traffic lights *pl*, *Am.* traffic light, stoplight; **~aufkommen** *n* (-s; *no pl*) traffic volume; **⁲beruhigt** [~bə'ru:ıçt] *adj*: ***~e Zone*** area with traffic calming; **~beruhigung** *f* (-; *no pl*) traffic calming; **~chaos** *n* traffic chaos; **~flugzeug** *n* airliner; **~funk** *m* (-s; *no pl*) traffic news *pl* (*sg konstr.*); **~insel** *f* traffic island; **~kon,trolle** *f* vehicle spot-check; **~meldung** *f* traffic announcement; *pl* traffic news *pl* (*sg konstr.*); **~mittel** *n* means of transportation: → ***öffentlich*** 1; **~opfer** *n* road casualty; **~poli,zei** *f* traffic police (*pl konstr.*); **~poli,zist** *m* traffic policeman; **~regel** *f* traffic regulation; **⁲sicher** *adj mot.* roadworthy; **~sicherheit** *f* road safety; *e-s Autos etc*: roadworthiness; **~stau** *m* traffic jam; **~sünder** *m* traffic offender; **~teilnehmer** *m* road user; **~unfall** *m* traffic (*od.* road) accident; **~verbindung** *f* (road *od.* rail) link (***nach, zu*** to); **~zeichen** *n* road sign.
ver|'kehrt *adj u. adv falsch*: wrong, *adv a.* wrongly, the wrong way; **~** (***herum***) upside down; *Pulli etc*: inside out, *Vorderteil nach hinten*: back to front; **~'kennen** *v/t* (*irr, no* ge-, h, → ***kennen***) misjudge.
Ver'kettung *f* (-; -en): ***~ unglücklicher Umstände*** concatenation of misfortunes.
ver'klagen *v/t* (*no* ge-, h) *jur.* sue (***auf*** *acc*, ***wegen*** for).
verkleid|en [fɛr'klaıdən] (*no* ge-, h) **1.** *v/t tech.* cover; *außen*: (en)case; *innen*: line; *vertäfeln*: panel; **2.** *v/refl* dress up (***als*** as); **⁲ung** *f* (-; -en) fancy dress; covering; casing; lining; panel(l)ing.
verkleiner|n [fɛr'klaınərn] *v/t* (*no* ge-, h) make smaller, reduce (in size); **⁲ung** *f* (-; -en) reduction (in size).
Ver'knappung *f* (-; -en) shortage.
ver'kühlen *v/refl* (*no* ge-, h) catch (a) cold.
verkünd|en [fɛr'kʏndən] *v/t* (*no* ge-, h) announce; *bsd. öffentlich*: proclaim; *Urteil*: pronounce; **⁲ung** *f* (-; -en) announcement; proclamation; pronouncement.
ver|'kürzen *v/t* (*no* ge-, h) shorten (***um*** by); (*Arbeits*)*Zeit*: *a.* reduce; **~'laden** *v/t* (*irr, no* ge-, h, → ***laden***) load (***auf*** *acc* onto; ***in*** *acc* into).
Verlag [fɛr'la:k] *m* (-[e]s; -e) publishing house (*od.* company), publisher(s *pl*).

ver'lagern *v/t u. v/refl* (*no* ge-, h) shift (**auf** *acc* to) (*a. fig.*).
ver'langen *v/t* (*no* ge-, h) ask for; *fordern*: demand; *beanspruchen*: claim; *Preis*: charge; *erfordern*: take, call for.
Ver'langen *n* (-s; *no pl*) desire (**nach** for); *Sehnen*: longing (for), yearning (for): **auf ~** by request; *econ.* on demand.
verlänger|n [fɛr'lɛŋərn] *v/t* (*no* ge-, h) lengthen, make longer; *bsd. fig.* prolong (*a. Leben*), extend (*a. econ.*); **2ung** *f* (-; -en) lengthening; prolongation, extension.
ver'langsamen *v/t u. v/refl* (*no* ge-, h) slow down (*a. fig.*).
Verlaß [fɛr'las] *m*: **auf ihn ist** (**kein**) **~** you can('t) rely on him.
ver'lassen (*irr*, *no* ge-, h, → **lassen**) **1.** *v/t* leave; *im Stich lassen*: *a.* abandon, desert; **2.** *v/refl*: **sich ~ auf** (*acc*) rely (*od.* depend) on.
verläßlich [fɛr'lɛslɪç] *adj* reliable, dependable.
Ver'lauf *m* (-[e]s; ⸚e) course (*a. fig.*): **im ~ von** (*od. gen*) in the course of; **2en** (*irr*, *no* ge-, → **laufen**) **1.** *v/i* (sn) run; *ablaufen*: go; *enden*: end (up); **2.** *v/refl* (h) get lost, lose one's way.
ver'lauten *v/i* (*no* ge-, sn): **~ lassen** give to understand; **wie verlautet** as reported.
ver'leben *v/t* (*no* ge-, h) spend; *Zeit etc*: *a.* have.
ver'legen¹ *v/t* (*no* ge-, h) *Ort etc*: move; *Brille etc*: mislay; *tech.* lay; *zeitlich*: put off, postpone; *Buch*: publish.
ver'legen² *adj* embarrassed; **2heit** *f* (-; *no pl*) embarrassment; *Lage*: embarrassing situation.
Ver'leger *m* (-s; -) publisher.
Verleih [fɛr'laɪ] *m* (-[e]s; -e) hiring (*Am.* renting) out; *Firma*: hire (*od.* rental) company; **2en** *v/t* (*irr*, *no* ge-, h, → **leihen**) lend (out), *bsd. Am. a.* loan (out); *gegen Miete*: hire (*Am.* rent) out; *Titel etc*: confer (*dat* on); *Preis etc*: award (to); **~ung** *f* (-; -en) conferment; awarding.
ver|'lernen *v/t* (*no* ge-, h) forget; **~'lesen** (*irr*, *no* ge-, h, → **lesen**) **1.** *v/t* read (*Namen*: *a.* call) out; **2.** *v/refl* read it wrong: **sich bei et. ~** misread s.th.
verletz|en [fɛr'lɛtsən] (*no* ge-, h) **1.** *v/t* hurt, injure; *kränken*: hurt, offend; *Gesetz etc*: violate; *Vorschrift etc*: offend against; **2.** *v/refl* hurt o.s., get hurt; **~end** *adj* offensive; **2te** *m, f* (-n; -n) injured person: **die ~n** *pl* the injured *pl*; **2ung** *f* (-; -en) injury; *fig.* violation.
verleumd|en [fɛr'lɔʏmdən] *v/t* (*no* ge-, h) *jur. mündlich*: slander; *schriftlich*: libel; **~erisch** *adj* slanderous, libel(l)ous; **2ung** *f* (-, -en) slander; libel.
ver'lieb|en *v/refl* (*no* ge-, h) fall in love (**in** *acc* with); **~t** *adj* in love (**in** *acc* with); *Blick etc*: amorous.
verliere|n [fɛr'liːrən] *v/t u. v/i* (verlor, verloren, h) lose (**gegen** to); **2r** *m* (-s; -) loser.
ver'lob|en *v/refl* (*no* ge-, h) get engaged (**mit** to); **2te** [~ptə] *m, f* (-n; -n) fiancé(e *f*); **2ung** *f* (-; -en) engagement; **2ungsring** *m* engagement ring.
ver'lockend *adj* tempting.
verlogen [fɛr'loːgən] *adj* lying; *Moral etc*: hypocritical; **2heit** *f* (-; *no pl*) lying; hypocrisy.
verloren [fɛr'loːrən] *adj* lost; *Zeit etc*: *a.* wasted; **~gehen** *v/i* (*irr*, *sep*, -ge-, sn, → **gehen**) be (*od.* get) lost.
ver'los|en *v/t* (*no* ge-, h) raffle (off); **2ung** *f* (-; -en) raffle.
Ver'lust *m* (-[e]s; -e) loss (*a. fig.*): **~e** *pl bsd. mil.* casualties *pl.*
ver'machen *v/t* (*no* ge-, h) leave, will.
Vermächtnis [fɛr'mɛçtnɪs] *n* (-ses; -se) legacy (*a. fig.*).
vermarkt|en [fɛr'marktən] *v/t* (*no* ge-, h) market; *fig.* commercialize; **2ung** *f* (-; -en) marketing; commercialization.
ver'mehr|en (*no* ge-, h) **1.** *v/t* increase (**um** by); **2.** *v/refl* increase (**um** by); *biol.* reproduce, multiply, *zo. a.* breed; **2ung** *f* (-; -en) increase (*gen* in); *biol.* reproduction.
vermeid|bar [fɛr'maɪtbaːr] *adj* avoidable; **~en** [~dən] *v/t* (*irr*, *no* ge-, h, → **meiden**) avoid: **es ~, et. zu tun** avoid doing s.th.; **~lich** → **vermeidbar.**
Vermerk [fɛr'mɛrk] *m* (-[e]s; -e) note; **2en** *v/t* (*no* ge-, h) make a note of.
ver'messen¹ *v/t* (*irr*, *no* ge-, h, → **messen**) measure; *Land*: survey.
ver'messen² *adj* presumptious; **2heit** *f* (-; *no pl*) presumption.
ver'miet|en *v/t* (*no* ge-, h) rent (out); *Sachen*: *Br. a.* hire out: **zu ~** *Haus etc*:

V

Br. to let, *Am.* for rent; **2er** *m* (-s; -) landlord; **2erin** *f* (-; -nen) landlady; **2ung** *f* (-; -en) renting (out); hiring (out).

ver'misch|en *v/t u. v/refl* (*no* ge-, h) mix (***mit*** with); **~t** *adj* mixed: **2es** *Überschrift*: miscellaneous.

vermi|ssen [fɛr'mɪsən] *v/t* (*no* ge-, h) miss; **~ßt** *adj* missing: ***j-n als ~ melden*** report s.o. missing.

ver'mitt|eln (*no* ge-, h) **1.** *v/t* arrange; *Eindruck etc*: give, convey: ***j-m et. ~*** get (*od.* find) s.o. s.th.; **2.** *v/i* mediate (***zwischen*** *dat* between); **2ler** *m* (-s; -) mediator, go-between; *econ.* agent, broker; **2lung** *f* (-; -en) mediation; *Herbeiführung*: arrangement; *Stelle*: agency, office; *teleph.* (telephone) exchange; *Person*: operator.

Ver'mögen *n* (-s; -) fortune (*a.* F *fig.*); *Besitz*: property; *econ.* assets *pl*; **2d** *adj* well-to-do, well-off; **~sberatung** *f* investment consultancy; **~sbildung** *f* wealth formation; **~ssteuer** *f* property tax; **~sverhältnisse** *pl* financial circumstances *pl*; **~swerte** *pl* assets *pl*.

vermumm|en [fɛr'mʊmən] *v/refl* (*no* ge-, h) wrap o.s. up; *sich verkleiden*: disguise o.s.; *bei Demonstration*: wear a mask; **2ungsverbot** *n* ban on wearing masks (at demonstrations).

vermut|en [fɛr'mu:tən] *v/t* (*no* ge-, h) suppose, *Am. a.* guess; **~lich** *adv* probably; **2ung** *f* (-; -en) supposition; *bloße*: speculation.

vernachlässig|en [fɛrna:xlɛsɪgən] *v/t* (*no* ge-, h) neglect; **2ung** *f* (-; -en) neglect.

ver'nehm|en *v/t* (*irr*, *no* ge-, h, → ***nehmen***) hear; *jur.* question, interrogate; **2ung** *f* (-; -en) questioning, interrogation.

verneinen [fɛr'naɪnən] (*no* ge-, h) **1.** *v/t* deny; **2.** *v/i* say no, answer in the negative.

vernicht|en [fɛr'nɪçtən] *v/t* (*no* ge-, h) destroy; *bsd. mil. a.* annihilate; *ausrotten*: exterminate; **~end** *adj Kritik*: devastating; *Niederlage etc*: crushing; *Blick*: withering; **2ung** *f* (-; -en) destruction; annihilation; extermination.

Vernunft [fɛr'nʊnft] *f* (-; *no pl*) reason: ***~ annehmen*** listen to reason; ***j-n zur ~ bringen*** bring s.o. to his senses.

vernünftig [fɛr'nʏnftɪç] *adj* sensible, reasonable (*a. Preis etc*); F *ordentlich*: decent.

ver'öffentlich|en *v/t* (*no* ge-, h) publish; **2ung** *f* (-; -en) publication.

ver'ordn|en *v/t* (*no* ge-, h) *med.* prescribe (***j-m*** for s.o.); *gesetzlich*: decree; **2ung** *f* (-; -en) decree.

ver|'pachten *v/t* (*no* ge-, h) lease (*dat*, ***an*** *acc* to); **2'pächter** *m* (-s; -) lessor.

ver'pack|en *v/t* (*no* ge-, h) pack (up); *tech.* package; *einwickeln*: wrap up; **2ung** *f* (-; -en) pack(aging); *Papier2*: wrapping; **2ungsmateri,al** packaging material.

ver|'passen *v/t* (*no* ge-, h) miss; **~'patzen** *v/t* (*no* ge-, h) F mess up; **~'pfänden** *v/t* (*no* ge-, h) pawn.

ver'pflanz|en *v/t* (*no* ge-, h) *med. Organ*: transplant; *Haut*: graft; **2ung** *f* (-; -en) transplant; graft.

ver'pfleg|en *v/t* (*no* ge-, h) feed; **2ung** *f* (-; -en) food.

ver'pflicht|en (*no* ge-, h) **1.** *v/t Band etc*: hire; *Schauspieler*: engage: ***j-n zu et. ~*** oblige (*vertraglich*: obligate) s.o. to do s.th.; **2.** *v/refl*: ***sich ~, et. zu tun*** undertake to do s.th.; **~et** *adj*: ***~ sein*** (***sich ~ fühlen***), ***et. zu tun*** be (feel) obliged to do s.th.; **2ung** *f* (-; -en) obligation; *Pflicht*: duty; *econ., jur.* liability; *übernommene*: engagement, commitment.

ver|'pfuschen *v/t* (*no* ge-, h) F bungle, botch (up); **~prügeln** [~'pry:gəln] *v/t* (*no* ge-, h) beat *s.o.* up.

Ver'rat *m* (-[e]s; *no pl*) betrayal (***an*** *dat* of); *Landes2*: treason (to); **2en** (*irr*, *no* ge-, h, → ***raten***) **1.** *v/t* betray, give away (*beide a. fig.*); **2.** *v/refl* give o.s. away.

Verräter [fɛr'rɛ:tər] *m* (-s; -) traitor; **2isch** *adj* treacherous; *fig.* revealing, telltale.

ver'rechn|en (*no* ge-, h) **1.** *v/t* offset (***mit*** against); **2.** *v/refl* miscalculate (***um*** by), make a mistake (*a. fig.*): ***sich um e-e Mark verrechnet haben*** be one mark out; **2ung** *f* (-; -en) offset: ***nur zur ~*** *Scheckvermerk*: *Br.* account payee only, *Am.* for deposit only; **2ungsscheck** *m Br.* crossed cheque, *Am.* voucher check.

ver'regnet *adj* rainy.

ver'reis|en *v/i* (*no* ge-, sn) go away (***geschäftlich*** on business); **~t** *adj*:

(***geschäftlich***) ~ away (on business).

verrenk|en [fɛr'rɛŋkən] *v/t* (*no* ge-, h): ***sich et.*** **~** *med.* dislocate s.th.; ***sich den Hals*** **~** crane one's neck (***nach*** to get a glimpse of), *Am.* rubberneck; **≈ung** *f* (-; -en) *med.* dislocation.

ver|'richten *v/t* (*no* ge-, h) do, carry out; **~'riegeln** *v/t* (*no* ge-, h) bolt, bar.

verringer|n [fɛr'rɪŋərn] (*no* ge-, h) **1.** *v/t* decrease, reduce, lower; **2.** *v/refl* decrease, diminish, go down; **≈ung** *f* (-; -en) decrease (*gen* in), reduction (of), lowering (of).

ver'rosten *v/i* (*no* ge-, sn) rust.

ver'rück|en *v/t* (*no* ge-, h) move, shift; **~t** *adj* mad, crazy (*beide a. fig.*: ***nach*** about): ***wie*** **~** like mad; **~** ***werden*** go mad (*od.* crazy); ***j-n*** **~** ***machen*** drive s.o. mad; **≈te** *m*, *f* (-n; -n) madman (madwoman), lunatic, maniac (*alle a.* F *fig.*); **≈theit** *f* (-; -en) madness, craziness; *Tat etc*: crazy thing.

Ver'ruf *m*: ***in*** **~** ***bringen*** (***kommen***) bring (fall) into disrepute; **≈en** *adj* disreputable.

ver'rutschen *v/i* (*no* ge-, sn) slip, get out of place.

Vers [fɛrs] *m* (-es; -e) verse; *Zeile*: *a.* line.

ver'sagen *v/i* (*no* ge-, h) *allg.* fail; *tech. a.* break down; *Waffe*: misfire.

Ver'sage|n *n* (-s) failure: ***menschliches*** **~** human error; **~r** *m* (-s; -s) failure.

ver'salzen *v/t* (*irr*, *no* ge-, h, → ***salzen***) put too much salt in.

ver'samm|eln (*no* ge-, h) **1.** *v/t* assemble, gather; **2.** *v/refl* assemble, meet; **≈lung** *f* (-; -en) assembly, meeting.

Versand [fɛr'zant] *m* (-[e]s; *no pl*) dispatch; *Transport*: shipment; *Abteilung*: forwarding department; **~haus** *n* mail-order company; **~hauskata,log** *m* mail-order catalog(ue); **~kosten** *pl* forwarding expenses *pl*; **~schein** *m* shipping note.

ver|'schaffen *v/t* (*no* ge-, h): ***j-m et.*** **~** get (*od.* find) s.o. s.th.; ***sich et.*** **~** get (*od.* obtain) s.th.; **~schämt** [~'ʃɛːmt] *adj* bashful; **~'schärfen** (*no* ge-, h) **1.** *v/t verschlimmern*: aggravate; *Kontrollen etc*: tighten up; *erhöhen*: increase; **2.** *v/refl schlimmer werden*: get worse; **~'schenken** *v/t* (*no* ge-, h) give away (*a. fig.*); **~scheuchen** [~'ʃɔʏçən] *v/t* (*no* ge-, h) scare off, chase away (*a fig.*); **~'schicken** *v/t* (*no* ge-, h) dispatch, ship.

ver'schieb|en (*irr*, *no* ge-, h, → ***schieben***) **1.** *v/t* move, shift; *zeitlich*: put off, postpone (***auf*** *acc* to, until); **2.** *v/refl* move; *verrutschen*: slip; *Termin*: be postponed (***auf*** *acc* to, until); **≈ung** *f* (-; -en) postponement.

verschieden [fɛr'ʃiːdən] *adj* different (***von*** from): **~e** *pl mehrere*: various, several; **~artig** *adj* different; *mannigfaltig*: various; **≈heit** *f* (-; -en) difference.

ver'schiff|en *v/t* (*no* ge-, h) ship; **≈ung** *f* (-; -en) shipment.

ver'schimmeln *v/i* (*no* ge-, sn) go mo(u)ldy.

ver'schlafen¹ (*irr*, *no* ge-, h, → ***schlafen***) **1.** *v/i* oversleep; **2.** *v/t et.*: sleep through.

ver'schlafen² *adj* sleepy (*a. fig.*).

Ver'schlag *m* (-[e]s; ⸚e) shed.

ver'schlagen¹ *v/t* (*irr*, *no* ge-, h, → ***schlagen***): ***j-m den Atem*** **~** take s.o.'s breath away; ***j-m die Sprache*** **~** leave s.o. speechless; ***es hat ihn nach X*** **~** he ended up in X.

ver'schlagen² *adj* sly, cunning.

verschlechter|n [fɛr'ʃlɛçtərn] *v/t u. v/refl* (*no* ge-, h) make (*refl* get) worse, worsen, deteriorate; **≈ung** *f* (-; -en) deterioration; *e-s Zustands*: *a.* change for the worse.

Verschleiß [fɛr'ʃlaɪs] *m* (-es; *no pl*) wear and tear; **≈en** *v/t*, *v/i u. v/refl* (verschliß, verschlissen, h) wear out; **~teil** *n* wearing part.

ver|'schleppen *v/t* (*no* ge-, h) *in die Länge ziehen*: draw out, delay; *Krankheit*; neglect; **~'schleudern** *v/t* (*no* ge-, h) *Vermögen etc*: squander; *econ.* sell off cheaply; **~'schließen** *v/t* (*irr*, *no* ge-, h, → ***schließen***) close, shut (*a. fig. die Augen*: ***vor*** *dat* to); *absperren*: lock (up); **~schlimmern** [~'ʃlɪmərn] *v/t u. v/refl* (*no* ge-, h) → ***verschlechtern***; **~'schlingen** *v/t* (*irr*, *no* ge-, h, → ***schlingen***) devour (*a. fig. Buch etc*), bolt down; *fig. Geld*: swallow (up); **~'schlucken** (*no* ge-, h) **1.** *v/t* swallow (*fig.* up); **2.** *v/refl* choke (***an*** *dat* on).

Ver'schluß *m* (-sses; ⸚sse) fastener; *aus Metall*: *a.* clasp; *Schnapp≈*: catch; *Schloß*: lock; *Deckel*: cover, lid; *a.*

V

Schraub≈: cap, top; *phot.* shutter: ***unter ~*** under lock and key.
ver|'schlüsseln *v/t* (*no* ge-, h) (en)code; **~schmähen** [~'ʃmɛːən] *v/t* (*no* ge-, h) disdain, spurn; **~'schmerzen** *v/t* (*no* ge-, h) get over *s.th.*
ver'schmutz|en (*no* ge-) **1.** *v/t* (h) soil, dirty; *Umwelt*: pollute; **2.** *v/i* (sn) get dirty; become polluted; **≈ung** *f* (-; -en) soiling; *konkret*: dirt; pollution.
ver|'schneit *adj* snow-covered, snowy; **~schnupft** [~'ʃnʊpft] *adj*: ***~ sein*** *med.* have a cold; F *fig.* be peeved; **~'schnüren** *v/t* (*no* ge-, h) tie up; **~schollen** [~'ʃɔlən] *adj* missing; *jur.* presumed dead; **~'schonen** *v/t* (*no* ge-, h) spare: ***j-n mit et. ~*** spare s.o. s.th.; **~schränken** [~'ʃrɛŋkən] *v/t* (*no* ge-, h) *Arme*: fold; *Beine*: cross.
ver'schreib|en (*irr*, *no* ge-, h, → ***schreiben***) **1.** *v/t med.* prescribe (***j-m*** for s.o.; ***gegen*** for); **2.** *v/refl* make a slip of the pen; **~ungspflichtig** *adj pharm.* available on prescription only.
ver'schrotten *v/t* (*no* ge-, h) scrap.
Ver'schulden *n* (-s; *no pl*): ***ohne mein ~*** through no fault of mine.
ver'schuld|en (*no* ge-, h) **1.** *v/t* be responsible for, cause, be the cause of; **2.** *v/refl* get into debt; **~et** *adj* in debt; **≈ung** *f* (-; -en) debts *pl.*
ver|'schütten *v/t* (*no* ge-, h) *Flüssigkeit*: spill; *j-n*: bury alive; **~schwägert** [~'ʃvɛːgərt] *adj* related by marriage; **~'schweigen** *v/t* (*irr*, *no* ge-, h, → ***schweigen***) hide, keep *s.th.* (a) secret (*beide*: *dat* from).
verschwend|en [fɛr'ʃvɛndən] *v/t* (*no* ge-, h) waste (**an** *acc* on); **≈er** *m* (-s; -) spendthrift; **~erisch** *adj* wasteful, extravagant; *üppig*: lavish; **≈ung** *f* (-; -en) waste.
verschwiegen [fɛr'ʃviːgən] *adj* discreet; *verborgen*: hidden, secret; **≈heit** *f* (-; *no pl*) secrecy, discretion.
ver'schwinden *v/i* (*irr*, *no* ge-, sn, → ***schwinden***) disappear, vanish: F ***verschwinde!*** beat it!
Ver'schwinden *n* (-s) disappearance.
verschwommen [fɛr'ʃvɔmən] *adj* blurred (*a. phot.*); *fig. Begriff etc*: vague; *Erinnerung*: hazy.
ver'schwör|en *v/refl* (*irr*, *no* ge-, h, → ***schwören***) conspire, plot (*beide*: ***gegen*** against); **≈er** *m* (-s; -) conspirator; **≈ung** *f* (-; -en) conspiration, plot.
verschwunden [fɛr'ʃvʊndən] *adj* missing.
ver'sehen (*irr*, *no* ge-, h, → ***sehen***) **1.** *v/t Haushalt etc*: take care of: ***~ mit*** provide with; **2.** *v/refl* make a mistake.
Ver'sehen *n* (-s; -) mistake, error: ***aus ~*** → ***versehentlich***; **≈tlich** *adv* by mistake, unintentionally.
Versehrte [fɛr'zeːrtə] *m, f* (-n; -n) disabled person.
ver|'senden *v/t* (*mst irr*, *no* ge-, h, → ***senden***) → ***verschicken***; **~'senken** *v/t* (*no* ge-, h) sink; **~sessen** [~'zɛsən] *adj*: ***~ auf*** (*acc*) mad (*od.* crazy) about.
ver'setz|en (*no* ge-, h) **1.** *v/t* move, shift; *dienstlich*: transfer (**in** *acc*, **auf** *acc*, **nach** to); *Schüler*: *Br.* move *s.o.* up, *Am.* promote; *Schlag etc*: give; *verpfänden*: pawn: F ***j-n ~*** stand s.o. up; ***in die Lage ~ zu*** put in a position to, enable to; **2.** *v/refl*: ***sich in j-s Lage ~*** put o.s. in s.o.'s place; **≈ung** *f* (-, -en) transfer; *Schule*: remove, *Am.* promotion.
ver'seuch|en *v/t* (*no* ge-, h) contaminate; **≈ung** *f* (-; -en) contamination.
Ver'sicher|er *m* (-s; -) insurer; **≈n** (*no* ge-, h) **1.** *v/t econ.* insure (**bei** with; **gegen** against); *behaupten*: assure (***j-m et.*** s.o. of s.th.); **2.** *v/refl* insure o.s.; *sichergehen*: make sure (**daß** that); **~te** *m, f* (-n; -n) *the* insured (party); **~ung** *f* (-; -en) insurance; *Gesellschaft*: insurance company; assurance, assertion.
Ver'sicherungs|a͵gent *m* insurance agent; **~gesellschaft** *f* insurance company; **~karte** *f*: → ***grün***; **~nehmer** *m* (-s; -) *the* insured (party); **~po͵lice** *f*, **~schein** *m* insurance policy.
Version [vɛr'zĭoːn] *f* (-; -en) version.
versöhn|en [fɛr'zøːnən] *v/refl* (*no* ge-, h) become reconciled, make it up (**mit** with); **~lich** *adj* conciliatory; **≈ung** *f* (-; -en) reconciliation.
ver'sorg|en *v/t* (*no* ge-, h) provide (**mit** with); supply (with); *Familie etc*: support; *sich kümmern um*: take care of, look after; *Wunde*: see to; **≈ung** *f* (-; *no pl*) supply (**mit** with); *Unterhalt*: support; *Betreuung*: care.
Ver'sorgungs|engpaß *m* supply bottleneck (*od.* shortage); **~lücke** *f* supply

V

gap; **~schwierigkeiten** *pl* supply problems.

verspät|en [fɛrˈʃpɛːtən] *v/refl* (*no* ge-, h) be late; **~et** *adj* late; *Gratulation*: belated; **≈ung** *f* (-; -en) *Verzögerung*: delay: ***20 Minuten ~ haben*** be 20 minutes late.

ver|ˈspeisen *v/t* (*no* ge-, h) eat, consume; **~ˈsperren** *v/t* (*no* ge-, h): ***j-m die Sicht*** (***den Weg***) **~** obstruct s.o.'s view (block s.o.'s path); **~ˈspielen** *v/t* (*no* ge-, h) *Geld etc*: gamble away; **~ˈspotten** *v/t* (*no* ge-, h) make fun of, ridicule.

verˈsprechen (*irr*, *no* ge-, h, → ***sprechen***) **1.** *v/t* promise (*a. fig.*): ***sich zuviel ~*** (***von***) expect too much (of); **2.** *v/refl* make a mistake.

Verˈspreche|n *n* (-s; -) promise; **~r** *m* (-s; -) slip of the tongue.

verˈstaatlich|en *v/t* (*no* ge-, h) nationalize; **≈ung** *f* (-; -en) nationalization.

Verˈstädterung *f* (-; -en) urbanization.

Verˈstand *m* (-[e]s; *no pl*) mind, intellect; *Vernunft*: reason, (common) sense; *Intelligenz*: intelligence, brains *pl*. ***nicht bei ~*** out of one's mind, not in one's right mind; ***den ~ verlieren*** lose one's mind; **≈esmäßig** [~dəs~] *adj* rational.

verˈständ|ig *adj* reasonable, sensible; **~igen** [~gən] (*no* ge-, h) **1.** *v/t* inform (**von** of), notify (of); *Arzt*, *Polizei*: *a.* call; **2.** *v/refl* communicate; *sich einigen*: come to an agreement (**über** *acc* on); **≈igung** *f* (-; *no pl*) communication (*a. teleph.*); *Einigung*: agreement; **~lich** [~tlıç] *adj* intelligible; *begreiflich*: *a.* comprehensible; *Verhalten*: understandable; *hörbar*: audible: ***schwer*** (***leicht***) **~** difficult (easy) to understand; ***j-m et. ~ machen*** make s.th. clear to s.o.; ***sich ~ machen*** make o.s. understood.

Verständnis [fɛrˈʃtɛntnıs] *n* (-ses; *no pl*) comprehension, understanding (*a. menschliches*); *Mitgefühl*: *a.* sympathy: (***viel***) ***~ haben*** be (very) understanding; ***~ haben für*** understand; *Kunst etc*: appreciate; **≈los** *adj* unappreciative; *Blick etc*: blank; **≈voll** *adj* understanding, sympathetic; *Blick etc*: knowing.

verˈstärk|en *v/t* (*no* ge-, h) reinforce (*a. tech.*); *zahlenmäßig*: strengthen (*a. tech.*); *Radio*, *phys.*: amplify; *steigern*: intensify; **≈er** *m* (-s; -) amplifier; **≈ung** *f* (-; -en) reinforcement; strengthening; amplification; intensification.

verˈstauben *v/i* (*no* ge-, sn) get dusty.

verstauch|en [fɛrˈʃtaʊxən] *v/t* (*no* ge-, h): ***sich et. ~*** *med.* sprain s.th.; **≈ung** *f* (-; -en) sprain.

verˈstauen *v/t* (*no* ge-, h) stow away.

Versteck [fɛrˈʃtɛk] *n* (-[e]s; -e) hiding place; *von Verbrechern*: *a.* hideout; **≈en** *v/t u. v/refl* (*no* ge-, h) hide (***vor*** *dat* from).

verˈstehen *v/t*, *v/i u. v/refl* (*irr*, *no* ge-, h, → ***stehen***) understand, F get; *akustisch*: *a.* catch; *einsehen*: see; *sich im klaren sein*: realize: **es ~ zu** know how to; ***zu ~ geben*** give *s.o.* to understand, suggest; ***~ Sie(?)*** *erklärend*: you know (*od.* see); *fragend*: you see?; ***ich verstehe!*** I see!; ***was ~ Sie unter*** (*dat*) ***...?*** what do you mean (*od.* understand) by ...?; ***sich*** (***gut***) **~** get along (well) (***mit*** with); ***es versteht sich von selbst*** it goes without saying.

verˈsteiger|n *v/t* (*no* ge-, h) (sell by) auction; **≈ung** *f* (-; -en) auction (sale).

verˈstell|bar *adj* adjustable; **~en** (*no* ge-, h) **1.** *v/t versperren*: block; *umstellen*: move, shift; *falsch einstellen*: set *s.th.* wrong (*od.* the wrong way); *tech.* adjust, regulate; *Stimme etc*: disguise; **2.** *v/refl fig.* pretend, put on an act; *s-e Gefühle verbergen*: hide one's feelings; **≈ung** *f* (-; *no pl*) *fig.* preten|ce (*Am.* -se).

verˈsteuern *v/t* (*no* ge-, h) pay tax on: ***zu ~de Einkünfte*** taxable income.

verˈstimm|en *v/t* (*no* ge-, h) *verärgern*: annoy; **~t** *adj mus.* out-of-tune; *Magen*: upset; *verärgert*: annoyed, disgruntled; **≈ung** *f* (-; -en) upset, disgruntlement.

verstohlen [fɛrˈʃtoːlən] *adj* furtive, surreptitious.

verˈstopf|en *v/t* (*no* ge-, h) *Abfluß etc*: block (up), clog (up); *Straße*: congest; **~t** *adj Nase*: blocked (up); *Abfluß etc*: *a.* clogged up; *Straße*: congested; **≈ung** *f* (-; -en) blockage; congestion; *med.* constipation.

verstorben [fɛrˈʃtɔrbən] *adj* late, deceased; **≈e** *m*, *f* (-n; -n) *the* deceased: ***die ~n*** *pl a.* the dead *pl*.

Verˈstoß *m* (-es; ⸚e) offen|ce (*Am.* -se) (***gegen*** against), violation (of); **≈en** (*irr*, *no* ge-, h, → ***stoßen***) **1.** *v/t* expel (***aus*** from); **2.** *v/i*: ***~ gegen*** offend against, violate.

V

ver|'streichen (*irr*, *no* ge-, → **streichen**) **1.** *v/i* (sn) *Zeit*: pass (by); *Frist*: expire; **2.** *v/t* (h) spread; **~'streuen** *v/t* (*no* ge-, h) scatter.

verstümmel|n [fɛr'ʃtʏməln] *v/t* (*no* ge-, h) mutilate; *Text etc*: *a.* garble; **$ung** *f* (-; -en) mutilation.

ver'stummen *v/i* (*no* ge-, sn) fall silent, stop talking; *Geräusch etc*: stop, *langsam*: die away; *Gerücht*: stop, *langsam*: peter out.

Versuch [fɛr'zuːx] *m* (-[e]s; -e) attempt, try; *Probe*: test; *phys. etc* experiment: ***mit et.*** (***j-m***) ***e-n ~ machen*** give s.th. (s.o.) a try; **$en** *v/t* (*no* ge-, h) try, attempt; *kosten*: try, taste: ***es ~*** have a try (at it); ***es mit et. ~*** try (doing) s.th.

Ver'suchs|ka,ninchen *n fig.* guinea pig; **~stadium** *n*: ***es ist noch im ~*** it's still at the experimental stage; **~tier** *n* laboratory (*od.* test) animal; **$weise** *adv* by way of trial; *auf Probe*: on a trial basis.

versunken [fɛr'zʊŋkən] *adj*: *fig.* ***~ in*** (*acc*) absorbed (*od.* lost) in.

ver'tag|en *v/t u. v/refl* (*no* ge-, h) adjourn (***auf*** *acc* until); **$ung** *f* (-; *no pl*) adjourment.

ver'tauschen *v/t* (*no* ge-, h) exchange (***gegen, mit*** for); *irrtümlich*: mix up.

verteidig|en [fɛr'taɪdɪgən] (*no* ge-, h) **1.** *v/t allg.* defend; **2.** *v/refl* defend o.s.; **$er** *m* (-s; -) defender; *jur.* (defen|ce, *Am.* -se) lawyer; **$ung** *f* (-; -en) defen|ce (*Am* -se).

Ver'teidigungs|mi,nister *m* defen|ce (*Am.* -se) minister; *Br.* Defence Secretary, *Am.* Secretary of Defense; **~mini,sterium** *n* defen|ce (*Am.* -se) ministry; *Br.* Defence Ministry, *Am.* Department of Defense; **~waffe** *f* defensive weapon.

ver'teil|en *v/t* (*no* ge-, h) distribute (***unter*** *acc* among); *austeilen*: hand out; **$er** *m* (-s; -) *allg.* distributor; **$ung** *f* (-; -en) distribution.

vertikal [vɛrti'kaːl] *adj* vertical.

ver'tilg|en *v/t* (*no* ge-, h) destroy, kill; F *fig. Essen*: polish off; **$ung** *f* (-; *no pl*) destruction, killing.

vertonen [fɛr'toːnən] *v/t* (*no* ge-, h) *mus.* set to music.

Vertrag [fɛr'traːk] *m* (-[e]s; ⸚e) contract; *pol.* treaty; **$en** *v/t u. v/refl* (*irr*, *no* ge-, h, → ***tragen***) endure, bear, stand: ***ich kann ... nicht ~*** *Essen, Alkohol etc*: ... doesn't agree with me; *j-n, Lärm etc*: I can't stand ...; ***er kann viel ~*** he can take a lot (*Spaß*: a joke); *Alkohol*: *a.* he can hold his drink; F ***ich*** (***es***) ***könnte ... ~*** I (it) could do with ...; ***sich*** (***gut***) ***~*** get along (well) (***mit*** with); ***sich wieder ~*** make it up; **$lich** *adv* by contract.

verträglich [fɛr'trɛːklɪç] *adj* easy to get on with; *Essen*: easily digestable.

Ver'trags|händler *m* appointed dealer; **~werkstatt** *f* authorized repairers *pl* (*a. sg konstr.*).

ver'trauen *v/i* (*no* ge-, h) trust (***auf*** *acc* in).

Ver'trauen *n* (-s; *no pl*) confidence, trust (*beide*: ***auf*** *acc* in): ***im ~*** (***gesagt***) between you and me; **$erweckend** *adj* inspiring confidence: (***wenig***) ***~ aussehen*** inspire (little) confidence.

Ver'trauens|arzt *m* medical examiner; **~frage** *f parl.*: ***die ~ stellen*** propose a vote of confidence; **~sache** *f*: ***das ist ~*** that is a matter of confidence; **~stellung** *f* position of trust; **$voll** *adj* trusting; **~votum** *n parl.* vote of confidence; **$würdig** *adj* trustworthy.

ver'traulich *adj* confidential; *plump-~*: familar; **$keit** *f* (-; -en) confidence; familiarity.

ver'traut *adj* familiar (*dat* to; ***mit*** with); **$heit** *f* (-; *no pl*) familiarity.

ver'treib|en *v/t* (*irr*, *no* ge-, h, → ***treiben***) drive (*od.* chase) away (*a. fig.*); *Zeit*: pass; *econ.* sell: ***~ aus*** drive out of; **$ung** *f* (-; -en) expulsion (***aus*** from).

ver'tret|en *v/t* (*irr*, *no* ge-, h, → ***treten***) substitute for, stand in for; *pol., econ.* represent; *parl. a.* sit for; *jur. j-n*: act for: ***die Ansicht ~, daß*** argue that; ***sich den Fuß ~*** sprain one's ankle; F ***sich die Beine ~*** stretch one's legs; **$er** *m* (-s; -) substitute, deputy; *pol., econ.* representative; *econ. a.* agent; *Handels$*: sales representative; **$ung** *f* (-; -en) substitution; *Person*: substitute; *econ., pol.* representation.

Vertrieb [fɛr'triːp] *m* (-[e]s; *no pl*) *econ.* sale, marketing; *Abteilung*: sales department; **~ene** [~bənə] *m, f* (-n; -n) expellee; **~sab,teilung** *f* sales department; **~sleiter** *m* sales manager.

ver|'trocknen *v/i* (*no* ge-, sn) dry up; **~'trödeln** *v/t* (*no* ge-, h) F dawdle away,

V

waste; **~'trösten** *v/t* (*no* ge-, h) put off (***auf*** *acc* until); **~'tuschen** *v/t* (*no* ge-, h) cover up; **~'übeln** *v/t* (*no* ge-, h): ***j-m et. ~*** be annoyed at s.o. for s.th.; **~'üben** *v/t* (*no* ge-, h) commit.
ver'unglücken *v/i* (*no* ge-, sn) have an accident: → ***tödlich*** 2.
veruntreu|en [fɛr'ˀʊntrɔʏən] *v/t* (*no* ge-, h) embezzle; **ℒung** *f* (-; -en) embezzlement.
ver'ursachen *v/t* (*no* ge-, h) cause, bring about.
ver'urteil|en *v/t* (*no* ge-, h) condemn (*a. fig.*), sentence (*beide*: ***zu*** to), convict; **ℒung** *f* (-; -en) condemnation (*a. fig.*).
ver'wackelt *adj phot.* blurred.
ver'wahr|en (*no* ge-, h) **1.** *v/t* keep (in a safe place); **2.** *v/refl*: ***sich ~ gegen*** protest against; **~lost** *adj* uncared-for, neglected.
ver'waist *adj* orphan(ed); *fig.* deserted.
ver'walt|en *v/t* (*no* ge-, h) *Firma etc*: manage; *Nachlaß etc*: administer; **ℒer** *m* (-s; -) manager; administrator; **ℒung** *f* (-; -en) management; administration (*a. öffentliche*); **ℒungskosten** *pl* administrative costs *pl.*
ver'wand|eln (*no* ge-, h) **1.** *v/t* change; *umwandeln*: *a.* convert (*beide*: ***in*** *acc* into); **2.** *v/refl* change (***in*** *acc* into); **ℒlung** *f* (-; -en) change; conversion.
verwandt [fɛr'vant] *adj* related (***mit*** to); **ℒe** *m, f* (-n; -n) relative, relation: ***der nächste ~*** the next of kin; **ℒschaft** *f* (-; *no pl*) relationship; *Verwandte*: relatives *pl*, relations *pl.*
ver'warn|en *v/t* (*no* ge-, h) warn; *polizeilich*: caution; **ℒung** *f* (-; -en) warning; caution.
ver'wechs|eln *v/t* (*no* ge-, h) confuse (***mit*** with), mix up (with), mistake (for); **ℒ(e)lung** *f* (-; -en) mistake; *von Personen*: case of mistaken identity.
ver'weiger|n *v/t* (*no* ge-, h) refuse; *Befehl*: disobey; **ℒung** *f* (-; -en) refusal.
Verweis [fɛr'vaɪs] *m* (-es; -e) reference (***auf*** *acc* to); **ℒen** (*irr, no* ge-, h, → ***weisen***) **1.** *v/t* refer (***an*** *acc*, ***auf*** *acc* to); *hinauswerfen*: expel (*gen* from); **2.** *v/i*: ***~ auf*** (*acc*) refer to.
ver'welken *v/i* (*no* ge-, sn) wither; *fig.* fade.
ver'wend|en *v/t* (*mst irr, no* ge-, h, → ***wenden***) use; *Zeit etc*: spend (***auf*** *acc* on); **ℒung** *f* (-; -en) use: ***keine ~ haben für*** have no use for.
ver|'werfen *v/t* (*irr, no* ge-, h, → ***werfen***) dismiss, reject; **~'werten** *v/t* (*no* ge-, h) use, make use of.
ver'wes|en *v/i* (*no* ge-, sn) rot, decay; **ℒung** *f* (-; *no pl*) decay.
ver'wick|eln *v/t* (*no* ge-, h): ***~ werden*** (***sein***) ***in*** (*acc*) get (be) involved in; **~elt** *adj* complicated; **ℒlung** *f* (-; -en) involvement; complication.
ver'wirklich|en (*no* ge-, h) **1.** *v/t* realize; **2.** *v/refl* come true; **ℒung** *f* (-; -en) realization.
ver'wirr|en *v/t* (*no* ge-, h) *j-n*: confuse; **ℒung** *f* (-; -en) confusion.
ver'wischen *v/t* (*no* ge-, h) blur; *Spuren*: cover.
ver'witter|n *v/i* (*no* ge-, sn) weather; **~t** *adj* weather-beaten (*a. Gesicht*).
ver'witwet *adj* widowed.
verwöhn|en [fɛr'vøːnən] *v/t* (*no* ge-, h) spoil; **~t** *adj* spoilt.
verworren [fɛr'vɔrən] *adj* confused, muddled.
ver'wunden *v/t* (*no* ge-, h) wound.
ver'wunder|lich *adj* surprising; **ℒung** *f* (-; *no pl*) surprise: ***zu m-r ~*** to my surprise.
Ver'wundung *f* (-; -en) wound, injury.
ver'wünsch|en *v/t* (*no* ge-, h) curse; **ℒung** *f* (-; -en) curse.
ver'wüst|en *v/t* (*no* ge-, h) lay waste, devastate; **ℒung** *f* (-; -en) devastation.
ver|'zählen *v/refl* (*no* ge-, h) miscount; **~'zaubern** *v/t* (*no* ge-, h) enchant; *fig. a.* charm: ***~ in*** (*acc*) turn into; **~zehren** [~'tseːrən] *v/t* (*no* ge-, h) consume (*a. fig.*).
ver'zeichn|en *v/t* (*no* ge-, h) record, keep a record of, list; *fig. erzielen*: achieve; *erleiden*: suffer; **ℒis** *n* (-ses; -se) list, catalog(ue); *amtliches*: register: *Stichwortℒ*: index.
verzeih|en [fɛr'tsaɪən] (*irr, no* ge-, h, → ***zeihen***) **1.** *v/t* forgive; *entschuldigen*: excuse (*beide*: ***j-m et.*** s.o. [for] s.th.): ***~ Sie bitte die Störung*** sorry to disturb you; **2.** *v/i*: ***j-m ~*** forgive s.o.; ***~ Sie bitte, ...*** excuse me, ...; **~lich** *adj* forgiveable; **ℒung** *f* (-; *no pl*): ***j-n um ~ bitten*** apologize to s.o.; **~!** (I'm) sorry!, *Am. a.* excuse (*od.* pardon) me!; *vor Bitten etc*: excuse me.

V

Verzicht [fɛr'tsɪçt] *m* (-[e]s; -e) *förmlich*: renunciation; *jur. a.* waiver (*beide*: ***auf*** *acc* of); *mst* giving up, doing without *etc*; **2en** *v/i* (*no* ge-, h): ***~ auf*** (*acc*) do (*od.* go) without; *aufgeben*: give up; *förmlich*: renounce; *jur. a.* waive.

ver'ziehen (*irr*, *no* ge-, → ***ziehen***) **1.** *v/i* (sn) move (***nach*** to); **2.** *v/t* (h) *Kind*: spoil: ***das Gesicht ~*** make a face; **3.** *v/refl Holz*: warp; *Gewitter etc*: pass (over); F *verschwinden*: disappear.

ver'zier|en *v/t* (*no* ge-, h) decorate; **2ung** *f* (-; -en) decoration.

ver'zins|en (*no* ge-, h) **1.** *v/t* pay interest on; **2.** *v/refl* yield (*od.* bear) interest; **2ung** *f* (-; -en) payment of interest; *Zinssatz*: interest rate.

ver'zöger|n (*no* ge-, h) **1.** *v/t* delay; **2.** *v/refl* be delayed; **2ung** *f* (-; -en) delay.

ver'zollen *v/t* (*no* ge-, h) pay duty on: ***haben Sie et. zu ~?*** have you anything to declare?

Ver'zug *m* (-[e]s; *no pl*) delay: ***im ~ sein*** (***in ~ geraten***) be (get) behind; *mit Zahlungen*: be in (fall into) arrears.

ver'zweif|eln *v/i* (*no* ge-, sn) despair (***an*** *dat* of); **~elt** *adj* desperate; **2lung** *f* (-; *no pl*) despair: ***j-n zur ~ bringen*** drive s.o. to despair.

Veterinär [veteri'nɛ:r] *m* (-s; -e) → ***Tierarzt.***

Veto ['ve:to] *n* (-s; -s): ***sein ~ einlegen*** exercise one's power of veto; ***sein ~ einlegen gegen*** put a veto on, veto; **'~recht** *n* (-[e]s; *no pl*) power of veto.

Vetter ['fɛtər] *m* (-s; -n) cousin; **'~nwirtschaft** *f* (-; *no pl*) nepotism.

Vibr|ation [vibra'tsĭo:n] *f* (-; -en) vibration; **2ieren** [vi'bri:rən] *v/i* (*no* ge-, h) vibrate.

Video ['vi:deo] *n* (-s; -s) video: ***auf ~*** on video; **'~film** *m* video film; **'~gerät** *n* video (recorder); **'~kas͵sette** *f* video cassette; **'~re͵corder** *m* video recorder, VCR; **'~spiel** *n* video game; **~thek** [video'te:k] *f* (-; -en) video(-tape) library.

Vieh [fi:] *n* (-[e]s; *no pl*) cattle (*pl konstr.*): ***20 Stück ~*** 20 head of cattle; **'~zucht** *f* cattle breeding.

viel [fi:l] *adj u. adv* a lot (of), plenty (of), F lots of; *bsd. fragend, verneint, nach too, so, as, how, very*: much: ***~e*** *pl* a lot (of), many, plenty (of), F lots of; ***das ~e Geld*** all that money; ***~ besser*** much better; ***~ teurer*** much more expensive; ***~ zuviel*** far too much; ***~ zuwenig*** not nearly enough; ***~ lieber*** much rather; → ***ziemlich*** 2.

'viel|beschäftigt *adj* very busy; **~deutig** ['~dɔʏtɪç] *adj* ambiguous; **~erlei** ['~ər'laɪ] *adj* all sorts of; **'~fach 1.** *adj* multiple: ***auf ~en Wunsch*** by popular request; **2.** *adv* in many cases, (very) often; **2falt** ['~falt] *f* (-; *no pl*) (great) variety (*gen*, ***von*** of); **'~farbig** *adj* multicolo(u)red; **~leicht** [fi'laɪçt] *adv* perhaps, maybe: ***~ ist er ...*** he may (*od.* might) be ...; **'~mals** *adv*: (***ich***) ***danke*** (***Ihnen***) ***~*** thank you very much; ***entschuldigen Sie ~*** I'm very sorry; **'~mehr** *cj* rather; **'~sagend** *adj* meaningful; **'~seitig** *adj* versatile; **'2seitigkeit** *f* (-; *no pl*) versatility; **'~versprechend** *adj* (very) promising; **2'völkerstaat** *m* multinational (*od.* multiracial) state.

vier [fi:r] *adj* four: ***zu ~t sein*** be four; ***auf allen ~en*** on all fours; ***unter ~ Augen*** in private, privately; **'2eck** *n* (-[e]s; -e) quadrangle; *Rechteck*: rectangle; *Quadrat*: square; **'~eckig** *adj* quadrilateral; *rechteckig*: rectangular; *quadratisch*: square; **'~fach** *adj* fourfold: ***~e Ausfertigung*** four copies *pl*; **~händig** ['~hɛndɪç] *adj u. adv mus.* four-handed; **'2ling** *m* (-s; -e) quadruplet, F quad; **'~mal** *adv* four times; **'~spurig** *adj Straße*: four-lane; **'2taktmotor** *m mot.* four-stroke engine; **'~te** *adj* fourth.

Viertel ['fɪrtəl] *n* (-s; -) fourth; *Stadt2*: quarter: (***ein***) ***~ vor*** (***nach***) (a) quarter to (past); **~'jahr** *n* three months *pl*; **'2jährlich 1.** *adj* quarterly; **2.** *adv* every three months, quarterly; **'2n** *v/t* (h) quarter; **'~stunde** *f* quarter of an hour.

'viertens *adv* fourth(ly).

vierzehn ['fɪr~] *adj* fourteen: ***~ Tage*** *pl* two weeks *pl*, *bsd. Br. a.* a fortnight *sg*; **'~te** *adj* fourteenth.

vierzig ['fɪrtsɪç] *adj* forty; **'~ste** *adj* fortieth.

Villa ['vɪla] *f* (-; -len) villa.

violett [vĭo'lɛt] *adj* violet.

Violine [vĭo'li:nə] *f* (-; -n) *mus.* violin.

Virus ['vi:rʊs] *n*, *m* (-; -ren) *med.* virus (*a. im Computer*); **'~infekti͵on** *f med.* virus (*od.* viral) infection.

V

Visite [vi'zi:tə] *f* (-; -n) *med.* round: ~ ***machen*** do one's round; **~nkarte** *f* visiting (*Am.* calling) card; *Geschäftskarte*: business card.

Visum ['vi:zʊm] *n* (-s; -sa, -sen) visa.

Vitamin [vita'mi:n] *n* (-s; -e) vitamin; **≈arm** *adj* low in vitamins; **≈reich** *adj* rich in vitamins.

Vitrine [vi'tri:nə] *f* (-; -n) (glass) cabinet; *Schaukasten*: showcase.

Vize... ['fi:tsə~] *in Zssgn Präsident etc*: vice-...

Vogel ['fo:gəl] *m* (-s; ⸚) bird (*a.* F *Flugzeug*): F ***e-n ~ haben*** have a screw loose; **'~futter** *n* birdseed.

vögeln ['fø:gəln] *v/t u. v/i* (h) V screw.

'Vogel|nest *n* bird's nest; **~perspektive** ['~pɛrspɛk,ti:və] *f* (-; *no pl*): ***... aus der ~*** a bird's-eye view of ...

Volk [fɔlk] *n* (-[e]s; ⸚er) people, nation; *Leute*: *the* people *pl*.

Völkerrecht ['fœlkər~] *n* (-[e]s; *no pl*) international law; **≈lich** *adj u. adv* under international law.

'Volks|abstimmung *f* referendum; **'~fest** *n* (fun)fair; **'~hochschule** *f* adult evening classes *pl*; **'~lied** *n* folk song; **'~mu,sik** *f* folk music; **≈tümlich** ['~ty:mlɪç] *adj* popular; *herkömmlich*: traditional; *Preise*: within everybody's reach; **'~wirt(schaftler)** *m* economist; **'~wirtschaft** *f* national economy; *Lehre*: economics *pl* (*sg konstr.*); **'~zählung** *f* census.

voll [fɔl] **1.** *adj* full (*a. fig.*); *besetzt*, F *satt*: *a.* full up; F *betrunken*: *a.* plastered; *Haar* thick, rich: **~er** full of, filled with; *Schmutz, Flecken etc*: *a.* covered with; **2.** *adv* fully; *vollkommen*, *~ u. ganz*: *a.* completely, totally, wholly; *zahlen etc*: in full, the full price; F *direkt, genau*: full, straight, right: ***(nicht) für ~ nehmen*** (not) take seriously.

'voll|auto,matisch *adj* fully automatic; **'≈bart** *m* (full) beard; **'≈beschäftigung** *f* full employment; **~'bringen** *v/t* (*irr, insep, no* -ge-, h, → ***bringen***) accomplish, achieve; *Wunder*: perform; **~'enden** *v/t* (*insep, no* -ge-, h) finish, complete; **≈'endung** *f* (-; *no pl*) completion; **~'führen** *v/t* (*insep, no* -ge-, h) perform; **'~füllen** *v/t* (*sep*, -ge-, h) fill (up); **'≈gas** *n mot.*: ***mit ~*** full speed; ***~ geben*** *Br.* put one's foot down, *Am.* floor the gas pedal.

völlig ['fœlɪç] **1.** *adj* complete, total; *Unsinn etc*: absolute, complete; **2.** *adv* completely: ***~ unmöglich*** absolutely impossible.

voll|jährig ['~jɛ:rɪç] *adj*: ***~ sein (werden)*** be (come) of age; **'≈jährigkeit** *f* (-; *no pl*) majority; **≈kaskoversicherung** ['~kasko~] *f mot.* comprehensive insurance; **~'kommen 1.** *adj* perfect; **2.** *adv* → ***völlig*** 2; **≈'kommenheit** *f* (-; *no pl*) perfection; **'≈kornbrot** *n* wholemeal bread; **'≈macht** *f* (-; -en) full power(s *pl*), authority; *jur.* power of attorney: ***~ haben*** be authorized; **'≈milch** *f* full-cream milk; **'≈mond** *m* (-[e]s; *no pl*) full moon; **'≈pensi,on** *f* full board, *Am. a.* American plan; **'~schlank** *adj* with a fuller figure; **'~ständig 1.** *adj* complete; *ganz*: whole, entire; **2.** *adv* → ***völlig*** 2; **~'strecken** *v/t* (*insep, no* -ge-, h) *jur.* execute; **≈'streckung** *f* (-; -en) *jur.* execution; **'~tanken** *v/t u. v/i* (*sep*, -ge-, h) fill up: ***bitte ~!*** fill her up, please; **'≈versammlung** *f* plenary assembly; **'~wertig** *adj* full; **~zählig** ['~tsɛ:lɪç] *adj* complete: ***wir sind ~*** everyone's present; **~'ziehen** (*irr, insep, no* -ge-, h, → ***ziehen***) **1.** *v/t* execute; *Trauung*: perform; **2.** *v/refl* take place.

Volontär [volɔn'tɛ:r] *m* (-s; -e) unpaid trainee.

Volt [vɔlt] *n* (-, -[e]s; -) *electr.* volt.

Volumen [vo'lu:mən] *n* (-s; -, -mina) volume; *Inhalt*: *a.* capacity.

von [fɔn] *prp räumlich, zeitlich*: from; *für Genitiv*: of; *Urheberschaft, a. beim Passiv*: by; *über j-n od. et.*: about: ***~ Hamburg*** from Hamburg; ***ein Freund ~ mir*** a friend of mine; ***die Freunde ~ Alice*** Alice's friends; ***ein Brief (Geschenk) ~ Tom*** a letter (gift) from Tom; ***ein Buch (Bild) ~ Orwell (Picasso)*** a book (painting) by Orwell (Picasso); ***der König (Bürgermeister*** *etc*) ~ the King (Mayor *etc*) of; ***ein Kind ~ 10 Jahren*** a child of ten; ***müde ~ der Arbeit*** tired from work; → ***aus*** 2, ***Geburt, jetzt, nett, selbst*** 1, ***südlich*** 2, ***weit*** 2 *etc.*

vor [fo:r] **1.** *prp* (*dat*) a) *räumlich*: in front of; *weiter vorn*: ahead of; *außerhalb*: outside; *zeitlich, Reihenfolge, in Gegenwart von*: before; *auf Grund von*: with: ~

e-r Stunde an hour ago; ***5 ~ 12*** five to (*Am. a.* of) twelve; ***~ allem*** above all; → ***kurz*** 1, ***schreien*** *etc*, b) (*acc*) in front of, outside: ***~ sich hin*** to o.s.; **2.** *adv*: ***~ u. zurück*** backwards and forwards; ***Freiwilige ~!*** volunteers to the front!

'Vor|abend *m* eve (*a. fig.*): ***am ~*** (*gen*) on the eve of; **'~ahnung** *f* premonition.

voran [fo'ran] *adv*: ***Kopf ~*** head first; **~gehen** *v/i* (*irr, sep*, -ge-, sn, → ***gehen***) lead the way; *zeitlich*: precede (***e-r Sache*** s.th.); **~kommen** *v/i* (*irr, sep*, -ge-, sn, → ***kommen***): (***gut***) ~ make headway (*od.* progress).

'Vor|anmeldung *f* booking; **'~anschlag** *m* estimate; **'~anzeige** *f* (advance) announcement (***für*** of); *Vorbesprechung*: preview; *Film*: trailer.

'vorarbeite|n *v/i* (*sep*, -ge-, h) work in advance; **'2r** *m* foreman.

'voraus *adv*: ***im ~*** in advance.

voraus|gehen [fo'raʊs~] *v/i* (*irr, sep*, -ge-, sn, → ***gehen***) → ***vorangehen***; **~gesetzt** *cj*: ***~, daß*** provided that; **2kasse** *f* (-; *no pl*) *econ.* cash in advance; **2sage** *f* (-; -n) prediction; *Wetter2*: forecast; **~sagen** *v/t* (*sep*, -ge-, h) predict; **~sehen** *v/t* (*irr, sep*, -ge-, h, → ***sehen***) foresee; **~setzen** *v/t* (*sep*, -ge-, h) assume; *selbstverständlich*: take *s.th.* for granted; **2setzung** *f* (-; -en) condition, prerequisite (*beide*: ***für*** for, of): ***unter der ~, daß*** on condition that; ***die ~en erfüllen*** meet the requirements; **2sicht** *f* (-; *no pl*) foresight: ***aller ~ nach*** in all probability; **~sichtlich 1.** *adj* expected; **2.** *adv* probably: ***er kommt ~ morgen*** he is expected to arrive tomorrow; **2zahlung** *f* advance payment.

'Vorbe|deutung *f* (-; -en) omen; **~dingung** *f* (-; -en) condition; **'~halt** *m* (-[e]s; -e) reservation: ***unter dem ~, daß*** provided (that); **'2halten** *v/t* (*irr, sep, no* -ge-, h, → ***halten***): ***sich*** (***das Recht***) ***~ zu*** reserve the right to; → ***Irrtum, Preisänderung, Recht***; **'2haltlos 1.** *adj* unconditional; **2.** *adv* without reservation.

vorbei [fɔr'baɪ] *adv zeitlich*: over; *Winter, Woche etc*: *a.* past; *aus, beendet*: finished; *vergangen*: gone; *räumlich*: past, by: ***jetzt ist alles ~*** it's all over now; ***~!*** *daneben*: missed!; **~fahren** *v/i* (*irr, sep*, -ge-, sn, → ***fahren***) go (*mot.* drive) past (*beide*: ***an j-m*** [***et.***] s.o. [s.th.]); **~gehen** *v/i* (*irr, sep*, -ge-, sn, → ***gehen***) walk past (***an j-m*** [***et.***] s.o. [s.th.]); *fig.* go by, pass; *nicht treffen*: miss; **~kommen** *v/i* (*irr, sep*, -ge-, sn, → ***kommen***) pass (***an et.*** s.th.); *an e-m Hindernis*: get past; F *besuchen*: drop in (***bei j-m*** on s.o.); **~lassen** *v/t* (*irr, sep*, -ge-, h, → ***lassen***) let *s.o.* pass; **~reden** *v/i* (*sep*, -ge-, h): ***aneinander ~*** talk at cross-purposes.

'Vorbe|merkung *f* preliminary remark; **'2reiten** *v/t u. v/refl* (*sep, no* -ge-, h) prepare (***auf*** *acc* for); **'2reitung** *f* (-; -en) preparation: ***~en treffen*** make preparations (***für*** for); **'2stellen** *v/t* (*sep, no* -ge-, h) book (*Waren*: order) in advance; *Tisch, Platz, Zimmer etc*: *a.* reserve; **'~stellung** *f* (-; -en) advance booking, reservation; **'2straft** *adj*: ***~ sein*** have a police record.

vorbeug|en ['fo:rbɔygən] (*sep*, -ge-, h) **1.** *v/i* prevent (***e-r Sache*** s.th.); **2.** *v/refl* bend forward; **'~end** *adj* preventive; *med. a.* prophylactic; **'2ung** *f* (-; *no pl*) prevention.

'Vorbild *n* (-[e]s; -er) model, pattern: (***j-m***) ***ein ~ sein*** set an example (to s.o.); ***sich j-n zum ~ nehmen*** follow s.o.'s example; **'2lich** *adj* exemplary; **'~ung** *f* (-; *no pl*) education(al background).

'vorda,tieren *v/t* (*sep, no* -ge-, h) postdate.

Vorder|... ['fɔrdər~] *in Zssgn Achse, Ansicht, Rad, Sitz, Tür, Zahn etc*: front ...; **'2e** *adj* front; **'~grund** *m* (-[e]s; *no pl*) foreground; **'~mann** *m*: ***mein ~*** the person in front of me; **'~seite** *f* front (side); *Münze*: obverse, face.

'vor|drängen *v/refl* (*sep*, -ge-, h) *in Schlange*: push in, *Br. a.* jump the queue; **'~dringen** *v/i* (*irr, sep*, -ge-, sn, → ***dringen***) advance: ***~*** (***bis***) ***zu*** work one's way through to (*a. fig.*); **'~dringlich 1.** *adj* (most) urgent; **2.** *adv*: ***~ behandeln*** give *s.th.* priority; **'2druck** *m* (-[e]s; -e) form, *Am. a.* blank; **'~eilig** *adj* hasty, rash: ***~e Schlüsse ziehen*** jump to conclusions; **'~eingenommen** *adj* prejudiced, bias(s)ed (*beide*: ***gegen*** against; ***für*** in favo[u]r of); **'~enthalten** *v/t* (*irr, sep, no* -ge-, h, → ***halten***) keep back, withhold (*beide*: ***j-m et.*** s.th.

V

from s.o.); '**~erst** *adv* for the time being.

Vorfahr ['fo:rfa:r] *m* (-en; -en) ancestor.

'**Vorfahrt** *f* (-; *no pl*) right of way, priority: **~ *haben*** have (the) right of way; ***die ~ mißachten*** ignore the right of way; ***j-m die ~ nehmen*** ignore s.o.'s right of way; (***sich***) ***die ~ erzwingen*** insist on one's right of way; '**~(s)schild** *n* right-of-way sign; '**~(s)straße** *f* priority road.

'**Vorfall** *m* (-[e]s; ⸚e) incident; '**≗en** *v/i* (*irr*, *sep*, -ge-, sn, → ***fallen***) happen, occur.

'**vorfinden** *v/t* (*irr*, *sep*, -ge-, h, → ***finden***) find.

'**Vorfreude** *f* anticipation.

'**vorführ|en** *v/t* (*sep*, -ge-, h) show; *Kunststück etc*: perform; *Gerät etc*: demonstrate; *jur*. bring (***j-m*** before s.o.); '**≗ung** *f* (-; -en) showing; performance (*a. Vorstellung*); demonstration; '**≗wagen** *m mot*. demonstration car, *Am*. demonstrator.

'**Vor|gang** *m* (-[e]s; ⸚e) event, occurrence; *Akte*: file, dossier; *biol*., *tech*. process: ***den ~ schildern*** give an account of what happened; **~gänger** ['~gɛŋər] *m* (-s; -) predecessor; '**~garten** *m* front garden; '**~gebirge** *n* foothills *pl*.

'**vorgehen** *v/i* (*irr*, *sep*, -ge-, sn, → ***gehen***) *geschehen*; go on; *wichtiger sein*: come first; *handeln*: act; *gerichtlich*: sue (***gegen j-n*** s.o.); *verfahren*: proceed: ***m-e Uhr geht*** (***zwei Minuten***) ***vor*** my watch is (two minutes) fast; ***was geht hier vor?*** what's going on here?

'**Vorgehen** *n* (-s; *no pl*) procedure.

'**Vorge|schmack** *m* (-[e]s; *no pl*) foretaste (***auf*** *acc*, ***von*** of); '**≗setzte** *m*, *f* (-n; -n) superior.

'**vorgestern** *adv* the day before yesterday.

'**vorhaben** *v/t* (*irr*, *sep*, -ge-, h, → ***haben***) plan, have *s.th*. in mind: ***haben Sie heute abend et. vor?*** have you got anything planned for tonight?; ***was hat er jetzt wieder vor?*** what is he up to now?

'**Vorhaben** *n* (-s; -) plan; *econ*., *tech*. project.

'**Vorhalle** *f* (entrance) hall, vestibule.

'**vorhalt|en** (*irr*, *sep*, -ge-, h, → ***halten***) **1.** *v/t*: ***j-m et. ~*** *fig*. reproach s.o. with s.th.; **2.** *v/i* last; '**≗ungen** *pl* reproaches *pl*: ***j-m ~ machen*** reproach s.o. (***wegen*** with).

vorhanden [fo:r'handən] *adj verfügbar*: available: ***~ sein*** *a*. exist; ***es ist nichts mehr ~*** there's nothing left; **≗sein** *n* (-s; *no pl*) existence.

'**Vor|hang** *m* (-[e]s; ⸚e) curtain; '**~hängeschloß** *n* padlock.

'**vorher** *adv* before: ***am Abend ~*** the evening before, the previous evening.

vor'her|gehen *v/i* (*irr*, *sep*, -ge-, sn, → ***gehen***) precede (***e-r Sache*** s.th.); **~ig** *adj* preceding, previous.

'**Vorherr|schaft** *f* (-; *no pl*) predominance; '**≗en** *v/i* (*sep*, -ge-, h) predominate, prevail; '**≗schend** *adj* predominant, prevailing.

Vor'her|sage *f* (-; -en) → ***Voraussage***; **≗sagen** *v/t* (*sep*, -ge-, h) → ***voraussagen***; **≗sehen** *v/t* (*irr*, *sep*, -ge-, h, → ***sehen***) → ***voraussehen.***

'**vorhin** *adv* a (short) while ago.

vorig ['fo:rıç] *adj* previous: ***~e Woche*** last week.

vor|jährig ['fo:rjɛ:rıç] *adj* last year's; '**≗kaufsrecht** *n* right of first refusal; '**≗kehrungen** *pl*: ***~ treffen*** take precautions (***gegen*** against); '**≗kenntnisse** *pl* previous knowledge *sg* (***in*** *dat* of).

'**vorkommen** *v/i* (*irr*, *sep*, -ge-, sn, → ***kommen***) be found; *geschehen*: happen: ***es kommt mir ... vor*** it seems ... to me.

'**Vorkomm|en** *n* (-s; -) *min*. deposit; '**~nis** *n* (-ses; -se) occurrence, incident.

'**Vorkriegs...** *in Zssgn* prewar ...

'**vorlad|en** *v/t* (*irr*, *sep*, -ge-, h, → ***laden***) *jur*. summon; **≗ung** *f* (-; -en) summons.

'**Vorlage** *f* (-; -n) model; *Muster*: pattern; *Zeichen≗ etc*: copy; *Unterbreitung*: presentation; *parl*. bill; *Fußball etc*: pass.

vorläufig ['fo:rlɔʏfıç] **1.** *adj* provisional, temporary; **2.** *adv* for the time being.

'**Vorleben** *n* (-s; *no pl*) former life, past.

'**vorlege|n** (*sep*, -ge-, h) **1.** *v/t* present; *Dokument etc*: produce; *zeigen*: show; **2.** *v/refl* lean forward; '**≗r** *m* (-s; -) rug; *Matte*: mat.

'**vorles|en** *v/t* (*irr*, *sep*, -ge-, h, → ***lesen***) read out (aloud): ***j-m et. ~*** read s.th. to s.o.; '**≗ung** *f* (-; -en) lecture (***über*** *acc* on; *vor dat* to): ***e-e ~ halten*** give a lecture.

'**vorletzte** *adj* last but one: ***~ Nacht*** (***Woche***) the night (week) before last.

'**Vorlieb|e** *f* (-; -n) liking, fondness (*beide*: ***für*** for); **⁀nehmen** [~'li:p~] *v/i* (*irr*, *sep*, -ge-, h, → ***nehmen***): ***~ mit*** make do with.

'**vorliegen** *v/i* (*irr*, *sep*, -ge-, h, → ***liegen***): ***es liegen*** (***keine***) ***... vor*** there are (no) ...; ***was liegt gegen ihn vor?*** what is he charged with; '**~d** *adj* present, in question.

'**Vor|machtstellung** *f* (-; *no pl*) supremacy; '**⁀merken** *v/t* (*sep*, -ge-, h): (***sich***) ***et. ~*** make a note of s.th.; ***j-n ~*** put s.o.'s name down.

'**Vormittag** *m* (-s; -e) morning: ***heute ⁀*** this morning; '**⁀s** *adv* in the morning(s).

'**Vormund** *m* (-[e]s; -e, ⁼er) guardian; '**~schaft** *f* (-; -en) guardianship.

vorn [fɔrn] *adv* in front: ***nach ~*** forward; ***von ~*** from the front; *zeitlich*: from the beginning; ***j-n von ~(e) sehen*** see s.o.'s face; ***noch einmal von ~(e)*** (***anfangen***) (start) all over again.

'**Vorname** *m* first (*od.* Christian) name, *Am. a.* given name.

vornehm ['fo:rne:m] *adj* distinguished; *edel, adlig*: noble; F *fein, teuer etc*: smart, fashionable, exclusive, F posh; '**~en** *v/t* (*irr*, *sep*, -ge-, h, → ***nehmen***) carry out, do; *Änderungen etc*: make: ***sich et. ~*** decide to do s.th.; *planen*: make plans for s.th.; ***sich fest vorgenommen haben zu*** have the firm intention to, be determined to; ***sich j-n ~*** take s.o. to task (***wegen*** about, for).

'**vornherein** *adv*: ***von ~*** from the start (*od.* beginning).

'**Vorort** *m* (-[e]s; -e) suburb; '**~(s)zug** *m* local (*od.* commuter) train.

'**Vor|pro,gramm** *n* supporting program(me); '**⁀program,mieren** *v/t* (*sep*, *no* -ge-, h) (pre)program(me): *fig.* ***das war vorprogrammiert*** it was bound to happen; '**~rang** *m* (-[e]s; *no pl*): ***~ haben vor*** (*dat*) take precedence (*od.* priority) over; '**~rat** *m* (-[e]s; ⁼e) store, stock, supply (*alle*: ***an*** *dat* of); *bsd. Lebensmittel*: *a.* provisions *pl*; *bsd. Rohstoffe etc*: resources *pl*, reserves *pl* (*a. Geld⁀*); **⁀rätig** ['~rε:tıç] *adj* available; *econ.* in stock; ***nicht*** (***mehr***) ***~*** out of stock; '**~recht** *n* privilege; '**~redner** *m* previous speaker; '**~richtung** *f* (-; -en) *tech.* device; '**~ruhestand** *m* early retirement; '**~sai,son** *f* off-peak season; '**~satz** *m* (-es; ⁼e) resolution; *Absicht*: intention; *jur.* intent; **⁀sätzlich** ['~zεtslıç] *adj* intentional; *bsd. jur.* wil(l)ful; '**~schau** *f* (-; -en) preview (***auf*** *acc* of); *Film*: trailer; '**~schein** *m* (-s; *no pl*): ***zum ~ bringen*** produce; *fig.* bring out; ***zum ~ kommen*** appear, come out; '**⁀schieben** *v/t* (*irr*, *sep*, -ge-, h, → ***schieben***) use *s.th.* as an excuse; use *s.o.* as a dummy; '**⁀schießen** *v/t* (*irr*, *sep*, -ge-, h, → ***schießen***) advance.

'**Vorschlag** *m* (-[e]s; ⁼e) suggestion, proposal: ***auf j-s ~*** at s.o.'s suggestion; '**⁀en** *v/t* (*irr*, *sep*, -ge-, h, → ***schlagen***) suggest, propose; ***~, et. zu tun*** suggest doing s.th.

'**vor|schnell** *adj* hasty, rash; '**~schreiben** *v/t* (*irr*, *sep*, -ge-, h, → ***schreiben***) *fig.* prescribe: ***ich lasse mir nichts ~*** I won't be dictated to.

'**Vorschrift** *f* (-; -en) rule, regulation; *Anweisung*: instruction, direction: ***Dienst nach ~ machen*** work to rule; '**⁀smäßig** *adj* correct, proper; '**⁀swidrig** *adj u. adv* contrary to regulations.

'**Vor|schub** *m*: ***e-r Sache ~ leisten*** encourage s.th.; '**~schuß** *m* (-sses; ⁼sse) advance (payment) (***auf*** *acc* on); '**⁀schützen** *v/t* (*sep*, -ge-, h) use *s.th.* as a pretext.

'**Vorsicht** *f* (-; *no pl*) caution, care: ***~!*** look (*od.* watch) out!, (be) careful!; ***~, Glas!*** Glass, with care!; ***~, Stufe!*** mind the step!; '**⁀ig** *adj* careful, cautious: ***~!*** careful!; **⁀shalber** ['~halbər] *adv* as a precaution; '**⁀smaßnahme** *f* precaution(ary measure): ***~n treffen*** take precautions.

'**Vorsitz** *m* (-es; *no pl*) chair(manship), presidency: ***den ~ haben*** (***übernehmen***) be in (take) the chair, preside (***bei*** over, at); '**~ende** *m, f* (-n; -n) chairman (chairwoman), chairperson, president.

'**Vorsorg|e** *f* (-; *no pl*) provision: ***~ treffen*** take precautions; '**⁀en** *v/i* (*sep*, -ge-, h) make provisions, provide (*beide*: ***für*** for); '**~eunter,suchung** *f med.* preventive checkup; **⁀lich** ['~klıç] **1.** *adj* precautionary; **2.** *adv* as a precaution.

'Vor|spann *m* (-[e]s; -e) *Film*: credits *pl*; **'~speise** *f* hors d'oeuvre, *bsd. Br.* starter; **'~spiegelung** *f* (-; -en): (***unter***) ***~ falscher Tatsachen*** (under) false preten|ces (*Am.* -ses) *pl*; **'2sprechen** *v/i* (*irr*, *sep*, -ge-, h, → ***sprechen***) call (***bei*** at); *thea.* (have an) audition (with); **'2springen** *v/i* (*irr*, *sep*, -ge-, sn, → ***springen***) *arch. etc* project, jut (out); **'~sprung** *m* (-[e]s; ⸚e) *arch.* projection; *Sport etc*: lead: ***e-n ~ haben*** be leading (***von*** by); *bsd. fig.* be (***von 2 Jahren*** two years) ahead; **'~stadt** *f* suburb; **'~stand** *m* (-[e]s; ⸚e) *econ.* (board of) management; *e-s Vereins etc*: managing committee; *Person*: director; *e-r Gesellschaft*: chairman (of the board), *Am.* chief executive; **'~standse,tage** *f* executive floor.

'vorstell|en (*sep*, -ge-, h) **1.** *v/t* introduce (***j-n j-m*** s.o. to s.o.); *Uhr*: put forward (***um*** by); *bedeuten*: mean: ***sich et.*** (***j-n als ...***) ***~*** imagine s.th. (s.o. as ...); ***so stelle ich mir ... vor*** that's my idea of ...; **2.** *v/refl* introduce o.s.; ***sich ~ bei*** *e-r Firma etc*: have an interview with; **'2ung** *f* (-; -en) *thea.* performance; *Kino2 etc*: *a.* show; *Gedanke etc*: idea; *Erwartung*: expectation; *von j-m od. et.*: introduction; **'2ungsgespräch** *n* interview.

'Vor|strafe *f* previous conviction; **'2strecken** *v/t* (*sep*, -ge-, h) *Geld*: advance; **'~stufe** *f* preliminary stage; **'2täuschen** *v/t* (*sep*, -ge-, h) feign, fake.

Vorteil ['fɔrtaɪl] *m* (-s; -e) advantage (*a. Tennis*); *Nutzen*: benefit, profit: ***die Vor- u. Nachteile*** the pros and cons; **'2haft** *adj* advantageous, profitable.

Vortrag ['foːrtraːk] *m* (-[e]s; ⸚e) talk; *Vorlesung*: lecture (*beide*: ***über*** *acc* on); *mus.*, *Gedicht2*: recital: ***e-n ~ halten*** give a talk (*od.* lecture) (***vor*** *dat* to); **'2en** *v/t* (*irr*, *sep*, -ge-, h, → ***tragen***) *äußern*: express, state; *mus. etc* perform, play; *Gedicht etc*: recite.

'Vortritt *m* (-[e]s; *no pl*): ***j-m den ~ lassen*** let s.o. go first; *fig.* give precedence to s.o.

vor'über *adv* → ***vorbei***; **~gehend** *adj* temporary.

'Vorurteil *n* prejudice: ***~e haben gegen*** be prejudiced against; **'2slos** *adj* unprejudiced, unbias(s)ed.

'Vorverkauf *m* (-[e]s; *no pl*) *thea. etc* advance booking: ***im ~*** in advance; **'~sstelle** *f* advance booking office.

'vor|verlegen *v/t* (*sep*, *no* -ge-, h) bring forward (***auf*** *acc* to; ***um*** by); **'2wahl** *f teleph.* dial(l)ing (*od.* area) code, *bsd. Am. a.* prefix (*alle*: ***von*** for); **'2wand** *m* (-[e]s; ⸚e) pretext; *Ausrede*: excuse.

vorwärts ['foːrvɛrts] *adv* forward, on(-ward), ahead: ***~!*** come on!, let's go!; **'~kommen** *v/i* (*irr*, *sep*, -ge-, sn, → ***kommen***) make headway; *fig. a.* get ahead (*od.* on).

vor'wegnehmen *v/t* (*irr*, *sep*, -ge-, h, → ***nehmen***) anticipate.

vor|weisen *v/t* (*irr*, *sep*, -ge-, h, → ***weisen***) produce, show: ***et. ~ können*** possess s.th.; **'~werfen** *v/t* (*irr*, *sep*, -ge-, h, → ***werfen***): ***j-m et. ~*** reproach s.o. with s.th.; **'~wiegend** *adv* predominantly, chiefly, mainly; **'2wort** *n* (-[e]s; -e) foreword; *bsd. des Autors*: preface.

'Vorwurf *m* (-[e]s; ⸚e) reproach: ***j-m Vorwürfe machen*** reproach s.o. (***wegen*** for); **'2svoll** *adj* reproachful.

'Vor|zeichen *n fig.* omen; **'2zeigen** *v/t* (*sep*, -ge-, h) show; *Karte etc*: *a.* produce.

'vorzeitig *adj* premature, early.

'vor|ziehen *v/t* (*irr*, *sep*, -ge-, h, → ***ziehen***) *Vorhänge etc*: draw; *fig.* deal with *s.th.* first; prefer (*dat* to); **'2zimmer** *n* outer office; *Wartezimmer*: waiting room; **'2zimmerdame** *f* receptionist; **'2zug** *m* (-[e]s; ⸚e) *Vorteil*: advantage; *gute Eigenschaft*: merit: ***den ~ geben*** (*dat*) give preference to; **~züglich** [~'tsyːklɪç] *adj* excellent, exquisite; **'~zugsweise** *adv* preferably.

Votum ['voːtʊm] *n* (-s; -ten, -ta) vote.

vulgär [vʊl'gɛːr] *adj* vulgar.

Vulkan [vʊl'kaːn] *m* (-s, -e) volcano; **~ausbruch** *m* volcanic eruption; **2isch** *adj* volcanic.

W

Waag|e ['vaːgə] *f* (-; -n) (**e-e ~** a pair of) scales *pl*: *fig.* **sich die ~ halten** balance each other; '**2erecht** *adj*, **2recht** ['vaːk~] *adj* horizontal; '**~schale** *f* scale.

wach [vax] *adj* awake: **~ werden** wake up; '**2e** *f* (-; -n) guard (*a. mil.*); *Posten*: *a.* sentry; *mar.*, *Kranken2 etc*: watch; *Polizei2*: police station: **~ haben** be on guard (*mar.* watch); **~ halten** keep watch; '**~en** *v/i* (h) (keep) watch (**über** *acc* over); '**2hund** *m* watchdog (*a. fig.*); '**2mann** *m* watchman.

Wacholder [va'xɔldər] *m* (-s; -) *bot.* juniper.

'**wach|rufen** *v/t* (*irr*, *sep*, -ge-, h, → **rufen**) *fig.* rouse; *Erinnerungen*: bring back; '**~rütteln** *v/t* (*sep*, -ge-, h) rouse (**aus** from) (*a. fig.*).

Wachs [vaks] *n* (-es; -e) wax.

'**wachsam** *adj* watchful: **~ sein** be on one's guard; '**2keit** *f* (-; *no pl*) watchfulness.

wachsen¹ ['vaksən] *v/i* (wuchs, gewachsen, sn) grow; *fig. a.* increase: → **Bart.**

wachsen² [~] *v/t* (h) wax.

'**Wachs|fi,gurenkabi,nett** *n* waxworks *pl* (*mst sg konstr.*); '**~tuch** *n* oilcloth.

'**Wachstum** *n* (-s; *no pl*) growth; *fig. a.* increase; '**~srate** *f econ.* growth rate.

Wächter ['vɛçtər] *m* (-s; -) guard; *Nacht2*: (night) watchman; *Parkplatz2 etc*: attendant.

wackel|ig ['vakəlɪç] *adj* shaky (*a. fig.*); *Zahn*: loose; '**2kon,takt** *m electr.* loose contact; '**~n** *v/i* (h) shake; *Tisch etc*: wobble; *Zahn*: be loose; *phot.* move: **~ mit** *bsd. Körperteil*: wag; **mit den Hüften ~** wiggle.

Wade ['vaːdə] *f* (-; -n) calf.

Waffe ['vafə] *f* (-; -n) weapon (*a. fig.*): **~n** *pl a.* arms *pl*.

Waffel ['vafəl] *f* (-; -n) waffle; *bsd. Eis2*: wafer.

'**Waffen|gewalt** *f*: **mit ~** by force of arms; '**~schein** *m* gun licen|ce (*Am.* -se); '**~stillstand** *m* armistice (*a. fig.*); *zeitweiliger*: truce.

wagen ['vaːgən] (h) **1.** *v/t* dare; *riskieren*: risk: **es ~, et. zu tun** dare (to) do s.th.; **2.** *v/refl*: **sich aus dem Haus** *etc* **~** venture out of the house *etc*.

Wagen [~] *m* (-s; -) *Auto*: car; *rail. Br.* carriage, *Am.* car.

wägen ['vɛːgən] *v/t* (h) → **abwägen.**

'**Wagen|heber** *m* (-s; -) jack; '**~pa,piere** *pl* car documents *pl*.

Waggon [va'gõː, va'gɔŋ] *m* (-s; -s) *Br.* (railway) carriage, *Am.* (railroad) car; *Güter2*: *Br.* goods waggon, *Am.* freight car.

wag|halsig ['vaːkhalzɪç] *adj* daring; '**2nis** *n* (-ses; -se) venture, risk.

Wahl [vaːl] *f* (-; -en) choice; *andere*: alternative; *Auslese*: selection; *pol.* election; *~vorgang*: voting, poll; *Abstimmung*: vote: **die ~ haben** (**s-e ~ treffen**) have the (make one's) choice; **keine** (**andere**) **~ haben** have no choice (*od.* alternative); '**2berechtigt** *adj* entitled to vote; '**~beteiligung** *f* (vote) turnout: **hohe** (**niedrige**) **~** heavy (light) polling.

wähle|n ['vɛːlən] *v/t u. v/i* (h) choose, *aus~*: *a.* pick, select; *pol. Stimme abgeben*: vote (*j-n, et.*: for); *in ein Amt etc*: elect; *teleph.* dial; '**2r** *m* (-s; -) voter.

'**Wahlergebnis** *n* election returns *pl*.

'**wählerisch** *adj* choosy (**in** *dat* about).

'**Wahl|fach** *n ped.* optional subject, *Am. a.* elective; '**~gang** *m* ballot: **im ersten ~** at the first ballot; '**~heimat** *f* adoptive country; '**~ka,bine** *f* polling booth; '**~kampf** *m* election campaign; '**~kreis** *m* constituency; '**~lo,kal** *n* polling station; '**2los** *adj* indiscriminate; '**~pro,gramm** *n* election platform; '**~recht** *n* right to vote, franchise; '**~rede** *f* electoral address.

'**Wählscheibe** *f teleph.* dial.

'**Wahl|spruch** *m* motto; '**~urne** *f* ballot box; '**~versammlung** *f* election meeting; '**~zettel** *m* ballot, voting paper.

Wahn [vaːn] *m* (-[e]s; *no pl*) delusion; *Besessenheit*: mania.

'**Wahnsinn** *m* (-[e]s; *no pl*) madness (*a. fig.*), insanity; '**2ig 1.** *adj* mad (*a. fig.*), insane; F *fig. a.* crazy; *Angst, Schmerz etc*: awful, terrible; **2.** *adv* F *fig. sehr*: terribly, awfully; *verliebt*: madly; '**~ige** *m*, *f* (-n; -n) madman (madwoman), lunatic.

'Wahnvorstellung *f* delusion, hallucination.

wahr [va:r] *adj* true; *wirklich*: *a.* real; *echt*: genuine; **'~en** *v/t* (h) *Interessen*, *Rechte*: protect: ***den Schein ~*** keep up appearances.

während ['vɛ:rənt] **1.** *prp* during; **2.** *cj* while; *Gegensatz*: *a.* whereas.

'Wahrheit *f* (-; -en) truth; **'2sgemäß** *adj* truthful, true.

'wahrnehm|bar *adj* noticeable, perceptible; **'~en** *v/t* (*irr*, *sep*, -ge-, h, → ***nehmen***) perceive, notice; *Gelegenheit*, *Vorteil*: seize, take; *Interessen*: look after; **'2ung** *f* (-; -en) perception.

wahrscheinlich [va:r'ʃaınlıç] **1.** *adj* probable, likely; **2.** *adv* probably: ***~ gewinnt er*** (***nicht***) he is (not) likely to win; **2keit** *f* (-; -en) probability, likelihood: ***aller ~ nach*** in all probability (*od.* likelihood).

Währung ['vɛ:rʊŋ] *f* (-; -en) currency; **'~seinheit** *f* currency unit; **'~sre,form** *f* currency reform; **'~sschlange** *f* currency snake; **'~ssy,stem** *n* monetary system.

'Wahrzeichen *n* symbol; *e-r Stadt etc*: landmark.

Waise ['vaızə] *f* (-; -n) orphan; **'~nhaus** *n* orphanage.

Wal [va:l] *m* (-[e]s; -e) *zo.* whale.

Wald [valt] *m* (-[e]s; ⸚er) wood(s *pl*); *großer*: forest; **'~brand** *m* forest fire; **'2reich** *adj* wooded; **'~sterben** *n* (-s; *no pl*) dying of forests.

'Walfang *m* (-[e]s; *no pl*) whaling.

Walnuß ['val~] *f* (-; ⸚sse) *bot.* walnut.

walten ['valtən] *v/i* (h): ***~ lassen*** *Gnade etc*: show.

Walze ['valtsə] *f* (-; -n) roller (*a.* *Straßen2*); **'2n** *v/t* (h) roll.

wälzen ['vɛltsən] (h) **1.** *v/t* roll; *Problem*: turn over in one's mind; **2.** *v/refl* roll.

Walzer ['valtsər] *m* (-s; -) *mus.* waltz.

Wand [vant] *f* (-; ⸚e) wall; *fig. a.* barrier.

Wandel ['vandəl] *m* (-s; *no pl*) change; **'2n** *v/refl* (h) change.

Wander|er ['vandərər] *m* (-s; -) hiker; **'~karte** *f* hiking map; **'2n** *v/i* (sn) hike, walk; *umherstreifen*: rove; *fig. Blick*, *Gedanken*: roam, wander; **'2ung** *f* (-; -en) hike: ***e-e ~ machen*** go on a hike; **'~weg** *m* hiking trail.

'Wand|gemälde *n* mural (painting); **'~ka,lender** *m* wall calendar; **'~schrank** *m Br.* built-in wardrobe, *Am.* closet; **'~teppich** *m* tapestry; **'~uhr** *f* wall clock.

Wange ['vaŋə] *f* (-; -n) cheek.

wann [van] *interr adv* when, (at) what time: ***seit ~?*** (for) how long?, since when?

Wanne ['vanə] *f* (-; -n) tub; *Bade2*: bath(tub).

Wanze ['vantsə] *f* (-; -n) *zo. Br.* bug, *Am.* bedbug; F *Abhörgerät*: bug.

Wappen ['vapən] *n* (-s; -) coat of arms.

Ware ['va:rə] *f* (-; -n) *coll. mst* goods *pl*; *Artikel*: article; *Produkt*: product.

'Waren|angebot *n* range of goods; **'~haus** *n* department store; **'~lager** *n* stock; **'~probe** *f* sample; **'~sendung** *f* consignment of goods; *mail.* trade sample; **'~test** *m* product test; **'~zeichen** *n* trademark.

warm [varm] *adj* warm (*a. fig.*); *Essen*: hot; ***~ halten*** (***stellen***) keep warm; ***~ machen*** warm (up).

Wärm|e ['vɛrmə] *f* (-; *no pl*) warmth; *phys.* heat; **'2en** *v/t* (h) warm: ***sich die Füße ~*** warm one's feet; **'~flasche** *f* hot-water bottle.

'Warm|front *f meteor.* warm front; **~'wasserversorgung** *f* hot-water supply.

Warn|blinkanlage ['varn~] *f mot.* warning flasher; **'~dreieck** *n mot.* warning triangle; **'2en** *v/t* (h) warn (***vor*** *dat* of, about, against): ***j-n davor ~, et. zu tun*** *a.* warn s.o. not to do s.th.; **'~schild** *n* danger sign; **'~si,gnal** *n* warning signal; **'~streik** *m econ.* token strike; **'~ung** *f* (-; -en) warning.

Warteliste ['vartə~] *f* waiting list: ***auf der ~ stehen*** be on the waiting list.

'warten¹ *v/i* (h) wait (***auf*** *acc* for): ***darauf ~, daß j-d et. tut*** wait for s.o. to do s.th.; ***j-n ~ lassen*** keep s.o. waiting.

'warten² *v/t* (h) *tech.* service.

Wärter ['vɛrtər] *m* (-s; -) attendant; *Wächter*: guard; *Gefängnis2*: *Br.* warder, *Am.* guard; *Tier2*: keeper.

'Warte|saal *m*, **'~zimmer** *n* waiting room.

'Wartung *f* (-; -en) *tech.* servicing.

warum [va'rʊm] *adv* why.

Warze ['vartsə] *f* (-; -n) wart.

was [vas] **1.** *interr pron* what: **~?** *überrascht etc*: what?; *wie bitte?*: pardon?, F what?; **~ machen Sie?** *gerade*: what are you doing?; *beruflich*: what do you do?; → **für, geben** 4, **kosten²**, **sollen** 1, 2; **2.** *rel pron*: **alles, ~ ich habe** (**brauche**) all I have (need); **ich weiß nicht, ~ ich tun** (**sagen**) **soll** I don't know what to do (say); **..., was mich ärgerte** ..., which made me angry; **3.** F *indef pron* → **etwas.**

Wasch|anlage ['vaʃ~] *f mot.* car wash; *Scheiben*&: windscreen (*Am.* windshield) washer; '**&bar** *adj* washable; '**~becken** *n* washbasin, *bsd. Am. a.* washbowl.

Wäsche ['vɛʃə] *f* (-; *no pl*) washing, laundry; *Bett*&, *Tisch*&: linen; *Unter*&: underwear: **in der ~** in the wash; *fig.* **schmutzige ~ waschen** wash one's dirty linen in public.

'**waschecht** *adj Farben*: fast; *fig.* genuine.

'**Wäsche|klammer** *f Br.* clothes peg, *Am.* clothespin; '**~leine** *f* clothesline.

'**waschen** (wusch, gewaschen, h) **1.** *v/t* wash (**sich die Haare** [**Hände**] one's hair [hands]); F *fig. Geld*: launder; **2.** *v/refl* wash (o.s.), get washed.

Wäsche'rei *f* (-; -en) laundry; → **Waschsalon.**

'**Wasch|lappen** *m* facecloth, *Br.* face flannel, *Am.* washcloth; '**~ma,schine** *f* washing machine, *Am. a.* washer; '**&ma,schinenfest** *adj* machine-washable; '**~mittel** *n*, '**~pulver** *n* washing powder; '**~raum** *m* washroom; '**~sa,lon** *m Br.* launderette, *Am.* laundromat; '**~straße** *f mot.* car wash.

Wasser ['vasər] *n* (-s; ¨) water; '**~ball** *m* beach ball; *Sport*: water polo; '**~dampf** *m* steam; '**&dicht** *adj* waterproof; *mar., tech. a.* watertight (*a. fig.*); '**~fall** *m* waterfall; *großer*: falls *pl*; '**~farbe** *f* water colo(u)r; '**~flugzeug** *n* seaplane; '**~graben** *m* ditch; '**~hahn** *m* tap, *Am. a.* faucet.

wässerig ['vɛsərɪç] *adj* watery: **j-m den Mund ~ machen** make s.o.'s mouth water (**nach** for).

'**Wasser|kessel** *m* kettle; *tech.* boiler; '**~kraftwerk** *n* hydroelectric power plant; '**~leitung** *f* water pipe(s *pl*); '**~mangel** *m* (-s; *no pl*) water shortage.

wässern ['vɛsərn] *v/t* (h) soak; *Felder etc*: irrigate.

'**Wasser|rohr** *n* water pipe; '**&scheu** *adj* afraid of water; '**~spiegel** *m* water level; '**~sport** *m* water sports *pl*; '**~stand** *m* water level; '**~standsanzeiger** *m* (-s; -) water ga(u)ge; '**~stoff** *m* (-[e]s; *no pl*) *chem.* hydrogen; '**~stoffbombe** *f* hydrogen bomb, H-bomb; '**~strahl** *m* jet of water; '**~straße** *f* waterway; '**~tier** *n* aquatic animal; '**~verschmutzung** *f* water pollution; '**~versorgung** *f* water supply; '**~waage** *f* spirit level; '**~weg** *m* waterway: **auf dem ~** by water; '**~welle** *f Frisur*: water wave; '**~werk** *n* waterworks *pl* (*mst sg konstr.*); '**~zeichen** *n* watermark.

waten ['va:tən] *v/i* (sn) wade.

Watt¹ [vat] *n* (-s; -) *electr.* watt.

Watt² [~] *n* (-[e]s; -en) *geogr.* mud flats *pl.*

Watte ['vatə] *f* (-; -n) cotton wool.

web|en ['ve:bən] *v/t u. v/i* (h) weave; **&stuhl** ['ve:p~] *m* loom.

Wechsel ['vɛksəl] *m* (-s; -) change; *Geld*&: exchange; *Bank*&: bill of exchange; *Monats*&: allowance; '**~geld** *n* change; '**&haft** *adj* changeable; '**~kurs** *m* exchange rate; '**&n** (h) **1.** *v/t allg.* change; *austauschen*: exchange: → **Besitzer**; **2.** *v/i* change; *verschieden sein, ab~*: vary; '**&nd** *adj* varying; **&seitig** ['~zaɪtɪç] *adj* mutual, reciprocal; '**~strom** *m electr.* alternating current, *abbr.* A.C.; '**~stube** *f* bureau de change; '**~wirkung** *f* interaction.

wecke|n ['vɛkən] *v/t* (h) wake (up); *fig. Erinnerungen etc*: awaken; '**&r** *m* (-s; -) alarm (clock).

wedeln ['ve:dəln] *v/i* (h): **mit dem Schwanz ~** *Hund*: wag its tail.

weder ['ve:dər] *cj*: **~ ... noch** neither ... nor.

Weg [ve:k] *m* (-[e]s; -e) way (*a. fig.*); *Straße*: road (*a. fig.*); *Pfad*: path; *Reise*&: route; *Fuß*&: walk: **auf friedlichem** (**legalem**) **~e** by peaceful (legal) means; **j-m aus dem ~ gehen** get (*fig.* keep) out of s.o.'s way; **aus dem ~ räumen** put *s.o.* out of the way; → **halb.**

weg [vɛk] *adv entfernt, fort, verreist etc*: away; *verschwunden, verloren etc*:

gone; *los*, *ab*: off; F *begeistert*: in raptures (**von** over, about): **Finger ~!** (keep your) hands off!; **~** (**hier**)**!** get out (of here)!; F beat it!; **'~bleiben** *v/i* (*irr*, *sep*, -ge-, sn, → **bleiben**) stay away; **'~bringen** *v/t* (*irr*, *sep*, -ge-, h, → **bringen**) take away.

wegen ['ve:gən] *prp* because of; *um ... willen*: for the sake of; *infolge*: due (*od.* owing) to.

'weg|fahren (*irr*, *sep*, -ge-, → **fahren**) **1.** *v/i* (sn) leave, go away (*a. verreisen*); *mot. a.* drive away (*od.* off); **2.** *v/t* (h) take away, remove; **'~fallen** *v/i* (*irr*, *sep*, -ge-, sn, → **fallen**) be dropped; *aufhören*: stop, be stopped: **die ... werden ~** there will be no more ...; **'2gang** *m* (-[e]s; *no pl*) leaving; **'~gehen** *v/i* (*irr*, *sep*, -ge-, sn, → **gehen**) go away (*a. fig. Schmerz etc*), leave; *Fleck etc*: come off; *Ware*: sell; **'~jagen** *v/t* (*sep*, -ge-, h) drive (*od.* chase) away; **'~kommen** *v/i* (*irr*, *sep*, -ge-, sn, → **kommen**) F get away; *verlorengehen*: get lost: **gut ~** come off well; **mach, daß du wegkommst!** get out of here!, *sl* get lost!; **'~lassen** *v/t* (*irr*, *sep*, -ge-, h, → **lassen**) let *s.o.* go; *bsd. et.*: leave out; **'~laufen** *v/i* (*irr*, *sep*, -ge-, sn, → **laufen**) run away ([**vor**] **j-m** from s.o.) (*a. fig.*); **'~legen** *v/t* (*sep*, -ge-, h) put away; **'~müssen** *v/i* (*irr*, *sep*, -ge-, h, → **müssen**) F have to go: **ich muß jetzt weg** I must be off now; **'~nehmen** *v/t* (*irr*, *sep*, -ge-, h, → **nehmen**) take away (**von** from); *Platz*, *Zeit*: take up; *stehlen* (*a. fig. Frau etc*): steal: **j-m et. ~** take s.th. (away) from s.o.; **'~räumen** *v/t* (*sep*, -ge-, h) clear away, remove; **'~schaffen** *v/t* (*sep*, -ge-, h) remove; **'~schicken** *v/t* (*sep*, -ge-, h) send away (*od.* off); **'~sehen** *v/i* (*irr*, *sep*, -ge-, h, → **sehen**) look away; **'~tun** *v/t* (*irr*, *sep*, -ge-, h, → **tun**) F put away.

'Wegweiser *m* (-s; -s) signpost.

'wegwerf|en *v/t* (*irr*, *sep*, -ge-, h, → **werfen**) throw away; **'2flasche** *f* nonreturnable bottle; **'2gesellschaft** *f* throwaway society.

'weg|wischen *v/t* (*sep*, -ge-, h) wipe off; *fig. Einwand etc*: brush aside; **'~ziehen** (*irr*, *sep*, -ge-, → **ziehen**) **1.** *v/i* (sn) move away; **2.** *v/t* (h) pull away.

weh [ve:] *adj* sore: **~ tun** hurt (**j-m** s.o.; *fig. a.* s.o.'s feelings); *Kopf etc*: *a.* be aching; **sich** (**am Finger**) **~ tun** hurt o.s. (hurt one's finger).

Wehen ['ve:ən] *pl med.* labo(u)r *sg.*

wehen [~] *v/i* (h) blow; *Fahne*: wave, flutter.

weh|leidig ['ve:laɪdɪç] *adj* hypochondriac; *Stimme*: whining; **'2mut** *f* (-; *no pl*) nostalgia; **~mütig** ['~my:tɪç] *adj Gefühl*: nostalgic; *Lächeln etc*: wistful.

Wehr[1] [ve:r] *n* (-[e]s; -e) weir, dam.

Wehr[2] [~] *f*: **sich zur ~ setzen** → **wehren**; **'~dienst** *m* (-[e]s; *no pl*) *mil.* military service; **'~dienstverweigerer** *m* (-s; -) *mil.* conscientious objector; **'2en** *v/refl* (h) defend o.s. (**gegen** against): *fig.* **sich gegen et. ~** resist s.th.; **'2los** *adj* defenceless, *Am.* defenseless; *fig.* helpless; **'~pflicht** *f* (-; *no pl*) *mil.* compulsory military service; **'2pflichtig** *adj* liable for military service; **'~pflichtige** *m* (-n; -n) person liable for military service.

Weib|chen ['vaɪpçən] *n* (-s; -) *zo.* female; **'2lich** *adj* female; *gr.*, *Art*, *Stimme etc*: feminine.

weich [vaɪç] *adj* soft (*a. fig.*); *zart*: tender; *gar*: done; *Ei*: soft-boiled: **~ werden** soften; *fig.* give in.

'Weiche *f* (-; -n) *rail. Br.* points *pl*, *Am.* switch.

'weichen *v/i* (wich, gewichen, sn) give way (*dat* to), yield (to); *verschwinden*: go (away).

weiger|n ['vaɪgərn] *v/refl* (h) refuse; **'2ung** *f* (-; -en) refusal.

Weiher ['vaɪər] *m* (-s; -) pond.

Weihnachten ['vaɪnaxtən] *n* (-; -) Christmas, F Xmas: **zu ~** at Christmas; **fröhliche** (*od.* **frohe**) **~!** merry Christmas!; *auf Karten*: *a.* Season's Greetings.

'Weihnachts|abend *m* Christmas Eve; **'~baum** *m* Christmas tree; **'~einkäufe** *pl* Christmas shopping *sg*; **'~ferien** *pl* Christmas holidays *pl* (*Am.* vacation *sg*); **'~geld** *n* Christmas bonus; **'~geschenk** *n* Christmas present; **'~lied** *n* (Christmas) carol; **'~mann** *m*: **der ~** Father Christmas, Santa Claus; **'~markt** *m* Christmas fair; **'~tag** *m* Christmas Day: **zweiter ~** day after Christmas, *Br.* Boxing Day; **'~zeit** *f* (-; *no pl*) Christmas season.

W

Weih|rauch ['vaɪ~] *m* (-[e]s; *no pl*) incense; '**~wasser** *n* (-s; *no pl*) holy water.

weil [vaɪl] *cj* because; *da*: since, as.

Weil|chen ['vaɪlçən] *n* (-s; *no pl*): ***ein* ~** a little while; '**~e** *f* (-; *no pl*): ***e-e* ~** a while.

Wein [vaɪn] *m* (-[e]s; -e) wine; '**~bau** *m* (-[e]s; *no pl*) wine growing; '**~beere** *f* grape; '**~berg** *m* vineyard; '**~brand** *m* (-[e]s; ⸚e) brandy.

weine|n ['vaɪnən] *v/i* (h) cry (***vor*** *dat* with; ***nach*** for; ***wegen*** about, over); '**~rlich** *adj* tearful; *Stimme*: whining.

'**Wein|essig** *m* wine vinegar; '**~faß** *n* wine cask; '**~flasche** *f* wine bottle; '**~gegend** *f* wine-growing area; '**~karte** *f* wine list; '**~keller** *m* wine cellar; '**~kenner** *m* wine connoisseur; '**~lese** *f* (-; -n) grape harvest; '**~lo,kal** *n* wine bar (*od.* tavern); '**~probe** *f* wine tasting (session); '**≈rot** *adj* wine-red; '**~see** *m* *econ.* wine lake; '**~traube** *f* → ***Traube.***

weise ['vaɪzə] *adj* wise.

Weise [~] *f* (-; -n) *Art u.* ~: way: ***auf diese*** (***die gleiche***) ~ this (the same) way; ***auf m-e*** (***s-e***) ~ my (his) way.

weisen ['vaɪzən] *v/t* (wies, gewiesen, h): ***von sich* ~** reject; *Verdacht etc*: repudiate.

Weisheit ['vaɪshaɪt] *f* (-; -en) wisdom: ***mit s-r* ~ *am Ende*** at one's wit's end; '**~szahn** *m* wisdom tooth.

'**weismachen** *v/t* (*sep*, -ge-, h): ***j-m* ~, *daß*** make s.o. believe that.

weiß [vaɪs] *adj* white; '**≈brot** *n* white bread; '**≈e** *m*, *f* (-n; -n) white man (woman): ***die* ~*n*** *pl* the whites *pl*; '**≈kohl** *m*, '**≈kraut** *n* (white) cabbage; '**~lich** *adj* whitish; '**≈wein** *m* white wine.

'**Weisung** *f* (-; -en) instruction, directive.

weit [vaɪt] **1.** *adj* wide; *Kleidung*: *a.* big; *Reise*, *Weg*: long; **2.** *adv* far, a long way (*a. zeitlich u. fig.*): ~ ***weg*** far away (***von*** from); ***von* ~*em*** from a distance; ~ ***u. breit*** far and wide; ~ ***besser*** far (*od.* much) better; ***zu* ~ *gehen*** go too far; ***es* ~ *bringen*** go far, F go places; ***wir haben es* ~ *gebracht*** we have come a long way; → ***bei.***

'**weit'aus** *adv* far, much.

weiter ['vaɪtər] *adv*: ***u. so* ~** and so on (*od.* forth), et cetera; ***nichts* ~** nothing else; '**~arbeiten** *v/i* (*sep*, -ge-, h) go on working; '**~bilden** *v/refl* (*sep*, -ge-, h) improve one's knowledge; *schulisch*, *beruflich*: continue one's education (*od.* training); '**≈bildung** *f* (-; *no pl*) further education (*od.* training).

'**weitere** *adj* another, further, additional: ***alles* ~** the rest; ***bis auf* ~*s*** until further notice; ***ohne* ~*s*** easily.

'**weiter|geben** *v/t* (*irr*, *sep*, -ge-, h, → ***geben***) pass (*dat*, ***an*** *acc* to) (*a. fig.*); '**~gehen** *v/i* (*irr*, *sep*, -ge-, sn, → ***gehen***) move on; *fig.* continue, go on; '**~'hin** *adv ferner*: further(more): ***et. ~ tun*** go on doing s.th., continue doing (*od.* to do) s.th.; '**~kommen** *v/i* (*irr*, *sep*, -ge-, sn, → ***kommen***) get on (*fig.* in life); '**~leben** *v/i* (*sep*, -ge-, h) live on; *fig. a.* survive; '**~machen** *v/t u. v/i* (*sep*, -ge-, h) go (*od.* carry) on (with), continue; '**≈verkauf** *m* (-[e]s; *no pl*) resale.

'**weit|gehend** **1.** *adj* considerable; **2.** *adv* largely; '**~reichend** *adj* far-reaching; '**~sichtig** *adj med.* longsighted, *bsd. Am. u. fig.* farsighted; '**≈sprung** *m* (-[e]s; *no pl*) long (*Am.* broad) jump; '**~verbreitet** *adj* widespread.

Weizen ['vaɪtsən] *m* (-s; -) *bot.* wheat.

welche|(r), ~s ['vɛlçə(r)] **1.** *interr pron* what, *auswählend*: which: ***welcher?*** which one?; ***welcher von beiden?*** which of the two?; **2.** *rel pron* who, that; *bei Sachen*: which, that; **3.** *indef pron* F some, any.

welk [vɛlk] *adj* faded, withered; *Haut*: flabby; '**~en** *v/i* (sn) fade, wither.

Wellblech ['vɛl~] *n* corrugated iron.

Welle ['vɛlə] *f* (-; -n) wave (*a. phys.*, *fig.*); *tech.* shaft; '**≈n** *v/t u. v/refl* (h) wave; '**~nbereich** *m electr.* wave range; '**~nlänge** *f electr.* wavelength; '**~nlinie** *f* wavy line; **~nsittich** ['~zɪtɪç] *m* (-s; -e) *zo.* budgerigar, F budgie.

wellig ['vɛlɪç] *adj* wavy.

Welt [vɛlt] *f* (-; -en) world: ***die ganze* ~** the whole world; ***auf der ganzen* ~** all over (*od.* throughout) the world; ***das beste*** *etc* ... ***der* ~** the best *etc* ... in the world, the world's best *etc* ...; ***zur* ~ *kommen*** be born; ***zur* ~ *bringen*** give birth to; '**~all** *n* (-s; *no pl*) universe; '**~anschauung** *f* philosophy (of life); '**~ausstellung** *f* world fair; '**~bank** *f* (-; *no pl*) World Bank; '**≈berühmt** *adj* world-famous; '**≈fremd** *adj* unrealistic;

Gelehrter etc: ivory-tower; '**~handel** *m* international trade; '**~krieg** *m* world war: ***der Zweite ~*** World War II; '**~kugel** *f* globe; '**~lage** *f* (-; *no pl*) international situation; '**2lich** *adj* worldly; '**~litera,tur** *f* (-; *no pl*) world literature; '**~macht** *f* world power; '**~markt** *m* world market; '**~meer** *n* ocean; '**~meister** *m* world champion; '**~meisterschaft** *f* world championship; *bsd. Fußball2*: World Cup; '**~raum** *m* (-[e]s; *no pl*) (outer) space; '**~raum...** *in Zssgn* → ***Raum...***; '**~reich** *n* empire; '**~reise** *f* world trip; '**~re,kord** *m* world record; '**~sprache** *f* universal language; '**~stadt** *f* metropolis; '**~untergang** *m* end of the world; '**2weit** *adj* worldwide; '**~wirtschaft** *f* (-; *no pl*) world economy; '**~wirtschaftskrise** *f* worldwide economic crisis.

Wende ['vɛndə] *f* (-; -n) *e-s Jahrhunderts*: turn; *Änderung*: change; '**~kreis** *m geogr*. tropic; *mot*. turning circle.

Wendeltreppe ['vɛndəl~] *f* spiral staircase.

'**wenden¹** (h) **1.** *v/t* turn; *Braten etc*: turn over; *Auto*: turn (round); **2.** *v/i mot*. turn (round), make a U-turn: ***bitte ~*** please turn over, *abbr*. pto.

'**wende|n²** *v/refl* (*mst* wandte, gewandt, h): ***sich an j-n ~*** ask s.o. (**um** *Auskunft*, *Erlaubnis* for), turn to s.o. (**um** *Hilfe*, *Rat* for); '**2punkt** *m* turning point (*a. fig*.).

wendig ['vɛndıç] *adj Fahrzeug*: *bsd. Br*. manoeuvrable, *Am*. maneuverable; *Person*: nimble; *geistig*: *a*. nimble-minded.

wenig ['ve:nıç] *indef pron u. adv* little: ***~(e)*** *pl* few; ***nur ~e*** only few; *ein paar*: only a few; (***in***) ***~er als*** (in) less than; ***am ~sten*** least of all; ***er spricht ~*** he doesn't talk much; (***nur***) ***ein*** (***klein***) ***~*** (just) a little (bit); '**~stens** *adv* at least.

wenn [vɛn] *cj* when; *falls*: if: ***~ ... nicht*** if ... not, unless; ***~ auch*** (al)though, even though; ***wie*** (*od*. ***als***) ***~*** as though, as if; ***~ ich nur ... wäre!*** if only I were ...!; ***u. ~ nun ...?*** what if ...?

wer [ve:r] **1.** *interr pron* who, *auswählend*: which: ***~ von euch?*** which of you?; **2.** *rel pron* who: ***~ auch*** (***immer***) who(so)ever; **3.** *indef pron* F somebody; *fragend*, *verneinend*: anybody.

'**Werbe|ab,teilung** ['vɛrbə~] *f* publicity department; '**~agen,tur** *f* advertising agency; '**~fernsehen** *n* TV commercials *pl*; '**~film** *m* promotion(al) film; '**~funk** *m* radio commercials *pl*; '**~geschenk** *n* promotional gift; '**~kam,pagne** *f* publicity (*od*. advertising) campaign; '**2n** (warb, geworben, h) **1.** *v/i*: ***~ für*** advertise, promote; **2.** *v/t Mitglieder etc*: enlist; *Kunden*, *Stimmen*: attract: ***j-n ~ für*** win s.o.over to; **~slogan** ['~slo:gən] *m* (-s; -s) advertising slogan; **~spot** ['~spɔt] *m* (-s; -s) commercial.

'**Werbung** *f* (-; *no pl*) advertising, publicity: ***~ machen für*** → ***werben*** 1; '**~skosten** *pl Steuer*: professional outlay *sg*.

Werde|gang ['vɛrdə~] *m* (-[e]s; *no pl*) *beruflicher*: career; '**2n** (wurde, geworden, sn) **1.** *v/i* get, become: → ***alt, rot, schlecht*** *etc*; **2.** *v/aux* (*pp* worden): ***ich werde fahren*** I will drive; ***es wird gleich regnen*** it's going to rain; ***geliebt ~*** be loved.

werfen ['vɛrfən] (warf, geworfen, h) **1** *v/t* throw (***nach*** at); *Schatten*: cast; **2.** *v/i*: ***mit et.*** (***nach j-m***) ***~*** throw s.th. (at s.o.); ***mit Geld um sich ~*** throw one's money about.

Werft [vɛrft] *f* (-; -en) shipyard.

Werk [vɛrk] *n* (-[e]s; -e) work; *gutes*: *a*. deed; *tech*. works *pl*, mechanism; *Fabrik*: works *pl* (*mst sg konstr*.); '**~bank** *f* (-; ¨e) *tech*. workbench; '**~statt** *f* (-; ¨en) workshop; *Auto2*: garage; '**~tag** *m* workday, working day; '**2tags** *adv* on weekdays; '**2tätig** *adj* working; '**~zeug** *n* (-[e]s; -e) tool (*a. fig*.); *coll*. tools *pl*; *feines*: instrument; '**~zeugmacher** *m* toolmaker.

wert [ve:rt] *adj* worth; *in Zssgn sehens~ etc*: worth *seeing etc*: ***die Mühe*** (***e-n Versuch***) ***~*** worth the trouble (a try); *fig*. ***nichts ~*** no good.

Wert [~] *m* (-[e]s; -e) *allg*. value; *bsd. fig. u. in Zssgn*: *a*. worth; *Sinn*, *Nutzen*: use: ***~e*** *pl Daten*: data *pl* (*a. sg konstr*.), figures *pl*; ***... im ~(e) von e-m Pfund*** a pound's worth of ...; ***großen*** (***wenig, keinen, nicht viel***) ***~ legen auf*** (*acc*) set great (little, no, not much) store by; '**2en** *v/t* (h) assess; *beurteilen*: judge; '**~gegenstand** *m* article of value; '**2los** *adj* worthless; '**~pa,piere** *pl econ*. securities *pl*; '**~sachen** *pl* valuables *pl*; '**~ung** *f* (-; -en) assessment; judg(e)-ment; '**2voll** *adj* valuable.

Wesen ['ve:zən] *n* (-s; -) *Lebe2*: being, creature; *~skern*: essence; *Natur*: nature, character; '**2tlich** *adj* essential; *beträchtlich*: considerable: ***im ~en*** on the whole.

weshalb [vɛs'halp] *interr adv* why.

Wespe ['vɛspə] *f* (-; -n) *zo.* wasp.

West|en ['vɛstən] *m* (-s; *no pl*) west; *westlicher Landesteil*: West (*a. pol.*): ***nach ~*** west(wards); '**2lich 1.** *adj* west (-ern); **2.** *adv*: ***~ von*** (to the) west of.

Wett|bewerb ['vɛtbəvɛrp] *m* (-[e]s; -e) competition (*a. econ.*), contest; '**~bü,ro** *n* betting office; '**~e** *f* (-; -n) bet: ***e-e ~ schließen*** make a bet; '**2eifern** *v/i* (*insep*, ge-, h) vie, compete (*beide*: ***mit*** with; ***um*** for); '**2en** *v/i u. v/t* (h) bet (***mit j-m um 10 Pfund*** s.o. ten pounds): ***~ auf*** (*acc*) bet on, back.

'**Wetter**[1] *m* (-s; -) better.

'**Wetter**[2] [~] *n* (-s; -) weather; '**~bericht** *m* weather report; '**2fest** *adj* weather-proof; **2fühlig** ['~fy:lɪç] *adj* weather-sensitive; '**~karte** *f* weather chart (*od.* map); '**~lage** *f* weather situation; '**~leuchten** *n* (-s; *no pl*) sheet lightning; '**~vor,hersage** *f* weather forecast.

'**Wett|kampf** *m* competition, contest; '**2machen** *v/t* (*sep*, -ge-, h) make up for; '**~rüsten** *n* (-s; *no pl*) arms race.

wichtig ['vɪçtɪç] *adj* important: ***et. ~ nehmen*** take s.th. seriously; '**2keit** *f* (-; *no pl*) importance; '**2tuer** *m* (-s; -) pompous ass.

Wickel ['vɪkəl] *m* (-s; -) *med.* compress; '**2n** *v/t* (h) *Baby*: change: ***~ in*** (*acc*) (***um***) wrap in ([a]round).

Widder ['vɪdər] *m* (-s; -) *zo.* ram.

wider ['vi:dər] *prp*: ***~ Willen*** against one's will; ***~ Erwarten*** contrary to expectation; '**2haken** *m* barb; **~'legen** *v/t* (*insep*, *no* -ge-, h) refute, disprove; '**~lich** *adj* revolting, disgusting; '**~rechtlich** *adj* illegal, unlawful; '**2rede** *f* contradiction(s *pl*): ***keine ~!*** no arguments!; '**2ruf** *m* revocation, withdrawal; retraction; **~'rufen** *v/t* (*irr*, *insep*, *no* -ge-, h, → ***rufen***) *Anordnung*, *Erlaubnis etc*: revoke, withdraw; *Aussage*, *Geständnis etc*: retract; **~'setzen** *v/refl* (*insep*, *no* -ge-, h) oppose, resist (*beide*: ***e-r Sache*** s.th.); '**~sinnig** *adj* absurd; **~spenstig** ['~ʃpɛnstɪç] *adj* unruly (*a. Haar etc*), stubborn; '**~spiegeln** (*sep*, -ge-, h) **1.** *v/t* reflect (*a. fig.*); **2.** *v/refl* be reflected (***in*** *dat* in); **~'sprechen** *v/i* (*irr*, *insep*, *no* -ge-, h, → ***sprechen***) contradict (***j-m*** s.o.; ***sich*** o.s.); '**2spruch** *m* contradiction: ***im ~ stehen zu*** be inconsistent with, contradict; '**~sprüchlich** ['~ʃprʏçlɪç] *adj* contradictory; '**~spruchslos** *adv* without a word of protest; '**2stand** *m* (-[e]s; ⸚e) resistance, opposition (*beide*: ***gegen*** to); *electr*. resistor: ***~ leisten*** offer resistance (*dat* to); '**~standsfähig** *adj* resistant (***gegen*** to), robust; **~'stehen** *v/i* (*irr*, *insep*, *no* -ge-, h, → ***stehen***) resist; **~'streben** *v/i* (*insep*, *no* -ge-, h): ***es widerstrebt mir, dies zu tun*** I hate doing (*od.* to do) that; **~'strebend** *adv* reluctantly; **~wärtig** ['~vɛrtɪç] *adj* disgusting; '**2wille** *m* aversion (***gegen*** to, for, from), dislike (to, of, for); *Ekel*: disgust (at, for); '**~willig** *adj* reluctant, unwilling.

widm|en ['vɪtmən] *v/t* (h) dedicate (*dat* to); '**2ung** *f* (-; -en) dedication.

widrig ['vi:drɪç] *adj* adverse.

wie [vi:] **1.** *interr adv* how: ***~ ist er?*** what is he like?; ***~ ist das Wetter?*** what's the weather like?; ***~ nennt man ...?*** what do you call ...?; ***~ wäre*** (***ist, steht***) ***es mit ..?*** what (*od.* how) about ...?; → ***gehen*** 2, ***heißen***; **2.** *cj* like, as: ***~ neu*** (***verrückt***) like new (mad); ***~*** (***zum Beispiel***) such as, like; ***ich zeige*** (***sage***) ***dir, ~*** (***...***) I'll show (tell) you how (...); → ***doppelt, so*** 1, ***üblich***.

wieder ['vi:dər] *adv* again: → ***immer***; **2'aufbau** *m* (-[e]s; *no pl*) reconstruction; *econ.* recovery; **~'aufbauen** *v/t* (*sep*, -ge-, h) reconstruct; **~'aufbereiten** *v/t* (*sep*, *no* -ge-, h) recycle; *bsd. Kerntechnik*: reprocess; **2'aufbereitung** *f* (-; -en) recycling; reprocessing; **2'aufbereitungsanlage** *f* recycling plant; reprocessing plant; **2'aufleben** *n* (-s; *no pl*) revival; **2'aufnahme** *f* (-; *no pl*) resumption; **~'aufnehmen** *v/t* (*irr*, *sep*, -ge-, h, → ***nehmen***) resume; '**~bekommen** *v/t* (*irr*, *sep*, *no* -ge-, h, → ***kommen***) get back; '**~beleben** *v/t* (*sep*, *no* -ge-, h) resuscitate, revive (*a. fig.*); '**2belebungsversuch** *m* attempt at resuscitation; **'~bringen** *v/t* (*irr*, *sep*, -ge-, h, → ***bringen***) bring back; *zurückgeben*: return; **~'einführen** *v/t* (*sep*, -ge-, h) reintroduce; *Brauch etc*: revive; *econ.* reimport; **≈'einführung** *f* (-; *no pl*) reintroduction; revival; *econ.* reimportation; **'~entdecken** *v/t* (*sep*, *no* -ge-, h) rediscover; **'≈entdeckung** *f* rediscovery; **'≈ergreifung** *f* (-; *no pl*) recapture; **'~erkennen** *v/t* (*irr*, *sep*, *no* -ge-, h, → ***kennen***) recognize (***an*** *dat* by); **'~finden** *v/t* (*irr*, *sep*, -ge-, h, → ***finden***) find again; *fig.* regain; **'≈gabe** *f* (-; *no pl*) reproduction; *Tonband*: playback; **'~geben** *v/t* (*irr*, *sep*, -ge-, h, → ***geben***) reproduce; *zurückgeben*: give back, return (*beide*: *dat* to); *schildern*: describe; **~'gutmachen** *v/t* (*sep*, -ge-, h) make up for; **~'herstellen** *v/t* (*sep*, -ge-, h) restore; **~'holen** (*insep*, *no* -ge-, h) **1.** *v/t* repeat; **2.** *v/refl* repeat o.s. (*a. fig. Geschichte etc*); **~'holt** *adv* repeatedly, several times; **≈'holung** *f* (-; -en) repetition; *Rundfunk*, *TV*: repeat, rerun; *TV Sport*: replay; **'≈hören** *n*: ***auf ~!*** *teleph.* goodbye; **≈kehr** ['~ke:r] *f* (-; *no pl*) return; recurrence; **'~kehren** *v/i* (*sep*, -ge-, sn) return; *sich wiederholen*: recur; **'~kommen** *v/i* (*irr*, *sep*, -ge-, sn, → ***kommen***) come back, return; **'~sehen** *v/t* (*irr*, *sep*, -ge-, h, → ***sehen***) see again: ***sich ~*** meet again; **'≈sehen** *n* (-s; -) reunion: ***auf ~!*** goodbye; **'~vereinigen** *v/t u. v/refl* (*sep*, *no* -ge-, h) reunite; **'≈vereinigung** *f* reunion; *bsd. pol. a.* reunification; **'~verwenden** *v/t* (*sep*, *no* -ge-, h) reuse; **'≈verwendung** *f* (-; -en) reuse; **'~verwerten** *v/t* (*sep*, *no* -ge-, h) recycle; **'≈verwertung** *f* (-; -en) recycling; **'≈wahl** *f* (-; *no pl*) re-election; **'~wählen** *v/t* (*sep*, -ge-, h) re-elect.

wiegen¹ ['vi:gən] (wog, gewogen, h) **1.** *v/t u. v/i* weigh; **2.** *v/refl* weigh o.s.

wiegen² [~] *v/t u. v/refl* (h): ***j-n (sich) in Sicherheit ~*** lull s.o. (o.s.) into a false sense of security; **'≈lied** *n* lullaby.

Wiese ['vi:zə] *f* (-; -n) meadow.

wieso [vi'zo:] *interr adv* why.

wieviel [vi'fi:l] *adv* how much; *pl* how many; **~te** *adj*: ***den ≈n haben wir heute?*** what's the date today?

wild [vɪlt] *adj* wild (*a. fig.*) (F ***auf*** *acc* about); *heftig*: violent: → ***Streik.***

Wild [~] *n* (-[e]s; *no pl*) *hunt.* game; *Braten*: *mst* venison; **'~leder** *n* suede; **'~nis** *f* (-; -se) wilderness; **'~schwein** *n zo.* wild boar; **~'westfilm** *m* western.

Wille ['vɪlə] *m* (-ns; *no pl*) will; *Absicht*: *a.* intention: ***s-n ~n durchsetzen*** have one's way; ***j-m s-n ~n lassen*** let s.o. have his (own) way; **'≈n** *prp*: ***um*** (*gen*) ***...*** ~ for the sake of ...; **'≈nlos** *adj* weak(-willed).

'Willens|freiheit *f* (-; *no pl*) freedom of will; **'~kraft** *f* (-; *no pl*) willpower; **'≈stark** *adj* strong-willed.

'will|ig *adj* willing; **~'kommen** *adj* welcome (*dat*, ***in*** *dat* to): ***~ heißen*** welcome; **~kürlich** ['~ky:rlɪç] *adj* arbitrary; *Auswahl etc*: *a.* random.

wimm|eln ['vɪməln] *v/i* (h): ***~ von*** be teeming with; **'~ern** *v/i* (h) whimper.

Wimper ['vɪmpər] *f* (-; -n) eyelash; **'~ntusche** *f* mascara.

Wind [vɪnt] *m* (-[e]s; -e) wind.

Windel ['vɪndəl] *f* (-; -n) *bsd. Br.* napkin, *Am.* diaper.

winden ['vɪndən] *v/refl* (wand, gewunden, h) writhe (***vor*** *dat* with).

'Windhund *m zo.* greyhound.

windig ['vɪndɪç] *adj* windy.

'Wind|mühle *f* windmill; **'~pocken** *pl med.* chickenpox *sg*; **'~richtung** *f* direction of the wind; **'~schutzscheibe** *f mot. bsd. Br.* windscreen, *Am.* windshield; **'~stärke** *f* wind speed; **'≈still** *adj* calm; **'~stille** *f* calm; **'~stoß** *m* gust.

Wink [vɪŋk] *m* (-[e]s; -e) sign; *fig.* hint.

Winkel ['vɪŋkəl] *m* (-s; -) *math.* angle; *Ecke*: corner.

winken ['vɪŋkən] *v/i* (h) wave: ***mit et. ~*** wave s.th.; ***j-m ~*** wave to s.o.; *Zeichen geben*: signal to s.o.; *j-n her~*: beckon s.o.; ***e-m Taxi ~*** hail (*od.* wave down) a taxi.

Winter ['vɪntər] *m* (-s; -) winter: ***im ~*** in winter; **'~anfang** *m* beginning of winter; **'~fahrplan** *m* winter timetable (*Am.* schedule); **'≈lich** *adj* wintry; **'~reifen** *m mot.* winter (*od.* snow) tyre (*Am.* tire); **'~schlußverkauf** *m* winter sales *pl*; **'~sport** *m* winter sports *pl*; **'~urlaub** *m* winter holidays *pl* (*Am.* vacation).

Winzer ['vɪntsər] *m* (-s; -) winegrower.

winzig ['vɪntsɪç] *adj* tiny, minute.

Wipfel ['vɪpfəl] *m* (-s; -) (tree)top.

W

wir [viːr] *pers pron* we: **~ drei** the three of us; F **wir sind's!** it's us!

Wirbel ['vɪrbəl] *m* (-s; -) *anat.* vertebra; *fig.* fuss; '**~säule** *f anat.* spinal column, spine; '**~sturm** *m* cyclone.

wirk|en ['vɪrkən] *v/i* (h) work, be effective; *aussehen*: look: **anregend** *etc* **~** have a stimulating *etc* effect (**auf** *acc* on); '**~lich** *adj* real, actual; *echt*: true, genuine; '**ℒlichkeit** *f* (-; *no pl*) reality: **in ~** in reality, actually; '**~sam** *adj* effective; '**ℒung** *f* (-; -en) effect; '**~ungslos** *adj* ineffective; '**~ungsvoll** *adj* effective.

wirr [vɪr] *adj* confused, mixed-up; *Haar*: tousled; '**ℒen** *pl* disorder *sg*, confusion *sg*; **ℒwarr** ['~var] *m* (-s; *no pl*) confusion, mess, chaos.

Wirt [vɪrt] *m* (-[e]s; -e) landlord; '**~in** *f* (-; -nen) landlady.

'**Wirtschaft** *f* (-; -en) *econ. pol.* economy; *Geschäftswelt*: business; *Wirtshaus*: *bsd. Br.* pub, *Am.* bar; '**~erin** *f* (-; -nen) housekeeper; '**~ler** *m* (-s; -) economist; '**ℒlich** *adj* economic; *sparsam*: economical.

'**Wirtschafts|abkommen** *n* economic (*od.* trade) agreement; '**~asy,lant** *m* economic migrant; '**~aufschwung** *m* economic upturn; '**~beziehungen** *pl* economic (*od.* trade) relations *pl*; '**~gipfel** *m* economic summit; '**~krise** *f* economic crisis; '**~poli,tik** *f* economic policy; '**~teil** *m Zeitung*: business section; '**~wachstum** *n* economic growth; '**~wunder** *n* economic miracle.

'**Wirtshaus** *n bsd. Br.* pub, *Am.* bar.

wische|n ['vɪʃən] *v/t* wipe: → **Staub**; '**ℒr** *m* (-s; -) *mot.* wiper; '**ℒrblatt** *n mot.* wiper blade.

wispern ['vɪspərn] *v/t u. v/i* (h) whisper.

wißbegierig ['vɪs~] *adj* curious.

wissen ['vɪsən] *v/t u. v/i* (wußte, gewußt, h) know (**von** about): **ich möchte ~** I'd like to know, I wonder; **soviel ich weiß** as far as I know; **weißt du** you know; **weißt du noch?** (do you) remember?; **woher weißt du das?** how do you know?; **man kann nie ~** you never know; **ich will davon** (**von ihm**) **nichts ~** I don't want anything to do with it (him).

Wissen [~] *n* (-s; *no pl*) knowledge; *praktisches*: *a.* know-how: **m-s ~s** as far as I know.

'**Wissenschaft** *f* (-; -en) science; '**~ler** *m* (-s; -) scientist; '**ℒlich** *adj* scientific.

'**Wissens|gebiet** *n* field of knowledge; '**~lücke** *f* gap in one's knowledge; '**ℒwert** *adj* worth knowing: **ℒes** useful facts *pl*; **alles ℒe** (**über** *acc*) all you need to know (about).

Witterung ['vɪtərʊŋ] *f* (-; -en) weather; '**~sverhältnisse** *pl* weather conditions *pl*.

Witwe ['vɪtvə] *f* (-; -n) widow; '**~nrente** *f* widow's pension; '**ℒr** *m* (-s; -) widower.

Witz [vɪts] *m* (-es; -e) joke: **~e reißen** crack jokes; '**ℒig** *adj* funny; *geistreich*: witty.

wo [voː] *interr adv u. rel adv* where; **~'bei** **1.** *interr adv*: **~ bist du gerade?** what are you doing right now?; **2.** *rel adv*: **~ mir einfällt** which reminds me.

Woche ['vɔxə] *f* (-; -n) week.

'**Wochen|arbeitszeit** *f* weekly working hours *pl*; '**~ende** *n* weekend: **am ~** at (*Am.* on) the weekend; '**~karte** *f* weekly season ticket; '**ℒlang** **1.** *adj*: **~es Warten** (many) weeks of waiting; **2.** *adv* for weeks; '**~lohn** *m* weekly wages *pl*; '**~markt** *m* weekly market; '**~tag** *m* weekday.

wöchentlich ['vœçəntlɪç] **1.** *adj* weekly; **2.** *adv* weekly, every week: **einmal ~** once a week.

wo|'durch **1.** *interr adv* how; **2.** *rel adv* by (*od.* through) which; **~'für** **1.** *interr adv* what (...) for; **2.** *rel adv* for which.

Woge ['voːgə] *f* (-; -n) wave, *fig. a.* surge.

wo|'her *interr adv u. rel adv* where (...) from: → **wissen**; **~'hin** *interr adv u. rel adv* where (...) to.

wohl [voːl] *adv* well: **sich ~ fühlen** feel fine; *wie zu Hause*: feel at home; **sich bei j-m ~ fühlen** feel comfortable with s.o.; **ich fühle mich nicht ~** I don't feel well; **~ od. übel** willy-nilly, whether I *etc* like it or not; **~ kaum** hardly.

Wohl [~] *n* (-[e]s; *no pl*) **~***befinden*: well-being: **auf j-s ~ trinken** drink to s.o.('s health); **zum ~!** to your health!, F cheers!; '**~fahrtsstaat** *m* welfare state; '**ℒgemerkt** *adv* mind you; '**ℒgesinnt** *adj*: **j-m ~ sein** be well disposed towards s.o.; '**ℒhabend** *adj* well-off, well-to-do; '**ℒig** *adj* cosy, *Am. mst* cozy; '**~stand** *m* (-[e]s; *no pl*) prosperity, affluence; '**~standsgesellschaft** *f* afflu-

W

ent society; '**~tat** *f fig.* pleasure; *Erleichterung*: relief; *Segen*: blessing; '**2tätig** *adj* charitable: ***für ~e Zwecke*** for charity; '**~tätigkeitskon,zert** *n* charity concert; '**2tun** *v/i* (*irr, sep*, -ge-, h, → ***tun***) do good; '**2verdient** *adj* well-deserved; '**2wollend** *adj* benevolent.

wohn|en ['voːnən] *v/i* (h) live (***in*** *dat* in; ***bei j-m*** with s.o.); *vorübergehend*: stay (at; with); '**2gebiet** *n* residential area; '**2gemeinschaft** *f*: ***in e-r ~ leben*** share a flat (*Am.* an apartment) (***mit*** with); '**~lich** *adj* comfortable, cosy, *Am. mst* cozy; **2mobil** ['~mo,biːl] *n* (-s; -e) *Br.* mobile home, *Am.* motorhome; '**2sitz** *m* (place of) residence: ***ohne festen ~*** of no fixed abode; '**2ung** *f* (-; -en) *Br.* flat, *Am.* apartment: ***m-e ~ a.*** my place.

'**Wohnungs|amt** *n* housing office; '**~bau** *m* (-[e]s; *no pl*) house building; '**~not** *f* (-; *no pl*) housing shortage.

'**Wohn|wagen** *m bsd. Br.* caravan, *Am.* trailer; '**~zimmer** *n* sitting (*od.* living) room.

Wolf [vɔlf] *m* (-[e]s; ⁼e) *zo.* wolf.

Wolk|e ['vɔlkə] *f* (-; -n) cloud; '**~enbruch** *m* cloudburst; '**~enkratzer** *m* (-s; -) skyscraper; '**2enlos** *adj* cloudless; '**2ig** *adj* cloudy, clouded.

Woll|decke ['vɔl~] *f* (wool[l]en) blanket; '**~e** *f* (-; -n) wool.

wollen ['vɔlən] (wollte, h) **1.** *v/aux* (*pp* wollen): ***et. tun ~*** want to do s.th.; *beabsichtigen*: be going to do s.th.; ***ich will lieber ausgehen*** I'd rather go out; **2.** *v/t u. v/i* (*pp* gewollt) want: ***lieber ~*** prefer; ***wann du willst*** whenever you like; ***sie will, daß ich komme*** she wants me to come; ***was ~ Sie*** (***von mir***)***?*** what do you want?

wo'mit 1. *interr adv* what (...) with; **2.** *rel adv* with which.

wor|'an 1. *interr adv*: ***~ denkst du?*** what are you thinking of?; ***~ liegt es, daß ...?*** how is it that ...?; ***~ sieht man, welche*** (***ob***) ***...?*** how can you tell which (if) ...?; **2.** *rel adv*: ***~ man merkte, daß*** which showed that; ***das, ~ ich dachte*** what I had in mind; **~'auf 1.** *interr adv*: ***~ wartest du*** (***noch***)***?*** what are you waiting for?; **2.** *rel adv zeitlich*: after which; *örtlich*: on which.

Wort [vɔrt] *n* (-[e]s; ⁼er, *Äußerung etc*: -e) word: ***mit anderen ~en*** in other words; ***sein ~ geben*** (***halten, brechen***) give (keep, break) one's word; ***j-n beim ~ nehmen*** take s.o. at his word; ***ein gutes ~ einlegen für*** put in a good word for; ***j-m ins ~ fallen*** cut s.o. short; → ***abschneiden*** 1.

Wörterbuch ['vœrtər~] *n* dictionary.

'**Wort|führer** *m* spokesman; '**2karg** *adj* taciturn.

wörtlich ['vœrtlɪç] *adj* literal.

'**Wort|schatz** *m* vocabulary; '**~spiel** *n* pun.

wor|'über 1. *interr adv*: ***~ lachen Sie?*** what are you laughing at (*od.* about)?; **2.** *rel adv fig.* about which; **~'um 1.** *interr adv*: ***~ handelt es sich?*** what is it about?; **2.** *rel adv* about which.

wo|'von 1. *interr adv*: ***~ redest du?*** what are you talking about?; **2.** *rel adv* about which; **~'vor 1.** *interr adv*: ***~ hast du Angst?*** what are you afraid of?; **2.** *rel adv* of which; **~'zu 1.** *interr adv* what (...) for; *warum*: why; **2.** *rel adv* for which.

Wrack [vrak] *n* (-[e]s; -s) *mar.* wreck (*a. fig.*).

Wucher ['vuːxər] *m* (-s; *no pl*) usury; '**~er** *m* (-s; -) usurer; '**~miete** *f* rack rent; '**2n** *v/i* (h *u.* sn) *bot.* grow rampant; '**~preis** *m* extortionate price; '**~zinsen** *pl* usurious interest *sg.*

Wuchs [vuːks] *m* (-es; *no pl*) growth; *Gestalt*: build.

Wucht [vʊxt] *f* (-; *no pl*) force; *e-s Aufpralls etc*: impact; '**2ig** *adj* massive, *kraftvoll*: powerful.

wühlen ['vyːlən] *v/i* (h): ***~ in*** (*dat*) rummage around in.

wund [vʊnt] *adj* sore: ***~e Stelle*** sore; *fig.* ***~er Punkt*** sore point; **2e** ['~də] *f* (-; -n) wound.

Wunder ['vʊndər] *n* (-s; -) miracle; *fig. a.* wonder, marvel (*beide*: ***an*** *dat* of): (***es ist***) ***kein ~, daß du müde bist*** no wonder you are tired; '**2bar** *adj* wonderful, marvel(l)ous; *wie ein Wunder*: miraculous; '**~kind** *n* child prodigy; '**2lich** *adj* strange, peculiar; '**2n** *v/refl* (h) be surprised (*od.* astonished) (***über*** *acc* at); '**2schön** *adj* lovely; '**2voll** *adj* wonderful; '**~werk** *n* marvel, wonder.

'**Wundstarrkrampf** *m* (-[e]s; *no pl*) *med.* tetanus.

Wunsch [vʊnʃ] *m* (-[e]s; ⸚e) wish (*a. Glück*⁓); *Bitte*: request: ***auf j-s (eigenen)*** **⁓** at s.o.'s (own) request; ***nach*** **⁓** as desired; → ***fromm***; **'⁓denken** *n* (-s; *no pl*) wishful thinking.

wünschen ['vʏnʃən] (h) **1.** *v/t* wish: ***sich et.*** (***zu Weihnachten*** *etc*) **⁓** want s.th. (for Christmas *etc*); ***das habe ich mir*** (***schon immer***) ***gewünscht*** that's what I (always) wanted; ***alles, was man sich nur*** **⁓** ***kann*** everything one could wish for; ***ich wünschte, ich wäre*** (***hätte***) I wish I were (had); **2.** *v/i*: ***Sie*** **⁓*?*** what can I do for you?; ***wie Sie*** **⁓** as you wish (*od.* like); **'⁓swert** *adj* desirable.

'Wunsch|kind *n* planned child; **'⁓kon,zert** *n* request program(me); **'⁓los** *adv*: **⁓** ***glücklich*** perfectly happy.

Würde ['vʏrdə] *f* (-; -n) dignity; **'⁓los** *adj* undignified; **'⁓nträger** *m* dignitary; **'⁓voll** *adj* dignified.

'würdig *adj* worthy (*gen* of); *würdevoll*: dignified; **⁓en** ['⁓gən] *v/t* (h) appreciate: ***j-n keines Blickes*** **⁓** ignore s.o. completely; **'⁓ung** *f* (-; -en) appreciation.

Wurf [vʊrf] *m* (-[e]s; ⸚e) throw; *zo.* litter.

Würfel ['vʏrfəl] *m* (-s; -) cube; *Spiel*⁓: dice; **'⁓n** (h) **1.** *v/i* throw dice (***um*** for); *spielen*: play dice; **2.** *v/t gastr.* dice: ***e-e Sechs*** **⁓** throw a six; **'⁓zucker** *m* lump sugar.

'Wurfgeschoß *n* projectile.

würgen ['vʏrgən] (h) **1.** *v/t* strangle; **2.** *v/i* choke; *beim Erbrechen*: retch.

Wurm [vʊrm] *m* (-[e]s; ⸚er) *zo.* worm; **'⁓en** *v/t* (h) F gall; **'⁓stichig** *adj* worm-eaten.

Wurst [vʊrst] *f* (-; ⸚e) sausage.

Würstchen ['vʏrstçən] *n* (-s; -) small sausage; **'⁓bude** *f*, **'⁓stand** *m* hot-dog stand.

Würze ['vʏrtsə] *f* (-; -n) spice (*a. fig.*), flavo(u)r.

Wurzel ['vʊrtsəl] *f* (-; -n) root (*a. fig.*).

'würz|en *v/t* (h) spice, season; **'⁓ig** *adj* spicy, well-seasoned.

Wüste ['vy:stə] *f* (-; -n) desert.

Wut [vu:t] *f* (-; *no pl*) rage, fury: ***e-e*** **⁓** ***haben*** be furious (***auf*** *acc* with); **'⁓anfall** *m* fit of rage.

wütend ['vy:tənt] *adj* furious (***auf*** *acc* with; ***über*** *acc* at), F mad (at).

X

X-Beine ['ɪks⁓] *pl* knock-knees; **'X-beinig** *adj* knock-kneed.

x-beliebig [⁓bə'li:bɪç] *adj*: ***jede*(*r*, *-s*) ⁓*e*** ... any (... you like).

'x-mal *adv* F umpteen times.

x-te ['⁓tə] *adj*: F ***zum*** **⁓*n*** ***Male*** for the umpteenth time.

Y

Yacht [jaxt] *f* (-; -en) *mar.* yacht.

Yoga ['jo:ga] *m*, *n* (-[s]; *no pl*) yoga.

Yuppie ['jʊpi:] *m* (-s; -s) yuppie.

Z

Zack|e ['tsakə] *f* (-; -n) (sharp) point; *Säge, Kamm, Briefmarke*: tooth; '**≈ig** *adj* pointed; *gezahnt*: serrated; *Linie, Blitz, Felsen*: jagged.
zaghaft ['tsa:khaft] *adj* timid; '**≈igkeit** *f* (-; *no pl*) timidity.
zäh [tsɛ:] *adj* tough (*a. fig.*); '**~flüssig** *adj* thick, viscous; *Verkehr*: slow-moving; '**≈igkeit** *f* (-; *no pl*) toughness; *fig. a.* stamina.
Zahl [tsa:l] *f* (-; -en) number; *Ziffer*: figure; '**≈bar** *adj* payable (***an*** *acc* to; ***bei*** at): → ***Lieferung***.
zählbar ['tsɛ:lba:r] *adj* countable.
'**zahlen** *v/i u. v/t* (h) pay: ***~, bitte!*** the bill (*Am.* check), please.
'**zählen** *v/t u. v/i* (h) count (***bis*** up to; *fig.* ***auf*** *acc* on): ***~ zu*** *den Besten etc*: rank with.
'**zahlenmäßig 1.** *adj* numerical; **2.** *adv*: ***i-m ~ überlegen sein*** outnumber s.o.
'**Zähler** *m* (-s; -) *Gas≈ etc*: meter.
'**Zahl|grenze** *f* fare stage; '**~karte** *f mail.* paying-in (*Am.* deposit) slip; '**≈los** *adj* countless; '**≈reich 1.** *adj* numerous; **2.** *adv* in great number; '**~tag** *m* pay day; '**~ung** *f* (-; -en) payment.
'**Zählung** *f* (-; -en) count; *Volks≈*: census.
'**Zahlungs|anweisung** *f* order to pay; *Überweisung*: money order; '**~aufforderung** *f* request for payment; '**~bedingungen** *pl* terms *pl* of payment; '**~befehl** *m* default summons; '**~bi,lanz** *f* balance of payments; '**~bi,lanzdefizit** *n* deficit in the balance of payments; '**~bi,lanzüberschuß** *m* surplus in the balance of payments; '**≈fähig** *adj* solvent; '**~frist** *f* term of payment; '**~mittel** *n* currency: ***gesetzliches ~*** legal tender; '**~schwierigkeiten** *pl* financial difficulties *pl*; '**~ter,min** *m* date of payment; '**≈unfähig** *adj* insolvent.
'**Zählwerk** *n tech.* counter.
zahm [tsa:m] *adj* tame (*a. fig.*).
zähm|en ['tsɛ:mən] *v/t* (h) tame (*a. fig.*); '**≈ung** *f* (-; *no pl*) taming (*a. fig.*).
Zahn [tsa:n] *m* (-[e]s; ⸚e) tooth; *tech. a.* cog: → ***putzen***; '**~arzt** *m* dentist, *formell*: dental surgeon; '**~arzthelferin** *f* (-; -nen) dental assistant; '**~ärztin** *f* → ***Zahnarzt***; '**~behandlung** *f* dental treatment; '**~bürste** *f* toothbrush; '**~creme** *f* toothpaste; '**~fleisch** *n* gums *pl*; '**≈los** *adj* toothless; '**~lücke** *f* gap in the teeth; '**~medi,zin** *f* (-; *no pl*) dentistry; **~pasta** ['~pasta] *f* (-; -sten), '**~paste** *f* toothpaste; '**~rad** *n tech.* gearwheel, cogwheel; '**~radbahn** *f* rack (*od.* cog) railway; '**~schmerzen** *pl* toothache *sg*; '**~spange** *f* brace; '**~stocher** *m* (-s; -) toothpick; '**~techniker** *m* dental technician; '**~weh** *n* (-s; *no pl*) toothache.
Zange ['tsaŋə] *f* (-; -n) (***e-e ~*** a pair of) pliers *pl*; *Kneif≈*: pincers *pl*; *Greif≈, Zucker≈ etc*: tongs *pl*.
zanken ['tsaŋkən] *v/refl* (h) argue, quarrel (***um*** about, over).
Zäpfchen ['tsɛpfçən] *n* (-s; -) *anat.* uvula; *pharm.* suppository.
Zapfen ['tsapfən] *m* (-s; -) *Faßhahn*: tap, *Am.* faucet; *tech. Pflock*: peg, pin; *Spund*: bung; *Verbindungs≈*: tenon; *Dreh≈*: pivot; *bot.* cone.
zapf|en [~] *v/t* (h) *Bier etc*: tap; '**≈hahn** *m* tap, *Am.* faucet; '**≈pi,stole** *f mot.* nozzle; '**≈säule** *f mot.* petrol (*Am.* gasoline) pump.
zart [tsart] *adj Fleisch etc*: soft, tender; *Farben etc*: soft; *sanft*: gentle.
zärtlich ['tsɛ:rtlıç] *adj* tender, affectionate; '**≈keit** *f* (-; -en) tenderness, affection; *Liebkosung*: caress.
Zauber ['tsaʊbər] *m* (-s; *no pl*) magic, spell, charm (*alle a. fig.*); **~ei** [~'raı] *f* (-; *no pl*) magic, witchcraft; '**~er** *m* (-s; -) wizard (*a. fig.*), magician; '**~formel** *f* spell; *fig.* magic formula; '**≈haft** *adj fig.* enchanting, charming; '**~in** *f* (-; -nen) sorceress; '**~kraft** *f* magic power; '**~künstler** *m* conjurer, magician; '**~kunststück** *n* conjuring trick; '**≈n** *v/i* (h) do magic; *im Zirkus etc*: do conjuring tricks; '**~spruch** *m* spell; '**~stab** *m* magic wand; '**~wort** *n* (-[e]s; -e) spell.
zaudern ['tsaʊdərn] *v/i* (h) hesitate.
Zaum [tsaʊm] *m* (-[e]s; ⸚e) bridle: ***im ~***

halten control (***sich*** o.s.), keep in check.

zäumen ['tsɔʏmən] *v/t* (h) bridle.

'Zaumzeug *n* bridle.

Zaun [tsaʊn] *m* (-[e]s; ⸚e) fence; **'~gast** *m* onlooker.

Zebrastreifen ['tse:bra~] *m* zebra crossing.

Zeche ['tsɛçə] *f* (-; -n) bill, *Am.* check; *Bergbau*: mine: *fig.* ***die ~ bezahlen müssen*** have to foot the bill.

Zeh [tse:] *m* (-s; -en), **'~e** *f* (-; -n) toe: ***große*** (***kleine***) **~** big (little) toe; **'~ennagel** *m* toenail; **'~enspitze** *f* tip of the toe: ***auf ~n gehen*** (walk on) tiptoe.

zehn [tse:n] *adj* ten; **'⁀erkarte** *f* ten-trip ticket; **'~fach** *adj* tenfold; **'⁀kampf** *m* *Leichtathletik*: decathlon; **'~mal** *adv* ten times; **'~te** *adj* tenth; **⁀tel** ['~təl] *n* (-s; -) tenth; **'~tens** *adv* tenth(ly).

Zeichen ['tsaɪçən] *n* (-s; -) sign; *Merk⁀*: *a.* mark; *Signal*: signal: ***zum ~*** (*gen*) as a token of; **'~sprache** *f* sign language; **'~trickfilm** *m* (animated) cartoon.

zeichn|en ['tsaɪçnən] *v/i u. v/t* (h) draw; *kenn~*: mark; *unter~*: sign; *fig.* mark, leave its mark on *s.o.*; **'⁀ung** *f* (-; -en) drawing; *Graphik*: diagram; *zo.* marking.

Zeige|finger ['tsaɪgə~] *m* forefinger, index finger; **'⁀n** (h) **1.** *v/t u. v/refl* show; **2.** *v/i*: **~ *auf*** (*acc*) (***nach***) point to; (***mit dem Finger***) **~ *auf*** point (one's finger) at; **'~r** *m* (-s; -) *Uhr⁀*: hand; *tech.* pointer, needle.

Zeile ['tsaɪlə] *f* (-; -n) line (*a. TV*): ***j-m ein paar ~n schreiben*** drop s.o. a line.

Zeit [tsaɪt] *f* (-; -en) time; *~alter*: *a.* age, era; *gr.* tense: ***vor einiger ~*** some time (*od.* a while) ago; ***zur ~*** at the moment, at present; ***in letzter ~*** lately, recently; ***in der*** (*od.* ***zur***) **~** (*gen*) in the days of; ***... aller ~en*** ... of all time; ***die ~ ist um*** time's up; ***sich ~ lassen*** take one's time; ***es wird ~, daß ...*** it is time to *inf*; ***das waren noch ~en*** those were the days; **'~abschnitt** *m* period (of time); **'~alter** *n* age; **'~arbeit** *f* temporary work; **'~bombe** *f* time bomb (*a. fig.*); **'~druck** *m* (-[e]s; *no pl*): ***unter ~ stehen*** be pressed for time; **'⁀gemäß** *adj* modern, up-to-date; **'~genosse** *m* contemporary; **⁀genössisch** ['~gənœsɪʃ] *adj* contemporary; **'~geschichte** *f* (-; *no pl*) contemporary history; **'~gewinn** *m* (-[e]s; *no pl*) gain in time; **'~karte** *f* season ticket; **'~lang** *f*: ***e-e ~*** for some time, for a while; **'⁀lebens** *adv* all one's life; **'⁀lich 1.** *adj* time ...; **2.** *adv*: ***et. ~ planen*** (*od.* ***abstimmen***) time s.th.; **'⁀los** *adj* timeless; *a. Stil, Kleidung etc*: classic; **'~lupe** *f* (-; *no pl*) slow motion: ***in ~*** in slow motion; **'~not** *f* (-; *no pl*): ***in ~ sein → Zeitdruck***; **'~plan** *m* timetable, *bsd. Am.* schedule; **'~punkt** *m* moment; **'⁀raubend** *adj* time-consuming; **'~raum** *m* period (of time); **'~schrift** *f* magazine; **'⁀sparend** *adj* time-saving.

Zeitung ['tsaɪtʊŋ] *f* (-; -en) (news)paper.

'Zeitungs|abonne,ment *n* newspaper subscription; **'~ar,tikel** *m* newspaper article; **'~ausschnitt** *m* (newspaper) cutting (*Am.* clipping); **'~bericht** *m* newspaper report; **'~junge** *m* paper boy; **'~kiosk** *m* newspaper kiosk; **'~no,tiz** *f* press item; **'~pa,pier** *n* newspaper; **'~verkäufer** *m* news vendor.

'Zeit|unterschied *m* time difference; **'~verlust** *m* (-[e]s; *no pl*) loss of time; **'~verschwendung** *f* waste of time; **~vertreib** ['~fɛrtraɪp] *m* (-[e]s; -e) pastime: ***zum ~*** to pass the time; **⁀weilig** ['~vaɪlɪç] **1.** *adj* temporary; **2.** *adv* **→ *zeitweise***; **'⁀weise** *adv* temporarily; *gelegentlich*: at times, occasionally; **'~wert** *m* *econ.* current value; **'~zeichen** *n* *Rundfunk*: time signal; **'~zünder** *m* time fuse.

Zelle ['tsɛlə] *f* (-; -n) *allg.* cell; *teleph.* box, *Am.* booth.

Zelt [tsɛlt] *n* (-[e]s; -e) tent; **'⁀en** *v/i* (h) camp; **'~lager** *n* camp; **'~platz** *m* campsite.

Zement [tse'mɛnt] *m* (-[e]s; -e) cement; **⁀ieren** [~'ti:rən] *v/t* (*no* ge-, h) cement (*a. fig.*).

zens|ieren [tsɛn'zi:rən] *v/t* (*no* ge-, h) censor; **⁀ur** [~'zu:r] *f* (-; *no pl*) censorship.

Zent|imeter [tsɛnti'me:tər] *m, a. n* (-s, -) centimet|re (*Am.* -er); **~ner** ['~nər] *m* (-s; -) centner, (metric) hundredweight.

zentral [tsɛn'tra:l] *adj* central; **⁀e** *f* (-; -n) head office; *Polizei etc*: headquarters *pl* (*a. sg konstr.*); *teleph in Firma*: switchboard; *tech.* control room; **⁀bank** *f* (-; -en) central bank; **⁀heizung** *f* central heating; **~isieren** [~ali'zi:rən] *v/t* (*no* ge-, h) centralize; 𝔖**ismus** [~a'lɪsmʊs] *m* (-s; *no pl*) *pol.* centralism.

Zentrum ['tsɛntrʊm] *n* (-s; -tren) cent|re (*Am.* -er).

zer'beißen *v/t* (*irr*, *no* ge-, h, → ***beißen***) bite to pieces.

zer'brech|en (*irr*, *no* ge-, → ***brechen***) *v/i* (sn) *u.* *v/t* (h) break: → ***Kopf***; **~lich** *adj* breakable, fragile.

zer'drücken *v/t* (*no* ge-, h) crush; *Kartoffeln*: mash; *Kleidung*: crumple, crease.

Zeremon|ie [tseremo'ni:] *f* (-; -n) ceremony; 𝔖**iell** [~'nĭɛl] *adj* ceremonial; **~i'ell** [~] *n* (-s; -e) ceremonial.

zer|'fetzen *v/t* (*no* ge-, h) tear to pieces; **~'gehen** *v/i* (*irr*, *no* ge-, sn, → ***gehen***) melt, dissolve; **~'hacken** *v/t* (*no* ge-, h) chop (up); **~'kauen** *v/t* (*no* ge-, h) chew (well); **~kleinern** [~'klaɪnərn] *v/t* (*no* ge-, h) chop (up); *zermahlen*: grind.

zerknirsch|t [~'knɪrʃt] *adj* remorseful; 𝔖**ung** *f* (-; *no pl*) remorse.

zer|'knittern (*no* ge-) *v/t* (h) *u.* *v/i* (sn) crumple, crease; **~knüllen** [~'knʏlən] *v/t* (*no* ge-, h) crumple up; **~'kratzen** *v/t* (*no* ge-, h) scratch; **~'lassen** *v/t* (*irr*, *no* ge-, h, → ***lassen***) melt; **~'legen** *v/t* (*no* ge-, h) take apart (*od.* to pieces); *Möbel*, *Maschine*: *a.* knock down; *Fleisch*: carve; *chem. u. fig.* analy|se (*Am.* -ze); **~lumpt** [~'lʊmpt] *adj* ragged, tattered; **~'mahlen** *v/t* (*irr*, *no* ge-, h, → ***mahlen***) grind; **~malmen** [~'malmən] *v/t* (*no* ge-, h) crush; **~mürben** [~'mʏrbən] *v/t* (*no* ge-, h) wear down; **~'platzen** *v/i* (*no* ge-, sn) burst, explode (*beide a. fig.*: ***vor*** *dat* with); **~'quetschen** *v/t* (*no* ge-, h) crush; **~'reiben** *v/t* (*irr*, *no* ge-, h, → ***reiben***) crush, grind; **~reißen** (*irr*, *no* ge-, → ***reißen***) **1.** *v/t* (h) tear up (*od.* to pieces): ***sich die Hose*** *etc* **~** tear (*od.* rip) one's trousers *etc*; **2.** *v/i* (sn) tear; *Seil etc*: break.

zerren ['tsɛrən] (*no* ge-, h) **1.** *v/t* drag, haul: ***sich e-n Muskel*** **~** *med.* pull a muscle; **2.** *v/i*: **~ *an*** (*dat*) tug (*od.* pull) at.

zer'rinnen *v/i* (*irr*, *no* ge-, sn, → ***rinnen***) melt away (*a. fig. Geld*); *Träume etc*: vanish.

'Zerrung *f* (-; -en) *med.* pulled muscle.

zer|rüttet [~'rʏtət] *adj* *Ehe*: broken: **~*e Verhältnisse*** a broken home; **~'sägen** *v/t* (*no* ge-, h) saw up; **~schellen** [~'ʃɛlən] *v/i* (*no* ge-, sn) be smashed; *aer.* crash; *mar.* be wrecked; **~'schlagen** (*irr*, *no* ge-, h, → ***schlagen***) **1.** *v/t* smash (to pieces); *Spionagering etc*: smash; **2.** *v/refl* *Pläne etc*: come to nothing; **~'schneiden** *v/t* (*irr*, *no* ge-, h, → ***schneiden***) cut (up); **~'setzen** *v/t* *u.* *v/refl* (*no* ge-, h) *chem.* decompose; **~'splittern** (*no* ge-) *v/t* (h) *u.* *v/i* (sn) *Glas*: shatter; **~'springen** *v/i* (*irr*, *no* ge-, sn, → ***springen***) crack; *völlig*: shatter.

zerstäub|en [~'ʃtɔʏbən] *v/t* (*no* ge-, h) spray; 𝔖**er** *m* (-s; -) atomizer, spray(er).

zer'stör|en *v/t* (*no* ge-, h) destroy, ruin (*beide a. fig.*); 𝔖**er** *m* (-s, -) destroyer (*a. mar.*); **~erisch** *adj* destructive; 𝔖**ung** *f* (-; -en) destruction.

zer'streu|en *v/t u. v/refl* (*no* ge-, h) scatter, disperse; *Menge*: *a.* break up; *fig.* take s.o.'s (*refl* one's) mind off things; **~t** *adj fig.* absent-minded; 𝔖**theit** *f* (-; *no pl*) absent-mindedness; 𝔖**ung** *f* (-; -en) *fig.* diversion.

zer|stückeln [~'ʃtʏkəln] *v/t* (*no* ge-, h) cut up (*od.* [in]to pieces); *Leiche etc*: dismember; **~'teilen** *v/t u. v/refl* (*no* ge-, h) divide (***in*** *acc* into).

Zertifikat [tsɛrtifi'ka:t] *n* (-[e]s; -e) certificate.

zer|'treten *v/t* (*irr*, *no* ge-, h, → ***treten***) crush (*a. fig.*); **~trümmern** [~'trʏmərn] *v/t* (*no* ge-, h) smash; **~zaust** [~'tsaʊst] *adj* tousled, dishevel(l)ed.

Zettel ['tsɛtəl] *m* (-s; -) slip (of paper); *Nachricht*: note; *Klebe*𝔖: label, sticker.

Zeug [tsɔʏk] *n* (-[e]s; *no pl*) stuff (*a. fig. contp.*); *Sachen*: things *pl*: ***er hat das ~ dazu*** he's got what it takes; ***dummes ~*** nonsense.

Zeug|e ['tsɔʏgə] *m* (-n; -n) witness; **'**𝔖**en** *v/i* (h): **~ *von*** testify to, be a sign of; **'~enaussage** *f jur.* testimony, evidence; **'~in** *f* (-; -nen) (female) witness.

Zeugnis ['tsɔʏgnɪs] *n* (-ses; -se) *ped. Br.* report, *Am.* report card; *Prüfungs*𝔖: certificate, diploma; *vom Arbeitgeber*: reference: **~se** *pl* credentials *pl*.

Ziege ['tsi:gə] *f* (-; -n) *zo.* (nanny) goat.

Ziegel ['tsi:gəl] *m* (-s; -) brick; *Dach*𝔖: tile; **'~dach** *n* tiled roof; **'~stein** brick.

Ziegenbock ['~bɔk] *m* (-[e]s; ⸚e) *zo.* billy goat.

ziehen ['tsi:ən] (zog, gezogen) **1.** *v/t* (h) pull (*a. Bremse etc*), draw (*a. Waffe, Karte, Lose, Linie*); *Hut*: take off (**vor** *dat* to) (*a. fig.*); *Blumen*: grow; *heraus~*: pull (*od.* take) out (**aus** of): ***j-n ~ an*** (*dat*) pull s.o. by (*stärker*: at); ***auf sich ~*** *Aufmerksamkeit, Augen*: attract; → ***Erwägung, Länge***; **2.** *v/refl* (h) run; *dehnen*: stretch: → ***Länge***; **3.** *v/i* a) (h) pull (**an** *dat* at), b) (sn) *sich bewegen, um~*: move (**nach** to); **4.** *v/impers* (h): ***es zieht*** there is a draught (*Am.* draft).

Zieh|harmonika ['~har,mo:nika] *f* (-; -s, -ken) accordion; '**~ung** *f* (-; -en) *Lotto etc*: draw.

Ziel [tsi:l] *n* (-[e]s; -e) aim, *~scheibe*: target, mark (*alle a. fig.*); *fig. a.* goal, objective; *Reise*2: destination; *Sport*: finish: ***sich ein ~ setzen*** (***sein ~ erreichen***) set o.s. a (reach one's) goal; ***sich zum ~ gesetzt haben, et. zu tun*** aim to do (*od.* at doing) s.th.; '**2en** *v/i* (h) (take) aim (**auf** *acc* at); '**~fernrohr** *n* telescopic sight; '**~gruppe** *f* target group; '**2los** *adj* aimless; '**~scheibe** *f* target; *fig. a.* object; **2strebig** ['~ʃtre:bɪç] *adj* purposeful, determined.

ziemlich ['tsi:mlɪç] **1.** *adj* quite a; **2.** *adv* rather, fairly, quite, F pretty: ***~ viel*** quite a lot (of); ***~ viele*** quite a few.

zier|en ['tsi:rən] *v/refl* (h) *Frau*: be coy; *Umstände machen*: make a fuss; '**~lich** *adj* dainty; *Frau*: *a.* petite; '**2pflanze** *f* ornamental plant.

Ziffer ['tsɪfər] *f* (-; -n) figure; '**~blatt** *n* dial, face.

zig [tsɪç] *adj* F umpteen.

Zigarette [tsiga'rɛtə] *f* (-; -n) cigarette; **~nauto,mat** *m* cigarette machine; **~nstummel** *m* cigarette butt.

Zigarillo [tsiga'rɪlo] *m* (-s; -s) cigarillo.

Zigarre [tsi'garə] *f* (-; -n) cigar.

Zigeuner [tsi'gɔʏnər] *m* (-s; -) *bsd. Br.* gipsy, *bsd. Am.* gypsy.

Zimmer ['tsɪmər] *n* (-s; -) room; '**~einrichtung** *f* furniture; '**~kellner** *m* room waiter; '**~mädchen** *n* chambermaid; '**~mann** *m* (-[e]s; -leute) carpenter; '**~nachweis** *m* accommodation office; '**~nummer** *f* room number; '**~pflanze** *f* indoor plant; '**~service** *m* room service; '**~suche** *f*: ***auf ~ sein*** be looking (*od.* hunting) for a room; '**~vermittlung** *f* accommodation office (*od.* service).

Zimt [tsɪmt] *m* (-[e]s; -e) cinnamon.

Zinke ['tsɪŋkə] *f* (-; -n) *Kamm*: tooth; *Gabel*: prong.

Zinn [tsɪn] *n* (-[e]s; *no pl*) *chem.* tin; *legiertes*: pewter.

Zins [tsɪns] *m* (-es; -en) *econ.* interest (*a.* ***~en*** *pl*): ***3% ~en bringen*** bear interest at 3%; '**~eszins** *m* compound interest; '**2günstig** *adj* low-interest; '**2los** *adj* interest-free; '**~satz** *m* interest rate.

Zipfel ['tsɪpfəl] *m* (-s; -) *Tuch etc*: corner; *Wurst*: end; '**~mütze** *f* pointed cap.

zirka ['tsɪrka] *adv* about, approximately.

Zirkul|ation [tsɪrkula'tsi̯o:n] *f* (-; *no pl*) circulation; **2ieren** [~'li:rən] *v/i* (*no* ge-, sn) circulate.

Zirkus ['tsɪrkʊs] *m* (-; -se) circus.

zischen ['tsɪʃən] **1.** *v/i* a) (h) hiss; *Fett*: sizzle; *Sprudel*: fizz, b) (sn) *durch die Luft*: whiz(z); **2.** *v/t* (h) *Worte*: hiss.

Zit|at [tsi'ta:t] *n* (-[e]s; -e) quotation; **2ieren** [~'ti:rən] *v/t u. v/i* (*no* ge-, h) quote (**aus** from).

Zitrone [tsi'tro:nə] *f* (-; -n) *bot.* lemon; **~nlimo,nade** *f* lemonade.

zitter|ig ['tsɪtərɪç] *adj* shaky; '**~n** *v/i* (h) tremble, shake (*beide*: **vor** *dat* with).

zivil [tsi'vi:l] *adj* civil, civilian; *Preis*: reasonable.

Zivil [~] *n* (-s; *no pl*) civilian clothes *pl* (*od.* dress): ***Polizist in ~*** plainclothes policeman; **~bevölkerung** *f* civilian population; **~dienst** *m* → ***Ersatzdienst***; **~isation** [~iliza'tsi̯o:n] *f* (-; -en) civilization; **2isieren** [~ili'zi:rən] *v/t* (*no* ge-, h) civilize; **~ist** [~i'lɪst] *m* (-en; -en) civilian; **~recht** *n* (-[e]s; *no pl*) civil law; **~schutz** *m* civil defen|ce (*Am.* -se).

zögern ['tsø:gərn] *v/i* (h) hesitate.

Zögern [~] *n* (-s) hesitation.

Zoll¹ [tsɔl] *m* (-[e]s; -) inch.

Zoll² [~] *m* (-[e]s; ⸚e) *Behörde*: customs *pl* (*sg konstr.*); *Abgabe*: duty; '**~abfertigung** *f* customs clearance; '**~beamter** *m* customs officer; '**~erklärung** *f* customs declaration; '**2frei** *adj* duty-free; '**~kon,trolle** *f* customs examination.

Zöllner ['tsœlnər] *m* (-s; -) customs officer.

'**zoll|pflichtig** *adj* dutiable, liable to duty; '**2schranke** *f* customs barrier;

'**℞stock** *m* folding rule; '**℞uni‚on** *f* customs union.

Zone ['tso:nə] *f* (-; -n) zone.

Zoo [tso:] *m* (-s; -s) zoo; '**~handlung** *f* pet shop.

Zopf [tsɔpf] *m* (-[e]s; ⸚e) plait; *bsd. Kind*: *a.* pigtail.

Zorn [tsɔrn] *m* (-[e]s; *no pl*) anger (**auf** *acc* at); '**℞ig** *adj* angry (**auf** *j-n*: with, *et.*: at, about).

zu [tsu:] **1.** *prp Richtung*: to, towards; *Ort, Zeit*: at; *Zweck, Anlaß*: for: → ***dritte, Fuß, Haus, Weihnachten*** *etc*; **2.** *adv* too; F *geschlossen*: closed, shut: ***ein ~ heißer Tag*** too hot a day; **3.** *cj* to: ***es ist ~ erwarten*** it is to be expected.

Zubehör ['tsu:bəhø:r] *n* (-[e]s; -e) accessories *pl.*

'**zubereit|en** *v/t* (*sep, no* -ge-, h) prepare; '**℞ung** *f* (-; -en) preparation.

'**zu|binden** *v/t* (*irr, sep,* -ge-, h, → ***binden***) tie (up); '**~bleiben** *v/i* (*irr, sep,* -ge-, sn, → ***bleiben***) stay shut; '**~blinzeln** *v/i* (*sep,* -ge-, h) wink at.

'**Zubringer** *m* (-s; -) → ***Zubringerbus, Zubringerstraße***; '**~bus** *m* feeder bus; '**~straße** *f* feeder road.

Zucht [tsʊxt] *f* (-; -en) *zo.* breeding; *bot.* cultivation; *Rasse*: breed.

zücht|en ['tsʏçtən] *v/t* (h) *zo.* breed; *bot.* grow, cultivate; '**℞er** *m* (-s; -) breeder; grower.

'**Zuchtperle** *f* culture(d) pearl.

zucken ['tsʊkən] *v/i u. v/t* (h) twitch; *vor Schmerz*: wince; *Blitz*: flash: → ***Achsel.***

zücken ['tsʏkən] *v/t* (h) *Waffe*: draw; F *Brieftasche etc*: whip out.

Zucker ['tsʊkər] *m* (-s; -) sugar; '**~dose** *f* sugar bowl; '**~guß** *m* icing; '**℞krank** *adj* diabetic; '**~kranke** *m, f* (-n; -n) diabetic; '**~krankheit** *f* diabetes; '**℞n** *v/t* (h) sugar; '**~rohr** *n bot.* sugar cane; '**~watte** *f Br.* candy floss, *Am.* cotton candy.

'**Zuckung** *f* (-; -en) jerk, *a. e-s Muskels*: twitch; *krampfhafte*: convulsion.

'**zu|decken** *v/t* (*sep,* -ge-, h) cover (up); '**~drehen** *v/t* (*sep,* -ge-, h) turn off: ***j-m den Rücken ~*** turn one's back to (*abweisend*: on) s.o.; **~dringlich** ['~drɪŋlɪç] *adj* obtrusive, F pushy: ***~ werden gegenüber*** *e-r Frau*: make passes at; '**~drücken** *v/t* (*sep,* -ge-, h) (press) shut: → ***Auge.***

zu'erst *adv* first; *anfangs*: at first; *zunächst*: first (of all), to begin with.

'**Zufahrt(sstraße)** *f* access road; *zum Haus*: drive(way).

'**Zufall** *m* (-[e]s; ⸚e) chance: ***durch ~*** by chance, by accident; '**℞en** *v/i* (*irr, sep,* -ge-, sn, → ***fallen***) *Tür etc*: slam (shut): ***mir fallen die Augen zu*** I can't keep my eyes open.

'**zufällig 1.** *adj* accidental, *attr a.* chance; **2.** *adv* by accident, by chance: ***~ et. tun*** happen to do s.th.

'**Zuflucht** *f* (-; -en): ***~ suchen*** (***finden***) look for (find) refuge (*od.* shelter) (**vor** *dat* from; **bei** with); (**s-e**) ***~ nehmen zu*** resort to.

zufolge [tsu'fɔlgə] *prp* according to.

zu'frieden *adj* content(ed), satisfied (*beide*: **mit** with); **~geben** *v/refl* (*irr, sep,* -ge-, h, → ***geben***): ***sich ~ mit*** be content with; **℞heit** *f* (-; *no pl*) contentness, satisfaction; **~lassen** *v/t* (*irr, sep,* -ge-, h, → ***lassen***) leave *s.o.* alone; **~stellen** *v/t* (*sep,* -ge-, h) satisfy; **~stellend** *adj* satisfactory.

'**zufrieren** *v/i* (*irr, sep,* -ge-, sn, → ***frieren***) freeze up (*od.* over).

Zufuhr ['tsu:fu:r] *f* (-; -en) supply.

Zug [tsu:k] *m* (-[e]s; ⸚e) *rail.* train; *Menschen, Wagen etc*: procession, line; *Fest℞*: parade; *Gesichts℞*: feature; *Charakter℞*: trait; *Hang*: tendency; *Schach etc*: move (*a. fig.*); *Schwimm℞*: stroke; *Ziehen*: pull (*a. tech. Griff etc*); *Rauchen*: *a.* puff; *Schluck*: *a. bsd. Br.* draught, *Am.* draft; *~luft*: *bsd. Br.* draught, *Am.* draft: ***im ~e*** (*gen*) in the course of; ***in e-m ~*** at one go; ***~ um ~*** step by step; ***in groben Zügen*** in broad outlines.

'**Zugabe** *f* (-; -n) addition; *thea.* encore.

'**Zugab‚teil** *n* train compartment.

'**Zu|gang** *m* (-[e]s; ⸚e) access (**zu** to) (*a. fig.*); **℞gänglich** ['~gɛŋlɪç] *adj* accessible (**für** to) (*a. fig.*).

'**Zug|anschluß** *m* connecting train, connection; '**~begleiter** *m Br.* guard, *Am.* conductor.

'**zu|geben** *v/t* (*irr, sep,* -ge-, h, → ***geben***) add; *fig.* admit; '**~gehen** (*irr, sep,* -ge-, sn, → ***gehen***) **1.** *v/i Tür etc*: close, shut: ***~ auf*** (*acc*) walk up to, approach (*a. fig.*); **2.** *v/impers*: ***es geht auf 8 zu*** it's

Z

getting on for eight; ***es ging lustig zu*** we had a lot of fun.

Zugehörigkeit ['tsu:gəhø:rıçkaıt] *f* (-; *no pl*) membership (***zu*** of).

zügeln ['tsy:gəln] *v/t* (h) *fig.* bridle, control, curb.

'Zuge|ständnis *n* (-ses; -se) concession; **'~stehen** *v/t* (*irr*, *sep*, *pp* zugestanden, h, → ***stehen***) concede, grant.

'Zugführer *m Br.* chief guard, *Am.* conductor.

zug|ig ['tsu:gıç] *adj bsd. Br.* draughty, *Am.* drafty; **'~kraft** *f tech.* traction; *fig.* attraction, draw, appeal; **'~kräftig** *adj*: ***~ sein*** be a draw.

zu'gleich *adv* at the same time.

'Zug|luft *f* (-; *no pl*) *bsd. Br.* draught, *Am.* draft; **'~ma‚schine** *f mot.* tractor; **'~perso‚nal** *n rail.* train staff (*mst pl konstr.*).

'zugreifen *v/i* (*irr*, *sep*, -ge-, h, → ***greifen***) grab it (*fig.* the opportunity): ***greifen Sie zu!*** *bei Tisch*: help yourself!; *Werbung*: buy now!

zugrunde [tsu'grʊndə] *adv*: ***~ gehen*** perish (***an*** *dat* of); ***e-r Sache et. ~ legen*** base s.th. on s.th.; ***~ richten*** ruin.

'Zug|schaffner *m Br.* guard, *bsd. Am.* conductor; **'~tele‚fon** *n* train telephone.

zu|'gunsten *prp* in favo(u)r of; **~'gute** *adv*: ***j-m et. ~ halten*** give s.o. credit for s.th.; ***~ kommen*** be for the benefit (*dat* of).

'Zug|verbindung *f* rail connection (*od.* link); **'~vogel** *m* bird of passage.

'zu|halten *v/t* (*irr*, *sep*, -ge-, h, → ***halten***) keep shut: ***sich die Ohren*** (***Augen***) ***~*** cover one's ears (eyes) with one's hands; ***sich die Nase ~*** hold one's nose; **~hälter** ['~hɛltər] *m* (-s; -) pimp.

Zuhause [tsu'haʊzə] *n* (-s; *no pl*) home.

'zuhör|en *v/i* (*sep*, -ge-, h) listen (*dat* to); **'~er** *m* (-s; -) listener.

'zu|jubeln *v/i* (*sep*, -ge-, h) *j-m*: cheer; **'~kleben** *v/t* (*sep*, -ge-, h) *Umschlag*: seal; **'~knallen** *v/t* (*sep*, -ge-, h) slam (shut); **~knöpfen** ['~knœpfən] *v/t* (*sep*, -ge-, h) button (up); **'~kommen** *v/i* (*irr*, *sep*, -ge-, sn, → ***kommen***): ***~ auf*** (*acc*) come up to; *fig.* be ahead of; ***die Dinge auf sich ~ lassen*** wait and see.

Zu|kunft ['tsu:kʊnft] *f* (-; *no pl*) future: ***in ~*** in future; **~künftig** ['~kʏnftıç] **1.** *adj* future; **2.** *adv* in future.

'zu|lächeln *v/i* (*sep*, -ge-, h) *j-m*: smile at; **'~lage** *f* (-; -n) bonus; **'~lassen** *v/t* (*irr*, *sep*, -ge-, h, → ***lassen***) keep *s.th.* closed; *erlauben*: allow; *beruflich*, *mot.*: licen|se (*Am. a.* -ce), register: ***j-n zu et. ~*** admit s.o. to s.th.; **'~lässig** *adj* admissible (*a. jur.*): ***~ sein*** be allowed; **'~lassung** *f* (-; -en) admission; *mot.* registration!; **'~legen** *v/t* (*sep*, -ge-, h) F: ***sich ~*** get o.s. *s.th.*; *Namen*: adopt.

zu|leide [tsu'laıdə] *adv*: ***j-m et. ~ tun*** harm (*od.* hurt) s.o.; **~'letzt** *adv* in the end; *kommen etc*: last; *schließlich*: finally: ***wann hast du ihn ~ gesehen?*** when did you last see him?; **~'liebe** *adv.*: ***j-m ~*** for s.o.'s sake.

'zumachen (*sep*, -ge-, h) **1.** *v/t* close, shut; *zuknöpfen*: button (up); **2.** *v/i Geschäft*: close; *für immer*: close down.

zumut|bar ['tsu:mu:tba:r] *adj* reasonable; **~e** [tsu'mu:tə] *adv*: ***mir ist ... ~*** I feel ...; **'~en** *v/t* (*sep*, -ge-, h): ***j-m et. ~*** expect s.th. of s.o.; ***sich zuviel ~*** overtax o.s., **'~ung** *f* (-; -en): ***das ist e-e ~*** that's asking (*od.* expecting) a bit much.

zu'nächst *adv* → ***zuerst.***

'zu|nageln *v/t* (*sep*, -ge-, h) nail up; **'~nähen** *v/t* (*sep*, -ge-, h) sew up; **~nahme** ['~na:mə] *f* (-; -n) increase (*gen*, ***an*** *dat* in); **'~name** *m* → ***Familienname.***

zünd|en ['tsʏndən] (h) **1.** *v/t Rakete etc*: fire; **2.** *v/i Feuer fangen*: catch fire; *Holz*: kindle; *electr.*, *mot.* ignite, fire; **'~end** *adj fig.* stirring; **'~er** *m* (-s; -) *tech.* fuse.

Zünd|holz ['tsʏnt~] *n* match; **'~kerze** *f mot.* spark plug; **'~schlüssel** *m mot.* ignition key; **'~schnur** *f* fuse.

'Zündung *f* (-; -en) *mot.* ignition.

'zunehmen (*irr*, *sep*, -ge-, h, → ***nehmen***) **1.** *v/i* increase (***an*** *dat* in); *Person*: put on weight; *Mond*: wax; *Tage*: grow longer; **2.** *v/t*: ***ich habe 10 Pfund zugenommen*** I've put on (*od.* gained) 10 pounds.

'zuneig|en *v/refl* (*sep*, -ge-, h): ***sich dem Ende ~*** draw to a close; **'~ung** *f* (-;-en) affection.

Zunge ['tsʊŋə] *f* (-; -n) tongue: ***es liegt mir auf der ~*** it's on the tip of my tongue; **'~nbrecher** *m* (-s; -) tongue twister; **'~nspitze** *f* tip of the tongue.

'zunicken *v/i* (*sep*, -ge-, h) nod at.

zunutze [tsu'nʊtsə] *adv*: ***sich et. ~ machen*** make (good) use of s.th.; *ausnutzen*: take advantage of s.th.

'zurechnungsfähig *adj jur*. responsible; **'≗keit** *f* (-; *no pl*) *jur*. responsibility.

zu'recht|finden *v/refl* (*irr*, *sep*, -ge-, h, → ***finden***) find one's way; *fig*. cope, manage; **~kommen** *v/i* (*irr*, *sep*, -ge-, sn, → ***kommen***) get along (***mit*** with); *bsd. mit et.*: *a*. cope (with); **~machen** *v/refl* (*sep*, -ge-, h) get (o.s.) ready; *Frau*: do o.s. up; **~rücken** *v/t* (*sep*, -ge-, h) put *s.th.* straight; **~weisen** *v/t* (*irr*, *sep*, -ge-, h, → ***weisen***) reprimand; **≗weisung** *f* (-; -en) reprimand.

'zu|reden *v/i* (*sep*, -ge-, h): ***j-m*** (***gut***) **~** encourage s.o.; **'~richten** *v/t* (*sep*, -ge-, h): ***übel ~*** batter; *j-n*: *a*. beat up badly; *et.*: *a*. make a mess of.

zurück [tsu'rʏk] *adv* back; *hinten*: behind (*a. fig.*); **~behalten** *v/t* (*irr*, *sep*, *no* -ge-, h, → ***halten***) keep back, retain; **~bekommen** *v/t* (*irr*, *sep*, *no* -ge-, h, → ***kommen***) get back; **~bleiben** *v/i* (*irr*, *sep*, -ge-, sn, → ***bleiben***) stay behind, be left behind; *nicht mithalten*: fall behind; **~blicken** *v/i* (*sep*, -ge-, h) look back (***auf*** *acc* at; *fig*. on); **~bringen** *v/t* (*irr*, *sep*, -ge-, h, → ***bringen***) bring (*od.* take) back, return; **~da|tieren** *v/t* (*sep*, *no* -ge-, h) backdate (***auf*** *acc* to); **~erstatten** *v/t* (*sep*, *no* -ge-, h) refund, reimburse; **~erwarten** *v/t* (*sep*, *no* -ge-, h) expect back; **~fahren** *v/i* (*irr*, *sep*, -ge-, sn, → ***fahren***) go (*mot. a.* drive) back, return; **~fallen** *v/i* (*irr*, *sep*, -ge-, sn, → ***fallen***) *fig*. fall behind; **~finden** *v/i* (*irr*, *sep*, -ge-, h, → ***finden***) find one's way back (***nach***, ***zu*** to); *fig*. return (to); **~fordern** *v/t* (*sep*, -ge-, h) reclaim; **~führen** *v/t* (*sep*, -ge-, h) lead back: *fig*. **~ *auf*** (*acc*) attribute to; **~geben** *v/t* (*irr*, *sep*, -ge-, h, → ***geben***) give back, return; **~geblieben** *adj fig*. backward; *geistig*: retarded; **~gehen** *v/i* (*irr*, *sep*, -ge-, sn, → ***gehen***) go back, return; *fig*. decrease; *fallen*: *a*. go down, drop; **~gezogen** *adj* secluded; **~greifen** *v/i* (*irr*, *sep*, -ge-, h, → ***greifen***): **~ *auf*** (*acc*) fall back on; **~halten** (*irr*, *sep*, -ge-, h, → ***halten***) **1.** *v/t* hold back; **2.** *v/refl* control o.s.; *im Essen, Reden etc*: be careful; **~haltend** *adj* reserved; **≗haltung** *f* (-; *no pl*) reserve; **~kehren** *v/i* (*sep*, -ge-, sn) return; **~kommen** *v/i* (*irr*, *sep*, -ge-, sn, → ***kommen***) come back, return (*beide*: *fig*. ***auf*** *acc* to); **~lassen** *v/t* (*irr*, *sep*, -ge-, h, → ***lassen***) leave (behind); **~legen** *v/t* (*sep*, -ge-, h) put back; *Geld*: put aside, save; *Strecke*: cover, do; **~nehmen** *v/t* (*irr*, *sep*, -ge-, h, → ***nehmen***) take back (*a. fig. Worte etc*); **~rufen** (*irr*, *sep*, -ge-, h, → ***rufen***) **1.** *v/t* call back (*a. teleph.*); *Autos in die Werkstatt etc*: recall: ***et. ins Gedächtnis ~*** recall s.th.; **2.** *v/i teleph*. call back; **~schlagen** (*irr*, *sep*, -ge-, h, → ***schlagen***) **1.** *v/t Angriff etc*: beat off; *Decke, Verdeck etc*: fold back; **2.** *v/i* hit back; *mil*. retaliate; **~schrecken** *v/i* (*sep*, -ge-, sn): **~ *vor*** (*dat*) shrink from; ***vor nichts ~*** stop at nothing; **~stellen** *v/t* (*sep*, -ge-, h) put back (*a. Uhr*); *fig*. put aside; **~strahlen** *v/t* (*sep*, -ge-, h) reflect; **~treten** *v/i* (*irr*, *sep*, -ge-, sn, → ***treten***) step (*od.* stand) back; resign (***von e-m Amt*** [***Posten***] one's office [post]); *econ. jur*. withdraw (***von*** from); **~weisen** *v/t* (*irr*, *sep*, -ge-, h, → ***weisen***) turn down; *jur*. dismiss; **~zahlen** *v/t* (*sep*, -ge-, h) pay back (*a. fig.*); **~ziehen** (*irr*, *sep*, -ge-, h, → ***ziehen***) **1.** *v/t* draw back; *fig*. withdraw; **2.** *v/refl* retire, withdraw (*a. mil.*); *mil. a*. retreat.

'zurufen *v/t* (*irr*, *sep*, -ge-, h, → ***rufen***): ***j-m et. ~*** shout s.th. to s.o.

Zusage ['tsu:za:gə] *f* (-; -n) promise; *Einwilligung*: assent; **'≗n** *v/i* (*sep*, -ge-, h) accept (an invitation); *einwilligen*: agree: ***j-m ~*** *passen*: suit s.o.; *gefallen*: appeal to s.o.

zusammen [tsu'zamən] *adv* together: ***alles ~*** (all) in all; das macht ~ ... that makes ... altogether; **≗arbeit** *f* (-; *no pl*) cooperation: ***in ~ mit*** in collaboration with; **~arbeiten** *v/i* (*sep*, -ge-, h) cooperate, collaborate (*beide*: ***mit*** with); **~beißen** *v/t* (*irr*, *sep*, -ge-, h, → ***beißen***): ***die Zähne ~*** clench one's teeth; **~brechen** *v/i* (*irr*, *sep*, -ge-, sn, → ***brechen***) break down, collapse (*beide a. fig.*); **≗bruch** *m* (-[e]s; ¨e) breakdown, collapse; **~fallen** *v/i* (*irr*, *sep*, -ge-, sn, → ***fallen***) collapse; *zeitlich*:

coincide; **~falten** *v/t* (*sep*, -ge-, h) fold up; **~fassen** *v/t* (*sep*, -ge-, h) summarize, sum up; **Żfassung** *f* (-; -en) summary; **~halten** *v/i* (*irr*, *sep*, -ge-, h, → ***halten***) *fig*. hold (F stick) together; **Żhang** *m* (-[e]s; ⁓e) *Beziehung*: connection; *e-s Textes etc*: context: ***im ~ stehen*** (***mit***) be connected (with); **~hängen** *v/i* (*irr*, *sep*, -ge-, h, → ***hängen***) be connected; **~hängend** *adj* coherent; **~hang(s)los** *adj* incoherent, disconnected; **~kommen** *v/i* (*irr*, *sep*, -ge-, sn, → ***kommen***) meet; **Żkunft** [~kʊnft] *f* (-; ⁓e) meeting; **~legen** (*sep*, -ge-, h) **1.** *v/t vereinigen*: combine; *falten*: fold up; **2.** *v/i Geld*: club together; **~nehmen** (*irr*, *sep*, -ge-, h, → ***nehmen***) **1.** *v/t Mut*, *Kraft*: muster (up); **2.** *v/refl* pull o.s. together; **~packen** *v/t* (*sep*, -ge-, h) pack up; **~passen** *v/i* (*sep*, -ge-, h) *allg*. harmonize; *Dinge*, *Farben*: *a*. match; **~rechnen** *v/t* (*sep*, -ge-, h) add up; **~reißen** *v/refl* (*irr*, *sep*, -ge-, h, → ***reißen***) pull o.s. together; **~rücken** (*sep*, -ge-) **1.** *v/t* (h) move closer together; **2.** *v/i* (sn) move up; **~schlagen** *v/t* (*irr*, *sep*, -ge-, h, → ***schlagen***) *j-n*: beat up; *et*.: smash (up); **~schließen** *v/refl* (*irr*, *sep*, -ge-, h, → ***schließen***) join, unite; *econ*. merge; **Żschluß** *m* (-sses; ⁓sse) union; *econ*. merger; **~setzen** (*sep*, -ge-, h) **1.** *v/t* put together; *tech*. assemble; **2.** *v/refl*: ***sich ~ aus*** consist of, be composed of; **Żsetzung** *f* (-; -en) composition; *chem*. compound; *tech*. assembly; **~stellen** *v/t* (*sep*, -ge-, h) put together; *anordnen*: arrange; **Żstoß** *m* (-es; ⁓e) collision (*a*. *fig*.), crash; *Aufprall*: impact; *fig*. clash; **~stoßen** *v/i* (*irr*, *sep*, -ge-, sn, → ***stoßen***) collide (*a*. *fig*.); *fig*. clash: ***~ mit*** run (*od*. bump) into; *fig*. have a clash with; **~stürzen** *v/i* (*sep*, -ge-, sn) collapse, fall in; **~tragen** *v/t* (*irr*, *sep*, -ge-, h, → ***tragen***) collect; **~treffen** *v/i* (*irr*, *sep*, -ge-, sn, → ***treffen***) meet, *zeitlich*: coincide; **Żtreffen** *n* (-s) meeting; coincidence; *besonderes*: encounter; **~treten** *v/i* (*irr*, *sep*, -ge-, sn, → ***treten***) meet; **~tun** *v/refl* (*irr*, *sep*, -ge-, h, → ***tun***) join (forces), F team up; **~zählen** *v/t* (*sep*, -ge-, h) add up; **~ziehen** *v/t u. v/refl* (*irr*, *sep*, -ge-, h, → ***ziehen***) contract; **~zucken** *v/i* (*sep*, -ge-, sn) wince, flinch.

'Zusatz *m* (-es; ⁓e) addition; *chemischer etc*: additive; **'~...** *in Zssgn mst* additional ..., supplementary; *Hilfs...*: auxiliary ...

zusätzlich ['~zɛtslɪç] *adj* additional, extra.

'zuschau|en *v/i* (*sep*, -ge-, h) watch (***wie*** how): ***j-m ~*** watch s.o. (***bei et.*** doing s.th.); **'Żer** *m* (-s; -) spectator; *TV* viewer; **'Żerraum** *m thea*. auditorium.

'Zuschlag *m* (-[e]s; ⁓e) extra charge; *rail etc* excess fare; *GehaltsŻ*: bonus; *Auktion*: knocking down; **'Żen** *v/t* (*irr*, *sep*, -ge-, h, → ***schlagen***) *Tür etc*: slam (*od*. bang) (shut): ***j-m et. ~*** knock s.th. down to s.o.

'zu|schließen *v/t* (*irr*, *sep*, -ge-, h, → ***schließen***) lock (up); **'~schnappen** *v/i* (*sep*, -ge-) a) (h) *Hund*: snap, b) (sn) *Tür etc*: snap shut; **'~schnüren** *v/t* (*sep*, -ge-, h) tie (*Schuhe*: *a*. lace) up; **'~schrauben** *v/t* (*sep*, -ge-, h) screw shut; **'~schreiben** *v/t* (*irr*, *sep*, -ge-, h, → ***schreiben***) ascribe (*od*. attribute) (*dat* to); **'Żschrift** *f* (-; -en) letter.

zu'schulden *adv*: ***sich et.*** (***nichts***) ***~ kommen lassen*** do s.th. (nothing) wrong.

'Zuschuß *m* (-sses; ⁓sse) allowance; *staatlich*: subsidy; **'~betrieb** *m* subsidized firm.

'zusehen *v/i* (*irr*, *sep*, -ge-, h, → ***sehen***) → ***zuschauen***: ***~, daß*** see (to it) that; **~ds** ['~zeːənts] *adv* noticeably; *schnell*: rapidly.

'zusetzen (*sep*, -ge-, h) **1.** *v/t* add (*dat* to); *Geld*: lose; **2.** *v/i*: ***j-m ~*** press s.o. (hard).

'zusicher|n *v/t* (*sep*, -ge-, h) promise; **'Żung** *f* (-; -en) promise.

'zu|spitzen *v/refl* (*sep*, -ge-, h) *Lage*: come to a head; **'Żspruch** *m* (-[e]s; *no pl*) encouragement; *Trost*: words *pl* of comfort; **'Żstand** *m* (-[e]s; ⁓e) condition, state, F shape.

zustande [tsu'ʃtandə] *adv*: ***~ bringen*** bring about, manage: ***~ kommen*** come about; ***es kam nicht ~*** it didn't come off.

'zuständig *adj* responsible (***für*** for), in charge (of).

'zu|stehen *v/i* (*irr*, *sep*, -ge-, h, → ***stehen***): ***j-m steht et.*** (***zu tun***) ***zu*** s.o. is entitled to (do) s.th.; '**∼steigen** *v/i* (*irr*, *sep*, -ge-, sn, → ***steigen***) get on.

'**zustell|en** *v/t* (*sep*, -ge-, h) deliver; '**≈ung** *f* (-; -en) delivery.

'**zustimm|en** *v/i* (*sep*, -ge-, h) agree (*dat* to *s.th.*, with *s.o.*); *billigen*: approve (of); '**≈ung** *f* (-; *no pl*) agreement: ***(j-s) ∼ finden*** meet with (s.o.'s) approval.

'**zustoßen** *v/i* (*irr*, *sep*, -ge-, sn, → ***stoßen***): ***j-m ∼*** happen to s.o.

zutage [tsu'ta:gə] *adv*: ***∼ bringen*** (***kommen***) bring (come) to light.

'**Zutaten** *pl gastr.* ingredients *pl.*

'**zutragen** (*irr*, *sep*, -ge-, h, → ***tragen***) **1.** *v/t*: ***j-m et. ∼*** inform s.o. of s.th.; **2.** *v/refl* happen.

'**zutrauen** *v/t* (*sep*, -ge-, h): ***j-m et. ∼*** credit s.o. with s.th.; ***sich zuviel ∼*** overrate o.s.

'**Zutrau|en** *n* (-s) confidence (***zu*** in); '**≈lich** *adj* trusting; *Tier*: friendly.

'**zutreffen** *v/i* (*irr*, *sep*, -ge-, h, → ***treffen***) be true: ***∼ auf*** (*acc*) apply to, go for; '**∼d** *adj* true, correct.

'**zutrinken** *v/i* (*irr*, *sep*, -ge-, h, → ***trinken***): ***j-m ∼*** drink to s.o.

'**Zutritt** *m* (-[e]s; *no pl*) admission; *Zugang*: access: ***∼ verboten!*** no entry.

zuverlässig ['tsu:fɛrlɛsıç] *adj* reliable, dependable; *sicher*: safe; '**≈keit** *f* (-; *no pl*) reliability, dependability.

Zuversicht ['tsu:fɛrzıçt] *f* (-; *no pl*) confidence; '**≈lich** *adj* confident, optimistic.

zu'viel *indef pron* too much; *vor pl*: too many: ***e-r ∼*** one too many

zu'vor *adv* before, previously: ***am Tag ∼*** the day before, the previous day; **∼kommen** *v/i* (*irr*, *sep*, -ge-, sn, → ***kommen***) anticipate; *verhindern*: prevent: ***j-m ∼*** *a.* F beat s.o. to it; **∼kommend** *adj* obliging; *höflich*: polite.

Zuwachs ['tsu:vaks] *m* (-es; *no pl*) increase, *bsd. econ.* growth (*beide*: ***an*** *dat* in).

zu'wenig *indef pron* too little; *vor pl*: too few: ***e-r ∼*** one too few.

'**zuwerfen** *v/t* (*irr*, *sep*, -ge-, h, → ***werfen***) *Tür*: slam (*od.* bang) (shut): ***j-m e-n Blick ∼*** cast a glance at s.o.

zu'wider *adj*: ***... ist mir ∼*** I hate (*od.* detest) ...; **∼handeln** *v/i* (*sep*, -ge-, h) *e-r Sache*: act contrary to; *Vorschriften etc*: violate.

'**zu|winken** *v/i* (*sep*, -ge-, h) *j-m*: wave to;

'**∼zahlen** *v/t* (*sep*, -ge-, h) pay extra; '**∼ziehen** (*irr*, *sep*, -ge-, → ***ziehen***) **1.** *v/t* (h) *Vorhänge*: draw; *Schlinge etc*: pull tight; *Arzt etc*: consult: ***sich ∼*** *med.* catch; **2.** *v/i* (sn) move in; **∼züglich** ['∼tsy:klıç] *prp* plus.

Zwang [tsvaŋ] *m* (-[e]s; ¨e) compulsion (*a. innerer*), constraint (*a. moralischer*); *sozialer*: restraint; *Nötigung*, *Unterdrückung*: coercion; *Gewalt*: force.

zwängen ['tsvɛŋən] *v/t* (h) squeeze, force (*beide*: ***in*** *acc* into).

'**zwanglos** *adj* informal; *bsd. Kleidung*: *a.* casual.

'**Zwangs|arbeit** *f* (-; *no pl*) forced labo(u)r; '**≈ernähren** *v/t* (*only inf u. pp* zwangsernährt, h) force-feed; '**∼jacke** *f* straitjacket (*a. fig.*); '**∼lage** *f* predicament; **≈läufig** ['∼lɔʏfıç] *adv* inevitably; '**∼maßnahme** *f* coercive measure; *pol.* sanction; '**∼versteigerung** *f* compulsory auction; '**∼vollstreckung** *f* compulsory execution; '**∼vorstellung** *f psych.* obsession; '**≈weise** *adv* by force.

zwanzig ['tsvantsıç] *adj* twenty; '**∼ste** *adj* twentieth.

zwar [tsva:r] *adv*: ***ich kenne ihn ∼, aber ...*** I do know him, but ..., I know him all right (*Am.* alright), but ...; ***u. ∼*** that is (to say), namely.

Zweck [tsvɛk] *m* (-[e]s; -e) purpose, aim: ***s-n ∼ erfüllen*** serve its purpose; ***es hat keinen ∼*** (***zu warten*** *etc*) it's no use (waiting *etc*); '**≈los** *adj* useless; '**≈mäßig** *adj* practical; *angebracht*: wise; *tech.*, *arch.* functional; **≈s** *prp* for the purpose of.

zwei [tsvaı] *adj* two; '**≈bettzimmer** *n* twin-bedded room; **∼deutig** ['∼dɔʏtıç] *adj* ambiguous; *Witz*: off-colo(u)r; '**∼erlei** *adj* two kinds of; '**∼fach** *adj* double, twofold.

Zweifel ['tsvaıfəl] *m* (-s; -) doubt (***an*** *dat*, ***wegen*** about); '**≈haft** *adj* doubtful, dubious; '**≈los** *adv* undoubtedly, no (*od.* without) doubt; '**≈n** *v/i* (h): ***∼ an*** (*dat*) doubt *s.th.*, have one's doubts about.

Zweig [tsvaık] *m* (-[e]s; -e) branch (*a. fig.*); *kleiner*: twig; '**∼stelle** *f* branch; '**∼stellenleiter** *m* branch manager.

'**zwei|mal** *adv* twice; '**∼mo,torig** *adj aer.* twin-engined; '**∼seitig** *adj* two-sided; *Brief etc*: two-page; *Vertrag etc*: bilateral; '**≈sitzer** *m* (-s; -) *mot.* two-seater;

'**~sprachig** *adj* bilingual; **~stündig** ['~ʃtʏndɪç] *adj* two-hour.
'**zweitbeste** *adj* second-best.
zweite ['tsvaɪtə] *adj* second: ***ein ~r*** another; ***jede*(*r*, *-s*) *~ ...*** every other ...; ***wir sind zu zweit*** there are two of us; → ***Hand.***
'**zweiteilig** *adj* two-piece.
'**zweitens** *adv* second(ly).
Zwerchfell ['tsvɛrç~] *n anat.* diaphragm.
Zwerg [tsvɛrk] *m* (-[e]s; -e) dwarf; *myth. a.* gnome (*a. Figur*); *Mensch*: midget; '**~...** *in Zssgn bot.* dwarf ...; *zo.* pygmy ...
Zwetsch(g)e ['tsvɛtʃ(g)ə] *f* (-; -n) plum.
zwick|en ['tsvɪkən] *v/t u. v/i* (h) pinch; '**Ƨmühle** *f fig.* fix.
Zwieback ['tsviːbak] *m* (-[e]s; -e) rusk, *Am. a.* zwieback.
Zwiebel ['tsviːbəl] *f* (-; -n) onion; *Blumen*Ƨ: bulb.
Zwie|licht ['tsviː~] *n* (-[e]s; *no pl*) twilight; '**~spalt** *m* conflict; **Ƨspältig** ['~ʃpɛltɪç] *adj* conflicting.
Zwilling ['tsvɪlɪŋ] *m* (-s; -e) twin; '**~sbruder** *m* twin brother; '**~sschwester** *f* twin sister.
zwinge|n ['tsvɪŋən] *v/t* (zwang, gezwungen, h) force; '**~nd** *adj* cogent, compelling; '**Ƨr** *m* (-s; -) *Hunde*Ƨ: kennel.
zwinkern ['tsvɪŋkərn] *v/i* (h) blink; *als Zeichen*: wink.
Zwirn [tsvɪrn] *m* (-[e]s; -e) thread, yarn, twist.
zwischen ['tsvɪʃən] *prp* (*acc od. dat*) between; *unter*: among; '**Ƨaufenthalt** *m* stop(over); '**Ƨdeck** *n mar.* 'tweendeck; **~'durch** *adv* in between; '**Ƨergebnis** *n* intermediate result; '**Ƨfall** *m* incident; '**Ƨhändler** *m econ.* middleman; '**Ƨlandung** *f aer.* stop(over); '**~menschlich** *adj* interpersonal: ***~e Beziehungen*** human relations; '**Ƨraum** *m* space; '**Ƨruf** *m* (loud) interruption: ***~e*** *pl* heckling *sg*; '**Ƨrufer** *m* (-s; -) heckler; '**Ƨstati,on** *f* stop(over): ***~ machen*** stop over (***in*** *dat* in); '**Ƨstecker** *m electr.* adapter; '**Ƨstufe** *f* intermediate stage; '**Ƨwand** *f* partition (wall); '**Ƨzeit** *f*: ***in der ~*** in the meantime, meanwhile.
Zwist [tsvɪst] *m* (-[e]s; -e), '**~igkeiten** *pl* discord *sg*.
zwitschern ['tsvɪtʃərn] *v/i* (h) twitter, chirp.
Zwitter ['tsvɪtər] *m* (-s; -) *biol.* hermaphrodite.
zwölf ['tsvœlf] *adj* twelve: ***um ~*** (***Uhr***) at twelve (o'clock); *mittags*: *a.* at noon; *nachts*: *a.* at midnight; '**~te** *adj* twelfth.
Zyankali [tsyan'kaːli] *n* (-s; *no pl*) *chem.* potassium cyanide.
Zyklus ['tsyːklʊs] *m* (-; -klen) cycle; *Reihe*: series.
Zylind|er [tsi'lɪndər] *m* (-s; -) top hat; *tech.* cylinder; **Ƨrisch** *adj* cylindrical.
Zyni|ker ['tsyːnikər] *m* (-s; -) cynic; '**Ƨsch** *adj* cynical; **~smus** [tsy'nɪsmʊs] *m* (-; -men) cynicism.

Z

Anhänge — Appendices

Englische geographische Namen
English Geographical Names

A

A·dri·at·ic Sea [ˌeɪdrɪ'ætɪk 'siː] *das* Adriatische Meer, *die* Adria.
Ae·ge·an Sea [iː'dʒiːən 'siː] *das* Ägäische Meer, *die* Ägäis.
Af·ri·ca ['æfrɪkə] Afrika *n.*
Aix-la-Cha·pelle [ˌeɪkslɑːʃæ'pel] Aachen *n.*
Al·a·bama [ˌælə'bæmə] *Staat der USA.*
A·las·ka [ə'læskə] *Staat der USA.*
Al·ba·nia [æl'beɪnɪə] Albanien *n.*
Al·der·ney ['ɔːldənɪ] *britische Kanalinsel.*
A·leu·tian Is·lands [əˌluːʃjən'aɪləndz] *pl die* Ale'uten *pl.*
Al·ge·ria [æl'dʒɪərɪə] Algerien *n.*
Al·giers [æl'dʒɪəz] Algier *n.*
Alps [ælps] *pl die* Alpen *pl.*
Al·sace [æl'sæs], **Al·sa·tia** [æl'seɪʃə] *das* Elsaß.
A·mer·i·ca [ə'merɪkə] Amerika *n.*
An·des ['ændiːz] *pl die* Anden *pl.*
Ant·arc·ti·ca [ænt'ɑːktɪkə] *die* Antarktis.
A·ra·bia [ə'reɪbjə] Arabien *n.*
Arc·tic ['ɑːktɪk] *die* Arktis.
Ar·gen·ti·na [ˌɑːdʒən'tiːnə] Argentinien *n.*
Ar·gen·tine ['ɑːdʒəntaɪn]: ***the ~*** Argentinien *n.*
Ar·i·zo·na [ˌærɪ'zəʊnə] *Staat der USA.*
Ar·kan·sas ['ɑːkənsɔː] *Fluß in USA; Staat der USA.*
A·sia ['eɪʃə] Asien *n*: ***~ Minor*** Kleinasien *n.*
Ath·ens ['æθɪnz] Athen *n.*
At·lan·tic [ət'læntɪk] *der* Atlantik.
Aus·tra·lia [ɒ'streɪljə] Australien *n.*
Aus·tria ['ɒstrɪə] Österreich *n.*
A·zores [ə'zɔːz] *pl die* Azoren *pl.*

B

Ba·ha·mas [bə'hɑːməz] *pl die* Bahamas *pl.*
Bal·kans ['bɔːlkənz] *pl der* Balkan.
Bal·tic Sea [ˌbɔːltɪk'siː] *die* Ostsee.
Basle [bɑːl] Basel *n.*
Ba·var·ia [bə'veərɪə] Bayern *n.*
Bel·gium ['beldʒəm] Belgien *n.*
Bel·grade [ˌbel'greɪd] Belgrad *n.*
Ber·mu·das [bə'mjuːdəz] *pl die* Bermudas *pl, die* Bermudainseln *pl.*
Bis·cay ['bɪskeɪ; '~kɪ]: ***Bay of ~*** *der* Golf von Biscaya.
Black Forest [blæk'fɒrɪst] Schwarzwald *m.*
Bo·liv·ia [bə'lɪvɪə] Bolivien *n.*
Bos·ni·a-Her·ze·go·vi·na [bɒznɪə hɜːtsəgə'viːnə] Bosnien-Herzegowina *n.*
Bourne·mouth ['bɔːnməθ] *Seebad in Südengland.*
Bra·zil [brə'zɪl] Brasilien *n.*
Bri·tain ['brɪtn] Britannien *n.*
Brit·ta·ny ['brɪtənɪ] *die* Bretagne.
Bruns·wick ['brʌnzwɪk] Braunschweig *n.*
Brus·sels ['brʌslz] Brüssel *n.*
Bu·cha·rest [ˌbjuːkə'rest] Bukarest *n.*
Bu·da·pest [ˌbjuːdə'pest] Budapest *n.*
Bul·gar·ia [bʌl'geərɪə] Bulgarien *n.*
Bur·gun·dy ['bɜːgəndɪ] Burgund *n.*
Bur·ma ['bɜːmə] Birma *n.*

C

Cai·ro ['kaɪərəʊ] Kairo *n.*
Ca·lais ['kæleɪ] Calais *n.*
Cal·i·for·nia [ˌkælɪ'fɔːnjə] Kalifornien *n* (*Staat der USA*).
Can·a·da ['kænədə] Kanada *n.*
Ca·rin·thia [kə'rɪnθɪə] Kärnten *n.*
Chi·na ['tʃaɪnə] China *n*: ***Republic of ~*** *die* Republik China; ***People's Republic of ~*** *die* Volksrepublik China.
Co·logne [kə'ləʊn] Köln *n.*
Co·lom·bia [kə'lɒmbɪə] Kolumbien *n.*
Com·mon·wealth of In·de·pen·dent States (CIS) ['kɒmənwelθ ɒv ɪndɪ'pendənt steɪts] Gemeinschaft *f* unabhängiger Staaten (GUS *f*).
Con·stance ['kɒnstəns]: ***Lake ~*** der Bodensee.
Co·pen·ha·gen [ˌkəʊpn'heɪgən] Kopenhagen *n.*
Crete [kriːt] Kreta *n.*

Cri·mea [kraɪˈmɪə] die Krim.
Cro·a·tia [krəʊˈeɪʃə] Kroatien *n.*
Cu·ba [ˈkjuːbə] Kuba *n.*
Cy·prus [ˈsaɪprəs] Zypern *n.*
Czech·o·slo·va·kia [ˌtʃekəʊsləʊˈvækɪə] *hist. bis 1992* die Tschechoslowakei.
Czech Re·pub·lic [tʃek rɪˈpʌblɪk] Tschechische Republik.

D

Dan·ube [ˈdænjuːb] *die* Donau.
Den·mark [ˈdenmɑːk] Dänemark *n.*

E

Ed·in·burgh [ˈedɪnbərə] Edinburg *n.*
E·gypt [ˈiːdʒɪpt] Ägypten *n.*
Ei·re [ˈeərə] *Name der Republik Irland.*
Eng·land [ˈɪŋglənd] England *n.*
Es·t(h)o·nia [eˈstəʊnjə] Estland *n.*
E·thi·o·pia [ˌiːθɪˈəʊpjə] Äthiopien *n.*
Eu·rope [ˈjʊərəp] Europa *n.*

F

Faer·oes [ˈfeərəʊz] *pl die* Färöer *pl.*
Falk·land Is·lands [ˌfɔː(l)kləndˈaɪləndz] *pl die* Falklandinseln *pl.*
Far·oes [ˈfeərəʊz] → ***Faeroes.***
Fed·er·al Re·pub·lic of Ger·ma·ny [ˈfedərəlrɪˈpʌblɪkəvˈdʒɜːmənɪ] *die* Bundesrepublik Deutschland.
Fin·land [ˈfɪnlənd] Finnland *n.*
Flor·ence [ˈflɒrəns] Florenz *n.*
Folke·stone [ˈfəʊkstən] *Seebad in Südengland.*
France [frɑːns] Frankreich *n.*
Fris·co [ˈfrɪskəʊ] *umgangssprachliche Bezeichnung für* ***San Francisco.***

G

Ge·ne·va [dʒɪˈniːvə] Genf *n.*
Gen·o·a [ˈdʒenəʊə] Genua *n.*
Ger·man Dem·o·crat·ic Re·pub·lic [ˈdʒɜːməndeməˈkrætɪkrɪˈpʌblɪk] *hist. 1949-1990*: *die* Deutsche Demokratische Republik.
Ger·ma·ny [ˈdʒɜːmənɪ] Deutschland *n.*
Gi·bral·tar [dʒɪˈbrɔːltə] Gibraltar *n.*
Glas·gow [ˈglɑːzgəʊ; ˈglæsgəʊ] *Stadt in Schottland.*
Glouces·ter [ˈglɒstə] *Stadt in Südwestengland.*
Great Brit·ain [ˌgreɪtˈbrɪtn] Großbritannien *n.*
Great·er Lon·don [ˌgreɪtəˈlʌndən] *Stadtgrafschaft, bestehend aus der City of London u. 32 Stadtbezirken.*
Greece [griːs] Griechenland *n.*
Green·land [ˈgriːnlənd] Grönland *n.*
Green·wich [ˈgrenɪdʒ; ˈgrɪnɪdʒ] *Stadtbezirk Groß-Londons*: ~ ***Village*** *Stadtteil von New York* (*USA*).
Gri·sons [ˈgriːzɔ̃ːŋ] Graubünden *n.*
Guern·sey [ˈgɜːnzɪ] *britische Kanalinsel.*

H

Hague [heɪg]: ***The*** ~ Den Haag.
Han·o·ver [ˈhænəʊvə] Hannover *n.*
Har·wich [ˈhærɪdʒ] *Hafenstadt in Südostengland.*
Heb·ri·des [ˈhebrɪdiːz] *pl die* Hebriden *pl.*
Hel·i·go·land [ˈhelɪgəʊlænd] Helgoland *n.*
Hesse [ˈhes(ɪ)] Hessen *n.*
Hi·ma·la·ya [ˌhɪməˈleɪə] *der* Himalaja.
Hol·land [ˈhɒlənd] Holland *n.*
Hun·ga·ry [ˈhʌŋgərɪ] Ungarn *n.*

I

Ice·land [ˈaɪslənd] Island *n.*
In·dia [ˈɪndjə] Indien *n.*
In·do·ne·sia [ˌɪndəʊˈniːzjə] Indonesien *n.*
I·raq [ɪˈrɑːk] Irak *m.*
Ire·land [ˈaɪələnd] Irland *n.*
Is·ra·el [ˈɪzreɪəl] Israel *n.*
It·a·ly [ˈɪtəlɪ] Italien *n.*

J

Ja·mai·ca [dʒəˈmeɪkə] Jamaika *n.*
Ja·pan [dʒəˈpæn] Japan *n.*
Jer·sey [ˈdʒɜːzɪ] *britische Kanalinsel.*
Je·ru·sa·lem [dʒəˈruːsələm] Jerusalem *n.*

K

Kam·pu·chea [ˌkæmpʊˈtʃɪə] Kamputschea *n* (*bis 1976*: *Kambodscha*).
Ken·ya [ˈkenjə] Kenia *n.*
Ko·rea [kəˈrɪə] Korea *n.*
Ku·wait [kʊˈweɪt] Kuwait *n.*

L

Lat·via [ˈlætvɪə] Lettland *n.*
Leb·a·non [ˈlebənən] *der* Libanon.

Leices·ter ['lestə] *Hauptstadt der englischen Grafschaft* **Leices·ter·shire** ['~ʃə].
Lib·ya ['lɪbɪə] Libyen *n.*
Lis·bon ['lɪzbən] Lissabon *n.*
Lith·u·a·nia [ˌlɪθjuː'eɪnjə] Litauen *n.*
Loch Lo·mond [ˌlɒk'ləʊmənd], **Loch Ness** [ˌlɒk'nes] *Seen in Schottland.*
Lon·don ['lʌndən] London *n.*
Lor·raine [lɒ'reɪn] Lothringen *n.*
Lux·em·bourg ['lʌksəmbɜːg] Luxemburg *n.*

M

Ma·dei·ra [mə'dɪərə] Madeira *n.*
Ma·drid [mə'drɪd] Madrid *n.*
Ma·jor·ca [mə'dʒɔːkə] Mallorca *n* (*Baleareninsel*).
Mal·ta ['mɔːltə] Malta *n.*
Med·i·ter·ra·ne·an (Sea) [ˌmedɪtə'reɪnjən('siː)] *das* Mittelmeer.
Mex·i·co ['meksɪkəʊ] Mexiko *n.*
Mid·lands ['mɪdləndz] *pl die* Midlands *pl* (*die zentral gelegenen Grafschaften Mittelenglands: Warwickshire, Northamptonshire, Leicestershire, Nottinghamshire, Derbyshire, Staffordshire, West Midlands u. der Ostteil von Hereford and Worcester*).
Mi·lan [mɪ'læn] Mailand *n.*
Mo·roc·co [mə'rɒkəʊ] Marokko *n.*
Mos·cow ['mɒskəʊ] Moskau *n.*
Mo·selle [məʊ'zel] Mosel *f.*
Mo·zam·bique [ˌməʊzæm'biːk] Moçambique *n.*
Mu·nich ['mjuːnɪk] München *n.*

N

Na·ples ['neɪplz] Neapel *n.*
Ne·pal [nɪ'pɔːl] Nepal *n.*
Neth·er·lands ['neðələndz] *pl die* Niederlande *pl.*
New·cas·tle-up·on-Tyne ['njuːˌkɑːsləˌpɒn'taɪn] *Hauptstadt von Tyne and Wear* (*England*).
New Del·hi [ˌnjuː'delɪ] *Hauptstadt von Indien.*
New York [ˌnjuː'jɔːk; *Am.* ˌnuː'jɔːrk] *Staat der USA*; *größte Stadt der USA.*
New Zea·land [ˌnjuː'ziːlənd] Neuseeland *n.*
Ni·ag·a·ra [naɪ'ægərə] Niagara *m* (*Fluß*).
Nic·a·ra·gua [ˌnɪkə'rægjʊə] Nicaragua *n.*
Ni·ger ['naɪdʒə] Niger *m* (*Fluß in Westafrika*); [niː'ʒeə] Niger *n* (*Republik in Westafrika*).
Ni·ge·ria [naɪ'dʒɪərɪə] Nigeria *n.*
Nile [naɪl] Nil *m.*
Nor·man·dy ['nɔːməndɪ] die Normandie.
North·ern Ire·land [ˌnɔːðn'aɪələnd] Nordirland *n.*
North Sea [ˌnɔːθ'siː] *die* Nordsee.
Nor·way ['nɔːweɪ] Norwegen *n.*
Nu·rem·berg ['njʊərəmbɜːg] Nürnberg *n.*

O

O·ce·an·ia [ˌəʊʃɪ'eɪnjə] Ozeanien *n.*
Ork·ney ['ɔːknɪ] *insulare Verwaltungsregion Schottlands.* **~ Is·lands** [ˌɔːknɪ'aɪləndz] *pl die* Orkneyinseln *pl.*
Ost·end [ɒ'stend] Ostende *n.*

P

Pa·cif·ic [pə'sɪfɪk] *der* Pazifik.
Pal·es·tine ['pæləstaɪn] Palästina *n.*
Par·a·guay ['pærəgwaɪ] Paraguay *n.*
Par·is ['pærɪs] Paris *n.*
Pe·king [piː'kɪŋ] Peking *n.*
Pe·ru [pə'ruː] Peru *n.*
Phil·ip·pines ['fɪlɪpiːnz] *pl die* Philippinen *pl.*
Po·land ['pəʊlənd] Polen *n.*
Pom·er·a·nia [ˌpɒmə'reɪnjə] Pommern *n.*
Por·tu·gal ['pɔːtʃʊgl; '~jʊgl] Portugal *n.*
Prague [prɑːg] Prag *n.*
Prus·sia ['prʌʃə] *hist.* Preußen *n.*

R

Rat·is·bon ['rætɪzbɒn] Regensburg *n.*
Rhine [raɪn] Rhein *m.*
Rhodes [rəʊdz] Rhodos *n.*
Ro·ma·nia [ruː'meɪnjə; rʊ~; *Am.* rəʊ~] Rumänien *n.*
Rome [rəʊm] Rom *n.*
Rus·sia ['rʌʃə] Rußland *n.*

S

Sau·di A·ra·bia [ˌsaʊdɪə'reɪbɪə] Saudi-Arabien *n.*
Sax·o·ny ['sæksnɪ] Sachsen *n.*
Scan·di·na·via [ˌskændɪ'neɪvjə] Skandinavien *n.*
Scot·land ['skɒtlənd] Schottland *n.*
Shet·land ['ʃetlənd] *insulare Verwal-*

tungsregion Schottlands. ~ **Is·lands** [ˌ~'aɪləndz] *pl die* Shetlandinseln *pl.*
Si·be·ria [saɪ'bɪərɪə] Sibirien *n.*
Sic·i·ly ['sɪsɪlɪ] Sizilien *n.*
Sin·ga·pore [ˌsɪŋə'pɔː] Singapur *n.*
Slo·vak Re·pub·lic [sləʊ'vɑːk rɪ'pʌblɪk] Slowakische Republik.
Slo·ve·ni·a [sləʊ'viːnjə] Slowenien *n.*
So·ma·lia [səʊ'mɑːlɪə] Somalia *n.*
So·viet Un·ion [ˌsəʊvɪət'juːnjən] *hist. bis Ende 1991: die* Sowjetunion.
Spain [speɪn] Spanien *n.*
Stock·holm ['stɒkhəʊm] Stockholm *n.*
Strat·ford-on-A·von [ˌstrætfədɒn'eɪvn] *Stadt in Mittelengland.*
Styr·ia ['stɪrɪə] die Steiermark.
Su·dan [suː'dɑːn] *der* Sudan.
Swan·sea ['swɒnzɪ] *Hafenstadt in Wales.*
Swe·den ['swiːdn] Schweden *n.*
Swit·zer·land ['swɪtsələnd] die Schweiz.
Syr·ia ['sɪrɪə] Syrien *n.*

T

Tai·wan [ˌtaɪ'wɑːn] Taiwan *n.*
Thai·land ['taɪlænd] Thailand *n.*
Thames [temz] *die* Themse (*Fluß in Südengland*).
Thu·rin·gia [θjʊə'rɪndʒɪə] Thüringen *n.*
Ti·bet [tɪ'bet] Tibet *n.*
To·kyo ['təʊkjəʊ] Tokio *n.*
Tra·fal·gar [trə'fælgə]: ***Cape*** ~ Kap *n* Trafalgar (*an der Südwestküste Spaniens*); ~ ***Square*** *Platz in London.*
Treves [triːvz] Trier *n.*
Tu·ni·sia [tjuː'nɪzɪə; *Am.* tuː'niːʒə] Tunesien *n.*
Tur·key ['tɜːkɪ] die Türkei.
Tus·ca·ny ['tʌskənɪ] die Toskana.
Ty·rol ['tɪrəl; tɪ'rəʊl] Tirol *n.*

U

U·kraine [juː'kreɪn] *die* Ukraine.
Ul·ster ['ʌlstə] *Provinz im Norden Irlands, seit 1921 zweigeteilt*; F Nordirland *n.*
U·nit·ed King·dom [juːˌnaɪtɪd'kɪŋdəm] *das* Vereinigte Königreich (*Großbritannien u. Nordirland*).
U·nit·ed States of A·mer·i·ca [juːˌnaɪtɪdˌsteɪtsəvə'merɪkə] *pl die* Vereinigten Staaten *pl* von Amerika.

V

Vat·i·can ['vætɪkən] *der* Vatikan.
Ven·e·zu·e·la [ˌvenɪ'zweɪlə] Venezuela *n.*
Ven·ice ['venɪs] Venedig *n.*
Vi·en·na [vɪ'enə] Wien *n.*

W

War·saw ['wɔːsɔː] Warschau *n.*
War·wick·shire ['wɒrɪkʃə] *englische Grafschaft.*
West·min·ster ['westmɪnstə] *a.* **City of** ~ *Stadtbezirk von Groß-London.*
West·pha·lia [west'feɪljə] Westfalen *n.*
Wor·ces·ter ['wʊstə] *Industriestadt in Mittelengland.*

Y

York [jɔːk] *Stadt in Nordostengland.*
York·shire ['~ʃə]: ***North*** ~, ***South*** ~, ***West*** ~ *Grafschaften in England.*
Yu·go·sla·via [ˌjuːgəʊ'slɑːvjə] Jugoslawien *n.*

Z

Za·ire [zɑː'ɪə] Zaïre *n.*
Zim·ba·bwe [zɪm'bɑːbwɪ] Simbabwe *n.*
Zu·rich ['zjʊərɪk] Zürich *n.*

Deutsche geographische Namen
German Geographical Names

A

Adria ['aːdria], *das* **Adriatische Meer** [adri'aːtɪʃə 'meːr] *the* Adriatic Sea.
Afrika ['aːfrika] Africa.
Ägypten [ɛ'gʏptən] Egypt.
Albanien [al'baːnĭən] Albania.
Algerien [al'geːrĭən] Algeria.
Alpen ['alpən] *the* Alps.
Amerika [a'meːrika] America.
Andorra [an'dɔra] Andorra.
Antarktis [ant'ˀarktɪs] Antarctica.
Antwerpen [ant'vɛrpən] Antwerp.
Arabien [a'raːbĭən] Arabia.

Argentinien [argɛn'tiːnĭən] Argentina, the Argentine.
Ärmelkanal ['ɛrməlka,naːl] *the* English Channel.
Asien ['aːzĭən] Asia.
Athen [a'teːn] Athens.
Äthiopien [ɛ'tĭoːpĭən] Ethiopia.
Atlantik [at'lantɪk], *der* **Atlantische Ozean** [at'lantɪʃə 'oːtseaːn] *the* Atlantic (Ocean).
Australien [aʊs'traːlĭən] Australia.
Azoren [a'tsoːrən] *the* Azores.

B

Baden-Württemberg ['baːdən 'vʏrtəmbɛrk] Baden-Württemberg.
Balearen [bale'aːrən] *the* Balearic Islands.
Basel ['baːzəl] Basel, Basle, Bâle.
Bayern ['baɪərn] Bavaria.
Belgien ['bɛlgĭən] Belgium.
Belgrad ['bɛlgraːt] Belgrade.
Berlin [bɛr'liːn] Berlin.
Bern [bɛrn] Bern(e).
Birma ['bɪrma] Burma.
Bodensee ['boːdənzeː] Lake Constance.
Böhmen ['bøːmən] Bohemia.
Bonn [bɔn] Bonn.
Brandenburg ['brandənbʊrk] Brandenburg.
Brasilien [bra'ziːlĭən] Brazil.
Bremen ['breːmən] Bremen.
Brüssel ['brʏsəl] Brussels.
Bukarest ['buːkarɛst] Bucharest.
Bulgarien [bʊl'gaːrĭən] Bulgaria.
Bundesrepublik Deutschland ['bʊndəsrepu,bliːk 'dɔʏtʃlant] *the* Federal Republic of Germany.

C

China ['çiːna] China.

D

Dänemark ['dɛːnəmark] Denmark.
Den Haag [den'haːk] The Hague.
Deutschland ['dɔʏtʃlant] Germany.
Donau ['doːnaʊ] *the* Danube.

E

Elsaß ['ɛlzas] Alsace, Alsatia.
England ['ɛŋlant] England.
Estland ['eːstlant] Estonia.
Europa [ɔʏ'roːpa] Europe.

F

Finnland ['fɪnlant] Finland.
Florenz [flo'rɛnts] Florence.
Franken ['fraŋkən] Franconia.
Frankfurt ['fraŋkfʊrt] Frankfurt.
Frankreich ['fraŋkraɪç] France.

G

Genf [gɛnf] Geneva.
Genfer See ['gɛnfər 'zeː] Lake Geneva.
Genua ['geːnŏa] Genoa.
Griechenland ['griːçənlant] Greece.
Grönland ['grøːnlant] Greenland.
Großbritannien [groːsbri'tanĭən] Great Britain.

H

Hamburg ['hambʊrk] Hamburg.
Hannover [ha'noːfər] Hanover.
Helgoland ['hɛlgolant] Heligoland.
Hessen ['hɛsən] Hesse.
Holland ['hɔlant] Holland.
Hongkong ['hɔŋkɔŋ] Hong Kong.

I

Indien ['ɪndĭən] India.
Indische(r) Ozean ['ɪndɪʃə(r) 'oːtseaːn] *the* Indian Ocean.
Indonesien [ɪndo'neːzĭən] Indonesia.
Ionische(s) Meer ['ĭoːnɪʃə(s) 'meːr] *the* Ionian Sea.
Irak [i'raːk] Iraq.
Iran [i'raːn] Iran.
Irland ['ɪrlant] Ireland.
Island ['iːslant] Iceland.
Israel ['ɪsraeːl] Israel.
Italien [i'taːlĭən] Italy.

J

Japan ['jaːpan] Japan.
Jerusalem [je'ruːzalɛm] Jerusalem.
Jordanien [jɔr'daːnĭən] Jordan.
Jugoslawien [jugo'slaːvĭən] Yugoslavia.

K

Kairo ['kaɪro] Cairo.
Kalifornien [kali'fɔrnĭən] California.
Kanada ['kanada] Canada.
Kanaren [ka'naːrən], *die* **Kanarischen Inseln** [ka'naːrɪʃən 'ɪnzəln] *the* Canaries, *the* Canary Islands.

Karibik [ka'ri:bɪk] *the* Caribbean.
Kärnten ['kɛrntən] Carinthia.
Kenia ['ke:nĭa] Kenya.
Kiew ['ki:ɛf] Kiev.
Köln [kœln] Cologne.
Kopenhagen [ko:pən'ha:gən] Copenhagen.
Korea [ko're:a] Korea.
Korsika ['kɔrzika] Corsica.
Kreml ['krɛml] *the* Kremlin.
Kreta ['kre:ta] Crete.
Krim [krɪm] Crimea.
Kroatien [kro'a:tĭən] Croatia.
Kuba ['ku:ba] Cuba.
Kuwait [ku'vaɪt] Kuwait.

L

Lappland ['laplant] Lapland.
Lateinamerika [la'taɪnˀaˌme:rika] Latin America.
Lettland ['lɛtlant] Latvia.
Libanon ['li:banɔn] (*the*) Lebanon (*meist ohne bestimmten Artikel gebraucht*).
Libyen ['li:bў ən] Libya.
Liechtenstein ['lɪçtənʃtaɪn] Liechtenstein.
Ligurische(s) Meer [li'gu:rɪʃə(s) 'me:r] *the* Ligurian Sea.
Lissabon ['lɪsabɔn] Lisbon.
Litauen ['lɪtaʊən] Lithuania.
London ['lɔndɔn] London.
Lothringen ['lo:trɪŋən] Lorraine.
Luxemburg ['lʊksəmbʊrk] Luxembourg.
Luzern [lu'tsɛrn] Lucerne.

M

Madeira, Madera [ma'de:ra] Madeira.
Madrid [ma'drɪt] Madrid.
Mailand ['maɪlant] Milan.
Mallorca [ma'jɔrka] Majorca.
Malta ['malta] Malta.
Marokko [ma'rɔko] Morocco.
Mecklenburg-Vorpommern ['me:klənbʊrk 'vo:rpɔmərn] Mecklenburg-Western Pomerania.
Menorca [me'nɔrka] Minorca.
Mexiko ['mɛksiko] Mexico.
Mitteleuropa ['mɪtəlɔʏˌro:pa] Central Europe.
Mittelmeer ['mɪtəlme:r] *the* Mediterranean (Sea).
Mosel ['mo:zəl] *the* Moselle.
Moskau ['mɔskaʊ] Moscow.
München ['mʏnçən] Munich.

N

Nahe(r) Osten ['na:ə(r) 'ɔstən] *the* Middle East.
Neapel [ne'a:pəl] Naples.
Neuseeland [nɔʏ'ze:lant] New Zealand.
Niederlande ['ni:dərlandə] *the Netherlands.*
Niederösterreich ['ni:dərˌˀø:stəraɪç] Lower Austria.
Niedersachsen ['ni:dərzaksən] Lower Saxony.
Nizza ['nɪtsa] Nice.
Nordirland ['nɔrtˀɪrlant] Northern Ireland.
Nordkorea ['nɔrtko're:a] North Korea.
Nordrhein-Westfalen ['nɔrtraɪn vɛst'fa:lən] North Rhine-Westphalia.
Nordsee ['nɔrtze:] *the* North Sea.
Normandie [nɔrman'di:] Normandy.
Norwegen ['nɔrve:gən] Norway.
Nürnberg ['nʏrnbɛrk] Nuremberg.

O

Oberösterreich ['o:bərˌˀø:stəraɪç] Upper Austria.
Oslo ['ɔslo] Oslo.
Ostasien ['ɔstˀazĭən] East Asia.
Ostende [ɔst'ɛndə] Ostend.
Österreich ['ø:stəraɪç] Austria.
Ostsee ['ɔstze:] *the* Baltic Sea.

P

Palästina [palɛ'sti:na] Palestine.
Paris [pa'ri:s] Paris.
Pazifik [pa'tsi:fɪk], *der* **Pazifische Ozean** [pa'tsi:fɪʃə 'o:tsea:n] *the* Pacific (Ocean).
Peking ['pe:kɪŋ] Peking.
Persien ['pɛrzĭən] Persia.
Persische(r) Golf ['pɛrzɪʃə(r) 'gɔlf] *the* Persian Gulf.
Philippinen [fili'pi:nən] *the* Philippines.
Piemont [pĭe'mɔnt] Piedmont.
Polen ['po:lən] Poland.
Pommern ['pɔmərn] Pomerania.
Portugal ['pɔrtugal] Portugal.
Prag [pra:k] Prague.
Pyrenäen [pyre'nɛ:ən] *the* Pyrenees.

R

Rhein [raɪn] *the* Rhine.
Rheinland-Pfalz ['raɪnlant 'pfalts] Rhineland-Palatinate.
Rhodos ['rɔdɔs] Rhodes.
Rom [ro:m] Rome.
Ruhrgebiet ['ru:rgəbi:t] *the* Ruhr.
Rumänien [ru'mɛ:nĭən] Romania.
Rußland ['rʊslant] Russia.

S

Saarland ['za:rlant] *the* Saar.
Sachsen ['zaksən] Saxony.
Sachsen-Anhalt ['zaksən'anhalt] Saxony-Anhalt.
Sahara [za'ha:ra] *the* Sahara.
Salzburg ['zaltsbʊrk] Salzburg.
Sardinien [zar'di:nĭən] Sardinia.
Saudi-Arabien ['zaʊdi a'ra:bĭən] Saudi Arabia.
Schlesien ['ʃle:zĭən] Silesia.
Schleswig-Holstein ['ʃle:svɪç'hɔlʃtaɪn] Schleswig-Holstein.
Schottland ['ʃɔtlant] Scotland.
Schwaben ['ʃva:bən] Swabia.
Schwarze(s) Meer ['ʃvartsə(s) 'me:r] *the* Black Sea.
Schweden ['ʃve:dən] Sweden.
Schweiz [ʃvaɪts] Switzerland.
Serbien ['zɛrbĭən] Serbia.
Sibirien [zi'bi:rĭən] Siberia.
Singapur ['zɪŋgapu:r] Singapore.
Sizilien [zi'tsi:lĭən] Sicily.
Skandinavien [skandi'na:vĭən] Scandinavia.
Slowakei [slova'kaɪ] Slovakia.
Slowenien [slo've:nĭən] Slovenia.
Spanien ['ʃpa:nĭən] Spain.
Steiermark ['ʃtaɪərmark] Styria.
Stockholm ['ʃtɔkhɔlm] Stockholm.
Straßburg ['ʃtra:sbʊrk] Strasbourg.
Südafrika ['zy:t'ʔa:frika] South Africa.
Südkorea ['zy:tko're:a] South Korea.
Suezkanal ['zu:ɛska,na:l] *the* Suez Canal.
Syrien ['zy:rĭən] Syria.

T

Taiwan ['taɪvan] Taiwan.
Thailand ['taɪlant] Thailand.
Themse ['tɛmzə] *the* Thames.
Thüringen ['ty:rɪŋən] Thuringia.
Tirol [ti'ro:l] Tyrol, Tirol.
Tokio ['to:kĭo] Tokyo.
Toskana [tɔs'ka:na] Tuscany.
Tschechoslowakei [tʃɛçoslova'kaɪ] *hist. bis 1992* Czechoslovakia.
Tunesien [tu'ne:zĭən] Tunisia.
Türkei [tʏr'kaɪ] Turkey.
Tyrrhenische(s) Meer [tʏ're:nɪʃə(s) 'me:r] *the* Tyrrhenian Sea.

U

Ukraine [ukra'i:nə] *the* Ukraine.
Ungarn ['ʊŋgarn] Hungary.

V

Vatikan(stadt) [vati'ka:n(ʃtat)] *the* Vatican (City).
Venedig [ve'ne:dɪç] Venice.
Vereinigte(s) Königreich (von Großbritannien und Nordirland) [fɛr'ʔaɪnɪçtə(s) 'kø:nɪkraɪç (fɔn gro:sbri'tanĭən ʊnt 'nɔrt'ʔɪrlant)] *the* United Kingdom (of Great Britain and Northern Ireland).
Vereinigte(n) Staaten (von Amerika) [fɛr'ʔaɪnɪçtə(n) 'ʃta:tən (fɔn a'me:rika)] *the* United States (of America).
Vietnam [vĭɛt'nam] Vietnam, Viet Nam.
Volksrepublik China ['fɔlksrepu,bli:k 'çi:na] *the* People's Republic of China.

W

Warschau ['varʃaʊ] Warsaw.
Wien [vi:n] Vienna.

Z

Zürich ['tsy:rɪç] Zurich.
Zypern ['tsy:pərn] Cyprus.

Englische Abkürzungen
English Abbreviations

A

a ***acre*** Acre *m* (*4046,8 m²*).
A ***ampere*** A, Ampere *n od. pl.*
AA *Br.* ***Automobile Association*** (*Automobilclub*).
abbr. ***abbreviated*** abgekürzt; ***abbreviation*** Abk., Abkürzung *f.*
acc(t). ***account*** Kto., Konto *n*; Rechnung *f.*
AD ***Anno Domini*** (= im Jahre des Herrn) n. Chr., nach Christus.
a.m., am ***ante meridiem*** (= ***before noon***) morgens, vorm., vormittags.
a/o ***account of*** à Konto von, auf Rechnung von.
approx. ***approximate(ly)*** etwa.
Apr. ***April*** April *m.*
arr. ***arrival*** Ank., Ankunft *f.*
ASCII ['æski:] ***American Standard Code for Information Interchange*** (*standardisierter Code zur Darstellung alphanumerischer Zeichen*).
asst. ***assistant*** Asst., Assistent(in).
attn ***attention*** (***of***) zu Händen (von), für.
Aug. ***August*** Aug., August *m.*
av. ***average*** Durchschnitt *m*; Havarie *f.*
Ave ***Avenue*** Allee *f*, Straße *f.*

B

BA ***Bachelor of Arts*** Bakkalaureus *m* der Philosophie; ***British Airways*** (*britische Luftverkehrsgesellschaft*).
B&B ***bed and breakfast*** Übernachtung *f* mit Frühstück.
BBC ***British Broadcasting Corporation*** BBC *f* (*britische Rundfunkgesellschaft*).
BC ***before Christ*** v. Chr., vor Christus.
BEng ***Bachelor of Engineering*** Bakkalaureus *m* der Ingenieurwissenschaft(en).
BL ***Bachelor of Law*** Bakkalaureus *m* des Rechts.
Blvd ***Boulevard*** Boulevard *m.*
BO, b.o. ***branch office*** Filiale *f*; F ***body odo(u)r*** Körpergeruch *m.*
BOT *Br.* ***Board of Trade*** Handelsministerium *n.*
BR ***British Rail*** (*Eisenbahn in GB*).
Br(it). ***Britain*** Großbritannien *n*; ***British*** britisch.
Bros. ***brothers*** Gebr., Gebrüder *pl* (*in Firmenbezeichnungen*).
BS *Am.* ***Bachelor of Science*** Bakkalaureus *m* der Naturwissenschaften; *Br.* ***Bachelor of Surgery*** Bakkalaureus *m* der Chirurgie; ***British Standard*** Britische Norm.
BSc *Br.* ***Bachelor of Science*** Bakkalaureus *m* der Naturwissenschaften.
BScEcon ***Bachelor of Economic Science*** Bakkalaureus *m* der Wirtschaftswissenschaft(en).
BSI ***British Standards Institution*** (*britische Normungsorganisation*).

C

C ***Celsius*** C, Celsius; ***centigrade*** hundertgradig (*Thermometereinteilung*).
c ***cent(s)*** Cent *m* (*od. pl*) (*amerikanische Münze*); ***century*** Jh., Jahrhundert *n*; ***circa*** ca., circa, ungefähr.
C/A ***current account*** Girokonto *n.*
CAD ***computer-aided design*** (*computergestütztes Entwurfszeichnen*).
CAM ***computer-aided manufacture*** (*computergestützte Fertigung*).
CC ***city council*** Stadtrat *m*; *Br.* ***county council*** Grafschaftsrat *m.*
cc *Br.* ***cubic centimetre(s)*** cm³, Kubikzentimeter *m* (*od. pl*); ***carbon copy*** Durchschlag *m.*
CD ***compact disc*** CD(-Platte) *f.*
cert. ***certificate*** Bescheinigung *f.*
CET ***Central European Time*** MEZ, mitteleuropäische Zeit.
cf. ***confer*** vgl., vergleiche.
CID *Br.* ***Criminal Investigation Department*** (*Kriminalpolizei*).
c.i.f., cif ***cost, insurance, freight*** Kosten, Versicherung und Fracht einbegriffen.
Co. ***Company*** *econ.* Gesellschaft *f*; ***county*** *Br.* Grafschaft *f*; *Am.* Kreis *m* (*Verwaltungsbezirk*).
c/o ***care of*** (wohnhaft) bei.
COD ***cash*** (*Am.* ***collect***) ***on delivery*** per Nachnahme.

col. ***column*** Sp., Spalte *f* (*in Buch etc*).
cont(d) ***continued*** Forts., Fortsetzung *f*; fortgesetzt.
CPU ***central processing unit*** *Computer*: Zentraleinheit *f*.
CV, cv ***curriculum vitae*** Lebenslauf *m*.
c.w.o. ***cash with order*** Barzahlung *f* bei Bestellung.
cwt ***hundredweight*** (*etwa 1*) Zentner *m* (*Br. 50,8 kg, Am. 45,36 kg*).

D

DAT ***digital audio tape*** (*Tonbandcassette für Digitalaufnahmen*).
DCL ***Doctor of Civil Law*** Dr. jur., Doktor *m* des Zivilrechts.
Dec. ***December*** Dez., Dezember *m*.
dep. ***departure*** Abf., Abfahrt *f*.
d(e)pt ***department*** Abt., Abteilung *f*.
Dip., dip. ***diploma*** Diplom *n*.
Dir., dir. ***director*** Dir., Direktor *m*, Leiter(in).
disc. ***discount*** *econ*. Diskont *m*; Rabatt *m*, Preisnachlaß *m*.
div. ***division*** Abteilung *f* (*in Firma*), *Sport*: Liga *f*.
doc. ***document*** Dokument *n*, Urkunde *f*.
dol. ***dollar(s)*** Dollar *m* (*od. pl*).
doz. ***dozen(s)*** Dtzd., Dutzend *n* (*od. pl*).
Dr ***Doctor*** Dr., Doktor *m*; *in Straßennamen*: ***Drive*** *etwa*: Zufahrt *f*.
dz. ***dozen(s)*** Dtzd., Dutzend *n* (*od. pl*).

E

E ***east*** O, Ost(en *m*); ***eastern*** ö, östlich.
EC ***European Commission*** Europäische Kommission (EuK); *hist*. ***European Community*** EG, Europäische Gemeinschaft; ***East Central*** (London) Mitte-Ost (*Postbezirk*).
ECB ***European Central Bank*** Europäische Zentralbank (EZB).
ECJ ***European Court of Justice*** Europäischer Gerichtshof (EuGH).
ECU ***European Currency Unit*** Europäische Währungseinheit *f*.
Ed., ed. ***edited*** h(rs)g., herausgegeben; ***edition*** Aufl., Auflage *f*; ***editor*** H(rs)g., Herausgeber *m*.
EDP ***electronic data processing*** EDV, elektronische Datenverarbeitung.
EEC ***European Economic Community*** EWG, Europäische Wirtschaftsgemeinschaft.
EFTA ['eftə] ***European Free Trade Association*** EFTA, Europäische Freihandelsgemeinschaft.
Eftpos ***electronic funds transfer at point of sale*** Zahlungsart *f* „ec-Kasse".
e.g. ***exempli gratia*** (= ***for instance***) z. B., zum Beispiel.
enc(l). ***enclosure(s)*** Anl., Anlage(n *pl*).
EIB ***European Investment Bank*** Europäische Investitionsbank (EIB).
EMI ***European Monetary Institute*** Europäisches Währungsinstitut (EWI).
EMS ***European Monetary System*** Europäisches Währungssystem (EWS).
EMU ***European (Economic and) Monetary Union*** Europäische (Wirtschafts- und) Währungsunion (EWU).
ESA ***European Space Agency*** Europäische Weltraumbehörde.
esp. ***especially*** bes., bsd., besonders.
EUR ***Euro*** Euro *m*.
excl. ***exclusive, excluding*** ausschl., ausschließlich, ohne.
ext. ***extension*** *teleph*. Apparat *m* (*Nebenanschluß*); ***external, exterior*** äußerlich, Außen...

F

f ***female, feminine*** weiblich; ***following*** folg., folgend; ***foot (feet)*** Fuß *m* (*od. pl*) (*30,48 cm*).
F ***Fahrenheit*** F, Fahrenheit (*Thermometereinteilung*).
Feb. ***February*** Febr., Februar *m*.
FM ***frequency modulation*** UKW.
f.o.b., fob ***free on board*** frei (*Schiff etc*).
Fr. ***France*** Frankreich *n*; ***French*** fr(an)z., französisch; *eccl*. ***Father*** Pater *m*.
fr. ***franc(s)*** Franc(s *pl*) *m*, Franken *m* (*od. pl*).
FRG ***Federal Republic of Germany*** BRD, Bundesrepublik *f* Deutschland.
Fri. ***Friday*** Fr., Freitag *m*.
ft ***foot (feet)*** Fuß *m* (*od. pl*) (*30,48 cm*).

G

g ***gram(s), gramme(s)*** g, Gramm *n* (*od. pl*).
gal(l). ***gallon(s)*** Gallone(n *pl*) *f* (*Br. 4,546 l, Am. 3,785 l*).
GATT ***General Agreement on Tariffs and Trade*** Allgemeines Zoll- und Handelsabkommen.
GB ***Great Britain*** Großbritannien *n*.
GCSE ***General Certificate of Secondary***

Education (*brit. Schulabschlußprüfung*).
Gdns ***Gardens*** Park *m*.
GDP ***gross domestic product*** BIP, Bruttoinlandsprodukt *n*.
gen. ***general***(***ly***) allgemein.
gi. ***gill***(**s**) Viertelpint(s *pl*) *n* (*Br. 0,142 l, Am. 0,118 l*).
GMT ***Greenwich Mean Time*** WEZ, westeuropäische Zeit.
GNP ***gross national product*** BSP, Bruttosozialprodukt *n*.
Gov. ***government*** Regierung *f*; ***governor*** Gouverneur *m*.
Govt, govt ***government*** Regierung *f*.
GP ***general practitioner*** praktischer Arzt.
GPO ***general post office*** Hauptpostamt *n*.
gr.wt. ***gross weight*** Bruttogewicht *n*.
gtd, guar. ***guaranteed*** garantiert.

H

h. ***hour***(**s**) Std., Stunde(n *pl*) *f*, Uhr (*bei Zeitangaben*); ***height*** H., Höhe *f*.
HBM ***His*** (***Her***) ***Britannic Majesty*** Seine (Ihre) Britannische Majestät.
HM ***His*** (***Her***) ***Majesty*** Seine (Ihre) Majestät.
HMS ***His*** (***Her***) ***Majesty's Ship*** Seiner (Ihrer) Majestät Schiff *n*.
HO ***head office*** Hauptgeschäftsstelle *f*, Zentrale *f*; *Br.* ***Home Office*** Innenministerium *n*.
Hon. ***Honorary*** ehrenamtlich; ***Honourable*** *der od. die* Ehrenwerte (*Anrede und Titel*).
HP, hp ***horsepower*** PS, Pferdestärke *f*; ***high pressure*** Hochdruck *m*; ***hire purchase*** Ratenkauf *m*.
HQ, Hq. ***Headquarters*** Hauptquartier *n*.
hr ***hour*** Std., Stunde *f*.
HRH ***His*** (***Her***) ***Royal Highness*** Seine (Ihre) Königliche Hoheit.
hrs. ***hours*** Std(n)., Stunden *pl*.
ht ***height*** H., Höhe *f*.

I

ID ***identification*** Identifizierung *f*; Ausweis *m*; ***identity*** Identität *f*.
i.e., ie ***id est*** (= ***that is to say***) d. h., das heißt.
IMF ***International Monetary Fund*** IWF, Internationaler Währungsfonds.
in. ***inch***(***es***) Zoll *m* (*od. pl*) (*2,54 cm*).
Inc., inc. ***incorporated*** (amtlich) eingetragen.
inst. ***instant*** d. M., dieses Monats.
IOU ***I owe you*** Schuldschein *m*.
Ir. ***Ireland*** Irland *n*; ***Irish*** irisch.
ISBN ***international standard book number*** ISBN-Nummer *f*.
ITV ***Independent Television*** (*unabhängige kommerzielle Fernsehanstalten*).

J

J ***joule***(**s**) J, Joule *n* (*od. pl*).
Jan. ***January*** Jan., Januar *m*.
Jnr ***Junior*** jr., jun., junior, der Jüngere.
Jr → ***Jnr.***
Jul. ***July*** Juli *m*.
Jun. ***June*** Juni *m*; ***Junior*** → ***Jnr.***
jun., junr ***junior*** jr., jun., junior.

L

L *Br.* ***learner*** (***driver***) Fahrschüler(in) (*Plakette an Kraftfahrzeugen*); ***large*** (***size***) groß; ***Lake*** See *m*.
l. ***left*** l., links; ***line*** Z., Zeile *f*, ***litre***(**s**) l, Liter *m*, *n* (*od. pl*).
Lab. *Br. pol.* ***Labou***[illegible]e) Labour Party.
lb., lb ***pound***(**s**) Pfund *n* (*od. pl*) (*Gewicht*).
lbs ***pounds*** Pfund *pl* (*Gewicht*).
LCD ***liquid crystal display*** Flüssigkristallanzeige *f*.
Lib. *Br. pol.* ***Liberal*** Liberale *m, f*; liberal.
Ltd, ltd ***limited*** mit beschränkter Haftung.
LW ***long wave*** LW, Langwelle *f*.

M

M *Br.* ***motorway*** Autobahn *f*; ***medium*** (***size***) mittelgroß.
m ***metre***(**s**) m, Meter *m*, *n* (*od. pl*); ***mile***(**s**) Meile(n *pl*) *f*; ***male, masculine*** männlich; ***million***(**s**) Mio., Mill., Million(en *pl*) *f*; ***minute***(**s**) min., Min., Minute(n *pl*) *f*.
MA ***Master of Arts*** Magister *m* der Philosophie.
Mar. ***March*** März *m*.
masc. *ling.* ***masculine*** maskulin, männlich.
MBA ***Master of Business Administration*** Magister *m* der Betriebswirtschaftslehre.
med. ***medical*** medizinisch; ***medicine*** Medizin *f*; ***medium*** (***size***) mittelgroß.
MEP ***Member of the European Parliament*** Mitglied *n* des Europaparlaments.
Messrs ['mesəz] ***Messieurs*** Herren *pl* (*in Briefadressen*).
mg ***milligram***(***me***)(**s**) mg, Milligramm *n* (*od. pl*).

min. ***minute*(*s*)** Min., min, Minute(n *pl*) *f*; ***minimum*** Min., Minimum *n*.
mm ***millimetre*(*s*)** mm, Millimeter *m*, *n* (*od. pl*).
Mon. ***Monday*** Mo., Montag *m*.
MP ***Member of Parliament*** *Br*. Unterhausabgeordnete *m*, *f*; ***military police*** Militärpolizei *f*.
mph ***miles per hour*** Stundenmeilen *pl*.
Mr ['mɪstə] ***Mister*** Herr *m*.
Mrs ['mɪsɪz] *ursprünglich* ***Mistress*** Frau *f*.
Ms [mɪz] Frau *f* (*neutrale Form für unverheiratete u. verheiratete Frauen*).
MSc ***Master of Science*** Magister *m* der Naturwissenschaften.
Mt ***Mount*** Berg *m*.
mth(s) ***month*(*s*)** Monat(e *pl*) *m*.
MW ***medium wave*** MW, Mittelwelle *f*.

N

N ***north*** N, Nord(en *m*); ***north*(*ern*)** n, nördlich.
n ***name*** Name *m*; ***noun*** Subst., Substantiv *n*; ***neuter*** Neutrum *n*; nördlich.
n.d. ***no date*** ohne Datum.
neg. ***negative*** neg., negativ.
NHS *Br*. ***National Health Service*** Staatlicher Gesundheitsdienst.
No. ***north*** N, Nord(en *m*); ***numero*** (= ***number***) Nr., Nummer *f*.
no. ***numero*** (= ***number***) Nr., Nummer *f*.
Nov. ***November*** Nov., November *m*.
NSB *Br*. ***National Savings Bank*** *etwa*: Postsparkasse *f*.
Nth ***North*** Nord-..., Nord...
nt.wt. ***net weight*** Nettogewicht *n*.
NW ***northwest*** NW, Nordwest(en *m*); ***northwest*(*ern*)** nw, nordwestlich.

O

OAP *Br*. ***old-age pensioner*** (Alters-) Rentner(in), Pensionär(in).
Oct. ***October*** Okt., Oktober *m*.
o.n.o. ***or near*(*est*) *offer*** VB, Verhandlungsbasis *f*.
OPEC ['əʊpek] ***Organization of Petroleum Exporting Countries*** Organisation *f* der Erdöl exportierenden Länder.
opp. ***opposite*** gegenüber(liegend); entgegengesetzt.
oz ***ounce*(*s*)** Unze(n *pl*) *f* (*28,35 g*).

P

p *Br*. ***penny, pence*** (*Währungseinheit*).
p. ***page*** S., Seite *f*; ***part*** T., Teil *m*.
p.a. ***per annum*** (= ***per year***) pro Jahr.
par. ***paragraph*** Abs., Absatz *m*; Abschn., Abschnitt *m*.
PAYE *Br*. ***pay as you earn*** (*Quellenabzugsverfahren. Arbeitgeber zieht Lohn- bzw. Einkommensteuer direkt vom Lohn bzw. Gehalt ab*).
PC *Br*. ***police constable*** Polizist *m*, Wachtmeister *m*; ***personal computer*** PC, Personalcomputer *m*.
p.c., pc, % ***per cent*** %, Prozent *n od. pl*; ***postcard*** Postkarte *f*.
per pro(c). ***per procurationem*** (= ***by proxy***) pp., ppa., per Prokura; i. A., im Auftrag.
PhD ***philosophiae doctor*** (= ***Doctor of Philosophy***) Dr. phil.
PIN [pɪn] ***personal identification number*** (*Nummer auf Scheckkarten etc*).
Pk ***Park*** Park *m*.
Pl. ***Place*** Pl., Platz *m*.
pl ***plural*** Pl., pl., Plural *m*.
PLC, Plc, plc *Br*. ***public limited company*** AG, Aktiengesellschaft *f*.
PM *Br*. ***Prime Minister*** Premierminister(in); *Am*. → **p.m.**
p.m., pm *Br*. ***post meridiem*** (= ***after noon***) nachm., nachmittags, abends.
PO ***postal order*** Postanweisung *f*; ***post office*** Postamt *n*.
POD ***pay on delivery*** per Nachnahme.
pop. ***population*** Einw., Einwohner(zahl *f*) *pl*.
pp. ***pages*** Seiten *pl*.
p.p. → ***per pro*(*c*).**
PR ***public relations*** Öffentlichkeitsarbeit *f*.
Pres. ***president*** Präsident *m*.
Prof. ***Professor*** Prof., Professor *m*.
PS ***postscript*** PS, Postskript(um) *n*.
PTO, p.t.o. ***please turn over*** b.w., bitte wenden.

Q

quot. *econ*. ***quotation*** Kurs-, Preisnotierung *f*.

R

r. ***right*** r., rechts.
RAC *Br*. ***Royal Automobile Club*** *der* Königliche Automobilklub.
RAF ***Royal Air Force*** *die* Königlich-Britische Luftwaffe.
RAM [ræm] *Computer*: ***random access memory*** Speicher *m* mit wahlfreiem Zugriff, Direktzugriffsspeicher *m*.

RC ***Roman Catholic*** r.-k., römisch--katholisch.
Rd ***Road*** Str., Straße *f.*
RN ***Royal Navy*** *die* Königlich-Britische Marine.
ROM [rɒm] *Computer*: ***read only memory*** Nur-Lese-Speicher *m*, Fest(wert)-speicher *m.*
RSVP ***répondez s'il vous plaît*** (= ***please reply***) u. A. w. g., um Antwort wird gebeten.
Rt Hon. ***Right Honourable*** *der* Sehr Ehrenwerte (*Titel u. Anrede*).

S

S ***south*** S, Süd(en *m*); ***south*(*ern*)** s, südlich; ***small* (*size*)** klein.
s ***second*(s)** Sek., sek., s, Sekunde(n *pl*) *f*; *hist. Br.* ***shilling*(s)** Schilling(e *pl*) *m.*
Sat. ***Saturday*** Sa., Samstag *m*, Sonnabend *m.*
SE ***southeast*** SO, Südost(en *m*); ***southeast*(*ern*)** sö, südöstlich; ***Stock Exchange*** Börse *f.*
Sec. ***Secretary*** Sekr., Sekretär(in); Minister(in).
sec. ***second*(s)** Sek., sek., s, Sekunde(n *pl*) *f*; ***secretary*** Sekr., Sekretär(in).
Sen., sen. ***Senior*** sen., der Ältere.
Sep(t). ***September*** Sept., September *m.*
Soc. ***society*** Gesellschaft *f*, Verein *m.*
Sq. ***Square*** Pl., Platz *m.*
sq. ***square*** Quadrat...
St ***Saint ...*** St. ..., Sankt ...; ***Street*** Str., Straße *f.*
st. *Br.* ***stone*** (*Gewichtseinheit von 6,35 kg*).
Sth ***South*** Süd-..., Süd...
Sun. ***Sunday*** So., Sonntag *m.*
SW ***southwest*** SW, Südwest(en *m*); ***southwest*(*ern*)** sw, südwestlich; ***short wave*** KW, Kurzwelle *f.*

T

t ***ton*(s)** Tonne(n *pl*) *f* (*Br. 1016 kg, Am. 907,18 kg*); ***tonne*(s)** (= ***metric ton*[s]**) t, Tonne(n *pl*) *f* (*1000 kg*).
tel. ***telephone* (*number*)** Tel., Telefon(nummer *f*) *n.*
TGWU *Br.* ***Transport and General Workers' Union*** Transportarbeitergewerkschaft *f.*
Thur(s). ***Thursday*** Do., Donnerstag *m.*
TM *econ.* ***trademark*** Wz., Warenzeichen *n.*
TUC *Br.* ***Trades Union Congress*** Gewerkschaftsverband *m.*
Tue(s). ***Tuesday*** Di(e)., Dienstag *m.*

U

UEFA [juː'eɪfə] ***Union of European Football Associations*** UEFA *f.*
UHF ***ultrahigh frequency*** UHF, Ultrahochfrequenz(bereich *m*) *f.*
UK ***United Kingdom*** Vereinigtes Königreich (*England, Schottland, Wales u. Nordirland*).
UNO ['juːnəʊ] ***United Nations Organization*** UNO *f.*
US ***United States*** Vereinigte Staaten *pl.*
USA ***United States of America*** *die* USA *pl*, Vereinigte Staaten *pl* von Amerika.
USW ***ultrashort wave*** UKW.

V

V ***volt*(s)** V, Volt *n* (*od. pl*).
VAT [ˌviːeɪ'tiː; væt] ***value-added tax*** MwSt., Mehrwertsteuer *f.*
VCR ***video cassette recorder*** Videorecorder *m.*
VD ***venereal disease*** Geschlechtskrankheit *f.*
VHF ***very high frequency*** VHF, UKW.
VIP ***very important person*** VIP *f* (*prominente Persönlichkeit*).
vol. ***volume*** Bd., Band *m.*
vols ***volumes*** Bde., Bände *pl.*
vs. ***versus*** contra, gegen.
VS ***veterinary surgeon*** Tierarzt *m.*
vv, v.v. ***vice versa*** v.v., umgekehrt.

W

W ***west*** W, West(en *m*); ***west*(*ern*)** w, westlich; ***watt*(s)** W, Watt *n* (*od. pl*).
WC ***West Central*** (London) Mitte-West (*Postbezirk*); ***water closet*** WC *n*, Toilette *f.*
Wed(s). ***Wednesday*** Mi., Mittwoch *m.*
WP ***word processor*** Textverarbeitungssystem *n*, -gerät *n*; ***word processing*** Textverarbeitung *f.*
wt., wt ***weight*** Gew., Gewicht *n.*

X

XL ***extra large* (*size*)** extragroß.
Xmas → *Wörterverzeichnis.*
Xroads ['eksrəʊds] ***crossroads*** Straßenkreuzung *f.*
XS ***extra small* (*size*)** extraklein.

Y

yd *pl a.* **yds** ***yard*(s)** Yard(s *pl*) *n* (*91,44 cm*).

Zahlwörter — Numerals

Grundzahlen — Cardinal Numbers

0 zero, nought [nɔːt] *null*
1 one *eins*
2 two *zwei*
3 three *drei*
4 four *vier*
5 five *fünf*
6 six *sechs*
7 seven *sieben*
8 eight *acht*
9 nine *neun*
10 ten *zehn*
11 eleven *elf*
12 twelve *zwölf*
13 thirteen *dreizehn*
14 fourteen *vierzehn*
15 fifteen *fünfzehn*
16 sixteen *sechzehn*
17 seventeen *siebzehn*
18 eighteen *achtzehn*
19 nineteen *neunzehn*
20 twenty *zwanzig*
21 twenty-one *einundzwanzig*
22 twenty-two *zweiundzwanzig*
30 thirty *dreißig*
31 thirty-one *einunddreißig*
40 forty *vierzig*
41 forty-one *einundvierzig*
50 fifty *fünfzig*
51 fifty-one *einundfünfzig*
60 sixty *sechzig*
61 sixty-one *einundsechzig*
70 seventy *siebzig*
71 seventy-one *einundsiebzig*
80 eighty *achtzig*
81 eighty-one *einundachtzig*
90 ninety *neunzig*
91 ninety-one *einundneunzig*
100 a *od.* one hundred *(ein)hundert*
101 a hundred and one *hundert(und)-eins*
200 two hundred *zweihundert*
300 three hundred *dreihundert*
572 five hundred and seventy-two *fünfhundert(und)zweiundsiebzig*
1000 a *od.* one thousand *(ein)tausend*
1066 ten sixty-six *tausendsechsund-sechzig*
1998 nineteen (hundred and) ninety-eight *neunzehnhundertachtund-neunzig*
2000 two thousand *zweitausend*
5044 *teleph.* five 0 [əʊ] (*Am. a.* zero) double four *fünfzig vierundvier-zig*
1,000,000 a *od.* one million *eine Million*
2,000,000 two million *zwei Millionen*
1,000,000,000 a *od.* one billion *eine Milliarde*

Ordnungszahlen — Ordinal Numbers

1st first *erste*
2nd second *zweite*
3rd third *dritte*
4th fourth *vierte*
5th fifth *fünfte*
6th sixth *sechste*
7th seventh *siebente*
8th eighth *achte*
9th ninth *neunte*
10th tenth *zehnte*
11th eleventh *elfte*
12th twelfth *zwölfte*
13th thirteenth *dreizehnte*
14th fourteenth *vierzehnte*
15th fifteenth *fünfzehnte*
16th sixteenth *sechzehnte*
17th seventeenth *siebzehnte*
18th eighteenth *achtzehnte*
19th nineteenth *neunzehnte*
20th twentieth *zwanzigste*
21st twenty-first *einundzwanzigste*
22nd twenty-second *zweiundzwanzig-ste*
23rd twenty-third *dreiundzwanzigste*
30th thirtieth *dreißigste*
31st thirty-first *einunddreißigste*
40th fortieth *vierzigste*
41st forty-first *einundvierzigste*

50th fiftieth *fünfzigste*
51st fifty-first *einundfünfzigste*
60th sixtieth *sechzigste*
61st sixty-first *einundsechzigste*
70th seventieth *siebzigste*
71st seventy-first *einundsiebzigste*
80th eightieth *achtzigste*
81st eighty-first *einundachtzigste*
90th ninetieth *neunzigste*
100th (one) hundredth *hundertste*
101st hundred and first *hundertunderste*
200th two hundredth *zweihundertste*
300th three hundredth *dreihundertste*
572nd five hundred and seventy-second *fünfhundertundzweiundsiebzigste*
1000th (one) thousandth *tausendste*
1950th nineteen hundred and fiftieth *neunzehnhundertfünfzigste*
2000th two thousandth *zweitausendste*
1,000,000th (one) millionth *millionste*
2,000,000th two millionth *zweimillionste*

Bruchzahlen und andere Zahlenwerte
Fractions and other Mathematical Functions

$^1/_2$ one *od.* a half *ein halb*
$1\,^1/_2$ one and a half *anderthalb*
$2\,^1/_2$ two and a half *zweieinhalb*
$^1/_3$ one *od.* a third *ein Drittel*
$^2/_3$ two thirds *zwei Drittel*
$^1/_4$ one *od.* a quarter, one *od.* a fourth *ein Viertel*
$^3/_4$ three quarters, three fourths *drei Viertel*
$^1/_5$ one *od.* a fifth *ein Fünftel*
$3\,^4/_5$ three and four fifths *drei vier Fünftel*
$^5/_8$ five eighths *fünf Achtel*
$^{12}/_{20}$ twelve twentieths *zwölf Zwanzigstel*
$^{75}/_{100}$ seventy-five hundredths *fünfundsiebzig Hundertstel*
0.45 (nought [nɔːt]) point four five *null Komma vier fünf*
2.5 two point five *zwei Komma fünf*

once *einmal*
twice *zweimal*
three (four) times *drei-(vier)mal*
twice as much (many) *zweimal* od. *doppelt soviel (so viele)*
firstly (secondly, thirdly), in the first (second, third) place *erstens (zweitens, drittens)*
7 + 8 = 15 seven plus *od.* and eight is fifteen *sieben plus* od. *und acht ist fünfzehn*
9 − 4 = 5 nine minus *od.* less four is five *neun minus* od. *weniger vier ist fünf*
2 x 3 = 6 twice three is six *zweimal drei ist sechs*
20 ÷ 5 = 4 twenty divided by five is four *zwanzig dividiert* od. *geteilt durch fünf ist vier*

Britische Währung — British Currency

£1 = 100p

Münzen

1p (a penny)
2p (two pence)
5p (five pence)
10p (ten pence)
20p (twenty pence)
50p (fifty pence)
£1 (one pound)

Banknoten

£5 (five pounds)
£10 (ten pounds)
£20 (twenty pounds)
£50 (fifty pounds)
Alte Münzen im Wert von 1 Schilling (= 5p) und 2 Schilling (= 10p) sind noch im Umlauf.

Englische Maße und Gewichte
English Weights and Measures

1. Längenmaße – Units of length

1 inch (in.) = 2,54 cm
1 foot (ft) = 12 inches = 30,48 cm
1 yard (yd) = 3 feet = 91,44 cm
1 mile (ml, *Am.* **mi.)** = 1609,34 m

2. Flächenmaße – Square measures

1 square inch (sq. in.) = 6,45 cm^2
1 square foot (sq. ft) = 144 square inches = 929,03 cm^2
1 square yard (sq. yd) = 9 square feet = 0,836 m^2
1 square rod (sq. rd) = 30.25 square yards = 25,29 m^2
1 rood (ro.) = 40 square rods = 10,12 a
1 acre (a.) = 4 roods = 40,47 a
1 square mile (sq. ml, *Am.* **sq. mi.)** = 640 acres = 2,59 km^2

3. Raummaße – Cubic measures

1 cubic inch (cu. in.) = 16,387 cm^3
1 cubic foot (cu. ft) = 1728 cubic inches = 0,028 m^3
1 cubic yard (cu. yd) = 27 cubic feet = 0,765 m^3
1 register ton (reg. tn) = 100 cubic feet = 2,832 m^3

4. Britische Hohlmaße – British units of capacity

1 imperial gill (gi., gl) = 0,142 l
1 imperial pint (pt) = 4 gills = 0,568 l
1 imperial quart (qt) = 2 imperial pints = 1,136 l
1 imperial gallon (imp. gal.) = 4 imperial quarts = 4,546 l

Flüssigkeitsmaß – Liquid measure

1 imperial barrel (bbl., bl.) = 36 imperial gallons = 1,636 hl

5. Hohlmaße der USA – American units of capacity

1 U.S. dry pint = 0,551 l
1 U.S. dry quart = 2 dry pints = 1,1 l

Flüssigkeitsmaße – Liquid Measures

1 U.S. liquid gill = 0,118 l
1 U.S. liquid pint = 4 gills = 0,473 l
1 U.S. liquid quart = 2 liquid pints = 0,946 l
1 U.S. gallon = 8 liquid pints = 3,785 l
1 U.S. barrel = 31.5 gallons = 119,2 l
1 U.S. barrel petroleum = 42 gallons = 158,97 l (*international standard for oil*)

6. Handelsgewichte – Units of weight

1 grain (gr.) = 0,0648 g
1 dram (dr. av.) = 27.34 grains = 1,77 g
1 ounce (oz av.) = 16 drams = 28,35 g
1 pound (lb. av.) = 16 ounces = 0,453 kg
1 stone (st.) 14 pounds = 6,35 kg
1 quarter (qr) *Br.* = 28 pounds = 12,7 kg; *Am.* = 25 pounds = 11,34 kg
1 hundredweight (cwt) *Br.* = 112 pounds = 50,8 kg; (*a.* long hundredweight: cwt. l.); *Am.* = 100 pounds = 45,36 kg (*a.* short hundredweight: cwt. sh.)
1 ton (t, tn) *Br.* = 2240 pounds (= 20 cwt. l.) = 1016 kg (*a.* long ton: tn. l.); *Am.* = 2000 pounds (= 20 cwt. sh.) = 907,18 kg (*a.* short ton: tn. sh.)

Temperaturumrechnung – Conversion of temperatures

°Fahrenheit = $(^{9}/_{5}\ ^{\circ}\mathrm{C}) + 32$
°Celsius = $(^{0}\mathrm{F} - 32) \cdot {^{5}/_{9}}$

Deutsche Maße und Gewichte
German Weights and Measures

1. Längenmaße - Units of length

1 mm ***Millimeter*** millimetre
= 0.03937079 inches

1 cm ***Zentimeter*** centimetre
= 0.3937 inches

1 dm ***Dezimeter*** decimetre
= 3.9370 inches

1 m ***Meter*** metre
= 1.0936 yards
= 3.2809 feet

1 km ***Kilometer*** kilometre
= 1,093.637 yards
= 3,280.8692 feet

1 sm ***Seemeile*** (*internationales Standardmaß*) nautical mile
= 1,852 metres

2. Flächenmaße - Square measures

1 mm² ***Quadratmillimeter***
square millimetre
= 0.00155 square inches

1 cm² ***Quadratzentimeter***
square centimetre

1 dm² ***Quadratdezimeter***
square decimetre

1 m² ***Quadratmeter*** square metre
= 1.19599 square yards
= 10.7641 square feet

1 a ***Ar*** are
= 119.5993 square yards

1 ha ***Hektar*** hectare
= 10,000 square metres
= 11,959.90 square yards
= 2.4711 acres

1 km² ***Quadratkilometer***
square kilometre
= 1,000,000 square metres
= 247.11 acres
= 0.3861 square miles

3. Raummaße - Cubic measures

1 cm³ ***Kubikzentimeter***
cubic centimetre
= 0.061 cubic inches

1 dm³ ***Kubikdezimeter***
cubic decimetre
= 61.0253 cubic inches

1 m³ ***Kubikmeter***
1 rm ***Raummeter***
1 fm ***Festmeter*** } cubic metre
= 1.3079 cubic yards

1 RT ***Registertonne***
register ton = 2.832 m³

4. Hohlmaße - Units of capacity

1 l ***Liter*** litre
= 1.7607 pints (*Br.*)
= 7.0431 gills (*Br.*)
= 0.8804 quarts (*Br.*)
= 0.2201 gallons (*Br.*)
= 2.1134 pints (*Am.*)
= 8.4534 gills (*Am.*)
= 1.0567 quarts (*Am.*)
= 0.2642 gallons (*Am*).

1 hl ***Hektoliter*** hectolitre
= 22.009 gallons (*Br.*)
= 2.751 bushels (*Br.*)
= 26.418 gallons (*Am.*)
= 2.84 bushels (*Am.*)

5. Gewichte - Weights

1 mg ***Milligramm*** milligram(me)
= 0.0154 grains

1 g ***Gramm*** gram(me)
= 15.4324 grains

1 Pfd ***Pfund*** pound (German)
= 1.1023 pounds (avdp.)
= 1.3396 pounds (troy)

1 kg ***Kilogramm, Kilo***
kilogram(me)
= 2.2046 pounds (avdp.)
= 2.6792 pounds (troy)

1 Ztr. ***Zentner*** centner
= 50 kilogram(me)s
= 110.23 pounds (avdp.)
= 0.9842 British hundredweights

1 dz ***Doppelzentner***
= 1.9684 British hundredweights

1 t ***Tonne*** ton
= 0.984 British tons

Englische unregelmäßige Verben
English Irregular Verbs

Die an erster Stelle stehende Form bezeichnet das Präsens (present tense), nach dem ersten Gedankenstrich steht das Präteritum (past tense), nach dem zweiten das Partizip Perfekt (past participle).

alight – alighted, alit – alighted, alit

arise – arose – arisen

awake – awoke, awaked – awoke, awaked, awoken

be (am, is, are) – was (were) – been

bear – bore – borne *getragen*, born *geboren*

beat – beat – beaten, beat

become – became – become

beget – begot – begotten

begin – began – begun

bend – bent – bent

bereave – bereaved, bereft – bereaved, bereft

beseech – besought, beseeched – besought, beseeched

bet – bet, betted – bet, betted

bid – bade, bid – bidden, bid, *a.* bade

bide – bade, bided – bided

bind – bound – bound

bite – bit – bitten

bleed – bled – bled

bless – blessed, *a.* blest – blessed, *a.* blest

blow – blew – blown

break – broke – broken

breed – bred – bred

bring – brought – brought

broadcast – broadcast(ed) – broadcast(ed)

build – built – built

burn – burnt, burned – burnt, burned

burst – burst – burst

bust – bust(ed) – bust(ed)

buy – bought – bought

can – could

cast – cast – cast

catch – caught – caught

choose – chose – chosen

cleave – cleft, cleaved, clove – cleft, cleaved, cloven

cling – clung – clung

clothe – clothed, clad – clothed, clad

come – came – come

cost – cost –cost

creep – crept – crept

crow – crowed, crew – crowed

cut – cut – cut

deal – dealt – dealt

dig – dug – dug

do – did – done

draw – drew – drawn

dream – dreamt, dreamed – dreamt, dreamed

drink – drank – drunk

drive – drove – driven

dwell – dwelt, dwelled – dwelt, dwelled

eat – ate – eaten

fall – fell – fallen

feed – fed – fed

feel – felt – felt

fight – fought – fought

find – found – found

flee – fled – fled

fling – flung – flung

fly – flew – flown

forbid – forbad(e) – forbid(den)

forecast – forecast(ed) – forecast(ed)

forget – forgot – forgotten

forsake – forsook – forsaken

freeze – froze – frozen

geld – gelded, gelt – gelded, gelt

get – got – got, *Am. a.* gotten

gild – gilded, gilt – gilded, gilt

give – gave – given

gnaw – gnawed – gnawed, gnawn

go – went – gone

grind – ground – ground

grip – gripped, *Am. a.* gript – gripped, *Am. a.* gript

grow – grew – grown

hang – hung – hung

have (has) – had – had

hear – heard – heard

heave – heaved, *esp. mar.* hove – heaved, *esp. mar.* hove

hew – hewed – hewed, hewn

hide – hid – hidden, hid

hit – hit – hit

hold – held – held

hurt – hurt – hurt

keep – kept – kept

kneel – knelt, kneeled – knelt, kneeled

knit – knitted, knit – knitted, knit

know – knew – known

lay – laid – laid

lead – led – led

lean – leaned, *esp. Br.* leant – leaned, *esp. Br.* leant
leap – leaped, leapt – leaped, leapt
learn – learned, learnt – learned, learnt
leave – left – left
lend – lent – lent
let – let – let
lie – lay – lain
light – lighted, lit – lighted, lit
lose – lost – lost
make – made – made
may – might
mean – meant – meant
meet – met – met
melt – melted – melted, molten
mow – mowed – mowed, mown
pay – paid – paid
plead – pleaded, *esp. ScotE. and Am.* pled – pleaded, *esp. ScotE. and Am.* pled
prove – proved – proved, *a.* proven
put – put – put
quit – quit(ted) – quit(ted)
read – read – read
rid – rid, *a.* ridded – rid, *a.* ridded
ride – rode – ridden
ring – rang – rung
rise – rose – risen
run – ran – run
saw – sawed – sawn, sawed
say – said – said
see – saw – seen
seek – sought – sought
sell – sold – sold
send – sent – sent
set – set – set
sew – sewed – sewed, sewn
shake – shook – shaken
shall – should
shear – sheared – sheared, shorn
shed – shed – shed
shine – shone – shone
shit – shit(ted), shat – shit(ted), shat
shoe – shod, *a.* shoed – shod, *a.* shoed
shoot – shot – shot
show – showed – shown, showed
shred – shredded, *a.* shred – shredded, *a.* shred
shrink – shrank, shrunk – shrunk
shut – shut – shut
sing – sang – sung
sink – sank, sunk – sunk
sit – sat – sat
slay – slew – slain
sleep – slept – slept
slide – slid – slid
sling – slung – slung
slink – slunk – slunk
slit – slit – slit
smell – smelt, smelled – smelt, smelled
smite – smote – smitten
sow – sowed – sown, sowed
speak – spoke – spoken
speed – sped, speeded – sped, speeded
spell – spelt, spelled – spelt, spelled
spend – spent – spent
spill – spilt, spilled – spilt, spilled
spin – spun – spun
spit – spat – spat
split – split – split
spoil – spoiled, spoilt – spoiled, spoilt
spread – spread – spread
spring – sprang, *Am. a.* sprung – sprung
stand – stood – stood
steal – stole – stolen
stick – stuck – stuck
sting – stung – stung
stink – stank, stunk – stunk
stride – strode – stridden
strike – struck – struck
string – strung – strung
strive – strove – striven
swear – swore – sworn
sweat – sweated, *Am. a.* sweat – sweated, *Am. a.* sweat
sweep – swept – swept
swell – swelled – swollen, swelled
swim – swam – swum
swing – swung – swung
take – took – taken
teach – taught – taught
tear – tore – torn
telecast – telecast(ed) – telecast(ed)
tell – told – told
think – thought – thought
thrive – thrived, throve – thrived
throw – threw – thrown
thrust – thrust – thrust
tread – trod – trodden
wake – woke, waked – waked, woken
wear – wore – worn
weave – wove – woven
wed – wed(ded) – wed(ded)
weep – wept – wept
wet – wetted, wet – wetted, wet
win – won – won
wind – wound – wound
wring – wrung – wrung
write – wrote – written

Großer Sprachkurs Englisch

Let's Speak English

Band 2

von Doug Case

Berlitz®

Dieser Sprachkurs basiert auf einem „English-by-Radio"-Kurs der British Broadcasting Corporation, der unter dem Titel „Let's Speak English" gesendet wurde.

Die Hörfunk-Manuskripte wurden von Doug Case und Johne Milne geschrieben. (51–60 John Milne, 61–90 Doug Case, 91–100 Doug Case und John Milne). Die Sendungen produzierten Terry O'Neill und Doug Case.
Die Songs wurden von Michael Klein komponiert und von ihm und Freya Hogue gesungen.

Illustrationen: David Cockroft.

Printed in Germany
www.berlitzpublishing.de

VORWORT

Der erste Teil, „Let's Speak English 1“, ist für Anfänger ohne Vorkenntnisse gedacht, der vorliegende zweite Teil, „Let's Speak English 2“, wendet sich an Anfänger mit Grundkenntnissen.
„Let's Speak English“ ist ein außergewöhnlicher Kurs, denn er ist

leicht und unterhaltsam

Hier ist endlich ein Kurs, der hält, was er verspricht. Der Lernende wird in kleinen, wirklich jedem zumutbaren Schritten in die englische Umgangssprache eingeführt. Die Sprachkenntnisse werden in einem Wechsel von lebendigen englischen Dialogen, eingehenden deutschen Erläuterungen, Übungen und Liedern vermittelt und erweitert. Die Progression ist „sanft“ ansteigend, d. h. echte sprachliche Schwierigkeiten sind auf viele Lerneinheiten verteilt worden, um den Lernenden nicht zu überfordern.

außergewöhnlich durch „Pop Songs“

Der Einsatz von Liedern zur gelegentlichen Auflockerung im Sprachunterricht ist nicht neu. Völlig neu ist jedoch die systematische Verwendung von Songs am Ende jeder Lektion, um Satzbaumuster und Lernziele auch musikalisch „einzuhämmern“. Diese Neuigkeit wird besonders Jugendliche ansprechen und deren Motivation verstärken. Aber auch für den musikalisch nicht so Interessierten sind diese Pop Songs von Nutzen, denn sie dienen auch als Hörverständnis- und Wiederholungsübungen.

außergewöhnlich durch die Qualität der CDs

Dialoge und Songs werden von der BBC London und anderen Rundfunkanstalten gesendet. Die Tonaufnahmen wurden für diese Sendungen entwickelt; sie sind daher von höchster Qualität.

methodisch fundiert

„Let's Speak English" entspricht den Anforderungen der Fremdsprachendidaktik, d. h. jede Lektion wurde auf der Grundlage einer exakten didaktischen Systematik erarbeitet.
Jeder Lektion liegt eine Aufstellung über die aktiv und passiv zu lernenden (Satz)Strukturen und Vokabeln zugrunde. Passiv Gelerntes wird später aktiviert. Bereits aktiv Gelerntes wird nach einem genauen Plan „umgewälzt" (wiederholt). Darüber hinaus werden vollständige Wiederholungslektionen eingeschoben, die das bisher Erlernte zusammenfassen.
In zahlreichen schriftlichen Übungen (mit Schlüssel) kontrolliert der Lernende seinen Erfolg. Das Erlernen einer korrekten englischen Aussprache wird nicht allein dem Unterrichtsmittel CD überlassen; die Internationale Lautschrift wird für den stärker mit dem Auge Lernenden im Lehrbuch durchgehend eingesetzt.
Bei den obengenannten Voraussetzungen kann der Lernende einen optimalen Erfolg erwarten. Aber auch jeder, der den Kurs zur Auffrischung oder bei der Nachhilfe benutzt, wird sich für diese Art des Lernens sicherlich schnell begeistern.

INHALTSVERZEICHNIS

EINLEITUNG

Die Aufforderung *Let's Speak English* richtet sich an alle, die die englische Umgangssprache erlernen oder ihre Englischkenntnisse auffrischen wollen. Mit 50 weiteren Lektionen baut „Let's Speak English 2“ auf den im ersten Teil geschaffenen Grundlagen auf und bietet dem Lernenden reichlich Gelegenheit, sich ohne Lehrer weiter in den Gebrauch der Sprache einzuüben. Das gilt auch für Anfänger, die Grundkenntnisse im Englischen mit einem anderen Lehrwerk erworben haben. An sie wendet sich diese Einleitung in erster Linie. Haben Sie jedoch bereits „Let's Speak English 1“ durchgearbeitet, so sind Sie mit dem Inhalt dieser Einleitung vertraut – oder?

Der didaktisch aufbereitete Text folgt der sogenannten „direkten Methode“, mit der Sie die englische Umgangssprache beinahe so leicht lernen wie englische Kinder in der Schule. Die CDs bieten eine lebensechte Unterhaltung von Engländern; selbst die Hintergrundgeräusche sind echt. Der unnachahmliche englische Humor in jeder Lektion sorgt dafür, daß keine Langeweile aufkommt und daß Sie die leichten Unsicherheiten, die stets auftreten, wenn man eine fremde Sprache lernt, rasch überwinden.

Let's Speak English fordern Sie auf, Englisch *sprechen* zu lernen. Dazu müssen Sie die Sprache *hören*.

Buch und CDs bilden zusammen einen vollständigen Sprachkurs für den Selbstunterricht. Mit den CDs machen Sie sich zudem zeitlich unabhängig, und Sie haben die Möglichkeit, jede Textstelle beliebig oft zu hören, nachzusprechen, zu üben und Ihre Fortschritte zu kontrollieren.

Eine Besonderheit dieses Kurses sind die Lieder am Ende jeder Lektion. Sie sind nicht nur als „Belohnung“ für Ihren Arbeitseifer gedacht, sondern können Ihnen helfen, eine gewisse Scheu, sich in der fremden Sprache auszudrücken, schneller zu überwinden. Lernen Sie Text und Melodie dieses oder jenes Songs, der Ihnen besonders gut gefällt. Je öfter Sie ihn singen (oder für „Nichtsänger“: sprechend wiederholen), desto selbstverständlicher wird Ihnen der Gebrauch des Englischen. Auch dabei helfen Ihnen die CDs.

Die Arbeit mit diesem Kurs

Die Eingangslektion 51 dient der Wiederholung und bietet Ihnen, wenn Sie mit Teil 2 beginnend in den Kurs einsteigen, Gelegenheit, eine Übersicht über das in Teil 1 Behandelte zu gewinnen. Wenn Sie mit Teil 2 erfolgreich weiterarbeiten wollen, sollte Ihnen der in der Übersicht aufgeführte Stoff keine Schwierigkeiten mehr bereiten. In den Dialogen, dem Song und den Übungen der Lektion 51 wird das in Lektion 27–50 Gelernte noch einmal wiederholt. Bitte arbeiten Sie diese Abschnitte so durch, wie es anschließend am Beispiel der Lektion 52 erläutert wird.

Da alle Lektionen den gleichen Aufbau haben, können wir am Beispiel der Lektion 52 unsere Vorschläge für die Arbeitsweise erläutern, die Sie dann in allen Lektionen anwenden können.

Was wird gelernt? ist die Frage, die am Anfang der Lektion beantwortet wird. Es werden Wörter und Ausdrücke vorgestellt, die im Mittelpunkt der Lektion stehen, und sie werden in einem kurzen Gespräch (Dialog) angewendet.

Nehmen Sie dies alles zunächst nur mit den Augen auf und prägen Sie sich das Schriftbild ein, ohne zu versuchen, das Gelesene zu sprechen. Das englische Schriftbild und die deutsche Übersetzung sind zunächst allein wichtig.

In dem folgenden Abschnitt *So wird's verständlich* finden Sie die notwendigen Erläuterungen. Auch hier geht es vorerst nur darum, das Gelesene zu verstehen. Alle grammatisch wichtigen Punkte werden hier erklärt.

Mit dem *Dialog 1* geht es nun um Hören und Sprechen. Stellen Sie sich vor, Sie sehen sich gemeinsam mit Karen und Peter einen Horrorfilm im Fernsehen an. (Die Situation ist für jeden Dialog am Anfang mit ein oder zwei deutschen Sätzen kurz skizziert.) Hören Sie sich – von Ihrer CD – den Dialog 1 an, ohne dabei in Ihr Buch zu sehen. Vielleicht verstehen Sie sogar das eine oder andere daraus oder ahnen, worum es geht. Dann hören Sie sich den Dialog noch einmal an. Diesmal verfolgen Sie den Text im Buch.

Anschließend machen Sie sich mit den *Wörtern und Wendungen* vertraut, die zum Dialog 1 gehören. Prägen Sie sich die Aussprache – unter Zuhilfenahme der CD und der Lautschrift, deren Zeichen auf S. XIV ff. erklärt sind – und die Bedeutung jedes Wortes und jeder

Wendung fest ein. Dann hören Sie sich den Dialogtext noch einmal an, den Sie jetzt gut verstehen werden. Übersetzen Sie ihn ins Deutsche, dann merken Sie, ob irgend etwas noch nicht völlig klar ist.
Als nächsten Schritt hören Sie den Dialog satzweise ab und sprechen ihn Satz für Satz nach. Ahmen Sie die Aussprache und Satzmelodie der Sprecher genau nach.
Erst wenn Sie damit zufrieden sind, gehen Sie einen Schritt weiter: Sie hören ab, was eine der sprechenden Personen sagt, und Sie selbst übernehmen die Rolle einer anderen sprechenden Person aus dem Dialog. Ihre Erwiderung überprüfen Sie jedesmal mit der CD. Hier ein Beispiel dafür: Sie übernehmen Karens Rolle aus dem ersten Dialog in Lektion 52.

1. CD einlegen und den entsprechenden Track ansteuern.
2. Sie sprechen Karens Worte: *This is frightening*.
3. CD starten; sie wiederholt das Gesprochene zur Überprüfung, und Peter antwortet: *No, it isn't. It's funny. Charlie Chaplin's more frightening*.
4. Pausentaste drücken. Sie sprechen Karens Worte: *It isn't funny. It's horrible!*
5. CD weiter spielen lassen; sie wiederholt das Gesprochene zur Überprüfung usw.

Und schließlich lassen Sie sich den Text des Dialogs oder einen Teil davon von der CD in kleinen Abschnitten diktieren, schreiben das Gehörte nieder, ohne ins Buch zu sehen, und korrigieren anschließend Ihre Fehler.
Dialog 2 wird dann in gleicher Weise durchgearbeitet.
Der *Song* bietet Ihnen Gelegenheit zu entspannter Wiederholung. Er enthält – musikalisch verpackt – eine in der Lektion behandelte sprachliche Erscheinung, die Ihnen beim Singen wie von selbst eingeht. Hören Sie sich das Ganze an, versuchen Sie, den Inhalt mit Hilfe der neben dem Text gegebenen Erläuterungen zu verstehen, und singen (oder sprechen) Sie dann einfach mit. Das fördert eine gute Aussprache. – Übrigens, die Lektionsüberschrift ist immer der Titel des Songs aus der betreffenden Lektion; im Inhaltsverzeichnis können Sie also alle Titel finden.
In den abschließenden *Übungen* können Sie das Gelernte festigen und überprüfen. Wenn irgend möglich, arbeiten Sie mit einem Partner

zusammen, wo es angeraten wird. Die meisten der Übungen lassen sich sowohl schriftlich wie mündlich bearbeiten. Sie sollten beides tun. Ihre Lösungen können Sie dann anschließend mit den auf den Seiten 332–341 abgedruckten Lösungen vergleichen.
Sie haben gesehen: die Arbeit mit den CDs bietet Ihnen den großen Vorteil der zeitlich unabhängigen und beliebig häufigen Wiederholung der verschiedenen Unterrichtsschritte.

Zur Aussprache

Genaues Zuhören und möglichst gutes Nachahmen des Gehörten sind die beiden wichtigsten Voraussetzungen für eine gute Aussprache.
Worauf Sie beim Zuhören besonders zu achten haben, wollen wir Ihnen im folgenden erklären. Für eine gute Aussprache ist dreierlei von Bedeutung:

1. die Betonung oder der richtige Wechsel betonter und unbetonter Silben, wodurch die Sprache ihren eigentümlichen Rhythmus erhält;
2. der Tonfall oder das Heben und Senken der Stimme, was der Sprache ihre charakteristische „Melodie“ verleiht;
3. der Lautcharakter oder die Art und Weise, wie die einzelnen Laute gebildet werdn, die der Sprache ihre eigene Klangfarbe geben.

Wenn Sie diese drei Punkte beachten, wird Ihnen das richtige Nachahmen um so leichterfallen.

Zur Betonung

Die Silben englischer Wörter werden sehr verschieden betont. Betonte Silben werden stärker und lauter ausgesprochen als unbetonte. Da sich jedoch kaum Regeln für die Betonung englischer Wörter aufstellen lassen, müssen Sie die Betonung bei jedem neuen Wort, das Ihnen begegnet, lernen. In der Lautschrift, auf die wir im folgenden noch näher eingehen werden, ist die betonte Silbe durch ein davorstehendes Betonungszeichen ['] gekennzeichnet.
Neben der Betonung innerhalb des einzelnen Wortes ist auch die innerhalb des Satzzusammenhangs von Bedeutung. Manche Wörter,

zum Beispiel Haupt-, Eigenschafts- und Zeitwörter, haben im Satz mehr Gewicht als andere. Gerade davon hängen richtiger Rhythmus und richtige Aussprache ab.

Zum Tonfall

Hier müssen wir uns auf einige Grundsätze beschränken, im übrigen kommt es auf möglichst genaues Nachahmen an.
Die Stimme kann am Satzende abfallen, besonders bei Aussagesätzen; oder sie kann ansteigen, vor allem bei Fragesätzen.
Die Stimme kann in einer höheren oder tieferen Lage einsetzen.
Der Ton kann innerhalb einer einzelnen Silbe ansteigen oder fallen oder auch innerhalb mehrerer Silben.
Stark betonte Wörter und Silben können in einer anderen Tonlage gesprochen werden als die vorausgehenden und folgenden.
Es ist sehr wichtig, auf das Steigen und Fallen der Stimme im Englischen zu achten.

Zum Lautcharakter

Da sich die Aussprache eines englischen Wortes nicht mit Sicherheit aus dessen Schreibweise ablesen läßt, benutzen wir eine Reihe von Zeichen, die die Aussprache eindeutig wiedergeben. Es sind die Zeichen der international anerkannten Lautschrift. Jedes Zeichen stellt einen bestimmten Laut dar; welchen, zeigen wir Ihnen in der nachfolgenden Aufstellung.

Die Zeichen der Internationalen Lautschrift

1. Allgemeine Zeichen

Die Lautschrift erscheint immer in eckigen Klammern: English ['iŋgliʃ].
Vor der betonten Silbe steht ein Betonungszeichen (Akzent) [']. Hinter einem langen Selbstlaut steht das Zeichen [:].

2. Die englischen Selbstlaute (Vokale)

[ɑ:] reines langes a wie in „Vater", „kam", „Schwan":

car	[kɑ:]	Wagen, Auto
park	[pɑ:k]	Park
far	[fɑ:]	weit

[æ] heller, ziemlich offener, nicht zu kurzer Laut. Raum zwischen Zunge und Gaumen noch größer als bei ä in „Ähre":

man	[mæn]	Mann
can	[kæn]	kann
mass	[mæs]	Masse

[ʌ] kurzer, zwischen Hinter- und Mittelzunge gebildeter halboffener Laut ohne Lippenrundung, ähnlich dem a in „hatte":

cup	[kʌp]	Tasse
but	[bʌt]	aber
come	[kʌm]	kommen

[ə] flüchtiger Gleitlaut, ähnlich dem deutschen flüchtig gesprochenen e in „Gelage":

a	[ə]	ein(e)
London	['lʌndən]	London
Peter	['pi:tə]	Peter

[ə:] kommt im Deutschen nicht vor. Offenes, langes ö, etwa wie gedehnt gesprochenes ö in „Mörder", jedoch kein Vorstülpen und Runden der Lippen, kein Heben der Zunge:

were	[wə:]	war
sir	[sə:]	mein Herr (Anrede)
work	[wə:k]	Arbeit

[ɔ] offener, kurzer Laut zwischen a und o; offener als das o in „Motte":

clock	[klɔk]	Uhr
box	[bɔks]	Schachtel
not	[nɔt]	nicht

[ɔ:] offener, langer Laut zwischen a und o:

door	[dɔ:]	Tür
four	[fɔ:]	vier
law	[lɔ:]	Gesetz

3. Die englischen Doppelselbstlaute (Diphthonge)

In allen englischen Doppelselbstlauten wird der erste Bestandteil stärker gesprochen als der zweite, der nur ein leichter Nachklang ist.

[ei] halboffenes e, nach i auslautend, wobei sich die Zunge halb zur i-Stellung hebt:

late	[leit]	spät
name	[neim]	Name
lane	[lein]	Gasse

[ai] helles, zwischen [ɑ:] und [æ] liegendes a mit schwächer nachklingendem offenen i. Die Zunge hebt sich halb zur i-Stellung:

I	[ai]	ich
my	[mai]	mein
time	[taim]	Zeit

[au] helles, zwischen [ɑ:] und [æ] liegendes a mit schwächer nachklingendem offenen u:

house	[haus]	Haus
now	[nau]	jetzt
loud	[laud]	laut

[iə] halboffenes, halblanges i mit nachklingendem [ə]:

here	[hiə]	hier
dear	[diə]	lieb
peer	[piə]	Pair

[ɛə] nicht zu offenes, halblanges ä mit nachklingendem [ə]; kommt nur vor stummem r vor:

square	[skwɛə]	Platz
hair	[hɛə]	Haar
air	[ɛə]	Luft

[uə] halboffenes, halblanges u mit nachklingendem [ə]:

poor	[puə]	arm
sure	[ʃuə]	sicher
tour	[tuə]	(Rund)Reise

[ɔi] offenes o mit nachklingendem schwächerem, offenem i. Die Zunge hebt sich halb zur i-Stellung:

boy	[bɔi]	Junge
annoyed	[ə'nɔid]	verärgert
royal	['rɔiəl]	königlich

[əu] mit [ə] beginnend und in schwaches u auslautend. Keine Rundung der Lippen, kein Heben der Zunge:

go	[gəu]	gehen
so	[səu]	so
only	['əunli]	nur

4. Die englischen Mitlaute (Konsonanten)

[l] a) vor Selbstlauten ist das englische l gleich dem deutschen:

lie	[lai]	liegen
English	['iŋgliʃ]	englisch

b) vor Mitlauten und im Auslaut klingt das englische l voller und dunkler:

hold	[həuld]	halten
full	[ful]	voll
double	['dʌbl]	doppelt

[r] wird nur vor Selbstlauten gesprochen. Es ist völlig verschieden vom deutschen, an der Zungenspitze oder am Zäpfchen gebildeten r. Die Zungenspitze bildet mit der oberen Zahnwulst eine Enge, durch die der Atemstrom mit Stimmton hindurchgetrieben wird. Dabei wird der Laut nicht gerollt, die Zungenspitze also nicht bewegt. Am Wortende wird r nur bei der Bindung (vgl. 6.) mit dem Selbstlaut am Anfang des nächsten Wortes gesprochen:

garden	['gɑːdn]	Garten
run	[rʌn]	rennen, laufen
right	[rait]	recht(s), richtig
there is	[ðɛər 'iz]	es ist, es gibt

[ŋ] wie ng in „singen", „fangen":

long	[lɔŋ]	lang
ring	[riŋ]	läuten
slang	[slæŋ]	Slang

[v] stimmhafter (weicher) Lippenlaut, wie in „Vase", „Ventil"

very	['veri]	sehr
every	['evri]	jeder
wives	[waivz]	(Ehe)Frauen

[w] aus der Mundstellung für u gebildetes flüchtiges w:

will	[wil]	will
queen	[kwi:n]	Königin
water	['wɔ:tə]	Wasser

[s] stimmloser (scharfer) Zischlaut, wie ß in „reißen", „Spaß":

glass	[glɑ:s]	Glas
summer	['sʌmə]	Sommer
sky	[skai]	Himmel

[z] stimmhafter (weicher, gesummter) Zischlaut, wie s in „sausen":

zoo	[zu:]	Zoo
is	[iz]	ist
rise	[raiz]	sich erheben

[ʃ] stimmloses (scharfes) sch, wie in „Tisch", „Schnee":

fish	[fiʃ]	Fisch
shop	[ʃɔp]	Laden
rich	[ritʃ]	reich

[ʒ] stimmhaftes (weiches, gesummtes) sch, wie in „Garage", „Genie":

measure	['meʒə]	messen
joke	[dʒəuk]	Spaß
bridge	[bridʒ]	Brücke

[θ] stimmloser (scharfer) Lispellaut, durch Anlegen der Zunge an die oberen Schneidezähne gebildet:

thank	[θæŋk]	danken
think	[θiŋk]	denken
tooth	[tu:θ]	Zahn

[ð] stimmhafter (weicher) Lispellaut, durch Anlegen der Zunge an die oberen Schneidezähne gebildet:

the	[ðə]	der, die, das
father	['fɑ:ðə]	Vater
breathe	[bri:ð]	atmen

5. Besonderheiten zu „b", „d", „g"

Am Wortende werden „b", „d" und „g" stimmhaft (weich) gesprochen, nicht wie im Deutschen stimmlos (hart: [p], [t], [k]):

deutsch:	ab	[ap]	und	[unt]	Sog	[zo:k]
englisch:	Bob	[bɔb]	and	[ænd]	egg	[eg]

6. Die Bindung

Im Gegensatz zum Deutschen werden im Englischen die einzelnen Wörter in der Aussprache nach Möglichkeit miteinander verbunden, vor allem dann, wenn an der Verbindungsstelle zweier Wörter Selbstlaut und Mitlaut zusammentreffen:

This is a book.	[ðis‿iz‿ə‿buk]	Dies ist ein Buch.
We are in a room.	[wi‿ɑːr‿in‿ə‿rum]	Wir sind in einem Raum.

Zu den Anhängen

Am Schluß des Buches finden Sie eine Reihe von Anhängen, die Ihnen eine systematische Arbeit erleichtern sollen.

Die Liste der Sprachinhalte („Wie sagt man, wenn man –", S. 321) sagt Ihnen, wo Sie Ausdrucksmittel für bestimmte Themen, Situationen und Mitteilungen finden.

Eine Liste der Zeitwörter (S. 322–325) enthält alle regelmäßigen und unregelmäßigen Stammformen.

Mit Hilfe des Wörterverzeichnisses (S. 326–331) finden Sie Wörter, über deren Bedeutung, Aussprache und Anwendung Sie sich Gewißheit verschaffen wollen.

Der Schlüssel zu den Übungen (S. 332–342) hilft Ihnen bei der Beurteilung Ihrer eigenen Arbeit.

Damit wissen Sie alles für Ihre Arbeit Notwendige, für die wir Ihnen viel Freude und Erfolg wünschen.

LEKTION 51

It Isn't Going to Rain Any More

Was wurde gelernt?

Übersicht über den Stoff aus Lektion 1—50

Bevor Sie mit der Arbeit an dieser Lektion beginnen, lesen Sie bitte die Erläuterungen im Abschnitt „Die Arbeit mit diesem Kurs" auf S. X! Die Zahlen in der folgenden Übersicht beziehen sich auf die Lektionen in „Let's Speak English 1".

1–8

I'm	*hungry.*
He's	*cold.*
She's	*tired.*
It's	*hot.*
We're	*thirsty.*
You're	*late.*
They're	*early.*

1–8

Am I	*late?*
Is he	*English?*
Is she	*German?*
Are we	*early?*
Are you	*hungry?*
Are they	*tired?*

3

Hallo, John.
Hallo, Mary.
How are you?
I'm very well, thank you.

6

	late.
It's	*cold.*
	morning.

8

The apples are nice.
How much are they?
Six for twenty pence.

9

I'm hungry.
So am I.

5–9, 12, 19

one, two, three,
sixty, two hundred,
five hundred and
thirty-seven

first, second, third

5, 9, 15, 20

What time is it?

It's	*four o'clock.*
	half past two.
	quarter past six.
	quarter to nine.

19

What day is it?
It's Monday.
What's the date?
It's the twelfth.

9, 16

I want some tea.
I want to post a letter

13–15

my	*your*	*his*
her	*our*	*their*

15–17

I can see **a** *plane.*
Where's **the** *airport?*

21

Stand up.
Don't stand up.

22

I	*can*	*swim.*
He		*drive.*
You	*can't*	*speak Japanese.*

Can you speak English? – Yes, I can.

23, 24

I / *You* / *We* / *They*	*have got* / *haven't got*	*a car.* / *£10.* / *a nice house.* / *two sisters.*
He / *She*	*has got* / *hasn't got*	

25

Have you got **any** *cream?*
I've got **some** *milk, but I haven't got* **any** *cream.*

27–28

What are you doing now?

I'm / *You're* / *We're* / *They're* / *He's* / *She's*	*having lunch.* / *watching T.V.* / *reading*

I'm sitting in the kitchen,
I'm drinking some tea,
I'm thinking about you –
Are you thinking about me?

31–32

What do you do at the weekends?

I / *We* / *You* / *They*	*walk in the country.* / *go to the seaside.* / *don't stay at home.*
He / *She*	*walks in the country.* / *doesn't stay at home.*

29–30

What	*do*	*you*	*want?*
	does	*he*	
I *We*	*want* *don't want*		*a large room.* *a small room.*
He *She*	*wants* *doesn't want*		*a red carpet.* *a nice cup of tea.*

29

a large room
an orange car
a Japanese doctor
blue trousers
German women

33

Are you speaking English now?
– Yes, I am.
Do you speak English every day?
– Yes, I do.

34

Whose dog is this?	
It's	*Mary's.* *the doctor's.* *mine.* *yours.* *his.* *ours.* *theirs.*

35

I've got		*a lot of*	*apples.* *bread.* *bananas.*	
I haven't got		*many.* *much.*		
There	*are* *aren't*	*a lot of* *many*	*people*	*in the city.* *in the country.*

36

What are you going to do?	
I'm going to	*write a letter to you.* *post it at 2.30.* *have lunch.*

38

Where	*were*	*you*	*yesterday ?*
	was	*Fred*	
I *Fred*	*was*	*at the office.*	
We	*were*		

41

I	*like*	*walking.*
	don't like	*walking in the rain.*

45–48

Have you	*booked the tickets ?*
	been to Cairo before ?

50

quick – quicker – quickest

Dialog 1: The engine's stopped.

Peter und Karen sind mit dem Auto unterwegs zu einer Party.

Karen: Drive faster, Peter. We're late.
Peter: There's something wrong. Listen!
(The car engine stops.)
Karen: What's happened?
Peter: The engine's stopped.
Karen: Oh, dear. And we're late.
Peter: I'm going to have a look at it.
Karen: Oh, leave it. Let's go by taxi.
Peter: I'm not going to go by taxi. I don't like going by taxi. I'm going to have a look at the engine.
(Peter opens the bonnet of the car.)
Karen: What's wrong, then?

Peter: The fan belt's broken and the radiator's boiling.
Karen: Let's go by taxi.
Peter: No. There's a spare fan belt in the boot. I'm going to fix it.
Karen: Well, lend me fifty pence, then.
Peter: Fifty pence?
Karen: Yes. I've forgotten my purse.

Peter: You've forgotten your purse?
Karen: And I want fifty pence for a taxi. There isn't time to fix the fan belt.
Peter: All right. Here's fifty pence.
Karen: Thanks . . . and don't be late.
Peter: No. I'm going to fix it now.
Karen: Goodbye. *(She calls:)* Taxi! Taxi!

Wörter und Wendungen

engine ['endʒin]	Motor	spare [spɛə]	Reserve . . ., Ersatz . . .
have a look at . . . [həv ə 'luk ət]	sich . . . ansehen	a spare fan belt [ə 'spɛə 'fæn belt]	ein Reserve-Ventilatorriemen
leave it ['li:v it]	laß es	boot [bu:t]	Kofferraum
bonnet ['bɔnit]	Motorhaube	fix [fiks]	in Ordnung bringen
then [ðen]	also	there isn't time to [ðər 'iznt 'taim tə]	wir haben keine Zeit mehr, um zu ...
fan belt ['fæn belt]	Ventilatorriemen	call [kɔ:l]	rufen
radiator ['reidieitə]	Kühler		
boil [bɔil]	kochen		

Dialog 2: It's quicker by taxi.

Peter ist noch mit dem Motor beschäftigt. Da kommt Karen zurück.

Karen: *(Calling:)* Peter!
Peter: Oh, hallo, Karen. You've come back.
Karen: There's a lot of people here. They're all looking for taxis.
Peter: So – we're going to go by car!
Karen: Yes. Hurry.
Peter: Wait a moment. There! I've fitted the new fan belt.
Karen: Good. Let's hurry.
(They get into the car. Peter starts the engine.)
Peter: There we are! Everything's fine!
Karen: Drive quickly, Peter. We were late. And now we're later.
(The car engine stops again.)
Peter: Oh, dear.
Karen: What's wrong now?

Peter: I'll go and see.
(He opens the bonnet again.)
Peter: The new fan belt's broken. The water's boiling again.
Karen: Oh, dear.
Peter: Lend me fifty pence.
Karen: Fifty pence?
Peter: Yes. Let's go by taxi. It's quicker by taxi.
Karen: Taxi!
Peter: Taxi!

Wörter und Wendungen

there's a lot [ðəz ə 'lɔt]	Beachten Sie, daß die korrekte Form heißen müßte *there are a lot of people,* weil *people* (= Leute) ein zählbares Wort in der Mehrzahl ist. In der Umgangssprache wird *there's a lot...* jedoch häufig auch mit zählbaren Hauptwörtern in der Mehrzahl verwendet.	look for ['luk fə]	suchen; hier: (Taxi) haben wollen
		fit [fit]	anbringen, einbauen
		get into ['get 'intə]	einsteigen
		everything's fine ['evriθiŋz 'fain]	alles (ist) in Ordnung

Song: It isn't going to rain any more.

There's a lot of things that I like doing,	*es gibt viele Dinge*
There are *many things* that I have done,	*viele Dinge* (eigentlich: *a lot of things,* da der Satz bejahend ist.)
Yesterday I travelled to London,	
Tomorrow I'm going to sit in the sun.	
I like walking on the *hills* in the morning,	*Hügel*
When it has rained *the night before,*	*in der Nacht davor*
When *the grass is fresh and the sky is clear,*	*das Gras frisch und der Himmel klar ist*
And it isn't going to rain any more.	

We're going to travel to *faraway places,*	*weit entfernte Orte,*
Places we haven't been to before,	*ferne Ziele*
And look at the things that *we haven't yet seen*	*die wir noch nicht*
Yes, we're going to fly away far from home.	*gesehen haben*

Übungen

1. Sehen Sie sich die folgenden Sätze aus den Dialogen an und entscheiden Sie, ob das *s* für *is* oder *has* steht. Schreiben Sie dann die volle Form nieder, wie im Beispiel gezeigt:

a) There's something wrong. is   There is something wrong.

b) What's happened? ....

c) What's wrong now? ....

d) The engine's stopped. ....

e) The water's boiling. ....

f) Here's fifty pence. ....

2. Beantworten Sie diese Fragen. Ihre Antworten sind eine Wiederholung des in Lektion 27–50 Gelernten:

a) Where are you sitting at the moment? ....

b) Are you writing in English? ....

c) Do you want to be rich? ....

d) Do you smoke? ....

e) Do you often speak English? ....

f) Do you like tea? ....

g) Do you like getting up early? ....

h) Have you read many English books? ....

i) Have you been to Cairo? ....

k) Where were you at two o'clock yesterday afternoon? ....

l) Is England bigger than Libya? ....

m) Do you always drive carefully? ....

LEKTION 52

The Most Beautiful One of All

Was wird gelernt?

beautiful, more beautiful, the most beautiful

John:	I've just seen a beautiful woman.	*John:*	Ich habe gerade eine schöne Frau gesehen.
Mary:	A beautiful woman?	*Mary:*	Eine schöne Frau?
John:	Yes, the most beautiful woman in the world.	*John:*	Ja, die schönste Frau der Welt.
Mary:	Who was it?	*Mary:*	Wer war es?
John:	The Mona Lisa.	*John:*	Die Mona Lisa.

So wird's verständlich:

In Lektion 50 haben Sie die Vergleichsstufe und die Höchststufe einiger Eigenschaftswörter geübt, und Sie haben erfahren, daß die meisten einsilbigen Eigenschaftswörter ihre Vergleichsstufe durch Anhängen von *-er* und die Höchststufe durch Anhängen von *-est* an die Grundstufe bilden. Zum Beispiel:

cheap	– *cheaper*	– *the cheapest*
long	– *longer*	– *the longest*
small	– *smaller*	– *the smallest*

Sie haben weiterhin erfahren, daß einige Eigenschaftswörter unregelmäßige Steigerungsformen haben, z. B. *good – better – the best.*
In dieser Lektion finden Sie einige Beispiele zweisilbiger Eigenschaftswörter, die im allgemeinen ihre Steigerungsformen ebenso mit *-er* und *-est* bilden. Bei den Eigenschaftswörtern *ugly* (häßlich) und *funny* (komisch) wird das *y* zu *i*, und dann werden die normalen Endungen angehängt: *uglier – ugliest, funnier – funniest.*
Sie werden außerdem die Steigerungsformen längerer Eigenschaftswörter üben, solcher mit drei und mehr Silben wie *beautiful* (schön) und *expensive* (teuer) usw. Diese längeren Eigenschaftswörter bilden ihre Vergleichsstufe mit *more* und ihre Höchststufe mit *the most.* Es heißt also:

beautiful	– **more** *beautiful*	– **the most** *beautiful*
expensive	– **more** *expensive*	– **the most** *expensive*
frightening	– **more** *frightening*	– **the most** *frightening*

Auch einige einsilbige Eigenschaftswörter werden Ihnen wieder begegnen.

Dialog 1: Charlie Chaplin's more frightening!

Karen und Peter sehen sich einen Horrorfilm im Fernsehen an.

Woman: (On T.V.) Who are you? Are you . . . Are you . . . Dracula?
Monster: (On T.V.) More fearful!
Woman: More fearful!
Monster: I am the most fearful thing in the world. I am . . .

Karen:	This is frightening.
Peter:	No, it isn't. It's funny. Charlie Chaplin's more frightening!
Karen:	It isn't funny. It's horrible!
	(There is now an advertisement on the televison.)
Girl:	*(On T.V.)* For the whitest, cleanest teeth, use Dentol.
Peter:	It's the adverts again. I'll turn down the volume.
Girl:	*(On T.V.)* Tingling fresh Dentol.
Karen:	I don't like that toothpaste.
Peter:	Ours is better.
Karen:	Mm! Ours is the best.
Peter:	And the most expensive.
Karen:	No, it isn't. It isn't the most expensive. But it's not the cheapest.
	(The film is now starting again.)
Peter:	It's the film again. I'll turn up the volume.

Wörter und Wendungen

frightening ['fraitniŋ]	furchterregend	funny ['fʌni]	komisch, lustig, zum Lachen
fearful ['fiəful]	schrecklich	horrible ['hɔrəbl]	grausig, schauerlich
monster ['mɔnstə]	Ungeheuer		

advertisement [əd'və:tismənt]	Werbung (Man verwendet oft die verkürzte Form *advert* ['ædvə:t])	turn down ['tə:n 'daun]	leiser stellen
		turn up ['tə:n 'ʌp]	lauter stellen
		volume ['vɔljum]	Lautstärke, Ton
teeth [ti:θ]	Zähne	tingling fresh ['tiŋgliŋ 'freʃ]	prickelnd frisch
use [ju:z]	benutzen	toothpaste ['tu:θpeist]	Zahnpasta

Dialog 2: The ugliest thing in the world

Karen und Peter sehen immer noch fern.

Karen: Oh! It's getting more horrible. Look!
Peter: Ssh!
Woman: *(On T.V.)* Are you . . . are you the Monster?
Monster: *(On T.V.)* I am uglier.
Woman: Uglier!
Monster: I am the ugliest thing in the world.
Woman: Are you . . . Are you the Mummy?
Monster: I am the most fearful thing in the world. I am the –
(The television stops.)
Karen: Something's wrong.
Peter: Ah, it's our television set.
Karen: It's a good set.
Peter: We need a better one. This one's broken.
Karen: It was the most expensive one in the shop.
(There is a knock at the door.)
Karen: Peter! There's someone at the door.
Peter: What time is it?
Karen: It's late. It's half past eleven.
Peter: Listen. There isn't anyone at the door.
(There is another knock.)
Peter: I'll go and see who it is.
(He goes to the door.)
Karen: Who is it? Who is it?
Woman: Is Mr. Clark at home?

Peter:	This isn't Mr. Clark's house. He's our neighbour. He lives next door.
Karen:	That was more horrible than the film.
Peter:	And funnier too.

Wörter und Wendungen

it's getting more horrible [its 'getiŋ 'mɔ: 'hɔrəbl]	er (der Film) wird (noch) grausiger
ugly ['ʌgli]	häßlich
mummy ['mʌmi]	Mumie
something's wrong ['sʌmθiŋz 'rɔŋ]	da stimmt etwas nicht
television set ['teliviʒən 'set]	Fernseher, Fernsehapparat
need [ni:d]	brauchen
there is a knock at the door [ðər iz ə 'nɔk ət ðə 'dɔ:]	es klopft an der Tür
live [liv]	leben, wohnen
next door ['nekst 'dɔ:]	nebenan
than [ðæn, ðən]	als

Song: The most beautiful one of all

I want a *carpet*, a very nice carpet,	*Teppich*
A carpet to put in my *hall*.	*Flur, Diele*
Can I have that one?	
– No, have this one,	
You'll find it's more expensive	*Sie werden feststellen*
But *never mind that,*	*lassen Sie sich dadurch nicht beeinflussen*
It's better than *the other one.*	*der andere*
– No, I'll have *another one,*	*einen anderen*
More expensive, more expensive,	
The most expensive of all.	
I want a picture, a beautiful picture,	
A picture to *hang* on my wall,	*(auf)hängen*
Can I have that one?	
– No, have this one.	

But the other is more beautiful.
– Never mind that,
It's better than the other one.
– No, I'll have another one,
More beautiful, more beautiful
The most beautiful of all.

Übungen

1. Bilden Sie mit den in den Klammern angegebenen Wörtern Fragen, die die Vergleichsstufe enthalten, wie im Beispiel gezeigt:

   a) Which is more frightening? Dracula or Frankenstein? (frightening)
   b) Which is . . . . ? This book or that newspaper? (interesting)
   c) Which is . . . . ? A bus or a taxi? (expensive)
   d) Which is . . . . ? The sea or a river? (beautiful)
   e) Which is . . . . ? The Monster or the Mummy? (horrible)

   Üben Sie dasselbe mit einem Partner.

2. Verwenden Sie wieder die Wörter in den Klammern, um Fragen zu bilden:

   a) Which is bigger? A dog or a bird? (big)
   b) Which is . . . . ? First class or second class? (expensive)
   c) Which are . . . . ? The apples or the pears? (cheap)
   d) Which is . . . . ? A year or a day? (long)
   e) Who is . . . . ? Your uncle or your aunt? (boring)

f) Who is . . . . ? Charlie Chaplin or your neighbour? (funny)

Üben Sie dasselbe mit einem Partner.

3. Vervollständigen Sie die Sätze, indem Sie die Höchststufe des Eigenschaftswortes einsetzen:

a) I want the . . . . carpet in the shop. *(expensive)*

b) London is the . . . . city in England. *(big)*

c) Mr. Jones has got the . . . . job in the world. *(boring)*

d) Which is the . . . . cinema in this town? *(good)*

e) What's the . . . . book you've read? *(interesting)*

4. Üben Sie diese Fragen und Antworten über Ihre Stadt mit einem Partner:

a) Which is the most beautiful building in your town? And the ugliest?
b) Which is the longest street?
c) Who is the most famous person?
d) Where is the best cafe?
e) What is the most interesting place?

LEKTION 53

I'll Wait for You

Was wird gelernt?

will, won't (will not)

Mary: Hello, John. Happy birthday!	*Mary:* Hallo, John. Herzlichen Glückwunsch zum Geburtstag!
John: You're too early. My birthday is tomorrow, not today.	*John:* Du bist zu früh dran. Ich habe morgen Geburtstag, nicht heute.
Mary: How old will you be?	*Mary:* Wie alt wirst du?
John: I'll be twenty-five tomorrow.	*John:* Ich werde morgen 25.
Mary: Are you going to have a party?	*Mary:* Wirst du eine Party geben?

So wird's verständlich:

In Lektion 36 haben Sie die Verwendung einer Form von *be + going to* geübt, die ein zukünftiges Geschehen einleitet. Sie haben dort gelernt, daß diese Form die Absicht des Sprechenden ausdrückt, etwas zu tun. Zum Beispiel: *I'm going to stop smoking* (Ich werde das Rauchen aufgeben).

In dieser Lektion werden Sie eine andere Möglichkeit kennenlernen, im Englischen die Zukunft (das Futur) zu bilden. Dabei benutzt man das Hilfszeitwort *will* (Kurzform *'ll*) und die Grundform des Zeitworts. So sagte z. B. John im obigen Dialog: *I'll be twenty-five tomorrow.* Das Hilfszeitwort *will* ist für alle Personen unverändert.

> **I'll** *be twenty-five tomorrow.*
> *The Queen* **will** *leave London on Friday.*
> *Tomorrow we'***ll** *all be a day older.*

Die Verneinung bildet man mit *will not,* das beim Sprechen meistens zu *won't* [wəunt] zusammengezogen wird.

Mr. Smith **won't** *be at work tomorrow.*

Fragen werden, wie üblich, durch Umkehrung der Wortfolge gebildet:

Will *the doctor come tomorrow?*

Diese Form mit *will* hat eine andere Bedeutung als die mit *going to.* Mit ihr werden zukünftige Ereignisse vorhergesagt, von deren Eintreffen der Sprechende überzeugt ist. Mit einer Absicht hat das nichts zu tun. So sagt Neil in Dialog 1, nach dem Zweck seiner Maschine befragt: *It'll make tea,* und er benutzt die Form mit *will,* weil er davon überzeugt ist, daß die Maschine Tee kochen wird. Im Gegensatz dazu Marys Frage an John: *Are you going to have a party?* Sie erkundigt sich dabei nach Johns Absichten und verwendet deswegen die Form mit *going to.* Auch in Dialog 2 können Sie den unterschiedlichen Gebrauch dieser beiden Formen gut erkennen. Linda sagt *Something horrible's going to happen,* und mit der *going-to*-Form betont sie, daß dieses furchtbare Geschehen unmittelbar bevorsteht. Neils Antwort *Nothing will happen* hat durch die *will*-Form den Charakter einer ganz sachlichen Voraussage. Ein weiteres Beispiel für den unterschiedlichen Gebrauch dieser beiden Formen finden Sie in dem Song. *I'll stay here* (sachliche Voraussage) und *I'm going to stay here* (Betonung der Absicht).

Dialog 1: It'll work perfectly.

Neil bastelt gern ausgefallene Sachen. Im Moment zeigt er seiner Frau Linda seine neueste Erfindung.

Neil: There! It's ready.
Linda: It's ready – what is it?
Neil: It's a clockwork alarm-clock and tea-maker.
Linda: I don't believe you.
Neil: It'll work perfectly.

Linda: It won't work at all!
Neil: Look! It's ready.
Linda: All right, all right – it's ready. But what'll it do?
Neil: It'll boil water.
Linda: Boil water?
Neil: Yes, it'll make tea.
Linda: Make tea?
Neil: Then a bell will ring.
Linda: A bell will ring?
Neil: And it'll wake us up.
Linda: Wake us up? I don't believe it. It won't work.
Neil: All right! We'll go to sleep now, and we'll see in the morning.
Linda: It won't work.
Neil: It'll work perfectly. I'll just turn the key once more.
(He turns the key.)
Linda: Good night.
Neil: Good night.

Wörter und Wendungen

it'll work [itl 'wə:k]	sie (die Maschine) wird funktionieren	perfectly ['pə:fiktli]	einwandfrei

clockwork ['klɔkwə:k]	zum Aufziehen, mechanisch
alarm-clock [ə'lɑ:mklɔk]	Wecker
tea-maker ['ti:meikə]	Teemaschine
believe [bi'li:v]	glauben
boil [bɔil]	kochen (lassen), zum Kochen bringen (vgl. Lektion 51: *The water's boiling* „das Wasser kocht" = „ist kochend")
bell [bel]	Glocke
ring [riŋ]	läuten
it'll wake us up [itl 'weik əs 'ʌp]	sie (die Maschine) wird uns aufwecken
turn the key ['tə:n ðə 'ki:]	den Schlüssel herumdrehen (hier ein Schlüssel, der einen Mechanismus aufzieht)
I'll just turn the key [ail 'dʒʌst 'tə:n ðə 'ki:]	ich drehe nur den Schlüssel herum
once more ['wʌns 'mɔ:]	noch einmal

Dialog 2: It won't make any tea.

Es ist mitten in der Nacht. Linda ist von einem merkwürdigen Geräusch aufgewacht.

Linda: Neil, I heard a noise.
Neil: Eh?
Linda: Wake up, Neil!
Neil: What's wrong?
Linda: Your clockwork alarm-clock and tea-maker.
Neil: Oh, it'll work perfectly. Go to sleep.
Linda: Listen.
(The water is boiling.)
Neil: It's all right. The water'll boil in the morning.
Linda: The water's boiling now!
Neil: What time is it?
Linda: It's two o'clock in the morning ... Oh, stop it! Stop it! It's dangerous.
Neil: It'll be all right.
Linda: It won't be all right.
Neil: It will!
Linda: Something horrible's going to happen.

Neil: It's all right. Nothing will happen at all.
(The tea-maker explodes.)
Linda: Now, who's right? It won't make any tea.
Neil: But it has wakened us up.
Linda: Yes, it has wakened us up – at two o'clock in the morning.

Wörter und Wendungen

in the morning [in ðə 'mɔ:niŋ]	am Morgen
two o'clock in the morning ['tu: ə'klɔk in ðə 'mɔ:niŋ]	zwei Uhr morgens
dangerous ['deindʒrəs]	gefährlich
nothing will happen ['nʌθiŋ wil 'hæpən]	es wird nichts passieren
explode [iks'pləud]	explodieren
now, who's right? [nau 'hu:z 'rait]	wer hat jetzt recht behalten?
it has wakened us up [it həz 'weikənd əs 'ʌp]	sie (die Maschine) hat uns aufgeweckt (Neil benutzte das regelmäßige Zeitwort *waken/ed*. Üblicher ist die Verwendung des unregelmäßigen Zeitworts *wake/woke/woken*. Dann würde Neil sagen *It has woken us up*).

Song: I'll wait for you.

I'm a traveller *on the road to nowhere,* — *auf der Straße nach Nirgendwo*
I'm going to *sail across the sea,* — *über das Meer fahren*
I'll be gone for a year or more, dear, — *ich werde fort sein*
Will you stay here and wait for me?

You're a traveller on the road to nowhere,
You're going to sail *into the blue,* — *in die Ferne*
You'll be gone for a year or more, dear,
And I'll stay here and wait for you.

I'm a traveller on the road to nowhere.
– He's going to sail into the blue,

– I'll be gone for a year or more, dear,
Will you stay here?
– Yes, I'll stay here,
I'm going to stay here and wait for you.

Übungen

1. Vervollständigen Sie die Sätze, indem Sie *will* und *won't* einsetzen, wie im Beispiel gezeigt:

   a) The doctor will be here at six.
      – No, he won't. He'll forget.
   b) It'll be a very good party.

      – No, ... be boring.
   c) Miss Jones will write the letters.

      – No, ... type them.
   d) We'll arrive on time.

      – No, ... be late.
   e) Mr. and Mrs. Brown will be here soon.

      – No, ... be here at ten o'clock.

   Üben Sie die Sätze als kurze Dialoge mit einem Partner.

2. Vervollständigen Sie die Sätze, indem Sie entweder *will* oder *going to* einfügen, je nachdem, was Sie für sinnvoller halten:

   a) When . . . . you be 21? – I . . . . be 21 in December.

   b) What . . . . do with that key? – I . . . . lock that door.

   c) Don't worry! We . . . . wake up early. The alarm-clock

      . . . . wake us up.

d) Why has he got that gun? What .... do with it?

e) It .... be January 1st on Friday.

LEKTION 54

Life Goes Faster and Faster

Was wird gelernt?

slowly — more slowly   well — better

Mary:	Jack drives very well, doesn't he?	*Mary:*	Jack fährt sehr gut (Auto), nicht?
John:	Yes, but I drive better.	*John:*	Ja, aber ich fahre besser.
Mary:	Really?	*Mary:*	Wirklich?
John:	Yes, he drives faster, but I drive more carefully.	*John:*	Ja, er fährt schneller, aber ich fahre vorsichtiger.

So wird's verständlich:

In früheren Lektionen haben Sie die Vergleichsstufe und die Höchststufe von Eigenschaftswörtern geübt. In Lektion 50 haben Sie sich mit einsilbigen, in Lektion 52 mit zwei- und mehrsilbigen Eigenschaftswörtern befaßt. Wie Sie gesehen haben, bilden lange Eigenschaftswörter ihre Steigerungsformen mit *more* und *most*, während die kürzeren die Endungen *-er* und *-est* verwenden.
Zur Vervollständigung dieses Themas soll in dieser Lektion die Vergleichsstufe von Umstandswörtern behandelt werden. In Lektion 49 können Sie noch einmal nachlesen, was Sie über Umstandswörter bereits gelernt haben. Sie werden sich erinnern, daß die Umstandswörter meistens auf *-ly* enden, z. B.:

slowly	*hungrily*
carefully	*quickly*
happily	*badly*

Die Vergleichsstufe der Umstandswörter wird im allgemeinen mit *more* gebildet, zum Beispiel:

I walk **slowly**, *but my grandfather walks* **more slowly.**
I drive **carefully**, *but John drives* **more carefully.**

Es gibt allerdings einige Ausnahmen:

well	wird zu	**better**
fast	wird zu	**faster**
badly	wird zu	**worse** [wə:s]

Für das Umstandswort *quickly* sind beide Formen der Vergleichsstufe möglich: *more quickly* und (eher umgangssprachlich) *quicker*.

Dialog 1: More carefully, Neil!

Neil hat wieder einmal eine Maschine erfunden und zeigt sie seiner Frau Linda.

Neil: There you are, Linda. Ah, ha! It works.
Linda: But what will it do?
Neil: It'll wash all your dishes.
Linda: Will it wash them clean?
Neil: Cleaner than ever before.
Linda: But I always wash them clean.
Neil: Ah – this will wash them cleanest of all.
Linda: Hm! Let's see.
Neil: First, we'll wind it up carefully . . . Next, we'll put in the dirty dishes –
(He drops a plate.)
Linda: More carefully, Neil!

Neil: Don't worry. It hasn't broken.
Linda: What now?
Neil: We'll put in some soap powder.
Linda: Here it is. Carefully now.
Neil: Now, we'll slowly pull this handle.
Linda: It won't pull.
Neil: Pull harder. Listen.
Linda: And now?
Neil: We'll wait and see.

Wörter und Wendungen

there you are, Linda ['ðɛə ju 'ɑː 'lində]	da, bitte, Linda	dishes ['dɪʃɪz]	Geschirr (Teller, Tassen, Schüsseln usw.)
wash [wɔʃ]	(ab)waschen, (ab)spülen	clean [kliːn]	sauber

cleaner than ever before ['kli:nə ðən 'evə bi'fɔ:]	sauberer als je zuvor
we'll wind it up [wi:l 'waind it 'ʌp]	wir werden sie (die Maschine) aufziehen (*wind/wound/wound*)
drop [drɔp]	fallen lassen
plate [pleit]	Teller
what now? [wɔt 'nau]	was jetzt?
put in ['put 'in]	hineintun, -schütten
dirty ['də:ti]	schmutzig
soap powder ['səup 'paudə]	Waschpulver
pull [pul]	(heraus)ziehen
handle ['hændl]	Hebel, (Hand)Griff
we'll slowly pull this handle [wi:l 'sləuli 'pul ðis 'hændl]	wir werden langsam diesen Griff herausziehen (Man kann das Umstandswort *slowly* auch an das Ende des Satzes stellen: *we'll pull this handle slowly.*)
it won't pull [it 'wəunt 'pul]	er (der Griff) läßt sich nicht herausziehen
harder ['hɑ:də]	fester, mit mehr Kraft

Dialog 2: It's going faster.

Neils Maschine gerät allmählich außer Kontrolle.

Linda: What's wrong?
Neil: Wrong? There's nothing wrong.
Linda: It's going faster.
Neil: It's all right.
Linda: It's getting louder. Listen.
Neil: It's all right. It's washing the dishes clean.
Linda: It's going to break them all.
Neil: Oh, stop worrying.
Linda: It's going faster. Oh, stop it!
Neil: Push the handle quickly!
Linda: It won't push. It's going faster.
Neil: Push it harder.
Linda: It won't stop. Oh, stop it! Stop it!
Neil: The dishes are coming out! They are clean.
Linda: Yes, they're clean, but it's broken them all to pieces.

Wörter und Wendungen

there's nothing wrong [ðəz 'nʌθiŋ 'rɔŋ]	es ist gar nichts los, es ist alles in Ordnung	it won't push [it 'wəunt 'puʃ]	er (der Griff) läßt sich nicht hineinschieben
it's going faster [its 'gəuiŋ 'fɑ:stə]	sie (die Maschine) wird schneller	piece [pi:s]	Stück
loud [laud]	laut	it's broken them all to pieces [its 'brəukən ðəm 'ɔ:l tə 'pi:siz]	sie (die Maschine) hat alles (Geschirr) zerbrochen
push [puʃ]	(hinein)schieben		

Song: Life goes faster and faster.

Life goes faster and faster,	*Das Leben wird immer schneller,*
Everything's done in a rush,	*alles wird auf die Schnelle gemacht*
Life gets harder and harder,	*das Leben wird immer härter,*
Everyone's caught in the crush.	***Jeder wird in den Rummel mit hineingezogen.***
Let's take it all more slowly,	*wir sollten uns bei allem ein bißchen mehr Zeit lassen*
There's no need for all the rush.	*es besteht keine Notwendigkeit für, . . . ist nicht nötig*
Let's take it all more *softly,*	*sacht*
There's no need for all the crush.	

Life can get better and better
There's no need to make it worse,
So take it all more slowly,
There's no need for all the rush,
Softly, *gently*, slowly, — *sanft, leise*
More softly, more gently, more slowly,
There's no need for all the rush.

Übungen

1. Geben Sie Anweisungen, wie Neils Maschine zu behandeln ist, indem Sie die Vergleichsstufe der Umstandswörter in die Sätze einfügen, wie im Beispiel gezeigt:

a) Pull it more carefully. (carefully)

b) Pull it. . . . . (slowly)

c) Pull it. . . . . (gently)

d) Pull it. . . . . (quickly)

e) Pull it. . . . . (hard)

f) Pull it. . . . . (fast)

2. Tom hat sich angeboten, Neils Maschine zu reparieren. Antworten Sie ihm wie im Beispiel gezeigt, indem Sie die Vergleichsstufe der Umstandswörter und die Zukunft mit *will* verwenden:

a) I can repair it quickly.
– Yes, but Neil will do it more quickly.

b) I can repair it cheaply.

– . . . .

c) I can repair it well.

– . . . .

d) I can repair it fast.

– . . . .

e) I can repair it easily.

– . . . .

3. Bilden Sie die Vergleichsstufe der in den Klammern stehenden Umstandswörter und setzen Sie sie in die Zwischenräume ein:

In the year 2050, will people live (a) .... (happy)? They will travel (b) .... (fast), but will they feel (c) .... (well)?

LEKTION 55

I Won't Do It Ever Again

Was wurde gelernt?

Wiederholung der Zeitformen

John: Ah! Tomorrow I'll be in New York!	*John:* Ah! Morgen werde ich in New York sein!
Mary: Really? How long are you going to stay?	*Mary:* Wirklich? Wie lange wirst du bleiben?
John: Two weeks. I bought my ticket yesterday.	*John:* Zwei Wochen. Gestern habe ich meine Fahrkarte gekauft.
Mary: Have you been there before?	*Mary:* Bist du schon einmal dort gewesen?
John: Oh yes, I go there every year.	*John:* Oh ja, ich fahre jedes Jahr hin.
Mary: Do you?	*Mary:* Wirklich?
John: Yes. Well, I'm leaving now. Bye!	*John:* Ja. Also ich muß jetzt fort. Wiedersehen!

So wird's verständlich:

Diese Lektion soll der Wiederholung der Zeitformen dienen, soweit Sie sie bisher kennengelernt haben.
Für die **Gegenwart** haben Sie zwei Zeitformen gelernt: die *Verlaufsform der Gegenwart,* die eine jetzt gerade vor sich gehende Handlung ausdrückt (siehe Lektion 27–28) und die *einfache Gegenwart,* die sich auf eine gewohnheitsmäßige Handlung bezieht (siehe Lektion 31–33). Hier ein Beispiel für die zwei Zeitformen der Gegenwart:

> **I'm reading** *a Japanese book.*
> *Oh,* **do you** *often* **read** *Japanese books?*

Für die **Vergangenheit** haben Sie ebenfalls zwei Zeitformen kennengelernt: die *einfache Vergangenheit,* die sich auf ein einmaliges Geschehen zu einem bestimmten Zeitpunkt in der Vergangenheit bezieht oder auf eine in der Vergangenheit liegende Gewohnheit (siehe Lektion 38–40), und die *Vollendung in der Gegenwart,* die sich auf eine unbestimmte Zeit der Vergangenheit bezieht oder auf ein Geschehen in der Vergangenheit, das sich auf die Gegenwart auswirkt (siehe Lektion 45–48). Hier ein Beispiel für die zwei Zeitformen der Vergangenheit:

> *I* **went** *to New York last year.*
> **Have** *you ever* **been** *there?*

Und auch für die **Zukunft** sind Ihnen zwei Zeitformen begegnet: die Form mit *be + going to,* die eine Absicht des Sprechenden ausdrückt (siehe Lektion 36) und die Form mit *will,* die man verwendet, um sachliche Voraussagen zu machen, die von jemandes Absichten unabhängig sind (siehe Lektion 53).
Hier ein Beispiel für die zwei Zeitformen der Zukunft:

> *I'***ll be** *21 on Saturday.*
> **Are** *you* **going to** *have a party?*

In den Dialogen, dem Song und den Übungen dieser Lektion finden Sie Beispiele für alle genannten Zeitformen.

Dialog 1: What have you invented today?

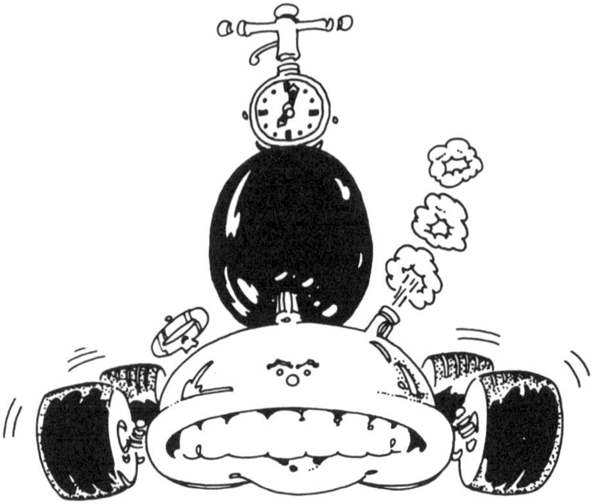

Linda findet Neil mit einer neuen Erfindung beschäftigt.

Linda: What have you invented today?
Neil: A clockwork carpet sweeper.
Linda: It looks more like a lawn-mower. What'll it do?
Neil: It'll sweep your carpets clean.
Linda: How does it work?
Neil: You turn this key slowly and wind it up.
(Linda turns the key.)
Linda: There! I've wound it up.
Neil: Now pull this handle gently.
Linda: Right! I've pulled it. Nothing's happening.
Neil: Pull it harder.
(Linda pulls the handle harder.)
Neil: Oh, you've broken it! You didn't pull it carefully.
Linda: Yes, I did. I pulled it very carefully.
Neil: Oh, it doesn't matter. I'll soon fix it.
Linda: And I'll wait and see.

Wörter und Wendungen

invent [in'vent]	erfinden
sweep [swi:p]	kehren, fegen, säubern *(sweep/swept/swept)*
carpet sweeper ['kɑ:pit 'swi:pə]	Teppichkehrmaschine
lawn-mower ['lɔ:n'məuə]	Rasenmäher
it looks more like a lawn-mower [it luks 'mɔ: laik ə 'lɔ:n'məuə]	sie (die Maschine) sieht eher wie ein Rasenmäher aus
it doesn't matter [it 'dʌznt 'mætə]	das macht nichts
fix [fiks]	in Ordnung bringen, reparieren
I'll soon fix it [ail 'su:n 'fiks it]	ich werde es gleich wieder in Ordnung bringen

Dialog 2: I've fixed it.

Neil hat die Maschine repariert.

Neil: There! I've fixed it.
Linda: Well done.
Neil: Now pull the handle.
Linda: Right. I've pulled it... It's moving! It's working!
Neil: Will the handle twist?
Linda: Yes, it twists easily.
Neil: Good. Twist it.
Linda: Don't rush me. I'm going to twist it in a moment.
Neil: Look, it's working!
Linda: It's going faster.
Neil: Good. Is it cleaning the carpet?
Linda: Look at the carpet!
Neil: What's wrong?
Linda: It's cutting the carpet to pieces!
Neil: Stop it! Twist the handle.
Linda: It won't twist. Oh, it's stuck.
Neil: Twist it harder.
Linda: It's going faster. It won't stop ... Stop it!
Neil: Linda – I ... I've made a mistake.
Linda: A mistake!
Neil: Yes, that's not the clockwork carpet cleaner.

Linda: What is it?
Neil: You were right! It *is* a clockwork lawn-mower.
Linda: And it's mowing my carpet! Oh! Stop it! Stop it!

Wörter und Wendungen

well done ['wel 'dʌn]	gut gemacht! bravo!	cut [kʌt]	schneiden
move [mu:v]	(sich) bewegen	it's stuck [its 'stʌk]	er (der Griff) ist steckengeblieben
twist [twist]	(sich) drehen	mistake [mis'teik]	Fehler
will the handle twist? [wil ðə 'hændl 'twist]	läßt sich der Griff drehen?	I've made a mistake [aiv 'meid ə mis'teik]	mir ist ein Fehler unterlaufen
easily ['i:zili]	leicht	you were right [ju wə 'rait]	du hattest recht
don't rush me ['dəunt 'rʌʃ mi]	hetz mich nicht so!	mow [məu]	mähen

Song: I won't do it ever again.

I'm sorry – oh, I'm sorry,	*es tut mir leid, entschuldige*
I have done it *once again*.	(nachdrücklich für) *wieder, noch einmal*
I spoke to you unkindly,	*ich habe lieblos zu dir gesprochen*
But I *promise*,	*verspreche*
Yes, I promise,	
I won't do it ever again.	ich werde es nie wieder tun
I'm sorry – oh, I'm sorry.	
I have done it once again.	
I treated you unkindly,	*ich habe dich lieblos behandelt*
But I promise,	
Yes, I promise,	
I won't do it ever again.	
But we promise,	
Yes, we promise,	
We won't do it ever again.	

Übungen

1. Bilden Sie mit den gegebenen Wörtern Aussage- und Antwortsätze, wie im Beispiel gezeigt:

   a) clean the car
      I'm going to clean the car. – It's O.K. I've already cleaned it.

   b) cut the bread

      . . . .

   c) wash the windows

      . . . .

   d) buy the tickets

      . . . .

2. Ergänzen Sie die Aussagen durch Antworten, wie im Beispiel gezeigt. Üben Sie dasselbe dann mit einem Partner:

   a) Mr. Smith's cleaning his car again.
      – Yes. He always cleans his car on Sunday.

   b) My mother's baking a cake again.

      . . . . Friday.

   c) It's raining again.

      . . . . Monday.

   d) Jim and Sue are going to the cinema again.

      . . . . Tuesday.

3. Beantworten Sie folgende Fragen:

   a) What are you wearing?
   b) Did you get up early this morning?
   c) What are you going to do this evening?

d) Have you read any good books this year?
e) How old will you be on your next birthday?
f) Which newspaper do you read?
g) Have you ever met a film star?
h) Where were you last Friday?

Üben Sie dasselbe mit einem Partner.

LEKTION 56

Send Me a Letter

Was wird gelernt?

bring/give/lend/pass/fetch/send me the money

Mary:	John pass me some paper, please.	*Mary:*	John, gib mir bitte etwas Papier.
John:	Here you are.	*John:*	Hier, bitte.
Mary:	Thanks, and lend me your pen.	*Mary:*	Danke, und leih mir deinen Federhalter.
John:	O.K. Here you are.	*John:*	O.K. Hier, bitte.
Mary:	Thanks. I'm going to write a letter.	*Mary:*	Danke. Ich will einen Brief schreiben.

So wird's verständlich:

In Lektion 44 haben Sie die „Objekt"-Fürwörter geübt.

me	*him*	*us*
you	*her*	*them*
	it	

Dort wurden sie als Ergänzung im 4. Fall (direktes oder Akkusativobjekt) von Zeitwörtern verwendet, z. B. *Oh yes, I know Mr. Smith – I met him last year.*
In dieser Lektion werden diese Fürwörter als Ergänzung im 3. Fall (indirektes oder Dativobjekt) der folgenden Zeitwörter verwendet:

bring *	(her)bringen	*pass*	reichen
give	geben	*fetch* *	holen
lend	leihen	*send*	schicken

Beispiele: *John, pass* **me** *some paper.* und *Lend* **me** *your pen.*
Beachten Sie besonders die Wortfolge und die Tatsache, daß bei dieser Wortfolge das Verhältniswort (Präposition) *to* nicht verwendet wird!

*) Die Zeitwörter *fetch* und *bring* dürfen Sie nicht verwechseln. Der Unterschied ist ähnlich wie im Deutschen. Schickt man jemand fort, um etwas herzu*holen*, so sagt man *fetch*. Wenn der zu holende Gegenstand nicht weit fort ist, kann man auch *bring* verwenden. Vor allem aber wird *bring* benutzt, wenn man jemand, der an einem andern Ort ist, auffordert, etwas herzubringen (z. B. wenn der Chef seine Sekretärin am Telefon bittet, ihm irgendwelche Papiere zu bringen).

Dialog 1: Pass me that rope.

Neil hat schon wieder eine Maschine erfunden.

Neil: There you are, Linda. It works. Now lend me a hand.
Linda: Another invention! What is it this time? Not a clockwork lawnmower!
Neil: No, I've already invented that.
Linda: Well, what is it?
Neil: It's big and it's heavy.
Linda: Yes, I can see that.
Neil: Well, give me a hand.
Linda: But what is it? What does it do?

Neil: It's a clockwork window cleaner!
Linda: A clockwork window cleaner!
Neil: Yes. Now lend me a hand.
Linda: Oh, all right.
Neil: Fetch me that oil can.
Linda: Here you are.
Neil: Now we'll lift it up to the window.
Linda: Careful, Neil. You'll break the window.
Neil: Don't worry, Linda. It'll be all right. Now pass me that rope.
Linda: Here you are.
Neil: Now we pull on the rope.
Linda: Look – it's working!

Wörter und Wendungen

lend me a hand ['lend mi ə 'hænd]	hilf mir
invention [in'venʃən]	Erfindung
already [ɔ:l'redi]	schon, bereits
I can see that [ai kən 'si: 'ðæt]	ja, das sehe ich
give me a hand ['giv mi ə 'hænd]	hilf mir
window cleaner ['windəu 'kli:nə]	Fensterputzmaschine
fetch [fetʃ]	holen
oil [ɔil]	Öl

oil can [ˈɔil kæn]	Ölkanne, -känn-chen	careful, Neil [ˈkɛəful ˈniːl]	(sei) vorsichtig, Neil
lift [lift]	(hoch)heben	pass [pɑːs]	geben, reichen
we'll lift it up to the window [wiːl ˈlift it ˈʌp tə ðə ˈwindəu]	wir werden sie (die Maschine) zum Fenster heben	rope [rəup]	Seil
		pull on the rope [ˈpul ɔn ðə ˈrəup]	am Seil ziehen

Dialog 2: Bring me some water.

Die mechanische Fensterputzmaschine gibt ein Geräusch von sich.

Neil: Look! It's working!
Linda: What's it doing?
Neil: It's cleaning the window.
Linda: It isn't! It's making the window dirty! Look!
Neil: What's that?
Linda: It's oil! The oil's coming out of the machine. Stop it.
(Neil stops the machine.)
Neil: Quick! Give me a hand.
Linda: Yes?
Neil: Bring me some water.
Linda: Some water?
Neil: And some soap.
Linda: Some soap? Why?
Neil: I've forgotten something.
Linda: What?
Neil: Soap and water. I didn't put them in the machine.
Linda: Yes. I'll bring you some soap and water. And I'll give you a bucket. And I'll fetch a ladder.
Neil: Why?
Linda: You can climb up the ladder and wash the window yourself.

Wörter und Wendungen

dirty ['də:ti]	schmutzig
it's making the window dirty [its 'meikiŋ ðə 'windəu 'də:ti]	sie (die Maschine) macht das Fenster schmutzig
machine [mə'ʃi:n]	Maschine
bring [briŋ]	(her)bringen
soap [səup]	Seife
I didn't put them in the machine [ai 'didnt 'put ðəm in ðə mə'ʃi:n]	ich habe sie nicht in die Maschine hineingetan (nach dem Zeitwort *put* kann sowohl *in* als auch *into* stehen, wenn eine Bewegung ausgedrückt wird)
bucket ['bʌkit]	Eimer
ladder ['lædə]	Leiter
climb [klaim]	(hinauf)steigen
climb up the ladder ['klaim 'ʌp ðə 'lædə]	auf die Leiter steigen
yourself [jɔ:'self]	(du) selbst

Song: Send me a letter.

Send me a letter,	
Drop me a line,	*schreib mir ein paar Zeilen*
Tell me where to meet you,	
And I'll be there *on time*.	*pünktlich*
I'll bring you some *flowers*,	*Blumen*
I'll take you to a show,	*ich lade dich ins Theater ein*
I promise you a good time,	*ich verspreche dir, daß du dich gut unterhalten wirst*
All go-go-go-go-go So –	*da ist was los (= it's all go)*

Send me a letter,
Drop me a line,
Tell me where to meet you,
And I'll be there, I'll be there,
I'll be there on time.

I've already written to you,
I've dropped you a line,

I've told you where to meet me,
So everything is fine.
I've sent you a letter,
I've dropped you a line,
I've told you where to meet me,
And I'll be there, I'll be there,
I'll be there on time.

Übungen

1. Vervollständigen Sie die Sätze, indem Sie von den gegebenen Wörtern die passenden einfügen, wie im Beispiel gezeigt:

   the key, that pen, some cups, a hammer and some nails, a knife, fifty pence.

   a) I want to cut the bread. Pass me a knife, please.

   b) I want to hang this mirror on the wall. Bring . . . ., please.

   c) I'm going to take a taxi. Can you lend . . . . ?

   d) I want to open this door. Give . . . ., please.

   e) Let's make some tea. Fetch . . . ., please.

   f) I'm going to write a letter. Pass . . . ., please.

2. Vervollständigen Sie die Sätze mit den gegebenen Wörtern wie in Übung 1. Setzen Sie gleichzeitig die richtigen Fürwörter ein:

   a present, a glass of water, five pounds, the sugar, a letter, some chairs.

a) John didn't have any money, so I lent him five pounds.

b) We haven't seen Albert this year. Let's send . . . .

c) It's Mary's birthday. I'm going to give . . . .

d) Tom! Mr. and Mrs. Jones have arrived. Can you fetch . . . .

. . . . ?

e) I was very thirsty, so Bill brought . . . .

f) Ah! A cup of tea! Pass . . . . , please.

LEKTION 57

I Wrote a Letter to You

Was wird gelernt?

bring/give/pass/lend/send the money to me

John: Mary, this door's locked.	*John:* Mary, diese Tür ist abgeschlossen.
Mary: Oh, yes?	*Mary:* So?
John: Yes. Who's got the key?	*John:* Ja, wer hat den Schlüssel?
Mary: Jim's got it.	*Mary:* Jim hat ihn.
John: Who gave it to him?	*John:* Wer hat ihn ihm gegeben?
Mary: I did. I lent it to him yesterday.	*Mary:* Ich. Ich habe ihn ihm gestern geliehen.

So wird's verständlich:

In Lektion 56 haben Sie den Gebrauch der Fürwörter *me, you, him, her, it, us* und *them* als Ergänzung im 3. Fall (indirektes oder Dativobjekt) von Zeitwörtern wie *give, lend* usw. geübt. Die Wortfolge in solchen Sätzen lautet:

Zeitwort	Ergänzung	
	3. Fall	4. Fall
Pass	*me*	*the sugar.*

In dieser Lektion lernen Sie eine andere Wortfolge kennen.

Man kann statt:	*Send*	*me*	*the money.*	
auch sagen:	*Send*		*the money*	**to** *me.*
	Zeitwort		Ergänzung	
			4. Fall	3. Fall

Die Wortfolge ist dann also: Zeitwort + Ergänzung im 4. Fall + *to* + Ergänzung im 3. Fall.

Alle Zeitwörter, die Sie in der vorigen Lektion geübt haben, können Sie auf diese Weise mit *to* verbinden, nur *fetch* nicht!

Diese zweite Wortfolge (mit *to* und der Satzergänzung im 3. Fall am Ende) ist besonders dann zu empfehlen, wenn sowohl die Satzergänzung im 4. als auch die Satzergänzung im 3. Fall Fürwörter sind, denn dann schafft das *to* klare Verhältnisse (wie z. B. im obigen Dialog). Außerdem wird durch das *to* und die Stellung am Ende des Satzes die Satzergänzung im 3. Fall besonders hervorgehoben.

Dialog 1: Pass me that big bottle.

Neil arbeitet jetzt mit seinem Freund Brian an einer Sache, bei der eine kochende Flüssigkeit verwendet wird.

Neil: Give us a hand, Linda.
Linda: What do you want?

Neil: Pass me that big bottle.
Brian: And bring me that small one.
Linda: *(Giving Neil the small bottle)* Here you are, Neil.
Neil: No, not the small one. Take that to Brian.
Linda: To Brian.
Neil: And give *me* the big one.
Linda: The big one to you.
Neil: Thank you.
Linda: And the small one to Brian. Here you are, Brian.
Brian: Thank you, Linda.
Linda: What are you boiling in that basin?
Neil: We're making invisible ink.
Linda: Invisible ink!
Brian: Yes, I want to write secret messages.
Linda: Secret messages! What's going on?
Neil: Oh, Linda – bring me some salt.
Brian: And fetch me some sugar, please.
Linda: Salt and sugar!
Neil: Yes, salt –
Brian: – and sugar.
Linda: Salt and sugar. What *is* going on?

Wörter und Wendungen

bottle ['bɔtl]	Flasche	basin ['beisn]	Schüssel, Schale
that small one [ðæt 'smɔ:l wʌn]	die kleine (Flasche) dort *(one* steht für *bottle*, um eine Wiederholung zu vermeiden)	invisible [in'vizəbl]	unsichtbar
		ink [iŋk]	Tinte
		secret ['si:krit]	geheim
		message ['mesidʒ]	Botschaft, Mitteilung
take that to Brian [teik 'ðæt tə 'braiən]	bring Brian die (Flasche)	what's going on? ['wɔts 'gəuiŋ 'ɔn]	was geht hier vor?
		salt [sɔ:lt]	Salz

Dialog 2: Take the sugar to Brian.

Neil und Brian arbeiten immer noch an der unsichtbaren Tinte. Linda hilft ihnen.

Linda: Here you are, Neil: the sugar.

Neil: No, *I* don't want the sugar. Take the sugar to Brian, and give *me* the salt.

Linda: Sorry. The salt to you. Here you are.

Neil: Thank you.

Linda: And the sugar to Brian. Here you are, Brian.

Brian: Thank you.

Neil: Right . . ., there we are. It's finished.

Brian: Good!

Neil: Now I'll write a message on this piece of paper.

Linda: Yes.

Neil: And put it in this basin.

Linda: Yes.

Neil: Now Linda – you show it to Brian.

Linda: O.K. Here you are, Brian.

Brian: Thank you. There! You see. There's nothing on it. You can't see anything on the paper. It's an invisible message.

Neil: Good. Now I'll put some salt on it. There! Now look.

Linda: Nothing's happened.

Neil: Oh. Show it to me. Hmm, something's wrong. I'll put on more salt. *Now* show it to Brian.

Linda: Here, Brian. It's a very secret message.
Brian: A very secret message?
Linda: Yes, it's a very secret message. Nobody will ever be able to read it.

Wörter und Wendungen

there we are ['ðɛə wi 'ɑː]	so, das hätten wir
it's finished [its 'finiʃt]	sie (die Tinte) ist fertig
piece of paper ['piːs əv 'peipə]	Stück Papier
show [ʃəu]	zeigen
there's nothing on it [ðəz 'nʌθiŋ 'ɔn it]	es ist nichts drauf
nothing's happened ['nʌθiŋz 'hæpənd]	es ist nichts passiert
nobody ['nəubɔdi]	niemand
nobody will ever be able to read it ['nəubɔdi wil 'evə bi 'eibl tə 'riːd it]	niemand wird es je lesen können

Song: I wrote a letter to you.

Write me a letter,
Write a letter to me,
Not to John, not to Tom,
Not to Fred or Nick or Jim,
But to me, *only* me, *just* me.

(*only* und *just* bedeuten beide) *nur*

I wrote you a letter,
I wrote a letter to you,
Not to John, not to Tom,
Not to Fred or Nick or Jim,
But to you, only you, just you.

You sent me a letter.
– I sent a letter just to you,
And the one that I sent
Was the one in which I said
I loved you, not Fred.
– Or Tom, or Nick, or Jim?
– No, you.
– Only me?
– Just you.

und in dem Brief, den ich dir geschickt habe, habe ich dir gesagt, daß ich dich liebe

Übungen

1. Beantworten Sie die Fragen mit den in den Klammern gegebenen Zeitwörtern, wie im Beispiel gezeigt:

   a) Has Jim got the key? – Yes, I gave it to him yesterday. (give)

   b) Has Susan got my guitar? – . . . . (lend)

   c) Has the boss got the letters? – . . . . (give)

   d) Have we got your laundry, sir? – . . . . (bring)

   e) Have the police got your passport? – . . . . (send)

   Üben Sie dasselbe mit einem Partner.

2. Beantworten Sie die Fragen mit jeweils zwei Sätzen, wie im Beispiel gezeigt:

   a) Where's my money?
   I gave you your money! I gave it to you yesterday.
   b) Where's my passport?

   I sent . . . . ! . . . . last week.
   c) Where's my laundry?

   We gave . . . . ! . . . . on Friday.
   d) Where's my tea?

   I brought . . . . ! . . . . at four o'clock.
   e) Where are my socks?

   I gave . . . . ! . . . . this morning.

LEKTION 58

There Are People Who Are Happy

Was wird gelernt?

The man who/that . . . **The letter which/that . . .**

Mary: John! Telephone!	*Mary:* John! Telefon!
John: For me?	*John:* Für mich?
Mary: Yes.	*Mary:* Ja.
John: Who is it?	*John:* Wer ist es?
Mary: It's the man who phoned yesterday.	*Mary:* Es ist der Mann, der gestern angerufen hat.
John: O.K. I'm coming.	*John:* O.K. Ich komme.

So wird's verständlich:

who: Das Wort *who* ist Ihnen schon öfter begegnet, und zwar als Einleitung zu Fragen wie *Who is it?*.

In dieser Lektion werden Sie *who* als bezügliches Fürwort (Relativpronomen) kennenlernen. Will man genau angeben, wen man meint, so gibt man in einem Nebensatz Einzelheiten über diese Person an, und der Nebensatz wird mit *who* eingeleitet. So beschrieb Mary den Mann, den sie meinte, indem sie sagte: *the man who phoned yesterday* (der Mann, der gestern angerufen hat). Hier einige weitere Beispiele:

		the man		*phoned yesterday.*
Who is it?	*It's*	*the woman*	**who**	*lives next door.*
		the policeman		*was here last week.*

Statt *who* kann man etwas weniger formell auch *that* sagen. Dann heißt es:

		the man		*phoned yesterday.*
Who is it?	*It's*	*the woman*	**that**	*lives next door.*
		the policeman		*was here last week.*

which: Handelt es sich nicht um Personen, sondern um Gegenstände, die in einem Nebensatz näher beschrieben werden sollen, so verwendet man in formellem, geschriebenem Englisch *which*, in weniger formellem, gesprochenem Englisch *that* zur Einleitung des Nebensatzes. Hier einige Beispiele:

	bus	
Which	*key*	*is that?*
	film	

	the bus	**which**	*goes to London.*
It's	*the key*		*opens the kitchen door.*
	the film	**that**	*starts at eight o'clock.*

In den Dialogen werden Sie sehen, daß *who, which* und *that* verwendet werden, wenn die näher beschriebene Person oder Sache Satzgegenstand (Subjekt) des Nebensatzes ist. In Lektion 59 wird dann die näher beschriebene Person oder Sache Satzergänzung (Objekt) des Nebensatzes sein.

Dialog 1: A typewriter which doesn't make any noise.

Neil ist wieder am Werk – diesmal ist eine geräuschlose Schreibmaschine Ziel seiner Erfindungskünste.

Linda: That's a noisy typewriter.
Neil: Yes, I know.
Linda: What are you doing?
Neil: I'm inventing a noiseless typewriter.

Linda: A noiseless typewriter!
Neil: Yes, I'm inventing a typewriter which doesn't make any noise.
Linda: What are all those pieces of rubber for?
Neil: To cover the keys.
Linda: The keys which hit the ribbon?
Neil: Yes, the keys which hit the ribbon.
Linda: And make the marks on the paper?
Neil: Yes, the keys which make the marks on the paper.
Linda: And you're putting the pieces of rubber on the keys?
Neil: Yes. I want rubber keys which won't make any noise. Listen.

Wörter und Wendungen

typewriter ['taipraitə]	Schreibmaschine
noise [nɔiz]	Geräusch
noisy [nɔizi]	laut, geräuschvoll
noiseless ['nɔizlis]	leise, geräuschlos
rubber ['rʌbə]	Gummi
pieces of rubber ['pi:siz əv 'rʌbə]	Gummistücke
what are all those	wofür sind all die
pieces of rubber for? ['wɔt ɑ: 'ɔ:l ðəuz 'pi:siz əv 'rʌbə 'fɔ:]	Gummistücke?
cover ['kʌvə]	bedecken
keys [ki:z]	Tasten
hit [hit]	schlagen (gegen)
ribbon ['ribən]	Farbband
marks [mɑ:ks]	(Schrift)Zeichen

Dialog 2: It's for a friend who wants a noiseless typewriter.

Neil und Linda unterhalten sich immer noch über Neils geräuschlose Schreibmaschine.

Linda: What's this noiseless typewriter for?
Neil: For a friend.
Linda: It's not for the friend who wanted invisible ink?
Neil: No, it's for a friend who wants a noiseless typewriter.
Linda: He wants a typewriter which doesn't make any noise.
Neil: Yes. Listen. *(He types something.)* There you are! I've invented a typewriter which doesn't make any noise!
Linda: And you put those pieces of rubber on the keys?
Neil: Yes.
Linda: And it's the keys which hit the ribbon?
Neil: Yes.
Linda: And it's the keys which make the marks on the paper?
Neil: Yes. It's the keys which make the marks on the paper.
Linda: Well, look!
Neil: What?
Linda: Look at the paper.
Neil: Oh, no! There are no marks at all.
Linda: Yes – you've made a typewriter which doesn't make any noise, and it's one which doesn't make any marks, either.
Neil: Oh, no!
Linda: Yes. Nobody will ever be able to read what you type.

Wörter und Wendungen

type [taip]	Schreibmaschine schreiben, tippen	not either [nɔt 'aiðə]	auch nicht
it's the keys which hit the ribbon [its ðə 'ki:z witʃ 'hit ðə 'ribən]	die Tasten schlagen gegen das Farbband	and it doesn't make any marks either [ənd it 'dʌznt 'meik 'eni 'mɑ:ks 'aiðə]	und schreiben tut sie (die Maschine) auch nicht

Song: There are people who are happy.

People, people, people,	
People *all over the world;*	*auf der ganzen Welt*
There are people who are happy,	
There are people who are sad,	
There are things which are good,	
There are things which are bad,	
But *life is still worth living,*	*das Leben ist trotzdem lebenswert*
There are *people who really care,*	*Leute, denen nicht alles gleichgültig ist*
The burdens which we carry *Are the burdens which they'll share.*	*die Sorgen, die wir haben, sind auch ihre Sorgen (sie teilen unsere Sorgen)*
(Chorus:)	*(Kehrreim:)*
So – *live it up,* live it up, be happy,	*genießt das Leben in vollen Zügen*
Make friends with all you see,	*schließt Freundschaft mit allen, denen ihr begegnet*
Life's too short for sadness *And things which just can't be.*	*das Leben ist zu kurz zum Traurigsein und um Dingen nachzuhängen, die nun einmal nicht zu verwirklichen sind*
Your hope's in people, people,	*eure Hoffnung liegt in den Menschen*
People all over the world;	
Friends who'll meet you, and *greet* you,	*(be)grüßen*
Smile and dance and sing,	

Things which matter, ever after, — *Dinge, auf die es wirklich ankommt*

Living is the thing, — *das Leben ist wirklich wichtig*

And life is still worth living,
There are people who really care,
The burdens which we carry
Are the burdens which they'll share.

So – live it up, live it up, be happy,
Make friends with all you see,
Life's too short for sadness,
And things which just can't be.

Übungen

1. Üben Sie den Gebrauch von *who* (oder *that*), indem Sie die Fragen wie im Beispielsatz beantworten:

   a) Who was Shakespeare?
   He was the man who (that) wrote 'Romeo and Juliet'.
   b) Who was Alexander Graham Bell?

   .... invented the telephone.
   c) Who was Neil?

   .... invented the noiseless typewriter.

   Üben Sie dasselbe mit einem Partner und denken Sie sich ähnliche Fragen und Antworten über andere berühmte Persönlichkeiten aus.

2. Beantworten Sie die Fragen, und verwenden Sie *that* (oder *which*) bei der Definition. Das Beispiel zeigt Ihnen, wie es gemeint ist:

   a) What's a 'carpet'? A carpet is something that (which) covers the floor.

b) What's a 'key'? . . . . locks a door.

c) What's a 'bird'? . . . . flies in the sky.

d) What's a 'carpet cleaner'? . . . . cleans carpets.

e) What's a 'dish-washer'? . . . . washes dishes.

3. Fügen Sie *who, which* oder *that* in die Zwischenräume ein, je nachdem, wie es die Sätze verlangen:

Linda: Neil, there's a policeman at the door. It's the policeman

(a) . . . . . . came yesterday.

Neil: What does he want?

Linda: He wants your inventions.

Neil: Which ones?

Linda: The one (b) . . . . . . cleans carpets, and the one (c) . . . . washes dishes. The neighbours say they're dangerous.

Neil: Who says that?

Linda: Well, the woman (d) . . . . . . lives at Number 15, and the

man (e) . . . . . . lives at Number 19.

LEKTION 59

I'm the Man You Spoke to Yesterday

Was wird gelernt?

The man you spoke to/The book you ordered

Mary:	John! Telephone!	*Mary:*	John! Telefon!
John:	Who is it?	*John:*	Wer ist es?
Mary:	It's the man you spoke to yesterday.	*Mary:*	Es ist der Mann, mit dem du gestern gesprochen hast.
John:	The man at the bookshop?	*John:*	Der Mann aus der Buchhandlung?
Mary:	Yes. He's got the book you ordered.	*Mary:*	Ja, er hat das Buch, das du bestellt hast.

So wird's verständlich:

In der vorigen Lektion ging es um den Gebrauch der bezüglichen Fürwörter oder Relativpronomen, die Relativsätze einleiteten, in denen die näher beschriebene Person oder Sache Satzgegenstand war. Zur Erinnerung ein Beispiel dafür:

It's **the man who** *phoned yesterday.*
. . . **der** gestern anrief.

In diesem Satz ist *the man,* auf das sich *who* bezieht, Satzgegenstand zu dem Zeitwort *phoned.*

Auch in dieser Lektion geht es um Relativsätze, diesmal allerdings um solche, in denen die näher beschriebene Person oder Sache Ergänzung zu dem Zeitwort des Nebensatzes ist:

It's **the man you spoke to** *yesterday.*
. . . mit dem du gestern sprachst.

Hier ist *the man* Ergänzung zu dem Zeitwort *spoke to*. In Sätzen, in denen das der Fall ist, kann das bezügliche Fürwort *(who)* wegfallen. Im gesprochenen Englisch bevorzugt man diese Form ohne *who:*

		man	**you spoke to** *yesterday.*
Who is it?	*It's* **the**	**woman**	**we met** *last week.*
		policeman	**I saw** *in the market.*

In sehr förmlicher Schriftsprache benutzt man noch die Form *whom,* was allerdings immer seltener wird.
Manchmal gebraucht man beim Sprechen auch *who,* obwohl das nicht allgemein als korrekt angesehen wird. Ganz korrekt ist hingegen der sehr häufige Gebrauch von *that.*

Es gibt also folgende Möglichkeiten:

	that	
It's **the man**	**who(m)**	**we met** *last week.*

Spricht man von Sachen und nicht von Personen, so ist *that* völlig korrekt, *which* ebenfalls, wenn auch recht förmlich.
(Falsch ist *who* bei Sachen!)

	that	
It's **the film**	**which**	**we saw** *last week.*

Für Personen und Sachen ist jedoch die im gesprochenen Englisch häufigste Form die ohne bezügliches Fürwort:

It's **the film**	
It's **the man**	**we saw** *last week.*

In dieser Lektion werden Sie Beispiele für alle genannten Formen von Relativsätzen finden.

Dialog 1: You're the man I spoke to yesterday.

Neil hat eine Lampe aus Mr. Jones' Geschäft bestellt. Mr. Jones fährt jetzt mit seinem Lieferwagen vor Neils und Lindas Haus vor.

Neil: Is that a van, Linda?
Linda: Yes. It's the van which belongs to Mr. Jones.
Neil: Mr. Jones?
Linda: Yes, he's the man who owns the shop which sells electrical goods.
Neil: Good! It's my new lamp.
Linda: Your new lamp?
Neil: Yes. It's the biggest lamp you've ever seen.
Linda: The biggest lamp I've ever seen!
(Neil opens the door.)
Neil: Ah, you're the man I spoke to yesterday.
Mr. Jones: Yes, and I've brought the lamp you ordered.
Neil: Good! Bring it in. Let's see it.
(They unwrap the lamp.)

Neil:	But there's something wrong. This isn't the one I asked for.
Linda:	Not the one you asked for?
Mr. Jones:	It's not the one you asked for?
Neil:	No. This is a small lamp. I ordered the biggest lamp you have ever seen.
Linda:	The biggest lamp you've ever seen.
Mr. Jones:	You want the biggest lamp anybody has ever seen?
Neil:	Yes.
Mr. Jones:	O.K. I'll go right back to the shop and fetch the biggest lamp we have. *(Mr. Jones drives away.)*

Wörter und Wendungen

van [væn]	Lieferwagen
belong to [bi'lɔŋ tə]	gehören
own [əun]	besitzen
shop [ʃɔp]	Laden, Geschäft
sell [sel]	verkaufen
electrical goods [i'lektrikəl 'gudz]	Elektrowaren
lamp [læmp]	Lampe
ever ['evə]	je
order ['ɔ:də]	bestellen
bring it in ['briŋ it 'in]	bringen Sie sie (die Lampe) herein
unwrap ['ʌn'ræp]	auspacken, auswickeln
ask for ['ɑ:sk fɔ:]	verlangen
the biggest lamp anybody has ever seen [ðə 'bigist 'læmp 'enibɔdi həz 'evə 'si:n]	die größte Lampe, die je ein Mensch gesehen hat
I'll go right back to the shop [ail gəu 'rait 'bæk tə ðə 'ʃɔp]	ich werde sofort ins Geschäft zurückfahren
Mr. Jones drives away ['mistə 'dʒəunz 'draivz ə'wei]	Mr. Jones fährt weg

Dialog 2: The biggest lamp you've ever seen

Mr. Jones kommt zum zweiten Mal – diesmal in einem Lastwagen.

Neil:	Good. That's Mr. Jones again, and he's bringing the biggest lamp you have ever seen.
Linda:	It isn't a van. It's a lorry.

Neil:	A lorry!
Linda:	Yes. It's the biggest lorry you have ever seen.
	(Neil opens the door.)
Neil:	Ah! Come in, Mr. Jones. Have you brought the lamp I asked for?
Mr. Jones:	Yes. I've brought the lamp you asked for. But I can't come in. You come out.
Linda:	You can't come in?
Mr. Jones:	No – you come out.
Neil:	All right.
	(They go into the street.)
Mr. Jones:	There you are. Is that the lamp you want?
Neil:	Where?
Mr. Jones:	It's the one which is lying on the lorry.
Linda:	On the lorry!
Neil:	On the lorry?
Linda:	Oh no, it's a street lamp.
Mr. Jones:	Yes. That's the biggest lamp we sell.
Linda:	And it's the biggest lamp I've ever seen.

Wörter und Wendungen

lorry ['lɔri]	Lastwagen
brought [brɔ:t]	gebracht *(bring/brought/brought)*
they go out into the street [ðei gəu 'aut 'intu ðə 'stri:t]	sie gehen (hinaus) auf die Straße
be lying [bi 'laiiŋ]	liegen *(lie/lay/lain)*
street lamp ['stri:t læmp]	Straßenlaterne

Song: I'm the man you spoke to yesterday.

I'm the man you spoke to yesterday,
I've brought the *cake* you ordered from me, — *Kuchen*
The wedding-cake you asked me to bake: — *den Hochzeitskuchen, den ich Ihnen backen sollte*
– It's the biggest cake that I've ever seen.

I'm the man you spoke to yesterday,	
I've brought the car you ordered from me,	
It's the one which is standing over there:	*es ist das (Auto), das*
– It's the most beautiful car I've ever seen.	*dort drüben steht*
I'm the man you spoke to yesterday,	
I've brought the *dress* you ordered from me,	*Kleid*
The *wedding-dress* you asked me to make:	*Hochzeitskleid*
– It's the *loveliest* dress I've ever seen.	*wunderschönste, „süßeste"*
Oh, *I'm getting married* on Thursday,	*ich heirate*
I'm happy, *as happy as can be,*	*so glücklich, wie*
With the most beautiful car, the biggest cake,	*man nur sein kann*
And the loveliest dress I've ever seen.	

Übungen

1. Beantworten Sie die Fragen mit den in Klammern stehenden Wörtern, wie im Beispiel gezeigt:

   a) Which book do you want to read?
   The one you bought last week. (you/buy)

   b) Which letter do you want to see?

   . . . . yesterday. (the boss/write)

   c) Which lamp do you want to buy?

   . . . . yesterday. (Mr. Jones/bring)

   d) Which machine do you want to see?

   . . . . last month. (Neil/invent)

   e) Which cake do you want to eat?

   . . . . this morning. (you/bake)

2. Beantworten Sie auch diese Fragen mit den in Klammern stehenden Zeitwörtern, wie im Beispiel gezeigt:

a) Is it a good film?
Yes, it's the best film I've ever seen. (see)

b) Is it a fast car?

.... (drive)

c) Is it an interesting book?

.... (read)

d) Is it an expensive watch?

.... (buy)

Üben Sie dasselbe mit einem Partner.

3. Beantworten Sie zunächst selbst diese Fragen und stellen Sie sie dann einem Partner:

a) What's the best film you've ever seen?
b) What's the most interesting book you've ever read?
c) Where did you eat the best food you've ever eaten?
d) Who is the most boring person you've ever met?

LEKTION 60

Ask Someone to Help You

Was wird gelernt?

want/ask someone to . . .

John: Mary! Can you give me a hand?	*John:* Mary! Kannst du mir helfen?
Mary: What do you want me to do?	*Mary:* Was soll ich tun?
John: I want to move this table –	*John:* Ich möchte diesen Tisch verrücken –
Mary: Yes?	*Mary:* Ja?
John: And I want *you* to help me.	*John:* Und ich möchte, daß du mir hilfst.

So wird's verständlich:

Das Zeitwort *want* ist Ihnen schon oft begegnet. In Lektion 9 haben Sie es in seiner Grundbedeutung kennengelernt, z. B. *I want some coffee.* In Lektion 16 haben Sie dann den Gebrauch von *want* in Verbindung mit einem Zeitwort in der Grundform gesehen, z. B. *I want to go home,* und in Lektion 29–30 schließlich haben Sie es in allen Personen geübt. In dieser Lektion kommt *want* in einer anderen Konstruktion vor, nämlich vor einem Hauptwort oder Fürwort mit nachfolgendem Zeitwort in der Grundform mit *to*. Hier einige Beispiele:

I	**want**	**you**	**to help**	*me.*
The boss	**wants**	**you**	**to post**	*these letters.*
The Smiths	**want**	**us**	**to have**	*dinner with them.*
Did you	**want**	**me**	**to repair**	*your carpet cleaner?*

Wie Sie sehen werden, kann die gleiche Konstruktion auch mit dem Zeitwort *ask* (fragen) gebildet werden. Ein Beispiel dafür finden Sie in dem Lied: *ask someone to help you* (bitte jemanden, dir zu helfen).

Dialog 1: You want me to help you, of course.

Neil will einen großen Spiegel an die Wand hängen.

Linda: What are you doing?
Neil: I'm going to hang this mirror on the wall.
Linda: Isn't it huge? It's the biggest mirror I've ever seen.
Neil: And it's the heaviest one I've ever hung. I'll need your help.
Linda: You want me to help you, of course.
Neil: Yes. I'll need a lot of things. Get me –
Linda: – some nails? You want me to get you some nails?
Neil: And I'll need –
Linda: – a hammer? You want me to bring you a hammer?
Neil: And I'll –

Linda: – need the step-ladder. You want me to bring you the step-ladder?

Neil: And I'll move the mirror.

Linda: Won't you need any help?

Neil: No. *I*'ll move the mirror by myself. I just want *you* to get me all the things I asked for.

Linda: You want me to fetch you some nails?

Neil: Yes, please, Linda.

Linda: And you want me to bring you a hammer?

Neil: Yes, please.

Linda: And you want me to bring you the step-ladder?

Neil: Yes, please.

Linda: Ah, you *do* want me to help you. I'll get you everything you need. I'll be back in a moment.

Neil: Now . . . *(He lifts the mirror.)*

Wörter und Wendungen

help [help]	helfen
hang [hæŋ]	(auf)hängen (*hang/hung/hung* [hʌŋ])
mirror ['mirə]	Spiegel
huge [hju:dʒ]	sehr groß, riesig
isn't it huge? ['iznt it 'hju:dʒ]	ist er nicht riesig?
I'll need your help [ail 'ni:d jɔ: 'help]	ich werde deine Hilfe brauchen
nail [neil]	Nagel
get me some nails ['get mi səm 'neilz]	hol mir ein paar Nägel
hammer ['hæmə]	Hammer
step-ladder ['steplædə]	Trittleiter
move [mu:v]	umhängen, woanders aufhängen
by myself [bai mai'self]	(ich) allein
just [dʒʌst]	nur
you *do* want me to help you [ju 'du: wɔnt mi tə 'help ju]	natürlich willst du, daß ich dir helfe
I'll be back [ail bi 'bæk]	ich bin gleich zurück

Dialog 2: You want me to hold the mirror by myself!

Linda kommt zurück und bringt alles, was Neil gewünscht hat.

Linda: Here you are, Neil. I've brought you all the things you asked for.

Neil: Good. Will you put the step-ladder up for me?
Linda: You want me to put it up for you?
Neil: Yes, please.
(Linda puts up the step-ladder.)
Neil: Now help me with the mirror.
Linda: You want me to help you with the mirror?
Neil: Yes. It's a huge mirror.
Linda: It's the heaviest mirror I've ever seen.
(They lift the mirror.)
Neil: Up we go! There we are!
Linda: Oh, it's heavy.
Neil: Now, you hold the mirror by yourself.
Linda: You want me to hold the mirror by myself?
Neil: Yes. And I'll climb up the step-ladder and fix the nail.
Linda: Oh, no!
Neil: I won't be a moment.
Linda: Quick! I can't hold it. It's too heavy.
(Neil fixes the nail.)
Linda: You're too late!
(The mirror falls.)

Wörter und Wendungen

hold [həuld]	halten (*hold/held/held* [held])
put up ['put 'ʌp]	aufstellen
Linda puts up the step-ladder ['lində puts 'ʌp ðə 'steplædə]	Linda stellt die Trittleiter auf
up we go! ['ʌp wi 'gəu]	und jetzt hoch!
there we are! ['ðɛə wi 'ɑ:]	so, das hätten wir!
by yourself [bai jɔ:'self]	(du) allein
fix the nail ['fiks ðə 'neil]	den Nagel einschlagen
I won't be a moment [ai 'wəunt bi ə 'məumənt]	nur einen Augenblick
too heavy ['tu: 'hevi]	zu schwer
too late ['tu: 'leit]	zu spät
fall [fɔ:l]	fallen (fall/fell [fel] *fallen* ['fɔ:lən])

Song: Ask someone to help you.

When you're *in trouble,*	*in Schwierigkeiten*
When trouble comes your way,	*wenn sich Schwierigkeiten für dich einstellen*
You need someone to help you,	
You need a friend who cares,	
Someone to help you *as much as he can,*	*soweit er kann*
Someone to give you a helping hand.	*jemand, der dir hilfreich zur Seite steht*

(Chorus:)

Oh, a hammer is *no good without any nails,*	*nutzlos ohne Nägel*
A *pen's* no good without any *ink.*	*Feder; Tinte*
Don't face your troubles by yourself,	*du brauchst mit deinen Schwierigkeiten nicht allein fertigzuwerden*
People are *friendlier than you think.*	*freundlicher als du denkst*

When you're in trouble,
When trouble comes your way,
Ask someone to help you,
Find someone who cares,
Someone to help you as much as he can,
Someone to give you a helping hand.

(Chorus)

Übungen

1. Beantworten Sie die Fragen mit den in Klammern stehenden Wörtern, wie im Beispiel gezeigt:

   a) I know we're late. What do you want me to do?
   I want you to walk faster. (walk)

b) What do you want me to do, doctor?

. . . . your mouth. (open)

c) Be careful with that gun! What do you want?

. . . . your money. (give)

d) You can't understand me! What do you want me to do?

. . . . more slowly. (speak)

e) My writing's terrible! What do you want me to do?

. . . . more carefully. (write)

2. Eine Sprechstundenhilfe spricht mit dem sehr beschäftigten Arzt über die Leute, die im Wartezimmer sitzen. Geben Sie die Antworten des Arztes, wie das Beispiel es Ihnen zeigt:

Sprechstundenhilfe: Mrs. Brown is here, doctor –
Arzt: (a) Ask her to come in, please.
Sprechstundenhilfe: – and Mr. Green –

Arzt: (b) . . . . to wait a moment.
Sprechstundenhilfe: – and Mrs. Jones –

Arzt: (c) . . . . come back tomorrow.
Sprechstundenhilfe: – and Mr. Black.

Arzt: (d) . . . . phone me this afternoon.

LEKTION 61

Other Cars Are Bigger than Mine

Was wird gelernt?

This one's better than that one.

Man: Do you want to buy a watch?
John: No, I don't. I've got a watch.
Man: Yes, but this one's better than the one you've got.
John: Is it really?
Man: *And* it's cheaper, *and* it's more beautiful.
John: I don't want it. Go away!

Mann: Wollen Sie eine Uhr kaufen?
John: Nein, das will ich nicht. Ich habe schon eine Uhr.
Mann: Ja, aber diese ist besser als die, die Sie haben.
John: Wirklich?
Mann: Und sie ist billiger, und sie ist schöner.
John: Ich will sie nicht. Gehen Sie!

So wird's verständlich:

In mehreren früheren Lektionen haben Sie gesehen, daß man die Vergleichsstufe und die Höchststufe auf verschiedene Art bilden kann: durch Anhängen von *-er/-est* bei kurzen Eigenschaftswörtern (Lektion 50) und durch den Gebrauch von *more* und *the most* bei längeren Eigenschaftswörtern (Lektion 52). Außerdem haben Sie die Steigerungsformen der Umstandswörter kennengelernt (Lektion 54).
In dieser Lektion soll das Gelernte wiederholt werden, und als neuen Übungsstoff werden Sie Vergleichssätze mit *than* finden, zum Beispiel:

Africa is **bigger than** *England.*
A Rolls-Royce is **more expensive than** *a Mini.*

Sehen Sie sich auch folgende Vergleichssätze mit Umstandswörtern an:

Bill drives **better than** *you.*
He drives **more carefully than** *you.*

In Sätzen wie diesen versteht sich das Zeitwort am Ende von selbst und wird – wie im Deutschen – meistens weggelassen, obwohl es durchaus korrekt wäre zu sagen: *Bill drives better than you drive* oder *Bill drives better than you do.*
In Verbindung mit anderen Personen setzt man an das Ende des Satzes entweder das Zeitwort *do* (z. B. *Bill drives better than I do*) oder einfach das Objekt-Fürwort *(Bill drives better than me).*
Sehen Sie sich auch die Möglichkeiten der Abstufung bei Vergleichssätzen an:

much *(better)*	viel (besser)
a lot *(better)**	viel (besser)
a little *(better)*	ein bißchen (besser)
a bit *(better)**	ein bißchen (besser)

* *A lot better* und *a bit better* sind ein wenig saloppper als *much better* und *a little better.*

Dialog 1: More comfortable than a Rolls-Royce

Ein Autoverkäufer sitzt in seinem Ausstellungsraum. Er ist sehr niedergeschlagen, denn es war ein schlechter Tag für ihn.

Salesman: *(To himself:)* Four o'clock! Not *one* car! I haven't sold one car all day. What a day!
(A man comes in.)
Salesman: Ah, ha! Good afternoon, sir.
Man: Good afternoon.
Salesman: Lovely day, isn't it.
Man: Yes, it is. I –
Salesman: It's much better than yesterday.

Man: Well, it's hotter.

Salesman: Oh yes, sir. Much hotter. I love the sunshine, don't you?

Man: Well –

Salesman: Beautiful weather! The weather for driving in the country.

Man: Driving in the country?

Salesman: Yes, sir. Driving in the country in a beautiful car.

Man: Yes, but I –

Salesman: Look at *this* car, sir.

Man: I –

Salesman: Go on, look at it. Isn't it beautiful!

Man: Yes, it's very nice, but I –

Salesman: This, sir, is a beautiful new car. Beautiful, fast, and very, very comfortable. It's not a Rolls-Royce, but it's bigger than a Rolls-Royce, it's faster than a Rolls-Royce, and it's more comfortable than a Rolls-Royce!

Man: Oh, can I –

Salesman: Yes, it's more beautiful than a Rolls-Royce, but it's cheaper than a Mini!

Man: Really?

Salesman: Have you got a car, sir?

Man: Yes I have, but –

Salesman: Ah, I see. This one is for your wife.

Man: Um, well –

Salesman: I see, I see. Well, she'll love it. Look at it, sir. Sit in it. Go on. Go on –

(The man gets into the car.)

Salesman: Yes, that's it. Beautiful, isn't it. This, sir, is the car of tomorrow – faster, bigger, cheaper –

(The man starts the engine.)

Salesman: – more comfortable, more beautiful, more beautiful, more comfortable, much more – I'm sorry, sir, you can't drive it. It's not –

(The man drives away.)

Salesman: Come back! Come back! . . . What a day!

Wörter und Wendungen

salesman ['seilzmən]	Verkäufer
to himself [tə him'self]	zu sich (selbst)
what a day! ['wɔt ə 'dei]	was für ein (furchtbarer) Tag!
lovely day, isn't it ['lʌvli 'dei 'iznt it]	ist es nicht ein herrlicher Tag!
the weather for driving in the country [ðə 'weðə fə 'draiviŋ in ðə 'kʌntri]	das richtige Wetter, um mit dem Auto über Land zu fahren
isn't it beautiful! ['iznt it 'bju:təful]	ist es nicht herrlich!
Rolls-Royce, Mini ['rəulz 'rɔis, 'mini]	Rolls-Royce, Mini (Autotypen)
go on... [gəu 'ɔn]	los! tun Sie's nur!
the car of tomorrow [ðə 'kɑ:r əv tə'mɔrəu]	das Auto von morgen (oder der Zukunft)
comfortable ['kʌmfətəbl]	bequem

Dialog 2: Much better than mine

Der Verkäufer ist immer noch in seinem Ausstellungsraum. Er ist jetzt noch niedergeschlagener als vorher, weil der Mann mit dem Auto weggefahren ist.

Salesman: What a day! What a day!

(The man arrives back, in the car.)

Oh, you're back!

Man: Yes. Here's your car.
Salesman: It's a beautiful car, isn't it.
Man: Yes, it's very nice. Just as you said – very fast.
Salesman: Faster than a Rolls-Royce.
Man: Oh yes, *much* faster than a Rolls-Royce. Very comfortable.
Salesman: More comfortable than a Rolls-Royce.
Man: Oh yes, *much* more comfortable. And very cheap.
Salesman: Cheaper than a Mini. That's it.
Man: Yes, it's a lovely car. Much better than mine.
Salesman: Really?
Man: Oh yes, it goes much faster than mine.
Salesman: So you'll take it.
Man: Pardon?
Salesman: You'll *take* it. You want to buy it.
Man: Er . . . no.
Salesman: Oh. Ah, you'd like something bigger.
Man: No.
Salesman: Smaller?
Man: No.
Salesman: Faster?
Man: No.
Salesman: Slower?
Man: No.
Salesman: Cheaper?
Man: No.
Salesman: More expensive?
Man: No.
Salesman: Oh.
Man: I don't want a car at all.
Salesman: Don't you?
Man: No. I've come to clean the windows.
Salesman: Oh, no!

Wörter und Wendungen

just as you said ['dʒʌst əz ju 'sed]	wie Sie (schon) sagten	you'll take it [juːl 'teik it]	Sie werden es nehmen (Sie erinnern sich, daß man *I'll take it* in Geschäften sagt, wenn man sich entschlossen hat, etwas zu kaufen.)
that's it ['ðæts it]	ganz recht	you'd like [juːd 'laik]	Sie hätten gern
it goes much faster than mine [it 'gəuz 'mʌtʃ 'fɑːstə ðən 'main]	es fährt viel schneller als meins (Es wäre genauso richtig zu sagen: *It goes much faster than mine goes/does;* siehe oben.)		

Song: Other cars are bigger than mine.

I've got a little car, and it's very old,	
When I drive in the *winter*	*Winter*
My feet get very cold,	
But *I think that it's better than the rest,*	*ich finde, es ist besser als alle anderen*
In fact, I think my car is the best.	*tatsächlich, genaugenommen*
Other cars are bigger than mine,	
Other cars are faster than mine,	
Other cars *go better in the rain,*	*fahren im Regen besser*
Others are more beautiful,	
And others are more comfortable,	
But I love my little car *just the same.*	*trotzdem*
I bought my little car in 1962	
And *even then* it wasn't very new,	*selbst damals*
In fact, it's even older than me.	
But I think it's beautiful. *Don't you agree?*	*finden Sie nicht auch?*

Übungen

1. Beantworten Sie die Fragen mit der Vergleichsstufe in Verbindung mit *a lot* oder *a bit*, wie im Beispiel gezeigt:

   a) Is Africa bigger than England?
   Yes, it's much bigger.

   b) Is a plane faster than a taxi?

   . . . .

   c) Is a plate bigger than a cup?

   . . . .

   d) Is a metre longer than a yard?

   . . . .

   e) Is a Rolls-Royce more expensive than a Mini?

   . . . .

   Üben Sie dasselbe mit einem Partner.

2. Beantworten Sie die Fragen nach dem Beispiel des ersten Satzes:

   a) Tony drives very carefully, doesn't he?
   Well, he drives more carefully than you.

   b) Jane sings very well, doesn't she?

   . . . .

   c) John speaks French very well, doesn't he?

   . . . .

   d) Mr. Brown walks very fast, doesn't he?

   . . . .

e) Your sister reads very quickly, doesn't she?

. . . .

Üben Sie dasselbe mit einem Partner.

3. Denken Sie sich ähnliche Vergleiche aus, die sich auf Sie und Ihren Partner beziehen. Wer ist größer? Wer singt besser? usw.

LEKTION 62

The Most Beautiful Place I've Ever Seen

Was wurde gelernt?

Wiederholung Lektion 52—61

In den Dialogen, dem Song und den Übungen dieser Lektion soll das in Lektion 52–61 Gelernte wiederholt werden. Die folgende Übersicht zeigt die Schwerpunkte; die Zahlen geben die Lektionen an, in denen sie behandelt werden.

52, 59

It's the	*biggest* *ugliest* *most beautiful*	*building* *picture* *house*	*in the world.* *of all.* *I've ever seen.*

53

I'll be 25 tomorrow.
Will you be at home tomorrow?
Yes, I will. / No, I won't.

56

Pass *Lend* *Give*	*me*	*some paper* *a pen.* *50 pence.*

54

Send	*it* *the money*	*to me.*

60

I	*want* *asked*	*you to help me.*

58

It's	*the man* *the woman* *the policeman*	*who* *that*	*phoned yesterday.* *lives next door.* *was here last week.*
It's	*the bus* *the key* *the film*	*which* *that*	*goes to London.* *opens the kitchen door.* *starts at 8.00.*

Dialog 1: Give me your money.

Dieser Dialog spielt sich in einem kleinen Ort ab, in dem alle Leute immer sehr höflich sind. Sogar Bankräuber wie der, der gerade vor der Bank steht.

Bank-robber: *(To himself:)* Now, let me see. I've got the bag for the money. Yes. Right! *(He goes into the bank.)* Hmm! This is a really nice bank. In fact, it's the nicest bank I've ever seen. Very nice.
(To the cashier:) Good afternoon.

Cashier: Good afternoon, sir.
Bank-robber: This is a lovely bank.
Cashier: Thank you, sir.
Bank-robber: It's the nicest bank I've ever seen.
Cashier: Thank you very much, sir. What can I do for you?
Bank-robber: Give me your money.
Cashier: Pardon?
Bank-robber: Oh, I'm *so* sorry. Give me your money, *please*.
Cashier: Oh, I'm very sorry, sir. We don't –
Bank-robber: Come along, come along. Just pass me the money.
Cashier: I can't do that, sir, I'm sorry.
Bank-robber: I just want you to give me the money, and then I'll go.
Cashier: I'm sorry, sir.
Bank-robber: All right. Can I speak to the manager, please?
Cashier: The manager, sir?
Bank-robber: Yes. I want you to fetch the manager.

Cashier: Very well, sir. The manager will speak to you –
Bank-robber: Good.
Cashier: But he won't give you the money.
Bank-robber: We'll see.
Cashier: One moment, sir. *(She goes to find the manager.)*
Bank-robber: *(To himself:)* Money, money, money . . . money, money, money . . .
Cashier: *(Coming back, with the manager:)* This is the manager, sir.
Bank-robber: Ah, good afternoon.
Manager: Good afternoon, sir.
Bank-robber: This is a really nice bank.
Manager: Thank you, sir.
Bank-robber: In fact, it's the nicest bank I've ever seen.
Manager: Thank you very much, sir.
Bank-robber: Can I have your money, please?
Manager: I'm very sorry, sir. You're too late.
Bank-robber: Pardon?
Manager: It's half past three, sir. Closing-time.
Bank-robber: What?
Manager: The bank is now closed. Goodbye, sir.

Wörter und Wendungen

bank-robber ['bæŋkrɔbə]	Bankräuber
rob [rɔb]	(be-, aus)rauben
now, let me see ['nau let mi 'si:]	also, nun wollen wir mal sehen
right! [rait]	dann also los!
a really nice bank [ə 'riəli 'nais 'bæŋk]	eine wirklich nette Bank
cashier [kæ'ʃiə]	Kassierer(in), Kassenbeamter, -beamtin (man kann auch *bank-clerk* sagen)
I'm *so* sorry [aim 'səu 'sɔri]	es tut mir aufrichtig leid (eine formellere und höflichere Form für *I'm very sorry*)
come along [kʌm ə'lɔŋ]	nun machen Sie schon!
manager ['mænidʒə]	Geschäftsführer, Direktor
very well, sir ['veri 'wel 'sə:]	wie Sie wünschen, mein Herr (eine formellere und höflichere Form für *all right, sir*)

one moment, sir ['wʌn 'məumənt 'sə:]	einen Moment, mein Herr	closing-time ['kləuziŋtaim]	Geschäftsschluß

Dialog 2: You're the gentleman who was here before.

Am nächsten Morgen sucht der Bankräuber die Bank erneut auf.

Bank-robber: Ah, ten o'clock! Good. *(He goes into the bank.)* *(To the cashier:)* Good morning.
Cashier: Good morning, sir. Can I help you?
Bank-robber: It's *me*.
Cashier: I'm sorry, sir. I –
Bank-robber: It's me: the bank-robber.
Cashier: Oh yes, you're the gentleman who was here before.
Bank-robber: Yes, I'm the one who came yesterday afternoon.
Cashier: Oh yes. Do you want the money?
Bank-robber: Yes, please. Give me the money. I want you to put it in this bag.
Cashier: I'm sorry, sir. I can't.
Bank-robber: Very well. I'll speak to the manager again.
Cashier: The manager isn't here today, sir. I'm sorry.
Bank-robber: Oh.
Cashier: Sorry, sir.
Bank-robber: Er . . . will he be here tomorrow?
Cashier: No, he won't.
Bank-robber: Oh.
Cashier: He'll be here on Friday.
Bank-robber: Oh. Ah, well, I'll come back on Friday.
Cashier: O.K., sir.
Bank-robber: Thank you.
Cashier: You know, you're a really nice bank-robber.
Bank-robber: Oh, thank you.
Cashier: You're the nicest bank-robber *I*'ve ever met.

Bank-robber: Thank you. Your bank's very nice, too.
Cashier: Goodbye, sir.
Bank-robber: Goodbye.

Wörter und Wendungen

the gentleman who... [ðə 'dʒentlmən hu:]	der Herr, der... (eine formelle und höfliche Form für *the man who...*, die normalerweise von Verkäufern, Hotelportiers usw. verwendet wird)	you know... [ju 'nəu]	wissen Sie, also... (Diesen Ausdruck hört man oft am Anfang oder Ende eines Satzes. Er hat praktisch keine Bedeutung, aber er macht die Unterhaltung etwas flüssiger und gefälliger.)

Song: The most beautiful place I've ever seen

There's a place in the mountains
I want you to see,
There's a little house I've *built* there – *gebaut* (Grundform: *build*)
Will you come there with me?
The house is much smaller
Than the one we had *in town* – *in der Stadt*
Will you come with me
To this place I have found?

(Chorus:)

I'll show you the place,
Will you come there with me?
It's the most beautiful place I've ever seen.

There's a river in the mountains,
I want you to *know,* — *kennen(lernen)*
The house is near the river,
And *the valley is below,* — *darunter liegt das Tal*
The view is much better — *der Ausblick*
Than the streets we see in town,
And we'll look up at the sky
And watch the sun going down.

(Chorus)

Übungen

1. Beantworten Sie diese Fragen zu den Dialogen:

   a) Did the bank-robber like the bank?
   b) What did he want the cashier to do?
   c) Who did he ask her to fetch?

2. Beantworten Sie diese Fragen über sich selbst:

   a) What was the happiest day of your life?
   b) What is the most beautiful place you've ever seen?
   c) When is your next birthday? How old will you be?
   d) Will you be at home tomorrow evening?
   e) What was the first thing you saw this morning?
   f) Do you want your children to be rich?
   g) Have you written a letter to anybody this week?

LEKTION 63

The Leaves Were Falling

Was wird gelernt?

Who were you talking to? **was/were -ing**

Mary: John, who were you talking to?	*Mary:* John, mit wem hast du gesprochen?
John: Pardon?	*John:* Wie bitte?
Mary: Who were you talking to – on the phone?	*Mary:* Mit wem hast du gesprochen – am Telefon?
John: I wasn't talking to anyone.	*John:* Ich habe mit niemandem gesprochen.
Mary: Yes, you were.	*Mary:* Natürlich hast du.
John: Oh, just now, you mean. I was talking to my bank-manager.	*John:* Ach, du meinst gerade eben. Ich habe mit dem Direktor meiner Bank gesprochen.

So wird's verständlich:

Diese Lektion wird sich mit einer anderen Form der Vergangenheit im Englischen beschäftigen, nämlich mit der Verlaufsform in der Vergangenheit (Progressive Form des Präteriums). Diese Zeitform beschreibt, was sich zu einer bestimmten Zeit in der Vergangenheit zugetragen hat. Sie wird gebildet aus der Vergangenheit des Zeitworts *to be* (sein): *was/were* und der *ing*-Form eines anderen Zeitwortes. Hier einige Beispiele:

At eight o'clock yesterday evening,

Mary *John*	**was**	**listening** *to the radio.* **sitting** *in a cinema.*
Mr. and Mrs. Grey	**were**	**watching** *television.*

Verneinende Sätze werden, wie üblich, mit *not* gebildet, zum Beispiel:

Fred **wasn't (was not) playing** *the guitar.*
The Greys **weren't (were not) having** *dinner.*

Fragen werden, wie üblich, durch Umkehrung der Wortfolge von Satzgegenstand und Hilfszeitwort gebildet:

Were you smoking *a cigarette?*
What **was Fred doing** *yesterday evening?*

Auch die Kurzantworten werden auf die übliche Weise gebildet: *Yes, I was, No, we weren't* usw. Achten Sie darauf, diese Zeitform nicht mit der einfachen Vergangenheit zu verwechseln (die Sie in den Lektionen 39, 40 und 44 geübt haben). Sie erinnern sich: die einfache Vergangenheit drückt eine einzelne, abgeschlossene Handlung in der Vergangenheit aus, z. B. *I went to bed at 11 o'clock* (Ich ging um 11 Uhr ins Bett) oder ein gewohnheitsmäßiges Geschehen, z. B.: *When I worked in an office, I smoked fifty cigarettes every day* (Als ich im Büro arbeitete, rauchte ich fünfzig Zigaretten am Tag).

Dialog 1: What were you doing?

Mr. Johnson (der Bankdirektor aus der letzten Lektion) und seine Frau sitzen beim Frühstück. Seine Frau scheint sehr verärgert zu sein.

Mr. Johnson: Pass me the sugar, dear.
Mrs. Johnson: (Sarcastically:) Certainly, *dear.*
(She puts the sugar down very hard.)
Mr. Johnson: Oh, . . . thank you. Is something wrong, dear?
Mrs. Johnson: Oh, no.
Mr. Johnson: Oh, come on – what is it?
Mrs. Johnson: Where were you yesterday afternoon?
Mr. Johnson: Yesterday afternoon? Well, I was at the bank. In my office.

Mrs. Johnson: Oh, yes. What were you doing?
Mr. Johnson: At what time?
Mrs. Johnson: Oh, about three o'clock.
Mr. Johnson: I – I was working in my office.
Mrs. Johnson: Oh, yes?
Mr. Johnson: Yes. Pass me the milk please, dear.
(She puts the milk down very hard.)

Mr. Johnson: I was sitting at my desk, and I was signing some papers.
Mrs. Johnson: Were you?
Mr. Johnson: Yes, I was.
Mrs. Johnson: You weren't.
Mr. Johnson: What?
Mrs. Johnson: You weren't working in your office. In fact, you weren't working at all.
Mr. Johnson: Wasn't I?
Mrs. Johnson: No, you were in the park.
Mr. Johnson: Was I?
Mrs. Johnson: Yes.

Mr. Johnson: O. . . . Oh, yes! Of course, I was sitting in the park. Of course I was! Yes, it was very hot – too hot to work. I was having a late lunch in the park . . . Pass me the marmalade please, dear.

(She puts the marmalade down very hard.)

Mr. Johnson: Yes. I was sitting in the park and I was eating some sandwiches.

Mrs. Johnson: You were *not* sitting in the park, George. When *I* saw you, you were walking in the park, and you were not walking alone. When I saw you –

Mr. Johnson: Just a minute! You saw me?

Mrs. Johnson: Yes, George, I saw you.

Mr. Johnson: What were *you* doing in the park yesterday afternoon?

Mrs. Johnson: Me?

Mr. Johnson: Yes.

Mrs. Johnson: Oh, I was taking a walk with . . . with the dog.

Mr. Johnson: The dog?

Mrs. Johnson: Yes.

Mr. Johnson: Margaret, we haven't got a dog.

Mrs. Johnson: Ah. . . . Pass me the butter please, dear.

(Mr. Johnson puts the butter down very hard.)

Wörter und Wendungen

sarcastically [sɑː'kæstikəli]	sarkastisch, spöttisch
she puts the sugar down very hard [ʃi 'puts ðə 'ʃugə daun 'veri 'hɑːd]	sie knallt die Zuckerdose auf den Tisch
oh, come on [əu kʌm 'ɔn]	na, komm schon
desk [desk]	Schreibtisch
I was signing some papers [ai wəz 'sainiŋ səm 'peipəz]	ich habe einige Papiere unterzeichnet
marmalade ['mɑːməleid]	(Orangen) Marmelade
just a minute ['dʒʌst ə 'minit]	Moment mal (diese Wendung wird benutzt, um jemanden davon abzuhalten, das Thema zu wechseln)
I was taking a walk [ai wəz 'teikiŋ ə 'wɔːk]	ich bin spazierengegangen

Dialog 2: Mr. Brown was looking after the office.

Mr. und Mrs. Johnson setzen ihre Unterhaltung fort.

Mr. Johnson: So you were in the park yesterday afternoon too.
Mrs. Johnson: Er . . . yes. I was taking a walk with . . .
Mr. Johnson: Yes?
Mrs. Johnson: I was just walking in the park. It was very hot – too hot to stay at home, so – Just a minute! *I* was asking the questions. *You* were walking in the park with someone.
Mr. Johnson: Was I really?
Mrs. Johnson: Yes, with a girl.
Mr. Johnson: All right. I was with a girl. It was my secretary, Miss Jones. She works for me, that's all.
Mrs. Johnson: And I suppose you were "working" in the park.
Mr. Johnson: Yes, that's right. It was too hot at the bank.
Mrs. Johnson: Who was looking after the office, while you were "working" in the park?
Mr. Johnson: Mr. Brown.
Mrs. Johnson: Mr. Brown was looking after the office?
Mr. Johnson: Yes.
Mrs. Johnson: George, that's not true. Mr. Brown wasn't looking after the office.
Mr. Johnson: Yes, he was.
Mrs. Johnson: No, he wasn't.
Mr. Johnson: Yes, he was.
Mrs. Johnson: He *was not*.
Mr. Johnson: How do you know?
Mrs. Johnson: Because Mr. Brown was walking in the park with me . . . Oh.
Mr. Johnson: Ah, ha! So Mr. Brown was walking in the park with you.
Mrs. Johnson: Er . . . yes. *I* was looking for *you* . . . and . . . er . . . Mr. Brown was helping me . . . er . . .
Mr. Johnson: Was he really?
Mrs. Johnson: Yes. Yes, he was. Er . . . more tea, dear?

Wörter und Wendungen

I was just walking... [ai wəz 'dʒʌst 'wɔ:kiŋ]	ich bin nur so im Park spazierengegangen
was I really? ['wɔz ai 'riəli] was he really? ['wɔz hi 'riəli]	Diese Fragen sind hier sarkastisch gemeint. Mit anderer Betonung könnten sie auch echtes Interesse ausdrücken.
secretary ['sekrətri]	Sekretärin
that's all [ðəts 'ɔ:l]	das ist alles
I suppose... [ai sə'pəuz]	ich nehme an
look after ['luk 'ɑ:ftə]	aufpassen auf, sich kümmern um
that's not true [ðəts 'nɔt 'tru:]	das stimmt nicht
how do you know? ['hau du ju 'nəu]	woher weißt du das?

Song: The leaves were falling.

We were walking *through the park,*	*durch den Park*
The sky was getting *dark,*	*dunkel*
And the *lights* in the streets were shining	*(Straßen)Laternen*
through the rain.	
I was looking at the sky.	
I was trying not to cry,	*ich gab mir Mühe,*
I was taking you to the station for your train.	*nicht zu weinen*
It was six o'clock on a *rainy autumn evening,*	*regnerischer*
It was six o'clock at the end of an autumn day,	*Herbstabend*
The leaves were falling,	
The rain was falling,	
The night was falling.	*die Nacht brach herein*
The leaves were brown,	
The rain was *silver,*	*silbern*
And the sky was grey.	
The air was getting cold,	
The day was getting old,	
It was getting late and everyone was going home,	
I was looking in your eyes,	
I was saying 'Goodbye',	
You were going away and leaving me alone.	

Übungen

1. Beantworten Sie die Fragen über Mr. und Mrs. Johnson. Verwenden Sie Kurzantworten, wo Sie es für angemessen halten.

   a) Was Mr. Johnson working in his office at three o'clock yesterday afternoon?
   b) Was he sitting at his desk?
   c) Was he sitting in the park?
   d) Was he walking in the park?
   e) What was Mrs. Johnson doing yesterday afternoon?
   f) Was she taking a walk with the dog?
   g) Was Mr. Brown looking after the office?
   h) Who was Mr. Brown walking with?
   i) Was Mrs. Johnson *really* looking for Mr. Johnson?
   k) Were Mr. and Mrs. Johnson walking in the park together?

   Üben Sie dasselbe mit einem Partner.

2. Bilden Sie mit den untenstehenden Angaben Sätze, in denen gesagt wird, was folgende Personen gestern nachmittag um drei Uhr gemacht haben, wie im Beispiel gezeigt:

   working in a restaurant, driving his taxi, standing in his shop, typing letters, inventing a machine, sitting at his desk.

   a) Mr. Brown, the grocer: What was Mr. Brown doing? – He was standing in his shop.

   b) Sam Spoons, the waiter: . . . .

   c) Jane Smith, the secretary: . . . .

   d) Mr. Green, the bank manager: . . . .

   e) Jack Jones, the taxi-driver: . . . .

f) Neil and Brian: . . . .

Üben Sie dasselbe mit einem Partner.

3. Beantworten Sie jetzt folgende Fragen:

What were you doing at three o'clock yesterday afternoon?
At eight o'clock this morning?
This time last week? (Letzte Woche um diese Zeit?)
This time last year?

Stellen Sie einem Partner die Fragen.

LEKTION 64

The Telephone Rang Again

Was wird gelernt?

When I came in, you were talking to someone.

John: *(On the phone.)* O.K. Goodbye.	*John:* *(Am Telefon.)* O.K. Auf Wiedersehen.
Mary: *(Coming in.)* Who were you talking to?	*Mary:* *(Kommt herein.)* Mit wem hast du gesprochen?
John: When?	*John:* Wann?
Mary: When I came in. When I came in, you were talking to someone.	*Mary:* Als ich hereinkam. Als ich hereinkam, hast du gerade mit jemandem gesprochen.
John: Oh, yes. My bank-manager again.	*John:* Ach ja. Es war wieder der Direktor meiner Bank.

So wird's verständlich:

In der vorigen Lektion haben Sie die Verlaufsform in der Vergangenheit geübt *(What were you doing?* usw.*)*, und Sie wurden darauf hingewiesen, diese Zeitform nicht mit der einfachen Vergangenheit zu verwechseln. Allerdings findet man beide Zeitformen oft miteinander kombiniert, und das soll in dieser Lektion geübt werden.
Man verwendet die beiden Zeitformen besonders dann zusammen, wenn ein in der Vergangenheit ablaufendes Geschehen von einer anderen Handlung unterbrochen wird. So sagt Mary zum Beispiel:

When **I came in** . . .	(einsetzende Handlung: einfache Vergangenheit)
. . . **you were talking** *to someone.*	(ablaufendes Geschehen: Verlaufsform in der Vergangenheit)

So etwa kann man die Beziehung der beiden Zeitformen zueinander anschaulich darstellen:

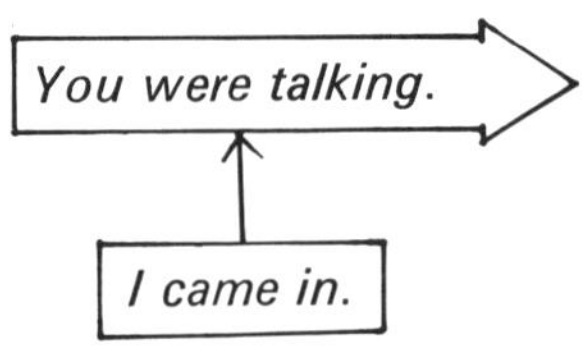

Typisch im Zusammenhang mit solchen Satzkonstruktionen sind die Wörter *when* (als) und *while* (während). Dafür Beispiele:

When *I* **came in,** *you* **were talking** *to someone.*
oder
You **were talking** *to someone,* **when** *I* **came in.**

Mary **came in, while** *John* **was talking** *on the phone.*
oder
While *John* **was talking** *on the phone, Mary* **came in.**

Dialog 1: I was playing my guitar, when . . .

It all began on a rainy autumn evening. The Bennetts were at home. Mr. Bennett was in the bathroom. He was brushing his teeth. Mrs. Bennett was in the kitchen. She was sweeping the floor. Their son, Jim, was in his bedroom. He was playing his guitar. It was an ordinary evening, but . . .

Mr. Bennett: *(Brushing his teeth.)* La-la-la . . .
(There is a strange noise.)
Mr. Bennett: What was that? *(He calls:)* Mary, did you hear that?
Mrs. Bennett: The noise?
Mr. Bennett: Yes, that noise. I was brushing my teeth, when I heard a noise.
Mrs. Bennett: Yes, I heard it too.
Jim: Hey! Did you hear that noise?
Mr. Bennett: Yes, we did.
Jim: I was in my bedroom. I was playing my guitar, when –
(They hear the noise again.)
Mrs. Bennett: There it is again!
Mr. Bennett: It's in the street.
Jim: Yes, you're right. Look!
Mrs. Bennett: What is it?
Mr. Bennett: Some kind of plane.
Jim: No, no, it's not a plane. It's too small. Look! There's a door!
Mr. Bennett: Yes – and it's opening . . . and something is coming out! It's . . . it's . . .

So, it was a rainy autumn evening, but it was not an ordinary evening for the Bennett family.

Wörter und Wendungen

it all began . . . [it 'ɔ:l bi'gæn]	es fing alles an	you're right [juə 'rait]	richtig, du hast recht
bathroom ['bɑ:θrum]	Badezimmer	some kind of plane [səm 'kaind əv 'plein]	eine Art Flugzeug
brush [brʌʃ]	bürsten		
bedroom ['bedrum]	Schlafzimmer		

Dialog 2: While they were looking at it, the door opened . . .

The Bennetts were standing at the window. The rain was falling, and the street-lights were shining. But the Bennetts weren't looking at the rain, and they weren't looking at the lights. They were looking at the thing in the street. While they were looking at it, the door opened.

Mr. Bennett: Something's coming out. It's . . . it's . . .
Jim: Not some*thing*. Some*one*.
Mr. Bennett: Yes, someone's coming out. It's . . . it's . . .
Mrs. Bennett: It's Mrs. Baker!
Jim: You're right. Let's go out and see her.
Mr. Bennett: Mrs. Baker! Hallo!! *(They go out into the street.)* Mrs. Baker!
Mrs. Baker: Oh, hallo. Do you like my new car?
Mr. Bennett: Is that a car?
Mrs. Baker: Yes. It's the most modern car in the world.
Mr. Bennett: Where did you buy it?
Mrs. Baker: Well, I was in town yesterday afternoon, and I was walking down the High Street, when I saw Mrs. Jones.
Jim: Mrs. Jones from Number 27?
Mrs. Baker: Yes. She was coming out of the chemist's.
Mr. Bennett: Oh.
Mrs. Baker: Well, we went into a café for tea. And while we were sitting in the café, Mr. Black came in.
Mr. Bennett: Mr. Black?

Mrs. Baker:	Yes. Mr. Black, the car salesman. Well, we were talking about cars, when Mr. Black said: "Have you seen our new car?" I said "No". But after tea, I looked at the new car, I liked it, and I bought it.
Jim:	And that's it. That's your new car.
Mrs. Baker:	Yes. It's beautiful, isn't it? And it was cheaper than a Mini! Bye! *(She drives away.)*

Wörter und Wendungen

the Bennetts [ðə 'benəts]	die Bennetts, Familie Bennett
thing [θiŋ]	Ding, Dings(da), Etwas
modern ['mɔdən]	modern
down the High Street ['daun ðə 'hai stri:t]	die High Street hinunter (man kann ebenso sagen *along the High Street*)
the chemist's [ðə 'kemists]	die Drogerie
bye! [bai]	Wiedersehen! (Kurzform von *good-bye*)

Song: The telephone rang again.

I was lying in bed just yesterday,	*ich lag im Bett*
Or was it the day before?	*oder war es am Tag davor?*
I was trying to get to sleep,	
When a man *knocked* on the door;	*klopfte*
The postman was standing there	
With a letter in his hand –	
He was giving me the letter,	
When the telephone rang.	

(Chorus:)

What a morning! What a morning!	*was für ein (furchtbarer) Morgen!*
I wanted to sleep *till* ten.	*bis* (ebenso kann man auch *until* sagen)
I was closing my eyes	
When the telephone rang again.	

I answered the telephone,
and I was going back to bed,
I was closing my bedroom door,
when someone at the front door said,
"Good morning, it's the milkman.
Do you want anything?"
I was saying, "No, thank you",
and the phone began to ring.

(Chorus)

Übungen

1. Beantworten Sie diese Fragen zu Dialog 1:

   a) What was Mr. Bennett doing, when he heard the noise?
   b) What was Mrs. Bennett doing?
   c) What was Jim doing?

   Lassen Sie die Antworten auf diese Fragen mit *while* beginnen:

   d) When did Mr. Bennett hear the noise?
   e) When did Mrs. Bennett hear the noise?
   f) When did Jim hear the noise?

   Üben Sie dasselbe mit einem Partner.

2. Beantworten Sie diese Fragen zu Dialog 2:

   a) When did Mrs. Baker see Mrs. Jones?
   b) What was Mrs. Jones doing, when Mrs. Baker saw her?
   c) When did they see Mr. Black?
   d) When did Mrs. Baker buy the car?

   Üben Sie dasselbe mit einem Partner.

LEKTION 65

It's Much Too Far

Was wird gelernt?

too . . . / not . . . enough

Mary:	Have some tea.	*Mary:*	Trink eine Tasse Tee.
John:	Thanks. *(He takes it.)* Ugh!	*John:*	Danke. *(Er kostet ihn.)* Pfui!
Mary:	What's the matter?	*Mary:*	Was ist denn los?
John:	It's too sweet. There's too much sugar in it.	*John:*	Er ist zu süß. Es ist zuviel Zucker drin.
Mary:	Oh, sorry. That's mine.	*Mary:*	Oh, entschuldige. Das ist meiner.

So wird's verständlich:

In Lektion 41 haben Sie den Gebrauch der Wörter *too* (zu) und *enough* (genug) in Sätzen wie in den folgenden kennengelernt:

You smoke too many cigarettes.
You drink too much coffee.
You don't take enough exercise.

In dieser Lektion geht es jetzt um die Verwendung dieser Wörter in Verbindung mit Eigenschafts- und Umstandswörtern.
Die Beispiele zeigen Ihnen, daß *too* immer *vor* dem Eigenschafts- bzw. Umstandswort steht, während *enough* immer danach steht:

This tea is **too** *sweet.*
This coffee is **too** *hot.*
You're driving **too** *fast.*

*This room is***n't** *big* **enough.**
You're **not** *driving carefully* **enough.**

Ihr Augenmerk soll in dieser Lektion auch noch auf zwei weitere Punkte gelenkt werden:

a) Mit den folgenden Ausdrücken können Sie *too* näher bestimmen:

much *too big* **far** *too big*	viel zu groß	dieselbe Bedeutung
a little *too big* **a bit** *too big*	etwas oder ein bißchen zu groß	dieselbe Bedeutung, aber *a bit* ist etwas mehr umgangssprachlich

b) Die Sätze werden oft nach diesem Muster gebildet: *too . . . (for . . .) to . . .*
zum Beispiel:

This writing is **too small (for me) to read.**
Diese Schrift ist (für mich) zu klein zum Lesen.
This coffee is **too hot (for me) to drink.**
Dieser Kaffee ist zu heiß (für mich) zum Trinken.

Dialog 1: Much too ordinary

Mr. Grant ist pensionierter Bankdirektor. Da er ein bißchen einsam ist, überlegt er, ob es nicht gut für ihn wäre, sich ein Haustier anzuschaffen. Er ist in einer Tierhandlung.

Mr. Grant: Good afternoon.
Assistant: Are you looking for a pet?
Mr. Grant: Well, I haven't come in to buy my groceries!
Assistant: No, sir.
Mr. Grant: I *am* looking for a pet.

Assistant: What about a cat, sir?
Mr. Grant: Oh, no. Too ordinary.
Assistant: Too ordinary?
Mr. Grant: Yes, everyone's got a cat. Much too ordinary.
Assistant: I see. You want something unusual.
Mr. Grant: Yes.
Assistant: What about an elephant?
Mr. Grant: An elephant?
Assistant: Yes.
Mr. Grant: Oh, no, no. That's too big.
Assistant: Too big?
Mr. Grant: Yes. Not small enough. And they eat too much.

Assistant: I see, sir. You want something smaller.
Mr. Grant: Yes, please.
Assistant: Well, what about a dog? What about *this* one?
(He shows Mr. Grant a very small dog.)
It's a very small dog.
Mr. Grant: No, no. That's *too* small.
Assistant: Too small?
Mr. Grant: Yes, not big enough . . . and it's all grey. It's not colourful enough.
Assistant: I see. You want something more colourful.
Mr. Grant: Yes.
Assistant: More colourful. Hmm . . . Well, what about a parrot?
Mr. Grant: A parrot?
Assistant: Yes. *(He shows Mr. Grant a parrot.)*
Mr. Grant: No, no. That's too noisy. It talks too much.
Assistant: Oh, I see. You want something quieter.
Mr. Grant: Yes.
Assistant: Well, what about a fish? That's *very* quiet. There aren't many things quieter than a fish.
Mr. Grant: Right. I'll take it. What's its name?
Assistant: I don't know. I haven't asked it.
Mr. Grant: *(To the fish:)* Hallo, what's your name? . . .
(To the assistant:) It's very quiet, isn't it?
(To the fish:) Hallo . . . blub-blub-blub . . .

Wörter und Wendungen

pet [pet]	(zahmes) Haustier
pet shop ['pet ʃɔp]	Tierhandlung
groceries ['grəusəriz]	Lebensmittel
unusual [ʌn'ju:ʒuəl]	außergewöhnlich, selten
elephant ['elifənt]	Elefant
colourful ['kʌləful]	bunt
parrot ['pærət]	Papagei
quiet ['kwaiət]	ruhig, leise
a fish [ə 'fiʃ]	ein Fisch
right [rait]	also gut
blub-blub-blub [blʌb-blʌb-blʌb]	blub-blub-blub (Imitation des Geräusches, das Fische machen)

Dialog 2: I'm too old, aren't I?

Mr. Grant langweilt sich, nachdem er sich zur Ruhe gesetzt hat. Also hat er sich entschlossen, sich nach einer Beschäftigung umzusehen. Trotz seiner 65 Jahre hat er sich bei der Polizei beworben und ist jetzt dort zu einer Unterredung.

Interviewer: So, Mr. Grant, you want to be a policeman.
Mr. Grant: Yes.
Interviewer: I see. How old are you?
Mr. Grant: I'm sixty-five.
Interviewer: I see. Um . . . Don't you think you're a little too
Mr. Grant: – old? I'm too old! Eh? Not young enough? Is that it? Go on, say it. I'm too old, aren't I?
Interviewer: Well . . . er . . . No, it isn't that. You're a little too . . . *short*. Yes, you're too short.
Mr. Grant: Too short?
Interviewer: Yes. How tall are you?
Mr. Grant: I'm five feet.
Interviewer: Yes. Too short. I'm sorry. You're not tall enough.
Mr. Grant: Oh, I'm very strong.
Interviewer: Are you?
Mr. Grant: Yes.
Interviewer: O.K. Lift this table.
(Mr. Grant tries to lift the table.)
Interviewer: Too heavy?
Mr. Grant: Er . . . yes. I can't lift it. It's too heavy.
Interviewer: I'm sorry, Mr. Grant. You're too short, and you're not strong enough. I'm sorry.
Mr. Grant: So I can't be a policeman.
Interviewer: No. I'm sorry.
Mr. Grant: Oh.
Interviewer: Why don't you get a job in a bank?
Mr. Grant: A bank? A bank! You want me to get a job in a bank? Ha, ha! Goodbye!

Wörter und Wendungen

a little too short [ə 'litl tu: 'ʃɔ:t]	etwas zu klein
is that it? [iz 'ðæt it]	ist es das (, was Sie meinen)?
no, it isn't that ['nəu it 'iznt 'ðæt]	nein, das ist es nicht
five feet ['faiv 'fi:t]	(In England und verschiedenen anderen englischsprechenden Ländern wird die Länge in *inches* ['intʃiz], *feet* [fi:t] und *yards* [jɑ:dz] angegeben. Ein *foot* [fut] hat 12 *inches*, und ein *yard* hat 3 *feet*. Ein Meter hat rund 40 *inches*.)
why don't you get...? ['wai dəunt ju 'get]	warum nehmen Sie nicht...? (eine Wendung, um einen Vorschlag einzuleiten)

Song: It's much too far.

It's summer in the city,	
And *it's too hot to stay*,	*es ist zu heiß, um (hier) zu bleiben*
The streets are much too noisy –	
We want to *get away*:	*hinausfahren*
We're going to the *beach*,	*Strand*
But we haven't got a car,	
We don't want to walk	
Because it's much too far.	
The bus is much too slow,	
It's the slowest of all,	
A taxi's too expensive,	
So we're walking *after all*,	*schließlich doch*
We're walking to the beach,	
Because we haven't got a car,	
We don't like walking	
'*Cos* it's much too far.	*(= because) weil* (umgangssprachliche Verkürzung)
We've walked to the beach,	
But it's half past eight,	

Now we're going back home,	
We arrived too late,	
We didn't walk fast enough,	
We walked too *slow*,	*langsam**
And now we've arrived,	
It's time to go	*es ist Zeit, wieder zu gehen*
Back to the city,	
It's time to go.	

(* Eigentlich müßte es hier *slowly* heißen, weil es sich um ein Umstandswort und nicht um ein Eigenschaftswort handelt. Aber in der Umgangssprache wird gelegentlich auch *slow* als Umstandswort verwendet.)

Übungen

1. Beantworten Sie die Fragen über die Tiere in der Tierhandlung (Dialog 1), wie im Beispiel gezeigt:
   a) What was wrong with the cat?
   It was too ordinary. It wasn't unusual enough.
   b) What was wrong with the elephant?

   . . . .

   c/d) What was wrong with the dog? (zwei Antworten)

   . . . .

   . . . .

   e) What was wrong with the parrot?

   . . . .

   Üben Sie dasselbe mit einem Partner.

2. Geben Sie drei Gründe an, weshalb Mr. Grant kein Polizist werden konnte.
   Drücken Sie jeden der drei Gründe auf zwei verschiedene Arten aus.

LEKTION 66

Birds Don't Need a Licence to Fly

Was wird gelernt?

need . . . to . . .

Mary: John, what are you doing?	*Mary:* John, was machst du da?
John: I'm trying to open this box.	*John:* Ich versuche, diesen Kasten zu öffnen.
Mary: You need a key.	*Mary:* Du brauchst einen Schlüssel.
John: Yes –	*John:* Ja –
Mary: You need a key to open that box.	*Mary:* Du brauchst einen Schlüssel, um den Kasten zu öffnen.
John: I know! But I haven't got a key!	*John:* Ich weiß. Aber ich habe keinen Schlüssel.

So wird's verständlich:

In dieser Lektion soll das Zeitwort *to need* (brauchen) behandelt werden. Da es ein regelmäßiges Zeitwort ist, heißt die Zeitform der Vergangenheit *needed*. Beachten Sie, daß dieses Zeitwort *keine* Verlaufsform bildet, es heißt also auch in der momentanen Situation *I need a key* (ich brauche einen Schlüssel) usw. Dasselbe gilt für einige andere Zeitwörter, die Sie schon kennen, nämlich z. B. *want* (wollen) und *like* (mögen).
Will man ausdrücken, zu welchem Zweck man etwas braucht, so folgt auf das *need* das Wörtchen *to* und danach ein Zeitwort in der Grundform, z. B.:

You'll **need** *a knife* **to** *cut that bread.*
(Du wirst ein Messer brauchen, um das Brot zu schneiden.)

Dialog 1: I need a spoon.

Mr. und Mrs. Johnson (die Sie schon aus Lektion 63 kennen) essen in einem Restaurant. Besonders Mr. Johnson ist sehr schlecht gelaunt.

Waiter: Your soup, sir. Madam. *(He puts the soup down.)*
Mrs. Johnson: Thank you.
Waiter: Thank you, madam. Sir. *(He goes away.)*
Mr. Johnson: Good. Now let's – Oh, no!
Mrs. Johnson: What is it?
Mr. Johnson: There's no spoon.
Mrs. Johnson: What?
Mr. Johnson: I haven't got a spoon. I can't eat my soup without a spoon, can I?
Mrs. Johnson: George! Ssh!
Mr. Johnson: Well, I can't eat my soup with a knife and fork, can I? I need a spoon.

Mrs. Johnson:	Well, call the waiter.
Mr. Johnson:	Yes, I certainly will. *(He calls:)* Waiter! Waiter!
Waiter:	Yes, sir?
Mr. Johnson:	Can you bring me a spoon, please?
Waiter:	A spoon, sir?
Mr. Johnson:	Yes, I need a spoon to eat my soup.
Waiter:	Certainly, sir.
Mr. Johnson:	Really! No spoon!
Waiter:	Here you are, sir. Your spoon. Is there anything else you need?
Mr. Johnson:	No, thank you.
Waiter:	Thank you, sir.
Mr. Johnson:	Really! A restaurant that gives you soup without a spoon!
Mrs. Johnson:	George, it's not important.
Mr. Johnson:	Yes, it is. A restaurant –
Mrs. Johnson:	Look, you've got your spoon now.
Mr. Johnson:	Yes.
Mrs. Johnson:	Well, eat your soup.
Mr. Johnson:	I think it's ridiculous. I mean, people *do* need spoons to eat soup, don't they?
Mrs. Johnson:	George, eat your soup.
Mr. Johnson:	Well . . . *(He tastes the soup.)* Oh, no!
Mrs. Johnson:	What's the matter now?
Mr. Johnson:	The soup's cold.

Wörter und Wendungen

soup [su:p]	Suppe
he puts the soup down [hi 'puts ðə 'su:p 'daun]	er stellt die Suppe auf den Tisch
now let's (eat) ['nau lets ('i:t)]	fangen wir an (zu essen)!
without [wi'ðaut]	ohne
spoon [spu:n]	Löffel
knife [naif]	Messer
fork [fɔ:k]	Gabel
I certainly will [ai 'sə:tənli 'wil]	darauf kannst du dich verlassen
really! ['riəli]	ich muß schon sagen! (eine recht förmliche Art, seinen Unwillen zu zeigen)
it's not important [its 'nɔt im'pɔ:tənt]	es ist nicht wichtig

ridiculous [ri'dikjuləs]	lächerlich
I mean [ai 'mi:n]	ich meine (im gesprochenen Englisch eine häufig gebrauchte Einleitung zu einer Erklärung)
taste [teist]	kosten, probieren

Dialog 2: I need a knife to cut my steak.

Mr. und Mrs. Johnson sind immer noch im Restaurant.

Mr. Johnson: Waiter! Waiter!
Waiter: Yes, sir.
Mr. Johnson: Take this soup away.
Mrs. Johnson: George!
Mr. Johnson: Well, it's too cold to eat now. Take it away.
Waiter: Certainly, sir.
Mr. Johnson: Bring us the steak.
Waiter: The steak, sir. Certainly. *(He goes away.)*
Mrs. Johnson: George, it's your own fault the soup was cold.
Mr. Johnson: My fault! I –
Waiter: Your steak, sir. Madam.
Mrs. Johnson: Thank you.
Waiter: Thank you, madam.
Mr. Johnson: Now let's – Oh, no!
Mrs. Johnson: What is it *now,* George?
Mr. Johnson: There's no knife.
Mrs. Johnson: What?
Mr. Johnson: I haven't got a knife. I can't eat my steak without a knife, can I?
Mrs. Johnson: George!
Mr. Johnson: Well, I need a knife to cut my steak. Waiter! Waiter!
Waiter: Yes, sir.
Mr. Johnson: You haven't given me a knife. Can you bring me a knife?
Waiter: A knife, sir?
Mr. Johnson: Yes. I need a knife to cut my steak.

Waiter: Certainly, sir. *(He goes away.)*

Mr. Johnson: Oh, really! What a restaurant! *First,* he brings soup without a spoon, and then steak without a knife! *(Later.)*

Mr. Johnson: Waiter! Can you bring us the bill, please?

Waiter: Certainly, sir. Your bill.

Mr. Johnson: I'll pay by cheque. Have you got a pen, dear?

Mrs. Johnson: A pen?

Mr. Johnson: Yes. I need a pen to write the cheque.

Mrs. Johnson: Sorry, I haven't got one.

Mr. Johnson: Waiter, have *you* got a pen?

Waiter: I'm sorry, sir. I haven't.

Mr. Johnson: Oh, well, I can't write a cheque without a pen, can I? Goodbye!

Waiter: Goodbye? Come back here! Come back! Come back!

Wörter und Wendungen

steak [steik]	Steak
it's your own fault [its jɔr 'əun fɔ:lt]	es ist deine eigene Schuld
what a restaurant! ['wɔt ə 'restərɔ:ŋ]	was für ein (unmögliches) Restaurant!
first, he brings . . . ['fə:st hi 'briŋz]	(Hier handelt es sich um eine besondere Anwendung der Gegenwart. Mr. Johnson bezieht sich zwar auf ein Geschehen in der Vergangenheit, aber er ist sehr böse, und die Gegenwart macht die Schilderung lebendiger. Dieser Gebrauch ist nicht zur Nachahmung empfohlen.)
bill [bil]	Rechnung
by cheque [bai 'tʃek]	mit Scheck

Song: Birds don't need a licence to fly.

You need a ticket
If you want to catch a plane,
You need a ticket
If you want to catch a train,

You need a passport
If you want to travel far,
And you need a *licence* — *Führerschein*
To drive a car.

Birds in the sky
Don't need a licence to fly,
Birds don't need anything,
They fly!
Children in the sun
Don't need a licence to run,
Children don't need anything,
They run.

Übungen

1. Beantworten Sie die Fragen über Mr. Johnson (aus den Dialogen) mit langen und kurzen Antworten, wie im Beispiel gezeigt:

   a) Why did he need a spoon?
   He needed a spoon to eat his soup. *Oder:* To eat his soup.
   b) Why did he need a knife?

   ....

   c) Why did he need a pen?

   ....

   Üben Sie dasselbe mit einem Partner.

2. Formulieren Sie die folgenden Sätze um, indem Sie *without* verwenden, wie im Beispiel gezeigt:

   a) You need a ticket to catch a train.
   You can't catch a train without a ticket.

b) You need a passport to travel.

. . . .

c) You need water to make tea.

. . . .

d) You need a lot of money to buy a Rolls-Royce.

. . . .

3. Sie wollen morgen verreisen. Was brauchen Sie alles dafür?
Ihre Antwort soll beginnen mit: *I'll need* . . .

LEKTION 67

We Only Stayed a Few Days

Was wird gelernt?

a few . . . / a little . . .

John:	Mary, have you got any money?	*John:*	Mary, hast du Geld?
Mary:	I've got a little. Why?	*Mary:*	Ein bißchen. Warum?
John:	Can you lend me a few pounds?	*John:*	Kannst du mir ein paar Pfund leihen?
Mary:	Yes, of course. Five?	*Mary:*	Ja, natürlich. Fünf?
John:	Yes, that's fine. Thanks.	*John:*	Ja, das ist sehr gut. Vielen Dank.

So wird's verständlich:

a few / a little: Sie sind in früheren Lektionen schon öfter darauf aufmerksam gemacht worden, wie wichtig im Englischen der Unterschied zwischen zählbaren und unzählbaren Hauptwörtern ist. Die bildliche Darstellung veranschaulicht noch einmal den Unterschied.

Zählbar

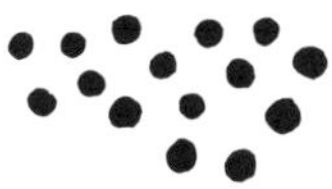

z. B. *apples, doors, cups, men . . .*

Unzählbar

z. B. *bread, water, tea, sugar . . .*

Wie Sie gesehen haben, ist die Unterscheidung zwischen zählbaren und unzählbaren Begriffen wichtig für den Gebrauch von *some* und *any* (Lektion 25), *a lot of, much* und *many* (Lektion 35), *too much* und *too many* (Lektion 41).
In dieser Lektion sollen Sie den Gebrauch von *a few* (ein paar, einige) mit zählbaren Hauptwörtern und *a little* (ein bißchen, etwas) mit unzählbaren Hauptwörtern kennenlernen. Außerdem finden Sie weitere Beispiele für das, was Sie schon früher über zählbare und unzählbare Begriffe gelernt haben.

Dialog 1: A little more salt

Bernard hat ein kleines Café-Restaurant. Im Moment ist er gerade dabei, eine Suppe zuzubereiten. Seine Freundin Barbara schaut ihm dabei zu.

Bernard: Now, let me see. Ah yes, carrots. Barbara?
Barbara: Yes?
Bernard: I need some carrots.
Barbara: Do you want these?
Bernard: Yes, please.
Barbara: All of them?

Bernard: No, no. Just a few.
Barbara: Here you are.
Bernard: Thanks . . . and a little salt and pepper. Fine. Fine.
Barbara: What are you making?
Bernard: Soup. – Now I need a few potatoes.
Barbara: These!
Bernard: Yes, just a few. Good . . . and a little more salt, I think. Yes. Good.
Barbara: Anything else?
Bernard: Yes. Pass me a little meat, please.
Barbara: Here you are.
Bernard: Thanks. Fine . . . and a little more salt. Good.
Now – carrots, potatoes, meat, pepper, salt . . . salt . . . yes a little *more* salt, I think. Yes.
Barbara: Anything else?
Bernard: Um . . . oh yes, just a little more water . . . and a little more salt. There!
Barbara: Um, Bernard, you've put a lot of salt in it, haven't you?
Bernard: This is going to be *really good* soup.
Barbara: Bernard, there's a lot of salt in it –
Bernard: I'm a very good cook, you know.
Barbara: Bernard, there's too much salt. *(Bernard isn't listening to her.)* Oh, never mind.

Bernard: I'm going to taste it.
Barbara: O.K.
Bernard: *(He tastes the soup.)* Ugh!
Barbara: The salt?
Bernard: Yes, there's not enough salt in it.

Wörter und Wendungen

carrots ['kærəts]	Karotten, Mohrrüben
just a few ['dʒʌst ə 'fju:]	nur ein paar
salt [sɔ:lt]	Salz
pepper ['pepə]	Pfeffer
fine [fain]	sehr gut
potatoes [pə'teitəuz]	Kartoffeln (Einzahl: *potato*)
anything else? ['eniθiŋ 'els]	sonst noch etwas? (umgangssprachliche Verkürzung für *Do you want/need anything else?*)
meat [mi:t]	Fleisch
really good soup ['riəli 'gud 'su:p]	ausgesprochen gute Suppe (leicht umgangssprachlich für *very good soup*)
I'm a very good cook [aim ə 'veri 'gud 'kuk]	ich bin ein sehr guter Koch
ugh! [uh, ə:h]	pfui! (der Laut drückt Abscheu aus)

Dialog 2: A few carrots and a little salt and pepper

Bernard ist immer noch mit seiner Spezialsuppe beschäftigt.

Bernard: . . . and a little more salt. Yes. Now, let's taste it again. *(He tastes it.)* Mmm, that's perfect. Taste it, Barbara.
Barbara: *(She tastes it.)* Ugh! It's terrible!
Bernard: What's the matter with it?
Barbara: The salt!
Bernard: The salt?
Barbara: Yes. There's too much salt in it.
Bernard: Exactly! That's why it's perfect.

Barbara: I don't understand. You can't sell this soup.

Bernard: I'm not going to sell it. I'm going to give it away . . . to the people in the café.

Barbara: Why?

Bernard: Well, people don't spend much money in the café. They sit for hours and hours, and only spend a few pence.

Barbara: Yes?

Bernard: I don't sell much. A few cups of coffee, a few cups of tea, a few glasses of lemonade . . .

Barbara: Yes?

Bernard: Well, I'll give them a little soup – free, of course. They'll get thirsty. They'll buy more tea and more lemonade. And I'll make more money. You see?

Barbara: Um . . . Bernard, what did you put in the soup?

Bernard: Oh, not much. A few carrots and a little salt and pepper.

Barbara: – *and* some meat, *and* some potatoes.

Bernard: Oh yes.

Barbara: How much did you spend?

Bernard: Well . . . about five pounds.

Barbara: Five pounds.

Bernard: It wasn't a very good idea, wasn't it? . . . Um . . . do you want some soup? It's very good . . .

Wörter und Wendungen

perfect ['pə:fikt]	perfekt, vollkommen, hier: gelungen
terrible ['teribl]	furchtbar, schrecklich
what's the matter with it? ['wɔts ðə 'mætə wið it]	was ist los mit ihr (der Suppe)?
exactly! [ig'zæktli]	genau! ganz richtig!
that's why it's perfect ['ðæts wai its 'pə:fikt]	deswegen ist sie (die Suppe) ja gerade gelungen
to give it away [tə 'giv it ə'wei]	sie (die Suppe) verschenken
spend [spend]	(Geld) ausgeben (*spend/spent/spent*)
free [fri:]	frei, umsonst
I'll make more money [ail 'meik 'mɔ: 'mʌni]	ich werde mehr Geld verdienen

Song: We only stayed a few days.

We won't forget that holiday –
The worst we've ever had –
The hotel was terrible,
And the weather was *really bad,* — *ausgesprochen* oder *sehr schlecht* (vgl. „Wörter und Wendungen" zu Dialog 1)

We had a little sunshine — *wir hatten ein bißchen Sonne*
And we had a lot of rain, — *und wir hatten viel Regen*
We only stayed a few days
And then came home again.

We ate in the hotel restaurant
On the night we arrived,
We got a little bread and water,
And the waiter never smiled.
He came to the table
And gave us the bill,
And a few minutes later
I started feeling ill. — *wurde mir schlecht*

We left the hotel next afternoon
At nearly half past three,
And a few hours later
We arrived at the sea:
We saw a lot of water,
And we found little *sand,* — *Sand*
There were a few people sitting, — *einige Leute saßen*
But the others had to stand. — *aber die anderen mußten stehen*

Übungen

1. Beantworten Sie die Fragen mit *a few* oder *a little*, wie im Beispiel gezeigt:

   a) Have you seen many Japanese films?
      No, only a few.
   b) Do you want a lot of sugar in your tea?

      . . . .
   c) Did you go to many places in Libya?

      . . . .
   d) Do you eat a lot for breakfast?

      . . . .

   Üben Sie dasselbe mit einem Partner.

2. Fügen Sie *a little, a few, a lot of, much* oder *many* in die Sätze ein, die sich auf die Dialoge beziehen.

   Bernard wanted to make (a) . . . . . money in his café, but the people didn't spend (b) . . . . . there. They only drank (c) . . . . . cups of tea and coffee. So Bernard made some soup with (d) . . . . . salt in it. He only put (e) . . . . . carrots, (f) . . . . . potatoes, (g) . . . . . meat and (h) . . . . . pepper in it, but he spent five pounds. It wasn't a good idea.

3. Sehen Sie sich das Lied noch einmal an, und entscheiden Sie dann, ob die folgenden Sätze *true* (wahr, richtig) oder *false* (falsch) sind, wie im Beispiel gezeigt:

   a) They had a lot of sunshine.
      false – They had *a little* sunshine.

b) They had a little rain.

. . . .

c) They stayed six weeks.

. . . .

d) They ate a lot of good food.

. . . .

e) There were a lot of people standing on the beach.

. . . .

Üben Sie dasselbe mit einem Partner.

LEKTION 68

This Is What You Must Do

Was wird gelernt?

must/mustn't . . .   had to . . ./didn't have to . . .

John: Mary, pass me the telephone, please. Quickly!	*John:* Mary, reich mir bitte das Telefon herüber. Schnell!
Mary: Here you are.	*Mary:* Hier, bitte.
John: I *must* make a phone-call.	*John:* Ich muß unbedingt telefonieren.
Mary: Now?	*Mary:* Jetzt?
John: Yes, it's very important. I *must* call my bank-manager.	*John:* Ja, es ist sehr wichtig. Ich muß dringend den Direktor meiner Bank anrufen.

So wird's verständlich:

must: Das Zeitwort *must* (muß(t), müssen, müßt) ist in allen Personen unveränderlich (d. h. ebenso wie Sie es bei *can* schon gelernt haben, wird in Verbindung mit *he/she/it* kein *s* angehängt). Auf *must* folgt ein Zeitwort in der Grundform. Man verwendet *must*, um Befehle zu geben, um Dringlichkeit auszudrücken oder – in der Verneinung – um etwas zu verbieten. Dazu jeweils ein Beispiel:

You **must drink** *this medicine.*
You **must stay** *in bed.*
You **mustn't smoke.**

Es kommt nur in der Gegenwart vor. In anderen Zeitformen wird es ersetzt durch die entsprechende Form des Zeitworts *have* mit folgendem *to*. In der einfachen Vergangenheit heißt es also:

I had to *walk there, because there were no buses.*
Ich mußte zu Fuß hingehen, weil es keine Busse gab.

In der Zukunft heißt es:

You're very ill. **You'll have to** *stop smoking.*
Du bist sehr krank. Du wirst das Rauchen aufgeben müssen.

In der Gegenwart kann man *must* durch *has/have to* oder *has/have got to* ersetzen. *Have to* statt *must* verwendet man meistens, wenn man über gewohnheitsmäßige Pflichten oder Verpflichtungen spricht, z. B. *I have to drink this medicine every day* (Ich muß diese Medizin jeden Tag trinken.) *Have got to* statt *must* wird normalerweise dann verwendet, wenn die Dringlichkeit einer Handlung ausgedrückt werden soll, z. B. *I must go. I've got to finish some work* (Ich muß gehen, denn ich muß dringend eine Arbeit fertigmachen).
Diese Lektion befaßt sich näher mit *must* und *had to*, in Lektion 69 werden dann *will have to* und *have (got) to* behandelt.

Dialog 1: You must not smoke while you are here.

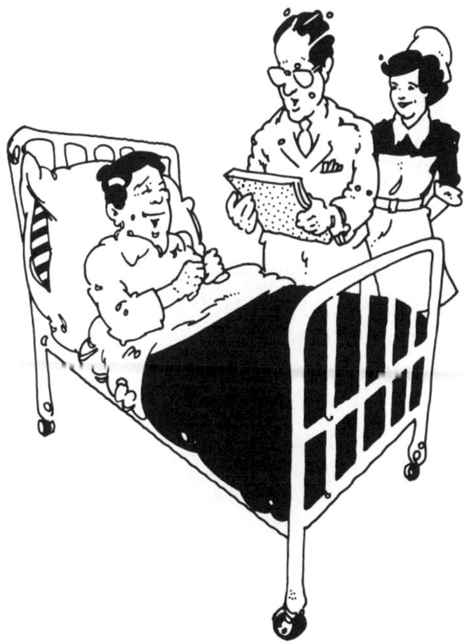

Albert Smart ist im Krankenhaus. Er ist nicht richtig krank, sondern wird nur einigen Tests unterzogen. Er langweilt sich ziemlich und ist nicht gerade ein idealer Patient. Die Krankenschwester kommt zu ihm herein.

Nurse: Good morning, Mr. Smart. It's time for your medicine.
Albert: I don't want any medicine.
Nurse: You *must* drink your medicine, Mr. Smart.
Albert: I don't want any medicine, and I am *not* going to drink any medicine.
Nurse: I see. *(She calls:)* Doctor!
Albert: You're very beautiful, you know, nurse.
Nurse: Doctor!
Doctor: Yes, nurse?
Nurse: Mr. Smart doesn't want his medicine.
Doctor: All right, nurse. Good morning, Mr. Smart.

Albert: Good morning, doctor. She's very beautiful, isn't she? The nurse.

Doctor: Yes, Mr. Smart. Now – this is a hospital.

Albert: Yes.

Doctor: You're in hospital, and while you're in hospital, you *must* drink your medicine.

Albert: Oh, yes?

Doctor: You must stay in bed –

(Albert strikes a match.)

Doctor: – and you must stop smoking.

Albert: I see. Do you want a cigarette?

Doctor: No thanks. Cigarettes! Where did you get these cigarettes?

Albert: My mother brought them.

Doctor: Your mother brought them?

Albert: Yes.

Doctor: Mr. Smart – your mother *must not* bring you cigarettes. You *must not* smoke while you're here, and you mustn't get out of bed.

Albert: O.K., doctor.

Doctor: I'll see you tomorrow, Mr. Smart.

Albert: Bye, doctor.

Wörter und Wendungen

nurse [nə:s]	Krankenschwester
it's time for your medicine [its 'taim fə jɔ: 'medsin]	es ist Zeit für Ihre Medizin
in hospital [in 'hɔspitl]	im Krankenhaus (Beachten Sie, daß hier, wie bei *on holiday* (im Urlaub), *at work* (bei der Arbeit), kein Artikel steht.)
strike [straik]	anreißen (das Zeitwort ist *strike/struck/struck* [strʌk])
match [mætʃ]	Streichholz (Mehrzahl *matches*)
get out of bed [get 'aut əv 'bed]	(aus dem Bett) aufstehen

Dialog 2: The doctors had to do some tests.

Albert ist inzwischen aus dem Krankenhaus entlassen. Eine alte Bekannte hat ihn gerade auf der Straße entdeckt.

June: Hallo, Albert!
Albert: June! Hallo!
June: How are you?
Albert: I'm fine.
June: You were in hospital, weren't you?
Albert: Yes. I had to go in for a few days.
June: Oh dear!
Albert: The doctors had to do some tests.
June: What did you have to do?
Albert: Well, I had to give up smoking, of course.
June: Terrible.
Albert: And the medicine! They gave me some terrible red medicine. I had to take it every morning and every afternoon.
June: Ugh!
Albert: – and every evening.
June: Did you have to stay in bed?
Albert: Oh, yes.
June: It sounds terrible.
Albert: No, it was very nice.
June: – having to stop smoking –
Albert: No, it was really pleasant.
June: – and having to drink that red medicine. Just a minute – what did you say?
Albert: I said: "It was really nice".
June: Oh.
Albert: Yes, much better than working. I think I'll go back next week.

Wörter und Wendungen

do some tests ['du: səm 'tests]	einige Tests durchführen
go in ['gəu 'in]	ins Krankenhaus gehen
it sounds terrible [it 'saundz 'teribl]	das klingt (ja) schrecklich
it was very nice [it wəz 'veri 'nais]	es war sehr nett
pleasant ['pleznt]	angenehm

Song: This is what you must do.

Albert got up *the other day,* — *neulich*
He was feeling a little ill,
The doctor came to see him
And gave him some *pills.* — *Pillen, Tabletten*
He had to *take* one every morning — *(Medizin) einnehmen*
And another one every night,
The doctor said: "You must stay in bed,
And soon you'll be all right."

"You mustn't smoke,
You mustn't drink,
You mustn't get out of bed,
You must take your medicine every day."
That's what the doctor said. — *das hat der Arzt gesagt*

Two days later . . .
Albert wasn't feeling better,
So the doctor came again,
He sat down on the bed,
And he took the pills away.
He said: "Albert, you're not ill,
This is what you must do. — *folgendes mußt du beachten*
You mustn't go to work.
You must *rest* for a week or two". — *(aus)ruhen*

"You mustn't think,
You mustn't worry.
You mustn't work so hard. — *du darfst nicht so hart arbeiten*
You must go away for a holiday."
Albert said: "I'll send you a *card*!" — *(Post)Karte*

Übungen

1. Was brauchen Sie, um folgende Dinge tun zu können? Beginnen Sie Ihre Antwort mit: *You must have* . . . :

   a) travel on a train? . . . .

   b) travel to other countries? . . . .

   c) drive a car? . . . .

   d) open a locked door? . . . .

   e) make a sandwich? . . . .

2. Sie sollen als Arzt Anweisungen an einen Patienten geben, die mit *you must* . . . oder *you mustn't* . . . beginnen und die gegebenen Wörter enthalten.

   a) get out of bed. . . . .

   b) smoke. . . . .

   c) stop smoking. . . . .

   d) work hard. . . . .

   e) stay in bed. . . . .

   f) drink this medicine. . . . .

3. Sehen Sie sich noch einmal die Dialoge an und beantworten Sie die Fragen über Albert. Beginnen Sie Ihre Antworten mit *He had to* . . .

   a) What did he have to drink? . . . .

   b) When did he have to drink it? . . . .

   c) What did he have to stop doing? . . . .

LEKTION 69

You'll Have to Sit on the Floor

Was wird gelernt?

will have to . . .	**have/has *(got)* to . . .**
John: Is there any tea, Mary?	*John:* Ist Tee da, Mary?
Mary: Sorry, John, there isn't any tea left. We'll have to drink coffee.	*Mary:* Es tut mir leid, John, es ist kein Tee mehr da. Wir werden Kaffee trinken müssen.
John: Oh, O.K. Is there any milk?	*John:* Oh, na ja. Ist Milch da?
Mary: No, sorry. We'll have to drink it black.	*Mary:* Nein, leider nicht. Wir werden ihn schwarz trinken müssen.

So wird's verständlich:

In dieser Lektion finden Sie weitere Beispiele, in denen *must* durch *have to* ersetzt wird, diesmal in der Gegenwart und Zukunft (vgl. Lektion 68).

Dialog 1: Will I have to wear a uniform?

Bernard Jackson (den Sie schon aus Lektion 67 kennen) hat sein Café aufgegeben. Er hat sich um die Stellung eines Chauffeurs beworben und ist zu einer Unterredung gebeten worden.

Lady: Well, sit down, Mr. . . . er . . .
Bernard: Jackson. Bernard Jackson.
Lady: Ah yes, Jackson. Please sit down.

Bernard: Thank you.
Lady: You've come about the job.
Bernard: Yes, that's right. You need a chauffeur, I believe.
Lady: Yes. Are you a good driver?
Bernard: Oh yes. I love driving.
Lady: Good – because I must have a good driver.
Bernard: Yes, of course. What will I have to do?
Lady: Well, the job is very easy. You'll have to drive the car, of course, and you'll have to clean it every day.
Bernard: I see. Er . . . will I have to cook?
Lady: Cook?
Bernard: Yes, I love cooking. I make very good soup.
Lady: No, you won't have to cook. I need a chauffeur, not a cook.
Bernard: Will I have to work in the garden?
Lady: No, I don't need a gardener, either.
Bernard: I see.
Lady: You'll just have to drive the car.
Bernard: Oh, good. I love driving, and I love big cars. I'm sure you've got a big, comfortable car.
Lady: Well, in fact, I –
Bernard: Will I have to wear a uniform?
Lady: A uniform?

Bernard:	Yes – you know, a smart jacket and hat.
Lady:	Oh, no, you can wear an ordinary jacket. You'd look a bit funny driving a Mini in a uniform!
Bernard:	Yes, I – Did you say "a Mini"?
Lady:	Yes.
Bernard:	Your car's a Mini?
Lady:	Er, yes ... I had to sell the Rolls-Royce.
Bernard:	Oh. Well ... er ... Minis are very nice cars ... small ... but nice ...

Wörter und Wendungen

you've come about the job [juv 'kʌm ə'baut ðə 'dʒɔb]	Sie kommen wegen der Stellung
chauffeur ['ʃəufə]	Chauffeur, Fahrer
cook [kuk]	kochen (regelmäßiges Zeitwort)
gardener ['gɑ:dnə]	Gärtner
not ... either [nɔt ... 'aiðə]	auch nicht
uniform ['ju:nifɔ:m]	Uniform
smart [smɑ:t]	schick
you'd look a bit funny [jud 'luk ə 'bit 'fʌni]	Sie würden ein bißchen komisch aussehen

Dialog 2: I've got to clean the car — again.

Bernard arbeitet jetzt schon seit einigen Tagen für die Dame. Die Arbeit ist nicht so bequem, wie sie versprochen hatte. Selbst an seinen freien Tagen ist er beschäftigt.

Lady:	*(Calling:)* Jackson!
Bernard:	Yes, madam?
Lady:	Have you finished cleaning the kitchen?
Bernard:	Yes, madam. I'm doing the bathroom now.
Lady:	Well, I want you to clean the car.
Bernard:	Again?
Lady:	Yes, it's not clean enough.

Bernard: I see.

Lady: And then go into the garden and cut the grass, and then cook the dinner.

Bernard: But it's my day off. I'm going out with a friend.

Lady: Well, you'll have to telephone your friend, and say you'll be late, won't you?

Bernard: Yes, madam. I'll telephone.
(Bernard telephones Barbara.)

Barbara: Hallo?

Bernard: Hallo, Barbara.

Barbara: Are you coming?

Bernard: Er, yes . . . but we'll have to meet *later.*

Barbara: I see.

Bernard: Yes. I've got to finish cleaning the kitchen, and I've got to clean the car – again.

Barbara: On your day off?

Bernard: Yes – and I've got to cut the grass, and I've got to cook the dinner.

Barbara: *(Sarcastically:)* Your job sounds very interesting.

Bernard: Pardon?

Barbara: Your job as a "chauffeur".

Bernard: Well, I – I've got to go, Barbara. *(Barbara puts the phone down.)* Barbara? *(Bernard puts the phone down.)*

Lady: *(Calling:)* Jackson! Jackson!

Bernard: *(To himself:)* It's no good. I'll have to go back to the café.

Lady: Jackson!

Wörter und Wendungen

I'm doing the bathroom now [aim 'duiŋ ðə 'bɑ:θrum 'nau]	ich mache gerade das Badezimmer sauber
grass [grɑ:s]	Rasen, Gras
it's my day off [its mai 'dei 'ɔf]	es ist mein freier Tag
your job sounds very interesting [jɔ: 'dʒɔb saundz 'veri 'intristiŋ]	deine Stellung klingt ja sehr interessant
it's no good [its 'nəu 'gud]	es hat keinen Zweck

Song: You'll have to sit on the floor.

Our friends have bought a house
And *they've just moved in*. — *sie sind gerade eingezogen*
They said: "Please come to see us,
And stay for the weekend."
We didn't know the street,
We had to *ask the way*, — *sich nach dem Weg erkundigen*
We didn't have any money,
So we had to walk all day.

(Chorus:)

"Hallo, it's nice to see you,
You must come again. — *ihr müßt uns bald wieder einmal besuchen* (wenn wir fertig eingerichtet sind)
It isn't very comfortable,
We've just moved in."

They said: "Hallo, it's nice to see you,"
When they opened the door,
"There aren't any chairs,
So you'll have to sit on the floor.
We'll have to have coffee,
There isn't any tea,
And we'll have to *drink it black*, — *ihn (den Kaffee) schwarz trinken*
There isn't any cream;
We'll have to eat some *biscuits*, — *Keks(e)*
There isn't any bread,
And you'll have to sleep on the floor,
We haven't got a bed."

(Chorus)

Übungen

1. John muß eine kleine Fahrt machen, aber es gibt da gewisse Schwierigkeiten. Sagen Sie ihm, was er tun muß, und benutzen Sie dabei die in Klammern stehenden Wörter, wie im Beispiel gezeigt:

   There aren't any trains.
   You'll have to go by bus. (bus)
   I don't like buses.

   . . . . (taxi)
   I haven't got any money.

   . . . . (walk)
   But I don't know the way.

   . . . . (a policeman)
   Oh, O.K. I'll do that.

   Üben Sie den Dialog mit einem Partner.

2. Sehen Sie sich Dialog 2 noch einmal an, und beantworten Sie dann die Fragen über Bernards Pflichten bei der Dame:

   a) Does he have to wear a uniform?
   b) What does he have to wear?
   c) What does he have to do to the car?
   d) What does he have to do in the kitchen?
   e) What does he have to do in the garden?

   Üben Sie dasselbe mit einem Partner.

3. Jemand hat Sie eingeladen, mit ihm auszugehen, aber Sie sind sehr müde.
   Denken Sie sich eine höfliche Entschuldigung aus, die folgendermaßen beginnen soll: *I'm sorry, I can't come. I've got to . . .* (Es tut

mir leid, daß ich nicht mitkommen kann. Aber ich muß unbedingt . . .)
Hier einige Anregungen:

do some work
clean the car
see my bank manager

Denken Sie sich selbst weitere Entschuldigungen aus.

LEKTION 70

Where Can I Find Mr. Green?

Was wurde gelernt?

Wiederholung der Zeitformen

Mary: You're practising the guitar again, I see.	*Mary:* Du übst wieder Gitarre, wie ich sehe.
John: That's right.	*John:* Ja, ganz richtig.
Mary: You were practising last night, weren't you?	*Mary:* Gestern abend hast du auch geübt, nicht?
John: I practise every night.	*John:* Ich übe jeden Abend.
Mary: Yes – I heard you. At 12 o'clock.	*Mary:* Ja – ich habe dich gehört. Um 12 Uhr.
John: I've improved, haven't I?	*John:* Ich habe Fortschritte gemacht, nicht?

So wird's verständlich:

In dieser Lektion sollen die Zeitformen wiederholt werden, soweit Sie sie bisher gelernt haben:

1. die **Verlaufsform in der Gegenwart** für jetziges, momentanes Geschehen, z. B.:
   You're practising *the guitar.* (Lektion 27–28)

2. die **einfache Gegenwart** für gewohnheitsmäßiges Geschehen, z. B.:
   I practise *every night.* (Lektion 31–33)

3. Die **Vollendung in der Gegenwart** für Geschehen zu einer nicht näher bestimmten Zeit in der Vergangenheit oder für Geschehen in der Vergangenheit, das Auswirkungen auf die Gegenwart hat, z. B.:
   I've improved, *haven't I?* (Lektion 45–48)

4. die **einfache Vergangenheit** für gewohnheitsmäßiges Geschehen in der Vergangenheit oder für Geschehen zu einem bestimmten Zeitpunkt in der Vergangenheit, z. B.:
   I heard *you. At 12 o'clock.* (Lektion 38–40)

5. die **Verlaufsform der Vergangenheit** für ein Geschehen, das sich zu einer bestimmten Zeit in der Vergangenheit gerade abspielte, z. B.:
   You were practising *last night.* (Lektion 63–64)

6. die **einfache Zukunft** mit *will*, z. B.:
   I'll be *twenty-five tomorrow.* (Lektion 53)

Weitere Beispiele für die verschiedenen Zeitformen finden Sie in Lektion 55.

Dialog 1: There are never any policemen along this road.

Mr. und Mrs. Baker fahren in die Stadt.

Mrs. Baker: Slow down, George. You're driving much too fast!
Mr. Baker: No, I'm not. I always drive fast along this road.
Mrs. Baker: What about the police?
Mr. Baker: The police? Huh!

Mrs. Baker: But George –
Mr. Baker: There are never any policemen along this road.
Mrs. Baker: George –
Mr. Baker: There are never any –
(A police-car passes them.)
Mr. Baker: Oh.
Mrs. Baker: George. It's a police-car. He wants you to stop.
Mr. Baker: Stop. Oh . . . yes.
(Mr. Baker stops the car.)
Mrs. Baker: Here he comes.
Policeman: Good evening, sir.
Mr. Baker: Good evening, officer.
Policeman: What are you doing?
Mr. Baker: Well, we're driving into town, and –
Policeman: You were going very fast, weren't you, sir?
Mr. Baker: Was I?
Mrs. Baker: Yes, George, you were. I said you were going too fast.
Policeman: You were doing ninety miles an hour.
Mr. Baker: Oh, I wasn't, was I?
Policeman: Yes, sir. When you passed me, you were doing ninety-two miles an hour.
Mrs. Baker: You see, George. I said you were driving much too fast.
Policeman: Have you drunk anything this evening, sir?
Mr. Baker: Well, I had a glass of milk before dinner.
Policeman: A glass of milk, sir?
Mr. Baker: Yes, just a glass of milk.
Policeman: I see, sir.

Wörter und Wendungen

slow down ['sləu 'daun]	fahre langsamer	you were doing 90 miles an hour [ju wə 'du:iŋ 'nainti 'mailz ən 'auə]	Sie sind 90 Meilen in der Stunde gefahren (*90 miles an hour* oder *90 miles per hour* schreibt man oft: 90 m.p.h. 1 Meile = 1,6 km)
road [rəud]	(Land)Straße		
along this road [ə'lɔŋ ðis 'rəud]	diese Straße entlang		
pass [pɑ:s]	vorüberfahren		
officer ['ɔfisə]	Wachtmeister (als Anrede)		

Dialog 2: You'll have to come with me.

Der Polizist spricht immer noch mit Mr. Baker.

Policeman: I see, sir. Well, sir, you *were* driving much too fast, so you'll have to come with me.

Mr. Baker: But I – I

Policeman: I'm sorry, sir. I'll have to take you to the police-station. Get out of your car, please.
(Mr. Baker gets out.)

Mr. Baker: Now look, officer. You've made a mistake. I wasn't really –

Policeman: Oh yes, sir. Can I see your licence?

Mr. Baker: My licence?

Policeman: Yes, sir. Your licence.

Mr. Baker: Ah. O.K. There you are.

Policeman: Thank you, sir. Hallo – what's this?

Mr. Baker: That? Oh, that's a five-pound note, isn't it?

Policeman: Yes, sir. It was *in* the licence.

Mr. Baker: Was it really? How did it get in there?

Policeman: You put it in there, sir.

Mr. Baker: Did I? Well, officer. *You* found it. I think that –

Policeman: Are you *offering* me these five pounds, sir?

Mr. Baker: Well –

Policeman: Right, sir. You'll definitely have to come with me. Come along.
(The policeman drives away with Mr. Baker in the police-car.)

Mrs. Baker: Bye, George!

Wörter und Wendungen

now look ['nau 'luk]	nun sehen Sie doch mal, Sie sehen doch ein . . .	a five-pound note [ə 'faiv'paund 'nəut]	ein Fünf-Pfund-Schein
mistake [mis'teik]	Fehler, Irrtum	how did it get in there? ['hau did it 'get 'in 'ðɛə]	wie ist der (Schein) da reingeraten?
you've made a mistake [juv 'meid ə mis'teik]	Sie haben sich geirrt	offer ['ɔfə]	anbieten
licence ['laisəns]	Führerschein	definitely ['definitli]	ganz bestimmt
hallo – what's this? [he'ləu 'wɔts 'ðis]	he, was ist denn das hier?	come along ['kʌm ə'lɔŋ]	kommen Sie mit!

Song: Where can I find Mr. Green?

I'm walking down a street,
I'm looking for Number 10,
I was coming from the park
When *I lost my way*, — *ich habe mich verlaufen*
I've asked a lot of people,
And I'll have to ask again –
Nobody knows Number 10.

Now I've asked *once again*, — *noch einmal*
And I've found Number 10,
It's *the tallest building* — *das höchste Gebäude*
I've ever seen,
"Where can I find Mr. Green?"
"Mr. Green? *Seventh floor*. — *siebentes Stockwerk*
Room Number 24".

I'm walking down a *corridor*, — *Flur, Gang*
I'm looking for Room 24,
I was looking for the *lift* — *Fahrstuhl*
When I lost my way,
I'll have to ask *some more*, — *noch jemand*

Yes, I'll have to ask some more,
Nobody knows Room 24.

Now I've asked *once more,*	*noch einmal*
And I've found Room 24,	
"Is Mr. Green about?"	*ist Mr. Green hier?*
"No, he's out".	*nein, er ist nicht im Haus*

Übungen

1. Beantworten Sie diese Fragen zum Dialog mit kurzen Antworten wie *Yes, they will. No he doesn't:*

   a) Was Mr. Baker driving fast? . . . .

   b) Does he often drive fast? . . . .

   c) Were the Bakers going to the country? . . . .

   d) Did Mr. Baker pass the police-car? . . . .

   e) Did the policeman take the £5 note? . . . .

   f) Will Mr. Baker have to stay at the police-station? . . . .

   . . . .

   Üben Sie dasselbe mit einem Partner.

2. Beantworten Sie diese an Sie gerichteten Fragen:

   a) Have you ever driven too fast?
   b) When did you speak English for the first time?
   c) What were you doing last Wednesday afternoon?
   d) Do you like swimming in the winter?
   e) Who is the nicest person you've ever met?

f) Did it rain yesterday?
g) Will you be at home tomorrow evening?
h) How many lessons have you done?
i) Do you have interesting dreams?
k) Where will you be this time next year?

Stellen Sie diese Fragen einem Partner.

LEKTION 71

No-one Sees the Sky

Was wird gelernt?

no-one / nobody / nothing / everyone / everybody / everything

Mary: Hallo, John. Are you alone?	*Mary:* Hallo, John. Bist du allein?
John: Yes, there's no-one here. Everyone's gone out.	*John:* Ja, es ist niemand hier. Alle sind ausgegangen.
Mary: What are you doing?	*Mary:* Was machst du gerade?
John: Nothing.	*John:* Nichts.
Mary: What's the matter?	*Mary:* Was ist los?
John: I'm bored!	*John:* Ich langweile mich.

So wird's verständlich:

In einer früheren Lektion (Lektion 42) haben Sie die Wörter *someone, somebody* und *something* sowie *anyone, anybody* und *anything* kennengelernt, und Sie haben gesehen, daß die Formen mit *some-* in bejahenden Sätzen, die mit *any-* in verneinenden Sätzen und Fragen verwendet werden. Zum Beispiel:

I can hear **someone** *in the kitchen.*
Can you see **anyone?**
No, I can't see **anyone.**

In dieser Lektion soll der Gebrauch der verwandten Wörter *no-one, nobody* und *nothing* geübt werden. Sie finden in folgenden Fällen Verwendung:

1. Als zweite Möglichkeit für die Formen mit *any*. Man kann zum Beispiel sagen *There isn't anyone here* oder *There's no-one here.* Beide Sätze drücken dasselbe aus. (Beachten Sie, daß bei der Verwendung der Form *no-* das Zeitwort bejahend ist.)
2. In Antworten, die nur aus einem Wort bestehen, *muß* die Form mit *no-* benutzt werden. Zum Beispiel: *Who were you talking to? – No-one.* Oder, wie im obigen Dialog: *What are you doing? – Nothing.* In derartigen Antworten kann die Form mit *any-* nicht verwendet werden.
3. Wenn es sich um den Satzgegenstand des Satzes handelt, muß die Form mit *no-* verwendet werden. In Dialog 1 finden Sie dazu folgendes Beispiel:

Who sent you these flowers?	Wer hat dir diese Blumen geschickt?
No-one *sent them.*	Niemand hat sie geschickt.

Außerdem soll der Gebrauch der Wörter *everyone/everybody* (jeder) und *everything* (alles) geübt werden.

Dialog 1: There's no-one under the table.

Die Bakers haben eine Wohnung am Fluß. Mrs. Baker ist zu Hause. Ihr Mann kommt früher als erwartet heim.

Mrs. Baker: (On the telephone:) Yes, yes. O.K. Bye.
(She puts the telephone down.)

Mr. Baker: *(Calling:)* Hallo! Is anyone home? *(He comes into the room.)* Oh, you're here.

Mrs. Baker: Yes. You're early. It's only three o'clock.

Mr. Baker: Who were you talking to?

Mrs. Baker: No-one.

Mr. Baker: I heard you. Who was it?

Mrs. Baker: No-one.

Mr. Baker: Look – I heard you talking to someone.

Mrs. Baker: I wasn't talking to anyone. It was on the radio. I was listening to the radio.

Mr. Baker: Oh. *(He sees some flowers on the table.)* Ah, ha! These flowers are very nice, aren't they?

Mrs. Baker: What?

Mr. Baker: Who sent you these flowers?

Mrs. Baker: No-one sent them. I bought them this morning.

Mr. Baker: Now, come on . . . You were talking to someone, and there are flowers on the table. There's someone here, isn't there?

Mrs. Baker: Yes, George. You're here, and I'm here.

Mr. Baker: Ha, ha. I mean: someone *else*.

Mrs. Baker: George, there's no-one else here.

Mr. Baker: Let me see . . . Ah! Under the table. *(He looks under the table.)* No, there's no-one under the table.

Mrs. Baker: Of course there's no-one under the table.
Mr. Baker: Ah, ha! What about the cupboard?
Mrs. Baker: The cupboard! George, you've seen too many American films! There's no-one in the cupboard.
Mr. Baker: I'm going to open it.
Mrs. Baker: O.K. Open it. You won't find anyone in it.
Mr. Baker: I know there's someone in there, and I'm going to open it.
Mrs. Baker: There's no-one in there, George.
Mr. Baker: *(Calling:)* Right! You! In the cupboard! Come out! . . . I'll count to three . . . One, two, three! *(He opens the cupboard door.)* Ah, ha!

Wörter und Wendungen

is anyone home? [iz 'eniwʌn 'həum]	ist jemand zu Hause? (*Is anyone at home?* kann man ebensogut sagen.)
flowers ['flauəz]	Blumen
someone else ['sʌmwʌn 'els]	jemand anders
no-one else ['nəuwʌn 'els]	niemand anders
cupboard ['kʌbəd]	Schrank
I'll count to three [ail 'kaunt tə 'θri:]	ich zähle bis drei

Dialog 2: Everyone knows Mr. Brown.

Mr. Baker hat gerade die Schranktür geöffnet.

Mr. Baker: Ah, ha!
Mrs. Baker: Well, is there anyone in the cupboard?
Mr. Baker: Er . . . no. There's no-one here.
Mrs. Baker: Exactly.
Mr. Baker: Well . . . if he's not in the cupboard, he's in the kitchen. Yes, the kitchen.
Mrs. Baker: There's no-one in the kitchen, George.
Mr. Baker: I'm going to see. *(He opens the kitchen door.)* No. There's no-one there.
Mrs. Baker: George, who exactly are you looking for? Steve McQueen?

Mr. Baker: No. Mr. Brown from the bank.
Mrs. Baker: Oh.
Mr. Baker: You know Mr. Brown, don't you?
Mrs. Baker: Oh yes, everyone knows Mr. Brown. Isn't he at the bank?
Mr. Baker: No. Everyone else is at the bank, but Mr. Brown isn't there.
Mrs. Baker: Oh.
Mr. Baker: Well, there's no-one in the cupboard, and there's no-one under the table, and there's no-one in the kitchen. Ah! The balcony. Yes, the balcony.
Mrs. Baker: George –
Mr. Baker: Of course! He opened the window and stood on the balcony.
Mrs. Baker: George, we haven't –
Mr. Baker: I'll find him this time!
Mrs. Baker: George, we haven't got –
Mr. Baker: Right! *(Calling:)* I'm coming out!
(He opens the window, and falls into the river.)
Mrs. Baker: We haven't got a balcony.

Wörter und Wendungen

exactly [ig'zæktli]	(stimmt) genau
who exactly are you looking for? ['hu: ig'zæktli ɑ: ju 'lukiŋ 'fɔ:]	wen suchst du eigentlich?
everyone knows Mr. Brown ['evriwʌn 'nəuz 'mistə 'braun]	jeder kennt Mr. Brown
everyone else ['evriwʌn 'els]	alle anderen
balcony ['bælkəni]	Balkon
I'll find him this time! [ail 'faind him 'ðis 'taim]	diesmal werde ich ihn finden!

Song: No-one sees the sky.

Everyone in the city walks *alone* in the rain, — *allein*
No-one sees the sky,
And the streets are all *the same*, — *gleich*
No-one says "Hallo",
And no-one knows your name.

Everyone buys *the papers,*
But no-one reads the words,
Everyone sees the buildings,
But no-one sees the birds,
The buildings get taller,
And *no-one asks why,*
Everyone *looks up,*
But no-one sees the sky.

die Zeitungen (Kurzform von newspapers)
niemand fragt warum
blickt nach oben

Everybody runs, and nobody walks,
Everybody *shouts,* and nobody talks,
Nobody smiles,
And no-one asks why,
Everyone looks up,
But no-one sees the sky.

ruft, schreit

Übungen

1. Geben Sie Ein-Wort-Antworten *(Nobody, No-one* oder *Nothing)* auf diese Fragen:

   a) Who were you talking to? . . . .

   b) What's that under the table? . . . .

   c) Who are you waiting for? . . . .

   d) What's the matter? . . . .

   Üben Sie dasselbe mit einem Partner.

2. Tauschen Sie in den folgenden Sätzen die Formen mit *any* durch die mit *no-* aus; dabei soll der Sinn des Satzes erhalten bleiben:

   a) There isn't anyone in the street. . . . .

b) We haven't got anything to eat. ....

c) I haven't seen anybody all day. ....

d) The police didn't find anything. ....

3. Beantworten Sie Mr. Bakers Fragen aus der Situation Mrs. Bakers:

Mr. Baker: Who sent these flowers?
Mrs. Baker: a) No-one sent them. I bought them.
Mr. Baker: Who telephoned you?

Mrs. Baker: b) .... I was talking to the grocer.
Mr. Baker: Who came here this afternoon?

Mrs. Baker: c) .... I was alone.

Üben Sie den Dialog mit einem Partner.

4. Beantworten Sie diese Fragen, indem Sie *everyone* oder *everybody* verwenden, wie im Beispiel gezeigt:

a) Are you looking for Mr. Green?
Yes – everyone's looking for Mr. Green.
b) Do you know Jim Smith?

....

c) Have you met Mr. Jackson?

....

LEKTION 72

We Could Do These Things Before

Was wird gelernt?

could / couldn't . . .

Mary: John, where's your guitar?	*Mary:* John, wo ist deine Gitarre?
John: I've sold it.	*John:* Ich habe sie verkauft.
Mary: Because you couldn't play it?	*Mary:* Weil du nicht spielen konntest?
John: Yes – I couldn't play it very well. I could only practise on Sundays.	*John:* Ja – ich konnte sie nicht sehr gut spielen. Ich konnte nur sonntags üben.
Mary: I see.	*Mary:* Ich verstehe.

So wird's verständlich:

In vielen früheren Lektionen haben Sie das Wort *can* in verschiedenen Anwendungen geübt: In seiner Grundanwendung zum Ausdruck einer Fähigkeit *(I can swim)* und in einer Reihe höflicher Formulierungen *(Can I help you? Can you tell me the time?* usw.).
In dieser Lektion soll die einfache Vergangenheit *could* geübt werden, und zwar in der Grundbedeutung zum Ausdruck einer Fähigkeit. Hier einige Beispiele:

When I was young . . .	Als ich jung war . . .
***I* could swim** *very well.*	konnte ich sehr gut schwimmen.
***I* could dance.**	konnte ich tanzen.
***I* couldn't drive** *a car.*	konnte ich nicht Auto fahren.

Fragen werden, wie üblich, durch Umkehrung der Wortfolge gebildet (z. B. *Could you dance when you were young?)*, und die entsprechenden Kurzantworten sind: *Yes, I could, No, we couldn't* usw.

Dialog 1 : I could drive very well.

Ein alter Herr und eine alte Dame sitzen im Park und plaudern über die alte Zeit.

Old man: I was a bank-manager for thirty years, you know.
Old lady: Did you like it?
Old man: No, I hated it. I never wanted to be a bank-manager.
Old lady: What did you want to be?
Old man: Well, when I was at school, I wanted to be a policeman . . . a detective.
Old lady: Really?
Old man: Yes – and they invited me for an interview.
Old lady: Who did?
Old man: The police. They invited me for an interview. Oh, yes.
Old lady: Did you go?
Old man: Eh?
Old lady: For the interview.
Old man: No.
Old lady: Why not?
Old man: Well, they wanted someone who could drive –
Old lady: Oh, I see – and you couldn't drive.
Old man: Oh, I could drive very well. No, they wanted someone who could drive, someone who could type –

Old lady: Ah, I see. You couldn't type.
Old man: No . . . I could type very well. I could drive and I could type. They wanted someone who could drive, someone who could type, and someone who could interview people.
Old lady: Could you do that?
Old man: What? Interview people?
Old lady: Yes.
Old man: Oh, yes. I could interview people all right.
Old lady: Could you?
Old man: Yes. At school, I could always ask good questions.
Old lady: So you could do everything they wanted.
Old man: Yes, I could do everything.
Old lady: So why didn't you go to the interview?
Old man: Um –
Old lady: Why didn't you get the job?
Old man: Er, well . . . er –
Old lady: Why didn't you become a detective?
Old man: I couldn't find the police-station.

Wörter und Wendungen

detective [di'tektiv]	Detektiv, Kriminalbeamter	they invited me for an interview [ðei in'vaitid mi fər ən 'intəvju:]	sie luden mich zu einem Interview ein
invite [in'vait]	einladen	why didn't you get the job? ['wai 'didnt ju 'get ðə 'dʒɔb]	warum haben Sie die Stellung nicht bekommen?
interview ['intəvju:]	interviewen, befragen; Interview, Einstellungsgespräch	become [bi'kʌm]	werden

Dialog 2: I could sing, I could dance.

Der alte Herr und die alte Dame unterhalten sich immer noch.

Old lady: I was a nurse for thirty years, you know.
Old man: Did you like it?

Old lady: No, I hated it. I never wanted to be a nurse. I wanted to be a film star.
Old man: Really?
Old lady: They invited me for an interview.
Old man: Who?
Old lady: The film company. They invited me for an interview.
Old man: Did you go?
Old lady: Yes, I did.
Old man: What did they want?
Old lady: Well, they wanted someone who could sing, someone who could dance, and someone who could swim.
Old man: Swim?
Old lady: Yes. You often have to swim in films, you know.
Old man: Oh.
Old lady: Well, I could sing and I could dance.
Old man: Could you swim?
Old lady: Oh, yes, I could swim very well.
Old man: Did you get the job?
Old lady: No, I didn't.
Old man: Why not?
Old lady: I couldn't speak Japanese.
Old man: Oh.
Old lady: It was a Japanese film company.

Wörter und Wendungen

film company ['film 'kʌmpəni]	Filmgesellschaft
swim [swim]	schwimmen

Song: We could do these things before.

When we were *younger than today,* — *jünger als heute*
We could dance and we could *play,* — *(Spiele) spielen*
We could sing our songs about the sun,
We could *laugh* and we could smile, — *lachen*

We could walk a hundred miles,
We could smile at everyone,
When we were young.

We could do these things *before,* — *früher, damals*
But we can't do them any more,
We know we could do these things before,
Why can't we do them any more?

When we were younger, years ago,
The winter couldn't make us cold, — *der Winter konnte uns mit seiner Kälte nichts anhaben*
We could count the days *one by one,* — *einen nach dem anderen*
We could work all day and sleep all night,
We could wake up *in the morning light,* — *im Morgenlicht*
We could get up with the sun,
When we were young.

Übungen

1. Sehen Sie sich noch einmal die beiden Dialoge an und beantworten Sie dann diese Fragen über die alte Dame und den alten Herrn:

   a) Could he drive? ....

   b) Could he type? ....

   c) Could he interview people? ....

   d) Why didn't he get the job? ....

   e) Could she sing? ....

   f) Could she dance? ....

   g) Could she swim? ....

h) Why didn't she get the job? ....

Üben Sie dasselbe mit einem Partner.

2. Bilden Sie Kurzantworten auf die folgenden Fragen:

When you were ten years old, could you –

a) drive a car? ....

b) sing? ....

c) speak English? ....

d) dance? ....

e) run very fast? ....

Üben Sie dasselbe mit einem Partner.

LEKTION 73

Everybody Used to Know Her Name

Was wird gelernt?

used to . . .

John: Here you are. Soup!	*John:* Hier, bitte. Suppe!
Mary: Thanks. Mmm – it's very good.	*Mary:* Danke. Mm – sie ist sehr gut.

John: I used to be a chef.	*John:* Ich war früher einmal Chefkoch.
Mary: Really?	*Mary:* Wirklich?
John: Yes, I used to work in a very smart restaurant.	*John:* Ja, ich habe in einem sehr vornehmen Restaurant gearbeitet.
Mary: Why did you leave? This soup is very good.	*Mary:* Warum bist du dort weggegangen? Diese Suppe ist sehr gut.

So wird's verständlich:

Bei der Behandlung der einfachen Vergangenheit englischer Zeitwörter (vgl. Lektion 38–40, 55, 70) haben Sie gesehen, daß diese Zeitform nicht nur ein abgeschlossenes Geschehen in der Vergangenheit ausdrückt, sondern auch eine Gewohnheit in der Vergangenheit, z. B.:

When I worked in an office, I **smoked** *fifty cigarettes every day.*

In dieser Lektion lernen Sie eine weitere Möglichkeit kennen, Gewohnheiten in der Vergangenheit auszudrücken, nämlich die Form **used to** ['ju:stə] (für alle Personen unverändert) mit der Grundform des Zeitworts. Diese Form drückt Gewohnheiten oder Sachverhalte in der Vergangenheit aus, die heute nicht mehr bestehen. Im obigen Dialog z. B. sagte John: **I used to be a chef** (Ich war früher einmal Chefkoch) und **I used to work in a restaurant** (Ich habe in einem Restaurant gearbeitet). Heute ist er kein Koch mehr und arbeitet nicht mehr in einem Restaurant. Er bezieht sich auf einen Sachverhalt in der Vergangenheit. Die entsprechenden Fragen werden mit *did* gebildet, z. B.:

Where **did you use to** *work?* Wo hast du gearbeitet?

Verneinungen können auf zwei Arten gebildet werden:

I **didn't use to** . . .
I **used not to** . . .

Die zweite Form ist sehr formell und im gesprochenen Englisch ungebräuchlich. Vorsicht! Verwechseln Sie nicht die Aussprache von *use* [s] in diesem Ausdruck (das *s* ist stimmlos wie in „Fuß") mit *use* [z] in der Bedeutung von „benutzen", „verwenden" (z. B. in Lektion 52 *'Use Dental Toothpaste'*) (das *s* ist hier stimmhaft wie in „Bluse").

Dialog 1: I used to be a car salesman.

Jack Roberts ist gerade ins Gefängnis eingeliefert worden. Ein Wärter bringt ihn in seine Zelle.

Guard: O.K. Inside!
Jack: But there's someone in here.
Guard: Of course there's someone in here. You're not going to have a private room.
Jack: But –
Guard: This is a prison, not a hotel. Inside!
(The guard locks the door.)
Jack: Oh, dear.
Sid: Hallo. What's your name?
Jack: Jack Roberts.

Sid: I'm Sid Green. What are you? A bank robber?

Jack: No, I'm a car salesman. Well, I used to be a car salesman.

Sid: Really?

Jack: Yes, I used to sell cars.

Sid: Did you make a lot of money?

Jack: Oh yes, I used to make £500 . . . £600 in a good week.

Sid: £600! How did you do that?

Jack: Well, I used to buy old cars. You know, terrible old cars –

Sid: Cheap ones?

Jack: Yes, that's it. I used to buy cheap old cars, and then I used to paint them.

Sid: Paint them?

Jack: Yes, I used to paint them. They used to look really smart.

Sid: And then what?

Jack: Then I used to sell them.

Sid: At a much higher price.

Jack: Exactly.

Sid: Well, what happened? Why are you here?

Jack: Well, a man came in one morning. He had a car, and he wanted to sell it. A nice blue car. He only wanted £50 for it. £50!
So I bought it.

Sid: And –

Jack: Fives minutes later, the police arrived.

Sid: Oh, I see. It was a stolen car.

Jack: Worse. It was a police car.

Sid: A nice blue car for £50! Ah well, make yourself at home.

Wörter und Wendungen

guard [gɑ:d]	Wärter
inside! ['in'said]	hinein (mit Ihnen)!
a private room [ə 'praivit 'rum]	ein Privatzimmer
prison ['prizn]	Gefängnis
in a good week [in ə 'gud 'wi:k]	in einer guten Woche, in einer Woche mit gutem Geschäft
paint [peint]	(an)streichen
a much higher price [ə 'mʌtʃ 'haiə 'prais]	ein viel höherer Preis
stolen ['stəulən]	gestohlen (*steal* [sti:l]/*stole* [stəul] /*stolen*)
make yourself at home ['meik jɔ:'self ət 'həum]	machen Sie es sich bequem

Dialog 2: I used to be a waiter.

Der Wärter hat Jack und Sid das Essen gebracht.

Guard: Supper!
Jack: Bread and water?
Guard: Yes. I've told you before. This is a prison, not a hotel. *(He locks the door again.)*
Jack: Bread and water!
Sid: It's terrible, isn't it? Especially for me. It's worse for me.
Jack: Worse for you? Why?
Sid: Well, I used to be a waiter.
Jack: Did you?
Sid: Yes, I used to work in a really smart restaurant. Oh, yes, really smart. All the best people used to come in. All the film stars. Oh, yes, they all used to come in.
Jack: Did you make a lot of money?
Sid: No, not much. In fact, that's why I'm here.
Jack: Eh?
Sid: Well, the manager didn't use to pay me very much. So I used to take a little more.
Jack: How did you use to do it?
Sid: Well, on Friday evenings, he never used to come to the restaurant. So I used to go to his office, and I used to open his desk, and take a few pounds.
Jack: Did he catch you?
Sid: Yes, he found me in the office one evening, and called the police. And here I am.
Jack: I see.
Sid: Oh, well . . . *(Speaking like a waiter:)* Er, more water, sir? A little more bread, perhaps? Yes, sir, the water is very nice . . .

Wörter und Wendungen

supper ['sʌpə]	Abendessen
especially [is'peʃəli]	besonders
all the best people ['ɔ:l ðə 'best 'pi:pl]	die besten Leute (= die berühmtesten Leute)
catch [kætʃ]	erwischen, ertappen (*catch/caught/caught* [kɔ:t])
he called the police [hi 'kɔ:ld ðə pə'li:s]	er rief die Polizei
here I am ['hiər ai 'æm]	hier bin ich also
like a waiter [laik ə 'weitə]	wie ein Kellner

Song: Everybody used to know her name.

She used to be famous,	
We used to see her on TV,	
She used to *ride* in a beautiful car,	*fahren*
With a chauffeur *at the wheel,*	*am Steuer(rad)*
People used to *visit* her beautiful house,	*besuchen, besichtigen*
They used to *travel miles,*	*meilenweit fahren*
Photographers used to follow her,	*Fotografen*
And she always used to smile.	
We used to see *her picture* in the paper,	*ihr Foto*
And everybody used to know her name,	
Lots of people used to send her flowers,	
But it couldn't *last for ever,*	*ewig andauern*
'Cos nothing lasts for ever,	
And nothing stays the same.	
She used to be *a queen*	*eine Königin der*
Of the cinema screen,	*Leinwand*
We used to see her photograph	
On the *covers* of magazines,	*Titelseiten*
All the *porters* at the stations	*Gepäckträger*
Used to run to take her case,	

But now she walks down the street,
And no-one knows her *face*. *Gesicht*

She used to be a queen
Of the cinema screen,
But nothing lasts for ever,
No, nothing lasts for ever,
And nothing stays the same.

Übungen

1. Bilden Sie mit den gegebenen Zeitwörtern Sätze über die beiden Männer aus den Dialogen, wie im Beispiel gezeigt. (Die Sätze a) – d) beziehen sich auf Jack, e) – i) auf Sid.)

   a) be He used to be a car salesman.

   b) buy . . . .

   c) paint . . . .

   d) sell . . . .

   e) be . . . .

   f) work . . . .

   g) go . . . .

   h) open . . . .

   i) take . . . .

2. Bilden Sie mehrere Antworten auf die folgende Frage:

   When you were five years old, what did you use to do?

   Stellen Sie einem Partner die Frage.

LEKTION 74

If You Don't Come with Me

Was wird gelernt?

If you smoke too much, you'll get ill.

Mary:	John! You're smoking again!	*Mary:*	John! Du rauchst schon wieder!
John:	Yes.	*John:*	Ja.
Mary:	You'll get ill, if you smoke too much.	*Mary:*	Du wirst krank, wenn du zuviel rauchst.
John:	I know, but I worry a lot –	*John:*	Ich weiß, aber ich mache mir große Sorgen –
Mary:	Listen – you'll feel much better, if you stop smoking.	*Mary:*	Hör zu – du wirst dich viel besser fühlen, wenn du aufhörst zu rauchen.

So wird's verständlich:

Mary verweist im Gespräch mit John mehrmals auf Zukünftiges und verwendet dazu die Form mit *will*, die Ihnen bekannt ist (Lektion 53, 55, 70). Sie sagt: *You'll get ill* . . . und *You'll feel much better* . . . Um auszudrücken, daß eins die Folge des anderen ist oder eins durch das andere bedingt ist, gebraucht sie *if* (wenn, falls): *You'll get ill, if you smoke too much.* (Zuviel Rauchen hat zur Folge, daß John krank wird, oder falls John zuviel raucht, wird er krank werden.)
Beachten Sie bitte, daß nach *if* das Zeitwort in der Gegenwartsform steht *(if you smoke, if you stop)*, obwohl Mary sich auf die Zukunft bezieht: Wenn du (jetzt) zuviel rauchst, wirst du (in Zukunft) krank sein. Solche Sätze, in denen auf *if* ein Zeitwort in der Gegenwartsform folgt und im anderen Teil des Satzes eine Zukunftsform steht, machen deutlich, daß der Sprecher sicher ist, daß das Vorausgesagte eintreten wird.

Der durch *if* eingeleitete Nebensatz kann vor dem Hauptsatz stehen oder ihm folgen:

You'll get *ill,* **if you smoke** *too much.*
oder:
If you smoke *too much,* **you'll get** *ill.*

In dieser Lektion werden Ihnen Beispiele für den Satz mit *if,* der zu den Bedingungssätzen gehört, gezeigt.

Dialog 1: If we don't leave soon, we'll be late.

Joe, Judy und Tom sind eine Bande von ziemlich unfähigen Bankräubern, die sich auf einen Banküberfall vorbereiten.

Joe: Judy! Judy!
Judy: Yes, O.K. I'm ready.
Joe: Good. Now, is everything understood? I'm going to open the safe –
Judy: I'm going to look out of the window –
Joe: And Tom is going to drive the car.
Judy: Yes.
Joe: Hey! Where *is* Tom?
Judy: He's coming. He's checking the car.
Joe: O.K. Now, if we start opening the safe at one o'clock, we'll finish everything before three.
Judy: Yes. *(Tom comes in.)*
Joe: Tom! Where have you been? If we don't leave soon, we'll be late.
Tom: Sorry. I was checking the car.
Judy: Is it O.K.?
Tom: No. It's not there.
Joe: What?
Tom: Someone's stolen it.
Joe: Someone's stolen the car! You can't trust anybody these days, can you?
Judy: Well, we'll be late now.

Joe: No, we won't. We'll be there by one o'clock, if we hurry. We'll have to take a taxi.

Judy: Take a taxi to rob a bank!

Joe: Why not?

Tom: Where will we find a taxi? It's nearly twelve o'clock.

Joe: Well, we won't find one, if we sit here, will we?

Judy: No.

Tom: O.K. I'll phone for a taxi.

Joe: Yes. If it comes immediately, we'll be there by one o'clock.

Tom: *(On the phone:)* Hallo? Johnson's Taxi Company? We need a taxi immediately. We want to go to the bank –

Joe: Tom!

Tom: Er . . . to the High Street Yes, I know it's late –

Joe: We'll pay him double

Tom: If you come immediately, we'll pay you double It's very important. Yes, the address is twenty-seven . . .

Wörter und Wendungen

is everything understood? [iz 'evriθiŋ ʌndə'stud]	(ist) alles klar?
safe [seif]	Safe, Geldschrank
check [tʃek]	kontrollieren
trust [trʌst]	trauen
by one o'clock [bai 'wʌn ə'klɔk]	(spätestens) um ein Uhr
immediately [i'mi:djətli]	sofort
we'll pay him double [wi:l 'pei him 'dʌbl]	wir werden ihm das doppelte Fahrgeld bezahlen
important [im'pɔ:tənt]	wichtig

Dialog 2: If I can open the door, we'll be rich.

Die Bande ist nun im Innern der Bank, und Joe versucht, den Geldschrank zu öffnen

Judy: Joe!
Joe: Ssh!
Judy: Is everything O.K.?
Joe: Yes.
Judy: Good.
Joe: Don't touch the door of the safe!
Judy: Sorry.
Joe: If you touch it, all the alarm-bells will start ringing . . . and then the police will be here in minutes.
Judy: O.K. O.K. I'll go back to the window . . . Joe –
Joe: Listen! If you don't keep quiet, I'll never open this door. It's not easy.
Judy: Sorry . . . Joe, what will we do, if there isn't any money in the safe?
Joe: What?
Judy: I mean – if we open the safe, and don't find any money in it.
Joe: If we don't find any money in it! Of course we'll find money in it. There are thousands of pounds in this safe.
Judy: Oh.
Joe: Now, keep quiet! If I can open this door, we'll be rich. O.K.? Keep quiet!

Judy: Joe –
Joe: If you don't keep quiet, I'll –
Judy: But Joe –
Joe: Keep quiet, or I'll –
Judy: Joe, there's a – *(A man opens the door.)*
Policeman: Police! Don't move.
Judy: There's a policeman at the door.

Wörter und Wendungen

touch [tʌtʃ]	anfassen, berühren	keep quiet ['ki:p 'kwaiət]	sei still
alarm-bells [ə'lɑ:m belz]	Alarmanlage	don't move ['dəunt 'mu:v]	keine Bewegung
in minutes [in 'minits]	gleich		

Song: If you don't come with me

It's Saturday tomorrow, and *the whole day's free,* *der ganze Tag ist frei*
I won't be in town, I'll be by the sea.
It's Saturday tomorrow, and I'll be by the sea,
But I won't be happy, if you don't come with me.

We'll start very early, if we wake up in time,
We'll take an *umbrella*, if the weather isn't fine. *Schirm*
We'll start very early, if we wake up in time,
We'll *get there* by eleven, if we leave here at half past nine. *dort sein*

If we can't go by bus, we'll go by train,
If there aren't any trains, we'll get there *just the same.* *trotzdem*
If there aren't any trains, we'll go by plane,
We'll get there *somehow,* *irgendwie*
Even if we have to walk all day.

Übungen

1. Führen Sie sich noch einmal die Situation in der Bank vor Augen und beantworten Sie die Fragen:

   a) What will happen, if someone touches the door of the safe?
   b) Why has Judy got to keep quiet?
   c) Why does Joe want to open the door of the safe?

   Üben Sie dasselbe mit einem Partner.

2. Bilden Sie mit den nachstehenden Zeitwörtern Sätze, die mit *if* beginnen.

a) smoke too much/get ill	If you smoke too much, you'll get ill.
b) work too hard/get tired	....
c) stay in bed/get better	....
d) hurry/arrive early	....
e) go on foot/be late	....
f) practise/play very well	....
g) have a holiday/feel better	....
h) start now/finish by three	....

LEKTION 75

We'll Do the Work Tomorrow

Was wird gelernt?

I'll . . ./I'm going to . . .

John:	Hallo, Mary, you look hot and thirsty.	*John:*	Hallo, Mary. Du siehst erhitzt und durstig aus.
Mary:	Yes, I am.	*Mary:*	Ja, das bin ich auch.
John:	I'll make some tea.	*John:*	Ich werde Tee kochen.
Peter:	Hallo, John. Hallo, Mary.	*Peter:*	Hallo, John. Hallo, Mary.
John:	Oh, hallo, Peter – I'm going to make some tea. Do you want some?	*John:*	Oh, hallo, Peter – ich will gerade Tee kochen. Möchtest du welchen?

So wird's verständlich:

In Lektion 53 haben Sie die Bildung der Zukunft geübt. Dabei wurde die Form mit *will* der mit *going to* gegenübergestellt. Sie haben gesehen, daß man mit *will* sachliche Voraussagen über zukünftiges Geschehen macht, während *going to* die Absicht des Sprechenden betont. Sehen Sie sich noch einmal die Bemerkungen und Übungen der Lektion 53 an, um Ihr Gedächtnis aufzufrischen.
In dieser Lektion lernen Sie einen weiteren Unterschied im Gebrauch der beiden Formen *will* und *going to* kennen: Im obigen Dialog sagte John *I'll make some tea* (Ich werde Tee kochen) – damit drückte er eine Absicht aus, die er vorher nicht geplant hatte: er sprach im selben Moment, in dem er die Entscheidung getroffen hat. Als er zu Peter sagte: *I'm going to make some tea,* verwendete er die *going-to*-Form, weil die Entscheidung schon vorher getroffen war.
Will man eine Absicht ausdrücken, so muß man also folgendes beachten: Wenn die Entscheidung schon vorher getroffen wurde, so wird die

Form mit *going to* verwendet. Wird die Entscheidung im Augenblick des Sprechens getroffen, benutzt man die Form mit *will*. Hier einige weitere Beispiele für diese Form mit *will:*

> *It's very hot in here. – O.K.,* **I'll open** *the window.*
> *There isn't any coffee. – O.K.,* **I'll make** *some tea.*
> *Mr. Smith wants to talk to you. – O.K.,* **I'll phone** *him.*

Dialog 1: I'll call the police.

Ein Mann geht in einen Juwelierladen.

Assistant: Good morning, sir.
Man: Good morning. I'm looking for a ring.
Assistant: A ring, sir. Certainly. We have lots of nice rings.
Man: I want the most expensive ring you've got.
Assistant: The most expensive. I see. Certainly, sir. This one's the most expensive.
Man: Ah, yes. How much is it?
Assistant: £5,000, sir.
Man: £5,000. Fine. I'll take it.
Assistant: Certainly, sir. That'll be £5,000, please.
Man: Oh, I'm not going to pay for it.
Assistant: But sir, you said: "I'll take it." You meant: "I'll pay for it" – didn't you?
Man: No, I didn't. I meant: "I'll take it." "*Take.*" Give it to me.
Assistant: Oh, no.
Man: Come on. Give it to me.
Assistant: Now, sir – if you don't leave immediately, I'll –
Man: Yes?
Assistant: I'll call the police.
Man: You haven't got a telephone.
Assistant: All right. I'll shout.
Man: No-one will hear you.
Assistant: Someone will. Right – I'm going to shout.

Man: Oh, no you're not. If you make a noise, I'll –
Assistant: Yes?
Man: I'll shoot you.
Assistant: You'll shoot me?
Man: Yes.
Assistant: But you haven't got a gun.
Man: Oh. All right then, I'll hit you.
Assistant: You'll hit me?
Man: Yes.
Assistant: I'm much bigger than you, you know.
Man: Oh yes . . . Listen! Are you going to give me the ring or not?
Assistant: No.
Man: No?
Assistant: No.
Man: Oh, I see. Well . . . if you're not going to give it to me, I'll –
Assistant: Yes?
Man: I'll . . . I'll . . . I'll go. But I'll be back! I'll be back.
Assistant: Good morning, sir.

Wörter und Wendungen

a ring [ə 'riŋ]	ein Ring
I'm looking for a ring [aim 'lukiŋ fər ə 'riŋ]	ich suche einen Ring (Die Wendung *I'm looking for...* ist sehr gebräuchlich, um im Geschäft zu sagen, was man haben möchte, ohne sich schon für einen ganz bestimmten Gegenstand entschieden zu haben.)
you meant [ju 'ment]	Sie meinten
call [kɔ:l]	anrufen
shoot [ʃu:t]	erschießen
hit [hit]	schlagen
I'll be back [ail bi 'bæk]	ich komme wieder

Dialog 2: Right! I'm going to throw the brick.

Es ist jetzt 2 Uhr morgens. Der Mann ist zu dem Juwelierladen zurückgekommen und hat eine Freundin mitgebracht.

Man: Right. This is the shop.
Girl: "G. Smith, Jeweller." But it's closed.
Man: Of course, it's closed. It's two o'clock in the morning.
Girl: Oh yes.
Man: Right. Now, watch the street. I'll get ready.
Girl: O.K.
Man: *(To himself:)* Where's that brick? Ah yes, here it is.
(To the girl:) Is anybody coming?
Girl: No. Everything's quiet.
Man: O.K. Now, if no-one's coming, I'll throw the brick.
Girl: O.K.
Man: Right. I'm going to throw the brick.
Girl: O.K. Go on.
Man: Right. I'm going to throw it now.
Girl: Well, go on. Throw it!
Man: O.K. One, two, three! *(He throws the brick.)* Oh! It didn't break the window.
Girl: Well, throw it again.

Man: Yes, I'll throw it again. One, two, three! *(He throws the brick, and it breaks the window.)* That's better. Now, where's the ring? Oh, it's not there. The ring isn't here.

Girl: Someone's coming. Someone's coming! Let's go!

Man: Wait a minute.

Girl: What's the matter?

Man: The brick! I left it in the window.

Girl: So?

Man: That brick cost me seventy-five pence!

Girl: Oh, come on!

Wörter und Wendungen

throw [θrəu]	werfen	I left it [ai 'left it]	ich habe ihn (den Ziegelstein) (zurück)gelassen
brick [brik]	Ziegel(stein)	so? [səu]	ja und?
jeweller ['dʒu:ələ]	Juwelier		
I'll get ready [ail 'get 'redi]	ich mache mich bereit		

Song: We'll do the work tomorrow.

It's a *working day,* — *Arbeitstag*
But it's a sunny day,
And on a sunny day,
We just can't stay, — *wir können einfach nicht hierbleiben*
Where shall we go?
– I know!

We won't stay at work,
The summer goes too fast,
I'll take you to the park,
And we'll walk across the grass,
We'll sit and watch the children play,
And we'll do the work tomorrow
Or another day.

We'll sit on the grass,

And we'll sleep in the sun,
We'll walk by the river,
And we'll smile at everyone,
We'll pick lots of flowers along the way,
And we'll do the work tomorrow,
Or another day.

wir werden viele Blumen am Wegrand pflücken

I'll sing you songs,
And I'll play my guitar,
We'll *spend* the whole evening
Looking up at the stars,
We'll go to sleep and dream about today,
And we'll do the work tomorrow
Or another day,
Yes, we'll do the work tomorrow
Or another day.

(Zeit) verbringen

Übung

Vervollständigen Sie diese Sätze, indem Sie nach Ihrem Ermessen *will* oder *going to* einsetzen:

a) *June:* These cases are very heavy.

Jack: I . . . . help you.

b) *Mrs. Jones:* Why are you repairing the lawn-mower?

Mr. Jones: I . . . . cut the grass.

c) *Fred:* The restaurant's closed.

Jane: Oh, I see. O.K. We . . . . eat at home.

d) *Bill:* Why are you wearing your old clothes?

Bert: I . . . . work in the garden.

Üben Sie die Dialoge mit einem Partner.

LEKTION 76

If I Go Back

Was wurde gelernt?

Wiederholung Lektion 52—75

Im Dialog, dem Song und den Übungen dieser Lektion soll das in Lektion 52–75 Gelernte wiederholt werden. Die folgende Übersicht zeigt die Schwerpunkte; die Zahlen geben die Lektionen an, in denen sie behandelt werden:

52, 59

It's the	*biggest one* *best one* *most beautiful one*	*we've got.*

56, 57

Give *Bring* *Send* *Pass*	*me the money.* *the money to me.*

63

Were you looking for me?

No,	*I wasn't* *we weren't*	*looking for you.*

I was *We were*	*looking for Fred.*

64

When I came in,

Jack was watching television.
Jill was reading the newspaper.
the children were playing.

65

This coat isn't	*heavy* *warm* *cheap*	*enough.*

It's too expensive.

66, 74

If you want to make some tea,
you'll need some hot water.

68, 69

We're late.	
We'll have to	*run.*
	hurry.
	take a taxi.

67

I've got	*a few*	*carrots.*
		English books.
	a little	*money.*
		coffee.

73

I used to	*be a waiter*
	work in a restaurant.
	work very hard.

71

There's	*no-one*	*here.*
	nobody	
	nothing	
Everyone's		*gone.*
Everybody's		
Everything's		

Dialog: I'll make the soup for you.

Janet ist zu Hause und bereitet das Abendessen vor. Da klopft es an der Tür. Es ist Derek, ein Freund.

Janet: Come in! The door's not locked. *(Derek comes in.)*
Derek: Hallo, Janet.
Janet: Hallo, Derek. It's lovely to see you.
Derek: How are you?
Janet: Well, I'm a little tired, but I'm fine.
Derek: What are you doing?
Janet: Well, when you knocked, I was making the dinner. I'm going to make some soup.
Derek: Soup?
Janet: Yes.
Derek: Oh well, if you want to make some soup, you'll need some carrots.
Janet: Pardon?
Derek: You'll have to put in some carrots. And *I*'ve got some lovely carrots here. Have these.

Janet: They're not big enough.
Derek: Sorry, they're the biggest ones I've got. Listen – you're tired. I'll make the soup for you.
Janet: Oh, O.K. Thanks.
Derek: Pass me a few potatoes, please.
(Derek makes the soup.)
Derek: There!
Janet: That looks very good.
Derek: I used to be a cook, you know.
Janet: Oh yes, you used to have a little café, didn't you?
Derek: Yes, that's right.
Janet: Why did you sell it?
Derek: No-one liked my soup.
Janet: Really? Let me taste it. *(She tastes the soup.)*
Derek: Do you like it?
Janet: Well . . .
Derek: Well, do you like it?
Janet: Derek – I think *I'll* make the soup after all.

Wörter und Wendungen

locked [lɔkt]	abgeschlossen	that looks very good ['ðæt luks 'veri 'gud]	die (Suppe) sieht sehr gut aus
it's lovely to see you [its 'lʌvli tə 'si: ju]	nett, dich zu sehen	taste [teist]	probieren, kosten (regelmäßiges Zeitwort)
knock [nɔk]	(an)klopfen (regelmäßiges Zeitwort)	after all ['ɑ:ftər 'ɔ:l]	am Ende, schließlich
have these [həv 'ði:z]	nimm diese (Mit *Have* ... bietet man etwas an, z. B. *Have a cigarette.*)		

Song: If I go back

The summer's *almost over,*	*fast vorüber*
Time goes so fast,	
And I'm thinking of a summer *in the past.*	*in der Vergangenheit*
I was living in a town	
A long way from here,	*weit von hier entfernt*
The summer was beautiful that year.	

(Chorus:)

If I go back,	
Will the town still look the same?	*Wird die Stadt immer noch genauso aussehen?*
If I walk down the street,	
Will you *call out* my name?	*rufen*
Will I hear your *voice?*	*Stimme*
Will I see your face again?	

I used to walk every morning	
to the little *town square,*	*Marktplatz*
And one sunny morning, you were sitting there,	
And the sun was shining on your *hair.*	*Haar*

We were together all that summer	
With the sun in your eyes,	
The sunlight filled the streets,	*die Straßen lagen im*
And the summer filled the sky.	*Sonnenschein*

(Chorus:)

Übungen

1. Beantworten Sie die Sätze, wie im Beispiel gezeigt:

   a) This hammer isn't big enough.
   Sorry, it's the biggest one we've got.
   b) This chair isn't comfortable enough.

   . . . .

   c) These apples aren't sweet enough.

   . . . .

   d) These shirts aren't colourful enough.

   . . . .

2. Bilden Sie mit den gegebenen Wörtern Sätze über Bernard Jackson, den Sie aus Lektion 69 kennen. Das Beispiel zeigt Ihnen, wie Sie's machen sollen:

a) a chauffeur	He used to be a chauffeur.
b) a Mini	. . . .
c) a blue jacket	. . . .
d) very hard	. . . .

3. Bilden Sie mit den gegebenen Wörtern jeweils zwei Sätze, wie im Beispiel gezeigt:

a) I'm going to make some coffee.
   You'll need some hot water. (hot water)
   You'll have to boil some water. (boil)

b) I'm going to make a sandwich.

   .... (bread)

   .... (cut)

c) I'm going to fly to Japan.

   .... (passport)

   .... (get)

4. Fügen Sie *a few* oder *a little* ein:

No-one in the café spent much money. Bernard only sold (a) .... cups of tea, and (b) .... glasses of lemonade, so he only made (c) .... money. He wanted to give the people (d) .... free soup, but it cost too much.

5. Beantworten Sie folgende Fragen:

a) Could you speak English, when you were ten years old?
b) What were you doing last Friday morning?
c) Do you have to get up early every day?
d) What did you use to like doing, when you were a child?
e) Do you know everyone in your street?

Stellen Sie einem Partner diese Fragen.

LEKTION 77

I'd Like You to Listen

Was wird gelernt?

	I'd like . . ./I'd love . . .		**Would you like . . . ?**
John:	Mary – I'd like you to meet Susan. Susan, this is Mary.	*John:*	Mary – ich möchte dir Susan vorstellen. Susan, dies ist Mary.
Mary:	Hallo, Susan. Nice to meet you.	*Mary:*	Hallo, Susan. Nett, dich kennenzulernen.
Susan:	Hallo.	*Susan:*	Hallo.
Mary:	Would you like some tea?	*Mary:*	Möchtest du Tee haben?
Susan:	I'd love some.	*Susan:*	Ja, gern.

So wird's verständlich:

Das Zeitwort *want* (wünschen, wollen) ist Ihnen in früheren Lektionen schon häufig begegnet, und zwar in verschiedenen Konstruktionen – z. B.:

1. **I want** *some coffee.*
2. **I want to** *visit the Pyramids.*
3. **I want you to** *meet my brother.*

In dieser Lektion soll die Form *would like* (im gesprochenen Englisch zu *'d like* zusammengezogen) geübt werden. Diese Form ist höflicher als *want,* wenn man einen Wunsch ausdrücken will. *Would like* kann genauso konstruiert werden wie *want.* Aus den obigen Beispielsätzen werden also folgende höflichere Sätze:

1. **I'd like** *some coffee.*
2. **I'd like to** *visit the Pyramids.*
3. **I'd like you to** *meet my brother.*

Fragen bildet man durch Umkehrung der Wortfolge Subjektform des Fürworts + *would*, z. B. *Would you like some coffee?*
Das ausdrucksstärkere *would love* kann im Aussagesatz ebenso verwendet werden, z. B. *I'd love to visit the Pyramids*; man kann jedoch keine Fragen damit bilden. Es wird besonders häufig für Kurzantworten verwendet, wie Sie es im Eingangsdialog gesehen haben:

Would you like some tea?
I'd love some.

oder: *Would you like to meet my brother?*
Yes, I'd love to.

Beachten Sie, daß die häufigsten Antworten auf Fragen, die mit *Would you like ...?* beginnen, *Yes, please* und *No, thank you* lauten.

Dialog 1: Would you like to order now, sir?

Mr. und Mrs. Thompson sind zum Essen in ein Restaurant gegangen. Mr. Thompson ist sehr schlecht gelaunt.

Mrs. Thompson:	Arthur, haven't you decided yet?
Mr. Thompson:	No.
Mrs. Thompson:	You've been looking at that menu for ten minutes.
Mr. Thompson:	I know.
Mrs. Thompson:	Here comes the waiter.
Waiter:	Would you like to order now, sir? Madam?
Mrs. Thompson:	Yes, I'd like the steak, please.
Waiter:	Yes, madam. Sir?
Mr. Thompson:	Oh, all right. I'll have the steak, too.
Waiter:	Yes, sir.

Mr. Thompson:	And I want a good steak. I don't want a little piece of tasteless meat and three potatoes.
Mrs. Thompson:	Arthur!
Mr. Thompson:	I want a good steak and lots of potatoes.
Waiter:	Of course, sir. Would you like some soup to start with?
Mrs. Thompson:	No, thank you.
Waiter:	Sir?
Mr. Thompson:	No, I don't want any soup.
Waiter:	Would you like something to drink?
Mrs. Thompson:	I'd just like some water, please.
Waiter:	Certainly, madam. For you, sir?
Mr. Thompson:	No.
Waiter:	*(Going away:)* Thank you, sir.
Mr. Thompson:	Just a minute!
Waiter:	Sir?
Mr. Thompson:	I meant: "No, I don't want any water." I *do* want something to drink.
Waiter:	Certainly, sir. What would you like to drink?
Mr. Thompson:	A glass of orange juice.
Waiter:	Yes, sir.

Mr. Thompson:	And I want some good orange juice. I don't want cheap tasteless orange juice. I want a glass of good orange juice.
Waiter:	Of course, sir. Would you like some bread?
Mrs. Thompson:	No, thank you. Not for me. Arthur, would *you* like some bread?
Mr. Thompson:	Yes, I would.
Waiter:	Certainly, sir.
Mr. Thompson:	And I want some good bread. I don't want cheap tasteless bread. I want some good bread.
Waiter:	Certainly, sir.

Wörter und Wendungen

decide [di'said]	sich entschließen, sich entscheiden	order ['ɔ:də]	bestellen
menu ['menju:]	Speisekarte	steak [steik]	Steak
you've been looking at that menu for ten minutes [juv bin 'lukiŋ ət ðət 'menju: fə 'ten 'minits]	du siehst dir jetzt schon zehn Minu- Minuten die Speisekarte an	tasteless ['teistlis]	fade, ohne Geschmack
		to start with [tə 'stɑ:t wið]	als erstes; *hier:* vorweg
		orange juice ['ɔrindʒ 'dʒu:s]	Orangensaft

Dialog 2: We'd like the bill, please.

Mr. und Mrs. Thompson sind fertig mit dem Essen.

Mrs. Thompson:	Well, that was really delicious!
Mr. Thompson:	Delicious? It was terrible. The meat was completely tasteless –
Mrs. Thompson:	I'll get the bill.
Mr. Thompson:	– and the orange juice was tasteless, too.
Mrs. Thompson:	Waiter!
Waiter:	Yes, madam?
Mrs. Thompson:	We'd like the bill, please.

Waiter:	The bill, madam.
Mrs. Thompson:	Yes, please. We'd like to pay now.
Mr. Thompson:	– and the bread was tasteless, too.
Mrs. Thompson:	Arthur! *(To the waiter:)* Don't listen to my husband. Tell the chef it was delicious.
Waiter:	Certainly, madam. Would you like to speak to the chef yourself? Would you like me to fetch him?
Mrs. Thompson:	No. No, thank you. Just tell him the meal was delicious.
Waiter:	Certainly, madam. Here's your bill.
Mrs. Thompson:	Thank you.
Mr. Thompson:	Six pounds, twenty pence!
Mrs. Thompson:	That's very good.
Mr. Thompson:	Six pounds, twenty pence . . . for a little piece of tasteless meat and a cup of tasteless coffee. Here you are. *(He gives the waiter the money.)*
Waiter:	Thank you, sir.
Mr. Thompson:	And the bread was tasteless, too.

Wörter und Wendungen

delicious [di'liʃəs]	köstlich	completely [kəm'pli:tli]	völlig, vollkommen
that was really delicious! [ðət wəz 'riəli di'liʃəs]	das war wirklich köstlich	bill [bil]	Rechnung
		chef [ʃef]	Koch, Küchenchef
		meal [mi:l]	Essen, Mahlzeit
		yourself [jɔ:'self]	(Sie) selbst

Song: I'd like you to listen

I know a little restaurant,
I found it yesterday,
I'd like to show it to you,
If I can remember the way, — *falls ich mich an den Weg (dorthin) erinnern kann, falls ich den Weg wiederfinde*
I'd like you to see it,
Would you like to come today?

(Chorus:)

I'd like you to listen,
I'd like to sing my song.
I'd love to hear it,
If it's not too long.

It's just by the river,	*es liegt direkt beim Fluß*
I'd like to take you there,	*ich möchte dich gern dorthin mitnehmen*
You can sit by the water	
And there's *music* in the air,	*Musik*
I'd like you to see it,	
Would you like to meet me there?	

(Chorus:)

That's all there is.	*das ist alles*

Übungen

1. Bilden Sie mit den gegebenen Zeitwörtern Fragen, die mit *Would you like to* . . . beginnen, wie im Beispiel gezeigt:

   a) My brother's here. Would you like to meet him? (meet)

   b) I've made some soup. . . . . (taste)

   c) We've bought some new carpets. . . . . (see)

   d) This is a very interesting book . . . . (read)

   e) There's a good film on TV. . . . . (watch)

   Üben Sie Fragen und Antworten mit einem Partner. Antworten Sie mit *Yes, please* oder *I'd love to.*

2. Beantworten Sie die folgenden Fragen mit *Yes, I'd love one, Yes, I'd love some* oder *Yes, I'd love to.*

a) Would you like some tea? ....

b) Would you like to go dancing? ....

c) Would you like a cup of tea? ....

d) Would you like to stay for dinner? ....

Üben Sie dasselbe mit einem Partner.

LEKTION 78

It's Been Raining All Morning

Was wird gelernt?

How long have you been -ing? since/for

John:	Sorry, I'm late.	*John:*	Entschuldige, daß ich zu spät komme.
Mary:	That's O.K.	*Mary:*	Das macht nichts.
John:	How long have you been waiting?	*John:*	Wie lange hast du schon gewartet?
Mary:	Not long. Since three o'clock.	*Mary:*	Nicht lange. Seit drei Uhr.
John:	Oh, good.	*John:*	Oh, gut.
Mary:	I've been reading this magazine.	*Mary:*	Ich habe diese Zeitschrift gelesen.

So wird's verständlich:

In dieser Lektion sollen Sie eine neue Zeitform kennenlernen. Sie drückt ein Geschehen aus, das in der Vergangenheit begann und bis in die Gegenwart hinein fortdauert. Die Zeitform wird gebildet aus *has been/ have been* und der *-ing*-Form des Zeitworts.
Zum Beispiel:

I *You* *We* *They*	**have been** **('ve been)**	**waiting** **working** **reading**	*since three o'clock.*
He *She* *It*	**has been** **('s been)**		

Die Zeitform bringt zum Ausdruck, daß das Geschehen (warten, arbeiten, lesen usw.) in der Vergangenheit begann (3 Uhr) und bis jetzt fortdauert. Hier sind einige weitere Beispiele:

I've been standing here since two o'clock.
We've been speaking English since last month.
It's been raining since half past nine.

Fragen und Verneinungen werden auf die übliche Art gebildet, z. B.:

How long **have you been waiting?**
I haven't been waiting *long.*

Die Kurzantworten lauten: *Yes, I have, No, we haven't* usw.

Die beiden Wörter *since* und *for* werden häufig mit dieser Zeitform verwendet. *Since* bezeichnet den Zeitpunkt, an dem das Geschehen begann, und *for* bezeichnet die Zeitdauer, d. h. wie lange das Geschehen angedauert hat.
Zum Beispiel:

I've been waiting	**since two o'clock.** **since yesterday.**	
	for twenty minutes. **for three weeks.**	

Dialog 1: How long have you been driving?

Mr. Freeman will seine Fahrprüfung machen. Nervös rauchend sitzt er im Wartezimmer der Fahrprüfungszentrale und wartet auf seinen Prüfer.

Mr. Freeman: *(To himself:)* Now, let me see. Ah yes – Always put on lights when –
(A woman comes in.)

Mr. Freeman: / *Woman:* } Good morning. Are you the examiner?

Woman: Oh, sorry. Are you the examiner?

Mr. Freeman: No. Are you?

Woman: No, I'm *taking* my driving-test.

Mr. Freeman: Oh, so am I.
Woman: Oh, hallo. Have you been waiting long?
Mr. Freeman: What? Er . . . no, only a few minutes.
Woman: Oh. Do you think you'll pass?
Mr. Freeman: Pass? Me? Oh, yes. Yes.
Woman: How long have you been driving?
Mr. Freeman: For two weeks.
Woman: Two weeks!
Mr. Freeman: Yes. I've been practising a lot. I've been practising every day.
Woman: Oh. Are you nervous?
Mr. Freeman: Me? Nervous? Ha! No, I'm not nervous. Why?
Woman: Well, since I came in, you've been smoking three cigarettes at the same time.
Mr. Freeman: Have I? Oh yes. But I'm not nervous. I never get nervous.
Woman: You're not nervous! You've been smoking because you're nervous. You're really nervous, aren't you?
Mr. Freeman: No, I'm not.
Woman: Of course, you're nervous.
Mr. Freeman: I'm not nervous.
Woman: You've only been driving for two weeks.
Mr. Freeman: I am *not* nervous!
(The examiner comes in.)
Examiner: Mr. Freeman?
Mr. Freeman: Um-y-y-y-yes?

Wörter und Wendungen

put on lights ['put 'ɔn 'laits]	die Beleuchtung einschalten
long [lɔŋ]	lange (Zeit)
examiner [ig'zæminə]	Prüfer
driving-test ['draiviŋtest]	Fahrprüfung
I'm taking my driving-test [aim 'teikiŋ mai 'draiviŋtest]	ich mache meine Fahrprüfung
pass [pɑ:s]	(Prüfung) bestehen, durchkommen
practise ['præktis]	üben
nervous ['nə:vəs]	nervös
at the same time [ət ðə 'seim 'taim]	gleichzeitig

Dialog 2: I've been driving for two weeks.

Mr. Freeman und der Prüfer sitzen im Auto; die Prüfungsfahrt ist fast zu Ende. Jetzt ist es der Prüfer, der nervös ist.

Examiner: T-t-turn left at the corner, please, Mr. F-f-freeman.
Mr. Freeman: Certainly.
Examiner: Er . . . I said: "left", Mr. Freeman. You've turned right.
Mr. Freeman: Oh, I *am* sorry. Er . . . you're not nervous, are you? You look very nervous. Well, don't worry. I didn't start driving yesterday, you know.
Examiner: Oh, really? When did you start driving?
Mr. Freeman: When did I start?
Examiner: Yes. How long have you been driving?
Mr. Freeman: I've been driving for two weeks.
Examiner: Two weeks?
Mr. Freeman: Yes, I've been driving since April 25th.
Examiner: I see.
Mr. Freeman: And I've been practising a lot. I've been practising every day.
Examiner: Y-y-yes, Mr. Freeman. Ah, there's the test centre. Stop there, please. *(Mr. Freeman stops the car.)*
Mr. Freeman: Here?
Examiner: Mr. Freeman – I'm very sorry. You've only been driving for two weeks. On this test, when I said: "Turn left," you usually turned right. You didn't stop at any crossroads. You hit three other cars, and . . . well, you are a very dangerous driver.
Mr. Freeman: Yes, but have I passed the test?

Wörter und Wendungen

test centre ['test 'sentə]	Fahrprüfungs-zentrale	crossroads ['krɔsrəudz]	Straßenkreuzung
I'm very sorry [aim 'veri 'sɔri]	es tut mir sehr leid	hit [hit]	anfahren
		dangerous ['deindʒrəs]	gefährlich
on this test [ɔn 'ðis 'test]	während dieser Prüfungsfahrt		

Song: It's been raining all morning.

I woke up this morning,
I made my breakfast hours ago,
I've been sitting in the kitchen,
And my breakfast has been getting cold,
It's been raining all morning,
And I've been sitting *by the telephone*.   *am Telefon*

(Chorus:)

I haven't been doing anything at all,
I've been looking at the clock on the kitchen wall,
I've been waiting all morning *for you to call.*   *ich habe darauf gewartet, daß du anrufst*

I've been sitting by the window,
I've been looking at the rainy sky,
I've been sitting by the window
Since *very nearly* half past nine,   *fast, beinahe*
The rain's still falling,
It's been falling *for a long, long time.*   *schon unendlich lange*

(Chorus)

Übungen

1. Beantworten Sie diese Fragen über Mr. Freeman:

   a) How long has Mr. Freeman been driving?
   b) Has he been practising a lot?

2. Bilden Sie Fragen nach dem Beispiel des ersten Satzes:

   a) Fred works in a bank.
      Really? How long has he been working there?

b) Mr. and Mrs. Grey live in Shakespeare Street.

. . . .

c) Susan studies Japanese.

. . . .

d) I smoke American cigarettes.

. . . .

Üben Sie diese Sätze mit einem Partner.

3. Fügen Sie *since* oder *for* ein:

I've been smoking (a) . . . . . ten years, but I've only been smoking these American cigarettes (b) . . . . . last Friday. I've been smoking about forty a day (c) . . . . . the last few days, because I've been working very hard. I've had a terrible day today. I've been sitting at my desk (d) . . . . . nine o'clock, and I've been signing papers (e) . . . . . hours! I've been looking at the clock on the wall (f) . . . . . three o'clock. I've been waiting for the end of the day!

4. Beantworten Sie folgende Fragen:

a) How long have you been speaking Englisch?
b) Where do you live? How long have you been living there?
c) Where do you work? How long have you been working there?

LEKTION 79

What Have You Been Doing?

Was wird gelernt?

since/for/ago

Mary:	Hallo, John. Is that a new guitar?	*Mary:*	Hallo, John. Ist das eine neue Gitarre?
John:	Yes.	*John:*	Ja.
Mary:	You're playing very well.	*Mary:*	Du spielst sehr gut.
John:	Yes, I bought the guitar two weeks ago, and I've been practising ever since.	*John:*	Ja, ich habe die Gitarre vor zwei Wochen gekauft, und ich habe seitdem ständig geübt.

So wird's verständlich:

In Lektion 78 haben Sie die Zeitform geübt, die ein Geschehen ausdrückt, das in der Vergangenheit begann und bis zum jetzigen Zeitpunkt andauert. Außerdem haben Sie den Gebrauch der Wörter *since* und *for* kennengelernt (*since* zur Bezeichnung des Zeitpunkts, zu dem das Geschehen begann, und *for* zur Angabe des Zeitraums, über den sich das Geschehen erstreckte). Z. B.:

I've been waiting **since** *three o'clock.*
I've been waiting **for** *twenty minutes.*

Achten Sie darauf, daß Sie diese beiden Wörter nicht mit dem Wort *ago* verwechseln, das – wie Sie ja bereits wissen – mit der einfachen Vergangenheit gebildet wird. Z. B.: *I arrived twenty minutes ago.* Diese

Lektion soll dazu dienen, den Unterschied im Gebrauch von *since, for* und *ago* deutlich zu machen.
(Frischen Sie Ihr Gedächtnis auf, indem Sie sich noch einmal die Lektionen 78, 38, 39 und 40 ansehen.)

Dialog 1: How long have you been waiting?

Jim und Sue möchten Karten für ein Konzert mit einem berühmten Sänger kaufen. Sie haben die ganze Nacht gewartet, um die ersten zu sein, wenn die Theaterkasse aufmacht.

Sue: Do you want some more coffee, Jim?
Jim: Oh yes, please. It's freezing!
Sue: *(She gives him some coffee.)* Here you are.
Jim: Thanks.
Sue: Well, we won't have to wait much longer. The box-office will be open soon.

Jim: What time is it?
Sue: Um . . . nine o'clock.
Pat: Jim! Sue! Hallo!
Jim: }
Sue: } Hallo, Pat.
Pat: What are you doing here?
Jim: We're waiting for the box-office to open.
Pat: The box-office?
Jim: Yes, in the theatre. We want to book tickets for the concert.
Sue: And we want to get the best seats.
Pat: How long have you been waiting?
Sue: Since seven o'clock.
Pat: You've been waiting here for two hours in this weather?
Sue: More than two hours.
Jim: We got here at seven o'clock yesterday evening.
Sue: And we've been waiting ever since.
Pat: But that's fourteen hours. You haven't been sitting here for fourteen hours, have you?
Jim: Yes.
Pat: You've been sleeping in the street all night?
Sue: Well –
Pat: But the weather's freezing!
Sue: We haven't been sleeping. We've been drinking coffee all night.
Pat: Aren't you hungry?
Jim: Well, we brought some sandwiches, and we've been eating them.
Pat: All this – for some concert tickets!
Sue: Yes.
Pat: You're crazy!
Jim: No, we're not. We're the first people. We'll get the best seats.
Pat: No, you won't. You've been wasting your time.
Sue: What?
Pat: They cancelled the concert a week ago.
Jim: }
Sue: } Oh, no!

Wörter und Wendungen

it's freezing [its 'fri:ziŋ]	es ist eisig kalt	ever since ['evə 'sins]	seitdem, die ganze Zeit über
box-office ['bɔksɔfis]	Theaterkasse	crazy ['kreizi]	verrückt
theatre ['θiətə]	Theater	waste [weist]	vergeuden, verschwenden
concert ['kɔnsə t]	Konzert	you've been wasting your time [juv bin 'weistiŋ jɔ: 'taim]	ihr habt eure Zeit verschwendet
seats [si:ts]	Plätze	cancel ['kænsəl]	absagen
in this weather [in 'ðis 'weðə]	bei diesem Wetter		
we got here [wi 'gɔt 'hiə]	wir sind hergekommen		

Dialog 2: You've been wasting your time.

Jim, Sue und Pat sind immer noch vor dem Theater.

Sue: Well, we've really been wasting our time.

Jim: Yes –

Jane: Jim, Sue, Pat! Hallo.

Sue: Hallo.

Jim: Oh, hallo.

Jane: You haven't been waiting for tickets, have you?

Pat: Well, I haven't, but Jim and Sue have. They got here at seven o'clock yesterday evening, and they've been waiting ever since. Do you know – they've been sitting here and drinking coffee all night.

Jane: You haven't, have you?

Jim: Yes.

Jane: Oh, dear. You've been wasting your time, you know.

Jim: Yes, we know.

Jane: They cancelled the concert last week.

Jim: Why?

Pat: He's ill.

Jim: Who?

Pat: Him. Ben Spencer. The singer.

Sue: Ill?
Jane: Yes. The newspapers have been talking about it for weeks. Haven't you been reading them?
Jim: No, we haven't.
Sue: What's the matter with him?
Pat: The doctors don't know. They've been doing some tests.
Jim: Is he in hospital?
Pat: Yes, and you'll be in hospital too, if you've been waiting here all night.
Jane: Yes. Come and have some breakfast.
Jim: Good idea.

Wörter und Wendungen

do you know [də ju 'nəu]	weißt du
singer ['siŋgə]	Sänger
the newspapers have been talking about it [ðə 'nju:zpeipəz həv bin 'tɔ:kiŋ ə'baut it]	die Zeitungen haben darüber berichtet

Song: What have you been doing?

I haven't seen you since we were children,
Since we played in the *snow*, — *Schnee*
We haven't met since we were children,
Many years ago.

When I was seventeen, I couldn't stay,
I had to *follow the wind*, — *dem Wind folgen*
I packed my bags and I went away, — *ich packte meine Koffer*
I've been travelling ever since.

What have you been doing?
Where have you been living?
How have you been feeling? — *Wie hast du dich gefühlt?*
Have you been travelling too?

I've been travelling the world, I've been meeting lots of girls, But I've always been thinking of you.	*Ich bin um die ganze Welt gefahren*

Übungen

1. Bilden Sie Antworten, in denen das Wort *for* vorkommt, wie im Beispiel gezeigt:

   a) I started driving six months ago.
   So you've been driving for six months.
   b) I started smoking ten years ago.

   ....

   c) I started practising three days ago.

   ....

   d) I started studying English six weeks ago.

   ....

   Üben Sie dasselbe mit einem Partner.

2. Bilden Sie Antworten, in denen der Ausdruck *ever since* vorkommt, wie im Beispiel gezeigt:

   a) Tom and Dick started talking at nine o'clock.
   And they've been talking ever since.
   b) Bill started working at twelve o'clock.

   ....

   c) Mr. and Mrs. Johnson started arguing when they got married.

   ....

   d) Mr. Johnson started complaining ten years ago.

   ....

   Üben Sie dasselbe mit einem Partner.

3. Beantworten Sie die folgenden Fragen:

a) When did you start studying English?
b) How long have you been studying it?
c) Can you drive? When did you start? How long have you been driving?

LEKTION 80

Why Not Call Us Today?

Was wird gelernt?

Why don't you ...? Why not ...? How about ...? You could ...

John: Mary, I've got hiccups.	*John:* Mary, ich habe Schluckauf.
Mary: Why don't you drink some water?	*Mary:* Warum trinkst du nicht einen Schluck Wasser?
John: Water?	*John:* Wasser?
Mary: Yes, why not drink some water?	*Mary:* Ja, warum nicht etwas Wasser trinken?
John: O.K. I'll do that.	*John:* O.K. Das werde ich tun.

So wird's verständlich:

In dieser Lektion werden Sie vier Möglichkeiten, Vorschläge zu machen, kennenlernen. Dabei werden Ihnen einige Wörter begegnen, die Sie schon von früheren Lektionen – allerdings in anderem Zusammenhang – kennen. Das Hilfszeitwort *do* zum Beispiel (und seine verkürzte verneinte Form *don't*) wurde zur Bildung der verneinten Befehlsform (Lektion 21) und der einfachen Gegenwart (Lektion 31–32) verwendet.

Das Hilfszeitwort *could* kennen Sie bereits aus Lektion 72. In dieser Lektion dienen diese beiden Wörter dazu, Vorschläge zu machen.
Im Eingangsdialog drückte Mary ihre Vorschläge auf zweierlei Weise aus:

Why don't you *drink some water?*
Why not *drink some water?*

In dieser Lektion sollen weitere Vorschläge dieser Art geübt werden *(Why don't you/we . . . ?* und *Why not . . . ?)* und dazu noch zwei andere: *How about . . . ?* und *You/We could . . .* Z. B.:

There aren't any trains today.
How about *taking a taxi?* / **We could** *take a taxi.*

Beachten Sie, daß nach *How about . . .* das Zeitwort in der *-ing*-Form stehen muß.

Dialog 1: Why don't you climb through the window?

Es ist neun Uhr, und Jack kommt vor seinem Büro an.

Jack: *(To himself:)* Now, where's that key? *(He looks in his pockets.)* No . . . no . . . Oh, no! I've forgotten the key. *(Doris arrives.)*
Doris: Good morning, Jack.
Jack: Good morning, Doris.
Doris: What's the matter?
Jack: I can't open the door. I've forgotten the key.
Doris: Oh. You could climb through the window.
Jack: The window?
Doris: Yes. Why don't you climb through the window?
Jack: No, the window's closed, too.
Doris: Ah. Well, why don't you break it down?
Jack: The window?
Doris: No, the door! How about breaking it down?
Jack: No, I'm not strong enough.

Doris: Oh.
(Sam arrives.)
Sam: Hallo, Jack . . . Doris.
Jack: } Hallo, Sam.
Doris: }
Sam: What's the matter?
Doris: We can't get in. Jack's forgotten the key.
Sam: Why not climb through the window?
Doris: No, it's closed, too.
Sam: We could break the door down.
Jack: It's a very heavy door.
Sam: Yes. Hmm. Ah! I know! Call the fire-brigade.
Jack: Call the fire-brigade?
Sam: Yes. Why not call the fire-brigade? They'll break it down.
Doris: Yes, Jack. We could call the fire-brigade.
Jack: No, they're too busy.
Sam: Perhaps . . . but why don't we phone them and ask?

Jack: No, they're much too busy.
Doris: Well, *I* think we could telephone and –
(Jill opens the door.)
Jill: What's all this noise? Oh, it's you. Why are you all standing here in the corridor?
Jack: Jill! How did you get in there?
Jill: With the key, of course. You gave it to me last night. I've been here since eight o'clock.

Wörter und Wendungen

break it down ['breik it 'daun]	brich sie (die Tür) auf	fire-brigade ['faiəbrigeid]	Feuerwehr
we can't get in [wi 'kɑ:nt 'get 'in]	wir können nicht hinein	what's all this noise? ['wɔts 'ɔ:l ðis 'nɔiz]	was soll der Lärm?

Dialog 2: You could send her some flowers.

Alle im Büro sind bei der Arbeit, aber Jack sieht recht niedergeschlagen aus.

Jill: Jack! Jack!
Jack: Hmm?
Jill: What's the matter?
Jack: Oh, nothing.
Jill: Come on. I can see something's wrong.
Jack: Well, it's my wife's birthday today, and I forgot about it. Again.
Jill: Oh.
Jack: She was really upset at breakfast.
Jill: Oh, dear. Well . . . why don't you send her some flowers?
Jack: Flowers?
Jill: Yes, you could send her some flowers.
Jack: No, that's no good.
Jill: Why?
Jack: She hates flowers.

Jill: Oh. I know! How about taking her out?
Jack: Taking her out?
Jill: Yes, this evening. You could take her to the theatre.
Jack: No, that's no good.
Jill: Why?
Jack: She hates the theatre.
Jill: Well . . . how about a restaurant?
Jack: A restaurant?
Jill: Yes, why not take her to a restaurant?
Jack: No, that's no good. She hates going to restaurants.
Jill: Oh, dear.
Jack: Um . . . Jill?
Jill: Yes?
Jack: Have you still got the office key?
Jill: The office key?
Jack: Yes.
Jill: Yes, I have.
Jack: Can I have it?
Jill: Yes. Why?
Jack: I think I'll stay here tonight.

Wörter und Wendungen

upset [ʌp'set]	verstimmt	taking her out? ['teikiŋ hər 'aut]	sie ausführen?
no, that's no good ['nəu 'ðæts nəu 'gud]	nein, das hat keinen Zweck		

Song: Why not call us today?

Have you been feeling tired at the office?
Have you been getting tired in *the middle of the day?* — *mitten am Tag*
You need *a break,* — *eine Pause*
So why don't you *take a* nice *holiday?* — *Urlaub nehmen*

(Chorus:)

"Sunshine Tours" will give you sunshine,
"Sunshine Tours" will take you far away,
"Sunshine Tours" will make you happy,
So why not call us today?

Why not forget the *office papers?* — *den Papierkram im Büro*
Why don't you leave them and put down your pen?
Go on a "Sunshine Tour", — *reisen Sie mit „Sunshine Tours"*
And if you've been before,
Why not go again?

Übungen

1. Antworten Sie auf die Probleme der Leute mit den gegebenen Vorschlägen, die mit *Why don't you . . . ?* beginnen sollen:

   take a holiday, stop smoking, see a doctor, go to bed early

   a) *Jack:* I've been coughing a lot recently.

   . . . .

   b) *Jill:* I've been working very hard recently.

   . . . .

   c) *John:* I've been feeling very tired recently.

   . . . .

   d) *June:* I haven't been feeling well recently.

   . . . .

   Üben Sie die Dialoge mit einem Partner.

2. Sie sprechen mit jemandem über eine Bekannte, die im Krankenhaus liegt. Machen Sie Vorschläge, die mit *How about . . . ? We could . . . Why don't we . . . ?* beginnen und folgendes zum Inhalt haben: *send her some flowers; go to see her; write her a letter; send her a card; take her some apples.*

LEKTION 81

So That No-one Can Take His Money Away

Was wird gelernt?

to . . . / so that . . .

Mary: Come on, John. You're late again!	*Mary:* Beeil dich, John. Du bist schon wieder spät dran.
John: Yes, I know. I'm going to buy an alarm-clock.	*John:* Ja, ich weiß. Ich werde einen Wecker kaufen.
Mary: Why?	*Mary:* Warum?
John: So that I can get up on time.	*John:* Damit ich rechtzeitig aufstehe.

So wird's verständlich:

In dieser Lektion lernen Sie, einen Zweck auf verschiedene Weise auszudrücken.

1. **so that . . .:** Diesen Ausdruck verwendete John im Dialog. Mary fragte ihn, wozu er einen Wecker kaufen wollte, und er sagte *so that I can get up on time* – dies war der Zweck des Weckerkaufs.

Einige weitere Beispiele
a) auf die Zukunft bezogen:

I'm practising my English,	
so that I can	**speak** *it better.*
	read *English books.*
	study *in England.*

b) auf die Vergangenheit bezogen:

I bought a house in the country,	
so that I could	**see** *the sky.*
	breathe *the country air.*
	feel *the breeze.*

2. **to . . .:** Eine andere Möglichkeit, einen Zweck auszudrücken, ist der Gebrauch von *to* in Verbindung mit einem Zeitwort in der Grundform. Z. B.:

> *We arrived at the cinema early* **to** *get the best seats.*
> Wir sind schon früh ins Kino gekommen, um die besten Plätze zu kriegen.

In den Dialogen und dem Song finden Sie weitere Beispiele für die beiden Möglichkeiten, einen Zweck auszudrücken.

Dialog 1: To find adventure

Ein alter Herr und eine alte Dame sitzen im Park und plaudern über die alten Zeiten.

Old man: I was in the Navy, you know.
Old lady: Were you?
Old man: Yes, I joined the Navy in 1920.
Old lady: Really?

Old man: Yes – when I was fifteen. When I left school.
Old lady: Why did you do that?
Old man: Oh . . . to see the world, to travel to other countries, to find adventure . . .
Old lady: I see.
Old man: Yes, to find adventure –
Old lady: How exciting!
Old man: To travel to other countries –
Old lady: How marvellous!
Old man: To see the world –
Old lady: How romantic!
Old man: Yes.
Old lady: How long were you in the Navy?
Old man: What?
Old lady: How long were you in the Navy?
Old man: Three weeks.
Old lady: Three weeks!
Old man: Yes.
Old lady: Why didn't you stay longer?
Old man: What?
Old lady: Why did you leave the Navy?

Old man: To get back to London.
Old lady: To get back to London?
Old man: Yes.
Old lady: Why did you want to get back to London?
Old man: I had to.
Old lady: Why? To be with your family?
Old man: No.
Old lady: To go to college?
Old man: No.
Old lady: To get married?
Old man: No.
Old lady: Well – why?
Old man: I couldn't stay in the Navy.
Old lady: Why not?
Old man: I used to get seasick.

Wörter und Wendungen

adventure [əd'ventʃə]	Abenteuer	how exciting! [hau ik'saitiŋ]	wie aufregend!
the Navy [ðə 'neivi]	die Marine	marvellous ['mɑ:vələs]	herrlich
I joined the Navy [ai 'dʒɔind ðə 'neivi]	ich ging zur Marine	romantic [rəu'mæntik]	romantisch
		family ['fæmili]	Familie
countries ['kʌntriz]	Länder	college ['kɔlidʒ]	College
exciting [ik'saitiŋ]	aufregend	seasick ['si:sik]	seekrank

Dialog 2: So that I could help people

Der alte Herr und die alte Dame plaudern immer noch.

Old lady: So you left the Navy because you used to get seasick?
Old man: Yes.
Old lady: Well, well . . .
Old man: Yes, I used to get seasick every day. It was terrible.
Old lady: That's very funny, you know.

Old man: What?
Old lady: That's very funny.
Old man: Why?
Old lady: Well – you joined the Navy, so that you could see the world.
Old man: Yes.
Old lady: So that you could travel to other countries.
Old man: Yes.
Old lady: So that you could find adventure.
Old man: Yes.
Old lady: And then you left because you got seasick.
Old man: Yes.
Old lady: Well, I think that's very funny.
Old man: Really? Well – what did *you* do when you left school?
Old lady: Me?
Old man: Yes.
Old lady: Oh, I joined the police.
Old man: The police?
Old lady: Yes.
Old man: Why did you do that?
Old lady: Oh, so that I could help people.
Old man: Oh, very good.
Old lady: So that I could catch thieves.
Old man: Marvellous.
Old lady: So that I could do some good.
Old man: Wonderful.
Old lady: Yes.
Old man: Were you in the police long?
Old lady: Pardon?
Old man: How long were you in the police?
Old lady: Ten days.
Old man: Ten days?
Old lady: Yes.
Old man: Why did you leave?
Old lady: Pardon?
Old man: Why didn't you stay longer?
Old lady: I didn't like the uniform.

Wörter und Wendungen

well, well . . . [wel, wel]	so, so . . . (Die alte Dame drückt damit ihre Erheiterung und ihre leichte Überraschung aus.)	funny ['fʌni]	komisch
		do some good ['du: səm 'gud]	Gutes tun
		uniform ['ju:nifɔ:m]	Uniform

Song: So that no-one can take his money away

He lives in a house on the *side of a hill,*	*Hang*
He's got a private doctor to give him his *pills,*	*Pillen, Tabletten*
He's built a *swimming-pool,*	*Schwimmbad*
So that he can swim all day,	
He's got dogs in the garden *around* the house,	*um . . . herum*
And a lock on the door *to keep people out.*	*um Leute fernzuhal-ten*
He's got a safe,	
So that no-one can take his money away.	

(Chorus:)

Mr. *Millionaire,* come out and say "Hallo",	*Millionär*
Come out and say "How do you do?"	

He's got beautiful carpets to cover the floor,	
He's got a key to lock every door,	
He's got windows,	
So that he can see the sky,	
He never laughs and he never smiles,	
He looks over his shoulder all the time,	*er blickt über die Schulter*
He needs a *guard* at the door,	*Wächter*
So that he can sleep at night.	

(Chorus)

Übungen

1. Beantworten Sie diese Fragen über die Leute in den Dialogen und dem Song. Beginnen Sie mit *So that* . . .

   a) Why did the old man join the Navy?

   . . . .

   b) Why did the old lady join the police?

   . . . .

   c) Why did the millionaire build a swimming-pool?

   . . . .

   d) Why did he have a safe?

   . . . .

   Üben Sie dasselbe mit einem Partner.

2. Bilden Sie mit den gegebenen Wörtern Antworten, die mit *so that* beginnen sollen.

   a) Why are you going to buy an alarm-clock?

   . . . . (get up early)

   b) Why have you brought the hammer and the nails?

   . . . . (hang this mirror)

   c) Why do you want to get up early tomorrow?

   . . . . (go for a walk before breakfast)

d) Why have you been practising so hard?

. . . . (pass my driving-test)

Üben Sie dasselbe mit einem Partner.

3. Geben Sie eine Antwort auf die folgende Frage:

Why did you decide to learn English?

LEKTION 82

My Mother Told Me to Leave School

Was wird gelernt?

ask / tell someone to . . .

Mary: John, there's a man at the door.	*Mary:* John, es ist ein Mann an der Tür.
John: Tell him to go away. I'm busy.	*John:* Sag ihm, er soll weggehen. Ich bin beschäftigt.
Mary: A *police*man.	*Mary:* Es ist ein Polizist.
John: Oh – ask him to come in.	*John:* Oh – bitte ihn hereinzukommen.
Mary: O.K.	*Mary:* O.K.

So wird's verständlich:

In Lektion 60 haben Sie Sätze mit dem Zeitwort *want* geübt: *The boss wants you to post these letters*. In dem Song aus der Lektion haben Sie gesehen, daß man das Zeitwort *ask* genauso im Satz verwenden kann, nämlich mit einer Personenbezeichnung und einem weiteren Zeitwort, das angibt, was diese Person tun soll. *Ask someone to help you.* Sehen Sie sich die Lektion 60 noch einmal an, um Ihr Gedächtnis aufzufrischen. In dieser Lektion soll der Gebrauch der Zeitwörter *tell* und *ask* geübt werden, mit denen man Anweisungen gibt und über Anweisungen spricht, die man gegeben hat. John sagte ziemlich schroff *Tell him to go away* und höflicher dann *Ask him to come in.*

Hier sind einige weitere Beispiele:

höflich:	*Manager: Please come in, Mr. Smith.*
	The manager **asked Mr. Smith to come in.**
weniger höflich:	*Boss: Get out of my office, Bernard!*
	The boss **told Bernard to get out** *of his office.*

Dialog 1: Ask her to wait.

Doktor Grey ist in seinem Sprechzimmer und spricht mit einem Patienten.

Doctor: Well, Mr. Smith, what's the trouble?
Mr. Smith: Well, doctor, I haven't been feeling very well.
Doctor: Oh, yes.
Mr. Smith: Yes, I've been –
(The nurse comes in.)
Nurse: Doctor?
Doctor: Yes, nurse?
Nurse: Mr. Jackson's waiting.
Doctor: Yes, nurse. A lot of people are waiting. But I'm with Mr. Smith now. I'll see Mr. Jackson in a moment.
Nurse: He's been waiting a long time.
Doctor: Yes, I know. But I'm talking to Mr. Smith. Ask Mr. Jackson to wait a moment longer.
Nurse: Yes, doctor. *(She goes out.)*

Doctor: Now, Mr. Smith, you haven't been feeling well.
Mr. Smith: Yes, that's right. I've –
(The nurse comes in again.)
Nurse: Doctor?
Doctor: Yes, nurse?
Nurse: Mrs. Green's here.
Doctor: Well, ask her to wait. I'm talking to Mr. Smith, aren't I? If Mr. Jackson can wait, Mrs. Green can wait, too. Ask her to sit down and wait.
Nurse: Yes, doctor. *(She goes out.)*
Doctor: Now, Mr. Smith, what is the trouble exactly?
Mr. Smith: Well, doctor, I've been waking up very –
(The nurse comes in again.)
Nurse: Doctor?
Doctor: Yes, nurse?
Nurse: Mrs. Green and Mr. Jackson are still waiting.

Doctor:	Yes, nurse, I know. Why don't you tell them to read a magazine? I'm talking to Mr. Smith.
Nurse:	Yes, doctor. *(The telephone rings.)* Doctor Grey's surgery . . . Yes, he is.
Doctor:	Who is it?
Nurse:	It's your bank manager.
Doctor:	Tell him to go away.
Nurse:	Doctor Grey says you're –
Doctor:	No, no! Ask him to call back later.
Nurse:	Yes, doctor . . . Could you call back later, please? . . . Is he busy? No, not very. He's just talking to Mr. Smith.

Wörter und Wendungen

what's the trouble? ['wɔts ðə 'trʌbl]	wo fehlt's denn?	call back ['kɔ:l 'bæk]	zurückrufen, wieder anrufen
in a moment [in ə 'məumənt]	gleich, sofort	he's just talking to Mr. Smith [hi:z 'dʒʌst 'tɔ:kiŋ tə 'mistə 'smiθ]	er spricht nur mit Mr. Smith
magazine [mægə'zi:n]	Zeitschrift		
surgery ['sə:dʒəri]	Sprechzimmer, Praxis		

Dialog 2: Tell them to wait.

Doktor Grey versucht immer noch, mit Mr. Smith zu sprechen.

Doctor:	So, Mr. Smith, you're not feeling very well.
Mr. Smith:	No, doctor. You see, I've been waking up in the – *(The nurse comes in again.)*
Nurse:	Doctor?
Doctor:	Yes, nurse?
Nurse:	Mr. Jackson and Mrs. Green are still here.
Doctor:	Yes, nurse, I know. Tell them to wait.
Nurse:	They've *been* waiting, doctor.
Doctor:	Tell them to read a magazine.

Nurse:	They've read all the magazines, doctor.
Doctor:	Well . . . tell them . . . er, tell them to go for a walk.
Nurse:	Tell them to go for a walk?
Doctor:	Yes, tell them to go for a walk! Sorry, sorry, nurse – *ask* them to go for a walk and come back in five minutes.
Nurse:	Yes, doctor. *(She goes out.)*
Doctor:	Now, Mr. Smith –
Mr. Smith:	Well, doctor, I've been feeling terrible. I've been in bed for three days.
Doctor:	Why didn't you phone?
Mr. Smith:	Phone?
Doctor:	Yes, phone and ask me to come round.
Mr. Smith:	Well, I was going to ask you to come, but I didn't want you to come for nothing, so I –
	(The nurse comes in again.)
Nurse:	Doctor?
Doctor:	Yes, nurse?
Nurse:	It's Mr. Jackson and Mrs. Green.
Doctor:	Tell them to go for a walk!
Nurse:	They've been for a walk, and they've come back.
Doctor:	Oh, no!
Nurse:	Yes.
Doctor:	Well, tell them to go home.
Nurse:	Tell them to go home?
Doctor:	Yes. Tell them to . . . er, sorry, sorry – *ask* them to go home and come back tomorrow.
Nurse:	Why, doctor?
Doctor:	Because I'm not feeling very well.

Wörter und Wendungen

go for a walk ['gəu fər ə 'wɔ:k]	spazierengehen	come round ['kʌm 'raund]	vorbeikommen
in five minutes [in 'faiv 'minits]	in fünf Minuten	for nothing [fə 'nʌθiŋ]	umsonst

Song: My mother told me to leave school.

My mother told me to leave school,
My father told me to stay,
But they both wanted me to find a job,
So I wrote to the fire-brigade.

I wrote a letter to the fire-brigade,
And asked them to give me a job,
They asked me to come for an interview,
And to be there at twelve o'clock.

The fire-station was hard to find,
I lost my way in the town,
I asked a man to show me the way,
And he asked me to give him a pound.

Die Feuerwache war schwer zu finden

I *finally* arrived at one o'clock,
Only an hour late.
I asked them about the job,
But they told me to go away.
"Go away! Go away!"

schließlich, endlich

ich fragte sie nach der Stellung

Übungen

1. Bilden Sie Sätze über die Sprechstundenhilfe aus dem Dialog, wie im Beispiel gezeigt:

   a) Mr. Jackson / wait. She asked Mr. Jackson to wait.

   b) Mrs. Green / sit down and wait . . . .

   c) the bank manager / call back later . . . .

   d) Mr. Jackson and Mrs. Green / go for a walk . . . .

2. Beantworten Sie folgende Fragen zu dem Lied:

a) What did his mother tell him to do?
b) What did his father tell him to do?
c) What did the fire-brigade ask him to do?
d) What time did they ask him to be there?
e) What did he ask the man in the street?
f) What did the man ask him?
g) What did the fire-brigade tell him to do?

Üben Sie dasselbe mit einem Partner.

3. Bilden Sie Sätze über Mr. Brown's Begegnungen mit einem Fotografen, einem Zollbeamten und einem Polizisten nach dem Muster ... *asked him to* ...
Folgendes haben die drei Männer zu Mr. Brown gesagt:

a) *Photographer:* Smile, please!
b) *Customs officer:* Open your case, please.
c) *Policeman:* Can you show me your licence, please, sir?

LEKTION 83

Porter, Would You Take My Bags?

Was wird gelernt?

Could you ...?/Would you ...?	**Certainly / Of course**
John: Mary, could you do something for me?	*John:* Mary, kannst du mir einen Gefallen tun?

Mary:	Yes, of course. What is it?	*Mary:*	Ja, natürlich. Worum geht es?
John:	Could you lend me £5?	*John:*	Kannst du mir 5 Pfund leihen?
Mary:	Of course. What's it for?	*Mary:*	Natürlich. Wofür brauchst du sie?
John:	I want to buy you a birthday present.	*John:*	Ich möchte dir ein Geburtstagsgeschenk kaufen.

So wird's verständlich:

In dieser Lektion sollen Sie höfliche Bitten und die entsprechenden Antworten kennenlernen. Das Wort *could* ist Ihnen schon früher begegnet, und zwar in seiner Grundbedeutung zum Ausdruck einer Fähigkeit in der Vergangenheit. (Sehen Sie sich die Lektion 72 noch einmal an, um Ihr Gedächtnis aufzufrischen.)
Could wird auch zur Bildung höflicher Bitten verwendet, z. B.:

Could you	**open** *the door, please?*
	give *me a hand?*
	tell *me where the station is, please?*

Could . . . statt *Can* . . . als Einleitung gibt der Frage einen etwas formelleren und höflicheren Charakter.
Die Antwort auf eine Bitte kann lauten *of course* (wie Mary oben geantwortet hat) oder *certainly* oder *it's a pleasure*.
Leitet man eine Bitte mit *Would* . . . ein, so erhält sie einen eher gebieterischen Charakter; es handelt sich dann schon fast nicht mehr um eine Bitte, sondern eher um einen Befehl, z. B.:

Porter! **Would you put** *these bags on the train, please?*
Mr. Jackson! **Would you come** *into my office immediately, please?*

In den Dialogen und dem Song werden Sie Beispiele für beide Arten von Fragen und für die drei Möglichkeiten zu antworten finden.

Dialog 1: Could you show me where Platform 11 is, please?

Mrs. Trent ist auf dem Bahnhof und sucht Bahnsteig 11:

Mrs. Trent:	Hmm. Platform Eleven ... *That's* Platform Two. Now, where's Platform Eleven? *(She sees a porter.)* Oh, porter! Porter!
Porter:	Yes, madam?
Mrs. Trent:	Could you show me where Platform 11 is, please?
Porter:	Platform 11. Certainly, madam. This way.
Mrs. Trent:	Oh, thank you.
Porter:	Are these your bags?
Mrs. Trent:	Yes. Could you carry them for me, please?
Porter:	All these are yours?
Mrs. Trent:	Yes.
Porter:	All seven of them?
Mrs. Trent:	Yes. Would you carry them to Platform 11 for me, please?
Porter:	Of course, madam.

Mrs. Trent: Thank you. And would you please be very careful with them?

Porter: Of course, madam.

Mrs. Trent: Thank you.

Porter: This way. Nine, ten, eleven. Here we are. Platform 11.

Mrs. Trent: Oh, good.

Porter: There's your train.

Mrs. Trent: That's not my train. That train is going to Manchester.

Porter: Manchester. Yes.

Mrs. Trent: Well, I'm not going to Manchester. I'm going to Liverpool.

Porter: The Liverpool train is at Platform 7, madam.

Mrs. Trent: Platform 7?

Porter: Yes, Platform 7. Not Platform 11.

Mrs. Trent: Oh, I see. Could you take my bags to Platform 7, please?

Porter: Certainly, madam. Of course, madam. It's a pleasure, madam.

Wörter und Wendungen

porter ['pɔ:tə]	Gepäckträger	be very careful with them [bi 'veri 'kɛəful wið ðəm]	seien Sie sehr vorsichtig damit (mit ihnen)
platform ['plætfɔ:m]	Bahnsteig		
this way ['ðis wei]	hier entlang		
all seven of them ['ɔ:l 'sevn əv ðəm]	alle sieben		

Dialog 2: Would you open it for me?

Der Gepäckträger hat jetzt Mrs. Trents Koffer zum Bahnsteig 7 gebracht:

Porter: Here we are, madam. Platform 7. The Liverpool train.

Mrs. Trent: Thank you.

Porter: There are your cases.

Mrs. Trent: Oh, could you take the cases onto the platform, please?

Porter: Certainly, madam.

Mrs. Trent: And perhaps you'd put them on the train for me.
Porter: Of course, madam.
Mrs. Trent: When the train comes in.
Porter: Certainly, madam. *(He coughs.)*
Mrs. Trent: That's a bad cough. Have you got a cold?
Porter: No, madam. *(He coughs again.)*
Mrs. Trent: Oh, you'd like a tip, wouldn't you? That's why you were coughing, isn't it? You'd like a tip.
Porter: Well, madam, I –
Mrs. Trent: Well, if you could just open that small case.
Porter: This small brown one?
Mrs. Trent: Yes. Would you open it for me? My money's in there.
Porter: Certainly, madam. *(He tries to open it.)* It's locked.
Mrs. Trent: No, it's not locked. Could you try a little harder?
Porter: Of course, madam. *(He tries again.)* Ah! There.
Mrs. Trent: Oh, dear, it's the wrong case. My money isn't here after all. Where is it?
Porter: Oh, never mind, madam. Never mind. *(He walks away.)*
Mrs. Trent: *(Calling:)* Oh, could you close it for me? Er . . . would you . . . Oh. *(She sees another porter.)* Ah! Porter?

Wörter und Wendungen

when the train comes in [wen ðə 'trein 'kʌmz 'in]	wenn der Zug einfährt (Beachten Sie, daß das Zeitwort *comes* in der Gegenwart steht, obwohl Mrs. Trent über etwas Zukünftiges spricht. Wenn ein zukünftiges Geschehen ausgedrückt werden soll, folgt auf *when* immer ein Zeitwort in der Gegenwart, wie bei *if* in Lektion 74.)
cough [kɔf]	Husten; husten
that's a bad cough ['ðæts ə 'bæd 'kɔf]	das ist ein schlimmer Husten
a tip [ə 'tip]	ein Trinkgeld
never mind ['nevə 'maind]	das macht nichts

Song: Porter, would you take my bags?

Lady:	Porter, would you take my bags, And put them on the train? I'm going to London to see my daughter.	
Man:	I'm sorry, madam, My name is *Captain* Smart, I'm a captain in the Navy, not a porter.	 *Kapitän*
Lady:	Oh, captain, could you give me a hand? Would you help me with my bags? I don't think there's a porter in the station. Could you take them to the platform, And put them on the train? Or I'll never *reach my destination*.	 *mein (Reise)Ziel erreichen*
Man:	Madam, it'll be a pleasure. *Just show me the bags* – The Navy always loves to help a lady.	 *zeigen Sie mir nur die Koffer*
Lady:	There are seven in the taxi, And five by the door.	
Man:	Seven and five? Are there any more?	
Lady:	No, seven and five – yes, twelve, that's all.	
Man:	Porters work harder than the Navy.	

Übung

Machen Sie aus den Befehlen höfliche Bitten, indem Sie mit *Could you* . . . anfangen, wie im Beispiel gezeigt:

a) Come back at six o'clock. Could you come back at six o'clock, please?

b) Open that window. . . . .

c) Give me a hand. . . . .

d) Tell me where the bank is. . . . .

e) Call back later. . . . .

f) Show me the manager's office. . . . .

g) Sign this paper. . . . .

h) Help me with this exercise. . . . .

Üben Sie Fragen und Antworten mit einem Partner. Antworten Sie mit *Of course, Certainly* und *It's a pleasure.*

LEKTION 84

Shall We Go?

Was wird gelernt?

Shall I . . . ? / Shall we . . . ?

John: What's the matter, Mary?	*John:* Was ist los, Mary?
Mary: I'm not feeling very well.	*Mary:* Ich fühle mich nicht sehr gut.
John: Shall I call the doctor?	*John:* Soll ich den Arzt (an)rufen?
Mary: No, I don't need the doctor.	*Mary:* Nein, ich brauche keinen Arzt.
John: Shall we go for a walk?	*John:* Sollen wir einen Spaziergang machen?
Mary: Yes, that's a good idea.	*Mary:* Ja, das ist eine gute Idee.

So wird's verständlich:

In Lektion 53 haben Sie die Zeitform der einfachen Zukunft kennengelernt. Sie haben gesehen, daß das Hilfszeitwort *will* für alle Personen verwendet wird und im gesprochenen Englisch meistens zu *'ll* verkürzt wird, z. B. *It'll work perfectly*.
Es gibt ein weiteres Hilfszeitwort, das für diese Zeitform verwendet wird, nämlich *shall*, und sein Gebrauch soll in dieser Lektion geübt werden. Im modernen gesprochenen Englisch kommt *shall* hauptsächlich in Verbindung mit *I* und *we* in der Frageform vor, um Anerbieten und Vorschläge zu formulieren. Im obigen Dialog bot sich John an, den Arzt anzurufen:

Shall I *call the doctor?*

Und er schlug vor, daß er und Mary einen Spaziergang machen sollten:

Shall we *go for a walk?*

In den Dialogen und dem Song werden weitere Beispiele für Anerbieten und Vorschläge vorkommen, die mit *Shall I . . . ?* und *Shall we . . . ?* eingeleitet werden.

Dialog 1: Shall I call the doctor?

Es ist Harolds und Marians Hochzeitstag.

Harold: Happy anniversary, darling.
Marian: *(She sneezes.)* Happy anniversary, Harold.
Harold: Oh, what's the matter?
Marian: I've got a cold, I think. I've been sneezing all day – since I woke up.
Harold: Shall I call the doctor?
Marian: Oh, no, it's not bad enough for that. I don't need the doctor.
Harold: Well, how about an aspirin? Shall I get you an aspirin?

Marian: No, thanks. I don't like taking medicine.
Harold: Ah. Shall I make some tea?
Marian: Tea?
Harold: Yes. Would you like a nice cup of tea?
Marian: No, no.
Harold: My mother always used to make some tea.
Marian: Did she?
Harold: Yes. When we were feeling ill, or when we were feeling well, she used to say: "Shall I make some tea?"
Marian: Well, I don't want any tea, thanks.
Harold: O.K.
Marian: I'll drink this orange juice.
Harold: All right. Are you cold? Shall I close the window?
Marian: No, thanks. Leave it open. I'll close it later.
Harold: O.K. Why don't you lie down? Shall I bring you a blanket?
Marian: No, no. I'm feeling much better now. This orange juice is very good.

Harold: Oh, good.
Marian: I'm not sneezing any more. You see.
Harold: That's good.
Marian: Yes, I'm feeling much better. Happy anniversary.
Harold: Happy anniversary.
(Marian sneezes.)
Harold: Oh.

Wörter und Wendungen

(wedding) anniversary [('wediŋ) æni'və:səri]	Hochzeitstag	it's not bad enough for that [its nɔt 'bæd i'nʌf fə 'ðæt]	so schlimm ist es (nun auch wieder) nicht
happy anniversary ['hæpi æni'və:səri]	alles Gute zum Hochzeitstag	aspirin ['æspərin]	Aspirin
darling ['dɑ:liŋ]	Liebling	leave it open ['li:v it 'əupən]	laß es offen
sneeze [sni:z]	niesen	lie down ['lai 'daun]	sich hinlegen (*lie*/*lay* [lei] / *lain* [lein])
		blanket ['blæŋkit]	Wolldecke

Dialog 2: Shall we go to the theatre?

Marian fühlt sich jetzt viel besser.

Harold: How are you feeling now?
Marian: I'm feeling much better. Happy anniversary.
Harold: Happy anniversary.
Marian: Harold, what shall we do this evening?
Harold: Do?
Marian: Yes, what shall we do? To *celebrate.*
Harold: Er . . . well . . .
Marian: To celebrate our anniversary.

Harold: Oh, yes.
Marian: Shall we go to the theatre?
Harold: The theatre?
Marian: Yes, shall we go and see a play?
Harold: No, I don't like the theatre.
Marian: Oh. Well, shall we go and see a film?
Harold: A film?
Marian: Yes, shall we go to the cinema?
Harold: Er . . . no . . . I don't like the cinema.
Marian: Shall we go to a restaurant?
Harold: Er . . . no, no, no, no. We can eat at home.
Marian: Shall we go to a concert?
Harold: There's a lot of good music on the radio.
Marian: Well, shall we go out in the car?
Harold: Think of the price of petrol!
Marian: Shall we go for a walk? That's free.
Harold: No, I'm too tired to go for a walk.
Marian: Well, shall we stay at home?
Harold: Stay at home?
Marian: Yes, shall we stay at home?
Harold: On our anniversary! Stay at home on our anniversary! Why don't we go out and enjoy ourselves.
Marian: Harold!

Wörter und Wendungen

celebrate ['selibreit]	feiern
theatre ['θiətə]	Theater
a play [ə 'plei]	ein Theaterstück
music ['mju:zik]	Musik
price [prais]	Preis
petrol ['petrəl]	Benzin
think of the price of petrol ['θiŋk əv ðə 'prais əv 'petrəl]	denk an den Benzinpreis
that's free [ðæts 'fri:]	das ist kostenlos, das kostet nichts
enjoy ourselves [in'dʒɔi auə'selvz]	uns amüsieren

Song: Shall we go?

(Chorus:)

We haven't had a holiday,
We've been working hard in town.
Shall we pack our bags
And leave *right now?* — *jetzt gleich*
Shall we pack our bags
And leave right now?

Shall I go to the station,
And buy tickets for the train?
Or shall I phone the *airport* — *Flughafen*
And book *seats* on a plane? — *Plätze*
Shall we go and never come home again?

(Chorus:)

Shall we stay in the mountains
In a house *among* the trees? — *zwischen, unter*
Or shall I go and telephone
A hotel by the sea?
Yes, I'll ask for the best room if it's *free*. — *frei*
Will you come with me?

Übungen

1. Machen Sie mit den gegebenen Wörtern Vorschläge, wie im Beispiel gezeigt:

   get some tickets, make some tea, call the doctor, read it for you, open the window, come back later.

   a) I'm not feeling very well.
   Shall I call the doctor?

b) It's very warm in this room.

. . . .

c) I haven't had anything to drink since this morning.

. . . .

d) I can't understand this letter.

. . . .

e) I'd like to go to that concert.

. . . .

f) I'm very busy at the moment.

. . . .

Üben Sie dasselbe mit einem Partner.

2. Machen Sie mit den gegebenen Wörtern Vorschläge, die sich auf die Sätze a–d beziehen:

take a taxi, go to the cinema, invite him to dinner, go to a restaurant

a) I don't want to stay at home this evening. . . . .

b) We haven't seen Jack for ages. . . . .

c) We haven't got any food at home. . . . .

d) We'll be late, if we don't hurry. . . . .

Sehen Sie sich die Lektion 80 noch einmal an, um sich zu erinnern, wie man auf andere Art auch noch Vorschläge machen kann. Machen Sie dann Vorschläge, die sich auf die obigen Sätze beziehen, indem Sie mit *Why don't we . . . ?* beginnen.

LEKTION 85

The Sky Will Never Grow Old

Was wurde gelernt?

Wiederholung der Zeitformen

Mary: John, are you still reading that Japanese book? You were reading it yesterday, too.	*Mary:* John, liest du immer noch das japanische Buch? Gestern hast du es auch gelesen.
John: Yes, I read it every evening. I've been learning Japanese for six weeks now. I started on January 12th.	*John:* Ja, ich lese es jeden Abend. Ich lerne jetzt schon seit sechs Wochen Japanisch. Am 12. Januar habe ich angefangen.
Mary: Really? How many words have you learnt?	*Mary:* Wirklich? Wieviele Wörter hast du gelernt?
John: Only twenty.	*John:* Nur zwanzig.
Mary: Twenty?	*Mary:* Zwanzig?
John: Yes – but I'll learn some more this evening.	*John:* Ja – aber heute abend werde ich einige dazulernen.

So wird's verständlich:

Diese Lektion dient der Wiederholung aller Zeitformen, die Sie bisher gelernt haben. Seit der letzten Wiederholung der Zeitformen (in Lektion 70) ist eine hinzugekommen, die Verlaufsform der Vollendung in der Gegenwart (Progressive Form des Perfekts) (Lektion 78, 79), so daß Sie jetzt insgesamt 7 Zeitformen kennen. Alle sind in der kurzen Unterhaltung zwischen Mary und John enthalten; weitere Beispiele finden Sie in den Dialogen und dem Song.
Bevor Sie mit dieser Lektion fortfahren, sehen Sie sich die Lektionen 70, 78 und 79 noch einmal an.

Dialog 1: Have you met him before?

Mr. Taylor ist in die Bank gekommen, um mit Mr. Johnson, dem Direktor, zu sprechen.

Secretary: Would you like to wait here, Mr. Taylor?
Mr. Taylor: Thank you.
Secretary: The manager will see you in a moment. After Mrs. Jones.
Mr. Taylor: Fine. *(He sits down, next to Mrs. Jones.)*
(To Mrs. Jones:) Good morning.
Mrs. Jones: Good morning.
Mr. Taylor: Are you waiting to see Mr. Johnson?
Mrs. Jones: Mr. Johnson?
Mr. Taylor: Yes, the manager. Are you waiting to see him?
Mrs. Jones: Yes. Yes, I am.
Mr. Taylor: Have you been waiting long?
Mrs. Jones: No, no, not long. About ten minutes.
Mr. Taylor: I see. Have you met him before?
Mrs. Jones: Who?

Mr. Taylor: Mr. Johnson, the manager. Have you met him before?

Mrs. Jones: Oh, yes. I come here every week.

Mr. Taylor: Do you?

Mrs. Jones: Yes, I come here every week – to discuss my money with him.

Mr. Taylor: Well . . . what's he like? Is he nice? Is he pleasant?

Mrs. Jones: Why do you want to know?

Mr. Taylor: Because I'm going to ask him to lend me some money.

Mrs. Jones: Oh, I see.

Mr. Taylor: That's why I wanted to know.

Mrs. Jones: Hmm.

Mr. Taylor: I've never met him before. And I was thinking –

Mrs. Jones: Wait a few minutes, and you'll see him.

Mr. Taylor: Yes.

(The secretary opens the door.)

Secretary: Mrs. Jones.

Mrs. Jones: Oh, thank you. *(She goes into the manager's office.)*

Mr. Taylor: *(To himself:)* I hope he's nice.

(Mrs. Jones comes out again.)

Mrs. Jones: But it's only £50.

Manager: Get out! And don't come back! Go away!

Secretary: Mr. Taylor. The manager can see you now.

Mr. Taylor: I think I'll come back another day.

Wörter und Wendungen

would you like to wait here? ['wud ju 'laik tə 'weit 'hiə]	würden Sie bitte hier warten (hat dieselbe Bedeutung wie *Please wait here*)
next to Mrs. Jones ['nekst tə 'misəs 'dʒəunz]	neben Mrs. Jones
discuss [dis'kʌs]	diskutieren, besprechen
what's he like? ['wɔts hi 'laik]	wie ist er?
is he pleasant? ['iz hi 'pleznt]	ist er nett?
hope [həup]	hoffen
I hope he's nice [ai 'həup hi:z 'nais]	ich hoffe, er ist nett

Dialog 2: I'll come back another day.

Mr. Taylor spricht immer noch mit der Sekretärin.

Mr. Taylor: I think I'll come back another day.
Secretary: No, no, come in, Mr. Taylor. The manager's very nice. Come in.
Mr. Taylor: Well – *(The manager opens his door again.)*
Manager: I said: Go away!
Secretary: It's Mr. Taylor, sir.
Manager: Oh, I'm *so* sorry. *Please* come in, Mr. Taylor. It's *so* nice to meet you.
Mr. Taylor: Er . . . yes.
Manager: Now, what can I do for you?
Mr. Taylor: Well . . . er . . . I'd like to . . . borrow some money.
Manager: Pardon?
Mr. Taylor: I'd like to . . . borrow some money.
Manager: Sorry, I didn't hear you.
Secretary: Mr. Taylor would like to borrow some money, sir.
Manager: Borrow some money?
Mr. Taylor: Yes, I'd like to borrow some money.
Manager: *You*'ve been having some problems with *your* business, have you?
Mr. Taylor: Yes.
Manager: Well, *I*'ve been having problems here too, you know. A few months ago, everything was fine. People were bringing their money into the bank. Everything was fine. But then they stopped bringing their money in. Everyone started asking for money. Everyone wanted to borrow money. Now we've lent nearly all the money. Half the clerks have left. My secretary's going to leave tomorrow. And the milkman doesn't even bring the milk any more! And now *you*'ve come in, *you*'ve got problems, and *you* want to borrow money too. This is the end!
Mr. Taylor: Oh . . . er . . . shall I come back tomorrow?

Wörter und Wendungen

I'm *so* sorry [aim 'səu 'sɔri]	ich bitte vielmals um Entschuldigung, es tut mir *so* leid	clerk [klɑ:k]	Angestellter
borrow ['bɔrəu]	(aus)leihen, borgen	half the clerks have left ['hɑ:f ðə 'klɑ:ks həv 'left]	die Hälfte der Angestellten sind gegangen
problem ['prɔbləm]	Problem, Schwierigkeit	not even ['nɔt 'i:vən]	nicht einmal
business ['biznis]	Geschäft	this is the end! ['ðis iz ði 'end]	das ist das Ende

Song: The sky will never grow old

A child is standing on a *hillside*,	*Hang*
The day is just beginning,	
And the sky's been *turning blue*,	*blau werden*
The child got up early,	
When the *moon* was still shining,	*Mond*
He said "Hallo" to the sun,	
And "Goodbye" to the moon.	

(Chorus:)

The sun will always *rise* in the morning,	*aufgehen*
The summer will be warm,	
And the winter will be cold,	
The child will grow.	*das Kind wird größer werden*
And the sun will come and go,	
But the sky will never *grow old*.	*alt werden*

Everyone's seen the *sunrise* in the morning,	*Sonnenaufgang*
Everyone's counted stars in the sky	
One by one,	*jeden einzeln*
But no-one sees more clearly	
Than a child in the morning	
On a hillside, looking up at the sun.	

(Chorus)

Übungen

1. Beantworten Sie folgende Fragen:
   a) How long have you been learning English?
   b) When did you start?
   c) Do you practise every day?
   d) Which lesson are you doing at the moment?

2. Sehen Sie sich Lektion 55, Übung 3, und Lektion 70, Übung 2, noch einmal an. Beantworten Sie die Fragen der Übungen so schnell wie möglich und üben Sie dasselbe danach mit einem Partner.

LEKTION 86

You Shouldn't Worry

Was wird gelernt?

should / shouldn't

Mary: John, are you ill?	*Mary:* John, bist du krank?
John: I'm feeling a little tired.	*John:* Ich fühle mich ein bißchen müde.
Mary: You look terrible! I think you should see a doctor.	*Mary:* Du siehst entsetzlich aus. Ich glaube, du solltest zum Arzt gehen.
John: No, I don't want to see a doctor.	*John:* Nein, ich möchte nicht zum Arzt gehen.
Mary: I think you should.	*Mary:* Ich glaube aber, du solltest doch.

So wird's verständlich:

In der 68. Lektion haben Sie *must* kennengelernt, das bei Befehlen verwendet wird oder um auszudrücken, daß etwas unbedingt nötig ist. Verneintes *must* drückt ein Verbot aus.

You **must** *stay in bed.*	Du *mußt* im Bett bleiben.
You **mustn't** *smoke.*	Du *darfst nicht* rauchen.

In dieser Lektion werden Sie sich mit *should* befassen, das schwächer ist als *must* und bei Ratschlägen verwendet wird und um auszudrücken, daß eine bestimmte Handlung erwünscht ist.
Beispiele:

You **should change** *your job.*	Du solltest die Stellung wechseln.
You **shouldn't work** *so hard.*	Du solltest nicht so hart arbeiten.
Jill's in hospital.	Jill ist im Krankenhaus.
We **should go and visit** *her.*	Wir sollten sie besuchen.

Wenn man einen Rat gibt, kann man den Satz mit *I think you should* beginnen. So wie Mary weiter oben sagte: *I think you should see a doctor.*

Dialog 1: You should have a holiday.

Mr. Smith, dessen Besuch beim Arzt (in Lektion 82) ziemlich erfolglos war, wendet sich nun an einen anderen Arzt.

Doctor: *(Calling:)* Next! *(Mr. Smith opens the door.)* Ah! Mr. Smith. Come in.
Mr. Smith: Thank you, doctor. *(He closes the door.)*
Doctor: Sit down.
Mr. Smith: Thank you, doctor.
Doctor: Now, what's the trouble?
Mr. Smith: Well, doctor ... I haven't been feeling well.
Doctor: Really?

Mr. Smith: Yes. I always *used* to be very well, but I've been working very hard . . . *too* hard.

Doctor: You shouldn't worry. Everyone works too hard from time to time.

Mr. Smith: Yes, doctor. But you see –

Doctor: You should have a holiday.

Mr. Smith: A holiday?

Doctor: Yes, you should get away. You should have a holiday. You should have a few weeks in the sunshine.

Mr. Smith: But I –

Doctor: How about a "Sunshine Tour"?

Mr. Smith: Pardon?

Doctor: Why don't you go on a "Sunshine Tour"?

Mr. Smith: A "Sunshine Tour"?

Doctor: Yes. I think you should have a holiday in the sun, and I think you should take a "Sunshine Tour".

Mr. Smith: Oh.

Doctor: My brother works for "Sunshine Tours". Shall I telephone him?

Mr. Smith: No, doctor, I can't go –

Doctor: Yes, I'll telephone him. Just a minute. Now – *(He picks up the telephone.)* – six, four . . .

Mr. Smith: No, doctor, I can't go . . .

Wörter und Wendungen

next! [nekst]	der Nächste (, bitte)!	get away [get ə'wei]	sich losreißen (von seiner Arbeit, der Stadt usw.)
worry ['wʌri]	sich Sorgen machen	pick up ['pik 'ʌp]	abheben
from time to time [frəm 'taim tə 'taim]	von Zeit zu Zeit		

Dialog 2: You shouldn't work too hard.

Mr. Smith beharrt darauf, daß er nicht in Urlaub fahren kann.

Mr. Smith: No, doctor, I can't go on a "Sunshine Tour".
Doctor: Oh. *(He puts the telephone down.)* Now, Mr. Smith – you've been working too hard. You need a holiday. I think you should have a holiday.
Mr. Smith: No, doctor, I can't. I'd like to have a holiday –
Doctor: Yes –
Mr. Smith: – but I can't.
Doctor: Well, you shouldn't work too hard.
Mr. Smith: I know, but you see –
Doctor: You should relax more. You should go to the country at the weekend.
Mr. Smith: Oh?
Doctor: Yes, you should go to the country, and breathe the air.
Mr. Smith: I can't –
Doctor: Now – my cousin has a hotel in the country. Shall I – *(He picks up the telephone again.)*
Mr. Smith: No, doctor. I can't go to the country at the weekend. *(The doctor puts the telephone down.)*
Doctor: I think you should.
Mr. Smith: No, I can't. I have to work at the weekend.
Doctor: Work at the weekend! You see – you work too hard.
Mr. Smith: I have to. In my job –
Doctor: That's it!

Mr. Smith: Pardon?

Doctor: That's it! Your job. You work too hard. You should change your job.

Mr. Smith: Oh.

Doctor: Yes, yes, you should change your job.

Mr. Smith: Oh, do you think I should?

Doctor: Yes.

Mr. Smith: Oh, I see.

Doctor: Now – my uncle works in a bank in London. I'll telephone him. *(He picks up the telephone again.)*

Mr. Smith: Do you think I should, doctor? . . .

Wörter und Wendungen

put down ['put 'daun]	auflegen
relax [ri'læks]	(sich) entspannen
breathe [bri:ð]	einatmen
that's it! ['ðæts it]	da haben wir's!
change [tʃeindʒ]	wechseln
change your job ['tʃeindʒ jɔ: 'dʒɔb]	wechseln Sie Ihre (Arbeits)Stelle

Song: You shouldn't worry.

If you're working too hard, you shouldn't worry,
Everyone works too hard from time to time,
You should try to get away,
You should have a holiday,
And *in a day or two* you'll be fine. — *in ein paar Tagen*

If you're feeling tired, you shouldn't worry,
Everyone gets tired *now and then,* — *ab und zu*
You should think about the sun,
You should smile at everyone,
And then you'll feel better again.

If you can't *get to sleep,* you shouldn't worry, — *einschlafen*
You should open your window
and look up at the sky,

You should breathe the air,	
And feel *the wind* in your hair,	*den Wind*
You should *do the same thing* every night.	*das gleiche tun*

Übungen

1. Beantworten Sie die folgenden Fragen. Beginnen Sie den Satz mit *You should* . . . und sagen Sie, was Ihrer Meinung nach die passende Handlungsweise ist. (Beachten Sie, daß in den Fragen *you* im Sinne von „man" verwendet wird.)

   What should you do if . . .

   a) . . . you find £5 in the street?

   b) . . . you can't get to sleep?

   c) . . . someone has stolen your car?

   d) . . . you want to get up early tomorrow?

   e) . . . there's an elephant in your garden?

   f) . . . you're lost?

   g) . . . you've been working too hard?

   h) . . . you want to speak Japanese very well?

   Üben Sie dasselbe mit einem Partner, um herauszufinden, was er (sie) für richtig hält.

2. Im folgenden sind fünf Ratschläge (a–e) und fünf Antworten (A–E) aufgeführt. Welche Antwort gehört zu welchem Ratschlag?

   a) I think you should go by plane.
   b) You should go to the country at the weekend.

c) You should stop smoking.
d) You should see a doctor.
e) I don't think you should wear green socks.

A) But I can't work without cigarettes!
B) No, I feel much better now.
C) I don't like flying.
D) But it's my favourite colour!
E) No, I always have to work on Saturday and Sunday.

LEKTION 87

I'd Never Been in an Aeroplane Before

Was wird gelernt?

I hadn't finished

Mary:	John, where's your car?	*Mary:*	John, wo ist dein Wagen?
John:	Well, I was in the bank yesterday, and when I came out –	*John:*	Nun, ich war gestern auf der Bank, und als ich herauskam –
Mary:	– someone had stolen it.	*Mary:*	– hatte ihn jemand gestohlen.
John:	Yes. I'd locked the doors, but I hadn't closed the windows.	*John:*	Ja. Ich hatte die Türen verschlossen, aber nicht die Fenster zugemacht.

So wird's verständlich:

In dieser Lektion werden Sie eine weitere englische Vergangenheitsform üben – eine andere Möglichkeit, Vergangenes im Englischen auszudrücken. Diese Zeit, die man gewöhnlich als „Vollendung in der Vergangenheit" (Plusquamperfekt) bezeichnet, wird aus dem Hilfszeitwort *had* und dem Mittelwort der Vergangenheit gebildet. Sie wird verwendet, um auszudrücken, daß ein Vorgang sich *vor* einem anderen in der Vergangenheit abgespielt hatte.
Das Verschließen der Türen, das Stehlen des Wagens etc. ereignete sich, bevor John aus der Bank kam. Sehen Sie sich dazu die weiteren Beispiele an, in denen die Wörter *after* (nachdem), *before* (bevor), *already* (bereits) und *just* (gerade) vorkommen, die häufig in Verbindung mit dieser Zeit verwendet werden:

After I'd shown *the policeman my licence, he told me to go.*
I'd never seen *the desert before I went to Libya.*
The boss told me to phone Mr. Jones, but **I'd already phoned** *him.*
I'd just finished *washing the car, when it started raining.*

Verneinung und Frage werden auf die übliche Weise gebildet, d. h. die Verneinung mit *not* (*had not* wird zu *hadn't* zusammengezogen) und die Frage durch die Umstellung von Satzgegenstand und Satzaussage.

Dialog 1: I'd already picked it up.

Zwei alte Männer, Henry und Gilbert, sitzen in einem Wirtshaus und unterhalten sich. Gilbert ist gerade aus Marokko zurückgekommen, wo er seinen Sohn besuchte.

Henry: Did you like Morocco?
Gilbert: Oh, yes. I came back by plane.
Henry: Did you have a good flight?
Gilbert: What?
Henry: Did you have a good flight?
Gilbert: Yes . . . and no. I dropped my case.

Henry: What?
Gilbert: I dropped my case –
Henry: – when you were getting onto the plane?
Gilbert: No, I'd already got onto the plane. I was looking for my seat –
Henry: – when you dropped your case.
Gilbert: Yes.
Henry: Did it fall open?
Gilbert: No, I'd locked it carefully.
Henry: Before.
Gilbert: Pardon?
Henry: Before. You'd locked it carefully before. Before the flight.
Gilbert: Oh. Oh, yes. Yes. Then I saw the stewardess –
Henry: – and you asked her to pick it up.
Gilbert: What?
Henry: You asked the stewardess to pick up your case.
Gilbert: No, I'd already picked it up. I asked her –
Henry: – to show you your seat.
Gilbert: What?
Henry: You asked the stewardess to show you your seat.
Gilbert: No, I'd already found my seat.
Henry: Oh. What did you ask her?

Gilbert: I asked her to open the window.
Henry: You asked her to open the window?
Gilbert: Yes. I said: "Could you open the window, please?"
Henry: On an aeroplane?
Gilbert: Yes.
Henry: You can't open the windows on an aeroplane.
Gilbert: I didn't know. It was my first flight. I'd never been in an aeroplane before.

Wörter und Wendungen

already [ɔ:l'redi]	bereits, schon	get onto the plane ['get 'ɔntə ðə 'plein]	an Bord des Flugzeugs gehen
flight [flait]	Flug	fall open ['fɔ:l 'əupən]	(beim Fallen) aufgehen
did you have a good flight? [did ju 'hæv ə 'gud 'flait]	hast du einen guten Flug gehabt?	stewardess [stjuə'dis]	Stewardeß
drop [drɔp]	fallen (lassen)	(aero)plane [('ɛərə)plein]	Flugzeug

Dialog 2: I'd never travelled by plane.

Henry und Gilbert unterhalten sich immer noch.

Gilbert: Yes, it was my first flight.
Henry: I see.
Gilbert: I'd never been in an aeroplane before.
Henry: Ah.
Gilbert: I'd been to the airport before . . . I'd seen the planes . . . but I'd never travelled by plane.
Henry: Did you like it?
Gilbert: What?
Henry: Travelling by plane.
Gilbert: Travelling by plane?
Henry: Yes, travelling across the sky by plane.

Gilbert: Well . . . after I'd picked up my case, and after I'd found my seat, and after I'd spoken to the stewardess –
Henry: Yes?
Gilbert: – I went to sleep.
Henry: Oh.
Gilbert: Yes, I went to sleep. I slept for hours. When I woke up, the plane was empty.
Henry: Empty?
Gilbert: Yes, we'd already arrived in London.
Henry: You'd arrived?
Gilbert: Yes, the plane had landed, and everyone had left the plane.
Henry: Oh.
Gilbert: It was a very comfortable flight.
Henry: Hmm

Wörter und Wendungen

travel ['trævl] reisen
across the sky [ə'krɔs ðə 'skai] am Himmel dahin
arrive [ə'raiv] ankommen (Bei Ländern und Städten heißt es *arrive in...*, an einem bestimmten Punkt, z. B. einem Platz oder Gebäude, ankommen heißt *arrive at...: We arrived at the cinema.*)
land [lænd] landen
comfortable ['kʌmfətəbl] bequem

Song: I'd never been in an aeroplane before.

I visited my brother in September,
I didn't want to travel by train,
So I bought a ticket at the airport,
And *made the journey* by plane. — *unternahm die Reise, reiste*

(Chorus:)

I'd driven a car
(But I hadn't driven far),

I'd travelled on a train
For a thousand miles or more,
I'd ridden a horse, — *ich war auf einem Pferd geritten*
And *a bicycle* of course, — *ein Fahrrad*
But I'd never been on an aeroplane before.

I was feeling a little nervous in the morning,
While I waited at the airport for the plane,
But the flight was very comfortable –
The sky was blue –
And the sun was shining *all the way*. — *den ganzen Flug über*

(Chorus)

Übungen

1. Jeder der folgenden Sätze, die von Gilberts Reise handeln, enthält einen inhaltlichen Fehler. Sie sollen nun diese Fehler berichtigen, wie dies im Beispiel schon geschehen ist, und dabei jedes Mal *already* verwenden:

   a) He dropped his case while he was getting onto the plane.
   No. He'd already got onto the plane.
   b) Then he locked his case.

   No. He'd ....
   c) He saw the stewardess and asked her to pick it up.

   No. He'd ....
   d) He saw the stewardess and asked her to show him his seat.

   No. He'd ....
   e) He woke up while the plane was landing.

   No. The plane had ....

Üben Sie die Sätze und Erwiderungen mit einem Partner.

2. Bestätigen Sie die Feststellungen nach dem Muster des Beispiels:

a) We had a marvellous holiday! We'd never been to Spain before.
   Yes. It was the first time we'd been to Spain.
b) They were delicious! We'd never eaten English apples before.

   Yes. It was the first time . . . .
c) The children enjoyed themselves. They'd never ridden an elephant before.

   Yes. It was . . . .
d) It was very interesting. We'd never seen a Japanese film before.

   Yes. . . . .
e) Everyone looked at Mr. Smith. He'd never worn green socks before.

   . . . .

3. Was Jill tat, bevor sie in Urlaub fuhr:

(A) *She packed her bags.* (B) *She called a taxi.* (C) *She closed all the windows.* (D) *She locked the door.* (E) *She went into the street.*

Verbinden Sie die Sätze und verwenden Sie *after*, wie im Beispiel:

a) (A, B) After she'd packed her bags, she called a taxi.

b) (B, C) . . . .

c) (C, D) . . . .

d) (D, E) . . . .

LEKTION 88

My Boss Told Me to Learn Japanese

Was wurde gelernt?

Wiederholung Lektion 77—87

Im Dialog, dem Song und den Übungen dieser Lektion soll das in Lektion 77–87 Gelernte wiederholt werden. Die folgende Übersicht zeigt die Schwerpunkte; die Zahlen geben die Lektionen an, in denen sie behandelt werden:

77

Would you like	*a cup of tea?* *some coffee?* *to go dancing?*	*Yes, I'd love*	*one.* *some.* *to.*

78, 79

How long have you been waiting?
For two hours.
Since midnight.

80, 86

I'm not feeling very well.

Why not call a doctor?
Why don't you call a doctor?
I think you should call a doctor.

81

Why did you become a businessman?
To get rich.
So that I could make money.

82

Mr. Smith is waiting, sir.

Ask him to come in.
Tell him to go away.

83, 84

Shall I give you a hand?
Yes, please. Could you carry that case for me?
– Of course.

87

It was my first flight;
I'd never been in a plane before.
I had seen planes, but . . .
I hadn't flown before.

Dialog: I think everyone should learn a language, don't you?

June trifft zufällig auf der Straße Brian, einen Freund. Er will ihr mit seinen Japanischkenntnissen imponieren, obwohl er gar nicht besonders gut Japanisch sprechen kann.

June: Hallo, Brian.
Brian: Oh, hallo, June. *(He makes a strange noise.)*
June: Pardon?
(Brian makes another strange noise.)
June: What's that?
Brian: It's Japanese.
June: Can you speak Japanese?
Brian: Yes. I've been going to classes.
June: Really?
Brian: Yes. Since October.
June: Why have you been doing that?
Brian: Well, I'm going to Japan in the spring, and my boss told me to learn Japanese.
June: I see.
Brian: So that I can speak it, when I arrive.
(He makes another strange noise.)
June: Is that Japanese?
Brian: Yes.

June: Is it interesting?

Brian: Japanese? Yes, it's very interesting. I'd never been interested before, but the classes are very good. Would you like to come?

June: To the classes?

Brian: Yes. Why don't you come to the classes?

June: No, I'm very busy. I –
(Brian makes another strange noise.)

June: Is that Japanese?

Brian: Oh, yes. I think everyone should learn a language, don't you?

June: Yes, but I'm very busy, and –

Brian: And it's a very good school.

June: Oh, yes?

Brian: Shall I give you the address?

June: Um . . . O.K., but I'm really too busy.

Brian: Here's the address. *(Another strange noise.)*

June: Is that Japanese?

Brian: No – you're standing on my foot.

Wörter und Wendungen

learn [lə:n]	lernen
language ['læŋgwidʒ]	Sprache
noise [nɔiz]	Geräusch
a strange noise [ə 'streindʒ 'nɔiz]	ein seltsames Geräusch
class [klɑ:s]	Klasse, Kurs
I've been going to classes [aiv bi:n 'gəuiŋ tə 'klɑ:siz]	ich habe am Unterricht teilgenommen
when I arrive [wen ai ə'raiv]	wenn ich ankomme (vgl. „Wörter und Wendungen", Dialog 2, Lektion 83)
interesting ['intristiŋ]	interessant
interested ['intristid]	interessiert
school [sku:l]	Schule

Song: My boss told me to learn Japanese.

My boss told me to learn Japanese,
I'm going to Japan in the spring,
I'm having *lessons* every Friday at half past five, *Unterricht*
so that I can speak the language when I arrive.

(Chorus:)

Would you like to come to the classes?
Shall we both go together and learn Japanese?
I think you should come,
We'll have a lot of fun – *wir werden viel Spaß haben*
Why don't you come with me?

I started having lessons in October,
I hadn't been interested before,
But I've been going to the classes every
Friday night,
So that I can get the pronunciation right. *damit ich die Aussprache richtig lerne.*

(Chorus)

Übungen

1. Welchen Rat würden Sie geben, wenn jemand folgendes zu Ihnen sagte:
   a) I've lost my passport.
   b) This television doesn't work.
   c) The doctor told me not to work too hard.
   Beginnen Sie mit *I think you should* . . . oder *Why don't you* . . . *?*

2. Mit welcher Bitte würden Sie an die nachstehenden Leute herantreten?
   a) Someone who borrowed your lawn-mower six months ago.
   b) Someone who always plays the guitar in your garden at two o'clock in the morning.
   c) Someone who is standing on your foot.
   Beginnen Sie mit *Could you* . . . *?*

3. Was würden Sie den nachstehenden Personen anbieten?
   a) An old lady who is carrying a heavy suitcase.
   b) A friend who isn't feeling very well.
   c) Your brother – who wants to get up early tomorrow.
   Beginnen Sie mit *Shall I* . . . *?*

4. Beantworten Sie diese Fragen:
   a) Would you like to be a millionaire?
   b) When did you start learning English with "Let's Speak English"? Had you studied English before then?
   c) Do you think everyone should learn a second language?
   d) Why do people buy newspapers?
   e) How long have you been reading this page?

   Üben Sie dasselbe mit einem Partner.

LEKTION 89

When Everybody Knows Who You Are

Was wird gelernt?

He wants to know who/what/why/when/where/how . . .

Mary: John, there's a policeman at the door.	*Mary:* John, da ist ein Polizist an der Tür.
John: What does he want?	*John:* Was will er?
Mary: He wants to know how long we've had the car.	*Mary:* Er will wissen, wie lange wir den Wagen (schon) haben.
John: The car?	*John:* Den Wagen?
Mary: Yes . . . and he wants to know where we bought it.	*Mary:* Ja . . . und er will wissen, wo wir ihn gekauft haben.

So wird's verständlich:

In den vorhergehenden Lektionen haben Sie verschiedene Fragen geübt, die mit Fragewörtern wie *who . . ., what . . ., why . . ., when . . ., where . . ., how . . ., how long . . ., how much . . .* usw. beginnen. Besonders gründlich haben Sie die Umstellung von Satzgegenstand und Satzaussage und die Hilfszeitwörter im Fragesatz geübt.
In dieser Lektion geht es um Fragen, die mit einem der folgenden Ausdrücke eingeleitet werden:

I'd like to know	*who . . .*
I want to know	*what . . .*
I must know	*when . . .*
Can you tell me	*where . . .*

Wenn Sie Fragen eines anderen weitergeben, verwenden Sie dabei Ausdrücke wie:

He wants to know	*why ...*
Mr. Smith would like to know	*how long ...*

In beiden Fällen werden die Fragen nicht direkt gestellt, sondern an einen Dritten weitergegeben. Es sind keine direkten Fragen, sondern indirekte Fragen.
Auch wenn Sie jemand auffordern, eine dritte Person etwas zu fragen, benutzen Sie eine indirekte Frage:

Ask him	*how ...*
Please ask Miss Jones	*what ...*

Im vorangegangenen Dialog gab Mary die Fragen des Polizisten an John weiter. Der Polizist hatte gefragt:

How long have you had *the car?*
Where did you buy *it?*

Mary leitete ihre indirekten Fragen mit *He wants to know* ... ein:

He wants to know **how long we've had** *the car.*
He wants to know **where we bought** *it.*

Achten Sie besonders auf folgende Veränderung:
1. Die Person muß sinngemäß abgeändert werden. (Im Beispiel wird *you* zu *we*.)
2. Die Wortfolge ist die gleiche wie im Aussagesatz. (Im Anfangsdialog wird *have you had* zu *we've had* und *did you buy* zu *we bought.*)
Die Dialoge, der Song und die Übungen enthalten viele Beispiele zu diesem sprachlichen Problem.

Dialog 1: Ask him what his name is!

Es ist Arthurs erster Tag als Hotelportier. Diana erklärt ihm, was er tun muß.

Diana:	Right, Arthur. Here's the reception desk. You stand here. O.K.? Don't worry. I'll give you a hand.
Arthur:	Oh, good.
Diana:	Ah, here's your first customer.
Arthur:	Oh, yes. Good morning, sir.
Mr. Grey:	It's seven o'clock in the evening.
Arthur:	Oh, yes. Good *evening*, sir.
Mr. Grey:	I'd like a room, please.
Arthur:	A room. Certainly, sir.
Diana:	*(To Arthur:)* Ask him how long he wants to stay.
Arthur:	Oh, yes. How long do you want to stay, sir?
Mr. Grey:	Three days.

Arthur:	I see.
Diana:	Ask him how much he wants to pay.
Arthur:	Oh, yes. Right. How much do you want to pay, sir?
Mr. Grey:	About £3 a night.
Arthur:	Oh, yes. Certainly, sir.
Diana:	Ask him what his name is.
Arthur:	Um . . . What's your name, sir?
Mr. Grey:	Grey. Mr. Grey.
Arthur:	Mr. Grey. Thank you, sir.
Diana:	Ask him to sign the book.
Arthur:	Oh, yes. Could you sign the book, please, sir?
Mr. Grey:	Yes. *(He signs the book.)*
Arthur:	So – a single room for three days.
Mr. Grey:	Yes.
Arthur:	Good.
Mr. Grey:	Yes.
Arthur:	Fine.
Diana:	Give him the key!
Arthur:	Oh. Oh, yes. Here's your key, sir. Room 325.
Mr. Grey:	Thank you. Where is it?
Arthur:	It's in your hand, sir.
Mr. Grey:	No, not the *key* – the *room*. I want to know where the room is.
Diana:	*(To Arthur:)* It's on the third floor.
Arthur:	It's on the third floor, sir.
Mr. Grey:	Thank you – *both* of you.

Wörter und Wendungen

reception desk [ri'sepʃən 'desk]	Empfang(stheke)	a single room [ə 'siŋgl 'rum]	ein Einzelzimmer
customer ['kʌstəmə]	Kunde, *hier:* Gast	the third floor [ðə 'θə:d 'flɔ:]	der dritte Stock
£3 a night ['θri: 'paundz ə 'nait]	3£ pro Übernachtung	both of you ['bəuθ əv ju:]	Sie beide; Ihnen beiden
sign [sain]	unterschreiben		

Dialog 2: I must know what your name is.

Diana erklärt Arthur noch einmal, was er am Empfang zu tun hat.

Diana: Now, remember, Arthur –
Arthur: Yes –
Diana: – with every customer, you want to know the same things.
Arthur: Yes.
Diana: You should ask them how much they want to pay . . .
Arthur: Right.
Diana: You should ask them how long they want to stay . . .
Arthur: Mmm.
Diana: And you should ask them what their name is.
Arthur: Right. Ah! Here's my next customer.
Diana: No, Arthur, that isn't –
Arthur: *(To the man:)* Good evening, sir.
Diana: Arthur, that isn't –
Arthur: *(To Diana:)* Shh. Watch this. *(To the man:)* Good evening, sir.
Mr. Harrison: Good evening, I –
Arthur: Now, how long do you want to stay?
Mr. Harrison: Pardon?
Arthur: I'd like to know how long you want to stay –
Mr. Harrison: But I'm the –
Arthur: – and how much you want to pay. Could you tell me how much you want to pay? And your name, sir – I must know what your name is.
Diana: *(To Arthur:)* Arthur, that's the –
Arthur: *(To Diana:)* Shh. I know what I'm doing. Your name, sir?
Mr. Harrison: My name is Harrison.
Arthur: Harrison. Thank you, sir.
Mr. Harrison: And I'm the manager of this hotel.
Arthur: The manager of the hotel? Well, how do you do, Mr. Harrison. I'm . . . Arthur Jones, your . . . your new desk-clerk . . . Yes . . . and this is my first day.

Mr. Harrison: Your first day?
Arthur: Yes.
Mr. Harrison: *And* your last.
Arthur: Oh.

Wörter und Wendungen

remember [ri'membə]	denken an, sich erinnern an	desk-clerk ['deskklɑ:k]	Hotelportier
right [rait]	ja, ich habe verstanden (auch *all right* oder *O.K.* möglich)	and your last [ənd jɔ: 'lɑ:st]	und Ihr letzter

Song: When everybody knows who you are

(Chorus:)

I don't want to be famous,
I don't want to be *a star,* — *ein Star*
You have to answer too many questions, — *man*
When everybody knows who you are.
Everybody wants to know what you eat for breakfast,
Everybody wants to know how old you are,
Reporters all ask why you never wear a tie, — *Reporter*
And they even ask you who drives your car.

(Chorus)

Everybody wants to know where your house is,
Everybody wants to know why your socks are red,
They ask what time you get up in the morning,
And they want to know what time you go to bed.

(Chorus)

Reporter: What do you eat for breakfast? How old are you? Why do you never wear a tie? Who drives your car? Where's your house? Why are your socks red? What time do you get up in the morning? What time do you go to bed? . . .

Übungen

1. Eine Dame will Mr. Smith geschäftlich sprechen. Mr. Smith ist nicht in seinem Büro. Die Fragen, die sie stellt, sind hier aufgeführt. Sagen Sie, was sie wissen will, wie im Beispiel:

   a) Where's Mr. Smith?
   She wants to know where Mr. Smith is.
   b) Where has he gone?

   . . . .

   c) When did he leave?

   . . . .

   d) When will he be back?

   . . . .

   e) Why isn't he here?

   . . . .

   f) What is he doing?

   . . . .

2. Ein Journalist will eine berühmte Schriftstellerin interviewen. Sein Chef möchte, daß er sie folgendes fragt:
   a) When did you start writing?
   b) How did you become a writer?
   c) Why do you write?
   d) How many books have you written?
   e) How old are you?
   f) What are you writing at the moment?

Vervollständigen Sie mit diesen Fragen die Instruktionen des Chefs nach dem Beispiel des ersten Satzes:

a) You must ask her when she started writing.

b) Ask her ....

c) People want to know ....

d) Ask her ....

e) I'd like to know ....

f) Don't forget to ask her ....

LEKTION 90

He Wants to Know if You Stayed at Home

Was wird gelernt?

He wants to know if . . .

Mary: John – that policeman's here again.	*Mary:* John – dieser Polizist ist wieder hier.
John: What does he want now?	*John:* Was will er nun (schon wieder)?
Mary: He wants to know if Jack Brown lives here.	*Mary:* Er will wissen, ob Jack Brown hier wohnt.
John: Who's Jack Brown?	*John:* Wer ist Jack Brown?

So wird's verständlich:

In der letzten Lektion haben Sie indirekte Fragen kennengelernt. Es sind Fragen, die mit Wendungen wie *I want to know* . . . eingeleitet werden oder, wenn sie an Dritte weitergegeben werden, mit Wendungen wie *Mr. Smith wants to know* . . . beginnen. Immer kamen Fragewörter wie *who, what, how* usw. vor.
In dieser Lektion werden Sie Fragen ohne Fragewörter üben. So lautete z. B. die Frage des Polizisten an Mary:

Does *Jack Brown* **live** *here?*

Und Mary gab die Frage in dieser Form weiter:

He wants to know **if** *Jack Brown lives here.*

Beachten Sie, daß bei dieser indirekten Frageform das Wörtchen *if* verwendet wird.
Sehen Sie sich dazu die Beispiele an:

Policeman:	*Is Mrs. Green English?* *Has she got a brother?* *Does she work here?*

The policeman wants to know	**if** *Mrs. Green is English.* **if** *she has got a brother.* **if** *she works here.*

Dialog 1: I'd like to ask him if you've got a licence.

Albert und Janet Williams sind zu Hause.

Janet: What are you doing, Albert?
Albert: Watching television.
Janet: Oh.
(Someone rings the door-bell.)

Albert: Who's that?

Janet: I'll look through the window. *(She looks through the window.)* Oh, no! Albert – it's the television licence man.

Albert: Who?

Janet: The television licence man. The man who inspects television licences.

Albert: Right! I'll hide the television. You answer the door.

Janet: O.K. *(She opens the door.)*

Man: Good evening, madam.

Janet: Good evening.

Man: You were watching television a few moments ago –

Janet: Television?

Man: Yes. You've got a television, haven't you?

Janet: Pardon?

Man: Have you got a television?

Janet: A television?

Man: Yes. Have you got a television – and a television licence?

Janet: I'm not sure.

Man: You're not sure if you've got a licence?

Janet: No, I'm not sure if we've got a television.

Man: Well, could I speak to your husband?
Janet: My husband?
Man: Yes. I'd like to ask *him* if you've got a licence.
Janet: Oh, I see. Yes. He's –
Albert: *(He comes back quickly, and doesn't see the man.)* It's O.K., Janet. I've hidden the television. I've put it in the kitchen cupboard. *(He sees the man.)* Oh, good evening.
Man: Good evening, sir.

Wörter und Wendungen

ring [riŋ]	klingeln, läuten (*ring/rang* [ræŋ] /*rung* [rʌŋ])	hide [haid]	verstecken (*hide/ hid* [hid] / *hidden* ['hidn])
door-bell ['dɔ:bel]	(Tür)Klingel	you answer the door ['ju: 'ɑ:nsə ðə 'dɔ:]	*du* öffnest die Tür
licence ['laisəns]	Genehmigung, *hier:* Anmeldung		
inspect [in'spekt]	(über)prüfen (regelmäßiges Zeitwort)	sure [ʃuə]	sicher

Dialog 2: He wants to know if we've got a television.

Janet und Albert sprechen immer noch mit dem Gebührenfahnder.

Janet: Albert, the gentleman wants to know if we were watching television a few moments ago.
Albert: Oh.
Man: Yes, sir. Were you watching television?
Albert: Well, I –
Janet: You see, he wants to know if we've got a television.
Albert: Oh.
Man: And, more important, I'd like to know if you've got a licence.
Albert: A licence?

Man: Yes, a television licence. You *have* got a television, haven't you?

Albert: Well, no –

Man: In the kitchen cupboard, sir?

Albert: Oh, *that* television.

Man: Yes, sir.

Albert: Well, it's a very old one –

Man: Really?

Albert: And it's very small.

Man: Right, sir. Now – I know you've got a television. I'd just like to know if you've got a licence for it.

Albert: Just a moment. *(He calls:)* Brutus!

Man: Brutus? Who's Brutus?

(A very big dog comes in.)

Albert: This is Brutus.

Man: I see. He's a very nice dog.

Albert: Yes, he is.

Man: And he's very big, isn't he?

Albert: Sit, Brutus! Sit! Good dog! *(To the man:)* Now – you were talking about licences.

Man: Yes, sir. You haven't got a television licence.

Albert: No.

Man: And this dog is yours.

Albert: Yes.

Man: Have you got a dog licence?

Wörter und Wendungen

this gentleman... [ðis 'dʒentlmən] — dieser Herr... (So bezeichnet man einen Herren, dessen Namen man nicht weiß. Bei einer Dame hieße es: *this lady*.)

more important ['mɔːr im'pɔːtənt] — (was) noch wichtiger (ist)

good dog! ['gud 'dɔg] — ein braver Hund!

Song: He wants to know if you stayed at home.

Wife:
There's a policeman waiting in the kitchen,
He's been waiting for half an hour,
He wants to ask you some questions,
I think you should speak to him now.
He wants to know where you were yesterday evening,
He wants to know *if you went out at all,* — *ob du überhaupt ausgegangen bist*
He wants to know if you stayed at home,
Or if I was alone:
Someone stole a T.V. from Number 24.

Husband:
Good evening, *officer*. How do you do? — *Wachtmeister* (vgl. Lekt. 70)
What can I do for you?

Policeman:
I'd like to know where you were yesterday evening,
I'd like to know if you went out at all,
I'd like to know if you stayed at home,
Or if your wife was alone:
Someone stole a T.V. from Number 24.

Wife:
I told you –
Someone stole a T.V. from Number 24.

Übungen

1. Sie sind Geschäftsführer einer Bank und wollen einen Angestellten einstellen. Mr. Grey hat einen Freund für diese Stelle empfohlen. Die hier aufgeführten Fragen sollen Aufschluß über den Bewerber geben:

a) *Is he polite?* b) *Can he count?* c) *Has he worked in a bank before?* d) *Did he go to college?* e) *Will he work hard?* f) *Does he want the job?*

Stellen Sie Mr. Grey die folgenden Fragen nach dem Beispiel des ersten Satzes:

a) I'd like to know if he's polite.

b) I must know . . . .

c) I'd like to know . . . .

d) Can you tell me . . . . ?

e) I want to know . . . .

f) Ask him . . . .

2. Hier sind Fragen aufgeführt, die Hotelportiers oft den Gästen stellen. Machen Sie daraus Anweisungen für einen neuen Hotelportier. Als Muster dienen Dianas Anweisungen in Lektion 89.

a) What is your name?	Ask him what his name is.
b) Are you English?	Ask him . . . .
c) Did you book?	Ask him . . . .
d) Do you want a single room?	Ask him . . . .
e) How long are you going to stay?	Ask him . . . .
f) Have you got any luggage?	Ask him . . . .

LEKTION 91

I Said that I Would Come Today

Was wird gelernt?

I told you / I said (that) . . .

John: Mary, what did you say to that policeman the other day?	*John:* Mary, was hast du neulich diesem Polizisten gesagt?
Mary: I told him that Jack Brown didn't live here –	*Mary:* Ich sagte ihm, daß Jack Brown hier nicht wohnt –
John: Good.	*John:* Gut.
Mary: – and I said that we didn't know him.	*Mary:* – und ich sagte ihm, daß wir ihn nicht kennen.

So wird's verständlich:

In den Lektionen 89 und 90 haben Sie gesehen, wie sich Fragen verändern, wenn sie indirekt gestellt oder durch *I want to know* und andere Wendungen eingeleitet werden.
In dieser Lektion befassen wir uns mit indirekten Aussagen und Fragen in der Vergangenheit. Sie werden eingeleitet mit Wendungen wie:

I said . . .	**He said . . .**
I told him . . .	**She told me . . .**
I asked . . .	**The policeman asked . . .**
I wanted to know . . .	**He wanted to know . . .**

Nach solchen Ausdrücken verändert sich auch die Zeit der Aussage. So sagte Mary wörtlich:

Jack Brown **doesn't** *live here.*
We **don't** *know him.*

Und so berichtete sie John, was sie dem Polizisten gesagt hatte:

I told him that Jack Brown **didn't** *live here.*
I said (that) we **didn't** *know him.*

Aus der Gegenwart wird Vergangenheit: *Jack Brown* **doesn't** . . . wird zu *Jack Brown* **didn't** . . . usw. *That* ist hier nicht unbedingt notwendig: Man kann es verwenden oder – in der Umgangssprache – fortlassen.
Die Dialoge, der Song und die Übung in dieser Lektion enthalten Beispiele für diesen Wechsel von der Gegenwart zur Vergangenheit und auch für den Wechsel von *will* zu *would*. Sehen Sie sich dazu das Beispiel an:

Polizist (zu Mary): **I'll come** *back another day.*
Mary (zu John): *The policeman said* **he would (he'd) come** *back another day.*

Dialog 1: I said that I wanted both with bathrooms.

Ein Mann ruft im Hotel wegen Zimmerreservierungen an. Die Telefonverbindung ist nicht sehr gut.

Man: Hallo – is that the Victoria Hotel?
Desk-clerk: What did you say?
Man: I said: "Is that the Victoria Hotel?"
Desk-clerk: Yes, it is. Can I help you?
Man: Yes. I want two rooms for the nights of the 7th and the 8th.
Desk-clerk: I'm sorry. You'll have to speak up. It's a bad line. What did you say?

Man:	I said that I wanted two rooms for the nights of the 7th and the 8th.
Desk-clerk:	Two rooms for the 17th and 18th?
Man:	No, no, no. The 7th and the 8th.
Desk-clerk:	The 7th and 8th?
Man:	Yes, that's right. The 7th and the 8th.
Desk-clerk:	Can you wait a moment, please? I'll have to check.
Man:	All right. I'm waiting.
	(A few moments later:)
Desk-clerk:	Hallo, are you there?
Man:	Yes, yes, I'm here.
Desk-clerk:	Do you want doubles or singles?
Man:	One double and one single, please.
Desk-clerk:	What did you say?
Man:	I said that I wanted one double and one single.

Desk-clerk:	With bathrooms?
Man:	Yes.
Desk-clerk:	What did you say?
Man:	I said that I wanted both with bathrooms.
Desk-clerk:	One moment, please.
Man:	All right.
	(A few moments later.)
Man:	Hallo? Hallo? *(There is no answer.)* Oh, no!

Wörter und Wendungen

speak up ['spi:k 'ʌp]	lauter sprechen	are you there? [ɑ: ju 'ðɛə]	hören Sie?
it's a bad line [its ə 'bæd 'lain]	es ist eine schlechte (Telefon)Verbindung	double (room) ['dʌbl]	Doppelzimmer
I'll have to check [ail 'hæv tə 'tʃek]	ich muß nachsehen	single (room) ['siŋgl]	Einzelzimmer

Dialog 2: I said that I needed some money.

Der Mann hat kein Kleingeld mehr fürs Telefon und versucht, es von Passanten zu bekommen.

Man:	*(To an old lady:)* Excuse me . . . Excuse me . . .
Old lady:	Yes?
Man:	Can you help me? I need a tenpenny piece.
Old lady:	Pardon?
Man:	For the telephone. I need a tenpenny piece for the telephone.
Old lady:	I'm sorry, young man. I can't hear you. You'll have to shout. What did you say?
Man:	*(To himself:)* Oh, no – not again. No-one can hear me today.
Old lady:	The way? Tell you the way?

Man: No, no, no, no. I didn't say that I wanted to know the way.
Old lady: Oh.
Man: I said that no-one could hear me today.
Old lady: Well, what do you want?
Man: I told you before.
Old lady: Yes, but I didn't hear you.
Man: I said that I needed some money.
Old lady: Money! Are you asking me for money? I'll call a policeman.
Man: No, no. I told you that I needed a tenpenny piece . . . for the telephone.
Old lady: Oh, a tenpenny piece. I see. Well, why didn't you ask before? Here you are. *(She gives him a 10p-piece.)*
Man: Oh, thank you.
(A few moments later. The man is speaking to the desk-clerk again.)
Man: Hallo? Victoria Hotel?
Desk-clerk: Yes. Can I help you?
Man: Yes. I phoned a few moments ago.
Desk-clerk: Ah, yes. You said that you wanted two rooms –
Man: Yes.
Desk-clerk: – for the 7th and 8th.
Man: Yes.
Desk-clerk: – and you said that you wanted one single and one double.
Man: Yes.
Desk-clerk: – and you said that you wanted rooms with bathrooms.
Man: Yes.
Desk-clerk: Well, I'm sorry. We're full up.
Man: Oh, no!

Wörter und Wendungen

a tenpenny piece [ə 'tenpeni 'pi:s]	ein Zehnpenny-Stück
I told you before [ai 'təuld ju bi'fɔ:]	ich habe es Ihnen bereits gesagt
we're full up [wiə 'ful 'ʌp]	wir (d. h. das Hotel) sind voll besetzt (*full up* ist etwas weniger förmlich als *full*)

Song: I said that I would come today.

Man:
I told her I was coming to see her,
I said that I would come today,
But I've been very busy and I couldn't go –
So I'll have to go another day.

Woman:
He told me he was coming to see me,
He said that he would come today,
He said that he would be here at ten o'clock,
But I've been waiting all day.

Man:
I told her I was coming to see her.

Woman:
He said that he would come today.

Man:
But I've been very busy, and I couldn't go.

Woman:
So *I hope he'll come* another day. — *ich hoffe, (daß) er kommt*

Übung

Hier sind einige der Antworten aufgeführt, die Ben Spencer, der Sänger, den Sie aus der Lektion 79 kennen, den Reportern gab:

a) *I'm not ill.* b) *I'm feeling much better.* c) *I don't have to take medicine any more.* d) *I can travel.* e) *I've made a new record.* f) *I'm going to New York.* g) *I'll be there for three weeks.* h) *I'm going to give some concerts.* i) *I like working in America.* k) *My socks are blue.*

Berichten Sie, was er sagte, nach dem Beispiel des ersten Satzes und verwenden Sie die angegebenen Satzanfänge:

a) Ben Spencer told the reporters (that) he wasn't ill.

b) He said . . . .

c) He also said . . . .

d) He told them . . . .

e) Then he said . . . .

f) He told them . . . .

g) He said . . . .

h) He also told them . . . .

i) He said . . . .

k) Finally he told them . . . .

LEKTION 92

We Asked Him Why He Was So Happy

Was wird gelernt?

He asked if / who / what / why . . .

Mary: Did you go to the interview?
John: Yes.

Mary: Bist du zum Interview gegangen?
John: Ja.

Mary: What did the manager ask you?
John: He asked me if I could speak Japanese.
Mary: Anything else?
John: Yes. He asked why I wanted the job. I said I wanted to visit Japan.
Mary: Did you get the job?
John: No.

Mary: Was hat dich der Geschäftsführer gefragt?
John: Er fragte mich, ob ich Japanisch sprechen kann.
Mary: Sonst noch etwas?
John: Ja. Er fragte mich, warum ich die Stelle will. Ich sagte, daß ich nach Japan gehen möchte.
Mary: Hast du die Stelle bekommen?
John: Nein.

So wird's verständlich:

In dieser Lektion geht es noch einmal um indirekte Aussagen und Fragen. Ganz besonders betrachten wir dabei die indirekte Rede nach einleitenden Wendungen in der Vergangenheit, wie z. B.:
She asked . . ., He wanted to know . . . usw.
Aus Lektion 89 und 90 erinnern Sie sich an einige Besonderheiten bei indirekten Fragen:

1. die Wortfolge ist verändert und
2. die indirekte Frage wird mit *if* eingeleitet, wenn die entsprechende direkte Frage nicht mit einem Fragewort *(who . . ., how . . ., why . . .* usw.) beginnt.

Aus Lektion 91 wissen Sie, daß sich die Zeitform der direkten Rede nach einer einleitenden Wendung in der Vergangenheit *(He told me . . ., She said . . .* usw.) in der indirekten Rede verändert. Das trifft natürlich auch nach *He asked . . ., She wanted to know . . .* usw., also in der indirekten Frage, zu.
So lauteten die direkten Fragen des Geschäftsführers an John:

Can you speak ***Japanese?***
Why do you want ***the job?***

Und so gab John die Frage an Mary weiter:

He asked (me) if **I could** *speak Japanese.*
He asked (me) why **I wanted** *the job.*

In diesen Sätzen ist *me* durchaus korrekt und gebräuchlich; man kann es aber auch fortlassen.

Dialog: Don't ask me!

George Harrison, der Geschäftsführer des Hotels in Lektion 89, ist gerade nach Hause gekommen, wo er sich mit Kathy, seiner Frau, unterhält:

George: Hallo, Kathy.
Kathy: Hallo, George. Have you had a good day?
George: Hmm?
Kathy: What kind of day have you had?

George: Don't ask me! *Don't* ask me! Don't ask me what kind of day I've had!

Kathy: Is something wrong?

George: Don't ask me! Don't ask me what kind of day I've had. Don't ask me!

Kathy: Oh, all right. I won't ask you.

George: *(Disappointed)* Oh, . . . well, actually, I've had a terrible day.

Kathy: Why?

George: I've got a new desk-clerk at the hotel. Arthur Jones. An idiot! A complete idiot!

Kathy: What's the matter with him?

George: He's an idiot! I came in –

Kathy: Yes.

George: – and he asked me how long I wanted to stay. Me!

Kathy: Did he?

George: Yes, . . . and then he asked me how much I wanted to pay.

Kathy: Really?

George: Yes, . . . and then –

Kathy: I know: he asked you what your name was.

George: Yes.

Kathy: He thought you were a customer.

George: Yes.

Kathy: Did you tell him?

George: Did I tell him what my name was? Of course I told him what my name was . . . and I told him I was the manager!

Kathy: Oh, yes.

George: Yes. He's a complete idiot!

Kathy: Well, it was his first day.

George: Yes. He said it was his first day . . . and I told him it was his last.

Kathy: Did he leave?

George: Yes.

Kathy: Didn't he want to stay?

George: What?

Kathy: Did he ask if he could stay?

George: No.

Kathy: Did he ask if you'd give him another job?

George: No. He said he didn't want to work in a hotel.

Kathy: Oh.

George: He said he'd join the Navy and find adventure. Join the Navy and find adventure! He's a complete idiot!

Wörter und Wendungen

have you had a good day? [həv ju 'hæd ə 'gud 'dei]	hast du einen schönen Tag gehabt?	disappointed [disə'pɔintid]	enttäuscht (In Wirklichkeit wollte George aber, daß Kathy ihn nach seinem Tagesablauf fragte, obwohl er „Frag nicht danach" sagte.)
hmm?	hm? (statt *pardon?* „wie bitte?")		
what kind of day have you had? ['wɔt 'kaind əv 'dei həv ju 'hæd]	wie war der Tag für dich?		
		actually ['æktʃuəli]	tatsächlich
		an idiot [ən 'idjət]	ein Idiot
		a complete idiot [ə kəm'pliːt 'idjət]	ein kompletter Idiot

Song: We asked him why he was so happy.

One day in the streets of the city,	
The *clouds* were covering the sky,	*Wolken*
We saw an old man *with a smile on his face,*	*mit einem Lächeln im Gesicht*
Who *whistled* as he walked by.	*pfiff*

We asked him why he was so happy,
And he asked us why we wanted to know,
We asked him to tell us the secret,
But he told us that he had to go.

We wondered if he had *a fortune*	*wir fragten uns*; *ein Vermögen*
We wondered if he smiled all day,	
But *we never found out* his secret:	*wir fanden . . . nie heraus*
He turned and walked away.	

Übung

Dies sind die Fragen, die der Reporter dem Star im Song der Lektion 89 stellte:

a) *What do you eat for breakfast?* b) *How old are you?* c) *Why do you never wear a tie?* d) *Who drives your car?* e) *Where's your house?* f) *Why are your socks red?* g) *What time do you get up in the morning?* h) *What time do you go to bed?*

Und hier sind zwei zusätzliche Fragen:
i) *Do you enjoy life?* k) *Are you happy?*
Stellen Sie sich vor, daß alle diese Fragen auf einer Pressekonferenz an den Star gestellt wurden. Berichten Sie, was gefragt wurde, nach dem Beispiel des ersten Satzes:

a) One reporter asked him what he ate for breakfast.

b) Another asked him ....

c) A third wanted to know ....

d) Someone asked ....

e) Everyone wanted to know ....

f) A T.V. reporter asked him ....

g) Someone asked ....

h) Someone wanted to know ....

i) Someone asked him ....

k) Everyone wondered ....

LEKTION 93

Will You Be Able to Come Tomorrow?

Was wird gelernt?

be able to . . .

Mary: John, I haven't finished at the office yet. I'll have to stay this evening.
John: What about the cinema?
Mary: Sorry – I won't be able to go this evening.
John: Oh.
Mary: Never mind. We'll be able to go another day.

Mary: John, ich bin noch nicht fertig im Büro. Ich muß heute abend hierbleiben.
John: Was wird aus dem Kino?
Mary: Tut mir leid – aber ich kann heute abend nicht weg.
John: Oh.
Mary: Macht nichts. Wir können an einem anderen Tag gehen.

So wird's verständlich:

In Lektion 68 und 69 haben Sie gesehen, daß das Zeitwort *must* (muß) in den Zeiten, für die es keine eigenen Formen bildet, durch *have to* (*had to* in der Vergangenheit, *will have to* in der Zukunft) ersetzt wird. Sie haben auch gesehen, wie die Alternativformen *have to* und *have got to* in der Gegenwart verwendet werden. Blättern Sie bitte noch einmal zurück, um Ihr Gedächtnis aufzufrischen.
Mit dem Zeitwort *can* (Vergangenheit: *could*) verhält es sich ähnlich, da es ebenfalls eine Ersatzform hat, und zwar *be able to*. Sie hat für *can* die gleiche Funktion wie *have to* für *must*.
Dabei ist folgendes zu beachten:

1. Die entsprechende Zeitform von *be able to* kann *can/could* in jeder Zeit ersetzen. So kann man zum Beispiel *I am able to swim* statt *I can swim* sagen. Der Stil wird aber dadurch förmlicher.

2. Die entsprechende Form von *be able to* muß aber verwendet werden bei Zeiten, für die *can* keine Formen besitzt, z. B. bei der Vollendung der Gegenwart:

> **He's always been able** *to sing very well.*
> Er hat schon immer gut singen können.

3. *was/were able to* muß statt *could* stehen, wenn von einer einmaligen, erfolgreich beendeten Tätigkeit die Rede ist. So sagte z. B. Mrs. Morgan im 2. Dialog:

> *Mr. Morgan* **was able to** *repair it immediately.*
> Mr. Morgan konnte es sofort reparieren.

(Sie haben in Lektion 72 gelernt, daß *could* eine Fähigkeit in der Vergangenheit ausdrückt: *When I was young, I could swim very well.*)

4. *will be able to* drückt klar aus, daß es sich um ein zukünftiges Ereignis handelt. In den Dialogen finden Sie mehrere Beispiele dafür, die mit *So* . . . oder *If* . . . beginnen.

Dialog 1: When will you be able to do it?

Mr. Frazer hat eine Reparaturwerkstatt. Eines Morgens kommt ein Kunde herein.

Customer: Good morning.
Mr. Frazer: Good morning, sir. Frazer's twenty-four hour garage at your service. Can I help you?
Customer: Yes. It's my car.
Mr. Frazer: What's the trouble, sir?
Customer: There's something wrong with my car.
Mr. Frazer: I see, sir. Well, Frazer's twenty-four hour garage is at your service.
Customer: So you'll be able to repair it.

Mr. Frazer: Oh, yes, sir. We can repair anything.
Customer: I must have it soon.
Mr. Frazer: Yes, sir.
Customer: When will you be able to do it?
Mr. Frazer: Name the day, sir. Name the day!
Customer: Friday?
Mr. Frazer: Ah. Friday.
Customer: Yes.
Mr. Frazer: Friday is a little difficult.
Customer: Oh.
Mr. Frazer: Yes. Friday is my wife's birthday. So I won't be able to do it on Friday.
Customer: I see. Well . . . Saturday?
Mr. Frazer: Saturday. Saturday is a little difficult, too.
Customer: Ah.

Mr. Frazer: Yes. I always go to a football match on Saturdays. So I won't be able to do it on Saturday.

Customer: Sunday?

Mr. Frazer: Sorry, sir. We're closed on Sundays. So –

Customer: – you won't be able to do it on Sunday.

Mr. Frazer: No, sir. I'm sorry.

Customer: Friday is your wife's birthday. On Saturdays you always go to a football match ... and you're closed on Sundays. When will you be able to do it?

Mr. Frazer: Next week, sir.

Customer: No, that's too late.

Mr. Frazer: Ah. Take this, sir.

Customer: What is it? A book?

Mr. Frazer: Yes. You read that.

Customer: "How to repair your car."

Mr. Frazer: It's only fifty pence, sir. If you read that, you'll be able to repair your car yourself.

Customer: No, I don't want to –
(The telephone rings.)

Mr. Frazer: Excuse me, sir. *(On the phone:)* Hallo. Frazer's twenty-four hour garage at your service ...

Wörter und Wendungen

twenty-four hour garage ['twenti-'fɔːr 'auə 'gæridʒ]	24Stunden-Reparaturwerkstatt (= durchgehend geöffnete Werkstatt. Beachten Sie, daß *hour* in der Einzahl steht und vergleichen Sie dazu „So wird's verständlich" in Lektion 18.)
at your service [ət jɔː 'səːvis]	zu Ihren Diensten
we can repair anything [wi kən ri'pɛə 'eniθiŋ]	wir können alles reparieren
name the day ['neim ðə 'dei]	bestimmen Sie den Tag
a football match [ə 'futbɔːl 'mætʃ]	ein Fußballspiel
you read that [ju 'riːd 'ðæt]	lesen Sie sich das durch (Diese Form mit *you* ist weniger schroff als die Befehlsform *Read that.*)

Dialog 2: He's always been able to repair things.

Der Kunde versucht es nun bei Morgan's, einer anderen Werkstatt.

Customer: Good morning.

Mrs. Morgan: Good morning, sir. Morgan's 24-hour garage at your service. Can I help you?

Customer: Yes. It's my car.

Mrs. Morgan: I see, sir. Well, Morgan's 24-hour garage is at your service.

Customer: Oh, good.

Mrs. Morgan: My husband – Mr. Morgan – is the best mechanic in London. He can repair anything.

Customer: So he'll be able to repair my car.

Mrs. Morgan: Oh, yes, he'll be able to repair it.

Customer: Good. I must –

Mrs. Morgan: Last week, someone brought a car into the garage. There was something *terrible* wrong with it.

Customer: I must –

Mrs. Morgan: Yes, something terrible. But my husband – Mr. Morgan – was able to repair it immediately. Immediately.

Customer: Oh. Now, I must –

Mrs. Morgan: He's always been a good mechanic . . . my husband, Mr. Morgan. He's always been able to repair things.

Customer: I –

Mrs. Morgan: Since he was a boy, he's been able to repair cars, televisions, washing-machines . . . anything. He's always been a good mechanic . . . my husband, Mr. Morgan.

Customer: Good. So he'll be able to repair my car.

Mrs. Morgan: Yes, sir.

Customer: When will he be able to do it?

Mrs. Morgan: Name the day, sir.

Customer: Friday.

Mrs. Morgan: Ah. Friday. Friday's a little difficult. Yes . . . Friday is my husband's birthday, so he won't be able to . . .

Wörter und Wendungen

mechanic [mi'kænik]	Mechaniker	there was something *terrible* wrong with it [ðɛə wəz 'sʌmθiŋ 'teribl 'rɔŋ wið it]	er (der Wagen) hatte einen furchtbaren Defekt
something terrible ['sʌmθiŋ 'teribl]	etwas Furchtbares	immediately [i'mi:djətli]	sofort

Song: Will you be able to come tomorrow?

Man:
You couldn't come to see me yesterday,
And you couldn't come *the day before*. — *am Tag zuvor*
Will you be able to come tomorrow?

Woman:
Yes, I'll be there at half past four.

Woman:
I couldn't come to see you yesterday,
And I couldn't come the day before,
But I'll be able to come tomorrow,
And I'll be there at half past four.

Man:
I'll be able to meet you at the station,
(I never work on Thursday afternoon),
I've got a lot of things that I want to say. — *ich habe dir eine Menge zu sagen*

Woman:
You'll be able to say them very soon.

Übungen

1. Bekräftigen Sie diese Behauptungen nach dem Beispiel des ersten Satzes. Verwenden Sie als Zeit die Vollendung der Gegenwart.

   a) Mr. Morgan is a very good mechanic.
   Yes, he's always been able to repair things. (repair things)

   b) Your sister sings very well.

   .... (sing)

   c) Jack learnt Spanish very quickly, didn't he?

   .... (learn languages)

   d) Brenda made a marvellous dinner last night.

   .... (cook)

   e) Nigel's new shop is doing very well.

   .... (make money)

2. Führen Sie diese Sätze weiter aus in Form von verneinenden Feststellungen. Verwenden Sie *be able to* in der Zukunft.

   a) We're closed on Sundays.
   So you won't be able to repair my car. (you/repair my car)

   b) They've cancelled the concert.

   .... (we / see Ben Spencer)

   c) I haven't got any money with me.

   .... (you / pay the bill)

   d) The boss has got to go to Madrid tomorrow.

   .... (he / see Mr. Jones)

e) There were only two tickets left.

. . . . (Fred / come with us)

f) I can't find the lawn-mower.

. . . . (you / cut the grass)

Üben Sie das Ganze mit einem Partner.

LEKTION 94

You Needn't Be Rich

Was wird gelernt?

needn't / mustn't

Mary: Hurry up, John!	*Mary:* Beeil dich, John!
John: We needn't hurry. We've got plenty of time.	*John:* Wir brauchen uns nicht zu beeilen. Wir haben genug Zeit.
Mary: But the film starts at eight. Shall I call a taxi?	*Mary:* Aber der Film fängt um acht Uhr an. Soll ich ein Taxi anrufen?
John: No. We needn't take a taxi. We've got plenty of time.	*John:* Nein. Wir brauchen kein Taxi zu nehmen. Wir haben genügend Zeit.

So wird's verständlich:

In Lektion 68 haben Sie gesehen, daß die Verneinung von *must* zwar, wie zu erwarten, *mustn't* heißt, was aber „darf(st) nicht" bedeutet. Der Arzt sagte zu Albert:

You **must** *stay in bed.*	Sie müssen im Bett bleiben.
You **mustn't (must not)** *smoke.*	Sie **dürfen nicht** rauchen.

In diesen Beispielen drückt *must* also einen Befehl und die Verneinung *mustn't* ein Verbot aus.
Es gibt aber auch Fälle, in denen die Verneinung von *must* kein Verbot ist. Stellen Sie sich z. B. vor, daß Albert jetzt nicht mehr krank ist und der Arzt ihm sagen möchte, daß es nicht mehr nötig ist, noch im Bett zu bleiben. In diesem Fall würde er nicht *mustn't* sagen, sondern:

> *You* **needn't (need not)** *stay in bed.*
> Sie **brauchen nicht** im Bett zu bleiben.

(Würde der Arzt sagen *You mustn't stay in bed,* dann wäre das ein Befehl an Albert, unbedingt aufzustehen: „Sie dürfen nicht im Bett bleiben.")
Also verwendet man *needn't (need not),* um auszudrücken „es ist nicht nötig . . .", „(man) braucht nicht . . .". Es folgen einige weitere Beispiele:

We're early. We **needn't** *hurry.*	Wir brauchen uns nicht zu beeilen.
I can hear you. You **needn't** *shout.*	Du brauchst nicht zu schreien.
I've spoken to him. You **needn't** *phone him.*	Du brauchst ihn nicht anzurufen.

Achten Sie darauf, den Gebrauch der beiden Wörter gut auseinanderzuhalten! *Needn't* heißt: „es ist nicht nötig", „(man) braucht nicht" – *mustn't* heißt: „es ist verboten", „(man) darf nicht".

Dialog 1: You mustn't worry.

Mr. Mason hat in der letzten Zeit furchtbare Träume gehabt und will jetzt mit einem Arzt darüber sprechen.

Doctor: Next!
(Mr. Mason comes in.)
Mr. Mason: Good morning, doctor.
Doctor: Good morning, Mr. . . . Mason?
Mr. Mason: Yes. Yes, that's right.
Doctor: Sit down, Mr. Mason. What's the trouble?
Mr. Mason: Well, doctor, I think I'm going crazy.
Doctor: Yes, . . .
Mr. Mason: I've been having terrible dreams.
Doctor: Dreams, yes . . .
Mr. Mason: I've been dreaming about elephants every night.
Doctor: Elephants, yes . . .
Mr. Mason: It's terrible.

Doctor: Have you been working hard?

Mr. Mason: Yes. Yes, I have. Very hard.

Doctor: Well, you *mustn't* worry.

Mr. Mason: Do you think I should stop working?

Doctor: Stop working?

Mr. Mason: Yes – leave my job. Should I leave my job?

Doctor: Oh, no, you needn't leave your job. But you mustn't work so hard.

Mr. Mason: Oh. Oh, I see.

Doctor: Do you smoke?

Mr. Mason: Yes, I smoke all the time. Fifty a day. Should I stop?

Doctor: No, no, no. You needn't stop completely – but you mustn't smoke so many.

Mr. Mason: I see. Should I go into hospital?

Doctor: Hospital! Hospital! No, no, no, no, no. You needn't go into hospital – but you mustn't smoke, and you mustn't go to bed so late.

Mr. Mason: But what about the elephants, doctor?

Doctor: The elephants?

Mr. Mason: In my dreams.

Doctor: Oh, you needn't worry about the elephants. A lot of people have the same problems.

Mr. Mason: Oh.

Doctor: You *mustn't* worry about it.

Mr. Mason: All right.

Doctor: I have the same problem myself.

Mr. Mason: Elephants?

Doctor: No. Parrots. I dream about parrots. Yes, parrots . . .

Wörter und Wendungen

crazy ['kreizi]	verrückt	completely [kəm'pli:tli]	völlig, ganz und gar
I'm going crazy [aim 'gəuiŋ 'kreizi]	ich werde verrückt	problem ['prɔbləm]	Problem
dream [dri:m]	träumen; Traum		

the same problem [ðə 'seim 'prɔbləm]	dasselbe Problem
myself [mai'self]	(ich) selbst
you mustn't worry / you needn't worry [ju 'mʌsnt 'wʌri/ju 'ni:dnt 'wʌri]	(Wenn der Arzt rein sachlich spricht, sagt er: *you needn't worry* „Sie brauchen sich keine Sorgen zu machen"; wenn er Mr. Mason beruhigen will, wählt er die stärkere Form: *you mustn't worry* „Sie dürfen sich keine Sorgen machen", was fast einem Befehl gleichkommt.)

Dialog 2: You needn't worry about it.

Der Arzt spricht immer noch mit Mr. Mason.

Doctor: Yes, parrots. Every night. The same dream.
Mr. Mason: Really?
Doctor: Yes. I used to worry about it. But then I thought: "A lot of people have the same problem."
Mr. Mason: So you needn't worry about it.
Doctor: That's right. You needn't worry about it.
Mr. Mason: I see.
Doctor: – and *you* needn't worry about *your* dreams.
Mr. Mason: Oh. Oh, good.
Doctor: Yes.
Mr. Mason: Good.
Doctor: Yes . . . um . . .
Mr. Mason: Well, goodbye, doctor.
Doctor: Goodbye, Mr. Mason . . . Er, Mr. Mason?
Mr. Mason: Yes?
Doctor: Do you think it's strange?
Mr. Mason: Strange?
Doctor: Dreaming about parrots.
Mr. Mason: Well . . . no . . . You said that a lot of people had the same problem.
Doctor: Yes –
Mr. Mason: So you needn't worry.

Doctor: No. No. Right – goodbye, Mr. Mason.
Mr. Mason: Goodbye, doctor, and thank you.
Doctor: Oh, yes. All right.
Mr. Mason: Goodbye.
Doctor: Um . . . Mr. Mason, you're sure it isn't strange?
Mr. Mason: The parrots?
Doctor: Yes. You don't think it's strange?
Mr. Mason: No, no. You mustn't worry.
Doctor: Of course, of course.
Mr. Mason: Goodbye, doctor.
Doctor: Um . . . Mr. Mason –
Mr. Mason: Yes?
Doctor: Do you think I should see a doctor?

Wörter und Wendungen

strange [streindʒ]	seltsam, sonderbar
you're sure it isn't strange [juə 'ʃuə it 'iznt 'streindʒ]	sind Sie auch ganz sicher, daß es nicht sonderbar ist?

Song: You needn't be rich.

If you want people to be happy around you,	
And if you want to be happy *all the time,*	*immer*
You needn't have a fortune,	
You needn't have a pound.	
But you must *wear a smile*	*lächeln* (gehoben für *smile*)
And you mustn't *wear a frown.*	*finster blicken*

People will be happy *all around you,*	*um Sie herum*
And you will be happy too.	
You needn't be rich,	
You needn't be famous,	
But you've got to smile at people,	
If you want them to smile at you.	

Übungen

1. Vervollständigen Sie die Sätze mit dem gegebenen Wortmaterial:

   go to bed early, wear a coat, wash the car, take an umbrella, drink any more medicine, take the car.

   a) It's very warm, so you needn't wear a coat.

   b) Oh, good, it's raining! So I . . . .

   c) It's only a five minute walk, so we . . . .

   d) Albert is better now, Mrs. Smart, so you can tell him he

   . . . .

   e) It's a holiday tomorrow, so the children . . . .

   f) It's not going to rain today, so you . . . .

2. Fügen Sie nach Ihrem Ermessen *mustn't* oder *needn't* ein, ohne sich die Dialoge noch einmal anzusehen.

   Now listen, Mr. Mason. You're not very well. You (a) . . . . . leave your job, but you (b) . . . . . work so hard. Do you understand? Also, you smoke too much. Now – you (c) . . . . . stop smoking completely, but you (d) . . . . . smoke so many cigarettes, O.K.? At the moment, you (e) . . . . . go into hospital, but you (f) . . . . . work so hard, and you (g) . . . . . go to bed so late. And finally – your dreams. Now listen carefully, Mr. Mason: this is very important

– you (h) . . . . . worry about these dreams. A lot of people have the same problem. It isn't serious, so you (i) . . . . . worry about it. Well, goodbye, Mr. Mason. You (k) . . . . . come to see me again. Don't work so hard, don't smoke so much, and you'll be fine.

LEKTION 95

We'll Be Walking by the River

Was wird gelernt?

What will you be doing? I'll be -ing

Mary:	Shall I come to see you this evening, John?	*Mary:*	Soll ich dich heute abend besuchen, John?
John:	What time?	*John:*	Um welche Zeit?
Mary:	About 8.30?	*Mary:*	Gegen halb neun?
John:	O.K. I'll be practising the guitar. I always practise from 8.00 till 9.00.	*John:*	Gut. Ich werde dann gerade Gitarre üben. Ich übe immer von acht bis neun.
Mary:	Oh, I see. You'll be practising till nine. I'll come at 9.15.	*Mary:*	Ach so. Du übst bis neun. Ich werde um viertel nach neun kommen.
John:	Why?	*John:*	Warum?

So wird's verständlich:

Sie haben bisher verschiedene Möglichkeiten kennengelernt, Gegenwart, Vergangenheit und Zukunft zu bilden. (Sehen Sie sich noch einmal die Zusammenfassung aller bisher gelernten Zeitformen in Lektion 85 an.) In dieser Lektion werden Sie eine weitere Zeitform kennenlernen – eine andere Art, zukünftiges Geschehen auszudrücken.

Diese neue Zeitform setzt sich zusammen aus *will be* (das, wie Sie wissen, im gesprochenen Englisch zu *'ll be* verkürzt wird) und der *-ing*-Form des Zeitworts. Man nennt diese Zeitform „Verlaufsform der Zukunft"; sie wird für ein Geschehen verwendet, das in der Zukunft ablaufen wird. Im obigen Dialog sagte John: *I'll be practising the guitar (at nine o'clock):* Um neun Uhr wird er gerade Gitarre üben, d. h., er wird mitten drin sein in der Tätigkeit des Gitarreübens.

Es folgen einige weitere Beispiele zu dem, was Susan an diesem Abend tun wird:

6.00 – 7.00	*driving home*
7.00 – 8.00	*having dinner.*
8.00 – 9.00	*watching T.V.*

Also kann man z. B. sagen:

What **will she be doing** *at 7.30?* – **She'll be having** *dinner.*
What **will she be doing** *at 8.15?* – **She'll be watching** *T.V.*
She'll be driving *home from 6.00 till 7.00.*

Wie Sie sehen, werden Fragen auf die übliche Art durch Umkehrung der Wortfolge gebildet. Verneinungen bildet man durch *will not*, im gesprochenen Englisch zu *won't* verkürzt.

Dialog 1: We'll be flying across the sky.

Alice und Geoffrey wollen in Urlaub fahren. Geoffrey ist nicht besonders begeistert von dieser Idee, aber Alice freut sich sehr darauf. Im Moment erfährt sie gerade telefonisch die letzten Einzelheiten vom Reisebüro.

Alice: *(On the phone:)* . . . leaving at half past three. Yes. Arriving at half past five. Yes. The Hotel Splendid. Yes. Thank you.

Goodbye. *(She puts the phone down.)*
(To Geoffrey:) That was "Sunshine Tours".

Geoffrey: Oh.

Alice: I've booked everything . . . for the holiday.

Geoffrey: *(Not really interested:)* Oh good.

Alice: What's the matter?

Geoffrey: I don't like holidays. You travel miles, you eat strange food, and you spend a lot of money.

Alice: No, this is going to be a *good* holiday. Think about it: this time tomorrow, we'll be in a taxi –

Geoffrey: A taxi!

Alice: – and we'll be going to the airport.

Geoffrey: We'll probably be going to the station. Taxis are terrible these days.

Alice: No, we'll be going to the airport . . . and at half past three, we'll be getting onto the plane –

Geoffrey: We'll probably be waiting at the airport. Planes are always late.

Alice: – and a few minutes later, we'll be flying across the sky.

Geoffrey: Feeling ill.

Alice: We won't be feeling ill. We'll be flying across the sky . . . and at half past five, we'll be landing in Morocco –

Geoffrey: – and at half past six, we'll be trying to find our cases.

Alice: Geoffrey! Then, a few minutes later, we'll be arriving at our hotel.

Geoffrey: – or we'll be trying to find our hotel.

Alice: No, we'll be arriving at our hotel. The Hotel Splendid, a beautiful, modern luxury hotel.

Geoffrey: And I'll be feeling ill after the flight –

Alice: – and later we'll be eating in a little restaurant –

Geoffrey: And I'll be feeling ill, because of the food –

Alice: – and at midnight, we'll be looking up at the stars –

Geoffrey: And I'll be feeling ill.

Alice: Geoffrey!

Wörter und Wendungen

not really interested [nɔt 'riəli 'intristid]	ohne echtes Interesse
this time tomorrow ['ðis 'taim tə'mɔrəu]	morgen um diese Zeit
probably ['prɔbəbli]	wahrscheinlich
feel ill ['fi:l 'il]	sich krank *od.* schlecht fühlen
luxury hotel ['lʌkʃəri həu'tel]	Luxushotel
because of the food [bi'kɔz əv ðə 'fu:d]	wegen des Essens

Dialog 2: What will you be doing?

Alice und Geoffrey sprechen immer noch über den Urlaub.

Alice: You needn't come, if you don't want to. You can stay here.

Geoffrey: All right. I'll stay here.

Alice: You want to spend your holiday here? At home?

Geoffrey: Yes. In the garden.

Alice: All right. On Tuesday afternoon, I'll be lying on the beach. What will you be doing?

Geoffrey: I'll be sitting in the garden.

Alice: Sitting in the garden.

Geoffrey: Yes ... and you'll be lying on the beach.

Alice: Yes. In the sun.

Geoffrey: In the rain.

Alice: No, it won't be raining. I'll be lying on the beach, and I'll be enjoying the sun.

Geoffrey: It'll probably be raining.

Alice: No, it won't ... and in the evening, I'll be eating in a little restaurant, under the stars. I'll be listening to beautiful music, I'll be looking at the sea, and I'll – *(The phone rings. Alice answers it.)* Chelchester 6098 ... Yes ... Yes ... Oh, I see ... All right ... Goodbye. *(She puts the phone down.)* *(To Geoffrey:)* That was "Sunshine Tours" ... about the holiday ...

Geoffrey: Oh, yes?

Alice: Yes ... about the Hotel Splendid.

Geoffrey: That beautiful, modern luxury hotel?

Alice: Yes.

Geoffrey: What's the matter with it?

Alice: It's fallen down.

Wörter und Wendungen

enjoy [in'dʒɔi]	genießen
I'll be enjoying the sun [ail bi in'dʒɔiiŋ ðə 'sʌn]	ich werde die Sonne genießen
it's fallen down [its 'fɔːlən 'daun]	(= *it has fallen down*) es ist eingestürzt

Song: We'll be walking by the river.

I'm working in my office in the city,
I'm thinking of the letters that I've got to write.
It's *the middle of June,* — *Mitte Juni*
And it's Tuesday afternoon,
And I'm waiting for Friday night.

(Chorus:)

We'll be in the country on Saturday and Sunday,
We'll be walking by the river,
We'll be looking at the trees,
We won't be in the city and we won't be working,
We'll be breathing the air,
And we'll be feeling the breeze.

I'm working in my office in the city,
I'm looking through the window at the summer sun,
It's the middle of June,
And it's Tuesday afternoon,
And *I'm waiting for the weekend to come.* — *ich warte, daß es Wochenende wird*

(Chorus)

Übungen

1. Begründen Sie, warum Sie die Einladungen nicht annehmen können, wie im Beispiel gezeigt:

   a) Do you want to come to tea this afternoon?
   No, sorry, I'll be cleaning the car. (clean the car)
   b) Would you like to have lunch with us tomorrow, Neil?

   .... (work on my invention)

c) Can you come to dinner with us tomorrow?

. . . . (work late)

d) Will you be able to spend the weekend with us?

. . . . (study)

e) How about coming to a football match on Saturday?

. . . . (paint the kitchen)

Üben Sie dasselbe mit einem Partner.

2. Versuchen Sie sich zu erinnern, was Geoffrey auf folgende Sätze von Alice geantwortet hat, ohne daß Sie sich Dialog 1 noch einmal ansehen:

a) This time tomorrow, we'll be going to the airport.
b) At half past three, we'll be getting onto the plane.
c) A few minutes later, we'll be flying across the sky.
d) At half past five, we'll be landing in Morocco.
e) A few minutes later, we'll be arriving at our hotel.

Übernehmen Sie mit einem Partner die Rollen von Geoffrey und Alice und üben Sie die obigen Sätze mit den entsprechenden Antworten.

3. Beantworten Sie folgende Fragen:

What will you be doing –
a) at 7.00 tomorrow morning?
b) at noon tomorrow?
c) this time next week?
d) next Wednesday evening?
e) this time next year?

LEKTION 96

If I Knew Your Address, I'd Write You a Letter

Was wird gelernt?

If I had / could / knew . . .

Policeman:	I'd like to know where Jack Brown lives, sir.	*Polizist:*	Ich möchte gern wissen, wo Jack Brown wohnt, mein Herr.
John:	I don't know Jack Brown. If I knew him, I'd give you his address – and if I had his phone-number, I'd tell you.	*John:*	Ich kenne Jack Brown nicht. Wenn ich ihn kennen würde, gäbe ich Ihnen seine Adresse – und wenn ich seine Telefonnummer hätte, würde ich Sie Ihnen sagen.
Policeman:	But you haven't got his phone-number.	*Polizist:*	Aber sie haben seine Telefonnummer nicht.
John:	No, I haven't got it!	*John:*	Nein, ich habe sie nicht!

So wird's verständlich:

In Lektion 74 haben Sie eine Form des Bedingungssatzes kennengelernt, die mit *if* (falls, wenn) beginnt. Dort bezog sich die Aussage auf die Zukunft, und ein Geschehen wurde als nahezu sichere Folge eines anderen dargestellt, z. B.: *If you smoke too much, you'll get ill.* (Sehen Sie sich Lektion 74 noch einmal an, um Ihr Gedächtnis aufzufrischen.)

In dieser Lektion lernen Sie eine andere Art des Bedingungssatzes mit *if* kennen. Hier bezieht sich die Aussage auf die Gegenwart, und es wird ausgedrückt, was geschehen würde oder was jemand tun würde, wenn die Dinge anders wären, als sie in Wirklichkeit sind. Sehen Sie sich die Beispiele aus dem obigen Dialog noch einmal an:

Dies sind die Tatsachen:	Aber wenn es anders wäre . . .
John **doesn't know** *Jack Brown.*	**If he knew** *him,* **he'd give** *the policeman his address.*
John **hasn't got** *his number.*	**If he had** *his number,* **he'd tell** *the policeman.*

Beachten Sie, daß das Zeitwort hinter *if* in der Vergangenheitsform steht, obwohl sich die Aussage auf die Gegenwart bezieht. Es heißt *If I* **knew** . . ., *If he* **had** . . ., *If we* **could** . . . usw. Der zweite Teil des Satzes wird mit *would* gebildet (im gesprochenen Englisch zu *'d* verkürzt) und drückt aus, was geschehen würde oder was jemand tun würde.

Hier sind einige weitere Beispiele:

If I could *drive,* **I'd** *become a chauffeur.*
(Tatsache: *I can't drive.*)
If I had *£50,* **I'd** *buy a new suit.*
(Tatsache: *I haven't got £50.*)
If I knew *your address,* **I'd** *write you a letter.*
(Tatsache: *I don't know your address.*)

Dialog 1: If I had my key, I could get in.

Ein Mann steht vor einem Haus und sieht es sich sehr eingehend an. Er ist ein Einbrecher.

Man: *(To himself:)* Yes . . . very nice house . . . nobody at home. Right. *(He tries to open the door. A policeman arrives.)*
Policeman: Good evening, sir.
Man: Good evening, officer.
Policeman: Is anything the matter?

Man:	Er . . . yes. I can't get in. I've lost my key. If I had my key, I could get in –
Policeman:	I see, sir.
Man:	I must get in, officer. There's a very good film on television.
Policeman:	Really, sir.
Man:	Yes, a police film. I love police films.
Policeman:	*(Flattered.)* Oh. Oh, do you?
Man:	You see . . . if I had my key, I could get in, but –
Policeman:	– you haven't got it. Hmm. Why don't you break a window? It *is* your house, isn't it?
Man:	Oh. Oh yes, yes.
Policeman:	Well, why don't you break a window?
Man:	Ah, well, I haven't got a brick . . . or a hammer. If I had a brick or a hammer, I'd break a window immediately.

Policeman: Ah, look! There's an open window on the first floor. Why don't you climb up?

Man: Oh, I can't climb up *there*. If I could, I'd climb up immediately.

Policeman: I see, sir. Would you like me to help?

Man: You! How?

Policeman: I'll climb up and get through the window. Then I'll be able to open the door for you.

Man: Oh, thank you very much.

Policeman: It's a pleasure, sir. Up we go! *(He climbs up.)*

Man: Thank you very much, officer.

Policeman: *(From the window:)* It's a pleasure, sir. I'll go down and open the door for you.

Wörter und Wendungen

very nice house... ['veri 'nais 'haus]	nicht übel, das Haus (Beachten Sie, daß der Mann in seinem Selbstgespräch verschiedene kleine Wörter ausläßt, Artikel z. B. Vollständig müßte es heißen: *Yes. This is a very nice house. There's nobody at home.*)
is anything the matter? [iz 'eniθiŋ ðə 'mætə]	stimmt etwas nicht? ist etwas nicht in Ordnung?
I could get in [ai 'kud get 'in]	(Beachten Sie, daß der Einbrecher im zweiten Teil des Satzes hier *could* verwendet. Er sagt nicht, was bestimmt passieren würde, sondern was er tun könnte, was möglich wäre.)
flattered ['flætəd]	geschmeichelt
climb up ['klaim 'ʌp]	hinaufklettern
get through the window ['get θru: ðə 'windəu]	durch das Fenster hineinkommen
up we go! ['ʌp wi 'gəu]	auf geht's! (Ausruf, wenn man etwas hochhebt, wenn man hochklettert, die Treppen hinaufgeht usw. Vgl. auch Lektion 60, Dialog 2.)

Dialog 2: If I had a watch, I wouldn't need the clock.

Etwas später verläßt der Einbrecher das Haus.

Man: *(To himself:)* Hmm. A clock and a television set. Very nice. *(The policeman has come back.)*
Policeman: Good evening again, sir. That was a very short film.
Man: Film? Oh. Oh, yes. Yes, it was.
Policeman: Are you going out, sir?
Man: Er . . . yes . . . I'm going on holiday.
Policeman: On holiday?
Man: Yes – to Brighton. If I had a lot of money, I'd go to France, but –
Policeman: – you haven't got a lot of money. I see, sir. What's that?
Man: This?
Policeman: Yes.
Man: Er . . . it's a sack.
Policeman: A sack? Do you usually go on holiday with a sack? Haven't you got a suitcase?
Man: No. No. If I had a suitcase, I'd use it. But –
Policeman: I see, sir.
Man: Well, goodbye, officer. I –
Policeman: What's *in* the sack, sir?
Man: I'm sorry, officer. I haven't got time to talk. If I had time, I'd love to stay, but –
Policeman: What's this? A clock?
Man: Er . . . yes, yes. I haven't got a watch, so I'm taking the clock with me. If I had a watch, I wouldn't take the clock, but –
Policeman: And a television set.
Man: Yes.
Policeman: Do you always go on holiday with a television set?
Man: Yes, yes. I haven't been well, and my doctor told me not to stay in the sun. So I can't go to the beach. That's why I'm taking the television. If I could go to the beach. I wouldn't need it.

Policeman: So this is your clock, this is your television, and this is your house.
Man: Yes. If it wasn't my house, I wouldn't –
Policeman: I don't think this *is* your house, sir.
Man: Yes, it is.
Policeman: I don't think you live here.
Man: Why not?
Policeman: I know who lives here.
Man: Who?
Policeman: Me.
Man: Oh.
Policeman: Come along, sir.

Wörter und Wendungen

sack [sæk]	Sack
suitcase ['sju:tkeis]	Koffer
I haven't got time to talk [ai 'hævnt gɔt 'taim tə 'tɔ:k]	ich habe keine Zeit für eine Unterhaltung
come along ['kʌm ə'lɔŋ]	kommen Sie mit! (Vgl. „Wörter und Wendungen" in Lektion 70, Dialog 2.)

Song: If I knew your address, I'd write you a letter.

(Chorus:)

If I knew your address, I'd write you a letter,
And if I knew your number, I would phone,
If I had some money, I'd leave here today,
If I could find the way, I'd come home.

I can't fly across the sky,
But *it's what I want to do,* — *das ist, was ich am liebsten tun würde*
If I could fly,
I'd fly back home to you.

(Chorus:)

I don't know where you live,
In the country or the town,
But if I knew,
I'd come to you right now.

Übungen

1. Geben Sie an, welche Tatsachen Sie aus den folgenden Sätzen schließen können, wie im Beispiel gezeigt:

   a) If Mike could find the way, he'd go home.
   (Tatsache:) Mike can't find the way.
   b) We could have lunch at a restaurant, if we had some money.

   . . . .

   c) If you knew Susan, you'd like her.

   . . . .

   d) If Albert could drive, I'd give him the job.

   . . . .

   e) Would he love her, if she didn't have a lot of money?

   . . . .

   f) If the police knew where Jack Brown was, they would catch him.

   . . . .

2. Formulieren Sie die Sätze um, wobei der Sinn erhalten bleiben soll, wie im Beispiel gezeigt:

   a) I haven't got a watch, so I can't tell you the time.
   If I had a watch, I could tell you the time.

b) We don't know your number, so we can't phone you.

. . . .

c) He can't interview people, so he can't become a detective.

. . . .

d) I haven't got my key, so I can't get in.

. . . .

3. Beantworten Sie die folgenden Fragen:

a) What would you do, if you had a million pounds?
b) If you could go anywhere in the world, where would you go?
c) If you knew where Jack Brown was, would you tell the police?
d) Would you be happy if you could fly like a bird?

LEKTION 97

You Needn't Come, if You Don't Want to

Was wird gelernt?

Wiederholung der Hilfszeitwörter

Mary: John, are you all right?	*Mary:* John, fühlst du dich wohl?
John: No, I feel terrible.	*John:* Nein, ich fühle mich furchtbar.
Mary: You shouldn't go to work, if you don't feel well.	*Mary:* Du solltest nicht arbeiten, wenn du dich nicht wohlfühlst.

John: I've got to go.	*John:* Ich muß gehen.
Mary: Would you like me to call a taxi?	*Mary:* Soll ich ein Taxi anrufen?
John: No, you needn't do that. I'll be able to find one in the High Street.	*John:* Nein, das brauchst du nicht. Ich werde in der Hauptstraße eins finden können.

So wird's verständlich:

In dieser Lektion sollen die verschiedenen Hilfszeitwörter wiederholt werden, die Sie in früheren Lektionen kennengelernt haben und die dazu dienen, Verpflichtungen, Fähigkeiten, Ratschläge und Bitten auszudrücken.

Die Hilfszeitwörter sind folgende:

1. *must/mustn't*; für die Gegenwartsform die anderen Möglichkeiten: *have/has to* und *have/has got to*; und die Zeitformen, die *must* in den Vergangenheits- und Zukunftsformen ersetzen: *had to* und *will have to* (vgl. Lektion 68, 69).
2. *mustn't/needn't* (vgl. Lektion 94).
3. *should/shouldn't* (vgl. Lektion 86).
4. *be able to* als Ersatz für Zeitformen, in denen *can* nicht verwendet werden kann (vgl. Lektion 93).
5. *would like to* (vgl. Lektion 77).

Dialog: I've got to go to Madrid on business.

Nigel kommt gerade nach Hause. Seine Frau Barbara hört ihn hereinkommen.

Barbara: *(Calling:)* Is that you, Nigel?
(Nigel comes into the room.)
Nigel: Yes, Barbara. I've got to go to Madrid.
Barbara: Madrid?
Nigel: Yes. It's in Spain.

Barbara: I know it's in Spain.

Nigel: I've got to go to Madrid on business. I've got to go today . . . on important business.

Barbara: It'll be sunny in Madrid, won't it?

Nigel: Yes.

Barbara: And warm . . . warmer than here.

Nigel: Yes.

Barbara: Much warmer.

Nigel: O.K., O.K., would you like to come, too?

Barbara: Oh, what a good idea! Yes. Yes . . . and I think I *should* come.

Nigel: Why?

Barbara: I'll be able to give you a hand.

Nigel: Give me a hand?

Barbara: Yes. You don't speak Spanish.

Nigel: That's true.

Barbara: So if I come, I'll be able to help you.

Nigel: Yes. O.K. Well, if you want to come, you must pack right away . . . and you needn't pack a lot. We'll only be away for a week.

Barbara: O.K. Would you like me to pack your camera?

Nigel: I won't be able to take photographs. I'll have to work. I'm going on business.

Barbara: Oh . . . well. I must take *my* camera . . . and I mustn't forget my sunglasses.

Nigel: It's not a holiday, you know. I'll have to work.
Barbara: Yes, Nigel. Now – camera, sunglasses, passport, phrasebook . . .
Nigel: Phrasebook? Just a minute, Barbara –
Barbara: Yes?
Nigel: You're coming to Spain, so that you can help me –
Barbara: Yes.
Nigel: – because I don't speak Spanish.
Barbara: Yes.
Nigel: But *you* don't speak Spanish either.

Wörter und Wendungen

on business [ɔn 'biznis]	geschäftlich
what a good idea! ['wɔt ə 'gud ai'diə]	was für eine gute Idee!
rightaway ['raitəwei]	sofort
away [ə'wei]	fort (hier kurz für *away from home:* von zu Hause fort)
camera ['kæmərə]	Fotoapparat
take photographs ['teik 'fəutəgrɑ:fs]	fotografieren
sunglasses ['sʌnglɑ:siz]	Sonnenbrille
phrasebook ['freizbuk]	Buch mit Redewendungen
you don't speak Spanish either ['ju: dəunt spi:k 'spæniʃ 'aiðə]	du sprichst auch kein Spanisch

Song: You needn't come, if you don't want to.

I've got to go to *Athens* on business, *Athen*
I'll be gone for a day or two,
I've got to leave today –
Do you want to stay?
Or would you like to come too?

(Chorus:)

You needn't come, if you don't want to,
If you'd like to stay at home, you can stay,

You needn't come, (but you can if you want to),
And if you want to come,
You must pack rightaway.

You needn't put a lot in your cases,
We'll only be away for a week,
But you mustn't forget your passport
and your camera,
And a phrasebook in English and *Greek*. *griechisch*

(Chorus)

Übungen

1. Fügen Sie die passenden Hilfszeitwörter ein, ohne sich den Dialog noch einmal anzusehen.

   Nigel (a) . . . . . go to Madrid on business, and he (b) . . . . . leave today. Barbara (c) . . . . . go with him. She thinks she (d) . . . . . go, because she (e) . . . . . give him a hand. They'll only be away for a week, so they (f) . . . . . pack a lot. Nigel (g) . . . . . take photos, because he (h) . . . . . work. Barbara thinks it's going to be a holiday.

2. Vervollständigen Sie mit den gegebenen Satzteilen die Unterhaltung am Telefon.

A	B
go to the theatre?	*work late*
have dinner with me?	*visit Uncle Jim*
come and see my Japanese books?	*wash my hair*

Fred: Would you like to (A) . . . . ?

Jill: I'd love to, but I can't. I've got to (B) . . . .

Fred: But you had to (B) . . . . last night too.
Jill: Yes. It's terrible, isn't it?
Fred: So I won't be able to see you again. I've got to go to Tokyo tomorrow – on business.
Jill: Bye!

LEKTION 98

He Looks like a Clown, She Looks like a Queen

Was wird gelernt?

It looks / feels / smells / sounds like . . .

John: Do you like this picture? I painted it this morning.	*John:* Gefällt dir dieses Bild? Ich habe es heute morgen gemalt.
Mary: Yes, it looks very nice on that wall. What is it? A cake on a plate?	*Mary:* Ja, es macht sich sehr gut an der Wand dort. Was stellt es dar? Einen Kuchen auf einem Teller?
John: No, it's a cloud in the sky!	*John:* Nein, es ist eine Wolke am Himmel!
Mary: Oh, sorry. It looks like a cake on a plate.	*Mary:* Oh, entschuldige. Es sieht aus wie ein Kuchen auf einem Teller.

So wird's verständlich:

In dieser Lektion sollen die vier Zeitwörter *look, feel, smell* und *sound* behandelt werden, die die Erscheinungsform von Gegenständen beschreiben: wie sie aussehen *(look)*, wie sie sich anfühlen *(feel)*, wie sie riechen *(smell)* und wie sie sich anhören *(sound)*. In früheren Lektionen sind Ihnen schon einige Beispiele dafür begegnet:

> *It looks like a lawn-mower.* (55)
> *It sounds terrible.* (68)
> *That looks very good.* (76)

Es gibt zwei Möglichkeiten, diese Zeitwörter zu verwenden:

1. Auf das Zeitwort folgt ein Eigenschaftswort (wie in den obigen Beispielen aus Lektion 68 und 76).
   Hier sind einige weitere Beispiele:

> *That soup* **looks** *delicious . . . and it* **smells** *delicious too.*
> *This jacket* **feels** *very comfortable.*
> *John's playing the guitar again: it* **sounds** *terrible.*

2. Auf das Zeitwort folgt *like*. . . (wie im obigen Beispiel aus Lektion 55). Dazu einige weitere Beispiele:

> *That man* **looks like** *my doctor.*
> *What's that? It* **smells like** *Bernard's soup.*
> *What's that in your pocket? It* **feels like** *a brick.*
> *I like that music – it* **sounds like** *Beethoven.*

(Sie werden sich erinnern, daß in Lektion 85 ein ähnlicher Ausdruck vorkam: *What's he like?* „Wie ist er?")

In den Dialogen, dem Song und den Übungen werden Sie beide Arten der Verwendung dieser Zeitwörter finden.

Dialog 1: That cigar looks very expensive.

Alan und Brenda sind zum Essen in ein Restaurant gegangen.

Alan: That looks good.
Brenda: Yes, it is. It's very good.
Alan: I know a lot about food . . . and that looks very good.
Brenda: Yes, it is good.
Alan: It smells good too. It smells like . . . Italian fish.
Brenda: No, it's ice-cream.
Alan: Oh. Oh, yes . . . Brenda! Who's that?
Brenda: Who?
Alan: That man!
Brenda: Oh, that man at the table near the door?
Alan: Yes. I know his face.
Brenda: He looks like your bank manager.
Alan: No, no, no, no, no. It's not my bank manager. That cigar looks very expensive, and that suit looks expensive too. He looks like . . . um . . . what's his name? Er . . .
Brenda: Who?
Alan: You know. He looks like that film star . . . what's his name?
Brenda: He isn't a film star.
Alan: Yes, he is. I'm going to get his autograph.
Brenda: His autograph!

Alan:	Just a minute.
Brenda:	Alan!
	(Alan goes to the man's table.)
Alan:	Excuse me ... er ... can I have your autograph?
Man:	My autograph?
Alan:	Yes.
Man:	All right. *(He signs.)*
Alan:	I – I know your face, but I can't remember your name.
Man:	There you are. *(He gives Alan his autograph.)*
Alan:	Thank you. *(He reads it:)* "Jack Green." Yes, I know the name now. You're a film star, aren't you?
Man:	No. I'm your postman.

Wörter und Wendungen

I know a lot about food [ai 'nəu ə 'lɔt ə'baut 'fu:d]	ich verstehe viel von (gutem) Essen	ice-cream ['ais'kri:m]	(Speise)Eis
		autograph ['ɔ:təgrɑ:f]	Autogramm

Dialog 2: He looks like that famous writer.

Alan ist gerade vom Tisch des Mannes zurückgekommen.

Brenda:	Did you get his autograph?
Alan:	Yes.
Brenda:	Was he a film star?
Alan:	No ... but he looked like a film star. His suit looked smart, his cigar looked expensive, and when he talked, he *sounded* like a film star.
Brenda:	Who was it?
Alan:	The postman.
Brenda:	Oh. ... Alan! Who's that?
Alan:	Who?
Brenda:	*That* man.
Alan:	Where?

Brenda: Don't look now. O.K., O.K., you can look now. That man near the window. Isn't he a famous writer?

Alan: A famous writer? Really?

Brenda: Yes, he looks like that famous writer ... um ... oh, what's his name? You know ... what's his name?

Alan: Well, his jacket looks very fashionable – and he's holding a piece of paper.

Brenda: Yes.

Alan: He does *look* like a famous writer. I must get his autograph.

Brenda: Ah! He's coming this way.

Alan: Oh, yes, he's coming this way. He's coming to our table. A famous writer ... and he's coming to our table.

Brenda: Yes, Alan.

Alan: Here he is. *(To the man:)* Would you like to join us, Mr. –

Waiter: Your bill, sir.

Alan: Pardon?

Waiter: Your bill, sir.

Alan: Oh. *(Brenda laughs.) (To Brenda:)* Well, he *looked* like a famous writer.

Wörter und Wendungen

writer ['raitə]	Schriftsteller
really? ['riəli]	wirklich?
fashionable ['fæʃnəbl]	vornehm, elegant
hold [həuld]	halten
he does look like... [hi 'dʌz 'luk laik]	er sieht wirklich aus wie ... (Beachten Sie den Gebrauch von *does* zur Hervorhebung.)
would you like to join us? [wud ju 'laik tə 'dʒɔin əs]	möchten Sie sich zu uns setzen?

Song: He looks like a clown, she looks like a queen.

The suits he wears are always new,
His jackets look smart (and his trousers too),
His shirts feel *soft* and comfortable, *weich*
His ties look expensive and fashionable,
And you can see your face in his shoes.

When he talks, he sounds like a *businessman*, *Geschäftsmann*
When he smiles, he looks like a *clown*, *Clown*
He looks like the manager of a big hotel,
He's the *best-dressed* bank-clerk in town. *bestangezogen*

The dresses she wears are never old,
The rings on her fingers look like *gold*, *Gold*
Her hair looks soft and beautiful,
Her *perfume* smells expensive and fashionable, *Parfüm*
Her voice sounds polite, but her smile looks cold.

When she talks, she sounds like a film star,
When she smiles, she looks like a queen,
She looks like someone you see on T.V.,
She's the best-dressed bank-clerk you've ever seen.

Übungen

1. Beantworten Sie diese Fragen zu den Dialogen, wie im Beispiel gezeigt:

   a) What did the food smell like?
   Alan thought it smelt like Italian fish.
   b) Who did the first man look like?

   Brenda thought ....
   c) What was the man's cigar like?

   Alan thought ....
   d) What was the man's suit like?

   Alan thought ....
   e) Was the man famous?

   Alan thought ....

f) What was the second man's jacket like?

Alan thought . . . .

Üben Sie dasselbe mit einem Partner.

2. Beantworten Sie die folgenden Fragen über den Mann aus dem Song, wie im Beispiel gezeigt:

a) Are his ties expensive?	No, but they *look* expensive.
b) Is he a businessman?	. . . .
c) Is he the manager of a big hotel?	. . . .

Und über die Frau:

d) Are her rings gold?	. . . .
e) Is her perfume expensive?	. . . .
f) Is she a film star?	. . . .

LEKTION 99

Could You Say That Once Again?

Was wird gelernt?

Could you say that again?

Mary:	John, could you bring me six nails, a large hammer, a step-ladder, a black pencil, a green pen, five cups of tea and a tomato sandwich?	*Mary:*	John, würdest du mir bitte sechs Nägel, einen großen Hammer, eine Trittleiter, einen schwarzen Bleistift, einen grünen Kugelschreiber, fünf Tassen Tee und ein Stück Brot mit Tomate bringen?
John:	Sorry, I didn't catch that. Could you say it again?	*John:*	Entschuldige, ich habe das nicht mitgekriegt. Kannst du es bitte wiederholen?

So wird's verständlich:

Sie haben in den vorangegangenen Lektionen sehr viel gelernt, und das Gelernte wird Ihnen bestimmt sehr beim Sprechen und Verstehen des Englischen helfen. Trotzdem wird es in einer Unterhaltung hier und da vorkommen, daß Sie ein Ihnen unbekanntes Wort näher erklärt oder einen Satz wiederholt haben möchten, weil Sie nicht so recht verstanden haben. Für eine solche Situation gibt es bestimmte Wendungen, die Sie in dieser Lektion kennenlernen sollen. Wenn Sie etwas rein akustisch nicht verstanden haben, können Sie folgendes sagen:

Pardon?
Wie bitte?
Sorry – I didn't hear what you said.
Entschuldigen Sie, ich habe nicht gehört, was Sie gesagt haben.
Sorry – I didn't catch that.
Entschuldigen Sie, ich habe das nicht verstanden.

Wenn Sie etwas sinngemäß nicht verstanden haben, können Sie sagen:

Sorry – I don't understand the word . . .
Entschuldigen Sie, ich verstehe das Wort . . . nicht.

I didn't quite understand	*what you said.* (Ich habe nicht ganz verstanden, was Sie gesagt haben.)
	(you). (Ich habe (Sie) nicht ganz verstanden.)

Wenn Sie etwas wiederholt haben möchten, können Sie sagen:

Could you say that again?
Könnten Sie das noch einmal wiederholen?
Would you mind saying that again?
Wären Sie so freundlich, das zu wiederholen?
Could you say that a little more slowly?
Könnten Sie das etwas langsamer sagen?

Und um deutlich zu machen, daß Sie eine Erklärung verstanden haben, sagen Sie:

Oh, I see! Ich verstehe!

Denken Sie daran, daß Sie nicht entmutigt zu sein brauchen, wenn Sie etwas nicht sofort verstehen. Betrachten Sie es im Gegenteil als eine Gelegenheit, Ihre Englischkenntnisse zu erweitern. Scheuen Sie sich also nicht, mit einer der obengenannten Wendungen um eine Erklärung oder Wiederholung des Gesagten zu bitten. (Im ersten Dialog dieser Lektion handelt es sich um jemanden, der nur vorgibt, nicht zu verstehen, und zum Nachfragen die genannten Wendungen benutzt.)

Dialog 1: Could you say that again?

Mr. Phillips sucht den Direktor seiner Bank auf. Er möchte einen Kredit haben, aber der Direktor gibt Kredite gar nicht gern.

Secretary: The manager can see you now, Mr. Phillips.
Mr. Phillips: Oh, thank you.
Secretary: This way. *(They go into the manager's office.)*
(To the manager:) Mr. Phillips, sir.
Manager: Thank you, Miss Smith. Please sit down, Mr. Phillips.
Mr. Phillips: Thank you.
Manager: Now, what can I do for you?
Mr. Phillips: I'd like to borrow some money.
Manager: Pardon?
Mr. Phillips: I'd like to borrow some money.
Manager: Sorry, I didn't hear you.
Mr. Phillips: *(Louder:)* I'd like to borrow some money.
Manager: I'm sorry. Could you say that again?

Mr. Phillips: I –
Manager: You see, I didn't understand you.
Mr. Phillips: Oh . . . er . . . yes. I'd like to borrow some money.
Manager: Sorry. Would you mind saying it once again?
Mr. Phillips: I'd like to borrow some money.
Manager: I'm terribly sorry. Could you say it a little more slowly?
Mr. Phillips: More slowly? All right. I'd like . . . to borrow . . . some money.
Manager: Buy some honey? You want to buy some honey?
Mr. Phillips: No, I –
Manager: I'm sorry. We don't sell honey. This isn't a grocer's. It's a bank.
Mr. Phillips: No, not honey. *Money*.
Manager: I'm sorry. I didn't catch that.
Mr. Phillips: Money. I want to borrow some money.
Manager: Pardon?
Mr. Phillips: I want to borrow some money.
Manager: "Borrow".
Mr. Phillips: Yes. Borrow some money.
Manager: You want to "borrow" some money?
Mr. Phillips: Yes.
Manager: "Borrow". Hmm. "Borrow".
Mr. Phillips: Yes.
Manager: I'm sorry. I don't understand that word, "borrow".
Mr. Phillips: I'd like to –
Manager: *(Calling:)* Miss Smith!
Secretary: Yes, sir?
Manager: Mr. Phillips is leaving.
Secretary: Yes, sir.
Mr. Phillips: But I – I –
Manager: Goodbye, Mr. Phillips.

Wörter und Wendungen

I'm terribly sorry [aim 'teribli 'sɔri]	es tut mir furchtbar leid
honey ['hʌni]	Honig

Dialog 2: I didn't catch that.

Der Bankdirektor ist jetzt zu Hause. Er ruft seine Frau.

Manager: Alice! Alice!
Wife: Yes, Geoffrey?
Manager: Bring me a cup of tea.
Wife: Pardon?
Manager: A cup of tea. I want a cup of tea.
Wife: Sorry. I didn't hear you.
Manager: I want you to make me some tea.
Wife: I'm sorry. Could you say that again?
Manager: I want you –
Wife: You see, I didn't understand you.
Manager: Eh? Oh ... I want some tea.
Wife: Sorry. Would you mind saying it once again?
Manager: I want some tea.
Wife: I'm terribly sorry. Could you say it a little more slowly?
Manager: More slowly! I ... want ... some ... tea.
Wife: Watch T.V.? You want to watch T.V.?
Manager: No, I don't want to –
Wife: We haven't got a T.V.
Manager: No, no, no, no, no. Not T.V. *Tea*.
Wife: I'm sorry. I didn't catch that.
Manager: Tea. I want you to make some tea.
Wife: Sorry. I still can't understand you.
Manager: I want ... I'd like a cup of tea, ... please.
Wife: Tea? Certainly, Geoffrey. Why didn't you ask before?

Wörter und Wendungen

certainly, Geoffrey ['səːtnli 'dʒefri]	(aber) natürlich, Geoffrey

Song: Could you say that once again?

(Girl: Chorus, very fast:)
Hallo, how are you today?
Would you like a cup of tea?
I'm going to make some right away –
Would you like to have one with me?

(Man:)
I'm sorry, I didn't understand you,
Could you say that once again?
I really didn't understand you –
Would you mind saying that once again?

(Girl: Chorus, a little slower.)

(Man:)
I still don't understand you,
I'm trying as hard as I can. — *ich gebe mir die äußerste Mühe*
Could you say it a little more slowly?
Then I'll be able to understand.

(Girl: Chorus, a little slower.)

(Man:)
Ah! *Now it's all very clear* – — *jetzt ist alles ganz klar (zu verstehen)*

A cup of tea: what a nice idea!

Übung

Was würden Sie in folgenden Situationen sagen?

a) Ein Verkäufer benutzt das Wort *receipt* ([ri'si:t] Quittung), das Sie noch nie gehört haben.

. . . .

b) Sie verstehen nicht richtig, weil es so laut ist.

. . . .

c) Sie haben fast alles verstanden, bis auf ein paar Wörter.

. . . .

d) Sie möchten gern, daß das Gesagte noch einmal wiederholt wird.

. . . .

e) Jemand spricht zu schnell.

. . . .

LEKTION 100

This Song Is Number 100

Was wird gelernt?

Saying Goodbye

John: I really must go now. It's getting very late.

Mary: O.K., John. See you soon.

John: Yes. Bye for now.

Mary: Bye.

John: Ich muß jetzt wirklich gehen. Es ist schon ziemlich spät.

Mary: Schon gut, John. Wir sehn uns ja bald.

John: Ja. Tschüs dann.

Mary: Tschüs.

So wird's verständlich:

Dies ist die letzte Lektion, und da scheint es angebracht, etwas darüber zu sagen, wie man sich verabschiedet. Einige Redewendungen dazu haben Sie bereits gelernt, andere sind neu für Sie.

1. Als Abschiedsgruß wird Ihnen begegnen:

Goodbye.	Auf Wiedersehen! (Die übliche, bei jeder Gelegenheit richtige Abschiedsformel.)
Bye.	Wiedersehen! Tschüs! (Kurzform von *Goodbye*, etwas ungezwungener.)
Cheerio. *Cheers.*	Tschüs! Mach's gut! (Zwei ganz ungezwungene Abschiedsgrüße.)

2. Wenn Sie andeuten wollen, daß der Abschied nicht endgültig oder für eine längere Zeit gemeint ist, können Sie folgende höfliche Wendungen benutzen:

Goodbye for now. Auf Wiedersehen bis dann/später.
I'll/We'll see you again soon. Wir sehn uns ja bald.
I'll/We'll be seeing you (soon).

Ungezwungener sind die Kurzformen der gleichen Ausdrücke:

Bye for now. *See you (soon).* *Be seeing you.*

Dialog 1: We'll see you again soon.

George und Janet haben den Abend bei ihrem Freund Robert verbracht. Sie sind gerade beim Weggehen. George braucht immer eine Ewigkeit, bis er sich verabschiedet hat.

George: Thank you, Robert. It was a lovely evening.
Robert: It was nice to see you.
Janet: Thank you, Robert. Bye.
Robert: Bye, Janet. Bye, George.

George: It was really lovely.
Robert: Good. I'm glad you came.
George: A really lovely evening.
Janet: Come on, George.
George: Yes, it was a really lovely evening. But we must go now.
Robert: Right. Bye.
George: We'll see you again soon.
Robert: Right.
George: It's getting late, so we'll say "Goodbye".
Janet: Come on, George.
George: Yes. Right. Cheerio.
Robert: Bye, George. Bye, Janet.

George: We'll be seeing you.
Janet: Come on, George. It's nearly midnight. Good night, Robert.
George: Nearly midnight! Is it really?
Janet: Yes, it is.
George: Doesn't time fly! Nearly midnight? Well, goodbye.
Robert: Goodbye, George.
George: We really must go.
Robert: O.K.
George: It was a lovely evening. Thank you once again.
Robert: My pleasure.
George: We really enjoyed it. Didn't we, Janet?
Janet: Come on, George.
George: Yes, it's time to go now. Look at that! Midnight! We really must go.
Robert: Bye.
Janet: Come on, George.
George: Thanks once again.
Janet: George!
George: It was lovely.
Janet: George!

Wörter und Wendungen

it was a lovely evening [it wəz ə 'lʌvli 'i:vniŋ]	es war ein schöner Abend
glad [glæd]	froh
I'm glad you came [aim 'glæd ju 'keim]	ich bin froh, daß ihr gekommen seid
doesn't time fly! ['dʌznt 'taim 'flai]	wie die Zeit vergeht!
my pleasure ['mai 'pleʒə]	ganz meinerseits, es war mir ein Vergnügen (Sie erinnern sich: ***It's a pleasure*** kam in Lektion 83 vor.)

Dialog 2: Bye.

In der Zwischenzeit ist es ein Uhr geworden. Robert liegt im Bett und schläft. Als es plötzlich an der Tür klingelt, wacht er auf.

Robert: Who's that? ... What time is it? ... One o'clock! Oh, all right ... All right! ... I'm coming, I'm coming.
(He opens the door.) Yes?

George: Ah, Robert!

Robert: George.

Janet: I'm sorry about this, Robert.

George: Robert – I *had* to come back and thank you once again. It really was a lovely evening.

Robert: It was my pleasure, George. Good night.

George: Really lovely. Yes. Right. We'll say "Good night".

Robert: Good night, George.

George: We'll see you again soon.

Robert: Yes.

George: Bye for now.

Janet: Come on, George.

George: Cheerio.

Janet: George!

George: Bye.

Janet: George!

George: See you soon.

Janet: George!

George: We must go.

Janet: George!

George: Good night, Robert.

Robert: Good night. *(He closes the door.)*

George: Oh. *(To Janet:)* Robert goes to bed very early, doesn't he?

Janet: Come on, George.

Wörter und Wendungen

I'm sorry about this [aim 'sɔri ə'baut 'ðis] — das tut mir leid

Song: This song is Number 100.

This song is Number One Hundred,
We've sung a hundred songs for you,
We started at Number One,
And we've had a lot of fun,
And we hope you've enjoyed them too.

This song is Number One Hundred,
It's *just after* Number Ninety-Nine, *unmittelbar nach*
In Number One we said "Hallo",
And now it's time to go,
So it's time to say "Goodbye".

Goodbye, friends, goodbye, goodbye,
Goodbye, friends, goodbye,
Goodbye, friends, it's so sad to leave you,
Goodbye, friends, goodbye.

Übung

Wie würden Sie sich von diesen Leuten verabschieden?
Wählen Sie für jede Situation den passenden Ausdruck (A, B oder C).
a) A businessman you will not be meeting again:

A) Cheers.
B) Goodbye, Mr. Johnson.
C) Bye for now, darling.

b) Some very good friends who have spent the evening at your home:

A) Goodbye, sir.
B) I'll be seeing you again soon.
C) See you soon.

c) A policeman who stopped you because you were driving too fast:

A) Good night, officer.
B) See you soon, dear.
C) Bye, policeman.

Wie sagt man, wenn man —

– Vergleiche anstellt?	Lektion 52, 61
– etwas über die Zukunft aussagt?	53, 95
– jemand veranlaßt, etwas zu tun?	56, 57, 60, 82
– Personen oder Dinge genauer unterscheidet?	58, 59
– in der Vergangenheit Geschehenes beschreibt?	63
– ausdrückt, daß etwas nicht in Ordnung ist?	65
– eine Verpflichtung, Notwendigkeit oder ein Verbot ausdrückt?	68, 69, 94, 97
– eine Fähigkeit ausdrückt?	72, 93
– eine Gewohnheit in der Vergangenheit beschreibt?	73
– eine Absicht oder einen Entschluß ausdrückt?	75
– ein Angebot macht?	75, 77, 84
– einen Wunsch ausdrückt?	77
– einen Vorschlag macht?	80, 84
– erklärt, warum man etwas tut?	81
– um etwas bittet?	83
– einen Rat gibt?	86
– etwas beschreibt?	98
– um Erläuterung bittet?	99
– sich verabschiedet?	100

Liste der Zeitwörter

In dieser Liste sind alle Zeitwörter aus den Lektionen 51–100 alphabetisch aufgeführt. Die Zahlen geben die Lektion an, in der das betreffende Wort in diesem Buch zum erstenmal auftritt. Eine ganze Reihe dieser Zeitwörter erschien bereits innerhalb der ersten 50 Lektionen in Buch 1.
Die Liste umfaßt zwei Teile: Regelmäßige Zeitwörter und Unregelmäßige Zeitwörter. *Dream* und *learn* erscheinen in beiden Listen, da sie sowohl regelmäßige wie unregelmäßige Formen haben.

Regelmäßige Zeitwörter

agree/agreed 61
answer/answered
– answer questions 89
– answer the door 90
– answer the phone 64
arrive/arrived 65
– arrive back 61
ask/asked 65
– ask for something 59
– ask questions 63
– ask someone to . . . 59
– ask the way 69

bake/baked 59
believe/believed 53
– I believe 69
belong/belonged 59
boil/boiled 51
book/booked 79
borrow/borrowed 85
breathe/breathed 86
brush/brushed 64

call/called 51
– call back 82
– call (on the phone) 75
– call out 76
– call the doctor 84
cancel/cancelled 69
care/cared 58
carry/carried 58
celebrate/celebrated 84
change/changed 86
check/checked 74
clean/cleaned 55
climb/climbed 56
close/closed 62
cook/cooked 69
cough/coughed 83
count/counted 71
cover/covered 58
cry/cried 63

dance/danced 58
decide/decided 77
discuss/discussed 85
dream/dreamed 75
– dream *also has an irregular form.*
drop/dropped 54
– drop a line 56

enjoy/enjoyed
– enjoy oneself 84
– enjoy something 95

face/faced 60
fetch/fetched 56
fill/filled 76
finish/finished 57
fix/fixed 51
flatter/flattered 96
follow/followed 73

greet/greeted 58

happen/happened 51
hate/hated 72
help/helped 60
hope/hoped 91
hurry/hurried 74

inspect/inspected 90
interview/interviewed 72
invent/invented 55
invite/invited 72

join/joined
– join the Navy 81
– would you like to join us? 98

knock/knocked 64

land/landed 87
last/lasted 73
laugh/laughed 72
learn/learned 88
– learn *also has an irregular form*
lift/lifted 65
– lift something up 56

Unregelmäßige Zeitwörter

Wörterverzeichnis

Dieses Wörterverzeichnis enthält in alphabetischer Reihenfolge alle Wörter, die in den Dialogen und Songs der Lektionen 51–100 neu auftreten. (Wörter, die erstmals in den Lektionen 1–50 auftraten, finden Sie im Wörterverzeichnis zu Buch 1.)
Die Zahlen beziehen sich auf die Lektionen, in denen das betreffende Wort zum ersten Mal gebraucht wurde.
Die Übersetzung finden Sie jeweils in den „Wörtern und Wendungen" oder den Erläuterungen zum Song, Anwendungsbeispiele in den Dialogen und im Song.
Die in diesem Verzeichnis verwendeten Abkürzungen sind:

adj. *adjective* Eigenschaftswort
n. *noun* Hauptwort
v. *verb* Zeitwort
s.o. *someone* (irgend) jemand
s.th. *something* (irgend) etwas

M

N

O

P

Q

R

S

T

U

V

W

Y

Schlüssel zu den Übungen

Die Beispielsätze aus den Übungen sind hier im *Schrägdruck* wiedergegeben.

Lektion 51

1. a) *is* – b) has – c) is – d) has – e) is – f) is

Lektion 52

1. a) *more frightening* – b) more interesting – c) more expensive – d) more beautiful – e) more horrible
2. a) *bigger* – b) more expensive – c) cheaper – d) longer – e) more boring – f) funnier
3. a) most expensive – b) biggest – c) most boring – d) best – e) most interesting

Lektion 53

1. a) *No, he won't. He'll forget.* – b) No, it won't. It'll be boring. – c) No, she won't. She'll type them. – d) No, we won't. We'll be late. – e) No, they won't. They'll be here at ten o'clock.
2. a) When will you be 21 ? – I'll be 21 in December.
   b) What are you going to do with that key ? – I'm going to lock that door.
   c) Don't worry! We'll wake up early. The alarm-clock will wake us up.
   d) Why has he got that gun ? What is he going to do with it ?
   e) It'll be January 1st on Friday.

Lektion 54

1. a) *more carefully* – b) more slowly – c) more gently – d) quicker/more quickly – e) harder – f) faster
2. a) *quicker/more quickly* – b) more cheaply – c) better – d) faster – e) more easily
3. a) more happily – b) faster – c) better

Lektion 55

1. a) *I'm going to clean the car. – It's O.K. I've already cleaned it.*
   b) I'm going to cut the bread. – It's O.K. I've already cut it.
   c) I'm going to wash the windows. – It's O.K. I've already washed them.
   d) I'm going to buy the tickets. – It's O.K. I've already bought them.
2. a) *Yes. He always cleans his car on Sunday.*
   b) Yes. She always bakes a cake on Friday.
   c) Yes. It always rains on Monday.
   d) Yes. They always go to the cinema on Tuesday.

Lektion 56

1. a) *Pass me a knife, please.* – b) Bring me a hammer and some nails, please. – c) Can you lend me fifty pence? – d) Give me the key, please. – e) Fetch me some cups, please. – f) Pass me that pen, please.
2. a) . . . *so I lent him five pounds.* – b) Let's send him a letter. – c) . . . I'm going to give her a present. – d) Can you fetch them some chairs? – e) . . . so Bill brought me a glass of water. – f) Pass me the sugar, please.

Lektion 57

1. a) *Yes, I gave it to him yesterday.* – b) Yes, I lent it to her yesterday. – c) Yes, I gave them to him yesterday. – d) Yes, I brought it to you yesterday. – e) Yes, I sent it to them yesterday.
2. a) *I gave you your money! I gave it to you yesterday.*
   b) I *sent* you your passport! I sent it to you last week.
   c) We *gave* you your laundry! We gave it to you on Friday.
   d) I *brought* you your tea! I brought it to you at four o'clock.
   e) I *gave* you your socks! I gave them to you this morning.

Lektion 58

1. a) *He was the man who wrote 'Romeo and Juliet'.*
   b) He was the man who invented the telephone.
   c) He was the man who invented the noiseless typewriter.
2. a) *A carpet is something that (which) covers the floor.*
   b) A key is something that (which) locks a door.
   c) A bird is something that (which) flies in the sky.
   d) A carpet-cleaner is something that (which) cleans carpets.
   e) A dish-washer is something that (which) washes dishes.
3. a) who/that – b) that/which – c) that/which – d) who/that – e) who/that.

Lektion 59

1. a) *The one you bought last week.* – b) The one the boss wrote yesterday. – c) The one Mr. Jones brought yesterday. – d) The one Neil invented last month. – e) The one you baked this morning.
2. a) *Yes, it's the best film I've ever seen.*
   b) Yes, it's the fastest car I've ever driven.
   c) Yes, it's the most interesting book I've ever read.
   d) Yes, it's the most expensive watch I've ever bought.

Lektion 60

1. a) *I want you to walk faster.* – b) I want you to open your mouth. – c) I want you to give me your money. – d) I want you to speak more slowly. – e) I want you to write more carefully.
2. a) *Ask her to come in, please.* – b) Ask him to wait a moment. – c) Ask her to come back tomorrow. – d) Ask him to phone me this afternoon.

Lektion 61

1. a) *Yes, it's much/a lot bigger.* – b) Yes, it's much/a lot faster. – c) Yes, it's a little/a bit bigger. – d) Yes, it's a little/a bit longer. – e) Yes, it's much/a lot more expensive.
2. a) *Well, he drives more carefully than you.* – b) Well, she sings better than you. – c) Well, he speaks (it) better than you. – d) Well, he walks faster than you. – e) Well, she reads more quickly than you.

Lektion 62

1. a) Yes. He said: "It's the nicest bank I've ever seen."
   b) He wanted the cashier to give him the money.
   c) He asked her to fetch the manager.

Lektion 63

1. a) No, he wasn't. – b) No, he wasn't. – c) No, he wasn't. – d) Yes, he was. – e) She was walking in the park. – f) No, she wasn't. – g) No, he wasn't. – h) (He was walking with) Mrs. Johnson. – i) No, she wasn't. – k) No, they weren't.
2. a) *What was Mr. Brown doing? – He was standing in his shop.*
   b) What was Sam Spoons doing? – He was working in a restaurant.
   c) What was Jane Smith doing? – She was typing letters.
   d) What was Mr. Green doing? – He was sitting at his desk.
   e) What was Jack Jones doing? – He was driving his taxi.
   f) What were Neil and Brian doing? – They were inventing a machine.

Lektion 64

1. a) He was brushing his teeth. – b) She was sweeping the floor. – c) He was playing his guitar.
   d) While he was brushing his teeth. – e) While she was sweeping the floor. – f) While he was playing his guitar.
2. a) While she was walking down the High Street.
   b) She was coming out of the chemist's.
   c) They saw Mr. Black, while they were sitting in the café.
   d) She bought it after tea.

Lektion 65

1. a) *It was too ordinary. It wasn't unusual enough.*
   b) It was too big. It wasn't small enough.
   c) It was too small. It wasn't big enough.
   d) It was too grey. It wasn't colourful enough.
   e) It was too noisy. It wasn't quiet enough.
2. He was too old, he was too short, and he was too weak.
   oder:
   He wasn't young enough, he wasn't tall enough, and he wasn't strong enough.

Lektion 66

1. a) *He needed a spoon to eat his soup. / To eat his soup.*
   b) He needed a knife to cut his steak. / To cut his steak.
   c) He needed a pen to write the cheque. / To write the cheque.
2. a) *You can't catch a train without a ticket.*
   b) You can't travel without a passport.
   c) You can't make tea without water.
   d) You can't buy a Rolls-Royce without a lot of money.

Lektion 67

1. a) *No, only a few.* – b) No, only a little. – c) No, only a few. – d) No, only a little.
2. a) a lot of – b) much – c) a few – d) a lot of – e) a few – f) a few – g) a little – h) a little.
3. a) *False. – They had a little sunshine.*
   b) False. – They had a lot of rain.
   c) False. – They only stayed a few days.
   d) False. – They got a little bread and water.
   e) True. –

Lektion 68

1. a) You must have a ticket. – b) You must have a passport. – c) You must have a licence. – d) You must have a key. – e) You must have some bread.
2. a) You mustn't get out of bed. – b) You mustn't smoke. – c) You must stop smoking. – d) You mustn't work hard. – e) You must stay in bed. – f) You must drink this medicine.
3. a) He had to drink some terrible red medicine.
   b) He had to drink it every morning, every afternoon and every evening.
   c) He had to stop smoking.

Lektion 69

1. *You'll have to go by bus.* You'll have to take a taxi. / You'll have to go by taxi. You'll have to walk. You'll have to ask a policeman.
2. a) No, he doesn't (have to wear a uniform). – b) He has to wear an ordinary jacket. – c) He has to drive the car, and he has to clean it every day. – d) He has to clean the kitchen, and he has to cook. – e) He has to cut the grass.

Lektion 70

1. a) Yes, he was. – b) Yes, he does. – c) No, they weren't. – d) Yes, he did. – e) No, he didn't. – f) Perhaps he will.

Lektion 71

1. a) No-one/Nobody. – b) Nothing. – c) No-one/Nobody. – d) Nothing.
2. a) There's no-one (nobody) in the street. – b) We've got nothing to eat. – c) I've seen no-one (nobody) all day. – d) The police found nothing.
3. a) *No-one sent them.* – b) No-one telephoned me. – c) No-one came here this afternoon. (*oder:* a)/b)/c) Nobody . . .)
4. a) *Yes – everyone's looking for Mr. Green.* – b) Yes – everyone knows Jim Smith. – c) Yes – everyone has met Mr. Jackson. (*oder:* a)/b)/c) Yes – everybody . . .)

Lektion 72

1. a) Yes, he could. – b) Yes, he could. – c) Yes, he could. – d) He couldn't find the police-station. – e) Yes, she could. – f) Yes, she could. – g) Yes, she could. – h) She couldn't speak Japanese.

Lektion 73

1. a) *He used to be a car salesman.* – b) He used to buy old cars. – c) He used to paint them. – d) He used to sell them at a much higher price. – e) He used to be a waiter. – f) He used to work in a really smart restaurant. – g) He used to go to the manager's office (on Friday evenings). – h) He used to open the manager's desk. – i) He used to take a few pounds.

Lektion 74

1. a) If someone touches the door of the safe, all the alarm-bells will start ringing.
   b) Because if she doesn't keep quiet, Joe will never open the door.
   c) Because if he can open the door, they'll be rich.
2. a) *If you smoke too much, you'll get ill.* – b) If you work too hard, you'll get tired. – c) If you stay in bed, you'll get better. – d) If you hurry, you'll arrive early. – e) If you go on foot, you'll be late. – f) If you practise, you'll play very well. – g) If you have a holiday, you'll feel better. – h) If you start now, you'll finish by three.

Lektion 75

a) I'll help you. – b) I'm going to cut the grass. – c) We'll eat at home. – d) I'm going to work in the garden.

Lektion 76

1. a) *Sorry, it's the biggest one we've got.*
   b) Sorry, it's the most comfortable one we've got.
   c) Sorry, they're the sweetest ones we've got.
   d) Sorry, they're the most colourful ones we've got.
2. a) *He used to be a chauffeur.* – b) He used to drive a Mini. – c) He used to wear a blue jacket. – d) He used to work very hard.
3. a) *You'll need some water. / You'll have to boil some water.*
   b) You'll need some bread. / You'll have to cut some bread.
   c) You'll need a passport. / You'll have to get a passport.
4. a) a few – b) a few – c) a little – d) a little

Lektion 77

1. a) *Would you like to meet him?* – b) Would you like to taste it? – c) Would you like to see them? – d) Would you like to read it? – e) Would you like to watch it?
2. a) I'd love some. – b) I'd love to. – c) I'd love one. – d) I'd love to.

Lektion 78

1. a) He's been driving for two weeks. / He's been driving since April 25th.
   b) Yes, he has.
2. a) *Really? How long has he been working there?*
   b) Really? How long have they been living there?
   c) Really? How long has she been studying it?
   d) Really? How long have you been smoking them?
3. a) for – b) since – c) for – d) since – e) for – f) since

Lektion 79

1. a) *So you've been driving for six months.*
   b) So you've been smoking for ten years.
   c) So you've been practising for three days.
   d) So you've been studying it for six weeks.
2. a) *And they've been talking ever since.*
   b) And he's been working ever since.
   c) And they've been arguing ever since.
   d) And he's been complaining ever since.

Lektion 80

1. a) Why don't you stop smoking? – b) Why don't you take a holiday? – c) Why don't you go to bed early? – d) Why don't you see a doctor?
2. How about sending her some flowers? / Why don't we go to see her? / We could write her a letter. / Why don't we send her a card? / How about taking her some apples? usw.

Lektion 81

1. a) So that he could see the world, so that he could travel to other countries, and so that he could find adventure.
   b) So that she could help people, so that she could catch thieves, and so that she could do some good.
   c) So that he could swim all day.
   d) So that no-one could take his money away.
2. a) So that I can get up early.
   b) So that I can hang this mirror on the wall.
   c) So that I can go for a walk before breakfast.
   d) So that I can pass my driving-test.

Lektion 82

1. a) *She asked Mr. Jackson to wait.* – b) She asked Mrs. Green to sit down and wait. – c) She asked the bank manager to call back later. – d) She asked Mr. Jackson and Mrs. Green to go for a walk.
2. a) His mother told him to leave school. – b) His father told him to stay. – c) They asked him to come for an interview. – d) They asked him to be there at twelve o'clock. – e) He asked the man to show him the way. – f) The man asked him to give him a pound. – g) They told him to go away.
3. a) The photographer asked him to smile. – b) The customs officer asked him to open his case. – c) The policeman asked him to show him his licence.

Lektion 83

a) *Could you come back at six o'clock, please?* – b) Could you open that window, please? – c) Could you give me a hand, please? – d) Could you tell me where the bank is, please? – e) Could you call back later, please? – f) Could you show me the manager's office, please? – g) Could you sign this paper, please? – h) Could you help me with this exercise, please?

Lektion 84

1. a) *Shall I call the doctor?* – b) Shall I open the window? – c) Shall I make some tea? – d) Shall I read it for you? – e) Shall I get some tickets? – f) Shall I come back later?

2. a) Shall we go to the cinema? / Why don't we go to the cinema?
   b) Shall we invite him to dinner? / Why don't we invite him to dinner?
   c) Shall we go to a restaurant? / Why don't we go to a restaurant?
   d) Shall we take a taxi? / Why don't we take a taxi?

Lektion 86

2. a) C. – b) E. – c) A. – d) B. – e) D.

Lektion 87

1. a) *No. He'd already got onto the plane.* – b) No. He'd already locked his case. – c) No. He'd already picked it up. – d) No. He'd already found his seat. – e) No. The plane had already landed.
2. a) *Yes. It was the first time we'd been to Spain.*
   b) Yes. It was the first time we'd eaten English apples.
   c) Yes. It was the first time they'd ridden an elephant.
   d) Yes. It was the first time we'd seen a Japanese film.
   e) Yes. It was the first time he'd worn green socks.
3. a) *After she'd packed her bags, she called a taxi.*
   b) After she'd called a taxi, she closed all the windows.
   c) After she'd closed all the windows, she locked the door.
   d) After she'd locked the door, she went into the street.

Lektion 88

1. *(For example:)* a) I think you should go to the police-station. – b) Why don't you take it back to the shop? – c) I think you should have a holiday.
2. *(For example:)* a) Could you bring my lawn-mower back? – b) Could you go somewhere else? – c) Could you move, please?
3. *(For example:)* a) Shall I carry that case for you? – b) Shall I call the doctor? – c) Shall I wake you up?

Lektion 89

1. a) *She wants to know where Mr. Smith is.* – b) She wants to know where he's (he has) gone. – c) She wants to know when he left. – d) She wants to know when he'll (he will) be back. – e) She wants to know why he isn't (is not) here. – f) She wants to know what he's (he is) doing.
2. a) *You must ask her when she started writing.* – b) Ask her how she became a writer. – c) People want to know why she writes. – d) Ask her how many books she's (she has) written. – e) I'd like to know how old she is. – f) Don't forget to ask her what she's (she is) writing at the moment.

Lektion 90

1. a) *I'd like to know if he's (he is) polite.* – b) I must know if he can count. – c) I'd like to know if he's (he has) worked in a bank before. – d) Can you tell me if he went to college? – e) I want to know if he'll (he will) work hard. – f) Ask him if he wants the job.
2. a) *Ask him what his name is.* – b) Ask him if he's (he is) English. – c) Ask him if he booked. – d) Ask him if he wants a single room. – e) Ask him how long he's (he is) going to stay. – f) Ask him if he's got (he has got) any luggage.

Lektion 91

a) *Ben Spencer told the reporters (that) he wasn't (was not) ill.*
b) He said (that) he was feeling much better.
c) He also said (that) he didn't have to take medicine any more.
d) He told them (that) he could travel.
e) Then he said (that) he'd (he had) made a new record.
f) He told them (that) he was going to New York.
g) He said (that) he'd (he would) be there for three weeks.
h) He also told them (that) he was going to give some concerts.
i) He said (that) he liked working in America.
k) Finally he told them (that) his socks were blue.

Lektion 92

a) *One reporter asked him what he ate for breakfast.* – b) Another asked him how old he was. – c) A third wanted to know why he never wore a tie. – d) Someone asked who drove his car. – e) Everyone wanted to know where his house was. – f) A T.V. reporter asked him why his socks were red. – g) Someone asked what time he got up in the morning. – h) Someone wanted to know what time he went to bed. – i) Someone asked him if he enjoyed life. – k) Everyone wondered if he was happy.

Lektion 93

1. a) *Yes, he's always been able to repair things.* – b) Yes, she's always been able to sing. – c) Yes, he's always been able to learn languages. – d) Yes, she's always been able to cook. – e) Yes, he's always been able to make money.
2. a) *So you won't be able to repair my car.* – b) So we won't be able to see Ben Spencer. – c) So you won't be able to pay the bill. – d) So he won't be able to see Mr. Jones. – e) So Fred won't be able to come with us. – f) So you won't be able to cut the grass.

Lektion 94

1. a) *. . . needn't wear a coat.* – b) . . . needn't wash the car. – c) . . . needn't take

the car. – d) . . . needn't drink any more medicine. – e) . . . needn't go to bed early. – f) . . . needn't take an umbrella.

2. a) needn't – b) mustn't – c) needn't – d) mustn't – e) needn't – f) mustn't – g) mustn't – h), i) mustn't *or* needn't *(siehe Dialog 1, „Wörter und Wendungen".)* k) needn't

Lektion 95

1. a) *No, sorry, I'll be cleaning the car.* – b) No, sorry, I'll be working on my invention. – c) No, sorry, I'll be working late. – d) No, sorry, I'll be studying. – e) No, sorry, I'll be painting the kitchen.
2. a) We'll probably be going to the station. – b) We'll probably be waiting at the airport. – c) (We'll be) feeling ill. – d) And at half past six, we'll be trying to find our cases. – e) Or we'll be trying to find our hotel.

Lektion 96

1. a) *Mike can't find the way.* – b) We haven't got any money. – c) You don't know Susan. – d) Albert can't drive. – e) She has got a lot of money. – f) The police don't know where Jack Brown is.
2. a) *If I had a watch, I could tell you the time.* – b) If we knew your number, we could phone you. – c) If he could interview people, he could become a detective. – d) If I had my key, I could get in.

Lektion 97

1. a) has got to – b) has got to – c) would like to – d) should – e) will be able to – f) needn't – g) won't be able to – h) will have to

Lektion 98

1. a) *Alan thought it smelt like Italian fish.* – b) Brenda thought he looked like Alan's bank manager. – c) Alan thought it looked expensive. – d) Alan thought it looked expensive (and smart). – e) Alan thought he looked like a film star. – f) Alan thought it looked fashionable.
2. a) *No, but they look expensive.* – b) No, but he *looks* like a businessman. – c) No, but he *looks* like the manager of a big hotel. – d) No, but they *look* like gold. – e) No, but it *smells* expensive. – f) No, but she *looks* like a film star.

Lektion 99

a) Sorry, I don't understand the word "receipt". – b) Pardon? / Sorry, I didn't hear what you said. / Sorry, I didn't catch that. – c) I didn't quite understand (you). / I didn't quite understand what you said. – d) Could you say that again? / Would you mind saying that (once) again? – e) Could you say that a little more slowly?

Lektion 100

a) B. Goodbye, Mr. Johnson. – b) C. See you soon. – c) A. Good night, officer.

Großer Sprachkurs Englisch

Let's Speak English

Band 1

von Doug Case

Berlitz®

Dieser Sprachkurs basiert auf einem „English-by-Radio"-Kurs der British Broadcasting Corporation, der unter dem Titel „Let's Speak English" gesendet wurde.

Die Hörfunk-Manuskripte wurden von Doug Case (Lektion 21–40) und John Milne (Lektion 1–20, 41–50) geschrieben. Die Sendungen produzierte Terry O'Neill. Die Songs wurden von Michael Klein komponiert und von ihm und Freya Hogue gesungen. Für die mündlichen Übungen zeichnet Tim Hodlin verantwortlich.

Illustrationen: David Cockroft

Printed in Germany
www.berlitzpublishing.de

VORWORT

„Let's Speak English" ist ein außergewöhnlicher Kurs, denn er ist

leicht und unterhaltsam

Hier ist endlich ein Kurs, der hält, was er verspricht. Der Lernende wird in kleinen, wirklich jedem zumutbaren Schritten in die englische Umgangssprache eingeführt. Die englischen Grundkenntnisse werden in einen Wechsel von lebendigen englischen Dialogen, eingehenden deutschen Erläuterungen, Übungen und Liedern vermittelt. Die Progression ist „sanft" ansteigend, d. h. echte sprachliche Schwierigkeiten sind auf viele Lerneinheiten verteilt worden, um den Lernenden nicht zu überfordern.

außergewöhnlich durch „Pop Songs"

Der Einsatz von Liedern zur gelegentlichen Auflockerung im Sprachunterricht ist nicht neu. Völlig neu ist jedoch die systematische Verwendung von Songs am Ende jeder Lektion, um Satzbaumuster und Lernziele auch musikalisch „einzuhämmern". Diese Neuigkeit wird besonders Jugendliche ansprechen und deren Motivation verstärken. Aber auch für den musikalisch nicht so Interessierten sind diese 50 Pop Songs von Nutzen, denn sie dienen auch als Hörverständnis- und Wiederholungsübungen.

außergewöhnlich durch die Qualität der CDs

Dialoge und Songs werden von der BBC London und anderen Rundfunkanstalten gesendet. Die Tonaufnahmen wurden für diese Sendungen entwickelt; sie sind daher von höchster Qualität.

methodisch fundiert

„Let's Speak English“ entspricht den Anforderungen der Fremdsprachendidaktik, d. h. in diesem Kurs werden nicht nur Gesprächsstoffe abgehandelt, sondern jede Lektion wurde auf der Grundlage einer exakten didaktischen Systematik erarbeitet.
Für jede Lektion gibt es eine Aufstellung über die aktiv und passiv zu lernenden (Satz)Strukturen und Vokabeln. Passiv Gelerntes wird später aktiviert. Bereits aktiv Gelerntes wird nach einem genauen Plan „umgewälzt“ (wiederholt). Darüber hinaus werden vollständige Wiederholungslektionen eingeschoben, die das bisher Erlernte zusammenfassen.
In zahlreichen schriftlichen Übungen (mit Schlüssel) kontrolliert der Lernende seinen Erfolg. Das Erlernen einer korrekten englischen Aussprache wird nicht allein dem Unterrichtsmittel CD überlassen. Überdies wird die Internationale Lautschrift im Lehrbuch durchgehend eingesetzt.

Bei den obengenannten Voraussetzungen kann der lernende Anfänger einen optimalen Lernerfolg erwarten. Aber auch jeder, der den Kurs zur Auffrischung oder bei der Nachhilfe benutzt, wird sich für diese Art des Lernens sicherlich schnell begeistern.

INHALTSVERZEICHNIS

EINLEITUNG

Die Aufforderung *Let's Speak English* richtet sich an alle, die die englische Umgangssprache erlernen oder ihre Englischkenntnisse auffrischen wollen. In 50 Lektionen behandelt dieser Kurs Grundlagen des Englischen und bietet dem Lernenden reichlich Gelegenheit, sich ohne Lehrer in den Gebrauch der Sprache einzuüben.

Der didaktisch aufbereitete Text folgt der sogenannten „direkten Methode", mit der Sie die englische Umgangssprache beinahe so leicht lernen wie englische Kinder in der Schule. Die CDs bieten eine lebensechte Unterhaltung von Engländern; selbst die Hindergrundgeräusche sind echt. Der unnachahmliche englische Humor in jeder Lektion sorgt dafür, daß keine Langeweile aufkommt und daß Sie die leichten Unsicherheiten, die am Anfang stets auftreten, wenn man eine fremde Sprache lernen will, rasch überwinden. Mit etwas Geduld sind Sie nach Beendigung des Kurses in der Lage, sich mit Engländern problemlos zu unterhalten.

Let's Speak English fordert Sie auf, Englisch *sprechen* zu lernen. Dazu müssen Sie die Sprache *hören*.

Buch und CDs bilden zusammen einen vollständigen Sprachkurs für den Selbstunterricht. Mit den CDs machen Sie sich zudem zeitlich unabhängig, und Sie haben die Möglichkeit, jede Textstelle beliebig oft zu hören, nachzusprechen, zu üben und Ihre Fortschritte zu kontrollieren.

Eine Besonderheit dieses Kurses sind die Lieder am Ende jeder Lektion. Sie sind nicht nur als „Belohnung" für Ihren Arbeitseifer gedacht, sondern können Ihnen helfen, eine anfängliche Scheu, sich in der fremden Sprache auszudrücken, schneller zu überwinden. Lernen Sie Text und Melodie dieses oder jenes Songs, der Ihnen besonders gut gefällt. Je öfter Sie ihn singen (oder für „Nichtsänger": sprechend wiederholen), desto selbstverständlicher wird Ihnen der Gebrauch des Englischen. Auch dabei helfen Ihnen die CDs.

Die Arbeit mit diesem Kurs

Da alle Lektionen den gleichen Aufbau haben, können wir am Beispiel der Lektion 1 unsere Vorschläge für die Arbeitsweise erläutern, die Sie dann in allen Lektionen anwenden können.

Was wird gelernt? ist die Frage, die am Anfang der Lektion beantwortet wird. Es werden Wörter und Ausdrücke vorgestellt, die im Mittelpunkt der Lektion stehen, und sie werden in einem kurzen Gespräch (Dialog) angewendet.

Nehmen Sie dies alles zunächst nur mit den Augen auf und prägen Sie sich das Schriftbild ein, ohne zu versuchen, das Gelesene zu sprechen. Das englische Schriftbild und die deutsche Übersetzung sind zunächst allein wichtig.

In dem folgenden Abschnitt *So wird's verständlich* finden Sie die notwendigen Erläuterungen. Auch hier geht es vorerst nur darum, das Gelesene zu verstehen. Alle grammatisch wichtigen Punkte werden hier erklärt.

Mit dem *Dialog 1* geht es nun zum ersten Mal um Hören und Sprechen. Stellen Sie sich vor, Sie platzen mitten in eine fröhliche Gesellschaft von Engländern, die gerade dabei sind, ein Ratespiel zu spielen, wie in Lektion 1. (Die Situation ist für jeden Dialog am Anfang mit ein oder zwei deutschen Sätzen kurz skizziert.) Hören Sie sich den Dialog 1 an, ohne dabei in Ihr Buch zu sehen. Vielleicht verstehen Sie sogar das eine oder andere daraus oder ahnen, worum es geht. Dann hören Sie sich den Dialog noch einmal an. Diesmal verfolgen Sie den Text im Buch.

Anschließend machen Sie sich mit den *Wörtern und Wendungen* vertraut, die zum Dialog 1 gehören. Prägen Sie sich die Aussprache – unter Zuhilfenahme der CD und der Lautschrift, deren Zeichen auf S. XIV ff erklärt sind – und die Bedeutung jedes Wortes und jeder Wendung fest ein. Dann hören Sie sich den Dialogtext noch einmal an, den Sie jetzt gut verstehen werden. Übersetzen Sie ihn ins Deutsche, dann merken Sie, ob irgend etwas noch nicht völlig klar ist.

Als nächsten Schritt hören Sie den Dialog satzweise ab und sprechen ihn Satz für Satz nach. Ahmen Sie die Aussprache und Satzmelodie der Sprecher genau nach.

Erst wenn Sie damit zufrieden sind, gehen Sie einen Schritt weiter: Sie hören ab, was eine der sprechenden Personen sagt, und Sie selbst übernehmen die Rolle einer anderen sprechenden Person aus dem Dialog. Ihre Erwiderung überprüfen Sie jedesmal mit der CD. Hier ein Beispiel dafür: Sie übernehmen Johns Rolle aus dem ersten Dialog in Lektion 1.

1. CD einlegen und den entsprechenden Track ansteuern.
2. Sie sprechen Johns Worte: *Quiet, please. Quiet.*
3. CD starten; Sie hören Johns Worte zur Überprüfung, und Mary antwortet: *Quiet, please.*
4. Pausentaste drücken. Sie sprechen Johns Worte: *Let's play a game.*
5. CD weiter spielen lassen; sie wiederholt das Gesprochene zur Überprüfung usw.

Und schließlich lassen Sie sich den Text des Dialogs oder einen Teil davon von der CD in kleinen Abschnitten diktieren, schreiben das Gehörte nieder, ohne ins Buch zu sehen, und korrigieren anschließend Ihre Fehler.

Dialog 2 wird dann in gleicher Weise durchgearbeitet.

Der *Song* bietet Ihnen Gelegenheit zu entspannter Wiederholung. Er enthält – musikalisch verpackt – eine in der Lektion behandelte sprachliche Erscheinung, die Ihnen beim Singen wie von selbst eingeht. Hören Sie sich das Ganze an, suchen Sie den Inhalt mit Hilfe der neben dem Text gegebenen Erläuterungen zu verstehen und singen (oder sprechen) Sie dann einfach mit. Das fördert eine gute Aussprache. Übrigens, die Lektionsüberschrift ist immer der Titel des Songs aus der betreffenden Lektion; im Inhaltsverzeichnis können Sie also alle Titel finden.

In den abschließenden *Übungen* können Sie das Gelernte festigen und überprüfen. Wenn irgend möglich, arbeiten Sie mit einem Partner zusammen, wo es angeraten wird. Die meisten der Übungen lassen sich sowohl schriftlich wie mündlich bearbeiten. Sie sollten beides tun. Ihre Lösungen können Sie dann anschließend mit den auf den Seiten 325–333 abgedruckten Lösungen vergleichen.

Sie haben gesehen: die Arbeit mit den CDs bietet Ihnen den großen Vorteil der zeitlich unabhängigen und beliebig häufigen Wiederholung der verschiedenen Unterrichtsschritte.

Zur Aussprache

Genaues Zuhören und möglichst gutes Nachahmen des Gehörten sind die beiden wichtigsten Voraussetzungen für eine gute Aussprache. Worauf Sie beim Zuhören besonders zu achten haben, wollen wir Ihnen im folgenden erklären. Für eine gute Aussprache ist dreierlei von Bedeutung:

1. die Betonung oder der richtige Wechsel betonter und unbetonter Silben, wodurch die Sprache ihren eigentümlichen Rhythmus erhält;

2. der Tonfall oder das Heben und Senken der Stimme, was der Sprache ihre charakteristische „Melodie" verleiht;

3. der Lautcharakter oder die Art und Weise, wie die einzelnen Laute gebildet werden, die der Sprache ihre eigene Klangfarbe geben.

Wenn Sie diese drei Punkte beachten, wird Ihnen das richtige Nachahmen um so leichterfallen.

Zur Betonung

Die Silben englischer Wörter werden sehr verschieden betont. Betonte Silben werden stärker und lauter ausgesprochen als unbetonte. Da sich jedoch kaum Regeln für die Betonung englischer Wörter aufstellen lassen, müssen Sie die Betonung bei jedem neuen Wort, das Ihnen begegnet, lernen. In der Lautschrift, auf die wir im folgenden noch näher eingehen werden, ist die betonte Silbe durch ein davorstehendes Betonungszeichen ['] gekennzeichnet.
Neben der Betonung innerhalb des einzelnen Wortes ist auch die innerhalb des Satzzusammenhangs von Bedeutung. Manche Wörter, zum Beispiel Haupt-, Eigenschafts- und Zeitwörter, haben im Satz mehr Gewicht als andere. Gerade davon hängen richtiger Rhythmus und richtige Aussprache ab.

Zum Tonfall

Hier müssen wir uns auf einige Grundsätze beschränken, im übrigen kommt es auf möglichst genaues Nachahmen an.
Die Stimme kann am Satzende abfallen, besonders bei Aussagesätzen; oder sie kann ansteigen, vor allem bei Fragesätzen.
Die Stimme kann in einer höheren oder tieferen Lage einsetzen.
Der Ton kann innerhalb einer einzelnen Silbe ansteigen oder fallen oder auch innerhalb mehrerer Silben.
Stark betonte Wörter und Silben können in einer anderen Tonlage gesprochen werden als die vorausgehenden und folgenden.
Es ist sehr wichtig, auf das Steigen und Fallen der Stimme im Englischen zu achten.

Zum Lautcharakter

Da sich die Aussprache eines englischen Wortes nicht mit Sicherheit aus dessen Schreibweise ablesen läßt, benutzen wir eine Reihe von Zeichen, die die Aussprache eindeutig wiedergeben. Es sind die Zeichen der international anerkannten Lautschrift. Jedes Zeichen stellt einen bestimmten Laut dar; welchen, zeigen wir Ihnen in der nachfolgenden Aufstellung.

Die Zeichen der Internationalen Lautschrift

1. Allgemeine Zeichen

Die Lautschrift erscheint immer in eckigen Klammern: English ['iŋgliʃ].
Vor der betonten Silbe steht ein Betonungszeichen (Akzent) [']. Hinter einem langen Selbstlaut steht das Zeichen [:].

2. Die englischen Selbstlaute (Vokale)

[ɑ:] reines langes a wie in „Vater", „kam", „Schwan":

car	[kɑ:]	Wagen, Auto
park	[pɑ:k]	Park
far	[fɑ:]	weit

[æ] heller, ziemlich offener, nicht zu kurzer Laut. Raum zwischen Zunge und Gaumen noch größer als bei ä in „Ähre":

man	[mæn]	Mann
can	[kæn]	kann
mass	[mæs]	Masse

[ʌ] kurzer, zwischen Hinter- und Mittelzunge gebildeter halboffener Laut ohne Lippenrundung, ähnlich dem a in „hatte":

cup	[kʌp]	Tasse
but	[bʌt]	aber
come	[kʌm]	kommen

[ə] flüchtiger Gleitlaut, ähnlich dem deutschen flüchtig gesprochenen e in „Gelage":

a	[ə]	ein(e)
London	['lʌndən]	London
Peter	['pi:tə]	Peter

[ə:] kommt im Deutschen nicht vor. Offenes, langes ö, etwa wie gedehnt gesprochenes ö in „Mörder", jedoch kein Vorstülpen und Runden der Lippen, kein Heben der Zunge:

were	[wə:]	war
sir	[sə:]	mein Herr (Anrede)
work	[wə:k]	Arbeit

[ɔ] offener, kurzer Laut zwischen a und o; offener als das o in „Motte":

clock	[klɔk]	Uhr
box	[bɔks]	Schachtel
not	[nɔt]	nicht

[ɔ:] offener, langer Laut zwischen a und o:

door	[dɔ:]	Tür
four	[fɔ:]	vier
law	[lɔ:]	Gesetz

3. Die englischen Doppelselbstlaute (Diphthonge)

In allen englischen Doppelselbstlauten wird der erste Bestandteil stärker gesprochen als der zweite, der nur ein leichter Nachklang ist.

[ei] halboffenes e, nach i auslautend, wobei sich die Zunge halb zur i-Stellung hebt:

late	[leit]	spät
name	[neim]	Name
lane	[lein]	Gasse

[ai] helles, zwischen [ɑ:] und [æ] liegendes a mit schwächer nachklingendem offenen i. Die Zunge hebt sich halb zur i-Stellung:

I	[ai]	ich
my	[mai]	mein
time	[taim]	Zeit

[au] helles, zwischen [ɑ:] und [æ] liegendes a mit schwächer nachklingendem offenen u:

house	[haus]	Haus
now	[nau]	jetzt
loud	[laud]	laut

[iə] halboffenes, halblanges i mit nachklingendem [ə]:

here	[hiə]	hier
dear	[diə]	lieb
peer	[piə]	Pair

[ɛə] nicht zu offenes, halblanges ä mit nachklingendem [ə]; kommt nur vor stummem r vor:

square	[skwɛə]	Platz
hair	[hɛə]	Haar
air	[ɛə]	Luft

[uə] halboffenes, halblanges u mit nachklingendem [ə]:

poor	[puə]	arm
sure	[ʃuə]	sicher
tour	[tuə]	(Rund)Reise

[ɔi] offenes o mit nachklingendem schwächerem, offenem i. Die Zunge hebt sich halb zur i-Stellung:

boy	[bɔi]	Junge
annoyed	[ə'nɔid]	verärgert
royal	['rɔiəl]	königlich

[əu] mit [ə] beginnend und in schwaches u auslautend. Keine Rundung der Lippen, kein Heben der Zunge:

go	[gəu]	gehen
so	[səu]	so
only	['əunli]	nur

4. Die englischen Mitlaute (Konsonanten)

[l] a) vor Selbstlauten ist das englische l gleich dem deutschen:

lie	[lai]	liegen
English	['iŋgliʃ]	englisch

b) vor Mitlauten und im Auslaut klingt das englische l voller und dunkler:

hold	[həuld]	halten
full	[ful]	voll
double	['dʌbl]	doppelt

[r] wird nur vor Selbstlauten gesprochen. Es ist völlig verschieden vom deutschen, an der Zungenspitze oder am Zäpfchen gebildeten r. Die Zungenspitze bildet mit der oberen Zahnwulst eine Enge, durch die der Atemstrom mit Stimmton hindurchgetrieben wird. Dabei wird der Laut nicht gerollt, die Zungenspitze also nicht bewegt. Am Wortende wird r nur bei der Bindung (vgl. 6.) mit dem Selbstlaut am Anfang des nächsten Wortes gesprochen:

garden	['gɑːdn]	Garten
run	[rʌn]	rennen, laufen
right	[rait]	recht(s), richtig
there is	[ðɛər‿'iz]	es ist, es gibt

[ŋ] wie ng in „singen", „fangen":

long	[lɔŋ]	lang
ring	[riŋ]	läuten
slang	[slæŋ]	Slang

[v] stimmhafter (weicher) Lippenlaut, wie in „Vase", „Ventil":

very	['veri]	sehr
every	['evri]	jeder
wives	[waivz]	(Ehe)Frauen

[w] aus der Mundstellung für u gebildetes flüchtiges w:

will	[wil]	will
queen	[kwiːn]	Königin
water	['wɔːtə]	Wasser

[s] stimmloser (scharfer) Zischlaut, wie ß in „reißen", „Spaß":

glass	[glɑːs]	Glas
summer	['sʌmə]	Sommer
sky	[skai]	Himmel

[z] stimmhafter (weicher, gesummter) Zischlaut, wie s in „sausen":

zoo	[zuː]	Zoo
is	[iz]	ist
rise	[raiz]	sich erheben

[ʃ] stimmloses (scharfes) sch, wie in „Tisch", „Schnee":

fish	[fiʃ]	Fisch
shop	[ʃɔp]	Laden
rich	[ritʃ]	reich

[ʒ] stimmhaftes (weiches, gesummtes) sch, wie in „Garage", „Genie":

measure	[ˈmeʒə]	messen
joke	[dʒəuk]	Spaß
bridge	[bridʒ]	Brücke

[θ] stimmloser (scharfer) Lispellaut, durch Anlegen der Zunge an die oberen Schneidezähne gebildet:

thank	[θæŋk]	danken
think	[θiŋk]	denken
tooth	[tuːθ]	Zahn

[ð] stimmhafter (weicher) Lispellaut, durch Anlegen der Zunge an die oberen Schneidezähne gebildet:

the	[ðə]	der, die, das
father	[ˈfɑːðə]	Vater
breathe	[briːð]	atmen

5. Besonderheiten zu „b", „d", „g"

Am Wortende werden „b", „d" und „g" stimmhaft (weich) gesprochen, nicht wie im Deutschen stimmlos (hart: [p], [t], [k]):

deutsch:	ab	[ap]	und	[unt]	Sog	[zoːk]
englisch:	Bob	[bɔb]	and	[ænd]	egg	[eg]

6. Die Bindung

Im Gegensatz zum Deutschen werden im Englischen die einzelnen Wörter in der Aussprache nach Möglichkeit miteinander verbunden, vor allem dann, wenn an der Verbindungsstelle zweier Wörter Selbstlaut und Mitlaut zusammentreffen:

This is a book.	[ðis‿iz‿ə‿buk]	Dies ist ein Buch.
We are in a room.	[wi‿ɑːr‿in‿ə‿rum]	Wir sind in einem Raum.

Zu den Anhängen

Am Schluß des Buches finden Sie eine Reihe von Anhängen, die Ihnen eine systematische Arbeit erleichtern sollen.
Die Liste der Sprachinhalte („Wie sagt man, wenn man –", S. 305) sagt Ihnen, wo Sie Ausdrucksmittel für bestimmte Themen, Situationen und Mitteilungen finden.
Eine Liste der Zeitwörter (S. 306–310) enthält alle regelmäßigen und unregelmäßigen Stammformen.
Mit Hilfe des Wörterverzeichnisses (S. 311–324) finden Sie Wörter, über deren Bedeutung, Aussprache und Anwendung Sie sich Gewißheit verschaffen wollen.
Der Schlüssel zu den Übungen (S. 325–333) hilft Ihnen bei der Beurteilung Ihrer eigenen Arbeit.
Damit wissen Sie alles für Ihre Arbeit Notwendige, für die wir Ihnen viel Freude und Erfolg wünschen.

LEKTION 1

Hallo and Goodbye

Was wird gelernt?

Hallo — Goodbye	**I'm = I am**
Mary: Hallo.	*Mary:* Hallo.
John: Hallo. I'm John.	*John:* Hallo. Ich bin John.
Mary: Hallo. I'm Mary.	*Mary:* Hallo. Ich bin Mary.
John: Hallo.	*John:* Hallo.

So wird's verständlich:

Hallo: *Hallo* sagt man bei der formlosen Begrüßung. Es entspricht etwa unserm „Grüß dich!", wird im Englischen jedoch nicht nur unter Freunden und guten Bekannten verwendet.

I'm: *I'm* ist die verkürzte Form von *I am* und wird vor allem im gesprochenen Englisch gebraucht.
Das Wort *am* entspricht dem deutschen „bin". Also: *I am John.* = *I'm John.* = Ich bin John.

Dialog 1: Man or woman?

John und Mary wollen mit ein paar Freunden ein Ratespiel spielen.

John: Quiet, please. Quiet.
Mary: Quiet, please.
John: Let's play a game.
All: Yes. Yes.
Mike: What a good idea!
Mary: Let's play a guessing game.
All: Yes.
Anne: Yes, let's play a guessing game.
Mike: All right. What can we play?

John: I'll think of a film star, and you must guess who it is.
Mike: Yes, that's a good game.
John: Right! Who is it?
All: Man or woman?
Young or old?
English or American?
John: Quiet. Quiet, please.
Mike: Man or woman?
John: Man.
Mary: Man.
Anne: Young or old?
John: Old.
Anne: Old.
Mike: English or American?
John: American.
Mike: American.
Mary: Man. Old. American.
All: Cary Grant! Yul Brynner! Marlon Brando!
John: Quiet, please. Quiet.
Mary: Yul Brynner?
John: No.
Anne: Marlon Brando?
John: No.
Mike: Cary Grant?
John: Yes. Cary Grant.

Wörter und Wendungen

quiet ['kwaiət]	Ruhe
please [pli:z]	bitte
play [plei]	spielen
let's play ['lets 'plei]	spielen wir! wir wollen spielen!
a game [geim]	ein Spiel
all [ɔ:l]	alle
yes [jes]	ja
idea [ai'diə]	Idee
what a good idea! ['wɔt ə 'gud ai'diə]	was für eine gute Idee! eine gute Idee!
a guessing game ['gesiŋ geim]	ein Ratespiel
all right [ɔ:l 'rait]	gut, in Ordnung
what can we . . . ? ['wɔt kən wi]	was können wir . . . ?
think of ['θiŋk əv]	denken an
I'll think of . . . [ail 'θiŋk əv]	ich werde an . . . denken
a film star ['film stɑ:]	ein Filmstar

and [ænd, ənd]	und
you [ju(:)]	du
you must [ju 'mʌst]	du mußt
guess [ges]	raten
who it is ['hu: it 'iz]	wer es ist
good [gud]	gut
right [rait]	richtig
who is it? ['hu: 'iz it]	wer ist es?
man [mæn]	Mann
or [ɔ:]	oder
woman ['wumən]	Frau
young [jʌŋ]	jung
old [əuld]	alt
English ['iŋgliʃ]	englisch
American [ə'merikən]	amerikanisch; Amerikaner(in)
no [nəu]	nein

Dialog 2: Young or old?

Das Ratespiel geht weiter.

Mary: Quiet, please. Quiet.
John: Quiet, please.
Mary: I'll think of a film star this time.
John: Yes, that's a good idea.
Mary: Right! Who is it?
All: Man? Woman? Young? Old?
Mary: Quiet, please. Quiet.
John: Man or woman?
Mary: Man.
John: Man.
Mike: Young or old?

Mary: Old.
Mike: Old.
Pete: English?
Mary: No.
Anne: American!
Mary: No. Egyptian.
All: Omar Sharif.

Wörter und Wendungen

this time ['ðis taim]	diesmal	Egyptian [i'dʒipʃən]	ägyptisch; Ägypter(in)

Song: Hallo and Goodbye

Hallo, *friends,* — *Freunde*
Hallo, hallo,
Hallo, friends, hallo.
Hallo, friends, *it's so nice to meet you,* — *es freut mich sehr, euch zu sehen*
Hallo, friends, hallo.

Hallo, Mary,
Hallo, hallo,
Hallo, Mary, hallo.
Hallo, Mary, it's so nice to meet you,
Hallo, Mary, hallo.

Goodbye, Mary, — *auf Wiedersehen!*
Goodbye, goodbye,
Goodbye, Mary, goodbye.
Goodbye, Mary, *it's so sad to leave you,* — *es ist so traurig, von dir fortzugehen*
Goodbye, Mary, goodbye.

Goodbye, friends,
Goodbye, goodbye,
Goodbye, friends, goodbye,
Goodbye, friends, it's so sad to leave you,
Goodbye, friends, goodbye.

Übungen

1. Sehen Sie sich diesen Dialog noch einmal an:
   Mary: Hallo.
   John: Hallo, I'm John.
   Mary: Hallo, I'm Mary.
   John: Hallo.
   Und nun begrüßen Sie selber John, indem Sie Ihren Namen und *Hallo* an der richtigen Stelle einsetzen:

   . . . . : . . . .
   John: Hallo, I'm John.

   . . . . : . . . .
   John: Hallo.

2. Sehen Sie sich die Dialoge 1 und 2 noch einmal an. Denken Sie an einen Filmschauspieler, und spielen Sie das Ratespiel mit einem Partner – aber natürlich auf englisch, denn das können Sie jetzt schon. Fragen Sie also: *Man or woman? Young or old? English or American?*

LEKTION 2

I'm Tired

Was wird gelernt?

I'm . . .	Are you . . . ?
John: Hallo, Mary.	*John:* Hallo, Mary.
Mary: Hallo, John.	*Mary:* Hallo, John.
John: Are you tired?	*John:* Bist du müde?
Mary: Yes, John. I'm tired.	*Mary:* Ja, John. Ich bin müde.

So wird's verständlich:

I'm: In Lektion 1 haben Sie *I'm* in Verbindung mit einem Namen kennengelernt und geübt. John stellte sich vor und sagte dabei: . . . Richtig, er sagte *I'm John*. Er benutzte also die Kurzform von *I am John*, wie es in der gesprochenen Sprache üblich ist.
Am verbindet aber auch *I* mit einem Eigenschaftswort (Adjektiv). Mary ist müde und sagt: *I'm tired*. (Ich bin müde.)

you: Mit diesem Wort redet man im Englischen eine oder mehrere Personen an. Ganz gleich, ob man sie im Deutschen mit „du" oder „ihr" oder „Sie" anreden würde, im Englischen heißt es einfach *you*.

Are you . . . ? *Are* verbindet *you* (du, ihr, Sie) mit Namen oder Eigenschaftswörtern (Adjektiven). Man sagt: *I am tired*. (Ich bin müde.) und *You are tired*. (Du bist müde.) Im gesprochenen Englisch ist die Kurzform *You're* (*tired*) üblich.
In Fragen wird die Wortfolge umgekehrt. John fragt also: *Are you tired?* (Bist du müde?)
Als Beispiel hier einige Fragen und Antworten:

Are you *tired?*	**Yes, I'm** *tired.*
Are you *hungry?*	**Yes, I'm** *hungry.*
Are you *thirsty?*	**Yes, I'm** *thirsty.*

Dialog 1: I'm hungry, Mike.

Ein Mann und seine Frau kämpfen sich durch den Sturm nach Hause. Sie sind müde, hungrig und durstig.

Woman: Mike.
Man: Yes?
Woman: I'm tired, Mike. I'm tired. Are you tired?
Man: Yes, Jane. I'm tired too. But we'll soon be home. We can sleep then.
Woman: Mike.
Man: Yes?
Woman: I'm hungry, Mike. I'm hungry. Are you hungry too?

Man:	Yes, I'm hungry too. But we'll soon be home. We can eat then.
Woman:	Mike.
Man:	Yes?
Woman:	I'm thirsty, Mike. I'm thirsty. Are you thirsty too?
Man:	Yes, Jane, I'm thirsty too. But we'll soon be home. We can drink then.
	Pause
Man:	Jane!
Woman:	Yes?
Man:	I'm tired.
Woman:	Yes, Mike. I'm tired too.
Man:	Are you hungry?
Woman:	Yes, I'm hungry too. Are you?
Man:	Yes, I'm hungry. And I'm thirsty.
Woman:	Yes, I'm thirsty too. But we'll soon be home. We can drink then. We can eat then. And we can sleep then.
Man:	Yes, we'll soon be home.

Wörter und Wendungen

tired ['taiəd]	(er)müde(t)
too [tu:]	auch
but [bʌt, bət]	aber
we [wi(:)]	wir
soon [su:n]	bald
we'll soon be home [wi:l 'su:n bi 'həum]	wir werden bald zu Hause sein
sleep [sli:p]	schlafen
then [ðen]	dann
we can sleep then [wi kən 'sli:p ðen]	dann können wir schlafen
hungry ['hʌŋgri]	hungrig
eat [i:t]	essen
we can eat then	dann können wir

[wi kən 'i:t ðen]	essen
thirsty ['θə:sti]	durstig
drink [driŋk]	trinken
we can drink then [wi kən 'driŋk ðen]	dann können wir trinken

Dialog 2: I'm thirsty too.

Der Mann und die Frau sind zu Hause angekommen, da merkt sie, daß sie ihren Schlüssel nicht bei sich hat.

Woman: Mike!
Man: Yes?
Woman: I've forgotten my key.
Man: Oh no!
Woman: Yes, I've forgotten my key.
Man: We'll have to go back to the town.
Woman: Yes, we'll have to go back to the town.
Später
Woman: Mike!
Man: Yes?
Woman: I'm tired.
Man: I'm tired too.
Woman: I'm thirsty.
Man: I'm thirsty too.
Woman: I'm hungry.
Man: I'm hungry too. We'll be home tomorrow morning. We can drink then. We can eat then. We can sleep then.
Woman: Tomorrow morning! Oh no!

Wörter und Wendungen

my [mai]	mein(e)
key [ki:]	Schlüssel
I've forgotten my key [aiv fə'gɔtn mai 'ki:]	ich habe meinen Schlüssel vergessen
go back ['gəu 'bæk]	zurückgehen
to [tu, tə]	zu, in
town [taun]	Stadt
we'll have to go back to the town [wi:l 'hæv tə 'gəu 'bæk tə ðə 'taun]	wir müssen in die Stadt zurückgehen

tomorrow [tə'mɔrəu]	morgen	tomorrow morning [tə'mɔrəu 'mɔ:niŋ]	morgen früh

Song: I'm tired

I'm tired, *oh so tired!* — *ach so müde*
I'm tired and *I want to* sleep, — *ich möchte*
I'm thirsty and I'm hungry,
And I want to drink and eat.
Sleep, drink and eat.

Are you tired? Are you tired?
I'm tired and I want to sleep.
You're thirsty and you're hungry
And I want to drink and eat.
Sleep, drink and eat.

I'm *happy*, oh so happy! — *glücklich*
I'm happy and I want to *sing*. — *singen*
I'm happy, oh so happy!
I want to sing *a happy song*. — *ein fröhliches Lied*
All day long, all day long. — *den ganzen Tag (lang)*

Übungen

1. Beantworten Sie diese Fragen nach dem Beispiel von a:
   a) Are you tired? — Yes, I'm tired.

   b) Are you hungry? — ....

   c) Are you thirsty? — ....

   d) Are you happy? — ....

   Richten Sie die gleichen Fragen an einen Partner.

2. Sehen Sie sich diesen Dialog nun noch einmal an:
John: Hallo, Mary.
Mary: Hallo, John.
John: Are you tired?
Mary: Yes, I'm tired.
Setzen Sie *hungry, thirsty, happy* in den Dialog ein und üben Sie das Gespräch mit einem Partner.

LEKTION 3

I'm Happy

Was wird gelernt?

How are you? — I'm very well, thank you.   You're = You are

John: Hallo, Mary.	*John:* Hallo, Mary.
Mary: Hallo, John.	*Mary:* Hallo, John.
John: How are you today?	*John:* Wie geht's dir denn (heute)?
Mary: I'm very well, thank you.	*Mary:* Danke, mir geht's sehr gut.

So wird's verständlich:

How are you?: In Lektion 2 haben Sie *I'm tired* und die Frageform *Are you tired?* geübt. Dieses *Are you . . . ?* kommt auch bei der zwanglosen Begrüßung vor: *How are you?* (Wie geht es dir / Ihnen / euch?) Die Antwort ist dann (hoffentlich): *I'm very well,* und wenn man höflich ist, hängt man noch ein *thank you* an.

Thank you: Wie unser deutsches „Danke" ist *thank you* im Englischen eine der nützlichsten Wendungen, die man lieber einmal zu viel als zu wenig anwenden sollte.

You're: In Lektion 2 wurde gezeigt, daß *are* Bindeglied zwischen *you* und Namen oder Eigenschaftswörtern ist, und Sie haben es in der Frageform *Are you . . . ?* geübt. In dieser Lektion finden Sie Beispiele für den Gebrauch in bejahenden Aussagesätzen.

Dialog: Now I'm happy.

Ein Mann ist mehrere Tage verreist gewesen. Gerade ist er wieder nach Hause gekommen, wo ihn seine Frau erwartet.

Man: Hallo, darling! Are you there?
Woman: Yes, I'm here. How are you? Did you have a good trip?
Man: I'm very well, thank you. But I'm hungry.
Woman: You're hungry. I'll get you something to eat.
Man: And I'm thirsty.
Woman: You're thirsty. I'll get you something to drink.
Man: Oh! I'm tired.
Woman: You're tired. Look, I'll cook you something nice, and then you can go to sleep.
Man: Mmm, good! Now I'm happy.
Woman: You're happy. Why?
Man: I'm happy because I'm home again.

Wörter und Wendungen

darling ['dɑ:liŋ]	Liebling	look, . . . [luk]	sieh (mal), . . .
are you there? ['ɑ: ju 'ðɛə]	bist du da?	cook [kuk]	kochen
here [hiə]	hier	nice [nais]	lecker
trip [trip]	Reise	go to sleep ['gəu tə 'sli:p]	schlafen gehen
did you have a good trip? [did ju 'hæv ə 'gud 'trip]	hast du eine gute Reise gehabt?	now [nau]	jetzt, nun
		why? [wai]	warum?
		because [bi'kɔ:z]	weil
		again [ə'gen]	wieder
something ['sʌmθiŋ]	etwas	I'm home again [əim 'həum ə'gen]	ich bin wieder zu Hause
I'll get you [ail 'get ju]	ich werde dir holen, ich hole dir		

Song: I'm happy.

I'm tired of being far from home, — *Ich bin es müde, weit von zu Hause fort zu sein. (Ich mag nicht mehr . . . fort sein.)*

I'm hungry and thirsty too,
But now, I'm *happy to be back home,* — *froh, wieder zu Hause zu sein*

Yes, I'm happy to be *with you.* — *mit dir (zusammen), bei dir*

I'm happy *to have you by my side,* — *dich an meiner Seite zu haben*

No longer to be alone. — *nicht mehr allein zu sein*

I'm thirsty, I'm hungry and I'm tired,
But I'm happy to be back home.

I'm happy to be back home with you,
I'm happy to be back home.
I'm tired and thirsty and hungry too,
But I'm happy to be back home.
Yes, I'm happy to be with you.

Übungen

1. Sprechen Sie mit John und Mary und sagen Sie ihnen, wie Sie heißen:

   You're John. I'm . . . .

   You're Mary. . . . .

2. Begrüßen Sie Mary wie im ersten Beispiel:
   Hallo, John. How are you today?

   . . . . ?

3. Erwidern Sie den Gruß und beantworten Sie die Frage:
   Hallo, how are you today?

   . . . .

   Are you happy?

   . . . .

4. Stellen Sie Ihrem Partner die Fragen.

LEKTION 4

My Love Is Young

Was wird gelernt?

He's = He is **She's = She is** **Is he . . . ?** **Is she . . . ?**

Mary: Hallo, John. Is Hans here?	*Mary:* Hallo, John. Ist Hans hier?
John: No, he's in bed.	*John:* Nein, er ist im Bett.
Mary: Is he tired?	*Mary:* Ist er müde?
John: No, he's ill.	*John:* Nein, er ist krank.

So wird's verständlich:

Is: Sie haben bisher die Wörter geübt, die *I* und *you* mit Namen oder Eigenschaftswörtern verbinden: *I am* und *you are*.
Nach *he* (er) und *she* (sie) erfüllt *is* den gleichen Zweck. Man sagt also: *He is tired.* (Er ist müde.) *She is tired.* (Sie ist müde.) Die Kurzformen beim Sprechen sind *he's* und *she's*.
Hier nun noch einmal zusammengefaßt die drei Formen, die Sie bisher kennengelernt haben:

I am	*tired.*	**I'm**	*tired.*
You are	*tired.*	**You're**	*tired.*
He is	*tired.*	**He's**	*tired.*
She is	*tired.*	**She's**	*tired.*

In der Frage wird – wie Sie bereits wissen – die Wortfolge umgekehrt:

Am I	. . . ?
Are you	. . . ?
Is he	. . . ?
Is she	. . . ?

Dialog 1: Is he young?

John und Mary wollen noch einmal das Ratespiel aus Lektion 1 spielen.

Mary: Quiet, please. Quiet.
John: Quiet, please.
Mary: We're going to play the guessing game again.
All: Good.
Mary: I'll think of a film star and you must guess who it is. Ready?
John: Man or woman?
Mary: Man.
Mike: Is he young?

Mary: No, he's old.
John: Is he American?
Mary: No, he's English.
All: Laurence Olivier? James Mason? Alistair Sim?
Mary: One at a time, please. One at a time.
John: Alistair Sim?
Mary: No.
Mike: James Mason?
Mary: No.
John: Laurence Olivier?
Mary: Yes.

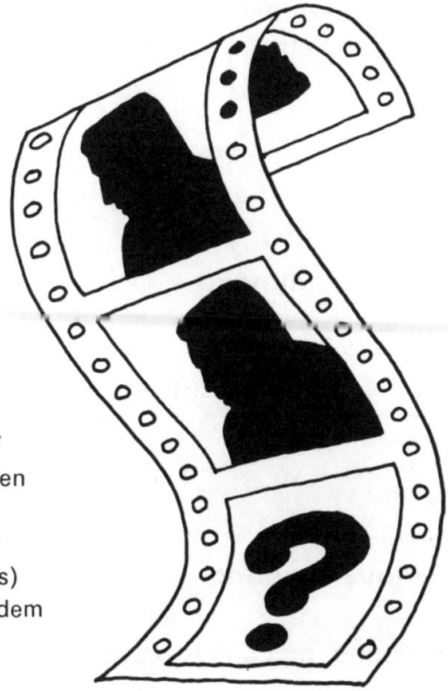

Wörter und Wendungen

we're going to play [wiə 'gəuiŋ tə 'plei]	wir werden/ wollen spielen
ready ['redi]	fertig, bereit
one [wʌn]	ein(e, -er, -s)
one at a time ['wʌn ət ə 'taim]	einer nach dem anderen

Dialog 2: Is she young?

Das Ratespiel geht weiter.

John: Now I'll think of a film star.
All: Man or woman?
Young or old?
English or American?
John: Quiet, please. One at a time.
Mary: Man or woman?
John: Woman.

Mike: Is she young?
John: No, she is old.
Mary: Is she English?
John: No.
Mike: Is she American?
John: No, she's German.
All: Marlene Dietrich!
John: Yes. Of course.

Wörter und Wendungen

German ['dʒə:mən]	deutsch; Deutsche(r)	of course [əv 'kɔ:z]	natürlich

Song: My love is young.

My love is young, and she is pretty, — *meine Liebe, mein Liebling/Schatz*
She is pretty and she's *mine*. — *mein*
She is young. Oh, is she *pretty?* — *hübsch*
Yes, she's pretty and she's mine.

My love is young, and he is *handsome*, — *gutaussehend*
He is handsome and he's mine.
He is young. Oh, is he handsome?
Yes, he's handsome and he's mine.

My love is young, and she is handsome,
She is handsome and she's mine.
She is handsome – oh, so handsome!
Young and handsome,
And she's mine.

Übungen

1. Benutzen Sie folgende Wörter, um die Herkunft der Personen zu beschreiben, wie im Beispiel gezeigt: *English, American, German, Egyptian*.

   a) Omar Sharif He's Egyptian.

   b) Laurence Olivier . . . .

   c) Cary Grant . . . .

   d) Marlene Dietrich . . . .

2. Bilden Sie Fragen und Antworten nach dem Beispiel.

   a) Omar Sharif Is he German? No, he's Egyptian.

   b) Laurence Olivier . . . . American? . . . .

   c) Cary Grant . . . . English? . . . .

   d) Marlene Dietrich . . . . Egyptian? . . . .

3. Beantworten Sie nun folgende Fragen bejahend. Aber aufpassen dabei!

   a) Is he tired? . . . .

   b) Is he hungry? . . . .

   c) Is she thirsty? . . . .

   d) Are you happy? . . . .

   e) Are you English? . . . .

   f) Is she German? . . . .

g) Are you Egyptian? . . . .

h) Is he John Smith? . . . .
Üben Sie die Fragen und Antworten mit einem Partner.

4. Spielen Sie mit Ihrem Partner noch einmal das Ratespiel und fragen Sie diesmal: *Is he old? Is she young? Is he English?* usw.

LEKTION 5

What Time Is It?

Was wird gelernt?

What time is it? — It's three o'clock. 1—6

Mary: I'm here.	*Mary:* Ich bin hier.
John: You're late, Mary.	*John:* Du kommst (zu) spät, Mary.
Mary: Late? What time is it?	*Mary:* (Zu) Spät? Wie spät ist es?
John: It's three o'clock.	*John:* Es ist drei Uhr.

So wird's verständlich:

It: In Lektion 4 kamen Fragen vor wie *Is he young?* und *Is she English? He* und *she* sind Fürwörter (Pronomen). *It* (es) ist ebenfalls ein Fürwort. Es wird immer dann gebraucht, wenn man sich nicht auf eine Person bezieht, sondern auf eine Sache. Während im Deutschen Sachen auch „männlich" oder „weiblich" sein können (der Tisch – er, die Kiste – sie), sind im Englischen alle Sachen auch sprachlich sächlich und erfordern als Fürwort *it*.

What time is it? Das Fürwort *it* erscheint auch – wie im Deutschen – in der Frage nach der Uhrzeit: *What time is it?* (Wie spät ist es?)

It's . . . o'clock: Die entsprechende Antwort, mit der man die Uhrzeit angibt, lautet dann: *It's one o'clock.* (Es ist ein Uhr.) *It's two o'clock.* (Es ist zwei Uhr.) usw.

Die ersten sechs Zahlen im Englischen sind:

1	**one**	[wʌn]	*4*	**four**	[fɔ:]
2	**two**	[tu:]	*5*	**five**	[faiv]
3	**three**	[θri:]	*6*	**six**	[siks]

Dialog: What time is it?

Anne und Michael sind zu Hause und warten auf Peter, der zu ihnen zum Essen kommen soll.

Anne: What time is it?
Michael: It's two o'clock.
Anne: Peter is late.
Michael: Yes, he's late.
Anne: And I'm hungry.
Michael: Yes, I'm hungry too.
Es klopft an der Tür.
Anne: Peter's here. Go and open the door.
Michael geht die Tür öffnen und kommt zurück.
Anne: Peter?
Michael: No.
Anne: Oh, I'm hungry.
Später
Anne: What time is it?
Michael: It's three o'clock.
Anne: Peter's late.
Michael: Yes, he's late.
Anne: And I'm hungry.
Michael: Yes, I'm hungry too.
Es klopft wieder an der Tür.

Anne:	Peter's here. Go and open the door.
Michael:	Peter's here.
Anne:	Hallo, Peter. How are you?
Peter:	Hallo, Anne. I'm very well, thank you. How are you?
Anne:	You're late, Peter.
Peter:	Yes, I'm late. I'm sorry.
Michael:	Never mind. It's time to eat.
Anne:	Oh dear!
Michael:	What's wrong, Anne?
Anne:	I've forgotten to cook any food. You'll have to wait.

Wörter und Wendungen

late [leit]	spät
(early ['ə:li]	früh)
go [gəu]	gehen; gehe! geht! gehen Sie!
open ['əupən]	öffnen; öffne! öffnet! öffnen Sie!
door [dɔ:]	Tür
go and open the door ['gəu ənd 'əupən ðə 'dɔ:]	gehe die Tür öffnen!
I'm sorry [aim 'sɔri]	(es) tut mir leid
never mind ['nevə 'maind]	macht nichts
it's time to eat [its 'taim tə 'i:t]	es ist Zeit zum Essen
oh dear! ['əu 'diə]	du meine Güte! o je!
what's wrong? [wɔts 'rɔŋ]	was ist los?
cook [kuk]	kochen
food [fu:d]	Essen
I've forgotten to cook any food [aiv fə'gɔtn tə 'kuk 'eni 'fu:d]	ich habe vergessen, etwas zu essen zu machen
wait [weit]	warten; warte! wartet! warten Sie!
you'll have to wait [ju:l 'hæv tə 'weit]	ihr werdet warten müssen

Song: What time is it?

Time is quickly passing by,	*Die Zeit geht schnell vorbei,*
The sun is moving through the sky.	*die Sonne bewegt sich am Himmel.*

'What time is it?' *You hear them say,*
man hört/du hörst sie sagen

And soon there comes another day.
Und bald beginnt ein neuer Tag.

It's one o'clock, and *then* it's two,
dann
And then it's three, and soon it's four.
'What time is it?' You hear them say,
And soon there comes another day.

It's three o'clock and then it's four,
And time *is knocking at my door.*
klopft an meine Tür

'What time is it?' You hear them say,
And soon there comes another day.
'What time is it?' You hear them say,
And soon there comes another day.

Übungen

1. Schreiben Sie Fragen und Antworten nach dem ersten Beispiel auf:

a) 

What time is it?
It's four o'clock.

b) 

. . . .

. . . .

c) 

. . . .

. . . .

d)  . . . .

. . . .

e)  . . . .

. . . .

f)  . . . .

. . . .

Üben Sie Fragen und Antworten mit einem Partner.

2. Setzen Sie *am, is* oder *are* ein:

a) John . . . . tired. d) She . . . . thirsty. g) It . . . . three o'clock.

b) I . . . . happy. e) I . . . . sorry. h) He . . . . American.

c) You . . . . late. f) Mary . . . . English.

3. Setzen Sie in diese Fragen *am, is* oder *are* ein:

a) . . . . you tired? c) What time . . . . it? e) . . . . you happy?

b) . . . he American? d) . . . . I late?

LEKTION 6

It's Eight o'Clock

Was wird gelernt?

What time is it, please? — It's seven o'clock. It's = It is. 7—12

John:	Mary!	*John:*	Mary!
Mary:	Yes?	*Mary:*	Ja?
John:	What time is it, please?	*John:*	Wie spät ist es, bitte?
Mary:	It's late. It's seven o'clock.	*Mary:*	Es ist spät. Es ist sieben Uhr.

So wird's verständlich:

Please: Mit einem *please* (bitte) klingt jede Frage gleich viel freundlicher.

It's: Als in Lektion 5 das Fürwort *it* eingeführt wurde, haben Sie gelernt, daß es immer dann verwendet wird, wenn es sich nicht um Personen handelt, sondern um Sachen. Auch bei der Angabe der Uhrzeit und bei einer Reihe von anderen unpersönlichen Wendungen wird es gebraucht. Hier einige Beispiele für solche Ausdrücke:

it's late	es ist spät	*it's frightening*	es ist beängstigend
it's cold	es ist kalt	*it's nothing*	es ist nichts
it's morning	es ist morgens	*it's a lovely day*	es ist ein schöner Tag

Mehr davon in dieser Lektion.

Seven: Die Zahlen von sieben bis zwölf:

7	**seven**	['sevn]	*10*	**ten**	[ten]
8	**eight**	[eit]	*11*	**eleven**	[i'levn]
9	**nine**	[nain]	*12*	**twelve**	[twelv]

Dialog: It's cold and it's late.

Zwei Freunde, Jack und Peter, sind spazierengegangen und haben sich dabei verlaufen. Sie müssen die Nacht in einem fremden leerstehenden Haus verbringen.

Jack: What time is it, Peter?
Peter: It's late. It's eleven o'clock at night.
Jack: It's cold.
Peter: And it's frightening.
Jack: I'm tired.
Peter: Let's sleep.
Jack: Yes, let's sleep.
Später
Jack: Listen! What is it?
Peter: It's nothing. It's only the wind. Let's sleep.
Später
Jack: Peter, what time is it?
Peter: It's three o'clock in the morning.
Jack: It's late.
Peter: Yes, it's late. Let's sleep.
Jack: Listen, Peter.
Peter: Eh?
Jack: Listen! What is it?
Peter: It's nothing. It's only the wind. Let's sleep.

Wörter und Wendungen

night [nait]	Nacht	morning ['mɔ:niŋ]	Morgen
at night [ət 'nait]	nachts	in the morning [in ðə 'mɔ:niŋ]	am Morgen
let's sleep [lets 'sli:p]	schlafen wir, wir wollen schlafen	eh? [ei]	wie? (wenn man nicht richtig verstanden hat)
listen ['lisn]	horch!		
only ['əunli]	nur		
wind [wind]	Wind		

Song: It's eight o'clock.

The sun *is shining* in the sky,	*scheint*
It's a happy, lovely day.	
It's eight o'clock in the morning,	
And it's time *to be on my way,*	*unterwegs zu sein*
On my way.	

It's eight o'clock in the morning,	
The sky is *so bright and clear,*	*so hell und klar*
It's eight o'clock in the morning,	
And it's time *to be leaving* here,	*wegzugehen,*
Leaving here.	*aufzubrechen*

It's eight o'clock in the morning
It's another happy day,
It's eight o'clock in the morning,
And it's time to be on my way,
On my way.

Übungen

1. Schreiben Sie Fragen und Antworten, wie im Beispiel gezeigt:

a)

It's ten o'clock.
What time is it?

b)  ....

....

c)  ....

....

d)  ....

....

e)  ....

....

f)  ....

....

Üben Sie Fragen und Antworten mit einem Partner.

2. Sprechen Sie diese Zahlen auf englisch laut aus:

10 3 7 11 2

5 6 8 4 12 1 9

3. Zählen Sie auf englisch von eins bis zwölf und dann umgekehrt von zwölf bis eins.

4. Setzen Sie die fehlenden Wörter ein:

a) *Jack:* . . . . . . time . . . . . . it?

b) *Jill:* . . . . . . late, ... eleven o'clock.

c) *Jack:* . . . . . . you tired?

d) *Jill:* Yes, Jack, ... tired.

LEKTION 7

We Are Happy

Was wird gelernt?

Are we . . . ?   We're = We are   How far . . . ?   13—19

John: What time is it?	*John:* Wie spät ist es?
Mary: It's eight o'clock. Are we late?	*Mary:* Es ist acht Uhr. Sind wir zu spät dran?
John: Yes, we're late.	*John:* Ja, wir haben uns verspätet.
Mary: Oh dear!	*Mary:* O je!

So wird's verständlich:

We're: In Lektion 1–6 haben Sie die Ausdrücke *I am, you are, he is, she is* und *it is* kennengelernt. Nach *we* steht *are* als Bindeglied zu Namen und Eigenschaftswörtern. Es heißt also z. B. *We are tired.* (Wir sind müde.) *We are thirsty*. (Wir haben Durst.) usw.
We're ist die Kurzform im gesprochenen Englisch. Beim Sprechen benutzt man hier wie bei allen anderen Fürwörtern + *am, are, is* die Vollform nur dann, wenn man mit besonderem Nachdruck spricht.

Are we . . . ? Fragen werden – wie Sie gelernt haben – durch Umkehrung der üblichen Wortfolge gebildet.

13—19: Die Zahlen von 13 bis 19 sind:

13	**thirteen**	['θə:'ti:n]	*17*	**seventeen**	['sevn'ti:n]
14	**fourteen**	['fɔ:'ti:n]	*18*	**eighteen**	['ei'ti:n]
15	**fifteen**	['fif'ti:n]	*19*	**nineteen**	['nain'ti:n]
16	**sixteen**	['siks'ti:n]			

Dialog 1: We're late.

Ein Mann und seine Frau fahren mit dem Auto in eine kleine Stadt, nach Barford, wo sie eine Verabredung haben. Sie waren noch nie dort und haben sich schon verspätet.

Man: We're late.
Woman: Yes, we're late.
Man: What time is it?
Woman: Six o'clock.
Man: Six o'clock! We *are* late.
Woman: How far are we from Barford?
Man: I don't know.
Woman: Well, stop and ask someone.
Man: All right. All right.
Sie halten an.

Man: Excuse me.
Stranger: Yes?
Man: How far are we from Barford?
Stranger: Barford?
Man: Yes. Barford.
Stranger: Five miles.
Man: Five miles?
Stranger: Yes, five miles.
Man: Thank you.
Stranger: That's all right. Goodbye.
Man: Goodbye.

Wörter und Wendungen

far [fɑː]	weit
how far? ['hau 'fɑː]	wie weit?
how far are we from Barford? ['hau 'fɑːr 'ɑː wi frəm 'bɑːfəd]	wie weit sind wir von Barford weg? wie weit ist es noch bis B.?
know [nəu]	weiß; wissen
I don't know [ai 'dəunt 'nəu]	ich weiß nicht
stop [stɔp]	halte an! anhalten
ask [ɑːsk]	frage! fragen
someone ['sʌmwʌn]	jemand
excuse me, . . . [iks'kjuːz mi]	Entschuldigen Sie bitte, . . . *(Es ist üblich, eine Frage an einen Fremden so zu beginnen.)*
mile(s) [mailz]	Meile(n) *(5 Meilen sind etwa 8 Kilometer, 1 Meile also 1,6 Kilometer. Obwohl auch in England allmählich das metrische System eingeführt wird, werden Entfernungen immer noch in Meilen angegeben.)*
that's all right ['ðæts ɔːl 'rait]	keine Ursache, schon gut
stranger ['streindʒə]	Fremder

one mile (eine Meile), **five miles** (fünf Meilen): im Englischen bildet man die **Mehrzahl** (den Plural) in der Regel durch Anhängen von **-s** an die Einzahl (den Singular). Es gibt einige Wörter, die eine Ausnahme machen, doch ist die *s*-Mehrzahl die bei weitem häufigste Form.

Dialog 2: How far are we from Barford now?

Der Mann und die Frau haben Barford noch immer nicht gefunden.

Woman: We're late.
Man: Yes, we *are* late.
Woman: How far are we from Barford now?
Man: I don't know.
Woman: Well, stop and ask someone.
Man: All right.
Sie halten.
Excuse me.
Stranger: Yes?
Man: How far are we from Barford?
Stranger: Barford?
Man: Yes, Barford.
Stranger: Nineteen miles.
Man: Nineteen miles!
Woman: How far?
Man: Nineteen miles.
Woman: Oh no!
Man: What's wrong?
Woman: We're going the wrong way.
Man: We're going the wrong way.
Stranger: Yes. Barford's in the other direction!

Wörter und Wendungen

wrong [rɔŋ]	falsch, verkehrt
the wrong way [ðə 'rɔŋ 'wei]	die verkehrte Richtung
we're going the wrong way [wiə 'gəuiŋ ðə 'rɔŋ 'wei]	wir fahren in der falschen Richtung; wir sind nicht auf dem richtigen Weg
direction [di'rekʃən]	Richtung
in the other direction [in ði 'ʌðə di'rekʃən]	in der anderen Richtung

Song: We are happy.

When we're young and seventeen,	*wenn*
We are happy, *life is fine*.	*das Leben ist schön*
Girl-friends, boy-friends,	*Freundinnen, Freunde*
pop-song, day-dreams,	*Pop-Song, Tagträume*
We are *busy all the time*.	*immerzu (die ganze Zeit) beschäftigt*
When we're *thirty, forty, fifty,*	*dreißig, vierzig, fünfzig*
We are busy, life is fine.	
Children, housework, bills and more bills,	*Kinder, Hausarbeit, Rechnungen über Rechnungen*
We *are working* all the time.	*arbeiten, bei der Arbeit sein*
When we're *eighty, going on ninety,*	*achtzig, auf die neunzig zugehen*
We are happy, life is fine.	
Old friends, *letters, phone-calls, postcards,*	*Briefe, Telefongespräche, Postkarten*
We are happy all the time.	

Übungen

1. Setzen Sie *am, is* oder *are* ein:

a) You . . . . . late. d) It . . . . . six o'clock. g) It . . . . . cold.

b) He . . . . . American. e) We . . . . . hungry. h) We . . . . . late.

c) I . . . . . tired. f) She . . . . . happy.

2. Setzen Sie nun *am*, *is* oder *are* in diese Fragen ein:

a) . . . . . he German? c) . . . . . it three o'clock? e) . . . . . I late?

b) . . . . . we late? d) . . . . . you thirsty?

3. Sehen Sie sich an, wie aus der Aufschrift auf dem Wegweiser: *Barford/5 miles* Frage und Antwort gebildet werden:
Man: How far are we from Barford?
Woman: Five miles. We're five miles from Barford.
Nun bilden Sie ähnliche Fragen und Antworten mit folgenden Orts- und Entfernungsangaben aus London:
a) London Airport / 15 miles. c) Oxford Street / 3 miles.
b) Hyde Park / 4 miles. d) Piccadilly Circus / 19 miles.
Üben Sie Fragen und Antworten mit einem Partner.

LEKTION 8

How Much Are They?

Was wird gelernt?

Are they . . . ? They're = They are How much . . . ? 20—60

John: They're nice apples.	*John:* Das sind schöne Äpfel.
Mary: Yes.	*Mary:* Ja.
John: Are they dear?	*John:* Sind sie teuer?
Mary: No, they're cheap.	*Mary:* Nein, sie sind billig.

So wird's verständlich:

They are: Als letztes der Fürwörter lernen Sie jetzt *they* (sie) kennen. Es wird für Personen und Sachen gebraucht. Wie *you* und *we* wird es durch *are* mit Namen und Eigenschaftswörtern verbunden.

Die Kurzform – beim Sprechen – ist *they're*. Und in der Frage wird die Wortfolge wieder umgekehrt: *are they . . . ?*

20—60: Hier sind weitere Zahlen, diesmal die Zehner von 20 bis 60:

20	**twenty**	['twenti]	*50*	**fifty**	['fifti]
30	**thirty**	['θə:ti]	*60*	**sixty**	['siksti]
40	**forty**	['fɔ:ti]			

Bei den Zahlen zwischen den Zehnern ist es gerade umgekehrt wie im Deutschen, wo zunächst die Einer und dann die Zehner gesprochen werden: *ein*undzwanzig : *twenty*-**one.** Hier sind weitere Beispiele:

21	**twenty-one**	['twenti'wʌn]	*46*	**forty-six**	['fɔ:ti'siks]
27	**twenty-seven**	['twenti'sevn]	*53*	**fifty-three**	['fifti'θri:]
34	**thirty-four**	['θə:ti'fɔ:]	*69*	**sixty-nine**	['siksti'nain]

Dialog 1: How much are the apples?

Peter und Jane sind beim Einkaufen. Peter möchte etwas Obst kaufen.

Peter:	I want some apples, Jane.
Jane:	Apples?
Peter:	Yes, they're cheap.
Jane:	Oh, look. They're nice apples.
Peter:	Oh yes, they *are* nice. How much are they?
Jane:	Excuse me! Those apples. How much are they?

Shopkeeper:	They're cheap. Thirty pence for six.
Jane:	Yes, they *are* cheap. Five pence for one.
Peter:	I want three.
Jane:	Can I have three apples, please?
Shopkeeper:	Certainly, madam. Here you are. Three apples.
Jane:	Thank you. How much?
Shopkeeper:	Eighteen pence, please.
Peter:	Eighteen pence! But three fives are fifteen.
Jane:	Yes. Three fives are fifteen.
Shopkeeper:	Thirty pence for six, madam. But six pence for one. Three sixes are eighteen. Eighteen pence, please.
Peter:	Six pence for one. Oh, they're dear.
Jane:	Yes, they *are* dear.
Peter:	We'll buy something else.

Wörter und Wendungen

want [wɔnt]	möchte (... haben)
I want some apples [ai 'wɔnt sʌm 'æplz]	ich möchte Äpfel haben
nice [nais]	schön
shopkeeper ['ʃɔpki:pə]	Ladeninhaber
how much ...? ['hau 'mʌtʃ ...]	wieviel ...?
how much is it? ['hau 'mʌtʃ 'iz it]	Wieviel kostet ...?
how much are they? ['hau 'mʌtʃ 'ɑ: ðei]	Wieviel kosten ...?
pence [pens]	Pence *(Preisangabe. 100 Pence sind ein englisches Pfund.)*
for [fɔ:, fə]	für
thirty pence for six ['θə:ti 'pens fə 'siks]	sechs *(Stück)* kosten dreißig *(Pence)*
can [kæn, kən]	kann
can I have [kən ai 'hæv]	kann ich haben/bekommen?
certainly ['sə:tnli]	gewiß, sicher
madam ['mædəm]	meine Dame
here you are ['hiə ju 'ɑ:]	hier, bitte *(Beim Überreichen der Ware/des Geldes.)*
three sixes are eighteen ['θri: 'siksiz ɑ:r 'ei'ti:n]	dreimal sechs *(eigentlich „drei Sechsen")* sind achtzehn; (Wörter, die auf *-x, -ch, -s* und zum Teil auch *-o* enden, bilden die Mehrzahl auf *-es.*)
buy [bai]	kaufen
we'll buy [wi:l 'bai]	wir (werden) kaufen
we'll buy something else [wi:l 'bai 'sʌmθiŋ 'els]	wir kaufen etwas anderes

Dialog 2: How much are the bananas?

Peter und Jane sehen sich Bananen an.

Jane:	Look at those bananas. They are nice.
Peter:	How much are they? Are they cheap?
Jane:	Excuse me. Those bananas. How much are they, please?
Shopkeeper:	Four pence for one.
Peter:	They're cheap.
Jane:	Yes, they *are* cheap.
Peter:	I want six.
Jane:	Can I have six bananas, please?
Shopkeeper:	Certainly, love. Here you are. Six bananas.
Jane:	Thank you. How much?
Peter:	Twenty-four pence, of course.
Shopkeeper:	No, ducky. Four pence for one, but six for twenty pence.
Jane:	Oh, they're cheap.
Peter:	Yes, they *are* cheap. I want twelve bananas.
Jane:	Twelve bananas!
Peter:	Yes, they're cheap.

Wörter und Wendungen

look at ['luk ət]	sieh dir an! sich ansehen	love, ducky [lʌv, 'dʌki]	„Liebling", meine Liebe *(hier ungeniert vertrauliche Anrede von Verkäufern, Marktfrauen usw.)*
those [ðəuz]	die da, jene		
banana [bə'nɑ:nə]	Banane		

Song: How much are they?

Oranges, pears and apples. How much are they? *Orangen, Birnen*
Oranges, pears and apples. Are they cheap today?
Oranges, pears and apples. They're dear today.
Six for sixty-six pence. It's *too much to pay.* *zuviel zu bezahlen, zu teuer*

What about bananas? How much are they?	*Wie wär's mit Bananen?*
What about bananas? Are they cheap today?	
You can have bananas. They're cheap today.	*Sie können . . . haben*
You can have bananas. It's *not much to pay.*	*nicht viel zu bezahlen, nicht teuer*
I want twelve bananas. They're cheap today.	
I want twelve bananas. How much are they?	
You'll have twelve bananas. They're cheap today.	*Sie werden . . . haben*
Twelve for forty-eight pence. *But who is to pay?*	*Aber wer soll (das) bezahlen?*

Übungen

1. Üben Sie die englischen Zahlen, die Sie bereits kennen. Sprechen Sie laut:

   57 24 46

   38 61

2. Sprechen Sie diese Multiplikationsaufgaben laut und schreiben Sie sie auf:

   a) 3×5 Three fives are fifteen.

   b) 6×4 . . . .

   c) 2×9 . . . .

   d) 11×6 . . . .

   e) 8×5 . . . .

3. Sehen Sie sich das Bild und den Dialog an:

Peter: Those apples are nice.
Jane: Yes, and they are cheap, too.
Peter: How much are they?
Jane: Thirty pence for six.

Denken Sie sich ähnliche Dialoge zu diesen Bildern aus:

Üben Sie die Dialoge mit einem Partner.

4. Bilden Sie nach dem Beispielsatz weitere Sätze:

a) John's happy. Mary's happy. They're happy.

b) Laurence Olivier is English.
James Mason is English. ....

c) Anne's tired. Peter's tired. ....

d) Cary Grant is American.
Yul Brynner is American. ....

e) Mary's hungry. Anne's hungry. ....

LEKTION 9

So Am I

Was wird gelernt?

So am I **I want . . .** **Half past two** **70—199**

Mary:	It's hot today.	*Mary:*	Es ist heiß heute.
John:	Yes, it *is* hot!	*John:*	Ja, es ist wirklich heiß!
Mary:	I'm thirsty.	*Mary:*	Ich habe Durst.
John:	So am I. I want some tea.	*John:*	Ich auch. Ich möchte Tee (trinken).

So wird's verständlich:

It's: Dies ist ein weiteres Beispiel für *it* am Beginn einer unpersönlichen Aussage, wie Sie es in Lektion 6 kennengelernt haben. Sicher ist Ihnen aufgefallen, daß John hier nicht die Kurzform *It's hot* verwendet, sondern die volle Form *It is hot*, um dem Gesagten mehr Nachdruck zu verleihen: „Es ist wirklich heiß."

So am I: John stimmt Mary zu. Als sie davon spricht, daß sie durstig ist, sagt er, daß er auch durstig ist; sie sagt *I'm thirsty*, er erwidert *So am I* „(das bin) ich auch".

Hier noch zwei Beispiele dazu:

Mary:	**I'm** *hungry.*	*John:*	**So am I.**
Mary:	**I'm** *tired.*	*John:*	**So am I.**

I want: Hier begegnet Ihnen das Fürwort *I* in Verbindung mit dem Zeitwort (Verb) *want: I want some tea.* „Ich möchte (etwas) Tee (haben/trinken)." Sie erinnern sich, wie Peter in Lektion 8 sagte *I want some apples.* und *I want twelve bananas.* In einer späteren Lektion werden Sie mehr über *want* hören. Vorläufig genügt es zu wissen, daß es in Verbindung mit *I* auftritt und „ich möchte (haben)" bedeutet.

70—199: Hier sehen Sie die noch fehlenden Zehnerzahlen bis 100:

70	**seventy**	['sevnti]	*90*	**ninety**	['nainti]
80	**eighty**	['eiti]	*100*	**one hundred**	['wʌn 'hʌndrəd]

Nach *one hundred* schließt man Einer und Zehner mit *and* (und) an, zum Beispiel:

102	*one hundred* **and two**
135	*one hundred* **and thirty-five**
164	*one hundred* **and sixty-four**
198	*one hundred* **and ninety-eight**

Dialog 1: I'm thirsty. — So am I.

Tom ist mit seiner Frau Jane und deren Schwester Kate einkaufen gegangen. Sie hören eine Uhr schlagen.

Kate: What time's that, Jane?
Jane: It's half past twelve, Kate.
Tom: Yes, it's half past twelve, and it's hot.

Jane: Yes, it *is* hot.
Kate: And I'm thirsty.
Jane: So am I. I'm thirsty too.
Kate: And I'm tired.
Jane: So am I. Tom, we're tired and we're thirsty.
Tom: So am I. Let's go into a café.
Jane: }
Kate: } Good idea!
Tom: Ah! Here's a café. Let's go in.
Sie gehen hinein und setzen sich.
Jane: I want coffee.
Kate: I want tea.
Tom: And I want lemonade.
Waiter: Yes?
Tom: One tea, one coffee and one lemonade, please.
Waiter: Sorry, sir. No tea.
Tom: Oh.
Kate: I want coffee, then.
Tom: Two coffees and one lemonade, please.
Waiter: Sorry, sir. No coffee.
Tom: Oh.
Jane: I want lemonade, then.
Kate: And I want lemonade too.
Tom: Three lemonades, please.
Waiter: Sorry, sir. No lemonade.
All: What?
Waiter: It's half past twelve, you see. We only serve lunch between twelve o'clock and two.
Jane: }
Kate: } Oh no!
Tom: }

Wörter und Wendungen

half past twelve ['hɑ:f 'pɑ:st 'twelv]	halb eins („halb nach zwölf")	café ['kæfei]	Café, Restaurant
into ['intu, 'intə]	in (. . . hinein)	let's go into a café [lets 'gəu 'intə ə 'kæfei]	gehn wir (doch) in ein Café

let's go in [lets 'gəu 'in]	gehn wir (mal) rein	no tea ['nəu 'tiː]	(es ist) kein Tee (mehr da)
coffee ['kɔfi]	Kaffee	then [ðen]	dann
tea [tiː]	Tee	all [ɔːl]	alle
lemonade [lemə'neid]	Limonade	what? [wɔt]	was? (was sagen Sie da?)
waiter ['weitə]	Ober, Kellner	you see [ju 'siː]	Sie verstehen
sir [səː]	mein Herr *(so reden Ober, Verkäufer usw. männliche Kunden an)*	only ['əunli]	nur
		serve [səːv]	servieren
		lunch [lʌntʃ]	(Mittag)Essen
		between [bi'twiːn]	zwischen

Dialog 2: One pound and eighty-six pence!

Tom, Kate und Jane sitzen immer noch in dem kleinen Restaurant.

Tom: No tea, no coffee, no lemonade.
Waiter: You can have tea –
Kate: Tea! I want tea.
Waiter: And coffee –
Jane: Coffee! I want coffee.
Waiter: And lemonade –
Tom: Lemonade! I want lemonade.
Waiter: If you pay for lunch.
Kate: Pay for lunch?
Tom: How much?
Waiter: Sixty-two pence for one lunch.
Jane: Three sixty-two's are –
Tom: One hundred and eighty-six pence.
Kate: Yes, one pound and eighty-six pence.
Tom: What?
Jane: What?
Kate: One pound and eighty-six pence . . . for one tea –
Jane: And one coffee –
Tom: And one lemonade.
Jane: No, thank you.
Kate: No, thank you.
Tom: We'll go somewhere else.

Wörter und Wendungen

you can have . . . [ju kən 'hæv]	Sie können . . . haben
if [if]	wenn, falls
pay for ['pei fə]	bezahlen (für)
go [gəu]	gehen
we'll go [wi:l 'gəu]	wir (werden) gehen
we'll go somewhere else [wi:l 'gəu 'sʌmwεə 'els]	wir gehen woanders hin

Song: So am I.

I'm thirsty. – So am I.	
I'm thirsty. – So am I.	
And *what shall we do?*	*was sollen wir tun?*
Drink some tea. – *So will I.*	*(das werde) ich*
Drink some tea. – So will I.	*auch (tun)*
I'll drink some tea with you.	*ich werde trinken*

I'm happy. – So am I.
I'm happy. – So am I.
And what shall we do?
Sing a song. – So will I.
Sing a song. – So will I.
I'll sing a song with you.

Sing a song. Drink some tea.	
Drink some tea. Sing a song.	
That's what we shall do.	*das werden wir tun*
Drink some tea. Sing a song.	
Sing a song. Drink some tea.	
I'll drink some tea with you.	
I'll sing a song with you.	

Übungen

1. Sie empfinden das gleiche wie John. Sagen Sie es. Das Beispiel zeigt Ihnen, wie:

   I'm thirsty. So am I.   I'm hot. . . . .

   I'm happy. . . . .   I'm cold. . . . .

I'm tired. .... I'm late. ....

I'm hungry. .... I'm ready. ....

Wenn Sie zu übersetzen versuchen, was John sagt, werden Sie bald merken, daß Sie nicht immer mit „Ich bin . . ." beginnen können. Was ließe sich zum Beispiel für *I'm hot. I'm cold.* im Deutschen sagen? Natürlich haben Sie die Lösung gleich gefunden: Mir ist kalt. Mir ist heiß. Sie sehen also, daß man nicht immer Wort für Wort übersetzen kann.

2. Bilden Sie Fragen und Antworten nach dem Beispiel:

a) What time is it?
It's half past three.

b) ....

....

c) ....

....

Üben Sie die Fragen und Antworten mit einem Partner.

3. Vervollständigen Sie die Sätze nach dem Beispiel:

a) I want some tea.

b) ....some coffee.

c) ....some lemonade.

d) ....four apples.

e) ....twelve bananas.

f) ....six oranges.

4. Sprechen Sie diese Zahlen laut auf englisch:

84 127 66

135

5. Zählen Sie auf englisch von 95 bis 110.

LEKTION 10

When It's Dark and Cold

Was wurde gelernt?

Wiederholung Lektion 1—9

Die Dialoge, das Lied und die Übungen dieser Lektion dienen der Wiederholung des Wichtigsten aus Lektion 1–9. Die folgende Zusammenstellung erleichtert Ihnen die Übersicht. (Die Zahlen beziehen sich auf die Lektionen.)

1–8

I'm	*hungry.*
He's	*tired.*
She's	*thirsty.*
We're	*cold.*
You're	*late.*
They're	*early.*

1–8

Am I	*late?*
Is he	*English?*
Is she	*German?*
Are we	*early?*
Are you	*hungry?*
Are they	*tired?*

3

Hallo, John.
Hallo, Mary.
How are you?
I'm very well, thank you.

6

	late.
It's	*cold.*
	morning.

5–9

What time is it?
It's four o'clock.
It's half past six.

8

The apples are nice.
How much are they?
Six for twenty pence.

9

I want	*some tea.*
	six apples.

9

I'm hungry.
So am I.

5–9

one two three
ten twenty thirty
sixty-four
one hundred and fifty-eight

Dialog 1: We're lost.

Peter und seine Frau Anne sind im Urlaub. Eines Abends verlassen sie ihr Hotel zu einem Spaziergang und verirren sich.

Anne: Where are we, Peter?
Peter: We're lost.
Anne: Yes, we are lost.
Peter: It's dark and it's cold.
Anne: Yes, and it's frightening too.
Peter: Listen.
Eine Uhr schlägt.
Anne: What time is it, Peter?
Peter: . . . nine, ten, eleven, twelve. It's twelve o'clock. Anne, it's midnight.
Anne: Oh dear, it is late.
Peter: And we're lost! . . .
Jim: Hallo!
Peter: Listen, Anne, someone's coming.
Anne: Hallo! Hallo!
Jim: Hallo. Hallo, Anne. Hallo, Peter.
Peter: } Why, it's Jim!
Anne: }
Peter: Hallo, Jim.
Anne: Hallo, Jim.
Peter: We're lost.
Jim: You're lost. And so am I.

Anne: You're lost, too?
Jim: Yes, I'm lost too. The three of us are lost.
Peter: We'll keep walking.
Jim: Yes, perhaps we'll meet someone.
Anne: It's late, and I'm cold.
Peter: So am I.
Jim: It's frightening.

Wörter und Wendungen

where? [wεə]	wo?	why! [wai]	nanu! das ist doch . . . !
we're lost [wiə 'lɔst]	wir haben uns verirrt/verlaufen	the three of us [ðə 'θri: əv ʌs]	wir alle drei
dark [dɑ:k]	dunkel	walk [wɔ:k]	laufen, zu Fuß gehen
listen ['lisn]	horch!, höre!	we'll keep walking [wi:l 'ki:p 'wɔ:kiŋ]	wir werden weitergehen
midnight ['midnait]	Mitternacht	perhaps [pə'hæps]	vielleicht
someone ['sʌmwʌn]	(irgend) jemand	meet [mi:t]	treffen, begegnen
someone's coming ['sʌmwʌnz 'kʌmiŋ]	da kommt jemand		

Dialog 2: It's one o'clock.

Peter, Anne und Jim irren immer noch umher.

Peter: Where are we?
Anne: We're lost.
Jim: Yes, we are lost.
Anne: It's one o'clock.
Jim: It is late.
Peter: And it's cold.
Anne: And it's frightening too.
Jim: Someone's coming.
Anne: Hallo! Hallo! We're lost. Hallo!
Jane: Hallo, hallo!

Peter: Oh, hallo, Jane.
Jane: Hallo, Peter, what's wrong?
Anne: We're lost.
Jim: We're lost!
Jane: Lost? You're *lost?* Listen . . .
Sie hören Musik.
Jim:, *Peter:*, *Anne:* It's the hotel! Hurrah!
Anne: I want some coffee. I'm cold.
Peter: And I want some coffee too.
Jim: So do I. Let's hurry.

Wörter und Wendungen

hotel [həu'tel]	Hotel
hurrah! [hu'rɑ:]	hurra!
hurry ['hʌri]	sich beeilen
let's hurry [lets 'hʌri]	wir wollen uns beeilen
so do I [səu du 'ai]	(das tue) ich auch (als Antwort „ich auch" sagt man bei *I'm hungry.*: *So am I.* (vgl. Lektion 9) Und bei *I want . . .*: *So do I.* Mehr über diesen Gebrauch von *do* erfahren Sie in einer späteren Lektion.)

Song: When it's dark and cold.

When it's dark and cold	*wenn*
And I am *sad* and old,	*traurig*
I want you by my side	*Ich möchte, daß du an meiner Seite/neben mir bist,*
I want you near.	*Ich möchte, daß du mir nahe bist.*
He wants *me by his side*	*Er . . . ich an seiner*
He wants me near.	*Seite/neben ihm bin*

When I'm *far from home*, — *weit fort von zu Hause*

And I am *all alone*, — *ganz allein*
I want you by my side,
I want you near.
She wants *me by her side*, — *Sie . . . ich an ihrer Seite/neben ihr bin*
She wants me near.

When it's late at night,
And I am lost and tired,
I want you by my side,
I want you near.
She wants me by her side,
She wants me near.

Übungen

1. Üben Sie noch einmal die Zahlen, die Sie bisher kennen. Sprechen Sie Sätze nach folgendem Beispiel laut aus und schreiben Sie sie auf:
   a) 8 p + 20 p Eight pence and twenty pence. How much is that? Twenty-eight pence.

   b) 10 p + 22 p . . . .

   . . . .

   c) 41 p + 36 p . . . .

   . . . .

   d) 18 p + 51 p . . . .

   . . . .

   Spielen Sie die Fragen und Antworten mit einem Partner durch.

2. Stellen Sie Fragen und beantworten Sie sie, wie im Beispiel gezeigt:

a) What time is it?
It's three o'clock.

b) . . . .
. . . .

c) . . . .
. . . .

d) . . . .
. . . .

e) . . . .
. . . .

f) . . . .
. . . .

3. Setzen Sie *am*, *is* oder *are* ein:

a) John . . . . . hungry, Mary . . . . . thirsty, and they . . . . . tired.

b) It . . . . . very late. What time . . . . . it? – It . . . . . half past two.

c) I . . . . . sorry. I . . . . . late. But I . . . . . here now, and I . . . . . ready.

d) . . . . . you American? – No, I . . . . . German.

e) It . . . . . hot here, and I . . . . . thirsty. – So . . . . . I.

4. Setzen Sie in diesen Dialog die fehlenden Wörter ein:

Jack: Hallo, Anne.

Anne: . . . . ., Jack.

Jack: How . . . . . you?

Anne: I . . . ., thank you. How . . . . ?

Jack: I . . . . well too, thank you.

Anne: . . . . thirsty?

Jack: Yes, I . . . . . very thirsty. I . . . . . some tea.
Anne: Tea? Here you are.

Sprechen Sie den vervollständigten Dialog zusammen mit einem Partner.

LEKTION 11

We Are Mr. and Mrs. Lamore

Was wird gelernt?

I'm not . . . **Mr., Mrs., Miss** **and** **200—1,000**

John: Hallo, Mary.	*John:* Hallo, Mary.
Mary: Hallo, John. How are you today?	*Mary:* Hallo, John. Wie geht es dir denn so?

John:	I'm not well today, Mary.	*John:*	Es geht mir heute nicht gut, Mary.
Mary:	Oh dear. I *am* sorry.	*Mary:*	Ach je, das tut mir aber leid.

So wird's verständlich:

not: Das Wort *not* dient im Englischen dazu, verneinende Sätze zu bilden. Bisher haben wir bejahende Sätze geübt, zum Beispiel *I'm tired* (Ich bin müde). Die Verneinung dazu ist *I'm not tired* (Ich bin nicht müde). Das *not* entspricht also unserm deutschen „nicht". Hier sind noch einige Beispiele:

I'm **not** *old.*	*I'm young.*
I'm **not** *American.*	*I'm English.*
I'm **not** *hot.*	*I'm cold.*

and: Das Wörtchen *and* verbindet Wörter, Wendungen und Sätze miteinander, wird also wie im Deutschen das Wörtchen „und" gebraucht. Ein Beispiel: *I'm tired and I'm not well.* (Ich bin müde, und ich fühle mich nicht wohl.) Auch bei der Bildung der Zahlen über hundert ist es Ihnen schon begegnet, erinnern Sie sich? Hier noch einmal ein Beispiel: 105 – *one hundred and five.*

200—1,000: Die Hunderter sind im Englischen sehr leicht zu bilden:

200 **two hundred**	*500* **five hundred**	*800* **eight hundred**
300 **three hundred**	*600* **six hundred**	*900* **nine hundred**
400 **four hundred**	*700* **seven hundred**	*1,000* **one thousand** ['wʌn 'θauzənd]

Wie die dazwischenliegenden Zahlen gebildet werden, können Sie sich jetzt sicher schon denken. 645 ist zum Beispiel *six hundred and forty-five.*

Bei Telefon- und Flugnummern werden die Ziffern allerdings einzeln gelesen, wie Sie es auch vom Deutschen her kennen. So ist *Flight 726* (Flug 726) *Flight seven – two – six.* Und die Telefonnummer 82 90 23 wäre *eight – two – nine – ou – two – three* auszusprechen; die Null wird also wie ein *O* ausgesprochen.

Mr., Mrs., Miss: Diese Anreden stehen immer vor dem Familiennamen, und zwar wird *Mr.* für Männer, *Mrs.* für verheiratete Frauen und *Miss* für unverheiratete Frauen verwendet.

Dialog 1: I'm not Miss Smith.

Peter Carter und seine Frau Anne warten am Flughafen. Sie wollen ein Fräulein Smith abholen.

Peter: It's two o'clock.
Anne: Miss Smith's plane is late.
Peter: Yes, it is late.
Announcer: Attention please! Flight BA 726 from Amsterdam has now arrived. Passengers on this flight are now disembarking at Gate 16.
Peter: Amsterdam. It's Miss Smith's plane.
Anne: Yes, her plane is here.
Peter: Here are the passengers . . . Excuse me, excuse me!
Woman: Yes?
Peter: Excuse me, are you Miss Smith?
Woman: No, I'm sorry. I'm not Miss Smith. I'm Miss Jones.
Peter: I'm sorry.
Anne: Excuse me. Excuse me!
Woman: Yes?
Anne: Excuse me, are you Miss Smith?
Woman: No, I'm not *Miss Smith*. I'm *Mrs. Jackson*.

Anne:	Oh dear! I *am* sorry.
Peter:	How embarrassing!
Anne:	Yes, it is embarrassing.
Peter:	We'll never find her.
Anne:	What shall we do?

Wörter und Wendungen

plane [plein]	Flugzeug
Miss Smith's plane [mis 'smiθs 'plein]	Miss Smiths Flugzeug
announcer [ə'naunsə]	Ansager(in)
Attention please! [ə'tenʃən pli:z]	Achtung, eine Durchsage!
arrive [ə'raiv]	ankommen, *hier:* landen
has now arrived [həz 'nau ə'raivd]	ist soeben gelandet
passengers ['pæsindʒəz]	Passagiere, Fluggäste
disembark ['disim'bɑ:k]	aussteigen, von Bord gehen
are now disembarking [ɑ'nau 'disim'bɑ:kiŋ]	gehen jetzt von Bord
Gate 16 ['geit siks'ti:n]	Flugsteig 16
here are the passengers ['hiə'rɑ: ðə 'pæsindʒəz]	hier kommen die Passagiere
embarrassing [im'bærəsiŋ]	peinlich
how embarrassing [hau im'bærəsiŋ]	wie peinlich
never ['nevə]	nie(mals)
find [faind]	finden
we'll never find her [wi:l 'nevə 'faind hə:]	wie werden sie nie finden, wir finden sie doch nie
do [du(:)]	tun
what shall we do? ['wɔt ʃəl wi 'du:]	was sollen wir tun?

Dialog 2: I'm Mrs. Robinson.

Peter und Anne suchen immer noch am Flughafen nach Fräulein Smith.

Anne:	What shall we do?
Peter:	We'll never find her.
Anne:	Excuse me.
Miss Wilson:	Yes?
Anne:	Are you Miss Smith?
Miss Wilson:	No, I'm sorry. I'm not Miss Smith. I'm Miss Wilson.

Anne: Oh dear. I'm sorry.
Peter: Excuse me.
Mrs. Robinson: Yes?
Peter: Are you Miss Smith?
Mrs. Robinson: No, I'm not Miss Smith. I'm Mrs. Robinson.
Mr. Robinson: And I'm Mr. Robinson.
Mrs. Robinson: You're Mr. Carter?
Mr. Robinson: And you're Mrs. Carter?
Peter: Yes, we are . . .
Anne: But –
Mr. Robinson: This *is* Miss Smith.
Mrs. Robinson: I was married last week. I'm not Miss Smith any more. I'm Mrs. Robinson.
Peter: Hallo.
Anne: It's so nice to meet you.
Mrs. Robinson: Yes, it's nice to meet you.
Mr. Robinson: Not Miss Smith. *Mrs. Robinson.*

Wörter und Wendungen

married ['mærid]	verheiratet
I was married [ai wəz 'mærid]	ich habe geheiratet
week [wi:k]	Woche
last week ['lɑ:st 'wi:k]	(in der) letzte(n) Woche
not any more ['nɔt 'eni 'mɔ:]	nicht mehr
it's so nice to meet you [its 'səu 'nais tə 'mi:t ju]	ich freue mich sehr, Sie kennenzulernen

Song: We are Mr. and Mrs. Lamore.

I'm not Miss Summers any more.
No, I'm not Miss Summers any more.
For, I was married this morning, — *denn*
Yes, I was married this morning,
And now I am Mrs. Lamore.
You're not Miss Summers any more.
No, you're not Miss Summers any more.
For *you were married* this morning, — *du hast geheiratet*
Yes, you were married this morning,
So now you are Mrs. Lamore.

I'm not Miss Summers any more.
No, you're not Miss Summers any more.
For *we were married* this morning, *wir haben geheiratet*
Yes, we were married this morning,
We're Mr. and Mrs. Lamore.

Übungen

1. *Who are you?* „Wer sind Sie?" Beantworten Sie die Fragen, indem Sie Ihren Namen einsetzen. Verwenden Sie dabei *Mr., Mrs.* oder *Miss:*

   Are you Mr. Carter? No, I'm not Mr. Carter. I'm . . . .

   Are you Mrs. Robinson? . . . .

   Are you Miss Jones? . . . .
   Richten Sie die Fragen an Ihren Partner.

2. Verbinden Sie diese Wörter nach folgendem Beispiel zu einem Satz:
   a) tired/not very well   I'm tired and I'm not very well.

   b) cold/hungry   . . . .

   c) hot/thirsty   . . . .

3. Sprechen Sie diese Zahlen auf englisch laut aus:

643 729

581 1000

Und nun ebenso diese Flug- und Telefonnummern:

Flight 963 Flight 405 Flight 817

243–9016

758–3249

4. Verneinen Sie diese Fragen nach folgendem Beispiel:

a) Are you tired? No, I'm not tired.

b) Are you English? ....

c) Are you Mr. Smith? ....

d) Are you hungry? ....

e) Are you Yul Brynner? ....

f) Are you cold? ....

Üben Sie die Fragen und Antworten mit Ihrem Partner.

LEKTION 12

She's Not English

Was wird gelernt?

We're/You're/They're not . . . **He's/She's/It's not . . .**
1,000—9,999

Mary:	Anne's French.	*Mary:*	Anne ist Französin.
John:	She's not French.	*John:*	Sie ist nicht Französin.
	She's English.		Sie ist Engländerin.
Mary:	And Mike's American.	*Mary:*	Und Mike ist Amerikaner.
John:	He's not American.	*John:*	Er ist nicht Amerikaner.
	He's English too.		Er ist auch Engländer.

So wird's verständlich:

not: In Lektion 11 haben Sie gelernt, daß das Wörtchen *not* gebraucht wird, um verneinende Sätze zu bilden. Ebenso wie es dort in Verbindung mit *I* gebraucht wurde (zum Beispiel: *I'm not tired*), wird es zusammen mit anderen Fürwörtern verwendet, um die Verneinung zu bilden. Hier einige Beispiele dafür:

We're **not** *early.*	*We're late.*
They're **not** *French.*	*They're German.*
It's **not** *six o'clock.*	*It's seven o'clock.*

1,000—9,999: Zwischen Tausendern und Hundertern steht kein *and:*

1,250	**one thousand two hundred** *and fifty*
5,820	**five thousand eight hundred** *and twenty*
4,653	**four thousand six hundred** *and fifty-three*

Spricht man eine vierstellige Jahreszahl aus, so werden die beiden ersten Ziffern als eine Zahl und die beiden letzten Ziffern als eine Zahl gesprochen. Ein Beispiel:
Geschrieben: *It's 1975.* Gesprochen: *It's nineteen seventy-five.*

Dialog 1: It's not three o'clock.

Anne und Tom warten auf Mike. Beide sind in streitlustiger Stimmung.

Anne: Mike's late.
Tom: He's not late. We're early.
Anne: We're not early. He's late and we're late.
Tom: What time is it?
Anne: Listen.
Eine Uhr schlägt drei.
Tom: It's three o'clock. We're early!
Die Uhr schlägt zum vierten Mal.
Anne: Listen. It's not three o'clock. It's four o'clock. He *is* late.
Tom: He's not late. The clock's wrong.
Anne: The clock's not wrong.
Tom: It's three o'clock. It's not four o'clock.
Anne: Let's ask someone.
Tom: Excuse me.
Man: Yes?
Tom: What time is it, please?
Man: Time . . . time . . . let me see. It's three o'clock.
Tom: Thank you.
You see. It's three o'clock. Mike's not late. We're early.

Wörter und Wendungen

wrong [rɔŋ]	falsch	let's ask someone [lets 'ɑ:sk 'sʌmwʌn]	laß uns/wir wollen jemand(en) fragen
the clock's wrong [ðə 'klɔks 'rɔŋ]	die Uhr geht falsch	see [si:]	sehen
ask [ɑ:sk]	fragen	let me see [let mi 'si:]	Moment mal, laß mal sehen
someone ['sʌmwʌn]	(irgend) jemand	you see [ju 'si:]	siehst du (wohl)?

Dialog 2: He's not late.

Anne und Tom warten immer noch auf Mike.

Anne: Mike's late.
Tom: He's *not* late. It's three o'clock, and we're early.
Anne: Well, here he is! Hallo, Mike.
Mike: Hallo, Anne.
Anne: You're late, Mike.
Mike: Late? No, I'm not late.
Tom: You see. He's not late. He's early.
Mike: Early? No, I'm not early.
Anne: Not late?
Tom: Not early?
Anne: What time is it?
Mike: It's four o'clock.
Anne: Then you *are* late.
Mike: No, I'm not late and I'm not early.
Anne: Oh!
Tom: Oh!
Mike: Well, it's four o'clock. We arranged to meet at four o'clock.
Tom: Oh yes.
Anne: That's right. He's not late.
Tom: And he's not early.
Tom: }
Anne: } He's on time.

Wörter und Wendungen

here he is ['hiə hi 'iz]	hier ist er ja
then [ðen]	dann
meet [mi:t]	sich treffen
we arranged to meet [wi ə'reindʒd tə 'mi:t]	wir haben uns verabredet
that's right ['ðæts 'rait]	richtig, ganz recht
on time [ɔn 'taim]	pünktlich

Song: She's not English.

She's not English,
He's not American,
They're *citizens of one big world.*
He's not German,
She's not *Italian,*
They're citizens of one big world.

Bürger einer einzigen großen Welt
Italiener(in); italienisch

We're all citizens, we're all citizens,
we're all citizens,
We're all citizens of one big world.

You're not *Swedish,*
You're not Egyptian,
You're citizens of one big world.
We're not *Danish,*
We're not *Australian,*
We're citizens of one big world.

schwedisch; hier: Schwede, Schwedin
dänisch; hier: Däne, Dänin
Australier(in); australisch

We're all citizens, we're all citizens,
we're all citizens,
We're all citizens of one big world.

Übungen

1. Sehen Sie sich diese Uhren an und berichtigen Sie, was daneben geschrieben steht. Richten Sie sich dabei nach dem Beispiel:

a) It's three o'clock.
It's not three o'clock.
It's four o'clock.

b) It's six o'clock.

. . . .

. . . .

c) It's eight o'clock.

. . . .

. . . .

d) It's half past eleven.

. . . .

. . . .

e) It's half past nine.

. . . .

. . . .

f) It's two o'clock.

. . . .

. . . .

2. Widersprechen Sie diesen Behauptungen nach folgendem Beispiel:

a) He's Swedish. He's not Swedish.

b) They're old. ....

c) She's very well. ....

d) It's cold. ....

Und jetzt erweitern Sie Ihren Widerspruch durch eine Richtigstellung, wie es das Beispiel zeigt:

e) Omar Sharif is Italian. He's not Italian. He's Egyptian.

f) Cary Grant is Swedisch. ....

g) Yul Brynner is German. ....

h) Marlene Dietrich is French. ....

Und nun widersprechen Sie diesen Behauptungen, die sich auf Sie selbst beziehen. Das Beispiel zeigt, wie es gemeint ist:

i) You're Mr. Jackson. No, I'm not Mr. Jackson. I'm (Mr. X.)

k) You're Australian. ....

l) You're late. ....

m) You're cold. ....

3. Verbinden Sie die folgenden Begriffe jeweils zu zwei Sätzen, die mit *and* verbunden sind. Zunächst wieder ein Beispiel:

a) three o'clock/we/early It's three o'clock and we are early.

b) midnight/I/tired ....

c) hot/Mike/thirsty ....

d) very late/Anne/tired ....

e) time for lunch/I/hungry ....

LEKTION 13

Now He Isn't Here

Was wird gelernt?

He/She/It isn't . . . Where's . . .? Where is . . .? my — your

John:	Hallo, Mary.	*John:*	Hallo, Mary.
Mary:	Hallo, John. Where's Hans?	*Mary:*	Hallo, John. Wo ist Hans?
John:	He isn't here.	*John:*	Er ist nicht hier.
Mary:	Oh dear. Where is he?	*Mary:*	Ach je. Wo ist er (denn)?

So wird's verständlich:

Where . . .? „Wo . . .?" Da dieses Wort eine Frage einleitet, entspricht die Wortfolge der der Fragesätze, wie Sie sie bereits geübt haben. Das Zeitwort steht also vor dem Namen, dem Hauptwort (Substantiv) oder persönlichen Fürwort (Personalpronomen). Die Frage lautet also:

Where is Hans?		*Where's Hans?*
Where is Mary?	oder	*Where's Mary?*
Where is the coffee?		*Where's the coffee?*

Auch hier wird also beim Sprechen meistens die verkürzte Form benutzt. Vor dem Fürwort benutzt man jedoch lieber die volle Form:

Where is he? *Where is she?* *Where is it?*

isn't: In Lektion 12 haben Sie den Gebrauch von *not* in verneinten Sätzen geübt. Sie erinnern sich: *He's not late* (Er kommt nicht zu spät). *She's not English* (Sie ist keine Engländerin).
Eine andere Möglichkeit der Verneinung ist die Verbindung von *is* mit *not* zur verkürzten Form *isn't*. Man kann also sagen: *He isn't late. She isn't English.* usw. Beide Formen sind richtig.

my: Diese Wort wird wie ein Eigenschaftswort gebraucht und bedeutet „mein". Seine Form ist unveränderlich; ob es nun vor einem Einzahlwort: *my friend* (mein Freund), oder einem Mehrzahlwort:

my apples (meine Äpfel) steht, ob es mit einem – im Deutschen – männlichen Hauptwort: *my coffee* (mein Kaffee) oder einem weiblichen: *my lemonade* (meine Limonade) steht – immer heißt es *my*.

your: Dies ist das entsprechende Wort zu *my* für die angesprochene Person. Es bedeutet also „dein", „Ihr", „euer". Wie *my* ist auch *your* unveränderlich.

Dialog 1: Where's the taxi?

Peter und Kate wollen in den Urlaub fahren. Sie warten gerade auf das Taxi, das sie zum Bahnhof bringen soll.

Kate: What time is it, Peter?
Peter: It's two o'clock.
Kate: Oh. No, it isn't two o'clock.
Peter: Yes, it is.
Kate: When does the train leave?
Peter: At three o'clock. There's plenty of time.
Kate: Where's the taxi?
Peter: It's late. It isn't here.
Kate: Oh dear! We're late. Where *is* the taxi?
Das Taxi kommt.
Peter: The taxi's here.
Kate: You're right. Here it is.

Etwas später, im Taxi.

Kate: Good. We're not late. There's plenty of time.
Peter: I told you. Plenty of time.
Kate: Wait a moment!
Peter: What is it?
Kate: My purse! Where's my purse?
Peter: Your purse?
Kate: Yes, my purse. Where is it? It isn't here.
Peter: It isn't here?
Kate: No.
Peter: Where is it?
Kate: It isn't here. It's at home.
Peter: Driver! Driver!
Kate: Turn round.
Peter: Go back.
Kate: Oh dear! We're late.
Peter: Yes, we are late. We'll never catch the train now.

Wörter und Wendungen

train [trein]	(Eisenbahn)Zug
leave [li:v]	ab-, losfahren
when does the train leave? ['wen dəz ðə 'trein 'li:v]	Wann fährt der Zug ab? Wann geht der Zug?
at 3 o'clock [ət 'θri: ə'klɔk]	um drei Uhr
plenty ['plenti]	reichlich, viel
there's plenty of time [ðɛəz 'plenti əv 'taim]	wir haben/es ist noch viel Zeit
taxi ['tæksi]	Taxi
you're right [juə 'rait]	richtig, du hast recht
here it is ['hiər it 'iz]	hier ist es
good! [gud]	gut! fein!
I told you [ai 'təuld ju]	ich habe es dir ja (gleich) gesagt
wait [weit]	warten
wait a moment ['weit ə 'məu-mənt]	einen Augenblick mal
purse [pə:s]	Portemonnaie, Geldbeutel
at home [ət 'həum]	zu Hause
driver ['draivə]	Fahrer
turn round ['tə:n 'raund]	umkehren, wenden
go back ['gəu 'bæk]	zurückgehen, -fahren
catch [kætʃ]	kriegen, erwischen
we'll never catch the train now [wi:l 'nevə 'kætʃ ðə 'trein 'nau]	jetzt kriegen wir den Zug nie mehr

Dialog 2: The money isn't in my purse!

Peter und Kate haben das Portemonnaie und sind wieder im Taxi.

Peter: Have you got your purse?
Kate: My purse?
Peter: Yes, your purse. Where is it?
Kate: It's here.
Peter: Good.
Kate: When does the train leave?
Peter: At three o'clock. There's plenty of time.
Kate: Good.
Das Taxi hält.
Kate: We're here.
Peter: How much is it?
Kate: Sixty-eight pence.
Peter: The money's in your purse.
Kate: In my purse? No, it isn't.
Peter: Where *is* the money?
Kate: It isn't here. It's at home.
Peter: Driver!
Kate: Driver!
Peter: Turn round.
Kate: Go back.

Wörter und Wendungen

have you got . . . ? [həv ju 'gɔt]	hast du . . . ?	money ['mʌni]	Geld
		in [in]	in

Song: Now he isn't here.

Where – oh where! – is my friend of *yesterday?*	*gestern*
He's now so far, *so far away.*	*so weit fort*
He walked out through that open door,	*er ging durch die offene Tür da hinaus*

And now he isn't here,
And now he *isn't* here *any more*. *nicht mehr*

Where – oh where! – is my friend of yesterday?
She's now so far, so far away.
She walked out through that open door,
And now she isn't here,
And now she isn't here any more.

Where – oh where! – is my friend of yesterday?
She's now so far, so far away.
She walked out through that open door,
And now she isn't here,
And now she isn't here any more.

Übungen

1. Bilden Sie Fragen und Antworten nach folgendem Beispiel:
   a) Where's John? He isn't here.

   b) . . . . Hans? . . . .

   c) . . . . Mary? . . . .

   d) . . . . Anne? . . . .

   e) . . . . the taxi? . . . .

   f) . . . . the money? . . . .
   Üben Sie dasselbe mit Ihrem Partner.

2. Benutzen Sie jetzt im Fragesatz ein Fürwort. Hier wieder ein Beispiel:
   a) I want John. Where is he?

   b) I want Hans. . . . .

   c) I want Mary. . . . .

d) I want Anne. . . . .

e) I want my purse. . . . .

f) I want my money. . . . .

3. Üben Sie nach folgendem Beispiel *my* und *your* in Fragen und Antworten:
   John: I want my money. Where is it?
   Mary: Your money? Here it is.

   Mary: . . . . . . my purse. . . . . ?

   John: . . . . ? . . . . ?

   John: . . . . . . my coffee. . . . . ?

   Mary: . . . . ? . . . . ?

   Mary: . . . . my lemonade. . . . . ?

   John: . . . . ? . . . . ?
   Üben Sie diese Fragen und Antworten mit Ihrem Partner.

LEKTION 14

We Aren't at Home

Was wird gelernt?

We/You/They aren't . . . Where are . . . ? our — their

Mike: Hallo, Hans.	*Mike:* Hallo, Hans.
Hans: Hallo, Mike. Where are John and Mary?	*Hans:* Hallo, Mike. Wo sind John und Mary?
Mike: They aren't here.	*Mike:* Sie sind nicht hier.
Hans: Where are they?	*Hans:* Wo sind sie?

So wird's verständlich:

Where are . . . ? In Lektion 13 haben Sie Fragen mit dem Fragewort *where?* (wo?) geübt. Die Fragen wurden dort mit *Where is . . . ?* eingeleitet, wie zum Beispiel *Where's John?* Handelt es sich in dem Fragesatz um eins der Fürwörter *we, you* (du, ihr, Sie) oder *they* (sie, Mehrzahl) oder um Hauptwörter in der Mehrzahl, so beginnt die Frage mit *Where are . . .* ? Es heißt also: *Where are John and Mary? Where are the apples?* usw.

aren't: In Lektion 13 haben Sie auch gesehen, daß zwei verkürzte Verneinungen möglich sind: *He's not English* oder *He isn't English.* Mit *are* ist es ganz ähnlich. Man kann also sagen: *They're not English* (siehe Lektion 12) oder *They aren't English; We're not tired* oder *We aren't tired* usw.

our — their: *Our* (unser) und *their* (ihr, Mehrzahl) sind Eigenschaftswörter wie *my* und *your* in Lektion 13 und wie jene in ihrer Form unveränderlich, mögen sie nun in der Einzahl oder Mehrzahl, für Personen oder Sachen gebraucht werden. Das macht ihre Verwendung sehr einfach; es heißt zum Beispiel: *Where's our coffee?* (Wo ist unser Kaffee?), *Where are our friends?* (Wo sind unsere Freunde?) usw.

Dialog 1: Where are Mr. and Mrs. Bevan?

Bill will Mr. und Mrs. Bevan besuchen. Er weiß nicht, daß sie verreist sind. Ihre Nachbarin ruft zu ihm hinüber.

Neighbour: Hallo!
Bill: Hallo. Are you Mrs. Bevan?
Neighbour: No, I'm not Mrs. Bevan. I'm Miss Smith.
Bill: Are Mr. and Mrs. Bevan at home?
Neighbour: No, they aren't at home. I'm their neighbour.
Bill: You're their neighbour?
Neighbour: Yes, I'm their neighbour.
Bill: Where are Mr. and Mrs. Bevan?
Neighbour: They're on holiday.
Bill: At the seaside?
Neighbour: No, they aren't at the seaside. They're in the country.
Bill: In the country. I see. Oh well, I'll come back again.
Neighbour: Yes, come back again.
Bill: Thank you.
Neighbour: Not at all. Goodbye.
Bill geht.
Bill: Jack! Jack! Where are you?
Jack: I'm here, Bill. Are Mr. and Mrs. Bevan at home?
Bill: No, they aren't at home.
Jack: Where are they?

Bill: They're on holiday. They're in the country.
Jack: Good! The house is empty.
Bill: Yes, the house is empty.
Jack: Then we'll come back tonight.
Bill: Yes, we'll come back tonight.

Wörter und Wendungen

neighbour ['neibə]	Nachbar(in)
on holiday [ɔn 'hɔlədi]	auf Urlaub
at the seaside [ət ðə 'siː'said]	an der See
in the country [in ðə 'kʌntri]	auf dem Land
I see [ai 'siː]	aha! ach so!
oh well [əu 'wel]	na ja, na schön
come back ['kʌm 'bæk]	wiederkommen
I'll come back ['ail kʌm 'bæk]	ich werde wiederkommen
not at all ['nɔt ət 'ɔːl]	bitte sehr, keine Ursache (Diesen Ausdruck benutzt man ganz allgemein als Antwort auf ein *Thank you,* wenn sich damit jemand für eine Gefälligkeit usw. bedankt.)
house [haus]	Haus
empty ['empti]	leer
tonight [tə'nait]	heute abend, heute nacht

Dialog 2: They aren't at home.

Es ist Nacht. Bill und Jack stehen vor dem Haus der Bevans.

Jack: Mr. and Mrs. Bevan aren't at home?
Bill: No. The house is empty.
Jack: The house is empty?
Bill: Yes. They aren't at home. Mr. and Mrs. Bevan are on holiday.
Jack: Where?
Bill: They're at the seaside.
Jack: Perhaps they're at home.
Bill: At home!
Jack: Let's knock.
Bill: Knock?

Jack:	Yes, knock.
Bill:	Oh, all right. *Sie klopfen an die Tür.*
Bill:	Ah, the house is empty.
Jack:	Yes, the house is empty.
Bill:	Let's open a window.
Jack:	Yes, let's open a window.
Neighbour:	Hallo! Hallo!
Bill:	It's their neighbour!
Jack:	Their neighbour!
Bill:	Yes, their neighbour.
Jack:	Let's run.
Bill:	Run!

Zur Erläuterung

Wie Sie schon mehrfach gesehen haben, wird ein Fragesatz durch Umstellung der Wortfolge gebildet. Zur Erinnerung ein Beispiel: Bejahend – *He's English;* fragend – *Is he English?*
Im Gespräch wird jedoch eine Frage häufig einfach dadurch gebildet, daß man das vom Gesprächspartner Gesagte noch einmal wiederholt. Das ist besonders dann der Fall, wenn man das Gesagte nicht richtig gehört oder dem Sinn nach nicht verstanden hat, oder wenn man erstaunt ist und eine Erklärung oder Bestätigung wünscht. Dabei wird die Wortfolge des Aussagesatzes beibehalten, nur wird die Stimme am Ende des Satzes gehoben statt gesenkt. So sagte Bill: *The house is empty.* Und Jack wiederholte ungläubig: *The house is empty?* Ähnliche Beispiele werden Ihnen in vielen Dialogen begegnen. Im Deutschen machen wir es übrigens ebenso!

Wörter und Wendungen

perhaps [pə'hæps]	vielleicht
knock [nɔk]	klopfen
oh, all right ['əu ɔ:l 'rait]	na gut!, na schön!
window ['windəu]	Fenster
let's open a window [lets 'əupən ə 'windəu]	öffnen wir doch ein Fenster!
run [rʌn]	laufen, rennen
let's run [lets 'rʌn]	laß uns abhauen! hauen wir ab!

Song: We aren't at home.

We're off on holiday, — *Wir sind im Urlaub, Wir haben Ferien*

We aren't at home.
We're off on holiday,
A *wonderful* holiday, — *herrlich, wunderschön*

We're off on holiday,
Enjoying the sun. — *und genießen*
La la la la la la.

We're *down at the seaside,* — *an der See*
We aren't at home.
We're down at the seaside,
The *beautiful* seaside. — *schön*
We're down at the seaside,
Enjoying the sun.
La la la la la la.

We're *out in the country,* — *auf dem Land*
We aren't at home.
We're out in the country,
The beautiful country,
We're out in the country,
Enjoying the sun.
La la la la la la.

Übungen

1. Stellen Sie Fragen und bilden Sie Antworten nach folgendem Beispiel:

Where are John and Mary?	They aren't here. They are at the seaside.
. . . . Mr. and Mrs. Smith?	. . . .
	. . . . in the country.

. . . . Anne and Jane? . . . .

. . . . on holiday.

. . . . the apples? . . . .

. . . . in the taxi.

Üben Sie dasselbe mit einem Partner.

2. Benutzen Sie jetzt im Fragesatz die entsprechenden Fürwörter:
   I want John and Mary. Where are they?

   I want Mr. and Mrs. Jackson. . . . . ?

   I want my bananas. . . . . ?

3. Bei den folgenden Sätzen müssen Sie besonders gut aufpassen! Manchmal heißt es *is*, manchmal *are:*
   a) Where are Mike and Anne? They aren't here.
   They are in the country.
   b) . . . . Mr. Smith? He isn't here.
   He is on holiday.

   c) . . . . Mary? . . . .

   . . . . at the seaside.

   d) . . . . the oranges? . . . .

   . . . . in the taxi.

   e) . . . . my money? . . . .

   . . . . at home.

   f) . . . . Mr. and Mrs. Jones? . . . .

   . . . . in the country.

4. Setzen Sie *aren't* oder *isn't* ein:

a) We .... English. We're American.

b) The coffee .... here.

c) Mr. Smith .... at home.

d) Jack and Kate .... in the country. They're at the seaside.

e) It .... five o'clock. It's six o'clock.

f) You .... late. You're early.

5. Beantworten Sie folgende Fragen zum Dialog:
   a) Are Mr. and Mrs. Bevan at home?
   b) Are they on holiday?
   c) Are they at the seaside?
   d) Where are they?

LEKTION 15

Can You Tell Me?

Was wird gelernt?

Can you tell me ...? My name is ... quarter to/past the/a his/her

John: Mary, can you tell me the time, please?	*John:* Mary, kannst du mir bitte sagen, wie spät es ist?
Mary: Quarter past three.	*Mary:* Viertel nach drei. (Viertel vier.)

John: Quarter past three!
Where's Hans?
Mary: Perhaps his train is late.

John: Viertel nach drei!
Wo ist Hans?
Mary: Vielleicht hat sein Zug Verspätung.

So wird's verständlich:

Can you tell me . . . ? Diese Wendung „Können Sie mir sagen . . . ? ist sehr nützlich, wenn man eine Auskunft haben möchte. Man fragt zum Beispiel: *Can you tell me your name?* (Können Sie mir Ihren Namen sagen?) oder *Can you tell me the time?* (Können Sie mir sagen, wie spät es ist?)

his/her: Auch hierbei handelt es sich um Eigenschaftswörter wie *my* und *your* (siehe Lektion 13) und *our* und *their* (siehe Lektion 14). Hier sind sie noch einmal alle zusammengestellt:

my	mein(e)	**our**	unser(e)
your	dein(e), Ihr(e)	**your**	euer(e), Ihr(e) (Mehrzahl)
his	sein(e)	**their**	ihr(e) (Mehrzahl)
her	ihr(e)		

Man verwendet sie auch im Zusammenhang mit Namen. So fragt man zum Beispiel: *What's your name?* (Wie heißt du?) und antwortet: *My name's Hans.* (Ich heiße Hans.)

the/a: Das Wort *the* ist der bestimmte Artikel im Englischen. Es entspricht dem deutschen Geschlechtswort (Artikel) „der", „die", „das", wird also für alle drei Geschlechter gebraucht, und es steht auch in der Mehrzahl für deutsches „die".

Das Wort *a* ist Ihnen schon öfter begegnet; es ist der unbestimmte Artikel und steht in der Einzahl für alle drei Geschlechter (ein/eine/ein).

Man sagt *The sun is hot* (Die Sonne ist heiß) mit dem bestimmten Artikel, weil man die *eine, bestimmte* Sonne meint. Aber man sagt: *I want a banana* (Ich möchte eine Banane), weil hier keine bestimmte Banane gemeint ist.

Dialog 1: Can you tell me the time, please?

Miss Carter ist Sekretärin bei Mr. Smith, dem Geschäftsführer eines großen Warenhauses. Ein Kunde kommt zu ihr. Er heißt ebenfalls Smith.

Mr. Smith: Excuse me.
Miss Carter: Yes?
Mr. Smith: I want to speak to the manager.
Miss Carter: The manager?
Mr. Smith: Yes, I want to speak to the manager.
Miss Carter: Certainly. Can you tell me your name, please?
Mr. Smith: Smith. Mr. Smith.
Miss Carter: No, *your* name. Mr. Smith is the manager. Can you tell me your name?
Mr. Smith: But my name is Smith. Robert Smith.
Miss Carter: Oh, I'm sorry. The manager's name is Smith too.
Mr. Smith: The manager's name is Smith?
Miss Carter: Yes. His name is John Smith, and your name is Robert Smith.
Mr. Smith: Well, I want to speak to John Smith.
Miss Carter: Good. And your name is Robert Smith?
Mr. Smith: Yes.
Miss Carter: Now, you want to see the manager?
Mr. Smith: Yes.
Miss Carter: Why?
Mr. Smith: Why?

Miss Carter:	Yes, why?
Mr. Smith:	I want to complain.
Miss Carter:	Complain?
Mr. Smith:	Yes, I want to complain.
Miss Carter:	Why?
Mr. Smith:	I want to complain about this clock.
Miss Carter:	Why?
Mr. Smith:	Can you tell me the time, please?
Miss Carter:	Certainly. It's quarter past three.
Mr. Smith:	Quarter past three?
Miss Carter:	Yes.
Mr. Smith:	Then listen. *Die Uhr schlägt halb vier.*

Wörter und Wendungen

I want to [ai 'wɔnt tə]	ich möchte, ich will
speak to ['spi:k tə]	sprechen mit
manager ['mænidʒə]	Direktor, Geschäftsführer
you want to see the manager? [ju 'wɔnt tə 'si: ðə 'mænidʒə]	Sie möchten den Geschäftsführer sprechen?
why? [wai]	warum?
Smith [smiθ]	Smith *(ein im Englischen ebenso verbreiteter Name wie im Deutschen Schmidt)*
complain about [kəm'plein ə'baut]	sich beschweren über
clock [klɔk]	*(Turm- oder andere große)* Uhr
(a) quarter past [(ə) 'kwɔ:tə 'pɑ:st]	(ein) Viertel nach

Dialog 2: What's the time?

Mr. Robert Smith spricht mit Mr. John Smith, dem Geschäftsführer.

Manager:	Hallo, my name is John Smith. I'm the manager.
R. Smith:	Hallo. And my name is Robert Smith.
Manager:	And you want to complain?
R. Smith:	Yes, I want to complain.
Manager:	About this clock?
R. Smith:	Yes, about this clock.

Manager: Why?
R. Smith: Look. What's the time?
Manager: Half past three.
R. Smith: Listen.
Die Uhr schlägt drei Viertel.
Manager: Quarter to four!
R. Smith: Yes.
Manager: Ah, I see. Give me the clock.
R. Smith: Here.
Der Geschäftsführer stellt die Uhr.
Manager: Now, look. What time is it?
R. Smith: Four o'clock.
Manager: Listen.
Die Uhr schlägt und hört gar nicht mehr auf zu schlagen.
R. Smith: Stop it! Stop it!
Manager: It won't stop.
R. Smith: Give it to me.
Manager: Here.
Der Kunde wirft die Uhr an die Wand.
Manager: Now, you want a new clock.
R. Smith: Yes, I want a new clock.
Manager: Here's a nice one. Fifty pounds.
R. Smith: Fifty pounds? Give it to me.
Er wirft auch diese Uhr an die Wand.

Wörter und Wendungen

what's the time? ['wɔts ðə 'taim]	wie spät ist es?
(a) quarter to [(ə) 'kwɔːtə tə]	(ein) Viertel vor *(Erinnern Sie sich? In Lektion 5 und 6 haben wir die vollen und in Lektion 9 die halben Stunden behandelt.)*
give [giv]	geben
give me ['giv mi]	gib mir, geben Sie mir, gebt mir
give me the clock ['giv mi ðə 'klɔk]	geben Sie mir die Uhr
stop [stɔp]	aufhören
it won't stop [it 'wəunt 'stɔp]	sie *(die Uhr)* hört nicht mehr auf
give it to me ['giv it tə 'miː]	geben Sie sie *(die Uhr)* mir
new [njuː]	neu
a nice one [ə 'nais wʌn]	eine hübsche *(Uhr)*

Song: Can you tell me?

Can you tell me your *secret?*	*Geheimnis*
You're so happy *all day*.	*den ganzen Tag*
Can you tell me your secret?	
I want to *feel that way*.	*mich so fühlen*
I can't tell you my secret.	*ich kann nicht*
I'm so happy all day.	
I can't tell you my secret.	
It just happens that way.	*es kommt ganz von selbst so*

She can't tell us her secret.
I can't tell you my secret.
She can't tell us her secret.
I can't tell you my secret.
It just happens that way.

Übungen

1. Stellen Sie Fragen und antworten Sie nach dem folgenden Beispiel:

a) Can you tell me the time, please?
It's quarter to twelve.

b) .... ?

....

c) .... ?

....

d) . . . . ?

. . . .

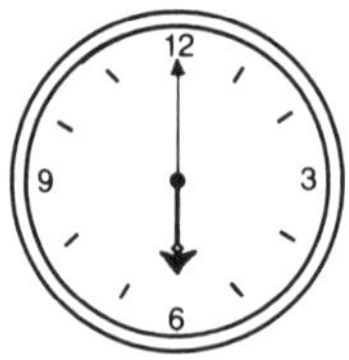

e) . . . . ?

. . . .

f) . . . . ?

. . . .

Üben Sie dasselbe mit einem Partner. Benutzen Sie dabei auch andere Fragestellungen wie *What time is it?* und *What's the time?*, die die gleiche Bedeutung haben.

2. Setzen Sie *his*, *her* oder *their* in die folgenden Fragen und Antworten ein:

   a) Can you tell me . . . . name? Yes, ... name is Mary.

   b) Can you tell me . . . . name? Yes, ... name is Robert Smith.

   c) Can you tell me . . . . name? Yes, ... name is Anne Jones.

   d) Can you tell me . . . . names? Yes, ... names are Kate and Peter.

   e) Can you tell me . . . . name? Yes, ... name is John.

3. Beantworten Sie diese Fragen über sich selbst:

   What is your name? . . . .

   Are you English? . . . .

   How are you today? . . . .

LEKTION 16

Can You Tell Me the Way?

Was wird gelernt?

Can you tell me the way to . . . ? the/a I want to . . .

Mary: Hallo, John.	*Mary:* Hallo, John.
John: Mary, can you tell me the way to the post-office?	*John:* Mary, kannst du mir sagen, wie ich zur Post komme?
Mary: Why?	*Mary:* Warum?
John: I want to post a letter.	*John:* Ich möchte einen Brief aufgeben.

So wird's verständlich:

I want to . . .: „Ich möchte. . ." Diesem Ausdruck folgt ein Zeitwort immer in der Grundform (im Infinitiv) mit *to*. Man sagt also: *I'm tired and I want to sleep* (Ich bin müde, und ich möchte schlafen), *I'm hungry and I want to eat* (Ich habe Hunger, und ich möchte etwas essen).

the/a: Wie schon in Lektion 15 erwähnt wurde, ist *the* der bestimmte und *a* der unbestimmte Artikel im Englischen.
Sehen Sie sich einmal die folgenden Fragen an:

Where's **the** *post-office?*	Wo ist das Postamt?
Where's **the** *bank?*	Wo ist die Bank?
Where's **the** *bus-station?*	Wo ist die Bushaltestelle?

Hier ist der bestimmte Artikel *the* gebraucht, um anzudeuten, daß nur *ein* Postamt, *eine* Bank, *eine* Bushaltestelle gemeint sein kann und daß der Angesprochene wahrscheinlich weiß, welche Post/Bank/Haltestelle gemeint ist.
Sehen Sie sich jetzt die folgenden Sätze an:

I want to post **a** *letter.*	Ich möchte einen Brief aufgeben.
I want to cash **a** *cheque.*	Ich möchte einen Scheck einlösen.
I want to catch **a** *bus.*	Ich möchte einen Bus erwischen.

Der unbestimmte Artikel *a* drückt hier aus, daß der Sprechende keinen ganz bestimmten Brief/Scheck/Bus meint, den der Angesprochene kennt. Hier muß man im Englischen sehr aufpassen, da der Gebrauch von *a* nicht immer mit dem Gebrauch von „ein"/„eine"/„ein" im Deutschen übereinstimmt.

Dialog 1: Where am I?

Jim ist auf der Straße in einer fremden Stadt.

Jim: Where am I? I'm not at home. I'm in a strange town. Where am I? . . . Ah, here's a woman. Excuse me, excuse me.
Woman: Yes?
Jim: Can you tell me the way to the bus-station, please?
Woman: The bus-station?
Jim: Yes, I want to catch a bus.
Woman: You can't catch a bus here.

Jim: I can't catch a bus here?
Woman: No. There isn't a bus-station.
Jim: There isn't a bus-station. Oh dear! ... The railway-station!
Woman: Railway-station?
Jim: Yes. Can you tell me the way to the railway-station? I want to catch a train.
Woman: You can't catch a train here.
Jim: I can't catch a train here?
Woman: No. There isn't a railway-station.
Jim: Oh dear. It *is* a strange town. Where am I? I want to go home.

Wörter und Wendungen

strange [streindʒ]	fremd(artig), merkwürdig, seltsam	can't [kɑːnt]	kann nicht
town [taun]	Stadt	there isn't [ðər 'iznt]	es gibt kein(e), es ist nicht vorhanden
railway-station ['reilweisteiʃən]	Bahnhof	go home ['gəu 'həum]	nach Hause gehen/fahren

Dialog 2: Can you tell me the way to the post-office?

Jim ist immer noch auf der Straße in der seltsamen Stadt.

Jim: Where am I? I'm in a strange town. I want to go home. ... A post-office! I want to post a letter. Here's somebody. Excuse me, excuse me.
Man: Yes?
Jim: Can you tell me the way to the post-office, please?
Man: The post-office?
Jim: Yes. I want to post a letter.
Man: You can't post a letter here.
Jim: I can't post a letter here?
Man: No, there isn't a post-office.

...

Jim: Where am I? Where am I? I want to go home.
Wife: Wake up, Jim. Wake up!

Jim: Where am I?
Wife: You're at home!
Jim: At home?
Wife: Yes, you've been asleep!
Jim: Oh, I've been dreaming. Thank goodness!

Wörter und Wendungen

somebody ['sʌmbədi]	(irgend) jemand
here's somebody ['hiəz 'sʌmbədi]	hier ist jemand
wife [waif]	Ehefrau
wake up ['weik 'ʌp]	aufwachen
asleep [ə'sli:p]	schlafend
you've been asleep [juv bin ə'sli:p]	du hast geschlafen
dream [dri:m]	träumen
you've been dreaming [juv bin 'dri:miŋ]	du hast geträumt
thank goodness! ['θæŋk 'gudnis]	Gott sei Dank!

Song: Can you tell me the way?

Can you tell me the way to *happiness?* — *Glück*
Can you tell me the way to go?
There isn't any way to happiness. — *es gibt keinen Weg*
Happiness is here and now,
Happiness is here and now.

Happiness is *all around us,* my friends, — *überall um uns herum*
Happiness is here and now,
Happiness is here and now.
There isn't any way to happiness,
Happiness is here and now,
Happiness is here and now.

Übungen

1. Stellen Sie Fragen, wie Jim es getan hat:
   Can you tell me the way to the bus-station, please?

   . . . . the railway-station, ... ?

. . . . the post-office, ... ?

. . . . the bank, ... ?

. . . . the café, ... ?

. . . . the airport, ... ?

2. Ergänzen Sie die Aussage durch Sätze, die mit *I want to* beginnen, wie im Beispiel gezeigt:
   a) I'm tired. I want to sleep.

   b) I'm thirsty. . . . .

   c) I'm hungry. . . . .

3. Ergänzen Sie den Dialog nach folgendem Beispiel:
   a) *John:* Mary, where's the post-office?
   Mary: Why?
   John: I want to post a letter.

   b) *John:* Mary, ... bank?

   Mary: . . . . . ?

   John: . . . .

   c) *John:* Mary, ... bus-station?

   Mary: . . . . . ?

   John: . . . .

   d) *John:* Mary, ... railway-station?

   Mary: . . . . . ?

   John: . . . .
   Üben Sie die Dialoge mit einem Partner.

4. Sehen Sie sich noch einmal Dialog 1 an und beantworten Sie folgende Fragen:
   a) Is Jim at home?
   b) Is he at the seaside?
   c) Is he in the country?
   d) Where is he?
      Sehen Sie sich Dialog 2 an. Wo ist Jim wirklich?

LEKTION 17

Turn Left at the Corner

Was wird gelernt?

How can I find . . . ?   the/a   Go down the street.

John: How can I find a café?	*John:* Wo finde ich ein Café?
Mary: A café?	*Mary:* Ein Café?
John: Yes. I'm thirsty and I want a cup of tea.	*John:* Ja. Ich habe Durst und möchte eine Tasse Tee trinken.
Mary: Go down the street, past the post-office, and turn left.	*Mary:* Geh die Straße entlang, an der Post vorbei, und biege dann links ab.

So wird's verständlich:

How can I find . . . ? In Lektion 16 haben Sie die Frage *Can you tell me the way to a café?* (Können Sie mir sagen, wie ich zu einem Café komme?) geübt. *How can I find a café?* (Wo finde ich ein Café? eigentlich: Wie kann ich ein Café finden?) drückt dasselbe aus, ist aber etwas weniger förmlich. So fragt man eher jemanden, den man kennt. Die Fragen lauten also:

How can I find a restaurant?
How can I find a hotel?
How can I find a police-station?
How can I find a cinema?

Man kann die Frage auch mit *Where* beginnen und fragen: *Where can I find a restaurant?* usw.

a: Sie erinnern sich, daß *a* der unbestimmte Artikel ist (siehe Lektion 15 und 16). In den vorstehenden Fragen drückt dieses *a* aus, daß der Sprechende nicht an ein bestimmtes Restaurant/Hotel/Polizeirevier/Kino denkt.

the: *The* ist, wie Sie bereits wissen, der bestimmte Artikel. Wenn Mary sagt *Go down the street, past the post-office,* so denkt sie an eine ganz bestimmte Straße und ein ganz bestimmtes Postamt.

go/turn: Gibt man jemandem Anweisungen, so steht im Englischen wie im Deutschen das Zeitwort in der Befehlsform (Imperativ): *Go down the street.* Diese Befehlsform ist im Englischen sehr einfach zu bilden und anzuwenden, weil sie der Grundform (dem Infinitiv) gleich ist und weil sie unveränderlich ist, ganz gleich, ob die Anweisung an eine oder mehrere Personen gerichtet ist. *Go down the street* heißt also: „Geh die Straße entlang!", „Geht ...!" und „Gehen Sie ...!" Mehr über die Befehlsform in einer späteren Lektion.

Dialog 1: How can I find a café?

Philip ist im Urlaub. Er möchte gern eine Tasse Tee trinken, aber er weiß nicht, wo ein Café ist.

Philip: Oh dear. Where am I? I'm lost. Ah, here's Mike. Hallo, Mike.
Mike: Hallo, Philip. How are you?
Philip: I'm lost, Mike. How can I find a café?
Mike: A café?
Philip: Yes, I'm thirsty, and I want a cup of tea.
Mike: Go down the street –
Philip: Down the street, yes.
Mike: Past the post-office –
Philip: Past the post-office, yes.
Mike: And turn right –
Philip: And turn right, yes.
Mike: And it's there.
Philip: The café?
Mike: Yes, the café.
Philip: Good. Thank you.
Mike: Goodbye.
Philip: Goodbye.
Philip geht weiter.
Down the street ... Here's the post-office. Good. Past the post-office. And now turn right. Good. Here's the café. Oh no! It's closed. Now where am I? I am lost.

Wörter und Wendungen

lost [lɔst]	verloren	left [left]	links
be lost [bi 'lɔst]	sich verirrt haben, sich nicht zurechtfinden	turn right/left ['tə:n 'rait/'left]	biege(n Sie) nach rechts/links ab
		closed [kləuzd]	geschlossen
right [rait]	rechts	open ['əupən]	offen, geöffnet

Dialog 2: It's on your right.

Philip steht vor dem Café.

Philip: Oh dear! The café's closed, and I'm lost. How can I find a café? . . . Oh, there's Helen. She can tell me. Hallo, Helen.
Helen: Hallo, Philip.
Philip: How can I find a café, Helen?
Helen: A café? Here, on your right.
Philip: It's closed.
Helen: Yes, it *is* closed. Oh dear! Well, go down the street –
Philip: Down the street.
Helen: Past the bus-station –
Philip: Past the bus-station.
Helen: Turn left at the corner –
Philip: Turn left at the corner.
Helen: Past the post-office –
Philip: Past the post-office.
Helen: And it's on your right.
Philip: Down the street.
Helen: Yes.
Philip: Past the bus-station.
Helen: Yes.
Philip: Turn left at the corner.
Helen: Yes.
Philip: Past the post-office.
Helen: Yes.
Philip: And it's on my right.
Helen: Yes.
Philip: But that's the park.
Helen: Yes, the park. There's a café in the park.
Philip: But I've just come from the park.
Helen: Oh dear!
Philip: Oh dear!
Er geht.
Down the street. Past the bus-station. Turn left at the corner. Past the post-office . . .

Wörter und Wendungen

on your right/left [ɔn jɔə 'rait/ 'left]	rechts/links von dir/euch/Ihnen	park [pɑ:k]	Park
on the right/left [ɔn ðə 'rait/'left]	rechts/links	there's [ðɛəz]	es gibt, es ist (vorhanden)
well, . . . [wel]	gut, . . .; schön, . . .	just [dʒʌst]	gerade (eben)
corner ['kɔ:nə]	Ecke	I've just come [aiv 'dʒʌst 'kʌm]	ich bin gerade gekommen

Song: Turn left at the corner.

Tell me: How can I find *a place*	*ein(en) Platz*
Where I can be out in the sun,	
I want to sing and *laugh and dance and play,*	*lachen und tanzen und spielen*
I want to *jump* and run.	*springen*

Turn left at *the next street corner,*	*die nächste Straßenecke*
There's a park where you can play.	
You can sing and laugh and jump and run,	
You can play there all the day.	

Turn left at the next street corner,
There's a park where we can play.
We can sing and laugh and jump and run,
We can play there all the day.

Übungen

1. Verwenden Sie die folgenden Wörter, um die Anweisungen aus Dialog 1 zu geben: *street/post-office/right/there.*
   Geben Sie mit diesen Wörtern die Anweisungen aus Dialog 2: *street/bus-station/left at the corner/post-office/on your right.*

2. Setzen Sie – wie im Beispiel – die fehlenden Wörter in die Fragen und Antworten ein:
   a) *Anne:* How can I find a bank?
   Mike: Go down the street, past the post-office, turn left at the corner, and it's on your right.

b) *Anne:* . . . . hotel?

Mike: . . . . street, ... park,

. . . . left . . . . corner, and it's . . . . right.

c) *Anne:* . . . . restaurant?

Mike: . . . . street, ... bus-station,

. . . . right . . . . corner, and it's . . . . left.

d) *Anne:* . . . . café?

Mike: . . . . street, ... police-station,

. . . . left . . . . corner, and it's . . . . left.

Üben Sie dasselbe mit Ihrem Partner.

3. Vervollständigen Sie die Sätze nach dem Beispiel des ersten Satzes:
   a) Where's the post-office? I want to post a letter.
   b) Where's the bank? I want to . . . .
   c) Where's the bus-station? I want to . . . .
   d) Where's the railway-station? I . . . .
   e) Where's the airport? . . . .

4. Sehen Sie sich Dialog 1 noch einmal an und beantworten Sie die Fragen über Philip:
   a) Is he thirsty?
   b) Is he in the street?
   c) Is he lost?
   d) Is the café closed?

LEKTION 18

How Far Is It?

Was wird gelernt?

How far is it to . . . ? It's a five minute walk.
Five minutes by . . .

John: Mary, how far is it to the nearest café?	*John:* Mary, wie weit ist es zum nächsten Café?
Mary: It's a twenty minute walk.	*Mary:* Zu Fuß sind es zwanzig Minuten.
John: Oh.	*John:* Oh.
Mary: But it's only three minutes by car.	*Mary:* Aber mit dem Auto sind es nur drei Minuten.

So wird's verständlich:

How far is it to . . . ? In Lektion 7 haben Sie die Frage *How far are we from . . . ?* (Wie weit sind wir von . . . entfernt?) geübt. Hier begegnet Ihnen eine andere Frage, die sich auf Entfernungen bezieht: *How far is it to . . . ?* (Wie weit ist es bis . . . ?). So können Sie zum Beispiel fragen:

How far is it to the nearest café?
How far is it to the nearest police-station?
How far is it to the nearest bank?

by car: = „mit dem Auto". Um anzugeben, mit was für einem Fahrzeug man fährt, setzt man *by* vor die Bezeichnung des Fahrzeugs:

by car	mit dem Auto	**by taxi**	mit dem Taxi	**by plane**	mit dem Flugzeug
by bus	mit dem Bus	**by train**	mit dem Zug		

Gehen Sie jedoch „zu Fuß", so heißt es **on foot**, nicht *by*!

minute, minutes: Wie Sie schon aus Lektion 7 wissen, wird die Mehrzahl des Hauptworts im allgemeinen durch Anhängen von *s* an die Einzahlform gebildet. Es heißt also: *one minute, ten minutes,* und Mary sagte auch ganz richtig: *It's only ten minutes by car.*
In dem Ausdruck *a twenty minute walk* erwartet man eigentlich *minutes*; aber in derartig zusammengesetzten Ausdrücken wie „ein Weg von 20 Minuten", „ein 30-Minuten-Film" usw. steht die Zeit- oder Maßangabe in der Einzahl. Allerdings kann man auch sagen: *It's twenty minutes' walk*. Die beiden Möglichkeiten werden häufig beim schnellen Sprechen miteinander verbunden, und man hört dann auch: *It's a twenty minutes' walk.*

Dialog 1: Turn left at the crossroads.

Philip ist immer noch im Urlaub. Er sucht gerade sein Hotel, das Hotel International.

Philip: Excuse me.
Man: Yes?
Philip: Can you tell me the way to the Hotel International?

Man: The Hotel International? Certainly. Go down this street –
Philip: Down this street, yes.
Man: Past the post-office –
Philip: Past the post-office, yes.
Man: Turn left at the crossroads –
Philip: Turn left at the crossroads, yes.
Man: And the Hotel International is on your right.
Philip: On my right. Thank you. How far is it?
Man: Oh, it's a five minutes' walk.
Philip: A five minutes' walk. Thank you.
Man: Thank you.
Philip geht weiter.
Philip: Down this street. Past the post-office. Turn right at the crossroads. And the hotel is on my left . . . No hotel here. Oh dear, I'm lost . . . Here's a lady. I'll ask her. Excuse me.
Lady: Yes?
Philip: How far is it to the Hotel International?
Lady: The Hotel International? Oh, it's a ten minutes' walk.
Philip: A ten minutes' walk!
Lady: Yes, you're going the wrong way. You have to go back!

Wörter und Wendungen

international [intə'næʃənl]	international
crossroads	(Straßen)Kreuzung
no hotel here ['nəu həu'tel 'hiə]	kein Hotel zu sehen *(Philip spricht zu sich selbst und bildet keinen vollständigen Satz. Eigentlich heißt es: "There's no hotel here.")*
lady ['leidi]	Dame
ask [ɑːsk]	fragen
I'll ask her [ail 'ɑːsk hə]	ich werde sie fragen
the wrong way [ðə 'rɔŋ 'wei]	(in) die falsche Richtung
you're going the wrong way [juə 'gəuiŋ ðə 'rɔŋ 'wei]	Sie gehen in die falsche Richtung
have to ['hæv tə]	müssen
you have to go back [ju 'hæv tə 'gəu 'bæk]	Sie müssen zurückgehen

Dialog 2: Fourteen minutes!

Philip spricht immer noch mit der Dame.

Philip: I have to go back!
Lady: Yes, you have to go back. Go up this street –
Philip: Up this street.
Lady: Go straight ahead at the crossroads –
Philip: Straight ahead at the crossroads.
Lady: And the Hotel International is on your right.
Philip geht weiter.
Philip: Up this street. Straight ahead at the crossroads. Now, it's on my left. Ah, here are some hotels. Camden Hotel. Hotel Splendid. Where's the Hotel International? Oh dear, I'm lost. I'll have to ask again . . . Excuse me, how far is it to the Hotel International?
Lady: The Hotel International? It's a fourteen minutes' walk.
Philip: Fourteen minutes!
Lady: Yes. You're going the wrong way. You have to go back.
Philip: Go back!
Lady: Yes. Go along this street, and it's on your left.
Philip: Oh dear. On my left, right, left, right. I'll never find it. Left, right, left . . .

Wörter und Wendungen

go up this street ['gəu 'ʌp 'ðis 'stri:t]	gehen Sie diese Straße entlang *(Hier kann man "up" oder "down" oder "along" benutzen.)*	straight ahead ['streit ə'hed]	immer geradeaus
		splendid ['splendid]	glänzend, großartig, prächtig

Song: How far is it?

How far is it to *the one I love?* — *die Eine, die ich liebe*
She's gone across the sea. — *sie ist über das Meer gefahren*

How far is it to the one I love?
She's gone *away from me*. — *fort von mir*
The one that you love has gone away, — *die Eine, die du liebst*
I've gone across the sea. — *ich bin gefahren*
How far is it to the one you love?
As far as far can be, can be, — *unendlich weit*
Can be, can be, can be.

She's gone away and left her love,
She's gone across the sea.
How far is it to the one I love?
As far as far can be, can be,
Can be, can be, can be.

Übungen

1. Setzen Sie nach dem Beispiel des ersten Satzes die fehlenden Wörter in die Fragen und Antworten ein:
   a) *John:* Where's the nearest bank?
   Mary: Go up this street, and it's on your left.

   b) *John:* . . . . post-office?

   Mary: . . . . . . up . . . . , and . . . . right.

   c) *John:* . . . . police-station?

   Mary: . . . . along . . . . , and . . . . left.

   d) *John:* . . . . café?

   Mary: . . . . down . . . . , and . . . . left.
   Üben Sie dasselbe mit einem Partner.

2. Fragen und antworten Sie nach folgendem Beispiel:
   a) How far is it?
   Mary: It's 3 minutes by car.

b) *John:* . . . . ?

Mary: . . . . 5 . . . . bus.

c) *John:* . . . . ?

Mary: . . . . 10 . . . . foot.

d) *John:* . . . . ?

Mary: . . . . 2 . . . . taxi.

Üben Sie dasselbe mit einem Partner.

3. Verbinden Sie die Fragen und Antworten der Übungen 1 und 2 miteinander, so daß vierzeilige Dialoge entstehen. Hier ist ein Beispiel:
   John: Where's the nearest bank?
   Mary: Go up this street, and it's on your left.
   John: How far is it?
   Mary: It's three minutes by car.
   Üben Sie diese Dialoge mit einem Partner.

LEKTION 19

Monday

Was wird gelernt?

What day is it today? It's Monday the first. 1st — 99th

Mary:	It's Monday today.	*Mary:*	Heute ist Montag.
John:	No, it isn't. It's Tuesday.	*John:*	Nein, nicht Montag. Es ist Dienstag.
Mary:	Hans, what day is it today?	*Mary:*	Hans, welchen Wochentag haben wir heute?
Hans:	Monday. Monday the first.	*Hans:*	Montag. Montag, den Ersten.

So wird's verständlich:

Monday: Die englischen Wochentage heißen:

Sunday	['sʌndi]	Sonntag
Monday	['mʌndi]	Montag
Tuesday	['tju:zdi]	Dienstag
Wednesday	['wenzdi]	Mittwoch
Thursday	['θə:zdi]	Donnerstag
Friday	['fraidi]	Freitag
Saturday	['sætədi]	Sonnabend, Samstag

Wenn Sie nach dem Wochentag fragen wollen, sagen Sie: *What day is it today?*

the first: Hans hat außerdem auch noch das Datum genannt; er sagte: „Montag, der Erste." Nach dem Datum fragt man: *What's the date today?* (Welches Datum haben wir heute?) Und wenn man das Datum nennen will, so braucht man dazu die Ordnungszahlen. Hier sind die ersten zwölf:

1st	**first**	[fə:st]	**7th**	**seventh**	['sevnθ]
2nd	**second**	['sekənd]	**8th**	**eighth**	[eitθ]
3rd	**third**	[θə:d]	**9th**	**ninth**	[nainθ]
4th	**fourth**	[fɔ:θ]	**10th**	**tenth**	[tenθ]
5th	**fifth**	[fifθ]	**11th**	**eleventh**	[i'levnθ]
6th	**sixth**	[siksθ]	**12th**	**twelfth**	[twelfθ]

Von „dreizehnte(r)" bis „neunzehnte(r)" hängt man einfach **th** an die Grundzahl an:

13th	**thirteenth**	['θə:'ti:nθ]	**14th**	**fourteenth**	['fɔ:'ti:nθ]

und so weiter. Beachten Sie bitte die Betonung auf beiden Silben!

Bei „zwanzigste(r)", „dreißigste(r)" wird das *y* der Grundzahl zu *ie*, an das man *th* anhängt. Es heißt also:

20th twentieth ['twentiiθ]	**30th thirtieth** ['θə:tiiθ]

und so weiter.
Die Zahlen dazwischen werden, wie Sie sicher schon erraten haben, folgendermaßen gebildet:

21st twenty-first	**66th sixty-sixth**
34th thirty-fourth	**75th seventy-fifth**

und so weiter.

Dialog 1: It isn't Friday.

Alan Snow liegt noch im Bett. Seine Frau Jill ist schon aufgestanden. Sie ist in der Küche.

Jill: Alan! Alan! It's seven o'clock.
Alan: Seven o'clock?
Jill: Yes. It's time to get up.
Alan: Time to get up?
Jill: It's time to go to work.
Alan: Time to go to work?
Jill: Yes. It's Friday, and it's time to go to work.

Alan: Friday? It isn't Friday.
Jill: Not Friday?
Alan: No, it's Saturday. It's the weekend. It's a holiday.
Jill: It isn't Saturday. It's Friday. It's not a holiday, and it's time to go to work.
Alan: It isn't Friday. Turn on the radio.
Jill: The radio?
Alan: Yes, turn on the radio.
Radio: It's seven o'clock, on 31st October, and here is a summary of the news –
Es läutet an der Tür.
Alan: Yes, but what day is it?
Es läutet noch einmal.
Jill: It's the milkman. I'll ask him what day it is.
Alan: All right. But it's Saturday. It's not Friday.

Wörter und Wendungen

get up ['get 'ʌp]	aufstehen
it's time to get up [its 'taim tə 'get 'ʌp]	es ist Zeit zum Aufstehen
work [wə:k]	Arbeit
go to work ['gəu tə 'wə:k]	zur Arbeit gehen
weekend ['wi:k'end]	Wochenende
a holiday [ə 'hɔlədi]	ein (arbeits)freier Tag
radio ['reidiəu]	Radio
turn on the radio ['tə:n 'ɔn ðə 'reidiəu]	das Radio anstellen
on 31st October [ɔn ðə 'θə:ti'fə:st əv ɔk'təubə]	am 31. Oktober
summary ['sʌməri]	Zusammenfassung
news [nju:z]	Nachrichten
milkman ['milkmən]	Milchmann

Dialog 2: What day is it today?

Jill spricht an der Tür mit dem Milchmann.

Milkman: Good morning.
Jill: Good morning.

Milkman: Your milk, Mrs. Snow.
Jill: Thank you.
Milkman: That's thirty-five pence.
Jill: Thirty-five pence.
Milkman: Yes, for milk for one week.
Jill: Here you are.
Milkman: Thank you.
Jill: What day is it today?
Milkman: What day is it?
Jill: Yes.
Milkman: It's Friday today.
Jill: Friday!
Milkman: Yes, Friday the thirty-first.
Jill: Thank you. Goodbye.
Milkman: Goodbye.
Jill schließt die Tür.
Jill: Alan! Alan! Get up. It's Friday, not Saturday.
Alan: Friday?
Jill: Yes. Friday the thirty-first.
Alan: The thirty-first?
Jill: Yes. Get up. It's time to go to work.
Alan: Oh no, it isn't.
Jill: It isn't?
Alan: It's the thirty-first today. It's a holiday.
Jill: A holiday?
Alan: Yes. It's a holiday, and I'm going back to sleep.

Wörter und Wendungen

good morning [gud 'mɔ:niŋ]	guten Morgen
milk [milk]	Milch
week [wi:k]	Woche
here you are ['hiə ju 'ɑ:]	hier, bitte!
sleep [sli:p]	schlafen
go back ['gəu 'bæk]	zurückgehen
I'm going back to sleep [aim 'gəuiŋ 'bæk tə 'sli:p]	ich lege mich wieder schlafen

Song: Monday

Monday, Monday: *a bad day for everyone.*	*ein schlimmer Tag für jeden*
Monday, and *it's back to work.*	*da heißt es wieder zur Arbeit gehen*
No-one looks forward to a Monday,	*niemand freut sich auf*
Monday is the first day for work.	
Tuesday, Wednesday, Thursday are *for working,*	*zum Arbeiten*
But Friday's the *last* day for work.	*letzte(r)*
We all look forward to a Friday,	
Friday is the last day for work.	
Then comes the weekend,	
the right time for *picnics,*	*Picknicks*
The weekend, that's the time for *fun.*	*Spaß, Vergnügen*
We all look forward to the weekend,	
When *our week's work is done,*	*unsere Arbeit für die Woche ist getan*
when our week's work is done.	

Übungen

1. Tragen Sie die Wochentage in diesen Kalender ein:

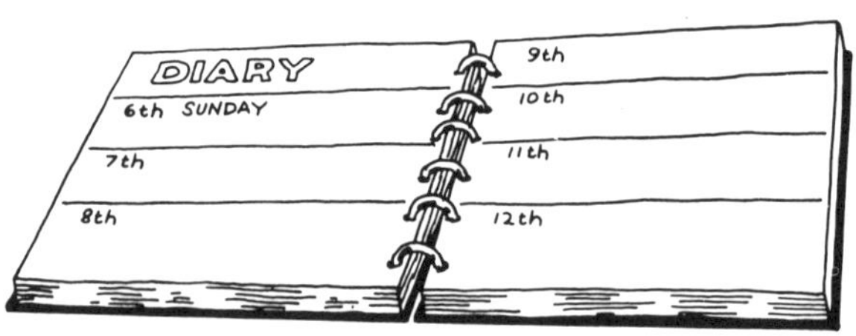

2. Fragen und antworten Sie nach folgendem Beispiel:

a) What day is it today?
It's Monday.
Monday the sixth.

b) ....

....

....

c) ....

....

....

d) ....

....

....

e) ....

....

....

f) ....

....

....

Üben Sie dasselbe mit einem Partner.

3. Berichtigen Sie die Fehler wie in folgendem Beispiel:

a) It's Sunday the ninth.
No, it isn't.
It's Tuesday the fourteenth.

b) It's Friday the first.

. . . .

. . . .

c) It's Tuesday the fourteenth.

. . . .

. . . .

4. Sprechen Sie folgende Zahlen englisch laut aus:
4th 19th 11th 2nd 31st 12th 3rd 7th 24th

LEKTION 20

At Exactly Half Past Three

Was wird gelernt?

It's ten past four. It's exactly twenty-six minutes past three.

John: What's the time, Mary?
Mary: It's about twenty-five past three.
John: No, I mean the exact time.
Mary: Oh. It's exactly twenty-six minutes past three.

John: Wie spät ist es, Mary?
Mary: Es ist ungefähr fünf (Minuten) vor halb vier.
John: Nein, ich möchte die genaue Zeit wissen.
Mary: Ach so. Es ist genau sechsundzwanzig Minuten nach drei.

So wird's verständlich:

past/to: In den Lektionen 5, 6, 9 und 15 ging es um die Uhrzeit, und zwar in Lektion 5 und 6 um die vollen, in Lektion 9 um die halben Stunden und in Lektion 15 um die Viertelstunden. Jetzt wollen wir uns mit den anderen Zeitangaben befassen – fünf, zehn, zwanzig und fünfundzwanzig Minuten vor und nach der vollen Stunde. Hier einige Beispiele dafür:

3.05 It's five past three.	*3.35 It's twenty-five to four.*
3.10 It's ten past three.	*3.40 It's twenty to four.*
3.20 It's twenty past three.	*3.50 It's ten to four.*
3.25 It's twenty-five past three.	*3.55 It's five to four.*

Beachten Sie bitte, daß man im allgemeinen das Wort *minutes* (Minuten) bei Zeitangaben auf 5, 10, 15 usw. Minuten nicht verwendet (obwohl das nicht falsch wäre). Bei anderen Zeitangaben wird jedoch das Wort *minutes* hinzugefügt, zum Beispiel:

3.12	*It's twelve minutes past three.*
3.26	*It's twenty-six minutes past three.*
3.42	*It's eighteen minutes to four.*
3.57	*It's three minutes to four.*

Bei Ankunfts- und Abfahrtszeiten liest man jedoch, wie Sie es in solchen Fällen auch vom Deutschen gewöhnt sind, folgendermaßen: *3.57 three fifty-seven.*

Dialog 1: The time, the date and the day!

Alan ist beim Einkaufen. Er kauft ein Geschenk für seine Frau.

Alan: Good morning.
Assistant: Good morning.
Alan: I want a watch.
Assistant: A watch?
Alan: Yes. A good one. About twenty pounds.
Assistant: Twenty pounds. Here's a nice one.

Alan: Yes, I see. How much is it?
Assistant: Sixteen pounds.

Alan: Hmmm. Can I see another one?
Assistant: Certainly. Here's a nice one. It tells the time and the date.
Alan: The time and the date!
Assistant: Yes. It's twenty past two.
Alan: Yes, twenty past two.
Assistant: And it's the fifteenth.
Alan: Yes, the fifteenth. My wife's birthday. It's nice. How much is it?
Assistant: Eighteen pounds.
Alan: Hmmm. Can I see another one?
Assistant: Certainly. Here's a nice one. It tells the time, the date and the day.
Alan: The time and the date and the day!
Assistant: Yes. It's twenty-two minutes past two. It's Tuesday, and it's the fifteenth.
Alan: That's very nice. How much is it?
Assistant: Twenty-two pounds, fifty.
Alan: Twenty-two pounds, fifty pence. Yes, I'll take it. Can you wrap it up nicely, please? It's a present for my wife. It's her birthday.
Assistant: Of course.

Wörter und Wendungen

assistant [ə'sistənt]	Verkäufer(in)
watch [wɔtʃ]	*(Armband)*Uhr
about twenty pounds [ə'baut 'twenti 'paundz]	ungefähr zwanzig Pfund
nice [nais]	nett, hübsch
a nice one [ə 'nais wʌn]	eine hübsche *(Uhr)*
hmmm [hm]	hm *(Alan überlegt)*
can I see another one? *) [kən ai 'si: ə'nʌðə wʌn]	kann ich noch eine andere sehen? würden Sie mir noch eine andere zeigen?
tell [tel]	*hier:* anzeigen
it tells the time [it 'telz ðə 'taim]	sie *(die Uhr)* zeigt die Zeit an
birthday ['bə:θdei]	Geburtstag
my wife's birthday [mai 'waifs 'bə:θdei]	der Geburtstag meiner Frau
take [teik]	nehmen
I'll take it [ail 'teik it]	ich werde sie *(die Uhr)* nehmen, ich nehme sie
wrap up ['ræp 'ʌp]	einwickeln
can you wrap it up? [kæn ju 'ræp it 'ʌp]	können Sie sie *(die Uhr)* bitte einpacken?
nicely ['naisli]	*(auf)* hübsch*(e Weise)*
present ['preznt]	Geschenk
of course [əv 'kɔ:z]	natürlich

*) *Can I see another one?* Hier ist *can I* Einleitung einer Bitte um Erlaubnis. *Can you wrap it up?* In diesem Satz leitet *can you* eine Bitte oder Aufforderung an jemand ein, etwas zu tun, wie zum Beispiel auch in *Can you tell me . . . ?* in Lektion 15 und 16. Beide Ausdrücke kommen sehr häufig vor. Mit *can* werden wir uns später noch näher befassen.

Dialog 2: Nine minutes past five

Alan hat seiner Frau Jill die neue Uhr geschenkt. Jill freut sich sehr darüber.

Jill: What a lovely watch!
Alan: Yes, it tells the time and the date and the day.
Jill: The time, the date and the day!
Alan: Yes, look. It's exactly nine minutes past five.
Jill: Good!
Alan: And what day is it?

Jill: It's Tuesday.
Alan: Look. Tuesday! And what date is it?
Jill: It's, er, it's the fifteenth today.
Alan: Yes, today's your birthday. It's the fifteenth.
Jill: No, my birthday's tomorrow.
Alan: Tomorrow? Oh dear! I need a watch like this too.

Wörter und Wendungen

exactly [ig'zæktli]	*(auf)* genau*(e Weise)*	need [ni:d]	brauchen
er [ʌ:, ə:]	äh *(Jill zögert)*	a watch like this [ə 'wɔtʃ laik 'ðis]	so eine Uhr

Song: At exactly half past three

I'm off on holiday, — *ich fahre in den Urlaub*
I'm going down by the sea,
And my train *leaves* the station — *fährt ab von*
At exactly half past three.

I'm off on holiday,
I'm off to the countryside, — *ich fahre aufs Land*
And my train leaves the station
At exactly half past five.

We're off on holiday,
To the sea and the countryside,
My train leaves the station at half past three.
And *mine* at half past five. — *meiner*

Übungen

1. Schreiben Sie einen zweiten Dialog nach dem Beispiel des ersten:

a) *Alan:* How much is it?
Assistant: It's about seven pounds.
Alan: No, I mean: How much is it exactly?
Assistant: It's exactly seven pounds twenty-two pence.

b) *Alan:* ....
Assistant: ....
Alan: ....
Assistant: ....

2. Sagen Sie, wie spät es ist, und zwar zunächst ungefähr und dann genau, wie im Beispiel:

a) It's about ten past six.
It's exactly twelve minutes past six.

b) ....
....

c) ....
....

d) ....

....

3. Beantworten Sie die folgenden Fragen:

What time is it now? ....

What day is it today? ....

What's the date today? ....

4. Beantworten Sie die folgenden Fragen zu Ihrer Person:

What is your name? ....

Are you English? ....

What date is your birthday? ....

Die englischen Monatsnamen sind:

January	['dʒænjuəri]	Januar	**July**	[dʒu'lai]	Juli
February	['februəri]	Februar	**August**	['ɔːgəst]	August
March	[mɑːtʃ]	März	**September**	[sep'tembə]	September
April	['eiprəl]	April	**October**	[ɔk'təubə]	Oktober
May	[mei]	Mai	**November**	[nəu'vembə]	November
June	[dʒuːn]	Juni	**December**	[di'sembə]	Dezember

Seinen Geburtstag gibt man so an: *My birthday is November 2nd.*

LEKTION 21

Come In and Listen to Me

Was wird gelernt?

Come in. Don't . . .

John: Come in!	*John:* Herein!
Stranger: Excuse me, is this the police-station?	*Fremder:* Entschuldigen Sie, ist dies das Polizeirevier?
John: No, it isn't. Now, please go out –	*John:* Nein. Gehen Sie jetzt bitte wieder –
Stranger: I'm sorry.	*Fremder:* Entschuldigen Sie.
John: And close the door, and go away!	*John:* Und schließen Sie die Tür und gehen Sie!

So wird's verständlich:

go out/close the door/go away: Dies sind alles Befehlsformen (Imperative). Wie man Anweisungen gibt, haben Sie bereits in Lektion 17 und 18 geübt. Dort wurde auch schon erwähnt, daß diese Form im Englischen sehr einfach zu bilden ist, da sie der Grundform des Zeitworts, dem Infinitiv, entspricht. Und Sie werden auch noch wissen, daß die Befehlsform unveränderlich ist, ob man eine oder mehrere Personen anspricht.

In dieser Lektion wollen wir nun besonders auf die verneinte Form der Befehlsform eingehen, die eigentlich ein Verbot ist. Um ein solches Verbot auszudrücken, setzt man einfach *don't* vor die bejahende Form. (*Don't* ist die verkürzte Form von *do not* „tue nicht", „tun Sie nicht"). Hier ein Beispiel:

Close *the door.*
Don't close *the door.*

Man verwendet die Befehlsform, um jemandem Anweisungen zu geben und Befehle zu erteilen, aber auch, um freundliche Aufforderungen auszusprechen, indem man noch ein *please* voranstellt oder folgen läßt.

Dialog 1: Stand up, sit down.

Arthur Green leidet an Schluckauf und sucht daher den Arzt auf.

Doctor: Come in! . . . Good morning. Mr. Green?
Arthur: Yes, doctor.
Doctor: How are you today?
Arthur: I'm very well, *(hick!)* thank you, doctor.
Doctor: Oh! Why are you here then?
Arthur: I've got *(hick!)* hiccups, doctor, I can't stop them. *(hick!)*
Doctor: Hmm . . . O.K. Stand up . . . No. Don't stand up, sit down . . . No, no. Don't sit down, stand up . . . Da-da-da-dum, da-dee-da-da-dee, stand up, sit down, stand up, sit down, –
Arthur: Doc – *(hick!)* – tor!
Doctor: Yes?
Arthur: My *(hick!)* hiccups.
Doctor: Ah yes. Stand up. Now, open your mouth, and say "Aah!"
Arthur: "Urr!" *(hick!)*
Doctor: Don't say "Urr", say "Aah!"
Arthur: "Aah!" *(hick!)*

Doctor: Yes, you've got hiccups.
Arthur: Yes, doctor. *(hick!)* What can I do?
Doctor: Go home.
Arthur: Go home? *(hick!)*
Doctor: Yes. Go home. Sit down. Close your eyes. Open your mouth. Drink six cups of tea, and eat four bananas.
Arthur: Go home. *(hick!)* Sit down. *(hick!)* Open my eyes –
Doctor: No, no, no. Don't *open* your eyes. *Close* your eyes.
Arthur: O.K. *(hick!)* Drink six cups of tea, and eat four apples.
Doctor: No. Don't eat four *apples*. Eat four *bananas*.
Arthur: Four bananas. *(hick!)* Yes.
Doctor: O.K.?
Arthur: Yes, thank you, *(hick!)* doctor. *(hick!)*
Doctor: Da-da-da-dum, da-dee-da da sit down, stand up

Wörter und Wendungen

doctor ['dɔktə]	Arzt *("Doctor" ist die übliche Anrede für einen Arzt.)*
hiccups, hiccoughs ['hikʌps]	Schluckauf
I've got [aiv 'gɔt]	ich habe
I can't stop them [ai 'kɑ:nt 'stɔp ðəm]	ich kann nichts dagegen *(gegen diese Anfälle)* tun
O.K. ['əu'kei]	O.K., na schön, schon gut
stand up ['stænd 'ʌp]	stehen Sie auf!
sit down ['sit 'daun]	setzen Sie sich (hin)
open ['əupən]	öffnen, aufmachen
mouth [mauθ]	Mund
say [sei]	sagen
you've got [ju:v 'gɔt]	Sie haben
what can I do? ['wɔt kən ai 'du:]	was kann ich *(dagegen)* tun?
eyes [aiz]	Augen

Dialog 2: Read the doctor's note.

Arthur ist zu Hause bei seiner Frau Ethel und will nun die Ratschläge des Arztes befolgen.

Ethel: . . . . three, four, five, six cups of tea.
Arthur: And the *(hick!)* bananas?

Ethel:	Yes. Four bananas. One, two, three, four. There! Oh, Arthur, this is stupid!
Arthur:	Listen, Ethel. Read *(hick!)* the doctor's note.
Ethel:	O.K. One: Go home.
Arthur:	Yes. *(hick!)* I'm at home.
Ethel:	Two: Sit down.
Arthur:	O.K. *(hick!)*
Ethel:	Three: Close your eyes.
Arthur:	O.K. *(hick!)*
Ethel:	Four: Open your mouth.
Arthur:	O.K. *(hick!)*
Ethel:	Five: Drink six cups of tea.
Arthur:	O.K. *(hick!)*
Ethel:	And six: Eat four bananas.
Arthur:	O.K. *(hick!)* *Pause*
Ethel:	How are you now, Arthur? *Pause*
Arthur:	*(hick!)*
Ethel:	Oh Arthur! Wait a moment.
Arthur:	What? *(hick!)* Where are you? *Ethel schleicht sich von hinten an Arthur heran und läßt ein schweres Tablett mit lautem Krach zu Boden fallen.* Aaaaah! What on earth . . . ? Ethel, my hiccups.

Wörter und Wendungen

stupid ['stju:pid]	dumm, blöd	note [nəut]	Notiz, Zettel
read [ri:d]	(vor)lesen		

Song: Come in and listen to me.

Look at the time. It's very late. — *Sieh auf die Uhr!*
I'm tired and I want to sleep.
It's *very nearly* three o'clock. — *schon fast*
Please listen to me.

Come in and listen to me,
Sit down and drink some tea,
Listen to what I say, *Hör zu, was ich sage*
Please don't go away.

Look at the time. It's very late.
I'm tired and it's nearly four.
I'm very tired and I want to go.
Please don't close the door.

Come in and listen to me,
Sit down and drink some tea,
Listen to what I say,
Please don't go away.

Übungen

1. Erinnern Sie sich noch, was der Arzt Arthur gesagt hat?
Fügen Sie die richtigen Befehlsformen ein:

a) . . . . . home. c) . . . . . your eyes. e) . . . . . six cups of tea.

b) . . . . . down. d) . . . . . your mouth. f) . . . . . four bananas.

2. Sagen Sie das Gegenteil. Widersprechen Sie den Anweisungen nach folgendem Beispiel:

a) Sit down. Don't sit down.

b) Come in. . . . .

c) Close your eyes. . . . .

d) Open your mouth. . . . .

e) Go away. . . . .

3. Erteilen Sie einem Freund Ratschläge. Die Beispiele zeigen Ihnen, wie Sie das tun können:

a) I'm tired.	Sit down.
b) I'm hungry.	....
c) I'm thirsty.	....
d) I want to cash a cheque.	Go to the bank.
e) I want to post a letter.	....
f) I want to catch a bus.	....

Üben Sie dasselbe mit einem Partner.

LEKTION 22

I Can See the Sky

Was wird gelernt?

can, can't **Can you ...?** **Yes, I can.** **No, I can't.**

John: Mary, can you swim?	*John:* Mary, kannst du schwimmen?
Mary: Yes, I can swim, but –	*Mary:* Ja, das kann ich, aber –
John: Can you drive?	*John:* Kannst du Auto fahren?
Mary: Yes, I can.	*Mary:* Ja, das kann ich.
John: Good. Can you drive me to the seaside on Saturday?	*John:* Gut. Kannst du mich am Sonnabend an die See fahren?

So wird's verständlich:

can, can't: Das Wort *can* ist Ihnen bereits mehrfach begegnet. In Lektion 15 und 16 wurde die höfliche Form der Frage geübt, die mit *Can you tell me ...?* gebildet wird:

Can you *tell me your name, please?*
Can you *tell me the time, please?*
Can you *tell me the way to the bank?*

Alan fragte in Lektion 20: *Can you wrap it up nicely, please?* Und außerdem trat *can* in Fragen, die mit *Can I . . . ?* gebildet werden, auf. (Lektion 8, Janes Frage: *Can I have three apples, please?;* Lektion 20, Alans Frage: *Can I see another one?*)
Im Grunde drückt *can* eine Fähigkeit aus: *I can swim.* (Ich kann schwimmen.) In dieser Lektion wollen wir Beispiele dafür geben, aber auch für die Verwendung von *can* in der höflichen Frage. Da *can* für alle Personen die gleiche Form hat und da auf *can* immer die Grundform des Zeitworts folgt, ist eigentlich alles ganz einfach:

Bejahend	Verneinend
I can *swim.*	**He can't** [ka:nt] *swim.*
John can *drive.*	**Mr. Smith can't** *drive.*
We can *speak English.*	**They can't** *speak Japanese.*

In der Verneinung ist *can't* die im gesprochenen Englisch gebrauchte verkürzte Form von *cannot.* Beachten Sie, daß *cannot* in einem Wort geschrieben wird! Die Aussprache von *can't* ist [ka:nt]!
Die Frageform ist ebenso einfach zu bilden, indem man die Wortfolge Hauptwort (oder Fürwort) – *can* umkehrt, also: *can* – Hauptwort (oder Fürwort). Es heißt demnach in der

Frage

Can you *swim?*
Can Mary *drive?*
Can they *speak English?*

Bei der Antwort auf diese Fragen wird *can* wiederholt: *Yes, I can. Yes, she can.* usw. In der verneinenden Antwort steht im gesprochenen Englisch die verkürzte Form: *No, they can't.* usw.

Dialog 1: I can't understand Japanese.

Mr. und Mrs. Green sind gerade in Japan angekommen und stehen an der Zollabfertigung.

Mrs. Green: What's that, Arthur? I can't understand him.
Mr. Green: It's Japanese. I can't understand Japanese.
Mrs. Green: Speak English please.
Customs-Officer: English?
Mr. Green: Yes, English. Can you speak English?
Customs-Officer: Yes, I can speak English.
Mrs. Green: Oh, good.
Customs-Officer: Can you tell me your names, please?
Mr. Green: Mr. and Mrs. Green.
Customs-Officer: Ah, ha. Can I see your passports?
Mr. Green: Yes.
Customs-Officer: Thank you. Where are your cases?
Mrs. Green: Here. These two.
Customs-Officer: Can I see them, please?
Mr. Green: See them? Ah.
Customs-Officer: Yes. Can you open your cases?
Mrs. Green: Open them?
Mr. and Mrs. Green: No we can't.
Customs-Officer: You can't what?
Mr. Green: We can't open our cases.
Customs-Officer: Why not?
Mrs. Green: We haven't got the keys.

Mr. Green:	And we can't open our cases –
Mrs. Green:	if we haven't got the keys.
Customs-Officer:	You haven't got the keys, eh? Hmm . . . I think I can open them. Look! Ah-ha!

Es kommen Hunderte von Armbanduhren zum Vorschein.

Wörter und Wendungen

customs-officer ['kʌstəmz'ɔfisə]	Zollbeamter	these [ði:z]	diese *(Mehrzahl)*
		them [ðəm]	sie *(Mehrzahl)*
understand [ʌndə'stænd]	verstehen	keys [ki:z]	Schlüssel *(Mehrzahl)*
Japanese [dʒæpə'ni:z]	japanisch; Japanisch	we haven't got the keys [wi 'hævnt 'gɔt ðə 'ki:z]	wir haben die Schlüssel nicht
ah, ha [ɑ'hɑ:]	aha!; sieh mal an!		
passport ['pɑ:spɔ:t]	Reisepaß	if [if]	wenn, falls
		I think [ai 'θiŋk]	ich glaube
case [keis]	Koffer		

Dialog 2: We can't stay.

Der Zollbeamte hat in Mr. und Mrs. Greens Koffern eine große Anzahl Armbanduhren gefunden.

Customs-Officer:	What's this?
Mr. Green:	Er . . . two hundred and fifty-three watches.
Customs-Officer:	Two hundred and fifty-three watches!
Mrs. Green:	Yes.
Customs-Officer:	You can't come into Japan with two hundred and fifty-three watches in your cases.
Mrs. Green:	Can't we?
Customs-Officer:	No.
Mr. Green:	Why not?
Customs-Officer:	Because you can't. It's illegal.
Mrs. Green:	Illegal? Oh . . . er . . . sorry. Can we go back to England with them?

Customs-Officer:	No, you can't.
Mr. Green:	We can't come into Japan –
Mrs. Green:	And we can't go back to England.
Customs-Officer:	No.
Mr. Green:	Can you tell me the time please?
Customs-Officer:	The time?
Mr. Green:	Yes. Can you tell me the time?
Customs-Officer:	It's . . . half past two. But –
Mrs. Green:	Half past two!
Mr. Green:	It's very late.
Mrs. Green:	We can't stay. Sorry!
	Sie laufen weg.
Customs-Officer:	Hey! Come back! Come back!

Wörter und Wendungen

watches ['wɔtʃiz]	*(Armband)*Uhren	England ['iŋglənd]	England
watch [wɔtʃ]	*(Armband)*Uhr	stay [stei]	bleiben
Japan [dʒə'pæn]	Japan	hey! [hei]	he!
illegal [i'li:gəl]	gesetzwidrig, verboten	come back ['kʌm 'bæk]	kommen Sie zurück!

Song: I can see the sky.

People have houses in the city, — *manche Leute haben ein Haus in der Stadt*
I can't understand why;
I've got a house in the country, — *ich habe*
I can see the sky,
In the country.

You can't go to restaurants,
You can't go to banks,
You can't go to the cinema,
A house in the country? *No, thanks,* — *nein, danke*
in the city.

You can't see the sky,
You can't *feel the breeze,* — *den leichten Wind spüren*

You can't speak to your neighbours,
You can't see the *trees,* in the city. — *Bäume*

People have houses in the city,
I can't understand why;
I've got a house in the country,
I can see the sky,
In the country.

Übungen

1. Sehen Sie sich noch einmal die beiden Dialoge an und setzen Sie dann in folgende Sätze *can* oder *can't* ein. Die Aussagen sollen denen in den Dialogen nicht widersprechen:

   a) Mr. Green .... speak Japanese.

   b) Mrs. Green .... understand the Customs-Officer.

   c) Mr. Green .... understand Japanese.

   d) The Customs-Officer ...... speak English.

   e) Mr. and Mrs. Green .... open their cases.

   f) The Customs-Officer ..... open their cases.

   g) Mr. and Mrs. Green....... come into Japan with the watches.

   h) They .... go back to England with them.

2. Geben Sie auf diese an Sie gerichteten Fragen kurze Antworten *(Yes, I can./No, I can't.)*:
   Can you swim? ....

Can you drive? . . . .

Can you speak German? . . . .

Can you understand Japanese? . . . .

Can you speak English? Yes! . . . .

Can you understand English? Yes! . . . .

Stellen Sie die gleichen Fragen Ihrem Partner.

LEKTION 23

We've Got Brothers and Sisters Everywhere

Was wird gelernt?

I/You/We/They've got . . . **I/You/We/They haven't got . . .**
Have you got . . .?

John: Hic! I've got hiccups.
Mary: Drink some water.
John: I can't. I haven't got any water.
Mary: Here. I've got some. Drink this.
John: Thank you.

John: Hick! Ich habe Schluckauf.
Mary: Trink ein bißchen Wasser.
John: Ich kann nicht. Ich habe kein Wasser.
Mary: Ich habe welches. Trink es.
John: Danke.

So wird's verständlich:

have got: In Lektion 22 sagten Mr. und Mrs. Green: *We haven't got the keys.* (Wir haben die Schlüssel nicht.) *Have got* drückt einen Besitz aus. Wir wollen uns in dieser Lektion etwas näher damit befassen. *Have got* wird in Verbindung mit *I*, *you*, *we* und *they* gebraucht. Die verkürzte Form heißt *'ve got*. Man sagt also zum Beispiel:

I've got *two brothers.*	Ich habe zwei Brüder.
You've got *three sisters.*	Du hast drei Schwestern.
We've got *a nice house.*	Wir haben ein hübsches Haus.
They've got *some bananas.*	Sie haben Bananen.

Bejahend kann man auch sagen: *I have two brothers. You have three sisters.* usw., das *got* also fortlassen.

haven't got: Die Verneinung wird, wie üblich, mit *not* gebildet: *... have not got.* Die verkürzte gesprochene Form ist *haven't got*, zum Beispiel:

You haven't got *a car.*
You haven't got *twelve sisters.*

Have you got ...? In der Frage wird die Wortfolge wieder umgestellt:

Have you got *a car?*
Have they got *a nice house?*

Auf solche Fragen werden gewöhnlich kurze Antworten gegeben:

Yes, I have.
No, they haven't.

Dialog 1: I've got a gun.

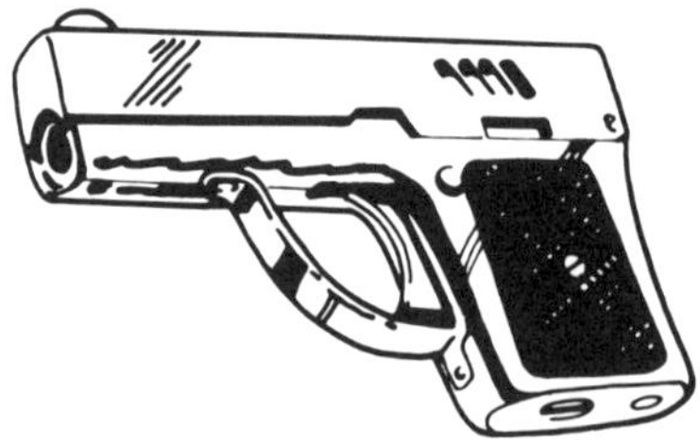

Alan geht eine einsame Straße entlang. Da begegnet ihm jemand, der ein gefährlicher Dieb zu sein scheint.

Thief: Put up your hands!
Alan: What?
Thief: Put up your hands. I've got a gun.
Alan: I can see you've got a gun. What do you want? Money?
Thief: Yes. Give me twenty-five pounds.
Alan: I haven't got twenty-five pounds.
Thief: Don't be stupid! You can see I've got a gun. £25!
Alan: Listen! I have *not* got £25!
Thief: O.K., O.K. Give me £20.
Alan: I haven't *got* £20.
Thief: £15.
Alan: I haven't got £15.
Thief: O.K. £10, and I'll go.
Alan: Listen. I haven't got £10. I haven't got £5. I haven't got £1.
Thief: Have you got fifty pence?
Alan: No, I haven't got 50p or 20p or 10p –
Thief: You haven't got 10p?
Alan: No, I haven't got any money at all.
Thief: Have you got a brother?
Alan: A brother?
Thief: Yes. Or a sister?
Alan: Well, I've got one brother and two sisters. Why?
Thief: Perhaps *they*'ve got some money.
Alan: No, *they* haven't got any money, and *I* haven't got any money.
Thief: Have you got a watch?

Alan: No.
Thief: Have you got a cheque?
Alan: No, but . . . I've got a gun. Put up your hands.

Wörter und Wendungen

thief [θi:f]	Dieb	gun [gʌn]	Gewehr, Schußwaffe
hands [hændz]	Hände	what do you want? ['wɔt du ju 'wɔnt]	was wollen Sie?
put up your hands ['put 'ʌp jɔ: 'hændz]	nehmen Sie die Hände hoch!	give me ['giv mi]	geben Sie mir
		at all [ət 'ɔ:l]	überhaupt

Dialog 2: We haven't got five pounds.

Alan und der Dieb sind immer noch auf der Straße und streiten.

Alan: *Put up your hands.* I've got a gun too.
Thief: No, *you* put up *your* hands. I'm the thief.
Alan: Put up your hands.
Thief: No, *you* put –
Ein Mädchen kommt dazu und bleibt stehen.
Girl: Put up your hands.
Alan: What?
Thief: What?
Girl: Put up your hands. I've got a gun.
Thief: We can see you've got a gun. What do you want?
Girl: Money.
Alan: Money?
Thief: Money?
Girl: Yes. Give me £35. Twenty-five from *you* –
Thief: I haven't got £25!
Girl: And ten from you.
Alan: I haven't got £10.
Girl: O.K. £5 from you, and £5 from you.
Thief: Listen. We haven't got £5.

Alan: We haven't got £2.
Thief: We haven't got £1.
Alan: We haven't got any money at all.
Girl: O.K. Give me your guns.
Thief: Guns? Oh yes, we've got guns, haven't we?
Alan: Oh yes.
Alan: }
Thief: } Put up your hands.
Girl: No, *you* put up *your* hands.
Thief: No, listen, *I*'m the thief . . .
Der Streit geht weiter.

Wörter und Wendungen

haven't we? ['hævnt wi] — nicht wahr?

Erwartet man die Zustimmung seines Gesprächspartners zu dem, was man gesagt hat, so erweitert man den Satz um so ein „Anhängsel" wie *haven't we?*, das man mit fallendem Tonfall spricht.
Das Zeitwort in diesem Frageanhängsel ist dasselbe wie in dem vorausgehenden Satz. Ist dieser Satz bejahend, so ist das Frageanhängsel verneinend und umgekehrt. Ein paar Beispiele werden alles klarmachen:

We'**ve** *got guns,* **haven't we?**	Wir haben Gewehre, nicht wahr?
We **aren't** *late,* **are we?**	Wir kommen doch nicht zu spät, nicht wahr?
You'**re** *a thief,* **aren't you?**	Sie sind ein Dieb, nicht wahr?
He **can** *swim,* **can't he?**	Er kann doch schwimmen, oder etwa nicht?

Song: We've got brothers and sisters everywhere.

We've got a happy song,
It isn't very *long,* — *lang*
But we haven't got any money *to spare*; — *übrig*

I've got you, and you've got me,
Open your eyes, and you can see:
We've got brothers and sisters *everywhere*. — *überall*

Have you got a watch?
Have you got a gun?
Have you got *a million* pounds? — *eine Million*
Have you got one?

I haven't got a watch,
I haven't got a gun,
I haven't got a million pounds,
I haven't got one.

We've got a happy song,
It isn't very long,
But we haven't got any money to spare;
I've got you and you've got me,
Open your eyes, and you can see:
We've got brothers and sisters everywhere.

Übungen

1. Bilden Sie aus den gegebenen Wörtern bejahende Sätze nach dem Beispiel des ersten Satzes:

   a) We/a nice house — We've got a nice house.

   b) I/two sisters — . . . .

   c) They/some bananas — . . . .

   d) You/a nice car — . . . .

   e) We/one brother — . . . .

2. Stellen Sie Fragen mit den gegebenen Wörtern:

a) you/any money? Have you got any money?

b) they/a nice house? ....

c) we/any coffee? ....

d) I/your key? ....

e) you/a car? ....

3. Beantworten Sie diese an Sie gerichteten Fragen mit kurzen Antworten wie *Yes, I have* oder *No, I haven't*.

Have you got any brothers? ....

Have you got any sisters? ....

Have you got a watch? ....

Have you got 25 cousins? ....

Have you got a million pounds? ....

Stellen Sie diese Fragen Ihrem Partner.

LEKTION 24

The Milkman's Got Some Milk

Was wird gelernt?

He/She's got . . . He/She hasn't got . . . Has he/she got . . . ?

John: Has Mr. Green got any children?
Mary: Yes, he has. He's got four daughters.
John: Has he got any sons?
Mary: Yes, he's got four sons. Has he got any money?
John: No, he hasn't.

John: Hat Mr. Green Kinder?
Mary: Ja. Er hat vier Töchter.
John: Hat er Söhne?
Mary: Ja, er hat vier Söhne. Hat er Geld?
John: Nein (Geld hat er nicht).

So wird's verständlich:

has got: In Lektion 23 haben Sie gesehen, daß man ein Besitzverhältnis mit *have got* ausdrückt und daß diese Form für *I, you, we* und *they* gebraucht wird. In Verbindung mit *he* und *she* heißt es dagegen *has got* oder als verkürzte Form beim Sprechen *'s got.* Bejahende Sätze, Fragen, verneinende Sätze werden alle ebenso gebildet, wie Sie es in Lektion 23 gelernt haben, nur steht statt *have* die Form *has.* Einige Beispiele dafür:

He's got *a car.*
She's got *a car.*
He hasn't got *a million pounds.*
Has she got *a car? Yes,* **she has.**

Eine vollständige Übersicht über alle Fürwörter in Verbindung mit *have/has* sieht also so aus:

I *You* *We* *They*	*have got*	*a car*
He *She* *It*	*has got*	*a house* *a gun*

brothers: Aus Lektion 23 kennen Sie die englischen Bezeichnungen für einige Familienmitglieder: *brothers, sisters, cousins*. Hier ist eine Übersicht über die wichtigsten Bezeichnungen für Familienmitglieder:

mother	Mutter	*brother*	Bruder	*son*	Sohn
father	Vater	*sister*	Schwester	*daughter*	Tochter
wife	Ehefrau	*aunt*	Tante	*grandson*	Enkel
husband	Ehemann	*uncle*	Onkel	*grand-daughter*	Enkelin
cousin	Vetter, Kusine	*grand-father*	Großvater	*grand-mother*	Groß-mutter

Dialog 1: He's got a big nose.

Arthur und seine Frau Ethel sind zu Hause. Arthur hört sich die Nachrichten im Radio an.

Radio: The escaped prisoner is a man. His name is Henry Smith. He's got big eyes, a big mouth and a big nose. The police want to catch him. He hasn't got any money, but he's got a gun, and he's dangerous.

Arthur: Hmm. Ethel!
Ethel: Yes?
Arthur: The police want a man. His name's Henry Smith.
Ethel: Oh yes?
Arthur: Yes. He's got big eyes.
Ethel: Ooh!
Arthur: And he's got a big mouth and a big nose too.
Ethel: Ooh!
Es klopft an der Tür.
Ethel: Ooh! Arthur, there's a man at the door.
Arthur: Oh yes. Go and open the door.
Ethel: But he's got big eyes.
Arthur: Big eyes, eh?
Ethel: Yes. And he's got a big mouth, *and* a big nose.
Arthur: Has he got any money?
Ethel: I can't see if he's got any money.
Arthur: Oh no. Well, has he got a gun?
Ethel: I can't *see* a gun.
Arthur: Oh?
Ethel: But perhaps he's got one.
Es klopft wieder.
Ooh, Arthur. Come and see.
Arthur: Er. . . ah. . . yes. O.K.
Er geht zu Ethel ans Fenster.
Ethel, what has he got in his hand?

Ethel: Some milk, Arthur.
Arthur: Yes, Ethel. Some milk. That's not Henry Smith –
Ethel: No?
Arthur: No, it's the milkman.
Ethel: Ooh.

Wörter und Wendungen

escape [is'keip]	(ent)fliehen	mouth [mauθ]	Mund
prisoner ['prizna]	Gefangener, Häftling	nose [nəuz]	Nase
		police [pə'li:s]	Polizei
the escaped prisoner [ði is'keipt 'priznə]	der entflohene Häftling	catch [kætʃ]	(ein)fangen, fassen
		dangerous ['deindʒrəs]	gefährlich
big [big]	groß	hand [hænd]	Hand
there's ['ðɛəz]	da ist, es ist		

Dialog 2: Has he got big eyes?

Ethel und Arthur sind immer noch zu Hause. Es ist fünf Minuten später.

Arthur: The milkman! Ha, ha! "I can't *see* a gun . . . but perhaps he's got one". Ha, ha!
Ethel: Ooh, Arthur! Arthur, there's a man at the door.
Arthur: Is it the milkman again?
Ethel: No.
Arthur: It isn't the milkman?
Ethel: No.
Arthur: Is it Henry Smith, the escaped prisoner?
Ethel: I –
Arthur: Has he got big eyes?
Ethel: Yes, he has.
Arthur: Has he got a big mouth?
Ethel: Yes, he has.
Arthur: Has he got a big nose?
Ethel: Yes, he has.

Arthur: Has he got any money?

Ethel: No. But he's got a gun.

Arthur: He's got a gun. Ah. Don't open the door, Ethel. Don't go to the door –

H. Smith: Er, excuse me. I'm Henry Smith, the escaped prisoner, and I'm very thirsty. Have you got any milk?

Arthur: } Milk?
Ethel: }

H. Smith: Yes. The milkman hasn't got any left.

Wörter und Wendungen

ha, ha! [hɑ:'hɑ:]	haha!	hasn't got any left ['hæznt 'gɔt 'eni 'left]	hat keine *(Milch)* mehr (übrig)
again [ə'gen]	wieder		

Song: The milkman's got some milk.

He's got a very big mouth,
He's got very big hands,
He's got a very big nose,
He's a very big man.

The milkman's got some milk,
He's got some money too,
He's got some milk *for me*, — *für mich*
He's got some milk for you.

The prisoner's got big eyes,
The prisoner's got a gun,
He hasn't got a million pounds,
He hasn't got one.

He's got a very big mouth,
He's got very big hands,
He's got a very big nose,
He's a very big man.

Übungen

1. Beantworten Sie folgende Fragen über den Milchmann und den Häftling aus dem Dialog und dem Lied mit kurzen Antworten wie *Yes, he has* oder *No, he hasn't:*
   a) Has the prisoner got a gun? . . . .

   b) Has the milkman got a gun? . . . .

   c) Has the prisoner got any more? . . . .

   d) Has the milkman got any money? . . . .

   e) Has the prisoner got big eyes? . . . .

   f) Has the milkman got big eyes? . . . .

   g) Has the prisoner got £1 million? . . . .

   h) Has the milkman got a big nose? . . . .
   Richten Sie diese Fragen an Ihren Partner.

2. Bilden Sie nach dem Beispiel bejahende Sätze:
   a) Mr. Green/a big house He's got a big house.

   b) Mary/two sisters . . . .

   c) John/big eyes . . . .

   d) Anne/some money . . . .

   e) The milkman/some milk . . . .

3. Setzen Sie *have* oder *has* ein:

   a) We . . . . got some coffee.

   b) Susan . . . . got three brothers.

   c) . . . . you got a car? – Yes, I . . . .

   d) Mr. and Mrs. Brown . . . . got a nice house.

   e) . . . . John got a sister? Yes, he . . . .

   f) I . . . . got £10.

LEKTION 25

Have You Got Any Time for Me?

Was wird gelernt?

I've got some . . . I haven't got any . . . Have you got any . . . ?

Mary:	John, have you got any cream?	*Mary:*	John, hast du etwas Sahne?
John:	Cream?	*John:*	Sahne?
Mary:	Yes, I want some cream for my coffee. Have you got any?	*Mary:*	Ja, ich hätte gern etwas Sahne für meinen Kaffee. Hast du welche?
John:	No, I'm sorry, I haven't got any cream. But I've got some milk.	*John:*	Nein, ich habe leider keine Sahne. Aber ich habe etwas Milch.
Mary:	Oh. O.K., thank you.	*Mary:*	Ach. Na schön, vielen Dank.

So wird's verständlich:

some/any: 1. Im Englischen gibt es – wie im Deutschen – Hauptwörter, die in der Einzahl und in der Mehrzahl gebraucht werden können, zum Beispiel: *one banana* und *six bananas*. Man nennt sie „zählbare Hauptwörter", weil man das durch sie Bezeichnete zählen kann. *Milk* oder *cream* hingegen sind Beispiele für „unzählbare Hauptwörter", man kann das durch sie Bezeichnete nicht zählen, und es gibt auch keine Mehrzahlform. Diese Unterscheidung der Hauptwörter ist sehr wichtig:

Zählbare	**Unzählbare**
Hauptwörter	
apples	*milk*
bananas	*water*
doors	*tea*
usw.	usw.

2. Sagt man etwas ganz allgemein aus, so steht weder vor zählbaren noch vor unzählbaren Hauptwörtern ein Artikel: *I like milk* (Ich trinke gern Milch), *I like bananas* (Ich esse gern Bananen). Bezieht man seine Aussage jedoch nicht auf Milch, Bananen usw. im allgemeinen, sondern nur auf eine gewisse Menge davon, so stellt man *some* oder *any* vor das Hauptwort.

3. In bejahenden Sätzen verwendet man *some:*

I've got some *apples.*	**I've got some** *milk.*
I've got some *bananas.*	**I've got some** *water.*
usw.	usw.

In verneinenden und fragenden Sätzen gebraucht man *any:*

I haven't got any *apples.*	**I haven't got any** *milk.*
I haven't got any *bananas.*	**I haven't got any** *water.*
Have you got any *apples?*	**Have you got any** *milk?*
usw.	usw.

In dieser Lektion beschäftigen wir uns vorwiegend mit unzählbaren Hauptwörtern, von denen Ihnen schon verschiedene begegnet sind:

milk	*coffee*	*water*	*money*
cream	*tea*	*lemonade*	

Einige weitere werden Sie in dieser Lektion kennenlernen:
bread (Brot), *butter* (Butter), *sugar* (Zucker).

Dialog 1: Coffee, cream, bread, butter, sugar

Albert hat ein ganz schlechtes Gedächtnis. Er geht einkaufen und bemüht sich, nichts von dem zu vergessen, was er einkaufen soll.

Albert: . . . butter, sugar. Coffee, cream, bread, butter, sugar.
Coffee, milk, bread, butter, su . . . – Oh, no – no, no.
Coffee, *cream*, bread, butter, sugar.
Er geht in einen Laden.

Albert: Coffee, cream, bread, butter, sugar.

Assistant: Good morning, sir.

Albert: Butter, sugar, coffee, cream, bread, – butter, sugar . . .

Assistant: Good *morning*, sir.

Albert: Oh, good morning.

Assistant: Can I help you?

Albert: Yes. Coffee, cream, bread, butter, sugar . . ., please.

Assistant: Yes, sir. Coffee?

Albert: Yes, please. I want some coffee.

Assistant: Oh, I'm sorry, sir. We haven't got any coffee.

Albert: You haven't got any coffee?

Assistant: No, sir.

Albert: I see. If you haven't got any coffee, give me some tea.

Assistant: Tea, sir?

Albert: Yes.

Assistant: I'm sorry, but we haven't got any tea.

Albert: Oh dear! Coffee, cream, bread, butter, sugar. Coffee, – give me some cream.

Assistant: Sorry, sir. There isn't any cream.

Albert: Is there any milk?

Assistant: No, sir. I'm sorry. We haven't got any milk.

Albert: Have you got any bread?

Assistant: No, sir.

Albert: Have you got any butter?

Assistant: No.

Albert: And you haven't got any sugar, have you?

Assistant: Sugar?

Albert: Ah! You've got some sugar.

Assistant: No, sir. We haven't got any sugar.

Albert: Listen: You haven't got any coffee. You haven't got any tea. You haven't got any milk. You haven't got any cream. You haven't got any bread. You haven't got any butter. And you haven't got any sugar! What sort of a grocer *are* you?

Assistant: Sir, this isn't a grocer's. It's a post-office.

Albert: A post-office? Oh, dear. Ah. Sorry. Er . . . yes, I –
Er geht hinaus und spricht dabei vor sich hin:
Coffee, cream, bread, butter, sugar . . . Coffee, cream . . .

Wörter und Wendungen

can I help you? [kən ai 'help ju]	Kann ich Ihnen behilflich sein? Was wünschen Sie bitte?
there isn't any cream [ðər 'iznt 'eni 'kri:m]	wir haben keine Sahne; es ist keine Sahne da
you haven't got any sugar, have you? [ju 'hævnt 'gɔt 'eni 'ʃugə 'hæv ju]	Sie haben wohl keinen Zucker, oder?
sort [sɔ:t]	Art, Sorte
what sort of . . . ? ['wɔt 'sɔ:t əv]	was für (ein) . . . ?
grocer ['grəusə]	Lebensmittelhändler
what sort of a grocer *are* you? ['wɔt 'sɔ:t əv ə 'grəusə 'ɑ: ju]	was sind Sie eigentlich für ein Lebensmittelhändler?
grocer's ['grəusəz]	Lebensmittelgeschäft

Dialog 2: The post-office hasn't got any coffee.

Albert ist auf dem Weg zu einem anderen Laden und hofft, daß er diesmal ein Lebensmittelgeschäft findet.

Albert: . . . butter, water. No, no, that's not it. Coffee, cream, bread, butter, sugar. Yes, that's it. Coffee, cream, bread, butter, sugar.
Er sieht ein Schild über einem Laden.
Ah, ha! 'Fred Smith. Grocer'. Good.
Er geht in den Laden.
Coffee, cream, bread, butter, sugar.

Assistant: Good morning, sir.

Albert: Ah, good morning. Oh, you're not Fred Smith, are you?

Assistant: No, sir. I'm his daughter, Lucy.

Albert: His daughter. Hmmm. But this *is* a grocer's, isn't it?

Assistant: Yes, sir.

Albert: Good, you've got some coffee.

Assistant: Yes, sir.

Albert: Good, good, good. The post-office hasn't got any coffee.

Assistant: No, sir.

Albert: But *you*'ve got some, haven't you?

Assistant: Yes, sir.

Albert: Have you got any cream? Any bread? Any butter?

Assistant: Yes, sir.

Albert: And you've got some sugar, of course.

Assistant: Yes, sir.

Albert: Oh, good, good, good –

Assistant: Coffee –

Albert: Coffee.

Assistant: Cream –

Albert: Cream.

Assistant: Bread –

Albert: Bread.

Assistant: Butter –

Albert: Butter.

Assistant: Sugar –

Albert: Sugar. Thank You.

Assistant: Thank you, sir. That's seventy-five pence, please.
Albert: Seventy-five pence. Oh, I'm sorry. I . . . er . . .
Assistant: Yes, sir.
Albert: I haven't got any money.

Wörter und Wendungen

are you? ['ɑ: ju]
isn't it? ['iznt it]
haven't you? ['hævnt ju]

(Siehe die Bemerkungen zu Dialog 2 in Lektion 23.)

Song: Have you got any time for me?

Have you got any bread?
Have you got any tea?
Have you got any coffee?
Have you got any time for me? — *Hast du ein bißchen Zeit für mich?*

Yes, I've got some bread,
I've got some coffee too,
I've got some tea,
But I haven't got any time for you.

Have you got any butter for your bread?
Have you got any milk for your tea?
Have you got any cream for your coffee?
Have you got any time for me?

I've got some butter for my bread,
I've got some cream for my coffee too,
I've got some milk – *and* some sugar – for my tea,
But I haven't got any,
No, I haven't got any,
No, I haven't got any time for you.

Übungen

1. Bilden Sie bejahende Sätze nach folgendem Beispiel:
   I've got some coffee.

   . . . . bread.

   . . . . sugar.

   . . . . butter.

2. Bilden Sie verneinende Sätze nach folgendem Beispiel:
   The post-office hasn't got any coffee.

   . . . . cream.

   . . . . bread.

   . . . . butter.

3. Bilden Sie bejahende und verneinende Sätze nach folgendem Beispiel:
   I haven't got any cream, but I've got some milk.

   . . . . coffee, ... tea.

   . . . . lemonade, ... water.

   . . . . butter, ... bread.

4. Setzen Sie *some* oder *any* ein:

   a) Mr. Green hasn't got . . . . . money.

   b) There is . . . . . sugar at the grocer's, but the post-office hasn't got . . . . .

   c) Have you got . . . . . bread?

   d) We've got . . . . . coffee, but there isn't . . . . . cream.

   e) I'm sorry, I haven't got . . . . . milk at all.

LEKTION 26

You Can't Have Everything You Want

Was wurde gelernt?

Wiederholung Lektion 1—25

In den Dialogen, dem Lied und den Übungen dieser Lektion soll das in Lektion 1–25 Gelernte wiederholt werden.
Die folgende Übersicht zeigt die Schwerpunkte; die Zahlen geben die Lektionen an, in denen sie behandelt wurden.

1–8

I'm	*hungry.*
He's	*cold.*
She's	*tired.*
It's	*hot.*
We're	*thirsty.*
You're	*late.*
They're	*early.*

5, 9, 15, 20

What time is it?

It's	*four o'clock.*
	half past two.
	quarter past six.
	quarter to nine.

5–9, 12, 19

one, two, three, sixty, two hundred, five hundred and thirty-seven

first, second, third

9

So am I.

19

What day is it?
It's Monday.
What's the date?
It's the twelfth.

21

Stand up.
Don't stand up.

9, 16

I want some tea.
I want to post a letter.

22

I	*can*	*swim.*
He		*drive.*
You	*can't*	*speak Japanese.*

Can you speak English? – Yes, I can.

23, 24

I *You* *We* *They*	*have got* *haven't got*	*a car.* *£10.* *a nice house.* *two sisters.*
He *She*	*has got* *hasn't got*	

15–17

I can see **a** *plane.*
Where's **the** *airport?*

13–15

my	*your*	*his*
her	*our*	*their*

25

Have you got **any** *cream?*
I've got **some** *milk, but I haven't got* **any** *cream.*

Dialog 1: You want to be a salesman.

Derek Jones hat sich um eine Stellung als Vertreter in Japan beworben und kommt jetzt, um sich vorzustellen.

Interviewer: Come in! . . . Ah, come in, come in . . . Good morning.
Derek: Good morning.
Interviewer: Oh, don't stand there . . . Please sit down.
Derek: Thank you.
Interviewer: Now, Mr. . . . er . . . Oh, I'm sorry. I haven't got your name, er, what *is* your name?
Derek: Jones. Mr. Derek Jones.
Interviewer: Thank you. Now, Mr. Jones, you want to be a salesman.
Derek: Yes.
Interviewer: In Japan.
Derek: Yes.
Interviewer: Why?
Derek: Because I want to go to Japan, and I haven't got any money.
Interviewer: Oh . . . yes. Can you speak Japanese?
Derek: No, I cant' *speak* it.

Interviewer: No?
Derek: But I can understand it.
Interviewer: Can you drive?
Derek: Yes.
Interviewer: Have you got a car?
Derek: Yes.
Interviewer: How old are you?
Derek: I'm twenty-five.
Interviewer: Have you got a passport?
Derek: Yes, I have.
Interviewer: Can I see it? Thank you. 672854. That's fine.
Derek: Well, er . . . can I have the job?
Interviewer: Um . . . Yes. Can you go to Japan on Tuesday? At three o'clock.
Derek: Yes. Er, what's the product I'm selling?
Interviewer: Rice.

Wörter und Wendungen

interviewer ['intəvju:ə]	Interviewer *(hier wohl der Personalchef)*
salesman ['seilzmən]	Vertreter, Handelsreisender
how old are you? ['hau 'əuld ɑ: ju]	wie alt sind Sie?
that's fine ['ðæts 'fain]	das ist gut, das ist schön
job [dʒɔb]	Stellung, Arbeit

product ['prɔdʌkt]	Produkt, Erzeugnis	'prɔdʌkt aim 'seliŋ]	
sell [sel]	verkaufen	rice [rais]	Reis
the product I'm selling [ðə	das Produkt, das ich verkaufe		

Dialog 2: Can you go to Brazil on Friday?

Fred Brown hat sich auch um eine Stellung als Vertreter beworben. Nicht in Japan, sondern in Brasilien. Er kommt jetzt zur Vorstellung.

Interviewer: Come in. Good morning.
Fred: Good morning.
Interviewer: Please sit down.
Fred: Thank you.
Interviewer: Now, Mr. . . . er . . . I'm sorry, I haven't got your name. What *is* your name?
Fred: Brown. Mr. Fred Brown.
Interviewer: Thank you. Now, Mr. Brown, you want to be a salesman.
Fred: Yes.
Interviewer: In Brazil.
Fred: Yes.
Interviewer: Can you drive?
Fred: Yes I can.
Interviewer: Have you got a car?
Fred: Yes I have.
Interviewer: How old are you?
Fred: I'm forty-two.
Interviewer: Fine.
Fred: Can I have the job?
Interviewer: Yes. Can you go to Brazil on Friday? At eight o'clock?
Fred: Yes. Oh – what's the product I'm selling?
Interviewer: English coffee.

Wörter und Wendungen

Brazil [brə'zil]	Brasilien

Song: You can't have everything you want.

I want *a sandwich,*	*ein Sandwich, ein belegtes Brot*
But I haven't got any bread.	
I want a drink,	
But I haven't got any tea.	
I want *a rest,*	*eine Ruhepause*
But I haven't got *a bed.*	*ein Bett*
I want to open *the box,*	*den Kasten*
But I haven't got the key.	

You can't have a sandwich,
if you haven't got any bread,
You can't have a drink, if you haven't got any tea.
You can't have a rest, if you haven't got a bed,
You can't open the box, if you haven't got the key.

I want a sandwich,
But he hasn't got any bread.
She wants a drink,
But I haven't got any tea.
I want a rest,
But he hasn't got a bed.
We want to open the box,
But we haven't got the key.

You can't have a sandwich,
if you haven't got any bread,
You can't have a drink, if you haven't got any tea,
You can't have a rest, if you haven't got a bed,
You can't open the box, if you haven't got the key.

You can't have everything you want,	*Man kann nicht alles haben, was man will,*
And you can't be everything you want to be.	*und man kann nicht alles sein, was man möchte.*

Übungen

1. Stellen Sie sich vor, Sie hätten ein Einstellungsgespräch wie Derek und Fred. Beantworten Sie die folgenden Fragen:

   What's your name? – ....

   How old are you? – ....

   Can you speak English and German? – ....

   Can you drive? – ....

   Have you got a car? – ....

   Have you got a passport? – ....

   Have you got any brothers and sisters? – ....
   Richten Sie diese Fragen an einen Partner.

2. Beantworten Sie folgende Fragen der Wirklichkeit entsprechend:

   What time is it? – ....

   What time is it exactly? – ....

   What day is it today? – ....

   Are you hungry? – ....

   Are you thirsty? – ....
   Lassen Sie diese Fragen von einem Partner beantworten.

LEKTION 27

What Are You Doing Today?

Was wird gelernt?

I'm reading.		**What are you doing?**	
John:	Hallo, Mary.	*John:*	Hallo, Mary.
Mary:	Hallo, John.	*Mary:*	Hallo, John.
John:	Are you working?	*John:*	Bist du bei der Arbeit?
Mary:	No, I'm drinking some tea, and I'm eating a sandwich.	*Mary:*	Nein, ich trinke gerade Tee und esse ein belegtes Brot.
John:	Is it tea-time?	*John:*	Ist denn schon Teezeit?

So wird's verständlich:

-ing: Die englischen Zeitwörter haben verschiedene Zeitformen, um auszudrücken, daß eine Handlung in der Vergangenheit, in der Gegenwart oder in der Zukunft vor sich geht. (Daher auch die Bezeichnung „Zeitwort".) In dieser Lektion soll die Zeitform behandelt werden, die ausdrückt, was jetzt gerade geschieht. Man bildet diese Zeitform ganz einfach, indem man die Endung *-ing* an das Zeitwort anhängt, zum Beispiel *eat + -ing = eating, drink + -ing = drinking*. Setzt man nun vor diese *-ing*-Form die Gegenwartsform (das Präsens) von „sein", die Sie ja schon kennen (*I'm, you're, he's* usw.), so entsteht *I'm eating* (ich esse gerade, ich bin gerade beim Essen), *you're drinking* (du trinkst gerade) und so weiter.

Hier einige Beispiele für bejahende Sätze:

I'm opening *the box.*	Ich öffne (gerade) den Kasten.
He's driving *his car.*	Er fährt (gerade) in seinem Auto.
We're going *down the street.*	Wir gehen (gerade) die Straße entlang.

Die Frageform entsteht wieder durch Umstellung:

1. **Are you coming?** **Is he working?**	2. *What* **are you doing?** *Where* **are you going?**

Bei Fragen, die nicht mit einem Fragewort beginnen – wie die im ersten Kasten – wird die Stimme am Satzende gehoben. Bei Fragen, die mit einem Fragewort beginnen – Beispiele im zweiten Kasten – wird die Stimme am Satzende gehoben, wenn die Frage freundlich und interessiert klingen soll, sonst wird die Stimme gesenkt.
Die Verneinung wird mit *not* gebildet. Sie erinnern sich, daß es dabei zwei Möglichkeiten gibt:

They're not coming. **They aren't coming.**	**She's not coming.** **She isn't coming.**

Wie Sie schon wissen, gibt man bei Entscheidungsfragen, die mit „Ja" oder „Nein" zu beantworten sind, gern kurze Antworten, in denen das Zeitwort der Frage wiederholt wird. Also:

Are you working? **Is he coming?**	*Yes,* **I am.** *No,* **he isn't.**

In dieser Lektion wollen wir die neue Zeitform mit *I* und *you* üben, in Lektion 28 dann mit den anderen Personen.

Dialog 1: I'm thinking about you.

Jane sitzt zu Hause und schreibt einen Brief an ihren Freund Derek.

Jane: Dear Derek, I'm writing this letter at home. At the moment, I'm sitting alone in the kitchen. I'm listening to the radio, I'm drinking some tea, and I'm thinking about you. I –
Das Telefon klingelt.

Jane: I'm going to . . . – I'm going to see . . . – Oh!
Sie nimmt den Hörer ab.
Hallo.

Derek: Hallo. 634–5019?
Jane: Yes.
Derek: Can I speak to Jane, please?
Jane: Speaking.
Derek: Oh. Hallo, Jane. It's Derek.
Jane: Derek! Hallo! How are you?
Derek: Oh, I'm fine. Er, Jane . . . listen –
Jane: Yes. I'm listening.
Derek: Jane, I'm –
Jane: Yes?
Derek: I'm at the airport.
Jane: At the airport?
Derek: Yes, I'm going away.
Jane: Going away?
Derek: Yes. I'm going away to Brazil.
Jane: Oh. Are you going . . . alone?
Derek: Well, as a matter of fact, I'm not going alone. I'm going with Susan. We're going now . . . Jane? Jane? Jane?
Jane legt den Hörer auf.

Jane: Hmm.
Sie zerreißt den Briefbogen und fängt neu an.
Dear *Albert*, I'm writing this letter at home. At the moment, I'm sitting alone in the kitchen . . .

Wörter und Wendungen

Dear Derek ['diə 'derik]	Lieber Derek *(So beginnt man üblicherweise einen persönlichen Brief)*
I'm writing [aim 'raitiŋ]	ich schreibe (gerade) *(Das Zeitwort ist "write"; das "-e" am Ende ist stumm. Ein solches stummes "-e" am Ende fällt fort, wenn man "-ing" anhängt.)*
at the moment [ət ðə 'məumənt]	im Augenblick, jetzt gerade
alone [ə'ləun]	allein
kitchen ['kitʃin]	Küche
think about ['θiŋk ə'baut]	denken an
it's Derek [its 'derik]	hier ist Derek *(So meldet man sich am Telefon, wenn man einen Bekannten anruft.)*
I'm fine [aim 'fain]	es geht mir sehr gut *(Man kann auch "I'm very well" sagen.)*
I'm going away [aim 'gəuiŋ ə'wei]	ich verreise
fact [fækt]	Tatsache
as a matter of fact [əz ə 'mæter əv 'fækt]	um die Wahrheit zu sagen

Dialog 2: Are you writing to Derek?

Jane schreibt jetzt an Albert.

Jane: At the moment, I'm sitting alone in the kitchen. I'm listening to the radio. I'm drinking some tea, and I'm thinking –
Das Telefon klingelt.
Jane: Hmm.
Sie nimmt den Hörer ab.
Now listen, Derek. If you're going to Brazil, go!
Albert: Jane? Albert here.

Jane: Oh, er . . . Hallo, Albert. How are you?
Albert: Oh, I'm very well.
Jane: Good.
Albert: Um . . . How are *you?*
Jane: Oh, I'm very well, too.
Albert: Oh, good. Er. Jane . . . listen –
Jane: Yes. I'm listening.
Albert: Are you busy at the moment?
Jane: No, no. As a matter of fact, I'm sitting in the kitchen, and I'm writing a letter.
Albert: Oh. Are you writing to Derek?
Jane: No.
Albert: Oh?
Jane: No. Derek's going away.
Albert: Going away?
Jane: Yes. To Brazil. I'm writing a letter to you.
Albert: To *me?*
Jane: Yes.
Albert: Ah.
Jane: Albert, are you at the airport?
Albert: Well, as a matter of fact, I *am* at the airport. I'm . . .
Jane? Jane? Jane?
Jane legt den Hörer auf.
Jane: Dear Michael . . .
Plötzlich zerreißt sie den Briefbogen.

Wörter und Wendungen

um [əm]	hm *(Drückt wie „er" ein Zögern aus, bevor man etwas sagt.)*	busy ['bizi]	beschäftigt
		Albert here ['ælbət hiə]	hier spricht Albert *(am Telefon; vgl. auch Dialog 1.)*

Song: What are you doing today?

I'm standing in the station,
I'm going far away.
What are you doing?
What are you doing today?

Are you sitting in your kitchen?
Are you drinking some tea?
I'm thinking about you,
Are you thinking about me?

Are you driving in your car?
Are you swimming in the *sea*? — *Meer*
I'm thinking about you,
Are you thinking about me?

Are you listening to the radio?
Are you watching the T.V.? — *siehst du (gerade) fern?*
I'm thinking about you,
Are you thinking about me?

I'm standing in the station,
I'm going far away.
What are you doing?
What are you doing today?

Übungen

1. Bilden Sie aus den angegebenen Wörtern Sätze nach folgendem Beispiel:
   a) drink some tea — I'm drinking some tea.
   b) sit in the kitchen — . . . .
   c) eat a sandwich — . . . .
   d) listen to the radio — . . . .

2. Bilden Sie bejahende und verneinende Fragen und Antworten nach folgendem Beispiel:

a) Are you eating a pear?
No. I'm not eating a pear. I'm eating an apple.

b) . . . . tea?

. . . . coffee.

c) . . . . post-office?

. . . . the bank.

d) . . . . a letter?

. . . . a cheque.

Üben Sie dasselbe mit einem Partner.

3. Beantworten Sie die folgenden Fragen und benutzen Sie dabei die Kurzformen *Yes, I am* oder *No, I'm not*.

Are you standing up? . . . .

Are you sitting down? . . . .

Are you sitting in the kitchen? . . . .

Are you listening to the radio? . . . .

Are you eating a banana? . . . .

Are you drinking some coffee? . . . .

Are you writing in English? . . . .

4. Stellen Sie sich vor, es hätte Sie jemand angerufen. Setzen Sie in die erste Zeile Ihre Telefonnummer ein und in die dritte und vierte Ihren Namen. Sprechen Sie dann den Dialog mit einem Partner.

Hallo, ... ?
Yes.
Can I speak to . . . ., please?

. . . . speaking.

LEKTION 28

They're Walking in the Rain

Was wird gelernt?

They're reading. **What's he doing?** **still**

Mary:	Hallo, Hans.	*Mary:*	Hallo, Hans.
Hans:	Hallo, Mary. I'm looking for John. Is he working?	*Hans:*	Hallo, Mary. Ich suche John. Arbeitet er?
Mary:	No. He's in the kitchen.	*Mary:*	Nein. Er ist in der Küche.
Hans:	What's he doing there?	*Hans:*	Was macht er da?
Mary:	He's eating a sandwich.	*Mary:*	Er ißt ein belegtes Brot.

So wird's verständlich:

-ing: In Lektion 27 haben Sie die Zeitform kennengelernt, die mit der Endung *-ing* gebildet wird und ein jetziges, gerade ablaufendes Geschehen ausdrückt. Es ist die Verlaufsform (progressive Form) der Gegenwart. Während diese Form dort in Verbindung mit *I'm* und *you're* auftrat, wird sie hier in Verbindung mit den anderen Fürwörtern geübt. Zunächst eine Zusammenstellung aller Formen der Gegenwart in bejahenden Sätzen:

I'm working.	Ich arbeite (gerade).
You're standing *on my foot.*	Du stehst auf meinem Fuß.
He's writing *a letter.*	Er schreibt (gerade) einen Brief.
She's playing *the guitar.*	Sie spielt (gerade) Gitarre.
It's raining.	Es regnet.
We're going *away.*	Wir (sind im Begriff zu) verreisen.
They're singing.	Sie singen (gerade).

Sie wissen, daß bei Zeitwörtern, die auf ein stummes *-e* enden (z. B. *write, drive*), dieses *-e* fortfällt, wenn man *-ing* anhängt, also: *write + -ing = writing, drive + -ing = driving.*

Beachten Sie bitte auch, daß bei einsilbigen Wörtern, die auf einen einzelnen Mitlaut (Konsonant) enden, dem ein kurzer Selbstlaut (Vokal) vorausgeht, der Mitlaut am Ende verdoppelt wird, wenn man *-ing* anhängt. Zum Beispiel: *sit* + *-ing* = *sitting*, *swim* + *-ing* = *swimming*. (Aber *eat* + *-ing* = *eating*! Keine Verdoppelung von *t*, denn der vorausgehende Selbstlaut wird lang gesprochen!)

Dialog 1: He's wearing a blue jacket.

Geheimagent 009 – ein recht unfähiger Agent – beschattet Mr. X und meldet alles, was dieser tut, über sein Funksprechgerät seinem Chef. Im Augenblick ist er gerade dabei, die richtige Funkfrequenz zu suchen.

009: Oh no, that's not it.
Er versucht es noch einmal.
Radio: . . . branch committee . . .
009: No, *that's* not it . . . Ah, ha . . . Hallo, hallo. This is Agent 009 speaking. Are you receiving me? Are you receiving me?
Boss: Yes, yes. We're receiving you, 009.
009: Oh good.
Boss: Well, where are you?
009: I'm standing in the airport –
Boss: Come on, 009, you're a secret agent, not a reporter. Where is Mr. X? Are you following him?
009: Yes, I am. I can see him.

Boss: What's he wearing?
009: He's wearing a blue jacket.
Boss: Jacket, yes.
009: And blue trousers.
Boss: Trousers, yes. And what's he doing?
009: He's . . . er, . . . reading a book.
Boss: Book, yes.
009: And he's smoking a cigarette.
Boss: Is he carrying a bag?
009: A bag? Er, yes, yes he is. A black bag.
Boss: Black bag, yes.
009: Now he's standing up –
Boss: Yes?
009: And he's coming over to –
Mr. X zerschlägt 009 das Funkgerät.
Er . . . you're standing on my radio. – Now he's walking, he's walking. – Hallo, hallo, this is 009 – ah, hallo! Are you receiving me . . .

Wörter und Wendungen

boss [bɔs]	Boß, Chef
receive [ri'si:v]	empfangen
are you receiving me? [ɑ: ju ri'si:viŋ mi]	hören Sie mich?, verstehen Sie mich?
secret ['si:krit]	geheim
secret agent ['si:krit 'eidʒənt]	Geheimagent
reporter [ri'pɔ:tə]	Reporter
Mr. X ['mistə 'eks]	Herr X
follow ['fɔləu]	(ver)folgen
wear [wɛə]	*(bei sich)* tragen, anhaben
what's he wearing? ['wɔts hi 'wɛəriŋ]	was hat er an?
blue [blu:]	blau
jacket ['dʒækit]	Jackett
trousers *(Mehrzahl)* ['trauzəz]	Hose
book [buk]	Buch
smoke [sməuk]	rauchen
cigarette [sigə'ret]	Zigarette
carry ['kæri]	*(in der Hand)* tragen
bag [bæg]	Tasche
black [blæk]	schwarz
he's coming over [hi:z 'kʌmiŋ 'əuvə]	er kommt herüber

Dialog 2: He's still wearing the blue jacket.

009 hat sein Funkgerät repariert. Er beschattet weiterhin Mr. X und berichtet dabei ständig seinem Chef.

009: No, no, no. No, that's not it . . . Ah, ha. Hallo, hallo. This is Agent 009 speaking. Are you receiving me? Are you receiving me –

Jane: Derek! How are you? I'm writing –

009: What? Oh. Ah, no . . . Ah, ha! Hallo, hallo.

Boss: Yes, yes, 009. Where are you now?

009: I'm in the street.

Boss: He's in the street!

009: Yes, in the main street. I'm walking along the main street.

Boss: And where is Mr. X? Are you still following him?

009: Yes, I am. I can see him.

Boss: What's he doing?

009: He's . . . er, . . . he's walking –

Boss: Yes, yes. Is he still carrying the bag?

009: Er, no, he isn't. But he's still wearing the blue jacket and trousers.

Boss: Yes?

009: Now he's running, so I'm running.

Boss: Yes?

009: And now he's going into the – oh!

Boss: What is it, 009?

009: Um . . . that isn't Mr. X. It's a policeman. He's going into the police-station . . . And now it's raining. I – Hallo, hallo . . . Are you receiving me – are you receiving me? Hallo, hallo . . .

Wörter und Wendungen

the main street [ðə 'mein stri:t]	die Hauptstraße	walk [wɔ:k]	(zu Fuß) gehen
still [stil]	noch immer	run [rʌn]	laufen, rennen
are you still following him? [ɑ: ju 'stil 'fɔləuiŋ 'him]	folgen Sie ihm immer noch?	rain [rein]	regnen
		it's raining [its 'reiniŋ]	es regnet

Song: They're walking in the rain.

There's a man in the street,
He's walking in the rain,
He's singing and *he's smiling at the day,* — *er lächelt den Tag an*
And *this is what his song has to say:* — *sein Lied geht so:*

'I'm going down the street,
I don't want to run, — *ich möchte nicht*
I'm walking in the rain,
And I'm thinking about the sun.'

There's a man and a girl in the street,
They're walking in the rain,
They're singing and they're smiling at the day,
And this is what their song has to say:

'We're going down the street,
We don't want to run,
We're walking in the rain,
And we're thinking about the sun.'

Übungen

1. Sehen Sie sich Dialog 1 noch einmal an. Beantworten Sie, wie im Beispiel gezeigt, die Fragen danach, was 009 und Mr. X gerade tun.
   a) Where is 009 standing? He's standing in the airport.
   b) Who is he following? ....
   c) What is Mr. X wearing? ....
   d) What is he reading? ....
   e) What is he smoking? ....
   f) What is he carrying? ....
   Stellen Sie einem Partner diese Fragen.

2. Geben Sie nach folgendem Beispiel verneinende Antworten auf diese Fragen:

a) Is 009 standing in a bank? No, he isn't standing in a bank.

b) Is 009 following the boss? . . . .

c) Is Mr. X wearing a black jacket? . . . .

d) Is Mr. X writing a letter? . . . .

e) Is Mr. X eating a banana? . . . .

Stellen Sie einem Partner diese Fragen.

3. Geben Sie auf diese Fragen kurze Antworten (*Yes, he is* oder *No, he isn't*):

a) Is 009 standing in the airport? . . . .

b) Is 009 following Mr. X? . . . .

c) Is Mr. X wearing black trousers? . . . .

d) Is Mr. X reading a book? . . . .

e) Is Mr. X playing a guitar? . . . .

Stellen Sie einem Partner diese Fragen.

LEKTION 29

I Don't Want a Big Black Car

Was wird gelernt?

I want . . . **I don't want . . .** **Do you want . . .?** **a/an**

John: Mary, have you got a book? I want to read.
Mary: Yes, here you are. Do you want to read this?
John: This is a Japanese book.
Mary: Yes –
John: I don't want a Japanese book. I can't read Japanese.

John: Mary, hast du ein Buch? Ich möchte lesen.
Mary: Ja, hier bitte. Möchtest du dieses lesen?
John: Es ist ein japanisches Buch.
Mary: Ja –
John: Ein japanisches Buch will ich nicht. Ich kann nicht Japanisch lesen.

So wird's verständlich:

a Japanese book: Die Eigenschaftswörter bieten im Englischen gar keine Schwierigkeit. Sie stehen vor dem Hauptwort und sind ihrer Form nach unveränderlich. Ob sie sich auf eine Person oder einen Gegenstand beziehen, ob sie in der Einzahl oder Mehrzahl gebraucht werden – immer haben sie die gleiche Form. Sie wissen das schon von den besitzanzeigenden Eigenschaftswörtern (adjektivischen Possessivpronomen) wie *my, your, his* und so weiter. Hier noch ein paar andere Beispiele:

a **Japanese** *book*	ein japanisches Buch
Japanese *books*	japanische Bücher
a **Japanese** *doctor*	ein japanischer Arzt
Japanese *women*	japanische Frauen, Japanerinnen

Die Eigenschaftswörter *black* (schwarz) und *blue* (blau) sind Ihnen bereits begegnet. Hier folgen die wichtigsten Farbbezeichnungen:

black	schwarz	*white*	weiß	*orange*	orange
blue	blau	*green*	grün	*grey*	grau
red	rot	*yellow*	gelb		

a/an: In Lektion 16 und 17 haben Sie sich mit dem unbestimmten Artikel *a* vertraut gemacht. Vor Wörtern, die in der Aussprache mit einem Selbstlaut (a, e, i, o, u) beginnen, heißt der unbestimmte Artikel jedoch nicht *a*, sondern *an*. Es heißt also:

	a	*car*	**a**	*green apple*
aber:	**an**	*apple*	**an**	*orange car*

do you want . . . ?: In Verbindung mit der Befehlsform (Lektion 21) sind Ihnen *do* und *don't* (Kurzform von *do not*) bereits begegnet. Sie dienen, wie Sie später (Lektion 31–32) sehen werden, auch zur Bildung der Frage und der Verneinung in der Gegenwart. In dieser Lektion wollen wir Ihnen den Gebrauch von *do* und *don't* am Beispiel von *want* (mögen, wollen) zeigen. *Want* kennen Sie schon in bejahenden Sätzen, und zwar aus Lektion 9:

I **want** *some tea.*
I **want** *an apple.*

und aus Lektion 16:

I **want to** *post a letter.*
I **want to** *cash a cheque.*

Do wird nun in Verbindung mit *I, you, we* und *they* zur Bildung von Fragen und Verneinungen gebraucht:

Do you want *an apple?*	**I don't want** *any tea.*
Do they want *a doctor?*	**We don't want** *any coffee.*

Und sie dienen auch zur Bildung kurzer Antworten auf Fragen, die mit *do* gebildet werden:

Yes, **I do.** *Yes,* **we do.** *No,* **they don't.**

do you want some . . . ?: Aus Lektion 25 wissen Sie noch, daß *some* in bejahenden Sätzen und *any* in fragenden und verneinenden Sätzen verwendet wird. Das ist im allgemeinen richtig. Wenn man jedoch jemandem etwas anbietet und ihn dabei fragt: *Do you want . . . ?*, so gebraucht man in einer solchen Frage *some* (statt *any*), man sagt also: *Do you want some tea?*

Dialog 1: I want a large room.

Mr. Green ist am Empfang in einem Hotel. Er möchte ein Zimmer haben, und er stellt ganz besondere Ansprüche.

Mr. Green: Hmm . . . a nice hotel.
Er läutet.
Hallo!
Desk-clerk: Good evening, sir.
Mr. Green: Good evening. I want a room, please.
Desk-clerk: Yes, sir. We've got eighty-six rooms. This is a hotel . . . Sorry, sir.

Mr. Green: And I don't want a small room. I want a large room.
Desk-clerk: Yes, sir. Number 25 is a large room.
Mr. Green: Has it got a window?
Desk-clerk: Yes, sir. *All* the rooms have got windows.
Mr. Green: Oh, good. Because I want a room with a window.
Desk-clerk: Yes. Number 25 has got a small window.
Mr. Green: Oh. That's no good.
Desk-clerk: No good?
Mr. Green: No. I don't want a room with a *small* window. I want a room with a *large* window.
Desk-clerk: Yes, sir. Er, let me see . . . Yes. Number 34 has got a large window.
Mr. Green: Is it a large room?
Desk-clerk: Yes. It's a large room with a large window.
Mr. Green: Oh, good. Has it got a carpet?
Desk-clerk: Yes, sir. *All* the rooms have got carpets.
Mr. Green: Good. Because I want a room with a carpet.
Desk-clerk: Yes, Number 34 has got a nice blue carpet.
Mr. Green: Oh. That's no good.
Desk-clerk: No good?
Mr. Green: No. I don't want a room with a *blue* carpet. I want a room with a *red* carpet.
Desk-clerk: Ah.
Mr. Green: Listen. I want a large room with a large window and a red carpet . . . Oh, and a blue bed, and a white table and a black door, and a green radio, and a yellow . . .

Wörter und Wendungen

desk-clerk ['deskklɑ:k]	Empfangschef	small [smɔ:l]	klein
good evening [gud 'i:vniŋ]	guten Abend!	that's no good ['ðæts nəu 'gud]	das kommt nicht in Frage
room [rum]	Zimmer	let me see [let mi 'si:]	warten Sie mal!, lassen Sie mich überlegen
large [lɑ:dʒ]	groß		
window ['windəu]	Fenster	carpet ['kɑ:pit]	Teppich
all [ɔ:l]	alle	bed [bed]	Bett
number ['nʌmbə]	Nummer	table ['teibl]	Tisch

Dialog 2: I don't want a black table.

Der Empfangschef zeigt Mr. Green ein Zimmer.

Desk-clerk: Here we are, sir. Room Number 86.
Mr. Green: Ah, ha.
Desk-clerk: Yes, it's . . . er . . . it's a large room.
Mr. Green: Yes.
Desk-clerk: And it's got a large window.
Mr. Green: Mmm.
Desk-clerk: A red carpet.
Mr. Green: Ah, ha.
Desk-clerk: A blue bed, a black door, and a green radio.
Mr. Green: Look . . . Look at –
Desk-clerk: Pardon? Oh.
Der Empfangschef schaltet das Radio aus, das sehr laut eingestellt war.
Mr. Green: Look at the table.
Desk-clerk: The table?
Mr. Green: Yes. The table. *This table* is black. I don't want a *black* table. I want a *white* table.
Desk-clerk: Sir, I'm sorry, but we haven't got a room with a white table.
Mr. Green: You haven't got a room with a white table! What a hotel! Goodbye!

Wörter und Wendungen

here we are ['hiə wi 'ɑ:]	so, da haben wir's; so, das wär's	what a hotel! ['wɔt ə həu'tel]	was für ein (unmögliches) Hotel!
pardon? ['pɑ:dn]	wie bitte?		

Song: I don't want a big, black car.

Red cars, blue cars, black cars, white cars,
Driving here and there,
Large cars, small cars, green cars, yellow cars,
cars are *everywhere*. *überall*

I don't want a radio,
I don't want a car,
I don't want a book,
I want my *guitar*. *Gitarre*

I don't want to listen to the radio,
I don't want to drive a big, black car,
I don't want to read a Japanese book,
I want to *play* my guitar. *spielen*

Red cars, blue cars, black cars, white cars,
Cars are everywhere.

Übungen

1. Lesen Sie noch einmal die Dialoge 1 und 2. Stellen Sie sich vor, Sie seien Mr. Green. Bringen Sie Ihre Wünsche vor.
   a) room I want a large room.
   b) window . . . .
   c) carpet . . . .
   d) bed . . . .
   e) table . . . .
   f) door . . . .
   g) radio . . . .

2. Sagen Sie nun, was Sie nicht wollen. Bilden Sie verneinende Sätze, mit denen Sie die Vorschläge des Empfangschefs ablehnen.
   a) Number 17 is a small room. I don't want a small room.
   b) Number 25 has got a small window. . . . .
   c) Number 34 has got a blue carpet. . . . .
   d) Number 62 has got an orange door. . . . .
   Üben Sie dasselbe mit einem Partner.

3. Bilden Sie nach dem Beispiel Fragen und kurze Antworten (*Yes, I do* oder *No, I don't*):

Desk-clerk: Do you want a small room? Mr. Green: No, I don't.

Desk-clerk: . . . . a large room? Mr. Green: . . . .

Desk-clerk: . . . . a small window? Mr. Green: . . . .

Desk-clerk: . . . . a large window? Mr. Green: . . . .

Desk-clerk: . . . . a red carpet? Mr. Green: . . . .

Desk-clerk: . . . . a blue carpet? Mr. Green: . . . .

Üben Sie dasselbe mit einem Partner.

LEKTION 30

He Wants to Go Away

Was wird gelernt?

He wants . . ./He doesn't want . . . **Does she want . . .?**

Mary: John!
John: Yes, Mary. What do you want?
Mary: There's a policeman at the door.
John: Oh? What does he want?
Mary: He wants to come in.

Mary: John!
John: Ja, Mary. Was möchtest du?
Mary: Ein Polizist ist an der Tür
John: Oh? Was will er denn?
Mary: Er möchte hereinkommen

So wird's verständlich:

wants: Das Wort *want* ist nun schon ein alter Bekannter. Sie haben es bisher in Verbindung mit *I, you, we* und *they* gebraucht. Wird es mit *he, she* oder *it* verbunden, so wird ein *-s* angehängt. Es heißt also:

I **want** *some coffee.*
aber: *He* **wants** *some coffee.*

does: In Lektion 29 haben Sie erfahren, daß Fragen und Verneinungen bei *I, you, we* und *they* mit *do* gebildet werden. Bei *he, she* und *it* heißt die entsprechende Form *does:*

Does *he want an apple?*
Does *she want to read?*

He **doesn't** *want an apple.*
She **doesn't** *want to read.*

Und die entsprechenden Kurzantworten heißen:

Yes, he **does.** *Yes, she* **does.** *No, he* **doesn't.**

Fassen wir alle Formen der Gegenwart von *want* zusammen:

I *You* *We* *They*	*want* *don't want*	*an apple.* *to eat.*
He *She* *It*	*wants* *doesn't want*	

Do	*I* *you* *we* *they*	*want an apple?*
Does	*he* *she* *it*	

Dialog 1: He doesn't want first-class tickets.

Jane und George arbeiten in einem Reisebüro und langweilen sich sehr. Jane telefoniert mit einem Kunden.

Jane: Hallo. Johnson's Travel Agency. Can I help you? ... ticket? You want a ticket ... Yes ... You want to book a ticket ... No, oh, *two* tickets ... Yes, I ... Pardon? You want *two* tickets ... Yes ... You want to book two tickets ... Two single tickets to London ... Yes. Do you want first-class tickets? ... Eight pounds ... Oh, you want second-class ... Yes, yes. Five pounds ... Yes. For the fifteenth of April ... You want two tickets for the fifteenth of April ... Pardon? ... Oh, sorry, the *six*teenth. ... Yes, yes. Fine. So you want two second-class tickets for the sixteenth of April. Just a moment, please. George!

George: Yeah?

Jane: There's a man here. He want's some tickets.

George: What?

Jane: A man. He wants to book some tickets.

George: Where does he want to go?

Jane: London.

George: How many does he want?

Jane: Two.

George: First-class?
Jane: No, he doesn't want first-class tickets. He wants *second*-class.
George: What date?
Jane: Sixteenth of April.
George: Um, let me see. He wants two second-class single tickets to London for the sixteenth of April. O.K.
Jane: *(Zu dem Mann am Telefon)* Yes, that's O.K. Hallo? Hallo?
George: What is it?
Jane: He's not there.
George: People haven't got any patience these days, have they?

Wörter und Wendungen

travel agency ['trævl 'eidʒənsi]	Reisebüro
single ticket ['siŋgl 'tikit]	einfache Fahrkarte
first-class ['fə:st'klɑ:s]	erster Klasse
second-class ['sekənd'klɑ:s]	zweiter Klasse
just a moment ['dʒʌst ə 'məumənt]	einen Augenblick bitte
yeah [jeə]	ja *(Slang für "yes")*
book [buk]	buchen
how many? ['hau 'meni]	wie viele?
people ['pi:pl]	Leute
patience ['peiʃəns]	Geduld
these days ['ði:z 'deiz]	heutzutage
have they? ['hæv ðei]	nicht wahr? *(Vgl. Anmerkungen zu Dialog 2 in Lektion 23.)*

Dialog 2: He wants a ticket.

Besonders George langweilt sich sehr bei seiner Tätigkeit. Er glaubt, schon immer zu wissen, was die Kunden wollen, bevor sie überhaupt den Mund aufgemacht haben.

George: No, no patience at all.
Jane: Mmm.
George seufzt.
What is it?

George: This job. It's so boring. "Do you want single tickets or return tickets? First-class or second-class? On the sixteenth? You don't want to go to London?" . . . Boring! I can see what the customers want, as soon as they come in.
Ein Mann kommt herein.
Oh, no! Here we go again. What do you want?

Jane: George!

George: Oh, sorry. Can I help you, sir?

Man: Yes, I want –

George: Ssh! Don't tell me! Don't tell me! You want a ticket.
(Zu Jane) He wants a ticket, Jane.

Man: No I –

George: You want a first-class ticket. *(Zu Jane)* He wants a first-class ticket.

Man: No, as a matter of fact, I . . .

George: You want a first-class return ticket. *(Zu Jane)* He wants a first-class return ticket.

Man: No, I don't want . . .

George: You want a first-class return ticket to Oxford, don't you?

Man: No, I don't.

George: No?

Man: No, I don't want a ticket at all.

George: You don't?

Man: No. I am a policeman, and I want to ask you a question. Have you got a blue car?

Wörter und Wendungen

what is it? [wɔt 'iz it]	was ist los?
boring ['bɔːriŋ]	langweilig
return ticket [ri'təːn 'tikit]	Rückfahrkarte
customer ['kʌstəmə]	Kunde
as soon as [əz 'suːn əz]	sobald
here we go again ['hiə wi 'gəu ə'gen]	auf ein Neues! jetzt geht das schon wieder los
ssh! [ʃ]	pst!
don't you? ['dəunt ju]	nicht wahr? *(Vgl. die Anmerkung zu Dialog 2 in Lektion 23.)*
question ['kwestʃən]	Frage

Song: He wants to go away.

Robert isn't happy here, He doesn't want to *stay,* He wants to go to *Mexico,* He wants to go today.	 *bleiben* *Mexiko*

He wants to go, he wants to go,
He wants to go away,
He wants to go, he wants to go,
He doesn't want to stay.

He wants to see a blue sky, *Not one that's always black,*	 *keinen, der immer schwarz ist*
He wants a single ticket, He doesn't want to *come back.*	 *zurückkommen*

He wants to go, he wants to go,
He wants to go away,
He wants to go, he wants to go,
He doesn't want to stay.

Übungen

1. Versetzen Sie sich in Georges Rolle und sprechen Sie über die Kunden. Bilden Sie bejahende Sätze nach folgendem Beispiel:

a) Mr. Smith/a ticket.	He wants a ticket.
b) Mr. Jones/a return ticket	. . . .
c) Miss Green/a second-class return ticket	. . . .
d) Mrs. Brown/a second-class return ticket to London	. . . .

2. Beantworten Sie die Fragen über den Kunden aus Dialog 1 mit Kurzantworten (*Yes, he does* oder *No, he doesn't*):

a) Does he want two tickets? ....

b) Does he want first-class tickets? ....

c) Does he want tickets for the 15th? ....

d) Does he want tickets to Oxford? ....

e) Does he want tickets to London? ....

Üben Sie die Fragen und Antworten mit einem Partner.

3. Setzen Sie *do* oder *does* ein.

a) What ..... you want?

b) I ..... not want any coffee.

c) What ..... the policeman want?

d) What ..... the customers want?

e) Mrs. Green ..... not want a first-class ticket.

f) ..... Jack want an apple?

LEKTION 31

What Do You Do in the Morning?

Was wird gelernt?

I often drink tea. do/don't
always, usually, often, sometimes, never

John:	It's eleven o'clock, isn't it?	*John:*	Es ist elf Uhr, nicht?
Hans:	Yes. What are you doing?	*Hans:*	Ja. Was machst du?
John:	I'm drinking some tea.	*John:*	Ich trinke Tee.
Hans:	Tea?	*Hans:*	Tee?
John:	Yes. I always drink some tea at eleven o'clock.	*John:*	Ja. Ich trinke immer um elf Uhr Tee.

So wird's verständlich:

Wir wollen Ihnen jetzt eine weitere Zeitform der Gegenwart vorstellen. Sie erinnern sich, daß die Gegenwartsform, die Sie schon kennengelernt haben, immer eine jetzt gerade vor sich gehende Handlung ausdrückt (Verlaufsform, Lektion 27–28), z. B. *I'm drinking some tea*. Nun gibt es im Englischen daneben noch eine Gegenwartsform, die eine gewohnheitsmäßige, sich immer wiederholende Handlung ausdrückt. Sie wird besonders in Verbindung mit folgenden Wörtern gebraucht:

always	['ɔ:lweiz]	immer	*sometimes*	['sʌmtaimz]	manchmal
usually	['ju:ʒuəli]	gewöhnlich	*never*	['nevə]	nie(mals)
often	['ɔfn]	oft			

In dieser Lektion tritt diese Zeitform in Verbindung mit *I*, *you*, *we* und *they* in bejahenden, verneinenden und fragenden Sätzen auf, sowie in

Kurzantworten. Was Sie in Lektion 29 am Beispiel von *want* gelernt haben, trifft auch hier zu. Nach *I, you, we* und *they* ist die Form des Zeitworts gleich der Grundform.

I always **drink** *some tea at 11.00.*
We always **eat** *our lunch at 12.30.*
They always **go** *home by bus.*

Verneinung, Frage und Kurzantwort werden mit *do* gebildet:

Do you		**eat** *your lunch at home?* **go** *home by bus?*
I **We**	**don't**	**eat** *my lunch at home.* **go** *home by bus.*

Yes, **I do.**
No, **I don't.**

Diese „einfache Gegenwartsform" (das Präsens) drückt also etwas aus, was immer so ist, was regelmäßig wieder geschieht, was eine Gewohnheit ist. Sie dürfen Sie nicht mit der anderen Gegenwartsform verwechseln, die etwas jetzt gerade Geschehendes ausdrückt.
Benutzt man ein Wort wie *always* aus der Übersicht (siehe oben), so stellt man es zwischen das Fürwort und das Zeitwort: *I* never *smoke.* (Ich rauche nie.) *Do you* often *drink milk?* (Trinken Sie oft Milch?).

Dialog 1: I don't smoke and I don't drink.

Jack Gray hat heute abend Herbert Bell, den stärksten Mann der Welt, zum Interview im Fernsehstudio.

Jack Gray: Thank you, thank you, ladies and gentlemen. Tonight in the studio, we've got the strongest man in the world.
Mr. Herbert Bell! Good evening, Herbert.
Herbert: Good evening, Jack.
Jack Gray: Sit down.
Herbert setzt sich; der Stuhl bricht zusammen.
Oh.

Herbert: Yes, I'm very heavy. I usually sit on two chairs.

Jack Gray: Two chairs? O.K. Can we have two chairs, please? . . . There. Cigarette?

Herbert: No thanks.

Jack Gray: You don't smoke?

Herbert: No, I don't. I don't smoke and I don't drink.

Jack Gray: Really? You never smoke and you never drink?

Herbert: Well, I never drink *alcohol*. I always drink milk in the morning, and I often drink tea.

Jack Gray: Coffee?

Herbert: No, thanks.

Jack Gray: No, I mean, do you drink coffee?

Herbert: Oh, sometimes.

Jack Gray: But never alcohol?

Herbert: That's it. I never drink alcohol.

Jack Gray: Herbert, you're the strongest man in the world. What do you eat? Do you eat any special food?

Herbert: Well, I eat fruit. Apples, bananas –

Jack Gray: Yes, and how do you stay strong?

Herbert: Well, I always go to bed early. Yes, at nine o'clock. And I always get up early too.

Jack Gray: And do you –

Die Stühle brechen zusammen.

Herbert: I'm sorry.

Jack Gray: Can we have *three* chairs, please?

Wörter und Wendungen

lady ['leidi]	Dame
gentleman ['dʒentlmən]	Herr
ladies and gentlemen ['leidiz ən 'dʒentlmən]	meine Damen und Herren
tonight [tə'nait]	heute abend
studio ['stju:diəu]	Studio
strong [strɔŋ]	stark
the strongest [ðə 'strɔŋgist]	der/die/das stärkste
world [wə:ld]	Welt
heavy ['hevi]	schwer
chair [tʃɛə]	Stuhl
no thanks ['nəu 'θæŋks]	nein danke
really ['riəli]	wirklich, tatsächlich
alcohol ['ælkəhɔl]	Alkohol
I mean [ai 'mi:n]	ich meine
that's it ['ðæts it]	stimmt!, genau!
special ['speʃəl]	besonders, speziell
food [fu:d]	Nahrung, Kost
fruit [fru:t]	Obst
how [hau]	wie
stay [stei]	bleiben
stay strong ['stei 'strɔŋ]	stark bleiben
go to bed ['gəu tə 'bed]	zu Bett gehen
get up ['get 'ʌp]	aufstehen

Dialog 2: We always eat the same things.

Jack Gray interviewt jetzt Mr. und Mrs. Stone, das glücklichste Ehepaar der Welt.

Jack Gray: Thank you, Mr. Herbert Bell. Well, ladies and gentlemen, Mr. Herbert Bell, the strongest man in the world. And now, the happiest couple in the world. Mr. and Mrs. Brian Stone!
Good evening.

Mr. and Mrs. Stone: Good evening, Jack.

Jack Gray: Sit down. There are two chairs there.

Mr. and Mrs. Stone: Oh, we always sit on *one* chair.

Jack Gray: One chair?

Mr. and Mrs. Stone: Yes.

Jack Gray: Oh, fine. Cigarette?

Mr. and Mrs. Stone: No thanks.

Jack Gray: You don't smoke?

Mr. and Mrs. Stone: No, we don't. We don't smoke and we don't drink.

Jack Gray: Really? You never smoke and you never drink?
Mr. and Mrs. Stone: No. Never.
Jack Gray: Um, excuse me, but do you always speak together?
Mr. and Mrs. Stone: Yes.
Jack Gray: You always say the same things?
Mr. and Mrs. Stone: Oh yes.
Jack Gray: Do you *eat* the same things?
Mr. and Mrs. Stone: Oh yes. We always *eat* the same things, we always *drink* the same things, and we always *think* the same things.
Jack Gray: I see. Isn't it boring?
Mr. and Mrs. Stone: Boring?!
Mr. Stone: Yes.
Mrs. Stone: No.
Jack Gray: Ah, ha! So it *is* boring sometimes?
Mr. Stone: Yes. Always.
Mrs. Stone: No. Never!
Mr. Stone: Yes, it is!
Mrs. Stone: No, it isn't!
Mr. Stone: Yes, it is!
Mrs. Stone: How dare you say . . .
Jack Gray: Oh . . . ah . . . Mr. and Mrs. . . . Ouch! . . . Brian Stone . . . the, er, happiest couple in the world.

Wörter und Wendungen

happy ['hæpi]	glücklich	the same [ðə 'seim]	der/die/dasselbe
the happiest [ðə 'hæpiist]	der/die/das glücklichste	the same things [ðə 'seim 'θiŋz]	dieselben Dinge, dasselbe
couple ['kʌpl]	Paar	think [θiŋk]	denken
together [tə'geðə]	zusammen	ouch! [autʃ]	au!

Song: What do you do in the morning?

What do you do in the morning? — *was tust du*
What do you do *at the start of* the day? — *am Beginn des*
I always get up early,

I never get up late,
I always eat my *breakfast* — *Frühstück*
At twenty-five to eight,
I usually drink some coffee,
And I sometimes drink some tea,
I say 'Hallo' to my *children*, — *Kinder* (Einzahl: child)
And they say 'Hallo' to me.

What do you do in the evening?
What do you do *at the end of* the day? — *am Ende des*
I always come home early,
I never come home late,
I always eat my *dinner* — *Abendessen*
At twenty-five to eight,
I sometimes write a letter,
And I sometimes watch T.V.,
I say *'Good night'* to my children, — *gute Nacht*
And they say 'Good night' to me.

Übungen

1. Beantworten Sie diese Fragen dem Beispiel entsprechend:
   What time do you get up? — I get up at seven o'clock.

   What time do you have breakfast? . . . .

   What time do you have lunch? . . . .

   What time do you have dinner? . . . .

   What time do you go to bed? . . . .

2. Versetzen Sie sich in die Rolle des Interviewers aus Dialog 1 und 2. Sie haben sich einige Wörter als Gedächtnisstütze notiert für die Fragen, die Sie stellen wollen. Fragen Sie nach folgendem Beispiel:

a) smoke? Do you smoke?

b) drink alcohol? ....

c) drink tea? ....

d) eat any special food? ....

e) get up early? ....

3. Beantworten Sie die folgenden Fragen mit Kurzantworten (*Yes, I do* oder *No, I don't*):

Do you often eat rice? ....

Do you often drink coffee? ....

Do you often read Japanese books? ....

Do you often sing? ....

Do you often write letters? ....

Stellen Sie die Fragen einem Partner.

4. Beantworten Sie die folgenden Fragen mit *Yes. Always.*, *Yes. Usually.*, *Yes. Often.*, *Yes. Sometimes* oder *No. Never.*:

Do you get up early? ....

Do you sing German songs? ....

Do you go to bed late? ....

Do you drink tea? ....

Do you eat oranges? ....

Stellen Sie diese Fragen einem Partner.

LEKTION 32

He Eats, He Works, He Sleeps

Was wird gelernt?

He always drinks coffee. **does/doesn't** **every . . .**

John:	Where's Hans? He's usually here first.	*John:*	Wo ist Hans? Er ist gewöhnlich als erster hier.
Mary:	Yes. He's always here before us.	*Mary:*	Ja. Er ist immer vor uns hier.
John:	He's very regular. He comes in, he closes the door, he sits down –	*John:*	Er tut alles mit großer Regelmäßigkeit. Er kommt herein, schließt die Tür, setzt sich hin –
Mary:	And he says "Hallo"!	*Mary:*	Und sagt: „Hallo!"

So wird's verständlich:

In dieser Lektion soll die einfache Gegenwartsform, die regelmäßig wiederholte, gewohnheitsmäßige Handlungen ausdrückt, abschließend behandelt werden. In Lektion 31 haben Sie sie mit *I, you, we* und *they* verbunden geübt; hier werden Sie sie in Verbindung mit *he, she* und *it* lernen. Wie bei *want* (Lektion 30) wird auch bei anderen Zeitwörtern die Gegenwartsform im bejahenden Satz bei *he, she* und *it* mit *-s* gebildet, das man an die Grundform anhängt:

He often **drinks** *coffee.*
She often **eats** *apples.*

Bei einigen Wörtern wird *-es* angehängt, zum Beispiel *go – goes, watch – watches*. Bei anderen wird das *-y* am Ende der Grundform zu *-i*, an das man dann *-es* anhängt: *carry – carries*.

Frage, Verneinung und Kurzantwort werden mit *does* gebildet:

Does	**he eat** *lunch at home?* **she go** *home by bus?*	*Yes,* **he does.** *No,* **she doesn't.**

He **She**	**doesn't**	**eat** *lunch at home.* **go** *home by bus.*

Beachten Sie, daß das *-s* also nur in der bejahenden Form vorkommt! Hier folgt eine Übersicht über die einfachen Gegenwartsformen für alle Personen:

I *You* *We* *They*	*drink* *don't drink*	*white coffee.* *tea.*	*Do*	*I* *you* *we* *they*	*get up early?*
He *She* *It*	*drinks* *doesn't drink*		*Does*	*he* *she* *it*	

Diese Gegenwartsform steht bei Zeitangaben wie *always*, die Ihnen in Lektion 31 vorgestellt wurden, und bei Ausdrücken wie:

every day	jeden Tag	*every week*	jede Woche
every morning	jeden Morgen	*every month*	jeden Monat
every afternoon	jeden Nachmittag	*every year*	jedes Jahr
every evening	jeden Abend		
every night	jede Nacht		

Dialog 1: He drives to his office.

Geheimagent 009 hat Informationen über Mr. Xs Gewohnheiten gesammelt und berichtet seinem Chef darüber.

Boss: Number!
009: It's me, sir.
Boss: Number!
009: 009, sir.
Boss: Come in. Well, 009, have you got the information?
009: Yes, sir. . . . Coffee, cream, bread, butter, sugar. Oh, er, no, that's –
Boss: What?
009: Sorry, sir. I always write my groceries in this book. Ah, here we are. "Report on Mr. X."
Boss: Well, go on!
009: He gets up every day at five o'clock. And he has breakfast at six.
Boss: What does he eat?
009: He usually eats some bread and butter, and he always drinks some coffee. Every morning, he leaves his house at nine o'clock, and goes to his office.
Boss: Does he go by bus?
009: No, he always goes by car. Yes. He drives to his office.
Boss: Yes?

009: He works in his office till four o'clock every afternoon. Then he goes home.

Boss: And in the evening?

009: Every evening, he stays at home.

Boss: What does he do?

009: Oh, he sometimes reads the newspaper. And he often listens to the radio.

Boss: And when does he go to bed?

009: Two o'clock. He goes to bed at two o'clock, every night.

Boss: Are you tired, 009?

009: Yes, sir. Very tired.

Boss: Why?

009: Why? Because when *he* goes to bed, *I* go to bed, and when he gets up, *I* get up, and when he –

Boss: 009? 009!

009 ist eingeschlafen.

Wörter und Wendungen

number ['nʌmbə]	*(Code)* Nummer	go on ['gəu 'ɔn]	machen Sie weiter!
it's me [its 'mi:]	ich bin's	office ['ɔfis]	Büro
information [infə'meiʃən]	Auskunft, Auskünfte, Information (-en)	work [wə:k]	arbeiten
		till [til]	bis *(Man sagt auch "until"* [ən'til].*)*
groceries ['grəusəriz]	Lebensmittel	newspaper ['nju:speipə]	Zeitung
report [ri'pɔ:t]	Bericht	when [wen]	wann

Dialog 2: Does he always carry the black bag?

009 schläft immer noch im Büro seines Chefs.

Boss: 009! 009! . . . Miss Smith!

Miss Smith: Yes, sir.

Boss: Some coffee, please.

Miss Smith: Two coffees, sir?

Boss: No, just one. It's for 009. Thank you. . . . 009!

009: What –

Boss:	Thank you, Miss Smith. 009! Here! Coffee.
009:	Oh, yes please.
Miss Smith:	White, sir?
009:	No. I never drink white coffee. I always drink black coffee.
Miss Smith:	There you are, sir.
009:	Thank you.
Boss:	Now, 009. About Mr. X. The bag.
009:	The bag?
Boss:	Yes. Does he always carry the black bag?
009:	Oh yes, yes, always. He never goes to his office without it, he never goes home without it, and he never goes to *bed* without it.
Boss:	Hmm. And what does he carry in it?
009:	What does he carry in it? Oh, he carries –
Boss:	Yes?
009:	He carries –
Boss:	Yes? Yes?
009:	He – carries –
Boss:	009? Oh, no! . . . Miss Smith!
Miss Smith:	Yes, sir.
Boss:	More black coffee, please. 009! *009 ist wieder eingeschlafen.*

Wörter und Wendungen

just one [dʒəst 'wʌn]	nur ein(e)
white coffee ['wait 'kɔfi]	Milchkaffee
black coffee ['blæk 'kɔfi]	schwarzer Kaffee
there you are ['ðɛə ju 'ɑ:]	hier bitte!
without [wi'ðaut]	ohne
more [mɔ:]	mehr

Song: He eats, he works, he sleeps.

He drives to his office,
He goes there every day,
He sits *at his table,* — *an seinem Schreibtisch*
And he doesn't want to stay.

He leaves home every morning,
He comes home every night,
He eats, he works, he sleeps,
He doesn't think it's all right. — *er glaubt nicht, daß es in Ordnung ist*

He works in an office,
He sits in a chair,
He writes *a lot of* letters, — *eine Menge*
And he doesn't want to be there.

He leaves home every morning,
He comes home every night,
He eats, he works, he sleeps,
He doesn't think it's all right.

He comes home every evening,
He doesn't say a word, — *er sagt kein Wort*
He sits *near* the window, — *(nahe) an*
And he listens to the *birds*. — *Vögel*

Übungen

1. Sehen Sie sich Dialog 1 noch einmal an. Beantworten Sie die Fragen nach Mr. Xs Gewohnheiten:
   a) When does he get up? He gets up at five o'clock.

   b) When does he have breakfast? . . . .

   c) When does he leave his house? . . . .

   d) When does he leave his office? . . . .

   e) When does he go to bed? . . . .

   Üben Sie dasselbe mit einem Partner.

2. Beantworten Sie die Fragen über Mr. X; benutzen Sie dazu *Yes, he does* oder *No, he doesn't:*

a) Does he get up at five? ....
b) Does he drink coffee for breakfast? ....

c) Does he leave his house at ten? ....

d) Does he drive to his office? ....

e) Does he work till five? ....
f) Does he stay at home in the evening? ....
g) Does he always read the newspaper? ....

h) Does he go to bed at midnight? ....

Üben Sie dasselbe mit einem Partner.

3. Setzen Sie die richtigen Wörter ein:

a) Agent 009 always .... black coffee.

b) I always .... white coffee.

c) We often .... apples.

d) Mr. X usually .... some bread and butter for breakfast.

e) They sometimes .... American newspapers.

f) Miss Smith never .... Japanese books.

4. Setzen Sie *do* oder *does* ein:

a) . . . . . . you smoke?

b) Agent 009 . . . . . . not drink white coffee.

c) . . . . . . Mr. X get up early?

d) We . . . . . . not go to bed late.

e) . . . . . . Mr. and Mrs. Green speak German?

f) Mary . . . . . . not work in a bank.

LEKTION 33

Susan's Working in an Office

Was wird gelernt?

He's wearing a blue suit./He always wears a blue suit.

Mary:	Hans always wears a blue suit.	*Mary:*	Hans trägt immer einen blauen Anzug.
John:	No, he doesn't.	*John:*	Nein, das stimmt nicht.
Mary:	Look! Here he is. Now, what's he wearing?	*Mary:*	Schau! Hier ist er. Nun, was hat er an?
John:	He's wearing a blue suit.	*John:*	Er hat einen blauen Anzug an.
Hans:	Yes. I always wear a blue suit.	*Hans:*	Ja. Ich trage immer einen blauen Anzug.

So wird's verständlich:

In den letzten beiden Lektionen haben Sie die einfache Gegenwartsform kennengelernt, die regelmäßig sich Wiederholendes ausdrückt. Man darf sie nicht mit der anderen Gegenwartsform, der Verlaufsform, verwechseln, die ausdrückt, was jetzt gerade geschieht (Lektion 27 und 28). In dieser Lektion werden beide Formen einander gegenübergestellt, um den Unterschied ganz deutlich zu machen. Sehen Sie sich dazu diese Beispiele an:

Jetzt Verlaufsform	**Gewohnheitsmäßig** Einfache Gegenwart
I'm drinking *tea.* **We're having** *breakfast.* **He's drinking** *white coffee.*	**I** *often* **drink** *tea.* **We** *always* **have** *breakfast at 8.00.* **He** *never* **drinks** *black coffee.*
Are they working *in the office?* – *Yes,* **they are.** **Is he watching** *T.V.?* – *Yes,* **he is.**	**Do they** *usually* **work** *in this office?* – *Yes,* **they do.** **Does** *he often* **watch** *T.V.?* – *Yes,* **he does.**
I'm not reading. **She isn't listening** *to the radio.*	**I don't read** *Japanese books every day.* **She doesn't listen** *to the radio every evening.*
What are you doing *now?*	**What do you do** *at weekends?*

Dialog 1: He's driving away!

Geheimagent 009, der noch immer sehr müde ist, sitzt mit der Agentin 008 zusammen im Auto. Sie versuchen immer noch herauszufinden, was in Mr. Xs Tasche ist.

008: 009! Wake up! Wake up!
009: Uh?
008: 009! Is that the house?
009: House? Whose house?
008: Mr. X's house.
009: Oh. Er, yes. Yes.
008: Good . . . 009!
009: What?
008: Is that him? Is that Mr. X? That man.
009: What's he wearing?
008: He's wearing a blue suit.
009: Well, Mr. X always wears a blue suit, so –
008: And he's smoking a cigarette.
009: Yes, Mr. X always smokes cigarettes.
008: And he's carrying a black bag.
009: Yes, Mr. X always carries a black bag. What's the man doing now?
008: He's leaving the house.
009: What time is it?
008: Um, nine o'clock.
009: Nine o'clock. Oh dear –
008: Well, does he usually leave the house at nine o'clock?
009: Yes, yes he does.
008: Well then, that's him. That's Mr. X.
009: Yes.
008: Now he's walking to his car.
009: Yes –
008: And now he's driving away!
009: Yes. He drives to his office every day.

008: Well, follow him.

009: Oh, er, yes.

Der Wagen springt nicht an.

008: Oh!

008 rennt hinter dem Wagen von Mr. X her. 009 schläft wieder ein.

Wörter und Wendungen

wake up ['weik 'ʌp]	wach auf!	is that him? [iz 'ðæt 'him]	ist er das?
uh? [u:]	hä? (was ist los?, was willst du?)	so [səu]	also
		well then ['wel ðen]	nun (also)
whose? [hu:z]	wessen?		
Mr. X's house ['mistə 'eksiz 'haus]	das Haus von Mr. X	is driving away [iz 'draiviŋ ə'wei]	fährt (gerade) fort
		follow ['fɔləu]	folgen

Dialog 2: I always eat tomato sandwiches.

008 ist hinter dem Wagen von Mr. X hergerannt und hat ihn gerade eingeholt.

008: Excuse me –

Mr. X: Yes?

008: Just a minute. I always get tired when I run.

Mr. X: Well, why don't you *walk?*

008: Listen. Usually . . . I don't walk, and I don't run. I usually drive a car.

Mr. X: Do you?

008: Yes. I'm a secret agent, not a postman . . . Oh.

Mr. X: Secret agent, eh?

008: Yes. Now, put up your hands. I've got a gun.

Mr. X: Oh yes. What do you want?

008: Your black bag.

Mr. X: My black bag?

008: Yes. It's in your hand. You are carrying a black bag.

Mr. X: Yes. I'm carrying a black bag.
008: I want to know what's in it.
Mr. X: Do you?
008: Yes.
Mr. X: Do you want to look?
008: Yes, yes. Open it.
Mr. X: There.
008: Two tomato sandwiches and a banana.
Mr. X: Yes. You see, I always eat tomato sandwiches. *I* think that tomato sandwiches are –
008: 009!!! . . . 009! . . . 009!

Wörter und Wendungen

minute ['minit]	Minute	gun [gʌn]	Schußwaffe, Pistole
just a minute ['dʒʌst ə 'minit]	(nur) einen Augenblick!	know [nəu]	wissen
get tired ['get 'taiəd]	müde werden	I want to know [ai 'wɔnt tə 'nəu]	ich will wissen
postman ['pəustmən]	Briefträger, Postbote	tomato [tə'mɑ:təu]	Tomate
put up your hands ['put 'ʌp jɔ: 'hændz]	(heben Sie die) Hände hoch!	you see [ju 'si:]	wissen Sie, Sie verstehen
		I think that . . . [ai 'θiŋk ðət]	ich glaube, daß . . .

Song: Susan's working in an office.

Susan's working in an office,
She works there every day,
She always comes there early,
And she often goes home late.

Susan's working and she's singing,
She's typing letters and the phones are ringing, — *sie tippt Briefe, und die Telefone klingeln*
She's working, she's working
She's working, hey-hey-hey,
In the office where she works
every day.

Bernard's working in a bank,
He works there *all the time,* — *die ganze Zeit über, ständig*

He always gets up early,
And he comes to work at nine.

Bernard's working and he's singing,
He's counting money and the phones are ringing, — *er zählt*
He's working, he's working,
He's working, hey-hey-hey,
In the bank where he works every day.

Übungen

1. Beantworten Sie diese Fragen mit Kurzantworten *(Yes, I am; No, I'm not; Yes, I do* oder *No, I don't):*

   Do you speak German? . . . .

   Are you writing German at this moment? . . . .

   Do you smoke? . . . .

   Are you smoking now? . . . .

   Do you often eat rice? . . . .

   Are you eating rice at this moment? . . . .

   Do you usually have breakfast early? . . . .

   Are you having breakfast now? . . . .
   Üben Sie dasselbe mit einem Partner.

2. Beantworten Sie diese Fragen mit bejahenden Kurzantworten:
   a) Is Jack reading? Yes, he is.
   b) Do Mr. and Mrs. Smith get up early? Yes, they do.

c) Does Fred Green work here? . . . .

d) Are the children sleeping? . . . .

e) Is Mary carrying a black bag? . . . .

f) Do your children go to bed early? . . . .
Üben Sie dasselbe mit einem Partner.

3. Setzen Sie in diesen Sätzen, die von Mr. X berichten, das richtige Tätigkeitswort ein:

a) He always . . . . a blue suit, and he . . . . a blue suit now.

b) He . . . . his house at nine every day, and he . . . . his house now.

c) He . . . . a black bag now.

d) He always . . . . a black bag.

e) He always . . . . to his office by car.

f) Look! He . . . . away!

4. Die Frage *Where do you come from?* (Woher kommst du? Wo stammst du her?) steht in der Gegenwartsform, die Gewohnheitsmäßiges (oder etwas, was ein für allemal der Fall ist,) ausdrückt. Wäre man Engländer, so könnte man die Frage mit *I come from England* oder *I'm English* beantworten. Bilden Sie entsprechende Antworten auf folgende Fragen:
What's your name? . . . .

Where do you come from? . . . .

How old are you? . . . .

Do you speak English? . . . .

LEKTION 34

Whose Can It Be?

Was wird gelernt?

Whose . . . ? **mine — yours — his — hers — ours — theirs**
Mary's

John:	Hallo, Hans!	*John:*	Hallo, Hans!
Hans:	John! There's a dog in the kitchen.	*Hans:*	John! Ein Hund ist in der Küche.
John:	Yes. Its name's Tom.	*John:*	Ja. Er heißt Tom.
Hans:	Well, whose is it? Is it yours?	*Hans:*	Nun, wem gehört er? Ist es deiner?
John:	No, it's not mine. Its Mary's.	*John:*	Nein, es ist nicht meiner. Es ist Marys.

So wird's verständlich:

whose . . . ? In Lektion 13–15 haben Sie die besitzanzeigenden Eigenschaftswörter kennengelernt: *my* (mein), *your* (dein, Ihr, euer), *his* (sein), *her* (ihr), *our* (unser), *their* (ihr, Mehrzahl). Dazu gehört auch *its* (sein, sächlich), das Ihnen im Eingangsdialog begegnete. Will man fragen, wem etwas gehört, so tut man es mit dem Fragewort *whose?* (wessen?). Sehen Sie sich dazu folgende Beispiele an:

Whose *car* **is this?**	oder	**Whose is this** *car?*
Whose *books* **are these?**		**Whose are these** *books?*
Whose *house* **is this?**		**Whose is this** *house?*

Beide Wortstellungen sind möglich; der ersten entspricht im Deutschen „Wessen Auto ist dies?", der zweiten etwa „Wem gehört dieses Auto?"

Mary's: Um auszudrücken, wem etwas gehört, setzt man einen Apostroph (Auslassungszeichen) und ein *s* hinter den Namen des Besitzers; also:

*This is John'***s** *car.*
*These are Mary'***s** *books.*
*This is the doctor'***s** *house.*

Endet die Bezeichnung für den Besitzer auf *-s* oder handelt es sich dabei um ein Wort in der Mehrzahl, das ja auch auf *-s* endet, so kennzeichnet man den Besitzfall (Genitiv) nur durch ein Auslassungszeichen. Das sieht dann so aus:

*This is Jame***s'** *dog.*
*This is the ladie***s'** *office.*

Allerdings sieht man in diesen Fällen häufig auch die Form mit Auslassungszeichen + *s*, was ebenfalls nicht falsch ist *(James's)*.
In Lektion 25 begegnete Ihnen das Wort *grocer's* (Lebensmittelgeschäft). Auslassungszeichen + *s* sind hier von dem vollständigen Ausdruck *grocer's shop* herzuleiten. Der *grocer* ist der Mann, der Lebensmittel in seinem *shop* (Laden, Geschäft) verkauft. Viele Geschäfte werden im Englischen in dieser Form bezeichnet, zum Beispiel *the baker's* (der Bäcker, die Bäckerei), *the butcher's* (der Fleischer, die Fleischerei).

yours/mine: Wie Sie wissen, kann man sagen *Is this your car?* (Ist das Ihr Wagen?) – *Yes, it's my car.* (Ja, das ist mein Wagen.) Wenn jedoch der Wagen bereits erwähnt worden ist, will man das Wort in der Antwort nicht gern wiederholen, und man ersetzt das besitzanzeigende Eigenschaftswort (*my*) und das dazugehörige Hauptwort (*car*) einfach durch ein besitzanzeigendes Fürwort, das wie ein Hauptwort gebraucht wird (substantivisches Possessivpronomen); also: *Is it yours? – Yes, it's mine.* (Ist das Ihrer? – Ja, es ist meiner.)

Hier sind die wie ein Hauptwort gebrauchten besitzanzeigenden Fürwörter:

mine	meiner, -e, -s	**his**	seiner, -e, -s
yours	deiner, -e, -s;	**hers**	ihrer, -e, -s
	Ihrer, -e, -s;	**ours**	unsrer, -e, -sers
	eurer, -e, -es	**theirs**	ihrer, -e, -s

Dialog 1: They're not mine.

Mavis geht am Fluß spazieren.

Mavis:	Oh, what's this? A coat, a jacket, a shirt, a tie . . . some trousers, some socks, some shoes. Hmm. Oh, oh dear . . . um . . .
	Ein Polizist kommt auf sie zu.
Policeman:	Good morning, Miss. And what are you doing here, eh?
Mavis:	Oh, look, can you –
Policeman:	I'm asking the questions, Miss. What are you doing here?
Mavis:	I'm just walking by the river, but –

Policeman: Do you *often* walk by the river?
Mavis: Yes, every morning, but –
Policeman: Yes, Miss, what is it?
Mavis: Look!
Policeman: Ah, ha. Are these *your* clothes, Miss?
Mavis: No, they're not mine.
Policeman: This coat isn't yours?
Mavis: No.
Policeman: The shoes?
Mavis: No, of course the shoes aren't mine. The jacket isn't mine, the shirt isn't mine, the tie isn't mine, and the –
Policeman: Well, whose are they?
Mavis: Whose are they? I don't know. Perhaps there's a man . . . in the water.
Policeman: Swimming?
Mavis: Yes. Or . . . or . . .
Policeman: Or what?
Mavis: Well, sometimes –
Policeman: Can you see a man in the water?
Mavis: No.
Policeman: O.K.
Mavis: What are you doing?
Policeman: I'm taking these clothes to the police-station.
Mavis: Oh, well, is it . . . I mean, do you . . .

Als sie weggegangen sind, kommt ein Mann aus dem Wasser.

Man: Ah, fantastic swim! Hey! My clothes! Where are my clothes?

Wörter und Wendungen

coat [kəut]	Mantel
jacket ['dʒækit]	Jackett, Jacke
shirt [ʃə:t]	Hemd
tie [tai]	Krawatte
socks [sɔks]	Socken
shoes [ʃu:z]	Schuhe
I'm asking the questions ['aim 'ɑ:skiŋ ðə 'kwestʃənz]	ich stelle (hier) die Fragen
river ['rivə]	Fluß
by the river [bai ðə 'rivə]	am Fluß
clothes [kləuðz]	Kleider

of course [əv 'kɔ:s]	natürlich, selbstverständlich
perhaps [pə'hæps]	vielleicht
is it . . . ['iz it]	*(Mavis wollte eigentlich fragen: "Is it all right?" und*
do you . . . ['du ju]	*"Do you think it's all right?", zögerte jedoch.)*
ah, fantastic swim! ['ɑ: fæn'tæstik 'swim]	ah, das Schwimmen war herrlich!

Dialog 2: These are Mr. A. S. Brown's clothes.

Der Polizist hat die Kleider mit zur Polizeiwache genommen und spricht dort mit einem anderen Polizisten.

Policeman 1: By the river, yes. Look: coat, jacket, shirt, tie, trousers, socks and shoes.
Policeman 2: Is there a name in them?
Policeman 1: Um, yes. Look: A. S. Brown.
Policeman 2: A. S. Brown. O.K.
Der Schwimmer kommt tropfnaß an.
Policeman 1: Er, can we help you, Mr. Brown?
Man: Yes. But how do – my clothes!
Policeman 1: They're yours, are they?
Man: Yes.
Policeman 2: This jacket?
Man: Yes, that's mine.
Policeman 2: The trousers?
Man: Yes, they're mine, too. *And* the shoes, and the shirt, and the c-c-c-coat, and the t-t-t-tie.
Policeman 2: And the socks?
Man: Yes, they're all mine.
Policeman 1: Hmm.
Man: Can I have them, please?
Policeman 2: Fred, whose clothes are these?
Policeman 1: They're Mr. Brown's.
Man: Yes. *I*'m –
Policeman 2: Mr. A. S. Brown's. These are Mr. A. S. Brown's clothes.
Man: Well, *I*'m Mr. A. S. Brown, so they're mine.

Policeman 1: Yes, they're his all right. Look, he's not wearing a coat, or a jacket.
Policeman 2: Here you are, Mr. Brown.
Man: Thank you.
Mr. Brown geht zitternd, niesend und tropfend hinaus.

Wörter und Wendungen

can we help you? [kən wi 'help ju]	können wir Ihnen behilflich sein?
but how do – [bət 'hau du]	*(Mr. Brown wollte sagen: "But how do you know my name?"* „Aber woher wissen Sie, wie ich heiße?")
they're his all right [ðeə 'hiz ɔːl 'rait]	das stimmt schon, es sind seine

Song: Whose can it be?

There's a big black car outside the *house,*	*Haus*
Whose can it be?	*wem kann es gehören?*

There's a big black car outside the house,
Whose can it be?
Whose is it? Whose is it?
Whose can it be?

It isn't yours, and it isn't mine,	
It isn't ours, because we can't drive,	
Wait a minute, *let me see,*	*laß mich überlegen*
Whose can it be?	
Is it Mr. Brown's?	
No it isn't his,	
(Well, *anyway I don't think it is.*)	*jedenfalls glaube ich nicht, daß es (seins) ist*

Is it Mrs. Green's?
No, *wrong again,* — *wieder falsch*
She always goes to work by train.
Wait a minute, let me see,
Whose can it be?

Mr. and Mrs. Jones' *upstairs?* — *oben (im Haus)*
No, *that's not right,* it isn't theirs. — *das stimmt nicht*
Wait a minute, let me see,
Whose can it be?
Whose is it? Whose is it?
Whose can it be?

Übungen

1. Bilden Sie nach folgendem Beispiel mit den angegebenen Wörtern Fragen und Antworten:

a) Whose dog is this?	It's John's.
b) . . . . . car . . . . ?	. . . . Mary . . .
c) . . . . . house . . . . ?	. . . . my father . . .
d) . . . . . books . . . . ?	. . . . the doctor . . .
e) . . . . . shoes . . . . ?	. . . . Mr. Brown . . .

Üben Sie Fragen und Antworten mit einem Partner.

2. Beantworten Sie die Fragen mit „ja":

a) Is this your tie?	Yes, it's mine.
b) Is this the doctor's coat?	. . . .
c) Are these Mr. Brown's clothes?	. . . .
d) Are these Mr. Green's shoes?	. . . .
e) Is this Mr. and Mrs. Smith's house?	. . . .

Üben Sie dasselbe mit einem Partner.

LEKTION 35

There Are a Lot of People in the City

Was wird gelernt?

a lot of **much/many**

Mary:	John, you smoke a lot of cigarettes, don't you?	*Mary:*	John, du rauchst eine Menge Zigaretten, nicht?
John:	Me? No, not many.	*John:*	Ich? Nein, nicht viele.
Mary:	Not many!	*Mary:*	Nicht viele!
John:	Look, I don't smoke many cigarettes. I smoke thirty a day.	*John:*	Sieh mal, ich rauche nicht viele Zigaretten. Ich rauche dreißig am Tag.
Mary:	Thirty! That's a lot of cigarettes!	*Mary:*	Dreißig! Das sind eine Menge Zigaretten.

So wird's verständlich:

a lot of: „viel(e)", „eine Menge" wird in bejahenden Sätzen vor unzählbaren Begriffen und vor zählbaren Begriffen in der Mehrzahl gebraucht. (Über den Unterschied zwischen zählbaren und unzählbaren Begriffen sprachen wir in Lektion 25.) Es heißt also:

You smoke **a lot of cigarettes.**
He eats **a lot of apples.**
We read **a lot of books.**

He's got **a lot of money.**
I drink **a lot of tea.**
She eats **a lot of bread.**

many: „viele" ist die Entsprechung von *a lot of* in verneinenden Sätzen und Fragen vor zählbaren Begriffen in der Mehrzahl:

I don't smoke **many cigarettes.**
He doesn't eat **many bananas.**
Do you read **many books?**

much: „viel" wird in verneinenden Sätzen und Fragen vor unzählbaren Begriffen gebraucht:

We haven't got **much money.**
They don't drink **much coffee.**
Do you drink **much tea?**

how much . . . ?/how many . . . ? Die Frage *How much is it?* (Wieviel kostet es?) kennen Sie bereits seit Lektion 8. Wie Sie sich denken können, leitet *how much* eine Frage nach unzählbaren und *how many* eine nach zählbaren Begriffen in der Mehrzahl ein. Man fragt also:

How many cigarettes *do you smoke a day?*
How many brothers *have you got?*

How much bread *do you eat?*
How much money *have you got?*

Dialog 1: Do you smoke cigarettes?

Hier geht es um einen Werbefeldzug mit dem Ziel, die Menschen davon zu überzeugen, daß sie das Rauchen aufgeben sollten. Am Piccadilly Circus in London werden die Leute interviewt.

Interviewer: A lot of people smoke cigarettes. Ten a day, fifteen a day, twenty a day. A lot of people smoke ten, fifteen, twenty, thirty cigarettes every day.

If you ask: 'Do you smoke many cigarettes?' they always say: 'No, not many'. But ten, twenty every day: that's a lot of cigarettes. I'm here in Piccadilly Circus asking people about cigarettes. There are a lot of people here.

Er, excuse me.

Man: Yes?

Interviewer: I'm asking people about cigarettes.

Man: Oh yes.

Interviewer: Do you smoke?

Man: Yes, I do.

Interviewer: How many cigarettes do you smoke in a day?

Man: Oh, not many. Ten . . . fifteen . . . I smoke a lot when I'm working, but not many when I'm not working.

Interviewer: I see. Thank you. Ah, excuse me, madam.

Woman: Yes?

Interviewer: Do you smoke?

Woman: Well, sometimes. Two or three a day.

Interviewer: That's not many, is it? Excuse me, sir.

Man 2: Yes?

Interviewer: Do you smoke?

Man 2: Well, I don't smoke many cigarettes. I smoke a lot of cigars.

Interviewer: Thank you. Ah, here's a young couple. Excuse me, do you smoke?

Man 3: Twenty, twenty-five a day. Not many.

Girl: Not many! Do you know, he's always tired, because he smokes such a lot of cigarettes.

Man 3: I don't.

Girl: You do.

Interviewer: Hmm. *You* sir, do you smoke?

Man 4: Yes, I smoke quite a lot. Forty a day. And look at me. I'm very well.

Er geht und hustet schlimm dabei.

Wörter und Wendungen

people ['pi:pl]	Leute *(Einzahl: "person")*	couple ['kʌpl]	(Ehe)Paar
ten a day ['ten ə 'dei]	zehn am Tag, täglich zehn	girl [gə:l]	Mädchen, junge Frau
about [ə'baut]	über	such [sʌtʃ]	solch(er, -e, -es)
I'm asking about [aim 'ɑ:skiŋ] ə'baut]	ich (be)frage (gerade)	such a lot ['sʌtʃ ə 'lɔt]	so viel(e), so eine Menge
I see [ai 'si:]	ich verstehe	quite [kwait]	ganz, ziemlich
cigar [si'gɑ:]	Zigarre	quite a lot ['kwait ə 'lɔt]	eine ganze Menge, ziemlich viel

Dialog 2: I haven't got much money.

Der Interviewer stellt nun zu dem gleichen Thema im Fernsehen Mr. Jim Black vor.

Interviewer: This is Mr. Jim Black, last November.

Jim Black: *(Stimme auf Band)* My name is Jim Black. I smoke sixty cigarettes every day. That's a lot of cigarettes. I smoke a lot, so I haven't got a very good appetite. I eat some bread and butter sometimes. But I can't eat much. I drink tea, but not much. I haven't got much money, because I spend a lot on cigarettes.

Interviewer: And this is Mr. Jim Black today.

Jim Black: Hallo.

Interviewer: Hallo, Jim. How are you?

Jim Black: Oh, I'm very well, and I'm very happy now that I don't smoke.

Interviewer: How's your appetite?

Jim Black: Fine. I eat a lot, and I drink a lot. I'm very well.

Wörter und Wendungen

last [lɑ:st]	letzter, -e, -es	appetite ['æpitait]	Appetit, Hunger
last November ['lɑ:st nəu'vembə]	im vergangenen November	I haven't got a very good appetite	ich habe keinen sehr großen Hun-

[ai 'hævnt 'gɔt ə 'veri 'gud 'æpitait]	ger	now that I don't smoke ['nau ðət ai 'dəunt 'sməuk]	jetzt, wo ich nicht mehr rauche
spend money on ['spend 'mʌni ɔn]	Geld ausgeben für		

Song: There are a lot of people in the city.

There are a lot of people *in the city,* — *in der Stadt*
There are a lot of people, *working hard,* — *die hart arbeiten*
There are a lot of people in the city,
There are a lot of people, driving cars,
And they all say *they're doing fine,* — *es geht ihnen gut*
But they never have much time
To sit and *smile* . . . in the city. — *lächeln*

There aren't many people in the country,
There aren't many people, *living there,* — *die dort leben*
There aren't many people in the country,
There aren't many people, breathing the air,
But they're all doing fine,
And they always have a lot of time
To sit and smile . . . in the country.
In the country.

Übungen

1. Setzen Sie *much, many* oder *a lot of* ein:

a) I don't have . . . . sugar in my tea.

b) There are . . . . cars in the street today.

c) How . . . . sisters have you got?

d) I'm late, so I haven't got . . . . time.

e) My brother reads . . . . books.

Erinnern Sie sich bitte an folgendes:
Wenn ein Besitzverhältnis ausgedrückt werden soll, benutzt man *have got* und in der Verneinung *haven't got* (wie im dritten und vierten Satz).
Will man dagegen eine Gewohnheit ausdrücken, so heißt es nur *have*, wie zum Beispiel in *have dinner, have lunch*; das *got* bleibt also fort. Die Verneinung heißt dann *don't have*.

2. Setzen Sie *much, many* oder *a lot of* ein; dabei ist die erste Satzhälfte bejahend, die zweite verneinend:

a) I smoke .... cigarettes, but I don't .... cigars.

b) I read .... books, but I don't read .... newspapers.

c) I eat .... bread, but I don't eat .... apples.

d) I drink .... tea, but I don't drink .... milk.

3. Bilden Sie Fragen und kurze Antworten:

a) Are there many people in the park? No. Not many.

b) .... cars in the street? ....

c) .... bread in the kitchen? ....

d) .... milk in the kitchen? ....

e) .... men in the office? ....

Üben Sie dasselbe mit einem Partner.

LEKTION 36

What Are You Going to Do?

Was wird gelernt?

What are you going to do?
I'm going to ... / He's not going to ...

John:	Hallo, Mary.	*John:*	Hallo, Mary.
Mary:	John, are you smoking?	*Mary:*	John, rauchst du (gerade)?
John:	Yes, yes, I am. But I am going to stop.	*John:*	Ja, ja, ich rauche. Aber ich will es aufgeben.
Mary:	When?	*Mary:*	Wann?
John:	Tomorrow. I'm going to give up smoking tomorrow. I'm not going to smoke any more.	*John:*	Morgen. Ich werde morgen das Rauchen aufgeben. Ich werde nicht mehr rauchen.

So wird's verständlich:

Will man im Englischen etwas ausdrücken, das in naher Zukunft liegt, etwa daß jemand etwas tun will oder daß man fast sicher ist, es werde etwas geschehen, so benutzt man die Gegenwartsformen von *be* (sein) + *going to:*

I'm going to stop smoking.	Ich will das Rauchen aufgeben. Ich bin im Begriff, das Rauchen aufzugeben.
We're going to have lunch.	Wir werden (gleich) zu Mittag essen.
It's going to rain.	Es wird (gleich) regnen.

Diese Zukunftsform ist ganz einfach zu bilden, wenn man ihren Aufbau durchschaut. Man nimmt *go* in der ersten Zeitform der Gegenwart, die

Sie kennengelernt haben, der Verlaufsform, also mit der *-ing*-Endung (*I'm going, You're going* usw.) und schließt das Zeitwort, das den Inhalt der Absicht ausdrückt, mit *to* an.
Die Verneinung wird in üblicher Weise mit *not* gebildet:

We're not **We aren't**	**going to have lunch.**	**It's not** **It isn't**	**going to rain.**

Fragen werden, wie üblich, durch Umstellung gebildet:

Are you going to stop smoking?
Is it going to rain?
When are we going to have lunch?

Kurzantworten setzen sich aus dem Hauptwort oder Fürwort und der entsprechenden Form von *be* zusammen:

Are you going *to stop smoking? – Yes,* **I am.**

Dialog 1: I'm not going to jump into the water.

Ein recht seltsam aussehender Wissenschaftler steht am Rand einer Brücke über einen Fluß. Eine Frau kommt vorüber und sieht ihn.

Man: Twenty-three, twenty-two, twenty-one –
Woman: Hey! What are you doing?
Man: Go away! 20, 19, 18, 17 –
Woman: Ooh! You're not going to jump, are you?
Man: Go away! 16, 15, 14 –
Woman: I said, you're not going to jump, are you?
Man: Jump?
Woman: Yes, *jump*. From this bridge.
Man: From this bridge?

Woman: Yes.

Man: Madam, are you going to stand here all day? 13, 12, 11 –

Woman: You *are* going to jump. I knew it.

Man: All right, yes. I *am* going to jump. Now go away!

Woman: Don't be stupid!

Man: Stupid! Madam, *I* am a scientist. 'Stupid!'

Woman: Yes, the water's very cold.

Man: 10, 9 – Water? Oh, no, madam. I'm not going to jump into the water.

Woman: You're not going to jump into the water?

Man: No, I am *not* going to jump into the water. I'm going to fly. 8, 7, 6 –

Woman: Fly!

Man: Yes, I'm going to fly, and I'm going to be famous! 5, 4 –

Woman: He's going to fly! Ha! Ha!

Man: 3, 2, 1 –

Es platscht furchtbar, als er ins Wasser fällt.

Wörter und Wendungen

go away ['gəu ə'wei]	gehe(n Sie) weg!	are you? ['ɑ: ju]	nicht wahr? *(Im Dialog 2 in Lektion 23 sahen Sie, daß*
jump [dʒʌmp]	(hinein)springen		

	man, wenn man Zustimmung erwartet, bei solchen Bestätigungsfragen die Stimme senkt. Bei einer wirklichen Frage – wie hier – hebt man dagegen die Stimme.)	scientist ['saiəntist]	(Natur)Wissenschaftler
		madam ['mædəm]	gnädige Frau, meine Dame *(Diese Anrede wird gewöhnlich von Kellnern, Verkäufern usw. gebraucht – siehe Lektion 8. Hier benutzt sie der Mann, um bewußt steif und förmlich zu sein.)*
I said [ai 'sed]	ich sagte		
I knew it [ai 'nju: it]	ich wußte es *(Zeitwort "know")*		
stupid ['stju:pid]	dumm	fly [flai]	fliegen
		famous ['feiməs]	berühmt

Dialog 2: I'm going to fly like a bird.

Die Frau hilft dem Wissenschaftler aus dem Wasser.

Woman: Are you all right?
Man: Yes, thank you. Goodbye.
Woman: Goodbye . . . What are you going to do now?
Man: Well, I'm going to jump again, of course.
Woman: Oh, no! You can't –
Man: And this time, I really am going to fly.
Woman: But –
Man: I'm going to fly like a bird, and I'm going to be world-famous! Goodbye.
Woman: Now, listen. Now come here. You are not going to jump again.
Man: Oh yes, I am.
Woman: Oh no, you're not.
Man: Yes, I am.
Woman: No, you're not.
Man: Who is going to stop me?
Woman: Well, . . . I am.
Man: Very well. If I'm not going to jump, what am I going to do?
Woman: You're going to go home.

Man: Go home?

Woman: Yes, you're going to go home, you're going to change your clothes, you're going to eat a hot dinner and you're going to go to bed.

Man: No, I'm not.

Woman: Yes, you are.

Man: No, I'm not. I'm going to jump from the bridge, and –

Der Wind wird stärker, und der Fluß ist aufgewühlt.

Er, I'm going to fly – and, er, I'm going to – Yes, I'm going to go home, eat my dinner, and go to bed.

Woman: Good.

Man: But I'm going to come back again tomorrow.

Wörter und Wendungen

are you all right? [ɑː ju 'ɔːl 'rait]	(ist mit dir/Ihnen) alles in Ordnung?	like a ['laik ə]	wie ein(e)
really ['riəli]	wirklich	world-famous ['wəːld'feiməs]	weltberühmt
stop [stɔp]	abhalten (von), hindern (an)	change [tʃeindʒ]	Wechsel
		hot [hɔt]	heiß, warm
bird [bəːd]	Vogel	dinner ['dinə]	(Abend)Essen

Song: What are you going to do?

The sun *is shining*, — *scheint (gerade)*
The *sky* is blue, — *Himmel*
What are you going to do?
The sun is shining,
The sky is blue,
What are you going to do?

I'm going to sit in the *garden*, — *Garten*
And look at the sun,
I'm going to have lunch,
At half past one,
I'm going to write a letter to you,
I'm going to post it at half past two.

The sun is shining,
The sky is blue,
What are you going to do?
The sun is shining,
The sky is blue,
What are you going to do?

I'm going to run
And jump in the *sea*, *Meer*
I'm going to swim,
At half past three,
I'm going to open my windows and open my door,
I'm going to have tea at half past four.

The sun is shining,
The sky is blue,
What are you going to do?
The sun is shining,
The sky is blue,
What are you going to do?

Übungen

1. Bilden Sie Fragen nach folgendem Beispiel:
   a) When are you going to type the letters?

   b) .... he .... cash that cheque?

   c) .... we .... have lunch?

   d) .... they .... sing our song?

   e) .... she .... stop smoking?

2. Sehen Sie sich noch einmal das Lied an. Bilden Sie Fragen und Kurzantworten *(Yes, he is* oder *No, he isn't):*

a) Is he going to sit in the garden? Yes, he is.

b) .... sit in the kitchen? ....

c) .... have lunch at 1.30? ....

d) .... write a postcard? ....

e) .... swim at 2.30? ....

f) .... have tea at 4.30? ....

Üben Sie dasselbe mit einem Partner.

3. Beantworten Sie diese Fragen:

Are you going to get up early tomorrow? ....

Are you going to go to bed early tonight? ....

Are you going to write any letter today? ....

Are you going to have breakfast early tomorrow? ....

Üben Sie dasselbe mit einem Partner.

LEKTION 37

It Always Rains on Monday

Was wurde gelernt?

Wiederholung Lektion 26—36

In den Dialogen, dem Song und den Übungen dieser Lektion werden die Schwerpunkte aus den Lektionen 26–36 noch einmal wiederholt. (Die Zahlen beziehen sich auf die Lektionen.)

27–28

What are you doing now?

I'm	
You're	*having lunch.*
We're	*watching T.V.*
They're	*reading.*
He's	
She's	

31–32

What do you do at the weekends?

I	*walk in the country.*
We	*go to the seaside.*
You	*don't stay at home.*
They	
He	*walks in the country.*
She	*doesn't stay at home.*

29–30

What do you want?
I want a large room.
I don't want a small room.
What does he want?
He wants a red carpet.
He doesn't want a blue carpet.

29

a large room
an orange car
a Japanese doctor
blue trousers
German women

33

Are you speaking English now?
– Yes, I am.
Do you speak English every day?
– Yes, I do.

34

Whose dog is this?

It's	*Mary's.*
	the doctor's.
	mine.
	yours.
	his.
	ours.
	theirs.

35

I've got a lot of	*apples.*
	bread.
	bananas.
I haven't got	*many.*
	much.

36

What are you going to do?
– I'm going to have lunch.

Dialog 1: A lot of people don't buy tickets.

Bernard sitzt im Zug in einem Abteil 1. Klasse. Der Fahrkartenkontrolleur kommt.

Inspector: Tickets!
Bernard: No, thank you.
Inspector: Pardon?
Bernard: I don't want a ticket, thank you.
Inspector: I'm not *selling* tickets, sir.
Bernard: No?
Inspector: No. I want to *see your* ticket.
Bernard: Oh, I haven't got a ticket.
Inspector: You haven't got a ticket?
Bernard: No. I never buy a ticket.

Inspector:	Why not?
Bernard:	Because I haven't got much money.
Inspector:	Sir, you're travelling on a train. When people travel by train, they always buy a ticket –
Bernard:	Ah –
Inspector:	And you're sitting in a first-class compartment. When people sit in a first-class compartment, they always buy a first-class ticket.
Bernard:	No, they don't.
Inspector:	What?
Bernard:	A lot of people don't buy tickets. The Queen doesn't buy a ticket, does she? Eh? Eh?
Inspector:	No, sir, but –
Bernard:	And where's yours?
Inspector:	Mine?
Bernard:	Yes, your ticket. Have *you* got a ticket?
Inspector:	Me, sir?
Bernard:	Yes, you.
Inspector:	No, I haven't got a ticket.
Bernard:	Ooh, are you a famous man?
Inspector:	Famous? Well, – sir, *I* am a ticket-inspector.
Bernard:	Oh.
Inspector:	I inspect tickets. Are you going to show me your ticket?
Bernard:	No, I haven't got a ticket.

Inspector: O.K.
Bernard: What are you going to do?
Inspector: I'm going to write your name in my book.
Bernard: Oh.
Inspector: What *is* your name?
Bernard: Mickey Mouse.
Inspector: Mickey – your *name*, sir.
Bernard: Henry Kissinger . . . Mao Tse-Tung . . . Abdelhalim Hafès . . . Elvis Presley . . .

Wörter und Wendungen

ticket inspector ['tikit in'spektə]	Fahrkarten-kontrolleur	why not? ['wai 'nɔt]	warum nicht?
pardon? ['pɑ:dn]	wie bitte?	travel ['trævl]	reisen
sell [sel]	verkaufen	compartment [kəm'pɑ:tmənt]	Abteil
buy [bai]	kaufen	show [ʃəu]	zeigen
the Queen [ðə 'kwi:n]	die (englische) Königin		

Dialog 2: We're coming to a station.

Bernard und der Fahrkartenkontrolleur sprechen immer noch miteinander.

Bernard: Richard Nixon . . . Steve McQueen . . . Leonid Brezhnev –
Inspector: Yes, sir. I see. Well, if you're not going to tell me your name, please leave the train.
Bernard: Pardon?
Inspector: Leave the train.
Bernard: I can't.
Inspector: You can't what?
Bernard: I can't leave the train.
Inspector: Why not?
Bernard: It's moving.
Inspector: Not *now*, sir. At the first station.

Bernard: Oh.
Inspector: It's in the book, sir. When you travel by train, you buy a ticket and if you don't buy a ticket, you –
Bernard: Yes, yes, yes – you leave the train. O.K.
Inspector: Here we are, sir. We're coming to a station. Please leave the train now.
Bernard: Now?
Inspector: Yes, sir. I'm sorry, but –
Bernard: Oh, that's O.K.
Inspector: Oh.
Bernard: Yes, this is my station. Goodbye.

Wörter und Wendungen

tell [tel]	erzählen, sagen
tell me your name ['tel mi jɔ 'neim]	sagen Sie mit Ihren Namen!
move [mu:v]	(sich) bewegen, fahren
it's moving [its 'mu:viŋ]	er *(der Zug)* fährt (gerade)
it's in the book [its in ðə 'buk]	es steht im Buch, es ist vorgeschrieben *(So steht es in der Dienstvorschrift.)*

Song: It always rains on Monday.

It always *rains* on Monday, — *regnet*
It rains here every day,
I never see much *sunshine,* — *Sonnenschein*
The sky is always *grey,* — *grau*
It always rains on Monday,
That's why it's raining today,
I'm going to buy a first-class ticket,
And I'm going to *fly away.* — *wegfliegen*

I want to see a lot of sunshine,
I want to see a blue, blue sky,
We're going to have a house in the country,
It's going to be yours and mine.

It always rains on Monday,
It rains here every day,
We never see much sunshine,
The sky is always grey,
It always rains on Monday,
That's why it's raining today,
We're going to buy a first-class ticket,
And we're going to fly away.

Übungen

Beantworten Sie diese Fragen:

What's your name? . . . .

Where do you come from? . . . .

How old are you? . . . .

How many brothers and sisters have you got? . . . .

Do you speak German? . . . .

Are you writing German at the moment? . . . .

What are you doing now? . . . .

Where are you sitting? . . . .

Are you in a large room or a small room? . . . .

What time do you usually get up? . . . .

Do you smoke? . . . .

Do you work in an office? . . . .

Is this book yours? . . . .

What are you going to do this weekend? . . . .

Can you speak English? . . . .

LEKTION 38

We Were All Once Children

Was wird gelernt?

was, were **wasn't, weren't** **last week**

John:	Hallo, Mary. You're here!	*John:*	Hallo, Mary. Du bist hier!
Mary:	Yes, of course I'm here. I was here ten minutes ago.	*Mary:*	Ja, natürlich bin ich hier. Ich war schon vor zehn Minuten hier.
John:	Were you? Oh, am I late?	*John:*	Wirklich? Oh, komme ich zu spät?
Mary:	Yes.	*Mary:*	Ja.
John:	Oh, I'm sorry. I was in the bus, and the bus was late.	*John:*	Tut mir leid. Ich war im Bus, und der Bus hatte Verspätung.

So wird's verständlich:

In dieser Lektion wird die Vergangenheitsform (das Präteritum) eingeführt. Wenn man etwas in der Vergangenheit Geschehenes ausdrükken will, so verändert sich die Form des Zeitworts. Zunächst beschäftigen wir uns nur mit *to be*, das Ihnen schon gut bekannt ist (*I'm, You're* usw.). In der Vergangenheit folgt auf einige Fürwörter *was*, auf andere *were:*

I **He** **She** **It**	**was**	*here* *at home* *on the train*	*ten minutes ago.*
We **You** **They**	**were**		

Verneinende Formen werden wieder mit *not* gebildet *(was not, were not)*. Beim Sprechen verwendet man die Kurzformen *wasn't* und *weren't*.
Fragen werden auch hier durch Umstellung gebildet:

Was he *here ten minutes ago?*
Were you *here ten minutes ago?*

Where	**was he** **were you**	*ten minutes ago?*

Kurze Antworten mit *was* und *were* sind:
Yes, **I was.** *Yes,* **we were.** *No,* **he wasn't.** usw.
Zeitbezeichnungen, bei denen die Vergangenheitsform steht, sind zum Beispiel:

yesterday	gestern
yesterday morning	gestern morgen
yesterday afternoon	gestern nachmittag
yesterday evening	gestern abend
last night	gestern abend, gestern nacht
last week	(in der) letzte(n) Woche
last month	(im) letzten Monat
last year	im letzten Jahr, letztes Jahr

Dialog 1: It was here yesterday.

Aus Mr. und Mrs. Jacksons Haus ist ein Bild gestohlen worden. Ein Kriminalbeamter kommt, um mit ihnen zu sprechen.

Mr. Jackson: I can't understand it. It was here yesterday.
Mrs. Jackson: Yes, it was here yesterday.
Detective: Yesterday. Hmm. At what time?

Mr. Jackson: Well, yesterday evening. It was definitely here at nine o'clock.
Mrs. Jackson: At nine o'clock.
Detective: I see. And where were you after nine o'clock?
Mr. Jackson: Well, I was in bed.
Mrs. Jackson: Yes, he was in bed.
Mr. Jackson: I was very tired.
Mrs. Jackson: Yes, he was very tired.
Mr. Jackson: Ethel! I'm answering the questions. Ssh!
Mrs. Jackson: Sorry.
Detective: So *you* were in bed, Mr. Jackson.
Mr. Jackson: Yes, I was.
Mrs. Jackson: Yes, he was. Oh, sorry.
Detective: In bed. And you, Mrs. Jackson. Were you in bed?
Mrs. Jackson: No, I wasn't. I was in the kitchen.
Detective: I see. In the kitchen. And the picture, where was it exactly?
Mr. Jackson: It was here in this room.
Mrs. Jackson: Yes, it was here in this room.
Mr. Jackson: Ethel! (*To the detective*) It was on this wall.
Mrs. Jackson: Yes, it was – sorry.
Detective: I see. On the wall. This window. Was it open?
Mr. Jackson: No.

Detective:	And *this* one?
Mr. Jackson:	No, the windows were closed.
Detective:	The windows were closed.
Mr. Jackson:	Yes, we always close the windows.
Mrs. Jackson:	The windows –
Mr. Jackson:	Ethel!
Mrs. Jackson:	But Albert, the –
Mr. Jackson:	Ethel, *I*'m answering the questions!
Mrs. Jackson:	Yes, but Albert, the windows –
Mr. Jackson:	Yes, yes, the windows were closed. Well, they were closed, weren't they?
Mrs. Jackson:	No, Albert. They were open.
Mr. Jackson:	Oh no!
Detective:	The windows were open.

Wörter und Wendungen

detective [di'tektiv]	Detektiv, Kriminalbeamter	exactly [ig'zæktli]	(in) genau(er Weise)
understand [ʌndə'stænd]	verstehen	definitely ['definitli]	(in) bestimmt(er Weise)
I can't understand it [ai 'kɑːnt ʌndə'stænd it]	ich kann es nicht verstehen	after ['ɑːftə]	nach
		answer ['ɑːnsə]	(be)antworten
		wall [wɔːl]	Wand
ssh! [ʃ]	pst!	open ['əupən]	offen, geöffnet
picture ['piktʃə]	Bild	closed [kləuzd]	geschlossen, zu

Dialog 2: The windows were open.

Der Kriminalbeamte spricht immer noch mit Mr. und Mrs. Jackson.

Detective:	So, let's see. The picture was here yesterday, at nine o'clock.
Mr. Jackson:	Yes, it was.
Detective:	It was in this room.
Mrs. Jackson:	Yes.

Detective: And it was on this wall.
Mr. Jackson: Yes, it was.
Mrs. Jackson: Yes.
Detective: Mr. Jackson, you were in bed.
Mr. Jackson: Yes, I was. That's right.
Detective: And you, Mrs. Jackson, were in the kitchen.
Mrs. Jackson: Yes, I was. That's right.
Detective: *This* window was open.
Mr. Jackson: Yes.
Detective: And *this* window was open.
Mrs. Jackson: Yes.
Detective: So, the two windows were open.
Mr. Jackson: Yes, they were.
Mrs. Jackson: They were, yes.
Detective: So, let's see. The windows are very small. Was the picture heavy?
Mr. Jackson: Yes, it was.
Mrs. Jackson: Oh, it was, yes.
Detective: The picture was heavy. Fine! Thank you sir, . . . madam.
Mr. Jackson: Thank you. But can you –
Detective: Don't worry, sir. We want a very small, very strong man, carrying a picture. That's fine.
Mr. Jackson: Oh, er, thank you. What a nice policeman!
Mrs. Jackson: A nice policeman.
Mr. Jackson: Ethel!
Mrs. Jackson: Sorry.

Wörter und Wendungen

so, let's see ['səu lets 'siː]	lassen Sie mich mal überlegen
small [smɔːl]	klein
heavy ['hevi]	schwer
worry ['wʌri]	besorgt sein, sich Sorgen machen
don't worry ['dəunt 'wʌri]	machen Sie sich keine Sorgen!
strong [strɔŋ]	stark, kräftig
what a nice policeman! [wɔt ə 'nais pə'liːsmən]	was für ein netter Polizist!

Song: We were all once children.

When I was young, *my life was easy,* — *mein Leben war unbeschwert*
When I was *only* two, — *erst*
The sun was always in the sky,
And the sky was always blue.

When I was young, my life was easy,
When I was only nine,
We were happy every day,
The weather was always fine. — *es war immer schönes Wetter*

We were all *once* children, — *einmal*
We were all once two years old,
For all of us, there were times,
When *the wind* was never cold. — *der Wind*

When I was young, my life was easy,
When I was *just* thirteen, — *eben erst*
Our house was small, the walls were white,
And the *garden* was always green. — *Garten*

We were all once children,
We were all once two years old,
For all of us, there were times,
When the wind was never cold.

Übungen

1. Beantworten Sie diese Fragen zu dem gestohlenen Bild der Jacksons:
   a) Where was the picture? . . . .
   b) Where was Mr. Jackson after 9.00? . . . .
   c) Where was Mrs. Jackson? . . . .
   Stellen Sie die Fragen Ihrem Partner.

2. Beantworten Sie die Fragen mit kurzen Antworten (*Yes, it was, No, he wasn't* usw.):
   a) Was the picture on the wall? ....
   b) Was the picture in the kitchen? ....
   c) Was Mr. Jackson in bed after 9.00? ....
   d) Was Mr. Jackson in the kitchen? ....
   e) Were the windows closed? ....
   f) Were the windows open? ....

   Üben Sie dasselbe mit einem Partner.

3. Vervollständigen Sie diese Fragen und Antworten nach dem Beispiel:
   a) *Was* Mary at home yesterday evening?
      No, *she wasn't* at home. *She was* at the cinema.
   b) ..... John at home yesterday evening?
      No, ... at home. .... at a restaurant.
   c) ..... Mr. and Mrs. Green in the garden yesterday evening?
      No, ... in the garden. .... in the kitchen.
   d) ..... you at the cinema yesterday evening?
      No, I .... at the cinema. I .... at home in bed.

   Üben Sie dasselbe mit einem Partner.

4. Beantworten Sie selbst die Frage:
   Where were you yesterday evening?

LEKTION 39

Yesterday Was an Ordinary Day

Was wird gelernt?

come, came **did, didn't** **ago**

John:	Hallo, Mary.	*John:*	Hallo, Mary.
Mary:	John! You're here!	*Mary:*	John! Du bist hier!
John:	Yes. I was here ten minutes ago.	*John:*	Ja. Ich war schon vor zehn Minuten hier.
Mary:	Oh! Yesterday you were late.	*Mary:*	Oh! Gestern bist du zu spät gekommen.
John:	Ah yes. But yesterday I came by bus. Today I didn't come by bus. I came by taxi.	*John:*	Ach ja. Aber gestern kam ich mit dem Bus. Heute bin ich nicht mit dem Bus gekommen. Ich bin mit dem Taxi gekommen.

So wird's verständlich:

In Lektion 38 haben Sie am Beispiel eines Zeitworts gesehen, wie im Englischen Vergangenes ausgedrückt wird. Sie haben erfahren, daß *am* und *is* in der Vergangenheit zu *was* werden und daß *are* zu *were* wird. In dieser Lektion sollen Sie die Vergangenheitsformen einiger anderer Zeitwörter kennenlernen. Eines zu Ihrer Ermutigung vorweg: *to be* ist das einzige Zeitwort, das zwei Formen in der Vergangenheit hat: *was* und *were*. Alle anderen haben nur eine Form, die für alle Personen gilt.

Gegenwarts- und Vergangenheitsformen
von Ihnen bereits bekannten Zeitwörtern:

get	*got*	*write*	*wrote*	*read read*)*
come	*came*	*go*	*went*	(hier wird die
buy	*bought*	*eat*	*ate*	Vergangenheits-
think	*thought*	*sit*	*sat*	form zwar wie
have	*had*	*stand*	*stood*	die Grundform
leave	*left*	*take*	*took*	geschrieben,
run	*ran*	*say*	*said*	die Aussprache
sing	*sang*	*speak*	*spoke*	von *ea* ist aber
swim	*swam*	*drive*	*drove*	[e] wie in *bed,*
drink	*drank*	*wear*	*wore*	*red).*

Man sagt also zum Beispiel: *I often write letters* (Ich schreibe oft Briefe), aber *I wrote a letter yesterday* (Gestern schrieb ich einen Brief). Fragen, Verneinungen und Kurzantworten werden mit *did* gebildet:

Did	**you**	**write** *a letter*	*yesterday?*	*Yes,* **I did.**
	he	**read** *the newspaper*		*No,* **he didn't.**
	they	**buy** *that jacket*		*Yes,* **they did.**

Beachten Sie also bitte, daß die neue Form nur in der Bejahung vorkommt. In der Verneinung und in der Frage mit *did* steht das eigentliche Zeitwort in der Grundform! Sehen Sie sich dazu diese Beispiele an:

I **ate** *an apple, but I* **didn't eat** *a banana.*
I **drank** *some tea, but I* **didn't drink** *any coffee.*
I **went** *to the bank, but I* **didn't go** *to the post-office.*

In Verbindung mit *ago* (vor) steht immer die Vergangenheitsform, wie in dem kurzen Einführungsdialog, wo John sagte: *I was here ten minutes ago.* Dieses *ago* wird übrigens immer nachgestellt:

three days **ago**
six weeks **ago**
eight months **ago**
ten years **ago**

Dialog 1: I bought it.

Der Kriminalbeamte, der schon mit Mr. und Mrs. Jackson über deren gestohlenes Bild gesprochen hat, fährt jetzt mit seinem Kollegen auf der Suche nach dem Dieb durch die Straßen.

Detective: Ah, ha! Look, Jones. A very small, very strong man, *and* he's carrying a picture. Stop there.
Jones: O.K., sir.
Sie halten an.
Detective: Excuse me, Alfie Briggs! What are you carrying, Alfie?
Alfie: Er, a picture.
Detective: Did you buy it?
Alfie: Yes. I bought it, yesterday.

Detective:	He bought it! . . . You didn't buy that picture, Alfie. Come on, into the car.
	Sie steigen in den Wagen ein und fahren los.
	O.K., Alfie. Where were you yesterday?
Alfie:	Yesterday? I was at home.
Detective:	All day?
Alfie:	Yes. Well, I got up at ten o'clock.
Detective:	Oh, you got up *early* yesterday.
Alfie:	Yes . . . Hmm . . . I had breakfast at home, and then I left the house, and went to –
Detective:	Yes? Where did you go?
Alfie:	I went to . . . er, yes, I went to the grocer's.
Detective:	You went to the grocer's.
Alfie:	Yes. I bought some bread.
Detective:	Yes?
Alfie:	And then I went home.
Detective:	What time did you go home?
Alfie:	About five o'clock.
Detective:	And where were you yesterday evening?
Alfie:	I went to the cinema.
Detective:	Oh yes? What was the film?
Alfie:	The film?
Detective:	Yes, the film at the cinema. What was it?
Alfie:	Oh, the *film*. Oh yes. What was it? Sorry, I can't remember. It wasn't very good.
Detective:	You didn't go to the cinema, Alfie . . . O.K., Jones. The police-station.
Jones:	Right.

Wörter und Wendungen

come on ['kʌm 'ɔn]	komm!, los!	remember [ri'membə]	(sich) erinnern
grocer's ['grəusəz]	Lebensmittelgeschäft	I can't remember [ai 'ka:nt ri'membə]	ich kann mich nicht erinnern
film [film]	Film		

Dialog 2: I didn't open any windows.

Der Kriminalbeamte ist jetzt mit Alfie auf dem Polizeirevier.

Detective: O.K., Alfie. You got up at ten o'clock, and you had breakfast.
Alfie: Yes.
Detective: You left your house, and you went to the bank.
Alfie: Yes. Er, *no.* I didn't go to the bank.
Detective: You didn't?
Alfie: No. I went to the . . . er, to the grocer's. Yes, to the grocer's. Ah, ha!
Detective: Hmm. And then you went home.
Alfie: Yes.
Detective: At six o'clock.
Alfie: No.
Detective: You didn't go home at six?
Alfie: No. I went home at five.
Detective: And in the evening you went to the cinema.
Alfie: Yes, that's right, I did.
Detective: Alfie, you didn't go to the cinema yesterday evening, did you?
Alfie: I *did.*
Detective: No, you didn't. You went to Mr. and Mrs. Jackson's house. You opened the windows, and –
Alfie: No, I didn't. I didn't open any windows.
Detective: No?
Alfie: No, of course I didn't open any windows. The windows were open, weren't they? Oh! Er, yes, I . . . um, what I –
Detective: Jones! Take Mr. Briggs away, please!
Alfie: No, I . . . yes . . . er, well, that is, I . . .

Wörter und Wendungen

take away ['teik ə'wei]	abführen, wegführen
did you?, weren't they? ['did ju, 'wɛənt ðei]	stimmt's? nicht wahr? *(Siehe Anmerkung zum 2. Dialog in Lektion 23.)*
that is [ðæt 'iz]	das heißt

Song: Yesterday was an ordinary day.

Yesterday was an *ordinary* day, *gewöhnlich*
I got up *a little late,* *ein bißchen spät*
I had my breakfast at eight,
I left the house at nine,
I didn't have much time,
Yesterday was an ordinary day.

You were always with me,
I was never *alone,* *allein*
You were always there when I came home,
Yesterday was an ordinary day,
But yesterday you were *far away*. *weit weg*

Yesterday was an ordinary day,
I came home after tea,
There was a film on T.V.,
My coffee was cold,
The film was very old,
Yesterday was an ordinary day.

You were always with me,
I was never alone,
You were always there when I came home,
Yesterday was an ordinary day,
But yesterday you were far away.

Übungen

1. Setzen Sie die richtigen Zeitwörter ein. Benutzen Sie die bejahende Form der Vergangenheit:

   a) Yesterday, I . . . . at 7.30.

   b) I . . . . breakfast at 8.00.

c) I . . . . home at 9.00 in the morning.

d) I . . . . home at 6.00 in the evening.

e) I . . . . to bed at 11.00.

2. Versetzen Sie sich in die Rolle des Kriminalbeamten, der Alfie nicht glaubt. Gehen Sie dabei vor, wie im Beispiel gezeigt:
   a) I bought the picture. You didn't buy the picture, Alfie.

   b) I got up early. . . . .

   c) I had breakfast at home. . . . .

   d) I left home at nine. . . . .

   e) I went to the grocer's. . . . .
   Spielen Sie die Rollen von Alfie und dem Kriminalbeamten mit einem Partner durch.

3. Stellen Sie Fragen nach dem Beispiel der ersten:
   What time *did you* get up?

   When . . . . leave the house?

   What time . . . . go to the cinema?

   Where . . . . buy the picture?

   Why . . . . go to the grocer's?

4. Beantworten Sie die folgenden Fragen:
   What time did you have dinner yesterday?
   What time did you go to bed last night?
   What time did you get up this morning?
   What time did you have breakfast?
   Stellen Sie Ihrem Partner dieselben Fragen.

LEKTION 40

When I Worked in an Office

Was wird gelernt?

walk, walked did, didn't yesterday morning

Hans:	Hallo, John. Sorry I'm late.	*Hans:*	Hallo, John. Es tut mir leid, daß ich zu spät komme.
John:	Hallo, Hans. Was your bus late?	*John:*	Hallo, Hans. Hatte dein Bus Verspätung?
Hans:	No, I didn't come by bus today. I walked.	*Hans:*	Nein. Ich bin heute nicht mit dem Bus gekommen. Ich bin zu Fuß gegangen.
John:	But it's three miles. Why did you walk?	*John:*	Aber das sind drei Meilen. Warum bist du zu Fuß gegangen?
Hans:	Because I wanted some fresh air.	*Hans:*	Weil ich ein bißchen an die frische Luft wollte.

So wird's verständlich:

In Lektion 38 haben Sie die Vergangenheitsform einiger Zeitwörter geübt, zum Beispiel *came* von *come*, *went* von *go* u. a. Diese Zeitwörter werden „unregelmäßige" genannt, weil sich für die Bildung ihrer Vergangenheitsformen keine Regeln aufstellen lassen. Man muß daher diese Vergangenheitsformen ebenso als Vokabel lernen wie die Grundform.

Es gibt im Englischen jedoch eine große Zahl von Zeitwörtern, deren Vergangenheitsform ganz „regelmäßig" durch Anhängen von *-ed* an die Grundform gebildet wird. Man nennt sie daher auch „regelmäßige" Zeitwörter. Dazu gehören von den Ihnen bereits bekannten:

walk	*walk***ed**	*ask*	*ask***ed**	*play*	*play***ed**
type	*typ***ed**	*open*	*open***ed**	*carry*	*carr***ied**
work	*work***ed**	*close*	*clos***ed**	*travel*	*travel***led**
smoke	*smok***ed**	*listen*	*listen***ed**	*count*	*count***ed**
book	*book***ed**	*follow*	*follow***ed**	*want*	*want***ed**

Dabei sind einige Besonderheiten zu beachten, die Ihnen sicher schon aufgefallen sind:
carry endet auf *-y* mit einem Mitlaut davor. Ein solches *-y* nach einem Mitlaut wird beim Anhängen von *-ed* zu *-i*.
Beachten Sie auch, daß das *-l* in *travel* vor *-ed* verdoppelt wird.
Bei Wörtern, deren Grundform auf ein stummes *-e* endet (*type, smoke, close*) wird in der Vergangenheit nur ein *-d* angehängt: *typed, smoked, closed*.
Die Form der Vergangenheit ist für alle Personen gleich (im Gegensatz zur Gegenwartsform!). Sie wird nur in bejahenden Sätzen gebraucht. Fragen, Verneinungen und Kurzantworten werden mit *did* gebildet:

Did	**you open** *the door*	*yesterday?*	*Yes,* **I did.**
	she type *the letters*		*No,* **she didn't.**
	they count *the money*		*Yes,* **they did.**

I **opened** *the door, but I* **didn't open** *the window.*
I **carried** *the box, but I* **didn't carry** *the bag.*
I **wanted** *some tea, but I* **didn't want** *any sugar.*

Die Vergangenheitsform drückt entweder eine einmalige in der Vergangenheit abgeschlossene Handlung aus (*I closed the door* „Ich schloß die Tür") oder eine Gewohnheit, die man in der Vergangenheit hatte (*I ate an apple every day* „Ich aß jeden Tag einen Apfel").

Dialog 1: Last night I closed my door.

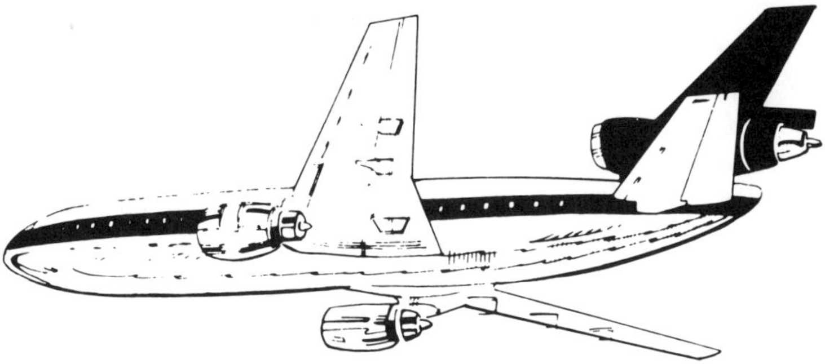

Norman hat seinen Bürojob in London aufgegeben und fliegt in die Sahara. Im Flugzeug spricht er mit der Dame, die neben ihm sitzt.

Norman: . . . used to work in the city. Cities! Ugh!

Lady: You work in London, do you?

Norman: Well, yesterday I worked in London. The day before yesterday I worked in London. But I don't work there any more.

Lady: Oh?

Norman: Mmm. I worked in an office, you know.

Lady: Did you?

Norman: Yes. I typed letters. I counted money. Do you know, I travelled to the office by bus every day. I carried my black bag. I walked into the office at nine o'clock, and I walked out of the office at five o'clock.

Lady: Really?

Norman: Yes. And cigarettes! Cigarettes! Well, I smoked fifty cigarettes a day. Every day I smoked fifty cigarettes.

Lady: Terrible.

Norman: Yes. But not any more.

Lady: No?

Norman: Oh, no. I left yesterday.

Lady: Did you?

Norman: Yes. Yesterday morning at ten o'clock, I walked out of the office. Yesterday afternoon I counted my money. I had £200. So, yesterday evening I booked a first-class ticket, and last night I closed my door. And here I am.

Lady: Hmm, –

Norman: Oh, yes. I walked out of that office yesterday morning, and I'm never going to work there again. Fifty cigarettes a day . . . my black bag . . . Oh, dear, dear, dear. Offices! Ugh! . . . Do you work in an office?

Die Dame neben ihm ist eingeschlafen.

Norman: No? Oh, well, that's good, because offices are terrible. I can say that, because I worked in one. Oh, dear, dear, dear. They're terrible . . .

Wörter und Wendungen

ugh! [uh, ə:h]	hu! äh! *(drückt Widerwillen aus)*
the day before yesterday [ðə 'dei bi'fɔ: 'jestədi]	vorgestern
not any more ['nɔt 'eni 'mɔ:]	nicht mehr
you know [ju 'nəu]	Sie wissen (schon), wissen Sie
do you know [du ju 'nəu]	stellen Sie sich vor!
into ['intu, 'intə]	in (hinein)
out of ['aut əv]	aus (heraus)
really? ['riəli]	wirklich?
terrible ['terəbl]	schrecklich
here I am ['hiər ai 'æm]	hier bin ich (nun)

Dialog 2: I smoked fifty cigarettes every day.

Norman spricht jetzt im Flugzeug mit der Stewardeß.

Stewardess: Tea, sir?

Norman: Oh, no, thank you.

Stewardess: Coffee?

Norman: Yes, please. When I worked in an office, we had tea every day. Tea, tea, tea. Ugh!

Sie gibt ihm seinen Kaffee.

Stewardess: Coffee, here you are, sir.

Norman: Oh, thank you. I worked in an office, you know.

Stewardess: Really, sir? . . . Tea, madam?

Norman: Yes. I worked in an office. Nine till five, every day. I travelled by bus every morning. I carried my black bag. Oh dear, dear, dear. And, do you know, I smoked fifty cigarettes a day.

Stewardess: Really, sir? . . . Tea, madam?

Norman: Yes. Fifty every day. But not any more. I left yesterday.

Stewardess: Oh, good.

Norman: Yes. I walked out of the office. I booked my ticket. I closed my door. And here I am.

Stewardess: Yes, sir.

Norman: No more offices. No more cigarettes. No more cities. I'm going to the Sahara desert, you know.

Stewardess: Really, sir. Via New York?

Norman: New York?

Stewardess: Yes. We're going to New York.

Norman: New York! Oh, no! . . . New York . . . I was in New York ten years ago. I worked in an office, you know, travelled by train every morning, smoked sixty cigarettes . . .

Wörter und Wendungen

stewardess ['stjuədis]	Stewardeß	desert ['dezət]	Wüste
no more offices ['nəu mɔː 'ɔfisiz]	keine Büros mehr	the Sahara desert [ðə sə'hɑːrə 'dezət]	die (Wüste) Sahara
cities ['sitiz]	Städte *(Einzahl: "city"; beachten Sie die Schreibung)*	via New York ['vaiə 'njuː 'jɔːk]	*(auf dem Weg)* über New York

Song: When I worked in an office

When I worked in an office,	
I didn't have much *fun*,	*Spaß*
I smoked fifty cigarettes every day,	
I counted *every one*.	*jede*

I carried a small black bag,
I travelled to work by train,
But yesterday I left my *job*, — *Job, Arbeit*
And I'm not going back again.

When I worked in an office,
I went to work at nine,
I went back home at five o'clock,
I was tired *all the time*. — *die ganze Zeit über, ständig*

I counted a lot of money,
I always had tea at four,
But yesterday I booked my ticket,
And I'm not going back any more.
I left my job, and I booked my ticket,
And I'm not going back any more.

Übungen

1. Setzen Sie die richtigen Zeitwörter in der Vergangenheit in diese bejahenden Sätze über Norman ein:

   a) Norman . . . . in an office.

   b) He . . . . letters, and he . . . . money.

   c) He . . . . to the office by bus.

   d) He . . . . a black bag.

   e) He . . . . into the office at nine o'clock.

   f) He . . . . fifty cigarettes a day.

2. Bilden Sie Fragen und Antworten nach folgendem Beispiel:
   a) *When did he* walk out of his office? *Yesterday morning.*

   b) . . . . count his money? . . . .

c) .... book his ticket? ....

d) .... close his door? ....
Üben Sie dasselbe mit einem Partner.

3. Geben Sie auf folgende Fragen kurze Antworten *(Yes, he did* oder *No, he didn't)*:
   a) Did he work in a cinema? ....

   b) Did he travel to work by bus? ....

   c) Did he book a second-class ticket? ....

   d) Did he type letters? ....
   Üben Sie dasselbe mit einem Partner.

LEKTION 41

Stop Worrying

Was wird gelernt?

like/love/hate -ing too much/too many not enough

Mary: John, you smoke too many cigarettes –
John: But I like smoking cigarettes.
Mary: And you drink too much coffee –
John: Nonsense! I love drinking coffee.
Mary: *And* you don't take enough exercise.
Hans: John! Mary! Stop arguing!

Mary: John, du rauchst zu viele Zigaretten –
John: Aber ich rauche gern Zigaretten.
Mary: Und du trinkst zu viel Kaffee.
John: Unsinn! Ich trinke gern Kaffee –
Mary: *Und* du hast nicht genug Bewegung.
Hans: John! Mary! Hört auf, euch zu streiten!

So wird's verständlich:

-ing: In Lektion 27, 28 und 33 ist Ihnen die *-ing*-Form begegnet. Sie wurde dort zur Bildung der Gegenwartsform gebraucht, die ausdrückt, was gerade geschieht (Verlaufsform).
In dieser Lektion lernen Sie einen weiteren Gebrauch der *-ing*-Form kennen. Es gibt im Englischen eine Reihe von Zeitwörtern, auf die ein Zeitwort grundsätzlich in der *-ing*-Form folgt. Hier sind sechs davon zusammengestellt:

like	gern mögen/tun	*hate*	hassen, nicht mögen	*start*	anfangen (mit)
love	lieben, sehr gern mögen/tun	*stop*	aufhören (mit)	*finish*	beenden

Und hier sind ein paar Beispiele für die Anwendung:

***I* like smoking.**	**Stop arguing!**
***I* love drinking** *coffee.*	**Start thinking** *about the lesson!*
***I* hate taking** *exercise.*	*Hurry up and* **finish shaving!**

too much/too many: In Lektion 35 begegneten Ihnen die beiden Wörter *much* und *many* in verneinenden Sätzen und Fragen wie *I haven't got much money* und *How many brothers have you got?* Sie erinnern sich auch, daß *much* in Verbindung mit unzählbaren, *many* in Verbindung mit zählbaren Begriffen in der Mehrzahl gebraucht wird. Sie kommen auch in den Ausdrücken *too much* (zu viel) und *too many* (zu viele) vor:

You drink **too much** *coffee.*
You smoke **too many** *cigarettes.*

not enough: „nicht genug" ist das Gegenteil von *too much/too many:*

*You do***n't** *take* **enough** *exercise.*
*You do***n't** *drink* **enough** *milk.*
*You do***n't** *get* **enough** *sleep.*

Dialog 1: Stop making that noise!

Während Peter sich rasiert, hat er eine Auseinandersetzung mit seiner Frau Karen:

Karen: Stop making that noise!
Peter: What noise?
Karen: That terrible noise.
Peter: I'm not making a noise. I'm singing.
Karen: Stop that singing. I hear too much singing.
Peter: What's wrong with singing? I like singing.
Karen: And I don't like listening to you.
Peter: Well, stop listening!
Karen: Anyway, hurry up and finish shaving. Mr. Jones will be here soon.
Peter: What did you say?
Karen: Mr. Jones will be here.

Peter: Who?
Karen: Mr. Jones. You want to talk to him.
Peter: I hate talking to Mr. Jones.
Karen: But he's very rich. Perhaps he'll lend you the money.
Peter: Stop worrying about the money. You worry too much.
Karen: I hate borrowing money.
Peter: You're not borrowing the money. *I'm* borrowing it.
Karen: Why do you want the money, anyway?
Peter: Stop asking questions. You ask too many questions.
Karen: And you finish shaving!
Peter: Oh, all right.
Peter fängt wieder an zu singen.
Karen: Stop making that noise!

Wörter und Wendungen

make [meik]	machen	shave [ʃeiv]	(sich) rasieren
noise [nɔiz]	Lärm, Geräusch	will be here soon [wil bi 'hiə 'su:n]	wird gleich hier sein
stop making that noise! ['stɔp 'meikiŋ ðət 'nɔiz]	hör auf, solchen Lärm zu machen!	what did you say? ['wɔt did ju 'sei]	was sagtest du?
hear [hiə]	hören	talk to ['tɔ:k tə]	sprechen mit
what's wrong with ...? [wɔts 'rɔŋ wið]	was gibt es an ... auszusetzen?	rich [ritʃ]	reich
		lend [lend]	leihen
		worry (about) ['wʌri (ə'baut)]	sich sorgen (um)
anyway ['eniwei]	jedenfalls		
hurry up ['hʌri 'ʌp]	beeil dich!	borrow ['bɔrəu]	(ent)leihen

Dialog 2: I hate waiting.

Peter rasiert sich und singt dabei. Es klingelt an der Tür.

Karen: Hurry up, Peter!
Peter: What did you say?
Karen: Hurry up and finish shaving. It's Mr. Jones. *(To Mr. Jones)* I'll hang your coat up here, Mr. Jones. Do sit down, Mr. Jones. My husband will be here in a moment.

Mr. Jones: I hate waiting.

Karen: Ah. Here he is now.

Peter: Hallo, Mr. Jones.

Mr. Jones: How are you?

Peter: I'm very well. You're a very rich man, Mr. Jones. Is that true?

Mr. Jones: Yes, that's true.

Peter: Good. I want to borrow some money.

Mr. Jones: I hate lending money.

Karen: And I hate borrowing money.

Peter: Stop worrying, Karen. Mr. Jones will get his money back. Stop worrying, Mr. Jones. You'll get your money back.

Mr. Jones: Why do you want this money?

Peter: I'm going to make a record.

Karen: A record. Oh, no!

Peter: Yes. I'm a great singer. Everyone will buy my record. Listen. *Peter fängt an zu singen. Es klingt jämmerlich.*

Karen: Stop singing! Stop that noise!

Mr. Jones: I hate listening to records.

Karen: Stop singing!

Mr. Jones: Where's my coat?

Karen: Come back, Mr. Jones! Stop singing, Peter! Mr. Jones, come back!

Wörter und Wendungen

it's Mr. Jones [its 'mistə 'dʒəunz]	es ist Mr. Jones
hang up ['hæŋ 'ʌp]	aufhängen
I'll hang your coat up [ail 'hæŋ jɔə 'kəut 'ʌp]	ich hänge Ihren Mantel auf
do sit down ['du: sit 'daun]	setzen Sie sich doch
husband ['hʌzbənd]	(Ehe)Mann
in a moment [in ə 'məumənt]	gleich, in einer Sekunde
true [tru:]	wahr
a record [ə 'rekɔ:d]	eine Schallplatte
make a record ['meik ə 'rekɔ:d]	eine Schallplatte machen
a great singer [ə 'greit 'siŋə]	ein großer Sänger
everyone ['evriwʌn]	jeder, -e, -es
will get his money back [wil 'get hiz 'mʌni 'bæk]	bekommt sein Geld zurück

Song: Stop worrying.

Stop worrying about tomorrow, Start thinking about today, Think of *something you like doing,* *And your troubles will fly away.*	 *etwas, was du gern tust,* *und deine Sorgen sind verflogen.*
I like singing happy songs, I like playing my guitar, She likes walking in the rain, He likes looking at the *stars.*	 *Sterne*
Start thinking about *the present,* *Forget about* yesterday, Think of something you like doing, And your troubles will fly away, Will fly, will fly, will fly away.	*die Gegenwart* *vergiß*

Übungen

1. Schauen Sie sich die beiden Dialoge noch einmal an und beantworten Sie dann die Fragen dazu.

   a) What does Peter like doing? . . . .

   b) Who does Peter hate talking to? . . . .

   c) What does Karen hate doing? . . . .

   d) What does Mr. Jones hate doing? . . . .

   and . . . . and . . . .

Üben Sie dasselbe mit einem Partner.

2. Setzen Sie *too much* oder *too many* ein:

a) I can never sleep. Perhaps I drink .... coffee.

b) Karen asks .... questions.

c) I can't drink this tea. There's .... sugar in it.

d) Stop worrying. You worry ....

3. Beantworten Sie die Fragen mit kurzen Antworten *(Yes, I do* oder *No, I don't):*

Do you like singing? ....

Do you like walking in the rain? ....

Do you like reading? ....

Do you like watching T.V.? ....

Do you like listening to the radio? ....

Do you like speaking English? ....

LEKTION 42

Is There Anything I Can Do?

Was wird gelernt?

someone, something **there's** **anyone, anything**

Mary:	John! John! Over there!	*Mary:*	John! John! Da drüben!
John:	What?	*John:*	Was?
Mary:	Listen! In that cupboard.	*Mary:*	Hör doch! In dem Schrank da.
John:	I can't hear anything.	*John:*	Ich kann nichts hören.
Mary:	Listen! There's someone in the cupboard.	*Mary:*	Horch! Da ist jemand im Schrank.
Peter:	Yes, it's me. I'm locked in!	*Peter:*	Ja, ich bin's. Ich bin eingeschlossen!

So wird's verständlich:

there's . . .: Sie erinnern sich, daß Ihnen das Wort *there* bereits öfter begegnet ist, und Sie wissen, daß es auf zweierlei Weise verwendet wird:

1. Als Umstandswort (Adverb) mit der Bedeutung ,,da", ,,dort" oder ,,dahin", ,,dorthin":

It's a nice restaurant.	Es ist ein nettes Restaurant.
I often eat there.	Ich esse oft dort.
Please put it there.	Stelle es bitte dorthin.
Over there!	Dort drüben!

2. Als Einleitung zu einem Satz, mit dem Sie sagen wollen, daß jemand oder etwas an einem bestimmten Ort ist. So gebraucht, wird *there's* auch häufig mit „es gibt", „es ist vorhanden" übersetzt:

There's a book on the floor.	Da liegt ein Buch auf dem Fußboden.
There's a policeman at the door.	Ein Polizist ist an der Tür.
There's someone in the cupboard.	Es ist jemand im Schrank.

someone: In Lektion 25 haben Sie die Wörter *some* und *any* geübt und gesehen, daß *some* in bejahenden Sätzen, *any* in verneinenden und fragenden Sätzen gebraucht wird. Dasselbe gilt für die Zusammensetzungen wie *someone* „(irgend) jemand" und *something* „(irgend) etwas". Man sagt also in bejahenden Sätzen:

There's **someone** *at the door.*
There's **something** *under the table.*

Aber in verneinenden und fragenden Sätzen heißt es:

I can't see **anyone.**
I can't see **anything.**

Can you see **anyone?**
Can you see **anything?**

Dialog 1: There's someone at the door.

Es ist früh am Morgen. Peter und seine Frau Karen liegen noch im Bett.

Karen: Peter, wake up! Wake up!
Peter: What's wrong?
Karen: I heard a noise. There's someone at the door. Listen!

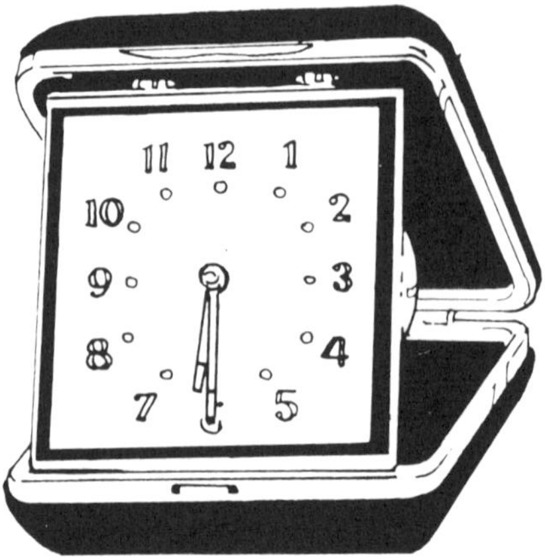

Peter: Nonsense! There isn't anyone at the door. Stop shouting and go to sleep.

Karen: But I heard something. What time is it?

Peter: It's half past six. It's very early. Now go to sleep.

Etwas später.

Karen: Peter, wake up! Wake up!

Peter: Now, what's wrong?

Karen: I heard a noise. There's something in the house. Listen!

Peter: Nonsense. There isn't anything in the house. Go to sleep.

Karen: But I heard something. What time is it?

Peter: It's very early in the morning. Go to sleep.

Etwas später.

Karen: Peter, wake up! There's something in the cupboard. Listen!

Peter: Stop shouting and go to sleep.

Etwas später.

Karen: Peter! Peter, wake up!

Peter: Stop shouting, Karen. What's wrong now?

Karen: I heard a noise. Listen!

Man hört ein merkwürdiges Geräusch.

Wörter und Wendungen

heard [hə:d] — hörte *(Vergangenheit zu "hear")*

what's wrong? ['wɔts 'rɔŋ] — was ist los?

shout [ʃaut] — schreien, laut sprechen *(Vergangenheit: "shouted")*

Dialog 2: There's a man at the window.

Jetzt haben alle beide das Geräusch gehört.

Karen: I heard a noise, Peter. Listen!
Peter: There's something in the cupboard.
Karen: No, there isn't. Listen. There's something under the bed.
Peter: No, there isn't anything under the bed. Listen. There's someone at the window.
Karen: Someone at the window? Go and look.
Peter: All right.
Peter geht ans Fenster.
Karen: What is it, Peter?
Peter: There's a man at the window.
Karen: A man at the window? What does he want?
Peter: *(To the man)* What do you want?
Man: I'm the window cleaner.
Peter: The window cleaner?
Karen: The window cleaner! What time is it?
Man: It's ten o'clock in the morning, and I'm cleaning the windows.
Karen: Ten o'clock! Look at the clock, Peter.
Peter: Half past six!
Karen: The clock's stopped.
Peter: Oh dear.
Karen: We've overslept.

Wörter und Wendungen

the clock's stopped [ðə 'klɔks 'stɔpt]	die Uhr ist stehengeblieben
we've overslept [wi:v 'əuvə'slept]	wir haben (die Zeit) verschlafen *(von "oversleep")*
window cleaner ['windəukli:nə]	Fensterputzer
under ['ʌndə]	unter
clean [kli:n]	säubern, putzen *(Vergangenheit: "cleaned")*

Song: Is there anything I can do?

Is there anything you want from me?	*Möchtest du irgend etwas von mir?*
Is there anything I can do? Yes, there's something *you can do*, dear, There's something you can do.	 *was du tun kannst*
There isn't anything I won't do, dear,	*Es gibt nichts, was ich nicht tun würde, Liebling*
There isn't anything I won't do.	
There's something in the kitchen, There's something there for you. There's something in the kitchen, There's something there for me.	
Yes, there's something in the kitchen. *Why don't you go and see?*	 *Warum gehst du nicht nachsehen?*
There's something in the kitchen, There's something I can do. There's *a pile of dirty dishes,*	 *ein Haufen schmutziges Geschirr*
Waiting there for you.	

Übungen

1. Bilden Sie nach dem Beispiel verneinende Sätze, in denen *anyone* oder *anything* vorkommt:
   a) The box is empty. There isn't anything in the box.

   b) The bag is empty. . . . .

   c) The street is empty. . . . .

d) The hotel is empty. . . . .

e) The case is empty. . . . .

f) The restaurant is empty. . . . .

2. Setzen Sie *someone* oder *anyone* ein:

a) There's . . . . at the door.

b) Did you see . . . . in the hotel?

c) There isn't . . . . in the office.

d) I can see . . . . at the window.

e) We didn't speak to . . . .

LEKTION 43

It's the Postman

Was wird gelernt?

there's . . ./it's . . .

Mary:	John, there's a man at the door.	*Mary:*	John, ein Mann ist an der Tür.
John:	Who is it?	*John:*	Wer ist es?
Mary:	It's the postman.	*Mary:*	Es ist der Briefträger.
John:	Is there anything for us?	*John:*	Ist etwas für uns dabei?

Mary:	There isn't anything for you, but there's a letter for Hans.	*Mary:*	Es ist nichts für dich dabei, aber ein Brief für Hans ist da.
John:	Hans! There's a letter for you.	*John:*	Hans! Hier ist ein Brief für dich.

So wird's verständlich:

Will man deutsches ,,. . . ist da" auf Englisch wiedergeben, so beginnt man den Satz, wenn einem der Betreffende unbekannt ist, mit *there's*, dem der unbestimmte Artikel *a*(*n*) und eine Ortsbestimmung folgt: *There's a man at the door.*
Ist die Person jedoch dem Sprechenden bekannt, so beginnt der Satz mit *it's*, dem der bestimmte Artikel folgen kann: *It's the postman.* Der Satz zeigt, daß der Sprechende den Briefträger erkannt hat, der auch sonst immer die Post austrägt. Benutzt man dagegen den unbestimmten Artikel, so ist die Person dem Sprechenden unbekannt. Ein Beispiel: *Who is it? – It's a policeman.* Der Sprechende zeigt mit seiner Antwort, daß er den Polizisten zwar sieht, ihn aber nicht kennt. Sätze, die mit *It's a* . . . oder *It's the* . . . beginnen, können keine Umstandsbestimmung des Ortes haben.

Dialog 1: It's the laundryman.

Peter und seine Frau Karen machen sich zurecht, um zum Essen auszugehen.

Peter: Karen, we must hurry. It's late.
Karen: What time is it?
Peter: It's half past three.
Karen: Oh, dear. We must hurry.
Es läutet an der Tür.
Karen: Oh, dear. There's someone at the door.
Peter: You hurry and get ready. I'll see who it is.
Peter öffnet die Tür.

Karen: Who is it, Peter?
Peter: It's the laundryman.
Karen: Tell him to come in.
Peter: Come in.
Karen: The laundry's in the cellar.
Peter: The laundry's in the cellar.
Karen: Where's my hat? I must hurry.
Es klingelt wieder.
Peter: It's the man from the electricity board.
Karen: Tell him to come in.
Peter: Come in.
Karen: The electricity meter's in the cellar.
Peter: The electricity meter's in the cellar.
Karen: Where's my coat? I must hurry.
Es klingelt schon wieder.
Peter: It's the man from the gas board.
Karen: The gas meter's in the cellar.
Peter: Come in. The gas meter's in the cellar.

Wörter und Wendungen

must [mʌst, məst]	muß(t), müssen, müßt
we must hurry [wi məst 'hʌri]	wir müssen uns beeilen
get ready ['get 'redi]	mach dich fertig
I'll see who it is [ail 'si: hu it 'iz]	ich werde mal sehen, wer es ist
laundry ['lɔ:ndri]	Wäscherei
laundryman ['lɔ:ndrimən]	(der) Mann von der Wäscherei
tell him to ... ['tel him tə]	sag ihm, er soll ...
cellar ['selə]	Keller
hat [hæt]	Hut

electricity [ilek'trisiti]	Elektrizität
electricity board [ilek'trisiti 'bɔ:d]	Elektrizitätsbehörde *(In England ist die Elektrizität verstaatlicht)*
man from the electricity board ['mæn frəm ði ilek'trisiti 'bɔ:d]	*(etwa:)* Mann vom Elektrizitätswerk, Stromableser
meter ['mi:tə]	Zähler
gas [gæs]	Gas
man from the gas board ['mæn frəm ðə 'gæs 'bɔ:d]	Gasmann

Dialog 2: There's a furniture van at the door.

Peter und Karen fahren ihre Freunde besuchen.

Karen: What's the time?
Peter: Half past four.
Karen: We're late, Peter. Hurry!
Peter: Wait a moment.
Karen: What's wrong?
Peter: I've forgotten my wallet.
Karen: Oh dear!
Peter: We must go back.
Sie wenden und fahren zurück.
Karen: We're nearly there now.
Peter: Look!
Karen: What?
Peter: At the door. There's a furniture van at the door.
Karen: There's a man carrying something into the van.
Peter: Yes. It's the man from the electricity board.
Karen: And there's another man –
Peter: Yes. It's the man from the gas board.
Karen: And there's another man –
Peter: Yes. It's the laundryman!
Karen: But it isn't the man from the electricity board.
Peter: Oh no!
Karen: And it isn't the man from the gas board. And it isn't the laundryman.
Peter: It's a gang of thieves!
Karen: Quick! The police! Get the police!

Wörter und Wendungen

wallet ['wɔlit]	Brieftasche
forget [fɔ'get]	vergessen
I've forgotten [aiv fə'gɔtn]	ich habe vergessen
nearly ['niəli]	fast, beinahe
we're nearly there [wiə 'niəli 'ðɛə]	wir sind gleich da
furniture ['fə:nitʃə]	Möbel

furniture van ['fəːnitʃə 'væn]	Möbelwagen	thieves [θiːvz]	Diebe *(Einzahl: "thief")*
another man [ə'nʌðə 'mæn]	noch ein Mann	get the police ['get ðə pə'liːs]	hol die Polizei
gang [gæŋ]	Bande		

Song: It's the postman.

There's a man *I'm waiting for,* — *auf den ich warte*
There's a man I want to see.
Who is it? Who is it? Who can it be?

It's the *postman,* it's the postman, — *Briefträger*
He's the man I want to see,
'*Cos* I'm waiting for the letter, — *weil* (saloppe Form von "because")
That he's bringing straight to me. — *den er direkt zu mir bringt*

There's a man I'm waiting for,
There's a man I want to see.
Who is it? Who is it? Who can it be?

It's the milkman, it's the milkman,
He's the man I want to see,
'Cos I'm waiting for some milk,
For *my morning cup of tea.* — *meine Tasse Tee am Morgen*

The milkman and the postman,
They're the men we want to see,
For my letter –
And the milk for our morning cup of tea.

Übungen

1. Setzen Sie *there* oder *it* in diese Sätze ein:

a) The house was empty. . . . . wasn't anyone at home.

b) Take your coat, because . . . . is cold today.

c) What time is . . . . . ? . . . . is seven o'clock.

d) Is . . . . anything you want?

2. Setzen Sie *there* oder *it* in diesen Dialog ein:

a) *Mr. X:* Good morning, Miss Smith. Are . . . . . any letters today?

b) *Miss Smith:* Yes. . . . . are five letters, and . . . . is one postcard.
Mr. X: Thank you.

c) *Miss Smith:* Oh and . . . . is someone in your office.

d) *Mr. X:* Who is . . . . ?

e) *Miss Smith:* Well, ... is a policeman, but I don't know his name.

f) *Mr. X:* O.K. Is . . . . half past nine?

g) *Miss Smith:* Nearly. . . . . is twenty-five past.

LEKTION 44

They Went Far Away

Was wird gelernt?

came, walked Did you . . . ?
me - you - him - her - it - us - them

Mary: John!
John: Yes? What is it?
Mary: There was a man here a few moments ago.
John: What did he want?
Mary: Well, he came in, he left a parcel on the table and then he went out.
John: Oh!

Mary: John!
John: Ja? Was ist los?
Mary: Da war eben ein Mann hier.
John: Was wollte er?
Mary: Nun, er kam herein, ließ ein Paket auf dem Tisch und ging dann wieder hinaus.
John: Oh!

So wird's verständlich:

In der nächsten Lektion werden Sie eine weitere Möglichkeit kennenlernen, Vergangenes im Englischen auszudrücken. Vorher wollen wir hier noch einmal die einfache Vergangenheitsform üben, die Ihnen aus Lektion 39 und 40 bekannt ist: *I bought it yesterday. – Last night I closed my door.* usw. Sehen Sie sich dazu bitte noch einmal die Erläuterungen zu den beiden Lektionen an. Zusammenfassend läßt sich folgendes über diese Zeitform sagen:

1. Die einfache Vergangenheitsform bezieht sich auf ein einmaliges Geschehen zu einem bestimmten Zeitpunkt der Vergangenheit oder auf eine in der Vergangenheit liegende Gewohnheit.
2. Sie ist in allen Personen gleich.
3. Man unterscheidet zwei Gruppen von Zeitwörtern:
   – „regelmäßige", die ihre Vergangenheitsform durch Anhängen von *-ed* bilden: *want – wanted*;
   – „unregelmäßige", deren Vergangenheitsform keiner für alle Zeitwörter dieser Gruppe gültigen Regel unterliegt: *leave – left, go – went.*

4. Fragen, Verneinungen und Kurzantworten werden mit *did* gebildet.
5. Häufig steht die Vergangenheitsform in Verbindung mit Zeitangaben, die in die Vergangenheit weisen, wie: *yesterday, last week, last month, last year, ten minutes ago, in 1964* usw.

me/them: Mehrmals haben Sie schon Beispiele dafür gesehen, wie sich Fürwörter verändern, wenn sie hinter dem Zeitwort stehen, zum Beispiel:

They *want coffee.*	Sie möchten Kaffee.
I see **them** *every day.*	Ich sehe sie täglich.

Das Fürwort, das vor dem Zeitwort steht (*they*), ist Satzgegenstand (Subjekt), dasjenige, das danach steht (*them*), ist Satzergänzung (Objekt). In der nachstehenden Tabelle sind jeweils beide Formen des Fürworts angegeben:

I – **me**	*she* – **her**	*they* – **them**	Bei *you* und
you – **you**	*it* – **it**		*it* sind also
he – **him**	*we* – **us**	Subjekt- und Objektform gleich.	

Dialog 1: I locked it.

Karen kommt mit Peter, ihrem Mann, gerade aus dem Kino.

Karen: I enjoyed that film.
Peter: Yes, I enjoyed it, too.
Karen: But Peter, I'm worried.
Peter: Worried?
Karen: Yes, I'm worried about the house.
Peter: Oh, stop worrying about the house. Let's go and have a coffee.
Karen: Yes, I'd like a cup of coffee, but you know –
Peter: What's wrong now?
Karen: The house. Did you close the door?

Peter: Of course I closed the door. Come on!
Karen: And did you lock it?
Peter: Of course I locked it. Come on.
Karen: Peter.
Peter: Yes?
Karen: The windows?
Peter: What about the windows?
Karen: Did you close them?
Peter: Of course I closed them. *And* I closed the door, and I locked it.
Karen: I'm still worried.
Peter: Stop worrying about the house. Let's go and find a café.
Karen: Oh, all right. If you're sure you locked the house, that is.

Wörter und Wendungen

enjoy [in'dʒɔi]	genießen	let's go [lets 'gəu]	gehen wir! komm(t)!
I enjoyed that film [ai in'dʒɔid ðæt 'film]	der Film hat mir gefallen	I'd like [aid 'laik]	ich würde gern *(Kurzform von "I would like")*
be worried [bi 'wʌrid]	sich Sorgen machen	come on ['kʌm 'ɔn]	komm mit! na, komm schon!

lock [lɔk]	zuschließen	sure [ʃuə]	sicher
still [stil]	immer noch	if . . ., that is [if . . . ðət 'iz]	aber nur, wenn *(du auch ganz sicher bist, daß du das Haus zugeschlossen hast)*
find [faind]	finden, suchen		
oh, all right ['əu ɔ:l 'rait]	oh, gut; in Ordnung		

Dialog 2: I left the keys in the lock.

Peter und Karen sind in einem Café.

Karen: How much were the coffees?
Peter: Ten pence each. That's twenty pence. Where's the money?
Karen: In my handbag. I'll get it. How much did you say?
Peter: Twenty pence.
Karen: Peter!
Peter: Yes.
Karen: The keys!
Peter: What about the keys?
Karen: They aren't in my handbag.
Peter: Nonsense! I put them in your handbag.
Karen: When?
Peter: I put them in your handbag before I left the house.
Karen: But they aren't in my handbag.
Peter: They *must* be. Let's see. I closed the windows.
Karen: Yes.
Peter: I closed the door.
Karen: Yes.
Peter: I locked the door.
Karen: Yes?
Peter: Then I . . .
Karen: Yes?
Peter: Oh no!
Karen: What's wrong?
Peter: I locked the door.
Karen: Yes?
Peter: And I left the keys in the lock!

Karen: You left the keys in the lock! Oh, no!
Peter: Come on! Let's go!
Karen: But our coffee –
Peter: Never mind our coffee. I left the keys in the door.

Wörter und Wendungen

coffee [ˈkɔfi]	Kaffee *("coffee" ist eigentlich unzählbar. In der Bedeutung von „eine Tasse Kaffee" wird es jedoch zählbar. Man könnte also sagen: "Two coffees and three teas, please." „Zwei Kaffee und drei Tee, bitte.")*
each [iːtʃ]	jeder, -e, -es; je
10p each [ˈten pens ˈiːtʃ]	je 10p
handbag [ˈhændbæg]	Handtasche

I'll get it [ail ˈget it]	ich hol's (raus)
key [kiː]	Schlüssel
what about the keys? [ˈwɔt əˈbaut ðə ˈkiːz]	was ist mit den Schlüsseln los?
put [put]	tun; getan
before [bɪˈfɔː]	bevor
they *must* be in the lock [ðei ˈmʌst biː in ðə ˈlɔk]	sie *müssen* aber im Schloß sein
never mind our coffee [ˈnevə ˈmaind auə ˈkɔfi]	kümmere dich nicht um unsern Kaffee, laß jetzt den Kaffee Kaffee sein

Song: They went far away.

I left my house,
And I walked down the street,
To the house *on the corner,* — *an der Ecke*
'Cos I wanted to meet
My friend, *Sweet* Sue. — *Süße, Liebling*

He opened the door,
He came into the room,
And *straightaway* he said: — *sofort*
"*Will you marry me,* Sue? — *willst du mich heiraten?*

Please do, Sweet Sue". — *bitte (tu's)*

So they left the house,
And they went far away,
To *a new life together,* — *ein neues Leben zusammen (miteinander)*
And together they will stay,
Big Bill and his friend Sweet Sue.

Übungen

1. Beantworten Sie die Fragen wie im Beispiel und benutzen Sie dabei die „Objekt"-Fürwörter *him, them, it* usw.:
   a) Did you lock the door? The door? Of course I locked it.

   b) Did you buy the bread? . . . .

   c) Have you got the money? . . . .

   d) Do you want the books? . . . .

   e) Do you know Mr. Smith? . . . .

   f) Do you know Mrs. Smith? . . . .
   Üben Sie dasselbe mit einem Partner.

2. Bilden Sie nach dem Beispiel Fragen mit *when?* (wann?):

   a) When did you buy that coat? I bought it last week.

   b) . . . . those letters? I typed them yesterday.

   c) . . . . that book? She read it a week ago.

   d) . . . . the tickets? They booked them on Friday.

   e) . . . . the money? He counted it last night.
   Üben Sie dasselbe mit einem Partner.

3. Setzen Sie das richtige Zeitwort in der bejahenden Form der Vergangenheit ein:

a) I ...... to the post-office, and ...... some letters.

b) Then I ...... lunch at a restaurant.

c) Then I ...... in the park, and ...... some coffee.

d) Then I ...... home, ... to the radio, and ...... to bed.

LEKTION 45

Summertime Has Come

Was wird gelernt?

I've closed ... Have you locked ...? We have locked ...

John: What's wrong, Mary?	*John:* Was ist los, Mary?
Mary: It's cold in here.	*Mary:* Hier drin ist es kalt.
John: Yes. Look! I've opened all the windows.	*John:* Ja. Sieh her! Ich habe alle Fenster aufgemacht.
Mary: What!	*Mary:* Was!
John: I've opened all the windows.	*John:* Ich habe alle Fenster aufgemacht.
Mary: Well, close them. I'm freezing!	*Mary:* Nun, schließe sie! Ich friere!

So wird's verständlich:

Wir wollen Sie jetzt mit einer weiteren Zeitform der Vergangenheit bekanntmachen. Auch sie bezieht sich, wie die in Lektion 39, 40 und 44 geübte Vergangenheitsform, auf in der Vergangenheit Geschehenes, aber sie drückt gleichzeitig aus, daß das Geschehene sich auf die Gegenwart auswirkt. So friert Mary in dem Einführungsdialog *jetzt*, weil John *in der Vergangenheit* die Fenster aufgemacht hat. Er sagt: *Look! I've opened all the windows. (I've* ist natürlich die Kurzform von *I have.)* Diese neue Zeitform wird gebildet aus einer Form von *have (I have, you have, he has* usw.; beim Sprechen *I've, you've, he's* usw.) und dem Mittelwort der Vergangenheit (Partizip Perfekt) des betreffenden Zeitworts.

Das Mittelwort der Vergangenheit hat bei den regelmäßigen Zeitwörtern die gleiche Form wie die Vergangenheit, endet also auf *-ed*. Bei den unregelmäßigen Zeitwörtern ist das Mittelwort der Vergangenheit manchmal gleich der Vergangenheitsform, manchmal hat es eine besondere dritte Form. (Am Ende dieses Buches finden Sie eine Liste aller Zeitwörter aus den 50 Lektionen mit ihren zwei oder drei verschiedenen Formen.) Sehen Sie sich nun diese Beispiele für die Vollendung in der Gegenwart (das Perfekt) – so heißt diese neue Zeitform – an:

I've opened *the windows.*	Ich habe die Fenster geöffnet.	**open**
We've locked *the door.*	Wir haben die Tür zugeschlossen.	**lock**
They've left *the house.*	Sie haben das Haus verlassen.	**leave**
They've gone.	Sie sind weggegangen.	**go**
You've eaten *all the apples.*	Ihr habt alle Äpfel gegessen.	**eat**

Verneinende Formen werden mit *not,* Fragen durch Umstellung gebildet:

You **haven't opened** *the door.*	**Have you opened** *the windows?*
They **haven't eaten** *the apples.*	**Have they eaten** *the bananas?*
We **haven't locked** *the door.*	**Have we locked** *the windows?*

Kurzantworten setzen sich aus dem Fürwort und *have* zusammen:
Yes, **I have**; *Yes,* **they have**; *No,* **we haven't** usw.
In dieser Lektion wollen wir uns auf die Vollendung in der Gegenwart mit *I, you, we* und *they* beschränken, auf die *have* folgt. Über *he, she, it* + *has* hören Sie später mehr.

Dialog 1: Perhaps they've gone out.

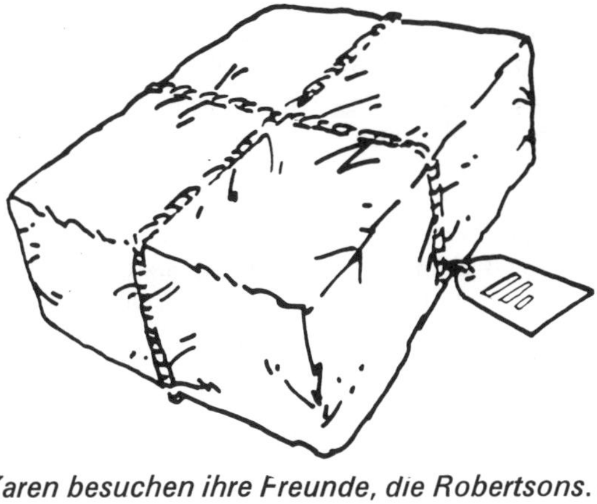

Peter und Karen besuchen ihre Freunde, die Robertsons. Sie stehen vor der Tür und haben gerade geklingelt.

Karen: That's strange. There's no one at home.
Peter: Yes, it is strange. Perhaps they've gone out.
Karen: Have they locked the door?
Peter: No, they haven't locked the door.

Karen: Well, let's go in . . . Look, they've left a note on the table.
Peter: And they've left a parcel, too.
Karen: What does it say in the note?
Peter: "We've gone out for a walk".
"We've left the parcel on the table."
Karen: They've left the parcel on the table.
Peter: Yes. It's very strange.
Karen: Have we come on the right day?
Peter: Yes, of course, we've come on the right day. It's Tuesday.
Karen: Have we come at the right time?
Peter: It's half past four. Of course we've come at the right time.
Karen: Hmm.
Es läutet an der Tür.
Karen: There's someone at the door.
Peter: What is going on?

Wörter und Wendungen

strange [streindʒ]	seltsam, merkwürdig
no one ['nəuwʌn]	keiner, niemand *(Statt "There's no one at home" kann man auch sagen "There isn't anyone . . .")*
go out ['gəu 'aut]	ausgehen
note [nəut]	Zettel, Notiz
parcel ['pɑːsl]	Paket
what does it say in the note? ['wɔt dəz it 'sei in ðə 'nəut]	was steht auf dem Zettel?
go out for a walk [gəu 'aut fɔr ə 'wɔːk]	einen Spaziergang machen
the right day [ðə 'rait 'dei]	der richtige Tag
what is going on? ['wɔt iz 'gəuiŋ 'ɔn]	was geht denn hier vor sich?

Dialog 2: Have the Carters left a note?

Peter ist zur Tür gegangen.

Peter: Hallo.
Man: Hallo. I've come for the parcel.
Peter: You've come for the parcel?
Man: Yes. Have the Carters left a note?

Karen: The Carters!
Peter: The Carters!
Man: Yes. Have the Carters left a parcel on the table?
Karen: We've come on the right day.
Man: You've come on the right day?
Peter: And we've come at the right time.
Man: You've come at the right time? What's going on?
Peter: But we've come to the wrong house.
Man: This is the Carters' house.
Peter: Yes, but we want the Robertsons' house.
Karen: We've come on the right day.
Peter: We've come at the right time.
Karen: But we've come to the wrong house.
Peter: Goodbye.
Karen: Goodbye.
Man: Goodbye. Er, what's going on?

Wörter und Wendungen

the wrong house [ðə 'rɔŋ 'haus]	das falsche Haus

Song: Summertime has come.

Summertime, summertime,	*die Sommerzeit, der Sommer*
Summertime is here.	
We've left the cold behind,	*die Kälte liegt hinter uns*
And we've come to the time,	
The time of the year,	
For fun in the sun, *on the sand*, by the sea,	*im Sand*
And *in the fields in the countryside.*	*auf den Feldern auf dem Land*

Summertime has come,	
We've left the house and *found* the sun,	*gefunden*
We've come out to the *sunshine* by the sea,	*Sonnenschein*
We've left the house,	
We've left the city,	
We've found *a country place that's pretty.*	*ein Plätzchen auf dem Land, wo es hübsch ist*
Summertime has come, the summer's here.	
Summertime, summertime,	
Summertime is here.	
We've closed our minds to the wintertime,	*wir haben den Winter aus unsern Gedanken gestrichen*
We've opened our *hearts* to the summer sunshine,	*Herzen*
Summertime has come, the summer's here.	

Übungen

1. Setzen Sie, wie im Beispiel, Zeitwörter ein:
   a) It's cold. I *have opened* the windows.

   b) There aren't any apples. I . . . . them all.

   c) There's no-one at home. They . . . . out.

   d) The house is all right. I . . . . the door.

2. Bilden Sie Fragen:
   a) *Have you* open*ed* the window?

   b) . . . . close . . . the door?

   c) . . . . lock . . . the door?

   d) . . . . type . . . . the letters?

   e) . . . . post . . . . the letters?

   f) . . . . count . . the money?

3. Setzen Sie die verneinende Form wie im Beispiel ein:
   a) I've opened the window, but I *haven't opened* the door.
   b) I've eaten all the apples, but I . . . . the bananas.
   c) We've left our house, but we . . . . the city.
   d) You've closed the box, but you . . . . the case.
   e) They've come at the right time, but they . . . . on the right day.

LEKTION 46

I Haven't Been Anywhere

Was wird gelernt?

I've seen . . .   I haven't seen . . .   Have you been to . . . ?

Mary: Hans?	*Mary:* Hans?
Hans: Yes?	*Hans:* Ja?
Mary: Have you been to Cairo?	*Mary:* Bist du schon einmal in Kairo gewesen?
Hans: Yes, I've been to Cairo.	*Hans:* Ja, ich bin schon in Kairo gewesen.
Mary: Have you seen the Pyramids?	*Marä:* Hast du die Pyramiden gesehen?
Hans: Yes, I have.	*Hans:* Ja.

So wird's verständlich:

In Lektion 45 haben Sie sich zum erstenmal mit der Vollendung in der Gegenwart befaßt, die mit *have/has* und dem Mittelwort der Vergangenheit gebildet wird. Diese Form wird verwendet, um eine Handlung auszudrücken, die in der Vergangenheit liegt, sich aber auf die Gegenwart auswirkt.
Jetzt lernen Sie eine weitere Anwendungsmöglichkeit dieser Zeitform kennen. Dazu zunächst zwei Beispiele:

I've been *to Cairo.*	Ich bin in Kairo gewesen.
I've seen *the Pyramids.*	Ich habe die Pyramiden gesehen.

In diesen Sätzen wird die Vollendung in der Gegenwart verwendet, um über eine unbestimmte Zeit in der Vergangenheit zu sprechen. Der Sprechende sagt nicht, *wann* er in Kairo war oder *wann* er die Pyramiden gesehen hat. Es geht hier nur darum, daß er in Kairo war und daß er die Pyramiden gesehen hat. Das gilt ebenso für Mary, wenn sie fragt:

Have you been *to Cairo?* **Have you seen** *the Pyramids?*

Es interessiert sie nicht der Zeitpunkt des Geschehens, sie möchte nur wissen, ob Hans jemals in seinem Leben in Kairo war und die Pyramiden gesehen hat.
Hier ist also diese Zeitform ganz allgemein auf die Vergangenheit bezogen – im Gegensatz zu der einfachen Vergangenheit (Lektion 39 und 40), die sich auf eine bestimmte Zeit der Vergangenheit bezieht wie „gestern", „vor zehn Minuten" usw.

Dialog 1: Have you been to Egypt?

Peter und Karen denken daran, in den Urlaub zu fahren, und sind in ein Reisebüro gegangen.

Travel Agent:	Good morning. Can I help you?
Peter:	Good morning. We're planning a holiday.
Karen:	And we want lots of sunshine.
Travel Agent:	Sunshine. Certainly. What about Tunisia? There's lots of sunshine in Tunisia.
Peter:	No, we've been to Tunisia.
Karen:	And we've seen the Sahara.
Travel Agent:	What about Morocco? There's lots of sunshine in Morocco?
Karen:	No, we've been to Morocco.
Peter:	And we've seen the Atlas mountains.
Travel Agent:	Hmm. You've been to Tunisia, and you've been to Morocco. Have you been to Egypt?
Karen:	Egypt?
Travel Agent:	Yes, there's lots of sunshine in Egypt.
Peter:	No, we haven't been to Egypt.
Karen:	And we haven't seen the Pyramids.
	Das Telefon klingelt.
Travel Agent:	Excuse me one moment, please. (*Ins Telefon*) Hallo, Sunshine Holidays. Can I help you? . . . Yes . . .

Wörter und Wendungen

travel agent ['trævl 'eidʒənt]	Reisebüro-angestellter
plan [plæn]	Plan
a holiday [ə 'hɔlədi]	Urlaub, Ferien
lots of ['lɔts əv]	viel(e)
certainly ['sə:tnli]	aber sicher! natürlich!
what about Tunisia? ['wɔt ə'baut tju'niziə]	wie wär's mit Tunesien? was halten Sie von Tunesien?
the Sahara [ðə sə'hɑ:rə]	die Sahara
Morocco [mə'rɔkəu]	Marokko
mountains ['mauntinz]	Berge, Gebirge
the Atlas mountains [ði 'ætləs 'mauntinz]	das Atlasgebirge
Egypt ['i:dʒipt]	Ägypten
excuse me one moment [iks'kju:z mi 'wʌn 'məumənt]	entschuldigen Sie mich einen Augenblick!

Dialog 2: We haven't seen the ruins in Rome.

Der Reisebüroangestellte telefoniert noch.

Travel Agent: So you want to go to Spain. Good. Thank you. Goodbye. *(To Peter and Karen)* So you want to go to Egypt.

Karen: What about Spain?

Peter: Yes, what about Spain?

Travel Agent: There's lots of sunshine in Spain. Haven't you been to Spain?

Karen: No, we haven't been to Spain.

Peter: And we haven't seen the Canary Islands.

Travel Agent: Here.

Karen: What's this?

Travel Agent: It's our brochure. "Sunshine Holidays".

Karen: "Sunshine Holidays". That's interesting.

Peter: Look! Greece.

Karen: We haven't been to Greece.

Travel Agent: There's lots of sunshine in –

Karen: Look! Italy.

Peter:	Rome! The ruins in Rome!
Karen:	We haven't seen the ruins in Rome.
	Das Telefon klingelt.
Travel Agent:	Excuse me one moment, please ... Hallo, can I help you? ... Yes, of course. Denmark?
Peter:	Denmark!
Karen:	We haven't been to Denmark –
Travel Agent:	Sweden?
Peter:	Sweden!
Karen:	We haven't been there either.
Travel Agent:	Norway, France, Switzerland ...

Wörter und Wendungen

haven't you been to ...? ['hævnt ju bin tə]	sind Sie noch nicht in ... gewesen? *(Solche verneinenden Fragen bildet man einfach, indem man die Verneinung an den Anfang der Frage stellt und die übrige Wortfolge beibehält: "Didn't you ...?" "Isn't it ..." usw.)*	Greece [gri:s]	Griechenland
		brochure ['brəuʃjuə]	Prospekt, Broschüre
		interesting ['intristiŋ]	interessant
		Italy ['itəli]	Italien
		ruins ['ruinz]	Ruinen
		Rome [rəum]	Rom
		Denmark ['denmɑ:k]	Dänemark
		Sweden ['swi:dn]	Schweden
		Norway ['nɔ:wei]	Norwegen
		Germany ['dʒə:məni]	Deutschland
Spain [spein]	Spanien	France [frɑ:ns]	Frankreich
the Canary Islands [ðə kə'nεəri 'ailəndz]	die Kanarischen Inseln	Switzerland ['switsələnd]	die Schweiz

Song: I haven't been anywhere.

I've been to *Fez,*	*Fez*
I've been to *Paris,*	*Paris*
I've been to *Katmandu,*	*Katmandu*
But I have*n't* been happy *anywhere,*	*nirgends*
If I haven't been with you.	

I've been to *Rome*, — *Rom*
I've been to Cairo,
I've been *to far Peru*, — *im fernen Peru*
But I haven't been happy anywhere,
If I haven't been with you.

We've seen *the Nile*, — *der Nil*
We've seen *the Ganges*, — *der Ganges*
We've seen *the Tigris* too, — *der Tigris*
But I haven't been happy anywhere,
If I haven't been with you.

Übungen

1. Bilden Sie Sätze nach folgendem Beispiel:
   a) Have you been to Egypt?
   b) Have you seen the Pyramids?

   c) .... Italy?

   d) .... Sweden?

   e) .... Morocco?

   f) .... the Nile?

   g) .... the ruins in Rome?

   h) .... the Atlas mountains?

2. Beantworten Sie folgende Fragen mit kurzen Antworten (*Yes, I have* oder *No, I haven't*):
   Have you been to Cairo? ....

   Have you been to Paris? ....

   Have you seen the Pyramids? ....

Have you seen the Nile? . . . .

Have you been to Fez? . . . .

Have you seen the Sahara? . . . .

Have you seen the Atlas mountains? . . . .
Stellen Sie diese Fragen einem Partner.

LEKTION 47

He's Travelled Far and Wide

Was wird gelernt?

He's gone/He hasn't gone. Has he . . .? He's gone; He went

Mary: John isn't here today. He's gone to Paris.	*Mary:* John ist heute nicht hier. Er ist nach Paris gefahren.
Hans: Paris? When did he go?	*Hans:* Nach Paris? Wann ist er gefahren?
Mary: He went two days ago.	*Mary:* Er ist vor zwei Tagen gefahren.
John: Hallo, Mary. Hallo, Hans.	*John:* Hallo, Mary. Hallo, Hans.
Mary: John! You've come back!	*Mary:* John! Du bist schon zurück!
John: Yes, I came back two hours ago.	*John:* Ja, ich bin vor zwei Stunden zurückgekommen.

So wird's verständlich:

In Lektion 45 und 46 haben Sie die Vollendung in der Gegenwart mit *I, you, we* und *they* geübt. In dieser Lektion kommen nun einige Beispiele mit *he, she* und *it* vor, die natürlich mit *has* gebildet werden: *He has gone* usw. Die verkürzte Form dazu heißt *He's gone*. Aber verwechseln Sie diese Verkürzung von *has* nicht mit der von *is*; beide sind weder in der Schreibung noch in der Aussprache unterschieden, und man erkennt nur am Satzzusammenhang, welche gemeint ist:

He has gone. He's gone.
He hasn't closed the door.
Has he closed the window? – Yes, he has.

In dieser Lektion wollen wir die beiden Ihnen bekannten Zeitformen der Vergangenheit einander gegenüberstellen. Sehen Sie sich dazu bitte noch einmal die Erläuterungen zu Lektion 39 und 40 an, in denen die einfache Vergangenheit behandelt wurde, die sich auf eine bestimmte Zeit in der Vergangenheit bezieht *(I bought it two days ago)*, und sehen Sie sich auch die Erläuterungen zu Lektion 45 und 46 an, in denen die zweite Form der Vergangenheit, die Vollendung in der Gegenwart, besprochen wird, die sich auf eine unbestimmte Zeit der Vergangenheit bezieht und die Auswirkung auf die Gegenwart mit einbezieht *(I've seen the Pyramids)*.
Also: Spricht man von einer bestimmten Zeit in der Vergangenheit, zum Beispiel *two days ago*, so verwendet man die Form der „einfachen Vergangenheit". So sagte Mary: *He went two days ago*, und John sagte: *I came back two hours ago*. Spricht man dagegen von einer unbestimmten Zeit in der Vergangenheit oder will man einen Bezug von der Vergangenheit zur Gegenwart ausdrücken, so verwendet man die Form der Vollendung in der Gegenwart. So sagte Mary: *He's gone to Paris* und *You've come back!*

Hier noch ein Beispiel:

I've seen *the Pyramids.*	Vollendung in der Gegenwart
I saw *the Pyramids.*	Einfache Vergangenheit

Dialog 1: My husband's disappeared!

Karen macht sich Sorgen um ihren Mann Peter und telefoniert mit der Polizeiwache.

Policeman:	Hallo. Sunbury police-station.
Karen:	Hallo! Police? Something terrible has happened!
Policeman:	Now, madam, keep calm.
Karen:	My husband! My husband's disappeared. He's gone.
Policeman:	Now, keep calm, madam. What's your name?
Karen:	Karen. Karen Roberts.
Policeman:	Now, Mrs. Roberts. What's wrong?
Karen:	My husband hasn't come home.
Policeman:	When did you last see him?
Karen:	I saw him this morning. He left the house at eight o'clock, and he hasn't come back.
Policeman:	Perhaps he's still at work.
Karen:	No, I've phoned his office. He left the office at five o'clock.
Policeman:	And it's eight o'clock now.
Karen:	Yes, it's eight o'clock.
Policeman:	Perhaps his car has broken down.
Karen:	No. He hasn't phoned me. He's disappeared!
Policeman:	Now, keep calm, madam. Tell me your address. Then go and have a cup of tea. I'll come round to your house straight away. Now, what's the address?

Karen: It's twenty-five –
Policeman: Twenty-five, yes.
Karen: Sunview Crescent.
Policeman: Sunview Crescent. 25, Sunview Crescent.

Wörter und Wendungen

terrible ['terəbl]	furchtbar, schrecklich	still [stil]	immer noch
happen ['hæpən]	sich ereignen, geschehen	at work [ət 'wɔ:k]	bei der Arbeit
something terrible has happened ['sʌmθiŋ 'terəbl həz 'hæpənd]	es ist etwas Furchtbares geschehen	break down ['breik 'daun]	zusammenbrechen *(die Formen sind "break"/"broke"/"broken")*
calm [kɑ:m]	ruhig	tell me ['tel mi]	sagen Sie mir!
keep calm ['ki:p 'kɑ:m]	bleiben Sie ruhig!	come round ['kʌm 'raund]	vorbeikommen
disappear [disə'piə]	verschwinden	straight away ['streit ə'wei]	sofort
last [lɑ:st]	zuletzt	Crescent ['kresnt]	Halbmond, *hier:* halbmondförmige Straße: Bogen

Dialog 2: Why didn't he phone?

Der Polizist ist bei Karen zu Hause angekommen.

Karen: Hallo, officer. Come in.
Policeman: Hallo, Mrs. Roberts.
Karen: He hasn't come home.
Policeman: Hmm.
Karen: And he hasn't phoned.
Policeman: Hmm.
Karen: I've phoned all our friends. Oh, where has he gone to?
Policeman: Hmm.
Karen: Something terrible's happened.
Das Telefon klingelt.
The telephone! Perhaps it's Peter! . . . Hallo! Oh, it's for you. It's the police-station.

Policeman:	Hallo? ... His wife's disappeared? ... At the cinema? ... Hmm ... The phone's been busy? ... What's his name? ... Ah, I see. Tell him to keep calm. I'll come round to the cinema straight away. *(To Karen)* Someone's waiting at the cinema.
Karen:	Who?
Policeman:	Your husband.
Karen:	Oh no, the cinema! I forgot. We arranged to meet there.
Policeman:	Well, hurry up. I'll take you there straight away.
Karen:	But why didn't he phone?
Policeman:	The phone's been busy.
Karen:	But of course. I've phoned all our friends! Oh dear, I've been on the phone all the time!

Wörter und Wendungen

officer ['ɔfisə]	Herr Wachtmeister
it's for you [its fə 'juː]	es ist für Sie
busy ['bizi]	besetzt
the phone's been busy [ðə 'fəunz bin 'bizi]	das Telefon war besetzt
forgot [fə'gɔt]	vergaß
arrange [ə'reindʒ]	vereinbaren, ausmachen
I'll take you there [ail 'teik ju 'ðɛə]	ich bringe Sie (dort)hin
on the phone [ɔn ðə 'fəun]	am Telefon

Song: He's travelled far and wide.

Oh, my man's *a travelling man,* — *jemand, der viel reist*
Travelling, travelling, travelling, travelling man,
He's travelled *far and wide,* — *nah und fern*
He's travelled *the whole world over,* — *um die ganze Welt*

The whole world, whole world, whole world over,
And I've waited,
Yes, I've waited,
For days and weeks and weeks and years,
Days and weeks and weeks and years,

To have him back home,
Back home with me,
Back home *by my side*. — *an meiner Seite, neben mir*

Where did he go two years ago?
He went to *Katmandu*, — *Katmandu (Nepal)*
Where did he go a year ago?
He went to *Kalamazoo*. — *Kalamazoo (USA)*

Oh, my man's a travelling man,
Travelling, travelling, travelling, travelling man,
He's travelled far and wide,
And now I've come back,
Back home to me,
Back home *to my side*. — *an meine Seite, neben mich*

Übungen

1. Beantworten Sie nach folgendem Beispiel die Fragen in der Vollendung in der Gegenwart:
   a) Has Mike gone to Paris? Yes, he's gone to Paris.

   b) Has Mary gone to Rome? Yes, ...

   c) Has Miss Jones gone to Morocco? No, ...

   d) Have the Smiths left England? Yes, ...

   e) Has your sister come back? No, ...

   f) Have Tom & Jerry seen the Pyramids? No, ...
   Üben Sie dasselbe mit einem Partner.

2. Geben Sie nach folgendem Beispiel bejahende Antworten in der Vollendung in der Gegenwart:
   a) Where's Mike? He's gone to Paris.

   b) Where's Miss Jones? . . . . Morocco.

c) Where are Mr. & Mrs. Roberts? . . . . Cairo.

d) Where's your brother? . . . . New York.

Üben Sie dasselbe mit einem Partner.

3. Sehen Sie sich Dialog 1 noch einmal an, und vervollständigen Sie die Sätze mit den Wörtern in Klammern. Verwenden Sie dabei die Vollendung in der Gegenwart oder die einfache Vergangenheit:

a) My husband has disappeared! (disappear)

b) He . . . . home. (come)

c) He . . . . at all. (phone)

d) I . . . . him this morning. (see)

e) He . . . . the house at eight o'clock. (leave)

f) I . . . . his office. (phone)

g) He . . . . the office at five o'clock. (leave)

h) Perhaps his car . . . . down. (break)

LEKTION 48

We've Fallen in Love

Was wird gelernt?

see, saw, seen **Did you . . . ?** **Have you . . . ?**

Mary:	John, look out!	*Mary:*	John, paß auf!
John:	Ouch!	*John:*	Autsch!
Hans:	What was that?	*Hans:*	Was war das?
Mary:	It's John. He's on the floor. He's fallen over.	*Mary:*	Es ist John. Er liegt am Boden. Er ist gefallen.
Hans:	Are you all right, John?	*Hans:*	Alles in Ordnung (mit dir), John?
John:	Yes, I'm O.K. I fell over some boxes.	*John:*	Ja, mir ist nichts passiert. Ich bin über ein paar Kästen gestolpert.

So wird's verständlich:

Sie haben bisher verschiedene unregelmäßige Zeitwörter mit drei Stammformen kennengelernt. Dazu gehörten:

gehen	*go*	*went*	*gone*
fallen	*fall*	*fell*	*fallen*
sehen	*see*	*saw*	*seen*

Von diesen drei Stammformen lassen sich bei allen englischen Zeitwörtern sämtliche andere Formen ableiten. (Bei manchen Zeitwörtern sind es nur zwei Stammformen, nämlich wenn das Mittelwort der Vergangenheit und die einfache Vergangenheit die gleiche Form haben. Das trifft bei allen regelmäßigen auf *-ed* zu, aber auch bei einer ganzen Reihe unregelmäßiger.)

Aus der ersten Stammform, der Grundform, bildet man die Befehlsform (vgl. Lektion 21), die Verlaufsform für gerade ablaufende Handlungen (vgl. Lektion 27, 28) und die einfache Gegenwart für sich gewohnheitsmäßig wiederholende Handlungen (vgl. Lektion 31, 32) sowie die Frage und Verneinung in der einfachen Vergangenheit (vgl. Lektion 39, 40 und 44). Als Beispiel soll *go* dienen:

Go *away!*
I'm going *to the post-office.*
I *always* **go** *to the cinema on Friday.*
Did you go *to the cinema last Friday?*
Last Friday **I did not go** *to the cinema.*

Die zweite Stammform bildet die einfache Vergangenheit in bejahenden Sätzen (vgl. Lektion 39, 40 und 44):

I went *to the park yesterday.*

Die dritte Stammform ist das Mittelwort der Vergangenheit, mit dem die Vollendung in der Gegenwart gebildet wird (vgl. Lektion 45 und 47):

Mike **has gone** *to Paris.*

Später begegnen Ihnen noch weitere Zeitformen, die alle ebenfalls aus diesen drei Stammformen abgeleitet werden. Es ist daher ratsam, die Stammformen jedes neuen Zeitworts zu lernen, denn nur dann können Sie alle Formen des Zeitworts bilden. (Eine Liste aller in den Lektionen 1–50 vorkommenden Zeitwörter finden Sie am Ende dieses Buches.)
In dieser Lektion wollen wir uns nun weiter mit dem Unterschied zwischen bestimmter und unbestimmter Vergangenheit beschäftigen.

Dialog 1: I've broken my arm.

Karen liegt hilflos im Keller.

Karen: Help! Help!
Peter: Karen? What's wrong?
Karen: Peter! Help!
Peter: Where are you?
Karen: I'm in the cellar.
Peter: What's wrong?
Karen: I've fallen over some boxes. Help me, quick!
Peter: What happened?
Karen: I fell over those boxes. Ouch! My arm!
Peter: Now, what's wrong?
Karen: I've broken my arm.
Peter: Don't be silly. You haven't broken your arm. Come on. Get up. I'll help you.
Karen: Ouch! My leg!
Peter: What's wrong now?
Karen: I can't get up. My leg! I've broken my leg!
Peter: Don't be silly. You haven't broken your leg. Come on. Get up.
Karen: Ouch! No, I can't get up.
Peter: Oh, dear. Perhaps you have broken your leg.
Karen: Yes, I have broken my leg.
Peter: All right. Stay there. I'll phone the doctor.
Karen: Yes, phone the doctor.
Peter: He'll come round straight away.

Wörter und Wendungen

help! [help]	Hilfe!	don't be silly ['dəunt bi 'sili]	sei nicht albern!
cellar ['selə]	Keller	I'll help you [ail 'help ju]	ich helfe dir
quick [kwik]	schnell	leg [leg]	Bein
ouch! [autʃ]	autsch!	doctor ['dɔktə]	Arzt
arm [ɑːm]	Arm		
broken ['brəukən]	gebrochen		
silly ['sili]	albern		

Dialog 2: She fell over some boxes.

Der Arzt ist gekommen, um nach Karen zu sehen.

Peter: Come in, doctor.
Doctor: Well, what's wrong?
Peter: It's my wife. She fell over some boxes an hour ago.
Doctor: Where is she?
Peter: In the cellar. She can't get up. She's broken her leg.
Doctor: Let's see her.
Karen: Hallo, doctor. Ouch! My arm!
Doctor: Your arm?
Karen: Yes, I've broken my arm.
Doctor: Let me see it.
Karen: Ouch!
Doctor: No, it's all right. You haven't broken your arm.
Peter: Come on. Get up.
Doctor: Yes. We'll help you.
Peter fällt hin.
Karen: What's wrong, Peter?
Peter: I've fallen over the boxes. Oh! My leg!
Doctor: Let me see. Oh! Yes! You've broken your leg.

Wörter und Wendungen

let's see her [lets 'siː həː]	gehen wir zu ihr!	let me see [let mi 'siː]	lassen Sie mich mal sehen!

Song: We've fallen in love.

Last week I went to a *party*,	*Party, Gesellschaft*
And I saw her there in the *crowd*,	*(Menschen) Menge*
And this *girl* I've seen	*Mädchen*
Is the *only* girl for me,	*einzig*
'Cos I fell in love,	*weil ich mich verliebt habe*
Oh I fell, yes I fell,	
Last week I fell in love.	
Last week I went to a party,	
And I saw him there in the crowd,	
And this *boy* I've seen,	*Junge*
Is the only boy for me,	
'Cos I fell in love,	
Oh I fell, yes I fell,	
Last week I fell in love.	
Last week *we met* at a party,	*wir trafen uns* (meet, met, met)
We saw *each other* in the crowd,	*einander*
And we've fallen in love,	
How we've fallen in love!	*Und wie wir uns verliebt haben*
Oh we've fallen, yes we've fallen in love.	

Übungen

1. Fügen Sie *did* oder *has* oder *have* ein:

   a) .... you been to Spain?

   b) What .... you do there?

   c) .... your sister come back?

d) What . . . . you do yesterday evening?

e) . . . . you buy that coat last week?

f) . . . . Mr. and Mrs. Smith gone on holiday?

2. Ergänzen Sie nach folgendem Beispiel diese Sätze (verneinte Vollendung in der Gegenwart im ersten, bejahende einfache Vergangenheit im zweiten Teilsatz):
   a) Jack hasn't seen the film, but I saw it last week. (see)

   b) The postman . . . ., but the milkman . . . . . ten minutes ago. (come)

   c) Karen . . . . her arm, but Peter . . . . his leg yesterday. (break)

   d) My brother . . . . to England, but my father . . . . in England last year. (be)

   e) The Smiths . . . . . on holiday, but the Greens . . . . on holiday yesterday. (go)

3. Geben Sie an, ob *'s* in diesen Sätzen für *is* oder für *has* steht, und schreiben Sie dann den Satz mit der vollen Form nieder:
   a) What's the time? is What is the time?

   b) My cousin's gone to Paris. . . . .

   c) Jack's got a new car. . . . .

   d) It's cold today. . . . .

   e) He's wearing a blue suit. . . . .

   f) Mary's left London. . . . .

LEKTION 49

Time Passes Slowly By

Was wird gelernt?

slow / slowly well, fast

John:	Mary! Drive slowly!	*John:*	Mary! Fahr langsam!
Mary:	Don't worry.	*Mary:*	Mach dir keine Sorgen!
John:	You're driving very fast.	*John:*	Du fährst sehr schnell.
Mary:	It's O.K. I'm a good driver.	*Mary:*	Schon gut. Ich bin eine gute Fahrerin.
John:	Be careful!	*John:*	Sei vorsichtig!
Mary:	John, I always drive carefully. I drive fast, but I drive well, too.	*Mary:*	John, ich fahre immer vorsichtig. Ich fahre schnell, aber auch gut.

So wird's verständlich:

In den bisherigen Lektionen sind Ihnen immer wieder Eigenschaftswörter begegnet, die entweder alleinstehend gebraucht wurden (*I'm hot*) oder zusammen mit einem Hauptwort (*a hot dinner*).
Sehen Sie sich bitte diese Eigenschaftswörter + Hauptwörter an:

a bad driver	ein schlechter Fahrer
a slow driver	ein langsamer Fahrer
a careless driver	ein unvorsichtiger Fahrer

Will man nun die Eigenschaft des Fahrers (*bad, slow, careless*) ausdrücken, indem man angibt, wie er fährt, so benutzt man statt des Hauptworts (*driver*) ein Zeitwort (*drive*), und aus den Eigenschaftswörtern werden Umstandswörter (Adverbien). Das geschieht im Englischen meistens so, daß das Eigenschaftswort die Endung *-ly* bekommt: *bad* wird zu *badly*, *slow* wird zu *slowly*, *careless* wird zu *carelessly*.

He's a **bad driver.**	*He* **drives badly.**
He's a **slow driver.**	*He* **drives slowly.**
He's a **careless driver.**	*He* **drives carelessly.**

Eigenschaftswörter, die auf -y enden, verwandeln das *-y* vor *-ly* zu *-i*. So wird *happy* zu *happily* und *hungry zu hungrily:*

*He was happ***y**.	*He smiled happ***ily**.
*They were hungr***y**.	*They ate hungr***ily**.

Einige Eigenschaftswörter bilden „unregelmäßige" Umstandswörter:

He's a **good** *driver.*	*He drives* **well.**
He's a **fast** *driver.*	*He drives* **fast.**

Das Umstandswort zu *good* heißt also *well*, und bei *fast* sind Eigenschaftswort und Umstandswort gleich.
Wie Sie aus den Beispielen sehen, stehen die Umstandswörter meistens hinter dem Zeitwort, auf das sie sich beziehen.
In dieser Lektion wollen wir einige Umstandswörter üben.

Dialog 1: He ran badly.

Karen ist mit ihrem Mann Peter beim Pferderennen.

Karen: Well, I like Trojan. He's a good runner.
Peter: He didn't run well last week. He ran badly.
Karen: I don't care. *(To the bookmaker)* One pound on Trojan to win.
Bookmaker: One pound to win on Trojan, lady?

Karen: Yes, please.
Bookmaker: There's your ticket, lady.
Karen: There you are, Peter. I've put a pound on Trojan.
Peter: You've put a pound on Trojan! Wait a moment! *(To the bookmaker)* One pound on Sparta to win.
Bookmaker: One pound to win on Sparta, sir?
Peter: Yes, please.
Bookmaker: There's your ticket, sir.
Peter: There you are, Karen. I've put a pound on Sparta.
Karen: Sparta's a slow runner.
Peter: He didn't run slowly last week. He ran quickly.
Karen: And he's a careless jumper.
Peter: He didn't jump carelessly last week. He jumped carefully.
Karen: Trojan's fast, and he's careful ... What's the time, Peter?
Peter: Twenty-five past two.
Karen: Hurry! It's time for our race.
Peter: Sparta's a good runner.
Karen: He didn't run well last week. He ran badly.

Wörter und Wendungen

I like [ai 'laik]	ich mag	win (won, won) [win (wʌn, wʌn)]	gewinnen
he [hi(:)]	er *(Für Tiere und Sachen benutzt man im allgemeinen das Fürwort "it". Hier wird jedoch das Pferd gleichsam als „Persönlichkeit" gesehen, daher "he".)*	lady ['leidi]	Dame; *(hier: umgangssprachlich für "madam")* meine Dame
		I've put a pound on [aiv put ə 'paund ɔn]	ich habe ein Pfund auf . . . gesetzt
		quickly ['kwikli]	schnell
runner ['rʌnə]	Rennpferd	jump (jumped) [dʒʌmp (dʒʌmpt)]	springen
I don't care [ai 'dəunt 'kɛə]	das ist mir egal		
bookmaker ['bukmeikə]	Buchmacher *(der Rennwetten annimmt)*	careful ['kɛəful]	vorsichtig
		race [reis]	Rennen

Dialog 2: They're both running well.

Das Rennen hat angefangen.

Karen: Come on, Trojan! Come on!
Peter: Come on, Sparta! Come on!
Karen: Trojan's running well!
Peter: Sparta's running well!
Karen: They're both running well. They're running together.
Peter: Yes. Trojan and Sparta are running side by side.
Karen: Come on, Trojan!
Peter: Sparta's won!
Karen: No, he hasn't! Look! It's Trojan! Trojan's won! Hurrah!
Peter: You've won, Karen.
Karen: Yes, I've won. Now, where's my ticket?
Peter: In your pocket?
Karen: No.
Peter: In your handbag?
Karen: No. Oh, dear. Trojan's won, and I've lost my ticket.
Peter: Where is it?
Karen: I've dropped it somewhere.
Peter: Let's look. Let's look carefully.

Wörter und Wendungen

come on! ['kʌm 'ɔn]	los, komm!
both [bəuθ]	beide
together [tə'geðə]	zusammen
side by side ['said bai 'said]	nebeneinander
hurrah! [hu'rɑ:]	hurra!
pocket ['pɔkit]	Tasche
handbag ['hændbæg]	Handtasche
I've lost [aiv 'lɔst] (lose, lost, lost) [lu:z, lɔst, lɔst]	ich habe verloren
drop [drɔp]	fallen lassen
somewhere ['sʌmwɛə]	irgendwo

Song: Time passes slowly by.

Time, time, time.
When I'm alone, *time passes slowly by,* — *die Zeit vergeht langsam*

Time, time,
Slowly passing, passing slowly,
Time passes slowly by.
The hands creep wearily round the clock, — *die Zeiger kriechen müde um die Uhr*
The sun *climbs sadly* up the sky, — *klettert traurig*
When I'm alone, all alone,
Time passes slowly by.

Time, time, time,
When we're together, time *races* quickly by. — *rast*
Time, time,
Quickly racing, racing quickly,
Time races quickly by.
The hands *dash madly* round the clock, — *rasen wie wild*
The sun *shines brightly* in the sky, — *scheint hell*
When we're together, both together,
Time races quickly by.

Übungen

1. Fügen Sie das richtige Umstandswort ein, um den zweiten Satz sinnvoll zu vervollständigen:

   a) He doesn't drive carefully. He drives carelessly.

   b) Don't drink this quickly. Drink it ....

   c) He doesn't play well. He plays ....

   d) She didn't sing happily. She sang ....

2. Vervollständigen Sie die Antworten:

   a) Was Mr. X a happy man? Well, he smiled happily.

   b) Was the dog thirsty? Well, it drank the water ....

   c) Were the children hungry? Well, they ate the apples ....

   d) Is your brother a careful man? Well, he drives ....

LEKTION 50

The Very, Very Best

Was wird gelernt?

cheap, cheaper, the cheapest

John:	How much were those oranges, Mary?	*John:*	Wie teuer waren die Orangen, Mary?
Mary:	Twenty pence.	*Mary:*	Zwanzig Pence.
John:	Really? Mine were cheaper.	*John:*	Wirklich? Meine waren billiger.
Mary:	How much were they?	*Mary:*	Wie teuer waren sie?
John:	Eighteen pence.	*John:*	Achtzehn Pence.
Hans:	Ah, ha! So mine were the cheapest. Fifteen pence!	*Hans:*	Aha! Dann waren meine also am billigsten. Fünfzehn Pence!

So wird's verständlich:

In dieser Lektion lernen Sie die Steigerung des Eigenschaftswortes kennen. Man unterscheidet dabei drei Stufen: die Grundstufe (Positiv), die Vergleichsstufe (Komparativ) und die Höchststufe (Superlativ).
Will man zwei Dinge miteinander vergleichen, so benutzt man die Vergleichsstufe: *The red car is cheap, but the blue one's cheaper* (das rote Auto ist billig, aber das blaue ist billiger). Man kann auch sagen: *The blue car is cheaper than the red one.* (Das blaue Auto ist billiger als das rote.)
Will man eines von drei oder mehr Dingen den übrigen gegenüber hervorheben, so benutzt man dazu die Höchststufe: *Peter's oranges were the cheapest.* (Peters Orangen waren am billigsten.)

Die meisten einsilbigen Eigenschaftswörter bilden ihre Vergleichsstufe durch Anhängen von *-er* und die Höchststufe durch Anhängen von *-est* an die Grundstufe:

Grundstufe	Vergleichsstufe	Höchststufe
cheap	*cheap***er**	*cheap***est**
dear	*dear***er**	*dear***est**
small	*small***er**	*small***est**
cold	*cold***er**	*cold***est**
long	*long***er**	*long***est**
old	*old***er**	*old***est**
young	*young***er**	*young***est**
big	*big***ger**	*big***gest**
hot	*hot***ter**	*hot***test**
late	*late***r**	*late***st**

Beachten Sie, daß *big* und *hot*, die auf einen Mitlaut nach kurzem Selbstlaut enden, den Mitlaut beim Anhängen von *-er, -est* verdoppeln. Bei Eigenschaftswörtern wie *late*, die auf ein stummes *-e* enden, wird nur *-r, -st* angehängt.
Einige Eigenschaftswörter bilden unregelmäßige Steigerungsformen:

good	**better**	**best**
bad	**worse**	**worst**

Die Höchststufe läßt sich mit dem Zusatz *of all* noch besonders hervorheben: *Peter's oranges were the cheapest of all.* (. . . die billigsten von allen, . . . am allerbilligsten).

Dialog 1: Smaller, cheaper — bigger, dearer

Karen und ihre Freundin Linda kaufen auf dem Markt ein.

Karen: Linda, look at these oranges. They're cheap.
Linda: Lots of things are cheap today, Karen.

Karen: Things are cheaper in the market.
Linda: And they're cheapest on Saturday.
Karen: Look at those apples! *(To the stallkeeper)* How much are those apples?
Stallkeeper 1: Twenty pence a pound, lady.
Karen: That's cheap.
Stallkeeper 2: Look at these, lady. They're cheaper. Eighteen pence a pound.
Linda: Wait, Karen. There're some over there. Sixteen pence a pound. They're the cheapest of all.
Stallkeeper 2: Yes, lady. But these are better. Look.
Stallkeeper 1: Look at these, lady. They're the best of all.
Karen: These are smaller, but they're cheaper.
Stallkeeper 2: And better.
Linda: These are bigger, but they're dearer.
Stallkeeper 1: And better.
Karen: Smaller, cheaper –
Linda: Bigger, dearer –
Karen: Which ones are better? We want the cheapest and the best.
Stallkeeper 1: Here, lady, have an apple. Eat it and see.
Stallkeeper 2: Here, lady, have one of these. Eat it and see.
Karen: Mmm, good!

Linda: Mmm, this is good, too!
Stallkeeper 1: You, lady, have one of these.
Stallkeeper 2: Lady, you have one of these.
Karen: Oh, dear, we'll never be able to decide.

Wörter und Wendungen

lots of things ['lɔts əv 'θiŋz]	viele Dinge
market ['mɑ:kit]	Markt
stallkeeper ['stɔ:lki:pə]	(Markt)Händler
20p a pound ['twenti 'pens ə 'paund]	20 Pence das Pfund *("pound" als Gewicht wird häufig "lb" abgekürzt)*
over there ['əuvə 'ðεə]	da drüben
which ones? ['witʃ wʌnz]	welche? *(Mehrzahl)*
have an apple ['hæv ən 'æpl]	nehmen Sie einen Apfel!
eat it and see ['i:t it ənd 'si:]	essen Sie ihn und urteilen Sie selbst!
one of these ['wʌn əv 'ði:z]	einen von diesen
be able to [bi 'eibl tə]	in der Lage sein zu . . ., können
decide [di'said]	(sich) entscheiden
we'll never be able to decide [wi:l 'nevə bi 'eibl tə di'said]	wir werden uns nie entscheiden können

Dialog 2: The cheapest and the best in the market

Karen und Linda probieren immer noch die Äpfel.

Linda: Oh, dear! I've eaten five apples.
Karen: And I've eaten six!
Linda: Which are the best?
Karen: I don't know.
Stallkeeper 1: Do you want a pound of apples, lady? Twenty pence a pound.
Stallkeeper 2: These are cheaper. Eighteen pence a pound. Do you want a pound, lady?
Stallkeeper 1: These are dearer, but they're better.
Stallkeeper 2: These are the cheapest and the best in the market!
Linda: I don't want any apples. I've eaten five.
Karen: And I don't want any apples. I've eaten six!

Stallkeeper 1:	What about oranges? These are cheap. Five for eighteen pence.
Stallkeeper 2:	These are cheaper. Five for sixteen pence.
Stallkeeper 1:	These are better.
Karen:	I don't want any oranges.
Linda:	And I don't want any oranges.
Stallkeeper 1:	You don't want any oranges?
Stallkeeper 2:	You don't want any oranges?
Stallkeeper 1:	That's fifteen pence, lady.
Linda:	Fifteen pence!
Stallkeeper 1:	Yes, you've eaten five apples.
Stallkeeper 2:	And that's twenty pence, lady.
Karen:	Twenty pence!
Stallkeeper 2:	Yes, you've eaten six apples.
Karen:	Oh, dear. We've eaten the apples. Now we must pay for them. How much did you say?

Wörter und Wendungen

what about oranges? ['wɔt ə'baut 'ɔrindʒiz]	wie steht es mit Orangen? wie wäre es mit Orangen?
must [mʌst, məst]	muß(t), müssen, müßt
we must pay for them [wi məst 'pei fə ðəm]	wir müssen sie bezahlen
how much did you say? ['hau 'mʌtʃ did ju 'sei]	wieviel war es doch gleich?

Song: The very, very best

Oranges are cheap today,	
Only five pence *each* to pay,	*das Stück, je*
Cheaper and *riper,*	*reifer* (von "ripe")
And *better than the rest,*	*besser als die übrigen*
The cheapest and the ripest,	
And *the very, very best.*	*die allerallerbesten*

Apples are cheap today,
Only three pence each to pay,
Cheaper and bigger,
And better than the rest,
The cheapest and the biggest,
And the very, very best.

Grapefruit are cheap today, — *Grapefruit, Pampelmuse*
Only six pence each to pay,
Cheaper and *sweeter*, — *süßer* (von "sweet")
And better than the rest,
The cheapest and the sweetest,
And the very, very best.

Übungen

1. Vervollständigen Sie die Sätze mit den in Klammern angegebenen Eigenschaftswörtern:
   a) France is bigger than England. (big)

   b) My grandfather is .... than my uncle. (old)

   c) Rome is .... than London. (hot)

   d) Cars are .... than buses. (small)

   e) Sparta was a good runner, but Trojan was .... (good)

   f) Two pounds of apples are .... than three pounds. (cheap)

   g) A big car is .... than a small car. (dear)

   h) My brother is .... than me. (young)

2. Fügen Sie die Höchststufe der in Klammern angegebenen Eigenschaftswörter in die Sätze ein:

a) What is the biggest city in the world?	(big)
b) Who is the .... man in the world?	(old)
c) These are the .... apples in the market.	(cheap)
d) These are the .... oranges in the market.	(sweet)
e) Give me the .... apples, please.	(ripe)
f) He is the .... driver I've seen.	(bad)

3. Beantworten Sie folgende Fragen:
What is the best film you've seen?
What is the worst film you've seen?
What is the best book you've read?
What is the worst book you've read?
Which is the smallest room in your house?
Which is the biggest room in your house?

Wie sagt man, wenn man –

Liste der Zeitwörter

Hier sind die Zeitwörter aus den Lektionen 1–50 zusammengestellt. Einige davon haben Sie bereits gründlich geübt, andere sind Ihnen bisher nur in einem Dialog oder Song begegnet. Der Vollständigkeit halber sind sie hier alle mit je einem Beispiel aufgeführt.
Sehen Sie sich bitte noch einmal den Abschnitt „So wird's verständlich" in Lektion 48 an und erinnern Sie sich an das, was Sie über die Stammformen gelernt haben. Wenn Sie sich diese Formen (zwei bei den „regelmäßigen" und einigen „unregelmäßigen" drei bei den anderen „unregelmäßigen") fest einprägen, können Sie alle Zeitformen bilden. Lernen Sie daher bitte bei jedem Zeitwort, das Ihnen neu begegnet, gleich die Stammformen mit!

„Regelmäßige" Zeitwörter

Wie Sie wissen, wird die Endung *-ed* bei einigen [id], bei anderen [t] und wieder bei anderen [d] ausgesprochen. Die folgenden Zeitwörter sind dementsprechend in drei Gruppen eingeteilt:

[id]

count – counted	zählen	He's counting money (33)
hate – hated	hassen, nicht mögen	I hate walking (41)
inspect – inspected	prüfen, kontrollieren	I inspect tickets (37)
post – posted	zur Post geben	I want to post a letter (16)
shout – shouted	schreien	Stop shouting (42)
start – started	anfangen	Start thinking about today (41)
wait – waited	warten	Someone's waiting at the cinema (47)
want – wanted	wünschen	I want a large room (29)

[d]

argue – argued	(sich) streiten	Stop arguing! (41)
arrange – arranged	(sich) verabreden	We arranged to meet at four (12)
arrive – arrived	ankommen, eintreffen	Flight 726 has now arrived (11)
borrow – borrowed	(ent)leihen	I hate borrowing money (41)
breathe – breathed	atmen	Breathing the air (35)
carry – carried	tragen	Does he always carry the black bag? (32)
change – changed	wechseln	You're going to change your clothes (36)

clean – cleaned	säubern, putzen	I'm cleaning the windows (42)
close – closed	schließen	Last night I closed my door (40)
complain – complained	sich beklagen, sich beschweren	I want to complain (15)
dance – danced	tanzen	I want do dance (17)
disappear disappeared	verschwinden	My husband's disappeared! (47)
enjoy – enjoyed	genießen	We're enjoying the sun (14)
follow – followed	folgen	Are you following him? (28)
guess – guessed	raten	You must guess who it is (1)
happen – happened	geschehen	What happened? (48)
hurry – hurried	sich beeilen	Let's hurry (10)
listen – listened	zuhören	I'm listening to the radio (27)
move – moved	(sich) bewegen	The sun is moving through the sky (5)
open – opened	öffnen	I'm opening the box (27)
phone – phoned	telefonieren	Why didn't he phone? (47)
plan – planned	planen	We're planning a holiday (46)
play – played	spielen	Let's play a game (1)
rain – rained	regnen	It always rains on Monday (37)
receive – received	empfangen, *Funk:* hören	Are you receiving me? (28)
remember – remembered	sich erinnern (an)	I can't remember (39)
serve – served	servieren, bedienen	We only serve lunch (9)
shave – shaved	(sich) rasieren	Hurry up and finish shaving (41)
show – showed	zeigen	Show me your ticket (37)
smile – smiled	lächeln	He's smiling at the day (28)
stay – stayed	bleiben	He doesn't want to stay (30)
travel – travelled	reisen, fahren	I travelled to work by train (40)
turn – turned	sich umdrehen, wenden	Turn right (17)
worry – worried	sich Sorgen machen	Stop worrying! (41)

[t]

ask – asked	fragen	Stop and ask someone (7)
book – booked	buchen, (Karten) kaufen	He wants to book some tickets (30)
cash – cashed	einlösen	I want to cash a cheque (16)

dash – dashed	rasen	The hands dash madly round the clock (49)
disembark – disembarked	aussteigen, von Bord gehen	Passengers are now disembarking (11)
finish – finished	beenden	Hurry up and finish shaving (41)
help – helped	helfen	Can I help you? (25)
jump – jumped	springen	He jumped carefully (49)
knock – knocked	klopfen	Let's knock (14)
laugh – laughed	lachen	I want to laugh (17)
like – liked	gern mögen	I like singing (41)
lock – locked	zuschließen	I locked the door (44)
look – looked	sich ansehen	Look at those bananas! (8)
pass – passed	vorübergehen	Time is quickly passing by (5)
race – raced	rennen	Time races quickly by (49)
smoke – smoked	rauchen	I smoked 50 cigarettes every day (40)
stop – stopped	anhalten, aufhören mit	Stop making that noise! (41)
talk – talked	sprechen	You want to talk to him (41)
type – typed	maschineschreiben	She's typing letters (33)
walk – walked	(zu Fuß) gehen	I walked down the street (44)
watch – watched	beobachten, sich ansehen	Are you watching the T.V.? (27)
work – worked	arbeiten	When I worked in an office (40)

Unregelmäßige Zeitwörter mit 2 Stammformen

buy – bought	kaufen	You didn't buy that picture (39)
catch – caught	erwischen	I want to catch a train (16)
creep – crept	kriechen	The hands creep wearily round the clock (49)
feel – felt	fühlen	You can't feel the breeze (22)
find – found	finden	How can I find a café? (17)
get – got	bekommen; gelangen	I got up at ten o'clock (39)
have – had	haben	I had breakfast at home (39)
hear – heard	hören	I heard a noise! (42)
keep – kept	(beibe)halten	Keep calm (47)
leave – left	verlassen	I left the house at nine (39)

lend – lent	verleihen	I hate lending money (41)
lose – lost	verlieren	I've lost my ticket (49)
make – made	machen	I'm going to make a record (41)
mean – meant	meinen	I mean, the exact time (20)
meet – met	(sich) begegnen	We met at a party (48)
pay – paid	bezahlen	If you pay for lunch (9)
put – put	setzen, stellen, legen	I put them in your handbag (44)
read – read	lesen	He's reading a book (28)
say – said	sagen	What did you say? (41)
sell – sold	verkaufen	I'm not selling tickets (37)
sit – sat	sitzen	I'm sitting in the kitchen (27)
sleep – slept	schlafen	We've overslept (42)
spend – spent	ausgeben	I spend a lot on cigarettes (35)
stand – stood	stehen	Stand up! (21)
tell – told	erzählen, sagen	Can you tell me your name? (15)
think – thought	denken	I'm thinking about you (27)
understand – understood	verstehen	I can't understand Japanese (22)

Unregelmäßige Zeitwörter mit 3 Stammformen

be – was – been	sein	We were all once children (38)
break – broke – broken	(zer)brechen	I've broken my arm (48)
come – came – come	kommen	Come in! (21)
do – did – done	tun	What are you doing today? (27)
drink – drank – drunk	trinken	I always drink black coffee (32)
drive – drove – driven	treiben, fahren	He drives to his office (32)
eat – ate – eaten	essen	I'm eating a sandwich (27)
fall – fell – fallen	fallen	We've fallen in love (48)
fly – flew – flown	fliegen	I'm going to fly away (37)
forget – forgot – forgotten	vergessen	I've forgotten my key (2)
give – gave – given	geben	Give me some cream (25)
go – went – gone	gehen	I went to the grocer's (39)
know – knew – known	wissen, kennen	I don't know (34)

ring – rang – rung	läuten	The phones are ringing (33)
run – ran – run	rennen, laufen	I don't want to run (29)
see – saw – seen	sehen	We've seen the Sahara (46)
sing – sang – sung	singen	I want to sing (2)
speak – spoke – spoken	sprechen	I can speak English (22)
swim – swam – swum	schwimmen	I'm going to swim (36)
take – took – taken	nehmen, bringen	Take Mr. Briggs away! (39)
throw – threw – thrown	werfen	Throw those cigarettes away! (35)
wear – wore – worn	tragen	He always wears a blue suit (33)
write – wrote – written	schreiben	Are you writing to Derek? (27)

Wörterverzeichnis

In diesem Wörterverzeichnis sind alle Wörter aus den Lektionen 1–50 in alphabetischer Reihenfolge aufgeführt. Die angegebenen Zahlen beziehen sich auf die Lektionen.

Und so benutzen Sie das Wörterverzeichnis richtig:

1. Stellen Sie fest, in welcher Lektion das gesuchte Wort vorkommt.
2. Suchen Sie das Wort in der angegebenen Lektion unter „So wird's verständlich" oder „Wörter und Wendungen" auf.
3. Stellen Sie die deutsche Bedeutung und die richtige Aussprache des englischen Wortes fest.
4. Suchen Sie das Wort in den Dialogen, dem Song oder den Übungen auf. Dort finden Sie Beispiele für die richtige Anwendung. Das ist sehr wichtig, denn Bedeutung und Aussprache allein genügen nicht, um ein Wort richtig anwenden zu können. Die Anwendungsbeispiele zeigen Ihnen den richtigen Gebrauch im Satzzusammenhang.

Bei zahlreichen Wörtern sind mehrere Lektionszahlen angegeben. Die erste davon gibt an, in welcher Lektion das betreffende Wort zum erstenmal vorkommt. Die weiteren Zahlen geben Ihnen die Möglichkeit, Beispiele für den Gebrauch des Wortes in anderem Zusammenhang zu finden.

Bei besonders wichtigen Wörtern und solchen, die in wichtigen Fügungen vorkommen, ist die Lektionszahl im Schrägdruck angegeben. In der betreffenden Lektion wird das Wort im Abschnitt „So wird's verständlich" besonders ausführlich behandelt.

Häufig tritt ein Wort bereits mehrmals auf, bevor es eingehender erläutert wird. Auf diese Weise sollen Sie sich an den richtigen Gebrauch des Wortes gewöhnen, bevor Sie eine „Regel" dafür kennenlernen. So erscheint zum Beispiel das Wort *any* in Lektion 5, 16, 23 und 24 unter „Wörter und Wendungen". In Lektion 25 ist es dann Hauptthema unter „So wird's verständlich" und wird genauer besprochen. Später taucht es noch in Lektion 26, 29, 30 und 50 auf. Der entsprechende Eintrag im Wörterverzeichnis sieht demnach so aus:

any 5, 16, 23, 24, *25*, 26, 29, 30, 50.

D

Schlüssel zu den Übungen

Die Beispielsätze aus den Übungen sind hier im *Schrägdruck* wiedergegeben.

Lektion 2

1. a) *Yes, I'm tired.* – b) Yes, I'm hungry. – c) Yes, I'm thirsty. – d) Yes, I'm happy.

Lektion 4

1. a) *He's Egyptian.* – b) He's English. – c) He's American. – d) She's German.
2. a) *Is he German? No, he's Egyptian.* – b) Is he American? No, he's English. – c) Is he English? No, he's American. – d) Is she Egyptian? No, she's German.
3. a) Yes, he's tired. – b) Yes, he's hungry. – c) Yes, she's thirsty. – d) Yes, I'm happy. – e) Yes, I'm English. – f) Yes, she's German. – g) Yes, I'm Egyptian. – h) Yes, he's John Smith.

Lektion 5

1. a) *What time is it? It's four o'clock.* – b) It's three o'clock. – c) It's five o'clock. – d) It's six o'clock. – e) It's one o'clock. – f) It's two o'clock.
2. a) is – b) am – c) are – d) is – e) am – f) is – g) is – h) is.
3. a) Are – b) Is – c) is – d) Am – e) Are.

Lektion 6

1. *What time is it? It's ten o'clock.* – b) It's eight o'clock. – c) It's eleven o'clock. – d) It's nine o'clock. – e) It's twelve o'clock. – f) It's seven o'clock.
4. a) Jack: What time is it? – b) Jill: It's late. It's eleven o'clock. – c) Jack: Are you tired? – d) Jill: Yes, Jack, I'm tired.

Lektion 7

1. a) are – b) is – c) am – d) is – e) are – f) is – g) is – h) are.
2. a) Is – b) Are – c) Is – d) Are – e) Am.
3. a) Man: How far are we from London Airport? Woman: Fifteen miles. We're fifteen miles from London Airport.
   b) Man: How far are we from Hyde Park? Woman: Four miles. We're four miles from Hyde Park.
   c) Man: How far are we from Oxford Street? Woman: Three miles. We're three miles from Oxford Street.
   d) Man: How far are we from Piccadilly Circus? Woman: Nineteen miles. We're nineteen miles from Piccadilly Circus.

Lektion 8

2. a) *Three fives are fifteen.* – b) Six fours are twenty-four. – c) Two nines are eighteen. – d) Eleven sixes are sixty-six. – e) Eight fives are forty.
4. a) *They're happy.* – b) They're English. – c) They're tired. – d) They're American. – e) They're hungry.

Lektion 9

1. *So am I.* – So am I. *usw.*
2. a) *What time is it? It's half past three.* – b) It's half past eight. – c) It's half past one.
3. a) *I want some tea.* – b) I want some coffee. – c) I want some lemonade. – d) I want four apples. – e) I want twelve bananas. – f) I want six oranges.

Lektion 10

1. a) *Eight pence and twenty pence. How much is that? Twenty-eight pence.* – b) Ten pence and twenty two pence. How much is that? Thirty-two pence. – c) Forty-one pence and thirty-six pence. How much is that? Seventy-seven pence. – d) Eighteen pence and fifty-one pence. How much is that? Sixty-nine pence.
2. a) *What time is it? It's three o'clock.* – b) It's half past three. – c) It's ten o'clock. – d) It's half past seven. – e) It's one o'clock. – f) It's half past six.
3. a) is/is/are – b) is/is/is – c) am/am/am/am – d) Are/am – e) is/am/am.
4. Jack: Hallo, Anne. – Anne: Hallo, Jack. – Jack: How are you? – Anne: I'm very well, thank you. How are you? – Jack: I'm very well too, thank you. – Anne: Are you thirsty? – Jack: Yes, I'm very thirsty. I want some tea. – Anne: Tea? Here you are.

Lektion 11

2. a) *I'm tired and I'm not very well.* – b) I'm cold and I'm hungry. – c) I'm hot and I'm thirsty.
4. a) *No, I'm not tired.* – b) No, I'm not English. – c) No, I'm not Mr. Smith. – d) No, I'm not hungry. – e) No, I'm not Yul Brynner. – f) No, I'm not cold.

Lektion 12

1. a) *It's three o'clock. It's not three o'clock. It's four o'clock.* – b) It's not six o'clock. It's nine o'clock. – c) It's not eight o'clock. It's twelve o'clock. – d) It's not half past eleven. It's half past three. – e) It's not half past nine. It's half past twelve. – f) It's not two o'clock. It's half past ten.
2. a) *He's not Swedish.* – b) They're not old. – c) She's not very well. – d) It s not cold.

   e) *He's not Italian. He's Egyptian.* – f) He's not Swedish. He's American. –g) He's not German. He's American. – h) She's not French. She's German.

   i) *No, I'm not Mr. Jackson. I'm (Mr. X).* – k) No, I'm not Australian. – l) I'm . . . – No, I'm not late. I'm early. – m) No, I'm not cold. I'm hot.

3. a) *It's three o'clock and we are early.* – b) It's midnight and I'm tired. – c) It's hot and Mike's thirsty. – d) It's very late and Anne's tired. – e) It's time for lunch and I'm hungry.

Lektion 13

1. a) *Where's John? He isn't here.* – b) Where's Hans? He isn't here. – c) Where's Mary? She isn't here. – d) Where's Anne? She isn't here. – e) Where's the taxi? It isn't here. – f) Where's the money? It isn't here.
2. a) *Where is he?* – b) Where is he? – c) Where is she? – d) Where is she? – e) Where is it? – f) Where is it?

Lektion 14

3. a) *Where are Mike and Anne? They aren't here. They are in the country.* – b) *Where is Mr. Smith? He isn't here. He is on holiday.* – c) Where's Mary? She isn't here. She is at the seaside. – d) Where are the oranges? They aren't here. They are in the taxi. – e) Where's my money? It isn't here. It is at home. – f) Where are Mr. and Mrs. Jones? They aren't here. They are in the country.
4. a) aren't – b) isn't – c) isn't – d) aren't – e) isn't – f) aren't.
5. a) No, they aren't (at home). – b) Yes, they are (on holiday). – c) No, they aren't (at the seaside). – d) They're in the country.

Lektion 15

1. a) *Can you tell me the time, please? It's quarter to twelve.* – b) It's quarter to four. – c) It's quarter past two – d) It's half past seven. – e) It's six o'clock. – f) It's quarter past eleven.
2. a) her/her – b) his/his – c) her/her – d) their/their – e) his/his.

Lektion 16

2. a) *I want to sleep.* – b) I want to drink. – c) I want to eat.
3. a) *. . . where's the post-office? Why? I want to post a letter.* –
   b) . . . where's the bank? Why? I want to cash a cheque. –
   c) . . . where's the bus-station? Why? I want to catch a bus. –
   d) . . . where's the railway-station? Why? I want to catch a train.
4. a) No, he isn't (at home). – b) No, he isn't (at the seaside). – c) No, he isn't (in the country). – d) He's in a strange town.

Lektion 17

2. a) *Go down the street, past the post-office, turn left at the corner, and it's on your right.* –
   b) Go down the street, past the park, turn left at the corner, and it's on your right. –

c) Go down the street, past the bus-station, turn right at the corner, and it's on your left.

d) Go down the street, past the police-station, turn left at the corner, and it's on your left.

3. a) *I want to post a letter.* – b) I want to cash a cheque. – c) I want to catch a bus. – d) I want to catch a train. – e) I want to catch a plane.
4. a) Yes, he is (thirsty). – b) Yes, he is (in the street). – c) Yes, he is (lost). – d) Yes, it is (closed).

Lektion 18

1. a) *Go up this street, and it's on your left.* – b) Go up this street, and it's on your right. – c) Go along this street, and it's on your left. – d) Go down this street, and it's on your left.
2. a) *It's 3 minutes by car.* – b) It's 5 minutes by bus. – c) It's 10 minutes on foot. – d) It's 2 minutes by taxi.

Lektion 19

1. *Sunday* – Monday – Tuesday – Wednesday – Thursday – Friday – Saturday.
2. a) *It's Monday. Monday the sixth.* – b) It's Wednesday. Wednesday the eighth. – c) It's Saturday. Saturday the seventeenth. – d) It's Thursday. Thursday the third. – e) It's Sunday. Sunday the ninth. – f) It's Friday. Friday the twenty-fourth.
3. a) *No, it isn't. It's Tuesday the fourteenth.* – b) No, it isn't. It's Sunday the ninth. – c) No, it isn't. It's Friday the first.

Lektion 20

1. b) Alan: How much is it? Assistant: It's about eleven pounds. Alan: No, I mean how much is it exactly? Assistant: It's exactly eleven pounds, nine pence.
2. a) *It's about ten past six. It's exactly twelve minutes past six.* – b) It's about twenty-five to ten. It's exactly twenty-six minutes to ten. – c) It's about three o'clock. It's exactly one minute to three. – d) It's about twenty past seven. It's exactly twenty-one minutes past seven.

Lektion 21

1. a) Go – b) Sit – c) Close – d) Open – e) Drink – f) Eat.
2. a) *Don't sit down.* – b) Don't come in. – c) Don't close your eyes. – d) Don't open your mouth. – e) Don't go away.
3. a) *Sit down.* – b) Eat (a sandwich). – c) Drink (some tea). – d) *Go to the bank.* – e) Go to the post-office. – f) Go to the bus-station.

Lektion 22

1. a) can't – b) can't – c) can't – d) can – e) can't – f) can – g) can't – h) can't.

Lektion 23

1. a) *We've got a nice house.* – b) I've got two sisters. – c) They've got some bananas. – d) You've got a nice car. – e) We've got one brother.
2. a) *Have you got any money?* – b) Have they got a nice house? – c) Have we got any coffee? – d) Have I got your key? – e) Have you got a car?

Lektion 24

1. a) Yes, he has. – b) No, he hasn't. – c) No, he hasn't. – d) Yes, he has. – e) Yes, he has. – f) Yes, he has. – g) No, he hasn't. – h) Yes, he has.
2. a) *He's got a big house.* – b) Mary's got two sisters. – c) John's got big eyes. – d) Anne's got some money. – e) The milkman's got some milk.
3. a) have – b) has – c) Have/have – d) have – e) Has/has – f) have.

Lektion 25

4. a) any – b) some/any – c) any – d) some/any – e) any.

Lektion 27

1. a) *I'm drinking some tea.* – b) I'm sitting in the kitchen. – c) I'm eating a sandwich. – d) I'm listening to the radio.
2. a) *Are you eating a pear? No, I'm not eating a pear. I'm eating an apple.* – b) Are you drinking tea? No, I'm not drinking tea. I'm drinking coffee. – c) Are you going to the post-office? No, I'm not going to the post-office. I'm going to the bank. – d) Are you writing a letter? No, I'm not writing a letter. I'm writing a cheque.

Lektion 28

1. a) *He's standing in the airport.* – b) He's following Mr. X. – c) He's wearing a blue jacket and blue trousers. – d) He's reading a book. – e) He's smoking a cigarette. – f) He's carrying a black bag.
2. a) *No, he isn't standing in a bank.* – b) No, he isn't following the boss. – c) No, he isn't wearing a black jacket. – d) No, he isn't writing a letter. – e) No, he isn't eating a banana.
3. a) Yes, he is. – b) Yes, he is. – c) No, he isn't. – d) Yes, he is. – e) No, he isn't.

Lektion 29

1. a) *I want a large room.* – b) I want a large window. – c) I want a red carpet. – d) I want a blue bed. – e) I want a white table. – f) I want a black door. – g) I want a green radio.
2. a) *I don't want a small room.* – b) I don't want a small window. – c) I don't want a blue carpet. – d) I don't want an orange door.

Lektion 30

1. a) *He wants a ticket.* – b) He wants a return ticket. – c) She wants a second-class return ticket. – d) She wants a second-class return ticket to London.
2. a) Yes, he does. – b) No, he doesn't. – c) No, he doesn't. – d) No, he doesn't. – e) Yes, he does.
3. a) do – b) do – c) does – d) do – e) does – f) Does.

Lektion 31

2. a) *Do you smoke?* – b) Do you drink alcohol? – c) Do you drink tea? – d) Do you eat any special food? – e) Do you get up early?

Lektion 32

1. a) *He gets up at five o'clock.* – b) He has breakfast at six (o'clock). – c) He leaves his house at nine (o'clock). – d) He leaves his office at four (o'clock). – e) He goes to bed at two (o'clock).
2. a) Yes, he does. – b) Yes, he does. – c) No, he doesn't. – d) Yes, he does. – e) No, he doesn't. – f) Yes, he does. – g) No, he doesn't. – h) No, he doesn't.
3. a) drinks – b) drink – c) eat – d) eats – e) read – f) reads.
4. a) Do – b) does – c) Does – d) do – e) Do – f) does.

Lektion 33

2. a) *Yes, he is.* – b) *Yes, they do.* – c) Yes, he does. – d) Yes, they are. – e) Yes, she is. – f) Yes, they do.
3. a) wears/is wearing – b) leaves/is leaving – c) is carrying – d) carries – e) goes – f) is driving.

Lektion 34

1. a) *Whose dog is this? It's John's.* – b) Whose car is this? It's Mary's. – c) Whose house is this? It's my father's. – d) Whose books are these? They're the doctor's. – e) Whose shoes are these? They're Mr. Brown's.
2. a) *Yes, it's mine.* – b) Yes, it's his. – c) Yes, they're hers. – d) Yes, they're his. – e) Yes, it's theirs.

Lektion 35

1. a) much – b) a lot of – c) many – d) much – e) a lot of.
2. a) a lot of/many – b) a lot of/many – c) a lot of/many – d) a lot of/much.
3. a) *Are there many . . . ? No, not many.* – b) Are there many . . . ? No, not many. – c) Is there much . . . ? No, not much. – d) Is there much . . . ? No, not much. – e) Are there many . . . ? No, not many.

Lektion 36

1. a) *When are you going to type the letters?* – b) When is he going to cash that cheque? – c) When are we going to have lunch? – d) When are they going to sing our song? – e) When is she going to stop smoking?
2. a) *Yes, he is.* – b) No, he isn't. – c) Yes, he is. – d) No, he isn't. – e) No, he isn't. – f) Yes, he is.

Lektion 38

1. a) It was on the wall. – b) He was in bed. – c) She was in the kitchen.
2. a) Yes, it was. – b) No, it wasn't. – c) Yes, he was. – d) No, he wasn't. – e) No, they weren't. – f) Yes, they were.
3. a) *Was . . . ? she wasn't/She was.* – b) Was . . . ? he wasn't/He was. – c) Were...? they weren't/They were. – d) Were . . . ? I wasn't/I was.

Lektion 39

1. a) got up – b) had (or: ate) – c) left – d) came – e) went.
2. a) You didn't buy the picture, Alfie. – b) You didn't get up early, Alfie. – c) You didn't have breakfast at home, Alfie. – d) You didn't leave home at nine, Alfie. – e) You didn't go to the grocer's, Alfie.

Lektion 40

1. a) worked – b) typed/counted – c) travelled – d) carried – e) walked – f) smoked.
2. a) *Yesterday morning.* – b) Yesterday afternoon. – c) Yesterday evening. – d) Last night.
3. a) No, he didn't. – b) Yes, he did. – c) No, he didn't. – d) Yes, he did.

Lektion 41

1. a) He likes singing. – b) He hates talking to Mr. Jones. – c) She hates borrowing money. – d) He hates waiting and lending money and listening to records.
2. a) too much – b) too many – c) too much – d) too much.

Lektion 42

1. a) *There isn't anything in the box.* – b) There isn't anything in the bag. – c) There isn't anyone in the street. – d) There isn't anyone in the hotel. – e) There isn't anything in the case. – f) There isn't anyone in the restaurant.
2. a) someone – b) anyone – c) anyone – d) someone – f) anyone.

Lektion 43

1. a) There – b) it – c) it/It – d) there.
2. a) Mr. X: there – b) Miss S: There/there – c) Miss S: there – d) Mr. X: it – e) Miss S: is – f) Mr. X: it – g) Miss S: It.

Lektion 44

1. a) *The door? Of course I locked it.* – b) The bread? Of course I bought it. – c) The money? Of course I've got it. – d) The books? Of course I want them. – e) Mr. Smith? Of course I know him. – f) Mrs. Smith? Of course I know her.
2. a) *When did you buy . . . ?* – b) When did you type . . . ? – c) When did she read . . . ? – d) When did they book . . . ? – e) When did he count . . . ?
3. a) went (or: walked)/posted – b) had – c) sat (or: walked)/drank – d) went/listened/went.

Lektion 45

1. a) *I have opened the window.* – b) I have eaten them all. – c) They have gone out. – d) I have locked the door.
2. a) *Have you opened . . . ?* – b) Have you closed . . . ? – c) Have you locked . . . ? – d) Have you typed . . . ? – e) Have you posted . . . ? – f) Have you counted . . . ?
3. a) . . . *haven't opened* . . . b) . . . haven't eaten . . . – c) . . . haven't left . . . – d) . . . haven't closed . . . – e) . . . haven't come . . .

Lektion 46

1. a) *Have you been to . . . ?* – b) *Have you seen . . . ?* – c) Have you been to . . . ? – d) Have you been to . . . ? – e) Have you been to . . . ? – f) Have you seen . . . ? – g) Have you seen . . . ? – h) Have you seen . . . ?

Lektion 47

1. a) *Yes, he's gone to Paris.* – b) Yes, she's gone to Rome. – c) No, she hasn't gone to Morocco. – d) Yes, they've left England. – e) No, she hasn't come back. – f) No, they haven't seen the Pyramids.
2. a) *He's gone to* . . . – b) She's gone to . . . – c) They've gone to . . . – d) He's gone to . . .
3. a) . . . *has disappeared* . . . – b) . . . hasn't come . . . – c) . . . hasn't phoned . . . – d) . . . saw . . . – e) . . . left . . . – f) . . . have phoned . . . – g) . . . left . . . – h) . . . has broken . . .

Lektion 48

1. a) Have – b) did – c) Has – d) did – e) Did – f) Have.
2. a) *hasn't seen/saw* – b) hasn't come/came – c) hasn't broken/broke – d) hasn't been/was – e) haven't gone/went.
3. a) *is* – b) has – c) has – d) is – e) is – f) has.

Lektion 49

1. a) *carelessly* – b) slowly – c) badly – d) sadly.
2. a) *happily* – b) thirstily – c) hungrily – d) carefully.

Lektion 50

1. a) *bigger* – b) older – c) hotter – d) smaller – e) better – f) cheaper – g) dearer – h) younger.
2. a) *biggest* – b) oldest – c) cheapest – d) sweetest – e) ripest – f) worst.